ORDONNANCES DES ROYS DE FRANCE

DE LA TROISIEME RACE,

RECUEILLIES PAR ORDRE CHRONOLOGIQUE.

TROISIEME VOLUME,

CONTENANT LES ORDONNANCES DU ROY JEAN, depuis le commencement de l'année 1355. jusqu'à sa mort arrivée le 8. d'Avril 1364.

Avec un Supplement pour toutes les années de son Regne.

Par M.r SECOUSSE *Ancien Avocat au Parlement, & Associé à l'Academie Royale des Inscriptions & Belles Lettres.*

A PARIS,
DE L'IMPRIMERIE ROYALE.

M. DCCXXXII.

PREFACE.

EN presentant au Public les premices de mon travail sur les Ordonnances, je ne me trouve point dans l'obligation de tracer le plan que je me suis proposé de suivre, parce que l'accueil favorable qui a esté fait aux deux premiers Volumes donnez par M. de Lauriere, m'a fait connoistre que la seule route que j'eusse à tenir, estoit de marcher sur ses traces.

La seule nouveauté de quelque importance, que l'on trouvera dans ce Volume, consiste dans un très grand nombre de petites Notes, dont j'ay chargé les marges.

Il y en a de differentes sortes.

Les unes ne consistent que dans des renvois aux autres Ordonnances.

Les autres servent à l'intelligence du texte, & lorsque j'ay pû les reduire en peu de mots, je les ay fait placer à la marge, afin de menager plus d'espace pour le texte, dans le corps de la page.

J'ay aussi renvoyé à la marge, l'explication des vieux mots françois qui ne sont plus en usage.

Ceux qui sont familiarisez avec nostre ancienne Langue, trouveront peut-estre que j'ay quelquefois expliqué des termes faciles à entendre: mais comme le Recueil des Ordonnances n'est pas un ouvrage uniquement destiné pour les Sçavants; que toutes sortes de personnes peuvent y avoir recours; qu'il contient même des Reglemens pour des Artisans & pour des Ouvriers; & que d'ailleurs il pourra peut-estre passer chez les Estrangers, j'ay crû devoir expliquer generalement tout ce qui pourroit arrester dans la lecture des Pieces qu'il renferme.

Enfin j'ay fait mettre à la marge les mots que j'ay crû manquer dans le texte, & la restitution de ceux qui m'ont paru avoir esté corrompus par la negligence ou par l'ignorance des Copistes: car je me suis fait un devoir d'employer toute l'exactitude dont je suis capable, pour representer fidellement dans l'impression, les Manuscrits que j'ay fait copier; soit par rapport à l'orthographe, soit par rapport aux fautes qui s'y sont glissées; & j'ay même conservé celles qui sont les plus grossieres & les plus faciles à corriger. Ceux qui ont estudié l'art de la Critique, sçavent de quelle importance il est d'en user ainsi dans les anciens Manuscrits. Mais d'ailleurs, j'ay regardé le texte des Ordonnances, & les Registres où elles sont conservées, comme quelque chose de sacré: je me suis fait une espece de religion d'y rien changer, & je me suis contenté de renvoyer à la marge les corrections que j'ay crû qu'on pouvoit y faire.

Si l'on trouve que j'ay porté trop loin le ſcrupule à cet égard, je puis du moins me juſtifier par l'exemple d'un Sçavant Anglois *(a)* qui a rendu de grands ſervices à la Republique des Lettres & à ſa patrie, en faiſant imprimer pluſieurs anciens Hiſtoriens de ſon pays.

Pour me conformer à la methode qu'a ſuivie M. de Lauriere dans ſon premier Volume des Ordonnances, je vais réünir dans differens paragraphes, ce qu'il y a d'épars dans le 3.e Volume, ſur pluſieurs matieres importantes.

A la fin du paragraphe premier qui eſt intitulé *Ordonnances*, & qui roule ſur les dates de quelques Pieces qui font de la difficulté, j'ay placé quelques remarques generales ſur l'impoſſibilité de raſſembler toutes les Ordonnances qui ont eſté données, & ſur les indications de pluſieurs Loix de cette nature, qui ſont citées par les Auteurs, & qui cependant ne ſe trouveront point dans ce Recueil.

§. I.

Ordonnances.

Il y a quelques Pieces dans ce Volume, à la teſte deſquelles ſe trouve le nom du Roy Jean, & qui cependant ſont datées de Paris, dans des temps pendant leſquels il eſt certain que ce Prince n'y eſtoit point.

Telle eſt l'Ordonnance donnée à Paris, le penultieme de Janvier 1356. car alors le Roy eſtoit à [a] Bourdeaux, priſonnier du Prince de Galles, Fils aîné du Roy d'Angleterre: au mois de Mars ſuivant il fut transferé en Angleterre où il fut juſqu'au mois de Juin 1360. & cependant il y a une [b] Ordonnance donnée à Paris dans le mois de Mars 1356. & une [c] du mois de Septembre 1357. leſquelles portent ſon nom.

Suivant [d] les Chroniques de S.[t] Denis, le Roy Jean partit de Paris au mois d'Aouſt 1362. *(b)* pour aller à Avignon où il arriva le 20. de Novembre ſuivant, il eſtoit à Troyes au mois de Septembre, & il y a trois [e] Ordonnances qui prouvent qu'il eſtoit à Mâcon dans le mois d'Octobre; cependant il y a des Lettres inſcrites de ſon nom, datées de ce mois, & données à Paris, *par le Conſeil eſtant à Paris.*

Suivant [f] Froiſſart, le Roy Jean ayant reſolu de retourner en

a *Voy. le 3.*[e] *Vol. des Ordonn. p. 96. Note (b).*

b *Ibid. p. 154. Note (b).*

c *Ibid. p. 183. & p. 369.*

d *Deuxieme Vol. p. 198. verſo, col. 1. & 2.*

e *Voy. le 3.*[e] *Vol. des Ordonn. p. 594. & ſuiv. Ibid. 598.*

f *Liv. 1. Ch. CCXIX. p. m. 265.*

NOTES.

(a) Thomas Hearne. Voicy ce que l'on trouve à ce ſujet, dans la Bibliotheque Angloiſe, tome 9. p. 56. dans l'extrait de l'Hiſtoire de *Robert d'Aveſbury*, qu'il a fait imprimer à Oxfort, en 1720.

C'eſt pour cela que l'Editeur s'eſt fait une Loy, dont il ne ſe départ jamais, de repreſenter ſes Manuſcrits avec toute la fidelité poſſible, ſe contentant de marquer au bas de la page, la correction qu'il y auroit à faire.

(b) L'Auteur s'eſt trompé pour le temps du départ. Car il paroiſt par une [a] Ordonnance que le Roy eſtoit encore à Paris, le 20. de Septembre: mais avant la fin du mois, il eſtoit à Troyes.

[b] Froiſſart a auſſi parlé de ce voyage du Roy, mais avec une inexactitude qui eſt inconcevable. En dix ou douze lignes, il y a cinq ou ſix fautes. Ce n'eſt pas icy le lieu de les relever.

a *Troiſieme Vol. des Ord. p. 589.*

b *Tome 1.*[er] *Ch. CCVI. p. m. 260.*

Angleterre, fit le Dauphin Charles[a] Regent & Gouverneur du Royaume, alla à Amiens, delà à Hesdin où il celebra la Feste de Noel, s'embarqua à Boulogne, & le 4. de Janvier 1363. il debarqua en Angleterre où il mourut.

Ce que dit Froissart, se trouve confirmé par des[b] Ordonnances données par le Roy Jean à Reims au mois d'Octobre, à Amiens le 5. de Decembre suivant, & à Hesdin dans le même mois; & par celle donnée par le Dauphin à Paris, le 23. de Fevrier 1363.

Cependant il y a des Lettres du Roy Jean, datées de[c] Paris, le 19. de Novembre 1363. & des mois de Fevrier & Mars suivans.

Il y a dans les Registres publics de ces temps-là, un assez grand nombre de Pieces qui presentent les mêmes difficultez.

Il sembleroit d'abord que des *alibi* si bien prouvez, devroient suffire pour faire rejetter ces Pieces comme fausses.

Mais d'un autre costé, elles se trouvent dans des Registres publics, respectables par leur ancienneté, & conservez avec soin depuis le regne du Roy Jean, sous lequel ils ont esté écrits : & d'ailleurs, il y a quelques-unes de ces Pieces qui sont des Loys faites pour tout le Royaume en general; ensorte qu'il n'est gueres possible de presumer que quelqu'un ait eû en même temps, un interest capable de l'engager à supposer une loy qui ne seroit pas émanée du Prince, assez de temerité pour oser l'entreprendre, & les facilitez necessaires pour y réüssir, & pour la faire inscrire dans des Registres publics. Ces raisons seules pourroient contrebalancer les faussetez apparentes qui se trouvent dans ces Pieces; mais la connoissance des differentes formalitez qui s'observoient sous le regne du Roy Jean, pour parvenir à faire imprimer aux *Lettres Royaux* le Sceau de l'autorité Royale; cette connoissance, dis-je, puisée dans un grand nombre de Pieces de ce genre qui m'ont passé par les mains, m'a fourni des conjectures très fortes qui m'ont persuadé que ces Pieces qui paroissent si suspectes dans la premiere vûë, sont cependant très veritables, & m'a mis en estat d'expliquer comment il s'est pû faire qu'elles portassent des caracteres si marquez de fausseté.

Pour bien entendre la force de ces conjectures, il est necessaire d'entrer dans quelque détail sur les Cours ou Jurisdictions principales qui suivoient la personne du Roy, ou qui estoient sedentaires à Paris, sous le regne du Roy Jean. Ce sera principalement du 3.e Volume des Ordonnances, que je tireray ce que je diray sur ce sujet.

Il y avoit en France sous le regne du Roy Jean, quatre Cours ou Jurisdictions principales. Le Conseil du Roy, la Jurisdiction des Maistres des Requestes de l'Hostel, la Cour du Parlement, & la Chambre des Comptes. Ces deux dernieres Cours estoient sedentaires à Paris.

Le Conseil du Roy estoit aussi nommé le[d] grand Conseil, & le[e] grand & secret Conseil du Roy. On luy donnoit quelquefois le titre de Conseil[f] *préexcellent* & de Conseil[g] *prééminent*.

[a] *Le Dauphin ne prend que le Titre de Lieutenant du Roy, dans des Lettres du 23. de Fevrier 1363. Voy. cy-dessous, p. 665.*

[b] *Voy. le 3.e Vol. des Ordonn. pages 641. 643. 646. 649. 655. 662. 665.*

[c] *Ibid. pages 645. 667. & suiv.*

[d] *Voy. le 3.e Vol. des Ordonn. pp. 71. 72. 87.*

[e] *Ibid. p. 345.*

[f] *Ibid. p. 260.*

[g] *Ibid. p. 621. 11.*

a Voy. le 3.e Vol. des Ordonn. p. 140. XLII. Ce Conseil estoit chargé [a] d'*expedier les affaires du Gouvernement.* Il suivoit toûjours en tout ou en partie, la personne du Roy. On trouve dans ce 3.e Volume, [b] *le grand Conseil du Roy, estant avec luy en Bourgogne :* [c] *le Conseil du Roy tenu à Nismes :* [d] *l'Honorable Conseil du Roy estant avec luy à Avignon ;* & même le Roy Jean estant prisonnier en Anglererre, avoit auprès de luy une partie de son Conseil. [e]

b Ibid. p. 535.
c Ibid. p. 607.
d Ibid. 626. XLIII.
e Voy. Ibid. 212. Note (e) col. 2.

(c) La fonction des Maistres des Requestes de l'Hostel, estoit de recevoir celles qui estoient presentées au Roy, d'examiner si elles devoient estre rejettées ou admises; & dans ce dernier cas, de faire dresser des Lettres qui estoient ensuite portées au Conseil du Roy, où elles estoient examinées de nouveau.

Quelques-unes des Lettres dressées par les Maistres des Requestes, lorsqu'elles avoient esté approuvées par le Conseil, faisoient loy dans tout le Royaume. Telles estoient, par exemple, les Privileges accordez à des Villes. Quelquefois aussi ils faisoient des Reglements pour des Corps & des Communautez ; & cela arrivoit apparemment lorsque ceux pour qui ils estoient faits, avoient presenté [f] Requeste au Roy pour les demander.

f Voy. le 3.e Vol. des Ordonn. p. 519.

Les affaires de la Justice estoient du ressort du Parlement; & la Chambre des Comptes connoissoit des affaires de Finance.

Non seulement ce qui estoit arresté au Conseil du Roy, estoit signé par des Secretaires *(d)* ou des Notaires du Roy; mais il y avoit encore des Notaires du Roy, qui faisoient les fonctions de [g] Greffiers dans la Jurisdiction des Maistres des Requestes, au Parlement, & à la Chambre des Comptes.

g Ibid. p. 533. III. Voy. p. suivante, une Liste des Notaires du Roy.

Le Conseil du Roy se tenoit quelquefois au Parlement. A la fin de [h] l'Ordonnance du 19. de Novembre 1363. il y a : *Donné à Paris, en la Chambre de nostre Parlement, le dix-neufvieme de Novembre, l'an de grace mil troiz cens soyxante & trois. Ainsi signées. Par le Conseil estant à Paris, ouquel estoient Messieurs l'Arcevesque de Senz, l'Evesque de Chartres, l'Abbé du Jars, Messieurs du Parlement, des Requestes de l'Hostel, des Comptes, les Tresoriers & plusieurs autres.*

h Ibid. p. 646.

Le Conseil du Roy se tenoit aussi quelquefois dans la [i] Chambre des Comptes.

i Voy. les pages 47. 48. & la Table des Matieres, au mot Conseil du Roy.

Quelquefois aussi [k] les Gens des Requestes de l'Hostel du Roy, du Parlement & des Comptes, & quelques autres, estoient admis au Conseil du Roy.

k Voy. la Table. Ibid.

NOTES.

(c) La fonction.] Voy. le 2. Vol. des Ordonn. p. 227. col. 2.e Art. 7. où les fonctions des Maistres des Requestes sont expliquées d'une maniere très-détaillée.

(d) Il y avoit une difference entre les [a] Secretaires & les Notaires du Roy, mais je n'ay pû découvrir en quoy elle consistoit.

[b] La Roque dans son Traité de la Noblesse, dit qu'il va éclaircir la difference qu'il y avoit entre les Secretaires & les Notaires du Roy : mais de ce qu'il dit à ce sujet, il resulte seulement qu'il y avoit de la difference entre eux.

a Voy. le 3.e Vol. des Ordonn. p. 533. III.
b Chap. XLI. p. 202. de la 2.e Edition.

Lorsque

Lorſque des Ordonnances ou d'autres *Lettres Royaux* avoient paſſé au Conſeil; ſoit qu'il ſe fuſt tenu dans ſon Siege ordinaire, ſoit qu'il ſe fuſt tenu au Parlement ou à la Chambre des Comptes, elles eſtoient écrites par un Notaire [a] du Roy, & elles eſtoient portées à la Chancellerie pour y eſtre ſcellées: Mais dans l'abſence du Chancelier, elles eſtoient ſcellées du Sceau du Chaſtelet de Paris.

a *ou Secretaire.*

Lorſque des Maiſtres des Requeſtes avoient jugé que des Requeſtes preſentées au Roy, devoient eſtre admiſes, ils faiſoient expedier les Lettres neceſſaires à cet effet, par le Notaire du Roy, qui faiſoit les fonctions de Greffier auprès d'eux, & l'on mettoit cette formule à la fin de ces Lettres : *In Requeſtis Hoſpicii,* ou *E's Requeſtes de l'Hoſtel.* Ces Lettres eſtoient enſuite portées au Conſeil, où, comme je l'ay déja dit, elles eſtoient examinées de nouveau,& elles eſtoient ou rejettées ou admiſes ou corrigées, ſuivant que le Conſeil le jugeoit convenable. Cela eſt prouvé par les Lettres du mois d'Aouſt 1361. à la fin deſquelles on lit [b] : *Autrefois ainſi ſignées. E's Requeſtes de l'Hoſtel. Blanchet.*

b *Ibid. p.* 519.

Après ce, de vôtre commandement veuë, & les Articles contenuës en ycelle corrigiez par le Conſeil & par le Procureur du Roy en Parlement, & depuis reſcripte, à moy ainſi bailliée pour ſigner.

Lorſque les Lettres écrites par l'ordre des Maiſtres des Requeſtes, avoient eſté approuvées ou corrigées au Conſeil, on les envoyoit au Sceau.

Suivant l'Article XLIV. de l'Ordonnance du mois de Mars 1356. les fonctions du Chancelier ſont [c] *de veoir, corriger & examiner, paſſer & ſceller les Lettres qui ſeront à paſſer & à ſceller,* & par l'Article II. de l'Ordonnance du 14. de May 1358. [d] il luy eſt enjoint de ne pas ſceller les Lettres paſſées au Conſeil, lorſqu'on n'aura pas obſervé certaines formalitez preſcrites par cet Article. Il reſulte de cet *examen* & de cette *correction* qui ſe pouvoit faire au Sceau, que les Lettres n'eſtoient pas toujours ſcellées le jour même qu'elles eſtoient paſſées au Conſeil. Il y en a d'ailleurs des preuves poſitives. Les [e] Lettres du 30. d'Aouſt 1356. données à Chartres; & [f] celles du 9. de Juillet 1357. données à Château-Gaillard (en Normandie,) furent ſcellées du Sceau du Chaſtelet de Paris, en l'abſence du grand Sceau. On ne peut pas preſumer qu'on ait fait venir le Sceau du Chaſtelet de Paris, à Chartres & à Chaſteau-Gaillard, & il eſt bien plus naturel de penſer que l'on envoya ces Lettres à Paris, pour y eſtre ſcellées du Sceau du Chaſtelet; & par conſequent elles ne furent pas ſcellées le jour qu'elles furent paſſées.

c *Ibid. p.* 141.
d *Ibid. p.* 226.
e *Ibid. p.* 83.
f *Ibid. p.* 177. *Voy. auſſi, p.* 180. *& ſuiv.*

Je prouveray dans la ſuite que l'on datoit les Lettres Royaux, non du jour qu'elles eſtoient *paſſées* au Conſeil, mais du jour qu'elles eſtoient ſcellées: Et la raiſon de cet uſage eſt ſenſible; c'eſt que c'eſtoit le Sceau qui imprimoit à ces Lettres le caractere de l'autorité Royale, & qui leur donnoit force de loy.

Puiſque les Lettres Royaux pouvoient n'eſtre ſcellées que quelque temps après qu'elles avoient eſté *paſſées* au Conſeil, & qu'elles ne

a ou Secretaire. devoient estre datées que du jour qu'elles estoient scellées, le Notaire [a] du Roy devoit y laisser la date en blanc, pour la remplir lorsqu'elles seroient scellées.

Lorsque des Lettres Royaux estoient passées au Conseil, & scellées pendant le regne d'un même Roy, il n'y avoit aucun changement à faire dans ces Lettres, & il n'y avoit que la date à remplir.

Mais lorsque dans l'intervalle qui s'écouloit entre la *passation* des Lettres au Conseil, & l'apposition du Sceau, le Roy venoit à mourir, alors il estoit necessaire de récrire ces Lettres, parce qu'il falloit en oster le nom du Roy mort, pour y mettre celuy du nouveau Roy. Cela est prouvé par des [b] Lettres du mois de Novembre 1350. accordées aux Habitans de Monstreüil-sur-Mer: elles finissent ainsi : *Datum Parisius, Anno Domini millesimo trecentesimo quinquagesimo, mense Novembris. Alias sic signata. Per Dominum Regem in suis Requestis, presente Domino Ja.* [c] *Rouss. Jussy & rescripta sub nova data, propter mutationem Regis, de precepto vestro.* CHAPELLE.

b Quatrième Volume des Ordonnances, p. 8.

c Il y a une marque d'abreviation sur ce mot.

Ces Lettres avoient esté passées au Conseil sous le regne de Philippe de Valois: Il mourut avant qu'elles eussent esté scellées, & il fallut les récrire pour les intituler au nom du Roy Jean.

Ces Lettres prouvent ce que j'ay avancé plus haut, que les Lettres Royaux estoient datées non du jour qu'elles avoient *passé* au Conseil, mais du jour qu'elles estoient scellées.

Ces mots *sub nova data* qui se trouvent dans le passage des Lettres du mois de Novembre 1350. que je viens de rapporter, demandent une explication.

Quelquefois les Notaires [d] du Roy mettoient aux Lettres qu'ils dressoient, la date du jour qu'elles estoient passées au Conseil, apparemment dans l'esperance qu'elles seroient scellées le même jour : Mais s'il arrivoit qu'elles ne le fussent pas ce jour-là, soit parce que le Chancelier jugeoit à propos d'y faire des corrections, soit pour quelque autre raison, il falloit lorsqu'elles estoient scellées, les récrire, pour y mettre une nouvelle date, & c'est le cas des Lettres du mois de Novembre 1350. Mais quelquefois on se contentoit de mettre deux dates : La premiere marquoit le jour où elles avoient esté passées au Conseil, & la seconde le jour où elles avoient esté scellées. Telles sont deux Lettres données en faveur des Habitans de la Ville de Fleurence dans le Languedoc, & qui toutes deux finissent ainsi : [e] *Datum Parisius, anno Domini 1350, mense Novembris. Sigillata sigillo Castelleti, in absencia magni, decima octava die Augusti, anno 51. audita relacione Domini Episcopi Laudunensis.*

Alias signata. Per Regem, ad relacionem Concilii in quo eratis vos & Dominus Laudunensis. P. BLANCHET, *& correcta in Cancellaria.* CLAVEL.

d ou Secretaires.

e Quatrième Volume des Ordonnances, p. 94. jusqu'à 97.

Il y a encore deux autres [f] Lettres en faveur des mêmes Habitans, lesquelles sont dans le même cas, quoyque la formule par laquelle elles finissent, soit un peu differente, la voicy : *Datum Parisius, anno Domini*

f Voy. ibid.

1351. menſe Novembris. Sigillata 7. Auguſti anno 51. ſigillo Caſtelleti Pariſius, in abſencia magni : audita relacione Domini Epiſcopi Laudunenſis.

Per Regem in Conſilio ſuo quo eratis vos & Dominus Epiſcopus Laudunenſis. P. BLANCHET.

La ſeconde de ces deux Lettres ne fut ſcellée que le 11. d'Aouſt, & c'eſt quant à la formule, la ſeule difference qu'elle ait avec la precedente.

Il eſt bon de remarquer qu'il s'écoula neuf mois entre le mois de Novembre, dans le cours duquel ces quatre Lettres furent *paſſées* au Conſeil, & le mois d'Aouſt pendant lequel elles furent ſcellées.

On peut adjouter aux Lettres precedentes, [a] celles du 15. de Juin 1353. elles finiſſent ainſi : *Datum Pariſius, 15. Junii, anno Domini 1353. Sexta die Octobris anno predicto, ſigillata ſub ſigillo Caſtelleti, in abſentia magni.*

[a] *Quatrieme Volume des Ordonnances, p. 131.*

C'eſt apparemment pour les raiſons qui viennent d'eſtre expliquées, ou pour quelques autres ſemblables, qu'il ſe trouve à la fin des Lettres du mois de Mars 1356. cette formule qui eſt très ſinguliere. [b] *Datum Pariſius, anno Domini 1356. menſe Marcii. Aliàs ſignata. Per Regem, ad relationem Conſilii, in quo erant Domini Comes Armaniaci, Mareſcallus Dodenehan, de Garenceriis & plures alii, & renovata ſub iſta data propter antiquitatem date alterius, de precepto Conſilii.* ROUGEMONT.

[b] *Voy. ibid p. 161.*

Le détail que je viens de faire eſtoit abſolument neceſſaire, parce qu'il ſervira de fondement aux conjectures que je vais propoſer, par rapport aux Ordonnances & aux Lettres dont j'ay parlé au commencement de ce paragraphe. Ces conjectures ſont appuyées ſur deux points que je crois devoir rappeller icy. 1.° Il ſe paſſoit ſouvent un temps conſiderable entre le jour auquel on *paſſoit des Lettres Royaux* au Conſeil, & celuy auquel on les ſcelloit. 2.° Ces Lettres eſtoient datées du jour qu'elles eſtoient ſcellées.

Le Roy Jean ayant eſté pris à la bataille de Poictiers, & conduit à Bourdeaux & enſuite en Angleterre, le Dauphin Charles ſon Fils aîné, prit les reſnes du Gouvernement, d'abord en qualité de Lieutenant du Roy, & enſuite en qualité de Regent, & l'on mit ſon nom à la teſte de toutes les *Lettres Royaux :* Ainſi dans celles qui avoient eſté *paſſées au Conſeil* avant la bataille de Poictiers, & qui ne furent ſcellées & datées que depuis cette bataille, il fallut effacer le nom du Roy Jean, pour y ſubſtituer celuy de Dauphin Charles. Cela ſe fit ſans doute dans preſque toutes ces Lettres; mais il eſt facile de concevoir que dans le grand nombre, il pût en échapper quelques-unes à la teſte deſquelles on negligea de faire ce changement; enſorte qu'elles y conſerverent le nom du Roy Jean, quoyqu'elles euſſent eſté ſcellées dans un temps où l'on mettoit celuy de Dauphin au commencement de toutes les Lettres *Royaux*, & qu'elles fuſſent datées de Paris, pendant que le Roy Jean dont elles portoient le nom, eſtoit à Bourdeaux ou en Angleterre.

Lorſque le Roy Jean revint en France, le Dauphin ceſſa d'eſtre

Regent; & par consequent les Lettres *Royaux* ne porterent plus son nom; & ainsi il fallut l'effacer de toutes celles qui avoient esté passées au Conseil avant le retour du Roy; & qui ne furent scellées que depuis. C'est par ce changement de nom que j'explique une difficulté qui se rencontre dans des [a] Lettres du mois de Janvier 1361. & cette explication pourra servir à confirmer les conjectures que je viens de proposer.

a Voy. cy-dessous p. 545. Voy. Note (b).

Le Roy Jean confirme par ces Lettres, d'autres Lettres de Philippe de Valois qu'il dit estre son Ayeul. Or, Philippe de Valois estoit le Pere, & non pas l'Ayeul du Roy Jean, & l'on ne peut pas soupçonner qu'un Notaire de ce Roy l'ait ignoré. Comment donc cette erreur a-t-elle pû échapper? Voicy ce que j'ay imaginé.

Ces Lettres furent passées au Conseil pendant que le Roy Jean estoit en Angleterre, & le Dauphin Charles, au nom duquel elles furent dressées & qui y parloit, y donna à Philippe de Valois le titre de son grand Pere. Ces Lettres n'ayant esté scellées qu'après le retour du Roy, on substitua son nom à celuy du Dauphin: mais le Secretaire du Roy ne fit pas attention qu'il falloit aussi effacer le mot *Avi* qui ne convenoit point au Roy Jean, dont Philippe de Valois estoit le Pere & non le grand Pere, pour mettre en la place de ce mot, celuy de *Patris*. *(a)*

La negligence que j'impute icy aux Secretaires & aux Notaires du Roy, peut estre d'autant plus facilement presumée, qu'il y a une preuve positive de l'inattention & du peu d'exactitude de l'un d'entre-eux, dans six [b] Lettres qui sont imprimées dans ce volume.

b Voy. p. 79. & suiv. & p. 177.

Le cas est singulier & remarquable. Le 28. d'Aoust 1356. le Roy Jean accorda aux Habitans d'Avinionet, des Lettres qui contenoient des Privileges perpetuels, & des concessions qui ne devoient durer qu'un temps. Dans la suite, le Conseil du Roy jugea à propos de faire dresser à la place de ces Lettres, deux Lettres differentes, dont les unes contiendroient les Privileges perpetuels, & les autres les concessions à temps, parce que les premieres devoient estre scellées en cire verte, & les autres en cire blanche. Les Lettres qui contenoient les Privileges perpetuels ne se sont pas conservées, les autres sont imprimées dans ce volume. Elles furent scellées à Paris du Sceau du Chastelet, au mois de Juillet 1357. C'est là la derniere & la veritable date de ces Lettres; & cependant le Notaire [c] du Roy y a conservé à la teste le nom du Roy Jean, qui estoit alors prisonnier en Angleterre.

c ou Secretaire.

Il y a des [d] Lettres pour les Habitans de Fanjaux, pour ceux de Castelnaudari, de Montgiscard, de Carbonne & du Mas-Saintes-Puelles, qui sont precisément dans le même cas.

d Voy. ibid.

N O T E S.

a Voy. Ibid. p. 648. Voy. Note (i) marginale. Voy. les dates des Lettres imprimées dans les pp. 539. 540. 541. 542. & 549.

[a] *(a)* La date de ces Lettres peut former encore une autre difficulté. Elles sont datées de Paris dans le mois de Janvier 1361. & cependant il est certain que le Roy estoit en Bourgogne pendant ce mois de Janvier, & le 20. il estoit à Beaune: mais il a pû estre à Paris avant la fin du mois, & il n'y a point de preuve du contraire dans ce Volume.

Il y a

Il y a encore à la fin des [a] Lettres accordées aux Habitans de Ville-Franche au mois de Fevrier 1357. une formule très singuliere, la voicy. a Ibid. p. 210.

Datum Parisius, anno Domini millesimo trecentesimo quinquagesimo-septimo, mense Februarii.

Per Dominum Ducem, ad relacionem Consilii, in quo vos & Dominus Philippus de Tribus-Montibus eratis. J. BLANCHET.

Sigillata sigillo Domini Regentis, die septima Aprilis, anno 58. & ex causa.

Sigillata, attento quod per Dominum Cancellarium Francie, qui statum Ville & Habitantium melius novit quam alius, dum erat Parisiis, negocium extitit per tractatum.

Je ne me hazarderay point icy à proposer des conjectures pour expliquer pourquoy ces Lettres, qui avoient esté scellées du Sceau du Chastelet de Paris, au mois de Fevrier 1357. lorsque le Dauphin prenoit la qualité de Lieutenant du Roy, furent scellées de nouveau le 7. d'Avril 1358. du Sceau du Dauphin, qui estoit alors Regent : je me contenteray de tirer de ces Lettres, & de celles dont j'ay parlé cy-dessus, une consequence favorable à mes conjectures; c'est que sous le Gouvernement du Dauphin, il y eut peu d'ordre dans les expeditions de la Chancellerie : j'adjoûteray qu'elle dût d'autant plus se ressentir du trouble & de la confusion qui regnoient alors dans le Royaume, que le Chancelier ne [b] résida point à Paris, & ne fit point les fonctions de sa Charge pendant la captivité du Roy Jean.

b Voy. à ce sujet, une longue Note, Ibid. page 212. Note (e).

Les conjectures que je viens de proposer, sont les seules que j'aye pû imaginer, pour expliquer la raison pour laquelle quelques Lettres *Royaux*, que differentes considerations prouvent estre vrayes & non supposées, sont datées de Paris ; & cependant portent à leur teste le nom du Roy Jean, qui estoit alors prisonnier à Bourdeaux ou en Angleterre.

Il y a encore d'autres Lettres à la teste desquelles se trouve le nom du Roy Jean, & qui sont aussi datées de Paris, dans des temps pendant lesquels ce Prince estoit à la verité dans le Royaume, mais absent de cette Ville. Pour résoudre cette difficulté, il a fallu avoir recours à d'autres conjectures, & voicy celle qui m'a paru la probable.

On trouve une formule singuliere à la fin de ces Lettres. On y lit qu'elles ont esté données *par le Conseil estant à Paris.*

Comme ces Lettres ont esté données lorsque le Roy estoit hors de Paris, je présume qu'en quittant cette Ville, il y laissa une partie de son Conseil, à laquelle il donna la faculté de passer des Lettres *Royaux*, de mettre son nom à la teste, & de les faire sceller du Sceau du Chastelet de Paris, afin de leur imprimer le même caractere de l'authorité Royale, qu'elles auroient eûës si elles eussent esté *passées* & scellées par son ordre.

Les [c] Lettres datées de Paris & données au mois d'Octobre 1362. sont les premieres qui m'ayent fait naître cette idée. c Ibid. p. 599.

a Page ij. J'ay remarqué[a] plus haut, que le Roy Jean estoit parti de Paris dans le mois d'Aoust ou de Septembre 1362. pour aller à Avignon. Le 17. de Decembre de cette année, estant à Villeneuve près Avignon, il fit expedier des Lettres de Lieutenance de Roy pour la Languedoyl, pour le Dauphin auquel il les envoya. A la fin de ces Lettres, il est dit qu'elles ont esté lûës à Paris le mois de Fevrier suivant, en presence de *tout le Conseil.* Il y avoit donc à Paris pendant l'absence du Roy, une partie de son Conseil. Or, comme dans l'intervalle qui s'écoula depuis le depart du Roy de Paris, jusqu'à la date des Lettres de Lieutenance pour le Dauphin, il y a des Lettres *Royaux* scellées du Sceau du Chastelet, datées de Paris dans le mois d'Octobre 1362. & *passées par le Conseil estant à Paris,* elles m'ont donné lieu de conjecturer que c'estoit la partie du Conseil du Roy qu'il avoit laissée à Paris, qui avoit *passé* ces Lettres en vertu du pouvoir qu'il luy en avoit laissé en partant, & qui cessa lorsqu'il eut donné des Lettres de Lieutenance au Dauphin.

Les Lettres dont je vais rendre compte, ont servi à me confirmer dans cette idée.

b Page iij. J'ay remarqué[b] cy-dessus, que le Roy Jean partit de Paris vers le mois d'Octobre 1363. pour retourner en Angleterre, & qu'il passa par Reims, par Amiens & par Hesdin, pour aller s'embarquer à Boulogne.
c Voy. pag. iij. Note (a) marg. Froissart dit qu'en partant, il laissa des Lettres de[c] Lieutenance au Dauphin. Il y a bien plus d'apparence qu'il les luy envoyast pendant le cours de son voyage, comme il avoit fait lorsqu'il alla à Avignon; car on ne trouve point dans ce volume, de Lettres qui portent le nom du Dauphin avec le titre de Lieutenant du Roy, avant le 23. de Fevrier
d Ibid. p. 665. 1363.[d] Mais depuis le départ du Roy jusqu'à cette date, on trouve des Lettres à la teste desquelles est le nom du Roy Jean, datées de Paris,
e Ibid. p. 645. & *passées* par le *Conseil du Roy estant à Paris:* Telles sont[e] celles du
f Ibid. p. 667. 19. de Novembre 1363. &[f] celles du mois de Fevrier 1363. qui peuvent avoir esté données avant le 23. Ces Lettres sont précisement dans le même cas que celles du mois d'Octobre 1362. & je présume qu'elles ont esté données par la partie du Conseil du Roy qu'il avoit laissé à Paris, lorsqu'il en partit pour aller en Angleterre.

g Ibid. p. 339. Je crois qu'on peut dire la même chose des[g] Lettres *passées* par le *Conseil du Roy estant à Paris,* le 15. de Janvier 1361. jour auquel le
h Ibid. p. 536. Note (a). Roy Jean estoit certainement en Bourgogne.[h] Il estoit parti de Paris le
i Ibid. p. 540. 5. de Decembre precedent, &[i] le 20. de Janvier estant à Beaune, il confirma les Privileges de cette Ville.

Il est aisé de sentir la raison pour laquelle le Roy quittant Paris pour aller à Avignon & en Angleterre, ne donna point pour lors des Lettres de Lieutenance au Dauphin, & ne les luy envoya que lorsqu'il fut arrivé à Avignon, & sur le point de s'embarquer pour l'Angleterre. Tant que le Roy estoit dans son Royaume, il estoit en estat d'exercer par luy-même les fonctions de l'autorité Royale, & il n'avoit pas besoin de Lieutenant : Il suffisoit qu'il eust laissé à Paris une partie de son Conseil, pour y expedier en son nom, les Lettres Royaux qui ne pouvoient souffrir de retard : mais lorsque le Roy fut arrivé à Avignon, & qu'il fut près de passer en Angleterre, il envoya des Lettres de Lieutenance au Dauphin, pour le revestir de toute son authorité pendant son absence.

Si l'on admet les conjectures que je viens de proposer, on conclurra de toutes les *Lettres Royaux* imprimées dans ce Volume, à la fin desquelles il y aura *passées par le Conseil du Roy estant à Paris*, qu'alors le Roy estoit absent de cette Ville, quoyqu'on ne trouve point dans les Historiens ni dans les autres monumens, de preuves qu'il en soit sorti vers le temps de la date de ces Lettres.

Ainsi au mois d'Avril 1361. le Roy Jean aura fait quelque voyage, puisqu'il y a trois [a] Lettres datées de ce mois *& passées par le Conseil estant à Paris :* & par la même raison, il n'estoit pas dans cette Ville, le [b] 16. de May 1363. ni au mois d'Aoust suivant, lorsqu'on scella un Reglement pour les Bouchers de la Montagne de S.te Genevieve à Paris.

Il y a aussi apparence que lorsque le Dauphin s'éloignoit de Paris, pendant qu'il gouvernoit le Royaume, il y laissoit une partie du Conseil du Roy, à laquelle il donnoit aussi le pouvoir de *passer*, & de faire sceller des *Lettres Royaux*.

Suivant les [c] Chroniques de S.t Denys, après la paix de Bretigny, le Roy Jean vint d'Angleterre à Calais, où il débarqua le Mercredi 8. de Juillet 1360. & le Dimanche suivant, (c'estoit le 12. de ce mois) le Dauphin partit de Paris pour aller à S.t Omer, afin d'estre plus à portée d'avoir des nouvelles du Roy. Il y a preuve qu'il estoit à [d] Compiegne le 22. de Juillet; & l'on trouve des [e] Lettres *Royaux* du 30. de Juillet 1360. & du 6. d'Aoust suivant, qui portent le nom du Dauphin, & qui sont *passées par le Conseil estant à Paris*.

Il est vray qu'entre le 22. & le 30. de Juillet, il y a des [f] Lettres du 27. de ce mois, données à Paris, & signées. *Par Monseigneur le Regent :* d'où il semble qu'on pourroit conclure qu'il estoit à Paris ce jour-là.

Mais ces Lettres ne furent ainsi signées, que parce qu'elles avoient esté *passées* lorsque le Regent estoit encore à Paris, & qu'elles ne furent scellées qu'après son départ. Je crois pouvoir en donner une preuve certaine. Ces Lettres sont scellées du Sceau du Chastelet. Or les [g] Chroniques de S.t Denys disent précisément que depuis que le Dauphin eut pris le titre de Regent, on ne scella plus du Scel du Chastelet, mais du Scel du Duc en cire jaune; & en effet, il n'y a pas dans ce Volume une seule Lettre donnée par le Dauphin depuis qu'il a esté Regent, qui soit scellée du Sceau du Chastelet : celle-cy est la seule, parce que le Regent qui l'avoit *passée* lorsqu'il estoit à Paris, en estoit parti

a *Ibid. pp.* 561. 563. 565.

b *Ibid. pp.* 638. 641.

c *Tome* 2. *folio* 196. *verso, col.* 2.

d *Voy. le* 3.e *Vol. des Ordonn. p.* 421.

e *Ibid. p.* 422. 423.

f *Ibid. p.* 422.

g *Tome* 2. *folio* 179. *recto, col.* 2.

lorsqu'on la scella, sans doute par l'ordre du Conseil, & on fut obligé d'y mettre le Sceau du Chastelet.

Les [a] Chroniques de S.t Denys disent que le jour de [b] Pasques Fleuries 1357. il alla à Provins, & ensuite à Compiegne où il fut present à une Assemblée d'Estats qui s'y tint pendant le mois de May; & pendant son absence de Paris, on trouve des [c] Lettres du mois d'Avril 1358. *passées par le Conseil estant à Paris.*

Les Lettres à la fin desquelles se trouve cette formule, & que j'ay discutées jusques icy, rendent très vray-semblable le systême que j'ay proposé. Mais il faut avoüer qu'il y en a encore deux de ce genre, qui paroissent luy estre très contraires.

J'ay dit [d] cy-dessus, que le Roy Jean partant pour l'Angleterre au mois d'Octobre 1363. donna à la partie de son Conseil qu'il laissa à Paris, le pouvoir de faire expedier des Lettres *Royaux*: mais que le 23. de Fevrier suivant, le Dauphin avoit le titre de Lieutenant du Roy, & que ce titre avoit fait cesser le pouvoir que le Roy avoit donné à son Conseil: Cependant il y a deux [e] Lettres datées, l'une du 6. de Mars 1363. & l'autre du même mois, à la tête desquelles se trouve le nom du Roy Jean, & qui sont *passées par le Conseil estant à Paris.*

Je ne vois point de solution à cette difficulté, & les conjectures même me manquent; à moins qu'on ne veüille bien se contenter de celle-cy.

En supposant que le Dauphin s'est éloigné de Paris pendant le mois de Mars 1363. on pourroit dire que par son absence, le Conseil recouvra le pouvoir qui luy avoit esté accordé par le Roy lorsqu'il partit pour l'Angleterre, & qui avoit cessé par le titre de Lieutenant du Roy, qui avoit esté donné depuis au Dauphin. Le Conseil fit expedier des Lettres Royaux, & il y fit mettre le nom du Roy, parce que c'estoit de luy & non pas du Dauphin, qu'il tenoit son pouvoir.

Il y a encore dans ce Volume deux [f] Lettres qui paroissent faire quelque difficulté. Elles ont esté données à Paris par le Dauphin, dans un temps où il ne pouvoit estre ni Regent ni Lieutenant du Roy, puisque le Roy son Pere estoit alors dans cette Ville: aussi n'est-ce point en vertu de l'un ou de l'autre de ces titres, qu'il a donné ces Lettres, mais comme Duc de Normandie: Elles ne regardent que cette Province, & elles ne devoient estre executées que dans son estenduë: Elles ont esté inserées dans ce Recüeil, parce qu'elles se sont trouvées dans les Registres des Chartres confonduës avec celles du Roy; & d'ailleurs on peut les regarder comme émanées de l'autorité Royale, puisque suivant l'expression du Roy Jean, [g] le Fils aîné du Roy est la même personne que le Roy; qu'il represente la personne du Roy, & que ce qu'il possede dans le Royaume, il le possede au nom du Roy & en *main Royale.*

Je finiray ce paragraphe que j'ay destiné à éclaircir quelques points qui regardent les Ordonnances, en avoüant que quelques exactes qu'ayent esté

[a] *Ibid. fol. 179. verso, col. 1.*

[b] *C'estoit le 25. du mois de Mars: car Pasques arriva le premier d'Avril suivant, & commença l'Année 1358.*

[c] *Voy. le 3.e Vol. des Ordonn. p. 216.*

[d] *Page iij.*

[e] *3.e Vol. des Ordonn. p. 672.*

[f] *Ibid. pages 490. 494.*

[g] *Voy. ibid. page 489.*

eſté les recherches que j'ay faites pour raſſembler toutes les Ordonnances du Roy Jean, il y en a pluſieurs que je n'ay pû recouvrer. J'ay trouvé les [a] indications de quelques-unes, & j'en ay fait mention en differents endroits; mais il y a apparence qu'il y en a pluſieurs qui me ſont encore entierement inconnuës; ſoit que les Regiſtres où elles eſtoient inſcrites, ſoient perdus ſans reſſource; ſoit qu'ils ſoient tombez entre les mains de quelques particuliers qui en ignorent l'uſage, ou, qui par differents motifs, negligent ou craignent d'en donner communication.

a *Voy. le troiſieme Vol. des Ordonn. page 462. Note (a) p. 463. Note (f) p. 467. Note (b) & plus bas, dans le §. de cette Preface, intitulé* Monnoye.

Le nombre des Regiſtres publics égarez, eſt très conſiderable.

M. Roüillé du Coudray Conſeiller d'Eſtat, a legué depuis peu à la Bibliotheque du Roy, un Regiſtre Original de Philippe Auguſte, qui ſans doute avoit eſté tiré de quelque dépoſt public. Ce Regiſtre, où l'on trouve les Lettres d'eſtabliſſement d'un très grand nombre de *Communes*, eſt peut-eſtre de tous les monuments de ce genre, le plus important & le plus précieux.

[b] J'ay eſté aſſez heureux l'année paſſée, pour contribuer à faire remettre au Treſor des Chartres, le Regiſtre 84. qui eſtoit en *deficit* depuis plus de ſoixante ans, & qui ſe trouva dans la Bibliotheque de M. Roüillé du Coudray après ſa mort: Ce Regiſtre contient plus de huit cens Pieces, & il y en aura près de cinquante qui entreront dans le Recueil des Ordonnances.

b *Voy. un Avertiſſement qui eſt dans le troiſieme Vol. des Ordonn. p. 673.*

On trouve dans le Gloſſaire de M. Du Cange, des citations de pluſieurs Regiſtres de la Chambre des Comptes de Paris, qui ne s'y trouvent plus aujourd'huy.

Le Regiſtre de la Marée qui appartenoit à M. Loger un des trois Avocats qui ont mis la premiere main à cette nouvelle compilation des Ordonnances, a diſparu après ſa mort.

Enfin j'annonceray icy avec douleur, qu'on ne trouve à la Cour des Aydes de Paris, *(a)* aucuns Regiſtres en forme, avant 1450. Il eſt cependant certain qu'il y en avoit autrefois de beaucoup plus anciens, & qui peut-eſtre remontoient juſqu'au temps de *(b)* l'eſtabliſſement de cette Compagnie; c'eſt-à-dire, vers 1355.

Ces Regiſtres ſubſiſtoient encore il n'y a pas long-temps; puiſque M. Petit-pied Sous-Chantre & Chanoine de l'Egliſe de Paris, & Conſeiller au Chaſtelet de Paris, les a citez plus d'une fois dans ſon Traité intitulé, *Des prerogatives des Eccleſiaſtiques dans l'adminiſtration de la Juſtice*

NOTES.

(a) Il y a dans le Greffe de la Cour des Aydes, un Manuſcrit qui ſupplée en partie à la perte des anciens Regiſtres. Voy. ſur ce Manuſcrit le 4.e Vol. des Ordonn. p. 201. Note *(a)*.

(b) M. Boulin Conſeiller de la Cour des Aydes, qui travaille à l'Hiſtoire de ſa Compagnie, fixe à cette époque, le temps de l'eſtabliſſement des premiers Generaux des Aydes.

seculiere, imprimé en 1705. & le détail dans lequel il est entré par rapport à ces Registres, ne permet pas de douter qu'il ne les eût eû entre les mains. Il paroist par les extraits qu'il en a tiré, qu'ils contenoient toutes les Ordonnances qui se donnoient par rapport aux Impositions. Il n'y a pas d'apparence que ces Ordonnances se trouvent toutes dans les Registres des autres Jurisdictions; & ainsi il y aura dans nostre Recueil un vuide de prés de cent ans sur cette matiere, si ceux entre les mains de qui ces Registres sont tombez, ne se font un devoir & un honneur de les communiquer, pour contribuer à la perfection d'un Ouvrage qui doit interesser tous ceux qui aiment la Justice, & l'Histoire du droit public du Royaume.

Les Privileges des Villes, des Communautez, des Corps & des Compagnies, font une partie du droit public, & doivent par consequent trouver place dans la nouvelle compilation des Ordonnances. On y inserera ceux de ces Privileges qui se trouvent dans les Registres publics, & ceux qui ont esté imprimez dans les Histoires particulieres des Villes, ou dans d'autres Recueils, lorsqu'on pourra les recouvrer. A l'égard des Pieces de ce genre, qui n'ont point esté inscrites dans des Registres publics, ou qui l'ont esté dans ceux qui se sont égarez, ou desquelles on n'a pû trouver de Copies imprimées, l'on s'est donné bien des mouvements pour avoir des Copies des Originaux qui se conservent dans les Hostels de Ville, & dans les Archives des differentes Communautez; mais ces mouvements n'ont pas eû tout le succès qu'on avoit lieu d'en attendre; & les tentatives inutiles que l'on a faites pour avoir communication de Pieces qui devoient estre dans les Archives de quelques Compagnies celebres de Paris, ont fait connoistre que la plûpart de ces dépots sont en très mauvais ordre. Il seroit bien à souhaiter qu'il se trouvât dans chaque Compagnie du Royaume, quelques personnes qui par zele pour ses interests & pour celuy de l'ordre public, voulussent bien travailler à ranger leurs titres, & en envoyassent ensuite des Copies collationnées & authentiques, à celuy qui est chargé du Recueil des Ordonnances. Ces Copies devenuës publiques par l'impression, acquerroient une espece d'immortalité, & pourroient suppléer dans la suite aux Originaux, dont un grand nombre d'accidents divers peuvent occasionner la perte.

Il y a plusieurs Compagnies dans le Royaume, qui pour differentes affaires ont fait imprimer des Recueils de leurs Privileges: mais comme ces Recueils n'ont point esté vendus, le hazard seul peut les faire recouvrer.

L'interest particulier de ces Compagnies, independamment même de celuy du Public, devroit les engager du moins à me faire tenir ces sortes de Recueils.

MONSEIGNEUR LE CHANCELIER, sous les ordres de qui j'ay l'honneur de travailler, veut bien permettre qu'on luy adresse toutes les Pieces qui sont de nature à entrer dans la compilation des Ordonnances.

Il ne faudra pas toujours mettre au nombre des Ordonnances qui manqueront dans ce Recueil, celles que l'on y cherchera vainement, après les avoir trouvées citées dans des Livres. La vérification que j'ay faite de plusieurs de ces citations, m'a fait connoistre qu'elles sont souvent ou entierement fausses, ou du moins défectueuses. Les fautes d'impression dans des chiffres, sont assez communes, & elles ne peuvent se suppléer : qu'il se soit glissé un chiffre pour un autre dans la date d'une Ordonnance, il est très difficile de la trouver. D'ailleurs les Auteurs qui ont écrit avant le Recueil d'Ordonnances de Fontanon, ne les connoissoient presque que par des Copies manuscrites imparfaites, tronquées & pleines de fautes. Il pourra donc arriver plus d'une fois, que l'on cherche inutilement dans ce Recueil, des Ordonnances qui y seront imprimées à leur rang, parce que l'indication que l'on en aura trouvée, sera fausse. Il me seroit facile d'accumuler icy les exemples de ces sortes de citations; mais je me borneray à deux que je tireray de deux Auteurs qui ont travaillé *ex professo* sur les Ordonnances.

Fontanon a placé sous l'année 1364. plusieurs Articles d'une Ordonnance donnée à Hesdin, en Decembre [a] 1363.

Dans la [b] Table Chronologique des Ordonnances, il y en a une datée du 7. d'Aoust 1360. qui est de 1368. Cette faute a passé dans la compilation chronologique des Ordonnances de M. Blanchard.

a *Voy. le 3.e Vol. des Ordonn. page 651. Note (b).*

b *Page 212. 4.°*

Je profite avec plaisir de l'occasion qui se presente, de rendre justice au mérite de cet ouvrage qui est très-utile, & qui m'est tous les jours d'un grand secours : Je crois cependant devoir remarquer qu'il y a un assez grand nombre d'Ordonnances qui ne sont point indiquées dans cette compilation, & qu'il s'y trouve plusieurs Pieces à qui on ne peut donner le titre d'Ordonnances, parce qu'elles ne sont pas émanées de l'autorité Royale, & qui par cette raison, ne doivent point avoir de place dans ce nouveau Recueil.

Les fautes de la nature de celles que je viens de relever, sont presque inévitables dans de vastes compilations; & malgré l'attention que j'apporte à mon ouvrage, je n'ose me flater qu'il ne m'en échappera pas de semblables.

J'adjoûteray encore icy, qu'une des raisons qui empeschera quelquefois de trouver des Ordonnances citées par des Auteurs, quoyqu'elles soient imprimées à leur rang dans ce Recueil, c'est qu'il y en a d'anciennes qui ont differentes [c] dates. Autrefois on les envoyoit à tous les Baillis & Seneschaux du Royaume, avec des *adresses* differentes, & il paroist qu'on ne les datoit que du jour que l'on les leur envoyoit; ensorte qu'une même Ordonnance avoit autant de dates differentes, qu'on avoit fait d'envoys differents aux Baillis & aux Seneschaux.

c *Voy. la preuve dans le 3.e Vol. des Ordonn. page 307. Note (b).*

Au reste la Table des Matieres que j'ay faite très ample, & aussi exacte qu'il m'a esté possible, remediera à une partie de ces inconveniens.

§. II.

Guerres privées.

[a] L'Ordonnance de Philippe le Bel du 9. Janvier 1303. par laquelle il avoit deffendu absolument les guerres privées dans toute l'estenduë du Royaume, ou ne fut point observée, ou ne le fut pas pendant long-temps.

Les Roys ses successeurs y dérogerent même tacitement, en deffendant les guerres privées, quand il y auroit une guerre publique dans le Royaume : car il résultoit de ces deffenses, que les guerres privées estoient permises de droit ordinaire & commun, quoyque par des raisons particulieres, les Roys jugeassent à propos d'en suspendre l'usage pendant quelque temps.

Le Roy Jean au commencement de son regne, fit publier ces [b] deffenses qui ne paroissoient estre que pour un temps, & elles furent renouvellées plus d'une fois sous son regne : d'abord par l'Article XXXIV. de [c] l'Ordonnance du mois de Mars 1356. où il est à remarquer que ces deffenses sont faites également aux Nobles & aux non-Nobles : car ceux-cy imitoient l'exemple des Nobles, [d] quoyque le droit de declarer & de soustenir une guerre privée [e] n'appartinst dans l'origine qu'aux seuls Gentils-hommes.

Il y a dans cette Ordonnance, plusieurs autres Articles qui regardent les guerres privées.

[e] Par l'Article LVII. les Officiers du Roy sont chargez de les empescher, & il leur est ordonné de se servir du secours du peuple, qui pourra à cet effet s'assembler en armes au son de la cloche.

[f] L'Article VI. porte qu'on n'accordera point de remission à ceux qui n'auront point observé les Treves, [g] les Assûrements & les Paix jurées.

Enfin, l'Article LV. qui est fort embroüillé & fort obscur, a sans doute du rapport aux guerres privées; mais je n'ay rien à adjoûter icy à l'explication que j'en ay donnée dans une [h] Note.

Les Roys de France & d'Angleterre ayant conclu la Paix en 1360. les Nobles crûrent qu'elle suffisoit pour lever les deffenses qui leur avoient esté faites de se faire la guerre les uns aux autres, & qu'ils pouvoient restablir de plein droit, un usage qu'ils prétendoient n'avoir esté que suspendu pendant le cours de la guerre publique : mais le Roy Jean par son [i] Ordonnance du 5. d'Octobre 1361. deffendit à quelque personne que ce fût, d'user de voye de fait, jusqu'à ce qu'il en eust accordé une permission speciale.

Il sembloit que cette Ordonnance dût abolir à jamais les guerres privées

a *Voy. la Preface du 1.er Vol. des Ordonnances, page XXXII. n. 174. & celle du 2.e p. IV.*

b *Ibid. pages VII. & VIII.*

c *Voy. le 3.e Vol. des Ordonn. p. 138.*

d *Voy. la Preface du 2.e Vol. des Ordonnances, p. VIII. n. 24.*

e *Voy. le 3.e Vol. des Ordonn. p. 144.*

f *Ibid. p. 129.*

g *Voy. sur les treves & les paix, la Preface du 1.er Vol. des Ordonn. p. XXV. n. 144. & p. XXVIII. n. 155. & suiv. & sur les assuremens, dans le 3.e Vol. des Ordonn. p. 264. Note (b).*

h *Voy. le 3.e Vol. des Ordonn. p. 144. Note (bbbb).*

i *Ibid. p. 525.*

privées dans le Royaume, puisqu'elle en faisoit dépendre l'usage de la permission des Roys, qui depuis très long-temps avoient pour objet de les abroger entierement.

Cependant deux ans après, le Roy par [a] l'Ordonnance du 5. de Decembre 1363. se contenta de deffendre les voyes de fait pendant que les [b] ennemis seroient dans le Royaume. Cette Ordonnance laissoit entrevoir aux Nobles l'esperance de rentrer dans tous leurs droits, lorsque les ennemis seroient chassez ; & c'est ainsi que les Roys en ont souvent usé par consideration pour la Noblesse. Ils ne vouloient pas interposer leur authorité pour luy oster tout d'un coup une prérogative à laquelle elle estoit fort attachée ; mais ils parvenoient peu à peu à leur but, en se servant du pretexte des guerres publiques qui ont toûjours esté assez frequentes en France, & pendant le cours desquelles la coûtume d'user des voyes de fait, s'abolissoit insensiblement par le non usage.

a *Ibid. p. 647. Art. VIII.*

b *Par ces Ennemis, il faut entendre les Compagnies, sur lesquelles Voy. ibid. p. 435. Note (d).*

L'Article VIII. de l'Ordonnance du 5. Decembre, porte encore que si les Seigneurs dans la jurisdiction desquels demeureront ceux qui y contreviendront, ou leurs Officiers, ne leur font pas leur procès, ils seront assignez eux-mêmes devant le Parlement (pour répondre sur leur negligence.)

Ce fut la derniere Loy que le Roy Jean donna au sujet des guerres privées, & ce Prince mourut quelques mois après.

§. III.

Arriere-ban.

Quoyque la matiere de l'*Arriere-ban* soit très importante & très curieuse, elle n'a cependant pas encore esté aussi approfondie qu'elle le merite, & nos [c] Auteurs même ne s'accordent point entre-eux sur la signification propre de ce mot, & sur la difference qu'il y a entre *Ban* & *Arriere-ban* : mais ils conviennent tous que l'*Arriere-ban* est une proclamation publique par laquelle le Roy ordonne à ses Sujets, de venir le servir dans ses armées.

c *Voy. le Traité du Ban & de l'Arriere-Ban, par la Roque, Ch. 1.*

[d] L'Article XXVI. de l'Ordonnance du 28. de Decembre 1355. contient differentes dispositions par rapport à l'*Arriere-ban.*

d *Voy. le 3.e Vol. des Ordonn. p. 34.*

Il porte, 1.° que le Roy seul en personne & son Fils aisné pourront dans la suite convoquer l'*Arriere-ban* dans le Royaume. On peut conclurre de cette premiere disposition, que quelques autres personnes, comme des Lieutenants du Roy ou quelques autres Officiers principaux, s'estoient arrogé le droit de convoquer les *Arriere-bans*, & cela peut se confirmer par l'Article XXXII. de l'Ordonnance du mois de Mars 1356. dont je parleray un peu plus bas.

2.° Que le Roy n'assemblera l'*Arriere-ban* que dans le cas d'une évidente necessité, & après une mûre déliberation.

Ce qui suit demande une plus longue discussion : Voicy les paroles du texte. *Et pour ce que plusieurs de nos Subgiez ont failli à venir à notre Arriere-ban darrenier fait, Nous avons pardonné & pardonnons toute offense & toutes peine criminelle & civille, que l'en pourroit avoir encouruë pardevers Nous ; à ceuls toutes-voyes qui y avoient envoyé, ou qui y avoient contribué selon l'Ordenance de leurs Villes, ou qui avoient juste cause de excusacion.*

Le sens qui se presente naturellement à l'esprit en lisant ces paroles, c'est que le Roy accorde le pardon, non pas generalement à tous ceux qui ne sont pas venus à l'Arriere-ban ; mais seulement à ceux qui ont envoyé quelqu'un à leur place, ou qui ont payé une certaine somme pour lever des troupes qui tinssent lieu de l'Arriere-ban, ou qui ont eu des excuses legitimes qui les ont dispensez d'y venir.

Or, comme il est certain qu'il estoit libre à ceux qui estoient subjets à [a] l'Arriere-ban, de servir en personne, ou d'envoyer quelqu'un qui les representât, ou de donner de l'Argent pour s'exempter d'y aller, & que ceux qui par leur âge, par leur maladie, &c. estoient hors d'estat de porter les armes, en estoient dispensez : restraindre le pardon à ceux qui estoient dans ces trois cas, c'estoit ne l'accorder à personne ; c'estoit le rendre illusoire ; car ils n'en avoient pas besoin, puisqu'ils n'avoient rien fait que ce qui leur estoit permis par les Reglemens, & par les usages observez au sujet de l'Arriere-ban.

a *Voy. la Roque, p. 2. & le Chap. 8. p. 80.*

J'avoüe que je ne trouve point de solution à cette difficulté : je la propose icy à ceux qui ont estudié nostre Histoire, & je feray charmé que quelqu'un plus habile que moy, me decouvre le sens de ce passage que je n'ay pû trouver.

A la fin du second Article, le Roy declare qu'il n'entend point comprendre dans le pardon qu'il accorde, ceux qui luy doivent le service militaire ou par des titres, ou par son droit ancien & ordinaire, & ceux qui ont retenu & diverti l'argent qui leur a esté donné pour lever des troupes.

Les Titres sont 1.° les Inféodations en vertu desquelles les Vassaux estoient obligez de servir le Roy dans ses armées. 2.° Les Chartres des Communes accordées à de certaines Villes, & dans lesquelles il est presque toûjours porté que les Bourgeois seront sujets à [b] *l'ost & à la chevauchée* ; c'est-à-dire qu'ils seront tenus de suivre le Roy dans ses expeditions militaires.

b *Voy. la Table des Matieres de ce Volume, au mot* Armée.

Par le droit ancien & ordinaire, je croy qu'il faut entendre ce principe fondamental de la matiere feodale ; qui est que tous les Fiefs ont esté accordez à condition du service militaire.

[c] L'Article XXXII. de l'Ordonnance du mois de Mars 1356. renouvelle une partie des dispositions portées par celuy que je viens d'expliquer.

c *Voy. ibid.*

Il y est dit que le Roy seul & son Fils aisné pourront convoquer l'Arriere-ban, & qu'ils ne le feront qu'après une bataille dans le cas d'une évidente necessité, & après une mûre déliberation.

Il est dit aussi dans cet Article, que *par la mauvaise ordonnance de faire crier les Arriere-bans,* plusieurs personnes qui n'y sont point venus, ont esté poursuivies en Justice. J'ay dit dans une [a] Note sur cet Article, que par ces mots, on pouvoit entendre que les convocations des Arriere-bans n'avoient pas esté faites avec les formalitez necessaires, ensorte que plusieurs personnes n'avoient pas sçû qu'ils eussent esté convoquez.

Peut-estre aussi, comme je l'ay déja insinué un peu plus haut, que par ces *mauvaises ordonnances de faire crier les Arriere-bans*, il faut entendre les proclamations publiées par l'ordre de gens qui n'avoient pas le droit de convoquer l'Arriere-ban, & ausquels tous ceux qui estoient tenus au service militaire, n'avoient pas crû estre obligez d'obéïr.

Dans des [b] Lettres données sur une imposition accordée par les Nobles du Vermandois & du Beauvoisis, il est dit que tant qu'elle sera levée, leurs subjets ne seront tenus *à aucune charge pour le fait de la guerre; sauf l'Arriere-ban, s'il écheoit en cas de necessité.*

[c] Cette clause se trouve aussi dans des Lettres touchant une imposition qui devoit estre levée sur les terres de la Reine Jeanne Veuve de Charles le Bel; & dans l'Article V. d'une [d] Ordonnance faite en consequence d'une Assemblée des Estats de l'Auvergne, il est dit que pendant que l'imposition qu'ils avoient accordée subsisteroit, les *Gens des Villes* ne seroient pas contraints à aller à la guerre; *se ce n'est pour cause d'Arriere-ban fait à bonne & juste cause.*

Ces trois Pieces peuvent servir de commentaire aux deux Articles que j'ay examinez plus haut, & il en résulte que quoyque le Peuple payât un subside pour subvenir aux dépenses de la guerre, & pour estre exempt du service militaire, cependant il estoit obligé de se rendre à l'armée, dans les cas de necessité pressante, lorsque le Royaume estoit en danger, & après la perte d'une bataille, ainsi qu'il est marqué expressément dans l'Article XXXII. de l'Ordonnance du mois de Mars 1356.

a La Note (ibid).

b Ibid. p. 677.

c Ibid. p. 677.

d Ibid. p. 680.

§. IV.

Recherches Historiques sur les Estats generaux & particuliers, tenus sous le Regne du Roy Jean.

L'on ne peut ni bien entendre ni bien expliquer la plusspart des Ordonnances, sans connoistre quelle estoit la situation des affaires du Royaume, lorsqu'elles ont esté faites; mais quand il s'agit d'interpreter des Ordonnances données en consequence d'Assemblées des Estats generaux du Royaume, ou des Estats particuliers de quelques Provinces, il faut joindre à la connoissance de l'Histoire generale, celle de ce qui s'est passé dans ces Assemblées.

Comme les éclaircissemens necessaires pour l'intelligence de ces sortes d'Ordonnances qui se trouvent en assez grand nombre dans ce volume, avoient trop d'estenduë pour pouvoir estre renfermées dans des notes, j'ay pris le parti de réünir dans un paragraphe de cette Preface, tout ce qui regarde l'Histoire des Estats tenus sous le regne du Roy Jean.

Mais avant que d'entrer en matiere, il est à propos de placer icy quelques observations préliminaires, sans lesquelles il seroit impossible de bien entendre la forme des Assemblées des Estats, soit generaux soit particuliers, & celles des Ordonnances que les Roys ont données en consequence de ces Assemblées.

Les Estats, soit generaux soit particuliers, sont composez des Deputez des trois Ordres du Royaume, qui sont le Clergé, la Noblesse, & les Deputez des Communautez, qui dans la suite ont esté nommez le *Tiers Estat,* assemblez par l'ordre du Roy qui leur fait sçavoir les raisons pour lesquelles il les a convoquez.

Les Deputez de chacun des trois Estats s'assemblent ensuite en particulier, & ils dressent leur cahier qui contient leurs réponses aux propositions qui leur ont esté faites, & les representations qu'ils croyent devoir faire au Roy.

Ces réponses & ces representations, après avoir esté examinées par les Roys dans leurs Conseils, ont presque toûjours donné lieu à des Ordonnances.

Ces Ordonnances n'ont pas toutes esté adressées aux trois Estats en commun : Les Roys adressoient quelquefois une Ordonnance à chaque Estat en particulier : Quelquefois il y estoit fait mention de l'Assemblée des trois Estats : Quelquefois il n'y estoit parlé que de l'Assemblée de l'Estat auquel elle estoit adressée : Quelquefois même, on donnoit aux Deputez des Villes qui avoient assisté aux Estats, des *Duplicata* ou des copies d'une Ordonnance adressée à ces Villes en particulier, sans qu'il y fust dit un seul mot de l'Assemblée des Estats, en consequence de laquelle elle avoit esté faite.

Il s'en faut bien que tous les Monumens qui regardent les Estats, se soient conservez ou soient connus. Souvent un seul Acte échappé du naufrage, indique une Assemblée d'Estats; car quand même il ne seroit adressé qu'à un seul des trois Estats, il résulte de ce qui vient d'estre dit, qu'il met en droit d'assûrer que des Actes semblables ont esté adressez aux autres Estats, & que par consequent il y a eû une Assemblée d'Estats, à l'occasion de laquelle cet Acte a esté fait.

La preuve de ces observations se trouvera dans les Pieces dont je vais rendre compte, en donnant le détail de ce qui s'est passé dans les Assemblées d'Estats tenuës sous le regne du Roy Jean.

1350. 1352. 1353. 1354. 1355.

La necessité dans laquelle se trouva le Roy Jean, lorsqu'il monta sur

le Trône,

le Thrône, de continuer la guerre contre les Anglois, l'engagea à convoquer tous les ans jusqu'au temps de sa captivité, les Estats generaux du Royaume, ou les Estats particuliers des Provinces qui le composoient alors, pour leur demander les secours dont il avoit besoin.

Tous les Estats tenus depuis 1350. jusqu'au mois de Decembre 1355. sont tellement liez ensemble, qu'il est necessaire d'en réünir l'histoire dans un même article.

Pour mettre de l'ordre, de la clarté & de l'exactitude dans ce que j'en dois dire, je vais d'abord donner l'extrait des Pieces qui regardent ces Estats, & je recueilleray ensuite les inductions qui en résultent.

I. [a] Le Roy estant revenu à Paris le 17. d'Octobre 1350. de Reims où il avoit esté sacré le 26. de Septembre precedent, il adressa le 20. de Novembre 1350. une [b] Lettre à l'Evesque de Laon, par laquelle il luy marque que voulant se servir des conseils des Prélats, des Ducs, des Comptes, des Barons, des Citoyens, & des autres personnes sages de son Royaume, & déliberer avec eux sur tout ce qui peut contribuer à la felicité de ses Sujets, il luy mande à luy & aux autres Prélats de la Province de Reims, de se trouver à Paris le 16. de Fevrier suivant.

II. [c] Dans une Ordonnance du 15. de Mars 1350. le Roy dit qu'il a convoqué à Paris les Communautez de son Royaume: qu'entre celles qui ont esté convoquées, les Procureurs des Citez, Villes & Chasteaux de Carcassone, de Narbonne, de Beziers, d'Alby, d'Agde, de Lodeve, de Limoux, de Castres, de Mirepoix, de S.t Pont, & de douze autres endroits moins connus qui y sont nommez, ont comparu devant luy munis de pleins pouvoirs, & luy ont offert pour un an, un subside de 50000. livres tournois pour estre employé aux dépenses de la guerre: que ces Procureurs n'ayant de pouvoir pour offrir ce subside, que des Communautez qui les ont deputez, ils ont stipulé que l'offre qu'ils faisoient ne les engagera que pour leur contingent; ensorte qu'on ne pourra avoir recours contre elles, pour la part des autres Communautez.

Tel est le précis fidelle du premier Article de cette Ordonnance: il n'est pas clair, & on peut luy donner deux explications.

1.° Les Communautez nommées dans l'Ordonnance, jointes à quelques autres Communautez du voisinage, estant assemblées dans leur pays, ont résolu d'octroyer en commun un subside de 50000. livres.

De ces Communautez, les unes ont envoyé des Deputez aux Estats de Paris, les autres n'en ont pas envoyé.

Les Deputez des premieres estant à Paris, ont offert au Roy leur contingent du subside de 50000. livres; mais ils ont stipulé qu'ils ne seroient pas obligez de payer la portion des autres Communautez qui n'ont pas envoyé des Deputez à Paris.

Cette explication me paroît la meilleure, quoyque la seconde que je vais proposer, semble plus conforme au texte.

[a] *Froissart. l. 1. chap. 153. p. m. 175.*

[b] *Elle est dans le Memorial C. de la Chambre des Comptes de Paris, folio 91. verso.*

[c] *Troisieme Vol. des Ordonnances, p. 674.*

Les Communautez nommées dans l'Ordonnance, ont offert un subside de 50000. livres ; mais elles ont stipulé qu'elles ne seroient pas tenuës de payer un pareil subside pour les autres Communautez.

Cette Piece ne parle que des Communautez des Villes ; mais on ne peut guere douter que les Gens d'Eglise & les Nobles de ces pays, n'ayent aussi assisté à cette Assemblée.

a *Ibid. p. 675.* Dans [a] les Lettres du 29. de Mars 1350. il est dit que dans les convocations faites par le Roy, tant à Montpellier qu'à Paris, sur la réformation du Royaume, les Procureurs de la Ville de Narbonne s'estant plaint des Officiers Royaux, le Roy pour récompenser leur zele par lequel ils se sont distinguez pardessus les autres Communautez, dans l'affaire du *present subside*, a confirmé tous les Privileges de Narbonne.

Cette convocation faite à Montpellier, pourroit bien estre la même Assemblée que celle dans laquelle j'ay supposé un peu plus haut, que les Communautez d'une partie du Languedoc, avoient résolu d'offrir au Roy un subside de 50000. livres.

La date de l'Ordonnance dont je viens de donner le précis, qui est du 15. de Mars 1350. ne permet pas de douter que cette Assemblée tenuë à Paris, à laquelle ces Communautez assisterent, ne soit celle du 16. de Fevrier 1350.

b *Deuxieme Vol. des Ordonnances, p. 393.* III. Dans une [b] Ordonnance du pénultieme de Mars 1350. il est dit que le Roy ayant fait requerir par l'Evesque de Laon, les Nobles, Communes, Eschevinages, & autres Gens des Villes du Bailliage de Vermandois, de luy faire une Aide convenable, ils luy ont accordé en Aide, une imposition de six deniers par livre, sur toutes les Marchandises qui se vendront pendant un an, à commencer du premier jour de May suivant : laquelle imposition sera levée par deux Prud'hommes qui seront *Eslus* par les Commissaires du Roy, avec le conseil des Nobles & des Gens des bonnes Villes.

Les Articles III. & IV. portent que ces Impositions seront données à ferme : d'où il faut conclurre que lorsqu'il est dit plus haut, que ces Prud'hommes *Eslus* leveront cette Imposition, cela signifie seulement qu'ils auront l'inspection sur tout ce qui regarde cette Imposition, laquelle sera levée réellement par les Fermiers qui s'en seront rendus Adjudicataires.

Le reste de l'Ordonnance contient des Reglemens qui apparemment furent faits sur les representations des Nobles & des Deputez des Villes.

L'on ne voit point par cette Ordonnance, si elle fut adressée à la Noblesse & aux Communautez des Villes en general, ou à l'un de ces deux Corps en particulier.

c *Troisieme Vol. des Ordonnances, p. 677.* Mais [c] le 9. d'Avril 1350. le Roy donna une Ordonnance adressée aux Nobles de Vermandois & de Beauvoisin, laquelle contient differentes dispositions qui ne sont pas de mon sujet.

d *Folio 66. verso.* IV. On trouve dans le [d] Memorial C. de la Chambre des Comptes de Paris, une Instruction dressée pour la levée d'un Subside de quatre deniers pour livre sur toutes les marchandises, octroyé au Roy par les Gens des bonnes Villes du Bailliage de Senlis & du Ressort, assemblez le penultieme de Mars 1350. devant Noble homme & puissant M. d'Offemont, & honnorables hommes & discrets, Messieurs le [a] Doyan de Nevers & le Chantre d'Amiens, Conseillers du Roy.

a *Doyen.*

A la fin de ces Instructions, il est dit que les Juges des lieux connoîtront des contestations qui s'éleveront au sujet de ces Subsides, & qu'ils contraindront à le payer, ceux qui refuseront de le faire.

V. [b] La Piece dont je vais rendre compte, est très curieuse, & contient un grand nombre de faits interessans sur les Estats tenus en 1350. Elle est datée du 5. d'Avril 1350. En voicy le précis.

b *Voy. le 2.e Vol. des Ordonn. p. 402.*

Le Roy fit assembler devant luy à Paris, [c] le 16. de Fevrier 1350. les Prelats, les Barons & autres Nobles, les Communautez des bonnes Villes de son Duché de Normandie, *& plusieurs autres de son Royaume,* pour leur demander un Subside qui seroit levé sur eux & sur les autres sujets de ce Duché. Les Prelats le luy accorderent sur le champ: Mais les Députez des Communautez n'ayant pas de pouvoir pour octroyer un Subside, furent renvoyez dans leurs Villes pour en déliberer avec les *Gens d'icelles,* & leur demander des pouvoirs pour l'accorder. Les Nobles y retournerent aussi pour deliber sur cette affaire, avec ceux de leur Estat: apparemment qu'ils n'avoient pas non plus de pouvoirs pour la terminer sur le champ; quoyque cela ne soit pas marqué precisément.

c *Voy. cy-dessus, p. XXI. n. I.*

Le Roy pour épargner aux Nobles & aux Deputez des Villes, les dépenses qu'ils auroient esté obligez de faire, s'il avoit fallu tenir une seconde assemblée devant luy, déclara qu'il envoyeroit dans la Normandie des personnes de son Conseil, pour terminer cette affaire; & le jour de l'assemblée Provinciale fut indiqué au Ponteau-de-Mer, pour le 20. de Mars suivant.

Le Roy nomma Robert Evêque d'Evreux & Simon de Bussi ses Conseillers, pour y assister en qualité de ses Commissaires.

Par la Commission qui leur fut expediée le 2. de Mars 1350. le Roy leur donne la faculté de choisir un *honneste homme* pour tenir la place de l'un ou de l'autre, en cas que l'un ou l'autre ne pût pas vaquer à cette affaire. Il leur ordonne de se transporter au Ponteau-de-Mer, d'y convoquer les Barons & les Nobles, & les Communautez des bonnes Villes de ce Duché & du ressort, & là de proceder à l'imposition du subside, & à la maniere de le lever.

Le Roy leur accorde aussi le pouvoir de reformer sur le champ & sans appel, tous les abus qui peuvent s'estre glissez dans ce Duché, & de reprimer & de punir les excès & les extorsions commises par ses Officiers.

Les Commissaires du Roy se rendirent au Ponteau-de-Mer, & le Dimanche 22. de Mars, une grande quantité de gens de la Ville de Roüen & des autres bonnes Villes de la Normandie, se presenterent

a Les noms des Deputez, & des lieux qui les avoient députez, sont dans la Piece, & ce détail est très curieux.

b C'estoit le 24. de Mars.

devant eux. Les Commissaires ayant exposé aux [a] Deputez le sujet pour lequel ils estoient assemblez, ils demanderent une réponse. Les Deputez demanderent de leur costé, qu'on leur donnât jusqu'au [b] mardy suivant, pour deliberer entre eux sur cette affaire; ce qui leur fut accordé.

Les Deputez s'estant presentez ce jour-là devant les Commissaires, après avoir fait une longue énumeration des pertes qu'ils avoient souffertes par les guerres, les mortalitez, les mutations des Monnoyes, & les Subsides precedemment payez, & après avoir exposé les griefs qu'ils avoient contre les Officiers Royaux, accorderent une Imposition de six deniers pour livre, laquelle devoit commencer au premier de May suivant, & durer un an, & qui devoit estre donnée à ferme *par criées & subhastations au plus offrant, par Villes & par membres.* Les Commissaires, suivant le pouvoir qu'ils en avoient du Roy, firent plusieurs Reglemens pour reformer les griefs dont les Deputez s'estoient plaint.

c C'estoit le 26. de Mars.

d Leurs noms sont aussi dans la Piece.

Le [c] Jeudy suivant, les [d] Nobles du Duché de Normandie comparurent au même lieu, devant les Commissaires qui leur dirent à peu près les mêmes choses que celles qu'ils avoient dites aux Deputez des Villes. Les Nobles demanderent jusqu'au lendemain pour deliberer; & estant revenus le lendemain, ils répondirent que eux *(a) Gui Buchart & Nicolas Barate,* & plusieurs autres Nobles Chevaliers, consentoient que l'Ayde de six deniers fut levée sur leurs hommes justiciables dans leurs Terres & dans leurs Villes. Ils firent aussi quelques demandes. Les Commissaires leur en accorderent quelques-unes; mais comme apparemment ils ne se crurent pas assez authorisez pour statuer sur les autres, les Nobles esturent & députerent quelques-uns d'entre eux, pour comparoistre devant le Roy, le Dimanche de Pasques Fleuries.

Le 5. d'Avril suivant, le Roy confirma ce qui avoit esté fait par ses Commissaires, dans l'Assemblée Provinciale des Estats de Normandie.

e Deuxieme Vol. des Ordonnances, p. 439.

VI. [e] L'Ordonnance du mois de Juin 1351. ne regarde que la Ville d'Amiens.

f C'est-à-dire, Eslu & confirmé à l'Evéché de Lectoure; mais non encore sacré.

Elle confirme des Lettres données à Amiens, le 23. de Mars 1350. par Philippe [f] Eslu *confirmé de Lectour,* Jean de Laude, & Fauvel de Vaudencourt Conseillers du Roy, & ses Commissaires sur le fait du Subside par luy requis pour le fait des guerres, *ès parties* de Picardie, au Bailliage d'Amiens.

On trouve d'abord dans ces Lettres, celles du Roy, par lesquelles il les nomme ses Commissaires pour assembler à Amiens, les Barons & autres Nobles & les Communautez des bonnes Villes de ce Bailliage & du ressort, pour leur demander une Ayde.

NOTES.

(a) Peut-estre que ces deux Nobles furent ceux qui porterent la parole au nom des autres. Il est à remarquer qu'ils ne sont pas nommez entre ceux qui s'estoient presentez la veille devant les Commissaires.

Ces

Ces Lettres de Commiſſion ſont datées du même jour (2. de Mars 1350.) que celles qui furent données aux Commiſſaires envoyez dans la Normandie pour la même affaire, & dont j'ay rendu compte * plus haut, & elles contiennent préciſément les mêmes choſes exprimées dans les mêmes termes : il n'y a que les noms de changez.

* Voy. page xxxiii. n. v.

Les Commiſſaires declarent enſuite qu'en vertu de ces Lettres, ils ont appellé devant eux le Maire & les Eſchevins de la Ville d'Amiens, qu'ils leur ont lû les Lettres du Roy, qu'ils leur ont expoſé ſon intention, & qu'*après pluſieurs paroles traitiez entre leſdits Maire & Eſchevins* & eux, il a eſté accordé que l'on leveroit pendant une année à commencer à la Saint Jean-Baptiſte prochaine, une certaine Impoſition fixée, ſur certaines marchandiſes; & ſur toutes les autres marchandiſes, une Impoſition de quatre deniers par livre, dont la moitié reſteroit entre les mains des Maire & Eſchevins, pour les preſſantes neceſſitez de la Ville.

On ne peut preſque pas douter que le même jour 23. de Mars ou les jours ſuivans, les Barons & les Nobles, & les Communautez des autres Villes du Bailliage d'Amiens, n'ayent eſté aſſemblez dans cette Ville ou ailleurs, par les Commiſſaires du Roy, qu'ils n'ayent accordé une aide ſemblable; que les Commiſſaires du Roy ne leur ayent donné des Lettres pareilles à celles dont je viens de marquer le contenu, & qu'elles n'ayent eſté confirmées par le Roy : mais aucune de ces Pieces ne s'eſt conſervée ; ou du moins n'eſt venuë *(a)* à ma connoiſſance.

VII. On trouve dans le Memorial *C.* de la Chambre des Comptes de Paris,[a] des Lettres de Commiſſion du Roy, datées du 2. de Juin 1352. & adreſſées à l'Evêque du Mans, à M.[e] Maurice Chamaillard Doyen de S.[t] Martin de Tours, & au Seigneur de [b] Mont-Jean Seneſchal d'Anjou & du Mans, pour tenir l'Aſſemblée des Eſtats de ces deux Seneſchauſſées.

a *Folio 115. verſo.*

b *De Monte-Johannis.*

Le Roy dit dans ces Lettres, qu'il a [c] convoqué à Paris à un certain jour, les Prelats, Barons & autres Nobles, les perſonnes Eccleſiaſtiques, & celles des bonnes Villes ou leurs Procureurs; & que l'Aſſemblée s'eſtant trouvé aſſez *(b)* nombreuſe, il leur a fait connoiſtre ſes intentions & les beſoins de l'Eſtat, & que les ayant fait deliberer ſur les propoſitions qui leur avoient eſté faites, il leur a demandé une Aide payable tant par eux que par les autres perſonnes de leurs conditions & par leurs Sujets; & que les Prelats, les Barons & les Nobles luy ont accordé une Impoſition de ſix deniers par livre pour un an, payable par leurs Sujets; & que les Villes luy ont octroyé un ſemblable

c *On ne peut douter qu'il ne s'agiſſe-là des Eſtats du 16. de Fevrier 1350.*

N O T E S.

(a) Il faudra toûjours ſous-entendre cette reſtriction, lorſque je diray dans la ſuite qu'une Piece ne s'eſt pas conſervée.

(b) Multitudine non modica, eis mentis noſtre & propoſiti intencionem aperiri fecimus, factique & negocii neceſſitatem lacius declarari; & eciam prehabita diligenti & matura deliberacione in premiſſis tractari cum tunc preſentibus, tam pro ſe, &c.

Subside, qui a esté regardé comme celuy de tous qui estoit le moins à charge.

Le Roy adjoûte qu'ayant encore besoin du secours de son Peuple, parce que la guerre n'a pû encore estre terminée, il mande à ses Commissaires de se transporter dans la *(c)* Seneschaussée d'Anjou & du Maine, de faire assembler devant eux au jour & dans le lieu qu'ils jugeront à propos, les Prélats, les Barons & les autres Nobles de cette Seneschaussée des anciens & des nouveaux ressorts, avec les personnes Ecclesiastiques & les Habitans des bonnes Villes & Chastellenies, tant ceux qui sont immédiatement soûmis au Roy, que les autres, de leur representer les besoins pressans de l'Estat, & de leur demander une nouvelle Imposition de six deniers pour livre, payable pendant un an, à compter du jour que finira l'Imposition qui a cours presentement.

Le Roy ordonne aux Commissaires d'ajourner devant luy, ceux qui s'opposeront à ses intentions; & il leur donne pouvoir de redresser sur le champ, les griefs qui auront esté faits par les Officiers Royaux, à ses sujets demeurants dans cette Seneschaussée.

Les Estats particuliers de cette Seneschaussée, se tinrent au plustôt vers la fin du mois d'Aoust 1352. car dans le Memorial de la Chambre des Comptes, avant les Lettres de Commission dont je viens de parler, on lit ces mots: *Ista Littera Imposicionis VI. denariorum pro librâ, fuit missa ad Thesaurarios 13.ª Augusti 1352. pro mittendo Commissariis Andegavie & Cenomanie, & aliter fuit (d) eis bis missa, & nichil fecerunt.*

NOTES.

a Recherches, l. 2. ch. 7. p. 79.

[a] *(c)* Pasquier en parlant de l'Aide establie en 1352. & en 1353. dans l'Anjou & dans le Maine, dit que la Reine de Sicile alors Dame d'Anjou & du Maine, soustint que cette Aide ne devoit pas avoir cours sur ses sujets, & que le Roy luy en donna la moitié.

Pasquier s'est trompé. Car en 1352. & en 1353. l'Anjou & le Maine n'appartenoient plus aux Rois de Naple & de Sicile, de la premiere Maison d'Anjou, & ces deux Provinces avoient esté réünies à la Couronne de la maniere suivante.

Charles II. Roy de Naples & de Sicile, Comte d'Anjou & du Maine, &c. donna ces deux Provinces en mariage à Marguerite sa Fille, qui épousa Charles Comte de Valois, qui les transmit à Philippe de Valois son Fils: & ce Prince estant devenu Roy, l'Anjou & le Maine furent réünis à la Couronne: & ce ne fut qu'en Octobre 1360. que le Roy Jean les donna à Loüis son second Fils, qui a esté le chef de la seconde Maison d'Anjou. [b]

b Voy. Du Puy, des Droits du Roy, page m. 696. & l'Hist. Genealog. de la Maison de France, Tome 1.er pp. 100. & 400.

c Voy. cy-dessous, n.° X.

Je crois avoir decouvert la source de l'erreur de Pasquier. Ce sçavant homme ayant vû les [c] Lettres du mois de Janvier 1352. dans lesquelles se trouve le nom de la Reine Jeanne sans aucune autre designation; & sçachant d'ailleurs que cette même année, l'Anjou & le Maine avoient accordé une Aide, son esprit aura esté frappé de l'idée de la Reine Jeanne de Sicile qui regnoit alors, & qui est devenuë très fameuse dans l'Histoire par ses dereglemens & par ses malheurs, & il luy aura appliqué les Lettres du mois de Janvier 1352. sans faire attention que cette Reine Jeanne de Sicile ne possedoit pas l'Anjou & le Maine; & qu'il y avoit alors en France, une autre Reine Jeanne Veuve de Charles le Bel, à laquelle le Roy accorda par ces Lettres du mois de Janvier 1352. la moitié de l'Aide qui devoit se lever sur les terres qui luy avoient esté assignées pour son Doüaire.

(d) Ce mot *eis* est équivoque, & l'on ne sçait s'il se rapporte aux Tresoriers qui ont negligé d'envoyer les Lettres aux Commissaires; ou aux Commissaires qui les ayant reçûës, n'ont point agi en consequence. Ce dernier sens me paroist le meilleur.

VIII. [a] Le Roy ayant fait requerir par Regné de [b] Royecourt Clerc, & Guillaume d'Ambreville Chevalier, ses Conseillers, les Prélats, Chapitres & Gens d'Eglise, les Nobles, les Communes, Eschevinages, & autres Gens des Villes du Bailliage de Vermandois & de Beauvoisis, de luy faire une Ayde, on luy en accorda une de six deniers pour livre, sur les marchandises qui se vendroient pendant un an, à compter du huitieme jour après que le Roy leur auroit accordé une Ordonnance à ce sujet. Au mois d'Aoust 1352. le Roy donna une [c] Ordonnance pour la Noblesse, & une Ordonnance pour les Villes: l'une & l'autre contiennent à peu près les mêmes choses pour le fonds; mais cette derniere est plus estenduë, & est presque en tout semblable à * celle du penultieme de Mars 1350.

[a] *Deuxieme Vol. des Ordonnances, p. 503.*

[b] *Il est nommé* Royecoust *page 505.*

[c] *Deuxieme Vol. des Ordonnances, p. 503.*

* *Voy. cy-dessus, page XXII. n.° III.*

Dans l'Ordonnance pour la Noblesse, il est dit que cette Ayde ne commencera que huit jours après que le Baillif de Vermandois aura donné au Seigneur de Canny, l'Ordonnance par laquelle le Roy confirmera les conditions sous lesquelles cette Ayde a esté octroyée.

Dans les Lettres pour les Villes, il est dit aussi que l'Ayde ne commencera que huit jours après que l'Ordonnance du Roy leur aura esté remise.

Il y a grande apparence que le Roy donna aussi une Ordonnance pour le Clergé en particulier; mais elle ne s'est pas conservée.

Il faut encore remarquer que dans l'Ordonnance du mois d'Aoust 1352. donnée pour la Noblesse, il est fait mention des trois Estats des Bailliages de Vermandois & de Beauvoisis, & que dans celle donnée pour les Villes, il n'est parlé que des trois Estats du Bailliage de Vermandois, desquels seuls il est fait mention dans les Ordonnances du penultieme de Mars 1350. & du mois d'Aoust 1353.

IX. En 1353. les trois Estats du Bailliage de Vermandois, accorderent au Roy une nouvelle Ayde pour un an, à commencer du premier de Septembre. L'Evesque de Laon & le Comte de Roussi furent Commissaires du Roy dans cette Assemblée Provinciale. Le Roy donna au mois d'Aoust 1353. son [d] Ordonnance confirmative de ce qui s'y estoit passé. Elle est adressée aux *(c)* Communautez des Villes. Elle contient à peu près les mêmes choses que celle qui leur fût accordée en 1350. & en 1352.

[d] *Deuxieme Vol. des Ordonnances, p. 529.*

IX. *bis.* Le Roy Jean par ses [e] Lettres du 5. d'Aoust 1353. ordonna à Guillaume Balbet Maistre des Comptes, & au Bailli d'Auvergne d'establir pendant un an, dans la Comté d'Auvergne, une Imposition semblable à celle qui se levoit dans le Pays voisin; & il enjoignit au Gouverneur de cette Comté de permettre la levée de cette Imposition.

[e] *Quatrieme Vol. des Ordonnances. p. 135.*

NOTES.

(c) Especiamment lesdites Communes, Eschevinages & Gens des Villes de nostredit Bailliage de Vermandois.

Il me paroiſt certain que par le *Comté d'Auvergne,* il ne faut point entendre l'Auvergne en general, quoyqu'elle portât alors le titre de Comté; mais [a] une petite portion de cette Province, de laquelle la Ville de *Vic-le-Comte* eſt la Capitale, & qui eſtoit auſſi decorée du titre de Comté. La preuve de ce que j'avance, c'eſt que dans tous les Monuments de ces temps-là que j'ay vûs, dans leſquels il eſt parlé de l'Auvergne en general, cette Province n'eſt jamais nommée *le Comté d'Auvergne,* mais les [b] Bailliages de l'*Auvergne & des Montagnes d'icelle.*

Je ne doute point que par le Pays voiſin du *Comté d'Auvergne,* dont il eſt parlé dans les Lettres du 5. d'Aouſt 1353. il ne faille entendre l'Auvergne proprement dite: Suivant ces Lettres, on levoit donc en 1353. une Ayde dans cette Province; & ſelon toutes les apparences, cette Ayde avoit eſté accordée par des Eſtats particuliers de l'Auvergne, qui s'eſtoient tenus ou en 1352. ou en 1353.

X. Le Roy par ſes [c] Lettres du mois de Janvier 1352. declara que la Reine Jeanne d'Evreux Veuve de Charles le Bel, ayant conſenti que l'on levât pendant un an, une Impoſition de ſix deniers pour livre ſur les Terres qui luy avoient eſté aſſignées pour ſon Doüaire, en cas que ſes ſujets y conſentiſſent, cette Ayde ſera donnée à ferme par ſes Officiers & ceux de la Reine, & que les uns & les autres contraindront à payer, ceux qui refuſeront ou qui differeront de le faire.

Le Roy par ſes [d] Lettres du 2. de Janvier 1352. donna à la [e] Reine Jeanne la moitié de l'Impoſition qui devoit eſtre levée dans les terres de cette Princeſſe.

Si cette Impoſition eût lieu, ce ne fut ſans doute qu'après que les trois Eſtats des Pays aſſignez à la Reine Jeanne pour ſon Doüaire, ſe furent aſſemblez pour l'octroïer: Et ces Eſtats dûrent ſe tenir ou à la fin de 1352. ou au commencement de 1353.

XI. Le 5. de Juillet 1354. le Roy adreſſa des [f] Lettres à l'Eveſque de Laon, au Sire de Montmorency, & à Mathieu de Trie Sire de Fontenay, par leſquelles il leur mande de ſe tranſporter tous trois, ou du moins deux d'entre eux, dans le Bailliage de Senlis, & de faire venir pardevant eux, *en certain lieu ou pluſieurs, à une journée ou pluſieurs,* comme ils le jugeront à propos, les Prélats, Abbez, Prieurs Conventuaux, Barons, Chaſtelains & autres Nobles Hauts-Juſticiers, ayant Juriſdictions & hommes dans le Bailliage de Senlis, & les habitans des bonnes Villes & lieux notables de ce Bailliage, qu'ils croiront devoir eſtre appellez; *& parce que Nous tenons,* ajoûte le Roy, *que l'Ayde de l'Impoſition de ſix deniers pour livre, eſt la moins grèveuſe pour noſtre Peuple, & plus preſte & plus convenable, & ainſi fut deliberé en* [g] *l'Aſſemblée que Nous ſiſmes en noſtre Ville de Paris, le premier an de noſtre Regne, requerez les de par Nous .... qu'ils Nous octroyent ladite Impoſition juſques à un an advenir, en la maniere que octroyé à Nous l'ont en l'an darrenierrement paſſé.*

Le Roy

[a] Du Puy, Droits du Roy, p. m. 208.

[b] Voy. le 3.e Vol. des Ordonn. p. 679.

[c] Troiſieme Vol. des Ordonnances, p. 677.

[d] Quatrieme Vol. des Ordonnances, p. 121.

[e] Voy. cy-deſſus, p. XXVI. Note (c).

[f] Deuxieme Vol. des Ordonnances, p. 557.

[g] Ce ſont les Eſtats du 16. de de Fevrier 1350. Voy. cy-deſſus, p. XXIII. n. V.

Le Roy leur accorde ensuite la faculté de statuer sur les Requestes qui leur seront presentées dans cette Assemblée provinciale.

Il y a grande apparence que l'Assemblée des Estats du Bailliage de Senlis se tint, & qu'ils y accorderent au Roy une Ayde pour un an, semblable à celle qu'ils avoient octroyée le penultieme de Mars 1350. mais on ne peut l'assûrer faute de Monuments. *(a)*.

XII. La même année 1354. nouvelle Aide accordée au Roy par les trois Estats du Bailliage de Vermandois pour un an, à commencer du huitieme jour après que l'Ordonnance confirmative du Roy, aura esté delivrée aux bonnes Gens des Villes. L'Evesque d'Arras, l'Abbé de [a] S.t Maard de Soissons, & le Bailli de Vermandois estoient Commissaires du Roy. L'on n'a que l'Ordonnance qui fut donnée aux Communautez des Villes. [b] Elle est du mois de Decembre 1354. & elle est semblable aux precedentes.

a *S.t Medard.*

b *Deuxieme Vol. des Ordonnances. p. 567.*

XIII. Le Roy ayant fait requerir par M.e Chatard de Mesech Clerc, & Guillaume de Séris Bailli d'Auvergne ses Conseillers, les Prélats, Chapitres & Gens d'Eglise, les Comtes, Barons & Nobles, Communes, Consulats, Consuls & autres Gens des Bailliages d'Auvergne, de luy octroyer pendant un an, une Aide de six deniers par livre, elle luy fut accordée, à commencer du jour que l'Ordonnance confirmative du Roy, seroit delivrée *ausdits Prélats, Nobles, ausdites Communes & autres Gens desdits Bailliages, ou à l'un d'iceux trois (b) Estats.*

Le Roy ayant esté informé par ses Commissaires de ce qui s'estoit passé dans cette Assemblée, donna son [c] Ordonnance confirmative en Avril 1355. au commencement de l'année, immédiatement après Pasques; d'où il faut conclurre que l'Assemblée provinciale s'estoit tenuë en 1354.

c *Troisieme Vol. des Ordonnances, p. 179.*

Il y a dans cette Ordonnance deux dispositions qu'il est important de remarquer.

NOTES.

(a) M. l'Abbé Petit-pied a fait mention de ces Lettres du 5. de Juillet 1354. dans un [d] Livre dont j'ay parlé cy-dessus : mais l'extrait qu'il donne du commencement de cette Piece, est peu exact. Voicy ce qu'il en dit.

d *Voy. p. XIII. L'endroit que je cite icy, est à la page 640.*

Après avoir parlé de l'Ayde establie dans l'Anjou en 1352. il adjoûte :

Le même Roy, deux années après, par d'autres Lettres patentes datées aussi de Paris, du 5. Juillet 1354. commit l'Evêque de Laon, le Sire de Montmorenci, Mathieu de Troye, & le Sire de Fontenay, pour faire continuer pour un an ce Subside ou Aide de six deniers pour livre, par toutes les Provinces du Royaume, avec pouvoir de punir, &c.

L'extrait du reste des Lettres est assez fidelle.

Mais sans s'arrester au nom de Mathieu de *Trie* que M. Petit-pied defigure, & qu'il distingue du Sieur de *Fontenay*, quoyque ce ne soit qu'une seule personne; il est important de remarquer qu'il n'est pas vray que ces trois Commissaires eussent esté nommez pour faire continuer une Aide dans toutes les Provinces du Royaume : leurs Lettres de Commission ne parlent que du Bailliage de Senlis; & l'on verra dans le n.o XII. que le Roy envoya trois autres Commissaires dans le Bailliage de Vermandois qui estoit voisin de celuy de Senlis.

(b) Voilà le premier monument que je connoisse, où les trois Ordres du Royaume, sont nommez les *trois Estats.*

Il eſt dit dans l'Article I I. que le Receveur du Roy en Auvergne, donnera cette impoſition à ferme, & qu'il ſera chargé de faire payer les Fermiers.

L'Article XII. porte, que pour empêcher que le Peuple ne reçoive aucun dommage, les Hauts-Juſticiers feront payer ce qui devra eſtre reçu dans leurs Juſtices, par les Fermiers de l'impoſition, que les pourſuites qui ſe feront à ce ſujet, ſeront faites par leurs Officiers au nom du Roy qui leur en donne pouvoir & authorité par ces Lettres, & que les conteſtations qui s'éleveront par rapport à ſes pourſuites, ſeront jugées ſommairement par les Hauts-Juſticiers; mais que s'ils ne font pas leur devoir, les Juges Royaux prendront connoiſſance de ces affaires.

Ainſi le Receveur du Roy donnoit l'impoſition à ferme: les Officiers des Hauts-Juſticiers dans leurs Juſtices; & en cas de negligence de leur part, les Officiers Royaux faiſoient payer ce qui eſtoit dû au Fermier, & le Receveur du Roy faiſoit payer ce que devoit le Fermier.

XIV. [a] Froiſſart dit que vers Paſques 1355. le Roy envoya dans la Normandie le Dauphin Charles ſon Fils, en qualité de ſon Lieutenant. Ce Prince y fut un an, & les Gens du pays luy accorderent 3000. hommes d'armes pour trois mois.

Je ne doute point que cette Aide ne luy ait eſté accordée par une Aſſemblée des Eſtats de Normandie, tenuë cette année au Chaſteau du [b] Val-de-Rueüil, & ſur laquelle on trouve quelque détail dans Froiſſart, auquel les Chroniques de S.t Denys ſont aſſez conformes dans ce point.

Selon cet [c] Hiſtorien, vers le [d] 5. d'Avril 1355. le Roy ſe faiſit (a) luy-même au Chaſteau de Roüen, de Charles Roy de Navarre, du Comte d'Harcourt & de quelques autres Seigneurs. Entre autres ſujets de plainte qu'il avoit contre le Comte d'Harcourt, il luy reprochoit que dans l'Aſſemblée qui s'étoit tenuë au Chaſteau de [e] Ruel, pour octroyer une Aide, il avoit dit pluſieurs paroles injurieuſes contre luy, & qu'il avoit fait tous ſes efforts pour empêcher qu'elle ne luy fût accordée, [f] quoyque le Duc de Normandie & le Roy de Navarre y euſſent conſenti.

XV. La même année, le Roy donna au mois de Juillet ſon [g] Ordonnance confirmative de l'Aide qui luy avoit eſté accordée par les *Prélats & autres Gens d'Egliſe, les Barons, les Nobles, Communes, & autres Gens des Villes & des parties de tous les pays & contrées d'Anjou & du Mayne, des anciens reſſorts & autres appartenances.*

Elle conſiſtoit dans une impoſition de ſix deniers tournois qui

a *Liv. 1. Chap. 154. p. m. 178.*

b *Preſentement le* Vaudreüil.

c *Ibid. Chap. 156. page 181. Chroniques de S.t Denys, Tome 2. page 167. verſo, col. 2.*

d *C'eſtoit à la fin de cette année qui finit le 23. d'Avril.*

e *Corrigez* Val-de-Rüeil, *comme il y a dans les Chroniques.*

f *Cecy n'eſt que dans les Chroniques.*

g *Troiſieme Vol. des Ordonnances, p. 7. & 682.*

NOTES.

(a) J'ay décrit fort au long cet évenement, dans un Memoire qui eſt dans les Regiſtres de l'Academie des Belles Lettres, pour l'année 1730.

devoient estre levez sur *(a)* [a] chaque [b] Feu pendant le mois de Juillet, d'Aoust & de Septembre. a *Menage. Voy. Ibid. page 685. Art. II. & III.*

Il est dit par cette Ordonnance, que cette Aide sera levée par six Receveurs & Collecteurs, qui seront *Eslus* par les Evesques d'Angers & du Mans, par le Seigneur de Craon en son propre & privé nom, & non en qualité de Lieutenant du Roy dans le pays, par Pierre & Guillaume de Craon, par Brient Seigneur de *Mont-Jehan,* & par deux bourgeois, l'un d'Angers & l'autre du Mans. b *Art. II.*

[c] Que ces Receveurs ou Collecteurs rendront compte de leur Régie, aux personnes cy-dessus nommées qui les auront eslus. c *Art. III.*

[d] Que les deniers provenans de cette Aide, seront employez à la deffense du pays, sur les ordres que donnera le Capitaine du Roy dans le pays, par le conseil & avis des Prélats, Barons & Bourgeois cy-dessus nommez. d *Art. IV.*

[e] Enfin que cette Aide ne commencera à estre levée, que lorsque le Roy aura donné son Ordonnance confirmative. e *Art. VII.*

Il paroît par ces Lettres, que le Comté de Vendosme estoit compris dans le ressort & les appartenances de l'Anjou & du Maine, & que ses Deputez assistoient aux Estats particuliers de ces Provinces. *(b)*

XVI. [f] L'Ordonnance que le Roy donna dans le même mois de Juillet, en consequence d'une Aide conditionelle qui fut octroyée par une partie des habitans du Limousin & des pays voisins, est très singuliere. f *Troisiéme Vol. des Ordonnances, p. 684.*

Elle confirme des Lettres de Jean de Clermont Sire de Chantilly, Mareschal de France, & Lieutenant du Roy dans les pays situez entre les Rivieres de [g] Laire & de la Dordogne. g *Apparemment la* Loire.

Les Lettres du Mareschal de Clermont portent que les Seigneurs, Nobles, Gens d'Eglise, Consuls, Villes, Communes & autres du Limousin & des pays voisins ou la meilleure ou la plus saine partie d'entre-eux, luy ont offert une Aide sous les conditions contenuës dans une *Cedule* qu'ils luy ont presentée, & dont la teneur est rapportée en entier dans ces Lettres.

Il est dit dans cette *Cedule (* ou *Cahier,)* que pour mettre le pays en estat de résister aux efforts des ennemis, les Gens de l'Evesque & du Chapitre de Limoges, les Gens des Abbez de [h] S.t *Marsal* & de *Lesceipt*, les Abbez de S.t Martin & de S.t Augustin de Limoges, les Gens de Monf. de Bretagne Vicomte de Limoges, de Mad.e de Suilluy, le Vicomte de Rochechoüart, les Gens du Vicomte de Cambor, Mess. Racier, les Gens du Seigneur de Pere-Buffiere, les Gens de Mess. Joubert de Mallemort, Mess. h *S.t Martial & l'Esterp, ou l'Eter. Voy. Ibid. page 685. Notes (d. e.).*

NOTES.

(a) Suivant la maniere dont cet article est dressé, l'on conçoit que ces deux sols six deniers devoient se lever sur chaque Feu, tous les jours pendant trois mois.

(b) L'on sçaura par lesdits Evêques d'Angers & du Mans, & par l'Evêque de Chartres, pourtant que l'Evêché de Chartres s'estend en la Comté de Vendôme & ailleurs, ès parties & appartenances dessusdites, quantes Paroisses, &c.

GuyBrun, Meſſ. de Treignac & pluſieurs autres, ſe ſont aſſemblez de leur volonté & propre mouvement, & ſont convenus qu'en cas que les autres Nobles, Villes, Communes & Habitans des pays de Limouſin, [a] Pierregort, [b] Brivois & de la Marche, qui ne ſont pas nommez plus haut, & les lieux voiſins de ces pays, conſentent à payer l'Aide qui ſera énoncée plus bas, ils la payeront auſſi très volontiers.

[c] On adjoûte que cette Aide ſera levée pendant un an, par des *bonnes Gens* eſtablis & nommez par les *Commis* & par les Officiers de Juſtice des lieux, & que les [d] pourſuites & les contraintes pour faire payer cette Aide, ſeront faites par ces Officiers ou par des Commiſſaires & Sergens Royaux; en cas que ces Officiers le requierent, ou negligent de le faire.

Il eſt dit à la fin de cette Cedule, que les Gens d'Egliſe & les Nobles cy-deſſus [e] nommez, ont conſenti à cette Aide ſous les conditions qui viennent d'eſtre marquées : & on adjoûte, que les Conſuls du Chaſteau de Limoges, en leur nom, & au nom des Habitans de ce lieu, ont auſſi conſenti à ce ſubſide, ſous les mêmes conditions; ſuppoſé qu'elles ſoient confirmées par le Roy & par la Chambre des Comptes.

De tout l'Eſtat du peuple, nommé depuis le *tiers Eſtat*, il n'y a que les Conſuls de Limoges qui ſoient nommez dans cette *Cedule*; d'où l'on peut conclurre qu'il n'y eut qu'eux de leur Ordre, qui aſſiſterent à cette Aſſemblée des Eſtats du Limouſin.

Le Mareſchal de Clermont par ſes Lettres données le 16. de Juin 1355. à Limoges, où, ſuivant les apparences, cette Aſſemblée des Eſtats s'eſtoit tenuë, ratifia & approuva tout ce qui eſtoit contenu dans cette *Cedule*, & il y adjoûta, que les Receveurs & Collecteurs deputez par luy ou par d'autres, pour lever cette Aide, rendroient compte à Limoges devant le [f] Capitaine du Limouſin.

Il y a dans l'Article IV. de la *Cedule*, un mot qui demande une explication. Il y eſt dit que l'Aide ſera levée par des *bonnes Gens* eſtablis & nommez par les *Commis* & par les Officiers de Juſtice des lieux. Quels eſtoient ces *Commis*, & par qui eux-mêmes eſtoient-ils eſtablis & nommez ?

Lorſque j'ay fait imprimer cette Piece, j'ay crû que par ces *Commis*, il falloit entendre les Commiſſaires Royaux [g] dont il eſt parlé dans l'Article VII. où il eſt dit que les pourſuites ſe feront par les *Commiſſaires & Sergents Royaux* : mais je me ſuis trompé ; car Commiſſaires & Sergents Royaux ſont là des mots ſynonymes qui ſignifient la même choſe, & on les trouve joints & dans le même ſens, dans pluſieurs Articles de cette Ordonnance.

Or, on ne peut pas dire que l'on ait donné à des Sergents Royaux, le pouvoir de nommer des Collecteurs de l'Aide, deſquels ils recevoient les ordres pour faire des pourſuites contre ceux qui ne payoient pas.

Il y a apparence que ces *Commis* devoient eſtre nommez par le Mareſchal de Clermont : car il dit dans ſes Lettres, que les Collecteurs de l'Aide ſeront nommez par luy ou par d'autres. Or, comme il eſt porté préciſément

a *Perigord.*

b *Pays dont Brive-la-Gaillarde eſt la Capitale. Voyez Ibid. Note (h).*

c *Art. IV.*

d *Art. VII.*

e *Leurs noms ne ſont point repetez.*

f *C'eſt-à-dire*, le Lieutenant du Roy.

g *Voy. p. 685. Note (l) marginale.*

précisément par l'Article IV. de la *Cedule*, que ces Collecteurs seront nommez par les *Commis* & par les Officiers de Justice des lieux, le Mareschal de Clermont ne pouvoit jamais avoir part à la nomination de ces Collecteurs, que parce qu'ils estoient choisis par des Commis qu'il avoit nommez.

L'Ordonnance dont je viens de rendre compte, est la seule Piece qui regarde ces Estats de Limousin, dont j'aye connoissance : ainsi je ne puis dire si cette Aide, qui n'avoit esté octroyée que conditionnellement, fût en effet levée.

XVII. Suivant M. du Tillet, il y eut des Estats generaux tenus en 1352. 1353. & 1354. Voicy ce qu'il dit dans sa [a] Chronique.

1352. 1353. 1354. } *Le Roy de Navarre fit tant envers le Roy, qu'il s'accorde de ne prendre point le dernier jour de Novembre, l'impost qu'il demandoit aux trois Estats; finalement toutesfois il fut octroyé au Roy.*

Quoyque M. du Tillet ne cite point d'authorité, cependant comme il travailloit avec exactitude, on peut s'en fier à son témoignage, & présumer qu'il avoit des preuves du fait qu'il avance. Cependant il est difficile de concevoir pourquoy il le rapporte à trois années de suite. Peut-estre faut-il le rapporter plustost à l'année 1350. lorsque le Roy renvoya dans les Provinces, les Nobles & les Députez des Villes, pour déliberer avec ceux de leur Estat, sur l'Aide qu'il leur demandoit. Peut-estre le Roy vouloit-il les obliger de la luy accorder sur le champ, & que ce fut sur les representations du Roy de Navarre, qu'il consentit à les renvoyer dans leurs Provinces, où s'estant assemblez de nouveau, ils accorderent au Roy ce qu'il leur demandoit.

Mais ce n'est qu'une simple conjecture qui n'est appuyée sur aucun commencement de preuves. Les dates mêmes semblent la réfuter. Car ce ne fut point dans le mois de Novembre, mais dans celuy de Fevrier, qu'en 1350. les Estats generaux se tinrent à Paris.

XVIII. Quoyque les Pieces qui regardent les Estats depuis 1350. jusqu'au mois de Decembre 1355. & dont je viens de rendre compte, soient en assez grand nombre, elle ne suffisent cependant point encore, pour donner une Histoire complette de ces Assemblées. Tout ce que l'on peut faire, c'est de rapprocher & de réünir les circonstances qui sont éparses dans ces Pieces, & de suppléer, conformément à l'observation qui a esté faite [b] au commencement de ce Paragraphe, à celles qui manquent, par celles qui se sont conservées.

Je marqueray exactement à la marge, le numero des Pieces dont j'ay donné l'extrait cy-dessus, & dont je tireray la preuve des faits que j'avanceray.

1350.

XIX. [c] Vers le mois de Novembre 1350. le Roy manda aux Gens d'Eglise, aux Nobles & aux Communautez des Villes de son Royaume,

ESTATS Generaux à Paris.

[a] *Page 108.* in 4.°

[b] *Voy. cy-dessus, p. XX.*

[c] *Voy. cy-dessus, n. I.*

de se trouver à Paris en personnes, ou par Députez, le 16. de Fevrier
1350. suivant : car on ne peut douter qu'il n'ait envoyé à ces personnes & à ces Communautez, des Mandemens semblables à celuy qu'il adressa à l'Evesque de Laon, le 2. de Novembre 1350.

a *Voy. n. V.*

[a] En consequence de ces Mandemens, il se tint à Paris le 16. de Fevrier 1350. une Assemblée generale des Estats de tout le Royaume; c'est-à-dire, de la *Languedoyl* & de la *Languedoc*.

On attendoit alors par la *Languedoyl*, la partie septentrionale de la France, & par la *Languedoc*, la méridionale.

Dans l'estat où estoit le Royaume de France en 1355. on peut concevoir que ces deux parties estoient divisées par la Garonne, depuis son embouchûre jusqu'au bec d'Ambès où elle reçoit la Dordogne, & puis par cette riviere jusqu'aux frontieres de l'Auvergne. Le Roy d'Angleterre maître de la Guienne & de quelques pays circonvoisins, possedoit près de la moitié de la partie méridionale de la France, & la *Languedoc* ne comprenoit que la Province qui porte aujourd'huy ce nom, le *Querci*, & le *Roüergue*.

La preuve des limites qui viennent d'estre establis, se tire, *primo :* De ce que [b] dans une Ordonnance du 12. de Mars 1355. il est dit que le Roy a assemblé les Estats de la *Languedoyl, & deçà la riviere de la Dourdougne*, & de ce que le Comte de Poictiers dans une [c] Ordonnance du 18. de Fevrier 1357. prend le titre de Lieutenant du Roy dans toute [d] l'*Occitanie* par de-là la Dordogne. 2.° De ce qu'il est certain que la haute & basse Auvergne estoient de la *Languedoyl*, puisque les Députez de cette Province assisterent aux [e] Estats de la *Languedoyl*, tenus à Paris en Fevrier 1356.

b *Troisieme Vol. des Ordonnances, p. 689.*

c *Quatrième Vol. des Ordonnances, p. 172.*

d *On donnoit souvent ce nom à la* Languedoc.

e *Voy. plus bas, sur ces Estats.*

[f] On appelloit aussi la *Languedoyl*, le Pays coustumier. Cependant le Lyonnois qui se régit par le Droit écrit, envoyoit aussi ses Députez aux Estats de la *Languedoyl*.

f *Voy. cy-dessous, sur les Estats du 28. de Decembre 1355. du 12. de Mars 1355. & sur ceux du 14. de May 1358.*

Il ne paroît pas que depuis ces Estats de 1350. le Roy Jean ait jamais convoqué dans un même lieu, les Estats de tous les pays soûmis à sa domination. Dans la suite de son regne, les Estats generaux de la *Languedoyl* & ceux de la *Languedoc* se sont assemblez & dans des lieux & dans des temps differens.

ESTATS de la Languedoc, à Montpellier.

g *Voy. n. II.*

XX. [g] Avant l'Assemblée generale des Estats de tout le Royaume tenuë à Paris le 16. de Fevrier 1350. il s'estoit tenu à Montpellier, une Assemblée particuliere des Estats de la *Languedoc*.

Il n'y a rien qui puisse faire présumer qu'il se soit tenu de pareilles Assemblées particulieres dans la *Languedoyl*.

Il y eut quelques Communautez du *Languedoc* qui n'envoyerent pas de Députez à Paris.

On pourroit conjecturer que plusieurs personnes de la *Languedoyl* n'y vinrent pas non plus, sur ce que le Roy Jean dit en parlant de cette Assemblée [h] qu'elle estoit assez nombreuse. Cette expression ne conviendroit

h *Voy. n. VII.*

guere pour désigner une Assemblée generale de tous les Estats du Royaume, si tous ceux qui avoient dû s'y trouver, y estoient venus. 1350.

XXI. Quoyque les Estats de la *Languedoyl* & de la *Languedoc*, se tinssent en même temps à Paris, il y a grand apparence que les Estats de ces deux parties de la France, s'assemblerent séparément : du moins est-il certain qu'ils prirent des résolutions differentes. [a] Celles des Communautez du Languedoc qui avoient envoyé leurs Députez à Paris, offrirent au Roy un subside de 50000. Florins, payable dans le cours d'une année.

a *Voy. n. II.*

Par rapport aux Estats de la *Languedoyl*, l'on ne peut pas, sans une longue discussion, déterminer quel fut le subside qu'ils octroyerent.

Il paroît cependant certain que l'on convint dans les Estats du 16. de Fevrier 1350. ou du moins dans les Assemblées particulieres des Estats de la *Languedoyl*, que l'Impost le moins à charge au Peuple, & le plus facile à lever, [b] estoit une Imposition de six deniers par livre, sur les Marchandises.

b *Voy. n. VII. XI.*

Mais il n'est pas moins sûr que toutes les Provinces de la *Languedoyl* n'accorderent pas un subside égal ; & l'on ne voit pas bien clairement si les differentes Provinces octroyerent leur subside de la même maniere & dans la même forme.

[c] Les Lettres du 2. de Juin 1352. semblent dire bien positivement que les trois Estats accorderent au Roy un subside de six deniers pour livre, dans l'Assemblée generale qui se tint à Paris : mais il est certain qu'il ne faut pas prendre ces termes à la rigueur, puisqu'il est prouvé, 1.° que les [d] Estats de la *Languedoc* accorderent un subside fixe de 50000. Florins. 2.° Que par rapport aux Estats de la *Languedoyl*, ce ne fut point dans cette Assemblée generale, [e] mais dans des Assemblées particulieres, que les Nobles & les Communautez de Normandie & du Bailliage d'Amiens, accorderent ce subside.

c *Voy. n. VII.*

d *Voy. n. II.*

e *Voy. n. VI.*

ESTATS de la Normandie & du Bailliage d'Amiens.

XXII. [f] L'on a vû cy-dessus que dans l'Assemblée generale, le Clergé de la Normandie & du Bailliage d'Amiens, accorda sur le champ une imposition de six deniers ; mais que la Noblesse & les Députez des Villes, remontrerent qu'ils n'avoient pas de pouvoirs de ceux qu'ils representoient, pour accorder cette Aide. Ils furent renvoyez dans les Provinces pour en déliberer avec eux : le Roy les dispensa de revenir vers luy pour terminer cette affaire, & il leur permit de la conclurre dans des Assemblées Provinciales, ausquelles assisteroient de sa part des Commissaires qu'il nommeroit. Ces Assemblées se tinrent, & ces deux Ordres y accorderent un subside de six deniers pour livre.

f *Ibid.*

ESTATS du Bailliage de Vermandois.

La même chose arriva sans doute par rapport au Bailliage de Vermandois. En voicy la preuve. [g] C'est que les Estats particuliers de ce Bailliage, assemblez vers le mois de Mars 1350. ne furent composez que des Nobles & des Communautez : le Clergé ne s'y trouva pas. La raison n'en est pas difficile à découvrir : c'est que dans l'Assemblée generale

g *Voy. n. III.*

1350. tenuë à Paris, il avoit octroyé un subside auquel les Nobles & les Communautez n'avoient pû donner leur consentement sur le champ, faute de pouvoirs.

ESTATS du Bailliage de Senlis.

a Voy. n. IV.

[a] Les Estats du Bailliage de Senlis furent assemblez le pénultieme de Mars 1350. & ils accorderent un subside. Cette affaire n'avoit donc pû estre consommée dans l'Assemblée generale de Paris, & par consequent ils estoient dans le cas des Estats de Normandie & de ceux du Bailliage du Vermandois & d'Amiens.

Dans les Pieces qui nous restent, on ne trouve aucun fait particulier sur les Estats des autres Provinces & des autres Bailliages de la France, par rapport à l'année 1350.

Il résulte de ce qui vient d'estre dit, que les Nobles & les Communautez de la Normandie, & ceux des Bailliages d'Amiens, du Vermandois & de Senlis; c'est-à-dire de toute la Picardie, n'ont point accordé de subside dans l'Assemblée generale tenuë à Paris au mois de Fevrier 1350. mais dans des Assemblées Provinciales.

Or, en 1350. la Normandie & la Picardie composoient la plus grande partie de la *Languedoyl*, parce qu'alors la Bretagne & la Bourgogne n'estoient pas soûmises immédiatement au Roy.

On pourroit donc présumer avec assez de vray-semblance, que les Nobles & les Communautez des autres Provinces & des autres Bailliages de la *Languedoyl*, tinrent aux Estats de Paris la même conduite que ceux de la Normandie & de la Picardie : mais on ne doit pas l'assûrer, faute de preuves positives. L'on peut voir ce qui sera dit cy-dessous sur l'Anjou & sur le Maine, numero XXVII.

b Voy. n. VI.

XXIII. Il est important de remarquer que les Nobles & les Communautez du Bailliage [b] d'Amiens, n'accorderent qu'un subside de quatre deniers pour livre, dont même la moitié devoit tourner au profit de cette Ville en particulier, pendant que les Estats des autres Provinces & des autres Bailliages, du moins ceux dont il est fait mention dans les Pieces qui se sont conservées, en octroyerent un de six deniers pour livre, qui devoit estre employé en entier pour les dépenses de la guerre. Il faut cependant excepter les Estats du Bailliage de Senlis, qui n'accorderent non plus qu'un subside de quatre deniers, & les Estats d'Anjou & du Maine tenus en 1355.

c Registre 87. Piece 92.

Il y a dans le Tresor des Chartres, [c] des Lettres de Charles Regent le Royaume, du mois d'Octobre 1358. dans lesquelles il est dit qu'il y a environ *huit ou sept ans*, [c'est-à-dire vers 1350. ou 1351.] que certaines personnes de la Ville de Roüen, firent entre-elles une espece de ligue & de conspiration pour maltraiter & tuer les personnes establies *de par nostredit Seigneur* [le Roy Jean,] dans la Ville de Roüen, pour y lever une Aide, qui *pour lors* avoit esté accordée par les bonnes Villes du Duché de Normandie, & particulierement par la Ville de Roüen, & que plusieurs de ces criminels de leze-Majesté furent pris & justiciez.

On

On trouve dans le même dépost, [a] d'autres Lettres de Charles Regent le Royaume, du mois de Mars 1359. qui portent qu'il y a environ dix ans ou onze, [c'est-à-dire en 1349. ou 1348.] que l'on establit deux Impositions dans la Ville de Roüen ; l'une de six deniers pour livre qui devoit estre levée au *profit de (a) Monsʳ* [le Roy Jean ;] & l'autre de huict deniers pour livre, qui devoit tourner au profit de la Ville de Roüen ; que le *commun* de ladite Ville consentit à payer l'imposition de six deniers pour livre ; mais refusa de payer celle de huict deniers pour livre ; que les grands Bourgeois de la Ville ayant voulu le forcer à la payer, il s'éleva dans la Ville une grande rumeur, & un *descort* entre les grands Bourgeois & le commun, qui fit aux Bourgeois certaines *injures, villenies & desobeissances ;* & que *Monsʳ* envoya à Roüen des Commissaires qui firent punir du dernier supplice plusieurs personnes du *commun*. 1350.

a *Mesme Reg. Piece treize-vingt sept.* [267.]

Je ne doute pas que ce ne soit le même fait dont il est parlé dans ces deux Lettres : car les circonstances qui ne se trouvent que dans l'une & dans l'autre, quoyque differentes, ne sont pas contraires. A la verité, les premieres Lettres parlent d'un fait arrivé en 1350. ou 1351. & les secondes d'un évenement qui s'est passé en 1349. ou 1348. mais il est certain, par ces dernieres Lettres mêmes, que ceux qui ont fourni des Memoires pour les dresser, se sont trompez sur la date : car puisque cette Aide avoit esté establie pour estre levée au profit du Roy Jean, elle n'a pû estre establie avant 1350. puisqu'il n'a commencé à regner que cette année là ; d'où il suit que les faits rapportez par ces Lettres, n'ont pû arriver en 1348. ou 1349. mais tout au plustost en 1350.

Ces Lettres, mais principalement les premieres, apprennent que vers 1350. les Villes de Normandie, & la Ville de Roüen en particulier, accorderent une Aide : mais il est impossible de décider, si c'est la même qui fut establie par [b] l'Ordonnance du 5. d'Avril 1350. Ce qui pourroit en faire douter, c'est que l'Aide imposée par cette Ordonnance, n'estoit que de six deniers par livre ; au lieu que celle dont il est parlé dans les Lettres de 1358. & de 1359. estoit de six deniers pour le Roy, & de huict deniers pour la Ville de Roüen : mais on pourroit répondre que cette Ville obtint peut-estre des [c] Lettres particulieres, par lesquelles l'Aide de huict deniers par livre fut establie à son profit, & que ces Lettres ne se sont pas conservées.

b *Voy. cy-dessus, n. VI.*

c *Voy. cy-dessus, n. XX.*

1351. 1351.

XXV. Il y a grande apparence qu'il ne s'est point tenu d'Estats pendant le cours de cette année. Ceux de Paris avoient commencé le 16. de Fevrier de l'année precedente, & par consequent vers la fin de l'année, dont le dernier jour fut en 1350. le 16. d'Avril veille de Pasques. Les

NOTES.

(a) *Monsieur* ou *Monseigneur.* C'est le titre que le Regent Charles donnoit ordinairement au Roy Jean son Pere, lorsqu'il parloit de luy dans des Lettres Royaux.

1351. Estats particuliers de la Normandie & des Bailliages du Vermandois, d'Amiens, & de Senlis, se tinrent dans le cours du mois de Mars. [a] Le subside qui fut accordé dans ces Estats, devoit durer un an. Celuy qui fut octroyé par les Nobles & les Communautez de la Normandie & du Bailliage du Vermandois, [b] ne devoit commencer qu'au premier de Mars 1351. & ne devoit par consequent cesser qu'au premier de Mars 1352. & celuy qu'accorderent le Maire & les Eschevins d'Amiens, [c] ne devoit finir qu'au jour de la Nativité de S.t Jean Baptiste de cette année. Il estoit naturel d'attendre que ces subsides fussent expirez ou du moins sur leurs fins, pour en demander de nouveaux; & par consequent il ne dût pas estre necessaire d'assembler les Estats pendant l'année 1351.

a Voy. n. V. VI.

b Voy. n. V. & III.

c Voy. n. VI.

XXVI. Soit qu'il eût esté reglé aux Estats de Paris du 16. de Fevrier 1350. qu'on n'assembleroit pas d'Estats generaux les années suivantes, & que l'on se contenteroit de convoquer des Assemblées Provinciales, soit que le Roy par luy-même eut jugé que cela estoit plus convenable, on ne trouve aucune trace d'Assemblées d'Estats generaux pendant les années 1352. 1353. 1354. & la plus grande partie de 1355. & plusieurs Pieces prouvent qu'il s'est tenu des Assemblées Provinciales pendant le cours de ces années.

1352.
ESTATS des Seneschaussées de l'Anjou & du Mans.
d Voy. n. VII.

1352.

XXVII. [d] Le 2. de Juin 1352. le Roy donna des Lettres de Commission pour assembler les Estats particuliers des Seneschaussées d'Anjou & du Mans. Il rappelle dans ces Lettres ce qui s'est passé dans les Estats de Paris de 1350. où on octroya une Aide pour un an, & il ordonne à ses Commissaires de demander aux Estats de l'Anjou & du Maine, une nouvelle Imposition de six deniers pour livre, payable pendant un an, à compter du jour que finira l'Imposition qui a cours presentement.

Ces Lettres prouvent évidemment, que soit dans les Estats generaux de Paris de 1350. soit dans une Assemblée particuliere tenuë en consequence, [e] ce qui est beaucoup plus vray-semblable, les Estats d'Anjou & du Maine avoient accordé pour un an, une Aide qui ne commença que depuis le 2. de Juin 1351. puisqu'à pareil jour de l'année 1352. elle avoit encore cours.

e Voy. n. XXII.

Peut-estre en avoit-on fixé le commencement au jour de la S.t Jean-Baptiste, comme on avoit fait dans les Estats du Bailliage d'Amiens.

Il n'y a pas de preuves positives que les Estats d'Anjou & du Maine se soient tenus; mais on ne peut raisonnablement en douter.

ESTATS du Bailliage de Vermandois.
f Voy. n. VIII.

XXVIII. [f] Cette même année se tinrent les Estats particuliers du Bailliage du Vermandois & du Beauvoisis. Les Gens d'Eglise y assisterent, parce que le temps pour lequel ils avoient octroyé une Aide aux Estats de Paris de 1350. estant expiré, il falloit qu'ils donnassent leur consentement au nouveau subside qui fût accordé dans ces Estats de 1352. Ces deux Pieces sont les seules que je connoisse, sur les Estats particuliers tenus pendant cette année.

Il est presque certain cependant, que de pareilles Assemblées furent convoquées dans les autres Provinces & dans les autres Bailliages de la France ; mais les Actes qui pourroient le prouver, ou ne subsistent plus, ou sont encore inconnus. 1352.

Je n'ay rien trouvé sur les Estats de l'Anjou & du Maine, qui, [a] suivant toutes les apparences, furent assemblez en 1350. mais l'on a vû cy-dessus, qu'il s'est conservé plusieurs Actes qui ont rapport aux Estats tenus pendant cette année, dans la Normandie, dans le Bailliage de Senlis, & à Amiens. Il n'y a aucun vestige des Estats qui se sont vraysemblablement tenus dans cette Province, dans ce Bailliage, dans cette Ville & ailleurs en 1352. mais en recompense, une Piece indique une Assemblée des Estats de l'Anjou & du Maine dans cette année.

[a] *Voyez n. XXVII.*

Tous ces Actes se prêtent heureusement un mutuel secours. On supplée à ceux qui manquent, par ceux qui restent, & on tire de ceux-cy des inductions qui sont plus ou moins certaines, suivant les differentes circonstances.

Cette remarque doit aussi avoir son application à ce que je vais dire sur les Estats tenus pendant l'année 1353. & les deux suivantes.

1353.

1353.

XXIX. [b] Nouvelle Aide pour un an, à commencer du premier Septembre de cette année, accordée par les trois Estats du Bailliage de Vermandois. — ESTATS du Bailliage de Vermandois.

[b] *Voy. n. IX.*

XXX. [c] Les Estats du Bailliage de Senlis s'assemblerent sans doute cette année, puisqu'en 1354. le Roy leur fit demander une Aide semblable à celle qu'ils avoient accordée l'année precedence. — ESTATS du Bailliage de Senlis.

[c] *Voy. n. XI.*

XXXI. On peut aussi présumer qu'il se tint cette année des [d] Estats dans l'Auvergne, & dans les pays assignez à la Reine Jeanne pour son Doüaire. *(b)*

[d] *Voy. n. IX. bis, & n. X.*

1354.

1354.

XXXI. *bis.* Les [e] trois Estats du Bailliage de Vermandois octroyerent à l'ordinaire pour un an, une Aide qui ne devoit commencer que huit jours — ESTATS du Bailliage de Vermandois.

[e] *Voy. n. XII.*

NOTES.

(b) M. Du Cange dit dans son Glossaire, au mot *Auxilium*, qu'il y a à la Chambre des Comptes de Paris, un Registre de l'Anjou, *in Regesto rerum Andegavensium*, où au fol. 72. on trouve des Lettres du Roy Jean, données au sujet de l'Aide octroyée en 1353. par les Nobles, le Clergé & les gens du peuple de l'Anjou & du Maine. J'ay vû à la Chambre des Comptes plusieurs Registres de l'Anjou ; mais je n'y ay point trouvé les Lettres citées par M. Du Cange.

Depuis que l'on a commencé à imprimer cette Preface, j'ay trouvé une indication de Lettres du Roy Jean du mois d'Avril 1353. sur une Aide accordée par ces trois Estats de l'Anjou, lesquelles sont au Tresor des Chartres, Registre 118. Piece 158. Il ne m'a pas esté possible d'avoir ce Registre assez à temps pour rendre compte icy de cette Piece ; si je peux l'avoir, comme je l'espere, avant que ce Volume soit achevé d'imprimer, je donneray le précis de ces Lettres, ou à la fin de la Preface, ou dans l'*Errata*.

1354. après que l'on leur auroit remis l'Ordonnance par laquelle le Roy confirmeroit ce qui avoit esté fait dans leur Assemblée.

L'Ordonnance du Roy est datée du mois de Decembre 1354.

ESTATS du Bailliage de Senlis. a Voy. n. XI.

XXXII. [a] Il y a tout lieu de croire que les trois Estats du Bailliage de Senlis, furent aussi assemblez cette année.

ESTATS des Bailliages d'Auvergne & des Montagnes. b Voy. n. XIII.

XXXIII. [b] Il faut aussi rapporter à l'année 1354. l'Assemblée des trois Estats des Bailliages d'Auvergne & des Montagnes, dans laquelle ils octroyerent pour un an, une Aide de six deniers pour livre; puisque l'Ordonnance confirmative du Roy, est du commencement de l'année 1355. immédiatement après Pasques.

1355.

1355.

ESTATS de Normandie. c Voy. n. XIV.

[c] XXXIV. Il se tint au commencement de cette année vers Pasques, une Assemblée d'Estats dans la Normandie, de laquelle j'ay rendu compte plus haut.

ESTATS de l'Anjou & du Maine. d Voy. n. XV.

XXXV. [d] Le Roy, par une Ordonnance du mois de Juillet suivant; confirma une Aide qui avoit esté octroyée par les trois Estats de l'Anjou & du Maine. Elle consistoit dans une Imposition de six deniers tournois, qui devoit estre levée sur chaque Feu pendant les mois de Juillet, d'Aoust & de Septembre. Cette Aide est d'une nature differente de celle qu'ils avoient accordée en 1350.

ESTATS du Limousin. e Voy. n. XVI.

XXXVI. J'ay donné [e] cy-dessus un détail très estendu de ce qui se passa dans l'Assemblée des trois Estats d'une partie du Limousin & des pays voisins, qui se tint vers le commencement du mois Juin de cette année.

f Voyez n. XXVI.

XXXVII. [f] J'ay déja remarqué qu'il ne paroît pas qu'il se soit tenu d'Estats generaux depuis le 16. de Fevrier 1350. jusques vers la fin du mois de Novembre 1355. Pendant cet intervalle, le Roy se contenta de faire assembler les Estats particuliers des Provinces ou des Bailliages. Mais vers la S.t André de l'année 1355. il jugea à propos de convoquer les Estats generaux de son Royaume de la *Languedoyl*.

XXXVIII. Avant que de m'engager dans le recit de ce qui se passa dans cette Assemblée, je crois devoir placer icy quelques remarques sur la forme qui s'observoit pour la convocation & pour la tenuë des Assemblées particulieres. Elles seront toutes tirées des Pieces dont j'ay donné le précis plus haut.

Le Roy nommoit d'abord par des Lettres (patentes,) des Commissaires à qui il donnoit pouvoir de convoquer ces Assemblées & d'y assister
g Voy. n. XVI. en son nom; & il leur accordoit quelquefois la faculté de [g] nommer une autre personne pour remplir la place de l'un d'entre-eux.

Ces Commissaires avoient aussi la liberté d'assembler les trois Ordres dans un même lieu, ou chaque Ordre particulier dans des lieux differens, & de les convoquer ou tous ensemble le même jour, ou chaque Ordre en particulier à des jours differens. C'est ainsi que dans l'Assemblée de la Normandie

Normandie en 1350. les [a] Députez des Villes furent assemblez le 22. de Mars, & les Nobles le 27.

1355.
a *Voy. n. v. XI.*

Les trois Ordres lors même qu'ils estoient convoquez dans le même lieu, formoient des Assemblées particulieres dans des Chambres séparées. Ils faisoient aussi leurs déliberations, & ils presentoient des requestes séparément. C'est la raison pour laquelle le Roy après la fin de ces Assemblées, donnoit des Lettres de confirmation de ce qui y avoit esté conclu, à chaque Ordre en particulier, [b] comme on l'a remarqué plus haut. Il en donnoit même quelquefois aux membres particuliers qui formoient les differens Ordres. [c]

b *Page xx.*

c *Voy. n. vi.*

ESTATS de la Languedoc, à Paris.

XXXIX. Passons maintenant aux Estats tenus dans le mois de Novembre 1355. *(a)*.

Vers la Saint André 1355. le Roy assembla à Paris, les Estats generaux de la *Languedoyl* ou Pays coustumier.

Froissart & l'Auteur des Chroniques de Saint Denys, ont parlé avec assez d'estenduë de ces Estats ; & l'Ordonnance du [d] 28. de Decembre 1355. qui fut dressée sur ce qui y avoit esté conclu, servira de supplément à ce qu'ils en ont dit.

Suivant [e] Froissart & la [f] Chronique de Saint Denys, [g] environ la Saint André, les Prelats, les Chapitres, les Barons, & les Bourgeois des bonnes Villes du Royaume de France [h], furent convoquez à Paris, par le commandement du Roy.

L'Assemblée se tint dans la Chambre du Parlement, le Mercredy après la Saint André. Pierre de la Forest [i] Chancelier de France & Archevêque de Roüen, après leur avoir exposé que le Roy se trouvoit engagé dans une guerre longue & cruelle, les requit de déliberer sur l'Ayde qu'ils pourroient luy accorder, pour le mettre en estat de la soustenir.

Les trois Ordres; sçavoir, [k] le Clergé par la bouche de Jean de Craon Archevesque de Reims, les Nobles par celle du *(b)* Duc d'Athenes, & les bonnes Villes par celle d'Estienne [l] Martel Prevost des Marchands de la Ville de Paris, demanderent & obtinrent permission de deliberer *(c)* ensemble.

Leur déliberation estant faite, ils se presenterent devant le Roy dans la même Chambre du Parlement, & luy offrirent par la bouche de

d *Troisième Vol. des Ordonnances, p. 19.*

e *Froissart, l. 1. chap. 155. page 179.*

f *Chroniques de S.t Denys, Tome 2. fol. 166. verso, col. 1.*

g *Les Chroniques de S.t Denys disent que les Estats furent convoquez au jour de S.t André même.*

h *Il falloit ajoûter, de la* Languedoyl *& Pays coûtumier. Voyez cy-dessous, dans l'extrait de l'Ordonnance du 28. de Decembre.*

i *Chroniques de Saint Denys,* ubi supra.

k *Chroniques de Saint Denys,* ibid.

l *Ou* Marcel.

NOTES.

(a) [a] M. de Boulainvilliers a traité avec assez d'estenduë, ce qui regarde les Estats tenus en 1355. en 1356. & dans les années suivantes : mais sans parler des reflexions qu'il a faites sur cette matiere, il y a tant d'inexactitude dans les faits, & tant de conjectures hazardées dans cette partie de son Ouvrage, que j'ay abandonné le dessein que j'avois formé d'abord de l'examiner icy en détail.

a *Histoire de l'ancien gouvernement de la France, Tome 2. Lettre 9. p. 203.*

(b) Il se nommoit *Gautier VI.e Comte de Brienne.* Il fut fait Connestable de France peu de temps après. *Voy. Histoire Genealogique de la Maison de France, par les PP. Ange & Simplicien, Tome 6. page 165.*

(c) Ce mot *ensemble* est équivoque, & il peut signifier que les Députez des trois Estats se réünirent pour former une deliberation commune; ou bien, que les Députez de chaque Estat s'assemblerent pour consulter entre eux sur la reponse qu'ils avoient à faire.

1355. ceux qui avoient déja porté la parole en leur nom, d'entretenir pendant une année, trente mille hommes d'armes à leurs dépens. Cette depense fut estimée *(a)* cinquante mille livres Parisis. Pour y subvenir, les Estats accorderent la levée d'une Imposition.

Ce qui regarde cette Imposition, n'est pas à beaucoup près si bien détaillé dans les Historiens, que dans [a] l'Ordonnance *(b)* du 28. de Decembre : en voicy le précis. Le Roy ayant fait appeller & assembler les bonnes Gens de son Royaume de la *Languedoyl* & du Pays coûtumier, de tous les trois Estats; c'est à sçavoir, Archevesques, Evesques, Abbez & Chapitres, Nobles de son sang & autres, Ducs, Comtes, Barons, Chevaliers; & aussi des Bourgeois & Habitans des Citez, Châteaux & bonnes Villes de son Royaume, il fut résolu de lever des troupes considérables par terre & par mer; & pour payer ces troupes, *(c)* d'establir une Gabelle sur le sel, & de mettre une Imposition de huit deniers par livre, sur toutes les choses qui seroient venduës dans le Pays coûtumier; excepté les biens immeubles.

a *Troisieme Vol. des Ordonnances, p. 21.*

L'Article II. de cette Ordonnance, porte que les Estats generaux choisiront neuf personnes; à sçavoir, trois de chaque Estat, pour avoir dans toute la *Languedoyl,* l'inspection generale sur la levée de cette Imposition, & pour estre *Superintendans* sur tous ceux qui en seront chargez; & des Commissaires ou Députez particuliers dans les differentes Provinces, lesquels auront l'inspection sur la levée de l'Ayde dans l'estenduë de leurs departemens. *(d)*.

NOTES.

(a) [a] Dans l'abbregé que Sala a fait de Froissart, il y a *cinquante cent mille livres;* c'est-à-dire, cinq millions. Sauvage Editeur de Froissart, dit que cette leçon est preferable. Cela est indubitable, & peut même se démontrer.

Cette Ayde estoit destinée à entretenir 30000. hommes d'armes pendant un an. Or dans ce temps-là, la solde d'un homme d'armes estoit d'un [b] demi-escu par jour. L'escu fut fixé à vingt sols par des [c] Lettres du 30. de Decembre 1355. deux jours après la clôture des Estats. La solde d'un homme d'armes estoit donc de dix sols par jour : ainsi 30000. hommes d'armes coutoient par jour 15000. livres; & un Subside de 50000. livres n'auroit pas suffi pour les entretenir pendant quatre jours; au lieu que 15000. livres par jour, font à peu près cinq millions par an.

(b) [d] Pasquier date mal cette Ordonnance du 22. de Decembre 1355.

(c) Dans l'Ordonnance du 12. de Mars 1355. il est dit que l'imposition de huit deniers pour livre & de la Gabelle du Sel, fut accordée *par la plus grande partie* des personnes des trois Estats. Voy. le 4.e Vol. des Ordonn. p. 172.

(d) [e] Sauval, après avoir parlé de l'Ordonnance du 28. de Decembre 1355. adjouste, qu'*en consequence de cette Ordonnance, les Eslus de chacun ordre furent choisis dans chacun Bailliage, & les neuf Generaux furent pris de même des trois Estats, avec titre de Surintendance. Ces neuf Magistrats ausquels l'administration de la Justice des Aides fut commise, furent; sçavoir, du corps du Clergé, l'Evêque de Dol, l'Abbé de Bonneval & Pierre Dragant; du corps de la Noblesse, le Comte de Forests, le Sieur de Renel & le Sieur de [f] Loups; & du tiers Estat, Humbert de Lyons, Jean de Saint Benoist & Maurice d'Espernon.*

Cet establissement, continuë-t-il, *fut confirmé dans une assemblée des Estats generaux du Royaume, qui fut convoquée en l'année suivante vers la Saint André, en 1356. de l'authorité du Dauphin Duc de Normandie, à cause de la retention du Roy Jean son Pere prisonnier en Angleterre.*

a *Voyez dans Froissart, ibid. p. 179. à la marge.*

b *Troisieme Vol. des Ordonnances, p. 102. p. 227. XIV. & p. 228. XV.*

c *Voy. ibid. p. 37.*

d *Recherc. l. 2. ch. 7. p. m. 79.*

e *Histoire des Antiquitez de la Ville de Paris. T. 2. p. 397.*

f Loupy. *Voy. la Table des personnes, qui est à la fin de ce Volume, au mot* Loupy.

Il fut aussi resolu que [a] les trois Estats se rassembleroient à Paris au premier de Mars suivant, pour entendre le compte des deniers qui auront esté levez : & que là en presence des Gens du Conseil du Roy, les Députez des trois Estats declareroient à quelle somme auroient monté la Gabelle & l'Imposition, afin que si ce fonds n'estoit pas suffisant pour soustenir les depenses de la guerre, les trois Estats pussent augmenter la Gabelle, ou accorder quelques autres Impositions d'un commun consentement; sans que deux des Estats, s'ils estoient du même avis, pussent lier le troisieme. 1355. a *Art. VI.*

[b] Il fut aussi conclu que l'Imposition ne dureroit qu'un an, & que les Estats se rassembleroient à Paris à la Saint André prochaine, pour accorder en cas que la guerre ne fût pas finie, de nouveaux Subsides pour la continuer, lesquels n'auroient lieu qu'en cas que les trois Estats y donnassent leur consentement d'un commun accord. b *Art. VII. XXVII.*

Il est fait mention dans le [c] Memorial *D.* de la Chambre des Comptes de Paris, du premier compte que [d] *Pierre Chapelu* rendit de l'Imposition qui commença à estre levée dans la Ville & Vicomté de Paris, le 2. de Janvier 1355. C'est sans doute celle qui fut establie par l'Ordonnance du 28. de Decembre precedent. c *Fol. 82. recto.* d *Voy. sur Pierre Chapelu, p. suiv.*

NOTES.

Le Roy estant de retour en France, en consequence du Traité conclu à Bretigny le 24. Octobre 1360. confirma par des Lettres patentes qui furent registrées en la Cour des Aydes, la Jurisdiction des Eslus & des Greniers en premiere Instance, & celle des Surintendans generaux establis à Paris, en dernier ressort & sans appel.

Sauval avoit vû beaucoup d'anciens titres; mais ceux qui se sont chargez de donner au public ses Memoires ausquels il n'avoit pas mis la derniere main, l'ont fait avec tant de negligence & tant d'inexactitude, que l'on ne peut guerres se fier à ce qui s'y trouve.

Cependant on ne peut doûter que Sauval n'eust trouvé dans quelque ancien monument, les noms de ces neuf Superintendans sur le fait de l'Aide : car ce sont des [a] personnes connuës pour la plufpart, pour avoir eu part à l'administration des affaires publiques dans ces temps-là : on trouvera même un peu plus bas, des preuves precises que [b] l'Abbé de *Bonneval* & *Maurice d'Epernon*, ont esté employez pour la levée de l'Aide establie en 1355. a *Voy. la Table des personnes, qui est à la fin de ce Volume.* b *V. p. XLIV. note (c).*

Mais il y a plus d'une faute dans le reste du passage de Sauval. Comment peut-il dire que l'establissement des neuf Superintendans, & des Eslus départis dans les Provinces, fut confirmé par les Estats generaux assemblez à Paris vers la S.t André 1356. puisque ces Estats se separerent sans qu'on y eust rien conclu, comme on le verra dans la suite de ce Memoire?

De la maniere dont Sauval parle d'un enregistrement de Lettres patentes du Roy Jean, fait à la Cour des Aides, qui ne croiroit que cette Jurisdiction estoit alors establie en Corps de Cour, à peu près dans l'estat où elle est aujourd'huy? Cependant les Surintendans generaux des Aides, n'estoient alors que des Commissaires dont les fonctions ne subsistoient qu'autant de temps qu'on levoit l'Aide, pour la regie de laquelle ils avoient esté establis.

Tout ce que dit Sauval de ces Lettres Patentes du Roy Jean, par lesquelles il confirma la Jurisdiction des Superintendans generaux establis à Paris, & celle des Eslus, m'est très suspect, pour ne rien dire de plus fort. Car je trouve au contraire dans [c] des Lettres du 16. de Septembre 1363. qu'il fut ordonné que la Chambre des Comptes auroit la connoissance de toutes les contestations qui s'éleveroient par rapport à l'Aide establie par l'Ordonnance du 5. de Decembre 1360. c *Voy. 3.e Vol. des Ordonnances, page 438. Note*

Je ne releve pas les inexactitudes qui ne regardent point mon objet; comme par exemple, d'avoir fixé au [d] 24. d'Octobre 1360. le Traité de Bretigny qui fut conclu le 8.e de May precedent. d *Voy. l'annotat. 86. de Sauvage, sur le 1.er Livre de Froissart.*

1355.
ESTATS de la Languedoyl, à Paris.

XL. [a] Les trois Estats se rassemblerent à Paris au premier de Mars 1355. suivant qu'on en estoit convenu. Les Nobles de la Normandie & les Députez de quelques Villes de la Normandie & de la Picardie, ne s'y *(a)* trouverent point. Ceux qui s'y rendirent examinerent l'estat de la recette de la Gabelle & de l'Imposition de huit deniers par livre, & ayant reconnu qu'elle ne suffisoit pas pour fournir les sommes qui avoient esté jugées necessaires pour les dépenses de la guerre, parce qu'il y avoit des *(b)* Pays où l'on n'avoit pas voulu se soûmettre ni à la Gabelle ni à l'Imposition (& il y a apparence que ce fut principalement dans la Normandie & dans la Picardie) [b] on supprima l'Imposition de huict deniers pour livre & la Gabelle, & on accorda un Subside d'un nouveau genre : ce fut une taxe personnelle, & une espece de Capitation proportionnée aux revenus quels qu'ils fussent.

a *Froissart, l. 1. ch. 155. p. 180. Chroniques de S.t Denys, Tome 2. fol. 167. recto. col. 1.*

b *Quatrieme Vol. des Ordonnances, p. 174.* VIII.

[c] L'Ordonnance par laquelle elle fut establie, est du 12. de Mars 1355. [d] Dans une Instruction qui fut dressée sur la maniere de la lever, & qui est datée du 20. de Mars 1355. on trouve que [e] Pierre Chappelu estoit Receveur general de ce Subside, pour la Ville & le Diocese de Paris; & dans le [f] Memorial *C.* de la Chambre des Comptes de Paris, on lit que le 5. de Juillet 1359. Maurice d'Epernon Bourgeois de Paris, apporta à la Chambre les Registres qui concernoient les Subsides accordez dans la Ville & la Vicomté de Paris, pour les années 1355. & 1356. de la regie desquels *(c)* luy, l'Abbé de Bonneval & plusieurs autres s'estoient entremis.

c *Ibid. p. 172.*

d *Troisieme Vol. des Ordonnances, p. 24. Note (c).*

e *Voy. sur luy, p. preced.*

f *Folio 230. recto.*

Ce Subside estoit sans doute celuy qui avoit esté accordé par les Estats du premier de Mars 1355.

Le Memorial *D.* de la Chambre des Comptes, fournit encore quelques faits sur ce Subside.

Charles V. par ses [g] Lettres du 15. de Janvier 1366. remit aux Gens d'Eglises, Nobles, non-Nobles & autres Habitans du Bailliage de Melun, tout ce qu'ils pouvoient redevoir *à cause de la Gabelle du sel & porcs salez, d'une Imposition & d'un Subside courant en ladite Baillie, ès ans 1355. & 1356.*

g *Memor.* D. *folio 93. recto.*

On trouve dans ce même Memorial, les noms de ceux qui furent chargez de lever ce Subside à Langres *(d)*.

NOTES.

(a) Dans la Chronique de S.t Denys, il est seulement dit que les Députez de plusieurs grosses Villes de Normandie, ne vinrent point à ces Estats.

(b) [a] Mathieu Villani, dit que quelques Villes refuserent de payer ces Imposts, & prirent de-là occasion de se gouverner elles-mêmes.

(c) De quibus D. Abbas de Bonneval, & dictus Mauritius cum aliis personis, se intromiserant.

(d) [b] *19.e jour de Decembre 364. fut baillé à Roul de Lisle Tresorier, un Rolle des detes des* [c] *descendans d'un compte du Subside octroyé au Roy, pour le fait de ses guerres, à Langres & ou Diocese, en Mars 355. rendu par M.e Hugues des Vignes fils & hoir en partie du feu M.e Hugues des Vignes Receveur general dudit Subside.*

[d] *Le Lundi après les* [e] *Brandons prochain venans, est assigné par un adjornement baillé au Bailli*

a *L. 6. ch. 18. p. 366. de l'Edit. de Muratori, dans ses Rerum Italicarum scriptores, t. 14.*

b Fol. 73. recto.

c Debets.

d Ibid. fol. 81. recto.

e Le premier Dimanche de Caresme.

1356,

1356. 1356.

XLI. [a] Une Ordonnance du 26. de May 1356. faite en consequence des Estats qui se tinrent au commencement de cette année, fournit encore des éclaircissemens sur ceux dont on vient de rendre compte. ESTATS de la Languedoyl, à Paris. a *Troisieme Vol. des Ordonnances, p. 53.*

Il y est dit qu'*au quinzieme jour de Pasques dernier passé;* c'est-à-dire, quinze jours après Pasques, & par consequent le 8. de May, puisque Pasques estoit arrivé le 24. d'Avril, les Gens des bonnes Villes du Royaume ayant esté assemblez à Paris, il fut reglé que l'on leveroit ce qui estoit encore dû de l'Imposition & de la Gabelle accordées par les Estats tenus à Paris à la Fête de Saint André derniere, & du *second Subside* qui avoit esté octroyé le dernier jour de Mars dernier, à la place de cette Imposition & de cette Gabelle.

Il n'est parlé dans le préambule de cette Ordonnance [b]; que des Gens des bonnes Villes: Il est cependant certain que les Gens d'Eglise & les Nobles assisterent à ces Estats, puisque quelques-uns des changemens qui furent faits au Subside octroyé par les Estats precedents, regardent les uns & les autres. b *Du 26. de May 1356.*

[c] Les Députez des Estats chargez de lever ces Subsides, donnerent lieu à bien des plaintes, par les malversations qu'ils commirent dans l'exercice du pouvoir qui leur avoit esté donné. c *Voy. le 3.e Vol. des Ordonn. p. 134. l'Article XX. de l'Ordonnance du mois de Mars 1356.*

XLII. [d] Dans les Lettres du Roy du 13. de Janvier 1355. il est ordonné au Seneschal de Xaintonge auquel elles sont adressées, *d'assembler des Sages & Prud'hommes* tant d'Eglise comme Nobles & Bourgeois, tels & en tel nombre comme bon luy semblera, pour regler avec eux le prix des denrées & le salaire des Ouvriers, d'une maniere proportionnée à la valeur qu'avoit alors la Monnoye. ESTATS de la Seneschaussée de Xaintonge. d *Voy. le 3.e Vol. des Ordonn. p. 47.*

L'on peut regarder ces Assemblées comme des especes d'Estats particuliers; & il y a grande apparence que des Lettres semblables furent envoyées aux autres Baillis & Seneschaux du Royaume.

J'adjoûteray à ce sujet, que dans l'Article VI. d'un [e] Reglement fait sur le serment que doivent prester les Baillis & les Seneschaux, il est dit qu'ils assembleront *six Prud'hommes* de chaque Chastellenie ou Seneschaussée; à sçavoir, deux Nobles, deux personnes d'Eglise & deux Bourgeois, pour establir des [f] Sergents par leur Conseil. e *Il sera imprimé dans le quatrieme Volume des Ordonnances, à la fin du Supplément pour le regne du Roy Jean.* f *Voy. cy-dessous, n. XCV.*

[g] Et dans des Instructions sans date données à des Commissaires envoyez dans les Provinces sur le fait des Monnoyes, il est dit qu'ils feront assembler dans les Villes & dans les lieux *notables* des Pays où ils iront, une grande quantité des plus convenables personnes & de chacun g *Voy. le 3.e Vol. des Ordonn. p. 692. Article I.*

NOTES.

de Sens, le 8.e jour de Janvier l'an 65. à Nicolas Bonart & Heuguenin Dautleroiche, qui furent establi Receveur en la Cité & Diocese de Langres, [a] *dou Subside octroyé l'an 56. & audit Nicolas & Jehan Darmeignille qui furent establi Receveur du Subside octroyé l'an 58. audit Pays, pour venir & affiner leurs Comptes desdits Subsides, en la Chambre des Comptes à Paris.* a du,

1356. eſtat; c'eſt à ſçavoir, du Clergé, des Gentilshommes, des Bourgeois; Changeurs, Marchands & autres, pour leur repreſenter les déſordres auſquels l'inobſervation des Ordonnances ſur les Monnoyes a donné lieu, & pour leur faire part des Reglemens qui ont eſté faits depuis peu pour y remedier.

XLIII. Dans les Eſtats tenus vers la Saint André 1355. on eſtoit convenu qu'on ſe raſſembleroit à la Saint André 1356. mais dans le cours de cette année, les choſes changerent bien de face par la perte de la bataille donnée auprès de Poitiers, le 19. de Septembre. Le Roy y fut pris avec Philippe ſon quatrieme Fils; la plus grande partie de la Nobleſſe ou fut tuée dans cette funeſte journée, ou fut faite priſonniere. Ce Corps avoit déja fait de grandes pertes, ſoit à la bataille de Crecy ſous Philippe de Valois, ſoit dans le cours de la guerre longue & cruelle que la France ſouſtenoit alors contre l'Angleterre.

Les Nobles qui s'eſtoient échappez de cette bataille, eſtoient mépriſez & hays du peuple *(a)*, parce qu'ils n'y avoient pas fait leur devoir : & il ne reſtoit preſque plus en France d'autre Nobleſſe, que de jeunes gens, qui ne s'eſtant pas trouvez à la bataille de Poitiers parce qu'ils n'eſtoient pas encore en âge de porter les armes, n'eſtoient pas d'une grande reſſource.

Le Dauphin Charles à qui appartenoit le Gouvernement pendant la captivité de ſon pere, n'avoit que [a] dix-neuf ans. [b] Il s'eſtoit fait auſſi un peu de tort à la bataille de Poitiers par la faute de ſon Gouverneur, qui dès le commencement du combat, le fit retirer avec deux de ſes freres. Si l'on en veut croire *(b)* Froiſſart, il n'eſtoit nullement en eſtat de ſoûtenir le poids du gouvernement.

a *Il eſtoit né le 21. de Janvier 1337.*

b *Froiſſart, L. 1. ch. 162. p. 192.*

Il faut en effet convenir que le Dauphin eſtant très jeune en 1356. ne pouvoit encore avoir toute l'experience neceſſaire pour gouverner, principalement dans un temps critique où l'Eſtat eſtoit à deux doigts de ſa perte. D'ailleurs, il eſtoit naturellement doux, & il n'euſt peut-eſtre pas d'abord aſſez de fermeté pour réſiſter à des gens hardis & entreprenants, qui abuſerent de la bonté de ſon caractere, pour uſurper l'authorité.

Mais il ne fut pas long-temps ſans prendre de juſtes meſures pour les punir, & pour faire rentrer leurs partiſans dans le devoir. Perſonne n'ignore avec quelle prudence & quelle ſage politique il a gouverné ſon Royaume, lorſqu'il fut devenu Roy; & Froiſſart en décrivant les évenemens de ſon Regne, le repreſente comme un Prince accompli.

NOTES.

(a) Froiſſart, L. 1. Ch. 170. p. 200. Un peu plus bas il dit : *Il reſtoit en France peu de Nobles à qui on puſt avoir recours.*

* *Id. p. 200.* *(b)* * *Charles, Loüis & Jean, Fils du Roy de France, eſtoient jeunes d'âge & de conſeil : Si avoit en eux petit recouvrer, & nul d'eux ne vouloit entreprendre le Gouvernement du Royaume.*

Le Dauphin estant revenu à Paris aussi-tost après la bataille de Poitiers, y assembla les Estats generaux. 1356.

Les Estats, dont le Roy Jean avoit considerablement augmenté l'authorité par l'Ordonnance du 28. de Decembre precedent, profiterent de la situation déplorable où estoit le Royaume, pour porter leur pouvoir encore plus loin. Ils s'emparerent entierement du Gouvernement, quoyqu'en apparence ils le partageassent avec le Dauphin. La balance qui devoit estre entre les trois Ordres, estoit rompuë. Il devoit y avoir à ces Estats peu de Nobles, & ceux qui s'y trouverent, estoient ou très jeunes ou deshonorez: les deux autres Ordres, mais principalement les Communautez qui avoient à leur teste Marcel Prevost des Marchands de Paris, homme hardi & ambitieux, s'arrogerent à eux seuls toute l'authorité. Marcel se lassa même bien-tost de la partager avec les Deputez des autres Villes, & voulut se l'attribuer à luy seul & aux Députez de Paris, qui dépendoient entierement de luy : mais la Noblesse souffrant impatiemment d'estre gouvernée par des Bourgeois, se détacha d'eux, & refusa de venir aux Estats. Un grand nombre de Villes ne pûrent souffrir que la Ville de Paris se fût emparée d'une authorité qu'elles croyoient avoir droit de partager avec elle, & cesserent d'envoyer leurs Députez aux Estats. Le Dauphin sortit de Paris & l'assiegea : Il estoit resté dans cette Ville des gens qui luy estoient fidelles: leur nombre augmentoit tous les jours par la conduite interessée & tyrannique de Marcel : enfin il fut massacré par Maillard. Paris rentra dans le devoir, & le Dauphin y fut reçû aux acclamations du peuple.

Telle est l'idée generale de ce qui se passa en France, pendant les années 1356. 1357. & 1358.

Je ne puis m'engager dans le recit de tous ces *(a)* évenemens: il me meneroit trop loin, & je suis obligé de me borner à ce qui regarde les Estats tenus pendant ces trois années.

Je tireray ce que je vais dire, des Ordonnances même qui ont esté faites en conséquence de ces Estats, de Froissart, des Chroniques de S.t Denys, dans lesquelles on trouve des détails très curieux & très interessans, de quelques autres Histoires & Chroniques, & de plusieurs Pieces originales qui n'ont point encore esté imprimées. *(b)*.

NOTES.

(a) Dans un Mémoire que j'ay lû dans l'Academie des Belles Lettres en 1730. & qui est dans ses Registres, je me suis engagé de donner l'Histoire de ces trois années, & j'espere le faire dans le cours de celle-cy.

(b) Il y en a une entre autres de la derniere importance, & dont je crois qu'il est à propos de donner icy une espece de *Notice*.

Dans un des [a] Manuscrits de M. Dupuy, coté 646. on trouve une Copie du Procès-verbal de l'Assemblée des Estats tenus à Paris dans le mois d'Octobre 1356. Il paroist que cette Copie a esté faite sur l'Original : elle est corrigée de la main même de M. Dupuy; mais il a negligé de marquer dans quel dépost est conservé cet Original, & les recherches que j'ay faites pour le decouvrir, ont esté inutiles.

Ce precieux Monument est une source féconde de faits & de circonstances importantes,

[a] *Ces Manuscrits, qui sont au nombre de plus de huit cens, appartiennent à M. le Procureur General, qui a la bonté de me communiquer ceux dont j'ay besoin.*

1356. ESTATS de la Languedoyl, à Paris.

XLIV. [a] Après la bataille de Poitiers, le Duc de Normandie estant arrivé à Paris le 29. de Septembre 1356. convoqua les trois Estats du Royaume de la *Languedoyl*, & l'Assemblée fut indiquée pour le 15. d'Octobre.

a *Chroniques de Saint Denys, page 168. verso, col. 2.*

b *Procès-verbal.*

[b] L'ouverture s'en fit le Lundy 17. d'Octobre, dans la Chambre du Parlement, par l'ordre & en la presence du Duc de Normandie. Depuis le commencement de la guerre, il n'y avoit pas encore eu d'Assemblée si nombreuse, ni composée de gens plus sages, si l'on en veut croire le Procès verbal.

c *Ibid.*

[c] *Le Clergé estoit composé d'un grand nombre d'Archevesques, d'Evesques en personne, de Procureurs des autres Evesques ; de grande quantité d'Abbez mitrez & d'autres, & grand nombre de Procureurs de plusieurs autres Abbez, Procureurs de Chapitres, Doyens, Archidiacres, desquels la plûpart estoient* [d] *Maîtres en Divinité, en* [e] *Decret, & Seigneurs en Loix.*

d *Docteurs en Theologie.*

e *en Droit.*

f *Princes du Sang.*

Le Corps de la Noblesse estoit composé de plusieurs des [f] Seigneurs des *Fleurs-de-Lys*, de Ducs, Comtes, Barons, Seigneurs & Chevaliers en très grand nombre. M. le Duc d'Orleans, M. de Bretagne, M. d'Alençon, M. d'Estampes, M. de S.t Pol, M. de Roussi & plusieurs autres y assisterent. Les Nobles faisoient parler M. de Bretagne au nom de tous les Nobles.

Enfin, il y avoit plus de quatre cens Députez des bonnes (*) Villes; entre lesquels estoient *deux Maîtres en Divinité*. Un peu plus bas dans le même Procès-verbal, sont nommées quelques-unes des Villes qui avoient

NOTES.

& que l'on ne trouve point ailleurs. Il y en a peu qui meritent plus de voir le jour, & j'espere qu'il trouvera sa place dans le Recueil de Pieces servantes à l'Histoire du Roy Jean, que je me flatte de pouvoir faire imprimer dans quelques années.

Il y a aussi une Copie de ce Procès-verbal à la Bibliotheque du Roy, dans un des Manuscrits de Brienne, coté 276. Il paroist qu'elle n'a pas esté faite sur un Original; mais sur une Copie qui n'est pas cependant celle de M. Dupuy, à laquelle elle est très inferieure du costé de l'exactitude.

* *Il y a dans le P. le Long, 11842. Il faut corriger 11242.*

a *Chaque département de cette Bibliotheque, porte le nom d'un Empereur Romain. Voy. le Catalogue imprimé de cette Bibliotheque.*

b *Hist. de l'ancien gouvernement de la France, Tome 2. Lettre 8.e page 202.*

c *Le nom propre est si mal écrit, qu'on n'a pû le déchiffrer.*

Dans la Bibliotheque Historique du P. le Long, n.° * 11242. on lit, *MS. Propositions & demandes des trois Ordres des Estats generaux assemblez à Paris, l'an 1356. Ces Propositions sont conservées à Londres, dans la Bibliotheque du Chevalier Cotton*, [a] Titus XIII. 5.

[b] M. de Boulainvilliers dit que c'est l'original du Journal des Estats tenus dans le mois de Fevrier 1356. & qui furent suivis de l'Ordonnance du mois de *Mars* : je croirois plustost que c'est le Journal des Estats tenus au mois de Novembre 1356. & il y a apparence que c'est sur cet original, qu'a esté faite la Copie du Procès-verbal qui se trouve dans les Manuscrits de M. Dupuy.

Il est à souhaiter que ce monument important ait échappé aux flammes qui ont devoré depuis peu la plus grande partie de la riche Bibliotheque du Chevalier Cotton.

(*) Il est dit dans des Lettres de Juin 1359. qui sont dans le Registre 90. du Tresor des Chartres, n.° 185. que la Ville de Soissons avoit envoyé à cette assemblée Regnaud [c] . . . . . Cabaretier & Bailli du Chapitre de Soissons, & Jean *Tatini* Drapier, tous deux citoyens de Soissons, & qu'estant retournez à Soissons, ils furent maltraitez par quelques particuliers, pour les punir des paroles injurieuses qu'ils avoient dites dans ces Estats, contre les Conseillers du Roy. C'est du moins ce qu'expose *Jean le Cucus* un de ceux qui les maltraiterent, dans des Lettres de remission qu'il obtint au mois de Juin 1359.

envoyé

envoyé des Députez ; ſçavoir, celle d'Amiens, de Tournay, de Doüay, 1356.
de Lille, d'Arras, de Troyes, d'Auxerre & de Sens.

[a] Les trois Ordres formoient une Aſſemblée de plus de huit cens personnes. a *Ibid.*

L'ouverture des Eſtats ſe fit par une Harangue prononcée par Pierre de la Foreſt Archeveſque de Roüen & Chancelier de France. Son diſcours roula ſur les meſures que l'on devoit prendre pour délivrer le Roy de captivité, & pour continuer la guerre ; & ſur les ſubſides qui eſtoient neceſſaires dans les circonſtances preſentes. [b] Le Duc de Normandie parla depuis ſur le même ſujet, aux Députez qui luy furent envoyez par les Eſtats. b *P. V.*

[c] Les Gens d'Egliſe, par la bouche de Jean de Craon Archeveſque de Reims ; la Nobleſſe, par celle de Philippes Duc d'Orleans frere du Roy ; & les Gens des bonnes Villes, par celle d'Eſtienne [d] Martel bourgeois de Paris, & pour lors Prevoſt des Marchands de cette Ville, demanderent du temps pour déliberer ſur ce qu'on venoit de leur propoſer. c *Chroniques de Saint Denys,* ubi ſupra. d *Nommé plus communément* Marcel.

Les Eſtats tinrent leurs Aſſemblées particulieres aux Cordeliers.

[e] La premiere journée, on celebra une Meſſe du S.[t] Eſprit, après laquelle les Députez, *chacun en ſon eſtat ; c'eſt à ſçavoir, le Clergé d'une part, & les Nobles d'autre part, & les bonnes Villes d'autre,* ayant déliberé ſur ce qui leur avoit eſté propoſé, jugerent à propos d'abord, à cauſe du trop grand nombre des Députez, de choiſir dans chaque Ordre, un certain nombre d'Eſlus à qui ils donnerent pouvoir de regler tout ce qu'ils jugeroient convenable dans les circonſtances preſentes. Ces Eſlus eſtoient plus de quatre-vingt, ſuivant le Procès verbal. [f] Les Chroniques de S.[t] Denys diſent qu'ils n'eſtoient que cinquante. e *P. V.* f *Folio 169, recto, col. 1.*

Il n'eſt point marqué ſi les Députez de chaque Ordre s'aſſembloient en particulier, ou s'ils s'eſtoient tous réünis, ce qui me paroît plus vrayſemblable. Ils s'aſſemblerent pendant quinze jours *(a)* de ſuite ſans interruption ; ce qui ennuyoit pluſieurs perſonnes, dit la Chronique de St Denys, [g] dans laquelle on lit auſſi un fait dont il n'eſt pas parlé dans le Procès-verbal ; c'eſt que le Duc nomma pluſieurs perſonnes du Conſeil du Roy, pour aſſiſter aux Aſſemblées des Eſlûs, qu'ils y vinrent pendant deux jours, après leſquels on leur fit dire qu'on ne travailleroit plus tant qu'ils ſeroient preſens, & qu'ils ceſſerent d'y venir. g *Ubi ſupra.*

Les Eſlûs convinrent de faire au Duc des repreſentations ſur diverſes matieres, & ils reglerent l'affaire du ſubſide.

Ils rendirent compte, chacun en particulier, à l'Ordre dont ils eſtoient, de tout ce qu'ils avoient arreſté, & les trois Eſtats l'approu-

NOTES.

(a) Ils ne pûrent pas s'aſſembler pendant quinze jours : car l'ouverture des Eſtats ne ſe fit que le 17. d'Octobre, & on verra plus bas, que les aſſemblées particulieres des Eſlûs, ceſſerent quelque temps avant la Touſſaints.

1356. verent d'un commun consentement, & sans nul contredit. (a)

Les Esslûs firent ensuite dire au Duc qu'ils voudroient bien luy parler en secret. Il vint aux Cordeliers accompagné de six personnes. Dans le Procès-verbal, il est dit que ce fut luy qui voulut venir aux Cordeliers, & qu'il y vint avec M. de Bretaigne, M. de S.t Pol & M. de Fiennes, & que l'Archevesque de Reims, au nom des trois Estats, luy dit quelques-unes des choses qui avoient esté arrestées, & non pas toutes, & luy parla aussi de la délivrance du Roy (b) de Navarre, que le Roy avoit fait mettre en prison, quelque temps avant la bataille de Poitiers.

On trouve dans la Chronique de S.t Denys, un détail plus estendu sur ce qui regarde cette conférence. Le Duc estant venu aux Cordeliers, les Esslûs luy dirent qu'ils estoient tous d'accord, & ils le prierent de tenir secret tout ce qu'ils luy diroient pour le bien du Royaume. Le Duc ne voulut pas s'y engager; mais ils ne laisserent pas de luy faire les representations qui avoient esté arrestées. Ils luy demanderent, entre autres choses, que tous (c) les Officiers du Roy fussent privez de leurs Offices, qu'ils fussent arrestez, & que tous leurs biens fussent saisis & tenus pour confisquez. Ils luy nommerent les Officiers du Roy qui avoient esté cause des desordres; sçavoir, le Chancelier; Messire Simon de Bussy premier President en Parlement; M.re Robert (d) de Lorry

NOTES.

(a) Voicy les termes du Procès-verbal.

Les choses qui par les Esslus avoient esté advisées, furent rapportées & exposées mot à mot, par les Esslus de chacun Estat à leursdits Estats qui esslus les avoient; & un peu plus bas, *lesquels trois Estats ont tout oüy, vû & consideré, tous ensemble & sans nul contredit, approuverent, &c.*

Ces termes semblent marquer deux operations: 1.° Que les Esslûs de chaque Estat, firent leur rapport en particulier devant les Deputez de l'Ordre dont ils estoient; les Esslûs du Clergé, devant les Députez du Clergé, &c. & ensuite, que les trois Estats s'estant réünis, les Esslûs firent leur rapport devant cette Assemblée generale.

Il y a encore un endroit de ce Procès-verbal, qui appuye ce que l'on dit icy de cette seconde operation.

(b) Dans le [a] Memoire que j'ay lû à l'Academie des Belles Lettres, j'ay décrit fort au long tout ce qui regarde l'emprisonnement du Roy de Navarre.

a *Voy. cy-dessus p. xlvij. Note (a).*

(c) Cela n'est pas exact; car on verra plus bas, qu'ils ne demandoient la destitution que de sept ou huit personnes; & suivant la Chronique même, ils ne luy en nommerent que sept.

(d) Il est fait mention dans des [b] Lettres du 26. d'Aoust 1357. d'une des malversations que les trois Estats imputerent à Robert de Lorris. On luy reprochoit qu'il s'estoit fait rendre par le Roy Jean, 50000. (1) *Chaeres* que feu Pierre des Essars Pere de sa femme, avoit esté obligé de payer à Philippe de Valois, pour certaine (2) *composition;* & les Estats demanderent que Robert de Lorris rendit cette somme.

b *Tres. des Ch. Reg. 87. Piece 10.*

NOTES.

(1) Les *Chaeres* estoient des Monnoyes d'Or, nommez aussi à la *Chere* ou à la *Chaise*, parce que les Rois y estoient representez assis dans une espece de *Chaise* ou de Thrône. Cette Monnoye a esté fabriquée depuis le Regne de Saint Loüis, jusqu'à celuy du Roy Jean. Voy. *le Blanc* en differents endroits, depuis la p. 186. jusqu'à la p. 242.

(2) On appelloit de ce nom des especes d'accommodements que l'on faisoit avec le Roy ou avec les Juges, au sujet des amendes ausquelles on avoit esté condamné, ou ausquelles on pouvoit estre condamné, pour des malversations ou pour d'autres délicts. Voy. la Table des Matieres de ce Volume, au mot *Compositions*.

Chevalier; Mre Nicolas Braque M.[e] de l'Hostel du Roy, qui avoit esté auparavant son Tresorier, & ensuite M.[e] de ses Comptes; Enguerrant du Petit-Cellier bourgeois de Paris, Tresorier de France; Jean Poil-lé-Vilain bourgeois de Paris, Souverain-Maître des Monnoyes & M.[e] des Comptes du Roy; & Jean Chauveau de Chartres Tresorier des guerres. Ils demanderent que l'on donnât des Commissions à ceux qu'ils nommeroient; & que ces Commissaires fissent le procès à ces Officiers, sur les chefs d'accusation qu'ils fourniroient contre-eux, pour les punir s'ils estoient trouvez coupables. Ils se soûmirent à perdre leurs biens, & à estre declarez incapables de posseder jamais aucun Office Royal, si ces Officiers estoient trouvez innocents. 1356.

Les Esleûs demanderent encore que l'on rendît la liberté au Roy de Navarre qui avoit esté mis en prison sans raison; ils vouloient aussi que le Duc se gouvernât par le Conseil de ceux qu'ils luy nommeroient, & qui seroient tirez des trois Estats; sçavoir, quatre Prelats, douze Chevaliers & douze Bourgeois. Ils firent encore d'autres demandes qui furent très desagreables au Duc.

En effet, ces demandes portoient coup à l'honneur du Roy, & elles donnoient une atteinte visible à l'authorité du Duc.

Les demandes que l'on faisoit en particulier au Duc, devoient luy estre faites en public en Parlement, lors de la clôture des Estats.

Dans le Procès-verbal, il est marqué précisément, comme il a esté dit plus haut, que dans cette conference, l'on ne fit part au Duc que d'une partie *(a)* des choses qui avoient esté arrestées par les Estats; ensorte qu'il avoit à craindre que l'on n'adjoûtât en public de nouvelles demandes encore plus exorbitantes que les premieres.

Je reviens à la narration de la Chronique de St Denys.

Le Duc ayant entendu les representations des Esleûs, répondit qu'il en délibereroit. Il assembla plusieurs fois son Conseil pour déliberer sur cette affaire : mais enfin le jour même que se devoit faire la clôture des Estats, il fut resolu de les renvoyer sans écouter les representations qu'ils vouloient faire.

Une grande quantité de peuple estoit déja assemblée dans la Chambre du Parlement. [a] M. le Duc fit dire publiquement par le S.[r] de Hangest, que la clôture des Estats estoit differée jusqu'au Jeudy après la Toussaints. [b] Il envoya dire aussi à quelques-uns des trois Estats qui estoient dans la Chambre du Parlement, de luy venir parler à la porte du Palais où il estoit. Il manda particulierement ceux qui gouvernoient les autres.

a *P. V.*

b *Chroniques de Saint Denys*, ubi supra.

NOTES.

(a) Il paroist par-là que l'Auteur de la Chronique de St Denis a manqué d'exactitude, en ce qu'il n'a pas distingué les demandes qui furent faites au Duc dans la Conference des Cordeliers, & celles que l'on reservoit à luy faire en public. Il est à présumer qu'une partie des demandes qu'on vient de lire, estoit de cette derniere espece.

1356. Raymond Sacquet Archevêque de Lyon, vint le trouver avec Jean de Craon Archevêque de Reims, & Robert le Cocq Evêque de Laon, pour les Gens d'Eglise ; Valerien de Luxembourg, de Conflans Mareschal de Champagne, & Jean de Picquigny Gouverneur d'Artois, y vinrent pour les Nobles ; & pour les bonnes Villes, ce furent Estienne Martel Prevost des Marchands de Paris, Charles Consac Eschevin & plusieurs autres Députez des Villes. Il leur dit qu'il avoit reçû des nouvelles du Roy & de [a] l'Empereur son oncle, & qu'il jugeoit à propos de differer la clôture des Estats.

a *Charles IV.*

Les Députez des Estats avec le Duc d'Orleans & quelques autres, retournerent dans la Chambre du Parlement ; & le Duc d'Orleans dit au Peuple qui y estoit assemblé, que les nouvelles que Monf.r le Duc avoit reçûës du Roy son pere & de l'Empereur son oncle, & dont il leur dit quelques-unes, l'engageoient à differer la clôture des Estats. Le Procès-verbal porte que ce fut le Duc de Bretaigne qui annonça cette nouvelle au peuple dans le Parlement.

Quoyqu'il en soit, l'Assemblée se sépara, [b] & quelques-uns des Députez retournerent en leur pays.

b *Chroniques de Saint Denys*, ubi supra.

Le Mercredy lendemain de la Toussaints, & veille du jour auquel on avoit renvoyé la clôture des Estats, le Duc manda au Louvre plusieurs personnes du Conseil du Roy & du sien, [c] & quelques-uns des Estats ; ce furent, suivant le Procès-verbal, l'Archevesque de Lyon, le Prevost des Marchands de Paris, quelques-uns des Eschevins de cette Ville, & quelques autres Députez : & là il demanda conseil à ces Députez, comme particuliers, pour sçavoir s'il n'estoit pas convenable qu'il differât d'entendre ce que les trois Estats avoient à luy dire, jusqu'à ce qu'il eut sçu la volonté de son pere sur cet affaire, qu'il eut conferé avec plusieurs grands Seigneurs qui devoient bien-tost arriver d'Angleterre, & qui luy apportoient de bonnes nouvelles du Roy, qu'il eut parlé au Comte de Savoye qui venoit le trouver, & qu'enfin il eut esté consulter l'Empereur son oncle, auprès duquel il comptoit bien-tost se rendre à Luxembourg. [d] La Chronique de S.t Denys dit que tout le monde se rendit au sentiment du Duc. Le Procès-verbal porte que les avis furent partagez, (ce qui est plus vray-semblable :) Cependant le plus grand nombre se conforma aux desirs du Duc, qui chargea les Députez des Estats qui estoient presents, de dire aux autres de s'en retourner dans leur pays, & de differer ce qu'ils avoient à luy dire, pendant un espace de temps assez court, après lequel il les manderoit de nouveau pour les entendre. [e] Quelques-uns des Députez des Estats, qui par le moyen des Requestes qu'ils vouloient presenter au Duc, avoient eu le dessein & l'esperance de s'emparer du gouvernement du Royaume, furent très mécontens. Ils virent bien que le Duc n'avoit eu d'autres intentions que de rompre l'Assemblée des Estats, & ils ne se trompoient pas.

c *Chroniques de Saint Denys, page 170. verso, col. 1.*

d *Ubi supra.*

e *Chroniques de Saint Denys*, ubi supra.

Le

[a] Le lendemain ceux des trois Estats qui estoient encore à Paris, se rassemblerent aux Cordeliers. Les Esleûs proposerent de reciter devant les trois Estats, les representations qu'ils avoient resolu de faire à M. le Duc. Leur proposition fut agréée, & [b] l'Evesque de Laon en fit la lecture.

1356.
a P. V. Voyez aussi Chroniq. de S.t Denys, page 170. verso, col. 1.
b P. V.

C'est ainsi que se termina infructueusement cette Assemblée des Estats generaux.

Je finiray ce qui regarde cette matiere, par le jugement qu'a porté de ces Estats, l'Auteur d'une *(a)* Chronique manuscrite qui est à la Bibliotheque du Roy, N.° 757.

Les trois Estats assemblez à Paris par le [c] Regent, furent conduits par aucuns obstinez, outre-cuidez, qui vouloient que le Duc se gouvernât du tout par eux, & qu'il muast tous Officiers, & delivrast le Roy de Navarre ; ce qu'il ne voulut pas faire sans avoir le congé de son Pere, & par son sens les fit départir sans rien faire, pour éviter leur importunité.

c Il n'estoit pas alors Regent, mais seulement Lieutenant du Roy.

Ces mêmes mots se trouvent dans le [d] Rozier Historial de France.

d Page 87. verso, col. 1.

Le Dauphin en parlant de ces Estats, dans des [e] Lettres du mois de Novembre 1356. dit : *qu'ils n'ont en riens conclud ne parfait* sur ce qui leur a esté proposé.

e Troisiéme Vol. des Ordonnances, p. 87.

Le Duc après la dissolution de ces Estats, parla plusieurs fois au Prevost des Marchands & aux Eschevins de Paris, pour leur demander une Ayde. Ils luy proposerent de rassembler les Estats, ce qu'il ne voulut pas faire ; & il prit le parti d'envoyer des Conseillers du Roy dans les Bailliages du Royaume, pour demander une Ayde aux bonnes Villes en particulier, & il partit pour aller trouver l'Empereur son Oncle.

ESTATS du Languedoc, à Toulouse.

XLV. [f] Dans le mois d'Octobre, dans le même temps que se tenoient à Paris, les Estats de la *Languedoyl,* ceux de la *Languedoc,* en consequence des ordres du Comte d'Armagnac Lieutenant du Roy dans le pays, s'assemblerent à Toulouse, pour accorder une Ayde pour l'entretien d'une Armée, & pour la délivrance du Roy. Ils ordonnerent la levée de cinq mille hommes d'armes, & celle d'un Subside suffisant pour les entretenir.

f Chroniques de S.t Denys, page 170. recto, col. 1.

Après avoir ainsi marqué leur zele pour le bien de l'Estat, ils donnerent des preuves de la vive douleur dont la captivité du Roy les penetroit, par une Ordonnance fort singuliere. Elle portoit que pendant une année, si le Roy n'estoit auparavant delivré, *homme ne femme dans le pays, ne porteroit Or, Argent ne perles, ne (b) vert, ne gris, robes ne chaperons découpés, ne autres cointises, & qu'aucuns Menestriers ni [g] Jaugleurs ne joüeroient de leur métier.*

g Jongleurs.

NOTES.

(a) Je n'ay point vû cette Chronique ; mais j'ay trouvé ce passage écrit de la main même de M. du Puy, à la marge du Procès-verbal de ces Estats. Voy. cy-dessus p. xlvij. Note *(b)*

(b) Il faut corriger *vair.* Voy. sur le *vair* & sur le *gris* qui est la peau d'un animal, la premiere Dissertation de Du Cange, sur Joinville, & particulierement la p. 133.

1356.

[a] Le Rozier Historial de France adjoûte, qu'ils deffendirent que l'on se servist de Vaisselle d'Or & d'Argent, & même qu'on s'habillast de drap de couleur jusqu'à la délivrance du Roy.

[b] Les Estats de Languedoc envoyerent au Duc de Normandie, trois personnes, une de chacun des trois Estats, pour avoir la confirmation des résolutions qu'ils avoient prises.

Le Comte d'Armagnac, en qualité de Lieutenant du Roy, avoit déja confirmé ce qui s'estoit fait dans ces Estats, par une (*) Ordonnance du 26. d'Octobre 1356. En voicy le précis: Elle est dans les Articles principaux conforme à celle du mois de Decembre 1355.

Un mois avant la date de l'Ordonnance du Comte d'Armagnac, il avoit mandé à Toulouse, par ses Lettres *soit* [c] *ouvertes soit clauses*, les Archevêques, Evêques, Abbez, Doyens, Prieurs & Religieux de differens estats; les Capitouls de la Ville & Fauxbourgs de Toulouse, avec plusieurs Nobles, Chevaliers, Bourgeois, Marchands & autres personnes du Peuple de cette Ville; les Consuls, Communautez & Recteurs des Communautez des Seneschaussées de Toulouse, de Carcassone, de Rhodez, de Beaucaire, de Cahors & de Bigorre, & de quelques autres Provinces de la [d] Langue Occitanienne.

Quelques-uns de ces Prélats, Comtes, Barons & Communautez, s'estant trouvez au lieu & jour qui leur avoit esté indiqué, le Comte d'Armagnac leur exposa le déplorable estat où la France estoit réduite, & leur demanda les secours necessaires pour mettre leur pays à couvert des insultes des ennemis, & pour payer la rançon du Roy. Alors [e] les Nobles, les Capitouls de Toulouse, & les autres Consuls & Communautez qui estoient presents, pour eux & au nom des autres Nobles, Consuls & Communautez de toute la langue Occitanienne, absens, [f] s'engagerent à entretenir un certain nombre de troupes pendant un an, à commencer à la feste de la Toussaints prochaine.

Il y a dans l'Article IV. un Reglement sur les Monnoyes.

Le Comte d'Armagnac envoya le Reglement fait par les Estats, aux Gardes-Maîtres particuliers, & aux Officiers des Hostels des Monnoyes qui estoient dans le Languedoc, avec ordre de s'y conformer; mais ils refuserent de le faire, parce que ce Reglement ne leur avoit pas esté envoyé par le Dauphin.

Le Comte d'Armagnac luy en écrivit, & le Dauphin par ses [g] Lettres du 23. de Novembre 1356. approuva ce Reglement, & ordonna qu'il seroit executé.

Le Dauphin confirma l'Ordonnance du Comte d'Armagnac par [h] celle qu'il donna au mois de Fevrier 1356.

a *Page m. 87. recto, col. 2.*

b *Chroniques de S.t Denys, page 170. verso, col. 2.*

c patentes ou de cachet.

d Lingue Occitane, *c'est-à-dire*, du Languedoc.

e *Il n'est pas parlé des Prélats.*

f *Art. 1.*

g *Troisiéme Vol. des Ordonnances, p. 88.*

h *Ibid. p. 99. & 111.*

NOTES.

(*) Voy. le 3.e Vol. des Ordonn. pp. 99. & 111. Elle avoit déja esté imprimée à la fin du premier Vol. des Annales de Toulouse par la Faille.

On trouve dans une [a] Lettre que Robert de l'Isle Receveur de Toulouse, écrivit le 29. d'Octobre 1356. aux Gens de la Chambre des Comptes de Paris, que le pays d'Agenois ne payera rien de l'Imposition accordée par les Estats; & que le Comte de Foix n'y a pas esté appellé : ce fut sans doute à cause de l'inimitié qui regnoit alors entre les Comtes d'Armagnac & de [b] Foix.

1356.

a Troisieme Vol. des Ordonnances, p. 109. Note (*).

b Voy. Math. Villani, l. 7. chap. 53. p. 436.

XLVI. Le Comte d'Armagnac ayant convoqué à [c] Bediers, les Estats de Languedoc au premier de Mars 1356. pour leur demander l'execution de ce qu'ils avoient promis dans l'Assemblée tenuë à Toulouse au mois d'Octobre precedent, les Estats luy répondirent qu'ils seroient dans l'impossibilité de le faire, s'il ne diminuoit le prix des especes : & il le fit par une [d] Ordonnance du 19. Mars 1356.

ESTATS du Languedoc, à Beziers.

c Apparemment Beziers.

d Troisieme Vol. des Ordonnances, p. 152.

XLVII. L'on pourroit conclurre du préambule d'une [e] Ordonnance du 14. d'Avril 1357. que vers ce temps-là, il s'est encore tenu une autre Assemblée des Estats de la *Languedoc :* mais il y a grande apparence que dans ce préambule, il faut corriger *Languedoyl*, au lieu de [f] *Languedoc.*

e Ibid. p. 162.

f Voy. ibid. Note (b).

XLVIII. La Faille a fait imprimer dans les preuves du premier volume des Annales de Toulouse, [g] l'Ordonnance que le Comte d'Armagnac fit le 26. d'Octobre 1356. en consequence des Estats de la Languedoc, & la confirmation du Duc de Normandie, laquelle dans cette édition, est datée du [h] 29. de Janvier 1356. Cependant par une inexactitude inconcevable, il a placé ces Estats dans son Histoire, sous [i] l'année 1358.

g Page 93. Il y a beaucoup de fautes. Voy. le 3.e Vol. des Ordonn. page 101. Note (a) & p. 102. Note (e).

h Ibid. p. 108. Note (uu).

i Page 99.

Cet Anachronisme a esté la source de plusieurs fautes. Il a mis dans la bouche de Jean de Moulins Capitoul de Toulouse, qui, par le privilege attaché à sa charge, avoit la Presidence du tiers Estat, un discours fort pathetique, que la Faille n'a certainement pas trouvé dans les monumens du temps : car l'Orateur y rappelle des faits qui se sont passez en 1357. & en 1358. cest-à-dire, deux ans après le temps auquel il a dû prononcer cette Harangue. Il s'éleve avec force & avec indignation, contre la fureur & la révolte des Estats generaux de Paris; mais l'ouverture de ces Estats ne se fit que le 17. d'Octobre 1356. dans le même temps que finissoient ceux de la Languedoc, qui estoient certainement terminez le 26. d'Octobre, puisque le Comte d'Armagnac donna ce jour-là une Ordonnance pour confirmer ce qui y avoit esté résolu.

XLIX. J'ay dit plus haut que le Duc de Normandie avoit esté obligé de rompre les Estats generaux qui avoient esté convoquez à Paris dans le mois d'Octobre 1356. sans avoir voulu leur permettre de luy rendre compte de ce qui s'estoit passé dans leur assemblée, & qu'il envoya des Conseillers du Roy dans les Bailliages du Royaume, pour demander une Aide aux *bonnes Villes* en particulier.

L'Auteur des Chroniques de S.t Denys, qui a rapporté ce fait, n'a

1356. point marqué si ces Conseillers du Roy réüssirent dans les commissions dont ils furent chargez.

Heureusement il s'est conservé dans la Chambre des Comptes de Paris, dans le dépost du Greffe, un Registre qui donne quelques éclaircissemens sur ce point.

C'est le deuxieme volume d'un compte rendu dans cette Chambre; par Robert de Riom bourgeois de Clermont, qui paroît avoir esté Receveur general de tous les Subsides levez dans l'Auvergne, depuis 1355. ou environ, jusqu'en 1360.

Ce compte avoit dix volumes. Il ne reste plus que le second qui contient le compte d'un Subside accordé par les Estats particuliers d'Auvergne, tenus vers la fin du mois de Decembre 1356. en presence du Bailli d'Auvergne.

A la teste de ce compte, sont transcrites, suivant la forme ordinaire des comptes, les Pieces par lesquelles le Comptable a esté authorisé à faire sa recette & sa dépense.

Ces Pieces sont, 1.° un Procès-verbal très détaillé de l'Assemblée des Estats particuliers de l'Auvergne. 2.° Les Lettres par lesquelles Robert de Riom fut establi Receveur general de l'Aide qu'ils accorderent, & quelques autres Pieces dont je rendray compte dans la suite.

Il paroît certain par les dates, que ces Estats particuliers de l'Auvergne; furent convoquez par le Bailli de cette Province, en vertu des commissions que le Duc de Normandie avoit données quelque temps après la dissolution des Estats des Paris, pour assembler ceux des Bailliages du Royaume, pour leur demander une Aide. Cette dissolution arriva le 4. de Novembre, & les Estats de l'Auvergne s'assemblerent à la fin du mois suivant.

Je vais donner le précis de tous les faits qui se trouvent dans le Procès-verbal.

Il s'estoit déja tenu pendant le cours de cette année 1356. plusieurs Assemblées des trois Estats de la Province, en presence du Bailli & de son Lieutenant, lesquelles avoient esté *continuées &* [a] *delayées par plusieurs & diverses journées, sans prendre de résolutions jusqu'à maintenant*. Il s'en estoit tenu une entre autres, au mois de Juin precedent, dans laquelle cependant on avoit octroyé un Subside dont Robert de Riom avoit esté le Receveur. Il s'en estoit tenu une aussi dans le mois d'Octobre suivant.

[a] differées.

Mais la necessité de pourvoir à la deffense du pays qui estoit entouré d'ennemis qui y avoient déja fait des incursions, devenant plus pressante de jour en jour, les trois Estats d'Auvergne; c'est à sçavoir, Gens d'Eglise, Nobles & Communes, s'assemblerent le Jeudy 29. de Decembre, & tous les jours jusqu'au Mardy suivant, dans le Convent des Jacobins de Clermont, en la presence de M. Guillaume de Seris Bailli d'Auvergne, de M.rs Durand de Thiern & Robert Gardelle ses Lieutenans, & de Bernard Bolet Procureur du Roy.

Une partie des personnes de consideration de la Province, se rendirent

rendirent à cette Assemblée; & comme elle se trouva plus nombreuse que celles qui avoient esté tenuës quelque temps auparavant, dans la crainte que le grand nombre de personnes dont elle estoit composée, ne fist traîner en longueur les délibérations qui demandoient celerité, il fut résolu d'abord d'élire dix-huit personnes, six de chaque Estat, lesquelles s'assembleroient *à part*, délibereroient en presence du Bailli ou de son Lieutenant & par leur bon conseil & avis, sur ce qu'il convenoit de faire dans la conjoncture presente, & feroient aux autres Gens des trois Estats, le rapport de ce qu'ils auroient arresté entre-eux. 1356.

Au lieu de dix-huit personnes, on en eslût vingt-une dont les noms se trouvent dans le Procès verbal.

Les Esleûs, après plusieurs déliberations, convinrent des Articles suivans.

Les Estats supplieront Jean de Boulogne Comte de Montfort, Lieutenant du Roy dans l'Auvergne, d'accepter le titre de Capitaine & Gouverneur du pays, & des troupes qui y seront levées par l'ordre des Estats. M. le Bailli de l'Auvergne fera les fonctions de Capitaine jusqu'à ce qu'il y en ait un.

On eslira six [a] personnes, deux de chaque Estat, lesquelles, ou du moins trois d'entre-elles, une de chaque Estat, seront en la compagnie du Capitaine, & l'assisteront de leurs Conseils dans tout ce qu'il ordonnera, & qui mettront leurs sceaux conjointement avec le sien, aux Mandemens qu'il donnera. [b] Ces Esleûs pourront estre reçûs Gens d'armes, & ils auront doubles gages, comme Esleûs & comme Gens-d'armes.

Il sera mis sur pied quatre cens [c] Glaives qui seront choisis par le Capitaine & ses Conseillers, & qui obéïront aux uns & aux autres. Les Conseillers les feront passer en revûë. [d]

On ne pourra augmenter le nombre des troupes, sans le consentement des trois Estats assemblez.

Pour entretenir ces troupes, & pour subvenir aux autres dépenses necessaires, on levera un Subside sur les trois Ordres.

Les Prélats, Abbez, Prieurs, Chapitres, Hospitaliers, Curez & autres Gens d'Eglise de quelque estat & condition qu'ils soient, nulle personne exceptée, payeront la moitié d'un dixieme & demi des revenus de leurs Benefices, & de leurs biens de patrimoine.

Les Ducs, Comtes, Barons, Chevaliers & autres Nobles, de quelque estat & condition qu'ils soient, payeront aussi la moitié d'un dixieme & demi de leur revenu.

Par rapport aux Communautez, deux cens [e] Feux payeront quinze escus par an, pour l'entretien d'un homme d'armes pendant un mois. (*) Ce Subside se levera par Paroisses, sans avoir égard à la Jurisdiction

a *Le Commandeur de Tortebesse.* *Ebrant de Chalenco Chanoine de Clermont.* *M. Robert de Vichier.* *M.re Guillaume de Talhac, Chevaliers.* *Raynart Balbet & Hugues de Daniel, Bourgeois.*

b *Ceux de la Noblesse & ceux des Communautez.*

c *Espece de Troupes.*

d *Il y a dans le compte*, recevront leurs montres.

e *Ménages. Voy. la Table des Matieres, à ce mot.*

NOTES.

(*) Robert de Riom au commencement du premier Chapitre de sa recette de ce

1356.

à laquelle les Habitans de chaque Paroiſſe ſeront ſoûmis.

Une Paroiſſe ne portera point le *faix* de l'autre. *Chaque Paroiſſe ſera pour ſoy;* ſi ce n'eſt dans les Villes où il y a plusieurs Paroiſſes, leſquelles s'ayderont les unes les autres. Les Conſuls des Villes & les Habitans des Paroiſſes, imposeront ce Subſide, & *ordonneront* à leur deſpens dans chaque Paroiſſe, un *bon homme* qui le levera, & qui en portera les deniers au Receveur particulier. Cependant[a] il eſt dit plus bas, que cette eſpece de *Collecteurs* ſera choiſie par les Députez nommez pour faire l'eſtimation des revenus.

[a] *Voy. dans cette page, la Note (d) marginale.*

Les hommes[b] taillables à volonté payeront par quatre cens feux, le même Subſide de quinze eſcus, qui ſera levé de la même maniere.

[b] *Voyez le 3.e Vol. des Ordonn. p. 228. Note (i)*

On eſtablira trois Receveurs particuliers du Subſide, leſquels remettront entre les mains du Receveur general à Clermont, les deniers qui auront eſté reçûs dans les Villes & dans les Paroiſſes de leur département. Dans la ſuite, on eſtablit ſix Receveurs particuliers au lieu de trois.

Robert de Riom Bourgeois de Clermont, ſera Receveur general du Subſide.

Il y aura trois[c] generaux Gouverneurs du Subſide; un de chaque Eſtat. *Ils connoiſtront du fait de la introduction & de la indiction & de la maniere de impoſer & lever laditte finance, & des reparations ou corrections qui y appartiendront à faire, & de oïr les plaintes & doubtes, & de les remedier & corrigier là où il leur plaira & ſemblera raiſonable & expedient en leurs conſciences, & d'eſclaircir les doubtes ou debats qui en ce pourroit venir.*

[c] *L'Abbé de S.t Aliri. M. Aſton de S.t Flour, Chevalier, & Jean Dorat Bourgeois de Riom.*

On choiſira des Députez des trois Eſtats, qui ſeront chargez de faire l'eſtimation des biens des Gens d'Egliſe & des Nobles, & qui fixeront le Subſide que doit payer chaque perſonne dans la Paroiſſe où il fait ſa réſidence; eu égard aux biens qu'il a dans les autres Paroiſſes de l'Auvergne. Ils feront cette eſtimation en preſence des Prevoſts & autres Juſticiers, & des Curez, s'ils le jugent neceſſaire, &[d] ils choiſiront ceux qui recevront le Subſide dans chaque Paroiſſe, pour le porter au Receveur particulier.

[d] *Voy. dans cette page, la Note (a) marginale.*

Les contraintes pour faire payer le Subſide, ſe feront par les Officiers des Juſtices des Paroiſſes; & en cas de negligence de leur part,

NOTES.

Subſide, en exprime la quotité d'une maniere toute differente. Il dit que les Gens d'Egliſe devoient payer la 8.e partie d'un dixieme de leurs Benefices, & trois deniers pour livre de leurs biens de patrimoine : les Nobles auſſi trois deniers pour livre de leurs revenus : un Feu franc, trois ſols tournois, & un Feu taillable, dix-huit deniers.

Mais ſi l'on fait attention que Robert de Riom ne fait recette dans ſon compte, que de la 6.e partie de ce Subſide, parce qu'au lieu d'avoir cours pendant un an, comme on l'avoit déterminé, il ne fut levé que pendant deux mois, comme on verra cy-deſſous, on trouvera par le calcul, que ces deux differentes manieres d'exprimer la quotité de ce Subſide, reviennent au même pour le fonds.

par les Sergents Royaux, sous les ordres des Receveurs particuliers. Si les Gens d'Eglise refusent de payer, le Vicaire de l'Evesque de Clermont procedera contre eux par voye d'excommunication & de *Sentences*. 1356.

Le Subside sera employé en entier à la deffense du Pays; & le Receveur general ne pourra faire aucun payement que par l'ordre du Capitaine & de ses Conseillers.

Le Receveur general & les Receveurs particuliers, rendront leurs comptes à Clermont, en presence du Bailli d'Auvergne, devant les dix-huit Esleûs des Estats, ou à quelques-uns d'entre eux; pourvû qu'il y en ait trois de chaque Estat, sans pouvoir estre obligez de les rendre ailleurs, ou devant d'autres personnes; & ils seront obligez de donner les estats de leurs recettes & de leurs dépenses, deux ou trois fois l'année, ou plus souvent, s'ils en sont requis, aux trois Generaux Gouverneurs sur le fait du Subside.

Les Receveurs des Subsides precedents, dont les (a) comptes *appartiennent* au Pays, compteront aussi en presence du Bailli d'Auvergne, devant les dix-huit Esleûs des Estats, ou à une partie d'entre eux; pourvû qu'il y ait trois personnes de chaque Estat.

Ce Subside sera payé de trois mois en trois mois, & sera levé pendant une année, pendant le cours de laquelle on ne pourra pas en establir un autre, sans le consentement des trois Estats assemblez de nouveau. Si le Roy ou le Duc de Normandie son Lieutenant, imposent un autre Subside sur ce Pays pendant cette année, & que l'on convienne de le payer, celuy qui a esté establi par les Estats, cessera aussi-tost.

On priera le Duc de Bourbon & le Comte de Forez, de consentir que leurs (b) sujets qui demeurent dans l'Auvergne, contribuënt à ce Subside.

Les Estats pourvoiront à faire donner des décharges suffisantes aux Receveurs des Subsides precedents. Cet Article demande quelque discussion.

Dans les Estats generaux tenus à Paris le 28. de Decembre 1355. il avoit esté estabIi une Ayde de huit deniers par livre, & une Gabelle

NOTES.

(a) C'est-à-dire, *des Subsides qui ont esté octroyez par les Estats particuliers du Pays, & dont les comptes doivent se rendre dans le Pays.*

(b) Voicy comment je crois qu'on doit entendre ce dernier Article.

Il avoit esté reglé que ce Subside se leveroit par Paroisses, sans avoir égard à la Jurisdiction à laquelle les Habitans de chaque Paroisse seroient soûmis. Il pouvoit se faire qu'il y eust des Paroisses situées dans le Diocese de Clermont, & qui cependant relevassent des Justices du Duc de Bourbon & du Comte de Forez; & ces deux Seigneurs n'ayant pas assisté aux Estats de l'Auvergne, il falloit leur consentement pour lever le Subside sur leurs Sujets qui demeuroient dans l'Auvergne.

On trouve dans le compte de Robert de Riom, un exemple d'une chose à peu près semblable. Il fait recette de deniers perçûs dans des hameaux relevants de la Prevosté de Riom & du Bailliage d'Auvergne, & cependant faisant partie de Villages qui estoient du Diocese de Limoges, & qui relevoient du Bailliage de Brive.

1356.

a *Voyez le 3.e Vol. des Ordonn. p. 22. Art. 11.*

sur le sel,[a] & les deniers qui en devoient provenir, devoient estre envoyez aux deux Receveurs generaux de cette Ayde.

Mais les trois Estats de l'Auvergne ordonnerent que ces deniers resteroient dans le Pays, & seroient employez à sa deffense: Ils obligerent Robert de Riom qui estoit Receveur general du premier *(a)* Subside levé dans le Diocese de Clermont, de convertir ces deniers à cet usage, suivant leur ordre, & dans une Assemblée qui se tint vers la Feste de la Saint Luc 1356. ils s'engagerent d'obtenir des Lettres du Roy ou du Duc de Normandie, qui confirmeroient ce qui avoit esté fait à cet égard; & ils luy promirent qu'en cas que l'on refusast d'accorder ces Lettres, ils luy restituroient les sommes qu'il avoit payées par leur ordre.

Pour mettre ces affaires en regle, il fut résolu dans ces Estats de l'Auvergne du mois de Decembre 1356. 1.° Que les deniers provenans de l'Ayde accordée par les Estats generaux du 28. de Decembre 1355. & qui avoient esté employez à la deffense du Pays, seroient alloüez dans les comptes des Receveurs, sans que les *Gens du Pays* de l'Auvergne fussent obligez d'en rien restituer. 2.° Que Robert de Riom se rembourseroit sur l'Ayde qui alloit estre levée, des deniers qu'il avoit payez par l'ordre des Estats, & qu'en cas qu'elle n'eût pas de lieu, les Estats les luy restitueroient.

b *Voy. cy-dessus, p. lij.*

c *Le Procès-verbal indiqué cy-dessus page xlvij. Note (b) le dit formellement.*

Les Eslûs firent aussi des Reglements sur differentes matieres: Ils sont conformes à ceux qui se trouvent dans les representations que les Estats generaux tenus à Paris au mois d'Octobre 1356.[b] vouloient faire au Duc de Normandie, qu'il ne voulut point écouter,[c] & dont on donna copie à ceux qui estoient à ces Estats. On en peut conclure que l'Auvergne avoit envoyé des Députez à ces Estats: & l'on trouve en effet & dans le Procès-verbal dont on vient de rendre compte, & dans le compte de Robert de Riom, que les Estats particuliers de ce Pays, assemblez au mois d'Octobre 1356. envoyerent à Paris au Duc de Normandie, six personnes, deux de chaque Estat, pour les affaires du Pays.

Il paroist aussi par ce Procès-verbal, que l'on demandoit alors à l'Auvergne un double Subside & de doubles Décimes. C'estoit peut-estre-là les demandes que les Commissaires que le Duc de Normandie avoit envoyez dans tous les Bailliages du Royaume, devoient leur faire. Les Estats d'Auvergne trouverent ces demandes exorbitantes, & il y a grande apparence que ce fut à la place de ce double Subside, qu'ils octroyerent celuy dont on vient de rendre compte.

d *Retenu en tout & par tout, la volonté du Roy & du Duc de Normandie.*

Tous ces *(b)* Articles furent arrestez[d] sous la condition expresse qu'ils seroient approuvez par le Roy, ou par le Duc de Normandie.

NOTES.

(a) C'est ainsi que s'explique le Procès-verbal, où l'on ne trouve point quel estoit ce premier Subside.

(b) On a cru devoir donner un précis de tous ces Articles, parce que les Lettres confirmatives du Dauphin, supposé qu'il y en ait eu, ne se sont pas conservées.

La

1356.

La déliberation des Esleûs ayant esté redigée par écrit *en substance*, ils en firent le rapport aux autres Gens des trois Estats, dans une Assemblée qui se tint le Dimanche premier de Janvier; & d'un commun consentement, il fut resolu qu'elle seroit executée, s'il plaisoit au Roy ou au Duc de Normandie, de la confirmer. Aussi-tost après, les trois Estats supplierent M. le Comte de Montfort qui estoit present, d'accepter la place de Capitaine du Pays. Après l'avoir refusée d'abord, il se rendit aux instances qu'on luy fist, & il promit de prendre le gouvernement des Gens-d'armes qu'on alloit lever, & de le garder pendant un mois; à compter du jour qu'ils passeroient en revuë.

On luy donna le pouvoir de choisir avec le conseil des Esleûs des trois Estats, qui devoient toujours estre auprès de luy, une personne du Pays pour estre *Tresorier du fait de la guerre*, & pour payer la solde des troupes.

Ceux qui furent chargez de *(a)* rédiger cette déliberation par écrit, & de luy donner une forme convenable, s'assemblerent en presence du Bailli d'Auvergne & de son Lieutenant, le 2. & le 3. de Janvier, & y firent quelques changemens par le conseil & du consentement de quelques-uns des trois Estats, qui estoient encore le lundy matin à Clermont.

Les trois Estats esleûrent [a] trois personnes, une de chaque ordre, pour aller demander à M. le Duc de Normandie, la confirmation de ce qui avoit esté résolu dans leur Assemblée, & pour obtenir les *Lettres à ce appartenans*.

[a] *Ebrant de Chalenco Chanoine de Clermont. Erart Seigneur de Sennetery, & Jacques Tissier Bourgeois de Clermont.*

Il n'y a point dans le Volume du compte de Robert de Riom, d'Ordonnance confirmative du Duc de Normandie, & il n'y a pas un mot d'où l'on puisse conclurre qu'il l'ait ou accordée ou refusée. Mais on trouve à la fin du Procès-verbal, des Lettres datées du 27. de Fevrier 1357. par lesquelles le Comte de Montfort qui ne prend que la qualité de Lieutenant du Roy & du Duc de Normandie dans le Bailliage d'Auvergne, institüe *du conseil, volonté & assentement des trois Estats*, Robert de Riom Receveur general de l'Ayde octroyée par ces Estats.

On ne peut deviner si la raison pour laquelle le Comte differa pendant six semaines à nommer un Receveur general, fut parce qu'il attendoit l'Ordonnance confirmative du Duc de Normandie, ou parce que ce ne fut qu'après ce temps, qu'il commença à faire les fonctions de Capitaine; car il avoit stipulé qu'il n'entreroit en exercice, qu'après que les Gendarmes auroient passé en revûë.

Quoyqu'il en soit, le même jour 27. de Fevrier, le Comte de

NOTES.

(a) Celuy qui a redigé le Procès-verbal, auroit pû y mettre plus d'ordre, & il n'a pas eu l'attention de marquer sur quels articles tomberent ces changemens. Il y a apparence que ce fut, 1.° Sur le nombre des Receveurs particuliers. [a] Le premier projet estoit de n'en establir que trois; & il y en eut six. 2.° Par rapport aux Collecteurs des Paroisses: [b] il avoit esté reglé d'abord qu'ils seroient choisis par les Habitans des Paroisses; mais ensuite on donna aux Receveurs particuliers, le pouvoir de les nommer.

[a] *Voy. cy-dessus, p. lvij.*
[b] *Voy. cy-dessus, p. lviij. Notes* (a) *&* (d) *marginales.*

1356. Montfort, du conseil des Eslûs des trois Estats, nomma Astorque de Salvagnac pour estre *Tresorier du fait de la guerre.* Il fut ordonné que ses comptes seroient rendus devant les Eslûs des trois Estats ; & l'on adjoûta que *ou cas que par aucune maniere, il converroit qu'il rendist raison de sa ditte administration en* [a] *France, que les trois Estats y envoyeroient ses comptes à leurs despens.*

On luy donna aussi une place de Bourgeois [b] dans les Gendarmes.

Il faut encore remarquer que le même jour 27. de Fevrier, le Bailli d'Auvergne mit *le Seel Royal de la Cour de la Baillie d'Auvergne,* au Procès-verbal de l'Assemblée de ces Estats.

Le Subside qu'ils avoient octroyé, devoit durer un an ; mais il paroist par le compte de Robert de Riom, qu'il ne fut levé que pendant deux mois ; parce que dans les Estats generaux tenus à Paris au mois de Fevrier 1356. & où les Députez du Bailliage d'Auvergne assisterent, il fut establi un Subside general qui fit cesser le premier, conformément à ce qui avoit esté reglé par ces Estats particuliers de l'Auvergne. Ce Subside de deux mois, monta à trente mille sept cens quatre-vingt-onze livres, neuf sols six deniers.

On trouve à la teste du compte de Robert de Riom, deux [c] Pieces très importantes sur ces Estats generaux du mois de Fevrier 1356. & dans les Chapitres de dépense, il y a des indications de plusieurs Assemblées des Estats particuliers de l'Auvergne. Je rendray compte dans la suite & de ces Pieces & de ces indications.

L. Le détail instructif que je viens de tirer du deuxieme volume des comptes de Robert de Riom, doit bien faire regreter la perte des neuf autres Volumes. Quelle foule de faits également certains & interessans, auroient fourni les Pieces originales qui estoient sans doute à la teste de chacun de ces Volumes ! Que seroit-ce si les comptes de tous les Receveurs des Aydes establis dans tous les Bailliages du Royaume, pendant le regne du Roy Jean, s'estoient conservez ! Qu'il est triste que le temps nous ait fait perdre tant de monumens si précieux ! Mais ne seroit-il pas en quelque sorte encore plus triste, qu'ils n'existassent aujourd'huy, que pour estre ensevelis dans le fonds de quelque dépost public, ou de quelque cabinet particulier, sans qu'il fût possible d'en avoir connoissance ?

LI. Il faut presentement revenir à ce qui se passoit à Paris par rapport aux Estats. L'Auteur des Chroniques de S.t Denys est le seul qui en ait parlé.

[d] Le 5.e de Decembre, le Dauphin partit de Paris pour aller trouver à Metz l'Empereur Charles IV. son Oncle. Il revint à Paris le Mercredy 22. de Janvier, & il manda aux Gens des trois Estats de se trouver dans cette Ville, le Dimanche * 5.e de Fevrier.

a *C'est-à-dire ; à Paris ; ou du moins, par-delà la Loire.*

b *Voyez le 3.e Vol. des Ordonn. p. 231. XXIV.*

c *Elles sont imprimées dans le 4.e Vol. des Ordonn. p. 181. & suiv.*

d *Chroniques de Saint Denys, folio 171. recto, col. 1. & 2.*

NOTES.

(*) [a] Pasquier a confondu les Estats du mois d'Octobre 1356. & ceux du mois de Fevrier suivant.

a *Rech. l. 2. ch. 7. p. m. 80.*

Plusieurs Evesques & autres Gens d'Eglises & Nobles, & plusieurs autres gens des bonnes Villes du Royaume, s'y rendirent au jour marqué. Ils eurent des conferences pendant plusieurs jours dans le Convent des Cordeliers, & là ils convinrent entre-eux de ce qu'ils devoient dire, lorsqu'ils seroient assemblez en presence de M. le Duc.

1356. ESTATS Generaux à Paris.

Dans des [a] Lettres du 3. de Mars 1356. le Dauphin dit que les Estats generaux ayant esté assemblez à Paris, le 5. de Fevrier 1356. ils rédigerent par écrit leurs résolutions dans leur premiere assemblée ; & qu'elles furent envoyées *par les pays, leus & approuvez par ceulx des païs, tant Gens d'Eglise comme Nobles, Bourgeois des bonnes Villes & autres, & rapportées à cette derniere Assemblée, & derechef veuz, leuz & approuvez tant par Nous & nostre Conseil, comme par les diz trois Etaz estans en ladite derniere Assemblée.*

[a] *Quatrieme Vol. des Ordonnances, p. 181.*

Ce fait qui est très singulier & qui ne se trouve point ailleurs, indique que dans le mois de Fevrier 1356. il se tint des Assemblées particulieres d'Estats, dans toutes les Provinces de la *Languedoyl.*

* Le Vendredy 3.e de Mars, l'Assemblée publique des Estats se tint au Palais Royal en la Chambre du Parlement. Le Duc y assista accompagné des Comtes d'Anjou & de Poitiers ses freres. La compagnie estoit si nombreuse, que la Chambre estoit pleine. Robert le Cocq Evesque de Laon fit un discours, dans lequel il demanda entre autres choses, que l'on privât de tous Offices Royaux à perpetuité, les Conseillers qui avoient déja esté (a) nommez, & ceux qu'ils alloient nommer. Il en nomma vingt-deux ; sçavoir, le Chancelier ; Simon de Bussy ; Jean Chamelart ; Pierre d'Orgemont President en Parlement ; Nicolas Braque ; Jean Poil-le-vilain Maître de la Chambre des Comptes, & Souverain Maître des Monnoyes ; Enguerran du Petit-Cellier ; Bernard de Freman Tresorier de France ; (b) Jean Chauveau ; Jacques l'Empereur Tresorier des guerres ; Estienne de Paris ; Pierre de la Charité ; Ancel Choquart M.e des Requestes de l'Hostel du Roy ; Robert de Lorris Chambellan du Roy ; Jehan [b] Turpin de la Chambre des Requestes ; Robert de Preaux Notaire du Roy ; Renaut Dacy [c] Avocat du Roy en Parlement ; Jean d'Auxerre Maître de la Chambre des Comptes ; Jehan de Brehaigne Valet de Chambre du Duc de Normandie ; le Borgne de Beausse Maître de l'Ecurie du Duc ; l'Abbé de [d] Faloise President en la Chambre des Enquestes ; Geoffroy le Masurier Echanson du Duc ; quelques Maîtres des Requestes de l'Hostel du Roy, & d'autres Officiers du Duc.

* *Chroniques de Saint Denys,* ubi supra.

[b] Taupin *dans l'Ordonn.*

[c] *Avocat general.*

[d] *Nommé dans l'Ordonn.* Frere Regnaud Melchins.

Cependant, dit l'Historien, ces vingt-deux personnes n'avoient point

NOTES.

(a) Ce sont les sept ou huit dont il est parlé dans le Procès-verbal de l'Assemblée des Estats du mois d'Octobre precedent. Voy. cy-dessus p. l.

(b) Nommé *Chauvel* dans l'Ordonnance du mois de Mars 1356. Voy. le 3.e Vol. des Ordonn. p. 130. 11. & *ibid.* les Lettres du 28. de Mars 1359. p. 346.

1356. esté appellées ni oüies, quoyque plusieurs d'entre-elles fussent Officiers à Paris, & qu'on pût les interroger d'un moment à l'autre. Cet Evesque requit encore que tous les Officiers du Royaume fussent suspendus, & que les Estats nommassent des Réformateurs qui auroient connoissance de tout ce qu'on pourroit imputer à ceux qu'il avoit nommez. Un Chevalier nommé Jean de Picquigny, fit aussi plusieurs *Requestes*, & il avoüa l'Evesque au nom des Nobles; ce que fit aussi un Avocat *(a)* de Baville, nommé Nicolas le Chanteur, au nom des bonnes Villes; & Estienne Martel Prevost des Marchands de Paris. Ils offrirent ensuite au Duc, au nom des trois Estats, trente mille hommes d'armes; & ils dirent que pour soûtenir cette dépense, ils estoient convenus d'accorder un Subside: mais que comme ils ne sçavoient pas si la finance qui seroit levée, pourroit suffire pour payer ces trente mille hommes, ils demandoient qu'ils pussent s'assembler *à la quinzaine de Pasques* suivant, & qu'en attendant, ils s'informeroient à quoy cette finance pouvoit monter, pour l'augmenter si elle ne suffisoit pas. Ils requirent aussi que depuis la quinzaine de Pasques, ils pussent se rassembler deux fois, quand bon leur sembleroit, jusqu'au 15. de Fevrier suivant. Le Duc accorda toutes leurs Requestes, *(b)* celles qui avoient esté écrites auparavant comme les nouvelles. Les vingt-deux Officiers nommez par les Estats, furent privez de leurs Offices, & tous les autres furent suspendus; de maniere qu'à Paris, on ne tint point de Jurisdiction jusqu'au Lundy suivant, que le Prevost fût restabli dans son Office. *(c)*

NOTES.

a *MS. de Baluze, N.° 426. fol. 210. v.*

(a) Dans une Chronique latine MS. qui est à la [a] Bibliotheque du Roy, & qui est assez conforme aux Chroniques de S. D. on lit, *N. Chaucetene, Advocatum de* Abbeville.

(b) C'est-à-dire, celles qui avoient esté faites dans l'Assemblée des Estats du mois d'Octobre precedent.

b *L. 1. c. 170. p. 200.*

(c) Voicy ce que dit [b] Froissart de ces Estats. *Tous les Prelats, Evêques & Abbez, tous les Nobles, Seigneurs & Chevaliers, le Prevost des Marchands & les Bourgeois de Paris & les Consuls des bonnes Villes du Royaume, s'assemblerent dans la Cité de Paris, pour ordonner sur le gouvernement du Royaume de France, jusqu'à tant que le Roy de France fût delivré. Ils voulurent encore sçavoir ce qu'estoit devenu le grand Tresor qu'on avoit levé dans le Royaume, en Dismes, en Malletostes, en Subsides, en forges de Monnoyes, & en toutes autres extorsions, dont les Gens avoient esté surchargez, les Soudoyers mal payez, & le Royaume mal gardé & deffendu; mais de ce ne sçavoit nul rendre compte. On convint d'un commun consentement que les Prelats esliroient entre eux douze personnes, qui auroient pouvoir de par eux & de tous les Clergez, d'ordonner & adviser voyes convenables pour ce faire. Les Barons & les Chevaliers esleurent aussi douze Chevaliers, pour entendre à ces besoignes; & les Bourgeois douze de la même maniere. Ces trente-six personnes devoient estre souvent à Paris ensemble, pour ordonner des besognes du Royaume, & toutes manieres de choses se devoient rapporter par ces trois Estats, & devoient obéir tous Prelats, tous Seigneurs, toutes Communautez des Citez & des bonnes Villes, à ce que ces trois Estats ordonneroient. Dans ce commencement, il y en eust plusieurs dans cette Election, qui ne plûrent point au Duc de Normandie ni à son Conseil. D'abord les trois Estats deffendirent à forger la Monnoye qu'on forgeoit, & saisirent les coins. Ils demanderent au Duc de Normandie, qu'on arresta le Chancelier du Roy son Pere, & les autres Maistres des Comptes & Conseillers du Roy, pour leur faire rendre compte de ce qu'on avoit levé au Royaume par leur conseil. Sur cette nouvelle, ces Maistres & Conseillers se retirerent du Royaume. Ces trois Estats nommerent des Receveurs pour recevoir des Malletostes, Dixiemes, Subsides, & toutes autres droitures appartenantes au Roy & au Royaume,*

Le 3.

1356.

Le 3. de Mars, jour de l'Assemblée publique des Estats, le Dauphin fit lire & publier dans la Chambre du Parlement où elle se tenoit, une [a] Ordonnance dont voicy le précis.

Le Dauphin ayant fait assembler plusieurs fois dans le mois d'Octobre precedent, & en dernier lieu le 5.e de Fevrier & les jours suivans, les trois Estats du Royaume de France de la *Languedoyl;* c'est à sçavoir, les Archevesques, Evesques, Abbez, Chapitres, Nobles du Sang Royal, Ducs, Comtes, Barons, Chevaliers & autres; & les Bourgeois & Habitans des Citez, Chasteaux & autres bonnes Villes, pour leur demander une Aide pour le mettre en estat de continuer la guerre, & pour la rançon du Roy, les trois Estats se sont *tirez à part,* & ayant tenu plusieurs *(a)* conferences pour déliberer sur tous ces points, ils ont promis de faire une Aide.

Il est porté par l'Article V. de cette Ordonnance, que les trois Estats se rassembleront dans la Ville de Paris, en personne, ou par des Gens fondez de leur procuration, le Lundy après la *Quasimodo* prochaine; & que cependant, le Dauphin écrira au Duc de Bourgogne & au Comte de Flandres, aux Comtesses de Flandres & d'Alençon, & aux Gens de leur pays, & à plusieurs autres Nobles & Gens des bonnes Villes qui ne se sont pas trouvez à la derniere Assemblée, de ne pas manquer de venir à celle du Lundy après la *Quasimodo,* pour ratifier ce qui a esté fait au sujet de l'Aide; avec intimation que s'ils ne s'y trouvent pas, ils seront tenus de tout ce qui sera reglé par ceux qui y seront presents.

Par l'Article XI. le Dauphin prive de leurs Offices, *comme indignes & insuffisans,* vingt-deux personnes qui sont nommées dans l'Ordonnance.[b]

On peut remarquer qu'il n'est point parlé dans cette Ordonnance, de la suspension de tous les Officiers du Royaume.

Cela est d'autant plus estonnant, qu'il y a dans le [c] Memorial *C.* de la Chambre des Comptes de Paris, des Lettres du Dauphin datées du [d] 27. d'Avril 1357. dans lesquelles il est dit que la suspension des Officiers de la Chambre des Comptes, a esté faite par une *Ordonnance generale pour les Estats. (b)*

Les Reglemens faits par cette Ordonnance, sont presque en tout

a *Voyez le 3.e Vol. des Ordonn. p. 124.*

b *Ce sont ceux dont les noms sont dans la Chronique de Saint Denys.*

c *Fol. huit-vingt & seize, recto.*

d *Au commencement de l'année qui avoit commencé le 9. d'Avril.*

NOTES.

& firent forger nouvelle Monnoye de fin Or; ils auroient voulu qu'on eust delivré de prison le Roy de Navarre qui estoit enfermé au Chasteau de Crevecœur en Cambresis; & il leur sembloit qu'en cas qu'il voulût estre bon & loyal, le Royaume seroit mieux dessendu, parce qu'il restoit en France peu de Nobles à qui on pût avoir recours. *Ils demanderent même au Duc de Normandie, qu'il le delivrât, parce qu'il leur sembloit qu'on luy faisoit tort, & il ne sçavoit pourquoy on le retenoit. Le Duc repondit qu'il ne pouvoit le delivrer, parce qu'il ne sçavoit pourquoy son Pere l'avoit fait arrester.*

*(a) * Eussent eu plusieurs traitiez ensemble par plusieurs Assemblées & continuations de journées.*

(b) Comme par deliberacion du grand Conseil de nostredit Seigneur, de Nous, & des trois Estats du Royaume, touz les Maistres & Officiers de la Chambre des Comptes, ayent esté suspenduz de leurs Offices, par les generaulx Ordennances faites pour les trois Estatz dessuseliz.

* *Lettres du 28. de May 1358. 3.e Vol. des Ordonn. p. 345.*

1356. conformes aux representations que les Estats du mois de Novembre precedent, avoient résolu de faire au Dauphin.

a Troisieme Vol. des Ordonnances, p. 345.

Deux ans après ces Estats, le Dauphin dans des [a] Lettres du 28. de May 1359. par lesquelles il restablit tous les Officiers qui avoient esté dépossedez, rendit compte de ce qui s'estoit passé dans cette Assemblée. Cette Piece est extremement curieuse, & merite d'estre lûë en entier. Il y dit que ceux qui avoient le plus de crédit & d'authorité dans ces Estats, cachoient leur ambition sous le voile de l'amour du bien public, & du bon ordre du Royaume ; qu'ils avoient séduit par ces apparences trompeuses, les autres Députez qui avoient des intentions pures & droites, mais qui se laissoient gouverner aveuglement par des gens qui abusoient de leur confiance ; qu'ils avoient attaqué les Conseillers du Roy & les siens, pour satisfaire leurs haines particulieres, & parce qu'ils sentoient bien qu'ils ne viendroient jamais à bout de leurs pernicieux desseins, tant que ces Officiers, qui s'estoient toûjours distinguez par leur probité, par leurs lumieres & par leur expérience dans les affaires, seroient admis dans les Conseils : que par rapport à ces Officiers, on avoit violé toutes les regles de la Justice, & dans la forme & dans le fonds : que l'on n'avoit proposé contre-eux que des imputations vagues sans articuler aucun fait (*) précis ; qu'ils n'avoient même esté ni [b] appellez ni entendus ni convaincus, quoyque la plûpart offrissent de se deffendre, & de répondre à tout ce qu'on voudroit leur imputer, & que les autres fussent à Bordeaux où ils avoient esté appellez par le [c] Roy, pour travailler au traité de paix qui s'y negocioit.

b citez.

c Il y estoit alors prisonnier. Voyez le 3.e Volume des Ordonnances, p. 96. note (b)

Le Dauphin adjoûte que les Députez des Estats luy firent aussi de bouche ou par écrit, plusieurs demandes, dont quelques-unes estoient très préjudiciables aux Droits & à la Noblesse de la Couronne de France, au Roy & à luy, qu'il avoit differé de leur accorder ce qu'ils luy demandoient, le plus long-temps qu'il luy avoit esté possible, dans l'esperance qu'il s'en désisteroient ; mais qu'enfin la necessité d'avoir des fonds pour soûtenir la guerre, l'avoit contraint malgré luy, à son grand déplaisir & pour éviter de plus grands malheurs, de ceder à leur importunité ; mais que cependant il ne l'auroit jamais fait, s'il n'avoit esperé que dans des temps plus heureux, il seroit en liberté de casser & d'annuller tout ce qu'on le forçoit de faire contre sa volonté.

Le Dauphin ne se trompa pas dans ces esperances ; & deux ans aprés, il se trouva en estat de restablir ces Officiers dans leurs Offices, dans leurs Charges & dans leurs bonnes renommées, & de venger l'authorité Royale en punissant des Sujets ambitieux qui l'avoient usurpée.

d Chroniques de Saint Denys, page 176. verso, col. 1.

[d] Jean de S. Onde Advocat, fut nommé par les Estats un des generaux Gouverneurs des Subsides qu'ils avoient octroyez.

NOTES.

(*) *Pour deffaut de toute vraye & juste cause (quar oncques n'en apparu, ne ne fut proposé contre euls, ne lors ne depuis.)* Voyez cependant cy-dessus, pag. l. note (d).

1356.

[a] On nomma pour lever dans le Diocese de Clermont, l'Aide establie par ces Estats, trois [b] Esliûs qui furent les trois Deputez que l'Auvergne avoit envoyez aux Estats de Paris. Ils furent aussi Esliûs pour le Diocese de S.t Flour. Le Duc de Normandie leur donna des [c] Lettres de Commission le 3.e de Mars 1356. Ces Lettres furent lûës & publiées aux Gens des trois Estats du Diocese de Clermont, qui estoient assemblez dans cette Ville dans la maison des Cordeliers. Il y a un très grand détail sur les personnes des trois Ordres qui estoient presentes, & l'on y trouve que le Bailli & quelques Bourgeois de Clermont, & les Consuls de Riom & de Montferrant, d'Aigue-perse, [d] d'Ussoire, de Bilhon, du Pont du Chastel, & quelques personnes de (*) Brioude & de S.t Poursain, & plusieurs autres pour l'Estat des Communautez, assisterent à cette Assemblée. Il s'en tint apparemment de semblables dans les autres Dioceses de la Languedoyl.

a Comptes de Robert de Riom.

b Voy. leurs noms plus haut, p. lxj. note (a) marg.

c Voyez le 4.e Vol. des Ordonn. pp. 181. & suiv.

d d'Issoire.

Les Lettres de Commission entrent dans un grand détail sur le pouvoir & les fonctions attribuez aux *Esliûs* dans les Dioceses. On peut affirmer, sans craindre de se tromper, qu'on envoya des Lettres semblables dans toutes les autres Provinces du Royaume.

On trouve encore à la teste du compte de Robert de Riom, une Lettre dont voicy le titre en entier.

Les Generaulx Esleuz à Paris par les Gens des trois Estaz du Royaume de France, de l'auctorité de Monsr le Duc de Normendie, Dalphin de Viennois, ainsné Filz & Lieutenant du Roy Monsr sur le Subside octroyé pour le fait de la guerre; à nos amez les Esleuz de par lesdiz trois Estaz en la Ville, Cité & Dioceze de Clermont en Auvergne, sur le nouvel & dernier Subside, Salut & dilection.

Ils leur marquent qu'ayant appris qu'il y a de la dissention entre les Habitans du Diocese de Clermont, & ceux de l'Evesché de S.t Flour, ils croyent necessaire d'ordonner que le Subside au lieu de se lever par Dioceses, se leve dans l'Auvergne par Bailliages, ainsi que cela s'est pratiqué au temps passé dans ce pays: & ils leur mandent de lever le Subside dans le Bailliage d'Auvergne, & dans la partie du Diocese de Clermont qui en dépend, de la même maniere que les *Esliûs* de S.t Flour le leveront dans les Bailliages des Montagnes d'Auvergne, & dans la partie du Diocese de S.t Flour qui releve de ce Bailliage.

Cette Lettre finit ainsi. *Donné à Paris sous nos Seaulx, le dix-septieme jour de May l'an 1357. Ainsi signé. Par les Generaulx Esleuz à Paris sur le Subside octroyé pour les guerres. J. Cordier.*

Ce Subside devoit se lever pendant un an: cependant il paroît par le

NOTES.

(*) Puisque les Députez de Brioude qui est du Diocese de S.t Flour, assisterent à ces Estats, il en faut conclurre que les autres Villes de ce Diocese & * des Montagnes d'Auvergne y envoyerent aussi des Députez. Dans les Lettres de Commission, on donne formellement aux *Esliûs*, le pouvoir d'assembler les Estats de ces deux Dioceses.

* La haute Auvergne.

1356. compte de Robert de Riom, qu'il n'eût cours dans l'Auvergne que pendant quatre mois : d'où il faut conclurre que l'Auvergne fut un de ces pays où l'on se lassa bien-tost d'obéïr au Prevost des Marchands de Paris, [a] par les raisons que j'ay marquées cy-dessus.

a *Voy. p. XLVII.*

LII. [b] Le [c] Mercredy après Pasques Flories 6. [d] d'Avril, il fut crié dans Paris des Lettres *ouvertes* du Roy, par lesquelles il deffendoit qu'on payât le Subside ordonné par les trois Estats, & qu'ils s'assemblassent à la quinzaine de Pasques, ni d'autres jours : le Peuple en fut très irrité.

b *Chroniques de Saint Denys, folio 172. verso, col. 2. & fol. 173. recto, col. 1.*

c *Il faut corriger,* le Jeudi ; *car Pâques suivant arriva le 9. d'Avril.*

d *patentes.*

Le 8.e d'Avril Samedy veille de Pasques, le Dauphin fit publier à Paris, qu'on leveroit le Subside, & que les trois Estats se rassembleroient dans la quinzaine de Pasques, nonobstant le cri qui avoit esté fait le Mercredy precedent.

Ce second cri fut fait par le Conseil des trois Estats ; à sçavoir, de l'Evêque de Laon qui estoit *principal Gouverneur* des trois Estats, du Prevost des Marchands & des autres.

1357.

1357. ESTATS Generaux à Paris.

LIII. [e] Les Estats devoient se rassembler à Paris, quinze jours après le jour de Pasques de cette année ; (*) mais deux Articles du compte de Robert de Riom, en faisant à la verité une correction dans le texte du premier, prouve que cette Assemblée fut differée jusqu'au Dimanche dernier jour d'Avril 1357.

e *Voy. cy-dessus, p. LXV.*

NOTES.

(*) Voicy les deux Articles.

A Pierre Biffa Sergent du Roy nostre Sire, pour son sallaire de porter Lettres ouvertes & closes des Esliis, & de Monsieur le Duc de Normendie, Fils & Lieutenant du Roy nostre Sire, adreçans au Bailly d'Auvergne ou à son Lieutenant, faisant mercion qu'il fit crier & publier que lesdiz Subsides ordenez par les trois Estaz, qui estoit à la journée des Octaves de Pasques (1357.) estoit prolongié au dernier Dimenche d'Avril : Pour ce, [a] *24.e jour dudit mois. 3 s.*

a C'est-à-dire, que ce fut le 24. d'Avril, que ce Sergent alla porter ces Lettres.

A Guillaume de Maizeres Sergent du Roy nostre Sire, pour son sallaire de porter plusieurs Lettres envoyées par Monf.r le Comte de Montfort Lieutenant, comme dit est, adreçans au Prevost de la Roche, de Donesf.r de Vovette, d'Ouzou, de Luighat & de Brivadois, faisant mencion qu'il adjournassent certaines personnes d'Eglise, Nobles & Communes desdiz Prevostages, que eulx fussent à Clermont devant ledit Monf.r le Lieutenant, pour le fait du Subside, qui fut ordenez en France par Monf.r le Duc de Normendie & Gens des trois Estaz, à l'assemblée des trois sepmaines après Pasques prochaines passées : & avec ce plusieurs Lettres closes adreçans à plusieurs personnes notables desdiz Prevostages sur ledit fait. Pour ce, [b] *le 30.e jour de May dessusdit (1357.) 1. Florin vaut 22. s.*

b Voy. la Note marginale precedente (a).

Il est d'abord certain par ce 2.e Article, qu'il se tint une Assemblée d'Estats generaux, trois semaines après Pasques 1357. c'est-à-dire le Dimanche 30.e & dernier jour d'Avril ; Pasques estant arrivé cette année, le 9. d'Avril.

Par rapport au premier Article : ces mots, *que lesdiz Subsides ordennez par les trois Estaz qui estoit à la journée des Octaves de Pasques, estoit prolongié au dernier Dimenche d'Avril,* me paroissent inintelligibles ; au lieu qu'en substituant l'*Assemblée ordennez*, au lieu de *lesdiz Subsides ordennez*, cela feroit un très bon sens & qui s'accorderoit parfaitement avec le 2.e Article.

Si cette correction paroist trop hardie, on pourroit dire que cet Article signifie qu'il s'estoit tenu une Assemblée d'Estats le jour de la *Quasimodo*, que l'on y avoit d'abord octroyé un Subside ; mais qu'on jugea ensuite à propos d'en differer la levée jusqu'au 30.e d'Avril suivant, jour auquel devoit se tenir une nouvelle Assemblée.

a Les

[a] Les trois Estats d'Auvergne envoyerent leurs Députez aux Estats qui estoient indiquez pour le jour de la *Quasimodo* 1357. 1357.

Une chose singuliere, c'est qu'il n'y avoit qu'un [b] Député pour le Clergé, un pour la Noblesse, & qu'il y en avoit trois pour les Communautez.

Il est certain par un des [c] Articles du compte de Robert de Riom, transcrit cy-dessus, que l'on octroya un Subside dans l'Assemblée du 30.[e] d'Avril 1357. mais l'Ordonnance confirmative de ce qui s'y estoit passé, ne s'est pas conservée : on ne trouve même aucune Ordonnance donnée en consequence d'Assemblées d'Estats generaux pendant 1357. Il est cependant certain qu'il s'en tint plusieurs : mais l'on n'a connoissance de ce qui s'y passa, que par les Chroniques de S.t Denis, & par quelques Pieces particulieres.

a *Compte de Robert de Riom.*

b *Pierre du Bosc Chan. de Brioude. M. Bertrand de Rochefort, Chevalier Seign. Desguirande. Giraud Guette Bourgeois de Clermont. Jehan Dorat Bourg. de Riom, & Jehan Cistel Bourg. de Montferrant.*

c *Voy. p. lxviij. Note (c)*

LIV. Vers la Magdelaine 1357. disent les [d] Chroniques de S.t Denys, ceux qui avoient esté choisis par les trois Estats, soit pour entrer dans le grand Conseil, soit pour estre Generaux sur le fait du Subside, ou pour estre Reformateurs, commencerent à perdre leur crédit ; (*) car le produit de l'Aide qu'ils avoient accordée, ne monta pas à la dixieme partie de ce qu'ils avoient dit qu'on en tireroit. Les Nobles & les Gens d'Eglise les abandonnerent, & ne voulurent point payer ce Subside. Les Gens des bonnes Villes mêmes reconnoissant l'iniquité de ces *Gouverneurs principaux*, qui estoient dix ou douze ou environ, firent la même chose. L'Archevêque de Reims, qui avoit esté un des principaux chefs de ce parti, trouva moyen d'estre à la teste du Conseil du Duc. Presque tous ceux qui avoient esté dépossedez de leurs Offices, furent restablis; [e] excepté les vingt-deux qui ont esté nommez plus haut: quelques-uns même d'entre-eux conserverent leurs Charges.

d *Folio 173. recto, col. 1.*

e *Chroniques de S.t Denys, folio 173. recto, col. 2.*

Vers la mi-Aoust, le Duc declara au Prevost des Marchands, à [f] Charles Consat & à Jean de l'Isle, qu'il vouloit doresnavant gouverner, & ne vouloit plus avoir de *Curateurs;* & il leur deffendit de se mesler davantage du Gouvernement du Royaume, dont ils s'estoient tellement emparez, [g] que

f *Il estoit Eschevin de Paris, en 1355. Voy. le 3.e Vol. des Ordonnances, p. 47.*

g *Chroniques de S.t Denys, folio 173. verso, col. 1.*

NOTES.

(*) Voicy ce que dit [h] Froissart à ce sujet.

Les Nobles & les Prelats commencerent à s'ennuyer de l'Ordonnance des trois Estats, si en laissoient le Prevost des Marchands convenir, & aucuns des Bourgeois de Paris, pour ce qu'ils s'entremettoient plus avant qu'ils ne voussissent.

[i] Mathieu Villani dit, que ces Députez des Estats ne songeoient qu'à s'enrichir, sans s'embarrasser du bien public : que les Picards furent les premiers qui s'en apperçûrent, & qu'ils prirent le parti de se gouverner par eux-mêmes; de ne point contribuer aux taxes ordonnées par les trois Estats, & de ne point obéïr à leurs ordres ; & que plusieurs autres Provinces & Villes firent la même chose.

[k] Corneille Zantfliet dans sa Chronique, dit qu'un [l] homme du Peuple s'ennuyant de partager le gouvernement avec les Députez des Estats, s'empara seul de l'Intendance des revenus Royaux, sans que personne osa luy resister, parce qu'il estoit le maistre de la multitude. Les grandes Villes du Royaume, Paris, Roüen, Beauvais & Amiens estoient dans son parti. Il amassa des Tresors immenses.

h *Liv. 1. chap. 179. p. 206.*

i *Liv. 7. chap. 53. p. 436.*

k *Amplissima Collectio Monumentorum. T. 5. p. 272.*

l *Quidam Plebeius.* Il veut sans doute parler du Prevost des Marchands, *Marcel.*

1357. l'on obéïssoit plus à eux qu'à luy. Il alla ensuite dans toutes ses bonnes Villes, & leur demanda en personne une Aide. Les trois Estats furent bien fâchez du parti qu'il avoit pris, & l'Evesque de Laon s'en alla dans son Evêché, *car il voyoit bien qu'il avoit tout gâté.*

Vers la S.t Remy suivant, les Habitans de Paris engagerent Monf.r le Duc à y venir, en luy promettant de luy donner de l'argent en abondance, & de ne plus luy parler de la destitution des Officiers du Roy, ni de la délivrance du Roy de Navarre. Ils luy demanderent seulement que les Députez de vingt ou trente Villes, fussent assemblez à Paris : il y consentit, & il manda à soixante-dix Villes d'envoyer des Députez à Paris. Lorsque ces Députez y furent assemblez, ils dirent au Duc qu'ils ne pouvoient prendre aucune résolution, que les trois Estats ne fussent rassemblez, & ils le prierent de les mander. M. le Duc leur accorda ce qu'ils demandoient ; & il envoya à cet effet des Lettres aux Gens d'Eglise, aux Nobles & aux bonnes Villes.

ESTATS Generaux à Paris.

LV. L'Assemblée des Estats fut fixée au 7.e de Novembre, qui estoit le Mardy après la Toussaints. Au jour qui avoit esté fixé, les trois Estats s'assemblerent, & ils tinrent plusieurs conferences aux Cordeliers.

Le Mercredy huitieme de Novembre, avant le point du jour du Jeudy suivant, le Roy de Navarre qui estoit en prison au Chasteau [a] d'Alleux en Cambresis, fut delivré par un Chevalier nommé Jean de *(a)* Picquigny Gouverneur d'Artois ; & M. le Duc fut obligé de luy envoyer un sauf-conduit pour venir à Paris.

[a] *Arleux.*

Plusieurs Députez des bonnes Villes qui estoient venus à Paris pour l'Assemblée des trois Estats, & particulierement de celles de la Champagne & de la Bourgogne, se retirerent sans prendre congé, quand ils sçurent que le Roy de Navarre devoit venir à Paris, parce qu'ils craignirent qu'on ne voulût leur faire approuver tout ce qui s'estoit fait pour le tirer de prison.

Ce Prince entra à Paris la veille de S.t André.

Les Nobles & les Députez des Villes ne pûrent s'accorder, & l'Assemblée des trois Estats fut continuée *(b)* jusqu'au vingtieme jour après [b] Noël. Il y a dans le compte de Robert de Riom, deux Articles qui prouvent que l'Auvergne envoya à cette Assemblée des Députez des trois Ordres *(c)*.

[b] *jusqu'au 20.e jour de Noüel ensuivant.*

NOTES.

(a) [c] Froissart dit que Jean de Picquigny fit ce coup de l'authorité du Prevost des Marchands de Paris, & des Consuls de quelques-unes des bonnes Villes.

[c] *Liv. 1. chap. 180. p. 206.*

(b) Il paroist par la suite, que cela signifie que les Estats se separerent, après avoir indiqué une nouvelle Assemblée pour le 13.e de Janvier suivant. Elle se tint cependant le 2.

(c) A Estienne le Messager, pour son sallaire de plusieurs Lettres au Bailly des Montaghes d'Auvergne, à l'Evêque de [d] *S.t Flour, aux Consouls de S.t Flour, & à plusieurs autres, de par Monseigneur le Duc de Normendie & les Generaulx Esliis, donné le 19.e jour de Decembre 357. faisant mencion qu'il feussent à Paris au 20.e jour de Noël, & certiffication dudit Bailli. Pour ce, le 4.e jour de Janvier.*

[d] *En entreligne au-dessus de ce nom, sans renvoy, il y a,* aus Efleuz : *& devant ces mots* & à, *il y a un monosyllabe qu'on n'a pû lire.*

A Messire Girard Chalchac Chanoine de Clermont ; Monseigneur Bertrant de la Roche

Il y a aussi grande apparence que ce fut à l'occasion de ces Estats [d]e Paris, qu'il se tint à Clermont une Assemblée d'Estats particuliers, [l]e 8. de Fevrier (1357.) de laquelle il est fait mention dans un Article [d]u compte de Robert de Riom. (*). 1357.

LVI. Le huitieme jour après Noël de l'année 1357. les Députez des [b]onnes Villes s'assemblerent à Paris: mais il s'y trouva peu de Gens [d]'Eglise, & pas un Noble. Ils s'assemblerent tous les jours jusqu'au quatorze ou quinzieme jour de Janvier; mais n'ayant pû s'accorder ni [r]ien conclurre, ils se séparerent après estre convenus entre eux, qu'ils [r]eviendroient à Paris le onzieme de Fevrier suivant, qui estoit le Dimanche devant Caresme-prenant. Ils ordonnerent cependant que l'on [f]eroit une nouvelle Monnoye plus foible que celle qu'ils avoient fait [f]aire il y avoit quelque temps; que M. le Duc auroit la cinquieme [p]artie du profit qui en reviendroit, & que les quatre autres seroient [e]mployées pour les dépenses de la guerre. En conséquence de cette [d]éliberation, on fabriqua des Moutons qui valurent trente sols.

ESTATS Generaux à Paris.

M. le Duc fit expedier à cet effet des [a] Lettres les 22. & 23. de [J]anvier suivant, par lesquelles il declara qu'ayant eu *déliberation* avec les [G]ens du Conseil du Roy & le sien, les Prélats, Barons & les Gens des [b]onnes Villes, à leur priere & requeste, & aussi à celle de la meilleure [p]artie du commun peuple estant alors à Paris & en sa presence, il a [o]rdonné que les deniers d'Or fin à [b] l'*Agnel*, dont le prix avoit esté [f]ixé à trente sols Tournois dans les Estats du mois de Fevrier 1356. vau[d]ront dans la suite trente sols Parisis; ce qui faisoit un quart d'augmen[t]ation.

a *Troisieme Vol. des Ordonnances, pp. 193. & 195.*

b au mouton. *Voyez le 3.e Vol. des Ordonnances, p. 132. au haut de la page: Ils y sont nommez* Florins au Mouton d'Or fin.

Ces Lettres contredisent les Chroniques de S.t Denys, où il est dit [q]u'il ne se trouva pas un seul Noble à cette Assemblée d'Estats.

LVII. [c] Le [d] sixieme de Fevrier qui estoit le Dimanche devant *Ca[r]esme-prenant*, plusieurs Députez des bonnes Villes & plusieurs personnes [d]u Clergé, s'assemblerent à Paris: Il n'y vint aucun Noble. Après plu[s]ieurs Conferences tenuës pendant plusieurs jours, il fut ordonné que [l]es Gens d'Eglise payeroient un demi-dixieme de leur revenu, pendant [u]n an; que ceux qui n'avoient pas payé de Subside l'année passée, paye[r]oient aussi un demi-dixieme pour cette année; que dans les Villes [f]ermées, soixante-cinq [e] Feux entretiendroient un Homme d'armes, ou

ESTATS Generaux à Paris.

c *Chroniques de Saint Denys, folio 167. verso, col. 2.*

d *Il faut corriger le 11. Voy. un peu plus haut, pag. lvj.*

e *Voy. cy-dessus, p. lvij. Note (e). marg.*

NOTES.

[C]hevalier, Seigneur du Brot, & Jacques Rot Bourgeois de Riom & Jehan Cistel Bourgeois de [Cler]mont-Ferrant, envoyez par les Gens d'Eglise, Nobles & Communes dudit Pays en [f] *France, à [l]a generale assemblée qui devoit estre devant M. le Duc de Normendie, ainsné Fils & Lieutenant [d]u Roy nostre Sire, au 20.e jour de Noël 357.*

(*) A [g] *Bgnolx Messager, pour son sallaire de porter Lettres closes de M. l'Evêque de Clermont, à l'Abbé de Manlieu, au Prieur d'Auvergne, au Prieur de S.t Dier, à Chapitre de [B]illiom, contenant qu'il feussent à Clermont le 8.e jour de Fevrier, pour oüir le rapport de ceulx [q]ui avoient esté en France, pour le prouffit dudit Pays. Pour ce, le sixieme jour de Fevrier, 10. s.*

f *C'est-à-dire,* à Paris, ou dans les pays circonvoisins.

g *Le B. est coupé d'un trait.*

1357. payeroient dix sols Parisis pour sa solde; & que dans le plat Pays, cent Feux fourniroient un Homme d'armes.

a Voyez le 3.e Vol. des Ordonn. p. 212. & Note (b).

b Ibid.

LVIII. [a] Le 14. de Mars 1357. & par consequent peu de temps après la fin de l'Assemblée du 11. de Fevrier, le Dauphin qui depuis la prison de son Pere, avoit porté le titre de Lieutenant du Roy, prit celuy de *Regent le Royaume :* cela fut résolu dans une Assemblée d'Estats; car le Regent declare dans des [b] Lettres du 18. de Mars, qu'après avoir eu meure déliberation avec les Gens du Grand-Conseil du Roy & le sien, plusieurs autres Prélats, Barons & Bourgeois des bonnes Villes, il a pris le nom de Regent, & le gouvernement du Royaume. Il y a grande apparence que l'Assemblée d'Estats dont le Regent parle dans ces Lettres, est celle qui commença le 11. de Fevrier 1357.

c Chroniques de Saint Denys, folio 179. verso, col. 1.

Si cela est ainsi, l'Auteur des [c] Chroniques de Saint Denys, s'est trompé, lorsqu'il a dit qu'il ne s'y trouva aucun Noble.

LIX. Le jour de Pasques Fleuries, le Regent fut à Senlis, où luy & le Roy de Navarre avoient mandé tous les Nobles de la Picardie & du Beauvoisis. Le Roy de Navarre n'y vint pas, & envoya s'excuser. Il s'y trouva peu de Nobles, le Regent alla de-là à Compiegne. La Chronique de Saint Denys n'en dit pas davantage.

LX. Suivant les Chroniques de Saint Denys, il ne se tint que trois Assemblées d'Estats generaux pendant l'année 1357. La premiere, le 7. de Novembre, dans laquelle il ne fut rien conclu. La seconde, le 2. de Janvier, dans laquelle il fut resolu seulement qu'on affoibliroit la Monnoye; & la troisieme, le 11. de Fevrier, dans laquelle on octroya un Subside sur les Gens d'Eglise, sur les Villes & sur le plat païs.

Mais il paroist par trois Lettres données par le Dauphin, qu'il se tint encore pendant 1357. d'autres Assemblées d'Estats dont l'Auteur de ces Chroniques n'a pas parlé; ou que du moins, il n'a pas rendu un compte éxact de toutes les résolutions qui furent prises dans les Assemblées dont il a fait mention.

d Tres. des Ch. Registre 86. Piece 483.

LXI. La premiere de ces [d] Lettres datée du mois de Septembre 1358. casse un Jugement rendu *par les Generals Réformateurs ordennez l'An 1357. par les trois Estats lors séans à Paris,* & par lequel ils avoient condamné à mort Roger Chippe Prevost de Soissons, accusé d'un assassinat dont il avoit esté absous par ses Juges ordinaires.

On trouva dans cette Piece, le nom de deux de ces Reformateurs, *Maître Jehan Godart & Colard le Coucheteur.*

e Tres. des Ch. Registre 87. Piece 25.

f avons quitté, pardonné & remis .... par la teneur de ces Lettres de grace especial.

g d'un homme d'armes entretenu par cent Feux.

LXII. Dans le mois de Decembre 1357. le Dauphin donna des [e] Lettres de [f] pardon & de grace aux Bourgeois & Habitans de la Ville de Saint Lo, qui voyant que les Habitans de plusieurs Paroisses des Dioceses de Coustances & d'Avranches, refusoient ou differoient de payer aux Commissaires à ce députez, *le Subside de cent Feux,* [g] *un Homme d'armes pieça octroyé........* par les Gens d'Eglise, Nobles & Habitans des bonnes Villes du Royaume, les forcerent à le payer, & employerent de leur de leur authorité privée les deniers qu'ils reçurent, au payement de la solde de leur garnison. 1357.

Il n'est point dit dans ces Lettres, en quelle année fut accordé ce Subside d'un Homme d'armes par cent Feux: Mais il y a apparence que ce fut dans le cours de l'année 1357. car l'on connoist assez exactement tous les Subsides qui furent octroyez les années precedentes, & ils sont d'un genre tout different.

L'Auteur des Chroniques de Saint Denys parle à la verité d'un Subside d'un Homme d'armes par cent Feux, accordé par les Estats en 1357. mais ce fut dans une Assemblée qui commença le 11. de Fevrier 1357. deux mois après la date de ces Lettres qui sont du mois de Decembre de cette année.

LXIII. Les [a] Lettres du 9. de Janvier 1358. sont très importantes, & demandent une plus longue discussion. Rebellion dans le Forez.

Elles confirment un Jugement rendu par des Commissaires envoyez par le Regent dans le Forez, pour faire le Procès à ceux qui avoient trempé dans une rebellion arrivée au sujet de la levée d'un Subside accordé par les trois Estats.

Voicy le précis des faits contenus dans le Jugement que les [b] Commissaires rendirent le dixieme de Novembre suivant.

Les Gens des trois Estats de la Langue de France, assemblez à Paris en 1357. ayant accordé un Subside pour quatre mois, esslûrent le Prieur de S.t Yremer, Berard de (*) Laveu Chevalier, & Humbert [c] Bairaut bourgeois de Lyon, pour lever *ce Subside* dans le Diocese de Lyon. Ces Esslûs se transporterent à cet effet dans le Forez; mais les Habitans de ce Comté refuserent de leur obéïr, & de payer ce Subside, parce que ni leur Comte ni eux ne l'avoient accordé.

Les Esslûs, pour punir leur désobéïssance, condamnerent Monsieur Pierre de [d] Bergisac Chevalier, Bailli, & Pierre du Verney Chanoine de Mascon, Juge du *Foirois*, chacun en cent cinquante marcs d'argent d'amende envers le Roy; & le Procureur du Comte, & un grand nombre d'autres personnes qui sont nommées, chacun en cinquante marcs d'argent ou environ; *& ils mirent la Jurisdiction, cens, redevances & rentes dudit Comte, en la main du Roy.*

Le Comte, ses Officiers, & ceux qui avoient esté condamnez à l'amende, appellerent au Roy du jugement des Esslûs, & firent assigner au prochain Parlement, le [e] Procureur du Roy, *& les autres lesquiex peut toucher ladite besoigne.*

Les Esslûs cependant continuerent leurs poursuites pour la levée du Subside; & de leur commandement & de celuy du Bailli de Mascon,

a *Tres. des Ch. Registre 90. piece 40.*

b *Les Lettres de Commission du Regent, du 7. de Novembre 1358. & le Jugement des Commissaires, sont vidimées dans les Lettres du 9. de Janvier 1358.*

c *Il est nommé* Bairal, *dans un autre endroit.*

d *La fin de ce nom est presque effacée & ne se peut lire.*

e *Le Procureur general.*

NOTES.

(*) Il est nommé plus bas, *Berart de Lanieu*, & *Bernardus de Ysorensi* dans les Lettres de Commission du Regent, qui sont en Latin.

1357. plusieurs Sergents, *Commis* & Commissaires du Roy, se transporterent dans la Ville de Monbrison pour l'exiger, & ils firent mettre en prison quelques Habitans qui refuserent de payer. Aussi-tost les autres Habitans *firent corner le Cor & sonner le (a) Sain*, s'assemblerent en armes; vinrent dans Mascon dans les maisons où estoient les Commissaires & Sergents du Roy, & enfoncerent les portes. Quelques-uns de ces Commissaires s'enfuirent par-dessus les toits, & les autres furent maltraitez & battus, & tous leurs effets furent pillez.

Le Lieutenant du Bailli de Mascon fit informer de cette rebellion, fit assigner par-devant le Regent ceux qui y avoient eû part, & fit saisir leurs biens.

Il y eut de semblables revoltes dans plusieurs Villes & lieux de ce Comté, du vivant du dernier Comte de Forez, & depuis sa (b) mort: il y eut même du sang de versé.

Le Regent envoya dans le Forez, l'Evesque de Lizieux, le Mareschal de Boucicaut, & Pierre Scatisse Tresorier du Roy; & il les nomma Commissaires conjointement avec le Lieutenant du Bailli de Mascon, pour connoître de ces rebellions.

Ces Commissaires ayant égard à la soûmission que fit Madame Jeanne de Bourbon, Comtesse de Forez, tant en son nom qu'à celuy de Loüis son fils Comte de Forez, qui estoit mineur, de faire payer *le Subside de quatre mois*, & un nouveau qui luy fut demandé pour la redemption du Roy, remirent à la Comtesse, au Comte, à leurs Officiers & à leurs Sujets, toutes les peines qu'ils avoient pû encourir par leur rebellion & leurs désobéïssances; & le Regent confirma ce jugement par ses Lettres.

Le Subside qui donna lieu à la rebellion du Forez, n'est jamais nommé dans ces Lettres, que *le Subside de quatre mois;* c'est-à-dire, un Subside qui ne devoit estre levé que pendant quatre mois. C'est peut-estre celuy qui fut imposé cette année, pour l'entretien d'un homme d'armes par un certain nombre de Feux, & qui, suivant les apparences, ne fut payé que pendant quatre mois, parce que dans ces temps-là, les Campagnes ne duroient gueres plus long-temps.

Il est encore dit dans ces Lettres, que le Comte de Forez & ses sujets n'avoient pas accordé ce Subside. Ils n'avoient apparemment pas voulu venir aux Estats où il fut octroyé: suivant les Chroniques de S.t Denys, les Assemblées d'Estats qui se tinrent pendant l'année 1357. ne furent pas fort nombreuses.

NOTES.

(a) Sain, signal donné avec une cloche: d'où vient le mot *Tocsin*. Voy. le Dictionnaire Etymologique de Menage aux mots, *Sain* & *Tocsin*.

(b) Cela peut servir à fixer à peu près le temps de la mort du Comte de Forez: (il se nommoit Guigues.) Il paroist par ces Lettres qu'il mourut en 1357. ou 1358. Dans * l'Histoire Genealogique de la Maison de France, il est dit qu'il mourut en 1360.

* *Tome 1.er page 298. & Tome 6. page 730. B.*

1357. ESTATS de la Seneschaussée de Beaucaire.

LXIV. Le 18. de Fevrier de la même année 1357. Jean Comte de Poitiers troisieme fils du Roy Jean, & Lieutenant du Roy dans toute la Languedoc, au-delà de la Dordogne, adressa des [a] Lettres au Seneschal de Beaucaire, par lesquelles il luy marque que peu de temps aprés son arrivée dans le pays, il a fait assembler les Communautez de la Seneschaussée de Beaucaire, lesquelles luy ont octroyé un Subside nommé [b] *Capage*, & il luy ordonne de le faire lever conformement à l'acte du consentement de ces Communautez qu'il luy envoye.

Cet acte est daté du même jour 18. de Fevrier. [c] Il y est dit que ce *Capage* se payera pendant deux mois; qu'il sera continué pendant deux autres mois, si la guerre dure encore, & qu'il sera levé de la même maniere que l'ont esté les [d] *Capages* qui ont esté accordez precedemment, par des personnes qui seront députées à cet effet; & à leur deffaut, par les Juges ordinaires de ces Communautez.

Il n'est pas dit par qui seront nommées les personnes qui leveront ce *Capage.* Il y a apparence qu'ils le furent par les Communautez mêmes.

Il y a à la fin de cet acte, le nom de cinquante-trois Communautez qui avoient assisté aux Estats de la Seneschaussée de Beaucaire, & qui avoient octroyé ce *Capage.* Le Comte de Poitiers par ses [e] Lettres du 20. de Fevrier, deux jours aprés la clôture de l'Assemblée, ordonna au Seneschal de Beaucaire, de faire payer le *Capage* par les Communautez qui ne s'y estoient pas trouvées.

Il paroît par l'acte de consentement dont je viens de rendre compte, que le Capage avoit déja esté accordé les années precedentes. Il l'avoit esté sans doute de la même maniere; c'est-à-dire dans une Assemblée d'Estats. Il y a aussi grande apparence que le Comte de Poitiers assembla dans le même temps le Clergé & les Nobles de la Seneschaussée de Beaucaire, & les trois Estats des autres Seneschaussées de la Languedoc, & qu'ils luy octroyerent aussi un *Capage*, ou quelque autre Subside.

LXV. Le Regent par ses [f] Lettres du 9. de Novembre 1357. ayant donné pouvoir à des Commissaires qui y sont nommez, d'abbattre certaines Forteresses du Beauvoisis, s'ils le jugeoient necessaire; en prenant conseil des Gens & Conseillers de l'Evesque de Beauvais, & autres Prud'hommes sages & experts dudit pays, ces Commissaires firent assembler à Beauvais, les Gens de Monsr l'Evêque, des Chanoines de Beauvais, des Abbez & Religieux d'environ, le Maire de Beauvais, plusieurs de ses [g] Pers, & de bonnes Gens, Bourgeois, Chevaliers, Conseillers & autres de la Ville & environ. On décida dans cette espece d'Estats, quelles estoient les Forteresses qu'il convenoit d'abbattre; ainsi qu'il paroît par le [h] Procés-verbal que les Commissaires dresserent le dernier de Decembre 1357.

LXVI. Quelques articles du compte de Robert de Riom, indiquent plusieurs Assemblées particulieres des Estats de l'Auvergne, tenuës pendant le cours de l'année 1357. Je crois ne pouvoir mieux faire, pour

[a] *Troisieme Vol. des Ordonnances, p. 689.*

[b] *C'estoit une espece de Capitation.*

[c] *Art. V. VII. VIII.*

[d] *Juxta formam olim factam pro duobus mensibus.*

[e] *Voyez le 3.e Vol. des Ordonn. p. 691. Note (f)*

[f] *Tres. des Ch. Registre 90. Piece 563.*

[g] Pares, *Conseillers de Ville.*

[h] *Ibid.*

1357. donner une idée exacte de ces Estats, & de ce qui s'y passa, que de faire imprimer ces articles dans une Note. (*)

NOTES.

(*) A Estienne Mazeleir, pour son sallaire de porter Lettres closes de par Monf. le Comte de Montfort Lieutenant, comme dit est, adreçans à Monf. le Comte Dalphin, à Monf. Ameu Dalphin, au Seigneur de la Court, au Seigneur d'Achehon, de S.t Flour, de Breon, de Langhat, & de Tallat, & de Chalenco, contenant que il feussent à Clermont, pour le fait de la tuicion & deffense dudit Pays, le Dimenche après la Feste S.t Jehan-Baptiste. Pour ce, [a] le 19.e jour de Juing, 40. s.

Cet Article doit sans doute se rapporter à l'année 1357. puisque le suivant regarde cette année.

[a] Voy. cy-dessus, p. lxviij. deuxieme Note (a); marg.

A Estienne Mazeleir, pour les dépens & sallaire de luy & de son cheval, pour porter Lettres closes de Monf. le Comte de Montfort Lieutenant, que dit est, adreçant à plusieurs Nobles & Communes nommez cy-après; contenant que pour aucune Assemblée de Gens d'armes qui se faisoit sur la frontiere dudit Pays d'Auvergne, que un chacun selon son estat, feust prest en armes & en chevaux, & qu'ils payassent & feissent payer par leurs subjez ledit Subside; & pour avoir deliberacion sur la tuicion & deffense dudit Pays, que il feussent à Clermont, le Dimenche prochain venant à 9.e jour de Juillet.

Cette date prouve que cela doit se rapporter à l'année 1357. où le 9. de Juillet estoit un Dimanche.

A M. Jean Guat Chevalier, Lieutenant de Noble homme M. Olivier de Laye Chevalier, Gouverneur du Bailliage d'Auvergne, lesquelx il avoit payez à plusieurs Sergents & Messagiers, pour porter plusieurs Lettres que ledit Gouverneur écrivoit à plusieurs Gens d'Eglise, Nobles & Communes dudit Pays, comment il feussent assemblez le 30.e jour d'Octobre à Clermont, pour le fait de la tuicion & deffense dudit Pays, & pour cause de la nouvelle prise du Chastel de Semur à luy renduës. Pour ce, par mandement dudit Gouverneur, donné le 6.e jour de Novembre 357.

A Monf. Olivier de Laye, Chevalier, Gouverneur du Bailliage d'Auvergne, pour ses dépens de cinq jours qu'il fut ès Assemblées faites à Clermont, par les Gens dudit Pays ès mois d'Octobre & de Novembre 357. pour le fait de la tuicion & deffense dudit Pays; & pour ce que les ennemis avoient occupé de nouvel, le Chastel de Semur. Pour ce, par mandement de M. l'Evêque de Clermont, l'Abbé de S.t Cluy, Monf. le Comte de Montfort, & du Dalphin d'Auvergne, de Reynart Balbet & Jehan Hunbaus estant à ladite Assemblée: donné le 8.e jour de Novembre 357.

A luy pour ses dépens de 16. jours qu'il afferma avoir vacqué en deux voyages qu'il avoit esté pardevers Monf. le Comte de Poictiers, Fils & Lieutenant du Roy nostre Sire, par deçà la riviere de Loire, & en aucunes Assemblées faites à Clermont du commandement dudit Monf. le Comte. Pour ce, par mandement dudit Monf. le Comte & des Esleuz, donné le 29.e jour de Decembre 357.

A M. Guillaume de [b] Harves Chevalier, esleu & ordonné pour les Gens d'Eglise, Nobles & Communes dudit Pays d'Auvergne, assemblez à Clermont en la presence de Monf. Olivier de Laye Chevalier, Gouverneur du Bailliage d'Auvergne, ou mois de Novembre 1357. après ce que ledit Monf. le Comte de Montfort se fust déchargié d'estre Lieutenant, & ledit Asforgue cessat de faire l'Office de Tresorier des guerres, Capitaine d'un certain nombre de Gens d'armes, pour aller demourer sur les frontieres du Chastel de Semur reseant oudit Bailliage, lequel les Anglois & ennemis du Royaume avoient prins de nouvel, & tenoient occupé en faisant guerre ouverte mortel de feu & de [c] sant, audit Pays d'environ ledit Chastel, pour faire prest & payement à luy & aux Gens d'armes estanz sous son gouvernement. Par mandement dudit Monf. le Gouverneur dudit Bailliage, & de Monf. Ebranc de Chalenco, Erart de Sennettery & Jacques Tissier esleus sur ledit Subside; & à la requeste des Gens dudit Pays estanz à laditte Assemblée.

[b] Mot très douteux: On pourroit le lire de quatre ou cinq façons.

[c] sang.

A Monf. Guillaume Prieur d'Autrie, Noble homme Monf. Amens Dalphin Seigneur de Rocheffort, & Berteram de Laumeil Bourgeois de Clermont, envoyez par les Gens d'Eglise, Nobles & Communes dudit Pays, assemblez à Clermont le 6.e jour de Novembre 1357. pour la tuicion & deffense d'iceluy Pays; & pour ce que les Anglès [d] & ennemis du Royaume, avoient

[d] Anglois.

1358.

1358. 1358.

LXVII. [b] Le Regent avoit convoqué à Provins, les Gens d'Eglise, ESTATS de la Champagne, à Provins.

b *Chroniques de Saint Denys, folio 179. verso, col. 1. & 2.*

NOTES.

pris & occupé de nouvel le Chastel de Semur séant au Bailliage d'Auvergne, devers Monf. le Duc de Normendie ainsné Filz & Lieutenant du Roy nostre Sire & son grant Conseil, pour exposer l'estat dudit Pays, & pour obtenir provision, secours & aide pour ledit Pays, & pour autres causes à eulx enchargées par lesdittes Gens dudit Pays.

A luy (Bergnogno Messager,) *pour son sallaire de porter Lettres closes de Monf. le Gouverneur, à Monf. le Comte Dalphin, & à plusieurs Gens des bonnes Villes dudit Pays, faisant mencion qu'il feussent à Clermont, le Dimenche 10.e jour de Decembre, pour la venuë de Monf. le Comte de Poictiers. Pour ce, 7. dudit mois de Decembre. 20. s.*

Cette Assemblée dont la date n'est pas dans cet Article, se tint certainement en 1357. car cette année, le 10. de Decembre estoit un Dimanche.

A Estienne Leschinal Messagier, pour son sallaire de porter Lettres clauses de Monf. le Gouverneur, aux Consuls du Pont-du-Chastel, de Billon, de Montferrant, au Seigneur de Momnory, de Cousant, au Prieur de S.t Dier, au Seigneur d'Orliergue, de Monboissier, à l'Abbé de la Chasse-Dieu, au Prieur de Solsihangues, aux Habitans dudit lieu, au Seigneur de S.t Bonnet, d'Orlant, à Monf. Bertrant de Layre, à l'Abbé de Marilhent, à Monf. Loys de Vissac, au Seigneur d'Allegre, faisant mencion qu'il feussent à Clermont, le merguedi 3.e jour de Janvier; où tous les Seigneurs du Pays devoient estre, pour avoir conseil & deliberacion comment l'en peust resister aux ennemis qui estoient à Semur, qui pilloient & dommageoient ledit Pays d'Auvergne. Pour ce, le 18.e jour de Decembre.

A Durand Folaux de Herment, pour son sallaire de porter Lettres closes de Monf. le Gouverneur d'Auvergne, aux Consouls de Herment, au Seigneur de Mont-ceilly, de Jallat, au Seigneur de la Courtine, à Monf. Guillaume Deamez, au Comte de Belfort ou à son Chastelain, faisant mencion qu'il feussent à Montferrant au Merguedy 3.e jour de Janvier, où devoit estre Monf. l'Evêque de Clermont, Monf. de Mont-fort, Monf. le Comte Dalphin, Monf. Amen Dalphin, le Seigneur Dapchon & plusieurs autres, pour avoir conseil ensamble, comment l'en peust obvier aux ennemis. Pour ce, le 27.e jour de Decembre, 12. s.

Ces Estats se sont tenus dans l'année 1357. dans laquelle le 3. de Janvier estoit un Mercredi.

A luy (Monf. Olivier de Laye,) *pour ses dépens de trois jours qu'il fut ès Assemblées faites à Montferrant & à Clermont, le Mercredi, Jeudi & Vendredi avant la* [c] *Tiphanie, 357. Pour ce, du commandement fait de bouche audit Receveur general, par Monf. l'Evêque de Clermont & le Comte de Mont-fort, & par les Consuls de Riom & de Montferrant.*

c *Epiphanie.*

A Monf. Guillaume de Neuville Chevalier, Seigneur de la Chabra, & à M.e Durant Roux Lieutenant de Monf. le Gouverneur d'Auvergne, envoyez par Monf. Dapchon Capitaine general oudit Pays, & par les Gens d'Eglise, Nobles & Communes d'iceluy Pays, assemblez à Clermont ledit 5.e jour de Janvier 1357. devers Madame la (a) Royne en Bourgogne, pour li repporter l'estat dudit Pays; & pour luy supplier que il luy pleust à mander à ses Officiers de la Comté d'Auvergne, que eux feissent payer à ses Subgez, les Aides & Subsides que les autres du Pays d'Auvergne, payoient pour le fait, tuicion & deffense d'iceluy Pays.

NOTES.

(a) Voy. sur la Comté d'Auvergne, cy-dessus, page xxviij.

(b) Jeanne femme du Roy Jean. * Le second Continuateur de Nangis dit qu'elle se retira en Bourgogne, pendant la captivité de son mari. Elle y mourut le 29. de Septembre 1360. suivant les Auteurs de l'Histoire Geneal. de la M. de France, t. 1. p. 549. *A.* ou le 21. de Novembre 1361. suivant les mêmes Auteurs, *Ibid.* page 109. *A.*

* *Troisieme Vol. du Spicil. du Pere Dacheri, in fol. p. 115. col. 2.*

1358. les Nobles & les bonnes Villes de la Champagne, au 9.e d'Avril 1358. qui estoit le (*b*) Lundy après la *Quasimodo*.

Le Roy de Navarre qui avoit écrit *aux dessusdits de Champagne*, qu'il y viendroit, n'y vint point ; mais Pierre de Corbie & Robert de Roussi Archidiacre de Brie en l'Eglise de Paris, s'y trouverent.

Le Mardy suivant 10.e de ce mois, le Regent parla à ceux qui composoient les Estats de Champagne. Il leur representa la triste situation dans laquelle le Royaume se trouvoit, & il leur demanda une Aide. Il adjoûta que Robert de Corbie, & l'Archidiacre de Paris, avoient à leur parler de la part des bonnes Gens de la Ville de Paris.

Robert de Corbie fit ensuite un discours pour les prier d'estre unis aux Habitans de cette Ville. Les Estats de Champagne demanderent & obtinrent permission de conferer ensemble. Après leur conference, ils firent sçavoir au Regent qu'ils estoient prests de luy faire réponse. Le Regent accompagné du Duc d'Orleans son Oncle, du Comte d'Estampes & de plusieurs autres Seigneurs, vint dans un Jardin où estoient *ceux de Champagne*. Là, Simon de Roussi Comte de Bresne en Laonnois, dit au Regent de la part de tous ceux de Champagne, qu'ils estoient prests de l'aider, & de faire tout ce que de bons Sujets doivent faire pour leur Seigneur ; mais que comme les plus puissans de la Champagne n'estoient pas venus à cette Assemblée, il le prioit d'en indiquer une autre à [a] Vertus en Champagne. Il luy déclara ensuite que les Champenois n'iroient plus à [b] Paris. Le Regent accorda ce qu'ils luy demandoient, & l'Assemblée fut indiquée pour le Dimanche [c] 29. d'Avril.

a *Ibid. p. 180. recto, col. 1.*

b *C'est-à-dire, aux Estats qui s'y tiendroient.*

c *Il y a le 19. dans les Chroniques ; mais il faut corr. le 29. comme il y a plus bas.*

Tous ceux qui composoient ces Estats, allerent dîner chez le Regent qui les en avoit priez. Ces Estats avoient demandé au Regent justice du meurtre de Monseigneur de Conflant Mareschal de Champagne, qui avoit esté tué à Paris en sa presence. On ne peut qu'indiquer cet évenement dont le récit demanderoit une trop longue discussion. On peut consulter ce qui en est dit dans les [d] Chroniques de Saint Denys.

d *Folio 177. verso, col. 1. & 179. verso, col. 2.*

ESTATS du Bailliage de Vermandois.

LXVIII. Le [e] Mardy 17. d'Avril, le Regent partit de Meaux pour aller à Compiegne, à une Assemblée à laquelle il avoit mandé aux Estats du Bailliage de [f] Vermandois de se trouver.

Il y arriva le [g] Jeudy suivant 19. d'Avril, & il y demeura quelque temps : Mais l'Auteur des Chroniques de Saint Denys n'a point marqué ce qui se passa dans les Estats qui, suivant les apparences, se tinrent pendant le séjour qu'il fit dans cette Ville.

e *Il y a le Mercredy dans les Chron. c'est une faute. Un peu plus bas, il y a le Jeudy 19. d'Avril.*

f *Les Vermandissiens, dans la Chronique.*

g *Ibid. fol. 180. verso, col. 1.*

LXIX. Depuis que le Regent estoit sorti de Paris, il y estoit resté peu de Gentils-hommes. Les Habitans de cette Ville en estoient tres-fâchez, & la division regnoit dans tout le Royaume. La plus grande

NOTES.

(*b*) Il y a le Jeudi dans les Chroniques : mais Pasques estant arrivé le premier d'Avril 1358. le 9. d'Avril estoit le Lundi & non pas le Jeudi après la *Quasimodo*. Ce n'est qu'une faute de copiste : Car un peu plus bas, il y a, *le Mardi 10. d'Avril*.

partie des Villes tenoit pour le Regent *leur droit Seigneur*, & les autres pour ceux de Paris. 1358.

LXX. [a] Le Dimanche 29.[e] d'Avril, les Estats de la [b] Champagne s'assemblerent à Vertus. Le Regent ne s'y trouva pas; mais il y envoya Simon de Roussi Comte de Bresne, qui leur fit en son nom, les mêmes demandes qu'il leur avoit faites en personne à Provins. Les Estats s'assemblerent pendant deux jours, & ils convinrent que dans les bonnes Villes, on fourniroit un Homme-d'armes par soixante-dix [c] Feux; & que dans le plat Pays, les personnes [d] franches en fourniroient un par cent Feux; & les personnes *serves de mortes-mains & de fors mariages*, un par deux cens Feux: Que les Gens d'Eglise payeront le dixieme de leurs revenus, & les Nobles cinq livres pour cent livres de revenus en terre: Que les Bourgeois payeroient comme les Nobles, par rapport aux Fiefs qu'ils possederoient, & qu'ils payeroient encore avec les Bourgeois; que cette Ayde seroit levée *par leurs mains*, & employée *par leurs mains* à l'entretien des Gens-d'armes; à l'exception du Dixieme qu'ils accorderent au Regent pour sa dépense. Ils luy envoyerent le résultat de ce qui avoit esté résolu dans leur Assemblée. L'Ordonnance qu'il fit, sans doute, pour le confirmer, ne se trouve point; & cette Assemblée, & ce qui s'y passa, n'est connu que par les Chroniques de St Denys.

a *Ibid. col. 2.*

ESTATS de la Champagne, à Vertus.

b Les Champenois, *dans les Chroniques.*

c *Voy. cy-dessus, page lvij. Note* (c) *marg.*

d *libres.*

LXXI. Les Députez des Villes devoient s'assembler à Paris le Mardy premier de May, suivant ce qui avoit esté reglé dans la derniere *(a)* Assemblée; mais le Regent leur ordonna de se rendre à Compiegne, le Vendredy quatrieme de May.

ESTATS generaux à Compiegne.

[e] Si les Habitans de Paris en furent très irritez, ceux des autres Villes en furent très contens. On octroya dans ces *(b)* Estats un Subside pareil à celuy qui avoit esté accordé par les Estats de Champagne assemblez à Vertus.

e *Chroniques de Saint Denys, page 180. verso, col. 2.*

Cette Assemblée des Estats à Compiegne, fut suivie, suivant l'usage, d'une [f] Ordonnance donnée dans cette Ville, le quatorzieme de May 1358. ce qui prouve que le Regent y avoit assisté.

f *Troisieme Vol. des Ordonnances. p. 221. Note* (a).

Cette Ordonnance est très importante; car elle contient des Reglemens sur des matieres toutes nouvelles, & dont il n'avoit pas esté fait mention dans les Ordonnances precedentes.

On y entrevoit aussi une espece de désaveu & de condamnation de tout ce qui avoit esté fait dans les Estats de 1356. & de la conduite de

NOTES.

(a) C'est apparemment celle du 6. de Fevrier 1357. du moins je ne connois pas d'Assemblées d'Estats tenues à Paris, depuis ce jour jusqu'au mois de May suivant.

(b) Le [g] second Continuateur de Nangis, dit sur cette Assemblée, que le Regent irrité contre les Parisiens, à cause du meurtre de ses trois [h] Conseillers qui avoient esté tuez devant luy, sortit de cette Ville, resolu de n'y point rentrer qu'il ne se fût vengé. Il alla à Compiegne en quittant Paris. Il y assembla des Nobles pour deliberer avec eux sur les mesures qu'il prendroit pour parvenir à cette vengeance.

g *Troisieme Vol. du Spicilege du P. Dacheri, in folio, p. 117. col. 1.*

h *Voy. cy-dessus, p. preced. n. lxvij.*

1353. la Ville de Paris, & de celles qui avoient suivi son parti. Voicy les endroits de cette Ordonnance qui ont rapport aux Estats.

Le Dauphin ayant assemblé à Compiegne, le quatrieme de May 1358. les Prélats & autres personnes *de Sainte Eglise,* les Ducs, Comtes, Barons, Bannerets, Chevaliers & autres Nobles, & les Habitans des bonnes Villes du Royaume de France de la Languedoyl, & après avoir déliberé sur les representations qu'ils luy ont faites, avec les Gens du Grand Conseil du Roy & du sien, fit plusieurs Reglemens.

a *Tome 2. livre 5. chap. 98. page 322.*

Claude Dormay dans son [a] Histoire de Soissons, rapporte quelques particularitez sur les Estats de Compiegne, qu'il paroist avoir tirez des Registres publics de cette Ville. On les trouvera dans le passage de cet Auteur, que l'on a crû devoir faire imprimer dans une Note (*).

b *Troisieme Vol. des Ordonnances, p. 221. Note (a).*

LXXII. [b] Le quatorzieme de May, le jour même que le Regent donna l'Ordonnance dont on vient de rendre compte, il adressa au Prevost de Paris, des Lettres dans lesquelles on trouve quelques détails sur ce qui s'estoit passé dans les Estats de Compiegne.

Il luy marque que dans l'Assemblée des Estats, Messire *Sohier de Voisins* Chevalier, a esté esslû par l'Estat des Nobles, pour avoir l'inspection sur la levée de l'Ayde dans la Ville & dans le Diocese de Paris; à l'exception de la partie de ce Diocese qui est de la Prevosté & du ressort de Meaux; mais que l'Estat de l'Eglise & l'Estat des bonnes Villes & *du plat pays,* n'ayant esslu personne à cet effet pour la Ville de Paris, il luy ordonne de convoquer à Paris sans délay, attendu que la chose requiert celerité, des Gens d'Eglise & des Gens des bonnes Villes de Paris; & même de les contraindre de s'assembler pour proceder à cette élection; & il l'autorise à donner en son nom des Commissions à ceux qui seront esslûs. Il luy enjoint dans le cas où les Gens d'Eglise & les Bourgeois de Paris, refuseroient ou differeroient de faire cette élection, de choisir luy-même avec un bon Conseil, une personne d'Eglise & un Bourgeois. Il adjoûte que si *Sohier de Voisins* & les deux autres qui seront esslus par les Gens d'Eglise & par les Bourgeois, ou à leur deffaut, par le Prevost de Paris, refusent ou different à travailler à la levée du Subside, ils y seront contraints par le Prevost de Paris; à sçavoir, le Noble & le Bourgeois par la prison & la saisie de leurs biens; & l'Ecclesiastique par la saisie de son temporel.* Il donne enfin pouvoir aux trois Esslûs

NOTES.

(*) Elle se tint à Compiegne, où l'on appella le Clergé, la Noblesse & les Communes de Picardie, & de quelques Provinces voisines. Le Dauphin y estoit avec le Conseil du Roy, & plusieurs Princes & Seigneurs de haute qualité. Plusieurs Abbez & Gentils-hommes s'y trouverent avec les Deputez des Villes : la pluspart de ceux qui estoient esloignez, s'excuserent sur le danger qu'il y avoit de se mettre en chemin pendant que les Anglois tenoient la campagne. Pour ne point parler des autres, je trouve que de nostre Ville, on y envoya Pierre de Valenciennes, Jean de Calais & Jean Goulin . . . . Tous témoignerent assez leur affection, leur fidelité, & leur obéissance, & remercierent le Dauphin de ce qu'il n'avoit point desesperé de restablir la France dans un temps si dangereux.

d'establir

l'establir un ou plusieurs Receveurs de l'Ayde, & de leur fixer tels gages qu'ils jugeront à propos, avec le conseil cependant des Gens de leur Ordre. 1358.

LXXIII. L'on trouve dans le [a] Memorial *C.* de la Chambre des Comptes de Paris, la copie d'une Lettre écrite par le Roy, de Londres où il estoit prisonnier, au Clergé du Diocese de Soissons, & l'indication d'un très grand nombre de Lettres circulaires, écrites par ce Prince à plusieurs personnes de chacun des differens Ordres du Royaume.

Cette Lettre & ces indications apprennent bien des choses nouvelles sur les Estats de Compiegne. Voicy ce que l'on lit dans le Memorial.

Le 13. d'Aoust 1358. Me Yves Darien Secretaire du Roy, apporta à la Chambre des Lettres closes du Roy, scellées de son Scel secret, dressées aux Evesques de Tournay & à trente-trois autres Archevesques ou Evesques qui sont nommez, & entre lesquels sont ceux de Paris & de Soissons.

[b] *Item.* Aux Baillys d'Orleans, & à dix-sept autres Baillys, en comptant le Prevost de Paris, qui sont aussi nommez.

Item. D'autres Lettres [c] ouvertes, scellées du grand Sceau, écrites aux Abbez, Colleges & autres Gens Ecclesiastiques des Dioceses de Soissons, & de trente-trois autres. Ce sont précisément les Dioceses aux Archevesques & Evesques desquels le Roy avoit écrit des Lettres.

Item. D'autres Lettres scellées du grand Sceau, adressées aux Nobles de la Vicomté de Paris & des Bailliages de Gizors, & de seize autres Bailliages qui sont nommez. Ces Bailliages sont ceux aux Baillis desquels le Roy avoit écrit des Lettres.

Item. D'autres Lettres ouvertes, & scellées du grand Sceau, adressées aux Bourgeois & Habitans des bonnes Villes des Bailliages d'Anjou & de dix-sept autres Bailliages, en comptant la Prevosté de Paris. Ce sont les mêmes dix-huit Bailliages aux Baillis desquels le Roy avoit aussi écrit.

Toutes ces Lettres furent envoyées le même jour au Tresorier, pour les faire tenir à ceux à qui elles estoient adressées.

On trouve ensuite la Lettre du Roy écrite aux Abbez, Colleges, & autres Gens d'Eglise du Diocese de Soissons. Elle est datée de Londres du 15.e de Juin.

Il leur mande qu'il est persuadé qu'ils sçavent qu'ayant envoyé des [d] *Messagez* aux Estats tenus à Compiegne, pour demander aux Prélats & aux autres Gens d'Eglise de la Languedoyl, une Ayde pour l'entretien de sa maison, & pour le payement des dettes qu'il a contractées en Angleterre, ils le luy ont accordé gratieusement : Que cependant il a écrit à l'Evesque de Soissons ou à son Vicaire, le détail de tout ce qui s'est passé à ce sujet dans cette Assemblée, afin qu'il les en instruise : qu'il les requiert de luy octroyer, & de payer au plustost l'Ayde qui luy a esté accordée par ceux qui se sont trouvez à cette Assemblée,

[a] *Voy. le troisième Vol. des Ordonn. p. 692.*

[b] *C'est-à-dire, que les Lett. adressées à ces Baillis, estoient aussi closes & sous le Scel secret.*

[c] *patentes.*

[d] *ses Envoyez.*

1358. en leur nom ; & au nom *de tous les autres de la Languedoyl.*

A la marge du Registre, à costé de ces Lettres, il y a en latin: *Copie des Lettres envoyées aux personnes Ecclesiastiques : Toutes les autres contenoient la même teneur.*

Le contenu de la Lettre du Roy au Clergé de Soissons, & les Lettres circulaires qu'il écrivit aux personnes & aux Corps & Communautez dont les noms sont dans le Registre, & qui estoient semblables à celle-cy, prouvent évidemment que ceux à qui les unes & les autres estoient adressées, n'estoient pas venus aux Estats de Compiegne; car s'ils y avoient assisté, il auroit esté inutile que le Roy leur eût écrit une Lettre, pour leur faire sçavoir ce qui s'y estoit passé.

Cette Assemblée fut donc bien peu nombreuse. Elle n'estoit composée que des Estats de la Languedoyl ; c'est-à-dire, de la partie septentrionale de la France, la Bretagne & la Bourgogne non comprises; & cependant il y manquoit les Archevesques & Evesques & les Députez de trente-quatre Dioceses, & les Nobles & les Députez des Communautez de dix-huit Bailliages.

Ni l'Evesque de Paris, ni les Députez du Clergé de son Diocese, ni le Prevost de cette Ville, ni les Nobles, ni les Députez des Bourgeois de cette Prevosté, ne se trouverent aux Estats de Compiegne; & cependant les Nobles des autres pays qui s'y estoient rendus, eslûrent une personne de leur Estat, pour avoir l'inspection sur la levée de l'Aide dans la Ville & le Diocese de Paris; & le Regent [a] écrivit au Prevost de cette Ville, de contraindre le Clergé & les Bourgeois de la Prevosté, d'eslire chacun une personne de leur ordre à cet effet. Il en faut conclurre qu'il fut arresté dans les Estats de Compiegne, que l'Aide qui y fut octroyée, seroit levée sur ceux même qui n'y avoient pas assisté. La Lettre du Roy au Clergé de Soissons, le dit aussi formellement.

[a] *Voy. cy-dessus, p. LXXX. n. LXXII.*

ESTATS du Languedoc,

LXXIV. [b] Deux Mandemens du 22. d'Aoust 1358. indiquent une Assemblée des Estats de la Languedoc, qui n'est connuë que par ces deux Pieces, & par le [c] Mandement du 30. d'Octobre 1358.

[b] *Voyez le 3.e Vol. des Ordonn. p. 245.*

[c] *Ibid. p. 266.*

Il est dit dans ces Mandemens, que depuis les Estats de Compiegne, ceux de la Languedoc se sont assemblez, & qu'en accordant une Aide, ils ont supplié le Regent de pourvoir au fait & au gouvernement des Monnoyes.

Il se tint à la verité dans ce temps-là, deux Assemblées particulieres d'Estats dans le Languedoc; l'une le 26. de Juillet 1358. & l'autre le dernier de ce mois; mais il n'y a pas d'apparence que ce soit de l'une ou de l'autre qu'il soit fait mention dans ces Mandemens: car dans les Ordonnances qui furent faites en consequence de ces Estats, il n'y est point parlé du *gouvernement des Monnoyes;* & on ne trouve à ce sujet qu'une seule disposition qui porte que les [d] Coupeurs des Monnoyes seront révoquez.

[d] *Voy. sur les Coupeurs de Monnoyes, le 3.e Vol. des Ordonnances, page 27. XI. & Note (f).*

ESTATS du Languedoc, à Toulouse.

LXXV. Quoyqu'il en soit, voicy ce qui regarde ces deux Assemblées d'Estats tenuës dans le Languedoc.

1358.

Jean Comte de Poitiers Fils du Roy Jean, & Lieutenant du Roy dans le Languedoc, ayant communiqué aux Communautez de ce pays, une Lettre qu'il avoit reçûë du Roy, par laquelle il luy mandoit que par un [a] traité fait entre luy & le Roy d'Angleterre, il s'estoit engagé à luy payer à la Toussaints prochaine, six cens mille Florins d'Or à l'Escu, pour sa rançon; ces Communautez s'engagerent à payer une partie de cette somme: les Capitouls de Toulouse pour leur Université, & les autres Consuls & Universitez des Villes & des lieux de la Judicature de cette Seneschaussée, offrirent cinquante mille deniers d'Or au Mouton. Les Consuls de Montpellier, de Nismes, de Beaucaire, & quelques autres Députez pour la Seneschaussée de Beaucaire, offrirent soixante-dix mille Florins d'Or au Mouton; & les Consuls des Universitez de la Seneschaussée de Roüergue, six mille Florins d'Or au Mouton.

a *Ce traité n'eût point d'execution. Voy. les Chron. de Saint Denys, page 181. recto, col. 1.*

Ces Communautez stipulerent qu'elles pourroient s'assembler jusqu'au jour de la Toussaints, toutes les fois qu'elles le jugeroient à propos, pour prendre toutes les mesures necessaires pour la levée de ce Subside.

Le Comte de Poitiers confirma ce qui s'estoit passé à cette Assemblée, par son [b] Ordonnance du 26. de Juillet 1358. Elle est datée de Toulouse où il y a apparence que cette Assemblée s'estoit tenuë.

b *Quatrieme Vol. des Ordonnances, p. 187.*

ESTATS du Languedoc, à Beziers.

LXXVI. A peine ces Estats estoient-ils finis, que le Comte de Poitiers alla à Besiers où il avoit convoqué quelques autres Communautez de la *Languedoc;* & particulierement ceux de la Seneschaussée de Carcassone & de Besiers. Il leur lût la Lettre du Roy, & elles octroyerent la levée d'un Mouton d'or sur chaque [c] Feu des Citez, Villes & Chasteaux de leur Seneschaussée.

c *Voy. cy-dessus, p. LVII. Note (e) marg.*

[d] L'Ordonnance confirmative du Comte de Poitiers, datée de Carcassone, le dernier de Juillet 1358. contient les mêmes stipulations qui se trouvent dans celle du 26. de Juillet precedent.

d *Quatrieme Vol. des Ordonnances, p. 191.*

Il n'y a qu'une seule difference importante; c'est que ces Communautez stipulerent que moyennant l'Aide qu'elles accordoient, elles seroient quittes de quatre-vingt-dix mille deniers d'or au Mouton, qu'elles s'estoient engagées de payer pour la rançon du Roy, par un traité & un accord fait avec le Chancelier de France, & le Seigneur de [e] Balme.

e *Galcsio de Balma.*

LXXVII. [f] Le Mardy dernier de Juillet, Marcel Prevost des Marchands fut tué à Paris, par Maillard. La mort du chef abbatit tout le parti. Les Habitans de Paris, dont la pluspart estoient très mécontens du Prevost, se remirent avec grand plaisir sous l'obéïssance du Dauphin, qui ayant esté reçû dans cette Ville aux acclamations du Peuple, ne trouva plus d'obstacle aux projets qu'il formoit pour résister aux Anglois, & pour procurer la liberté au Roy, & la paix à tout le Royaume.

f *Chroniques de Saint Denys, folio 184. verso, col. 1.*

ESTATS à Roüen.

LXXVIII. On entrevoit dans un [g] Mandement du 5. de Septembre 1358. quelques traces d'une Assemblée d'Estats particuliers tenuë à Roüen. Il y est dit que le Conseil du Roy estant dans cette Ville, les bonnes

g *Troisieme Vol. des Ordonnances, p. 252.*

1358. Gens d'icelle ont regardé & *par bonne déliberation*, qu'il estoit convenable & necessaire d'affoiblir la Monnoye qui se fabriquoit à Roüen; pour trouver de quoy payer les Troupes, que le Mareschal le Baudran de la Herice faisoit venir pour la deffense du pays.

a Tres. des Ch. Regist. 86. Piece 239. Voy. Chron. de S.t Denys, folio 180. verso, col. 1.

LXXIX. Il y a dans des [a] Lettres de rémission accordées à la Communauté de la Ville d'Amiens, en Septembre 1358. un passage important dont voicy les termes.

Ils ont encouru nostre indignation, tant pour ce qu'il ont esté à aucunes Assemblées des Gens des trois Etaz, lesquelles Nous n'avons pas eües agréables, combien que par l'ennortement & conseil d'aucuns, qui lors se disoient de nostre Conseil, lesdiz Supplians fussent venus ausdictes Assemblées de nostre commandement : pour cause desquelles Assemblées, lesdiz Majeur, Esquevins & Communautez ayent encouru l'indignation d'aucuns Nobles qui s'efforçoient de despecer & deffaire le fait d'icelle Assemblée, qui faictes estoient par lesdictes Gens des trois Etaz.

Un peu plus bas, il est dit, *qu'en toutes les Assemblées où ils ont esté avec les autres bonnes Villes du Royaume, ils ont requis que la délivrance du Roy de Navarre fut faite.*

Les Assemblées dont il est parlé dans ces passages, sont celles qui se tinrent à Paris pendant les années 1356. & 1357. & dont j'ay rendu compte; & peut estre quelques autres aussi dont on n'a point de connoissance.

Estats du Vexin.

b Tres. des Ch. Regist. 87. Piece 212.

c Le Vexin.

d Le Roger.

LXXX. Le 27. de Fevrier 1358. le Regent donna à Messire Guillaume de Sacquainville Seigneur de Blaru, [b] des Lettres de Lieutenance du Roy dans le Bailliage de Gisors & dans ses ressorts anciens & nouveaux, dans le [c] Weulquessin-le-François, & dans le Weulquessin-le-Normant, & dans la terre de Conches & de Beaumont le [d] Roygier.

Par ces Lettres, il luy donne *pouvoir, authorité & mandement especial, de mander & faire assembler & venir à son mandement, tous les Nobles, Gens d'Eglise & Communes des pays, & chacun d'iceux, toutes & quantes fois que bon li semblera, pour avisier, ordener, octroyer, accorder & imposer contr'eux & sur les Sujets desdiz pays, telles Aides, comme bon, necessaire & profitable sera, pour la garde, tuicion & deffense d'iceux pays.* Il luy donne aussi le pouvoir de *establir & ordoner ès ditz pays, un ou plusieurs Collecteurs & Receveurs pour cuillir & recevoir les Aides & Subsides octroyez ou à octroyer ès diz pays, pour le fait des guerres; & de faire distribuer les deniers qui en seront levez, ausdicts Gens d'armes & de pié, & ailleurs pour la deffense du pays ; par la maniere que bon luy semblera... & de contraindre & faire contraindre tous les Habitans & Subgez desdiz pays, & de chacun d'iceux, à payer chacun selon sa portion, puissance & faculté, tout ce qui luy sera imposé.*

Estats dans la Normandie.

e Tres. des Ch. Regist. 90. Piece 357.

LXXXI. Peu de temps après, le Regent accorda un pouvoir à peu près semblable, à Loüis Comte de Harcourt Vicomte de Chastel-Eraut, dans les [e] Lettres de Lieutenant General du Roy dans les Bailliages de Roüen,

Roüen, Caux, Caën & Coutantin, & dans les ressorts de ces Bailliages, qu'il luy donna le 28. de Mars 1358. *Luy donnons*, portent ces Lettres, *plain pouvoir, authorité & mandement especial...... de faire assemblées à Roüen & ailleurs, toutesfois que mestier sera, de Gens d'Eglise, Nobles & bonnes Villes, & leur demander Aide pour le bien, prouffit, & la garde du pays; de contraindre düement toutes personnes* [a] *qu'il seroient desobéissans, de comparoir ausdites Assemblées, de faire & ordonner Receveur un ou plusieurs, pour recevoir les deniers desdiz Subsides qu'il ordonnera, ou* [b] *imposez és diz pays; lesquiex seront tenus de les bailler aux Tresoriers des guerres ordenez ès diz pays, pour iceux distribuer par le Mandement de nostredit Lieutenant, aux Gens d'armes ordenez à la garde d'iceli pays & non autrement.*

1358.

[a] qui.

[b] ou qui sont déja imposez.

Un peu plus haut, il luy avoit donné le pouvoir *d'imposer toutes manieres de subsides & aides sur les subgez desdiz pays, pour le fait de la guerre, du consentement & accord des subjez, ou de la* [c] *graigneur & plus saine partie d'iceulx.*

[c] meilleure.

Et plus bas, il luy permet de disposer des deniers Royaux qui se leveront dans l'estenduë de sa Lieutenance, *& aussi le dixieme denier à Nous octroyé par les Habitans d'iceluy.*

Ce dixieme denier est le dixieme de l'aide octroyée par les Estats de Compiegne, qui avoit esté cedé au [d] Regent pour la dépense de sa Maison, & de celle de sa femme.

[d] Voyez le 3.e Vol. des Ordonn. p. 229. xvj.

[e] M. l'Archevesque de Roüen, ni le Clergé de son Diocese, ni les Nobles, ni les Députez des Communautez du Bailliage de Roüen, n'estoient venus aux Estats de Compiegne: voilà donc une nouvelle preuve que l'Aide qui y fut octroyée, fut levée sur ceux qui n'y assisterent pas; soit en vertu de ce qui y avoit esté reglé; soit qu'ils y eussent donné leur consentement dans des Assemblées Provinciales, comme ces termes *à Nous octroyé par les Habitans d'iceulx*, semblent le marquer.

[e] Voy. cy-dessus, page lxxxj. & le 3.e Vol. des Ordonnances, p. 692.

LXXXII. J'ay reservé pour la fin de 1358. les Articles du compte de Robert de Riom, qui indiquent quelques assemblées particulieres de l'Auvergne, tenuës pendant le cours de cette année (*).

NOTES.

(*) *A luy* (Olivier de Laye,) *pour ses dépens de neuf jours qu'il fut ès Assemblées faites à Clermont, par les Gens dudit Pays, pour la tuicion & deffense d'iceluy; c'est assavoir, ès mois de May & de Juint 358.*

A Estienne de Volon, à Perotin le Lardel, & à Jehan Troussellon Messagiers, pour leurs sallaires de porter plusieurs Lettres closes de par Mons.r Olivier de Laye Gouverneur du Bailliage d'Auvergne, à plusieurs Gens d'Eglise, Nobles & Communes dudit Pays, faisant mencion qu'il feussent à Riom, le Dimenche 20.e jour de Novembre 358. pour la tuicion & deffense d'iceluy Pays. Pour ce, par mandement dudit Gouverneur donne le 15.e jour dudit mois.

A M.re Guy Seigneur de Conzant, Jehan Dorat Bourgeois de Riom, & Jehan Aurelzel Bourgeois [f] *d'Usoire, envoyez par les Gens d'Eglise, Nobles & Communes dudit Pays d'Auvergne, estant assemblez à Clermont, en la presence du Gouverneur du Bailliage d'Auvergne ou de son Lieutenant, le 19.e jour de Decembre 1338. devers Mons.r le Conte de Poictiers Filz*

[f] Issoire.

1359. 1359.

Estats Generaux à Paris.

LXXXIII. Vers le commencement de cette année, le Regent manda par ses Lettres, aux Gens d'Eglises, aux Nobles & aux Députez des bonnes Villes, de se trouver à Paris le Dimanche 19.[e] de May, pour entendre la lecture d'un Traité de paix qui avoit esté negocié en Angleterre. [a] Il se rendit peu de monde à cette Assemblée, parce qu'elle fut indiquée trop tard; & parce que les chemins estoient infestez par les Anglois & les Navarrois, qui occupoient plusieurs Forteresses de tous les côtez par où on pouvoit venir à Paris; & par les Garnisons Françoises qui pilloient autant que les Anglois. Afin que l'Assemblée fut plus nombreuse, on en differoit l'ouverture de jour en jour, pour attendre ceux qui y avoient esté mandez, & elle ne se fit que le Samedy 25.[e] de May. Le Regent se rendit ce jour là au Palais [b] *sur la pierre de marbre en la Cour*; & en la presence de tout le Peuple, il fit lire le Traité par M.[e] Guillaume des Dormans Avocat du Roy en Parlement. Ce Traité dont les conditions estoient très desavantageuses, revolta *tout le Peuple du Royaume de France*, & les Estats ayant déliberé à ce sujet, répondirent qu'on ne devoit pas l'accepter, & il fut résolu qu'on feroit *bonne guerre* aux Anglois *(a)*.

a Chroniques de Saint Denys, folio 187. verso, col. 1.

b Voyez le 3.[e] Vol. des Ordonn. p. 347. & Note (e).

[c] Pendant le cours de ces Estats, le mardy 27. de May [d] le Regent *prononça par sa bouche* que c'estoit injustement qu'on avoit privé de leurs Offices, vingt-deux de ses Officiers qui avoient esté destituez par l'Ordonnance des trois Estats de l'an 1356. & il les restablit dans leur estat, & dans leur bonne renommée. Il declara qu'il les avoit toûjours *trouvez bons & loyaulx*; mais que l'Evesque de Laon & les autres traîtres qui gouvernoient alors, l'avoient contraint de les priver de leurs Charges.

c Chroniques de Saint Denys, folio 187. col. 2. Voy. cy-dessus, p. lxvj.

d Voy. sur cette date, p. suiv.

NOTES.

& Lieutenant du Roy nostre Sire en Berry, où il estoit devers Madame la Royne (*) de Bourgoigne, pour exposer plusieurs choses touchant le fait de la tuicion & deffense d'icelui Pays, afin que aucune bonne Ordennance y feust mise. Pour ce, pour leur dépens & travaulx dudit voyage, par l'Ordennance desdictes Gens estans à ladicte Assemblée, pour eulx & les autres dudit Païs, se obligerent à rendre & payer les sommes qui s'ensuivent; en cas qu'elles ne seroient allouées èz comptes desdiz Esliz & Receveurs.

(*) Jeanne, femme du Roy Jean. Voy. cy-dessus, p. lxxvij. Note (a). Elle estoit veuve de Philippe Duc de Bourgogne, lorsqu'elle épousa le Roy Jean. Voy. l'Hist. Geneal. de la M. de France, t. 1. p. 549. *B.*

NOTES.

(a) Loisel dans ses Memoires sur Beauvais, [e] parlant de cette Assemblée, dit qu'elle se tint *en la presence du Roy séant en son lict de Justice, & de la Royne assise à son costé droit, & des Estats assemblez, sur un écrit envoyé par les Anglois qu'ils appelloient Bulle.*

e Page 115.

Comment cette faute a-t-elle pû échapper à un aussi sçavant homme que Loisel? En 1359. le Roy Jean estoit prisonnier en Angleterre, & [f] la Reine s'estoit retirée dans la Bourgogne.

f V. la Note precedente.

Il dit que cette Assemblée se tint le 2. de May 1359.

Le Dimanche 2.[e] de Juin, il fut reglé dans les Estats, que les Nobles serviroient un mois à leurs dépens, chacun selon son estat; non compris dans ce mois, le tems qu'ils seroient en route pour se rendre à l'armée, & pour en revenir; & qu'ils payeroient les Impositions octroyées par les bonnes Villes. Les Gens d'Eglise offrirent aussi de les payer. La Ville de Paris s'engagea pour elle & pour la Vicomté, d'entretenir [a] six cens Glaives, quatre cens Archers & mil Brigans. 1359.

[b] Les Députez des autres Villes ne voulurent rien octroyer sans *parler à leurs Villes;* parce qu'apparemment on ne leur avoit pas donné pouvoir d'accorder un Subside. On ordonna qu'ils s'en retourneroient dans leurs Villes, & qu'ils envoyeroient leur réponse avant le Lundy après la Trinité. Plusieurs Villes envoyerent cette réponse, qui fut que le plat pays estant détruit par les Anglois & les Navarrois, & par les garnisons Françoises, elles ne pouvoient accomplir le nombre de douze cens Glaives qui avoient esté accordez *de Languedoc.(a)*

a *Les* Glaives *&* *les* Brigans *estoient des troupes d'Infanterie.*

b Tous ceux qui estoient là, *disent les Chron.*

Le Regent qui avoit *prononcé* luy-même dans l'Assemblée des Estats, le restablissement des Officiers qui avoient esté dépossez en 1356. fit expedier des [c] Lettres à ce sujet. J'en ay déja donné le [d] précis. On y trouve encore que le Regent a reïntegré ces Officiers dans leurs Charges, *après grant & meure délibéracion avec le Grant Conseil du Roy & le sien, en la grant Chambre du Parlement de Paris, ouquel estoient des Gens de nostre lignage, Ducs, Comtes, Barons, Prélats & autres Gens d'Eglise, Nobles & autres Gens des bonnes Villes du Royaume en grand nombre.* Cela est fort contraire aux chroniques de St Denys, où l'on lit qu'il se trouva peu de monde à cette Assemblée.

c *Troisieme Vol. des Ordonnances, p. 345.*

d *Voy. cy-dessus, p. lxvj.*

Ces Lettres furent données en la Chambre du Parlement, le 28. de May. Cette date sert aussi à corriger le texte des Chroniques, où l'on trouve que les Officiers furent restablis le mardy 27. de May. Il faut lire le mardy 28. & en effet le 28. de May estoit un mardy.

Ce fut aussi dans une des Assemblées de ces Estats, laquelle se tint dans la Chambre du Parlement, que les Prevost des Marchands & Eschevins de Paris, presenterent au Regent une Requeste dont le contenu se trouve dans des [e] Lettres *(b)* qu'il adressa le premier de Juin

e *Tres. des Ch. Registre 90. Piece 518.*

NOTES.

(a) Ces derniers mots sont certainement corrompus. Il faut peut-estre lire *Languedoyl*, au lieu de *Languedoc;* & cela signifiera que ces Villes ne pouvoient fournir leur contingent de 1200. Glaives qui avoient esté accordez par ces derniers Estats de la *Languedoyl* tenus à Paris.

(b) Voicy une partie de ce que contiennent ces Lettres :

Comme nos bien amez, très loyaux & obeïssans subgez, le Prevost des Marchands & les Eschevins de ladite Ville, & à la requeste & du consentement des habitans d'icelle ou de la [f] *greigneur partie d'iceulx, estanz en nostre presence en la Chambre du Parlement à Paris, où estoient plusieurs de nostre* [g] *Sant, des Prelas, Gens d'Eglise, Nobles, & ceulx des bonnes Villes que Nous avions mandez, pour avoir leur conseil & avis sur l'estat & gouvernement des guerres dudit Royaume, Nous ayent supplié & requis, entre les autres choses . . . . . . de mettre Lagny & quelques autres Forteresses sous la Capitainerie de Paris, & d'accorder au Capitaine de cette*

f *meilleure.*

g *sang.*

1359. 1359. à Regnaut de Goüillons Capitaine de la Ville, Prevosté & Vicomté de Paris, & *ressort d'icelle*.

a *Troisieme Vol. des Ordonnances, pp. 376. 377.*

LXXXIV. Le Regent dans deux [a] Mandemens du 22. de Novembre 1359. dit qu'il a reçû les plaintes de plusieurs Gens des bonnes Villes du Royaume, sur differens abus qui se commettoient par rapport aux Monnoyes; & dans un [b] Mandement du 27. de Mars 1359. il dit que tous ou la *graigneur partie* des bonnes Gens de la Ville de Paris, & de plusieurs autres Villes du Royaume, luy ont adressé des plaintes sur la cherté des vivres & des marchandises, causée par l'augmentation des Monnoyes.

b *Ibid. p. 400.*

Il y a tout lieu de présumer que ces plaintes ont esté faites dans des Assemblées d'Estats; mais rien n'indique qu'elles sont ces Assemblées, ni si elles ont precedé de beaucoup les Mandemens par lesquels le Regent reforma les abus dont on se plaignoit.

c *Fol.*

LXXXV. Dans une Piece non datée qui est dans le [c] Memorial *C.* de la Chambre des Comptes de Paris, mais qui paroît estre de 1359. ou environ, il est dit qu'en vertu d'une commission de la Chambre des Comptes, [d] Astolin de Hez, M.e Pierre Boileau & Jacquinet de Tours Receveurs & Gouverneurs generaux des Subsides & Impositions levées dans la Ville & Prevosté de Vitry, ont esté assignez pour rendre compte des deniers qu'ils ont reçûs depuis 1358.

d *Il est aussi nommé* Astelin.

Robert Sire de Fiennes, Connestable de France, & Lieutenant du Roy dans la Picardie, le Vermandois & le Beauvaisis, dit dans des [e] Lettres qu'il donna en cette qualité, le 11. de Juillet 1359. qu'il a assemblé devant luy dans la Ville de Bethune, *plusieurs Nobles, & certaine quantité de Gens de chacune bonne Ville desdits pays, pour le fait* du Roy & du Regent.

e *Tres. des Ch. Registre 90. Piece 328.*

Comme ce n'est que par occasion qu'il est parlé de ces Estats dans ces Lettres, l'on n'y trouve ni le temps auquel ils ont esté convoquez, ni la raison pour laquelle ils le furent.

ESTATS du Languedoc.

LXXXVI. On trouve dans des [f] Lettres du Roy du 2.e Octobre 1360. que l'année precedente 1359. les Prélats, les Nobles & les Communes de la Languedoc, ont accordé au Comte de Poitiers son Fils, & Lieutenant du Roy dans ce pays, que l'on y leveroit jusqu'à Noël 1361. certaines Impositions & Gabelles en *certaines formes & manieres contenuës audit octroy.......* & ordonnées par le Comte de Poitiers. L'Ordonnance qu'il donna à ce sujet, n'est point venuë jusqu'à nous.

f *Quatrieme Vol. des Ordonnances, p. 199.*

NOTES.

Ville, la Jurisdiction de tous les cas touchant les Subsides & Aides quelconques ordonnez & à ordonner pour le fait desdites guerres, sans ce que autres s'en entremeissent. Le Regent declare ensuite qu'il a eu égard à cette requeste, & il donne pouvoir au Capitaine de Paris, d'establir des Capitaines *sous les Aides, redevances, Subsides ou Barraiges* [g] *tieux comme par le bon avis & conseil de nosdiz bien amez le Prevost des Marchands, Eschevins & le Conseil de ladite Ville, seront veus estre convenables: lesquelles Nous voulons estre rapportées à Paris, pardevant lesdiz Prevost & Eschevins ou leurs Commis, & d'iceulx par ledit avis & conseil, laissiez ou faites faire distributions souffisans & convenables, aux lieux & aux forteresses où mestier sera.*

g *tels.*

C'est

1359.

C'eſt apparemment de ces Impoſitions & Gabelles, dont il eſt parlé dans des [a] Lettres du mois d'Aouſt 1360. dans leſquelles le Comte de Poitiers dit que par une Ordonnance par luy faite du conſentement des Prelats, Barons, Univerſitez & Conſuls de toute la Languedoc, dans une Aſſemblée generale, il a eſté ordonné que nulle perſonne de quelque eſtat, condition ou préeminence qu'elle fût, ne pourra tranſporter du ſel hors de la Languedoc, s'il n'a eſté gabellé dans le lieu ou ſaline d'où il a eſté tiré, ou dans un autre lieu deſtiné à cet effet par des Gabellateurs. *(a)*

Il y a auſſi apparence que c'eſt de la même Impoſition ſur le ſel; dont il eſt fait mention dans des [b] Lettres du Roy Jean du 20. d'Avril 1363. Il y eſt dit que Jean Duc de Berry & d'Auvergne, alors Comte de Poitiers, & Lieutenant du Roy dans l'Occitanie, a impoſé une Gabelle ſur le ſel en 1359. par délibération du Conſeil du Roy & des Univerſitez, Nobles & Prélats du Languedoc : & que moyennant cette Impoſition, le nommé *Francifci* n'a pû joüir de la ferme qu'il avoit priſe pour la traite de onze cens meſures de ſel, parce que Jean de la Croix Député general ſur le fait de cette gabelle, par les Communautez de la Languedoc, a pris cette ferme ſur le pied que l'avoit *Francifci*, au nom des Communautez, Prélats & Nobles de ce pays, en vertu d'un ordre envoyé [c] par le Roy au Comte de Poitiers.

Le Comte de Poitiers dans des [d] Lettres du mois de Janvier 1359. déclare que le Comte d'Armagnac a conſenti que ſes ſujets habitans de la terre qu'il a dans les Montagnes d'Auvergne, payent les tailles, impoſitions & gabelles que les autres Habitans & Sujets de ce Bailliage, luy ont accordées en qualité de *(b)* Lieutenant.

L'on trouve dans le Rymer [e], un ſauf-conduit daté du 13. Fevrier 1359. donné par le Roy d'Angleterre, à huit Deputez que le Languedoc envoyoit au Roy Jean. On ne peut douter que cette députation

a *Chambre des Comptes de Paris, Regiſtre des Chartres & Lettres de Jean Comte de Poitiers, de l'année 1358. juſqu'en l'an 1360. folio huit-vingt & neuf, verſo : Piece premiere.*

b *Reg. du Mareſchal Daudeneham, à la Biblioteq. du Roy, Manuſcrits de Baluze, n.° 71. folio 55. verſo : Piece premiere. Voy. le 4.e Vol. des Ordonn. p. 214. Note* (a)

c *Il y a dans cette Piece:* virtute mandati per Nos filio noſtro dati, apud Sermentonem. *C'eſt apparemm.t une Ville d'Angleterre.*

d *Reg. cité cy-deſſus, Note (a) marg. fol. ſept-vingt-treize, verſo: premiere Piece.*

e *Tome 6. page 116.*

NOTES.

(a) Quod licet juxta Ordinaciones per nos factas de voluntate, conſilio & aſſenſu Prelatorum, Baronum, Univerſitatum & Conſulum totius Lingue Occitane, fuit ordinatum in Conſilio generali, ſuper proviſione facienda in facto guerrarum dicti Domini noſtri, in dicta Lingua exiſtentium, inter cetera, quod nullus cujuſcunque ſtatus, condicionis aut preheminencie exiſteret, eſſet auſus extrahere, portare ſeu transferre, aut portari, transferri permittere aliquod ſal de aliqua Seneſcalliarum Lingue Occitane, niſi ſal eſſet gabellatum in loco vel ſalina unde extrahitur, vel in loco proximiori in quo dictum ſal gabellari debet per Gabellatores vel alios ad hoc deputatos; ſub certis penis ſuper hoc ordinatis, ſolvendis per tranſgredientes dictam Ordinacionem, & emolumento dictarum guerrarum applicandis.

(b) J'ay eſtabli [f] cy-deſſus que l'Auvergne eſtoit compriſe dans la *Languedoyl*, & ne faiſoit pas partie de la *Languedoc:* & il eſt certain que les Bailliages de l'Auvergne & des Montagnes de l'Auvergne, [g] envoyerent des Députez aux Eſtats de la *Languedoyl* du mois de Mars 1356. Cependant voilà le Bailliage des Montagnes de l'Auvergne, qui octroye des Subſides au Comte de Poictiers, en qualité de Lieutenant du Roy dans le *Languedoc.* Il paroiſt même [h] que les Habitans de l'Auvergne proprement dite, ont reçû des ordres de luy en cette qualité. Ce n'eſt pas icy le lieu de diſcuter cette difficulté : il ſuffit de la faire remarquer. Voy. cy-deſſous une Note faite ſur le n.° 101.

f *Voy. cy-deſſus, p. XXXIV.*

g *Voy. cy-deſſus, p. LXVII.*

h *Voy. cy-deſſus, p. LXXVI. Note.*

n'ait esté résoluë dans une Assemblée d'Estats de la Province, réünie quelque temps auparavant.

[a] *Milites de Tholosa.*

[b] *de Monte-Regali.*

[c] *de S. Nazario.*

Ces huit Deputez estoient deux [a] Chevaliers de Toulouse; un Docteur en Loix, & des Députez des Villes de *(*)* Montpellier, de Nismes, du Puy, de [b] Mont-Real, [c] de S.t Nazaire & de Capestang.

1360.

1360.

[d] *Troisieme Vol. des Ordonnances, p. 428. Note (a)*

LXXXVII. Le Roy d'Angleterre ayant fait à Bretigny près de Chartres, des propositions de paix, elle y fut concluë en 1360. Le Roy Jean revint dans son Royaume [d] vers la fin d'Octobre de cette année, & il s'appliqua à reparer les désordres que la guerre tant estrangere que civile, & sa captivité y avoient causez.

On trouve dans quelques Ordonnances, des traces d'Estats assemblez pendant l'année 1360. mais elles ne sont pas suffisantes pour déterminer quand ils se sont tenus.

[e] *Troisieme Vol. des Ordonnances, pp. 439. 441.*

Dans deux [e] Ordonnances du 5. de Decembre de cette année, le Roy dit que tout le Peuple de son Royaume, ou *la greigneur partie d'iceluy,* l'ont supplié de pourvoir au *fait & au gouvernement des Monnoyes.*

[f] *Troisieme Vol. des Ordonnances, p. 505.*

Dans des [f] Lettres du 22. de Juillet 1361. dans lesquelles il rappelle celles-cy, il dit qu'il a eu déliberation sur le fait des Monnoyes, de son Conseil, de plusieurs Prélats, Barons, Bourgeois & autres notables personnages de son Royaume.

[g] *Voy. cy-dessus, p. LXXXVIII. n. LXXXIV.*

On peut appliquer à ces Ordonnances & à celle que le Roy donna l'année suivante au sujet des Monnoyes, ce qui a esté dit plus haut, [g] sur les Mandemens des 22. de Novembre & 27. de Mars 1359.

[h] *Troisieme Vol. des Ordonnances, p. 468.*

[i] *Ibid. p. 473.*

Le Roy ayant jugé à propos de rappeller les Juifs dans son Royaume, par trois Ordonnances datées toutes trois du mois de Mars 1360. dit dans la [h] premiere, qu'il a deliberé sur cette affaire, *avec aucuns Prelaz, Comtes, Barons, Gens d'Esglise, Nobles, Bourgeois sages & discrets, & autres Habitans du Royaume:* Et dans la [i] troisieme, qu'il a eu *grant & meure délibération de conseil; avec plusieurs de son lignage, Prelaz, Dux, Barons, Princes, Gens d'Esglise, Nobles & autres Habitans du Royaume & sages personnes.*

[k] *Voy. n. XCII.*

[k] L'on trouvera sous l'année 1361. des indications de quelques Assemblées particulieres d'Estats, qui se sont tenuës dans le Languedoc en 1360. par rapport à la rançon du Roy.

1361.

1361.

LXXXVIII. Le Roy par deux Mandemens, l'un du 10. & l'autre

NOTES.

(*) Il y a dans Rymer, *Stephanum Roserii de Montéplo;* mais il faut lire *Montepessulano.* Le Copiste n'a pas pris garde à l'abbreviation qui estoit sans doute sur ce mot. Il faut aussi lire *Nemauso*, au lieu de *Nemanso.*

du 14.[e] d'Avril 1361. ayant ordonné une nouvelle fabrication d'Especes, & fixé le prix des anciennes, declara dans le [a] premier, qu'il avoit esté donné *par très grant & bonne déliberation euë par plusieurs fois avec plusieurs Prelaz, Barons, Bourgeois, & autres en ce connoissans:* & dans le [b] second, que luy & son *Conseil avoient eu très grant & bonne déliberation avec plusieurs Prelaz, Barons, Bourgeois & autres.* 1361.

a *Ibid. pp.* 484. 505.

b *Ibid. p.* 486.

LXXXIX. En 1360. le Roy ayant rappellé dans une [c] Ordonnance du 5. de Decembre, les évenements de la guerre qu'il avoit soustenuë contre les Anglois, la paix qui l'avoit terminée, la *(a)* rançon considerable qu'il s'estoit engagé de payer, & la triste situation du Royaume qui estoit encore pillé par les [d] Compagnies qui ne vouloient pas sortir des forteresses dont elles s'estoient emparées, ordonna qu'il seroit levé dans la Languedoyl, une Ayde de douze deniers pour livre, sur toutes les marchandises qui seroient venduës; du cinquieme sur le sel, & du treizieme sur le vin & sur les autres breuvages. Cette Ayde devoit estre levée jusqu'à la *perfection & enterinement de la paix;* c'est-à-dire, jusqu'à ce que le Roy eust acquité toutes les sommes qu'il s'estoit engagé de payer *(b)* pour sa rançon, dans le cours de six ans.

c *Ibid. p.* 433.

d *Voyez sur les Compagnies, ibid. p.* 435. *Note (d)*

Il ne fut peut-estre pas necessaire d'assembler les Estats pour imposer

NOTES.

(a) Par lesquelx traitié, paix & accort . . avons baillé quatre cens mille Escus, & sommez encoures tenuz de bailler la somme de vint & six cens mille Escus d'Or, dont les deux valent un Noble d'Angleterre; c'est à savoir, cent mille à Noël prochain venant, & cent mille à la Chandeleur suivant; & delà en avant dedans six ans, chascun an quatre cens mille.

(b) On trouve dans le Registre 88. du Tresor des Chartres, Piece 22. des Lettres données à Hesdin, en Juillet 1360. dans lesquelles on trouve un assez grand détail sur la maniere dont on leva à Soissons une Aide pour la rançon du Roy: on a crû devoir faire imprimer icy le commencement de ces Lettres.

CHARLES &c. savoir faisons à touz presens & avenir; que si comme Nous avons entendu par la supplication de Jehan Tacin Drappier, Jehan Baronel, & Mess. Jehan Broullart Chanoine de Soissons, demourant en ladite Ville, [e] les Habitans & Adjoins à ycelle, ayent esté imposez & assis à la somme de huit mille Royaulz pour la redempcion de Mons. pour laquelle somme asseoir sur les personnes à ce convenables, ont esté ordenez Commissaires, Mess. Mahieu de Tilloy Arcediacre de la Riviere, Maistre Raoul de Loyry, Guillaume de Juvigny, Maistre Jehan de Vienlaines, & Perre Baliave; & par Lettres & Mandemens donnez de Nous: pour lequel fait mielx & plus convenablement acomplir, de la volenté & commun assentement du pueple de ladite Ville, par l'accort desdiz Commissaires & par Mandement sur ce donné de Nous, furent adjoins & mis Mess. Jehan de Villeblain Chanoine de Soissons, & l'Official de Soissons, ledit Maistre Jehan Broulart, les dessusdiz Supplians, avec autres six des Bourgois de ladite Ville, avec lesquelz il vacquerent en ladite besoigne, & par eulz furent imposez & assis toutes les personnes qui à ce estoient ordenez à contribuer selonc leur faculté, au jugement & avis desdits Commissaires & Adjoints, &c.

e *&.*

Il est à remarquer que ces Lettres sont du mois de Juillet 1360. & anterieurs de 5. mois à l'Ordonnance par laquelle le Roy Jean establit une Aide pour sa rançon: ce qui apprend que le Regent avoit déja fait lever dans le Royaume, une Aide pour cette rançon; même avant la conclusion de la paix de Bretigny qui fut faite en May 1360. Car il paroist par ces Lettres du mois de Juillet 1360. qu'il y avoit déja assez long-temps que cette Aide avoit esté levée à Soissons. Elle fut peut-estre establie en 1359. dans le temps d'une negociation de paix qui n'eust pas d'effet. Voy. cy-dessus p. LXXXVI.

1361. cette Ayde, parce qu'elle estoit *(c) légitime;* c'est-à-dire, dûë par une Loy, & par les principes du Droit Féodal, suivant lequel les Vassaux & les Sujets doivent une Ayde à leur Seigneur, dans trois cas; lorsqu'il fait son Fils aîné Chevalier, lorsqu'il marie sa Fille aînée, & lorsqu'il est obligé de payer une rançon.

S'il ne fut pas necessaire, comme je le crois, de convoquer les Estats pour imposer une Ayde pour la rançon du Roy, il faut dire que ceux qui ont esté assemblez au sujet de cette Ayde, ne l'ont esté que pour regler la maniere dont elle seroit levée & payée.

Estats de l'Artois.

XC. Les Estats de l'Artois accorderent cette année une somme pour cette rançon; ainsi qu'il paroist par une Piece dont on rendra compte sous l'année suivante [a].

XCI. Le Roy par ses [b] Lettres du 16. de Juin 1361. exempta aussi les Eschevins, Bourgeois, Habitans & Communautez de la Ville de Lille, de l'Ayde imposée pour sa rançon, moyennant la somme de trois mille Florins d'Or qu'ils s'engagerent de luy payer pendant six ans de suite, & à laquelle les Ecclesiastiques ne devoient pas contribuer.

Il est très vray-semblable qu'il s'est tenu des Estats pour le même sujet, dans les autres Provinces de la Languedoyl; mais il n'y en a aucune preuve.

XCII. A l'égard du Languedoc, il y a à la [c] Bibliotheque du Roy, un [d] estat original des sommes qui furent imposées dans le Languedoc pour cette rançon, de celles qui furent levées, & de celles qui estoient encore dûës lorsque cet estat fut dressé. L'on y trouve l'indication de plusieurs Assemblées d'Estats, qui se tinrent à l'occasion de cette Ayde.

[e] L'an 1360. les Communautez & les *Universitez* de la Seneschaussée de Carcassone & de Beziers, promirent à l'Evesque de Theroüenne Chancelier de France, de donner en Ayde quatre-vingt mille [f] Moutons, qui devoient faire partie du premier payement de la rançon du Roy, qui estoit de *(d)* six cens mille Escus, & qui devoit estre fait à Calais, avant qu'il fût mis en liberté. Cette Ayde devoit estre levée par des Députez nommez par ces Communautez.

[g] Les Communautez de la Seneschaussée de Toulouse, promirent aussi au Chancelier, la même année & de la même maniere, de payer cinquante mille Moutons, pour le premier payement de la rançon.

[h] Les Communautez & les *Universitez* de la Seneschaussée de

a *N.° 96.*

b *Troisieme Vol. des Ordonnances, p. 503.*

c *Manuscrits de Baluze, n. 421.*

d *Cet estat est intitulé:* Copia status redemptionis Regis, trium Senescalliarum videlicet Tholose, Carcassone & Bellicadri.

e *Fol. 3. recto.*

f *Monnoye d'Or.*

g *Fol. 13. recto.*

h *Ibid. fol. 16. recto.*

NOTES.

(c) On peut consulter entre autres Auteurs, Du Cange dans son Glossaire, au mot *Auxilium*, sur la difference qu'il y a entre les *Aides legitimes & coustumieres*, & les Aides *leaux & gracieuses*.

(d) Ce qui est dit icy du premier payement de la rançon du Roy, ne s'accorde pas avec ce qui en est dit dans l'Ordonnance du 5. de Decembre 1360. Voy. cy-dessus p. XCI. Note *(a)*.

Beaucaire,

Beaucaire, promirent la même année & de la même maniere, une Ayde de soixante-dix mille Moutons, pour le même sujet. 1361.

[a] L'Ayde que les Communautez de la Seneschaussée de Roüergue, offrirent aussi la même année pour cette rançon, fut de six mille Moutons d'Or. Le Roy nomma pour la lever, Charles Jary Sergent d'armes du Roy, & [b] *Recteur* de Montpellier.

Les Estats de ces trois Seneschaussées dans lesquels ces Aydes furent octroyées, se tinrent certainement entre le [c] 14. de May 1360. jour de la conclusion de la paix de Bretigny; & le 25. ou le 27. d'Octobre de la même année, [d] que le Roy Jean partit de Calais, après avoir esté mis en liberté.

L'on a vû [e] cy-dessus, que le Roy par son Ordonannce du 5. de Decembre 1360. avoit imposé dans la *Languedoyl*, une Ayde pour sa rançon. [f] Il en fut imposé une de même nature, dans le Languedoc: Elle devoit aussi durer six ans; & le Roy envoya pour l'establir, l'Abbé du Monastere nommé [g] *Psalmodium*, Pierre Scatisse son Tresorier, & quelques autres Commissaires. [h] L'Ayde fut imposée: On la paya pendant une année; & l'on fit même quelques payements pour l'année suivante qui estoit 1361. (*) mais cette même année, les Communautez des Seneschaussées de Carcassone & de Toulouse, assemblées à Carcassone, promirent au Comte de Vendosme Commissaire nommé par le Roy, de payer cent mille livres d'Or pour la seconde année de la rançon du Roy. Le Comte de Vendosme accepta leurs offres, par ses Lettres du 16. d'Octobre 1361. datées de Carcassone: Et ces Lettres furent approuvées le 28. de May 1362. par l'Evesque de Meaux, & Pierre Scatisse Tréforier de France, qui estoient alors à Montpellier. Les Communautez de la Seneschaussée de Carcassone, [i] stipulerent que moyennant l'Ayde fixe qu'elles accordoient, on ne leveroit plus le douzieme denier sur les marchandises, le cinquieme sur le sel, & le treizieme sur les breuvages; [k] & que ce qui avoit esté payé de cette Ayde *casuele*, seroit imputé sur l'Ayde fixe qu'elles octroyoient.

a *Ibid. fol. 17. recto.*

b *Voyez le 3.e Vol. des Ordonn. p. 173. xI. & p. 238.*

c *Voy. cy-dessus, p. xliij. a la fin de la Note.*

d *Voyez le 3.e Vol. des Ordonn. p. 428 Note (a).*

e *Page xcj.*

f *Voyez le 3.e Vol. des Ordonn. p. 496.*

g *Voyez ibid. p. 499. & Note (e) p. 497. Art. II. & page 498. Art. VII.*

h *Voyez p. xcij. N.o XCII.*

i *Il n'est pas dit que les Communautez de la Seneschaussée de Toulouse, ayent stipulé la même chose.*

k *Je crois que cela ne se doit entendre, que de ce qui avoit esté payé pour la seconde année.*

NOTES.

(*) [l] *Senescallia predicta Carcassone, debet pro secundo anno redemptionis Regis, ex financia facta in Civitate Carcassone, similiter cum Universitatibus Senescallie Tholose. cum Domino Comite Vindocinensi ad hoc à Majestate Regia deputato, ad centum millia Francos auri: de quibus tangunt Universitates dicte Senescallie Carcassone, 64. millia Franci auri, per Litteras dicti Domini Comitis, datas Carcassone, 16. die Octobris 1361. Que Littere fuerunt approbate per Dominos Episcopum Meldensem, & Petrum Scatisse Thesaurarium Francie; ipsis existentibus in Monte-pessulano. die 28. Maii 1362. Pro dicto anno. sub pacto* [m] *quod imposiciones 12. denariorum pro libra, trezenum vini & quinta Gabelle salis, cessare haberent ex toto inanthea; & quod illud quod levatum erat de dictis imposicionibus & solutum, veniret & computaretur in sortem dictorum 64. millia Francorum: & etiam fuit eis concessum quod ab illis Episcopatibus à quibus dicte impositiones levate non fuerant, levaretur unum Florenum pro Foco, convertendum in solutionem dictorum 64. millia Francorum: & cum hoc etiam convenerunt & concordaverunt Universitates dicte Senescallie Carcassone, quod pro quinque annis proximo sequentibus & futuris, solvant quolibet anno in adjutorium dict. redemptionis Regis, 70. millia Francos.*

A la marge de ce passage, il y a: *Habeatur transcriptum dicte financie & confirmationis Regie.*

l *MS. indique cy-dessus, p. xcij. Note (c) marginale: fol. 6. recto.*

m *C'estoit l'Aide pour la rançon, établie en 1360.*

1361.

De ces cent mille livres d'Or, les Communautez de la Seneschaussée de Carcassone, s'engagerent à en payer soixante-quatre mille livres; & [a] les Communautez de la Seneschaussée de Toulouse, trente-cinq mille sept cens quinze livres. [b]

[a] *Ibid. fol. 14. recto.*

[b] *Il manquoit donc, je ne sçais par quelle raison, deux cent quatre-vingt-cinq liv. pour faire les cent mille livres promises.*

Les Communautez de ces deux Seneschaussées, s'engagerent aussi à payer une Ayde pour la rançon du Roy pendant les *(a)* cinq années suivantes. Elle fut fixée à la même somme, pour la Seneschaussée de Toulouse; mais celle de Carcassone s'engagea à payer soixante-dix mille livres.

Les engagemens pris par les Communautez de ces deux Seneschaussées, [c] furent approuvez par le Roy.

[c] *Voy. p. preced. Note (*) à la fin.*

Ce qui se passa à l'égard de la Seneschaussée de Beaucaire & de Nismes, demande un plus grand détail. * Ces Communautez qui s'estoient déja engagées au payement de la premiere année de la rançon du Roy, députerent au Duc de Normandie, Raymond *Ricardi*, & Arnaud *Reynardi* Bourgeois & Citoyens de Montpellier, & Jean Gasanhe Bourgeois & Citoyen du Puy-en-Velay, pour le supplier d'accepter au lieu de l'Ayde, une somme fixe de soixante-dix mille Florins d'Or, que ces Communautez, indépendamment des Nobles & du Clergé de cette Seneschaussée, s'engagerent à luy payer à certains termes, pendant l'espace de six ans. Le Roy accepta ces offres.

* *Troisieme Vol. des Ordonnances, p. 496.*

(b) Mais ce traité ne fut point agréable aux Communautez: Elles désavoüerent ceux qui l'avoient conclû; & elles convinrent que pendant l'année 1361. on executeroit la convention faite avec l'Abbé du

NOTES.

(a) [d] Dans l'Article qui regarde la Seneschaussée de Toulouse, il y avoit d'abord pour 5. ans, & on a effacé 5. pour mettre 6. Comme l'Aide pour la rançon du Roy ne devoit durer que [e] 6. ans, on n'entend pas bien pourquoy ces Communautez qui avoient déja payé la premiere année, font un traité pour le payement de la seconde, & des *cinq* ou *six* années suivantes; il y a même preuve dans l'Estat [f] que la Seneschaussée de Carcassone paya une 7.e année de ce Subside : mais ces *minuties* ne meritent pas qu'on s'y arreste : il suffit de les faire remarquer en passant.

[d] *Ibid. fol. 14. recto.*

[e] *Voy. cy-dessus, p. xcj. Note (a).*

[f] *Fol. 12. recto.*

(b) [g] *Similiter & anno* LXI. *dicte Communitates* (Senescallie Bellicadri) *finaverunt in* [h] *Francia, pro sex annis subsequentibus, solvere debere* LXX. *Mutones auri, per annum; & quod imposiciones* XII. *denariorum pro libra, pro liberacione persone dicti Domini Regis, trezenum vini, & quintum salis, levari cessarentur ex toto, mediante dicta financia: que financia facta fuit mense Junii 361. Parisius, ut apparuit per Litteras Regis in filis serici & sigillo viridi sigillatas, & promissa per Raynaudum Raynaudi & Magistrum Bernardum Ricardi Jurisperitos, missos per Universitates Ville Montis-pessulani, & Johannem* [i] *Ganhe Burgensem Anicii, asserentes quod Communitates dicte Senescallie, hoc gratum haberent : quam financiam, cum ad notitiam Communitatum devenit, non habuerunt gratam, neque fuerunt advoati,* [k] *set quantum pro anno presenti, tractante Abbate Psalmodiensi & Petro Scatisse Thesaurario Francie, consentierunt quod levaretur, & pro quinque annis subsequentibus, finaverunt cum Domino Meldensi Episcopo & Petro Scatisse Thesaurario Francie (*) [ad 50000. Mutones Auri per annum,] Commissariis ad hoc à Majestate Regia deputatis, & retenta voluntate Regia.*

[g] *Ibid. p. 16. recto. Voy. p. 17. recto.*

[h] *A Paris. Voy. un peu plus bas.*

[i] *Nommé Gasanhe. Voyez le Texte, dans cette page.*

[k] *sed.*

NOTES.

(*) Les mots qui sont entre deux crochets, sont ainsi transposez; & ils devroient estre ou après *finaverunt*, ou après *deputatis*.

1361.

Monastere nommé *Psalmodium*, & Pierre Scatisse; & pour les cinq années suivantes, elles firent un nouveau traité avec l'Evesque de Meaux, & Pierre Scatisse Tresorier de France, Commissaires députez par le Roy, par lequel elles s'engagerent à payer cinquante mille Moutons pour chacune des années pendant lesquelles l'Ayde devoit avoir cours; sous la condition que ce traité seroit approuvé par le Roy.

L'on ne trouve pas dans cet *Estat*, un aussi grand détail sur l'Ayde que les Ecclesiastiques & les Nobles de ces trois Seneschaussées, payerent pour la rançon du Roy.

A l'égard des Ecclesiastiques, [a] le Cardinal de [b] Canilhac fut choisi pour recevoir des Décimes qui devoient estre levées pendant deux ans, sur le Clergé: Il infligea des [c] censures contre ceux qui refusoient de payer, & il remit les deniers qu'il reçut, à Pierre Scatisse Tresorier de France.

Pour les Nobles, ceux de la Seneschaussée de *(a)* Carcassone offrirent à la requisition du Chancelier de France, le dixieme de leurs revenus, pour estre employé au premier payement de la rançon du Roy; & ils nommerent ceux qui en devoient faire la levée dans chaque Viguerie. Roger Bernard Levis de Mirepoix fut choisi pour estre un des Receveurs generaux de ce dixieme.

(b) Les Nobles de la Seneschaussée de Beaucaire, entre lesquels estoient compris ceux du Vivarais & du Gevaudan, offrirent au Chancelier pour le même sujet, quinze mille Florins, qui devoient estre levez par des personnes nommées par eux.

Il paroist par differens [d] endroits de cet *Estat*, que ceux qui avoient esté nommez par les Nobles & par les Communautez, pour estre Receveurs generaux de l'Ayde qu'ils avoient octroyée, remettoient les deniers de leurs recettes, à Bernard *Francisci* qui estoit Receveur de Nismes *(c)*.

XCIII. Le Roy par ses [e] Lettres du 20. de Septembre 1361.

a *Ibid. fol.* 23. *recto.*

b *Voy. sur luy, l'Hist. des Cardinaux François, par Du Chesne, page* 515.

c *Status, &c. fol.* 24. *verso.*

d *Fol.* 3. *recto,* 4. *verso, &* 16. *verso.*

e *Troisiéme Vol. des Ordonnances, p.* 522.

Notes.

(a) [f] Item. *Nobiles Senescallie Carcassone, obtulerunt dare pro prima solucione redemptionis Regis, que fieri debebat in Calesio, ad requisitionem Domini Episcopi Morinensis Cancellarii Francie; videlicet, decimam partem redditaum eorum: & fuerunt ordinati certi levatores in qualibet Vicaria, per dictos Nobiles; quorum nomina inferius describuntur & primo......*

*Rotgerius Bernardus de * Mirapisce, fuit electus unus de Receptoribus generalibus dictorum reddituum.*

(b) [g] Item. *Nobiles dicte Senescallie Bellicadri, obtulerunt dare pro prima solucione redemptionis Regis, que fieri debebat in Calesio, ad requisitionem Domini Episcopi Morinensis Cancellarii Francie, 15. millia Florenos, qui fuerunt ordinati levare de consensu dictorum Nobilium, per* [h] *Bailliag. . . . & Vicarius, per Electos in qualibet Baillivia, per ipsos Nobiles, &c.*

(c) Il resulte en general des détails qui se trouvent dans cet *Estat*, qu'il y eust bien des *non-valeurs* dans la recepte des Aides qui furent accordées; & qu'il arriva plus d'une fois que les deniers ne furent pas employez à leur destination.

[i] Je trouve aussi dans cet *Estat*, qu'une personne choisie par les Nobles, pour lever l'Aide dans la Viguerie de Carcassone, rendit son compte à Pierre Scatisse Tresorier de France; & [k] que l'on envoya à Paris, l'*Estat* de ce qui restoit dû de ces Aides.

f *Fol.* 4. *verso, & fol.* 5. *recto.*

* *Il est nommé* Levis *dans un autre endroit.*

g *Fol.* 16. *verso.*

h *Al. p. Bailliagatus.*

i *Fol.* 5. *verso.*

k *Fol.* 15. *verso.*

1361. adressées à la Chambre des Comptes, leur marque qu'il a esté informé que les Gens des trois Estats, dans le temps qu'ils avoient *le gouvernement des Subsides, Impositions & autres Aydes octroyées alors par le Peuple pour le fait de la guerre,* s'estoient taxez à eux & à tous ceux qui avoient esté employez dans la levée de ces Subsides, des gages & des salaires excessifs, sans en avoir conferé auparavant avec les Gens des Comptes & du Conseil, & sans avoir eu égard à ce qui s'estoit pratiqué dans les temps passez dans les cas semblables; ensorte que la plus grande partie des émolumens de ces Subsides, a esté employée au payement de ces gages. Il ordonne ensuite aux Gens des Comptes, de faire une nouvelle taxation des gages qu'auroient dû raisonnablement avoir ceux qui ont esté employez à la levée des Subsides, de fixer les [a] jours pendant lesquels ils auroient dû les recevoir, & de les contraindre à restituer ce qu'ils auront reçû au-delà de la nouvelle taxation qui sera faite par la Chambre.

a *Les gages se payoient alors par jour.*

[b] Dans les Estats du mois de Fevrier 1356. & dans ceux du 14. de May 1358. les Estats mêmes s'estoient déja plaint de cet abus, & ils avoient tâché d'y remedier.

b *Troisieme Vol. des Ordonnances, p. 134. XX. & p. 229. XVII.*

ESTATS du Duché de Bourgogne.

XCIV. Le Roy Jean estant devenu maistre de la [c] Bourgogne par la mort de Philippe I. dit *de Rouvre,* Duc & Comte de Bourgogne, qui mourut le 21. de Novembre 1361. en alla prendre possession.

c *Ibid. p. 534. Note (a).*

[d] Dans une Ordonnance donnée à Saint Benigne de Dijon, le 28. de Decembre 1361. il declare que lors de son joyeux avenement dans son Duché de Bourgogne, les Gens d'Eglise, les Nobles & *autres* de ce Duché qui se sont assemblez par sa permission dans la Ville de Dijon, luy ont presenté plusieurs *Requestes, Supplications & Memoires touchant le gouvernement de ce Duché :* qu'il les a examinez & fait examiner; & qu'après avoir deliberé à ce sujet avec les Princes de son Sang, ceux de son Grand-Conseil qui estoient auprès de luy, & aussi avec plusieurs autres des plus notables dudit Duché, tant Prélats & Nobles comme autres, il a fait les Reglemens qui sont compris dans la suite de son Ordonnance.

d *Ibid.*

XCV. Dans des [e] Lettres du 9. de Mars 1361. adressées au Bailli de Vitry, il luy est ordonné d'assembler des Ecclesiastiques, des Nobles & des Bourgeois des Prevostez du ressort de son Bailliage, tels & en tel nombre qu'il le jugera à propos, & de prendre leur conseil pour réduire les Sergents qui sont dans ces Prevostez, au nombre porté par les Ordonnances [f].

e *Ibid. p. 554.*

f *Voy. cy-dessus, page xlv. N.° XLII.*

1362.

1362.

ESTATS de l'Artois.

XCVI. L'Evesque de Chartres & M. Gaucher de Chastillon Commissaires du Roy, ayant demandé une Ayde pour le payement de sa rançon, aux Gens d'Eglise, Nobles & Gens des bonnes Villes de l'Artois, du Boulonnois, du [g] Ternois, & des ressorts enclavez dans ces Pays,

g *Voy. p. suivante, Note (g).*

1362.

Païs, le 23. de Juillet 1361. M. l'Evesque d'Arras au nom des trois Estats, répondit aux Commissaires du Roy, en presence de Madame la Comtesse [a] d'Artois dans son Chasteau à Hesdin, que les Estats avoient accordé pour un an une Ayde semblable à celle qu'ils avoient octroyée l'année precedente, sous les mêmes conditions contenuës dans les Lettres confirmatives que le Roy leur donna alors, & qu'ils requeroient estre inserées dans celles que le Roy leur feroit expedier au sujet de ce present Subside.

a *Voy. cy-dessous, Note (c).*

On devoit commencer à lever cette Ayde, le premier d'Aoust suivant; & il devoit estre entierement payé à Pasques. *(a)*.

ESTATS de la Seneschaussée de Beaucaire & de Nismes.

XCVII. Le Mareschal Daudeneham Lieutenant du Roy dans le Languedoc, adressa le penultieme de Decembre 1362. des [b] Lettres

b *Reg. du Mareschal de Daudeneham, folio 16. verso, 1.ere Piece. Voyez cy-dessus, page lxxxix. Note (b) marginale.*

c *Fol. 47. recto.*

NOTES.

(a) Tout ce détail se trouve dans le Memorial *D.* de la Chambre des Comptes de Paris [c]; & l'on a crû devoir faire imprimer icy ce qui s'y lit à ce sujet, pour suppléer aux Lettres confirmatives du Roy, sur les Subsides accordez par les Estats d'Artois, en 1361. & en 1362. lesquelles ne se sont pas conservées.

Concessio Subsidii Atrebatensis.

LE 9.e jour d'Aoust l'an 1362. Monf. l'Evesque de Chartres, en la presence de Mess. le Chancellier de France, & le Mareschal Daudeneham & les Genz des Comptes, bailla ceste Cedule *(b)* comme principal Cedule à luy bailliée par les Genz d'Artoiz, sur la Requeste & réponse contenuës en ladicte cedule, dont la teneur est telle.

L'an de grace 1362. [d] landemain du jour de la Magdelaine, sur la Requeste qui faite avoit esté par Monf. l'Evesque de Chartres & Monf. Gauchier de Chasteillon Chevalier, Seigneur de la Frete en Ponticu, ou nom & pour le Roy nostre Sire, & commis quant à ce, à ceulx des Pays d'Arthoys, de Boulonnoiz, de *(c)* Ternois & des ressors; c'est assavoir, Genz d'Eglise, Nobles & des Genz des bonnes Villes desdiz Pays, & de enclavées dedens lesdiz Pays, fu répondu à ladicte Requeste & Ayde par eulx demandée, en la presence de Madame *(d)* la Comtesse d'Artoiz, en son Chastel à Hesdin, par la bouche de Monf. l'Evesque d'Arraz pour tous les Estas dessuzdiz, en la maniere qui s'ensuit.

d *Vingt-trois de Juillet.*

1.° Il ont ottroyé au Roy nostre Sire, pour un an tant seulement, commançant le jour [e] S.t Pierre entrant Aoust prochain venant, Aide pour sa delivrance; c'est assavoir, telle Aide & semblable en somme que il ottroyerent & payerent en l'année derrenierement passée: & doit estre li diz payemens faiz dedens le jour de Pasques prochains venant; [f] parmi les modificacions & condicions à eulx accordées par le Roy nostre Sire, en la maniere que contenu est ès Lettres du Roy à eulx ottroyées sur l'ottroy que il firent l'année passée.

e Saint Pierre-ès-Liens, *qui arrive le 1.er d'Aoust.*

f *moyennant.*

Item. Doivent joïr les dessus nommez desdictes modificacions, depuis le jour S.t Pierre entrant Aoust prochain venant, jusques en la fin de un an continuelment ensuivant.

Item. Que lesdictes Lettres desdictes modificacions, leur soient bailliées sans coux.

NOTES.

(a) C'est-à-dire, l'Acte par lequel les Estats avoient accordé le Subside.

(b) Ce petit Pays est aussi quelquefois nommé le *Comté de S.t Pol,* de la Ville de ce nom qui en est la Capitale. Il est situé dans l'Artois *autour* de la riviere de *Ternois,* dit *Maty dans son Diction. Geograph.*

(c) La Comtesse d'Artois se nommoit Marguerite de France: elle estoit la seconde Fille de Philippe le Long, & elle estoit alors Veuve de Loüis II. dit de *Crecy,* Comte de Flandre. Elle avoit succedé l'année precedente au Comté d'Artois, à Philippe I. dit de *Rouvre,* dernier Duc de Bourgogne de la premiere race, lequel estoit son petit Nepveu : car il estoit petit-fils de Jeanne de France, sœur cadette de Marguerite, & qui avoit esté mariée à Eudes IV. Duc de Bourgogne. Voy. l'Hist. Genealog. de la Maison de Fr. par les PP. *Ange* & *Simplicien,* t. 1. p. 549. *C.* & t. 2. p. 738. *D.* & la Descrip. Hist. & Geograp. de la France ancienne & moderne, t. 2. l. 1. p. 85.

1362. au Seneſchal de Beaucaire & de Niſmes, par leſquelles il luy marque que ce jour-là même & la veille, il a aſſemblé à Niſmes les Communautez de cette Seneſchauſſée, pour examiner entre autres choſes, s'il eſtoit plus avantageux de chaſſer à force ouverte les [a] *Compagnies* qui ravagoient le Païs, ou de conclurre un traité que l'on a commencé avec elles, qu'il a fait lire dans l'Aſſemblée, & dont il a donné des copies à ceux qui en ont demandé: Mais que ces Communautez n'ayant pas voulu luy donner de réponſe qu'en la préſence des Prélats, des Egliſes *Collegiates,* Barons, & autres Nobles de la Seneſchauſſée aſſemblez à cet effet, il luy mande d'ajourner les Prélats, les Egliſes *Collegiates,* les Comtes, Barons, les autres Nobles du [b] premier rang, & les autres Nobles de la (*) Seneſchauſſée qu'il jugera à propos, pour ſe trouver à Niſmes le 10. d'Octobre ſuivant, en propre perſonne; c'eſt-à-dire, les Prélats & les Nobles & les *Collegiates,* par des Chanoines ou par d'autres perſonnes fondées de procuration, ſous peine de confiſcation des Fiefs Nobles, & du temporel qu'ils ont dans cette Seneſchauſſée.

a *Voyez le 3.e Vol. des Ordonn. p. 435. Note* (d).

b *Majores & Notabiles.*

1363.

1363.

ESTATS de la Seneſchauſſée de Beaucaire & de Niſmes, à Ville-neuve près d'Avignon.

XCVIII. Au commencement de cette année, le Roy fit tenir en ſa préſence à Ville-neuve près d'Avignon, les Eſtats de la Seneſchauſſée de Beaucaire & de Niſmes; & le 20. d'Avril 1363. il donna une [c] Ordonnance pour confirmer ce qui y avoit eſté réſolu. Voicy le précis des Articles de cette Ordonnance, qui ont rapport aux Eſtats.

c *Troiſieme Vol. des Ordonnances, p. 618.*

Le Roy ayant fait aſſembler devant luy & devant ſon Conſeil, à Villeneuve près d'Avignon, les Prélats, Nobles & Communautez de la Seneſchauſſée de Beaucaire & de Niſmes, il leur fit repreſenter *par ſon Conſeil,* la neceſſité qu'il y avoit de mettre le Pays de la Languedoc à couvert de l'invaſion des [d] Compagnies qui ſe preparoient à y faire une irruption.

d *Voy. cy-deſſus, Note* (a) *marginale.*

Les Prélats, Nobles & Communautez, après avoir déliberé ſur cette affaire, preſenterent au Roy un [e] *Cahier* lequel eſt inſeré en entier dans l'Ordonnance.

e *Rotulus.*

Après y avoir expoſé d'abord, que puiſqu'il a plû au Roy de conſulter les Gens de chaque Eſtat; c'eſt à ſçavoir, les perſonnes Eccleſiaſtiques, les Barons, Nobles & Communautez de la Seneſchauſſée de Beaucaire & de Niſmes, ſur les moyens de pourvoir à la deffenſe du pays, ils luy repreſentent leur avis qu'ils ſoûmettent à ſa volonté, & à celle de ſon très excellent Conſeil: [f] Ils ajoûtent que les perſonnes Eccleſiaſtiques, les Barons & les Nobles de la Seneſchauſſée de Beaucaire, ont appris que les Commu-

f *Art. 11.*

NOTES.

(*) *Et alios Notabiles dictæ veſtre Seneſcallie, de quibus vobis viſum fuerit expedire.* On ne peut pas diſtinguer ſi *quibus* ſe rapporte ſeulement à ces Nobles, ou à tous ceux qui ſont nommez auparavant, Prelats, Comtes, &c.

nautez des trois Seneschaussées de la Languedoc; à sçavoir, celle de Toulouse, de Carcassone & de Beaucaire, ont fait entre elles une espece d'union, laquelle a esté confirmée par le Roy ou par ses Lieutenans, à l'effet de lever & d'entretenir des troupes pour la deffense du pays; que cette union est préjudiciable aux Ecclesiastiques, aux Barons & aux Nobles de cette Seneschaussée, sans estre utile aux Communautez, ausquelles même elle deviendroit tellement à charge, si elle duroit, qu'il seroit impossible qu'elle eût son execution; & qu'ainsi ils le supplient de casser cette union, afin que les trois Estats puissent prendre des mesures de concert pour [a] mettre le pays en sureté; & de proroger la Gabelle du sel pour deux ans au-delà du terme auquel il l'a fixée, lorsqu'il a confirmé cette union par ses Lettres.

1363.

[a] Art. III.

[b] Le Roy ayant deliberé avec les Gens de son Conseil qui estoient pour lors avec luy, sur ce qui estoit contenu dans ce *Cahier*, luy donna son approbation, & ordonna qu'il seroit executé.

[b] Ibid. p. 626.

XCIX. Le préambule d'une [c] Ordonnance du 20. ou du 21. d'Octobre 1363. indique une Assemblée d'Estats; mais sans marquer quand elle s'est tenuë. Voicy comment le Roy s'y explique: *Sur plusieurs requêtes à Nous faites par aucuns des Habitans de plusieurs bonnes Villes de nostre Royaume, lesquels Nous avons mandé à venir pardevers Nous, pour oir certaines choses que Nous leur entendons à dire & monstrer touchant l'onneur & l'estat de Nous & de nostredit Royaume, Nous par déliberacion de nostre grant Conseil, avons ordené & ordenons par la maniere qui s'ensuit.*

[c] Ibid. p. 642. Voyez sur la date, p. 643. Note (c).

ESTATS de la Languedoyl, à Amiens.

C. [d] Le Roy estant venu à Amiens vers la Fête de S.t André, y convoqua les Nobles, les Prélats, les Abbez & les Bourgeois, pour leur demander des Subsides pour le payement du reste de sa rançon dont il devoit encore une grande partie. Le Continuateur de Nangis n'en dit pas davantage sur ces Estats. Le Roy fit en consequence de cette Assemblée, une [e] Ordonnance datée du 5. de Decembre 1363. Elle ne contient qu'un petit nombre de dispositions, & il y a peu de choses qui regardent les Estats. Il y est dit que le Roy ayant déliberé dans son Grand-Conseil sur plusieurs requestes qui luy ont esté presentées par plusieurs Prélats & autres Gens d'Eglise, plusieurs Nobles tant de son sang comme autres, & *plusieurs bonnes Villes du Royaume,* qui par ses ordres s'estoient assemblez à Amiens, pour avoir avis & déliberation avec eux sur le fait de la guerre & de la deffense du Royaume, il a ordonné, &c.

[d] Second Continuateur de Guillaume de Nangis, p. m. 131. col. 1.

[e] Troisiéme Vol. des Ordonnances, p. 646.

L'Article II. de cette Ordonnance, porte que l'Evesque de Nevers, le Sire de Chastillon souverain Maistre de l'Hostel du Roy, & Olivier le Fevre, sont *generaux Esleûs sur le fait de la guerre.*

Il n'est pas dit [f] précisément dans l'Ordonnance du 5. de Decembre, que les Estats d'Amiens ayent accordé une Ayde; mais on ne peut en douter, puisque le Continuateur de Nangis dit que le Roy leur en demanda une. Je soupçonne que le Roy donna deux Ordonnances en conséquence de ces Estats; l'une qui ne s'est pas conservée, & dans

[f] Voy. cependant l'Art. IX.

1363.

laquelle estoit renfermé tout ce qui regardoit l'octroy de l'Ayde, & la maniere de la lever; & la seconde qui est imprimée dans le troisieme Volume des Ordonnances, & qui contient les Reglemens qui furent faits sur les representations des Estats.

CI. Le Mareschal de Daudeneham Lieutenant du Roy dans le Languedoc, adressa le 2. de Mars 1363. [a] des Lettres au Seneschal de Beaucaire & de Nismes, par lesquelles il luy marqua que ne pouvant se passer du secours & de l'Ayde des Communautez des Seneschaussées de Carcassone, de Toulouse & de Beaucaire, pour résister aux [b] Compagnies & à d'autres corps de troupes qui se sont assemblées, & qui ont fait entre elles des confederations pour ravager la France, & principalement le Languedoc, il a ordonné que les Communautez, Consuls & Syndics de la (*) Seneschaussée de Carcassone & de Toulouse, s'assembleront à Carcassone le 15. de Mars; & que les Communautez, Consuls & Syndics de la Seneschaussée de Beaucaire & de Nismes, s'assembleront à Lunel le [c] 7.e jour après Pasques prochain. Il mande en conséquence au Seneschal de Beaucaire & de Nismes, de citer & d'ajourner pour ce jour-là, ceux des Communautez, Consuls, Syndics & Recteurs de la Seneschaussée qu'il jugera à propos, & qui ont coustume d'estre mandez à ces Assemblées, & de leur intimer que s'ils n'y viennent pas, on procedera en leur absence.

[a] *Reg. du Mareschal de Daudeneham, folio 68. verso. Voy. cy-dessus, page lxxxix. Note (b) marginale.*

[b] *Voyez le 3.e Vol. des Ordonn. p. 435. Note* (d).

[c] *C'est-à-dire, le trente de Mars 1364. car le jour de Pasques qui commença cette année, arriva le 24. de Mars.*

[d] Le 8.e de Mars suivant, le Mareschal de Daudeneham adressa d'autres Lettres à ce même Seneschal, par lesquelles il luy marqua de faire adjourner & citer les Prélats & les personnes Ecclesiastiques & les Nobles de la Seneschaussée qu'il jugera à propos, & qui ont coustume de se trouver aux Assemblées d'Estats, de venir à ceux qui se tiendront à Lunel, le 7.e jour après Pasques, & de leur faire les mêmes intimations qu'aux Communautez.

[d] *Ibid. fol. 170. verso, 1.ere Piece. Voyez cy-dessus, Note (a) marginale.*

CII. Tels sont tous les faits que j'ay pû recüeillir sur les Estats tant generaux que particuliers, qui se sont tenus sous le regne du Roy Jean. Quoyque ce Memoire soit assez estendu, il y manque cependant bien des faits qui y auroient trouvé place; si tous les Registres publics s'estoient conservez; ou du moins, si j'avois pû avoir communication de tous ceux qui existent encore dans les differens déposts du Royaume; mais

NOTES.

(*) L'on trouve dans [e] l'*Estat* dont j'ay déja fait usage cy-dessus, que les trois Seneschaussées du Languedoc, accorderent un Subside de 54000. Florins d'Or, pour chasser les [f] Espagnols du Royaume.

L'année n'est pas marquée; mais il y a quelque apparence que ce fut dans les Assemblées d'Estats que le Mareschal Daudeneham convoqua en 1363. ou dans [g] celles qui s'estoient tenuës l'année precedente pour le même sujet.

Il est encore prouvé par ce même [h] *Estat,* qu'en 1362. le Roy imposa un Subside dans le Languedoc, pour payer 100000. Florins d'Or aux Capitaines des Compagnies, pour les faire sortir du Royaume; & que les Communautez des Bailliages d'Auvergne & de Mâcon y contribuerent. Il n'est point dit de quelle maniere cette Aide fut imposée.

[e] *Fol. 7. verso, & 14. recto. Voy. p. xcij. Note (d) marginale.*

[f] *C'estoit un de ces corps de troupes connuës alors sous le nom general de Compagnies.*

[g] *Voy. cy-dessus, p. xcxij. N.o XCVII.*

[h] *Fol. 7. verso, & 14. recto.*

principalemen

principalement dans ceux du Languedoc, où je me persuade qu'on trouveroit un grand nombre de Monuments sur cette matiere.

§. V.

Monnoyes.

I. De tous les differens objets sur lesquels il y a des Reglements & des Ordonnances dans ce Volume, il n'y en a point qui en ait fourni un plus grand nombre, de plus utiles & de plus curieuses, que les Monnoyes. La multiplicité des Loix sur les Monnoyes, en marque toûjours le dérangement. Elles se ressentirent sous le regne du Roy Jean, de l'estat déplorable dans lequel estoit le Royaume, attaqué vivement au dehors par des ennemis puissans, & deschiré au dedans par une guerre civile.

Pour subvenir aux dépenses necessaires, le Roy Jean, & le Dauphin Charles son Fils aîné qui gouverna pendant sa captivité, eurent recours à de frequentes mutations de Monnoyes.

Je vais tirer des Mandemens qu'ils donnerent à ce sujet, & des autres Ordonnances contenuës dans ce Volume, tout ce qui pourra servir à éclaircir la matiere des Monnoyes, qui est très importante; soit par rapport au droit public du Royaume, soit par rapport à l'interest des particuliers; & qui n'a pas encore esté aussi approfondie qu'elle le merite.

II. Au commencement de la troisieme race de nos Rois, plusieurs [a] Seigneurs, des Evêques, des Abbez & quelques Villes, joüissoient du droit de faire battre monnoye en France : Je n'entreray dans aucun détail sur ce qui regarde ces Monnoyes particulieres; & il me suffit de remarquer, que differens Rois ayant acquis par achapt ou autrement, les droits de tous ceux qui les faisoient frapper, les Rois sont depuis longtemps les seuls qui puissent faire battre monnoye dans le Royaume. Dès le 16. de Janvier 1346. voicy comment Philippe de Valois s'explique dans une [b] Ordonnance. On ne peut douter que *à Nous & à nostre Majesté Royal, n'appartiengne seulement & pour le tout, en nostre Royaume, le mestier, le fait, la provision & toute l'Ordonnance de Monnoye, & de faire monnoyer teles Monnoyes, & donner tel cours, pour tel prix comme il Nous plaist & bon Nous semble.*

La même chose se trouve encore d'une maniere plus precise, dans des [c] Lettres du Roy Jean, du 20. de Mars 1361.

Ja soit ce que à Nous seul & pour le tout, de nostre droit Royal, par tout nostre Royaume, appartiengne de faire telles Monnoyes comme il Nous plaist, & de leur donner prix.

Il paroist par plusieurs Ordonnances de ce Prince & de son Fils, qu'ils regardoient le pouvoir d'augmenter & de diminuer les Monnoyes selon leur volonté, pour en tirer du *profit* & un revenu, comme un droit domanial, & comme une maniere de lever des Imposts, plus prompte, plus facile, & moins à charge au peuple que toutes les autres. [d]

[a] *Voy. le Glossaire de Du Cange, au mot,* Moneta Baronum.

[b] *Deuxieme Vol. des Ordonn. p. 254.*

[c] *Troisieme Vol. des Ordonnances, p. 555.*

[d] *Voy. à ce sujet, le 3.e Vol. des Ordonn. p. 436. en haut.*

a Troisieme Vol. des Ordonnances, p. 266.

[a] Il est dit dans le Mandement du 30. d'Octobre 1358. qu'il est necessaire pour le bien du Royaume, de faire des dépenses considerables, *desquelles sans le trop grand grief du peuple dudit Royaume, Nous ne pouvons bonnement [b] finer; se n'estoit par le [c] Demaine, & revenuë du prouffict & émolument des Monnoyes.*

b trouver.
c Domaine.

d Ibid. p. 18. 71.
e promptement.
f Ibid. p. 71. & Note marginale (f).
g Ibid. p. 218.

On trouve dans une [d] autre: *lesquelles* (Finances) *Nous ne povons si* [e] *presentement recouvrer, comme sur le fait de nos Monnoyes, sans trop grever nostre peuple:* dans une autre: [f] *ne peuvent estre trouvées si hastivement & prestement finances convenables, sans faire mutation de nos Monnoyes;* & dans une autre: [g] *lesquelles* (Finances) *sans le trop grand grief du peuple, Nous ne pourrions finer bonnement; si ce n'estoit par le fait & gouvernement desdictes Monnoyes, & de la revenuë & prouffict d'icelles.*

h Voy. pp. 301. 344. 353. 357. 404. & 423.

Des expressions à peu près semblables, se lisent dans plusieurs autres [h] Mandements.

III. Comme ces frequentes variations dans les Monnoyes, derangeoient extremement le commerce, & causoient bien d'autres inconvenients, le peuple obtenoit quelquefois du Roy, que les Monnoyes resteroient quelque temps dans un estat fixe; moyennant des Aides qu'il luy octroyoit, pour le dédommager de l'émolument qu'il auroit tiré du changement des Monnoyes.

i Ibid. p. 344. Voy. p. 266.

Le Dauphin Charles le marque précisement dans le [i] Mandement du 25. de May 1359. où il declare qu'à la priere & à la requeste du peuple, il avoit fait faire une monnoye forte, *en esperance d'avoir les plus grans & bonnes finances que l'on pourroit bonnement, par Foüaiges, Imposicions, Subsides ou autrement,* pour subvenir aux dépenses de la guerre; mais qu'il n'a pû maintenir cette Monnoye forte pendant long-temps, parce que les Impositions n'ont pas produit des sommes assez considerables; ensorte que pour y suppléer, il a esté obligé d'avoir recours *à la revenuë du prouffit & émolument des Monnoyes: parquoy il a convenu . . . . . le fait & gouvernement desdites Monnoyes, se mener & mettre en tel estat, qu'elles sont tellement* [k] *asseboyées, que ledit peuple les a en indignacion & moult contrecœur.*

k affoiblies.

l Ibid. p. 222. I.

Dans [l] l'Ordonnance du 14. de May 1358. par laquelle fut establie une Ayde qui devoit durer un an, le Dauphin ordonna que l'on feroit une Monnoye forte; & il promit de la maintenir dans le même estat & sur le même pied pendant un an, *sans la* [m] *muer, croistre ou abaissier en quelque maniere.*

m changer.

n Ibid. p. 22. I. & 26. VIII.
o Ibid. p. 34. Article 11. Voyez Note (ddd).

[n] L'Ordonnance du 28. de Decembre 1355. qui establit une Ayde, annonce en même temps une fabrication de Monnoye forte, qui sera stable à perpetuité: mais le Roy [o] déclare que si la guerre continuë, & que les Estats ne luy octroyent pas des Subsides pour la soustenir, il retournera à son *Demaine des Monnoyes;* c'est-à-dire, qu'il rentrera dans le droit d'augmenter & de diminuer les Monnoyes à sa volonté, afin

de tirer du profit de cette variation. Et en effet, le produit du Subside qui luy avoit esté accordé, n'ayant pas esté assez considerable, il ordonna une fabrication de Monnoye foible, par un [a] Mandement du 26. de Juillet suivant.

Le Roy Jean de retour d'Angleterre, ayant remis les Monnoyes en bon estat, demanda une Ayde: *Mesmement,* est-il dit dans [b] l'Ordonnance du 5. de Decembre 1360. *que à nostredite forte Monnoye aurons nul ou moult petit aquest & gain, lequel Nous peust estre très grant, si comme chascun puet savoir; & aussi pour charger le meins que Nous pourrons nostredit Pueple.*

Sous la fin du regne du Roy Jean, le Prince de Galles à qui Edoüard III. Roy d'Angleterre dont il estoit le Fils aîné, avoit cedé l'Aquitaine, & qui la gouvernoit à peu près sur les principes establis en France, ayant assemblé les Estats de cette Province, pour leur demander un Foüage pendant cinq ans, [c] Froissart rapporte que quelques Communautez y consentirent; à condition qu'il tiendroit ses Monnoyes stables pendant sept ans.

[d] Le Chapitre XV. de l'ancienne Coustume de Normandie, peut servir à confirmer encore ce que je viens d'establir. En voicy les termes: *Le Moneage est une Ayde de deniers, qui est duë au Duc de Normandie de trois ans en trois ans, afin qu'il ne fasse changer la Monnoye qui court en Normandie.* Ce *Moneage* se nommoit aussi *Foüage.*

IV. On peut voir dans [e] M. le Blanc, quelle est l'ancienneté du droit que les Rois ont de tirer du profit des Monnoyes, & des remarques très curieuses à ce sujet. Il finit ce qu'il en dit, par ces paroles qui sont très remarquables: [f] *J'ay trouvé dans un ancien Manuscrit qui est environ de ce temps-là, (de Charles VII.) que le Peuple se ressouvenant de l'incommodité & des dommages infinis qu'il avoit reçû de l'affoiblissement des Monnoyes, & du frequent changement du prix du marc d'Or & d'Argent, pria le Roy de quitter ce droit, consentant qu'il imposa les Tailles & les Aydes, ce qui leur fut accordé. Le Roy se reserva seulement un droit de* Seigneuriage *fort petit, qui fut destiné au payement des Officiers de la Monnoye, & aux frais de la fabrication. Un ancien Registre des Monnoyes qui paroist avoir esté fait sous le regne de Charles VII. dit que, onques puisque le Roy meit les Tailles des possessions, des Monnoyes ne luy* [g] *chalut plus.*

Par là on voit que l'Imposition fixe des Tailles & des Aydes, fut substituée à la place d'un ancien tribut infiniment plus incommode que n'estoient alors ces deux nouvelles Impositions.

V. Les besoins de l'Estat obligerent très souvent le Roy Jean & le Dauphin, à tirer des profits considérables des Monnoyes. Ils le faisoient en deux manieres. 1.° En augmentant le prix des Monnoyes qui avoient cours; mais il paroist qu'ils se sont servis rarement de cette voye. 2.° En ordonnant des fabrications de nouvelles Monnoyes, & en ostant du commerce celles qui avoient cours auparavant. Dans les Mandemens qui estoient donnez à cet effet, on fixoit le prix du marc mis en œuvre

[a] *Ibid. p. 71. Voyez aussi pages 435. & 436.*

[b] *Ibid. p. 436.*

[c] *Liv. 1. ch. XXIV. page m. 334.*

[d] *Voy. le Gloss. de Du Cange, au mot,* Foagium.

[e] *Voy. Traité Histor. des Monnoyes de France, pp. 73. & 167.*

[f] *Page 76.*

[g] *Il ne s'en soucia plus: il n'en tira plus de profit.*

en nouvelles Especes, & le prix que l'on devoit donner aux Hostels des Monnoyes, du marc en Especes décriées; & l'excedent de ce premier prix au second, tournoit au profit du Roy. Par exemple, par le [a] Mandement du 30. d'Aoust 1360. le marc en nouvelles Especes, fut fixé à huit livres cinq sols; & le marc des Especes décriées, à sept livres: ce qui, réduit suivant la methode que j'expliqueray plus bas, faisoit deux livres 15. sols pour le prix du marc d'Especes Monnoyées, & une livre 15. sols pour le prix du marc des Especes décriées: le gain estoit donc de 20. sols.

Ce gain si considerable en luy-même, se renouvelloit très souvent: Pendant l'année 1360. il y eust au moins onze Mandemens pour des fabrications de nouvelles Especes: ainsi en supposant que le gain ait esté de vingt sols par marc, pour chaque fabrication, le Roy aura tiré pendant une année, onze livres de chaque marc.

Ces changemens estoient quelquefois encore plus frequens; & l'on trouve dans les [b] Lettres du 17. de Septembre 1361. qu'ils estoient quelquefois si soudains, que *à grant poine estoit homme qui en juste payement des.... Monnoyes, de jour en jour se* [c] *peut connoistre.*

VI. Pour empescher que les Monnoyes décriées ne fussent mises dans le commerce, on establissoit *des* [d] *Coupeurs de Monnoyes;* c'est-à-dire, des Gens chargez de couper ou de percer celles qui estoient décriées, afin qu'on ne pût plus s'en servir dans le commerce; & il falloit leur païer pour leurs peines, un droit qui augmentoit encore la perte que l'on faisoit sur ces Monnoyes. Lorsqu'elles estoient ainsi coupées, elles ne pouvoient plus estre d'aucun usage, & on les portoit aux Hôtels des Monnoyes; ou bien, on les vendoit à des Changeurs qui les achetoient moyennant une certaine remise qui faisoit encore une nouvelle perte, & qui les portoient aux Hostels des Monnoyes.

J'ay expliqué fort au long dans un autre [e] endroit, ce qui regarde le commerce de ces Changeurs.

VII. Independamment de la frequente mutation des Especes, il y avoit encore bien des désordres dans les Monnoyes. [f] On en fabriquoit à differens titres dans les differentes Provinces du Royaume; & les differentes Especes que l'on fabriquoit dans la même Monnoye, n'estoient point proportionnées *&* [g] *équipolées* entre elles; [h] ensorte qu'il y avoit du profit à donner en payement les unes plustost que les autres.

VIII. Je ne m'arresteray point à détailler tous les inconveniens qui naissoient du désordre des Monnoyes, la cherté des denrées & des marchandises, la difficulté des payemens, le dérangement du commerce, &c. & je me borneray aux plus considerables.

Le gain que le Roy faisoit sur les fabrications des nouvelles Especes, presentoit un appas trop considerable pour ne pas tenter ses sujets; mais principalement les Estrangers, à le tourner à leur profit, en contrefaisant ces Especes. [i] On transportoit hors du Royaume une partie des Monnoyes décriées, & on les y convertissoit en Monnoyes qui avoient cours

[a] *Voyez le 3.e Vol. des Ordonn. pages 424. & 426.*

[b] *Ibid. p. 520. Voy. p. 71.*

[c] *pût.*

[d] *Voy. ibid. page 27. XI. & Note (s) p. 150. VI. & Note (o).*

[e] *Ibid. p. 354. Note (a).*

[f] *Ibid. pp. 252. 353. &c.*

[g] *Ibid. p. 521. & Note (b).*

[h] *Ibid. p. 147.*

[i] *Pages 147. 194. &c. & un grand nombre de citations à ce sujet, dans la Table des Matieres, au mot,* Monnoyes.

en France où l'on les rapportoit. Quelquefois même, on y alteroit le titre qui estoit déja très bas; ensorte que le Royaume estoit rempli de Monnoyes contrefaites ou fausses. Le Dauphin même dans un besoin très pressant d'Argent, [a] deffendit aux Generaux-Maistres des Monnoyes, d'empêcher qu'on ne répandit dans le public des Especes fabriquées dans la Monnoye de Paris, lesquelles par la fraude des Gardes & Maistres de cette Monnoye, estoient plus foibles & moins pesantes qu'elles ne devoient estre; & il se contenta d'ordonner que ces Officiers luy restitueroient le *feblage;* c'est-à-dire, ce qui manquoit de matiere sur chaque Espece.

IX. Lorsqu'on fabriquoit de nouvelles Especes, on les faisoit quelquefois semblables à celles qui avoient cours auparavant, par le poids, par la forme & par l'empreinte; & l'on se contentoit d'en affoiblir le titre. Alors on mettoit sur ces nouvelles Especes, une marque que l'on nommoit [b] *difference,* & qui servoit à distinguer ces Especes, des anciennes ausquelles elles estoient semblables à l'exterieur: Mais on jugeoit quelquefois qu'il estoit à propos de ne pas faire connoistre au Public, que l'on faisoit une nouvelle fabrication d'Especes, & de le mettre hors d'estat de distinguer ces nouvelles Monnoyes dont le titre estoit affoibli, des anciennes ausquelles à cela près, elles ressembloient entierement.

Dans ce cas, il estoit porté dans le Mandement par lequel la nouvelle fabrication estoit ordonnée, de mettre sur ces nouvelles Monnoyes *la difference la moins* [c] *apercevant que l'on pourra;* ou même de n'en pas mettre du tout. Tel est le [d] Mandement du 27. de Juin 1360. où il est dit, *sans y mettre aucune difference à ceux de present; & pour cause.* [e] Dans celuy du 2. de May de la même année, il y a: *sans y mettre ni faire aucune difference: car ainsi l'avons Nous ordonné, affin de tenir la chose plus secrete;* & dans [f] celuy du 2. de Decembre 1359. *sans mectre ou faire mectre en iceux point de difference; pour ce que Nous voulons cette chose pour certaine cause, estre tenuë la plus secrete que l'en pourra.* [g]

X. Quelquefois le Public fatigué des frequentes mutations des Monnoyes, [h] refusoit de recevoir les nouvelles. J'en ay rapporté un exemple dans la Note *(c)* sur le [i] Mandement du 23. de Novembre 1356. Il continuoit aussi quelquefois à se servir, au mépris des Ordonnances, des Monnoyes décriées; & il les conservoit dans le commerce pour un prix plus fort que celuy que l'on en donnoit à la Monnoye; & même il faisoit quelquefois monter le prix de celles qui avoient cours, [k] au-delà du prix porté par les Ordonnances. On se conformoit quelquefois dans les recettes Royales, à la volonté du Public en cela; & sans avoir égard aux prix fixez par les Mandemens, on y recevoit les Especes pour celuy qu'elles avoient communément dans le commerce. Cela est prouvé par une [l] Ordonnance de la Chambre des Comptes, qui est imprimée dans ce Volume.

a *Voy. le Mandement du 4. de Decembre 1356. 3.e Vol. des Ordonn. p. 94.*

b *Voy. ibid. page 407. page 266. Note (c) & page 450. Note (b).*

c *apparente.*

d *Ibid. p. 419.*

e *Ibid. p. 407.*

f *Ibid. p. 378. Voy. p. 351.*

g *Voy. quelque chose d'encore plus fort, dans Boizard, Traité des Monnoyes, p. 297. & suivantes.*

h *Voy. ibid. page 345.*

i *Voy. page 87. & cy-dessus, page*

k *Voy. p. 195. &c. & la Table des Matieres, au mot,* Monnoyes.

l *Voy. p. 195. Note (b) & page 693. IV.*

Les Monnoyes estrangeres estoient aussi reçûës dans le commerce; malgré les deffenses du Roy; & le Public seul en déterminoit le prix.

XI. Ainsi independamment des Monnoyes fausses, la France estoit remplie d'une très grande quantité d'Especes de titre different, & dont le prix dépendoit uniquement de la volonté & du caprice du Public; & peut-estre encore plus des manœuvres secretes de ceux qui estoient plus intelligens & plus fins que les autres, dans le commerce de l'Argent.

XII. Ce fut inutilement que le Roy Jean & le Dauphin tâcherent de reprimer ces abus par leurs Ordonnances; la preuve qu'elles furent mal observées, c'est qu'ils les renouvellerent très souvent.

XIII. La variation des Monnoyes causoit de grands dérangemens dans les payemens: A mesure qu'elles baissoient ou qu'elles haussoient, ceux qui avoient fait des marchez entre eux, ceux qui avoient presté de l'Argent, ceux qui en devoient, &c. souffroient des pertes ou faisoient des gains, à proportion de ce que l'Argent valoit, lorsqu'ils avoient contracté, & du prix qu'il avoit à l'écheance du terme des payemens. Ainsi un homme qui pour prester six livres, avoit donné un marc d'Argent qui valoit alors ce prix, perdoit la moitié de ce qu'il avoit donné, si on le payoit lorsque l'Argent valoit douze livres: car on ne luy rendoit qu'un demi-marc d'Argent. Mais aussi il gagnoit le double, s'il avoit fait ce prest lorsque l'Argent estoit à douze livres, & qu'on le payast lorsqu'il ne valoit plus que six livres : c'estoit la même chose pour les débiteurs.

Pour remedier à ces inconveniens, le Public s'estoit accoustumé à ne plus contracter *à livres & à sols;* mais à marcs d'Or ou d'Argent, à Florins ou autres Especes; c'est-à-dire, on ne disoit pas, je vous preste cinquante livres en Monnoyes courantes, & vous me rendrez dans un certain temps, cinquante livres en Monnoyes qui auront cours alors; mais je vous preste tant de marcs d'Or & d'Argent, & vous m'en rendrez autant; je vous preste une certaine quantité de Florins ou de bons gros Tournois, & vous m'en rendrez le même nombre en nature.

Ces sortes de contracts estoient une des raisons pour lesquelles le Public conservoit dans le commerce les Monnoyes décriées : car on en avoit besoin pour remplir les engagemens que l'on avoit pris, lorsqu'en empruntant une certaine quantité d'Especes courantes, on s'estoit obligé de les rendre en nature. Ce fut apparemment pour lever l'obstacle que ces conventions apportoient à l'observation des Mandemens qui décrioient de certaines Especes, qu'il fut deffendu par * l'Article III. de l'Ordonnance du 12. de Mars 1356. de faire des marchez & des contracts *au Denier d'Or au Mouton, ne à d'autres Monnoyes d'Or & d'Argent;* mais seulement *à sols & à livres,* payables en Monnoyes qui auront cours; si ce n'est dans le cas des prests sérieux & veritables & des deposts. Les Parties qui passeroient de ces Actes prohibez, & les Notaires qui les recevroient, devoient estre condamnez à l'amende.

* *Ibid. p. 148. Voy. p. 34. XXV. p. 150. VII. & la Table du second Volume des Ordonnances, au mot,* Contracts faits à sols & à livres.

Ces deffenses furent renouvellées plus d'une fois : [a] l'Article III. de l'Ordonnance du 23. de Janvier 1357. porte que l'on ne fera *ne marchandise ne contract au marc d'Or & d'Argent, ne à Deniers d'Or fin à l'Agnel; fors seulement à sols & à livres.* Le cas des prests & des deposts est aussi excepté. Ces deffenses furent mal observées; & dans [b] l'Ordonnance du 17. de Septembre 1361. il est dit, que l'on continuoit *à marchander, non pas à sols & à livres; mais à nombre de Florins tant deffendus comme autres, à marcs d'Argent, à gros, & à autres Pieces de Monnoyes.*

Il y avoit quelques exceptions à ces deffenses. On a déja vû celles qui regardent les cas des prests & des déposts : Il n'est pas juste en effet qu'une personne qui preste de l'Argent pour faire plaisir, soit exposée à souffrir quelque perte; & les déposts doivent estre rendus tels qu'ils ont esté reçûs.

En faveur de l'Ayde qui fut accordée dans les Estats du mois de Decembre 1355. le Roy déclara par [c] l'Article XXV. de l'Ordonnance du 28. de Decembre de cette année, que tous les contracts qui avoient esté faits jusqu'à ce jour, *à nombre ou à Especes de Florins,* seroient executez; nonobstant les Ordonnances & les deffenses qui avoient esté faites precedamment.

Il paroist qu'ordinairement le prix des Fermes du Roy n'estoit pas payable à sols & à livres; mais à marcs d'Argent ou à de certaines Especes : Car [d] l'Article II. de l'Ordonnance du 5. de Decembre 1360. porte que la preuve que le Roy a intention de maintenir la Monnoye dans un estat stable, c'est qu'il a ordonné que l'Aide sera levée à sols & à livres; & non pas à *taxation* de Florins : Il est dit aussi dans [e] l'Ordonnance du 12. de Juillet 1361. que par la même raison, il a esté ordonné que *toutes les Fermes du Roy seront bailliées à solz & à livres, sans faire mention aucune expresse de Monnoye d'Or ou d'Argent.*

Comme des contracts *à sols & à livres,* pouvoient estre par la mutation du prix de l'Argent, très désavantageux à une des Parties contractantes, les Rois, lorsqu'il arrivoit une diminution d'Especes, donnoient des Ordonnances pour regler la maniere dont seroient executez les engagemens qui avoient esté pris, lorsque la Monnoye estoit foible. J'ay expliqué les principes de ces Ordonnances, dans une longue [f] Note sur celle du 13. de Janvier 1355.

XIV. Le dérangement des Monnoyes provenoit en partie de la malversation des Officiers qui en estoient chargez, [g] & du peu de soin qu'on avoit de leur faire rendre leurs comptes. Il est dit dans le [h] Mandement du 27. de Septembre 1361. que les Maistres-particuliers devoient un nombre excessif de comptes; & qu'il y avoit plus de quatorze ans, que les Generaux-Maistres des Monnoyes n'avoient compté des Boëtes.

XV. Le Roy Jean après la paix de Bretigny, estant revenu d'Angleterre dans son Royaume, s'appliqua à reparer tous les désordres que la

dd ij

a *Ibid. p. 296.*

b *Ibid. p. 521.*

c *Ibid. p. 34.*

d *Ibid. p. 438.*

e *Ibid. p. 506. Voy. la même chose p. 521.*

f *Ibid. page 40. Note (b). Voyez p. 45. XIV.*

g *Voy. cy-dessus, p. CV. n. VIII.*

h *Ibid. p. 523. Voy. aussi p. 527.*

guerre y avoit causez. La Monnoye estoit un objet trop important pour ne pas attirer toute son attention. Il la réduisit à son juste prix, & l'y maintint. On trouve à ce sujet dans le [a] Mandement du 3. de Mars 1361. un passage singulier qui mérite d'estre rapporté : *Nos bonnes Monnoyes d'Or & d'Argent... Nous avons mises à si convenable & juste pris, que Nous n'y prenons aucun prouffit, lequel Nous y pourrions prendre, se il Nous plaisoit ; mais Nous voulons que icelluy prouffit demeure à nostredit Peuple : Et se aucun vouloit aller en Jerusalem ou ailleurs en longtain pays, si ne pourroit-il porter meilleurs Monnoye, ne à meilleur pris, ne ou il peust moins perdre, se elles estoient ores despeciés ou brisées.*

a *Ibid. p.* 551.

XVI. Après avoir rendu compte de quelques principes generaux sur la Monnoye, tirez des Ordonnances & des Mandemens imprimez dans ce Volume, il ne me reste plus qu'à expliquer quelque termes qui s'y trouvent.

XVII. Dans les Mandemens par lesquels on ordonnoit une nouvelle fabrication de Monnoyes, on marquoit le nom que devoit avoir la nouvelle Monnoye : la loy; c'est-à-dire, combien il devoit y avoir de parties d'Argent, la moitié, le tiers, le quart, &c. la taille & le poids des Especes; c'est-à-dire, combien il devoit y avoir de Pieces au marc : la valeur de chacune de ces Especes; le pied de Monnoye sur lequel on devoit fabriquer; Monnoye 32.[e] 48.[e] 60.[e] &c. le prix que devoit avoir le marc d'Argent monnoyé; mais quelquefois on ne le marquoit pas expressément; enfin le prix des Especes décriées, lequel estoit different à proportion de la loy de ces Especes.

[b] Le Mandement du 23. de Novembre 1356. servira d'exemple de la maniere dont toutes ces choses estoient exprimées ordinairement. Il y est dit que l'on fabriquera sur le pied de *Monnoye 48.*[e] de gros Deniers blancs, à quatre deniers de loy, dit & nommé Argent-le-Roy ; *& de 6. sols 8. deniers de poids au marc de Paris,* qui auront cours pour douze deniers tournois la Piece...... en tirant de chacun marc d'Argent douze livres Tournois; & que l'on donnera aux Changeurs & Marchands, sept livres huit sols Tournois de chaque marc [c] allayé à quatre deniers de loy dudit Argent-le-Roy ; & sept livres Tournois de l'Argent allayé au-dessous de quatre deniers.

b *Ibid. p.* 87.

c *C'est-à-dire, dont la loy sera de quatre deniers.*

Dans le [d] Mandement du même jour pour le Languedoc, le prix n'est pas exprimé.

d *Page* 88.

XVIII. Il y a trois choses à expliquer dans ces Mandemens. 1.° L'expression singuliere dont on se servoit pour marquer le nombre de Pieces qu'il devoit y avoir au marc. 2.° Le pied de Monnoye 48.[e] &c. 3.° La maniere dont on pouvoit connoistre le prix du marc d'Argent monnoyé, lorsqu'il n'estoit pas marqué.

XIX. A l'égard du premier objet, au lieu de marquer simplement le nombre de Pieces qu'il devoit y avoir au marc, on le désignoit par un compte de sols & de deniers; & pour connoistre ce nombre de Pieces, il

[a] il falloit réduire ces sols en deniers, & il y avoit autant de Pieces de Monnoye au marc, qu'il se trouvoit de deniers, cette réduction faite. Ainsi dans le [b] Mandement du 23. de Novembre 1356. il est dit que les gros Deniers blancs seront fabriquez *à six sols huit deniers de poids au marc;* c'est-à-dire, qu'il y aura quatre-vingt Pieces au marc; parce que six sols valent soixante-douze deniers, ausquels si on adjoûte huit deniers, il s'en trouvera quatre-vingt.

Je ne sçais quelle a esté l'origine de cette maniere de compter qui est ancienne, puisque dans une [c] Chartre d'Alphonse Comte de Toulouse Frere de Saint Louis, il y est parlé d'une Monnoye du poids de quatorze sols & demy.

XX. L'explication du pied de la Monnoye, lequel estoit exprimé par ces termes, *Monnoye 30.e 40.e* &c. demande une plus longue discussion.

J'ay tiré cette explication d'un Memoire écrit de la main de M. de Peiresc, & trouvé dans ses papiers, que M. Du Cange a fait imprimer dans son Glossaire latin, au mot *Moneta*, d'où M. Boizard l'a sans doute pris, pour l'inserer dans son [d] Traité des Monnoyes.

Il faut poser pour fondement, que Monnoye premiere que d'autres appellent *gros*, est cinq sols : Monnoye deuxieme, dix sols; & ainsi du plus au plus : Monnoye douzieme, est soixante sols, parce qu'en soixante sols, il y a douze fois cinq sols : Monnoye dix-huitieme, est quatre livres dix sols : Monnoye dix-neufvieme, est quatre livres quinze sols; ensorte que toutes les fois que l'on augmente le prix du marc d'Argent, il faut augmenter cette dénomination du pied de la Monnoye, d'autant d'unitez, qu'il y a de fois cinq sols dans l'augmentation.

Mais il faut remarquer que pour compter cette Monnoye douzieme, dix-huitieme, &c. on suppose que l'Argent est de l'Argent-le-Roy; c'est-à-dire, à douze deniers de loy. Prenons un exemple. Le Roy fait fabriquer de la Monnoye à six deniers de loy, & par le prix qu'il fixe à chacune des Pieces qui doivent composer le marc, il se trouve que le marc vaut quarante-cinq sols Il sembleroit qu'on devroit nommer cette Monnoye, Monnoye neufvieme, parce que dans quarante-cinq sols, il y a neuf fois cinq sols : Mais, comme je l'ay dit, pour fixer le pied de la Monnoye, on suppose que cet Argent est à douze deniers de loy Argent-le-Roy : or puisque n'estant qu'à six deniers de loy Argent-le-Roy, le marc vaut quarante-cinq sols; le marc vaudroit quatre livres dix sols, s'il estoit à douze deniers de loy; & par consequent c'est une Monnoye dix-huitieme, parce que dans quatre livres dix sols, il y a dix-huit fois cinq sols.

Le pied de la Monnoye servoit à marquer le prix du marc monnoyé : car dans les Mandemens où ce prix est exprimé, on trouve que le pied de la Monnoye réduit suivant la methode que je viens d'expliquer, donne le même prix.

[a] Traité des Monnoyes, de Boizard, p. 302.

[b] Troisieme Vol. des Ordonn. p. 87.

[c] Voyez le Glossaire de Du Cange, p. 658. du t. 2. de la premiere Edition de Paris. au mot Tolosani.

[d] Ch. 29. p. 294.

Le Blanc a donné une explication du pied de la Monnoye 12.e 13.e &c. très differente de celle que je viens de proposer : Voicy le passage de cet Auteur.

[a] Traité des Monnoyes, p. 229.

L'Auteur d'un avis donné à Loüis le Hutin, dit que le Roy devoit ordonner aux Barons de faire Monnoye treizieme ; c'est-à-dire, que treize deniers de leur monnoye, soit tournois ou parisis, de ceux qui avoient droit de la faire ainsi, ne vaudroient que douze deniers, soit parisis ou tournois de celle du Roy.

Pour bien juger de cette explication, il faudroit pouvoir lire en entier, *cet avis donné à Loüis le Hutin,* dont le Blanc n'a donné qu'un extrait ; & l'on verroit alors si l'explication de la *Monnoye treizieme* est tirée de cette Piece, ou si c'est luy qui ne sçachant pas la signification de cette façon de parler, a cru qu'elle devoit avoir le sens qu'il luy donne : faute de pouvoir consulter cette Piece, on ne peut rien decider là-dessus.

[b] Ibid. p. 312.

[b] Le Blanc nous apprend que cette façon de parler par *monnoye dix-huitieme, vingt-quatrieme, &c.* qui avoit commencé sous Philippe le Bel, cessa d'estre en usage l'an 1467.

XXI. On marquoit quelquefois dans les Mandements, le prix du marc d'argent monnoyé, quelquefois on ne le marquoit point : dans ce cas-là, il y avoit deux moyens de le connoistre. 1.° En multipliant le nombre des Pieces qui composoient le marc monnoyé, par la valeur de chacune de ces Pieces. Ainsi dans le [c] Mandement du 23. de Novembre 1356. il y avoit quatre-vingt Pieces au marc, & chacune de ces Pieces valoit douze deniers ou un sol : par consequent le marc monnoyé valoit quatre-vingt sols ou quatre livres.

[c] Troisieme Vol. des Ordonn. p. 87.

L'autre moyen estoit de réduire le pied de la Monnoye, suivant la maniere que j'ay expliquée cy-dessus. Ainsi dans ce même Mandement, le pied de la Monnoye estoit quarante-huitieme ; donc le marc monnoyé valoit douze livres : car dans douze livres, il y a quarante-huit fois cinq sols ; & en effet, ce prix de douze livres est marqué precisement dans ce Mandement.

XXII. Il doit paroistre à la premiere vûë, bien surprenant que ces deux manieres de connoistre le prix d'un même marc d'Argent, produisent deux sommes differentes ; & en effet, il semble d'abord impossible de concevoir comment dans le même temps, un même marc d'Argent vaut quatre livres & douze livres.

Je vais tâcher d'expliquer comment ces deux prix reviennent au même ; & comment leur difference apparente, ne provient que de la differente maniere d'envisager l'Argent.

En general, lorsqu'on parle d'Argent, on entend de l'Argent fin ; c'est-à-dire, dans lequel il n'y a point d'alliage & de cuivre.

Quand il y a de l'alliage, il est compté pour rien, lorsqu'il s'agit du prix de l'Argent.

[a] L'Argent fin se divise, lorsqu'il s'agit de fixer sa loy & son titre, en douze deniers; & chaque denier se divise en vingt-quatre grains. Ainsi lorsqu'on dit que des Especes sont à six deniers, Argent fin; cela signifie qu'il y a six parties d'Argent, & six parties d'alliage. Elles sont à sept deniers, lorsqu'il y a sept parties d'Argent & cinq d'alliage. Lorsque les Especes sont à onze deniers douze grains, il y a onze parties, & la moitié de la douzieme partie en Argent, & l'autre moitié de cette douzieme partie en alliage; ou pour s'exprimer d'une maniere encore plus precise, il y a $\frac{23}{24}$ d'Argent, & $\frac{1}{24}$ d'alliage.

[a] *Le Blanc, Preface du Traité des Monnoyes, & Boizard, p. 13.*

L'Argent-le-Roy est toûjours à onze deniers douze grains; de sorte qu'il y a toûjours $\frac{1}{24}$ d'alliage.

Il est très important de remarquer, que l'Argent-le-Roy, aussi bien que l'Argent fin, se divise en douze deniers; & que chaque denier se divise en vingt-quatre grains: mais comme l'Argent-le-Roy est toûjours plus foible d'un vingt-quatrieme que l'Argent fin, chaque denier & chaque grain d'Argent-le-Roy, est aussi plus foible d'un vingt-quatrieme, que chaque denier & chaque grain d'Argent fin. Ainsi dans un denier d'Argent fin, il y a vingt-quatre grains d'Argent; mais dans un denier d'Argent-le-Roy, il n'y a que vingt-trois grains d'Argent, & un grain d'alliage: & lorsqu'on dit que l'Argent fin est à six deniers de loy, cela signifie qu'il y a six parties d'Argent & six parties d'alliage: mais lorsque l'on dit que l'Argent-le-Roy est à six deniers de loy, cela signifie qu'il y a six parties & $\frac{6}{24}$ de parties en alliage; ensorte qu'il ne reste que cinq parties, & $\frac{18}{24}$ de parties en Argent.

Sous le regne du Roy Jean, on ne fabriqua presque point de Monnoye d'Argent fin, & assez rarement d'Argent-le-Roy. Il y avoit presque toûjours la moitié, ou même quelquefois plus d'alliage. C'est ce mêlange d'alliage, qui a donné lieu aux deux prix differents du même marc d'Argent monnoyé. Pour fixer l'un, on n'avoit égard qu'aux parties d'Argent qui se trouvoient réellement dans les Monnoyes; independamment de l'alliage: Pour fixer l'autre, on supposoit qu'elles estoient d'Argent-le-Roy, sauf à faire une reduction à proportion de l'alliage qui s'y trouvoit. Un exemple fera mieux entendre ce que je veux dire, que de longs discours. Je le tireray encore du Mandement du 23. de Novembre 1356. par lequel on ordonna de fabriquer de gros Deniers blancs à quatre deniers de loy, de quatre-vingt Pieces au marc, dont chacune vaudroit douze deniers, sur le pied de Monnoye 48.e le prix du marc monnoyé valant douze livres.

Ces gros Deniers blancs estant fabriquez à quatre deniers de loy, il n'y avoit donc que le tiers d'Argent & les deux tiers d'alliage. J'ay déja marqué plus haut, qu'en multipliant le nombre de ces deniers par leur valeur, il se trouve que le marc monnoyé valoit quatre livres.

Cependant par ce Mandement, le prix du Marc d'Argent monnoyé est fixé à douze livres : mais cela ne veut pas dire que le marc de la matiere avec laquelle on a fabriqué ces gros Deniers blancs, & qui est composée d'un tiers d'Argent-le-Roy, & de deux tiers d'alliage, vaudra douze livres. Cela signifie seulement, que le prix du marc d'Argent monnoyé, supposé que la Monnoye eust esté fabriquée avec de l'Argent-le-Roy, vaudroit douze livres. Or comme ces gros Deniers blancs ne contenoient qu'un tiers d'Argent, & les deux tiers d'alliage, le marc d'Argent monnoyé de ces especes, ne contenoit que le tiers d'un marc d'Argent-le-Roy; & comme le cuivre & l'alliage sont comptez pour rien, il ne devoit valoir que quatre livres qui est le tiers de douze livres, à quoy a esté fixé le prix du marc d'Argent monnoyé, en le supposant Argent-le-Roy.

C'est en vertu de cette même supposition, qu'il est dit dans ce Mandement, que ces gros Deniers blancs, qui réellement & dans le fait, ne furent fabriquez que sur le pied de Monnoye 16.e seront fabriquez sur le pied de Monnoye 48.e conformement à l'explication que j'ay donnée cy-dessus, de ce que l'on doit entendre par *pied de Monnoye.*

XXIII. Lorsque dans les Mandements, on fixoit le prix du marc d'Argent monnoyé, on se servoit de ces termes, *en tirant de chacun marc d'Argent,* [a] *douze livres tournois,* ou quatorze ou quinze livres, &c.

XXIV. Dans les Mandements par lesquels on ordonnoit une fabrication d'Especes nouvelles, on supprimoit ordinairement celles qui avoient cours auparavant.

On ordonnoit qu'elles seroient portées aux Hostels des Monnoyes, & on fixoit le prix qu'on devoit en donner. Quelquefois aussi, on donnoit des Mandements uniquement pour augmenter ce prix : mais en le fixant dans ces deux cas, on supposoit aussi que ces Monnoyes décriées estoient d'Argent-le-Roy : & ainsi pour connoistre le prix réel & effectif que l'on en donnoit, il falloit reduire celuy qui estoit porté par le Mandement, à proportion de la loy de ces Especes décriées.

Par exemple, dans le [b] Mandement du 30. d'Aoust 1356. il est dit que l'on donnera (aux Hostels des Monnoyes,) sept livres de l'Argent allayé à trois deniers de loy, & sept livres douze sols de l'Argent allayé à douze deniers ou environ. Le principe que je viens d'establir, explique une chose qui paroist d'abord inconcevable dans ce Mandement. L'Argent à douze deniers d'Argent-le-Roy, est, comme je l'ay dit plus haut, de l'Argent qui est presque au plus haut titre où l'on fabriquast alors. L'Argent à trois deniers de loy, est de l'Argent où il n'y a réellement qu'un quart d'Argent, & les trois quarts d'alliage. Comment se peut-il donc faire qu'un marc d'especes à douze deniers d'Argent-le-Roy, ne vaille

[a] Voy. ibid. page 88.

[b] Ibid. p. 83.

vaille que douze sols de plus, qu'un marc d'especes où il n'y a qu'un quart d'Argent? En voicy la raison : c'est que le marc d'especes à douze deniers d'Argent-le-Roy, valoit réellement sept livres douze sols; au lieu que le marc d'especes où il n'y avoit qu'un quart d'Argent, ne valoit pas réellement sept livres, comme le porte le Mandement; mais seulement le quart de sept livres; c'est-à-dire, une livre quinze sols.

Pour éclaircir encore davantage ce principe, je vais l'appliquer à un autre exemple, que je tireray du Mandement du 23. de Novembre 1356. dont je me suis déja servi. Par ce Mandement, on ordonne la fabrication de gros Deniers blancs à quatre deniers de loy, de quatre-vingt Pieces au marc, dont chacune valoit douze deniers. J'ay marqué plus haut, que le prix réel de ce marc monnoyé, estoit quatre livres; parce que dans ce marc monnoyé, il n'y avoit réellement que le tiers d'un marc d'Argent-le-Roy, qui par ce Mandement estoit fixé à douze livres.

Par ce même Mandement, il est dit que l'on donnera (à la Monnoye,) sept livres huit sols du marc d'Especes décriées, à quatre deniers de loy. Ce marc d'Especes décriées, n'ayant réellement que le tiers d'un marc d'Argent-le-Roy, il faut reduire son prix au tiers de sept livres huit sols; c'est-à-dire, à deux livres neuf sols quatre deniers; ce qui fait à une legere fraction près, le $\frac{5}{8}$ de quatre livres, prix réel du marc d'Argent monnoyé. Si l'on suppose que ces Especes décriées sont d'Argent-le-Roy, alors le prix du marc sera de sept livres huit sols; ce qui fait aussi à une legere fraction près, le $\frac{5}{8}$ de douze livres prix donné par ce Mandement au marc d'Argent-le-Roy monnoyé. Voilà donc encore une nouvelle preuve du rapport exact qui estoit entre les deux prix que l'on donnoit au même marc d'Argent, monnoyé ou en billon.

Le calcul qui vient d'estre fait, prouve, pour le dire en passant, que par cette nouvelle fabrication d'Especes, le Roy gagna $\frac{3}{8}$ sur chaque marc d'Argent.

XXV. Il faut encore adjoûter icy, que ceux qui faisoient les calculs des prix des marcs d'Argent monnoyez ou en billon, pour estre mis dans les Mandements, se trompoient quelquefois. Peut-estre aussi faut-il imputer ces erreurs, à ceux qui ont copié les Mandements.

Quoyqu'il en soit, on en peut voir des exemples dans la Note *(b)*, de la p. 194. & dans le Blanc p. 204.

XXVI. On trouvera à la fin de ce §. le dépoüillement de tous les Mandements sur les Monnoyes, qui sont imprimez dans ce Volume, réduit en Tables Chronologiques, faites sur le modelle de celles que le Blanc a mises à la fin de son Traité des Monnoyes, & ausquelles on s'estoit conformé dans les Tables qui sont à la fin de la Preface du 2.e Vol.

des Ordonnances : mais celles qui seront dans le 3.e seront plus amples que les unes & les autres. On y trouvera le prix du marc d'Argent porté à la Monnoye, suivant la loy dont il estoit, le nom des Especes nouvellement fabriquées, la loy de ces Especes, la taille & le poids de ces Especes au marc, leur valeur, le pied de la Monnoye, & enfin le prix du marc d'Argent monnoyé. A l'égard de ce prix, j'ay remarqué cy-dessus, qu'il est quelquefois marqué dans ces Mandements, & que quelquefois il ne l'est pas. Dans le premier cas, j'ay mis ce prix tel qu'il est dans le Mandement; & à costé, j'ay fait mettre *TE,* pour marquer que ce prix est tiré du *texte* du Mandement : mais comme ce prix est toûjours exprimé relativement à la loy des Especes, j'en ay presque toûjours fait la reduction à sa valeur réelle, suivant les regles que j'ay proposées cy-dessus, & j'ay marqué ce prix ainsi reduit, en y adjoûtant, *par reduction* ou *par reduct.*

Lorsque le prix n'a pas esté exprimé dans le Mandement, je l'ay cherché par la voye du calcul, conformement à ce qui a esté expliqué plus haut : & je l'ay marqué, en adjoûtant *CA.* ce qui signifie que ce prix n'est pas dans le Mandement, & qu'il a esté trouvé par le *calcul.* Mais il faut remarquer que le prix que j'ay marqué dans ce cas, est toûjours le prix réel, & non le prix relatif à la loy des Especes; ensorte qu'il n'y a pas de reduction à y faire.

Mon premier dessein avoit esté de marquer sur chaque nouvelle fabrication d'Especes, la valeur qu'elles auroient aujourd'huy, eu égard au prix present de l'Argent : mais comme ce prix n'est pas fixé irrevocablement, & qu'il peut ou augmenter ou diminuer, les calculs longs & difficiles qu'il auroit fallu faire pour trouver la valeur presente de ces Especes, n'auroient pas esté d'un usage continuel, & le changement le plus leger qui auroit esté fait au prix present de l'Argent, les auroit rendus inutiles, & auroit obligé ceux qui sont dans le cas d'avoir besoin de ces sortes de reductions, de faire de nouveaux calculs.

Je me contenteray donc icy, de marquer la maniere dont il faut proceder dans ces calculs. Toute la difficulté consiste dans la [a] difference du vingt-quatrieme qui est entre l'Argent fin & l'Argent-le-Roy. Si on avoit toûjours fabriqué avec de l'Argent fin, rien ne seroit plus aisé que cette operation. Quand on sçait combien on a fabriqué de Pieces au marc; par exemple, qu'on en a fabriqué quarante-six, on sçait que chaque Piece est la quarante-sixieme partie de ce marc : supposé qu'il valût anciennement quarante-six sols, alors la Piece qui faisoit sa quarante-sixieme partie, valoit un sol. Supposé que ce marc vaille aujourd'huy quarante-six livres, cette Piece qui est toûjours sa quarante-sixieme partie, vaut aujourd'huy vingt sols.

L'operation n'est pas si simple, lorsqu'on a fabriqué avec de l'Argent-le-Roy : car il faut le reduire à la valeur de l'Argent fin. Supposons, par

a Voy. cy dessus, p. cxj.

exemple, que l'on ait fabriqué des Pieces à quarante-six au marc d'Argent-le-Roy, lequel valoit quarante-six sols : sur ce pied le marc d'Argent fin dans lequel il y a $\frac{1}{24}$ d'argent de plus, en vaut quarante-huit; & la Piece qui estoit la quarante-sixieme partie du marc Argent-le-Roy, n'estant que la quarante-huitieme du marc d'Argent fin, si ce marc d'Argent fin vaut aujourd'huy cinquante livres, cette Piece vaut aujourd'huy vingt sols dix deniers, qui sont la quarante-huitieme partie de cinquante livres.

XXVII. Il ne me reste plus qu'à expliquer une chose qui se trouve dans plusieurs [a] Mandements sur les Monnoyes, dans lesquels il est dit que lorsque les Changeurs & Marchands apporteront aux (Hostels des) Monnoyes, du billon de plus haute loy que celle sur le pied de laquelle on fabriquera alors, le cuivre qui sera necessaire pour cette fabrication, ne sera point payé par eux, mais acheté aux dépens du Roy.

Pour entendre cecy, il faut se rappeller ce que j'ay déja dit en [b] quelques endroits, que lorsque des Monnoyes estoient décriées, les Changeurs les acheptoient, & les portoient aux (Hostels des) Monnoyes, où elles estoient fonduës pour estre employées à la fabrication de nouvelles Especes, & que l'on ne [c] confondoit point dans ces (Hostels des) Monnoyes, le billon apporté par tous les Changeurs; mais que l'on mettoit à part celuy que chaque Changeur avoit apporté, & que l'on fabriquoit de nouvelles Especes avec lesquelles on luy en payoit la valeur.

Cela supposé, lorsque la loy des Monnoyes estoit diminuée; par exemple, lorsqu'on décrioit des Monnoyes qui estoient à quatre deniers de loy; c'est-à-dire, où il y avoit les deux tiers d'alliage, pour en fabriquer à trois deniers de loy; c'est-à-dire, où il y avoit les trois quarts d'alliage, & que l'on fondoit ces Monnoyes décriées apportées par les Changeurs, il falloit pour en fabriquer de nouvelles, y adjoûter une partie d'alliage ou de cuivre, égale à la difference qui est entre les deux tiers & les trois quarts. Comme l'on fabriquoit en quelque sorte pour le compte des Changeurs, naturellement ils auroient dû payer ce cuivre; mais ordinairement il estoit dit dans les Mandements, qu'il seroit acheté aux dépens du Roy.

Quelquefois cependant il estoit ordonné que les Changeurs payeroient ce cuivre [d], & *qu'ils feroient leur loy*; c'est-à-dire, qu'ils fourniroient l'alliage & le cuivre necessaires pour réduire le Billon qu'ils apportoient, à la loy sur le pied de laquelle on fabriquoit.

XXVIII. J'ay rassemblé dans ce paragraphe, ce qui m'a paru de plus essentiel sur le fait des Monnoyes, dans les Mandements donnez à ce sujet & imprimez dans ce Volume. Il m'auroit esté très facile de luy donner beaucoup plus d'estenduë, si j'avois voulu tirer exactement de ces Mandements, tout ce qui pouvoit servir à faire connoistre l'estat des

a *Cela se trouve dans presque tous les Mandements sur les Monnoyes.*

b *Voy. plus haut p. civ.*

c *Voyez le 3.e Vol. des Ordonn. page 354. Note (a) col. 2.*

d *Voy. ibid. page 243. Note (f) marginale.*

Monnoyes ſous le Roy Jean : mais comme il ne convenoit pas de donner dans une Preface, un Traité complet ſur cette matiere, j'ay crû devoir me preſcrire des bornes.

XXIX. Dans la Note *(mm)* de la page 134. j'ay renvoyé à la Preface, l'explication de l'Article XXI. de l'Ordonnance du mois de Mars 1356. qui eſt très difficile à entendre. J'eſperois alors trouver dans la ſuite, quelques éclairciſſemens à ce ſujet. Je n'en ay pas trouvé, & je ne puis rien adjoûter à l'eſpece de paraphraſe que j'ay faite de cet Article[a], dans le Sommaire que j'en ay donné.

a *Voy. p. 122. Art. XXI.*

Je crois que l'intelligence de cet Article, dépend de quelques Pieces qui nous manquent; car il y en a pluſieurs dont on a des indications, & qui ne ſe trouvent point dans les Regiſtres qui ſe ſont conſervez; comme je l'ay fait remarquer dans les Notes *(a)* des pages 193. & 693. mais je ne perds pas l'eſperance de les recouvrer un jour, puiſque j'ay déja entre les mains près de vingt Mandements ſur les Monnoyes, donnez ſous le Regne de Philippe de Valois, qui n'ont pas encore eſté imprimez, & qui le ſeront dans le Supplément aux deux premiers Volumes des Ordonnances, que je feray en eſtat de donner dans quelques années.

ADDITIONS ET CORRECTIONS à la Preface.

I. Dans la page vij. il a eſté dit que depuis la captivité du Roy Jean, juſqu'à ſa délivrance, on mit à la teſte des Lettres Royaux, le nom de Charles ſon Fils aîné; ſoit lorſqu'il a eû la qualité de Lieutenant du Roy; ſoit lorſqu'il a eû celle de Regent. François Du Cheſne dans ſon [b] Hiſtoire des Chanceliers de France, a avancé au contraire que depuis le jour de la captivité du Roy, juſqu'à celuy où Charles ſon Fils prit le titre de Regent, les Lettres furent toûjours expediées au nom du Roy, comme il eſt juſtifié, dit-il, par des Lettres du 15. de Juin 1357. Mais il s'eſt trompé : Car ces Lettres qui ſont dans le Memorial *C.* de la Chambre des Comptes de Paris, *fol. huict-vingt-dix-huict, verſo,* ſont intitulées au nom de *Charles Lieutenant,* &c. Du Cheſne dit dans le même endroit, que depuis la captivité du Roy, juſqu'au commencement de la Regence de ſon Fils, les Lettres Royaux furent ſcellées du Sceau du Chaſtelet, dont la garde eſtoit commiſe à Foulques de Bardouil, qui avoit déja eû cette commiſſion ſous le Regne de Philippe de Valois, pendant un voyage du Chancelier Coquerel, & en l'abſence du grand Scel.

b *Page 338. Voy. auſſi le Vol. des Preuves de l'Hiſt. des Cardinaux François, p. 369.*

J'ay trouvé dans la Copie des Regiſtres du Parlement, qui eſt dans le cabinet de M. le Preſident Ogier, *Tome 2. folio 270. verſo, & page 271.*

271. recto, une Piece qui prouve une partie de ce qu'on lit dans ce passage de M. Du Chesne. La voicy :

PHILIPPE par la grace de Dieu Roy de France : A nos amez & feaux [a] Clercs & Conseillers, Maistre Pierre Hangest & Fouques Bardoul, Salut & dilection. Nous consians de vos sens, loyauté & diligence, vous mandons, & à chascun de vous, vous commettons que les Lettres qui en l'absence de nostre amé & féal Chancelier, lequel pour certaines besoignes qui Nous touchent, Nous envoyons en certaines parties, seront apportées à nostre Audiance à Paris, vous veez diligemment ; & celles qui seront à sceller, faites sceller du Scel de nostre Chastelet de Paris, & du Signet de nostre Parlement en Contre-Scel, selon ce que autrefois il a esté fait en cas semblable. *Donné à Fontainebleau, le quatrieme jour de Janvier, l'An de grace mil trois cens quarante-huit, sous nostre grand Scel.* Par le Roy, vous & le Sire de Revel present. ROUGEMONT.

Anno Domini millesimo trecentesimo quadragesimo-octavo, die Veneris post Epiphaniam Domini, Magister Guill. Marpandi, de mandato Dominorum Parlamenti, tradidit Magistris Petro de Hangesto & Fulconi Bardoul, dicti Domini Regis Clericis, Signum dicti Parlamenti, quod penes se habebat. [b] GODE.

a *Secretaires.*

b *Il y a une marque d'abreviation sur la fin de ce nom.*

Dans les mêmes Registres, on trouve des Lettres du Duc de Normandie, des 4. Septembre 1357. & des 6. 15. & 21. Novembre de la même année, adressées au Chancelier, *vel Magistro Fulconi Bardoul, ejus Locum-tenenti.* Voyez Tome 14. pages 452. & 456. recto & verso.

François Du Chesne dans son Histoire des Cardinaux François, Livre 2. Chapitre 3. page 567. a donné encore un plus grand détail sur l'employ de Bardoul. Tout ce que Du Chesne rapporte en cet endroit, est tiré du Memorial *C.* de la Chambre des Comptes de Paris, folio huict-vingt-dix-huit, verso. Il paroist par les Lettres du 15. de Juin, & par ce qui est à la suite, que Bardoul faisoit en quelque sorte les fonctions de Chancelier qui estoit absent.

On peut remarquer qu'en cet endroit, il date du 13. de Juin, les Lettres que dans les autres passages cy-dessus citez, il avoit datées du 15. elles sont en effet du 15.

II. Dans la page lxij. il est dit que le Duc de Normandie revint à Paris, le mercredy 22. de Janvier. Il y a deux fautes dans cet endroit : Car 1.° dans les Chroniques de S.t Denys que l'on cite à la marge, il n'y a pas le *mercredy 22.* mais le *samedy* 22. 2.° Il auroit fallu remarquer qu'il y a faute dans les Chroniques : car en 1356. le 22. de Janvier n'estoit pas un samedy : d'ailleurs, il est parlé plus bas dans les Chroniques, d'une chose que le Duc de Normandie fit après son retour à Paris, le jeudy 19. de Janvier. Il y a grande apparence qu'il faut fixer le retour du Duc de Normandie à Paris, au 14. de Janvier : c'estoit un samedy, & le jeudy suivant estoit le 19.

III. A la page lxviij. deuxieme Note *(a)* marginale, il est dit sur ces mots du texte : *pour ce, 24. jour dudit mois, trois sols.* J'ay dit que cela signifioit que *c'estoit ce jour-là que le Sergent alla porter ces Lettres.* Je me suis trompé. Cela signifie que ce fut ce jour que l'on luy paya son salaire; & il faut faire cette correction dans tous les endroits où j'ay renvoyé à cette Note marginale.

IV. Il m'est échappé un petit fait que j'aurois dû placer dans le §. des *Ordonnances,* p. xxv. n.° VII. C'est qu'il est dit dans [a] l'Article III. d'une Ordonnance du mois d'Octobre 1351. que la diminution du nombre des Sergents & la taxe des procedures, se fera par des Réformateurs envoyez dans les Provinces; lesquels prendront le conseil des Prelats, du Clergé, des Barons, des autres Nobles & des Bourgeois.

a *Deuxieme Vol. des Ordonn. pag. 464.*

V. J'ay presentement entre les mains, les Lettres du Roy Jean du mois d'Avril 1353. que j'ay annoncées cy-dessus, p. xxix. Note *(b)*: mais il ne s'y agit nullement d'Aide ni d'Estats.

VI. J'ay marqué dans la [b] Preface, en finissant le §. qui regarde les Estats, que je sentois bien qu'il y manquoit un grand nombre de faits sur cette matiere : & en effet, depuis que la Preface a esté achevée d'imprimer, j'ay eu communication du Registre 82. du Tresor des Chartres, que je n'avois pas encore vû; & j'y ay trouvé cinq Pieces qui regardent des Estats particuliers tenus en 1352. 1353. & 1354. Elles seront imprimées dans le 4.e Volume des Ordonnances; & je vais donner icy un précis de ce qu'elles contiennent.

b *Voy. p. c. n.° cij.*

1352.

VII. Dans la premiere, qui est du mois de Mars 1353. est inserée des Lettres du Roy du 12. de Juin 1352. adressées au Doyen de Noyon, [*Jean d'Erqueri ou d'Arqueri,*] Clerc du Roy, & à Jacques la Vache Chevalier, par lesquelles après avoir dit, qu'aussi-tost après son avenement à la Couronne, il a convoqué une assemblée generale des Estats, dans laquelle il a esté accordé un Subside de six deniers pour livre ; il adjouste que pour soustenir les dépenses de la guerre, il a encore besoin de secours; & qu'à cet effet, il leur ordonne de se transporter dans les differents lieux du Bailliage d'Amiens, des anciens & nouveaux ressorts, de quelque exemption & privileges dont ils joüissent, même quand ils seroient tenus en Pairie; & de convoquer pardevant eux, à tel jour & en tel lieu qu'ils jugeront à propos, les Prelats, Barons & autres Nobles, les personnes Ecclesiastiques, & les habitans des Villes & Chastellenies, soit qu'elles soient soûmises immediatement ou mediatement, à la Justice du Roy : & de leur demander un Subside de six deniers pour livre, pareil à celuy que l'on leve presentement ; & qui durera un an, à commencer du jour que celuy-cy finira.

Le Roy ordonne ensuite aux Commissaires, d'adjourner à comparoistre devant luy, ceux qui apporteront quelque obstacle à la demande faite par eux en son nom.

Il leur donne enfin pouvoir de redresser sur le champ & sans appel, tous les griefs sur lesquels on leur portera des plaintes.

Les Commissaires, en consequence de ces Lettres, adjournerent les Maire, Jurez & Eschevins de la Ville d'Abbeville, à se trouver devant eux à Amiens : ceux-cy y envoyerent Fremin Taupin & Pierre Pinchons, Eschevins d'Abbeville, qui se presenterent devant les Commissaires, le 28. de Juin 1352. & qui au nom de la Ville, consentirent que du jour que l'imposition qui se levoit dans l'année courante [1352.] seroit finie, on continuëroit à la lever encore pendant un an; *reservé à eux ce qu'ils y ont eu & pris;* c'est-à-dire, ainsi qu'il est expliqué dans des Lettres, dont on rendra compte dans le n.° suivant, que des quatre deniers par livre qui se leveront, le Roy en aura la moitié, & la Ville l'autre moitié.

Les Commissaires accepterent ces offres & ces conditions, & donnerent des Lettres à cet effet, datées d'Amiens, le 28. de Juin 1352.

Le Roy confirma les Lettres des Commissaires, au mois de Mars 1353.

1353.

VIII. Le 24. d'Avril après Pasques, & par consequent au commencement de l'année, le Roy donna des Lettres de Commission, aux mêmes Jean d'Erqueri & Jacques la Vache, pour aller demander dans le Bailliage d'Amiens, un Subside de six deniers pour livre, semblable à celuy qui a esté accordé l'année precedente : Subside, disent ces Lettres, qui a esté regardé comme le moins onereux, dans une assemblée de Prelats & de Nobles, * faite il y a quelque temps.

* *Dudum facta.*

Ces Lettres, à l'exception du préambule, contiennent precisément les mêmes clauses, que celles du 12. de Juin 1352. dont on a rendu compte.

En consequence de ces Lettres, les Commissaires adjournerent les Maire, Jurez & Eschevins de la Ville d'Abbeville, à se trouver devant eux à Amiens : ceux-cy y envoyerent Fremin Tovoyon & Jean Galet, Eschevins d'Abbeville, qui au nom de la Ville, consentirent que l'on continuât à lever l'imposition de quatre deniers par livre, sur toutes les marchandises qui se vendroient, pendant un an, à compter du jour que finiroit l'Imposition qui se levoit alors, & de la même maniere; c'est-à-dire, que le Roy auroit la moitié de l'Imposition, & les Eschevins l'autre moitié qui seroit employée aux necessitez de la Ville.

Les Commissaires du Roy accepterent ces offres & ces conditions, par leurs Lettres datées d'Amiens, le 5. de Juin 1353. jour auquel, suivant les apparences, les deux Eschevins d'Abbeville avoient comparu devant eux.

Les Lettres des Commissaires furent confirmées par celles du Roy, du mois de Mars 1353.

IX. Ces mesmes Commissaires, en vertu des mesmes Lettres de Commission du 24. d'Avril 1353. donnerent leurs ordres pour faire venir devant eux à Amiens, le Maire & les Eschevins d'une Ville située sur la Mer, [a] de laquelle on n'a pû déchiffrer le nom. Jean Boulot Maire de cette Ville, & *Gieffroy* le jeune qui en estoit Eschevin, se presenterent devant ces Commissaires, le 10. de Juin 1353. & au nom de la Ville, consentirent qu'à compter du jour que finiroit l'Imposition qu'on y levoit alors, on continuât pendant une année, à en lever une, *en la forme & maniere que les autres bonnes Villes voisines l'ont accordé*. Les Commissaires accepterent ces offres & ces conditions, par leurs Lettres datées d'Amiens, le 10. de Juin 1353. & confirmées par celles du Roy, du mois de Fevrier 1353.

[a] *Voy. dans le 4.e Vol. la Note qui sera faite sur les Lettres du mois de Fevrier 1353.*

X. Les Lettres de ces Commissaires du 10. de Juin 1353. prouvent que toutes les autres Villes du Bailliage d'Amiens, accorderent aussi un Subside, & suivant les apparences, de la mesme maniere; c'est-à-dire, que les habitans de ces Villes, tinrent des Assemblées particulieres, dans lesquelles elles chargerent des Députez de consentir au Subside, en presence des Commissaires du Roy.

Ces Commissaires, en vertu du pouvoir qui leur avoit esté donné par leurs Lettres de Commission, firent sans doute, aussi assembler devant eux, les Gens d'Eglises & les Nobles du Bailliage d'Amiens ; & ces deux Corps accorderent un Subside.

1354.

XI. Dans des Lettres du mois de Mars 1354. il est dit que les Prelats, les personnes Ecclesiastiques, les Barons, les Chevaliers, les Nobles, les Citoyens & habitans des Villes, & le commun peuple des Bailliages du Coutantin & de [b] S.t Guillaume *in Mauritania*, ont promis à Maurice de *Mammeto*, Chevalier, qui suivant les apparences estoit Commissaire du Roy dans ces Bailliages, de payer le Subside de la presente guerre, & pendant trois mois de l'esté suivant, d'entretenir par cent *Feux* ou Menages, un homme d'armes & un archer; à l'exception de ceux qui estant sur la frontiere; c'est-à-dire, sur les costes de la Mer, & exposez aux descentes des Anglois, n'entretiendront qu'un homme d'armes.

[b] *L'on n'a pû decouvrir quel est ce Bailliage.*

XII. Il est dit dans des Lettres du 25. d'Aoust 1354. que Philippe Duc d'Orleans & de Touraine, Comte de Valois & frere du Roy Jean, a consenti que l'on levât pendant un an, un Subside dans ses terres. Ce Subside avoit sans doute, esté accordé dans des Assemblées particulieres des habitans de ces terres.

TABLES
CONTENANT ANNÉE PAR ANNÉE, LES PRIX DU MARC D'OR ET D'ARGENT EN OEUVRE ET EN BILLON;
Le nom des Especes, leur loy, leur poids & leur valeur.

TABLE DE L'OR.

Pages.	*DATES DU MOIS.*	*PRIX DU MARC D'OR porté à la Monnoye.*	*NOMS DES ESPECES.*	*TAILLE ET POIDS des Especes au Marc.*	*VALEUR DES ESPECES.*
		13	55.		
4	Juin... 3.	49. Deniers d'Or fin à l'Aignel. — Crûe d'un Denier d'Or à l'Aignel.			
5	..18.	50. Deniers d'Or fin à l'Aignel. — Crûe d'un Denier d'Or fin à l'Aignel.			
7	Dec.. 30.	52. Deniers d'Or à l'Aignel.	Deniers d'Or fin à l'Aignel.	52.	20. s. P.
		13	56.		
90	Nov.. 25.	....	Denier d'Or fin à l'Aignel.	....	30. s. T.
96	Janv.. 25.	52. & demi Deniers d'Or fin. — Crûe d'un demi-Denier.			
06	Fevrier.......	....	Aignel...............	....	30. s.... Dans le Languedoc.
47	Mars.. 12.	....	Denier d'Or fin au Mouton.	....	30. s. T.
			Petits Den. d'Or fin à l'Aignel.	....	15. s.
53	..... 19.	....	Denier d'Or au Mouton.	....	20. s... A commencer du 1. d'Avril suivant. Il avoit cours auparavant pour 30. s. Pour le Languedoc seulement.
		13	57.		
96	Janv.. 23.	....	Denier d'Or fin à l'Aignel.	....	30. s.... V. p. 195. Note (n) col. 2.
			Petits Den. d'Or fin à l'Aignel.	....	15. s....
90	Fevr.. 18.	....	Aignel d'Or.........	....	34. s.
			Florin............	....	24. s.

TABLE DE L'OR.

Pages.	DATES DU MOIS.	PRIX DU MARC D'OR porté à la Monnoye.	NOMS DES ESPECES.	TAILLE ET POIDS des Especes au Marc.	VALEUR DES ESPECES.
		13	58.		
222.	May.. 14.		Mouton de fin Or: *Nommé aussi* Denier d'Or fin au Mouton.		24. ſ. P. *ou* 30. ſ. T. (*Voyez p. 342. Note b.*)
244. 245.	Aoust.. 22.		Florin à l'Escu: *Nommé aussi* Den. d'Or à l'Escu.		16. ſ. P. *ou* 20. ſ. T. (*Voyez p. 342. Note b.*)
244. 246.	22.	63. Deniers d'Or fin: *Nommez aussi* Royaux d'Or.	Deniers d'Or fin: *Nommez aussi* Royaux d'Or.	66.	25. ſ. T.
322.	Fevr.. 21.		Deniers d'Or fin à l'Aignel (Les Deniers d'Or à l'Escu, decriez, parce qu'il y en avoit beaucoup de faux ou de contrefaits. *V. l'Art. suiv.*)		30. ſ. T.
			Royaux d'Or fin: *Nommez aussi* Deniers Royaux d'Or fin.		25. ſ. T.
323.	22.		Deniers d'Or fin à l'Aignel. (*V. l'Article précédent.*)		30. ſ.
			Denier Royal d'Or fin: *Nommez aussi* Royaux d'Or fin.		25. ſ.
324.	25.		Deniers d'Or fin à l'Aignel.		30. ſ.
			Denier Royal d'Or fin.		25. ſ.
335.	Avril.. 15.	64. Royaux & demi.	Royaux d'Or fin. (semblables à ceux que l'on faiſoit alors.)	69.	
		13	59.		
349.	Juin... 3.		Royal d'Or fin		30. ſ.
351. (Cet Article ne regarde que la Monnoye de Tournay. *V. les Lettres.*)	(La date n'est pas marquée.)	63. Royaux *ou* 50. Moutons.	Deniers d'Or fin au Mouton.	52.	
	15.	64. Royaux.	Royaux d'Or fin.	66.	
367. (Cet Article ne regarde que la Monnoye de Tournay.)	Sept.. 10.	51. Den. d'Or fin à l'Aignel, *ou* 64. Royaux d'Or fin, & demi Royal.	Royaux d'Or fin.	66. (Marc de Paris.)	
			Denier d'Or fin à l'Aignel.	52. (Marc de Paris.)	
376. 377.	Nov.. 22.		Royaux d'Or fin.		40. ſ. T. *ou* 32. ſ. P.
384.	Janv.. 11.	4. Royaux, pour 5. Escus.			
401.	Mars.. 27.		Royaux d'Or fin.		32. ſ. P. (Voyez [illegible] *marginal*)

Pages.	DATES DU MOIS.	PRIX DU MARC D'OR porté à la Monnoye.	NOMS DES ESPECES.	TAILLE ET POIDS des Especes au Marc.	VALEUR DES ESPECES.
		13	60.		
410.	May.. 28.		Denier Royal d'Or.		20. f. P.
418. { Cet Article ne regarde que la Monnoye de Tournay. }	Juin.. 18.	{ 65. Den. d'Or. }	{ Deniers Royaux d'Or fin. } { Semblables à ceux que l'on fabriquoit alors. }	69.	25. f. T.
424.	Aoust 30.		Den. d'Or fin		20. f. P. { Voyez p. 426. }
438. 440. 441. 456. 459. 483. 488. { Les Monnoyes d'Or n'étoient pas bien équipolées (dans une juste proportion) avec les Monnoyes d'Argent. V. p. 484. }	Dec.... 5.	{ 60. Deniers Francs. }	{ Bons Den. d'Or fin : *Nommez aussi* Francs d'Or fin. }	63. { Marc de Paris. }	{ 16. f. P. *ou* 20. f. T. }
			{ Royal d'Or fin : *Nommez aussi* Deniers d'Or fin au Royal. }		{ 13. f. 4. d. P. *ou* 16. f. 8. d. T. }
		13	61.		
484. 485. 506. 520. 529. 531.	Avril { 10. 14. }	60. l. T.	{ Francs d'Or fin. }		16. f. P.
			{ Grands Francs d'Or fin. } { Nouvelle Fabrication. }	42.	{ 24. f. P. *ou* 30. f. T. }
		13	63.		
625.			{ Bon Florin d'Or. } Vaut :		{ 12. Tourn. d'Argent. V. l'Ordon. du 20. d'Avril 1363. p. 625. XXXVII. }
628. { A la Monnoye de Tournay seulement. }	Avril.. 29.	{ 61. Francs d'Or. } { Crüe d'un Denier Franc d'Or fin. }			
639.	Juillet. 26.	{ 61. Francs d'Or. } { Crüe d'un Denier Franc d'Or fin. }			
693. *Art. 1. IV.*	{ Dans des Instructions sur les Monnoyes, qui ne sont pas datées, on lit, que toutes les Monnoyes d'Or sont décriées ; excepté le Denier d'Or à l'Escu, qui est fixé à 12. sols P. Le peuple le mit cependant dans le commerce pour 16. f. P. & le Roy luy donna ce prix par une Ordonnance.				

TABLE DE L'ARGENT.

Pages.	DATES DU MOIS.	PRIX DU MARC D'ARGENT porté à la Monnoye.	LOY DU MARC D'ARGENT porté à la Monnoye.	NOMS DES ESPECES.	LOY DES ESPECES.	TAILLE ET POIDS des Especes au Marc.	VALEUR DES ESPECES.	PIED DE LA MONNOYE.	PRIX DU MARC D'ARGENT MONNOYÉ.
		* 1355.					1355.		
1.	May.... 15.	6. l. 10. s. T. 6. l. 4. s. T.	3. den. .... & au-dessus. Au-dessous de 3. den.						
2.	.... 22.	6. l. 10. s. T. 6. l. 4. s. T.	3. den. .... & au-dessus. Au-dessous de 3. den.	Deniers blancs à la Couronne. Petits Deniers Tournois.	2. den. 12. grains. 1. d. 12. gr.	120. 120.	5. d. T.	48. 48.	4. l. 10. s. ... * CA.
5.	Juin.... 5.	6. l. 10. s. T.	2. den. 12. gr.						
	.... 18.	7. l. 10. s. T. 7. l. 4. s. T.	2. den. 12. gr. & au-dessus. Au-dessous de 2. den. 12. gr.						
6.	Juillet.... 13.	10. l. T. 9. l. 8. s. T.	3. den. 9. gr. Au-dessous de 3. den. 9. gr.	Gros Den. blancs à la Couronne. Doubles Parisis.	3. d. 9. gr. 1. d. 12. gr.	72. 102.	12. d. P. 2. d. P.		5. l. 12. s. ... CA. 5. l. 17. s. ... CA.
9.	Aoust.... 17.	10. l. T. 9. l. 8. s. T.	3. den. .... & au-dessus. Au-dessous de 3. den.	Gros Den. blancs à la Couronne.	3. d.	72.	12. d.	72.	5. l. 14. s. ... CA.
	.... 20.	11. l. T. 10. l. 8. s. T.	3. den. .... & au-dessus. Au-dessous de 3. den.						
16.	Septemb. 27.	12. l. 10. s. T. 11. l. 18. s. T.	3. den. .... & au-dessus. Au-dessous de 3. den.	Gros Den. blancs à la Couronne.	3. d.	80.		80.	5. l. .... CA.
17.	Octobre.. 19.	14. l. T. 13. l. 8. s. T.	3. den. .... & au-dessus. Au-dessous de 3. den.						
18.	.... 27.	16. l. T. 15. l. 8. s. T.	3. den. .... & au-dessus. Au-dessous de 3. den.	Gros Deniers blancs à l'aigle.	3. d.	100.		100.	6. l. 5. s. ... CA.
	Novemb.. 9.			Gros Deniers blancs à la ...	2. d. & obole.	100.			
19.	Decemb. 14.	18. l. T. 17. l. 8. s. T.	2. den. 12. gr. & au-dessus. Au-dessous de 2. den. 12. gr.						
37.	.... 30.	5. l. 5. s. T. 4. l. 15. s. T. 4. l. 12. s. T.	8. den. 2. den. 18. gr. Au-dessous de 2. den. 18. gr.	Deniers blancs. Deniers doubles Tournois. Petits Deniers Parisis. Petits Deniers Tournois. Petites Mailles Tournois.	5. d. 2. d. 18. gr. 2. d. 7. gr. 2. d. 1. d. 12. gr.	96. 165. 220. 240. 360.	10. d. T. 2. d. T. 1. d. P. 1. d. T. 1. maille T.	24.	4. l. .... CA. 1. l. 7. s. 6. d. 18. s. 4. d. 1. l. 15. s.
49.	Janvier.. 16.	5. l. 5. s. T. ... 5. s. T.	4. den. Au-dessous de 4. den.	Gros Deniers blancs.	4. d.	60.	8. d. T.	24.	2. l. .... CA.
		1356.					1356.		
71.	Juillet... 26.	6. l. 10. s. T. 6. l. 6. s. T. 5. l. 15. s. T.	3. den. 1. den. 18. gr. Argent blanc en Vaisselle, & tout hors du Royaume.	Gros Deniers blancs.	3. d.	75.	8. d. T.	40.	10. l. .... TE.
73.	Aoust.... 3.	6. l. 10. s. T. 6. l. 6. s. T. 6. l. 15. s. T.	La Loi est laissée à la disposition des Generaux-Maistres. De tout argent allayé au-dessous de la Monnoye blanche. Argent blanc en Vaisselle, ou tout hors du Royaume.	*Apparemment*, Deniers blancs.	A la volonté des Generaux-Maistres.	72.	8. d. T.	48.	12. l. .... TE.

* Dans le *quatrième Volume des Ordonnances, p. 162.* il y a un Mandement du 20. de Mars 1354. qui porte qu'on donnera à la Monnoye, 106. sols T. du Marc d'Argent allayé à 2. den. 12. grains, en donnant 20. s. T. de ... & que l'on donnera 104. s. T. de tout autre Marc d'Argent allayé à 1. den. 9. gr. en donnant 12. s. T. de ...

* On peut voir dans la Preface, *p. CXIII. N.° XXVI.* l'explication de ces deux lettres *CA*, & des deux lettres *TE*, qui se trouvent plus bas; & en general, l'explication de toute l'œconomie de cette Table.

Pages.	DATES DU MOIS.	PRIX DU MARC D'ARGENT payé à la Monnoye.	LOY DU MARC D'ARGENT payé à la Monnoye.	NOMS DES ESPECES.	LOY DES ESPECES.	TAILLE ET POIDS DES ESPECES au Marc.	VALEUR DES ESPECES.	PIED DE LA MONNOYE.	PRIX DU MARC D'ARGENT MONNOYE.
		1356.					1356.		
83.	Aoust... 30	7. l. T. 7. l. 12. f. T.	3. d. 11. d. ou environ.						
84.	Septembre 13	Comme auparavant		Gros Deniers blancs	3. d.	112. & demie	8. d. T.	60	3. l. 15. f. ... CA.
86.	Octobre.. 22	8. l. 10. f. T. 8. l. 17. f. T.	3. d. 12. d. ou environ.						
87.	Novemb. 23	7. l. 8. f. T. 7. l. T.	4. d. & au dessus. Au-dessous de 4. d.	Gros Deniers blancs. Doubles Tournois.	3. d. 1. d. 6. gr.	80 200	12. d. T. 2. d. P.	48	12. l. T. ... CA.
88.	... 23. { Pour le Languedoc }	7. l. 8. f. T. 7. l. T.	6. d. & au dessus. 3. d. & au dessous.	Gros Tournois d'Argent. Doubles Tournois noirs. Petits Deniers Tournois.	6. d. 2. d. 14. gr. 1. d. 12. gr.	80 200 280	12. d.	32	4. l. ... CA.
90.	... 23			Den. blancs. Gros Deniers blancs. Doubles Tournois.			3. d. T. au lieu de 8. 12. d. T. 2. d. T.		
95.	Janvier.. 23.			Deniers blancs.	3. d.	112. & demie		60	3. l. 15. f. ... CA.
106. 110.	Fevrier... { Pour le Languedoc }	7. l. 8. f. T. 7. l.	Au blanc. Au noir.	Gros Deniers, ou Gros Tournois d'Argent. Doubles Tournois, ou Doubles noirs. Petits Tournois.	6. d. 2. d. 12. gr. 1. d. 18. gr.	80 200 280	12. d. T. 2. d. T. 1. d. T.	32	4. l. ... CA.
148.	Mars... 12			Deniers blancs à la Couronne. Petits Deniers Parisis. Petits Deniers Tournois. Deniers blancs.			10. d. T. 1. d. P. 1. d. T. 1. d. T.		
153.	... { Pour le Languedoc }			Denier gros d'Argent de 16 d. à la Couronne. Petit Denier d'Argent de la ... à la Couronne. Denier double { double, } appellé Bourgeois-fort.			16. d. T. 8. d. T. 1. P.		
		1357.					1357.		
194.	Janvier.. 22	8. l. 10. f. T. 8. l. 4. f. T.	4. d. & au dessus. 4. d. & au-dessous.	Gros Deniers blancs à la Fleur de Lys. Doubles Tournois. Tournois petits.	4. d.	60	12. d. P.	45	11. l. 5. f. ... TE.
196. 200.	... 12			Deniers blancs. Petits Parisis. Petits Tournois.			10. d. T. 7. d. P. 7. d. T.		
199. 207.	Fevrier... 7	8. l. 10. f. T. 8. l. 4. f. T.		Deniers doubles Tournois.	1. d. 16. gr.	187. & demie		45	
		1358.					1358.		
218.	May.... 7	10. l. T. 9. l. 10. f. T.	3. d. 8. grains & au-dessus. Au-dessous de 3. d. 8. grains.	Gros Deniers blancs à la Fleur-de-Lis. Den. doubles Tournois.	3. d. 8. gr.	60		54	13. l. 10. f. ... TE.

Pages.	DATES DU MOIS.	PRIX DU MARC D'ARGENT porté à la Monnoye.	LOY DU MARC D'ARGENT porté à la Monnoye.	NOMS DES ESPECES.	LOY DES ESPECES.	TAILLE ET POIDS DES ESPECES au Marc.	VALEUR DES ESPECES.	PIED DE LA MONNOYE.	PRIX DU MARC D'ARGENT MONNOYÉ.
		1358.					1358.		
243.	Aoust ... 5	14. l. T. 13. l. 10. s. T.	3. d. & au-dessus Au-dessous de 3. d.	Gros Deniers blancs à la Fleur-de-Lys [illegible] Den. doubles Tournois [illegible]	3. d.	80	12. d. P. ... V. p. 245.	80	10. l. T. ... T.E. [illegible]
244. 251.	22	6. l. 15. s. T. 6. l. 10. s. T.	4. d. & au-dessus Au-dessous de 4. d.	Gros Den. blancs à la Couronne Doubles Tournois Tournois petits Petits Parisis	4. d. 2. d. 8. gr. 1. d. 12. gr. 1. d. 18 gr.	53. & un tiers 180. 240. 224. [illegible]	12. d.	32 [illegible]	8. l. T. ... T.E. [illegible]
245.	22			Gros Deniers blancs Bourgeois Deniers blancs à la Couronne Doubles Tournois Petits Den. Tourn. & Parisis			6. d. T. 12. d. T. 2. d. T. 1. d.		
252.	Septemb. 5			[illegible]				80.	
266.	Octobre 30	7. l. T.	Tant en blanc comme en noir.	Gros Den. blancs à la Couronne Doubles Tournois [illegible]	5. d.	75		45	11. l. 5. s. ... T.E. [illegible] par reduction
301.	Novemb. 16	[illegible]	Blanc comme noir	Gros Deniers blancs à la Couronne [illegible]	3. d.			60 ... Nor (a)	[illegible] 13. s. ... C.A.
302.	28	8. l. 12. s. 8. l. 10. s. [illegible]	5 den. & au-dessus Au-dessous de 5. den.						
306. 307.	Decemb. 9. & 22	9. l. 10. s. [illegible]	5. den.						
308.	Janvier 10			Petits Parisis [illegible]			5. Mailles P.		
312.	Fevrier 21			Deniers blancs Doubles Tournois Petits Parisis Deniers Tournois			6. d. T. 2. d. T. 1. d.		
323.	22	7. l. T.	Blanc comme noir	Deniers blancs à la Couronne Doubles Tournois Petits Parisis	3. d. 1. d. 12 gr. 1. d. 7. gr. & le tiers	90 165 200	6. d. T. 2. d. 1. d. P.	36	9. l. T. ... T.E. [illegible]
324.	23	7. l. T.	Blanc comme noir	Deniers blancs Deniers doubles Tournois Petits Deniers Tournois Petits Deniers Parisis	3. d. 1. d. 18 gr. 1. d. 6. gr. 1. d. 6. gr.	160 175 250 200	6. d.	40	10. l. T. ... T.E. [illegible]
334.	Avril 10 {Avant Pasques}	7. l. 10. s. T. [illegible]	Blanc comme noir.						

Pages.	DATES DU MOIS.	PRIX DU MARC D'ARGENT porté à la Monnoye.	LOY DU MARC D'ARGENT porté à la Monnoye.	NOMS DES ESPECES.	LOY DES ESPECES.	TAILLE ET POIDS des Especes au Marc.	VALEUR DES ESPECES.	PIED DE LA MONNOYE.	PRIX DU MARC D'ARGENT MONNOYÉ.
				1358.					
333.	Aoust....15	9. l. 10. f. T.	Blanc comme noir	Blancs-Deniers à la Couronne {[illegible]} Doubles Tournois	3 d. 1 d. 12. gr.	120. 180.	6. d.	48	3. l. .... C.A.
341.	....28. {Avant Pasques}	9. l. T.	Tant blanc comme noir	Blancs-Deniers à la Couronne. {[illegible]}	3. d.	150.		60	3. l. 15. f. ..... C.A.
				1359.					
343.	May....6	9. l. T.	Tant blanc comme noir	Blancs-Deniers à la Couronne. {[illegible]}	2. d. 12. gr.	150.			
344.	23	11. l. 10. f. {[illegible]}	Blanc comme noir	Deniers blancs. {[illegible]}	3 d. 2. d. 12. gr.	72 150	15. d. T.	72 72.	4. l. 10. f. ... C.A.
349.	Juin....21	9. l. T.	Blanc comme noir	Blancs Deniers Double Tournois {[illegible]} Blancs-Deniers ancient	3. d. 12. gr.	70	15 d. T. 4 d. T.	60	15. l. T. ...... J.L.
350.	7	9. l. T.	Blanc comme noir	Blancs-Deniers	3. d.	70	15. d. T.		
352.	Juillet....8	9. l. T.		Gros Deniers blancs aux Fleurs-de-Lys. {[illegible]}	4. d. 13. gr.				
353.	8	12. l. T. {A Troyes & Saint Pol.}	2. den. 15. gr.						
356.	23	12. l. T. {[illegible]}							
357.	17			{[illegible]}				96.	
367.	Septemb. 7	15. l. T. {[illegible]} 6. Escus & 1. quart d'Escu. {[illegible]}	Blanc comme noir	Blancs-Deniers à trois Fleurs-de-Lys. {[illegible]}	2. d. 6. gr.	90.		120.... Note (a).	
368.	Octobre....2	7. Escus d'Or ou leur valeur, & au dessous.	Blanc comme noir	Blancs-Deniers à trois Fleurs-de-Lys. {[illegible]}	1. d. 6. gr.	112. & demie.			
369.	18	7. Escus ou leur valeur.		Blancs-Deniers à trois Fleurs-de-Lys {[illegible]}	1. d.	120.			
376. 377.	Novemb. 21	11. l. 10. f. T. 11. l. T.	4. den. & au-dessus. Au-dessous de 4. den.	Blancs-Deniers Gros Deniers blancs à l'Estoile. {[illegible]} Doubles Tournois. {[illegible]}	 4 d.	 48.	5. d. T. {[illegible] V. p. 277.} 2. f. 6. d. V. p. 277.		

Pages.	DATES DU MOIS.	PRIX DU MARC D'ARGENT porté à la Monnoye.	LOY DU MARC D'ARGENT porté à la Monnoye.	NOMS DES ESPECES.	LOY DES ESPECES.	TAILLE ET POIDS DES ESPECES au Marc.	VALEUR DES ESPECES.	PIED DE LA MONNOYE.	PRIX DU MARC D'ARGENT MONNOYÉ.
		1359.					1359.		
378.	Decemb. . 2			Gros Deniers blancs	3 d.	48.			
380. 383.	dernier.	[illegible]		Gros Deniers blancs à l'Estoille. [illegible] Deniers doubles Parisis	2 d. 12 gr. / 18 gr.	60. / 180.	2 s. P.	[illegible]	
384.	Janvier... 11.	6. Escus & 3. quarts; comptant 4. Royaux pour 5. Esc. [illegible]	Blanc comme neis.						
385. 394.	21. 29.			Gros Deniers blancs à l'Estoille. [illegible]	2 d.	72.	2 s. P.	216... Note (a).	
397.	Fevrier... 10.			Gros Deniers blancs à l'Estoille. [illegible]	2 d.	80.	2 s. 6 d. T.		
397.	22.	6. Royaux d'Or, ou leur valeur.		Den. doubles... Parisis noirs... [illegible]			2 d. P.		
398.	22.	7. Florins ... A Tournay.							
399.	22.			Blancs-Deniers à l'Estoille. [illegible]	2 d.	100.	2 s. 6 d. T.		
399.	28.			Blancs-Deniers à l'Estoille. [illegible]	2 d. 12 gr.	140.			
400.	Mars... 25.			Blancs-Deniers à l'Estoille. [illegible]	1 d. 12 gr.	125	2 s. 6 d. T.		
400.	... 27.	11. l. T. / 10. l. 15. s. T.	4. den. / Au-dessous de 4. den.	Blancs-Deniers à l'Estoille. Gros Deniers blancs. Deniers Pa. s. Petits Den. T. [illegible]	4 d. / 1 d. / 1 d.	64. / 192. / 230.	2 d. P. [illegible] / 12 d. P. ou T. / 1 d. P. / 1 d. T.	48. Note (c)...	4. l. ... Cd.
		1360.					1360.		
404.	Avril... 15.	11. l. T. / 10. l. 15. s. T.	3 den. / Au-dessous de 3. den.	Gros Deniers blancs. Petits Deniers Parisis. Petits Deniers Tournois. [illegible]	3 d. / 12 gr. / 18 gr.	64. / 192. / 240.	12 d. P. ... [illegible]	64. Note (b)...	4. l. ... Cd.
406.	May ... premier.	11. l. T.	A quelque loy que ce soit.						

Pages.	DATES DU MOIS.	PRIX DU MARC D'ARGENT payé à la Monnoye.	LOY DU MARC D'ARGENT payé à la Monnoye.	NOMS DES ESPECES.	LOY DES ESPECES.	TAILLE ET POIDS DES ESPECES au Marc.	VALEUR DES ESPECES.	PIED DE LA MONNOYE.	PRIX DU MARC D'ARGENT MONNOYÉ.
		1360.					1360.		
407.	May..... 2...........	Comme auparavant........	....	Gros Deniers blancs. {[illegible]}	1.d. 12. gr.				
409.	........16........	Comme auparavant........	....	Blancs-Deniers... {[illegible]}	2.d..............	64............	12.d.P.............	....	4.l.........CA.
409.	........18..........	7.l. T..........	En tout Marc d'Argent...	Blancs-Deniers. {[illegible]} Petits Parisis noirs. Petits Deniers Tournois.	2.d............. 1.d............. 1.d.............	64........... 192........... 240...........	6.d.P............. 1.d.P. 1.d.T.	48.... Note (a).	
419.	Juin.... 27...........	9.l. T..........	Blanc comme noir......	Deniers blancs... {[illegible]}	[illegible].d.............	80...........	6.d.P... {[illegible]}...	60.... Note (a).	
419. 421. 424.	Juin.... 27. Juillet... 21. ....27.	9.l. T..........	Blanc comme noir......	Blancs-Deniers... {[illegible]}	1.d. 12.gr........	80...........	6.d.P..........	80.... Note (a).	
422.	........30...........	10.l. 10.f.T. el Poitiers.							
423.	Aoust....6...........	14.l. [illegible] T..........	....	Blancs-Deniers... {[illegible]}	1.d. 12.gr........	100..........	6.d.P.............	100.... Note (a).	
424. 426.	........30..........	7.l. T.......... 6.l. 10.f.T..........	4.d. .... Au-dessous de 4.d........	Blancs-Deniers.......... Bons gros Deniers d'Argent. {[illegible]}	.... 4.d..............	.... 66...........	1.d.P. 8.d.P. ou 10.d.T....	[illegible] ... Note (a)...	8.l. 5.f. ....T.E. {[illegible] par reduction.}
430. 431.	Octobre.. 15. Novemb. 2.	7.l. T..........	....	Deniers blancs à la Couronne. {[illegible]}	1.d. ob. ou 12.gr. {[illegible]}				
433.	........7........	8.l. T..........	2.den. 12 gr.	....	....	....	....	24.... Note (a).	
438. 440. 441. 439. 463.	Decemb...5...........	5.l. 8.f.T.......... 4.l. 18.f.T..........	4.den. 12.gr.......... 3.den.......... 1.den. 18.gr..........	Doubles blancs à la Fleur-de-lys. {[illegible]} Parisis petits. {[illegible]} Tourn. petits Deniers blancs à la Couronne {[illegible]}	4.d. 12.gr....... 1.d.......... 1.d. 8 gr.......	54........... 150.......... 210..........	8.d.P. ou 10.d.T. 1.d.P. 1.d.T. 4.d.T.		
439. 461.	Fevrier.. 16. Mars.... 24.	4.l. 12.f.T..........	2.den. & 1.den. 18.gr.						

Pages.	DATES DU MOIS.	PRIX DU MARC D'ARGENT porté à la Monnoye.	LOY DU MARC D'ARGENT porté à la Monnoye.	NOMS DES ESPECES.	LOY DES ESPECES.	TAILLE ET POIDS des Especes au Marc.	VALEUR DES ESPECES.	PIED DE LA MONNOYE.	PRIX DU MARC D'ARGENT MONNOYÉ.
			1361.				1361.		
494. 485. 506. 510. 528. 529. 531.	Avril... 12. ... 14.	5. l. T. ... 4. l. 5. s. T.	12. d. T. ... 2. den. 12. gr. & au-dessus.	Blancs Deniers aux fleurs-de-Lys {[illegible]}	...	...	8. d. T.	...	5. l. 5. s. T... TE. {[illegible]}
				Petits Blancs... {[illegible]}	...	...	3. d. T.		
				Denier Parisis {[illegible]}	...	...	1. d. T.		
				Petit Denier Tournois {[illegible]}	...	...	1. maille P. {1. Obole P. [illegible]}		
				Autres petits Parisis & petits Tournois {[illegible]}					
				Petits Parisis...	...	...	1. maille P.		
				Petits Tournois...	...	...	1. maille T.		
				Bons gros Tournois d'Argent {[illegible]}	12. d.	84...	12. d. P.		
				Demi-gros Tournois d'Argent fin {...}	12. d.	168...	6. d. P.		
				Petit Denier Parisis {...}	2. d.	168...	1. d. P.		
				Bons doubles Tournois {...}	2. d. 12. gr.	140...	2. d. T.		
528.	Octobre.. 19.	4. l. 5. s. ...	2. den.	Petits Deniers Tournois ...	2. d.	210...	1. d. T.		
529. [illegible]	Novemb. 3.	...	...	{[illegible]}	...	...	6. d. T.		
				{[illegible]}	...	...	6. d. T.		
			1363.				1363.		
638.	May ... 16.	4. l. 5. s. T.	2. den. ... & au-dessus.	{Continuation de la fabrication des petits Deniers Parisis.					

TABLE DES NOMS

des Provinces, Villes & autres lieux, dont il est parlé dans la Preface de ce Volume.

TABLE DES NOMS DES PERSONNES, &

TABLE DES NOMS

Des Personnes, dont il est parlé dans la Preface de ce Volume.

ORDONNANCES
DES ROIS DE FRANCE
DE LA TROISIÉME RACE.

JEAN PREMIER, ET SELON D'AUTRES, JEAN SECOND.

JEAN I.er & selon d'autres, Jean II. à Paris le 19. de May 1355.

(a) *Lettres portant augmentation du prix du Marc d'Argent.*

JEHAN par la grace de Dieu, Roy de France, à noz amez & feaulx les Generaulx Maiſtres de nos Monnoyes, Salut & dileccion. Nous, pour certaine cauſe, vous mandons, & à chaſcun de vous, que tantoſt & ſans aucun delay, ces Lettres veuës, vous, & chaſcun de vous, faciez donner par toutes & chaſcunes noz Monnoyes, à tous Changeurs & Marchands frequentans icelles, de chacun *Marc d'Argent* qu'ilz apporteront en noſdites Monnoyes, *allaié à trois deniers de loy, Argent dit-le-Roy, & au-deſſus, vingt-quatre ſolz tournoys de creue,* oultre le pris que nous y faiſons donner à preſent : c'eſt aſſavoir qu'il auront pour chaſcun *marc, ſix livres dix ſolz tournois,* & de tout autre *marc d'Argent allaié au-deſſoulz d'iceulx trois deniers de loy, vingt ſols tournois de creue,* oultre le pris de preſent : ainſi auront pour iceluy *marc d'Argent, ſix livres quatre ſolz tournoys :* Et faictes ſi dilligemment, & en telle maniere vous & chaſcun de vous, que il n'y ait deffault, & que noſdites Monnoyes, ou aucunes d'icelles ne puiſſent cheoir en chomage. De ce faire à vous, & à chaſcun de vous donnons povoir, auctorité & mandement eſpecial par la teneur de ces preſentes. *Donné à Paris, le dix-neufviéme jour de May, l'an mil trois cens cinquante & cinq. Ainſi ſigné. Par le Roy.* YVO.

NOTES.

(a) Ces Lettres ſont au Regiſtre C. de la Cour des Monnoyes de Paris, page huit vingt & treize, *recto.*

JEAN I.er & ſelon d'autres, Jean II. à Paris le 22. de May 1355.

(a) *Mandement du Roy pour faire ouvrer une* Monnoye Quarante-huictieme, en Deniers Blancs à la Couronne, & en petits Deniers Tournois.

JEHAN par la grace de Dieu, Roy de France, à noz amez & feaux les Generaux Maiſtres de noz Monnoyes, Salut & dileccion. Nous, par très grant & bonne deliberation de noſtre Conſeil, eu conſideration à ce que nous povons avoir à faire à preſent & pour le tems advenir, tant pour le fait de noz guerres, comme pour la ſuſtantation & deffenſe de noſtre Royaume, & de tout le commun peuple

NOTES.

(a) Ce Mandement eſt au Regiſtre C. de la Cour des Monnoyes de Paris, page 174. *verſo.*

JEAN I.er & selon d'autres, Jean II. à Paris le 22. de May 1355.

d'icelluy, au prouffit de Nous & de nostredit peuple, avons ordonné & ordonnons par ces presentes estre fait par toutes noz Monnoyes, *Monnoye (b) quarante-huitiéme*, en faisant ouvrer & monnoyer *Deniers Blancs à la Couronne*, sur les Coings & telz & semblables, comme Nous avons fait faire, & faisons à present: & aussi *petits Deniers tournoys* sur ledit pié *de Monnoye quarante-huitiéme*, de tel prix & loy comme l'on vous baillera. Si vous mandons, & à chascun de vous enjoignons estroictement, que tantost [a], & sans delay, ces Lettres veües, par toutes & chascunes noz Monnoyes, vous fairez müer le pié de nosdictes Monnoyes blanches & noires, en faisant ouvrer & monnoyer sur ledit pié de Monnoye *quarante-huitieme*, comme dit est: C'est assavoir *Deniers Blans à la Couronne*, qui auront cours pour *cinq deniers tournois* la piece, [b] *& deux deniers douze grains de loy d'Argent* nommé Argent-le-Roy, & *de dix sols (c) de poix* au Marc de Paris: Et *les petits Deniers tournois* de tel prix & loy comme dit est, & telz comme bon vous semblera estre fait selon ledit pié, en donnant aux Ouvriers & Monnoyers tel salaire & creüe d'ouvrage & Monnoyage, comme vous verrez qu'il appartiendra estre fait: Et en faisant donner à tous Changeurs & Marchans frequentans nosdites Monnoyes, les pris en tous marcs d'Argent, comme Nous y donnons à present: C'est assavoir *en tout marc d'Argent allaié à trois deniers de loy & au-dessus, six livres dix solz (d) tournois;* & en *tout autre marc d'Argent allaié au-dessoubz d'iceulx trois deniers de loy, six livres quatre solz tournois:* Et toutes les choses dessus-dites, & chascunes d'icelles faites si dilligemment & en telle maniere que il n'y ait deffault. De ycelles faire à vous & à chascun de vous, donnons povoir, auctorité & mandement especial par la teneur de ces presentes. *Donné à Paris, le vingt-deuxiéme jour de May, l'an de grace mil trois cens cinquante-cinq. Ainsi signé. Par le Roy.* YVO.

[a] aussitost.

[b] à.

NOTES.

(b) Quarante-huitiéme.] Voy. La Preface §. *Monnoye*, sur la Monnoye nommée 18.e 20.e 48.e

(c) De poix.] C'est-à-dire, qu'il y aura 120. Pieces de Monnoye au Marc. Voy. la Preface au §. *Monnoye*.

(d) Tournois.] Cela fut changé par le Mandement du 3. de Juin suivant. Voy.

JEAN I.er & selon d'autres, Jean II. à la Noble Maison, près S.t Denis, en May 1355.

(a) Ordonnance par laquelle le Roy confirme une seconde fois celle de Philippe le Bel du 23. de Mars 1302. pour la reformation du Royaume.

JOHANNES Dei gratiâ, Francorum Rex. Dum nuper regnum nostrum, &c. Datum in Domo Nobili prope S. Dionysium in Francia, anno Domini millesimo trecentesimo quinquagesimo-quinto, mense Maii. Per Regem, in Consilio. ROUGEMONT.

Collatio facta est de verbo ad verbum, cum aliis eodem modo factis & sigillatis, datâ excepta, & sic signatis: Per Regem, in suo Consilio. MATH. ROUGEMONT.

Et sciendum est quod dilecto & fideli Archiepiscopo Rothomagensi Cancellario nostro, ad hoc ex parte nostrâ destinato, in Parlamento nostro, presentibus multis aliis Prelatis, Baronibus, Presidentibusque, & aliis gentibus ipsius Parlamenti Consiliariis nostris, & omnibus aliis qui interesse voluerunt, littere suprascripte in cerâ viridi, & filis cericis, sigillo nostro sigillate, lecte & publicate fuerunt solemniter, cum precepto speciali ibidem publice ex parte nostrâ facto, quod ab omnibus quorum interest & interesse poterit, perpetuo & inviolabiliter observentur. Parisius, in dicto Parlamento nostro,

NOTES.

(a) Cette Ordonnance est tirée du Registre A. du Parlement, fol. 45. C'est precisément la mesme, à l'exception de la date, que celle que le mesme Roy Jean donna au mois d'Octobre 1351, & qui est imprimée dans le second volume de ce Recüeil, p. 450.

quinta die Januarii, anno Domini millesimo trecentesimo quinquagesimo-quinto.

Facta est collatio cum Litteris originalibus Regis Iohannis suprascriptis, signatis sic: Per Regem, in Consilio. ROUGEMONT.

(a) Reglement pour l'Election des Eschevins de la Ville de Lille.

JEAN I.er & selon d'autres, Jean II. à Doüay, en May 1355.

JOHANNES Dei gratiâ, Francorum Rex. Notum facimus universis presentibus & futuris, Nos litteras carissimi Domini & genitoris nostri vidisse, tenorem qui sequitur, continentes :

Philippes VI. dit de Valois, au Bois de Vincennes, le 4. de Fevrier 1346.

PHILIPPES par le grace de Diu [a], Roys de France, à tous chiux qui chés presentes Lettres verront, Salut : Nos amés les Echevins de nostre Ville de Lille, ou non [b] & pour ladite Ville, nos ont signifies & monstré qu'ils ont toûjours acoutumé d'an en an, à envoyer une personne par deviers Nous, pour empetrer un Commissare, lequel face Eschevins le jour de le Toussains, en ladite Ville, & par ciertaines Lettres, lesqueles communement Nous envoions à nostre souverain Baillu de Lille, ou à aucun autre nostre Officier, lequel se ordonne & enquiert lesquels sont les plus souffisans à exercer l'Office & Esquevinage, nientmains aucuns autres, apriès che que lesdits Eschevins ont envoié deviers Nous empetrer lesdites Lettres, & que Nous ou nostre Court les avons octroiés au Procureur ou Messagé desdits Supplians, se sont efforchiés & efforchent d'empetrer autres Lettres de Nous, ou de nostre Court, pour faire lesdits Eschevins, qui sont en [c] daraine *(b)* date, dont plusieurs peril & inconveniens s'en poroient ensuivir, si comme il dient; si Nos ont supplié que sur che [d] leur voellons pourveoir de remede. Pourquoy Nous, eu regard & consideration aux choses dessusdites, avons volu & ordené, volons & ordenons que dores-en-avant, nuls, apriès che que lesdis Eschevins aront empetré par eus ou leur Procureur, Commissaire de Nous ou de nostre Court, pour faire & créer lesdis Eschevins au jour accoutumé, ne s'efforce d'empetrer autres Lettres pour les faire & créer; se il les impetroient, Nous volons qu'elles soient de nul effet, & les amullons du tout par chés presentes : Et vollons y estre valables les Lettres impetrées par le Procureur desdits Eschevins, & que celuy que Nous y avons commis par nosdites Lettres, accomplisse nos Lettres, & non autre : laquelle chose Nous avons otroyé asdis suplians de grace special. En tiesmoignage de laquelle chose, Nous avons fait mettre nostre Scel à ces presentes Lettres. *Donné au Bois de Vichaines [e], le quatriéme jour de Fevrier, l'an de grace mil trois cens quarante-six.*

a *Dieu.*
b *au nom.*
c *derniere.*
d *ce.*
e Vincennes.

Verum quia contenta in Litteris prescriptis, ut in eisdem continentur, volumus de cetero perpetuis temporibus ab omnibus inviolabiliter observari, idcirco Nos, ad supplicationem dilectorum nostrorum Scabinorum dictæ ville Insulensis, Nobis nomine ejusdem factam, ipsas litteras, ac omnia & singula in eisdem contenta, rata & grata habentes, ea volumus, approbamus, ratificamus, & de nostris speciali gratiâ & nostre regie potestatis plenitudine, tenore presentium confiermamus [f] : superiori Baillivo Insule, ceterisque Justiciariis & Officiariis regni nostri presentibus & futuris, vel eorum loca tenentium [g], & cuilibet eorundem, ut ad eum pertinuerit, dantes presentibus in mandatis, quatinus predictas Litteras, juxta earum continentiam, seriem & tenorem, nunc & in perpetuum observent, & faciant ab omnibus inviolabiliter observari, & dictos Scabinos contra

f confirmamus.
g *Corr.* loca tenentibus.

NOTES.

(a) Extrait du Registre aux Titres de la Ville de Lille, nommé Roisin, reposant dans les archives de l'Hôtel de ladite Ville, du fol. 263. *verso.* Collationné par moy Conseiller du Roy, Procureur Syndic de la Ville de Lille. *B. Herreng.*

(b) En daraine date.] C'est-à-dire, que ces dernieres Lettres devoient, suivant les regles, estre executées preferablement aux premieres qui avoient esté impetrées.

tenorem dicte gratie & nostre presentis confiermationis, nullatenus de cetero molestent, turbentur[b], *vel impediant, aut molestari, turbari vel impediri faciant, aut permittant à quocunque, quomodo. Quod ut perpetue fiermitatis robur obtineat, presentibus Litteris fecimus apponi sigillum, nostro in aliis, & alieno in omnibus jure salvo.* Datum Duaci, anno Domini millesimo trecentesimo quinquagesimo-quinto, mense Maio.

[b] *Corr.* turbent.

JEAN I.er & selon d'autres, Jean II. à la Noble Maison, le 3. de Juin 1355.

(a) Lettres portant augmentation du prix de l'Or.

JEHAN par la grace de Dieu, Roy de France, à nos amez & feaulx les Generaulx Maîtres de noz Monnoyes, Salut & dileccion. Nous pour certaine cause, vous mandons, & chascun de vous enjoignons estroictement, que tantost & sans delay, ces Lettres veües, vous faciez donner par toutes & chascunes noz Monnoyes, esquelles Nous faisons ouvrer Deniers d'Or fin à l'Aignel, à tous Changeurs & Marchans, de chascun *Marc d'Or fin* qu'il apporteront en icelles, *ung Denier d'Or à l'Aignel de creüe,* outre le pris que Nous y faisons donner à present : C'est assavoir qu'ilz auront pour chascun *marc d'Or fin, quarente-neuf d'iceulx Deniers d'Or fin à l'Aignel.* Si faictes, & faictes faire ce que dit est si dilligemment & en telle maniere que il n'y ait deffault ; & à vous & à chascun de vous, de ce faire donnons povoir, & auctorité & mandement especial par la teneur de ces presentes. *Donné à la Noble Maison, le troisiéme jour de Juing, l'an de grace mil trois cens cinquante-cinq. Ainsi signé. Par le Roy.* YVO.

NOTES.

(a) Registre C. de la Monnoye de Paris, p. huit-vingt-seize, *verso.*

JEAN I.er & selon d'autres, Jean II. à la Noble Maison, le 3. de Juin 1355.

(a) Mandement du Roy pour faire donner durant le pied de la presente Monnoye quarante-huitiéme, six livres dix sols tournois, *de chaque Marc d'Argent allayé à deux deniers douze grains.*

JEHAN par la grace de Dieu, Roy de France, à noz amez & feaulx les Generaulx Maîtres de noz Monnoyes, Salut & dileccion. Comme vous ayant n'agueres mandé par noz Lettres ouvertes, que vous faires *(b)* faire & ouvrer de par Nous & en nostre nom, par toutes & chascunes noz Monnoyes, *Deniers Blancs à la Couronne, ayans cours pour cinq Deniers tournoys la piece, à deux deniers douze grains, & de dix solz de poix* au Marc de Paris, en donnant aux Changeurs & Marchans frequentans nosdites Monnoyes, de chascun *Marc d'Argent* qu'il apporteront en ycelles, *allaié à trois deniers de Loy, six livres dix sols tournois :* Et depuis Nous avons entendu & sommes pleinement enformez, que iceulx Changeurs & Marchans ne pevent pas bonnement allayer leurs Billons à ladite Loy de trois deniers, parquoy l'ouvraige de nosdites Monnoyes en peult & pourroit estre retardé grandement à nostre dommaige : Pourquoy Nous, afin que plus grand ouvraige soit fait en icelles, & que iceulx Changeurs puissent & doivent allayer leurs Billons plus aisément, Nous avons ordonné, & voullons, & vous mandons que de chascun Marc d'Argent que ilz ont apporté, & apporteront en nosdites Monnoyes, durant le pié

NOTES.

(a) Registre C. de la Cour des Monnoyes de Paris, p. 176. *verso.*

(b) Faire.] Voy. plus haut le Mandement du 22. de May 1355.

de cette Monnoye quarante-huitiéme, allayé à deux deniers douze grains, comme dit est, vous leur fairez donner *six livres dix solz tournoys* comme paravant : Et ne voulons que iceulx Changeurs & Marchans soient en aucune maniere contrains de payer cuyvre pour cause d'aucuns Billons, se il les ont apportez ou apportent plus hault que en ladite Loy de deux deniers tournoys, mais voullons qu'il soit prins sur Nous, & [a] quis à noz depens, ou cas où il en sera mestier. De ce faire à vous, & à chascun de vous, donnons povoir, auctorité & mandement especial, par la teneur de ces presentes. *Donné à la Noble Maison, le troisiéme jour de Juing, l'an de grace mil trois cens cinquante-cinq. Par le Roy.* YVO.

[a] *acquis.*

JEAN I.er & selon d'autres, Jean II. à la Noble Maison, le 18. de Juin 1355.

(a) Mandement pour faire donner de chaque Marc d'Or, un Denier d'Or à l'Aignel *de crüe, outre le prix courant, qui est de* quarante-neuf Deniers d'Or fin à l'Aignel.

JEHAN par la grace de Dieu, Roy de France, à noz amez & feaulx les Generaulx Maistres de noz Monnoyes, Salut & dilection. Nous, pour certaine cause, vous mandons, estroictement enjoignons que tantost & sans delay, ces Letres veües, vous fairez donner par toutes & chascunes noz Monnoyes, esquelles Nous faisons ouvrer *Deniers d'Or fin à l'Aignel,* à tous Changeurs & Marchans, *de chascun Marc d'Or fin* qu'ils apporteront en icelles, *ung Denier d'Or à l'Aignel de creue,* oultre le prix que Nous y faisons donner, lequel est de quarante-neuf Deniers d'Or fin à l'Aignel *(b).* Ce faictes vous & chascun de vous si dilligemment & en telle maniere, que il n'y ait deffault : Et à vous & à chascun de vous, donons povoir, auctorité & mandement especial par la teneur de ces presentes. *Donné à la Noble Maison, le dix-huitiéme jour de Juing, l'an de grace mil trois cens cinquante & cinq. Ainsi signé. Par le Roy.* YVO.

NOTES.

(a) Registre C. de la Cour des Monnoyes de Paris, page 179. *recto.*

(b) A l'Aignel.] Ce prix avoit esté fixé par le Mandement du 3. de Juin 1355.

JEAN I.er & selon d'autres, Jean II. à Paris le 1.er de Juillet 1355.

(a) Mandement qui fixe le prix du Marc d'Argent allayé à deux deniers douze grains de Loy, Argent-le-Roy, & au-dessus, à sept livres dix sols tournois, *& de l'allayé au-dessous,* à sept livres quatre sols Tournois.

JEHAN par la grace de Dieu, Roy de France, à noz amez & feaulx les Generaulx Maistres de noz Monnoyes, Salut & dilection. Nous, pour certaine cause, vous mandons, & estroictement enjoignons, & à chacun de vous, que tantost & sans delay, ces Lettres veües, vous fairez donner à tous Changeurs & Marchans frequentans nosdites Monnoyes, de chascun *Marc d'Argent,* tant blanc comme noir, qui sera apporté en ycelle, *vingt solz tournoys de creüe,* oultre le prix que Nous y faisons donner à *(b)* present : C'est assavoir qu'il auront de *chascun Marc d'Argent allaié à deux deniers douze grains de Loy, nommé Argent-le-Roy, & au-dessus, sept livres dix solz tournoys :* Et de tout autre *allayé au-dessoubz* d'iceulx *deux deniers douze grains de Loy, sept livres quatre solz tournoys.* Ce faictes si dilligemment

NOTES.

(a) Registre C. de la Cour des Monnoyes de Paris, page 180. *recto.*

(b) A present.] Suivant le Mandement du 3. de Juin 1355.

& par telle maniere, que par vous n'y ait deffault : Et de ce faire à vous & à chascun de vous, donons povoir, auctorité & Mandement especial par la teneur de ces presentes. *Donné à Paris, le premier jour de Juillet, l'an de grace mil trois cens cinquante & cinq. Ainsi signé. Par le Roy.* YVO.

JEAN I.er & selon d'autres, Jean II. à Paris, le 11. de Juillet 1355.

(a) Mandement pour faire fabriquer de gros Deniers Blancs à la Couronne, *qui auront cours pour* douze deniers Parisis, à trois deniers neuf grains de Loy, Argent-le-Roy, & de six sols *de poids au Marc de Paris, & des* Doubles Parisis, *qui auront cours pour* deux Deniers Parisis, à un Denier douze grains de Loy, & de seize sols de poids *au Marc de Paris, & qui fixe le prix de l'Argent.*

JEHAN par la grace de Dieu, Roy de France, à noz amez & feaulx les Generaulx Maistres de noz Monnoyes, Salut & dilection. Nous, par très grant & bonne deliberation de nostre Conseil, eu consideration à ce que Nous povons avoir à faire à present, & pour le temps advenir, tant pour le fait de noz guerres, & pour la sustentation de nostre Royaume, comme pour les très grans & inumerables mises[a] que il Nous convient faire, & souffrir pour le fait d'icelles, avons ordonné & ordonnons par ces presentes, & voulons que par toutes & chascunes nos Monnoyes, l'en face faire *gros Deniers Blancs à la Couronne,* qui auront cours pour *douze deniers parisis la piece,* & seront *à trois deniers neuf grains de Loy,* Argent dit le Roy, *& de six sols (b) de poix au Marc de Paris, & doubles Parisis,* qui auront cours pour *deux deniers Parisis* la piece, qui seront *à ung denier douze grains de Loy* dudit Argent-le-Roy, & de *seize solz (c) de pois* audit Marc. Si vous mandons & estroictement enjoignons à chascun de vous, que tantost & sans delay, toutes execusations cessans, ces Lettres veües, vous fairez faire & ouvrer par toutes & chascunes nosdictes Monnoyes, iceulx gros Deniers Blancs, & doubles Parisis dessusdits, de tel prix & Loy comme dit est dessus, & de tel Coing & façon, par la meilleur forme & maniere que vous verrez qu'il appartiendra estre fait, en donnant à tous Changeurs & Marchans frequentans nosdictes Monnoyes, de chascun *Marc d'Argent* qu'il apporteront en icelles, *allayé à trois deniers neuf grains,* comme dit est, *dix livres Tournois;* & de tout autre *Marc d'Argent allayé au dessoubz d'iceulx trois deniers neuf grains, neuf livres huit solz Tournoys.* Et voullons, & vous mandons par ces presentes, que aux Ouvriers & Monnoyers vous donniez & faciez donner tel sallaire pour ouvraige & Monnoiage, comme bon vous semblera. De toutes les choses dessus dictes & chascunes d'icelles faire, à vous & à chascun de vous, donnons povoir, auctorité & mandement especial par la teneur de ces presentes. Si gardez que en icelles faire & accomplir n'ait aucun deffault ou negligence. *Donné à Paris, le onziéme jour de Juillet, l'an de grace mil trois cens cinquante & cinq. Ainsi signé. Par le Roy, en son Conseil.* YVO.

[a] *dépenses.*

NOTES.

(*a*) Registre C. de la Cour des Monnoyes de Paris, page 181. *verso.*

(*b*) *Six sols.*] C'est-à-dire, qu'il y aura 72. pieces au Marc. Voy. Preface §. *Monnoye.*

(*c*) *Seize sols.*] C'est-à-dire, qu'il y aura 192. Pieces au Marc.

JEAN I.er & selon d'autres, Jean II. à S.t Oüyn, en Juillet 1355.

(a) Lettres par lesquelles le Roy ordonne de quelle maniere sera levée *l'Ayde* qui luy a esté accordée en Anjou & au Maine.

SOMMAIRES.

(1) On ne pourra à l'avenir lever une semblable ayde, que du consentement des trois Estats.

(2) Il y aura six Collecteurs de cette Ayde, qui seront nommez par les Evesques d'Angers & du Mans, par quatre Seigneurs, & deux Bourgeois, l'un du Mans, & l'autre d'Angers.

(3) Les Collecteurs seront tenus de rendre compte aux Evesques, Chevaliers, Barons, & Bourgeois, sans que le Roy, le Comte d'Anjou, ni la Chambre des Comptes de Paris, ou autres, puissent les contraindre à leur rendre compte.

(4) Cette Ayde sera employée à la garde du pays seulement, par le conseil & l'avis des Evesques, Barons, & Bourgeois, ou de deux d'entr'eux.

(5) On sçaura des Evesques d'Angers & du Mans, & mesme de l'Evesque de Chartres, dont le Diocese s'étend dans le Duché de Vendôme, combien il y a de Paroisses dans leurs Eveschez. (Voy. la note d.)

(6) La levée de cette Aide ne donnera aucun droit au Roy, contre les Prelats, Barons, & les peuples des deux Provinces.

(7) L'Ayde ne commencera à estre levée, que lorsque les Lettres confirmatives du Roy seront delivrées.

JEHAN par la grace de Dieu, Roy de France, sçavoir faisons, &c. que comme pour ayder à supporter les très grandes & innumerables *(b)* miseres & dépens qu'il convient faire pour causes des presentes guerres, nos bien aimez les Prelats, & autres gens d'Eglise, les Barons & les Nobles, Communes, & autres gens des Villes de tous les pays & contrées d'Anjou & du Maine des anciens ressorts & appartenances autres, ayant octroyé & accordé gracieusement *deux sols six deniers Tournois pour chacun feu*, à cüeillir & lever par trois mois continuellement enters & accomplis : c'est assavoir le present mois de Juillet, & les mois ensuite d'Aoust & de Septembre, en la maniere, & sous les modifications qui s'ensuivent.

Premierement. Qu'autrefois ayde semblable ne puisse estre levée esdits pays au temps à venir, si ce n'estoit par l'accord, & de l'assentement exprès desdits gens d'Eglise, desdits Nobles, desdites Communes.

(2) Item. Qu'à cüeillir & recevoir l'ayde present, six Receveurs ou Collecteurs seront éluz par nos amez & feaux les Evesques d'Anjou & du Mans, le Seigneur de Craon en son nom propre & privé, & non comme nostre Lieutenant, Pierre & Guillaume de Craon, & Briant Seigneur de Mont-Jehan Chevalier, & deux Bourgeois, l'un d'Angers, l'autre du Mans, ou par deux d'eux tous, qui s'en voudront entremettre.

(3) Item. Que lesdits Receveurs ou Collecteurs seront tenuz de rendre compte de leur recepte & mises, & de tout ce que fait auront, auxdits Evesques, Chevaliers, Bourgeois, ou à ceux qu'ils y deputeront, ou à yceux d'eux qui s'en voudront entremettre, comme dit est, sans ce que Nous, & le Comte d'Anjou, la Chambre de nos Comptes à Paris, ou autres quelconques, les puisse contraindre, ou faire contraindre à en compter, ne leur demander compte en aucun temps.

(4) Item. Que ladite Ayde sera distribuée & convertie par le conseil & avis desdits Evesques, Barons, & Bourgeois, ou d'yceux deux qui de ce voudront, comme dit est, en remettre *(c)* la garde & deffension desdits pays tant seulement,

NOTES.

(a) Cette Piece est imprimée dans le nouveau Tresor des Anecdotes des PP. Martenne, & Durand, tome 1. p. 1412. Elle a esté tirée d'un mss. de M. Menard de Tours. Le Texte paroist corrompu en plus d'un endroit.

(b) Miseres.] Il faut corriger *mises*, c'est-à-dire, *dépenses*. Voy. art. 3.

(c) En remettre.] Il y a apparemment là une faute, & je crois qu'il faut lire, *qui de ce voudront .... s'entremettre, à la garde, &c.* Voy. l'Art. 2.

JEAN I.er & selon d'autres, Jean II. à S.t Oüyn, en Juillet 1355.

sans ce qu'aucune chose en soit convertie ailleurs, & principalement que les Châteaux des frontieres en seront garnis, & le pays desdites frontieres en sera dessendu & gardé par la maniere que le Capitaine pour Nous audit pays *(d)*, par le conseil des dessus dits ordonnera, & verra que affaire sera : Et se il y a demeurant [a], il sera gardé & mis en depost, pour le tourner & convertir en ladite garde & defension semblablement.

[a] *du reste.*

(5) Item. L'on sçaura par lesdits Evesques d'Angers & du Mans, & par l'Evesque de Chartres, pour tant que l'Eveschê de Chartres s'étend en la Comté de Vendôme, & ailleurs, ès parties & appartenances dessusdites, & pour toutes les autres manieres & voyes que l'on pourra bonnement quantes paroisse *(e)*, si que ladite ayde puisse estre levée à nôtre profit, & au profit dudit pays.

(6) Item. Que pour la cause de l'octroy de ladite ayde, ne soit, ne [b] puisse estre acquis *(f)* ne à nos successeurs, aucun nouveau droit, en prejudice des Prelats, Gens d'Eglise, Barons, Nobles, Communes, ne autres dessus dis, & ne leur puisse porter prejudice au temps avenir.

[b] *ne ne.*

(7) Item. Ces presentes Lettres scellées de cire verte & en laz de soye leur soient delivrées, avant ce que ladite ayde soit commencée à lever & à recevoir.

Nous considerans lez octroy estre fait par lesdits Prelats, les Gens d'Eglise, Barons, Nobles, Communes, & autres de leur bonne volonté, & de grace, yceluy octroy avons agreable, & par deliberation de nostre Conseil, toutes les choses dessus dites, & chacune d'icelles de *(g)* certaines, sçavoir, avons octroyé & octroyons par la teneur de ces Lettres. Si mandons & commandons audit Capitaine qui ores est, & pour le temps sera par Nous esdits pays, au Senechal d'Anjou & du Maine, & tous nos autres Justiciers & Officiers presens & avenir, & à chacun d'eux, qu'ils les tiennent, gardent & accomplissent, facent tenir, garder & accomplir chacun en droit soy, sans contredit, sans aucun Mandement attendre, en la forme & maniere que cy-dessus est dit, & pour ce que se soit chose ferme, &c.

Donné à la Noble Maison de S.t Oüyn, auprès S.t Denys en France, l'an de grace mil trois cens cinquante-cinq, au mois de Juillet. Par le Roy, à la relation de son Conseil.

NOTES.

(d) Audit païs.] Il manque là le mot d'*envoyé*, ou autre semblable, où il faut lire comme il y a plus bas, au n. 7. *qui sera par Nous audit païs.*

(e) Quante Paroisse.] Il y a apparence qu'il manque là quelques mots, & qu'il faut lire, quantes Paroisses *il y a dans leurs Eveschez.* Ce qu'il estoit necessaire de sçavoir, afin qu'on pût repartir l'imposition avec proportion.

(f) Acquis.] Il manque apparemment là les mots, *à Nous.*

(g) Certaine, sçavoir.] Ce texte là paroît corrompu : peut-estre faut-il lire, *de certaine science.*

JEAN I.er & selon d'autres, Jean II. à la Noble Maison, le 17. d'Aoust 1355.

(a) Mandement pour faire ouvrer de gros Deniers blancs à la Couronne, *à trois deniers de Loy, Argent-le-Roy, & à* six sols *de poids au Marc de Paris, qui auront cours pour* douze deniers la piece, *sur le pied de Monnoye* soixante-douziéme, *& qui fixe le prix du Marc d'Argent.*

JEHAN par la grace de Dieu, Roy de France, à nos amez & feaulx les Generaulx Maistres de noz Monnoyes, Salut & dilection. Savoir vous faisons que Nous, pour les très grans & innumerables mises [a], qui de necessité, pour le temps present & advenir, tant pour le fait de noz guerres, comme pour la substantation

[a] *dépenses.*

NOTES.

(a) Registre C. de la Cour des Monnoyes de Paris, page 184. *verso.*

& dessense

& deffense de nôtre Royaume, Nous convient faire & soustenir, par très grant & bonne deliberation de nôtre Conseil, eu consideration aux choses dessus-dictes, avons ordonné & ordonnons par ces presentes, & Nous plaist, & voullons que par toutes & chascunes noz Monnoyes, l'en face faire & ouvrer sans delay, *gros Deniers Blans à la Couronne, à trois deniers de Loy,* Argent dit-le-Roy, *& de six sols (b) de pois au Marc de Paris,* semblables en poix, Coing, & façon à ceux que Nous faisons faire à present, & qui semblablement auront cours pour *douze Deniers Parisis* la piece, en ouvrant sur le pié de Monnoye *soixante & douziéme (c).* Si vous mandons, & à chascun de vous enjoignons estroitement, que tantost & sans delay, ces Lettres veües, toutes excusations cessant, vous faciez faire & ouvrer par toutes & chascunnes nosdites Monnoyes, sur ledit pié de Monnoye *septante-deuxiesme,* iceulx gros Deniers Blans à la Couronne, de la Loy & du Coing, prix, *(d)* taille & façon que dit est dessus, en faisant faire en icelle telle difference *(e)* comme bon vous semblera, & avecques se, ce * mestier est par le menu peuple, faictes faire sur ledit pié, se bon vous semble, telle Monnoye noire comme vous verrés & saurez qu'il appartiendra à faire: Et faictes donner à tous Changeurs & Marchans frequentans nosdites Monnoyes, les pris en tous Marcs d'argent que Nous y faisons donner *(f)* à present : C'est assavoir qu'il auront de chascun *Marc d'Argent* qu'il apporteront en icelles, *allayé à trois deniers de Loy, Argent-le-Roy & au-dessus, dix livres Tournois,* & de tout autre *Marc d'Argent allaié au-dessoubz d'iceulx trois deniers, neuf livres huit solz Tournois.* Toutes les choses dessus-dites faictes, & faictes faire si dilligemment & en telle maniere, que par vous n'y ait deffault; & d'icelles faire à vous & à chascun de vous donnons povoir, auctorité & mandement especial par la teneur de ces presentes. *Donné à la Noble Maison, le dix-septiéme jour d'Aoust, l'an de grace mil trois cens cinquante-cinq. Ainsi signé. Par le Roy, en son Conseil.* YVO.

JEAN I.er & selon d'autres, Jean II. à la Noble Maison, le 17. d'Aoust 1355.

* ce, se.

NOTES.

(b) Six sols.] C'est-à-dire, qu'il y aura soixante-douze pieces au Marc. Voy. la Preface, §. *Monnoye.*

(c) Soixante & douziéme.] V. la Preface, §. *Monnoye.*

(d) Taille.] Taille des Especes signifie la quantité des pieces qui doivent estre faites d'un Marc de metal. V. Boizard, *Explicat. alphabetique.*

(e) Difference.] C'est une marque particuliere que chaque Maistre des Monnoyes fait mettre sur les pieces qu'il fabrique. Voy. Boizard.

(f) A present.] Voy. le Mandement du 11. Juillet 1355.

JEAN I.er & selon d'autres, Jean II. en la Noble Maison, le 20. d'Aoust, l'an 1355.

(a) Mandement pour faire donner de chaque Marc d'Argent allayé à trois deniers de Loy, nommé Argent-le-Roy & au-dessus, onze livres Tournois, & de tout autre allayé au-dessous, dix livres huit sols Tournois.

JEHAN par la grace de Dieu, Roy de France, à noz amez & feaulx les Generaulx-Maistres de noz Monnoyes, Salut & dilection. Nous, pour certaine cause, vous mandons & commandons, que tantost & sans delay, ces Lettres veües, vous faciez donner par toutes & chascunnes noz Monnoyes, à tous Changeurs & Marchans, de chacun *Marc d'Argent, tant blanc comme noir, vingt solz tournois de creüe,* oultre le pris que Nous y faisons donner à present : c'est assavoir qu'il auront pour chacun *Marc d'Argent, allaié à trois deniers de Loy, nommé Argent-le-Roy, & au-*

NOTES.

(a) Registre C. de la Cour des Monnoyes de Paris, page 186. *verso.*

dessus, unze livres Tournoys, & de tout autre *allaié au-dessoubz d'iceulx trois deniers de Loy, dix livres huit solz Tournoys.* Ce faictes si dilligemment, & par telle maniere que vous n'en puissiez estre reprins de negligence : Et de ce faire à vous & à chascun de vous, donnons povoir, auctorité & Mandement especial par la teneur de ces presentes. *Donné en la Noble Maison, le vingtiesme jour d'Aoust, l'an de grace mil trois cens cinquante-cinq. Ainsi signé. Par le Roy.* YVO.

JEAN I.er & selon d'autres, Jean II. à la Noble Maison de S.t Ouyn, en Aoust 1355.

(a) Statuts des Orfevres de la Ville de Paris.

JOHANNES Dei gratiâ, Francorum Rex, ad perpetuam rei memoriam. Majestatis Regie prudentia merito comendatur, dum sic justitia moderatur, quod in suis actibus commoditas publica, & jura servantur illesa subditorum. Sane cum Aurifabri ville nostre Parisiensis certum Registrum in quodam rotulo pergameni contentum, Nobis dudum obtulerint, Nosque de fidelitate & industria dilectorum Consiliariorum nostrorum Johannis Hanniere militis, Magistri Requestarum Hospicii nostri, Johannis Aquile, & Johannis de Autissiodoro Magistrorum Compotorum nostrorum Parisius, predictum Registrum eisdem duxerimus sub contra-sigillo nostro transmittendum, committendo mandantes ut contenta in prefato rotulo cum diligentia videre, & maturam deliberationem super hoc habere curarent ; ad hoc quod eorum rescriptione & deliberatione habita, possemus inde ordinare quod Nobis videretur rationabiliter ordinandum : & tandem omnia & singula in dicto rotulo per prefatos Commissarios inspecta, & quolibet articulo Registri supradicti cum antiquo Registro Aurisabrorum in Castelleto nostro (b) Parisiensi existentium [a], *per eos diligenter examinato, vocatis Procuratore nostro Generali, & pluribus in talibus expertis, prout per dictorum Commissariorum rescriptionem Nobis innotuit, predictum Registrum per eos visum & examinatum, ut prefertur, Nobis in quodam rotulo pergameni sub sigillis suis fideliter interclusio, remiserunt, cujus quidem rotuli tenor sequitur in his verbis.*

a existenti.

NOTES.

(a) L'Original de cette Ordonnance est dans le dépost des Archives du Corps des Orfévres de Paris, dans une layette de fer blanc, sur laquelle est écrit, Ordonnances Royaux, N.° 1. il est très bien conservé. C'est sur cet Original que cette piece a esté imprimée dans le Recüeil des Statuts & Ordonnances &c. accordez en faveur des Orfévres, imprimé à Paris en 1688. in 4.° p. 3. Mais elle est defigurée par un grand nombre de fautes. L'Editeur s'est mesme trompé à la date, & il a lû 1345. au lieu de 1355. ce qui l'a engagé à mettre à la teste de cette Ordonnance, qu'elle a esté donnée par Philippe de Valois, & ensuite confirmée par le Roy Jean.

Cette Ordonnance se trouve aussi dans le Memorial *C* de la Chambre des Comptes de Paris, fol. 260. *recto.* Elle a esté confirmée par une Ordonnance de Charles V. donnée au mois de Mars 1378. qui en rappelle presque toutes les dispositions, ausquelles elle adjoûte quelques Articles nouveaux.

Ces Statuts qui ont souvent rapport à la Mechanique des ouvrages d'Orfévrerie & de Joaillerie, & qui sont remplis de termes affectez à cet Art, sont très difficiles à entendre, & il m'auroit esté presque impossible de les expliquer, sans les éclaircissements qui m'ont esté communiquez de la maniere du monde la plus obligeante, par M. le Roy, Marchand Orfévre à Paris, connu dans la Republique des Lettres par son excellente Dissertation sur *l'Origine de l'Hôtel de Ville de Paris*, imprimée au commencement de l'Histoire de cette Ville, composée par les P P. Felibien & Lobineau, & par son *traité du Controlle des Rentes sur l'Hôtel de Ville*, & qui soutiendra sans doute, la reputation que ces ouvrages luy ont acquise, par l'Histoire de l'Orfévrerie à laquelle il travaille presentement.

Il seroit bien à souhaiter pour moy, & pour la perfection de ce Recüeil, que lorsque j'auray à donner les Statuts des autres Corps des Arts & Mêtiers, je trouvasse dans ceux qui les composent, des personnes aussi habiles & aussi communicatives que M. le Roy.

(b) *Parisiensi.*] Dans cet ancien Registre du Châtelet, se trouvoient apparemment les premiers Statuts qu'Estienne Boileau Prevost de Paris, avoit redigez vers l'an 1260. en faveur des Orfévres de cette Ville, sur de simples usages, non écrits & conservez chez eux par tradition.

C'est le Registre que les Orfevres de Paris requerent pour le profit du Roy, du commun peuple de ladite Ville & de tout le Royaume.

JEAN I.er & selon d'autres, Jean II. à la Noble Maison de S.t Ouyn en Aoust 1355.

Premierement. Il est à Paris Orfevre qui veut, & qui faire le scet, pourtant [b] qu'il ait esté Aprentis à Orfevre à Paris, ou ailleurs, aus Us & Coustumes du Mestier, ou qu'il soit tel esprouvé par les Maistres & bonnes Gens du Mestier, estre souffisant d'estre Orfevre, & de tenir & lever forge, & d'avoir Poinçon *(c)* à contre-seing.

b *pourvû.*

(2) Item. Si celuy éprouvé est tel qu'il doive estre Orfevre, & avoir Poinçon, & il a esté ouvrier d'autres métaux, autres que d'Or ne d'Argent, & il veut estre Orfévre, il le sera; mais il n'ouvrera, ne fera ouvrer jamais d'autre métal que de bon Or & de bon Argent, si ce n'est en joyaux d'Eglise, comme *(d)* Tombes, Chasses, Croix, Encensiers [c], ou autres joyaux accoûtumez à faire pour servir Sainte Eglise; ou se ce n'est du Congié & licence des Maistres du Mestier, & jurra à tenir * & ouvrer aux Us & Coûtumes du mestier qui telles sont.

c *Encensoirs.*
* *Forge.*

(3) Item. Nul Orfevre ne peut ouvrer d'Or à Paris qu'il ne soit à la [d] touche de Paris, ou meilleur; laquelle touche passe tous les Ors dont l'en euvre en mille terres; lequel est à dix-neuf Carats, & un quint.

d *titre.*

(4) Item. Nul Orfevre ne puet mettre sous *(e)* Amatitre, ne sous *(f)* Garnat feüille vermeille ne d'autre couleur, fors seulement *(g)* d'Argent.

(5) Item. Nul Orfevre ne peut mettre Amatitre avec Balais ne Emeraudes, Rubis d'Oriant ne d'Alixandre [e], si ce n'est en maniere *(h)* d'envoirrement, servant comme un Crital [f] senz feüille.

e *d'Alexandrie.*
f *Cristal.*

(6) Item. Nul ne peut *(i)* raser, ne teindre Amatitre, ne quelconques Pierres fausses, parquoy elle se doive montrer autre qu'elle n'est de sa nature.

(7) Item. Nul Orfevre ne puet mettre en œuvre d'Or, ne d'Argent, Pelles [g]

g *Perles.*

NOTES.

(c) A contre-seing.] Le contre-seing dans le Poinçon de l'Orfévre, est une petite marque particuliere qu'il adopte, telle qu'un cœur, ou quelqu'autre figure, laquelle est ajoûtée aux Lettres initiales de son nom, pour distinguer plus specifiquement son Poinçon, de celuy d'un autre Maître. On appelle aujourd'huy ce petit caractere distinctif, *Devise.* C'est ce qui se nomme *Different* en terme de Monnoye.

(d) Tombes.] Ce sont des châses faites en formes de Tombeaux.

(e) Amatitre.] C'est la Pierre precieuse que l'on nomme presentement *Amathiste*, & plus communement *Amethiste.*

(f) Garnat.] C'est la Pierre precieuse, nommée aujourd'huy *Grenat.*

(g) d'Argent.] Le principe de la deffense portée dans cet Article, & dans quelques-uns des suivans, est que lorsqu'on met des Pierres precieuses en œuvre, il ne faut rien y ajoûter qui puisse leur donner un éclat trompeur, & capable de les faire passer pour plus precieuses qu'elles ne sont.

(h) Envoirrement.] Ce mot est très bien écrit dans l'Original, & il se lit aussi dans l'Ordonnance du mois de Mars 1378. Cependant dans l'Edition des Statuts des Orfévres, il y a, *de mireirement*, & dans le Memorial de la Chambre des Comptes, il y a, *dennoiement.* Mais il faut s'en tenir à la leçon de l'Original, & tascher de l'expliquer.

Envoirrement vient sans doute du mot *Voirrines*, qui se trouve plus bas, Artic. 8. & qui signifie *ouvrages de Verre.* Par *Envoirrement*, je crois qu'il faut entendre deux Verres collez ensemble par une gomme raisineuse (Voy. Note *i*) qui les lie, & leur communique de la couleur, ensorte que ces deux Verres se prestent de l'éclat l'un à l'autre. C'est ce qui est nommé *doublès de Voirrines* dans l'Article 11. Suivant cette interpretation, voici le sens que l'on peut donner à cet article. De la mesme maniere que l'on met ordinairement un cristal sous une Pierre, il est aussi permis d'enchasser des Pierres de differentes especes, & couleurs dans un mesme bijou, de telle maniere, que par l'avoisinement, ou l'opposition de leur situation, elles puissent emprunter par reflexion, l'éclat & les couleurs les unes des autres, sans toutesfois que cet éclat emprunté puisse estre fortifié par aucune feüille mise sous les Pierres, conformement à la deffense portée par l'Article precedent.

(i) Raser ne teindre.] Ces deux mots sont synonimes, parce qu'on donne des couleurs empruntées aux Pierres fausses, & mesmes aux fines d'une espece moins precieuse, avec une gomme *raisineuse*, d'où est venu ce mot *raser* les Pierres, pour dire teindre les Pierres. On se sert encore de ce mot dans quelques Pays.

JEAN I.er & selon d'autres, Jean II. à la Noble Maison de S.t Ouyn, en Aoust 1355.

d'Ecosse avec Pelles *(k)* d'Oriant, se ce n'est en grans joyaux d'Eglise, ou multiplication de Pierres [h] estranges & Pelles se donne [gg].

(8) Item. Que nulz Orfevres ne puissent mettre en nulz joyaux d'Argent de *(l)* menuerie, voirrines avec Garnaz, ne avec pierres fines.

(9) Item. Nul Orfevre ne puet mettre *(m)* croye sous émaux d'Or ne d'Argent, c'est à sçavoir en grosse vaisselle qui se vend au Marc.

(10) Item. Nul ne puet faire, ne faire faire tailler Diamans de *(n)* Bericle, ne mettre en or ne en argent.

(11) Item. Nul ne puet faire, ne faire mettre en Or *(o)* doublès de Voirrines, pour vendre, ne pour s'en user [hh], si ce n'est pour le Roy, & pour la Reyne, ou ses enfans.

(12) Item. Nul Orfevre ne puet ouvrer d'Argent qui ne se [i] revienne aussi bon comme *(p)* Argent-le-Roy sans les soudures, lequel est dit Argent de gros.

(13) Item. Que nuls Orfevres ne puissent faire planches de boutons ferües en tas, qui ne se reviennent massisses [k] & toutes pleines devers le *(q)* Martel.

(14) Item. Que toutes pieces qui seront ferües en tas, qui seront pour mettre sur soye, ou ailleurs, soient de la propre condition que dessus.

(15) Item. Que toutes pieces qui auront bastes *(r)* soudées, soit pour mettre sur soye, ou ailleurs, ne puissent estre clouées, mais couzües à l'aguille. [l]

(16) Item. Que nulz Orfevres ne pourra tenir ne lever forge, ne ouvrer en

gg *se permet.*
h *precieuses.*
hh *s'en servir.*
i *ne soit.*
k *massives.*
l *l'aiguille.*

NOTES.

(k) d'Oriant.] Cela est deffendu, afin qu'on ne puisse pas faire passer des Perles d'Ecosse, pour des Perles d'Orient, auxquelles elles sont très inferieures en prix.

(l) Menuerie, Voirrines.] Menuerie, ce sont de menus ouvrages d'Or & d'Argent.

Voirrines, ce sont des Pierres fausses faites de Verre : on les nomme aujourd'huy *Verroteries* dans le commerce. Cette deffense est fondée sur le mesme principe que la precedente.

(m) Croye.] Pierre que l'on nomme aujourd'huy *Craye,* elle est assez pesante : il est deffendu d'en mettre sous les ornements émaillez, que l'on appliquoit sur de la Vaisselle, ou sur des habits, (V. Artic. 15.) parce qu'elle en auroit considerablement augmenté le poids, sans que les achepteurs eussent pû s'en appercevoir.

(n) Bericle.] pour *Vericle,* c'est-à-dire, de *Verre.*

(o) Doublès de Voirrines.] Ce sont deux morceaux de Verre collez ensemble. Voy. la Note *h.* On auroit pu vendre *ces doublès de Voirrines* bien accommodées, & bien teintes pour des Pierres fines.

(p) Argent-le-Roy.] C'est-à-dire, au titre de onze deniers douze grains de fin, lorsqu'il n'y a qu'une vingt-quatriéme partie d'alliage. *Cet Argent-le-Roy* en fait d'Orfévrerie, est presentement nommé *Argent du Poinçon de Paris,* ou simplement *Argent de Paris.*

(q) Le Martel.] Cet Article est le plus difficile de toute l'Ordonnance. Voicy comment M. le Roy croit qu'on peut l'expliquer. *Planches ferües en tas,* ce sont des lames d'Or ou d'argent frappées sur de petits enclumeaux d'acier, que l'on nomme *Tas.* Sur la superficie de ce *Tas,* il y a un creux, dans la cavité duquel sont gravez divers ornements qui s'impriment sur la *planche,* ou lame de Metal, que l'on y fait entrer à coup de marteau. C'est ainsi que l'on fait les boutons de manche, & les boutons d'Orfévrerie pour les habits. Par cet Article, il est deffendu que les boutons qui ont pris de cette maniere une forme convexe dans la concavité du *Tas,* restent creux en dedans, tels que sont ceux qui se font aujourd'huy ; mais il est ordonné qu'ils soient *massifs & pleins devers le Martel,* c'est-à-dire, en dessous, à l'endroit où le Marteau a frappé, pour les ensoncer dans la concavité du *Tas,* & cela, pour empescher, que dans le creux on ne puisse cacher frauduleusement quelque matiere de moindre valeur, comme de la soudure, &c.

Cette explication paroist fort vraysemblable. Il faut cependant remarquer qu'elle est contraire à celle que l'Editeur des Statuts des Orfévres a donnée au mot *Martel. Le Martel,* dit-il, *veut dire le costé que l'on voit l'ouvrage,* au lieu que par ce mot, M. le Roy entend le costé du Bouton que l'on ne voit pas.

(r) Bastes.] Ce sont les Chatons, ou enchassures soudées à ces Esmaux d'Or, & d'Argent, dont il est parlé plus haut dans l'Article 9. & qui servoient à les attacher, ou sur de la Vaisselle, ou sur des Etoffes. Il est ordonné que ces Esmaux, lorsqu'ils seront appliquez sur des Etoffes, n'y seront pas cloüez par leurs *bastes* ou chatons, mais cousus à l'aiguille, afin qu'on puisse les défaire plus facilement, pour voir s'il n'y a pas de Craye dessous.

chambre secrete, s'il ne s'appert devant les Maistres du Mêtier soy approuvé estre témoigné *(s)* suffisant de tenir forge, & d'avoir Poinçon à contre-seing, & autrement non.

JEAN I.er & selon d'autres, Jean II. à la Noble Maison de S.t Ouyn, en Aoust 1355.

(17) Item. Nul Orfevre ne puet ouvrer de nuyt, se ce n'est en l'euvre du Roy, la Royne, leurs Enfans, leurs Freres, & l'Evêque de Paris; ou se ce n'est du congé & licence des Maistres du Mestier.

(18) Item. Nul Orfevre ne doit Paage [m] ne Coutume [n] nulle de chose qu'il achapte ou vende, appartenant audit Mestier.

(19) Item. Nul Orfevre ne puet avoir qu'un Apprentis *(t)* estrange; mais de son lingnage, ou lingnaige de sa femme, en puet-il avoir de chacun un avec l'estrange, se il li plaist; & l'Orfevre qui n'auroit de son lignaige ni [o] du sa femme, qu'il puisse avoir Apprentis estranges deux à tout le plus.

(20) Item. Nul Orfevre ne puet avoir Apprentis estrange, ne [p] privé, à moins de huit ans; se celuy Apprentis n'est tel, qu'il puisse ou saiche gagner cent sols l'an, & ses dépens [q] de boire & de mangier.

(21) Item. Se aucun Apprentis se rachepte de son Maistre, il ne pourra tenir ne lever forge, se il n'a servi son Maistre, ou autre, de remenant [r] de huit ans, comme Apprentis, ou comme *(u)* Vallet servant, gaaignant Argent.

(22) Item. Se celuy Orfevre a un Apprentif estrange, il ne puet reprendre un autre *(x)* estrange, si celuy Apprentif n'a fait la moitié de son service, ou plus.

(23) Item. Se aucun forain vient à Paris, il ne pourra tenir ne lever forge, se il n'a [s] servi an & jour à Paris, pour savoir de ses meurs, & de son euvre; lequel, quand il aura congié de lever forge, payera un Marc d'Argent, moitié au Roy, & moitié à la Confrairie S.t Eloy.

(24) Item. Que nulz Billonneurs, *(y)* Tabletiers, Merciers errants, qui Orfevrez ne soit, ne se puissent mesler de vendre ne achater aucunes choses d'Or ne d'Argent, si ce n'est pour *(z)* Billon, ne affiner, se il n'en a congié & Lettres du Roy, ou des Generaux Maistres des Monnoies: & se aucuns des dessusdits soit trouvé faisant le contraire, que lesdits Mestres puissent tout depecier [t], & envoyer à la Monnoye pour Billon.

(25) Item. Nul Orfevre ne doit ouvrir sa forge à Dimenche, ne à feste d'Apostre, se elle n'eschiet au Samedy, fors qu'un [u] ouvroier que chascun ouvrera [x] à son tour, lequel en doit payer deux sols d'aumosne en la boiste S.t Eloy, avec les Deniers-Dieu que li Orfevres font de leurs Marchandises, & avec les autres *(aa)* debites & Argent de leurs bourses, pour faire un disner que les Orfevres

m *peage.*
n *impost.*
o *de celuy de sa.*
p *de ses parents.*
q *dépenses.*
r *le restant de 8. ans.*
s *Voy. art. 21.*
t *mettre en pieces.*
u *ouvroir, Boutique.*
x *ouvrira.*

NOTES.

(s) Suffisant.] C'est-à-dire, s'il ne se presente devant les Maîtres du Métier, pour leur donner des preuves de son habileté, afin qu'ils puissent rendre temoignage qu'il est capable d'estre Orfévre. Dans l'Ordonnance du mois de Mars 1378. il y a, *se ils ne s'apperent approuvez devant les Maîtres du Métier, & estre temoignez suffisans.*

(t) Etrange.] Estranger, qui ne soit ni son parent, ni celuy de sa femme. Lorsqu'un Orfévre a des Apprentifs de ses parens, il ne peut en avoir qu'un Estranger. S'il n'a point d'Apprentifs de ses parents, il peut en avoir deux Estrangers. C'est ainsi qu'il faut entendre cet article, dont le commencement semble d'abord contraire à la fin. Voy. l'article 22. de l'Ordonnance du mois de Mars 1378. Cet article qui confirme celui-ci, est sans équivoque, comme nous l'expliquons.

(u) Vallet.] Compagnon travaillant aux gages du Maître, & non domestique.

(x) Estrange.] Voy. cy-dessus l'artic. 19.

(y) Tabletiers.] Ce mot est expliqué ailleurs. Voy. la Table, au mot *Tablettes.*

(z) Billon.] Monnoye decriée ou tout autre Or & Argent destiné à la fabrication des Especes.

(aa) Debites, & Argent de leurs bourses.] C'est-à-dire, les aumônes que les Orfévres faisoient de lors, & de temps immemorial, & qu'ils ont toûjours faites depuis, aux deux festes de S.t Eloy. Cet employ de ces aumônes a cessé dans le dernier siecle, & elles ont esté appliquées depuis, partie à la celebration de l'Office divin, dans la Chapelle de leur Maison commune, & le reste au soulagement des pauvres du Corps, qui de temps immemorial, sont logez gratuitement dans cette Maison.

donnent d'icelle boiste le jour de Pasques, aux pauvres de l'Hôtel-Dieu de Paris, & à tous les Prisonniers de Paris, qui pour Dieu le veulent prendre.

JEAN I.er & selon d'autres, Jean II. à la Noble Maison de S.t Ouyn, en Aoust 1355.

(26) *Item.* Li Orfevres de Paris sont franc de Guet; mais il doivent les autres redevances que les Bourgeois doivent au Roy.

(27) *Item.* Les *(bb)* Prudhommes du Mestier eslissent cinq ou six Prudhommes pour garder ledit Mestier, lesquiex Prudhommes jurent qu'ils garderont ledit Mestier bien & loyalement, aux Us & Coustumes devant dites, si comme bien & loyaument touz-temps a esté acoustumé du faire : Et quand cil Preudhommes ont finé [y] leur année, le commun du Mestier ne les y puet - mais * remettre jusques à trois ans, se il n'y veulent entrer de leur bonne volenté : Et se les cinq ou les six Prudhommes truevent homme de leur Mestier qui euvre de mauvais Or ou de mauvais Argent, & il ne s'en veulent chastier [z] la premiere, ou seconde, ou tierce fois, les Prudhommes amainent celi ou ceux au Prevost de Paris, chargié, ou chargiez de leurs *(cc)* faiz, & ledit Prevost de Paris les bannit à un an ou à deux, ou à trois, selonc ce qu'il ont desservi [aa], & par la [bb] relation desditz Mestres du Mestiers.

[y] *fini.* * *jamais.* [z] *corriger.* [aa] *commis de contravention.* [bb] *rapport.*

(28) *Item.* Que nuls [cc] Tremontains ne puissent ouvrer, ne faire ouvrer secrettement, ne en appert [dd] en leurs Hostiex [ee], se il n'est Orfevre, comme dessus est dit; & se il estoit trouvé qu'il ouvrast, ne feist ouvrer en son Hostel, que il soit à la voulenté du Roy nostre Seigneur de perdre son *(dd)* Juel, ou si comme bon Conseil en ordennera; & le Orfevre qui sera trouvé ainsi ouvrant, qu'il soit banni un an & un jour, ou plus, de la ville de Paris, selon la qualité du meffait & des œuvres, & le valet *(ee)* à la valüe, selon sa qualité.

[cc] *Ultramontains.* [dd] *publiquement.* [ee] *Hostels, Maisons.*

(29) *Item.* Que il plaise au Roy nostre Seigneur, que des [ff] forsaictures ainsi trouvées par lesdits Mestres des Orfevres, que du proufit que le Roy en aura, lesdits Orfevres en ayent le quint denier pour tourner & convertir au proufit de la Confrairie Saint Eloy aux Orfevres, de laquelle l'aumosne de Pasques est faite à l'Ostel-Dieu de Paris, & en plusieurs autres lieux, & chantées plusieurs Messes par an.

[ff] *confiscations.*

Notum igitur facimus universis tam presentibus quam futuris, quod Nos, attentis & consideratis propensiùs rescriptione & deliberatione Commissariorum predictorum, per quas de hujusmodi Registris plenariè certiorati sumus, & fideliter informati, arbitrantesque quod contenta in dicto rotulo, nedum nostram, sed communem utilitatem totius Regni, & subditorum nostrorum conspiciunt [gg]*; Et ut Aurifabri Parisienses de cetero ad hujusmodi Aurifabrie opus libenciùs & fervenciùs sint intenti, eosdem favore begnivolo prosequentes, omnia & singula in supra-scripto rotulo contenta & expressa volumus, laudamus, approbamus, & de nostris certâ scientiâ, gratiâ speciali, & auctoritate regiâ, tenore presencium confirmamus, & insuper quintum denarium forefacturarum predictarum per dictos Aurifabros, ob causas predictas, ut premittitur, inventarum, eisdem ex ampliori gratiâ ad opus Confraternie Beati Eligii prelibatum, donantes & etiam concedentes, Preposito nostro Parisiensi, ceterisque Justiciariis Regni nostri, vel eorum loca-tenentibus modernis & futuris, prout ad eorum quemlibet pertinuerit, mandantes quatinus prefatos Aurifabros, & eorum successores in dicto opere Aurifabrie, nostris gratia & concessione predictis, quo ad jura operationis predicte, & pertinente* [hh] *ejusdem, uti & gaudere libere faciant & permittant. Quod ut firmum & stabile perpetuo perseveret, nostrum presentibus litteris fecimus apponi sigillum, nostro in aliis, & alieno in omnibus jure salvo.* Datum & Actum in Nobili Domo sancti Audoeni, anno Domini millesimo

[gg] *respiciunt.* [hh] *pertinentiis.*

NOTES.

(bb) Prudhommes.] Ils sont nommez à la fin de cet Article, & dans d'autres Articles, *Maîtres du Métier:* on les nomme presentement *les Maîtres & Gardes.*

(cc) Faiz.] C'est-à-dire, de leurs meffaits, contenus dans la denonciation des Maistres.

(dd) Juel.] Il y a *Joyel* dans le Recüeil des Statuts des Orfévres, & *Jöüel, & de ce que fait auroient,* dans l'Ordonnance du mois de Mars 1378. Ces derniers mots marquent la signification de *Juel* ou *Jöüel.* Ils signifient les Joyaux, & ouvrages d'Or & d'Argent qui seront confisquez sur les Orféyres qui travailleront sans estre Maîtres.

(ee) A la valüe.] C'est-à-dire, à proportion de son estat.

trecentesimo quinquagesimo quinto, mense Augusti. Per Regem, presente Domino de Machefeld. Seris *(ff)*.

NOTES.

(ff) Sur le repli de l'Original il y a, *Solverunt 24. libras Parisienses.* Il y a ensuite un mot indechiffrable.

JEAN I.er & selon d'autres, Jean II. à Paris, le 26. de Septembre 1355.

(a) Lettres pour surseoir au payement des dettes du Roy, jusques à Pâques prochain, à l'exception de ce qui sera dû aux pauvres Ecoliers, aux pauvres Religieux, aux Officiers & Serviteurs pour leurs gages.

JEHAN par la grace de Dieu, Roy de France, à nos amez & feauls Genz de noz Comptes, & Tresoriers à Paris, & à tous noz Receveurs, Collecteurs de Disiesmes [a], de Impositions, Fermiers, Marchandz de *(b)* bois, & autres quelzque il soient, qui ont & auront aucune chose à *(c)* recevoir du nostre, ou qui deu [b] Nous soit de quelque cause, Salut. Les grans charges & despens innumerables que Nous avons longuement soustenu ou temps passé, pour cause de noz guerres, & especialement cest [c] an present, & que il Nous convient encores soustenir plus grans, Nous contraignent à faire Ordenance de delayer les payemens de ce que Nous devrons, & pourrons devoir jusques à un peu de temps; & ne s'en doit aucun merveiller, ne tenir mal content; car Nous donnons estat, respit, & delay de leurs debtes payer aus Nobles & autres qui entendent au fait de noz guerres, si ne devons mie estre de pire condition que autres. Pourquoy Nous, pour cause necessaire, avons ordené par deliberation de nostre Conseil, *que jusques à Pasques prochain venant, soient delayé tous payemens de quelconques debtes en quoy Nous soyons tenuz,* tant pour noz Predecesseurs, que à cause de Nous, tant de *Rentes à perpetuité,* que de *Rentes à vie & à voulenté, de Fiefz & d'Aumosnes, exceptez tant seulement à poures Escoliers, & à poures Genz de Religion* [d], qui n'auroient autrement de quoy vivre, de *gages d'Officiers & Serviteurs,* tant ordinaires que extraordinaires, & quelconques autres, tant pour le temps passé, que avenir, jusques audit terme, *& de tous dons à vie, & à temps, & à une foiz,* de toutes *assignations, promesses & graces,* & de quelconques *arrerages,* & de quelconques autres causes quelles que elles soient, exceptez les *prés* [e] *faiz à Nous en deniers comptans,* lesquels Nous voulons estre payez en la maniere & aux termes que promis a esté aux crediteurs [f]. Pourquoy Nous vous mandons, & estroitement commandons, & à chascun de vous sur vos serremens, & sur toute poine que vous povez encore [g] en faisant contre nostre deffence, que à quelconque personne que ce soit, vous ne faciez aucun payement des choses & debtes dessusdites, ou d'aucunes d'icelles, devant ledit terme de Pasques, nonobstant quelconques Lettres Pattenz, ou closes, sous nostre grant Seel, ou sous le Seel de nostre secret, de quelconque teneur que elles soient faites & à faire, empetrées & à empetrer, [h] adecertes se elles faisoient pleine mention de ces presentes Lettres & de ceste Ordenance, sur poine d'estre privez de vos Offices & Estaz, & d'en estre avec ce griefvement puniz: Et s'aucune chose en aviez payée, ou l'un de vous, Nous *deffendons à vous Gens de nos Comptes,* que vous ne alloüez ès comptes de celuy qui auroit fait le payement, mais le faites recouvrer sur

a *Dixiesmes; Decimes.*
b *dû.*
c *cet.*
d *Convents.*
e *prets.*
f *creanciers.*
g *encourir.*
h *même.*

NOTES.

(a) Memorial C. de la Chambre des Comptes de Paris, fol. 162.

(b) Fermiers, Marchands de Bois.] Ces Lettres leur sont addressées, parce qu'apparemment, on avoit donné des assignations sur le prix de leurs Fermes, & des Bois qu'ils avoient achetez.

(c) Recevoir.] Non pas comme Creanciers du Roy, mais en qualité de Receveurs de ses revenus.

JEAN I.er & felon d'autres, Jean II. à Paris, le 26. de Septembre 1355.

cely qui l'auroit fait, tantost & fans delay, & neantmoins *deffendons* estroitement à tous noz Secretaires & Notaires, que il ne facent, ne signent aucunes Lettres ou Mandement de faire payement contre ceste présente Ordenance, & à nostre amé & feal Chancelier que il n'en feelle aucunes; & si par importunité ou par oubliance ou autrement, aucunes en estoit commandées, signées ou feellées, Nous deffendons estroitement que on n'y obéisse sur les points dessusdittes, & sur les ferremens en quoy chascun Nous est tenuz. Toutes-voyes dites bien à ceux à qui l'en doit, en Nous excusant, que nostre voulenté & nostre entente est que il soient [1] lors payez senz autre Mandement attendre. En tesmoing de laquelle chose, Nous avons fait mettre nostre Seel à ces presentes Lettres. *Donné au Louvre lez Paris, le vingt-sixième jour de Septembre, l'an de grace mil trois cens cinquante-cinq. Par le Roy, en son Conseil.* MATHIEU.

1 à Pasques prochain.

JEAN I.er & felon d'autres, Jean II. au Louvre lez Paris, le 27. de Septembre 1355.

(a) Mandement pour faire donner de chaque Marc d'Argent allayé à trois Deniers de Loy, *nommé Argent-le-Roy,* douze livres dix fols Tournois, *& de tout autre au-dessous,* onze livres dix-huit fols Tournois, *& de faire fabriquer de* gros Deniers Blancs à la Couronne, *à trois Deniers de Loy, Argent-le-Roy, & de* dix fols huict deniers de poids, *au Marc de Paris, sur le pied de Monnoye quatre-vingtième.*

JEHAN par la grace de Dieu, Roy de France, à noz amez & feaulx les Generaulx Maistres de noz Monnoyes, Salut & dilection. Nous, pour certaine cause, vous mandons, & estroitement enjoignons à vous & à chascun de vous, que tantost & sans delay, ces Lettres veües, vous faciez donner par toutes & chascunes noz Monnoyes, à tous Changeurs & Marchans, *de chascun marc d'Argent* qu'ils apporteront en icelles, tant blanc comme noir, *trente fols tournoys de creüe,* oultre le prix que Nous y faisons donner *(b)* à present: C'est assavoir qu'ilz auront *de chascun marc d'Argent, allayé à trois deniers de loy,* nommé Argent-le-Roy, *douze livres dix folz tournoys,* & de tout autre *marc d'Argent, allayé au dessoubz d'iceulx trois deniers de loy, unze livres dix-huit folz tournoys:* Et avec ce Nous plaist & voulons, & ce avons Nous ordonné par très grant & bonne deliberation de nostre Conseil, en consideration à ce que à present, & pour le temps à venir, il Nous convient faire & soustenir plus très grans & innumerables mises [2], que Nous n'avons fait au temps passé, tant pour le fait de noz guerres, comme pour la substantation & deffence de nostre Royaume, que tantost & sans delay, sitost comme ladite creüe sera faicte, que l'en face faire & ouvrer par toutes nosdites Monnoyes, *gros Deniers Blans à la Couronne,* telz & semblables comme ceulx que Nous faisons faire à present; lesquelz feront *à trois deniers de loy,* Argent nommé le-Roy, & *de (c) six folz huit deniers* du poix au marc de Paris, en ouvrant sur le pié de Monnoye *(d) quatre-vingtieme.* Si vous mandons & commandons expressément, que tantost & sanz delay, ces Lettres veües, toutes excusations cessans, vous faciez faire & ouvrer iceulx *gros Deniers Blans à la Couronne,* de la loy & du poix que dit est dessus: Et faictes faire sur ledit pié telle *Monnoye noire,* comme bon vous semblera, en donnant à tous Changeurs & Marchans de chascun marc d'Argent, tant blanc comme noir, les pris dessus diz, & en donnant

2 dépenses.

NOTES.

(a) Registre C. de la Cour des Monnoyes de Paris, page 189. *recto.* Voyez cy-après le Mandement du 16. Janvier 1355.

(b) A present.] Voy. le Mandement du 20. Aoust 1355.

(c) Six fols huict deniers.] C'est-à-dire, qu'il y aura 80. Pieces au Marc. Voy. la Preface, §. *Monnoye.*

(d) Quatrevingtieme.] Voy. la Preface, §. *Monnoye.*

aux

aux Ouvriers & Monnoyers tel sallaire de creüe pour Ouvraige & Monnoyage, se mestier est, comme bon vous semblera. De toutes les choses dessus dictes, & chascunnes d'icelles faire & accomplir, à vous, & à chascun de vous donnons povoir, auctorité & mandement especial par la teneur de ces presentes : si gardez que en ce n'ayt aucun deffault. *Donné au Louvre lez-Paris, le vingt-septiéme jour de Septembre, l'an de grace mil trois cens cinquante & cinq. Ainsi signé. Par le Roy.* YVO.

JEAN I.er & selon d'autres, Jean II. à Paris, le 18. d'Octobre 1355.

(a) *Mandement pour faire donner de chaque* Marc allayé à trois Deniers de Loy, *Argent-le-Roy,* Quatorze livres Tournois, *& de tout autre au-dessous,* Treize livres huict sols Tournois.

JEHAN par la grace de Dieu, Roy de France, à noz amez & feaulx les Generaulx-Maistres de noz Monnoyes, Salut & dilection. Nous pour certaine cause, vous mandons & estroitement enjoignons, à vous & à chascun de vous, que tantost & sans delay, ces Lettres veües, toutes execusations cessans, vous faciez donner par toutes & chascunes noz Monnoyes à tous Changeurs & Marchans, de *chascun Marc d'Argent* qu'il apporteront en icelles, tant blanc comme noir, *trente solz tournoys de creüe,* oultre le pris que Nous y faisons donner (b) à present : C'est assavoir, qu'il auront *de chascun Marc d'Argent allayé à trois deniers de Loy,* nommé Argent-le-Roy, *quatorze livres Tournoys,* & de *tout autre Marc d'Argent allaié au-dessoubs d'iceulx trois deniers de Loy, treize livres huit solz Tournoys.* De ce faire à vous, & à chascun de vous donnons povoir, auctorité & mandement especial par la teneur de ces presentes. Si gardez que en ce faire n'ayt aucun deffault. *Donné à Paris, le dix-huitiesme jour d'Octobre, l'an de grace mil trois cens cinquante & cinq. Ainsi signé. Par le Roy, à la rélation de son Conseil.* J. ROYER.

NOTES.

(a) Registre C. de la Cour des Monnoyes de Paris, page 191.

(b) *A present.]* Voy. Le Mandement du 27. de Septembre 1355.

JEAN I.er & selon d'autres, Iean II. à Paris, le 27. d'Octobre 1355.

(a) *Mandement pour faire ouvrer sur le pied de* Monnoye Centiéme, de gros Deniers Blancs à la Queüe, *qui seront à* trois Deniers de Loy, & de huict sols quatre Deniers de poids : *& pour faire donner de chaque* Marc d'Argent allaié à trois deniers, seize livres Tournois, *& de tout autre* Marc allaié au-dessous, Quinze livres huict sols Tournois.

JEHAN par la grace de Dieu, Roy de France, à nos amez & feaulx les Generaulx-Maistres de noz Monnoyes, Salut & dilection. Pour ce que à present & pour le temps advenir, tant pour la tuiction & deffense de nostre Royaume, comme pour resister & contrester à la malle voluncté de noz ennemis, qui se sont efforcés, & efforcent de venir & entrer en nostredit (b) Royaume, il Nous convient, & [a] de necessité faire & soustenir plus très grans & inumerables mises, que

[a] est.

NOTES.

(a) Registre C de la Cour des Monnoyes de Paris, page 193.

(b) *Royaume.]* Dans le mois d'Octobre de cette année, le Prince de Galles fils aisné du Roy d'Angleterre, ravagea le Languedoc sans trouver de resistance, & penetra jusqu'à Nar-

JEAN I.er & selon d'autres, Jean II. à Paris, le 27. d'Octobre 1355.

onques-mais ne feisines, lesquelles Nous ne povons si presentement[a] recouvrer comme sur le fait de noz Monnoyes, sanz trop grever nostre peuple : Sçavoir vous faisons que par très grant & bonne déliberation de nostre Conseil, eu consideration sur ce, avons ordonné & Nous plaist, & voulons que par toutes & chascunnes noz Monnoyes, l'en face tantost & sans delay faire & ouvrer *sur le pié de Monnoye Centiesme, Gros Deniers Blans à la Queüe,* ouvrez & semblables comme sont ceulx que Nous faisons faire à present, lesquelz seront *à trois deniers de loy,* nommé *Argent-le-Roy,* & de *huit solz quatre (c) deniers de poix* au marc de Paris. Si vous mandons & estroictement enjoignons à vous & à chascun de vous, que sanz delay, toutes excusations cessans, vous faciez faire & ouvrer iceulx gros Deniers de la loy & du poix que dit est dessus, en faisant faire en iceulx telle difference comme vous verrés qu'il appartiendra. Et voulons & vous mandons par ces presentes, que vous faciez donner par toutes nosdictes Monnoyes, sitost comme bon vous semblera, à tous Changeurs & Marchans, *de chascun marc d'Argent tant blanc comme noir, quarante sols tournoys de creüe,* oultre le pris que Nous y faisons donner *(d)* à present : c'est assavoir qu'ils auront pour chascun *marc d'Argent allayé à la Loy d'iceulx trois deniers, seize livres tournois,* & de tout autre *Marc d'Argent allaié au-dessoubz, quinze livres & huit solz tournois :* Et aux Ouvriers & Monnoyers donnez & faites donner, se mestier est, tel sallaire de creüe pour Ouvraige & Monnoiaige, comme bon vous semblera. De toutes les choses dessus-dites, & chascunes d'icelles faire & accomplir, à vous, & à chascun de vous donnons povoir, auctorité & mandement especial par la teneur de ces presentes. Si gardez que en icelles faire & accomplir n'ayt aucun deffault. *Donné à Paris, le vingt-septiéme jour d'Octobre, l'an de grace mil trois cens cinquante-cinq. Ainsi signé.* Par le Conseil, ouquel vous, & Messieurs l'Archevesque de Senz, & l'Evesque de Chaalons, estiez.

[a] *a si promptement.*

NOTES.

bonne ; & à la fin du même mois, le Roy d'Angleterre descendit à Calais, & vint jusquà Hesdin. Mais le Roy Jean s'étant avancé pour le combattre, il revint à Calais. *Froissard l. 1. c. 154. p. m. 179.*

(c) Deniers.] C'est-à-dire qu'il y aura 100. Pieces au Marc. Voy. la Preface. §. *Monnoye.*

(d) A present.] Voy. le Mandement du 18. d'Octobre 1355.

JEAN I.er & selon d'autres, Jean II. à Cursenz, le 9. de Novembre 1355.

(a) Mandement par lequel il est ordonné que les gros Deniers Blancs à la Queüe *ayant cours pour douze deniers Parisis la piece, & qui estoient à trois deniers de Loy, & à huit sols quatre deniers au Marc de Paris, soient faits du mesme poids, & à deux deniers obole de Loy.*

JEHAN par la grace de Dieu, Roy de France, à noz amez & feaulx les Generaulx-Maistres de noz Monnoyes, Salut & dilection. Comme par deliberation de nostre Conseil, & pour le très grant & expediant prouffit de tout nostre peuple & de tout nostre Royaume, & pour obvier aus grant dommaiges & inconveniens qui se pourroient ensuivre, & aussi pour les très grans & innumerables missions & [a] coustemens qu'il Nous faut faire à present pour noz presentes guerres, ayons ordonné que les *gros Deniers Blancs à la Queüe,* qui ont cours à present *pour douze deniers parisis* la piece, & qui sont *à trois deniers de Loy, & à huit solz & (b) quatre deniers de poix au Marc de Paris, soient faiz dudit poix, & à deux deniers & obolle de Loy,* comme dit est : Nous vous mandons & commandons estroitement

[a] *a dépenses.*

NOTES.

(a) Registre C. de la Cour des Monnoyes de Paris, page 196.

(b) Quatre deniers de poix.] C'est-à-dire, qu'il y avoit 100. Pieces au Marc. Voy. la Preface. §. *Monnoye.*

que ces Lettres veües, vous faciez faire lesdits gros Deniers desdits poix & Loy comme dit est, & ce mandez hastivement par toutes noz Monnoyes que ainsi soient faiz; & gardez si cher comme vous Nous [b] doubtez, que en ce n'ayt aucun deffault. *Donné à (c) Cursenz, le neufviéme jour de Novembre, l'an de grace mil trois cens cinquante-cinq, sous le scel de nostre secret. Ainsi signé.* Par le Roy, presens l'Archevesque de Sens, & M. Nicolas Brague. *Verriere.*

b *redoubtez.*

NOTES.

(c) *Cursens.*] Ce nom est très difficile à lire, & il n'est pas certain qu'il y ait *Cursens.*

JEAN I.er & selon d'autres, Jean II. à Paris, le 14. de Decembre 1355.

(a) *Mandement pour faire donner de chaque* Marc d'Argent allaié à deux deniers douze grains de Loy & au-dessus, dix-huit livres tournois, & de tout autre allaié au-dessous, dix-sept livres huit sols.

JEHAN par la grace de Dieu, Roy de France, à noz amez & feaulx les Generaulx-Maistres de noz Monnoyes, Salut & dilection. Nous pour certaine cause, vous mandons & estroitement enjoignons, que tantost ces Lettres veües, vous faciez donner par toutes & chascune noz Monnoyes, à tous Changeurs & Marchans frequentanz icelles, de *chascun Marc d'Argent tant blanc comme noir,* qui sera apporté en icelles, *quarante solz tournoys de creüe,* oultre le pris que Nous y faisons donner *(b)* à present; C'est assavoir qu'il auront *pour Marc d'Argent allaié à deux deniers douze grains de Loy, nommé Argent-le-Roy, & au-dessus, dix-huit livres tournoys, & de tout autre allayé au-dessoubs d'iceulx deux deniers douze grains de Loy, dix-sept livres huit solz tournoyz.* Ce faictes si dilligemment & par telle maniere que par vous n'y ait deffault; & de ce faire à vous, & à un chascun de vous donnons povoir, auctorité & mandement especial par la teneur de ces presentes. *Donné à Paris, le quatorziéme jour de Decembre, l'an de grace mil trois cens cinquante & cinq. Ainsi signé. Par le Roy, en son Conseil.* J. ROYER.

NOTES.

(a) Registre C. de la Cour des Monnoyes de Paris, page 198.
(b) *A present.*] Voy. le Mandement du 27. d'Octobre 1355.

JEAN I.er & selon d'autres, Jean II. à Paris, le 28. de Decembre 1355.

(a) *Ordonnance faite en consequence de l'Assemblée des* trois Estats des Pais de la Languedoil, ou Coustumiers, qui establit une Gabelle sur le Sel, *&* une Ayde *ou imposition* de huit deniers pour livre sur tout ce qui sera vendu, à l'exception des heritages *seulement; & qui renferme* plusieurs Reglemens sur differentes matieres.

SOMMAIRES.

(1) Il sera levé une Gabelle sur le Sel, dans les pays de la Langue-doil, ou Coustumiers, & une Ayde ou imposition de huit deniers pour livre sur toutes les choses qui y seront venduës, à l'exception des heritages seulement; laquelle sera payée par le vendeur de quelque qualité qu'il soit, par le Roy mesme, par la Reine, le Dauphin Duc de Normandie, les Enfans de France, les Princes du Sang Royal. La levée de cette Gabelle & imposition sera faite par des Receveurs qui seront establis en chaque païs, par les Deputez des trois Estats.

(2) Il y aura des personnes des trois Estats, qui dans les differens pays, ordonneront des choses qui regarderont cette Aide: Ils auront des Receveurs: & outre les Commissaires particuliers dans les pays, les trois Estats com-

JEAN I.er & selon d'autres, Jean II. à Paris, le 28. de Decembre 1355.

mettront neuf personnes, sçavoir trois de chaque Estat, qui auront la Superintendance sur les autres, & qui afin qu'ils ne soient pas comptables, auront deux Receveurs Generaux.

(3) Toutes personnes obéiront aux Deputez Generaux ou particuliers; & si quelqu'un refuse d'obéir aux deputez particuliers, ceux-cy le feront adjourner pardevant les Generaux qui pourront le punir; & ce qui sera par eux ordonné, sera executé comme un Arrest du Parlement.

(4) Les Generaux jureront au Roy, ou à ceux qu'il commettra à cet effect, & tous les autres Commissaires jureront en presence des Gens du Roy, aux Estats, ou aux Superintendans, ou à ceux qu'ils commettront, que bien & loyaument ils s'acquitteront de leur Office.

(5) Les Aydes, avec les profits & amendes qui en proviendront, seront employez au fait de la Guerre seulement : & si par importunité, on obtenoit quelque Mandement contraire, les Commissaires & Deputez jureront qu'ils n'y obéiront pas. Les Superintendans ne pourront rien ordonner, s'ils ne sont tous du mesme avis, & lors qu'ils ne seront pas de mesme avis, le Parlement les accordera.

(6) Au premier jour de Mars prochain, les personnes *des Trois Estats s'assembleront à Paris par eux, ou leurs Procureurs, pour recevoir les Comptes de ce qui aura esté reçû & dépensé. On verra en mesme temps en presence des Gens du Conseil du Roy, combien l'imposition & les Aydes de la Gabelle auront valu : Et si elles ne suffisent pas pour les dépenses de la Guerre, les trois Estats pourront augmenter la Gabelle.*

(7) Les presentes Aydes ne dureront qu'un an; & seront levées sans préjudice des Droits, des Libertez & des Franchises des Estats. A la S.t André prochaine, les Gens des trois Estats se rassembleront à Paris, pour aviser sur le fait de la Guerre; & si elle duroit encore, pour accorder une autre Ayde convenable.

(8) Le Roy promet que tant luy que ses successeurs ne feront doresnavant que de bonne Monnoye; sçavoir des Deniers d'Or fin de cinquante-deux au Marc, de la Monnoie blanche à l'avenant, ensorte qu'on ne tirera du Marc d'Argent, que six livres tournois seulement & au-dessous : Que le Denier d'Or fin du poids dessusdit aura cours pour vingt sols Parisis : Qu'il sera fait une Monnoie blanche à proportion; sçavoir de huit deniers la piece, à huit deniers d'aloy, & une Monnoie noire de poids & de loy convenables à la valeur du Marc. Et au cas que la paix fût faite à la S.t André, le Roy s'oblige de faire une très forte Monnoie, telle qu'il la désigne, &c.

(9) Le Roy par le Conseil des Superintendans eslus par les trois Estats, establira de bonnes personnes sur le fait de ses Monnoies.

(10) Le Roy promet de ne point changer ce qui a esté reglé par les Articles précédens, & il s'oblige de faire promettre au Dauphin Duc de Normandie son fils aîné, aux Princes ses autres Enfans, & aux Princes de son sang, au Chancelier, aux Gens du Grand Conseil, aux Gens des Comptes, Tresoriers, &c. qu'ils ne donneront aucun conseil contre toutes les choses ordonnées cy-dessus.

(11) Le Roy oste & rappelle les Coupeurs de Monnoies.

(12) Les Prises de vivres cesseront à l'avenir tant pour le Roy, que pour la Reine, le Dauphin, les autres Enfans du Roy, les Princes du sang, les Lieuxtenans, Chancelier, Connestable, Mareschaux, &c.

(13) Chacun pourra resister à ceux qui voudront faire des Prises, & reprendre sans crainte de peine & d'amende, tout ce qui luy aura esté ainsi enlevé; & si ceux contre qui ces violences seroient exercées, n'estoient pas assez forts pour y resister, ils pourront appeller à leur secours, leurs voisins, qui pourront s'assembler par cri public; & ils ne pourront estre assignez sur tout ce qui aura rapport à ces Prises, que pardevant leurs Juges Ordinaires.

(14) Le Roy, la Reyne ni aucuns Officiers ne pourront contraindre aucunes personnes de leur prester des sommes d'Argent, ou des Denrées.

(15) Le Roy, la Reyne, &c. promettront, & les Maistres d'Hostel & autres Officiers jureront d'observer tout ce qui a esté ordonné cy-dessus.

(16) Nul ne pourra faire transport ou cession de dette à des personnes qui auront plus de credit que luy, ni à des Officiers du Roy, ni à des personnes privilegiées, & tels transports sont declarez nuls : ceux qui les auront faits perdront leur action, & seront condamnez à l'amende.

(17) Nul pour dettes appartenant aux Lombards usuriers, ne pourra estre ajourné ni poursuivi hors de sa Chastellenie, si ce n'est à Paris. Ceux à qui la connoissance de ces causes appartiendra, tiendront leur Siege dans les Chastellenies où les deffendeurs sont domiciliez; & si on vouloit ajourner ailleurs ces deffendeurs, ils ne seroient pas tenus de comparoistre.

(18) Toutes Jurisdictions seront laissées aux Juges Ordinaires : les Maistres des Requestes auront seulement la connoissance des Offices & des Officiers de l'Hostel en action personnelle en deffendant : le Connestable aura la connoissance des Sergens d'armes en deffendant seulement, & en actions personnelles esquelles il n'y aura Garde enfrainte : Et le Connestable & les Mareschaux connoîtront en deffendant des actions personnelles entre ceux qui seront presentement à la Guerre : les Maîtres des Eaux & Forests connoistront de ce qui regarde cette matiere.

(19) Les Maitres des Eaux & Forests ne pourront s'attribuer la connoissance des Forests

JEAN I.er & selon d'autres, Jean II. à Paris, le 28. de Decembre 1355.

& des Eaux dans les Terres des Prelats, Barons, & autres Justiciers.

(20) Tous accroissements de Garennes anciennes, toutes nouvelles Garennes, & celles du Roy mesme, seront supprimées.

(21) Les Commissaires & Sergens ne pourront prendre par jour que le salaire d'une journée, quoyque dans ce jour, ils fassent plusieurs executions, & pour plusieurs personnes.

(22) Tous Officiers & Sergens, à l'exception de ceux qui ont des Sergenteries fieffées & à heritage, exerceront leurs Offices en propre personne, sans les pouvoir faire desservir par d'autres, & specialement les Chastelains des Chasteaux, &c.

(23) Les Seigneurs hauts Justiciers chacuns en leurs terres, leveront les peines & amendes qui seront deües par les Ouvriers, Manouvriers & Menestriers, qui contreviendront aux Statuts & Reglemens que le Roy a fait & fera à leur sujet.

(24) Nul des Officiers du Roy ni des Seigneurs, ne pourront faire aucun commerce de Marchandise par eux, ou par des personnes interposées.

(25) Le Roy remet à tous ceux qui contribuent & contribueront à la presente Aide, toute peine criminelle & civile, qu'ilz ont encouruë pour transgressions aux Ordonnances faites sur les Monnoyes.

(26) Le Roy seul & son fils aîné pourront convoquer l'Arriere-ban, & ils ne le pourront faire qu'en cas d'une évidente necessité, & par le conseil des Deputez, ou de plusieurs des trois Estats. Le Roy sous certaines modifications, remet les peines encouruës par ceux qui n'ont pas esté au dernier Arriere-ban.

(27) Durant la presente Aide, tous subsides cesseront : & en cas que la Guerre ne soit pas finie cette année, les trois Estats assemblez à Paris avec les Gens du Conseil, à la feste de Saint André prochaine, aviseront touchant une autre Aide. Lorsque les trois Estats n'accorderont pas d'Aide au Roy, il retournera à son Domaine de la Monnoye, & à ses autres Droits, excepté celuy de Prise.

(28) Nul ne fera fausse Poste *dans les Reveües des Gens d'armes.*

(29) Les Capitaines ou ceux qui recevront les Montres des Gens d'armes, seront presens avec les Superintendans des trois Estats ou leurs Commis & Deputez, pour voir la Montre, & recevoir les Gens d'armes; mais l'argent sera distribué par les Deputez & Commis des Estats seulement, &c.

(30) Chacun des sujets du Roy pourra piller sur les ennemis du Royaume, sans que les Officiers Generaux puissent demander aucun Droit, part ou portion sur ce butin, à moins qu'ils n'ayent eu part à l'action. Les Tresoriers des guerres ne prendront que 12. deniers pour les Quittances ou Cedules. Les soudoyers estrangers ne pilleront point dans le Royaume sous peine d'estre pendus, & il sera permis de leur resister par voye de fait.

(31) Les soudoyers ou Gens d'armes qui logeront dans des Hostelleries ou ailleurs, n'y pourront demeurer que pendant un jour, & s'ils vouloient y rester davantage, ils seront mis dehors, & contraints d'aller à la guerre.

Le Roy n'accordera de treves à ses ennemis que par le conseil de personnes des trois Estats.

(32) Toutes personnes seront armées selon leur estat, & ceux qui ne le seront pas, y seront contraints par les hauts Justiciers dans leurs Terres, & à leur deffaut, par les Gens du Roy.

JEHAN par la grace de Dieu, Roy de France, savoir faisons à tous presens & avenir, que comme par les fraudes, malices, & invasions de nos Ennemis, nostre Royaume ait esté moult grevé & dommagié, les Eglises d'iceluy violées, nos subgiez robez & pillez, & [a] souffert moult de dommages, & à l'aide de Dieu, pour obvier à la mauvaise voulenté & emprise [b] de noz Ennemis, qui encore de jour en jour s'efforcent de pis faire, de envahir & dommagier nostre Royaume, tant par eulz comme par leurs alliez, Nous ayons fait appeller & assembler les bonnes Genz de nostre Royaume, de la *(b)* Languedoil & du Pays coustumier, de touz les trois Estaz; c'est assavoir Arcevesques, Evesques, Abbez & Chapitres, Nobles de nostre sanc [c], & autres Ducs, Comtes, Barons, Chevaliers & autres, & aussy des Bourgois & habitans des Citez, Chasteaux, & bonnes Villes de nostredit Royaume, pour

a *aient.*

b *entreprise.*

c *sang.*

NOTES.

(a) Cette Ordonnance est dans le Memorial C de la Chambre des Comptes de Paris, fol. 247. *recto.* Elle y est intitulée, *Ordinatio trium Statuum Linguæ Franc.* & à la marge il y a, *Ordinationes trium Statuum Lingue Gallicane.* Elle se trouve aussi dans le Registre rouge vieil du Chastelet, fol. 1. *recto.*

On trouvera dans la Preface de ce troisiéme Volume §. *Estats Generaux*, le recit de ce qui se passa dans l'Assemblée de ces Estats Generaux, qui se tinrent à Paris vers la S.t André 1355.

(b) Languedoil.] Voy. sur l'explication de ce mot, la Preface. §. *Estats Generaux.*

JEAN I.er & selon d'autres, Jean II, à Paris, le 28. de Decembre 1355.

avoir avis, conseil & deliberation sur la maniere de resister à nozdiz Ennemis & à leur emprise. Si Nous ont conseillié, par bon avis & deliberation eüe entre euls, d'un commun accort & assentement, que il est bon & expedient que pour la deffence de nostre Royaume, Nous guerreons[d] nozdis ennemis, tant par mer comme par terre, si efforciement comme plus pourrons; Et pour ycelle Guerre mettre à fin, seront mis & employez noz Gens d'armes tant par mer comme par terre, selon l'Ordenance des *Chiefvetaines*[e], & de ceux qui seront commis & depputez à ce.

(1) Et pour faire ladite Armée, & payer les frais & despens d'icelle, ont regardé & avisé que par tout ledit Pays coustumier, *une Gabelle soit mise & imposée sur le Sel*; Et aussy sur tous les habitans, marchandans & repairans[f] en yceli, *soit levée une imposition de huit deniers pour livre, sur toutes choses qui seront venduës oudit Pays, excepté vente de heritages seulement*, laquelle sera *payée par le vendeur;* Et icelle *payeront toute maniere de Genz*, Clercs, Genz d'Eglise, Hospitalliers, Nobles, Non-nobles, Monnoyers & autres, sanz ce que nulz s'en puissent dire franc ou exempt, de quelque estat, condition, ou dignité qu'il soit, ou de quelconque privilege que il use, comme à ce se soient accordez & assentiz; Et pour la grant amour & affection que Nous avons à noz subgiez, & pour donner bon exemple à touz autres, Nous avons voulu & voulons que *Nous meismes*, nostre tres chiere Compaigne *la Royne*, nostre tres cher fils *le Duc de Normandie, & touz noz autres Enfans, & ceuls de nostre Lignage contribueront pareillement ausdites Gabelles & imposition;* lesquelles Gabelle & imposition seront levées selon certaines Instructions qui *seront faites sur ce;* Et promettons en bonne foy, afin que union & accort soit en nostre Royaume, que à ces choses feront accorder toutes les Genz de nostredit Pays, & de ce Nous faisons fort, & à ce les induirons[g], & se mestier est, les contraingdrons par toutes les voies & manieres que Nous pourrons, & que conseillié Nous sera par les trois Estaz dessusdiz; Et se dedans le premier jour de Mars prochain venant, tous n'estoient à accort des choses dessusdites, & de celles qui cy-aprés seront declarées & specifiées, ou au moins, se il n'apparoit que Nous en eussions fait nostre diligence bien & souffisament dedans ledit jour, lesdites Aides cesseroient du tout, se à ladite journée n'estoit sur ce pourveu par tous les trois Estatz d'un accort & consentement, senz ce que la voix des deus Estats puisse conclure la tierce, & ce qui en auroit esté levé & non despencé, demourroit au profit des Païs esquiex il auroit esté levé pour le fait de la Guerre; Et seront cuillies lesdittes Aides par certains Receveurs qui seront ordenez & establis par les Deputez des trois Estatz dessusdiz en chascun Païs, selon l'Ordennance & Instruction qui sera faite sur ce.

(2) Item. Est ordenné que *des trois Estaz* dessusdiz, seront ordennez & *depputez certaines personnes*, bonnes & honnestes, solables[h] & loyauls, & senz aucun souspeçon, qui par les Pays *ordeneront* les choses dessus-dittes, qui auront *Receveurs & Ministres*, selon l'Ordenance & Instruction qui sera faite sur ce; Et oultre les *Commissaires ou Depputez particuliers des Pays* & des Contrées, seront ordonnez & establiz par les trois Estatz dessusdits *neuf personnes* bonnes & honnestes; C'est assavoir *de chascun Estat trois*, qui seront *Generaulx* & *Superintendenz* sur touz les autres, & qui auront *deux Receveurs Generaux* prudhommes & bien solables, pour ce que lesdiz Superintendens ne seront chargiez d'aucune recepte, ne de faire compte aucun.

(3) Item. Que aus *Depputez* dessusdiz, tant les *Generaulx* comme les *Particuliers*, *seront tenuz de obeir toutes manieres de Genz*, de quelque estat ou condition que il soient, de quelque privilege que il usent : Et pourront estre contrains par lesdiz Depputez par toutes voyes & manieres que bon leur semblera; Et se il y en avoit aucuns rebelles, ce que ja n'aviegne, que lesdiz Deputez Particuliers ne puissent contraindre, ilz les adjourneront pardevant les Generauls Superintendenz, qui les pourront contraindre & punir, selon ce que bon leur semblera, chascuns ceuls de son estat; c'est assavoir, les Clercs sur les Clercs, & chascun des autres Estaz sur ceuls de son estat, presens toutesvoyes & conseillans leurs compaignons

d *faisons la guerre.*
e *Capitaines.*
f *demeurans.*
g *engagerons.*
h *solvables.*

des autres Eſtaz : & vaudra & tendra ce qui ſera fait & ordené par leſdiz Generaulx Deputez, comme Arreſt de Parlement, ſenz ce que l'on en puiſſe appeller, ou que ſouz umbre de quelconque appel, l'execution de leurs Sentences ou Ordenances ſoit retardée en aucune maniere.

JEAN I.er & ſelon d'autres, Jean II. à Paris, le 28. de Decembre 1355.

(4) *Item.* Que leſdiz Generauls Superintendenz jureront à Nous, ou à ceuls que Nous commettrons à ce, & tous autres Depputez, Commiſſaires & Officiers qui de ladite beſoigne ſe meſleront, jureront, touchées les Saints Evangiles de Dieu, aus trois Eſtaz deſſuſdiz, ou aux Superintendenz, ou à ceuls à qui il le commettront, & en la preſence de noz Genz, que bien & loyaulment il exerceront l'Office ouquel il ſeront commis.

(5) *Item.* Que toutes les *Aydes* deſſuſdittes, *prouffiz & amendes* quelconques, qui d'icelles Aydes ou pour cauſe ou achoiſon [i] d'icelles yſtront [k], ou avendront par quelque maniere que ce ſoit, ſeront *tournées & converties entierement ou fait de la Guerre,* ſenz ce que *Nous,* noſtre tres chere Compaigne la *Royne,* noſtre tres cher amé *fils le Duc de Normandie,* autres de noz *Enfanz,* de noſtre Sanc, ou de noſtre *Linaige* [l], ou autres de noz *Officiers,* Lieuxtenans, Conneſtable, Mareſchaux, Admiraulz, Maiſtre des Arbaleſtriers, Treſoriers, ou autres Officiers quelconques, en puiſſent prendre, lever, exiger ou demander aucune choſe, par quelque maniere que ce ſoit, ne faire tourner ou convertir en autres choſes que en la Guerre, ou Armée deſſuſdittes : Et ne ſeront *leſdites Aydes,* & ce qui en yſtra, *levées ne diſtribuées par noz Genz, par noz Treſoriers,* ne par noz *Officiers,* mais par autres *bonnes Genz* ſaiges, loyauls & *ſolables,* ordennez, commis & *depputez par les trois Eſtaz deſſuſdiz,* tant ès frontieres comme aillieurs, où il les conviendra diſtribuer; leſquiex Commis & Depputez jureront à Nous, ou à noz Genz, & aus Deputez des trois Eſtaz, que par quelconque neceſſité qui avieigne, il ne bailleront, ne diſtribueront ledit Argent à Nous, ne à autre fors ſeulement aus Gens d'armes, & ou fait de la Guerre deſſuſditte : Et Nous promettons en bonne foy, & ferons promettre par nôtre tres chere Compaigne la Royne, & par noſtre tres cher filz le Duc de Normandie, & jureront aus ſaintes Evangiles de Dieu, noz autres Enfanz, noſtre tres cher filz le Conte d'Anjou, touz ceuls de noſtre Sanc & de noſtre Linaige, touz noz Officiers, Lieuxtenans, Conneſtable, Mareſchaulz, Admiraulz, Maiſtre des Arbaleſtriers, Treſoriers, Genz des Comptes, & auſſy touz autres Officiers, Superintendenz, Receveurs Generaulz & Particuliers, & toutes autres perſonnes qui de recevoir ledit Argent, ou dudit fait ſe meſleront, que pour quelconque cauſe ou neceſſité qui avieigne, il ne bailleront, diſtribuëront, ne conſentiront à baillier ou à diſtribuer ledit Argent, par voye de emprunt par leur particulier ou privé prouſit, ſous eſperance de rendre, ne autrement, fors ou fait & en la maniere deſſuſdite, & par les Deputtez de par les trois Eſtats deſſuſdiz, & ne envoyerons Lettres ne Mandemens auſdiz Depputez ne à leurs Commis, pour diſtribuer l'Argent ailleurs, ou autrement que dit eſt : Et ſe par importunité ou autrement, aucun empetroit Lettres ou Mandemens de Nous ou d'autres au contraire, leſdiz Deputez, Commiſſaires, ou Receveurs jureront aus Saintes Evangiles de Dieu, que auſdittes Lettres ou Mandemens ne obéiront, ne diſtribuëront l'Argent ailleurs ou autrement que dit eſt; & s'il le faiſoient pour quelconques Mandemens qu'il leur veniſt, il ſeroient privez de leurs Offices, & mis en priſon fermée, de laquelle il ne pourroient yſſir [m] ne eſtre eſlargiz par ceſſions de biens ou autrement, juſques à tant que il euſſent entierement payé & rendu tout ce qu'il en auroient baillié; Et ſe par aventure, aucuns de noz Officiers ou autres, ſoubz umbre de Mandemens, ou impetrations aucunes, vouloient ou s'efforçoient de prendre ledit Argent, leſdiz Depputez & Receveurs leur pourroient & ſeroient tenuz de reſiſter de fait, & pourroient aſſembler leurs voiſins des bonnes Villes & autres, ſelon ce que bon leur ſembleroit, pour * euls reſiſter, comme dit eſt. Et ne pourront riens faire les Generauls Superintendenz des trois Eſtaz deſſuſdiz, ou fait de leur adminiſtration, ſe il ne ſont d'accort touz enſemble. Et ſe il advenoit que il fuſſent à deſcort [n] des choſes

i *occaſion.*

k *ſortiront, proviendront.*

l *Lignage.*

m *ſortir.*

* *à eux.*

n diſcord, *ſentiments contraires.*

JEAN I.er & selon d'autres, Jean II. à Paris, le 28. de Decembre 1355.

qui regardent leurs Offices, *noz Genz de Parlement les pouroient accorder, & ordener du descort.*

(6) Item. Que au premier jour de *(c)* Mars prochain venant, s'assembleront en nostre Ville de Paris, les personnes des trois Estaz dessusdiz, par euls ou par Procureurs souffisament fondez, pour veoir & oir le Compte de ce qui sera fait,

NOTES.

(c) Mars prochain.] Il y eut en effet des Estats tenus à Paris dans le mois de Mars suivant, & ils accorderent au Roy une espece de Capitation, qui devoit estre payée par tous ses subjets à proportion de leurs revenus. Il paroist par la piece que Nous allons donner, qu'il y eut une Ordonnance faite en consequence de ces Estats, mais elle n'est pas parvenuë jusqu'à Nous. Pour y suppléer, Nous ferons imprimer icy une formule d'Instruction donnée par les Commissaires deputez pour la levée de ce subside dans la Ville & Diocese de Paris, aux Commis qu'ils envoyoient dans une Paroisse de ce Diocese. Elle est dans le Memorial C de la Chambre des Comptes, fol. 247. *octies recto.*

Elle a pour titre, *Alia Ordinatio per Depputatos dictorum Trium Statuum Generalium, Clericorum, Nobilium & bonarum Villarum, data XX. Marcii 1355.* Et à la marge il y a : *Declaratio subsidii & personarum que tenentur ad subsidium.*

LES DEPUTEZ pour faire lever & cuillir en la Ville & Diocese de Paris, le subside darrenierement octroyé, a tel. *(d)* Comme par les trois Estatz, c'est assavoir le Clergié, les Nobles, & les Genz des bonnes Villes ait estre [o] octroyé certain subside pour le fait des Guerres soustenir : c'est assavoir que tout homme & personne soit du sanc & Lignaige du Roy nostre Seigneur, & autres Clers ou Lay, Religieus ou Religieuses, exemps & non exemps, Hospitaliers, *(e)* Chiefs d'Eglise, ou autres, aient [p] rentes ou revenus, Office ou administration, Fames vesves, ou celles *(f)* qui sont chief, Enfans mariez & non mariez, qui ont aucune chose de par euls, soient en garde, tutelle, cure, *(g)* mainbournie ou administration quelconques, Monnoyers, & touz autres de quelque estat, auctorité, privilege qu'il usent, ou aient usé ou temps passé, qui aura vaillant cent livres de revenu, & *(h)* au-dessous, soit à vie ou à heritage, en gages à cause d'Office, en pension à vie ou à voulenté, sera Aide de quatre livres pour le fait desdites Guerres : de quarante livres de revenue, & au-dessous, quarante sols : de dix livres de revenue, & au-dessous, vingt sols : & au-dessouz de dix livres, soient Enfanz en mainbournie au-dessous de quinze ans, Laboreurs & Ouvriers, gaignans, qui n'ont autre chose que de leur Laborage, feront Aide de dix solz ; & se il ont autre chose du leur, il feront Aide comme les autres serviteurs, mercenaires ou aloez [q], qui ne vivent que de leur service, & qui gaignent cent solz ou plus [r], feront semblable Aide & subside de dix solz : à prendre les sommes dessus-dites à Parisis, ou Païs de Parisis, & à Tournois, ou Païs de Tournois : Et se lesdits serviteurs ne gaignent cent solz ou au-dessous, il ne aideront de riens, se il n'avoient aucuns biens equipolenz, ou quel caz il ayderont comme dessuz. Et aussi ne ayderont de riens, Mendians, Moignes [f], Cloistriers sanz Office ou administration, ne Enfans en mainbournie souz [t] l'aage de quinze ans, qui n'ont aucune chose comme dessus : Ne Nonnains qui auront en revenue au-dessus de dix livres : Ne aussi Fames mariées, pource que leurs Mariz aident [u] : Et est & sera compté ce que elles ont de par elles, avecques ce que leurs Mariz ont. Et quant aus Clercs & Gens d'Eglise, Prelaz, Abbez, Prieurs, Chanoines, Curez & autres comme dessus, qui auront vaillant au-dessous de cent livres en revenuës, soit en Benefice de Sainte Eglise, en patrimoigne, ou en l'un avec l'autre, jusques à cinq mille livres, feront Aide de quatre livres pour les premieres cent livres, & pour chacune autre cent livres jusques audites cinq mille livres, quarante sols ; & ne feront de riens Aide au-dessus de dittes cinq mille livres, ne aussi de leur meubles ; & les revenuës de leurs Benefices seront prisiez & estimez selon le taux du Dixiesme [x], & ne s'en pourront franchir [y] ne exempter par quelconques privileges, *(i)* ne que il feissent de leur Disieme, quant les Dixiemes estoient octroiez. Et quant aux Nobles, & Gens de bonnes Villes qui auront vaillant au-dessus de cent livres de revenuë, lesdiz Nobles feront Aide jusques à cinq mille livres de revenue, &

o *esté.*

p *soit qu'ils aient.*

q *loüez pour travailler, ou servir.*

r *au plus.*

f *Moines.*

t *au-dessous de.*

u *payent l'Aide.*

x *Decimes.*

y *affranchir.*

NOTES.

(d) Cette lacune est dans l'Original. Comme ce n'est qu'une formule d'Instruction, on a laissé en blanc le nom du Commis, & celuy de la Paroisse.

(e) Chiefs d'Eglise.] Archevesques, Evesques, Abbez, ceux qui sont à la teste des Chapitres, &c. Voy. plus bas.

(f) Qui sont Chief.] On peut entendre par-là les Filles qui deviennent en quelque sorte Meres de Famille, lorsqu'elles n'ont plus, ni Pere, ni Mere.

(g) Mainbournie.] Puissance paternelle, ou maternelle. Voy. M. de Lauriere, sur les Institutes Coutumieres de Loisel. L. 1. Tit. 4. Art. 1. p. 232. & Art. 2. p. 235. 236.

(h) Au-dessous.] Jusqu'à quarante livres : & c'est ainsi qu'il faut entendre les Articles suivans.

(i) Ne que ils feissent.] Quand mesme ils auroient esté exempts des Decimes, quand les Decimes estoient octroyées.

baillé

baillé & distribué : & à ce jour, sera raporté souffisamment par les depputez des trois Estaz, *presens les Genz de nostre Conseil,* combien lesdites Aides de la Gabelle & de l'imposition auront valu; Et se il voyent que lesdites Aides ne souffisent pour ce present subside, il pourroient croistre la Gabelle selon ce que bon leur semblera, & que necessité le requerrera, ou pourveoir autrement, selon ce que ordenné sera par touz les trois Estaz d'un accort & consentement, senz ce que les deux Estaz se il estoient d'un accort, peussent lier le tiers.

JEAN I.er & selon d'autres, Jean II. à Paris, le 28. de Decembre 1355.

(7) Item. Que ces presentes Aides *dureront jusques à un an,* & Nous sont accordées par les trois Estaz dessusdiz, *senz préjudice de leurs Libertez, Privilleges ou franchises;* Et pource que lesdites *Aides* ne sont accordées que pour un an tant seulement, *les personnes des trois Estaz* dessusdiz par euls, ou leurs Procureurs souffisament fondez, *s'assembleront en nostre Ville de Paris, à la feste de la Saint André*

NOTES.

neant oultre, pour chacun cent livres quarante solz, oultre les quatre livres pour les premiers cent livres; & les Genz de bonnes Villes par semblable maniere, jusques à mille livres de revenuë tant seulement. Et quant aus meubles des Nobles qui n'ont pas cent livres de revenuë, l'en extimera leurs meubles qu'ils auront, jusques à la somme de mille livres & non plus; Et des Gens Non-nobles qui n'ont pas quatre cens livres de revenuë, l'en extimera leurs meubles jusques à la valeur de quatre mille livres : c'est assavoir cent livres de meubles pour dix livres de revenuë, & de tant feront Aide par la maniere cy-dessus devisée; Et se il avenoit que aucuns Nobles n'eust vaillant en revenuë tant seulement jusqu'à cent livres de revenuë, ne en meubles purement jusques à mille livres, ou que aucuns Non-nobles n'eust seulement en revenuë quatre cent livres, ne en meubles purement quatre mille livres, & il eussent partie en revenuë, & partie en meubles, l'en regardera & extimera sa revenuë & son meuble ensemble, jusqu'à la somme de mille livres quant aus Nobles, & de quatre mille quant aus Non-nobles, & non plus, si comme ces choses sont plus plainement contenues en certaines *(k)* Lettres Royauls sur ce faites.

Pour ce est-il que par vertu du pouvoir à Nous commis, vous mandons & commettons que tantost & senz delay ces Lettres veues, vous appellez avec vous le Curé *(l)*
& par son conseil esliziés ou prenez trois ou quatre bonnes personnes de bon estat [z] de ladite Paroisse, avec lesquiez & ledit Curé se avoir le povez, vous alliez par touz les Hostiex [aa] & mesnages de ladite Paroisse, & requerez les Seigneurs & Souverains [bb] desdiz Hostiex & mesnages, de quelque estat ou condicion que il soient, soient Clers, Gens d'Eglise, Religieus, ou Religieuses, exemps & non exemps, Nobles & autres quelsconques, que il vous disent [cc] de leur estat & leur vaillant, & de toutes les personnes de leurs mesnages, & demourent [dd] avec euls, soient enfanz, serviteurs ou autres; Et aussi enquerez du vaillant & des facultez des demourans avec iceulx, & enregistrés ou faites enregistres [ee] ce que vous en trouverez, & les requerez, & neantmoins leur commandez que il paient selont l'Ordenance & Aide dessusdite, & que il facent paier à leurs mesniées [ff] & enfanz selon l'Ordenance devant ditte; Et ce que il diront & paieront soit pour euls, pour leurs mesnies ou enfans, faites mettre en escript. Et ou cas que il semblera au dessus dit Curé & à Vous, que aucuns d'euls ne respond pas par raison, ou que en faciez doubte, si li donnez [gg] jour pardevant Nous : Et se il avenoit que en aucun desdiz Hostels ou mesnages, vous ne trouvessiez les Souverains d'iceulx Hostels & mesnages, & qu'il n'eussent laissiée ou deputée personne pour euls en leursdiz Hostelz & maisnages, [hh] & declairer pour faire paier ce qu'il devront paier, si les adjournez pardevant Nous; & se aucuns des dessusdiz, excepté les Clers estoient refusans de tantost [ii] paier, & il fussent riches & solables [kk], & il ne vous appourtoient ce qu'il devroient dedenz quatre jours après ce que vous les aurez requis de paier, si meinssiez [ll] un ou plusieurs Sergenz [mm] sur eulz, lesquiex ne s'en partent jusques à ce que l'en vous ait apporté l'Argent, qui selon ladite Ordenance sera deu par ceuls dudit Hostel; Et ou cas que aucuns Clers seroient refusans de paier comme dit est, & il seroient riches & bien solables, si les faites contraindre par leur Juge ordinaire par Sentences d'escommuniement [nn], & se la Sentence d'escommuniement dessusditte soustenoient [oo] par l'espace de huit jours, si les contraigniez par la prise de leur temporel; & à ceuls qui ne seront solables de prestement paier, faites commandement que il paient à la mi-karesme la

[z] *honnestes gens.*
[aa] *maisons.*
[bb] *maistres.*
[cc] *instruisent.*
[dd] *demeurans.*
[ee] *enregistrer.*
[ff] *serviteurs.*
[gg] *adjournez le.*
[hh] *pour declarer, & pour faire payer.*
[ii] *aussitost.*
[kk] *solvables.*
[ll] *mettez.*
[mm] *chez eux.*
[nn] *d'excommunication.*
[oo] *& ne venoient pas payer.*

NOTES.

(k) Lettres Royaux.] Elles ne sont pas venuës jusqu'à nous.

(l) ....] Dans l'Original, il y a une lacune dans cet endroit.

JEAN I.er & selon d'autres, Jean II. à Paris, le 28. de Decembre 1355.

prochain venant, pour Nous conseillier & aviser sur le fait de noz Guerres; & se elles n'estoient adonques finées [a], considerées les qualités de nosdittes Guerres, l'estat d'icelles, & comment les Aides dessusdittes auroient esté despendues [b] & employées, il pourveoiroient de Nous faire Aide convenable, selon ce que bon leur sembleroit; de laquelle, se il n'estoient touz ensemble d'accort, la chose demeureroit senz determination : mais en ce cas, Nous seroit reservé ce que cy-dessous sera ordenné & *(n)* accordé. Et se il plaisoit à Dieu que par sa grace, & par l'aide de noz bons subgiez, nosdittes Guerres fussent finies dedenz un an, lesdittes Aides cesseroient du tout; Et se de l'Argent, & de ce qui en sera levé, avoit aucune reste ou residu, il seroit tourné ou converty ou proffit & és necessitez des Païs où il auroit esté cuilli [c], selon l'Ordenance des trois Estaz dessusdiz.

a *finies.*
b *depensées.*
c *levé.*

(8) Item. Pource que par la clamour de nostre peuple, & de noz subgiez, il est venu à nostre congnoissance que il ont esté grevez & travailliez plus que Nous vousissiens [d], Nous considerans la grant obeissance & amour que il ont eue touzjours à Nous, & que certainement esperons que touzjours auront, pour la grant compassion & pitié que Nous avons des griefz qu'ilz ont souffers à cause de noz Guerres, leur avons promis & accordé, promectons & accordons de nostre liberalité, auctorité & puissance Royalle, les choses qui s'ensuivent.

d *eussions voulu.*

Premierement. Que Nous & noz successeurs ferons *doresnavant perpetuellement bonne Monnoye & estable* [e] en nostre Royaume; C'est assavoir *(o) Deniers de fin Or de cinquante & deux au Marc,* & Monnoye blanche d'Argent à l'avenant, tele que Nous ne puissiens *(p)* traire que *six livres tournois du marc d'Argent & au-dessouz,* afin que l'en n'ait cause de haucier [f] la Monnoye d'Or. Et pour ce que durant nos presentes Guerres, nostre peuple seroit trop grevé se la Monnoye avoit cours de tres fort Monnoye, Nous avons ordené & accordé que le *Denier d'Or fin* du pois dessusdit, aura cours pour ce temps present, pour *vingt souls parisis;* Et sera faite Monnoye d'Argent à la valüe; C'est assavoir blanche Monnoye de *huit deniers la piece,* & à huit deniers d'aloy [g], afin que elle soit plus agreable à nostredit Peuple, & noire Monnoye, de Mailles, de Parisis, & de Tournois de tel pois & aloy, comme il appartiendra, au pris & à la valüe du Marc dessusdit. Et pour

e *stable, fixe.*
f *hausser.*
g *de loy.*

NOTES.

(n) Accordé.] Voy. cy-dessous l'Art. 27. & la note.

(o) Deniers de fin Or, &c.] Voy. cy-dessous le Mandement du 30. de Decembre 1355.

(p) Traire.] C'est-à-dire que le Roy ne fera valoir que six livres au plus, le Marc d'Argent monnoyé.

NOTES.

moitié de ce qu'il devront paier, & pour l'autre moitié paier, leur assignez tel terme comme bon vous semblera; Et se aucun d'iceuls veut avoir quittance de ce que il baillera, & il la vous baille escripte, si la li seellez de votre seel sanz en prendre Argent, ou faites seeller au Curé, lequel temoigne en ladite quittance, que il ait esté present à faire ledit payement; Et tout ce que vous recevrez pour ladite cause, portez & bailliez à Pierre Chappela Receveur General esdites Ville & Dioceze, & aussi li portez & bailliez le papier où vous aurez escript ou fait escrire les choses dessudites, lequel soit signé ou seellé par ledit Curé, & y soit escripte de sa main la somme que sa Paroisse vaudra [h]. De ce faire vous donnons povoir, mandement, & commandement par vertu du dessusdit povoir à Nous donné, *(m)* à touz, soient Gens d'Eglise, Nobles, ou Non-nobles de quelque estat que il soit du Royaume de France, & requerez touz autres que à Vous en faisant les choses dessusdites, obeissent & entendent diligemment, donnent & prestent conseil, confort, & aide, se mestier en est. *Donné à Paris, souz noz Seauls, le vingtieme jour de Mars, l'an mil trois cens cinquante-cinq.* Ainsi signé. [i] Per vous Messieurs les Depputez dessusdits. J. CLERICI.

h *devra payer.*
i *Par*

NOTES.

(m) A tous.] Il semble qu'il manque là quelques mots.

la compassion que Nous avons de poures [a] genz, Nous voulons & accordons que de laditte *noire Monnoye, l'en forge chascune sepmaine un jour:* & se à la Saint André prochain venant, à laquelle les trois Estaz dessusdiz doivent [b] rassembler en nostre Ville de Paris, il estoit regardé que noz Guerres fussent finées, ou que Nous en fussiens [c] au-dessus, si que Nous peussiens faire courir tres fort Monnoye, Nous ordenons & promettons dés maintenant pour lors [d], que Nous ferons tres fort Monnoye: C'est assavoir *le Denier d'Or fin de cinquante & deux au Marc, pour treize souls & quatre deniers;* Et la Monnoye d'Argent à l'avenant, à ramenner *un Marc d'Or fin à unze Marcs d'Argent justement;* Et desdittes Monnoyes auront les Arcevesques, Evesques, Chapitres Cathedraux, & des Nobles plus notables, & chascune Cité un Estallon ou un Patron, afin que le pois & la loy ne leur puisse estre muez ne changiez: Et ne pourrons Nous ne noz successeurs jamais doresnavant muer ou changer nosdittes Monnoyes autrement que dessus est dit & declairié, sauvés [e] les modifications cy-dessouz escriptes *(q)*.

JEAN I.er & selon d'autres, Jean II. à Paris, le 28. de Decembre 1355.

a *pauvres.* b *si* c *victorieux.* d *pour ce temps-là.* e *sauf.*

(9) Item. Que Nous, *par le Conseil des Superintendans* esleuz par les trois Estaz dessusdiz, eslirons & *establirons bonnes personnes* & honnestes, & senz souzpeçon, *pour le fait de noz (r) Monnoyes;* lesquelles Nous feront serement en la presence desdiz Superintendenz, que bien & loyaulment il exerceront l'Office à culs commis, en la maniere que dit est.

(10) Item. Que Nous en nostre personne avons promis & promettons en bonne foy, & aussy ferons promettre à nostre tres cher & amé filz le Duc de Normandie, & noz autres Enfanz, & aussy à ceuls de nostre Sanc & Lignaige, & aussy le jureront aus Saintes Evangiles de Dieu, nostre Chancelier, les Genz de nostre grant Conseil, de noz Comptes, noz Tresoriers, Maistres, Gardes & autres Officiers de Monnoye presens & avenir, que contre les choses dessusdittes ne conseilleront, ne ne consentiront estre fait le contraire, mais procureront & pourchasseront de tout leur povoir que l'Ordenance dessusditte soit tenuë perpetuellement ferme & estable; Et se par aventure, Nous apperceviens que aucun par deliberation Nous conseille le contraire des choses dessusdittes, Nous le priverons de touz Offices senz aucun rappel; Et que contre les choses dessusdittes ne empetreront dispensation [f] aucune, ne d'icelle ne useront.

f *dispense.*

(11) Item. Que Nous avons *osté & rappellé*, ostons & rappellons touz *(s) Coupeurs de Monnoyes;* mais toutesvoyes Nous *pourverrons* par bon conseil comment nulles autres Monnoyes que les nostres n'ayent cours en nostre Royaume, & que le Billon ne soit porté hors de nostre Royaume.

(12) Item. Pource que Nous sçavons certainement, que au temps passé nostre peuple a moult esté grevé & dommagiez contre nostre voulenté, pour le fait des *(t) Prises de leurs biens, vivres,* [g] *garnisons* & autres choses, lesquelles ont esté faites excessivement par aucuns de noz Gens; Nous avons ordené, promis & accordé,

g *provisions.*

NOTES.

(q) Escriptes.] Voy. cy-dessous l'Art. 27. & la Note.

(r) Monnoyes.] Ces Commissaires furent establis par les Lettres du 13. Janvier 1355. Voy. la premiere des deux Pieces imprimées sous cette date.

(s) Coupeurs de Monnoyes.] Gens chargez de coupper les Monnoyes decriées ou fausses. Voy. l'Ordonnance du 29. de Juin 1353. p. 519. du second Volume des Ordonnances. *Ces Coupeurs de Monnoyes* exigeoient un salaire pour leurs peines, comme on l'apprend d'un passage du second Continuateur de Nangis, sous l'année 1346. (Spicil. de Dachery, 2.e Edit. Tome 3. p. 108. col. 2.) *Tunc etiam & deinceps & antea, super-scindebantur floreni propter novas Monetas quæ noviter fiebant, & super quas inveniebantur aliæ Monetæ quam illæ quæ erant noviter factæ, sine misericordiâ scindebantur,* & adhuc illi cujus erant, tradebant salarium non voluntarium scindentibus pro labore, *& tunc oportebat tales pecunias tradere campsoribus, cum damno non modicæ quantitatis.*

(t) Prises.] Il y avoit deja eu à ce sujet un grand nombre d'Ordonnances, qui n'avoient pas suffi pour abolir un abus si prejudiciable au peuple. Voy. les Tables du 1.er & du 2.e Volume du Recueil des Ordonnances.

JEAN I.er & selon d'autres, Jean II. à Paris, le 28. de Decembre 1355.

accordons & promettons en bonne foy, que des-ores-mais perpetuellement *toutes Prises cessent pour Nous,* pour ceuls de nostre Sanc & Lignaige, & que Nous, nostre tres chere Compaigne la Royne, nostre tres cher & amé Fils le Duc de Normandie, noz autres Enfanz, ceuls de nostre Sanc & Lignaige, noz Lieux-tenans, Chancellier, Connestable, Mareschaux, Maistres des Arbalestriers, Maistres d'Ostel, Admirauls, *(u)* Maistres de Garnisons, Chastellains & Capitaines, ou autres Officiers quelconques, *ne pourrons prendre, ou faire prendre sur les Gens de nostre Royaume, Blez, Vins, Vivres, Charettes, Chevaux ou autres choses* quelles que elles soient; Et quant au fait desdites Prises, renonçons, renoncent & feront renoncier les personnes dessusdittes à tout droit & [a] saisine que Nous ou euls pourrions avoir pour le fait desdittes Prises; Exceptées les debtes qui Nous sont deües de noz rentes & ancien heritage; Et aussy sauf que Nous, nostre tres chiere Compaigne, & nostredit Filz allanz par chemin par nostre Royaume, noz Maistres d'Ostel pour Nous, pourront hors bonnes Villes, faire prendre par la justice des lieus, Fournmes [b], Tables, Trestiaux, [c] Coustes, Coussins, Feurres [d] se il les treuvent battuz, & [e] feins pour la necessité de noz Hostieux pour la journée, senz ce toutesvoyes qu'ils puissent battre ou faire battre aus bonnes Genz ou leurs Granches; & [f] voictures pour mener les choses dessusdittes, [tant seulement parmy ce touttes-voyes [g] que] ce soit à juste pris, que l'en ne puisse tenir les voictures que un jour, & que l'en paye le juste pris lendemain au plus tart; Et se l'en failloit [h] de payer audit lendemain, ceuls sur qui l'on voudroit prendre les choses dessusdittes, ne seroient tenus de obeir, mais pourroient resister jusques à tant qu'il fussent payez & satisfiez [i] entierement; Et avec ce pourront pour cause de ce, poursuir les preneurs ou les *(x)* Chiefz d'Offices pardevant le Prevost de Paris, ou devant les Juges où les Prises auront esté faites.

(13) Item. Pour ce que aucun ont si accoustumé à prendre ou user de Prises en nostre Royaume, que grief leur sera qu'il s'en puissent tenir, Nous avons voulu, promis, & accordé, accordons, & promettons en bonne foy, *que se l'en veult* pour Nous, ou pour les dessusdiz, *faire Prises* en nostre Royaume, par quelconque auctorité, ou necessité que ce soit, sauves les *(y)* modifications dessusdittes, *que chacun puisse y resister de fait,* & recouvre [k] sanz peine [l] & sanz amande, & que ces preneurs ne soient reputez que *(z)* privées personnes; Et se ceuls sur qui l'en voudra prendre ne sont pas assez fort pour resister aus preneurs, ilz pourront appeller aide de leurs voisins & des villes prochain, lesquelles se pourront assembler par cry ou autrement, selon ce que bon leur semblera, sanz son de cloche, pour resister aus preneurs; Et se il vouloient battre, [m] villenner ou faire force [n], l'en se pourroit revengier par semblable maniere sanz encourre paine & amande: Et avec

a *possession.*
b *bancs.*
c *lits de plumes.*
d *fourrages.*
e *foins.*
f *pourront prendre.*
g *pourvû cependant que.*
h *manquoit.*
i *satisfaits.*
k *reprendre.*
l *punition.*
m *maltraiter.*
n *employer la force.*

NOTES.

(u) Maistres des Garnisons.] On pourroit entendre par ces mots, ou les *Pourveyeurs de la Maison du Roy,* ou ceux qui estoient chargez de fournir les Places de guerre, de vivres, & des autres choses necessaires. Je crois qu'il s'agit ici de ces derniers, 1.° parce que ces Maistres des Garnisons sont mis ici au rang de plusieurs autres Officiers Militaires: 2° parce que dans une Ordonnance du 18. de Novembre 1315. on distingue le Maistre d'Hostel, qui avoit soin des provisions de la Maison du Roy, & le *Maistre des Garnisons,* dont les fonctions regardoient la guerre. Il y est dit qu'on ne pourra faire les Prises que par les ordres *du Tresorier Baudoin de Roy, Maistre de nos Garnisons, pour cause de Guerre tant seulement, & nostre amé Pierre Remy, Maistre de nostre Hostel, & de la Chambre aus Deniers de nostre Hostel, pour cause de nostre Hostel, & de l'Hostel de nostre chere Compaigne tant seulement.* Voy. le 1.er vol. des Ordonnances. p. 609. & la Table du 2.e vol. au mot *Garnison.*

(x) Chiefs d'Office.] Les Chefs des petits Offices de la Maison du Roy, chargez du service de sa table, & de la forniture de menuës provisions.

(y) Modifications.] Voy. l'Article precedent.

(z) Privées personnes.] C'est-à-dire que ceux qui feront des Prises ne soient regardez & traittez que comme des particuliers, à qui il est permis de resister, & non comme Officiers publics, à qui il faut obeir.

ce feront punis ou [a] quadruple de chose qu'il voudront prendre, & en pourront estre poursuiviz en quelque lieu qu'il plaira à ceuls sur qui il auront pris; Et quant à ceuls qui les voudront poursuivre criminellement, lesdiz prenneurs seront puniz comme roubeurs [b], & les pourra chascun mener en prison fermée de la plus prochain Justice, & quant à ce, sera chascun tenus & reputez pour Sergent: Et ne pourront lesdiz prenneurs estre delivrez ou mis hors de procés par *(aa)* adveu ou garant de quelque personne que ce soit, ne aussy delivrés de prison par cessions de biens ou autrement, jusques à tant qu'il ayent payé & satisfait de tout ce qu'il auront pris, & aussy jusques à tant qu'il ayent payé l'amande en laquelle il seront condampnez; Et seront lesdiz prenneurs punis comme de force publique, de roberie & de ravissemens; Et aussy ne leur pourteront [c] ou presteront les Justices des lieux, force, faveur, ou aide aucune, mais seront tenus de les punir en la maniere dessusdittes; Et se les Juges ou Justices en sont reffusanz, ou [d] delayans depuis qu'il en auront esté requis souffisamment, il seront tenuz de rendre & payer le dommage, & seront puniz ou quadrupple de la chose, avec peine corporelle selon l'arbitrage du Juge; Et se pour cause ou occasion de ce, naissoit ou mouvoit debat, [e] riot, ou questions [f] contre les resistens, ou ceuls qui *(bb)* recourroient que les choses ne fussent prises, l'en ne les pourroit traire en jugement d'office, ne à requeste de partie, pardevant Maistres d'Ostel, Lieuxtenans, Connestable, Mareschaux, autres Justiciers ou Officiers quelconques, fors seulement pardevant les Juges ordinaires des deffendeurs, & se *(cc)* adjournez y estoient, il ne seroient tenus de obeir ne de aller à la journée [g], pour alleguer privilege, ne pour autrre cause quelconque; Et se il estoient mis [h] en deffaut par vertu de tels adjournemens, & l'en vouloit gager [i], ou executer pour cause ou occasion desdiz deffaus, il ny seroient tenus de obeir, mais se pourroient recourre & resister de fait. Et aussy en pourra l'en poursuivir en Parlement, senz long procés & figure de jugement, ceuls qui auroient donné les commissions, soient Maistre d'Ostel ou autres; Et jurera le Procureur du Roy qui est à present & qui sera [k] pour le temps, que il, sitost comme il vendra à sa congnoissance, poursuivra lesdiz prenneurs au plus rigueureusement qu'il pourra, combien que la partie ne face aucun pourchaz ou poursuite.

JEAN I.er & selon d'autres, Jean II. à Paris, le 28. de Decembre 1355.

a au

b voleurs.

c porteront.

d different de rendre justice.

e querelle.

f procez.

g au jour de l'assignation.

h condamnez par deffaut.

i saisir & vendre.

k dans la suite.

(14) Item. Nous, nostre chere Compaigne, nostre tres cher fils le Duc de Normandie, noz autres Enfanz, noz Tresoriers, Maistres des Comptes ou autres quelconques, ne contraindrons, ne contraindre ferons par parolles de fait ou autrement, quelconque personne que ce soit, Clers, Bourgois, Marchanz ou autres, *de prester ou faire prester Deniers ou Denrées*, pour quelconques besoings qui aviegnent.

(15) Item. Que Nous, nostre tres chere Compaigne la Royne, & nostre tres cher & ainsné filz le Duc de Normandie, promettons en bonne foy, & de noz autres Enfanz, le Conte d'Anjou, & ceuls de nostre Sanc & Lignage, noz Maistres d'Ostel, *(dd)* Maistres de Garnisons, & noz autres Officiers promettons & jureront à tenir les choses dessusdites fermes & estables, & que par Nous ou par euls ne sera fait ou *(ee)* pourchacié le contraire; Et seront les choses dessusdites publiées par les Bailliages, & ès lieux solempnels, toutesfoiz qu'il plaira aus bonnes Genz; Et avec ce voulons que les Superintendenz esleuz par les trois Estaz pourchacent & [l] procurent de tout leur povoir, que les serremens & promesses dessusdites soient faits & accomplis au plustost qu'ils pourront.

l ayent soin:

NOTES.

(aa) Adveu ou garant.] C'est-à-dire, par l'*adveu* que feroit quelque personne de consideration, que c'est par ses ordres que ces Prises ont esté faites, & qu'il est *garant* du dommage qui a esté causé.

(bb) Recourroient.] Qui reprendroient par la force les choses qui auroient esté prises.

(cc) Adjournez y estoient.] Devant d'autres Juges que leurs Juges ordinaires.

(dd) Maistres des Garnisons.] Voy. la Note sur l'Article 12.

(ee) Pourchacié.] Que le contraire ne soit fait ni par eux, ni par leurs ordres.

JEAN I.er & selon d'autres, Jean II. à Paris, le 28. de Decembre 1355.

a *à une personne qui ait plus de credit.* b *deja.* c *le procez ne soit jugé.* d *assignez, & obligez de plaider.* e *finance, payé.* f *crainte.* g *moderation.* h *jugent.* i *bornes.* k *facilement.* l *auront.*

(16) Item. Nous avons ordené & ordenons que nul ne puisse *faire transport ou cession de debte* [a] *en plus puissant, ne en aucun de noz Officiers, ou Officiers d'autres Seigneurs, ne en personne privillegiée;* mais generalement deffendons tous telz transportz & cessions, *& yceux reputons & decernons nulz, & de nulle valüe;* Et avec ce voulons & ordenons que les cedens & transportans perdent l'action, & soient punis d'amende arbitraire; Et se aucuns en y a qui soit [b] ja faiz, desquels la question ne soit encore [c] determinée, Nous les cassons, & decernons estre nulz & de nulle valüe, en quelque estat que le procez soit.

(17) Item. Pour ce que aucuns de noz Subgiez ont moult esté *travaillez pour cause de la persecution des debtes des Lombards usuriers, donnez & octroyez à nostre tres chere Dame la (ff) Royne Blanche;* Et que les bonnes Genz en esté traiz [d] & poursuivis en divers lieux & loing de leur pays, par quoy il a convenu que plusieurs aient finé [e] & composé en diverses sommes pour la [f] doubte de vexations & des despens, & aussy ont esté & sont de jour en jour plusieurs de noz Subjiez poursuiviz pour occasion des debtes desdiz Lombars vielles & anciennes; Nous qui ès choses dessus dittes voulons mettre remede & [g] attrempance, avons ordené & ordénons par ces presentes, que nuls pour cause & occasion desdittes debtes, ne puisse estre trait, poursuiz, ou adjournez hors de sa Chastellenie, se ce n'est en nostre ville de Paris; & voulons & ordenons que les Juges à qui la congnoissance des choses dessus dittes appartiendra, tiegnent leur siege, & d'icelle congnoissent & [h] determinent dedenz les [i] mettes des Chastellenies des deffendeurs, & en lieu où il puissent [k] legierement avoir Conseil; Et se il vouloient traire ou adjourner les deffendeurs, ou tenir leur congnoissance ailleurs que ès lieux dessus diz, Nous voulons & ordenons que les deffendeurs n'y soient tenuz de obeir, ne de aller à leurs journées; & avec ce, ordenons que toutes les debtes desdiz Lombars usuriers soient prescriptes, expirés & exteintes par l'espace de dix anz, si que d'icelles l'en ne puisse faire execution, ni intempter action aucune.

(18) Item. Voulons & ordenons que toutes Jurisdictions soient laissées aux Juges ordinaires, senz ce que nos Subgiez soient desoresmais traiz, adjournez, ou travaillez pardevant Maistres d'Ostel, *(gg)* Maistres de Requestes d'Ostel, Lieux-tenanz, Connestable, Mareschaulz, Admiraulx, Maistres des Arbalestriers, Maistres des Eaues & des Forez, ou leurs Lieux-tenans, excepté tant seulement que les *(hh) Maistres des Requestes de l'Otel* [l] *aront la congnoissance des Offices, & aussi des Officiers de nostre Hostel, en action personnelle pure en deffendant tant seulement, & non pas en demandant: Et aussi demourra à nostre Connestable la congnoissance des (ii) Sergenz d'Armes en deffendant tant seulement, & en actions personnelles, esquelles il n'aura (kk) Garde enfrainte: Et aussi pourront congnoistre nostredit Connestable & noz Mareschaulz, ou leurs Lieux-tenans, quant aus actions personnelles, & entre ceuls qui presentement seront en la*

NOTES.

(ff) Reine Blanche.] Elle estoit veuve de Philippe de Valois, dont elle avoit esté la seconde femme. Elle estoit fille de Philippe III. Roy de Navarre, & de Jeanne de France Reine de Navarre. Voy. *Froissard l. 1. c. 152. p. m. 174.* & l'Histoire Genealogique de la Maison de France, par les PP. Ange, & Simplicien. Tom. 1. p. 105. Le Roy Jean par son Ordonnance du 18. de Juillet 1353. imprimée dans le 2.e vol. des Ordonnances, p. 523. avoit fait saisir, *& mettre en sa main* tous les biens des Lombards. Leur debtes actives furent données à la Reine Blanche, comme on l'apprend par cet Article, & on nomma des Commissaires pour juger les contestations qui s'eleveroient à ce sujet.

(gg) Maistres des Requestes d'Ostel.] Ces mots ne sont pas dans le Registre du Chastelet.

(hh) Maistres des Requestes de l'Hostel.] Cette Ordonnance ne fait que confirmer un grand nombre d'Ordonnances faites à ce sujet. Voy. la Table du 1.er vol. des Ordonnances, au mot *Maistres des Requestes,* & la Table du 2.e aux mots, *Hostel du Roy, & Requestes de l'Hostel.*

(ii) Sergents d'Armes.] Voy. sur les Sergents d'Armes, les Tables du 1.er & du 2.e vol. des Ordonnances.

(kk) Garde enfrainte.] Sauvegardes accordées par le Roy à des Monasteres, à des Communautez, ou à des particuliers.

Guerre, & en deffendant tant seulement, senz ce toutes-voyes, que ceuls qui seront en la Guerre, puissent en demandant faire adjourner ou convenir en action personnelle ou reelle, ceuls qui ne seroient pas en la Guerre : Et aussi pouront noz *Maistres des Eaues & des Forés cognoistre des causes regardans leur Jurisdiction ordinaire;* C'est assavoir *touchant le fait desdittes Eaues & des Forez:* Et en touz autres cas, nulz ne pourra estre tenuz ou adjournez, fors, selon la teneur de noz anciennes Ordenances, en sa Chastellenie & ressort, *soit que les causes Nous touchent ou autres;* Et se il y est traiz ou adjournez, il n'y sera tenuz de obeir, ne [a] de aller à la journée : Et aussi dessendons à noz Bailliz & à noz autres Juges, [b] Officiers qu'il ne traient leurs Subgiez hors de leurs Chastellenies, & qu'il ne les traient pas d'une Chastellenie en autre.

JEAN I.er & selon d'autres, Jean II. à Paris, le 28. de Decembre 1355.

a *comparoistre.*

b *&.*

(19) Item. Pour ce que les *Maistres de noz Eaues & Forestz*, soubz umbre de leur Office, *s'efforcent de attribuer à euls la congnoissance par tout nostre Royaume, tant de noz Eaues comme des (ll) Eaues des Prelaz, Barons, & autres Justiciers;* & soubz umbre de ce, prenent & font prendre en autres Eaues, & en autre Jurisdiction que la Nostre, les engins & les rethz & fillez, & [c] avoir la congnoissance & la punition de ceulz qui pechent *contre noz Ordennances, (mm)* & Eaues de noz Subgiez, Nous accordons & voulons, & par exprès leur deffendons que doresnavant il ne tiegnent congnoissance ne jurisdiction aucune de tel cas, *en la Terre, ès Eaues ou ès Forés de nosdiz Subgiez*, ou en la justice des *Prelaz, Barons* ou *autres Justiciers*, se ainsi n'estoit que lesdiz Prelaz, Barons, ou haus Justiciers, sommez & requis souffisament, en *(nn)* refusent remis & negligens; Et se lesdiz Maistres de noz Eaues ou des Forés vouloient faire le contraire, Nous voulons & accordons que l'en ne soit tenuz de obeir à euls.

c *pretendent avoir.*

(20) Item. Pour ce que lesdiz Maistres de noz Eaues & Forés, & aucuns autres de nostre Royaume, Ducs, Contes, Barons, & autres Nobles se sont efforcez & efforcent de jour en jour, de estendre & accroistre les Garennes anciennes, & de faire & acquerir nouvelles Garennes, parquoy l'en ne puet labourer proufitablement, mais demeurent les labourages à faire; & quant il sont faiz, si sont-il perduz & gastez : Nous avons accordé & octroyé, accordons & octroyons que touz accroissemens de Garennes anciennes, & les Nostres mêmes, qui de nostre temps, ou du temps de nostre très cher Seigneur & Pere que Dieux [d] absoille, seront faites & acquises, soient du tout mises au *(oo)* neent, & par ces présentes les ostons, mettons au neent, abatons du tout, & donnons congé & licence que chacun y puisse [e] chacier, & prendre senz amende aucune.

d *absolve.*

e *chasser.*

(21) Item. Pour ce que par la clameur de nostre peuple, Nous avons entendu que aucuns de noz Sergenz, desquels le nombre est moult excessif; & lequel Nous entendons à moderer & à restraindre, s'efforcent de prendre salaires excessifz, & pour

NOTES.

(ll) Eaues des Prelats.] C'est la premiere Ordonnance que je sçache, qui ait attribué la connoissance des Eaues & Forets des Seigneurs, à leurs Juges. Il semble mesme par l'Article 31. de l'Ordonnance du 29. de May 1346. (2.e vol. des Ordonnances, p. 248.) que la connoissance de tout ce qui regarde cette matiere, soit attribuée aux *Maistres des Foretz*, privativement à tous autres Juges, soit ceux du Roy, soit ceux des Seigneurs. *Que aucuns Baillis, Seneschaux, Receveurs, Prevoz, Vicomtes*, ou autres Officiers quelconques, *doresnavant ne connoissent, ou s'entremettent en aucune maniere du fait des Forez, Fleuves, Rivieres, &c.* Je croirois cependant que cet Article ne regarde que les Juges Royaux; mais que ceux-cy ayant abusé des termes generaux dans lequel il est conçu, pour s'attribuer la connoissance des Eaues & Forests des Seigneurs, on fit l'Article que nous expliquons, pour confirmer les Juges des Seigneurs dans le droit de connoistre des Eaues & Forests dans l'estenduë de leurs Jurisdictions.

(mm) Et.] Il faut corriger *ès*, suivant le Registre du Chastelet.

(nn) Refusent.] Il y a *fussent* dans le Registre du Chastelet, & c'est ainsi qu'il faut lire.

(oo) Au neent.] Cela avoit deja esté ordonné par plusieurs Ordonnances anterieures. Voy. les Tables du 1.er & du 2.e vol. des Ordonnances, au mot *Garenes.*

JEAN I.er & selon d'autres, Jean II. à Paris, le 28. de Decembre 1355.

plusieurs journées selon le nombre des executions qu'il font, combien qu'ilz facent plusieurs executions en un jour, de quoy nôtre peuple à moult esté grevez jusques-cy, Nous voulons & ordenons que lesdiz Sergenz & Commissaires ne puissent prendre pour un jour que *(pp)* le salaire d'une journée tant seulement, [a] jasoit ce que en icelluy jour il facent plusieurs executions, & pour plusieurs personnes; & que de leurs salaires moderez il soient contenz, senz ce que il puissent exiger, extorquer ou demander autre chose que leurs despens; Et se il font le contraire, qu'il soient privez de leurs Offices, punis griefvement, mis en prison, de laquelle ils ne pourront estre delivrez, relachiez ou ellargiz jusques à temps qu'il ayent rendu tout ce qu'il en aront exigié ou extorqué à tort, & payé l'amende à laquelle il seront condempné pour ce.

a quoyque.

(22) Item. Nous avons ordené que touz Officiers & Sergenz, excepté des *(qq)* Sergenteries fievés & à heritage, exerceront doresnavant leurs Offices en leurs propres personnes, senz ce qu'il les puissent faire desservir par autruy, especiaument *(rr)* Chastellains de Chasteaux; & que contre ce ne ferons aucunes graces; & se faites les avons, Nous les rappellons & mettons du tout au nient: mais pour ce que aucuns Sergenz se sont attenduz aus graces que Nous leur avons faite sur ce, Nous leur avons accordé que leurs Offices il puissent vendre, ou autrement transporter du tout dedenz deux mois, à compter de la datte de ces Ordenances, senz ce que le temps leur puisse estre alongié ou prorogué par grace ou autrement; Et se grace en faisons, dès maintenant pour-lors Nous la tenons & reputons inique, nulle, & de nulle valüe, & icelle mettons au nient par ces presentes.

(23) Item. Pour ce que sur la *(ss) Chartre des Ouvriers, Laboureurs, manouvriers & menestriers, Nous avons fait certains Establiz & Ordennances*, & encore entendons à faire, lesquelles Nous voulons estre gardées de point en point, *sur certaines peines & amandes* que Nous y avons mis, & entendons encore à mettre, *Nous* avons octroyé & accordé que les *Haus Justiciers* chascun en sa terre, *preigne & lieue lesdites paines ou amandes*, telles comme elles seront [b] tauxées & jugiées sur les desobeissanz; Et ou cas qu'il en seront [c] refusanz ou negligenz, Nous ou nos Gens le feront lever en leur deffaut, & autant d'*amende* payera *(tt)* le donnant comme le prenant.

b taxées.

c de lever ces amendes.

(24) Item. Pource que Nous avons oy & entendu que aucuns de noz *Officiers marchandent*[d], *& font marchander* de diverses marchandises, parquoy marchandise est moult empirée, & nostre peuple grevé, si avons ordené par grant & meure deliberation, que *Nulz de noz Officiers;* c'est assavoir les Genz de nostre Grant Conseil, les Presidens de nostre Parlement, des Requestes, ou Maistres de nostre Hostel, les Maistres de noz Comptes, noz Tresoriers, Receveurs, Collecteurs, Maistres de noz

d commercent.

NOTES.

(pp) Le salaire d'une journée.] Cette Loy a esté plus d'une fois renouvellée. Voy. la Table du 2.e vol. des Ordonnances, au mot *Sergent à cheval.*

(qq) Sergenteries fievés & à heritage.] Ces Sergenteries fieffées estoient des Offices de Sergents donnez en fief. Ces Offices estoient quelquefois joints à des terres fiefées, quelquefois à des terres non fiefées, & quelquefois elles estoient sans terres. Ces Offices, ainsi que les autres fiefs, estoient hereditaires. Voy. la Note de M. de Lauriere sur le Glossaire du du Droit François de Ragueau, au mot *Sergenterie*, 2.e partie, p. 365.

(rr) Chastellains des Chasteaux.] Ils estoient chargez de la garde des Chasteaux, & ils connoissoient en premiere instance des meffaits des Sergents (Soldats) ausquels ils commandoient. Voy. le Mandement du 1.er de May 1347. dans le 2.e vol. des Ordonnances, p. 261.

(ss) Chartre.] On appelle *Chartres*, les Lettres du Roy, contenant des Graces, des Privileges, des Dons, des Statuts & des Reglements pour des Corps & des Communautez, &c.

(tt) Le donnant comme le prenant.] C'est à-dire, que celuy qui donnera à un Ouvrier un salaire plus fort que celuy qui est reglé par l'Ordonnance, payera comme l'Ouvrier qui le recevra. Voy. l'Article 166. de l'Ordonnance du penultieme de Fevrier 1350. dans le 2.e vol. des Ordonnances, p. 357. (corrigez 367.)

Eaues

Eauës & Forez, noz *(uu)* Eschansons, *(xx)* Sommelliers, *(yy)* Barrilliers, Panetiers, Maistres d'Escurie, & Maistres de Monnoye, Gardes, Contre-gardes & Officiers d'icelle, *(zz)* Maistres de Garnisons, Seneschaulx, Prevostz, Baillifz, noz Procureurs, Secretaires, & le Clerc de la Marchandise de Paris quant au fait *(aaa)* de l'Eaue, *Chastellains, ou autres Juges de Nous ou d'autres Seigneurs,* doresnavant *par euls, ou par interposées personnes, ne marchandent, ne ne facent marchander,* ne ne se accompaigneront, ne participeront à marchandise, sur peine de perdre la marchandise, & d'estre puniz griefvement à nostre voulenté; & ne donrons lettres, ne ne ferons grace au contraire; & renoncerons à l'Office ou à la marchandise: Et se aucuns en y a, qui sur ce aient empetré Lettres ou graces de Nous, ycelles graces Nous reputtons & tenons pour nulles & de nulle valüe, sur quelque fourme de parolles quelles soient; Et se aucuns s'efforçoit de user desdittes Lettres contre nostredittte Ordennance, il seront puniz si comme dessus est dit, & perdront ladite marchandise.

(25) Item. Pour ce que Nous savons que nostre peuple, & noz subgiez ont moult esté grevez & travailliez au temps passé, tant pour les mutacions des Monnoyes, comme pour occasion de noz Guerres, *Nous* qui touz-jours leur voulons faire grace & misericorde, & euls traictier doucement & amiablement, *avons à tous les Subgiez de nostre Royaume, qui aus Aides dessusdites se sont accordez* ou accorderont, *remis,*

NOTES.

(uu) Eschançons.] Camuzat dans ses Meslanges historiques, a fait imprimer une ancienne Ordonnance pour la Maison du Roy, mais sans marquer sous quel Roy elle a esté faite, ni d'où il l'a tirée. Voicy ce qu'on y trouve p. 24. *recto*, sur les Eschançons.

En Eschançonnerie doibt avoir un Eschançon, pour avoir administration & regard aux vins; c'est assavoir pour les choisir & taster au goust du Roy, & doibt visiter souvent lesdits vins: & quand le vin passe la barre, ledit Prince n'en doibt plus boire, mais le doibt faire boire ledit Eschançon ausdits Maistre d'Hostel & Gentilshommes, s'il veut, ou en faire faire ce que bon luy semble.

(xx) Sommeliers.] Dans une Ordonnance faite le 17. de Novembre 1317. pour l'Hostel de Philippe le Bel, imprimée dans le 1.er vol. de l'Abregé Royal de l'Alliance Chronologique de l'Histoire sacrée & profane du P. Labbe. T. 1. p. 632. & tirée du Livre Croix de la Chambre des Comptes de Paris, fol. 86. il y a, *six Sommeliers de la Chambre du Roy, qui meneront sa Chambre, ses Armures, & ses Joyaux,* & plus bas, p. 636. il est parlé de *trois Sommeliers de la Chapelle.*

Voicy ce qu'il y a sur *les Sommeliers*, dans l'Ordonnance donnée par Camuzat. (Voy. la Note precedente.)

Item. *En ledit Office (de Paneterie) doit avoir un* Sommeillier, *lequel* Sommeillier *doibt faire diligence d'avoir & faire provision de bleds, par le commandement dudit Pannetier, ou Maistre d'Hostel; & doibt ledit Sommeillier aller courir incontinent, quand l'Huissier de salle luy fait le commandement.*

Item. *En ladite Paneterie doibt avoir une ayde soubz ledit* Sommeillier, *pour y servir en ce que ledit Sommeillier luy commande en ladite Paneterie.*

Item. *Doibt servir ledit* Sommeillier *de mestier pour ypocras, de beurre frais, de moustarde, d'herbes au vinaigre pour l'Esté, & de vinaigre, & de fromages; lesquelz fromages doibt prendre chez le Marchand de Bocherie, & les luy doibt faire compter.*

Item. *En ladite Eschançonnerie doibt avoir un* Sommeillier *ou deux, ou plusieurs, se mestier est, de deux aydes; l'un desdits* Sommeillier *pour servir le Roy ou le Prince au dressoir, l'autre pour tenir le compte du vin despensé par jour, l'autre pour tirer le vin du Roy ou Prince, l'autre pour faire les livrées, si livrées y a hors l'Hostel; & sont tous & chacuns les pipes des vins despensez audit Hostel, & toutes & chacunes les baissieres des vins audit Sommeillier.*

Item. *Doibvent fournir lesdits* Sommeilliers *de verres luës & esnieres, chauces à passer ypocras, de paques à laver les taces, & de linge pour essuyer lesdites taces.*

Item. *Doibvent garder lesdits* Sommeilliers *la Vaisselle d'Or & d'Argent, & en rendre compte audit Eschançon ou Maistre d'Hostel; & si par leur defaut en est perdu, il le payeront sur leurs gages.* Voy. la Note precedente.

(yy) Barilliers.] Officiers d'Eschançonnerie, chargez du soin du vin. Voy. *Glossar. med. & infimæ Latinitatis,* de du Cange, au mot *Barillarius.*

(zz) Maistres de Garnisons.] Voy. la Note sur l'Article 12.

(aaa) De l'Eaue.] C'est la Jurisdiction du Prevost des Marchands & des Eschevins de Paris. Voy. sur cette Jurisdiction, la Dissertation de M. le Roy, qui est à la teste de l'Histoire de la Ville de Paris, par les PP. Felibien, & Lobineau.

JEAN I.er & selon d'autres, Jean II. à Paris, le 28. de Decembre 1355.

quittié & pardonné, quittons, remettons & pardonnons toute *offence, & toute peine* criminelle & civille, *qu'il pourroient avoir encouruë* vers Nous, *pour cause des transgressions des Ordenances faites sur Monnoye;* C'est assavoir de *(bbb)* avoir marchandé à nombre ou à espece de florins, de avoir prins[a], mis, ou [b] alloüé noz Monnoyes pour plus haut prix que Nous ne leur aviens donné cours, de avoir mis ou alloué autre Monnoye que de nostre coing; mais que[c] toutes-voyes *ce ne feust fausse Monnoye;* Et generaulment leur avons pardonné & pardonnons toutes transgressions de nozdittes Ordenances, excepté seulement *ceuls qui aroient porté Billon hors de nostre Royaume;* Et en ampliant nostre grace, leur avons octroyé & accordé que tous contraux & toutes [d] Lettres du temps passé, faites & passées à nombre ou à espece de florins, soient reputées bonnes & valables, & executées selon leur teneur, nonobstant Ordenances ou deffences faites sur ce ou [e] temps passé, par Nous ou par noz Gens; Et avec ce, avons ordenné & accordé que toutes debtes, Lettres & obligations soient executées contre les debteurs ou les ayens causes d'euls, nonobstant quelconques Lettres d'Estat, respit, & continuations octroyez ou à octroyer de Nous, de noz Lieutenans ou d'autres, ou [f] cas toutes-voyes qu'il apparoit que les debteurs y eussent renoncié; & pourront les Notaires passer Lettres desdittes renonciations, si les Parties en sont d'accort.

a *depensez & donnez.*
b *passé en compte.*
c *pourvû cependant que*
d *obligations.*
e *au*
f *au*

(26) Item. Nous leur avons permis & accordé que desores-mais *nuls ne puisse faire (ccc) Arriere-ban* en nostre Royaume, *fors tant seulement Nous* en nostre personne, & *nostre ainsné filz; Et ycelluy ne pourrons faire, fors* seulement *en cas de* pure & evident neccessité, & bien conseilliez sur ce; Et *le ferons par le conseil des Deputez, ou de plusieurs des trois Estaz, se bonnement le povons avoir;* Et pour ce que plusieurs de noz *subgiez ont failly à venir à nostre Arriere-ban darrenier fait*, Nous avons *pardonné & pardonnons toute offence & toutes peine criminelle & civile*, que l'en pourroit avoir encouruë pardevers Nous, à ceuls toutes-voyes qui y aroient envoyé, ou qui y aroient contribué selon l'Ordenance de leurs villes, ou qui aroient juste cause de excusacion; Et ne sont pas compris en ceste grace, ceuls qui par composition [g], ou de nostre droit ancien & ordinaire, Nous devoient faire certaine aide de Genz d'armes ou autrement, ne ceuls aussy qui pour faire Genz d'armes aroient receu Argent des bonnes Gens, lequel il aroient retenu & recellé pardevers euls.

g *accord.*

(27) Item. Voulons & ordenons *que durant ceste presente Aide, touz autres subsides cesseront:* mais pour ce que [h] par aventure noz Guerres ne seront pas finées[i] du tout en ceste presente année, *les Gens des trois Estaz s'assembleront à Paris avec les Gens de nostre Conseil, à la saint Andrieu*[k] *prochain*, par euls ou par leurs Procureurs suffisamment fondez, & ordeneront ensemble de Nous faire Ayde convenable pour noz Guerres, consideré les qualitez & l'estat d'icelles; & aussi se au temps avenir Nous aviens autres Guerres, il Nous feront Ayde convenable, selon la deliberation des trois Estaz, senz ce que les deux puissent lier le tiers; Et se touz les trois Estaz n'estoient d'accort ensemble, la chose demourroit sans [l] determination, mais en ce cas *Nous retourneriens à nostre (ddd) Demaine*[m] *des Monnoyes, & à noz autres Droits, excepté le fait des Prinses,* lesquelles en ce cas Nous ne pourriens faire, se ce n'estoit en payant l'Argent, & par juste pris.

h *peut-estre.*
i *finies.*
k *André.*
l *decision.*
m *domaine.*

(28) Item. Pour ce qu'il est neccessité de ordonner sur le fait de noz Guerres, afin que elles soient bien & seurement menées, & que Nous puissiens sçavoir certainement l'estat de noz Genz d'armes, Nous avons ordené & ordenons que nulle ne

NOTES.

(bbb) Avoir marchandé à nombre, ou à especes de florins.] Voy. sur cette matiere, la Preface. §. *Monnoye.*

(ccc) Arriere-ban.] Voy. la Preface. §. *Arriere-ban.*

(ddd) Demaine des Monnoyes.] C'est-à-dire, que le Roy rentrera dans le droit d'augmenter & de diminuer les Monnoyes à sa volonté, afin de tirer du profit de cette variation. Cela sera expliqué plus au long dans la Preface. §. *Monnoye.*

face fausse (eee) poste, sur peine de perdre chevaux & hernois, & d'estre puniz à nostre voulenté; & se aucuns le faisoit, ce que ja n'aviegne, Nous l'en puniriens à nostre voulenté, & perdra les armes & les hernois senz pardon, grace, ou remission aucune.

JEAN I.er & selon d'autres, Jean II. à Paris, le 28. de Decembre 1355.

(29) *Item.* Avons ordené & ordenons que pour [a] eschiver les *fausses postes*, & le peril qui en peut avenir, que avec noz [b] Chiefvetaines, ou *ceuls qui recevront (fff) les Montres de noz Genz d'armes, seront presenz les Superintendenz des trois Estaz*, ou leurs Commis & depputez à ce, pour veoir ladite Monstre, & recevoir lesdittes Gens d'armes, lesquels seront receuz par commun accort de noz Genz & d'euls, mais toutes-voyes *l'Argent sera distribué par lesdiz deputez, ou leurs Commis* tant seulement: en sur que tout [c] *Nous* avons ordené & ordenons que *nulz* de nostre Sanc & Lignaige, ou autres *de quelque estat, dignité ou condition qu'il soit, des (ggg) fleurs de Lis* ou autres, *ne sera* doresnavant *receu à faire Monstre (hhh) par cedule, ou par assertion de sa parolle*, mais sera *chascuns tenus* desores-mais *de faire Monstre armée* pardevant noz Genz, & lesdits Deppuiez ou Commis: Et ne recevront ceuls qui *(iii)* feront ladite Monstre, Argent, fors seulement pour ceuls de qui il feront laditte Monstre armée, comme dit est; Et seront *leurs chevaux (kkk) signez & merchez*, afin que l'en n'y puisse faire fraude, & que de [d] ceuls l'en ne puisse faire diverse Monstre: Et avec ce ferons crier & deffendre par cry sollempnel & publique, que nulz homs d'armes durans noz presentes Guerres, ne [e] voisent hors de nostre Royaume, pour quelconque voyage ou cause que ce soit, se ce n'est de nostre licence & congié, ou pour juste cause, loyal & raisonnable.

a eviter.

b Capitaines.

c sur-tout.

d d'eux.

e aillent.

(30) *Item.* Pour ce que aucuns de noz subgiez se aventureroient voulontiers à *(lll)* grever noz ennemis en corps & en biens, & de ce se *(mmm)* refraingnent aucune fois, pour ce que noz Lieuxtenans, Connestables, Admiraulx, Maistres des Arbalestriers, Tresoriers des Guerres, & autres de noz *Officiers demandent & reclament aucuns droits, parts ou portions ès (nnn) gaignes, ou ès* [f] *pilles faites sur noz ennemis*, *Nous* avons ordené & ordenons que chascun puisse *prendre, gaignier*, & *pillier sur noz diz ennemis, senz ce que aucun de noz Officiers*

f pillages.

NOTES.

(eee) Fausse poste.] Il paroist par l'Article suivant, que *faire fausse poste*, c'est passer en reveuë des Soldats supposez qui ne sont pas enrollez, & que l'on nomme ordinairement *Passevolans*. *Poste* signifie l'estat dans lequel chacun doit estre pour ainsi dire *posé*, *positus*, & par syncope *postus*. *Faire fausse poste*, c'est mettre des Gens dans l'estat, dans l'endroit, où il ne devroient pas estre.

(fff) Les Monstres.] Feront les reveuës. Voy. Menage, Dictionn. Etymol. au mot *Monstre*.

(ggg) Fleurs de Lis.] Je crois qu'il faut entendre par ces mots, *les Princes du Sang Royal*: ce qui pourroit en faire doubter, c'est que deux lignes plus haut, il y en est déja parlé, *Nuls de nostre Sang & Lignage*.

(hhh) Par cedule, ou par assertion de sa parolle.] C'est-à-dire, qu'il faut que les Gens d'armes passent en reveuë en personnes & en armes, & qu'il ne suffit pas que l'on donne une liste de leurs noms, ou que ceux qui commandent les Compagnies ou Corps de Troupes, affirment qu'ils sont complets, & bien équippez. Nos Rois ont quelquefois donnez des Lettres à des Commandans de Compagnies, portant dispense de les faire passer en reveuë.

(iii) Feront ladite Monstre.] Qui seront passez en reveuë. On ne leur donnera de solde, que pour les Gens d'armes qui seront presents à la reveuë.

(kkk) Signez & merchez.] Il y a *merchis* dans le Registre du Chastelet. Je crois que cela signifie, *marquez d'un signe*, afin qu'on ne puisse pas les faire passer en reveuë dans d'autres troupes.

(lll) Grever nos ennemis.] En allant les attaquer dans leurs quartiers. Il paroist par Froissard, que les plus courageux de ceux qui commandoient les Compagnies ou Corps des Troupes, *& qui desiroient soy avancer*, demandoient souvent permission aux Generaux d'aller faire un coup de main dans le camp des ennemis. Il s'y jettoient à l'improviste, presque toûjours pendant la nuit, massacroient ceux qui leur resistoient, faisoient des prisonniers, & revenoient chargez de butin, rejoindre leur armée. On faisoit aussi dans ces temps-là, beaucoup de courses dans le pays ennemi: on brusloit, & on pilloit tout, à peu près comme font aujourd'huy les partis.

(mmm) Refraignent.] N'ont plus la mesme ardeur pour ces expeditions, de *refrenare*, dit Nicot sur ce mot.

(nnn) Gaignes.... gaignier.] Il y a dans

JEAN I.er & selon d'autres, Jean II. à Paris, le 28. de Decembre 1355.

dessusdiz, ou autres *y puissent demander ou reclamer part ou pourvün, ne aucun droit,* se ainsy n'est que euls ou leurs Genz soient à la besoingne; mais voulons qu'il soient contenz de leurs gaiges moderez & raisonnables : Et ne pourront desoresmais les Tresoriers de noz Guerres, ne autres qui se mesleront de bailler Lettres de quittances, ou cedulles, *prendre pour euls* ne pour leurs Clers, pour Seel ne pour escripture, *que douze deniers* tant seulement; Et se plus en prennent, il seront privez de leurs Offices, & puniz d'amende arbitraire : Et pour ce que pour fournir nostre Guerre, il Nous convient avoir des *Soudoiers dehors nostre Royaume,* tant de Genz de cheval comme de pié, lesquelz aucunes foiz pillent & robbent[a] sur les Villes & sur les Eglises, & autres subgiez de nostre Royaume, & font moult de dommages & extorcions, si avons ordené & ordenons que il sera crié & deffendu publiquement *(ooo)* sur la hart, que nulz *Soudoiers* ne preignent, *pillent, ou robbent Blez, Vins, vivres* ou autres choses en quelque lieu que il aillent, ne sur quelque personne que ce soit; & se il prenoient ou s'efforçoient de prendre aucune chose de leur auctorité, *Nous* voulons que chascun *leur puisse resister par voie de fait;* Et se pourront les bonnes Genz & les Villes aider l'une à l'autre, & assembler selon ce que bon leur semblera, senz son de cloche, pour resister & contrester ausdiz Pilleurs; & se les bonnes Genz, & les Villes ne sont assez forts pour resister à euls, il pourront aller à la plus prochaine Justice, laquelle sera tenuë de euls aidier & conforter, & faire tant que la *(ppp)* force en soit leur; & se les Justiciers en sont remis ou negligenz depuis qu'il en aront esté requis, il seront privez de leurs Offices, & seront tenuz à rendre le domage aux bonnes Genz; & se[b] il vouloient faire force hors de Villes là où les Justices sont, l'en yroit à la plus prochaine Justice, comme dit est, laquelle se elle n'estoit assez fors[c], il requerreroient les autres Justices voisines, qui y seront tenuës par semblable maniere; Et avec ce, *seront puniz tels pilleurs,* comme de roberie & de larrecin; Et avec ce, les bonnes Genz qui aront souffert le dommage, en pourront *poursuivir les Chiefvetaines*[d], aussy bien comme il *feroient lesdiz Soudoiers,* & seront tenuz les *Chiefvetaines de rendre le dommage,* aussy bien comme les *faiseurs*[e]; Et aussy *sera tenuz nostre Procureur de poursuivir ledit meffaiz* à fin d'amende & de restitution à la partie, sitost comme il vendra[f] à sa congnoissance, suppose qu'il n'y eust point de partie qui le poursuivist; mais toutes-voyes, se lesdiz Soudoyers ou Genz d'armes venoient en une Ville, en laquelle il ne peussent trouver vivres, il pourroient aller devers la Justice du lieu, par laquelle[g] pourveance leur sera faite de leurs vivres, en payant leur Argent.

(31) Item. Sera crié publiquement que se *aucuns soudoiers ou Gens d'armes* viennent ou *sont*[h] *herbergiez en Hostelleries* ou ailleurs, *il n'y pouront demourer plus d'un jour;* Et se plus y vouloient sejourner, il seront[i] botez hors[k] de fait; & contrains à aller en la Guerre par semblable maniere que dessus est dit, se il n'avoient juste cause, laquelle il seront tenus de montrer à la Justice du lieu. Et pour ce qu'il semble à nostre Conseil, qu'il est bon de guerroyer noz ennemis continuellement, &[l] efforceement, tant par mer comme par terre, afin que nostre Guerre en l'aide de Dieu, puisse estre plustost finée[m], *Nous* ne leur *donrons treves,* ne *abstinences, se Nous n'en sommes bien conseilliez, & par plusieurs personnes des trois Estaz.*

(32) Item. Avons ordené & ordenons, afin que Nous nous puissiens plus prestement aider de noz Genz, que il soit crié publiquement, que *toutes Genz soient armez selon leur estat,* & ceuls qui ne le feront, soient contrains à euls armer; *laquelle contrainte sera faite par les haus Justiciers en leur terre,* & *en leur deffaut,* par

[a] derobent.
[b] ces Pilleurs.
[c] forte.
[d] Capitaines.
[e] les Pilleurs.
[f] viendra.
[g] fourniture.
[h] logez.
[i] boutez, mis dehors.
[k] par voie de fait.
[l] de toutes nos forces.
[m] finie.

NOTES.

le Registre du Chastelet, *gages,* & *gager,* mais mal. *Gaigner,* ce sont les *gains,* le butin que l'on faisoit dans ces expeditions.

(ooo) Sur la hart.] Sur peine d'estre pendus.

(ppp) Force en soit leur.] Qu'ils puissent chasser ces Pilleurs.

noz Genz, ou par ceuls que Nous deputerons ou commettrons à ce; lesquels toutes-voyes pour cause de ce ne prendront aucuns gages ou salaires.

JEAN I.er & selon d'autres, Jean II. à Paris, le 28. de Decembre 1355.

Et des choses dessusdites pourront prendre & avoir Lettres seellées de nostre grand Seel en laz de soye, & en cire vert, les Evesques, Arcevesques, Abbez, Ducs, Contes & Barons, Notables, & aussy les Chapitres Cathedraux, les Citez & bonnes Villes, & de nostre grace, leur avons octroyé qu'il ne payens riens en nostre Chancellerie; Et touz autres qui en voudront avoir Lettres, en pourront faire faire *vidimus* soubz Seel autentique, senz ce qu'il en paient riens de noz Sceauls, & adjoutera len [a] autel foy au *vidimus* comme à l'Original.

Toutes lesquelles choses dessusdittes, & chascunes d'icelles, *Nous* avons voulu, accordé & octroyé, voulons, accordons & octroyons par ces presentes, de nostre certaine science, de grace especial, de nostre puissance & auctorité Royal, nonobstant quelconques Ordennances, [b] Estatuts, Usaiges & Coustumes au contraire, & par ces presentes, mandons & commandons estroitement à touz noz Officiers & autres *Justiciers*, que les choses dessusdittes il tiegnent, & facent tenir & accomplir de point en point selon leur teneur. Et pour ce que ce soit ferme chose & estable à touzjours, Nous avons fait seeller ces Lettres de nostre grant Seel. *Donné à Paris, le vingt-huitieme jour du mois de Decembre, l'an de grace nostre Seigneur, mil trois cens cinquante & cinq.* Sic [c] sign. *Par le Roy, en son Conseil.* P. BLANCHET. *(qqq)*

a *tel.*

b *Statuts.*

c *signatum.*

NOTES.

(qqq) Dans le Registre du Chastelet après ce mot *Blanchet*, il y a *multipl.*

Collation faite en l'Original seellé en las de soie, & en cire vert, le Mardi vingt-sixieme jour de Janvier, l'an mil trois cens cinquante & cinq.

Ces Lettres furent publiées en Jugement ou Chastellet de Paris, present Maistre Jehan Luillier Lieutenant, le Samedi vingt-deuxieme jour de Janvier, l'an mil trois cens cinquante-cinq, & collacion faite par moy.

JEAN I.er & selon d'autres, Jean II. à Paris, le 30. de Decembre 1355.

(a) Mandement pour la *fabrication* de plusieurs *Especes nouvelles*, & pour fixer le *prix de l'Or, & de l'Argent.*

JEHAN par la grace de Dieu, Roy de France, à nos amez & feaulx les Generaulx-Maistres de noz Monnoyes, Salut & dilection. Sçavoir vous faisons que Nous, par tres grant & bonne deliberacion euë aveeques nostre Conseil, les Prelatz, Barons & Gens des bonnes Villes de nostre *(b)* Royaume sur le fait & reformacion de noz Monnoyes, & pour icelles mettre à bon & deu estat, par le conseil d'iceulx avons fait & ordonné, & voullons que par toutes les Monnoyes de nostredit Royaume, l'en face faire & ouvrer là où il appartiendra, tel ouvrage de Monnoye d'Or & d'Argent, blanche & noire, comme cy-après est devisé: C'est assavoir que Nous voullons que l'en face *Deniers d'Or fin à l'Aignel,* qui seront *de cinquante & deux de pois au Marc de Paris,* & auront *cours pour vingt solz parisis la piece:* En donnant à tous Changeurs, & Marchands frequentans nosdites Monnoyes, de chascun *Marc d'Or fin* qu'il apporteront en icelles, *cinquante d'iceulx Deniers d'Or à l'Aignel.*

Et aussi Monnoye d'Argent blanche & noire, sur le pié de Monnoye *(c)* vint-quatriesme, en donnant de chacun *Marc d'Argent nommé Argent-le-Roy, six livres Tournois,* sur lequel pié l'en face *Deniers blancs, qui seront à huit deniers de loy dudit*

NOTES.

(a) Registre C. de la Cour des Monnoyes de Paris, p. neuf vingt dix-neuf, *verso.* Ce Mandement est aussi dans le Registre de la Cour des Monnoyes de Paris, cotté R. double du Registre Q. fol. 52.

(b) Royaume.] Voy. l'Article 8. de l'Ordonnance du 28. Decembre precedent.

(c) Vint-quatriesme.] Voy. la Preface. §. *Monnoye.*

JEAN I.er & selon d'autres, Jean II. à Paris, le 30. de Decembre 1355.

Argent, & auront *cours pour dix Deniers Tournois la Piece*, *& de (d) huit solz de poix audit Marc* de Paris.

Et *Deniers doubles Tournois* qui feront *à deux deniers dix-huit grains de loy* dudit Argent, & *de (e) treze solz neuf deniers de poix* audit Marc, & auront cours pour *deux deniers tournois* la Piece.

Et *petis Deniers parisis*, *à deux deniers sept grains dudit Argent*, & *de (f) dix-huit solz quatre deniers de poix audit Marc*, & auront *cours pour un petit Denier parisy* la Piece.

Et *petis Deniers Tournoys de deux deniers tournois*, *à deux deniers de* loy *(g)* dudit Argent, & *(h) de vingt sols de poix audit Marc*, & auront *cours pour un Denier tournoys* la Piece.

Et *petites Mailles tournoys*, *à un denier douze grains de loy* dudit Argent, & *de (i) trente solz de poix audit Marc*, & auront *cours pour une Maille tournoys* la Piece.

En faisant iceulx Deniers blancs & noirs monnoyer sur telz coings & forme comme vous verrez qu'il appartiendra estre fait, & en donnant à touz iceulx Changeurs & Marchands de chascun *Marc d'Argent* qu'il apporteront en icelles, *alloié à huit deniers de loy dudit* Argent nommé le Roy, *cent cinq solz tournoys :* Et en chascun *Marc d'Argent allaié à deux deniers dix-huit grains de loy* dudit *(k)* Argent, *quatre livres quinze solz tournoys :* Et en tout autre *Marc d'Argent au-dessous d'iceulx deux deniers dix-huit grains*, *quatre livres douze solz tournois*. Si vous mandons & estroictement enjoignons à vous, & à chascun de vous, que tantost & sans delay ces Lettres veuës, toutes excusacions cessans, vous faciez faire & ouvrer par toutes & chascunes de nosdites Monnoyes, là où il appartiendra estre fait, toutes icelles Monnoyes d'Or & d'Argent, blanches & noires, par la forme & maniere que dit est dessus, & en donnant les pris en tous Marcs d'Or & d'Argent que dits sont dessus : Et voullons que vous donniez & faciez donner aux Ouvriers & Monnoyers tel sallaire pour Ouvraige & Monnoyaige comme bon vous semblera. Et ou cas que il convendroit cuyvre pour allayer & faire l'ouvraige d'icelle Monnoye noire dessusdite, Nous voullons qu'il soit prins sur Nous, & quis [a] à nos despens, & alloüé ès comptes de celluy ou ceulx à qui il appartiendra, par noz amez & feaulx les Gens de noz Comptes, sans autre mandement avoir. De toutes les choses dessusdites, & chascunes d'icelles faire & accomplir, à vous & à chascun de vous donnons povoir, auctorité & mandement especial par la teneur de ces presentes. *Donné à Paris, le trentieme jour de Decembre, l'an de grace mil trois cens cinquante & cinq.* Ainsi signé. Par le Roy. MATH.

a acquis, acheté.

NOTES.

(d) Huit sols de poix.] C'est-à-dire, qu'il y aura quatre-vingt-seize Pieces au Marc. Voy. la Preface. §. *Monnoye*.

(e) Treze sols neuf deniers de poix.] C'est-à-dire, qu'il y aura cent soixante-cinq Pieces au Marc.

(f) Dix-huit sols quatre deniers de poix.] C'est-à-dire, qu'il y aura deux cens vingt Pieces au Marc.

(g) Dueldit.] Dans le Registre R. il y a d'*iceluy Argent*.

(h) Vingt sols de poix.] C'est-à-dire, qu'il y aura deux cens quarante Pieces au Marc.

(i) Trente sols de poix.] C'est-à-dire, qu'il y aura trois cens soixante Pieces au Marc.

(k) Argent.] Dans le Registre R. il y a *Argent-le-Roy*.

JEAN I.er & selon d'autres, Jean II. à Paris, le 13. de Janvier 1355.

(a) *Ordonnance pour le* payement des dettes *dans le cas d'une* diminution d'Especes.

SOMMAIRES.

(1) Les Loyers, les Rentes, les Gages, &c. se payeront en Monnoye courante pour les termes futurs; & pour les termes échus, ils se payeront à proportion du prix qu'avoit l'Argent lors de l'écheance de ces termes: si cependant la Monnoye estoit alors plus forte qu'elle n'est presentement, ces termes se payeront en Monnoye courante.

(2) Les Deniers empruntez se payeront avec la mesme Monnoye qui a esté reçûë, indépendamment du changement qui est arrivé à son prix. Si elle n'a plus de cours, on payera en Monnoye courante, le mesme poids d'Argent qui a esté reçû. La mesme regle s'observera dans le payement des sommes promises par des Contracts de Mariage, ou deposées, ou qui doivent estre remboursées à un acquereur, sur qui on exerce un Retrait.

(3) Les Fermes des Droits fixes, & qui ne changent point selon le cours de l'Argent, seront payez à l'avenir en Monnoye courante. Mais pour les termes échûs, ils seront payez à proportion du prix qu'avoit l'Argent lors de la levée de ces Droits: si cependant la Monnoye estoit alors plus forte, &c. Voy. n. 1. à la fin.

(4) Par rapport aux fermes des choses dont le prix croist & diminuë à proportion du prix de l'Argent, les termes échûs se payeront à proportion du prix qu'avoit l'Argent lors de l'écheance. Si cependant la Monnoye estoit alors plus forte, &c. (Voy. n. 1.) *Pour les termes futurs, si les Baux ont esté passez le jour de la saint Jean-Baptiste, ou auparavant, le prix en sera payé à la Monnoye courante. Si les Baux ont esté passez depuis la saint Jean-Baptiste, & que le Bailleur ne veüille pas en recevoir le prix sur le pied que l'Argent valoit lors de la passation du Bail, le Bailleur pourra reprendre sa Ferme, & le Fermier sera tenu de luy rendre compte dans quinzaine, &c.*

(5) Par rapport aux Fermes composées de choses dont les unes sont fixes, & les autres augmentent & diminüent de prix, à proportion de la valeur de l'Argent, on suivra pour chacune de ces choses, les regles establies dans les Articles 3. & 4. Mais le Bailleur ne pourra pas démembrer de sa Ferme, les choses d'une certaine nature, & obliger le Fermier de garder les autres.

(6) Le prix des Bois vendus depuis la saint Jean derniere, se payera si le Bois est enlevé, à proportion de la valeur qu'avoit l'Argent lors de la vente.

(7) Le prix des ventes des Bois faittes depuis la saint Jean derniere, lesquels ne sont pas entierement couppez, se payera à la Monnoye courante, si les termes des payements sont eschus. L'Achepteur pourra cependant renoncer à la couppe du Bois qui est encore sur pied, & on diminüera sur ce qu'il doit, le prix des Bois qui sont sur pied, eu égard à leur qualité, & au prix total du Marché. Ce que l'Achepteur redevra pour le prix des Bois qu'il a enlevez, il le payera à proportion de la valeur de l'Argent lors de la vente; mais s'il a payé plus que le prix des Bois qu'il a enlevez, le Vendeur luy restituera ce surplus, sur le pied que valoit l'Argent lorsqu'il l'a reçû.

(8) Celuy qui a acheté des Bois depuis la saint Jean derniere, si ces Bois ne sont pas tous couppez, & si les termes des payements ne sont pas encore eschus, pourra tenir le marché qu'il a fait, en payant en Monnoye courante. Mais s'il ne veut pas tenir le marché à cette condition, & que le Vendeur ne veüille pas se contenter d'estre payé à proportion de la valeur de l'Argent lors de la vente, le Vendeur pourra reprendre les Bois qui ne sont pas couppez, & l'Acheteur payera le prix de ceux qu'il a couppez, à proportion de la valeur qu'avoit l'Argent lors de la vente.

(9) Par rapport au prix des Bois vendus avant la saint Jean derniere, lorsque le Bois est tout couppé, & que le prix n'en est pas entierement payé, quoique les termes des payements soient eschus depuis la saint Jean, si l'Acheteur a stipulé qu'il payeroit avec la Monnoye qui auroit cours lors de l'escheance des payements, il payera à proportion de la valeur qu'avoit l'Argent, lors de ces escheances. S'il s'est engagé simplement à payer à de certains termes, il payera à la Monnoye courante; à moins qu'elle ne soit plus forte que celle qui avoit cours lors de la vente; car dans ce cas, il ne payera qu'à proportion du prix de cette derniere.

(10) Le prix des Bois vendus avant la saint Jean derniere, si les Bois sont tout couppez, & que les termes des payements ne soient pas eschus, se payera à la Monnoye courante.

(11) Le prix des Bois vendus avant la saint Jean derniere, lorsque les Bois ne sont pas encore couppez, & que le prix n'en est pas entierement payé, quoique les termes des payements soient eschus depuis la saint Jean, se payera à la Monnoye courante, si l'Acheteur le veut bien. S'il ne le veut pas; ou l'Acheteur a stipulé qu'il payeroit à la Monnoye qui auroit cours lors de l'escheance des payements, & alors il payera à proportion de la valeur qu'avoit l'Argent lors de ces escheances, ou il s'est engagé simplement à payer à dec ertains termes, & alors

JEAN I.er & selon d'autres, Jean II. à Paris, le 13. de Janvier 1355.

il payera à proportion de la valeur qu'avoit l'Argent lors de la vente : si cependant la Monnoye estoit alors plus forte qu'elle n'est presentement, il payera en Monnoye courante.

(12) Le prix des Bois vendus avant la saint Jean derniere, se payera à la Monnoye courante, si les Bois ne sont pas entierement couppez, & que les termes des payements ne soient pas encore eschus.

(13) Toutes les obligations se payeront à proportion du prix qu'avoit l'Argent, lorsqu'elles ont esté contractées : on pourra cependant payer à Monnoye courante, si elle est plus foible que celle qui avoit cours lors de l'obligation : mais si il est stipulé que l'on payera à un certain terme, & à la Monnoye qui aura cours alors, on payera à proportion du prix qu'avoit l'Argent à l'escheance de ce terme ; à moins que cet Argent ne fût plus fort que celuy qui a cours presentement, car en ce cas on payera à la Monnoye courante.

(14) Les conventions de payer à une certaine Monnoye, & au prix qu'elle aura lors de l'escheance des payements, seront executées ; à moins que cette Monnoye ne fût plus forte que celle qui a cours presentement, dans lequel cas on payera à la Monnoye courante.

La Chambre des Comptes donnera les éclaircissemens necessaires sur les difficultez qui surviendront sur cette matiere.

ORDENANCES *(b)* faites par le Grant Conseil du Roy le 13.e jour de Janvier MCCCLV. *sur la maniere des Payemens de toutes choses.*

NOTES.

(a) Memorial C. de la Chambre des Comptes de Paris, fol. huict vingt & quatre, *recto*.

(b) Quoique cette Ordonnance ne soit pas en forme, on a cru devoir la faire imprimer ici, à cause de l'importance de la matiere, & en suivant l'exemple de M. de Laurriere qui en a donné plusieurs semblables.

Depuis Philippe le Bel, il y a eu de grandes variations dans les Monnoyes, & dans le prix de l'Or & de l'Argent. Cette matiere sera traitée dans la Preface §. *Monnoye*.

Ces variations causoient bien du derangement dans le Commerce, sur-tout par rapport aux engagements, lorsqu'ayant esté contractez, quand l'Argent estoit à un certain prix, ils devoient estre executez dans des temps, où ce prix estoit augmenté ou diminué. Par exemple : qu'un homme empruntast cent livres quand la Monnoye estoit foible, & que le Marc d'Argent valoit vingt livres, il ne recevoit que cinq Marcs d'Argent. Supposé qu'à l'écheance du payement, il se trouvast que la Monnoye fust forte, & que le Marc d'Argent ne valût plus que cinq livres : Et cependant si dans ce cas on l'avoit condampné à payer cent livres en especes courantes, il auroit esté obligé de rendre vingt Marcs d'Argent, quoiqu'il n'en eust reçû que cinq. La perte seroit tombée sur le Presteur, si l'emprunt avoit esté fait à Monnoye forte, & que le payement se fist à Monnoye foible. Le méme inconvenient se trouvoit dans les Baux à Ferme, & generalement dans tous les Contracts par lesquels les parties, ou l'une d'entre elles, s'engageoient à payer une somme d'Argent dans de certains temps.

Pour prevenir ces inconveniens, lorsque les Rois diminuoient le prix du marc d'Argent, & faisoient fabriquer de la Monnoye forte, ils donnoient des Ordonnances pour regler la maniere dont seroient executez les engagemens contractez, lorsque la Monnoye estoit foible.

Il y a plusieurs de ces Ordonnances imprimées dans les deux premiers Volumes de ce Recueil : Sçavoir

Dans le premier Volume,

une des
- 24. de Juin........ 1303. p. 378.
- 8. de Juin........ 1306. p. 442.
- 4. d'Octobre .... 1306. p. 444.
- 13. de Janvier.... 1306. p. 446.
- 28. de Fevrier.... 1308. p. 456.
- Juin........ 1313. p. 525.

Dans le deuxiéme Volume,

une des
- 16. de Decembre 1329. p. 43.
- 22. d'Aoust........ 1343. p. 87.
- non datée........................ p. 193.
- 5. de Novembre 1343. p. 195.
- 6. de Janvier.... 1347. p. 271.
- 3. de May......... 1350. p. 322.
- 10. de Fevrier.... 1351. p. 485.
- 6. de Mars........ 1351. p. 491.
- Novembre 1353. p. 545.

Quelquefois ces Ordonnances sont dans la forme ordinaire : telles sont celles du 16. de Decembre 1329. du 22. d'Aoust & du 5. de Novembre 1343. Quelquefois ce sont des Reglements faits au Conseil du Roy, & confirmez par des Lettres du Roy, dans lesquelles ils sont inserez : tels sont ceux du 10. de Fevrier & du 6. de Mars 1351.

Quelquesfois aussi on ne trouve que les seuls Reglements du Conseil : tels sont ceux du 6. de Janvier 1347. du 3. de Mars 1350. & du mois de Novembre 1353. & celle-cy qui est presque semblable aux precedentes.

Un des principes fondamentaux de ces Ordonnances est que toutes les conventions faites entre les parties, doivent estre executées, si ce n'est dans le cas de l'emprunt, lorsqu'elles

Premierement.

Premierement. Toutes *debtes deues à cause de loiers de Maisons, de (c) Rentes* [a] *à heritage*, à vie, à voulenté, ou à temps, *(d)* Gages à termes ou par jours, & toutes semblables debtes deues pour les termes ou temps escheu de tout le temps passé, jusques au jour de la publication de ceste presente forte Monnoie faite & publiée au lieu principal & accoustumé de chacune [b] Baillie ou Seneschaucie Royal, se payeront à ceste forte Monnoye *(e)* au [c] feur du pris du Marc d'Argent de temps à temps; se ainsi n'estoit que au temps ou terme de la debte, eust couru [d] plus forte Monnoye que ceste qui court & courra au temps que l'en payera; ouquel cas l'en sera quicte en payant denier pour denier : Et ce qui en sera deu dores-en-avant pour les termes & temps ensuivans ladite publication de la forte Monnoye ès lieux principauls, comme dit est, se payera à la forte Monnoye courant à iceuls termes & temps.

(2) Item. Tous *Emprunts* [e] vrais faiz senz fraude & cautele en deniers se rendront & payeront en tele Monnoie comme l'en aura emprunté, se icelle Monnoie a cours plenier au temps du payement; & [f] se non, l'en les payera en Monnoie

JEAN I.er & selon d'autres, Jean II. à Paris, le 13. de Janvier 1355.

a *Rentes foncieres.*

b *Baillage.*

c *à proportion.*

d *Voy. la Note (b) à la fin.*

e *Voy. la Note (b).*

f *si elle n'a plus cours.*

NOTES.

sont trop avantageuses au presteur, parce qu'alors elles sont censées usuraires.

Un second principe, c'est que le debiteur au terme du payement, doit donner la mesme Monnoye qui couroit, lorsqu'il a emprunté, quoyque le prix de cette Monnoye soit changé; si cette Monnoye a esté décriée, & qu'elle n'ait plus de cours, il doit payer en Monnoye courante; & alors sans avoir égard à son prix, mais uniquement à son poids, il donnera le méme poids d'Argent qui suffisoit au jour de l'obligation par luy passée, pour payer la somme qu'il doit. Par exemple, si lorsqu'un homme a emprunté 100. livres par an, l'Argent estoit à cinq livres le marc, en sorte qu'il fallût vingt marcs d'Argent pour payer cent liv. & qu'au jour du payement, le Marc fût réduit à quatre livres, le debiteur ne sera tenu de payer que vingt marcs d'Argent, quoyqu'ils ne valent plus que quatre-vingt livres.

Si au contraire, le marc est porté à six liv. il ne sera pas moins tenu de payer vingt marcs, quoyqu'ils valent cent vingt livres. Cette évaluation est exprimée dans les Ordonnances sur les payemens, par ces mots ou autres semblables; *payer au feur* (à proportion) *du prix que marc d'Argent valoit aux termes du payement* : ou *de temps à temps*, ou *de l'un temps à l'autre*.

Il y a cependant dans ces Ordonnances quelques exceptions à ce principe dans des cas particuliers. Quelquefois aussi ces décisions particulieres sont fondées sur les changemens arrivez dans le prix de l'Argent à differentes époques, qui sont rappellées dans les Reglemens; ce qui fait qu'on ne peut les entendre parfaitement sans avoir devant les yeux ces variations du prix de l'Argent; & c'est ce qui a engagé à mettre ici celles qui sont arrivées pendant l'année 1355. Depuis le 31. d'Octobre de l'année precedente, l'Argent estoit monté de 4.l 4.s à 5.l 6.s Voy. les Tables du prix des Monnoyes qui sont à la fin de la Preface du 2.e Volume des Ordonnances.

		l.	s.
1355.	19. de May	6.	10.
	1. de Juillet	7.	10.
	11. de Juillet	10.	0.
	17. d'Aoust	10.	0.
	27. de Septembre	12.	10.
	18. d'Octobre	14.	0.
	27. d'Octobre	16.	0.
	14. de Decembre	18.	0.
	30. de Decembre	5.	5.

Il faut encore remarquer qu'il est reglé par plusieurs de ces Ordonnances, que lorsque le Debiteur paye à forte Monnoye, il peut payer en especes courantes, quoiqu'au temps de l'emprunt, la Monnoye fût plus forte. Ceux qui firent ce Reglement, & qui sçavoient les differents prix qu'avoit eu l'Argent dans les differens temps, voyant qu'il ne pouvoit y avoir qu'une très-legere difference entre ces Monnoyes fortes, crurent apparemment qu'il falloit mieux faire souffrir au presteur un perte qui ne pouvoit estre que très-modique, que d'engager les parties dans des évaluations.

On peut voir ce qu'a dit sur cette matiere, le Blanc dans la Preface de son Traité historique des Monnoyes de France. Edit. de Paris, p. XXXVII. & suivantes.

(c) Rentes à heritage, à vie, &c.] Rien n'estoit plus commun dans ces temps-là, que de créer des *Rentes*, qui estoient comme des *Pensions*, & qui devoient subsister, soit pendant un certain temps marqué, soit tant que le voudroit celuy qui la créoit, soit pendant la vie de celuy en faveur de qui elle estoit créée. Les Registres des Chartres conservez à la Chambre des Comptes de Paris, sont pleins de pareilles Rentes créées par les Rois, qui faisoient souvent aussi des dons d'heritages, sous une de ces trois conditions.

(d) Gages à termes, ou par jours.] Dans ces temps-là, les Gages se comptoient pour l'ordinaire à *tant* par jour, & l'on les retranchoit aux Officiers pour les jours qu'ils n'avoient pas servi.

(e) Au feur du pris, &c.] C'est-à-dire

JEAN I.er & selon d'autres, Jean II. à Paris, le 13. de Janvier 1355.

coursable lors [a], selon la valüe & le pris du marc d'Or ou d'Argent, de l'un temps à l'autre; c'est assavoir selon la valüe du Marc d'Or, qui aura emprunté Or; & selon la valüe du marc d'Argent, qui aura emprunté Argent. Et semblablement se payeront *(f)* retraiz de heritages, *(g)* promesses en mariages, & deniers reçeus en garde & en dépost.

(3) Item. Les Fermes *(h)* muables qui se lievent [b] en deniers chacun jour, autant *(i)* à une Monnoie comme à autre, si comme sont Paages [c], *(k)* Travers, *(l)* Sceauls, *(m)* Escriptures ordenées ou tauxées [d], amendes ordinaires, & autres revenues semblabes [e], se payeront pour le temps escheu depuis la publication de la forte Monnoie comme dessus, & qui escherra dor-es-enavant, à ceste forte Monnoie qui court & courra ou temps à venir; & pour le temps precedent ladite publication, l'en paiera au feur [f] du marc d'Argent de temps à temps : c'est assavoir du temps de la debte & levées, au temps que l'en paiera; se ainsi n'estoit, comme dessus est dit, que *au temps de la levée de l'émolument de ladite ferme, eust couru plus forte Monnoie que il ne sera au temps du payement; ouquel cas l'en sera quittes par payant (n) denier* [g] *pour denier.*

(4) Item. Les *fermes muables* en deniers *(o) de choses dont le pris croist & decroist* communement *selon le pris* & valüe *de la forte & foible Monnoie, se payeront* par la maniere qui s'ensuit : c'est assavoir *ce qui en est deu pour* le temps & *termes precedens la publication de la forte Monnoie* publiée comme dessus est dit, se *paiera au feur du Marc d'Argent de l'un temps à l'autre;* se *ainsi n'estoit que au temps du terme deu* [h], *eust coru plus forte Monnoie que il ne court à present* & courra au jour du payement, *ouquel cas l'en sera quitte par payant denier pour denier* comme dessus. *Et pour les termes avenir, se icelles Fermes ont esté prises & affermées (p) le jour de la Saint Jehan-Baptiste darrenierement passé ou au-devant, l'en sera tenuz de payer la Monnoye courant aus termes; & se icelles Fermes ont esté prises* & affermées *depuis le jour de ladite Saint Jehan* darrenierement passé, *se il plaist au Bailleur à recevoir son payement* pour les termes ensuians le jour de la publication de ladite forte Monnoie, *au feur du Marc d'Argent du temps du premier Bail de*

[a] *courante alors.* [b] *levent.* [c] *Peages.* [d] *taxées.* [e] *semblables.* [f] *à proportion.* [g] *en Monnoye courante.* [h] *dû*

NOTES.

que pour s'acquitter de ce que l'on auroit dû payer aux termes qui sont passez, l'on donnera mesme poids d'Argent que l'on auroit donné, si on avoit payé au jour des differentes escheances.

(f) Retraiz de heritages.] Le prix de l'heritage que l'on retire par Retrait, & que l'on doit rembourser à celuy sur qui on l'exerce.

(g) Promesses en mariages.] Les sommes promises par des Contracts de Mariage.

(h) Fermes muables.] Fermes qui ne sont que pour un temps, à la difference des *Fermes*, ou *Baux à rente*, qui sont à perpetuité, & qui emportent alienation de l'heritage.

(i) Autant à une Monnoye, &c.] Si on paye un sol à un Peage, on payera un sol, quelque prix qu'ait la Monnoye. Il en est de mesme de tous les autres Droits fixes.

(k) Travers.] C'est la mesme chose que *Peage :* c'est un droit que l'on paye, lorsqu'on passe dans de certains chemins, ou qu'on les *traverse.*

(l) Sceaux.] Droit que l'on paye, lorsqu'un Acte est scellé du *Scel* du Roy, ou d'un autre Justicier, & qu'il devient par-là public, & *authentique.*

(m) Escriptures.] Ce sont les Actes judiciaires, & les procedures faites dans les Procez. Les droits que l'on payent pour ces Escritures, sont Domaniaux, & estoient quelquefois donnez à Ferme. Voy. le 2.e vol. des Ordonnances, p. 73. & 125. Art. 17.

(n) Denier pour denier.] Voy. la Note *(b)* à la fin.

(o) De choses dont le prix croist & decroist.] Telles sont les Fermes de terres, où l'on recueille du bled, & d'autres denrées.

(p) Le jour de la saint Jean-Baptiste.] Depuis le 31. d'Octobre 1354. jusqu'au 1.er de Juillet 1355. l'Argent n'avoit pas valu plus de 6.l 10.f & il avoit esté un temps à 4.l 4.f ensorte qu'il n'y avoit qu'une très-legere difference entre le prix de l'Argent dans ces temps-là, & le prix courant au temps de cette Ordonnance, où il estoit à 5.l 5.f C'est par cette raison qu'il est reglé par cet Article, que le prix des Fermes prises le jour de la S.t Jean & auparavant, se payera à la Monnoye courante : mais depuis le 1.er de Juillet 1355. l'Argent estoit monté de 6.l 10.f à 18.l & puis reduit à 5.l 5.f Cette difference qui estoit très considerable, donna lieu aux Reglements portez par la suite de cet Article. Voy. la Table du prix de l'Argent dans la Note *(b)*.

ladite Ferme, faire le pourra; & se non, & le Fermier ne se veult [a] assentir à payer pour iceuls termes *la Monnoye courant* aus termes, *le Bailleur pourra reprendre sa Ferme* pardevers lui, *en recevant bon & loyal compte dudit Fermier;* lequel Bailleur se accorder ne peuvent entre li & son Fermier, sera tenuz de eslire lequel qu'il voudra dedenz quinze jours après la publication de [b] ses presentes Ordenances, & le signifier à sondit fermier : Et se il eslit à ravoir sa chose & Compte dudit fermier, ledit fermier sera tenuz de en rendre bon, loial & juste compte audit Bailleur dedenz la quinzaine après ensuiant, & sera tenuz le fermier de faire serement solennel de compter justement & loialment à sondit Bailleur; & neantmoins n'en sera-t-il pas cru par son serement, ou cas que le Bailleur voudra monstrer le contraire : Et se iceli fermier est tenuz par fin de compte en aucune chose à son Bailleur, il sera tenuz de le li payer dedenz huit jours après lesdiz quinze jours au feur du Marc d'Argent; & ou cas que ledit fermier seroit defaillant de compter dedenz le temps cy-dessus prescript, ou de payer ce qu'il en devroit dedenz l'autre temps après ordené, iceli fermier se il plaist au Bailleur, sera tenuz de tenir sadite Ferme, & payer ausdiz termes avenir la Monnoie courant à iceuls termes, senz ce que iceli Fermier y puist ne ne doie estre reçuz à aucune renonciacion

JEAN I.er & selon d'autres, Jean II. à Paris, le 13. de Janvier 1355.

a consentir.

b ces

(5) *Item.* Les Fermes mixtes de & sur choses qui sont de *(q)* diverses natures, & ont divers membres, dont les aucuns sont en choses dont l'en paie autant à une Monnoie comme à autre, & les autres se haussent & [c] avalent selon le haussement & abaissement de la Monnoie, l'en en usera proportionnelment le plus près que l'en pourra, selon la teneur cy-dessus escripte, sur chascun membre singulierement. Toutevoies le bailleur ne pourra pas, se il ne plaist au Fermier, retenir un membre & laissier l'autre, ne le Fermier retenir un membre & laissier l'autre; mais seront tenuz, se autrement ne s'accordent, ou tout retenir, ou tout laissier.

c diminuent de prix.

(6) *Item.* Les ventes de Bois prises depuis le *(r)* jour de la Saint Jehan darnierement passé, à paier à une foiz ou à termes, un ou plusieurs, soient les termes passez ou avenir, mais le Bois est tout [d] levé, se paieront au feur du prix du marc d'Argent du temps de la prise.

d couppé & enlevé.

(7) *Item.* *(s)* Les ventes de Bois prises, comme dit est, de quoi les termes des paiemens sont touz passez, mais le Bois n'est pas tout couppé, & si en doit encore le Marchant au vendeur aucune somme d'Argent pour aucuns termes ou temps passez, se paieront à la forte Monnoie qui court ou courra, & pour le pris que elle a cours, c'est assavoir, pour tant de porcion de Bois comme il y a à couper; ou se iceli achateur de Bois veut, il pourra renoncier à la couppe du demorant de Bois, & li sera descompté de sa debte, à la valüe & selon le pris du marchié, & la qualité & valüe du Bois couppé & à coupper; & se l'achateur demeure en debte, outre la valüe d'iceli Bois à coupper, il paiera ce demourant au feur du pris du marc d'Argent du temps du Bail; & se la valüe du Bois à coupper monte plus que la debte dudit achateur, le vendeur sera tenuz en ce cas de paier à son achateur le seurplus d'Argent, au feur du pris du Marc d'Argent du temps que il auroit reçû iceli surplus.

(8) *Item.* *(t)* Lesdites ventes de Bois prises comme dit est, de quoi partie du Bois est à coupper, & les termes des paiemens sont aussi à venir, ou cas que l'achateur voudra retenir son marchié [e] par paiant tele Monnoie, & pour tel pris comme il courra aus termes, faire le pourra senz contredit du vendeur; & ou cas que il ne voudra ce faire, se le vendeur ne veut estre contens pour les termes avenir, de la Monnoie courant au temps du Bail au feur du marc d'Argent, iceli vendeur pourra son Bois & sa vente reprendre pardevers soi ou point où elle est, se il li plaist, en recevant dudit

e en.

NOTES.

(q) Diverses natures.] Voy. les Articles 3. & 4.

(r) Jour de la S.t Jehan.] Voy. la Note (p) c'est le mesme principe.

(s) Les ventes des Bois.] Voy. le sommaire de cet Article.

(t) Lesdites ventes, &c.] Voy. le sommaire de cet Article.

JEAN I.er & selon d'autres, Jean II. à Paris, le 13. de Janvier 1355.

achateur ce que il li en doit pour le Bois plus couppé que paié; lequel paiement se fera au pris du marc d'Argent du temps de la prise, eu égard à [a] l'assorement dudit Bois, plus grant valüe ou mendre [b] du Bois couppé au Bois à coupper, si comme ci-dessus est dit.

a l'estimation.
b moindre.

(9) Item. Et les ventes de Bois prises avant le lendemain de la Nativité Saint Jehan-Baptiste darrenierement passé, de quoi le Bois est tout couppé, & les termes des paiemens sont touz passez, mais l'achateur en doit encores au vendeur aucune somme d'Argent, pour les termes escheuz depuis ledit jour de Saint Jehan-Baptiste darnierement passé; se l'achateur s'est obligé ou a promis à paier à certains termes, & à tele Monnoie, & pour tel pris comme elle auroit cours aus termes, ledit achateur sera quittes par paiant ce qu'il en doit pour lesdiz termes au feur du pris que marc d'Argent valoit à iceuls termes; & se l'achateur ne s'estoit point obligiez, ne n'avoit promis à paier la Monnoie courant aus termes, comme dit est, mais simplement en certaine somme d'Argent à paier à certains termes, en ce cas il sera tenuz de paier la forte Monnoie qui court & courra au temps *(u)* que il paiera; se ainsi n'estoit que au temps de la prise eust coru plus foible *(x)* Monnoie que celle qui court à present, ou quel cas il seroit quittes par paiant au feur que marc d'Argent valoit au temps de la prise.

(10) Item. Les ventes de Bois prises avant *(y)* la Saint Jean comme dessus, dequoi le Bois est tout couppé, & aucuns des termes des paiemens sont à venir, se paieront à la forte Monnoie courant, aus termes desdiz paiemens.

(11) Item. Des ventes de Bois prises, comme dit est, dequoi le Bois n'est pas tout couppé, & les termes des payemens sont touz passez, mais l'achateur en doit ancores partie de l'Argent pour termes escheuz depuis la Saint Jean dessus-ditte, se paieront pour iceuls termes à la Monnoie qui court & courra au temps que l'en paiera, *(z)* se il plaist à l'achateur; & se [c] non, se l'achateur [d] ou marchié ou prise de sadite vente, s'obliga ou promist à paier la Monnoie courant aus termes comme ci-dessus est dit, le vendeur en ce cas sera contens de la Monnoye du terme,

c si.
d au.

NOTES.

(u) Au temps que il payera.] Dans le cas de cet Article, le Marchand qui a acheplé des Bois pendant la Monnoye forte, & qui n'a certainement pas prevû qu'à l'escheance des Payements, il y auroit de la Monnoye foible, doit payer à la Monnoye courante, qui est à peu près égale à celle qui avoit cours, quand il a fait son marché, quoiqu'à l'escheance des payements il y eust de la Monnoye foible; mais s'il a stipulé expressement qu'il payeroit avec la Monnoye qui auroit cours lors des escheances des Payements, il payera à proportion du prix qu'avoit l'Argent lors de ces escheances, parce que toutes les conventions des Parties doivent estre executées, suivant ce qui sera dit plus bas, Art. 14.

(x) Plus foible Monnoye.] Par exemple, si la vente avoit esté faite le 7. de Septembre 1354. où le Marc d'Argent valoit 12.l Voy. les Tables du prix des Monnoyes, qui sont à la fin de la Preface du 2.e vol. des Ordonnances.

(y) La S.t Jean.] Voy. le principe de cette decision, cy-dessus dans la Note *(p)*.

(z) Se il plaist à l'Achateur.] Cet Article de la maniere dont il est redigé, donne lieu à une difficulté trés-bien fondée. Il y est dit que lorsque des Bois auront esté vendus avant la S.t Jean derniere, c'est-à-dire dans le temps de la Monnoye forte, qu'ils ne seront pas entierement couppez, & que le prix ne sera pas payé, quoique les escheances des Payements eussent esté fixées à des termes passez, & à l'escheance desquels la Monnoye estoit foible, que dans ces cas, l'Achepteur payera à la Monnoye courante qui est une Monnoye forte, supposé qu'il le veuille bien : mais s'il ne le veut pas, on distinguera deux cas : ou l'Achepteur a promis de payer à la Monnoye qui aura cours lors de l'escheance des payements, ou il a promis simplement de payer à de certains termes : dans le premier cas, il payera à proportion du prix qu'avoit l'Argent lors de l'escheance des termes, c'est-à-dire en Monnoye foible, parce qu'il faut executer les conventions des Parties : dans le second cas, il payera à proportion du prix de l'Argent lors de la vente, c'est-à-dire en Monnoye forte, à peu près égale à celle qui a cours presentement. Il paroist fort extraordinaire que dans le premier cas, l'on propose à l'Achepteur l'alternative de payer à forte, ou à foible Monnoye, comme si l'on pouvoit presumer qu'il balançât sur cette alternative, & qu'il pût prendre le premier parti.

Peut-estre y a-t-il quelques lignes de passées dans cet Article : ce qui pourroit favoriser cette conjecture, c'est que dans le Memorial

c'est assavoir au pris du marc d'Argent; & se l'achateur ne s'obliga ou ne promist pas à paier la Monnoie courant aux termes comme dessus, en ce cas il sera tenuz de paier au feur du marc d'Argent du temps de la prise; se ainsi n'estoit que en iceli temps courut plus forte Monnoie que à present, ouquel cas il seroit quittes par paiant la Monnoie qui court & courra, denier pour denier.

JEAN I.er & selon d'autres, Jean II. à Paris, le 13. de Janvier 1355.

(12) *Item.* Les ventes de Bois prises avant la Saint *(aa)* Jehan dessusdite, de quoi aucuns termes des paiemens sont avenir; & aussi le Bois ou partie d'iceli est à coupper, se paieront pour les termes à venir en la Monnoie courant aus termes, & pour le pris que elle y courra, senz ce que l'achateur puisse renoncier à sondit marchié, ne le vendeur retraire sadite vente.

(13) *Item. Touz autres* [a] *Contraux faiz, ou denrées* [b] *accreues* par tout le temps passé *avant la publication de ceste forte Monnoie* faite & publiée comme dessus est dit, à payer senz terme, ou à termes passez ou avenir, senz faire expresse mencion de Monnoye courant aus termes, comme cy-dessus est dit, *se paieront à ceste Monnoie au feur du pris que Marc d'Argent valoit au temps du Contraut* ou denrées accreües, se ainsi n'estoit que au temps du Contraut eust coru plus forte Monnoie que celle qui court à present comme dit est, ouquel cas l'en sera quicte par payant la Monnoye qui court & courra denier pour denier : & se *où Contraut* [c] *est obligacion ou promesse expresse de payer à termes en tele Monnoie & pour tel pris comme il courroit aus termes,* l'en sera tenuz *à payer la Monnoie courrant à present au feur que Marc d'Argent valoit aus temps des termes,* & non pas au temps du Contraut; se ainsi n'estoit toutes-voies que au temps des termes, eust couru plus forte Monnoye que il ne fait à present; ouquel cas l'en seroit quictes par payant la Monnoye qui court, *(bb)* pour celle de lors, denier pour denier.

a contracts.
b empruntées.
c eust

(14) Et generalement pour certaines & justes causes est ordonné & declarié par especial, que se ès contraux dessusdiz tant de fermes, comme de marchiez de Bois, & autres vrais Contraux commis [d], *sont* entrevenuës ou *accordées entre les parties* contraiens [e] certaines & expresses convenances que *le preneur ou achateur doie payer au bailleur ou vendeur tele Monnoye, & pour tel pris comme il courra aus termes mis ou assignez sur les payemens* d'iceuls Contraux, *lesdites convenances seront tenuës & gardées* quant à ce qui en est deu pour le temps passé, ou sera pour le temps avenir; se ainsi n'estoit que au terme assigné eust couru plus forte Monnoie que il ne court ou courra au temps du payement; ouquel cas l'en seroit quictes pour la Monnoie qui court ou courra au temps du paiement, [f] pour celle du temps du terme passé, denier pour denier.

d passez
e contractantes.
f à la place de.

Toutesvoies se en aucuns des cas ou articles dessus diz ou autres sur cette matiere, avoit ou naissoit aucune doubte ou aucun trouble, *la declaration en est* [*(cc)* re-

NOTES.

de la Chambre des Comptes, ces mots, *& se non, se l'Achepteur* avoient esté oubliez, & sont en interligne, mais cependant d'une mesme main.

Il faut encore remarquer que quoique cette Ordonnance soit presque entierement conforme aux precedentes données sur cette matiere, cet Article cy est different de ceux qui reglent le mesme cas dans les precedentes. Voicy l'Article 12. de l'Ordonnance du mois de Novembre 1353. Tome 2. des Ordonnances, p. 547.

Item. Les *ventes des Bois* prises comme dit est, de quoy le Bois *n'est pas tout couppé*, & les termes des payements sont passez, mais l'Achateur en doit encores partie de l'Argent escheuz au temps *de la foible Monnoye*, se payeront à telle Monnoye comme il court, ou courra quant l'Achateur payera se il l'y plaist; & sinon & le Vendeur ne veult estre content de la Monnoye qui couroit au terme du payement deu, il pourra reprendre sa vente & son Bois ou poinct que il est, par la maniere qu'il est devisé cy-dessus des ventes semblables prises depuis le cours de la foible Monnoye.

(aa) La S.t Jean.] Voy. cy-dessus Note *(p)* c'est le mesme principe de decision.

(bb) Pour celle de lors.] En la place de celle qui avoit cours alors.

(cc) Reservée.] Dans le Memorial, ce qui est entre deux crochets est escript d'une escriture moderne, & d'un autre caractere; mais la connoissance de cette matiere avoit déja esté attribuée à la Chambre des Comptes, par l'Ordonnance du mois de Novembre 1353.

servée par devers les Genz des Comptes à Paris.] *(dd).*

NOTES.

Art. 15. Voy. le 2.e vol. des Ordonnances, p. 548.

(dd) Les Reglements faits par cette Ordonnance, & par les precedentes ausquelles elle est presque entierement conforme, sont fondez sur la Justice, & sur l'Equité, & tendent à rendre exactement à chacun ce qui luy appartient; mais ils engageoient les Parties dans des comptes, des calculs, des évaluations, des discussions, & ils ouvroient la porte à un nombre infini de Procez. C'est ce qui a determiné dans la suite à ordonner que dans tous les cas, excepté celuy du depost, & quelques autres semblables, l'on payeroit à la Monnoye qui auroit cours lors du payement. Quelques particuliers y perdent, mais le Public y gagne, parce qu'il y a beaucoup moins de Procez. Voy. Le Blanc, dans l'endroit cité cy-dessus dans la Note *(b)*.

JEAN I.er & selon d'autres, Jean II. à Paris, le 13. de Janvier 1355.

(a) Lettres pour le payement des Debtes, & la diminution du salaire des Ouvriers, & du prix des denrées.

JEHAN par la grace de Dieu, Roys de France, au Seneschal de Xaintonge, ou à son Lieutenant, salut. Raison enseigne que il ne doit mie estre jugié à chose reprehensible, selon les diversités des temps *(b)* se les Statuts humains se müent; & comme pour les grans & innumerables charges & mises que il Nous a convenus & convient porter & faire de jour en jour, pour cause & occasion des Guerres qui ont esté ja lonc temps à en nostre Royaume, & par la permission de Dieu encores y durent, Nous, non mie pour convoitise & gaing temporel, ne pour assembler tresor, mais seulement pour obvier aus perils & aus dommages, qui par les envaisemens [a] des ennemis de nostre Roiaume, peussent avenir à nostre peuple, se autrement feust, aiens fait par grant & meure deliberation de nostre Grant Conseil ez temps passés, pluseurs mutations de nos Monnoyes, ja soit ce que entre toutes nos autres euvres Nous aions toujours eu & aiens ardent desir & ferme entention de faire en nostre temps [b] bonne & forte & durable Monnoye, & de nouvel par le bon avis & conseil des trois Estats, c'est assavoir, Prelaz, Barons & Deputez des bonnes villes de nostre Royaume, qui pour ce ont esté de par Nous mandez & assemblez en nostre ville de Paris, ayens fait mutation de nos Monnoies d'Or & d'Argent de foible en fort, si comme ez *(c)* Ordenances faites sur ladite mutation, lesqueles Nous vous avons ja envoyées, est contenu, & ainsi ayant fait faire par nostre Grant Conseil [c] à très bonne & grant deliberation, *(d)* autres Ordenances sur la maniere des payemens des debtes deues, lesquels Nous vous envoyons sous nostre contre-seel avec ces presentes, Nous vous mandons & enjoignons que tantost & sans delay, lesdites lettres reçeues, vous faites solennelment publier ez lieux & en la maniere accoustumée en vostre Seneschaucie, les Ordenances dessus-dittes; & comme Nous soyons certains que avant ladite mutacion, toutes denrées tant de vivres comme autres, & tous salaires de Laboureurs, Ouvriers & autres estoient montées & venües à si grant pris, tant en partie pour la feiblece de la Monnoye, comme pour la convoitise de ceuls qui avoient à vendre leurs denrées, & des autres qui louoient leurs ouvrages, que en chascune de ces choses avoit oultrages merveilleux & excessifs; pourquoy Nous desirans de tout nostre cuer, que par la meilleur Ordenance & remede qui en ces choses se pourront

[a] *invasions.*

[b] *Lorsque nous le pourrions.*

[c] *avec.*

NOTES.

(a) Memorial C. de la Chambre des Comptes de Paris, fol. huit vingt & quatre, *ver. verso.*

Un des Originaux de ces Lettres qui fut envoyé au Seneschal de Beaucaire & de Nismes, est à la Bibliotheque du Roy. Liasse intitulé des *Monnoyes* n.° 35.

(b) Se.] Dans l'Original qui est à la Bibliotheque du Roy, il y a *se selon les diversitez des temps, les Statuts,* &c.

(c) Ordenances.] C'est celle du 30. de Decembre 1355.

(d) Autres Ordenances.] C'est la precedente.

mettre, soit pourveu à nostre peuple, & à la chose publique de [a] provisions convenables & proffitables, vous mandons & commandons derechief estroittement que sans aucune dilacion [b], vous appellez aueeques vous des Sages & preudhommes, tant d'Eglises comme Nobles & Bourgeois, tel & en tel nombre comme bon vous semblera, ordenez sur lesdites denrées & salaires par telle maniere que selon la forte Monnoye qui court à present, lesdites denrées, loyers & salaires de touz Ouvriers soient mises & ramenées à telz & si souffisans pris comme il appartiendra à faire selon raison; & tout ce qui ainsi sera ordené, faites si tenir & garder de point en point, toutes autres choses arriere mises, que par vous n'y puisse avoir aucun deffaut, & *(e)* d'aucune negligence n'en doyez estre repris. Sur quoy Nous, qui ceste chose avons à cuer sur toutes autres, vous faisons assavoir que de la bonne diligence [se *(f)* elle y est] vous aurons en especial pour recommandé, & du contraire vous punirons si griefment que il tournera en exemple à tous autres. *Donné à Paris, le treizieme jour de Janvier, l'an de grace mil trois cens cinquante-cinq.* Par le Conseil, en la Chambre des Comptes, où vous estiés. VERRIERE.

JEAN I.er & selon d'autres, Jean II. à Paris, le 13. de Janvier 1355.

a *reglements.*
b *delay.*

NOTES.

(e) Et.] Et que d'*aucune negligence*, &c. dans l'Original de la Bibliotheque du Roy.

(f) Se elle y est.] Ces mots ne sont pas dans l'Original de la Bibliotheque du Roy.

JEAN I.er & selon d'autres, Jean II. à Paris, le 13. de Janvier 1355.

(a) Lettres pour la diminution des salaires des Ouvriers & du prix des Denrées.

JEHAN par la grace de Dieu, Roy de France, à nos amez & feauls Conseillers les Arceves ques de Reims & de Sens, les Evesques de Beauvez, de Paris, de Châlon & de Laon, Simon de Bucy, Jacques la Vache Chevaliers, Presidens en nostre Parlement, Guillaume d'Ambreville, & Philippes de Troismont Chevalier, Jacques de Pacy, Jehan de Maisieres, Jean de Hangest, Jehan Pizdoë, Jehan d'Auceurre, Alexandre de Crievecuer Maistres de nos Comptes, Thomas Vanin, Loys Vautruches, Adam de Sens, Colart Florent, Jacques du Boulay, Jehan Bernier, & Estienne Marcl Prevost des Marchands, Pierre Boudon, Bernart Cocatrix, Charles Consfac & Jehan Belot Eschevins de Paris, Pierre Hardy Auditeur en nostre Chastelet de Paris, Jehan de Pacy, Jehan du Celier, Gencian Tristan, Nicolas Guipié Bourgois *(b)* de Paris, Salut & dilection. Comme pour la evident utilité de nostre peuple, & de la chose publique, & autres pluseurs justes causes, Nous par le bon avis & conseil des trois Estats; c'est assavoir, Prelas, Barons, & Deputez de bonnes villes de nostre Royaume, qui pour ce ont esté especialement de nouvel mandez & assemblez de par Nous en nostredite Ville de Paris, ayons fait mutation de nos Monnoyes d'Or & d'Argent de foible en fort, si comme contenu est ez *(c)* Ordenances faites sur ladite mutacion, lesquelles Nous avons fait publier en la Ville de Paris, & en la Viconté d'icelle, & autre part solennelement, & en faisant ladite publicacion, fait crier & commander estroitement que toutes manieres de Gens qui auroient, ont & auront à vendre denrées & marchandises, tant de vivres comme de autres choses quelconques, & aussi toutes autres Gens de labour, comme Ouvriers de bras, & servens autres pour salaire, ou pour loyer, de quelque estat ou condicion que il fussent, meissent, ramenassent & donnassent leursdites denrées & œuvres,

NOTES.

(a) Memorial C. de la Chambre des Comptes de Paris, fol. huit vingt & cinq, *recto.*

(b) De Paris.] Ce sont là apparemment les Commissaires que le Roy s'estoit engagé d'establir sur le fait des Monnoyes, par l'Article 9. de l'Ordonnance du 28. de Decembre 1355.

(c) Ordenances.] C'est celle du 30. de Decembre precedent.

JEAN I.er & selon d'autres, Jean II, à Paris, le 13. de Janvier 1355.

salaires & loyers, à tels si justes & souffisans pris, selon la valeur de ladite forte Monnoye courant à present, comme il appartenoit, appartient & appartiendra à faire selon raison, & sous certaines grans peines en ce mises; desqueles choses pluseurs des Vendeurs de vivres & denrées devant dites, & des Laboureurs & Ouvriers & serviteurs dessus nommez, ne ont pas fait leur devoir, ne obei ausdits criz & commandemens souffisans[a], mais si comme entendu avons par la grant & piteable clameur de pluseurs du menu peuple, & par la relation de pluseurs autres dignes de foy, les aucuns d'iceuls ont vendu publiquement, & encore vendent leurs denrées, & les autres marcenaires[b] loüent leurs Ouvriers *(d)* par leurs mauvaises convoitises, si tres oultrageusement & si excessivement selon le pris & la valeur de ladite forte Monnoye, que ceuls qui de necessité ont à acheter & à payer teles choses, ne le pevent ne ne pourroient bonnement soustenir, mais convendroit que moult de inconviens & de perilz s'en ensuissent, se pourveu n'y estoit de remede convenable; Nous, pour ce voulans obvier à tels exces, en desirant de tout le cuer, que en teles choses par especial chascun soit rieule[c] & sousmis à ce que mesure & raison veult, & confians à plain de vos loyautez, discrecions & diligences, vous mandons & commettons que ceuls de vous qui à ce pourrez vacquer, pourveu toutes-voyes que les trois de vous y soyez assemblés à tout le moins, pourveez & ordonnez en ladite Ville & en la Viconté de Paris, par vous & vos Deputez à bonne diligence, en vos loyautez & consciences, lesquelles Nous en chargons quant à ce, en appellant se mestier est, personnes à ce expertes & connoissans, teles & en tel nombre comme bon vous semblera, en y adjoustant teles poines comme verrez convenable à y mettre, comment *les denrées, salaires, loyers & euvres* dessusdites avec leurs appartenances & dépendances, *soient amenées & mises*, venduës & delivrées à ceuls qui avoir en voudront pour leur Argent, & *pour justes, loyauls & raisonnables pris*, selon ladite forte Monnoye; & tout ce que ainsy ordené en aurez, faites tenir & garder rigueureusement sens enfraindre, de point en point; & tous ceuls que trouver pourroiz[d] avoir fait, ou qui feroient ou s'efforceroient de faire aucunement au contraire, punissiez civilement, sans aucun deport[e], & toutes prieres & faveurs arriere mises, selon ce que le cas le requera, en telle maniere que ce soit à tous perpetuel exemple; Et en oultre executez par vous, ou par vos Deputez, vos Sentences jugiées, Ordonnances, & tout ce que fait aurez sur les choses dessusdites, les circonstances ou dépendances d'icelles, tous les appeauls[f], recusacions ou frivoles arriere mis que les transgresseurs ou malfaiteurs feissent ou facent de vous, lesquels Nous voulons estre de nul effect. En tesmoing de laquelle chose, Nous avons fait mettre nostre Seel en ces presentes Lettres. *Donné à Paris, le treisieme jour de Janvier, l'an de grace mil trois cens cinquante & cinq. Par le Conseil, estant en la Chambre des Comptes, où quel vous estiez.* P. BRIARRE.

a *souffisamment.* b *mercenaires.* c *regulier.* d *pourrez.* e *faveur.* f *appels.*

NOTES.

(d) Ouvriers.] Il semble qu'il faudroit *œuvres*, comme il est plus bas, ou *ouvrages*, comme il est dans l'Ordonnance precedente.

(a) Mandement

JEAN I.er & selon d'autres, Jean II. au Louvre lez-Paris, le 16. de Janvier 1355.

(a) Mandement pour faire ouvrer de gros Deniers blancs, à quatre deniers de Loy *Argent-le-Roy, de* cinq sols *de poids au Marc de Paris, qui auront cours pour huit Deniers tournois la Piece, & des Monnoies noires de poids & de Loy, comme dessus, sur le pied de Monnoie* vingt-quatriéme, *& pour fixer le prix de l'Argent.*

JEHAN, par la grace de Dieu, Roy de France, à noz amez & feaulx les Generaulx-Maistres de noz Monnoyes, Salut & dilection. Comme Nous par tres grant & bonne deliberation eüe avecques nostre Conseil, les Prellatz, Barons, & les Genz des bonnes Villes de nostre Royaume, sur l'estat & reformacion de noz Monnoyes, & pour icelles mettre à bon & deu estat, par le Conseil d'iceulx ayons n'a gueres ordonné & vous mandé par nos autres *(b)* Lettres, que par toutes & chascunes noz Monnoyes, vous faciez faire & ouvrer là où il appartiendra, tel ouvraige de Monnoye blanche & noire, sur le pié de Monnoye Vingt-quatrieme, comme mandé vous avions par icelles, en tirant de chacun Marc d'Argent, six livres tournoys; C'est assavoir Deniers blancs à huit deniers de Loy, dit Argent-le-Roy, ayant cours pour dix deniers tournoys la Piece, & de huit solz de poix au Marc de Paris; & Doubles tournoys à deux deniers dix-huit grains de Loy dudit Argent, de treize solz neuf deniers de poix audit Marc, & ayans cours pour deux deniers tournoys la Piece; Et petits Deniers parisis à deux deniers sept grains de Loy d'icelluy Argent, & de dix-huit solz quatre deniers de poix audit Marc: Et avec ce petis Deniers tournoys, à deux deniers de Loy d'icelluy Argent, & de vingt solz de poix audit Marc; & aussi petites Mailles tournoys, à ung denier douze grains de Loy d'icelluy Argent, & de trente solz de poix audit Marc: Et depuis ce, Nous ayons entendu & sommes plainement enformez par nostre Conseil, & les dessusdiz *Preslats, Barons* avecques eulx, les Commis & Depputez sur le *(c)* fait des trois Estactz de nostre Royaume, & plusieurs Changeurs & autres expers & congnoissans en fait de nosdites Monnoyes, que l'Ouvraige d'iceulx blans Deniers dessusdiz, par l'Ordonnance, & selon la Loy qu'ilz ont esté ordonnez estre faits, pourroit prendre petit effet, au prouffit de Nous & de nostre Peuple, ne ne pourroit la matiere d'Argent estre trouvée pour faire icelluy Ouvraige: Pour ce est-il que Nous, eüe consideration aux choses dessusdictes, par tres grant & bonne deliberation eüe avecques nostre Conseil & les dessusdicts, & par leur conseil, pour le prouffit de Nous & de nostre Peuple, avons ordonné & ordonnons par ces presentes, que l'en face faire & ouvrer par toutes & chascunes nosdictes Monnoyes, *gros Deniers blancs à quatre deniers de Loy* nommé Argent-le-Roy, & *de (d) cinq solz de poix au Marc de Paris,* qui auront cours *pour huit deniers tournoys la Piece,* & les Monnoyes noires telles comme dit est, & du poix & loy, en ouvrant sur le pié de *(e) Monnoye vingt-quatriéme.* Si vous mandons & estroictement enjoignons à vous, & à chascun de vous, que nonobstant quelzconques Ordonnances que Nous ayons faictes, & à vous mandées[a] par noz Lettres, tantost & sans delay ces Lettres veuës,

a envoyées.

NOTES.

(a) Registre C. de la Cour des Monnoyes de Paris, page 203. *verso.*

(b) *Autres Lettres.]* Voy. le Mandement du 30. de Decembre 1355.

(c) *Fait.]* Il sembleroit qu'il manqueroit là quelques mots: mais cette mesme formule se trouve dans le Mandement du 23. de Fevrier 1355. *Commis & Depputez sur le fait & gouvernement des trois Estats de nostredit Royaume.*

(d) *Cinq sols de poids.]* C'est-à-dire qu'il y aura soixante Pieces au Marc. Voy. la Preface, §. *Monnoye.*

(e) *Monnoye vingt-quatriesme.]* Voy. la Preface, §. *Monnoye.*

JEAN I.er & selon d'autres, Jean II. au Louvre lez-Paris, le 16. de Janvier 1355.

vous faciez faire & ouvrer par toutes nosdittes Monnoyes, iceulx *gros Deniers blancs à quatre deniers de Loy* nommé *Argent-le-Roy*, & de *cinq solz de poix* comme dit est, Et les *Monnoyes noires* par la *forme & maniere que devisées sont dessus*, ou ainsi comme bon vous semblera, en ouvrant sur ledit pié *de Monnoye vingt-quatriéme*, & en tirant de chacun *marc d'Argent*, nommé Argent-le-Roy, *six livres tournoys*: Et voullons & vous mandons par ces presentes, que à tous Changeurs & Marchans frequentans nosdictes Monnoyes, vous donniez & faciez donner de chacun *marc d'Argent* qu'ilz apporteront en icelles, *allaié à quatre deniers de Loy*, comme dit est, *cent cinq solz tournoys*, & *de tout autre marc d'Argent allaié au-dessoubz d'iceulx quatre deniers de Loy, quatre livres quinze solz tournoys*, & aux Ouvriers & Monnoyers tel sallaire pour Ouvraige & Monnoyaige comme vous verrés qu'il appartiendra estre fait : Et avecques ce, voullons que se en aucune maniere il convient *cuivre* pour faire l'ouvraige de nosdites Monnoyes dessusdites, que il soit quis[a] & prins sur Nous à nos propres coûtz & despens. De toutes les choses dessus dictes & chascunes d'icelles faire, à vous & à ung chascun de vous donnons povoir, auctorité & mandement espécial par la teneur de ces presentes. Si gardez que en icelles faire & accomplir n'ayt aucun deffault. *Donné au Louvre lès-Paris, le seizieme jour de Janvier, l'an de grace mil trois cens cinquante-cinq. Ainsi signé. Par le Roy, en son Conseil.* J. ROYER.

a acquis.

JEAN I.er & selon d'autres, Jean II. à Paris le 23. de Febvrier 1355.

(a) Mandement pour faire deffendre de prendre les Deniers d'Or à la Queüe, ni aucunes autres Monnoyes d'Or ou d'Argent, si ce n'est au Marc pour Billon, à l'exception des Monnoyes que l'on fabrique à present.

JEHAN, par la grace de Dieu, Roy de France, au Prevost de Paris, ou à son Lieutenant. Comme par très grant & bonne deliberation de Conseil, tant de Preslaz, Barons, des Gens des bonnes Villes de nostre Royaume, des Commis & Depputez sur le fait & gouvernement des trois Estatz de nostredit *(b)* Royaume, comme de plusieurs secrets *(c)* & expers au fait des Monnoyes, eüe consideracion à ce que Nous povons avoir à faire pour le fait de noz Guerres, & pour la sustantation

NOTES.

(a) Registre C. de la Cour des Monnoyes de Paris, page 207. *verso.*

Celle des Copies de ces Lettres, qui fut envoyée au Seneschal de Beaucaire, est à la Bibliotheque du Roy, Liasse intitulé des *Monnoyes*, n.° 36.

Au dos de cette Copie il y a, *Die octava Aprilis fuit presentata Curiæ Senescalli, per Perrinum le Blanc Messagerium Parisiensem, presentibus Magistris Francisco de Arcis, P. Boyrelli Procuratore Regio, S. Gauterii.* [Ce dernier nom est difficile à lire, & il a fallu deviner.]

Ces mots nous donneront occasion d'expliquer comment les Mandemens sur les Monnoyes, estoient envoyez aux Baillis & aux Seneschaux.

Lorsque le Roy avoit fait un nouveau Mandement sur les Monnoyes, on en faisoit plusieurs copies, dont chacune avoit une adresse differente, pour un Bailli, ou un Seneschal. Toutes ces copies estoient envoyées aux Generaux-Maistres des Monnoyes à Paris, lesquels les envoyoient aux Baillis & Seneschaux, par des Messagers qu'ils depeschoient exprez, & qu'ils chargeoient de plusieurs Mandements pour les Seneschaux & Baillis qui estoient voisins.

Les plus anciens Registres qui soient à la Cour des Monnoyes de Paris, ne sont autre chose que les Comptes des depenses de ces Messagers, & voici quelle en est la forme.

D'un tel jour le Roy a envoyé tant de paires de Lettres *aux Generaux-Maistres des Monnoyes, desquelles la teneur s'ensuit, & les Generaux Maistres des Monnoyes ont envoyé un* tel *messager pour les porter à un* tel *Bailli, & luy ont fixé telle somme pour son voyage.*

(b) Royaume.] Voy. la Note *(b)* sur le Mandement du 16. de Janvier 1355.

(c) Secrets.] Il y a *sages*, dans la Copie qui est à la Bibliotheque du Roy.

& deffense icelluy nostredit Royaume, au prouffit de Nous & de nostre Peuple: Et aussi pour le fait & gouvernement de noz Monnoyes, afin qu'elles puissent & doient demourer & arrester en bon & deu estat, laquelle chose Nous desirons de tout nostre cueur; Nous ayons ordonné & vous avons mandé par noz autres Lettres, que vous feissiez crier & deffendre que aucunes Monnoyes d'Or ou d'Argent, quelles qu'elles soient, tant de nostre coing comme d'autres, ne soient prinses ne mises en appert ou en couvert, fors que au marc pour Billon, ne portées hors de nostre Royaume, en quelque maniere que ce soit, & sur les peynes contenües en noz derrenieres Ordonnances faites sur ce, excepté celles auxquelles par nosdites derrenieres Ordonnances Nous avons donné cours: Et depuis ce, Nous ayons entendu, & sommes plainement informez que plusieurs malicieux & fraudeux, decevant Nous & nostredit Peuple, & en venant contre nosdites Ordonnances, ont prins, prenent & mectent les Deniers blancs à la Queue, & les *(d)* Monnoyes d'Or & d'Argent ausquelles Nous avons osté le cours du tout, pour tel pris comme il leur plaist; & avec ce, les portent & fortrayent hors de nostredit Royaume, parquoy le fait & gouvernement de nosdictes Monnoyes ne peult esté *(e)* en bon & deu estat, dont très [a] forment Nous deplaist. Nous pour obvier à telles malices & fraudes, & pour le prouffit commun de tout nostredit Royaume, vous mandons, commettons, & estroictement enjoignons, que tantost & sans delay ces Lettres veües, toutes excusations cessans, vous faciez crier & publier de rechef, & deffendre à touz quelz qu'ilz soient, & de quelconque condition, sur peyne de corps & d'avoir, qu'ils ne preignent ou mectent lesdiz Deniers à la Queue, ne aucunes autres Monnoyes quelles qu'elles soient, d'Or ou d'Argent, ce [b] ce n'est au marc pour Billon, ne portent ou facent porter hors de nostredit Royaume, ne en aucunes de noz Monnoyes, fors en la plus prochaine du lieu où ilz seront; excepté noz Monnoyes que Nous faisons faire à present, & ausquelles par nosdites derrenieres Ordonnances Nous avons donné cours comme dit est, & pour le prix qu'il leur a esté ordonné: C'est assavoir, le Denier d'Or fin à l'Aignel, pour *(f)* vingt-cinq sols Tournois la Piece:

JEAN I.er & selon d'autres, Jean II. à Paris, le 23. de Febvrier 1355.

[a] fortment.

[b] si ce.

Les gros Deniers blancs que Nous faisons faire à present, pour *(g)* huit deniers tournoys la Piece:

Les doubles tournoys pour deux deniers la Piece:

Et les petitz parisis, petitz tournoys, & *(h)* Mailles tournoys pour leur [c] droit pris & cours, si comme ordonné leur est: Et tous ceulx que vous pourrez trouver ou savoir, faisant, ou avoir fait le contraire depuis le cris & la *(i)* publicacion, Nous voullons & vous mandons que vous en faciez pugnicion sans espargne, par la forme & maniere que mandé & commis vous a esté, & si dilligemment que tous autres y prengnent exemple; & afin que icelles noz Ordonnances soient dilligement tenuës & gardées, Nous voullons, vous mandons & commettons que vous commettiez, & establissiez de par Nous, certaines bonnes personnes, qui pour nosdites Ordonnances faire tenir & garder selon leur teneur, auront la *quarte de tout (k) ce qu'il se pourroit* trouver prenant ou mettant d'icelles Monnoyes deffenduës, ou

[c] juste.

NOTES.

(d) Et les.] Et les *autres* Monnoyes, dans la Copie qui est à la Bibliotheque du Roy.

(e) Esté.] *Estre*, dans la Copie qui est à la Bibliotheque du Roy.

(f) Vingt-cinq sols Tournois.] Voy. le Mandement du 30. de Decembre 1355. Il y est dit que le Denier d'Or à l'Aignel vaudra *vingt sols Parisis*, il est dit icy qu'il vaudra *vingt-cinq sols Tournois*, ce qui revient au mesme, parce que le *sol Parisis* est d'un quart plus fort que *le Tournois*..

(g) Huict deniers Tournois.] Le gros Denier blanc avoit esté fixé à dix Deniers Tournois, par le Mandement du 30. de Decembre 1355. mais il fut reduit à huict Deniers, par celuy du 16. de Janvier suivant.

(h) Mailles Tournois.] *Mailles parisis*, & *Mailles tournois*, dans la Copie qui est à la Bibliotheque du Roy.

(i) Publication.] Il y a au lieu de ce mot *deffense*, dans la Copie qui est à la Bibliotheque du Roy.

(k) Ce qu'il se pourroit.] Il y a, *ce qu'il pourront*, dans la Copie qui est à la Bibliotheque du Roy.

portant hors de nostredit Royaume. Toutes lesquelles choses dessusdictes, & chascunes d'icelles faictes & faites faire plus dilligement, & icelles tenir & garder d'un chascun, mieulx que l'en n'a fait le temps passé, & que l'en ne fait à present. Sachent pour certain, que se il y a deffault, Nous nous en prendrons du tout à vous, & vous monstreront nostre deplaisir[a] : Et de toutes les choses dessusdictes faire & accomplir selon leur teneur, à vous, & à vos Commis & Deputtez, Nous donnons povoir[b] par la teneur de ces presentes. *Donné à Paris, le vingt-troisieme jour de Fevrier, l'an mil trois cens cinquante-cinq. Ainsi signé. Par le Roy, en son Conseil.* ADAM.

a *desplaisance*, B. du Roy.

b *pooir*, B. du Roy.

JEAN I.er & selon d'autres, Jean II. à Paris le 16. de Mars 1355.

(a) Mandement pour augmenter le salaire des Ouvriers travaillans à la Monnoye, & des Monnoyers.

JEHAN par la grace de Dieu, Roy de France, à noz amez & feaulx les Generaulx-Maistres des Monnoyes, Salut & dilection. Comme par tres grant & bonne deliberation euë avecques nostre Conseil, les Preslatz, Barons & les Gens des bonnes Villes de nostre Royaume, Nous vous ayons n'a guieres mandé que par toutes noz Monnoyes, vous faissiez faire & ouvrer sur le pié de Monnoye vingt-quatriéme, gros Deniers blancs, doubles tournoys, petits parisis, petits Deniers tournoys, & Mailles tournoys, en faisant donner aux *(b)* Ouvriers & Monnoyers pour icelles Monnoyes ouvrer & monnoyer, tel sallaire, comme bon vous sembleroit; ausquels Ouvriers, si comme Nous avons entendu, vous avez ordonné & assis à avoir, pour chascun Marc d'euvre, tant de gros Deniers blancs, comme de doubles parisis, petits parisis, petits tournoys, & Mailles tournoys, *vingt deniers tournoys;* & aux *Monnoyers,* pour monnoyer *(c) vingt solz de* gros, huict Deniers tournoys; & pour *(d) brefve de dix livres* de doubles petitz parisis, petitz tournoys & Mailles tournoys, *deux solz tournoys :* Et depuis yceulx Ouvriers & Monnoyers se soient moult griefvement doluz & complains à Nous, en disant, & pour cause de ce que ycelluy Ouvraige a esté & est moult petit, & que vivres, charbons, hostellerie & toutes autres choses necessaires à faire ledit Ouvraige, sont si chers que ilz n'ont de quoy vivre, Nous, de grace especial, & non pas par *(e)* droicte assiette, affin qu'ilz n'ayent de cause de laisser à faire bel & bon Ouvraige, & que ilz puissent plus aisément avoir leurs necessitez, avons ordonné & voullons que iceulx Ouvriers ayent pour *Marc d'euvre*, un *denier tournoys de creüe*, tant en blanc comme en noir : Et les *Monnoyers* pour monnoyer *vingt solz de gros de blanc, ung denier tournois*, & pour *brefve des Monnoyes noires, deux deniers tournoys,* oultre ce que par vous leur

NOTES.

(a) Registre C. de la Cour des Monnoyes de Paris, page 208. *verso.*

(b) Ouvriers & Monnoyers.] On nomme *Ouvriers*, ceux qui preparent les Pieces de Métal qui doivent estre frappées; & *Monnoyers*, ceux qui les frappent. Voy. Boizard *passim.*

(c) Vingt sols de gros.] Je crois que cela signifie, que l'on donnera aux Monnoyers, huict Deniers Tournois, pour la fabrication de 240. Gros Deniers blancs. Voicy sur quoy je me fonde. Il sera expliqué dans la Preface, que lorsque dans un Mandement, on vouloit marquer le nombre des Pieces de Monnoyes qui devoient composer un Marc, on le marquoit par une somme de sols : il falloit reduire ces sols en deniers, & il devoit y avoir au Marc, autant de Pieces de Monnoyes, qu'il y avoit de deniers dans la somme de sols : Par exemple, dans le Mandement du 16. de Janvier 1355. il y est dit que l'on fabriquera des Deniers blancs, de huict sols de poids au Marc, cela signifie qu'il y en aura 96. au Marc, parce que 8. fois 12. font 96. De mesme dans ce Mandement, vingt sols de Gros doivent faire 240. Gros, parce que dans vingt sols, il y a 240. deniers.

(d) Brefve.] On appelle *Brefve*, le poids des Pieces de Métal prestes à estre frappées, que l'on livre aux Monnoyers pour les frapper. Voy. Boizard, Explication alphabethique.

(e) Droicte assiette.] C'est-à-dire, *& non par un Reglement stable & durable.*

avoit esté ordonné, & que ilz les ayent dès le commencement de icelluy Ouvraige de Monnoye vingt-quatriéme, & tant comme il durera.

Si vous mandons, & à chascun de vous estroictement enjoignons que ce vous leur faciez payer par la forme & maniere que dit est, car ce leur avons Nous octroyé & octroyons de grace especial; Et Nous donnons en Mandement par ces presentes, lesquelles Nous voullons qu'ils demeurent pardevers Nous, à nos amez & feaulx les Gens de noz Comptes, que tout ce qui aura esté baillé par la cause dessusdittes, soit alloué ès Comptes de ceulx à qui il appartiendra, sans aucun contredit, nonobstant quelz-conques Ordonnances à ce contraires faites, ou à faire. *Donné à Paris, le seizieme jour de Mars, l'an mil trois cens cinquante-cinq. Ainsi signé. Par le Roy.* J. ROYER.

(a) MCCCLVI.

NOTES.

(a) Cette année commença le 24. Avril, jour de Pasques. V. le Glossaire de du Cange, au mot, *Annus*.

JEAN I.er & selon d'autres, Jean II. à Paris, le 26. de May 1356.

(a) Ordonnance faite en consequence d'une Assemblée des Estats, portant establissement de deux subsides qui seront levez consecutivement.

SOMMAIRES.

(1) Ceux qui auront 100 livres de rente & au-dessous, jusqu'à 5 livres, payeront le Vingt-cinquiesme de leur revenu.

(2) Après ces premiers 100 livres de rente, les Nobles qui auront 5000 livres de rente, & les Non-nobles qui en auront 1000 livres, payeront le Cinquantiesme de leur revenu.

Quant à ceux qui n'ayant pas 400 livres de rente, auront des meubles, 1000 livres en meubles seront comptez pour 100 livres de rente, jusqu'à ce que par le moyen de cette estimation, ils soient censez avoir la valeur de 400 livres de rente, au-delà de laquelle valeur, leurs meubles ne seront plus estimez.

(3) On payera le Vingtiesme de la valeur des meubles. Ceux qui n'en auront pas pour 5 livres, ne payeront rien.

(4) Les Laboureurs, & les Ouvriers qui travaillent à la journée, & qui n'auront pas 5 livres de bien, payeront 5 sols.

(5) Les serviteurs & les mercenaires qui outre leur depense gagnent 10 livres, payeront 10 sols: ceux qui gagnent 5 livres, payeront 5 sols: ceux qui gagneront moins de 5 livres, ne payeront rien.

(6 7) Toutes personnes de quelque estat ou condition qu'elles soient, excepté les Gens d'Eglise payant decimes, payeront ce subside. Les personnes libres qui ne seront pas taillables à la volonté de leurs Seigneurs, le payeront en entier. Les Serfs qui seront taillables à la volonté de leurs Seigneurs, n'en payeront que la moitié. Ce subside se payera deux fois, à la S.t Jean-Baptiste prochaine, & à l'Assomption suivante.

(8) Les deniers qui proviendront de ce subside, seront employez à l'entretien des Gens d'armes, dans les pays où ils auront esté levez, ou dans les pays voisins.

(9) L'Ordonnance faite en consequence des estats tenus à la S.t André derniere, est confirmée dans tous les Articles ausquels il n'est pas fait de changement par celle-cy.

JEHAN par la grace de Dieu, Roy de France, sçavoir faisons à touz presens & avenir, que comme les Gens des bonnes Villes de nostre Royaume, assemblez à Paris au quinzieme jour de Pasques dernier passé, ayent voulu & accordé que tout

NOTES.

(a) Tresor des Chartres, Registre 84. pour les Années 1354. 1355. & 1356. Piece 522. Voy. la Preface de ce 3.e volume, §. *Estats generaux*, sur l'assemblée des Estats, en consequence de laquelle cette Ordonnance fut faite.

JEAN I.er & selon d'autres, Jean II. à Paris, le 26. de May 1356.

ce qui est encore deu de l'Imposition & de la Gabelle du Sel, qui *(b)* par eulx Nous furent octroyez pour le fait de noz Guerres, à la feste de la S.t Andrieu dernier passé, soit levé entierement pour le temps que elles ont courru seulement, avec l'autre subside, qui pour abatre [a] lesdites Impositions & Gabelles, Nous fu par eulx octroyé secondement le dernier jour de Mars; & lequel subside second, yceles Gens ont voulu estre levé entierement en la maniere que octroyé fu, Nous ayent derechief octroyé pour ledit fait, oultre les choses dessusdites, deux autelz [b] & paraulx subsides comme ledit secont estoit, à prendre & lever sur les Gens desdites Villes, & en tant comme il touche leur estat, adjousté tant [c] que la inequalité qui estoit en aucunes choses, ou devant dit secont subside, soit mise à equalité pour lesdiz deux derniers subsides octroyez derrenierement, selon certaine Instruction faite sur ce, parmi [d] les manieres, fourmes, modifications & declarations qui s'ensuivent.

[a *tenir lieu des impositions.* — b *tels & pareils.* — c *tant seulement.* — d *suivant.*]

(1) C'est assavoir que qui aura & tendra cent livres de rente, il payera quatre livres pour le premier cent, tournois en pays de tournois, & parisis en pays de parisis, & semblablement au-dessoubz de cent livres, *(c)* au feur de l'emplage, comme de quatre-vingt livres, soixante-quatre solz, & aussi de toutes sommes au-dessous de cent livres, jusques à cent solz de rente au feur, & comme dessus.

(2) Item. Qui tendra oultre cent livres de rente, il payera pour l'autre [e] plus au feur de quarante solz pour cent livres de rente; c'est assavoir pour le centenier, quarante solz, pour quatre-vingt livres, trente-deux solz, pour vingt livres, huit solz, pour cent solz, deux solz: Et ainsi de toutes autres sommes audit fuer, jusques à la somme de cinq milliers livres de rente, quant aus Nobles; & quant aus autres Non-nobles jusques à la somme de mille livres de rentes ès personnes qui tant en aront; mille livres de meubles estimez pour cent livres de rente ès personnes qui n'auront quatre cent livres de rente, jusques au parfait desdites quatre cent livres de rente, & non oultre.

[e *le surplus.*]

(3) Item. Quiconque aura en meubles vaillant dix livres, payera dix solz; & qui aura cent solz vaillant, payera cinq solz, & au-dessous neant.

(4) Item. Tous Laboureurs & Ouvriers de bras qui pevent gaignier à labourer [f] souffisament journées, supposé que il n'ayent vaillant cent solz, payeront cinq solz.

[f *travailler.*]

(5) Item. Tous serviteurs & mercenaires qui gaignent dix livres par an, & leurs despens, payeront dix solz, & de cent solz, cinq solz, & nulles autres manieres de Genz ne payeront rienz.

(6) Item. Que toutes Villes grans & petites, & toutes manieres de Genz de quelque estat que il soient, & en quelconque Jurisdiction que ce soit, & qu'il soient demourans, soit soubz Eglises, Nobles ou autres, & soient sers [g] d'Eglises, de Nobles, ou d'autres, payent & soient compris à payer lesdiz subsides, se il ne sont Genz d'Eglise payans disieme [h], par la maniere que dit est, & qui ensuit: C'est assavoir les frans qui *(d)* ne sont taillables haut & bas à volenté, payeront lesdiz subsides entierement, & ceulx qui sont sers taillables haut & bas à volenté, payeront la moitié desdiz subsides.

[g *serfs, esclaves.* — h *Decimes.*]

(7) Item. Tous Clers non-mariez, tant Marchans comme vivans clergiaument [i], tous Maistres generaulx & particuliers, Gardes, Officiers, *(e)* Monnoyers & Ou-

[i *clericalement.*]

NOTES.

(b) Par eux nous furent octroyez.] Voy. l'Ordonnance du 28. de Decembre 1355. imprimée cy-dessus, p. 19.

(c) Au feur de l'emplage.] L'emplage me paroist estre la mesme chose que *l'emplissage*, & je crois que ces mots signifient *à proportion de la somme qui manque pour remplir celle de 100 livres.*

(d) Ne sont taillables haut & bas à volenté, &c.] C'est-à-dire ceux qui ne doivent qu'une taille fixe que le Seigneur ne peut augmenter. Pour les serfs, ils estoient *taillables haut & bas à volonté*, c'est-à-dire que leurs Seigneurs pouvoient leur imposer telle taille qu'ils jugeoient à propos, & l'augmenter, & la diminuer à leur volonté. Voy. du Cange, au mot *Tallia alta & bassa.*

(e) Monnoyers.] Les Monnoyers avoient en France de grands privileges, & entr'autres l'exemption de tous subsides. Voy. la Table

vriers de Monnoyes, & touz noz Officiers, & toutes manieres de Genz de quelque auctorité ou priviiege qu'il usent, excepté lesdiz Beneficiers comme dit est, payeront desdiz subsides : Et seront lesdiz deux subsides payez; c'est assavoir, l'un à la Nativité de S.t Jehan-Baptiste prochain venant, & l'autre à la Nostre-Dame d'Aoust ensuivant.

JEAN I.er & selon d'autres, Jean II. à Paris, le 26. de May 1356.

(8) *Item.* Que tout l'Argent qui sera levé desdiz subsides, sera mis & converti ès Genz d'armes ès pays & au plus près des pays où il sera levez, là où besoig [a] & necessité sera, selon nostredite Ordenance.

[a] *besoin.*

(9) *Item.* Voulons & avons octroyé ausdites Genz qui Nous ont octroyé lesdiz subsides, que les (f) Chartres octroyées & données par Nous ausdites bonnes Villes à la S.t Andrieu, soient & demeurent en leur force & vertu, lesquelles Nous avons confirmées & confirmons par la teneur de ces presentes, sauf les cas particuliers cy-dessus specifiez, qui ausdites Lettres dérogucnt en autre maniere.

Lesquelles choses dessusdites toutes & singulieres, Nous voulons, ratefions & approuvons, & ycelles voulons estre tenuës & gardées de noz Subgez : promettons non donner aucunes Lettres au contraire, & non venir encontre lesdites choses. Et pour ce que fort [b] seroit que chascune Ville peuït avoir Original de ces presentes, Nous voulons que les transcrips de ycelles soubz noz seeaux authentiques, facent partout plaine foy, tout aussi comme le vray Original. Et que ce soit ferme chose & estable à touzjours-mais, Nous avons fait mettre nostre Seel à ces presentes Lettres. *Donné à Paris, le vingt-sixieme jour de May, l'an de grace mil trois cens cinquante-six. Par le Roy, en son Conseil.* J. ROYER.

[b] *difficile.*

NOTES.

du 2.e volume des Ordonnances, au mot *Monnoye.* Prevosts des Ouvriers des Monnoyes. p. lxxxj. col. 1.

(f) *Chartres octroyées, &c.]* Voy. cy-dessus la Note (b)

JEAN I.er & selon d'autres, Jean II. à Paris, en May 1356.

(a) Lettres par lesquelles le Roy conserve pour l'avenir aux Majeurs, Consuls & Communautez de la Ville de Perigueux, la Jurisdiction & les Droits qu'ils avoient sur la Cité de Perigueux, qui estoit alors entre les mains des ennemis.

JOHANNES Dei gratiâ, Francorum Rex. Notum facimus universis presentibus & futuris, quod cum nuper Guerris Regni nostri durantibus, inimici nostri Civitatem Petragor. ab antiquo existentem in & de districtu, Juridictione & dominio dilectorum & fidelium nostrorum Majoris & Consulum Ville Petragor. nomine Communitatis ipsius Ville que dicte Civitati est propinqua, scalarum ingenio & nocturnè intraverunt hostiliter & latenter, ipsam Civitatem occupando quam nunc detinent, stabilitam exinde adversus Nos, & dictam Villam de nostra obedientia existentem [b] *rebellantes & contra eam Guerram, strages & hostiles insultus diversimode inferentes; Nos benemeritis exigentibus Majoris, Consulum & Communitatis predictorum, & considerata constantia ac sincera fidelitate facti experientia tam in resistendo inimicis nostris predictis, quam aliàs multipliciter comprobata, eosdem tanquam benemeritos & premio dignos, volentes Regio favore prosequi & gaudere, inclinati supplicationi ipsorum super hoc nobis facte, auctoritate nostra Regia declarantes &* [c] *decernantes tenore presentium, predicte occupationis, aut sequtorum seu sequendorum ex ea occasione vel causa, nullum eisdem Majori, & Consulibus & Communitati, vel ipsorum successoribus seu personis singularibus dicte Communitatis posse vel debere in futurum impedimentum fieri vel prestari, aut*

[a] Petragorensem, *ou* Petragoricensem.

[b] faisant la Guerre, attaquant.

[c] decernentes.

NOTES.

(a) Tresor des Chartres, Registre 84. pour les Années 1354. 1355. & 1356. Piece 514.

JEAN I.er & selon d'autres, Jean II. à Paris, en May 1356.

prejudicium aliquod generari in eorum Juridictione, Justiciatu, Dominio, seu aliis quibuscumque juribus & bonis ad ipsos Majorem, Consules & Universitatem tam in communi quam particulariter pertinentibus in Civitate predicta & ejus pertinentiis universis. Ipsis nichilominus Maiori & Consulibus, Communitati, personis singularibus ejusdem Communitatis, ex nostra certa scientia & auctoritate predicta Régia, de speciali gratia concessimus & concedimus per presentes, quod quandocumque & qualitercumque Civitatem predictam vi armorum, seu per composicionem, aut aliter quocumque modo vel actu ad nostram obedientiam reduci contigerit, ex tunc Major & Consules prefati nomine dicte Communitatis, eorum auctoritate propria, Juridictionem, Dominium & Justiciatum suos predictos, ac alia jura, deveria & explecta ad Consulatum dicte Ville in eadem Civitate pertinentia, recipere, habere & retinere valeant, ipsisque ad plenum utantur & gaudeant pacifice & sine impedimento quocumque, ita & prout ipsis ante tempus occupationis predicte, utebantur & gaudebant: Et nichilominus ipsi Major & Consules singularibus personis predicte Communitatis, videlicet illis qui in nostra obedientia sunt & remanserunt, & esse & remanere voluerunt, & cuilibet ipsorum ut ad quemlibet pertinuerit, bona & possessiones eorum, à quibus occasione predicte occupationis sunt expulsi, restituere possint & liberare, nullo alio super hoc expectato mandato. Dantes presentibus in mandatis Senescallo Petragor. ceterisque Justiciariis nostris presentibus & futuris, vel eorum Loca-tenentibus & ipsorum cuilibet, quatenus declaratione, concessione & gratia nostris hujusmodi prefatos Majorem, Consules, Communitatem ac singulares personas ipsius Communitatis uti ad plenum & gaudere faciant & permittant, nichil in contrarium faciendo vel attemptando, seu fieri vel attemptari aliqualiter permittendo, revocando & ad statum pristinum & debitum reducendo sique fuerunt contra tenorem presentium facta aut aliqualiter attemptata, lege, statuto, consuetudine vel jure aut mandatis in contrarium non obstantibus quibuscumque. Quod ut firmum & stabile permaneat, nostrum presentibus Litteris fecimus apponi sigillum, salvo in aliis jure nostro, & in omnibus quolibet alieno.
Actum & datum Parisius, Anno Domini millesimo trecentesimo quinquagesimo sexto, Mense Maii. Per Consilium, in quo vos Domini Senonensis[a], Cathalanensis, Constabularius, & Comes de Ventadorio eratis. P. DE LABATU.

[a] *Archiepiscopus, & Episcopus.*

JEAN I.er & selon d'autres, Jean II. à Cachamp près Paris, en May 1356.

(a) Lettres par lesquelles le Roy ordonne que la Copie de celles du Mois d'Avril 1275. qui y sont inserées, & qui contiennent des Reglements faits entre les Vicomtes de Limoges, & les habitans du Chasteau de Limoges, ait la mesme autorité que l'Original qui a esté perdu.

SOMMAIRES.

(1) Les habitans du Chasteau de Limoges, des fauxbourgs, & des dépendances situées dans les Dioceses de Limoges, de Perigueux, & d'Angoulesme, & ceux qui ne demeurans pas dans ce Chasteau & dans ses dépendances, y auront des maisons ou d'autres heritages, seront tenus lorsqu'ils en seront requis, de suivre le Vicomte de Limoges à la Guerre, armez, & à leurs dépens, comme les autres Bourgeois de la Vicomté de Limoges.

(2) Les habitans du Chasteau de Limoges, des fauxbourgs & des dépendances, & ceux qui ne demeurans pas dans ces lieux, y auront des maisons & des heritages, payeront au Vicomte un subside proportionné à leurs biens, dans quatre cas, 1.° quand il mariera sa fille, 2.° quand il sera reçû Chevalier. 3.° lors qu'ayant esté fait prisonnier de Guerre, il sera obligé de payer une rançon. 4.° lorsqu'il se croisera en prenant la Croix, pour aller combattre contre les infidels.

(3) Les Consuls, Communauté, hommes & Bourgeois du Chasteau de Limoges, n'auront aucune part dans le profit qui proviendra de la fabrication de la Monnoye du Vicomte, & n'auront pas le droit de garder le lieu où elle se fabrique.

(4) Le Vicomte de Limoges fera fabriquer sa Monnoye dans le lieu de sa terre qu'il choisira.

(5) La seule Monnoye du Vicomte aura cours dans sa Terre. On pourra y recevoir aussi celle du Roy de France.

(6) Les Estaux pour vendre des denrées, qui ne seront

ne seront pas placez sur les heritages des Bourgeois, ou qui ne leur appartiendront pas en propre, appartiendront au Vicomte.

(7) Le Vicomte conservera toutes les Coustumes, Droits, Usages, Peages, Corvées, &c. qui luy appartiennent sur les habitans du Chasteau.

(8) Le Vicomte aura l'inspection sur les poids, & sur les mesures.

(9) La forme d'eslire les Consuls, qui est presentement en usage, sera abolie; & les Consuls qui sont en place, & qui ont esté eslus suivant cette forme, seront deposez.

Dans la suite, il n'y aura plus que dix Consuls. Cinq seront choisis par le Vicomte, & les cinq autres seront eslus par les Bourgeois du Chasteau. Ils seront ensuite presentez au Vicomte, qui pourra leur refuser son agrément s'il en a de justes raisons; & en ce cas, les Bourgeois en esliront d'autres à leur place. Les Consuls presteront serment entre les mains du Vicomte.

(10) Les Consuls s'assembleront avec le Prevost pour les affaires communes; & de concert avec luy & non autrement, ils feront appeller devant eux les habitans du Chasteau qu'ils jugeront à propos. Ceux qui ne se presenteront pas seront condamnez à une amende de trois sols, qui sera levée par le Prevost, qui conjointement avec les Consuls les employera pour l'utilité de la Ville. Les Consuls ne leveront plus les oboles qu'ils avoient coustume d'exiger des habitans: & dans la suite, sous quelque pretexte que ce soit, ils ne pourront lever aucun impost sur les habitans, si ce n'est la taille qu'ils leveront conjointement avec le Prevost, pour subvenir aux depenses communes, lorsqu'elles auront esté approuvées par le Vicomte. La taille sera imposée à proportion des biens d'un chascun, & le Lieutenant poursuivra ceux qui ne voudront pas la payer.

(11) Les Consuls percevront les revenus des fonds que leurs predecesseurs ont achetez, & ils les employeront aux depenses communes, conjointement avec le Prevost: mais ils ne pourront plus achepter de nouveaux fonds sans la permission du Vicomte.

(12) Les Consuls seront eslus le lendemain de l'Octave de Pasques.

(13) Les sermens que les habitans se sont faits les uns aux autres comme faisans Corps de Communauté, soit touchant la création des Consuls, soit touchant d'autres matieres, sont declarez comme non avenus. Les Consuls qui seront eslus dans la suite, ne feront pas prester serment d'obeïssance aux habitans. La maison que l'on nomme le Consulat, appartiendra au Vicomte, & elle sera remise à son Prevost avant l'Octave de Pasques, sans que les habitans puissent en rien enlever, & ils y rapporteront ce qu'ils en ont osté, depuis qu'ils se sont soûmis au Jugement des arbitres. Les Consuls conjointement avec le Prevost & non autrement, pourront, s'ils le jugent à propos, s'y assembler pour les affaires communes, quand elle ne sera pas habitée par le Vicomte, ou par quelque autre personne de consideration.

(14) Les armes & les machines de Guerre qui appartiennent à la Communauté, seront mises entre les mains du Prevost & des Consuls, en presence de quelques personnes de la Ville. Le Prevost en aura la garde, & les distribuëra aux habitans, lorsque luy & les Consuls le jugeront necessaire.

(15) Les associations qui se sont formées sous le nom d'Hospital, & de Croisez, & toutes celles qui se sont establies depuis vingt ans, sont abolies; & il est deffendu d'en former de nouvelles, mesme sous pretexte de Pieté.

(16) Le Mardy après l'Octave de Pasques de chaque année, tous les habitans qui auront passé dix-huit ans, presteront serment au Vicomte.

(17) Les habitans feront moudre leur blé, aux moulins du Vicomte, & cuire leur pain à ses fours; à l'exception de ceux qui d'ancienneté ont des moulins & des fours, dans lesquels ils ont droit de moudre leur blé, & de cuire leur pain, & d'obliger certaines personnes d'y venir moudre & cuire.

(18) Les amendes provenans des meurtres & des autres forfaits, appartiendront au Vicomte, à moins que quelques Bourgeois ne soient depuis trente ans en possession d'en profiter.

(19) Les habitans du Chasteau accorderont des delais tels qu'ils sont specifiez, à leurs debiteurs demeurans dans la Vicomté, & ils leur rendront les ostages & les gages qu'ils en ont reçûs.

(20) Les habitans payeront à Marguerite Vicomtesse de Limoges 1000 livres Limousines de subside, pour le mariage de sa fille, sans que la somme à laquelle ce subside a esté fixé pour cette fois cy seulement, puisse porter prejudice aux Vicomtes futurs.

(21) La Vicomtesse, sa fille & son gendre remettront les depenses qu'ils ont faites, tant en justice reglée, que par rapport à la Guerre qu'ils ont soustenuë contre les habitans rebelles, à ceux qui continueront d'habiter dans le Chasteau. Ceux qui s'en retireront sont condamnez à payer proportionellement à leurs biens, leur part de 30000 livres Limousines, à laquelle somme ces depenses ont esté estimées, quoiqu'elles ayent monté beaucoup plus haut.

(22) Les Consuls huit jours avant la fin de leur Consulat, rendront compte de leur recepte & de leur depense au Prevost, en presence de quelques Bourgeois.

(23) Les Consuls continueront de se servir du sceau dont ils se servent.

Les Consuls & les habitans tiendront le Consulat du Vicomte.

(24) Tout ce qui a esté accordé par les habitans par cette Ordonnance, sera nul, s'ils contreviennent à quelques-unes de ses dispositions.

Les habitans mettront leur sceau à cette Ordonnance, pour marque de leur approbation.

JEAN I.er & selon d'autres, Jean II. à Cachamp près Paris, en May 1356.

(25) *Les habitans demanderont au Roy de France la confirmation de cette Ordonnance, & le supplieront d'envoyer ses Lettres à la Vicomtesse.*

Les Arbitres se reservent la faculté d'expliquer ce qu'il y aura d'ambigu & d'obscur dans ces Reglemens, & mesme de les changer s'ils le jugent à propos.

Modifications des Articles precedents.

(1) *Ceux qui ne demeuroient pas dans le Chasteau de Limoges, lorsque les habitans se sont soûmis au jugement des Arbitres, mais qui y avoient des biens, feront par rapport à l'armée, ce qui a coustume d'estre observé à cet égard.*

(2) *Ceux dont il est parlé dans l'Article precedent, conserveront leurs droits en entier touchant le subside qui sera payé au Vicomte dans les quatre cas marquez dans l'Article 2. sauf le droit du Vicomte contre-eux.*

(3) *Les dix Consuls seront du Chasteau de Limoges.*

(4) *Le droit de ceux dont il est parlé dans l'Article 1. des modifications, est conservé par rapport à l'imposition de la taille. Elle sera cependant imposée sur leurs biens, si on a coustume de l'y imposer.*

(5) *L'Article qui regarde les moulins & les fours sera observé, s'il est conforme à la coustume des lieux.*

(6) *Les habitans rendront à leurs debiteurs les chevaux & les ostages que ceux-cy leur ont donnez, mais ils garderont les gages.*

(7) *Les biens de ceux qui sont condamnez à payer l'amende de 30000 livres, seront vendus fidelement, publiquement, & avec les formalitez ordinaires.*

(8) *Si les habitans contreviennent à quelqu'uns de ces Reglemens, le Vicomte prendra des mesures pour les contraindre à les observer.*

(9) *Les Arbitres ne pourront plus faire aucun changement dans les Reglemens qu'ils ont donnez.*

*JOHANNES Dei gratiâ Francorum Rex. Notum facimus universis presentibus & futuris, quod pro parte carissimorum consanguineorum nostrorum (b) Ducis & Ducisse Britannie, Vice-Comitum Lemovicensium, transcriptum * quarumdem Litterarum certas compositiones, & accordum inter Margaretam Vice-Comitissam Lemovicensem, & Mariam ejus filiam heredem Vice-Comitatus & dominam Castri-Lemovicensis, & Artusum de Britania Virum dicte Marie, pro se & heredibus suis ex una parte; & Consules, Communitatem, habitatores & Burgenses Castri Lemovicensis, pro se & posteris seu successoribus suis ex altera, prout plenius continetur in dicto transcripto, factum*

* quarumdam

NOTES.

(*a*) Tresor des Chartres, Registre 84. pour les années 1354. 1355. & 1356. Piece 536. Cette Piece est des plus utiles & des plus curieuses. Elle donne de grands éclaircissemens sur les droits que les Seigneurs avoient dans ces temps-là sur leurs subjets, & on y trouve plusieurs faits importans pour l'histoire de la Vicomté, & de la Ville de Limoges. On aura soin de donner dans la Table des matieres, au mot *Limoges*, le precis de ces faits.

(*b*) *Ducis & Ducisse Britanie.*] Pour sçavoir quel est ce Duc & cette Duchesse de Bretagne à qui le Roy Jean accorda ces Lettres, & quel est cet Artus de Bretagne Vicomte de Limoges par sa femme Marie, en faveur de qui fut rendu le Jugement du mois d'Avril 1275. il faut entrer dans un detail de genealogie, que nous tirerons de l'Histoire Genealogique de la Maison de France, par les RR. PP. Ange & Simplicien. T. 1. p. 448. jusqu'à la page 452. Edition de Paris. 1726.

Artus II. Comte de Richemond, fils de *Jean II.* Duc de Bretagne, lequel mourut le 18. de Novembre 1305. épousa en premieres nopces en 1275. *Marie* seule heritiere de *Guy IV.* Vicomte de Limoges, & de Marguerite de Bourgogne. [Voy. *Ibid.* p. 545.] C'est en faveur de la Belle-mere de sa femme & de luy que fut rendu le Jugement du mois d'Avril 1275.

Artus II. devenu Duc de Bretagne après la mort de son Pere, laissa trois enfans.

1.° *Jean III.* mort sans posterité.

2.° *Guy* Comte de Penthieure.

3.° *Jean IV.* dit de Montfort, fils d'*Ioland de Dreux* Comtesse de Montfort l'Amauri, seconde femme d'*Artus II.*

Guy Comte de Penthieure laissa une fille unique nommée *Jeanne*, qui fut mariée à *Charles de Blois*, lequel après la mort de *Jean III.* oncle de sa femme, fut declaré Duc de Bretagne à cause d'elle, par Arrest des Pairs de France, le 7. de Septembre 1341. par representation de *Guy* son beaupere. Il eust une guerre a soustenir contre *Jean de Montfort* oncle de sa femme, qui luy disputoit le Duché. Il fut fait prisonnier le 18. de Juin 1347. à la Bataille de la *Roche-de-Rien*, & mené en Angleterre, comme il est marqué à la fin des Lettres du Roy Jean. Il fut elargi en 1356. & ayant esté tué au combat d'*Auray* le 29. de Septembre 1364. sa Veuve ceda le Duché de Bretagne au *Comte de Montfort*, par le Traité du 12. d'Avril 1365.

C'est à *Charles de Blois*, & à *Jeanne* sa femme, que furent accordées les Lettres du Roy Jean.

& habitum (c) continens, sub sigillo Castelleti nostri Parisiensis confectum, eodemque sigillatum, Nobis non cancellatum, non viciatum, sed sanum & integrum exhibitum, vidimus, cujus tenor sequitur in hec verba.

JEAN I.er & selon d'autres, Jean II. à Cachamp près Paris, en May 1356.

A touz ceulz qui ces presentes Lettres verront. Jehan de Milon Garde de la Prevosté de Paris, Salut. Savoir faisons que Nous l'An de grace mil trois cens trente & trois, le Juedi quatorze jours du mois d'Octobre, veismes unes Lettres scellées du Séel de bonne memoire le Roy *(d)* Philippe le Bel que Diex absoille, en cire vert & en laz de soye, contenant la forme qui s'ensuit.

PHILIPPUS Dei gratiâ Francorum Rex. Notum facimus universis tam presentibus quam futuris, quod Nos Litteras dilecti & fidelis Clerici nostri Magistri (e) G.[a] de Malomonte Canonici Lugdunensis, & Magistri Helie fratris ejus Decani sancti[b] Aredii, ipsorum & quorumdam aliorum sigillis sigillatas, confectas super (f) secundo Dicto, à dictis fratribus prolato, seu Ordinacione ab ipsis secundò facta inter dilectam & fidelem nostram Margaretam Vice-Comitissam Lemovicensem & Mariam ejus filiam heredem Vice-Comitatus & Dominam Castri Lemovicensis, & Artusum de Britania virum dicte Marie pro se & heredibus suis ex una parte, & Consules, Communitatem & homines & Burgenses Castri Lemovicensis, pro se & posteris seu successoribus suis ex altera, vidimus in hec verba.

Universis presentes Litteras inspecturis, Magistri Geraldus de Malomonte Canonicus Lugdunensis, Domini Regis Francie Clericus, & Helyas frater suus Decanus sancti Aredii, Salutem in Domino. Notum facimus quod cum Consules, Communitatas[c], homines & Burgenses Castri Lemovicensis pro se ac posteris suis, spontanea & unanimi voluntate super multis & variis articulis in Litteris excellentissimi Domini Regis Francie contentis, & quibusdam aliis, sigillis sigillatis ipsorum, & sigillis venerandorum virorum Decani & Officialis, Decani & Capituli Lemovicensis sede vacante, & Domini Odonis de Fazello Militis, Senescalli Petragoricensis, pro Domino Rege Francie, & Jacobi dicti Ydois Tenentis locum ipsius, ac[d] aliis omnibus contencionibus,[e] questionibus vel querelis, quas illustris Domina Margareta filia quondam illustris Ducis Burgundie pro se & nobili Domicella Maria herede Vice-Comitatus, ac Domina Castri Lemovicensis filia sua, ac eadem filia sua nunc Uxor nobilis viri Artusi de Britania filii nobilis viri Domini Johannis de Britania (g) Comitis Richemundi, & nati Johannis illustris Ducis Britannie, habebant quoquomodo vel habere poterant contra eos, Ordinacioni & voluntati nostre (h) de alto & de basso se supposuerunt, interpositis juramentis, & penis appositis que in eisdem Litteris[f] continetur. Nos salvis in omnibus & per omnia omnibus Ordinationibus, quas aliàs pro dicta Domina & ejus filia, heredibus & successoribus ejusdem filie, super quibusdam de predictis articulis fecimus, prout in Litteris excellentissimi Regis[g] Domini Francie, & quibusdam aliis, sigillis nostris & dictorum Consulum & Communitatem[h], venerandorum virorum Decani & Officialis, Decani & Capituli Lemovicensis sede vacante, Abbatis[i] Sollepniacensis, & Prioris sancti

a Geraldi. Voy. plus bas.

b S.t Yriez, Abbaye à Limoges.

c Communitas.

d super aliis.

e contestations, procez.

f continentur.

g Domini Regis.

h Communitatis.

i Abbé de Solignac.

NOTES.

(c) *Continens.*] Il y a dans l'Original *continent.* ce qui signifie *continentem*: mais je crois que c'est une faute de Copiste, & qu'il faut lire *continens*, en le rapportant à *transcriptum*; & voicy comment j'entends cette phrase qui est fort embroüillée, *transcriptum.... compositiones & accordum inter & factum & habitum, continens.... vidimus.*

(d) *Philippe le Bel.*] En Avril 1277. ce n'estoit point Philippe le Bel qui regnoit, mais Philippe le Hardy son pere qui mourut en 1283.

(e) *G. de Malomonte.*] Il fut eslu Evesque de Limoges le 16. de Decembre suivant. Voy. la nouvelle *Gaule Chrestienne*, Tome 2. p. 530. où il est nommé *Gilbertus*, ou *Girbertus* de *Mala morte.* Car il y a grande apparence que c'est la mesme personne.

(f) *Secundo Dicto.*] *Dictum* signifie icy la Sentence, le Jugement des Arbitres, & il est souvent pris dans ce sens dans cette Piece. Les Arbitres avoient déja donné un premier Jugement. Voy. cy-dessous.

(g) *Comitis Richemundi.*] Voy. cy-dessus Note (b).

(h) *De alto & basso.*] C'est-à-dire sur toutes leurs contestations, soit importantes soit legeres.

JEAN I.er & selon d'autres, Jean II. à Cachamp près Paris, en May 1356.

Leonardi, nobilis ac prudentis viri Domini Odonis de Fazello Militis, Senescalli predicti, [a] *continetur, super hiis que secuntur Ordinationem nostram seu voluntatem pronunciamus, & dicimus in hunc modum.*

(1) *Scilicet quod dicta Maria & dictus Artusus Vir suus ejus nomine, heredes seu successores dicte Marie habeant* (i) *exercitum &* [b] *cavalgatam in dicto Castro Lemovicensi &* (k) *forisbariis, & omnibus pertinentiis predictorum, & in omnibus Burgensibus & hominibus commorantibus in eisdem, tanquam in hominibus suis, aut alibi, domos tamen seu possessiones alias habentibus in eisdem vel pertinentiis eorumdem, vel in territorio Castri Lemovicensis; ita ut cum à dicta Maria vel ejus viro vel heredibus seu successoribus dicte Marie, aut eorum certo mandato requisiti fuerint, ipsos sequi cum armis, sicut alii Burgenses Vice-Comitatus Lemovicensis, in* [c] *expensis Burgensium & hominum predictorum, & domos seu possessiones habentium in prædictis vel pertinentiis predictorum in Lemovicensi, Petragoricensi & Engolismensi Diocesibus, teneantur.*

(2) *Ordinamus* [d] *& dicimus quod Burgenses & homines in Castro Lemovicensi, forisbariis ac pertinentiis commorantes, & quicunque in predictis omnibus vel in territorio Castri Lemovicensis domos seu possessiones habentes vel habituri, ubicunque moram fecerint, ad faciendum subsidium eidem Marie & Viro suo ejus nomine, & heredibus ac successoribus dicte Marie, ad quatuor necessitates, scilicet ad filiam maritandam,* (l) *ad novam miliciam recipiendam,* (m) *ad redemptionem solvendam,* (n) *ad* [e] *sustinendam crucis expensas, si contingeret eos* [f] *capi, vel assumere signum Crucis, perpetuo teneantur; & quoniam propter varios fortune & rerum eventus, ac variabiles condiciones hominum, non possumus in hoc certam decernere quantitatem, volumus & ordinamus ut predicti omnes tam in Castro & forisbariis quam extra morantes, in predictis tamen aut territorio Lemovicensi possessiones habentes, secundum facultates suas & bona, & hereditates & possessiones predictas, scilicet quas habent vel habituri sunt in Castro & territorio supradictis, certum subsidium facere teneantur, tam ipsi quam posteri eorumdem.*

(3) Item. *Dicimus & ordinamus quod illa* (o) *pars quam habebant, vel se habere dicebant in Moneta dicte Marie Vice-Comitisse Lemovicensis, & Viri sui ejus nomine, & custodia dicte Monete, & jus quod in predictis habebant, vel se habere dicebant, ad ipsam & Virum suum ejus nomine, heredes & successores dicte Marie pertineant pleno jure, ita ut dicti Consules, Communitas, homines & Burgenses, vel eorum successores nichil possint petere de cetero in predictis.*

(4) Item. *Quod dicta Maria & Vir suus ejus nomine, heredes & successores dicte Marie, dictam Monetam cudi faciant ubi voluerint in terra sua, ita quod dicti Consules, Communitas, Burgenses & homines vel eorum posteri, non possint in aliquo contraire.*

(5) Item. *Quod dictam Monetam & nullam aliam recipiant, & ad ipsam recipiendam*

a il manque là le mot de *sigillatis.*

b chevauchée.

c aux depens.

d Voy. l'Art. 2. de l'Ordonn. du Roy.

e sustinendum, ou sustinendas.

f capere.

NOTES.

(i) *Exercitum, &c.*] Il y eust plusieurs Articles de ce Reglement qui furent modifiez par une Ordonnance de Philippe le Hardy, qui fait partie de cette Piece. Celuy-cy en est un, & il a esté modifié par l'Article 1. de l'Ordonnance du Roy. Je mettrai dans la suite à la marge des Articles modifiez, Voy. *l'Article de l'Ordonnance du Roy.*

(k) *Forisbariis.*] C'est-à-dire les Maisons qui sont au-delà des Barrieres que l'on plaçoit devant les portes des Villes, dont elles faisoient dans ces temps-là la plus forte deffense, comme on le voit dans Froissard.

(l) *Ad novam miliciam recipiendam.*] Lorsqu'il sera reçû Chevalier.

(m) *Ad redemptionem solvendam.*] Il faut joindre ces mots avec ceux-cy, *si contingerit eos capi*, c'est-à-dire pour payer sa rançon, lorsqu'il aura esté pris à la Guerre.

(n) *Ad sustinendam Crucis expensam.*] Cela a rapport aux expeditions des Croisades. Ceux qui s'enrolloient pour aller combattre les Infideles, recevoient une Croix rouge qu'ils mettoient sur leur épaule gauche.

(o) *Pars..... in Moneta.*] C'est-à-dire qu'ils n'auront aucune part dans le profit qui proviendra de la fabrication de la Monnoye, que le Vicomte de Limoges avoit droit de faire fabriquer aussi-bien que plusieurs autres Seigneurs de France. Voy. sur ce droit, le Glossaire de du Cange dans l'Article *Moneta*, au mot *Monetæ Baronum Francicorum.*

& nullam aliam, perpetuo teneantur. Monetam vero Domini Regis Francie Parisiensem, Turonensem, aut si aliam facere voluerit, recipere poterunt, & Monetam dicte Marie, prout superius est expressum.

JEAN I.er & selon d'autres, Jean II. à Cachamp près Paris, en May 1356.

(6) Item. Quod stanna seu stalla ejusdem Castri seu Ville, ad vendendum panem seu carnes, aut pisces vel quelibet mercimonia, seu res alias ordinata vel ad ordinandum parata, que non sunt in locis propriis aut fundis dictorum Burgensium vel hominum posita, aut non sunt propria singulorum, ad dictam Mariam & Virum suum ejus nomine, heredes ac successores dicte Marie pertineant pleno jure.

(7) Item. Quod consuetudines & usagia que dicta Maria & Vir suus ejus nomine, habent in Castro seu Villa predictis & pertinentiis, in pedagiis, ledis ac usagiis, (p) leda panis & salis, deschargis, candebege, giota bladi, codorsonibus ligorum & quibuscunque aliis cum omnibus emolumentis inde provenientibus, nec non (q) foris & pretiis carnium, galinarum & aliorum rerum venalium, de quibus est consuetum ab ipsa Maria tanquam à Domina dictorum Castri & Ville, & Viro suo ejus nomine, pro certis pretiis habendarum, ac certis temporibus sibi competentibus ad venditionem feni sui seu aliarum rerum, de quibus est consuetum, que tempora stagium usualiter appellantur, ac pastu & custodia Leporariorum & aliorum canum suorum, & aliis usagiis quibuscunque in quibuscunque rebus[a] consistantibus, plene & ex integro salva sint eis; ita quod dicti Burgenses & homines eis plene (r) respondeant de eisdem, & in eis levandis aut expletandis se opponere non presumant, nec ea aliqua arte vel ingenio impedire, minuere vel fraudari.

a consistentibus.

(8) Item. Quod pondera dicti Castri prope portas vel alibi posita vel appensa, & cubitorum & alnarum, omniumque ponderum & mensurarum (s) traditio, talliatio, inspectio & emende, & omnia emolumenta indè provenientia ad Vice-Comitissam pertineant pleno jure.

(9) Et insuper[b] ordinamus ne deinceps fiant Consules in Castro Lemovicensi, in forisbariis aut pertinentiis, secundum formam antiquam quam sibi usurpaverunt indebitè & injustè, quam cum pertinentibus ad ipsam, imposterum totaliter amovemus, nec non & Consules qui nunc sunt in Officio Consulatûs, & secundum dictam formam hoc anno creati fuerunt, quos etiam ex nunc amovemus omnino: sed ut dicta Villa regatur commodius, ordinamus & concedimus, ut in dicto Castro sint de cetero decem Consules & non plures, quorum quinque à prefata Maria, vel Viro suo ejus nomine, & Vice-Comite qui pro tempore fuerit, vel mandato suo perpetuo creabuntur: alii quinque eligentur ab hominibus & Burgensibus dictorum Castri & Ville: & sic electi Vice-Comiti qui pro tempore fuerit, si tunc presens affuerit, aut si presens non fuerit, Tenenti locum suum in Castro predicto, presentabuntur, & ab ipsis liberè recipientur, nisi ex causa rationabili & justa ipsi vel eorum aliqui recusari deberent; quod si accideret, possent alii eligi loco illorum, qui essent bone opinionis & vite, ab hominibus & Burgensibus supradictis, & debent libere recipi à Vice-Comite qui pro tempore fuerit, aut mandato ipsius. Qui sic creati jurabunt ad sancta Dei Evangelia, publice coram Vice-Comite qui pro tempore fuerit, vel Tenente locum suum in Castro predicto, quod corpus, vitam, honorem & jura ipsius ubique, & suorum presertim Tenencium locum suum in Castro predicto, pro posse suo custodient &

b Voy. l'Art. 3. de l'Ordonn. du Roy.

NOTES.

(p) Leda panis & vini.] Leda se prend pour toutes sortes d'imposts. Pour les mots suivans, je ne les entends point: & les sçavans Benedictins qui travaillent à la nouvelle Edition du Glossaire de du Cange, ne les ont trouvez dans aucuns monumens.

(q) Foris & pretiis.] Le droit de prendre les denrées à un certain prix.

(r) Respondeant.] Ce mot est écrit en abregé, & il a fallu deviner: mais il est presque certain qu'il faut lire Respondeant. Le mesme mot écrit de la mesme maniere, se trouve plus bas dans l'Art. (16.) & y fait le mesme sens que dans celuy-cy. Voy. plus bas Note (kk).

(s) Traditio, talliatio, &c.] Le droit de faire faire & de tailler des mesures & des poids conformes à l'estalon ou modele, le droit de les distribuer, l'inspection sur les poids & mesures, & le profit des amendes ausquelles seront condamnées ceux qui seront trouvez en contravention sur ces deux points, appartiendra au Vicomte.

deffendent, & contra non venient ullo modo, & ei tanquam Domino & locum suum Tenenti obedient revereuter, & quod negotia dictorum Castri & Ville tractabunt legitime, & fideliter procurabunt pro posse suo.

JEAN I.er & selon d'autres, Jean II. à Cachamp près Paris, en May 1356.

(10) Pro dictis vero negociis tractandis & procurandis, convenire poterunt una cum Preposito dicti Castri vel Locum suum tenente, & coram se & dicto Preposito vel Locum suum tenente & non alio modo, vocare illos de dicto Castro de quibus eis videbitur expedire: qui si venire contempserint, solvent scilicet quilibet contumax tres solidos pro emenda, qui levabuntur per manum Prepositi, in commune commodum Ville per ipsum & Consules convertendos. Illam vero exactionem obolorum, quam ab hominibus dictorum Castri & Ville levare presumpserant, de cetero non levabunt, nec eis de cetero aliquam exactionem sub couverto vel figmento mutui vel alterius fraudis imponent; nisi quod tallias una cum (t) Preposito & non alias [a]*, ex causa rationabili, & pro evidentibus Ville necessitatibus; scilicet pro juribus & deveriis seu redevenciis Vice-Comitis qui pro tempore fuerit solvendis atque reddendis, & obsequiis sibi* [b] *prestandis, ac pro faciendis Eleemosinis illis antiquitus institutis, que caritates vulgariter appellantur, vel edificatione seu reparatione murorum, turrum* [c]*, portallorum* [d]*, fossatorum & aliorum fortaliciorum & fontium, pontium & viarum, & locorum similium, cum Vice-Comiti qui pro tempore fuerit, cujus utique predicta sunt propria, predicta edificari aut reparari placuerit, & non alias, aut pro debitis suis rationabilibus, Domino qui pro tempore fuerit aut Locum suum tenenti prius ostensis & ab ipso acceptatis, ipsi una cum Tenente locum Domini juxta modum necessitatis imminentis, taliam seu collectam facere poterunt per Tenentem locum Domini & ipsos, inter Burgenses & homines dictorum Castri & Ville, & illos qui in dictis locis habent possessiones aut hereditates aliquas ubicumque morentur, secundum facultates cujuslibet in dictis Castro & Villa morantis, aut intus, aut extra in territorio seu honore Castri Lemovicensis hereditates aliquas seu possessiones habentis, etiam si alibi morentur; juxta tamen modum facultatum seu possessionum quas habent vel habituri sunt in Castro aut territorio supradictis, solum modo prout equius & rationabilius poterit fieri, ad equandum: ad cujus talie solutionem per Tenentem locum Domini, qui in ejus solutione rebelles fuerint, compellentur.*

a Voy. l'Art. 4. de l'Ordonn. du Roy.

b illi.

c turium.

d Portes, Portails.

(11) Vineas vero & alios redditus in fundis, vineis aut domibus assignatos, quos emerant & levabant antiqui Consules, percipiant & moderni, per Prepositum & ipsos in communia Ville commoda convertenda. Deinceps vero aliquos redditus nomine Consulatus acquirere non poterunt, nisi de Vice-Comitis qui pro tempore fuerit, licentia speciali.

(12) Creabuntur autem dicti Consules sub forma predicta annis singulis, in crastinum Octave Pasche.

(13) Ordinamus etiam ut omnia juramenta que dicti Burgenses & homines in invicem fecerant ut Communitas [e]*, sive circa creationem Consulum, sive de Consulibus quos dudum faciebant, postquam finitum erat officium in Consulatu, iterum infra certa tempora non ponendis, & quecunque similia dissolvantur, & quod ab hujusmodi juramentis infra Octavam Paschalem in invicem & omnino se quittent: & (u) adicimus ad consueta pericula evitanda, quod Consules qui secundum formam predictam pro tempore facti vel creati fuerint, a Burgensibus & hominibus predictis de parando* [f] *sibi nullum deinceps recipiant juramentum; & quod Domus que dicebatur vel dicitur Consulatus, ad eandem Mariam & Virum suum ejus nomine, heredes & successores dicte Marie, pertineat pleno jure, & infra Octavam Paschalem eam sicut est suo reddant Preposito loco ejus, nichil prorsus amoventes ex ea, & si quid exinde (x) .... de communibus armaturis aut aliis communibus, ex quo voluntati & Ordinationi nostre se supposuerunt, precipimus quod reponant infra quindenam Pasche. Hoc salvo quod Consules predicti una cum*

e comme faisant Corps de Communauté.

f parendo.

NOTES.

(t) *Preposito.]* Il paroist que le Prevost avoit aussi le titre de Lieutenant du Vicomte: car il est dit icy que les Consuls leveront la taille avec le Prevost, & un peu plus bas, qu'ils la leveront avec le Lieutenant du Vicomte. Voy. l'Article precedent, & le suivant.

(u) *Adicimus.]* Pour *adjicimus*. Ce Verbe est écrit plusieurs fois dans cette Piece avec un seul *i* au commencement.

(x) .... Il y a là un mot que l'on n'a pû déchiffrer. Il semble qu'il y ait *creterint*, peut-estre pour *ceperint*.

Preposito qui eam tenebit pro Domino, & non alias pro tractandis Ville negotiis per hanc Ordinationem sibi licitis & permissis, in prefata Domo, nisi Vice-Comes aut Vice-Comitissa ibi presentes fuerint, aut aliqua persona magna pro ipsis, aut alibi si maluerint, poterunt convenire.

JEAN I.er & selon d'autres, Jean II. à Cachamp près Paris, en May 1356.

(14) (y) Balisle vero, & Quarcelli [a], *torni, scuta, torice, (z) albergiones, perpuncta, galee, capelli ferrei & aliaquelibet armorum genera, item machine, & (aa) equi linei, & alie ingeniorum species & alia similia que dicti Burgenses & homines qui voluntati nostre se supposuerunt, in communi habebant, tradentur Preposito & Consulibus antedictis per ipsos, vocatis aliquibus probis hominibus de Villa, sub fideli custodia Prepositi qui pro tempore fuerit, reponenda, ad deffensionem Vice-Comitis qui pro tempore fuerit, & jurium & hominum suorum tam in dictis Castro & Villa quam etiam extra, si opus fuerit, per Prepositum cum consilio Consulum exponenda.*

[a] quarelli.

(15) Illam sanè congregationem hominum seu collectionem qui dicebatur vulgariter Hospitalis, *& illam novam colligationem seu conspirationem que Cruce signatorum dicitur, de novo in magna fraude & jam experta malicia adinventam, & quaslibet alias colligationes aut conventiculas factas aut initas in Castro & Villa predictis a vigenti Annis circa, totaliter & imperpetuum annullamus, & hujusmodi aut similes colligationes seu conventiculas per modum colligationum aut conspirationum, fieri quoquo pietatis colore velentur, imposterum prohibemus.*

(16) Dicimus etiam per Ordinationem nostram, ad consueta pericula si Deo placuerit, evitanda, quod singulis annis in die Martis post Octavam Paschalem, Burgenses & homines dictorum Castri, Ville & forisbariorum, à decem & octo Annis supra, Vice-Comiti qui pro tempore fuerit, vel Mandato suo, jurare teneantur quod corpus ipsius, vitam & honorem & jura & etiam Tenentis locum suum in Castro predicto quantum erit eis possibile, custodiant [b] *& deffendent, & de omnibus juribus suis & deveriis eis fideliter* [c] *respondebunt, nec ipsa decurtabunt, nec permittent ab aliquo quantum erit eis possibile, decurtari, & quod eis Guerram non facient, nec pro posse suo, ab aliquo fieri permittent, nec Castrum aut Villam in aliquo casu sibi vetebant* [d], *nec ipsum Castrum aut Villam aut se in aliquo casu munient contra eos aut Tenentem locum ipsorum, nec in aliquo casu per aliquam viam cujuscunque contentionis aut Guerre contra ipsos insurgent, nec alium Dominum de cetero (bb) advocabunt, & si qui ex ipsis contra facerent, alii omnes erunt Vice-Comiti qui pro tempore fuerit, & Locum suum tenenti in consilio & auxilio in quantum poterunt contra eos.*

[b] custodient.

[c] Voy. cy-dessus Note (r).

[d] ne l'empeschéront point d'entrer dans le Chasteau.

(17) Ordinamus [e] *etiam quod prefati Burgenses & homines tanquam homines sui, ad molendina dicte Marie, & Viri sui ejus nomine, heredum & successorum dicte Marie, molere, & ad furnos* [f] *quoquere teneantur, cum (cc) predicta habuerint in Villa & territorio supradictos* [g], *sub rationabilibus (dd) furnagio & moltura; nisi*

[e] Voy. l'Art. 5. de l'Ordonn. du Roy.

[f] coquere.

[g] supradictis.

NOTES.

(y) *Ballisle, &c.*] Les Balistes estoient des machines pour jetter des pierres, ou des traits que l'on nommoit *Quadrelli*, ou *Quarelli*, parce qu'ils estoient quarrez, en françois des *Carreaux*. On faisoit aller ces machines avec des especes de tourniquets, *torni*. Voy. le Glossaire de du Cange, aux mots *Balista*, *Quadrelli*, & *Tornum*. Il paroist par le passage qu'il rapporte sur ce dernier mot, qu'il y avoit des machines de Guerre, nommées *Tornum*, & differentes des *Ballistes*.

(z) *Albergiones.*] Ce sont des cotes de Mailles. Voy. le Glossaire de du Cange, au mot *Halsberga*.

Perpuncta. Habit militaire que l'on nommoit en françois, *Pourpoint*. Voy. *Ibid.* au mot *Perpunctum*.

(aa) *Equi linei.*] Peut-estre est-ce une faute pour *lignei*. On pourroit avoir donné ce nom à une machine, comme l'on dit aujourd'huy *des chevaux de frise*.

(bb) *Advocabunt.*] Ce mot ne signifie pas simplement *appelleront*, mais, *se mettront sous la protection d'un* Avocat, ou Avoué. Voy. le Glossaire de du Cange, au mot *Advocati Ecclesiarum*.

(cc) *Predicta.*] Je ne sçai si ce mot se rapporte à *molendina*, ou plûtôt s'il ne faut pas suppléer le mot *jura*, qui aura esté oublié par le Copiste.

(dd) *Furnagio & moltura.*] Les droits que l'on prend aux moulins & aux fours bannaux.

JEAN I.er & selon d'autres, Jean II. à Cachamp près Paris, en May 1356.

ante tempus Ordinationis hujusmodi, alibi ex debito molere & coquere tenerentur, vel furnos & molendina habuerint ab antiquo, ad quos, & que recipere poterunt illos & non alios, qui ad molendum & coquendum ex debito juris aut consuetudinis sibi tenentur, nec non & bladum suum molere, & coquere panem suum.

(18) In foris-facturis verò que evenerint in dictis Castro & Villa & territorio Castri Lemovicensis, propter murtra & homicidia aut alia maleficia, ordinamus quod ad dictam Mariam & Virum suum ejus nomine, & successores dicte Marie pertineant pleno jure, nisi aliqui de dictis Burgensibus aut hominibus ipsi[a] *tenuerint per triginta Annos aut amplius: qui vero tanto tempore tenuerint, de cetero tuti erunt, nec dicta Maria aut Vir ejus, aut ejus successores ullam in predictis eis movebunt de cetero questionem.*

(19) De hiis autem que debentur dictis Burgensibus & hominibus in Vice-Comitatu Lemovicensi, taliter ordinamus, quod illi qui sunt de Castro & Castellania de (ce) Axia, teneantur solvere medietatem dictorum debitorum infra instans festum sancti Andree, & aliam medietatem in alio festo sancti Andree Anno revoluto. Alii vero omnes de Vice-Comitatu Lemovicensi teneantur solvere id quod debent ad proximum Pascha post istud Anno revoluto; & volumus & precipimus quod dicti Burgenses concedant dictis debitoribus terminos antedictos, nec interim propter hec debita, possint aliquem de dictis debitoribus molestare, pro quibus si habent homines vel equos vel obsides[b]*, precipimus quod dimittant, si pignora, precipimus quod recredant, & quascunque compulsiones faciebant aut fecerant pro predictis, revocent & faciant revocari usque ad terminos antedictos. Si vero aliqui de dictis debitoribus habeant terminos longiores, eos ipsis volumus esse salvos.*

(20) Ordinamus etiam quod prefate Domine nostre Margarete Vice-Comitisse Lemovicensis pro maritagio filie sue, de mille libris Lemovicensibus subsidium faciant ista vice solvendis, scilicet quingentis libris ad instans festum Beati Michaëlis, & aliis quingentis in principio Quadragesime proxime venientis; ita quod ex hoc dicte Marie aut ejus Viro, vel ejus successoribus non fiat prejudicium in futurum.

(21) Sane cupientes quantum possumus, benigne agere cum Burgensibus & hominibus antedictis, ordinamus quod prefata Domina nostra Margareta Vice-Comitissa Lemovicensis, & dicta ejus filia, & Vir suus ejus nomine, sumptus quos fecerunt & dampna que habuerunt vel sustinuerunt in[c] *placito vel in Guerra propter rebellionem & Guerram Burgensium predictorum, remittent eis &*[d] *quittant, illis scilicet qui post hanc Ordinacionem & alias à Nobis factas, remanserint & permanserint in Villa & Castro predictis. In illis vero qui post hanc Ordinationem inde recesserunt, eidem Domine nostre & ejus filie, Viro suo ejus nomine, ac successoribus suis super dampnis predictis & sumptibus & emendis pro inde debitis, jus suum specialiter reservamus; ad hoc*[e] *propter predicta, que inquisita veritate per Ordinationem nostram estimamus triginta milia libratum Lemovicensium, licet sciamus ipsa fuisse & esse multo plura atque majora, ipsos per dictam nostram condempnandos pronunciamus, & dicimus ex nunc esse obligatos quocunque ierint, & omnia bona sua; ita quod prefata Domina vel ejus filia, aut Vir suus ejus nomine, & successores dicte Marie omnia bona illorum qui inde recesserint, statim in dictis Castro, territorio seu honore capere, expletare vel distrahere*[f] *valeant pro predictis, prout sibi visum fuerit expedire, quo usque de summa dictorum trigenta milium librarum, prorata contingente quibuslibet deinde recedentibus, secundum facultates suas & bona que habent in Castro & territorio supradictis, sibi plenè fuerit satisfactum.*

(22) Ordinamus etiam quod dicti Consules de perceptis & expensis suo tempore, per octo dies ante finem Consulatus sui, Preposito qui pro tempore fuerit, vocatis secum aliquibus probis hominibus de Villa, reddant legitimam rationem.

(23) Ordinamus etiam quod predicti Consules sigillo suo quo hactenus usi sunt, uti

[a] ipsa

[b] Voy. l'Art. 6. de l'Ordonn. du Roy.

[c] En justice reglée.

[d] quittent.

[e] *ou* ad quod

[f] Voy. l'Art. 7. de l'Ordonn. du Roy.

NOTES.

(*ce*) *Axia.*] Dans le Dictionnaire Geographique de la France, par Saugrain, on trouve deux endroits nommez *Aix*, situez dans le Limousin; & en lisant ces deux Articles, on ne peut guere s'empescher de soupçonner que c'est un double emploi. On trouve au mesme endroit un autre lieu nommé *Aixe*, situé aussi dans le Limousin.

possint

possint in posterum, secundam formam sui Consulatus per Ordinationem nostram superius designatam. Predictum autem Consulatum ac dictum sigillum & ejus usum, & alia ad permissum eis Consulatum pertinentia, secundum formam superius ordinatam, tenebunt dicti Consules & Burgenses & eorum posteri, à dicta Maria & ejus Viro suo nomine, & successoribus dicte Marie.

JEAN I.er & selon d'autres, Jean II. à Cachamp près Paris, en May 1356.

(24) Dicimus etiam per Ordinacionem nostram, ut quecunque dictis Burgensibus & hominibus in hiis suprascriptis Ordinationibus nostris concessimus vel habere permissimus [a], sive in Consulatu vel sigillo aut aliis quibuscunque, si contra predictas Ordinationes vel aliqua de eisdem venerint, omnino sint [b] nulla, nec deinceps eis in aliquo uti possint vel presumant: precipientes per Ordinacionem nostram Burgensibus & hominibus antedictis, quod infrà diem Mercurii post proximum Pascha, Ordinationibus nostris in presentibus contentis Litteris, nostris sigillis sigillatis, sigillum suum apponant pro certo signo approbationis.

a permisimus.

b Voy. l'Art. 8. de l'Ordonn. du Roy.

(25) Adicientes [c] predictis per dictam Ordinationem nostram, quod infra Octavam beati Johannis-Baptiste, Domino Regi Francorum supplicent, ac procurent fideliter ac efficaciter cum eodem, quatinus hanc Ordinationem nostram approbet & confirmet, & Litteras suas super premissis omnibus, dicte Vice-Comitisse & Marie filie sue, ac Viro suo ejus nomine, in consimili forma concedat.

c Adjicientes.

Hec autem omnia & singula per Ordinacionem nostram integre & sine omni malicia, fraude & calumpnia, precipimus à dictis Burgensibus & hominibus & eorum successoribus imposterum esse servanda & fideliter adimplenda, in virtute prestiti Nobis ab ipsis super hoc juramenti, etiam sub incursione omnium penarum in dictis Litteris contentarum. Hec autem ad tempus ordinamus, retenta [d] Nobis ex integro potestate declarandi [e], vel Nobis, vel alteri Nostrum, videlicet, si quid in predictis esset aut emergeret ambiguum vel obscurum; nec non dicendi & ordinandi aliter per Nos vel alterum Nostrum, prout Nobis ex forma predictarum competit aut competere potest Litterarum, supra omnibus aliis quicquid Nobis vel alteri Nostrum quandocunque & quociensčunque & qualitercunque, etiam prefatis partibus vel earum altera presentibus vel absentibus, visum fuerit expedire.

d retenta Nobis .... vel alteri Nostrûm.

e Voy. l'Art. 9. de l'Ordonn. du Roy.

Hec autem omnia & singula ut dictum est, à dictis Consulibus, Communitate, Burgensibus & hominibus, eorum successoribus per Ordinationem nostram precipimus esse observanda integre & implenda sub juramento & penis predictis, (ff) Ordinationibus nostris nichilominus in suo robore perpetuo permansuris. In cujus rei testimonium, Nos prefati Magistri G. [f] & Decanus presentes Litteras sigillatas sigillis nostris, una cum sigillis venerabilium virorum Capituli Ecclesie sancti Aredii, & (gg) Prioris Castaliensis fecimus consignari.

f Geraldus.

Nos autem predicti Capitulum & Prior qui (hh) probacioni & pronunciationi omnium premissorum interfuimus, sigilla nostra presentibus duximus apponenda in testimonium veritatis. Datum mense Aprilis, Anno Domini millesimo ducentesimo septuagesimo-quinto.

(ii) Et cum prefati Consules, Communitas, Burgenses & homines conquerendo sive agendo proposuerant in judicio coram Nobis, contra dictam Vice-Comitissam Lemovicensem & Mariam ejus filiam, ac Arturum de Britania Virum dicte Marie, prescriptum Dictum sive Ordinationem debere penitus adnullari, vel saltem reduci ad arbitrium boni viri, cum ut dicebant, in se multas iniquitates contineret, quibusdam ex parte ipsorum

NOTES.

(ff) *Ordinationibus nostris.*] Il s'agit apparament là des premiers Reglemens qui avoient esté faits par les Arbitres.

(gg) *Prioris Castaliensis.*] Je trouve dans le Poüillé du Diocese de Limoges. Par. 1638. in 4°. la Cure de *Chastelieu*, p. 12. la Cure de *Chastellac*, p. 23. le Prieuré de *Chaillac*, p. 28. la Cure du *Chastellus*, p. 34. le Prieuré de *Chastaing*, p. 44. Mais comme les noms latins n'y sont pas, on ne peut distinguer quel est le Prieuré qui est nommé icy *Castaliensis*.

(hh) *Probationi.*] Par ce mot on peut entendre les formalitez qui ont esté observées pour rendre cet Acte authentique.

(ii) *Et cum prefati.... in judicio coram Nobis.*] C'est le Roy qui parle, & qui ordonne dans la suite de cette Ordonnance.

JEAN I.er & selon d'autres, Jean II. à Cachamp près Paris, en May 1356.

*ad hoc rationibus propositis; parte dicte Vice-Comitisse & ejus filie ac dicti Viri sui in contrarium asserente idem Dictum & omnia in eo contenta in integro servari debere, & instanter petente ipsum Dictum à Nobis approbari & confirmari, ac dicente prefatos Consules, Communitatem, Burgenses, homines non esse supra predictis aliquatenus audiendos, ad hoc rationes plurimas proponendo : Tandem Nos auditis & intellectis diligenter utriusque partis rationibus, & (kk) responsionibus factis ad eas, & omnibus que dicte partes proponere voluerunt; examinatis verò cum multa diligentia prescripto Dicto & omnibus in eodem contentis articulis, quosdam ex ipsis ex equitate prout inferius continetur, duximus * mictigandos, alüs omnibus prout in supra contento Dicto memoratorum Magistrorum expressi sunt, in suo vigore permansuris.*

* mitigandos.

a Article 1. *In primis, siquidem Articulum de [a] Exercitu, circa illos solummodo mitigamus qui non morabantur in Castro Lemovicensi aut ejus pertinentiis, quando alii ibi morantes supposuerunt se voluntati seu Ordinationi dictorum Magistrorum, habebant tamen possessiones in dicto Castro aut pertinentiis [b] in territorio ejus, ut scilicet illud tantum de dicto Exercitu facere teneantur, quod est hactenus in talibus fieri consuetum, aliis contentis in eodem Articulo in suo robore duraturis.*

b vel

c Article 2. *(2) Articulus vero de [c] subsidio faciendo ab ipsis Consulibus, Burgensibus & hominibus eidem Vice-Comitisse & ejus filie, ac Viro ipsius ejus nomine, & successoribus suis ad quatuor necessitates, in suo remanebit vigore, hoc moderamine adhibito, ut jus illorum qui non morabantur in Castro seu territorio Castri Lemovicensis, habebant tamen possessiones in ipso Castro vel pertinentiis aut territorio ipsius, quando alii se supposuerunt voluntati dictorum Magistrorum, circa hoc remaneat eis salvum, & jus Vice-Comitisse predicte ac filie sue, & ejus Viri & successorum ejusdem filie, similiter contra eos.*

d Article 9. e adjicimus. *(3) Circa Articulum autem de [d] Consulibus & qui nunc se gerunt pro Consulibus, amovendis & de futuris creandis, id solum adicimus [e], ut tam quinque eligendi à Vice-Comite qui pro tempore fuerit, vel Mandato ipsius, quam alii quinque eligendi ab hominibus dicte Ville, sint de Castro Lemovicensi.*

f Article 10. g contraindre. *(4) Articulum [f] sane de talià facienda in Castro seu Villa Lemovicensi, & modo faciendi & levandi & distringendi [g], volumus illesum & integrum remanere : Illorum tamen jus circa hunc Articulum volumus esse salvum, qui non morabantur in Castro sive Villa Lemovicensi, seu in territorio, quando alii se supposuerunt dictorum Magistrorum voluntati, (ll) ac predicte Ordinacioni consenserunt : talliabuntur tamen possessiones eorum si hactenus consueverint talliari, & prout alias extitit consuetum.*

h Article 17. *(5) Predictum autem Articulum [h] de furnis & molendinis, volumus remanere prout à predictis Magistris ordinatum est, si sic in partibus illis de consuetudine observetur.*

i Article 19. *(6) Circa Articulum [i] de debitis que predictis Burgensibus & hominibus Castri Lemovicensis debentur ab illis de Axia & aliis de Vice-Comitatu Lemovicensi, pignoribus obligatis eisdem vel obsidibus datis, id addimus quod equi & obsides sub recredencia dimittantur, & alia pignora inanimata & se non moventia recredentur.*

k Article 21. *(7) In Articulo preterea de condempnacione [k] triginta milium librarum pro dampnis, expensis, emendis, nichil penitus immutamus, sed servabitur ut est scriptus; hoc addito, quod si ob causam illam bona vendi contigerit, quod fideliter, publice & sollempniter subhastentur.*

l Article 24. m pœnæ. *(8) Articulum [l] insuper in quo a dictis Magistris nomine [m] pene dictum est, ut*

NOTES.

(*kk*) *Responsionibus.*] Ce mot est écrit en abregé à peu près de la mesme maniere que le *Responderunt* de l'Art. 7.

(*ll*) *Ac.*] Il est difficile de decider s'il y a *ac* ou *ut*, mais le premier fait un plus beau sens. Si l'on suit cette leçon, il faudra dire que la grande partie des habitans du Chasteau de Limoges se soûmit aux Reglemens precedens, & que l'opposition ne vient que de la part d'un petit nombre, & principalement de ceux qui sans demeurer dans le Chasteau, y avoient des biens; car presque toutes les modifications faites aux Reglemens, sont à leur avantage.

quecumque dictis Burgensibus & hominibus ab eisdem Magistris in suis Ordinationibus sunt concessa vel haberi permissa, si contra dictas Ordinationes venerint dicti Burgenses, Consules & homines, vel aliqui de eisdem, omnino sint nulla, nec deinceps in aliquo uti possint, quo ad hoc duximus mictigandum, & penam illam in eodem Articulo institutam in hoc mutamus, ut si contra Ordinacionem venerint in toto vel in parte, id ad bonum (mm) esgardum Vice-Comitis qui pro tempore fuerit, emendetur.

JEAN I.er & selon d'autres, Jean II. à Cachamp près Paris, en May 1356.

(9) Articulum[a] insuper quo prefati Magistri dixerant quod declarare possent si qua essent in hoc secundo Dicto ambigua vel obscura, & etiam aliter ordinare quecunque sibi placerent, cum jam per Nos satis declarata sint, totaliter amovemus.

a Article 25.

Quibus articulis superius expressis, & in premissa forma temperatis seu mictigatis à Nobis, Dictum superius annotatum seu Ordinationem & omnes Articulos in eis contentos, scilicet supra expressos, & mictigatos seu temperatos à Nobis, prout mictigati seu temperati sunt, cum mictigationibus seu temperaturis eisdem Articulis à Nobis adjunctis, & alios omnes non mictigatos seu temperatos à Nobis prout in prefato Dicto vel Ordinatione scripti sunt, nullo mutato vel detracto, nec non & primum Dictum prolatum à dictis fratribus, à Nobis jam approbatum & nostro sigillatum sigillo, cum omnibus Articulis in eo contentis, approbamus & per Judicium Curie nostre à predictis Consulibus, Burgensibus & hominibus & eorum successoribus, eidem Vice-Comitisse & dicte ejus filie, ac Viro suo ejus nomine, & ipsius Marie successoribus perpetuo & integre decernimus esse servandos, salvo in omnibus jure nostro & Ecclesie sancti Martialis Lemovicensis, & eciam alieno. Quod ut ratum & stabile permaneat in futurum, presentibus Litteris nostrum fecimus apponi sigillum. Datum Parisiis, Anno Domini millesimo ducentesimo septuagesimo-septimo, Mense Aprili.

Et Nous en ce present transcript, avons mis le Seel de la Prevosté de Paris, l'an & le Juedi dessusdiz [b].

b 14. d'Octobre 1333.

Unde dictus Dux & Ducissa vel heredes & causam habentes à dictis Margareta, Maria & Arturo, Nobis humiliter supplicarunt, cum captione & occupatione Castri sui (nn) de Exidolio per inimicos Regni nostri factis, originales Litterarum suarum predictarum in Castro existentium, cum pluribus aliis bonis & Litteris suis, per ipsos inimicos capte & confracte fuerint, vel aliter sint in manus eorumdem; propter quod de ipsis Litteris gaudere & ad tempus fidem facere non possunt, quatinus transcripto hujusmodi hiis presentibus inserto tantam, illamque & eandem vim & fidem ut & adhiberetur Originali Litterarum predictarum, si eas in sua potestate haberent, adhiberi facere, & fore adhibendum de speciali gratia dignaremur. Nos igitur hiis attentis, considerantes etiam quod dicti inimici non solum supra depredatione dictarum Litterarum, sed in & supra tam in innumerabilibus aliis eosdem Consanguineos nostros oppresserunt, & quod grave gerimus, personam ipsius Ducis (oo) in Anglia detinent, & diu est tenuerunt, transcripto hujusmodi Litterarum his nostris presentibus inserto, contentisque in eodem, vim, fidem & firmitatem plenariam & indubiam sicut originalibus Litteris de speciali gratia, ex certa scientia ac plenitudine Regie potestatis, volumus adhiberi, dictum transcriptum firmitate, vique & fide perpetuis, ut originale proprium approbantes, ratificantes, & auctoritate Regia roborantes. Dantes tenore presentium in mandatis Senescallo nostro Pictavensi & Lemovicensi, ceterisque Justiciariis nostris vel eorum Locatenentibus & eorum cuilibet prout ad eum pertinuerit, quatinus prius [c] transcriptum tanquam Originale, in quocunque casu & actu Judiciario & alias admictant, observent, & firmiter teneri faciant & exequantur, ac per quoscunque ad quos pertinuerit, admicti &

c Prius, ce mot *est douteux.*

NOTES.

(mm) *Esgardum.]* Du Cange dans son Glossaire, dit que ce mot signifie *un Jugement rendu en connoissance de cause.*

(nn) *De Exidolio.]* Je trouve dans le Pouillé que j'ay cité cy-dessus, Note (gg) la Cure d'*Exideuil*, p. 56. & dans le nouveau Denombrement du Royaume. (Par. 1720. in 4.° p. 197.) *Exidens,* lieu dépendant de l'Election de Limoges.

(oo) *In Anglia detinent.]* Voy. cy-dessus la Note (*b*)

exequi teneri, ac fidem plenariam eidem faciant adhiberi. Quod ut firmum & stab perpetuo perseveret, presentes Litteras sigilli nostri munimine fecimus roborari, salvo omnibus jure nostro & in omnibus quolibet alieno. Actum & datum apud Cachan prope Parisios, Anno Domini millesimo trecentesimo quinquagesimo-sexto, Men Maii. Per Regem, ad relationem Consilii, in quo Vos Domini Episcopus C thalanensis, Constabularius Francie, Comes Ventadori & Sy. de Buciaco erat R. POTIN.

Collatio facta est cum Litteris per modum de Vidimus, *sub sigillo Castelleti sigillat per me J.* ROYER.

JEAN I.er & selon d'autres, Jean II. à Cachamp près Paris, le 2. de Juin 1356.

(a) Ordonnance sur l'Octroy que les Maires, Eschevins & habitan d'Amiens ont fait d'un subside, qu'ils payeront dans leur Ville, pou tous les biens qu'ils ont, en quelque lieu qu'ils soient situez.

JEHAN par la grace de Dieu, Roy de France, sçavoir faisons à touz prese & avenir, que comme noz amez & feaulz les Gens des trois Estats de nost Royaume de la Langue-doil & du pays coustumier; c'est assavoir, les Gens d'Eglis Nobles & les habitans des Chasteaux, Citez, & bonnes Villes de nostredit Royaum que Nous feismes assembler à Paris environ la S.t André darrenier [a] passé, pour avo leur conseil & advis sur le fait de nos Guerres, & pour miex obvier à la mauvais volenté & emprise [b] de noz ennemis, Nous eussent conseillé entre les autres chose & octroié pour les frais & despens payer de nostre Armée ordenée lors estre fait pour mettre à fin à nos Guerres, une Gabelle estre mise sur le Sel, & l'Impositio de huit deniers pour livre estre levée pour un An sur touz les Marchans, habitans & repairans audit pays, & sur toutes choses qui y seroient venduës, exceptez vente d'heritages seulement; & que les Genz des trois Estats dessusdiz retourneroient & assembleroient de rechief à Paris au premier jour de Mars ensuivant, pour veoir & avoir avis se l'émolument des Gabelle & Imposition dessusdites souffiroient pou faire nostredite Armée, & supporter les charges & despens d'icelle, & pour pour veoir en oultre ensemble & par accort, comme il verroient à faire par bon avis & conseil, si comme toutes ces choses & plusieurs autres sont plus à plain contenue en noz Lettres faites sur ce, le vingt-huitiesme jour [c] de Decembre darnier passé, et las de soye & en cire vert. *(b)* Et lors par le conseil & avis desdites Gens des troi Estats dudit pays assemblés à Paris, ou leurs Procureurs pour eulz souffisanz, lesdite Gabelle & Imposition ayent cessé de estre levées [d] parmi un autre subside qu'il orde nerent & octroierent lors estre levé par-tout ledit pays de la Languedoyl & pay coustumier: c'est assavoir, de cent livres de rente ou de terre à vie ou à heritage que lesdites Gens & chascun d'euls auroient & tendroient, il paieroient quatre livre parisis, & se plus de rentes tenoient, de chascun cent livres de rente que chascun auroi & tendroit en oultre, il paieroient quarante solz parisis, jusques à certaine somme ou valüe de rente: Et se [e] mains tenoient, il paieroient à la valüe de ce qu'il tendroient Et aussi paieroient pour leurs biens meubles, jouxte ce que contenu est ès Instruction qui lors furent faites sur ce, lesquelles ont encore par devers eulz les Generaulx depu tez sur le gouvernement oudit subside, & les autres particuliers Commis & deputez sur ce; Et noz bien amez & feaulz subgez, les Maire, Eschevins & habitans de nostre

a dernier.

b entreprise.

c Voy. cy-dessus, p. 19.

d moyennant.

e moins.

NOTES.

(a) Tresor des Chartres, Registre 84. pour les Années 1354. 1355. & 1356. Piece 596.

(b) Et lors par le conseil, &c.] Voy. ce qui sera dit sur cette assemblée des Estats tenus au premier de Mars 1355. dans la Preface, §. *Estats generaux*, & l'Ordonnance du 26. de May 1356. cy-dessus, p. 53.

(c) Ville d'Amiens ayent de leur pure, franche & liberale volenté, octroyé ledit subside estre levé sur eulz pour un An en certaine fourme & maniere, pour convertir ou fait de nostre Guerre, Nous adecertes, considerans la vraye amour & bonne que lesdis habitans ont tousjours euz à Nous, & que liberalement ont à present octroié ledit subside, voulons & leur avons octroié & octroyons par ces presentes Lettres en desclairant nostre entention, que pour cause ou occasion de l'octroy que il ont fait dudit subside, il ne soient tenuz sousmiz à Nous ou à noz successeurs, en plus grans servitutes ou debtes que il estoient par avant ledit octroy, & que Nous ne noz diz successeurs ne puissons dire ne maintenir avoir pour ce acquis sur eulx aucun nouveau droit. Et aussi voulons que ledit subside octroyé par un An seulement comme dit est, soit cuilli & levé par les Gens de ladite Ville, ou par ceulz qu'il y deputeront, lesquiex seront tenus de bailler ce que levé en sera, au Receveur ordené à ce ou pais par lesdiz Generaulx deputez, pour tourner & distribuer ou fait de noz Guerres, & pour grever & dommager noz ennemis par mer & à la deffense du pais, sans ce que aucune chose en soit portée, baillié ou distribuée ailleurs ne autrement que dit est: Et seront creuz lesdiz habitans par leurs seremens de leur vaillant [a]; & avec ce, voulons & avons octroyé & octroions ausdiz habitans, que comme il aient voulu & accordé à paier ledit subside en ladite Ville en laquelle ils sont residens, de & pour toutes leurs rentes, revenuës & biens, ou & en quelconques lieu ou Juridiction qu'il soient, il ne soient ne ne puissent estre contrains ou molestez par les Gens des trois Estas dessusdiz ou aucun d'eulz, à paier subside ou Aide Ailleurs que en ladite Ville, pour terres, revenuëz ou possessions que il tiegnent d'eulz ou d'autrez en quelque pays que ce soit. Voulons aussi & leur avons octroyé & octroyons que toutes les choses accordéez & contenuës esdites Lettres faictes ledit vingt-huitiesme jour de Decembre sur l'Ordenence & octroy desdites Gabelle & Imposition, soient & demeurent ausdiz habitanz en leur force & vertu, tant sur la [b] cours & la valüe de noz Monnoyez, comme sur toutes choses qui y sont exprimées & declairées. Et que ce soit ferme chose & estable à touzjours, Nous avons fait metre à ces Lettres le Seel de nostre Chastelet de Paris en l'absence de nostre grant, sauf en autrez choses nostre droit, & l'autrui en toutes. *Donné à Cachamp près de Paris, le deuxieme jour de Jüing, l'An de grace mil trois cens cinquante-six.* Par le Roy, present le Marechal Dodencham. YVO. Pār.

JEAN I.er & selon d'autres, Jean II. à Cachamp près Paris, le 2. de Juin 1356.

a *de la valeur de leurs biens.*

b *le*

NOTES.

(c) *Ville d'Amiens.*] Les Villes de Picardie n'avoient pas envoyé de Deputez aux Estats tenus au premier de Mars 1356. C'est la raison pour laquelle la Ville d'Amiens accorda un subside en particulier. Voy. ce qui sera dit à ce sujet dans la Preface, §. *Estats generaux.*

JEAN I.er & selon d'autres, Jean II. à Paris, le 10. de Juin 1356.

(a) *Mandement pour deffendre de prendre & de donner des Especes d'Or & d'Argent, sur un plus haut pied que celuy qui a esté reglé par les Ordonnances.*

JEHAN par la grace de Dieu, Roy de France, au Prevost de Paris, ou à son Lieutenant, Salut. Comme environ (b) Noel derrenier passé, à la requeste des Preslatz, Barons & bonnes Villes de nostre Royaume, pour ce appellez & venuz devers Nous à Paris, pour avoir leur deliberation & advis de obvier à noz

NOTES.

(a) Registre C. de la Cour des Monnoyes de Paris, feüillet 211. *recto.*

(b) *Noel derrenier passé.*] Voy. cy-dessus l'Ordonnance du 28. de Decembre 1355. Art. 8. p. 26. & le Mandement du 16. de Janvier 1355. page 64. pour les Deniers Blancs.

JEAN I.er & selon d'autres, Jean II. à Paris, le 10. de Juin 1356.

anemys, & plus [a] legerement foustenir le fait de noz Guerres, à l'ayde de Dieu, Nous eussions commencé, & commandé faire faire forte Monnoye d'Or & d'Argent, blanche & noire; c'est assavoir, Denier d'Or fin au Mouton, pour vingt solz parisis la Piece tant seulement; Deniers blancs d'Argent, pour huit deniers tournoys la Piece; Doubles noirs, pour deux deniers tournoys la Piece; Tournoys petitz, parisis & Mailles parisis; & depuis ayons tousjours continué à en faire faire, & en y ait assez de faicte, & encores en faisons, & faisons faire chascun jour, à l'ayde de nostre Seigneur; & eussions dès-lors ordonné par le conseil & voullenté desditz Preslatz, Barons, & bonnes Villes, que aucunes autres Monnoyes quelles qu'elles feussent, d'Or & d'Argent, n'auroient aucun cours, ne ne seroient prinses ne mises entre noz subgectz, pour aucun pris, mais portées au Billon, ne les Nostres dessusdites pour [b] grand pris que dit est, sur les peines lors establies, & contenuës en nostredite Ordonnance, & à toy mandé plusieurs fois, que ladite Ordonnance tu feisses crier & publier, tenir & garder par tous les lieux de ta Jurisdiction & Ressort, de quoy tu n'as rien fait, dont il puisse apparoir par estat : ainçois depuis nostredite Ordonnance, à l'en [c] prins & mis, prent l'on & met chascun jour en ta Jurisdiction, toutes manieres de Monnoyes deffenduës, tant de nostre coing comme d'autres, & Especes, Denier d'Or au Mouton pour [d] greigneur pris, que donné ne leur avons, si comme Nous sommes bien informez, dont il Nous deplaist grandement mesmement, car il semble que tu l'ayes souffert de ton gré, [e] au cas que tant de fois t'avons mandé que tu le feisses crier & deffendre sur les peines dessusdictes, lesquelles sont si [f] gardées, que tu ne pourras amender le doumaige que Nous & nos Gens avons en ce, se tu ne metz peyne, & te estudies bien & dilligemment de faire punicion de toutes manieres de Gens que tu trouveras faisans contre nosdites Ordonnances; Nous de rechef ceste fois pour tout, te mandons, commettons, & estroictement commandons sur peyne d'estre privé de ton Office, & d'encourre [g] le corps & les biens à nostre voulenté, que tantost ces Lettres veuës, tu faces crier par tous les lieux de ta Jurisdiction & Ressort, que nulz ne soit si hardy, sur peyne de forfaire corps & biens, de prendre ne mettre aucunes Monnoyes quelles qu'elles soient, d'Or ou d'Argent, blanche ou noire, de nostre coing, ne d'autre, pour quelque pris que ce soit, se ce n'est ledit Denier d'Or au Mouton pour vingt solz parisis :

Le blanc Denier d'Argent pour huit deniers tournoys :

Les doubles tournoys pour deux tournoys la Piece :

Le parisy pour ung parisy :

Le denier tournoys pour ung tournoys :

Et la maille parisys [h] tant seulement, & non pour greigneur pris; Et se tu, ou tes depputez trouvez aucune personne qui [i] reaulment & de fait, face le contraire, pren & applique à Nous les Monnoyes d'Or & d'Argent, blanches & noires dessusdittes, tant de nostre coing que tu trouveras, par icelles personnes prenant ou mectant pour greigneur pris que donné ne leur avons, comme d'autre [k], pour quelque pris ce soit; Et icelles Monnoyes envoye tantost [l] à nostre Tresor à Paris, comme confisquées & acquises à Nous, & le corps desdites personnes mect en prison, affin qu'ilz soient puniz, si comme raison sera, & au cas appartiendra, par telle maniere que leur punicion soit exemple aux autres : Et pour mectre à execution & accomplir les choses dessusdictes, deppute certaines personnes bonnes & souffisans, lesquelles Nous voullons que elles ayent le quinct denier de toute la Monnoye d'Or & d'Argent que ilz prendront, ou cas où elles Nous feront confisquées & acquises pour les causes dessusdictes, en prenant de eulx serment qu'il ne prendront de ceulx qu'ilz trouveront faisans contre nosdictes Ordonnances, fors ce que dessus est dit, en nostre prejudice, mais feront lesdictes choses bien & loyaument, sans passer l'Ordonnance devant dicte. De ce faire, Nous te donnons plain pouvoir & mandement especial, & mandons à tous noz Justiciers & Subgectz, que en faisant les choses dessusdites, ilz obeissent à toy & à tes depputez dilligement, sans faire aucune chose au contraire. En tesmoing de laquelle chose, Nous avons fait

a *facilement*.
b *plus grand*.
c *l'on a pris & l'on prend*.
d *plus fort*.
e *puisque*.
f adjoutés *mal*.
g *forfaire*.
h *il manque là quelques mots*.
i *réellement*.
k *coing*.
l *aussitost*.

mettre le Scel de nostre Chastellet de Paris, en l'absence du grant, en ces presentes, lesquelles Nous voullons estre après un an non-vallables. *Donné à Paris, le dixieme jour de Juing, l'an mil trois cens cinquante-six.*

(a) Mandement pour faire ouvrer de gros Deniers blancs à trois Deniers de Loy, de six sols trois Deniers de Poids au Marc de Paris, sur le pied de Monnoye Quarantieme, *lesquels auront cours pour huit Deniers tournois la piece, &c. & pour fixer le prix de l'Argent.*

JEAN I.er & selon d'autres, Jean II. devant Breteüil en Normandie, le 26. de Juillet 1356.

JEHAN par la grace de Dieu, Roy de France : A nos amez & feaulx les Generaulx Maistres de nos Monnoyes, salut & dilection. Comme naguieres Nous par très grant & bonne deliberation de nostre Conseil, & des Preslatz, Barons & autres Gens des bonnes Villes de nostre Royaume, eu consideration aux tres grans plaintes & clameurs, qui par eulx & le commun Peuple de tout nostre Royaume, sont venuës à nostre oüy & congnoissance pour cause des mutacions, qui tant de fois, & si souvent, pour le fait de noz Guerres, & pour la tuition & deffence de nostre Royaume, ont esté faictes au faict de noz Monnoyes, dont tres [a] forment Nous a desplen & desplaist; Et affin que icelles noz Monnoyes puissent & deussent bonnement & longuement demourer & arrester en ferme & constant estat, icelluy nostre Conseil, Preslatz, Barons & Gens des bonnes Villes dessusdictes, tant pour la tuition & deffense de nostredit Royaume, comme pour supporter les tres grans & innumerables mises [b] qu'il Nous a convenu & convient faire, tant pour le fait de noz Guerres, comme pour Nous & pour tout nostre Peuple, de bonne voulenté & certaine science, Nous [c] eussions accordé certaines subsides, lesquelz ilz tenoient & cuidoient [d] estre bien vallables & solvables *(b)* en tout ce qui Nous seroit mestier pour les causes dessusdictes : Pourquoy Nous deslors, par deliberation de nostre Conseil, & des Preslatz, Barons & Gens des bonnes Villes de nostre Royaume dessusdites, & à leur requeste, ordonnasmes, & avons voulu & ordonné estre fait bonne & suffisante Monnoye sur le pié de Monnoye vingt-quatriesme, si comme mandé le vous avons par noz Lettres, & que fait a esté; Et pour ce que icelles subsides ne sont, ne ne peuent estre de si grant valleur & revenue, comme mestier est à present à Nous & à nostre Peuple, pour les très grans & innumerables mises soustenir, comme dit est, & qui bonnement nostre honneur [e], & au prouffit de Nous & de nostredit Peuple ne peuent estre trouvés si hastivement & prestement finances convenables, telles & si grant quantité comme mestier est à present pour faire ce que dit est, sans [f] sur ce mutacion de noz Monnoyes, savoir vous faisons que Nous par tres-grant & bonne deliberation de nostre Conseil, eüe depuis sur toutes les choses dessus-dictes consideration, & pour plus briefvement resister & contrester à nostre povoir, à la mauvaise voullenté de noz annemys, avons voullu & ordonné, voullons & ordonnons par ces presentes, de nostre auctorité Royal, que non contrestant à quelzconques Ordonnances ou convenances faites par Nous, ou par autres, à quelzconques personnes tant d'Eglise comme autres quelles qu'elles soient, l'en fasse faire ouvrer en toutes & chascunes noz Monnoyes, gros Deniers blancs à trois deniers de Loy nommé Argent-le-Roy, & seront de *(c)* six sols trois deniers de poix

[a] *fortement.*

[b] *depenses.*

[c] *eussent.*

[d] *croyoient.*

[e] *il manque là quelques mots.*

[f] *corr. faire.*

NOTES.

(a) Registre C. de la Cour des Monnoyes de Paris, feüillet 213. *verso.*

(b) Solvables en tout &c.] Suffisantes pour toutes les depenses que Nous sommes obligez de faire.

(c) Six sols trois deniers de poix.] C'est-à-dire qu'il y aura 75. Pieces au Marc. Voy. la Preface, §. *Monnoye.*

JEAN I.er & selon d'autres, Jean II. devant Breteüil en Normandie, le 26. de Juillet. 1356.

au marc de Paris, en ouvrant sur le pié de *(d)* Monnoye quarentiesme, en semblable forme que ceulx que l'on fait à present, en mectant en iceulx telle *(e)* difference comme bon vous semblera; Et auront cours pour huit deniers tournoys la Piece, comme ceulx de present, en tirant de chascun marc d'Argent *(f)* dix livres tournoys, & en donnant à tous Changeurs & Marchans de chascun marc d'Argent allaié à trois deniers de Loy dit Argent-le-Roy, six livres dix sols tournoys; & de tout marc d'Argent allaié à trois deniers, six livres dix solz tournoys; & de tout marc d'Argent blanc en vaisselle & faicte hors nostre Royaume, six livres quinze sols tournoys; & de tout marc d'Argent allaié à ung denier dix-huit grains, six livres six sols tournoys. Si vous mandons & estroictement enjoignons à vous, & à chascun de vous, que tantost & sans delay ces Lettres veuës, toutes excusations cessans, par toutes & chascunes de nosdictes Monnoyes, vous faciez faire iceulx gros Deniers blans du poix & alloy que dessus est dit, en donnant aux Ouvriers & Monnoyers telle salaire pour Ouvraige & Monoiage comme bon vous semblera. De toutes les choses dessus-dictes, & chascunes d'icelles faire & accomplir à vous, & à chascun de vous donnons plain povoir, auctorité & mandement especial par la teneur de ces presentes. Si gardez que en icelles faire & accomplir n'ayt aucun deffault. *Donné (g) devant Breteüil, le vingt-sixieme jour de Juillet, l'An mil trois cens cinquante-six. Ainsi signé. Par le Roy, en son Conseil.* YVO.

NOTES.

(d) Monnoye quarentiesme.] Voy. la Preface, §. *Monnoye.*

(e) Difference.] ou *different*, c'est une petite marque que les Maistres des Monnoyes mettent sur les Monnoyes qu'ils fabriquent, comme une Estoille, &c. Voy. Boizard, Explicat. alphabetique.

(f) Dix livres Tournoys.] C'est-à-dire que le Marc d'Argent en especes, dont la fabrication est ordonnée par ce Mandement, vaudra dix livres. Voy. la Preface, au §. *Monnoye.*

(g) Devant Breteüil.] C'est-à-dire pendant que le Roy assiegeoit Breteüil qui appartenoit au Roy de Navarre. Voy. cy-dessous le 1.er Mandement du 13. de Septembre 1356. Ce siege dura deux mois, suivant Froissard L. 1. c. 156. p. 182. La date de cette Ordonnance fixe le temps de ce Siege que Froissard n'avoit pas marqué.

JEAN I.er & selon d'autres, Jean II. devant Breteüil en Normandie, le 3. d'Aoust 1356.

(a) Mandement pour faire fabriquer une Monnoye Quarante-huitiéme, *& pour fixer le prix de l'Argent.*

JEHAN par la grace de Dieu, Roy de France, à noz amez & feaulx les Generaulx-Maistres de noz Monnoyes, Salut & dilection. Comme naguieres par la tres grant & bonne deliberation de nostre grant Conseil, Nous vous eussions mandé par noz autres Lettres, que feissiez faire Monnoye quarentiesme *(b)*, & pour les causes contenuës en nosdictes Lettres: Et depuis Nous aurions eu certaines nouvelles que le *(c)* Roy d'Angleterre & ses Alliés noz ennemis, [a] à tout leur effort sont tous prestz & doibvent briefvement [b] descendre en nostre Royaume, pour porter dommaige à leur povoir, à nostredit Royaume, & aux Subgectz d'icelluy, & pour obvier aux mauvaix [c] propos & voullenté, à l'ayde de Dieu, & aussi que il Nous conviendra faire plus grans fraiz & [d] missions pour cause de ce, par deliberation de

a *avec*
b *descendre.*
c *desseins.*
d *depenses.*

NOTES.

(a) Registre C. de la Cour des Monnoyes de Paris, feüillet 216. *verso.*

(b) Voy. le Mandement du 26. de Juillet 1356.

(c) Roy d'Angleterre.] Selon Froissard, le Roy d'Angleterre ne fit pas de descente cette Année dans le Royaume, mais le Duc de Lancastre y entra par Calais, & le Prince de Galles partit de Bordeaux, & vint jusqu'auprès de Poitiers, où il vainquit & prit le Roy Jean. Voy. Froissard L. 1. c. 155. & 156. p. 182. & suivantes.

nostre

nostre Grant Conseil, avons ordonné de faire *(d)* Monnoye quarente-huitiesme. Pourquoy Nous vous mandons & commandons estroictement, que tantost & sans delay, vous faciez faire par noz Monnoyes, Monnoye quarente-huitiesme, de tel poids & fourme, soit sur la forme de la Monnoye presente, ou autre telle comme bon vous semblera; & avancez l'euvre le plus que vous pourrez, pour avoir la plus grant chevance que l'on pourra, pour convertir en l'euvre dessusdit, en tirant de chascun marc d'Argent douze livres *(e)* tournoys, & donnant à tous Changeurs & Marchans de chascun marc d'Argent allaié à tel alloy comme vous ordonnerez à faire nostre Monnoye blanche, six livres dix solz tournoys; & de tout autre Argent blanc en vaisselle, ou fait hors de nostre Royaume, six livres quinze solz tournoys; & de tout autre marc d'Argent qui sera allaié au-dessoubz de la Monnoye blanche que vous ordonnerez, six livres six solz tournoys; & en donnant aux Ouvriers & Monnoyers tel sallaire pour Ouvraige & Monnoyage comme bon vous semblera. De toutes les choses dessus-dictes, & chacune d'icelles faire, à vous, & à chacun de vous donnons povoir, auctorité & mandement especial par la teneur de ces presentes : Si gardez que en icelles faire & accomplir n'ayt aucun deffault. *Donné devant (f) Breteüil en Normandie, le troisieme jour d'Aoust, l'an mil trois cens cinquante-six. Ainsi signé. Par le Roy, en son Conseil.* YVO.

JEAN I.er & selon d'autres, Jean II. devant Breteüil en Normandie, le 3. d'Aoust 1356.

a Argent.

NOTES.

(d) Monnoye quarente-huitiesme.] Voy. la Preface, §. *Monnoye.*

(e) Tournoys.] Voy. cy-dessus, p. 72. la Note *(f)* sur le Mandement du 26. de Juillet 1356.

(f) Breteüil en Normandie.] Voy. cy-dessus, p. 72. la Note *(g)* sur le Mandement du 26. de Juillet 1356.

JEAN I.er & selon d'autres, Jean II. à Chartres, le 28. d'Aoust 1356.

(a) Lettres par lesquelles le Roy confirmant d'autres Lettres precedentes du Comte d'Armagnac, accorde plusieurs Privileges aux Consuls & aux habitans d'*Avinionet* pour le restablissement de leur Ville, qui avoit esté ruinée par les Anglois.

SOMMAIRES.

(1) Pendant trois années consecutives, les habitans d'Avinionet pourront vendre & transporter hors du Royaume, leur Guesde & leurs Bleds creus & levez sur leurs domaines, &c.

(2) Tous ceux qui viendront ou s'en retourneront après avoir vendu leurs marchandises au marché d'Avinionet, sont affranchis pendant trois années consecutives, du Droit de Copage & de Leude.

(3) Tous ceux qui viendront aux Foires d'Avinionet & qui s'en retourneront, seront exempts de Copage, de Barrage, de Leude & de Gabelle pendant trois années.

(4) Ceux qui voudront construire des Maisons nouvelles dans l'enceinte des murailles, ou reparer les anciennes, pourront prendre à cet effet cent arpens de bois dans les forests voisines du Roy à juste prix, payable dans quinze années, à quinze diverses fois.

(5) Quiconque y achetera ou fera construire une Maison, dans un an, à compter de la date des presentes, sera affranchi de tout subside pour raison de la Guerre, pendant sept ans, &c.

(6) Les habitans du lieu pourront pendant cinq années, se faire payer de leurs dettes, comme on a coustume de faire payer les debtes fiscales, sans pouvoir cependant user de prise de corps, ni se servir de ce privilege contre ceux qui sont dans le mesme estat où ils sont.

(7) Ils auront un respit de cinq ans pour leurs dettes personnelles, à moins qu'ils ne soient debiteurs d'autres habitans de ce lieu, ou qu'ils ne doivent au fisc, ou qu'ils n'ayent passé les obligations de leurs debtes sous le sceau des Foires de Brie & de Champagne, ou sous celuy de Montpellier.

(8) Ceux qui voudront y bâtir y pourront faire transporter leurs materiaux, sans permission de personne; pourvû néanmoins qu'ils achevent leurs edifices dans l'an, & qu'ils ne tirent pas leurs materiaux des clostures d'une autre Ville.

(9) Les Consuls pourront lever seize mesures de Vin sur chaque tonneau vendû en Taverne, & quatre sols tournois sur chaque tonneau vendu en gros par les Laïques, qui seront employez à la construction des murs du lieu.

(10) Les Consuls leveront pendant dix ans, quatre deniers par livre sur les Bœufs, les

JEAN I.er & selon d'autres, Jean II. à Chartres, le 28. d'Aoust 1356.

Pourceaux & les Moutons, pour estre employez aux clostures de la Ville.

(11) Les habitans du Ressort & du Bailliage d'Avinionet, sur lesquels les Consuls de cette Ville ont une Jurisdiction immediate, seront tenus de contribuer aux despenses necessaires pour la closture de cette Ville; à condition que que pendant que l'on y travaillera, ils pourront venir s'establir dans la Ville avec leur famille, & qu'ils pourront dans la suite en quitter le sejour, lorsqu'ils le jugeront à propos. Ils pourront aussi choisir quelques personnes d'entr'eux pour assister aux comptes qui se rendront de la depense faite pour la closture de la Ville. [S.]

(12) Les Consuls, pour la reconstruction du Chasteau Royal qu'ils ont promis de reparer à leurs depens, pourront prendre des merreins dans les forests du Roy sans en rien payer; en appellant les Maistres des Forests & les Maistres des Ouvrages du Roy.

(13) Les Consuls pourront pendant dix années à compter de la date des presentes, lever sur les passagers s'ils ne sont privilegiez, un droit de Barrage; sçavoir sur chaque homme de cheval, un denier tournois, & sur chaque homme de pied, une obole tournoise, pour estre employez aux clostures, &c.

(14) Les Consuls leveront sur les condamnations & les compositions faites à Avinionet, & ordonnées par le Juge Royal de Lauraguez, jusques à la concurrence de soixante Marcs d'Argent qui seront employez aux reparations du Chasteau Royal; pourvû néanmoins que ces condamnations & ces compositions proviennent de crimes ou d'excez denoncez par les Consuls ou les habitans d'Avinionet.

(15) Tous ceux qui seront domiciliez dans le ressort du Chasteau, y feront le guet & l[a] garde avec les habitans.

(16) Ces privileges ne sont que pour le[s] lieux de la Judicature du Lauraguez que l'on [a] ordonné de clore.

(17) Aucun des habitans du Laurague[z] pendant trois années à compter de la date de[s] presentes, ne devra rien de la clameur pour raiso[n] de ses dettes.

(18) Les Consuls d'Avinionet pourron[t] contraindre tous les Ouvriers de leur Jurisdiction de venir travailler à leurs clostures, en les payan[t] convenablement.

(19) Ceux qui s'opposeront à l'executio[n] de ces Privileges, seront condamnez par le Jug[e] du Lauraguez, pendant dix ans seulement, . . des amendes, lesquelles seront employez à l[a] construction des clostures.

(20) Ceux qui voudront demeurer à Avinionet seront obligez d'y bâtir dans l'année, un[e] Maison de la valeur de quatre marcs d'Argen[t] à faute de quoy, ils payeront deux marcs d'Argent qui seront employez à la construction de l[a] closture.

(21) Les Consuls & les habitans d'Avinionet seront exempts pendant trois ans, de[s] droits qui se payent dans les Seneschaussées d[e] Thoulouze & de Carcassone. [S.]

(22) Le Seneschal de Thoulouze nommer[a] chaque année des personnes, pour lever les deniers qui doivent estre employez à la construction des murs & des fortifications d'Avinionet. Ces personnes luy rendront compte chaque année de leur recepte & de leur depense, en presence des Consuls & des Procureurs de cette Ville, & de ceux qu'ils choisiront à cet effet. [S.]

JOHANNES Dei gratiâ Francorum Rex, ad perpetuam rei memoriam. (b) Inter curas & sollicitudines innumeras & immensas quibus noster afficitur animus hiis diebus, Nos nostris fidelibus & subditis Guerrarum occasione nostrarum gravatis, dampnificatis & oppressis, ex intimis merito condolentes, totis desideriis affectamus ut per nostre provisionis & gratie dexteram, à suis possint gravaminibus atque dampnis aliqualiter relevari, futurisque nostrorum insidiosis hostium insultibus preservari. Hinc est quod cum Castrum seu Villa nostra (c) Avinioneti Judicature Lauraguesii, Senescallie Tholose

NOTES.

(a) Tresor des Chartres, Registre Coté 89. pour les Années 1356. &c. jusqu'en 1361. Piece 131. page 61. *recto.*

M.r de Lauriere avoit mis cette Piece & les quatre suivantes, presque en estat d'estre imprimées. J'ay ajoûté les sommaires de deux Articles qu'il n'avoit pas faits, & quelques Notes qui seront distinguées des siennes par cette marque. [S.]

(b) Inter curas & sollicitudines, &c.] Le Roy marchoit alors au-devant du Prince de Galles, qui estant parti de Bordeaux, ravagea plusieurs Provinces de France, & qui vainquit enfin & fit prisonnier le Roy auprès de Poictiers, le 19. de Septembre 1356. [S.]

(c) Avinioneti.] C'est Avinionet, qui est aujourd'huy un gros Bourg ou une petite Ville. Elle est du Diocese de S.t Papoul, & située sur les frontieres de ce Diocese & de celuy de Toulouse, sur la grande route de Languedoc, environ à une demi-lieuë du Canal. Ce lieu est celebre par le massacre des Inquisiteurs Albigeois. La Seneschaussée du Lauraguais dont Avinionet depend, estoit autrefois une des six Judicatures Royales dependantes de la Seneschaussée de Toulouse. Je dois ces observations au Reverend Pere Vaissette de la Congregation de S.t Maur, qui me les a communiquées avec toute la politesse possible.

Nobis immediate subjecta, per inimicos nostros anno isto pro majori parte concremata seu combusta fuerit & destructa cum domibus & bonis mobilibus, nonnullisque, ut dicitur, Privilegiis & aliis Litteris habitancium ejusdem, aliisque multis modis occasione premissa dampnificati fuerint & gravati Habitatores predicti; & propter hoc dilectus & fidelis consanguineus noster Comes Armaniaci Locum nostrum tenens in partibus Occitanis, volens ipsis subvenire, taliter quod dictum locum sic destructum deserere non haberent, sed Domos suas ejusdem reficerent, ac pro suâ & loci ejusdem securitate futurâ, locum ipsum muris & fortaliciis necessariis vallarent, nonnulla Privilegia, Libertates & gratias concesserit & fecerit Consulibus & Universitati dicti loci, prout in Litteris suis inde factis vidimus plenius contineri; Pro parteque dictorum habitancium supplicatum Nobis extiterit ut predicta confirmare dignaremur: Nos visis dictis Litteris, & habita super contentis in eis cum nostro Consilio deliberatione matura de predictis sic ob causas supradictas per prefatum Locum nostrum tenentem concessis, confirmavimus seu concessimus, & tenore presencium confirmamus atque concedimus auctoritate Regia, de gratia speciali, illaque & prout subsequenter inferius continentur.

JEAN I.er & selon d'autres, Jean II. à Chartres, le 28. d'Aoust 1356.

Primo. *Quod in universo omnes Habitatores dicti loci Avinioneti qui nunc sunt, & qui pro tempore erunt, possint sine licentia cujuslibet, usque ad tres annos à die concessionis presentis nostre gratie computandos, à Regno nostro extrahere (d) Pastellum cretum*[a] *in terris propriis eorumdem, & etiam Bladum cretum in eisdem, usque ad mille (e) Cartones pro quolibet dictorum trium annorum: proviso tamen quod dicte Mercature seu aliquid ex eis ad nostros vel Regni nostri inimicos nullatenus transferantur vel portentur, & quod emolumentum predicte extractionis in utilitatem dicte Universitatis convertatur, & possit anno quolibet dicto durante termino, per dicti loci Consules arrendari*[b].

[a] cru, venu sur leurs terres.

[b] donner à rente, ou à ferme.

(2) Item. *Quod omnes venientes ad locum seu forum de Avinioneto predicto cum ipsorum Mercaturis, sint immunes & liberi die fori dicti loci, emendo & vendendo à (f) Leuda seu Copagio per tres annos, à die concessionis presencium computandos.*

(3) Item. *Quod omnes venientes ad nundinas dicti loci de Avinioneto, eundo & redeundo, vendendoque & emendo, sint immunes à (g) Copagio, Leuda & (h) Barra atque (i) Gabella, per tres annos continuos à die concessionis presentium numerandos.*

(4) Item. *Concessimus eis ac etiam concedimus per presentes, quod omnibus Habitatoribus ipsis infra dictas clausuras edificare volentibus, pro Domibus eorum reficiendis aut novis edificandis, ibidem tradantur & liberentur semel certo & justo precio mediante, centum arpenta nemorum vel forestarum nostrarum in loco magis utili pro eisdem, & Nobis minus dampnoso, & quod summam seu summas in quâ seu quibus Nobis propter hoc tenebuntur, infra quindecim annos, videlicet quolibet anno partem quintam decimam ejusdem, & non ultrà seu ante solvere teneantur.*

(5) Item. *Quod quicunque infrà clausuras antiquas vel de novo faciendas circa Castrum seu Villam (k) sepe factam, edificaverit vel emerit, infrà annum à data presentium computandum, Domum aut Hospicium causa habitationis sue ibidem perpetuo*

NOTES.

(d) *Pastellum.*] De la *Guesde*. Voy. la Note (*b*) de la page 147. du 2. volume des Ordonnances. [S.]

(e) *Cartones.*] C'est une mesure de Bled. Voy. du Cange, au mot *Carto*. [S.]

(f) *Leuda.*] Nom generique pour signifier une imposition, & principalement celles qui se levent sur les Marchandises. Voy. du Cange, au mot *Leudis*. [S.]

(g) *Copagio.*] Ce mot ne se trouve point dans du Cange, & les sçavans Benedictins qui travaillent à la nouvelle édition de son Glossaire, ne le connoissent point. Peut-estre faut-il lire *Capagium*, qui estoit une espece de Capitation que l'on trouve avoir esté establie dans le Languedoc au mois de Fevrier 1357. par Jean Comte de Poictiers, fils du Roy Jean, suivant une Piece dont l'extrait m'a esté communiqué par D. Vaissette. [S.]

(h) *Barra.*] C'est la mesme chose que *Barragium*, droit de Barrage. Voy. cy-dessous l'Article 13. [S.]

(i) *Gabella.*] Ce mot signifie toute sorte d'imposition, suivant du Cange, au mot *Gablum*. [S.]

(k) *Sepe factam.*] Il faut corriger *sepe fatam*, qui se lit dans les cinq Pieces suivantes. [S.]

JEAN I.er & selon d'autres, Jean II. à Chartres, le 28. d'Aoust 1356.

faciende, sit immunis à prestatione subsidii ratione Guerrarum nostrarum, nec in ipsis ire vel mittere teneatur, seu aliquod pro eis prestare subsidium reale vel personale per septem annos, à die presentis concessionis computandos, nisi per Nos in persona nostra, vel aliquem Filiorum nostrorum contrarium mandaretur.

(6) Item. *Quod Habitatores dicti loci qui nunc sunt & qui pro tempore erunt, per quinque annos à die presencium computandos, debita sua propria jam contracta possint exigere & levare, vel exigi & levari facere, ut debita fiscalia consueverunt exigi & levari; excepta detentione personarum, & exceptis illis qui morbo simili laborarent.*

(7) Item. *Quod predicti vere habitantes dicti loci debita sua ex contractibus mere personalibus provenientia, solvere non teneantur usque ad quinque annos, à data presentium computandos; nisi illa in quibus alter eorum habitancium alteri teneretur vel alii qui morbo simili laboraret, debitis fiscalibus, (l) Brieque & Campanie nundinarum ac sigilli Montispessulani dumtaxat exceptis.*

(8) Item. *Quod quicunque in loco predicto construere vel edificare voluerit, ipse possit impune portare seu portari facere tegulas, fustes* [a] *suas, licentia alicujus non obtenta; dum tamen infrà clausuras supradictas infrà annum construxerit, & predicte fustes, seu tegule, non sint infrà clausuram alicujus alterius Ville.*

a du bois.

(9) Item. *Quod de quolibet dolio Vini quod vendetur in taberna in Villa predicta, dicti Consules ejusdem pro dictis suis clausuris faciendis, habeant sexdecim (m) peguaria Vini, & de quolibet dolio Vini quod ibidem vendetur per laïcos in grosso, quatuor solidos turonenses.*

(10) Item. *Quod de carnibus grossis que in macello seu carnificerio dicte Ville vendentur per decem annos à data presentis concessionis computandos, dicti Consules valeant exigere & levare; videlicet de Bobus, Porcis, & Mutonibus quatuor denarios pro libra, in predictis clausuris & non alibi convertendos.*

(11) Item. *Quod omnes & singuli Habitatores locorum, Bajulie & ressorti dicti loci Avinioneti, in quibus dicti Consules ejusdem Ville Avinioneti Juridictionem habent immediatam, vel qui aliter in factis communibus & consimilibus (n) contribuere consueverunt, contribuant & contribuere teneantur hac vice dumtaxat de gratia speciali, clausuris*

NOTES.

(*l*) *Brieque & Campanie, &c.*] Le Commerce le plus considerable de France se faisoit alors aux Foires de Champagne & de Brie. Voy. sur ces Foires, la Table du 2. Vol. des Ordonnances, au mot *Champagne & de Brie.* (*Foires de*) & Ibid. au mot *Montpellier,* les privileges du seel de Montpellier. [S.]

(*m*) *Peguaria vini.*] Je tiens de D. Vaisette qu'un *Pegua* de Vin, que l'on prononce *Pega,* est une mesure qui contient à Toulouse huit chopines, ou quatre Pintes de Paris. [S.]

(*n*) *Contribuere consueverunt.*] J'ay crû d'abord qu'il manquoit là une negative, & qu'il falloit lire *contribuere* non *consueverunt,* & voicy les raisons sur lesquelles je me fondois.

1.° Il n'y a guere d'apparence que les habitans du Baillage & du Ressort d'Avinionet fussent tenus de contribuer aux depenses communes d'une Ville dans laquelle ils n'avoient pas droit de demeurer, puisqu'à la fin de l'Article, on leur accorde la permission d'y venir habiter pendant un certain temps.

2.° Il est dit qu'ils ne contribueront à la reparation des murailles de la Ville, que pour cette fois cy seulement, & on regarde l'Argent qu'ils donneront, comme une grace qu'ils feront à la Ville, *hac vice dumtaxat, de gratiâ speciali.*

Enfin cet Article porte expressement que la contribution qu'ils feront dans cette occasion, ne tirera point à consequence, & ne pourra leur porter aucun prejudice dans la suite.

Ces raisons paroissent très fortes : mais d'un autre costé, cet Article 11. est repeté dans les quatre Pieces suivantes, & quoyque ces quatre Pieces soient à peu près semblables pour le fonds, cependant les Articles n'y sont pas rangez dans le mesme ordre, & mesmes tous les Articles ne sont pas dans toutes les Pieces, en sorte qu'il est constant que ces quatre Pieces n'ont pas esté copiées sur le mesme Orignal. Or dans les quatre Pieces, il y a *habere consueverunt*, & il n'est nullement vray-semblable qu'en copiant quatre Pieces sur quatre Originaux differents, on ait fait la mesme faute precisement dans le mesme endroit. Il paroist donc certain qu'il ne faut point de negation ; & cela supposé, voicy comme je crois qu'il faut entendre cet Article. Les Habitans du Ressort & du Baillage d'Avinionet, faisoient Corps & Communauté avec les Habitans de cette Ville, aux Consuls de laquelle ils estoient soumis. Ils contribuoient aux depenses communes, & à celles qui pouvoient estre regardées comme telles, *qui aliàs predictis dicti loci, seu expensis pro ipsis faciendis, absque prejudicio sibi seu alteri eorumdem in futurum propter hoc generando, Literis subrepticiis in contrarium impetratis vel impetrandis, & Appellationibus frivolis non obstantibus quibuscumque. Ità tamen quod tempore necessitatis ipsi sic contribuentes cum bonis & familiis eorumdem libere recipiantur in loco predicto, & quamdiù ibidem moram traxerint, curialiter* [a] *tractentur; quodque quando ipsi ab-inde exire vel recedere voluerint, nullum eis in bonis suis impedimentum ponatur; nec non quod ipsi, vel ille seu illi qui ab eis ad hoc dicti fuerint, in auditione seu redditione Compotorum predictarum clausurarum intersint si voluerint, & ad hoc cum aliis in hoc contribuentibus admittantur.*

JEAN I.er & selon d'autres, Jean II. à Chartres, le 28. d'Aoust 1356.

[a] *civilement, courtoisement.*

(12) Item. *Quod pro reparando & fortificando, (o) ambanando & cooperiendo Castro nostro Regio dicti loci Avinioneti, quod obtulerunt & parati sunt, ut dicitur, dicti Consules propriis expensis suis, mediantibus premissis & aliis sibi in presentibus concessis & concedendis, facere reparari & fortificari; ipsi Consules, vocatis Magistris forestarum & operum Regiorum, possint gratis & impune sine satisfactione qualicumque de fustibus & lignis nostrarum dicte Patrie forestarum capere moderate.*

(13) Item. *Quod ipsi Consules per decem annos à data presentium computandos, Barram, sive Barragium possint à transeuntibus per locum predictum exigere & levare, videlicet (p) à quolibet eques transeuntium per locum eundem, unum denarium turonensem, & à quolibet pedes transeuntium, unum obolum turonensem, in predictis clausuris & non alibi convertendis; nisi tamen privilegiate sint persone transeuntes supradicte.*

(14) Item. *Quod dicti Consules tertiam partem condempnacionum, & (q) compositionum, que fient in dicto loco Avinioneti per Judicem nostrum Lauraguesii, possint exigere & levare, quousque ipsi de illis receperint usque ad valorem sexaginta marcharum Argenti convertendarum in reparatione Castri nostri Regii supradicti; dum tamen condempnaciones seu compositiones supradicte perveniant ex delictis seu excessibus delatis per Consules supradictos, vel per alios habitantes dicte Ville, remanente Nobis toto residuo, videlicet duabus partibus condempnacionum, seu compositionum earumdem.*

(15) Item. *Quod omnes morantes infra Juridictionem dicti Castri de Avinioneto, teneantur & compellantur venire ad ipsum Castrum pro excubiis ibidem, & aliis necessariis ad ejus custodiam faciendis; cum moderamine tamen ut plus aliis in loco predicto commorantibus, predicti foranei non graventur.*

(16) Item. *Quod Privilegia predicta, vel similia non concedantur aliis locis Judicature predicte Lauraguesii, nisi tantum locis qui ordinati sunt vel fuerunt ad claudendum.*

(17) Item. *Quod nullus Habitator dicti loci Avinioneti per tres annos à data pre-*

NOTES.

in factis communibus & consimilibus contribuere consueverunt.

Mais ils pretendoient n'estre pas tenus de contribuer aux reparations des murailles d'une Ville dans laquelle ils n'avoient pas droit de demeurer, ainsi qu'il vient d'estre remarqué. Il paroist qu'ils avoient cependant esté condamnez à y contribuer par des Juges, de la sentence desquels ils avoient appellé, & qu'ils avoient obtenu des Lettres Royaux, pour s'exempter de cette depense.

Dans ces circonstances, le Roy ordonne que pour cette fois-cy seulement, & sans tirer à consequence pour l'avenir, ils contribueront à la reedification des murailles d'Avinionet, & aux depenses qui seront faites à cette occasion, nonobstant les Lettres qu'ils avoient obtenuës, & les Appels qu'ils avoient interjettez : On les astraint aussi (Art. 15.) à venir faire le guet dans la Ville : mais le Roy ordonne en même temps, que pendant le temps que l'on employera à reparer les desastres arrivez à la Ville, *tempore necessitatis*, ils pourront venir demeurer dans la Ville avec leurs familles, & qu'ils y seront traitez avec civilité, & qu'il leur sera libre d'en sortir, lorsqu'ils le jugeront à propos, sans qu'on puisse arrester leurs efets. [S.]

(o) *Ambanando.*] Ce mot n'est point dans le Glossaire de du Cange, & ceux qui travaillent à la nouvelle Edition, ne l'ont point trouvé dans aucun titre. Icy la suite de l'Article en fait connoistre à peu prés le sens.

(p) *A quolibet eques… & pedes.*] Il faudroit *à quolibet equitum & peditum;* mais *eques & pedes* se lisent dans les quatre Pieces suivantes, ainsi ils sont pris icy adverbialement. [S.]

(q) *Compositionum.*] Voy. la Table des matieres de ce volume, au mot *Composition.* [S.]

JEAN I.er & selon d'autres, Jean II. à Chartres, le 28. d'Aoust 1356.

sentium computandos, teneatur solvere (s) clamorem pro debitis per ipsum, vel contra ipsum expositis in loco predicto.

(18) Item. *Quod dicti Consules Avinioneti, qui nunc sunt & erunt pro tempore, compellere seu compelli facere possint omnes Magistros perrerios, tegularios & fusterios eorum Juridictionis, ad operandum in clausuris & aliis edificiis predictis, mediante salario competenti secundum taxationem legitimam Consulum predictorum.*

(19) Item. *Quodsi qui forsitan venirent seu venire satagerent contra Privilegia contenta in presentibus, Judex noster Regius Lauraguesii seu ejus Locum-tenens, per imposicionem penarum ab eisdem levandarum, & in dictis convertendarum clausuris, & aliis Juris remediis, usque ad decennium & non plus, compellat predictos contravenientes ad tenendum & observandum Privilegia predicta.*

(20) Item. *Quod quicumque habitare voluerit in dicto loco de Avinioneto, & uti Privilegiis habitancium ejusdem loci, teneatur edifficare ibidem infra annum, Hospicium seu Domum valentem quatuor marchas Argenti: Quod nisi fecerit, teneatur solvere fabrice dictarum clausurarum duas marchas Argenti, in eisdem clausuris & non alibi convertendas.*

(21) Item. *Quod dicti Consules & Habitatores dicti loci omnes & singuli, qui nunc sunt, & qui pro tempore fuerint, sint liberi & immunes à Copagio & Leuda in omnibus & singulis locis nostris Regiis Senescalliarum Tholose & Carcassone, per tres annos à die data presencium computandos.*

(22) Premissa autem omnia & singula dictis Consulibus & Habitatoribus atque Universitati dicti loci & singulis eorumdem, qui nunc sunt & pro tempore fuerint, concessimus atque concedimus per presentes, auctoritate Regia, de gratia speciali, sub conditionibus & modificationibus, quibus ipsa per prefatum nostrum Consanguineum & Locum nostrum tenentem concessa eis fuerunt, prout in Literis suis super hoc factis plenius continetur. Et sub tali conditione etiam, quod ad levandum & recipiendum illa que levanda & recipienda erunt de hiis que sibi dedimus & concessimus pro dictis suis clausuris, & fortificationibus faciendis prout supra sunt expressa, persone idonee deputentur anno quolibet per Senescallum Tholose vel ejus Locum-tenentem: qui Receptores dicto Senescallo, vel alicui alii persone idonee ad hoc per supradictum Senescallum vel ejus Locum-tenentem deputande, presentibus Consulibus & Procuratoribus dicte Universitatis, seu Communitatis dicte Ville, & (t) alterius ab ipsis quo ad hoc eligendis, compotum & rationem legitimam de receptis [a] *& missis ob hoc factis semel in anno reddere teneantur. Damus igitur tenore presentium in mandatis Senescallis Tholose, Carcassone & Bellicadri, Magistrisque & custodibus forestarum Regiarum Portuumque & Passagiorum, Castellanis, & aliis Justiciariis, Officiariis & subditis nostris & Regni nostri vel eorum Loca-tenentibus modernis pariter & futuris, ac cuilibet eorumdem prout ad ipsum poterit pertinere, quatinus dictos Consules, & Universitatem, ac singulos dicti loci tam conjunctim quam divisim, nostris dictis concessionibus & graciis sibi factis prout supra continentur, & quelibet earumdem gaudere & uti plenarie ac pacifice faciant & permittant, juxta formam & tenorem presencium Literarum, nichil contra tenorem earum attemptando, vel à quocumque attemptari permittendo: Et si per inadvertantiam vel aliter aliquid in contrarium factum extiterit, hoc ad statum pristinum & debitum reducant, seu reduci faciant indilate. In cujus rei testimonium sigillum nostrum presentibus Literis duximus apponendum.* Datum Carnoti, die vigesimâ octava Mensis Augusti, anno Domini millesimo trecentesimo quinquagesimo sexto. Aliàs sic signata. Per Regem, in suo Consilio. P. BLANCHET.

a recepte & depense.

NOTES.

(*s*) *Clamorem pro debitis.*] En general on appelle *clamor, clameur,* toutes les plaintes que l'on fait en Justice. Voy. du Cange, au mot *clamor*, à la fin de cet Article, il ajouste, *clamor, debitum quod ab aliquo repetitur.* Apparemment qu'autrefois dans le Languedoc, lorsqu'on vouloit poursuivre un debiteur, il falloit d'abord le faire assigner à cri public, & que le Crieur public avoit des droits à percevoir pour cette fonction, & sur le créancier, & sur le debiteur. [S.]

(*t*) *Alterius.*] Il semble qu'il faudroit *aliis*. Voy. la fin de l'Art. 11. cependant il y a aussi *alterius* dans les quatre Pieces suivantes. [S.]

Et quia omnes Articuli, quorum major pars est (u) ad tempus, & alia ad perpetuitatem erant scripti insimiliter in una carta, fuit mihi Berengario preceptum per magnum Consilium, quod rescriberentur, ut Articuli perpetui sigillentur in cera viridi, & illi ad tempus in cera alba. Berengarius. Facta est collatio cum Originali. Berengarius: Sic est. P. Blanchet. Sigillata sub sigillo Castelleti Parisiensis in absenciâ magni sigilli Regii. Anno Domini millesimo trecentesimo quinquagesimo septimo, mense Julii.

NOTES.

(u) *Ad tempus, & ad perpetuitatem.*] Les Lettres dans lesquelles on avoit transcrit les Privileges accordez à perpetuité à la Ville d'Avinionet, & qui estoient apparemment les mesmes que ceux qui avoient esté bruslez (Voy. le preambule de ces Lettres.) ne se trouvent point dans ce Registre 89. ni dans aucun autre de ceux qui m'ont esté communiquez.

JEAN I.er & selon d'autres, Jean II. à Chartres, le 28. d'Aoust 1356.

(a) Lettres en faveur des Habitans de Fan-jaux.

SOMMAIRES.

(7) *Les Habitans pourront pour parfaire leurs clostures, faire abbattre les Maisons construites hors les murs du Chasteau, dans les lieux publics ou particuliers, à l'exception des lieux sacrez, & en prendre les materiaux pour leur juste estimation; à moins que les proprietaires ne voulussent s'en servir pour bâtir dans l'enceinte de la closture.*

(10) *Si ceux qui ont des places dans l'enceinte laissent passer un an sans y vouloir bastir, ces places pourront estre données à d'autres qui y bâtiront, en payant la juste valeur, selon l'estimation du Juge du Lauraguez.*

(b) JOHANNES *Dei gratiâ &c. . . . . . . hinc est quod cum Castrum seu Villa nostra (c) Fani-Jovis Judicature Lauraguesii, &c.*

Art. 1. Voy. Art. 1.
Art. 2. Voy. Art. 6.
Art. 3. Voy. Art. 7.
Art. 4. Voy. Art. 5.
Art. 5. Voy Art. 3.
Art. 6. Voy. Art. 2.

(7) Item. *Quod in quibuslibet publicis seu privatis locis dicti Castri seu Ville Fani-Jovis extra clausuras ejusdem existentibus, dum tamen religiosa sive sacra loca non sint, dicti Habitatores possint pro clausuris predictis loci prefati constituendis, faciendis & perficiendis, privatarum personarum Domos & edificia prope clausuras ejusdem situata diruere seu destruere, ipsarumque fustes, tegulas, & lapides justa extimacione precedente, capere & ponere, seu capi & poni facere in dictarum factione clausurarum; nisi tamen Domini Domorum, seu edificiorum prius & ante omnia super hoc requisiti, vellent*

NOTES.

(a) Tresor des Chartres, Registre coté 89. pour les Années 1356. jusqu'en 1361. Piece 95.

(b) *Johannes Dei gratiâ, &c.*] Ces Lettres & les trois suivantes estant presque en tout semblables aux precedentes, & dans les mesmes termes, on a cru qu'il estoit inutile de les faire imprimer icy en entier. On s'est donc contenté de marquer les differentes; & à l'égard des Articles qui sont semblables, de mettre à costé le numero de l'Article des Lettres en faveur d'Avinionet, ausquels ils sont conformes. Il n'y a aucune difference dans le preambule de ces Lettres, si ce n'est le nom du lieu. [S.]

(c) *Fani-Jovis.*] C'est du R. P. D. Vaissette que je tiens le detail que je vais donner sur ce lieu, & sur ceux dont il est parlé dans les trois Pieces suivantes. *Fanum Jovis* aujourd'huy Fan-Jaux, petite Ville située sur une élevation, à six lieuës de Carcassone vers le couchant, sur les frontieres des Dioceses de Mirepoix, de S.t Papoul & de Narbone. Fan-Jaux est du Diocese de Mirepoix. Elle a un siege de Justice Royale qui ne depend plus de la Judicature du Lauraguais. [S.]

JEAN I.er & selon d'autres, Jean II. à Chartres, le 28. d'Aoust 1356.

predictas tegulas, fustes seu lapides pro edificando infra clausuras predicti loci, retinere; ita etiam quod absque ordinacione Senescalli vel ejus Locum-tenentis, ad dictarum dirutionem Domorum nullatenus procedatur.

Art. 8. Voy. Art. 18.
Art. 9. Voy. Art. 11.

(10) Item. *Quod si aliqui habentes infra clausuras dicti loci loca sive plateas, in eis edificare noluerint infra annum à die concessionis hujusmodi cumputandum, dicte non* [a] *edificare platee sive loca dari seu tradi possint aliis edificare volentibus in eisdem, certo & justo pretio solvendo Domino hujusmodi platee, sive loci, juxta extimationem legitimam Judicis Lauraguesii, vocatis Consulibus dicte Ville.*

a edificate.

Art. 11. Voy. Art. 9.
Art. 12. Voy. Art. 10.
Art. 13. Voy. Art. 17.
Art. 14. Voy. Art. 4.
Art. 15. Voy. Art. 15.
Art. 16. Voy. Art. 20.
Art. 17. Voy. Art. 19.
Art. 18. Voy. Art. 21.
Art. 19. jusqu'à la fin de la Piece. Voy. Art. 22. *(d)*

NOTES.

(d) Les Articles 8. 12. 14. & 16. des Lettres precedentes ne sont pas dans celles-cy.

JEAN I.er & selon d'autres, Jean II. à Chartres, le 28. d'Aoust 1356.

(a) Lettres en faveur des Habitans de Castelnaudary.

(b) J*OHANNES Dei gratia, &c. . . . . . hinc est quod cum Castrum seu Villa nostra (c) Castri novi de Arrio Judicature Lauraguesii, &c.*

Art. 1. Voy. Art. 1.
Art. 2. Voy. Art. 2.
Art. 3. Voy. Art. 3.
Art. 4. Voy. Art. 4.
Art. 5. Voy. p. 79. l'Art. 7. des Lettres accordées aux Habitans de Fan-Jaus, il est entierement semblable.

Art. 6. Voy. Art. 5.
Art. 7. Voy. Art. 6.
Art. 8. Voy. Art. 7.
Art. 9. Voy. Art. 9.
Art. 10. Voy. Art. 10.
Art. 11. Voy. Art. 11.
Art. 12. Voy. Art. 12.
Art. 13. Voy. Art. 13.
Art. 14. Voy. Art. 14.
Art. 15. Voy. Art. 15.

NOTES.

(a) Tresor des Chartres, Registre 89. pour les Années 1356. jusqu'en 1361. Piece 93.

(b) Johannes Dei gratiâ, &c.] Voy. cy-dessus, p. 79. la Note *(b)*.

(c) Castri novi de Arrio.] C'est *Castelnau d'Arry*, Capitale du Lauraguais. Elle est du Diocese de S.t Papoul, & située entre Toulouze & Carcassonc, à sept lieuës du pays, ou une journée, de l'une & de l'autre. [S.]

Art. 16.

Art. 16. Voy. Art. 16.
Art. 17. Voy. Art. 17.
Art. 18. Voy. Art. 18.
Art. 19. Voy. Art. 19.
Art. 20. Voy. Art. 21.
Art. 21. jusqu'à la fin de la Piece. Voy. Art. 22. *(d)*

NOTES.

(d) Les Articles 8. & 20. des Lettres accordées aux Habitans d'Avinionet, ne sont pas dans celles-cy.

JEAN I.er & selon d'autres, Jean II. à Chartres, le 28. d'Aoust 1356.

(a) Lettres en faveur des Habitans de Montgiscard.

(b) JOHANNES *Dei gratia . . . . hinc est quod cum Castrum seu (c) Villa nostra Montisgiscardi Judicature Lauraguesii, &c.*

Art. 1. Voy. Art. 1.
Art. 2. Voy. Art. 2.

(3) Item. *Concessimus eis atque concedimus per presentes, quod omnibus Habitatoribus ipsis infra dictas clausuras edificare volentibus, pro Domibus eorum reficiendis vel novis edificandis, ibidem tradantur & liberentur semel certo & justo pretio mediante, (d) quinquaginta arpenta nemorum seu foreste de (e) Foresta nostra Regia sancti Romani, in loco magis utili pro eisdem & Nobis minus dampnoso; si tot tamen arpenta nemorum sibi ad hoc fuerint necessaria; & quod summam seu summas in qua seu quibus Nobis propter hoc tenebuntur, infra decem annos, videlicet quolibet anno decimam partem ejusdem & non ultra seu ante solvere teneantur.*

Art. 4. Voy. Art. 5.
Art. 5. Voy. Art. 6.
Art. 7. Voy. Art. 11.
Art. 8. Voy. Art. 21.
Art. *(e)* 9. jusqu'à la fin de la Piece. Voy. Art. 22. *(g)*

NOTES.

(a) Tresor des Chartres, Registre 89. pour les Années 1356. jusqu'en 1361. Piece 96.

(b) Johannes Dei gratiâ, &c.] Voy. cy-dessus, p. 79. la Note *(b)*.

(c) Villa nostra Montisgiscardi.] Montgiscard dans le Lauraguais est une petite Ville située dans le Diocese de Toulouse, dont elle est éloignée de quatre lieuës vers le Sud-Est. Il ne paroist pas qu'il y ait eu aucune grande Forest dans le voisinage, il pouvoit y en avoir autrefois. *Foresta S. Romani*, c'est la Forest de S.t Rome, dont on ne connoist pas la situation [S].

(d) Quinquaginta arpenta.] Dans l'Article 4. des Lettres en faveur des Habitans d'Avinionet, on leur accorde cent arpens de bois payables en 15. ans, à prendre dans les Forests du Roy en general, sans en designer aucune. Ce sont les seules differences entre ces 2. Articles.

(e) Foresta . . . Sancti Romani.] Voy la Note precedente.

(f) Article 9.] La seule difference c'est qu'il y a dans cet Article, *Procuratore*, au lieu qu'il y a *Procuratoribus* dans les Lettres precedentes.

(g) Les Articles 3. 7. 8. 9. 10. & le 12. jusqu'au 20. des Lettres en faveur des Habitans d'Avinionet, ne sont pas dans celles-cy.

JEAN I.er & selon d'autres, Jean II. à Chartres, le 28. d'Aoust 1356.

(a) Lettres en faveur des habitans de Carbonne.

SOMMAIRES.

(3) Les Habitans pour la refection de leurs maisons, pour en construire de nouvelles, & pour rebâtir leur Pont sur la Garonne, pourront prendre à juste prix cinquante arpens de bois dans les Forests du Roy en la Seneschaussée de Toulouse, en payant le prix en dix ans, en dix payemens égaux.

(4) Le Seneschal de Toulouse s'informera à combien pourra monter la refection du Pont; & les Habitans des lieux voisins qui passent ordinairement sur ce Pont, contribuëront aux despenses necessaires pour le restablir.

(5) Pendant que l'on travaillera à rebâtir le Pont, ce qu'on levera sur ceux qui passeront la Garonne dans des bateaux, appartiendra aux Consuls pendant trois années, & sera employé pour la réedification du Pont.

(b) JOHANNES *Dei gratiâ, &c. . . . . . hinc est quod cum loca seu Ville (c) de Carbona, & (d) de Gonacho, Judicature Rivorum, Senescallie Tholose, &c.*

Art. 1. Voy. Art. 2.
Art. 2. Voy. Art. 3.

(3) Item. *(e) Concessimus eis ac etiam concedimus per presentes, quod omnibus Habitatoribus ipsis infra clausuras dicti loci edificare volentibus, pro Domibus eorum reficiendis vel novis edificandis ibidem, ac etiam pro refectione & reparatione Pontis publici Regii, qui ibidem supra flumen Garone erat constructus, & qui per dictos nostros inimicos tunc extitit combustus, tradantur & liberentur semel, certo & justo precio mediante, quinquaginta arpenta nemorum seu foreste de Foresta nostra Regia (f) de Fossoreto, seu de aliis nemoribus vel forestis nostris Regiis in Senescallia Tholosana, in loco magis utili pro eisdem & Nobis minus dampnoso, si tot tamen arpenta nemorum sibi ad hoc fuerint necessaria; & quod summam, seu summas in qua seu quibus propter hoc tenebuntur, infra decem annos, videlicet quolibet anno decimam partem ejusdem & non ultra seu ante solvere teneantur.*

(4) Item. *(g) Quod per Senescallum nostrum Tholose vel alium ab ipso super hoc deputandum, sciatur quantum poterit custare reparatio seu refectio dicti Pontis, & quod, ad contribuendum missis & sumptibus quos pro dicta refectione seu reparatione fieri oportebit, omnes Habitatores locorum circumvicinorum & aliorum locorum propinquiorum, qui habent communiter & habere consueverunt hactenus transitum per ipsum Pontem, & eorum quilibet pro rata, moderate & ut fieri debebit, solvere compellantur.*

NOTES.

(a) Tresor des Chartres, Registre 89. pour les années 1356. jusqu'en 1361. Piece 94.

(b) *Johannes Dei gratia, &c.]* Voy. cy-dessus, p. 79. Note (b)

(c) *De Carbona.]* C'est la petite Ville de Carbonne, du Diocese & de la Judicature de Rieux en Languedoc, & située sur la rive gauche de la Garonne. Elle est du nombre des six Judicatures diocesaines qui entrent aux Estats, lesquelles avec la Viguerie de Toulouse, composoient autrefois la Seneschaussée de Toulouse. Il y a encore à Carbonne un Siege de Lieutenant du Juge principal de la Judicature de Rieux, &c. [D. L.]

(d) *De Gonacho.]* D. Vaissette m'a dit qu'il ne connoissoit pas ce lieu. Il est à remarquer que dans la suite de la Piece, il n'est pas fait mention une seule fois de *Gonacho.* [S.]

(e) *Concessimus eis, &c.]* Cet Article est un peu plus estendu que le 4. des Lettres accordées aux Habitans d'Avinioret.

(f) *De Fossoreto.]* Fosseret est une petite Ville du Diocese de Rieux, dont elle est éloignée de trois lieuës vers le couchant. Elle est située sur la petite Riviere de Louge qui coule à sa gauche de la Garonne, dans laquelle elle se jette. [S]

(g) *Quod per Senescallum, &c.]* Cet Article & le suivant ne se trouvent que dans ces Lettres.

(5) Item. *Quod cum obstante combustione predicta dicti Pontis, durante tempore refectionis seu reparationis ipsius, oporteat eum navi transire per flumen Garone de subtus Pontem eumdem, volumus & concedimus predictis supplicantibus, quod emolumentum dicti passagii seu transitus pertineat ad dictos Consules, & per eosdem vel deputatos ab eis levetur per tres annos continuos à die concessionis hujusmodi computandos, in dicti Pontis ejusdem reparationibus, & non alibi convertendum.*

JEAN I.er & selon d'autres, Jean II. à Chartres, le 28. d'Aoust 1356.

Art. 6. Voy. cy-dessus p. 79. l'Article 7. des Lettres accordées aux habitans de Fan-Joux, il est entierement semblable.

Art. 7. Voy. Art. 5.
Art. 8. Voy. Art. 6.
Art. 9. Voy. Art. 7.
Art. 10. Voy. Art. 11.
Art. 11. Voy. Art. 13.
Art. 12. Voy. Art. 17.

(13) Item. *(h) Quod si qui forsitan venirent, seu venire satagerent contra Privilegia contenta in presentibus, Judex noster Regius Rivorum seu ejus Locum-tenens per impositionem penarum ab eisdem levandarum, & in dictis convertendarum clausuris, & aliis Juris remediis usque ad decennium & non plus, compellat predictos contravenientes ad tenendum & observandum Privilegia supradicta.*

Art. 14. Voy. Art. 21.
Art. 15. en y comprenant la fin de la Piece. Voy. Art. 22. *(i)*

NOTES.

(h) *Quod si qui, &c.]* Cet Article ne differe du 19. des Lettres accordées aux Habitans d'Avinionet, que dans le nom du Juge.

(i) Les Articles 1. 8. 9. 10. 12. 14. 15. 16. 18. & 20. des Lettres accordées aux Habitans d'Avinionet, ne sont pas dans celles-cy.

(a) Mandement du Roy pour augmenter le prix du Marc d'Argent.

JEAN I.er & selon d'autres, Jean II. à Chartres, le 30. d'Aoust 1356.

JEHAN par la grace de Dieu, Roy de France, à noz amez & feaulx les Generaulx-Maistres de noz Monnoyes, Salut & dilection. Nous pour certaine cause vous mandons & commandons estroictement, que tantost & sans delay ces Lettres vuës, vous faciés donner par toutes & chascunes nos Monnoyes, à tous Changeurs & Marchands & autres de chascun marc d'Argent appellé Argent-le-Roy, qu'ils apporteront & feront mettre en nosdittes Monnoyes, creüe oultre le pris que Nous en faisons donner *(b)* à present; C'est assavoir, que ilz auront de tout marc d'Argent allayé à trois deniers de Loy, quinze sols tournoys de creüe; ainsi auront sept livres tournoys; Et de tout autre marc d'Argent blanc en Joyaulx, Vaisselle, & Billon blanc à douze deniers de Loy ou environ, qui sera monnoyé en divers coings & estranges des nostres, & faiz hors de nostre Royaume, dix-sept sols tournoys de creüe; Ainsi auront sept livres douze sols tournoys de creüe. Ce faictes si dilligemment, & par telle maniere que vous n'en puissiés estre reprins de negligence, & de ce faire à vous & à chascun de vous, donnons povoir, auctorité & mandement especial par la teneur de ces presentes. *Donné à Chartres, le trentieme jour d'Aoust, l'An mil trois cens cinquante-six, soubz le seel de nostre Chastellet de Paris, en l'absence du grant. Par le Roy.* YVO.

NOTES.

(a) Registre C. de la Cour des Monnoyes de Paris, feüillet 220.

(b) *A present.]* Voy. le Mandement du 3. d'Aoust 1356.

JEAN I.er & selon d'autres, Jean II. au Chasteau de Loches, le 13. de Septembre 1356.

(a) *Mandement pour faire fabriquer sur le pied de Monnoye Soixantième, de* gros Deniers blancs, *qui auront cours pour huict Deniers Tournois.*

JEHAN par la grace de Dieu, Roy de France, à noz amez & feaulx les Generaulx-Maistres de noz Monnoyes, Salut & dilection. Comme naguieres Nous, par tres grant & bonne deliberation de nostre Conseil, & des Prelatz, Barons, & les Gens des bonnes Villes de nostre Royaume, eussions naguierres ordonné, & vous mandé que en toutes & chascunes noz Monnoyes, vous feissiés faire & ouvrer bonne & forte Monnoye sur le pié de *(b)* Monnoye vingt-quatrieme, & depuis ce, pour cause des tres grans & innumerables mises, qu'il Nous a convenu & convient faire & soustenir plus que oncques-mais, tant pour le fait de noz Guerres, comme pour la tuition & deffense de Nous & de nostre Peuple, & de nostre Royaume, par tres grant & bonne deliberation euë avecques nostredit Conseil au *(c)* Siege devant Breteüil, ayons ordonné & vous mandé, en esperance d'avoir bon & bel Ouvraige en nosdites Monnoyes, & tel & si grant que par icelluy Nous peussions & deussions avoir telle finances, que Nous peuissions resister à la malle voullenté de noz ennemis, lequel Ouvraige n'a peu, ne ne pourroit souffire aux choses dessusdictes, pourquoy tres grans dommaiges & inconveniens en peussent & [a] estre ensuivis à Nous & à nostredit Peuple, ce [b] sur ce n'eust esté pourveu de bon remede; Pour ce est-il que Nous, par tres grant & bonne deliberation de nostre Conseil, euë consideracion aux choses dessusdites, avons ordonné & ordonnons par ces presentes, & voullons estre fait en toutes & chascunes noz Monnoyes, gros Deniers blancs, ayans cours pour huit deniers tournoys la Piece, & trois deniers de Loy dit & nommé Argent le-Roy, comme ceulx que l'en fait à present, & lesquelz sont de *(d)* neuf solz quatre deniers & demy de poix au marc de Paris; Et seront donnez à tous Changeurs & Marchans les pris en tous marcs d'Argent en Billon & autrement, que Nous y faisons donner à present. Si vous mandons & estroictement enjoignons, & par ces presentes commectons à vous, & à chascun de vous, que iceulx gros Deniers blancs vous faciés faire & ouvrer tantost & sans delay ces Lettres veuës, toutes excusations cessans, du poix & Loy que dit est dessus, en ouvrant sur le pié de *(e)* Monnoye Soixantieme, & en donnant à tous Changeurs & Marchans en tous marcs d'Argent en Billon & autrement, qu'ils ont apportez & apporteront en nosdites Monnoyes, les pris que Nous y faisons donner à present, comme dit est. De ce faire à vous, & à chascun de vous, donnons povoir, auctorité & mandement especial par la teneur de ces presentes. *Donné au Chastel de Loches, le treizieme jour de Septembre, l'An de grace mil trois cens cinquante-six. Ainsi signé. Par le Roy.* YVO.

a et est inutile.
b se

NOTES.

(a) Registre C. de la Cour des Monnoyes de Paris, feüillet 222.

(b) *Monnoye vingt-quatriesme.*] Voy. le Mandement du 30. de Decembre 1355.

(c) *Siege devant Breteüil.*] Voy. cy-dessus, page 72. Note (g)

(d) *Neuf sols quatre deniers & demi.*] C'est-à-dire qu'il y aura 112. Pieces & demie au marc. Voy. la Preface au §. *Monnoye.*

(e) *Monnoye soixantiesme.*] Voy. la Preface, §. *Monnoye.*

JEAN I.er & selon d'autres, Jean II. au Chasteau de Loches, le 13. de Septembre 1356.

(a) Mandement au sujet du Cuivre qui doit estre mis dans les Monnoyes.

JEHAN par la grace de Dieu, Roy de France, à noz amez & feaulx les Generaulx-Maistres de noz Monnoyes, Salut & dilection. Nous avons entendu, & sommes plainement enformez que[a] noz Monnoyes ont esté & sont apportées depuis que Nous feismes nostre *(b)* precedente Ordonnance de Monnoye quarente-huitiesme, plusieurs matieres d'Argent, en haute loy & de Billon alloiez au-dessus de trois deniers de loy dit & nommé Argent-le-Roy, lesquelles n'ont pu ne ne pevent estre allaiez à venir[b] à la loy d'iceulx trois deniers de loy dudit Argent, pour faire l'Ouvraige de nosdites Monnoyes, sans y avoir mis ou mettre Cuyvre, ou autrement l'Ouvraige de nosdites Monnoyes eust esté & fust, ou seroit briefvement du tout en chomage, laquelle chose pour cause des tres grans & innumerables mises qu'il Nous convient faire & soustenir à present, & ou temps advenir plus que oncquesmais, tant pour le fait de noz Guerres, comme pour la tuition & deffense de Nous, de nostre Peuple & de nostre Royaume, Nous ne voullons pas souffrir; pour ce est-il que vous mandons, commettons & estroictement enjoignons à vous, & à chascun de vous, que en toutes & chascunes noz Monnoyes esquelles il y a ou aura aucune matiere d'Argent en haulte Loy ou autrement, qui par deffaut de bon Billon ne pourra estre mise en euvre sans y mettre Cuyvre, en faisant ce present Ouvraige ou autre advenir, en icelles vous mectez & faites mectre telle quantité de Cuyvre comme il conviendra pour faire nosdits Ouvraiges, & ce faictes si dilligemment, & en telle maniere, que aucunes nosdites Monnoyes ne puissent cheoir en chomaige; Et tout icelluy Cuyvre qui a esté & sera mis en cest present Ouvraige, & en ceulx advenir, Nous voullons avoir esté & estre quis[c] & prins sur Nous & à nos despens. Mandons par ces presentes à nos amez & feaulx les Gens de noz Comptes, que tout ce qu'il aura cousté, ilz allouent ès Comptes de ceulx à qu'il appartiendra, sans aucun contredit, ne autre mandement avoir. *Donné en nostre Chastel de Loches, le treisieme jour de Septembre, l'An mil trois cens cinquante-six. Ainsi signé. Par le Roy.* YVO.

a *dans.*
b *à l'avenir.*
c *acquis.*

NOTES.

(a) Registre C. de la Cour des Monnoyes de Paris, feüillet 222. *verso.*

(b) Precedente. Il y a dans l'Original *pnte*, que je crois devoir signifier là, *precedente*, c'est-à-dire l'Ordonnance du 3. d'Aoust 1356. Voy. cy-dessus, p. 72.

CHARLES, FILS AISNÉ, & Lieutenant du Roy Jean I.er & selon d'autres, Jean II. à Paris, le 2. d'Octobre 1356.

(a) Lettres concernant l'élection des Echevins & Consuls de la Ville de Lisle.

KAROLUS (b) primogenitus Regis Francie & ipsius Locum-tenens, Dux Normandie & Delphinus Viennensis, superiori Ballivo Ville de Insula, aliisque Deputatis & deputandis ad creandum in futurum Scabinos Ville prefate, Salutem. Supplicationi dilectorum nostrorum Scabinorum & Communitatis dicte Ville Nobis facte

NOTES.

(a) Ces Lettres sont *Vidimées*, dans d'autres Lettres de Charles V. du 3. de Juillet 1364. & sont dans le Registre aux Titres de la Ville de Lille, nommé Roisin, reposant dans les Archives de ladite ville, fol. 279.

Collationné par moy Conseiller du Roy, Procureur Sindic de la Ville de Lille. B. HERRENG.

(b) Karolus primogenitus, &c. Lorsque ces Lettres furent expediées, il estoit arrivé de

a cætero. *super hoc, inclinati, vobis & vestrum cuilibet tenore presentium inhibemus ne de chetero[a] aliquem vel aliquos de familia vel Robis (c) vestris, seu vestrum alterius, in Scabinum*
b Receptorem. *vel Scabinos Ville predicte seu Recheptorem[b] vel Recheptores redditunm seu emolumentorum ad Communitatem Ville ejusdem pertinentium, nec etiam in Consulem vel Consules*
c faciatis. *Ville ejusdem eligatis vel constituatis, seu quomodolibet fasciatis[c]; quod si forsan facere presumpseritis contra dictam nostram inhibissionem, hoc nullius esse momenti volumus vel valoris.* Datum Parisiis, sub sigillo dicti Domini nostri, secunda die Octobris, Anno Domini MCCCLVI.

NOTES.

grands changements dans la France, depuis le 18.e de Septembre, jour auquel avoit esté donnée l'Ordonnance precedente. Le Roy avoit esté fait prisonnier à la Bataille de Poitiers, qui se donna le 19. de Septembre. Charles son fils aisné qui estoit aussi à cette Bataille, revint aussi-tost à Paris, où il arriva le 29. [Chronique de S.t Denys p. *m.* 168. *verso*, col. 2.] & il se mit à la teste du Gouvernement. Il prit d'abord le titre de *fils aisné du Roy de France, & de son Lieutenant*, comme on le voit par ces Lettres, & par les suivantes, & non pas celuy de *Regent*, comme l'a dit mal à propos Froissard. [1.er vol. ch. 172. p. *m.* 202.] Ce ne fut que le 14. de Mars 1357. [Chronique de S.t Denys, p. *m.* 179 R° col. 2.] qu'il prit le titre de *Regent*.

(c) Robis.] C'est-à-dire de ceux auquels vous donnez des Robes. Les Rois & les Seigneurs avoient coustume de donner aux grandes Festes, des Robes à leurs Officiers, & à ceux qui estoient particulierement attachez à eux. Voy. le Glossaire Latin de du Cange, au mot *Roba*, vers la fin.

CHARLES, Fils aisné, & Lieutenant du Roy Jean I.er ou selon d'autres, Jean II. au Louvre, le 22. d'Octobre 1356.

(a) Mandement pour augmenter le prix du Marc d'Argent.

CHARLES aisné Fils, & Lieutenant du Roy de France, Duc de Normandie & Dauphin de Viennoys, à nos amez & feaulx les Generaulx-Maîtres de Monnoyes, Salut & dilection. Savoir vous faisons que Nous, par tres grant & bonne deliberacion de Conseil, & pour la tres grant necessité & besoing qui est à present de avoir les plus tres grans & bonnes finances que l'en pourra bonnement, pour la tuixion & deffence du Royaume, & afin que les Monnoyes, ou aucunes d'icelles ne puissent ou doient cheoir en chomaige, & que en icelles puisse & doye estre fait bon & grant ouvraige, avons ordonné & ordonnons par ces presentes, qu'il soit donné à tous Changeurs & Marchans frequentans lesdites Monnoyes, de chascun Marc d'Argent qu'ilz apporteront en icelles, allaié à trois deniers de Loy, dit & nommé Argent-le-Roy, & de tout autre Marc d'Argent à douze deniers de Loy ou environ, en *(b)* viez gros, Joyaulx, Vaisselle & autrement, vingt-cinq solz tournoys de creüe, oultre le pris que l'en y donne *(c)* à present. C'est assavoir qu'il auront de chascun Marc d'Argent allaié à trois deniers, comme dit est, huit livres dix solz Tournois, & de tout autre Marc d'Argent blanc à douze deniers de Loy ou environ, si comme dessus est devisé, huit livres dix-sept solz tournois. Si vous mandons & estroictement enjoignons à vous & à chascun de vous, que tantost & sans delay ces Lettres veües, toutes excusacions cessans, vous faciez donner à tous Changeurs & Marchans les pris en tous marcs d'Argent cy-dessus devisez, si dilligemment & en telle maniere qu'il n'y ait deffault, & que lesdites Monnoyes, ou aucunes d'icelles n'ayent cause de cheoir en chomaige. De ce faire à vous & à chascun de vous donnons povoir, auctorité & mandement especial par la teneur de ces presentes. *Donné au Louvre, soubs le Seel de nostre tres cher Seigneur & Pere, le vingt-deuxieme jour d'Octobre, l'An mil trois cens cinquante-six. Ainsi signé. Par M.r le Duc.* SERIS.

NOTES.

(a) Registre C. de la Cour des Monnoyes de Paris, p. 225. *verso*.

(b) Viez gros.] Gros deniers decriez.

(c) A present.] Voy. le Mandement du 30. d'Aoust 1356.

CHARLES, FILS AISNÉ, & Lieutenant de Jean I.er & selon d'autres, Jean II. au Louvre lès Paris, le 23. de Novembre 1356.

(a) Mandement pour faire ouvrer dans tout le Royaume, à l'exception des cinq Monnoyes de Languedoc, une Monnoye blanche & noire, sur le pied de Monnoye quarante-huitiéme.

CHARLES aisné Fils & Lieutenant du Roy de France, Duc de Normandie, Dalphin de Viennoys, à noz amez & feaulx les Generaulx-Maistres des Monnoyes de nostredit Seigneur, Salut & dilection. Comme pour le temps present & celluy advenir, soit plus que oncques-mais necessité & besoing de trouver & avoir les plus grans & bonnes finances que l'en pourra bonnement, pour les tres grans & inumerables mises qu'il convient faire, tant pour le fait des Guerres, comme pour la tuition & deffense du Royaume, & aussi pour resister & contrester du tout nostre povoir, par puissance de Gens d'Armes ou autrement, à la malle voulenté des ennemys, desquelles choses faire & mettre à bon effect, à l'ayde de Dieu, Nous sommes tres desirans de tout nostre cueur; Et afin que sur ce peust & deust estre pourveu de tres bon remedde, par tres bonne deliberation & advis; & icelles finances eues & pourchassées le [a] aisement & bonnement que l'en pourroit, sanz le trop grant grief du Peuple, eussions fait venir & assembler les Prelats, Barons, & les Gens des bonnes Villes du Royaume, lesquelz n'ont en riens conclud ne parfait sur ce; parquoy ledit Royaume est & pourroit estre en tres grant peril, se sur ce n'estoit pourveu de remedde: Pour ce est-il que Nous par tres grant advis & bonne deliberation de Nous & de plusieurs saiges du Conseil de nostredit Seigneur & de Nous, eu consideration aus choses dessus-dites, avons voulu & ordonné, & par ces presentes voullons & ordonnons que en toutes les Monnoyes dudit Royaume, excepté les cinq Monnoyes estans en *(b)* Languedoc; c'est assavoir à Thoulouse, à Agen, Montpellier, Figac & Lovignen, l'en face faire & ouvrer Monnoye blanche & noire, en ouvrant sur le pié de *(c)* Monnoye Quarante-huitiéme; c'est assavoir gros Deniers blancs, à quatre deniers de Loy dit & nommé Argent-le-Roy, & de *(d)* six solz huit deniers de poix au marc de Paris, & auront cours pour douze deniers tournoys la Piece; & doubles tournoys à ung denier seize grains de Loy dudit Argent, & de *(e)* seize solz huit deniers de poix audit marc, & auront cours pour deux deniers tournoys

[a] *plus.*

NOTES.

(a) Registre C. de la Cour des Monnoyes de Paris, page 229. *recto.*

(b) Languedoc.] Voy. l'Ordonnance suivante qui est de mesme date.

(c) Monnoye quarante-huitiesme.] Cette nouvelle Monnoye ne fut *publiée* à Paris, c'est-à-dire, ne fut distribuée & repanduë dans le Public que le 10. de Decembre suivant. Le Peuple de Paris animé par Marcel Prevost des Marchands, & par ceux de sa faction, en fut tres mécontent, aussi-bien que d'une diminution d'especes qui avoit esté ordonnée par les Lettres du 25. de Novembre 1356. que l'on trouvera ici à leur rang. Le Prevost des Marchands accompagné d'un grand nombre d'Habitans alla trouver le Comte d'Anjou, second Fils du Roy, & que le Duc de Normandie, qui estoit allé à Metz, avoit laissé son Lieutenant à Paris, & luy dit que le Peuple ne souffriroit pas que cette nouvelle Monnoye eust cours. Le Comte d'Anjou promit d'en faire cesser la fabrication jusqu'à ce qu'il eust reçû les ordres de son Frere. Ainsi cette Monnoye n'eust plus de cours, & on ne garda pas les Ordonnances sur le cours des autres Monnoyes, qui continuerent d'estre prises sur l'ancien pied.

Le Duc de Normandie estant revenu à Paris, consentit que la nouvelle Monnoye n'eust point de cours. Voy. Chroniques de S.t Denys, T. 2. p. *m.* 17. *recto & verso.* Voy. les 1.eres Lettres du 25. de Janvier 1356. & la Preface. Il est dit dans les Chroniques que ces Deniers blancs estoient à *six sols huict deniers d'aloy*: c'est une faute: il faut corriger suivant cette Ordonnance du 23. de Novembre, à six sols huict deniers *de poids au Marc de Paris.*

(d) Six sols huict deniers.] C'est-à-dire qu'il y aura 80. Pieces au Marc. Voy. la Preface, 5. *Monnoye.*

(e) Seize sols huict deniers.] C'est-à-dire qu'il y aura 200. Pieces au Marc. Voy. la Preface, 5. *Monnoye.*

CHARLES, FILS AISNÉ, & Lieutenant de Jean I.er & selon d'autres, Jean II. au Louvre lez Paris, le 23. de Novembre 1356.

la Piece, & avecques [a] petitz parisis, & petitz tournoys, se il en est besoing, & l'en les peult faire bonnement selon ledit pié; Et sera donné à tous Changeurs & Marchans de chascun marc d'Argent allayé à quatre deniers de Loy dudit Argent-le-Roy & au-dessus, sept livres huit solz tournoys, & de tout autre marc allayé au-dessoubz d'iceulx quatre deniers de Loy, sept livres tournoys, & en tirant de chascun marc d'Argent *(f)* douze livres tournoys. Si vous mandons, commettons & estroictement enjoignons à vous & à chascun de vous, que tantost & sans delay ces Lettres veuës, toutes excusations cessans, iceulx gros Deniers blancs & doubles tournoys dessusdits, vous faciez faire & ouvrer ès Monnoyes dessusdites, par la forme & maniere que dit est, & avecques ce petiz parisis, & petiz deniers tournoys, en ouvrant sur ledit pié de Monnoye quarente-huitiesme, telz comme bon vous semblera, & vous voyez que ce soit bon à faire, & faictes donner aux Changeurs & Marchans les pris en tous marcs d'Argent cy-dessus devisez, & aux Ouvriers & Monnoyers tel sallaire comme bon vous semblera, & gardez que ès choses dessusdites & chascunes d'icelles faire & accomplir, n'ayt aucun deffault par vous : Et icelles faire & faire faire, à vous & à chascun de vous donnons povoir, auctorité & mandement especial par la teneur de ces presentes. *Donné au Louvre lès Paris, le vingt-troisieme jour de Novembre, l'An mil trois cens cinquante-six. Ainsi signé. Par M.r le Duc, en son Conseil.* J. ROYER.

[a] a ce

NOTES.

(f) Douze livres Tournois.] C'est-à-dire que le Marc d'Argent en especes, vaudra douze Livres Tournois. Voy. la Preface, §. *Monnoye.*

CHARLES, FILS AISNÉ, & Lieutenant de Jean I.er & selon d'autres, Jean II. à Paris, le 23. de Novembre 1356.

(a) Mandement pour faire ouvrer dans les Hostels des Monnoyes de Languedoc, une bonne & forte Monnoye sur le pied de Monnoye trente-deuxieme.

CHARLES aisné Fils & Lieutenant du Roy de France, Duc de Normandie, & Daulphin de Viennoys, à noz amez & feaulx les Generaulx-Maistres des Monnoyes de nostredit Seigneur, Salut & dillection. Comme nostre tres cher & amé Cousin le *(b)* Comte d'Armignac, Nous ayt escript que par tres grant & bonne deliberation des Preslatz, Barons, & les Gens des bonnes Villes de la Languedoc, avecques luy *(c)* assemblez, ait esté & soit ordonné de faire tres grant & bonne Ayde de Genz d'armes, tant pour la tuition & deffense du Royaume, comme pour resister & contrester à la malle voullenté des ennemys; pour laquelle chose faire à leurs depens, iceulx Preslatz, Barons, & les Gens des bonnes Villes du pays, ont requis, voullu & ordonné, & encores requierent estre fait en toutes & chascunes les Monnoyes estant en icelluy pais de Languedoc, bonne & forte Monnoye blanche & noire, en ouvrant sur le pié de *(d)* Monnoye trente-deuxieme; c'est assavoir gros tournoys d'Argent à six deniers de Loy Argent-le-Roy, & de *(e)* six sols huit deniers de poix ou marc de Paris, ayans cours pour douze deniers tournoys la Piece: & doubles tournoys noirs à deux deniers douze grains de Loy dudit Argent, & de

NOTES.

(a) Registre C. de la Cour des Monnoyes de Paris, page 228. *recto.*

(b) Comte d'Armignac.] Il estoit Lieutenant du Roy en Languedoc. Voy cy-dessous l'Ordonnance du 6. de Fevrier 1356.

(c) Assemblez.] Voy. cy-dessous l'Ordonnance du 6. de Fevrier 1356. & particulierement l'Art. 4.

(d) Monnoye trente-deuxieme.] Voy. la Preface, §. *Monnoye.*

(e) Six sols huict deniers.] C'est-à-dire qu'il y aura 80. Pieces au Marc. Voy. la Preface, §. *Monnoye.*

(f) seize

(f) feize folz huit deniers de poix audit marc; & petitz deniers tournoys à ung denier dix-huit grains de Loy, & de *(g)* vingt-trois folz quatre deniers de poix; & en donnant aux Changeurs & Marchans de chafcun marc d'Argent allayé à fix deniers de Loy & au-deffus, fept livres huit folz tournoys, & de tout autre allaié à trois deniers & au-deffoubz, fept livres tournoys; laquelle Monnoye ainfi ordonnée, noftredit Coufin a mandé & envoyé aux Gardes-Maiftres particuliers, & Officiers des Monnoyes, eftant efdites parties de Languedoc, qu'ilz facent & facent faire par la maniere que dit eft; de laquelle chofe faire, iceulx ou aucuns d'eulx ont efté & font refufans & defobeiffans, pour caufe de ce que icelle Ordonnance ne leur a efté envoyée par Nous, & par le Confeil de noftre tres cher Seigneur & Pere & de Nous eftans *(h)* par deçà, fi comme avons accouftumé; Et pour ce que Nous, de tout noftre cueur tres affectueufement defirans refifter & contrefter à noftre povoir, à la maile voullenté d'iceulx ennemys, tant pour le bien & prouffit dudit Royaume, comme pour la tuition & deffenfe d'iceluy, inclinans à la requefte & bonne voullenté des deffufdits, fçavoir vous faifons que Nous, par tres grant & bonne deliberation de Confeil, & eu confideration aus chofes deffufdites & à plufieurs autres, avons eu & avons cefte Ordonnance de Monnoye trente-deuxieme eftre fait ès Monnoyes dudit pays de Languedoc, agreable par la forme & maniere que elle eft ordonnée. Si vous mandons, commettons, & eftroictement enjoignons à vous & à chafcun de vous, que tantoft & fans delay ces Lettres veuës, toutes excufations ceffans, & autres chofes quelzconques arriere mifes, vous faciez & faictes faire & ouvrer en icelles Monnoyes de Languedoc, icelle Monnoye blanche & noire, en ouvrant fur le pié de Monnoye trente-deuxieme, par la forme & maniere que dit eft deffus: Et gardez que en ce faire n'ayt aucun deffault. De ce faire à vous & à chafcun de vous, donons povoir, auctorité & mandement efpecial par la teneur de ces prefentes. *Donné à Paris, le vingt-troifieme jour de Novembre, l'An mil trois cens cinquante-fix. Par M.r le Duc.* J. ROYER.

CHARLES, FILS AISNÉ, & Lieutenant de Jean I.er & felon d'autres, Jean II. à Paris, le 23. de Novembre 1356.

NOTES.

(f) Seize fols huict deniers.] C'eft-à-dire qu'il y aura 200. Pieces au Marc. Voy. la Preface, §. *Monnoye.*

(g) Vingt & trois fols quatre deniers.] C'eft-à-dire qu'il y aura 280. Pieces au Marc. Voy. la Preface, §. *Monnoye.*

(h) Par deçà.] C'eft-à-dire, *par deçà* la Loire. C'eft ainfi qu'on nommoit la *Languedoil*, & on nommoit la *Languedoc*, le pays de par de-là.

CHARLES, FILS AISNÉ, & Lieutenant de Jean I.er & felon d'autres, Jean II. à Paris, le 25. de Novembre 1356.

(a) Ordonnance qui fixe le prix des Monnoyes, & qui contient des Reglements pour les Orfevres, les Changeurs, & les Orbateurs.

CHARLES aifné Filz & Lieutenant du Roy de France, Duc de Normendie, Dalphin de Viennois, au Prevoft de Paris, ou à fon Lieutenant, Salut. Comme par les tres grans & inumerables mifes que il a convenu fupporter & maintenir, tant pour le fait des Guerres, comme pour la tuyxion [a] & deffenfe du Royaume, les Monnoyes d'Or, [b] d'Argent ayent efté par plufieurs fois & font à prefent moult afeiblies, par quoy Nous avons entendu, & fommes plainement enformez que toutes manieres de Vivres, Veftures, Ouvraiges, & toutes autres chofes neceffaires pour la fubftantacion du Peuple, ont efté & font fi chers, que bonnement ne peult fouffire chofe [c] que les Gens ayent à faire leurs Labourages, & [d] querre leur neceffitez, ne les Gens d'armes & de pié qu'il convient continuellement tenir pour la deffenfe dudit Royaume, vivre de leurs gaiges accouftumez, & pourroient encore moins ou

a *tuicion.*
b *et.*
c *ce texte paroift corrompu.*
d *chercher.*

NOTES.

(a) Regiftre C. de la Cour des Monnoyes de Paris, page 231.

CHARLES, FILS AISNÉ, & Lieutenant de Jean I.er & selon d'autres, Jean II. au Louvre lès Paris, le 25. de Novembre 1356.

temps avenir, se sur ce n'estoit pourvu. Pour ce est-il que Nous, desirans de tout nostre cueur tres affectueusement le bien & le prouffit de tout le Peuple dudit Royaume, par tres grand & bonne deliberation du Conseil de nostredit Seigneur & de Nous, avons ordonné & establi, & ordonnons par ces presentes du fait & gouvernement des Monnoyes, & de celles qui dorenavant auront cours audit Royaume par la maniere qui s'ensuit: C'est assavoir, que le Denier d'Or fin à l'Aignel que l'en a faitz & fait à present, ayent cours & soient mis & prins doresnavant depuis la publication de ces presentes, pour trente solz tournoys la Piece, & non point pour plus:

Les Deniers blans qui ont eu & ont cours pour huit deniers tournoys la Piece, seront prins & mis doresnavant pour trois deniers tournoys la Piece, & non pour plus:

Et les gros Deniers blans & doubles tournoys que Nous avons ordonnez estre faitz à present, ayent cours & soient prins & mis; C'est assavoir, les gros Deniers blancs pour douze deniers tournoys la Piece:

Et le double tournoys pour deux deniers tournoys *(b)* la Piece: & toutes autres Monnoyes quelzconques que elles soient, d'Or ou d'Argent, tant du coing du Roy nostredit Seigneur comme d'autres, soient abbattuës [a], & à icelles osté le cours du tout en tout, & mises au marc pour Billon; excepté les dessusdites, lesquelles auront cours pour les pris que Nous leur avons donné & donnons comme dit est, & non pour plus; Et que nul ne soit si hardy de porter, ou faire porter hors dudit Royaume, ne en aucunes Monnoyes, fors en la plus prochaine du lieu où il sera, Or, Argent ne Billon, sur peine de perdre corps & avoir; & tout l'Or ou l'Argent qu'il portera, se congié ou licence ne luy en est donnée par les Generaulx-Maistres des Monnoyes, ou aucun de eulx, de le porter en aucunes desdites Monnoyes, pour ouvrer au prouffit de nostredit Seigneur.

a *decriées.*

(1) Item. Que nulz sur ladite peyne, ès Villes ne ès lieux de vostre Prevosté, ne en aucunes Villes dudit Royaume, ne face doresnavant fait de Change, se il n'a lettre de nostredit Seigneur ou de Nous, & se il n'est approuvez par les Generaulx-Maistres des Monnoyes, ou aucuns d'eulx, estre souffisant & convenable pour faire ledit fait de Change, jusques à ce que iceulx Generaulx-Maistres ou aucuns d'eulx, sur ce soit ordonné; Et ne voullons que iceulx Changeurs soient en aucune maniere contrains de prendre ou avoir Lettres d'aucuns autres Justiciers ou Prevosts Fermiers, pour faire ledit fait.

(2) Item. Que nulz de quelque condition ou estat qu'il soit, & sur ladite peyne, ne s'entremecte de faire courretaige d'Or, d'Argent ne de nul Billon quel qu'il soit, ne de *(c)* billonner en l'Ostel, ne dehors, ne *(d)* porter Tablettes parmy ledit Royaume.

(3) Item. Que nulz Changeurs, Orfevres ne autres, ne soient si hardyz & sur ladite peyne, de faire ne ouvrer, ne faire faire ne ouvrer Vaissellle ne Vaisseaulx ne Joyaulx d'Or ne d'Argent, fors d'un marc & au-dessoubz, se ce ne sont *(e)* ..... ou *(f)* sainctures pour Dieu servir, ne achetter Or ne Argent à greigneur pris qu'il soit ordonné de en donner ès Monnoyes.

(4) Item. Que nul Changeur ne autre, & sur ladite peyne, ne vende à nul

NOTES.

(b) La Piece.] Cette diminution d'Especes, n'eust point de lieu. Voy. cy-dessus, p. 87. la Note *(c)* sur la premiere Ordonnance du 23. de Novembre precedent.

(c) Billoner.] Voy. Boizard, Traité des Monnoyes. L. 2. ch. 5. p. 370. neuf manieres differentes dont on peut billoner.

(d) Porter Tablettes.] Ces mots se trouvent souvent dans les Ordonnances. Il paroît que ces Porteurs de Tablettes estoient des gens, qui ayant sur le dos de petites boutiques portatives, comme les petits Merciers, qui courent les Campagnes, acceptoient des Pieces de Monnoye, pour faire le billonage.

(e) .... Il y a là un mot qu'on ne peut pas lire en entier, parce que le Parchemin a bû: il semble qu'il y ait *hargues*, ou *harques*. Peut-estre faut-il lire *Bagues*, qui se prend quelquefois pour toutes sortes de petits ornements d'Or & d'Argent. Voy. le Dictionnaire de Nicot, au mot *Bague*.

(f) Sainctures.] Je crois qu'il faut corriger *Sanctuaires*, qui se lit dans quelques Ordonnances suivantes. Voy. celle du 23. de Janvier 1357. Article 4.

Orfevre, Or, Argent ne Vaisselles, mais les porte en la plus prochaine Monnoye du lieu où il y aura cueilly, ne yceulx Changeurs ne Orfevres [a] si hardiz de l'achepter, ne affiner Or, Argent ne Billon ne autres choses, se ce n'est par le congié desdiz Generaulx-Maistres, ou de l'un d'eulx.

CHARLES, Fils aisné, & Lieutenant de Jean I.er & selon d'autres, Jean II. au Louvre lès Paris, le 25. de Novembre 1356.

(5) *Item.* Que nulz Orbateurs [b] sur ladite peyne, ne soient si hardiz de ouvrer, ne faire ouvrer ou mestier d'Orbaterie d'Or ne d'Argent [c], mais seullement telle quantité comme par les Generaulx-Maistres, ou aucuns d'euls leur en sera baillé & distribué. Si vous mandons, commettons & estroictement enjoignons par ces presentes Ordonnances, lesquelles & chascunes d'icelles, Nous pour le bien & le prouffit de tout le Peuple voullons & desirons de tout nostre cueur tres affectueusement, estre tenuës & gardées entierement, vous faciez tenir & garder de point en point, en vostredicte Prevosté & Ressort, & sans enfraindre, & ycelles tantost & sans delay ces Lettres veuës, faictes signiffier & publier en toutes les Villes & lieux notables de vostre Prevosté, si dilligenment & en telle maniere, que nulz ne doyent avoir cause de les ignorer, ne faire ou actempter en aucune maniere aucune chose au contraire, & de tous ceulx que vous pourrés trouver faisans, ou avoir fait le contraire, Nous voullons que vous en faciez pugnicion telle & si dilligenment, que ce soit exemple à tous; sçachans pour certain, que se des choses dessusdictes ou aucunes, estes trouvez remis ou negligens, l'en s'en prendra du tout à vous. *Donné au Louvre lèz-Paris, le vingt-cinquieme jour de Novembre, l'An mil trois cens cinquante-six. Par M.r le Duc, en son Conseil.* P. BLANCHET. *Sic tradita.*

a *ne soient.*

b *Batteur d'Or.*

c *il manque là quelques mots.*

CHARLES, Fils aisné, & Lieutenant de Jean I.er & selon d'autres, Jean II. au Camp de Montlcheri, en Novembre 1356.

(a) Ordonnance qui confirme le Privilege qu'ont les Habitans de Tournay, de recevoir dans leur Ville comme dans un lieu de refuge & d'immunité, les meurtriers involontaires du pays de Hainau.

KAROLUS Regis Francie Primogenitus & ejus Locum-tenens, Dux Normanie & Dalphinus Viennensis, Notum facimus universis tam presentibus quam futuris, Nos infra scriptas vidisse Litteras, formam que sequitur continentes.

Arnoul Sire Dodeneham Mareschal de France, & Lieutenant general du Roy nostre Seigneur ès parties de Picardie, à tous ceulx qui ces presentes Lettres verront, Salut. De la partie de noz bien amez les Prevos, Jurez & autres Gouverneurs, Bourgois, Habitans, & toute la Communauté de la Ville de Tournay, Nous a esté signifié que comme après ce que par Arrest de Parlement, les Habitans de la Ville eurent *(b)* perdu le droit d'avoir & retenir Commune en ladite Ville & appartenances d'icelle, le Roy Philippe nostre Seigneur dernier trespassé, pour consideration des bons & agreables services que les Habitans de ladite Ville li avoient fait & faisoient de jour en jour en ses Guerres, & esperoit qu'il feroient pour le

NOTES.

(a) Tresor des Chartes, Registre 84. pour les Années 1354. 1355. & 1356. Piece 620.

(b) *Perdu le droit d'avoir & retenir Commune.*] Le droit d'avoir une Commune fut accordé à la Ville de Tournay par Philippe Auguste, par ses Lettres de l'an 1187. Elles sont imprimées dans le Spicilege du P. Dachery, t. 3. p. 551. de la seconde Edition. Ce droit luy fut osté par un Arrest du Parlement, & il luy fut rendu en 1340. par Philippe de Valois, qui recompensa par cette grace, la vigoureuse resistance que les Habitans avoient faite à Edoüard III. Roy d'Angleterre, lorsqu'il assiegea leur Ville. Voicy ce qu'en dit Froissart, *L. 1. ch. 64. p. m. 80.*

Le Roy vint à Tournay, où pour recompenser les Habitans de la vigoureuse deffense qu'ils avoient faite, il leur rendit leur loy qu'ils avoient perduë depuis long-temps, *dont ils furent moult joyeux; car Godemar du Fay, & plusieurs autres Chevaliers estrangers en avoient esté Gouverneurs. Ceux de Tournay refirent donc entre eux Prevosts & Jurez, selon leurs usages anciens.* Mais il s'agit de sçavoir dans quel temps fut rendu l'Arrest du Parlement qui abolit leur Commune. Il faudroit dire

CHARLES, Fils aisné, & Lieutenant de Jean I.er & selon d'autres, Jean II. au Camp de Montlcheri, en Novembre 1356.

temps avenir, voulant les remunerer sur ce, leur eust de grace especial, auctorité Royal & certaine science, par deliberation de son grant Conseil, donné & octroyé droit d'avoir Commune en ladite Ville, appartenances & appendances d'icelle, & en les fondant sur ce en corps & en Commune noblement, & d'avoir & exercer en ycelle Ville toute Justice & Seigneurie haute, moyenne & basse, en leur donnant & octroyant avecques ce toutes les rentes, revenuës, proffis & émolumens, Seigneuries & franchises quelconques, que il avoient & souloient avoir à cause de ladite [a] omune avant la pronunciation dudit Arrest, & lesquelles par ycelli avoient esté acquises & appliquées au Roy Philippe [b] nostre Seigneur dessusdit, lesquelles il veult à euls appartenir de plain droit plainement & entierement, sanz aucune chose retenir pardevers li, fors seulement la souveraineté & ressort; voulant que il peussent plainement & entierement joir & user des choses dessusdites & de chascune d'icelles, selon leur usages & coustumes anciens, par la maniere que usé en avoient paravant ledit Arrest, si comme plus à plain il dient estre contenu en certaines Lettres sur ce faites, seellées en las de soye & en cire vert. Et, il soit ainsi que entre les autres usages ou coustumes anciens de ladite Ville, & dont il avoient joy & joissoient paisiblement par avant la pronunciation dudit Arrest, & nostre Seigneur le Roy Philippe dessus dit en joy & usa, & *(c)* les Habitans de ladite Ville ou temps que après la pronunciation de l'Arrest, ladite Ville estoit en son gouvernement & appliquié à son Domaine, [c] il ait *(d)* un tel usage & coustume en ladite Ville, que toutesfoiz & quantefoiz que aucun du Païs de Haynau ou d'ailleurs, fait homicide non pas par maniere de [d] murdre ou [e] traïson audit Païs de Haynau ou ailleurs, & après l'omicide fait il vient en Tournay, il y peut estre & demourer seurement & paisiblement comme en [f] liu de refuge & immunité, sanz ce que pour cause dudit homicide fait par la maniere que dit est, il puist estre pris ne molestez en aucune maniere, & de ladite coustume & usage ayent joy & possessé, & en soient en saisine & possession par tel & si lonc temps qu'il n'est memoire du contraire, & par ce ladite Ville est & a esté de très loing temps habitée & [g] publiée de plusieurs bonnes personnes jusques à grant nombre, dont elle est moult [h] amendée & plus [i] poissante, qui ont en ladite Ville grant [k] chevance, & que se li diz usage estoit aboliz ou infirmez & mis au nient, ce seroit ou grant detriment &

a *Commune.*

b *Voy. cy-dessus, Note (b)*

c *y ait.*

d *meurtre.*

e *trahison.*

f *lieu.*

g *peuplée.*

h *en meilleur estat.*

i *poiss. dans l'Origin.*

k *de grands biens.*

NOTES.

qu'il fut rendu sous le Regne de Philippe de Valois, si l'on prenoit au pied de la lettre, les termes de nostre Ordonnance: *les franchises . . . qu'ils souloient avoir . . avant la pronunciation dudit Arrest, & lesquels par icely avoient esté acquises & appliquez au Roy Philippe . . . dessus dict,* (Philippe de Valois.) Mais d'un autre costé, Froissart dit que lorsqu'on leur rendit leur Commune en 1340. *il y avoit long-temps qu'ils l'avoient perduë.* Ils l'avoient donc perduë avant l'année 1328. qui fût la premiere du Regne de Philippe de Valois: & l'on peut entendre les termes de nostre Ordonnance en ce sens, que les franchises de Tournay avoient esté *appliquées* à Philippe de Valois, non nommement & par un Arrest rendu sous son Regne, mais en qualité de Roy de France, par un Arrest rendu avant qu'il montât sur le Trosne. Le P. Daniel (p. 110. à la fin du tome 4. de l'Edit. de 1729.) dit que l'Histoire ne marque point les raisons pour lesquelles on leur osta leurs Privileges.

On peut conjecturer avec assez de vraysemblance, que ce fut Philippe Auguste mesme qui leur osta leur Commune, pour les punir du Traité qu'ils firent au mois de Juillet 1197. avec Baudoüin Comte de Flandre, qui estoit alors en guerre avec luy. Ce Traité qui est dans le premier Vol. du Tresor des Anecdotes p. 664. porte que les Habitans de Tournay ne fourniront au Roy de France ni Argent ni aucun autre secours, pendant qu'il sera en guerre avec le Comte de Flandre.

(c) Les Habitans de ladite Ville.] C'est-à-dire, que les Habitans dans le temps qu'ils estoient gouvernez par les Officiers du Roy, joüissoient du privilege dont il s'agit dans ces Lettres.

(d) Un tel usage & coustume.] Il n'est rien dit de cet usage dans les Lettres de Commune accordées par Philippe Auguste; mais il y est dit (Voy. le preliminaire, & l'Art. 31.) que tous les usages qui s'observoient à Tournay avant l'establissement de la Commune, sont confirmez par ces Lettres, quoyqu'ils n'y soient pas rappellez expressement.

prejudice de ladite Ville, & convenroit que elle en fust mains puissans, & aussi que y ceuls personnes qui y sont venuës à seurcté, perdissent leur dite chevance ou la plus grant partie; & pareillement en use l'en en tout le Païs de Haynau, des personnes qui ont fait les homicides par la maniere dessusdite ou Royaume : * Nientmoins le Procureur general du Roy nostre Seigneur, disans que telz usages & coustumes, sanz ce qu'il se soit informez de l'utilité ou inutilité d'iceulx, ne sont à soustenir, mais sont contre droit commun & bien de Justice, & par ce doivent estre aboliz, ait requis adjournement contre les dessusdiz, afin que s'il en avoient usé ou temps passé, soit dit & reputé pour abus, & soient condamnez à [a] amender lesdiz Supplians ce que usé en ont : Et s'efforce ledit Procureur du Roy de les mettre sur ce en Procès, & à leur en faire demande, & que pis est, leur a fait faire deffense que jusques à ce que autrement soit ordené sur ce, doresenavant il ne usent de ladite coustume ou usage, ne ne [b] receptent en ladite Ville telles manieres de Gens; laquelle chose est en leur très grant grief & prejudice, & contre la teneur de leursdiz Privileges, par lesquiex leurs usages anciens leur sont confermez comme dit est, & dont il convendroit ladite Ville estre depeuplée de très grant nombre de personnes, qui pour cas semblable tel comme dessus est desclairié, sont demourez manans & Habitans en Tournay, Marchans de plusieurs & bonnes Marchandises dont ladite Ville est servie, si [c] que dit est, & est en très grant [d] escande de ladite Ville & des Habitans d'icelle, qui en cas semblable acquierent immunité oudit pays de Haynau, se sur ce ne leur estoit pourveu de remede gracieux & convenable, supplians que pour obvier aux inconveniens & perilz qui pourroient estre des choses dessusdites, & que dure chose leur seroit de plaider contre le Roy nostre Seigneur ou [e] Procureur, & qu'il est chose [f] miex seans & proffitables de convertir leurs [g] mises à servir le Roy nostre Seigneur en ses presentes Guerres, que à plaider contre sondit Procureur des franchises & libertez que le Roy nostredit Seigneur leur a confermées & données, Nous leur veuillions sur ce pourveoir : Et Nous voulans sur ce meurement proceder, avons fait faire informacion des choses dessusdites, tant desdiz usages comme des inconveniens ou dommages qui s'en pourroient [h] ensivir en ladite Ville, se il ne joyssoient de iceuls usages; laquelle informacion veüe, Nous soit apparu [i] souffisant desdiz usages ancians, & que grant escande seroit en ladite Ville, se lesdiz usages estoient aboliz : Pour ce est-il que Nous, eu regart aus choses dessusdites, & veües lesdites Chartres par lesquelles Nous est apparu que le Roy nostre Seigneur conferme les anciens usages, attenduz & considerez les bons & agreables services que les habitans de ladite Ville ont fait au Roy nostre Seigneur en ses presentes Guerres, & qu'il font de jour en jour & s'offrent à faire en temps avenir, toutesfoiz que mestiers sera & requis en seront, leur avons octroyé & octroyons de grace especial, & donné congié & licence qu'il puissent joyr & user de leurs franchises, libertez & usages anciens ou cas dessusdit & en autres, nonobstant deffense à eulx faite sur ce, toutesfoiz que mestier en sera, & imposons silence au Procureur du Roy nostre Seigneur de faire poursuite pour occasion des choses dessusdites ou aucunes d'icelles contre eulx, & li deffendons qu'il ne les en tiengne ne mette en Procès, ne ne leur en face demande ou poursuite, mais se aucun en a fait ou commencié, qu'il s'en delaisse & desiste à plain, & li imposons sur ce silence perpetuel, sauf le droit du Roy nostre Seigneur en autres choses, & l'autruy en toutes. *Donné à Arras sous nostre Seel, douze jours ou mois de May 1356.*

Nos autem dictas Litteras ac omnia & singula in eis contenta, rata habentes & grata, ea volumus, laudamus, approbamus, ratifficamus, & de nostris speciali gratia, auctoritate Regia & certa scientia, tenore presencium confirmamus, universis Regni Justiciariis & eorum Loca-tenentibus presentibus & futuris, dantes presentibus in mandatis, ut dictos Prepositos, Juratos, & alios Gubernatores, Burgenses, Habitatores, & totam Communitatem dicte Ville Tornacensis nostra presenti confirmatione & gratia uti & pacifice gaudere faciant & permittant, nec contra tenorem ipsius aliqualiter eos impediant vel perturbent, aut impediri seu perturbari faciant in futurum. Quod ut

CHARLES, Fils aisné, & Lieutenant de Jean I.er & selon d'autres, Jean II. au Camp de Montleheri, en Novembre 1356.

* *Néanmoins.*

a *corriger, reformer.*

b *reçoivent.*

c *Comme.*

d *esclandre, dommage.*

e *ou son.*

f *mieux.*

g *les depenses qu'ils seroient obligez de faire en plaidant.*

h *ensuivre.*

i *prouvant suffisamment.*

firmum & stabile perpetuo perseveret, presentibus Litteris dicti Domini & Genitoris nostri fecimus apponi sigillum, Jure Regio in aliis, & alieno in omnibus semper salvo. Datum *(e)* in Castro de Montelethérici, Anno Domini 1356. Mense Novembris. Per Dominum Ducem. J. ROYER. Collatio facta est cum Originali per me J. ROYER.

NOTES.

(e) In Castro de Monteletherici.] Montleheri. On trouve dans la Chronique de S.t Denis, fol. 170. D. col. 2. &c. que le Duc de Normandie ayant rompu l'Assemblée des Estats le lendemain de la Toussaints 1356, alla le lendemain à *Montlehery.*

CHARLES, Fils aisné, & Lieutenant de Jean I.er & selon d'autres, Jean II. au Louvre lès-Paris, le 4. de Decembre 1356.

(a) Lettres qui ordonnent qu'on delivrera à la Monnoye de Paris, de gros Deniers blancs qui y avoient esté fabriquez, quoyque les Gardes & Maistres les eussent faits plus foibles qu'ils ne devoient estre par l'Ordonnance.

CHARLES aisné Fils & Lieutenant du Roy de France, Duc de Normandie, & Dalphin de Viennoys, à noz amez & feaulx les Generaulx-Maistres des Monnoyes de nostredit Seigneur, Salut & dillection. Comme nostredit Seigneur, avant ce que Nous veniffions à estre son Lieutenant, eust ordonné, & par tres grant deliberation de Conseil & vous mandé, si comme il vous est aparu par ses Lettres, que pour tres grans & innumerables mises qu'il a convenu faire & soustenir, tant pour le fait des Guerres, comme pour la tuition [a] autrement, l'en fist faire & ouvrer en toutes & chascunes ses Monnoyes, gros Deniers blans, en ouvrant sur le pié de *(b)* Monnoye soixantiesme, & depuis ce, pour le bien & prouffit de tout le Peuple, par tres grant & bonne delliberation de Conseil de nostredit Seigneur & de Nous, avons ordonné & mandé naguieres que len face faire & ouvrer par toutes lesdites Monnoyes, bonne & forte Monnoye, en ouvrant sur le pié de *(c)* Monnoye quarente-huitiesme, laquelle Ordonnance n'a peu ne ne peult prendre ne avoir prins * se brief effet comme Nous voulsissions pour le bien & prouffit dudit Peuple; par quoy il a convenu que pour la tres grant haste, necessité & besoing que Nous avons eu & avons de avoir bonnes & grans finances, pour hastivement *(d)* delivrer les Gens d'armes, que Nous ayons encore fait ouvrer sur ledit pié de Monnoye soixantiesme; Et fait commandement, & enjoindre expressement par aucuns de nostre Conseil, aux Gardes & Maistres de la Monnoye d'Argent de Paris, que il feissent tailler & ouvrer *(e)* à bade sans recours, afin que pour la cause dessusdite, peust & deust estre fait le plus grant Ouvraige que l'en pourroit; duquel Ouvraige ainsi fait à

a Cet endroit paroist corrompu.

* si

NOTES.

(a) Registre C. de la Cour des Monnoyes de Paris, page 234. *verso.*

(b) Monnoye soixantiesme.] Voy. cy-dessus, p. 84. les Lettres du 13. de Septembre 1356.

(c) Monnoye quarente-huitiesme.] Voy. cy-dessus, p. 87. les Lettres du 23 de Novembre 1356.

(d) Delivrer les Gens d'armes.] Je crois que cela signifie payer les Gens d'armes.

(e) A bade sans recours.] Voicy ce que c'est que le *recours* en fait de Monnoye. Lorsqu'il est ordonné que l'on fabriquera un certain nombre de Pieces au marc, il faut non seulement que ce nombre de Pieces pese un marc, mais il faut encore que chaque Piece soit d'un poids égal, c'est ce qu'on appelle recours de la Piece au marc, & du marc à la Piece. Lorsqu'on est extrémement pressé, on dispense les Ouvriers de faire les Pieces d'un poids égal, c'est ce qu'on appelle *Monnoye sans recours.* Voy. Boizard, Traité des Monnoyes, dans l'Explication alphabethique.

Pour le terme de *bade*, je crois qu'il est corrompu; car j'ai consulté ce qu'il y a de personnes plus habiles à Paris, sur le fait des Monnoyes, & aucune n'a pu m'en donner l'explication. Cependant ce mot est assez bien écrit deux fois de suite.

bade & sans recours, a bien esté fait six mille trois cens douze livres dix solz de gros Deniers blancs en vostre absence, lesquelz ont esté & sont trouvez environ sept Deniers blancs plus foibles pour marc, qu'ils ne doivent par ordonnance. Pour laquelle chose vous les avez empeschez & detourbez que delivrance n'en soit faicte, & avecque ce voullu faire punition des Gardes & Maistres dessusditz, dont tres forment [a] Nous desplaist. Si vous mandons, commandons & expressement enjoignons à vous & à chascun de vous, que tantost & sans delay ces Lettres veuës, toutes excusations cessans, yceulx Deniers vous faciez delivrer, non contrestant quelque feiblaige qui y soit, en Nous faisant rendre le feiblaige tel comme il sera trouvé, & les Gardes & Maistres pour cause de ce n'en contraigniez en aucune maniere : car ainsi avons Nous voullu & voullons qu'il soit fait de certaine science. Mandons & deffendons par ces presentes à noz amez & feaulx les Gens des Comptes de nostredit Seigneur & de Nous, que iceulx Gardes ne autres, ne ledit Maistre pour cause de ce, ne contraignent ou traictent [b] à amande. *Donné au Louvre lez-Paris, le quatrieme jour de Decembre, l'An mil trois cens cinquante-six.*

a *fortement.*
b *traient.*

CHARLES, Fils aisné, & Lieutenant de Jean I.er & selon d'autres, Jean II. à Paris, le 25. de Janvier 1356.

(a) Mandement pour fabriquer des *Deniers blancs à trois Deniers de Loy* Argent-le-Roy, *de neuf sols & quatre deniers & demy de poids au Marc* de Paris, sur le pied de *Monnoye soixantiesme.*

CHARLES aisné Fils & Lieutenant du Roy de France, Duc de Normendie, & Dalphin de Viennoys, à noz amez & feaulx les Generaulx-Maistres des Monnoyes de nostredit Seigneur, Salut & dillection. Comme naguierrés pour la tres grant clameur & complainte qui est venuë à nostre congnoissance, pour cause des Monnoyes qui estoient si affoiblies, & pour le bien & proussit de tout le Peuple, lequel Nous desirons de tout nostre cuerre, par tres grant & bonne deliberation de Conseil eussions ordonné, & vous mandé par *(b)* noz Lettres, que l'en fist faire & ouvrer bonne & forte Monnoye, & icelle Monnoye n'ayt pas esté ne encore soit agreable *(c)* audit Peuple, Par quoy Nous ne avons peu, ne ne povons avoir ne trouver [a] se tres grans & bonnes finances comme il Nous convient [b] supporter & maintenir à payer les Gens d'armes que Nous avons en plusieurs parties, pour la tuixion & deffense dudit Royaume; lesquelles Gens d'armes par deffault de payement, se pourroient departir & euls en aller; par quoy ledit Royaume ou partie d'icelluy pourroit estre en plus grand peril & doubte [c] que il n'est, se sur ce n'estoit briefvement & hastivement pourveu de bon remedde; Nous vous mandons & estroictement enjoignons, que tantost & sans delay ces Lettres veuës, toutes excusations cessans, la somme de trois mille marcs d'Argent ou environ, laquelle vous sera baillée & livrée de par Nous, vous faciez faire & ouvrer en Deniers blancs à trois deniers de Loy nommé Argent-le-Roy, & de neuf sols quatre deniers & demy de poix au *(d)* marc de Paris, en ouvrant sur le pié de Monnoye *(e)* soixantiesme, autelz [d] & *(f)* semblables comme ceulx que l'en faisoit paravant. Si gardez si cher comme vous doubtez [e] encourre en nostre indignation, que ce soit fait tantost & sans delay. De ce faire à vous & chascun de vous, donons povoir, auctorité & mandement especial

a *si.*
b *pour estre en estat.*
c *crainte.*
d *tels.*
e *craignez.*

NOTES.

(a) Registre C. de la Cour des Monnoyes de Paris, page 236. *verso.* Voy. la Note *(a)* sur le Mandement du 5. de Fevrier suivant, qui à l'exception de quatre mots, est entierement semblable à celuy-cy.

(b) Nos Lettres.] Voy. le premier Mandement du 23. Novembre 1356.

(c) Audit Peuple.] Voy. cy-dessus, p. 87. la Note *(c)* sur le premier Mandement du 23. de Novembre 1356.

(d) Marc de Paris.] C'est-à-dire qu'il y aura 112. Pieces & demie au marc. Voy. la Preface, §. *Monnoye.*

(e) Soixantiesme.] Voy. la Preface, §. *Monnoye.*

(f) Semblables.] Pour l'empreinte.

par la teneur de ces presentes. *Donné à Paris, le vingt-cinquieme jour de Janvier l'An de grace mil trois cens cinquante-six, soubz le Scel du Chastelet de Paris, en l'absence du grant.*

CHARLES, FILS AISNÉ, & Lieutenant de Jean I.er & selon d'autres, Jean II. à Paris, le 25. de Janvier 1356.

(a) Lettres pour augmenter le prix du Marc d'Or.

CHARLES aisné Fils du Roy de France & son Lieutenant, Duc de Normendie, & Dalphin de Viennoys, à noz amez & feaulx les Generaulx-Maistres des Monnoyes de nostredit Seigneur, Salut & dilection. Savoir vous faisons que par tres grant & bonne deliberation de Conseil, & affin que plus grant & bon Ouvraige[a] des Deniers d'Or fin, que l'en pourra faire bonnement en toutes les Monnoyes où l'en euvre Or, Nous avons ordonné & voullons qu'il soit donné à tous Changeurs & Marchans, demy Denier d'Or fin à l'Aignel de creüe, oultre le pris que l'en y donne *(b)* à present. Si vous mandons & estroictement enjoignons à vous & à chascun de vous, que en toutes & chascunes lesdites Monnoyes, vous faciez donner tantost & sans delay ces Lettres veuës, à tous Changeurs & Marchans, de chascun marc d'Or fin qu'ilz apporteront en icelles, demy Denier d'Or fin à l'Aignel de creüe, oultre le pris que l'en y donne à present comme dit est: C'est assavoir qu'ils auront de chascun marc d'Or fin, cinquante Deniers & demy d'Or fin à l'Aignel. Si gardez que en ce faire n'ayt aucun deffault, & de ce faire à vous & à chascun de vous, donnons povoir, auctorité & mandement especial par la teneur de ces presentes. *Donné à Paris, le vingt-cinquieme jour de Janvier, l'An mil trois cens cinquante-six.* Ainsi signé. Par M. le Duc, à la relation du Conseil, où quel estoient Messieurs l'Evesque de Paris, le Duc de Bretaigne, Comte de Roucy, les Seigneurs de Rencl, & de Mathefelon, & plusieurs autres. ROUGEMONT.

a *il manque là quelques mots.*

NOTES.

(a) Registre C. de la Cour des Monnoyes de Paris, page 236. *recto.*

(b) A present.] Voy. cy-dessus, p. 5. les Lettres du 18. de Juin 1355.

JEAN I.er & selon d'autres, Jean II. à Paris, le penultiéme de Janvier 1356.

(a) Ordonnance pour la propreté des Ruës de la Ville de Paris.

(b) JOHANNES *Dei gratiâ, Francorum Rex, Præposito Parisiensi, aut ejus Locum-tenenti, Salutem. Literas vidimus infrascriptas, sigillo Castelleti nostri Parisius sigillatas, tenorem qui sequitur continentes.*

Guillaume Gormont Chevalier du Roy nostre Sire, & Garde de la Prevosté de Paris, à Guillaume Coquaingue, Huguenolin le Bourguignon, Jaquet de Poissy, Jehan Joben, & Huguemir Champion Sergens du Roy nostre Seigneur ou Chastelet de Paris, Salut. Comme d'ancienneté pour la bonne Ville de Paris estre plus noblement & nettement tenuë & gardée, il ait esté communément chacun an crié & publié solempnelment de par le Roy nostre Seigneur, [a] en peine d'amende, que toutes manieres de boës [b], gravoiz, *(c)* terraulx, nettoieures & autres choses

a *sous.*
b *boües.*

NOTES.

(a) Registre Rouge vieil du Chastelet, fol. 52. *recto.*

(b) Joannes.] Il semble d'abord qu'il y ait de l'erreur dans le titre ou dans la date de cette Ordonnance; car le penultieme de Janvier 1356. le Roy Jean n'estoit pas à Paris, il estoit à Bordeaux prisonnier du Prince de Gales, Fils aîné du Roy d'Angleterre, où il ne fut qu'après l'hyver, suivant Froissard, L. 1. c. 173. p. m. 202. On examinera cette difficulté dans la Preface, §. *Ordonnance.*

(c) Terraulx.] On peut entendre par ce mot, ou de la terre remuée, telle qu'est celle

feussent

JEAN I.er & selon d'autres, Jean II. à Paris, le penultiéme de Janvier 1356.

feussent ostées & mises hors des voieries & *(d)* chantiers dudit Seigneur, & par chacun à qui elles appartenoient à estre ostées, dont il a esté tenu petit compte du commun, pour la douceur & débonnaireté du Roy nostre Seigneur, & de ses Gens qui ne se sont en riens efforcés de lever ne attribuer *(e)* aucun proufit audit Seigneur pour cause de ce jusques à hors; mais pour ce que il est necessité que dores-en-avant ladicte bonne Ville de Paris soit plus nettement tenuë & gardée, que elle n'a esté ou temps passé jusques à ores [a], affin que les demourans, repairans & habitans en ycelle puissent plus seurement & amiablement [b] aller par ycelle, il a esté ordonné du commandement du Roy nostre Seigneur, & [c] bonne deliberation, & pour le commun proufit, que nulz de quelque estat que il soit, ne soit si hardiz de mettre ou faire mettre fuerres [d], fiens [e], boës, cureures ne autres ordures sur les *(f)* carreaux du Roy; maiz incontinent & si-tost que aucun sera trouvez faisant le contraire, il payera & sera tenus de payer au Roy nostre Seigneur soixante solz d'amende.

a *à present.*
b *commodément.*
c *ëue.*
d *fourages.*
e *foin.*

(1) Item. Quiconque vouldra maçonner [f], ou faire aucuns edifices en ladicte Ville de Paris, par quoy il luy sera [g] mestier de mettre aucuns terreaux, pierres, merrien [h], gravoiz & autres choses sur ladicte voierie, il ait les tumbereaux, hotteurs ou porteurs tous prests pour porter lesdiz gravoiz, pierres, merrien & autres choses aux lieux accoustumez, en la maniere & selon ce que il seront ostés & mis hors de l'Ostel dont il seront yssus; Et quiconques sera trouvés faisant le contraire, il sera tenus de payer au Roy nostre Seigneur, soixante solz *(g)* d'amende.

f *bastir.*
g *necessaire.*
h *grosses pieces de bois.*

(2) Item. Que nulz ne sera si hardis de avoir, tenir, nourrir ne soustenir dedens les murs de ladicte Ville de Paris, en repost [i] ne en appers, aucuns Pourceaux; & qui sera trouvé faisant le contraire, il payera soixante soubz d'amende au Roy: Et seront les Pourceaux tués par les Sergens, ou autres qui les trouveront dans ladicte Ville; dont le tuant aura la teste, & sera le corps portés aux Hostelz-Dieu de Paris, qui payeront les porteurs *(h)* d'iceulx.

i *en secret.*

(3) Item. Pour quelconque pluye ou autres choses descendens des Cieulx, nulz ne soit si hardiz de curer, baloyer [k], bouter [l], ou nettoyer devant son huis [m], jusques à ce que la pluye soit passée & esgoustée; mais laissera-l'en l'eau avoir son cours, si comme elle le peult avoir de raison: maiz l'eaue passée, quiconque vouldra bouter, baloyer ou nettoyer devant son huis, faire le devra & pourra, [n] par si que tantost ladicte cureure & nettoyeure sera ostée & portée au lieu accoustumé; & qui sera trouvé faisant le contraire, il sera tenus en ladicte *(i)* amende.

k *balayer.*
l *pousser.*
m *sa porte.*
n *pourvû que aussitost...*

(4) Item. Que toutes manieres de Gens qui mainnent ou portent boës, terraux, gravoiz & autres choses de jour ou de nuit, ne soient si hardiz de faire espandre [o], laissier cheoir, ne mettre en ruës, mais les portent & mainnent entierrement aux lieux accoustumés; Et ou cas où aucuns seront trouvés faizant le contraire, que ilz soient arestez, & contrains à les oster à leurs despens, & seront tenus de payer amende au Roy nostre Seigneur.

o *repandre.*

(5) Item. Que chacun en droit [p] soi, face refaire [q] chaucies tantost & senz delay, en la maniere & selon ce que il est accoustumé à faire *(k)* d'ancienneté.

p *selon qu'il en est tenu.*
q *le pavé des rües.*

NOTES.

que l'on tire quand on creuse les fondements d'une maison, ou du fumier pourri & reduit en terre, suivant la signification que l'on donne aujourd'huy à ce mot.

(d) Chantiers.] Voy. du Cange, au mot *Chantellum.*

(e) Aucun profit.] En faisant payer des amendes aux delinquans.

(f) Carreaux.] Pavé. Voy. le Dictionnaire Etymologique de Menage, au mot *Carreau.*

(g) D'amende.] Voy. l'Art. 247. de l'Ordonnance du penultieme de Febvrier 1350. (2.e vol. des Ordonnances, p. 379.) Ce sont presque les mesmes mots, excepté que l'amende n'est que de dix sols.

(h) D'iceulx.] Voy. la mesme deffense presque dans les mesmes termes, excepté que l'amende n'est que de dix sols, dans l'Art. 248. de l'Ordonnance citée dans la Note *(g)*

(i) Amende.] Voy. l'Art. 249. de l'Ordonnance citée dans la Note *(g)*

(k) D'ancienneté.] Voy. l'Art 251. de l'Ordonnance citée dans la Note *(g)* Il est plus estendu que celuy-cy. Anciennement les Bourgeois

JEAN I.er, & selon d'autres, Jean II. à Paris, le penultiéme de Janvier 1356.

(6) Pour toutes les choses dessusdictes faire, tenir, accomplir & [a] enteriner justement & loyalment à tousjours dores-en-avant, Nous vous mandons & commandons estroictement, à tous ensemble, & chascun de vous, que sur vos fermens, & sur [b] quanecques vous vous pouvez messaire envers nostredit Seigneur & Nous, vous tous ensemble, les quatre, les troiz ou les deux, ou l'un de vous, vous transportés & alez chascun jour une foiz de la ruë de la Charronnerie, commenceant en la grand ruë S.t Denys, en alant droit à la Croix du Tirouer, & dilecques à la Porte S.t Honoré jusques aux champs, ou au moins en la sepmaine quatre ou trois fois; & [c] lavez & visités ladicte Ruë, & toutes les Ruës d'une part & d'autre, venans & alans à ycelle Ruë, & ou cas où vous ou aucun de vous trouverés aucun qui s'efforceront de faire le contraire des choses dessusdictes, ou d'aucunes d'icelles, si les gagez [d] & contraingniez à payer ladicte amende pardevers le Receveur du Roy nostre Seigneur à Paris : Et ce faictes en telle maniere, que par vous, ou aucun de vous n'y ayt dessault ; de laquelle se elle y estoit trouvée, Nous vous pugnirons si griefment, que le Peuple y prendroit exemple : Et Nous mandons à tous nos Justiciers & Subgez, & requerons à tous autres, que à vous & à chascun de vous, en faisant les choses dessusdictes, obeissent & entendent diligemment, & vous prestent conseil, confort & aide, se mestier [e] en avez. *Donné à Paris, le Samedy après la Chandeleur, l'An de grace mil trois cens quarente-huict.*

Verum ex gravi querela Habitatorum in suburbio Parisius ultrà (1) Portam Sancti Honorati, intelleximus quod ex eo quod contenta in Literis suprascriptis non fuerunt, maiximè [f] anno presenti, executioni debite demandata, ex eo etiam quod Quadrigarii vehentes aut ducentes lutum, feces, fimum, rudera, ceterasque immunditias cum vehiculis gallice Tumbereaux *nuncupatis, seu aliis similibus, non apponunt nec tenent ut debent, in parte posteriori asseres sufficientis altitudinis, retinere valentes infra vehiculum dictas feces & immundicias, que ob hujusmodi defectum, frequenter pro majori parte, cadunt de dictis vehiculis in mediis vicis, coram Domibus & [g] hostiis dictorum conquerentium, antequam perducantur ad campos, ad locum destinatum ; propter quod, & alia inconvenientia & defectus predictos in dictis Litteris contentos, cum etiam propter novam obstructionem aliquarum Portarum Ville Parisiensis, multo major numerus dictorum vehiculorum habeat necessario transire per suburbium predictum Sancti Honorati, tanta & insolita multitudo atque congeries lutorum, fecium & immundiciarum predictarum hieme presenti, in dicto suburbio continue invaluit & succrevit, ac de die in diem aggregatur & succrescit, quod interdum decurrunt & fluunt in Domibus & cellariis conquerentium predictorum, ne [h] iidem conquerentes de domibus suis exire, nec itinerantes per magnum dicti suburbii vicum pedites vel equites incedere frequenter possunt, nisi cum magnis difficultate & impedimento, corporumque & vestium vituperosa deturpatione: etiam ex fetore abhominabili aër infectus, pestilens & corruptus efficitur, res & bona ipsorum conquerentium, presertim victualia faciliter corrumpuntur, & quod periculosius est, humana corpora periclitari timentur, in dictorum conquerentium, ac rei publice multiplicem lesionem ; Et nihilominus prefati conquerentes, licet pro majori parte sint tenues & pauperes, dictas feces & immundicias per culpam & maliciam aliorum, & preter naturalem fluxum sepius agregatas & multiplicatas, frequenter etiam captis pignoribus compelluntur tolli & exportari facere, gravibus eorum sumptibus & expensis, quod deinceps ullatenus tolerare non valerent ut dicunt, supplicantes Nobis humiliter ut*

a *faire entierement.*

b *tout ce que.*

c *Voyez.*

d *contraignez par voye de saisie.*

e *necessité.*

f *maxime.*

g *ostiis.*

h *nec.*

NOTES.

de Paris estoient tenus de l'entretien du pavé, moyennant un Droit qui leur avoit esté accordé. Voy. un Arrest du mois de Febvrier 1285. tiré du Livre rouge de l'Hostel de Ville de Paris, fol. 106. *recto.* & imprimé dans le 1.er tome de l'Histoire de Paris des PP. Felibien & Lobineau, fol. CIV. col. 2.

(1) *Portam Sancti Honorati.*] L'ancienne Porte S.t Honoré estoit bien éloignée de l'endroit où est celle qui subsiste aujourd'huy (1729.) Lorsqu'on bâtit celle-cy vers 1624. l'ancienne Porte S.t Honoré estoit proche des Quinze-Vingts. Voy. Histoire de la Ville de Paris, par les PP. Felibien & Lobineau. T. 1. l. 26. p. 1329.

oportuno remedio provideri. Quocirca premissis consideratis, tibi mandamus quatenus juxta tenorem Litterarum suprascriptarum, & aliter prout expediens tibi visum fuerit, sic salubriter & diligenter provideas in premissis, quod predicta inconvenientia, seu similia deinceps non contingant; Et prefatos Quadrigarios compelli facias ad habendum & tenendum in partibus posterioribus dictorum vehiculorum, asseres tante altitudinis, & sic junctos & serratos, quod dicte feces & immundicie per vicos non labantur, sed integraliter ad locum destinatum exportentur: Et hoc, ac omnia aliaque circa hoc, & occasione premissorum inconvenientium vitandorum, duximus ordinanda, cum exactione emendarum Nobis applicandarum per prenominatos, seu alios Servientes nostros ad hoc per te deputandos, facias scelériter [a], *diligenter & continue exequi, & effectualiter adimpleri, ipsosque deputatos, si negligenter se super hoc habuerint, sic punias, quod saltim metu* [b] *pene premissa diligenter excequantur, sic te habens in premissis, quod prefati conquerentes occasionem non habeant ad Nos redire querelantes, quod Nobis non immerito displiceret.* Datum Parisius, die penultima Januarii, Anno Domini millesimo trecentesimo quinquagesimo sexto, sub sigillo Castelleti nostri Parisius, in absentiâ magni.

Collation faitte à l'Original, & estoient ainsi signées. In Requestis Hospicii. J. de Albigniaco, BESCOT.

a celeriter.
b pœnæ.

CHARLES, FILS AISNÉ, & Lieutenant de Jean I.er & selon d'autres, Jean II. au Louvre lès Paris, le 5. de Fevrier 1356.

(a) Mandement pour faire fabriquer des Deniers blancs, &c.

CHARLES aisné Fils & Lieutenant du Roy de France, Duc de Normendie & Dalphin de Viennois, à noz amez & feaulx les Generaulx-Maîtres des Monnoyes de nostredit Seigneur, Salut & dillection, &c.

Donné au Louvre lès Paris, le cinquiéme jour de Fevrier l'An de grace mil trois cens cinquante-six, soubz le Seel du Chastellet de Paris. Signé. Par M.r le Duc, en son Conseil. (b) BERTHELEMY RAMA.

NOTES.

(a) Registre C. de la Cour des Monnoyes de Paris, page 237. *verso.* Ce Mandement est precisément le mesme que le premier des deux donnez le 25. de Janvier precedent, page 95. à la seule difference des mots suivans qui y sont ajoûtez vers le milieu, & qui seront imprimez icy en Romain. *Nous vous mandons & estroictement enjoignons que tantost & sans delay ces Lettres veües, toutes excusations cessans, la somme de* Mille livres *d'Argent ou environ, laquelle vous sera baillée & livrée de par Nous, vous faciez faire & ouvrer* en nostre Monnoye d'Angers, *en Deniers blancs,* &c.

(b) Berthelemy Rama.] Il y avoit en 1356. un Notaire ou Secretaire du Roy nommé Berthelemy *Cama,* qui a signé un grand nombre de Lettres: peut-estre est-ce le mesme que ce *Rama,* & celuy qui a copié les Registres de la Cour des Monnoyes, a peut-estre pris un *R* pour un *C.*

CHARLES, FILS AISNÉ, & Lieutenant de Jean I.er & selon d'autres, Jean II. à Paris, au mois de Fevrier 1356.

(a) Ordonnance par laquelle Charles Fils aisné, & Lieutenant du Roy Jean, confirme celle qui avoit esté faite par le Comte d'Armagnac Lieutenant du Roy dans le Languedoc, en consequence de l'Assemblée des trois Estats tenuë à Toulouse dans le mois de Septembre 1355.

SOMMAIRES.

(1) Les Estats entretiendront pendant un an, dix mille hommes armez. Pour fournir l'Argent necessaire pour cet entretien, chaque homme, & femme Noble, & Non-noble, âgé de 12 ans ou plus, mesme les Pupilles qui auront 100 livres de bien, & les subjets du Roy, des Prelats, & des Nobles, payeront trois petits Tournois chaque semaine. Les Nobles qui n'ont pas accoustumé de payer de subside, payeront encore pareille somme chaque semaine.

CHARLES, Fils aisné, & Lieutenant de Jean I.er & selon d'autres, Jean II. à Paris, au mois de Fevrier 1356.

Outre cette Capitation, les subjets des Prelats & des Nobles, & les autres Habitans qui auront 12 ans & qui seront aisez, payeront un autre subside à proportion de leurs biens : à sçavoir, les Marchands payeront chaque semaine un Tolosans pour 100 livres d'effets mobiliers, & un Tournois pour 100 livres d'immeubles. Depuis ces premiers 100 livres jusqu'à 20000 livres, ils payeront chaque semaine un Tournois pour chaque 100 livres; & une obole depuis vingt mille livres jusqu'à deux cens cinquante mille livres. Ceux qui ne seront pas Marchands, payeront jusqu'à la somme de 20000 livres, un Tournois pour chaque 100 livres.

Sur les sommes provenans de ces Impositions, la solde des Gens de Guerre leur sera payée par quatre Thresoriers generaux choisis par les trois Estats, un dans la Seneschaussée de Beaucaire, un dans celle de Carcassone, un dans celle de Thoulouze, & le quatrième dans les autres Seneschaussées.

Les quatre Thresoriers generaux nommeront des Thresoriers particuliers dans chaque Seneschaussée, pour lever les Impositions : & ceux-cy, ou les Commis qu'ils envoyeront dans les differents cantons de ces Seneschaussées, s'informeront du nom, du sexe, de l'âge & des facultez de tous ceux qui y habitent : les Officiaux des Prelats contraindront les Curez par la voye de l'excommunication, à donner des denombrements exacts de leurs paroissiens : & les Receveurs particuliers pourront lever le double de l'Imposition sur ceux qui auront voulu s'y soustraire.

Nulle personne, mesme au nom du Roy, ne pourra lever ce subside, ni distribuer les deniers qui en proviendront; & si quelqu'un vouloit s'y ingerer, l'Imposition cesseroit aussitost.

La solde sera payée aux gens de Guerre par les quatre Thresoriers generaux sous les ordres de vingt-quatre personnes choisies par les trois Estats ou de plusieurs d'entr'eux. Ces vingt-quatre personnes seront appellez au Conseil du Lieutenant du Roy, lorsqu'il le jugera à propos: eux seuls pourront donner une descharge suffisante aux Thresoriers.

Ces Impositions ne dureront qu'un an, à commencer de la Toussaints prochaine : si dans le cours de cette année, il se conclut une Paix, ou une treve, elles cesseront aussitost : après l'année si la Guerre dure encore, les trois Estats se rassembleront pour accorder un nouveau subside. Les trois Estats pourront sans nouvelle permission se rassembler lorsqu'ils le jugeront à propos, dans le lieu qu'ils choisiront, ensemble ou separement, pour donner leurs ordres pour la levée de ces Impositions, & mesme pour les revoquer, s'ils le croyent convenable.

(2) Les trois Estats deputeront douze personnes, quatre de chaque ordre, pour recevoir les Comptes, tant des quatre Thresoriers generaux, que des particuliers, & leur feront prester serment, à eux & à leurs Commis. Les Thresoriers generaux & particuliers ne rendront compte à aucun Officier du Roy quelqu'il soit, mais uniquement aux douze deputez des Estats, qui feront aussi passer en reveüe les Gens d'armes, & les autres Troupes, & leur feront prester serment. Si quelques soudoyers commettent dans leurs marches du desordre dans des lieux où les Mareschaux de la Guerre ne soient pas à portée de les punir, ils le seront par les Juges ordinaires des lieux, à la place des Mareschaux.

(3) En cas que le Clergé paye un subside d'un autre nature que celuy qui a esté accordé par les Nobles & les Communautez, les deniers qui en proviendront seront remis entre les mains des quatre Thresoriers generaux, pour estre employez aux depenses de la Guerre.

(4) Reglement pour le cours des Monnoyes. Le Roy ni ses Officiers n'y pourront rien changer, ni tirer aucun profit de la reduction des Monnoyes : s'ils le font l'Imposition cessera sur le champ.

(5) Tous les revenus Royaux, tant ordinaires qu'extraordinaires, qui se levent dans la Languedoc, ne seront point tirez du pays, & ils y seront employez aux frais de la Guerre, après que les charges ordinaires auront esté acquittées.

(6) Moyennant cette Imposition qui sera payée par toutes sortes de personnes, quelque privilege qu'ils ayent, toutes les autres Impositions cesseront.

(7) Comme il y a quelques Communautez qui après avoir promis cette année de payer un Mouton d'Or pour le foüage, se sont ensuite engagez à payer encore cinq sols, il est ordonné qu'à l'égard de ceux qui ont payé les cinq sols, & qui n'ont pas payé le Mouton d'Or, on leur diminuera ces cinq sols, lorsqu'ils payeront le Mouton d'Or, & qu'on les restituera à ceux qui ont payé le Mouton d'Or & les cinq sols.

(8) On fournira dans les Seneschaussées des vivres à un prix raisonnable, aux Troupes qui marcheront pour une expedition militaire.

(9) Cette Imposition n'aura pas de lieu, si ce qui a esté stipulé par les trois Estats, n'est pas confirmé par le Roy, ou par Charles son Fils aisné & son Lieutenant, & n'est pas observé exactement.

CAROLUS Regis Francie Primogenitus, ejusque Locum-tenens, Dux Normanie & Dalphinus Viennensis : Notum facimus universis tam presentibus quam futuris, Nos vidisse quasdam Litteras Sigillo carissimi & fidelis Consanguinei nostri Comitis Armaigniaci Locum-tenentis dicti Domini & Genitoris nostri in [a] patria Lingue Occitane, ut prima facie apparebat, sigillatas, quarum Litterarum tenor sequitur : Et est in hec verba.

[a] le païs.

Johannes Comes Armaniacensis, Fesensis, & Ruthenensis, Vice-Comes Leomanensis & (b) Abavillaris, ac Locum-tenens Domini nostri Francie Regis in tota Lingua Occitana, universis presentes Litteras inspecturis salutem, & presentibus dare fidem. Notum facimus quod cum post lamentabilem & inopinatum casum, & à seculis inauditum captivitatis lacrimabilis & dolorose Serenissimi Principis & Domini nostri Domini Johannis Dei gratia Regis Francie, facte per [a] *Principem Galarum Filium primogenitum Regis Anglie, & suorum in hac parte adherencium, ab uno mense (c) citra, per nostras tam appertas quam clausas Litteras evocari fecissemus apud Tholosam ad certam diem, cetus Reverendissimorum in Christo Patrum Archiepiscoporum, Episcoporum, Abbatum, Priorum & virorum religiosorum diversorum statuum, & etiam Principes, Comites, Vice-Comites, Barones, Milites & alios Nobiles diversorum statuum, & etiam Nobiles viros* [b] *Capitularios Regie Urbis & suburbii Tholose, nec non & Consules & Communitates ac Rectores Comunitatum, Senescalliarum Tholose, Carcassone, Ruthenensis, Bellicadri, Caturcensis & Bigorre ac nonnullarum aliarum Provinciarum Lingue Occitane; dictisque die & loco venissent & comparuissent coram Nobis nonnulli dictorum Prelatorum, Comitum, Baronum, & Communitatum, expositoque eisdem per Nos qualiter in tam periculoso statu, quilibet fidelitatem suam ostendere debebat, & quod quilibet juxta statum suum vellet consulere, qualiter pro securitate Lingue Occitane nos regere deberemus & etiam juvare, taliter ut ipsam Patriam deffensare & custodire in obedientiam dicti Domini nostri Francie Regis possemus: Prefati Nobiles, & venerabiles Capitularii Civitatis Regie & suburbii Tholose, nec non & alii Consules, & Communitates ibidem presentes, pro se & aliis Nobilibus, Consulibus & Communitatibus totius Lingue Occitane absentibus,* [c] *insinuantes, & lacrimabiliter & lamentabiliter explicantes quod ipsi tanquam fideles dicto Domino nostro Regi & Corone Francie, desiderio desiderabant personam dicti Domini nostri Regis à dicta captivitate pro eorum posse liberare, & pro deffensione ipsius & Patrie Lingue Occitane totis eorum viribus laborare, & deffensioni Patrie predicte adversus dictorum inimicorum maliciosum conceptum &* [d] *hostilem rabiem se opponere, & francum & liberum adjutorium ad finem predictum prestare, cum retentionibus, protestationibus & reservationibus infra scriptis, petendo, suplicando & requirendo, ut pervigili cura & summa diligentia, cum Dei & salvatoris nostri Jesu Christi previo adjutorio, & ipsorum suplicantium benivolo & gratioso subsidio, jugiter vellemus insistere ad finem, & dictum Dominum nostrum Regem (d) existentem infra Linguam Occitanam possemus à dicta miserabili captivitate liberare, & Patriam predicte Lingue Occitane à maliciosis incursibus dictorum inimicorum defensare, offerendo Nobis etiam hoc facere corpore & bonis, quod expediens pro deliberatione dicti Domini nostri Regis, & aliis predictis videretur.*

(1) Et nichilonimus obtulerunt Nobis nomine Regis, liberaliter & gratiose ista vice & pro tempore infra scripto, se paratos Nos juvare ut Locum-tenentem Regium in istis

CHARLES, Fils aisné, & Lieutenant de Jean I.er & selon d'autres, Jean II. à Paris, au mois de Fevrier 1356.

a Prince de Galles.

b Capitouls de Thoulouze.

c Insinuentes. La Faille.

d Hostilem.

N O T E S.

(*a*) Memorial C. de la Chambre des Comptes de Paris, fol. 248. *recto.* M. la Faille l'a fait aussi imprimer à la page 93. des preuves du premier Tome de ses Annales de Toulouze, mais il y a beaucoup de fautes de Copiste. Voy. l'Histoire de ces Estats dans la Preface, §. *Estats generaux.*

(*b*) *Abavillaris.*] Dans une Ordonnance du mesme *Comte d'Armagnac* du mois de Mars 1346. (2. Vol. des Ordonn. p. 332.) il y a *Leoman.* & *Altivillaris,* & c'est ainsi qu'il faut lire ici. Une Ordonnance Françoise de ce Comte du 8. de Mars 1353. (*Ibid.* p. 516.) est intitulée, *Jean Comte d'Armignat, de Fesensac & de Rodez, Vicomte de* Leon & d'Anvillars. Je soupçonne qu'il y a faute dans ces deux derniers noms, & qu'il faut lire *Auvillars.* Pour le *Vicecomitatus Leomanensis*, c'est *la Lomaigne* dans la Gascogne: *Lectoure* est la Capitale de ce Vicomté. Voy. *Notit. utriusq. Vasconie ab Oihenarto, Lib.* 3.e *Cap.* 10. *p.* 478. & la Notice des Gaules de M. de Valois, au mot *Lactora*, p. 259.

(*c*) Le Roy Jean fut fait prisonnier à la Bataille de Poitiers, qui se donna le 19. de Septembre 1356. Froissard, l. 1. c. 166. p. *m.* 196.

(*d*) *Existentem infra.*] Le Roy estoit alors prisonnier à Bourdeaux. Voy. plus haut la note (*b*) sur l'Ordonnance du penult. de Janvier 1356. p. 96.

CHARLES, FILS AISNÉ, & Lieutenant de Jean I.er & selon d'autres, Jean II. à Paris, au mois de Fevrier 1356.

partibus, & quemcumque alium Locum-tenentem per Majestatem Regiam ad premiß deputatum, seu deputandum ad finem seu fines supra dictos, faciendo Guerram inf. Linguam Occitanam, de quinque milibus hominibus (e) armorum de glavis, equitan ris de facto bene munitorum duarum equitaturarum, & de mille [a] *servientibus armat equitibus, & de quatuor milibus Balisteriis, & Paveseriis (f) medium per mediu equitibus, pro toto anno venienti computando à proximo instanti Festo omnium Sanctoru usque ad aliud sequens Festum omnium Sanctorum, solvendo cuilibet de dictis (g) quinq milibus glavis pro mense, quindecim scudatos Auri seu eorum valorem, & cuilibet a aliis armatis cujuslibet generis, septem scudatos Auri cum dimidio, per manus tam Thesaurariorum generalium deputandorum per dictos tres Status, virorum Ecclesiasti rum, Nobilium & Comunitatum dicte Lingue Occitane juxta formam infra scriptam; & exigetur pecunia levanda per Thesaurarios in qualibet Senescalliarum deputandos, s per deputandos ab ipsis Thesaurariis: Qui Thesaurarii habebunt potestatem similem le vandi predicta in terris & Jurisdictionibus Prelatorum Jurisdictionem habentium, no mine & vice dictorum Prelatorum; in terris & Jurisdictionibus Nobilium, nomine & vice ipsorum Nobilium, & in terris, villis & locis Regiis in solidum vel in parte, nomi ne & vice Domini nostri Regis, & (h) Pareriorum suorum, quemadmodum Thesau rarii Regii habent in exigendis debitis fiscalibus, pro solvendis stipendiariis; isto mod videlicet, quod quilibet homo & femina tam Nobilium quam Comunitatum, quam subdi torum quorumcumque Prelatorum Temporalitatem habencium, predicte Lingue Occitan solvat & solvere teneatur pro (i) Capite Domini principalis & familiarum Domus su pro qualibet septimana, (k) tres turones parvos: & ultra hoc, Nobiles qui subsidium solvere non consueverunt, pro Capite suo, Uxorum & Liberorum suorum etatis inf. scripte, (l) solum (m) alios tres turones pro qualibet septimana, Monete que curre Anno presenti juxta (n) Ordinationem infra scriptam: Et hanc subventionem solven*

[a] Sergents, espece de soldats.

NOTES.

(*e*) *Armorum de glavis, &c.*] *Glavis* est là pour *gladiis*, des glaives. On a dit aussi *glavia, glavea*. Voy. du Cange, au mot *glavea*.

Equitaturis, des chevaux, des montures. Voy. du Cange, au mot *Equitatura*.

Duarum Equitaturarum. Je soupçonne qu'il y a là quelque faute: & voicy comme je crois qu'il faut entendre ce passage. *5000. hommes d'armes, armez de glaives, ayant chacun deux chevaux.*

Balisteriis, des Arbalestriers.

Paveseriis. Des soldats portans des *Pavois*, sorte de Boucliers. On les nommoit en François *Pavoisiers* ou *Pavescheurs* ou *Pavesiens*. Voy. du Cange, au mot *Pavisarii*, & une Lettre qui est imprimée cy-dessous, p. 109. note (*)

Dans cette Lettre, il est dit que d'abord les Estats avoient accordez 5000. glaives & 6000. Sergents, mais qu'il prirent ensuite d'autres arrangemens.

Pour donner une échantillon de la maniere peu exacte, avec laquelle la Faille a fait imprimer cette Ordonnance, on a crû devoir mettre icy ce passage tel qu'il l'a donné. *De quinque millibus hominibus armorum dequitanis equitibus de facto bene munitorum duarum equiturarum, & de mille servientibus armatis equitibus, & de quatuor azilibus Balestreriis & Padezenis medicum per medium equitibus, &c.*

(*f*) *Medium per medium.*] De ces 4000. hommes, il y en aura la moitié à cheval, & la moitié à pied.

(*g*) *Quinque milibus glavis.*] On trouve souvent dans Froissard, & dans les autres Historiens de ce temps, *100. lances, 100 glaives*, pour dire 100. hommes armez de lances & de glaives, comme l'on dit presentement, un détachement de 100. chevaux.

(*h*) *Pareriorum.*] C'est-à-dire de ceux qui qui avoient partagé avec le Roy leurs Seigneuries, leurs Justices & leurs Droits, par ces Contracts d'association que l'on nommoit *Pariages*, sur lesquels on peut consulter le Glossaire du Droit François de M. de Lauriere, au mot *Pariage*.

(*i*) *Capite Domini.*] Il y a dans le Registre de la Chambre des Comptes *D*[illegible]. Il faut peut estre lire *Dominii*, qui signifiera en cet endroit, le chef lieu, le manoir principal, la principale habitation. *Dominium* J. C. *Anglis, dicitur principale manerium*, dit du Cange, au mot *Dominium*.

(*k*) *Tres turones parvos.*] C'est-à-dire trois deniers, ou trois deniers tournois. Voy. la Lettre imprimée cy-dessous, p. 105. note [illegible]

(*l*) *Solum.*] Il y a aussi *solum* dans la Faille; je ne sçais s'il ne faudroit pas *solvent*.

(*m*) *Alios tres turones.*] Ils payeront cette seconde Capitation, parce qu'ils ne payeront pas le subside establi sur les biens, dont il sera parlé un peu plus bas.

(*n*) *Ordinationem infra scriptam.*] Voy. La

CHARLES, FILS AISNÉ, & Lieutenant de Jean I.er & selon d'autres, Jean II. à Paris, au mois de Fevrier 1356.

etiam omnes subditi Comitum, Vice-Comitum, Baronum, Militum, Domicellorum & aliorum quorumcumque Nobilium dicte Lingue Occitane Senescalliarum predictarum, (o) Thesaurarii, pro parte & nomine & vice dictorum Prelatorum, Nobilium & Comunitatum in qualibet Senescallia dicte Lingue Occitane constituendis & statuendis; à personis tamen existentibus etatis duodecim Annorum vel ultra; & eciam à Pupillis vel Pupillabus existentibus (p) Capitibus & Dominis suorum Hospiciorum, divitibus centum Librarum vel ultra; & ultra hoc levabitur ex causa predicta, à subditis dictorum Prelatorum & Nobilium, salvo quod ipsi Nobiles qui subsidium pro Guerris Regis solvere non consueverunt, in hac (q) addiccione nichil solvent: Et à popularibus dictorum (r) Comitum existentibus etatis predicte, modo superius expressato vel ultra, habundantibus in facultatibus, Officium mercaturarum exercentibus, pro mobili & Capitali centum Librarum turonensium, (s) unus Tholosanus, & pro bonis immobilibus, unus Turonus; & ultra pro quolibet centenario Librarum usque ad summam viginti milium, totidem pro qualibet septimana. Et ultra pro summa quinquaginta Librarum unus Turonus; & pro summa viginti quinque Librarum mobilium, unus (t) obolus seu mesalha pro qualibet septimana; & ab aliis divitibus Officium mercature non exercentibus, pro dicta summa centum Librarum usque ad summam viginti milium Librarum turonensium, pro quolibet centenario Librarum, (u) unus Turonus pro qualibet septimana dicti Anni, ad exonerandum pauperes & inferiores populares, convertendum seu convertendos in solutionem & satisfactionem dictorum (x) stipendiariorum recipiendorum de qualibet Senescallia prout ibi poterunt reperiri, pro rata summarum levandarum ab Habitatoribus dictarum Senescalliarum, & distribuendarum & solvendarum dictis stipendiariis per quatuor Thesaurarios generales deputandos & statuendos per dictos tres Status Prelatorum, Nobilium & Communitatum, & non per aliquem alium: Ita tamen quod unus sit de Senescallia Bellicadri, alius de Senescallia Carcassone, & alius de Senescallia Tholose, &

NOTES.

Reglement sur les Monnoyes, qui est plus bas à l'Article 4.

(o) *Thesaurarii.*] Il faut *Thesaurariis*, qui se lit dans la Faille.

(p) *Capitibus & Dominis.*] Des Pupilles qui sont Chefs de famille, parce qu'ils n'ont plus ni pere ni mere.

(q) *Addiccione.*] Il y a *additione* dans la Faille. C'est-à-dire que ces Nobles ne payeront pas une seconde imposition qui se levera à proportion des biens, & dont il est parlé immediatement après ce passage. Voy. la Lettre imprimée cy-dessous, p. 109. note (*)

(r) *Comitum.*] Il y a dans la Faille *Communitatum*, & c'est ainsi qu'il faut lire.

(s) *Unus Tholosanus.*] Un *Tolosans*, Monnoye frappée à Toulouse du temps des Comtes. Voy. ce que dit du Cange au mot *Moneta*, sur la Monnoye des Seigneurs, article *Tolosani*: ce *Tolosans* valoit alors deux deniers: car il est dit icy que *pour cent livres d'effets mobiliers, l'on payera un Tolosans*, & dans la Lettre imprimée cy-dessous, p. 109. note (*) on lit que *pour cent livres de meubles, l'on payera deux deniers.*

(t) *Obolus seu Mesalha.*] L'Obole ou la maille est la moitié du denier, & par consequent la vingt-quatrieme partie du sol. Ce passage nous apprend la valeur de la *Mesalha*, Monnoye peu commune, puisque du Cange mesme ne l'a pas connuë. Au mot *Messalé*, qui est sans doute le mesme que *Mesalha*, il rapporte ce passage d'une Chartre d'Idelphonse Comte de Toulouse: *& si in hac Villa (salem) vendere velint, dent de quaquê saumata*, Messale. Et il adjouste, *forte pro Mensale, seu mensuræ juris præstatione.*

(u) *Unus turonus, &c.*] Voicy comme je crois qu'il faut entendre cette imposition, qui ne me paroist pas exprimée icy d'une maniere fort claire. Les Marchands payeront un *Tolosans* pour cent livres d'effets mobiliers, & un tournois pour cent livres d'immeubles. Depuis ces premiers cent livres jusqu'à vingt mille livres, ils payeront un tournois pour chaque cent livres, (sans faire distinction de biens.) Depuis vingt mille livres jusqu'à vingt-cinq mille livres, ils payeront un tournois pour chaque cinquante livres. Par de-là vingt-cinq mille livres, ils payeront une obole; mais il n'est pas dit si ce sera par cent livres, ou par cinquante livres.

Ceux qui ne seront pas Marchands, payeront jusqu'à la somme de vingt mille livres, un tournois pour chaque cent livres.

Dans la Lettre imprimée cy-dessous, p. 109. note (*) cette imposition n'est pas si détaillée, mais elle est exprimée d'une maniere plus claire.

(x) *Stipendiariorum recipiendorum.*] Des gens de Guerre que l'on engagera pour le service du Roy.

CHARLES, FILS AÎSNÉ, & Lieutenant de Jean I.er & selon d'autres, Jean II. à Paris, au mois de Fevrier 1356.

quartus de aliis Senescalliis; & quod Dominus noster Rex, ejus Liberi, ejus Locumtenens, vel Gentes eorum, vel Officiales quacumque prediti potestate, in nullo se habeant intromittere de levatione, exactione, vel distributione seu satisfactione dicte pecunie exigende ex causa predicta; & quod si secus fieret, predicta oblatio & provisio ipso facto cessaret, absque licentia, concessione, remissione, vel auctoritate cujuslibet superioris, que in predictis minime requiratur: & solventur & distribuentur predicte pecuniarum summe modo & forma supra dictis levande & exigende, per dictos Thesaurarios generales stipendiariis predictis, ad mandatum & ordinationem solum viginti quatuor proborum virorum, seu majoris partis ex ipsis, eligendorum per dictos tres Status, seu duobus ex ipsis, videlicet per Nobiles & Communitates, in casu in quo (y) Prelati & viri Ecclesiastici nollent esse in nominatione predicta: quos viginti quatuor, seu majorem partem ex ipsis, in Consiliis nostris, in illis tamen in quibus vocandi fuerint, vocabimus, prout Nobis videbitur expedire: nec poterunt dicti quatuor Thesaurarii generales habere [a] *descargam sufficientem, nisi illam haberent de mandato dictorum viginti quatuor, seu majoris partis ex ipsis: Et quod dicta provisio & pecunia ista vice & per tempus predictum dicti Anni, solum levetur modo premisso absque introductione nove servitutis; & quod lapso Anno, vel interim, si Treuga vel Pax interveniret, ipso facto cesset omnino; & etiam lapso Anno, nisi de novo convocatis Prelatis, Nobilibus, & Communitatibus idem vel aliud concederetur adjutorium durante causa dicte Guerre; & quod pro predictis, vel pro aliis provisionibus ad fines supra dictos per dictos tres Status statuendis, fiendis, moderandis, vel aliter revocandis si eis expediens videretur, dicti tres Status communiter vel divisim, in locis de quibus eis expediens videretur, possint & eis liceat impune & absque nova licentia tocies quocies eis videbitur, se congregare, & de & super predictis statuere, ordinare & providere ad comodum & utilitatem Domini nostri Francie Regis, Corone Francie, ejus Regni, & totius Patrie Lingue Occitane: & quod Thesaurarii seu Receptores particulares cujuslibet Senescalliarum predictarum per se, seu per aliquos probos viros Nobiles, Burgenses, vel plebeyos deputandos in locis & Villis dictarum Senescalliarum, unum vel plures, cum exacta diligentia perquirent & perquirere habeant, & se certificare de nominibus omnium & singularum personarum utriusque sexus, etatis predicte & ultra, foventes sua domicilia in locis, Villis, Castris, vicis & (z) mansis Senescalliarum predictarum, ne fraus possit & valeat committi: & quod dicti Thesaurarii & Receptores particulares, seu deputtandi ab ipsis quilibet in sua Senescallia, ad perfectionem dicti operis, & ne veritas valeat occultari, requirant & requirere habeant Officiales Prelatorum dictarum Senescalliarum, ut mandent (aa) Rectoribus, subditis suis sub pena Excommunicationis, & privationis ad annum Beneficiorum suorum, & fructuum illius Anni convertendorum in usus predictos, ut ipsis Thesaurariis seu deputandorum ab eis cuilibet in sua Senescallia, tradant nomina & cognomina Parochianorum suorum existentium duodecim annorum etatis vel ultra, & Pupillorum qui secundum modum supra scriptum, in hac impositione contribuere tenentur; & quod dicti Thesaurarii seu Receptores particulares seu deputandi ab eisdem premisso modo, habeant potestatem levandi, & exigendi duplicem impositionem convertendam in usus predictos, à quibuscumque recelantibus, occultantibus vel fraudem committentibus in predictis.*

(2) *Preterea requisiverunt & retinuerunt predicti Prelati, Nobiles, & Communitates quod de dictis tribus Statibus Prelatorum, Nobilium & Communitatum, per ipsos tres Status deputentur ad majorem perfectionem dicti operis, (bb) duodecim Nobiles & discrete persone ipsorum arbitrio, videlicet quatuor de quolibet dictorum trium Statuum, ad*

[a] a descharge.

NOTES.

(y) *Prelati.*] Le Clergé ne voulut point se soûmettre à l'imposition accordée par les Estats. Voy. plus bas, p. 109. note (*)

(z) *Mansis.*] *mansus*, ou *mansa*, ou *mansum*. C'est une habitation bâtie au milieu d'un heritage, laquelle ne tient à aucun Village. Voy. du Cange, au mot *mansus*.

(aa) *Rectoribus,*] Les Curez. Il y a des Provinces où on les nomme Recteurs.

(bb) *Duodecim*] Ces douze Deputez paroissent estre chargez des mesmes fonctions qui ont esté attribuées par l'Art. precedent aux vint-quatre Deputez.

audiendas

audiendum & recipiendum bonum & legale compotum, & legitimam rationem de omnibus & singulis recipiendis, gerendis & administrandis eciam predicta, tam per dictos Thesaurarios & Receptores particulares dictarum Senescalliarum, quam per dictos quatuor Thesaurarios generales dicte Lingue Occitane : Et quod dicti duodecim, seu aliqui ex ipsis, recipiant Juramentum tam à dictis Thesaurariis tam generalibus quam particularibus, quod in dictis Officiis bene, diligenter & fideliter se habebunt, & finitis eorum Officiis, reddent bonum compotum & legale, & reliqua si que sint, restituent : & etiam deputandis à dictis Thesaurariis particularibus in qualibet Villa, habebunt prestare Juramentum quod in eorum Officiis bene & fideliter se habebunt : dicti tamen Thesaurarii generales vel particulares nulli persone habenti Officium Regium, vel alteri cuicunque nisi dictis duodecim, tenebuntur reddere rationem, nec compelli poterunt, nec debebunt eciam de mandato Regis, vel ejus Locum-tenentis, vel Dominorum Magistrorum Camerarum Parlamenti, vel Compotorum, vel cujuscumque alterius, quacunque fungentur (cc) potestate Et ad recipiendum [a] *Monstras dictorum hominum armatorum & aliorum stipendiariorum : qui quidem duodecim seu duo ex ipsis in qualibet Senescallia, pro Nobilibus & Communitatibus, in casu in quo Ecclesiastice persone nollent aliquos deputare ad videndum & recipiendum Monstras predictas, recipiant Monstras isto modo : videlicet quod in loco pateni & eminentiori Ville seu* [b] *loci recipiantur dicte Monstre, faciant venire palam & publice, & de die clara, nulli defferendo, nec aliquem* [c] *supportando, vel odio vel mala voluntate aliquem agravando, omnes illos Nobiles & alios stipendiarios ad usum Guerre recipiendos, faciendo* [d] *marchare & signare uno signo Equos ipsos, ne fraus vel mutatio possit committi, armatos armaturis condecentibus juxta statum cujuslibet, ad arbitrium recipientium dictas Monstras, vel Marescallorum dicte Guerre : & recipient Juramentum ab eisdem singulariter & successive, quod ipsi stipendiarii bene & fideliter in servitio Regis se habebunt, & cum Equo & armis ostensis (dd) idoneis ad recipiendum, vel cum eque bonis vel melioribus si illis casu aliquo privarentur, servient & exibebunt debitum servicium pro tempore quo recipient stipendia, & non recedent à dicto servicio sine causa necessaria, & speciali licentia Locum-tenentis Regii, seu deputandorum ab eo Marescallorum dicte Guerre. Jurabunt eciam dicti stipendiarii Monstram facientes in manibus dictorum deputandorum seu duorum ex ipsis, quod nichil per rapinam vel furtum recipient ab aliquo, nec exigent ultra voluntatem illorum quorum erunt ; & quod si contrarium aliquo casu facerent, ipsi emendabunt dampnum passis, & facient emendam condignam, ad cognitionem & ordinationem Marescalli seu Marescallorum dicte Guerre ; & aliter stabunt ordinationi & cognitioni dicti Marescalli seu Marescallorum, super punitionem & correctionem dictorum maleficiorum.*

Item. *Jurabunt quod non rogabunt nec supplicabunt aliquos Dominos amicos vel socios, Nobiles vel alios, ut in casibus premissis, pro evitatione emende vel correctione premissorum, non intercedent pro* [e] *eo erga Dominum nostrum Regem vel ejus Locumtenentem, vel etiam Marescallos. Retinuerunt etiam quod si aliqui de stipendiariis predictis ad expeditionem publicam accedentes, delinquerent eundo vel redeundo, in aliquo loco ubi per Marescallos dicte Guerre non posset fieri Justitie plenitudo, quod Ordinarii illorum locorum talium possint & valeant tales delinquentes corrigere, punire & castigare vice & nomine Marescallorum, juxta eorum demerita, & aliter de ipsis facere Justicie complementum.*

Item. *Promittent Nobiles Monstram facientes tempore dicte Monstre, predictis deputandis sub eorum bona fide, & alii Non-nobiles jurabunt ad sancta quatuor Dei Evangelia corporaliter eorum manibus dextris tangenda, quod ipsi revelabunt quam primum potuerint comode, Marescallo seu Marescallis dicte Guerre, omnes illos quos viderint*

[a] Monstres, revûës.

[b] ubi recipientur. *La Faille.*

[c] favorisant.

[d] marquer.

[e] eis.

NOTES.

(*cc*) *Potestate & ad recipiendum.*] Voicy comment cet endroit est ponctué dans la Faille ... *Potestate & ad recipiendum Monstras* ... *stipendiariorum. Qui quidem, &c.* & je crois que cela est mieux.

(*dd*) *Idoneis ad recipiendum.*] Les Armes necessaires pour estre reçû en qualité d'Homme d'Armes.

CHARLES, Fils aisné, & Lieutenant de Jean I.er & selon d'autres, Jean II. à Paris, au mois de Fevrier 1356.

vel sciverint aliqua bona à subsidiis Regis mediate vel immediate rapientes, furantes, vel aliqua illicite recipientes.

(3) Preterea retinuerunt & sibi (ee) reservarunt specialiter pecierunt per Nos predicti Nobiles & Communitates, quod si contingeret quod persone & viri Ecclesiastici ex causis aliquibus rationabilibus vel aliis, deviarent à modo & forma oblationis predicte, & facerent aliquam aliam financiam, vel prestarent aliquod aliud subsidium vel adjutorium, quod illud totum quantumcumque sit, tradatur & deliberetur Thesaurario vel Thesaurariis generalibus dictarum Guerrarum, convertendum ad opus & factum Guerre predicte, in exonerationem & attenuacionem pro concurrenti quantitate, oblationis supra dicte; durante tamen termino supra dicto.

(4) Sane pro majori & evidenciori utilitate Regia, Rei-publice & subjectorum Regiorum, & ut stipendiarii libentius & promptius velint laborare, & debitum servitium prestare in dictis Guerris & Exercitibus, & ut Populares cum minori incomodo possint pecunias debitas pro dictis stipendiis habere & solvere, retinuerunt expresse, & retentionem & concessionem specialem per Nos nomine Regio sibi fieri pecierunt, ut in tota Lingua Occitana in locis & [a] *Monetagiis consuetis, fiat Pecunia aurea; videlicet (ff) Mutones Auri nunc currentes, ponderis & legis nunc existentis & currentis, qui habeant cursum dumtaxat ad triginta solidos turonenses: & Monetam nigram & albam ad valorem (gg) marche Argenti septem Librarum octo solidorum turonensium, conrespondentem dicto Denario Auri: videlicet,*

a Hostels des Monnoyes.

Le gros Denier [b] donra-on cours pour douze deniers tournois la Piece, à six deniers de loy Argent-le-Roy, & de *(hh)* six sols huit deniers de pois au marc de Paris.

b on donnera cours.

Les Doubles tournois auront cours pour deux deniers tournois la Piece, à deux deniers douze grains de loy Argent-le-Roy, & de *(ii)* seize sols huit deniers de pois au marc de Paris.

Item. [c] Laignel aura cours pour trente sols tournois.

c *Voy. la note (ff)*

Et soit mandé par toutes les bonnes Villes où Foires & Marchiez se tiennent, que l'en ne le mette ne preigne pour plus; & qui sera trouvé faisant le contraire, qu'il soit pris li & sa Monnoye, pour en faire *(kk)* complement de droiture; car autrement ladite Monnoye ne se pourroit bien soustenir.

Ita & sub tali forma quod Dominus noster Rex in qualibet marcha Argenti, solum lucretur & habeat pro (ll) forma & factura, decem solidos turonenses vel minus, (mm) & non ultra. Et quod Dominus noster Rex, ejus Gentes, quisvis Locum-tenent Regius, vel ejus Thesaurarii generales vel particulares, vel quicumque Magistri Monetarum Regiarum generales vel speciales, nichil in predictis habeant immutare, vel aliquid de Moneris redigendis ex impositione predicta, recipere vel habere: Et quod si contrarium facerent vel attemptarent, quod Thesaurarii dictorum Nobilium & Com-

NOTES.

(ee) *Reservarunt.*] Il y a *reservare*, dans la Faille: peut-estre faut-il *reservari.*

(ff) *Mutones Auri.*] Des Moutons d'Or, ainsi nommez, parce qu'il y avoit un Agneau gravé sur l'un de leurs costez. Un peu plus bas, ils sont nommez *Aignels.* Voy. le Blanc, Traité des Monnoyes. p. 186. & 257. Edit. de Paris. Dans la Faille, au lieu de *Mutones*, il y a *Mutaciones*, & plus bas, Art. 7. *Unicornes.*

(gg) *Marche Argenti.*] Le marc d'Argent vaudra sept livres huit sols. Voy. cy-dessous, p. 109. la Lettre imprimée dans la Note (*) Tout ce qui regarde les Monnoyes y est expliqué plus en détail.

(hh) *Six sols huict deniers.*] C'est-à-dire qu'il y aura quatre-vingt Pieces au marc. Voy. la Preface, §. *Monnoye.*

(ii) *Seize sols huict deniers.*] C'est-à-dire qu'il y aura deux cens Pieces au marc.

(kk) *Complement de Droiture.*] Droiture. Imposition. C'est-à-dire que la Monnoye confisquée soit employée de la mesme maniere que les deniers provenans du subside.

(ll) *Forma & factura.*] Pour les frais de la Fabrication. Ce qu'on retient pour ces frais, se nomme Droit de Seigneuriage. Voy. Poulain, Traité des Monnoyes, Table Alphabetique.

(mm) *Et non ultra.*] Voy. sur cette fabrication de Monnoye, la seconde des Ordonnances datées du 23. de Novembre 1356.

munitatum statim predicta habeant notificare Gentibus utriusque Status in Senescalliis predictis, & quod tunc in predictis casibus, Nobiles & Comunitates ac Populares dicte Lingue Occitane possint & eis liceat & incontinenti ipso facto resilire impune; nisi tamen dictus Locum-tenens prius de predictis legitime certificatus, predicta revocaret & ad statum pristinum reduceret, & absque cujuscunque superioris licentia (nn) ab oblatione predicta, & eam totaliter & omnino derelinquere; & quod Thesaurarii dictarum Senescalliarum siquid haberent quod esset levatum ex oblatione predicta, penes se retineant, quo usque per Gentes deputandas à dictis tribus Statibus fuerit ordinatum.

CHARLES, Fils aisné, & Lieutenant de Jean I.er & selon d'autres, Jean II. à Paris, au mois de Fevrier 1356.

(5) Item. Retinuerunt expressè quod omnis redditus & omnia emolumenta provenientia in dicta Lingua Occitana, sive sint redditus ordinarii vel extraordinarii, & etiam emolumenta Monetagiorum dicte Lingue Occitane, & alie obventiones quecumque provenientes ex Juribus fiscalibus, retineantur in [a] Patria pro sustentatione & statu Guerrarum predictarum, convertende in necessitatibus & causis necessariis ad statum & sustentationem Guerre predicte, deductis tamen oneribus: Ita & taliter quod de Patria, ista predicta emolumenta minime astrahantur, nec in alios usus aliqualiter convertantur.

(6) Preterea retinuerunt quod mediante provisione & oblatione predicta, in qua contribuant & contribuere teneantur persone superius expressate, & Senescalli, Judices & Officiales Regii majores, medii & minores, vadia recipientes vel non recipientes à Domino nostro Rege [b], Servientes, Notarii, Monetarii, & (oo) Burgenses, Magistri, Prepositi & Custodes Monetarum, Servientes armorum, & Castellani & quecumque alie persone privilegiate, tanquam private persone, quocumque speciali vel generali privilegio fulcite, cessent & cessare habeant omnino quecumque alie subventiones vel subsidia pro facto Guerrarum Regiarum aliter prestare consueta, & Impositio sex denariorum pro libra per Dominum Episcopum Nivernensem, & Dominum Johannem Chalemardi Commissarios Regis in partibus Lingue Occitane anno isto imposita, & eciam exactio marcharum Argenti à Notariis Regis vel publicis, & eciam nova prohibitio facta contra abstrahentes bladum vel victualia à Regno Francie, inhibitione tamen de non portando bladum vel alia victualia ad inimicos Domini nostri Regis & Rei publice, in suo robore perdurante, cessent omnino & cessare habeant: & preterea retinuerunt quod si occasione dicte Impositionis sex denariorum pro libra, in aliquibus locis dictarum Senescalliarum aliquid fuerit levatum vel exactum, quod illud quod fuit recollectum, levatum vel exactum remaneat illi Communitati ubi sunt facta dicta recollectio & exactio, convertendum in operibus publicis illius loci; salvo & retento quod si durantibus nundinis, aliquid fuit levatum ab alienigenis & ab aliis Habitatoribus loci, in communi medietas [c] deducantur & conferantur pro facto nunc ordinato super Guerris predictis, & alia medietas applicetur Communitati loci, convertenda in usus publicos illius Universitatis.

(7) Item. Petierunt & retinuerunt quod cum anno isto, post Impositionem sex denariorum pro libra, & post promissionem unius [d] Mutonis pro foco, nonnulle Communitates Senescalliarum Bellicadri & Carcassone ex causa necessitatis Guerre, tradiderint & solverint Gentibus Regis quinque solidos turonenses pro foco, & nonnulle alie Communitates dictarum Senescalliarum promiserint totidem tradere, sub retentione tamen quod dicti quinque solidi eis restituerentur vel deducerentur de dicto (pp) focagio unius Mutonis pro foco, Nosque de predictis (qq) summis ad plenum certiorati, quod

[a] le Pays.

[b] Sergents.

[c] deducatur & conferatur.

[d] un Mouton d'Or.

NOTES.

(nn) *Ab oblatione predicta.*] Cette phrase est embroüillée par une espece de parenthese qui la coupe. Voicy le sens. *Liceat ... resilire .... ab oblatione predicta.*

(oo) *Burgenses.*] Ce sont peut-estre les *Bourgeois du Roy*, qui auroient pû faire difficulté de se soûmettre à un impost qui n'estoit pas estabIi par le Roy mesme. Voy. sur les *Bourgeois du Roy*, le Gloss. de Du Cange, au mot *Burgenses*.

(pp) *Focagio.*] Foüage, impost qui se leve sur chaque feu.

(qq) *Summis.*] Il faut corriger *sumus*, qui se lit dans la Faille. Après le mot *certiorati*, il manque celuy de *Mandamus* ou *Ordinamus*. Dans cet Article il y a dans la Faille *Unicornis*, au lieu de *Mutonis*.

CHARLES, FILS AISNÉ, & Lieutenant de Jean I.er & selon d'autres, Jean II. à Paris, au mois de Fevrier 1356.

dicti quinque solidi illis qui nundum solverunt dictum Mutonem, qui ad solutionem dicti Mutonis tenentur deducantur & defalcentur, & illis qui solverunt Mutonem, & (rr) quinque dicti quinque solidi eisdem reddantur & restituantur libere per Receptores & Thesaurarios Regis dictarum Senescalliarum.

(8) Retinuerunt etiam Nobiles predicti pro se & stipendiariis omnibus dicte Guerre, quod quando accedent pro expedicione publica ad predictam Guerram, faciendo transitum per loca Senescalliarum predictarum, quod victualia eis vendantur & tradantur ad rationabilem [a] *forum juxta temporis qualitatem, & quod Consules locorum predictorum, vel alii Rectores, vel Administratores ubi Consules non fuerint, sub eorum bona fide teneantur eis circa traditionem dictorum victualium modo superius expressato providere, ad requisitionem dictorum stipendiariorum.*

a prix.

(9) Item. *Retinuerunt expresse, quod nisi supra scripta eis tenerentur & observarentur, & etiam confirmarentur ex certa scientia per Regiam Majestatem, seu per Dominum Carolum Primogenitum, & Locum-tenentem Domini nostri Francie Regis, quod presens oblatio, & alia suprascripta in presenti oblatione contenta, sint nulla, cassa & inutilia, & quod ad observationem premissorum predicti Prelati, Nobiles & Communitates non teneantur, nec compelli possint.*

Nos igitur considerantes ipsorum Prelatorum, Nobilium & Communitatum laudabile & valde honorabile propositum, & attendentes ipsorum liberalitatem, munificentiam & affectionem cordialissimam quam habent & habere se ostendunt multipharie multisque modis ad dictum nostrum Regem, & ejus Coronam, & ad totum statum Regni Francie, habita matura deliberatione cum Gentibus & Officialibus dicti Domini nostri Francie Regis, & pluribus Militibus, & aliis Consiliariis dicti Domini nostri Regis, predictam oblationem sub protestationibus, retentionibus, & reservationibus omnibus & singulis supra dictis, quas & earum quamlibet, nomine Regio & ex potestate Regia Nobis attributa, & ex certa sciencia tenere & servare promittimus, & ea facere ratificare & approbare, posse nostro, in cera viridi per Regiam Majestatem, seu per Dominum Ducem Normanie, Primogenitum Domini nostri (ss) tamquam valde gratam & laudabilem, utilem & honorabilem ac fructuosam Domino nostro Regi, & statui tocius Regni sui, tenore presencium acceptamus; & eisdem Nobilibus, Prelatis, & Communitatibus, & Statibus predictis, & duobus ex ipsis, videlicet Nobilium & Popularium, disponendi, ordinandi, instituendi & destituendi quocies eis videbitur expedire, personas ydoneas ad predictam oblationem levandam & exigendam ac distribuendam in (tt) dictis Officiis de quibus supra facta est mentio, necessarias, liberam auctoritate qua supra, tribuimus & concedimus potestatem, durante termino supra dicto. In [b] *quorum rei testimonium, sigillum nostrum quo utimur in factis Locum-tenentie Regis, duximus presentibus appenendum.* Datum Tholose, die vigesima-prima Octobris, Anno Domini millesimo trecentesimo quinquagesimo sexto.

b quarum rerum.

(uu) Nos autem attendens sincere dilectionis ardorem quem habent dicti Status Lingue Occitane erga Dominum nostrum Progenitorem, Nos & Coronam Francie, & habuerunt continue temporibus retroactis, omnia & singula in Litteris supra scriptis contenta

NOTES.

(rr) Quinque dicti quinque solidi.] Il manque là quelques mots, qui heureusement se peuvent restituer par l'Edition de la Faille, dans laquelle on lit ainsi ce passage, *& quinque solidos turonenses pro foco, dicti quinque solidi eisdem reddantur.*

(ss) Tamquam valde gratam.] Dans la Faille il y a, *eamque valde gratam.* Il semble qu'il faudroit, *eamque, tamquam valde gratam.*

(tt) Dictis Officiis.] Les Thresoriers generaux & particuliers, & leurs Commis.

(uu) Nos autem attendens.] Dans la Faille, la confirmation de Charles est très differente, & pour la date, & pour les termes. Voicy comme il l'a donnée, elle est defigurée par plusieurs fautes.

Nos igitur sinceræ dilectionis ardorem, quem tres Status Patriæ Linguæ Occitanæ supra dictæ, & ipsorum singuli, de probitate, & virtuosa constantia, quæ non deserunt in adversis precipue commendandi, ad ipsius Domini & Genitoris nostri expeditionem & recuperationem celeres ac felices, tam per eosdem, devotis, desiratis suspiriis, nec non ad ipsius propriæ defensionem, & totius Regni statum & securitatem secum gerere multipliciter perhibent in præmissis,

& comprehensa, diligenti ac matura in magno ejusdem Domini nostri atque nostro Consilio deliberatione prehabita, laudamus, approbamus, & nomine ipsius Domini nostri ut Primogenitus & Locum-tenens ejusdem, auctoritate Regia, & ex certa scientia confirmamus; cumque facta & expeditiones in Litteris supra dictis contentorum, in diversis Villis & locis Senescalliarum Lingue Occitane predicte, necessario fieri & expediri habuerint, volumus & etiam ordinamus quod omnibus presentium Litterarum transcriptis sigillo Regio sigillatis, fidem plenariam tamquam hiis presentibus, adhibeatur. Quod ut stabilitatis & firmitatis robur obtineat, sigilli Castelleti Parisiensis, in absentia magni predicti Domini nostri sigilli, muniminе fecimus roborari, ipsius Domini nostri in aliis, & alieno in omnibus jure salvo. Datum Parisiis, Anno Domini millesimo trecentesimo quinquagesimo sexto, mense Februarii.

CHARLES, FILS AISNÉ, & Lieutenant de Jean I.er & selon d'autres, Jean II. à Paris, au mois de Fevrier 1356.

*Per Dominum Ducem in suo magno Consilio, in quo erant Domini Episcopi Parisiensis, Nivernensis & * Morinensis, Domini (xx) Aurelianensis, Andegavensis, Britannie, Alenconii, & Rossiaci Duces & Comites, ac Domini de Revello, de Meullento, de Garencheriis, de Luppiaco, & plures alii. Dyonisius.*

* de Theroüenne.

Collatio facta fuit in Camera Compotorum, secunda die Marcii, Anno Domini 1356. per Magistros Joh. de Maseriis, & Jacobum de Paciaco. (*)

NOTES.

per quorum affectionem ex affectu cordium suorum fidelissimorum & abundantia, fecenditer & discretè, ne dum bona, sed etiam corpora sua propria expositione simpliciter obtulerunt, & offerunt propentius attendentes omnes & singuli, in Litteris supradictis contenta & comprehensa, diligenti ac maturâ in magno ejusdem Domini nostri atque nostro Consilio deliberatione perhabita, laudamus, approbamus, & nomine ipsius Domini nostri, ut Primogenitus, & Locum-tenens ejusdem, auctoritate Regiâ & ex certa scientia tenore præsentium confirmamus, quod ut stabilitatis & firmitatis robur obtineat, Sigilli Castelleti Parisius in absentia magni prædicti Domini nostri fecimus roborari, sed prius Domini nostri in aliis & alieno in omnibus jure salvo. Datum Parisiis, vigesimâ nonâ die Januarii, Anno Domini, millesimo trecentesimo quinquagesimo sexto.

(xx) Aurelianensis, Andegavensis.... Alenconii.. Duces & Comites.] Le Duc d'Orleans se nommoit Philippe, & estoit frere du Roy Jean.

Le Duc d'Anjou se nommoit Loüis, & estoit le second fils du Roy Jean.

Le Comte d'Alençon estoit Charles III. Fils du Frere de Philippe de Valois, & Cousin germain du Roy Jean. Voy. l'Hist. Genealogique de la Maison de France, par les PP. Ange, & Simplicien, T. I. p. 104. 106. 270. & 271. Edit. de 1726.

Ce Charles d'Alençon se fit dans la suite Religieux de l'Ordre de S.t Dominique, & son Frere Pierre II. prit le titre de Comte d'Alençon. Les PP. Ange & Simplicien n'ont pas fixé le temps où il se fit Religieux; mais il est certain qu'il ne l'estoit pas encore lors de cette Ordonnance, puisque dans l'Art. 2. de celle du mois de Mars suivant, faite après la tenuë des Estats, il est parlé du Comte d'Alençon & de Pierre son frere.

(*) Il y a dans le Memorial C. de la Chambre des Comptes de Paris, fol. huict vingt & onze *verso*, une Lettre adressée à M.rs de la Chambre des Comptes, qui fournit de grands Eclaircissemens sur ces Estats : on a cru devoir la faire imprimer icy.

NOTES.

Die 16. Novembris 1356. Camera recepit Litteras Receptoris Tholose, facientes mencionem de Ordinacione Monete per Dominum Comitem Armaniaci, in modum qui sequitur.

MES TRÉS CHERS & redoubtez Seigneurs, a ge vous ay escript par mes autres Lettres, comment les Genz des trois Estats du (yy) Pays de pardeçà, ont esté * ensemblé devers Monsieur d'Armignac, & comment il ont presenté pour faire guerre contre les ennemis du b Seigneur, cinq mille glaives, & six mille Sergens, & depuis ont ordené que cette Aide sera pour un an, à commancier le premier jour de Novembre prochain : Et ont remis le nombre de six mille Sergens qu'il avoient presentez à pié, à cinq mille Sergens à cheval, dont il y aura deux mille Arbalestriers, deux mille Pavesiens, & mille Sergens. Et pour la finance, ont accordé les Nobles pour euls & pour leurs terres, & les Gens des bonnes Villes, que tout homme & toute femme (zz) de confession, excepté Gens mendians, paieront chascun

a *je.*
* *assemblez.*
b *du Roy.*

NOTES.

(yy) Pays de par-deça.] *de par-deçà* la Loire, par rapport à Toulouze, c'est-à-dire le Languedoc.

(zz) De confession.] Il est dit dans l'Article 1. de

CHARLES, FILS AISNÉ, & Lieutenant de Jean I.er & selon d'autres, Jean II. à Paris, au mois de Fevrier 1356.

NOTES.

trois deniers la sepmaine; & ceuls qui ont meubles & possessions, paieront pour cent livres tournois de meuble, deux deniers la sepmaine, & pour cent livres tournois de heritaige, un denier tournois la sepmaine, jusques à la somme de vingt mille livres de meuble, & de vingt mille livres de heritaiges & audessouz, nonobstant les trois deniers par teste dessusdiz; Toutesvoies je croy que les Nobles, pour ce que il convient qu'il soient ou service du Seigneur en la Guerre, ne paieront riens pour meuble ne pour heritaige, mais il paieront pour eulz & pour leurs femmes & pour leurs enfans, trois deniers tournois la sepmaine par teste : & à ceste finance sont touz d'accort; excepté le Païs d'Agenois qui ne paiera riens, & le Conte de Fois qui n'a point esté en ceste convocation. Les Gens de l'Eglise n'ont encoures consenti à aucune finance, jusques à ce qu'il ayent licence du Pape : Et croy que pour ceste besoigne & pour autres, Monsieur d'Armignac yra ou envoiera bientost à (*aaa*) Avingnon.

Item. Les Gens des Estatz dessusdiz en * octroient ceste finance, ont voulu que Monsieur d'Armignac ait ordenné du fait de la Monnoye ou Païs pardeçà; du quel il a ordenné en Conseil, & à grant deliberacion, & certes en grant (*bbb*) doubte en la maniere qui s'ensuit.

* *octroyant.*

L'on fera Monnoye trente-deuxieme, & donnera le Seigneur en Argent, sept livres huit solz Tournois au blanc, & sept livres Tournois au noir : Et sera l'en gros Tournois d'Argent de six deniers de Loy, & de six solz huit deniers de pois, & auront cours pour douze deniers Tournois la Piece.

Et doubles noirs de deux deniers douze grains de Loy, & de seize solz huit deniers de pois, & auront cours pour deux deniers Tournois la Piece.

Et petiz Tournois d'un denier dix-huit grains, & de vingt-trois solz quatre deniers de pois, & auront cours pour un denier Tournois la Piece.

Et toutes autres Monnoyes d'Or & d'Argent perdront leurs cours, & ne seront prises ne mises se non au marc pour Billon; excepté les Moutons d'Or, en quoy il n'a riens ordenné ne [a] mué ou pois ne en la Loy, fors ou cours qu'il a ordenné qu'il seront pris & mis pour trente solz Tournois la Piece.

Et ou cas qu'il seroit ordenné (*ccc*) par delà, que la Monnoye qui court à present montast plus, le Communes veulent que l'Ordenance [b] Monsieur d'Armignac se tiegne; & se tant est que il soit ordenné que plus forte Monnoye se face, je croy qu'il se tendront voulentiers à la plus fort, [c] par si que durant ladite année, il n'y ait aucun [d] muëment de croissance; & est acordé que l'Ordenance de Monsieur d'Armignac se crie à l'uiclave [e] de touz Sains. Si me semble, mes très chers Seigneurs, que ou cas que aucune Ordenance s'en fera par delà, il soit bon que tantost le plus brief que l'en pourroit, on envoiast par deçà, avant que ceste Monnoye ordennée, comme dit est, preist plus long cours.

a *changé.* b *de* c *pourvû que.* d *changement.* e *l'octave.*

Mes très chers & redoutez Seigneurs, de ce que vous m'avez mandé du fait de Monsieur Amanion du Fossat rebelle, je vous envoie briefment la certification; & de ce qui touche mes Comptes, il n'y aura nul deffaut se Dieu plait. Mes très chers & redoutez Seigneurs, je me recommande à vous : nostre Seigneur par sa grace, vous doint bonne vie & longue. *Escript à Tholose, le 29.e jour d'Octobre. Le Vostre humble subget, R. de LILE, Receveur de Tholose.*

NOTES.

l'Ordonnance, page 103. que l'Aide ne sera payée que par ceux qui auront douze ans. Peut-être faut-il entendre par ces mots, *homme & femme de confession,* ceux qui ont atteint l'âge de douze ans, & qui sont dans l'obligation de se confesser, comme l'on dit encore aujourd'huy les *Communians,* à peu près dans le mesme sens. J'ay proposé ma Conjecture à quelques personnes habiles qui ne l'ont pas desapprouvée.

(*aaa*) *Avingnon.*] Avignon, où residoit le Pape Innocent VI. qui siegeoit alors.

(*bbb*) *En grant doubte.*] Je crois que cela signifie, *ayant eû beaucoup de peine à se determiner à faire ce changement dans les Monnoyes,* dans la crainte qu'il *ne donnast lieu à bien des inconvenients.*

(*ccc*) *Par-delà.*] Par-delà la Loire, par rapport à Toulouze.

CHARLES, FILS AISNÉ, & Lieutenant de Jean I.er & selon d'autres, Jean II. au Louvre près de Paris, en Fevrier 1356.

(a) Ordonnance par laquelle Charles Fils aisné, & Lieutenant du Roy Jean, confirme celle qui avoit esté faite par le Comte d'Armagnac Lieutenant du Roy dans le Languedoc, en consequence de l'Assemblée des trois Estats tenuë à Toulouse dans le mois de Septembre 1355.

SOMMAIRES.

(1) *On ne mettra plus de* Mangeurs *dans les biens de ceux qui sont prevenus de quelque crime, dès qu'ils se seront remis entre les mains de la Justice, ou qu'ils auront esté constituez prisonniers dans une Justice seculiere. Si cependant il est necessaire de saisir leurs biens, les* Mangeurs *que l'on y mettra, ne pourront faire qu'une dépense moderée.*

(2) *Les Seneschaussées qui sont dans la Languedoc seront regies par le Droit écrit, nonobstant tous stils & usages contraires nouvellement introduits par les Officiers Royaux. On y observera les Ordonnances Royaux, principalement celles de S.t Loüis, & celles qui ont esté faites par Robert de Charny, envoyées autrefois par le Roy dans la Languedoc en qualité de Reformateur, dans ce en quoy elles ne seront point contraires à celles de S.t Loüis, & de Philippe le Bel.* [Voy. la fin de l'Ordonnance.]

(3) *Les Habitans de la Languedoc ne seront point adjournez devant les Prevosts des Guerres; si ce n'est dans le cas qu'ils eussent offensé des Gens de Guerre, dans le temps de leur service.*

(4) *Les executions pour les debtes fiscales ne se pourront faire que par les Sergents des Receptes Royales seulement.*

(5) *On ostera les Coupeurs des Monnoyes.*

(6) *Les Bourgeois de Montpellier qui auront commis des crimes, seront punis par leurs Juges ordinaires, nonobstant le privilege de leur Bourgeoisie.*

(7) *On remettra toutes les peines qui ont esté encouruës jusqu'à present, pour cause de transgression des Ordonnances du Roy sur les Monnoyes.*

KAROLUS Regis Francie Primogenitus ejusque Locum-tenens, Dux Normanie & Dalphinus Viennensis. Notum facimus universis tam presentibus quam futuris, Nos vidisse quasdam Litteras sigillo carissimi & fidelis Consanguinei nostri Comitis Armaignaci Locum-tenentis dicti Domini & Genitoris nostri in patria Lingue Occitane, ut prima facie apparebat, sigillatas : quarum Litterarum tenor sequitur in hec verba.

(b) Johannes Comes Armaniaci, Fesenci & Ruthene, Vice-Comesque Leomanie & Altivillaris, ac Locum-tenens Domini nostri Franc. Regis in tota Lingua Occitana, universis presentes Litteras inspecturis salutem, & presentibus dare fidem. Notum facimus quod post inopinatum & lamentabilem casum captivitatis carissimi Domini nostri Johannis Regis Francorum, venerunt coram Nobis ad Civitatem Tholose, (c) cum vocacione Consilii de nostro mandato precedente, Reverendissimi Archiepiscopi, Episcopi, Abbates, Decani, Priores, & alii viri Ecclesiastici pro toto cetu Clericorum Lingue Occitane, videlicet Senescalliarum Tholose, Carcassone, Bellicadri, Ruthenensis, Caturcensis & Bigorre, diversorum statuum, nec non Nobiles & honorabiles viri [a] Capitularii Regie Urbis & Suburbii Tholose, cum pluribus de Nobilibus, Militibus, Burgensibus, Mercatoribus, & aliis Plebeys dicte Civitatis, ac eciam Communitates, Consules, & Rectores Communitatum dictarum Senescalliarum, associatis sibi pluribus sapientibus & discretis viris, de captivitate & offensa facta dicto Domino nostro Regi & Corone Francie & Reipublice tocius Regni, per Principem Galarum Filium primogenitum

[a] les Capitouls.

NOTES.

(a) Registre des Chartes, cotté 84. pour les Années 1354. 1355. & 1356. Piece 751. Voy. la Preface, §. *Estats generaux.*

(b) *Johannes, &c.*] Voy. cy-dessus la Note (*b*) de la page 101.

(c) *Cum vocacione Consilii.*] Ces mots qui sont peut-estre corrompus, peuvent signifier que les Estats se sont assemblez par l'avis du Conseil, & par l'ordre du Lieutenant du Roy.

CHARLES, FILS AISNÉ, & Lieutenant de Jean I.er & selon d'autres, Jean II. au Louvre près de Paris, en Fevrier 1356.

Regis Anglie, & suos in hac parte complices, ad modum condolentes, & summo desiderio affectantes pro eorum posse, dictum Dominum nostrum Regem à dicta captivitate [a] *existentem infra Linguam Occitanam, liberare, requisiverunt Nos cum instancia, ut pervigili cura & summo opere laborare vellemus, & insistere circa liberacionem & expedicionem dicti Domini nostri Regis, & reparacionem tam gravissime offense, efferendo* [b] *Nobis nomine Regio, ad finem* [c] *predictam & ad deffencionem patrie Lingue Occitane, pro faciendo Guerram contra dictos inimicos Domini nostri Regis & Rei publice in Lingua Occitana, certum numerum armatorum, quibus* [d] *de eorum stipendiis obtulerunt se paratos solvere sub certis modis, formis, condicionibus & retencionibus comprehensis & declaratis in oblacione inde per eos Nobis facta & per Nos recepta, prout de hiis constat & constare potest per* [e] *Litteras per Nos ipsis concessas.*

(1) Ultra que, Nobis humiliter supplicarunt, quod cum ipsi verisimiliter formidarent quod mala que patimur tam in persona capitis nostri dicti Domini nostri Regis, quam in aliis casibus, pro parte veniant ex deffectu Justicie, diu est, propter factum Guerrarum Regiarum in Regno Francie non servate, [f] *ut Nos de cetero Justiciam faceremus, & fieri & servare mandaremus per Senescallos, (d) Viguerios, Prepositos, & alios quoscunque Officiales temporales dicte Lingue Occitane, prece, precio, favore,* [g] *rencore, odio & mala voluntate cessantibus; quodque eciam mandaremus inhibendo quibuscunque Senescallis & Presidibus Provinciarum in Lingua Occitana constitutarum, ut cessent & cessare habeant, & cessare faciant alios Officiales eis subditos ab apposicione (e) Comestorum in bonis aliquorum delatorum de aliquibus excessibus, ex quo ipsi delati se* [h] *efferant, & presentent pro recipienda nostra Justicia, vel ex quo capti sunt in Curia temporali; & quod etiam si ex causa justa capiant bona talium delinquencium, quod non* [i] *mittent plures, nec immoderatos nec* [k] *sumptuosos Comestores, & quod super jam factis vel aliter executis, moderamen debitum* [l] *apponent, & illis quorum interest, exhibeant Justicie complementum.*

(2) Item. *Eciam quod Cause & status dictarum Senescalliarum uniformiter Jure scripto regantur & gubernentur, non obstantibus stilis vel usibus illicite de novo per quoscunque Officiarios Regios introductis; & quod eciam servare faceremus per dictos Officiarios Regios Arresta Regia, Statuta & Ordinata pro utilitate Rei-publice per inclite recordacionis & sancte memorie Beatissimum Ludovicum Regem Francie quondam, & Ordinaciones eciam factas circa abreviacionem Litium, & quarumdam aliarum rerum utilitatem publicam multimode concernentium, per Robertum de (f) Cerniaco Militem, olim Reformatorem ad partes istas deputatum per Regiam Majestatem.*

(3) Et preterea concederemus quod nullus Habitator dicte Lingue Occitane citetur ad instanciam alicujus stipendiarii vel alterius cujuscunque, coram Preposito vel (g) Prepositis Guerrarum, nisi pro offensa facta predictis stipendiariis, ipsis existentibus in servicio, de quibus primo constaret per informacionem legitime factam; & quod Justiciarii quibus Littere citatorie dirigerentur, obedire non teneantur talibus citacionibus, nisi prius eisdem fides fieret de offensa facta talibus stipendiariis in servicio Regio existentibus.

(4) Quodque eciam execuciones pro debitis fiscalibus fiant per Servientes [m] *Receptoriarum*

a Voy. cy-dessus, p. 101. Note (d)

b à Nous en qualité de Lieutenant du Roy.

c predictum.

d quorum stipendia.

e c'est l'Ordonnance precedente.

f supplicarunt .... ut Nos.

g rancore.

h offerant.

i mittant.

k faisant trop de depenses.

l apponant.

m receptes.

NOTES.

(d) Viguerios.] *Les Viguiers.* Ce mot vient de *Vicarius.* Voy. le Gloss. de Du Cange au mot *Vicarius.*

(e) Comestorum.] Des *Mangeurs.* C'estoient des Sergents que l'on mettoit en garnison dans les biens saisis. Voy. la Table du 2. Vol. des Ordonn. au mot, *Mangeurs,* & le Gloss. de Du Cange, au mot *Comestor.*

(f) De Cerniaco.] Il y a plus bas, *de Charniaco,* & c'est ainsi qu'il faut lire. Il y a dans le 2. Vol. des Ordonn. p. 169. & 171. deux Ordonnances qu'il donna le 1.er & le 6. d'Octobre 1341. en qualités de Reformateur. Il y est mal nommé *de Clarmaco.* Cet erreur vient de ce que n'y ayant presque jamais de points sur les *i* dans les anciens MS. *m,* & *ni* s'écrivent de mesme. C'est sans doute le mesme que D. de Charny qui fut nommé Conseiller Lay au Parlement de Paris, le 11.e de Mars 1344. Voy. *Ibid.* p. 221.

(g) Prepositis Guerrarum.] Ce sont apparement les mesmes que ceux qui sont nommez Prevosts des Mareschaux, cy-dessus, p. 105. Art. 2.

Regiarum,

Regiarum, & non per alios Commissarios, Castellanos, vel Servientes armorum Domini nostri Regis, vel alios homines sumptuosos; quia ex hoc gravia dampna debitores fiscales multimode paciuntur.

(5) Et preterea quod tollentur (h) copatores Monetarum, qui pocius dici possunt depredatores.

(6) Et preterea eciam quod criminosi qui sunt vel fierent de cetero de Burgesia Montispessulani, per suos ordinarios Judices pro talibus criminibus, non obstante Privilegio dicte Burgesie, secundum eorum merita puniantur, (i) durante duntaxat termino supradicto.

(7) Et quod eciam omnes [a] pene quas Nobiles vel Innobiles, si quas incurrerunt vel incurrere potuerint erga Dominum nostrum Regem, pro transgressione vel transgressionibus Ordinacionum Monetarum Regiarum, quomodocumque vel qualitercunque, usque ad hanc presentem diem, eisdem remittentur, & remisse & quitate remaneant.

CHARLES, Fils aisné, & Lieutenant de Jean I.er & selon d'autres, Jean II, au Louvre près de Paris, en Fevrier 1356.

a pœnæ.

Nos igitur ipsorum supplicancium laudabile & honorabile ac fructuosum propositum attendentes, & considerantes ipsorum supplicancium fidelitatem, liberalitatem & affeccionem, quam ostenderunt & ostendunt erga Dominum nostrum Regem & Coronam Francie & statum tocius Regni sui, volentes, prout decet, eis circa predicta salubriter providere, eisdem supplicantibus pro se & nomine dictorum Nobilium & Communitatum, & pro aliis personis superius nominatis, de nostra certa sciencia & gracia speciali, & de plenitudine potestatis Regie Nobis in hac parte attributa, & ex certa scientia, per ipsos petita, supplicata & requisita concedimus, & fieri & exequi volumus, & mandabimus fieri & observari in quibuscunque Senescalliis predictis dicte Lingue Occitane & eorum Ressortibus: Salvo in aliis Jure Regio & in omnibus quolibet alieno. In quorum omnium fidem & testimonium premissorum, nostrum presentibus Litteris fecimus apponi sigillum. Datum Tholose, Die vigesima sexta Octobris, Anno Domini millesimo trecentesimo quinquagesimo sexto.

Comites, Vice-Comites, Barones, Milites, Domicelli dicte Lingue Occitane. Datum ut supra.

Nos autem comprehensa in Litteris suprascriptis attendentes, omnia & singula in eisdem contenta, diligenti in magno prenominati Domini Genitoris nostri atque nostro Consilio deliberacione prehabita, laudamus, approbamus, & nomine ipsius Domini nostri, ut Primogenitus & Locum-tenens ejusdem, auctoritate Regia & ex certa scientia, tenore presencium confirmamus: Salvo tamen & expresse reservato quod per hanc nostram approbacionem & confirmacionem, nolumus contenta in Litteris suprascriptis, Ordinacionibus Beati Ludovici de quibus supra fit mencio, sive Ordinacionibus per defunctum Regem Philippum Pulcrum, dum vivebat, factis, in aliquo derogare, seu eciam aliquid inmutare; quodque Ordinaciones per predictum Robertum de [b] Charniaco facte, ut prefertur, dictis Ordinacionibus Beati Ludovici & Philippi Pulcri predictorum non discrepent. Quod ut stabilitatis perpetue robur obtineat in futurum, has nostras presentes Litteras sigilli Castelleti Parisiensis, in absencia predicti Domini Genitoris nostri magni sigilli, munimine fecimus roborari: Nostro & alieno in omnibus Jure salvo. Datum apud Lupperam prope Parisius, Anno Domini millesimo trecentesimo quinquagesimo sexto, Mense Februarii.

b Voy. cy-dessus, Note (f) page 112.

Per Dominum Ducem, ad relacionem sui Consilii, in quo erant Domini Episcopi Nivernensis & [c] Morinensis, ac Dominus de Revello.

c Therouanne.

Dionysius. *Collacio facta est cum Litteris originalibus hiis presentibus insertis.*

NOTES.

(h) *Copatores Monetarum.*] *Des Coupeurs de Monnoyes.* Voy. cy-dessus la Note (f) de la page 27.

(i) *Durante ... termino supra dicto.*] Il n'y a rien dans ce qui precede, à quoy ces mots puissent se rapporter, & je ne vois pas ce qu'ils peuvent signifier, à moins qu'on ne veüille entendre par ce *terme*, celuy pendant lequel les Estats avoient consenti qu'on levât une Ayde, c'est-à-dire un An. Voy. l'Ordonn. precedente, Art. 1. p. 102.

Peut-estre ces mots ont-ils rapport à quelques-uns des Articles des Privileges des Bourgeois de Montpellier, que nous n'avons pas

CHARLES REGENT. Jean I.er & selon d'autres, Jean II. au Chasteau du Louvre près Paris, en Fevrier 1356.

(a) Lettres qui confirment celles de *Guy* Comte de *Nevers*, & de *Mathilde* sa femme, en faveur des Bourgeois de *Nevers*.

SOMMAIRES.

(1) Le Comte & la Comtesse de Nevers renoncent à toutes les Coustumes & Corvées qui leur appartenoient dans cette Ville; en se reservant leurs revenus, le droit de prendre des denrées à credit, la Justice, & les Amendes.

Dans les affaires qui regarderont ceux qui habitent dans la Liberté *ou les* Franchises *de Nevers, le Demandeur s'adressera au Comte, ou à son Bailli, lequel assignera un jour auquel les Parties comparoistront à Nevers, & [pendant ce delay,] quatre Bourgeois qui seront eslus tous les ans par la Communauté, pour avoir soin des affaires de la Ville, appelleront d'autres Bourgeois de la Ville, qui seront obligez de venir juger avec eux; & le Jugement qu'ils rendront ensemble ne pourra estre cassé.*

Si l'affaire regarde un estranger & un homme de la Liberté *de Nevers, le Jugement se rendra de la mesme maniere; mais l'estranger pourra en appeller sur le champ. L'appel sera jugé par les mêmes Bourgeois, qui ne pourront estre condamnez à l'Amende, si leur Jugement est cassé: ils seront seulement tenus de jurer, si le Comte le requiert, qu'ils ont jugé en leurs consciences. Pour juger sur l'appel, les quatre Bourgeois demanderont au Comte ou au Bailli, six ou huict Chevaliers ou Chastellains, ou Vassaux du Comte, lesquels au moins au nombre de deux, jugeront sur l'appel avec les premiers Juges, & le Jugement qu'ils rendront ne pourra estre cassé. Si le Comte ou son Bailli n'envoyent point du moins deux Chevaliers, dans les vingt jours qui suivront la requisition qui leur en aura esté faite, les premiers Juges rendront leur Jugement qui sera irrevocable.*

(2) Le droit que l'on payera en rendant plainte, ne passera pas trois sols, & l'Amende n'excedera pas trente sols.

(3) Les Bourgeois ne pourront estre tirez de leur Ville, ni pour plaider, ni pour quelque autre raison que ce soit. Ils ne pourront estre arrestez, ni leurs biens saisis pour les crimes dont ils seront accusez, s'ils ont dans la Ville, ou dans le district, des biens suffisans pour payer l'Amende à laquelle ils pourront estre condamnez, ou s'ils peuvent donner caution. S'ils sont arrestez prisonniers, les Bourgeois auront droit de les délivrer; à moins qu'ils ne soient accusez de vol, de rapt, ou d'homicide, & qu'ils n'ayent esté trouvez en flagrant delict, ou que quelqu'un ne s'engage de prouver qu'ils en sont coupables; & en ce cas-là mesme, ils ne pourront estre conduits hors de la Ville, qu'ils ne soient convaincus de ces crimes par un Jugement rendu dans la Cour de Nevers, par le Comte ou son Bailli. Si on veut les conduire hors de la Ville, avant qu'ils ayent esté condamnez, les Bourgeois pourront les tirer des mains de ceux qui les ont arrestez, & les garder eux-mêmes dans la Ville, s'ils le veulent, ou les remettre au Bailly qui jurera de les garder dans la Ville, jusqu'à ce qu'ils soient condamnez.

(4) Les quatre Bourgeois Eslus feront publier au nom du Comte, le jour auquel commenceront les Vendanges, & son Prevost n'aura aucun droit sur ce qui aura rapport à cette publication.

(5) Les Bourgeois auront le droit de pescher dans la Loire.

(6) Les quatre Bourgeois [Eslus] convoqueront à Nevers les autres Bourgeois, pour les affaires communes, par une Ordonnance qu'ils feront publier de la part du Duc.

(7) A la place des Corvées dont le Comte a dispensé les habitans de Nevers, ils luy payeront chaque année une Cense, *trois jours après la S.t Martin d'hyver. La* Cense *la plus forte sera de quarante sols, & la plus foible de douze deniers, & la quotité en sera reglée par les quatre Bourgeois [Eslus] proportionnellement aux biens des Censitaires. Le Prevost du Comte levera cette* Cense *sur le rolle qui luy sera remis par les quatre Bourgeois [Eslus.] Il pourra saisir les biens de ceux qui ne payeront pas; mais il ne pourra leur faire payer d'Amende.*

(8) Les Estrangers qui viendront s'establir à Nevers, joüiront de tous les Privileges des Bourgeois; mais on n'y pourra recevoir ni les Sergents du Comte ni ses Serfs, si ce n'est par son ordre.

(9) Si un Estranger qui est venu s'establir dans la Bourgeoisie de Nevers, est reclamé dans l'An & Jour, il sera obligé d'en sortir; mais il pourra emporter tous ses effets: s'il n'est pas reclamé dans l'An & Jour, il deviendra Bourgeois libre; à moins que celuy qui a droit de le reclamer, n'ait esté dans l'impossibilité de le faire.

(10) Les Bourgeois de Nevers pourront renoncer au Droit de Bourgeoisie, & aller s'establir ailleurs: s'ils reviennent dans la suite demeurer à Nevers, ils rentreront dans tous les Privileges des Bourgeois.

(11) La succession de ceux qui mourront sans enfans appartiendra en entier à leurs plus prochains heritiers libres. S'ils ne se presentent pas sur le champ pour la recüeillir, les quatre

CHARLES REGENT, Jean I.er & selon d'autres, Jean II. au Chasteau du Louvre près Paris, en Fevrier 1356.

Bourgeois [Eslus] la leur garderont pendant un An & un Jour; passé lequel temps, elle appartiendra au Comte; à moins que des obstacles legitimes n'ayent empesché les heritiers de se presenter.

(12) Si un des quatre Bourgeois [Eslus] n'est pas en estat de vacquer aux affaires communes, les trois autres avec ceux qu'ils appelleront avec eux à cet effet, nommeront une personne pour remplir sa place, tant qu'il ne poura pas l'occuper.

(13) Celuy qui a joüi pendant un an & un jour d'un bien qu'il a acheté, ne pourra plus estre depossedé; à moins que le proprietaire n'ait esté hors d'estat pendant ce temps, de le reclamer.

(14) Le Comte fera sortir de prison ceux qui auront esté arrestez pour ce qu'ils luy devoient; sinon ils seront delivrez des deniers de la Cense du Comte, & on leur restituëra de ces mêmes deniers, ce qu'ils prouveront avoir perdu à l'occasion de leur capture.

Le Comte fera sortir de prison ceux qui auront esté arrestez pour quelque autre raison.

(15) Pour quelque necessité que ce soit, les Officiers du Comte ne pourront prendre ni dans la Ville, ni en deçà des Croix, les Chevaux des Charruës; & les Bourgeois auront droit de les reprendre de force à ceux qui les auront enlevez.

(16) Ceux qui apporteront du Bois dans la Ville de Nevers, ne pourront plus estre inquietez, dès qu'ils seront dans l'enceinte nommé les Croix. [Voy dans l'Article & dans la Note (*dd*) quels estoient les bornes de cette enceinte.

(17) Les estrangers qui viendront aux Marchez & aux Foires de Nevers, seront en allant & en venant sous le sauf-conduit du Comte, & leurs meubles ne pourront estre saisis que pour des debtes, ou pour des cautionnemens dont ils auront connoissance.

(18) Le Bailli, le Prevost, & les autres Officiers de Justice du Comte, avant que d'entrer en fonction, jureront d'observer les Reglements precedents.

(19) Le Comte sera tenu de reparer les torts qu'il aura faits aux Bourgeois, en contrevenant à ces Reglements, vingt jours après qu'il en aura esté averti; s'il ne le fait pas, les Bourgeois pourront sortir de la Ville avec tous leurs biens.

(20) Le Comte, ses heritiers & ses successeurs jureront l'observation de ces Reglements, & les Bourgeois ne seront point obligez de les reconnoistre pour Seigneurs, ni de leur payer la Cense, qu'ils n'ayent fait ce serment.

Le Roy de France sera supplié de donner aux Bourgeois des Lettres testimoniales *de ces Reglements. Si le Comte ou ses successeurs contreviennent à ces Reglements, ils pourront estre excommuniez, & leur terre pourra estre mise en interdit.*

KAROLUS Regis Francie Primogenitus, ipsiusque Locum-tenens, Dux Normannie & Dalphinus Viennensis. Notum facimus universis tam presentibus quam futuris, Litteras infrascriptas vidisse, formam que sequitur, continentes.

In nomine Sancte & Individue Trinitatis, Amen. Ego (b) Guido Nivernensis & Forensis Comes, & Ego Mathildis Comitissa Uxor ejusdem Comitis, omnibus notum facimus presentibus pariter & futuris, dilectos nostros Burgenses de Nivernis libere semper esse condicionis; Nos eciam de prudentum virorum & maxime (c) Baronum nostrorum consilio, pro emendacione Ville nostre Nivernis, omnes (d) Consuetudines qualescunque

NOTES.

(*a*) Tresor des Chartes, Registre cotté 84. Pour les Années 1354. 1355. & 1356. Piece 756. La Charte de Commune accordée aux Habitans de Nevers, par Pierre Comte de Nivernois, en 1194. est dans le Registre de Philippe Auguste, que M. *Rouillé du Coudray* a legué depuis peu à la Bibliotheque du Roy.

(*b*) *Guido Nivernensis, &c.*] *Mahaud* de *Courtenay* Comtesse de *Nevers*, d'*Auxerre* & de *Tonnerre*, par sa Mere *Agnès* Fille de *Guy* I. Comte de *Nevers* & d'*Auxerre*, & de Pierre II. Seigneur de *Courtenay*, Empereur de *Constantinople*, épousa en premieres Nopces, *Hervé* IV. Seigneur de *Donzy*, dont elle fut separée pour cause de parenté, par une Bulle d'Innocent III. Elle épousa en secondes Nopces, *Guy* IV. Comte de *Forez*, dont elle fut la seconde femme. *Hist. Genealog. de la Maison de France, par les PP. Ange & Simplicien* T. I. p. 475. 476. Edit de 1726.

Coquille n'a point parlé dans son Histoire du *Nivernois*, du second mari de *Mahaud* de *Courtenay*.

(*c*) *Baronum.*] Voy. cy-dessous la Note (*ff*) p. 120.

(*d*) *Consuetudines.*] Ce sont les Corvées ausquelles les subjets estoient assujettis au profit de leurs Seigneurs, soit à cause de leur qualité de *Serfs*, soit en vertu des Lettres d'Affranchissemens, ou de Communes qui leur avoient esté accordées. Voy. cy-dessus, p. 56. l'Ordonnance qui regarde la Ville de *Limoges*, & cy-dessous celle du mois d'Octobre 1358. qui regle les Droits du Chapitre de *Romans* en *Dauphiné*.

CHARLES REGENT. Jean I.er & selon d'autres, Jean II. au Chasteau du Louvre près Paris, en Fevrier 1356.

*quas Nos & predecessores nostri in Villa Nivernensi habebamus aut solebamus habere, & nominatim (e) Chevaucheiam nostram & Exercitum nostrum, eisdem Burgensibus, deliberacione * prima diligenti, quittavimus imperpetuum penitus & quittamus; exceptis redditibus nostris quos nunc habemus ibidem vel sumus in posterum habituri, vel quos aliqui de Nobis (f) ad vitam suam vel ad sufferenciam nostram modo tenent; & excepta (g) Credencia quadraginta dierum quam in eadem Villa ad victualia habemus; ita quod si usque ad quadraginta dies eis credita non [a] rederentur, creditores à Credencia absolverentur, donec eis credita redderentur; & exceptis Justiciis & (h) Fori-factis nostris, de quibus ita statuimus & concessimus eisdem Burgensibus imperpetuum, quod si aliquis qui erit de (i) Libertate nostra Nivernensi in aliquo fori-fecerit, aut si unus de alio conqueratur, [b] clamor ad Nos vel ad (k) Mandatum nostrum fiet, & à Nobis vel à Mandato nostro dies assignabitur (l) Niverneñ. ad judicandum querelam & Forifacti emendam que nostra est: ad quam diem quatuor Burgenses, qui à Communitate Ville annis singulis eligantur ad hoc & ad alia negocia Ville tractanda & procuranda, & ad hec jurati, vocabunt quos voluerint de ceteris Burgensibus Ville ad judicandum querelam & Forifacti emendam; & illi qui ad hoc vocati fuerint à dictis quatuor Burgensibus vel à tribus eorum, tenebuntur (m) per sua Juramenta venire ad Judicium faciendum, & per idem Juramentum tenentur justum Judicium facere bona fide: & Judicium, quod à dictis quatuor Burgensibus vel à tribus eorum, & ab aliis ad hoc vocatis fiet, non poterit ab aliquo revocari. Si quis vero [c] de foris qui non sit de [d] Liberitate Ville, de aliquo qui sit de Libertate ipsa, conqueratur, simili modo fiet Judicium per Burgenses predictos; excepto quod si ille de foris Judicium injuste factum esse dixerit (n) viva ratione, & illud [e] revocare voluerit, super hoc audietur: Sed ipsi Burgenses occasione ipsius Judicii qualicumque ab eis facti, (o) occasionari non possunt, nec Nobis propter hoc ad aliquam teneri emendam; sed tantummodo si voluerimus, ipsi jurare tenentur, quod Judicium bona fide*

* *Forte*, previa, *comme il se lit à la fin de la p. 120.*

a redderentur.

b plainte en Justice.

c un estranger.

d Libertate.

e faire revoquer.

NOTES.

(e) *Chevaucheiam & Exercitum.*] Le Droit qu'ont les Seigneurs d'obliger leurs subjets de les suivre, lorsqu'ils vont à quelque expedition militaire. Voy. cy-dessus, p. 60. l'Art. 1. des Lettres sur *Limoges.*

(f) *Ad vitam vel ad sufferenciam nostram.*] C'est-à-dire, les revenus dont la joüissance a esté cedée par les Comtes de Nevers, à differens particuliers qui en joüiront ou pendant toute leur vie, ou à la volonté des Comtes; car c'est ainsi que j'entends *sufferenciam.*

(g) *Credencia.*] Le Droit de prendre à credit, tel qu'il est expliqué icy. Il est aussi parlé de ce Droit dans l'Ordonnance sur les Privileges du Chapitre de *Romans*, qui sera imprimée cy-dessous. Voy. page precedente, note (*d*).

(h) *Fori-factis.*] Pour *Foris-factis.* L'Amende à laquelle sont condamnez ceux qui contreviennent aux Loix.

(i) *Libertate.*] Lieu dans lequel ceux qui y habitent joüissent de certains Droits, de certaines *Franchises.* Voy. le Gloss. de Du Cange, au mot *Libertas.*

(k) *Mandatum.*] Je crois que ce mot signifie le *Bailly* du Comte. Car un peu plus bas, il y a que les Bourgois demanderont au Comte & à son *Bailly* des Chevaliers pour juger avec eux, & quelques lignes plus bas, on lit, que le Jugement rendu par ces Chevaliers envoyez *à Nobis vel à Mandato nostro, &c. Mandatus* signifie donc là *delegatus.* Voy. cy-dessous l'Art. 18. & l'Art. 20. dans lequel, le Magistrat du Peuple est aussi *Mandatus.*

(l) *Niverneñ.* Peut estre pour *Nivernensi.* Plus haut il y a, *Ville nostri Nivernis.*

(m) *Per sua Juramenta.*] C'est-à-dire, apparemment par le Serment qu'ont fait en general tous les Bourgeois, de venir juger, quand ils en seront requis.

(n) *Viva ratione.*] Cela peut signifier, *par des raisons qu'il dira de vive voix*, & sur le champ: on disoit en Latin *Viva vox*, & c'estoit même une expression proverbiale. *multo magis (ut vulgo dicitur,) viva vox afficit*, dit Pline le Jeune dans l'Epistre 3. du Livre 2. & dans Quintilien, Ch. 2. du Livre 2. de ses *Institut. Orat. Viva illa (ut dicitur) vox.*

Dans les Pays Coustumiers, il falloit interjetter Appel avant que le Juge qui avoit prononcé la Sentence, fut sorti du Siege, comme l'a remarqué M. de Lauriere. Voy. 2. Vol. des Ordonn. p. 212. Note (*c*)

(o) *Occasionari.*] C'est-à-dire, d'estre condamné à l'Amende. Suivant l'ancien Droit François, les *hommes jugeans* qui jugeoient avec les Juges ordinaires, estoient condamnez à l'Amende, lorsque la Sentence qu'ils avoient renduë, estoit cassée. Voy. la Table du 2. Vol. des Ordonn. au mot *jugeans (hommes.)* Voy. aussi le Gloss. de Du Cange, au mot *Occasionare.*

CHARLES REGENT, Jean I.er & selon d'autres, Jean II. au Chasteau du Louvre près Paris, en Fevrier 1356.

fecerint, & si in hoc (p) meseraverunt, fecerunt ignoranter; & tunc dicti quatuor Burgenses aut tres eorum requirent à Nobis vel à Baillivo nostro, de Militibus fidelibus nostris, Castellanis aut [a] Vavassoribus, sex vel octo quos voluerint & nominaverint, & Nos vel Baillivus noster tenebimur mittere de Militibus requisitis ad minus usque ad duos, ad Judicium ipsum de novo faciendum cum Burgensibus supra dictis; & Judicium à dictis Burgensibus & Militibus à Nobis vel à Mandato nostro ad hoc missis factum, stabile permanebit. Quod si Nos vel Baillivus noster duos ad minus de Militibus requisitis, infra viginti dies post requisicionem Burgensium, ad hoc non mitteremus, Burgenses facerent Judicium, & ipsum Judicium non posset aliquathenus revocari.

(2) (q) Clamor qui ad Nos vel ad Mandatum nostrum fiet, tres solidos non excedet, & emenda Fori-facti triginta solidos similiter non excedet.

(3) Statuimus eciam & eisdem Burgensibus concessimus, quod nullum eorum extra Villam Nivernensem pro [b] placitacione aut pro aliqua causa trahemus; & quod nullus eorum, nec etiam res sue à Nobis vel à Mandato nostro capientur pro aliquo Fori-facto; dum tamen habeat in Villa vel in [c] potestate Ville, unde Juri parere possit; & si non haberet unde Juri parere posset, similiter capi non posset, nec eciam res sue, dum se posset [d] hostagiare. Quod si forte caperetur, Burgenses possent captum [e] excutere à quocunque capiente, sine se [f] mesfacere; exceptis pro tribus Fori-factis, furto, raptu, & homicidio, pro quibus, vel pro quorum altero, nullus qui sit de Libertate ista, capi poterit, nisi repertus fuerit in presenti [g] Fori-facto, vel nisi aliquis appareat qui paratus sit probare rationabiliter, quod hujusmodi fecerit Fori-factum; & tunc eciam extra Villam duci non poterit, quousque hujusmodi Fori-factum cognitum fuerit vel probatum rationabiliter, coram Nobis vel coram Mandato nostro in Curia nostra Nivernensi: Et si forsitan duceretur extra Villam ante cognicionem vel probacionem Fori-facti, ut dictum est, Burgenses possent ipsum excutere sine se mesfacere; ita quod interim custodiant, si voluerint, ipsum captum in Villa, vel ipsum Mandato nostro tradent, qui per Juramentum suum ipsum recipere & in Villa custodire tenetur, quousque Fori-factum, ut dictum est, esset cognitum vel probatum.

(4) (r) Bannum [h] vindemandi dictis quatuor Burgensibus committimus omnino; ita quod ipsum Bannum ex parte nostra facient edici, & terminum abreviare vel prolungare prout viderint expedire, nulla Preposito nostro potestate retenta illud relaxandi, aut propter hoc aliquid petendi vel recipiendi: qui ex tunc vindemiantes impedierit, Nos impedimentum tollemus.

(5) Usum piscandi in aquis nostris Ligeris, (s) Nerini & Moesse eisdem Burgensibus liberè concedimus.

(6) Statuimus eciam & concedimus eisdem, quod quandocunque dicti quatuor Burgenses aut tres eorum, alios Burgenses pro negociis Ville tractandis convocare voluerint, licebit eis ex parte nostra facere edictum convocandi eos Nivernen.

(7) Pro hiis si [i] quidam (t) quittacionibus, constitucionibus & convencionibus in hac

a des Vassaux.

b pour plaider.

c le district.

d donner un hostage, une caution.

e reprendre.

f sans encourir aucune peine.

g en flagrant delict.

h Vindemiandi.

i quidem.

NOTES.

(p) *Meseraverunt.*] On voit bien ce que signifie ce mot qui n'est pas dans Du Cange: peut-estre vient-il d'*errare*, & de *mes*, qui se trouve au commencement de plusieurs mots composez de nostre Langue, où il signifie *mal*, *m-fallier messaire*, *&c.* & peut-estre aussi, est-ce une faute de Copiste pour *inerraverunt*, qui se trouve au propre dans de bons Auteurs. *Experieris non Dianam magis montibus, quam Minervam inerrare*, à la fin de l'Epistre 6.e du Livre 1. de Pline le jeune.

(q) *Clamor.*] Je crois que cela signifie un Droit que l'on payoit à un Juge, quand on intentoit une *action* devant luy.

(r) *Bannum vindemandi.*] Le *Ban* ou la *proclamation*, pour indiquer le jour auquel on commencera les Vendanges.

(s) *Nerini & Moesse.*] On pourroit aussi lire *Nervii.* C'est la Riviere de *Nyevre. Moesse.* M. Alixand [Voy. cy-dessous, p. 119. Note (*dd*)] m'a dit qu'il y a à Nevers un Fauxbourg nommé *Moesse*, dans lequel passe un petit bras de la *Nyevre*, lequel on nomme *fosse Nyevre*, ou *fausse Nyevre*. De plus, quand la Loire se deborde, elle remplit de grands Fossez qui sont auprès de ce Fauxbourg, & que l'on nomme aussi *fosse Nyevre*, dans lesquels il reste du Poisson, que l'on pesche, quand la Riviere s'est retirée.

(t) *Quittacionibus.*] La remise des Cor-

CHARLES REGENT, Jean I.er & selon d'autres, Jean II. au Chasteau du Louvre près Paris, en Fevrier 1356.

Carta contentis, Burgenses nostri de Nivernis concesserunt Nobis & successoribus nost in perpetuum, (u) Censam inferius [a] *annotatem Nobis vel Mandato nostro annuati reddendam, infra tercium diem festi Sancti Martini hyemalis, que talis est.*

Omnis de libertate ista existens, qui ad (x) circumspectionem dictorum quatuor Burge sium, & eorum quos ad hoc vocaverint, quadraginta solidos Nobis dare poterit competent Nobis dabit illos de Moneta currente Nivernensi, & nichil amplius. Qui vero quadragin solidos Nobis dare non poterit competenter, à quadraginta solidis usque ad duodecim den rios ad estimacionem dictorum quatuor Burgensium, & eorum quos ad hoc vocaverint, N bis dabit; & fiet (y) descensus iste ad estimacionem eorumdem: Et dicti quatuor Bu genses, & ipsi quos ad hoc vocabunt, jurabunt quod Censam faciant bona fide, nullum in h attendentes odium vel amorem, & sic erimus [b] *contempti tali summa, qualem ipsi facie per suum Juramentum: & Prepositus noster Nivernensis tenebitur Censam levare, s cundum* [c] *transcriptum quod ei tradiderint dicti quatuor Burgenses, & eciam* [d] *ga giare, si opus fuerit, sed propter hoc nullam habebit emendam: & Communitas Vil aut aliquis qui sit de Libertate ista, in nullo alio servicio Nobis tenebitur.*

(8) Si quis de foris ad habitandum in Villa venerit, sicut ceteri Burgenses s hac Libertate & Consuetudine secure & libere permanebit; Servientes tamen nostros a homines nostros vel feminas nostras (z) de Capite, in hac Libertate non poterunt re nere, nisi de speciali mandato nostro.

(9) Si quis de foris veniencium, infra Annum & Diem ab aliquo fuerit requis tus, Nivernensi Juri parebit. Quod [e] *sic voluerit Juri parere, Consuetudinem Ville requ ret, & licebit ei per quatuordecim dies, sub salvo conductu nostro recedere, & se & res suas quocunque voluerit ducere. Si vero infra Annum & diem non fuerit requisitu dum tamen interim potuerit racionabiliter requiri, deinceps noster Burgensis liber rema nebit.*

(10) Omnes autem qui de Libertate ista erunt, quoscienscumque eis placuerit, p terunt ire quocunque voluerint libere & absolute, cum universis rebus suis, & ea que Villa vel alibi in potestate nostra habebunt, libere & pacifice interim tenebunt; & quand eis placuerit, poterunt reddire in Libertatem Ville, sicut ceteri Burgenses.

(11) Si aliquis vel aliqua sine filio vel filia decesserit, (aa) echeeta mortui vel mo tue sine (bb) merciamento aliquo ad propinquiorem liberum heredem deveniet. Quo si statim hujusmodi propinquior heres echeetam non requisierit, anno & die reservabitu justo heredi per manum dictorum quatuor Burgensium. Si autem ipse propinquior her infra annum & diem escheetam non requisierit, dum tamen requirere potuerit comp tenter, deinceps super hoc nullatenus audietur; ymo ad Nos plenarie deveniet escheeta.

(12) Et sciendum quod si aliquis dictorum quatuor Burgensium tali impedimen

[a] annotatam.

[b] contenti.

[c] le roole.

[d] saisir & gager les biens de ceux qui ne payeront pas.

[e] *forte* si.

NOTES.

vées ausquelles ils estoient obligez envers luy.

(u) Censam.] Un Cens, ou une *Cense*, comme la nomme Coquille dans son Histoire du Nivernois, dont nous allons rapporter un passage, (p. 374. Edit. in 4.°) qui servira de Commentaire à cet Article. *Le Duc de Nivernois prend sa* Cense *sur les personnes des Bourgeois... laquelle* Cense *est departie par les quatre Eschevins, & presentée au Sieur Bailly ou son Lieutenant, environ la Feste Saint Martin, & est cüeillie par le Prevost Ducal.*

(x) Circumspectionem.] *Jugement.* Dans des Lettres du mois d'Octobre 1358. en faveur des Majeurs d'Abbeville, & qui seront imprimées cy-dessous, il y a dans le même sens, à l'*Esvvart du Majeur: Esvvart* est la même chose qu'*Esgard*, regard.

(y) Descensus.] Cette diminution de la quantité de la *Cense*, depuis quarante sols jusqu'à douze deniers, laquelle sera proportionnée à la valeur des biens du *Censitaire*.

(z) De Capite.] C'est-à-dire, *Capite censos*, des Serfs. Voy. le Gloss. de Du Cange, au mot *Capitalis*, où il parle *des hommes de corps & de chief.*

(aa) Echeeta.] *Eschoiste.* Succession en ligne colleterale. Voy. le Gloss. du Droit François au mot *Eschoite.*

(bb) Merciamento.] On trouve dans le Gloss. de Du Cange *Mercia, Merciamentum, Mulcta.* Mais *Merciamentum* ne peut avoir cette signification dans cet Article. Peut-estre faut-il entendre par ce mot, un Droit que quelques Seigneurs prenoient sur les successions collaterales, & dont les Bourgeois de Nevers sont declarez icy exempts.

fuerit impeditus, quod non possit cum aliis interesse ad premissa facienda, tres alii & illi quos ad hoc vocaverint, substituent alium loco ejus, qui cum aliis erit ad premissa facienda Juratus, donec primo ellectus fuerit expeditus.

CHARLES REGENT. Jean I.er & selon d'autres, Jean II. au Chasteau du Louvre près Paris, en Fevrier 1356.

(13) [a] *Quicuque possessiones aut res alias per empcionem anno & die tenuerit pacifice, elapso anno & die nullus audietur contra possidentem; nisi taliter interim fuerit impeditus, quo Jus suum non potuerit reclamare.*

(14) Si aliquis Burgensis pro debito nostro captus fuerit, Nos eum liberari faciemus: quod nisi ipsum fecerimus liberari, de [b] *nominis Cense nostre liberabitur: Et omnia deperdita juste probata, que occasione capcionis incurrent, restituentur eidem de denariis Cense nostre. Si vero pro alia causa aliquis eorum captus fuerit, Nos bona fide ipsum liberari faciemus.*

(15) Equos, Jumenta, Asinos, vel [c] *Quatrigas Burgensium quacunque necessitate urgente à Ministris nostris in Villa vel infra* [d] *Cruces (cc) capi nullatenus permittemus. Quod si forte capiantur, Burgenses sine se mesfacere, poterunt ea excutere à quocunque capiente.*

(16) (dd) Quicunque ligna ad Villam Nivernensem attulerit, ex quo infra Cruces devenerit, ipse aut res ejus ex tunc nullum impedimentum sustinebunt. Spacium autem Crucium durat usque ad Crucem de Montet, & exinde directe usque ad Pontem Sancti Ursi, & exinde usque ad Pontem Mali Campi, & exinde usque ad Portum de Constant, & exinde usque ad Ulmum pediculosum.

(17) Quicunque ad Forum nostrum die sabbati, vel ad Nundinas Ville de foris venerit, sub salvo conductu nostro erit bona fide eundo & redeundo, nec poterit capi vel [e] *vadiari, nisi pro* [f] *debita cognito a debitore, vel pro fidejussione cognita à fidejussore.*

(18) Quociens Baillivum vel Prepositum aut alium Mandatum nostrum de Nivern. (ee) mittaverimus, ipsos jurare faciemus, quod omnia premissa per suum Juramentum observent, & quod nullam injustam occasionem mollestandi Burgenses exquirent; & donec juraverint, non habebunt eos Burgenses pro Preposito, neque pro Baillivo nostro, neque pro Mandamento nostro.

(19) Si vero in aliquo premissorum contra Burgenses offenderimus, ad ammonicionem eorum infra viginti dies ammonicionis sue, male acta emendabimus. Quod si forte

a Quicunque.
b nummis.
c Quadrigas. Des Charuës.
d Voy. la Note (dd)
e saisir ses meubles.
f debito.

NOTES.

(cc) *Capi.*] Il s'agit dans cet Article du Droit de Prise, sur lequel Voy. les Tables du premier & du second Volume des Ordonn.

(dd) *Quicunque ligna, &c.*] J'ay consulté sur cet Article, M. *Alixand de Chamenet* Advocat au Parlement, qui est de Nevers, & voicy les éclaircissemens qu'il a bien voulu me donner.

La Banlieuë de Nevers est bornée par des Croix, distantes de la Ville environ d'une lieuë, & l'espace qu'elles renferment est nommée *entre les Croix.*

Il y a encore aujourd'huy des Croix aux lieux nommez dans cet Article.

Crucem de Montet. La Croix de *Montot*, le Levant & le Midi de Nevers.

Pontem S. Ursi. Pont S.t *Ours*, sur la *Nyevre* au Levant.

Pontem mali Campi. Pont de *Mauchamp.* Ce Pont est au Nort sur des Marais, dans lesquels coule un petit Ruisseau. Ce Pont est sur une chaussée, par où passe le chemin de *Nevers* à Paris.

Portum de Constant. M. Alixand croit que ce peut estre le *Bec d'Alliez*; c'est-à-dire, l'endroit où l'*Alliez* se jette dans la *Loire.* Il y a une Croix. Le *Bec d'Alliez* est au Couchant de *Nevers.*

Ulmum pediculosum. M. Alixand croit que l'*Ulmus pediculosus* estoit vers *la Croix des Bois*, au Midi de *Nevers*, sur le chemin de *S.t Pierre le Moustier*, au-dessus de la Maladerie de *S.t Antoine*, dans une croisée de chemins, dont l'un va à l'Eglise de *Challuy*, & l'autre au Village de *Guain.* Les Paysans sont encore dans l'usage d'aller prendre du Bois dans les environs de *Nevers*, & principalement vers la *Croix des Bois*, parce qu'il y en a beaucoup plus de ce costé-là, que des autres.

(ee) *Mittaverimus.*] Ce mot est bien écrit: si ce n'est pas une faute de Copiste, on le peut le faire deriver de *Mittere*; & il signifiera, *mettre dans une Charge*, de la même maniere que dans cet Article & dans quelques-uns des precedents, *Mandatum*, ou *Mandamentum*, qui viennent de *Mandare*, signifie un *Officier de Justice.*

CHARLES REGENT. Jean I.er & selon d'autres, Jean II. au Chasteau du Louvre près Paris, en Fevrier 1356.

facere contempxerimus, Burgenses si voluerint, poterunt à Villa recedere sine jactura corporum suorum, & rerum suarum tam mobilium quam inmobilium.

(20) Ut autem hec omnia premissa & singula premissorum firma & inconcussa permaneant in futurum, tactis Sacro-Sanctis Euvangeliis, solempniter juramus quod ipsa observabimus & tenebimus firmiter bona fide, & faciemus à nostris similiter observari. Et Heres noster cum ad etatem quindecim annorum pervenerit, vel successor noster & Uxor ejus jurabunt modo simili, quod hec omnia tenebunt firmiter, & fideliter observabunt : omnes & eciam illos qui Nobis in dominio Ville Nivernensis succedent, volumus & concedimus teneri ad premissa Juramenta facienda, & ipsos ad hoc specialiter obligamus, ex [a] *pacto, ita quod donec juraverint, & Litteras suas patentes de premissis omnibus observandis & tenendis tradiderint sine interventu peccunie Burgensibus de Nivernis, Burgenses ipsi non tenebuntur ipsos habere pro Dominis, neque eis fidelitatem facere, nec* [b] *Censam reddere supradictam; Et sic fiet de herede in heredem.*

Rogavimus insuper & requisivimus Karissimum Dominum nostrum Ludovicum [c] *Dei gracia Francorum Regem, quod predictis Burgensibus Litteras suas patentes tradat testimoniales de omnibus supradictis.*

Rogavimus insuper Venerabiles Patres ac Dominos Lugdunensem, Bituricensem & Senonensem Archiepiscopos, Eduensem, Lingonensem, Altissiodorensem & Nivernensem Episcopos, quod Litteras suas patentes tradant dictis Burgensibus de premissis quittacionibus, & convencionibus observandis; & si forte resilierimus ab ipsis quittacionibus vel convencionibus superius expressis, quod ipsi in personas nostras & successorum nostrorum & heredum, Excommunicacionis, & in terram nostram & in homines nostros Interdicti sententias, ad peticionem Burgensium vel [d] *Mandati eorum, ponant; hujusmodi sententias nullatenus relaxaturi, donec emendatum sit id quod contra Burgenses, aut contra ea que in ista* [e] *Quarta continentur, à Nobis vel à successoribus nostris minus juste fuerit attemptatum; nisi ut dictum est, infra viginti dies male acta fecerimus emendari. Et quod hec similiter faciant de heredibus & successoribus nostris, si contra premissa venire in posterum attemptarint.*

De Mandato eciam nostro & speciali precepto, dilecti & fideles nostri (ff) Archembaudus *Dominus* Bourbon, Symon *Dominus* Luziari, Galtherus de Joingniaco, Odo de Castellione, Johannes de Costiaco, Ansericus de Barsena, Hugo *Dominus* Uimi, Arnulphus Calderonis de Feritate, Hugo *Dominus* de Sancto Vezano, Milo *Dominus* Noëriorum, S. Willelmus de Merloto, Petrus de Barris, Willelmus de Barris, Hugo *Dominus* Jaligniaci, & Iterius Fragñ. *Dominus, juraverunt se predictas quittaciones & convenciones & omnia predicta, quantum in eis est, fideliter observaturos, & quod contra* [f] *Quartam premissam, aut contra ea que in ipsa Quarta continentur, Nobis aut successoribus nostris non dabunt consilium vel auxilium veniendi, & ad consimilia Juramenta facienda, heredes ipsorum Baronum bona fide inducemus, cum à dictis Burgensibus vel ab eorum Mandato fuerimus requisiti.*

Ego eciam Matildis Comitissa per Juramentum meum prestitum, confiteor & affirmo quod hec omnia premissa & singula premissorum, pro evidenti utilitate presenti pariter & futura mea heredumque meorum, & pro emendacione Ville mee Nivernensis, (gg) provida & cum deliberacione previa diligenti, sponte facio pariter & concedo; renuncians quod ad hec per Juramentum meum expresse, omni actioni & excepcioni tutele revocacionis & decepcionis cujuscunque, omninoque Juri & Privilegio in favorem Mulierum introductis, & specialiter omnibus Litteris tam impetratis quam impetrandis, quibus contra premissa, vel contra aliqua premissorum aliquathenus possem uti.

Quod ut perpetue stabilitatis robur obtineat, presentem [g] *Quartam sigillorum nostrorum*

a sous la condition que

b Voy. cy-dessus la Note (u) de la p. 118.

c S.t Loüis.

d le Magistrat du Peuple. Voy. cy-dessus la Note (k) de la page 116.

e Carta.

f Cartam.

g Cartam.

NOTES.

(ff) *Archembaudus, &c.]* Ce sont les Barons du Comte, par le conseil desquels il donna ces Lettres, ainsi qu'il est marqué au commencement. Voy. cy-dessus la Note (c) p. 115.

(gg) *Provida.]* Ayant murement examiné cette affaire. C'est ainsi qu'Horace dans le Vers 19. de la 2.e Epistre du second Livre, a dit d'Ulysse, *multorum providus.*

munimine

muniminе confirmamus. Actum publice Nivernis, Anno Domini millesimo ducentesimo tricesimo primo, sexto [a] Kalendas Augusti. a le 27. de Juillet.

Quas quidem Litteras & omnia & singula in ipsis contenta, quathenus ipsis nunc usque Habitatores de quibus in eisdem habetur mencio, pacifice usi fuerunt, rata & grata habentes, ea volumus, laudamus, approbamus, ratifficamus, ac tenore presencium de gracia speciali & auctoritate Regia Nobis in hac parte attributa, confirmamus, Regio & alieno in omnibus Jure salvo. Quod ut firmum & stabile perpetuo perseveret, hiis presentibus Sigillum Castelleti Parisiensis in absentia magni Sigilli dicti Domini Genitoris nostri, duximus apponendum. Datum in Castro de Luppara juxta Parisius, Anno Domini millesimo trecentesimo quinquagesimo sexto, Mense Februario.

In Requestis Hospicii. J. CLERICI. Choquardi. Collatio facta est cum Litteris originalibus supra scriptis, per me J. CLERICI. FULCO.

CHARLES, FILS AISNÉ, & Lieutenant du Roy Jean I.er & selon d'autres, Jean II. à Paris, au mois de Mars 1356.

(a) Ordonnance faite en consequence de l'Assemblée des trois Estats du Royaume de France, de la Languedoil, contenant plusieurs Reglemens sur differentes matieres.

SOMMAIRES.

(1) Ce que les Deputez, que le Duc de Normandie choisira par le conseil des trois Estats, feront conformement aux Instructions qui leur seront données, par rapport à l'Ayde, à la reformation du Royaume, & à la Monnoye, sera observé irrevocablement, aussi bien que ce qui sera reglé sur les Officiers qui seront privez de leurs Charges.

(2) Les deniers qui proviendront des subsides que les trois Estats ont promis de donner, seront entierement employez pour les dépenses de la Guerre, sans qu'ils puissent estre détournez à un autre usage par quelque autre personne que ce soit.

Ces deniers ne seront ni levez ni distribuez par les Officiers du Roy, mais par des Deputez esleus par les trois Estats, & qui jureront au Roy & aux trois Estats, qu'ils n'employeront ces deniers que pour les dépenses de la Guerre: les Deputez particuliers jureront la mesme chose aux Juges Royaux, en presence d'une ou de deux personnes de chacun des trois Estats.

Les Deputez generaux & particuliers n'auront aucun égard aux ordres de quelque part qu'ils viennent, qui pourroient leur estre envoyez au contraire, sous peine d'estre privez de leurs Offices, & d'estre mis en prison, ou les Gens des trois Estats pourront les faire conduire, & d'où ils ne sortiront qu'après avoir rendu l'Argent qu'ils auront diverti à d'autres usages qu'à celuy des dépenses de la Guerre. Ils seront tenuz de resister par voye de fait, & en employant le secours de leurs voisins, aux Officiers du Roy qui voudroient leur enlever les deniers de leurs Receptes.

(3) Les Deputez generaux ne pourront rien faire par rapport à leur administration, qu'ils ne soient tous d'accord, ou que du moins six d'entr'eux, sçavoir deux personnes de chaque Estat, ne soient du même avis.

(4) Moyennant l'Ayde qui sera accordée par les Estats, toutes les autres Impositions cesseront; & l'on ne pourra plus contraindre personne de prester de l'Argent au Roy.

(5) Les trois Estats se rassembleront à Paris le lendemain de la Quasimodo *prochaine, pour deliberer sur le fait de la Guerre. Ceux qui ne sont point venus à cette Assemblée-cy, seront requis de se trouver à celle-là, avec* intimation *que quoyqu'ils n'y viennent point, ils ne laisseront pas d'estre tenus à tout ce qui aura esté decidé dans ces deux Assemblées. Dans la premiere qui se tiendra, les Estats pourront changer ce qu'ils ont reglé dans cellecy sur le fait de l'Ayde, pourvû que les trois Estats soient d'un même sentiment, & sans que l'avis de deux d'entr'eux, puisse lier le troisiéme qui ne voudroit pas s'y conformer.*

L'Ayde accordée par les Estats ne subsistera qu'un An. Les Estats pourront sans estre convoquez par le Roy, se rassembler à Paris ou ailleurs, s'ils le jugent à propos, deux fois, ou même plus s'il est necessaire, depuis le lendemain de la Quasimodo *prochaine, jusqu'au premier de Mars 1357. pour deliberer sur le fait de la Guerre, sur l'Ayde, & sur le gouvernement du Royaume.*

(6) On n'accordera plus de pardons ni de remissions à ceux qui auront commis des meurtres de guet-à-pens, à ceux qui auront enlevé ou violé des filles ou des femmes, aux incendiaires, à ceux qui n'auront pas observé les treves ou paix [faites dans le cas des Guerres privées,] aux infracteurs des Sauvesgardes.

(7) Tous les Juges rendront bonne & brieve Justice. Comme il y a devant les Gens du Parlement, plusieurs procès en estat d'estre jugez, & dont le jugement a esté retardé par la

CHARLES, FILS AISNÉ, & Lieutenant du Roy Jean I.er & selon d'autres, Jean II. à Paris, au mois de Mars 1356.

faute des Presidents, les Gens du Parlement, & ceux de la Chambre des Enquestes s'assembleront tous les jours dans cette Chambre à l'heure du Soleil levant, pour travailler à ces procès, jusqu'à ce qu'ils soient tous jugez. Ils se partageront en deux Chambres, dont l'une jugera les procès de rapport, & l'autre ceux qui seront portez à l'Audience.

(8) Les Offices de Justice ne seront plus dans la suite vendus ni affermez, mais ils seront donnez en garde; & nul ne pourra estre Juge dans le païs dans lequel il est né, ou dans celuy dans lequel il demeure.

(9) On ne pourra faire de compositions, [accommodements] sur les crimes.

(10) Les procès seront jugez, suivant le rolle des Presentations.

(11) Plusieurs Officiers qui sont nommez dans l'Article, sont privez de leurs Offices.

(12) Les Enquestes qui seront à faire par rapport aux Procès pendans au Parlement, se feront, si les Parties le requierent, par des personnes de leur païs. Si une partie veut avoir un Commissaire de son païs, & l'autre Partie un Commissaire du Parlement, on joindra au Commissaire du Parlement, une personne du païs de la Partie, qui a demandé qu'on luy donnast un Commissaire de son païs.

Les Commissaires du Parlement ne pourront prendre que quarante sols par jour pour eux, & pour leurs Clercs.

Cette Ordonnance sera publiée & enregistrée au Parlement.

(13) Les Gens de la Chambre des Comptes y viendront à l'heure de Soleil levant, & y expedieront promptement les affaires, sans s'entremettre de cognoissance de Cause aucune.

(14) Il sera fait une Ordonnance qui reglera le nombre des Officiers du Parlement, & des autres Officiers.

(15) Il sera fait une nouvelle Monnoye d'Or & d'Argent, suivant les Patrons qui en ont esté remis au Prevost des Marchands. Le pied de ces Monnoyes ne sera point changé sans le conseil & le consentement des trois Estats. Il sera establi sur le fait des Monnoyes, des Commissaires qui presteront serment entre les mains du Dauphin, en presence des Deputez generaux des Estats à Paris. Les Princes, ceux qui composent le grand Conseil du Roy, & les autres Officiers jureront de ne point conseiller de faire de changement dans les Monnoyes, avant le premier de Mars 1357.

Il est deffendu de porter aucun Billon hors du Royaume.

Cette Ordonnance sera publiée à Paris, & dans les autres bonnes Villes du Royaume.

(16) Il est deffendu de faire dans la suite des prises de Vivres, &c. pour quelque personne que ce soit.

(17) Chacun pourra resister à ceux qui voudront faire des Prises, & reprendre sans crainte de peine & d'amende, tout ce qui luy aura esté ainsi enlevé; & si ceux contre qui ces violences seroient exercées, n'estoient pas assez forts pour y resister, ils pourront appeller à leur secours leurs voisins qui pourront s'assembler par cri public; & ils ne pourront estre assignez sur tout ce qui aura rapport à ces Prises, que pardevant les Juges ordinaires.

(18) Le Prevost de Paris privativement à tout autre Juge, connoistra de l'execution des Actes scellez du Scel du Chastelet, si le Creancier le veut.

Le Parlement ne pourra attirer par devers luy les affaires ordinaires qui sont de la competence du Prevost de Paris.

(19) Les Seneschaux, Baillis & Vicomtes n'attireront point à eux les affaires qui sont de la competence des Prevosts. Ils ne prendront que douze deniers pour le Sceau & l'écriture de chaque Acte de procedure, à moins qu'il ne soit très long. Ils taxeront les amendes selon l'ancienne Coustume des païs où ils seront.

(20) Les Eslus envoyez par les trois Estats dans les Dioceses sur le fait de l'Ayde, recevront les Comptes de ceux qui ont imposé & levé les subsides l'année derniere, & ils s'informeront dans les Dioceses dans lesquels ils seront départis, du nom de ceux qui ont levé ces impositions, des sommes qu'ils ont reçeuës, & dans quelles Monnoyes elles ont esté payées, pour en rendre compte au Dauphin, & aux trois Estats le lendemain de la Quasimodo.

(21) Par rapport aux sommes dûës, dont les termes des payements sont échus depuis que les Deniers blancs ont eû cours pour douze Deniers, si ces sommes ont esté payées sans protestation & sans condition, ce payement aura son effet, & sera regardé comme une affaire consommée, à laquelle on ne pourra plus revenir: si ces sommes n'ont pas esté payées, on pourra les payer avec des Deniers blancs qui seront pris pour huit Deniers: si le debiteur a payé, mais comme contraint & sous condition, les Deniers blancs qu'il a donnez pour douze deniers, ne seront plus comptez que pour huit deniers.

(22) Nul ne pourra faire transport ou cession de dette à des personnes qui auront plus de credit que luy, ni à des Officiers du Roy, ni à des personnes privilegiées, & tels transports sont declarez nuls: ceux qui les auront faits perdront leur action, & seront condamnez à l'amende.

(23) Toutes Jurisdictions seront laissées aux Juges ordinaires: les Maistres des Requestes auront seulement la connoissance des Offices & des Officiers de l'Hostel en action personnelle en deffendant: le Connestable aura la connoissance des Sergens d'armes en deffendant seulement, & en actions personnelles: Et le Connestable & les Mareschaux connoistront en deffendant, des actions personnelles entre ceux qui seront presentement à la Guerre: Les Maîtres des Eaux & Forests connoistront de

CHARLES, FILS AISNÉ, & Lieutenant du Roy Jean I.er & selon d'autres, Jean II. à Paris, au mois de Mars 1356.

ce qui regarde cette matiere.

(24) Les Maîtres des Eaux & Forests ne pourront s'attribuer la connoissance des Eaux & des Forests, dans les terres des Barons, Prelats & autres Justiciers. Ils suivront les anciennes coustumes, par rapport aux amendes ausquelles ils condamneront.

(25) Toutes les Garennes faites depuis quarante ans, seront supprimées.

(26) Nul ne pourra posseder deux Offices en même temps. Les Seneschaux, Baillifs & les autres Officiers ne pourront prendre des Advocats & des Procureurs pour leurs Lieutenans.

(27) Les Commissions ne seront plus données qu'à des personnes de la Cour du Roy.

(28) Les Commissaires & Sergens ne pourront prendre par jour que le salaire d'une journée, quoyque dans ce jour ils fassent plusieurs executions, & pour plusieurs personnes.

(29) Tous Officiers & Sergens, à l'exception de ceux qui ont des Sergenteries fieffées & à heritage, exerceront leurs Offices en propre personne, sans les pouvoir faire desservir par d'autres, & specialement les Chastelains des Chasteaux, &c.

(30) Les Huissiers au Parlement, les Sergents à cheval & les autres ne prendront que huict sols par jour pour leur salaire.

Les Baillifs & les Prevosts feront donner caution aux Sergents & Officiers, afin que les Parties que ceux-cy auront vexées, puissent recouvrer les pertes qu'elles auront souffertes. Si les Baillifs & les Prevosts ne font point donner de caution aux Sergents, & que ceux cy n'ayent pas assez de biens pour reparer les dommages qu'ils ont faits aux Parties, les Baillifs, & les Prevosts en seront tenus à leur place.

Les Receveurs, les Gruyers & les Vicomtes ne pourront pas establir de Sergents ni de Commissaires; & ils se serviront pour leurs executions des Sergents des Bailliages & de ceux des Prevostez.

(31) Nul des Officiers du Roy ne pourra faire aucun commerce de Marchandise ou de Change, ni par luy ni par des personnes interposées.

(32) Le Roy pardonne à ceux qui n'ont pas esté aux Arriere-bans. Doresnavant le Roy & le Dauphin pourront convoquer l'Arriere-ban, & ils ne le pourront faire qu'après une bataille, dans le cas d'une évidente necessité, & par le conseil des Esluz des trois Estats.

(33) Tant que cette Guerre durera, les Nobles & les autres gens d'armes ne pourront sortir du Royaume sans le congé du Roy, s'ils n'en sont bannis.

(34) Durant le cours de cette Guerre, les Nobles & les non-Nobles ne pourront se faire la Guerre, & les Juges des lieux les contraindront à faire la paix entre eux.

(35) Chacun des subjets du Roy pourra piller sur les ennemis du Royaume, sans que les Officiers generaux puissent demander aucun droit, part, ou portion sur le butin qui aura esté fait, à moins qu'eux & leurs gens n'ayent eu part à l'action; dans lequel cas, ils partageront avec les autres au sol & à la livre, sauf le droit de l'Admiral sur ce qui regarde la Mer.

(36) Les Thresoriers des Guerres ne prendront que douze deniers pour les quittances ou cedules, le Sceau, & les écritures.

(37) Les soudoyers, soit François soit estrangers, ne pilleront point dans le Royaume sous peine d'être pendus; & il sera permis de leur resister par voye de fait.

(38) Les soudoyers ou Gens d'Armes ne pourront demeurer qu'un jour dans les Hostelleries, après qu'ils auront esté reçûs en cette qualité; & s'ils vouloient y rester davantage, ils seroient mis dehors, & contraints d'aller à la guerre.

(39) On ne fera de Treve avec les Ennemis que par le conseil des Gens des trois Estats.

(40) Toutes personnes seront armées selon leur estat; & ceux qui ne le seront pas, y seront contrains; les Laïques par les hauts Justiciers, & les Majeurs des Villes, dans leurs Jurisdictions, & le Clergé par les Juges ordinaires de l'Eglise.

(41) Toutes les choses domaniales qui ont esté alienées ou échangées depuis le temps de Philippe le Bel, seront réünies au Domaine; excepté ce qui a esté donné à l'Eglise, ce qui a esté donné aux Princes du sang en partage, ou par forme de Don, ou pour cause de Doüaire, ou de recompense d'autres heritages; excepté aussi ce qui a esté donné à d'autres personnes pour récompense des services qu'ils ont rendus à l'Estat.

(42) Ceux qui composent le grand Conseil, s'assembleront au Soleil levant pour travailler aux affaires du Gouvernement: ils commenceront par les plus grosses; & jusqu'à ce qu'elles soient achevées, ils ne les quitteront point pour en commencer de nouvelles, à moins qu'il n'y ait une necessité evidente.

(43) Les Gens du grand Conseil auront des gages suffisans pour soutenir cette Charge. Ceux qui ne viendront pas au Conseil à l'heure marquée, perdront les gages de la Journée; & s'ils y manquent souvent, ils seront exclus du Conseil, à moins qu'ils n'ayent une excuse légitime.

(44) Le Chancelier de France ne se meslera que du fait de sa Chancelerie; c'est à dire de voir, de corriger, d'éxaminer, de passer & de sceller les Lettres qui seront presentées au Sceau. Il se meslera aussi de ce qui regarde le fait de la Justice: il donnera les Offices en tant comme à luy peut appartenir en qualité de Chancelier, & il donnera les ordres necessaires sur ce qui regardera ces Offices.

(45) Le Chancelier nonobstant tous les ordres qu'il pourroit recevoir, ne scellera aucune Lettres portant alienation du Domaine du Roy,

CHARLES, Fils aisné, & Lieutenant du Roy Jean I.er & selon d'autres, Jean II. à Paris, au mois de Mars 1356.

ou Don de grandes forfaitures ou confiscations, &c. qu'il n'ait déclaré au Conseil ce que la chose donnée peut valoir de rente par an; & tout ce qui sera fait contre la disposition de cet Article, est dès maintenant declaré nul.

(46) Il n'y aura plus que six Maîtres des Requestes de l'Hostel, quatre Clercs, & deux Lais, *qui auront les mesmes fonctions que les Maîtres des Requestres avoient sous le regne de Philippe le Bel.*

(47) Le Chancelier, & les autres Officiers jureront qu'ils ne demanderont ni pour eux ni pour leurs amis, aucuns Dons en argent tiré des coffres du Roy, & qu'ils demanderont en plein Conseil, les graces qu'ils voudront obtenir. Ils jureront aussi qu'ils ne proposeront point en particulier au Roy ni au Dauphin, des sujets pour remplir les Offices qui seront vacans, mais qu'ils leur feront sçavoir le nom des personnes ausquelles ils s'interessent, afin qu'on puisse s'informer de leur merite.

(48) Le Chancelier & les autres Conseillers & Officiers du Roy, jureront qu'ils ne feront ensemble ni conféderation, ni conspirations, ni alliances.

(49) Les depenses des maisons du Dauphin, de la Dauphine, & de celles des autres Princes du Sang, seront moderées, & leurs Maitres d'Hostel payeront exactement ce qu'ils acheteront.

(50) La poursuite des detes des Lombards est suspenduë jusqu'au lendemain de la a Quasimodo *prochaine.*

(51) L'Aide qui sera accordée par les trois Estats, ne portera aucun prejudice aux Franchises, Privileges & Chartes accordées par les Roys, entant qu'elles sont conformes aux Lettres données pour la reformation du Royaume; par les Roys Philippe le Bel & Jean, lesquelles sont confirmées, specialement pour ce qui regarde la Regale.

(52) Les Deputez qui viendront à l'assemblée des Estats, sont mis sous la sauve-garde du Roy & du Dauphin; & afin qu'ils soient en estat de resister aux violences qu'ils ont à craindre de quelques-uns des anciens Officiers du Roy & du Dauphin, il leur est permis d'aller par tout le Royaume, accompagnez de six hommes armez.

(53) Lorsqu'une sentence renduë par des hommes Jugeans aura esté cassée, ils payeront tous ensemble une amende de soixante livres; à moins qu'ils ne soient convaincus de corruption, car alors il seront punis suivant l'exigence du cas.

Les hommes Jugeans seront tenus sous peine de prison, de juger les Parties tout au plus tard le troisieme jour destiné aux Jugements, après qu'elles auront produit leurs moyens.

(54) Les excuses proposées pour faire remettre ou differer une assignation, ne seront point reçuës, que ceux qui les proposent n'ayent juré qu'elles sont veritables.

(55) Les Juges ne poursuivront point en Jugement les amis de ceux qui sont en guerre, quand ils n'y prennent point de part; mais ils feront le procès à ceux qui attaqueront les amis de leurs ennemis, sans en avoir reçû d'injures.

(56) Les graces & les Chartres qui se feront dans la suite en cire verte & en las de soye, & celles de cette nature qui ont esté faites depuis le 5. de Fevrier dernier, ne seront point portées à la Chambre des Comptes, & seront rendues sans finance, en payant le Droit de Seel ordinaire, & en donnant un salaire raisonnable aux Notaires.

(57) Les Officiers du Roy & le Peuple même s'opposeront à ceux qui voudront faire des actes d'hostilitez contre leurs ennemis, dans les bonnes Villes du Royaume.

(58) Les Capitaines des lieux où il y aura des Châteaux champestres, *pourvoiront à leur garde.*

(59) Si une Partie qui a interjetté appel de la Sentence d'un Juge subalterne, au lieu de le porter devant celuy qui en doit connoistre immediatement, le porte devant ceux qui en doivent connoistre en dernier ressort, ceux-cy, s'ils en sont requis par une des Parties, doivent le renvoyer devant le Juge immediat, & ils ne peuvent en connoistre sans le consentement exprès des Parties. Le Parlement pourra cependant retenir pardevers luy ces appels, s'il juge que la nature de l'affaire le demande.

(60) On ne pourra se servir de Lettres d'Estat contre ceux qui auront contribué à l'Ayde qui a esté accordée, & on n'aura aucun égard à celles qui ont esté ou qui seront données, si ceux qui les ont obtenuës y ont renoncé expressement.

(61) Cette Ordonnance sera observée, nonobstant quelconques Ordonnances, Statuts, Usages & Coustumes au contraire.

CHARLES ainsné Fils du Roy de France & son Lieutenant, Duc de Normandie & Dalphin de Vienne: Savoir faisons à tous presens & advenir, que comme par nostre Mandement aient esté appellez & assemblez à Paris par plusieurs

NOTES.

(a) Registre rouge vieil du Chastelet, fol. 5. *verso.* C'est sur ce Registre qu'a esté faite la Copie sur laquelle cette Ordonnance a esté imprimée. Il y a quelques fautes dans ce Registre, qui ont esté corrigées sur le Memorial C. de la Chambre des Comptes de Paris, où se trouve cette Ordonnance, fol. 249 *verso.* Elle y est intitulé *Subsidium Lingue Gallicane*, mais il y a quelques feüillets au haut desquels il y a en titre, *Lingua Francica.*

foiz, & dernierement au cinquieme jour de Fevrier dernierement passé & aus jours ensuivans, les troiz Estas du Royaume de France de la Langue d'Oyl; c'est assavoir, Arcevesques, Evesques, Abbes, Chappitres, Nobles de nostre Sanc, Ducs, Comtes, Barons, Chevaliers & autres, & les Bourgoiz & habitans des Cités, Chasteaulz & autres bonnes Villes, pour Nous donner conseil, & faire Aide sur la délivrance de nostre très chier Seigneur & Pere, que Nous desirons sur toutes les choses qui sont ou monde. Et aussi pour Nous donner bon Conseil & advis sur la garde, bon gouvernement, tuicion & deffense dudit Royaume; & afin que par leur bonne deliberation & Aide, Nous puissions à l'aide de Dieu, contrester & resister à la mauvaise emprinze des ennemis, & yceulz mettre & bouter hors dudit Royaume, parquoy les Subgez dicellui puissent vivre en bonne [a] pays d'ores-en-avant, & en bonne surté demourer; liquelz du temps passé par le fait desdiz ennemis & du petit gouvernement & mauvaiz qui a esté oudit Royaume par la faulte d'aucuns des Officiers & Conseilliers, ont esté & encores sont [b] forment grevez & bleciez, dont il Nous [c] poise moult; & à nos Requestes se soient humblement descendus [d] ores & autresfoiz, & enclinés comme bons, vrais & loyaulz Subgez pevent & doivent faire envers leur bon Seigneur; Et pour ycelles Requestes mieulz adviser, [e] enteriner & accomplir du tout, se soient [f] trait à part, & eu sur ycelles très grant avis & déliberation, en considérant [g] premier bien & justement les causes & occasions par lesquelles ledit Royaume peut avoir esté & ainsi est empirez, & les Subgiez grevez & dommagiez, & que tout estoit venu parce que Dieu & Saincte Eglise ou temps passé, avoient esté petitement *(b)* creims, servis & honorés, Justice feblement soustenuë, faite & gardée, & lidiz Royaume gouverniez par aucunes Gens avaricieux, convoiteux ou negligens, & que pou ou neant [h] chaloit comment les choses alassent ne fussent gouvernées, & ne pensoient point de la chose publique, maiz [i] entendoient & ont entendu principalement à leur prouffit singuler & de eulz & leurs amis, faiteurs & creatures enrichir, [k] essaucier & eslever: Et ont lesdiz troiz Estas bien advisés que si grant plaies dont lidiz Royaume est plaiez [l] & navrez, ne pevent estre à plain [m] gariez ne sanées, se ce n'est premier par l'aide de Dieu, & que ceulx qui ont ainsi mauvaisement gouverné, feussent & soient dudit gouvernement du tout privez, deboutez & arriere mis, & en lieu d'eulz bons preudommes sages, veritables, diligens & loyaulz, sur ledit gouvernement par Nous establiz & [n] ordennez, & que par Nous, les autres Justiciers & Officiers dudit Royaume, bonne & vraye Justice dores-en-avant soit faicte, tenüe & gardée, & toutes [o] oppressions, extorcions & indeües exactions dont l'en a usé ou temps passé sur le Peuple par moult de diverses voies & manieres, tant par empruns, Prises, Gabelles & Imposicions, comme par le fait de la mutacion des Monnoyes & autrement, cessassent desoremaiz du tout: Et outre ont advisé lesdiz troiz Estas que ces mauvaises choses ostées du tout, & en lieu d'icelles autres remises qui soient saintes, justes & raisonnables, de faire moult grant Aide [p] à la bonne & brief délivrance de nostre très chier Seigneur & Pere, & pour soustenir & porter le fait de la Guerre, & resister à la mauvaise volunté des ennemis, [q] par quatre certaines modiffications & traittiez, lesquels Nous à leurs

CHARLES, FILS AISNÉ, & Lieutenant du Roy Jean I.er & selon d'autres, Jean II. à Paris, au mois de Mars 1356.

[a] *paix.*

[b] *fortement.*

[c] *pese, fasche.*

[d] *prestement.*

[e] *perfectionner.*

[f] *retirez.*

[g] *premierement.*

[h] *qui s'embarassoient peu ou point.*

[i] *songeoint.*

[k] *exaucer.*

[l] *blessé.*

[m] *gueries.*

[n] *gouvernez.* R. C.

[o] *Impositions.* R. C.

[p] *pour*

[q] *moyennant.*

NOTES.

A la marge du commencement de cette Ordonnance dans le Memorial, il y a, *Ordinationes trium Statuum Lingue Gallicane.*

Joly a donné cette Ordonnance dans son I.er Tome des Offices de France, additions au Livre 2. p. ccxcv.

En plaçant cette Ordonnance à la teste de celles qui ont esté données dans le mois de Mars 1356. on s'est éloigné de l'ordre que l'on s'est prescrit, qui est de placer les Ordonnances qui n'ont que la date du mois sans la date du jour, après celles qui ont l'une & l'autre date. La raison qu'on a eüe d'en user ainsi, est qu'il est certain que cette Ordonnance a esté donnée au commencement du mois de Mars, puisqu'elle a esté lüë & publiée au Parlement le 3. de Mars, & il estoit necessaire qu'elle fût placée avant l'Ordonnance du 12. de Mars 1356. qui a esté faite en execution de l'Article 15. de celle-cy.

(b) Creims.] C'est-à-dire *craints.* Dans le Mem. de la Ch. des C. il y a *cremeez* ou *crenieez.*

CHARLES, FILS AISNÉ, & Lieutenant du Roy Jean I.er & selon d'autres, Jean II. à Paris, au mois de Mars 1356.

supplications, leur avons octroié & accordé, & encore octroyons & accordons, eu sur ce bon advis & deliberacion, en la maniere qui s'ensuit.

Premierement. Nous voulons irrevocablement que ce que li Deputez par Nous par le Conseil desdiz troiz Estas, sur le fait de l'Aide, sur le fait de la reformation, sur le fait de la Monnoye, feront, & les choses contenües ès Instructions sur ce faictes, & aussi la privation des Officiers & Conseillers cy-après nommez, par Nous privez, & *(c)* devant Nous denommés, tiengnent entierement & perpetuelment, senz estre [a] muez en quelque maniere ne [b] rappellez.

(2) Item. Et pour ce que les Aides, subsides, Gabelles ont pou prouffité ou fait des Guerres [c] où elles estoient ordonnées, par ce que aucuns se sont efforciez par mauvaiz conseil, de les distribuer & convertir en d'autres usages, dont tout li Royaumes est grandement grevés, Nous avons ordonné & ordonnons par le conseil desdiz troiz Estas, & ainsi le promettons Nous en bonne foy à tenir & faire tenir & garder de nostre povoir, que tout l'Argent qui [d] ystra de l'Aide que lidiz trois Estas ont advisé & proumis à bailler pour le fait de la Guerre, soit tourné du tout & convertis entierement ou fait de ladite Guerre, avecques tous les prouffis, émolumens & amendes qui en ystront & pourront ystre par quelque maniere que ce soit, senz ce que nostre très chier Seigneur & Pere, nostre très chiere Dame la Royne, Nous, nostre très chiere & amée Compaigne la Duchesse de Normendie, nos Freres, autres de nostre Sanc & lignage, ou aucuns de nos Officiers, Lieuxtenans, Connestables, Mareschaux, Admiraulx, Maistres des Arbalestiers, Tresoriers, ou autres Officiers quelconques, en puissions prendre, lever, exiger ou demander aucune chose, par quelque maniere que ce soit, *(d)* [ne faire tourner autre part, ne d'autre chose ou usage,] que ou faict de ladite Guerre; & oultre voulons, ordonnons & accordons que lesdiz Argens, prouffis & emolumens & amendes ne soient levez, exigiez, prins ne distribuez par les diz Gens de nostre dit Seigneur, par les nostres, Tresoriers, ou par autres Officiers quelconques, maiz par bonnes gens sages, loiaulz & [e] solables ad ce ordonnez, esleuz & establiz par les Gens des diz trois Estas, tant ès Frontieres comme ailleurs où il les convenra distribuer; auxquels Commis & Deputés, de ce faire Nous donnons par ces presentes plain pouvoir & autorité : lesquelz Commis & Deputés generaulz jureront à Nous, ou à ceulz que Nous y commettrons, & aus Genz des diz trois Estas ou au Deputez par eulz sur ce; Et lidiz particuliers Deputez par semblable maniere jureront pardevant les Juges Royaulz des lieux, appellés à ce une personne ou deux de chacun des diz troiz Estas, aus Saintes Evangilles de Dieu, que pour quelconque necessité qui adviengne, il ne bailleront ne distribueront ledit Argent à nostre dit Seigneur, à Nous ne à autres, pour quelconques Mandemens qui leur soit fait sur ce; fors seulement aus Gens d'armes, ou à ceulz qui seront ordennez pour *(e)* faire & recevoir lesdictes Gens d'armes, pour convertir ou fait de la Guerre : & ad ce que ce soit plus ferme chose & estable, & que aucuns ne viengnent au contraire, Nous promettons en bonne foy, & le ferons promettre à nostre très chiere & amée Compaigne la Duchesse, & aussi le fera nostre très chiere Dame la Royne, & ce jureront aus Saintes Evangilles de Dieu, nos Freres, nostre très chier & amé Oncle *(f)* le Duc d'Orleans, *(g)* le Duc de

a *changez.*
b *revoquez.*
c *pour lesquelles.*
d *previendra, sortira.*
e *solvables.*

NOTES.

(c) Devant Nous denommez.] Qui Nous ont esté nommez. Voy. cy-dessous Art. 11.

(d) Ne faire, &c.] Au lieu de ces mots enfermez entre deux crochets, il y a dans le Reg. du Ch. *Senz ce que nostre tres cher Seigneur & Pere.* Cette faute de Copiste vient de ce que ces mots, *par quelque maniere que ce soit*, sont un peu plus haut, où ils sont suivis de ceux-cy, *senz ce que nostre tres cher Seigneur & Pere.*

(e) Faire & recevoir lesdictes Gens d'armes.] Les enroler, & les retenir au service du Roy, en qualité de Gens d'armes.

(f) Le Duc d'Orleans . . . le Comte d'Alençon, Pierre son Frere.] Voy. la Note (xx) sur l'Ordonn. du mois de Febvrier precedent, p. 109.

(g) Le Duc de Bourbon.] Il se nommoit Loüis II. Voy. l'Hist. Genealog. de la Maison de France, par les PP. Ange &

Bourbon, le Duc de Bretaigne, nos chiers & amez Cousins le Conte d'Alançon, Pierre son Frere, *(h)* le Conte d'Estampes, tous les autres de nostre lignage & leurs Officiers & Serviteurs, que il ne [a] penront ou recevront aucuns des deniers dudit subside, demanderont ou feront demander par emprunts ou autrement: Et se par importunité ou autrement, aucuns impetroient Lettres ou Mandemens de Nous ou d'autre au contraire, Nous voulons & ordonnons que les diz Deputez generaulz & particuliers, Receveurs ou autres à qui lesdites Lettres ou Mandemens s'addresseroient, ne soient tenus de obéir ausdites Lettres ne Mandemens; ainçoiz expressement leur deffendons sur quant qu'il se pevent meffaire envers nostre dit Seigneur & Nous, que auxdittes Lettres ou Mandemens il ne obéissent en aucune maniere: & voulons que il jurent aux Saints Evangilles de Dieu, que ainsi le feront-il: Et se il advenoit que il fassent ou feissent le contraire, Nous les privons *(i)* des maintenant pour lors perpetuelment & senz rappel, de tous Offices & services Royaulz, & si les ferons mettre en prison fermée; & donnons povoir aux Gens des diz troiz Estas que il les puissent prendre ou faire prendre en quelque lieu que il les pourront trouver, hors lieu Saint, & les bailler à la premiere Justice Royal que il trouveront, & les faire mettre en prison, de laquelle Nous voulons que il ne soient delivrés, recreus ne eslargis par cession de biens ne autrement, jusques à tant qu'il aront entierement paié & rendu tout ce que il aroient baillé ou distribué dudit Argent, ou de proufsis, emolumens ou amendes qui en ystront: Et se par aventure aucuns des Officiers de nostredit Seigneur, des nostres ou autres, sur umbre de Mandemens ou impetracions aucunes, vouloient ou se efforçoient de les prendre, Nous voulons & ordonnons que lesdiz Deputés ou Receveurs leur puissent & soient tenuz de resister de fait; & se il ne sont assés fors & puissans de ce faire, Nous leur donnons povoir & auctorité de assembler & requerir leurs voisins des bonnes Villes & autres selon ce que bon leur semblera, pour resister & faire que la force soit [b] leur, comme dit est.

CHARLES, Fils aisné, & Lieutenant du Roy Jean I.er & selon d'autres, Jean II. à Paris, au mois de Mars 1356.

[a] prendront.

[b] qu'ils soient les plus forts.

(3) Item. Avons accordé & ordonné, accordons & ordonnons de la volunté & consentement desdiz troiz Estas, que les diz Generaulz deputés sur le subside ou fait de leur administration, ne puissent rienz faire, se il ne sont d'accort tout ensemble, ou au moinz les six, d'un chacun Estat deux.

(4) Item. Nous promettons en bonne foy [c] par-mi l'Aide que li diz troiz Estas Nous font, que Nous, nostre très chiere & amée Compaigne la Duchesse, nos diz Freres, par Nous, par les Tresoriers, Maistres des Comptes ou autres Officiers quelconques de nostre dit Seigneur & de Nous, ne ferons requerir ne contraindre directement ne indirectement, par paroles ne autrement, aucuns des Gens des diz troiz Estas quels qu'il soient, Prelas, [d] Clers, Nobles ou Bourgoiz, Marchans ou autres, à Nous prester ou faire prester deniers ou autres choses [e] en lieu, pour quelque besoing ou necessité qui aviengne: mais voulons & ordonnons que tous telz emprunts cessent des maintenant, [f] & à tous [g] Disiesmes, Subsides, Gabelles, Tailles, Impositions & à toutes autres exactions quelconques: Et promettons en bonne foy que se il advenoit que aucuns des Officiers de nostre dit Seigneur, de Nous ou de l'un de Nous feissent le contraire, Nous voulons que obey n'y soit; & [h] les rappellons & mettont du tout au neant, & y renonçons du tout & à tous Disiesmes octroyez & à octroyer durant le temps de ladite Ayde, posé que de propre mouvement nostre très Saint Pere les donnast ou eust donné à nostre très chier Seigneur & Pere & à Nous ou l'un de Nous.

[c] moyennant.

[d] Ecclesiastiques.

[e] à la place.

[f] Il semble qu'il manque-là, & y renonçons.

[g] Decimes.

[h] Nous abolissons toutes Impositions.

(5) Item. Affin que plus parfaittement soit pourveu & advisé sur le fait de ladicte

NOTES.

Simplicien, to. 1. p. 299. & 301.

(h) Le Conte d'Estampes.] Il se nommoit Loüis d'Evreux Comte d'Estampes. Voy. *Ibid.* [Note precedente.] p. 281.

(i) Dès maintenant pour lors.] *Nous les privons dès aujourd'huy de leurs Offices, si dans la suite ils manquent à leur devoir.*

CHARLES, FILS AISNÉ, & Lieutenant du Roy Jean I.er & selon d'autres, Jean II. à Paris, au mois de Mars 1356.

Guerre, & que il n'y ait ne ne puist avoir aucun deffault, Nous avons ordonné du consentement des diz troiz Estas, que les diz troiz Estas se rassembleront en la Ville de Paris par eulz ou par Procureurs souffisaument fondez, au lundi après *Quasimodo* prouchain venant : Et requerrons par nos Lettres ou Mandemens ce pendent à nos amez & feaulz Cousins *(k)* le Duc de Bourgoingne, *(l)* le Conte de Flandre & à leurs Pays, à nos amées & chieres Cousines les Comtesses de Flandre & *(m)* d'Alançon, & aux Gens de leurs Pays, & à plusieurs autres Nobles & Gens de bonnes Villes qui à ceste presente Assemblée ne sont point comparus, que à ladite journée de lundi après *Quasimodo*, il viengnent ou envoient Procureurs souffisaument fondez pour consentir & ratiffier entant comme il peut toucher, au fait & à la charge de ladite Aide, avecques intimation que se il ne viennent ou envoient par la maniere dessus dicte, il seront tenus de tout ce que ceulz qui y ont esté ont ordonné, & ceulz qui lors seront presens ordonneront selon raison : & oultre à ladite journée, les diz troiz Estas pourront croistre, [a] admenuisier, [b] declairier ou interpreter le fait de ladicte Aide selon ce que bon leur semblera, & sera par eulz ordenné d'un accort & consentement, senz ce que les deux Estas posé qu'il feussent d'un accort, peussent lier le tiers : Et oultre, pour ce que ladite Ayde Nous est accordée pour un an tant seulement, & le fait & la charge desdictes Guerres sont grans & pesans, & telz qu'il requierent bien que l'en y pourvoie & resgarde diligemment, du consentement des diz troiz Estas qui moult grant affection ont, & moult grant desir de les mettre [c] affin, & de la hastive delivrance de nostre très chier Seigneur & Pere, avons ordené & ordenons que sans autres Lettres ou Mandemens de nostredit Seigneur ou de noz Gens, les diz troiz Estas se puissent rassembler en ladicte Ville de Paris, ou ailleurs, où bon leur semblera, par deux autres foiz & plus se [d] mestier est, [e] dudit lundi de *Quasimodo* jusques à l'autre premier jour de Mars mil trois cens cinquante-sept, pour pourveoir & adviser sur le faict de ladicte Guerre, & la provision & Ordonnance de ladicte Aide, & sur le bon Gouvernement du Royaume.

a *diminuer.*
b *declarer.*
c *à fin.*
d *necessité.*
e *depuis le lundi.*

(6) Item. Pour ce que [f] pour la clameur du Peuple dudit Royaume & des Subgez, il est venu à nostre congnoissance qu'il ont esté grevez & travaillez plus que Nous ne voulsissions, tant ou fait de Justice qui a petitement esté soustenuë & gardée, des legiers pardons & remissions que on a fait en plusieurs mauvaiz cas de crimes, par le fait de la mutacion des Monnoyes, comme par Prinses de Vivres & de Charroy, & autres plusieurs extorcions & exactions indeües qui ont esté faictes par aucuns mauvaiz Conseillers qui estoient lors Gouverneurs dudit Royaume, Nous considerans la grant obéissance & amour des diz Subgez qu'il ont à nostre dit Seigneur & à Nous, & qui tousjours ont porté [g] paciaument les paines, travaulz & dommages qu'il ont souffert & sueffrent encores par le faict desdites Guerres, pour la grant pitié & compassion que Nous avons d'eulz pour les causes dessus dictes, leur avons promis & accordé, promettons & accordons en bonne foy, de nostre liberalité, auctorité & puissance, eu sur ce paravant bonne & mure deliberacion, les choses qui s'ensuivent.

f *par.*
g *paciemment.* Mem.

Premierement. Que dores-en-avant à nostre pouvoir, Nous ferons & ferons faire bonne Justice en [h] merlant clemence, misericorde & pitié, là où il appartendra à

h *meslant.*

NOTES.

(k) Le Duc de Bourgogne.] Il se nommoit Philippe I. dit *de Rouvre*, & il fut le dernier Duc de Bourgogne de sa race. Voy. l'Hist. genealog. de la Maison de France, par les PP. Ange & Simplicien, t. 1. p. 548.

(l) Le Comte de Flandre.] Il se nommoit Loüis III. & estoit surnommé de *Male*. Il estoit Fils de Loüis II. Comte de Flandre, & surnommé de *Crecy*, & de Marguerite de France, seconde Fille de Philippe le Long. C'est d'elle dont il est parlé deux lignes plus bas. V. l'Hist. genealog. &c. (Voy. Note precedente.) t. 2. p. 738. 739.

(m) D'Alançon.] Elle se nommoit Marie d'Espagne, & elle estoit Veuve de Charles de Valois II. du nom, Comte d'Alençon. Voy. l'Hist. genealog. &c. Voy. Note (k)

faire

faire de raison; ne dores-en-avant Nous ne ferons pardons, ne remissions de [a] murdres ou de mutillacions de menbres faiz & perpetrés de mauvaiz [b] agait, par mauvaise volunté & par deliberacion, ne de ravissement ou efforcement de femmes, mesmement de [c] religions, mariées ou pucelles, de feus bouter en Esglises ou en autres lieux par mauvais agait, de trieves, asseuremens *(n)* ou paix jurées, rompuës ou brisées par semblable maniere, ne de *(o)* sauves-gardes enfraintes, ou autres cas semblables plus grans; & se fait estoit par importunité, Nous voulons que il ne vaille & que obey n'y soit.

(7) Item. Nous commandons & estroitement enjoignons à tous Justiciers dudit Royaume des maintenant & pour tout temps avenir sur [d] quanceques il se peuvent meffaire envers Monsieur & Nous, [e] les Gens du Parlement, les Gens des Enquestes, des Requestes, Seneschaux, Baillifs, Prevosts & à tous autres, que il facent bon & brief accomplissement de Justice chacun en droit soy, si comme à luy appartendra, en delivrant les Parties le plustost & le plus hastivement & aux [f] mendres coux & fraiz qu'il pourront par raison, & que gracieusement & amiablement les traittent, & meesmement les poures Gens qui auront à faire pardevant eulz. Et pour ce que Nous avons entendus que pluseurs Causes & besoingnes ou temps passé, ont trop esté [g] delaiées & mises arriere en la Chambre dudit Parlement par aucuns des Presidens qui y estoient, par faveur, congnoissance ou affection desordonnée, ou hayne qu'il avoient aux Parties, dont moult des-diz Subgez ont esté & encores sont [h] forment grevez, & dommagiez; car les Arrests qui deussent estre renduz & donnez aucuns [i] passé à vingt ans, sont encores à rendre, Nous avons ordonné & ordonnons que doresnavant cils qui seront oudit Parlement & en ladite Chambre des Enquestes, se assembleront en ladite Chambre à heure de Soleil levant, & que à grant diligence toutes excusacions cessans, il [k] querront ou feront querir par les Greffiers & Clercs dudit Parlement, tous les Procès vielz & nouveaux dont les Parties sont & *(p)* seront en Arrest, & yceulz [l] departent entre eulz, & en baillent à chacun sa porcion, parquoy tous les-diz Procès soient veuz & visitez deuement, & que tous les jours, ou aumains une foiz la sepmaine, Arrests soient faiz & rendus, maiz [m] ad ce que li-diz Procès soient tous [n] delivrés; & facent deux Chambres, l'une pour [o] Conseillier, & l'autre pour plaidier : Et leur enjoignons que ainsi le facent sur paine de estre privés de leurs Offices, & de encourre l'indignation de nostre-dit Seigneur & de Nous : Et leur commandons que il procedent aux [p] peremptoires le plus qu'il pourront bonnement.

(8) Item. Comme Nous avons entendu que le Peuple a esté & est moult grevez, tant parce que Prevostés, Vicontés, [q] Clergies & autres Offices plusieurs au temps passé, ont esté baillées à Ferme, & de ce moult de maulz & d'inconveniens sont venus, *(q)* comme aucuns de ceuls qui tiennent les-diz Offices ainsi à Ferme ne pensent que rober & exiger indeuement les subgez, & plusieurs en y a des-diz Officiers qui ne sont pas dignes d'avoir ne exercer telz Offices, comme parce que les Baillifs, Seneschaux & Vicontes ont esté Juges ès Pays dont il sont; Nous qui voulons monstrer bons examples aux haulx Justiciers & autres subgez, avons ordonné & ordonnons que Prevostés, Tabellionnages, Vicontés, Clergies & autres Offices appartenans au fait de Justice, ne seront plus venduës doresenavant ne baillées *(r)* à Ferme, maiz en

CHARLES, FILS AISNÉ, & Lieutenant du Roy Jean I.er & selon d'autres, Jean II. à Paris, au mois de Mars 1356.

a *meurtres.*
b *de guet-à-pens.*
c *Religieuses.*
d *tout ce que.*
e *aux Gens.*
f *moindres.*
g *differées.*
h *fortement.*
i *il y a 20. ans passez.*
k *chercheront.*
l *partagent.*
m *jusqu'à ce que.* Mem.
n *jugez.*
o *juger les Procès de rapport.*
p *moyens decisifs.*
q *Greffes.*

NOTES.

(n) Ou paix jurées.] Cela regarde les Guerres privées, dont l'abus subsistoit toûjours en France, malgré les Ordonnances des Roys. Voy. la Preface, §. *Guerres privées.*

(o) Sauves-Gardes enfraintes.] Les Roys accordoient souvent des Lettres de Sauve-gardes à des Monasteres ou à des Corps de Communautez. On en trouve en grand nombre dans les anciens Registres. Voy. la Table du premier & du second Vol. des Ordonn. au mot *Garde, Royale.*

(p) Seront en Arrest.] Dont les procès seront en estat d'estre jugez.

(q) Comme aucuns.] Je crois qu'il faut lire, comme *parce que aucuns,* ainsi qu'on le lit plus bas.

(r) A ferme, mais en Garde.] Voy. la Table du premier Vol. des Ordonn. au mot

CHARLES, FILS AISNÉ, & Lieutenant du Roy Jean I.er & selon d'autres, Jean II. à Paris, au mois de Mars 1356.

Garde, & par le conseil des Gens des Pays & du Pays voisin, & que *(ſ)* les Gens, Baillifs, Seneſchaux & Vicontes ne seront point Juges ès Pays dont il sont nez ou demourans; & se aucuns en y a, Nous voulons qu'ilz soient oſtez, & Nous mêmes par ces presentes les oſtons du tout.

(9) Item. Pour ce qui eſt venu à noſtre congnoiſſance que pluſieurs des Officiers de noſtre très-chier Seigneur & Pere, & des Notaires, Seneſchaux, Baillifs, Prevoſts & autres ont receuz en cas criminelz & capitalz, & auſſi ont fait & font encores pluſeurs *(t)* Prelas, Prinpces, Barons, Chevaliers & autres, *(u)* composicions, dont les crimes eſtoient eſtains & demouroient senz eſtre deuëment punis contre raison & le bien de Juſtice, Nous avons ordonné & ordonnons que toutes telles composicions ceſſent dores-en-avant, & deffendons à tous Juſticiers tenens ou ayans Juriſdictions temporelles oudit Royaume, sur paine de perdre leur Juriſdiction temporelle, qu'il ne reçoivent aucunes personnes à composicions en cas de crime ou autres, maiz soit faicte plaine Juſtice.

(10) Item. Nous avons ordonné & ordonnons que les Causes de Parlement soient [a] delivrées par ordre selon les anciennes *(x)* presentacions, senz [b] interposer ne ouyr Causes autres que celles qui par ordre du Rolle doivent eſtre delivrées, & soient mises [c] au Conseil par ce meſme ordre.

(11) Item. Et comme Juſtice ne peut eſtre bien gardée ne maintenuë, se ce n'eſt par personnes qui soient bonnes, loyaulz, sages & expers, *(y)* & meeſmement de tel eſtat comme ceulz du Conseil de noſtre dit Seigneur & Pere, du noſtre, des Hoſtelz de luy & de Nous, de la Cour de Parlement, de la Chambre des Comptes, des Enqueſtes, des Requeſtes qui sont les principaulz de tout le Royaume & des deppendences, Nous par bon avis, & pour pluſeurs causes qui à ce Nous ont meu, avons privez & privons, deboutez & deboutons de tous les Offices, Services & Conseilz de noſtre très-chier Seigneur & Pere, & des noſtres, & senz rappel comme indignes & [d] mainz souffiſans; c'eſt aſſavoir, *(z)* Maiſtre Pierre de la Foreſt, Simon de Bucy, Robert de Lorris, Enguerran du Petit-Celier, Nicolas Bracque, Jehan Chauvel, Jehan Poillevillain, Jacques Lempereur, Jehan Dauxerre, Maiſtre Jehan Challemart, Maiſtre Pierre Dorgemont, Maiſtre Pierre de la Charité, Maiſtre Ancel Chocquart, Frere Regnault Meſchins Abbé ad present de Faloiſe, Bernard Fremant, Maiſtre Regnault Dacy, Maiſtre Eſtienne de Paris, Maiſtre Robert de Preaux, [e] Geoffroy le Maſnier, [f] le Borgue de Veaux, Jehan de Behaingue & Jehan Tauppin.

(12) Item. Pour [g] eſchever & relever les Subgez du Royaume des grans miſes & despens dont il sont souvent grevez, parce que ès Causes traitiés oudit Parlement, [h] en faire les audicions & Enqueſtes, les Gens dudit Parlement sont commiz & envoyez; desquelz aucuns ont accouſtumé de prendre salaire trop exceſſifs, & aller

a *jugées.*
b *intervertir l'ordre.*
c *appointées.*
d *moins.*
e *Jouffroy le Maçurier.* Mem.
f *Le Borgne de Viaux.* Mem.
g *eviter.*
h *pour.*

N O T E S.

Prevoſtez, & celle du second aux mots, *Ferme,* & *Garde.* Cet Article ne fut pas obſervé pendant long-temps. Voy. cy-deſſous une Ordonnance du 4. de Septembre 1357. pour affermer les Prevoſtez, les Greffes & les *Tabellionats.*

(ſ) Les Gens.] Ce mot n'eſt pas dans le Memorial de la Chambre des Comptes; il eſt inutile.

(t) Prelats, Prinpces, &c.] Dans leurs Juſtices Seigneuriales.

(u) Compoſitions.] Traitez par lesquels les Criminels évitoient la peine dûë à leurs crimes, moyennant une ſomme d'Argent. Par l'ancien Droit des Germains, tous les crimes, excepté celuy de Leze-Majeſté, eſtoient abolis par le payement d'une ſomme d'Argent, dont les Parties convenoient entre elles, & qui eſtoit quelquefois fixée d'Office par le Juge, lorſque les Parties ne pouvoient pas s'accorder. Voy. du Cange, au mot *Compenere.*

(x) Preſentacions.] Acte par lequel une Partie ſe *preſente* devant ſes Juges, pour eſtre jugée.

(y) Et meeſmement de tel Eſtat.] C'eſt-à-dire, qu'il eſt principalement important que ceux qui entrent au Conſeil du Roy, &c. ſoient ſages & experts.

(z) Maiſtre Pierre de la Foreſt, &c.] Voy. ſur tous ces Officiers, la Preface, ſ. *Eſtats generaux.*

à quatre ou cinq chevaux, combien que se il alassent à leurs despens, il leur souffisist bien à aler à deux chevaux ou à trois & a assez mendres despens, Nous avons ordonné & ordonnons que dores-en-avant lesdites audicions & Enquestes soient commises *(aa)* se les Parties le requierent, à bonnes personnes sages & loyaulz des Pays dont les Parties seront; & ou cas que lesdictes Parties esliroient à Commissaires aucunes des Gens dudit Parlement, que aucuns desdiz Presidens, Commissaires ou autres, ne puist prendre pour luy & pour son Clerc que quarante soulz parisis *(bb)* ou Pays à Parisis, & quarante soulz tournoiz ou Pays à tournoiz; & ou cas que l'une des Parties vouldroit avoir Commissaires du Pays, & l'autre du Parlement, Nous voulons & ordonnons que la Commission s'adrecee à un des Conseillers dudit Parlement tel comme la Court ordenera, adjoint avec luy un preudomme du Pays de l'autre Partie; & pour ce que ceste Ordonnance soit ferme & estable à perpetuité, Nous voulons que elle soit publiée publiquement ou dit Parlement, & entre les autres choses enregistrée.

CHARLES, Fils aisné, & Lieutenant du Roy Jean I.er & selon d'autres, Jean II. à Paris, au mois de Mars 1356.

(13) Item. Et pour ce que à nostre congnoissance est venu par la clameur du Peuple, que toutes personnes qui avoient à faire en la Chambre des Comptes, feust la besoingne grosse ou petite, ou que l'en requiest raison, ne povoient par maniere du monde estre [a] delivrez, ainsoiz leur convenoit [b] muser & despendre tout le leur, & eulz en aler senz rienz faire, ja soit ce que en ladicte Chambre eust tres grant foison & confusion de Gens, & que il eussent excessifs droiz avecques leurs gages, dont maint de maulz sont venus, & les [c] marchiez de nostre-dit Seigneur & les nostres redoubtez à prendre, ne ny vouloient entendre aucuns qui eussent [d] chevance, & de ce pouvoient encores mainz maulz advenir se pourveu n'y est, tant sur le nombre de ceulz qu'il convient en ladicte Chambre, car quant [e] plus ont esté, moinlz ont fait, comme sur la briesve [f] delivrance, & que ceulz qui establi y sont ne s'entremettent *(cc)* de congnoissance de Cause, Nous qui voulons en ce estre miz bon & bref remede à l'onneur & prouffit de nostre dit Seigneur & Pere, de Nous & du Peuple, avons ordenné & ordennons que par Nous & le grant Conseil sera *(dd)* [g] fait certain nombre de Gens en ladicte Chambre, bons, loyaulz, sages & expers qui auront certains gages souffisans, liquel seront tenu de venir en ladicte Chambre à heure de Soleil levant, & jureront aux Sains Evangilles de Dieu, que bien & loyalment il [h] deliverront la bonne Gent & par ordre, senz eulz faire muser, & feront ce qu'il appartendra à faire pour cause de leurs Offices, senz eulz entremettre de congnoissance de Cause aucunne; & se il faisoient le contraire, Nous voulons que ilz soient de leurs Offices privez; & avecques ce ordonnons que le nombre qui sera ordonné des-dictes Gens, tiengne sens plus y en mettre.

a expediez.

b perdre leur temps, & depenser leur Argent.

c Fermes.

d du bien.

e plus leur nombre a esté grand.

f expedition des affaires.

g establi.

h expediront les affaires.

(14) Item. Et par exprès se fera par la maniere que dessus, certaine Ordenance de nombre de Gens qui tenra à tousjours en la Chambre de Parlement, ès Enquestes, ès Requestes, & des Notaires, Secretaires, Sergens, & Huissiers d'Armes & autres Officiers, laquelle Ordonnance tenra & sera publiée & registrée : lesquelz jureront par la maniere dessus-dicte, de bien excercer, chacun en droit soy, son Office, selon l'ancienne Ordonnance, & sur la paine dessus dicte. [i]

i Art. 13. à la fin.

(15) Item. Pour ce que par le fait de la muttacion des Monnoyes, le Royaume a esté & est moult adomagiez, & tout le Peuple forment grevez & appovriez, Nous promettons en bonne foy de faire faire bonne Monnoye dores-en-avant d'Or,

NOTES.

(aa) Se les Parties le requierent.] Voy. la Table du premier & du second Vol. des Ordonn. au mot, *Commissaires.*

(bb) Ou Pays à Parisis ... ou Pays à Tournois.] Dans les Pays où les Parisis ont cours, & dans ceux où les Tournois ont cours.

(cc) De congnoissance de Cause.] Je crois que cela signifie, *ne s'entremettent de juger des Procès sur des matieres qui ne sont pas de leur competence* : ou peut-estre mesme, *ne jugent aucun Procès, mais ne travaillent qu'au Jugement des Comptes.*

(dd) Fait certain nombre de Gens.] Voy. la Preface, §. *Estats generaux.*

CHARLES, FILS AISNÉ, & Lieutenant du Roy Jean I.er & selon d'autres, Jean II. à Paris, au mois de Mars 1356.

d'Argent blanche & noire; c'est assavoir, *(ee)* Florins au Mouton d'Or fin de cinquante & deux au marc, pour trente soulz tournoiz la Piece; demi Moutons pour quinze soulz tournoiz, de telle *(ff)* Taille, de tel alloy & tel cours ou mise comme par les troiz Estas est conseillé, & comme il appert plus à plain par certaine Instruction sur ce faicte de nostre commandement, laquelle est pardevers le Prevost des Marchans, & [a] les Patrons desdites Monnoyes d'Or, d'Argent blanches & noires; & *(gg)* le pié d'icelles ne changerons, muerons ne empirerons senz avoir sur ce conseil & deliberacion & consentement avecques les-diz trois Estas, auxquels Nous avons promis & promettons en bonne foy que sur le faict de ladite Monnoye, Nous establirons & ordonnerons par le conseil des-diz trois Estas ou de leurs Deputés, bonnes personnes, loyaulz & bien congnoissans en ce fait, lesquelz Nous jureront & feront serment sur Saintes Evangilles, & en la presence des-diz generaux Deputés à Paris, que bien & loyalment il excerceront l'Office des-dites Monnoyes, & ni commettront barat, fraude ou malice, ne ne [b] amenuiseront ne empireront le pié de ladicte Monnoye senz l'avis & consentement des-diz troiz Estas, & eulz sur ce appellez: Et oultre promettons en bonne foy, & ferons promettre à nos-diz Freres, nostre cher & amé Oncle *(hh)* le Duc d'Orleans, nos chers & amés Cousins les Contes d'Estampes & d'Alançon, & oultre ferons jurer aux Saintes Evangilles de Dieu tout le grant Conseil de nostre-dit Seigneur & de Nous, les Chanceliers, les Maistres des Comptes, les Tresoriers, Maistres, Gardes & Contregardes & autres Officiers des Monnoyes presens & avenir, que contre les choses dessus-dictes, Nous ne eulz ne conseillerons, ne ne consentirons estre conseillé ne estre fait le contraire, maiz tenrons & garderons fermement chacun de Nous l'Ordonnance dessus dicte jusques au premier jour de Mars qui sera l'An mil troiz cens cinquante-sept dessus-dit: Et oultre promettons en bonne foy, [c] se il est aucun qui Nous emeuve ou enduise à faire le contraire, il sera privez & deboutez de tous Offices & services perpetuelment: Et pour ce que par porter le Billon hors du Royaume, li-diz Royaume & li Peuples dicellui ont esté & sont moult dommagiez, Nous avons ordonné & deffendu sur paine de perdre tout le Billon, & d'estre autrement [d] grefment punis, que dores-en-avant aucuns ne portent ou envoient aucun Billon hors du Royaume, & ad ce que nostre Ordonnance quant ad ce soit nottoire à tous, Nous ordonnons & commandons que ceste Ordenance soit criée publiquement à Paris, & aux autres Cités, Chasteaulz & bonnes Villes du Royaume.

(16) Item. Pour ce que Nous savons certainement que ou temps passé, le Peuple a moult esté grevez & dommagiez par le fait de *(ii)* prises de [e] Blefs, Vins, Vivres, [f] Garnisons, Chevaux & autres choses, lesquelles ont esté faictes excessivement par aucunes Gens de nostre très chier Seigneur & Pere, de nos [g] Chevaucheurs & autres, avons ordonné, promis & accordé, accordons & promettons en bonne foy, que desoremaiz perpetuelment, toutes Prises cessent & cesseront pour nostre-dit très chier Seigneur & Pere, pour nostre chiere Dame la Royne, pour Nous, pour nostre chere & amée Compaigne la Duchesse, pour nos-diz Freres & ceulz de nostre sanc & lignage, Lieutenant, Chancellier, Connestable, Mareschaux, Maistres des Arbalestiers, Maistres d'Ostels, Amiraux, Maistres des Garnisons, [h] Chastellains, Capitaines, Chevaucheurs ou autres Officiers quelconques: Et ne pourront nostre-dit Seigneur, Nous, ne autre prendre ne faire prendre sur les Gens

a *par.*
b *diminueront.*
c *que.*
d *griefment.* Mem.
e *Blez.* Mem.
f *provisions.*
g *Ecuyers.*
h *Commandans dans les Châteaux.*

NOTES.

(ee) Florins au Mouton d'Or, &c.] Voy. cy-dessous, l'Ordonnance du 12. de Mars 1356. Art. premier.

(ff) Taille.] On appelle la Taille des Especes, la quantité des Pieces qui doivent estre faites avec un marc de Metal. Voy. le Traité des Monnoyes de Boizard, Explicat. alphabet.

(gg) Le pié.] C'est-à-dire, la Taille, la loy, & le prix.

(hh) Le Duc d'Orleans, &c.] Voy. plus haut, p. 126. Note *(f)*

(ii) Prises.] Voy. cy-dessus, p. 27. l'Art. 12. de l'Ordonn. du 28. de Decembre 1355. Ce sont presque les mesmes termes. Voy. aussi les Notes.

du Royaume, Blefs, Vins, Vivres, Charettes, Chevaux ou autres chofes quelles que elle foient, ainçoiz y renonçons ès noms que deffus, & pour les perfonnes deffus-dictes, & à tout droit de [a] faifine, excepté les debtes qui font [b] deubez de ancien heritage; & auffi fauf que noftre très chier Seigneur & Pere, noftre très chiere Dame la Royne, & Nous alant par chemin, les Maiftres defdiz Hoftelz pourront hors bonnes Villes, faire prendre par les Juftices des lieux, fourmes, tables, trefteaux, couftes, [c] coiffins, foings, [d] feurres fe il les treuvent batus, pour la neceffité defdiz Hoftelz, pour la journée tant feulement, & fenz ce que il puiffent batre ou faire batre aux bonnes Gens en leurs granges, & pourront prendre Voitures pour mener les chofes deffus-dictes; [e] parmi ce toutesfoiz que ce foit à jufte pris, & que l'en ne puiffe tenir les Voitures plus [f] hault d'un jour, & que l'en paie le jufte pris lendemain au plus tart; & fe l'en deffailloit de paier audit lendemain, ceulz fur qui l'en vouldroit prendre les chofes deffus-dictes ne feront tenus de obéïr, maiz pourroient refifter jufques à tant qu'il feuffent paiez & fatisfaiz entierement; & avecques ce pourront pour caufe de ce, pourfuir les preneurs ou les Chiefs d'Offices pardevant le Prevoft de Paris, ou devant les Juges où les Prinfes aront efté faictes.

CHARLES, FILS AISNÉ, & Lieutenant du Roy Jean I.er & felon d'autres, Jean II. à Paris, au mois de Mars 1356.

a *poffeffion.*
b *deuës.*
c *couffins.*
d *fourrages.*
e *pourvû.*
f *plus long-temps.*

(17) Item. (kk) Pour ce que aucuns ont fi acouftumé de prendre ou ufer de Prife oudit Royaume, que apaines s'en pourroient tenir, Nous avons voulu, promis & accordé, accordons & promettons en bonne foy, que fe l'en veult pour nôtredit Seigneur, pour Nous ou pour les deffufdiz, faire Prifes oudit Royaume par quelque autorité ou neceffité que ce foit, fauves les modifications deffufdictes, que chacun y puiffe refifter de fait & [g] requeurre fenz paine & fenz amende, & que les preneurs ne foient reputez que privées perfonnes: Et fe ceulz fur qui l'en vouldra prenre, ne font affez fors pour réfifter aux preneurs, qu'ils puiffent appeller aide de leurs Voifins & des Villes prouchaines, [h] lefquelles fe pourront affembler par cry, par fon de cloche ou autrement, felon ce que bon leur fembleta, pour refifter auxdiz preneurs: & fe ils vouloient batre, [i] villener, ou faire force, l'en fe pouroit revenchier par femblable maniere fenz encourre paine ou amende; & avecques ce feront pugnis ou quadrupple de la chofe, ceulz qui de fait fe efforceront de prendre, & en pourront eftre pourfuiz en quelque lieu qu'il plaira à ceulz fur qui il aront prins, ou fe feront de fait efforciez de prendre: & quant à ceulz qui les vooldront pourfuir criminelement, lefdiz preneurs feront puniz comme [k] robeurs, & les pourra chacun mener en prifon fermée de la prouchaine Juftice, & quant ad ce fera chacun tenus & reputez pour Sergent; Et ne pourront lefdiz preneurs eftre delivrés ou mis hors de prifon par adveu ou garant de quelque perfonne que ce foit, ne mis hors de prifon par ceffion de biens ou autrement, jufques à tant qu'ils ayent entierement payé & fatisfait de tout ce qu'ils auront prinz ou de fait efforciez de prendre, & auffi jufques ad ce qu'ils ayent payé l'amende en laquelle il feront condempnez; & feront lefdiz preneurs puniz comme de force publique, de roberie & de raviffement: Et avecques ce, ne leur prefteront les Juftices des lieux force, faveur ne aide aucune, maiz feront tenus de les punir en la maniere deffufdicte: Et fe les Juges ou Jufticiers en font refufans ou delayans depuiz qu'ils en aront efté requis fuffifamment, ils feront tenus de rendre & payer le dommage, & feront puniz ou quadrupple de la chofe, avecques paine corporelle felon l'arbitrage du Juge: & fe pour caufe & occafion de ce naiffoit ou mouvoit debat, riot ou queftion contre les réfiftens ou ceulz qui refcourroient affin que les chofes ne feuffent prinfes, l'en ne les pourroit [l] traitier en Jugement, d'Office ne à requefte de Partie, pardevant Maiftres d'Oftel, Lieutenans, Conneftable, Marefchaux ne autres Jufticiers ou

g *reprendre.*
h *qui.*
i *maltraiter.*
k *voleurs.*
l *traire. Mem.*

NOTES.

(kk) Pour ce que aucuns.] Cet Article eft copié prefque mot pour mot fur l'Article 13. de l'Ordonn. du 28. de Decembre 1355. à l'exception que dans celuy-là, il y a, que pour refifter aux preneurs, on pourra s'affembler par cri ou autrement, *fans fon de cloche*, & que dans celuy-cy, il y a, fe pourront affembler par cri, *par fon de cloche*, ou autrement. Voy. cy-deffus, p. 28. cet Article 13. & les Notes.

CHARLES, Fils aisné, & Lieutenant du Roy Jean I.er & selon d'autres, Jean II. à Paris, au mois de Mars 1356.

Officiers quelconques, fors seulement pardevant les Juges ordinaires des deffendeurs, & se adjournez y estoient, ils n'y seroient tenus de obeir, ne de aller à la journée pour alleguer previllege, ne pour autres causes quelconques; Et se ils estoient mis en deffault par vertu de tel adjournement, & l'en les vouloit [a] gaiger pour cause & occasion desdiz deffaulz, ils n'y seront tenus d'obéir, maiz se pourront rescourre & resister de fait; & aussi en [b] pourra l'en poursuir en Parlement senz long procès & figure de jugement, ceulz qui auroient donné les commissions, soient Maistres d'Ostel ou autres; Et jurera le Procureur du Roy qui est ad present & qui sera pour le temps, que si-tost qu'il [c] vendra à sa congnoissance, il poursuivra lesdiz preneurs au plus rigoureusement qu'il pourra, combien que la Partie n'en face aucun pourchas ou poursuite; Et avecques ce, voulons que cilz qui bailleront telles commissions, soient privez de leurs Offices, & contrains à rendre les dommages & interests.

a *saisir leurs Meubles.*

b *pourra-t-on.*

c *viendra.*

(18) *Item.* Ordonnons que des [d] Seellez du Chastellet, aucuns Juges ou Justiciers n'ayent la Court ou congnoissance, ne ne retiengnent pardevers eulz ou cas où il cherroit opposition entre les Parties, fors que le Prevost de Paris tant seulement se il plait ou créancier; & deffendons à tous autres Juges quelconques que il ne s'en entremettent: Et avecques ce, deffendons à ceulx qui tenrront le Parlement, que ilz ne se entremettent de tenir ou [e] traitier pardevers eulz les Causes ordinaires regardans ledit Prevost.

d *des Actes scellez du Scel du Chastelet.*

e *traire* Mem.

(19) *Item.* Par semblable maniere, deffendons expressement & [f] par grant clameur qui Nous a esté faicte, à tous Senechaux, Baillifs, Vicontes, que des Jurisdictions ordinaires des Prevosts ne s'entremettent en aucune maniere, & qu'il ne prengnent pour leurs Seeaulz & Escriptures des Actes ou Memoriaulz, que douze deniers, se il n'apparoit les Escriptures estre trop grans: avecques ce, que amendes il ne adjugent ne [g] tauxent fors selon l'ancienne coûtume des pays où ils seront, supposé que autrement on en ait usé aucunes foiz.

f *à cause des plaintes.*

g *taxent.*

(20) *Item.* (ll) Pour ce que il est à nôtre congnoissance venu que plusieurs subgez du Royaume ont moult esté grevez & dommagiez par ceulz qui ont esté commis à lever, imposer & exploitier la Gabelle, Imposition, & Subsides octroyez en l'année passée, & que ce que ils levoient, ils ne tournoient pas à moitié ou prouffit de la Guerre, mais à leur prouffit singulier & particulier, Nous qui à telz malices voulons pourveoir, & ceulz qui mal ont fait faire pugnir, affin que li autres y prengnent exemples, avons ordonné & ordonnons que les Esleus des trois Etats par les Dioceses sur le fait de l'Aide, lezquelz Nous commettons à ce, voyent le conte des Esleuz, Imposeteurs, Receveurs, Collecteurs de l'année passée, & après [h] s'enfourment au mieulx & plus diligemment qu'il pourra estre fait, chacun en sa Diocese, de ce qui aura esté levé des choses dessusdictes, & en qu'elle Monnoye, & par qui, & le rapportent à Paris audit lendemain de *Quasimodo* pardevers Nous & les Gens desdiz trois Etats, pour y pourveoir sur ce par la meilleure maniere qu'il pourra estre fait.

h *s'informent.*

(21) *Item.* Quant aux payemens escheuz depuiz que la nouvelle (mm) Monnoye de douze deniers tournoiz [i] ot cours ès lieux où elle a couru, ordonné est que ce qui ara esté payé senz faire protestation ou senz aucune condition [k] se tendra; & ceulz qui n'auront payé ou qui auront payé [l] par condition ou par contrainte, seront quittes en payant blans Deniers pour (nn) huit deniers tournoiz la Piece, ou autre Monnoye à la valüe.

i *eust.*

k *aura son effet.*

l *sous.*

NOTES.

(ll) *Pour ce que, &c.]* Cet Article n'est pas dans le Memorial de la Chambre des Comptes.

(mm) *Monnoye de douze deniers tournois.]* Voy. sur cette Monnoye le Mandement du 23. de Novembre 1356. & la note (c) [cy-dessus, p. 87.]

L'on ne peut entendre cet Article sans connoistre la maniere dont les *Monnoyes* estoient gouvernées dans ces temps-là. Je tâcheray de donner dans ma Preface quelques éclaircissemens sur cette matiere, parmi lesquels l'explication de cet Article trouvera sa place.

(nn) *Huict deniers tournois.]* Les De-

(22) *Item.* Pour ce qu'il est venu à nôtre congnoissance que plusieurs des Subgez du Royaume ont esté moult grevez & dommagiez par (*oo*) transport ou cessions fais en personnes plus [a] poissans; de l'accort & consentement desdiz troiz Etats avons ordonné & ordonnons que aucun ne face transport ou cession de debte en plus poissant personne, par donation, vendition ne autrement, ne en aucun des Officiers de nôtre très-cher Seigneur, des Nôtres ou d'autres Seigneurs, ne en personnes privilegiées à cause de (*pp*) Escolage ne autrement, maiz generalement deffendons tous telz transpors ou cessions, & yceulz decernons nulz & de nulle valüe, & voulons & ordonnons que les cedens ou transportans perdent leurs actions, & soient eulz & les recevans telz dons ou cessions, punis d'amende arbitraire, & à rendre tous coux, frais & despens à Partie adverse, que pour ce aura eu, soustenu & encouru; & se aucuns transpors ou cessions sont ja faiz, desquelz la question n'est pas encore finie ne déterminée, Nous les cassons, rappellons & mettons du tout au néant, & les décernons estre nulz & de nulle valüe, en quelque estat que le Procès soit.

CHARLES, FILS AISNÉ, & Lieutenant du Roy Jean I.er & selon d'autres, Jean II. à Paris, au mois de Mars 1356.

a *puissantes.*

(23) *Item.* (*qq*) Et pour ce que plusieurs des Officiers de nôtredit Seigneur & de Nous, se sont maintes-foiz efforciez de attribuer à eulz la Justice & Jurisdiction des Seigneurs & Juges ordinaires, dont le Peuple a esté & est forment grevez, Nous qui desirons que chacun use de ses droiz, avons ordonné & ordonnons que toutes Justices & Jurisdictions soient laissez aux Juges ordinaires, & à chacun singulier en sa Jurisdiction, senz ce que les Baillifs, Prevosts ou Justiciers les puissent traire devant eulz, [b] se n'est en pur cas de ressort & souverainneté seulement, & senz ce que les Subgez (*rr*) par moyen ou senz moyen soient desoremais traiz ou adjournez pardevant Maistres d'Ostel, Maistres des Requestes d'Ostel, Lieutenans, Connestables, Mareschaux, Admiraux, Maistres des Arbalestiers, Maistres des Eaues & des Forests, ou leurs Lieutenans; exceptez tant seulement que les Maistres des Requestes de l'Ostel aront la congnoissance des Offices, & aussi des Officiers desdiz Hostelz en action personnelle pure, & en deffendent tant seulement, & non pas en demandant; Et aussi demourra au Connestable la connoissance des Sergens d'armes en actions personnelles & en deffendent, en tant comme resgarde le fait de leurs Offices tant seulement: Et pourront congnoistre lesdiz Mareschaux, Connestable ou leurs Lieutenans quant aux actions personnelles, & entre ceulz qui presentement seront en la Guerre, & en deffendant tant seulement; senz ce toutevoies que ceulz qui sont en la Guerre puissent en demandant faire adjourner ou convenir en action personnelle ou réelle, ceulz qui ne sont pas en la Guerre. Et aussi pourront les Maistres des Eaues & des Forests congnoistre des Causes resgardans leurs Jurisdictions ordinaires; c'est assavoir touchant le fait desdictes Eaues & des Forests estans ou [c] Demaine de la Couronne seulement: Et en nul autre cas, aucun ne pourra estre traiz ne adjournez fors selon la teneur des anciennes Ordonnances, & en sa Chastellenie & ressort, soit que les Causes touchent nôtredit Seigneur, Nous ou autres; & se il y est trais, il n'y sera tenus de obéir ne de aler à la Journée: & aussi deffendons aux Baillifs & autres Juges & Officiers de nôtredit Seigneur & de Nous, qu'il ne [d] traittent les Subgez de leurs Bailliages, (*ss*) hors de leurs Chastellenies, & que il ne les traient pas d'une Chastellenie en autre.

b *si ce.*

c *Domaine.*

d *traient, tirent.*

NOTES.

niers blancs valoient alors huict deniers. Voy. cy-dessous l'Article premier de l'Ordonnance du 12. de Mars 1356.

(*oo*) *Transport.*] Voy. cy-dessus, p. 30. l'Article 16. de l'Ordonnance du 28. de Decembre 1356.

(*pp*) *Escolages.*] *Les Escoliers* qui estudioient dans les Universitez, avoient leurs Causes commises devant un Juge marqué. C'est ainsi que le Prevost de Paris est Conservateur des Privileges de l'Université de Paris, & Juge des affaires de tous ses Supposts.

(*qq*) *Et pour ce que, &c.*] Voy. cy-dessus, p. 30. l'Article 18. de l'Ordonnance du 28. de Decembre 1355. Ce sont presque les mesmes mots: cet Article-cy est cependant un peu plus estendu.

(*rr*) *Par moyen, ou senz moyen.*] C'est-à-dire, que les Parties ne seront point adjournez devant ces Juges, ni en premiere Instance, ni par Appel.

(*ss*) *Hors de leurs Chastellenies.*] Dans ces temps-là, les Baillis n'avoient pas de Siege fixe, mais ils alloient tenir leurs Assises, &

CHARLES, Fils aisné, & Lieutenant du Roy Jean I.er & selon d'autres, Jean II. à Paris, au mois de Mars 1356.

(24) *Item.* (tt) Nous avons entendu que pour ce les Maistres des Eaues des Forests, Gruiers & autres Officiers, sur umbre de leurs Offices, s'efforcent attribuer à eulz la congnoissance par tout le Royaume, tant des Eaues de nôtre Seigneur & Pere, & des Nôtres, comme des Prelats, Barons & autres Justicie & sur umbre de ce, prennent & font prendre en autres Eaues & en autres Ju dictions que en celle de nôtredit Seigneur & Pere & nôtres, les Engins, (uu) Roi & Fillés, & s'efforcent aussi d'avoir la congnoissance & pugnicion de ceulz qui p chent contre les Ordonnances Royaulz, ès Eaues des Subgez du Royaume, & de l volunté, les amendes qui ne sont ou doivent estre selon l'ancienne Coûtume de soixante soulz, sont arbitraires, & les arbitrent à leur volunté senz raison & Ju ce garder, tant aux Subgez de nôtredit Seigneur & de Nous comme autres, N accordons & voulons & par exprès leur deffendons que doresenavant il ne tiengn (xx) congnoissance, Jurisdiction, ne ne s'en entremettent en aucune maniere; se ils faisoient le contraire, que on n'y obéisse; & qu'ils ne puissent les amen acroistre ou [a] amenuisier, fors selon l'ancienne Coûtume tant seulement.

[a] diminuer.

(25) *Item.* (yy) Pour ce que lesdiz Maistres des Eaues & des Forests & a cuns autres dudit Royaume, Ducs, Contes, Barons & autres se sont efforciez efforcent de jour en jour, de extendre & accroistre les Garennes anciennes, & faire & acquerir nouvelles Garennes, par quoy l'en ne peut labourer proufitableme maiz demeurent les labourages à faire; & quant ils sont faiz, si sont-ils perdus gastés, Nous avons accordé & octroyé, accordons & octroyons que toutes Gar nes & accroissemens de Garennes [b] alevées depuis quarante ans, soient du to mises au néant, & par ces presentes les ostons & mestons au néant & abatons tout; & oultre donnons congié & licence que chacun y puisse [c] chacier & prend senz aucune amende.

[b] faites.

[c] chasser.

(26) *Item.* Soit venu à nôtre congnoissance que en plusieurs parties du Roya me, une personne exerce plusieurs & divers Offices dont moult de maulz & de per se pevent ensuir, Nous deffendons & ordonnons que doresenavant aucuns Sene chaulz, Baillifs ou autres Officiers de nôtre très-cher Seigneur & Pere, & de Nou n'ait ou exerce, ou face exercer par autre à son prouffit, par vertu de quelconqu Dons, Lettres ou Mandemens qu'il ait sur ce, Office de Seneschal, de Baillif de Tabellionnage ou autre Office semblable ensemble, mais soit chacuns conte d'un Office tant seulement: Et oultre deffendons ausdiz Seneschaux, Baillifs & autres Officiers exercens Jurisdiction, qu'il ne facent leurs Lieutenans de Advoca de Procureurs, ou Conseillers communs & publiques de leurs Cours, ou d'aucu autres Seigneurs; & ou cas qu'ils feront le contraire en aucuns des cas dessusdiz Nous dès maintenant mettons tout au néant, & si les priverons des Offices qu'i aront ainsi prins par leur convoitise, & encore les punirons Nous autrement.

(27) *Item.* Pour ce que Nous entendons que de la Court de nôtredit Seigne & Pere & de Nous, (zz) plusieurs Commissions sont empetrées, & baillées à plu seurs personnes autres que de la Court de nôtredit Seigneur & Pere, comme Mare chaux, Capitaines, Notaires, Advocas, Procureurs ou autres privées personnes dont les Parties sont communement moult grevées, Nous avons ordonné & ordonnon

NOTES.

juger les Appels dans les differentes Chastellenies de leur ressort.

(tt) *Nous avons entendu, &c.*] Voy. cy-dessus, p. 31. l'Article 19. de l'Ordonnance du 28. de Decembre 1355.

(uu) *Roiths.*] Il y a *Rois* dans le Memorial de la Chambre, & *Reths* dans l'Article cité dans la Note precedente.

(xx) *Congnoissance, Jurisdiction.*] Il semble qu'il manque là quelques mots, que l'on peut suppléer par l'Article cité dans la Note (tt)

(yy) *Pour ce que, &c.*] Voy. cy-dessus p. 31. l'Article 20. de l'Ordonnance du 28 de Decembre 1356. Il y a quelque difference entre cet Article & celuy-cy.

(zz) *Plusieurs Commissions.*] Voy. sur ces Commissions données par le Roy ou par le Parlement, les Lettres du 30. d'Aoust 1351 dans le 2. Vol. des Ordonnances. p. 166.

qui

que dès maintenant doresenavant telles Commissions soient nulles, & oultre ne soient passées; & deffendons à Maistres des Requestes qu'ils ne passent nulles telles Requestes, & à tous Notaires, Secretaires & autres qu'ils ne facent ne ne signent aucunes Lettres: Et voulons que les Juges ordinaires des Parties contre qui les Lettres seroient empetrées, en congnoissent, & ne souffrent à telles Commissions estre obéy.

CHARLES, Fils aisné, & Lieutenant du Roy Jean I.er & selon d'autres, Jean II. à Paris, au mois de Mars 1356.

(28) *Item.* (aaa) Pour ce que par la clameur du Peuple avons entendu que aucuns des Sergens de nôtredit Seigneur & Pere & de Nous, desquels le nombre est moult excessif, & lesquels Nous entendons & ferons amoderer & restraindre, s'efforcent de prendre salaires excessifs, & pour pluseurs exploiz selon le nombre des exploiz qu'ils ont faits, combien que facent pluseurs exploiz en un jour, dequoy le Peuple à moult esté grevez jusques-cy, Nous voulons & ordonnons que lesdiz Sergens & Commissaires ne puissent prendre pour un jour que le salaire d'une journée tant seulement, ja-soit ce que en icelluy jour, il facent pluseurs executions ou exploiz & pour pluseurs personnes, & que de leurs salaires moderés ils soient contens, senz ce que ils puissent exiger, extorquer ou demander autre chose pour leurs despens; & se il font le contraire, que ils soient privés de leurs Offices, punis griefment & mis en prison, de laquelle il ne pourront estre delivrés, relaschiez ou eslargiz jusques à tant que ils ayent rendu ce qu'ils en avoient exigiez ou extorquez à tort, & payé l'amende à laquelle ils seront pour ce condempnez.

(29) *Item.* (bbb) Avons ordonné que tous Officiers & Sergens, excepté les Sergenteries fiefvées ou à heritage, exerceront desormaiz leurs Offices en leurs propres personnes, senz ce que il les puissent faire desservir par autruy: especialement Chastellains de Chasteaux, & que contre ce ne sera aucune grace donnée: Et se aucune en avoit esté faicte par nôtre très-chier Seigneur & Pere, ou Nous, Nous les rappellons & mettons du tout au néant: & pour que ce aucuns se sont attendus auxdictes graces, il Nous plaist que leurs Offices ils puissent vendre ou autrement transporter dedens trois mois, à compter de la publication de ces Ordonnances, senz ce que ledit temps leur puisse estre alongié, [a] proprogié par grace ou autrement: Et se grace en estoit faicte, dès maintenant pour lors Nous la tenons & reputons nulle & de nulle valeur.

[a] prorogé.

(30) *Item.* Il est venu à nôtre congnoissance que les Huissiers de Parlement, les Sergens à Cheval & autres, en allant faire leurs exploiz, mainent grant estat, & font grans despens aux coux & aux frais des bonnes Gens pour qui il font les exploiz, & vont à deux Chevaux pour plus grans salaires gaigner; lesquels se ils alloient en leurs proppres besoingnes, iroient aucune-fois à pié, ou seroient contens d'un Cheval: Nous qui voulons [b] refrener telz despens excessifs, tauxons & admoderons leurs salaires pour chacune journée à huit solz parisiz ou pays à parisiz, & tournoiz ou pays à tournoiz, & voulons & ordonnons que de ce salaire ils soient contens pour chacune journée: & oultre avons ordonné & ordonnons qu'aucuns ne soient receups à Offices de Huissier de Parlement, ou de Sergent à Cheval, se il n'est bien congneu expert & souffisant pour faire tout ce qui appartient à son Office: Et oultre avons ordonné & ordonnons que doresenavant les Baillifs & Prevosts [c] praignent bonne caution & souffisant desdiz Sergens & Officiers, & telle caution & si souffisant que Partie grevée par leurs mauvaistiez, coulpe ou négligence dampnable, puisse recouvrer ses pertes & dommages sur eulz: & oultre avons ordonné & ordonnons que lesdiz Baillifs & Prevosts qui de ce faire seront remis ou négligens, soient tenus de rendre & payer lesdites pertes & dommages, se li Sergens n'a dequoy payer ou les rendre;

[b] moderer.

[c] baillent. Reg. du Ch.

NOTES.

(aaa) *Pour ce que, &c.]* Cet Article est precisement le même que l'Article 21. de l'Ordonnance du 28. de Decembre 1355. Voy. cy-dessus, p. 31.

(bbb) *Avons ordonné, &c.]* Voy. cy-dessus, p. 32. l'Article 22. de l'Ordonnance du 28. de Decembre 1355. Ce sont les mêmes termes.

CHARLES, FILS AISNÉ, & Lieutenant du Roy Jean I.er & selon d'autres, Jean II. à Paris, au mois de Mars 1356.

& oultre ordonnons & par exprès deffendons que Receveurs, Gruiers, Vicontes ne facent ou establissent doresenavant aucuns Sergens ou Commissaires, mais leur commandons & estroictement enjoignons qu'ils facent faire leurs exploiz & leurs executions par les Sergens ordinaires des Bailliages ou Prevostés; & ou cas qu'ils feront le contraire, Nous n'y voulons estre obéy.

(31) *Item.* (ccc) Nous avons entendu que plusieurs des Conseillers & Officiers de nostredit Seigneur & de Nous, tant du grant Conseil comme autres, ont accoustumé par personnes interposées, de faire & exercer très-grandes [a] marchandises, dont les denrées sont aucunes-foiz par leurs mauvaistiez grandement encheries; & qui pis est, pour leur [b] hautesse, il est peu de personnes qui osent mettre pris aux denrées que eulz ou leurs Faicteurs pour eulz, veulent avoir ou acheter, dequoy les bons Marchans sont grandement dommagiez & grevez, dont il Nous desplaist [c] forment: Et pour ce, Nous avons deffendu & deffendons a tous les Conseillers & Officiers tant de nostre très-chier Seigneur & Pere comme de Nous, & especialment à ceulz cy-après nommés & exprimés; c'est assavoir, aux Gens du grant Conseil, aux Presidens de Parlement, aux Maistres des Requestes de l'Ostel, aux Gens de la Chambre des Comptes, aux Tresoriers, Receveurs, Collecteurs, Maistres des Eaues & des Forests, Gruiers, Eschancons, Sommelliers, Barilliers, [d] Pennetiers, Boutcilliers, Maistres d'Escuieries, Maistres des Monnoyes, Gardes, Contregardes & autres Officiers d'icelles, Maistres des Garnisons, Seneschaux, Baillifs, Prevosts, Procureurs de nostredit Seigneur & de Nous, Secretaires, à tous Chastellains & tous autres Juges ou Officiers quelconques, que par eulz ne par interposée personne, doresenavant il ne exercent le fait de la Marchandise ou du Change, ne ne soient [e] compaignons avecques autres, sur paine de perdre la Marchandise, & autrement estre pugnis griefment: Et avons ordonné que aucunes graces ne seront faictes au contraire; & se aucunes en estoient faictes, Nous les reputtons nulles & de nulles valüe: Et se aucun se efforce de faire ne user du contraire, ils en seront punis griefment.

(32) *Item.* (ddd) Comme par la mauvaise Ordonnance de faire crier les Arrierebans, plusieurs des Subgez du Royaume ayent esté soupçonnez & [f] approuchiez, en eulz imposant que aux [g] cas des Arrierebans ils estoient moinz souffisaument comparus, laquelle chose se vraye estoit, Nous leurs avons remis & pardonné, & encore remettons & pardonnons tout à plain par ces presentes, Nous qui ne desirons pas faire telles exactions sur ledit Peuple, maiz les voulons [h] eschiver de tous dommages, avons ordonné & ordonnons que aucun ne puisse doresenavant faire Arrierebans, fors tant seulement nostre très-chier Seigneur & Pere & Nous, & icelluy ne pourront faire fors après Bataille, & en cas de pure & évident necessité, & bien conseillé sur ce, & eu advis & déliberation avec les Esleuz de par lesdiz troiz Etats, se bonnement les pouvons avoir.

(33) *Item.* Nous avons ordonné & ordonnons qu'il sera publiquement crié sur paine de corps & d'avoir, que aucuns Nobles ou autres Gens-d'armes ne se partent hors du Royaume durant ces presentes Guerres, pour quelque cause ou voyage que ce soit, se ce n'est par aucune condempnation, ou congié de Souverain.

(34) *Item.* Sera crié publiquement, & deffendons sur paine de corps & d'avoir à tous Nobles & non-Nobles, que durant le temps de ces presentes Guerres, aucuns d'eulz à l'autre ne meuve ou face Guerre en quelque maniere que ce soit, couverte ou ouverte, ne ne face faire sur paine de corps & d'avoir; & avons ordonné &

[a] *le commerce.*
[b] *à cause de leur dignité & de leur autorité.*
[c] *fortement.*
[d] *Pannetiers.* Mem. de la Ch. des C.
[e] *associez.*
[f] *adjournez.*
[g] *aux convocations.*
[h] *exempter.*

NOTES.

(ccc) *Nous avons entendu, &c.*] Voy. cy-dessus, p. 32. l'Article 24. de l'Ordonnance du 28. de Decembre 1355.

(ddd) *Comme par la mauvaise Ordonnance, &c.*] Je crois que cela peut signifier, que les convocations de l'Arriere-ban n'avoient pas esté faites avec les formalitez necessaires, ensorte que plusieurs personnes n'avoient pas sçû qu'ils eussent esté convoquez. Voy. sur les Arriere-bans, cy-dessus, p. 34. Article 26. Il y a quelque difference entre les deux Articles.

ordonnons que se aucuns fait le contraire, la Justice du lieu, Seneschal, Baillifs, Prevosts ou autres, appellés ad ce, se mestier est, les bonnes Gens du pays, prengnent telz [a] Guerriers, & les contraingnent senz delay *(eee)* par retenue de Corps & [b] explettemens de leurs biens, à faire paix & à cessier du tout de [c] guerriers.

(35) Item. (fff) Nous avons ordonné & ordonnons & voulons qu'il soit ainsi publiquement crié, que chacun de quelque Estat qu'il soit, puisse prendre, gaingner & piller sur les ennemis du Royaume, & que tout ce qu'il pourra prendre, piller ou gaingner soit tout sien, & soit tournés & convertiz du tout à son prouffit particulier, senz ce que aucuns des Lieutenans, Capitaines, Connestables, Mareschaux, Admiraux, Maistres des Arbalestiers, Tresoriers des Guerres ou autres de nos Officiers de nostre très-chier Seigneur & Pere & de Nous, y puissent demander ou reclamer part ou portion ne aucun droit, nonobstant quelconques Stilles & Usages à ce contraires autrefois gardés ès cas pareils, lesquels Stilles & Usages quant à present Nous ne voulons pas avoir lieu pour certaines & justes causes; se ainsi n'estoit que les dessus-nommés Officiers ou les Genz ès noms d'eulz pour eulz, eussent esté à la besoigne, & fait bien & souffisaument leur devoir; ouquel cas ils [d] partiroient aux soulz & à la livre seulement; sauf le droit de l'Amiral sur le fait de la mer.

(36) Item. (ggg) Avons ordonné & ordonnons que li Tresoriers des Guerres ne autres qui se melleront de bailler Lettres de Quittances ou Cedulles, ne puissent prendre pour eulz, pour leurs Clercs, pour leurs Sceaulz & Escriptures que douze deniers parisis; & se ils en prennent plus, Nous voulons que ils soient privés de tous Offices Royaulz.

(37) Item. (hhh) Avons ordonné & ordonnons qu'il soit publiquement crié de par nostredit Seigneur & de par Nous, & deffendu sur la hart que aucuns Souldoyers soient du Royaume ou de dehors, en alant, passant ou venant, ne prennent, pillent ou robent [e] Blefs, Vins, Vivres quelconques ou autres choses sur les Subgez en quelque lieu qu'ils passeront, ne sur quelque personne que ce soit; & se ils s'efforcent de faire le contraire, Nous voulons & ordonnons que chacun puisse résister de fait à leurs forces par tous les voyes & manieres que ils pourront mieulz, appellez ad ce les Gens des Villes voisines par son de cloche ou autrement, si comme bon leur semblera, & de ce faire leur donnons pouvoir & auctorité, & leur mandons & estroittement enjoignons, & aussi aux Justiciers des lieux que il leur prestent puissance, confort & aide se mestiers est & sur ce sont requis; lesquelz se ils en sont deffaillans, ils en seront punis griefment, & seront privez de leurs Offices, & tenus de rendre les dommages aux bonnes Gens; Et outre voulons que telz pilleurs soient si griefment & si grandement punis, que ce soit exemple à tous, & comme derroberie & larcin.

(38) Item. (iii) Sera crié publiquement que se aucuns Soudoyers ou Gens-d'armes viennent ou sont hebergiez en Hostellerie, ils n'y pourront demourer plus d'un jour, depuiz qu'ils seront reçeuz à gages; & se plus y vouloient sejourner, ils seront boutés hors de fait, & contrains à aller en la Guerre par la maniere que dessus est dit, se ils n'avoient juste cause, laquelle ils seront tenus de monstrer à la Justice du lieu.

CHARLES, Fils aisné, & Lieutenant du Roy Jean I.er & selon d'autres, Jean II. à Paris, au mois de Mars 1356.

a *Guerreyers.* Mem. de la Ch. des C.

b *exploitement.* Mem. de la Ch. des C.

c *guerroier.* Mem. de la Ch. des C.

d *partageroient.*

e *Blez.*

NOTES.

(eee) Par retenuë de Corps, &c.] En les mettant en prison, & en saississant leurs biens.

(fff) Nous avons ordonné, &c. Voy. cy-dessus, p. 35. la premiere partie de l'Article 30.

(ggg) Avons ordonné, &c.] Voy. cy-dessus, p. 36. l'Article 30. au haut de la page.

(hhh) Avons ordonné, &c.] Voy. cy-dessus, p. 36. l'Article 30. Il est plus estendu que celuy-cy. Il y a même quelque difference: car celuy-cy parle de tous les Souldoyers, soient François ou Estrangers, & l'Article 30. ne regardoit que les Soudoyers Estrangers. Dans celuy-cy, il est permis de s'assembler au son de la cloche, ce qui estoit expressément deffendu par l'Article 30.

(iii) Sera crié, &c.] Voy. cy-dessus, p. 36. l'Article 32.

CHARLES, FILS AISNÉ, & Lieutenant du Roy Jean I.er & selon d'autres, Jean II. à Paris, au mois de Mars 1356.

(39) *Item.* (*kkk*) Considerans ce qui a esté avisé & conseillé par lesdiz troiz Estats ; c'est assavoir qu'ils Nous ont conseillé à guerroier lesdiz ennemiz continuelment par mer & par terre, le plus efforceement que l'en pourra, & que par autres voyes ne peut estre mises fin esdictes Guerres, se ce ne venoit de l'aide de nostre Seigneur, Nous promettons en bonne foy aux Gens desdiz troiz Etats, que auxdiz ennemiz ne seront données trieves ne abstinences, se ce n'est par leur bon advis & conseil.

(40) *Item.* (*lll*) Nous avons ordonné & ordenons, affin que Nous nous puissions plus prestement aidier des Gens dudit Royaume, qu'il soit crié publiquement que toutes Gens soient armés selon leur estat, & [a] ceulz qui ne le feront, soient contrains à eulz armer ; laquelle contrainte sera faite quant aux laiz, par les hautz Justiciers & (*mmm*) Majeurs des bonnes Villes en leurs terres ; & quant aux Gens d'Esglise & Clergié, par les Juges ordinaires de l'Esglise.

(41) *Item.* (*nnn*) Pour ce que les Gens desdiz troiz Etats Nous ont [b] avisé & monstré moult gracieusement, comment plusieurs choses avoient esté (*ooo*) estrangées ou temps passé par Dons excessifs & inutilles, & faiz à personnes qui n'estoient mie dignes ne souffisans de prendre telz Dons ne si excessifs, & que bonnement lesdiz Dons par raison ne se povoient ne devoient soustenir, en Nous requerant que lesdiz Dons Nous voulsissions rappeller, & au Demaine de la Couronne de France dont ils estoient yssus, rajoindre & rappliquier, comme ad ce Nous feussions tenus comme estans Lieuxtenans generaulz de nostre très-chier Seigneur & Pere, & Gouverneur de tout ledit Royaume, Nous qui toûjours vouldrions accroistre les Haultesses & Noblesses de ladite Couronne, & icelles tenir & garder en bon point & [c] deu estat, avons promis & promettons en bonne foy aux Gens desdiz troiz Estats, que Nous tenrons, garderons & deffendrons de tout nostre povoir, les Hautesses, Noblesses, Dignités, Franchises de ladicte Couronne, & tous les Demaines qui y appartiennent & pevent appartenir, & que iceulz Nous ne alienerons ne ne soufferrons estre aliennés ne estrangiés ou mis hors [d] à nostre povoir, dudit Demaine : Et oultre leur avons promis & promettons en bonne foy, que se aucune chose dudit proppre Demaine, ou qui ait & doie avoir nature & condition de Demaine, en a esté ou est ostée, alienée, separée, mise hors ou eschangée par quelque maniere que ce soit, depuis le temps du Roy Philippe le Bel, Nous pourchasserons & ferons à nostre povoir que tout sera rappellé, rajoint & unit audit Demaine, excepté des choses qui auroient esté données & baillées à Sainte Esglise, & à Dieu deuëment senz prejudice d'autruy, ou à cause de partage à aucuns du sanc & lignage de France, ou d'autres aucuns Dons à eulz faiz, ou pour Doüaires, ou pour récompensation d'autres heritages à la valüe, senz point de fraude ne de fiction : Et toutes-voyes bon avis & bonne déliberation quant aux autres personnes qui ne sont pas du sanc de France, à qui aucuns Dons pourroient avoir esté faiz ; car lesdictes personnes pourroient bien estre telles, & que si bien l'aroient desservi, & que tant vauldroient, qu'il ne seroit mie juste chose du [e] rappeller ; & aussi pourroient estre telles personnes esquelles lesdiz Dons seroient & sont si mal employez, que juste chose & honneste seroit du rappeller, & desmaintenant les rappellons & mettons au néant en ce cas.

(42) *Item.* Comme pour le temps passé, il ait eu en aucuns des grans Conseillers dudit Royaume, tout plain de négligence sur le gouvernement du Royaume,

[a] que.

[b] representé.

[c] dû.

[d] selon nostre pouvoir.

[e] de revoquer les Dons à eux faits.

NOTES.

(*kkk*) *Considerans, &c.*] Voy. cy-dessus, p. 36. la fin de l'Article 31.

(*lll*) *Nous avons ordonné, &c.*] Voy. cy-dessus, p. 36. l'Article 32. il y a quelque difference.

(*mmm*) *Majeurs.*] Dans quelques endroits du Royaume, on nomme *Majeur*, le chef des Officiers Municipaux des Villes.

(*nnn*) *Et pour ce que, &c.*] Voy. cy-dessous les Lettres du 14. d'Avril 1357.

(*ooo*) *Estrangées.*] Converties en des usages tous differents de ceux ausquels elles auroient dû estre employées.

de venir tart en besoigne, & quant on y estoit venus, de petitement besoigner; Nous avons pour obvier à ce, enjoint estroictement à tous ceulz & à chascun par soy, que Nous avons maintenus, esleuz & retenuz dudit grand Conseil par le bon avis & conseil desdiz troiz Estats, que doresenavant sur ledit gouvernement que Nous leur avons commiz, ils entendent & veillent diligemment toutes autres besoingnes arriere-mises, & ainsi leurs avons fait jurer sur les sains Euvangilles de Dieu: Et oultre leur avons enjoint que chacun jour environ heure de Soleil levant, il viengnent au lieu que Nous leur avons député & ordonné sur ce, pour conseiller ce qui sera à faire & [a] despecier pour la journée, en prenant, entendant & [b] délivrant les plus grosses & pesans besoignes: Et oultre leur avons enjoint que ilz délivrent à leur povoir par bon ordre, toutes les besoingnes qu'ils entreprenront; Et quant ils en auront une entreprise ou encommenciée, ils la délivrent & mettent du tout à fin, avant qu'ils [c] voisent à une nouvelle; se il ne voyent en leur loyauté, qu'il y eut trop grant dommage [d] ou retardement de la nouvelle, & grant prouffit en l'avancement: Et oultre leur avons enjoint que sur ce, ils Nous [e] advisent, se il leur semble que bon soit & [f] necessité.

CHARLES, Fils aisné, & Lieutenant du Roy Jean I.er & selon d'autres, Jean II. à Paris, au mois de Mars 1356.

a *despecher.* Mem. de la Ch.

b *expediant.*

c *aillent.*

d *au.*

e *Nous en avertissant.*

f *necessaire.* Mem. de la Ch.

g *entierement.*

(43) *Item.* Nous leur avons fait jurer que [g] du tout ils vaqueront & entendront aux choses touchant le gouvernement dudit Royaume & de la chose publique, & non pas à leur privé prousit ne de leurs amis: Et pour ce que mieulz & plus diligemment ilz y puissent vacquer, Nous leur avons constitué, establi & ordonnez bons gages & salaires grans & souffisans pour porter ladite Charge: Et sur ce avons ordonné que cellui qui deffaudra de venir bien matin audit Conseil & à l'eure dessusdicte, il perdra les gages entierement de ladicte journée; & se il est accoustumé de ce faire, il sera privez & ostez dudit grant Conseil, se il n'avoit cause ou excusation raisonnable.

(44) *Item.* Avons ordené que le Chancellier de France ne se meslera dores-en-avant que du fait de la Chancellerie tant seulement, comme de veoir, corriger & examiner, passer & sceller les Lettres qui seront à passer & à sceller; & aussi de ce qui touche & regarde le fait de Justice; Et aussi de donner & ordonner les Offices en tant comme à lui peut appartenir à cause dudit Office.

(45) *Item.* Par exprès lui sera deffendu, & ainsi le jurera entre les autres sermens, de soy bien & loyalment porter ou fait de ladicte Chancellerie, & que il ne scellera aucunes Lettres touchans ou faisans mention de l'alienation d'aucun Demaine de la Couronne de France, ou de Dons de grans forfaitures & confiscations, ou d'autres grans prouffiz & émolumens qui pevent chacun jour escheoir ou-dit Royaume, tant *(ppp)* à cause d'Estraiere comme d'Espaves ou autrement, que sur ce il ne Nous advise premierement, en Nous rapportant & desclairant devant le grant Conseil, [h] que la chose donnée peut valoir de rente par an ou autrement, nonobstans quelconques Lettres ou Mandemens que Nous lui en faiciens au contraire; & outre Nous avons decerné & decernons dès maintenant pour lors, que tout ce qui seroit fait au contraire soit nul & de nulle valüe, & dès maintenant le rappellons, & mettons du tout au néant.

h *ce que.*

(46) *Item.* Et pour ce qu'il est venus à nostre cognoissance par le bon advis des troiz Etats, que aux Requestes de l'Ostel de nostre très-chier Seigneur & Pere & de Nous, avoit trop grant nombre de personnes, & aucuns qui estoient inutilles, & aucuns non agréables au Peuple, Nous avons ordonné, establi & retenu certain nombre de personnes sages, expertes & loyaulz & plains de grant science & [i] meurté; c'est assavoir, quatre Clers & deux Laïs, ausquels Nous avons donné & donnons

i *meurté, Gens murs.*

NOTES.

(ppp) *A cause d'Estraiere, comme d'Espaves.*] *Estraiere,* vient d'*Estraneus,* Estranger, & signifie le droit d'Aubaine qui appartient au Roy, & qui consiste à succeder aux Estrangers qui meurent en France.

Espaves sont les choses abandonnées, & qui ne sont reclamées par personne. Elles appartiennent au. Roy ou aux Seigneurs Justiciers. Voy. le Gloss. du Droit François de M. de Lauriere, aux mots *Aubain* & *Espaves.*

CHARLES, Fils aisné, & Lieutenant du Roy Jean I.er & selon d'autres, Jean II. à à Paris, au mois de Mars 1356.

bon povoir & grant, en la fourme & maniere que les Maistres des Requestes d'Ostel avoient ou temps du Roy Philippe le Bel.

(47) Item. Nous ferons jurer au-dit Chancellier, aux-diz Maistres des Requestes & aux autres Officiers qui sont entour Nous, comme nos Chambellens & autres, que pardevers Nous il ne procurront que à eulz ne à leurs amis, Nous facions aucuns Dons de l'Argent de nos Coffres ou autrement, ne requerront de passer graces ou remissions; mais se aucunes choses Nous veulent demander ou requerre pour eulz ou pour leurs amis, ilz le Nous requerront ou feront requerir en audience, present nostre grant Conseil, ou la plus grant partie: Et par semblable maniere leur ferons jurer sur saintes Euvangilles de Dieu, qu'il ne feront ne procureront [a] à part pardevers Nous, que Nous fassions & establissions Seneschaux, Baillifs, Vicomtes, Capitaines, Secretaires, Maistres des Requestes d'Ostel, Maistres des Comptes, Présidens en Parlement, Notaires, Sergens-d'armes, ne autres Officiers; maiz se il est necessités ou prouffit que aucuns soient créez de nouvel ou establiz, il le Nous ferons sçavoir, affin que sur ce Nous puissions avis & congnoissance avoir des merites des personnnes qu'il voudroient pourveoir à aucuns desdiz Offices, & en parler sur ce aux Gens du grant Conseil; car c'est nostre entention de pourveoir aux Offices, & non pas aux personnes.

a *en particulier.*

(48) Item. Nous ferons jurer audit Chancellier, aux Gens dudit grant Conseil, & aux autres Officiers & Conseillers qui sont entour Nous, sur saintes Euvangilles de Dieu, qu'il ne feront ensemble confederation, conspiration ou aliances, & par exprés leur avons deffendu & enjoint, & commandé sur paine d'être privez de tous Offices Royaulz perpetuelment & senz rappel, ou cas qu'il feront le contraire.

(49) Item. Pour l'amour & affection que Nous avons aux bons Subgez dudit Royaume, & pour la grant amour qu'il ont monstré & monstrent [b] ores & autresfoiz, Nous pour eulz monstrer bon exemple, & aux Prélas, [c] Princeps & Barons du Royaume, affin qu'il mettent *(qqq)* en leur gouvernement bonne attrempance, & que despens superflus & voluptaires cessent dores-en-avant entour Nous & entour eulz, Nous avons mis desja & promettons à mettre bonne attrempance ou gouvernement de nostre-dit Hostel & de nostre très-chiere & amée Compaigne la Duchesse, & aussi ont fait & feront encores nos amez freres, nostre amé oncle *(rrr)* le Duc d'Orleans, nos amez Cousins les Contes d'Alençon & d'Estampes & autres de nostre sanc & lignage, & avons ordené de faire pourveoir [d] nos garnisons & les dessusdiz aussi, par bonnes personnes, sages, loyaulz & experts en telz cas: Et oultre avons expressement commandé & enjoint aux Maistres de nostre Hostel & des garnisons, qu'il payent bien diligemment ce qu'il acheteront pour Nous, & aussi aux Maistres d'Ostel & des garnisons de nostre très-chiere & amée Compaigne la Duchesse, & ainsi l'avons Nous commandé & prié à tous ceulz de nostre sanc dessusdiz, que il le commandent & faire facent par leurs Gens.

b *presentement.*
c *Princes.*
d *faire faire nos provisions.*

(50) Item. Il est venu à nôtre congnoissance & par la complainte des Gens desdiz trois Estas, que grant partie d'iceulz ont moult esté travaillez & grevez pour cause de la [e] prosecucion des debtes des *(sss)* Lombards [f] useriers, tant par les Commissaires sur ce deputez par nôtre très chiere Dame *(ttt)* la Royne Blanche, comme par les Commis & Deputez depuiz par nôtre très chier Seigneur & Pere, & par Nous; lesquelz procedent encore de jour en jour, & les font venir de lointaing pays à Paris, en eulx donnant grans paines & vexacions, & par diverses *(uuu)* journées, & tant que plusieurs en y a qui ont composé affin des [g] eschiver lesdiz travaulz & vexa-

e *persecution.* Mem. de la Ch.
f *Usuriers.* Mem. de la Ch.
g *d'éviter.*

NOTES.

(qqq) *En leur gouvernement bonne attrempance.*] Qu'ils moderent leurs dépenses.

(rrr) *Le Duc d'Orleans, &c.*] Voy. cy-dessus, p. 109. Note (xx).

(sss) *Lombars useriers.*] Voy. cy-dessus, p. 30. l'Article 17. de l'Ordonnance du 28. de Decembre 1355. C'est cette Ordonnance de laquelle il est fait mention à la fin de cet Article 50.

(ttt) *La Royne Blanche.*] Voy. la Note (ff) sur l'Article cité dans la Note precedente.

(uuu) *Par diverses journées.*] C'est-à-dire

cions, combien que il n'y feussent en aucunne chose tenus: Et oultre qui pis est, aucuns des Commis ad ce [a] certaines Ordonnances justes & raisonnables faictes par nôtre très chier Seigneur, affin que par certains cours & laps de temps, c'est assavoir de dix ans, ycelles feussent expirées & estaintes, si que d'icelles aucuns n'en puist faire poursuite par voie d'execution ne de action, ont ladicte Ordonnance par mauvais entendement ou trop rigoreux, mains souffisaument & desraisonnablement desclairié & interpetré: Pour ce est-il que Nous qui desirons sur les choses dessusdictes estre pourveu, avons souspendu & souspendons par ces présentes tout le fait, poursuite, action & congnoissance des debtes desdiz Lombars, jusques à lendemain de *Quasimodo* prouchain venant.

CHARLES, FILS AISNÉ, & Lieutenant du Roy Jean I.er & selon d'autres, Jean II. à Paris, au mois de Mars 1356.

(51) *Item.* Avons accordé & accordons aux Gens des troiz Estas & à chacun d'eux, que la presente Aide qu'il Nous font & entendent à faire, à eulz ne à aucuns d'eulz ne tourne ou porte préjudice ou temps avenir, ne aussi à leurs Libertez & Franchises, Privileges & Chartres, en tant comme elles sont consonans & accordans aux (xxx) Lettres & Chartres sur ce autreffois octroyez pour la reformacion du Royaume par le Roy Philippe le Bel, & depuis aussi par nôtre très chier Seigneur & Pere, & ycelles & chacunne d'icelles Nous [b] loons, approuvons, & confermons toutes les choses contenuës ès dictes Chartres, meesmement en ce que en ycelles est faite mencion de la levée des biens du temporel des Esglises ou temps de Regalle.

(52) *Item.* Pour ce que il est venu à nôtre congnoissance que aucuns des personnes qui furent à Paris à l'Assemblée d'environ la Saint Remy derrenierement passée, & à l'Assemblée du cinquieme jour de Fevrier ensuivant, & qui vendront aux autres Assemblées, ont encouru la malivolence, ou pourroient encourre d'aucuns des Officiers [c] pour le temps de nôtredit Seigneur & de Nous, lesquelz se sont de fait efforciez se il eussent [d] peu, de eulz grandement navrer, blecier ou mettre à mort ou faire mettre, & encores pourroient faire, dont lesdictes personnes qui furent auxdictes Assemblées, & qui y venront ou temps avenir, ont bien cause de eulz [e] doubter de leurdiz mal-voullans, & Nous ont supplié que sur ce voulsissions pourveoir: Nous qui avons grant volunté & desir de eulz bien garder, & prester ou bailler bonne sureté & aide contre leursdiz mal-veullans, faisons sçavoir à tous que lesdictes personnes & chascunne d'icelles Nous prenons & mettons en la sauve & especial Garde de nôtre très chier Seigneur & Pere & de Nous: Et oultre leur avons octroié & à chacun d'eulz, que pour la seureté, deffense & tuicion de leur corps, il puissent pour ceste cause aler armez jusques à six compaignons estans en leur compaignies, par tout le Royaume touteffois que il leur plaira, & que par aucuns ne soient prinz ou molestez, mais soient gardés & conservés par tout le peuple; Et commandons à tous Justiciers dudit Royaume, Seneschaux, Baillifs, Prevosts & autres, que il les laissent eulz & leur compaignie aler & venir par tout où il leur plaira, senz contredit ou empeschement qu'il y mettent ou facent pour cause dudit port d'armes; Et oultre voulons que lesdiz Baillifs & autres Justiciers leur prestent encore confort & aide pour la cause dessusdicte, se mestiers en est, & il en sont requis.

(53) *Item.* Pour ce que (yyy) les hommes [f] jugeurs ès Cours de nostre dit

[a] *Il manque-là quelques mots, peut-estre celui de* par.

[b] *louons.*

[c] *qui ont servi du temps.*

[d] *pû.*

[e] *craindre.*

[f] *Jugans* ou *Jugens*, dans le Mem. de la Ch.

NOTES.

en les faisant assigner à comparoistre à differents jours, au lieu d'expedier leurs affaires de suite.

(xxx) *Lettres & Chartres, &c.*] Ces Lettres & ces Chartes dont il est parlé dans cet Article, sont apparemment la même chose que la belle Ordonnance de Philippe le Bel, donnée le 23. de Mars 1302. pour la reformation du Royaume, à la suite de laquelle se trouve une Ordonnance particuliere pour les Bourgeoisies. Dans les Articles 10. & 11. de la premiere, il est parlé de la Regale, & l'Article 9. de la seconde contient la confirmation des Privileges accordez par les Rois, dont on aura usé avec justice & sans malice. Ce sont apparemment ces Articles qui sont rappellez icy. Voy. le premier Vol. des Ordonnances, p. 359. & 368.

Le Roy Jean par son Ordonnance du mois d'Octobre 1351. renouvella celle de Philippe le Bel qu'il insera mot à mot dans la sienne, qui est à la page 450. du second Vol. des Ordonnances.

(yyy) *Les hommes Jugeurs, &c.*] C'est-

CHARLES, Fils aisné, & Lieutenant du Roy Jean I.er & selon d'autres, Jean II. à Paris, au mois de Mars 1356.

Seigneur, des Nostres, & d'autres Justiciers Subgez dudit Royaume, delaient à à jugier pour [a] doubte des amendes que on veult lever sur eulz à volunté, quant il *(zzz)* enchient ès Causes d'Appeaulz, Nous ordonnons que se il sont convaincus d'avoir fait aucun mauvaiz Jugement, que tous lidiz hommes Jugeurs de quelque Court que ce soit, soient quittes en payant une amende de soixante livres parisis pour tous, tant seulement, se il n'y apparoist corruption; ouquel cas les commettans de [b] ce convaincus en seroient punis selon le cas : & [c] parmi ce, ordonnons que li hommes Jugeurs en quelconques Cours, soient tenus de jugier de jour en jour aux jours des Plaiz, ou dedenz deux ou troiz journées ordinaires au plus loing, après ce que les Parties se feront [d] fermées en droit, & se il sont deffaillant, que ad ce il soient contraint par detencion de corps, jusques à ce qu'il aient prononcié.

(54) Item. Que tous *(aaaa)* Contremans & Essoines voluntaires, & qui ne seront causés de loyal & necessaire Essoine que li Essonnans ou Contremandans veullent jurer, soient osté, nonobstant Coustume ou usage au contraire.

(55) Item. (bbbb) Pour ce que li Prevosts soubz umbre de la deffense que aucuns ne se contre-venge, mesmement en autres que aux [e] faiseurs, s'efforcent de travailler les amis paisibles pour le fait de [f] riot *(cccc)* [& ainsi en sont moult travaillié & [g] coustengié li paisible & li subget des autres Justiciers] travaillez par autrui, Nous qui voulons les paisibles demourer en [h] pays, deffendons à tous Justiciers du Royaume que plus ne s'en entremettent, maiz que contre les [i] faitteurs qui se contre-vengeroient à aucun qui n'auroit par-avant meffait, [k] & bien soient puni en cest cas par les Justiciers à qui il appartiendra, pour [l] tant que il seront venu contre la deffense.

(56) Item. Par le conseil & avis desdiz troiz Etats, avons accordé & octroyé, accordons & octroyons que dores-en-avant toutes graces & Chartres qui se feront en cire vert & en las de soye, & qui ont esté faites ou passées depuiz le cinquiéme jour de Fevrier derrenierement passé, soient renduës senz finance quelconque, [m] parmi payant le droit du Seel accoustumé, & le sallaire raisonnable du [n] Notaire tant seulement, & senz porter en la Chambre des Comptes.

(57) Item. (dddd) Pour ce que les Subgez du Royaume puissent demourer

a *crainte.*

b *les commettans convaincus de ce.* Mem. de la Ch.

c *outre cela.*

d *qu'elles auront produit leurs moyens.*

e *ceux qui ont fait l'injure.*

f *querelle.*

g *exposez à des cousts, des frais.*

h *paix.*

i *faiseurs.*

k *Le texte paroist corrompu en cet endroit.*

l *à proportion de leur contravention à la deffense.*

m *en payant.*

n *Secretaire du Roy.*

NOTES.

à-dire ceux qui rendoient la justice à leurs égaux, ou ceux que le Bailli appelloit avec luy pour juger. Voy. la Note de M. de Lauriere, sur l'Article 14. du titre 3. du Livre 4. des Institutes Coustumieres de Loysel, t. 2. p. 119. & suiv. & principalement la 129. Voy. aussi la Table du second Vol. des Ordonn. au mot, *Jugeans* (hommes.)

(zzz) Enchient ès Causes d'Appel.] *Enchient*, tombent. C'est-à-dire quand il y a appel de leurs Sentences.

(aaaa) Contremans & Essoines.] Ce sont des excuses proposées pour faire remettre ou differer une assignation. Voy. le Gloss. du Droit François de M. de Lauriere, au mot *Contremans*.

(bbbb) Pour ce que li Prevosts, &c.] Cet Article me paroist embroüillé & fort obscur. Il est cependant certain qu'il s'y agit des Guerres privées; & voicy le sens que je crois qu'on doit luy donner.

Il faut supposer que par une Loy, qui n'est pas venue jusqu'à nous, il avoit esté deffendu aux amis de deux Nobles qui se faisoient la Guerre, d'y prétendre part, à moins qu'on ne les attaquât. Sur le fondement de cette deffense, les Prevosts fatiguoient les amis de ceux qui se faisoient la Guerre, & quoyqu'ils fussent demeurez *paisibles*, ils leur imputoient qu'ils avoient pris parti dans la querelle, & leur faisoient leur procès, quoyqu'ils ne fussent pas leurs Justiciables, apparemment par droit de suite, & sous le pretexte que les deux Chefs de Guerre demeuroient dans l'estendue de leur Jurisdiction. Par cet Article, il est deffendu aux Prevosts de poursuivre en Jugement les amis de ceux qui se feront la Guerre, quand ils n'y prendront pas de part, & il leur est enjoint de faire le procès aux Chefs de la Guerre, quand ils attaqueront les amis de leurs ennemis, qui feront restez tranquilles, sans avoir fait contre eux aucun Acte d'hostilitez.

(cccc) Et ainsi, &c.] Ce qui est entre deux crochets, n'est pas dans le Registre du Chastelet.

(dddd) Pour ce que les Subjez, &c.] Cet Article regarde encore les Guerres privées.

plus

plus [a] à pays, ordonnons & mandons que se aucuns du Royaume ou autres s'efforcent de prendre ou guerroyer aucunes personnes en bonnes Villes du Royaume, que tous les Officiers & Subgez de nostre très-chier Seigneur & Pere & de Nous les en facent cesser, & y contrestent [b] & facent contrester par tout le Peuple, & que li Peuples dudit Royaume y contreste du tout son povoir par toute poissance d'armes, & à son de cloche, & faire le puissent senz offense.

(58) Item. Pour ce que pour les gardes des *(eeee)* Forteresses champestres, li fais de la Guerre ne soit empeschiez, avons ordonné & ordonnons que par les Capitaines des lieux soit sur ce pourvû souffisaument.

(59) Item. (ffff) Voulons & ordonnons que si aucuns des Subgez & Justiciables dudit Royaume, appellent desormaiz de Juge [c] subget, d'aucune Sentence, Prononciation ou Jugement en la Court de Parlement ou autre Court Royal, en délaissant le Juge moyen, que cilz pardevant qui il sera appellé, soient les Gens tenans ledit Parlement, ou autres Juges moyens, renvoyent ladicte Cause d'Appel senz delay pardevant *(gggg)* le Juge qui senz moyen povoit ou devoit congnoistre de ladicte Cause d'Appel, se sur ce sont requis d'aucunes des Parties, & deffendons aux Gens dudit Parlement & à tous les autres Juges Royaulz, que de telles Causes d'Appel il ne s'entremettent en aucune maniere, se ce n'est du consentement exprès des deux Parties; & se il font le contraire, Nous [d] rappellons tout ce qu'il feront en ce cas & mettons du tout au néant, & si les en punirons [e] gresment. Il Nous plait toutevoies & voulons que les Gens tenens ledit Parlement puissent telles Causes retenir pardevers eulz, s'il voyent que la nature de la Cause le requiere & non autrement, & sur en [f] chargons leurs consciences.

(60) Item. Avons ordonné & ordonnons que aucun de quelque estat ou condition qu'il soit, ne se aide ou puist aidier de quelconques Lettres d'Estat, pour retarder leurs Causes & payemens de debtes qu'il aront, ou en quoi ilz seront tenus envers quelconques personnes contribuans à l'Aide des presentes Guerres; & se il estoient donné ou temps present ou avenir, que il n'y soit obéy en quelque maniere, ou cas où il y auroient renoncié par exprès.

(61) Item. Que toutes les choses dessusdites & chacune d'icelles par la maniere que dit est, Nous avons voulu, accordé & octroyé, voulons, accordons & octroyons, ratiffions & approuvons par ces presentes, de nostre certaine science & grace especial, & de la puissance & auctorité dessusdite, nonobstant quelconques Ordonnances, Estats, Usages & Coustumes au contraire, lesquels Nous rappellons & mettons du tout au néant.

Si mandons & commandons estroictement à tous les Officiers & Justiciers du Royaume, les Présidens & Gens du Parlement, Seneschaux, Baillifs & autres, que les choses dessusdictes il tiengnent, & facent publier oudit Parlement à Paris, par les Carrefours, & aux autres Cités, Villes & lieux notables accoustumés à faire cris, & ycelles facent tenir & accomplir de point en point selon leurs teneurs: Et oultre que

CHARLES, FILS AISNÉ, & Lieutenant du Roy Jean I.er & selon d'autres, Jean II. à Paris, au mois de Mars 1356.

a *en paix.*
b *s'y opposent.*
c *subalterne.*
d *cassons, revoquons.*
e *grievement.*
f *chargeons.*

NOTES.

(eeee) Forteresses champestres.] Je crois qu'il s'agit icy des Chasteaux & des petits Forts qui estoient alors en très grand nombre dans les Campagnes. Il en eust trop cousté au Roy pour entretenir des garnisons reglées dans tous ces Chasteaux; & il est ordonné par cet Article, que les Capitaines des lieux où ils sont situez, pourvoiront à leur garde le mieux qu'il leur sera possible.

(ffff) Voulons & ordonnons, &c.] Il y a en France plusieurs degrez de Jurisdictions, c'est-à-dire, plusieurs Justices devant lesquelles il est quelquefois necessaire que les affaires soient portées par la voye de l'Appel des unes aux autres, pour y estre jugées successivement, jusqu'à ce qu'elles soient decidées en dernier ressort, par une Cour qui n'ait point de superieure. Le Juge moyen est celuy qui est placé entre un Juge qui est son inferieur, & un Juge qui est son superieur, ensorte qu'il juge par Appel les Sentences du premier, & que les siennes sont portées par l'Appel devant le second.

(gggg) Le Juge qui senz moyen, &c.] C'est-à-dire, le Juge qui est le superieur immediat de celuy qui a rendu la Sentence, & qui doit connoistre de l'Appel qui en a esté interjetté.

CHARLES, Fils aisné, & Lieutenant du Roy Jean I.er & selon d'autres, Jean II. à Paris, au mois de Mars 1356.

à la Coppie scellée soubz Scel autentique, ou d'aucuns des Articles, l'en adjouste plaine foy & telle comme à l'Original; Et oultre voulons que tous ceulz qui par Original vouldront avoir lesdictes Lettres, que elles leur soient baillées senz riens payer au Scel ne au Notaires, se ce n'est de la paine de l'Escripture, & que qui les vouldra escripre ou faire escripre, il le puisse faire, & soit li Nottaires tenus du signer & Collacion faire avant toute euvre. Et pour ce que ce soit ferme chose & estable à toûjours, Nous avons fait sceller ces Lettres du Scel du Chastellet, en l'abscence du grant Scel de nostredit Seigneur, en cire vert & en las de soye. Fait à Paris, l'An de grace mil sept cens cinquante & six, ou Mois de Mars.

Lecta & publicata in Camera Parlamenti, tertia Marcii 1356.

(hhhh) Collacion faite à l'Original scellé du Scel du Chastellet de Paris en a la de soye & cire vert. Ainsi signé en la marge. Par le grant Conseil, ouquel estoient Messieurs l'Arcevesque de Rains, les Evesques de Paris, de Langres, de Nevers, de Laon, de Therouenne, l'Abbé de Saint Denis, Messieurs *(iiii)* les Ducs d'Orleans, de Bretaingne, les Contes d'Alançon, d'Estampes, & de Roussy, le grant Prieur d'Acquitaine, les Seigneurs de Meullan, de Garencieres & de Loupy, Messire Jehan de Picquigny, Guillaume d'Ambreville, & Philippe de Troiz-Mons & pluseurs autres. *J. Clerici, (kkkk) le Samedi premier jour d'Avril, l'An mil troiz cens cinquante-six.*

a *las.*

Ces Lettres furent publiées en Jugement ou Chastellet de Paris, le Prevost séant, le Jeudy trentiéme jour de Mars avant Pasques, l'An mil troiz cens cinquante & six: Et collacion faite d'icelles par moy.

NOTES.

(hhhh) Collacion, &c.] Ce qui suit n'est que dans le Reg. du Chastelet.

(iiii) Les Ducs d'Orleans, &c.] Voy. cy-dessus, la Note *(xx)* p. 109.

(kkkk) Le Samedi premier Avril.] C'est la date de la Collation faite au Chastelet.

CHARLES, Fils aisné, & Lieutenant de Jean I.er & selon d'autres, Jean II. à Paris, le 12. de Mars 1356.

(a) Ordonnance contenant des Reglements sur le fait des Monnoyes, & pour les Changeurs, les Orfévres, & les Batteurs d'Or.

SOMMAIRES.

(1) Toutes les Monnoyes, soit qu'elles ayent esté fabriquées dedans ou dehors le Royaume, sont decriées; à l'exception de celles qui sont icy marquées.

Il est deffendu de porter des Especes d'Or & d'Argent, & du Billon hors du Royaume, & mesme de le porter dans le Royaume, à un autre Hôtel des Monnoyes, que celuy qui est le plus proche de l'endroit d'où l'on part.

Nul ne peut faire le Courretage de Monnoye, s'il n'en a la permission des Generaux-Maitres des Monnoyes.

(2) Nulles personnes, Marchands ou autres, ne doivent acheter ni vendre des Monnoyes décriées.

(3) Il est deffendu de faire des Contracts ou marchez en Especes d'Or & d'Argent, mais seulement à sols & à livres; si ce n'est dans le cas du prest, & du dépost.

(4) Il sera choisi dans chaque Ville des gens notables & de bonne renommée, lesquels exerceront seuls l'Office de Changeur. Les Negociations de Change ne se pourront faire que dans des lieux publics où l'on a accoustumé de les faire.

(5) Il sera estabh des Gardes sur les Ports & Passages, & sur les frontieres, pour empescher qu'on ne transporte de l'Or & de l'Argent hors du Royaume, ou qu'on n'y apporte des Monnoyes fausses & contrefaites; & ils auront la cinquiéme partie des confiscations.

(6) Il est deffendu aux Changeurs, Orfevres & autres, de faire de la Vaisselle d'Or & d'Argent qui pese plus d'un Marc, si ce ne sont des Reliquaires, &c. & d'acheter de l'Or & de l'Argent à plus haut prix que l'on n'en donne à la Monnoye: de garder des Especes deffenduës, fausses & contrefaites, si elles ne sont percées, & d'affiner des matieres d'Or & d'Argent.

(7) Lorsque les Changeurs auront acheté des Especes d'Or, excepté celles qui ont cours ils ne pourront les remettre dans le commerce; mais ils les porteront au plus prochain Hôtel des Monnoyes du lieu où ils seront, ou ils le-

vendront à d'autres Changeurs qui les y porteront.

Dans les marchez que feront les Changeurs pour acheter du Billon, il ne pourra estre stipulé qu'ils payeront un certain nombre de pieces de Monnoye, ni un certain nombre de Marcs; mais le prix sera reglé à livres & à sols, & ils le payeront en Monnoye courante.

Les bateurs d'Or ne pourront acheter de l'Or ni de l'Argent pour leur mestier, si ce n'est par la permission des Generaux-Maîtres des Monnoyes.

(8) Toutes les Especes fausses, contrefaites ou décriées que l'on voudra transporter hors du Royaume, & qui seront saisies, seront confisquées.

(9) Les Prelats, Barons, Nobles, & non-Nobles observeront & feront observer les Reglements faits sur les Monnoyes par cette Ordonnance.

(10) Les Tresoriers des Guerres payeront les Troupes avec les mesmes Especes qui leur auront esté remises à cet effet; & ils les donneront pour le prix pour lequel elles leur auront esté données. Les Officiers Royaux observeront & feront observer les Reglemens faits sur les Monnoyes par cette Ordonnance.

(11) Il est deffendu à quelque personne que ce soit, Bourgeois, Marchands, François, Estrangers, de donner aux Monnoyes qui ont cours, un autre prix que celuy qui est fixé par le Roy, & de mettre dans le commerce celles qui sont decriées.

(12) Nul estranger ne pourra exercer l'Office de Changeur.

(13) Ceux qui auront apporté du Billon aux Hôtels des Monnoyes, en recevront le prix à leur tour, & en suivant l'ordre du Registre sur lequel on aura écrit le jour qu'ils l'auront apporté.

(14) Les Changeurs, & Marchands qui fournissent les Hôtels de Monnoye de Billon, & les Officiers qui travaillent dans ces Hôtels, eux, leurs familles & leurs biens, sont sous la sauvegarde du Roy.

CHARLES, FILS AISNÉ, & Lieutenant de Jean I.er & selon d'autres, Jean II. à Paris, le 12. de Mars 1356.

CHARLES ainsné Fils & Lieutenant du Roy de France, Duc de Normandie & Dalphin de Vienne: Au Senechal de Beaucaire ou à son Lieutenant, salut. Il est venu à la cognoissance de nôtredit Seigneur & de Nous, que pour cause des mutations des Monnoyes, qui tant de fois & si souvent ont esté faites, le Peuple du Royaume a soustenu plusieurs griefs & domages, & tres grans inconveniens s'en sont ensuivies, tant par la chierté des Vivres & autrement, comme pour ce que aucunes Gens plains de leur mauvaise voulonté, soubz umbre des mutations desdites Monnoyes, ont apporté & [a] alloüé oudit Royaume, Monnoyes fausses & contrefaites hors dudit Royaume, à la samblance des Monnoyes de nostredit Seigneur, dont le Peuple a esté & est moult grandement deceus & domagés, si comme par la plainte (& clameur) du Peuple du Royaume a esté à nostredit Seigneur & à Nous plusieurs fois exposé: pour ce est-il que Nous desirans la [b] pais, tranquillité, bien & proffit de nostredit Seigneur, de Nous & de tout le Peuple du Royaume, & pour obvier au domage des Subjez dudit Royaume, & aux perils [c] (& esclandres) qui pour ce pourroient ensuivre, & pour plusieurs autres causes touchant le proffit du Peuple, par très grant & bonne deliberation eue avecques nos très chiers & bien amez les bienveullans de nostredit Seigneur, de Nous & de tout le Royaume, les Elleus pour les trois Estats dudit (Royaume,) à leur requeste & de leur accort & voulenté, avons voulu & ordené, voulons & ordenons par ces presentes *(b)* Ordenances, Monnoyes d'Or & d'Argent & pour le pris & cours qui s'ensuit.

a debité.

b paix.

c esclandres, malheurs.

(1) Est assavoir que *(c)* le Denier d'Or fin au Mouton, que nostredit Seigneur

NOTES.

(a) L'Original de ces Lettres est à la Bibliotheque du Roy, liasse intitulée des *Monnayes*, n.° 38. Il y a des lacunes en quelques endroits, parce que le parchemin est usé & déchiré. On a suppléé ces endroits sur une copie faite à Montpellier sur le Registre intitulé *Languedoc* sans numero, où elle est au folio 3. Les endroits suppléez sont entre deux crochets.

(b) Ordenances, Monnoyes.] Dans la copie faite à Montpellier, il y a, *par ces presentes Ordonnances*, le cours *des Monnoyes d'Or & d'Argent, pour le prix qui s'ensuit.*

(c) Le Denier d'Or, &c.] Voy. cy-dessus, p. 131. l'article 15. de l'Ordonnance du mois de Mars 1356. faite en consequence de l'Assemblée des Estats Generaux.

Dans la Chronique de S.t Denis, (tome 1. fol. *m.* 172. *verso*, 2.e col.) il est dit que cette Ordonnance fut publiée le 26. de Mars. *Item le Dymenche vingt-sixiéme jour du mois dessusdict (Mars) fut la Monnoye publiée à Paris par l'Ordonnance des trois Estats dessusditz; c'est assavoir ung Mouton d'Or pour vingt-*

CHARLES, Fils aisné, & Lieutenant de Jean I.er & selon d'autres, Jean II. à Paris, le 12. de Mars 1356.

a derrenierement fait faire, & aussi [a] autelx ou samblables que l'en fera, auront cours, & seront pris & mis pour (trente) sols tournois la Piece.

Les autres petits Deniers d'Or fin à l'Aignel que l'en fera, seront pris & auront cours pour quinze sols tournois la Piece.

Les gros Deniers blans à la Couronne auront cours pour dix deniers tournois la Piece.

Les petits Deniers parisis auront cours pour un denier parisis;

Et les autres petits Deniers tournois noirs que l'en fait à present, auront cours pour un denier tournois la Piece:

Et aussi les Deniers blans qui derrenierement ont esté faits, pour huit deniers tournois la Piece, auront cours, & seront pris & mis pour trois deniers tournois la Piece:

Et toutes autres Monnoyes d'Or & d'Argent blanches & noires, faites oudit Royaume ou autre part, n'auront aucun cours, ne ne seront prises ne mises pour aucun pris, fors au marc pour le Billon; excepté les Monnoyes dessusdites d'Or & d'Argent blanches & noires, auxqueles tant seulement & non a autres, Nous donnons cours [b] parmi ces presentes Ordenances; Et avec ce Nous avons ordené, ordenons & deffendons que aucune personne de quelconque estat ou condition que il soit, sur paine [c] de corps & d'avoir, ne porte ou face porter hors du Royaume, ne parmi le Royaume *(d)* en eslongnant la plus prochaine Monnoye du lieu dont il partira, Or, Argent ne Billon quel qu'il soit, ne des Monnoyes dessusdites auxquelles Nous avons donné cours; & derechief que nuls ne faice Courretaige de Monnoyes d'Or & d'Argent, ne de nul Billon quels que il soit; fors seulement ceuls qui seront ordenez par les Generaulx-Maistres des Monnoyes.

(2) Item. Que nuls Marchans ne autre quel qu'il soit, ne puisse [d] billonner, ne porter parmi le Royaume *(e)* Tablette [e] l'en-il ait signe de Billonneur, ne que iceuls puissent ou doient achater ou vendre aucune Monnoye qui appartiengne à Billon.

(3) Item. Que nuls Marcheant ou autres de quelcunques condition qu'il soit, ne faice, ou soit si hardys de faire contract ou marchié au Denier d'Or au Mouton ne d'autres Monnoyes d'Or, à gros tournois d'Argent, ne à aucune autre Monnoye d'Argent, *(f)* fors à sols & à livres, en baillant & prenant les Monnoyes auxquelles cy-dessus Nous avons donné cours par ces presentes Ordenances; & qui de ce en avant fera contract à Deniers d'Or au Mouton ou à l'Aigniel, il ne pourra demander ne avoir que pour le Denier d'Or au Mouton, trente sols tournois, & pour l'autre petit Denier d'Or à l'Aingniel, dont les deux vaudront un grant, quinze sols tournois & non plus des Monnoyes que nôtredit Seigneur fait faire à present; & que nul Tabellion ou Notaire ne faicent ou reçoivent [f] instrumens ou obligations, [g] mais que seulement à sols & à livres; excepté vrais [h] prais fais, & depostz par [i] amistié & cherité l'un à l'autre, senz *(g)* couventure d'autre chose: lesquels Tabellions ou Notaires feront jurer aux saintes Evangiles de Dieu, à ceuls qui voudront passer Lettres de

a *tels.*
b *par.*
c *confiscation de corps & de biens.*
d *acheter des Monnoyes decriées.*
e *où il y ait signe, marque.*
f *Actes.*
g *si ce n'est seulement.*
h *prets.*
i *amitié.*

NOTES.

quatre soulz parisis, & demis Moutons qui furent lors faiz noureaux, pour douze soulz parisis; Denyers blans à la Couronne pour dix deniers tournoys.

La difference qui se trouve entre ce qui se lit dans la Chronique & l'Ordonnance ne vient que de la difference qui estoit entre le sol tournois, & le sol parisis, qui valoit un quart de plus en sus; par conséquent 24. sols parisis valoient autant que 30. sols tournois.

(d) En eslongnant.] Non seulement il est deffendu de porter des especes d'Or, & d'Argent hors du Royaume, mais il est même deffendu de les porter dans le Royaume à un autre Hôtel des Monnoyes que celuy qui est le plus proche de l'endroit d'où l'on part. Voy. la Table du 2.e vol. des Ordonnances, au mot, *Monnoye*, p. lxxxij. col. 2.

(e) Tablette.] Voy. cy-dessus, p. 90. note *(d)*.

(f) Fors à sols, & à livres.] Voy. ce qui sera dit sur cette matiere, dans la preface, §. *Monnoye*.

(g) Couventure.] Il faut corriger *couverture*, comme il y a un peu plus bas, & comme il se lit dans la Copie faite à Montpellier.

despost ou de prest, qu'il n'y a ne malice ne couverture, comme dit est devant : & ou cas que le contraict seroit fait, chascun des contracteurs l'amendera à nostredit Seigneur de la moitié d'autant comme le contraict se montera ; & le Notaire qui fera le contraict, l'amendera aussi pour la livre *(h)* douze deniers.

CHARLES, FILS AISNÉ, & Lieutenant de Jean I.er & selon d'autres, Jean II. à Paris, le 12. de Mars 1356.

(4) Item. Pour ce que Nous sommes [a] enfourmez que pour ce que Change a esté si commun à toutes Gens, comme aux Merchiers, Drappiers, Espiciers, *(i)* Tabletiers & autres, & que chascun a usé de fait de Change [b] en obscur ou en appert si comme il a voulu, & que tant de Marcheans de Billon se sont entremis de changer & billonner, que plusieurs maux, inconveniens & domage en sont advenus, & presque destruites & dissipées les Monnoyes, lesqueles, quant il n'avoit ès bonnes Villes que certains Changeurs bons & notables, lors estoient bonnes les Monnoyes, bien gouvernées, garnies de Billon, & bien [c] ouvrans senz sejourner ; & depuis que tant de manierres de Gens se sont meslées dudit fait, ne firent lesdites Monnoyes que déchooir, & [d] adnichiller le Billon par les coulpes & [e] soutivetez dampnables d'aucuns malicieux, senz ce que aucune punicion en ait esté faitte, combien que les fais fussent évidens & notoires : Si avons ordené, voulons & ordenons par ces presentes Ordenances, que en chascune bonne Ville du Royaume n'ait que certaine quantité de Changeurs, bons, preudommes & notables, & de bonne renomée, & telx qui ne se [f] daignaissent meffaire en aucune maniere ; lesquels Changeurs seront nomez & elleus par les Justiciers, Maires & Eschevins *(k)* de bonnes, là où Maires & Eschevins seront ; & ès Villes où il n'aura Maires ou Eschevins, seront [g] elleus yceux Changeurs à la relation & par le témoignage de six ou de quatre des Preudommes, notables Bourgeois des Villes ; lesquels Changeurs ainsi elleus, jureront & feront serment aux sains Evangiles de Dieu, pardevant les Justiciers des Villes où ils seront establis, de bien & loyaument exercer le fait de Change, & de garder les Ordonnances faites sur les Monnoyes, & les Monnoyes de nôtredit Seigneur fournir & garnir de *(l)* Billon à leur povoir : & seront leurs noms & surnoms envoyez à Paris soubz les seauls des Justiciers des lieux, pardevers les Gens des Comptes de nôtredit Seigneur, en les certifians *(m)* du jour & serment que fait auront sur ce, pour les enregistrer devers eux : & [h] illec, c'est assavoir devers les Gens des Comptes de nôtredit Seigneur, les Generaulx-Maistres des Monnoyes prendront & auront les noms d'iceuls Changeurs pour les enregistrer devers eulx, afin de en avoir la cognoissance, pour aucune cause appartenant à leur Office : lesquels Changeurs ainsi enregistrez auront Letres du fait de Change soubz le seel de nôtredit Seigneur, en payant six sols Parisis pour le seel tant seulement : & envoyeront iceuls Changeurs ou [i] vendront à Paris devers les Gens des Comptes de nôtredit Seigneur, pour prendre leursdites Lettres, & iceuls faire enregistrer, comme dit est, dedenz un mois après le jour qu'il auront fait le serment, pendant lequel temps il pouront faire & exercer le fait de Change, & non plus oultre, senz avoir lesdites Lettres : Et ne soit aucun si hardys sur paine de corps & d'avoir, de faire fait de Change en apert, en chambre ou en lieux obscurs & celez, mais en lieux publiques & accoûtumez par les Changeurs elleus seulement, comme dit est : mais tous autres soupeçonnez [k] o acoûtumez de porter Billon hors du Royaume, & de *(n)* eslonger les Monnoyes de France, de marchander de [l] feblage & de Monnoye estrangere, deffendues, fausses & contrefaites, seront par les Justiciers desdites bonnes Villes privés & estrangiés de tout fait de Change sanz le [m] poovoir

a *informez.*
b *en secret, ou publiquement.*
c *en y travailloit sans interruption.*
d *manquer totalement.*
e *subtilité.*
f *ne voulussent manquer à leur devoir.*
g *elus.*
h *là.*
i *viendront.*
k *ou.*
l *Monnoye foible.*
m *pouvoir.*

NOTES.

(h) Douze deniers.] Il n'y a qu'onze deniers dans la Copie faite à Montpellier.

(i) Tabletiers.] Voy. cy-dessus la note *(d.)*

(k) De bonnes.] Dans la copie faite à Montpellier, il y a, *bonnes Villes.*

(l) Billon.] De matieres propres à fabriquer des Monnoyes.

(m) Du jour & serment.] Il semble qu'il manque là quelques mots, & qu'il faille lire *du jour qu'ils auront esté eslus, & du serment.*

(n) Eslonger les Monnoyes de France.] C'est-à-dire, ne pas porter le Billon dans la Monnoye la plus prochaine du lieu d'où l'on part. Voy. cy-dessus note *(d)*. p. 123.

exercer, afin que lesdites Monnoyes soient plus plainement garnyes de Billon, fer
CHARLES, le traire hors du Royaume.

FILS AISNÉ, & Lieutenant de Jean I.er & selon d'autres, Jean II. à Paris, le 12. de Mars 1356.

(5) Item. Certains Gardes [a] soutilx, diligens & loyaux Gens, seront establys é
ordenez par les Baillis & Senechaux des lieux, sur les Ports & Passages, sur les fin
& extremités du Royaume ès lieux acoûtumés & necessaires, pour garder diligemen
les malicieux qu'il ne puissent fors-traire la matiere du Billon d'Or & d'Argent hors d
Royaume, ne aporter Monnoye fausse ou contrefaite aux Monnoyes dessusdites; ca
se par leur bonne garde & diligence, il est bien obvié aux malices des portans Billo
ou [b] asportans fausses ou contrefaites Monnoyes, il [c] vendra esdites Monnoyes gran
a *subtils, exacts.* abondance de Billon & bon profit : & pour ce qu'il soient plus diligens, Nous avon
b *apportant.* ordené que lesdits establys sur ce, auront la quinte partie de toutes les [d] foursfaitures qu
c *viendra.* il trouveront, & apporteront à la plus prochaine Monnoye du lieu où ils les auron
d *confiscations.* prinses, par la main du Maistre particulier, & des Gardes de ladite Monnoye.

(6) Item. Que nuls Changeurs, Orphevres ne autres sur la paine dessusdite, ne
soit si hardys de faire ne ouvrer, ne faire faire ne ouvrer Vaisselle ne Vaisseau d'Argent
e *coupes.* [e] Hanaps, ne Joyaux d'Or ne d'Argent, fors d'un marc & audessous; se ce ne sont
f *reliquaires.* [f] reliques, & autres saintuaires pour Dieu servir; ne de acheter Argent à plus grant pri
que l'en donne ès Monnoyes de notredit Seigneur; & ne puissent garder aucunes
Monnoyes deffendues, fausses ne contrefaites, se elles ne sont *(o)* perciez, mais la
porte esdites Monnoyes, ou vende à Changeurs de bonne cognoissance, qui soient
acoûtumés de *(p)* servir lesdites Monnoyes : ne aussi ne soyent si hardis sur ladi-
te paine, aucuns Changeurs, Orphevres ne autres de quelques condition qu'il soit,
de *(q)* rachassier ne affiner Argent ne Billon, ne autres choses à ce touchans & ap-
partenans.

(7) Item. Tous Changeurs jureront aux sains Evangiles de Dieu, que quant il
g *& separer.* auront acheté aucun Denier d'Or quels qu'il soient, excepté les Deniers d'Or fin au
Mouton & Aignelès dessusdits, auxquels Nous avons donné & donnons cours, il ne
h *ne les mettront pas dans le commerce.* les alloueront [h] ne mettront, mais les porterons à la plus prochaine Monnoye du lieu
où il seront, ou les vendront à leurs compaignons Changeurs qui les y porteront, sur
paine de perdre lesdits Florins, & de l'amende à la voulenté de notredit Seigneur, de
Nous & de notre Conseil; Et que nuls Changeurs ne soit si hardys de acheter Bil-
lon blanc ne noir, à nombre de Deniers d'Or au Mouton, ne à l'Aigniel, ne d'autres
i *donnant en payement.* Deniers d'Or à marc ne autrement, mais à (livres) & à sols en [i] paiant les Monnoyes
dessus declariés auxquels Nous donnons cours, & non autres, sur paine de perdre tout
k *Batteurs d'Or.* le marchié qu'il auront fait au contraire : & que sur ladite paine, nulx [k] Orbateur ne
soit si hardys de acheter ne faire (acheter Or ne Argent) pour ouvrer ou faire ou
vrer ou mestier d'Orbaterie, se ce n'est par le congé & licence des Generaux-Maistres
des Monnoyes, ou d'autres ayans leur povoir quant à ce.

(8) Item. Que se aucun Faussonnier ou autres est trouvé portant fausse Mon-
noye ou (contrefaite) ou Billon hors du Royaume, ou avoir fait *(r)* transgression
l *contrevenu.* de Monnoye, ou autrement [l] venu contre les Ordonnances d'icelle, que le Billon ou
Monnoye deffendue, fausses ou contrefaites dont il seront trouvés saisis, li seront
ostées, & confisquées à nôtredit Seigneur, ou à (ceuls à qui) il doit appartenir; Ne
seront telx Malfaiteurs & transgresseurs dorsenavant reçeus sur ce à aucune *(s)* com-
position, mais seront punis par yceuls à qui il appartiendra.

NOTES.

(o) Perciez.] On perçoit les Monnoyes qui estoient fausses, contrefaites, ou qui n'avoient plus de cours, afin qu'elles ne pussent plus entrer dans le commerce. Quelquefois on les coupoit. Voy. cy-dessus p. 27. la note sur l'Art. 2. de l'Ord. du 28. de Decembre 1355.

(p) Servir lesdites Monnoyes.] C'est-à-dire, de fournir aux Hôtels des Monnoyes, des matieres propres à fabriquer des especes.

(q) Rachassier ne affiner.] Ces deux mots sont synonimes. *Rachassier*, c'est *chasser* de l'Or & de l'Argent, l'alliage qui y est joint.

(r) Transgression de Monnoye.] Transgression contre les Ordonnances *des Monnoyes*, ou simplement *transport de Monnoye*.

(s) Composition.] On rendoit quelquefois

CHARLES, FILS AISNÉ, & Lieutenant de Jean I.er & selon d'autres, Jean II. à Paris, le 12. de Mars 1356.

(9) *Item.* Nous avons ordené, voulons & ordonnons qu'il soit enjoint à tous Prelats, (Barons,) Nobles & Non-nobles qu'il tiengnent & gardent, faicent tenir & garder à leurs Receveurs & autres Gens, tous les poins contenus en ces presentes Ordenances des Monnoyes; & par especial leur soit enjoint que sur paine de encheoir en l'indignation de nôtredit Seigneur & de Nous, il ne prengnent, ne mettent, ne faicent prandre ne mettre par leurs Gens, les grans Deniers d'Or au Mouton pour plus haut prix de trente sols tournois, & l'autre petit Denier d'Or à l'Aigniel pour quinze sols tournois & non plus, ne nulles autres Monnoyes, fors par la maniere & condition qu'il est contenu cy-dessus.

(10) *Item.* Qu'il soit enjoint & deffendu estroittement sur paine de corps & d'avoir, aux Tresoriers des Guerres, à leurs Lieutenans & à tous leurs autres Officiers, qu'il ne faicent acheter aucun Denier d'Or, & que il faicent leurs payemens aux Gens d'armes en tele espece [a] & de Monnoye, & pour tel prix comme elle leur sera baillée pour yceuls Gens d'armes payer; c'est assavoir le grant Denier d'Or au Mouton pour trente sols tournois; le petit Denier d'Or à l'Aigniel pour quinze sols tournois, & les autres Monnoyes auxquels il est donné cours par lesdites Ordenances & non à autres; Et aussi qu'il soit enjoint & deffendu sur les paines dessusdites, à tous autres Tresoriers, Vicontes, Receveurs & à tous autres Officiers Royaux, qu'il ne prengnent ou mettent, ne faicent prendre ou mettre par leurs Gens ne par autres, les Deniers d'Or fin au Mouton, ne nulles autres Monnoyes que en la maniere dessusdite, & qu'il gardent & tiengnent, faicent tenir & garder par toutes leurs Gens, comme dit est, tous les poins contenus esdites Ordenances.

a & *n'est pas dans la Copie de Montpellier.*

(11) *Item.* Que par toutes les bonnes Villes du Royaume & ès lieux notables d'icelluy, soit enjoint & commandé expressement & sur paine de corps & d'avoir, comme dessus est dit, à tous Bourgeois, Changeurs, Orphevres, Marchans [b] d'avoir de pois, Drappiers, Peletiers, Merciers, Espiciers, Marchans de Chevaux, Hostellers & à tous autres Gens Marchans & de Mestiers, & à toutes autres personnes notables, & tous Marchans [c] Foirains, Gennevoys, Luquoys & autres Gens quels que il soient, & aussi à tous Courretiers de quelcunques Marchandises qu'il s'entremellent, qu'il ne prengnent ne ne mettent, ne ne faicent prendre ou mettre par euls, leurs Femmes, Enfans, Valets, Facteurs, ne par autre quel qu'il soit, en paiement, gaiges ou autrement, lesdits Deniers d'Or au Mouton, que pour le prix de trente sols tournois; le petit pour quinze sols tournois & non pour plus, si comme dessus est dit, ne nulle autre Monnoye d'Or ne d'Argent blanche ne noire, faites hors du Royaume, ne du coingt de notredit Seigneur ne d'autres, pour nul pris quel qui soit, mais tant seulement au marc pour le Billon; exceptées les dessusdites auxquelles Nous donnons cours par cette Ordenance.

b *en detail.*

c *Forains.*

(12) *Item.* Voulons & ordenons, & estroittement deffendons que nuls [d] Transmontain ne autres dehors du Royaume, ne soit en Office ou faice fait de changer Monnoyes; & s'aucuns en y a, Nous les en ostons & deboutons dès maintenant, & voulons être ostés & deboutés de tout en tout.

d *Ultramontain.*

(13) *Item.* Que Nous avons entendu que plusieurs Changeurs & bons Marchans frequentans les Monnoyes du Royaume, soubz umbre d'aucunes Gens qui [e] marchandoient en fait de change, combien que à leur estat n'aparteinst, ont esté moult grandement [f] adomagiés, tant pour ce que quant ils avoient leur Billon ès Monnoyes, il ne povoient estre payés à (t) droit tour de papier, ainsi qu'il estoit acoûtumé: Mais (u) convert que lesdits Marchandans par leur [g] poissance eussent les

e *se mêloient du fait de change.*

f *endomagez dans la Copie de Montpellier.*

g *puissance, credit.*

NOTES.

à ceux qui estoient surpris en fraude, une partie des Especes saisies.

(t) *Droit tour de papier.*] C'est-à-dire, chacun à leur tour, & suivant l'ordre du Registre dans lequel on avoit écrit le jour qu'ils avoient apporté leur Billon à l'Hôtel des Monnoyes. Les personnes qui avoient du credit, se faisoient payer les premieres, & avant leur rang.

(u) *Convert.*] Ou *couvert*. Dans la Copie faite à Montpellier, il y a *comment*, qui ne fait pas plus de sens. Peut-estre faut-il corriger, *convient*.

CHARLES, FILS AISNÉ, & Lieutenant de Jean I.er & selon d'autres, Jean II. à Paris, le 12. de Mars 1356.

premieres delivrances des deniers quant ils estoient fais, pour laquelle chose les Changeurs ont souvent redoubté à mettre leur Billon ès Monnoyes de nôtredit Seigneur, & ses Monnoyes ont aussi souffert plusieurs domages ; pour ce avons ordené & ordenons, que les Changeurs & Marchans qui auront & mettront Billon esdites Monnoyes, soyent payés & delivrés à tour de papier, selon la maniere qu'il doit estre fait, & que autrefois a esté acoûtumé à faire.

(14) Et aussi pour ce que les Monnoyes soyent mieux & plus seurement servies & garnies de Billon, Nous, tous Changeurs, Marchans, Officiers & autres quelcunques frequentans & servans les Monnoyes de nôtredit Seigneur, ensemble leur famille & biens prenons & mettons en l'especial sauvegarde de nôtredit Seigneur & de Nous: Voulons & mandons eulx & chascun d'eulx, ensamble leurs biens estre gardés & deffendus de toutes (x) Prises, extorcions, violences, outrages & injures quelcunques.

Lesquels noz Ordenances cy-dessus escriptes & chascune d'icelles, Nous voulons estre tenues & gardées de point en point selon leur teneur sens enfraindre. Si vous mandons, commettons & estroittement enjoingnons que nos presentes Ordenances cy-dessus escriptes & le contenu d'icelles sans rien laisser, vous tantost & sans delay, faciez publier & crier solempnellement par toutes les Villes & lieux solempnels de vôtre Senechaussée, [a] selon il est acoûtumé & sera expedient à faire, les choses contenues en icelles faites & accomplissiés en droit vous, & faites à tous autres tenir & accomplir & garder de point en point sans enfraindre, si & par tele maniere que par vous deffaut n'y ait : Car si deffaut y avoit, Nous vous en punirions si griefment que tous les autres y prendroient example. *Donné à Paris, le douzieme jour de Mars, l'An de grace mil trois cens cinquante & six, soubz le scel du Chastellet en l'absence du grant scel de nôtredit Seigneur.* Par Monsieur le Duc en (son Conseil,) où estoient Messieurs l'Archevesque de Rims, les Evesques de Nevers, de Laon, de Tereenne, M.rs d'Alencon [b], de Bretaigne, les Sires de Garencieres, de Loupy & de Melunt avec plusieurs autres.

Pro Rege. Pierre de VERNON.

a là où.

b Voy. cy-dessus la note (xx) de la p. 109.

NOTES.

(x) *Prises.*] Voy cy-dessus la Note sur l'Article 12. de l'Ordon. du 28. de Decembre 1355. p. 27.

CHARLES, FILS AISNÉ, & Lieutenant de Jean I.er & selon d'autres, Jean II. Comte d'Armagnac, Lieutenant du Roy dans le Languedoc, à Beziers, le 19. de Mars 1356.

(a) *Ordonnance du Comte d'Armagnac Lieutenant du Roy dans le Languedoc, pour fixer le prix des Monnoyes dans ce païs.*

(b) JEHAN Comte d'Armignac, de Fesenzac & de [a] Rodois, Viscomte de Lomaigne & d'Autevillier, & Lieutenant du Roy Monseigneur en toute la Languedoc, au Senechal de Beaucaire, ou à son Lieutenant, Salut. Comme Nous avons fait appeller pardevant Nous au premier jour de Mars prochain passé à [b] Bediers, les Etats de la Languedoc, & leurs avons requis que l'Aide de cinq mille (c) glaves, & cinq mille Sergens à Cheval, que naguerre de temps à Thoulouse ils avoient promis a fere au Roy Monseigneur, & à Nous comme à son Lieutenant, pour sustentation de sa Guerre, en certaine fourme & maniere, il voussissent acomplir & [c] enterriner ; & sur ce, eue grant & meure deliberation entre eulx, tout d'un acort Nous

a Rodez.

b Beziers.

c executer.

NOTES.

(a) L'Original de ces Lettres est à la Bibliotheque du Roy, liasse intitulée *Monnoye*, N°. 39.

(b) *Jean Comte d'Armignac.*] Voy. cy-dessus, p. 101. la note (b) sur l'Ordonnance du mois de Fevrier 1356.

(c) *Glaves.*] pour *glaives*. Voy. cy-dessus, p. 102. la note (e) sur l'Article 1.er de l'Ordonnance du mois de Fevrier 1356.

ayent

ayent dit & monstré qu'il ne trouvoient aucune voie par acroissement de *(d)* Capitage ne autrement, que le Pueple peust & vousist soûtenir, par laquelle il peussent acomplir leurdite promesse, fors en la maniere que s'ensuit; c'est assavoir, que le Denier d'Or au Mouton lequel avoit cours pour *(e)* trente sols tournois, ait cours pour vingt sols tournois;

CHARLES, Fils aisné, & Lieutenant de Jean I.er & selon d'autres, Jean II. Comte d'Armagnac, Lieutenant du Roy dans le Languedoc, à Beziers, le 19. de Mars 1356.

Et le Denier gros d'Argent de la Couronne qui avoit cours pour deux sols tournois, ait cours pour seze deniers tournois;

Et le petit Denier d'Argent de la Couronne qui avoit cours pour douze deniers tournois, ait cours pour huit deniers tournois;

Et le Denier [a] doble appellé Bourgeois fort, qui avoit cours pour deux deniers tournois, ait cours pour un parisy;

Et que toutes autres Monnoyes d'Or & d'Argent du coingt du Roy Monseigneur ou d'autres, n'ayent aucun cours fors au marc pour Billon; & Nous ayent humblement supplié que pour le prouffit commun, Nous fassions donner à ladite Monnoye le cours dessusdits, du premier jour du mois d'Avril prochain venant en avant: Nous considerans les choses par lesdits Etats à Nous dites, estre vrayes, & pour le prouffit de la chose publique, euë meure & grant deliberation sur ce avec tout le Grant Conseil du Roy Monseigneur par [b] deçà, inclinans à la supplication desdits Etats, avons ordené & ordonnons que le Denier d'Or au Mouton & les autres Deniers d'Argent gros & petits à la Couronne, & les Deniers dobles appellés Bourgeois fors, auront dudit premier jour d'Avril en avant, le cours dessus [c] par lesdits Etats à Nous supplié & requis, & toutes autres Monnoyes d'Or & d'Argent du coingt du Roy Monseigneur ou d'autres, n'auront aucun cours, fors au marc pour Billon. Si vous mandons & commandons estroitement, que tantost & sans delay, vous faitez publier & crier par tous les lieux acoûtumés de vôtre Senechaulcié, nôtre presente Ordenance, & deffendre sur paine de corps & de biens, que nul ne soit si hardys de quel estat ou condition qu'il soit, de fere ou attempter le contraire: & ceuls qui le feroient punissiez en tele maniere & si aygrement, que tous autres y preignent exemple. *Donné à Bediers, le dix-neufvieme jour de Mars, l'An de grace mil trois cens cinquante-six.*

Par Monf. le Lieutenant, en son grant Conseil. St. Bruny.

a *double.*

b V. *cy-dessus p. 89. note (h).*

c *cy-dessus.*

NOTES.

(d) Capitage.] Capitation qui avoit esté établie par le premier Article de l'Ordonnance du mois de Fevrier 1356. Voy. cy-dessus, p. 102.

(e) Trente sols tournois.] Ce prix & celuy des Monnoyes dont il est parlé ensuite, avoit esté fixé par l'Article 4. de l'Ordonnance du mois de Fevrier 1356. Voy. cy-dessus, p. 106.

(a) Lettres qui confirment celles du Duc de Bourbon, Lieutenant du Roy dans l'*Occitanie*, par lesquelles il avoit créé des Consuls dans la Ville de *S.t Geniez*, & reglé leur Jurisdiction & leurs fonctions.

JEAN I.er & selon d'autres, Jean II. à Paris, au mois de Mars 1356.

Philippe de Valois, à Sably, le 8. d'Aoust 1354.

SOMMAIRES.

(1) Les Habitans du Chasteau & de la Jurisdiction de S.t Geniez, esliront chaque année quatre Consuls au plus; lesquels avant que de faire aucune fonction, presteront serment entre les mains du Juge de ce Chasteau: mais si ce Juge refuse de le recevoir, ils exerceront leurs fonctions sans le prester. Ces Consuls esliront chaque année d'autres Consuls & des Conseillers qui presteront serment entre leurs mains. Les Consuls pourront aussi nommer un ou plusieurs Procureurs pour avoir soin des affaires de la Communauté. Les Habitans pourront s'assembler pour leurs affaires dans une Maison Commune au son de la cloche, ou lorsqu'ils seront avertis par les Officiers des Consuls.

(2) Les Habitans de S.t Geniez nommeront les premiers Consuls.

Les Consuls auront le droit d'imposer & de lever sur les Habitans, une Taille ou plusieurs, selon qu'ils le jugeront à propos, & de faire

JEAN I.er & selon d'autres, Jean II. à Paris, au mois de Mars l'an 1356.

punir ceux qui refuseront de payer.

(3) On pourra donner ou vendre le droit de Ban, qui appartient à la Communauté, laquelle en retirera le profit.

(4) Les Consuls auront l'inspection sur les poids & les mesures, & sur le prix & le poids du petit pain :

(5) Sur les Places, les Chemins, les Ponts, &c.

(6) L'Officier subalterne des Consuls pourra condamner à une amende de cinq sols, applicable au Roy, ceux qui contreviendront aux ordres des Consuls, dans les matieres dont la connoissance leur appartient..

(7) Les Consuls pourront avoir un Notaire ou Ecrivain, pour écrire les Rooles des Tailles, & les Memoires concernant les affaires qui sont de leur competence; & ils auront soin que l'on continuë à percevoir les aumônes que l'on a accoustumé de recevoir sur le Pont de S.t Geniez.

(8) Les Consuls joüiront des Privileges accordez aux Consuls des lieux qui appartiennent au Roy dans la Seneschaussée de Rhodez; sans cependant que ces Privileges puissent préjudicier à la Jurisdiction Royale.

(9) Les nouveaux Consuls feront rendre compte à ceux qui sortiront de charge & à leurs Officiers, de leur administration, & des deniers qu'ils auront reçûs, & ils leur en donneront une quittance authentique.

(10) On ne pourra faire le procès à un Habitant de S.t Geniez, deferé à la Justice [comme criminel,] qu'après une information prealablement faite [d'office] par le Juge, laquelle sera communiquée au prevenu.

On ne pourra emprisonner ces Habitans pour des delits legers, à moins qu'ils ne puissent ou ne veüillent pas donner caution de payer ce à quoy ils pourront estre condamnez par le Jugement qui interviendra.

(11) L'Officier subalterne chargé des ordres des Consuls, portera un bâton ou Verge, & il pourra condamner à une amende, & saisir pour la seureté du payement.

*(12) Les Consuls pourront avoir un Tre*sor *commun, où ils mettront les Titres & les deniers de la Communauté.*

(13) Les Habitans de S.t Geniez pourront en creant les Consuls, leur donner une procuration pour toutes leurs affaires, avec pouvoir de nommer en leur place d'autres Procureurs, & de les destituer.

(14) Cet establissement du Consulat a esté fait moyennant finance.

(b) JOHANNES Dei gratiâ Francorum Rex. Notum facimus universis tam presentibus quam futuris, Nos infrascriptas vidisse Litteras, formam que sequitur continentes.

Petrus Dux Borbonensis, Comes Clarmontensis & Marchie, Camerarius Francie, ac Locum-tenens Domini mei Francie Regis in partibus Occitanis & Vasconie: Universis presentes Literas inspecturis, salutem. Literas Domini Henrici de Grivele Capellani nostri, & Geraldi de Cubieyre Clerici nostri & Judicis (c) Salveterre, Domini mei Regis Commissariorum per Nos super hoc deputatorum, eorumque sigillis sigillatas cum cera rubea, ut earum prima facie apparebat, necnon & quandam Literam dicti Domini Henrici, dictis Literis annexatam, Nos vidisse noveritis sub hiis verbis.

Universis presentes Literas inspecturis: Henricus de Grivele Cappellanus excellentissimi Principis Domini Ducis Borbonensis, & Geraldus Cubieyre Clericus & Judex Salveterre Domini nostri Francie Regis, Commissarii in hac parte, per dictum Dominum

NOTES.

(*a*) Tresor des Chartes, Registre coté 85. pour les années 1356. & 1357. Piece 112. Il y a plusieurs fautes de Copistes dans cette Piece. Voy. dans le 2.e Vol. des Ordonn. p. 477. des Lettres portant création de Consuls dans la Ville de *Guyole* : elles sont plus estenduës que celles-cy, mais il y a plusieurs Articles semblables. Les R R. PP. D D. de Vic & Vaissette, Religieux Benedictins de la Congregation de S.t Maur, qui travaillent à l'Histoire du Languedoc, ont bien voulu me donner sur ces Lettres des éclaircissemens comme ils en avoient donné à M. de Lauriere sur celles qui regardent *la Guyole*. J'ay eu soin de mettre leur nom à la fin des Notes que j'ay faites sur les Memoires qu'ils m'ont communiquez.

(*b*) *Johannes.*] Il estoit alors prisonnier, & n'estoit pas à Paris. Voy. la Preface, §. *Ordonnances.*

(*c*) *Salveterre.*] Sauveterre petite Ville du Roüergue, vers les frontieres de l'Albigeois dans le Diocese de Rhodez : elle est éloignée de cette Ville de six lieuës vers le Sud-Oüest. Elle a une Justice Royale, qui ressortit à la Seneschaussée & au Siege Presidial de Ville-Franche : Elle est aussi de l'Election de cette Ville. Sauveterre est beaucoup moins considerable que S.t Geniez, (Voy. plus bas, Note (*f*)) dont elle est distante d'environ quinze lieuës d'une heure de chemin. [*D D. de Vic & Vaissete.*]

Ducem Borbonensem, Locum-tenentem dicti Domini nostri Francie Regis in partibus Occitanis & Vasconie, deputati una cum discreto viro Magistro Bernardo Sancii dicti Domini nostri Francie Regis Clerico, cum illâ clausulâ, (d) vobis aut duobus vestrûm & cetera, salutem, & presentibus fidem adhibere, Literas patentes dicte nostre Commissionis Nos recepisse noveritis sub hiis verbis.

JEAN I.er & selon d'autres, Jean II. à Paris, au mois de Mars l'an 1356.

Petrus Dux Borbonensis, Comes Clarmontensis & Marchie, ac Camerarius Francie, Locumque tenens Domini mei Regis Francie in partibus Occitanis & Vasconie: Dilectis & fidelibus nostris Magistris Henrico de Grivele Cappellano nostro, & Bernardo Sancii, dicti Domini Regis Clerico, ac Giraldo Cubieyre Judici Salveterre, salutem. Cum prout relatu fide dignorum percepimus, in Senescalliâ Ruthenensi & ejus ressorto, plures Spurii sive Bastardi non ex legitimo matrimonio procreati, plures hereditates, possessiones [a] *forsitam contra Juris tramites, necnon quamplures Innobiles & Persone Ecclesiastice plura Feuda, nobilia* [b] *ellodia & Retrofeuda sine Regiâ licentiâ in dicti Domini Regis prejudicium atque dampnum, detinent occupata. Nos siquidem volentes dampnis dicti Domini Regis, prout Nobis est possibile, obviare, vobis aut duobus vestrûm de quorum fidelitate & diligentia plene confidimus, mandamus & committimus quatenus ad loca dicte Senescallie & ressorti ejusdem, de quibus videritis expediri, vos personaliter transferentes, & captis hujusmodi bonis realiter ad manum dicti Domini Regis, detentores eorumdem ad* [c] *finandum vobiscum juxta Ordinationes dicti Domini Regis compellatis, dictis Spuriis sive Bastardis Legitimaciones, necnon Consulatus de novo, Nundinas Forosque, (e) Furchas habentibus omnimodam Jurisdictionem concedendo, ac de Jure Regio recelatis diligenter inquiratis, & financias de predictis a quibusvis personis recipiatis, vestras, si opus fuerit, Literas per Nos postmodum confirmandas, concedendo; super quibus omnibus & singulis plenariam vobis aut duobus vestrûm concedimus potestatem: Volumus tamen quod in dictis financiis faciendis, voluntatem dicti Domini Regis atque nostram in omnibus servetis: Mandantes omnibus Subditis & Justiciariis dicti Domini Regis, ut vobis aut duobus vestrûm in premissis & ea tangentibus, pareant efficaciter & intendant.*

a forsitan.

b Allodia.

c payer une finance.

Datum Caturci, die vigesimâ secundâ Septembris, Anno Domini millesimo trecentesimo quadragesimo quinto. Per Dominum Ducem in suo Consilio. *H. MENGIN.*

(1) Cumque homines & Habitatores Castri & Mandamenti (f) de Sancto Genesio Rippeolti, Nobis significaverint quod ipsi & Habitatores ejusdem Castri & (g) Mandamenti ejusdem, quod est sub alta & bassa dicti Domini Regis Juridictione, indigent Consulatu, (h) ad finem ut Gentes Universitatis dicti Castri & Mandamenti, & bona ejusdem Universitatis tutius & diligencius gubernentur, regantur & deffendantur, & Jus Regium in futurum melius observetur, & (i) habere in Consules certos homines bonos

NOTES.

(d) *Vobis, aut duobus vestrûm.*] C'est-à-dire, que quoyque le Duc de Bourbon ait nommé trois Commissaires, cependant par une clause expresse de leur Commission, il leur a permis de l'exercer, quoyqu'ils ne soient que deux, & en l'absence du 3.e Voy. plus bas, dans les Lettres de la Commission.

(e) *Furchas.*] Le droit d'élever des fourches patibulaires, pour marque de Justice.

(f) *De Sancto Genesio Rippeolti.*] *S.t Geniez* en Roüergue, petite Ville d'environ 3600. Habitans, située vers les frontieres du *Gevaudan*, sur la Riviere de *Lot*, d'où elle a pris le nom de *S.t Geniez de Rivedolt*; car autrefois le *Lot* se nommoit l'*Olt*, ou *Oltd*, en latin *Oltis*. (Voy. la Notice des Gaules de M. de Valois, au mot *Olitis*.) *S.t Geniez* est du Diocese de *Rhodez*: elle est éloignée de cette Ville de huit lieuës vers le Nord-Est. Elle a un Siege de Justice Royale, qui ressortit à la Seneschaussée & au Presidial de Rhodez. Elle dépend aussi de l'Election de cette Ville. [*DD. de Vic & Vaissette.*]

(g) *Mandamenti.*] *Jurisdiction.* Dans des Lettres du mois d'Aoust 1358. qui sont au Tresor des Chartres, Reg. 86. pour les années 1357. & 1358. Piece 226. il y a.... *par la Jurisdiction, terroucer*, & Mandement *dudit Chastel-Neuf.* Voy. le Gloss. de Du Cange, au mot *Mandatio.*

(h) *Ad finem.*] C'est-à-dire, que la Ville de *S.t Geniez* n'a point de Consulat, qui serviroit s'il estoit estabi, à mieux gouverner, &c.

(i) *Habere in Consules.*] Il manque-là quelques mots.

JEAN I.er & selon d'autres, Jean II. à Paris, au mois de Mars l'an 1356.

& ydoneos ad predicta peragenda; quem Consulatum ipsi homines & Habitatores, aperta prius utilitate Regia, etiam Rei-publice in premissis, per Nos dictos Commissarios sibi dari & concedi pecierunt & supplicando requisiverunt instanter, cum Franchisiis & Libertatibus infra-scriptis: Nos vero Commissarii predicti, factâ priùs Informatione summaria de commodo & incommodo Regio premissorum, per quam Informationem repertum fuit quod non est aliquod prejudicium seu dampnum dicto Domino nostro Regi seu alteri cuicumque, si dictus Consulatus concedatur ipsis hominibus & Habitatoribus dicti Castri & Mandamenti ejusdem: ymo per dictam Informacionem reperitur quod Jus Regium augmentabitur in custodiendo Franchisias & Libertates eorumdem, & in limitando cum circum-vicinis Juridicionem & Causas, (k) Habitantibus circumquaque dictum Castrum, usurpantibus Jus Regium & dictorum significantium; & in regendo bona & res ejusdem Universitatis dicti Castri immediate subjecti dicto Domino nostro Regi: cum Libertatibus infra-scriptis concessimus & tenore presencium concedimus juxta potestatem Nobis super hoc attributam; videlicet quod dicti homines ipsius Castri & Universitas hominum ejusdem & ejus Mandamenti, habeant per imperpetuum Consulatum & Consules bonos & ydoneos per eosdem anno quolibet faciendos, nominandos, constituendos & creandos usque ad numerum quatuor & infrà: qui Consules in manus Judicis dicti Castri seu ejus Locum-tenentis absque aliquo emolumento salarii dicto Judici exsolvendo, [a] *habeant post dictam nominacionem & creationem anno quolibet, antè aliqualem administrationem de bonis dicti Consulatus & Universitatis dicti Castri, per ipsos Consules sic nominatos & creatos, Jurare se bene, juste, rite & legitime habere in dicto Officio Consulatus, & in custodiendo, servando & deffendendo Jus Regium & Universitatis predicte & Habitancium in eâdem: Si vero Judex dicti Castri seu ejus Locum-tenens debite requisitus per omnes Consules tunc nominatos & creatos, recipere dictum Juramentum negaverit, recusaverit seu distulerit, volumus & concedimus quod facta dicta presentatione ac requisitus per omnes Consules tunc nominatos & creatos, recipere dictum Juramentum negaverit, recusaverit seu distulerit, volumus & concedimus quod facta dicta presentatione ac requisitione & denegatione ac recusatione,* [b] *per Instrumentum publicum apparuerit & constiterit, ipsi Consules sic requirentes & presentantes possint & valeant per annum eis prefixum per nominantes, creantes & constituentes, uti eorum Officio Consulatus, ac si dictum Juramentum dicto Judici seu ejus Locum-tenenti* [c] *prestatissent absque penâ aliquali, & absque diminutione Privilegiorum dictorum Consulum & Consulatus predicti: qui Consules nomine dicti Consulatus habeant potestatem singulis annis perpetuo bene & legaliter alios Consules & Consiliarios creandi, nominandi & constituendi: qui Consiliarii jurent in manibus dictorum Consulum, eosdem Consules & Universitatem,* [d] *& que eis per ipsos Consules revelabuntur, secreta tenere, & alia facere que per Consiliarios Consulum sunt fieri consueta. Procuratorem vero unum vel plures semel & pluries nomine Universitatis faciendi, constituendi & creandi, substituendi & destituendi,* [e] *& quod possint dicti homines Universitatis semel & pluries pro eorum libito voluntatis, ad* [f] *formacionem dictorum Consulum seu* [g] *altero eorumdem, dum per eorum famulum seu nuncium mandabuntur, seu ad sonum Campane, se congregare in uno loco communi per eos destinando in loco communi nominato (l)* le Mercadil, *dùm & quando voluerint, & aliter prout eis videbitur faciendum secundum merita Causarum emergentium Universitati predicte: & quod in dicto loco communi* ducl Mercadil *possint & valeant libere & sine penâ construere seu edificare unum Domum communem, infrà quam possint & valeant suam dictam facere congregationem, vel alibi ubi voluerint infra dictam Villam & pertinentias ejusdem: Quam Domum infrà quinque annos à die Date presentium computandos, edificare faciant, vel aliter unum Domum acquirere in dicto Castro ad predicta*

a debeant.

b Il manque-là quelques mots.

c præstitissent.

d Il manque-là quelques mots.

e Il manque aussi là quelques mots.

f sonationem.

g alterius.

NOTES.

(k) Habitantibus.] Il y a dans le Registre *hantibus* avec une marque d'abregé sur l'*n*. Cet abregé signifie ordinairement *habentibus*: mais je crois qu'il signifie icy *Habitantibus*, qui fait un bien meilleur sens.

(l) Le Mercadil.] ou *Mercadale*, lieu où l'on tient le Marché, comme on nomme *Foiral*, le lieu où l'on tient la Foire. *[DD. de Vic & Vaissette.]*

peragenda; & quod nullam in dicta Domo nec alibi faciant illicitam congregationem, ut pote contrà dictum Dominum Regem & ejus Curiam: Quam Domum possint construere & edificare in dicto loco communi del Mercadil, *vel alibi in loco communi infra pertinencias & metas dicti Castri usque ad (m) decem Cannas in longitudine, & quatuor Cannas in latitudine & infrà: interim verò quod in Ecclesia vel alibi sine prejudicio cujuscumque, possint suam dictam facere congregationem pro libito voluntatis, & ibi suum dictum Officium exercere.*

JEAN I.er & selon d'autres, Jean II. à Paris, au mois de Mars l'an 1356.

(2) Item. Quod Consules primi per homines dicte Universitatis seu per majorem partem eorumdem, nominentur, creentur & constituantur usque ad numerum quatuor & infrà: consequenter vero futuris annis & temporibus, anno quolibet in termino per eos eligendo, possint & valeant suos Consules & Consiliarios nominare, constituere & creare, qui ad & per annum tantam habeant potestatem, sicut & Consules prenominati & creati: & quod ipsi Consules per imperpetuum prout nominati, creati & constituti extiterint, seu alter eorum mandato, habeant potestatem indicendi & [a] *perequandi & levandi per certos suos* [b] *Nuncios, Talliam seu Tallias hominibus & Habitatoribus dicti Castri & ejus Mandamenti, tociens quociens expedierit & eis visum fuerit faciendum, perequataque & indicta levandi & percipiendi, seu fieri faciendi per certos Nuncios super hiis per eos destinandos: Rebelles vero ad solvendum dicta perequata & indicta, compellantur per eorum Nuncium per clausuram hostii Domus cujuslibet habitationis (n) ejusdem vel alterius eorumdem, & Crucis appositionem, pignorumque mobilium captionem, & per vendicionem eorumdem faciendam per* [c] *inquantatores dicti loci, ut in talibus est fieri consuetum.*

a imposer la Taille d'une maniere égale.

b Officiers subalternes d'une Justice.

c Officiers qui vendent à l'Encan.

(3) Item. Quod (o) Bannum suum ab antiquo consuetum, possint & valeant tanquam suum, annis singulis dare vel vendere, & emolumenta ejusdem [d] *Universitatis predicte appropriare: Quod Bannum antiquum & consuetum tenore presentium eidem Universitati ratifficamus & approbamus, ac etiam alias suas Libertates, Franchisias & Consuetudines veteres & antiquas: & quod etiam Consules predicti annis singulis* [e] *Corraterios in eodem Castro instituere & destituere possint & valeant, & Juramentum ab eisdem recipere de fideliter se habendo in eorum dicto Corraterie Officio, emolumentumque ipsius Corraterie dicte Universitati appropriando, pro suis plenarie voluntatibus faciendis.*

d Universitati.

e des Courtiers.

(4) Item. Etiam concedimus quod Consules dicti loci possint & valeant Bladi, Salis, Olei, & Vini mensuras, ac [f] *alnas pannorum & telarum (*) & ponderum & aliarum rerum mercimoniarum pro libito voluntatis reformare prout indigebunt, & in mensuris, ac alnis & ponderibus eorum signum apponere, ad finem ut error seu falsitas qui & que in dictis mensuris, alnis & ponderibus fieri posset, totaliter evitetur; & quod ipsi Consules*

f aulne, mesure.

NOTES.

(m) *Decem Cannas.*] *Canna* est une mesure en usage en *Guyenne* & en *Languedoc*. Elle est composée de 8. *Pams* ou *Palmes*, & chaque *Pams* contient les 2. tiers d'un pied de Roy, ou huit pouces. [*DD. de Vic & Vaissette.*]

(n) *Ejusdem vel alterius eorumdem.*] Je crois qu'il y a quelque faute de Copiste dans cet endroit. Peut-estre faut-il lire *earumdem*: & cela signifiera, *qu'on bouchera les portes de toutes les maisons de ceux qui refuseront de payer, ou de l'une d'entre elles.*

(o) *Bannum.*] Un Edit. Rien ne marque dans ces Lettres en quoy consistoit ce droit de *Ban*. En general *Bannum*, signifie *proclamation*. C'estoit peut-estre le droit de vendre des Marchandises dans un certain temps, & avec de certaines Franchises. Voy. Du Cange, au mot *Bannum Vini*. C'estoit peut-estre aussi le droit qui se percevoit dans quelques Villes, sur les ventes faites à l'encan par authorité de Justice. Dans des Lettres du mois d'Aoust 1319. données pour le restablissement du Consulat dans le Chasteau *de S.t Paul de Lamiat*, ou *Damiade*, autrefois nommé *S.t Paul de Cadajoux*, dans la Seneschaussée de Toulouse, où il avoit esté aboli par Arrest du Parlement, on accorde à ces Consuls, *ut habeant incantum rerum que venduntur, seu commoda recipi consueta de incantu & preconisatione, sicut habent in Villis predictis.* Ces Villes sont *Lavaur & Puylaurent.*

Ces Lettres sont dans le Livre rouge de la Chambre des Comptes de Paris, fol. 566. *recto*. Elles seront imprimées dans le Supplement des deux premiers Volumes des Ordonnances, que j'espere publier dans la suite.

(*) *Et ponderum.*] Je crois qu'il faut corriger, *& pondera, aliarum rerum & mercimoniarum*, ou peut-estre, *rerum mercimonialium.*

JEAN I.er & selon d'autres, Jean II. à Paris, au mois de Mars l'an 1356.

seu alter eorum, dum (p) Panis parvus (q) contrà modum & lucrum debitum venderetur, seu venalis in dicto loco ad vendendum teneretur, possint & valeant talem Panem parvum scindere & pauperibus erogare totiens quociens opus predictum eveniret.

*(5) Item. Quod (r) possint & valeant dictum Castrum Sancti Genesii, videlicet Plateas & (s) Carreyrias & Pontes facere mundare, & auferre femoraria, sucos & alias orduras prout indigebunt, reparareque gradaria, tehs & bestalinos, * passus, pontes & itinera ipsius Castri & totius Mandamenti, (t) aliis Commissariis super hoc deputandis & mittendis nullam habentibus potestatem.*

* les passages, les défilez.

(6) Item. Quod Nuncius ipsorum Consulum ad predicta peragenda possit & valeat penam imponere ex parte Consulum, hominibus dicti Castri & ejus Mandamenti, eisdem inobedientibus, usque ad summam quinque solidorum turonensium, Domino nostro Regi applicandam.

(7) Item. Concedimus quod possint & valeant ipsi Consules habere & tenere unum Notarium seu scriptorem ad scribendas eorum Tallias & (u) alias simplices scripturas; & quod possint emolumentum elemosinarum Pontis Sancti Genesii levare & facere levare, prout hactenus ab antiquo est fieri consuetum.

(8) Item. Concedimus quod Consules dicti Castri in eorum personis gaudere possint & valeant Privilegiis aliorum Consulum locorum Regis Senescallie Ruthenensis; Jure tamen Jurisdictionis dicti Domini Regis illeso remanente.

NOTES.

(p) Panis parvus.] Cela signifie apparemment, du petit pain, du pain mollet.

(q) Contra modum & lucrum debitum.] Du petit pain qui ne pesoit pas ce qu'il devoit peser, & qui estoit vendu plus cher qu'il ne devoit l'estre.

(r) Item. Quod possint &c.] Il y a dans cet Article plusieurs mots qu'il est très difficile d'expliquer, parce que suivant les apparences, ils ont esté defigurez par les Copistes, qui ont fait beaucoup de fautes en écrivant ces Lettres. Pour tâcher d'entendre ces mots, j'ai d'abord conferé cet Article, avec le 17. des Lettres accordées aux Habitans de la Guyole. (Voy. cy-dessus la Note (*a*)) Voicy cet Article 17.

Quod dicti Consules cum suis Consiliariis, habeant potestatem cognoscendi de viis publicis & itineribus reparandis, (h) de Clertis, Doblis, Acaralhis Senioralibus, edificiis & Tabulariis Bescalinis, in dicto Castro & ejus pertinentiis, constructis, faciendis, seu construendis, pontibus, & de malis passibus conservandis, & reparandis.

M. de Lauriere a fait sur cet Art. cette Note. (*h*) *De Clertis, &c.* Ce sont des mots du Pays latinisez, dont on ne trouve pas l'application.

J'ay ensuite consulté sur ces deux Articles, plusieurs personnes habiles, entre autres les PP. DD. de Vic & Vaissette, & voicy le resultat de leurs conjectures & des miennes.

Femoralia. Ce doit estre les excremens, tant des hommes que des animaux. Ce mot est sans doute le même que le *Senioralibus* de l'Art. 17. Car comme dans les anciens MS. il n'y a pas de *points* sur les *i*, & que les Lettres qui sont composées de jambages & qui se suivent, sont presque toûjours liées ensemble, *m*, & *ni* s'écrivent de même; & il est aisé de confondre un *f* & un *s*.

Sucos. Peut-estre faut-il lire *Sutos*: car dans les anciens MS. le *c* & le *t* sont presque semblables. *Sutos*, de *Sutus, Suti*, pourroit signifier un toit à Cochon, que l'on nomme encore à present *Soute* dans le Languedoc, où l'on prononce l'*u* en *ou*. Ce mot vient de *Sus*.

Gradaria. Des escaliers pour monter à des Edifices publics.

Tehs, ou peut-estre *Tebs*. Ce mot est inintelligible. Peut-estre y avoit-il dans l'Original *Tabulariis* qui est dans l'Article 17. & qui y pouvoit estre écrit de cette façon en abregé, *Tabs*, dont le Copiste aura fait *Tehs*, en changeant l'*a* en *e*, & le *b* en *h*, ce qui ne paroistra nullement impossible à ceux qui ont travaillez sur d'anciens MS. & oubliant de mettre la marque de l'Abregé. Mais on ne hazarde cette conjecture que faute de mieux.

Bestalinos. Des Estables où l'on renfermoit les animaux, qui peut-estre appartenoient à la Commune.

(s) Carreyrias.] *Carriere*, ou *Carriera*, signifie dans le Languedoc, toutes sortes de ruës d'une Ville. *[DD. de Vic & Vaissette.]*

(t) Aliis Commissariis, &c.] C'est-à-dire, que les Commissaires generaux qui pourroient estre envoyez par le Roy, pour avoir inspection sur les chemins & les Ponts, n'auront aucune authorité dans le territoire de S.t Geniez.

(u) Alias simplices scripturas.] C'est-à-dire, que les Consuls pourront avoir un Commis qui écrira les Memoires qui regarderont les matieres qui sont de leur competence, mais qui ne pourra faire des Actes Judiciaires. Dans les Lettres d'establissement du Consulat de la Guyole, p. 481. XXIII. ce Commis est nommé *Clericus, seu Tabellio.*

(9) Item. Quod dicti Consules in futurum ut supra nominati, nominandi & creandi possint recipere Computum seu compota a preteritis tunc Consulibus, & ab aliis Officiariis suis, de administratione pro dicta Universitate, & arreragiorum ejusdem, & dare & concedere quittanciam seu quittancias cum instrumento publico de eisdem.

(10) Item. Concedimus quod (x) Bavilus seu alii (y) Curiales dicti Castri & ejus Mandamenti, non possint nec debeant procedere contrà aliquam personam dicti Mandamenti (z) ad Inquestam, nisi prius facta de crimine legitimâ Informatione, & ea visa, mature per Judicem dicti Castri vel ejus Locum-tenentem [a] *pronunciata fuerit, an erit procedendum nec-ne: que pronunciacio possit ostendi ipsi delato in & cum sufficienti scriptura & relacione; & quod aliquis ipsius Mandamenti non debeat incarcerari seu arrestari pro levibus excessibus & injuriis; dum tamen possit & velit cavere ydonee de Judicato solvendo.*

a pronunciatum.

(11) Item. Concedimus ut suprà quod ipsi Consules possint & valeant perpetuo vel ad tempus, habere & tenere unum Nuncium defferentem baculum signo per ipsos Consules semel eligendo, signatum: qui Nuncius habeat potestatem pignorandi & compellendi, penas [b] *que pro ipsis Consulibus ex parte eorum imponendi ut superius est expressatum, ad preceptum dictorum Consulum vel altero eorumdem.*

b Voy. cy-dessus l'Art. 6.

(12) Item. Quod possint ipsi Consules tenere archas sive mastras communes, ubi possint & valeant tenere [c] *Instrumenta sua, pecuniam, & alia tangentia dictam Universitatem.*

c Actes, Titres.

(13) Item. Concedimus quod dicti homines & Habitatores dicti Castri & ejus Mandamenti, dum Consules per eos nominabuntur & creabuntur, possint & valeant eis dare & concedere licenciam & potestatem preter & ultrà superius scripta, utendi Officio procuracionis generalis vel specialis, cum potestate substituendi & destituendi, tam in agendo quàm in defendendo, in & coram quibuscumque Curiis Ecclesiasticis vel [d] *mundanis.*

d Secularibus.

Predictum vero Consulatum, & omnia alia supra scripta ipsis hominibus & Habitatoribus dicti Castri & ejus Mandamenti & Universitatis eorum, concedimus, mediante financia centum librarum turonensium parvorum dicto Domino Locum-tenenti Domini nostri Regis, seu ab eo deputatis seu deputandis semel soluturas. Dantes & concedentes eisdem plenam & liberam potestatem supradicta omnia faciendi, tenendi, & exercendi perpetuo, absque aliquâ alia financia pro premissis de cetero faciendis, nec dicto Domino Regi vel alteri ejus nomine exsolvenda; dictorum Dominorum Regis & Locum-tenentis ejusdem in omnibus & per omnia voluntate retenta (aa) Ecclesie parrochialis dicti Castri. Actum & datum Ruthenis sub sigillis nostris, die vigesimâ prima mensis Novembris, Anno Domini millesimo trecentesimo quadragesimo quinto.

Universis presentes Literas Inspecturis: Nos Henricus le Grivele Capellanus excellen-

NOTES.

(x) Bavilus.] Bailli. *Bavilus & Bajulus* ne sont qu'un même mot lû d'une maniere differente. Dans les anciens MS. il n'y a point de point sur les *I*. Dans ce mot, au milieu duquel il y a trois jambages, si on met le point sur le premier, on lira *Bajulus*, si on met sur le dernier, on lira *Bavilus*.

(y) Curiales.] Ce sont ceux qui rendent la Justice avec le Bailli, comme ses Conseillers. Voy. Du Cange au mot *Bajulus*.

(z) Ad Inquestam, nisi .... facto.. Informatione.] La difference que l'on doit mettre icy entre l'Information & l'Enqueste, c'est que la premiere doit estre faite d'Office par le Juge, avant que l'on fasse aucune procedure contre celuy qui est deferé comme criminel à la Justice. Sur le vû de cette Information, le Juge doit decider s'il y a lieu de luy faire son procès ou non. Si on luy fait son procès, le Juge alors ordonne que l'on fera une Enqueste. Voy. dans le 2. Vol. des Ordonn. p. 480. les Lettres du mois de Janvier 1351. portant establissement de Consuls à la *Guyole*. Ce sont presque les mêmes termes. Voy, aussi la Table de ce 2. Vol. aux mots, *Crimes, Enquestes, Informations*, & à ce dernier mot, il faut corriger une faute qui y a esté faite, & lire l'*Information precedera l'Enqueste*, au lieu de l'*Enqueste precedera l'Information*. Il faut aussi à la fin après 215. VII. adjouster 257. I. 259. XXVIII.

(aa) Ecclesie parrochialis.] J'avoüe que je n'entends pas ce que cela signifie. Il paroist qu'il manque-là quelques mots; peut-estre même quelques lignes.

JEAN I.er & selon d'autres, Jean II. à Paris, au mois de Mars l'an 1356.

tissimi Principis Domini Ducis Borbonensis, Locumque-tenentis Domini nostri Franc Regis in partibus Occitanis & Vasconie, Receptor financiarum in Senescallia Ruthenen deputatus per dictum Dominum Locum-tenentem super certis articulis contentis in Liter hiis nostris presentibus annexatis, salutem. Notum facimus quod Nos nomine dicti Do mini Locum-tenentis, habuimus & recepimus ab hominibus & Habitatoribus Castri Sancto Genesio Ruppeoli & Mandamenti ejusdem, per manus Raymundi Rigaldi, Deodati del Corre [a] *Sindicum dicti Castri, & vice & nomine dicte Universitatis, solven tium centum libras turonenses, ratione financie in supradictis Literis contente; de quib ipsos homines & eorum bona nomine quo suprà, absolvimus & quictamus.* Datum Ru thenis, sub sigillo nostro, die vigesimâ primâ Decembris, Anno Domini millesim trecentesimo quadragesimo quinto.

Nos autem omnia & singula contenta in suprascriptis Literis, rata & grata atque firm & stabilia & perpetuo valitura habentes, ea laudamus, approbamus, ratifficamus & te nore presencium confirmamus, ex nostrâ certa scientia, auctoritate Regia Nobis attribu cum Literis nostre potestatis, cujus tenor inferiùs est insertus, & de nostrâ gratiâ speci li: Mandantes tenore presencium precipiendo Senescallo Ruthenensi, ceterisque Justicia riis, Officiariis & Commissariis dicti Domini mei Regis qui nunc sunt & qui pro tem pore fuerint, quatenus homines & Habitatores Sancti Genesii prenominatos, contra te norem prescriptarum Literarum nullatenus impediant seu perturbent, Impediri seu pertu bari [b] *a quoque permittant: quinymo ipsos & eorum quemlibet, dictis Literis & content in eis juxta ipsarum seriem & tenorem, uti & gaudere pacifice faciant & permittant, sin impedimento & contradictionibus quibuscunque. Tenor vero dicte nostre potestatis sequitu in hiis verbis.*

PHILIPPE par la grace de Dieu Roy de France: A nostre très-chier & feal frer Pierre Duc de Bourbonnois, Salut & dilection. Nous confians à plain de vostr sens, loyauté & diligence, vous faisons, ordenons & establissons par ces Lettres nostre Lieutenant en toutes les parties de la Languedoc & de Gascoigne, & vou donnons povoir de mander & assembler Genz d'armes & de pié, de les croistre [c] & amenuisier toutes & quantes foiz que bon vous semblera, de quicter & pardonne meffaiz & crimes, ja soit ce que aucun touchassent crime de Lese-Mageste, de rap peler bannis & de leur quicter leurs meffaiz, & de les restablir à leurs biens, païs & renommée, de donner Lettres d'Estat à ceulx qui seront soubz vostre Gouvernemen en noz Guerres esdites parties, jusques à un mois aprez leur retour, de souspendre noz Officiers leurs Offices [d] à temps ou à volenté, & de y establir autres se il n'e toient souffisanz: Et de faire generalment & especialment toutes les choses que faire pourrions se presens y estions, ja soit ce que elles ou aucunes d'icelles requissen mandement especial, nonobstant que cy-dessus ne soient exprimées, & que passe ne fussent par la Chambre de noz Comptes: Et aurons ferme & agreable tout ce qui par vous sera fait de par Nous esdictes parties. Mandons par ces presentes à tou Seneschaux, Tresoriers, Receveurs, Juges, Baillifs, Prevos & à touz noz autres Jus ticiers, Officiers & Subgiez desdictes Parties, de quelque estat qu'il soient, que à vou comme à nostre Lieutenant esdictes parties, obeïssent & entendent diligemment. En [e] temoig de ce, Nous avons fait mettre nostre Seel à ces Lettres. *Donné à Saély, le huitiéme jour d'Aoust, l'An de grace mil trois cens quarante-cinq.*

Et ad majorem roboris firmitatem habendam omnium premissorum, presentibus Liter confirmatoriis signum nostrum proprium, ut in perpetuum robur obtineat, duximus appo nendum. Datum Agenni, die vigesimâ octavâ mensis Decembris, Anno Domini millesimo trecentesimo quadragesimo quinto.

Quasquidem Literas suprà transcriptas, & omnia & singula in eis contenta, rata ha bemus & grata, ea volumus, laudamus, ratificamus, approbamus, & de nostris aucto tate Regia, certâ scientiâ & gratiâ speciali, confirmamus per presentes. Mandantes te nore presencium Senescallo Ruthenensi, ceterisque Justiciariis nostris presentibus & futuris, vel eorum Loca-tenentibus & cuilibet eorum ut ad ipsum pertinuerit, quatenus Universitatem &

[a] Sindicorum.

[b] quocumque.

[c] *d'en augmenter le nombre, & de le diminuer.*

[d] *pour un temps.*

[e] tesmoin.

& Habitatores dicti Castri Sancti Genesii presentes & futuros, nostra presenti gratia juxta sui & dictarum Literarum supra transcriptarum seriem & tenorem, uti & gaudere pacifice faciant & permittant. Quod ut firmum & stabile permaneat in futurum, sigillum Castelleti nostri Parisius nostro majore absente, presentibus apponi fecimus & appendi: Salvo in aliis jure nostro, & in omnibus quolibet alieno. Datum Parisius, Anno Domini millesimo trecentesimo quinquagesimo sexto, Mense Marcii. Alias signata. Per Regem ad relationem Consilii, in quo erant Domini Comes Armaniaci, Marescallus Dodenchan, De Garenceriis, & plures alii. Et renovata sub istâ datâ propter antiquitatem date alterius, de precepto Consilii: ROUGEMONT. *Collatio facta est cum Originali.*

JEAN I.er & selon d'autres, Jean II. à Paris, au mois de Mars 1356.

(a) MCCCLVII.

NOTES.

(a) M. Du Cange dans son Glossaire au mot *Annus*, fixe le jour de Pâques de l'année 1357. au 19. d'Avril: mais j'ay appris des PP. Benedictins qui travaillent à la nouvelle Edition de ce Glossaire, qu'il s'est glissé dans cet endroit une faute d'impression, & qu'il faut corriger le 9. d'Avril. L'Année 1357. finit le dernier de Mars.

(a) Lettres pour suspendre jusqu'à la Toussaints, le payement de toutes les dettes du Roy; excepté les aumosnes & les dettes deües aux pauvres, les gages des Officiers qui servent actuellement, & ceux des Officiers qui gardent les Chasteaux qui sont sur les frontieres.

CHARLES, FILS AISNÉ, & Lieutenant de Jean I.er & selon d'autres, Jean II. à S.t Oüyn, le 10. d'Avril 1357.

CHARLES ainsné Filz du Roy de France & son Lieutenant, Duc de Normandie, & Dalphin de Viennois: A noz amez & feaulz les Gens des Comptes, & Tresoriers de Monsieur & de Nous à Paris, Salut & dilection. Les grans charges & despens innumerables que Monsieur & Nous avons longuement soustenu ou temps passé & soustenons, & que il Nous convient soustenir de jour en jour pour cause des Guerres, & specialement pour la délivrance de Monsieur, pour laquelle il Nous convient soustenir plus grans [a], Nous contraingnent à faire Ordenance de delayer les payemens de ce que Monsieur & Nous devons & pourrions devoir jusques à un peu de temps: Et ne s'en doit aucun merveiller ne tenir pour malcontent; car Monsieur & Nous donnons [b] estat, respit & delay de leur debte payer, aus Nobles & autres qui entendent au fait des Guerres, si ne devons mie estre de pire condicion que les autres: Pour quoy Nous pour cause necessaire, avons ordené par la déliberation du Conseil de Monsieur & le Nostre, que jusques à la Toussains prochains venant, soient delayez payemens, assignations, rentes [c] à heritage, à vie ou voulenté, gages d'Officiers, pensions & quelconques autres charges ordinaires ou extraordinaires faictes ou à faire sur le Tresor de Monsieur, ou sur quelconque recepte ou Monnoye du Royaume, de quelconque condition que elles soient ou puissent estre; excepté Aumônes & debtes deües à personnes poures & miserables, & gaiges d'Officiers qui servent continuelment, qui prennent douze deniers par jour & au dessouz, & aussi excepté les Chastellains, Gardes & Officiers de Chasteaux qui sont en frontieres & en garde. Si vous mandons & à chascun de vous si comme à lui appartendra, que à quelconque personne que ce soit, si ce n'estoit à aucunnes des personnes exceptées dessusdictes, vous ne faciez ne souffrez faire par aucun des

[a] *plus grandes dépenses.*

[b] *Lettres d'Estat.*

[c] *Voy. cy-dessus la Note (c) de la page 41.*

NOTES.

(a) Registre C. de la Chambre des Comptes de Paris, fol. 175. *recto.* Voy. cy-dessous les Lettres du 26. d'Octobre suivant.

CHARLES, Fils aisné, & Lieutenant de Jean I.er & selon d'autres, Jean II. à S.t Oüyn, le 10. d'Avril 1357.

a *patentes.*

b *quand bien même elles seroient.*

c *aussi-tôt.*

Receveurs ou Gardes & Maistres des Receptes & Monnoyes dessusdictes, aucun pay ment des choses dessusdictes ou d'aucunnes d'icelles ou des deppendences, jusqu audit terme de Toussaint, nonobstant quelconques Lettres [a] patens ou closes, Monsieur, de Nous, des Lieux-tenans de Monsieur & de Nous, de Capitaine, de quelconque autre personne, de quelconque teneur que lesdictes Lettres soien faictes ou à faire, empetrées ou empetrer, [b] supposé que elles feissent mencion plain de mot à mot de ces presentes Lettres & de ceste presente Ordenance: tous les deniers desdictes Receptes & Monnoyes, faictes apporter ou envoyer inco tinent, tout [c] ainsi que lesdiz deniers seront receuz, audit Tresor de Monsieur, sa en payer ne bailler, ne souffrir payer denier aucune part, se ce n'estoit à ceulz qu dit est par-dessus: Et se aucunne chose lesdiz Receveurs, Gardes & Maistres desdict Monnoyes ou aucun d'eulz en payoient dores-en-avant, Nous vous mandons deffendons que ce que il auront ainsi payé contre nostre deffense, n'allouez en leu Comptes, mais le recouvrez ou faictes recouvrer sur eulz tantost & sanz delay: To tes-voyes dittes bien à ceulz à qui Monsieur & Nous povons ou pourrons estre ten en Nous excusant, que nostre voulenté & nostre entente est que passé ledit terme Toussaint, il soient payez. *Donné à Saint Oyng lez Saint-Denis en France, le dixi me jour d'Avril, l'An de grace mil trois cens cinquante & sept, soubz le Seel du Cha tellet de Paris, en l'absence du grant Seel de Monsieur.* Par Monsieur le Duc. MARUEIL

CHARLES, Fils aisné, & Lieutenant de Jean I.er & selon d'autres, Jean II. à la Noble Maison, le 14. d'Avril 1357.

d *Dalphin.*

(a) Ordonnance qui porte que l'on rëünira au Domaine du Roy, tout qui en a esté alienė depuis le regne de Philippe le Bel, *& que les Offi ciers de la Maison du Roy, de la Reine, du Duc de Normandie, de so Epouse & de ses Freres, recevront leurs gages à la Chambre aux De niers.*

CHARLES ainsné Filz du Roy de France & son Lieutenant, Duc de Nor mandie & [d] de Vienne: Aus Bailliz d'Auvergne & *(b)* Montaignes, & au Re ceveur d'Auvergne, Salut. Comme noz amez les Genz des troix Estaz *(c)* de la Languedoc Nous ayent avisé & moult gracieusement monstré comment plusieur choses avoient esté données & estrangées ou temps passé du Domaine du Royau me de France, par Dons excessis faiz à plusieurs personnes, & que bonnement les diz Dons ne se povoient ne devoient soustenir, en Nous requerrant que lesdiz Dons Nous vousissions rapeller & rejoindre au Domaine de la Coronne de France, com me à ce Nous fussiens tenuz, comme estant Lieutenant general de nostre très chie Seigneur & Pere, & Gouverneur de tout ledit Royaume: Nous qui touzjours vou-

NOTES.

(a) Registre C. de la Chambre des Comptes de Paris, fol. 177. *verso.*

(b) Des Montaignes.] C'est-à-dire, de la haute *Auvergne*, qui confine au *Limousin*, au *Quercy*, au *Roüergue*, au *Gevaudan* & au *Vivarais.*

(c) De la Languedoc.] Il y a bien sûrement *Languedoc* dans le Registre. Il y a cependant grande apparence que c'est une faute, & qu'il faut corriger *Languedoil.* Car dans l'Ordonnance du 5.e de Fevrier 1356. qui confirme ce qui avoit esté arresté dans l'assemblée des trois Estats du *Languedoc*, tenuë à Thoulouse dans le mois d'Octobre precedent, il n'est pas dit un mot de la revocation des Domaines alienez: au lieu que ce qui en est dit dans ces Lettres, est copié presque mot à mot de l'Article 41. de l'Ordonnance du mois de Mars 1356. faite en consequence de l'Assemblée des trois Estats de la *Languedoil.* (Voy. cy-dessus, p. 140.) Pour conserver icy ce mot *Languedoc*, il faudroit supposer que depuis le mois d'Octobre, il s'estoit tenu une nouvelle Assemblée d'Estats de la *Languedoc*, dans laquelle on avoit fait sur l'alienation du Domaine, les mêmes representations que celles qui furent faites dans l'Assemblée des Estats de la *Languedoil*, & que cette Assemblée avoit esté suivie d'une Ordonnance qui a esté perduë.

drions accroistre le prouffit, les Hauteſſes & Nobleſſes de ladite Coronne de France, & ycelles garder, maintenir & deffendre de tout noſtre povoir, ayens promis en bonne foy auſdictes Genz deſdiz troix Eſtaz que touz leſdiz Donz & allienacions faiz dudit Domaine, ou de ce qui a ou doit avoir nature ou condicion de Domaine, par quelque maniere que ce ſoit depuis le temps du Roy *Philippe le Bel* en ça, Nous rappelleriens, & feriens à noſtre povoir que tout ſeroit rappellé, rejoint & uni audit Domaine; excepté des choſes qui auroient eſté données & baillées à Dieu & à ſainte Egliſe deüement ſenz préjudice d'autrui, ou à cauſe de partage à aucuns du ſanc & lignage de France, ou d'autres aucuns dons à euls faiz, ou par Douaires, ou pour recompenſacion d'autres heritages à la valüe ſenz fraude ne ficcion, ou toute-voyes * bons avis & deliberacion quant aus autres perſonnes qui ne ſont pas du ſanc de France, à qui aucuns Dons porroient avoir eſté faiz, que les perſonnes pourroient bien eſtre tels, & que ſi bien l'auroient deſſervi, que il ne ſeroit mie juſte choſe du rappeller, & auſſi pourroient eſtre teles perſonnes eſquelles leſdiz Dons ſeroient & ſont ſi mal employez que juſte choſe & honneſte ſeroit du rapeller: Et pour ce deſſors Nous ordenaſmes que tout ce qui eſtoit donné & ſouſtrait dudit Domaine, ſeroit mis en la main de noſtredit Seigneur & en la Noſtre, & les prouffiz, émolumens & revenues d'iceuls ſeroient levez & receuz ou prouffit de noſtredit Seigneur & de Nous, & deſſors lez y meiſmes juſques ſur ce en fuſt ordené par noſtredit Seigneur ou par Nous en la maniere deſſuſdicte, & que conſeillié Nous a eſté par leſdictes Genz deſdiz troix Eſtaz. Si vous mandons & à chaſcun de vous que touz leſdiz Dons & allienacions faiz dudit Domaine, ou qui ont ou doivent avoir nature ou condicion de Domaine depuis ledit temps du Roy *Philippe le Bel* en ça, vous remettez [a] royalment & de fait oudit Domaine du Royaume de France: Et vous Receveur en levez & recevez les prouffiz, revenues & émolumens, & les baillez à ferme comme les autres Domaines de noſtredit Seigneur, & doreſenavant ne payez aucuns Dons faiz ſur ladicte Recepte depuis ledit temps, tant [b] à heritage, à vie comme à voulenté; excepté ce qui a été donné à Dieu & à ſainte Egliſe deüement ſenz préjudice d'autrui, ou à cauſe de partage à aucuns du ſanc & lignage de France, ou d'autres aucuns Dons faiz à euls, ou pour Douaires, ou pour recompenſation d'autres heritages à la valüe ſenz fraude ne ficcion comme deſſus eſt dit: Et néantmoins vous [c] enfourmez bien diligemment de touz les Dons & alienations faiz dudit Domaine depuis le temps deſſuſdit, qui ſont ſouſtraiz & mis hors d'iceli Domaine & des Comptes ordinaires de ladicte Recepte, & ceuls que vous trouverez eſtre ſouſtraiz & mis hors dudit Domaine & deſdiz Comptes, remettez les oudit Domaine & eſdiz Comptes, & doreſenavant en levez & recevez les émolumens, & les bailliez à ferme comme deſſus eſt dit, ſenz en faire recréance ou délivrance à quelque perſonne que ce ſoit ſenz noſtre eſpecial & exprès mandement; nonobſtant [d] ſe ceuls à qui telz Dons ou aſſignacions ont eſté faiz, les prenoient par leurs mains ou autrement: Et auſſi vous enfourmez de touz les Dons faiz depuis ledit temps des [e] forfaictures eſcheues de ladicte Recepte, & de la valüe d'icelles, & à quelles perſonnes elles ont eſté donnez, & les tranſcrips des Lettres deſdiz Dons envoyez ſouz Seel autentique à noz amez & feauls Gens des Comptes de noſtredit Seigneur & Noſtres à Paris, pour en ordener & faire ce que bon Nous ſemblera: Et auſſi vous mandons & deffendons que doreſenavant vous ne payez aucun gages à quelque Officier que ce ſoit de l'Oſtel de noſtredit Seigneur, de Madame la Royne, ne du Noſtre ou de noſtre compagne la Ducheſſe, ne de noz Freres, ne à Notaires, ne à Sergenz d'armes de noſtredit Seigneur; exceptez aus Sergenz d'armes qui gardent les Chaſteaux qui ſont en frontiere; quar noſtre entente eſt que leſdiz Officiers, Notaires, & Sergenz d'armes preignent leurſdiz gages en la Chambre aus Deniers de l'Oſtel de noſtredit Seigneur & du Noſtre, en la maniere que anciennement [f] ſouloit eſtre fait. De ce faire vous donnons povoir: mandons & commandons que en ce faiſant, touz vous obéiſſent & à chaſcun de vous.

Donné à la Noble Maiſon près de ſaint-Denys, le quatorziéme jour d'Avril, l'An

CHARLES, Fils aisné, & Lieutenant de Jean I.er & ſelon d'autres, Jean II. à la Noble Maiſon, le 14. d'Avril 1357.

* *que l'on aura* bon avis.

a *faute du Copiſte pour* réalment, *ou* réellement.

b *Voy. cy-deſſus la Note (c) de la page 41.*

c *informez.*

d *nonobſtant que.*

e *confiſcations.*

f *étoit accoûtumé.*

de grace mil trois cens cinquante & sept, après Pasques, souz le Seel du Chastellet de Paris, en l'absence du grant Seel de nostredit Seigneur.

Par Monsieur le Duc, presenz Messieurs [a] de Reins, de Nevers, de Laon, de Roussy, de Meullent, de Louppy. TOURNEUR.

a les Evêques de Reins.

CHARLES, FILS AISNÉ, & Lieutenant de Jean I.er & selon d'autres, Jean II. à Paris, le 5. de May 1357.

(a) Lettres qui deffendent aux Capitaines & aux Prevosts des Mareschaux, d'entreprendre sur la Jurisdiction des Baillis.

(b) Die quinta Maii 1357. fuit scriptum Baillivo & Vice-comiti Constanciensi, vel eorum Loca-tenentibus, quod pro eo quod Jurisdictiones totius Baillivie & Vice-comitatus Constansiensis sunt eis commisse sub debito fidelitatis & juramenti super hoc prestiti, & ipsi contra suam fidelitatem & juramentum ab eis prestitum, permittunt & dissimulant eas usurpari & exerceri per Capitaneos & Prepositos Marescallorum ibidem ratione Guerre deputatos, qui nullam habent ibidem Jurisdictionem, nisi super stipendiariis sub eis commissis duntaxat, & emolumenta dictarum Jurisdictionum per dictos Prepositos & Capitaneos imbursari permittunt; quod est proprium Domanium Ducis [b], & contra Ordinationes Regias. Ideirco eis & cuilibet precipiendo mandatur, quatenus dictas Jurisdictiones exerceant, nec de cetero usurpare [c] permittant per dictos Capitaneos & Prepositos vel quoscunque alios, quibus etiam per dictas Litteras mandatur & precipitur quod de cetero talia non attemptent; alias de hoc punientur graviter, prout Justicia suadebit, prout ibi scribitur cum clausula subsequente.

b Normanniæ.

c usurpari.

Volumus insuper ac jubemus quod Prepositi Marescallorum nostrorum predicti, & alii quos emolumenta Jurisdictionum vestrarum modo premisso recepisse noveritis, per vos seu alterum vestrûm ad certam & competentem diem coram dilectis & fidelibus Gentibus Compotorum Parisius adjornentur, de receptis per eos rationem plenariam reddituri, & de adjornamento & aliis que feceritis in premissis, dictas Gentes Compotorum certificetis competenter. Datum Parisius, (c) quinta die Maii, anno Domini millesimo trecentesimo quinquagesimo-septimo, sub sigillo Castelleti Parisius, in absentia magni. Signata sic. Per Consilium quo erant Domini G. de Ambrevilla, Ph. de Tribus-Montibus, F. Barraut & F. de Quoquerel. Chapelle. Tradita Joanni du Val Clerico Baillivi Constanciensis.

NOTES.

(a) Memor. C. de la Chambre des Comptes de Paris, fol. huict vingt & quinze, *verso*.

(b) *Die quinta Maii, &c.*] On s'est determiné à faire imprimer icy ces Lettres des Gens des Comptes, parce qu'elles renferment à la fin un fragment d'une Ordonnance, laquelle n'est pas venüe en entier jusqu'à nous. Ce fragment est d'autant plus precieux qu'il regarde les Prevosts des Mareschaux, dont il n'est point parlé dans aucune des Ordonnances anterieures que nous connoissons.

(c) *Quinta die Maii, &c.*] Cette Date est certainement celle de l'Ordonnance, dont la fin se trouve icy en entier : car les Lettres des Gens des Comptes n'estoient pas scellées du sceau du Roy. Leur Lettre est aussi du 5. de May, parce qu'ils envoyerent au Bailly de *Constances* ce fragment d'Ordonnance, le même jour qu'elle fut faite.

(a) Lettres par lesquelles il est enjoint de faire executer les anciennes Ordonnances sur le fait des Monnoyes.

CHARLES ainsné Filz & Lieutenant du Roy de France, Duc de Normandie & Dalphin de Vienne : au Bailli de Senz, ou à son Lieutenant. Salut. Nous [d] pour l'avisement & conseil des bien-vüillans de nostredit Seigneur, de Nous

d par.

& de tout le Royaume, & des Esleuz pour les troix Estaz d'iceli Royaume, vous avons par plusieurs foiz mandé & enjoint estroittement, que vous feissiez tenir & garder senz enfraindre en aucune maniere, les Ordenances darraniement faictes sur le cours des Monnoyes, en punissant touz ceulz que vous pourrez savoir qui en aucuns poins les enfraindent, & [a] ordennent bonnes gardes ès lieux ou mestier seroit, pour icelles Ordenances faire tenir & garder, comme tout ce est plus à plain contenu ès Ordenances que vous avez receues sur ce de par Nous, lesquelles Ordenances ne sont gardées, mais sont enfraintes en plusieurs manieres, tant par Changeurs & Marchanz, comme par tout le commun Peuple, qui prennent & mettent Monnoyes deffendues par lesdictes Ordenances, tant de celles du coing du Roy, comme d'autres coings, comme Gros tournoys, viez Compaignons, Tartes, Exterlins volans & toutes Monnoyes deffendues, senz ce que aucunnes punicion en ait esté faicte, dont vous estes en faute & négligence, & Nous en desplaist [b] forment, mesmement; quar tant de foiz & si estroittement le vous avons mandé & enjoint & sur grieves poines. Pour ce est-il que Nous voulans & desirans icelles Ordenances estre tenues & gardées, vous mandons, commandons & enjoingnons derrechief sur tant que vous vous povez meffaire envers nostredit Seigneur & Nous, que touz les poins contenuz & specifiez esdictes Ordenances darraniement faites sur le cours des Monnoyes, lesqueles vous avez par devers vous, vous faites tenir & garder fermement selon le contenu des Lettres que vous en avez eües de par Nous, par telle maniere que plus faute n'y ait, & que plus n'en puissez estre repris de negligence; laquelle se desoremais trouvée y est, Nous nous en prendrons du tout à vous, & vous en punirons griefment: Et ordenez certaines personnes souffisans & loyaux par les Foires, Marchiez & touz autres lieux ou mestier sera, pour faire tenir & garder lesdictes Ordenances, & pour prendre ceuls qu'il trouverront icelles trespassans en aucuns poins, & leur donnez povoir de par vous, tout en la fourme & maniere & à tel prouffit que mandé le vous avons darraniement; Et touz ceuls qui par vous ou vosdiz deputez, seront trouvez trespassanz lesdictes Ordenances, en mettant, prenant les-dessus nommez Monnoyes deffendues ou autres quelconques, excepté celles ausquelles Nous avons donné cours, ou aucuns des autres poins d'icelles Ordennances, prenez lesdictes Monnoyes deffendues comme confisquées à Nous, & en oultre prenez & emprisonnez les corps d'iceuls & les punissez par corps & biens, si que il soit exemple aus autres. *Donné à Paris, le septiéme jour de May, l'An de grace mil trois cens cinquante & sept, souz le Scel de Chastellet en l'absence du grant Scel de nostredit Seigneur.* Par le grant Conseil. P. DE VERNON. *(b)*

CHARLES, FILS AISNÉ, & Lieutenant de Jean I.er & selon d'autres, Jean II. à Paris, le 7. de May 1357.

a *ordonnant.*

b *fortement.*

NOTES.

(a) Memor. C. de la Chambre des Comptes de Paris, fol. 177. *recto.* L'Original de ces Lettres, qui fut envoyé au Senefchal de Beaucaire, est à la Bibliotheque du Roy, liasse intitulée Monnoye, n.° 40.

(b) Au bas de cette Ordonnance est écrit ce qui suit. *Simili & eodem modo scribitur personis infra scriptis, videlicet Baillivo Silvanectensi, aut ejus Locum-tenenti.*

Baillivo Ambianensi. Baillivo Viromanduensi. Preposito Parisiensi. Preposito & Juratis Ville Tornacensis. Summo Baillivo Insulensi. Gardiatori Burgundie.

Baillivo.

Rothomagensi. Constanciensi. Caletensi. Cadomensi. Gisorcii. Calvimontis. Vitriaci. Matisconensi. Carnotensi. Aurelianensi. Bituricensi. Turonensi. Alvernie, Montanarum Alvernie.

Senescallo.

Andegavensi & Cenomanensi. Xanctonensi. Pictavensi & Lemovicensi. Bellicadri. Preposito & Receptori Parisiensibus.

Receptoribus.

Bituricensi, tradita Ballivo Bituricensi. Viromanduensi. Ambianensi. Carnotensi. Senonensi. Silvanectensi. Alvernensi. Campanensi. Turonensi. Matisconensi. Bigorrensi. Carcassonensi. Petracorensi. Caturcensi. Bellicadri. Insulensi. Rothomagensi. Gisorcii. Falesii. Caleti. Cadomensi.

CHARLES FILS AISNÉ, & Lieutenant de Jean I.er & selon d'autres, Jean II. à Harefleu, en May 1357.

Philippe de Valois dans les Tentes lès le Chastel de l'Escluse, le dernier jour de Juin 1340.

A Paris, en Juillet 1350.

Jean I.er & selon d'autres, Jean II. à Paris en Octobre 1350.

A *Vethun*. [Voy. p. 167. note (c)] le 13. de Novembre 1353.

(a) Lettres qui permettent aux Marchands du Royaume de *Castille*, de negocier dans les Villes de *Harfleur*, du *Crotoy*, & *d'Abbeville*.

CAROLUS Regis Francorum Primogenitus, Dux Normannie & Dalphinus Viennensis : Notum facimus universis tam presentibus quam futuris, Nos vidisse quasdam Literas sigillo Prepositure de Harifloto sigillatas, in quibus certa Privilegia Mercatoribus & Gentibus Regni Castelle per carissimum Dominum & Avum [a] *nostrum inclite recordationis concessa, & per carissimum Dominum & Genitorem nostrum confirmata, erant inserta ; Et in fine dictarum Literarum continetur & describitur quod Literis de Vidimus super hiis concessis, sicut Originalibus fides plenaria adhibeatur, formam que sequitur continentes.* Donné par copie sous le Scel de la Prevosté de Harefleu.

Johannes Dei gratia Francorum Rex : Universis presentibus & futuris salutem. Notum facimus Nos nostras infrascriptas Literas in filis sericis & cera viridi sigillatas vidisse, formam que sequitur continentes.

Johannes Dei gratia Francorum Rex : Notum facimus tam universis presentibus quam futuris, Nos vidisse infrascriptas Literas incline recordationis carissimi Domini Domini Genitoris nostri, formam que sequitur continentes.

Philippe par la grace de Dieu Roys de France : Sçavoir faisons à tous presens & avenir, Nous avoir vû les Lettres contenant la forme qui s'ensuit.

A tous ceuls qui ces presentes Lettres verront ou orront : Li Maires & li Eschevins *(b)* de Maihot & du Crotoy, Salut. Sachent tuit que Nous avons veu les Lettres du Roy nostre Sire, contenant la forme qui s'ensuit.

Philippe par la grace de Dieu Roy de France : A tous ceux qui ces presentes Lettres verront, Salut. Savoir vous faisons que Nous avons veu noz Lettres scellées, contenans la forme qui s'ensuit.

(c) Philippe par la grace de Dieu Roys de France : Sçavoir faisons à tous presens & avenir, comme plusieurs Marchans & Gens du Royaume de Castille ayent pourpos, &c.

Et depuis lesdictes Lettres, Nous à la supplication desdiz Marchanz, voulanz acomplir leur [b] dicte grace, leur avons octroyé & octroyons de certaine science & de grace especial, que il, tant comme Nous tendrons la Conté de Pontieu en nostre main, puissent admener leurs Marchandises aus Pors de Crotoy & d'Abeville, senz payer les quatre deniers pour livre ne les autres Impositions, mais joissent de la Liberté & Franchise ausdiz Pors, si comme en ycelluy de Harefleu, selon la teneur

a *Philippe de Valois.*

b *la grace à eux faite.*

NOTES.

(a) Tresor des Chartres, Registre coté 87. pour les années 1357. &c. jusqu'en 1360. Piece deuxieme.

(b) Maihot & du Crotoy.] *Le Crotoy* est situé à l'embouchure de la Somme. Pour *Maihot*, je n'en ai rien trouvé dans les Livres que j'ay consultez. Ce lieu estoit apparemment bien près du *Crotoy*, puisqu'ils avoient les mêmes Maires & Eschevins. J'ay presentement entre les mains un Acte original passé le 18. de Novembre 1337. par *Pierre Malin Procureur du Maires & Esquevins de la Ville de Mayoch & de Crotoy.* Cet Acte est au Tresor des Chartres, layette cotée *Fides*.

(c) Philippe par la grace de Dieu, &c. Ces Lettres sont entierement semblables à celles de la même date, qui furent accordées aux Habitans d'*Arragon* & *de Maillorques*, & qui sont imprimées dans le 2. Vol. des Ordonn. p. 135. M. de Lauriere a remarqué dans la Note *(a)* que l'on trouve dans le Registre du Tresor des Chartres coté 80. Piece 90. des Lettres pareilles pour les Habitans de Castille. Ce sont celles-cy, qu'il seroit par consequent inutile de faire imprimer icy.

de noz Lettres dessuz transcriptez. Mandons & commandons à touz noz Justiciers & Subgés que il contre la teneur de nostredicte grace, ne les molestent, ou sueffrent estre molestez, mais s'aucune chose ont prins ou arresté du leur, si le mettent au délivré. En tesmoin de laquelle chose Nous avons fait mettre le Seel de nostre secret en ces presentez Lettres. *Donné en noz* [a] *tentez (d) lez Chastel de l'Ecluse, le* [b] *derrain jour de Juin, l'An de grace mil trois cens quarante.*

En tesmoin des choses dessusdictes, Nous avons mis à cest *Vidimus* nostre Seel aus Causes. *Fait le seiziéme jour de Septembre, l'An mil trois cens quarante-cinq.*

Et pour ce, Nous qui voulons pleniere foy estre adjoustée [c] ores & ou temps avenir, à noz Lettres cy-dessus transcriptes, & aus choses dedanz contenües, en tesmoin de ce, avons fait mettre a ces presentes Lettres nostre Seel. *Donné à Paris, l'An de grace mil trois cens cinquante, ou mois de Juillet.*

Nos autem omnia & singula prout superius sunt expressa, rata habentes & grata, ea volumus, laudamus, ratifficamus, approbamus & auctoritate nostra Regia tenore presentium de gratia speciali confirmamus, salvo in aliis Jure nostro, & in omnibus quolibet alieno. Quod ut firmum & stabile permaneat in futurum, sigillum nostrum quo antè susceptum Regimen Regni nostri utebamur, presentibus Literis duximus apponendum. Datum Parisiis, Anno Domini millesimo trecentesimo quinquagesimo, mense Octobris. Sic signata. Per Dominum Regem, ad relationem vestram. CHAPELLE.

Cum autem periculosum esset propter viarum pericula & ex aliis causis, Originalia dictarum Literarum per tot & diversa loca & tociens [d] *differre quociens esset opus, volumus, & de gratia speciali eisdem Mercatoribus & Gentibus dicti Regni concedimus per presentes Litteras, ut presenti transcripto dictarum Litterarum nostrarum * extratta, prout veris Originalibus adhibeatur plena fides, ac si dicti Mercatores predicta Originalia presencialiter exhiberent, quociens opus fuerit, & eis videbitur oportunum; Universis Justiciariis nostris Regni nostri dantes presentibus in mandatis, quatenus dictos Mercatores nostrâ presenti concessione & gratiâ speciali uti & gaudere pacifice faciant & permittant, nichil in contrarium attemptantes. In cujus rei testimonium, nostrum presentibus Literis fecimus apponi sigillum.* Datum *(e)* Vethũn. Die decimâ tertiâ Novembris, Anno Domini millesimo trecentesimo quinquagesimo tertio. *Ainsi Signé.* Per Consilium in quo vos eratis. J. ROYER.

Nos autem supra scriptas Literas & omnia & singula contenta in eis rata & grata habentes, ea laudamus, [e] *gratificamus, approbamus & de gratia speciali confirmamus, universis & singulis Justiciariis nostris presentibus & futuris aut eorum Loca-tenentibus dantes in mandatis, quatenus dictos Mercatores dicta nostra gratia uti & gaudere pacifice faciant & permittant, nichil in contrarium attemptantes. Quod ut firmum & stabile perpetuo perseveret, sigillum nostrum presentibus Literis duximus apponendum: Salvo in aliis Jure nostro, & in omnibus quolibet alieno.* Datum apud Hariflotum, Anno Domini millesimo trecentesimo quinquagesimo septimo, Mense Maii... Signatum per Dominum Ducem presente Domino *(f)* Comite Stamparum. SAVIGNY. Collatio facta est cum dictis Literis.

CHARLES, FILS AISNÉ, & Lieutenant de Jean I.er & selon d'autres, Jean II. à Harefleu, en May 1357.

a *Tentes.*

b *dernier.*

c *presentement.*

d deferre.

* *Il y a ainsi dans le* Mem.

e ratificamus.

NOTES.

(d) Lez Chastel de l'Escluse.] Cette Ville est située sur le bord de la Mer. Le Roy y estoit campé pendant que sa flote estoit en Mer, pour empescher que le Roy d'*Angleterre* ne debarquât dans la *Flandre*, mais sa flote fut battuë la veille de la S.t Jean-Baptiste. Voy. Froissard, L. 1. c. 50. 51. & 52. p. *m.* 65. jusqu'à 68.

(e) Vethũn.] Ce mot est très difficile à lire, & il a fallu deviner. La premiere Lettre pourroit estre un B, & l'abreviation n'est pas bien marquée. Il ne faut pas chercher ce lieu-là bien loin de Paris, puisque le Roy estoit dans cette Ville le 9. & le 18. de Novembre de cette année. Voy. les pages 540. & 543. du 2. Vol. des Ordonnances.

(f) Comite Stamparum.] Loüis d'*Evreux* Comte d'*Estampes*, arriere-petit Fils de *Philippe le Hardi*. Voy. Hist. Geneal. de la Maison de France, par les PP. *Ange* & *Simplicien*, t. 1. p. 281.

CHARLES, FILS AISNÉ, & Lieutenant de Jean I.er & selon d'autres, Jean II. à Paris, au mois de Juin 1357.

Philippe de Valois, à Paris, en Novembre 1340.

(a) Ordonnance qui confirme la *Viguerie de Beziers* dans son ancien ressort, & qui contient plusieurs Reglements qui doivent estre observez dans cette *Viguerie*.

SOMMAIRES.

(1) La Viguerie de Beziers conservera sa Jurisdiction sur tous les lieux qui en dependent anciennement.

(2) Il y aura dans cette Viguerie, un Viguier & un Juge nommez par le Roy, qui jugeront, & quelquefois même en premier ressort, de toutes les affaires dont la connoissance appartient aux Juges Royaux, & qui ne pourront exercer leur Jurisdiction que dans l'estenduë de leur territoire. Le Seneschal de Carcassone ne pourra connoistre des affaires qui sont de la competence de cette Viguerie, que dans le cas d'Appel, ou dans celuy du deni de Justice; mais il ne pourra en connoistre que dans la Ville de Beziers, où il ira tenir les Assises de deux mois en deux mois, sans pouvoir adjourner les personnes soumises à la Viguerie, ailleurs que dans cette Ville, ni les retenir dans d'autres prisons que celles de la Ville.

(3) Les Justiciables de cette Viguerie ne pourront estre convoquez hors de la Ville de Beziers pour faire les Reveues. Elles seront faites dans cette Ville en presence du Viguier, ou d'une personne deputée par luy, laquelle ne pourra exiger de retribution, par rapport à cette fonction.

(4) Le Seneschal de Carcassone, le Receveur & les Commissaires envoyez par le Roy ou par d'autres, ne pourront faire hors de la Ville de Beziers, de poursuites contre les Justiciables de cette Viguerie, par rapport aux subsides que le Roy exigera d'eux ou au sujet desquels il leur demandera leur consentement. Ils feront ces poursuites sans prendre de retribution, & les Sergents & Mangeurs qu'ils envoyeront, ne seront pas payez aux dépens des Justiciables de la Viguerie.

(5) Les Marchands, Avocats, Notaires & autres personnes exerçans un Office ou ayant un employ, ne payeront point de subside en particulier, par rapport au gain qu'ils font dans leurs Offices ou dans leurs emplois; mais ils contribuëront avec les autres, aux subsides qui seront payez par les Habitans des lieux où ils demeurent.

(6) On ne pourra faire de poursuite contre les Habitans de Beziers au sujet de ce qu'ils doivent, même au Roy, que par le ministere des Sergents Royaux instituez pour instrumenter uniquement dans la Ville de Beziers; & on ne pourra envoyer chez eux des Mangeurs & des Commissaires, que lorsqu'ils auront fait rebellion au Sergent Royal.

Les Habitans ne seront point tenus de payer hors de leur Ville, ce qu'ils doivent au Roy.

(7) Le Roy ne nommera plus de Commissaires pour la reparation des chemins, laquelle sera faite par les ordres des Ordinaires des lieux, qui ne pourront prendre aucune retribution à ce sujet, & qui en cas de negligence de leur part, y seront contraints par leurs superieurs immediats.

(8) Le Maistre des Eauës & Forests ne pourra faire assigner les Habitans de la Viguerie, pour comparoistre hors du territoire de la Viguerie; & il rendra ses Jugemens dans les lieux les plus considerables de cette Viguerie.

L'Appel des Jugemens du Maistre des Eauës & Forests se portera devant le Seneschal de Carcassone, qui en connoistra dans les Assises qu'il tiendra à Beziers.

(9) Le Seneschal & tous les Officiers de la Seneschaussée de Carcassone, jureront aux premieres Assises qui se tiendront à Beziers, d'observer & de faire observer cette Ordonnance. Le Viguier de Beziers sera Commissaire & Conservateur pour la faire observer.

(10) Ces Lettres ont esté accordées moyennant trois mille livres que les Consuls de Beziers & les Habitans de S.t Pons ont promis de payer.

(11) Le Recteur de Montpellier est joint au Viguier de Beziers, en qualité de Commissaire & de Conservateur, pour faire observer les Articles de cette Ordonnance qui regardent le Seneschal de Carcassone.

KAROLUS Primogenitus & Locum-tenens Regis Francorum, Dux Normanie & Dalphinus Viennensis: Notum facimus universis tam presentibus quam futuris, Nos felicis recordationis carissimi condam Domini & Avi nostri Regis Philippi

NOTES.

(a) Tresor des Chartres, Registre Coté 89. pour les Années 1356. &c. jusqu'en 1361. Piece six vingt & huict. Les RR. PP. D D. de Vic & Vaissette ont collationné cette Ordonnance avec deux Copies qu'ils en ont, l'une imparfaite, tirée du Registre du

infrascriptus

infrascriptas vidisse Literas, suo magno sigillo in cera viridi & filis sericeis sigillatas, formam que sequitur, continentes.

Philippus [a] *Dei gratia Francorum Rex: universis presentes Literas inspecturis, salutem. Notum facimus tam presentibus quam futuris, quod cum olim temporibus retroactis quibus Villa & Vice-Comitatus Biterris & Carcassone cum eorum pertinentiis & adjacentiis (b) ad Nos seu predecessores nostros ac eorum domania pervenerunt, dicta Villa Biterris cum pluribus aliis circumvicinis essent in Maris litoribus constitute, unde pro tuitione Regni nostri, & earum securitate, circumvicinorum locorum auxilio indigebant, attentisque utilitatibus tam Reypublice & nostris quam etiam subjectorum, communi consilio & assensu Prelatorum, Baronum, Nobilium, Communitatum & aliorum subjectorum illarum partium quorum intererat, ordinatum fuerit quod in dicta Villa Biterris essent unus Vicarius & unus Judex pro Nobis & nostro nomine instituti, qui in dicta Villa Biterris de omnibus casibus tam civilibus quam criminalibus, & aliis quibuscumque ad Nos pertinentibus in dicta Villa & Vicaria tunc constituta emergentibus, soli & in solidum primam cognitionem haberent, omnesque subditi dicte Vicarie, sive persone Ecclesiastice sive Nobiles seu alie cujuscumque status seu conditionis, casu primi ressorti ad Nos pertinentis, coram dictis Vicario & Judice ad Senescallum nostrum Carcassone appellarent; quo casu debebat dictus Senescallus in Villa Biterris & non alibi, cognoscere de premisso* [b] *in de & sub qua Vicaria, Dominus & Villa (c) de Sancto Poncio Thomeriarum, & loca (d) de Salvetate (e) de Bastida Roayrosa, de Riollis, de Ferrariis, & (f) de Genestaribus subjecti fuerunt & consueverunt a dictis temporibus citra, in dicta Villa Biterris coram dictis Vicario & Judice in dictis casibus respondere & ressortiri; dictaque (g) Ordinatio post, tanquam utilis Reypublice, Nobis ac subditis dicte Vicarie & rationi consonans, pluries approbata fuerit; licet quidam interdum in totum vel in parte, eam infringere conati fuerint, prout de hiis plenius sumus informati. Nihilominus Episcopus & Capitulum sancti Poncii Thomeriarum quamdam (h) oblationem mille librarum turonensium Nobis solvendarum per quam perpetuo ipsa Villa Sancti Poncii & alia loca predicta, ac eorum subjecti perpetuo à Juridictione & potestate dictorum Vicarii & Judicis & aliorum quorumcumque Officialium nostrorum Ville & Vicarie Biterris, omnino eximerentur, & immediate Senescallo nostro & Curie Carcassone subessent, & ibi & non alibi responderent & ressortirent, sicut antea faciebant in Curiâ nostrâ Biterris,* [c] *factam* [d] *Curialibus nostris Carcassone, dictis Vicario Judice & aliis Curialibus nostris de Biterris, Consulibusque de Biterris, Habitatoribus de Sancto Poncio & aliis quorum intererat minime vocatis; & per ipsos Curiales Carcassone nitentes dictam Ordinationem tam salubrem ac Reypublice utilem, ac sic diutius observatam, infringere, & dictos Episcopum & Capitulum,*

CHARLES, FILS AISNÉ, & Lieutenant de Jean I.er & selon d'autres, Jean II. à Paris, au mois de Juin 1357.

[a] Philippe de Valois.

[b] in & sub qua. V. V.

[c] ce mot se rapporte à *oblationem* qui est plus haut.

[d] les Officiers de la Cour de Carcassone.

NOTES.

Tresor des Chartres, coté 198. Piece 1555. & l'autre tirée du Registre, coté 210. Piece 109. Ils m'ont aussi communiqué les éclaircissemens qui se trouvent dans les Notes à la fin desquelles il y a [V. V.].

(b) *Ad Nos seu predecessores nostros.*] Les Vicomtez de Carcassone & de Beziers furent réünis à la Couronne au commencement du 13.e siecle, dans le temps de la Guerre des Albigeois, & cedez entierement à S.t Loüis en 1247. par Trencavel dernier Vicomte. [V. V.]

(c) *De Sancto Pontio Thomeriarum.*] *S.t Pons de Tomieres*, ancienne Abbaye, érigée en Evesché par le Pape Jean XXII. Son Diocese faisoit auparavant partie de celuy de Narbonne. [V. V.]

(d) *De Salvetate.*] Le *Salvetat*, Ville située sur la Riviere d'*Agout* dans le Diocese de *S.t Pons*. [V V.]

(e) *De Bastida Roayrosa de Riollis, de Ferrariis.*] *La Bastide de Rouairous, Rials, Ferrieres.* Ce sont trois Villages qui sont dans le Diocese de *S.t Pons*. Le Premier est situé sur la Riviere de *Tore*, vers les frontieres du Diocese de *Castres*. [V V.]

(f) *De Genestaribus.*] *Ginestas*, Ville ou Bourg du Diocese de Narbonne, située vers les frontieres du Diocese de *S.t Pons*, auprès du Canal de Languedoc. [V. V]

(g) *Ordinatio.*] Ce mot ne signifie point icy une *Ordonnance* du Roy, mais un Reglement fait par les trois Estats. *Communi consilio .... ordinatum fuerit*, est-il dit un peu plus haut.

(h) *Oblationem.*] Il manque-là un Verbe, *fecerunt*, ou un autre. Cet endroit est fort embroüillé, & il y a plusieurs fautes de Copiste.

CHARLES, FILS AISNÉ, & Lieutenant de Jean I.er & selon d'autres, Jean II. à Paris, au mois de Juin 1357.

loca predicta & eorum subjectos volentes sibi immediate[a] *subicere, sub eo solo pretextu quod dicti Episcopus & Capitulum se & suos subditos asserebant per dictos Officiales nostros Curie nostre Biterris, & specialiter per tunc Judicem agravatos & injuriatos; ut Nobis utilem (i) acceptam, (k) de premissis tacito, & cum quibusdam Rescriptionibus per dictos Curiales Carcassone seu aliquos ex eis Nobis seu quibusdam ex Consiliariis nostris factis, dictam oblationem, exemptionem pro Nobis & successoribus nostris perpetuo inviolabiliter observandam, in serico & cera viridi à Nobis obtinuerint confirmare, & Literas exequtorias eisdem concedi, directas quibusdam Curialibus Curie Carcassone predicte; exequtoresque predicti seu eorum deputati, dictos Habitatores de Sancto Poncio per inhibitiones penarum & multarum indictiones, mulcte centum librarum declarationem & alie diversimode de facto conati fuerunt facere dicte exemptioni consentire & eos submitere eidem; demumque hujusmodi negocio per Appellationes tam dilectorum nostrorum Consulum Ville Biterris, quam dictorum Habitatorum de Sancto Poncio, & earum perssequtionem, ad nostram Curiam devoluto, per dictos Consules & Habitatores monstratis & ostensis Nobis ac Consilio nostro causis & rationibus evidentibus, per quas publice utilitati, nostre ac subjectorum interest dictam Vicariam ut antea fuerat perpetuis temporibus remanere, absque dismembratione, divisione seu diminutione aliqualiter facienda, seu Officialibus aliis novis instituendis, nisi dumtaxat Vicario & Judice qui in dicta Villa Biterris sedem suam teneant ut, est dictum, & dampnis ac inconvenientibus que possent ex contrario evenire, Nobis extitit humiliter supplicatum, ut dictam exemptionem Episcopi & Capituli Ville Sancti Poncii & aliorum locorum ac eorum subjectorum predictorum, nec non & aliam diminutionem, divisionem seu dismembrationem dicte Vicarie per dilectum & fidelem nostrum Petrum (l) de Palude Senescallum Tholose, tunc Capitaneum seu Locum-tenentem nostrum in partibus Vasconie factam, de locis de (m) Villa-francha de Barra, de Lacu & quibusdam aliis locis, ac loco de Sejano de quo pendebat debatum inter Vicarium nostrum Fenolhedesii & Vicarium nostrum Biterris & (n) Castellanie de Lheucata, ac loco de Agello, Vicarie Minerbesii applicatis seu adjunctis, vellemus nostre plenitudine potestatis ex causis predictis & pluribus aliis tanquam Reypublice, Nobis ac subjectis dicte Vicarie dampnosas, & ex causis minus rationabilibus factas & subrepticie confirmatas, & quicquid ex eisdem factum est, nullas & nullum decernere seu anullare & penitus revocare, & super premissis pro utilitate Reypublice nostre & subjectorum, certam Ordinationem facere, infrascriptaque eisdem gratiose ut Juri communi & Ordinationibus & statutis nostris seu predecessorum*

a subjicere.

NOTES.

(i) *Acceptam.*] *Oblationem ... per Curiales Carcassone .... acceptam.* Peut-estre faut-il lire *acceptatam.* Plus bas il y a, *oblationem ... mille librarum, earum acceptationem.*

(k) *De premissis tacito.*] Si ce texte n'est pas corrompu, cela signifie, que le Roy a confirmé l'acceptation qui avoit esté faite par les Juges de Carcassone, des offres de l'Evesque & du Chapitre de *S.t Pons,* sans avoir esté informé des circonstances de cette affaire.

(l) *De Palude.*] Pierre de la *Palu,* Seigneur de *Varambon,* Seneschal de *Toulouze* en 1339. & en 1340. [V. V.]

(m) *Villa-francha de Barra, &c.*] *Villefranche de la Barre,* ce lieu ne subsiste plus.

De Lacu. Le Lac, Paroisse ou Village du Diocese de *Narbonne,* situé dans une Isle à l'embouchure de la Riviere *de Berre,* dans l'Estang de *Sigean.*

De Sejano. Sejean ou *Sigean,* Ville du Diocese de *Narbonne,* située vers les frontieres du *Roussillon,* sur les costes de la Mediterranée, auprès d'un Estang de même nom, qui communique avec la Mer.

Fenolhedesii. Le Pays de *Fenouilledes.* Il confine avec le *Roussillon.* Il estoit autrefois du Diocese de *Narbonne,* il est presentement de celuy d'*Aleth.*

De Lheucata. Leucate, petite Ville du Diocese de *Narbonne,* située vers les frontieres du *Roussillon,* sur les costes de la Mediterranée, & proche de l'Estang du même nom.

De Agello. Agel, Village situé dans le Diocese de *S.t Pons,* vers les frontieres de celuy *de Narbonne.*

Minerbesii. Le Minervois. Ce Pays estoit autrefois entierement du Diocese de *Narbonne.* Presentement il est en partie de celuy de *S.t Pons,* dans lequel est situé le Chasteau de *Minerve* qui luy a donné son nom. [V. V.]

(n) *Castellanie de Lheucata.*] Ce passage semble prouver que le Viguier de *Beziers* estoit aussi Chastelain de *Leucate.* Peut-estre faudroit-il lire *Castellanum,* au lieu de *Castellanie.*

nostrorum consona, concedere, nullo unquam tempore revocanda; offerentes pro se & aliis Habitatoribus dicte Vicarie pro premissis & infrascriptis, & etiam in adjutorium necessitatum Nobis de presenti incumbentium, Nobis oblationem facere gratiosam.

CHARLES, Fils aisné, & Lieutenant de Jean I.er & selon d'autres, Jean II. à Paris, au mois de Juin 1357.

(1) Nos igitur premissis & pluribus aliis causis & rationibus diligenter attentis, cum magna nostra deliberatione Consilii examinatis, & circa premissa plenius informati, dictam oblationem factam per dictos Episcopum & Capitulum, dictarum mille librarum, earum acceptationem & ex ea factam exemptionem, nec non & nostram confirmationem ex ea subsequtam, de dictis Episcopo & Capitulo, locis de Sancto Poncio Thomeriarum, de Salvetate, de Bastida-Roayrosa, de Riollis, de Ferrariis & de Genestaribus ac eorum subditis, dictarum multarum seu penarum indiciones, dicte pene seu mulcte centum librarum declarationem, & omnia alia predicta, nec non & unionem per dictum Capitaneum seu Locum-tenentem nostram factam de dictis locis de Sejano, de Lacu, de Villa-francha de Barra, & aliis, & applicationem factam dicto Castellano de Lheucata & Vicario Menerbesii, & quicquid ex premissis seu eorum aliquibus sequtum est, annullamus & revocamus, & dictos Episcopum & Capitulum, ac loca de Sancto Poncio Thomeriarum, de Salvetate, de Bastida-Roayrosa, de Riollis, de Ferrariis, de Genestaribus, de Sejano, de Agello, de Lacu, de Villa-francha de Barra, & omnia alia loca predicta & eorum [a] subdictos ad dictam Vicariam reducimus ac reponimus & adjungimus per presentes: Volentes loca predicta & omnia alia que nunc sunt in & sub Vicaria predicta, perpetuis temporibus in & sub ea remanere absque aliqua divisione, dismembratione seu diminutione quacumque aliquo tempore de locis predictis aut aliis quibuscumque de dicta Vicaria facienda.

(2) Item. Que quidem Vicaria ex nunc in antea per unum Vicarium & unum Judicem dumtaxat per Nos & successores nostros ibidem instituendos, nostro nomine gubernetur. Qui Vicarius & Judex duntaxat quarumcumque Causarum & casuum civilium & criminalium, & aliorum omnium in dicta Villa seu Vicaria Biterris emergentium, de quibus ad Nos potest & debet cognitio pertinere de consuetudine vel de Jure, nec non & in omnibus casibus primi ressorti ad Nos pertinentis qui in dicta Villa vel Vicaria emergent, primam cognicionem habebunt, & de premissis cognoscent & deffinient in Villa Biterris predicta: salvo quod dicti Vicarius & Judex in locis dicte Vicarie consuetis infra dictam Vicariam Juridictionem suam prout consueverunt, valeant exercere; Nec poterunt de Causis seu casibus predictis Senescallus vel alii Curiales Carcassone seu eorum Commissarii cognoscere seu aliqualiter se intromitere, nisi per viam Appellationis aut deffectus Justitie Vicarii & Judicis predictorum: Quibus casibus Appellationis seu deffectus Justicie predictorum, dictus Senescallus & alii tenebuntur & debebunt de eis & eorum quolibet in dicta Villa Biterris & non alibi cognoscere, examinare & deffinire in Assiziis quas sex vicibus in anno, de duobus in duobus mensibus, tenere tenebuntur, de dictisque Causis tam civilibus quam criminalibus in dicta Villa ut predictum est, cognoscent, examinabunt & diffinient, nec pro facto injurioso seu alio quocumque, poterunt dictus Senescallus seu aliquis alius Officialis seu Curialis dicte Senescallie, dictos Vicarium & Judicem seu alios quoscumque Curiales, Officiales, Advocatos, Notarios seu Servientes aut homines Habitatores & subjectos dictarum Ville & Vicarie Biterris, extra dictam Villam trahere, citare & adjornare, inquirere, seu eos aliqualiter detinere; sed infra dictam Villam cognoscent, examinabunt, inquirent & diffinient de eisdem, & ipsos in eadem cum casus exegerit & ad ipsos [b] pertinebunt, captos facient detineri.

(3) Item. Pro [c] Monstris armorum pro Guerris nostris vel aliter faciendis, nolumus subditos & Habitatores Ville & Vicarie predictarum, sint Nobiles, Consules, Communitates, sive alii quicumque cujuscumque status existant, extra dictam Villam Biterris trahi, citari vel adjornari, aut alibi pro ipsis Monstris faciendis compelli quoquomodo; sed dictas Monstras in dicta Villa Biterris facere dumtaxat teneantur, coram dicto Vicario seu alio super hoc deputato, qui si fuerit, nullas propter hoc [d] sportulas recipere poterit a subditis Ville & Vicarie predictarum.

(4) Item. Pro subsidiis, mutuis, subventionibus seu aliis quibuscumque [e] devesiis Nobis seu successoribus nostris a dictis subditis dictarum Ville & Vicarie petendis, prestandis [V. V.]

a subditos.

b pertinebit.

c Revûës.

d retribution.

e deveriis.

CHARLES, Fils aisné, & Lieutenant de Jean I.er & selon d'autres, Jean II. à Paris, au mois de Juin 1357.

vel exhigendis, aut consensu in eis vel aliis prestando, per dictum Senescallum seu alios quoscumque Commissarios interdicimus dictos Habitatores & [a] subdictos dicte Ville & Vicarie, Nobiles, Consules, Universitates, & alios quoscumque extra ipsam aliquatenus adjornari; sed dictos Habitatores pro premissis in dicta Villa & non alibi, dumtaxat evocari: quo casu dicta subsidia in dicta Villa Biterris per Senescallum, Receptorem seu Commissarium per Nos vel alios deputatos, peti volumus, absque aliquarum levatione sportularum seu salariorum, a dictis hominibus, & absque eo quod Commissarii, Servientes seu (o) Comestores mittere possint sumptibus subditorum Ville & Vicarie predictarum.

(5) Item. Insuper pro dictis subsidiis, mutuis, seu subventionibus aut Imposicionibus quibuscumque, a Burgensibus, Mercatoribus, Advocatis, Notariis, aut aliis quibuscumque cujuscumque status existant, quecumque Officia seu Ministeria exerceant, ratione lucri eorum Officii seu Ministerii vel aliter, [b] qui tamen pro eorum bonis mobilibus & immobilibus, cum Universitatibus locorum ubi domicilium facient, contribuent, nullum aliud subsidium seu mutuum aut aliam subventionem quamcumque petere poterimus Nos seu successores nostri ab eisdem; sed cum Universitatibus, cum subsidium, mutuum, seu subventionem per ipsas Universitates solvi continget, solvent & non aliter.

(6) Item. Pro debitis Regiis vel aliis quibuscumque & ex quacumque causa debitis per subdictos quoscumque dicte Ville & Vicarie, pro compulsione eorum facienda, unum Servientem nostrum (p) ordinationibus nostris dicte Ville dumtaxat, absque aliis Comestoribus, Commissariis seu garnisionibus mitti & exigi volumus cum casus exegerit, nisi contra illos qui rebellionem manifeste facere contingerit Servienti memorato, & ipsa debita Regia in dictâ Villâ Biterris & non alibi, solvere teneantur.

(7) Item. Commissarios pro reparationibus Itinerum deputatos seu deputandos à Nobis seu aliis quibuscumque, tenore presencium revocamus; sed dictas reparationes per Ordinarios locorum fieri facere volumus absque sportularum exactione: qui si in hiis negligentes fuerint, volumus eisdem per eorum immediatos superiores compelli, & nihilominus debite puniri: Et si qui per importunitatem seu aliter à Nobis seu aliis quibuscumque hujusmodi Commissiones impetraverint vel impetravent, in nullo eis pareri volumus: & si eis uti attemptaverint, volumus per dictos Vicarium & Judicem puniri eosdem.

(8) Item. Cum super eo quod prefati Consules Biterris & alii subditi Ville & Vicarie predictarum, conqueruntur & conquesti fuerunt quod Magistri forestarum dicte Senescallie qui fuerunt & nunc est, subditos dictarum Ville & Vicarie non solum extra loca dicte Vicarie, immo interdum prorsus extra Senescalliam Carcassone, & in locis ubi consilium reperire non possunt, adjornari fecerunt, traxerunt, & aliter indebite & sine causa justa inquietaverunt & molestaverunt, & quandoque per tales vexationes ad componendum cum eis de hiis pro quibus nichil delinquerunt, & cum componere nolebant, vexando eos laboribus & expensis quousque se redimebant eisdem; super quibus cum in illis partibus superiorem non habebant homines subditi dictarum Ville & Vicarie, cum quandoque propter eorum paupertatem non habebant de quo pro conquerendo de eisdem, ad Nos seu superiores Magistros venire possent, cogerentur cedere Juri suo, volumus & concedimus quod subditos dictarum Ville & Vicarie, dictus Magister Forestarum qui nunc est & qui pro tempore fuerit, extra dictam Vicariam trahere, citare vel adjornare non possit quoquomodo, sed in locis insignibus dicte Vicarie ubi peritorum copia & consilii existat, Causas subditos dictarum Ville & Vicarie tangentes, audiat, inquirat, cognoscat & diffiniat prout ad suum Officium pertinebit, & quod cum ab eodem Magistro Forestarum qui nunc est & qui pro tempore fuerit, in dictâ Senescallia subditos dictarum Ville & Vicarie appellare contingerit,

[a] subditos.

[b] Il manque-là un mot, comme *levandis*, ou *exigendis*.

NOTES.

(o) *Comestores.*] Des *Mangeurs*. Voy. la Table du 2.e Vol. des Ordonnances, au mot *Mangeurs*.

(p) *Ordinationibus nostris, &c.*] Il y a dans l'Original devant *Ordinationibus* un *d* dont la *pance* est traversée par une barre, ce qui est peut-estre l'abregé du mot *de*.

Je crois que ces mots signifient, que l'on ne pourra faire de poursuites contre les Habitans de Beziers, que par des Sergents de l'*Ordonnance* de la Ville de Beziers, c'est-à-dire instituez par le Roy, uniquement pour *instrumenter* dans cette Ville.

Senescallus Carcassone in Assiziis infra Villam Biterris & non alibi, dictas Appellationum Causas & alias audiat, cognoscat & deffiniat, & in hiis & aliis sit Judex superior dicto Magistro Forestarum dicte Senescallie, sicut est de aliis Officialibus dicte Ville & Senescallie.

CHARLES, FILS AISNÉ, & Lieutenant de Jean I.er & selon d'autres, Jean II. à Paris, au mois de Juin 1357.

(9) Item. Ut autem omnia & singula premissa perpetuo & inviolabiliter observentur, nec a quoque ullo tempore infringantur, volumus, ordinamus, concedimus & mandamus quod Senescallus, Judex, Major, Judex Criminum, Advocatus, Receptor & Procurator nostri Senescallie predicte qui nunc sunt & pro tempore fuerint, in primis Assiziis que Biterris tenebuntur, premissa omnia & singula jurare teneantur se observaturos, & facere ab aliis eorum subditis inviolabiliter observari, decernentes nichilominus ex nunc nullum, irritum & inhane quicquid contra premissa vel aliqua premissorum in posterum contingeret attemptari: Sed ea omnia & singula volumus pro Nobis & successoribus nostris, perpetuo & inviolabiliter observari & in suo robore integraliter permanere, actu seu actibus, usibus seu Consuetudinibus, prescriptionibus, stilo seu stilis in contrarium introductis seu introducendis, Ordinationibus, Statutis seu Arrestis latis & (q) oblationibus factis seu faciendis, ac dictis Causis Appellationum predictarum pendentibus, & Literis quibuscumque gratiose concessis & impetratis, vel concedendis & impetrandis in contrarium, non obstantibus quibuscumque, statuendo & concedendo tenore presentium, Vicarium nostrum Biterris, qui nunc est & pro tempore fuerit, seu ejus Locum-tenentem in Commissarium & Conservatorem premissorum, qui quoscumque ad observanciam omnium & singulorum premissorum per mulctarum & penarum indictiones & aliis Juris remediis prout sibi videbitur, potestatem habeat compellendi.

(10) Item. Que premissa omnia & singula mediantibus tribus milibus librarum turonensium Nobis per dictos Consules Biterris & homines Sancti Poncii pro ipsis & aliis subditis dicte Vicarie oblatis, certis terminis per nostras alias Literas eisdem concessis, solvendis, prehabita super hiis pleniori deliberatione Consilii cum dilectis & fidelibus nostris Consiliariis Cancellario, aliquibus ex Gentibus nostris Camerarum Parlamenti & Compotorum ac aliis, pro Nobis & successoribus nostris Francie Regibus, Volumus, statuimus, ordinamus & concedimus de nostra certa scientiâ, ex causa & speciali gratia, auctoritate Regia & nostre plenitudine potestatis: salvo in aliis Jure nostro & quolibet alieno. Quod ut firmum & stabile permaneat in futurum, nostrum presentibus Literis fecimus apponi sigillum. Actum & datum Parisiis, Anno Domini millesimo trecentesimo quadragesimo, Mense Novembris.

(11) Nos autem predictas Literas ac Privilegia & omnia alia & singula in eis contenta, & per dictum Dominum & Avum nostrum dictis Consulibus & Habitatoribus Ville & Vicarie Biterris concessa, rata habentes & grata, ea volumus, laudamus, ratifficamus, approbamus & auctoritate Regia qua fungimur in hac parte, de gratia speciali & certâ scientiâ, tenore presentium confirmamus.

Et insuper quia prout intelleximus, Vicarius Biterris Conservator Privilegiorum predictorum, ob favorem vel timorem Senescalli Carcassone & aliorum superiorum dicti Vicarii, quos dicta tangunt negocia seu Privilegia, temporibus retroactis ipsa Privilegia minus legitime facere observari recusavit vel obmisit, & posset in futurum obmittere & recusare, nisi per Nos super hoc de remedio provideretur opportuno, volumus & ex uberiori nostra gratia concedimus, quod (r) Rector Montispessulani qui nunc est & pro futuro tempore fuerit, aut ejus Locum-tenens cum dicto Vicario Biterris ad conservandum hujusmodi Privilegia inquantum tangit & tangere poterit Senescallum Carcassone & ejus Curiam presentes & futuros duntaxat, adjungatur, & eundem Rectorem cum dicto Vicario Biterris

NOTES.

(q) *Oblationibus.*] C'est-à-dire, de l'Argent offert au Roy pour obtenir des Lettres contraires à celles-cy.

(r) *Rector Montispessulani.*] Le *Recteur* de la *part antique de Montpellier*, c'est-à-dire de la portion de la Ville qui appartenoit au Roy, avant qu'il eust acquis l'autre, & dans laquelle le Recteur estoit chef de la Justice. [V. V.]

in Conservatorem Privilegiorum predictorum inquantum tangit & tangere poterit Senescallum predictum & ejus Curiam dumtaxat, ut prefertur, adjungimus & tenore presentium constituimus, comitimus & ordinamus. Quod ut firmum & stabile permaneat in futurum, sigillum Castelleti Parisiensis, majore dicti Domini nostri absente sigillo, presentibus Literis duximus apponendum: salvo in aliis Jure Domini nostri predicti & nostro, & quolibet alieno. Actum & datum Parisiis, Anno Domini millesimo trecentesimo quinquagesimo septimo, Mense Junii.

Per Consilium, in quo erant Domini de Ambrevilla, Philippus de Tribus-Montibus, Firminus de Conquerello, & Johannes Barau. J. BLANCHET.

Lecta. Duplicata.

Collatio facta est cum Originali Literarum superius transcriptarum, per me. J. BLANCHET.

CHARLES, FILS AISNÉ, & Lieutenant de Jean I.er & selon d'autres, Jean II. à Paris, en Juin 1357.

(a) Ordonnance qui establit une nouvelle forme pour l'élection des Consuls du Chasteau de Cuxac.

KAROLUS Regis Francie Primogenitus, ejusque Locum-tenens, Dux Normannie & Dalphinus Viennensis: Notum facimus Universis presentibus pariter & futuris, quod cum per homines & Sindicos (b) Castri de Cucciaco Senescallie Carcassone, fuerit olim Senescallo tunc Carcassone certa supplicatio sub certa forma facta, pro obtinendis Consulibus in Castro predicto, que quidem supplicatio extitit per dictum Senescallum, retento beneplacito Regie Magestatis, admissa & recepta, & postea per bone memorie Dominum [a] Philippum Avum nostrum concessa & approbata, ac etiam confirmata; in quibus concessione & confirmatione, ipsis hominibus & Universitati dicti Castri inter cetera concessum extitisse dicitur, quod ipsa Universitas haberet de cetero quatuor Consules creandos & constituendos per ipsam Universitatem quolibet anno in festo Cathedre Sancti Petri, quorum Officium duret per annum in die predicta Cathedre Sancti Petri incipiendum, & amplius si & quamdiu placuerit Universitati predicte, seu ejus majori parti; Quiquidem Consules annuatim in sua nova creatione, jurare habeant & tenentur in manibus Bajuli dicti Castri dicto Domino nostro ac Nobis & Condominis dicti Castri fore fideles, & in suo Consulatus Officio bene & fideliter se habere; quodque ipsi Consules qui pro tempore erunt, possint eligere quolibet anno de hominibus & Habitatoribus dicti Castri, viginti seu triginta Consiliarios, qui in manibus ipsorum Consulum jurare habeant se dictis Consulibus in negociis ipsam Universitatem tangentibus, fidele consilium prestituros.

Item. Quod dicti quatuor Consules possint infra tempus eorum regiminis, cum dicta Universitate seu ejus majori & saniori parte, alios quatuor probos homines dicti loci eligere, & Consiliariis suis predictis presentare, qui tenentur jurare modo premisso, & quorum duret Officium prout superius est expressum; ut hec & alia in Litteris dicti Domini Avi nostri super concessione & confirmatione (c) hujusmodi confectis, plenius contineri dicuntur. Verum cum totius Universitatis & tanti Populi in electione hujusmodi convocatio plerumque tendat ad rixas, & propter varias opiniones ipsorum, nequeant faciliter de personis

[a] Philippe de Valois.

NOTES.

(a) Tresor des Chartres, Registre 89. pour les Années 1356. jusqu'en 1361. Piece 88.

(b) *Castri de Cucciaco.*] Ce lieu se nomme aujourd'huy *Cuxac*. C'est un gros Bourg ou Village qui est du Diocese & de la Viguerie de *Narbonne*, dont il n'est éloigné que d'une lieuë vers le Nord sur la Riviere d'*Aude*. Je dois cette Note aux RR. DD. de *Vic* & *Vaissette*.

(c) *Hujusmodi.*] Ce mot est douteux. Il est écrit en abregé d'une maniere très differente de celle dont on abrege ordinairement ce mot dans les MS. Cette abbreviation se trouve plusieurs fois dans le cours de cette Piece. Je crois cependant qu'elle signifie *hujusmodi*.

Consulum conveni re, ymo quandoque differtur electio, rixeque, tumultus & contentiones increbescunt, & paratur materia deveniendi ad verbera, & datur occasio delinquendi, prout fertur. Super quibus Nobis supplicarunt eis & eorum Universitati predicte, per Nos de gratia speciali & auctoritate Regia, concedi ut ipsi Consules unâ cum eorum Consiliariis predictis seu ipsorum majori & saniori parte, possint annuatim Consules novos eligere & creare, non obstante quod alias sequendo formam primo eis datam, consueverint dictam Universitatem in electione hujusmodi voce preconia convocare, cum per hanc novam electionem evitetur tumultus, & delinquendi materia auferatur, & in locis insignibus circumquaque & ut plurimum in dicta Senescallia, tales electiones consueverunt fieri annuatim (d) per antiquos Consules cum Consiliariis suis vel eorum majori & saniori parte dumtaxat, ut asserunt. Quocirca Nos talibus rixis, periculis & aliis incommodis, que per multitudinem ipsorum Habitantium evenire possent, obviare cupientes, eorum supplicationi contemplatione premissorum inclinati, ipsis Consulibus & eorum Universitati predicte concessimus ac tenore presencium concedimus, de gratia speciali & auctoritate Regia qua fungimur, ut ipsi Consules qui nunc sunt & qui pro tempore erunt, una cum predictis eorum Consiliariis seu majori & saniori parte ipsorum, de cetero in eorum Domo communi pro tractando de nova electione Consulum convenire, & Consules novos in dicto festo Cathedre Sancti Petri seu in fine regiminis eorumdem, facere, eligere & creare possint & valeant: qui quolibet anno in eorum nova creatione jurare habeant ac teneantur modo predicto, & eorum duret Officium prout in concessione & confirmatione predictis plenius continetur. Volumus tamen quod dicti Consules nostra presenti gratia uti valeant, quousque major & sanior pars hominum, [a] Habitatorum dicti Castri sufficienter vocati coram Senescallo Carcassone seu Judice Regio Narbone, aut eorum Loca-tenentibus vel altero ipsorum, suum prebuerint in premissis assensum. Mandantes dictis Senescallo Carcassone & Vicario ac Judici Narbone, ceterisque Justiciariis ejusdem Domini & Genitoris nostri ac nostris qui nunc sunt & pro tempore erunt, vel Loca-tenentibus eorumdem, & cuilibet ipsorum prout ad eum pertinuerit, ne ipsos Consules & Universitatem in casu predicto contra tenorem presentis nostre gratie impediant seu perturbent, sed ipsos ac nostra presenti gratia uti & gaudere pacifice faciant & permittant. Quod ut firmum & stabile perpetuo maneat in futurum, has presentes Litteras sigilli Castelleti Parisiensis in absentia magni dicti Domini nostri, muniminе fecimus roborari: nostro in aliis & omnibus quolibet alieno Jure salvo. Actum & datum Parisiis, Anno Domini millesimo trecentesimo quinquagesimo septimo, mense Junii. Per Consilium, in quo erant Domini *G. de Embrevilla, Philippus de Tribus-Montibus, P. de Coquerello, & J. Barraut. N. le Gros. Lecta.*

CHARLES, Fils aisné, & Lieutenant de Jean I.er & selon d'autres, Jean II. à Paris, en Juin 1357.

a &

NOTES.

(d) Per antiquos Consules.] Voy. les inconveniens de cette forme d'Election, dans l'Article 5. des Lettres du mois de Septembre 1357. accordées aux Habitans de Lavaur. Elles seront imprimées cy-dessous à leur rang.

CHARLES, Fils aisné, & Lieutenant du Roy Jean I.er & selon d'autres, Jean II. à Gisors, le 3. de Juillet 1357.

(a) Ordonnance contenant que les Dons au-dessus de cent francs, qui seront faits dans la suite, seront nuls, s'il n'y est fait mention des Dons faits à cette mesme personne, par les Rois Philippe & Jean, & le Dauphin; excepté les Dons faits aux Messagers estranges, *& aux Officiers du Roy.*

CHARLES aisné Fils & Lieutenant du Roy de France, Duc de Normandie, & Dalphin de Vienne : à tous ceuls qui ces presentes Lettres verront, Salut. Pour ce qu'il est venu à nostre congnoissance que à pluseurs personnes, tant noz

NOTES.

(a) Memorial C. de la Chambre des Comptes de Paris, folio 179. *Recto.*

CHARLES, Fils aisné, & Lieutenant du Roy Jean I.er & selon d'autres, Jean II. à Gisors, le 3. de Juillet 1357.

Conseillers, Serviteurs, Officiers comme autres, avons fait plusieurs Dons ou temps passé, tant pour les recompenser des services qu'il se disoient avoir faiz comme autrement, desquiex Dons ainsi faiz Nous par aventure Nous fussiens [a] deportez se Nous eussions sçeu les Dons qui par nostre très-chier Seigneur & Ayeul le Roy Philippe que Diex absoille, & nostre très-chier Seigneur & Nous leur avoient esté faiz, pour ce que par ceuls Dons Nous peut [b] estre apparu qu'il eussent assez esté recompensez, & ainsi demouroit nostre entention fraudée par inavertence de savoir lesdiz Dons, & demourroit encores se par Nous n'y estoit pourveu de remede: Nous qui voulons à ce obvier, ordenons par la teneur de ces Lettres, de certainne science, de nostre propre mouvement & de l'autorité Royal dont Nous usons à present, & pour certaine cause, que touz les Dons qui par Nous seront faiz dores-en-avant à quelconque personne que ce soit, en terre, rente ou hiretage, à vie, ou heritage, à temps ou à voulenté ou autrement, en deniers comptans ou en deniers non comptans, comme Dons de Bois, remissions pecuniaires, de *(b)* Rachaz, Finances, Amendes, [c] Composicions, Amortissemens ou autrement, montans à la somme de cent livres tournoys & au-dessus, à une foiz ou à plusieurs, se ès Lettres faittes sur yceuls Dons, tous les Dons ou remissions qui par nosdiz Seigneurs, Ayeul & Pere & Nous leur auroient esté faiz autrefoiz, n'estoient expressement declairez & exprimez, soient nuls & de nulle valüe, & yceuls dès maintenant pour lors tenons pour nuls par ces presentes, & voulons que à yceuls Dons ne soit obéy par vous en aucunne maniere; reservez & exceptez de ce Dons faiz en deniers ou autrement, à *(c)* Messagiers estranges de dehors du Royaume; & [d] ensement touz gaiges, despens ou frais de noz Conseilliers, Serviteurs & Officiers, comme nostre entente ne soit pas que il puissent estre tenuz pour Dons, parquoi cette presente Ordenance les y puisse en rien comprendre. Si donnons en mandement par ces meismes Lettres, à noz amez & feaulz Genz des Comptes & Tresoriers de nostredit Seigneur & Pere & de Nous à Paris, & enjoignons estroitement que cette presente Ordenance facent enregistrer en ladicte Chambre, & ailleurs là où il verront qu'il appartiendra & sera bon à fere, & ycelle euls & chascun d'euls tiengnent & facent tenir selon la teneur, [e] de ceuls à qui il appartiendra, fermement sanz enfraindre, & sanz faire ou consentir faire ou attempter aucune chose au contraire. En temoing de ce, Nous avons fait mettre à ces presentes le Seel du Chastelet de Paris, en l'absence du grant de nostredit Seigneur. *Donné à Gisors, le 3.e jour de Juillet, l'An de grace 1357.* Ainsi signé. Par Monsieur le Duc. OGIER.

a *Nous n'eussions pas fait ces Dons.*

b *Nous aurions reconnu.*

c *Voy. la Table des Matieres de ce Volume, à ce mot.*

d *ensemble.*

e *à ceux.*

NOTES.

(b) Rachaz.] ou *reliefs*. Ce sont des droits dûs au Seigneur feodal. Voy. le Gloss. du Droit François de M. de Lauriere, au mot *Rachapt*.

(c) Messagiers.] Je crois avoir vû ce mot dans Froissart, pour signifier des Ambassadeurs, ou du moins des Envoyez de Souverains.

CHARLES, Fils aisné, & Lieutenant de Jean I.er & selon d'autres, Jean II. à Chasteau-Gaillard, le 9. de Juillet 1357.

(a) Ordonnance contenant que les Lettres de confirmation des Dons faits depuis le regne de Philippe le Bel, *ne seront executées qu'après que les Gens de la Chambre des Comptes auront examiné les Lettres de Dons qui ont esté accordées depuis ce temps, & les services qu'ont rendu ceux qui les ont obtenües, ou leurs predecesseurs, & qu'ils en auront rendu compte au Dauphin.*

CHARLES aisné Fils du Roy de France & son Lieutenant, Duc de Normandie, & Daufin de Vienne: à noz amez & feaulx les Genz des Comptes de nostredit Seigneur & nostres à Paris, Salut & dilection. Comme par deliberacion & avis

& avis de nostre grant Conseil, Nous ayans nagaires ordenné que touz Dons tant à heritage, à vie comme à volonté, faiz du Domaine du Royaume de France, ou qui sentent ou ayent condition ou nature de Domainne, depuis le temps le Roy Philippe le Bel en ça, soient rappellé, [a] rejointe & uni audit Domainne, excepté ce qui [b] auroient esté donné à Dieu & à Sainte Eglise senz fraude ne ficcion, ou à aucuns du [c] Linage de France, ou pour Doüaires, ou pour recompensations d'autres heritages, ou à aucunes personnes qui l'auroient si bien desservi que juste cause ne seroit mie du rappeller, si comme *(b)* esdictes Ordenances est contenu : Et pour ce que plusieurs personnes viennent de jour en jour pardevers Nous, qui Nous requierent à grant instance, que des Dons à eulx faiz sur ledit Domaine, Nous leur en vueillons faire joyr, en Nous donnant [d] entendre qu'il ont si bien servi, que nostredit Seigneur & Nous en sommes de tant & de plus tenuz à eulx : Et Nous qui ne voulons faire aucunne declaracion desdiz Dons, jusques Nous soyons à plain enformez de leursdits services, & que vous ayez veu les Lettres & les Titres qu'il ont desdiz Dons, & que vous ayez regardé quiex autres Dons & remuneracions par quelque maniere que ce soit, il ou leurs predecesseurs ont euz pour cause de leurs services, Nous vous mandons & estroitement enjoignons que dores-en-avant aucunes Lettres de Nous de la declaracion desdiz Dons, vous ne passez ne souffrez estre mises à execucion, jusques Nous vous ayons mandé par noz autres Lettres, que les Lettres & les Titres desdiz Dons vous voyez, & que vous sachiez quiex autres Dons & remuneracions euls & leurs predecesseurs ont euz despuis le temps dessusdit pour leursdits services, & quiex services il ont fait ou temps passé. Et sitost comme Nous le vous manderons, si voyez toutes les chouses dessusdictes, & les circumstances & dépendances d'icelles, & ce que vous en aurez trouvé, Nous renvoyez avecques vôtre avis par escript enclous souz voz seauls; & gardez que en ce n'ait aucun deffaut. Toutes-voies nostre entencion n'est pas que par *(c)* ceste Ordenance, l'Ordennance que Nous avons [e] darrerement faicte sur les Dons que Nous pourrions faire ou temps avenir, soit en riens corrompue, [f] ainczois volons que elle demeure en sa force & vertu senz enfraindre.

Donné à Chasteau-Gaillard, le neufviéme jour de Jullet, l'An de grace mil trois cens cinquante & sept, souz le Seel du Chastellet de Paris, en l'abscence du grant Seel de nostredit Seigneur. Par Monsieur le Duc. OGIER.

CHARLES, FILS AISNÉ, & Lieutenant de Jean I.er & selon d'autres, Jean II. à Chasteau-Gaillard, le 9. de Juillet 1357.

a *rejoint.*
b *auroit.*
c *lignage.*
d *à entendre.*
e *dernierement.*
f *au contraire.*

NOTES.

(a) Memorial C. de la Chambre des Comptes de Paris, folio 179. *verso.*

(b) Esdites Ordennances.] Voy. cy-dessus, p. 162. les Lettres du 14. d'Avril 1357. & la Note *(c)*

(c) Ceste Ordennance.] C'est celle du 3. Juillet precedent. Voy. cy-dessus, p. 175.

(a) Lettres en faveur des habitans du *Mas saintes Puelles.*

JEAN I.er & selon d'autres, Jean II. à Chartres, le 28. d'Aoust 1356. Ces Lettres ont esté rescrites & scellées de nouveau, au mois de Juillet 1357.

(b) JOHANNES *Dei gratiâ &c. . . . . hinc est quod cum Castrum seu Villa nostra (c) de Manso sanctarum Puellarum Judicature Lauraguesii, Senescallie Tholose &c.*

NOTES.

(a) Tresor des Chartres, Registre coté 89. pour les Années 1356. jusqu'en 1361. Piece 298.

(b) Johannes, &c.] Ces Lettres sont de même nature que les quatre qui ont esté imprimées cy-dessus, p. 79. & suiv. Voy. la Note *(b)* de la p. 79. On auroit dû faire imprimer ces Lettres à la suite de ces quatre autres, puisqu'elles sont toutes du 28. d'Aoust 1356. mais elles furent rescrites & scellées de nouveau au mois de Juillet 1357. par la raison qui est marquée à la fin de toutes ces Lettres, & que l'on peut voir au haut de la page 79. Ainsi ces Lettres en faveur des Habitans du *Mas Saintes Puelles* n'ayant pû estre placées sous la date du 28. d'Aoust 1356. on les a fait imprimer icy sous celle du mois de Juillet 1357.

(c) De Manso Sanctarum Puellarum.]

JEAN I.er & selon d'autres, Jean II. à Chartres, le 28. d'Aoust 1356. & en Juillet 1357.

Art. 1. Voy. Art. 1.
Art. 2. Voy. Art. 2.

Art. 3. *Item. Concessimus eis ac eciam concedimus per presentes, quod omnibus Habitatoribus ipsis infra dictas clausuras edificare volentibus, pro Domibus eorum reficiendis vel novis edificandis, ibidem tradantur & liberentur semel certo & justo pretio mediante, decem arpenta nemorum vel forestarum nostrarum in loco magis utili pro eisdem & Nobis minus dampnoso, si tot tamen arpenta nemorum sibi ad hoc fuerint necessaria; & quod summam seu summas in qua seu quibus Nobis propter hoc tenebuntur, infra decem annos, videlicet quolibet anno decimam partem ejusdem, & non ultra seu ante solvere teneantur.*

Art. 4. Voy. cy-dessus p. 79. l'Article 7. des Lettres accordées aux habitans de Fan-Joux. Il est entierement semblable.

Art. 5, Voy. Art. 5.
Art. 6. Voy. Art. 6.
Art. 7. Voy. Art. 7.
Art. 8. Voy. Art. 8.
Art. 9. Voy. Art. 15.
Art. 10. Voy. Art. 16.
Art. 11. Voy. Art. 17.
Art. 12. Voy. Art. 18.
Art. 13. Voy. Art. 19.
Art. 14. Voy. Art. 20.
Art. 15. Voy. Art. 21.
Art. 16. jusqu'à la fin de la Piece. Voy. Art. 22. *(d)*

NOTES.

J'ay appris des RR. DD. de *Vic & Vaissette*, que ce lieu se nomme presentement le *Mas Saintes Puelles*. C'estoit autrefois un Chasteau & une petite Ville : ce n'est plus qu'un Village situé dans le *Lauraguais*, & dans le Diocese de *S.t Papoul*, à une lieuë & demie de *Castelnaudari* vers le Couchant.

(d) Les Articles 3. 9. 10. 11. 12. 13. & 14. des Lettres accordées aux Habitans d'*Avinionet*, ne sont pas dans celles-cy.

CHARLES, FILS AISNÉ, & Lieutenant de Jean I.er & selon d'autres, Jean II. à Paris, le 4. d'Aoust 1356.

(a) Ordonnance qui renouvelle les dernieres qui avoient esté faites sur les Monnoyes.

CHARLES ainsné Fils & Lieutenant du Roy de France, Duc de Normandie & Dalphin de Vienne : Au Seneschal de Beaucaire ou à son Lieutenant, Salut. Vous savez comment pour le bien & profit de tout le Peuple du Royaume & à la priere & requeste d'icelluy, par très-grant & bonne deliberation de Conseil, appellé à ce les Gens des trois Estaz dudit Royaume, *(b)* il a esté ordené estre fait en toutes & chascune les Monnoyes estans en icelluy, bonne & forte Monnoye: c'est assavoir Deniers d'Or fin à l'Aigniel ayans cours pour trente sols tournois la Piece: petits Aingnellès d'Or fin ayans cours pour quinze souls tournois la Piece:

NOTES.

(a) L'Original de ces Lettres est à la Bibliotheque du Roy, liasse intitulée *Monnoye*, n.° 41. Au milieu du dos de ces Lettres est écrit d'une écriture ancienne, & de cette maniere,

Pro Rege ma
le collationate.

Je ne sçais ce que cela signifie: peut-estre que *ma* est le commencement d'un mot dont le reste est effacé, aussi bien que quelques autres qui suivoient, & dont le dernier finissoit par *le*.

(b) Il a esté ordonné.] Voy. cy-dessus p. 147. l'Art. 1. du Mandement du 12. de Mars 1356.

Gros deniers blans à la Couronne ayans cours pour dix deniers tournois, & petits parisis & petits deniers tournois pour un denier parisis & tournois la Piece, & aussi les Deniers blans que l'en faisoit paravant pour trois deniers tournois la Piece, en ostant du tout le cours à toutes autres Monnoyes qu'elles que elles fussent ou soient d'Or & d'Argent, blanches & noires, tant de celles faites audit Royaume, comme d'autres apportées en icelluy, & en dessendant à tous quiex qu'il n'ent [a] esté & soient, que sur peine de corps & d'avoir, ne fussent tant osez ne si hardys de pranre ne mettre aucunes Monnoyes qu'elles que elles fussent d'Or & d'Argent, fors seulement au marc pour Billon, excepté les dessusdites, & que de tous ceux que vous pouriez trouver & savoir faisans ou avoir fait le contraire, vous fessiez punicion tele que ce fut exemple à tous autres, si comme tout ce vous est plus à plain apparû par nos Lettres des Ordenances faites sur ce à vous envoyées: & depuis ce, il est venu à nostre cognoissance & de ce sommes plainement [b] enfourmez, que par la coulpe & deffaut de punicion faire par vous & par les autres Justiciers dudit Royaume, toutes manieres de Monnoyes tant d'Or comme d'Argent qu'elles que elles soient, ont eu & ont cours & sont prises & mises d'un chascun pour tel pris comme il leur plaist, & en donnant cours aux Deniers d'Or à l'Escu pour trop plus grant pris qu'il ne pueent valoir, & à toutes autres manieres de florins, & blanches & noires Monnoyes faittes hors dudit Royaume, lesquelles choses ont esté & sont en très-grant domage & deception de nostredit Seigneur, de Nous & de tout ledit Peuple, que le fait & gouvernement desdites Monnoyes en a esté & est en aventure de cheoir du tout en chomage, & ledit Peuple perduz & gastez, se sur ce n'est briefment pourveu de bon remede, dont [c] très-forment desplaist de tout le cuer à nostredit Seigneur & à Nous: Pour ce est-il que Nous en consideration aux choses dessusdictes, & aussi afin de résister & contester aux faux, mauvais & malicieux Marchans qui des Monnoyes fausses & contrefaites ont raemply & ramplissent ledit Royaume, en portant & forstraians d'icelluy la bonne matiere d'Or & d'Argent, vous mandons & derechef par ces Presentes commettons & estroittement enjoignons que tantost & sans delay icelles vües, en tous les lieux notables acoustumez à faire criz solempnels en vostre Seneschaussée & ressort, vous faciez crier & publier sollempnellement que nuls de quelque condition ou estat qu'il soit, sur peine de perdre corps & avoir, ne soient tant osez ne si hardys de pranre ne mettre en appert [d] ou en couvert, aucune matiere d'Or ou d'Argent qu'elle que elle soit, si ce n'est au marc pour Billon; excepté les Monnoyes d'Or & d'Argent dessusdites, aux quelles Nous avons donné & donnons cours par ces Presentes, & pour le pris qui par lesdites Ordenances leur a esté ordené: lesquelles Ordenances & le contenu en icelles, Nous voulons & vous mandons que vous faciez tenir & garder d'un chascun selon leur teneur, & de tous ceux quiex qu'il soient, ne de quelque condition, que vous pourrez trouver & savoir qui en aucune maniere depuis la publication de ces Presentes, auront fait & feront aucune transgression contre lesdites Ordenances, ferez & faittes faire punicion senz espargne, selon ce que les cas le desirrons, si diligemment & en telle maniere que ce soit exemple aux autres, & que vous n'en puissiez ou doyez plus estre repris de négligence ou deffaut; car pour certain, se aucun deffaut y est, l'en s'en [e] penra du tout à vous. De ce faire vous donnons [f] povaire, & aux commis & deputez de par vous sur ce, par la teneur de ces presentes Lettres. *Donné à Paris, souz le Scel du Chastellet de Paris en l'absence du grant Scel de nostredit Seigneur, le quatriéme jour d'Aoust, l'An de grace mil trois cens cinquante & sept.*

Par le Conseil, ouquel estoient Messieurs l'Evesque de Laon, le Comte de Roucy, les Seigneurs de Revel & de la Ferté, & Philippe de Trois-Monts. G. GONTIER.

CHARLES, FILS AISNÉ, & Lieutenant de Jean I.er & selon d'autres, Jean II. à Paris, le 4. d'Aoust 1357.

a *Il paroist qu'il y a là quelques fautes.*

b *informez.*

c *fortement.*

d *publiquement ou secretement.*

e *prendra.*

f *pouvoir.*

CHARLES, FILS AISNÉ, & Lieutenant de Jean I.er & selon d'autres, Jean II. à Maubuisson, le 4. de Septembre 1357.

(a) Ordonnance pour affermer les Prevostez, les Greffes & les *Tabellionats.*

KAROLUS Regis Francorum Primogenitus, ejusque Locum-tenens, Dux Normannie & Dalphinus Viennensis: dilectis & fidelibus Gentibus Compotorum dicti Domini Genitoris nostri & Nostris, salutem & dilectionem. Cum nuper & ultimo quibusdam propulsi motibus, ordinasse dicamur quod Officia Prepositurarum, [a] *Scripturarum, Tabellionatus, que ad firmam tradi consueverunt, non ad firmam sed per manum Regiam regenda ad certa vadia seu salaria, ex tunc certis traderentur personis, Nosque post modum de avisamento Consilii advertentes quod eorumdem Officiorum emolumenta dicto Domino Genitori nostro & Nobis longe majora reddunt emolumenta cum traduntur ad firmam, quam aliter, & quod sepe contingit ipsis ad firmam non traditis, plurimum ipsarum expensas superare receptas, & alia plura inconveniencia evenire, ex quibus hujusmodi Ordinatio sit nedum utilis, sed dampnosa, mandamus vobis quatenus Officia predicta* [b] *quot quod & quecumque in Receptis Regiis & Nostris existant amodo venalia exponere more antiquitus solito, & ea plus offerentibus, idoneis tamen personis,* [c] *deliberare non obmittatis, Receptoribus Regiis & Nostris, ac aliis quibus videritis expedire, per vestras patentes Literas facientes de presentibus mencionem, ut premissa compleant diligenter, intimantes indilate & mandantes ut in suis Compotis respondere valeant de eisdem, predicta Ordinacione non obstante.* Datum apud Abbatiam [d] Mali-dumi, Die quarta Septembris, Anno Domini millesimo trecentesimo quinquagesimo septimo, sub sigillo Castelleti Parisiensis, in absencia magni sigilli dicti Domini Genitoris nostri. Per Dominum Ducem, ad relationem Consilii in quo erant Domini Remensis, Turonensis [e], de Rouciaco, de Revello, de Sancto Venancio & Normannie Cancellario. TOURNEUR.

a Greffes.
b quot quot.
c delivrer.
d Maubuisson.
e Archiepiscopi.

NOTES.

(a) Memorial C. de la Chambre des Comptes de Paris, fol. neuf vingt & huict, *recto.*

(b) Voy. cy-dessus, p. 129. l'Article 8. de l'Ordonnance du mois de Mars 1355.

CHARLES, FILS AISNÉ, & Lieutenant de Jean I.er & selon d'autres, Jean II. à Pontoise, le 4. de Septembre 1357.

(a) Ordonnance pour establir plusieurs Maistres, Visiteurs & Gardes des Ports & passages du Royaume.

CHARLES ainsné Filz & Lieutenant du Roy de France, Duc de Normandie & Dalphin de Vienne: à noz amez & feaulx les Genz des Comptes de mondit Seigneur & les Nostres, Salut & dilection. Comme ou Royaume de France [a] n'ait qu'un seul Maistre de touz les Pors & Passages d'iceli Royaume, & pour ce que ledit Maistre pour les grans distances des lieux, pays & contrées, ne puet vacquer & se transporter en touz lesdiz Pors & passages, & iceuls suffisaument visiter personnelment, combien que il prengne & ait grans gages à cause dudit Office, plusieurs Monnoyes, Billon & autres choses deffendues sont ou pourroient souvent se remede n'y estoit miz, estre menées & transportées en plusieurs & diverses manieres par lesdiz Pors & passages hors dudit Royaume, ou grant préjudice & dommage de mondit Seigneur, & contre ses Ordenances & deffenses expresses; Nous eue

a n'y ait.

NOTES.

(a) Memorial C. de la Chambre des Comptes de Paris, fol. 186. *verso.* Voy. cy-dessous, les Lettres du 12. de Juillet 1358.

fur ce meure deliberacion du Confeil de mondit Seigneur & du Noftre, pour l'évident prouffit, & [a] efchiver ledit domage de mondit Seigneur, voulons & vous mandons & commettons fe meftier eft, que pour le fait de la garde & vifitacion des Pors & paffages deffufdiz, vous, appelez avec vous ceuls que vous verrez qui feront à appeller cognoiffanz en ce, ordenez, eftabliffiez & inftituez deux ou plufeurs autres Maiftres, Vifiteurs & Gardes defdiz Pors & paffages, à tels gages & à tel nombre comme bon vous femblera, en deftituant & oftant du tout lefdiz Maiftres, Vifiteurs & Gardes quelconques defdiz Pors & paffages fe il ne font fouffifanz à y demourer, & prouffitables pour mondit Seigneur & Nous : & tout ce que par vous en fera fait, ordené & eftabli, Nous dès maintenant pour lors approuvons & ratiffions par ces Prefentes. *Donné à Pontoife, le 4.e jour de Septembre, l'An de grace mil trois cens cinquante & fept, foubz le Scel du Chaftellet à Paris en l'abfence du grant Scel de mondit Seigneur. Et eftoient ainfi fignées.* Par Monfieur le Duc, à la relacion du Confeil, ouquel eftoient Monfieur de Reins, de Tours, de Rouffy, de Revel, de Saint Venant & le Chancellier de Normandie. TOURNEUR. Collacion eft faicte à l'Original.

CHARLES, Fils aisné, & Lieutenant de Jean I.er & felon d'autres, Jean II. à Pontoife, le 4. de Septembre 1357.

a eviter.

CHARLES, Fils aisné, & Lieutenant de Jean I.er & felon d'autres, Jean II. à Pontoife, le 4. de Septembre 1357.

(a) Lettres par lefquelles il eft ordonné à la Chambre des Comptes d'inftituer dans chacun des Bailliages de Troyes, *de* Vitry, *de* Chaumont *& de* Meaux, *un Receveur qui fera auffi l'Office de* Granetier.

CHARLES ainfné Filz & Lieutenant du Roy de France, Duc de Normandie & Dalphin de Vienne : à noz amez & feaulx les Genz des Comptes de noftredit Seigneur & les noftres, Salut & dilection. Comme ou temps paffé ayent efté jufques [a] à ores en la Terre de Champaigne & de Brie ; c'eft affavoir ès Bailliages de Troyes, de Vitry, de Chaumont & de Meaulx, un Receveur feulement à trois cens livres, & efdiz quatre Bailliages, quatre *(b)* Granetiers à deux cens livres tournoys de gages ou penfion par an ; lequel Receveur pour la grant diftance des lieux & pays de ladicte Terre, ne povoit perfonellement vifiter les chofes neceffaires au fait de ladicte Recepte, parquoi plufeurs Domaines ont efté perduz & alienez, & les Fermiers des Fermes Royaux & Habitans defdiz pays travailliez fouvent & domagiez ; & avec ce, lefdiz Granetiers qui recevoient les Cens, Grains, Rentes des Fours, Moulins & Maifons, *(c)* Eftraieres, Morte-mains, Fors-mariages & Efpaves, ont par leur négligence ou autrement laiffié perdre plufeurs defdictes Rentes & Domaines ; & lefquiex Granetiers eftoient tenuz & chargiez chafcun ou Bailliage dont il eftoit Granetier, de faire faire [b] payer les réparacions & réfections des Chafteaulx, Forteresses, Maifons, Fours & Moulins, & de payer les Aumofnes & Rentes accouftumées à prendre fur lefdictes Graneteries ; & fe les deniers des Receptes de leurfdictes Graneteries ne fouffifoient à faire lefdiz Ouvrages, il devoient prendre & recevoir

a jufqu'à prefent.

b de

NOTES.

(a) Memorial C. de la Chambre des Comptes de Paris, fol. 187. *recto.*

(b) Granetiers.] Ils eftoient auffi nommez *Grenetiers.* Voy. l'Art. 39. de l'Ordonn. du 29. de May 1346. p. 249. du fecond Vol. des Ordonn.

(c) Eftraieres, &c.] Ce font les biens des Eftrangers ou *Aubains* decedez dans le Royaume. Voy. le Gloff. du Droit François de M. de Lauriere, au mot *Attraiere.*

Morte-mains. Ce font les biens des Gens de condition fervile, & qui appartiennent à leur Seigneur, lorfqu'ils meurent fans Enfans legitimes. *Ibid.* au mot *Main-morte.*

Fors-mariages. C'eft l'amende & le droit que l'homme de ferve condition doit à fon Seigneur, quand fans fa permiffion, il s'eft marié à une femme libre, ou ferve d'un autre Seigneur. Voy. *Ibid.* au mot *For-mariage.*

Efpaves. Biens abandonnez, & qui ne font reclamez de perfonnes. Voy. *Ibid.* au mot *Efpaves.*

CHARLES, FILS AISNÉ, & Lieutenant de Jean I.er & selon d'autres, Jean II. à Pontoise, le 4. de Septembre 1357.

dudit Receveur, deniers pour les faire, lequel se excusoit aucune foiz & souvent disant que il ne leur povoit presfement baillier Argent pour ce faire; parquoi aucun desdiz Chasteaulx, Forteresses, Maisons, Fours & Moulins sont decheuz & demourez en ruine; & aussi pour ce que ledit Receveur seul devoit compter de & pour toutes lesdictes quatre Graneteries, & que yceuls Granetiers ne bailloient pas à temps leurs Comptes audit Receveur pour compter, si comme faire le devoient, les Comptes dudit Receveur en estoient & ont esté souvent empeschiez & retardez à estre renduz, ou grant préjudice & domage de nostredit Seigneur & Pere & du commun Pueple à qui il povoit touchier: Et pour ce, Nous ces choses & autres considerans & [a] attendens pour l'évident proufit de nostredit Seigneur, de Nous & dudit commun, ayens par grant & mûre déliberacion du Conseil de nostredit Seigneur & du nostre, ordenné & ordennons que en chascun desdiz quatre Bailliages aura & sera institué & establi un Receveur loyal à cent livres tournoys de gages par an, & sera chascun d'iceuls [b] Receveurs, & sera tenuz de faire tout l'Office de Graneterie tant en recepte comme [c] en mise, avec l'Office de sa Recepte ensamble en tout le Bailliage dont il sera Receveur, & de en rendre compte sanz ce que il y ait aucun Granetier, ne autres gages quelsconques; Nous voulons & vous mandons que esdiz quatres Bailliages vous instituez quatre Receveurs convenables, chascun à cent livre tournoys de gages par an, en destituant & ostant lesdiz Granetiers, lesquiex Nous destituons & ostons par ces Présentes, en annullant du tout les Offices desdictes Graneteries, & en chargeant de tout le fait d'icelles lesdiz Receveurs, avec l'Office de leursdictes singulieres Receptes comme dit est; & à chascun desdiz quatre Receveur égalment faictes payer & alloer en compte lesdictes cent livres tournoys de gages par an, aus termes & en la maniere accoustumez. *Donné à Pontoise, le quatriéme jour de Septembre, l'An de grace mil trois cens cinquante & sept, soubz le Scel du Chastellet de Paris, en l'abscence du grant Scel de nostredit Seigneur. Et estoient ainsi signées.* Par Monsieur le Duc, à la relacion du Conseil ouquel estoient Messieurs de Reins, de Tours, de Roucy, de Revel, de Saint Venant & le Chancelier de Normendie TOURNEUR. Collacion est faicte à l'Original.

a *y faisant attention.*

b *Il manque peut-estre là quelques mots.*

c *depense.*

CHARLES, FILS AISNÉ, & Lieutenant de Jean I.er & selon d'autres, Jean II. à Maubuisson, le 18. de Septembre 1357.

(a) Lettres portant suppression de tous les Generaux-Maistres des Monnoyes, à l'exception de quatre qui y sont nommez.

CHARLES ainsné Filz & Lieutenant du Roy de France, Duc de Normandie & Dauphin de Vienne: à noz amez & feauls les Genz des Comptes & Tresoriers de nostredit Seigneur & de Nous à Paris, Salut & dilection. Pour ce que ès Monnoyes de nostredit Seigneur à eu ou temps passé & avoit excessif nombre de Generauls-Mestres aus gages de nostredit Seigneur, dont il a esté moult chargez sens cause necessaire, Nous par la déliberacion des Genz du grant Conseil & autres Officiers de nostredit Seigneur & de Nous, avons ordené & ordenons que dorés-en-avant il n'ait esdictes Monnoyes que quatre Generauls-Mestres tant seulement; c'est assavoir Jehan le Flamant, Raoul Maillart, Jaquelin Fremaut, & Guillaume de Hametel, & que touz les autres en soient ostez & deboutez du tout, nonobstant quelconques Dons à euls faiz sur ce, ou Lettres octroyées par nostredit Seigneur ou par Nous, souz quelconque fourme que ce soit. Si vous mandons & commandons estroitement que nostre Ordennance dessusdicte vous tenez & faicte tenir à

NOTES.

(a) Memorial C. de la Chambre des Comptes de Paris, fol. 188. *recto.*

Ces Lettres sont aussi dans le Registre de la Cour des Monnoyes de Paris, coté Registre entre deux Aix, Q. fol. 19. *verso.*

Dans ce Registre il n'y a point, *Lieutenant du Roy de France.*

garder senz enfraindre, & à autres Generaux-Mestres que aus quatre dessus-nommez, ne payez ou souffrez estre payez aucuns gages, nonobstant quelconques Mandemens que Nous vous avons faiz ou [a] façons au contraire. *Donné à Maubuisson lez Pontoise, le dix-huitiesme jour de Septembre, l'An de grace mil trois cens cinquante & sept, souz le Scel du Chastellet de Paris en l'absence du grant Scel de nostredit Seigneur.* Par Monsieur le Duc en son Conseil. J. BLANCHET.

a *fussions.*

JEAN I.er & selon d'autres, Jean II. à Paris, en Septembre 1357. A Paris le 26. de May 1357.

(a) Statuts des Lormiers.

JOHANNES Dei gratiâ Francorum Rex : Notum facimus universis tam presentibus quam futuris, Nos quasdem Literas infrascriptas sigillo Castelleti nostri Parisiensis sigillatus vidisse, formam que sequitur continentes.

A tous ceulx qui ces Lettres verront, Guillaume Staise Guarde de la Prevosté de de Paris, Salut : sçavoir faisonz que Nous avons reçeu les Lettres du Roy nostre Sire, contenant la fourme qui s'ensuit.

Johannes Dei gratiâ Francorum Rex: Preposito Parisiensi aut ejus Locum-tenenti, salutem. Magistri & Operarii [a] Ministerii Lormariorum Parisiensium Nobis humiliter supplicarunt, quod cum dudum Prepositus Parisiensis pro [b] tempore, habito consilio & deliberatione cum peritis & probis viris dicti Ministerii, certa puncta & Articulos tunc utiles & necessarios pro custodiâ & exercitio dicti Ministerii ordinasset, & in Registris nostri Castelleti Parisiensis in quo Statuta Ministeriorum dicte Ville registrantur, fecisset registrari : cumque propter lapsum temporis & [c] mutablitatem & diversitatem rerum & temporum, multa in dicto Registro dicti Ministerii [d] caveantur, que tam pro nostra quam totius Reypublice utilitate ad presens correctione indigerent, quatinus eisdem in hac parte de remedio providere dignaremur. Quocircà tibi mandamus quatinus si vocato Procuratore nostro pro Nobis in dicto Castelleto, ac majore & saniore parte Magistrorum & Operariorum dicti Ministerii cum ceteris evocatis, tibi sic esse constiterit, dictum Registrum juxta eorum avisamentum & consilium, corrigas detrahendo aut addendo, & prout pro utilitate totius Reypublice melius fuerit faciendo : non obstante predicto antiquo Registro, ac Literis subrepticiis impetratis vel impetrandis quibuscumque. Datum Parisiis, die vigesimâ Maii, Anno Domini millesimo trecentesimo quinquagesimo septimo, sub sigillo Castelleti nostri predicti, majore absente.

a Mestier.
b qui estoit alors Prevost.
c mutabilitatem.
d contineantur.

Et pour enquerre & sçavoir la verité des poinz & des faiz & Articles, dont mention est faite esdites Lettres, Nous avons commiz & deputez Pierre Droart & Jehan de Foilleuses Examinateurs de par le Roy nostre Seigneur ou Chastellet de Paris,

NOTES.

(a) Tresor des Chartres, Registre coté 89. pour les Années 1356. &c. jusqu'en 1361. Piece 28.

Il paroist par ces Statuts qu'on nommoit autrefois *Lormiers*, les *Esperonniers*, & les *Selliers* & *Bourelliers*, que l'on appelloit alors *Coustiriers* de *Lormerie*. [Voy. cy-dessous la Note (*d*)]

A present le titre de *Lormier* est commun à trois Corps de mestier differens. Il y a les *Lormiers-Esperonniers*, *les Scelliers-Lormiers-Carossiers*, & les *Cloutiers-Lormiers*. Voy. sur ces trois Corps, le Dictionn. du Commerce de *Savary*, au mot *Esperonnier*, & *Lormerie*. Voy. aussi sur les *Lormiers*, deux anciens Arrests du Parlement que le P. Lobineau a fait imprimer au mot *Lormier* dans le Glossaire François qui est à la teste du 3.e Vol. de l'Hist. de Paris, fol. XCVII. col. 1. Voy. l'Etymologie que du Cange donne au mot *Lormier*, dans son Gloss. au mot *Merus* : je crois qu'il se trompe.

J'ay consulté sur ces Statuts, les plus fameux *Esperonniers* de Paris, & ils m'ont donné l'explication des termes qui s'y rencontrent, & dont ils se servent encore ; mais il y en a plusieurs qui ne sont plus en usage, & qu'ils ne connoissent point.

Enfin j'ay conferé ces anciens Statuts avec les nouveaux, qui ont esté authorisez par les Lettres du mois de Febvrier 1577. & du mois de Novembre 1595.

JEAN I.er & selon d'autres, Jean II. à Paris, en Septembre 1357. A Paris, le 26. de May 1357.

avec le Procureur du Roy nostredit Seigneur oudit Chastellet, & pour Nous raporter ce que trouvé en auroient : lesquiex Nous ont rapporté avec ledit Procureur du Roy nostre Seigneur, que il ont pris l'antien Registre du Mestier de Lormerie, & après ont appellé pardevant eulx & fait assembler & convenir par plusieurs foiz par bonnes intervales & dilations, les Genz dudit Mestier de Lormerie tant Mestres comme [a] Varles, où la plus grant & plus saine partie d'iceulx, & mesmement les plus souffisanz & plus expers oudit Mestier, & les ont fait jurer chascun par serment, que bien & loyaument leur diroient & déposeroient quelx poinz & Articles seroient pour le temps present & avenir, proufitable pour le commun Peuple audit Mestier, par les quelx il ont trouvé, & par leurs sermens faiz aus Sains Evangiles de Dieu, que oudit Mestier pour le temps present & pour celluy avenir, les poinz & Articles qui s'ensuivent seroient bons, proufitables & convenables à guarder & tenir audit Mestier pour le proufit de tout le commun, du Roy nostre Seigneur & dudit Mestier; c'est assavoir,

a Garçons Compagnons.

(1) *Et premierrement.* Que nulz dores-en-avant ne puisse ne doie (b) lever ledit Mestier ne commencier oudit Mestier de Lormerie, s'il ne le achepte avant du Roy; c'est assavoir vingt sols parisis au Roy, & dix sols parisis au Maistres & Guardes qui seront mis & establis à guarder le commun proufit dudit Mestier : se ainsi n'est qu'il soit Filz de Mestre dudit Mestier de la Ville de Paris : (c) mes les presenz qui y sont, eulx & leurs hoirs soient (d) Cousturiers de Lormerie, ou soient Lormiers qui affiert audit Mestier de la Lormerie, pueent lever ledit Mestier franchement.

(2) *Item.* Que nulz ne puisse retenir ne lever ledit Mestier de la Lormerie, se il n'est Lormier, ou Couturier qui [b] affiere audit Mestier par le [c] Dit des bonnes Genz d'icellui Mestier.

b Voy. la Note. c le tesmoignage.

(3) *Item.* Que nulz ne puisse (e) comporter ne faire comporter Euvre de Lormerie hors de son Hostel, s'elle n'est venduë, à Marchiez ne ailleurs parmi la Ville de Paris; & qui en sera atteint, il perdra l'Euvre, & payera seize sols parisis d'amende, dont le Roy aura dix sols, & les Maistres & Guardes dudit Mestier en auront six, pour tourner & convertir au proufit dudit Mestier.

(4) *Item.* Que nul ne puisse tenir que un Aprentiz; c'est assavoir à six ans de service (f) & à sis livres de deniers comptans, ou pour néant s'il plaist aus Maistres, & à cinq solz à la Confrairie dudit Mestier tout parisiz : & ne pourra le Mestre mettre en Euvre lediz Aprentiz quant il [c] vendera audit Mestier, d'avant ce qu'il ait payé lesdits cinq solz parisiz à ladite Confrairie.

c viendra.

(5) *Item.* Que les Lormiers puissent bien dorer & estamer toute bonne Euvre

NOTES.

(b) *Lever ledit mestier.*] C'est-à-dire, *commencer à travailler d'un mestier.* On dit encore aujourd'huy, *lever une Boutique.*

(c) *Mes les presens qui y sont.*] Ceux qui dans la suite voudront se faire *Lormiers,* payeront les droits; ceux qui le sont aujourd'huy, ne payeront rien.

(d) *Cousturiers de Lormerie.*] Il y avoit de deux sortes de *Lormiers :* Ceux qui travailloient en métal & qui forgeoient les mors, les Eperons, &c. & les *Cousturiers* qui travailloient à l'aiguille, & qui faisoient les selles, les harnois, &c. Tout *Cousturier* n'estoit pas *Lormier,* & il n'y avoit que ceux qui travailloient à des choses qui *affieroient,* qui avoient rapport au mestier de *Lormerie.* Voy. l'Art. 27. Je crois que ces mots, *qui affiert audit mestier de la Lormerie,* sont deplacez, & qu'il faut les mettre après ceux-cy, *Cousturiers de Lormerie,* comme ils y sont dans l'Article suivant.

(e) *Comporter.*] C'est-à-dire, *colporter.* Cet Article signifie, que les ouvrages de *Lormerie* doivent estre vendus dans les Boutiques des *Lormiers,* & qu'il n'est pas permis de les vendre dans les ruës, ni même dans les marchez.

Les nouveaux Statuts s'expliquent un peu plus clairement.

Item. *Que nul ne peut colporter ne faire colpolter (colporter) toutes denrées & marchandises de Selleries & Lormerie hors de son Hostel, ou au marché ni ailleurs par la Ville, si elle n'est venduë, ou qu'on la porte vers aucun Seigneur ou autres personnes pour l'acheter; & qui fera le contraire, l'œuvre sera confisquée.*

(f) *Et à six livres.*] Le Maistre donnera à son Apprenti six livres pour six années de service, ou rien s'il le veut.

(6) Item.

(6) *Item.* Que tout Lormier puissent prendre fause Euvre par tout où il la trouveront, & perdra l'Euvre cellui sur qui elle sera trouvée, & payera l'amende dessusdite, en la maniere que dit est.

JEAN I.er & selon d'autres, Jean II. à Paris, en Septembre 1357.

(7) *Item.* Que chacun [a] puis bien faire (g) un pli en une serre loyaument.

(8) *Item.* Que nulz Varlez soit Lormier soit Couturier, ne puisse prandre (h) homme à compagnie, s'il n'est Ouvrier dudit Mestier par [b] le dit des bonnes Genz dudit Mestier.

(9) *Item.* Que nulz qui ait esté Aprentiz en la Ville de Pariz, ne puisse ouvrer audit Mestier en ladite Ville de Pariz, s'il n'a servi six anz comme Aprentiz audit Mestier de Lormerie comme dessus est dit; & s'il y a tant servi, bien le pourra commancier & lever, par les [c] droites le Roy payant, par le dit des Mestres dudit Mestier.

(10) *Item.* Se aucuns Varlez forains ont esté apprentiz en bonne Ville, le temps accoustumé en ladite Ville, qu'ils soient receuz à ouvrer à Paris en gaignant Argent: & quant il auront comme Vallez gaignans Argent, servi par un an à aucun Maistre dudit Mestier, ilz pourront comancier & lever ledit Mestier par paiant les [d] droitures accoustumées; mes [e] qu'il soit trouvez souffisans par les Maistres dudit Mestier.

(11) *Item.* Que nulle Euvre qui est (i) à pié de mesmes ne puis estre redorée ni [f] reblanchiée, [g] puis quelle a esté mise en Euvre, & se aucun dudit Mestier la redore ou reblanchist, il doit payer ladite amande en la maniere dessusdite, & doit ladite Euvre estre arse (k) & seve perduë; quar elle est fause & mauvese; se ce n'est [h] à Clerc, à Chevalier ou à Bourgeois pour son usage.

(12) *Item.* Que nulz Esperons viez ne doivent estre redorez ne reblanchiz, se ilz ne sont (l) finz nayz & parcalz; & se aucuns feroit le contraire, l'Euvre

a *puisse.*
b *suivant le temoignage.*
c *Voy. l'Art. 1. & le 10.*
d *Voy. les Art. 1. & 10.*
e *Pourvû qu'ils.*
f *ne argentée.*
g *depuis qu'elle.*
h *Ecclesiastique.*

NOTES.

(g) *Un pli en une Serre.*] Voicy ce que c'est que le *pli.* La partie de l'Embouchûre d'un Mors, laquelle entre dans la bouche du Cheval, est composée de deux branches nommez *Canons*, qui vont toûjours en diminuant de grosseur, & qui forment une espece d'angle: voicy comme elle se tiennent: l'une est terminée par un anneau, & le bout de l'autre est recourbé en forme de crampon, & entre dans l'anneau, au tour duquel sa pointe est pliée. Par cette raison ce Canon est nommé *Pli.*

Il est parlé de la *Serre* dans les nouveaux Statuts. *Le Lormier Esperonnier..... sera son chef-d'œuvre d'un mord, .. à serres droites sur les pointes.* Mais les Ouvriers n'entendent plus aujourd'huy ce mot *Serre* qui n'est plus en usage; & ainsi je n'ai pû tirer d'eux l'explication de cet Article.

(h) *Homme à compagnie.*] Voicy comme je crois qu'on peut entendre cet Article. Les Garçons qui travaillent pour les Maistres, entreprennent quelquefois des Ouvrages pour un prix convenu, & alors ils peuvent prendre pour travailler avec eux des *Compagnons* qu'ils payent. Il est deffendu par cet Article aux Garçons *Lormiers*, de faire travailler avec eux des *Compagnons* qui ne soient pas du mestier, c'est-à-dire, qui n'ayent pas fait d'apprentissage. Voy. le Diction. du Commerce de *Savary*, au mot *Compagnons.*

(i) *A pié de mesmes.*] On pourroit lire *mesnies* au lieu de *mesmes.* Mais cet Article n'en seroit pas plus clair, & personne n'a pû m'en donner l'explication.

(k) *Arse & seve perduë.*] *Arse* brûlée. Pour les mots, *seve perduë,* qui sont repetez dans l'Article suivant, je ne les entends point. Dans les nouveaux Statuts, on a conservé le mot *Arse*, mais on a supprimé les deux autres.

Peut-estre par *seve*, faut-il entendre la feüille d'Or & d'Argent que l'on a mis sur ces Ouvrages pour les dorer & les argenter: & ces mots *doit ladite Euvre estre arse & seve perduë*, peuvent signifier, qu'on mettra ces Ouvrages dans le feu pour les dedorer & les desargenter: car comment peut-on concevoir autrement, qu'on brûlera des Ouvrages d'Acier & de Fer. Peut-estre aussi qu'au lieu de *seve perduë*, il faut lire *seroit perduë*, comme dans l'Art. 13.

Au reste le principe de cet Article & des quatre suivans, c'est qu'il est deffendu aux *Lormiers* de raccommoder de vieux Ouvrages pour les revendre, de crainte qu'ils ne vendent de vieilles Marchandises pour de la neuve: mais ils peuvent raccommoder de vieux Ouvrages, qui leur sont apportez à cet effet par des particuliers à qui ils appartiennent, parce qu'il n'y a pas de fraude à craindre.

(l) *Fins, nays & parcalz.*] Le mot *nays* se trouve encore dans l'Art. suivant; & dans

JEAN I.er & selon d'autres, Jean II. à Paris, en Septembre 1357.

seroit fausse & mauvese, & devroit celli sur qui elle seroit trouvée, ladite amande & seroit l'Euvre arse & * seve perduë, se n'est à Clerc, à Chevalier ou à Bourgeois pour son usage.

(13) *Item.* Que nuls ne doit dorer ne reblanchir Estriers se ils ne sont & *(m)* chieent nays, se ce n'est à Cler, à Chevalier ou à Bourgoys pour son usage; & qui le feroit, l'Euvre seroit fause & mauvese, & devroit estre arse & seroit perduë à cellui sur qui elle seroit trouvée, & devroit ladite amende comme dessusdit.

(14) *Item.* Que nulle Euvre puisqu'elle a esté brisée, ne doit estre resouldée; car se elle l'estoit, elle seroit fause & mauvese, & devroient celi sur qui elle seroit trouvée, ladite amende, se ce n'est à Clerc, à Chevalier ou à Bourgoys [a] pour son usage.

(15) *Item.* Que toutes bonnes ferreures vielles pourront estre redorées & reblanblanchiées, [b] par si que les vielles soient mises avec les vielles, & que si Ouvrier ne puissent mettre neuves [c] chevesses en viez ferreures redorées ne reblanchiées; se ainsi n'est que l'achateur les i face mettre neuves; mes s'il les y fait mettre, [d] ile pourront bien faire; & qui autrement le fera, il payera ladite amende.

(16) *Item.* Que nulz du Mestier de Lormerie ne [e] Cousturier appartenant audit Mestier, ne ouvrera de [f] nuys, ne au Festes Nostre-Dame: Et quiconque y sera trouvé, il payera ladite amende toutes les foiz qu'il sera trouvé [g] ouvrant.

(17) *Item.* Que nulle personne ne vendra ne pourra vendre Lormerie en la Ville de Paris, fors à Maistres Lormiers de Paris; & qui fera à l'encontre, l'acheteur & le vendeur chacun payera ladicte amende, toutessois que [h] elle sera trouvée, & sera acquise au Roy comme [i] forfaite, & perdront l'Euvre.

(18) *Item.* Que nulle dudit Mestier de Lormerie, Maistre ne Varlet, n'ourera d'icellui Mestier chez nulle personne se il n'est Lormier; & qui le fera, celui qui le fera perdra l'Euvre, & sera forfaite & acquise au Roy; & celui qui y ouvrera, payera ladite amende toutessoiz qu'il le fera.

(19) *Item.* Que se nulle Euvre de Lormerie est trouvée chiez autre personne que chiez lesdits Lormiers, pour mettre en Euvre ou autrement, elle sera forfaite & acquise au Roy; & payera cellui sur qui elle sera trouvée, ladite amende, toutessoiz & quantes elle y sera trouvée.

(20) *Item.* Que nul n'appellera Marchant, ne fera signe se le Marchant n'est devant [k] l'uys de l'appellant; & qui fera le contraire, il payera ladite amende en la maniere que dessus est dit; se ce n'est aucun povre Varlet qui le feist, lequel n'en payeroit que douze deniers parisis, qui tourneroient ès Aumosnes de la Confrairie.

(21) *Item.* Que nul Lormier ne mettra Vallet d'autre Lormier en euvre, puisqu'il li ara esté deffendu d'aucuns des quatre Maistres ou de l'un d'eulx; & qui sera le contraire, chacun Maistre payera ladite amende & le Varlet auxi, toutesoiz que il le feront, & pour chacune journée.

(22) *Item.* Que nulz Marchans [l] dehors aportant Euvre de Lormerie en la Ville de Paris, ne puisse tenir chambre à Paris, ne deslier leurs denrées, devant que les quatre Maistres dudit Mestier ou les troys ou les deux, les auront veues & regardées que [m] l'Euvre ne soit fause & mauvese, & devant ce que lesdiz Maistres y ayent esté appellez; & ne la pourront vendre que fors aus [n] Ouriers Lormiers de la Ville de Paris, se ce n'est à Clerc, à Chevalier ou à Bourgoys pour son usage: Et convient que yceulz Marchanz dehors ayent vendu toutes leursdites denrées dedenz six jourz; & qui fera le contraire, l'Euvre sera acquise & forfaite au Roy, & payeront ladite amende toutessoiz & quantes que il le feroit.

* *V. cy-dessus la Note (k)*

a *Voy. cy-dessus la Note (k) à la fin.*

b *pourvû que*

c *Personne n'a pû m'expliquer ce mot.*

d *ils le.*

e *Voy. cy-dessus p. 184. la Note (d)*

f *nuit.*

g *travaillant.*

h *la Lormerie.*

i *confisquée.*

k *la porte.*

l *de dehors: forains.*

m *si.*

n *Ouvriers.*

NOTES.

le 25. on lit *Verges des Esperons vieilles*, n'ayves, *pareilles*, & ces derniers mots ont esté conservez dans les nouveaux Statuts; mais les mots *nays* & *nayves* ne sont plus d'usage aujourd'huy, & les Ouvriers ne les entendent point. Voy. sur cet Article la Note (*k*) à la fin.

(m) Chieent.] Ce mot signifie ordinairement *tombent*, & vient de *cheoir*: mais je crois qu'icy il signifie la même chose que *sont*.

(23) *Item.* Que nulle perſonne dudit Meſtier de Lormerie ne d'autre, ne pourra refuſer aus quatre Meſtres dudit Meſtier de Lormerie, à veoir & monſtrer ſe ilz ont en leur Hoſtel point d'Euvre de Lormerie; & qui leur contredira, il payera ladite amende.

JEAN I.er & ſelon d'autres, Jean II. à Paris, en Septembre 1357.

(24) *Item.* Leſdiz Lormiers & Ouvriers dudit Meſtier pouront aler à la (n) Faire du Lendit tant ſoulement, & vendre à icelle Foire les denrées de leur Meſtier, auxi comme autres Marchans, ſenz payer amende.

(25) *Item.* Leſdiz Maiſtres Lormiers & Ouvriers dudit Meſtier, pourront mettre [a] en vûës bones (o) verges de Eſperons veilles nayves pareilles, [b] moletes nueves & la garniſon neuve, par telle maniere que pour les cognoeſtre qu'ilx ſoient viez, les couroies ſeront percées, (p) & ſeront mis en part avant ce que ilx ſoient expoſez en vente.

(26) *Item.* Que nulle ne puiſt tenir chambre ſe il n'a (q) ouvrouer par terre, parce que l'on y fait ou peut faire fauſes Euvres.

(27) *Item.* Que nulz quel que ſoit, ne puiſt couldre (r) Poitraux, Eſtriveres ne Culieres de deux cuirs, ne forger Eſtriers, Boucles, Mordanz, Chapes, Clous ne autre Piece de Lormerie, quelle qu'elle ſoit, s'il n'eſt Lormier.

(28) *Item.* Que ſe un [c] Harnas eſt trouvé double de deux cuirs ou de trois, & les doubleures ne ſoient [d] du long, ou ſe il eſt de cuir de cheval, qu'il ſoit tenuz & puniz pour faux.

(29) *Item.* Que nulz ſe il n'eſt Lormier, (ſ) ne puiſt apreſter ne faire apreſter Euvre de Lormerie quelle que elle ſoit, ſe ce n'eſt à Lormier.

(30) *Item.* Que quiconque [e] meſprandra ès choſes deſſuſdites, il payera ladite amende ſi comme deſſus eſt deviſé, toutes & quantes foiz qu'il en ſera reprins.

(31) *Item.* Que les Maiſtres dudit Meſtier de Lormerie jurront ſur ſainz Evangiles de Dieu, qu'ils rendront bon compte & loyal de toutes les amendes qui ſeront [f] eſcheites en leurs temps aus noviaux Meſtres, quand les autres Maiſtres ſe departiront de leur Maiſtriſe, ou [g] chaſcun moys ſe ils en ſont requis; & qu'ilx guarderont bien & loyaument ledit Meſtier & appartenences ſenz faveur ne haine.

Et après ce que leſdiz Commiſſaires & Procureur du Roy noſtre Sire audit Chaſtellet, Nous [h] orent raporté les choſes deſſus dites, Nous en noſtre perſonne pour plus deuement proceder en ladite beſoigne, avons appellé le Procureur général du Roy noſtre Seigneur en ſon Parlement à Paris, & pluſieurs autres ſages, avecq les deſſus nommez, & avons fait venir pardevant Nous une grant partie des plus ſuffizans dudit Meſtier, & eſpeciamment ceulx qui pour le temps le [i] gardoient de

a *expoſer en vente.*

b *avec des.*

c *Harnois.*

d *ne ſoient pas auſſi longues que le Cuir qu'elles doublent.*

e *contreviendra.*

f *eſcheües, qui auront eſté payées.*

g *ils rendront compte chaque mois.*

h *eurent.*

i *les Gardes en Charge.*

NOTES.

(n) *Faire.* [Corr. *Foire du Lendit.*] Elle ſe tient tous les ans au mois de Juin à S.t Denys en France. Hiſt. de l'Abb. de S.t Denys par le P. Felibien, L. 2. n. 36. p. 97

(o) *Verges de Eſperons.*] La Verge de l'Eſperon eſt une Piece de metal, qui eſtant recourbée, forme deux branches qui embraſſent le talon, & à laquelle eſt attachée la *molette* qui avance par derriere, & avec laquelle on picque le cheval. Voy. ſur les mots ſuivans, cy-deſſus, Note (k)

(p) *Seront mis en part.*] Ces mots ne s'entendent point; il y a apparence qu'ils ſont corrompus, & peut-eſtre ne ſignifient-ils que, *ils ſeront percez.*

(q) *Ouvrouer par terre.*] Boutique au rez-de-chauſſée, où l'on doit *ouvrer* & travailler publiquement.

(r) *Poitraux, &c.*] On dit preſentement *Poitrals.* Le *Poitral* eſt la bande de cuir qui paſſe par devant le Poitral du cheval, pour tenir la ſelle ferme. Dictionnaire des Arts *&c.* de *Corneille*, à ce mot.

Eſtriveres, Eſtrivieres, courroye ſervant à porter les *Eſtriers.*

Culieres. On dit aujourd'huy *Culeron*: c'eſt la partie de la croupiere qui eſt faite en rond, & ſur laquelle poſe la queuë du cheval. Dictionnaire de *Corneille* au mot *Culeron.*

Mordanz. Sorte de grand clou de Cuivre doré à deux pointes, que l'on met ſur les Harnois des chevaux. *ibid.* au mot *Mordant.* Je crois cependant que *Mordant* ſignifie là une Agraffe. Voy. *Borel* ſur ce mot.

Chape eſt la partie de la Boucle où eſt le bouton. *Corneille*, ſur ce mot.

(ſ) *Ne puiſt apreſter.*] *Apreſter*, preparer. Nul ne pourra *apreſter* par luy-même, s'il n'eſt *Lormier*; ni faire *apreſter* par un autre, ſi ce n'eſt par un *Lormier.*

JEAN I.er & selon d'autres, Jean II. à Paris, en Septembre 1357.

par le Roy nostre Seigneur & aucuns des autres Maistres, de fondeurs de Cuivr & de [a] Fevres, pour ce que ce sont ceux qui plus se peuvent cogneestre audit Mestie de Lormerie si comme on dit; Et par l'Information & Enqueste que Nous avon fait des choses dessus-dites, & par le conseil & advis desdiz Procureurs du Ro nostre Seigneur, Commissaires & autres Sages, Nous avons trouvé que les poinz & Articles dessuz escris sont. proufitables pour estre tenuz & gardez audit Mestier d Lormerie : Et pour ce mandons & commandons à ceulx qui à present gardent & qui au temps à venir garderont ledit Mestier de par le Roy nostre Seigneur, & touz ceulx à qui il appartient & apparriendra, [b] tiegnent & guardent, & facent ten & garder lesdiz poinz & Articles sur les [c] Parties dessuz dites. En tesmoing de ce Nous avons fait mettre à ces Lettres le Seel de la Prevosté de Paris. *Ce fut fa l'An de grace mil trois cens cinquante-sept, le douzieme jour de Septembre.*

Nos autem predicta omnia & singula in suprà scriptis Literis contenta, rata habente & grata, ea volumus, ratifficamus, laudamus, approbamus ac tenore presentium nostr auctoritate Regia, de nostre plenitudine potestatis & ex certa scientia, de speciali grati confirmamus. Mandamus tenore presencium Preposito nostro Parisiensi qui nunc est & qu pro tempore fuerit, ceterisque Justiciariis nostris aut eorum Loca-tenentibus & cuilibe eorumdem ut ad eum pertinuerit, quatinus premissa omnia & singula teneri, custodiri compleri & inviolabiliter faciant observari, juxta ipsarum Literarum continentiam & tenorem, nichil in contrarium faciendo seu fieri permittendo. Quod ut firmum & stabile permaneat in futurum, predicti Castelleti nostri in absentia magni, presentibus Literis fecimus apponi Sigillum : nostro & alieno in omnibus Jure salvo. Actum & datum Parisiis, Anno Domini millesimo trecentesimo quinquagesimo septimo, Mense [d] septimo. In Requestis Hospicii. J. de ALBIGNIACO, BESCOT.

[a] Serruriers.
[b] que ils.
[c] les points.
[d] Septembri.

CHARLES FILS AISNÉ, & Lieutenant de Jean I.er & selon d'autres, Jean II. à Paris, en Septembre 1357.

(a) Lettres portant Reglement pour le Consulat & les Affaires communes de la Ville de *Lavaur.*

SOMMAIRES.

(1) Les Habitans esliront chaque année des Consuls que le Juge de Ville-Longue créera *Consuls, s'il sont jugez dignes de l'estre.*

(2) Les Fils de famille, ou ceux qui sont sous la puissance paternelle, ne pourront estre eslus Consuls.

(3) Les Consuls qui sortiront de Charge, ne pourront y rentrer que trois ans après.

(4) L'ancien usage sur la création des Consuls est aboli.

(5) L'Election des Consuls faite en dernier lieu par tous les Habitans qui ont donné leurs suffrages sur des Bulletins, *est confirmée.*

(6) Chaque année les Habitans esliront de la même maniere douze Conseillers, que le Juge créera *Conseillers, après leur avoir fait prester serment, & qui sont appellez avec les Consuls à toutes les affaires communes.*

(7) Dix-huict personnes choisies par les Habitans feront tous les trois ans une estimation de leurs biens, à proportion desquels ils seront imposez à la Taille.

(8) Les Habitans imposeront eux-mêmes la Taille, & les Consuls en payeront leur Quote-part, à proportion de leurs biens. Les anciens Consuls la payeront pour les années precedentes, s'ils n'y ont pas satisfait.

(9) Les Habitans esliront un Receveur qui recevra les Tailles & les Collectes, & qui fera les dépenses communes. Il ne pourra cependant faire de payemens sans le consentement des Consuls & des Conseillers. Les Habitans pourront, s'ils le jugent convenable, changer le Receveur tous les ans, lorsqu'ils feront l'élection des Consuls, & le Receveur eslu sera contraint d'accepter cette Charge, moyennant des appointemens qu'on luy donnera.

(10) Les Habitans pourront s'assembler pour leurs affaires, une fois l'année dans leur Maison commune, en presence du Procureur du Roy ou du Bailly.

(11) Lorsque les Consuls feront des voyages pour des affaires communes, leur dépense sera taxée par les Consuls, les Conseillers & quelques Prud'hommes de la Ville.

(12) Les Consuls qui sortiront de Charge, rendront compte de leur administration dans la place publique, un mois après l'élection des nouveaux Consuls.

CHARLES, FILS AISNÉ, & Lieutenant de Jean I.er & selon d'autres, Jean II. à Paris, en Septembre 1357.

KAROLUS Regis Primogenitus, ipsius que Locum-tenens, Dux Normanie & Dalphinus Viennensis. Racioni consonum ac dignum & conveniens arbitramur, fama que [a] *Principium crescit & gloria, si eorum fideles subditi, qui in vera pace ac sincera & perfecta unitate ipsis Principibus fidelitatis vinculo naturaliter sunt conjuncti, sub clipeo eorum magnificentie juste regantur, & a fraudibus, maliciis ac dolosis & dampnosis circonventionibus, que interdum ob deffectum boni regiminis intervenire consueverunt, universis* [b] *perseverantur. Cum itaque dilecti & fideles dicti Domini nostri & Nostri Consules & singulares Habitatores Ville & Civitatis Vaurensis Senescallie Tholose, Nobis fecerint reserari quod ob deffectum congrue reformationis & provisionis non factarum, super regimine dicte Ville & Civitatis Vaurensis ac* [c] *Consilium & Consiliariorum ejusdem creationem, multe fraudes dolose,* [d] *malitia & circonventiones dampnose in prejudicium & lesionem Juris Regii ac Reipublice dicti loci decursis temporibus, multis modis & variis occurrerunt, que dicti Consules & Habitatores amplius tolerare non vallerent, supplicantes humiliter & Nos cum instantia requirentes ut super hujusmodi regimine ac Consulum & Consiliariorum creatione ipsos in bono reformare, & eisdem certum modum & debitum regiminis statuere dignaremur. Notum igitur facimus universis tam presentibus quam futuris, quod habita super hoc matura deliberatione cum dilectis & fidelibus Gentibus Consilii, Compotorum ac Thesaurariorum dicti Domini nostri Parisiensium, atque nostris, quibus Gentibus & Thesaurariis, iidem supplicantes tam propter hoc, quam pro quadam remissione eis per nostras alias (b) Litteras nuper facta, super quibusdam congregatione & clamatione illicitis per eos factis, ad summam trecentorum Florenorum Auri ad scutum pro Nobis composuerunt; Nos ipsorum supplicationi annuentes, ad obviandum circonventionibus, maliciis & fraudibus prelibatis, eisdem supplicantibus pro se & tota eorum Universitate dicti loci, Regia ac Reipublice utilitate pensata, certum modum regiminis ac creationis Consulum & Consiliariorum dicti loci, tenore presentium de certa scientia & ex plenitudine Regie Magestatis quâ nunc fungimur, sub certis modis, forma & ordinacionibus inferius annotatis, duximus perpetuo concendedum.*

(1) Primo *enim ordinamus quod ex nunc in antea, singulares Habitatores dicte Ville & Civitatis Vaurensis, aut major vel senior pars eorum, eligant & eligere possint Consules ejusdem loci quolibet anno die & terminis consuetis; quos sic electos & non alios, (c) Judex Regius Ville-Longe qui fuerit pro tempore, ad eorum electionem & nominationem, si ad hoc sufficientes & ydonei fuerint reperti, creare in Consules dicti loci tenebitur.*

a Principum.

b preservantur.

c Consulum.

d malitiæ.

NOTES.

(a) Tresor des Chartres, Registre 89. pour les Années 1356. jusqu'en 1361. Piece 240.

(b) *Litteras.*] Ces Lettres qui sont de même date que celles-cy, se trouvent à leur suite dans le Registre du Thresor des Chartres. On les auroit fait imprimer dans cette Note, si elles n'avoient pas esté trop longues.

(c) *Judex Regius, Ville-Longe.*] Voicy les éclaircissemens que les RR. PP. DD. *de Vic & Vaissette* m'ont communiquez sur ce lieu.

La *Judicature* ou *Jugerie* de *Ville-Longue* est une des six *Judicatures* qui composoient anciennement la Seneschaussée de *Toulouse*, dans laquelle estoit aussi comprise la *Viguerie* Royale de cette Ville.

La Judicature de *Ville-longue* comprend presque tout le Diocese de *Lavaur*, une partie de celuy de *Toulouse*, & la partie de celuy de *Montauban*, qui est à la droite de la *Garonne.* Le Siege principal de cette Judicature estoit estabi à *Puy-Laurens* dans le Diocese de *Lavaur*, & il y avoit des Sieges particuliers à *Lavaur, Castel-Sarrasin,* &c. Il y a dans cette *Judicature*, comme dans les autres de la Seneschaussée de *Toulouse*, un Juge Royal & un Procureur du Roy qui résident dans la Ville où est le Siege principal : leur Jurisdiction s'estend dans toute l'estenduë de la Judicature, & ils ont droit de tenir l'Audience dans tous les Sieges qui en dépendent. Chaque Siege particulier a un Lieutenant du Juge, & un Substitut des Gens du Roy.

Les Juges des *Judicatures* ont le droit de presider aux élections de tous les Consuls de la *Judicature ;* ce qui les engage de faire tous les ans une tournée dans toute l'estenduë de leur Jurisdiction.

CHARLES, Fils aisné, & Lieutenant de Jean I.er & selon d'autres, Jean II. à Paris, en Septembre 1357.

(2) *Prohibemus tamen ne quis Filius-famillias, aut in potestate paterna existens, in Consulem eligatur.*

(3) *Statuentes quod illi Consules sic creati ab anno finito quo fuerint Consules, per triennium immediate sequens, in Consules nequaquam eligantur.*

(4) *Quod si contrarium a quoquam fieri contigerit, tamquam irritum decernimus & inane; non-obstante quod ab antiquo fuerit ibidem observatum, quod Consules dicti loci in fine eorum Consulatus eligebant duodecim homines dicte Ville, quos tradebant in quodam (d) carcello seu totulo prefato Judici, qui Judex de illis duodecim hominibus creabat sex in Consules, quos per informationem & aliter debite reperiebat sufficientiores, & unum pro Nobilibus, aliis que usibus & Statutis ad hoc contrariis quibuscumque *.*

* non obstantibus

(5) *Et quia Consules moderni dicti loci (e) ad obviandum cuidam circulo qui à paucis temporibus [a] circa, fuerat introductus in dicto loco circa electionem dictorum Consulum, eligendo parentes, [b] discurrando per compatres, affines & amicos, ut dicti Consules eorum pravam administrationem possent occultare, ad nominationem dictorum singulorum habitatorum qui eos tradiderunt in quodam [c] carcello quodam sigillo privato sigillato, anno presenti fuerint electi & creati insequendo nostram presentem Ordinacionem, hujusmodi electionem & creationem in suo robore firmiter volumus permanere.*

a peut-estre citra.

b discurrendo.

c Cartello.

(6) Item. *Statuimus quod dicti singulares Habitatores modo consimili eligant quolibet anno duodecim alios probos homines dicti loci in Consiliarios qui uniantur cum dictis Consulibus; quos sic electos dictus Judex ad eorum electionem & nominationem, recepto ab eisdem juramento de fideliter consulendo, creare in Consiliarios dicti loci tenebitur: quos [d] quidam Consiliarios aut saniorem partem eorum, in omnibus & singulis actibus dictos Consules concernentibus, interesse volumus & vocari.*

d quidem.

(7) Item. *Concedimus quod dicti Habitatores, ad finem ut quilibet ipsorum sine fraude & gravamine contribuat Tailliis & Collectis communibus in dicta Villa & Civitate faciendis & imponendis quacunque de causa, secundum facultatem bonorum suorum pro solido & libra, valeant facere justum & legitimum (f) alibramentum; quod alibramentum*

NOTES.

(d) *Carcello.*] D. Vaissette croit & avec raison, qu'il faut *Cartello*, que Du Cange explique par *Chartula*.

(e) *Ad obviandum cuidam circulo.*] Voicy comme je crois que l'on doit entendre cet Article.

L'usage s'estoit introduit à *Lavaur*, que les Consuls qui sortoient de Charge nommoient douze personnes au Juge de *Ville-longue*, qui en choisissoit six pour remplir la place de Consuls. Par ce moyen, les anciens Consuls estoient les Maistres de l'Election des nouveaux, & ils nommoient toûjours de leurs parents & de leurs amis, qui après avoir fini leur temps, les nommoient à leur tour; ensorte que le Consulat se conservoit dans une espece de *cercle* de parents & d'amis, qui se soustenoient les uns & les autres, & qui se rendant reciproquement compte de leur administration, se trouvoient en estat de faire impunement toutes sortes de malversations. Il paroist par la Piece que j'ay citée plus haut dans la Note (*b*) que le Juge de *Ville-longue* avoit aboli cette forme d'Election, & avoit ordonné qu'elle se feroit doresnavant par tous les Habitans qui donneroient leurs suffrages dans des Bulletins cachetez. Les derniers Consuls avoient esté ellus de cette maniere, & le Roy confirme leur Election, parce qu'elle estoit conforme à ce qui est ordonné par l'Article premier de ces Lettres.

Voicy le passage de la Piece qui vient d'estre citée.

Ad memoriam reducentes quod..... Consules...... quasdam ordinationes per..... Judicem Ville-Longe........ ad obviandum... fraudibus & maliciis..... confectas....... sub illo effectu.... quod.... Habitatores ad fugiendum & evitandum quemdam circulum qui a paucis temporibus circa (citra) fuerat introductus in dicto loco circa electionem dictorum Consulum, eligendo parentes, discurrendo per compatres, affines & amicos, ut..... Consules eorum pravam administrationem possent occultare, eligerent ista vice illos quos dicti Habitatores in quodam carcello (cartello) sigillato quodam privato sigillo, cessare & penitus adnullare satagentes, &c.

Malgré ces inconveniens, dans presque toutes les Villes de la Seneschaussée de Carcassone & dans les Pays voisins, les Consuls en Charge estoient en possession d'eslire leurs Successeurs, du moins si l'on s'en rapporte à ce que disent les Consuls de *Cuxac* dans des Lettres du mois de Juin precedent. Voy. cy-dessus, p. 174.

(f) *Alibramentum.*] Ce mot signifie au propre, un contrepoids qui tient un corps en

per octodecim probos homines ab hoc juratos per dictos Habitatores eligendos, volumus de tribus in tribus annis examinari & reparari : declaramus ad hoc quod bona cujuslibet ipsorum Habitatorum legitime & decenter extimentur.

CHARLES, Fils aisné, & Lieutenant de Jean I.er & selon d'autres, Jean II. à Paris, en Septembre 1357.

(8) Item. Statuimus quod iidem Habitatores dictas Tallias & Collectas indicere & imponere juxta eorum facultates & formam dicti alibramenti valeant, omnibus fraude & dolo submotis quibuscunque. Nos autem dictos Consules & Consiliarios in omnibus & singulis Tailliis & Collectis dicte Ville contribuere juxta eorum facultates declaramus, & ipsos ad hoc teneri & compelli reputamus, prout de antiqua consuetudine [a] exitit ibidem [b] observandum ; nec non ad solvendum quicquid per eos aut eorum predecessores qui pro tempore fuerunt Consules, de Tailliis & Collectis hujusmodi ab eis non solutis [c], prout ad hoc ex dicta consuetudine tenentur, ad opus & utilitatem dicte Ville & Universitatis Vaurensis ex integro convertendum.

(9) Item. Volumus quod dicti Habitatores possint constituere quendam Receptorem, qui eorum nomine & pro ipsis, dictas Taillias & Collectas exigere & levare, & debita dicte Ville solvere, & pacta facere personis quibus decebit, nec-non totum emolumentum hujusmodi Tailliarum & Collectarum ad utilitatem dicte Ville convertere, ac de factis & administratis per eum circa hoc, bonum & legitimum compotum reddere tenebitur. Nolumus tamen quod ipsi Receptori quicquam de pecunia dicte Ville cuiquam absque consensu dictorum Consulum & Consiliariorum aut majoris vel sanioris partis eorumdem, tradere & deliberare liceat quoquomodo ; & ipsum Receptorem anno quolibet in creatione dictorum Consulum & Consiliariorum, dicti Habitatores, si [d] ab eis conveniens videatur, poterunt mutare & alium constituere ; quem sic eligendum in Receptorem, ad acceptandum onus hujusmodi, mediante sufficienti & ydonea pensione, si opus fuerit, compelli volumus & jubemus.

(10) Pro quibus omnibus & singulis agendis & faciendis, Habitatoribus se congregandi ad invicem in Domo communi dicte Ville semel in anno ad sonum tube, ut moris est, vocato Procuratore Regis aut Bajulo dicti loci licentiam [e] impatimur.

Insuper ordinamus quod si dictos Consules pro negociis dicte Ville, ab ipsa Villa contigerit absentare, eisdem per Consulum & Consiliariorum ac proborum virorum dicte Ville predictorum, [f] taxantur & solvantur expense juxta temporum & negociorum exigenciam condecentem.

(12) Preterea volumus quod dicti Consules compotum legitimum de eorum gestis infra unius mensis spacium post tempus finitum eorum Consulatus, in platea communi dicti loci, prout est fieri consuetum, publice reddere teneantur.

Quasquidem Ordinationes, Statuta & concessiones, ac electionem & creationem Consulum predictorum prout superius declarantur, de puncto ad punctum penitus adimpleri, perpetuo teneri & inviolabiliter observari absque contradictione quacumque, decernimus per presentes. Quarum tenore mandamus Senescallo Tholose ac Judici Vill-e Longe, ceterisque Justiciariis Dicti Domini nostri & nostris presentibus & futuris, aut eorum Locatenentibus, & eorum cuilibet prout ad eum pertinuerit, quatinus prefactos Consules & singulares Habitatores dicte Ville Vaurensis in premissis, seu aliquo premissorum contra nostri presentis Statuti seriem & tenorem, nullatenus [g] iniquietant, impediant aut perturbent, impediri, inquietari [h] ve turbari permittant quoquomodo : Quinymo premissa omnia & singula quathenus superius [i] enarrentur, prout ad eorum quemlibet spectabit, totaliter adimpleant, firmiter teneant & inviolabiliter [k] observant, adimpleri, teneri & observari ab omnibus quorum intererit, [l] si faciant ; Et si quid in contrarium fieri seu attemptari repererint quoquomodo, id ad statum pristinum & debitum reducant, aut faciant indilate reduci, Ordinationibus, Constitutionibus, Consuetudinibus, usibus aut Statutis loci vel Patrie ad hec contrariis, si que sint, nequaquam obstantibus quibuscunque. Quod ut

a exstitit.
b observatum.
c il faut adjouster, debetur.
d ab est inutile.
e impertimur.
f taxentur.
g inquietent.
h vel.
i enarrantur.
k observent.
l Si est inutile.

NOTES.

equilibre. On s'en est servi icy pour marquer que l'estimation des biens des Habitans, & l'imposition d'une quote-part de la Taille proportionnée à leurs biens, se fera avec la même exactitude, avec laquelle on pese dans une Balance.

firmum & stabile perpetuo perseveret, presentem paginam sigilli Castelleti Parisiensis, magno dicti Domini nostri absente sigillo, munimine jussimus impendenti roborari: salvo in aliis jure Regio & nostro, & in omnibus quolibet alieno. Datum & actum Parisiis, Anno Domini millesimo trecentesimo quinquagesimo septimo, Mense Septembris.

a in.

Per Dominum Ducem, in suo Consilio, [a] *quo erant Gentes Compotorum & Thesaurarii.*

OGIER.

CHARLES, FILS AISNÉ, & Lieutenant de Jean I.er & selon d'autres, Jean II. à Paris, le 26. d'Octobre 1357.

(a) Lettres par lesquelles il est ordonné que l'on payera tous les Gages, Dons & Rentes qui ne passeront pas douze deniers par jour.

b Dalphin.

c à Paris paroist inutile.

CHARLES ainsné Fils du Roy de France & son Lieutenant, Duc de Normendie & [b] Daphin de Viennois: à nos amez & feaulx Gens des Comptes & Tresoriers à Paris de nostredit Seigneur & de Nous [c] à Paris, salut & dilection. Nous avons entendu par la grief complainte de plusieurs & diverses manieres de Gens poures & miserables personnes, prenens sur nostredit Seigneur & Nous gages, rentes à vie ou a heritage, jusques à la somme de douze deniers par jour, que pour cause de *(b)* certaines Ordenances faites nagueres, que tuit don & gages à vie, à volenté ou autrement, sont revoquées, l'en ne leur veult payer leur dis gages, dont il seuffrent grant poureté & mesaise, suppliant sur ce estre pourveu: Pourquoy Nous enclinans favorablement à leur supplication, & declarens de certaine science sur ce nostre [d] enttende, avons ordené & octroyé, ordenons & octroyons que telz gages & rentes jusques à la somme de douze deniers, leur soient payez par la maniere & forme [e] qui les prenoient paravant lesdites Ordenances. Sy vous mandons à chascun de vous, si comme à li appartendra, que vous lesdites telx rentes & gaiges à vie, heritage ou à volenté jusques à ladite somme de douze deniers par jour, faites paier & mendés estre payez au-dessus nommez & à chacun de eulx par la maniere dessusdite, & les aloüez, ou faites aloüer ès comptes de ceulz qui les payeront, & rabatez ou faites rabatre de leurs receptes, non contrestant lesdites Ordenances & autres Mandemens ou commandemens ou deffenses contraires: lesquelles choses Nous voulons & avons octroyées de grace special & pour cause. *Donné à Paris le vingtsixieme jour d'Octobre, l'An de grace mil trois cens cinquante & sept, soulz le Seel du Chastelet de Paris en l'absence du grant de nostre dit Seigneur. Ainsi signé.* Par Monsieur le Duc en son Conseil. SAVIGNY. *(c)*

d entente.

e qu'ils.

NOTES.

(a) Memorial C. de la Chambre des Comptes de Paris, fol. neuf vingt & dix *verso.*

(b) Certaines Ordenances.] Par les Lettres du 10. d'Avril precedent. [Voy. cy-dessus, p. 161.] il avoit esté ordonné que tous payements d'assignations, de rentes à heritages, à vie ou à volonté, de Gages d'Officiers, de pensions, &c. seroient suspendus jusqu'à la Toussaints, à l'exception des Gages d'Officiers qui ne monteroient pas à plus de douze deniers par jour. Il paroist que par ces Lettres l'exception fut estenduë à tous les Dons & Rentes qui ne passeroient pas douze deniers par jour. On voit aussi par une Instruction des Gens des Comptes qui sera imprimée dans la note suivante, que ces Lettres du 10. d'Avril n'avoient pas esté observées fort exactement.

NOTES.

(c) Voicy l'Instruction dont il est parlé dans la note precedente. Elle est dans le Memorial cité dans la note *(a)* fol. neuf vingt & onze *verso.*

Instructio solutionum data Receptoribus.

Les Gens des Comptes du Roy nostre Seigneur à Paris: au Receveur de Paris ou à son Lieutenant, Salut. Comme en certaines Ordonnances & Instructions ja pieça faites par grant deliberation

NOTES.

deliberation du Conseil de nostredit Seigneur, lesquelles vous avés promis par foy & serement tenir & garder, soit contenu entre les autres choses, que vous ne autres Receveurs de nostredit Seigneur, ne payerez aucuns Dons, Graces ou Assignations d'Or ou d'Argent faittes sur aucunes Recepte Royal, jusques [a] a dont que les Fiez, Aumosnes & autres charges necessaires dont lesdites Receptes sont chargées de pieça, seront payées, & les Chasteaux, Fours, Moulins & autres édiffices Royaulx d'icelles Receptes soustenuës & reparées ; neanmoins vous sous ombre d'aucunes Lettres ou Mandemens Royaulx d'aucuns Dons, Graces ou Assignations de gaiges faitz sur vostre Recepte, empetrées par importunité des requerans, à vous adressans, avez payé plusieurs Dons & Assignations faittes sur vostre Recepte, pour ce que èz dites Lettres est contenu que vous les accomplissiez nonobstant quelconques Ordennances faittes au contraire, & que lesdittes Lettres estoient passées par laditte Chambre, laquelle chose est ou grant grief & desplaisance du Roy nostredit Seigneur, [b] pour les reparations desdits Edifices qui en ont esté empesché à faire; & aussi en grand grief des Fiez & Aumosnes assignez sur vostre Recepte, que pour ce n'ont [c] peu estre paiez, & seroit encore plus se vous continuez à paier semblable dons & Assignations qui se font tous les jours par grant importunité de requerans, & liberal voulenté dudit Seigneur & de Monsieur le Duc : Pourquoy Nous vous mandons & enjoignons estroittement sur vostre foy & serement dessus ditz, que dores-en-avant vous ne payez, ne souffrez estre payez tels Dons & Assignations jusques à dont que les Fiez & Aumosnes dessus ditz seront payez, & les dittes reparations faittes, nonobstant que èz dittes Lettres des Impetrans dessus dits, soit contenu, *nonobstant quelconques Ordennances contraires à leurs Lettres*, & nonobstant aussi que les dittes Lettres soient passées par ladite Chambre ; Car tousjours est-ce & a esté l'intention & voulenté du Roy, de Monsieur le Duc & la nostre, que lesdites Instructions soient tenuës & gardées, sans enfraindre : sçachans que se vous faittes le contraire, ce que vous en payerez ne vous tendra point de lieu en vos Comptes, & Nous rescrivés le jour que vous aurés receu ces Lettres. *Donné à Paris, le dernier jour de Novembre, l'an de grace mil trois cens cinquante-sept.*

a *jusqu'à ce que.*

b *à cause des.*

c *pû.*

CHARLES, FILS AISNÉ, & Lieutenant de Jean I.er & selon d'autres, Jean II. à Paris, le 22. de Janvier 1357.

(a) *Mandement pour faire fabriquer de nouvelles Especes, & pour fixer le prix de l'Argent.*

CHARLES aisné Fils & Lieutenant du Roy de France, Duc de Normandie & Dalphin de Viennois : A nos amez & feaulx les Generaulx-Maistres des Monnoyes de nostredit Seigneur & de Nous : Salut & dilection. Vous savez comment ou [d] mois de Mars 1356. derrenier passé, par très grant & bonne deliberation des Gens du Conseil de nostredit Seigneur & de Nous, des Prelatz, Barons & Gens des bonnes Villes dudit Royaume, à leur priere & requeste, & pour le bien & prouffit de tout le commun Peuple & la tuicion & dessense d'iceluy & dudit Royaume, si comme de ce sommes bien [e] recordś, Nous avyons ordonné estre fait en toutes & chascunes les Monnoyes de nostredit Seigneur & de Nous, bonne & forte Monnoye, laquelle Nous avyons très agreable pour le bien & prouffit dudit Peuple, desirant de tout nostre cueur que icelle peust & deust demourer en bon & deu estat longuement; & depuis ce tant par deffault de pugnicion comme autrement, aucuns faulx & mauvais malicieux Marchans, & autres se sont efforcez & efforcent de jour en jour d'apporter oudit Royaume & remplir icelluy de fausses & mauvaises Mon-

d *Voy. cy-dessus, p. 131. l'Article 15. de cette Ordonnance.*

e *Nous nous souvenons bien.*

NOTES.

(a) Registre D. de la Cour des Monnoyes de Paris, fol. 2. *verso*. Avant ce Mandement, il y a :

Le vingt-deuxieme jour de Janvier 357. fut apporté en la Chambre des Monnoyes à Paris, un Mandement de Monsieur le Duc de Normandie, Dalphin de Viennois, duquel la teneur s'ensuit.

Dans des Lettres de remission accordées en Fevrier 1357. aux Habitans de *Sacy*, dans le Bailliage de Sens, & qui sont au Tresor des Chartres, Registre 89. piece 46. il est fait mention d'Ordonnances sur les Monnoyes données au mois de Decembre precedent; mais elles ne sont pas venuës jusqu'à nous.

CHARLES, Fils aisné, & Lieutenant de Jean I.er & selon d'autres, Jean II. à Paris, le 22. de Janvier 1357.

a *s'ensuivre.*

b *desirant.*

c *de soixante Pieces au marc.*

d *tels.*

noyes contrefaictes & faictes hors d'icelles, en portant & forstrayant la bonne matiere d'Or & d'Argent, qui oudit Royaume deust demourer, tellement que le fait & gouvernement des Monnoyes d'Or & d'Argent de nostre dit Seigneur & de Nous, & tout l'Ouvraige qui en icelles depuis le temps dessusdit a esté fait, en a esté & est deperiz & gastez du tout: Parquoy très grans dommaiges & inconveniens en sont ensuiviz audit Royaume, à nostredit Seigneur, à Nous & à tout ledit Peuple, & pourroit encore plus moult grandement [a], se sur ce n'eust esté ou feust briefvement pourveu de bon remede. Pour ce est-il que Nous oye la très grant clameur & complaincte du Peuple sur les choses dessusdites, par très grant, bonne & meure deliberacion de Nous, du Conseil de nostredit Seigneur & du nostre, des Prelatz, Barons & Gens des bonnes Villes du Royaume comme dit est, à la priere & requeste d'eulx & de la greigneur partie de tout le commun Peuple de present estant à Paris, eu consideration aux très grans & innumerables mises qu'il Nous convient supporter & maintenir, tant pour le fait des Guerres de nostredit Seigneur & de Nous, comme pour la tuicion & deffense dudit Royaume de France, [b] très affectueusement de tout nostre cueur & à nostre povoir resister & contrister à la malle voulenté des Ennemis dudit Royaume, avons voulu & ordonné, & par ces presentes voulons & ordonnons du fait & gouvernement des Monnoyes en la maniere qui s'ensuit.

C'est assavoir que l'en fera faire & ouvrer en toutes & chacunes les Monnoyes estans oudit Royaume, en ouvrant sur le pié de Monnoye quarante-cinquieme, & *(b)* en trayant de chacun marc d'Argent unze livres cinq solz tournois, Gros deniers blancs à la fleur de liz à quatre deniers de Loy, dit & nommé Argent-le-Roy, & de cinq solz [c] de poix au marc de Paris, & auront cours *(c)* pour douze deniers parisis la Piece.

Et aussi deniers parisis & tournois petiz, [d] telle que bon vous semblera en pois, coing & Loy, selon ledit pié, & là où vous verrez qu'il appartiendra de faire.

Et sera donné à tous Changeurs & Marchans frequentans lesdites Monnoyes, de chacun marc d'Argent qu'ilz apporteront en icelles, allayé à quatre deniers de Loy dudit Argent-le-Roy & au-dessus, huit livres dix solz tournois; & de tout autre marc d'Argent allayé à deux deniers de Loy d'icelluy Argent & au-dessoubz, huit livres quatre solz tournois.

Si vous mandons, commectons & estroitement enjoignons à vous & à chascun de vous, que tantost & sans delay ces Lettres veües, en toutes & chascunes lesdites Monnoyes, vous faciez faire & ouvrer icelles Monnoyes d'Argent blanches & noires, de tel poix & Loy comme dessus est dit, en donnant à tous Changeurs & Marchans de chascun marc d'Argent allayé aux Loys dessusdites, les prix dessus devisez; & en donnant aux Ouvriers & Monnoyers pour Ouvraige & Monnoyaige de chascun marc d'Euvre, tel sallaire comme bon vous semblera. Et gardez que en toutes les choses dessusdites & chascunes d'icelles faire & accomplir, n'ait aucun deffault, & d'icelles faire faire, à vous & à chascun de vous donnons povoir, authorité & mandement especial par la teneur de ces presentes. *Donné à Paris, le vingt-deuxieme jour de Janvier mil trois cens cinquante-sept, sous le Scel du Chastelet de Paris, en l'absence du grant Scel de nostredit Seigneur.* Ainsi signé. Par Monsieur le Duc en son Conseil. GAUTIER. *Lecta in Consilio.*

NOTES.

(b) En trayant de chacun marc d'Argent.] C'est-à-dire, que le marc d'Argent monnoyé vaudra onze livres cinq sols.

(c) Pour douze deniers parisis.] Dans un Mandement de la Chambre des Comptes de Paris, du 7. de Febvrier 1357. lequel dans le Memorial C. de cette Chambre, fol. neuf vingt quinze, *recto*, il est dit que ces gros Deniers blancs auront cours pour quinze deniers la Piece. Et en effet, c'est le prix qu'ils devoient avoir suivant le calcul. Voy. la Preface §. *Monnoye*. Cependant dans des Lettres du 21. de Febvrier 1357. qui rappellent celles-cy, il est dit que ces gros Deniers blancs vaudront douze deniers parisis la Piece.

(a) *Ordonnance qui fixe le prix des Monnoyes, & qui contient des Reglements pour les Orfevres, les Changeurs & les* Orbateurs.

CHARLES, FILS AISNÉ, & Lieutenant de Jean I.er & selon d'autres, Jean II. à Paris, le 23. de Janvier 1357.

CHARLES aisné Filz & Lieutenant du Roy de France, Duc de Normandie & Dauphin de Vienne: Au Senechal de Beaucaire & de Nismes, ou à son Lieutenant, Salut. Vous faisons sçavoir coment au mois [a] de Mars 1356. dernier passé, par tres grant & bonne deliberation des Gens du Conseil de nostredit Seigneur & de Nous, des Prelats, Barons, & Gens des bonnes Villes dudit Royaume; à leur priere & requête, & pour le bien & profit de tout le comun Peuple, à la tuition & deffence d'icellui & dudit Royaume, si comme de ce sommes bien [b] records, Nous avions ordonné estre fait en toutes & chacunes les Monoyes de nostredit Segneur & de Nous, bonne & forte Monoye, laquelle Nous [c] avons tres agreable pour le bien & profit dudit Peuple, desirans de notre cœur que icelle peut & deubt [d] demurer longuement en bon estat; & depuis ce, tant par deffaut de punition comme autrement, aucuns faux, mauvais & malicieux Marchants & autres se sont efforcés, & efforcent de jour en jour, de apporter audit Royaume, & remplir icellui de fausses & mauvaises Monoyes contrefaites, & faites hors d'icelui, en portant & fort-traiant la bonne Monoye d'Or & d'Argent, qui audit Royaume deut demurer; tellement que le fait & gouvernement des Monoyes d'Or & d'Argent de notredit Seigneur & de Nous, & tout l'Ouvrage qui en icelles depuis le temps dessusdit a esté fait, en a esté deperitz & gasté du tout; & a icelles fausses & mauvaises Monoyes tant d'Or comme d'Argent faites hors dudit Royaume, contrefaites à celles de notredit Seigneur & de Nous, a esté & est donné cours si grand & excessif par le Peuple ignorant de ce, outre notre gré & voulonté, si comme par plusieurs fois vous peut avoir apparu par nos Lettres à Vous envoyées sur ce, que de la volonté d'icelui Peuple, le denier d'Or fin à l'Agnel a pris & a eu si grand cours, que il est pris & mis d'un chacun pour (b) trente sols parisis la Piece, & toutes manieres de Florins & autres Monoyes prises & mises pour tel prix comme il leur plait; lesquelles choses par votre coulpe & deffaut d'avoir fait punition d'iceulx qui ainsi ont transgressés nos Ordonnances, ont esté & sont en tres grand dommage de Nous & dudit Peuple; pour ce est-il que Nous, oye la complainte & tres grand clameur d'icellui Peuple faite sur ce, eüe consideration à ce & aux tres grands & innumerables mises qu'il nous convient suporter presentement & [e] advenir, tant pour le fait des Guerres, comme pour la tuition & deffence dudit Royaume, & resister à la male volonté des ennemis d'icelui, par tres grande, bone deliberation des susdits Conseil, Prelats, Barons, & les Gens des bonnes Villes, à leur priere &

a *Voy. cy-dessus, p. 131. l'Article 15. de cette Ordonnance.*

b *Nous nous souvenons bien.*

c *avions.* Ordonn. preced. p. 193.

d *demeurer.*

e *à l'advenir.*

NOTES.

(a) Cette Piece a esté imprimée sur une Copie faite à Montpellier, sur un Registre intitulé *Languedoc, Livre sans numero, fol. 219.* Cette Copie a esté collationnée sur l'Original qui est à la Bibliotheque du Roy, liasse intitulée, *Monnoye*, numero 42.

La premiere partie de cette Ordonnance est presque semblable au commencement de celle qui avoit esté donnée la veille, (Voy. cy-dessus, p. 193.) & la fin aux premiers Articles & suivans de l'Ordonnance du 25. de Novembre 1356. Voy. cy-dessus, p. 89.

(b) Trente sols parisis.] Il y a dans le Memorial C. de la Chambre des Comptes de Paris, fol. 194. un Reglement de la Chambre qui a rapport à cet endroit de nostre Ordonnance.

Ordinatio crementi Mutonum Auri in Thesauro. Die decima tertia Januarii 1357. Ordinatum fecit quod amodo in antea Campsor Thesauri Mutones Auri quos recepit, & de cetero recipit pro 28. solidos Parisienses, vel minori precio, ipse de cetero ponet & allocabit in solutionibus faciendis pro ut communiter ponuntur & allocantur, & de cetero allocabuntur in Villa, & reddet in Recepta sua pro cremento lucrum & augmentum exinde perventurum.

CHARLES, FILS AISNÉ, & Lieutenant de Jean I.er & selon d'autres, Jean II. à Paris, le 23. de Janvier 1357.

requête, & de leur volonté, & en la presence de la greigneur partie de tout le comun Peuple à presant estant à Paris, avons voulu & ordonné, & par ces presantes voulons & ordonnons du fait & gouvernement des Monoyes tant d'Or comme d'Argent, en la forme & maniere qui s'ensuit: laquelle chose Nous & ledit Peuple Voulons estre tenuë d'un chacun sans enfraindre, selon ce que cy-dessous est devisé;

(1) C'est à sçavoir que les Deniers d'Or fin à l'Agnel que l'on a faits & fait à present, ayent cours & soint pris & mis d'un chacun pour *(c)* trente sols parisis la Piece, & non pour plus;

Et [a] des petits Aignelez d'Or fin, pour quinze sols parisis la Piece;

Les Deniers blancs que l'on a fait pour dix deniers tournois la Piece, ayent cours & soint pris & mis pour icellui prix;

Les petits parisis & tournois, pour sept deniers parisis & tournois la Piece;

Et les bons Gros Deniers blancs à la Fleur de Lys, que Nous faisons & fairons faire doresnavant, ayent cours & soint pris & mis pour douze deniers parisis la Piece, & non pour plus;

Et à toutes autres Monoyes quelles qu'elles [b] soint, tant d'Or comme d'Argent, Denier d'Or à l'Escu pour la mauvaistié & contrefaçon qui est en iceux, Mailles de Florence & de Cambray, & toutes autres [c] d'Or & d'Argent, tant du coing de notredit Seigneur & de Nous comme d'autres, Nous dès maintenant par cette presante Ordonnance, avons osté & ostons le cours du tout, & ne voulons que icelles ayent aucun cours pour quelque prix que ce soit, & ne soint prises ne mises fors au marc pour Billon, sur peine de perdre toutes icelles Monoyes d'Or & d'Argent que l'on pourra trouver prenant & mettant, & les biens & les corps de ceux qui les prendront & mettront depuis la publication de ces presantes, fors au marc pour Billon, comme dit est, à notre volonté; & que nul, sur ladite peine, de quelque estat & condition que soit, ne à quelque Seigneur [d], ne soit tant osé ny si hardy de porter ou faire porter Or, Argent, ne Billon hors dudit Royaume, ne en aucune Monoye autres que en celles de notredit Seigneur & de Nous, & en la plus prochaine Monoye du lieu où il sera; si congé & licence de les porter en nosdites Monoyes [e] ne lui en est donné par Nous, ou par les Generaux-Maistres d'icelles.

(2) Item. Nous vous enjoignons expressement & par special, que en aucune maniere vous ne souffriés ès bonnes Villes ny aux lieux notables de votre Senechaucée, que aucuns [f] corratiers de fait de change, ne Tabletiés portant [g] Tablettes, ny Billonneurs aucuns, ne que [h] Speciers, Drapiers, Merciers ne autres quels qu'ils soint, s'entremettent de fait de change, ne mettent à leur huis ou fenestre pour faire icellui fait, sur ladite peine, fors seulement les Changeurs notables, aprouvés suffisans & convenables pour faire ledit fait de change, & qui pour ce faire ont eu & auront Lettres de Nous, & desdits Generaux-Maistres tant seulement, & non d'autres.

(3) Item. Que nuls Marchans ou autres [i] que qu'ils soint, sur ladite peine, ne fasse fait, ne [k] Marchandise ou Contract, au marc d'Or ou d'Argent, ne à Deniers d'Or fin à l'Agnel, [l] fors seulement à sols & livres; ne Tabellions, ne Notaires d'en recevoir & passer Lettres aucunes, si ce n'est de purs & vrays depots ou prests.

(4) Item. Que nuls Changeurs ou autres quels qu'ils soint, sur ladite peine, sans notre congé & licence, ne soint tant ausés ni si hardis de faire ou faire faire Joyaux, ne Vesselle d'Or ny d'Argent pesant plus d'un marc & au-dessous, se ce ne sont Joyaux à mettre Reliques, ou Sanctuaires pour Dieu servir; ne d'acheter

a *les.*

b *soient.*

c *Monnoyes.*

d *qu'il appartienne.*

e *autre que la plus prochaine.*

f *courretiers.*

g *Voy. cy-dessus, page 90. Note (d)*

h *Espiciers.* Bib. Roy.

i *quels.*

k *Marché de Marchandise.*

l *mais.*

NOTES.

(c) Trente sols Parisis la Piece.] Voy. cy-dessus la Note (*b*) & la Preface, §. Estats Generaux.

Or ne Argent à [a] graigneur prix qu'il sera donné esdites Monoyes.

(5) *Item.* Que nuls Changeurs ne autres, sur ladite peine, ne soint si hardis de vendre Or & Argent ny Vaisselle à nul Orphévre; mais le portent à la plus prochaine Monoye du lieu où ils seront.

(6) *Item.* Que nuls Changeurs ne autres quels qu'ils soint, Affineurs ou Orphevres, ne soint tant osés ni si hardis de [b] rachacier ne affiner Or, Argent, Billon, ne autre chose à ce touchant & appartenant, sans le congé & licence des Generaux-Maistres des Monoyes, ou de l'un d'eux.

(7) *Item.* Que nul [c] Orbateur ne soit si hardy de ouvrer ny faire ouvrer en mestier d'Orbaterie, Or ne Argent, fors seulement certaine quantité qui leur sera ordonné par lesdits Generaux-Maistres ou par aucuns, à prendre chacune sepmaine, ou par autre terme convenable.

Si vous mandons, commettons, & estroitement enjoignons par ces presantes, sur toute la foy & loyauté que vous avés à notredit Seigneur & à Nous, que pour le bien & profit du Royaume & de tout le Peuple, nosdites Ordonnances, mieux & plus diligemment que vous n'avez fait au temps passé, vous faciez tenir d'un chacun sans enfraindre, & icelles crier & publier solemnellement ès lieux notables & accoutumés en votre Senechaucée & ressort, si diligemment & en telle maniere que nuls quels qu'ils soint, ne se puissent & doivent d'icelles sçavoir ignorer; & de tous ceux, qui depuis la publication d'icelles, vous trouverés & pourrés faire trouver & sçavoir que en aucune maniere en apert [d] ou en couvert fairont aucunes transgressions contre icelles nosdites Ordonnances, faites-en & faites faire punition sans espargne, telle & si convenable que ce soit exemple à tous autres, si diligemment que vous ne puissiés ou doiés estre repris de negligence, & que par votre coulpe ou deffaut, le fait & gouvernement des Monoyes n'en puisse ou doive estre periz & gasté, si comme il a été au temps passé; car Nous vous en monstrerons notre deplaisir. De toutes les choses dessusdites & chacune d'icelles faire, vous donnons pouvoir. *Donné à Paris, sous le Scel du Chastelet de Paris, en l'absence du grand Scel de notredit Seigneur, le vingt-troiziéme jour de Janvier, l'An de grace mil trois cens cinquante & sept.* Par Monsieur le Duc, en son Conseil. G. GONTIER.

CHARLES, FILS AISNÉ, & Lieutenant de Jean I.er & selon d'autres, Jean II. à Paris, le 23. de Janvier 1357.

a *meilleur.*

b *Voy. cy-dessus, p. 125. Note (p)*

c *Batteur d'Or.*

d *en public & en particulier.*

(a) Abolition du Consulat dans la Ville de *Casoulz.*

CHARLES, FILS AISNÉ, & Lieutenant de Jean I.er & selon d'autres, Jean II. à Paris, en Janvier 1357.

KAROLUS *Primogenitus & Locum-tenens Regis Francie, Dux Normandie & Dalphinus Viennensis. Notum facimus universis tam presentibus quam futuris, quod cum quidam Habitatores (b) Castri & loci de Casulis Vicarie & Dyocesis Biterensis, a recordationis inclite Domino Avo nostro Rege* [e] *Philippo impetrassent Consules & Consulatum unâ cum insigniis Consulatus,* [f] *mediante certa pecunie summa per eos exsoluta, in dicto loco institui procurassent, & pro dicto Consulatu singulis annis eidem Domino & ejus successoribus viginti solidos turonenses solvere promisissent; & super hoc dilectus noster Episcopus Biterensis Dominus dicte Ville & plures Habitatores ejus-*

e Philippe de Valois.

f &.

NOTES.

(a) Tresor des Chartres, Registre 89. pour les Années 1356. jusqu'en 1361. Piece 10.

(b) *Castri & loci de Casulis.*] Voicy les éclaircissements qui m'ont esté communiquez sur ce lieu par les RR. PP. DD. de *Vic & Vaissette*, Benedictins de la Congregation de S.t Maur. *Casulis* est certainement le lieu de *Casouls.* Il y a deux lieux de ce nom dans la Viguerie & le Diocese de *Beziers.* Le premier nommé *Casouls de Beziers* est une petite Ville située à deux lieuës de cette Ville vers le couchant, sur les frontieres du Diocese de *Narbonne.* Elle a un Siege de Justice Royale.

On nomme l'autre *Casouls de l'Eraut*, parce qu'il est situé sur la droite de cette Riviere. Ce n'est qu'un Village éloigné d'une petite lieüe de *Pezenas* vers le Nord-Est.

Il y a grande apparence qu'il s'agit icy de *Casouls de Beziers.*

CHARLES, FILS AISNÉ, & Lieutenant de Jean I.er & selon d'autres, Jean II. à Paris, en Janvier 1357.

dem loci se opposuissent, & propter hoc in Parlamento dicti Domini nostri, tam super dicto Consulatu quam super pluribus aliis incidentibus & emergentibus questionibus inter dictos impetrantes dictum Consulatum & eis adherentes, & Consules in dicto loco vigore dicte impetrationis sub manu Regia per dictam Curiam institutos, & Procuratorem Regium ex parte unâ, & Dominum Episcopum & plures Habitatores dicti loci super hoc se opponentes & eidem Episcopo adherentes ex alterâ, plures lites, questiones & controversie mote & introducte fuissent, & in dicto Parlamento pendentes, & super hoc plures Ordinationes facte & Arresta lata fuissent, & dicte lites & questiones diu durassent, & adhuc quod diutius durarent merito presumeretur; & propter hoc ipse Partes super hoc inter se de concordia & pace tractaverint, & si dicto Domino nostro aut ejus Curie aut Nobis placeret, pacem & acordum fecerint super premissis, prout in quodam instrumento super hoc facto plenius continetur, cujus tenor talis est.

* Christi.

*Anno Nativitatis * Xhristi millesimo trecentesimo quinquagesimo septimo, Domino Johanne Dei gratia Francorum Rege regnante, die vicesima sexta Mensis Novembris. (c) Noverint universi,* &c.

Primo. *Convenerunt, acordarunt, pepigerunt & transegerunt quod omnes & singuli Habitatores loci de Casulis, pro se & suis successoribus presentibus & futuris, renuncient Consulatui predicto & omnibus & singulis concernentibus insignia Consulatus, & aliis contentis in Litteris super ipso Consulatu impetratis & impetrandis; quibus & [a] litiis super hoc mote, salvis premissis voluntate & assensu dicti Domini nostri Regis & sue metuende Curie Parlamenti, & duorum Presidentium in eadem Curia, dicti superius nominati de Casulis pro se & suis successoribus presentibus & futuris, ac tota Universitate dicti loci de Casulis, (d) & si & prout de ipsis voluntate & assensu processerit, [b] renuncient de presenti tanquam eis & Universitati dicti loci inutilibus & dampnosis, ac per eos seu illos qui predicta procuraverunt, inconsultè postulatis & requisitis; attentis premissis, & quod Universitas dicti loci seu major pars ipsius, ab initio (e) oblationes non fecit, seu ipsum Consulatum non petiit, sed alique persone singulares ipsius loci; & pro eo quia quamplures ejusdem loci fuerunt & sunt petitioni dicti Consulatus [c] contraditores; & quod ipsi petentes magnas pecunias ab ipsis singularibus ejusdem loci exegerunt pro Taliis & aliis oneribus dicte Universitatis, & adeo ac in tantum levaverunt, quod ut in [d] plurium ad paupertatem ipsi de Casulis hinc inde sunt deveni. Hoc acto inter dictas Partes quibus supra nominibus, quod Sindici ad certos casus exprimendos, juxta constitutionem deffuncti Domini Guillelmi de Cordua olim Senescalli Caturcensis & Biterensis super Sindicis creandis, & per Regiam Majestatem confirmatam, concedantur atque dentur Universitati de Casulis per dictum Dominum Episcopum seu ejus Gentes, cum certis Consiliariis sive personis ad hoc oportunis, prout aliàs ante petitionem dicti Consulatus fuerat in dicto loco observatum, seu aliàs fuerit oportunum. . . . .*

Suplicaveruntque Nobis dicte Partes ut dictum acordum confirmare & approbare ac ratificare dignaremur.

Hinc est quod Nos dictum acordum prout superius est [e] incertum, & omnia & singula in eo contenta, rata & grata & firma habentes, ea ex certa scientia, speciali gratia & auctoritate Regia qua fungimur in hac parte, laudamus, ratificamus, approbamus & confirmamus, & ea perpetuis temporibus habere volumus [f] perpetue roboris firmitatem;

a litii.

b renunciant.

c contradictores.

d cet endroit est corrompu.

e insertum.

f perpetui.

NOTES.

(c) Noverint universi, &c.] Cet accord est très long, & contient un grand nombre de clauses peu utiles & peu interessantes. C'est ce qui a determiné à ne faire imprimer que l'Article qui regarde l'abolition du Consulat, parce que c'est le seul qui contienne un Reglement sur une matiere de Droit public, lequel Reglement devînt une Loy, quand il fût confirmé par Charles en qualité de Lieutenant du Roy son Pere.

(d) Et si & prout, &c.] Je crois que cela signifie, que les Habitans qui sont nommez dans cet Acte, stipulant pour ceux qui n'y ont pas signé, l'abolition du Consulat, sera censée faite du consentement de tous les Habitans.

(e) Oblationes non fecit.] C'est-à-dire, *n'a pas offert de payer au Roy cette redevance annuelle, dont il est parlé au commencement de cette Piece.*

mandantes nichilominus tenore presentium dilectis & fidelibus Gentibus nostris Parlamentum dicti Domini nostri tenentibus, ut Procuratorem Regium dicto acordo consentire faciant & ipsum acordum in Parlamento transeant; ac etiam ad tenendum & servandum dictum acordum juxta ipsius tenorem & formam, dictas Partes si adhuc consentiant, per Arrestum ipsius Curie condempnent, & dictis Partibus & Procuratori Regio super dictis questionibus & litibus in dicto Parlamento super hoc pendentibus, perpetuum silentium imponant; quia sic fieri volumus, & ea mediantibus quinginitis florenis Auri ad scutum Nobis indè solutis, tam pro dictis vinginti solidis annualibus, quam aliis que ratione dicti Consulatûs dicto Domino nostro competere poterant [a] *concessum per presentes: Salvo in aliis jure Regio, & in omnibus alieno. In cujus rei testimonium sigillum Castelleti Parisiensis dicti Domini nostri majore absente sigillo, hiis presentibus Litteris duximus apponendum.* Datum Parisiis, Anno Domini millesimo trecentesimo quinquagesimo septimo, Mense Januarii. Per Dominum Ducem, presentibus Cancellario Normannie & Thesaurario. TOURNEUR.

CHARLES, Fils aisné, & Lieutenant de Jean I.er & selon d'autres, Jean II. à Paris, en Janvier 1357.

[a] Peut-être faut-il *concessis*.

CHARLES, Fils aisné, & Lieutenant de Jean I.er & selon d'autres, Jean II. à Paris, le 7. de Fevrier 1357.

(a) Mandement pour faire fabriquer des Deniers doubles Tournois.

CHARLES aisné Filz & Lieutenant du Roy de France, Duc de Normandie & Dalphin de Viennois: à nos amez & feaulx les Generaulx-Maistres des Monnoyes de nostredit Seigneur & de Nous, Salut & dilection. Comme par tres grant & bonne deliberacion des Gens du Conseil de nostredit Seigneur & de Nous, & des Prelatz, Barons & bonnes Villes du Royaume, & à leur priere & requête, ait esté nagueres ordonné & vous mandé, que en toutes & chascunes les Monnoyes dudit Royaume, l'en face faire & ouvrer gros Deniers blancs à la Fleur de Liz, petitz parisis & deniers tournois, en ouvrant sur le pié de Monnoye [b] quarante-cinquiéme, & depuis ce Nous avons entendu & sommes plainement informez que esdites Monnoyes ou en aucunes d'icelles, ont esté & sont apportées plusieurs parties de bas Billons, lesquels ne pourroient ouvrer ne allayer à la loy de l'Ouvraige d'iceulx gros Deniers blancs: Pour ce est-il que Nous vous mandons, commettons, & estroictement enjoignons à vous & à chascun de vous, que en toutes & chascunes lesdites Monnoyes, ou en celles que vous verrez & saurez que bon sera, vous faciez faire & ouvrer Deniers doubles tournois à ung denier seize grains de loy Argent-le-Roy, & de quinze [c] sols sept deniers & demy de poix au marc de Paris, telle comme bon vous semblera, en ouvrant sur le pié de Monnoye quarante-cinquiesme, & en donnant aux Changeurs & Marchans frequentans lesdites Monnoyes, les pris en tout marc d'Argent que Nous y faisons donner à present; & aux Ouvriers & Monnoyers tel sallaire pour Ouvraige & Monnoyaige comme bon vous semblera. Et ou cas que en toutes ou aucunes icelles Monnoyes auroient esté ou seroient apportez aucuns Billons en telle matiere qu'ilz ne se puissent ou doyent ouvrer ne alayer sans y mettre Cuivre, Nous voulons & vous mandons & à chascun de vous enjoignons, affin que l'Ouvraige desdites Monnoyes pour cause de ce, ne puisse ou doye demourer en chomaige, ne les Changeurs [d] laisser à apporter leurs Billons & matieres d'Argent en icelles, que tout icelui Cuivre necessaire pour faire l'Ouvraige comme dit est, vous faciez [e] querir à noz propres couts & despens: donnans en mandement à noz amez & feaulx les Gens des Comptes de nostredit Seigneur & de Nous, que tout icelui Cuivre qui par aucun de vous ou des Gardes desdites

[b] *Voy. cy-dessus p. 193. les Lettres du 22. de Janvier 1357.*

[c] *A 187. Pieces & demie au marc.*

[d] *cesser.*

[e] *acquerir, acheter.*

NOTES.

(a) Registre D. de la Cour des Monnoyes de Paris, fol. 5. *recto.* Avant ce Mandement, il y a:

Le huitiéme jour de Fevrier l'an 1357. fut apporté en la Chambre des Monnoyes à Paris, ung Mandement de Monsieur le Duc de Normandie, Dalphin de Viennois, duquel la teneur s'ensuit.

Monnoyes sera relaté & temoigné de bouche ou autrement, avoir esté mis en iceluy Ouvraige, soit alloüé ès Comptes de celuy ou ceulx à qui il apartiendra sans contredit. Desquelles choses dessusdites faire, à vous & à chascun de vous donnons pouvoir, autorité & mandement especial par la teneur de ces presentes. Si gardez bien que [a] icelles faire & acomplir n'ait aucun deffault. *Donné à Paris, le septiesme jour de Fevrier, l'An de grace mil trois cens cinquante & sept, soubz le Scel du Chastellet de Paris, en l'absence du grant.* Ainsi signé. Par Monsieur. OGIER.

a en.

CHARLES, FILS AISNÉ, & Lieutenant de Jean I.er & selon d'autres, Jean II. à Paris, le 21. de Fevrier 1357.

(a) Lettres qui renouvellent les anciennes Ordonnances sur les Monnoyes.

CHARLES ainsné Fils & Lieutenant du Roy de France, Duc de Normandie & Dalphin de Vienne: Au Senechal de Beaucaire & de Nismes, ou à son Lieutenant, Salut. Pour la tres grant clameur & complainte qui est venue à nostre ouye & cognoissance, & qui Nous a esté faite de la greigneur partie de tout le comun Pueple, en montrant & signifiant à Nous & aus Gens du Conseil de notredit Seigneur & de Nous, les tres grant deceptions, griefs, domages & inconveniens que icelluy Peuple a souffert par l'espace de moult long-temps pour cause des fausses & mauvaises Monnoyes contrefaites, & autres tant d'Or comme d'Argent, qui ont esté apportées oudit Royaume, & qui ont esté prinses & mises d'ycelluy Pueple ygnorant, pour plus grant pris que il ne povoient valoir, & outre les Ordenances & deffences par notredit Seigneur & Nous par plusieurs fois faites sur ce; Nous par tres grant & bonne deliberation de Conseil, & des Prelats, Barons & les Gens des bonnes Villes dudit Royaume, & à la priere & requête d'euls & dudit Pueple, afin de obvier & contrester aus choses dessusdites, avons naguerres ordené du fait & gouvernement desdites Monnoyes, par la forme & maniere que mandé vous avons par nos autres Lettres ouvertes faites sur ce; c'est assavoir entre les autres choses contenues en icelles Ordonnances, que nulz sur peine de corps & d'avoir, depuis la publication d'icelles, ne fust ou soit tant osés ne si hardys de prendre ou mettre en appert [a] ou en couvert, aucunes Monnoyes quelles que elles fussent ou soyent, tant d'Or comme d'Argent, si ce n'est au marc pour Billon; excepté celles aus quelles Nous par nosdites Ordenances avons donné & donnons cours, & non pour plus grant pris que par icelles leur a esté ordené; c'est assavoir le denier [b] d'Or fin à l'Aignel soit pris & mis pour trente sols parisis la Piece, & non pour plus; & le petit Aignelet d'Or fin pour quinze sols parisis la Piece, & non pour plus; les gros Deniers blancs à la Fleur de Lis que Nous faisons faire à present, pour douze [c] deniers parisis la Piece; & les Deniers blancs que Nous avons fait faire paravant pour dix deniers tournois la Piece, fussent & soyent pris & mis pour ycelluy pris; & aussy les petits parisis, tournois & doubles tournois que Nous faisons faire ad present, pour leur droit pris: lesquelles Ordenances par la coulpe & deffaut de vous & des autres Justiciers du Royaume, ont esté & sont enfraintes & transgressées d'un chacun, telement que toutes manieres de Monnoye d'Or & d'Argent ausquelles Nous avons osté le cours du tout, comme dit est, sont prinses & mises d'un chacun pour tel pris comme il leur plaist, & aussy communément comme elles furent onques; & avecques ce prennent & mettent ledit Denier d'Or à l'Aignel pour plus grant pris qui ne leur a esté ordené; lesquelles choses sont merveilleusement en tres grant deception, domage & préjudice de notredit Seigneur & de Nous, & de tout

a *Publiquement ou secretement.*

b *Voy. cy-dessus p. 193. les Lettres du 22. de Janvier 1357.*

c *Voy. cy-dessus la Note (c) de la p. 193.*

NOTES.

(a) L'Original de ces Lettres est à la Bibliotheque du Roy, Liasse intitulée *Monnoyes*, numero 43.

ledit

ledit Pueple, dont il Nous desplaist tres acertes tant comme plus puet: Par ce est-il que Nous qui telles choses ne povons plus endurer, vous mandons derechief, & par ces presentes commettons & estroittement enjoignons que sur le serment & loyauté que vous avez à notredit Seigneur & à Nous, & sur peine de perdre vie, Office, ou d'autres grieves punitions, que icelles nosdites Ordenances en votre Senechaussée & Ressort faciés tenir & garder d'un chascun selonc leur teneur, en faisant punition sans espargne de tous ceuls que len poura trouver & savoir faisans ou avoir fait aucune trangression contre ycelles, telement que ce soit exemple aux autres, ou pour certain Nous vous en monstrions notre desplaisir, & le grant domage que par votre deffaut s'en est ensuy; & voulons que vous commettez & establissiez bonnes personnes & souffisans qui auront la quarte partye pour leur paine, sallaire & travail, de tout ce qu'il trouveront prenant, mettant & portant hors du Royaume ou en [a] eslongnant la plus prochaine Monnoye du lieu où il sera; pourveu toutesvoyes que les *(b)* Marchans portans ne soyent cherchiéz en chemin, ne en Villages, mais seulement aus [b] Portes & Passages anciens, selon la teneur des nouvelles Ordenances ou modifications par Nous faites en ce present mois de Fevrier. De ce faire vous donnons pouvoir. *Donné à Paris, le vingt & uniesme jour de Fevrier, l'An de grace mil trois cens cinquante & sept, soubz le Scel de Chastellet de Paris, en l'absence du grant de notredit Seigneur.* Par Monsieur le Duc. R. SAVIGNI.

CHARLES, FILS AISNÉ, & Lieutenant de Jean I.er & selon d'autres, Jean II. à Paris, le 21. de Fevrier 1357.

a *Voy. cy-dessus la Note (d) de la p. 148.*

b *Ports.*

NOTES.

(b) Marchans.] Il n'y a dans le *MS.* que *Mr.* avec une marque d'abregé dessus. Voicy comme je crois que l'on doit entendre cet endroit. Les Marchands qui *porteront* du Billon ne seront pas arrestez dans l'interieur du Royaume, dans les chemins, ni dans les Villages, parce qu'on doit presumer qu'ils se trouvent dans ces endroits pour faire leur Commerce, & pour achepter du Billon dans l'intention de le porter aux Hôtels des Monnoyes : mais on les arrestera aux *Ports*, (car c'est ainsi que je crois qu'il faut lire, & non pas aux *Portes*) & aux *Passages*, de peur qu'ils ne portent ce Billon hors du Royaume.

CHARLES, FILS AISNÉ, & Lieutenant de Jean I.er & selon d'autres, Jean II. à Paris, en Fevrier 1357.

(a) Lettres en faveur des Habitans de Ville-Franche en Perigord.

SOMMAIRES.

(1) Le Roy ne pourra pas lever de Taille dans la Ville, ni y demander le droit de Giste, ni obliger les Habitans à luy faire des prests, si ce n'est dans les temps de Guerre.

(2) Les Habitans pourront aliener tous leurs biens, meubles & immeubles. Ils ne pourront cependant aliener les fiefs qu'ils possedent, en faveur de l'Eglise, des Religieux & des Chevaliers, au préjudice des Seigneurs dont ils relevent.

(3) Les Habitans pourront marier leurs Enfans librement, & engager leurs Fils dans l'estat Ecclesiastique.

(4) Les Juges Royaux ne pourront point faire arrester prisonnier un Habitant, ou saisir ses biens, s'il donne caution de se presenter en Jugement; si ce n'est qu'il eût commis un meurtre ou quelque autre crime qui emportast confiscation de corps & de biens au profit du Roy.

(5) Les Juges Royaux, si ce n'est dans les cas qui regardent le Roy, ne pourront citer un Habitant hors du territoire de la Ville, pour des faits qui se seront passez dans la Ville ou dans son territoire.

(6) Lorsqu'un Habitant sera mort sans heritiers & sans avoir fait de Testament, le Bailli & le Consul après avoir fait l'inventaire de ses biens, les remettront entre les mains de deux Habitans, qui après avoir payé les dettes du deffunct, suivant la Coustume de l'Agenois, les garderont pendant un an & un jour; passé lequel temps, s'il ne s'est pas presenté d'heritiers, les meubles seront donnez au Roy, & les Fiefs aux Seigneurs dont ils relevent.

(7) Les Testaments faits en presence de témoins dignes de foy, seront valables, quoyque toutes les formalitez des Loix n'y ayent pas esté observées : pourvû cependant que les Enfans ne soient pas privez de leur legitime par ces Testaments.

(8) Les Habitans de quelque crime qu'ils soient accusez, ne seront pas obligez, s'ils ne le veulent, de se justifier par le Duel. Quoyqu'ils refusent de se battre, ils ne seront point censez convaincus, & l'accusateur sera obligé de prouver son accusation par témoins, ou par d'autres moyens.

(9) Les Habitans pourront acheter des

CHARLES, Fils aisné, & Lieutenant de Jean I.er & selon d'autres, Jean II. à Paris, en Fevrier 1357.

Immeubles, ou les recevoir à la charge d'un Cens, ou à titre de Don; excepté les Fiefs francs & militaires qu'ils ne pourront acquerir sans la permission du Roy.

(10) Le Roy aura de chaque Sol *de quatre Cannes de large & de dix de long, six deniers de Droit d'*Oublie, *payables à la Purification, sous peine d'une amende de cinq sols. Il aura aussi six deniers à chaque mutation de proprietaire, & la dixieme partie du prix, pour droit de* Vente, *lorsque cette mutation se sera par Vente.*

(11) Le Roy ou son Lieutenant punira les Incendies & les crimes cachez, par une amende, conformement à la Coustume du Diocese d'Agen.

(12) Le Seneschal & le Bailli jureront en entrant en Charge, de se bien acquitter de leurs devoirs.

(13) Chaque année, le Dimanche après la Purification, les Consuls en charge esliront entre les Habitans, douze personnes Catholiques, entre lesquelles le Roy ou son Bailli choisira six personnes pour estre Consuls. Les nouveaux Consuls jureront au Bailli & au Peuple, de bien s'acquitter de leurs fonctions, & de ne recevoir aucun service de personne, par rapport à leurs Charges. La Communauté de la Ville jurera aussi aux Consuls de leur obéir, & de leur donner conseil & ayde.

Les Consuls auront soin des chemins & des Edifices publics, & avec le conseil de vingt & quatre Habitans eslus par le Peuple, ils imposeront sur les Habitans, les sommes necessaires pour les dépenses communes.

Ceux qui mettront des ordures dans les ruës, seront punis par le Bailli & les Consuls.

(14) Ceux qui voudront joüir des Libertez de cette Ville, & qui y auront des biens, seront tenus de contribuer aux dépenses communes; & s'ils ne le font pas, le Bailli, à la requeste des Consuls, fera saisir leurs Effets.

(15) Les Denrées qu'on apportera de dehors dans la Ville, & même de moins d'une demi-lieüe, ne pourront estre venduës avant qu'elles ayent esté portées à la place, sous peine d'une amende payable par l'acheteur & le vendeur; à moins que le vendeur ne fût un estranger, que l'on pût presumer ignorer cette Coustume.

(16) Celuy qui frappera ou qui blessera une personne, payera une amende à la Justice, & des dommages & interests à l'offensé; lesquels, aussibien que l'amende, seront proportionnez à la nature du coup ou de la blessure.

(17) Les Homicides seront jugez par le Juge Royal, & leurs biens seront confisquez au profit du Roy, leurs dettes préalablement payées.

(18) Celuy qui dira des injures à une personne, payera une amende à la Justice, & des dommages & interests à l'offensé.

(19) Celuy qui aura violé une Ordonnance ou Reglement publié au nom du Roy ou son Bailly, & qui aura enlevé une chose sa en consequence d'un Jugement, sera condau à l'amende.

(20) Ceux qui volent les Impositions, *ront condamnez à l'amende.*

(21) Les Adulteres qui seront surpris flagrant delit, ou dont le crime sera prouvé, témoins, payeront chacun une Amende de c sols à la Justice, ou courreront nuds par la Vi

(22) Celuy qui aura tiré l'épée contre qu qu'un, payera une Amende à la Justice, & dommages & Interests à celuy qu'il a offensé

*(23) Celuy qui de jour ou de nuit vol cinq sols ou au-dessous, courrera dans la V avec ce qu'il aura volé pendu au col, pay une Amende à la Justice, & restituëra la ch volée : si elle vaut plus de cinq sols, il sera m*qué *la premiere fois, & la seconde il sera p convenablement. Lorsqu'un homme aura condamné à estre pendu pour vol, ses det estant préalablement payées, le Roy prendra livres sur ses biens, & le reste appartiendra à heritiers.*

(24) Celuy qui pendant le jour vole des fruits de la Terre, valans douze deniers au-dessous, après la deffense qui en sera renouvellée tous les ans, payera deux sols aux Consu qui les employeront pour les dépenses commu nes : Si la chose volée vaut plus de douze d niers, il payera une Amende au Roy. Si le v a esté fait pendant la nuit, il payera une Amen de plus forte, & il reparera le dommage qu a causé.

Les Maistres des bestes qui seront entr dans des heritages, repareront les dommage qu'elles auront causé à ceux à qui ils appa tiennent, & payeront aux Consuls une Amen qui sera plus ou moins forte, suivant la natu de la beste.

(25) Ceux qui auront de faux poids, o de fausses mesures, seront condamnez à l'Amende

(26) Si un debiteur assigné reconnoist qu'i doit, il ne devra point d'Amende au Roy, & le Bailli le condamnera à payer dans neuf jours, passez lesquels, le debiteur devra une Amende, s'il n'a pas payé.

(27) Lorsqu'une Assignation sera suivie d'un Procez, celuy qui le perdra sera condamné à l'Amende.

(28) Celuy qui ne comparoistra pas à une assignation payera une Amende au Roy, & des dépens à sa Partie adverse.

(29) Le Juge ne doit faire payer l'Amende à celuy qui a perdu son procès, que lorsque celuy-cy a entierement satisfait à sa Partie adverse.

(30) Celuy qui succombera dans un Procès mû par rapport à un Immeuble, sera condamné à l'amende.

(31) Tout demandeur qui perdra son Procès, payera une Amende au Roy, & des dépens à sa partie adverse.

(32) *Il y aura tous les Jeudis un Marché, dans lequel on payera au Roy des Droits* qui sont marquez en détail dans l'Article.

(33) *Les Foires se tiendront aux temps accoustumez. Les Marchans y payeront de certains Droits au Roy. On n'en payera pas sur ce qu'on achetera pour l'usage de sa Maison.*

(34) *Tous les Habitans pourront faire bastir des Fours. Ceux qui cuiront du pain pour le vendre, ou qui cuiront le pain de leurs voisins, payeront au Roy un Droit d'*Oubliage.

(35) *Les Actes passez par les Notaires de cette Ville, auront la mesme force que les Actes publics.*

(36) *Les Habitans de la Ville & du territoire payeront deux sols six deniers tournois, pour chaque plainte qu'ils feront en Justice.* [Voy. la Note qui est sur cet Article.]

(37) *Confirmation de toutes les Inseodations de Terres situées dans le territoire de la Ville, faites aux Habitans.*

(38) *Neuf jours aprés la vente des Immeubles situez dans le territoire de la Ville, & mouvans de Seigneurs feodaux qui relevent du Roy, le Bailli contraindra ces Seigneurs de consentir à cette Vente, ou de retirer [par retrait Feodal] ces Immeubles vendus, en en remboursant le prix à l'acquereur.*

(39) *On ne prendra pour les Actes Judiciaires que ce que l'on a accoustumé de prendre jusqu'à present.*

(40) *Les cas dont il n'est point parlé dans ces Lettres, seront decidez suivant le Droit escript.*

CHARLES, FILS AISNÉ, & Lieutenant de Jean I.er & selon d'autres, Jean II. à Paris, en Fevrier 1357.

KAROLUS *Primogenitus & Locum-tenens Regis Francorum, Dux Normannie & Dalphinus Viennensis: Notum facimus universis presentibus & futuris, quod Nos attendentes sincere fidelitatis & devocionis constantiam, quam in dilectis nostris Consulibus, Habitatoribus ac Communitate* (b) *Ville-Franche Petragoricensis*,[a] *Sallatensis Diocesis, totis hactenus transactis & potissime Guerrarum temporibus, dictus Dominus noster suique predecessores & Nos probabiliter novimus, & adhuc die qualibet experimur; considerantes etiam dampna*, [b] *missiones & expensas que ipsi occasione*

a Sarlatensis.

b mises, depenses.

NOTES.

(a) Tresor des Chartres, Registre 86. pour les Années 1357. & 1358. Piece 28. Le même jour Charles donna d'autres Lettres en faveur des Habitans de Ville-Franche : Elles seront imprimées après celles-cy. Il n'est dit ni dans les unes ni dans les autres, par quelle raison on ne réünit pas dans les mêmes Lettres, tous les Reglemens faits par rapport à cette Ville : Ce que l'on peut conjecturer là-dessus, c'est que ces Lettres contiennent le renouvellement & la confirmation des anciens Privileges accordez à cette Ville, dont les Originaux avoient esté perdus lorsqu'elle fut prise, [Voy. la Note (*b*)] & que les Lettres suivantes contiennent de nouveaux Privileges. Voy. cy-dessus p. 79. Note (*u*) un exemple de deux Lettres accordées en même temps à une Ville. La raison pour laquelle on en usa ainsi, y est marquée, mais cette raison n'a pû estre le motif des deux Lettres accordées aux Habitans de Ville-Franche. Voy.

Il y a dans le Tresor des Chartres, Registre coté autrefois 41. presentement coté 13. pour les Années 1308. 1309. & 1318. & plus bas coté 2. ou 15. Piece 11. un Pariage fait au mois de Mars 1308. entre Philippe le Bel & l'Abbaye de *Charroux* [*Karrofensis.*] Il contient 35. Articles, presque entierement semblables aux 35. premiers Articles des Lettres en faveur de Ville-Franche, & il m'a esté très utile pour corriger quelques fautes de Copiste qui s'y sont glissées.

(b) *Ville-Franche Petragoricensis, Sallatensis Diocesis.*] Un peu plus bas, il est dit que cette Ville a esté prise par les ennemis du Roy, & dans l'Art. 6. on lit qu'elle est regie par les usages & par les Coustumes du Diocese d'*Agen.*

Ville-Franche est presentement un Bourg situé dans le Perigord & dans le Diocese de Sarlat, distant de cette Ville de cinq lieuës vers le Midy & les frontieres du Quercy, suivant le Dictionnaire Universel de la France.

Puisque Ville-Franche estoit regie par la Coustume d'Agen, il paroist certain que c'est le même lieu que Froissart appelle *Ville-Franche en Agenois*, qui en 1345. fut prise d'assaut par le Comte d'Erby qui commandoit les Troupes du Roy d'Angleterre, & qui la même année fut reprise & brûlée par Jean Duc de Normandie Fils aisné de Philippe de Valois, & qui luy succeda. Voy. Froissart, liv. 1. c. 109. 113. & 119. p. *m.* 125. 130. & 135.

Froissart dit que *Ville-Franche* fut prise d'assaut par le C. d'Erby : Et dans ces Lettres, il est dit qu'il s'en rendit maistre par trahison. On peut concilier ces deux textes en disant, que le Comte d'Erby ayant attaqué *Ville-Franche* dans laquelle il avoit des intelligences, les traistres se joignirent à luy, & luy faciliterent la prise de la Place : & ce fut peut-estre pour les punir, que le Duc de Normandie la brûlat, lorsqu'il l'eust reprise. Voy. cependant la Note (*b*) de la Piece suivante.

CHARLES, Fils aisné, & Lieutenant de Jean I.er & selon d'autres, Jean II. à Paris, en Fevrier 1357.

Guerrarum hujusmodi multipliciter habuerunt & sustinuerunt, maxime in captione Ville predicte per inimicos dicti Domini nostri & nostros prodicionaliter facta, in qua pluribus hominibus Ville ipsius, inimicis obedire nolentibus, per ipsos inimicos inhumaniter interemptis, aliis fugientibus, ut saltem vitam salvarent, omnia bona sua perdiderunt; nec non Privilegia ipsorum quasi combusta fuerunt penitus & destructa; & ea propter volentes, ut tenemur, nostram eis impendere liberalius gratiam & favorem, ipsis Consulibus, Habitatoribus & Communitati, ad supplicationem eorumdem infrascripta Privilegia, Consuetudines & Libertates dudum sibi concessa, de quibus hactenus usi sunt, ut asserunt, indiscusse, que in quibusdam Litteris per dictos inimicos destructis & consumptis vidimus contineri, de speciali gratia, certa scientia & auctoritate Regia qua fungimur ad presens, duximus confirmanda seu etiam renovanda;

(1) Videlicet quod per dictum Dominum nostrum vel successores suos non fiat in dicta Villa Questa, Taillia vel (c) Albergata, nec recipiant ibi mutuum nisi [a] *gratis sibi mutuare voluerint* [b] *Habitentes; nisi vigente Guerrarum necessitate.*

a volontairement.
b Habitantes.

(2) Item. *Quod Habitentes dicte Ville & imposterum habitaturi possint vendere, dare, alienare omnia bona sua mobilia & immobilia cui voluerint; excepto quod immobilia non possint alienare Ecclesie, Religiosis personis, Militibus, nisi salvo jure Dominorum quorum res immobiles in Feodum tenebunt.*

(3) Item. *Quod Habitentes dicte Ville possint Filias suas libere & ubi voluerint maritare, & Filios suos ad Clericatus Ordinem facere permoveri.*

(4) Item. *Quod dictus Dominus noster suique successores vel Baillivus non capiant aliquem Habitantium dicte Ville, vel vim inferant, vel saisiant bona sua, dum tamen velit & fidejubeat stare juri, nisi pro murtro vel morte hominis, vel plaga mortifera, vel alio crimine, quo corpus suum vel bona sua dicto Domino nostro aut ejus successoribus debeant esse incursa.*

(5) Item. *Quod ad questionem seu clamorem alterius, non mandabunt vel citabunt Senescalli dicti Domini nostri vel Baillivi sui, nisi pro facto proprio ejusdem Domini nostri, vel querela, aliquem Habitantem in dicta Villa, extra* [c] *Honorem dicte Ville, super hiis que facta fuerint in dicta Villa & pertinenciis & Honore dicte Ville, vel possessionibus dicte Ville, & in Honore ejusdem.*

c Territoire. *Voy. cy-dessous Art. 36.*

(6) Item. *Si quis Habitantium in dicta Villa moriatur sine testamento, nec habeat liberos, nec appareant alii heredes qui sibi debeant succedere, Baillivus dicti Domini nostri & Consules dicte Ville bona deffuncti descripta tamen, commandabunt duobus* [d] *prohomis hominibus dicte Ville ad custodiendum fideliter per unum annum & diem; & si infra eumdem terminum appareat heres qui sibi debeat succedere, omnia bona debent integraliter sibi reddi; alioquin bona mobilia dicto Domino nostro tradantur, & etiam immobiliaque ab eodem Domino nostro tenebuntur* [e]*, ad faciendam suam omnimodam voluntatem; & alia immobilia que ab aliis Dominis in feodum tenebuntur, ipsis Dominis tradantur, ad faciendam suam voluntatem: Solutis tamen debitis dicti deffuncti secundum usus & consuetudines Diocesis Agennensis, si clara sint debita tam de mobilibus quam immobilibus per solidum (d) & liberam, non expectato fine anni.*

d probis, *comme dans le Pariage de* Charroux.
e in feodum.

(7) Item. *Testamenta facta ab Habitatoribus dicte Ville in presentia testium fide dignorum valeant, licet non sint facta secundum solemnitatem legum; dum tamen liberi non fraudentur sua legitima porcione; convocato (e) ad hoc compellando loci vel alia Ecclesiastica persona, si commode possit vocari.*

NOTES.

(c) Albergata.] Le droit de Giste, le droit de venir loger dans un lieu. Voy. du Cange, au mot *Herberga.*

(d) Per solidum & liberam.] Il faut lire *libram.* Il paroist par les Art. 12. & 14. que cela signifie que l'on payera entierement, *au sol & à la livre*, c'est à-dire, jusqu'au dernier sol.

(e) Ad hoc compellando.] Ce texte est corrompu, & malheureusement les derniers mots de cet Article depuis *convocato, &c.* ne sont pas dans le Pariage de *Charroux.* Peut-estre faut-il lire *Capellano*, nom que l'on a quelquefois donné aux Curez, suivant Du Cange, au mot *Capellani.* Cette restitution me paroist presque certaine.

(8) Item. *Quod nullus Habitans in dicta Villa de quocumque crimine appellatus vel accusatus fuerit, nisi velit, teneatur se purgare vel deffendere Duello, nec cogatur ad Duellum faciendum, & si refutaverit, non habeatur propter hoc pro convicto, sed appellans, si velit, probet crimen quod* [a] *obicit per testes, vel per alias probaciones juxta formam juris.*

CHARLES, FILS AISNÉ, & Lieutenant de Jean I.er & selon d'autres, Jean II. à Paris, en Fevrier 1357.

(9) Item. *Quod Habitantes in dicta Villa possint emere & recipere ad censum vel (f) in domo à quacumque persona volente vendere vel infeodare, aut res suas immobiles dare; excepto (g) feodo francari & militari quod emere vel recipere non possint, nisi de Domini nostri vel successorum suorum processerit voluntate.*

(10) Item. *De quolibet* [b] *solo de quatuor (h) Canis vel Ulnaris lato in* [c] *amplitudine & decem in longitudine, habebit dictus Dominus noster sex denarios (i) Obliarum* [d] *tantum, & secundum majus & minus, in festo Purificationis Beate Marie; & totidem de (k) Acopiagio in mutatione Dominii; & si vendatur, habebit ab emptore* [e] *Vendas; scilicet duodecimam partem precii quo vendetur; & nisi Oblie predicte dicto Domino nostro solute fuerint dicto termino, quinque solidi ipsi Domino nostro solventur pro (l) Gagio, & Oblie supra dicte.*

(11) Item. *Si* [f] *arcine vel alia maleficia occulta facta fuerint in dicta Villa vel Honore vel pertinenciis dicte Ville, fiat per dictum Dominum nostrum vel per Locum suum tenentem emenda super hiis, secundum bona statuta & bonos usus & approbatos Diocesis Agenensis.*

(12) Item. *Senescallus dicti Domini nostri & Baillivus dicte Ville teneantur jurare in principio Senescallie & Baillivie, coram probis hominibus dicte Ville, quod in Officio*

[a] objicit.

[b] sol. terre.

[c] largeur.

[d] tũm *dans les Orig.*

[e] lods & ventes.

[f] des incendies.

NOTES.

(f) *In Domo.]* Ces mots se lisent aussi dans le Pariage de *Charroux*. Il me paroist cependant certain qu'il faut lire *in dono;* & en adoptant cette correction, voicy le sens de cet Article. *Les Habitans pourront achepter & recevoir ou en se chargeant du payement d'un Cens, ou à titre de* don, *les Immeubles que leurs possesseurs voudront vendre, infeoder, ou* donner. Il est visible que ces mots *achepter, recevoir à la charge d'un Cens ou à titre de* don, se rapportent à ces trois autres mots, *vendre, infeoder* & donner. Je crois cette correction indubitable. Mais il est très singulier que dans deux Pieces copiées sur des Originaux differents & dans des temps differents, les Copistes ayent fait precisement la même faute.

(g) *Feodo francari.]* Il faut lire *francali*. Le *feodum francale* suivant M. Du Cange sous ce mot, est un Fief *franc* & noble, qui ne peut estre possedé par des non-nobles, & il cite deux Articles tirez des Coustumes de deux lieux situez dans le Diocese d'Agen, par la Coustume duquel Ville-Franche se regissoit. [Voy. cy-dessus, Art. 6.] Ces deux Articles sont entierement semblables à celuy que nous examinons.

Il faut cependant remarquer que dans le Pariage de *Charroux*, il y a *furcali*, au lieu de *francali*. M. du Cange sur le mot *feudum furcale*, dit que c'est un Fief sur lequel il est permis d'élever des *fourches patibulaires*, pour marque de Justice; mais il ne cite d'autre exemple de cette expression, que le Pariage de *Charroux* qu'il avoit lû dans le Registre du Tresor des Chartres, ensorte qu'il faudroit peut-estre lire dans ce Pariage *francali*, au lieu de *furcali;* mais quand même on y conserveroit ce mot, cela ne doit jetter aucun soupçon sur celuy de *francali* qui se trouve dans nostre Article, puisqu'il est aussi dans deux Coustumes de lieux voisins de *Ville-Franche*.

(h) *Canis vel Ulnaris.]* *Cana* ou *Canna*, mesure de terre. Voy. Du Cange au mot *Canna*.

Ulnaris. Il faut corriger *Ulnatis* qui se lit dans le Pariage de *Charroux*. C'est aussi une mesure de terre. Ce passage prouve que la *Canne* ou l'*Aulne* estoient une mesme mesure, du moins à *Ville-Franche*.

(i) *Obliarum.]* C'est un Droit que les Vassaux doivent payer à leurs Seigneurs à un certain jour marqué. Il est appellé *Droit d'Oublie*, dans l'Art. 40. du ch. 2. de la Coustume de *Montargis* & *Droit d'Oubliage* dans l'Art. 40. de celle de *Blois*. Voy. Du Cange, au mot *Oblata*, & le Gloss. du Droit François de M. de Lauriere, au mot *Obliages*, & cy-dessous, l'Art. 34.

(k) *Acopiagio.]* Ce mot signifie peut-estre la même chose que *Copagio*. Voy. sur ce dernier mot, cy-dessus la Note (g) de la page 75. Dans le Pariage de *Charroux*, il y a *acceptamento*, dont j'ignore aussi la signification.

(l) *Gagio.]* Il paroist clairement par l'Art. 29. de ces Lettres, que ce mot signifie l'Amende que l'on paye au Seigneur Justicier.

CHARLES, Fils aisné, & Lieutenant de Jean I.er & selon d'autres, Jean II. à Paris, en Fevrier 1357.

suo fideliter se habebunt, & jus cuilibet reddent pro possibilitate sua, & approbatas consuetudines dicte Ville & statuta [a] *rationabiliter observabunt.*

(13) Item. *Consules dicte Ville mutentur quolibet anno, Dominica proxima post dictum Festum Purificationis Beate Marie; & Consules anni preteriti debent eligere ipsa die duodecim probos homines Catholicos de Habitantibus in dicta Villa (m) à dicto Bajulo nominare: Et dictus Dominus noster vel Baillivus suus predictus debent ponere & eligere ipsa die vel in crastinum de dictis duodecim, Consules sex quos magis bona fide, communi utilitati dicte Ville viderint & cognoverint expedire; qui Consules jurabunt dicto Baillivo & Populo dicte Ville, quod ibi bene & fideliter servabunt dictum Dominum nostrum & sua jura, ac Populum dicte Ville fideliter gubernabunt, & tenebunt pro posse suo fideliter Consulatum, & quod non recipient ab aliqua persona aliquod servicium propter Officium Consulatus; quibus Consulibus Communitas dicte Ville jurabit sibi dare consilium, adjutorium & obedire; salvo tamen in omnibus jure, Domanio & honore dicti Domini nostri: Et dicti Consules habeant potestatem reparandi* [b] *Carrerias, vias publicas, fontes & Pontes, & colligendi per solidum & per* [c] *librum cum consilio viginti quatuor Habitantium in dicta Villa ellectorum a Populo, missiones & expensas ab Habitatoribus dicte Ville, que propter reparacionem predictorum fient, vel que* [d] *fiant propter alia negocia communia necessaria & redundancia in communi utilitate dicte Ville: Et qui sordicies in Carreriis mitterint, a dicto Baillivo & Consulibus puniantur secundum quod eis visum fuerit expedire.*

(14) Item. *Quicunque volens gaudere Libertatibus dicte Ville, habens in dicta Villa vel pertinentiis ejusdem possessiones vel redditus, ratione illarum rerum, ipse & successores sui in expensis, missionibus & collectis que fient à Consulibus propter utilitatem dicte Ville, ut dictum est, faciat & donet prout alii Habitatores dicte Ville per solidum & per libram; & nisi hoc facere voluerit, dictus Baillivus* [e] *pignoret eum ad instanciam Consulum predictorum.*

(15) Item. *Res commestibilis de foris apportata ad vendendum,* [f] *vel dum aportetur de infra dimidiam* [g] *laucam ad vendendum, non vendatur, nisi prius ad plateam dicte Ville fuerit apportata; & si quis contra fecerit, emptor & venditor quilibet in duobus solidis & dimidio (n) pro Justicia puniatur; nisi esset extraneus, qui probabiliter dictam consuetudinem ignoraret.*

(16) Item. *Quicunque alium percusserit vel traxerit cum pugno vel palma vel pede, irato animo, sanguine non interveniente, si clamor* [h] *factus fuerit, in quinque sol. dis pro* [i] *Justicia puniatur, & faciat emendam injuriam passo secundum rationem. Si tamen sanguinis effusio intervenerit, in viginti solidis percutiens, si clamor factus fuerit, pro Justicia puniatur. Et si gladio vel fuste, petra vel tegula, sanguine non interveniente, si clamor factus fuerit, percutiens in viginti solidis pro Justicia puniatur; & si sanguis intervenerit, & fiat clamor, percutiens in sexaginta solidis pro Justicia puniatur, & emendam faciat injuriam passo.*

(17) Item. *Si quis alium interfecerit, & culpabilis de morte reperiatur, ita quod* [k] *Homicidia reputetur, per Judicium Curie nostre puniatur, & bona ipsius dicto Domino nostro sint incursa; solutis tamen primo debitis suis.*

(18) Item. *Si quis alicui aliqua convicia vel opprobria, vel alia verba contumeliosa irato animo dixerit, & inde fiat clamor* [l], [m] *dicto Baillivo in duobus solidis & dimidio pro Justicia puniatur, & faciat emendam injuriam passo; & siquis coram ipso Bajulo vel Curia dicti Domini nostri, dixerit dicta verba irato animo, in quinque solidis pro Justicia puniatur, & emendet injuriam passo.*

[a] rationabilia. *Par. de* Charroux.

[b] chemins. *Voy. cy-dessus p. 158. Note (f)*

[c] libram, *dans le Par. de* Charroux. *Voy. cy-dessus l'Art. 6.*

[d] fient. *Pariage de* Charroux.

[e] fasse saisir ses effets.

[f] quand mesme elles seroient apportées &c.

[g] leucam. *Par. de* Charroux.

[h] si la Partie offensée s'en plaint.

[i] Voy. la Note precedente.

[k] Homicida. *Par. de* Charroux.

[l] Voy. l'Art. 16.

[m] a.

NOTES.

(m) A dicto Bajulo nominare.] Ces mots sont corrompus, & le Pariage de *Charroux* ne peut servir à les corriger, parce que dans ce Pariage, le commencement de l'Article 13. est different du commencement de celuy-cy.

(n) Pro Justicia puniatur.] Il paroist par l'Article suivant, que ces mots signifient une *Amende applicable au Seigneur Justicier*, à la difference des dommages & interests que l'on payoit à la Partie.

(19) Item. *Quicunque (o) Bannum dicti Domini nostri vel Baillivi sui fregerit, vel* [a] *pignus ab eo factum ob rem Judicatam sibi abstulerit, in triginta solidis pro Justicia puniatur.*

(20) Item. *Quicunque (p) Leudam furatus fuerit, in decem solidis pro Justicia puniatur.*

(21) Item. *Adulter & Adultera si deprehensi fuerint in Adulterio, si inde factus fuerit clamor, vel per homines fide dignos super hoc convicti fuerint, vel confessi in Jure, quilibet in centum solidis pro Justicia puniatur, vel nudi currant Villam: Et si* [b] *opcio eorumdem.*

(22) Item. *Qui gladium* [c] *emolutum contra alium irato animo traxerit, in decem solidis pro Justicia puniatur,* [d] *emendet injuriam jam passo.*

(23) Item. *Quicunque aliquid* [e] *volens quinque solidos vel infra, de die vel de nocte furatus fuerit, currat Villam cum furto ad collum suspenso, & in quinque solidis pro Justicia puniatur, & restituat furtum cui furatum fuerit; excepto furto fructuum de quo fiet, ut inferius* [f] *continetur; & qui rem valentem ultra quinque solidos furatus fuerit, prima vice signetur, & in sexaginta solidis pro Justicia puniatur; & si signatus sit (q) per Judicium Curie dicti Domini nostri modo debito puniatur; & si pro furto quis suspendatur, decem libre, si bona sua valeant solutis debitis suis, dicto Domino nostro pro Justicia persolvantur, & residuum sit heredibus suspensi.*

(24) Item. *Si quis intraverit de die* [g] *ortos, vineas, vel prata, vel blada alterius, & inde capiat fructum, fenum, paleam, vel lignum valentes duodecim denarios vel infra, sine voluntate illius cujus fuerit, postquam quolibet anno semel deffensum fuerit & preconizatum, in duobus solidis* [h] *Consulibus ad opus dicte Ville, pro Justicia puniatur; & quicquid Consules ex hoc habuerint, debent illud ponere in commune proficuum dicte Ville, ut pote in reparacione* [i] *Carreriarum, Pontium, Foncium & consimilium; & si ultra duodecim denarios valeat res quam inde cepit, in decem solidis dicto Domino nostro pro Justicia puniatur. Et si de nocte quis intraverit, & fructus, fenum, vel paleam vel lignum ceperit, in triginta solidis dicto Domino nostro pro Justicia puniatur, & emendet dampnum passo. Et si Bos vel Vaca, vel Bestia grossa ortos, vineas, blada vel prata alterius intraverit, solvat Dominus Bestie sex denarios Consulibus dicte Ville; & pro Porco & Sue si intrent, tres denarios, & pro duabus Ovibus vel Capris vel Hircis, si intrent, solvat Dominus cujus erunt Bestie, unum denarium Consulibus dicte Ville, qui ex hoc faciant, ut premissum est, dampno ei cujus est ortus, vinea, bladum vel pratum, nichilominus resarcito.*

(25) Item. *Quicunque falsum pondus, vel falsam mensuram, vel falsam alnam tenuerit, dum tamen super hoc convictus fuerit legitime, in sexaginta solidis puniatur.*

(26) Item. *Pro* [k] *clamore debiti vel pacti vel cujuscunque alterius contractus, si statim, id est prima die, in presentia Baillivi dicti Domini nostri confiteatur a debitore sine lite mora & sine* [l] *induciis, nichil dicto Domino nostro pro Justicia persolvetur, sed infra novem dies Baillivus dicti Domini nostri debet facere solvi & compleri creditori quod confessum fuerit coram eo; alioquin debitor extunc in duobus solidis & dimidio, dicto Domino nostro pro Justicia puniatur.*

CHARLES, Fils aisné, & Lieutenant de Jean I.er & selon d'autres, Jean II. à Paris, en Fevrier 1357.

[a] saisie faite en consequence d'un Jugement.

[b] sit optio. *Par. de* Charroux.

[c] emoulu, affilé sur la Meule.

[d] *&* emendet injuriam passo. *Par. de* Charroux.

[e] valens. *Par. de* Charroux.

[f] Voy. l'Art. suivant.

[g] hortos.

[h] solidis... *solvendis*... Consulibus ad opus. *dans le Par. de* Charroux.

[i] Rues.

[k] plainte en Justice, Assignation.

[l] délais.

NOTES.

(o) *Bannum..... fregerit.*] M. Du Cange n'a point donné d'exemple de cette expression, qui se trouve deux fois dans une Chartre de *Crodegandus*, rapporté par Meurisse, Hist. des Evêques de Metz, Liv. 2. p. 169. Je crois qu'elle signifie *violer une Ordonnance ou Reglement, publié de par le Roy ou son Bailly.*

(p) *Leudam furatus fuerit.*] M. Du Cange au mot *Leuda*, dit qu'il signifie en general toutes sortes d'Imposts; & entre les exemples qu'il en donne, il rapporte l'Article du Pariage de *Charroux*: mais il n'explique pas ce que c'est que *furari Leudam.* Cela peut signifier, ou *voler les deniers provenans des Imposts*, ou s'exempter par adresse de payer les Imposts; ce qu'on appelle communement *frauder la Gabelle.*

(q) *Per Judicium, &c.*] Il y a dans le Pariage de *Charroux, & si signatus sit, ulterius debite puniatur*, ce qui est plus clair. Il paroist par ce qui suit, que par *debite* ou *debito modo puniatur*, il faut entendre *la Potence.*

CHARLES, Fils aisné, & Lieutenant de Jean I.er & selon d'autres, Jean II. à Paris, en Fevrier 1357.

(27) Item. *Pro omni clamore simplici, de quo lis moveatur & inducie petantur, post prolacionem sentencie, dicto Domino nostro quinque solidi pro Justicia persolvantur.*

(28) Item. *Deficiens ad diem sibi assignatam per Baillivos, vel per Officiales dicti Domini nostri, in duobus solidis & dimidio puniatur; Parti adverse in expensis legitimis nichilominus condempnandus.*

(29) Item. *Baillivus dicti Domini nostri non debet recipere Justiciam seu* [a] *gagium, quousque solvi fecerit judicatam rem Parti adverse que obtinuit.*

(30) Item. *De* [b] *questione rerum immobilium, post prolationem sentencie, dicto Domino nostro quinque solidi pro Justicia persolvantur.*

(31) Item. *De omni quolibet* [c] *clamore facto de quo lis moveatur, si* [d] *actor defecerit in probando, in quinque solidis actor pro Justicia puniatur; Parti adverse in expensis legitimis condempnandus.*

(32) Item. [e] *Marcatum dicte Ville debet fieri in die Jovis; & si Bos vel Vacca vel Porcus, vel Sus unius anni & supra, vendatur ab extraneo in die fori, dabit dicto Domino nostro venditor unum denarium pro Leuda: Et de Asino vel Asina, Equo vel Equa, Mulo vel Mula unius anni vel supra, dabit venditor extraneus duos denarios eidem Domino nostro pro Leuda: Et si infra, nichil: Et de Ove, Ariete, Capra vel Hirco unum obolum:* (r) *De summata Bladi, unum denarium:* (s) *de* [f] *sextario unum denarium: De Emina unum obolum pro Leuda & pro mensuragio; de* [g] *carteria nichil dabit: De onere hominis vitrorum, unum denarium, aut unum vitrum valentem unum denarium: De summata coriorum grossorum, duos denarios: De* [h] *honere hominis, aut de uno corio grosso, unum denarium: De summata ferri, pannorum lanneorum, duos denarios:* (t) *De sotularibus, de calderiis, anderiis, patellis, aissatis, parrolis, scultellis, falsibus, sarpis, piscibus sallatis & rebus consimilibus, dabit venditor extraneus in die fori pro Leuda, & pro* [i] *intragio duos denarios. De summata & de onere hominis rerum predictarum & consimilium, unum denarium. De summata urnarum vel* [k] *cavarum unum denarium. De onere hominis unum obolum.*

(33) Item. *Nundine sint in Villa termino assignato, & quilibet Mercator extraneus habens* (u) *troussallum vel plures troussellos in dictis Nundinis, dabit dicto Domino nostro pro introitu & exitu &* (x) *Caulagio & pro Leuda, quatuor denarios, & de onere hominis quicquid portet, unum denarium; & de rebus emptis ad usum domus alicujus, nichil dabitur ab emptore pro Leuda.*

(34) Item. *Quicunque voluerit poterit habere & facere Furnum in dicta Villa &*

a Voy. cy-dessus la Note *(l)* de la p. 205.

b dans les Procès.

c plainte en Justice, Assignation.

d le Demandeur.

e Mercatum. *Par. de Charroux.*

f sextario. *Par. de* Charroux.

g carteria. *Par. de* Charroux.

h onere. *Par. de* Charroux.

i C'est le droit nommé *pro introitu* dans l'Art. suivant.

k Ce sont apparemment des especes d'Urnes.

NOTES.

(r) *De summata.*] *Une Charge.* Voy. le Gloss. de Du Cange, au mot *Sagma.*

(s) *De Sextario.*] *Sextarium, Emina* & *Carteria,* sont des mesures, sur lesquelles on peut consulter le Gloss. de Du Cange sous ces trois mots.

(t) *De sotularibus, &c.*] *Sotulares,* des *souliers.* Voy. le Gloss. de Du Cange, au mot *subtalares.*

Calderiis, des chaudieres.

Anderiis. Du Cange au mot *Andena,* croit qu'*Anderia* signifie la même chose qu'*Andena,* un *Landier,* un gros chenet de Cuisine.

Patellis, des *Plats,* des *Assiettes.*

Aissatis. Dans le Pariage de Charroux il y a *Aycharis.* Du Cange qui avoit lû ce Pariage, a inseré dans son Glossaire ce mot ainsi que le suivant, sans s'expliquer. Les PP. Benedictins qui travaillent à la nouvelle Edition du Glossaire, croyent que ces deux mots signifient un outil propre à remuër la terre que l'on nomme *Aissade* dans le Languedoc.

Parrolis: il y a *Parroliis* dans le Pariage. Les mêmes Peres croyent qu'il faut entendre par ce mot, une petite *Chaudiere* ou *Chaudron,* que l'on appelle *Pairol* dans le Languedoc.

Scultellis. Il y a dans le Pariage *Cutellis;* ce qui vaut mieux ; ce sont des *Cousteaux.*

Falsibus, pour *falcibus,* des *faux.* Il y a dans le Pariage *Falciliis.*

Sarpis: sarpiis, dans le Pariage: des *Serpettes.*

(u) *Troussallum.*] Il y a *troussellum* dans le Pariage de *Charroux.* Du Cange au mot *Trossa,* dit que *Troussellum* signifie un *Trousseau.* Il peut signifier icy une *Balle* de Marchandises.

(x) *Caulagio.*] Ce mot auquel Du Cange a donné place dans son Glossaire sans l'expliquer, est aussi inconnu aux Benedictins qui travaillent sur son Glossaire. Le mot *Leuda* qui le suit, en explique la signification. C'est une espece d'Impost.

(y) Barrio

(y) Barrio ejusdem Ville; & de quolibet Furno in quo quis panem decoquet ad vendendum vel panem vicini sui, solvantur dicto Domino nostro quolibet anno, decem solidi [a] Oblia-rum tantum, in predicto Festo Purificationis Beate Marie.

(35) Item. Instrumenta per Notarios dicte Ville confecta illam vim [b] quam obtinent publica instrumenta.

(36) Item. Concedimus quod homines dicte Ville, licet extra clausuram dicte Ville, in ejus tamen Honore sive territorio commorantes, duos solidos & sex denarios Monete Turonensis tantum sicut ceteri ejusdem Ville Municipes vel Incole, pro [c] clamore solvere teneantur; (z) campinasiis tamen in territorio dicte Ville antiquitus constitutis, exclusis ab omni libertate.

(37) Item. Infeodationes olim factas per viros Ecclesiasticos, Barones, Milites, Domicellos & alios de Terris, Vineis, Pratis, Nemoribus & rebus aliis eisdem Habitatoribus rationabiliter factas in eodem territorio, ratas habentes, eas pro dicto Domino nostro & successoribus suis, eisdem Habitatoribus, heredibus & eorum successoribus in perpetuum concedimus & confirmamus; dicti Domini nostri & alieno in omnibus Jure salvo.

(38) Item. [d] Concedimus eisdem, quod si (aa) Domini Feodorum sub districtu dicti Domini nostri in territorio dicte Ville, infra novem dies vendas factas seu vendiciones de Terris & aliis rebus immobilibus de eorum Demanio moventibus, sine causa acceptare noluerint, sed in pendulo detinere, ut per hoc possint ab emptoribus aliquam pecuniam extorquere, ex tunc Baillivus dicte Ville pro dicto Domino nostro qui pro tempore fuerit, eosdem Dominos ad consentiendum eisdem vendicionibus, vel retinendum cum effectu res venditas, & [e] solvandum statim pecuniam earumdem, auctoritate dicti Domini nostri sine dilacione compellat, recipiendo [f] vendas inde contingentes, & inducendo in possessionem emptores, & inductos deffendendo.

(39) Item. Volumus & concedimus quod pro citationibus, saisinis aut aliis executionibus, nichil aliud exigatur quam retroactis temporibus exigi consuevit.

(40) Item. Volumus & concedimus quod in casibus in [g] quibus de quibus non loquitur neque fit mencio in supradictis Consuetudinibus, judicetur & determinetur Jure scripto.

Que omnia & singula supra scripta, quathenus dicti Consules, Habitantes & Communitas Ville-Franche predicte ipsis [h] hatenus usi sunt pacifice & quiete, de certa scientia & gratia speciali, & auctoritate Regia qua fungimur, ut prefertur, deliberacione matura super hoc in nostro grandi (bb) Consilio [i] prehabita pleniori, [k] renoventes, ea laudamus, approbamus, ratifficamus & eisdem gratia & auctoritate, tenore presencium confirmamus: Mandantes omnibus & singulis Justiciariis & subditis dicti Domini nostri & nostris, quatinus ipsos Consules, Habitantes & Communitatem hujusmodi Privilegiis, Consuetudinibus & Libertatibus prout superius sunt expressa, & eisdem usi sunt, ut

CHARLES, Fils aisné, & Lieutenant de Jean I.er & selon d'autres, Jean II. à Paris, en Fevrier 1357.

a Voy. cy-dessus la Note (i)

b obtineant, Par. de Charroux.

c painte en justice.

d Voy. le Sommaire.

e solvendum.

f lods & ventes.

g ces deux mots sont inutiles.

h hactenus.

i prehabito.

k renovantes.

NOTES.

(y) Barrio.] M. Du Cange au mot *Barrium*, dit qu'il signifie un Fauxbourg. On peut adjouster que ce mot vient de *Barra*, *Barriere*. Il y en avoit aux Portes des Villes, dont elles faisoient alors la principale deffense, comme je l'ay déja remarqué. Dans le Pariage de *Charroux*, il y a mal, *Boriis*.

(z) Campinasiis.] Ce mot pourroit bien estre la méme chose que *Campmasiis*. Car dans les anciens MS. où l'on mettoit rarement des points sur les *i*, *i* & *n*, & *m* s'écrivent de méme.

Il est aussi fort probable que *Campmasus* signifie la méme chose que *Capmasus*; & sur ce dernier mot, Du Cange rapporte un passage, par lequel il paroist que *Capmasus* estoit une terre tenuë par un Serf. *Cum serviciis & Capmasis, Bordis & Borderiis.* Ceux qui tenoient ces terres pouvoient estre nommez *Capmasii*, & ne joüissoient pas de la liberté, comme il est dit dans cet Article.

(aa) Domini Feodorum sub districtu, &c.] Les Seigneurs des Fiefs relevans du Roy. Voy. le Gloss. de Du Cange au mot *Districtus*.

(bb) Consilio prehabita pleniori.] Cela peut signifier *un Conseil plus nombreux qu'à l'ordinaire*. Dans quelques Ordonnances anterieures, il est fait mention de ces Conseils extraordinaires. Voy. la Table de ce Volume, au mot *Conseil du Roy*.

CHARLES, FILS AISNÉ, & Lieutenant de Jean I.er & selon d'autres, Jean II. à Paris, en Fevrier 1357.

prefertur, uti & gaudere faciant & permittant, nec ipsos contra tenorem ipsorum impedi in aliquo vel impediri permittant, aut etiam molestari. Nolumusque quod propter dicto Domino nostro aut successoribus suis facere seu prestare qualemcunque financi teneantur, quam quidem financiam ipsis de speciali gratia, remisimus & quictamus, tenore presencium remittimus & quittamus. Quod ut firmum & stabile perpetuo perseve sigillum Castelleti Parisiensis, majore dicti Domini nostri absente, presentibus Literis f mus apponi. Salvo in aliis Jure dicti Domini nostri & nostro, & in omnibus quolibet ali Datum Parisius, Anno Domini millesimo trecentesimo quinquagesimo septim Mense Februarii.

Per Dominum Ducem, ad relacionem Consilii, in quo vos & Dominus Philippus de Tribus-Montibus eratis. J. BLANCHET.

Sigillata sigillo Domini Regentis, die septima Aprilis Anno 58. & ex causa.

Sigillata, attento quod per Dominum Cancellarium Francie qui statum Ville & h bitantium melius novit quam alius, dum erat Parisius, negocium extitit pertractatum. (c

NOTES.

(*cc*) Voy. la Preface, §. Ordonnances, sur les deux dates de ces Lettres, & sur les de Sceaux qui y furent apposez.

CHARLES, FILS AISNÉ, & Lieutenant de Jean I.er & selon d'autres, Jean II. à Paris, en Fevrier 1357.

(*a*) Lettres en faveur de la Ville de Ville-Franche en Perigord.

SOMMAIRES.

(1) La Ville de Ville-Franche ne sera pas separée du Domaine du Roy, à moins que la Seneschaussée du Perigord n'en soit separée.

(2) Les Consuls avec le Bailli Royal de la Ville, & le conseil de vingt-quatre prud'hommes habitans de la Ville, ausquels on aura fait prester serment, pourront faire des Statuts, conformement ausquels ils jugeront les Affai qui sont de leur competence.

(3) Les Consuls pourront instituer un S gent dans la Ville.

(4) Le Seneschal de Perigueux & de C hors tiendra deux fois l'année ses Assises da la Ville, pour y juger, & non ailleurs, si n'est du consentement des Parties, les app des Sentences rendües dans la Ville & da le territoire.

KAROLUS Primogenitus & Locum-tenens Regis Francorum, Dux Norman nie & Dalphinus Viennensis: ad perpetuam rei memoriam. Regalis magnificent Dignitatis & honoris sibi multipliciter incrementa magnificat, & grandis devocionis subditis augmenta secundat, si ad illos quorum fidei [a] *pure constantiam & devocion gratuitam oportunis temporibus experitur, dexteram liberalitatis extendens, eos congru gratiarum favoribus prosequatur, ut ipsi de sue devocionis & fidelitatis meritis se comm dum reportasse letentur, & alii eorum exemplo ad consimilia fervencius annuentur. Notum igitur facimus universis presentibus & futuris, quod Nos attendentes sincere fidelitat & devocionis constantiam, quam in dilectis nostris Consulibus, Habitatoribus & Com munitate* [b] *Ville-Franche Petragoricensis,* [c] *Sallatensis Diocesis, in fronteriis inimicorum nostrorum existentibus, totis hactenus transactis & potissime Guerrarum temporibus, dicti Dominus noster suique predecessores & nos probabiliter novimus, & adhuc die quotidi experimur, que nec vitiorum interdum (b) exemplum submonita, nec persecutionibus hos tilibus stupefacta, tamquam serena semper in nubilo,* [d] *& semper extitit in devocion*

a puræ.

b Voy. cy-dessus la note (*b*) de la page. 203.

c Sarlatensis.

d au dessus de & il y a *eo* en autre caractere, & c'est ainsi qu'il faut lire.

NOTES.

(*a*) Tresor des Chartres, Registre 86. pour les Années 1357. & 1358. Piece 27. Voy. cy-dessus, p. 201. d'autres Lettres données le même jour, en faveur de ces mêmes Habitans, & la Note (*a*)

(*b*) *Exemplum submonita.*] Cet endroit

dicti Domini nostri servencior, quo dampna pertulit graviora; & ea propter volentes, ut tenemur, nostram eis impendere liberalius gratiam & favorem, ipsis Consulibus, Habitatoribus & Communitati horum suplicatione pro se & successoribus suis Nobis facta super [a] *hujus exaudita, autoritate Regia qua fungimur ad presens, de nostre plenitudine potestatis & ex certa scientia, deliberacione matura super hoc in nostro grandi Consilio prehabita* [b] *pleniori.*

CHARLES, FILS AISNÉ, & Lieutenant de Jean I.er & selon d'autres, Jean II. à Paris, en Fevrier 1357.

(1) *Concessimus & tenore presencium concedimus de gratia speciali, quod dictus Dominus noster, successoresque sui & Nos Villam ipsam aut partem ipsius, extra manum seu Domanium Regium quacunque de causa de cetero non ponemus, nisi totam Senescalliam Petragoricensem extra dictam manum Regiam transferri contingeret.*

(2) Item. *Quod ipsi Consules presentes & posteri, pro comodo & utilitate communi dicte Ville, vocato Bajulo dicti Domini nostri ipsius Ville, & de consilio viginti quatuor proborum virorum juratorum dicte Ville, statuta licita & honesta facere valeant, per* [c] *que possint & debeant judicare, ordinare & condempnare, & cognicionem habere de causis de quibus ipsi & predecessores ipsorum hactenus usi sunt, & prout fuit & est ibidem fieri consuetum.*

(3) Item. *Quod ipsi Consules qui nunc sunt & qui pro tempore fuerint, unum Servientem facere & instituere possint in Villa predicta, qui potestatem habeat citandi & adjornandi ad requestam Partis, personas quascunque dicte Ville coram ipsis Consulibus,* [d] *pignorandique pro debitis recognitis vel probatis, aut de quibus nulla questio* [e] *referatur, que debentur & debebuntur ipsis Consulibus ratione Consulatus ipsius Ville, & alia faciendi que ad Officium Servientis pertinere dignoscantur.*

(4) Item. *Quod Senescallus Pertragoricensis & Caturcensis qui nunc est & pro tempore fuerit, Assisias suas de cetero bis anno quolibet, assignare & tenere aut teneri facere debeat in Villa predicta, in quibus Appellationum Cause dicte Ville &* [f] *honorum ejusdem emergentes, & non alibi invitis Partibus, (c) sine debito debeant terminari, ac etiam diffiniri.*

(5) Item. *Dantes tenore presencium in mandatis Senescallo Petragorecensi & Caturcensi, & omnibus aliis Justiciariis & Officiariis dicti Domini nostri presentibus & futuris, quatinus supplicantes predictos & eorum successores nostra presenti gracia, omnibusque & singulis supradictis uti & gaudere, amotis impedimentis quibuscunque, perpetuo faciant & permittant: Nolumusque quod propter hoc dicto Domino nostro aut successoribus suis facere seu prestare qualemcunque financiam teneantur, quam quidem financiam ipsis de speciali gratia remisimus & quittavimus, ac tenore presencium remittimus & quittamus. Quod ut firmum & stabile perpetuo perseveret, sigillum Castelleti Parisius, majore dicti Domini nostri absente, presentibus Litteris fecimus apponi, salvo in aliis jure dicti Domini nostri & nostro,* [g] *in omnibus quolibet alieno.* Datum Parisiis, Anno Domini millesimo trecentesimo quinquagesimo septimo, Mense Februarii.

[a] il manque là quelques mots.

[b] Voy. cy-dessus la Note (*bb*) de la page. 209.

[c] quæ.

[d] faire des saisies.

[e] sur lesquels il n'y aura pas de contestation.

[f] le territoire.

[g] &

(*d*) *Per Dominum Ducem, ad relacionem Consilii, in quo vos, & Dominus Philippus de Tribus-Montibus eratis.* J. BLANCHET.

Sigillata sigillo Domini Regentis, die septima Aprilis Anno 58. & ex causa.

Sigillata, attento quod per Dominum Cancellarium Francie qui statim Ville & Habitancium melius novit quam alius, dum erat Parisiis, negocium extitit pertractatum.

NOTES.

paroist corrompu. On voit bien que cela signifie, *n'ayant pas esté ébranlée par les mauvais exemples des Villes voisines, qui dans ces temps de Guerre, ont manqué à leur devoir envers le Roy.* Cela paroist cependant contraire à ce qui a esté dit dans la Note (*b*) de la p. 203. Voy.

(*c*) *Sine debito.*] Je crois que ces mots peuvent signifier, *que le Seneschal sera tenu de rendre ses Jugements sans prendre d'honoraires.*

(*d*) *Per Dominum Ducem, &c.*] Voy. cy-dessus la Note (*b*) de la p. 203.

CHARLES REGENT., Jean I.er & selon d'autres, Jean II. à S.t Denis en France, le 18. de Mars 1357.

(a) Lettres de Provisions de Chancelier du Regent, en faveur de Maistre Jean Dormans.

CHARLES Ainsnéz Filz du Roy, (b) Regent le Royaume de France, Duc de Normandie & Dalphin de Viennois: à tous ceulx qui ces Lettres verront Salut. Comme par meure & grant deliberation que Nous avons eu avec les Gens du grant Conseil de Monseigneur & de Nous, & plusieurs autres Prelaz, Barons & Bourgois de bonnes Villes du Royaume de France, Nous aions pris pour l'évident necessité & profit dudit Royaume, le nom de Regent & le gouvernement d'icelli, jusques à tant qu'il plaise à Dieu que Monseigneur puisse retourner en ycelli & estre [a] ors de la main de ses ennemis, à laquelle chouse Nous veillons & entendons de tout nostre povoir: Et pour ce conviengne de mettre une [b] pourveue sage & loyaul personne (c) qui face le fait de la Chancellerie: Savoir faisons que

a *hors.*
b *prudente.*

NOTES.

(a) Memorial C. de la Chambre des Comptes de Paris, fol. neuf vingt dix sept, *recto.* Il y a écrit à la marge de ces Lettres, *Icy commence ledit Charles se nommer Regent, & paravant se nommoit Lieutenant.*

(b) *Regent le Royaume.*] Le Dauphin Charles après la bataille de Poitiers prit d'abord le titre de Lieutenant du Roy, & ce ne fût que le 14. de Mars 1357. qu'il prit celuy de Regent. Voy. cy-dessus, p. 85. Note (b)

(c) *Qui face le fait de la Chancellerie.*] Lorsque le Roy Jean fut pris à la bataille de Poitiers, c'estoit *Pierre de la Forets* Archevesque de Roüen, qui estoit Chancelier. (a) Charles Dauphin & Lieutenant du Roy ayant assemblé les Estats generaux en Octobre 1356. les Deputez demanderent qu'on nommast des Commissaires pour faire le procès au Chancelier. Le Dauphin rompit l'Assemblée des Estats. (b) Le 28. de Decembre 1355. le Chancelier fut fait Cardinal du titre des SS. douze Apostres. (c) Le Dauphin ayant rassemblé les Estats dans le mois de Janvier suivant, le Chancelier ne se monstra plus à Paris. Le Roy l'avoit mandé à Bourdeaux pour travailler au Traité de Paix qui s'y negocioit: les Deputez des Estats voulurent empescher qu'il n'y allât, mais on leur dit qu'il estoit necessaire qu'il s'y rendît pour remettre les Sceaux au Roy. (d) Par l'Art. 11. de l'Ordonn. du mois de Mars 1356. faite en consequence de la tenuë des Estats, *Pierre de la Forets* fut privé de son Office. (e) Franc. du Chesne (f) dit que pendant l'absence & l'éloignement de *Pierre de la Forets*, le Roy donna les Sceaux à *Gilles Aycelin de Montagu* Evêque de *Therouenne:* mais il ne marque pas précisement dans quel temps ils luy furent donnez. Ce qu'il y a de certain, c'est que le Cardinal *de la Forets* estoit en Angleterre le 30. de Septembre 1357. & le 5. de Juillet & le 20. de Mars 1358. ainsi qu'il paroist par des Lettres de sauf-conduit qui lui furent accordées par le Roy d'Angleterre, & dans lesquelles on ne luy donne point le titre de Chancelier. (g) Le 14. d'Octobre 1357. on expedia de semblables Lettres à l'Evesque de *Therouenne*, sans luy donner le titre de Chancelier. (h) Cependant il l'estoit certainement alors, puisque le 2. d'Octobre precedent, il avoit écrit une Lettre à Messieurs de la Chambre des Comptes de Paris, qui est signée, *l'Evesque de Teroane Chancelier de France.* (y) Le 27. de Janvier 1357. il vint à Paris, où il rendit compte d'un Traité de Paix qui avoit esté negocié en Angleterre, & qui n'eust point d'execution. (z) Vers le 10. ou 12. de Mars suivant, *l'Evesque de Therouenne lors Chancelier de France qui estoit nouvellement arrivé d'Angleterre, & qui y avoit laissé les Sceaux du Roy par son ordre & par celuy de son Conseil, s'appercevant qu'on vouloit user d'autres Sceaux que de celuy du Chastelet, duquel l'on usoit en l'absence du grand, & aussi pour plusieurs autres causes, sortit de Paris, & alla dans son Pays d'Auvergne.* (m) Peu de jours après, le Regent nomma *Jean Dormans pour faire le fait de la Chancelerie en son nom, & comme Regent le Royaume.* Jean de Dormans estoit auparavant Chancelier de Charles en qualité de Duc de Normandie, ainsi qu'il paroist par les Lettres qui sont imprimées cy-dessous dans la Note (d)

(a) *Hist. des Chancel. de France, par Fr. du Chesne, p. 336.*

(b) *Chroniq. de S.t Denis, t. 2. p. m. 169. recto, col. 2.*

(c) *Ibid.* p. 171. recto col. 2. *& Hist. des Card. François par François du Chesne. L. 2. p. 534.*

Nous confians à plain du sens, loyauté & diligence de nostre amé & feal Chancelier Maistre Jehan Dormanz, par deliberation eue avec les Gens de nostre grant Conseil, ycelli nostre Chancellier avons ordoné & par ces presentes ordenons de grace especial, certaine science & autorité Royaul dont Nous usons, à faire le fait de la Chancellerie en nostre nom & comme Regent le Royaume de France, & dudit fait li avons donné & baillé la Charge tant comme Nous aurons le gouvernement dudit Royaume, aux gaiges de deux *(d)* mille livres parisis par an, aux Bourses, Registres & autres proffiz & droiz que ont pris & accoutumé de prendre & avoir ou temps passé, les Chancelliers de France, oultre & avec les gaiges, Bourses, Registres & autres droiz qu'il prent & doit prendre à cause de nostre Chancellerie de Normandie. Si donons en mandement à noz amez & feaulx les Gens des Comptes & Tresoriers de Monseigneur & de Nous à Paris, & à chascun d'eulx, que lesdiz gaiges, proffiz & Droits accoustumez à estre bailliez à Chancelier de France, il fassent & lessent tant par le Nottaire Audiancier comme par touz autres à qui il appartiendra, baillier & delivrer à nostredit Chancellier tant comme Nous aurons ledit gouvernement, oultre lesdiz gaiges, Droits & autres proffiz de nostredite Chancellerie, & que ce qui pour cette cause li aura esté baillé par ledit Audiencier ou par quelconques autres, il allouent ès Comptes dudit Audiencier & de tous autres à qui il appartiendra, sens aucune difficulté. Toutes-voyes nostre entente n'est pas, ne ne voulons en aucune maniere deroguer en ce faisant, à nostre amé & feal Conseiller le Chancellier de France ne à son droit, que il ne fasse le fait de ladite Chancellerie si-tost comme Monseigneur sera retournez, & que Nous [a] delairons à avoir ledit gouvernement. En tesmoing de ce Nous avons fait mettre à ces presentes nostre Seel. *Donné à saint Denis en France, le dixhuitieme jour de Mars l'An de grace mil trois cens cinquante & sept. Ainsi signées.* Par Monseigneur le Regent, en son Conseil, ouquel estoient Messieurs l'Evesque de Laon, le Seigneur de Louppy, l'Admirault de France & le Connestable de Flandres. GONTIER. LAON. LOUPPEY. M. DE FL.

CHARLES REGENT, Jean I.er & selon d'autres, Jean II. à S.t Denis en France, le 18. de Mars 1357.

a cesserons.

NOTES.

(d) Chron. de S.t Denis, p. 171. verso, col. 2.

(e) Voy. cy-dessus, p. 130. Art. 11.

(f) Hist. des Chanceliers de France. p. 337.

(g) Rymer, t. 6. pp. 46. 94. & 80.

(h) Ibid. p. 66.

(i) Mem. C. de la Chambre des Comptes de Paris, fol. neuf vint huict verso.

(l) Chroniq. de S.t Denis, fol. 177. recto, col. 1.

(m) Id. fol. 178. recto, col. 2.

(d) De deux mille livres.] Il y a dans le Mem. C. de la Chambre des Comptes, fol. 220. des Lettres concernant ces gages, que l'on a cru devoir faire imprimer icy.

NOTES.

CHARLES Aisné Fils du Roy de France, Regent le Royaume, Duc de Normandie & Dauphin de Viennois : A nos amez & feauls les Gens des Comptes & Tresoriers de Monseigneur & de Nous à Paris, Salut & dilection. Comme ja pieça Nous eussions retenu nostre Chancelier de Normandie Mestre Jehan de Dormans, à mille livres Parisis de gages par an, avecques les Bourses, Registres & autres Droits accoustumés, & depuis que Nous preismes le nom & tiltre de Regent le Royaume Nous aiens ordenné par grant deliberation de Conseil, que nostredit Chancelier de Normandie seelleroit de nostre grant Seel, & feroit avecques ce tout le fait de la Chancellerie de France, & pour ce auroit & prenroit pour gaiges avecques les autres devant dits [b], deux mil livres parisis, le Registre & autres Droits accoustumés à estre baillés au Chancelier de France, lesquels gages & Droits dessus diz li ont esté baillé, delivré & compté en la Chambre desdiz Comptes : mais pour ce qu'il se [c] doubte que ou temps avenir, aucuns vousissent [d] recouvrer sur li les uns desdiz gages, en disant que par les Ordenances de ladite Chambre, l'en ne doit pas prenre deux paires de gages, ou que ou temps que ledit Duchié de Normandie estoit gouverné ou nom & par le Roy & par le Chancellier de France, l'en n'y prenoit que deux mil livres de gaiges tant pour France que pour Normandie ; Nous [f] acertené des choses dessus dittes, consideré les bons & agreables services que nostredit Chancelier Nous a faiz & fait de jour en jour, & encores esperons que il face ou

b mille livres.

c il craint.

d l'obliger à restituer.

f certain.

temps avenir, & les grans travaulx, frais & perils que il a soustenus & li convient chascun jour soustenir avecques Nous pour le fait des Guerres, avons declaré & declarons par ces Lettres, estre nostre volenté & entention que nostredit Chancelier ait & preigne entierement & paisiblement lesdites troys mille livres de gaiges avec les autres Droits dessus diz, tant pour le temps passé, comme pour le temps avenir que il exercera les diz Offices, & de nouvel li donnons & assignons lesdites troys mille livres de gages par an & autres droits, de grace especial, se mestier est, tant pour le temps passé, comme pour le temps avenir que il exerce & excercera lesdiz Offices, comme dit est, nonobstant ce que dit est, ne quelconques autres Ordenances ou Status de Monseigneur, de Nous ou de laditte Chambre, fais ou à faire au contraire, sous quelconque fourme de parolles que elles puissent estre, dons ou graces autresfois fais à nostredit Chancelier par nostredit Seigneur ou Nous, & que icelles Ordonnances & dons ne soient exprimés & par exprès contenus où esclaircis en ces presentes : Si vous mandons & enjoignons estroittement & à chacun de vous, que les gages & Droits dessusdits vous comptés & payés entierement à nostredit Chancelier, sens l'y jamais mettre ne souffrir estre mis empeschement aucun, ne demander aucune chose à luy ne à ses hoirs ou ayans cause de luy, pour le temps passé ne avenir par quelque maniere que ce soit : & Nous par ces presentes de certaine science & authorité Royal dont Nous usons, en [a] absolons, quittons & delivrons nostre dit Chancelier & sesdits hoirs & successeurs ou ayans cause à touzjoursmais perpetuelment : & pour plus grant fermeté, voulons & mandons que ces presentes soient enregistrées en laditte Chambre des Comptes. En tesmoing de ce Nous avons fait mettre nostre Scel à ces Lettres. *Donnez au Louvre de lez Paris, le huitiéme jour de Decembre, l'An de grace mil trois cens cinquante & huit.* Par Monsieur le Regent. GAUTIER. *Duplicata.*

[a] *absolvons.*

(a) MCCCLVIII.

NOTES.

(*a*) Suivant M. du Cange dans son Glossaire au mot *Annus*, l'Année 1358. commença le premier d'Avril, & finit le 20. d'Avril.

CHARLES REGENT, Jean I.er & selon d'autres, Jean II. à Compiegne le 1.er d'Avril 1358. A Paris, en May 1353.

(a) Lettres qui déterminent les Justices Royales auxquelles *Chastelet en Brie* a ressorti en differens temps.

KAROLUS Regis Francorum Primogenitus, Regnum Regens, Dux Normannie & Dalphinus Viennensis : Notum facimus universis tam presentibus quàm futuris, Nos Litteras dicti Domini & Genitoris nostri vidisse super hiis verbis.

Johannes Dei gratiâ Francorum Rex : Notum facimus universis tam presentibus quàm futuris, quod nos auditâ humili supplicatione dilectarum nostrarum Religiosarum, Prierisse & Conventus de [b] Pissiaco, asserentium quòd cum [c] ipse habeant ex fondacione Regali Preposituram de (b) Castelleyo in Bria, cum omnibus commodis, pertinenciis & emolumentis ipsius Prepositure, exemptaque extiterit & sit Prepositura ipsa de Castelleyo cum Juribus & pertinenciis, a Prepositura [d] Meledunensi, ac coram Baillivo nostro Senonensi absque medio in Assisia Meledunensi tanquam ad sedem Regalem duntaxat resortite fuerint & debeant ressortiri, prout per certa Privilegia à predecessoribus Francie Regibus ipsis Religiosis concessa & per Nos confirmata, predicte Religiose premissa liquidiùs asserunt apparere, & de hoc hactenus sint & fuerint in possessione & saisina. Cum certis de causis nuper carissime nostre Domine Regine [e] Blanche Castrum & Castellaniam

[b] Poissy.
[c] ipsæ.
[d] de Melun.
[e] Voy. cy-dessus la Note (ff) de la page 30.

NOTES.

(*a*) Tresor des Chartres, Registre 86. pour les Années 1357. & 1358. Piece 20.

(*b*) *Castelleyo in Bria, &c.*] J'ay appris d'une personne qui est chargée des affaires de l'Abbaye de *Poissy*, que ce lieu se nomme aujourd'huy *Chastelet en Brie*, qu'il est situé à trois lieuës de *Melun*, sur le chemin de *Montereau*, & que les Appellations au Civil se portent presentement *à Melun.*

Meledunensem cum certis aliis rebus & possessionibus tradiderimus, ac sub certo modo assignaverimus, propter quòd Religiose predicte non habeant nec debent secundum Privilegia predicta, illuc aliqualiter amplius ressortiri, supplicantes per Nos eisdem de ressorto ad sedem Regalem absque medio provideri. Quapropter Nos attentis Privilegiis predictis & consideratis, earumdem supplicationi tanquam rationabili inclinati, eisdem concessimus & concedimus per presentes, de nostra gratia speciali ac auctoritate nostra Regia, dictam Preposituram de Castelleyo cum Juribuz & pertinenciis, ex nunc apud sedem nostram Regalem de Moreto coram dicto Baillivo nostro Senonensi & non alibi, modo & forma quibus secundum Privilegia predicta ressortiebantur apud Meledunum, coram ipso de cetero volumus ressortiri: Quam quidem sedem de Moreto Regalem tanquam propinquiorem eisdem ordinavimus, ac etiam tenore presentium assignamus: Ipsi Baillivo nostro Senonensi mandantes & committentes, ut Causis & processibus in ipsa sede Meledunensi pendentibus de Prepositura predicta & pertinentibus, in ipsa sede de Moreto primitus resumptis, in eisdem Partes faciat procedere, prout fuerit racionis; inhibentes ac etiam deffendentes Baillivo dicte Regine, Preposito, Gentibus & Servientibus qui nunc sunt & qui pro tempore fuerint, ne de Causis & casibus Prepositure predicte se aliquatenus intromittant, aut quoquomodo cognoscere presumant; sed solùm Baillivus noster Senonensis predictus de eisdem cognoscat ad sedem Regalem de Moreto predictam, modo & formâ superiùs declaratis. Quod ut firmum & stabile perpetuò permaneat in futurum, presentes Literas sigilli nostri jussimus appensione muniri: Nostro & alieno in omnibus Jure salvo. Datum Parisiis, Anno Domini millesimo trecentesimo quinquagesimo tercio, [a] Maii.

CHARLES REGENT, Jean I.er & selon d'autres, Jean II. à Compiegne le 1.er d'Avril 1358.

Et quia Nos certis de causis dictam Villam & Castellaniam de Moreto cum Juribus & pertinenciis suis universis carissime Domine nostre Regine Blanche predicte tradidimus & assignavimus, & ob hoc dicte Religiose que coram Judicibus dicte Regine juxta earum Privilegia ampliùs non habent ressortiri, Nobis supplicarunt sibi de ressorto ad sedem Regalem provideri. Quo circa Nos [b] *attemptis Privilegiis predictis & consideratis, earumdem supplicationi tanquam rationabili inclinati, eisdem concessimus & concedimus per presentes, de speciali gratia & auctoritate Regia qua fungimur, ut dicta Prepositura de Castelleyo ex nunc ad sedem Regalem de* [c] *Corbolio coram Preposito Parisiensi tanquam ad propinquiorem sedem Regalem dicte Prepositure de Castelleyo & non alibi, modo & formâ* [d] *secundum Privilegia predicta ressorciebantur apud Moretum coram Baillivo Senonensi aut ejus Locum-tenente, de cetero habeant ressortiri: Quamquidem sedem Regalem de Corbolio eisdem ordinavimus ac etiam tenore presentium assignamus, ipsi Preposito Parisiensi aut ejus Locum-tenenti mandantes & committentes per presentes,* [e] *ex Causis & processibus in ipsa sede de Moreto pendentibus de Prepositura & pertinentiis, in ipsa sede de Corbolio primitus resumptis, in eisdem Causis & processibus Partes procedere faciat prout fuerit rationis: Inhibentes ac etiam deffendentes Baillivo dicte Regine, Preposito, Gentibus & Servientibus qui nunc sunt & pro tempore fuerint, ne de Causis & casibus Prepositure predicte se aliquatenus intromittant, aut quoquomodo cognoscere presumant; sed solum Prepositus Parisiensis aut ejus Locum-tenens de eisdem cognoscat ad sedem Regalem de Corbolio predictam, modo & formâ superiùs declaratis. Quod ut firmum & stabille perpetuo perseveret, presentes sigilli nostri fecimus appensione muniri: Jure prefati Domini & Genitoris nostri & nostro, ac alieno in omnibus semper salvo.* Datum apud Compendium, die Sancto Pasche, prima die Aprilis; Anno Domini millesimo trecentesimo quinquagesimo octavo. *Per Dominum Regentem, in suo Consilio, in quo erant Domini Episcopus Lexoviensis, de Louppeyo & de Vinayo.* G. GONTIER.

[a] *Mense.*

[b] attentis.

[c] Corbeil sur Seine.

[d] *qua ou quibus.*

[e] *ut comme il est plus haut.*

CHARLES REGENT, Jean I.er & selon d'autres, Jean II. à Paris, en Avril 1358.

(a) Lettres qui reglent le ressort de l'Abbaye de S.t Maixent.

KAROLUS &c. Notum facimus universis presentibus pariter & futuris, Nos tres Litteras Regias in filis [a] *ciricis & cera viridi sigillatas vidisse, quarum tenor prime sequitur in hec verba.*

Philippe III. dit le *Hardi*, à Paris, en Decembre 1281.

[b] *Philippus Dei gratia Franc. Rex. Notum facimus universis tam presentibus quàm futuris, quòd cùm tempore quo clare memorie carissimus Patruus noster (b) Alfonsus Comes Pictavensis & Tholosanus* [c] *tenebant Comitatum Pictavie, (c) Abbacia Sancti Maxentii tam in capite quam in membris, esset in Gardia & protectione nostra speciali, & de ressorto Castellanie de* [d] *Lauduno, ac predictus Comitatus Pictavensis ex* [e] *eschaeta predicti Patrui nostri ad Nos devenerit, propter comodum ipsius Monasterii, ordinavimus quòd dictum Monasterium & ejus membra sint de ressorto Niorti, quemadmodum prius erant de ressorto Laudumi. Itaque si Nos vel successores nostros Franc. Reges futuris temporibus contingeret dictum Comitatum Pictavensem extra manum Regiam ponere, nolumus quòd ipsi Monasterio vel ejus Privilegiis occasione hujusmodi aliquod prejudicium imposterum* [f] *generatur. In cujus rei testimonium presentibus Litteris nostrum fecimus aponi sigillum.* Datum Parisiis, Anno Domini millesimo ducentesimo octagesimo primo, Mense Decembri.

Tenor verò secunde talis est.

Loüis X. dit le *Hutin*, à Vincennes, en Avril 1315.

Philippe V. dit le *Long*, à S.t Germain, en Juillet 1317.

LUDOVICUS [g] *Dei gratia Franc. & Navarre Rex: Notum facimus universis presentibus & futuris, quod Nos à sacris predecessorum nostrorum dispositionibus ac devotis concessionibus, quas Ecclesiis & Ecclesiasticis personis Regni nostri Francie multipliciter facere studuerunt, recedere nolentes, sed eis inherere in favorem Abbatie Sancti Maxentii in Pictavia, cujus terra variis in locis, presertim infra consinia terre carissimi & fidelis Germani nostri (d) Philippi Comitis Pictavensis, inclavata consistit, providimus, ordinavimus, statuimus, tenore presentium concedentes, quod ipsa Abbatia ad Jus Corone Francie dudum à predecessoribus nostris retenta, nec non quelibet res ad eam pertinentes in nostra protectione seu Gardia, & hactenus quamdiu dictum Comitatum Nos seu predecessores nostri Francie Reges tenuimus, sub ressorto Niorti de Pictavensi Senescallia existentes, ex nunc in posterum in & de ressorto* [h] *Loduni de Turonensi Ballivia consistant & maneant, sub Consuetudinibus quibus Abbas & Conventus ejusdem Abbatie ac*

a siricis.

b Philippe III. dit le *Hardi*.

c tenebat.

d Loudun, *plus bas il y a* Loduno.

e *Succession, Voy. du Cange, au mot* escaeta.

f generetur.

g Loüis X. dit le *Hutin*.

h Loudun, *plus haut il y a* Laudumi.

NOTES.

(a) Tresor des Chartres, Reg. 86. pour les Années 1357. 1358. Piece 41.

Cette Année 1358. ayant commencé au premier d'Avril, & ayant fini au 20. d'Avril, il y a eu dans cette Année, deux mois d'Avril presque entiers. Il n'y a rien dans cette Ordonnance, ni dans les suivantes qui sont datées comme elle du mois d'Avril, qui marque si elles ont esté données dans le premier ou dans le second mois d'Avril de l'année 1358.

(b) *Alfonsus, &c.*] Fils de Loüis VIII. & Frere de S.t Loüis. Il mourut le 21. d'Aoust 1271. dans le Chasteau de *Corneto* dependant de la Ville de *Sienne*, en Italie: il revenoit d'Afrique. Il ne laissa pas de posterité. Hist. Genealog. de la Maison de France, par les PP. Ange & Simplicien, t. 1. p. 82.

(c) *Abbacia S.t Maxentii.*] S.t Maixent, dans le Poitou, sur la Riviere de *Sevre*: il s'est formé autour de cette Abbaye, une Ville assez considerable qui porte le même nom. Voy. la nouvelle Gaule Chrestienne, t. 2. p. 1245.

Cette Abbaye qui suivant les apparences estoit anciennement du ressort de *Niort*, devint du ressort de *Loudun* en Touraine, quand le Poitou fut demembré de la Couronne, parce qu'estant sous la Garde du Roy, elle ne devoit ressortir qu'à une Jurisdiction Royale; mais le Poitou ayant esté réüni à la Couronne par la mort d'Alphonse, elle redevint du ressort de *Niort*.

(d) *Philippe.*] C'est Philippe V. dit le Long, qui fut Roy après la mort de Loüis le *Hutin* son Frere.

hominis

homines eorumdem soliti sunt hactenus gubernari. Quod ut firmum & stabile perseveret, nostrum presentibus Litteris fecimus apponi sigillum. Datum apud Vicennas, Anno Domini millesimo trecentesimo quinto-decimo, Mense Aprilis.

CHARLES REGENT, Jean I.er & selon d'autres, Jean II. à Paris, en Avril 1358.

Tertia verò continet formam, que sequitur.

KAROLUS Regis Franc. [a] *ejusque Locum-tenens, Dux Normannie & Dalphinus Viennensis: Notum facimus universis tam presentibus quàm futuris, quòd de Registris Cancellarie Regie, de tempore inclite memorie carissimi Domini & Consanguinei nostri Regis Philippi Longi, fecimus Litteras extrahi, formam que sequitur continentes.*

a Primogenitus.

[b] *PHILIPPUS Dei gratia Francie & Navarre Rex. Notum sit omnibus tam presentibus quàm futuris, quod Nos à sacris predecessorum nostrorum dispositionibus ac devotis concessionibus, quas Ecclesiis & Ecclesiasticis personis Regni nostri Francie multiplices facere studuerunt, recedere nolentes, sed eis inherere, in favorem Abbacie Sancti Maxencii in Pictavia, cujus terra variis* [c] *& locis inclavata consistit, providimus, ordinavimus, statuimus tenore presentium concedentes quòd ipsa Abbacia tam in capite quàm in membris, ad Jus Corone Francie dudum à predecessoribus nostris retenta, necnon quelibet res ad eam pertinentes, in nostra protectione seu Gardia, & hactenus quamdiu regimen Comitatûs Pictavensis tenuimus tanquam Comes, sub ressorto Loduni de Baillivia Turonensi existentes, ex nunc in posterum in & de ressorto & obeissencia Pictavensi consistant & maneant, tali conditione quòd si contingat Nos vel successores nostros Reges Francie dictum Comitatum Pictavensem extra manum Regiam ponere, hujusmodi occasione, Juribus, Privilegiis, & Libertatibus ejusdem Abbacie aliquod prejudicium in futurum volumus generari. Quod ut ratum & stabile permaneat, sigillum nostrum presentibus Litteris duximus apponendum.* Datum apud Sanctum Germanum, Anno Domini millesimo trecentesimo decimo-septimo, Mense Julii.

b Philippe V. dit le *Long*.

c In & de, comme il y a plus bas.

Nos autem Dux & Locum-tenens predictus in hujusmodi extractus testimonium, presentibus Litteris, absente magno sigillo Regis, apponi fecimus Castelleti Parisiensis sigillum. Datum Parisius, Anno Domini millesimo trecentesimo quinquagesimo-septimo, Mense Marcio.

Quas quidem Litteras & omnia in eisdem contenta, rata & grata habentes, ipsas laudamus, volumus, & auctoritate Regia qua fungimur in hac parte, & de gratia speciali confirmamus & approbamus. Et quia hujusmodi Comitatus Pictavensis (c) nunc extra manum Regiam existit, prout erat tempore quo bone memorie carissimus Dominus & Consanguineus noster dictus Rex [d] *Philippus, Comes quondam Pictavensis, dictum Comitatum antequam dictum Regnum Francie ad ipsum devenisset, tenebat & possidebat, Nos in favorem Abbacie Sancti Maxentii in Pictavensi, cujus terra in variis locis, presertim infra* [e] *concinia dicti Comitatus Pictavensis inclavata consistit, providimus, statuimus, ac tenore presencium ordinamus & concedimus quòd* [f] *eadam Abbacia tam in capite quam in membris, ad Jus Corone Francie dudum, ut in dictis Litteris continetur, retenta, necnon quelibet res ad eam pertinentes in Regia protectione & salva Gardia, ac hactenus quamdiu dictum Comitatum dictus Dominus Genitor noster, ejusque predecessores Reges Francie tenuerunt, sub ressorto Niorti & Pictavensi in Senescallia Pictavensi existentes ex nunc imposterum in & de ressorto Loduni de Turonensi Baillivia, consistant & permaneant, sub consuetudinibus quibus Abbas & Conventus ac Priores ejusdem Abbacie & homines eorumdem soliti sunt hactenus gubernari, quamdiu dictus Comitatus extra manum Regiam remanebit. Mandantes & committentes Baillivo Turonensi qui nunc est & pro tempore* [g] *erat, aut ejus Locum-tenenti tenore presentium, quatenus ipsos Religiosos*

d Philippe le Long.

e confinia.

f eadem.

g erit.

NOTES.

(c) *Nunc extra manum Regiam existit.*] Jean de France, troisiéme Fils du Roy Jean, estoit alors Comte de Poitou. Hist. Genealog. de la Maison de France, par les PP. *Ange & Simplicien*, t. I. p. 106.

eorumque homines, & quemlibet ipsorum, premissis uti & gaudere faciat & permittat juxta tenorem Litterarum supra scriptarum; inhibendo Senescallo Pictavensi, ceterisque Justiciariis ejusdem Comitatus, & cuilibet eorum, ne contra premissarum tenorem, ipsos vel eorum alterum impediant, vexent vel molestent, aut impediri, vexari sive molestari faciant aut permittant quoquomodo; quicquid in contrarium factum fuerit, ad statum pristinum & debitum reducendo. Quod ut firmum & stabile perpetuo maneat in futurum, has presentes Litteras sigilli nostri munimine [a] *facimus roborari: Salvo in aliis Jure Regio, & in omnibus quolibet alieno.* Actum & datum Parisius, Anno Domini millesimo trecentesimo quinquagesimo-octavo, Mense Aprilis.

a fecimus.

Per Consilium Parisius existens,

BESCOT.

N. LE GROS.

AMBREVILLE.

CHARLES REGENT, Jean I.er & selon d'autres, Jean II. à Compiegne, le 7. de May 1358.

(a) Mandement pour faire fabriquer de gros Deniers blancs à la Fleur de Lis, & des Deniers doubles Tournois.

CHARLES aisné Fils du Roy de France, Regent le Royaume, Duc de Normandie & Dalphin de Viennois: à nos amez & feaulx les Generaulx-Maistres des Monnoyes de nostredit Seigneur & de Nous, salut & dilection. Comme Nous par tres grant & bonne deliberacion du Conseil de nostredit Seigneur & de Nous, & des Prelatz, Barons & les Gens des bonnes Villes dudit Royaume, & à leur priere & requête, ayons nagueres ordonné & fait faire & ouvrer en toutes & chacunes les Monnoyes dudit Royaume, gros Deniers blancs & doubles tournois, en ouvrant sur le pié de *(b)* Monnoye quarante-cinquiesme; lequel pié Nous & les dessusdiz esperions & tenions estre de plus grant valeur & revenue qu'il n'a esté, & plus longuement durer, sans ce que lesdites Monnoyes ou aucunes d'icelles peussent ou deussent cheoir en chomaige: Et Nous avons entendu & sommes plainement informez par les Gens de nostredit Conseil & par autres, que lesdites Monnoyes ou aucunes d'icelles desja pieça & de present sont du tout en chomaige, & que en icelles n'est fait aucun Ouvraige; lesquelles choses sont moult prejudiciables à nostredit Seigneur & à Nous, & en tres grant peril & [b] doubte de tout ledit Royaume, pour cause des tres grans & innumerables mises qu'il Nous convient supporter & maintenir pour la tuition & deffense d'iceluy, au prouffilt dudit Peuple: lesquelles sans le trop grant grief dudit Peuple, Nous n'avons [c] peu ne pourrions [d] finer bonnement, se ce n'estoit par le fait & gouvernement desdites Monnoyes & de la revenue & prouffilt d'icelles; savoir vous faisons que Nous par tres grant deliberacion, eue consideracion aux choses dessusdites, pour le bien & prouffilt de tout ledit Royaume, & pour avoir [e] mise pour la tuicion & deffense d'iceluy, avons ordonné, & par ces presentes voulons & ordonnons que en toutes & chacunes lesdites Monnoyes estans oudit Royaume, l'en face faire & ouvrer gros Deniers blancs à la Fleur de Liz, autels & semblables comme ceulx que l'en fait, ayans cours pour douze deniers parisis la Piece: lesquelz seront à trois deniers huit grains de Loy, dit & nommé Argent-le-Roy, & de cinq solz [f] de poix au marc de Paris;

b *crainte.*

c *pû.*

d *trouver.*

e *dequoi fournir aux depenses necessaires.*

f *Il y aura 60. Pieces au marc.*

NOTES.

(a) Regiftre D. de la Cour des Monnoyes de Paris, fol. 8. *recto.* Avant ce Mandement, il y a:

Le 8.e jour de May, fut apporté en la Chambre des Monnoyes à Paris, ung Mandement de Monsieur le Regent, duquel la teneur est escripte en l'autre page de ce feuillet.

(b) Monnoye quarante-cinquiesme. Voyez cy-dessus, p. 193. les Lettres du 22. de Janvier 1357. & p. 199. les Lettres du 7. de Febvrier suivant.

Et Deniers doubles tournois autelz & [a] semblebles en coing, taille & façon comme ceulx de present, de tel poix & loy comme bon vous semblera; en ouvrant iceulx gros Deniers blancs & doubles tournois sur le pié de [b] Monnoye cinquante-quatriesme: *(c)* Et en trayant de chascun marc d'Argent, treize livres dix solz; Et en donnant à tous Changeurs & Marchans de chacun marc d'Argent à trois deniers huit grains & au-dessus, dix livres tournois; Et en tout autre marc d'Argent allayé au-dessoubz d'iceulx, trois deniers huit grains, neuf livres dix solz tournois. Si vous mandons, commettons & estroictement enjoignons à vous & à chascun de vous, que tantost & sans delay ces Lettres vêues, toutes excusacions & autres choses arrieres mises, en toutes & chascunes lesdites Monnoyes vous faciez faire & ouvrer iceulx gros Deniers blancs & Doubles tournois du poix & loy dessusdiz, en ouvrant sur le pié de Monnoye cinquante-quatriesme, & en donnant aux Changeurs & Marchans les pris en tous marcs d'Argent cy dessus divisez: Et ou cas où il convendroit mettre Cuivre en l'Ouvraige de cesdite Monnoye, Nous voulons qu'il soit quis & acheté aux despens de nostredit Seigneur & de Nous, & alloué ès Comptes de ceulx à qui il appartiendra sans aucun contredit: Et avecques ce, voulons que aux Ouvriers & Monnoyers se le cas le requiert, vous donnez telle creüe pour Ouvraige & Monnoyaige comme bon vous semblera. De toutes les choses dessusdites faire à vous & à chascun de vous donnons pouvoir, auctorité & mandement especial par la teneur de ces presentes; si gardez qu'il n'y ait deffaut. *Donné à Compiegne, le septiesme jour de May, l'An de grace mil trois cens cinquante-huit. Ainsi signé.* Par Monsieur le Regent, en son Conseil, ouquel estoient Messieurs de Renel, le Chancellier de Normandie & plusieurs autres.

CHARLES REGENT, Jean I.er & selon d'autres, Jean II. à Compiegne, le 7. de May 1358.

[a] *semblables.*
[b] *Voy. la preface §. Monnoye.*

NOTES.

(c) Et en trayant.] C'est-à-dire que le marc d'Argent Monnoyé vaudra treize livres dix sols. Voy. la Preface, §. *Monnoye.*

CHARLES REGENT, Jean I.er & selon d'autres, Jean II. à Compiegne, le 14. de May 1358.

(a) Ordonnance faite en consequence de l'Assemblée des trois Estats du Royaume de France de la Languedoil, qui establit une Aide, & qui renferme plusieurs Reglements sur differentes matieres.

SOMMAIRES.

(1) Reglement pour les Monnoyes, ausquelles on ne sera plus de changement dans la suite.

(2) Remission de toutes les peines qui pouvent avoir esté encourües pour cause de contraventions aux Ordonnances faites sur les Monnoyes; à l'exception des cas marquez dans l'Article.

(3) Moyennant l'Aide qui a esté accordée par les Estats, & qui commencera au 15. de May, toutes les autres Impositions sont supprimées, & ce qui peut en estre dû ne sera point exigé; à l'exception des Dixiémes accordez par le Pape avant les Estats tenus à Paris au mois de Fevrier 1356. Voy. l'Article 8.

(4) Toutes les Commissions données par le Regent pour la levée des subsides, sont revoquées, & l'Aide accordée par les Estats sera levée par des personnes qu'ils nommeront. Tous les Reformateurs sont aussi revoquez, & le Regent en nommera d'autres qui seront départis dans toutes les Provinces du Royaume, pour juger uniquement les Officiers Royaux [qui auront commis des malversations] & les transgressions qui auront esté faites aux Ordonnances des Monnoyes. Ces Reformateurs seront tenus de juger les coupables dans le lieu de leurs domiciles, [ou] dans celuy où les delits auront esté commis.

(5) Les proprietaires des Chasteaux, Forteresses & Maisons fortes, seront contraints de les mettre en estat de deffense: s'ils ne le font pas, on y pourvoira à leurs dépens, & s'ils n'ont point de biens dans le païs, les Châteaux &c. seront abbatus. Cet Article sera executé par les Capitaines du Païs, appellées avec eux quelques personnes des trois Estats.

(6) Les Capitaines qui seront envoyez sur les frontieres, seront nommez dans le Conseil.

(7) Les Commissaires sur le fait des Lombards, sont revoquez, & le Regent se reserve la

CHARLES REGENT, Jean I.er & selon d'autres, Jean II. à Compiegne, le 14. de May 1358.

poursuite & la punition de leurs delits.

(8) Les Commissaires & Reformateurs sur le fait des Usures, sont revoquez.

(9) Il ne sera plus permis de visiter les Marchands dans les chemins & dans les Villages, mais seulement dans les Ports & dans les passages; & l'Argent qu'ils porteront, ne sera confiscable que lorsqu'ils mettront dans le commerce des Monnoyes deffenduës, ou qu'ils porteront de la Vaisselle & du Billon hors du Royaume.

(10) Toutes les choses Domaniales qui ont esté aliénées ou échangées depuis le temps de Philippe le Bel, seront réünies au Domaine; excepté ce qui a esté donné à l'Eglise, ce qui a esté donné aux Princes du Sang en partage ou par forme de don, ou pour cause de Doüaire, ou de recompense d'autres heritages; excepté aussi ce qui a esté donné à d'autres personnes pour récompense des services qu'ils ont rendus à l'Estat.

(11) Toutes les affaires seront examinées au Conseil en presence de trois personnes au moins de ceux qui le composent, & elles seront decidées par leur avis en presence du Regent; & lorsque cela n'aura pas esté observé, les Lettres qui seront expediées sur ces affaires, seront nulles. Celles qui regarderont les affaires decidées au Conseil, seront souscriptes par ceux qui y auront assisté, avant que d'estre signées par les Secretaires ou Notaires; & lorsqu'elles n'auront pas esté souscrites, il est deffendu au Chancelier de les sceller, & à quelque personne que ce soit d'y avoir égard.

(12) Les Lettres patentes ne seront plus scellées du Scel secret, à peine de nullité, si ce n'est dans les cas de necessité, ou lorsqu'il s'agira du gouvernement de l'Hôtel du Roy.

(13) Ceux qui auront obtenu des Lettres de grace, seront tenus de se presenter en personne pour en obtenir l'enterinement.

(14) Les Ecclesiastiques payeront le Dixiéme de leurs Benefices, les Nobles, douze deniers par livre de leurs revenus, & les Habitans des Villes & Chasteaux fermez, entretiendront un homme d'armes par soixante-dix feux.

(15) Les Serfs abonnez *entretiendront un homme d'armes par cent* feux, *& les Serfs taillables à volonté, n'en entretiendront qu'un pour deux cens feux.*

Toute personne sera sujette à cette Aide, nonobstant Privileges, &c.

(16) Les Pupilles, les Veuves, & les autres personnes qui n'ont point de feux, payeront douze deniers par livre de leurs revenus, & les serviteurs pareille somme de leurs salaires. Les mendiants ne payeront rien.

Cette Aide durera un an, & commencera au 15. du mois de May. Elle se levera de trois mois en trois mois. Elle sera diminuée dans les pays qui auront esté ou qui seront pillez par les ennemis.

Cette Aide sera entierement employée à la deffense des pays où elle sera levée: si cependant l'Aide qui sera levée dans les pays de frontiere, ne suffit pas pour entretenir les troupes necessaires pour leur deffense, on y envoyera des autres pays moins exposez, des deniers de l'Aide levée dans ces pays, dans lesquels cependant il en restera toûjours assez pour les mettre en estat de deffense en cas d'ataque.

Le Regent prendra le dixiéme de l'Aide pour l'entretien de son Hôtel & de celuy de la la Duchesse son Epouse: mais s'il est obligé d'aller combattre les ennemis, les Capitaines des pays viendront le joindre avec les troupes entretenuës des deniers de l'Aide levée dans ces pays.

Si le Pape accorde la levée du Dixiéme sur les biens des Ecclesiastiques, ils ne seront pas tenus de le payer cette année.

(17) Les Estats esliront trois personnes, une de chaque Estat, lesquelles seront commises par le Regent pour ordonner de tout ce qui regardera l'Aide. Ces trois Esluz ne pourront rien faire que d'un commun consentement, & ils nommeront les Receveurs particuliers dans les pays.

Reglement sur les gages des Esluz & des Receveurs particuliers. Les Sergents qui seront employez pour le fait de l'Aide, n'auront rien pour les exploits qu'ils feront; mais ils seront exempts de l'Aide.

(18) Il ne sera plus fait de Prises ni d'emprunts forcez.

(19) Confirmation des Lettres de pardons & de remissions generales ou particulieres.

(20) Cette Aide ni celles qui ont esté accordées cy-devant, ne tireront point à consequence pour le temps à venir.

(21) On donnera des Copies authentiques de ces Ordonnances, à ceux qui en voudront.

(22) Les Ecclesiastiques seront contraints à payer cette Aide par leurs Ordinaires qui pourront même se servir de l'excommunication contre eux; mais s'ils persistent à ne point payer, ils y seront forcez par le bras seculier, à la requeste des Ordinaires.

(23) La destination qui a esté faite des deniers qui proviendront de cette Ayde, ne sera point changée pour quelque cause que ce soit.

(24) On ne pourra refuser les Habitans des Villes qui se presenteront pour estre Gens d'armes, lorsqu'ils seront propres au mestier de la Guerre.

(25) On suivra les anciennes Ordonnances sur la maniere dont ceux qui ont des Fiefs feront le service dans les armées & dans les expeditions militaires, & sur la maniere dont ils seront convoquez pour les Bans & les Arriere-bans.

(26) Les Capitaines leveront des Gens d'armes dans les pays où ils commanderont, & à moins qu'ils n'y trouvent pas le nombre

qui leur est necessaire, ils ne pourront en faire venir d'ailleurs.

(27) Les Esleus feront le Rôle des feux de chaque Ville, conjointement avec les Maires & les Eschevins, s'il y en a, ou s'il n'y en a pas, avec les plus notables de ces Villes.

(28) Les Capitaines de chaque pays assembleront des Deputez des trois Estats, & ils choisiront conjointement avec eux, trois ou quatre personnes, sans le conseil desquelles les Capitaines ne pourront rien ordonner sur les dépenses qui seront à faire.

CHARLES REGENT, Jean I.er & selon d'autres, Jean II. à Compiegne, le 14. de May 1358.

CHARLES ainsné Fils du Roy de France, Regent le Royaume, Duc de Normandie & Dalphin de Viennois: Savoir faisons à tous present & à venir, que à la supplication de nos chiers, feauls & bien amez les Prelatz & autres personnes

NOTES.

(a) Memorial C. de la Chambre des Comptes de Paris, fol. 250. Il y a dans le même Memorial, fol. 206. *recto*, des Lettres du même jour, dans lesquelles se trouve rappellé tout ce qui est dit sur le fait de l'Aide dans cette Ordonnance, dont elles nous ont servi à corriger & à interpreter quelques passages. On a cru devoir aussi faire imprimer icy le commencement & la fin de ces Lettres, parce qu'on y apprend quelques particularitez sur les Estats de Compiegne, qui ne se trouvent point ailleurs.

NOTES.

CHARLES ainsné Fils du Roy de France, Regent le Royaume, Duc de Normandie & Dauphin de Viennois, au Prevost de Paris ou à son Lieutenant, Salut. Comme pour avoir conseil & aide, tant sur le fait de la delivrance de nostre très chier Seigneur & Pere, comme sur la deffense dudit Royaume, & pour resister aus ennemis d'icelluy, & iceulx [a] debouter hors dudit Royaume, Nous avons fait plusieurs Assemblées des Prelas & autres Gens de Sainte Eglise, Dux, Contes, Barons, Baneretz & autres Nobles, & des Gens des bonnes Villes dudit Royaume, & à l'Assemblée faitte à Compiegne par nostre Mandement le quatriesme jour de ce present mois de May, les Prelas & autres personnes d'Eglise, les Dux, Contes, Barons, Banerez, Chevaliers & autres Nobles & les Gens des bonnes Villes dudit Royaume de la Languedoil, Nous ayent benignement & gracieusement octroié pour la delivrance de nostredit Seigneur & Pere, & pour la deffense dudit Royaume, &c.

[a] *chasser.*

Et comme à ladite Assemblée, Messire Sohier de Voisins Chevalier ait esté esleus de l'Estat des Nobles pour ladite Ayde mettre sus & gouverner en la Ville & Dioceze de Paris, excepté ce que d'icelle Dioceze est de la Prevosté & ressort de Meaulx; & de l'Estat de l'Eglise, des bonnes Villes ne du plat Pays n'ayent aucuns esté Esleuz pour nostre ditte Ville de Paris, Nous vous mandons & estroittement enjoignons & se mestier est commettons, que ces Lettres veuës, comme la chose requiere celerité, & que il est necessité de ce faire senz delay, que vous faciez assembler à Paris des Genz d'Eglise & de nostreditte bonne Ville de Paris, & à ce les contraignez, & eulx assemblez, requerez & commandez leur de par nostredit Seigneur & de par Nous, que il eslizent; c'est assavoir de l'Estat de l'Eglize, une bonne & suffisante personne, & pour les Genz de nostredite bonne Ville & du Pays, un bon & souffisant Bourgois; lesquels deux qui ainsi seront esleuz, gouverneront & mettront sus ce fait de ladite Aide bien & loiaument, & à ce les commettez de par Nous, & par ces presentes les y commettons ovecques ledit Chevalier, lequel Nous y avons commis & deputé & ancores commettons & deputtons: & se ceulx qui ainsi seront esleuz, & ledit Chevalier estoient refusans ou [b] delaians du [c] fais de ladite besoigne entreprendre, Nous vous mandons, commandons & commettons que à ce vous les contraignez; c'est assavoir lesdiz Chevalier & Bourgois par prise de corps & de biens, & celuy qui par l'Eglise sera esleuz, par prise de son temporel: & se lesdites Genz d'Eglise & Bourgois estoient deffaillanz, refusanz & delayans de eslire, eslisiez par bon conseil deux bonnes & souffisantes personnes à ce faire; c'est assavoir de chascun desdiz Estaz un avecques ledit Chevalier: & Nous donnons en mandement à tous à qui il appartient, que à ceulx qui par lesdittes Genz d'Eglise & de nostreditte Ville de Paris ou par vous en leur deffaut, seront esleuz, & audit Chevalier soit obei & entendu diligemment, & prestée aide, conseil & confort se mestier en ont, & leur donnons povoir de faire un ou plusieurs Receveurs, & de leur establir & [d] tauxer gages par le Conseil desdites Genz, selon ce que bon leur semblera. Et gardez que en ce n'ait aucun deffaut; quar Nous nous en prendrions à vous, & vous en punirions. *Donné à Compiegne, le quatorziéme jour de May, l'An de grace mil trois cent cinquante & huit.* Et estoient ainsi signées. *Par Monsieur le Regent en son Conseil.* J. LE FORT.

[b] *differans.*
[c] *fait*, ou peut-estre, *poids.*
[d] *taxer.*

CHARLES REGENT, Jean I.er & selon d'autres, Jean II. à Compiegne, le 14. de May 1358.

de Sainte Eglise, les Dux, Contes, Barons, *(b)* Banerez, Chevaliers & autres Nobles, & les Habitans de bonnes Villes du Royaume de France de la Languedoil, qui à nostre Mandement ont esté assemblez à Compiegne au quart jour de cest present mois de May, l'An mil trois cens cinquante huit, Nous eu avec euls avis, & deliberacion avec noz amez & feauls les Gens du grant Conseil de nostredit Seigneur & du nostre, avons voulu & ordené, voulons & ordenons & leur avons octroié & octroions par ces presentes Lettres, de certaine science, du povoir & auctorité Royauls dont Nous usons à present, les choses, modifications & octroiz, qui ci-après s'ensivent.

(1) Premierement. Pour ce que nostre Peuple estoit grandement domagiez pour causes de noz Monnoies qui estoient foibles, Nous voulons & ordenons que le Jeudi avant la Nativité S.t Jehan Baptiste prochain venant, le Mouton de fin Or que Nous faisons faire, vaille vint-quatre solz parisis; le Florin à l'Escu du coing nostredit Seigneur, seize sols parisis, & autres Monnoyes blanches & noires à la value. Et ferons faire Monnoies blanches & noires bonnes & de bon aloy, selon le pris des Florins dessusdiz par la deliberacion desdiz Prelaz & autres Gens d'Eglise, Nobles & bonnes Villes, & de nostre grant Conseil, & en l'estat & pié dessusdit, les tendrons, & promettons en bonne foy tenir & faire tenir jusques à la S.t Jehan Baptiste qui sera l'An treize cens cinquante neuf, senz icelle [a] muer, croistre ou abaissier en quelque maniere: Et se le contraire estoit fait par inadvertance ou autrement, Nous voulons & ordenons que ce ne vaille, & le promettons à faire remettre en l'estat dessusdit senz delai: Et par ces presentes Nous deffendons & enjoignons estroitement sur toutes les poines en quoi il pevent encourir envers nostredit Seigneur & envers Nous, aus Mestres de noz Monoies qui à present sont & ou temps à venir seront, que pour Mandemens, Lettres, Commandemens de bouche ou autrement, icelles il ne muent, changent ou affoiblissent, ne ne seuffrent changier, muer, haussier ou affoibloier par quelconques [b] soustivetez ou maniere, pour quelconque cause, ne de quelconque quantité. Et pour ce que nostredit Peuple soit de ce [c] pourveu, Nous voulans obvier au domage d'icelui, ordenons & mandons à touz noz Officiers que ce que dit est, soit crié & publié le Samedi après le Saint Sacrement prochain venant, en touz les lieux notables & acoustumez à faire criz en tel cas.

a changer.

b subtilitez.

c instruit.

(2) Item. Pour ce que plusieurs personnes de ladite Languedoil, ont passé & enfraint les Ordenances faites par nostredit Seigneur & par Nous sur le fait & cours des Monnoies, Nous leur quictons, remettons & pardonnons & à châcun d'euls plenement, de nostre grace special & de l'auctorité dessusdite, toute poine criminele & amende civile ou autre que pour ce il pevent ou pourroient avoir encouru envers nostredit Seigneur & envers Nous, & rapellons touz [d] Commissaires, Lettres & Commandemens de par nostredit Seigneur & de par Nous sur ce deputez & faiz. Toute voye nostre entente n'est mie que nostredite grace se estande à ceuls qui ont usé de fausses Monnoies, porté Billon hors du Royaume, achaté Monnoie hors du Royaume, *Compaignons,* [e] *Tartes, Vaillans* ou autres Monnoies que des nostres. & qui ont porté des Monnoies de nostredit Seigneur ou des nostres au Billon hors d'icelui Royaume; mais voulons que il en soient puni & corrigié selon leurs demerites.

d Commissaires... deputez, Commandemens.. faits.

e Voy. cy-dessus, p. 165.

(3) Item. Nous avons voulu & ordené, voulons & ordenons que durant l'Aide que les dessusdiz Prelaz & autres Genz d'Eglise, Nobles & autres Genz de bonnes Villes & du plat pays dudit Royaume de ladite Languedoil, ont octroié presentement à nostredit Seigneur & à Nous, pour le fait des guerres, pour la delivrance de nostredit Seigneur & la deffense dudit Royaume, laquelle Aide doit commencier & commencera le quinzieme jour de cest present mois de May, toutes autres Aides,

NOTES.

(b) Banerez.] Voy. sur les Chevaliers *Bannerets,* la 9.e des Dissertations que M. Du Cange a fait imprimer dans son Edit. du Joinville, p. 189.

subsides quelconques generauls & especiauls, cessent & cesseront du tout à plain; & se de fait elles estoient assises ou imposées, ja soit ce que elles aient esté accordées à nostredit Seigneur ou à Nous, Nous voulons & ordenons que elles cessent & que elles n'aiens aucun effect ou valeur, & que il ne soit obey à l'execution d'icelles en quelque maniere, & que [a] pour desobeïr, les desobeissanz ne soient tenuz ne poursuiviz de meffait ou amende, & des-maintenant les en [b] absolons & delivrons: & se aucuns Aides, subsides, *(c)* Montonages, Disiemes ou autres ont esté octroiez à nostredit Seigneur ou à Nous pour le fait desdites guerres ou autrement, à aucunes Assemblées à Paris ou ailleurs, Nous quictons plainement & absolument tout ce qui en est & peut estre deu, senz ce que aucun de quelconques estat qu'il soit de ladite Languedoil, en soient, doient ou puissent estre porsuiz, contrains ou executez en quelconque maniere que ce soit, nonobstant que les aucuns en aient payé leur porcion; & deffendons & enjoignons estroittement à touz les Officiers de nostredit Seigneur & de Nous & à leurs Lieuxtenans, & à touz Esleuz, Commis & Deputez à ce & à chascun d'euls, de quelconques povoir & auctorité qu'il usent, que desoresenavant il ne poursivent ou contraignent, facent poursuir ou contraindre aucuns desdiz Prelaz ou outres Gens d'Eglise, Nobles, Bourgois ou autres de bonnes Villes ne autres du plat pays, & que en paiant la nouvelle Aide à Nous octroiée à ladite Assemblée de Compieigne, il les laissent & tiegnent paisibles, & se aucunes choses ou biens en ont pris ou arrestez, levez ou fait prendre, saisir, arrester ou lever, il les rendent, delivrent & restituent à plain & sanz delay: Et se lesdits Esleuz ou Receveurs en sont [c] delaians ou refusanz, Nous mandons, commandons & enjoignons estroittement aus Baillis des lieux & autres Justiciers ou à leurs Liextenans, qu'il les rendent & delivrent ou facent rendre, delivrer ou restituer tantost & senz delay, non contrestant Ordenances faites & à faire, Lettres données ou à donner, commandemens generauls [d] especiauls de bouche ou autrement, [e] au contraire, souz quelconques fourme de paroles que ce soit: Quar des-maintenant Nous de l'auctorité dessusdite & de certaine science, les en quictons; excepté toute-voies ce qui peut estre deu des Disiémes octroiez par nostre Saint Pere le Pape sur lesdiz Prelaz & autres Gens d'Eglise, avant l'Assemblée de Paris faite ou mois de Fevrier l'An treize cens cinquante six, qui se levera par lesdiz Ordinaires, selon la fourme des Bulles sur ce faites.

(4) Item. Nous rapellons toutes Lettres & Commissions par Nous données tant sur le fait desdiz subsides & Aides du temps passé, tant aus Generauls à Paris, [f] aus Esleuz particuliers par les Dioceses & autrement: Et aussi toutes manieres de Reformateurs à Paris & ailleurs, & le povoir à euls & à chascun d'euls donné par nostredit Seigneur ou Nous, soubz quelconques fourme de paroles, ne pour quelconque cause que ce soit, & leur povoir remettons & retenons en Nous, & leur defendons que dores-enavant il ne s'en entremettent en quelconque maniere, & les reputons pour estre privées personnes: Quar lesdiz Prelaz & autres Gens d'Eglise, Nobles & Gens de bonnes Villes ont esleu & esliront personnes qui gouverneront le fait de l'Aide à Nous presentement octroié en ladite Assemblée de Compieigne: Et aussi avons entencion de instituer en chascun pays dudit Royaume, Reformateurs qui des Officiers Royauls & du fait des Monnoies selon la fourme & maniere dessusdite, conoistront seulement, afin que selon les Ordenances Royauls que Nous confermons par ces presentes, les subgiez dudit Royaume ne soient traiz hors du pays où chascun sera demourant, & où il auront commis les deliz: Quar mieux seront cogneuz leurs meffaiz là où il les auront commis, & à moins de poine & de [g] frait que ailleurs loin desdiz lieux: Et mesmement que si lointain pays ne sont pas [h] seur pour cause des guerres, par quoi les demourans en iceuls ne [i] vendroient mie seurement loins

CHARLES Regent, Jean I.er & selon d'autres, Jean II. à Compiegne, le 14. de May 1358.

[a] *& qu'en cas de desobeissance.*

[b] *absolvons.*

[c] *different.*

[d] *ou.*

[e] *donnez ou à donner au contraire.*

[f] *que.*

[g] *frais.*

[h] *surs.*

[i] *viendroient.*

NOTES.

(c) Montonages.] Droit qui se leve sur les Bestiaux que l'on vend. Voy. le Gloss. du Droit François de M. de Lauriere au mot *Moutonage.*

CHARLES REGENT, Jean I.er & selon d'autres, Jean II. à Compiegne, le 14. de May 1358.

d'iceuls pays, pour [a] doubte des ennemis du Royaume.

a crainte.

b en danger.

(5) Item. Pour ce que plusieurs Chastiaux, Fors-Maisons & autres Forterefces estanz oudit Royaume, ont esté perdus par deffaut de garde, & ancores sont plusieurs en [b] doubte de perdicion, dont grans dommages sont venuz & ancores pourroient venir plus grans se brief remede n'y estoit mis, Nous avons ordené & ordenons que chascun Capitaine ou pays où il sera deputez, appellez avec lui bonnes, sages & loyaux personnes de l'Estat de l'Eglise, des Nobles & des bonnes Villes en ce cognoissans, iront veoir & visiter les Chasteaux, Forteresses & Fors-Maisons du pays où il sera Capitaine, & se il y en a aucuns qui ne soient garniz & en estat de deffense, le Capitaine contraindra ou fera contraindre ceuls à qui lesdiz Chastiaux, Forterefces & Fors-Maisons seront, à iceuls mettre ou faire mettre en estat de deffense, & à les garnir & garder souffisament, *(d)* senz grant grief de ceuls à qui ils seront, ceuls de ce sommez avant toute euvre: Et se de ce sont refusanz, desobeissans ou deffaillans, par quoi il puisse apparoir, ou qu'il soit doubte que dommage n'en adviegne ou pays, le Capitaine les fera [c] emparer & mettre en estat de deffense, & iceuls garder bien & diligemment aus frais & despens de ceuls à qui il appartendra: Et de ce donnons par ces presentes Mandement, & commandons à touz noz Capitaines & à chascun d'euls, & à leurs Lieuxtenans: Et ou cas qu'ils trouveront que ceuls à qui iceuls Chastiaux, Forterefces ou Fors-Maisons seront, ne les voudront ou pourront mettre en estat de deffense, & les garnir & garder ou faire garder, & que l'en ne treuve ou pays de leurs biens pour ce faire en temps deû & senz delai, Nous voulons & ordenons que lesdiz Capitaines chascun ou pays où il sera deputez, les abatent ou facent abbatre & araser, si que dommage n'en viegne: Et declarons que se en ce a deffaut par faveur ou negligence, les Capitaines seront de ce puniz, & toutes autres Ordenances sur ce & quant à ce autrefoiz faites par Nous, Nous rappellons & mettons au neant, & voulons que ces presentes soient tenues & executées.

c fortifier.

(6) Item. Pour ce que ou temps passé, plusieurs Capitaines ont esté ordenez en diverses parties dudit Royaume senz deliberacion [d], & ont grandement fraié [e] & despendu des deniers de nostredit Seigneur, de Nous & du Peuple, senz ce [f] qu'il ait porté grant proffit, Nous avons ordené & ordenons que ès pays de frontiere où il sera necessité de envoyer & ordener Capitaines, Nous les ordenerons par bonne & meure deliberacion de Conseil, bons & souffisans & non autrement, en pourveant au pays & non mie aus personnes, agreables aus pays où Nous les envoierons, & qui ne se devront meffaire.

d du Conseil.

e fait de grands frais & de grandes depenses.

f qu'ils aient.

(7) Item. Pour ce que pour le fait & *(e)* debtes recelées & autres des Lombars usuriers tant des quatre Compagnies comme autres, les subgiez dudit Royaume ont moult esté grevez & dommagez, Nous qui voulons ledit Peuple tenir & gouverner en [g] pais & faire grace en ce, avons rappellé & rappellons touz Commissaires sur ce deputez, & tout ledit fait & le povoir desdiz Commis avons adnullé & adnullons, & mettons du tout au neant à toûjours; non contrestant Ordenances faites ou à faire par nostredit Seigneur ou par Nous, lesquelles Nous rappellons & mettons au neant; & non contrestant allegacions, proposicions & raisons que nostre Procureur, lesdiz Lombars ou autres veulent proposer au contraire, dont Nous les forcloons &

g paix.

NOTES.

(d) Senz grant grief, &c.] C'est-à-dire apparemment, *sans engager les proprietaires de ces Chasteaux dans de grands frais.*

(e) Deptes recelées, &c.] Lorsqu'on faisoit le procès aux Lombards pour le fait d'usure, on ordonnoit quelquefois que leurs debiteurs payeroient au Roy ce qu'ils leur devoient, moyennant une certaine remise. [Voy. la Table du 2. Vol. des Ordonn. au mot *usuriers*, p. CXXII. col. 1.] Mais quelquefois ces debiteurs s'accommodoient avec les Lombards, & moyennant une remise plus forte que celle que faisoit le Roy, ils ne declaroient pas ce qu'ils leur devoient, & leur en payoient une modique portion. Pour punir leur contravention aux ordres du Roy, on nommoit des Commissaires pour le fait des debtes des Lombards *recelées*. Voy. la Table de ce 3.e vol. au mot *Lombards*.

deboutons

boutons de tout par ces presentes, & deffendons à tous Commis & Deputez que par vertu des Lettres données ou à donner, commendemens faiz ou à faire sous quelconque fourme de paroles que ce soit, il ne s'en entremettent dores-enavant: quar quant à ce, Nous les declairons estre privées personnes: sauf à Nous la poursuite & punicion contre lesdiz Lombars, & contre ceuls qui dudit fait se sont entremis de par nostredit Seigneur ou Nous, ou par vertu de nos Lettres.

CHARLES REGENT, Jean I.er & selon d'autres, Jean II. à Compiegne, le 14. de May 1358.

(8) *Item.* Nous rappellons toutes manieres de Commissaires & Reformateurs donnez sur les faiz & [a] contraux usuraires, & donnons en mandement à tous les subgiez & Officiers dudit Royaume & à leurs Lieuxtenans, que se il treuvent ou scevent aucuns Sergenz ou autres qui de par lesdiz Reformateurs tant ceuls de Paris comme autres, ou de par les Generauls de Paris ou des autres Esleuz ès Diocesès sur le fait des Aides & subsides, les quiex Nous avons remis, pardonnez & quictez, comme dit est, qui se veulent efforcier ou efforcent de user de leurs povoirs, faisans ou ayans faiz aucuns exploiz contre la teneur de ces presentes Ordenances, que iceulx exploiz il defacent & mettent au neant [b] royaument & de fait, senz autre Mandement attendre; & avecques ce, deffendons à tous les subjez dudit Royaume de quelconques estat & condicion qu'il soient, que ausdiz Reformateurs, Commissaires generauls, Esleuz, Sergens ou autres, pour cause de quelconque subside ne obeissent, [c] mais que seulement pour la nouvelle Aide à Nous darrenierement octroiée à ladite Assemblée de Compiegne: & deffendons ancores que aus adjournemens desdiz Reformateurs aucun ne [d] voit ou envoie, ne à euls obeissent en aucune maniere, & que en ce cas il soient reputez pour privées personnes.

(9) *Item.* Comme plusieurs Commissaires deputez sur le fait des Monnoies, se soient efforciez & efforcent de jour en jour pour la convoitise du prouffit qu'il y prennent [e] autrement, de [f] chercher les Marchanz & autres passanz par les pays dudit Royaume, par quoi leur estat & la [g] chevance qu'il portent sont seeulzs de moult de genz, & s'en pourroient ensuir moult d'esclandes & inconveniens, & plusieurs Marchanz & autres estoient espiez & [h] murdriz en chemin: Nous avons ordené & ordenons & deffendons que aucuns Marchans ou autres ne soient cherchiez en chemin ne en Villages, mais seulement aus Pors & passages qui seront par Nous ordenez en lieux notables & convenables, ne leur Monnoie arrestée ne empeschée, s'il ne sont trouvez prenant ou mettant Monnoie fausse ou deffendue, ou portant Billon ou Vaissele hors du Royaume, selon les Ordenances qui seront faites sur le fait & cours desdites Monnoies; & quant à ce, Nous avons rappellé & rappellons tous lesdiz Commissaires & les povoirs à euls donnez.

(10) *Item.* [i] Comme par importunité de requerans & autrement, plusieurs dons & charges tant à heritage comme à vie, à voulenté ou à temps, aient esté ou pourroient estre faiz senz cause necessaire, de & sur le Domaine de nostredit Seigneur & de Nous, depuis le temps de nostre tres chier Seigneur le Roy Philippe le Bel que Diex absoille, tant par nostredit Seigneur & Pere, ses predecesseurs, comme par Nous, Nous avons rappellé & rappellons & mettons au neant par ces presentes, touz lesdiz dons & charges faiz depuis le temps dudit Roy Philippe le Bel & par nostredit Seigneur & Pere, ses predecesseurs & par Nous, & que Nous ferons ou temps à venir, se aucuns en faisons, & les Lettres sur ce faites; & voulons, ordenons & declairons tout estre ramené & adjoint audit Demaine [k] reaument & de fait, & deffendons à noz amez & feauls les Genz de noz Comptes, à noz Tresoriers, à touz Baillis, Receveurs & autres Officiers ou à leurs Lieuxtenans, que à Lettres, Mandemens ou commandemens sur ce faiz ou à faire de bouche ou autrement, faisant mencion de telz dons, charges ou assignacions, il n'obeissent en [l] quelque maniere, sur les serments qu'il ont à nostredit Seigneur & à Nous; excepté des choses qui auroient esté données & baillées à Dieu & à Sainte Eglise deüement sanz prejudice d'autruy, ou à cause de partage à aucuns du sanc & du lingage de France, ou autres aucuns dons à euls faiz ou par Douaires ou pour recompensacions d'aucuns heritages [m] à la value, senz point de fraude ne de ficcion: Eu toutevoies bons advis & bonne

a *contracts.*

b *réellement.*

c *si ce n'est seulement.*

d *ne aille.*

e & autrement, *comme au commencement de l'Art. suivant.*

f *visiter.*

g *les effets, & marchandises.*

h *blessez.*

i *Voy. cy-dessus p. 140. Art. 41.*

k *réellement.*

l *aucune.*

m *qu'ils ont donnez au Roy, & qui valoient autant que ceux que le Roy leur a donnez.*

CHARLES REGENT, Jean I.er & selon d'autres, Jean II. à Compiegne, le 14. de May 1358.

deliberacion quant aus autres personnes qui ne sont mie du sanc de France, à qui : cuns dons pourroient avoir esté faiz; quar lesdites personnes pourroient estre teles &, si bien l'auroient desservi & qui tant vaudroient, qu'il ne seroit mie juste chose rappeller; & aussi pourroient bien estre teles personnes, ès queles lesdiz dons seroi & sont si mal employés, que [a] juxte chose & honneste seroit du rappeller, & d maintenant les rappellons & mettons au neant en ce cas.

(11) Item. Pour ce que par importuniré de requerans ou autrement, No avons passé ou pourrions passer & acorder ou temps à venir, senz advis & delil racion de nostre Conseil ou autrement, pluseurs choses qui ont esté & sont pourroient estre ou dommage de nostredit Seigneur, de Nous ou du Peuple du Royaume, ou d'aucun d'icelui contre le bien de Justice, Nous avons ordené & pr mis, ordenons & promettons que dores-enavant Nous ne ferons ou passerons, fere faire ne passer aucuns dons, remission de crimes ou Ordenances d'Officiers, Ca taines ou autres, ou autres choses quelconques touchant le fait des guerres, le D maine du Royaume & la finance de nostredit Seigneur & de Nous, senz la presen advis & deliberacion de troix des Genz de nostre grant Conseil ensemble tout moins, & en nostre presence; & se moins de troix en y a, Nous voulons & decl rons les Lettres, l'octroi ou octroiz estre nul & de nul valuë, quelconques fourm de paroles que elles contieignent: & voulons & ordenons que ès Lettres qui en sero faites, lesdites Genz de nostre grant Conseil, c'est assavoir troix du moins de ceuls q auront esté ausdites Lettres passer & acorder, se [b] subscripsent de leurs mains, ou qu y mettrent leurs signez se il ne scevent escrire, avant que les Secretaires ou Notaires l signent: & ou cas que autrement seroit fait, Nous deffendons & enjoignons si estroi tement & acertes comme Nous povons, à noz amez & feauls les Chanceliers d nostredit Seigneur & de Nous, & à chascun d'euls & à touz autres deputez en lie de euls & de chascun d'euls, sur le serment qu'il ont à nostredit Seigneur & à No & sur la loiauté de euls, que lesdites Lettres il ne seellent, ne facent ou seuffre seeller, nonobstant quelconques Mandement ou commandement que de bouche o par Lettres signées de nostre main, ou autre Mandement par quelconque voie qu ce soit ou puist estre, Nous leur faciens sur ce: & au cas que le contraire seroit fai par quelconque maniere ou voye, Nous voulons que les choses & Lettres soient d nulle valeur & de nul effect, & deffendons à touz Baillis, Prevoz & Officiers de nostre dit Seigneur & de Nous, & à tous autres & à chascun d'euls, & à leurs Lieuxtenans qu'il n'y obeissent ne ne les acomplissent, comme celles que Nous tenons & declai rons estre nulles & de nulle valeur comme dit est.

(12) Item. [c] Nous avons entendu que plusEurs Lettres [d] pendens ont esté ou temps passé seellées de nostre [e] secret, senz ce que elles aient esté veues ne examinées en la Chancellerie, Nous avons ordené & ordenons que dores-en-avant aucunes Lettres patentes ne soient seellées pour quelconque cause que ce soit dudit Seel du secret, mais seulement Lettres closes; & ou cas que aucunes Lettres patentes en seroient seellées, Nous voulons, ordenons & declairons que icelles ne vaillent, & deffendons à touz les Justiciers & subgez dudit Royaume, qu'il n'y obeissent; se ce n'est en cas de necessité, & les cas touchant l'estat & le gouvernement de nostre Hostel, & autres cas là où l'en a acoustumé à seeller [f].

(13) Item. Nous avons entendu que souvente-foiz par nostredit Seigneur & nostre très chiere Dame *(f)* Madame la Royne, Nous, noz Lieuxtenans, Capitaines, Connestables & autres qui se dient avoir de ce povoir, aucuns & plusieurs crimes ...

a *juste.*

b *souscrivent, signent.*

c *Comme.*

d *peut-estre patentes, qui est trois lignes plus bas.*

e *Seel.*

f *de ce Seel secret.*

NOTES.

(f) Madame la Royne.] Les Reines joüissoient alors du Privilege d'accorder la grace à un criminel la premiere fois qu'elles entroient dans une Ville depuis qu'elles estoient Reines; & mêmes les Lettres estoient expédiées en leurs noms, & confirmées ensuite par le Roy. On en trouve un assez grand nombre dans les Registres des Chartres de ce temps-là.

d'occisions comme autres, font & ont esté remis & pardonnez à plusieurs, souz umbre de aucunes excusacions ou deffenses que euls ou leurs amis donnent à entendre en empetrant les remissions & pardons, lesqueles causes sont ou pourroient aucune foiz estre trouvées fausses: Et quant euls ou leurs amis presentent aus Bailliz ou à autres Officiers les Lettres desdites remissions ou pardons, l'en se efforce de vouloir estre receuz par Procureur pour celui [a] ou quel nom & pour qui la grace, remission ou pardon sont faiz, & aussi se il voient ou scevent que le Jugement doie [b] venir pour euls, lors il se [c] traient avant, mais se il [d] doubtent, scevent ou pensent que le Jugement doie venir contre euls, il n'y [e] vendront ja; & ainsi ne sera faite aucune punicion de leurs deliz, supposé que leurs Lettres soient surreptices ou de nulle valeur; [f] & qui est contre raison & contre justice & chose de mauvais exemple: Pour ce avons Nous ordené & ordenons que dores-en-avant aucun en tel cas ne soit reçû par Procureur à [g] verifier les Lettres dont il se voudroit aidier; mais y soient tenuz de venir & vieignent personnellement, non contrestant droit, usage, coustume ou stile de Court ou de pays à ce contraire, que Nous ordenons & [h] dicernons non avoir vertu ne valeur, & deffendons à touz Officiers Royauls & autres, que par Procureur il ne reçoivent l'empetrant, nonobstant Lettres quelconques octroiées ou [i] octroier au contraire, que Nous reputons & desclairons estre de nulle valeur & les mettons au neant par ces presentes, & n'y voulons en rien estre obei.

(14) *Item.* Comme [k] lesdites personnes d'Eglise, exemps, Hospitaliers & autres de quelconque condicion qu'il soient, les Nobles, Dux, Contes, Barons, Banerez & autres Nobles, pour euls, pour leurs Gens, hommes & femmes de corps & pour leurs subgez, les Genz des bonnes Villes & du plat pays dudit Royaume en ladite Languedoil, Nous aient amiablement & gracieusement octroïé & acordé à ladite Assemblée de Compieigne faitte le quatrieme jour de ce present mois de May, pour le fait des guerres soustenir; c'est assavoir les Genz de Sainte Eglise exemps & non exempts, Hospitaliers & autres de quelque estat, condicion ou [l] Religion qu'il soient, un plain & entiers Disieme de touz leurs Benefices [m] tauxez, & quant aus Benefices non tauxez, les Ordinaires y pourveront de subside convenable, & par leur main le feront lever; excepté toute-voyes lesdiz Hospitaliers qui paieront Disieme entier de toutes leurs possessions & revenues, ja soit ce que elles ne soient mie tauxées: Les Nobles de toutes leurs Terres, possessions, Justices, Seigneuries, heritages & revenues quelconques, douze deniers pour la livre de rente; rabatu quant ausdiz Nobles seulement, ce que leurs hommes & femmes taillables à voulenté *(g)* leur pourroient valoir à pris de Terre pour cause de leurs tailles, & les gages des Officiers à leurs Terres garder: Desqueles rentes & revenues lesdiz Nobles seront creuz par leurs loyautez; & se il ne le veulent dire, elles seront prisées [n] justement par ceuls qui seront deputez au pays sur ledit subside ou Aide: Les Genz des bonnes Villes & Citez fermées & non fermées, & Villes marchandes, autres Villes où il a Marchié, Chastiaux clos, Villes Bastices là où les Habitans sont riches, oultre [o] le commun [p] du plat pays, de soixante dix *(h)* Feux, un homme d'armes de demi-escu pour jour.

CHARLES REGENT, Jean I.er & selon d'autres, Jean II. à Compiegne, le 14. de May 1358.

[a] *au nom duquel.*

[b] *leur estre favorable.*

[c] *ils se presentent.*

[d] *craignent.*

[e] *viendront.*

[f] *ce.*

[g] *faire enteriner.*

[h] *decernons.*

[i] *à.*

[k] *ce mot* dites *a rapport au commencement de l'Ordonnance.*

[l] *Ordre de Religieux.*

[m] *taxez.*

[n] *avec exactitude.*

[o] *Voy. l'Art. suivant.*

[p] *Voy. l'Art. suivant.*

NOTES.

(g) Leur pourroient valoir.] Les personnes de condition servile payoient une taille à leurs Seigneurs, qui quelquefois avoient le droit de l'imposer à leur volonté, & cette taille faisoit partie des revenus ordinaires des terres des Seigneurs : mais comme par l'Article suivant, il est porté que les serfs payeront une Aide au Roy; & que moyennant cette Aide, ils ne devoient plus payer de taille à leurs Seigneurs, parce qu'il leur auroit esté impossible de porter ces deux charges en même-temps; il est ordonné par cet Article que l'on ne comptera point dans le revenu de la terre des Seigneurs, la taille qu'ils avoient coustume de lever sur leurs serfs, attendu qu'ils ne la percevront pas.

Dans la Piece dont il est parlé dans la Note *(a)* il y a: *rabbatu les tailles que ils prennent sur leurs hommes de la condition dessusdite, & rabbatu aussi les gages ou salaires de ceux qui leurs Justices garderont & exerceront, dont ils ne payeront rien.* Voy. la Note suivante, & cy-dessus p. 54. Note *(d)*

(h) Feux.] Voy. cy-dessous, dans une Note faite sur des Lettres du mois d'Avril 1358. au sujet des *Feux* de Carcassone, ce que l'on entend par *Feux* dans le Languedoc,

CHARLES REGENT, Jean I.er & selon d'autres, Jean II. à Compiegne, le 14. de May 1358.

(15) *Item.* (i) Lesdites Genz d'Eglise & les Nobles de & sur leurs homme Hostes & Justiciables de leurs bonnes Villes, de soixante & dix Feux, un homm d'armes de demi-escu pour jour, comme dit est: Et des Genz de leur plat pay c'est assavoir, des franches personnes & de leurs sers ou [a] condicionnez, puisque soient ébonnez ou qu'il ne soient taillables haut & bas à voulenté chascun an, autres Genz habitanz oudit plat pays de quelconque estat ou condicion que il soien de cent Feux, un homme d'armes de demi-escu pour jour: Et de leurs sers demou rans en plat pays qui envers eux sont astrains de tele servitude, comme taillabl chascun an haut & bas à voulenté, & qui telz seront trouvez loiaument & ser fraude, de deux cenz Feux, un homme d'armes de demi-escu pour jour, en tel maniere que le fort portera le foible; [b] c'est assavoir que toutes manieres de Genz (k) contres-Marregliers lais, Monnoiers & autres de quelconque condicion ou est que il soient, en quelconque lieu que il demeurent, & en quelconques Juridictior oudit Royaume en ladite Languedoyl, payeront ladite Aide en la maniere que dessu est dit, non contrestant Privileges, coustumes, usages, droitz, [c] saisines quelconque & pour quelconque cause que ce soit.

(16) *Item.* Touz pupilles, Femmes veuves & autres qui ne tiennent [d] feux [e] douze deniers pour livre de toutes les rentes & revenues que il tiennent & ont: E sur touz serviteurs gaignanz salaires & non tenant feu, [f] douze deniers pour livre d leurs loyers ou salaires; excepté seulement dudit subside, personnes purement men dianz & non autres: Et commencera ladite Aide le quinzieme jour de cest presen mois de May jusques à un an, & se levera de troyx mois en troyx mois: Et à la S[t]. Jean Baptiste prochain venant, seront cueilliz & levez les premiers troyx mois; sauf & reservez toute-voies que ès plaz pays de ladite Languedoyl qui ont esté [g] cou- ruz, & là où les ennemis sont ou seront aus termes que l'en cueillera ladite Aide, (l) li Esleu desdiz pays pourront quant aus Genz autres que de Sainte Eglise, faire moderacion loiaument, de bonne foi, senz fraude, si comme il verront que fait devra estre, eu regart à l'estat dudit plat pays: Et quant aus Genz de Sainte Eglise demouranz esdiz plaz pays couruz & qui leurs Benefices y auront, li Prelatz du lieu, appellez avecques culs les Esleuz & le Receveur d'iceli lieu, il pourront moderer

a *Voy. la Note (i).*

b *Je crois qu'il manque là quelques lignes.*

c *possessions.*

d *Voy. cy-dessus la Note (h).*

e *payeront.*

f *on levera.*

g *& pillez par les ennemis.*

NOTES.

mais je crois que dans cet Article, il faut entendre par *Feux,* une maison ou un menage. Ce qui me le persuade, c'est que dans l'Art. 17. il est parlé des Pupilles & des Veuves qui n'ont point de *Feux;* c'est-à-dire qui ne sont pas censez avoir de maisons ni de menages.

(i) *Lesdites Genz d'Eglise, &c.*] Les Seigneurs avoient dans leurs terres de deux sortes de subjets, des personnes franches & libres, & des *serfs.* Les personnes franches, ou demeuroient dans les Villes & on les nommoit alors *Bourgeois,* ou ils habitoient dans les Campagnes, & ils estoient appellez *Hostes.*

Les personnes franches ne payoient pas de taille à leurs Seigneurs à qui ils n'estoient redevables que d'un cens annuel, & de quelques autres devoirs Seigneuriaux.

Les serfs payoient tous la taille : mais ou le Seigneur pouvoit la leur imposer à sa volonté, & alors on les nommoit *taillables de haut & bas à volonté,* ou il avoit fait avec eux une convention, par laquelle la taille estoit fixée à une certaine somme par an, & on les appelloit alors *serfs conditionnez ou abonnez;* car c'est ainsi qu'il faut lire dans nostre Article, & non pas *ébonnez.* Il y a *abonnez* dans la Piece dont il est parlé dans la Note (*a*). Voy. la Coustume de *Troyes,* depuis l'Art. 2. jusqu'au 7. & le Comment. de *Pithou* sur ces Articles. Les recherches de Pasquier, l. 4. ch. 5. 6. 7. Les Coustumes locales de Berry & de Lorris, par la Thaumassierre, depuis le chap. 4. jusqu'au 22. Le Gloss. de Du Cange aux mots *Burgensis, Hospes, Servitus, Tallia.* Le Gloss. du Droit François de M. de Lauriere aux mots *abonnez, Bourgeois, Serfs, Taille.* Les Tables des deux premiers Vol. des Ordonn. à ces trois derniers mots. Voy. aussi la Note (*g*) & cy-dessus, p. 54. Note (*d*).

(k) *Contres-Marregliers lais.*] Je n'entends point ces mots qui ne sont point dans les Lettres dont il a esté parlé dans la Note (*a*). Il y a seulement, *toute maniere de Gens, Monnoyers, &c.* Je soupçonne qu'au lieu de *Marregliers,* il faut lire *Marguilliers;* & l'on peut sur ceux-cy consulter Du Cange au mot *Matricularii.*

(l) *Li Esleu.*] Dans les Lettres dont il a esté parlé dans la Note (*a*) il y a *Li Eslu, appellé le Receveur.*

quant au Disieme des Benefices estant esdiz pays couruz, oiz lesdiz Esleuz & Receveur, & faire tele moderation comme il verront en leurs consciences devoir estre faites, eu regart au Benefice & à l'empirement d'iceli: Pour tourner & convertir toutes lesdites Aides ou fait des guerres & en la deffense dudit Royaume, en tele maniere que les deniers qui en [a] istront demourront ès pays là où ils seront cueilliz & levez, afin que se mestier leur est & que guerres y seurvieignent, iceuls pays en puissent estre deffenduz; sauf [b] tant que se les Aides des pays qui seront en frontiere, ne pouvoient souffire à la deffense des frontieres, li Esleu des pays qui ne seront mie en frontiere, seront tenuz de aidier aus frontieres des Genz d'armes du pays aus fraiz de l'Aide; pourvu que nul pays ne demeure si desgarniz des deniers de ladite Aide que se besoing leur seurvenoit, il se peussent & puissent aidier & deffendre: Senz ce que nostredit Seigneur, nostre très chiere Dame Madame la Royne de France, Nous ne autres de par Nous puissons ou doions aucune chose avoir, prendre, lever, ne recevoir esdites Aides, excepté la disieme partie en [c] celles, que lesdiz Prelaz & autres Genz de Sainte Eglise, Nobles & bonnes Villes Nous ont gracieusement & liberalement donné & octroïé pour l'estat de Nous & de nostre chiere Compaigne la Duchesse, & pour le gouvernement de noz Hostelz; sauf à Nous que se les ennemis dudit Royaume venoient par icelui, par quoi il Nous [d] fausist [e] à grosse [f] Bataille aler contre euls en nostre propre personne, les Capitaines des pays seront tenuz de venir [g] à tout ce que il pourront avoir de Genz d'armes & au plus efforciement que il pourront, pour combattre à nosdiz ennemis aus frais desdites Aides: Et se il avenoit que nostredit Seigneur, Nous & nostredite Compaigne par Lettres, Mandemens ou autrement, mandassent aus Esleuz generauls ou particuliers, aus Receveurs desdites Aides ou à aucuns d'euls, plus grant quantité ou somme desdites Aides que ladite disieme partie à Nous octroïée, comme dit est, Nous avons ordené & ordenons & leur deffendons sur les seremens & sur poine de en faire restitucion du leur propre, que il n'y obeissent; quar Nous desclairons & [h] discernons les Lettres, Mandemens & commandemens, se aucuns leur estoient faiz oultre la disieme partie, estre nulz & de nulle valeur, & donnez par inadvertence. Et parmi ce, Nous voulons & acordons que se nostre Saint Pere le Pape de son Mandement ou autrement, donnoit à nostredit Seigneur, à Nous ou à autres pour li ou pour Nous, Disieme ou autre charge sur les Genz de l'Eglise ou sur leurs Benefices pour le fait des guerres ou autrement, que ce ne Nous vaille, & que lesdites Genz d'Eglise n'en puissent estre contrains ou poursuiz, & leur promettons que il ne seroient mie levez, & dès maintenant les en quictons ou cas dessusdit; quar par ceste presente Aide, Nous nous tenons pour bien contens de euls pour ceste presente année.

(17) *Item.* Et que certaines personnes; c'est assavoir un de chascun estat, seront esleuz par lesdites Genz d'Eglise, Nobles & bonnes Villes, & commis de par Nous pour le fait desdites Aides ordener & mettre [i] sus & gouverner, ès lieux où [k] il seront commis & Receveurs qui recevront les deniers de ladite Aide; lesquelz Receveurs seront ordenez par iceuls Esleuz par conseil des bonnes Genz du pays, & seront lesdiz Esleuz & Receveurs serement à Nous ou à noz Genz, de bien & loiaument faire ledit fait: Liquel Esleu ne pourront aucune grant chose faire touchant ledit fait l'un senz l'autre, mais [l] que touz les troix ensemble.

Et pour ce que les autres Aides du temps passé ont esté cueillies à très grans frais & à très grans depens, si que elles en sont très grandement [m] appeticées, & ont valu [n] pou ou neant par les grans & excessis gages & salaires des Esleuz, particuliers Receveurs, Sergenz, Generaulz à Paris & autrement, Nous ordenons que chascun des Esleuz aura pour ses gaiges ou salaires, cinquante livres tournois pour l'année, & les Receveurs au-dessouz de ladite somme selone ce que lesdiz Esleuz verront estre bon par le conseil des bonnes Genz du pays: Et seroit les Sergens Royauls & autres des lieux & pays, tenuz à faire les adjournemens, execucions & contraintes qui seront à faire pour ledit fait, senz aucun salaire; mais pour leurs poines & travauls & pour

CHARLES REGENT, Jean I.er & selon d'autres, Jean II. à Compiegne, le 14. de May 1358.

a *fortiront, proviendront.*

b *cependant.*

c *icelles.*

d *fallut.*

e *avec.*

f *Armée.*

g *avec tout.*

h *decernons.*

i *établir.*

k *il est inutile.*

l *mais seulement.*

m *diminuées.*

n *peu.*

leurs despens, seront quictes de ceste presente Aide, ne ne seront mie mis en nombre des feux, [a] non mie touz, mais que ceuls qui embesoignés en seront: Et ne pourront les Receveurs ne leurs [b] Clercs prendre ne avoir que quatre deniers pour chacune quictance, ne de prendre quictance ne pourra aucun estre contrains: Et quant aus [c] Escriptures que il faudra faire par les Esleuz pour le fait desdites Aides mettre sus, elles seront prises sur lesdites Aides.

(18) Item. Et [d] parmi l'Aide dessusdite, toutes manieres de *(m)* Prises & de emprums [e] efforciez cessent & cesseront du tout & les abatons, & deffendons tant pour garnisons de Chasteaux, pour nostredit Seigneur, pour nostredite Dame la Royne, pour Nous, pour nostredite Compaigne la Duchesse & pour nos Hostiex, pour noz Freres, pour noz Enfanz & autres de nostre sanc, Connestables, Lieutenans, Mareschaux, Capitaines generauls & particuliers, & de touz autres Seigneurs quelconques, tout en la fourme & maniere contenues en noz autres [f] Ordenances faites à l'Assemblée qui de nostre commandement fu faite à Paris ou mois de Fevrier l'An 1356. & à autres Assemblées: Et deffendons dores-en-avant à touzjours sur la fourme & maniere & sur toutes les poines contenues esdites Ordenances, que nul de quelconque estat que il soit, ne facent Prises quelconques de quelconque chose, ne sur quelconque personne, autrement ne par autre maniere que contenu est en nosdites autres Ordenances.

(19) Item. Touz pardons & remissions contenuz esdites autres Ordenances & en autres Lettres de Nous données aus Genz des bonnes Villes en general ou en especial, loüons, [g] greons, acordons, promettons, ratifions & confermons, & voulons & derechief ordenons que lesdiz pardons & remissions leur soient tenues & acomplies de point en point, comme se tout estoit mot à mot escript & exprimé en ces presentes.

(20) Item. Et avons octroié & octroions ausdiz Prelaz & autres Gens d'Eglise, Nobles, bonnes Villes & plaz pays & aus Habitanz dudit Royaume de ladite Languedoil, que les Octroiz, Aides, dons, subsides & Impositions & Gabelles autrefoiz faiz à nostredit Seigneur, à ses [h] devanciers, à Nous, ne ceste presente Aide ne soient traiz ne ramenez à consequence, à debte, ne à servitude, & que en aucune maniere ce ne face, porte ou engendre à euls ne à aucun d'euls ne à leurs successeurs, servitude, dommage ne prejudice, aucun prouffit ne nouvel droit à nostredit Seigneur, à Nous ne aus successeurs de lui & de Nous, en saisine ne en proprieté, pour le temps passé & à venir, & confessons pour nostredit Seigneur, pour Nous & pour les successeurs de lui & de Nous, que ce ont-il fait de leur liberalité & courtoisie, & par maniere de pur don.

a *non pas cependant tous, mais seulement ceux qui seront employez.*

b *Commis.*

c *Ordonnances, Rôles, &c.*

d *moyennant.*

e *forcez.*

f *Voy. cy-dessus p. 132. & 133. les Art. 16. & 17.*

g *agreons.*

h *devanciers.*

NOTES.

(m) Prises.] Pour donner une idée de ces *Prises* dont les Peuples demandoient si souvent la suppression, l'on a jugé à propos de donner icy une claule des Lettres du mois de Septembre 1357. portant exemption de *Prises* pour les Habitans de *Serge près Pontoise. Avons octroyé... auxdiz Habitans.... que pour les garnisons ou pourveances des Hostieulx de nostre très cher Seigneur & Pere, nostre très chere Dame la Royne sa Compaigne, du nostre, de celli de nostre très chere & amée Compaigne la Duchesse, de noz très chers Freres ou de quelconques autres de nostre Lignage aians Prinses ou Royaume, ou par quelconque autre cause que ce soit, on ne lieve, praigne, saisisse, ou arreste les Chevaux, Charretes, Blez, Vins, Foins, Avennes, Feurres, Coutes, Coussins, Draps, & Couvertures de Lis, Oreilliers, Cuevrechiez, Tables, Tresteaux et autres choses quelconques des biens desdiz Habitans ou d'aucun d'iceulx, pour quelconque besoing ou necessité qui en soit, ores ou temps avenir, se ce n'est par juste & convenable pris; du quel pris Nous en ce cas voulons que pleniere satisfacion soit faite entierement des choses prises ou arrestées des biens desdiz Habitanz ou d'aucun d'iceulx, en quelconque lieu que ce soit, avant que les preneurs ou arresteurs les puissent lever ou faire lever des lieux, ou lieu ou elles seront arrestées, à ceulx à qui lesdites choses seront.*

Ces Lettres sont au Tresor des Chartres, Reg. 89. Piece 176. Voy. aussi sur les *Prises*, la Table des deux premiers Vol. des Ordonn. & celle de celuy-cy.

CHARLES REGENT, Jean I.er & selon d'autres, Jean II. à Compiegne, le 14. de May 1358.

(21) *Item.* Nous avons ordené & ordenons que quiconques voudra avoir Lettres de ces presentes Ordenances, Octroiz & modifications, que elles leur soient faites & baillées en cire vert & en laz de soie, franchement senz en rien payer au Seel, & que se il les apportent à nostre amé & feal nostre Chancelier, escriptes [a] puis que elles soient signées de aucun Secretaire ou Notaire, elles leur soient scellées & rendues franchement, comme dit est, & mandons & enjoignons estroittement à touz nos Secretaires & Notaires & à chacun de euls, que il en facent collacion, & que il les signent tantost & senz delay, & senz en prendre aucun salaire de ceuls qui escriptes les leur porteront, & voulons que la Copie souz Seel authentique vaille Original.

(22) *Item.* Il est nostre entente que les personnes de Sainte Eglise soient contrains à payer ceste presente Aide par leurs Ordinaires ou cas que les Ordinaires en feront leur devoir.; sauf ce que se aucuns par [b] vertu de la contrainte de leurs Ordinaires, [c] cessassent longuement à païer ladite Aide, & se laissassent endormir & endurcir en [d] excommuniment, li bras seculers à la requeste de leurs Ordinaires, les contraindra deüement à eulz mettre en estat comme bon Crestian, & à païer ce qu'il devront de ladite Aide.

(23) *Item.* Nous avons ordené & encores ordenons & promettons en bonne foy, que Nous ne ferons dons ou assignacions quelconques pour quelconque cause que ce soit ou puist estre, ne ne ferons faire sur les Aides dessusdites octroïées à ladite Assemblée de Compieigne; & se Nous par inadvertance, importunité ou autrement, faisons ou faisons faire aucuns dons ou assignations sur lesdites Aides, que pour commandemens de bouche, pour Lettres ou Mandemens quelconques souz quelconque fourme de paroles, nos amez & feauls les Tresoriers de nostredit Seigneur & les nostres, les Esleuz à ladite Aide garder & gouverner & mettre sus, les Receveurs desdites Aides ou autres ne y obeissent, ne que le quantité ou somme de deniers desdites Aides ne paient, baillent ou delivrent à ceuls à qui nostredit Seigneur ou Nous aurions fait dons ou assignacions; mais leur deffendons si estroittement comme plus povons, sur leurs seremens & sur toute la loyauté qu'il ont à nostredit Seigneur & à Nous, tant sur la disieme partie desdites Aides qui octroïée Nous a esté pour Nous & pour le gouvernement des Hostelz de Nous & de nostredite Compaigne, [e] quant sur ce qui en doit tourner à la deffense dudit Royaume & ou fait de la guerre; & se il avenoit que lesdiz Tresoriers, lesdiz Esleuz, lesdiz Receveurs ou aucuns de euls obeissent, & que les dons ou assignacions il paiassent ou feissent paier sur ladite Aide, ceuls qui lesdites assignacions paieront ou feroient paier, soient lesdiz Tresoriers ou autres, seroient ou seront tenuz & contrains par la vertu de ces presentes senz autre Mandement attendre, de les rendre & restituer: & aussi ceuls à qui lesdites assignations ou dons seroient faiz, seront tenuz à Nous rendre & restituer plainement ce qu'il en auront receu, comme paiez & receuz senz cause & contre nostre Ordenance & deffense, & à ce les avons condempné & par ces presentes condempnons, & [f] avecques seront tenuz de Nous faire & paier amende pour la transgression de ces presentes Ordenances, & puniz de leur serement enfraint; quar Nous avons consideré & considerons que [g] miex est prendre nostre [h] estat, & faire les fraiz du gouvernement des Hostiex de Nous & de nostredite Compaigne, en & de ce qui est nostre, meesmement sur la disieme partie de ladite Aide qui donnée Nous est, comme dit est, & le surplus d'icelle Aide estre converti en la deffense dudit Royaume, pourquoi elle a esté octroïée & ordenée, & fermement tenir les convenances, promesses & Ordenances que Nous avons [i] à nostredit Peuple de cesser de toutes manieres de Prises, que prendre senz paier les biens de nostredit Peuple, & donner ce qui est nostre, que pour les excessis dons que Nous ferions par inadvertence ou par l'importunité & convoitise des requeranz, l'Estat de Nous & de nostredite Compaigne peut diminuer.

(24) *Item.* Nous avons ordené & ordenons que les Genz des bonnes Villes [k] abiles pour les armes, soient receuz pour Genz d'armes, [l] puisqu'il soient souffisament armez & montez, & que les Capitaines ne les puissent refuser [m] neant plus que les autres

a *depuis.*

b *malgré.*

c *differassent.*

d *excommunication. Voy. cy-dessus p. 25. vers la fin de la Note.*

e *que.*

f *en outre.*

g *mieux.*

h *depense.*

i *faites.*

k *propres.*

l *pourvu qu'ils.*

m *non plus.*

Genz d'armes, & ainsi le mandons Nous par ces presentes à touz les Capitaines & autres à qui il appartendra, ou à leurs Lieux-tenans.

CHARLES REGENT, Jean I.er & selon d'autres, Jean II. à Compiegne, le 14. de May 1358.

(25) *Item.* Nous par ces presentes restrengnons, moderons, ordenons & [a] attrempons [b] ols, chevauchiées, Mandemens, Bans, Arrierebans, tout en la fourme, maniere & condicions contenuës en nozdites autres Ordenances.

a moderons.

b Hosts, Armées. Voy. le Sommaire de cet Article.

(26) *Item.* Que les Capitaines prendront chascun ou païs là où il sera deputez & envoiez par Nous, Genz d'armes, senz en prendre nulz ailleurs, se touver en pevent ce qui leur en convenra.

(27) *Item.* Que les Esleuz facent l'inquisicion & compte du nombre des feux ès bonnes Villes & Citez, appellez les Maires desdites Villes, ou (n) Atournez là où il aura Maires ou Atournez, ou des plus souffisantes personnes d'icelles, là où il n'aura Maire & Eschevins, & pour le Conseil d'iceuls.

(28) *Item.* Chascun Capitaine ou pays là où il sera deputez de par Nous, assemblera & pourra assembler les Genz d'Eglise, les Nobles & Genz de bonnes Villes dudit pays, là où il sera ordenez en lieu (o) plus emmi marchié, & là où lesdites Genz d'Eglise, Nobles & Genz de bonnes Villes ainsi assemblez, & lesdiz Capitaines esliront en chascun pays troix ou quatre personnes ou tant que il verront que bon sera, qui lesdiz Capitaines conseilleront, senz le conseil desquelz li Capitaine ne pourront ordener du fait de la [c] mise.

c de la depense.

Et toutes les choses, modificacions, graces, promesses & Ordenances dessusdites & chacune par soi, Nous de grace especial, de l'auctorité Royal dont Nous usons, & de certaine science, considerans la très bonne amour & affection que Nous avons touzjours eu, avons & aurons audit Royaume, & au Peuple d'iceli gouverner doucement & amiablement, & la très bonne subjeccion & parfaite amour que Nous avons trouvé ès Prelaz & autres Genz d'Eglise, Nobles & bonnes Villes & à tout ledit Peuple, & ce que nostredit Seigneur, ses predecesseurs Roys de France & Nous les avons touzjours trouvé bons & loiaux subgez, & trouverons, se [d] Diex plait, & ont à nostredit Seigneur, à ses predecesseurs & à Nous fait bonnes & souffisantes Aides quant requis en ont esté: acordons, voulons & donnons par ces presentes, & ycelles & chascune d'icelles promettons en bonne foy tenir, garder, acomplir, executer & enteriner de point en point, & se aucune chose a esté ou est faite au contraire, [e] loy remettre ou faire remettre senz delay à deu estat, & à punir touz ceuls noz Officiers ou autres qui en aucune maniere feroient le contraire; & mandons, commandons & enjoignons & commettons tres estroittement à touz nos Officiers & à touz autres, & à leurs Lieuxtenans, sur les feremens que il ont à nostredit Seigneur & à Nous, & sur poine de encourre en nostre indignacion, & de perdre leurs Offices, que euls & chascun d'euls en droit soit, tieignent & facent tenir & enteriner & acomplir les choses dessusdites & chascune d'icelles de point en point, & que senz autre Mandement attendre, il les executent & facent executer chascun en droit soi senz aucun deffaut, si & en telle maniere qu'il n'en soit faite plainte à nostredit Seigneur ne à Nous; quar nous les punirions [f] si que touz autres y prendroient exemple. Et afin que ces choses soient plus diligemment executées & fermement tenuës, Nous avons à ces presentes fait mettre nostre Seel. *Donné à Compieigne, le quatorzieme jour du mois de May, l'An de grace mil trois cens cinquante & huit.* Par Monseigneur le Regent, en son Conseil. J. LE FORT.

d Dieu.

e la.

f de telle maniere.

NOTES.

(n) *Atournez.*] Les Maires sont ainsi nommez dans quelques Villes. Voy. le Gloss. du Droit François de M. de Lauriere, sous le mot *Atour. Atournez* signifie quelquefois aussi *Procureurs.* Voy. Du Cange au mot *Aturnatus.*

(o) *Plus emmi.*] Je crois qu'il manque quelques mots entre *plus* & *emmi. Emmi* signifie *au milieu.*

Lettres

CHARLES REGENT, Jean I.er & selon d'autres, Jean II. à Clermont en Beauvoisis, au mois de May, l'an 1358. Philippe de Valois, à Montcel près S.te Maxence, en Octobre 1340.

(a) Lettres qui confirment les Privileges & les Droits accordez par Philippe de Valois, aux Consuls & aux Habitans de la Ville de Condom.

SOMMAIRES.

(1) Le Roy ne pourra demander aux Habitans aucun Don, subside, ou prest, quand ses Fils seront reçûs Chevaliers, quand ses Filles seront mariées, ni pour quelque cause que ce soit.

(2) Les Habitans ne seront point obligez de fournir des troupes au Roy pour ses Guerres, ni de rien payer pour entretenir celles qu'il aura sur pied, si ce n'est lorsque l'on levera une Armée generale dans l'Agenois; & dans ce cas, ils fourniront & entretiendront à leurs dépens, une seule fois pendant le cours de la Guerre, cent Sergents, qui serviront dans l'étenduë du Duché d'Aquitaine, pendant quarante jours seulement.

(3) Les Habitans seront exempts dans tout le Royaume, & mesme dans le Duché d'Aquitaine, de toutes les levées, & de tous les Peages qui appartiennent au Roy.

(4) Les Habitans ne pourront estre poursuivis pour raison de transgressions des Ordonnances du Roy.

(5) Les Habitans non Nobles pourront posseder des fiefs dans tout le Royaume, & mesme dans le Duché d'Aquitaine, sans payer de finance au Roy.

(6) Les Consuls seront presents, mais seulement pour empescher qu'on ne commette des fraudes, aux Informations qui se feront par les Officiers du Roy, sur les delicts qui se commettront dans la Ville de Condom & dans son ressort, mesme dans les infractions de sauvegarde, de la mesme maniere qu'ils ont accoustumé d'assister aux Enquestes [ou procès] qui se font sur ces crimes: & s'ils n'on pas esté presents aux Informations, & si ces Informations ne fournissent pas de preuves très fortes contre l'accusé, on ne pourra luy faire son Procès.

(7) Les Juges ordinaires de Condom feront serment en entrant en charge, de garder les Coustumes & les Privileges de la Ville, de la mesme maniere que le Seneschal a coûtume de le faire.

(8) Si un Habitant maltraite dans le ressort de la Ville, un homme qui est sous la sauvegarde du Roy, on luy fera son Procès de la mesme maniere que si l'offensé n'estoit pas sous la sauvegarde du Roy.

La sauvegarde accordée par les Rois à la Ville, aura son plein & entier effet.

(9) On n'envoyera plus dans la Ville de Reformateurs, si ce n'est pour faire le Procès aux Officiers de la Ville.

(10) Les Habitans joüiront de tous les Privileges accordez à ceux d'Agen.

(11) Les Consuls auront sur les Habitans, la mesme Jurisdiction qu'ont ceux d'Agen dans cette Ville, & ils employeront pour les dépenses communes, les émoluments qui en proviendront.

(12) Lorsque des Notaires Royaux ou autres, seront morts, les Consuls donneront leurs Livres à d'autres Notaires qu'ils choisiront, comme si ces Notaires eussent esté créez & presentez par eux.

(13) Les Habitans qui commettront quelque delict, quelque énorme qu'il soit, dans la Ville & le Bailliage, y seront jugez, & non ailleurs, quand mesme ils seroient Officiers ou Domestiques du Roy.

(14) Les dettes dûës à la Communauté des Habitans seront exigées par les Consuls & leurs Officiers, de la mesme maniere que l'on fait payer les dettes fiscales, à l'exception de la prise de corps.

(15) Les Consuls seront presents aux Enquestes [Procès] qui se feront par les Seneschaux & autres Juges Royaux, de la même maniere qu'ils assistent à celles qui se font par les Baillis de la Ville; & ils auront la troisiéme partie des finances qui se payeront pour les delicts commis dans l'estenduë de la Jurisdiction, de la mesme maniere qu'ils ont coustume de recevoir la troisiéme partie des condamnations arbitraires.

(16) Le Seneschal d'Agen, le Juge ordinaire, le Bailli & tous les autres Officiers Royaux, jureront avant que d'entrer en charge, d'observer tout ce qui est contenu dans ces Lettres.

CAROLUS *Regis Francorum Primogenitus, Regnum regens, Dux Normannie & Dalphinus Viennensis: Notum facimus Universis tam presentibus quam futuris, Nos infrascriptas Literas sigillo inclite recordationis carissimi Domini & Avi nostri*

NOTES.

(a) Tresor des Chartres, Registre coté 86. pour les Années 1357. & 1358. Piece 528. p. 190. *verso.*

Regis Philippi, in filis [a] cericeis & in cera viridi sigillatas vidisse, formam que sequitur, continentes.

CHARLES REGENT, Jean I.er & selon d'autres, Jean II. à Clermont en Beauvoisis, au mois de May, l'an 1358.

PHILIPPUS Dei gratiâ Francorum Rex: Notum facimus universis tàm presentibus quàm futuris, quod Nos congruum reputantes, quod dilecti & fideles nostri Consules, [b] Universitatas, Cives, Habitatores & vicini Civitatis Condomi, Senescallie Agenensis, qui die nocteque contrà inimicos nostros & rebelles pro conservatione sue fidelitatis quâ Nobis sunt astricti, in armorum continuo exercicio, laudabili & continuâ diligentia novissime certaverunt, & ab ipsorum inimicorum incursibus sub nostre Regie Magestatis obedientiâ, sua virtuosa constanciâ, laboriose dictam Civitatem deffensarunt, non tantum preconiis & laudabilibus testimoniis atollantur, sed etiam prosequantur graciarum & premiorum beneficiis eorum necessitatibus & utilitatibus oportunis, auctoritate nostrâ Regiâ, ex certa nostra scientia & gratia speciali, ad ipsorum Consulum & Universitatis humilem supplicationem, ut in dicta fidelitate ferventius animentur, eisdem [c] Consilibus, Universitati, Civibus, Habitatoribus & vicinis dicte Civitatis concedimus infrascripta.

a Sericeis.

b Universitas.

c Consulibus.

(1) Videlicet quod per Nos, Officiarios seu Ministros nostros, occasione Milicie filiorum, vel dotis filiarum vel alia qualibet ratione vel causa, quod donum, subsidium, vel mutuum deinceps nullatenus exigentur, ymo jus petendi & exigendi dictum donum, subsidium vel mutuum, si quod ex causis predictis vel quibuscumque aliis, Nobis, successoribus, Ministris vel Officiariis nostris competebat vel competere poterat in futurum, eisdem remittimus generose.

(2) Concedimus etiam, cum Civitas propter longevum ambitum, inibi habitantibus pluribus pro defensione indigeat, quod dicti Consules, Universitas, Cives, & Habitatores & vicini per modum Exercitus vel aliter, universaliter vel singulariter, ad adjuvandum Nos vel successores nostros, vel ad mittendum Gentes armorum, Servientes vel Balistarios in Guerris quas in presenti habemus vel habebimus in futurum, vel ad faciendum pro premissis nullathenus teneantur, nec ad hoc compelli possint, quodque occasione premissorum, gratiose ab eis nichil per modum mutui vel aliter exigi possit; hoc excepto, quod pro deffensione Ducatus Aquitanie & infrà dictum Ducatum, in tota una Guerra quamdiù illa duret, centum Servientes & non plures, suis expensis per quadraginta dies duntaxat, & tunc cum fiet Exercitus generalis in Agenesio & non aliter, mittere teneantur.

(3) Huic gratie adjungentes ut deinceps & perpetuo omnes & singuli Cives, Habitatores & vicini dicte Civitatis, a solutione cujuscumque Leude, vectigualis & Pedagii ad Nos spectantis in toto Regno nostro & etiam in Ducatu Aquitanie, sint quiti, liberi & immunes: quodque occasione dicte Leude, Pedagii seu vectigualis, ab eisdem nichil exigi possit in quantum jus nostrum tangit.

(4) Eisdem graciis (b) anuentes, ut si dicti Consules, Universitas, singulares Cives, Habitatores vel vicini dicte Civitatis, contra Ordinaciones Regias factas super Monetis vel cursu Monetarum, vel super aliis quibuscumque, vel contra inhibitiones, statuta, precepta vel injunctiones nostras, predecessorum vel quorumcumque Officiariorum seu Commissariorum usque ad diem presentem, qualitercumque fecerint vel commiserint, seu facere obmiserint, qua occasione penarum dictis Ordinationibus, inhibitionibus, preceptis vel injunctionibus annexarum [d], ab eisdem conjunctim vel divisim nichil possit exigi vel levari: nec pro premissis, vel occasione premissorum quovismodo, per quoscumque Officiarios nostros vel ad eorum instanciam, possint inqueste [e] in causa [f] subici, vel alias quomodolibet molestari quia [g] esdem Consulibus, Universitati, singularibus Civibus, vicinis dicte Civitatis, penas predictas, & quodcumque jus occasione premissorum Nobis quesitum

d Je crois qu'il manque là quelques mots.

e Cet endroit me paroist corrompu.

f subjici.

g eisdem.

NOTES.

(b) Anuentes.] Ce mot ne signifie rien en cet endroit. De la maniere dont il est écrit, on pourroit lire *ajicientes*, pour *adjicientes*.

remittimus, super hiis Procuratoribus & aliis quibuscumque Officiariis nostris silentium perpetuum harum serie imponentes.

(5) Insuper concedimus eisdem Civibus & vicinis, ut absque financia aliquali, & nulla alia à Nobis seu Officiariis nostris petita licencia seu obtenta, licet ipsi Innobiles existant, in toto Regno nostro Francie & etiam in toto Ducatu Acquitanie predicto, feuda Nobilia possint deinceps acquirere, tenere, & jam acquisita perpetuo retinere.

CHARLES REGENT, Jean I.er & selon d'autres, Jean II. à Clermont en Beauvoisis, au mois de May, l'an 1358.

(6) Nedum etiam concedimus auctoritate nostra Regia qua supra, [a] Consilibus, [b] Universitatis, Civibus & vicinis ante dictis, quod dicti Consules, in quibuscumque Informationibus que deinceps fient vel fieri contingerit, per quoscumque Officiarios vel Commissarios nostros, insuper vel pro excessibus infra dictam Civitatem, Jurisdictionem & pertinentias dicte Civitatis commissis vel deinceps committendis, debeant vocari, admitti & esse presentes, ad finem fraudis vitande dumtaxat, prout Inquestis dictarum Causarum criminalium, secundum eorum usus & Consuetudines sunt vocandi : Quodque pro Informationibus factis super quibuscumque Criminibus, (etiam fractionem salve Gardie tangentibus) ipsis Consilibus non vocatis, vel admissis; Et nisi per dictam Informationem quis de criminibus appareat vehementer culpabilis vel suspectus, nullus possit (c) cause subici, vel Inqueste.

a Consulibus.
b Universitati.

(7) Volumus etiam & concedimus Consulibus, Universitati, Civibus ac vicinis predictis, quod Judices ordinarii in partibus Condomi, in novo suo adventu antequam aliqua Juridictione utantur, ad [c] serviendum Consuetudines, Usus, Libertates, Privilegia dicte Civitatis, sicut Senescallus in suo novo adventu secundum dictas Consuetudines tenetur, [d] medio Juramento se astringant.

c servandum.

d Je n'entends pas ce mot là, qui est encore plus bas.

(8) Premissis etiam adjungentes graciose, quod si qui Habitatores vel vicini Civitatis predicte, infra dictam Civitatem seu Jurisdictionem aut pertinentias dicte Civitatis, quemcumque alium etiam in & sub salva Gardia Regia universaliter vel specialiter susceptum, injurietur in corpore vel bonis, invadat, mutilet vel occidat, vel aliter quovismodo offendat, quod pro premissis, nulla alia pena sic delinquens vel excedens, nec per quoscumque alios Judices vel Officiarios judicari vel puniri possit vel debeat, quam illa & per quos fuisset puniendus & judicandus, si ille contra quem exceditur vel committitur, sub salva Gardia Regia predicta non fuisset susceptus, & vocatis dictis Consulibus, prout in Criminibus ordinariis sunt vocandi, non obstantibus dictis salvis Gardiis, quas quo ad hoc, auctoritate nostra Regia rappellamus; ipsis salvis Gardiis, tam Universitati, quam singularibus dicte Civitatis concessis, quo ad alios extraneos & non vicinos, in sua debita & consueta prerogativa duraturis.

(9) Concedimus etiam Consulibus, Universitati & Civibus memoratis, quod contra omnes & singulos, Universitatem, Consules, singulares Cives, Habitatores & vicinos (d) Reformationes super usuris & quibuscumque aliis excessibus cessabunt; nisi contra (e) Officiarios dicte Civitatis ; Reformatoribus jam missis & deinceps mittendis,

NOTES.

(c) *Cause subjici vel Inqueste.*] Je crois que ces mots signifient, *faire le Procès à quelqu'un.* Voy. la Table du 2. Vol. des Ordonn. au mot, *Enquestes.*

(d) *Reformationes.* C'est-à-dire, que l'on n'envoyera pas de Reformateurs sur le fait des usures. Ces Reformateurs estoient des Commissaires que le Roy envoyoit, soit pour connoistre en general des transgressions des Ordonnances, soit pour connoistre de certains delicts en particulier, sur le fait des usures, sur le fait des Monnoyes, &c.

Il paroist par plusieurs Ordonnances, que ces Reformateurs admettoient les délinquans à composition; c'est-à-dire qu'ils leur remettoient, moyennant une somme d'Argent, les peines & les Amendes qu'ils avoient encouruës. Voy. la Table du 2. Vol. des Ordonn. au mot *Reformateurs*, & la Table de celuy-cy au mot *Composition.*

Dans le Registre des Chartres, après ces Lettres, on en trouve d'autres accordées au même mois de May, aux Habitans de Condom, par lesquelles le Roy leur remet les peines qu'ils pouvoient avoir encouruës, en violant les Ordonnances sur le fait des Monnoyes.

(e) *Officiarios dicti Civitatis.*] Je crois qu'il faut entendre par ces mots, *les Officiers Royaux.*

CHARLES REGENT, Jean I.er & selon d'autres, Jean II. à Clermont en Beauvoisis, au mois de May, l'an 1358.

reformandi, inquirendi & procedendi contra dictos Consules, Universitatem, Cives vicinos potestatem omnimodam precludentes.

(10) Volumus etiam quod dicti Consules, Universitas, Cives & vicini perpet gaudeant, gaudere possint & debeant omnibus & singulis Privilegiis, Franchisiis & l bertatibus per Nos seu Predecessores nostros vel per quoscumque alios Principes, O ciarios, Ministros seu Loca-tenentes quandocumque, qualitercumque & ex quavis cau & sub quavis forma verborum, universaliter vel singulariter, Consulibus, Universitati, s gularibus & vicinis Civitatis Agenensis concessis, per inde ac [a] *dicta Privilegia, Fra chisie, Libertates sigillatim & in speciali, prefatis Consulibus, Universitati, Civib & vicinis* [b] *Condonii concessa, ac si presenti pagina inserta fuissent.*

(11) Et quod etiam dicti Consules Condomi, in Cives, vicinos vel Habitator Condomi & pertinentiarum ejusdem, Juridictionem habeant & exerceant, & deince exercere possint & valeant per se & Judices à se deputatos & deputandos, & id ressortum in quibuscumque Causis civilibus & etiam criminalibus, & emolumentum exin ratione dictarum Causarum, seu scripturarum super eisdem Causis faciendarum exin proveniens, in utilitatem dicte Universitatis convertere & eisdem appropriare possint habeant, sicut dicti Consules Civitatis Agennensis habent & possunt.

(12) Insuper concedimus eisdem Consulibus, ut libros Notariorum Regiorum, & qu rumcumque aliorum in Civitate Condomii commorantium, deffunctis Notariis, aliis No riis quibus eis videbitur faciendum, conferre valeant & donare, ac si dicti Notarii p eosdem creati & presentati fuissent; Et quod deinceps eisdem Consulibus nullum p quemquam impedimentum prestari valeat in premissis.

(13) Concedimus etiam quod nullus Civis, Habitator vel vicinus Civitatis pr dicte, [c] *quamcumque Officiarius noster, vel in servicio seu de familia nostra existet, in fra dictam Civitatem & ejus Bailliagium delinquens, pro quocumque crimine quantum cumque speciali vel enormi, extra Civitatem possit astrahi: Sed quod infra dictam Ci vitatem, cum convictus & condempnatus, servatis Juris ordine vel Consuetudinibus dic loci, fuerit & non aliter, fiat condigna punicio de eodem.*

(14) Adicientes Privilegiis & graciis predictis, quod omnia & singula debita, qu Universitati & Consulibus de Condomio [d] *debentur nomine & ex causa Universitati predicte, seu deberi contingerit in futurum, leventur tanquam fiscalia & etiam exigan tur, & eisdem cohercionibus per eosdem Consules seu eorum Servientes vel nuncios per petuo exigi valeant & levari, cujuscumque superiorum licentia minime petita seu obtenta, corporis captione excepta.*

(15) Preterea eisdem Consulibus nomine Universitatis predicte, concedimus quod in [e] *Inquestis que fient per Senescallos, Judices seu eorum Commissarios seu* [f] *quovis alios Officiarios nostros, Consules predicti sint presentes & vocentur, sicut in Inquestis que fiunt per Bajulos dicte Civitatis, sunt presentes & vocantur. Nedum etiam quod ad tertiam partem (f) financiarum que recipientur ratione excessuum infra Jurisdictionem dicte Civitatis commissorum seu committendorum, iidem Consules nomine Universitatis predicte, admittantur, sicut ad tertiam partem condempnacionum penarum arbitrariarum, juxta & secundum eorum Consuetudines admittuntur.*

(16) Concedentes etiam quod Senescallus Agenensis, Judex ordinarius, Bajuli & quivis alii Officiarii nostri, in suo novo adventu, & antequam aliqua Jurisdictioni in dicta Civitate vel ejus pertinentiis utantur, ad servandum omnia & singula premissa, sicut ad servandum Consuetudines dicte Civitatis, Juramento [g] *medio astringantur. Quod ut firmum & stabile permaneat in futurum, presentibus Literis nostrum fecimus ap poni sigillum: Salvo in aliis Jure nostro, & in omnibus alieno. Datum apud Moncellum prope Pontem Sancte Maxencie.* Anno Domini millesimo trecentesimo quadragesimo, Mense Octobris.

a si.

b Condomi.

c Ce mot paroist corrompu, il faut corriger *quamvis*.

d Ce mot est très-difficile à lire: il a fallu deviner.

e Voy. cy-dessus la Note *(c)*.

f quosvis.

g Voy. plus haut, une Note marginale, à la fin de l'Art. 7.

NOTES.

(f) Financiarum.] Je crois qu'il faut entendre par ces mots, les *Compositions* dont il a esté parlé cy-dessus dans la Note *(d)* & par les *peines arbitraires*, les Amendes decernées par les Juges ordinaires.

Nos autem ad humilem supplicationem Consulum & Habitatorum predictorum, suprascriptas Literas & omnia & singula contenta in eis, rata & grata habentes, ea volumus, ratifficamus, laudamus, approbamus de gratia speciali & auctoritate Regia qua fungimur de presenti, tenore presencium confirmamus, Tholose, Carcassone, Agenni Senescallis & Receptoribus, ceterisque Justiciariis dicti Regni presentibus & futuris, & cuilibet eorumdem prout ad eum pertinuerit, aut eorum Loca-tenentibus, dantes hiis presentibus in mandatis, quatenus Consules, Burgenses, Cives, Habitatores & vicinos predictos & ipsorum quemlibet, nostra presenti gratia uti, frui pacifice faciant & gaudere, & contra presentis gratie & confirmationis, ac [a] *suprascripta Literarum tenore, prenominatos aut ipsorum aliquem, nullatenus molestent, impediant vel inquietent, aut inquietari vel impediri* [b] *permittent à quoquomodo. Quod ut firmum & stabile perpetuo perseveret, sigillum nostrum presentibus Literis duximus apponendum: salvo in aliis Jure dicti Domini nostri & nostro, & in omnibus quolibet alieno.* Datum apud Claremontem in [c] Bello Vicino, Anno Domini millesimo trecentesimo quinquagesimo octavo, Mense Maii.

Per Dominum Regentem, in Consilio in quo erant Domini Lexoviensis Episcopus, Cancellarius Normanie, Decanus Noviomensis P. STATICE *&* MATH. GAITE *Thesaurarii.* * *Sairiq.*

CHARLES REGENT, Jean I.er & selon d'autres, Jean II. à Clermont en Beauvoisis, au mois de May, l'an 1358.

a suprascripto.

b permittant.

c Clermont en Beauvoisis.

* Il y a une marque d'abregé sur le *q*.

CHARLES REGENT, Jean I.er & selon d'autres, Jean II. à Compiegne, en May 1358.

(a) Lettres qui permettent à la Faculté des Arts dans l'Université de Paris, de faire fermer pendant la nuit les deux issuës de la ruë du *Foüare*.

KAROLUS Regis Francie Primogenitus, Regnum regens, Dux Normannie & Dalphinus Viennensis: Notum facimus tam presentibus quam futuris, quod cum dilectis filiis nostris Magistris, Scolaribus Parisius studentibus in Artium Facultate & à principio fundationis studii Parisiensis vel quasi, certus Vicus ultra parvum [d] *Pontem vocatus gallice* la Rue du [e] Feurre, *eisdem Magistris ad legendum, Scolaribus vero audiendum & proficiendum fuerit assignatus, & in dicto Vico temporibus retroactis dicti Magistri pacifice legerint, ac Scolares audierint sine inquietatione vel notali perturbatione: nunc vero crescente malitia hominum & inimico scientie zizaniam inter bonos & alios seminante, in dicto Vico de nocte immunditias &* [f] *fecosa portando ac ibidem dimittendo, que corda & corpora ibidem inhabitantium corrumpunt & infestant; sed quod horrendius seu detestabilius est, inter studentes & Philosophos reperiri (b) per leones & spurcissimos homines Deum nec scientiam pre oculis habentes, imo, ut presumendum est, de talibus florem & margaritam scientie impedire potius cupientes, de nocte villissime & inhonestissime* [g] *hostia Scolarum frangantur, ac in eisdem meretrices communes ac mulieres immunde adducuntur, ac in eisdem villissime & inhonestissime aliquotiens pernoctando & remanendo, immundicias orribiles tam super Cathedras dictorum Magistrorum quam per Scolas & loca in quibus Scolares sedent & sedere debent, faciunt & dimittunt, que in crastino Magistri ad legendum, Scolares ad proficiendum ibidem accedentes, & tam enormia, turpia ac fetida reperientes, à tam fetido, horrendo & immundo loco fugiunt & recedunt: Quid mirum, cum Philosophos mundos esse deceat & honestos, & habitare loca munda, decentia & honesta; & sic, quod dolendum est & dampnosum, tunc temporis sepe dictos Magistros & Scolares à suo studio, lectura & Auditorio, necnon a fine principaliter intento, scilicet Margarita scientie, defraudari. Quibus impedimentis, perturbationibus & inquietationibus continuatis & durantibus, iidem supplicantes dictum Vicum diu inhabitare* [h] *possunt, ne-*

d le Petit Pont.

e du Foüare.

f matieres fecales.

g ostia.

h non.

NOTES.

(a) Tresor des Chartres, Registre 90. Piece 5.

(b) Per leones.] Il paroist par la suite, qu'au lieu de *leones*, il faut lire *lenones*.

CHARLES REGENT, Jean I.er & selon d'autres, Jean II. à Compiegne, en May 1358.

que possent nisi per Nos & de nostra gratia speciali eisdem provideremus de remedio opportuno. Et cum in dicto Vico sint due extremitates vel exitus qui ad impedimenta & nociva predicta removenda claudi possent, ibidem portas faciendo que de nocte clauderentur & de die apperirentur, prout in pluribus aliis locis Ville Parisiensis est repertum, iidem Magistri & Scolares Nobis humilime supplicarunt, quatinus de hujusmodi clausura ac portis faciendis de nostra gratia speciali & sciencia certa, dignaremur licentiam impertiri, maxime cum hujusmodi licentiam claudendi jam diu est, habuerunt à Domino fundi terre. Nos igitur qui intima cordis affectione voluntatem, transquilitatem, bonum honorem & quietem dilecte ac devote filie nostre Universitatis Parisiensis, cujus dicta Facultas Artium est quarta pars nobilis ac quartum membrum nobile, continuacionem dicti studii etiam totis visceribus affectamus, intendentes insuper dictam Facultatem que dicitur Facultas septem Artium liberalium, esse fundamentum, originem & principium omnium aliarum scienciarum, & sine qua nulla alia scientia haberi potest perfecte, commodo [a] *ne complete, ut de cetero sepedicti Magistri & Scolares liberalius, attentius & serius studere valeant tam* [b] *lengendo quam audiendo, eisdem de nostra gratia speciali, certa scientia & de nostra plenitudine potestatis, concedimus & volumus quod ad eorum & tocius Vici securitatem, in dictis* [c] *extramitatibus seu exitibus Vici predicti, possint & eisdem liceat facere portas & clausuras que de nocte claudi debeant & possint, & tota die apperiri per bonos, legitimos & certos custodes per eosdem supplicantes ibidem deputatos: Dantes Preposito Parisiensi presenti pariter & futuro, ac etiam committentes tenore presencium in mandatis, necnon omnibus nostris Justiciariis ac Regni nostri aut eorum Locatenentibus presentibus pariter & futuris, & eorum cuilibet prout ad eum vel eos pertinere poterit, quatinus dictos Magistros & Scolares dicte Facultatis Artium faciant & permittant seu sinant* [d] *& gaudere & uti pacifice & sine aliquo impedimento, de presenti nostra gratia speciali, non obstantibus quibuscunque Litteris in contrarium impetratis seu etiam impetrandis, non facientibus plenam & expressam de verbo ad verbum de hujusmodi gratia per Nos eisdem Magistris & Scolaribus facta & concessa, mentionem: Salvo in aliis jure nostro & in omnibus quolibet alieno. Quod ut firmum, perpetuum & stabile permaneat in futurum, nostrum presentibus apponi fecimus sigillum.* Datum apud Compendium, Anno Domini millesimo trecentesimo quinquagesimo octavo, Mense Maii. *Per Dominum Regentem.*

JULIANUS.

[a] nec.

[b] legendo.

[c] extremitatibus.

[d] & est inutile.

JEAN COMTE de Poictiers, Fils & Lieutenant, au delà de la Dordogne, de Jean I.er & selon d'autres, Jean II. à Montpellier, le 6. de Juillet 1358.

Philippe de Valois, à Poissy, le 6. d'Octobre 1333.

(a) Lettres de Jean Comte de Poictiers, Fils du Roy Jean, contre les Pirates des Royaumes d'*Arragon* & de *Majorque*, & des Villes de *Genes* & de *Savone*, par lesquelles il est ordonné que si l'on ne peut les arrester ou saisir leurs biens, l'on portera des plaintes contre eux à leurs Souverains; & que si ceux-cy refusent de rendre Justice, le Parlement de Paris accordera à ceux qui auront esté pillez, des Droits de Marque contre les autres Subjets de ces Souverains.

(b) JOANNES Regis Francorum Filius & Locum-tenens citra Ripariam (c) Dordoniæ, Comes Pictavensis, Gubernatori & Rectori Regiis Montispessulani, Vicariis Nemausi, Bellicadri, & (d) Aquarum-Mortuarum, aut eorum Loca-tenentibus, Salutem.

NOTES.

(a) La Copie de cette Piece a esté envoyée de Montpellier, avec cette indication, *Languedoc, du Registre H. Armoire A. num. 11. fol. 9. verso.*

Il y a plus d'une faute dans cette Copie, & il faut apparemment mettre dans ce nombre les *æ*, qu'on ne trouve point dans les MS. de ce temps-là. Regulierement cette Piece ne devroit pas entrer dans ce Recueil, parce que ce n'est que des Lettres d'un Lieutenant du Roy dans une Province, qui ne paroissent pas avoir esté confirmées par le Roy;

Litteras patentes Domini Philipi memoriæ recolendæ Regis Franciæ Domini nostri, recepimus, formam quæ sequitur, continentes.

JEAN COMTE de Poictiers, Fils & Lieutenant, au delà de la Dordogne, de Jean I.er & selon d'autres, Jean II. à Montpellier, le 6. de Juillet 1358.

[a] *PHILIPUS Dei gratia Francorum Rex: Dilectis & fidelibus Gentibus nostris Parlamentum nostrum nunc vel in futurum tenentibus, necnon & Senescallis Tolosæ, Carcassonæ, Bellicadri, & aliis universis & singulis Justiciariis nostris aut eorum Locatenentibus, ad quos presentes Litteræ pervenerint, Salutem & dilectionem. Regiam decet solertiam ita Reipublicæ curam gerere & subditorum commoda investigare, ne Regni utilitas incorrupta persistat, &* [b] *singulorum Status jugiter servetur illesus. Cum igitur fama publica referente, & ex insinuatione querelosa Consulum & Habitatorum Bitteris, Narbonæ,* [c] *Monspelii, Bellicadri & plurium Habitatorum aliarum Communitatum & Villarum Regni nostri, Nobis fuit intimatum, Curiaque nostra sufficienter fuerit informata quod nonnulli subditi illustribus Regibus Aragoniæ &* [d] *Majoricarum, Consanguineis nostris carissimis, atque Communitatum de* [e] *Janua &* [f] *Saona, & quibusdam aliis Regibus, Principibus & Communitatibus, per mare more piratico incedentes, regnicolis & subditis nostris Blada & alias Mercaturas de ultra mare & aliis diversis Mundi partibus ad Regnum nostrum, pro necessitate Reipublicæ & Regnicolarum ejusdem, & specialiter ad tollendam inopiam, quæ propter Bladi sterilitatem & indigentiam, anno presenti verisimile* [g] *dubitatur,* [h] *asportantibus seu vehi & asportari facientibus, per violentiam & armorum potentiam, gravia damna & intolerabilia, atque atroces injurias noviter & alias pluries incumbunt, necnon & eosdem prædictis Bladis & Mercibus aliis, mala malis accumulando, spoliarunt & depredati fuerunt, insultus interdum admodum Guerræ facientes in eis, licet Nos vel dicti nostri subditi; contra eosdem nullam Guerram* [i] *credemus habere; & quod Officiarii & Justiciarii dictorum Regum, Principum & Communitatum, eorum personas repræsentantes, in* [k] *redeundo Justitiam negligentes existunt & hactenus extiterunt, imo, quod pejus est, aliqui ex eis aliquotiens eisdem piratis & malefactoribus favorem magnum impendunt, taliter quod non videntur carere scrupulo societatis occultæ, in magnum subditorum nostrorum prejudicium & jacturam,* [l] *neque Majestatis Regiæ vituperium & contemptum: Nos igitur eisdem nostris subditis & regnicolis de opportuno remedio providere, pout* [m] *tenemini, Justitiam exhibere volentes,* [n] *deliberare volentes, deliberatione & consilio habitis cum multis Prælatis, Baronibus & Proceribus nostri Regni, statuto imperpetuum valituro, in modum qui sequitur, duximus ordinandum; videlicet quod quandocumque & quotiescumque Habitatores aliqui Senescalliarum vestrarum, vobis seu alicui vestrum significaverint se per* [o] *piratos seu prædones seu malefactores aliquos in mari vel in terra fuisse spoliatos, deprædatos seu deraubatos, vos seu Loca-tenentes vestri seu alii à vobis deputandi, deprædicta* [p] *Roarbaria, deprædatione seu spoliatione* [q] *summariam & de plano Informationem summariam fieri faciatis; & si per prædictam Informationem vel alias per Justiciarios vel Officiarios nostros vel alios debite factam, de prædictis significatis apparuerit, ad requisitionem conquerentium seu significantium, ab eodem significante seu denuntiante cautione tali recepta, qualem arbitrio vestro dare poterit, malefactores, piratos seu prædones prædictos seu eorum participes, complices & factores, & eorum bona, si eos in Senescalliis vestris vel eorum ressortis reperientur, capietis, & tamdiu captos detenebitis, donec ex integro satisfecerint dampna passis, & Nobis & Parti emendam præstiterint competentem.*

[a] Philippe VI. dit de *Valois*.

[b] ut.

[c] Montispessulani.

[d] Majorque.

[e] Genes.

[f] Savone, Ville de l'Estat de Genes en Italie.

[g] timetur.

[h] Blada & Mercaturas . . . asportantibus.

[i] credamus.

[k] Fort. *reddendo*.

[l] Fort. *necnon*.

[m] tenemur.

[n] Cet endroit est corrompu.

[o] piratas.

[p] Roberia.

[q] Fort. *summarie* pour *summariam*.

NOTES.

ou par le Regent : mais on s'est determiné d'autant plus facilement à suivre l'exemple de M. de Lauriere qui en a donné de semblables, [Voy. les pages 242. & 332. du 2. Vol. des Ordonn.] que ces Lettres contiennent une Ordonnance de Philippe de Valois.

(*b*) *Joannes, &c.*] Jean de France, alors Comte de Poitou, & depuis Duc de Berry & d'Auvergne, Comte de Poitou, d'Estampes & de Boulogne, troisiéme Fils du Roy Jean. Voy. l'Hist. Genealog. de la Maison de France, par les PP. *Ange* & *Simplicien*, Tom. 1. p. 106.

(*c*) *Dordoniæ.*] La Dordogne qui prend sa source dans les Montagnes de l'Auvergne, & qui après avoir baigné Libourne, se jette dans la Garonne. *Mati.*

(*d*) *Aquarum-Mortuarum.*] *Aigues-Mortes*. Petite Ville dans le bas Languedoc, au midy de Nismes, vers le bord de la Mer. *Mati.*

JEAN COMTE de Poictiers, Fils & Lieutenant, au delà de la Dordogne, de Jean I.er & selon d'autres, Jean II. à Montpellier, le 6. de Juillet 1358.

Si vero dicti piratæ seu malefactores in Senescalliis vestris vel eorum ressortis, non poterint [a] *repetire, bona omnium & singulorum Justiciabilium & subditorum Regum, Principum &* [b] *Comitatum, quorum seu quarum dicti piratæ seu malefactores & prædones subditi vel Justiciabiles existent, in vestris Juridictionibus inventa, ad manum nostram ponetis, & tamdiu sine* [c] *recredentia tenebitis, usquequo dampna passis fuerit plenarie satisfactum, vel per Nos seu Curiam nostram aliquid fuerit ordinatum; quibus bonis ad manum nostram positis, per vestras patentes Litteras Reges, Principes & Communitates predictos, seu eorum Officiarios personas earum representantes, seu quoscumque alios* [d] *quorumdam dicti malefactoribus Justiciabiles & subditi existent, requirentes, ut prædictis regnicolis & subditis nostris hujusmodi dampna passis restitutionem plenariam fieri faciant, tam de principali quam de expensis &* [e] *interesse propter hoc subsequutis; de qua requisitione & responsione quam facere voluerint, Gentes nostras pro tempore Parlamentum nostrum Parisius tenentes, ut citius poteritis, certificari curabitis; quæ Gentes, visis Informationibus, requisitione & responsione predictis, per (e) concessionem Marchæ & alias, dictis subditis nostris dampna passis, absque iteratione alterius requisitionis, de opportuno remedio providebunt, prout eis videbitur faciendum; taliter quod dicti regnicolæ & subditi nostri per terram & mare mercari possint & incedere pacifice & quiete, solvendo Pedagia & redibentias consuetas, & quod ex nunc in talibus amplius non graventur, sed ab injuriis & molestiis indebitis deffendantur. Quare dictis Gentibus nostris pro tempore Parlamentum nostrum Parisius tenentibus, & vobis Senescallis prædictis & Loca-tenentibus vestris, damus tenore præsentium in mandatis, quatenus Statutum seu Ordinationem nostram prædictam faciatis inviolabiliter observari, & etiam in locis solemnibus vobis subditis publicari, ut ad illorum quorum interest vel potest tangere, notitiam deducatur, statutis, gratiis & quibuscumque aliis Ordinationibus contrariis prædictæ nostræ Ordinationi seu statuto, præcedentibus non obstantibus quibuscumque. In cujus rei testimonium sigillum nostrum præsentibus jussimus esse appensum.* Datum Pissiaci, die sexta Octobris, Anno Domini millesimo trecentesimo trigesimo-tertio. *Per Consilium in quo fuistis.* MATHEUS. *Multiplicata.*

Quarum Litterarum autoritate & nostra, vobis & vestrûm cuilibet in solidum mandamus committendo, quatenus omnia & singula in dictis Litteris Regiis contenta compleatis, perficiatis & exequamini diligenter juxta ipsarum Litterarum seriem & tenorem, in quibus & ea tangentibus vobis & vestrum cuilibet in solidum, ab omnibus Justiciariis & subditis Regiis pareri volumus & jubemus. Datum in Montepessulano, sub sigillo secreti nostri, die sexta Mensis Julii, Anno Domini millesimo trecentesimo quinquagesimo-octavo. *Per Dominum Locum-tenentem, ad relationem Consilii, in quo erant Domini Galesius de Balma, Gaufferandus de Luguyaco, Raymundus de Insula, & plures alii.* DE CHASTEILLON. *Collatio facta cum Originali.*

[a] reperiri.

[b] *Comunitatum*, comme il est cy-dessus, & plus bas.

[c] sans les rendre.

[d] *quorum dicti malefactores*, comme il y a plus haut.

[e] dommages & interests.

NOTES.

(e) *Concessionem Marchæ.*] *Droit de Marque & de Represailles.* Voy. le Gloss. de Du Cange au mot *Marcha.*

CHARLES REGENT, Jean I.er & selon d'autres, Jean II. à Paris, le 12. de Juillet 1358.

(a) Lettres qui reglent la Jurisdiction des Maistres & Gardes des Ports & Passages du Royaume.

CHARLES aisné Fils du Roy de France, regent le Royaume, Duc de Normandie & Dauphin de Viennois: à tous Senechaus, Baillifs, Prevots & autres Officiers & Justiciers dudit Royaume, ou à leurs Lieutenans, Salut. Nous avons

NOTES.

(a) La Copie de cette Piece a esté envoyée de Montpellier avec cette indication. *Languedoc, du Registre H. Armoire A, num. 11. fol. 75.* Voy. cy-dessus, p. 180. les Lettres du 4. de Septembre 1357.

entendu que vous ou aucun de vous voulez & estes efforcez, & encores voulez & efforcez de jour en jour, de cognoitre des Causes regardant l'Office de nostre amé & feal Chevalier Guilhaume Charles Soumartin, Maistre & Garde des Ports & Passages dudit Royaume, dont il Nous deplaist fortement, se il est ainsi. Pourquoy Nous vous mandons & deffendons, & enjoignons estroitement, que sous peine d'encourre en l'indignation de nostredit Seigneur & de Nous, vous ne vous entremettiez dores-en-avant induëment de connoistre de nulles Causes quelconques regardans l'Office & Juridiction dudit Soumartin Maistre & Garde desdits Ports & Passages, en telle maniere que pour ce plainte n'en retourne pardevers Nous, nonobstant quelconques Lettres, Ordonnances, Mandemens & deffences qui vous en [a] soint ou puissent estre faites au contraire. *Données en (b) nostre Host devant Paris, le douzieme jour* [b] *de Jeuillet, l'An de grace mil trois cens cinquante huit.*

a *soient.*
b *Juillet.*

NOTES.

(b) *Nostre host devant Paris.*] *Nostre* armée *devant Paris.* Voy. sur ce Siege, la Preface, §. *Estats Generaux.*

CHARLES REGENT, Jean I.er & selon d'autres, Jean II. En l'armée devant Paris, en Juillet 1358.

(a) Lettres portant augmentation de l'estenduë de la Justice du Chapitre de Meaux, laquelle ressortit à la Prevosté & Vicomté de Paris.

KAROLUS Regis Francie Primogenitus, Regnum regens, Dux Normannie & Dalphinus Viennensis. Notum facimus universis tam presentibus quam futuris, quod cum dilecti nostri Decanus & Capitulum Ecclesie Meldensis, ceterique servitores & Ministri dicte Ecclesie, in salva protectione & gardia speciali dicti Domini & Genitoris nostri & nostra, sub ressorto Preposituræ & Vice-Comitatûs Parisiensis ratione Corone Francie, existentes, non possint tute ad dictam Ecclesiam Meldensem reverti pro Divino servitio inibi faciendo, nisi per Nos eis provideretur de remedio gratioso, ex eo quod ipsi non possint tute inhabitare Domos quas inhabitare solebant, antequam Villa & Civitas Meldensis per Gentes armorum que nuper ad mandatum nostrum Meldis venerunt, comburerentur & destruerentur, prout sunt combuste & destructe. Nos ad predictorum Decani & Capituli humilem supplicationem, cupientes & affectantes Divinum servicium in dicta Ecclesia Meldensi resumi & fieri, ad laudem & honorem Dei & Beate Marie Genitricis Dei, & Beati Prothomartiris Stephani, ceterorumque sanctorum & sanctarum Dei, quorum memoria in dicta Ecclesia habetur, concedimus per presentes predictis Decano & Capitulo, ceterisque servitoribus & Ministris dicte Ecclesie, de gratia speciali, certa scientia & auctoritate Regia qua fungimur, ut Vicum qui incipit a puteo Claustri predictorum Decani & Capituli ex una parte, & Domo Canonicali quam ante combustionem predictam inhabitabat Henricus de Novilla Decanus dicte Ecclesie, ad oppositum dicti putei usque ad domum Symonis (b) de Villanolio, que est ad oppositum Manerii Episcopalis Meldensis, dicti Decanus & Capitulum claudere valeant muris & portis, portasque,

NOTES.

(a) Tresor des Chartres, Reg. 86. pour les Années 1357. & 1358. Piece sept vingt & dix. Cette piece qui n'est pas, à proprement parler, une Ordonnance, n'a esté inserée dans ce Recüeil, que parce qu'elle porte que le Chapitre de Meaux & toutes les maisons & terres qui luy appartiennent, ressortissent à la Prevosté & à la Vicomté de Paris. Voy. le 2. Vol. des Ordonn. p. 3. Note (b) & p. 8. Art. 22. & Note (x) & cy-dessous les Lettres du 10. de Mars 1358.

(b) *De Villanolio.*] D. Toussaints du Plessis, Religieux Benedictin de la Congregation de S.t Maur, qui travaille presentement à l'Histoire Ecclesiastique du Diocese de Meaux, m'a dit que *Villanolium* estoit un Village auprès de Meaux, nommé presentement *Villenoy.*

CHARLES REGENT, Jean I.er & selon d'autres, Jean II. En l'armée devant Paris, en Juillet 1358.

quociens opus erit & eis placuerit, tam de die quam de nocte, clausas tenere & [a] firmare, eis perpetuo concedentes in dicto Vico prout se comportat & prout supradictum est, omnimodam Juridictionem altam, mediam & bassam, sub ressorto Prepositure Parisiensis & de Vice-Comitatu Parisiensi, ex eo quod dicti Decanus & Capitulum & omnis eorum Ville sunt & ab antiquo fuerunt de ressorto Prepositure Parisiensis & de Vice-Comitatu predicto, ut predicti Decanus & Capitulum ceterique servitores & Ministri dicte Ecclesie in dicto Vico & in Domibus dicti Vici pro Divino servicio in dicta Ecclesia faciendo, valeant tute de cetero habitare, cum dictus Vicus sit satis propinquus & contiguus dicte Ecclesie Meldensis, & possint de dicto Vico dictam Meldensem Ecclesiam pacifice intrare. Concedimus etiam ex gratia & auctoritate predictis, dictis Decano & Capitulo in predicta Domo, quam prefatus Decanus dicte Ecclesie ante combustionem predictam inhabitabat, prout se comportat, omnimodam Juridictionem sub ressorto & Vice-Comitatu predictis, & etiam in Domo in qua furnus dictorum Decani & Capituli continetur: Que Domus contiguatur Domui quam dictus Decanus inhabitabat ex una parte, & Refectorio dicte Ecclesie Meldensis ex altera parte; quamvis Juridictio Domus dicti furni in inferiori parte esset antea inter Procuratorem Regium ex una parte, & dictos Decanum & Capitulum ex parte altera litigiosa. Preterea quia Pluvie, immundicie & fetores fiunt in quadam parva Ruella que contiguatur dicte Ecclesie Meldensi ex una parte, & predicto Refectorio ex altera parte, que dictam Ecclesiam & Capellanias ipsius Ecclesie in illa parte corrumpunt & inficiunt, & maxime cum locus dicte Ruelle parve sit valde periculosus, & possint in ea fieri multa mala, concedimus predictis Decano & Capitulo, quod ipsi dictam Ruellam à [b] cugno dicti Refectorii usque ad Capellam Sancti Johannis Evangeliste dicte Ecclesie Meldensis, valeant claudere & firmare, & quod in dicta Ruella ipsi habeant omnimodam Juridictionem sub ressorto & Vice-Comitatu predictis. Hec autem omnia concedimus in augmentationem cultus Divini, & ut in orationibus & piis operibus que de cetero fient in dicta Ecclesia, prefatus Dominus & Genitor & Nos participes effici mereamur. Financiam autem, si qua occasione hujusmodi prefato Dominus Genitori nostro & Nobis aliqualiter debebatur, [c] se nunc vel futuris temporibus deberi posset quoquomodo, prefatis Decano & Capitulo de gratia & auctoritate predictis, remittimus & quittamus: Mandantes Preposito Parisiensi, Ballivis Trecensi & Meldensi, ceterisque Justiciariis & Officiariis Regiis, & eorum Loca-tenentibus, ac eorum cuilibet presentibus & futuris, quatinus prefatos Decanum & Capitulum, aliosque servitores & Ministros dicte Ecclesie presenti gratia uti & gaudere pacifice faciant & permittant, ipsosque contra dicte gratie tenorem nullatenus impediant aut molestent, impediri-ve aut molestari à quocumque permittant. Quod ut firmum & stabile perpetuo perseveret, sigillum nostrum presentibus Litteris duximus apponendum. Datum [d] in Exercitu nostro ante Parisios, Anno Domini millesimo trecentesimo quinquagesimo-octavo, Mense Julii. Sic signatum. *Per Dominum Regentem.* GONTIER.

a fermer.

b coin.

c si.

d *Voy. cy-dessus la Note (b) de la p. precedente.*

CHARLES REGENT, Jean I.er & selon d'autres, Jean II. à Paris, le 5. d'Aoust 1358.

(a) Mandement pour faire fabriquer de gros Deniers blancs & des Deniers doubles tournois, & pour fixer le prix du Marc d'Argent.

CHARLES ainsné Filz du Roy de France, Regent le Royaume, Duc de Normandie & Dalphin de Viennois: à nos amez & feaulx les Generaulx-Maistres des Monnoyes de nostredit Seigneur & de Nous, Salut & dilection. Savoir vous faisons que Nous avons eu très grant & bonne deliberacion avec nostre Conseil, affin

NOTES.

(*a*) Registre D. de la Cour des Monnoyes de Paris, fol. 10. *recto*. Avant ce Mandement, on lit ce qui suit:

Le 6.e jour d'Aoust, l'An 1358. fut apporté en la Chambre des Monnoyes à Paris, ung Mandement de nostre très redoubté Seigneur le Regent le Royaume de France, duquel la teneur s'ensuit.

de briefvement & haftivement refifter & contrefter contre noz ennemys & malveillans, qui de jour en jour s'efforcent tant qu'ilz pevent, de [a] guerrer Monfieur, Nous & le Royaume, & qui font fi [b] efpenduz par iceluy, comme ung chafcun peult favoir: Pour laquelle chofe faire, il convient plufieurs grans fommes de deniers, tant pour payer les Gens d'armes, lefquelz pour caufe de ce convient avoir, comme [c] autrement: Ouquel noftre Confeil eue confideracion aux chofes deffufdites, a efté ordonné & deliberé, & par ces prefentes ordonnons & deliberons eftre fait en toutes & chafcunes les Monnoyes de noftredit Seigneur & de Nous, Monnoye quatre-vingtiefme, en [d] travant de chacun marc d'Argent vingt livres tournois, & en faifant gros Deniers blancs à la Fleurs de Liz femblables à ceulx que l'en fait à prefent, lefquelz feront à trois deniers de loy Argent-le-Roy, & de [e] fix folz huit deniers de poix au marc de Paris:

CHARLES Regent, Jean I.er & felon d'autres, Jean II. à Paris, le 5. d'Aouft 1358.

a *faire la Guerre.*

b *refpandus.*

c *pour d'autres dépenfes.*

d *c'eft-à-dire, que le marc d'Argent monnoyé, vaudra vingt livres.*

e *il y aura 80. Pieces au marc.*

Et auffi Deniers doubles tournois de tel poix & loy comme bon vous femblera, en ouvrant fur ledit pié, & en donnant à tous Changeurs & Marchans de chafcun marc d'Argent qu'ilz apporteront en icelles, allayé à trois deniers de loy & au-deffus, quatorze livres tournois, & de tout autre allayé au-deffoubz d'iceulx trois deniers, treize livres dix folz. Si vous mandons, commectons & eftroictement enjoignons à vous & à chafcun de vous, que par toutes les Monnoyes de noftredit Seigneur & de Nous, vous faciez faire & ouvrer tantoft & fans delay, iceulx gros Deniers blancs & doubles tournois, par la forme & maniere que deffus eft dit. Et ou cas que par deffaut de bas Billon, il conviendroit mettre Cuivre en œuvre, Nous voulons que lefditz Changeurs & Marchans facent leurdite [f] loy, & qu'ils payent le Cuivre qui en icelles fera mis. Et avecques ce, voulons & vous mandons que aux Ouvriers & Monnoyers, fe le cas le requiert, vous donnez telle creuë pour Ouvraige & Monnoyage comme bon vous femblera. De toutes les chofes deffufdites faire & accomplir, à vous & à chafcun de vous donnons pouvoir, auctorité & mandement efpecial par la teneur de ces prefentes; fi gardez bien qu'il n'y ait deffault. Combien que deffus foit [g] devifé que les Changeurs & Marchans payent le Cuivre, fe aucun en eft mis oudit Ouvraige, noftre intencion n'eft pas que de tout l'Argent qu'ilz apporteront allayé à onze deniers, maille & au-deffus, ilz payent point de Cuivre, ançois voulons qu'il foit prins fur Nous, & alloué ès Comptes de celuy ou ceulx à qui il appartiendra, fans aucun contredit. *Donné à Paris, le cinquiefme jour d'Aouft, l'An mil trois cens cinquante-huit.*

f *Voy. la Preface*, §. Monnoye.

g *ordonné.*

CHARLES Regent, Jean I.er & felon d'autres, Jean II. à Paris, le 22. d'Aouft 1358.

(a) Mandement pour ordonner une fabrication de Monnoyes d'Or & d'Argent, & pour fixer le prix de l'Or & de l'Argent.

CHARLES aifné Filz du Roy de France, Regent le Royaume, Duc de Normandie & Dalphin de Viennois: à nos amez & feaulx les Generaulx-Maiftres des Monnoyes de noftredit Seigneur & de Nous, Salut & dilection. [h] Nous fommes bien records que *(b)* en May derrenier paffé, la greigneur partie ou plufieurs des Gens des bonnes Villes dudit Royaume lors eftans à Compiecigne, Nous fupplierent & requirent à grant inftance, que dedans la Nativité Saint Jehan Baptifte après enfuivant, tant pour le bien & prouffit de tout le commun Peuple, comme pour la redemption de noftre très chier Seigneur & Pere, & auffi pour mieulx avoir finances

h *Nous nous reffouvenons bien.*

NOTES.

(a) Regiftre D. de la Cour des Monnoyes de Paris, fol. 11. *verfo.* Avant ces Lettres il y a:

Le vingtiefme jour d'Aouft 58. fut apporté en la Chambre des Monnoyes à Paris, ung Mandement de noftre Seigneur le Regent, duquel la teneur eft en l'autre page de ce fcüillet. Monnoye 32e.

Voy. l'Ordonnance fuivante.

(b) En May, &c.] Voy. plus haut, p. 222. l'Art. 1.er de l'Ordonnance du 14. de May precedent.

CHARLES REGENT, Jean I.er & selon d'autres, Jean II. à Paris, le 22. d'Aoust 1358.

pour la tuicion & deffense du Royaume, il Nous plaise le fait & gouvernement des Monnoyes mectre & ordonner en estat deu & arresté: C'est assavoir, le Denier d'Or fin au Mouton, avoir cours pour trente solz tournois la Piece: Et le Denier d'Or à l'Escu du coing nostredit Seigneur, pour vingt solz tournois la Piece. Et sur ce, selon le pris & valleur d'iceulx Florins, faire & ordonner Monnoye nouvelle telle comme bon vous semblera & à nostre Conseil, au prouffilt du Peuple & Royaume dessusdit; & en outre depuis ce, pour la très grant & bonne Aide que noz bienveuillans les Gens du pays de la Langue Doth ont voulu & veullent faire à nostredit Seigneur & Pere & à Nous, de laquelle avoir très hastivement est grant necessité & besoing pour sa redemption, Nous ont encores supplié & supplient de jour en jour que du fait & gouvernement desdites Monnoyes, vueillons ordonner & pourveoir par la maniere que dit est: Ausquelles choses faire & deliberer pour [a] l'occupacion de noz ennemys, Nous ne avons [b] peu entendre ne vacquer jusques à ores, dont très [c] forment Nous a despleu & desplaist. Pour ce est-il que Nous desirans de tout nostre cueur très affectueusement, la delivrance de nostredit Seigneur & Pere, & non pas pour nostre prouffilt singulier, mais pour le bien & prouffilt de tout le Peuple, & à leur priere & requeste, & aussi pour la tuicion & deffense dudit Royaume, eue consideracion aux choses dessusdites, par très grant & bonne deliberacion du Conseil de nostredit Seigneur & de Nous, avons ordonné d'iceluy fait & gouvernement desdites Monnoyes, par la maniere qui s'ensuit; C'est assavoir, que l'en fera faire & ouvrer en toutes les Monnoyes dudit Royaume, en ouvrant sur le pié de Monnoye trente-deuxiesme, gros Deniers blancs à la Couronne à quatre deniers de loy Argent-le-Roy, & de [d] quatre solz cinq deniers un tiers de poix au marc de Paris, ayans cours pour douze deniers la Piece:

Et Doubles tournois à deux deniers six grains de loy dudit Argent, & de [e] quinze solz de poix audit marc:

Et tournois petiz à un denier douze grains de loy, & de [f] vingt solz de poix audit marc.

Et avecques ce, petis parisis à un denier dix-huict grains d'iceluy Argent, & de *(c)* dix-huict solz huict deniers de poix audit marc; *(d)* en trayant de chascun marc d'Argent, huit livres tournois, & en donnant à tous Changeurs & Marchans de chascun marc d'Argent allayé à quatre deniers & au-dessus, six livres quinze solz tournois, & de tout autre allayé au-dessoubz d'iceulx quatre deniers de loy, six livres dix sols tournois.

Item. Avons ordonné que l'en fera faire & ouvrer Deniers d'Or fin appellez Royaulx d'Or fin, lesquelz seront de soixante & six de poix au marc de Paris, & auront cours pour vingt-cinq sols tournois la Piece, en donnant aux Changeurs pour marc d'Or fin, soixante-trois d'iceulx Royaulx d'Or. Si vous mandons, & estroictement enjoignons, & par ces presentes comectons à vous & à chascun de vous, que les Monnoies d'Or & d'Argent dessusdites, faictes & faictes faire de tel poix & loy comme dit est dessus, en donnant en chascun marc d'Or & d'Argent, les pris cy-dessus devisez, & en donnant aux Ouvriers & Monnoyers tel [g] sallere comme bon vous semblera. Et pour ce que lesdits Ouvriers & Monnoyers ne se tiennent pas pour contens & bien payez de l'Ouvraige de la Monnoye cinquante-quatriesme derrenierement faicte par toutes les Monnoyes, de douze deniers tournois pour marc d'Euvre que vous leur aviez [h] assis, ne les Monnoyers de quinze deniers pour cinquante-cinq de gros deniers: Et aussi se compleignent iceulx Ouvriers & Monnoyers d'avoir [i] creue

a *l'occupation que nous donnent nos ennemis.*

b *pû.*

c *fortement.*

d *Il y aura au marc, 53. Pieces & un tiers de Piece.*

e *Il y aura 180. Pieces au marc.*

f *Il y aura 240. Pieces au marc.*

g *salaire.*

h *assigné.*

i *crüe.*

NOTES.

(c) Dix-huict sols huict deniers de poids.] C'est-à-dire qu'il y aura 240. Pieces au marc. Dans un Mandement posterieur du 10. de Janvier 1358. dans lequel celuy-cy est rappellé, il est dit que ces parisis petits ont esté fabriquez *à seize sols huict deniers de poids.*

(d) En trayant de chacun marc, &c.] C'est-à-dire, que le prix du marc d'Argent monnoyé vaudra huict livres tournois. Voy. la Preface, §. *Monnoye.*

d'Ouvraige pour cause de l'Euvre faicte derrenierement en la Monnoye de Paris seulement *(e)* d'un pié de Monnoye soixante-quatriesme ordonnée à faire, par la puissance de *(g)* feu Estienne Marcel, jadis Prevost des Marchans, qui de fait fist ouvrer en ladite Monnoye de Paris, Monnoye soixante-quatriesme, Nous plaist & vous mandons par ces presentes, que des Ouvraiges dessusditz, vous donnez ausditz Ouvriers & Monnoyers telle creue de Ouvraige & Monnoyaige comme il vous semblera bon à faire. De toutes les choses dessusdites & chacune d'icelles faire, à vous & à chascun de vous donnons pouvoir, auctorité & mandement especial par la teneur de ces presentes; si gardez que elles soient faictes sans delay. *Donné à Paris, le vingt-deuxiesme jour d'Aoust, l'An de grace mil trois cens cinquante & huict. Ainsi signé.* Par Monsieur le Regent, en son Conseil, où estoient Messieurs l'Evesque de Lizieux, le Mareschal Boussiquault, les Seigneurs de Garancieres & de Vinay, Messire Adam de Melun & les Tresoriers. SERIS.

NOTES.

(e) D'un pié de Monnoye.] Ce mot signifie une certaine quantité de Monnoye fabriquée à un certain *titre*, & à un certain poids: Il est dit plus haut dans ces Lettres: *En ouvrant sur le* pié *de Monnoye trente-deuxiesme.*

(f) Feu, Estienne Marcel.] Voy. la Preface, §. *Estats Generaux*, & cy-dessous, les Lettres du 24. de Septembre 1358.

CHARLES REGENT, Jean I.er & selon d'autres, Jean II. à Paris, le 22. d'Aoust 1358.

(a) Ordonnance qui fixe le prix des Monnoyes, & qui contient des Reglements pour les Changeurs, les Orfevres & les Orbateurs.

CHARLES ainsné Fils du Roy de France, Regent le Royaume, Duc de Normandie & Dalphin de Viennois: au Senechal de Beaucaire & de Nismes ou à son Lieutenant, Salut. [a] Nous sommes bien recors que *(b)* en May derrenierement passé, la greigneur partie ou plusieurs autres Gens des bonnes Villes dudit Royaume, lors estans à Compiegne, Nous supplierent & requirent à grant instance, que dedenz la Nativité Saint Jehan Baptiste après ensuivant, tant pour le bien & proufit de tout le commun Pueple, que pour la redemption de nostre très chier Seigneur & Pere, & aussi pour [b] miex avoir finances pour la tuicion & deffence du Royaume, il Nous pleust le fait & gouvernement des Monnoyes, mettre & ordener en estat deu & arresté: C'est assavoir, le Denier d'Or fin au Mouton, avoir cours pour trente solz tournois la Piece, & le Denier d'Or à l'Escu du coing de nostredit Seigneur, pour vingt solz tournois la Piece; & sur ce, selon le pris & valeur d'iceuls Florins, faire & ordener Monnoye nouvelle tele comme bon Nous semblera & à nostre Conseil, au prouffit du Pueple & Royaume dessusdiz; & en oultre depuis ce, pour la très grant & bonne Aide que noz bienvueillans les Gens du pays de la [c] Languedoch ont voulu & veulent

a *Nous nous ressouvenons bien.*

b *mieux.*

c *Languedoch. Reg. de la Monn.*

NOTES.

(a) L'Original de ces Lettres est à la Bibliotheque du Roy, liasse intitulée, *Monnoyes*, num. 45. Au dos de ces Lettres est écrit; *Die septima Mensis Septembris, fuit presentata presens Littera in Consilio in Domo Thesaurarie, presentibus Advocatis, Conda Francisci Thesaurario, P. Boyrelli Procuratore Regio, Boni hominis Judice ordinario, Pon. Michaële.*

Dans un autre endroit est écrit d'un autre main: *soit publié le premier jour de Septembre par Ordenance faite sur le fait des Monnoyes.*

La Copie de ces Lettres se trouve aussi dans le Registre D. de la Cour des Monnoyes de Paris, fol. 13. *verso.* Elle est adressée au Prevost de Paris ou à son Lieutenant.

Voy. cy-dessus, p. 89. l'Ordonnance du 25. de Novembre 1356. Il y a plusieurs Reglements sur les Changeurs, Orfevres & Orbateurs, qui sont renouvellez dans celle-cy.

Voy. le Mandement precedent. Le preambule est entierement semblable.

(b) En May.] Voy. plus haut le commencement de l'Ordonnance du 14. de May precedent.

CHARLES REGENT, Jean I.er & selon d'autres, Jean II. à Paris, le 22. d'Aoust 1358.

faire à nostredit Seigneur & Pere & à Nous, de laquelle avoir très hastivement est grant necessité & besoing pour sa redemption; Nous ont encore supplié & supplient de jour en jour, que du fait & gouvernement desdites Monnoyes, veullions ordonner & pourveoir par la maniere que dit est: Ausquelles choses faire & deliberer, pour [a] l'occupacion de noz ennemis, Nous ne avons [b] peu entendre ne vacquer jusques à ores, dont très forment Nous a despleu & desplaist. Pour ce est-il que Nous desirans de tout nostre cuer très affectueusement la delivrance de nostredit Seigneur & Pere, & non pas pour nostre prouffit singulier, mais pour le bien & proufit de tout le Peuple & à leur priere & requeste, & aussi pour la tuicion & deffence dudit Royaume, eue consideration aus choses dessusdites, par très grant & bonne deliberacion du Conseil de nostredit Seigneur & de Nous, avons ordené d'iceluy fait & gouvernement des Monnoyes, par la maniere qui s'ensuit:

a *l'occupation que nous donnent nos ennemis.*

b *pû.*

(1) C'est assavoir que depuis la plublication de cette presente Ordenance, les Deniers d'Or fin au Mouton que l'en a fait & fait & fera, n'auront cours & ne seront pris & mis [c] en appart ou en couvert, sur paine de perdre yceux que l'en pourra trouver prenans & mettant, fors seulement pour trente solz tournois la Piece: Et le Denier d'Or à l'Escu du coing de nostredit Seigneur, pour vingt solz tournois la Piece, & non pour plus: Et les gros Deniers blancs qui sont & ont cours à present pour douze deniers parisis la Piece, n'auront cours & ne seront pris & mis que pour six deniers tournois la Piece, & non pour plus.

c *en public & en secret.*

(2) Item. Les bons gros Deniers blancs à la Couronne que Nous avons ordené estre faiz selon la valeur des Monnoyes dessusdites, auront cours pour [d] douze deniers tournois la Piece: Et les Doubles tournois pour deux deniers tournois la Piece: Et les petits Deniers tournois & parisis, pour un denier la Piece: Et avecques ce, les Deniers d'Or fin appellez Royaux que Nous avons ordené estre faiz pour le bien commun, auront cours pour vingt-cinq solz tournois la Piece, & non pour plus; & à toutes autres Monnoyes queles qu'elles soient tant d'Or comme d'Argent, tant du coing de nostredit Seigneur comme d'autres quiex qu'il soient, Nous dès maintenant par ceste presente Ordenance, avons osté & ostons le cours du tout, & ne voulons que icelles ayent aucun cours pour quelque pris que ce soit, & ne soyent prises ne mises fors au marc pour Billon, sur paine de perdre toutes icelles Monnoyes d'Or & d'Argent que l'en poura trouver prenant ou mettans, & les biens & les corps d'iceux qui les prendront ou metrons depuis la publication de ces presentes, fors au marc pour Billon, comme dit est, à nostre volenté; & que nul sur ladite peine, de quelque condicion ou estat qu'il soit ne à quelque maistre, ne soit tant osez ne si hardiz de porter ne faire porter Or, Argent ne Billon hors dudit Royaume, ne en aucune Monnoye autres que en celles de nostredit Seigneur & de Nous, & en la plus prochaine d'icelles du lieu où il sera, se congié ou licence de le porter en nozdites Monnoyes, ne lui en est donné par Nous ou par les Generaux-Maistres d'icelles.

d *Voy. cy-dessus, p. 218. le Mandement du 7. de May 1358.*

(3) Item. Nous vous enjoignons expressement & par especial, que en aucune manierre vous ne souffréz ès bonnes Villes ne ès lieux notables de votre Senechaussée, que aucuns Courretiers de fait de [e] Monnoyes, ne [f] Tabletiers portans Tablettes, ne Billonneurs aucuns, ne que Espiciers, Merciers, Drappiers ne autres quiex qu'ils soient, s'entremettent de fait de Change, ne ne mettent à leur *(c)* Huis ou fenestres pour faire iceluy fait, sur ladite paine; fors seulement les Changeurs notables approuvez souffisans & convenables pour faire ledit fait de Change, & qui pour ce faire ont eu ou auront Lettres de Nous & desdits Generauls-Maistres tant seulement & non d'autres.

e *de change. Reg. de la Monn.*

f *Voy. cy-dessus la Note (d) de la p. 90.*

(4) Item. Que nuls Changeurs ou autres quiex qu'il soient sur ladite paine, sans

NOTES.

(c) Huis ou fenestres.] Les Changeurs estoient obligez d'avoir des Tapis à leurs fenestres & à leurs Boutiques. Voy. l'Art. 12. de l'Ordonn. du 6. d'Aoust 1349. 2. Vol. des Ordonn. p. 310.

notre congié ou licence, ne soient tant osez ne si hardiz de faire ou faire faire Joyaux, ou Vaisselle d'Or ou d'Argent pesant plus d'un marc & au-dessous, se se ne sont Joyaux à mettre Reliques ou [a] Saintuaires pour Dieu servir, ne de acheter Or ou Argent à greigneur pris qu'il sera donné esdites Monnoyes.

CHARLES REGENT, Jean I.er & selon d'autres, Jean II. à Paris, le 22. d'Aoust 1358.

(5) *Item.* Que nuls Changeurs ou autres sur ladite paine, ne soient si hardis de vendre Or, Argent ou Vaisselle, à nul Orphevre, mais le portent à la plus prochaine Monnoye du lieu où il seront.

(6) *Item.* Que nuls Changeurs ou autres quiex qu'il soient, Affineurs ou Orphevres, ne soyent tant osez ne si hardis de [b] rachassier ne affiner Or, Argent, Billon ou autre chose à ce touchant & appartenant, sans le congié ou licence des Generauls-Maistres des Monnoyes ou de l'un d'eux.

(7) *Item.* Que nuls [c] Orbateurs ne soit si hardiz de ouvrer ou faire ouvrer ou mestier d'Orbaterie, Or ne Argent, fors seulement certaine quantité qui leur sera ordonné par lesdits Generauls-Maistres ou par aucun d'euls, à prendre chascune sepmaine ou par autre terme convenable. Si vous mandons, commettons, & estroittement enjoignons par ces presentes, sur toute la foy & loyauté que vous avéz à notredit Seigneur & à Nous, que pour le bien & prouffit dudit Royaume & de tout le Peuple, nozdites Ordennances mielx & plus diligemment que vous n'avez fait ou temps passé, vous faciés tenir & garder d'un chascun sanz enfraindre ycelles, crier & publier ès lieux notables & acoustumez en votre Senechaussié & ressort, si diligemment & en tele maniere que nuls quiex qu'il soient, ne se puissent ou doient d'ycelles savoir ignorer, & de tous ceuls qui depuis la publicacion d'icelle, vous trouverez ou pourez faire trouver & savoir qui en aucune maniere en appart ou en couvert, feront aucune transgression contre ycelles, faites en faire & faites faire punicion sanz espargne, tele & si convenable que ce soit exemple à tous autres, si diligemment & en tele maniere que vous n'en puissiez ou [d] doiés estre repris de negligence, & que par votre coulpe ou defaut, le fait & gouvernement des Monnoyes n'en puisse ou doie estre deperiz ou gastez, si comme il a esté ou temps passé; car Nous vous en monstrions notre desplaisir. De toutes les choses dessusdites & chacune d'icelles faire, vous donnons pouvoir. *Donné à Paris, le vingt-deuxieme jour d'Aoust, l'An de grace mil trois cens cinquante-huit.*

Par Monsieur le Regent, en son Conseil, où estoient Messieurs l'Evesque de Liseux, le Mareschal Boucicquaut, les Seigneurs de Garencieres & de Vinay, Messire Adam de Meleun & les Tresoriers.

SERIS.

a *Voy. cy-dessus la Note (f) de la p. 90.*

b *Voy. cy-dessus la Note (q) de la p. 150.*

c *Batteur d'Or.*

d *deviez.*

CHARLES REGENT, Jean I.er & selon d'autres, Jean II. à Paris, en Aoust 1358.

(a) Lettres qui accordent aux Habitans de Bayeux & aux Marchands qui y viendront commercer, la faculté d'arrester & de faire saisir les Marchandises par eux venduës & non payées, & mesme les biens de ceux qui les ont achetées.

A Wirmes, en Octobre 1351.

KAROLUS Primogenitus Regis Francie, Regnum regens, Dux Normanie & Dalphinus Viennensis. Notum facimus universis presentibus pariter & futuris, quod cum precarissimus Dominus & Genitor noster [e] *pridam in Villa Baiocensi (b) Arrestum prout erat & est in Villa Cadomi & nonnullis aliis Villis Baiocensis Diocesis, favore*

e pridem.

NOTES.

(a) Tresor des Chartres, Registre 87. pour les Années 1357. 1358. 1359. & 1360. Piece 59.

(b) *Arrestum.*] Ce Droit consiste, ainsi qu'il est marqué un peu plus bas, dans la faculté d'*arrester* & de saisir les Marchandises venduës & non payées, & même les biens de ceux qui les ont acheptées.

CHARLES REGENT, Jean I.er & selon d'autres, Jean II. à Paris, en Aoust 1358.

Mercatorum ibidem affluentium ac Habitancium dicte Ville Patrieque circumvicine, informacione super hoc facta, vocatis pluribus ejus Consiliariis, Procuratore Regio aliisque peritis, magnaque deliberacione super hoc prehabita, concessisse dicatur, prout (c) per quoddam transcriptum sigillo Obligationum Vice-Comitatus Baiocensis, quadam annexa sub sigillo Castelleti Parisius confecta, approbato, sigillatum, quod integrum vidimus atque sanum, potest liquidius apparere: quarum Litterarum tenores in hec verba sequuntur.

Donné pour copie soubz le Seel des Obligations de la Viconté de [a] Baiex.

a *Baieux.*

J*OHANNES Dei gratia Franc. Rex. Notum facimus universis presentibuz & futuris, quod cum ex parte dilectorum nostrorum Burgensium & Habitatorum Civitatis & Ville nostre Baiocensis, Nobis cum instancia fuerit supplicatum, ut Arrestum in dicta Villa concedere dignaremur, prout in Villa nostra Cadomi, & in nonnullis aliis Villis Baiocensis Diocesis existit; potissime cum Mercatores & alii pro Mercaturis & aliis bonis vendendis & emendis ad hujusmodi Villas Arresti confluentes, dictam Civitatem Baiocensem frequentare non curent, ut dicitur, pro eo specialiter quod dudum oportuit pluries, nonnulles Mercatores solucionem bonorum suorum in dicta Villa Baiocensi venditorum [b] sub specie solucionis sue statim reportande, ut debebat, per Processum ordinarium, non sine magnis laboribus, dampnis & expensis procurare, quia non erat eis licitum illic bona sua vendita vel eorum emptores arrestare: Et per Informacionem de mandato nostro speciali super commodo & incommodo nostro & alieno in premissis, factam, nonnullis Consiliariis nostris ac Procuratore nostro vocatis & presentibus cum ceteris evocandis, Nobis constiterit plenarie de predictis: Quodque hujusmodi Arrestum Nobis, dicte Civitati nostre, & locis vicinis ac Habitatoribus eorumdem, est & erit non modicum fructuosum, & nemini prejudiciale seu dampnosum. Nos consideracione premissorum, fidelitatemque dictorum supplicancium, necnon gratuitorum & utilium serviciorum Nobis & Predecessoribus nostris per eosdem subditos nostros multipliciter impensorum, volentes in hac parte indempnitati eorum & Patrie providere, & ipsorum utilitatem favorabiliter augmentare, dictis supplicantibus & omnibus aliis ad quos pertinuerit, Arrestum in dicta Villa Baiocensi de omnibus Mercaturis & aliis rebus venditis ac expensis factis in eadem, & de omnibus aliis, prout existit in dicta Villa Cadomi, & est in eadem uti Arresto consuetum, de speciali gratia & auctoritate nostra Regia, tenore presencium concedimus perpetuis temporibus duraturum: Mandantes Baillivo Cadomi & Vice-Comitibus Cadomi & Baiocensi, ceterisque Justiciariis nostris presentibus & futuris vel eorum Loca-tenentibus, quatenus dictos supplicantes & omnes alios quorum intererit, dicto Arresto in dicta Villa Baiocensi uti & gaudere modo predicto permittant & faciant. Quod ut firmum & stabile perpetuo perseveret, sigillum nostrum presentibus duximus apponendum: nostro in aliis & alieno in omnibus Jure salvo.* Datum in Villa de Wirmes, Anno Domini millesimo trecentesimo quinquagesimo-primo, Mense Octobris. *Per Regem in Requestis suis.* MARUEIL. *Ego Scriptor.*

Et iterum.

b sous la condition.

A TOUS ceulz qui ces Lettres verront: Guillaume Staise Garde de la Prevosté de Paris, Salut. Savoir faisons que pardevant Nous vindrent en Jugement, Richart du Coquerel & Raoul de la Chapelle, & Nous affirmerent en verité & tesmoignerent par leurs sermens, que les Lettres parmi lesqueles ces presentes sont annexées, sont seellées du Seel des obligacions de la Viconté de Baiex; & certifions Nous à touz par la teneur de ces Lettres; esqueles Nous en tesmoing de ce, avons mis le Seel de la Prevosté de Paris, *l'An de grace mil trois cens cinquante-huit, le Mercredi onzieme jour de Juillet.* J. LE MERE.

N*OS igitur visis Litteris suprascriptis, contentisque in eisdem consideratis & attentis, pensatis insuper dampnis & gravaminibus maximis per predictos Habitantes in Guerris*

NOTES.

(c) Per quoddam transcriptum, &c.] Cela signifie, *que le transcript des Lettres a esté scellé du Sceau des Obligations de la Vicomté de Bayeux, lequel Sceau a esté approuvé & reconnu par un Acte cy-annexé, passé sous le Sceau du Chastelet de Paris.*

per

per inimicos Regni passis & incursis, contra quos continue laudabiliter se gesserunt ac viriliter resisterunt, pluribusque gratuitis servitiis per predictos Habitantes dicto Domino nostro & ejus Predecessoribus Nobisque impensis ac imposterum impendendis, volentes idcirco ipsos aliquali prosequi prerogativa favoris, Litteras dicti Domini & Genitoris nostri aut earum transcriptum tamquam Originale, omniaque & singula contenta in Litteris suprascriptis, rata & grata habentes, eadem volumus, laudamus, approbamus, tenoreque presencium confirmamus, ac predictis Habitantibus & hiis quorum interest, pro Mercaturis & rebus suis in dictis Civitate & Villa Baiocensi emptis & venditis, ac pro expensis ibidem factis & aliis, prout est in Villa Cadomi in talibus hactenus fieri consuetum: Arrestum eciam de novo, si sit opus, concedimus per presentes de auctoritate Regia dicti Domini & Genitoris nostri quâ nunc fungimur, atque nostra, & de gracia speciali, nonobstante quod dicto Arresto usi non fuerint à tempore prefate concessionis à dicto Genitore nostro, ut premittitur, eis facte; Ordinacionibusque, statutis, Juribus, Edictis ac Consuetudinibus, stilisve contrariis non obstantibus quibuscumque. Baillivo Cadomi & Vice-Comitibus Cadomi & Baiocensi, ceterisque Justiciariis Regiis atque nostris presentibus & futuris, aut eorum Loca-tenentibus dantes presentibus in mandatis, quatenus dictos Habitantes Ville & Civitatis Baiocensis, Mercatores ibidem venientes, ac omnes quorum interest aut interesse poterit in futurum, dicto Arresto, prout in dicta Villa Cadomi & aliis Villis simili Arresti privilegio gaudentibus est observari & fieri consuetum, nostraque presenti gratia uti & gaudere pacifice faciant & permittant. Quod ut perpetuam obtineat firmitatem, Litteras presentes duximus sigilli nostri munimine roborandas: Jure dicti Domini & Genitoris nostri atque nostro in aliis salvo, & in omnibus quolibet alieno. Actum & datum Parisius, Anno Domini millesimo trecentesimo quinquagesimo-octavo, Mense Augusti. Signatum. *Per Dominum Regentem, in Consilio suo, in quo erant Domini Episcopus Lexoviensis & Cancellarius Normanie.* G. DE MONTAGU. *Collatio facta est cum Originali Litterarum. Ego Scriptor.*

CHARLES REGENT, Jean I.er & selon d'autres, Jean II. à Paris, en Aoust 1358.

CHARLES REGENT, Jean I.er & selon d'autres, Jean II. à Paris, en Aoust 1358.

(*a*) *Lettres qui confirment celles de* Guillaume *Evesque de* Langres, *portant attribution au Bailli de Langres, des causes de l'Abbaye d'*Auterive, *tant dans le chef que dans les membres.*

KAROLUS Regis Francie Primogenitus, Regnum regens, Dux Normannie & Dalphinus Viennensis. Notum facimus universis presentibus & futuris, Nos infrascriptas vidisse Literas, formam que sequitur, continentes.

A touz ceulx qui verront & orront ces presentes Lettres, (*b*) Guillaumes, par la grace de Dieu Evesques & Ducs de [a] Leingres, Salut en nostre Seigneur. Comme noz amez Religieuses personnes li Abbés & li Convens (*c*) d'Auberive estanz de nostre fondation & de nostre garde, se fussent complaint à Nous, disant que nostre Prevost & Sergent de nostre Chastel de (*d*) Gurgey, du ressort duquel Chastel estoient & avoient esté d'ancien temps leur Eglise d'Auberive, leur Ville de (*e*) Saint

[a] *Langres.*

NOTES.

(*a*) Tresor des Chartes, Registre 86. pour les Années 1357. 1358. Piece 217. M. *Mahudel* qui est de *Langres*, m'a fourni les éclaircissements contenus dans les Notes (*d, e, m*)

(*b*) *Guillaumes,*] *Guillaume de Poitiers,* qui fut fait Evesque de Langres vers 1346. Voy. *Gall. Christ.* 2.e Edit. t. 4. p. 623.

(*c*) *Auberive.*] Abbaye de Religieux de l'Ordre de *Cisteaux,* de la filiation de *Clervaux.* fondée vers 1136. par *Villencus* Evesque de *Langres,* à 2000. pas de la source de l'*Aube.* Voy. *Gall. Christ.* t. 4. p. 833.

(*d*) *Gurgey.*] C'est un Village situé à quatre lieuës de *Langres,* & nommé aujourd'huy *Gurgy le Chastel,* pour le distinguer de *Gurgy la Ville,* qui en est éloigné d'une demi-lieuë.

(*e*) *S.t Loup.*] Ce lieu qui estoit autrefois une petite Ville, n'est plus qu'un Village,

CHARLES REGENT, Jean I.er & selon d'autres, Jean II. à Paris, en Aoust 1358.

Loup, & plusieurs autres membres de ladite Eglise, grevoient & opprimoient yceu Religieux, leurs hommes, leurs familes & leurs Genz, par extorsions & vexatio indeuës, à ce que li dit Religieux ne leur Gent ne povoient vaquier en leurs bes gnes, [a] se petit non, mais tous temps ou grant partie du temps, convenoit chevau chier eulx & leur Consel audit lieu de Gurgey, pour la defense de leurdite Eglise, de leur Gent, & autre part en divers lieux, vers Nous, noz Vicaires, noz Bailliz, noz autres Officiers, pour querir remede pour contrester à la male voulenté, exto tions & vexations dessusdites, dont il estoient grandement dommagié, & à ce mer que à bien [b] pou que il ne leur convenoit le Convent dudit Monastere estre [c] desole ou du tout destitué, se par Nous ne leur feust briement pourveu de gracieux & conve nable remede; supplians humblement que sur ce leur volessiens pourveoir, [d] à leurdit Eglise en chief & en membres, mettre du ressort & au ressort de Laingres, & oste dudit *(f)* ressort & Bateys de Gurgey & de ladite Garde du Prevost dudit lieu d Gurgey, se aucune en avoit en [e] aux, ou leur Eglise, en telle maniere que il puissen vivre en [f] pays dessoubz Nous, & Dieu servir plus paisiblement & devotement e leurdite Eglise. La supplication desquelx [g] oye, qui [h] à nostre temps ne voulons l Divin Office estre amoindri, ne dispertion estre faite des Religieux là servans nuit & jour nostre Seigneur, mais les vouldriens touz temps acroistre pour nostre povoir nostre conscience [i] premiers enformée sur les choses dessusdites par plusieurs pro dommes & saiges de nostre Conseil & autres plusieurs, eu consideration à la devocior que * nostre Predecesseur eurent à ladite Eglise d'Auberive, & ès Religieux [k] d'icelier & à la fondation d'icelle, & que Nous y avons, & *(g)* assiment aus grevemenz, vexa tions dessusdites, & que pour semblable cause furent autrefoiz ostez du ressort de Gurgé, & mis au ressort de Lingres; & encor consideré ce que nostre Consels sera plus appareilliez au lieu de Laingres que à Gurgé ne autre part, pour noz drois gar der & maintenir contre lesdiz Religieux, quant il auront afaire à Nous ou à noz Genz & si acroistroit l'onneur du siege de nostre Bailli ou d'autres noz Officiers de la pre sence de l'Abbey & des autres Religieux dudit lieu d'Auberive & de leurs Conseilliers, eu conseil & deliberacion sur le tout, avons ordenné & ordennons par nostre grant Conseil, sur la complainte & supplication desdiz Religieux en la maniere qui s'ensuit. C'est assavoir, que dores-en-avant li dit Religieux, leurdite Eglise en chief & en mem bres, leur Ville de Saint Loupt, leur homme & subgiet seront du ressort & du Bateys de la Prevosté de Langres, & en touz cas de ressort & de souverainneté, seront sub giet à nostre [l] Baillage de Langres & au Prevost d'icelle au siege de Laingres, tout en la fourme & maniere qu'il estoient à Gurgé, & yceulx avons ostez, ostons du tout perpetuelement de la Garde, du ressort, du Bateis & de l'obeissance du siege de Gurgé & des Prevostz d'iceleu & des Assises qui là seront tenuës des Baillages de Langres. & seront gardé en chief & en membres de par Nous par leur Gardien especial que Nous leur avons deputé, & en après par un seul Gardien souffisant à deputer de Nous ou de noz successeurs ou de noz Baillis à leur nominacion & requeste, sans ce que autres quiexconques de noz Officiers s'en puissent ou doye entremettre; & les mesures de Blés ou de Vin que li dit Religieux prenoient audit lieu de Gurgé pour user en leurs biens & bailliez à leurs hommes, il [m] poouront dores-en-avant de Langres en la ma niere que il les prenoient à Gurgé, & ycelles [n] tailliés à Laingres & prises de nostre *(h)* Ventier, si comme dit est, il pourront bailliez à leur hommes & à leurs Genz.

a *sinon un petit*, c'est-à-dire, *peu*.

b *il s'en falloit peu*.

c *depeuplé*, ou *abandonné*.

d *&*.

e App. *eux*.

f *paix*.

g *oüie*.

h *pendant nostre Episcopat*.

i *premierement*.

* *nos Predecesseurs*.

k *d'icelui lieu*.

l Il n'y a dans l'Original que *Baill.*

m *prendront*.

n *fabriquées & tailliées sur l'Estalon ou modele des Mesures*.

dans lequel il n'y a pas même de Paroisse, mais seulement une Eglise succursale.

(f) Ressort & Bateys.] Ce dernier mot que je n'ay trouvé dans aucun Glossaire, est heureusement expliqué par celuy qui le precede.

(g) Assiment.] *Ensemble*, & *oultre*. Les Italiens disent *Insieme* & *Insiemente*.

(h) Ventier.] On trouve dans le Gloss. de Du Cange au mot *Venda*, celuy de *Ventarius*, qui signifie celuy qui reçoit les Droits de Ventes qui se payent aux Seigneurs, sur tout ce qui se vend dans les Foires & dans les Marchez. Il est probable que ce *Ventier* estoit chargé de la garde de l'*Estalon* des mesures, & de la distribution des mesures *estalonnées* que les subjets doivent recevoir de leurs Seigneurs.

pour en user selonc ce que il faisoient quant il les prenoient à Gurgey. Et voulons que dès maintenant [a] l'an usoit en ladite Ville de Saint Loup, des mesures de Laingres sanz autres, sur paine de la grant Amande, & pour consideracion des choses dessusdites, leur avons octroié & octroions par ces presentes: Et n'est point de nostre entencion que pour ceste concession ou Ordenance, soient enfraint li *(i)* Privilege desdiz Religieux, qui par noz Predecesseurs Evesques & par eulx ont esté fait par composition ou autrement, sur les drois que Nous & lidit Religieux avoient en la Ville de Saint Loupt, en laquelle lidit Religieux par leur Gent ont la [b] Prise, la detencion, la cognoissance & le Jugement en touz cas criminelz, & doivent rendre tout en chemise, homme ou fame jugié par leur Gent à peine [c] mort, au [d] Ruy, estant entre Saint Loup & [e] Arisceules, à nostre Prevost de Gurgey, pour ycelui envoier executer audit Chastel de Gurgey, si comme ladite composition puet apparoir, combien que li forme soit [f] muée *(k)* de Gurgé à Langres, si comme dit est; laquelle chose se fera en cestui cas, si comme l'an la faisoit devant la confection de ces presentes, sanz aucune chose changer ou prejudice de Nous, ne d'eulx. Et avec ce, seront tenu les Habitans de ladite Ville de Saint Loup de *(l)* aler au cri de Gurgé avec les autres de la Prevosté decelui, ou cas que necessité y auroit, en la maniere que par avant y estoient tenu & non autrement; & n'est de nostre entente que pour ce, lidiz Prevoz & Sergent de Gurgé qui sont ou seront, s'entremettent de faire aucune Office en ladite Ville de Saint Loup, ne ès autres lieux desdiz Religieux quiex qu'il soient: Et encor voulons que la Cause pendant pardevant nostre Bailli, entre nostre Procureur d'une part, & lesdiz Religieux d'autre, sur les desobeissances & excès que nostrediz Procureur disoit avoir esté fait en la personne de nostre Prevost de Gurgé, [g] seursée, & qu'il en soient tenu en [h] pais. Et ces choses dessusdictes promettons pour Nous & noz successeurs Evesques, tenir & garder fermement, sanz venir ou faire venir encontre à touz-jours-mais. Et donnons en mandement à touz noz Officiers & subgiés, que nostre presente Ordenance ou concession, gardent & [i] tenent sans enfraindre en aucun cas. *En temoing de laquelle chose, Nous avons mis nostre Scel en ces presentes Lettres faites & données à (m) Bourt nostre Chastel, le vingt-sixieme jour du mois de Fevrier, l'An de grace mil trois cent quarante & huit.*

Nos autem omnia & singula in suprascriptis contenta Litteris, rata habentes & grata, ea volumus, laudamus, approbamus, ratifficamus, & de speciali gratia ex certa scientia & auctoritate Regia Nobis in hac parte attributa, tenore presentium confirmamus, Regio, nostro & alieno in omnibus Jure salvo. Quod ut firmum & stabile perpetuo perseveret, magnum sigillum nostrum Litteris presentibus jussimus apponendum. Datum Parisius, Mense Augusti, Anno Domini millesimo trecentesimo quinquagesimo-octavo.

Per Dominum Regentem, ad relationem Consilii.
J. Greelle.

Collatio facta est per me cum Originali. J. Greelle.

CHARLES Regent, Jean I.er & selon d'autres, Jean II. à Paris, en Aoust 1358.

a *l'en se serve.*
b *le droit d'arrester un criminel, & de le tenir en prison.*
c *de.*
d *Ruisseau, ou Ru.*
e *Village sur la Riviere d'Aube.* M.
f *changée.*
g *soit sursise.*
h *paix.*
i *tiennent.*

NOTES.

(i) Privilege.] Ce mot signifie-là, les Actes passez entre les Evesques de *Langres* & les Religieux. Voy. Du Cange au mot *Privilegium.*

(k) De Gurgé à Langres.] C'est-à-dire qu'au lieu que les criminels condamnez à *S.t Loup*, estoient transferez à *Gurgé* pour y estre executez, ils seront transferez à *Langres.*

(l) Aller au cri.] Je ne puis mieux expliquer ce terme, qu'en copiant le Chap. 148. de la très ancienne Coustume de Bretagne, tel qu'il se trouve dans le Glossaire du Droit François de M. de Lauriere, au mot Cri. *Tous & toutes doibvent aller au* cry, *communement, quand* cry *de feu ou de meurtre oyent.* &c. Voy.

(m) Bourt nostre Chastel.] Petit Village à une lieuë de *Langres*, sur le chemin de cette Ville à *Dijon.* Les Evesques en faisoient autrefois leur Maison de Campagne.

CHARLES REGENT, Jean I.er & selon d'autres, Jean II. à à Paris, le 5. de Septembre 1358.

(a) Mandement pour faire fabriquer dans la Monnoye d'Argent de Roüen, *des Especes sur le pied de Monnoye quatre-vingtiesme, jusqu'au 20. de Septembre suivant.*

CHARLES aisné Filz du Roy de France, Regent le Royaume, Duc de Normandie & Dalphin de Viennois: à nos amez & feaulx les Generaux-Maistre des Monnoyes de nostredit Seigneur & de Nous, Salut & dilection. Comme par vertu de noz Lettres à vous envoyées derrenierement, faictes sur le fait & gouvernement des Monnoyes dudit Royaume, vous ayez nagueres mandé aux Gardes & Maistre de la Monnoye d'Argent de Roüen, qu'ilz feissent faire & ouvrer gros Deniers blancs Doubles tournois & petiz Deniers tournois, en ouvrant sur le pié de Monnoye [a] trente deuxiesme; & depuis nostre Conseil estant en ladite Ville de Roüen, & les bonnes Gens d'icelle ont regardé & par bonne deliberacion, que pour cause de très grans finances qui leur convient avoir tost & hastivement, pour payer les Gens d'armes que nostre amé & feal Conseiller & Mareschal le Baudran de la Herice a [b] quis, pourchassez & fait venir de loingtaines parties, pour la tuicion & deffence du pays, & pour resister à son povoir à l'aide de Dieu, contre noz ennemis, il est necessité & besoing & chose bien prouffitable à nostredit Seigneur, à Nous & au Peuple dudit pays, de faire ouvrer & monnoyer en ladite Monnoye de Roüen, jusques au vingtiesme jour de Septembre, sur le pied de Monnoye quatre-vingtiesme, gros Deniers blancs autelz & semblables en poix & en loy, en coing, taille & façon & cours, comme ceulx que l'en faisoit paravant l'Ordonnance de Monnoye trente-deuxiesme dessusdite, si comme tout ce Nous est plus à plain apparu, & que supplié le Nous ont par leurs Lettres ausquelles Nous inclinans de bonne voulenté, & pour le bien & prouffilt dudit pays, eue consideracion au contenu d'icelles, vous mandons & à chascun de vous estroictement enjoignons que tantost & sans delay, vous faciez faire & ouvrer en ladite Monnoye de Roüen, jusques audit vingtiesme jour de Septembre prochain venant, sur ledit pié de Monnoye quatre-vingtiesme, gros Deniers blancs autelz & semblables en toutes choses, comme ceulx que l'en faisoit paravant ladite Ordonnance de Monnoye trente-deuxiesme, en donnant aux Changeurs tel pris en chacun marc d'Argent comme l'en y donnoit paravant: Mais gardez bien que [c] tantost & sans delay, icelluy vingtiesme jour de Septembre passé, & sans autre Mandement actendre, vous faciez ouvrer & monnoyer en icelle Monnoye de Roüen, les gros Deniers blancs, Doubles tournois & petiz Deniers tournois dessusdiz, par la forme & maniere que mandé & commis le vous avons. De toutes les choses dessusdites faire, à vous & à chascun de vous donnons povoir, auctorité & mandement especial par la teneur de ces presentes. *Donné à Paris, le cinquiesme jour de Septembre, l'An mil trois cent cinquante-huit.* Par Monsieur le Regent, en son Conseil. MATH.

[a] *Voy. cy-dessus p. 245. le Mandement du 22. d'Aoust 1358.*

[b] *acquis, levé.*

[c] *aussi-tost.*

NOTES.

(a) Registre D. de la Cour des Monnoyes de Paris, fol. 16. *recto.*

Avant ce Mandement, il y a:

Le 6.e jour de Septembre 358. fut apporté en la Chambre des Monnoyes, deux Mandements de nostre Seigneur le Regent, desquiex les teneurs s'ensuivent.

Le premier Mandement.

Voy. la Note (*a*) sur le Mandement suivant.

CHARLES REGENT, Jean I.er & selon d'autres, Jean II. à à Paris, le 5. de Septembre 1358.

(a) Mandement par lequel le Roy ordonne que le Cuivre qui sera employé dans la fabrication des Especes sur le pied de Monnoye trente-deuxiéme, sera acheté à ses dépens.

CHARLES aisné Filz du Roy de France, Regent le Royaume, Duc de Normandie & Dalphin de Viennois: à noz amez & feaulx les Generaux-Maistres des Monnoyes de nostredit Seigneur & de Nous, Salut & dilection. Comme nagueres Nous ayons ordonné & vous mandé par noz Lectres & pour les causes contenues en icelles, que l'en face faire & ouvrer en toutes & chascunes les Monnoyes de nostredit Seigneur, Monnoye [a] trente-deuxiesme, en donnant à tous Changeurs & Marchans de chacun marc d'Argent allayé à quatre deniers de loy Argent-le-Roy & au-dessus, six livres quinze solz tournois, & de tout autre marc d'Argent allayé au-dessoubz d'iceulx quatre deniers de loy dudit Argent, six livres dix solz tournois; & depuis, Nous avons entendu & sommes plainement informez, que iceulx Changeurs & Marchans n'ont peu [b] ne pevent bonnement faire leur loy à iceulx quatre deniers de loy, ne trouver matiere de Billon pour allayer l'Argent blanc *(b)* en hault loy qu'ilz ont, pour venir à iceulx quatre deniers de loy dudit Argent-le-Roy, sans [c] querir ou trouver Cuivre à leurs despens, laquelle chose leur seroit trop griesve & dommaigeable, & pour laquelle chose l'Ouvraige desdites Monnoyes en a esté & pourroit grandement estre [d] destourbé, au grant dommaige de nostredit Seigneur & de Nous & de tout le Peuple, dont [e] très forment Nous desplairoit, Nous voulons & vous mandons par ces presentes, & à chascun de vous, que tous les marcs d'Argent blanc, Joyaux, Vaisselle & autrement allayez à onze deniers de loy dudit Argent-le-Roy & au-dessus, que iceulx Changeurs & Marchans ont apporté & apporteront esdites Monnoyes, & lesquelz ils ne pourront allayer à iceulx quatre deniers de loy sans y mettre Cuivre, vous faciez icelluy Cuivre [f] querir & mectre aux despens de nostredit Seigneur & de Nous, si diligeamment & en telle maniere que l'Ouvraige desdites Monnoyes n'en puisse ou doye estre destourbé, ne iceulx Changeurs avoir cause de [g] laisser à mectre & apporter leur Argent èsdites Monnoyes. De ce faire à vous & à chascun de vous donnons povoir. Mandons par ces presentes à noz amez & feaulx les Gens des Comptes de nostredit Seigneur & de Nous à Paris, que tout icelluy Cuivre qui par certifficacion des Gardes desdites Monnoyes & de chascun d'eulx, vous apperra avoir esté mis en icelluy Ouvraige, ilz allouënt ès Comptes de celui ou ceulx à qui il appartiendra sans aucun contredit. *Donné à Paris, le cinquiesme jour de Septembre, l'An de grace mil trois cent cinquante & huit.* Par Monsieur le Regent. MATH.

[a] *Voy. cy-dessus p. 245. le Mandement du 22. d'Aoust 1358.*

[b] *ne.*

[c] *acquerir.*

[d] *troublé.*

[e] *fortement.*

[f] *acquerir, acheptter.*

[g] *cesser.*

NOTES.

(a) Registre D. de la Cour des Monnoyes de Paris, fol. 16. *verso.*

Avant ce Mandement, il y a: *Second Mandement.*

(b) En hault loy qu'ils ont.] C'est-à-dire, *qu'ils ont en hautte loy.* Ceux qui avoient une certaine quantité d'Argent fin, c'est-à-dire, à douze deniers ou environ, estoient obligez d'y joindre deux fois autant de cuivre, pour reduire leur Argent à la loy de quatre deniers.

JEAN I.er & selon d'autres, Jean II. à Londres, le 16. de Septembre 1358.

(a) *Ordonnance concernant la Jurisdiction du Maistre-Visiteur general des Ports & Passages du Royaume, & les Droits que doivent payer les Marchandises qui sortiront du Royaume.*

JEAN par la grace de Dieu, Roy de France : au Maistre-Visiteur general des Ports & Passages de nostre Royaume, ou à son Lieutenant, Salut.

(1) Comme ès Ordonnances Royaux jadis faites par nos Predecesseurs par deliberation du Grand Conseil, & à la requeste de plusieurs Prelats, Nobles & Communautés, & pour le profit du commun Peuple de nostredit Royaume, par Nous après confirmés, soit entre les autres choses contenu, accordé & deffendu que Laines, quelles qu'elles soient, traites ou menées hors de nostre Royaume par ailleurs que par les Ports & Passages [a] d'Aigues-Mortes & de *(b)* S.t Jean de Leue, auxquels Ports & Passages sont ordonnés & establis de par Nous à certains gages, *(c)* Cartulaires qui lesdites Laines doivent peser; & aussi lesdits Marchands qui lesdites Laines veulent traire & passer hors dudit Royaume, comme dit est, sont tenus de payer *(d)* à foy au nom de Nous, pour chacune charge de *(e)* Laine prime pesant vingt-cinq *(f)* preries ou quatre quintaux au poids de Montpellier, soixante sols tournois, forte Monoye; & des autres Laines du Pays de Languedoc, pour chacune charge, quarante-cinq sols tournois; & des Laines grosses de Montagne, trante sols tournois pour charge.

[a] *Voy. sur Aigues-Mortes, cy-dessus p. 239. Note (d).*

(2) Item. Que nulles Toilles, *(g)* Peaux lanües, Moutons, Brebis ne soient traites ou menées hors dudit Royaume, sinon par certains Ports & Passages par tes predecesseurs Maistres desdits Ports, ordonnés & establis; auxquels Ports & Passages se doit payer à toy ou à tes deputés au nom de Nous, pour lesdites Toilles, sept deniers pour livre par dessus les quatre deniers pour la *(h)* Reve; & les autres quatre

NOTES.

(a) La Copie de cette Piece a esté envoyée de Montpellier, avec cette Indication: *Languedoc, Armoire A, numero 11. fol. 59.*

On en a envoyé de cette même Ville, une autre Copie avec cette Indication : *Seneschaussée de Nismes en general, Armoire A, liasse 17. des Actes ramassez, numero 4. fol. 59.*

(b) S.t Jean du Leue.] On pourroit dire aussi de *Leue.* Plus bas dans l'Art. 7. cet endroit est nommé *S.t Jean de Leone.* Dans l'autre Copie il y a dans l'Art. 1. *S.t Jean de Lône,* & *S.t Jean de Leone,* dans le 7. Quoyque tous ces noms semblent designer *S.t Jean de Laune,* ou *de Lône,* Ville sur la *Saône,* sur les frontieres de la Bourgogne & de la Franche-Comté; cependant je ne puis croire qu'il s'agisse icy de cette Ville, qui alors n'appartenoit pas au Roy, mais au Duc de Bourgogne, & je croirois bien plustost qu'il s'agit icy de *S.t Jean de Luz,* qui est la derniere Ville de la France du costé d'Espagne, & par laquelle devoient naturellement passer les Laines qui venoient par terre de ce Pays, comme celles qui venoient par mer, estoient debarquées à Aigues-Mortes.

(c) Cartulaires.] Je crois qu'il faut entendre par ce mot, des *Commis* qui tiennent Registre de tout ce qui entre dans le Royaume, & de tout ce qui en sort, & qui font payer les *Droits.*

(d) A foy.] Il faut corriger *à toy,* qui se lit dans l'Art. 2. & dans l'autre Copie.

(e) Laine prime.] C'est la Laine la plus fine : on l'a nomme aussi Mere Laine; c'est celle de dessus le dos, & du col. Dictionn. de Commerce de *Savary,* au mot *Laine,* passim.

(f) Preries.] Dans l'autre Copie, il y a *pierres,* & je crois que c'est ainsi qu'il faut lire : car je trouve dans le Dictionn. de Commerce de *Savary* au mot *poids.* p. 1136. qu'en *Brabant* à *Dantzic,* &c. il y a des *poids* qu'on nomme *pierres.*

(g) Peaux lanües.] Peaux couvertes de Laine, comme il y a plus bas à la fin de l'Art. 7. *Bestes lanües.* Dans l'autre Copie il y a, *Peaux, Laines,* & même à la fin de cet Art. il y a *Peaux, Laines* dans la premiere Copie.

(h) Reve.] Ancien Droit ou Imposition qui se paye sur les Marchandises qui entrent en France, ou qui en sortent. Voy. le Dictionn. de Commerce de *Savary,* aux mots *Reve,* & *Traitte Foraine.*

deniers pour livre *(i)* de la Boëte aux Lombards; & pour chacune peau [a] laine, & pour chacun Mouton ou Brebis, trois deniers tournois.

JEAN I.er & selon d'autres, Jean II. à Londres, le 16. de Septembre 1358.

(3) Item. Que nulles teintures ne soint traites hors du Royaume, *(k)* sans accorder à nos amés & feaux les Gens de nos Comptes à Paris, à toy ou à tes deputés.

(4) Item. Que nul Billon, [b] Vaissellemente, Joyaux d'Or & d'Argent ne soint traits hors dudit Royaume par personne quelle que ce soit, si ce n'estoit Vaissellemente de Prelats, ou de Nobles, ou d'autres Gens d'Eglise pour leur service.

(5) Item. Que nuls [c] arnois, grands Chevaux, Fer ou Acier, Suif ou *(l)* Sayn, Draps blancs, Fil de laine, de Lin ou de Chanvre, ou *(m)* Draps crus ne soint traits hors dudit Royaume, sans congé & licence de Nous, de toy ou de tes deputés.

(6) Item. Que nul ne doit traire ou mener hors dudit Royaume, aucunes Marchandises, quelles qu'elles soint, sans payer les quatre deniers pour livre de la [d] Reve; Et s'il estoit [e] Transmontaing ou Lomdard, autre quatre deniers pour livre.

(7) Item. Que nul, de quelque estat ou condition qu'il soit, ne doit mettre dedans ledit Royaume, Monoyes fausses, Estrangeres ou contrefaites; si ce n'estoit pour les porter à nos Monoyes, pour mettre au Billon & pour les fondre, sur peine de corps & d'avoir qui fairoit ou [f] attempteroit au contraire desdites Ordonnances & deffenses dessusdites, lesquelles ont esté criées & publiées par les bonnes Villes de nostredit Royaume; neantmoins, si comme Nous avons entendu, plusieurs Marchands & autres, tant de nostredit Royaume que dehors, en attemptant follement contre nos Ordonnances & deffenses dessusdites, & Nous & icelles meprisant, ont faites & menées, ou faites traire & mener hors de nostredit Royaume, par autres Ports & Passages que par les deux dessusdits d'Aigues-Mortes & de S.t Jean [g] de Leone, plusieurs & grandes quantités de Laines *(n)* Aiguelins & *(o)* recours, sans payer à Nous, à toy ou à autre de par Nous, les devoirs [h] dessusdits, & sans congé & licence de nosdits Gens des Comptes ou Tresoriers à Paris, ou de toy, ou de tes Deputés, ou de tes predecesseurs; & les autres qui ont porté ou fait porter hors dudit Royaume, Billon, [i] Vaisselemente, Joyaux d'Or & d'Argent, & mis

a *Voy. cy-dessus la Note (g).*

b *Vaissele.*

c *Harnois.*

d *Voy. cy-dessus Note (h).*

e *Ultramontain.*

f *attenteroit.*

g *Voy. cy-dessus Note (k).*

h *Impots.*

i *Vaisselle.*

NOTES.

(i) De la Boëte aux Lombards.] Voicy un fragment de Lettres de naturalité accordées en Mars 1358. à un Florentin, qui se trouve dans le Tresor des Chartres, Reg. 90. Piece 285. qui peut servir de Commentaire à cet Article.

Et quod nichilominus à Malatota veteri quatuor denariorum pro libra, vocata Buta Lombardorum, & à duobus denariis qui solvuntur pro clavaria ponus Regis Aquarum-Mortuarum pro intuitu (introitu) & exitu Regni predicti, et ab omnibus & singulis impositionibus seu costumis, contributionibus, & servitutibus per Lombardos sive ytalicos, aut per alios foraneos solvi hactenus consuetos, idem Bartholomeus & ejus liberi ac descendentes predicti omnes sint liberi, quieti & immunes.

Voy. aussi sur la Boëte aux Lombards, cy-dessous Art. 6. Quant à ce mot *Boëte*, on a pû voir cy-dessus, p. 13. Art. 25. que dans de certains cas, on payoit une aumosne *en la Boëte S.t Eloy.* Il paroist par ces deux passages, que dans ces temps-là, on nommoit *Boëtes*, ce qu'on appelle aujourd'huy *Caisse;* c'est-à-dire, le lieu où l'on garde les deniers d'une Recepte.

(k) Sans accorder.] Je crois que cela signifie, *sans estre convenu avec les Gens des Comptes &c. des Droits qui seront payez pour la Traitte hors du Royaume.*

(l) Sayn.] Graisse molle qui se tire particulierement du Porc. *Dictionn. de Richelet.*

(m) Draps crus.] *Crud* ou *escru* se dit des Estoffes qui n'ont point esté lavez. Voy. le Dictionn. du Commerce de *Savary*, au mot *Cru.*

(n) Aiguelins.] Lisez *Aignelins.* C'est la Laine provenante des *Agneaux* & des jeunes *Moutons.* Voy. le Dictionn. de Commerce de *Savary*, au mot *Laine*, p. 468.

(o) Recours.] Dans l'autre Copie, il semble qu'il y ait *Tecours :* mais je n'entends pas plus l'un que l'autre, & je n'ay pû decouvrir ce qu'ils signifient.

Dans des Lettres des mois de May 1360. & Aoust 1361. qui regardent les Drapiers de Troyes, & qui seront imprimées cy-dessous, il y a, *Aignelines*, *Pelis court, ne recours.* On nomme *Pelis* la Laine que l'on tire des peaux des Moutons tuez, & qui est fort inferieure à celle que l'on tond sur eux, quand ils sont en vie.

JEAN I.er & selon d'autres, Jean II. à Londres, le 16. de Septembre 1358.

& porté dedans icelluy Royaume, Monoyes fausses, Estrangeres ou contrefaites, & icelles mises en payement, tant en fait de Change que autrement; & aussi plusieurs Marchands Lombards ou autres, qui ont trait ou fait traire hors dudit Royaume, *(p)* Guerdes, Guerances, Bresils & autres teintures, grands Chevaux, Porceaux, Bestes lanües, Vins, Bleds & plusieurs autres Marchandises, sans congé ou licence de Nous, ou de nosdites Gens ou de toy, ou de tes deputés, ou de tes predecesseurs, & sans payer les Devoirs dessusdits.

(8) Item. Nous avons entendu que aucuns Fermiers arrandeurs de la [a] Reve, tant desdits quatre deniers pour livre, comme pour la Boëte aux Lombards, par leur grande fraude & malice, sans le congé & licence de toy ou de tes deputés ou d'autre ayant pouvoir de le donner, *(q)* ont prises compositions d'aucuns Marchants qui avoient passé Marchandises hors dudit Royaume, & autres qui estoint en voye de passer, sans payer ladite Reve de quatre deniers pour livre, ou les Devoirs accoustumés, contre les Ordonnances & deffenses dessusdites; lesquelles Marchandises, Porceaux & Bestes estoint à Nous acquises, & les corps desdits Marchands à nostre volonté; & icelles Compositions lesdits Fermiers ont appliquées devers eux, *(r)* en Nous grandement defrauder.

(9) Item. Que plusieurs Subvisiteurs, Gardes & autres Officiers desdits Ports & Passages, se sont portés mauvaisement & fraudeleusement en leursdits Offices, & commis plusieurs crimes & malefices, desquels punition ne s'en est encore ensuivie, en grande lesion de Justice, dommage de Nous & de tout le commun Peuple, de quoy Nous desplait, s'il est ainsi. Pourquoy Nous voulans obvier à telles fraudes & malefices, & que tels mauvais faits [b] soint punis, & afin que nosdites Ordonnances soint tenües & gardées de point en point & sans enfraindre, te mandons, & si mestier est, commettons que tous ceux qui te apparoitra par informations faites ou à faire ou autrement, [c] deüement avoir fait ou attampté contre nos Ordonnances dessusdites, & estre coulpables des choses dessusdites ou d'aucune d'icelles, & les autres qui en aurront esté consantans, confortans ou aydans, soit Subvisiteurs, Sergens, Gardes, Notaires, Commissaires ou autres quelsconques, soint punis *(s)* civilement, selon ce que le cas le requerra, par telle maniere que ce soit exemple aux autres; Et si aucun ou aucuns par Appellations frivoles, recusations, declinatoires ou autres diffuges, se vouloint departir de ton Jugement, ou de tes Lieutenant ou deputés, Nous, afin que Justice ne soit en aucune maniere [d] dilayée, & nos Droits par tels diffuges retardés ou empeschés, voulons & expressement te mandons que nonobstant lesdites recusations, Appeaux ou autres declinatoires & diffuges, lesquels Nous [e] rappellons des-maintenant, tu ailles & ne [f] laisses d'aler avant contre lesdits malfaiteurs

a *Voy. cy-dessus p. 254. Note (h)*

b *soient.*

c *veritablement.*

d *differée.*

e *cassons.*

f *cesse.*

NOTES.

(p) Guerdes, &c.] Il y a dans la 2.e Copie *Guedes, Guerences*, Aluns, *Bresils*.

La *Guesde* est une drogue propre à teindre en bleu: on l'appelle autrement *Pastel*. Voy. le Dictionn. de Commerce de Savary, aux mots *Guesde* & *Pastel*.

Je n'ay pû decouvrir la signification du mot *Guerance* ou *Guerence*.

Pour le *Bresil*, dit M. *Savary* sur ce mot, c'est un Bois dont on se sert pour teindre en rouge, & qui est ainsi nommé, parce qu'il est d'abord venu du *Bresil*, Province de l'*Amerique*.

Mais puisqu'il paroist par ces Lettres, que le *Bresil* qu'on employe dans la teinture, estoit connu long-temps avant la decouverte de l'*Amerique*, il y a grande apparence que la Province du *Bresil* n'a esté ainsi nommée, que parce qu'on y trouva une grande quantité de Bois de *Bresil* que l'on connoissoit auparavant.

(q) Ont prises compositions.] C'est-à-dire, qu'au lieu de poursuivre en Justice ceux qui ont fait passer des Marchandises en fraude, ou qui ont esté surpris lorsqu'ils vouloient le faire, pour les faire condamner aux peines portées par les Ordonnances, ils en ont reçû de l'Argent qu'ils ont tourné à leur profit particulier.

(r) En Nous grandement defrauder.] Il y a mieux dans l'autre Copie. *Lesdits Fermiers ont appliquées devers eux* mauvaisement, *en Nous grandement* défraudant.

(s) Civilement.] Je crois que cela signifie que l'on leur fera leur procès au *Civil*, & non au *Criminel*.

& leurs

& leurs biens civillement, jusques à diffinitive Sentence: & au cas que de la diffinitive Sentence ils appelloint, Nous voulons que tu, tes Lieutenans ou deputés, les envoyés à certain jour & competant, pardevers nos amés & feals les Gens qui tiendront nostre Parlement à Paris, se il sied; & au cas [a] ledit Parlement ne seroit, pardevers nos amés & feals les Gens de nos Comptes à Paris, avec les Procès, Enquestes & Sentences qui contr'eux auront esté faites ou données; Et Nous mandons à nosdites Gens de Parlement se il sied, & au cas où il ne seroit, à nosdites Gens des Comptes, que veus lesdits Procès, Enquestes & Sentences, & les Parties oüyes, fassent bon & brief accomplissement de Justice. Mandons & commandons à tous Seneschaux, Baillifs, Prevosts, Viguiers, Juges, Châtelains & autres nos Officiers & Justiciers, que des choses dessusdites ne des dependances ou d'aucune d'icelles, de toy, ny de chose touchant à ton Office, de tes Lieutenans, Subvisiteurs, Sergens, Gardes ou Comis ne se meslent en rien, ne en pregnient aucune cognoissance quelle qu'elle que ce soit; [b] aincois te donnent conseil, confort, ayde, & baillent Prisons & Territoire pour juger si mestier est, toutesfois qu'ils en seront requis de par toy, tes Lieutenans ou deputés dessusdits. Car ainsi le voulons Nous estre fait, & l'avons ordonné de nostre certaine science, nonobstant Lettres impetrées ou à impetrer, [c] us, stille ou Coutume à ce contraires. *Donné à Londres, le seizieme jour de Septembre, l'An de grace mil trois cens cinquante-huit.* Par le Roy. ROYER.

JEAN I.er & selon d'autres, Jean II, à Londres, le 16. de Septembre 1358.

a où.

b au contraire.

c Usages.

(a) *Mandement par lequel il est ordonné d'ouvrir les Boëstes, & de juger les Comptes d'une Monnoye faite par les ordres de feu Estienne Marcel Prevost des Marchands de Paris.*

CHARLES REGENT, Jean I.er & selon d'autres, Jean II. à Paris, le 24. de Septembre 1358.

CHARLES aisné Fils du Roy de France, Regent le Royaume, Duc de Normandie & Dalphin de Viennois: à nos amez & feaulx les Generaulx-Maistres de Monseigneur & de Nous, Salut. Comme Nous & le Conseil de nostredit Seigneur & de Nous, estans à Compieigne environ le septiesme jour de May derrenier passé, par tres grant & bonne deliberacion, eüe consideracion aus tres grans & innumerables mises qu'il Nous convient faire pour soustenir la tuicion & deffense du Royaume, eussions ordonné & vous mandé que en toutes & chacunes les Monnoyes estans en iceluy, vous feissiez faire & ouvrer gros Deniers [d] blancs à la Fleur de Liz telz comme ceulx que l'en faisoit paravant, en ouvrant sur le pié de Monnoye cinquante-quatriesme; laquelle Ordonance & Ouvraige feu Estienne Marcel nagueres Prevost des Marchans en la Ville de Paris, & plusieurs autres [e] traictes ses alliez, ne [f] vouldrent souffrir estre faicte en la Monnoye de Paris pour nostredit Seigneur ne pour Nous: Et depuis ce par leur voulenté & puissance, ont fait faire & ouvrer en icelle Monnoye, sur icely pié de Monnoye cinquante-quatriesme & sur le pié de Monnoye soixante-quatriesme, iceulx gros Deniers blancs telz comme il leur a pleu, & en prenant pardevers eulx tout le proufsilt entierement; duquel Ouvraige Nous avons entendu que vous ne voullez *(b)* ouvrir les Boëstes ne faire les Comptes, pour ce qu'il n'a pas esté fait de nostre commandement; parquoy l'en n'a [g] peu, ne peult l'en savoir l'estat du Maistre particulier qui ledit Ouvraige a fait: Laquelle chose peult estre & pourroit [h] en tres grant dommaige de nostredit Seigneur & de Nous. Pour ce est-il que Nous vous mandons, commectons &

d Voy. cy-dessus p. 218.

e traistres.

f voulurent.

g pû.

h estre.

NOTES.

(a) Registre D. de la Cour des Monnoyes de Paris, fol. 17. *verso.* Avant ce Mandement, il y a:

Le 24.e jour de Septembre 1358. fut apporté en la Chambre des Monnoyes, ung Mandement de nostre très redoubté Seigneur, duquel la teneur s'ensuit.

(b) Ouvrir les Boestes.] Voy. Boizard, Traité des *Monnoyes*, partie premiere, ch. 13. *vers.* 97. & suiv.

estroictement enjoignons à vous & à chascun de vous, que les Boëstes faictes à cause d'iceluy Ouvraige & tout le fait qui en deppend, vous faciez [a] en la forme & maniere qu'il appartient, si dilligeamment & en telle maniere qu'il n'y ait deffault, & que nostredit Seigneur & Nous n'y puissons avoir doumaige. De ce faire à vous & à chascun de vous donnons povoir, auctorité & mandement especial. *Donné à Paris, le vingt-quatriesme jour de Septembre, l'An mil trois cens cinquante-huit.* Par Monsieur le Regent. J. VILLERS.

[a] ouvrir.

CHARLES REGENT, Jean I.er & selon d'autres, Jean II. à Paris, au mois de Septembre 1358.
Loüis VII. dit le Jeune, à Paris, en 1162.
Philippe Auguste, à Paris, en Juillet 1182.
A Paris, en 1212.
Philippe le Hardy, à Paris, en Juillet 1282.
Philippe le Bel, à Paris, en Septembre 1297.
Charles IV. dit le Bel, à Paris, en Mars 1324.

(a) Confirmation de plusieurs Lettres accordées aux Bouchers de la Ville de Paris.

CAROLUS Regis Francie Primogenitus, Regnum regens, Dux Normanie & Dalphinus Viennensis. Notum facimus universis tam presentibus quam futuris, vidisse Litteras, formam que sequitur, continentes.

Philippus [b] Dei gratia Francorum Rex. Notum facimus universis tam presentibus quam futuris, Nos vidisse Litteras, formam que sequitur, continentes.

In nomine sancte & individue Trinitatis, Amen.

Ego (b) Ludovicus Dei gratia Francorum Rex. Quoniam secundum Apostolum, qui preest in sollicitudine, debet curare ut omnia sue subjecta potestati, recto & honesto procedant ordine, Nos emulati sumus exemplum sanctitatis circa Parisiensis Civitatis Ordinacionem, in qua longo tempore Carnifices quasdem antiquas habuerunt Consuetudines Patris mei Regis Ludovici tempore, & diebus antecessorum nostrorum superiorum Regum, & sub Nobis per aliquod tempus: Ostensum est autem Nobis interesse Civitatis, (c) ut commutarentur antique Consuetudines, Carnificum ordo, qui fuerat antiquitus & diu permansit (d) res secundum legem nostre commutationis. Porro naturales Carnifices Nos adierunt, & sue miserie pondus exposuerunt Nobis, quod videlicet semetipsos neque Uxores suas neque familias suas gubernare poterant, & sua lacrimabili deploratione Nos ad pietatem commoverunt. Itaque aperientes eis viscera pietatis, per consilium eorum qui Nobis adsistebant, [c] revocavimus in Civitatem nostram Parisiensem, antiquas Consuetudines Carnificum, & eis eas omnino & integraliter reddidimus, notumque facimus universis presentibus pariter & futuris, Nos reddidisse Carnificibus Civitatis Parisiensis, omnes antiquas Consuetudines suas quas habuerunt tempore superiorum Regum, & in diebus Patris nostri bone memorie Regis [d] Ludovici & nostro etiam tempore, [e] ad habendum

[b] Philippe Auguste.

[c] Voy. cy-dessus la Note (c)

[d] Louis VI. dit le Gros.

[e] Je crois qu'il y a là une faute.

NOTES.

(a) Tresor des Chartres, Registre coté 86. pour les Années 1357. & 1358. Piece 382. *recto.*

(b) *Ludovicus.*] C'est Loüis VII. dit *le Jeune*. Ces Lettres sont encore *vidimées* une seconde fois un peu plus bas. Voy. cy-dessus, la Note (*l*).

(c) *Ut commutarentur, &c.*] Ces anciennes Lettres accordées aux Bouchers, & inserées dans celles du Dauphin Charles, sont fautives en plus d'un endroit : & de plus, celuy qui a dressé celles-cy, s'est servi d'une expression ambiguë qui peut faire douter si le Jeune a eu intention de revoquer ou de confirmer les Privileges des Bouchers. Il me paroist cependant certain que les Lettres de Loüis le Jeune ont pour objet le restablissement de ces Privileges qui avoient esté abolis, & qu'il faut lire *ne commutarentur*, au lieu de *ut commutarentur*. Cela supposé, si le mot *res* est le commencement d'un mot qui est resté imparfait, comme l'a cru M. de *Lauriere*. [Voy. la Note suivante.] ce mot ne sera pas *rescinderetur*, comme il l'a conjecturé: mais au contraire *restitueretur* : & un peu plus bas, *revocavimus in Civitatem* ne signifiera pas *Nous avons revoqué ;* mais au contraire, *Nous avons rappellé, restabli.*

(d) *Res.*] Ce mot est resté imparfait, & il doit y avoir *resolveretur* ou *rescinderetur*. [Note de M. de *Lauriere.*] Voy. la Note precedente.

Voicy comment ce passage se lit dans les mêmes Lettres qui sont *vidimées* un peu plus bas .... *antique consuetudines Carnificum, mutatus est ordo qui fuerat antiquitus, & diu permansit res secundum legem. Porro naturales, &c.*

& sub tanta asseveratione eis illas Consuetudines assignavimus [a] *& nulli post modum potestati* [b] *antiquum immutare ordinem &* [c] *entiquas movere Consuetudines Carnificum Parisiensium de omnibus Ministeriis suis. Quod ut cognitum sit & ratum omnino in posterum, Carta Regia & sigillo nostre auctoritatis communiri precipimus* [d] *subit inscripto caractere nostri nominis.* Actum publice Parisius, Anno incarnati verbi millesimo centesimo sexagesimo secundo, Regni nostri vigesimo sexto: *Astantibus in Palacio nostro quorum apposita sunt nomina & signa.* S. Comitis Theobaldi Dapiferi nostri. S. Guidonis Buticularii. S. Mathei Camerarii. *Constabulario nullo. Data per manum*

Hugonis Cancellarii.

Item. *Alias Litteras in hec verba: In nomine sancte & individue Trinitatis. Amen. Philipus* [e] *Dei gratia Francorum Rex. Noverint universi presentes pariter & futuri, quoniam Carnifices nostri Parisienses nostram adierunt presentiam, requirentes ut antiquas eorum Consuetudines sicut Pater & Avus noster Ludovicus bone memorie & alii Predecessores nostri Reges Francorum eis concesserunt, & in pace tenere permiserunt, ita & Nos eis concederemus, & in pace tenere permitteremus : ad quorum preces consilio eorum qui Nobis assistebant, concessimus: verum quoniam Consuetudines ille in carta quam à Patre nostro habebant, non erant scripte, eas scripto mandari & sigillo nostro confirmari precipimus, sunt aut* [f] *hec Consuetudines.*

(1) Carnifices Parisienses possunt vendere & emere bestias vivas & mortuas & quecumque [g] *& Carnificium pertinent, libere, sine omni* [h] *Consuetudine & sine Pedagio dando, infra* [i] *Baulugam Parisiensem, undecumque res ille* [k] *uniant, aut quocumque etiam ducantur, si forte eas aliquo duci contingerit: Pisces maris & Pisces aque dulcis simili modo vendere possunt & emere.*

(2) Item. *Nemo* [l] *potes esse Carnicifex Parisiensis, quin alii Carnifices habeant sua Jura, scilicet pastum & potum; nisi spontanea voluntate* [m] *perdonare voluerint.*

(3) In Octabis Natalis Domini, dabit Nobis singulis annis unusquisque Carnificum duodecim denarios. In Octabis Pasche [n] *sancti Dionisii, tredecim denarios, illi (e) qui id à Nobis tenet in feodum.*

(4) Quisque Carnificum singulis diebus Dominicis quibus sciderit carnes porcinas sive bovinas, debet Preposito nostro [o] *obelum de* [p] *stallagio; & quisque Carnificum debet Nobis singulis annis, unum (f) Haubentum vini, in Vindemiis.*

Que omnia ut perpetuam obtineant firmitatem, paginam sigilli nostri auctoritate & Regii nominis caractere inferius annotato, communivimus. Actum Parisiis, Anno ab Incarnatione Domini millesimo centesimo octagesimo-secundo, Regni nostri Anno quarto. *Astantibus in Palatio nostro, quorum nomina supposita sunt & signa. Signum Comitis Theobaldi Dapiferi nostri. S. Guidonis Buticularii nostri. S. Mathei Camerarii. S. Radulphi Constabularii. Data (g) per manum.*

Guillelmum Paste, Ferricum de Gentilliaco, Radulphum de Buciaco, misimus apud (h) Kalam pro inquirendo à probis & legitimis hominibus, utrum pasturam de Kala [q] *communis tam hominibus de Kala quam Carnificibus Parisiensibus. Ipsi vero sicut in suarum continetur*

CHARLES REGENT, Jean I.er & selon d'autres, Jean II. à Paris, au mois de Septembre 1358.

a ut *dans le second* Vidimus.

b liceat *dans le second* Vidimus.

c antiquas *dans le second* Vidimus.

d subter *dans second* Vidimus.

e Philippe Auguste.

f autem.

g ad.

h Impots.

i Banlieuë.

k veniant.

l potest.

m remettre ces Droits.

n &

o Fort. *obolum.*

p pour l'Estal.

q Pastura *de Kala* sit *communis.*

NOTES.

(e) *Qui id à Nobis tenet in Feodum.*] Les Rois & les Seigneurs donnoient souvent des Rentes annuelles ou d'autres Droits, à des personnes qui les tenoient d'eux à titre de Fiefs. Voy. le Gloss. de Du Cange au mot *Feudum nummorum.*

(f) *Haubentum vini.*] *Haubens.* C'est une redevance dûë au Roy par quelques Mestiers. Elle se payoit d'abord en vin dans le temps des Vendanges. Depuis elle fut changée en une somme d'Argent. Voy. le Gloss. de Du Cange au mot *Halbanum.*

(g) *Per manum.*] Le nom du Chancelier n'y est pas. Il paroist aussi qu'il manque-là quelques mots, pour annoncer la Piece suivante: comme, *Item. Alias Litteras in hæc verba,* ou quelques autres semblables.

Il manque aussi le commencement de ces Lettres, & le nom du Roy qui les a données. Mais il paroist par les dates, que ce sont des Lettres de Philippe le Bel données en 1297. par lesquelles il confirme celles qui avoient esté données par Philippe le Hardi en 1282.

(h) *Kalam.*] *Chelles.* Abbaye de Filles

CHARLES REGENT, Jean I.er & selon d'autres, Jean II. à Paris, le 24. de Septembre 1358.

testimonio Litterarum, & sicut ex [a] Dictis eorum accepimus, per bonos & legitimos homines didicerunt, quod omnis pastura communis est ex quo fructus levatus est de terra. Nos igitur hujusmodi Consuetudinem antecessorum nostrorum temporibus observatam, firmam & inviolabilem volumus permanere : & ut perpetuum robur obtineat, presentem paginam sigilli nostri auctoritate, & Regii nominis caractere inferius annotato, confirmamus. Actum Parisiis, Anno ab Incarnatione Domini millesimo ducentesimo duodecimo, Regni vero nostri, Anno tricesimo tertio: *Astantibus in Palatio nostro quorum nomina supposita sunt & signa. Dapifero nullo. S. Guidonis Buticularii. S. Bartholomei Camerarii. S. Droconis*

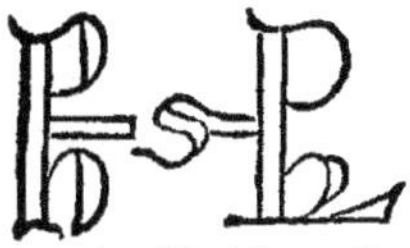

Constabularii. Data vacante Cancellaria.

Item. *Alias Litteras in * hac verba: Philippus [b] Dei gratia Francorum Rex. Notum universis tam presentibus quam futuris, quod cum contentio verteretur in Curia nostra, inter Preceptorem & Fratres Domus Milicie Templi Parisiensis ex una parte, & Magistrum Carnificum nostrorum Parisius & Communitatem eorumdem ex altera, super eo quod predicti Preceptor & Fratres edificabant, seu edificare, levare & facere intendebant in terra sua in suburbio Parisiensi, seu pertinenciis ejusdem Ville, Carnificeriam de novo, dictis Magistro & Communitate contradicentibus & se opponentibus, & in contrarium dicentibus quod predictam Carnificeriam facere, edificare vel levare non poterant nec debebant, rationibus infrascriptis & pluribus aliis ex parte eorum allegatis.*

(1) Primo. *Quia dicebant quod habebant Cartam antiquam Regiam coram Nobis ab eis ostensam, in qua continebatur quod Rex Francorum reddiderat & confirmaverat eisdem omnes antiquas Consuetudines suas, quas habuerant à tempore superiorum Regum; que Consuetudines per usum factum ab eis à tempore confectionis Carte, peroptime [c] declarentur, quia dicebant se & Predecessores suos esse & fuisse in possessione vel quasi, à tempore confectionis Carte predicte, vel à tempore à quo non extat memoria, & usi fuerunt generaliter à tempore supradicto, presentibus, videntibus, scientibus & non contradicentibus hiis qui Justitiam altam & bassam habent in Civitate & Suburbio Parisiensi & eorum pertinentiis, sine contradictione aliqua, faciendi & constituendi Carnifices ad scindendum & vendendum carnes pro tota Villa, videlicet (i) Filios Carnificum, auctoritate & assensu nostro, sine hoc quod sit vel fuerit aliquis in Villa predicta vel pertinentiis, habens Jurisdictionem vel non, qui usus fuerit [d] faciendi Carnifices, vel edificandi seu levandi Carnificeriam in Villa Parisiensi, [e] suburbis ejusdem Ville & pertinentiis, à tempore supradicto; Exceptis hiis qui habent Carnifices à tempore à quo memoria non existit.*

(2) Item. *Dicebant quod si alique singulares persone vel private, videlicet Tabernarii vel Caupones vel aliquis alius, nisi sint vel fuerint usi [f] Ministerio Carnificum in Villa predicta & pertinentiis, compulsi fuerint cessare per Magistrum Carnificum & Carnifices, per captionem carnium & aliarum rerum, & [g] detentionem eorumdem: dictis Preceptori & Fratribus contrarium asserentibus.*

Tandem de bonorum consilio & pro bono pacis, ad instanciam & supplicationem Preceptorum & Fratrum, de assensu & voluntate ipsorum Carnificum, ipsis Preceptori & Fratribus, licet in ipsa terra omnem Justitiam habeant altam & bassam cum omni dominio, concessimus quod ipsi habeant libere & quiete ex nunc imperpetuum sine aliqua contradictione, in quacumque parte terre sue extra muros & non infra, duxerint eligendam, solum duo stallos ad vendendum carnes [h] quibuslibet, longitudinis duodecim pedum tantum modo; & ibidem [i] solum duos Carnifices quoscumque & qualescumque & de quocumque genere voluerint eligere, qui in dictis stallis seu locis, carnes poterunt vendere, mactare, & scindere quotiens sibi viderint expedire; & poterunt illi Carnifices habere servientes, ad ipsas carnes

a leur rapport.

b Philippe Auguste.

* hæc.

c declarantur.

d *Je crois qu'il manque là le mot* Privilegio, *ou quelque autre semblable.*

e suburbiis.

f de faire le Mestier.

g l'emprisonnement.

h Ce mot est mal écrit. Il a fallu deviner.

i habeant.

NOTES.

à trois lieuës de Paris, vers la Brie.

(i) *Filios Carnificum.*] Il paroist par là qu'on ne pouvoit establir de nouvelles Boucheries qu'en faveur des Fils de Maistres Bouchers. Voy. un peu plus bas.

scoriandas, (k) scaturizandas Viendas, & prout decet, preparandas, & non ad eas scindendas vel vendendas; hoc excepto, dum illi duo Carnifices erunt vel aliquis eorum [a] *ipsorum habere poterat unum servientem tantum qui carnes suas vendere poterit, & facere ea omnia que in talibus est fieri consuetum: Et erunt illi duo Carnifices ab omnibus Consuetudinibus Carnificum predictorum absoluti, liberi* [b] *positus & immunes. Nolumus etiam quod per dictam concessionem nostram dictis Preceptori & Fratribus à Nobis factam de voluntate & assensu dictorum Carnificum, eisdem Carnificibus nostris & eorum Communitati, Usibus, Consuetudinibus, Privilegiis & Franchisiis eorumdem aliquod prejudicium generetur; Immo Privilegia, Usus, Consuetudines & Franchisias eorum volumus in suo robore duraturas, ac Jura & Privilegia dictorum Preceptorum & Fratrum in suo robore duratura. Que ut perpetue* [c] *& stabilitatis robur obtineant, presentibus Literis nostrum fecimus apponi sigillum: Salvo in omnibus jure nostro & jure quolibet alieno.* Actum Parisiis, Anno Domini millesimo ducentesimo octagesimo-secundo, Mense Julio.

CHARLES REGENT, Jean I.er & selon d'autres, Jean II. à Paris, au mois de Septembre 1358.

a Il manque là quelques mots.

b *Fort.* penitus.

c *&* est inutile.

Nos vero predicta omnia & singula supradicta, prout superius sunt expressa, volumus, ratificamus, approbamus & tenore presencium confirmamus. Quod ut robur obtineat firmitatis, hiis presentibus nostrum fecimus apponi sigillum. Actum Parisiis, Anno Domini millesimo ducentesimo nonagesimo-septimo, Mense Septembris.

Item. *Alias Literas in* [d] *hac Verba.*

d hæc.

[e] K*AROLUS Dei gratia Francorum & Navarre Rex. Notum facimus universis tam presentibus quam futuris, Nos infrascriptas vidisse Literas, formam que sequitur, continentes.*

e Charles IV. dit le Bel.

In nomine Sancte & individue Trinitatis. Amen.

(l) Ego Ludovicus Dei gratia Francorum Rex. &c.

Nos autem predictas antiquas Consuetudines, quatenus dicti Carnifices & eorum successores de ipsis Consuetudinibus usque ad hec tempora, [f] *nisi sunt pacifice, & omnia alia & singula in suprascriptis contenta Literis, rata habentes & grata, ea volumus, ratificamus, laudamus, approbamus & tenore presencium auctoritate Regia confirmamus: Nostro & alieno in omnibus jure salvo. Quod ut firmum & stabile permaneat in futurum, presentibus Literis nostrum fecimus apponi sigillum.* Datum Parisiis, Anno Domini millesimo trecentesimo vicesimo-quarto, Mense Marcio.

f usi.

Nos autem predictas antiquas Consuetudines, quatenus dicti Carnifices & eorum successores de ipsis Consuetudinibus usque ad hec tempora usi sunt pacifice, & omnia alia & singula in suprascriptis contenta Literis, rata & grata habentes, ea volumus, ratificamus, laudamus, approbamus, & tenore presentium, auctoritate Regia qua fungimur in hac parte, confirmamus: Nostro & alieno [g] *& in omnibus jure salvo. Quod ut firmum & stabile permaneat in futurum, presentibus Literis nostrum fecimus apponi sigillum.* Datum Parisiis, Anno Domini millesimo trecentesimo quinquagesimo-octavo, Mense Septembris.

g *& est inutile, & il manque quelques mots.*

NOTES.

(k) *Scaturizandas Viendas.*] J'ignore la signification de ce premier mot, & un Boucher m'a assûré qu'il n'y avoit aucun terme usité parmi les Gens de son mestier, qui approchât de celuy-là. Peut-estre faut-il lire *scarificandas*, faire des incisions à la chair pour en faire sortir le sang.

(l) *Ego Ludovicus, &c.*] Cette Piece a déja esté *vidimée* une fois dans ces Lettres. Voy. cy-dessus la Note (*b*) mais il y a quelque difference dans le Monogramme qui est ainsi figuré.

CHARLES REGENT, Jean I.er & selon d'autres, Jean II. à Paris, en Septembre 1358.

(a) *Lettres qui permettent aux Cousturiers, [Tailleurs] de faire & de vendre des* Doublez.

CHARLES ainsné Filz du Roy de France, Duc de Normandie & Dalphin de Vienne. Savoir faisons à touz presenz & à venir, que comme les *(b)* Cousteriers de nostre bonne Ville de Paris se soient [a] traiz pardevers Nous, en donnant à entendre que ce seroit profitable chose & aussi comme necessaire pour le prouffit commun, que il peussent faire Doublez pour vendre; consideré que le plus des Genz usent & se vestent de Doublez, lesquiex lesdiz Cousturiers sceevent aussi bien faire, comme font les Doubletiers: Car yceulx Cousturiers se cognoissent miex en cousture & en [b] taille, que ne font les Doubletiers, & tant y auroit plus de Ouvriers, tant seroient les Doublez à meilleur [c] raison: A requeste desquelx Doubletiers, des pieça fu fait entre euls *(c)* certain Registre au Chastellet de Paris, contenant entre les autres choses, que lesdiz Cousturiers ne autres, si ne sont dudit Mestier en especial, ne puissent faire Doublez, & en ont usé longuement, & obtenu Arrest ou Jugement pour eulx contre lesdiz Cousturiers, ou temps que les Doublez estoient [d] pou ou nieant en usage: Et maintenant il sont plus en cours que autres vestemens, & par ce il convient plus de Ouvriers, & pourveoir aus choses selon la mutation des temps: & aussi ès Registres du Chastellet, lesquels en la [e] greigneur partie, sont faiz plus en faveur & prouffit des personnes de chascun Mestier que pour le bien commun, est contenu que s'il y a à corrigier ou amender, le Prevost de Paris le puisse faire; par quoy depuis dix ans [f] enença furent faites & publiées plusieurs Ordenances Royaulx deroganz ausdiz Registres pour le bien publique, & contenant entre les autres choses, que chascun peust ouvrer en la Ville de Paris qui le sauroit faire, en maniere que l'Euvre fust bonne, souffisant & convenable: & par especial n'a pas lonc temps fu crié en ladite Ville, que touz Cousturiers peussent faire & vendre Doublés bons & souffisant; laquelle chose lesdiz Doubletiers empeeschoient & empeeschent ausdiz Cousturiers contre raison & le bien commun, si comme iceulx Cousturiers disent, suppliant que il Nous pleust de nostre grace & sanz entrer de telz cas en Procés, leur octroier que il peussent lesdiz Doublez faire & vendre bons, souffisant & convenables, comme les Doubletiers; sur laquelle supplication Nous avons voulu estre enformez avant toute [g] Euvre: & pour ce mandames audit Prevost de Paris, que sur ces choses se [h] enfourmast bien & diligemment, & ce que il en trouveroit, renvoiast à nostre grand Conseil, ou pardevers les Requestes de nostre Hostel; lequel Prevost appellez à ce les Doubletiers, & ouys en tout ce que il [i] voudrent dire & proposer pour empeescher ladite supplication & requestes, & lesdiz Cousturiers à ycelle soustenir, s'en est enfourmé & a ouys tesmoing d'une partie & d'autre: laquelle Informacion & le Procés renvoiez pardevers nostre Conseil, & depuys de nostre commandement, bailliez à veoir aus Procureurs & Advocaz de Monseigneur & de Nous en Parlement, desquels la relacion oye, Nous par bonne deliberacion & par le prouffit commun, lequel Nous desirrons & voulons garder, avons ordenné & ordennons par ces presentes, que lesdiz Cousturiers puissent faire lesdiz Doublez, & vendre & user dudit Mestier de Doubleterie en nostredite Ville de Paris, soubz la visitation des personnes qui à ce sont & seront ordennées, & en la maniere que leur Euvre soit veuë & visitée comme desdiz Doubletiers, & [k] bonne & souffisant;

a *presentez.*
b *la taille des Habits.*
c *marché.*
d *peu ou point.*
e *la plus grande.*
f *ença.*
g *avant que de decider.*
h *informast.*
i *voulurent.*
k *soit.*

SOMMAIRES.

(a) Tresor des Chartres, Registre 86. pour les Années 1357. & 1358. Piece 371.

(b) Cousteriers.] Il faut lire *Cousturiers*, comme il y a plus bas. Ce sont les *Tailleurs*, comme il paroist par le titre de cette Piece que voicy. *Littera Privilegiorum pro Sa[illegible]bus Parisiensibus.*

(c) Certain Registre.] C'est-à-dire, *certain Reglement inseré dans les Registres du Chastelet.*

& ainsi l'avons Nous octroié & octroyons de grace especial, se Mestier est, non-obstant lesdiz Registres & usage ou Lettres empetrées ou à empetrer au contraire. Si mandons au Prevost de Paris qui à present est ou sera pour le temps à venir, ou à son Lieutenant, que de nostredite Grace & Ordenence il face & laisse lesdiz Cousturiers [a] usé & joir en [b] pas, & les garde ou deffende de touz empeschemenz contraires. Et que ce soit ferme chose & estable à touzjours, Nous avons fait mettre nostre Scel à ces Lettres, sauf en autres choses le droit de Monseigneur & de Nous, & l'autrui en toutes. *Donné à Paris, l'An de grace mil trois cent cinquante & huict, ou Mois de Septembre.*

a *user.*
b *paix.*

Par Monsieur le Regent, en son Conseil.

DOUHEM.

CHARLES REGENT, Jean I.er & selon d'autres, Jean II. à Paris, en Septembre 1358.

(a) Sauvegarde pour l'Ordre de Saint Lazare de Jerusalem.

KAROLUS Regis Francorum Primogenitus, Regnum regens &c. Notum facimus universis tam presentibus quam futuris, quod dilecti nostri Frater Johannes Magister generalis Milicie Sancti Lazari in Jherusalem, & alii Fratres Ordinis predicti [c] *majoris pacis transquillitate gaudebunt, tanto liberius & devotius omnipotenti Deo debitum poterunt reddere famulatum. Hinc est quod Nos ad supplicationem Magistri & Fratrum predictorum, in* [d] *sua Gardia speciali & protectione Regia ab antiquo existencium, quos etiam ex habundanti in Regia & nostra protectione & salva Gardia speciali una cum omnibus domibus, locis & aliis bonis suis in dicto Regno existentibus,* [e] *& tenore presentium suscipimus, ad Jurium eorum conservationem duntaxat. Mandamus omnibus Justiciariis Regiis & eorum cuilibet quatenus ad eum pertinuerit, ut dictos Magistrum & Fratres ab injuriis, violenciis & oppressionibus injustis defendant, & in suis justis possessionibus, Franchisiis, Libertatibus, usibus & saisinis in quibus ipsos esse, ac eorum predecessores fuisse pacifice, ab antiquo invenerint, manuteneant & conservent, non permittentes eisdem in personis vel in bonis aut famillaribus suis, aliquas fieri vel inferri injurias, seu indebitas*

c quanto.
d salva.
e & est inutile.

NOTES.

(a) Tresor des Chartres, Registre 86. pour les Années 1357. & 1358. Piece 270. Les Corps & Communautez qui estoient sous la Sauvegarde du Roy, avoient leurs Causes commises pour eux personnellement, & pour tous les biens qui leur appartenoient, en quelque lieu qu'ils fussent situez, pardevant un Juge Royal, qui estoit le Conservateur de leurs Privileges, & qui estoit ordinairement nommé dans ces Lettres. Ainsi comme les Lettres de Sauvegarde Royale establissent le ressort de quelques Justices Royales, on a cru qu'elles devoient trouver place dans un Recüeil qui doit comprendre tout ce qui regarde le Droit public. Voy. cy-dessous les Lettres de Sauvegarde pour l'Abbaye de *S.t Gilles* en Provence, données en Janvier 1358. Elles sont plus estenduës que celles-cy. Voy. aussi cy-dessus p. 214. & 216. des Lettres sur le ressort de *Castelet en Brie*, & de l'Abbaye de *S.t Maixent.*

Il paroist par ces Lettres, que lorsqu'un Pays estoit separé de la Couronne, de quelque maniere que ce fût, par exemple, lorsqu'il estoit donné à un Prince en partage ou assigné à une Princesse pour doüaire, &c. les Abbayes & autres Corps qui estoient sous la garde Royale, & qui estoient dans ce Pays, cessoient de ressortir devant les Juges Royaux pardevant lesquels ils ressortissoient avant que le Pays eust esté separé de la Couronne, & qu'ils obtenoient des Lettres pour ressortir devant un autre Juge Royal d'un Pays qui fût resté uni à la Couronne.

Les Privileges des Gardes-gardiennes ont esté confirmez par l'Art. IX. de l'Edit de Cremieu, qui porte que les affaires de ceux qui auront des Lettres de Gardes-gardiennes, seront portez devant les Baillis & Seneschaux, & que les Juges Royaux inferieurs n'en pourront connoistre. Cet Article a esté confirmé par l'Article III. d'un Edit du mois de Juin 1559. qui restraint cependant les Privileges des Gardes-gardiennes, en ce qu'il ordonne qu'il n'y aura que ceux qui sont du Corps commun de l'Eglise à qui elles ont esté accordées, qui en joüiront, & qu'elles ne s'estendront pas aux Benefices estant de sa collation.

* factas. *novitates, quas si * facta esse vel fuisse repererint in prejudicium ipsorum & nostre salve Gardie supradicte, eas ad statum pristinum & debitum reducant seu reduci faciant, ac Nobis è Parti emendam condignam propter hoc fieri & prestari, & de personis de quibus (b) assecuramentum habere voluerint, eisdem juxta Patrie consuetudinem, legitimum prestari faciant, dictamque salvam Gardiam nostram publicari, ubi fuerit oportunum: Et pro premissis diligentius exequendis, unum vel plures servientes Regios & nostros eisdem supplicantibus, sui sumptibus, si super hoc requisiti fuerint, deputent; qui tamen de hiis que Cause cognitionem exigunt, se nullatenus intromittant. Quod ut firmum & stabile maneat, nostrum sigillum*
a Regio. *presentibus Litteris duximus apponendum: Salvo* [a] *& alieno in omnibus Jure salvo.* Datum
b octavo. Parisius, Anno Domini millesimo trecentesimo quinquagesimo [b] octava, Mense Septembris.

Per Dominum Regentem, ad relationem Consilii.

G. BAUDRY.

NOTES.

(b) Assecuramentum.] Dans le temps que les Guerres privées estoient permises en France, lorsqu'une personne ne vouloit pas s'engager dans une Guerre, ou vouloit faire finir une Guerre qui estoit commencée, il alloit trouver le Seigneur suzerain, & le prioit de luy donner une *assurance* que son ennemi ne l'attaqueroit pas, & de prononcer un Jugement sur leur different. Voy. le Gloss. de Du Cange au mot *Assecurare.*

JEAN I.er & selon d'autres, Jean II. à Londres, en Septembre 1358.

(a) Lettres portant deffense d'establir une Foire à *Trebez* dans le Languedoc.

JOHANNES Dei gratia Francie Rex. Notum facimus universis tam presentibus quam futuris, quod dilecti & fideles Consules (b) Burgi nostri Carcassone Nobis
c fuerit. *fecerunt conquerendo monstrari, quod licet dictum Burgum funditus destructum &* [c] *concre-*
d Linguam Occitanam. *matum nuper per inimicos nostros, cum per* [d] *Lingam discurrerunt, bonaque Consulum predictorum & Universitatis dicti loci ibidem, pro majori parte consumpta seu per dictos nostros*
e fuerint. *adversarios occupata* [e], *nonnullique dicti Burgi habitatores per dictos adversarios nostros*
f aliis. *capti & multiplicibus* [f] *alii laboribus gravati fuerint & oppressi, hiisque non-obstantibus,*
g Universitas. *Consules &* [g] *Universitatas predicti pro reparatione murorum & fortalicii & aliorum edificiorum dicti Burgi, residuum bonorum suorum, ad obviandum iteratis conatibus & maliciis*
h exponunt. *adversariorum nostrorum predictorum, sponte exposuerunt &* [h] *exponant, in dicta reparatione dando continue & assidue operam efficacem, prout ex facti experientia comprobatur. Nichilominus Consules (c) de Tribus-bonis ad eorum propria commoda hanelantes, &*

NOTES.

(a) Tresor des Chartres, Registre 90. Piece 142.

Ces Lettres ne sont point une Ordonnance, & elles n'ont esté imprimées dans ce Recüeil, que parce qu'elles rappellent une ancienne Ordonnance sur les Foires, qui ne s'est pas conservée jusqu'à nous, ou qui du moins, n'est pas venuë à la connoissance de M. de Lauriere ni à la mienne.

Ces Lettres du Roy Jean furent confirmées par le Dauphin Charles en Avril 1358. jour auquel furent accordées plusieurs Lettres aux habitans de Carcassone, qui seront imprimées cy-dessous. Voy. la Note (*a*) de la premiere de ces Pieces.

(b) Burgi nostri Carcassone.] Ce lieu n'est pas different de Carcassone, & c'est un quartier de cette Ville que l'on a ainsi nommé, pour le distinguer de la Cité ou ancienne Ville, dont il est separé par l'Aude. Ces deux quartiers sont cependant gouvernez par des Consuls, & autres Officiers Municipaux distinguez. Je dois cette remarque & celle de la Note suivante, au R. P. D. Vaissette.

(c) De Tribus-bonis.] Trebez, petite Ville du Diocese de Carcassone, située à une lieuë de cette Ville vers le Levant. *Trebeis* signifie en Languedoc *trois biens.* Voy. la Note precedente.

non considerantes dampna illata Nobis & nostris subditis antedictis, [a] forosque & mercata dicti Burgi nondum constructi & [b] reintegratis eripere, & ad dictum locum de Tribus-bonis transferre & suis predictis propriis commodis applicare voluntarie affectantes, a carissimo Filio & Locum-tenente nostro in partibus Occitanis Johanne Comite Pictavensi, dicuntur in dicto loco de Tribus-bonis forum & nundinas impetrasse, mediante certa financia pecuniaria quam dicto Filio & Locum-tenenti nostro obtulerunt se daturos, contra [c] Ordinaciones Regias hactenus editas, quibus cavetur quod in locis per spatium trium leucarum & citra, nostris bonis Villis & Civitatibus circumvicinis, non fiant nundine seu mercature, nisi illas seu illud habuerint ab antiquo, temerarie attemptando, ex quibus dicti nostri Burgi [d] raparatio retardatur & impeditur, & posset amplius retardari & impediri, nisi per Nos provideretur super hoc de remedio opportuno. Nos autem Ordinaciones Regias servare illesas [e], sequendo formam Ordinacionum Regiarum predictarum, de certa sciencia & speciali gratia ac plenitudine nostre Regie potestatis, iterato & perpetuo reparationem & celerem reintegrationem Burgi nostri predicti affectu cordis volentes, dictumque & quodcumque aliud impedimentum seu [f] ostaculum resecare & tollere cupientes, deliberatione Consilii nostri matura prehabita, duximus ordinandum & dictis Consulibus Burgi nostri predicti concessimus & concedimus per presentes, quod in dicto loco de Tribus-bonis aut alio quocumque loco seu Villa per spatium trium leucarum & citra, dicto Burgo nostro Carcassone circumvicino aut circumvicinis, non erunt de cetero nundine sive fori, nisi [g] ille & illi alias ibidem fuerunt ab antiquo: Cassavimus, revocavimus & anullavimus, cassamus, revocamus & tenore presencium anullamus & irritamus, [h] decernimus inanes obligationem factam per dictos Consules de Tribus-bonis, dicto Filio & Locum-tenenti nostro super hoc habendam & obtinendam pro foro & nundinis supradictis, & concessionem inde sequtam super eis factam per dictum Filium & Locum-tenentem nostrum predictum, [i] Litteras super hoc obtentas & earum effectum, & quicquid secutum est ex eisdem aut sequi posset quomodolibet in futurum: dictis Consulibus de Tribus-bonis, quacumque earum excusatione & opposicione postposita & rejecta, super hoc silentium perpetuum etiam imponentes: Mandantes Senescallo Carcassone, Vicario & Judici nostris dicti Burgi & eorum cuilibet qui sunt & pro tempore fuerint, [k] si opus fuerit, committendo quatinus Ordinationem & revocationem nostras predictas de puncto in punctum realiter exequentes, non permittant quicquam [l] earum & presentium nostrarum Litterarum prejudicium fieri seu etiam attemptari, facta & attemptata, si que invenerint, revocando & ad statum pristinum & debitum reducendo, [m] Litterarum predictarum & confirmationum earum, si que fuerint, & aliis impetratis seu impetrandis in contrarium, non obstantibus quibuscumque. Quod ut firmum & stabile permaneat in futurum, nostro sigillo presentes Litteras fecimus communiri: nostro in aliis [n] salvo, & in omnibus quolibet alieno. Datum apud London. Anno Domini millesimo trecentesimo quinquagesimo-octavo, Mense Septembris.

JEAN I.er & selon d'autres, Jean II. à Londres, en Septembre 1358.

[a] *que est inutile.*

[b] reintegrati, *reparé.*

[c] Voy. cy-dessus la Note *(a)*

[d] reparatio.

[e] volentes.

[f] obstaculum.

[g] illæ nundinæ.

[h] &.

[i] &.

[k] &.

[l] in.

[m] *Il semble qu'il faudroit* Litteris predictis & confirmatione.

[n] jure.

CHARLES REGENT, Jean I.er & selon d'autres, Jean II. à Paris, le 30. d'Octobre 1358.

(a) Mandement pour faire fabriquer de nouvelles Especes, & pour fixer le prix de l'Argent.

CHARLES aisné Filz du Roy de France, regent le Royaume de France, Duc de Normandie & Dalphin de Viennois: à nos amez & feaulx les Generaulx-Maistres des Monnoyes de nostredit Seigneur & de Nous, Salut & dilection. Nous sommes bien [o] records que nagueres pour la très grant affection & voulenté que noz amez & bien-vueillans de nostredit Seigneur & de Nous, les Gens du pays de la

[o] *Nous nous ressouvenons bien.*

NOTES.

(a) Registre D. de la Cour des Monnoyes de Paris, fol. 18. *verso.*

Avant ce Mandement, il y a :

Le dernier jour d'Octobre 1358. fut apporté en la Chambre des Monnoyes, ung Mandement de nostre Seigneur le Regent le Royaume de France, duquel la teneur s'ensuit. Monnoye 45.e

CHARLES REGENT, Jean I.er & selon d'autres, Jean II. à Paris, le 30. d'Octobre 1358.

a Voy. cy-dessus pp. 244. & 245. les Ordonn. du 22. d'Aoust 1358.

b pû.

c ne.

d crainte.

e Domaine.

f Voy. la Preface, §. Monnoye.

g de 75. Pieces au marc.

h acquis.

[a] Languedoth ont eu & ont d'avoir très hastivement les plus très grans & bon finances que il pourroit bonnement, tant pour la redemption de nostredit Seigne comme pour la tuicion & deffence dudit Royaume, à la priere & requeste d'eulx de la greigneur partie des Gens d'iceluy, Nous par très grant & bonne deliberaci des Gens du Conseil de nostredit Seigneur & du nostre, avons fait & ordonné q le Denier d'Or fin à l'Aignel ne soit prins & mis que pour trente solz la Piece: le Denier d'Or à l'Escu pour vintg solz: Et le Denier Royal d'Or fin que Nous ave ordonné estre fait, pour vint-cinq sols la Piece. Et selon la valleur d'iceulx, Monno trente-deuxiesme, en trayant huict livres tournois du marc d'Argent, & en ouvra gros Deniers blancs & doubles tournois: Et encores en oultre ce, Nous a esté octro en certaines parties dudit Royaume, Gabelles, Imposicions & autres subsides. Tou lesquelles choses n'ont [b] peu [c] ne pourroient souffire aux très grans & innumerab mises que il a convenu & conviendra supporter & maintenir pour les causes dess dites: Parquoi ledit Royaume ou partie d'iceluy pourroit estre en très grant [d] dout & voye de desolacion, dont très forment Nous desplairoit, ce que ja Dieu ne vueil Pour ce est-il que Nous desirant de tout nostre cueur pourveoir à nostre povoir a choses dessusdites, ce que faire ne povons *(b)* sans très grans & innumerables mis comme dit est, desquelles sans le trop grant grief du Peuple dudit Royaume, No ne povons bonnement finer, se n'estoit par le [e] Demaine & revenue du prouffit emolument des Monnoyes, par très grant & bonne deliberacion, eue consideracio aux choses dessusdites, avons voulu & ordonné, voulons & ordonnons par ces pr sentes, que tantost & sans delay, l'en face faire & ouvrer sur le pié de Monnoye [f] qu rante-cinquiesme, gros Deniers blancs à la Couronne à quatre deniers de loy, d Argent-le-Roy, & de [g] six solz trois deniers de poix au marc de Paris:

Et Doubles tournois selon ledit pié, de tel poix & loy comme bon vous sembler autelz & semblables en coing, taille & façon comme ceulx que Nous faisons faire present, en mectant en iceulx *(c)* aucune difference: *(d)* En trayant de chacun mar d'Argent, onze livres cinq solz, & en donnant à tous Changeurs & Marchans de cha cun marc d'Argent tant blanc comme noir, sept livres tournois. Si vous mandon commectons & estroictement enjoignons à vous & à chascun de vous, que tout excusacions cessans, tantost & sans delay ces Lettres veuës, iceulx gros Deniers blan & Doubles tournois, en ouvrant sur ledit pié de Monnoye quarante-cinquiesme, vou faictes faire & ouvrer par toutes les Monnoyes dudit Royaume, par la forme & ma niere que dit est: En donnant aux Changeurs & Marchans en chacun marc d'Argen tant blanc comme noir, le pris dessusdit: Et aux Ouvriers & Monnoyers tel sallair comme vous semblera. Et ou cas que en aucunes Monnoyes conviendroit mect Cuivre en iceluy ouvraige, Nous voulons qu'il soit [h] quis & acheté aux despens d nostredit Seigneur & de Nous, & alloüé ès Comptes de celuy ou ceulx à qui il appar tiendra. De toutes les choses dessusdites & chacune d'icelle faire, à vous & à chascu de vous donnons povoir, auctorité & mandement especial par la teneur de ces pre sentes. *Donné à Paris, le trentiesme jour d'Octobre, l'An mil trois cent cinquante-huit* Par Monsieur le Regent. MATH. *Pro Rege & Regente.*

NOTES.

(b) Sans très grans .. mises .. desquelles Nous ne pouvons .. finer.] C'est-à-dire, *que pour subvenir à ces grandes dépenses, on ne peut trouver d'Argent & de finance, que &c.*

(c) Aucune difference.] Comme cette nouvelle Monnoye differente en titre de la precedente, luy sera semblable en coing, e taille & en façon, il est ordonné qu'on gra vera dessus quelque marque qui les fasse di tinguer.

(d) En trayant de chacun marc, &c.] C'est-à-dire, que le marc d'Argent monnoye vaudra onze livres cinq sols. Voy. la Preface, §. *Monnoye.*

CHARLES REGENT, Jean I.er & selon d'autres, Jean II. à Paris, en Octobre 1358.

(a) Privileges du Chapitre de S.t Barnard de Romans en Dauphiné.

SOMMAIRES.

(*) *(1) Avant le Reglement fait [en 1344] par le Pape Clement VI. le Chapitre avoit en entier la Justice haute & basse de la Ville de Romans, & il en joüit encore, à l'exception de ce qui luy a esté osté, & de ce qui a esté rendu commun entre luy & les Coseigneurs de Romans, par ce Reglement.*

(2) Le Chapitre a de tout temps la Justice haute & basse, civile & criminelle, sur les Chanoines, les Clercs, les Beneficiers, & sur tous ceux qui sont occupez au service de l'Eglise, & à celuy des Officiers de l'Eglise en qualité de serviteurs & de domestiques, & sur les domestiques de ces serviteurs & domestiques.

[O. 1] Pour ce qui regarde les serviteurs, le Chapitre n'aura la Justice que sur quatre serviteurs ordinaires de l'Eglise, & sur les domestiques des Chanoines, Clercs & Beneficiers.

(3) Le Chapitre a une Prison.

[O. 2] On ne pourra y mettre que les personnes soûmises à la Jurisdiction du Chapitre.

(4) Le Chapitre a des Juges, des Notaires & des Sergents, pour exercer sa Justice, & une Cour dans la Ville de Romans, où ils rendent la Justice. Le Chapitre a aussi un Sceau authentique, pour sceller tous les Actes Judiciaires.

[O. 3] Le Chapitre ne pourra avoir que six Officiers de Justice, en comptant les Juges, les Notaires & les Sergents; & ils seront soumis à la Justice du Chapitre, pendant tout le temps qu'ils seront ses Officiers. La Cour de Justice du Chapitre, sera dans son territoire.

(5) Les Officiers de la Justice du Chapitre, auront droit de saisir les biens de ses Justiciables.

(6) Par un usage immemorial, avant que l'on enterre une personne morte, ses heritiers doivent s'engager de se presenter devant le Juge du Chapitre, pour repondre sur le champ & sans formalitez de Justice, aux plaintes qui pourroient estre faites contre le deffunt, & s'obliger de payer les legs qu'il a faits, & les debtes qu'il a laissées.

[O. 5] Les Juges du Chapitre n'agiront dans ces cas, que comme arbitres & amiables compositeurs; & ce qu'ils ordonneront sera executé par les Juges communs de Romans.

Les heritiers des Estrangers, qui seront enterrez dans l'Eglise de Romans, seront sujets à cette formalité.

(7) Le Chapitre a un certain nombre d'Officiers nommez Meyniers, *qui ont differents Offices qu'on ne peut leur oster sans de justes causes, & qui sont soûmis avec leurs domestiques à la Justice du Chapitre.*

[O. 6] Le Chapitre aura Jurisdiction sur six Meyniers, *& sur les biens qu'ils auront dans la Ville de Romans & dans son territoire; mais le Dauphin pourra choisir quarante personnes qui ne pourront estre* Meyniers.

(8) Avant le Reglement [fait en 1344] l'appel du Juge seculier de Romans, se portoit devant le Juge du Chapitre; & l'appel de ce Juge se portoit devant un Juge qui exerçoit la Justice au nom de l'Abbé & du Chapitre de Romans.

(9) Le Chapitre leve le vingtiéme du Vin, & il peut faire saisir les effets de ceux qui refusent de le payer.

[O. 7] Toutes les saisies que le Chapitre a droit de faire faire, seront faites par un ou deux hommes laïques qu'il presentera chaque année à la Cour commune de Romans, à laquelle ils presterent serment, & au nom de laquelle ils feront les saisies.

(10) Le Chapitre a droit de faire vendre son Vin dans le temps qu'il le juge à propos; & tant que sa vente dure, nulle personne, pas mesme l'Abbé, ne peut vendre de Vin, si ce n'est de la Piquette; & si quelqu'un vend du Vin, le Chapitre a droit de faire effondrer les tonneaux, & de faire repandre le vin.

[O. 8] Le Chapitre ne pourra faire la vente de son Vin qu'une fois l'année, & il sera publier le temps où la vente commencera : il ne pourra vendre que de bon vin. Le vin que des particuliers feront vendre pendant la vente du Chapitre, sera confisqué, & la moitié sera donnée aux pauvres, & l'autre moitié appartiendra au Chapitre, & le vendeur sera condamné à cent sols d'amende applicable à la Cour commune.

(11. 12. 13) Le Chapitre a le droit de prendre une fois l'année, un quarteau de Vin dans chaque Cellier de la Ville, de lever une obole sur chaque feu de la Ville; & un Peage sur le Pont; & lorsqu'on ne peut passer, d'esta-

NOTES.

(*) [1] Ces Sommaires contiennent le precis des Articles, dans lesquels le Chapitre establit les Droits qu'il pretendoit luy appartenir. Le Dauphin par une Ordonnance qui est à la suite de ces Articles, modifia & restraignit la plus grande partie de ces Droits. L'on a jugé à propos de faire suivre immediatement les Sommaires des Articles qui contiennent les prétentions du Chapitre, par les Sommaires de l'Ordonnance du Dauphin qui y ont rapport. On les distinguera par cette marque O.

CHARLES REGENT, Jean I.er & selon d'autres, Jean II. à Paris, en Octobre 1358.

blir des bateaux pour le passage de la riviere, de lever le mesme Peage de ceux qui y passeront, & d'arrester les effets de ceux qui refuseront de payer.

[O. 9. 10] Le Chapitre est confirmé dans tous ces droits; mais les contestations qui s'éleveront à ce sujet, seront portées devant la Cour commune de Romans, & les saisies seront faites conformement à l'Article 7. de l'Ordonnance.

(14) Le Chapitre perçoit des Droits dans le marché, & sur les Bouchers.

[O. 11] Les contestations qui s'éleveront par rapport à ces Droits, seront portées devant la Cour commune de Romans.

(15) Les petits Clercs de l'Eglise de Romans peuvent prendre tous les fruits qui se vendent dans la Ville & le territoire, avant le dernier coup de Tierce, & de prendre les esperons & les armes de ceux qui en portent dans l'Eglise, & de les garder tant qu'ils jugent à propos.

(16) Le Chapitre a le droit de prendre les rames des Radeaux chargez de bois, qui passent sur l'Isere, a droit de Riverage sur les deux costez de cette Riviere, & le droit de la verge de poids.

[O. 12] Les contestations qui s'éleveront sur ces Droits, se porteront devant la Cour commune de Romans.

(17) L'Archevesque de Vienne [Abbé de Romans] ne peut faire frapper de Monnoye dans cette Ville, sans la permission du Chapitre, à qui appartient la dixiéme partie de l'émolument que l'on en retire.

(18) On ne peut placer de bancs ni d'Estaux dans les ruës, ni élever des piliers, des colonnes ni d'autres bastiments autour, devant ni au-dessus [des Estaux] sans la permission du Chapitre ou des plus considerables d'entre eux; pourvû que ce ne soit pas de l'Abbé.

(19) Lorsque la Monnoye est foible, les Chanoines ne la reçoivent dans les payements de leurs revenus & de leurs distributions, que pour un prix moindre que celuy pour lequel elle a cours.

Ils ont droit d'éxiger les deniers de cens qu'on leur doit, sur le mesme pied que l'on les paye aux autres Nobles du pays.

(20) Le Chapitre a le droit de se faire payer de ses revenus, par l'enlevement des portes & des fenestres des maisons dans lesquelles demeurent leurs debiteurs, ou qui leur appartiennent.

(21) Le Chapitre a vingt-quatre Moulins tant dans la Ville que sur l'Isere, & des fours: tous les autres Moulins & fours luy doivent un Cens annuel, & l'on ne peut en bastir de nouveaux sans sa permission.

(22) Les Chanoines & les Officiers de l'Eglise de Romans, ont le droit de prendre pour le prix commun & ordinaire tout ce qui est exposé en vente dans la Ville de Romans, & ils doivent avoir la preference sur tous les acheteurs qui se presentent.

[O. 16] Ils n'auront point la preference sur les autres Coseigneurs de Romans, & celuy des Coseigneurs qui le premier aura retenu la chose exposée en vente, sera preferé.

(23) La Cour de Romans tant l'Ecclesiastique que la seculiere, a coustume de faire gratis *tous les Actes qui regardent le Chapitre & ses membres.*

[O. 17] Ils auront le mesme privilege dans la Cour commune de Romans.

(24) Les Habitans de Romans n'ont pas le droit d'avoir des Consuls, des Syndics ni des Procureurs, ni celuy de s'assembler; & toutes les affaires communes se decident par le consentement du Chapitre & de la Ville.

(25) On ne peut lever de taille à Romans sans la permission du Chapitre qui nomme les Collecteurs, qui leur fait prester serment, qui leur fait rendre compte, & qui juge les contestations qui s'élevent au sujet de la taille, dont une partie appartient au Sacristain, au Courrier, *& à quelques autres Officiers de l'Eglise.*

(26) Le Chapitre a le droit de faire payer l'amende aux adulteres, à ceux qui entrent dans des lieux où il est deffendu d'entrer par l'Ordonnance du Juge: il fait payer ces amendes par des Officiers nommez Banniers, *qui peuvent saisir & mesme vendre les effets de ceux qui ne veulent pas les payer. Les Banniers ne sont responsables qu'au Chapitre, de ce qu'ils ont fait dans l'exercice de leurs fonctions, & ils peuvent porter dans la Ville & au dehors, l'Epée & la Lance.*

(27) L'Hospital, & la maison de l'Aumosne de S.te Foy à Romans, qui est le principal membre de l'Eglise de Romans, sont des lieux de franchise.

(28) Les criminels qui se refugieront dans les maisons des Chanoines, joüiront de la mesme immunité, que s'ils s'estoient refugiez dans l'Eglise de Romans ou dans d'autres Eglises.

Le Chapitre connoist des delits qui se commettent dans le Cellier où il vend son vin de ban.

[O. 18.] Les criminels joüiront de l'immunité, dans les maisons des Chanoines basties sur le terrain, dans l'estenduë duquel s'estend l'immunité accordée à l'Eglise de Romans.

(29) Certains Beneficiers & Officiers de l'Eglise de Romans, ont droit d'assister aux repas de noces de ceux qui se marient dans la Ville, & d'exiger d'eux une certaine quantité de pain, de vin & de viande cuite & crüe.

(30) Avant le Reglement [fait en 1344] le fort de Montsegur estoit rendable *au Chapitre qui y establissoit pour Chastelain, un Chanoine qui luy prestoit serment. Les clefs des portes de Romans estoient apportées au Sacristain, & les portes appartenoient à l'Eglise.*

(31) Avant ce Reglement [de 1344] les

CHARLES REGENT, Jean I.er & selon d'autres, Jean II. à Paris, en Octobre 1358.

proclamations qui se faisoient pour les affaires de l'Eglise, se faisoient en son nom par le Crieur public, & celles qui se faisoient pour les affaires publiques, se faisoient premierement au nom de l'Eglise, & ensuite au nom de la Cour de Romans.

(32) *Le Chapitre a droit de Corvée sur toutes les personnes non exemptes qui demeurent dans Romans, & qui ont des bœufs, des chevaux, des mulets & des asnes. Ce droit consiste à faire travailler chacune de ces bestes, un jour dans l'année, pour le service du Chapitre.*

(33) *Le Sacristain a le droit de ban dans plusieurs endroits de la Ville.*

(34) *Avant le Reglement [de 1344.] le Chapitre avoit dans le clocher de l'Eglise, un homme au guet, qui annonçoit l'aurore avec une trompette, & un autre qui donnoit l'alarme, dans les cas d'incendie, d'incursion des ennemis, &c.*

(35) *Le Chapitre & ses Couriers sont en droit d'arrester dans l'enceinte de l'Eglise, les Bayles & Mistraux qui ont negligé de faire payer les Cens & les autres revenus de l'Eglise, dans le temps marqué.*

(36) *Les Testaments des Chanoines & de tous les Officiers du Chapitre, doivent estre publiez, insinuez & deposez dans la Justice du Chapitre, où l'on en délivrera des expeditions à ceux qui y auront interest. La Justice du Chapitre a aussi le droit de faire l'Inventaire des biens des Officiers du Chapitre, soit qu'ils soient morts ou vivans.*

(37) *Le Chapitre leve un droit sur tout ce qui se vend.*

[O. 23.] Les contestations qui s'éleveront à ce sujet, seront portées devant la Cour commune de Romans.

(38) *Le Chapitre leve des droits sur les marchandises, pendant la Foire de Romans.*

Sommaires des derniers * Articles de l'Ordonnance du Dauphin.

(24) *On observera la Bulle du Pape [Clement VI.] par rapport aux Sceaux, aux signes, aux armes, aux estendarts, à la porte & à la forteresse de la Ville, au serment de fidelité qui sera presté par les Habitans, & au territoire qui doit estre assigné à la Ville.*

(25) *Le Dauphin cede au Chapitre de Romans la moitié de la Bastide qu'il a construite auprès du Pont de Romans, avec la moitié du territoire & de la Justice de cette Bastide, se reservant l'autre moitié, qu'il tiendra [en Fief] du Chapitre, & de la mesme maniere qu'il tient* Pisançon.

Les premiers appels de la Justice de cette Bastide, se porteront devant le Dauphin & le Chapitre; & les appels des Jugements qu'ils rendront, se porteront devant le Chapitre.

(26) *Le Dauphin s'engage de ne jamais consentir que les Habitans de Romans fassent un Corps de Communauté, & ayent des Syndics, des Consuls & des Procureurs, si ce n'est du consentement du Chapitre.*

(27) *Les premiers appels de* Pisançon *seront portez devant le Chapitre.*

(28) *Lorsque le Chapitre vendra son vin dans la Ville, nulle personne ne pourra en vendre à deux portées d'arbalestres près de la Ville, ni dans la Bastide dont il est parlé cy-dessus. [Art. 25.]*

(29) *Le Chancelier du Dauphin scellera cette Ordonnance du grand Sceau, sans prendre aucun émolument.*

(30) *Le Dauphin revoque la permission qu'il avoit donnée aux Habitans de Romans, d'avoir un Corps de Communauté, des Syndics, des Consuls, &c.*

(31) *Le Dauphin confirme tous les Articles precedents.*

(32) *Le Dauphin fera observer les anciens Privileges du Chapitre, dans ce qui ne sera pas contraire à ses droits.*

(33) (34) *Les Officiers communs de Romans & ceux de la Bastide, observeront cette Ordonnance, sous peine d'une amende; pourvû cependant qu'ils en ayent esté requis par le Chapitre.*

NOTES.

(*) Les 23. premiers Articles de l'Ordonnance du Dauphin modifient & restraignent les pretentions que le Chapitre avoit proposées : Les suivans roulent sur des points dont il n'est pas parlé dans la Requeste du Chapitre.

KAROLUS Regis Franciæ Primogenitus, Regnum regens & Dalphinus Viennensis. Notum facimus universis tam præsentibus quam futuris, quod audita supplicatione

NOTES.

(a) La Copie de cette Piece a esté envoyée de Grenoble, avec cette indication.

Extrait du Registre coté, *Copia Litterarum & Instrumentorum Judicaturæ Viennesii & Valentinensii D. D. fol. 91.* au requis de Monsieur le Procureur general en la Chambre des Comptes de Dauphiné, en execution des ordres de Monseigneur le Chancellier, par Nous Escuyer, Conseiller-Secretaire du Roy, Maison, Couronne de France, Greffier en chef en ladite Chambre.

L'on a suivi dans l'impression l'orthographe

CHARLES REGENT, Jean I.er & selon d'autres, Jean II. à Paris, en Octobre 1358.

dilectorum & fidelium nostrorum (b) Sacristæ & Capituli Ecclesiæ Beati (c) Bernardi de Romanis, continente quod cum per bonæ memoriæ Dominum Humbertum quondam Dalphinum Viennensem Prædecessorem nostrum, quadam Privilegia, Concessiones, Libertates & Franchesiæ concessæ & confirmatæ fuerint eisdem, prout in quodam publico instrumento suo magno sigillo sigillato continentur, de quo (d) Copiam seu Vidimus sub sigillo Curiæ Officialis Viennæ apud Sanctum Donatum, sigillato & solemniter facto, & publicato, sub signis & subscriptionibus quinque Notariorum publicorum; videlicet, Joannis Regis, Petri Bernini, Eustacii Baudoyni de Romanis, Andreæ de Mallino & Vincentii Chalmati, confecto & in formam publicam redacto, Nobis & dilectis & fidelibus Gentibus magni Consilii nostri, inter quas erant nonnulli Consiliarii nostri dicti Dalphinatus, exhibito, quod & contenta in eodem, requisiverunt & supplicarunt per Nos approbari & confirmari, [a] *dicentium etiam quod propter guerras & itinerum pericula, Originale dicti instrumenti non apportaverunt: Et cum hoc quod contenta in eodem teneri & observari facere dignaremur, nec* [b] *contrarium per Officiarios nostros dicti Dalphinatus aliquid fieri seu attemptari permitteremus, & aliter super premissis de gratioso remedio providere dignaremur eisdem, visaque de mandato nostro per dictas Gentes Consilii, dicto instrumento seu Vidimus, & habita deliberatione super contentis in eodem, cum dictis Gentibus nostris, omnia & singula in dicto instrumento seu Vidimus (e) contenta, cujus tenor talis est.*

[a] dicentium *se rapporte à* Sacristæ & Capituli *qui sont plus haut.*
[b] in.

NOTES.

de la Copie qui a esté envoyée, quoyqu'il n'y ait nulle apparence que les *æ* qui s'y trouvent, soient dans l'Original.

Cette Copie a esté collationnée sur celle qui se trouve au Tresor des Chartres, Reg. 87. pour les Années 1357. jusqu'en 1360. Piece 41. fol. 27. *recto*, & ce Registre a fourni un assez grand nombre de corrections, qui seront mises à la marge avec cette indication. *T. des C.*

Ces Lettres ont paru suspectes à M. Magueux. [Voy. cy-dessous, p. 276. Note (*y*)] parce que, dit-il, à la p. 20. de son second Memoire, elles sont datées de Beauvoir en Royannez, quoyque le Dauphin fut le jour même de leur date, au Camp de Miribel en Bresse, éloigné de Beauvoir de plus de 60. lieuës, ainsi qu'il paroist par un titre que M. de Valbonais a fait imprimer dans son Histoire. [t. 2. p. 574. n.° 259.] Ce titre est du 12. d'Avril 1348.

Mais il faut remarquer que dans l'endroit où il est dit que le Dauphin fit mettre son Sceau à ces Lettres le 12. d'Avril 1348. il n'est pas marqué qu'il fut à Beauvoir. [Voy. cy-dessous, p. 272. & Note (*h*)] l'Acte qui fut passé à Beauvoir, est du 28. de Mars precedent, & l'on peut voir cy-dessous p. 290. Note (*a a a*) ce qu'il contenoit.

Les Lettres du Dauphin sont fort mal redigées, & il faut une attention particuliere, pour discerner auquel des Actes qui y sont inserez, se doivent rapporter les dates qui se rencontrent dans ces Lettres.

(*b*) *Sacristæ.*] Le Chef du Chapitre de Romans, se nomme *Sacristain.* Voy. le titre des Memoires de M. Magueux. [Voy. cy-dessous, p. 276. Note (*y*)].

(*c*) *B. Bernardi de Romanis.*] M. de Valbonais dans son Histoire de Dauphiné, [L. 1. p. 227. n. 8.] dit que l'Abbaye de Romans fut fondée au commencement du 9.e Siecle, par Barnard Archevêque de Vienne, qui l'a mit sous la dependance immediate du Siege de Rome, d'où elle prit le nom de *Romans.*

Il se forma dans la suite autour de cette Abbaye, une Ville qui prit le même nom, & qui fut entierement soûmise à la Jurisdiction de l'Abbé & du Chapitre. Il paroist par plusieurs endroits de l'Histoire de M. de Valbonais, que l'Archevêque de Vienne en cette qualité, est Abbé de Romans.

Il remarque *Ibid*, p. 333. qu'en 1344 le Pape Clement VI. faisant valoir des pretentions que l'Eglise Romaine avoit depuis long-temps sur Romans, revendiqua la Haute Justice dans cette Ville, & s'attribuant la qualité de Seigneur dominant, il crut avoir par-là un titre legitime d'infeoder au Dauphin la moitié de la Jurisdiction de la Ville, dont jusqu'alors l'Abbé & le Chapitre avoient joüi en commun.

La Bulle que Clement VI. donna à ce sujet, est du 3. des Ides de Septembre 1344. M. de Valbonais l'a fait imprimer dans le 2. Vol. de son Histoire, p. 497.

(*d*) *Copiam seu Vidimus.*] Il y a ainsi dans les deux Registres. Cependant cet endroit est corrompu, & il faut lire, ou *Copiam vidimus*, & alors *vidimus* sera un Verbe, ou si l'on veut que ce soit un Substantif, comme je le crois, il faut mettre ensuite un Verbe qui le gouverne. Ces mots, *sigillato ... facto ... &c.* se rapportent au mot, *Instrumento* qui est plus haut.

(*e*) *Contenta.*] Ce mot se rapporte à ceux-cy, *rata & grata habentes, ea volumus, &c.* qui sont à la fin de la Piece, p. 292. Note (*ddd*)

Nos Humbertus Marchiaudi Juris utriusque peritus, Officialis Viennæ apud Sanctum Donatum, vicesque gerens Romanis, Reverendi in Christo Patris & Domini nostri Domini (f) B. miseratione Divina Archiepiscopi Sanctæ Viennensis Ecclesiæ, Comitisque Viennæ, Abbatis Romanis & (g) Sancti Theuderii: Notum facimus universis præsentes Litteras seu præsens publicum instrumentum inspecturis, visuris, lecturis seu etiam audituris, quod Nobis pro Tribunali sedentibus, multis coram Nobis astantibus tam Clericis quam Läicis Habitatoribus Villæ de Romanis, Viri Venerabiles infrascripti; videlicet, Domini Aymarus de [a] Cursone Procurator & procuratorio nomine Sacristæ, Joannes Garini Magister Scolasticus, Desiderius Artodi & Guiguo Marcellarii majores [b] Correarii, Canonici Ecclesiæ Sancti Bernardi de Romanis Viennensis Diocesis, nomine ipsius Ecclesiæ obtulerunt Nobis quoddam publicum instrumentum subscriptionibus trium Notariorum publicorum subscriptum, tribusque signis signatum, sigillatum ut prima facie apparebat, magno sigillo [c] Dalphinali rotundo in cera rubea pendenti in quodam cordono grosso & quadrato [d] Cirici viridis: Quod sigillum in unâ parte demonstrabat unum virum æquitem armatum, differentem clipeum Armorum Dalphinalium cum galea in capite & ense evaginato in manu, & in alia sui parte demonstrabat quamdam turrim admodum Palacii fabricatam, multipliciter fenestratam, sub qua turri erat unus clipeus Armorum Dalphinalium prædictorum, postulantes quod cum dictum instrumentum ipsos & alios Canonicos, Præsbiteros, Clericos & Procuratores seu Yconomos Ecclesiæ prædictæ, opporteat frequenter producere in multis Curiis & Judiciis & diversis locis [e] remotis, & in ipsius instrumenti delatione possent multi casus fortuiti contingere, multaque pericula imminere, dictis casibus & periculis obviando, vellemus & dignaremur præcipere dictum instrumentum [f] exemplari, decernendo ipsi exemplo tantam fidem fore, quantam ipsi originali adhibendam. Nos vero eorum postulationi justæ & rationabili annuentes, dictum instrumentum recepimus præsentibus viris providis & honestis infrascriptis, necnon & multis aliis tam litteratis quam illiteratis, Clericis & Läicis, Burgensibus & aliis Habitatoribus dictæ Villæ de Romanis, totque subsequenter & successive supervenientibus, quod fere erat nostra Curia quasi plena, & ipsum instrumentum inspeximus & vidimus non cancellatum, non corruptum, non abolitum nec in aliqua sui parte suspectum, ipsumque per Nos & personaliter alta voce omnibus in dicta Curia existentibus, audientibus & videntibus, de verbo ad verbum legimus, & eo lecto & viso, precepimus Notariis subscripis quatenus quilibet eorum exemplum in formam publici instrumenti redactum, conficiat ipsum [g] instrumentum, quilibetque ipsorum Notariorum, si super hoc fuerit requisitus, subscribat in exemplo, signumque suum proprium apponat in eodem quilibet eorumdem, injungentes etiam eisdem & cuilibet eorum, quod non solum unum sed plura conficiant exempla ipsius instrumenti, si super hoc fuerint requisiti, decernentes ipsi exemplo tantam fidem fore, quantam ipsi originali adhibendam, ipsumque exemplum vim habere publici & autentici instrumenti.

Tenor vero ipsius instrumenti de verbo ad verbum sequitur, & est talis.

In nomine Domini nostri Jesu-Christi, Amen. HUMBERTUS Dalphinus Viennensis: Universis & singulis præsentibus pariter & futuris, ad quorum notitiam præsentes Litteræ pervenerint, rei gestæ notitiam, cum salute Dum Ecclesiarum jura propriaque commoda in nullo minuuntur, sed utique nostro [h] favore præsidio potius augmentantur, honori nostro

CHARLES REGENT, Jean I.er & selon d'autres, Jean II. à Paris, en Octobre 1358.

[a] Curtione, *T. des C. Cy-dessous il y a* Curtzone.

[b] Voy. cy-dessus p. 279. Note *(dd)*

[c] Dalphini, *T. des Ch.*

[d] Sirici, *T. des Ch.* de soye.

[e] nonnunquam etiam remotis, *T. des Ch.*

[f] que cet Acte fût copie.

[g] ipsius instrumenti, *T. des C.*

[h] savente, *T. des Ch.*

NOTES.

(f) B.... Archiepiscopi.... Viennensis.] On ne trouve point dans la *Gallia Christiana* de la premiere Edition, qui estoit Archevêque de Vienne le 22. de Decembre 1348. jour auquel l'Official passa cet Acte. [Voy. cy-dessous, p. 289. Note (zz).] On y lit seulement, [t. 1. p. 807. 808.] que Bertrand de la Chapelle estoit Archevêque de Vienne en 1343. & que Pierre *de Gratia* le fut le 23. de May. 1355.

Il faut esperer que la nouvelle Edition de la *Gallia Christiana*, nous donnera quelque chose de plus precis.

(g) Sancti Theuderii.] A la marge de la Copie qui a esté envoyée, il y avoit que cette Abbaye se nomme *S.t Chef*, & quelle est dans le Diocese de Vienne. M. l'Abbé *Chastellain* dans son Vocabulaire Hagiologique, qui est à la teste du Dictionnaire Etymologique de Menage, nomme deux fois *S.t Theuderius*, S.t Chers.

CHARLES REGENT, Jean I.er & selon d'autres, Jean II. à Paris, en Octobre 1358.

convenire novimus ab experto, & jam Nabis cœpit in augmentum gratiæ Divini nominis utiliter redundare. Sane Venerabilibus viris Dominis Aymaro de Cursone, Aymaro [a] *Gay, Desiderio Artodi & Poncio de Alto-Villari Canonicis in Ecclesia Sancti Bernardi de Romanis Viennensis Diocesis, nominibus suis & ut Procuratoribus & procuratorio nomine Capituli Ecclesiæ supradictæ, ut de dicto procuratorio constat quodam publico instrumento facto & signato manu Martini Veteris publici Notarii, ac sigillo dicti Capituli in cera rubea sigillato, ut prima facie apparebat, cujus tenor de verbo ad verbum inferius* [b] *est insertus quam Ecclesiam debemus merito venerari, in nostri præsentia ac coram Notariis publicis infrascriptis constitutis, Anno videlicet Nativitatis Domini millesimo tercentesimo quadragesimo-octavo, indictione prima sumpta cum Anno, & die (h) undecima Mensis Aprilis, fuit Nobis per præfatos Canonicos nominibus suis & Capituli prædicti ac Sacristæ dictæ Ecclesiæ, cum reverencia demonstratum, quod ab olim per longissima & antiquata tempora, & absque aliquo intervallo inconcusse, ipsi Sacrista, Canonici, Sacerdotes, Curati, Capellani & Clerici ac totum Collegium Ecclesiæ memoratæ, habent, habuerunt & habere debuerunt jure proprio, & ipsa Ecclesia in Villa de Romanis prædicta, Jura, Jurisdictiones, Immunitates, Consuetudines, Prerogativas, Franchesias & Libertates, quæ sub forma quorumdam* [c] *titulorum Nobis redditorum & traditorum præsentialiter per eosdem, substancialiter inferius describuntur, quos pro lectis* [d] *habere volumus & habemus: Quorum titulorum tenor & continencia de verbo ad verbum sequitur & est talis.*

(i) *In primis quod à decem, viginti, trigenta, quadraginta, quinquagenta & sexaginta Annis &* [e] *circa & ultra à tanto tempore & per tantum tempus cujus contrarii seu initii memoria non existit, ita* [f] *& in sui fundatione, Ecclesia supradicta Beati Bernardi de Romanis Viennensis Diocesis, fuit, esse consuevit & est honorabilis Ecclesia, & habuit & habere consuevit & habet Consuetudines, usus, statuta, observancias, Immunitates, prerogativas, Franchesias, Jura & Jurisdictionem altam & bassam, merum & mixtum Imperium, Justitiam & exercitium omnimodæ Jurisdictionis per se solum & insolidum, notorie, palam, pacifice, continue, nuper ante* [g] *dispensationem & (k) Ordinationem quam Dominus noster Clemens Papa sextus fecit inter Dominos Archiepiscopum Viennensem tanquam Abbatem Romanis, Capitulumque prædictum & magnificum Principem Dominum Humbertum Dalphinum Viennensem, in quorum & quarum possessione seu quasi & usu, fuit & nunc est dicta Ecclesia de Romanis palam & notorie; exceptis quibusdam substractis & (l) per communionem & per eam Condominis communicatis, ut inferius declaratur.*

(2) Item [h] *Quod à decem, viginti, triginta, quadraginta, quinquaginta, sexaginta annis & citra, & à toto tempore cujus contrarii memoria non existit, ad præfatos Sacristam & Capitulum Ecclesiæ de Romanis, pertinuit solum & insolidum, pertinere consuevit & pertinet totalis Jurisdictio, Justitia & exercicium omnimodæ Jurisdictionis altæ & bassæ, meri & mixti Imperii, & cognitionis criminaliter & civiliter in Canonicos, Clericos & quoscumque alios Beneficiatos, perpetuoque assumptos pro Officiis & Servicio Ecclesiæ & Capituli, Canonicorum, Clericorum ac familiarium Ecclesiæ, ac etiam (m) Meynerios ac* [i] *familiam familiæ Ecclesiæ, Sacristæ & Capituli prædictorum & ipsorum familiarium & pro tempore servientes eisdem ut domesticos, ipsamque omnimodam Jurisdictionem ipsi*

[a] Gay, *T. des Ch.* & il y ainsi cy-dessous, dans le Registre de Grenoble.

[b] Voy. cy-dessous p. 289.

[c] Articles.

[d] haberi, *T. des Ch.*

[e] citra, *T. des Ch. & dans les Articles suivans, au Reg. de Grenoble.*

[f] & de, *T. des Ch.*

[g] dispositionem, *T. des Ch.*

[h] Voy. Art. 1. de l'Ordonn.

[i] Domestiques.

NOTES.

(h) *Undecima.*] Il y a *duodecima* dans le Tresor des Chartres, & c'est la date que M. Magueux dans ses Memoires, a donné à cet Acte. Ce fut ce jour-là que le Dauphin fit mettre le Sceau à ces Lettres. Voy. cy-dessus, p. 270. Note (a)

(i) *In primis.*] Il a esté marqué cy-dessus, p. 267. Note (*) que le Dauphin modifia par son Ordonnance, la plus grande partie des prétentions du Chapitre. On mettra à costé des Articles modifiez, un renvoy aux Articles de l'Ordonnance du Dauphin qui contiennent la modification.

(k) *Ordinationem.*] Il s'agit là de l'Acte de 1344. Voy. cy-dessus p. 270. Note (a) à la fin.

(l) *Communionem.*] C'est ainsi qu'il y a dans le Tresor des Chartes, & cette leçon fait un très bon sens. Dans le Registre de Grenoble, il y a *Comitem*, qui n'en fait aucun, & qui est devant *per Communionem*, est inutile.

(m) *Meynerios.*] Il y a un peu plus bas *Maynerios*, & c'est ainsi que ce mot est toujours écrit dans le Tresor des Chartes.

& alias

& alios exercuerunt & exercere consueverunt & in possessione exercendi fuerunt & sunt solum & insolidum, & de ipsorum Canonicorum, Clericorum, Mayneriorum, Servitorum, & familiæ ipsorum & familiæ familiæ delictis, criminibus, negligenciis & culpis & Causis inquisiverunt & cognoverunt, inquirere, corrigere, punire & cognoscere, suis Beneficiis & administrationibus amovere perpetuo & ad tempus, & [a] *annotare bona prædictorum consueverunt & in possessione prædictorum fuerunt & sunt, ipsaque crimina, delicta, negligencias & culpas punierunt, ipsaque committentes correxerunt, & Causas easdem deciderunt & super iis pronunciaverunt per se vel alios, & in possessione seu quasi fuerunt & sunt, hujusmodique gesta & facta per ipsos seu de ipsorum mandato, nomine & pro ipsis effectum sortita fuerunt, & valida reputata per ipsa tempora palam & notorie: Et si forte Officiales Curiæ secularis vel Abbatis aliquos delinquentes de prædictis ceperunt aut detinuerunt, quod eis nottifficato per Curiales dictæ Ecclesiæ, quod erant de prædictis personis, incontinenti Curiæ & Curialibus dicti Capituli illico reddiderunt & remittebant.*

CHARLES REGENT, Jean I.er & selon d'autres, Jean II. à Paris, en Octobre 1358.

a faire une description de biens en les saisissant.

(3) Item. [b] *Quod à tempore & per tempus prædictum, præfata Ecclesia, Sacrista & Capitulum de Romanis* [c] *habere consuevit & habet certum & proprium carcerem deputatum tam ad custodiam quam ad pœnam, & custodem seu* [d] *Comentariensem ejusdem dicti carceris & carceratorum in eo; quodque in eodem carcere pro custodia & etiam pro pœna Canonicorum & aliorum dictis Sacristæ & Capitulo communiter subjectorum & cujuslibet eorum, propter carceratorum excessus & delicta, per Officiales dictorum Sacristæ & Capituli ad hoc deputatos, incarcerati fuerunt tanquam per illos* [e] *quorum captio, arrestatio & punitio ad dictos Ecclesiam, Sacristam & Capitulum solum & insolidum pertinebat.*

b Voy. Art. 2. de l'Ord.

c habuit, T. des C.

d Greffier de la Geole.

e Cet endroit me paroist corrompu.

(4) Item. [f] *Quod à tempore & per tempus prædictum, pro exercitio prædictorum contentorum in proximis supra duobus Articulis & usu eorum, præfata Ecclesia, Sacrista & Capitulum de Romanis per se & insolidum habuit & habere consuevit & habet certos & proprios Judices, Notarios, Servientes seu Aparitores, & locum pro Curia infra Villam de Romanis, certum etiam & proprium sigillum: Et quod præfati Judex, Notarii & Servientes in præmissis & circa ea vice & nomine Ecclesiæ, Sacristæ & Capituli prædictorum, Officia eis competentia in præmissis & ad quæ deputati fuerunt & consueta per ipsos exerceri, exercuerunt & exercere consueverunt palam & notorie, sigilloque præfato Litteræ, citationes, monitiones, inhibitiones, mandata, sentenciæ, testamentorum publicationes, & Inventaria dictorum Canonicorum, Clericorum & Meyneriorum ipsius Ecclesiæ, Sacristæ & Capituli & cujuslibet eorum, & familiæ & servitorum ipsorum familiæ, & aliæ Litteræ quæcumque opportunæ & necessariæ ad Jurisdictionis exercitium supradictæ & usum ipsius, sigillatæ fuerunt & sigillari consueverunt, hujusmodique Litteris sigillatis prædicto sigillo in eisdem actibus & aliàs, tanquam scripturis autenticis, fides plenaria & indubitata adhibita fuit, adhiberi consuevit & adhibetur palam & notorie.*

f Voy. Art. 3. de l'Ord.

(5) Item. [g] *Quod dicti Judex, Notarii & Servientes pro exercitio Jurisdictionis prædictæ, nomine, vice & ad opus dictorum Ecclesiæ, Sacristæ & Capituli, saisierunt & arrestaverunt interdum ex Officio suo, & interdum ad Partis instanciam, bona, res & jura Canonicorum, Clericorum, Meyneriorum & familiæ eorum tam decedentium quam vivorum, pro conquerentibus Justicia ministranda.*

g Voy. Art. 4. de l'Ord.

(6) Item. [h] *Quod de consuetudine antiqua approbata & legitime præscripta, de usu, stilo & more & observancia inconcusse servata, & per tanta tempora quod de contrario memoria non existit, hæredes & bonorum possessores & alii deffunctorum successores, antequam* [i] *funus tradatur Ecclesiasticæ sepulturæ, dant & præstant cautiones idoneas, ac sub*

h Voy. Art. 5. de l'Ord.

i cadaver.

NOTES.

Il paroist par un Acte de 1274. que M. le President de Valbonais a fait imprimer dans son Hist. du Dauphiné. [Tom. 1. p. 126. col. 2. au bas de la page,] que les *Maynerii* estoient des Serviteurs de l'Eglise, & que leurs Charges & leurs Offices estoient érigez en titre, & que l'on les nommoit *Mayneriæ. De famulis seu Mayneriis Ecclesiæ de Romanis .... ordinamus quod illi qui dictas Maynerias ..... obtinent, &c.* Voy. cy-dessous. Art. 7.

CHARLES REGENT, Jean I.er & selon d'autres, Jean II. à Paris, en Octobre 1358.

propriis juramentis & bonorum suorum obligationibus, prout patiuntur facultates morientium, se obligant & promittunt stare & parere simpliciter & de plano, figura Judicii prætermissa, cognitioni & Ordinationi Judicis Ecclesiæ, Sacristæ & Capituli prædictorum; videlicet de deffunctis conqueri volentibus, solvereque (n) sedare, Legata debita & (o) clamores, & eidem paritum fuit palam & notorie, pro tempore & loco supradictis.

(7) Item. [a] *Quod à decem, viginti, triginta, quadraginta, quinquaginta, sexaginta annis & citra, & per tantum tempus cujus contrarii memoria non existit, prædicta Ecclesia, Sacrista & Capitulum de Romanis habuerunt, habere consueverunt palam, continue & notorie, & habent in Villa prædicta de Romanis, in communi quamplures Meynerios communiter nominatos, perpetuo assumptos pro servicio Ecclesiæ, Sacristæ & Capituli, inter cæteros, Cellararium, Panaterium,* [b] *Boycellerium,* [c] *Mantilium datorem, Coquum,* [d] *Coqulum, Porterium,* [e] *Excubium, Campanarum pulsatorem, (p) Maniglerium & Ministrum Ornamentorum,* [f] *Pontanarium, (q) Bajulos & Censuum Collectores & duos* [g] *Proposituos, & quod hujusmodi Meynerii eidem Ecclesiæ, Sacristæ & Capitulo in certis Officiis & Bajuliis servierunt & servire consueverunt, & certa in ipsa Ecclesia & pro ea Sacristæ & Capitulo prædictis servicia, obsequia & Officia fecerunt & exercuerunt, & facere & exercere consueverunt, qui & perpetui sunt, nequeuntque ab eorum administrationibus sine causa legitima, removeri: Qui quidem Meynerii & Bajuli perpetuo eorumque familiares, domestici quamdiu morantur cum eis, subfuerunt & subsunt* [h] *omnimodam Jurisdictionem & cohertionem Judicis & Justiciariorum Curiæ Sacristæ & Capituli prædictorum, quemadmodum Canonici & cæteri Clerici Ecclesiæ supradictæ.*

(8) Item. *Quod per dictum tempus & à dicto tempore & citra, usque ad annum millesimum tercentesimum quadragesimum-quartum de mense Novembris, quando dicta communicatio fuit publicata in Villa de Romanis prædicta, Judex Curiæ dictorum Sacristæ & Capituli cognovit & cognoscere consuevit solum & insolidum, palam & notorie, de omnibus* [i] *& primis appellationibus ad dictum Capitulum emissis ab audiencia Judicis & Curialium secularium Curiæ de Romanis, & de ipsis deffinivit, & eidem paritum & obtemparatum fuit, tam in inhibitionibus, monitionibus, sentenciis & præceptis, & quod (r) secundæ appellationes una cum dicto Abbate & emolumentum inde proveniens pro parte, primæ vero insolidum ad dictos Sacristam & Capitulum pertinebant.*

(9) Item. [k] *Quod à sexaginta annis & citra, & à tempore & per tempus cujus initii memoria non existit, Ecclesia prædicta de Romanis percepit & percipit pro decima, vicesimam partem vindemiæ in portis Villæ; quam vicesimam partem omnes incolæ de Romanis tam Clerici quam Laïci, suis expensis & laboribus vindemiant & apportant,* [l] *& in Tinis Ecclesiæ seu vasis quas & quæ dicta Ecclesia habet in portis Villæ ad reponendum & conservandum; quodque cum non potest commode recipi vicesima pars, dicti incolæ* [m] *solvunt & solvere consueverunt & solvere tenentur & solvunt incontinenti post vindemias, Collectoribus per Ecclesiam deputatis, pro qualibet sommata, prætium quo communiter venditur in Villa. Et non solventes propria autoritate pignoraverunt, pignorare possunt & pignorant; in iis* [n] *quæ dictis deputatis Collectoribus pro Ecclesia paritum extitit, pareri consuevit &*

a Voy. Art. 6. de l'Ord.

b Boteyllerium, *T. des C.* Un Bouteiller.

c celui qui presente les serviettes.

d *App.* un Sous-Cuisinier.

e *Il y a* Excubuum *ou* Excubitum *dans le T. des C.*

f Celui qui est chargé de recevoir le peage qui se paye sur un Pont.

g *Il faut app. lire* Præpositos.

h omnimode Juridictioni & cohertioni, *T. des C.*

i &, *n'est point dans le T. des C.*

k Voy. l'Art. 7. de l'Ord.

l ad & in Tinis, *T. des C.*

m solverunt, *T. des C.*

n iisque.

NOTES.

(n) *Sedare.*] Soit qu'on lise *sedare*, ou *se dare*, cela ne fait point de sens. Peut-estre faut-il lire *& dare.*

(o) *Clamores.*] Je crois que ce mot signifie icy, la demande qu'un Creancier fait en Justice de ce qui luy est dû.

(p) *Maniglerium.*] Je n'entends point ce mot. Peut-estre faut-il corriger *Matricularium*: Car quelquefois les Marguilliers estoient chargez de la garde des Ornements. Voy. Du Cange au mot *Matricula*, vers la fin.

(q) *Bajulos & Censuum Collectores.*] On appelloit quelquefois *Bajuli*, ceux qui levoient les Imposts & les Cens dûs aux Seigneurs. Voy. Du Cange au mot *Bajuli gabellati*: Et l'Hist. du Dauphiné par M. de Valbonais, t. 1. p. 111. Il les nomme *Bayles*.

(r) *Secundæ appellationes.*] Voicy comme je crois qu'il faut entendre cet Article. Autrefois l'Appel du Juge seculier de Romans, se portoit devant le Juge du Chapitre, & l'Appel de ce Juge se portoit devant un Juge qui rendoit la Justice au nom de l'Abbé & du Chapitre. Car il est dit formellement dans l'Acte de 1344. [Voy. cy-dessus, p. 270. Note (c) à la fin] qu'avant ce temps-là, la Justice de Romans appartenoit à l'Abbé & au Chapitre.

parentur, & in possessione prædictorum fuerunt & sunt pacifice & notorie, locis & temporibus supradictis.

(10) Item. [b] Quod Ecclesia prædicta de Romanis per dictum tempus & à tempore tanto cujus initii memoria non existit, vendidit, vendere consuevit, vendere potest & vendit per quascumque personas voluit & vult, vina sua decimalia prædicta & alia, in quacumque parte anni, sub banno tali; videlicet quod cum dictum vinum vendit absque præfinitione temporis continue quantum durat, præfatus Abbas & quæcumque persona Ecclesiastica vel [c] status, cujuscumque preeminenciæ, status & conditionis existat, cessavit, cessaverunt & cessare consueverunt, cessare tenentur & cessant vendere vina sua per se & alios, infra Villam & extra in ejus pertinenciis; nisi forte foret vinum (s) Conventus vocati Bibende facti in vindemia; & si secus per quemquam factum [d] fuerit vel attemptatum seu gestum, licitum eidem Capitulo fuit & existere consuevit & licet per se & suas Gentes propria autoritate, dolia frangere, & vinum effundere impunè quod in doliis tempore [e] venditionibus quodcumque & quantumcumque sit, sive clam sive palam, vendatur, & Gentibus Ecclesiæ paritum fuit & paretur palam & notorie, & in possessione seu quasi prædictorum fuerunt & sunt pacifice, notorie & quiete.

(11) Item. [f] Quod à tempore & per tempus prædictum, præfata Ecclesia de Romanis sola & insolidum habuit, habere consuevit & habet in singulis Cellariis seu Penoribus sitis infra Villam de Romanis, à tenentibus Cellaria, unum quartale vini semel in anno, quod Vinataria appellatur: Quod quartale prædictum de prædictis singulis Cellariis & aliter ratione ipsorum, & pro ipsis Collectoribus per Ecclesiam annis singulis deputatis, post & prope Natale Domini habuerunt, exegerunt & perceperunt & percipiunt, & in possessione habendi, exigendi & percipiendi fuerunt & sunt palam & notorie, & de eo eidem Ecclesiæ responsum extitit, & recusantes seu differentes illud tradere, propria autoritate dicti Collectores pignorare consueverunt & pignorant, & pignora usque ad congruam satisfactionem tenuerunt & tenent, vendiderunt & vendunt palam & notorie.

(12) [g] Quod à tempore & per tempus de quo superius dictum est, prædicta Ecclesia de Romanis sola & insolidum, habuit & percepit ac exegit & percipit & in possessione pacifica exigendi, habendi & percipiendi fuit & est palam & notorie, à quocumque tenente seu faciente vel habente in Villa prædicta de Romanis, focum seu ignem; videlicet unum obolum bonæ Monetæ censualem, quod [h] Fogagium communiter nuncupatur & nuncupari consuevit, & non solventes propria autoritate per Collectores deputatos pignorare palam & notorie, pignoravit & pignorare fecit & in possessione prædictorum fuit & est, [i] per dicta tempora palam & notorie paritum fuit & est, ac etiam paretur.

(13) Item. [k] Quod à tempore & per tempus prædictum, etiam ex concessione & largitione Imperiali, pertinuit & pertinere consuevit ad præfatam Ecclesiam & Capitulum de Romanis solum & insolidum, recipere, percipere & exigere de transeuntibus supra pontem Villæ de Romanis, de singulis vecturis certum tributum vocatum seu nominatum [l] Pontanagium; videlicet pro grossa bestia, quatuor denarios; & pro minuta, duos denarios, ipsumque tributum à transeuntibus receperunt, recipere consueverunt & recipiunt, & per ipsos seu eorum nomine exactum & receptum & eis solutum fuit, & per ipsos & alias personas eorum nomine exigi, percipi & recipi & eis solvi consuevit, illudque exigendi, recipiendi & percipiendi in possessione pacifica fuerunt & sunt pacifice & quiete, palam & notorie, & absque cujusquam contradictione; quodque quandocumque contingit & contigit dictum flumen (t) Izaræ transiri navigio, utpote ponte fracto vel alias, ad eos solos & insolidum pertinuit & pertinet ponere navem seu naves & navigia, quibus dictum flumen transeatur de [m] & cis, à transeuntibus debitum & consuetum emolumentum percipere, ac pro

CHARLES REGENT, Jean I.er & selon d'autres, Jean II. à Paris, en Octobre 1358.

a paretur.

b Voy. les Art. 8. & 28. de l'Ord.

c fecularis, dans le T. des C.

d fuit, T. des Ch.

e venditionis, T. des C.

f Voy. les Art. 9. & 10. de l'Ord.

g Voy. l'Art 10. de l'Ord.

h Fagogium, T. des C.

i &.

k Voy. l'Art. 10. de l'Ord.

l Pontagium, T. des C.

m des deux costez de la Riviere.

NOTES.

(s) *Conventus.*] M. le Procureur general de la Chambre des Comptes de Grenoble, qui a eu la bonté de m'envoyer sur cette Piece les éclaircissements que je luy avois demandez, m'a marqué que dans le Dauphiné, on appelle la *Piquette*, *Couvin* ou *Couven*; car dans son Memoire, ce mot se pouvoit lire de ces deux façons. J'ay sçû d'ailleurs qu'on la nomme aussi *Buvande.*

(t) *Izaræ.*] Il y a toûjours *Yzere* dans le Tresor des Chartres. C'est l'Isere qui baigne les murs de l'Eglise de Romans. V. cy-dessus, Art. 16.

CHARLES REGENT, Jean I.er & selon d'autres, Jean II. à Paris, en Octobre 1358.

eisdem tributo & emolumento navigiorum si sint, per saisinam & detentionem mercium & animalium vel alias, non [a] *solventium compellere.*

(14) Item. [b] *Quod à tempore & per tempus prædictum, pertinuit, pertinere consuevit & pertinet solum & insolidum ad præfatam Ecclesiam & Capitulum, certis diebus anni videlicet diebus Lunæ & Martis, qua die Martis ab antiquo fuit & est publicum forum ad quod quia multi confluunt, consueverunt multi Boves & Porci* [d] *mectari, percipere & habere omnes & singulas linguas Boum, & lumbos Porcorum qui dictis diebus in magno macello dictæ Villæ de Romanis* [c] *mectantur, interficiuntur aut venduntur; quos lumbos & linguas dicta Ecclesia de Romanis & Capitulum habuerunt & perceperunt & habere & percipere consueverunt, & in possessione eos & eas habendi & percipiendi fuerunt & sunt pacifice & quiete & palam & notorie; excepto quod linguam primam Capellanus qui cantat majorem Missam & Diaconus secundam Boum qui interficiuntur in macello diebus Sabbati, ab occasu Solis usque ad Diem Dominicam sequentem in ortu, omni tempore; & insuper in vigilia Festi Nativitatis Domini, præfati Sacrista & Capitulum percipere consueverunt à quolibet macellario in macello Romanis carnes vendente, novem denarios bonæ Monetæ.*

(15) Item. *Quod juniores Clerici Ecclesiæ prædictæ de Romanis, Clericuli nuncupati à tempore & per tempus prædictum, perceperunt & percipiunt palam, notorie, & auctoritate propria capiunt & in possessione percipiendi & capiendi fuerunt & sunt, omnes fructus comestibiles qui in dicta Villa & ejus pertinenciis per quoscumque vendantur & emantur ante perfectam seu completam pulsationem* [f] *Tertiæ in Ecclesia antedicta, & eosdem fructus suos faciunt absque cujusquam contradictione: Quodque * idem Clericuli à quacumque persona portante Calcaria aut Ensem cinctum seu genus armorum infra dictam Ecclesiam vel ejus (u) ceptra, ea ab ipsis portantibus tollunt & removent & sibi retinent usque ad beneplacitum suum, & in possessione prædictorum fuerunt & sunt locis & temporibus supradictis.*

(16) Item. [g] *Quod à tempore & per tempus prædictum, etiam de consuetudine notoria & pacifice observata, prædicta Ecclesia & Capitulum de Romanis solum & insolidum habuit, habere consuevit & habet certum tributum à ducentibus seu vehentibus (x) razellos fustæ seu* [h] *lignorum per flumen Izaræ, quod transit seu labitur prope Villam & Ecclesiam de Romanis; videlicet* [i] *ramos proprios quibus reguntur dicti razelli, & quod ipsum tributum habuit, exegit & percepit, & in possessione habendi, exigendi & percipiendi fuit & est, eidemque Ecclesiæ solutum fuit, solvi consuevit & solvitur per vehentes & conducentes razellos præfatos, quodque (y) ripagium dicti fluminis Izaræ ab utraque parte de*

a solventes, *comme il y a dans l'Art. 10. de l'Ord.*

b Voy. l'Art. 11. de l'Ord.

c in dicta Villa, *T. des C.*

d mactari, *T. des C.*

e mactantur, *T. des C.*

f Tierce, une des petites Heures de l'Office Canonial.

* iidem.

g Voy. Art. 12. de l'Ord.

h lignorum ductos, *T. des C.*

i remos, *ib. Voy. Note (x)*

NOTES.

(u) *Ceptra.*] Ce mot est souvent repeté dans la suite, & il est toûjours écrit de la même maniere dans les deux Registres. Il signifie la même chose que *Septa.*

(x) *Razellos.* M. Magueux fait imprimer dans son second Memoire, p. 20. un fragment d'un dénombrement du 12. de Decembre 1685. où ce Droit est nommé *Droit des Radeaux.* Il y est aussi parlé du *Droit de Rames,*

(y) *Ripagium.... Izaræ*] L'explication de ce mot a donné lieu depuis peu, à un grand procès qui a esté porté d'abord devant les Tresoriers de France de Grenoble, ensuite devant le Parlement de Dauphiné, & enfin au Conseil du Roy. Le Chapitre de Romans prétendoit que par ce mot *Ripagium*, il falloit entendre la propriété des deux rivages de l'Isere; & cela fut ainsi jugé par une Sentence du Bureau des Finances de Grenoble du 18. de Septembre 1715. laquelle porte cependant *que c'est sans prejudice de la proprieté de cette Riviere, appartenant à S. M.* Cette Sentence fut confirmée par Arrest du Parlement de Grenoble du 8. d'Aoust 1716. Les Parties adverses du Chapitre de Romans s'estant pourvûës au Conseil en cassation d'Arrest, M. Magueux celebre Advocat au Parlement, demanda en qualité d'Inspecteur general du Domaine, à estre reçû opposant à l'Arrest du Parlement de Grenoble, & il fit trois Memoires très curieux & très sçavans, dans lesquelles il prouva entre autres choses, que la Riviere d'Isere appartenant au Roy, nul particulier ne pouvoit estre proprietaire des deux rivages de cette Riviere, & que par ce mot *Ripagium*, il falloit entendre certains Droits, comme de *Peages*, de *Bac*, &c. que le Chapitre de Romans percevoit sur la riviere d'Isere & sur ses rivages, en vertu des concessions qui luy avoient esté faites, mais non la proprieté de ces rivages, en vertu de laquelle, s'il l'avoit euë, il auroit pû augmenter ces Droits, ou

Rivo-Sicco usque ad Monasterium vetus fuit & est per dictum tempus & à tempore prædicto, dictæ Ecclesiæ de Romanis, & etiam (z) Virga ponderis quod & quam tenet nunc ab ipsa Ecclesia censuales Domina Catherina de Podio.

CHARLES Regent, Jean I.er & selon d'autres, Jean II. à Paris, en Octobre 1358.

(17) Item. [b] Et quotiescumque [c] Archiepiscopus Viennensis cudi facit Monetam infra dictam Villam Romanis vel ejus *pertinentiis, quod hoc facit de [d] expressa permissione, licentia & consensu Sacristæ & Capituli prædictorum & non aliter, & quod de emolumento exinde proveniente ratione Dominii pertinentis ad dictum Archiepiscopum, prædicti Sacrista & Capitulum decimam partem habuerunt, habere consueverunt, & in possessione habendi fuerunt & sunt palam & notorie.

(18) Item. Quod à tempore & per tempus prædictum, de consuetudine præscripta & observata, quicumque incola Villæ Romanis volens in communibus plateis, viis seu carreriis seu (aa) patigos vel vicis otreis ejusdem Villæ construere bancam seu ponere fiamum ad merces vendendum seu opus aliquod exercendum, pilaria vel columnas seu alia ædificia alte vel basse facere, vel aliud in præmissis vel circa ea vel ante vel super ponere, quod hoc facere non liceret vel licuit eisdem nisi de expressis permissione, licentia, autoritate, voluntate & consensu Ecclesiæ de Romanis, seu certarum personarum majorum Capituli antedicti, non tamen Abbatis; & quod si forte facta fuerint clam vel palam, pro parte ipsius Capituli & personarum ejusdem fuit destructum & remotum, nec potest hoc reædificari nisi de [e] prædicta permissione, licentia, autoritate, voluntate & consensu, & in iis fuit & est paritum & paretur palam & notorie.

(19) Item. [f] Quod à decem, viginti, triginta, quadraginta, sexaginta annis & citra, & à tanto tempore & per tantum tempus cujus contrarii memoria non existit, etiam de consuetudine antiqua pacifice, notorie observata, quoties Moneta currens in [g] patria fuit debilis, adeo quod turonensis grossus Regis Franciæ cum O [h] rotundo de justo pondere ponebatur pro viginti-quinque denariis aut ultra, prædicta Ecclesia, Sacrista & Capitulum de Romanis & alii Beneficiati in ea, redditus, [i] proventus suos, anniversaria, pensiones & alia eisdem persolvenda recuperaverunt, recuperare soliti sunt & recuperant, exigunt, percipiunt, & exigere & percipere consueverunt, & in possessione exigendi & percipiendi fuerunt & sunt; videlicet reducendo grossum turonensem prædictum pro viginti denariis (bb) & interdum à decem & septem [k] denariis & à decem & septem usque ad viginti denarios, sicque in præmissis paritum & obtemperatum fuit, & pareri & obtemperari consuevit palam & notorie. Insuper denarios censuales & alios census debitos eisdem, exigere & recipere in eo valore quo solvitur pro & in censibus, aliis nobilibus patriæ.

(20) Item. [l] Quod à tempore & per tempus prædictum, licuit & licitum fuit & licet ac licere consuevit præfatis Sacristæ & Capitulo & aliis in ipsa Ecclesia Ministris &

[a] Voy. la fin de la Note (y)

[b] Quod, T. des C.

[c] en qualité d'Abbé de Romans. Voy. cy-dessus Note (c).

* pertinentias.

[d] expressis, T. des C.

[e] de predictis, T. des C.

[f] Voy. l'Art. 13. de l'Ord.

[g] dans le païs.

[h] rotunda, T. des C.

[i] &.

[k] ce mot n'est pas dans le T. des Ch.

[l] Voy. l'Art. 14. de l'Ord.

NOTES.

faire quelques innovations dans la maniere de les percevoir. C'est ce qui a esté jugé par l'Arrest du Conseil du 8. de Juillet 1726. que M. Magueux m'a communiqué. Il s'agissoit aussi dans ce procès, de l'hommage de la terre de Pisançon.

Il est dit dans les Lettres du Dauphin que le Chapitre à Ripagium.... Izaræ ab utraque parte, de Rivo sicco usque ad Monasterium vetus. M. Magueux à la p. 4. de son premier Memoire, traduit ainsi ces derniers mots, depuis Rieusec jusqu'au vieux Monastere de Vernaison.

(z) Virga ponderis.] M. Magueux dans son second Memoire, p. 22. explique ainsi ce que c'est: La Verge ou le Fleau qui sert à peser, & dont les Seigneurs qui ont les poids & les mesures, sont seuls en droit de se servir. Dans son premier Memoire, p. 14. il avoit nommé ce Droit, le Droit de la Verge du poids.

(aa) Patigos vel vicis ocreis ou otreis.] M. le Procureur general de la Chambre des Comptes de Grenoble, m'a marqué qu'il luy paroissoit presque impossible d'expliquer ces mots, & que tout ce qu'il pouvoit dire, c'est que Patigos signifie quelquefois un lieu abandonné, & qu'il se trouve dans ce sens, dans d'anciennes reconnoissances de differents lieux du Dauphiné. Carreriis signifie les ruës. Voy. cy-dessus, p. 158. Note (f).

(bb) Et interdum, &c. Il y a dans l'Art. 13. de l'Ordonnance qui est parallele à celuy-cy, & interdum à decem septem denariis usque ad viginta. Je crois que c'est la bonne leçon, & que cela veut dire, que les Chanoines ne reçoivent les gros tournois que pour la valeur d'entre 17. & 20. deniers.

CHARLES REGENT, Jean I.er & selon d'autres, Jean II. à Paris, en Octobre 1358.

Beneficiatis, propria autoritate, contradictione cujusquam non-obstante, eisdem debentes communiter vel divisim, census, redditus, proventus, anniversaria, servicia & alia debita infra Villam de Romanis ratione Ecclesiæ, Beneficiorum & administrationum ejusdem, exigere & compellere ad solvendum, etiam per amotionem [a] *hostiorum* [b] *fenestrarum domorum in quibus habitant, & etiam in propriis domibus quamvis non sint eisdem pro prædictis obligatæ, & alias dicta hostia* [c] *fenestras secum portari faciendo, & detinendo usque ad congruam satisfactionem prædictorum: & in possessionem prædictorum vel quasi, prædicti Sacrista & Capitulum & Beneficiati fuerunt & sunt palam & notorie, locis & temporibus supradictis.*

(21) Item. [d] *Etiam quod à tempore & per tempus* [e] *prædictis, Ecclesia & Capitulum prædicti habuerunt & habent in dicta Villa de Romanis, in dominiis & proprietate & etiam super flumine Izaræ, quædam certa molendina numero viginti-quatuor in diversis domibus & locis dictæ Villæ, de diversis fontibus & rivis molentia, & furnos quos & quæ locaverunt & locant ad tempus, certis personis singulariter & disjunctim, de quibus conducentibus mercedes conventas &* [f] *locaria receperunt & recipiunt, & eos & ea conducentes* [g] *mercedes & ea quæ pro tempore obveniunt & obvenire consueta sunt; utpote primas farinas ac* [h] *pastas & cineres & furfurum, quodque omnes alii furni & molendina sint & sita in Villa & territorio Romanis, fuerunt & sunt & esse consueverunt eisdem Ecclesiæ & Capitulo censuales & censualia, eisdem Ecclesiæ & Capitulo certum annuum censum & redditum, ac pensiones præstantes & facientes annis singulis eorum possessores; & cum aliquis in dicta Villa & territorio suo ædifficare seu construere furnum seu molendinum novum attentavit pro pane* [i] *decoquendo prædictis temporibus, prohibitus fuit per Capitulum & Ecclesiam* * *prædictos, & cessavit ob prædicta, & eis paritum & obtemperatum fuit usque ad hæc tempora, & quousque de præmissis & expressis ipsorum Ecclesiæ & Capituli licentia & autoritate expressis procedetur & eorum beneplacito voluntatis: & sic obtentum & conservatum fuit & est pacifice & notorie, locis & temporibus supradictis.*

(22) Item. [k] *Etiam quod Ecclesia prædicta & Capitulum prædictum de Romanis & servitores eorumdem & Beneficiati in ipsa, res* [l] *bona quascumque venales expositas in ipsa Villa Romanis, potuerunt & debuerunt, possunt & debent habere pretio communi & quod ex ipsis communiter reperitur, & ante cæteros quoscumque, & præ cæteris aliis emptoribus, & quod sic servatum extitit à tempore & per tempus prædictum, palam & notorie, & in prædictorum possessione seu quasi fuerunt & sunt.*

(23) Item. [m] *Etiam quod Curia de Romanis tam secularis quam spiritualis, gratis absque emolumentis, prædictis Sacristæ & Capitulo & servitoribus & Beneficiatis in prædicta Ecclesia, sigillavit cartas suas, instrumenta, munimenta & acta, mandata, citationes & deffectus ac cæteras scripturas ad ipsos quomodolibet pertinentes,* [n] *sed gratis accipere ab illis pro eisdem sigillis & non exigere si quidquam forte ab ipsis offeretur.*

(24) Item. *Etiam quod in favorem, honorem, statum Ecclesiæ & Capituli prædictorum, à tempore & per tempus prædictum, etiam de consuetudine observata & statuto Ecclesiæ & Villæ prædictarum, obtentum fuit inconcusse & observatum palam & notorie, quod Gentes de Romanis non haberent nec eis habere liceret, nec licuit, nec licere consuevit Consules, Sindicos, Actores seu Procuratores, nec communem (cc) comitivam, nec pro iis inter se adinvicem convenire, nec etiam congregationem facere, nec conspirationem, nec conjurationem in tota Villa prædicta aut parte ipsius, & contrarium attemptantes eorum bona erunt in misericordia Curiæ, & quod ea quæ de novo fiebant in dicta Villa, fiebant & fieri debebant de consensu Ecclesiæ & Villæ.*

(25) Item. *Etiam quod cum tallia seu collecta seu exactio facta fuit in Villa Romanis aut fieri contingit, facta fuit de licentia & mandato, autoritate, præordinatione,*

a ostiorum.

b &.

c &.

d Voy. l'Art. 15. de l'Ord.

e prædictum, T. des C.

f loyers.

g solvunt.

h pastæ. Voy. du Cange à ce mot.

i coquendo, T. des C.

* prædictam ou prædictum.

k Voy. l'Art. 16. de l'Ord.

l &.

m Voy. l'Art. 17. de l'Ord.

n Il semble qu'il manque-là quelques mots.

NOTES.

(cc) *Comitivam.*] Il y a dans le Tresor des Chartres *coe comiam*, avec une marque d'abregé sur chacun de ces mots; & je crois que cet abregé signifie *Communiam*, le Droit de *Commune*, ce qui fait un fort bon sens, au lieu qu'il seroit difficile d'en donner un bon au mot *Comitivam*.

dispensatione ac voluntate ac consensu expressis, & permissione & non aliter dictorum Sacristæ & Capituli, & quod de ipsa tallia etiam dicti Sacrista, (dd) Correarii Ecclesiæ & aliæ certæ personæ de Ecclesia prædicta, certam partem habuerunt & habere consueverunt palam & notorie, quodque per eosdem Sacristam & Capitulum deputati sunt & deputantur certi de prædicta Ecclesia Collectores talliæ memoratæ, qui & alii ad hoc per eos deputati ante omnia jurant, [a] *jurare tenentur super sancta Dei Evangelia, in manu dictorum Sacristæ & Capituli, Officium fideliter exercere, & eisdem Sacristæ & Capitulo rationes reddunt, qui etiam eisdem rationibus finem imponunt: Et cognitio & decisio querelantium occasione supradictæ talliæ, pertinuit & pertinet & pertinere consuevit palam & notorie, Sacristæ & Capitulo memoratis, & in iis eis paritum fuit & paretur.*

CHARLES RECENT, Jean I.er & selon d'autres, Jean II. à Paris, en Octobre 1358.

a &.

(26) Item. *Quod à tempore & per tempus prædictum, etiam de consuetudine præscripta legitime, pertinuit & pertinere consuevit & pertinet recipere Ecclesiæ prædictæ de Romanis & Capitulo & exigere à committentibus pro (ee) banno minuto de die, commisso in locis vetitis circa Villam Romanis certis locis, tres solidos & sex denarios, & septem solidos de nocte, & pro adulterio, sexaginta solidos, & hoc per certos Bannerios ejusdem Ecclesiæ ad hoc deputatos: Quæ banna iidem Bannerii ab iis qui incurrunt & incurrerunt banna prædicta, pro ipsa Ecclesia & nomine ipsius, pro bannis minutis prædictis exegerunt & receperunt & exigere & recipere* [b]*, ac pignorare occasione præmissorum, & pignora ab iis sic capta distrahere & vendere, aut detinere usque ad congruam satisfactionem dictorum bannorum vel compositionem, & tam ipsi Ecclesiæ quam ipsis Banneriis ejus nomine, paritum & obtemperatum fuit, & pareri & obtemperari consuevit & paretur palam & notorie: Quodque in exercendo Officium Banneriæ prædictæ, licuit & licitum est propriis Banneriis eundo & redeundo tam intra quam extra Villam, ensem acinctum & venabulum seu lanceam* *: *Quos* [c] *dicti Sacrista & Capitulum per se seu alios ad hoc per eos datos, puniverunt & punire consueverunt & puniunt, si in prædicto Officio fuerint delinquentes aut etiam negligentes.*

b Il manque-là un Verbe.

* habere.

c Bannerios.

(27) Item. *Quod idem de banno Hospitalis & domus Elemosinæ* [d] *Sanctæ Fidis de Romanis, quod est membrum principale ipsius Ecclesiæ & Capituli, fuit & est & debet esse, extitit in omnibus & per omnia* [e] *conservatum.*

d St. Foy.

e observatum, *T. des C.*

(28) Item. *Quod* [f] *à sexaginta annis & citra, & à tempore & per tempus prædictum, confugientes ad domos Canonicorum prædictæ Ecclesiæ de Romanis, pro ipsarum personarum tutela gavisi sunt & gaudere consueverunt ea immunitate qua gavisi sunt & gaudere debent & possunt malefactores confugientes ad Ecclesiam de Romanis vel alias Ecclesias, palam & notorie: Quodque delinquentes in cellario dictæ Ecclesiæ, dum venditur* [g] *vinum banni in ipso, puniuntur per Justiciarios dicti Capituli, contra eos inquirendo, & carceribus eorum propriis & compedibus mancipando.*

f Voy. l'Art. 18. de l'Ord.

g C'est apparemment le Vin dont il est parlé cy-dessus dans l'Art. 10.

(29) Item. [h] *Quod à tempore & per tempus prædictum, prædicti Sacrista & Capitulum pro & ad* [i] *opus quorumdam Beneficiatorum & Officiariorum in ipsa Ecclesia, per ipsos percepit & percipit & percipere consuevit & sibi licuit & licet exigere à quibuslibet nuptias & matrimonia contrahentibus infra dictam Villam & incolis Villæ, portiones panis & vini, carnium crudarum & coctarum & pastum cum nubentibus,* [k] *scutellas nuptiarum*

h Voy. l'Art. 19. de l'Ord.

i au profit.

k scutellatas, *dans l'Art. 19. de l'Ord. & dans le T. des C.*

NOTES.

(dd) *Correarii.*] Il y a dans l'Histoire du Dauphiné par M. de Valbonais, Tom. 1. p. 105. une Dissertation sur ce mot *Correarius, Courier.* Il signifie ordinairement le Procureur ou l'Intendant d'un Evêque, d'un Abbé & d'une Communauté Religieuse. Le Procureur de la grande Chartreuse se nomme encore aujourd'huy *le Courier. Ces Couriers* avoient quelquefois une Jurisdiction, & M. de Valbonais prouve que celuy de l'Archevêque de Vienne, en qualité d'Abbé de Romans, en avoit une. Voy. cy-dessous, Art. 30.

(ee) *Banno minuto.*] *Bannum minuere* est apparemment la même chose que *bannum frangere*, dont j'ai donné une explication cy-dessus dans la Note (o) de la p. 207. mais ce passage nous met en estat de donner une explication de ces expressions, moins vague & plus precise. Il paroist que *Bannum frangere*, ou *minuere*, c'est entrer dans un des lieux où le Juge a deffendu d'entrer par une Ordonnance, par ex. dans des lieux privilegiez, & où il y a franchise. [Voy. l'Art. 27.] dans les bleds avant la moisson, dans les vignes avant les vendanges, &c.

CHARLES Regent, Jean I.er & selon d'autres, Jean II. à Paris, en Octobre 1358.

vulgariter nuncupatas, & in possessione prædictorum fuerunt & sunt percipiendi & exigendi & in iis paritum fuit & est ipsis palam & notorie.

(30) Item. *Quod Fortalicium (ff) Montis-Securi à sui constitutione seu constructione, & per ipsa tempora continue usque ad communionem factam per sedem Apostolicam Villæ Romanis Domino Dalphino, fuit & est & erat (gg) reddibile, pertinuit & pertinebat Sacristæ & Capitulo sæpe fatis, in quo instituebatur Castellanus unus Canonicus Ecclesiæ de Romanis, qui erga Canonicos Ecclesiæ de Romanis jurabat Officium Castellaniæ seu* [a] *Correariæ fideliter exercere: Quodque claves portarum dictæ Villæ ad dictum Sacristam nomine Ecclesiæ, & ad dictam Ecclesiam portæ seu portalia pertinebant & pertinuerunt usque ad* [b] *concessionem antedictam, & in quorum possessione fuerunt per & usque ad dicta tempora* [c] *concessionis pacifice notorie & quiete.*

a Voy. cy-dessus p. 279. Note (dd).

b communionem, T. des C.

c communionis. Ibid.

d communionem, T. des C.

(31) Item. *Quod à dicto tempore & per dictum tempus, præconisatum fuit in Villa per præconem publicum Villæ Romanis, ex parte Dominorum Ecclesiæ de Romanis tantum, usque ad* [d] *concessionem prædictam, de & pro eis quæ concernebant Ecclesiam prædictam, Jurisdictionem & statum: Et cum præconisatio concernebat statum communem vel utilitatem Villæ prædictæ, tunc præconisabatur & præconisatum fuit & debebat & solitum fuit & est ex parte Dominorum Ecclesiæ primo & Curiæ de Romanis secundo, continue & notorie & usque ad tempus publicationis communionis antedictæ.*

e Voy. l'Art. 20. de l'Ord.

f Le Fondateur de *Romans* se nommoit *Barnard*, & non *Bernard*. Voy. Note (e).

g corroatas, T. des C. des corvées.

h Equos.

i &.

(32) Item. [e] *Etiam quod Ecclesia prædicta Beati* [f] *Bernardi de Romanis à tempore & per tempus prædictum, habuit & habet & habere consuevit palam & notorie,* [g] *coroatas semel in anno à personis tenentibus, non exemptis ad hoc specialiter, in dicta Villa animalia bovina aut æquina vel asinina, mulos &* [h] *æquos; videlicet à quolibet tenente boves aratorios, roncinos & roncinas, vel asinos vel asinas, mulos & æquos pro se seu aliis, ad recturam aut ad agriculturam aut alias, depascentibus in vinoblio de Romanis vel territorio Abbatiæ, unum Jornale, sive per unum diem de qualibet bestia pro utilitate ipsius Ecclesiæ facienda: Et quod Jornale habuit dicta Ecclesia & habere consuevit, & in possessione habendi fuit & est palam & notorie ipsum Jornale de qualibet bestia dictorum animalium pacifice,* [i] *per collectores & exactores dictarum coroatarum per dictam Ecclesiam pro tempore deputatos, pignorat, pignorare consuevit & in possessione autoritate propria fuit & est, & eis in præmissis paritum & obtemperatum fuit, & pareri & obtemperari consuevit palam & notorie.*

(33) Item. *Quod etiam ad Sacristam pro tempore dictæ Ecclesiæ pertinent & pertinuerunt (hh) banna in certis locis Villæ & territorii Abbatiæ prædictæ, & ea exigit & exigit per personas ad ea deputatas & à dicto tempore & per dictum tempus palam & notorie.*

k campanali, T. des C.

(34) Item. *Quod dicta Ecclesia sola & insolidum à tempore & per tempus prædictum, continue usque ad tempus publicationis dictæ communionis, habuit & tenuit in* [k] *campanili dictæ Ecclesiæ, gaytam seu excubium qui nomine ipsius Ecclesiæ & pro ea nubicinabatur Auroram, & gaytam pro incendio sive (ii) rayda & aliis opportunis ad Officium excubii mane & vespere, palam & notorie.*

l Voy. l'Art. 21. de l'Ord.

m Voy. cy-dessus p. 279. Note (dd)

(35) Item. [l] *Etiam quod dicti Sacrista & Capitulum seu* [m] *Correarii Ecclesiæ*

NOTES.

(ff) *Montis-Securi.*] M. le Procureur general de la Chambre des Comptes de Grenoble m'a marqué, que ce fort se nomme *Mont-segur*, qu'il est situé dans la Ville de Romans sur un petit costeau, & qu'il sert à present de prison.

(gg) *Reddibile.*] Un Chasteau *rendable* est celuy que le Vassal à qui il appartient, est obligé de remettre entre les mains de son Seigneur, toutes les fois que celuy-cy le luy demande. Voy. la 30.e Dissertation que M. Du Cange a fait imprimer à la suite du Joinvile, p. 349.

(hh) *Banna.*] Le mot *Bannum* a tant de significations differentes, que l'on peut voir dans Du Cange, qu'il est impossible de determiner en quoy consistoit le droit de *Ban* accordé au Sacristain.

(ii) *Rayda.*] M. le Procureur general de la Chambre des Comptes de Grenoble a marqué, que ce mot se trouve souvent dans les Actes passez en Dauphiné, pour signifier une *incursion militaire*. Il a la même signification que *reisa* ou *resa*, qui se trouvent dans le Gloss. de Du Cange.

memoratæ

memoratæ arrestaverunt & arrestant infra ceptra Ecclesiæ prædictæ,[a] Bajulos & (kk) Mistrales ipsius Ecclesiæ, nisi infra certum terminum per dictos Correarios ipsius Ecclesiæ assignandum, [b] solvunt aut solvi fecerunt census, proventus & pensiones de & pro familia ad ipsam Ecclesiam pertinentes: Quodque dicta Ecclesia & Correarii ipsius Ecclesiæ fuerunt & sunt in possessione seu quasi prædictorum publica & notoria à tempore & per tempus antedictum, palam & notorie, & eis paritum fuit, paretur & obtemperatur.

(36) Item. [c] Etiam quod à tempore & per tempus prædictum, Curia dictorum Sacristæ & Capituli, testamenta & alias quascumque ultimas voluntates dictorum Canonicorum, Clericorum, Mayneriorum, Præpositorum & eorum familiarium & familiæ ipsorum, & ipsius Ecclesiæ familiæ, fecerunt & facere consueverunt pacifice & notorie coram ipsis & sua Curia publicari, insinuari & originalia penes ipsos retineri, & de ipsis hæredibus ipsorum decedentium Canonicorum, Clericorum & Meyneriorum & familiæ ipsorum, [d] familiæ Ecclesiæ prædictæ, bonorum possessoribus, legatariis & quibus interest, sub sigillo Curiæ Capituli prædicti copiam [e] condere, necnon Inventaria de bonis mortuorum & etiam vivorum cum casus occurrit, tam ex suo Officio quam ad Partis instanciam conficere, & simili modo eis quorum interest, de ipsis copiam facere & suas [f] autoritates interponere & decreta.

(37) Item. [g] Quod à tempore & per tempus prædictum, dicta Ecclesia seu Capitulum percipit, percipere consuevit Leydam in vendibilibus omnibus; videlicet die Lunæ, Leydam integram, usitatam & consuetam, & die Martis, medietatem ejusdem: quam Leydam levat, levari facit, & in quasi possessione levandi per se & deputatos ab ea, est & fuit per dictum tempus palam & pacifice & notorie.

(38) Item. Quod dudum in Villa Romanis solvent esse Nundinæ, quæ incipiebant quindecim diebus ante Pascha & [h] faciebantur per tres septimanas post idem Festum Paschatis, & sic durabant quinque septimanas continuas, quodque dicto tempore & per dictum tempus, dicta Ecclesia percepit & percipere consuevit & percipit Nundinarum tempore, ultra & præter Leydam prædictam, pro Nundinarum exitu, certum tributum; videlicet de grossa bestia & de parva, secundum magis & minus; & continuatur: Quodque dicto tempore pro & ratione dictarum Nundinarum, per tempus & tempora supra dicta percepit, percipere consuevit & percipit & percipiendi in possessione est & fuit certum tributum pro & ratione Nundinarum; videlicet de grossa bestia & de parva, secundum magis & minus, & de certis mercibus modicam particulam pacifice, palam & notorie.

Dicentes, asserentes & in conspectu nostræ Præsidenciæ per viam querimoniæ proponentes præfati Canonici nominibus suis & quibus supra, quod licet ipsi & eorum quilibet per se à tanto tempore citra quod de contrario hominis memoria non existit, de dictis Juribus, Jurisdictionibus, Franchesiis, Libertatibus, prerogativis & Immunitatibus fuerunt & steterunt in possessione vel quasi pacifica & quieta, & ipsis usi fuerunt palam & publice, nemine in contrarium reclamante, prout in dictis titulis legitur & notatur, tamen noviter & a modico tempore citra, Officiales communis Curiæ dictæ Villæ de Romanis, dictos Canonicos, Sacristam, Capitulum & Ecclesiam, ut asserunt, in dictis usu & possessione vel quasi prædictorum Jurium suorum impediverunt, impediunt tota die, & impedire conantur indebite & injuste, satagentes Jura propria Ecclesiæ ejusdem usurpare & in communionem totaliter reducere, prout fertur, in enervationem & diminutionem Ecclesiasticæ Libertatis, & in ipsorum Sacristæ, Canonicorum & Capituli grave dampnum, prejudicium & evidens etiam nocumentum: Supplicantes & devotissime postulantes præfati Canonici suis & quibus supra nominibus ac dicti Sacristæ, sibi & dictæ Ecclesiæ super prædictis de opportuno remedio laudabiliter provideri.

Unde Nos nedum Ecclesiarum Jura conservere cordialiter affectantes, imo etiam eadem Jura cupientes possibiliter augmentare, præsertim ipsius Romanis Ecclesiæ quæ

CHARLES REGENT, Jean I.er & selon d'autres, Jean II. à à Paris, en Octobre 1358.

a Voy. cy-dessus, p. 274. Note (q)

b solverunt, T. des C.

c Voy. l'Art. 22. de l'Ord.

d &.

e tradere, T. des C.

f partes, T. des C.

g Voy. l'Art. 23. de l'Ord.

h finiebantur, T. des C.

NOTES.

(kk) Mistrales.] Mistralis ou Ministerialis, en françois, Mistral, estoit chargé entre autres fonctions, de recevoir les Cens & les autres Droits Seigneuriaux. Hist. du Dauphiné par M. de Valbonais, Tom. 1. p. 107.

CHARLES REGENT, Jean I.er & second d'autres, Jean II. à Paris, en Octobre 1358.

sub nostræ [a] *dictionis dominio pro media parte posita est & existit, & in qua pro cultu Divino tot ex nostris nati propriis hominibus & Vassallis & de terra Nobiles sunt specialiter dedicati, ipsos titulos dicta Jura Ecclesiastica concernentes, & continenciam ipsorum per notabiles & probissimos Consiliarios nostros* [b] *occultata fide inspici fecimus & vidimus, & nolentes alicui, sicut etiam nec debemus, defficere in Justicia exhibenda, ex certa scientia, nostra matura deliberatione præhabita cum Consilio, diligenti, ad expressam requisitionem & instanciam prædictorum Dominorum Canonicorum suorum & quorum supra nominum, dicta eorum Jura, Jurisdictiones, Immunitates & Libertates in dictis articulis posita & descripta contentas & contenta, prædictis Dominis Aymaro de Cursone, Aymaro* [c] *Gaz,* [d] *Disderio Artodi & Poncio de Alto-Villari Canonicis in dicta Ecclesia Beati Bernardi de Romanis, Procuratoribus & Procuratoriis nominibus quibus supra, stipulantibus & recipientibus suis nominibus & successorum suorum in Ecclesia prædicta, pro Nobis, hæredibus & successoribus nostris quibuscumque universis & singulis, in præsentia testium subscriptorum ac coram publicis Notariis subscriptis tanquam publicis personis, solemniter stipulantibus & recipientibus nomine & ad opus dicti Sacristæ, singularumque personarum ac totius Collegii & Capituli Ecclesiæ supradictæ, ac omnium & singulorum quorum interest vel interesse poterit in futurum, decernimus, declaramus & declarando pronunciamus quantum Nos tangit, & interpretamur ea & eas, & illibata servari ex nunc & in perpetuum volumus, pro Nobis & nostris successoribus præcipimus & mandamus secundum declarationes & tenores infrascriptos.*

a ditionis, *T. des C.*

b occulata, *T. des C.*

c Gay, *T. des C.*

d Desiderio, *ibid.*

(1) [e] *In primis* (ll) *siquidem volumus, declaramus, interpretamur & dictis Sacristæ, Capitulo, Ecclesiæ & Collegio licet absentibus, concedimus per Nos, hæredes & successores nostros quoscumque, quantum Nos tangit, & dictis Notariis infrascriptis tanquam personis publicis stipulantibus & recipientibus nominibus quibus supra, quod ipsi Sacrista & Capitulum Ecclesiæ de Romanis soli & insolidum deinceps habeant & habere debeant perpetuo & pleno jure, totalem Jurisdictionem altam & bassam, merum & mixtum Imperium & cognitionem civilem & criminalem in Clericos & Beneficiatos Ecclesiæ prædictæ, & in* (mm) *servitores continuos etiam Laycos Ecclesiæ infra Ecclesiam prælibatam, usque ad quatuor* [f] *numerum inclusive, & familiares, domesticos etiam Laycos, comensales continuos cessante fraude quacumque, Canonicorum, Curatorum, Presbiterorum & Clericorum insistentium servicio Ecclesiæ prælibatæ, ipsamque omnimodam Jurisdictionem per se vel alios exerceant & exercere valeant perpetuo, soli & insolidum, & de delictis, criminibus, negligenciis, Causis, casibus & culpis ipsorum & cujuslibet eorum, inquirere & cognoscere valeant, & eos corrigere & punire prout casus exigerit, & negociorum qualitas postulabit.*

e Voy. cy-dessus, Art. 2.

f numero, *T. des C.*

(2) Item. [g] *Quod dicti Sacrista & Capitulum de Romanis Ecclesiæ præfatæ, habeant & habere possint perpetuo carcerem certum & proprium tam ad custodiam quam ad penam, & custodem seu comentariensem dicti carceris & carceratorum in eodem; videlicet pro personis ad eorum Jurisdictionem spectantibus duntaxat.*

g Voy. cy-dessus, Art. 3.

(3) Item. [h] *Quod ipsi Sacrista & Capitulum soli & insolidum habeant & habere possint, infra tamen Ecclesiam & immunitatem Ecclesiæ concessam, & etiam in loco ubi nunc tenetur Curia eorum, vel in loco ita propinquo, certos & proprios Judices, Notarios, Servientes seu Aparitores numero usque ad sex inclusive, prædictis Judice, Notariis, Servientibus seu Aparitoribus computatis, qui & eorum bona, etiam si Laïci, durantibus eorum Officiis, sint de Jurisdictione alta & bassa Sacristæ & Capituli prædictorum; ac certum sigillum & proprium, palam, notorie & publice, per quod Litteræ, citationes, monitiones,*

h Voy. cy-dessus, Art. 4.

NOTES.

(ll) *In primis.*] Voy. cy-dessus, pp. 267. & 269. les Notes (*) dans lesquelles il est dit que le Dauphin modifia & restraignit par son Ordonnance, la plus grande partie des Droits prétendus par le Chapitre. L'on mettra à la marge des Articles de l'Ordonnance du Dauphin, le n.o des Articles de la Requeste du Chapitre, auxquels ils ont rapport.

(mm) *Servitores continuos.*] Je crois que cela signifie des domestiques ordinaires, à la difference des Journaliers que l'on prend extraordinairement.

inhibitiones, mandata, sentenciæ, testamentorum publicationes, Inventaria & alia quæcumque pro personis supra & infrascriptis quæ decernuntur ad eorum Jurisdictionem pertinere, sigillentur.

(4) Item. [a] Quod dicti Judex, Notarii & Servientes pro exercitio Jurisdictionis prædictæ, & in personas prædictas quæ decernuntur esse de Jurisdictione ipsorum supra & infra, nomine & ad opus dictorum Ecclesiæ, Sacristæ & Capituli saysiant & arrestent interdum ex suo Officio, & interdum ad Partis instanciam, bona, res & jura personarum prætaxatarum tam vivarum quam deffunctarum, pro conquærentibus Justicia ministranda.

(5) Item. [b] Quod more solito ab hæredibus, bonorum possessoribus & aliis deffunctorum successoribus, antequam funus tradatur Ecclesiasticæ sepulturæ, possint recipere cautiones idoneas, prout facultates morientium patiuntur, de stando & parendo cognitioni & Ordinationi Judicis Ecclesiæ, Sacristæ & Capituli prædictorum; videlicet de deffunctis conqueri volentibus, dum tamen ex hoc nullus ordo Judiciarius inducatur, sed procedant & procedere debeant cognitores hujusmodi, tanquam arbitratores & amicabiles compositores in Causis & casibus supradictis; & hoc casu (nn) Officiales communes ea exequantur, cum per eos fuerint requisiti: Et eadem in extraneis & advenis quibuscumque qui sepelientur ibidem.

(6) Item. [c] Volumus, declaramus & concedimus quod dicti Sacrista & Capitulum habeant, prout supra declaravimus seu concessimus de aliis personis pertinentibus ad Jurisdictionem eorumdem, merum & mixtum Imperium & Jurisdictionem omnimodam in & super sex Meyneriis & bonis eorum infra Villam & territorium Villæ, per Capitulum eligendis seu nominandis; exceptis tamen quadraginta personis quas Nos & successores nostri vel Officiales nostri possimus prius perpetuo eligere; & illis electis seu nominatis, dictum Capitulum possit sex personas in eorum Meynerios eligere, & mortuis ipsis perpetuo substituere; servato semper quod prius Nos possimus eligere quadraginta quos volumus, de quibus dictum Capitulum nullum possit recipere (oo) in suos Meynerios, quas quadraginta personas Nos vel Officiales nostri eligere possimus & possint infra unum mensem post requisitionem eorum.

(7) Item. [d] Cum prædicti asserant pro parte decimæ quæ quandocumque [e] restat ad solvendum, necnon & in aliis casibus inferius expressatis, pignorare [f] pro recuperatione redditiuum suorum, declaramus, volumus & concedimus quod pro prædictis omnibus suis rebus & juribus recuperandis hic inferius expressandis & declarandis seu alias concedendis, pro quibus asserunt quod consueverunt pignorare ante communionem factam Jurisdictionis, quod Capitulum dictæ Ecclesiæ de Romanis possit annis singulis unum vel duos homines Laïcos idoneos eligere & præsentare communi Curiæ pro prædictis pignoribus faciendis, nomine tamen communis Curiæ; quæ quidem Curia teneatur eos recipere & eorum juramenta de Officio nomine quo supra, fideliter & legaliter exercendo, qui si eos recusaverint recipere, possint ac si recepti fuerint, [g] & eorum Officia exercere.

(8) Item. [h] Quod prout consuetum est, vendere possint per quascumque personas velint, vina sua decimalia prædicta in quacumque parte anni semel in anno per eos eligendo & continuando, sub banno; videlicet quod præconisetur & præconisari debeat publice quod nullus vinum vendere audeat durante vino Capituli, sub pœna perditionis & amissionis vini quod venderetur, & totius dolii & vini existentis in eodem, cujus medietas amore [i] Dei detur, & alia medietas Capitulo applicetur; nihilominus contra-faciens pœnam centum solidorum [k] incurret communi Curiæ applicandam; ita tamen quod dictum Capitulum vinum vendere debeat non corruptum, non [l] acetosum nec [m] inacidum, quamdiu durabit & duraverit dictum bannum.

CHARLES REGENT, Jean I.er & selon d'autres, Jean II. à Paris, en Octobre 1358.

[a] Voy. cy-dessus, Art. 5.

[b] Voy. cy-dessus, Art. 6.

[c] Voy. cy-dessus, Art. 7.

[d] Voy. cy-dessus, Art. 9.

[e] restabat, T. des C.

[f] posse.

[g] & n'est pas dans le T. des C.

[h] Voy. cy-dessus, l'Art. 10.

[i] sera donné aux pauvres.

[k] incurrat, T. des C.

[l] aigre.

[m] mucidum, T. des C. Du vin poussé.

NOTES.

(nn) *Officiales communes.*] C'est-à-dire, les Officiers de la Justice qui appartient en commun au Dauphin & au Chapitre de Romans. Voy. cy-dessus, p. 270. Note (c)

(oo) *In suos Meynerios.*] Il y a apparence que le motif de cette disposition fut, que les plus riches de Romans prenoient le titre de *Meyniers* du Chapitre, pour se soustraire à la Jurisdiction ordinaire, & pour joüir des Privileges du Chapitre.

CHARLES REGENT, Jean I.er & selon d'autres, Jean II. à Paris, en Octobre 1358.

a Voy. cy-dessus, Art. 11. & 12.

b Voy. cy-dessus, Art. 13.

(9) Item. [a] *Cum dicti Ecclesia, Sacrista & Capitulum de Romanis, ut in prædictis legitur articulis, dicant & asserant se jus habere & habuisse ab antiquo insolidum, & in possessione pacifica stetisse habendi, percipiendi, exigendi & recipiendi palam, publice & notorie, à singulis tenentibus Cellaria sive Penus, & in ipsis penoribus unum quartale vini singulis annis, & à quocumque tenente, faciente & habente in Villa de Romanis focum seu ignem, unum obolum bonæ Monetæ censualis annis singulis, quod Fogagium communiter nuncupatur & nuncupari hactenus consuevit, & non solventes propria autoritate per Collectores ad hoc specialiter deputatos, pignorandi palam, publice, notorie, & pignorari faciendi.*

(10) Item. [b] *Quod consueverunt causa & ratione largitionis Imperialis, soli & insolidum recipere & exigere à singulis transeuntibus supra Pontem Villæ de Romanis, de singulis vecturis quæ inibi veluntur, certum tributum vocatum Pontanagium; videlicet pro grossa bestia, quatuor denarios, & pro minuto animali duos denarios, ipsumque tributum à quibusvis transeuntibus recipere & habere & exigere per se & alias personas absque cujusquam contradictione; quodque quandocumque contigit & contingit flumen Izaræ transiri navigio, utpote Ponte fracto vel aliter, ad eos solos & insolidum pertinuit & pertinet ponere navem seu naves & navigia quibus dictum flumen transeatur, & pro eisdem per saisinam & detentionem mercium vel animalium, vel aliter, non solventes compellere, volumus & eisdem concedimus, & declaramus quod super [c] perceptione, consuetudo obtenta & observata inviolabiliter observetur; ita tamen quod siquis in prædictis vel circa prædicta delinqueret non [d] solvendi vel aliter, ipsius pœna, punitio & correctio ad communem Curiam pertineat pleno jure; pignorationes vero fiant per familiares per dictum Capitulum eligendos, &, ut prædicitur, præsentandos & confirmandos: levatores vero Pontanagii seu Portus possint pro eis pignus à transeuntibus ut consueverunt, retinere.*

c perceptione prædictorum, *T. des C.*

d solvendo.

e Voy. cy-dessus, Art. 14.

(11) Item. [e] *Cum præfati Sacrista & Capitulum Ecclesiæ de Romanis asserant ad se solum & insolidum pertinere & pertinere debere diebus Lunæ & Martis, omnes linguas Boum & lumbos Porcorum qui dictis diebus in magno macello dictæ Villæ de Romanis interficiuntur & venduntur, quos lumbos & linguas dicta Ecclesia habere & percipere consuevit, ut dicunt; excepto quod primam linguam habere debet Capellanus qui cantat majorem Missam, & Diaconus secundam linguam Boum qui interficiuntur in dicto macello à die sabbati ab ortu solis, usque ad Diem Dominicam sequentem in ortu solis: Et insuper quod in vigilia Festi Natalis Domini, præfati Sacrista & Capitulum percipere consueverunt à quolibet macellario carnes vendente, novem denarios bonæ Monetæ, volumus & eisdem Sacristæ & Capitulo concedimus quod consuetudo eorum eis super prædictis habendis & percipiendis, & usus solitus inviolabiliter perpetuis temporibus incorruptibiliter observentur; ita tamen quod pœnæ punitio, & confiscatio, si quæ insurgerent ex prædictis, ad communem Curiam de Romanis totaliter applicentur.*

(12) Item. *Cum dicti Sacrista & Capitulum Ecclesiæ prædictæ dicant & asserant se habere, & habere & percipere debere certum tributum à ducentibus seu transeuntibus razellos fustæ seu lignorum supra flumen Izaræ; videlicet remos proprios quibus dicti rasella reguntur, quodque ripagium dicti Izaræ fluminis ab utraque parte à quodam loco dicto Rivo-Sicco usque ad Monasterium vetus, una cum Virga ponderis, sunt & esse debent Ecclesiæ supradictæ, volumus & concedimus ut supra, quod eis super perceptione prædictorum consuetudo servetur eorum & attendatur omnino, ne aliud deinceps super hoc attemptetur in præjudicium eorumdem: Commissiones vero, pœnæ delinquentium, Banna & confiscationes ad dictam communem Curiam debeant pertinere.*

f Voy. cy-dessus, Art. 19.

g *Il y a* viginti quinque *dans l'Art. 19. Cette difference vient sans doute, de celle du parisis au tournois.*

h Voy. cy-dessus p. 277. Note *(bb)*

(13) Item. [f] *Cum ipsi Sacrista & Capitulum Ecclesiæ præfatæ dicant & asserant quod quotiescumque Moneta currens in patria debilis est, adeo quod Turonensis grossus cum O rotundo ponitur pro viginti [g] denariis & ultra, quod dicta Ecclesia, Sacrista & Capitulum ipsius Ecclesiæ, & alii Beneficiati in eadem, redditus & proventus suos, anniversaria, pensiones & alia eisdem debita recuperare consueverunt, & recuperantes exigunt, reducendo grossum Turonensem ad viginti denarios, & interdum à decem septem denariis [h] usque ad viginti: Censusque suos percipere & levare consueverunt prout alii Nobiles Patriæ supradictæ, volumus & eisdem concedimus quod eorum consuetudo super iis integraliter observetur.*

CHARLES REGENT, Jean I.er & selon d'autres, Jean II. à Paris, en Octobre 1358.

(14) Item. [a] *Cum in prædictis articulis expressè contineatur quod per dictos Sacristam, Capitulum & Ecclesiam dicatur quod ipsi Sacrista & Capitulum usi sunt & consueverunt ab antiquo, necnon & alii ipsius Ecclesiæ Ministri & Beneficiati in eadem, propria auctoritate debentes eisdem communiter vel divisim, census, redditus & proventus, anniversaria, servicia & alia debita infra Villam prædictam, ratione Ecclesiæ, Beneficiorum & administrationum ejusdem Ecclesiæ, exigere & compellere ad solvendum per amotionem [b] hostium [c] fenestrarum domorum [d] habitationum obligatorum prædictorum, & dicta hostia & fenestras prædictas secum deportare, & detinere usque ad congruam satisfactionem prædictorum, volumus, ordinamus, declaramus & eisdem concedimus quod, quoad census & anniversaria eisdem Sacristæ, Capitulo, Canonicis, Capellanis & aliis Beneficiatis in Ecclesia prædicta pertinentia & pertinentes, ipsi & eorum quilibet utantur per modum consuetum & fruantur, nec ullo modo impediri valeant per Curiam communem prædictam, quin uti possint & valeant consuetudine usitata in amotione, levatione & detentione hostiorum & fenestrarum prædictorum in prædictis.*

(15) Item. [e] *Cum pro parte dictorum Sacristæ & Capituli dicatur, proponatur & in dictis articulis inseratur, quod ipsi habent & habuerunt ab antiquo in dicta Villa de Romanis in dominiis, dominio & proprietate & etiam super flumine Izaræ, quædam molendina, scilicet viginti-quatuor, & furnos in Villa, quos & quæ locaverunt & locare consueverunt sub certis mercedibus, & locaria receperunt & recipiunt una cum primis farinis & pastis ac cineribus & furfuribus, ac etiam quod omnes alii furni & molendinaria loci & territorii de Romanis sunt & esse consueverunt eidem Ecclesiæ censuales & censualia, dando eidem & præstando certum censum annuum & tributum: Cæterum quod cum aliquis in Villa & territorio prædictis, ædificat & construit furnum seu molendinum novum, vel construere attemptat pro pane coquendo, prohibetur eis per Capitulum & Ecclesiam prædictos, qui cessant & cessare consueverunt & debent propter præmissa, donec de eorum voluntate processerit & procedat, volumus, ordinamus, statuimus & dictis Sacristæ, Capitulo & Ecclesiæ concedimus quod consuetudo super hoc obtenta & observata modis omnibus observetur, nec aliquid deinceps in contrarium attemptetur.*

(16) Item. [f] *Cum in dictis articulis expressè caveatur quod Ecclesia prædicta & Capitulum de Romanis, servitores ipsorum & Beneficiati in eadem, res & bona quæcumque exposita venalia in ipsa Villa de Romanis, potuerunt & possint & debent habere pretio communi & quod pretium ex ipsis rebus & bonis communiter reperitur, ante cæteros quoscumque & præ cæteris aliis quibuscumque, volumus, ordinamus & dictis Sacristæ, Ecclesiæ & Capitulo concedimus quod eis & cuilibet eorum conservetur consuetudo prædicta in prædictis, præ ceteris; exceptis aliis [g] Condominis dictæ Villæ, & ille Condominorum prædictorum qui præveniet, primus habeat prærogativam in retentione rerum venalium.*

(17) Item. [h] *Cum in dictis articulis expresse contineatur, quod Curia de Romanis tam spiritualis quam secularis, gratis & absque emolumento quocumque, prædictis Sacristæ & Capitulo & aliis Beneficiariis in Ecclesia prædicta, & servitoribus ipsorum, consueverunt sigillare cartas suas, instrumenta, munimenta & acta, mandata, citationes, deffectus & scripturas cæteras ad ipsos quomodolibet pertinentes, nullo præmio [i] emolumento ob id quomodolibet exigendo, volumus, ordinamus & dictis Ecclesiæ, Sacristæ & Capitulo concedimus, quod si sic fuerit hactenus consuetum in Curiis prædictis, quod ipsi Sacrista, Capitulum, Canonici, Ministri & Beneficiati in Ecclesia prædicta, quantum eos & eorum quemlibet tangit & tangere poterit quoquomodo, idem privilegium habeant in Curia communi Villæ prædictæ & habere debeant perpetuo deinceps.*

(18) Item. [k] *Volumus & declaramus & dictis Sacristæ & Capitulo concedimus ut supra, quod confugientes ad domos & habitationes prædictorum Canonicorum & cujuslibet ipsorum, quæ sunt & infuturum fuerint infra immunitatem concessam Ecclesiæ, gaudeant & gaudere debeant eadem immunitate qua gaudent & gaudere possunt & debent omnes & quicumque sint ad dictam Ecclesiam confugientes.*

(19) Item. [l] *Cum pro parte dictorum Sacristæ & Capituli dicatur & asseratur, quod ipsi ad opus & utilitatem quorumdam Beneficiatorum & Officiariorum Ecclesiæ*

a Voy. cy-dessus, Art. 20.
b ostiorum.
c &.
d &.
e Voy. cy-dessus, Art. 21.
f Voy. l'Art. 22. de l'Ord.
g Le Dauphin, & l'Archevesque de Vienne, comme Abbé de Romans. Voy. p. 270. Note (c)
h Voy. cy-dessus, l'Art. 23.
i &.
k Voy. cy-dessus, Art. 28.
l Voy. cy-dessus, Art. 29.

CHARLES REGENT, Jean I.er & selon d'autres, Jean II. à Paris, en Octobre 1358.

prædictæ & pro ipsis, percipiunt & percipere [a] *consueverunt à quibuslibet nuptias & matrimonia contrahentibus in dicta Villa, portiones panis, vini, carnium crudarum & coctarum & pastum cum nubentibus, Scutellatas nuptiarum vulgariter nuncupatas, volumus, & dictis Sacristæ, Capitulo & Ecclesiæ concedimus per Nos, hæredes & successores nostros, quod consuetudo super iis observata eis & eorum cuilibet integraliter observetur.*

(20) Item. [b] *Cum prædicti Sacrista & Capitulum dicant & asserant & in dictis articulis contineatur expresse, quod dicti Sacrista & Capitulum, Canonici & Ministri Ecclesiæ prædictæ habent, habere & levare consueverunt semel in anno, Corvatas à personis non exemptis in dicta Villa, animalia bovina, equina, asinina, mulos & equos tenentibus; videlicet pro quolibet aratro unum jornale, & pro qualibet bestia alia non trahente ad aratrum, unum jornale, & pro prædictis pignorare & compellere consueverunt, ut dicunt, volumus & eisdem concedimus quod servetur eisdem consuetudo super perceptione prædictorum hactenus observata: Super pignoratione vero, serventur quæ in aliis articulis superius continentur.*

(21) Item. [c] *Cum dicti Sacrista & Capitulum dicant & asserant, & in dictis Capitulis contineatur expresse, quod ipsi arrestare consueverunt & arrestare possunt & detinere infra ceptra Ecclesiæ prædictæ, Bajulos & Mistrales ac Ministros Ecclesiæ prædictæ, nisi infra certum terminum per Correarios dictæ Ecclesiæ assignandum, solverint & solvi fecerint census, pensiones & proventus de & pro familia sua, ad ipsam Ecclesiam pertinentes, & quod dicta Ecclesia & Correarii prædicti ab antiquo tempore fuerunt & steterunt in possessione pacifica prædictorum, similiter volumus & ordinamus quod usus in prædictis obtentus, & observata consuetudo deinceps & perpetuo inviolabiliter attendantur & observentur.*

(22) Item. [d] *Volumus & concedimus eisdem quod ipsi testamenta & quascumque ultimas voluntates Clericorum & Beneficiatorum dictæ Ecclesiæ ac familiarium, domesticorum, commensalium & (pp) continuorum Canonicorum Ecclesiæ predictæ & cujuslibet ipsorum, & aliorum qui de ipsorum Jurisdictione esse censentur, coram ipsis & sua Curia possint (qq) triplicari, publicari & insinuari facere, necnon originalia penes se retinere, dummodo Jurisdictionem habeant in eisdem & de ipsis personis, & hæredibus decedentium & aliis quibus pertinuerit, legatariis & aliis copiam tradere &* [e] *ædifficari sub sigillo Curiæ ipsorum, necnon Inventaria facere de bonis deffunctorum, & vivorum etiam cum casus exigerit, tam ex Officio quam ad Partis instanciam, & suas interponere partes suaque pariter decreta.*

(23) Item. [f] *Cum dicti sacrista & Capitulum Ecclesiæ prælibatæ, dicant, proponant & asserant, & in dictis capitulis & titulis contineatur expresse, quod dicta Ecclesia & Capitulum ejusdem percipit & percipere consuevit ab antiquo, Leydam in rebus omnibus que venduntur; videlicet die Lunæ, Leydam integram consuetam, dieque Martis, medietatem ejusdem, quam levat & levare facit Ecclesia prædicta pro suo libito voluntatis, decernimus quod possint percipere & levare dictam Leydam prout consueverunt, pœnis, contumaciis, confiscationibus & (rr) commissionibus ad dictam communem Curiam pertinentibus quibuscumque.*

(24.) Item. *Volumus & ordinamus & dictis Sacristæ & Capitulo concedimus quod secundum* [g] *Ordinationem per Dominum nostrum summum Pontificem factam, (ss) sigilla & signa communia & arma quibus utendum & in exercitio Jurisdictionis*

[a] consueverunt & debent, *T. des C.*

[b] Voy. cy-dessus, Art. 32.

[c] Voy. cy-dessus, Art. 35.

[d] Voy. cy-dessus, Art. 36.

[e] edi facere, *T. des C.*

[f] Voy. cy-dessus, Art. 37.

[g] Voy. cy-dessus, p. 270. Note *(c)*

NOTES.

(pp) Et continuorum.] *Et* est inutile. Voy. sur ce mot *continuorum*, cy-dessus, p. 282. Note *(mm)*

(qq) Triplicari.] Je crois que cela signifie, *faire trois Copies.*

(rr) Commissionibus.] C'est la même chose que *confiscation.* Voy. le Gloss. du Droit François par M. de Lauriere, au mot *Commise.*

(ss) Sigilla.] Il est dit dans le Reglement de 1344. que les Sceaux de la Cour, les poids, les mesures, les marques que les Sergents portoient sur leurs habits, les Enseignes & les autres choses qui regardent la Jurisdiction, seront marquez aux armes *[Signa]* de l'Archevêque de Vienne, du Chapitre & du Dauphin. Voy. Hist. du Dauphiné, Tom. 2. p. 498. col. 2.

dictæ Villæ, fiant sive refficiantur & in statum debitum reducantur, necnon quod vexilla, (tt) *Portæ & Fortalicia dictæ Villæ fiant prout ipsius Domini nostri Papæ Ordinatio inde facta continet & comprehendit, & etiam Fidelitates hominum dictæ Villæ communiter recipiantur juxta dictæ Papalis Ordinationis continenciam & vigorem, &* (uu) *territorium assignetur.*

CHARLES REGENT, Jean I.er & selon d'autres, Jean II. à à Paris, en Octobre 1358.

(25) Item. [a] *Volentes prædictos Ecclesiam & Capitulum beati Bernardi de Romanis, uberiori gratia prosequi & favore, prædictis Canonicis existentibus coram Nobis, recipientibus pro se nominibus quibus supra, & infrascriptis Notariis stipulantibus & recipientibus nomine & ad opus Sacristæ & Capituli prædictorum, & omnium & singulorum quorum interest vel intererit in futurum, medietatem pro indiviso* [b] *Bastidæ nostræ construere citra & prope Pontem Villæ de Romanis in Diocesi Valentinensi, ac Villæ quæ est & fiet adveniente tempore, ibidem, & territorii per Nos ibidem assignandi, una cum medietate pro indiviso Jurisdictionis altæ & bassæ & emolumentorum ex ipsa Jurisdictione provenientium quoquomodo, damus, donamus, conferimus & concedimus in perpetuum pro Nobis & nostris heredibus & quibuscumque successoribus, in prædictis redditibus, pedagio, emolumentis & obventionibus aliis, Cavalcatis & aliis juribus nostris quæ ibidem habemus & Nos habere contingerit in futurum; ita tamen quod prædicta Bastida ibidem debeat perpetuo remanere, & hoc de voluntate & consensu prædictorum Canonicorum Procuratorum & procuratoriis nominibus quibus supra: aliam vero medietatem Bastidæ, Villæ, territorii assignandi & Jurisdictionis eorumdem, confitemur & in veritate recognoscimus & volumus tenere à prædictis Ecclesia & Capitulo sub modis, formis & conditionibus quibus tenemus Castrum* (xx) *Pisanciani & territorium ejusdem ab Ecclesia ante dicta.*

a Voy. cy-dessus, Art. 35.

b Petit Château.

Acto tamen & convento inter Nos & dictos Canonicos suis & quibus supra nominibus, quod primæ appellationes quæ interponentur in dictis Bastida, Villa, territorio & [c] *mandamento assignandis, ibidem ad Nos & dictum Capitulum communiter pertineant, secundæ vero ad Capitulum ante dictum: nec est nostræ intentionis quod ratione donationis & infeodationis prædictarum, juri nostro quod Nobis competit & competere potest & habemus in Villa de Romanis prædicta de ædifficando & construendo* [d] *Castrum unum in eadem, aliqualiter renunciare, quin ipsum quandocumque voluerimus, possimus in eadem Villa ipsum Castrum ædifficare, construere & bastire, prout & quemadmodum in dicta Papali Ordinatione continetur.*

c district.

d Voy. cy-dessus, p. precedente, Note (tt)

(26) Item. [e] *Pactum facimus validum & expressum per Nos, heredes & successores nostros omnes & singulos, dictis Sacristæ & Capitulo solemni stipulatione vallatum, quod numquam per Nos vel per alium concedemus, nec aliquam autoritatem quocumque modo præstabimus hominibus & incolis dictæ Villæ de Romanis aut eorum successoribus, quod ipsi habeant vel habere possint commune aliquod, nec etiam universalitatem, conventiculum, nec sindicos, Consules, Procuratores vel actores per modum Collegii seu Universitatis seu Corporis seu Communitatis, & ex nunc Nos & nostra obligamus ad hoc quod nullo tempore concedemus prædicta, nisi de ipsius Capituli voluntate processerit vel consensu.*

e Voy. cy-dessous, Art. 30.

(27) Item. *Volumus & declaramus primas appellaciones* [f] *Pisanciani quæ spectaverunt, pertinuerunt & hodie spectant & pertinent ad dictum Capitulum, ut asserunt,*

f Voy. cy-dessus, p. 274. Note (r)

NOTES.

(tt) *Portæ & Fortalicia.*] Il est dit dans ce même Reglement, que le Dauphin pourra bâtir un Palais & une Forteresse auprès des murs de la Ville de Romans, dans lesquels il aura une porte, p. 498. col. 1.

(uu) *Territorium assignetur.*] Ce même Reglement porte que le Dauphin sera tenu d'assigner à la Ville de Romans, un certain territoire d'une mediocre estenduë, [*moderatum,*] qui appartiendra en commun à l'Archevêque, au Chapitre & au Dauphin. *Ibid.*

(xx) *Pisanciani.*] *Pisançon.* Voy. l'Hist. du Dauphiné par M. de Valbonais, Tom. 2. p. 431. col. 1. & la Table des Matieres au mot *Pisançon.* Il y a dans les trois Memoires de M. Magueux plusieurs choses qui regardent l'Hommage de *Pisançon.* Voy. cy-dessus, p. 277. Note (y)

CHARLES REGENT, Jean I.er & selon d'autres, Jean II. à Paris, en Octobre 1358.

licet de facto turbentur per Gentes nostras, ad dictum Capitulum pertinere.

(28) Item. [a] *Volumus & concedimus dictis Sacristæ, Ecclesiæ & Capitulo quod tempore quo vendetur vinum Banni Ecclesiæ de Romanis, circa villam in aliqua sui parte, cuiquam non liceat nec licitum sit alteri quam Ecclesiæ quæ ibidem ipsum bannum vini vendere possit modis & formis sibi competentibus in Villa de Romanis, vendere vinum ad tractum duarum Balistarum, nec in dicta* [b] *Bastida, territorio & Villa seu mandamento ipsius, sub pœna amissionis vini & decem librarum applicanda Ecclesiæ memoratæ, pro qualibet vice qua fuerit vendens hujusmodi per Gentes Capituli reprehensus.*

(29) Item. *Volumus & fideli Cancellario nostro mandamus ut præsentes pacta & conventiones sigillet nostro sigillo majori, absque exactione emolumenti sigilli aliquali.*

(30) Item. [c] *Quod quantum per Nos de facto processum est & concessum dictis Burgensibus Villæ prædictæ de Romanis, posse habere Consules, Sindicos, Procuratores, Advocatos, Consiliarios & Universitatem, omnino revocamus etiam cum effectu, & quod pro non facto & non concesso ex nunc omnino habeatur.*

(31) Item. *Supradicta omnia per Nos concessa, declarata & confirmata dictis Ecclesiæ & Capitulo, damus, donamus, declaramus & confirmamus pro Nobis & nostris successoribus quibuscumque, & hoc tam ex jure Nobis quæsito quam etiam ex quærendo quovis modo.*

(32) Item. *Volumus & mandamus prout Nobis est possibile, antiqua vera statuta & usitata ac consuetudines laudabiles loci prædicti de Romanis, quæ de jure valere debebunt, inviolabiliter observari, nihil derogando nec detrahendo juri nostro nec alicujus cujuscumque, per concessionem præmissam, nisi quo ad concessa supra per Nos, in quantum Nos tangit & hæredes & successores nostros quoscumque.*

(33) Item. *Volumus quod Officiales communes de Romanis habeant observare prædictas concessiones & declarationes perpetuo, sub pœna pro qualibet vice quinquaginta florenorum, quorum medietas Nobis applicetur & alia medietas dicto Capitulo; dum tamen per dictum Capitulum requisiti fuerint & etiam informati simpliciter & de plano: Quam pœnam incurrant* [d] *eo facto.*

(34) Item. *Simili modo in Bastida & territorio prædictis, volumus observari, ut in supra proximo articulo continetur.*

(35) Item. [e] *Volumus etiam quod Nos & Capitulum prædictum habeamus ponere Officiales communiter in Bastida & territorio supradictis, qui omnia supradicta debeant observare, in quantum tangit ea quæ fient in dictis Bastida, Villa & ejus territorio sub pœna antedicta.*

Quæ autem omnia universa & singula supradicta, prout superius per Nos sunt expressata, declarata, confirmata & donata, promittimus pro Nobis, nostris hæredibus & successoribus universis, bona fide & per juramentum nostrum ad Sancta Dei Evangelia corporaliter præstitum, & sub obligatione expressa & ypotheca omnium bonorum nostrorum quorumcumque præsentium & futurorum, prædictis Canonicis præsentibus, suis & quibus supra nominibus recipientibus & solenniter stipulantibus, ac dictis Notariis infrascriptis tanquam personis publicis, stipulantibus solemniter & recipientibus vice, nomine & ad opus omnium & singulorum quorum interest, intererit seu interesse poterit in futurum, attendere firmiter & complere, & ipsa rata, grata, firma, valida & illibata habere perpetuo & servare, & numquam contradicere facere vel venire per Nos seu interpositam personam, in Judicio vel extra, de jure vel de facto, in toto vel in parte, aliqua causa, aliqua ratione, aliquo ingenio seu arte, nec alicui contradicere, facere vel venire volenti clam vel palam, modo aliquo consentire, nec præstare consilium, auxilium, juvamen, favorem vel assensum, renunciantes pro Nobis & nostris hæredibus & successoribus quibuscumque, ex nostra certa scientia, in hoc facto & sub virtute superius per Nos præstiti juramenti, & per pactum expressum solemni stipulatione vallatum, omni actioni & deceptioni dictarum [f] *confessionum, declarationum, confirmationum, donationum, ac omnium & singulorum prædictorum non factorum, non declaratorum, non concessorum, non donatorum, non confirmatorum & non rite & legitime factorum, concessorum, confirmatorum, donatorum & declaratorum bene, rite & legitime, prout superius est expressum, doli mali*

[a] Voy. cy-dessus, p. 275. Art. 10.

[b] Voy. cy-dessus, l'Art. 25.

[c] Voy. cy-dessus, p. 287. Art. 26.

[d] ipso, T. des C.

[e] Voy. cy-dessus, p. precedente, Art. 25.

[f] concessionum, T. des C.

mettusque [a] *erroris, & in factum actioni & exceptioni, privilegio fori, petitioni & oblationi libelli, transcripto & editioni hujus præsentis publici instrumenti & copiæ notæ ejusdem, conditioni sine causa, ob causam vel ex injusta causa, Officio & implorationi Officii Judicis, Juri dicenti quod si dolus det causam contractui, quod contractus nullus sit ipso jure, & si incidat in contractum, quod agi possit ad residui supplementum, beneficio restitutionis in integrum. Juri dicenti donationem factam prole superveniente, revocari posse, Juri dicenti donationem quingentorum aureorum excedentem sine insinuatione Judicis non valere, omni Juri per quod deceptus & circumventus in contractibus tam majoribus quam minoribus, legis auxilio subvenitur, omnique alio Juri tam canonico quam civili, scripto & non scripto, edito & edendo, promulgato & promulgando, statuto & statuendo, & legum auxilio, omnibusque exceptionibus, deffensionibus, cavillationibus, subterfugiis, beneficiis, privilegiis & statutis Juris & facti, quibus contra prædicta vel aliqua de prædictis possemus dicere, facere vel venire, aut adversus ea in aliquo Nos tueri, & demum Juri dicenti generalem renunciationem non valere nisi præcesserit specialis: De quibus omnibus universis & singulis supradictis, dictus Dominus noster Dalphinus præcepit & mandavit, & dicti Domini Canonici suis & quibus supra nominibus, petierunt & requisierunt ad opus sui & dictorum Ecclesiæ, Sacristæ & Capituli, & quorum interest seu interesse poterit in futurum, fieri per Nos Notarios infrascriptos unum, duo & plura quot voluerint publica instrumenta, dictanda, corrigenda & refficienda semel & pluries, si necesse fuerit, producta in Judicio vel non producta, ad consilium Venerabilium Virorum Dominorum Leonis de Lemps Doctoris Decretorum, Prioris Sancti Donati Viennensis Diocesis, & Guillelmi Fornerii in utroque Jure Licenciati, Procuratoris Domini nostri Dalphini, facti tamen substancia non mutata. (yy)*

CHARLES REGENT, Jean I.er & selon d'autres, Jean II. à Paris, en Octobre 1358.

a &.

Tenor procurationis dictorum Canonicorum talis est.

In nomine Domini, Amen. Anno Incarnationis Dominicæ millesimo tercentesimo quadragesimo octavo, Indictione prima & die (zz) vicesima octava mensis Marcii, coram me Martino Veteris de Romanis, Viennensis Diocesis Clerico, autoritate Imperiali Notario publico, & testibus infrascriptis, Viri Venerabiles Domini Guillelmus de Chorisiaco, Giletus de Montecanuto, Franciscus Burgundionis, Marchisius de [b] *Claysio & Guillelmus de Barberia Canonici in Ecclesia Beati* [c] *Bernardi, omnes simul in unum in Capitulo congregati ad sonum Campanæ, more solito capitulantes & Capitulum celebrantes de pro & super infrascriptis, unanimi consensu, suis nominibus & dictorum suorum Ecclesiæ & Capituli, ac omnium aliorum Canonicorum suorum absentium, citra Procuratorum suorum & dicti Capituli & Ecclesiæ prædictæ per dictum Capitulum aliàs constitutorum, & potestatis aliis personis datæ revocationem, scientes & spontanei constituerunt & ordinaverunt suos & dictorum Ecclesiæ & Capituli suorum, Procuratores, Yconomos & Nuncios generales & speciales; videlicet Viros Venerabiles Dominos Joannem Girini Canonicum, & Magistrum Aymarum de Cursone, Aymarum Gay, Poncium de Altovillario, & Desiderium Arthodi Concanonicos suos tam præsentes quam absentes, dantes & concedentes prædicti Domini capitulantes constituentes suis & quibus supra nominibus, dictis suis Procuratoribus, Yconomis & Nunciis specialibus omnibus simul,*

b Thaysia, *T. des C.*

c Bernardi de Romanis, *T. des Ch.*

NOTES.

(yy) Cet Acte se passa à Beauvoir. Voy. cy-dessous, p. suivante & Note *(aaa)*

(zz) Vicesima octava mensis Marcii.] Cette date prouve que dans le Dauphiné on ne commençoit pas l'année à Pâques, comme dans presque tout le reste de la France. Car suivant Du Cange, dans son Glossaire au mot *Annus*, le jour de Pâques de l'année 1348. tomba au 20. d'Avril. Or la Procuration du Chapitre de Romans pour traiter avec le Dauphin estant du 28. de Mars 1348. l'Acte ayant esté passé le 12. d'Avril 1348. [Voy. p. 272. & Note *(h)*] & une Copie de cet Acte ayant esté faite le 22. de Decembre 1348. [Voy. cy-dessous p. 291. & Note *(ccc)*] il est évident que dans le Pays où ces Actes ont esté passez, l'année ne commençoit pas à Pâques: car si elle avoit commencé à Pâques, c'est-à-dire, le 20. d'Avril, le 28. de Mars auroit esté posterieur au 22. de Decembre, & par consequent l'Acte auroit esté copié, avant que la Procuration donnée pour le passer eust esté faite.

CHARLES REGENT, Jean I.er & selon d'autres, Jean II. à Paris, en Octobre 1358.

plenam, generalem & liberam potestatem tractandi cum Serenissimo Principe Domino Humberto Dalphino Viennensi, de & super omnibus controversiis & querelis quas habet & habere posset prædicta Ecclesia contra ipsum Dominum Dalphinum & ejus Officiarios, super eo quod propriam Jurisdictionem ipsius Ecclesiæ, Jura, Franchesias, Libertates & res ejusdem, ipsi Officiarii occupare nituntur & [a] usi sunt, & super ipsis necnon & super omnibus pertinentibus ad statum & reformationem status, Jurium, Libertatum & Franchesiarum ipsius Ecclesiæ, & super omnibus aliis quæ utilitati & commodo ipsius Ecclesiæ viderunt expedire, sive sint infra Villam de Romanis sive sint extra, cum eodem Domino nostro Dalphino transigendi, [b] pascissendi, conveniendi, pacta, confæderationes & conventiones ac [c] concordationes universas & singulas faciendi, inhiendi & perficiendi, prout commodo dictæ Ecclesiæ & utilitati ejusdem viderint expedire: promittentes prædicti Domini Canonici capitulantes & suis quibus supra nominibus, bona fide loco juramenti interposita, & sub obligatione expressa & ypotheca omnium bonorum dictorum suorum Ecclesiæ & Capituli quorumcumque, mihi prædicto Notario tanquam personæ publicæ, solemniter stipulanti & recipienti vice, nomine & ad opus omnium & singulorum quorum interest, intererit seu interesse poterit in futurum, se rectum, gratum, firmum perpetuo habiturum quidquid per dictos Procuratores suos, Yconomos & speciales Nuncios in prædictis & circa prædicta actum, dictum, gestum fuerit, seu etiam procuratum & judicatum solvi cum suis clausulis universis, relevantes & relevare volentes, ac per præsentes relevatos esse volunt dicti Domini Capitulantes constituentes suis & quibus supra nominibus, dictos suos Procuratores, Yconomos & Nuncios speciales ab omni onere satisdandi, & se constituerunt fidejussores dicti Domini capitulantes constituentes suis & quibus supra nominibus, penes me prædictum Notarium stipulantem ut supra, sub obligatione & ypotheca prædictis, pro prædictis Procuratoribus suis, Yconomis & Nunciis specialibus, de rato habendo & judicatum solvendo cum suis clausulis, volentes prædicti Domini constituentes suis & quibus supra nominibus, prædicta omnia & singula omnibus quorum interest seu interesse poterit in futurum, tenore hujus præsentis instrumenti publici, fieri manifesta: de quibus omnibus supra dictis, prædicti Domini constituentes capitulantes suis & quibus supra nominibus, petierunt sibi fieri unum, duo vel plura quot necessaria [d] fuerunt publica instrumenta, sigillo dicti Capituli sigillanda per me Notarium supradictum. Actum Romanis, Anno, Indictione & die quibus supra [e], in Ecclesia beati Bernardi prædicti, in Capella quæ vulgariter Capitulum dictæ Ecclesiæ nuncupatur, præsentibus testibus ad hoc vocatis, Venerabilibus Viris Dominis Guigone Rostaygni, Jordano Robili in dicta Ecclesia [f] Præsbitero & me prædicto Notario, qui premissis omnibus una cum dictis testibus, præsens fui, & hoc instrumentum publicum recepi & manu mea propria scripsi, signoque meo consueto signavi rogatus & tradidi. In quorum omnium & singulorum præmissorum robur & testimonium, sigillum dicti venerabilis Capituli appensum est huic præsenti publico instrumento.

Actum in (aaa) Bellovisu in Royanis, Gratianopolitanensis Diocesis, Anno, Indictione & die quibus supra, in hospicio Domini Petri de Fontanis Militis, præsentibus ad hoc vocatis specialiter & rogatis testibus, Venerabilibus & Religiosis Viris Dominis Michaele Mecheti Doctore Decretorum, Priore Sancti Roberti dictæ Gratianopolitanensis Diocesis, Fratre Joanne Revelli Ordinis Prædicatorum, necnon Venerabilibus Viris Dominis Guillelmo de Masso Legum Doctore, Guillelmo Fornerii in utroque Jure Licenciato,

a Fort. nisi sunt.

b pascissendi, T. des C.

c concordantias, T. des C.

d fuerint, T. des C.

e Voy. p. precedente, Note (zz)

f Presbiteris, T. des C.

NOTES.

(aaa) Bellovisu.] M. de Valbonais dans son Hist. du Dauphiné, Tom. 1. p. 269. n.° IX. dit que les derniers Dauphins sejournerent assez souvent dans le Chasteau de *Beauvoir* dans le *Royannois*, & que plusieurs des Actes publics qui ont esté passez en leur presence, sont datez de ce lieu.

Le Notaire *Veteris* qui seul & assisté de deux temoins, avoit reçû la Procuration du Chapitre de Romans dans la sale du Chapitre, vint le même jour à *Beauvoir*; & par l'ordre du Dauphin, il redigea dans ce lieu, les conventions faites entre le Dauphin & le Chapitre, & il les fit signer par deux autres Notaires & par plusieurs temoins, & le Dauphin les fit seeller le 11. ou le 12. d'Avril suivant. Voy. cy-dessus, p. 272. & Note (i) & p. precedente, Note (zz)

Francisco de Cagino utriusque Juris perito, Majore Judice Viennesii, Tisceto Roerii, & me Martino Veteris de Romanis Viennensis Diocesis Clerico, autoritate Imperiali publico Notario, qui præmissis omnibus & singulis declarationibus, confirmationibus, concessionibus & donationibus dum sic agebantur, una cum Petro Anselmi de Meyriaco Lugdunensis Diocesis, & Andrea Cartarini de Romanis, Viennensis Diocesis prædictæ, Notariis publicis & testibus supradictis, præsens fui & hoc instrumentum prædictum publicum una cum prædictis Petro & Andrea, de mandato Domini nostri Dalphini, & ad requisitionem dictorum Dominorum Canonicorum suis & quibus supra nominibus, recepi, ipsumque manu mea propria scripsi, signoque meo consueto signavi rogatus & tradidi.

CHARLES REGENT, Jean I.er & selon d'autres, Jean II. à Paris, en Octobre 1358.

Ego vero Andreas Cartarini de Romanis, Viennensis Diocesis, autoritate Imperiali Notarius publicus & Curiarum omnium Reverendi in Christo Patris & Domini Domini B. miseratione Divina Sanctæ Viennensis Ecclesiæ Archiepiscopi, Juratus, præmissis omnibus & singulis declarationibus, confirmationibus, concessionibus & donationibus dum sic agebantur, una cum supradictis Martino Veteris & Petro Anselmi de Meyriaco publicis Notariis, & testibus supradictis, præsens fui & hoc præsens publicum instrumentum una cum prædictis Martino & Petro Notariis, de mandato dicti Domini nostri Dalphini, & ad requisitionem dictorum Dominorum Canonicorum suis & quibus supra nominibus, recepi, & hic manu mea propria subscripsi, ipsum que [a] *signeto meo consueto signavi rogatus & tradidi.*

a signo, *T. des C.*

Et Ego Petrus Anselmi de Meyriaco Clericus Lugdunensis Diocesis, publicus autoritate Imperiali Notarius, ac prædicti Domini nostri Dalphini Juratus, prædictus declarationibus, [b] *cessionibus, donationibus, promissionibus & renunciationibus dum sic agebantur per dictum Dominum nostrum Dalphinum, ac omnibus aliis & singulis supradictis, una cum prædictis Martino Veteris & Andrea Cartarini de Romanis, Viennensis Diocesis, connotariis meis ac supradictis testibus præsens fui, & hoc præsens publicum instrumentum una cum prædictis Martino & Andrea connotariis meis, de mandato prædicti Domini nostri Dalphini, & ad requisitionem Dominorum Canonicorum suprascriptorum, recepi & in Cartulariis sive protocollis meis de verbo ad verbum nihilque detracto, notavi, & hic manu mea propria me subscripsi, & rogatus signum meum apposui consuetum, in robur & testimonium præmissorum.*

b concessionibus, *T. des C.*

Nos vero Humbertus Dalphinus Viennensis prædictus præsens publicum instrumentum ad perpetuam rei memoriam & ad majorem roboris firmitatem, majoris sigilli nostri fecimus appensione (bbb) muniri.

(ccc) Facta autem fuerunt hæc omnia prædicta Romanis, in Consistorio Curiæ Officiolatus prædicti; videlicet Anno Incarnationis Dominicæ millesimo tercentesimo quadragesimo octavo, Indictione secunda, & die vicesima secunda Mensis Decembris, præsentibus ad hæc vocatis & rogatis testibus, Nobili Viro Bertono de Maloco, Discreto Viro Domino Jordano Serreni Præsbitero Romanis, Joanne de Vilario, Stephano Chaltetonis Clericis, Notariis, Guillelmo Villaronis Clerico & Eustachino Serraillerii habitatore Romanis, & pluribus aliis fide dignis, & me Joanne Regis de Chavanis Clerico Viennensis Diocesis, publico autoritate Imperiali Notario, & Curiæ dicti Officiolatus Viennensis apud sanctum Donatum jurato, qui præmissis omnibus singulis [c] *oblationi, postulationi, requisitioni, lectioni &* [d] *interpositioni Decreti, & aliis omnibus & singulis supradictis dum sic fiebant, postulabantur, legebantur, inspiciebantur & agebantur, una cum Petro Bernini, Bonifacio Broxii, Andrea de Maillino, Vincentio Chabillati, Guillelmo Nassceti & Eustachio Bauduyni Notariis publicis & testibus supradictis,*

c instrumenti.

d inspectioni, *T. des C.*

NOTES.

(bbb) *Muniri.*] Voy. cy-dessus, p. 272. & Note (h) la date du jour que cet Acte fut scellé.

Après ce mot *muniri*, il y a dans le Tresor des Chartres, *retentis & reservatis Nobis & nostris heredibus & quibuscumque successoribus.* Après lesquels mots, il y a une ligne & demie d'effacée, qui n'avoit aucun rapport à ce qui precede ni à ce qui suit.

(ccc) *Facta autem, &c.*] Ce qui suit regarde ce qui se passa devant l'Official, lorsqu'il fut requis de donner une Copie collationnée de l'Acte passé entre le Dauphin & le Chapitre de Romans. Voy. cy-dessus, p. 271.

CHARLES REGENT, Jean I.er & selon d'autres, Jean II. à Paris, en Octobre 1358.

præsens fui, & hoc præsens publicum instrumentum seu exemplum à dicto instrumento sumptum, una cum prædictis Petro Bernini, Bonifacio Broxii, Andrea de Maillino, Vincentio Chabillati, Guillelmo Nasseti & Eustachio Bauduini Notariis publicis de mandato dicti Domini Officialis, & ad requisitionem dictorum Dominorum Canonicorum sub & quibus supra nominibus, recepi, & in hanc publicam formam redegi, & manu mea propria scripsi, & de dicto instrumento extraxi, & ipsum instrumentum hic [a] *exemplavi, signoque meo consueto signavi rogatus & tradidi fideliter & requisitus.*

Ego vero Petrus Bernini de Romanis, Clericus, autoritate Imperiali Notarius publicus & omnium Curiarum supradicti Domini Archiepiscopi Viennensis Curiæque Dalphinatus & Dyensis juratus, iis omnibus interfui, & hoc transcriptum instrumentum cum dicto instrumento originali legi & intellexi de verbo ad verbum, & quia per omnia veram concordanciam inveni, ideo in hoc præsenti publico instrumento facto per dictum Joannem Regis Notarium, & scripto in præmissis septem [b] *petiis pergameni simul junctis & conglutinatis sub signo dicti Notarii, hic me manu propria subscripsi, & signo meo consueto signavi requisitus & rogatus.*

Rursus Ego Eustachius Bauduini de Romanis, Viennensis Diocesis Clericus, autoritate Imperiali Notarius publicus, Curiarumque omnium supradicti Domini Archiepiscopi Viennensis juratus, iis omnibus interfui, & hoc transcriptum instrumentum cum dicto instrumento originali legi & intellexi de verbo ad verbum, & quia per omnia veram concordanciam inveni, idcirco in hoc præsenti publico instrumento facto & signato per dictum Joannem Regis Notarium, & in septem præmissis petiis pergamineis simul junctis & conglutinatis sub signo dicti Notarii, hic me manu mea propria subscripsi, & signo meo solito signavi rogatus & requisitus.

Cæterum Ego Andreas de Mallino Clericus [c] *Dyensis Diocesis, Habitator Romanis, autoritate Imperiali Notarius publicus, juratusque omnium Curiarum Domini Archiepiscopi Viennensis, prædictis omnibus interfui, & hoc transcriptum instrumentum ex dicto instrumento originali sumptum vidi, legi & intellexi de verbo ad verbum, & quia per omnia veram concordanciam inveni, ideo in hoc præsenti publico instrumento facto, scripto & signato per dictum Joannem Regis Notarium & in septem præmissis petiis pergameni simul junctis & conglutinatis sub signo dicti Notarii, hic me manu propria subscripsi, signoque meo solito signavi rogatus & requisitus.*

Item. *Ego Vincencius Chabillati de Archeusta, Clericus Bellicensis Diocesis, Habitator Romanis, autoritate Imperiali Notarius publicus, juratusque omnium Curiarum Reverendi in Christo Patris Domini nostri Archiepiscopi Viennensis prædicti, iis omnibus supradictis interfui, & hoc transcriptum instrumentum ex dicto instrumento originali sumptum vidi, legi & intellexi de verbo ad verbum, & quia per omnia veram concordanciam inveni, idcirco in hoc præsenti publico instrumento facto, scripto & signato per dictum Joannem Regis Notarium, & in septem præmissis petiis pergameni simul junctis & conglutinatis sub signo dicti Notarii, hic me manu mea propria subscripsi, signoque meo solito signavi rogatus & requisitus.*

Nos vero Officialis Vicesque gerens præfatus, in testimonium præmissorum præsens instrumentum fecimus nostræ Curiæ sigilli appensione muniri.

(ddd) De gratia speciali & ex certa scientia, & nostræ plenitudine potestatis, rata & grata habentes, ea volumus, laudamus, approbamus & tenore præsentium confirmamus, dantes tenore præsentium in mandatis Locum-tenenti & Gubernatori ac Baillivo Viennensi, cæterisque Justiciariis, Officiariis & subditis nostris dicti Dalphinatus, qui nunc sunt & pro tempore fuerint, vel eorum Loca-tenentibus, aut cuilibet eorumdem prout ad eum pertinuerit, quatenus prædictos Sacristam & Capitulum dictis privilegiis & concessionibus juxta formam & tenorem eorumdem & nostræ præsentis confirmationis, uti & gaudere pacifice faciant & permittant, nihil in contrarium attemptando seu fieri permittendo, facti,

[a] copié.

[b] pieces, morceaux.

[c] Viennensis, T. des C.

NOTES.

(*ddd*) *De gratia speciali, &c.*] Cecy est la confirmation du Dauphin Charles, Fils du Roy Jean. Voy. cy-dessus, p. 270. Note (*e*) *si quæ fuerint in contrarium, ad statum pristinum & debitum reducendo, quoniam de dicta nostra gratia speciali volumus & dictis* [a] *Ecclesiæ & Capitulo ob reverenciam & devotionem quam habemus apud dictum Sanctum Bernardum, & ut dicti Sacrista, Canonici & aliæ Ecclesiasticæ personæ dictæ Ecclesiæ pro Nobis & progenie nostra orare teneantur, sic fieri & observari volumus & jubemus. Quod ut firmum & stabile perpetuo perseveret, nostrum magnum sigillum præsentibus Litteris duximus apponendum: Salvo in aliis jure nostro, & in omnibus quolibet alieno.* Datum Parisius, Anno Domini millesimo tercentesimo quinquagesimo-octavo, Mense Octobris. Sic signatum. *Per Dominum Dalphinum, in suo Consilio, quo erant Domini de Loupy, de* [b] *Mullento, de Castronovo, Marescallus Burgundie, Arthaudus de Bello-Simili, Aymo de Sancto Petro Marescallus Dalphinatus, G. de Benseville & Phillipus de Tribus-Montibus.* [c] BERTONUS CAMA.

Subtus vero in margina sic erat scriptum: Collatio facta est cum dicto instrumento per me, Berthonus Cama. (*ccc*)

CHARLES REGENT, Jean I.er & selon d'autres, Jean II. à Paris, en Octobre 1358.

a dictis Sacriste, *T. des C.*

b Meullento, *T. des C.*

c B. Cama, *T. des C.*

NOTES.

(*ccc*) Dans le Registre du Tresor des Chartres, il y a ce qui suit :

Cum sigillata fuerint, tradantur Domino de Castronovo aut Domino Artaudo de Bellosimili, vel Domino Aimoni de Sancto Petro Marescallo Dalphinatus aut altero eorum, ad portanda Locum-tenenti dicti Domini Dalphini in dicto Dalphinatu, ut ipsa visa per eumdem & Consilium Dalphinatus, & facta collatione cum originali, si concordent, expediat & tradatur caam dictis sacrist. & Canonicis Ecclesie de Romanis seu eorum Procuratori, quia ita fuit Ordinatum per dictos Dominos. Je ne sçais ce que veut dire ce mot *caam*. Peut-estre faut-il lire, *tradat copiam.*

(*a*) *Lettres concernant la Justice du Seigneur de Mautort près d'Abbeville.*

CHARLES REGENT, Jean I.er & selon d'autres, Jean II. à Paris, en Octobre 1358.

KAROLUS Regis Franc. Primogenitus, Regnum regens, Dux Normanie & Dalphinus Viennensis. Notum facimus universis presentibus pariterque futuris, Nos Litteras dilecti nostri Michaëlis de Mautort Scutiferi recepisse, formam que sequitur, continentes.

Je Mikiex de (*b*) Mautort Esquiers, fais savoir à touz chiaus qui ches presentes Lettres verront ou ourront, que comme pardevant Noble homme & saige Monseigneur Thumas de Belhons, Chevalier, Senescal & Garde de la terre de Ponthieu, debas fust meus entre mi d'une part, & le Maieur & les Eskevins de la Communauté [d] d'Aubeville d'autre part, pour les [e] bonnes qui mis sunt en me terre à Mautort, pour Banllieuë d'Abbeville, & dont [f] veuë a esté fait: De quoy je me plaignoie & disoie que à tort y estoit mis lidit bourne, & ke demourer ni devoient par plusieurs raisons, & [g] rekacroie ke il fussent osté: Et li Maires & li Eskevin devant dit pour [h] aux & pour leur Commun, deissent le contraire, en affermant que bien & à droit par (*c*) cherkemanerie & par Justiche qui faire le pooit, ledit bourne estoient mis & assis, & que usé y avoient de Baulieuë, & [i] esploitié [k] puis lesdiz bournes mis: Par coi il disoient que lidit bourne devoient demourer pour leur Banllieuë. [l] Ché oïj, Je Mikiex devant dit [m] aprins & enquis de che le verité, & a seu par mes devanchiers, par mes amis & par [n] grant planté de bonne gent, que

d *Abbeville.*

e *bornes.*

f *descente sur les lieux.*

g *requerois.*

h *eux.*

i *fait des Actes Judiciaires.*

k *depuis.*

l *ce que ayant entendu.*

m *informé.*

n *grand nombre.*

NOTES.

(*a*) Tresor des Chartres, Registre 86. pour les Années 1357. 1358. Piece 472.

(*b*) *Mautort.*] La terre de Mautort existe encore aujourd'huy, & elle se trouve même dans une Carte Geographique de M. de l'Isle.

(*c*) *Cherkemanerie.*] Information faite pour connoistre les bornes d'un heritage. Ce mot vient de *cercher* & de *Manoir.* Voy. le Gloss. du Droit François par M. de Lauriere, sous le mot *Cerquemanage.*

CHARLES REGENT, Jean I.er & felon d'autres, Jean II. à Paris, en Octobre 1358.

droit n'ay de debattre les bournes devant diz, ne de mettre empefchement. Si recon nois que lidit bournes furent & font mis pour Banllieuë d'Abbeville, loyalment à droit, par droite cerkemanerie faite par la Juftiche, qui bien le pooit & devoit faire & que demourer doivent [a] yretaulement ès lieus [b] laü où il font. Et reconnois encores que lidit Maires & Eskevin ont & doivent avoir par dedens ches bournes, [c] semonses, Ajournemens, [d] bourneries, la conniffance, le Jugement, l'execution & le pourfit de toutes manieres de [e] prinfes faites dedens ches bournes, [f] defmelées, de [g] lais dis, de [h] muifons froiffier, de * affurement ou (*) de païs briffiez, de [i] bans de eftatus brifiés, de toute forfaitures & Juftiche & Seignourie, [k] de tailler, & d'autres chofes & de touz debas, qui funt ou qui avenir pueent entre Parties, queles qu'elles foient, de quelle chofe ne quele befoigne que che fuft, tout auffi [l] avant comme il ont & ufent ou pueent avoir en touz les lieus de leur Banllieuë, & en le Visconté mon très-chier Seigneur le Conte de Ponticu. Et reconnois que il ont les femons, les ajournemens, & cerkemaneries dedens lefdiz bournes, auffi avant que il ont par toute leur Banlieuë.

(1) Et eft affavoir que les pourfis que je ai en me terre par dedens lefdis bournes me doivent demourer, & les rctieng; ch'eft affavoir, me Vifconté, fi comme quatre deniers du [m] Sanch, & fe il etoit (d) forcheles, foixante folz pour l'amende, en [n] lefwart du Maieur & des Eskevins devant diz.

(2) Derekief fe aucun heretages [o] eskaoit à enfant [p] defagié, il doit avoir [q] bail j'ai (e) relief du defagié & du bail. Et fe un hom prent famme, qui ait yretages fes [r] barons relieve l'iretage [f] fe famme.

(3) Derekief le quint pour les ventes des yretages vendus, que ont tient de mi & le [t] bani de men four, & le [u] Sience.

(4) Derechief le [x] loy de (f) fept folz & fix deniers de mes [y] chens non payez au terme deu, (g) capon pour capon, & le contraignement de mi faire paier mes chens, mes corvées: Si comme de prendre huis & feneftres, ou les biens ès terres tenans à rachine, ou la [z] carue arant en la terre.

(5) Si rctieng mes (h) herbages & mors & vis; & l'amende des mors, fe paié n'eftoient au terme deu.

(6) Et retieng encor trente-deux deniers (i) d'antrée, & autretant d'iffuë.

a *heredirablement, perpetuellement.*

b *là.*

c *fommations.*

d *le droit de regler & d'eftablir des bornes.*

e *criminels arreftez.*

f *batteries.*

g *injures.*

h *maifons endommagées.*

* *Voy. cy-deffus, p. 264. Note (b).*

i *Ordonnances de Juge.*

k *d'impofer la taille.*

l *avec autant d'eftenduë.*

m *Cens.*

n *au Jugement. Voy. cy-deffus p. 118. Note (x)*

o *efcheoit.*

p *mineur.*

q *un tuteur.*

r *fon mari.*

f *de.*

t *ban.*

u *Appar. Cens.*

x *l'amande.*

y *Cens.*

z *la Charuë labourant.*

NOTES.

(*) Païs briffiez.] Il s'agit-là d'une paix faite entre des particuliers, après une guerre privée.

(d) Forcheles.] M. de Caumefnil Procureur du Roy en la Senefchauffée de Ponthieu, & au Prefidial d'Abbeville, que j'ay confulté fur ce mot, m'a fait la grace de m'écrire, que lorfqu'un Vaffal ne paye pas au jour marqué le Cens qu'il doit à fon Seigneur, enforte que celuy-cy eft obligé de le pourfuivre, le Vaffal eft *forchele,* & doit foixante fols d'amende.

(e) Relief.] Droit qui fe paye au Seigneur, à chaque mutation de proprietaire d'un heritage, par voye de fucceffion. Voy. l'Art. 4. de la Couftume de Ponthieu.

(f) Sept fols & fix deniers de mes Chens non payez, &c.]

Dans l'Art. premier, il eft dit que l'amende des Cens non payez, eft de foixante fols, [Voy. Note *(d)*] & dans celuy-cy, l'amende dans ce cas, n'eft que de fept fols fix deniers.

Je crois que l'amende de foixante fols eft pour le Cens impofé fur les terres nobles, & celle de fept fols fix denies pour le Cens dû fur les rotures. De la même maniere que par l'Art. 6. de la Couftume de Ponthieu, il eft dit qu'on paye une amende de foixante fols, lorfqu'on ne *releve* pas dans un certain temps, une terre noble, & fept fols fix deniers, quand c'eft une roture.

(g) Capon pour Capon.] Je crois que cela fignifie, que lorfqu'un Vaffal qui doit un Chapon de Cens, ne le paye au terme, il doit donner un fecond Chapon par forme d'amende.

(h) Herbages & mors & vis.] Dans l'Art. 92. de la Couftume de Ponthieu, il eft dit, que lorfque le fujet d'un Seigneur a dix beftes à laine & au-deffus, il luy doit le droit d'*herbage vif;* c'eft-à-dire, une befte à laine vive chaque année : mais fi le fujet n'a pas dix beftes, il ne doit que le *mort herbage,* c'eft-à-dire qu'une maille de chaque befte. Voy. l'Art. fuivant de la Couftume fur l'amende du *mort herbage* non payé : car on n'encourroit pas d'amende, faute d'avoir payé le droit d'herbage vif. *Ibid.*

(i) D'Antrée, &c.] Il feroit à fouhaiter que la nature de ces Droits d'entrée & de

(7) Si retieng (k) les ostises & les resceandises, que on tient de mi.

(8) Et se aucuns estoient arrestez par mi ou par men (l) kemant souffisamment par raison de Visconté, & il forvoioit [a] l'Arrest, il l'amenderoit par l'esbart du Maieur & des Eskevins devant diz; ou ainsi comme diroient, s'en [b] passeroit.

(9) Et se (m) clameur convenoit faire de meuble, ou de [c] catel de Partie contre autre Partie, dedens chés bournes en me tere, par devant mi seroit faite par raison de Visconté : & en [d] connistroie comme [e] Visqueux, par l'esvvart du Maieur & des Eskevins devant dis.

(10) Se aucuns [f] mausfacterre quois que il fust, estoit pris en [g] chu lieu, en l'Eskevinage d'Abbeville seroit amenés, & jugiés à l'esbbart des Eskevins, demenez & jugiés tout en la maniere que il le font en la Visconté Monseigneur le Conte devant dit.

(11) Et se plais d'yretaige estoit en Eskevinage entre Parties, de chose qui fust en me terre par dedens les diz bournes, de tenant qui de mi tinst mi [h] à mi, je en [i] raroie me Court, si je le demandeie, & en connistroie par l'esvvart de le [k] Ville; & seroit li [l] plediés jugiés & mis à execution par le Maieur & les Eskevins.

(12) Et n'est mie a oublier que ledit Maire & Eskevin ne puent ne ne doivent demander taille ne [m] assis à mi ne à mes [n] hoirs demourans en men manoir.

(13) Et se entre autre main venoit li manoirs, fust par [o] acat ou par autre maniere, bien i [p] preistent leur droiture.

(14) Et est assavoir que de toutes les choses dessus dites & de chacune d'elles, se debas mouvoit de mi contre autre, ou d'aucun contre mi, ou entre quelconques personne que che fust, par quelconque cause ou par quelle maniere que che fust, li debas seroit oïs devant le Maieur & les Eskevins devant diz, & par aus seroit jugiés & determiné & mis à execution, & tenroit du tout leur Jugement, & doit tenir sanz [q] traire à autrui toutes les choses dessus dites, soit en general ou en especial.

(15) Je Mikiex devant dis reconnois que chou est li drois du Maieurs & des Eskevins d'Aubbeville devant dis, & le vueil, gré, & [r] octri & mi assent, sens aler encontre d'ore-en-avant; sauf ce que je a retenu pardevant par l'esvvart de le Ville & par le jugement du Maieur & des Eskevins,

(16) Et pour che que je ne mi hoir n'en puissions d'ore en avant aler encontre, ne debattre à tenir les choses dessus dites fermes & [s] estarles je oblije mi & mes hoirs & en [t] a bailliées chés Lettres [u] & le Ville d'Abbeville, seellées de mon propre Seel. *Faites l'An de grace mil deux cens quatrevins & onze,* el mois de May, le Lundi prochein après l'Einvention Santte Crois.

Nos verò Litteras & recognitionem predictas, ac omnia & singula in supradictis Litteris contenta, rata habentes & grata, ea volumus, laudamus, approbamus, ac tenore presentium de gratia speciali auctoritateque Regia qua nunc fungimur, ac ex certa scientia, quantum in Nobis est, confirmamus, dantes presentibus in mandatis Baillivo Ambianensi, ceterisque dicti Regni Justiciariis, eorumque Loca-tenentibus modernis & futuris, & eorum cuilibet prout ad eum pertinuerit, quatinus prenominatos Majorem, Scabinos, & singulos de Communia Ville predicte, predictis Litteris earumque effectu, ac etiam nostra confirmatione presenti juxta ipsarum, de quibus liquebit, seriem & tenorem, uti pacificè faciant & gaudere, ipsos in contrarium nullatenus molestari permittendo; verum in contrarium facta seu etiam attemptata, ad statum pristinum & debitum reducant [x] au reduci faciant indilatè. Quod ut firmum & stabile perpetuò perseveret,

CHARLES REGENT, Jean I.er & selon d'autres, Jean II. à Paris, en Octobre 1358.

a *s'échappoit de prison.*
b *seroit executé.*
c *Immeuble.*
d *connoistrois.*
e *Vicomte.*
f *malfaiteur.*
g *ce.*
h *immediatement.*
i *j'en aurois le Jugement, ma Cour.*
k *du Corps de Ville.*
l *la cause.*
m *imposition.*
n peut-estre *hommes.*
o *achapt.*
p *y prendroient.*
q *sans que ces contestations puissent estre portées dans une autre Jurisdiction.*
r *octroye & y consens.*
s *stables.*
t *ai.*
u *à.*
x *aut.*

NOTES.

sortie dûs à un Seigneur, eust esté expliquée dans cet Article.

(k) *Les ostises & les resceandises.*] C'est-à-dire les droits qu'a un Seigneur sur les *hostes* qui resident dans ses terres. Voy. le Gloss. de Du Cange aux mots *Hospes* & *Residentes*.

(l) *Kemant.*] Ce mot signifie en Picard *Commandement*. Mais peut-estre signifie-t-il icy le Juge du Vicomte de Mautrot, dans le même sens que *Mandatum* signifie quelquefois *Ballivus*. Voy. cy-dessus, p. 116. Note (k).

(m) *Clameur.*] Procès au sujet d'un meuble ou d'un immeuble.

nostrum presentibus Litteris fecimus apponi sigillum : dicti Domini nostri & nostro & quolibet alieno in omnibus jure salvo. Datum Parisius, Anno Domini millesimo trecentesimo quinquagesimo octavo, mense Octobris.

Per Dominum Regentem in suo Consilio. H. DAUNOY.

Collatio facta est cum Originali.

CHARLES REGENT, Jean I.er & selon d'autres, Jean II. à Paris, en Octobre 1358.

(a) Lettres par lesquelles il est ordonné que les lieux qui y sont nommez, ressortiront au Bailliage de Sens.

KAROLUS Regis Franc. Primogenitus, Regnum regens, Dux Normanie & Dalphinus Viennensis. Notum facimus tam presentibus quam futuris, Nos humilem supplicationem [a] *delictorum nostrorum Prioris & (b) Conventus Sanctorum Gemellorum juxta Lingon. Ordinis Sancti Augustini, recepisse, continentem quod ab magno & à tanto tempore citra quod hominum memoria de contrario non existit, eorum Predecessores & ipsi cum tota eorum terra, Juridicione, hominibus subjectis & justicialibus, fuerint de ressorto Baillivie & Baillivi Senonensis, & in propria sede Baillivi & in loco de Senon. immediatè in casibus ressorti & Superioritatis ressortizantes, nisi* [b] *ad duodecim annis citra vel circa, quod dicti Religiosi ad causam terre & Juridictionis eorum quas habent in Villis (c) de Flageyo, de Orceraulx, de Longa-Aqua & de Sanctis Gemellis, & eorum homines & justiciabiles dictarum Villarum fuerint positi & ordinati, ipsis non vocatis, in predictis casibus de ressorto Preposituire seu Castellanie Castri de (d) Reigniaco siti super* [c] *Sagenam & in (e) frontariis Imperii; quod Castrum fuit à dictis duodecim annis citra vel circa, Avo nostro inclite recordationis Regi* [d] *Philippo certis de causis acquisitum & confiscatum; in quo Castro pro tempore nova Prepositura seu Castellania extitit ordinata: Quodque hujusmodi ressorti mutatio fuit & est predictis Religiosis & eorum Ecclesie non minimum prejudiciabilis & dampnosa, ex eo quod ipsi ad dictum Castrum quod est situatum, ut prefertur, in metis Imperii, ire & conversari securè non audent, & quod etiam pro eorum & suorum bonorum Causis defendendis, ibidem sanum consilium minime reperire possunt; & ex eo etiam quod dicti Religiosi ad Causam aliarum terrarum suarum quas habent in aliis & pluribus Villis quam in superius declaratis, adhuc ressortizant sunt que in possessione & saisina ressortizandi coram dicto Baillivo & in dicta sede sua & loco Sen. que loca Senon. & Reigniaci de quinquaginta leucis vel circa sunt invicem distantia, & sic oportet dictos Religiosos in dictis duobus locis coram diversis Judicibus ressortire, & ex hoc plures vexationes & expensas sustinere; propter que dictorum Religiosorum Jura & Cause remanere possent indeffense, in eorum grande dampnum &* [e] *grave jacturam,* [f] *sicunt dicunt, supplicantes sibi per Nos super hiis intuitu Divini servicii & favore Religionis, gratiose provideri. Quo circa Nos attentis predictis, &* [g] *naturaliter res de facili revertuntur ad primam naturam seu statum, dictos Religiosos, eorum homines, subjectos & terram & Juridicionem & eorum Ecclesiam & successores, ad causam terrarum suarum quas habent in dictis Villis de Flaigeyo, de Orcevaux, de Longa-Aqua*

a dilectorum.

b a.

c la Saone.

d Philippe de Valois.

e gravem.

f sicut.

g quod.

NOTES.

(a) Tresor des Chartres, Registre 86. pour les Années 1357. 1358. Piece 459.

M. *Mahudel* qui est de *Langres,* m'a communiqué les éclaircissements contenus dans les Notes (*c* & *d*)

(b) Conventus SS. Gemellorum.] Voy. sur ce Prieuré, *Gall. Christ.* 2.e Edit. Tome 4. p. 652. où il est nommé *SS. Geminorum,* aujourd'huy *S.t Jome.* Il est situé à un peu plus d'une demi-lieuë de *Langres,* & il est occupé par des Chanoines Reguliers.

(c) De Flageyo, &c.] Flagy, Orcevaux & Longeau, sont trois Villages à une lieuë l'un de l'autre, & à deux ou trois lieues de Langres. Le Prieuré de S.t Jome est à l'entrée d'un Village du même nom.

(d) Reigniaco.] Rigny ou Reigney, Village situé vers les frontieres de la Franche-Comté.

(e) Frontariis Imperii.] C'est-à-dire la *Lorraine,* à laquelle confine l'Evêché de Langres.

& di

& de Sanctis Gemellis, ad ressortum dicte Baillivie & sedis Senonensis in dictis casibus ressorti & superioritatis, recipimus & remittimus per presentes; volentes & eisdem de gratia speciali & auctoritate Regia qua fungimur, tenore presentium concedentes, ut ipsi & eorum successores deinceps & perpetuo ad dictam sedem Senonensem & non alibi, immediatè ressortizent, prout & eodem modo quo ante acquisitionem seu confiscationem dicti Castri faciebant & facere consueverant ab antiquo. Quare mandamus Baillivo Senonensi, ceterisque Justiciariis dicti Domini & Genitoris nostri & nostris presentibus & futuris, & eorum [a] *quilibet prout ad ipsum pertinuerit, vel eorum Loca-tenentibus, quatenus sepe dictos Religiosos, eorum homines, subjectos & successores eorumdem, nostris presentibus remissione & gratia uti & gaudere perpetuo faciant & permittant pacificè & quietè; inhibemusque tenore presentium Preposito dicti loci de Reigniaco & aliis Prepositis futuris qui pro tempore fuerint, ne ipsos contra nostram presentem gratiam impediant vel molestent quoquomodo, non-obstante Ordinatione predictâ, & quod ipsi ressortizaverint ad Castrum predictum, & à dicto tempore citra ut prefertur; & Litteris subrepticiis in contrarium impetratis vel impetrandis non-obstantibus quibuscumque. Quod ut firmum & stabile permaneat infuturum, nostrum presentibus Litteris fecimus apponi sigillum: Salvo in aliis Jure dicti Domini & Genitoris nostri & nostro,* [b] *in omnibus quolibet alieno.* Datum Parisius, Anno Domini millesimo trecentesimo quinquagesimo-octavo, Mense Octobris.

a cuilibet.

b &.

Per Dominum Regentem.
GONTIER.

CHARLES REGENT, Jean I.er & selon d'autres, Jean II. à Paris, en Octobre 1358.

(a) *Lettres qui permettent aux Habitans de la Ville de Caen, d'essire cinquante Arbalestriers pour la deffense de cette Ville.*

CHARLES &c. Savoir faisons à touz presens & à venir, que consideré que nostre Ville de Caen est moult fort moult notable, & de moult grant garde, assise *(b)* ès frontieres des ennemis dudit Royaume, & aussi la loyaulté & bonne amour que noz bien-amez les Bourgois & Habitans de nostre Ville de Caen ont touzjours eu & ont à Monseigneur & à Nous & à la Couronne de France, Nous afin que nostredite Ville de Caen soit touzjours [c] mielx & plus diligemment gardée en l'obeïssance de nostredit Seigneur, de Nous & de noz successeurs, & deffenduë encontre lesdiz ennemis, ausdiz Bougoys & Habitanz d'icelle Ville qui ores sont & seront ou temps à venir, avons octroié & octroions par la teneur de ces presentes, de grace especial, de certaine science & de l'auctorité Royal dont Nous usons, que pour la garde & deffense de ladite Ville, il puissent essire & prenre en ladite Ville, cinquante Arbalestriers des meilleurs & plus suffisans à ce, & les presenter à nostre Bailli, Viconte de Caen ou à leurs Lieuxtenans, qui d'iceux reçoivent serment de leaument & diligemment entendre tant qu'il vivront, à la garde & deffence de ladite Ville, & que si-tost que lesdiz cinquante Arbaletriers ou aucun d'eux trespasseront, lesdiz Bourgois & Habitanz & leurs successeurs puissent perpetuellement eslire, prenre en ladite Ville & presenter autres Arbaletriers bons & convenables, jusques au nombre dessusdit; lesquelx facent touzjours en leur advenement serment par la maniere que dit est. Nous afin qu'il vacquent & entendent plus diligemment à la garde & deffense de nostredite Ville de Caen, donnons & octroions à touz-

c mieux.

NOTES.

(a) Tresor des Chartes, Registre 87. pour les Années 1357. 1358. 1359. & 1360. Piece 86. Voy. cy dessous les Lettres du 9. d'Aoust 1359. qui contiennent les Privileges des *Arbalestriers* de la Ville de *Paris*.

(b) Es frontieres des ennemis.] Caen n'est pas éloignée de la Mer, & située vis-à-vis de l'Angleterre, qui estoit alors en guerre avec la France.

jours-mais perpetuelment, semblables Privileges, Libertez & Franchises que ont & ont accoustumé avoir les Arbeletriers ordenez en nostre Ville de Roën, & voulons qu'il en usent & joissent perpetuelment sanz difficulté & empeschement aucuns. Si donnons en mandement ausdiz Bailli & Viconte de Caen, & à touz les autres Justiciers dudit Royaume presens & à venir, ou à leurs Lieuxtenans & à chacun d'eux que de nostre presente grace il facent & laissent lesdiz Bourgois & Habitans & aussi lesdiz Arbalestriers & leurs successeurs perpetuelment & paisiblement joïr & user & contre la teneur d'icelle ne les molestent en aucune maniere, ne ne seuffrent estre molestez; mais s'aucun empeschement leur y estoit mis, qu'il l'ostent à plain sans delay. Et que ce soit ferme chose, &c. sauf, &c. *Ce fu fait à Paris, l'An trois cens cinquante-huit, ou mois d'Octobre. Signée.* Par Monf. le Regent, en son Conseil.

BLANCHET.

CHARLES Regent, Jean I.er & selon d'autres, Jean II. à Paris, le 4. de Novembre 1358.

(a) Ordonnance qui establit une Ayde, qui sera payée par les Marchans qui ameneront des Marchandises à Paris par la Riviere de Seine, & qui deffend les Prises.

CHARLES aisné Filz du Roy de France, regent le Royaume, Duc de Normandie & Dauphin de Viennois: à touz ceulz qui verront ces presentes Lettres Salut. Savoir faisons que comme depuis que le Chastel & *(b)* une partie de la Ville

a *Seine.* de Meleun, en laquelle partie estoit & est le cours de la Riviere de [a] Saine, furent pris & occupez par les ennemis de Monseigneur, de Nous & du Royaume, les blez Aveines & autres Grains, Buches, Vins, Foins & autres Marchandises, qui des pays de Bourgoigne, de Champaigne, de Brye, de Gastinois & des autres lieux d'environ estans par de-là ladite Ville de Meleun, souloient estre amenez par ladite Riviere en

b *pû.* la bonne Ville de Paris, n'aient [b] peu ne encore puissent passer par ladite Ville de

c *au.* Meleun pour venir en ladite Ville de Paris, [c] ou grant dommage des Marchanz & autres Genz des pays dessusdiz, & de tout le bien publique; Nous voulans sur ce pourveoir à la supplication des Genz desdiz pays, pour le proufit commun & bien publique d'iceuls pays & de tout le Royaume, & pour ce aussi que ladite bonne Ville de Paris soit plus habondant en touz biens, euë sur ce très-grant & bonne deliberacion & grant avis avec nostre Conseil & plusieurs autres, avons ordené certain

d *Espece de Soldats.* nombre de Genz d'armes & de pié, [d] Brigans, [e] Pavoisiens, Archiers & Arbalestiers, qui seront continuelment en certains Batteaux couvers pour garder & conduire par-

e *Voy. cy-dessus la Note (e) de la p. 102.* tout là où mestier sera, les Marchanz & les Marchandises passanz par ladite Riviere & par ladite Ville de Meleun: Et pour le païement d'iceulz & les autres fraiz, missions & despens que il convendra pour ce faire, avons voulu & ordené, voulons & ordenons par ces presentes, de nostre certaine science & de l'auctorité Royal dont Nous usons, que les Marchanz & autres Genz à qui seront les Vins & Foins dessusdiz, de quelque estat ou condicion que il soient, payeront ce qui s'ensuit; c'est assavoir pour chascune Navée ou Batelée de Foin, six Florins Royauls; & pour chascune Queue de *(c)* Vin François, un Florin à l'Escu; de Vin de Bourgoigne, un Florin Royal; & de Vin de Beaune & de *(d)* S.t Pourcein, un Florin au Mouton.

NOTES.

(a) Memorial C. de la Chambre des Comptes de Paris, fol. 215. *verso.*

(b) Une partie de la Ville de Meleun.] Voy. dans le second Continuateur de Nangis, [Spicil. du P. Dacheri, t. 3. *fol.* p. 121.] comment le Roy de Navarre s'empara d'une partie de la Ville de Melun.

(c) Vin François.] Je crois que c'est le vin qu'on recüeille dans l'Isle de France.

(d) S.t Pourcein.] *S.t Pourçain*, petite Ville de l'Auvergne, au confluent de la *Sioule*, & de l'*Allier*, à cinq lieuës au-dessus de *Moulins*. Dictionn. de *Maty*.

C'est apparemment le même lieu, que S.t

laquelle Aide sera levée par les deputez à ce, de par les Tresoriers de Monseigneur & les nostres en la Ville de [a] Courbueil, quant lesdites Marchandises passeront par illec; Et ne payeront riens ailleurs en quelque lieu que ce soit, fors que les charges & redevances accoustumées & anciennes: Et voulons que les Marchandises dessusdites ou aucunes d'icelles ne soient menées ne descenduës ailleurs que au Port de Paris, & que ceuls qui les conduiront, si il ne sont bien cogneuz & Genz de quoi l'en ait & [b] doie avoir pleine fiance, baillent au *(e)* Port de Samoys quant il passeront par illec, à ceuls qui de par Nous seront à ce deputez, bonne seurté, que icelles Marchandises seront menées & descenduës à Paris & non ailleurs. Si mandons par ces presentes au Prevost de Paris & au Prevost des Marchanz, aus Capitaines & Chastelains de *(f)* Monstereul, de Meleun & de Courbueil, & à touz autres Justiciers, Capitaines, Chastelains & Officiers ou à leurs Lieuxtenans & chascun d'euls, si comme à lui appartendra, que nostredite Ordenance gardent, tiengnent & acomplissent, & facent tenir, garder & acomplir de point en point senz enfraindre: Et pour ce que lesdiz Marchanz [c] amoinent plus voulentiers leursdites Marchandises, & les puissent seurement amener senz [d] doubte de *(g)* Prises ou d'autres empeschemens ou destourbiers, Nous deffendons par ces presentes aus dessusdiz Justiciers, Capitaines, Chastellains & autres Officiers, ou à leurs Lieuxtenans & à chascun d'euls, & à touz autres commis & deputez à faire [e] Garnisons pour Nous, pour nostre très-chiere Compaigne la Duchesse & pour autres de nostre Sanc & Lignage, & pour noz Hostelz, & aussi pour les Chastiaux & Forterecces de Nous & de touz autres, sur quique il se pevent meffaire envers Monseigneur & envers Nous, que lesdites Marchandises ou aucunes d'icelles, ne les Marchans ou Conduiseurs d'icelles ne arrestent ou empeschent, ne facent ou seuffrent arrester ou empescher, ne de icelles denrées ou Marchandises ne preignent, ne facent ou seuffrent prendre, saisir ou arrester aucune chose par quelconque maniere ne pour quelconque cause que ce soit: Sachans pour certain que se il font le contraire, Nous les en ferons punir telement que ce sera exemple aus autres. En tesmoing de ce, Nous avons fait mettre nostre Seel à ces presentes. *Donné à Paris, le quatriesme jour de Novembre, l'An de grace mil trois cens cinquante-huit.* Par Monseigneur le Regent & par son Conseil. P. BLANCHET.

CHARLES REGENT, Jean I.er & selon d'autres, Jean II. à Paris, le 4. de Novembre 1358.

a *Corbeil.*
b *doive.*
c *amenent.*
d *crainte.*
e Provisions. *Voy. cy-dessus la Note (u) de la p. 28.*

NOTES.

Pourcenin, dont il est parlé dans le 2. Vol. des Ordonn. p. 356. Art. LXV. Voy. aussi p. 319. Art. I. p. 424. Art. III.

Cette Ville est nommée *S.t Poursain* dans un Mandement du 11. de Janvier 1359. qui sera imprimé cy-dessous.

(*e*) *Port de Samoys.*] *Samoys* est entre *Melun & Moret*, un peu au-dessus de *Valvin*, en venant de Paris, & du même costé de la Riviere.

(*f*) *Monstereul.*] L'on ne connoist point de *Monstreüil* en remontant les bords de la Seine depuis Paris. Peut-estre s'agit-il-là de *Montereau-faut-Yonne*, & j'ay quelque idée d'avoir trouvé ce lieu-là, nommé *Montreüil.*

(*g*) *Prises.*] Voy. les Tables du premier & du second Volume du Recüeil des Ordonnances.

CHARLES REGENT, Jean I.er & selon d'autres, Jean II. à Paris, le 13. de Novembre 1358.

(a) Lettres pour suspendre jusqu'à Pasques prochain, le payement de toutes les dettes du Roy; à l'exception des Fiefs & des Aumosnes.

CHARLES ainsné Fils du Roy de France, regent le Royaume, Duc de Normandie & Dauphin de Viennois: à noz amez & feauls Tresoriers à Paris, Salut & dilection. Comme pour resister à la male voulenté & [f] emprise de noz ennemis qui

f *entreprise.*

NOTES.

(*a*) Memorial C. de la Chambre des Comptes de Paris, *fol.* 216. *verso.* Voy. la Piece suivante. Elle est presque entierement semblable, mais il y a quelque chose de plus.

sont espenduz, & s'efforcent chascun jour de messaire & prenre Forteresces par plusieurs & diverses parties dudit Royaume, & pour la garde & deffense d'iceli Royaume, il Nous conviegne faire si grans fraiz, mises & despens, que bonnement Nous ne les pourrions soustenir senz l'aide des Officiers & subgez de nostredit Seigneur & de Nous: Et pour ce par la deliberacion de nostre Conseil, aions ordené & ordenons par la teneur de ces Lettres, que touz Officiers quelz qu'il soient & autres prenanz gaiges, rentes ou autres choses quelconques sur nostredit Seigneur & sur Nous, soit à [a] heritage, à vie ou à voulente, exceptez tant seulement [b] Fiez & Aumosnes anciens, [c] sursieent de prenre lesdiz gages, rentes ou autres choses quelconques jusques à Pasques prochain venant; auquel terme Nous les en voulons estre paiez enterinement & senz deffaut. Nous vous mandons, commandons & estroitement enjoignons que nostredite Ordenance vous gardez & enterinez, & faites garder & accomplir senz enfraindre, par touz les Receveurs du Royaume de France, Mestres de Chambres aus Deniers & autres à qui il appartendra, & que contre la teneur d'icelle vous ne paiez, ou souffrez estre paié deniers à quelconques personne, ne pour quelconques causes, Lettres ou mandemens que ce soit; quar se vous ou autres le faites, ce que vous ou euls aurez payez, ne tenra à vous ne à euls point de lieu en voz Comptes, mais sur vous & sur euls sera recouvré; & en oultre serez puniz, si que les autres y pourront prenre exemple. *Donné à Paris, le treizieme jour de Novembre, l'An de grace mil trois cens cinquante-huit.* Par Monseigneur le Regent. J. BLANCHET.

a *Voy. cy-dessus la Note (c) de la p. 41.*

b *Voy. la Note (a) sur la p. 300. du 2.e Vol. des Ord.*

c *sursoient.*

CHARLES REGENT, Jean I.er & selon d'autres, Jean II. à Paris, le 13. de Novembre 1358.

(a) Lettres pour suspendre jusqu'à Pasques prochain, le payement de toutes les dettes du Roy; à l'exception des arrerages courans des Fiefs & des Aumosnes, & de ce qui a esté presté au Regent, depuis qu'il est revenu à Paris.

CHARLES ainsné Fils du Roy de France, regent le Royaume, Duc de Normandie & Dauphin de Viennois: à nos amez & feauls Tresoriers à Paris, Salut & dilection. Comme pour resister à la male volenté & [d] emprise de noz ennemis qui sont espandus, & s'efforcent chacun jour de messaire & prendre Forteresces par plusieurs & diverses parties du Roiaume, & pour la garde & deffense d'iceluy Roiaume, il Nous conviegne faire si grands frais, mises & despens, que bonnement Nous ne les pourrions soustenir sans l'ayde des Officiers & subgiez de nostredit Seigneur & de Nous; Et pour ce par deliberation de nostre Conseil, aions ordené & ordenons que aucunes des debtes deuës par nostredit Seigneur ou par Nous à quelconques personnes & pour quelconque cause que ce soit, exceptez tant-seulement Fiez & Aumosnes anciens, *(b)* senz arrerages du temps passé, & ce qui en prest Nous a esté bailée [e] puis que Nous entrasmes darrenierement en la Ville de Paris, ne soient payez jusques à Pasques prochain venant; auquel terme Nous les voulons estre paiées sans defaut. Nous vous mandons, commandons & estroittement enjoignons que nostreditte Ordenance vous gardez & enterinez, & faites garder & accomplir senz enfraindre par tous les Receveurs du Roiaume de France, Mestre de Chambre aux Deniers & autres à qui il apartendra, & que contre la teneur d'icelle, vous ne payez ou souffrez estre payés deniers à quelconques personnes, ne pour quelconques causes,

d *entreprise.*

e *depuis que.*

NOTES.

(a) Memorial C. de la Chambre des Comptes de Paris, *fol. 216. recto.*

Voy. la Piece precedente. Elle est presque entierement semblable. Voy. p. precedente, Note (a) Voy. cy-dessous, les Lettres du 21. de Novembre 1358.

(b) *Senz arrerages du temps passé.*] Cela signifie, que l'on payera les arrerages courans des Fiefs & des Aumosnes, mais que le payement de ceux qui sont echûs, sera suspendu comme les autres debtes.

Lettres ou Mandemens que ce soit; quar se vous ou autres le faites, ce que vous ou euls aurez paié, ne tenra à vous ne à euls point de lieu en vos comptes, mais sur vous & sur eux sera recouvré: Et en oultre serez punis si que les autres y pouront prenre exemple. *Donné à Paris, le treizieme jour de Novembre, l'An de grace mil trois cens cinquante-huit.* Par Monsieur le Regent. J. BLANCHET.

CHARLES REGENT, Jean I.er & selon d'autres, Jean II. à Louvre lès Paris, le 16. de Novembre 1358.

(a) *Mandement pour faire fabriquer de nouvelles Especes & pour augmenter le prix de l'Argent.*

CHARLES aisné Filz du Roy de France, regent le Royaume, Duc de Normandie & Dalphin de Viennois: à nos amez & feaulx les Generaulx-Maistres des Monnoyes de nostredit Seigneur & de Nous, Salut & dillection. Comme nagueres par très grant & bonne deliberacion du Conseil de Monseigneur & de Nous, pour causes des très grans & innumerables mises que il Nous a convenu & convient supporter & maintenir pour la tuicion & deffense dudit Royaume, au prouffilt du Peuple & à la redempcion de Monseigneur, Nous avons [a] ordonné & vous mandé que l'en feist faire & ouvrer sur le pié de Monnoye quarante-cinquiesme, gros Deniers blancs à la Couronne à quatre deniers de loy dit Argent-le-Roy. & de six soubs trois deniers de poix au marc de Paris, & Doubles tournois selon ledit pié: Et depuis Nous a esté signiffié par Lectres ou autrement, que plusieurs bien-vueillans dudit Royaume pour la tuicion & deffence d'iceluy, Nous envoyent très grant quantité de Gens d'armes, lesquelz Nous ne pourrions bonnement payer ne soustenir, se n'estoit du prouffilt & emolument desdites Monnoyes. Pour ce est-il que Nous, eue consideracion sur ce, desirans de nostre cueur les choses dessusdites prandre bon effect, par très grant deliberacion de nostre Conseil, avons ordonné, voulons & ordonnons, & par ces presentes vous mandons, commectons & estroictement enjoignons & à chascun de vous, que tantost & sans delay ces Lettres veuës, & pour plusieurs autres choses secretes, l'en face faire & ouvrer par toutes les Monnoyes dudit Royaume, gros Deniers blancs à la Couronne, lesquelz seront à trois deniers de loy dudit Argent-le-Roy, & au telz & semblables en poix, en coing, taille & façon comme ceulx que l'en fait à present, en mectant en iceulx aucune [b] difference: Et en donnant aux Changeurs & Marchans en chascun marc d'Argent tant blanc comme noir, vingt solz tournois de creuë, oultre le pris de present: Et aux Ouvriers & Monnoyers tel sallaire comme bon vous semblera. Et ou cas qu'il conviendroit mettre Cuivre en icelluy Ouvraige, Nous voulons qu'il soit [c] quis & acheté à noz despens, & alloüé ès Comptes de ceulx à qui il appartiendra, sans aucun contredit. De tout ce faire, à vous & à chascun de vous donnons povoir, auctorité & mandement especial par la teneur de ces presentes. Si gardez qu'il n'y ait deffault. *Donné au Louvre lez Paris, le seiziesme jour de Novembre mil trois cent cinquante-huit.* Par Monsieur le Regent, present son Chancellier. MATH.

a *Voy. cy-dessus p. 265. le Mandement du 30. d'Octobre 1358.*

b *Voy. cy-dessus la Note (c) de la p. 266.*

c *acquis.*

NOTES.

(a) Registre de la Cour des Monnoyes de Paris, *fol. 20. recto.*

Avant ce Mandement, il y a:

Le 17.e jour de Novembre 1358. fut apporté en la Chambre des Monnoyes, ung Mandement de Mons.r le Regent, duquel la teneur s'ensuit.

Monnoye 60.e

CHARLES REGENT, Jean I.er & selon d'autres, Jean II. à Paris, le 21. de Novembre 1358.

(a) Lettres qui ordonnent que certaines personnes qui y sont nommées, seront payées de leurs gages, nonobstant les Lettres du 13. de Novembre precedent.

CHARLES ainsné Fils du Roy de France, regent le Royaume, Duc de Normandie & Dauphin de Viennois : à nos amez & feauls Tresoriers de nostredit Seigneur & nostres à Paris, Salut & dilection. Comme par deliberacion de nostre Conseil, Nous aions nagueres [a] ordené que tous Officiers quels qu'il soient, & autres prenans Gages, Rentes & autres choses quelconques sur nostredit Seigneur & sur Nous, soit à heritages, à vie ou à voulenté, excepté tant seulement Fiez & Aumosnes anciens, [b] surcicent de prendre lesdits Gages, Rentes ou autres choses quelconques jusques à Pasques prochain venant, savoir vous faisons que ce ne fu oncques, ne n'est nostre entention ne voulenté que nos amez & feauls Chancelier, les Gens & Clercs des Comptes, vous Tresoriers, & les Clercs du Tresor de nostredit Seigneur & de Nous à Paris, soient en aucune maniere compris en ladite Ordenance: Mais Voulons & Nous plaist qu'il & vous soient paiés de leurs Gaiges en la fourme & maniere qu'il ont accoustumé en estre paiés.

Si Vous mandons que vous ne faciez ne souffrés faire aucune chose au contraire: & ce avons octroyé & octroions à euls & à vous, de grace especial par la teneur de ces presentes. *Donné à Paris, le vint & unieme jour de Novembre, l'An mil trois cens cinquante & huict.* Par M.r le Regent, en son Conseil. DOUHEM.

Collacio facta fuit cum Originali, signatum ut supra XXVII. Novembris, Anno CCC. LVIII. Per me Adam Alberici & me. J. AQUILE.

a *Voy. cy-dessus, pp. 299. & 300. les Lettres du 13. de Novembre 1358.*

b *surseoient.*

NOTES.

(a) Memorial C. de la Chambre des Comptes de Paris, *fol.* 218. *recto.*

CHARLES REGENT, Jean I.er & selon d'autres, Jean II. à Paris, le 28. de Novembre 1358.

(a) Mandement pour augmenter le prix de l'Argent.

CHARLES aisné Filz du Roy de France, regent le Royaume, Duc de Normandie & Dalphin de Vienne : A nos amez & feaulx les Generaulx-Maistres des Monnoyes de nostredit Seigneur & de Nous, Salut & dillection. Nous & pour certaine [c] vous mandons & par ces presentes commandons, que à tous Changeurs & Marchans vous donnez & faictes donner pour chascun marc d'Argent tant blanc comme noir, douze solz tournois de creuë, oultre le pris que l'en y donne à present ; c'est assavoir pour chascun marc d'Argent allayé à trois deniers de Loy & audessus, huit livres douze solz, & pour tout autre marc d'Argent allayé audessoulz d'iceulx trois deniers, huit livres dix solz : si gardez bien qu'il n'y ait deffault. Et de ce faire à vous & à chascun de vous donnons povoir, auctorité & mandement especial par la teneur de ces presentes. *Donné au Louvre lez Paris, le vingt-huictiesme jour de Novembre, l'An mil trois cens cinquante-huit.* Par le Conseil. P. BLANCHET.

c *cause.*

NOTES.

(a) Registre D. de la Cour des Monnoyes de Paris, *fol.* 21. *verso.*

Avant ce Mandement, il y a:

Le 28.e jour de Novembre 358. fu apporté en la Chambre des Monnoyes ung Mandement de Monsieur le Regent, dont la teneur s'ensuit.

CHARLES REGENT, Jean I.er & selon d'autres, Jean II. à Paris, en Novembre 1358.

(a) Lettres en faveur des Habitans du lieu nommé *Muralia* [près Paris.]

KAROLUS, &c. Notum facimus universis tam presentibus quam futuris, Nos Litteras Regias vidisse, formam que sequitur, continentes.

In nomine Sancte & Individue Trinitatis, Amen. Ego [a] *Ludovicus Dei gratia Franc. Rex. Notum facimus universis, quod Pater meus bone memorie Rex* [b] *Ludovicus juxta Ecclesiam beate Marie de Campis, in loco qui dicitur (b) Murallia, posuit (c) Hospites, quos liberos & quietos ab omni* [c] *Equitatu & Exercitu, à Tallia & ab omni exactione, & in Civitate Parisius ab omni Consuetudine* [d] *emunes constituit; assignato eis quod (d) de uno quoque Quadrante, unum Modium Vini & sex denarios annuatim persolverent. In testimonium hujus Libertatis dederat eisdem Habitatoribus* [e] *Litteras & Sigillum, sed incuria eorum qui servabant Sigillum, scriptura deleta fuit. Nos ergo adierunt Homines plangentes infortunium suum, & Patris nostri donum sibi renovari postulantes. Sed cum de dono per scripturam minime certi essemus, in palam venire fecimus Servientes nostros qui Consuetudines istas noverant; quas sane* Baldevinus Flandrensis *&* Bertholomeus *Filius* Beloise *protestati sunt: easdem juravit* Guillelmus de Castullulo, *& cuncti postea Hospites ipsius terre; quibus omnibus Nos fidem habentes, secundum tenorem paterni doni, cunctos Habitatores Muralinorum ad prescriptum* [f] *mondum, emunes & liberos esse constituimus. Quod ut notum & ratum sit, Sigillo nostro firmari & nominis nostri karactere signari precepimus. Actum publice Parisius, Anno Dominice Incarnationis millesimo centesimo quinquagesimo octavo,* [g] *abstantibus in Palacio nostro, quorum apposita sunt nomina & signa. S. Comitis* Theobaldi *Dapiferi nostri. S.* Guidonis *Buticularii. S.* Mathei *Camerarii. S.* Mathei *Constabularii. Data per manum Hugonis Cancellarii.*

Nos autem nolentes dictas Litteras suo frustrari effectu, ipsas, universaque & singula in eis contenta rata & grata habentes, ea laudamus & approbamus, ac ex certa sciencia, auctoritate Regia qua fungimur, & de nostra gracia speciali, tenore presentium confirmamus: Regio ac nostro in aliis, & alieno in omnibus Jure salvo. Quod ut firmum & stabile perpetuo perseveret, hiis presentibus nostrum fecimus apponi Sigillum. Datum Parisius, Anno Domini millesimo trecentesimo quinquagesimo-octavo, Mense Novembris.

Per Dominum Regentem, ad relationem Consilii, P. CLERICI.

Collatio facta est cum Originali per me. P. CLERICI.

a Louis VII. dit le Jeune.

b Louis VI. dit le Gros.

c Chevauchée.

d immunes.

e Des Lettres scellées.

f modum.

g adstantibus.

NOTES.

(a) Tresor des Chartres, Registre 86. pour les Années 1357. 1358. Piece 491.

(b) *Murallia.*] *N. D. des Champs* est un ancien Prieuré de *Marmoustier*, qui a esté desservi par des Religieux de cette Maison jusqu'en 1604. que l'Eglise & le Monastere furent cedez aux *Carmelites* de la ruë S.t Jacques, qui y demeurent presentement. En 1671. ce Prieuré fut réüni au Seminaire d'Orleans. Hist. de Paris, par les PP. *Felibien* & *Lobineau*, Tom. 1. p. 125. & Tom. 5. p. 220. col. 2.e

Dans des Lettres du mois de Janvier 1358. qui feront imprimées cy-dessous, l'on lit, *sur treize Hostels assis à N. D. des Champs, en certain lieu appellé les Mureaux*, & un de mes amis nommé M. *de Sainfray*, qui connoist parfaitement le Domaine de *Paris*, m'a dit que vingt ou vint-une Maisons situées dans la grande ruë du Fauxbourg S.t Jacques, à compter de la ruë de la *Bourbe*, en venant vers les Carmelites, sont nommées les Maisons des *Mureaux* dans une Declaration fournie en 1683.

(c) *Hospites.*] Ce sont des Gens à qui des Seigneurs avoient donné des Maisons, moyennant une certaine redevance annuelle. Ils estoient très differents des *Serfs* attachez à la *Glebe*. Voy. le Gloss. de Du Cange, au mot *Hospes*.

(d) *De uno.. Quadrante, unum Modium Vini, &c.*] *Quadrans* est peut-estre le *Quartaut*. Pour *Modius*, Du Cange sur ce mot, dit que c'est une mesure de *liquides*, & il rapporte deux passages, l'un qui establit que le *Modius* contient seize *sextiers*, & un second qui dit que la valeur du *Modius* varie suivant les differents Pays.

CHARLES REGENT, Jean I.er & selon d'autres, Jean II. au Louvre lès Paris, en Novembre 1358.

(a) *Lettres qui confirment les Pescheurs de la Ville de Paris, dans le Droit de pescher suivant l'ancien usage.*

CHARLES, &c. Sçavoir faisons à touz presenz & à venir, que oye la supplication des povres Pescheurs de la Ville de Paris, Pescheurs à *(b)* Trible d'Iver [a] espesse, & au Marchepié d'Esté, contenant que comme d'ancienneté, les Pescheurs qui pour le temps ont esté, aient ainsi acoustumé à pescher en la maniere dessusdicte, & lidiz Suppliants aussi peschent & aient acoustumé à peschier & peschent encores de jour en jour; nientmoins pour ce que aucuns Maistres des Yaues & des Forez par les Sergens ou Commis sur le fait des Rivieres [b] leur rapportent que lesdiz Pescheurs prennent les Poissons par la maniere dessusdicte, laquelle chose il veulent dire que ce est contre l'Ordenance de prendre les Poissons, & pour ce se sont efforciez & efforcent de les [c] traire en Amende de jour en jour, les uns a trois [d] sobz, les autres [e] quatre sobz & à dix sobz & autrement, si comme il leur plaist; lesquelles Amendes qui sont ainsi taxées, combien que elles soient petites, sont encontre l'usage & Coustume de peschier anciennement comme dit est, ne pour cause de leur pouurreté ne pourroient payer ycelles; car il ont assez affaire à soustenir & gaingnier leur pain à eulx & à leurs Femmes & à leurs Enfanz, & qu'euë consideration à ce, & aussi que ne [f] puent point peschier loing de Paris, pour cause des Ennemis qui detiennent occupée une partie de la Riviere de Saine, & ne pevent pas si bien gaigner leur pain ne leur vivre comme il [g] souloient: Et avecques ce leur convient faire Guet chascunne sepmaine trois foiz, dont il sont moult grevez, & autrement pour Dieu & en Aumosne, ne lesdites Amendes se aucunes en y avoit taxées, ou que lesdiz Maistres voulsissent taxer, que ycelles ausdiz povres Pescheurs & chascun d'eulx, de grace especial leur vousissions remettre, quitter & pardonner, & octroier de nostredite grace que dores-en-avant il & les autres Pescheurs qui pour le temps à venir seront, puissent peschier en la maniere dessusdicte, ainsi que il est accoustumé d'ancienneté, & qu'il usent à present en la maniere que dit est, & soit deffendu ausdiz Maistres des Yaues & des Forez & ausdiz Sergenz, Commissaires & à touz autres que lesdiz Pescheurs ne empeschent en aucune maniere que il ne peschent en la maniere dessusdicte & comme il a esté accoustumé, comme dit est, & autrement leur vousissions pourvoir sur ce de remede gracieux & convenable, & par telle maniere que il puissent gaingnier leur pain paisiblement. Nous adcertes qui ne voulons que lesdiz Pescheurs ne aucunes d'eulx soient grevez, molestez ou empeschiez à gaingnier leur pain contre raison, ne en la maniere que il ont accoustumé à peschier, [h] mes voulons qu'il soient tenuz & gardez en leurs bons Usaiges & Coustumes qu'il ont accoustumez, & pour consideration des autres choses dessus dictes & chascunes d'icelles, à yceulx Pescheurs & à chascun d'eulx, lesdites Amendes & chascune d'icelles leur avons remises, quittons & pardonnons de grace especial & de certaine science, & par ces presentes remettons, quittons & pardonnons, & voulons & de nostre dite grace leur octroyons que il & les autres Pescheurs qui seront pour le temps avenir, peschent & puissent pescher en ladite [i] Reviere de Saine en la maniere que dit est, sanz empeschement aucun, non contrestant aucunes Ordenances ou deffense qui sur la maniere du peschier eût esté faite au contraire. Si

a *épaisse.*
b *qui.*
c *les condampner.*
d *sols.*
e *à.*
f *peuvent.*
g *avoient accoustumé.*
h *mais.*
i *Riviere.*

NOTES.

(a) Tresor des Chartres, Registre coté 86. pour les Années 1357. & 1358. Piece 489.

(b) Trible d'Iver, & au Marchepié d'Esté.] Il y a dans le second Vol. des Ordonn. p. 11. une Ordonnance du mois d'Avril 1326. contenant la Pesche. Dans les Articles 1. 19. & 20. il est parlé d'un *Fillet* nommé la *Traîne*, & dans le 13.e d'un Fillet nommé *Marchepié*.

donnons

donnons en mandement aus Maistres des Yaues & des Forests & au Prevost de Paris, & à touz autres Justiciers de nostredit Seigneur & nostres qui à present sont & pour le temps avenir seront, que les diz Pescheurs d'ores-en-avant en personne ne en biens, pour les causes dessusdictes ou aucunnes d'icelles, ne molestent ne empeschent, ne sueffrent estre molestez ne empeschiez, mais les facent & laissent joir à plain de nostre presente grace. Et que ce soit ferme & estable à touzjours, Nous avons fait mettre nostre Seel à ces presentes Lettres: sauf nostre Droit en autres choses, & l'autruy en toutes. *Donné au Louvre lès Paris, l'An de grace mil trois cens cinquante-huit, ou mois de Novembre.*

Par Monsieur le Regent, presenz les Seigneurs de [a] Mullant & de Vinay. — a *Meullant.*

BERTHELEMY CAMA.

CHARLES REGENT, Jean I.er & selon d'autres, Jean II. à Paris, en Novembre 1358.

(a) Sauvegarde Royale pour la Communauté & les Consuls de la Ville de Limoges.

KAROLUS &c. Notum facimus universis presentibus & futuris, quod Nos zelo sincere devotionis ad hoc afficimur & libenter intendimus, ut fideles & subditi Regni defensionis nostre muniminе protegantur, ac à violentiis & injuriis sub nostro protectionis clipeo sentiant se in pace & transquillitate teneri. Hinc est quod cum ad dictum Dominum nostrum & Nos insolidum pertineat creare & constituere Consulatus & Communitates; Nos igitur dilectorum nostrorum [b] *Consulium, Communitatis & Universitatis Castri Lemovicensis audita supplicatione, continente quod ipsi timent nonnullorum emulorum & inimicorum oppressionibus affligi & gravari, Nos ipsos Consules, Communitatem, Universitatem & Consulatum, possessiones, personas & omnia alia bona ad dictum Consulatum spectantia in capite & in membris, cum universis Juribus & Deveriis ad ipsum Consulatum pertinentibus, qui sunt & qui pro tempore fuerint, sub manu protectionis, salva & speciali* [c] *gratia Regia & nostra ac successorum Regum Franc. imperpetuum remansuros, ex certa scientia & gratia speciali suscepimus & suscipimus per presentes; Pictavensi & Lemovicensi Senescallo aut ejus Locum-tenenti, ceterisque Justiciariis Regiis & nostris qui nunc sunt & qui pro tempore fuerint, prout ad eorum quemlibet pertinuerit, tenore presentium mandantes, quatenus dictos Consules, Communitatem & Universitatem cum universis Juribus & Deveriis ad ipsum Consulatum pertinentibus, in suis justis possessionibus, saisinis, Libertatibus, Usibus & Franchisiis manuteneant, & defendant ab omnibus injuriis, violenciis, gravaminibus, oppressionibus, vi armorum, potencia Laycorum, ac inquietationibus & novitatibus indebitis quibuscumque, non permittentes eis aliquas injurias vel violencias fieri vel inferri seu indebitas novitates; quas si factas esse vel fuisse invenerint vel illatas, ad statum pristinum & debitum indilate reducant, ac Nobis & dictis supplicantibus faciant emendam condignam prestari, (b) affidagiumque & assecuramentum à personis de quibus habere voluerint, juxta Patrie Consuetudinem eis dari faciant & prestari, & hujusmodi salvam Gardiam nostram in eorum Assisis & locis aliis de quibus expedierit & fuerint requisiti, publicari, & Penoncellos Regios in Domo seu Domibus, & aliis Juribus eorumdem in terra que Jure-scripto regitur servatis, apponant seu apponi faciant, ne quis possit ignorantiam in contrarium allegare: violatores hujusmodi nostre protectionis & salve Gardie, si qui sint, Justicia mediante, puniant taliter quod cedat aliis in exemplum: unum quoque aut plures de Servientibus armorum aut aliis Ingardiatoribus eorumdem, specialem seu speciales eorum sumptibus deputent: quos nisi per Nos instituti fuerint, per dictum Senescallum seu ejus Locum-tenentem*

b Consulum.

c *Fort.* Gardia.

NOTES.

(a) Tresor des Chartres, Registre 86. pour les Années 1357. & 1358. Piece 500.

(b) Affidagium & assecuramentum.] Je crois que ces deux mots sont synonimes. Voy. sur *Assecuramentum*, cy-dessus, la Note *(b)* de la p. 264.

a instituti. [a] *instituti & poni volumus & jubemus : qui instituti seu deputati de hiis que Causæ cog- tionem exigunt, se nullatenus intromittant. Quod ut firmum & stabile perpetuo pe- veret, Sigillum nostrum hiis Litteris est appensum: salvo in aliis Jure Regio & nost & in omnibus quolibet alieno.* Datum & actum Parisius, Anno Domini millesi trecentesimo quinquagesimo-octavo, Mense Novembris.

Per Dominum Regentem, ad relationem Consilii. R. POTIN.

CHARLES REGENT, Jean I.er & selon d'autres, Jean II. à Paris, le 9. de Decembre 1358.

(a) Mandement pour augmenter le prix de l'Argent que l'on apportera la Monnoye de Paris.

CHARLES aisné Filz du Roy de France, regent le Royaume, Duc de N mandie & Dalphin de Viennois: à noz amez & feaulx les Generaulx-Maist des Monnoyes dudit Royaulme, Salut & dilection. Nous sommes [b] bien records nagueres vous avons mandé par noz autres [c] Lettres, que tantost & sans delay ap la reception d'icelles, vous feissiez donner à touz Changeurs & Marchans frequent lesdites Monnoyes, douze solz de creüe en chacun marc d'Argent tant blanc comm noir, qu'ilz apporteront en icelles, oultre le pris que Nous y faisions donner pa vant; pour laquelle creüe de *(b)* dix solz donnés en chacun marc d'Argent, comm dit est, Nous avons entendu & sommes plainement informez que les Changeurs Marchans frequentans nostre Monnoye de Paris, n'ont apporté en icelle aussi com me peu ou neant de Billon, ne n'ont [d] peu ne pevent recouvrer la matiere du Bill pour ledit pris, pour cause de ce qu'ilz n'osent chevaucher hors de ladite Ville, les Marchans forains venir en icelle pour [e] doubte des Ennemys; par quoy lad Monnoye est en chomaige, au très grant dommaige de Monseigneur, de Nous & tout le Peuple. Pour ce est-il que Nous par très grant & bonne deliberacion & po certaines causes, avons voulu & ordonné, & par ces presentes voulons & ordonno & à chacun de vous mandons & commectons que tantost & sans delay ces Lett veuës, à tous Changeurs & Marchans frequentans ladite Monnoye de Paris, f donne & face donner en chacun marc d'Argent tant blanc comme noir, qu'ilz app teront en icelle, dix-huict solz de creüe, oultre le pris que Nous y faisons donn c'est assavoir, qu'ilz auront pour chacun marc d'Argent allayé à trois deniers de l dit Argent-le-Roy, neuf livres dix solz. De ce faire à vous & à chacun de vous do nons povoir, auctorité & mandement especial par la teneur de ces presentes. *Don au Louvre-lèz-Paris, le neufviesme jour de Decembre, l'An mil trois cent cinqua huit.* Par Monsieur le Regent. GRANT.

b *Nous nous ressouvenons bien.*

c *Voy. cy-dessus, p. 302. le Mandement du 28. de Novembre 1358.*

d *pû, ne ne peuvent.*

e *crainte.*

NOTES.

(a) Registre de la Cour des Monnoyes de Paris, *fol. 22. verso.*

Avant ce Mandemant, il y a:

Le 10.e jour de Decembre 1358. fut apporté en la Chambre des Monnoyes à Paris, ung Mandement de Monsieur le Duc, duquel la teneur s'ensuit.

Voy. le Mandement suivant.

(b) Dix sols.] Il y a plus haut *douze so* & dans les Lettres du 28. de Novembre pr cedent, il y a *douze sols tournois* : d'où l conclus, que ces *dix sols* sont *dix sols parisis* qui valoient autant que *douze sols tournois.*

CHARLES REGENT, Jean I.er & selon d'autres, Jean II. à Paris, le 22. de Decembre 1358.

(a) *Mandement pour faire executer dans toutes les Monnoyes du Royaume, le Mandement du 9. de Decembre precedent, par lequel le prix de l'Argent apporté dans la Monnoye de Paris, avoit esté augmenté.*

CHARLES aisné Filz du Roy de France, regent le Royaume, Duc de Normandie & Dalphin de Viennois: Aux Generaulx-Maistres des Monnoyes de nostredit Seigneur & de Nous, Salut. Nous vous mandons & à chascun de vous, que en la Monnoye de Roüen & ès autres Monnoyes dudit Royaume où bon vous semblera, vous faictes tantost donner [a] autel pris pour marc d'Argent, comme l'en en donne à present en la Monnoye de Paris: Et ce ne [b] laissez en aucune maniere. *Donné à Paris, le vingt-deuxiesme jour de Decembre, l'An mil trois cens cinquante-huit.* Par Monf. le Regent, à la relacion du Conseil. J. BLANCHET.

a *même.*
b *differez.*

NOTES.

(a) Registre D. de la Cour des Monnoyes de Paris, *fol.* 23. *recto.*

Avant ce Mandement, il y a:

Le 23.e jour de Decembre 58. fut apporté en ladite Chambre des Monnoyes, ung Mandement de Monsieur le Regent, duquel la teneur s'ensuit.

Voy. le Mandement precedent.

CHARLES REGENT, Jean I.er & selon d'autres, Jean II. à Paris, en Decembre 1358.

(a) Ordonnance qui confirme celle du 15. de May 1315. laquelle contenoit differents Reglements pour la reformation du Royaume.

CAROLUS Regis Francorum Primogenitus, Regnum regens, Dux Normanniæ & Dalphinus Viennæ. Notum facimus universis presentibus & futuris, Litteras recordationis inclite Carissimi Domini nostri Ludovici quondam Regis Franciæ & Navarræ vidisse, formam que sequitur, continentes. [c] Ludovicus Dei gratia Francorum & Navarræ Rex: Senescallo Bellicadri & omnibus Judicibus & Justitiariis nostris quibuscumque Senescalliæ ejusdem, salutem. Subditorum nostrorum transquillitatem &c. (b)

Datum Parisius, quinta-decima die Maii, Anno Domini millesimo trecentesimo quinto-decimo.

Nos igitur omnia & singula in suprascriptis Litteris contenta, rata & grata habentes, ea laudamus, approbamus & auctoritate Regia qua fungimur in hac parte, confirmamus: Dantes tenore presentium in mandatis Senescallo Bellicadri, Judicique Majori dictæ Senescalliæ, Judici ordinario Nemausi ac Bitteris, & Judici [d] Aquarum-Mortuarum, ceterisque Justiciariis, Officiariis & Comissariis dicti Regni, aut eorum Loca-tenentibus, & eorum cuilibet prout ad eum pertinuerit, presentibus & futuris, quatenus omnia & singula

c Louis X. dit le Hutin.

d Aigues-Mortes. Voy. cy-dessus, p. 239. Note (d)

NOTES.

(a) Cette Ordonnance a esté envoyée de Montpellier avec cette Indication.

Seneschaussée de Nismes en general, Armoire A. Liasse 18. des Actes ramassez, n.° 5 *fol.* 11. *verso.*

(b) Cette Ordonnance est semblable à celle du 1. d'Avril 1315. qui est adressée au Seneschal de Perigueux, & qui est dans le 1.er Vol. des Ordonnances, p. 553. M. de Lauriere a remarqué dans la Note (b) de la p. 554. que cette Ordonnance fut envoyée aux autres Ballifs & Seneschaux, & à celuy de *Beaucaire*, le 15. de May 1315.

La seule difference qu'il y ait entre l'Ordonnance du 1. d'Avril 1315. & celle du 15. de May suivant; c'est qu'on ne trouve pas dans celle-cy, l'Article 19. de la premiere, qui regarde la Ville de Thoulouze.

in Litteris suprascriptis contenta, integre & inviolabiliter observari faciant & permittant, omnesque & singulares personas & Habitatores Senescalliæ Bellicadri & Nemausi, quos & quas presens gratia tangit vel quomodolibet tangere poterit, infuturum nostra presenti confirmatione & gratia uti & gaudere pacifice perpetuo faciant & permittant, absque perturbatione seu impedimento quocumque. Quod ut firmum & stabile perseveret perpetuo, sigillum nostrum presentibus Litteris duximus apponendum : Salvo in aliis jure dicti Domini nostri & nostro, & in omnibus quolibet alieno. Actum & Datum Parisius, Anno Domini millesimo trecentesimo quinquagesimo-octavo, Mense Decembris. *Per Dominum Regentem, ad relationem Consilii.* P. ANXEAU.

CHARLES REGENT, Jean I.er & selon d'autres, Jean II. à Paris, le 10. de Janvier 1358.

(a) Mandement pour faire cesser la fabrication des petits Deniers parisis.

CHARLES aisné Filz du Roy de France, regent le Royaume, Duc de Normandie & Dalphin de Viennois : A nos amez & feaulx les Generaulx-Maistres des Monnoyes de Monseigneur & nostres, Salut & dilection. Comme naguerres Nous & nostre Conseil eussions ordonné & [a] en entencion & voulenté pour le bien & prouffilt de tout le commun Peuple, & affin que iceluy peust avoir aisément mesme Monnoye pour faire Aumosnes & avoir ses necessitez, de faire faire petiz Parisis à un denier huict grains de loy Argent-le-Roy, & de [b] seize solz huict deniers de poix au marc de Paris, en ouvrant sur le pié de Monnoye trente-septiesme & demye: Et semblablement Monnoye blanche selon ledit pié : desquels Deniers parisis Nous avons fait faire & ouvrer en la Monnoye de Paris, jusques à la somme de sept cens livres parisis: Et depuis ce avons entendu & sommes pleinement informez que icelle Monnoye n'est pas, [c] ne seroit agreable audit Peuple à present. Nous qui en aucune maniere ne voullons faire le desplaisir dudit Peuple, de ce faire Nous sommes depportez & depportons, & ne voulons que à present soit plus fait ne ouvré d'iceulx Parisis, que la somme de sept cens livres parisis dessusdiz: Et voulons qu'ils ayent cours & soient prins & mis pour trois mailles parisis la Piece. Si vous mandons & estroictement enjoignons & à chascun de vous, que de l'Ouvraige d'iceulx Parisis, & de tous les fraiz, missions & despens que le Maistre particulier a euz & soustenuz pour iceulx faire, vous luy comptez tel & si convenable pris, que il n'ait cause de soy en [d] douloir. Donnons en mandement à noz amez & feaulx les Gens des Comptes de Monseigneur & de Nous, que tout ce, sans contredict, ils alloüent ès Comptes de celuy à qui il appartiendra. *Donné au Louvre-lèz-Paris, le dixiéme jour de Janvier, l'An de grace mil trois cent cinquante-huit.* Par Monsr. le Regent. J. BLANCHET.

a peut-estre *eu.*

b *Voy. cy-dessus, p. 244. Note (c).*

c *ne.*

d *s'en plaindre.*

NOTES.

(a) Registre D. de la Cour des Monnoyes de Paris, *fol.* 24. *recto.*

CHARLES REGENT, Jean I.er & selon d'autres, Jean II. à l'Armée *jouxte* Paris, le 25. de Janvier 1358.

(a) Ordonnance qui porte que tous les Officiers Royaux de la Seneschaussée de Beaucaire, exerceront leurs Offices en personne, & qui donne pouvoir au Seneschal de Beaucaire de faire le procès à fin civile, *à ceux qui ont malversé dans leurs Charges.*

CHARLES aisné Fils du Roy de France, regent le Royaume, Duc de Normandie & Dalphin de Vienois: A nostre amé & feal Chevalier & Conseiller Messire Jean Bernier, Seneschal de Beaucaire, Salut & dilection. Il est venu de nouvel à nostre cognoissance, que pour ce que plusieurs Juges, Viguiers, Officiers Royals, Sergens tant des Garnisons des Châteaux & Forteresses, comme autres de ladite Senechaucée, ne deservent pas leursdites Offices en leurs personnes, mais les font deservir par autres non suffisans ny convenables, sous ombre d'aucunes Lettres qu'ils se dient avoir de nostredit Seigneur ou de Nous sur ce : & aussi que plusieurs d'iceux sont non suffisans à tenir & garder leursdits Offices, plusieurs grands inconveniens, perils & dommages pourroient venir à nostredit Seigneur, à Nous & audit Royaume, si briefvement sur ce n'étoit pourvû de remede convenable: Pour ce est-il que Nous, eüe sur ce deliberation avecque nostre Conseil, avons ordonné & ordonnons par ces presantes, que tous Officiers Royaux de ladite Senechaucée, Juges, Viguiers, Sergens & autres Officiers quelconques, dores-en-avant exerceront & deserviront leursdits Offices en leurs personnes; nonobstant quelconques Lettres impetrées ou à impetrer de nostredit Seigneur ou de Nous, par lesquelles ils puissent faire deservir leursdits Offices, si en icelles n'est fait speciale & expresse mention de ces presantes: Et que si dedans un mois après la notification & publication de ces presantes, ne vienent exercer ou deservir en leurs personnes, leursdits Offices, ou que dedans icellui temps ne les ayent resignés deüement, ledit temps passé, seront reputés pour vacans. Si vous mandons & commettons que par toute ladite Senechaucée, vous nosdites Lettres & Ordonances solemnellement faittes notifier & publier sans delay, par les Villes & lieux plus notables d'icelle, & que en tel cas est accoustumé à faire: Et en outre, vous donnons plain pouvoir, authorité & mandement special de reformer sur lesdits Offices, de pourvoir auxdits Offices, s'aucuns en vaquent dores-en-avant par vertu de notredite Ordonnance, à personnes toutesvoyes à ce suffisantes & convenables, de les corriger & punir civilement, si [a] mesprins avoient en leursdits Offices, & de faire toutes autres choses à fin civile, que a Reformation apartient à faire; Et si par importunité des requerans ou autrement, dores-en-avant donnions ou octroyons Lettres au contraire de nostredite Ordonance, Nous vous commandons & deffendons que vous n'y obeissiés en aucune maniere. Mandons & commandons à tous lesdits Juges, Viguiers, Sergens & autres Officiers Royaux quelconques, subjets & justiciables de ladite Senechaucée, & à tous autres quelconques à qui il appartiendra, que à vous en ce [b] fassent, obeissent & entendent diligemment; & à tous Senechaux, Justiciers & Commissaires Royals, ou à leurs Lieutenans & à chacun d'eux, si comme à lui appartiendra, que en ce vous prestent conseil, confort & ayde, si mestier en avés, & vous les en requerés. En tesmoing de laquelle chose Nous avons fait mettre notre Scel à ces presentes. *Donné (b) à l'Armée*

a *s'ils avoient prevariqué.*

b *Il y a ainsi dans les deux Copies.*

NOTES.

(a) Cette Ordonnance a esté envoyée de Montpellier avec cette Indication: *Languedoc. Arm. A.* n.° 11. *fol.* 120.

On en a envoyé de la même Ville, une autre Copie avec cette Indication : *Seneschaussée de Nismes en general. Arm. A. Liasse 17. des Actes ramassez*, n.° 4. *fol.* 120.

(b) A l'Armée jouxte Paris.] Le Regent faisoit alors la guerre contre le Roy de Navarre & les Anglois, qui estant Maistres de *Melun*, de *Mante*, de *Meulant* & de *Poissy*, empeschoient qu'il ne vinst par eaue

jouxte Paris, le vint-cinquiesme jour de Janvier, l'An de grace mil trois cens cinquante huit. Par Monf.r le Regent. *(c)* JULIAINS.

NOTES.

des vivres à *Paris*, & tenoient cette Ville comme assiegée. Voy. les *Chroniques de S.t Denis*, Tom. 2. p. *m* 185. *verso*, col. 2.

(c) Juliains.] C'est apparemment le même que *Julianus*, dont le nom se trouve à la fin de plusieurs Lettres. Dans la seconde Copie, il y a *Juhanis*.

CHARLES REGENT, Jean I.er & selon d'autres, Jean II. au Louvre lès Paris, en Janvier 1358.

(a) Lettres concernant les Privileges, Droits & prerogatives, & la Jurisdiction du Concierge du Palais à Paris.

SOMMAIRES.

(1) Le Concierge du Palais a la Justice moyenne & basse dans l'enceinte du Palais.

(2) Il y tient sa Cour & Jurisdiction par luy, son Lieutenant ou Garde de sa Justice, & ses Officiers, & il connoist entre quelque personne que ce soit, de tous les cas civils, criminels & de Police; & nul autre Juge que luy ne doit avoir Cour & Jurisdiction temporelle dans l'enceinte du Palais; si ce n'est les Gens des Comptes, du Parlement, des Requestes du Palais & les Maistres des Requestes de l'Hôtel du Roy, lorsqu'il demeure au Palais.

(3) Differents droits attribuez au Concierge du Palais.

(4) Il a la Justice dans les Auvents [petites boutiques] adossées aux murs du Palais.

Il a des Rentes & des Cens sur plusieurs maisons.

(5) Il a droit de donner & d'oster les places aux Merciers qui vendent dans les allées de la Mercerie, en haut & en bas au Palais, & il en peut recevoir un present une fois l'année.

(6) Il a la Justice moyenne & basse & la Seigneurie censuelle, sur treize maisons situées à N. D. des Champs, au lieu nommé les Mureaux.

(7) Rentes foncieres appartenantes au Concierge du Palais.

(8) Droits dûs au Concierge, quand on fait un nouveau Boucher dans la Boucherie qui est devant le Chastelet.

(9) Il a seul le droit de faire enlever les arbres secs qui sont en toutes les Voiries & chemins Royaux de la banlieuë & Vicomté de Paris.

Il y a un Droit de foüage dans la Forest d'Yveline, & il y a quelque inspection sur les greniers à bled du Roy.

(10) Il a toutes les clefs du Palais; excepté celles de la porte de devant, & il a l'inspection sur le Portier, & les sentinelles du Palais.

Il est Voyer dans l'estenduë de sa Justice.

Gages du Concierge.

CHARLES aisné Fils du Roy de France, regent le Royaume, Duc de Normandie & Dauphin de Viennois: Sçavoir faisons à tous presens & à venir, que nostre amé & feal Escuyer Philippes de Savoysi, Concierge du Palais Royal à Paris, Nous a humblement supplié que Nous les Libertez, Droits & usages de Concierge

NOTES.

(a) Registre du Parlement, 3.e Vol. des Ordonnances de Loüis XI. coté GG. *fol.* 125.

Ces Lettres sont encore dans les mêmes Registres, Ordonn. de Charles IX. 4.e Vol. coté CC. *fol.* neuf vingt-neuf, *recto*. Ces deux Registres seront designez dans les Notes marginales, le premier par *A.* & le second par *B.*

Joly a fait imprimer ces Lettres dans le 3.e Livre des Offices de France, tit. 5. p. 912. du second Vol. & y a joint plusieurs Pieces sur la Jurisdiction du Concierge & Bailli du Palais.

Il a mis à la teste de ces Pieces, la suite de ceux qui ont esté revestus de cette Charge jusqu'en 1624. Il en fait remonter l'origine jusqu'à l'establissement de la Monarchie; mais ce qu'il dit sur ces anciens temps, n'est qu'un tissu d'erreurs. C'est sur une Copie faite sur l'Edition de Joly, que cette Piece a esté imprimée, après avoir esté collationnée sur les deux Registres du Parlement.

Le P. Lobineau, p. 703. du 5.e Vol. de l'Hist. de Paris, a fait imprimer un Arrest du Parlement du 9. de Fevrier 1459. par lequel il paroist que par un autre Arrest de l'année 1316. la Conciergerie du Palais avec ses appartenances avoit esté réünie au Domaine du Roy : Cependant Joly dit qu'en 1461.

& de ladite Conciergerie, que à luy comme Concierge à cause de ladite Conciergerie dudit Palais Royal, & à ses devanciers Concierges dudit Palais, appartiennent & ont appartenu, voulsissions confirmer, loüer & approuver, & par nos Lettres declarer, afin qu'au temps advenir aucun empechement ne luy fust mis, & que d'iceulx il peut joüir & user paisiblement, sans ce qu'au temps present ou advenir, aucun débat, doubte ou question luy peut estre mis; lesquels Libertez, Droits & usaiges avons trouvez & declarons estre telz: C'est assavoir,

CHARLES REGENT, Jean I.er & selon d'autres, Jean II. au Louvre lès Paris, en Janvier 1358.

(1) Que ledit Concierge à cause de ladite Conciergerie, a, prend & doit prendre, exercer & percevoir seul & pour le tout, pour lui & ses Officiers audit Palais, & dedans le [a] pourpriz & appartenances d'iceluy Palais, tout ainsi comme il se comporte & estend de toutes parts, jusques à la Riviere de Seyne d'un costé & d'autre; & pardevant, depuis le Ruissel ou Goulet qui est au bout du grant [b] Pont, ainsi comme ledit Palais se comporte du costé d'iceluy, tant ès Hostels comme ès *(b)* Auvens, & au-dessous d'iceux jusques à la Riviere pardevant *(c)* Saint Michel; & aussi en retournant en la ruë de la Kalandre, & ès Hotels d'icelle ruë aussi comme elle se comporte, jusques à la Ruelle que l'on dit *(d)* Lorberie, & descendant par icelle par-dessus ladite Riviere, tant comme il y a terre seche tout autour dudit Palais, ainsi comme il se comporte du costé vers les Augustins, & d'autre part, pardevers le Chastellet de Paris jusques au grant Pont & Goulet haut & bas, toute Justice, Jurisdiction & Seigneurie moyenne & basse en tout cas; excepté l'execution des cas criminels, pour lesquels il conviendra faire execution corporelle; auquel cas ledit Concierge ou ses Genz gardans & exerceans sa Justice, sont tenus de rendre le malfaiteur tout jugé; s'il est Lay, ou Prevost de Paris dehors la porte dudit Palais sur la Chaussée, pour en faire execution, en retenant les Meubles du malfaiteur, s'aucuns en sont trouvez sur luy; & s'il est Clerc ou Prestre, il le rend à l'Official de Paris ou à autres Juges ses ordinaires, *(e)* chargé de ses meffaits.

(2) Et a & doit avoir audit Palais, Cour, & y tient ses Plaids & Jurisdiction par luy, son Lieutenant ou Garde de sa Justice, ses Sergens ou ses Officiers par luy & en son nom, soit d'Office ou à requeste de Partie, de quelques persones que ce soit, Nobles ou autres, trouvez demeurans ou meffaisans ès [c] mettes, pourpris, lieu & terme cy-dessus devisez & esclarcis.

a *l'enceinte.*

b *le Pont au Change.*

c *bornes.*

NOTES.

Jean de Luxembourg fut reçû Bailli du Palais, & il a fait imprimer p. 97. les Provisions du *Concierge & du Bailli* du Palais, données au mois de Septembre 1482. à Jacques de Cottier : & au mois de Novembre suivant Loüis XI. confirma en sa faveur, les Privileges, Droits & prerogatives des Concierges du Palais. Les Provisions & cette confirmation ne furent enregistrées au Parlement, qu'après plusieurs Lettres de Jussion.

(b) Auvens.] Ce mot peut designer les Echoppes ou petites Boutiques, qui sont encore aujourd'huy appliquées aux murs du Palais le long de la ruë de la *Barillerie.* Voy. cy-dessous l'Art 4.

(c) S.t Michel.] La Chapelle de *S.t Michel* qui tient d'un costé à la porte du Palais, qui est vis-à-vis de la ruë de la Calendre, & de l'autre à la Maison du Tresorier de la S.te Chapelle.

(d) Lorberie.] Du Breüil dans ses Antiquitez de Paris, Liv. 1. p. 151. parlant du territoire du Concierge du Palais, nomme la ruë de l'*Herberie*, la ruelle qui est icy appellées *Lorberie.* Voicy le passage. *Ce Concierge ou Baillif du Palais est aussi Voyer de toute la ruë dite la* Calande, *jusqu à la ruë de l'*Herberie, (*qui est aujourd'huy le Marché-neuf, à l'entrée duquel estoit une ruelle du costé de Nostre-Dame. Mais elle a esté élargie par la démolition des maisons de Jacques du Croc.*)

(e) Chargé de ses meffaits.] On a pû voir cy-dessus, une expression semblable à celle-cy, p. 14. Art. 27. dans lequel il est dit, qu'un Orfevre trouvé en contravention, sera conduit au Prevost de Paris, *chargé de ses fants*, & il a esté dit dans la Note (*cc*) que cela signifie, *avec le mauvais métal que cet Orfevre avoit employé :* mais cette interpretation ne peut avoir lieu icy; car un criminel qui, par exemple, auroit fait un meurtre, ne peut porter sur luy ce qui fait le *corps de son delict.* Je crois donc que ces mots *chargé de ses meffaits*, signifient qu'on livrera au Prevost de Paris, le criminel *avec le Procès qui luy a esté fait*, ou du moins, *avec le Jugement qui l'a condamné :* & peut-estre que dans l'Art. 27. de la p. 14. ces mots *chargé de ses faits*,

CHARLES REGENT, Jean I.er & selon d'autres, Jean II. au Louvre lès Paris, en Janvier 1358.

Et a & doit avoir Prisons & *(f)* Ceps audit Palais, pour y mettre & tenir les malfaicteurs qui se meffont ès lieux dessusdits, & qui peuvent estre prins & detenus, pour punir & corriger iceux desdits meffaits, & taxer à amendes telles qu'il appartient au cas & Jurisdiction moyenne & basse.

Et ne peut ou doit aucun de quelque estat ou condition qu'il soit, tenir Cour ou Jurisdiction temporelle audit Palais, pourpris & appartenances, sans le congé & licence dudit Concierge ou de la Garde de sa Justice; excepté les Gens des Comptes de Monseigneur & les nostres, de Parlement & des Requestes du Palais, ou aucuns Commissaires deputés de par eux, ou aucuns d'eux; & aussi exceptez les Maistres de l'Hostel de mondit Seigneur & les nostres, tant que mondit Seigneur & Nous seront audit Palais.

Et avec ce, a ledit Concierge & doit avoir la prinse & congnoissance, correction & punition de ceux qui se [a] meffont audit Palais, pourpris & ès lieux dessus esclaircis, soient Nobles ou autres.

Et aussy la congnoissance des Contracts, Marchez, promesses que audit Palais, pourpris & appartenances, ont esté & sont faits sur toutes personnes, & en toutes persones [b] foraines ou autres, quand & toutes fois que audit Palais, pourpris & appartenances, sont trouvées, d'iceux contraindre à y respondre, mesmement les Lais; toutesfois qu'on s'est [c] dolu & deult pardevers luy, ses Gens & Officiers.

Et s'il y a aucuns qui se combattent, ou se font [d] sang ou autres injures ou battements ès lieux dessusdiz, & il vient à sa cognoissance, il en doit avoir la prinse, detention, punition & correction: Et s'ils s'absentent ou [e] defuyent, il les peut & doit poursuir pour cause du delict & meffait au Palais & pourpris dessusdit, & en doit avoir la congnoissance & punition en sadite Cour.

Et a & doibt avoir toutes [f] Espaves, [g] trouveures ou choses [h] adirées qui sont ou pourroient estre trouvées comme Espaves, au Palais, pourpris & appartenances cy-dessus declarez, & les peut tourner à son profit.

Et avec ce, peut & doit prendre ou faire prendre & emprisonner tous ceux & celles qui ont faict ou font faire audit Palais, pourpris & appartenances, faulsetez, larrecins ou mauvaisties, & les tenir & garder en ses Prisons, jusques à ce qu'il soit sçeu si esdits meffaicts & delicts [i] a crime capital; & si les cas sont civils, il en a la congnoissance, punition & correction, & en a prins & doit prendre les [k] exploits des amendes desdits malfaiteurs, quand convaincus ou condamnez en ont esté; & taxe & fait taxer les amendes par luy ou son Conseil, grandes ou petites, ou telles comme bon luy semble, selon la qualité des meffaicts, & les deniers d'icelles doit lever & recevoir, & tourner à son singulier proffit.

Et avec ce, s'il advient que aucuns facent contrefaire ou graver aucun Seel ou Seaux, contre & à [l] l'exemplaire des empraintes d'autres Sceaux, & il sont trouvez qu'ils les ayent fait contrefaire audit Palais, pourpris & appartenances, ledit Concierge, ses Gens & Officiers pour luy gardans sa Justice, les prennent & doivent prendre & emprisonner, & les contraindre à amender; & icelles amendes taxer à telles sommes d'Argent comme bon luy semble & à son Conseil, soient grandes ou petites, en consideracion au cas & à la qualité des personnes, & comme des cas civils; mesmement quand lesdits malfaiteurs n'avoient ne n'ont mie usé desdits Seaux contrefaicts.

Et outre ledit Concierge peut & doit prendre & faire prendre audit Palais, pourpris & appartenances, toutes manieres de [m] fausses denrées qui y ont esté & sont apportées par quelque personne que ce soit, & icelles faire [n] ardre & faire ardoir devant le Perron audit Palais, quand ce est venu ou vient à sa congnoissance, & des vendeurs ou [o] apporteurs prendre & lever amende ou amendes telle qu'il appartient en tel cas.

[a] *qui commettent des délits.*

[b] *demeurantes hors de l'enceinte du Palais.*

[c] *qu'on s'est plaint, ou qu'on se plaint.*

[d] *des blessures.*

[e] *s'enfuient.*

[f] *Voy. cy-dessus, p. 181. Note (c)*

[g] *choses trouvées.*

[h] *egarées.* Voy. le Gloss. du Droit François, sous ce mot.

[i] *il y a.*

[k] *l'execution & le profit.*

[l] *modele.*

[m] *qui ne sont pas bonnes & marchandes.*

[n] *brusler.*

[o] *Il y a* Acheteurs *dans Joly.*

NOTES.

signifient-ils, *avec le Procès-verbal de saisie faite chez luy, ou sur luy.*

(f) Ceps.] Prison. Voy. le Gloss. du Droit François de M. de *Laurière* à ce mot.

Et advient

Et advient aucunes fois que ledit Concierge appelle les Maistres commis & ordonnez sur la visitation desdites denrées à Paris, pour visiter audit Palais, pourpris & appartenances, & s'ilz y trouvent aucunes faussetez, il les jugent à ardoir; & par ledit Concierge & ses Gens en est faite execution devant ledit Perron, & est par luy levée ladite amende ou amendes; ne ny peuvent visiter lesditz Maistres que ce ne soit à la requeste dudit Concierge ou de ses Officiers.

CHARLES Regent, Jean I.er & selon d'autres, Jean II. au Louvre lès Paris, en Janvier 1358.

(3) *Item.* A & prend ledit Concierge à la [a] cause dessusdite, ès Hostels de ladite ruë de la Calande & de la *(g)* Place Saint Michel, ainsi comme il se comporte jusqu'à ladite Ruelle de Lorberie, le [b] Chantelage de Vin; c'est assavoir de chacun tonneau de Vin vendus esdits Hostels & en chacun d'eux, quatre deniers parisis; & de chacun muid d'Avoine, quatre deniers parisis.

Avec ce, ledit Concierge ou ses Genz pour luy & en son nom, prend & doit prendre chacun jour que le Roy mondit Seigneur & *(h)* Nous pour luy, sommes au Palais, un septier de Vin, douze Pains de Cour & un de bouche, deux Poulles, deux pieces de chair, & deux *(i)* quahouers de Candelle à coucher, & tout le vieil *(k)* Merrain & les coupeaux qui demeurent en faisant les Euvres dudit Palais; & aussi le Charbon, Buches & Cendres qui demeurent ès Cuisines, quand mondit Seigneur & Nous se partent dudit Palais.

Et outre, a & peut & doit prendre ledit Concierge un cent de Haran chascun Carême, du Sous-Aumônier de mondit Seigneur & de Nous, & un *(l)* Drap de Bureau pour donner pour Dieu, aux pauvres Valets qui nettoyent l'Hostel dudit Pallais, ou là où il plaira à departir & donner de par ledit Concierge.

Et aussi le Clerc des Euvres dudit Palais, doit chacun an payer une fois seulement audit Concierge pour son Varlet qui nettoye ou fait nettoyer la Court dudit Palais, trente solz parisis.

Et si a & doit avoir ledit Concierge les [c] feures qui demeurent audit Palais des Licts de mondit Seigneur & de Nous, & ceux des Chambellans: Et ceux de l'Hostel-Dieu ont les autres [d] feures dudit Hostel.

(4) *Item.* Ledit Concierge à la cause dessusdite, peut mettre ou faire mettre & oster les [e] Auvants tenants aux murs dudit Palais, toutes fois que bon luy semble: Et a la cognoissance & punition civille de tous cas qui y eschéent ou peuvent eschoir au-dessoubs d'iceux, [f] mais qu'ils viennent à la cognoissance de luy ou de ses Gens & Officiers. Et peut & doibt corriger les malfaicteurs aussi-bien que si les Cas fussent advenus audict Palais.

Avec ce, a, prend & doit prendre chascun an, à cause de ladicte Conciergerie, soixante & quatre solz parisis de rente, sur la Maison qui fut à Supplice le Chasublier, à la faute [g] de Grand-Pont, payez en deux termes en l'an; c'est assavoir, moitié à Noël, & l'autre moitié à la Saint Jean, chascun an; & deux sols parisis de Cens, sur les Maisons qui furent à Gaultier Langlois; à sçavoir, en la [h] Place Saint Michel.

(5) *Item.* Ledit Concierge à cause de ladite Conciergerie, peut & doit mettre au Palais & ès [i] Allées de la Mercerie en haut & en bas audit Palais, tels Merciers

a *à cause de son Office.*

b *Voy. du Cange, au mot* Chantelagium.

c *ce qui remplit les Paillasses.*

d *Foirres.* R. P. B.

e *Voy. cy-dessus, la Note (b)*

f *pourvu qu'ils.*

g *au bout du Pont aux Changes.*

h *Voy. cy-dessus la Note (g)*

i *Halles.* R. P. B.

NOTES.

(g) Place S.t Michel.] Elle estoit derriere la Chapelle de S.t Michel, [Voy. cy-dessus, Note *(c)*] ainsi qu'il paroist par ces mots qui se lisent dans une Chartre qui est au Tresor des Chartres, Reg. 86. Piece 377. *une Maison.... seant derriere la Chapelle de S.t Michel audit Palais, & devant les Estuves que l'on dit* en la Place S.t Michel, *à l'Image S.t Christophe.* Cette Piece n'est pas datée, mais il paroist par celles qui la precedent & celles qui la suivent, qu'elle est de 1358.

(h) Nous pour luy.] Quand nous le representons en qualité de son Lieutenant, ou de Regent.

(i) Quahouers de Candelle.] Dans le Reg. B. il y a, *Cahoers.* J'ignore la signification de ce mot.

(k) Vieil Merrain, &c.] C'est-à-dire, le vieux bois que l'on tire des Bastiments, (œuvres) que l'on raccomode & que l'on rebastit dans le Palais, & les copeaux du bois neuf que l'on y employe.

(l) Un Drap de Bureau.] D'Estoffe de Bure. Voy. le Dictionn. Etymol. de Menage, au mot *Bure.*

CHARLES REGENT, Jean I.er & son d'autres, Jean II. au Louvre lès Paris, en Janvier 1358.

ou Mercieres que bon luy semble, ou à ses Officiers, bailler Places, changer icelles & iceux, ou aucuns d'eux boutter & mettre hors de leurs Places & rappeller, & souffrir vendre iceulx en quelque Place que ce soit, toutes fois qu'il luy plaira. Et s'il advient que lesdits Merciers dudit Palais veulent faire ensemble ou chacun par soy, aucune courtoisie une fois en l'an, comme aux Estraines ou autrement, ledit Concierge le peut prendre sans offense, & ainsi a esté faict de long-temps.

(6) *Item.* Ledit Concierge à cause de ladite Conciergerie dessusdite, a & prend chacun an sur treize Hostels assis à Nôtre-Dame [a] des Champs, en certain lieu appellé les Mureaux, & en plusieurs Terres appartenans à iceux, assis à Nôtre-Dame des Champs, & la [b] Maladerie appellée la Banlieuë, soixante-trois sols neuf deniers parisis de menus Cens, reçeus à la Saint Remy, ou [c] chief d'Octobre chacun an, au pressoir devant Saint Estienne des Grez, compté en [d] seize solz parisis que les Religieux de (m) Chaalis doivent audit Concierge, pour une Grange qu'on appelle Soissy, avec les (n) Vins, ventes desdits Hostels & les Terres desdits Mureaux, toutes fois que les cas y eschéent, & qu'on les vend.

a *Voy. cy-dessus p. 303. Note (b)*

b *Je n'ai pu rien découvrir sur cette Maladerie.*

c *au commencement.*

d *Dans ces 63. sols, sont compris seize sols que.*

Et aussi a & doit avoir à la cause dessusdite, toute Justice & Seigneurie moyenne & basse, esdits lieux des Mureaux & ès Terres & appartenances d'iceux, & sur toute la Chaussée depuis la (o) Porte Saint Jacques jusques à ladite Maladerie de la Banlieuë: Et audit lieu pour luy & en son nom, a & peut avoir Maire & Sergents pour garder sadicte Justice & Seigneurie, & pour prendre tous malfaiteurs qu'ils trouveroient en ladicte Terre & lieu, mèsfaisant en aucune maniere, & iceux amener ès Prisons dudit Palais pour les punir & corriger selon ce que les cas le requierent, en la maniere qu'il appartient à Justice moyenne & basse.

Et aussi tous [e] Espaves & choses adhirées quand les cas y écherront, & les (p) Roüages des Vins vendus audit lieu; c'est assavoir de chascune Piece, deux deniers.

e *Voy. cy-dessus, p. 312. les Notes marginales (f) & (h)*

(7) *Item.* Avec ce a ledit Concierge à la cause dessusdite, sur la [f] Grange à l'Evesque d'Auxerre, & sur un petit (q) Courtil qui est derriere ledit Hostel, quarante-deux solz six deniers de fonds de Terre, payez par chacun an à la Saint Remy.

f *Je n'ai pu rien decouvrir sur cette Grange.*

Et aussi sur plusieurs heritages assis à Baigneux (r) Saint Oeuf-Blanc & au terroüer d'environ, trois Chapons & demy & trois Pains & demy payez audit Palais audit Concierge, ou à ses Gens ou Officiers pour luy, le lendemain de Noël chacun an.

(8) *Item.* Ledit Concierge a & doit avoir à cause de ladite Conciergerie, toutesfois que l'on fait un nouvel Boucher en la Boucherie de Paris devant le Chastelet, trente livres & demie, la moitié d'un quarteron & la moitié de demi-quarteron pesant de chair, moitié Beuf & moitié Porc; la moitié d'un Chapon plumé, demi-septier de Vin & deux Gasteaux: Et doit donner celuy qui les va querre, au Chanteur qui est en la Salle aux Bouchers, deux deniers.

(9) *Item.* Ledit Concierge à la cause dessusdite, a & doit avoir la congnoissan-

NOTES.

(m) *Chaalis.*] Abbaye dans l'Isle de France, à deux lieuës de Senlis, du costé du levant. *Dictionn. de Maty.*

C'est une Abbaye de *Bernardins.*

(n) *Vins, ventes.*] Je crois qu'il faut lire *Vins & ventes*, comme l'a conjecturé le P. Lobineau. Le Droit de *Vins & de ventes* est un droit qui est dû au Seigneur Censuel, par celuy qui a acheté un heritage Censuel. Voy. le Gloss. du Droit François de M. de Lauriere, au mot *Droit de Vins & ventes.*

(o) *Porte S.t Jacques.*] Il s'agit-là de l'ancienne Porte S.t Jacques, qui estoit vers l'Estrapade, & qui a esté démolie vers 1684. Voy. Hist. de Par. par D D. Felibien & Lobineau, Tom. 2. p. 1514.

(p) *Roüages.*] Droit Seigneurial qui se prend sur le Vin qui est vendu en gros & transporté par charrois. Voy. le Gloss. du Droit François, à ce mot.

(q) *Courtil.*] Petite maison avec un Jardin, située aux champs. Voy. le Gloss. de Du Cange au mot *Cortis.*

(r) *Saint Oeuf blanc.*] Dans Joly, il y a *S.t Erblanc:* le P. Lobineau a laissé ce nom en blanc: je n'ay pû rien decouvrir sur ce lieu.

ce de tous Ormes & Arbres qui sont & demeurent secs en toutes les Voiries & Chemins Royaux de la Banlieüe & Vicomté de Paris, & iceux Ormes & Arbres [a] puis qu'ils soient secs, faire prendre, lever & emporter, [b] ou qui luy plaist: Et si aucuns les coupent, il les peut contraindre à amendes, & en doit avoir le profit.

Avec ce ledit Concierge à la cause dessusdite, a & doit prendre & parcevoir chacun an à la Feste de Saint [c] Andrieu, en l'Hostel de ladite Conciergerie à Paris, où là il lui plaist en ladite Ville, tout le *(s)* Gruage de tous *(t)* les Bois d'Yveline, & de toutes les appartenances & appendances d'iceux, & de tous Voituriers & Charbonniers & de toutes autres manieres de Gens de quelque condicion qu'ils soient, faisans ou voiturans Charbon & Escorces, par eux ou par autres [d] ès mettes qui s'ensuivent.

C'est assavoir, du Pont de S.t Cloud jusqu'à Poissy: de Poissy jusqu'à S.t Legier en Yveline: dudit S.t Legier jusqu'à Nogent de lès Coulons: dudit Nogent jusqu'à [e] Voolon: de Voolon jusqu'à S.t Arnoul en Yveline: de S.t Arnoul jusqu'à [f] Châtres soubs Monthlery: de Châtres jusqu'à Lonjumel: & en tous les hayes & buissons assis esdittes mettes & ès appartenances d'icelles jusques à Paris, & en tous les lieux de semblable condition, de chacun voicturant Charbon ou Escorce à char ou charrette, une chartée de Charbon ou d'Escorce; Et de chacun voicturant Charbon à Cheval ou autrement, une somme de Charbon rendu audit [g] jour, toutesfois que le cas s'y est offert & offre; & iceux contraindre par la prinse de leurs biens, à payer à ladite Feste S.t Andrieu audit Hostel de la Conciergerie, lesdits Charbon & Escorce pour cause dudit Gruage en la maniere dessusdite; Et s'ils sont refusans ou contredisans, ledit Concierge les peut & doit contraindre ou faire contraindre à amender à mondit Seigneur, à Nous & à luy, d'amende convenable. Et pour lever & cüeillir ledit Charbon & Escorce ou la valeur d'iceux, ledit Concierge y peut commettre pour luy & en lieu de luy, tant & telles personnes comme bon luy semble, & rappeller iceux touttesfois qu'il lui plaist.

Et aussi s'il advenoit que ledit Concierge voulsist envoyer Lettres à Gonesse pour faire venir Bleds ou autre chose au grenier du Roy, les Escorcheurs de la Boucherie de Paris les doivent porter ou envoier à leurs propres cousts & despens; & s'ils le refusent, ils sont tenus de l'amender à nostredit Seigneur & au Concierge dessusdit.

(10) Item. Ledit Concierge a & doit avoir toutes les Clefs de tout le Palais, excepté de la Porte de devant, que le Portier garde par jour; Et toutefois qu'il y a

CHARLES REGENT, Jean I.er & selon d'autres, Jean II. au Louvre lès Paris, en Janvier 1358.

[a] *depuis.*

[b] *ou celui à qui il le permet.*

[c] *S.t André.*

[d] *bornes.*

[e] *Vorlon.* Lobineau. R. P. B.

[f] *Chastres.* R. P. A.

[g] *Feste de S.t André.*

NOTES.

(s) Gruage.] Dans la Coustume d'Orleans, ch. I. Art. 82. il est parlé de la Coustume de *Gruage*, selon laquelle il faut mesurer, arpenter, layer, crier & lever le bois. Voy. le Gloss. du Droit François par M. de Laurière, au mot *Gruerie.*

(t) Les bois d'Yveline.] Ancienne Forests dans la Beausse. Elle est presque entierement défrichée. Voy. le *Dictionn. de Maty,* au mot *Yveline.*

Non seulement cette Forest est presque entierement défrichée, mais même presque tout ce qui en reste, a pris des noms particuliers: la Forest de S.t Leger, la Forest de Dourdan, les Bois de Ramboüillet, &c. Il y a cependant encore un lieu que l'on nomme le Bois des *Yvelines*, près de Ramboüillet. Voy. la Carte de la Prevosté & Vicomté de Paris, par M. de Lisle.

S.t Legier en Yveline. Dans la Beausse, du Diocese de Chartres, & de l'Election de Montfort. La Forest & le Chasteau de S.t Legier dépendent du Duché de Ramboüillet. *Dictionn. Geograph. de la France.*

Nogent de lès Coulons. Il y a plusieurs *Nogent* dans la Beausse; mais comme auprès de *Nogent-le-Roy* situé sur *l'Eure*, il y a de l'autre costé de cette riviere, une Abbaye de Benedictins nommée *Coulombs*, on peut conjecturer que c'est de *Nogent-le-Roy*, dont il s'agit icy. Il est à cinq lieuës de Chartres, suivant *Maty.*

Voolon ou *Vorlon*: Je n'ay pû rien decouvrir sur ce lieu.

S.t Arnoul en Yveline, situé dans la Forest d'Yveline, dans le Diocese de Chartes dont il est éloigné de sept lieuës. *Dictionn. Geogr. de la France.*

Chastres. C'est *Châtres*, nommé presentement *Arpajon.*

Long-jumel. C'est *Long-jumeau* à quatre lieuës de Paris, sur la route d'Orleans.

CHARLES Regent, Jean I.er & selon d'autres, Jean II. au Louvre lès Paris, en Janvier 1358.

faute dudit Portier ou de Guettes [a] dudit Palais, de faire leurs services, ledit Concierge peut arrester leurs gages, & iceux punir selon leurs mesfaicts.

Et outre ledit Concierge à cause de ladite Conciergerie, est Voyer de toute l[a] [b] Caulendre jusqu'à la ruelle de Lorberie [c] & par dessous devers la Riviere, qui fu à Jean le Gras, & de la Place [d] S.t Michel; & aussi des Hostels des [e] Murcaux assi[s] à Nostre-Dame des Champs: Et ne peut aucun massoner [f] ne édifier *(u)* sur la Voyri[e] ne aucun d'iceux, si ce n'est du consentement, volonté & licence dudit Concierge ou de ses Gens gardans sa Justice; & s'ils font le contraire ils sont tenus de l'amen der à nostredit Seigneur, à Nous & audit Concierge. Et pour l'amende ledit Concierge les peut [g] suir en sa Court audit Palais.

Et a & doit avoir ledit Concierge sur nostre Recette de Paris aux termes accoustumez, chacun jour trois sols pour jour, qui valent par an cinquante-quatre livre[s] unze sols parisis, & un muid de Bled prins ès greniers Royaux [h] ès alles de Paris.

Nous considerans ledit Palais Royal estre & avoir esté le principal Hostel de nô tre très cher Seigneur & Pere, & des Roys de France ses predecesseurs & les nos tres, & aussi à la Requeste & supplication dudit Concierge, en consideration aus[si] aux bons & agreables services que ledit suppliant a fait à nostredit Seigneur & Nous, & fait de jour en jour & fera encore, si Dieu plaist, les Libertez, Droits [&] usages dessusdits, avec toutes les choses dessusdites & chacune d'icelles, en la ma niere que cy-dessus elles sont divisées & declarées, de nostre grace especiale, certain[e] science, plaine puissance & authorité Royale de quoy Nous usons à present, loüons greons, ratifions & approuvons, & par la teneur de ces mesmes presentes, confir mons, & d'abondant en [i] ampliant nostredite grace,

Nous de nostredite grace speciale, toutes les choses dessusdites & chacune d'icel les, avons de nouvel donné & donnons par la teneur de ces presentes, audit sup pliant, & à ceux qui auront cause au temps advenir à ladite Conciergerie, se mestie est. Et mandons par ces presentes au Prevost de Paris & au Procureur general d[e] nostredit Seigneur & le nostre, & à tous Justiciers & Officiers du Royaume d[e] France, que de nostredicte grace & don facent & laissent user & joüir ledit Sup pliant & les autres Concierges qui doresnavant seront en ladite Conciergerie, san[s] y mettre ne souffrir estre mis empeschement aucun, & s'aucune chose estoit faict au contraire au temps present ou advenir, que tantost & sans délay, soit mis au pre mier estat & deub. Et donnons en Mandement à nos amez & feaulx les Tresorier[s] & Receveurs de Paris, de mondit Seigneur & les nostres, qui à present sont, & qu[i] pour le tems advenir seront, que audit Suppliant & aux autres Concierges qui pou[r] le temps advenir seront, ils payent lesdits gages aux termes accoustumez, & leur fa cent delivrer ledit muid de Bled sans aucun delay ne contredit, nonobstant que le[s] choses dessusdictes & ledit don touchent ou peuvent toucher en aucune maniere le patrimoine de nostredit Seigneur & le nostre, ne quelsconques autres dons autre fois faits audit Suppliant, ne deffenses ne Mandemens à ce contraires. Et nonob stant aussi que aucuns au temps passé ayent mis ou se soient efforcés de mett[re] empeschement audit Concierge ou à ses predecesseurs, ès choses dessusdites ou e[n] aucunes d'icelles, & que ledit Concierge ou ses predecesseurs n'en usent ou ayent usé si pleinement ou si continuellement comme dessus est devisé: Car ainsi le vou lons Nous, & l'avons octroyé & octroyons audit Concierge & à ladite Concierge rie, de grace especiale, si mestier est: Et que ce soit chose ferme & estable à tou jours, Nous avons fait sceller ces presentes Lettres de nostre Seel: sauf en autres le Droit de mondit Seigneur & le nostre, & en toutes le Droit d'autruy. *Ce fut fai[t] & donné au Louvre lès Paris, l'An de grace mil trois cens cinquante-huit, au mois d[e] Janvier.*

a *Sentinelles.*

b *Calendre.* R. P. B.

c *Voy. cy-dessus, Note (d)*

d *Voy. cy-dessus, Note (g)*

e *Voy. cy-dessus, p. 314. la Note marginale (a).*

f *bâtir.*

g *poursuivre.*

h *Halles.* R. P. B.

i *amplifiant.* R. P. B.

NOTES.

(u) Sur la Voyrie.] Il semble qu'il manque-là quelques mots, comme *desdits lieux.*

CHARLES REGENT, Jean I.er & selon d'autres, Jean II. à Paris, en Janvier 1358.

(a) Sauvegarde pour l'Abbaye de S.t Gilles en Provence.

*KAROLUS &c. Notum facimus universis tam presentibus quam futuris. Nos rationi congruum arbitramur, si Predecessorum Regiorum [a] vestigia inherendo, ad hec nostre mentis aspiret affectus, per que status Ecclesiasticus, & specialiter personne Ecclesiastice que de die & de nocte Divinis insistunt serviiis, pacis transquillitate [b] gaude à pressuris * elevantur & à noxiis defendantur, ut eo libentius circa Divina vacare valeant, quo per Regalem potentiam senserint se adjutos : hinc est quod Nos ad supplicationem dilectorum nostrorum Religiosorum virorum Abbatis & Conventus (b) Monasterii Sancti Egidii in Provincia, Senescallie Bellicadri & Nemausi, de fundacione Regia existentium, ipsos una cum eorum familiaribus, Prioratibus & membris dicti [c] sui Monasterii, rebus, bonis & Juribus suis universis, in protectione & speciali Salva-gardia Regia de gratia speciali, ad suorum Jurium conservationem duntaxat, suscepimus per presentes, & eisdem Ingardiatores deputamus unum vel plures Servientes Regios, quem vel quos ipsi duxerint nominandos & eligendos coram Senescallo Bellicadri & Nemausi seu Curia ejusdem : quibus & eorum cuilibet committimus & mandamus, quatenus ipsos Religiosos in suis justis possessionibus, Usibus, Juribus, Franchisiis, Libertatibus, Jurisdictionibus & Saisinis, in quibus ipsos esse suosque predecessores fuisse invenerint pacifice ab antiquo, manuteneant & conservent, & ipsos ab omnibus [d] inviis, gravaminibus, oppressionibus, vi armorum, potencia Laycorum ac quibuscumque molestationibus, inquietationibus & novitatibus indebitis tueantur & defendant, nec permittant contra ipsos Religiosos aut eorum familiares, Prioratus & membra aliquas fieri vel inferri injurias aut indebitas novitates; quas si factas esse vel fuisse in dicte Salve-gardie & dictorum Religiosorum prejudicium, repererint, eas ad statum pristinum & debitum reducant, ac dicto Domino nostro & Nobis ac Parti emendam propter hoc condignam prestari faciant, per illum vel illos Judices ad [e] quam vel ad quos pertinebit, indilate; dictamque Salvamgardiam Regiam in (c) logio & personis de quibus expediens fuerit, publicari & notificari faciant; & inhibendo ex parte dicti Domini nostri atque nostra, omnibus illis de quibus fuerint requisiti, sub omni pena quam erga Nos possent incurrere, ne eisdem Religiosis aut eorum familiaribus, Prioratibus & membris ac bonis suis quomodolibet forefacere presumant: & si in (d) casu novitatis inter Partes aliquod debatum oriatur, quod dictum debatum & rem contenciosam ad manum Regiam tanquam superiorem ponant, & per ipsam manum facta (e) recredentia per illum vel illos Judices, ad quem vel ad quos pertinebit, illi ex dictis Partibus cui de Jure fuerit facienda, (f) Partes debatum hujusmodi facientes, ac etiam dicte Salve-gardie Regie infractores & contemptores, & illos qui in ejus prejudicium & contemptum predictis Gardiatoribus & eorum alteri Gardiatorum Officium exercendo, injuriam fecerint vel [f] offessam, sive qui eis vel eorum alteri inhobedientes fuerint, coram Judicibus ad quos [g] eorum cognitio pertinere debuerit, [h] adjornando,*

[a] vestigiis.
[b] gaudeant, *Voy. les Lettres suivantes.*
* *eleventur.*
[c] *sui* est inutile.
[d] injuriis.
[e] quem.
[f] offensam.
[g] *Fort.* horum.
[h] *Fort.* adjornent.

NOTES.

(a) Tresor des Chartres, Registre 86. pour les Années 1357. & 1358. Piece 552. Voy. cy-dessus, p. 268. Note (a).

(b) *Monasterii S.ti Egidii.*] S.t Gilles, Ville du bas Languedoc, du Diocese d'Arles, & du Parlement de Toulouze. Elle doit son origine à un Monastere de l'Ordre de S.t Benoist, fondé en 925. par S.t Gilles, Solitaire Grec. Dictionnaire Universel de la France.

(c) *Logio.*] *Logium*, signifie un *Logis.* Voy. le Gloss. de Du Cange à ce mot; *Logium* peut avoir un bon sens icy : Je crois cependant qu'il faut corriger *locis.*

(d) *In casu novitatis.*] S'il s'agit d'un cas de *complainte de nouvelleté*, d'un possessoire. Voy. le Gloss. du Droit François de M. de Lauriere, au mot *complaindre.*

(e) *Recredentia.*] *Recreance*, possession de la chose contentieuse. Voy. le même Gloss. [Voy. Note precedente] au mot *Recreance.*

(f) *Partes.*] *Partes..... adjornando*, [*adjornent.*] Voy. plus bas.

processuros super hoc ut fuerit rationis : Certificando ipsos Judices de adjornamen predicto & aliis que fecerint in premissis, ut super hoc facere valeant Partibus cele Justicie complementum : si vero dicti Religiosi aut aliqui de suis familiaribus, P ratibus & membris ab aliquo seu ab aliquibus [a] *assecuramentum habere voluerint, vo mus quod Judices ad quos pertinuerit predictum assecuramentum, eisdem & eorum si lis dare faciant bonum & legitimum juxta Patrie consuetudinem, prout rationabili fuerit faciendum, & generaliter faciant & facere possint dicti Gardiatores & eorum q libet, omnia & singula que* [b] *& veri* [c] *Gardiatores Officium pertinent & possunt quon dolibet pertinere. Senescallo Bellicadri & Nemausi ceterisque Justiciariis & subditis R giis qui nunc sunt & qui pro tempore fuerint, vel eorum Loca-tenentibus, dantes te presentium in mandatis, ut prefatis Gardiatoribus & eorum cuilibet, in premissis & tangentibus, pareant efficaciter & intendant, prestentque auxilium, favorem & consiliu si opus fuerit, & super hoc fuerint requisiti. Nolumus tamen quod iidem Gardiatores eorum aliquis de hiis que Cause cognitionem exigunt, se nullatenus intromittant. Qu ut firmum & stabile permaneat in futurum, nostrum presentibus Litteris fecimus app sigillum : salvo in aliis Jure dicti Domini nostri atque nostro, & in omnibus quolibet alie*

Datum Parisius, Anno Domini millesimo trecentesimo quinquagesimo-octav Mense Januarii.

Per Dominum Regentem, ad relationem Consilii. GUARIQUE.

a Voy. cy-dessus, p. 264. Note (b)

b ad.

c Gardiatoris.

CHARLES REGENT, Jean I.er & selon d'autres, Jean II. à Paris, en Janvier 1358.

(a) Sauvegarde pour l'Abbaye de S.t Amand de Coli.

KAROLUS *&c. Notum facimus universis tam presentibus quam futuris, quo Nos rationi congruum arbitramur si predecessorum Regiorum vestigiis inherendo, a hec mentis nostre aspiret affectus, per que status Ecclesiasticus, ac specialiter persone E clesiastice que de die & de nocte Divinis insistunt serviciis, pacis transquillitate gaudean à pressuris releventur & à noxiis deffendantur, ut eo libencius circa Divina vacare va leant, quo per Regalem potentiam senserint se adjutos. Hinc est quod Nos ad supplicatio nem dilectorum & fidelium Domini Genitoris nostri & nostrorum, Religiosorum viror Helye de Marcilhaco Abbatis Monasterii (b) Sancti Amandi & ejus Capituli se Conventus Ordinis Sancti Augustini, Sarlatensis Diocesis, ipsos Religiosos una cu eorum omnibus membris & pertinentiis membrorum, Ecclesiis, Beneficiis, (c) Officiis, locis, Presbiteris, Clericis, familiaribus, familiis, servitoribus, (d) Donatis, receptis, & eorum hominibus taillabilibus & explectabilibus, & cum eorum Domibus, habitationibus, Castris, Villis, locis, Parochiis, terris, pratis, pasturis, nemoribus, furnis, molendinis, Juridictionibus, rebus, bonis mobilibus & immobilibus, Juribus & pertinentiis suis uni versis tam presentibus quam futuris, & sub protectione & speciali Salva-gardia Regia & nostra, de gratia speciali, ex certa scientia & auctoritate Regia qua fungimur in* [d] *a parte, ad suorum & successorum suorum Jurium conservationem duntaxat, suscipimus pe presentes, & eisdem in Gardiatores deputamus Bajulos Regios Sarlati, Petragoricensis, Brive, & Castellanum (e) Montis Dome, & eorum Loca-tenentes, & eorum quemlibet*

d hac.

NOTES.

(a) Tresor des Chartres, Registre 90. Piece 68. Voy. cy-dessus, p. 163. Note (a).

(b) *Sancti Amandi.*] S.t Amand de Coli. Voy. *Gall. Christ*, 2.e Edit. Tom. 2. p. 1536.

(c) *Officiis.*] Offices, Charges, Emplois dans les Monasteres, qui dans quelques-uns sont devenus des Titres de Benefices, comme celuy de *Celerier*, *&c.*

(d) *Donatis, receptis.*] On nommoit *Donati*, des Laïques qui se donnoient eux & leurs biens à des Monasteres. Voy. le Gloss. de Du Cange aux mots *Donati* & *Oblati*. Peut-estre que les *Recepti* estoient des Laïques, qui n'ayant pas de biens, estoient cependant reçûs dans des Monasteres sur le même pied que les *Donati*.

(e) *Montis Dome.*] Ce doit estre Domme petite Ville près de la Dordogne à deux lieues de Sarlat, sur les frontieres du Perigord &

qui nunc sunt & pro tempore fuerint, quibus [a] eorum cuilibet committimus & mandamus quatinus ipsos Religiosos cum omnibus eorum membris, Ecclesiis, Beneficiis, Castris, Villis, Officiis, locis, Presbiteris, Clericis, familiaribus, servitoribus, Donatis, receptis, & eorum hominibus tailliabilibus & explectabilibus, Domibus, habitationibus, Castris, Villis, Parochiis, terris, pratis, pasturis, piscariis, nemoribus, furnis, molendinis, Juridictionibus, rebus, bonis mobilibus & immobilibus & pertinentiis suis universis, in suis justis possessionibus, Usibus, Juribus, Franchisiis, Libertatibus, Jurisdictionibus & saisinis in quibus ipsos esse, suosque predecessores fuisse invenerint pacifice ab antiquo, manuteneant & deffendant & conservent, & ipsos ab omnibus injuriis, violenciis, gravaminibus, oppressionibus, vi armorum, potentia Laycorum, ac quibuscunque molestationibus, inquietationibus & novitatibus indebitis tueantur & deffendant, nec permittant contra ipsos aut eorum aliquem seu eorum membra, Ecclesias, Beneficia, Domos, habitationes, Castra, Villas, loca, Presbiteros, Clericos, familiares, familias, servitores, Donatos, receptos, & homines tailliabiles & explectabiles, aliquas fieri vel inferri injurias aut indebitas novitates, quas, si factas esse vel fuisse in dicte Salve-gardie Regie & nostre, ac dictorum Religiosorum & aliorum predictorum prejudicium repererint, eas ad statum pristinum & debitum reducant, ac dicto Domino nostro & Nobis ac Parti emendam propter hoc condignam prestari faciant per illum vel illos Judices ad quem vel ad quos pertinebit, indilate, dictamque Salvam-gardiam Regiam & nostram in locis & personis de quibus expediens visum fuerit, publicari & notificari faciant, & penuncellos & baculos Regios in eorum Monasterio, Ecclesiis, Beneficiis, Officiis, Domibus, habitationibus, Castris, Villis, locis, furnis, molendinis & possessionibus in signum hujusmodi Salve-gardie Regie & nostre, apponant seu apponi faciant in terra que Jure scripto regitur duntaxat, tociens quociens opus fuerit, seu super hoc per dictos Religiosos seu eorum Procuratorem fuerint requisiti, ne aliquis dictam Salvam-gardiam valeat ignorare seu (f) stactione ejusdem se valeat in futurum aliqualiter excusare: Inhibentes ex parte dicti Domini nostri atque nostra, omnibus illis [b] de quibus fuerint requisiti, sub omni pena quam erga dictum Dominum nostrum seu Nos possent incurrere, ne eisdem Religiosis aut eorum membris, Ecclesiis, Beneficiis, Officiis, Castris, Villis, locis, Presbiteris, Clericis, familiaribus, familiis, servitoribus, Domibus, [c] habitatoribus, Parochiis, terris, pratis, pasturis, piscariis, nemoribus, furnis, molendinis, Jurisdictionibus, rebus, bonis mobilibus & immobilibus, Juribus & pertinentiis suis universis quomodolibet forefacere presumant. Et si in casu novitatis inter Partes aliquod debatum oriatur, quod dictum debatum & rem contenciosam ad manum Regiam seu nostram tanquam superiorem, ponant, si per dictos Religiosos vel eorum Procuratorem & non aliter, fuerint requisiti, & per ipsam manum facta recredentia per illum vel illos Judices ad quem vel ad quos pertinebit, illi ex dictis Partibus cui de Jure fuerit facienda, Partes [d] debatum hujusmodi facientes, ac etiam dicte Salve-gardie Regie & nostre infractores & contemptores, & illos qui in ejus prejudicium & contemptum predictis Gardiatoribus & eorum alteri Gardiatoris Officium exercendo, injuriam fecerint vel offensam, sive qui eis vel eorum alteri inhobedientes fuerint, coram Judicibus ad quos eorum cognitio pertinere debuerit, adjornando processuros super hoc ut fuerit rationis, certificando ipsos Judices de adjornamento predicto & aliis que fecerint in premissis, ut super hoc facere valeant Partibus celeris Justitie complementum. Si vero dicti Religiosi aut aliquis de suis membris, Capellanis, Clericis, servitoribus, familiaribus, Donatis, receptis, hominibus tailliabilibus & explectabilibus in eorum Monasterio, Ecclesiis, Beneficiis, Officiis, Domibus, habitationibus, Castris, Villis, locis, furnis, molendinis, habitantibus

CHARLES REGENT, Jean I.er & selon d'autres, Jean II. à Paris, en Janvier 1358.

a &.

b Il y a là quelques fautes, ou quelques mots de passez.

c *Habitationibus*, comme il y a plus haut, & plus bas.

d Voy. p. 317. Note (f)

NOTES.

de Quercy. Elle est située sur une montagne. Voy. le Diction. Geograph. de la France par Saugrain, & la Notice de Valois au mot *Doma*.

(f) *Stactione.*] Je crois qu'il faut lire *fractione*, & cela signifiera, que lorsque les *Pannonceaux* & les autres marques de la Sauvegarde seront rompus, on les restablira, afin que personne n'en puisse prétendre cause d'ignorance.

a Voy. cy-dessus, p. 264. Note (b)
b quilibet.
c quæ.
d Gardiatoris.

seu commorantibus ab aliquo seu ab aliquibus [a] *assecuramentum habere voluerint, volumus quod Judices ad quos pertinuerit, predictum assecuramentum eisdem & coram singulis dare faciant bonum & legitimum juxta Patrie consuetudinem, prout rationabiliter fuerit faciendum; & generaliter faciant & facere possint dicti Gardiatores & eorum* [b] *cuilibet omnia & singula* [c] *ad veri* [d] *Gardiatores Officium pertinent & possunt quomodolibet pertinere: Senescallo Petragoricensi & Caturcensi, ceterisque Justiciariis Regiis & nostris qui nunc sunt & pro tempore fuerint in futurum, vel eorum Loca-tenentibus & eorum cuilibet dantes tenore presencium in mandatis, ut prefatis Gardiatoribus & eorum cuilibet in premissis & ea tangentibus, pareant efficaciter & intendant, prestentque auxilium, favorem & consilium, si opus fuerit, & super hoc fuerint requisiti: nolumus tamen quod iidem Gardiatores aut eorum aliquis de hiis que Cause cognitionem exigunt, se aliquatenus intromittant. Quod ut firmum & stabile permaneat in futurum, nostrum presentibus Litteris fecimus apponi sigillum: salvo in aliis Jure dicti Domini nostri atque nostro, & in omnibus quolibet alieno.* Datum Parisiis, Anno Domini millesimo trecentesimo quinquagesimo-octavo, Mense Januarii.

Per Dominum Regentem ad relationem Consilii. GUARIQUE.

CHARLES REGENT, Jean I.er & selon d'autres, Jean II. à Paris, en Janvier 1358.

(a) Sauvegarde pour le Chapitre de Vivier en Brie, avec attribution de leurs affaires aux Requestes du Palais.

e sollicitudines.
f quæ.
g quò.
h abundantius.
i hommes de Corps, Serfs. *Voy. du Cange, au mot* homo.
k maneriis.
l Je crois que cette phrase est corrompuë.

KAROLUS Regis Francie Primogenitus, Regnum regens, Dux Normannie Dalphinusque Viennensis: Universis presentes Litteras inspecturis, Salutem in Domino. Inter cunctas urgentes [e] *sollitudines & curas, quibus in regendis subditis Nobis plebibus, afficimur, ad hoc precipuè nostre mentis aspirat affectus, per quod nostris temporibus, sub commisso Nobis regimine status Ecclesiasticus in transquillitate & pace manuteneri valeat & tueri, & in suis agendis* [f] *que à rationis tramite non discordant, Regiis presidiis confoveri. Sane ad nostram Ecclesiam Beate Marie de Vivario in Bria Meldensis Diocesis per Nos nuper fundatam, & dilectos nostros Thesaurarium & Capitulum ipsius Ecclesie specialis considerationis intuitum convertentes, ut eò libentius & ferventius circa Divina intendant obsequia,* [g] *quod dictis presidiis* [h] *habendencius prospexerint se munitos, ipsos Ecclesiam, Thesaurarium & Capitulum tam in capite quam in membris, singulosque ipsius Ecclesie Canonicos, Vicarios & Clericos presentes & futuros, cum eorum familiis & servitoribus, hominibus* [i] *de corpore, bonis etiam, rebus, possessionibus, Domibus &* [k] *manariis, deveriisque & juribus universis & singulis eorumdem, que nunc habent & possident, & que illos habere & possidere contigerit infuturum, ad suam & bonorum suorumque predictorum conservationem & securitatem, ex certa scientia, in salva & speciali Gardia Regia suscipimus per presentes, pro Nobis & Domino Genitori nostro suisque & nostris successoribus ex* [l] *causa ipsa Salva-gardia perpetuis temporibus permansuros, mandantes committendo dilectis & fidelibus Gentibus Requestarum Palatii Regii Parisiensis, presentibus & futuris, quatinus quociens & quando pro parte dictorum Thesaurarii & Capituli, Canonicorumque & Vicariorum & Clericorum ac ceterorum servitorum dicte Ecclesie vel alterius eorumdem, fuerint super hoc requisiti, ipsos Thesaurarium & Capitulum, Canonicos, Vicarios, Clericos & servitores sub protectione & Salva-gardia supradictis manuteneant & conservent, ab omnibusque injuriis, gravaminibus, si*

NOTES.

(a) Tresor des Chartres, Registre 89. Piece 452. Elle est vidimée dans des Lettres du mois d'Octobre qui la confirment. Le Regent par ses Lettres données en Octobre 1359. & qui seront imprimées cy-dessous, donna à ce Chapitre d'autres Lettres de Sauvegarde, qui ne rappellent pas toutes les clauses de celles-cy, mais qui cependant en contiennent de nouvelles.

Voy. sur les Sauvegardes cy-dessus, p. 263. Note (a).

armorum,

armorum, potentia Laycorum & quibuscunque indebitis novitatibus & pressuris, oppressionibusque & jacturis, nec permittant eisdem vel eorum alteri in personis, familiaribus, hominibus de corpore, bonis, rebus, juribus vel Juridictionibus eorumdem, aliquas violencias seu injurias aut indebitas novitates à quocunque seu quibuscunque, in dicte specialis Gardie vel ipsorum sic susceptorum aut alterius eorumdem prejudicium, fieri vel inferri; sed quicquid contra hujusmodi Salvam-gardiam invenerint attemptatum, ad statum debitum & pristinum revocari studeant & reduci, & Nobis successoribusque predictis, ac etiam dictis sic susceptis & cuilibet eorumdem emendari condigne: ipsisque sic susceptis & ipsorum cuilibet, de personis de quibus [a] *assecuramentum habere voluerint, tam conjunctim quam divisim, juxta Patrie consuetudinem fieri faciant & prestari, ac Penuncellos Regios in signum dicte Gardie, in rebus & possessionibus ac juribus eorumdem ac ipsorum cujuslibet, apponi, & remotos renovari, ipsamque Salvam-gardiam & omnia in presentibus contenta, cum super hoc fuerint requisiti, ubicunque expediens fuerit, publicari faciant indilate: Inhibendo & inhiberi faciendo omnibus & singulis subditis Regiis de quibus fuerint requisiti, sub penis debitis Nobis & dictis successoribus applicandis, ne predictis Ecclesie vel sic susceptis aut alteri eorumdem in capite vel in membris, juribus, possessionibus vel personis eorumdem & cujuslibet ipsorum, forefacere audeant vel presumant, & ad premissa omnia & singula diligentius exequenda, quociens opus fuerit, unum vel plures de Servientibus Regiis in suos Gardiatores speciales, ipsorum tamen sic susceptorum sumptibus & expensis, studeant deputare: Qui Gardiatores, si quod impedimentum indebite novitatis ipsis sic susceptis vel eorum alteri, in eorum justis rebus & possessionibus appositum reperierint vel illatum, aut debatum super hoc oriatur, rem contentiosam ad manum Regiam tanquam superiorem, ponant, & de illa* [b] *recedentiam faciendo ubi fuerit facienda, Partes coram dictis Gentibus ad certam & competentem diem* [c] *adjornant ad locum debati, ipsoque loco de ablatis abinde primitus resaisito. Volumus insuper, & de ampliori uberiorique gratia dictis sic susceptis concedimus quod Gardiatores prefati absque alio mandato super hoc obtinendo, dictis Ecclesie, Thesaurario & Capitulo Canonicisque, Vicariis, Clericis & singulis eorumdem, de debitis sibi & eorum cuilibet creditisque, de quibus competenter liquebit, summariè & de plano sine strepitu & figura* [d] *Judici, satisfactionem condignam eis & cuilibet eorumdem, faciant exhiberi, debitores eorum ad hoc faciendum, per suorum captionem & explectationem bonorum & aliter, viriliter compellendo, & in casu oppositionis manu Regia munita, debitis sub sigillis Regiis* [e] *Partes opponentes adjornent ad certam & competentem diem coram Gentibus supradictis, in oppositione hujusmodi processuros, prout Justitia suadebit: Ipsi* [f] *Gardiatores quid inde fecerint, sub suis sigillis dictis Gentibus rescribere non postponant, & insuper faciant omnia & singula que ad specialis Gardiatoris Officium pertinere noscuntur. Volumus tamen quod Gardiatores hujusmodi de hiis que Cause cognitionem requirunt, se aliquatenus intromittant. Quod ut firmum & stabile permaneat in futurum, presentibus Litteris nostrum fecimus apponi sigillum: Nostro & quolibet alieno in omnibus jure salvo.* Datum & Actum Parisiis, in Domo nostra [g] Nigelle, Mense Januario, Anno Domini millesimo trecentesimo quinquagesimo-octavo.

CHARLES REGENT, Jean I.er & selon d'autres, Jean II. à Paris, en Janvier 1358.

a Voy. cy-dessus, p. 264. Note (b)

b recredentiam.

c adjornent.

d Judicii.

e se.

f que.

g l'Hostel de Nelle, à Paris.

CHARLES REGENT, Jean I.er & selon d'autres, Jean II. à Paris, le 21. de Fevrier 1358.

(a) Lettres qui fixent le prix des Especes d'Or & d'Argent.

CHARLES aisné Fils du Roy de France, regent le Royaume, Duc de Normandie & Dauphin de Viennois: Au Senechal de Beaucaire & de Nismes, ou à son Lieutenant, Salut. Nous qui tousjours avons eu & avons très-grand desir &

NOTES.

(a) La Copie de ces Lettres a esté envoyée de Montpellier, avec cette Indication : *du N.° 12. Arm. A. fol. 117. verso.*

On en a envoyé de cette même Ville, une seconde Copie, avec cette Indication : *Seneschaussée de Nismes en general, Arm. A. liasse 17.*

CHARLES REGENT, Jean I.er & selon d'autres, Jean II. à Paris, le 21. de Fevrier 1358.

parfaite volonté de garder les bons & loyaux Subjets de [a] Monsieur & de Nous, des griefs & des oppressions, & de incliner de tout notre pouvoir, à toutes leurs prieres & requestes, voulsimes & ordonnames, à la priere des personnes d'Eglise, Nobles & Habitans des bonnes Villes dudit Royaume, specialement de la Languedoc, & par grand deliberation de Conseil, tant pour le bien & profit de tout notre Peuple, comme afin que plus prestement Nous puissions avoir bonnes finances pour soutenir le fait de la Guerre, & deffendre ledit Royaume de France, & pour la redemption de [b] Monsieur, que *(b)* les Deniers d'Or fin à l'Agnel eussent cours & fussent pris & mis pour trante sols tournois la Piece tant-seulement ; les Royaulx d'Or fin que l'on a fait & fait faire, pour vingt-cinq sols tournois la Piece ; & les Deniers d'Or à l'Escu du propre coing de mondit Seigneur, pour vingt sols tournois la Piece, & non pour plus: & selon le pris & valeur d'iceux, fismes faire & ordonnames gros [c] Deniers blancs auxquels Nous donnames cours pour douze deniers tournois la Piece; & doubles Tournois, pour deux deniers tournois la Piece, en ostant tout cours à toutes autres Monnoyes, tant d'Or comme d'Argent. Et estoit notre intention & volonté qu'elles demurassent en icelui estat; mais depuis ce, plusieurs convoiteux & malicieux Changeurs, Marchans & autres, qui de jour en jour, [d] orès & souventes-fois ont aporté & aportent audit Royaume, faux & mauvais Florins contrefaits, & par special Deniers d'Or à l'Escu tels & si mauvais, que nuls ne les devroit prendre ne mettre pour aucun prix quel qu'il fusse, ont d'iceux si rempli ledit Royaume, & à iceux, de leur volonté, donné & donnent cours & prix tels & si excessifs, en *(c)* derruant ledit Peuple, qui de ce est ignorant, & en [e] fortraiant hors dudit Royaume la bonne matiere d'Or & d'Argent d'icellui, que tout icelui Peuple, le fait & gouvernement desdites Monoyes, & tout le Royaume en ont esté & sont moult grevés, & en peril & [f] doubte, qu'iceux inconveniens souffriroient longuement de [g] grande perdition, que ja Dieu ne veuille, dont très-fortement Nous a depleu & deplait de tout notre cœur: Pourquoy Nous, qui tels inconveniens ne pourrions plus souffrir, desirans à iceux obvier, pour le bien & profit dudit Royaume & de tout le Peuple d'icellui, par très-grande & bonne deliberation du Conseil, eüe consideration aux choses dessusdites, avons vouleu & ordonné, & par ces presentes voulons & ordonnons que dores-en-avant, c'est à sçavoir depuis la publication de ces presentes, les Deniers d'Or fin à l'Agnel, soint pris & mis pour trante sols tournois la Piece; & les Royaux d'Or fin que l'on a faits & fait à present, & que l'on faira au temps advenir, pour vingt-cinq sols tournois la Piece tant-seulement: Et aussi que les Deniers blancs que l'on a fait & fait à present, & ceux que l'on faira dores-en-avant, qui seront semblables & de semblable forme, ayent cours & soint pris & mis pour six deniers tournois la Piece, & non pour plus; les doubles Tournois que Nous fairons faire, pour deux deniers tournois; & les petits Parisis & Deniers Tournois, pour un denier la Piece: Et à toutes autres Monoyes, quelles qu'elles soint, tant d'Or comme d'Argent, & par special aux Deniers d'Or à l'Escu, dont il y en a moult de faux & de mauvais, comme dit est, avons osté & ostons tout cours du tout, & voulons qu'elles soint mises au marc pour Billon. Si vous mandons & commandons estroitement, en commettant si mestier est, que notre Ordonnance dessusdite vous faites tantost crier & publier par tous les lieux de votre Senechaucée & des ressorts, accoutumés à faire

[a] *Monseigneur*, seconde Copie.

[b] *Monseigneur*, seconde Copie.

[c] *Voy. cy-dessus, p. 243. les Lettres du 22. d'Aoust 1358.*

[d] *presentement.*

[e] *fortraiant*, seconde Copie.

[f] *crainte.*

[g] *Cet endroit me paroist corrompu.*

NOTES.

des Actes ramassez, N.° 4. *fol.* 117. *verso.*

Voy. cy-dessous le Mandement du 25. de Fevrier 1358.

(b) Les Deniers d'Or fin, &c.] Voy. cy-dessus, p. 222. l'Art. 1. de l'Ordonnance du 14. de May 1358. Il faut bien remarquer que la valeur de ces Especes d'Or y est exprimée en sols Parisis, qui valent un cinquiéme de plus que les tournois.

(c) Derruant.] Il y a dans la seconde Copie, *detruant*. Ces deux mots me paroissent également corrompus : ou du moins j'ignore ce qu'ils signifient precisément, mais la suite du discours fait connoistre qu'ils doivent signifier *decevant*, *trompant* ou *detruisant*.

ens; & icelle Ordonnance en toute votredite Senechaucée & ès resforts d'icelle, faites tenir & garder sans enfraindre, en deffendant à tous, sous peine de corps & d'avoir, qu'ils ne facent ou attemptent au contraire, & en punissant tous ceux qui depuis ledit cry, voudront ou fairont aucune chose au contraire à notredite Ordonnance, en telle maniere qu'il soit exemple aux autres, & qu'il soit satisfait à Justice: Et Nous donnons en mandement à tous les Officiers & Subjets de [a] Monsieur & de Nous, que à vous & à vos Deputés en ce faisant, obeissent & entendent diligemment. *Donné à Paris, le vint & unieme jour de Fevrier, l'An de grace mil trois cens cinquante-huit.* Par Monsieur le Regent. *(d)* BLENECH.

a *Monseigneur*, seconde Copie.

NOTES.

(d) Blenech.] Il y a *Blanch.* Dans la seconde Copie, & c'est ainsi qu'il faut lire: C'est-à-dire, *Blanchet.*

CHARLES REGENT, Jean I.er & selon d'autres, Jean II. au Louvre lès Paris, le 22. de Fevrier 1358.

(a) Mandement qui fixe le prix des Especes d'Or & d'Argent.

CHARLES aisné Filz du Roy de France, regent le Royaume, Duc de Normandie & Dalphin de Viennois: A nos amez & feaulx les Generaulx-Maistres des Monnoyes de Monseigneur & de Nous, salut & dillection. Sçavoir vous faisons que par bonne deliberacion de Conseil, pour plusieurs justes & vrayes causes, avons voulu & ordonné, & par ces presentes voulons & ordonnons que le Denier d'Or fin à l'Aignel dores-en-avant ait cours & ne soit prins & mis que pour trente solz la piece:

Le Denier Royal d'Or fin que l'en a faitz & fera faire, pour vingt-cinq sols la piece:

Les Deniers blancs que l'en a faits & fera faire autelz & semblables en coing, loy & façon de ceux de present, lesquelz seront faitz & taillez à trois deniers de loy Argent-le-Roy, & de [b] sept solz six deniers de poix au marc de Paris, auront cours & seront prins & mis pour six deniers tournois la Piece, & non pour plus:

Doubles Tournois qui seront à ung denier vingt grains de loy Argent-le-Roy, & de treize [c] sols neuf deniers de poix au marc de Paris, auront cours pour deux deniers la Piece, & non pour plus:

Et petiz Parisis qui seront à un denier neuf grains & le tiers d'un grain de loy Argent-le-Roy, & de [d] seize sols huit deniers de poix au marc de Paris, & auront cours pour un denier parisis la Piece, & non pour plus [e] Monnoye trente-sixiesme; *(b)* en trayant de chacun marc d'Argent neuf livres tournois, & en donnant à tous Changeurs & Marchans de chacun marc d'Argent tant blanc comme noir, sept livres tournois. Pourquoy Nous vous mandons, commectons & estroictement enjoignons à vous & à chacun de vous, que tantost & sans delay ces Lettres veuës, vous fassiez faire & ouvrer en la Monnoye de Paris, & non ailleurs, jusques [f] vous avez autre Mandement de Nous, iceulx blancs Deniers à la Couronne, Doubles Tournois, & petiz Parisis du poix & loy que dit est dessus, en ouvrant sur le pié de Monnoye trente-sixiesme; & en donnant en tout marc d'Argent tant blanc comme noir, le pris de sept livres tournois comme dit est; & aux Ouvriers & Monnoyers tel sallaire comme bon vous semblera. Et ou cas que à faire iceluy

b *à 90. Pieces au marc.*

c *à 165. Pieces au marc.*

d *à 200. Pieces au marc.*

e Voy. la Preface, §. *Monnoye.*

f *jusqu'à ce que vous ayez.*

NOTES.

(a) Registre D. de la Cour des Monnoyes de Paris, *fol. 24. verso.*

Avant ce Mandement, il y a:

Le 32.e [22.e] jour de Fevrier, fut apporté en la Chambre des Monnoyes, ung Mandement de Monst.r le Regent, dont la teneur s'ensuit.

(b) En trayant de chacun marc, &c.] C'est-à-dire, que le prix du marc d'Argent monnoyé vaudra neuf livres tournois. Voy. la Preface, §. *Monnoye.*

Ouvraige, il conviendroit mettre Cuivre, Nous voulons qu'il soit [a] quis & acheté aux despens de Monseigneur & de Nous, & alloüé ès Comptes de celuy ou ceulx à qui il appartiendra sans aucun contrediɛt. De ce faire, à vous & à chacun de vous donnons povoir, auɛtorité & mandement especial par la teneur de ces presentes. *Donné au Louvre-lez-Paris, le vingt-deuxiesme jour de Fevrier, l'An de grace mil trois cens cinquante-huit.* Par Monsieur le Regent, en son Conseil.

J. BLANCHET.

a acquis.

CHARLES REGENT, Jean I.er & selon d'autres, Jean II. à Paris, le 25. de Fevrier 1358.

(a) Mandement qui fixe le prix des Especes d'Or & d'Argent.

CHARLES aisné Fils du Roy de France, regent le Royaume, Duc de Normandie & Dalphin de Viennois: A noz amez & feaulx les Generaulx-Maistres des Monnoyes de Monseigneur & nostres, Salut & dilleɛtion. Savoir vous faisons que Nous pour plusieurs justes & vrayes causes contenuës en certaines [b] Lettres ouvertes, faiɛtes & ordonnées sur le fait & gouvernement des Monnoyes, que Nous envoyons à noz amez & feaulx les Seneschaux, Baillifs, Prevostz, Maires & Eschevins des bonnes Villes dudit Royaume, desquelles il vous est apparu ou [c] appaira, Nous avons voulu & ordonné, & par ces presentes voulons & ordonnons que le Denier d'Or fin à l'Aignel dores-en-avant n'ait cours & ne soit prins & mis que pour trente solz la Piece tant-seulement:

Et le Denier Royal d'Or fin que l'en a fait & fera faire, pour vint-cinq solz la Piece, & non pour plus; & toutes autres Monnoyes d'Or soient mises au Billon & portées pour ouvrer à la plus prochaine Monnoye du Royaume:

Et les Deniers blancs que l'en a fait & fera faire autelz & semblables en coing, loy & façon, lesquelz Nous voullons estre faiɛtz & taillez de [d] huiɛt solz quatre deniers de poix au marc de Paris, & à trois deniers de loy Argent-le-Roy, n'ayent cours & ne soient prins & mis que pour six deniers la Piece:

Et avecques ce avons voulu & ordonné, voulons & ordonnons que l'en face faire & ouvrer Deniers doubles Tournois à un denier dix-huiɛt grains de loy dudit Argent, & de [e] quatorze solz sept deniers de poix audit marc:

Et petiz Deniers tournois à un denier six grains de loy d'iceluy Argent, & de [f] vingt solz dix deniers de poix audit marc:

Et petiz Deniers parisis à un denier six grains de loy, & de [g] seize solz huiɛt deniers de poix audit marc, en ouvrant sur le pié de Monnoye quarantiesme: & *(b)* en trayant de chacun marc d'Argent dix livres tournois; & en donnant à tous Changeurs & Marchans de chascun marc d'Argent tant blanc comme noir, sept livres tournois. Si vous mandons, commeɛtons & estroiɛtement enjoignons à vous & à chascun de vous, que tantost & sans delay ces Lettres veuës, en toutes & chascunes les Monnoyes dudit Royaume là où il appartiendra, vous faiɛtes faire & ouvrer iceulx blancs Deniers, doubles Tournois, petiz Tournois & Parisis des poix & loy dessusditz, & donner en tout marc d'Argent blanc & noir, le pris dessusdit: Et aux Ouvriers & Monnoyers donnez & faiɛtes donner tel sallaire comme bon vous semblera. Et ou cas que en aucune maniere il conviendra meɛtre Cuivre à faire iceluy Ouvraige, Nous voulons qu'il soit [h] quis & acheté aux depens de Monseigneur & de Nous, & alloüé ès Comptes de celuy ou ceulx à qui il appar-

b *Voy. cy-dessus, p. 321. les Lettres du 21. de Fevrier 1358.*

c *apparoistra.*

d *à 100. Pieces au marc.*

e *à 175. Pieces au marc.*

f *à 250. Pieces au marc.*

g *à 200. Pieces au marc.*

h *acquis.*

NOTES.

(a) Registre D. de la Cour des Monnoyes de Paris, *fol. 25. recto.*

Avant ce Mandement, il y a:

Le 25.e jour de Fevrier l'An 1358. fut apporté en la Chambre des Monnoyes, ung Mandement de M.r le Regent, duquel la teneur s'ensuit.

Monnoye 40.e

(b) En trayant de chacun marc, &c.] C'est-à-dire, que le marc d'Argent monnoyé vaudra dix livres. Voy. Preface, §. Monnoyes.

tiendra. De ce faire, à vous & à chascun de vous donnons povoir, auctorité & mandement especial par la teneur de ces presentes. *Donné à Paris, le vint-cinquiesme jour de Fevrier, l'An de grace mil trois cens cinquante-huit. Ainsi signé.* Par Monsieur le Regent, en son Conseil. R. POTIN.

(a) Lettres qui reglent le ressort de plusieurs lieux qui y sont nommez.

CHARLES REGENT, Jean I.er & selon d'autres, Jean II. au Louvre lès Paris, en Fevrier 1358.

CHARLES ainsné Filz du Roy de France, regent le Royaume, Duc de Normandie & Dalphin de Viennois : Savoir faisons à touz presenz & à venir, Nous avoir veu [a] le Lettres de nostre très cher Seigneur & Ayeul, le Roy [b] Philippe de bonne memoire, que Dieux absoille, contenant la fourme qui s'ensuit.

Charles IV. dit le Bel, à Paris le dernier d'Aoust. ... [Voy. cy-dessous note (i).]

PHILIPPE [c] par la grace de Dieu Roy de France. Savoir faisons à touz presenz & à venir, que nostre très cher Seigneur & Cousin le Roy [d] *Charles* que Dieu absoille, retraicta, rappella & mist au neant jadis l'Eschange faite par nostre très cher Seigneur & Oncle le Roy *Philippe le Bel,* dont Diex ait l'Ame, avecques feu *Henry* jadis Seigneur de *Senly,* Chevalier de la Ville, Chastel & Chastellenie de *(b) Chasteau-Renart,* si comme il appert par ses Lettres, desquelles la teneur est telle.

Philippe de Valois, à Paris, en Aoust. 1338.

CHARLES [e] par la grace de Dieu, Roys de France & de Navarre. A touz ceulx qui ces presentes Lettres verront, Salut. Comme pieça nostre très cher Seigneur & Pere [f], dont Dieux ait l'Ame, eust baillié par Eschange à nostre amé *Henry* Seigneur de *Senly* & Bouteillier de France, la Ville & Chastellenie de *(c) Dun-le-Roy* & le Fié & Hommage que le Seigneur de *(d) Culant* tenoit [g] de li, avecques plusieurs autres Fiefz grans, & [h] Noblecces, comme Gardes de Eglises & de

a *les.*

b *Philippe de Valois.*

c *Philippe de Valois.*

d *Charles le Bel.*

e *Charles le Bel.*

f *Philippe le Bel.*

g *du Roy.*

h *Droits Nobles.*

NOTES.

(a) Tresor des Chartres, Registre 86. pour les Années 1357. & 1358. Piece 600.

Ces Lettres ni celles qu'elles confirment, ne sont point des Ordonnances. Elles ont pour objet principal l'Eschange qui fut fait entre *Philippe le Bel* & *Henry* Seigneur de *Senlis,* de *Dun le Roy,* contre *Chasteau-Renard.* Cet Eschange qui fut fait en 1313. suivant M. du Puy, *Traité des Droits du Roy,* p. m. 819. fut revoqué par *Charles le Bel,* qui quelque temps après ordonna qu'il auroit son execution, & enfin il fut aneanti par *Philippe de Valois.* Mais dans ces Lettres, il y a des clauses qui contiennent des dispositions sur le ressort de quelques lieux ; & comme la matiere des ressorts des Jurisdictions, est une des plus importantes parties du Droit public du Royaume, on a crû devoir faire imprimer ce qu'il a à ce sujet dans ces Lettres, que l'on n'a pas jugé à propos de donner en entier, parce qu'elles sont très longues, & qu'elles ne sont pas de nature à devoir trouver place dans ce Recüeil. On se contentera de marquer icy ce qu'elles contiennent.

Lettres de *Charles le Bel* du dernier Aoust. ... [Voy. cy-dessous, p. 326. Note (*i*)] par lesquelles il revoque l'Eschange de *Dun-le-Roy* contre *Chasteau-Renard.*

Lettres du même Roy du mois de Fevrier 1323. qui ordonnent que cet Eschange aura lieu. Il n'y a rien dans ces Lettres qui regarde la matiere des ressorts.

Lettres de *Philippe de Valois,* du mois d'Aoust 1338. par lesquelles il aneantit l'Eschange.

Lettres de *Charles Regent,* du mois de Fevrier 1358. portant confirmation des precedentes.

Lorsque dans la suite on trouvera des clauses qui regarderont les ressorts, ou quelques autres points du Droit public, dans des Lettres Royaux qui ne seront des Ordonnances, on sera imprimer ces clauses, en suivant la même methode que l'on s'est prescrite icy.

(b) Chasteau-Renart.] Ville dans le Gâtinois. Elle est du Diocese de Sens & de l'Election de Montargis. Elle est le Siege d'une Chastellenie qui ressortit au Presidial de Montargis. *Dictionn. Geogr. de la France* par Saugrain.

(c) Dun-le-Roy.] Ville dans le Berry, du Diocese de Bourges. C'est un Bailliage. *Dictionn. Geogr. de la France.* par Saugrain.

(d) Culant.] Ville dans le Bourbonnois, à dix lieuës de Bourges, & dans le Diocese & l'Intendance de cette Ville. C'est le Siege d'un Bailliage particulier. *Saugrain. Ibid.* Voy. Note precedente.

CHARLES REGENT, Jean I.er & selon d'autres, Jean II, au Louvre lès Paris, en Fevrier 1358.

Abbaies, & autres plusieurs choses appartenantes audit nostre Seigneur & Pere & à ses Successeurs Roys de France, en la Chastellenie de *Dun-le-Roy* & des appartenances....

Item. Encor voulons & octroions que la Ville, Chastel & Chastellenie de *(e) Chasteau-Nuef sur Chier,* qui est au Seigneur de *Culant,* laquelle il tendra dores-en-avant de Nous en Fié & en Hommage avecques sa Terre de *Culant* & toutes les autres choses appartenantes audit Fié dudit Seigneur de *Culant,* lesquelles par la vertu de l'Eschange dessusdit, *(f)* avoient ressort au Chastiau de *Dun-le-Roy* pour cause de l'Eschange fait avecques ledit Seigneur de *Senly,* aient ressort audit Chastel de *Dun-le-Roy,* quelque part que il aient ressorti avant ledit Eschange, soit à *Bourges* & *Issodun* ou ailleurs ou Bailliage de *Bourges,* avecques [a] le leurs privilegez & exemps, & les Justices enclavées en ladite Chastellenie: Promettans que jamais de Nous, de noz Successeurs ne de la Couronne de France, ne departirons, ne [b] desseverrons de ladite Ville de *Dun-le-Roy,* Chastel & Chastellenie, ne hors de nostre main ne les mettrons par Appanage de Frere ou d'Enfant, pour Mariage, pour Don, pour Vente, pour Eschange ou pour quelque autre cause que ce soit, ne hors de nostre foy, ne de nostre main ne mettrons la Foy & Hommage dudit Seigneur de *Culant* ou de ses Successeurs, ou de ceulx qui auront cause d'eulx, pour Appanage de Frere ou d'Enfant, pour Mariage, pour Don, pour Vente, pour Eschange, ou pour quelque autre cause que ce soit; & annexons perpetuelment à la Couronne de France ladite Ville, Chastel & Chastellenie de *Dun-le-Roy* & ledit Fié dudit Seigneur de *Culant,* sanz ce que jamais de la Couronne de France ne departiront pour nul cas, ainsi comme il est dessusdit; & aussi n'en departirons Nous jamais les ressors de la Chastellenie de *Chasteau-Nuef,* ne de *Culant,* ne les autres qui ont accoustumé d'ancienneté à ressortir au Chasteau de *Dun-le-Roy,* du ressort dudit Chastel de *Dun-le-Roy,* & dès-maintenant voulons lesdiz ressors arriere retourner & revenir audit Chasteau de *Dun-le-Roy (g)* quelque part qu'il aient [c] ressortir puis l'Eschange dessusdite, soit à *(h)* Centquoins ou ailleurs. Et ce que Nous avons adjousté ladite Chastellenie de *Chasteau-Nuef* au ressort dudit Chastel de *Dun,* avons Nous fait *Renout* Seigneur de *Culant* present, & ce suppliant & requerant à grant instance. En tesmoing de laquelle chose Nous avons fait mettre nostre Scel à ces presentes Lettres. *Donné à Paris, le dernier jour d'Aoust, (i) l'An de grace mil trois cents vingt & huit.*

a *le* est inutile.

b *separerons.*

c *ressorti.*

NOTES.

(e) Chasteau-Nuef sur Chier.] Ville dans le Berry, dans le Diocese de Bourges, & à sept lieuës de cette Ville vers le Bourbonnois. *Saugrain. Ibid.* Voy. Note *(b)*.

(f) Avoient ressort au Chastiau de Dun-le-Roy.] *Philippe le Bel* avoit ordonné par les Lettres de l'Eschange, que *Chasteau-Neuf sur Chier,* & les autres terres du Seigneur de *Culant,* qui ressortissoient à *Bourges,* à *Issoudun,* ressortiroient dans la suite à *Dun-le-Roy,* qui estoit cedé au Seigneur de *Senlis. Charles le Bel,* ordonne icy que quoyque l'Eschange soit revoqué, *Chasteau-Neuf sur Chier* continuëra de ressortir à *Dun-le-Roy.*

(g) Quelque part qu'il ayent ressortir puis l'Eschange.] Apparemment que par les Lettres d'Eschange, *Philippe le Bel* avoit osté du ressort de *Dun-le-Roy,* plusieurs lieux qui en dépendoient.

(h) Centquoins.] On trouve dans le Dictionn. de *Saugrain.* [Voy. cy-dessus Note *(b)*.] *Cencoing.* Voy. *Sancoins,* & sous ce mot, on trouve d'abord. *Sancoins,* Ville & Justice Royale dans le Berry, Diocese, Intendance & Election de Bourges, a 450. Habitans. Elle est située sur le Ruisseau d'Argent, enclavée dans le Bourbonnois, à six lieuës de Nevers, & à deux de l'Allier. Sa Justice est du ressort du Bailliage de S.t Pierre le Moustier.

On trouve ensuite :

Sancoins, ou *Xancoins,* Prevosté Royale dans le Berry, Diocese, Intendance & Election de Bourges, a 189. Habitans. L'inexactitude avec laquelle ce Dictionnaire a esté composé, peut faire soupçonner que ces deux *Sancoins* ne sont qu'un même lieu.

(i) L'An de grace 1328.] Cette date est fausse : car *Charles le Bel* estoit mort le 28. d'Aoust 1328. mais de plus, ce Roy par ces Lettres du mois de Fevrier 1323. revoqua celles-cy, qu'il faut placer entre le 3. de Janvier 1322. premier jour du Regne de ce Prince, & le mois de Fevrier 1323. M. du Puy, [Voy. Note *(a)*] dit que ces Lettres sont de 1322.

. . . . . [a] Sauf & reservé audit Jehan, Seigneur de *Senly*, & à ses Successeurs, que Nous lui avons octroié & octroions que toutes ses Terres & Justices ressortissent là où il ressortissoient au jour du date de ces presentes Lettres, & non mie à *Dun*. . . . . . .

Et encores voulons Nous & octroions ausdiz Habitanz de *Dun-le-Roy*, & à la supplication de nostre très-cher & feal Cousin *Loys*, Duc de [b] *Bourbon* & Chamberier de France present & ce requerant à grant instance, que perpetuelment dores-en-avant tout ce de la Terre, Demaine & subjection de nostredit Cousin, soit en Fiez ou en Arrere-Fiez, pour [c] moyen ou sanz moyen, qui ressortist en tout le Bailliage de *Bourges* en ressort Royal, quelque part que il soit, & quelque part que il aient autresfoiz ressorti d'anciennété, par Ordennance ou par [d] Previlige, soit à *Dun*, soit à [e] *Centquoins* ou à *(k) Saint Pere-le-Moustier* ou ailleurs, ressortiront dores-en-avant & perpetuelment en nostre Ville, Chastel & Chastellenie de *Dun-le-Roy*, sanz jamais estre remis, remuez ou renvoyez ailleurs pour cause de ressort. . . .

Et pour ce que ce soit ferme chose & estable apperpetuité, Nous avons fait mettre nostre Scel en ces presentes Lettres. *Donné à Paris, l'An de grace mil trois cens trente & huit, ou mois d'Aoust.*

[f] Nous adecertes toutes & chascunes des choses dessusdites aians agreables, fermes & estables, ycelles voulons, [g] gréons, loüons, ratiffions, approvons, & de nostre plaine puissance & auctorité Royal dont Nous usons, confermons par la teneur de ces Lettres. Et pour que ce soit ferme chose & estable apperpetuité, Nous avons fait mettre nostre Scel en ces presentes. *Donné au Louvre-lès-Paris, l'An de grace mil trois cents cinquante-huit,* [h] *ou Mois de Fevrier.*

Par Monf. le Regent, à la relacion du Conseil. DE ALBIGNIACO.

a Suite des Lettres de Philippe de Valois.

b Voy. cy-dessus p. 126. Note (g)

c mediatement, ou immediatement.

d Privilege.

e Voy. cy-dessus, p. 326. Note (h)

f Suite des Lettres de Charles Regent.

g agréons.

h au.

NOTES.

(k) S.t Pere le Moustier.] Cette Ville se nomme aujourd'huy *S.t Pierre le Moustier*. Elle est dans le Nivernois, à sept lieuës de Moulins, dans le Diocese de Nevers. Elle ne dépend cependant pas du Nivernois. *Saugrain, Ibid.* [Voy. Note (*h*).

CHARLES REGENT, Jean I.er & selon d'autres, Jean II. à Paris, le 10. de Mars 1358.

(a) Lettres de Sauve-garde pour l'Evesque de Meaux, son Official, ses serviteurs, ses terres & Justices, & ses hommes & ses femmes de corps.

KAROLUS Regis Francie Primogenitus, Regnum regens, Dux Normandie & Dalphinus Viennensis: Universis presentes Litteras Inspecturis, salutem. Racioni congruum arbitramur quod ad hoc precipue nostre mentis aspiret affectus, per [i] *quos persone Ecclesiastice que de die & nocte Divinis insistunt obsequiis, nostris* [k] *temporibus sub nostre protectionis clipeo in pacis transquillitate manuteneri valeant & tueri. Cum igitur dilectus & fidelis noster Episcopus Meldensis, carissimi Domini atque Genitoris nostri Consiliarius nosterque, & ejus predecessores Episcopi Meldenses sint ab antiquo in speciali Salva-gardia Regia racione Corone Francie, cum eorum Villis & Justiciis, ac hominibus & feminis de corpore vel servilis condicionis,* [l] *de Vice-Comitatu & ressorto Preposituire Parisiensis racione dicte Corone Francie, & non de Comitatu Campanie, quamvis plures eorum Ville, homines, & femine de* [m] *Comitatu, in eodem Comitatu situentur & commorentur, notum facimus quod Nos ex habundanti & de speciali gracia dictum Episcopum, ejus Officialem, familiares, servitores, homines & feminas de corpore, ac omnia eorum bona in protectione & Salva-gardia dicti Domini & nostra speciali suscipimus per*

i quod.

k pendant nostre Regne.

l & sint.

m Ces deux mots me paroissent inutiles.

NOTES.

(a) Livre rouge vieil du Chastelet. *fol.* 15. *verso*. Voy. cy-dessus, p. 241. les Lettres du mois de Juillet 1358. & p. 263. Note (*a*).

CHARLES REGENT, Jean I.er & selon d'autres, Jean II. à Paris, le 10. de Mars 1358.

presentes : & eidem in Gardiatorem specialem Parisiensem Preppositum deputamus, cui committimus & mandamus quatinus dictum Episcopum, ejus Officialem, familiares, servitores, homines & feminas de corpore, deffendat ab omnibus injuriis, violenciis, gravaminibus, oppressionibus, molestiis & novitatibus indebitis quibuscumque, & in suis justis possessionibus, Libertatibus & Juribus manuteneat eundem; non permittendo ipsum, ejus Officialem, familiares, servitores, homines & feminas de corpore in nostre Salve-gardie prejudicium, quomodolibet indebite molestari : inhibendo ex parte dicti Domini & nostra, omnibus oppressoribus eorumdem, quod à predictis injuriis, violenciis, gravaminibus, oppressionibus & novitatibus indebitis se totaliter abstineant & desistant : Dantes dicto Preposito Parisiensi tenore presencium potestatem deputandi unum, duos vel tres aut plures Servientes ydoneos dicti Domini nostri nostrosque, dicto Episcopo, & ipsos ex parte nostra deputandi pro premissis debite exequendis : qui rem litigiosam seu contenciosam, si qua (b) in casu novitatis fuerit seu evenerit inter ipsum & adversarios suos racione bonorum suorum quoruncumque, ad manum dicti Domini nostri atque nostram tanquam superiorem ponant, Gentesque carissime Domine nostre Domine (c) Johanne Francie & Navarre Regine, Domineque de [a] *Crecciaco & de (d) Columbariis, & carissimi Avunculi nostri Ducis* [b] *Aurelianensis Comitisque Valesii, necnon & Officiarios & Justiciarios nostros Comitatus Campanie, super opposicionibus que in casu novitatis coram ipsis Servientibus facte extiterint, & super injuriis & violenciis predictis adjornent coram Gentibus nostris in Parlamento* [c] *Parisiensi ad certam & competentem diem, super hoc cum dicto Episcopo ut fuerit racionis* [d], *& alios adversarios dicti Episcopi super oppressionibus que in dicto casu novitatis coram ipsis Servientibus facte extiterint, necnon & super injuriis & violenciis predictis adjornent coram dicto Preposito Parisiensi, super hoc cum dicto Episcopo debite processuros : de quibus Adjornamentis in* [e] *dictis Parlamentis faciendis, si &* [f] *dum facta, dictam Curiam certifficet dictus noster Prepositus Parisiensis ad relacionem predictorum Servientum, seu eorum alterius ad hoc per dictum Prepositum deputatorum. Mandamus dicto Preposito Parisiensi qui nunc est & qui pro tempore fuerit, committendo si sit opus, quatinus super premissis exhibeat Partibus coram eo adjornatis, Justicie complementum; que prefato Episcopo concedimus de gracia speciali : dantes omnibus Justiciariis & subditis dicti Domini nostri nostrisque quibuscumque in mandatis, quatinus dictis Preposito & Servientibus aut eorum alicui, quoad premissa & ea tangencia, efficaciter in hac parte pareant & intendant. In cujus rei testimonium, presentibus Litteris nostrum fecimus apponi sigillum.* Datum Parisius, die decima Mensis Marcii, Anno Domini millesimo trecentesimo quinquagesimo-octavo.

Collacion faite à l'Original, scellé en double queuë de cire jaune. Ainsi signée en la marge dessoubz : Per Dominum Regentem ad relacionem Consilii. *J. de Reims, le sabmedi seiziesme jour de Mars, l'An mil trois cens cinquante & huit.*

Par moy.

a Crecy en Brie.

b Voy. cy-dessus p. 109. Note (xx)

c La Reine Jeanne & le Duc d'Orleans ne pouvoient plaider qu'au Parlement.

d processuros.

e dicto Parlamento.

f Ces mots me paroissent corrompus.

NOTES.

(*b*) *In casu novitatis.*] S'il s'agit d'un cas de complainte de nouvelleté. Voy. le Gloss. du Droit François de M. de Lauriere, au mot *Complainte*.

(*c*) *Johanne Francie & Navarre Regine.*] Jeanne d'*Evreux* fille de Loüis de France, Comte d'*Evreux*, & veuve du Roy Charles IV. dit le Bel. Voy. l'Hist. Genealog. de la Maison de France, par les PP. Ange & Simplicien, Tome 1. p. 97.

(*d*) *Columbariis.*] *Coulemiers en Brie.* Voy. la Notice des Gaules de M. de Valois, au mot *Columbaria*.

CHARLES REGENT, Jean I.er & selon d'autres, Jean II. au Louvre lès Paris, en Mars 1358. Philippe IV. dit le Bel, à Paris, en Decembre 1309.

(a) Lettres concernant la Jurisdiction du Maire de la Ville de Roüen.

SOMMAIRES.

(1) Le Maire de Roüen aura toute Jurisdiction dans la Foire du Pardon *qui se tient une fois l'an dans cette Ville, excepté dans les cas de meurtres, de blessures & de gages de bataille, & dans tout ce qui regardera les Droits qui se levent au profit du Roy dans cette Foire.*

(2) Le Maire pourra visiter les Grains qui seront apportez dans des Vaisseaux, pour voir s'ils ne sont pas gastez.

(3) Le Maire aura la connoissance de tous les crimes & delicts qui se commettront dans la Halle du vieux marché; mais il ne se meslera point des Droits qui s'y perçoivent pour le Roy.

(4) Le Maire aura l'Inspection sur les Brasseurs & sur les vendeurs de Biere.

(5) Grace & remission est accordée aux Maire & Habitans de la Ville, de tous les malefices & delicts qu'ils ont pû commettre, moyennant trois mille Florins qu'ils ont payez.

CHARLES &c. Sçavoir faisons à touz presens & à venir, que comme aucun de noz Predecesseurs jadis Roy de France & Duc de Normendie, eust ja pieça donné & octroyé par Privilege perpetuel aus Maire, Bourgeois & Habitanz de nostre bonne Ville de Roüen qui pour le temps estoient, & à leurs successeurs, toute Jurisdiction en nostredite Ville & en la Banlieu d'icelle, excepté *(b)* en trois cas tanseulement, nommez & desclarez oudit Privilege, dont la teneur s'ensuit.

PHILIPPUS Dei gratia Francorum Rex: Notum facimus universis tam presentibus quam futuris, quod Nos infrascriptas Litteras vidimus, formam que sequitur, continentes.

PHILIPPUS Dei gratia Francorum Rex: Notum facimus, &c. (c).

Nos autem omnia & singula prout in eisdem Literis exprimuntur, volumus, concedimus & tenore presencium confirmamus: Salvo in aliis Jure nostro & quolibet alieno. Que ut rata & stabilia permaneant in futurum, presentibus Literis nostrum fecimus apponi sigillum. Actum Parisius, Anno Incarnationis Dominice millesimo trecentesimo-nono, Mense Decembris.

De laquele Jurisdiction lesdiz Maire, Bourgeois & Habitans, ou aucuns leurs Successeurs joïrent & userent plainement & paisiblement par lonctemps, & depuis aucuns temps en ça, les Procureurs & autres Officiers qui pour noz Predecesseurs & Nous ont esté en nostredite Ville, aient empeschié les Maires, Bourgois & Habitans, qui iceux temps durant ont esté en ladite Jurisdiction, & en certains cas ci-dessouz exprimez & declairez, & sur yceulx cas, les [a] trait & mis en Cause & en Procès, & tant & si avant, que sur aucuns d'iceulx Sentence a esté donnée & renduë contre eulx en *(d)* Eschiquier: Et pour ce noz amez & feaulz, les Maire, Bourgeois & Habitanz qui à present sont en nostredicte Ville, desirans vivre souz Nous sanz plaict & descort en [b] pais & tranquillité, & [c] eschever aucuns inconveniens, qui en ce temps des Guerres durant, pourroient d'aventure venir & naistre de telz Plaiz &

[a] *ont.* [b] *paix.* [c] *eviter.*

NOTES.

(a) Tresor des Chartres, Registre 87. pour les Années 1357. &c. jusqu'en 1360. Piece sept vingt-sept p. 96. *verso.*

(b) En trois cas.] Ce sont ceux des meurtres, des blessures & des gages de bataille. Voy. le second Article des Lettres du mois de May 1278. dans le 1. Vol. des Ordonn. p. 306.

(c) &c.] Voy. le reste de cette Ordonnance qui est du mois de May 1278. dans le 1.er Vol. des Ordonn. p. 306.

(d) En Eschiquier.] C'estoit l'ancienne Cour de la Normandie, où se portoient les Appels des Sentences des Baillis. Voy. le Gloss. de Du Cange au mot *Scacarium*, & la Table du 2. Vol. des Ordonn. au mot *Roüen.*

CHARLES REGENT, Jean I.er & selon d'autres, Jean II. au Louvre lès Paris, en Mars 1358.

descors, consians à plain de notre benigne grace, Nous aient très-humblement & à très-grant instance supplié, que sur l'empeschement qui mis leur a esté par les Procureurs & Officiers dessusdiz, contre la teneur dudit Privilege, en ladite Jurisdiction & sur les cas cy-dessous declairés, comme dit est, Nous vuillons pourveoir & ordenner si comme bon Nous semblera.

Nous considerans la ferme, vraye & très-grant foy & loyaulté que nostredit Seigneur & Pere, tous ses Predecesseurs & Nous avons tousjours & senz aucun [a] reprenche, veue & trouvé en nostredicte Ville, l'amour & affection que les Maire, Bourgois & Habitans qui ont esté ou temps passé & ceulx qui à present sont, ont tousjours eu & encores ont à nostredit Seigneur & Pere, ses Predecesseurs, à Nous & à la Couronne de France, la bonne volenté & grant desir que yceulx Maire, Bourgois & Habitans qui à present sont, ont de servir notredit Seigneur & Pere & Nous en noz presentes Guerres, d'y mettre & exposer leurs corps & leurs estas & toute leur [b] chevance, si comme mainte-foiz il Nous ont fait dire & monstrer plus à plain: Considerans aussi les bons & agreables services que ilz Nous ont fait ou temps passé, les frais, mises & despens que il leurs a convenu & convient faire de jour en jour pour la garde & deffense de nostredicte Ville, & les dommages aussy que il ont eu & soustenu pour cause desdictes Guerres, inclinans à leur supplication, en esperance que ilz doient estre & soient encore plus tenus à Nous servir ou temps à venir, de perseverer & demourer en unité, amour & obéissance & loyauté envers nostredit Seigneur & Pere, Nous & noz Successeurs, sur lesdiz cas, par deliberation de nostre grant Conseil, avons ordené & ordenons, declairié & declairons nostre entencion en la maniere qui ensuit.

(1) Et premierement, sur ce que notre Procureur ou ses Predecesseurs avoient ja pieça [c] approchié le Maire de nostredicte Ville qui pour le temps estoit, pour ce que en la Foire du Pardon lès notredicte Ville, qui fiet une foiz l'An, de laquelle Foire les [d] Acquis & Coustumes Nous appartiennent, avoit pris ou fait prenre [e] Char que il disoit estre corrompuë & mauvaise, & en appliquié à soy la cognoissance & Jurisdiction; laquelle ne luy povoit ne devoit appartenir en ce, ne autres choses, si comme ledit Procureur ou ses Predecesseurs maintenoient; ledit Maire disant le contraire: Et sur ce les Parties se feussent mis en Jugement, [f] par icellui Jugement, Sentence renduë & donnée en Eschiquier pour Nous ou noz Predecesseurs & à notre proufit, & la cognoissance & Jurisdiction de ce à Nous adjugée en proprieté & possession: Nous veüe & considerée la fourme & teneur dudit Privilege, avons ordené & ordenons, declairié & declairons, voulu & voulons que le Maire & ceulx de la Commune de notredicte Ville, qui à present sont, & leurs Successeurs, ayent de cy-en-avant & exercent en ladicte Foire du Pardon, toute Jurisdiction tant en Char comme en autres choses & en tous cas, & en aient la cognoissance; excepté tant-seulement ès [g] trois cas dont mencion & retenüe sont faictes pour Nous oudit Privilege, non contrestant ladicte Sentence rendüe & donnée sur ce oudit Eschiquier pour Nous & en notre proufit, ne possession que Nous ou noz Predecesseurs en aions eu par vertu de la Sentence & Jugement dessusdiz ou autrement; sauf toutes-voies notre Droit en la moitié des [h] Forfaitures se aucunes en y escheoient, ainsi que il [i] contenu oudit Privilege: Et aussi que des Coustumes & Acquis qui tournent pardevers Nous, il ne s'entremettent, ne puissent entremettre [k] comme qui soit.

(2) *Item.* Sur ce que notre Procureur dessusdit ou ses Predecesseurs avoient approchié ledit Maire de ce que il mettoit une planche, un bout sur terre & l'autre sur les Vesseaux venans par la Riviere de [l] Sainne, apportans Blés ou Grains pour vendre à notredicte Ville, & entroit ou faisoit entrer esdiz Vesseaux, & faisoit veoir & jugier se lesdiz Blés ou Grains estoient *(e)* embouquiés ou mesalés, en disant

a *reproche.*

b *biens.*

c *fait assigner.*

d *les Droits que l'on y leve.*

e *de la Chair.*

f *&.*

g *Voy. cy-dessus, p. 329. Note (b)*

h *confiscations.*

i *est.*

k *nullement.*

l *Seine.*

NOTES.

(e) Embouquiez ou *mesalez.*] Je crois que par ce dernier mot, il faut entendre *marinez* ou *emmarinez*, moüillez de l'eau de la Mer.

ledit Procureur que audit Maire n'appartenoit mie telle Jurisdiction; ycelui Maire disant le contraire. Et sur ce se fussent mis lesdites Parties en Jugement, & Sentence renduë & donnée en Eschiquier pour Nous ou noz Predecesseurs à notre prouffit, & la cognoissance & Jurisdiction à Nous adjugée en proprieté & possession: Nous avons ordenné, voulons & ordenons que ledit Maire qui à present est & ses Successeurs Maires de ladicte Ville, puissent user de ladicte planche, & mettre ou faire mettre l'un bout sur la terre, & l'autre bout sur le [a] Vessel, & entrer ou faire entrer ès Vesseaux, & jugier & faire jugier lesdiz Blés & Grains, non contrestant ladicte Sentence renduë & donnée sur ce oudit Eschiquier, pour Nous & en notre prouffit, ne possession que Nous & noz Predecesseurs en aions eu & par vertu de la Sentence & Jugement dessudiz ou autrement; sauf toutes-voies nôtre Droit en la moitié des Forfaitures, comme dessus est dit. [b]

CHARLES REGENT, Jean I.er & selon d'autres, Jean II. au Louvre lès Paris, en Mars 1358.

Philippe IV. dit le Bel, à en Decembre 1309.

a *Vaisseau.*

b *Art. 1.*

(3) Item. Sur ce que ledit Procureur ou ses Predecesseurs avoient ainsi approchié ledit Maire, de ce qu'il avoit pris la cognoissance & Jurisdiction des *(f)* cris de Haro & autres delis faiz en nostre dicte Ville en la Halle du Vielmarchié, en laquele Nous prenons les émolumens des Estalages; ledit Procureur disant ycelle cognoissance & Jurisdiction audit Maire non competer ne appartenir; yceluy Maire disant le contraire: Et sur ce eust esté certain Procès assis, & sur ycelluy Sentence renduë & donnée en Eschiquier pour Nous ou noz Predecesseurs & à nostre prouffit, & de ce la cognoissance & Jurisdiction à Nous adjugée en proprieté & possession. Nous comme dessus, avons ordené & ordenons, declairié & declairons, voulu & voulons que non contrestant ladicte Sentence renduë & donnée sur ce pour Nous ou noz Predecesseurs, [c] en ayons eu par vertu de la Sentence & Jugement dessusdiz ou autrement, lesdiz Maire & Commune & leurs Successeurs ayent dorez-en-avant la cognoissance & Jurisdiction des cris de Haro & de touz autres faiz & delis qui se fortiront [d] ou evendront en ladicte Halle: sauf toute-voyes que de noz Rentes & revenus d'icelle Halle, il ne s'entremettront ne mesleront comme que soit.

(4) Item. Pour ce que piеça aucuns noz Officiers se sont efforciez [e] d'atraire à Nous la Jurisdiction & cognoissance & amendes des [f] Brassoirs & vendeurs de [g] Cervoise de nostredicte Ville & de la Banlieuë d'icelle, ou prejudice du Maire, Bourgeois & Habitanz dessusdiz, & dont Procès pent entre nostre Procureur d'une part, & ledit Maire d'autre: Nous semblablement avons ordené & ordenons, voulu & voulons que les-diz Maire & Commune ayent entierement de ci-en-avant la Jurisdiction & cognoissance & amendes des-diz Brasseurs & Vendeurs de Cervoise par toute nostre dicte Ville & ladicte Banlieuë, nonobstant ledit Procès pendant sur ce, ne possession que Nous en ayons par main souveraine ou autrement.

c Il faut adjouter, *& possession que Nous,* comme dans l'Art. precedent.

d *arriveront.*

e *d'attirer.*

f *Brasseurs.*

g *Biere.*

(5) Item. Pour ce que nostre dit Procureur avoit ja pieça approchie plusieurs Maires de nostredite Ville qui pour le temps ont esté sur plusieurs excès & attemptas & abus de Justice, & les avoit mis en Cause sur aucuns d'iceulx excès vers luy [h] singuliers, & sur aucuns autres comme adjoint avec aucunes personnes: Et pour cause des-diz excès, attemptas & abus, lez-diz Procureurs tendissent à Confiscation de Justice & de Jurisdiction; & d'aucuns autres, à punicion & forfaiture de personnes; & des autres, [i] amendes pecunieles; desquels excès, attemptas & abus, yceulx Maires s'estoient souzmis en l'Ordenance de nostredit Seigneur & Pere & de Nous, ou de l'un de Nous ou d'autres noz Predecesseurs: Et depuis icelle submission, les-diz

h *commis par lui en particulier.*

i *a.*

NOTES.

Pour le mot *embouquiez*, je ne l'entends point. Les deffauts les plus ordinaires des Grains qui viennent par eauë, c'est d'estre moüillez & échauffez. Voy. le Dictionn. de Commerce par Savari, au mot *Blé.*

(f) Cris de Haro & autres crimes.] C'est à-dire, que le Maire aura la connoissance des crimes qui se commettront dans le vieil marché, & qui seront de telle nature, que sur le cri public qui s'élevera à leur occasion, chacun sous peine d'amende, sera obligé de courir sus au criminel. Voy. le Gloss. du Droit François de M. de Lauriere, au mot *Haro.* Ces cris publics estoient autrefois très communs. Voy. cy-dessus, p. 251. Note *(l)*.

CHARLES REGENT, Jean I.er & selon d'autres, Jean II. au Louvre lès Paris, en Mars 1358.

Procureurs ou aucuns d'eulx ayent mis les-diz Maires ou aucuns d'eulx en Cause & Procès, ou pourroient encore mettre sur plusieurs excès & attemptas que l'en dit ou pourroit dire depuis sur ce estre entrevenus : les-diz Maires, Bourgeois & Habitans qui à present sont, Nous ayent ensemblement supplié que sur ce leur veüillons porvoir de nostre grace : Et aussi que depuis un an en ça que nostre dicte Ville a esté approchée de guerre, aucuns des Habitans d'icelle ont eu ou pevent avoir fait plusieurs pillages, roberies, [a] arsures, omicides, [b] arrenconnemens & plusieurs autres malefices, les uns sur noz ennemis & les autres sur noz subges & bien vüillans : Nous tous les excès, attemptas, abus & deliz soient criminelz ou civilz, que il ont & puent avoir fait & commis jusques à [c] orez, quelque proufit que Nous en peussions ou deussions avoir, soit par le fait des-diz Maires, de leurs Lieuxtenanz, de leurs Serjans, souz-Serjans ou autres entremetteurs, executeurs & promoteurs des fais de nostre-dicte Ville, aus-diz Maire, Bourgeois & Habitans avons remis, quitté & pardonné, quittons, remettons & pardonnons par ces presentes, & semblablement aus-diz Habitans qui depuis le temps dessusdit ont fait & commis les-diz pillages, roberies, arsures, arranconnemens, omicides & malefices, qui fait n'auroient esté par traïson ou par [d] aguet appensé, Nous tant comme à Nous touche & puet touchier, leur avons quittié, remis & pardoné, quittons, remettons & pardonnons avec toute peine civile & criminele que il povent par ce avoir encouru, & voulons que celle remission vaille aus-diz Maire, Bourgeois & Habitans, & soit de tel effet & vertu comme se tous les-diz excès, attemptas, abus & deliz & tous les pillages, roberies, arsures, raençonnemens, omicides & malefices estoient nommeement exprimez, specifiez & declairez en ces presentes; sauf toute-voyez droit de Partie à poursuivre tant seulement à fin civile : lesquelles remission, quittance & pardon & toutes les choses dessusdictes, par Nous & la deliberation de nostre grant Conseil ordenées & declairées sur la Jurisdiction, Cas & faiz dessusdiz, Nous de grace especial & de certaine science & de l'auctorité Royal dont Nous usons, avons accordé & octroyé, accordons & octroyons par ces presentes, aus-diz Maire, Bourgeois & Habitans, pour eulx & tous leurs Successeurs, & ycelles voulons estre tenuëz & gardées perpetuelment sanz les [e] retraittier ou enfraindre comme que soit : Et se pour cause des Cas & faiz dessus-diz ou d'aucuns d'iceulz, aucun Procès pendoient en nostre Escheuquier, en *(g)* Assise ou ailleurs, Nous dès-maintenant yceuls Procès & tout ce qui s'en est ensui & devroit ou pourroit ensuire, soit en amendes ou autrement, & toutes les Sentences donées sur ce pour Nous & à nostre proufit en Eschiquier, comme dit est, anullons & mettons du tout au neant. Si donnons en mandement & estroitement enjoignons aus Genz qui l'Eschiquier tendront à Roüen ou temps à venir, aus Bailli, Viconte & Procureur de Roüen, & à tous autres Officiers qui à present sont & qui pour le temps seront, & à leurs Lieuxtenans & à chascun d'eulx, si comme à luy appartendra, que les-diz Maire, Bourgeois & Habitans & leurs Successeurs facent & laissent plainement & paisiblement joir & user de nostre presente grace, & que contre la fourme & teneur d'icelle, ne contre les choses cy-dessus declairées, accordées & octroyées ou aucunes d'icelles en general ou en especial, il ne facent ne attemptent aucune chose par quelque maniere que ce soit, ne ne proposent ne ne dient, orez ne ou temps à venir, que à ceste presente grace & les choses cy dessus contenües ordenner, declairer, accorder & octroyer, Nous ne nostre-dit Conseil avons esté deceuz par erreur, importunité, subreption, ne autrement comme soit. Car ainsi le voulons Nous : [f] consideré tout ce qui faisoit à considerer & de certaine science, aus Genz, Bailli, Viconte, Procureur & autres Officiers dessus-diz & à leurs Lieuxtenans & à chascun d'eulx, Nous sur toutes les choses dessus-dites & chascune d'icelles, avons imposé & par ces presentes imposons silence perpetuel : Et pour ce des-diz Maire, Bourgeois & Habitans, Nous avons eu & receu trois mille Florins d'Or à l'Ecu du coing de nostre dit Seigneur & Pere, desquels Nous nous tenons

a *incendies.*

b *rançonnements.*

c *à present.*

d Etymol. de *guet-à-pens.*

e *revoquer.*

f *&c.*

NOTES.

(g) Assises.] *Assises* où les Baillis alloient rendre leurs Jugements.

bien apayez & les en quittons du tout. Et que toutes ces choses soient fermes & estables à tousjours-mais, Nous avons fait mettre nostre Seel en ces Lettres : sauf en autres choses le droit de nostre-dit Seigneur & Pere, & en toutes l'autruy. *Donné au Louvre lès Paris, l'An de grace mil trois cens cinquante-huit, ou Moys de Mars.* Ainsy signé. Par Monsieur le Regent en son grant Conseil. TOURNEUR.

CHARLES REGENT, Jean I.er & selon d'autres, Jean II. à Paris, en Mars 1358.

(a) Lettres de Garde Royale pour la S.te Chapelle de Paris.

KAROLUS &c. Notum facimus universis presentibus & futuris, quod cum ex Regalis debito Dignitatis, universi & singuli dicti Regni subditi, presertim Ecclesiastice persone que maxime die nocteque famulantur altissimo Creatori, ab omnibus injuriis, oppressionibus & violentiis tueri debeant & defendi, Nos dignum & justum censentes ut dilectos nostros Thesaurarium, Canonicos, Capellanos, Clericosque & alios servitores sancte Capelle Regie Parisiensis, per gloriosissimum Confessorem Regem Beatissimum Ludovicum tam dignè tamque devottè fundate, & tam pretiosissimis decorate Reliquiis, speciali prosequamur prerogativa favoris, sicque nedum ab injuriis, oppressionibus & violentiis que [a] *eisdem in personis inferri possent forsitan in futurum, sed & vexationibus & sumptibus indebitis quos in perceptione redditurum & usu possessionum corumdem, possent etiam per fraudes & cautelas Judicum seu Partium cum quibus erunt acturi, sustinere, per nostri provisionem & specialem gratiam preserventur, ut occupationibus aliis cessantibus & egestate repulsâ, Divinis continuare sine intermissione valeant obsequiis, & tanto devocius atque fervencius ad hoc vacent, quanto favorabilius per Majestatem Regiam senserint se protectos : Ipsos Thesaurarium, Canonicos, Capellanos, Clericosque & alios servitores omnes & singulos dicte Capelle Regie presentes & futuros, cum eorum familiis, hominibus de corpore, redditibus, possessionibus, rebus & bonis omnibus quas habent & possident, & eorum* [b] *quilibet in presenti vel à modo possidebunt, in & sub dicti nostri Genitoris suorumque successorum Francie Regum & nostra protectione & Gardia speciali, ex certa scientia auctoritateque Regia quâ fungimur, nunc suscipimus & ponimus per presentes, in ipsis protectione & speciali Gardia perpetuò permansuros : earumdem tenore mandantes ac etiam committentes Preposito Parisiensi qui nunc est & qui pro tempore fuerit, quem ex nunc Gardiatorem specialem solum & insolidum Thesaurii, Canonicorum, Capellanorum, Clericorum & aliorum predictorum ac successorum suorum committimus, deputamus & constituimus, quatinus ipsos & eorum quemlibet in suis & dicte Capelle aliorumque Beneficiorum suorum justis possessionibus, Franchisiis, Libertatibus, Usibus, Juribus, Jurisdictionibus & saisinis presentibus & futuris, manuteneat, deffendat & conservet eosdem & quemlibet ipsorum, dictam Capellam* [c] *Beneficaque, res, possessiones & bona quecumque ipsorum ab omnibus injuriis, violenciis, oppressionibus, gravaminibus, molestiis, vi armorum, potentia Laycorum, ac inquietationibus & novitatibus indebitis quibuscumque preservet,* [d] *tuaturque & deffendat, nec permittat contra ipsos, corumque familiam & eorum quemlibet, res & bona aliquas fieri vel inferri indebitas novitates, quas si factas invenerit, ad statum pristinum & debitum redduci, ac Regie Majestati & Thesaurario, Canonicis, Capellanis, Clericis supradictis & eorum* [e] *quilibet emendam propter hoc condignam,* [f] *assecuramentumque ipsis & cuilibet eorumdem à personis de quibus* [g] *debitaverint, juxta Patrie consuetudinem dari faciat & prestari : Curiamque & cognitionem hominum & subditorum suorum requirat & faciat eis reddi, hujusmodique specialem Gardiam Regiam & nostram in suis Assisiis & locis aliis de quibus expedire viderit, publicari, ne quis possit ex ea ignorantiam allegare, & violatores hujus Regie & nostrarum protectionis & Salve-gardie sic Justitia mediante, puniat seu puniri faciat, quod*

[a] quæ.

[b] quidlibet quod.

[c] Beneficiaque.

[d] tueaturque.

[e] cuilibet.

[f] Voy. cy-dessus, p. 264. Note (b)

[g] dubitaverint.

NOTES.

(a) Tresor des Chartres, Registre 90. Piece 150. Voy. cy-dessus, p. 263. Note (a).

CHARLES REGENT, Jean I.er & selon d'autres, Jean II. à Paris, en Mars 1358.

cedat aliis in exemplum: & si super aliquibus rebus contentiosis oriatur debatum in casu novitatis inter dictos Thesaurarium, Canonicos, Capellanos, Clericos & Servitores predicte Capelle, eorumquemlibet, & alios quoscunque cujuscunque status & conditionis extiterint, illud ad manum Regiam, tanquam superiorem, ponat vel poni faciat, & per eandem manum faciat seu fieri faciat recredentiam, ubi & prout fuerit faciendum: nec non solum faciat Thesaurario, Canonicis, Capellanis & Clericis dicte Capelle Regie & eorum cuilibet, redditus Beneficiorum suorum quorumcunque [a] *& debita sua bona & legalia, recognita vel probata que eis ratione dicte Capelle & aliorum Beneficiorum suorum debebuntur, de quibus nulla* [b] *questio referetur, compellendo debitores ipsorum & cujuslibet eorumdem* [c] *absolucionem hujusmodi debitorum debite faciendam; & si ad hoc aliquis se opponat, manu Regia quoad debita de quibus per Literas sigillo Regio sigillatas apparebit, sufficienter munita, adjornet vel adjornari faciat coram dilectis & fidelibus Gentibus Requestarum* [d] *Pellacii Regii Parisius, modernis & quilibet in futurum erunt, ad certos & competentes dies, omnes illos & illas qui super dictis debitis & debatis questionem intulerint, super hujusmodi questionibus debite processuros; que debata tam in casu novitatis, quam super dictis debitis, coram ipsis Gentibus agitari & fine* [e] *debito terminari volumus & jubemus: ipsos ad hoc & omnia alia & singula que circa hec necessaria fuerint vel etiam opportuna, perpetuò committentes: & ut premissa exequi diligentius valeant & compleri, volumus quod ad ea omnia & singula exequenda, unum aut plures Servientum Regiorum, ad sumptibus tamen & expensis Thesaurarii, Canonicorum, Capellanorum, Clericorum predictorum vel eorum cujuslibet, deputet & committat, quotiensсunque à dictis Thesaurario, Canonicis, Capellanis & Clericis vel eorum altero fuerit requisitus; Quibus Servientibus inhibemus ne se de hiis que Cause cognitionem requirunt, quomodolibet intromittant: Mandantes insuper omnibus Justiciariis & Subditis Regiis & nostris presentibus & futuris, quatinus dicto Preposito Parisiensi, & omnibus & singulis ab eo deputatis & deputandis in exequendis predictis omnibus & singulis, intendant & pareant cum effectu. Quod ut ratum & firmum perpetuò perseveret, presentibus nostrum fecimus apponi sigillum.* Datum Parisiis, Anno Domini millesimo trecentesimo quinquagesimo-octavo, mense Marcii.

Per Dominum Regentem, ad relationem Consilii. R. POTIN.

[a] solvere.

[b] au subjet desquelles il n'y aura pas de contestation.

[c] ad solutionem.

[d] Pallatii.

[e] Voy. cy-dessus, p. 211. Note (c)

CHARLES REGENT, Jean I.er & selon d'autres, Jean II. au Louvre lès Paris, le 10. d'Avril avant Pâques 1358.

(a) *Mandement pour augmenter le prix de l'Argent qui sera apporté à la Monnoye de Paris.*

CHARLES aisné Filz du Roy de France, regent le Royaume, Duc de Normandie & Dalphin de Viennois: A noz amez & feaulx les Generaulx-Maistres des Monnoyes de Monseigneur & nostres, Salut & dilection. Nous pour certaines causes, vous mandons & à chacun de vous enjoignons estroictement, que tantost & sans delay ces Lectres veuës, vous fassiez donner à tous Changeurs & Marchans frequentans la Monnoye de Paris, de chacun Marc d'Argent tant blanc comme noir, qu'ilz ont apporté ou apporteront en icelle, dix solz tournois de creue, oultre le pris que Nous y faisons donner à present, lequel est de sept livres tournois pour marc: Ainsi auront sept livres dix solz pour marc d'Argent tant blanc comme noir, comme dit est. De ce faire à vous & à chacun de vous donnons povoir & mandement especial par la teneur de ces presentes. *Donné au Louvre-lèz-Paris, le dixiesme jour d'Avril, l'An de grace mil trois cent cinquante & huit, avant Pasques. Ainsi signé.* Par Monsieur le Regent, present l'Aumosnier.

NOTES.

(a) Registre D. de la Cour des Monnoyes de Paris, *fol.* 28. *recto.* Avant ce Mandement, il y a:

Le 10.e jour d'Avril 1358. avant Pasques, fut apporté en la Chambre des Monnoyes, ung Mandement de Mons.r le Regent, duquel la teneur s'ensuit.

CHARLES REGENT, Jean I.er & selon d'autres, Jean II. au Louvre lès Paris, le 15. d'Avril 1358. avant Pasques.

(a) *Mandement pour la fabrication de nouvelles Especes d'Or & d'Argent.*

CHARLES aisné Filz du Roy de France, regent le Royaume, Duc de Normandie & Dalphin de Viennois: A nos amez & feaulx les Generaulx-Maistres des Monnoyes de Monseigneur & nostres, Salut & dilection Nous par très-grant & bonne deliberacion du Conseil de mondit Seigneur & Nous, eue consideracion aux très-grans & innumerables [a] mises qu'il Nous convient supporter & maintenir, tant pour la tuicion & deffense dudit Royaume, comme pour la redemption de mondit Seigneur, avons enjoinct & enchargé à nostre amé & feal Conseiller de mondit Seigneur & de Nous *(b)* Jehan Poillevillain; & par ces presentes Lectres voulons & ordonnons que tantost & sans delay, l'en face faire & ouvrer en toutes & chacunes les Monnoyes dudit Royaume, en ouvrant sur le pié de Monnoye [b] quarante-huictiesme, blancs Deniers à la Couronne, ayans cours pour six deniers tournois la Piece, à trois deniers de loy dit Argent-le-Roy, autelz & semblables comme ceulx de present; lesquelz seront de [c] dix solz de poix au marc de Paris; & Doubles tournois à un denier douze grains de loy dudit Argent, & de [d] quinze solz de poix audit marc: Et sera donné à tous Changeurs & Marchans, de chacun marc d'Argent tant blanc comme noir, sept livres dix solz tournois; & aussi que l'en face faire & ouvrer Royaulx d'Or fin autelz & semblables comme ceulx que l'en fait à present, lesquelz seront de soixante & neuf de poix audit marc: En donnant à tous Changeurs & Marchans, de chacun marc d'Or fin, soixante & quatre Royaulx & demy d'iceulx Royaulx. Si vous mandons & à chacun de vous enjoignons estroictement que tantost & sans delay ces Lettres veuës, en toutes & chacunes desdites Monnoyes, vous faciez faire & ouvrer iceulx blancs Deniers, doubles Tournois & Royaulx d'Or fin, du poix & loy que dit est; & donnez à iceulx Changeurs & Marchans en tous marcs d'Or & d'Argent blanc & noir, les pris dessusdiz; & aux Ouvriers & Monnoyers tel sallaire comme bon vous semblera: Et gardez que en toutes les choses dessusdites, & celles que ledit Jehan Poillevillain vous dira de par mondit Seigneur & Nous, faire & accomplir, n'ait aucun deffault. Et de ce faire à vous & à chacun de vous donnons povoir, auctorité & mandement especial par la teneur de ces presentes. *Donné au Louvre lez-Paris, le quinziéme jour d'Avril, l'An mil trois cent cinquante & huict, avant Pasques.* Par Monsieur le Regent, present l'Aumosnier. N. DE VERRES.

[a] *dépenses.*

[b] Voy. la Preface, §. *Monnoye.*

[c] *à 120. Pieces au marc.*

[d] *à 180. Pieces au marc.*

NOTES.

(a) Registre D. de la Cour des Monnoyes de Paris, *fol.* 28. *recto.*

Avant ce Mandement, il y a:

Le 15.e jour d'Avril 1358. avant Pasques, fut apporté en la Chambre des Monnoyes, ung Mandement de Monsr le Regent, duquel la teneur s'ensuit.

Monnoye 48.e

(b) Jehan Poillevillain.] Il avoit esté fait Gouverneur de toutes les Monnoyes de France, par des Lettres du 20. d'Octobre 1358. qui sont au Tresor des Chartres, Registre 86. pour les Années 1357. & 1358. Piece 476. Elles seront imprimées dans le *Recüeil des Pieces servantes à l'Histoire du Roy Jean*, que j'espere publier dans deux ou trois ans. Voy. cy-dessous le Mandement du 3. de Juin 1359.

CHARLES REGENT, Jean I.er & selon d'autres, Jean II. au Louvre lès Paris, en Avril 1358.

(a) Ordonnance qui porte que les Appels des Sentences des Maistres des Ports, des Forests & des Eaux, seront portez immediatement devant le Seneschal de Carcassone, & ensuite devant le Parlement de Paris.

KAROLUS &c. Notum facimus universis tam presentibus [a]*. Dignum judicamus* [b] *congruum ut nostrum intuitum convertamus ad illa in melius reformanda, per que reformata, & Majestatis Regie Jura conservantur illesa, & subditorum animus in pace quiescit. Ad nostrum itaque perduxit auditum, incolarum Senescallie Carcassone relatio querulosa, quod Magistri Portuum, Forestarum quoquè & Aquarum in illis partibus auctoritate Regiâ constituti, astruentes se ad Jurisdictionem Senescalli dicte Senescallie fore prorsus liberos & exemptos, nullas omnino ad ipsum, immo nec ad quemcumque alium preterquam ad Parlamentum Parisiense Regium, Appellaciones admittunt; ad quod tamen Parlamentum, omisso dicto Senescallo tanquam medio, à Judicibus ordinariis partium earumdem, de Jure non est, sed potius ad ipsum Senescallum, & ab illo ad dictum Parlamentum Regium appellandum; Undè nonnunquam contingit quod ipsis Magistris seu eorum altero, contra Partes coram* [c] *seu eorum altero, Causas seu Questiones habentes, gravamina excedentibus, gravamina contra Justiciam ipsis Partibus inferendo, propter* [d] *que locus legitime Appellationi aliter existerat, Partes ipse attendentes quod locorum distancie valdè à Parisius sunt remote, & quod si ad dictum Parlamentum Regium Parisiense appellarent, in prosequendis Appellacionibus suis, afficerentur immensis, immò sibi importabilibus laboribus, sumptibus & expensis, ut de duobus malis sibi eligant minus malum, quadam necessitate compelluntur se dictorum Magistrorum submittere voluntati, que quandoquè in taxandis emendis & sentenciis, excedit* [e] *limitates racionis: Quapropter pro parte incolarum ipsorum Nobis fuit humiliter supplicatum sibi super hoc de congruo remedio provideri. Nos igitur premissis consideratis, volentes prefatos incolas à talibus sibi imposterum inferendis gravaminibus preservari, hujusmodi tales observancias tanquàm à Juris terminis discordantes, & ab equitate & ratione penitus alienas, judicavimus ab illis partibus abiciendas & penitus* [f] *extirpendas, dictos Magistros & eorum quemlibet ac eorum Successores quoad Causarum, Appellacionum & Provocationum ac etiam Reclamacionum cognitionem, Juridictioni & cohercioni dicti Senescalli ac Successorum suorum submittimus auctoritate Regiâ qua fungimur de presenti, ex certâ scientiâ & de gratiâ speciali, perpetuis futuris temporibus*

a quam futuris.
b &.
c se.
d quæ.
e limites.
f extirpandas.

NOTES.

(a) Tresor des Chartres, Registre 90. pour les Années 1357. &c. jusqu'en 1361. Piece 140.

Il y a esté remarqué cy-dessus, dans la Note (a) de la p. 216. qu'il y a eu deux mois d'Avril presque entiers dans cette année 1358. & qu'il est impossible de distinguer dans lequel de ces deux mois ont esté données les Lettres datées du mois d'Avril, à moins qu'il ne s'y rencontre quelque chose qui le fasse connoistre. Ces Lettres & les deux suivantes qui sont les unes & les autres en faveur des Habitans de Carcassone, sont dans ce cas : car elles sont suivies dans le Registre des Chartres, de quatriesmes Lettres du mois d'Avril 1358. qui sont aussi en faveur des Habitans de Carcassone; & il est certain que ces quatre Lettres ont esté données le même jour, puisqu'elles ont esté données toutes les quatre, le Roy estant au Chasteau du Louvre, dans un Conseil qui se tint à la Chambre des Comptes *ad Galathas*, & composé précisément des mêmes personnes.

Or il est sûr que ces quatriesmes Lettres ont esté données dans le dernier mois d'Avril 1358. puisqu'elles confirment des Lettres du Roy Jean, données à Londres au mois de Septembre 1358.

Ces Lettres du Roy Jean ont esté imprimées cy-dessus, p. 264. mais les Lettres de confirmation n'ont pas esté imprimées par la raison marquée. *Ibid.* Note (a). Voy. sur le contenu dans ces Lettres, cy-dessus p. 17[illegible]. l'Art. 8. de l'Ordonnance du mois de Juin 1357.

par

per presentes, & submissos tenore presentium declaramus, eisdem Senescallo & Successoribus in dictos Magistros & quemlibet eorumdem eorumque Successores, in casu prefato Jurisdictionis omnimode executionem & exercicium tribuentes, quacumque exemptione eisdem Magistris super hoc fortassis concessa, seu stilo vel Statutis aut Ordinacionibus Regiis vel Consuetudinibus contrariis, Literisque per ipsos Magistros vel eorum alterum in contrarium [a] impetrandis vel impetrandis non-obstantibus quibuscumque, que omnia penitus revocamus, quassamusque & adnullamus, & quassa & irrita ex certâ scientiâ nunciamus sibi vel eorum alteri, nunc vel aliter in futurum minimè [b] valituris. Mandantes Senescallo Carcassone qui nunc est & pro tempore fuerit aut ejus Locumtenenti, eidem tenore presencium committendo quatenus Ordinacionem, revocationem, cassationem & adnullacionem nostras hujusmodi realiter exequentes, non permittant de cetero quicquam eorum, [c] & presencium Literarum nostrarum seriem & tenorem prejudicium fieri seu etiam attemptari: Facta & attemptata si que invenerint, revocando & ad statum debitum reducendo, dictosque Magistros, qui nunc sunt & pro tempore erunt, & eorum quemlibet ad premissa omnia & eorum singula tenenda, complenda, & si necesse fuerit, auctoritate Regiâ debitè compellendo: Quod ut firmum & stabile perpetuo perseveret, nostro sigillo presentes Literas fecimus communiri: Jure dicti Domini nostri & nostro in aliis salvo, & [d] omnibus quolibet alieno. Datum apud Luparam-propè-Parisius, Anno Domini millesimo trecentesimo quinquagesimo-octavo, Mense Aprilis.

Per Dominum Regentem in Consilio [e] suo in Camera Compotorum superius ad [f] Galathas, ubi erant Domini de Montemorenciaco, Almarricus de Meullento, Adam de Meleduno, Petrus de Villaribus & Petrus Pagani, Milites: Baillivus Trecensis, Magistri Petrus de Demanvillâ, Johannes Galli, Ansellus Choquardi, Guillelmus Chalop, Guillelmus de Marchieres, Alexander Aurifabri, Archidiaconus Constanciensis, Cantor Sancti Hylarii Pictavensis & plures alii. N. DE VERIS.

CHARLES REGENT, Jean I.er & selon d'autres, Jean II. au Louvre lès Paris, en Avril 1358.

a impetratis.

b valitura.

c Il y a quelque faute en cet endroit.

d in.

e Voy. la Preface, §. Ordonnances.

f On ne connoist plus à la Chambre des Comptes, quel est ce lieu.

CHARLES REGENT, Jean I.er & selon d'autres, Jean II. au Louvre, en Avril 1358.

(a) Ordonnance qui regle la maniere dont on comptera les Feux dans la suite dans la Seneschaussée de Carcassone, pour parvenir à l'Imposition des *Foüages* & des autres subsides.

CAROLUS &c. Notum facimus universis tam presentibus quam futuris, ad illa que pro Regie Majestatis Regnique & ejus incolarum commodis salubriter sunt statuta, [g] nedum autoritate Regia confirmanda, sed & prompto animo prosequenda, Nos faciles consuevimus exhibere: Cum itaque Incole Senescallie Carcassone jugo forent tirannice servitutis attricti, & adeo severâ depopulatione vastati, quod nonnulli ex ipsis nedum coacti rerum vitare dispendia, sed ut vitarent pericula personarum, necesse fugere habuerunt à facie persequentis; & ob hoc, propter pestem inguinariam ob quam nuper secuta extitit mortalitas valde communis & timenda, admodum esset & sicut adhuc esse refertur, inibi focorum & personarum numerus non modicum [h] diminitus, Dominus Genitor noster proinde considerans non esse mirum si secundùm [i] veritates temporum, statuta variantur humana, ad supplicationem Prelatorum, Baronum, Nobilium, Consulum, Sindicorum, Universitatum, Civitatum, Castrorum, Villarum & ceterorum locorum Senescallie supradicte, per suas super hoc confectas Literas magno sigillo Regio in cera viridi & laqueo serico sigillatas, statuisse dicatur, & dictis supplicantibus concessisse quod (b) Focorum dictorum locorum solitorum facere Regie Majestati subsidia ordinata pro dicte

g non solum.

h diminutus.

i forte varietates.

NOTES.

(a) Tresor des Chartres, Registre 90. pour l'Année 1357. & suivantes, Piece 139. Voy. cy-dessus la Note (a) de la p. 336.

(b) *Focorum dictorum locorum.*] Ce mot *Foci*, *feux*, ne signifie point icy une Maison ou un certain nombre de Maisons, une Famille ou un certain nombre de Familles, ni un certain nombre d'Habitans : mais par ce mot *feux*, il faut entendre une certaine partie d'un Pays, qui a esté divisé arbitrairement

CHARLES REGENT, Jean I.er & selon d'autres, Jean II. au Louvre, en Avril 1358.

*Majestatis Excercitibus & aliis oneribus supportandis in Guerris, quas eidem Majestati Christiane Religionis livore sepe excitat & procurat humani Generis Inimicus, numerus antiquitus ordinatus ad numerum qui presentialiter existit ibidem, sub infrascriptis modis & condicionibus reducatur; videlicet quod numerus qui per [a] solertam Inquestam per deputatos ipsius Domini & nostros faciendam, illuc reperietur de presenti, remanebit & durabit in statu ad finem decem annorum proximo futurorum: Quibus decem annis finitis iterum per deputatos Regios visitabitur solerter Focorum numerus qui tunc erit, qui numerus tunc existens etiam remanebit & durabit per alios decem annos: Porro dictis viginti annis finitis, etiam visitabitur dictus numerus diligenter per Regios deputatos, & numerus qui dictis viginti annis finitis per dictos deputatos reperietur, ibidem stabit & remanebit in statu suo perpetuis futuris abinde temporibus * duraturis; dummodo propter magnam & acerbam mortalitatem aut Guerras diebus illis contingentes, Populus dicte Senescallie ad tantam non deveniat [b] pacitatem, quod necessario super hoc aliud fieri & ordinari tunc temporis oporteret. Ceterum quod supplicantes & Incole supradicti attendentes necessitates quas idem Dominus noster & Nos de presenti habemus in nostris Guerris presentibus sustinere, ad hoc se sponte & liberaliter obtulerunt[c], iidem supplicantes & Incole in promptu una vice solvere tenebuntur & solvent dicto Domino nostro & Nobis vel deputatis nostris, pro quolibet Focorum antiqui numeri, unum florenum Aureum ad Mutonem, prout in predictis Literis ipsius Domini continetur: Quâ solutione factâ, extunc subsidii taxacio facienda, consideratione habitâ ad reductionem numeri prelibati, suum cursum habebit. Nos igitur Domini nostri Genitoris vestigiis inherentes, omnia & singula premissa, juxta dictarum Literarum ejusdem Domini Genitoris nostri de quibus liquebit, seriem & tenorem, rata habentes & grata, illa volumus, ratificamus, laudamus & approbamus, & tenore presentium auctoritate Regiâ quâ fungimur de presenti, ex certâ scientiâ confirmamus cum nostri interpositione Decreti: Mandantes & tenore presentium committentes Senescallo Carcassone ceterisque Justiciariis Regiis qui nunc sunt & pro tempore fuerint, aut eorum Loca-tenentibus & deputatis a prefato Domino nostro & Nobis super hoc vel etiam deputandis, & eorum cuilibet, quatenus omnia & singula in dictis Literis Domini Genitoris nostri & nostris presentibus contenta, adimpleant, teneant & observent, adimpleri, teneri & observari inviolabiliter faciant, [d] nec numerum Focorum modernorum qui per informacionem diligentem reperientur in predictâ Senescalliâ, in Libris & papiris Thesaurarie Regie Carcassone [e] reparari, registrari & describi; & antiquum numerum dictorum Focorum ibidem nunc descriptum & registratum cancellari realiter faciant & procurent, Receptorem ejusdem Senescallie si se in hâc parte rebellem aut contradictorem quovismodo reddiderit, ad hoc de facto viriliter compellentes: Nec permittant Consules, Sindicos, Universitates & Habitatores predictos contra tenorem Literarum ipsius Domini & nostrarum hujusmodi, pro numero dictorum Focorum antiquo, in subsidiis, Focagiis & aliis serviciis quibuscumque, de cetero inquietari, aut in personis vel bonis eorum quomodolibet molestari. Quòd ut firmum & stabile permaneat in futurum, nostro sigillo presentes Literas*

a solertem.

* *Fort.* duraturus.

b paucitatem.

c il manque là quelques mots.

d il semble qu'il faille *&*.

e je ne sçais ce que ce mot peut signifier ici.

NOTES.

en plusieurs parties nommées *feux*, dont chacune paye une quotité égale des Impositions qui se levent dans ce Pays. Si, par exemple, un Pays paye 100000. livres d'Imposition, & qu'il soit divisé en 100. *Feux*, chaque *feu* payera 1000. livres.

Chaque partie d'un Pays divisé en *feux* ne contient pas une estenduë égale de terrein; & l'on n'a égard en faisant cette division, qu'à la fertilité de la terre, & au commerce qui s'y fait. Ainsi un *feu* peut ne contenir que dix lieuës, & cependant payer une quotité d'Imposition égale à celle que payera un *feu* voisin qui contiendra vingt lieuës; parce que le terrein du premier *feu* est une fois plus fertile que le terrein du second, & que le commerce qui se fait dans le premier, est du double plus fort que celuy qui se fait dans le second. Lorsque par quelque accident, la fertilité du terroir d'un *feu* est diminué, ou que le commerce qui se faisoit dans le district de ce *feu*, s'est rallenti, il est de la Justice d'augmenter l'estenduë du terrein de ce *feu*, en faisant une nouvelle division de *feux*.

L'usage de diviser le Pays en *feux* a esté aboli dans le *Languedoc;* mais il subsiste encore dans la Generalité de *Montauban*. Je suis redevable de tout ce détail, aux RR. PP. DD. de *Vic* & *Vaissette* Benedictins.

fecimus communiri: Jure dicti Domini nostri & nostro in aliis salvo, & in omnibus quolibet alieno. Datum apud Luperam, Anno Domini millesimo trecentesimo quinquagesimo-octavo, Mense Aprilis. *Per Dominum Regentem, in Concilio suo in Camerâ Compotorum superius ad* Galathas, *ubi erant Domini de Montemoreciaco, Almaricus de Meullento, Adam de Meleduno, Petrus de Villaribus, Petrus Pagani, Milites: Baillivus Trecensis, Magister Petrus de Demanvillâ, Johannes Galli, Ansellus Choquardi, Guillelmus Chalop, Guillemus de Marchieres, Alixander Aurifabri, Archidiaconus Constanciensis, Cantor Sancti Hylarii Pictavensis, & plures alii.* N. VERIS.

CHARLES REGENT, Jean I.er & selon d'autres, Jean II. au Louvre près de Paris, en Avril 1358.

(a) Lettres qui accordent aux Consuls du Bourg de Carcassone, le droit d'avoir six Sergents.

KAROLUS &c. Notum facimus universis tam presentibus quam futuris, ex parte dilectorum [a] *ut fidelium Consulum dicti Domini nostri & nostrorum Burgi* [b] *Carcassonensis, ad nostrum devenisse auditum, quod licet propter reparationem &* [c] *edificium fortalicii dicte Ville, tum propter guerrarum ipsius Domini Genitoris nostri & nostrarum subsidia, tum etiam propter quamplurima alia ipsius Ville multiplicata onera supportanda, dicti Consules amplius solito, habeant taillias & collectas & alia eorum debita inter* [d] *cetera necessario cum festinencia exigere & levare: dicti tamen Consules dictas taillias & collectas & alia ipsorum debita sepius propter culpas & negligentias & alias excusationes & favores inordinatas Servientum ipsius Domini nostri & nostrorum dicti loci, necessitatis urgentis tempore habere non possunt de facili, ut deceret, in ejusdem Domini nostri, nostrique ac ipsorum prejudicium non modicum prout dicunt, supplicantes Nobis super hoc de gratioso & opportuno remedio provideri, & eisdem sex Servientes de Servientibus Regiis Burgi Carcassonensis predicti, per Nos concedi perpetuo pro eorum debitis, tailliis & collectis exigendis, levandis & executioni mandandis. Nos autem fidelitatem & approbatam constantiam dictorum Consulum attendentes, consideratis gratuitis serviciis eidem Domino nostro Nobisque & predecessoribus nostris per eosdem impensis, & que impendere benivole non desinunt; eorum supplicationi favorabiliter inclinati, concessimus & tenore presencium concedimus Consulibus & Universitati predictis & eorum successoribus, de nostra certa scientia & gratia speciali, ac plenitudine Regie potestatis qua fungimur de presenti, quod dicti Consules habeant & eligant, habere & eligere possint & valeant simul vel successive de cetero in futurum pro eorum libito voluntatis, sex Servientes de Servientibus Regiis per dictum Dominum Genitorem nostrum & Nos vel Successores nostros creatis in dicto Burgo & in futurum creandis, pro tailliis & collectis & aliis eorum universitati predicte debitis, & omnibus aliis levandis & exequtandis & etiam exigendis: Qui quidem Servientes in eorum baculis seu arnesiis, arma & signa Regia à superiori, una cum signo dicte Ville ab inferiori partibus, ad differenciam aliorum Servientum Regiorum dicti loci portare impunè valeant, & emolumenta ratione dicti Officii recipere & habere que alii Servientes Regii Burgi predicti recipere &* [e] *levare teneantur, vel talia emolumenta qualia per ipsos Consules qui nunc sunt & pro tempore erunt, fuerunt ordinata: Ita tamen quod ipsis simul vel successive per dictos Consules electis vel imposterum eligendis, ipsi Consules presentabunt & presentari tenebuntur eosdem Vicario & Judici Regiis dicti Burgi seu eorum alteri: qui* [f] *Jeudex & Vicarius seu alter eorumdem, dictos Servientes vel eorum aliquos aut aliquem instituent, destituent & privabunt ab Officio dictorum Consulum, tantum modo tociens quociens ad premissa facienda per ipsos Consules fuerint requisiti, & loco destitutorum & privatorum, alium vel alios de novo instituent quociensunque per ipsos Consules fuerint presentati, pro eorum*

[a] &.

[b] Voy. cy-dessus, p. 264. Note (b)

[c] constructionem.

[d] Il y a là quelques fautes.

[e] *Il semble qu'il faudroit* habere consueverunt.

[f] Judex.

NOTES.

(a) Tresor des Chartres, Registre 90. Piece 141. Voy. cy-dessus, p. 336. Note (a)

CHARLES REGENT, Jean I.er & selon d'autres, Jean II. au Louvre près de Paris, en Avril 1358.

a &.

Consulum libito voluntatis, receptis primitus à dictis Servientibus & quolibet eorumdem, juramento & caucione ydonea prestari in similibus consuetis: Qui eisdem tanquam Servientibus dicti Domini nostri & nostris & dictorum Consulum predictis & eorum cuilibet, prout & aliis dicti loci Servientibus Regiis, in dictis tailliis & collectis, & aliis dicte Universitati debitis & omnibus exigendis & levandis, pareri ab omnibus & quolibet eorumdem faciant & intendant. Mandantes harum serie Senescallo Carcassone, Vicario, Judici nostris predictis & aliis Justiciariis dicti Domini nostri & nostris presentibus & futuris, quatinus dictos Consules qui sunt & pro tempore fuerint, impedimento quocumque cessante, presenti nostra gratia uti & gaudere liberè [a] *pacificè faciant & permittant, contra tenorem ejusdem nullatenus attemptando seu attemptari quomodolibet permittendo. Quod ut firmum & stabile permaneat in futurum, sigillo nostro presentes Litteras fecimus communiri: Jure dicti Domini nostri & nostro in aliis salvo, & in omnibus quolibet alieno.* Datum apud Luparam-propè-Parisius, Anno Domini millesimo trecentesimo quinquagesimo-octavo, Mense Aprilis.

Per Dominum Regentem in Consilio suo in Camera Compotorum superius ad Galathas, ubi erant Domini de Montemorenciaco, Almarricus de Meullento, Adam de Meleduno, Petrus de Villaribus, Petrus Pagani, Milites: Baillivus Trecensis, Magistri Petrus de Demanvilla, Johannes Galli, Ansellus Choquardi, Guillelmus Chalop, Guillelmus Marchieres, Alexander Aurifabri, Archidiaconus Constanciensis, Cantor Sancti Hylarii Pictavensis, & plures alii. N. DE VERIS.

(a) MCCCLIX.

NOTES.

(a) Cette Année, suivant le Glossaire de Du Cange, au mot *Annus*, commença le 21. d'Avril, & finit le 5. d'Avril.

CHARLES REGENT, Jean I.er & selon d'autres, Jean II. au Louvre-lès-Paris, le 28. d'Avril 1359. après Pasques.

b *Voy. cy-dessus, p. 335. le Mandement du 15. d'Avril. 1358.*

(a) Mandement pour faire fabriquer des blancs Deniers à la Couronne, & pour augmenter le prix de l'Argent.

CHARLES aisné Fils du Roy de France, regent le Royaume, Duc de Normandie & Dalphin de Viennois: A nos amez & feaulx les Generaulx-Maistres des Monnoyes de Monseigneur & nostres, salut & dillection. Comme nagueres par très grant & bonne deliberacion du Conseil de mondit Seigneur & nostre, Nous vous ayons mandé & enjoint par nos Lettres [b] ouvertes, & pour plusieurs causes contenues en icelles, que par tout & chascunes les Monnoyes dudit Royaume, vous feissiez faire & ouvrer blancs Deniers à la Couronne autelz & semblables comme ceulx de present, à trois deniers de loy Argent-le-Roy, & de dix sols de poix au marc de Paris, en ouvrant sur le pié de Monnoye quarante huitiéme, & en donnant *(b)* aux Changeurs & Marchans de chacun marc d'Argent tant blanc comme noir,

NOTES.

(a) Registre D. de la Cour des Monnoyes de Paris, *fol. 29. verso.*

Avant ce Mandement, il y a:

Le 28.e jour d'Avril 1359. fut apporté en la Chambre des Monnoyes, ung Mandement de Monseigneur le Regent, duquel la teneur s'ensuit.

Monnoye 60.e

(b) Aux Changeurs & Marchans.] Les Changeurs estoient ceux qui achetoient le Billon; c'est-à-dire, les Monnoyes decriées, contrefaites & fausses. Par les Marchands, je crois qu'il faut entendre ceux qui vendoient la matiere d'Or & d'Argent, en barres ou autrement.

sept livres dix sols tournois: Et Nous depuis ce ayans entendu que pour icelle Ordonnance n'est, & [a] a esté fait aussi comme peu ou neant d'Ouvraige; laquelle chose est en nostre très grant grief & dommaige: consideré les très grans & innumerables [b] mises que à present Nous convient & conviendra supporter & maintenir plus que [c] oncques-mais, tant pour la tuicion & deffense dudit Royaume, comme autrement, Nous tant affin d'avoir icelles Finances, comme pour le prouffilt de tout ledit Royaume, par très grant & bonne deliberacion dudit Conseil, avons voulu & ordonné, & par ces presentes voulons & ordonnons estre fait en toutes & chacunes les Monnoyes dudit Royaume, blancs Deniers à la Couronne, semblables à ceulx de present, lesquels seront à trois deniers de loy Argent-le-Roy, & de [d] douze sols six deniers de poix au marc de Paris, en ouvrant sur le pié de Monnoye [e] soixantiesme, & en donnant à tous Changeurs & Marchans de chascun marc d'Argent tant blanc comme noir, neuf livres tournois. Si vous mandons & estroictement enjoignons à chascun de vous, que tantost & sans delay ces Lettres veuës, vous fassiez faire & ouvrer par toutes & chascunes lesdites Monnoyes, iceulx blancs Deniers à la Couronne, des poix & loys que dictz sont dessus, & en donnant aux Changeurs & Marchans de chacun marc d'Argent tant blanc comme noir, le pris cy-dessus divisé: [f] En payant aux Ouvriers & Monnoyers tel sallaire pour leur *(c)* Brassaige comme bon vous semblera. De ce faire à vous & à chascun de vous donnons povoir, auctorité & mandement especial par la teneur de ces presentes. *Donné au Louvre-lez-Paris, le vingt-huitieme jour d'Avril, l'An mil trois cens cinquante-neuf après Pasques.* Par Monsieur le Regent. J. [g] MATH.

a n'a.
b despenses.
c jamais.
d à 150. Pieces au marc.
e Voy. la Preface, §. Monnoye.
f &.
g Mathieu.

NOTES.

(c) Brassaige.] Frais de la fabrication des Especes. Voy. le Traité des Monnoyes de *Boizard*, dans l'explication Alphabetique.

CHARLES REGENT, Jean I.er & selon d'autres, Jean II. au Louvre près de Paris, en Avril 1359.

(a) Lettres qui permettent de lever pendant dix ans un Octroy dans la Ville d'Aurilhac.

KAROLUS &c. Notum facimus universis tàm presentibus quàm futuris, quod ex parte dilectorum nostrorum [h] *Consilium Ville* [i] *Aureliaci in Ballivia Moncium Arvernie, Nobis fuit expositum, quod dudum orta questione inter Religiosos, Abbatem & Conventum Monasterii dicte Ville qui tunc erant, seu certos Syndicos ab eis legitime deputatos, qui Abbas habet in dicta Villa Jurisdictionem omnimodam temporalem & spiritualem pro se & nomine dicti Monasterii ex una parte, & Consules dicte Ville qui tunc erant, seu certos Procuratores ab eis legitime deputatos pro se & nomine Communitatis dicte Ville ex altera, super quibusdam tangentibus Usus, Jurisdictionem, Exercitia & Libertates Ville predicte, fuerit lata sententia arbitralis per certum Arbitrum, & inter dictas Partes super hoc electum, que sententia fuit debite* [k] *emologata & per Partes predictas approbata, & sollemnibus stipulationibus vallata: nec non anno Domini millesimo ducentesimo octuagesimo-octavo, per Regiam Majestatem & per Arrestum ejus in Curia Parlamenti, post aliqua litigia mota inter Partes predictas super contentis in dicta sententia arbitrali, confirmata: Et ex post dicta sententia inter & per Partes predictas & earum successores inconcusse usque nunc ac si esset Jus scriptum, observata fuit: in qua quidem sententia inter alia continetur, quòd Communitas dicte Ville habeat* [l] *perpetuò habere* [m] *Consulatum, & quod Consules habeant Consiliarios, Archam, Sigillum &* [n] *Arma communia nomine*

h Consulum.
i Aurilhac, ou Orilhac.
k homologata.
l &.
m possit.
n Armoiries.

NOTES.

(a) Tresor des Chartres, Registre 90. Piece 333.

L'Année 1359. ayant commencé le 21. d'Avril, & ayant fini le 4. d'Avril, l'on ne peut sçavoir si c'est au commencement ou à la fin de cette année, que ces Lettres ont esté données.

CHARLES REGENT, Jean I.er & selon d'autres, Jean II. au Louvre près de Paris, en Avril 1359.

a Il manque-là un substantif.

b eis.

* non nulli.

c *Appar.* un Quarteau de Vin.

d aliam viam.

e quam.

f onera.

g convertendum.

h percipiant.

i percipiendo. *Il semble qu'il faudroit* percepto & levato.

k &.

Communitatis, & quod ipsi Consules possint habere communes [a] *, tallias facere & factas per se levare, & quod auctoritate propria sit* [b] *eas licitum ad solvendum dictas taillias compellere renuentes, absque eo quod dictus Abbas vel ejus Curia contra tailliam vel compulsionem, quemquam super hoc audire possint querelantem: Et quod ipsi Consules de tailliis que fient, ut dictum est, ab eisdem, nisi inter se & Ville Consilio ad hoc specialiter deputato, qui sunt numero quadraginta & amplius de sufficientibus & ydoneis personis dicte Ville, habeant reddere rationem; à quâ tamen taillia Bajulus & * nonulli alii Officiarii dictorum Abbatis & Conventus sunt exempti: de quibus supradictis dicti Consules sunt & eorum predecessores fuerunt ab antiquo in possessione & saisina per tantum temporis quantum quod hominum memoria in contrarium non existit, prout dicunt. Cumque habitatores dicte Ville quamplura dampna per Inimicos Regni Francie sustinuerint, & adhuc de die in diem sustineant, quibus dampnis, & etiam infertilitate Patrie que est in montibus & partibus frigidis situata, obstantibus, & quod eisdem plures & diversas pecuniarum summas tàm pro stipendiis Gencium armorum, quàm pro dicta Villa reparanda & fortificanda, quam etiam pro pluribus aliis necessitatibus evidentibus & manifestis dicte Ville que adhuc de die (b) in diem & contingunt evenire, persolvere opportuit, sunt adeò depauperati & de suis facultatibus diminuti, presertim cum nullos redditus seu bona habeant in communi, quod onera dicte Ville incombentia sine gravi dampno ipsorum supportari commode non possent, nisi eisdem per Nos aliquod subsidium inter se faciendum concederetur, vel aliter de gratioso remedio provideretur: unde Nobis supplicari humiliter fecerunt quatinus, ut onera predicta ad honorem dicti Domini & Genitoris nostri & utilitatem Patrie melius valeant supportare, eisdem in & super quolibet* [c] *Cartone vini mensure dicte Ville, quod in dicta Villa & ejus pertinentiis vendetur vel expendetur, dimidium Obolum Turonense, presertim cum ipsi alia* [d] *via alterius subsidii non inveniunt per* [e] *quem habitatores ejusdem Ville minus gravarentur, concedere dignaremur. Nos igitur premissis attentis, volentes eisdem super hoc gratiam facere specialem, volumus & dictis Consulibus de certa scientia & ex plenaria potestate, & de gratia speciali & auctoritate Regia Nobis attributa, concessimus & per presentes concedimus, ad finem quod ipsi melius possint* [f] *honera dicte Ville facere & subportare, & iniquis propositis dictorum Inimicorum fortius obviare, quod ipsi Consules & eorum Successores in & super quolibet Cartone vini mensure dicte Ville, quod infra metas dicte Ville vendetur vel expendetur, dimidium Obolum Turonense Monete Regie pro tempore currentis,* [g] *convertandum & applicandum in fortificatione & reparatione aut aliis necessitatibus & negotiis dicte Ville, à proximo venturo festo Beati Andree Apostoli usque ad decem annos indè continues & complendos, habeant, levent, &* [h] *participiant, seu habere, levare, recipere & percipere possint & debeant, rebelles seu dictum dimidium Obolum Turonense solvere renuentes, ad hoc per bonorum suorum captionem, & aliter prout de aliis tailliis de quibus superius fit mentio, est inter eos fieri consuetum, per se vel per alios per ipsos Consules deputandos, viriliter & debite compellendo seu compelli faciendo: ita videlicet quod de* [i] *participando & levando, prefati Consules compotum reddere habeant & teneantur inter se & Ville Consilio qui sunt numero quadraginta & amplius, si & prout de communi taillia in dicta composicione seu arbitrali sententia continetur, & non aliter: Et quod dicti Abbas & Conventus pro eo quia sunt Domini dicte Ville, & ceteri ejus Officiarii à tallia predicta juxta formam dicte sententie arbitralis seu compositionis aliàs inter eos facte, sunt exempti, volumus ob favorem Religionis* [k] *Censure (c) Ecclesiastice, & ne in premissis aliquod impedimentum prestare valeant, quod ad solvendum aliquid de vino quod per ipsos expendetur, minime compellantur: dantes tenore presentium in mandatis Baillivo Montanarum Alvernie, aut ejus Locum tenenti qui nunc est & qui pro tempore fuerit, quatinus*

NOTES.

(b) *In diem.*] Après ce mot, il y en a un que l'on n'a pû dechiffrer. Il semble qu'il y ait, *orrinent.*

(c) *Censure Ecclesiastice.*] Peut-estre y avoit-il dans la Sentence arbitrale, qu'elle seroit executée, sous peine d'encourir les Censures Ecclesiastiques; clause assez commune vers le 12. & 13.e siecle.

prefatos Consules [a] *ac nostra presenti gratia uti pacifice faciant indilate; nonobstantibus aliis Impositionibus que in dicta Villa de Mandato & concessione Regia pro reparatione & fortificatione dicte Ville levantur, & ad certa tempora sunt concessa. Quod ut firmum & stabile* [b] *permaneant in futurum, Sigillum nostrum presentibus Litteris duximus apponendum: Salvo in aliis jure dicti Domini Genitoris nostri & nostro,* [c] *in omnibus quolibet alieno.* Datum apud Luparam prope Parisius, Anno Domini millesimo trecentesimo quinquagesimo-nono, mense Aprilis.

Per Dominum Regentem, presentibus Marescallis Francie Dominis de Deneham, Boucicaud, Petro de Villaribus, Baillivo Trecensi, & pluribus aliis.

a Il manque-là quelques mots.

b *permaneat.*

c &.

CHARLES REGENT, Jean I.er & selon d'autres, Jean II. au Louvre-lès-Paris, le 6. de May 1359.

(a) *Mandement pour faire fabriquer de nouveaux blancs Deniers à la Couronne.*

CHARLES aisné Filz du Roy de France, regent le Royaume, Duc de Normandie & Dalphin de Viennois: à nos amez & feaulx les Generaulx-Maistres des Monnoyes de Monseigneur & nostres, Salut & dilection. Comme nagueres pour cause des très-grans & innumerables [d] mises qu'il Nous a convenu & convient supporter & maintenir, tant pour la tuicion & deffense dudit Royaume au bien & prouffit de tout le Peuple d'iceluy, comme pour la redemption de mondit Seigneur, esperans icelles avoir de la revenue & emolument des Monnoyes de mondit Seigneur & nostres, par très-grant & bonne deliberacion ayons ordonné & vous mandé par noz autres [e] Lettres, que vous feissiez faire & ouvrer en toutes lesdites Monnoyes, blancs Deniers à la Couronne, autelz & semblables comme ceulx que l'en faisoit paravant: Lesquelz feroient à trois deniers de loy Argent-le-Roy, & de douze folz fix deniers de poix au marc de Paris: Et Nous avons entendu & sommes plainement informez que pour icelle Ordonnance n'a esté apporté en nostre Monnoye de Paris, que trop petite matiere de Billon, par quoy icelle a esté & est du tout en chomaige; laquelle chose est [f] ou très-grant dommaige & prejudice de tout ledit Royaume, de mondit Seigneur & de Nous, & pourroit encores plus estre, se sur ce n'estoit briefvement pourveu de remede. Pour ce est-il que Nous par très-grant & bonne deliberacion, eue consideracion aux choses dessusdites, avons voulu & ordonné, & par ces presentes voulons & ordonnons que l'en face faire & ouvrer en icelle nostredite Monnoye de Paris, & ès autres Monnoyes là où bon & prouffitable semblera estre fait à nostre amé & feal Conseiller de mondit Seigneur & le nostre, Jehan [g] Poillevilain, iceulx blancs Deniers à la Couronne à deux deniers douze grains de loy Argent-le-Roy, & de [h] douze solz six deniers de poix, autelz & semblables en façon comme ceulx de present, en donnant aux Changeurs & Marchans de chascun marc d'Argent tant blanc comme noir, neuf livres tournois, si comme Nous faisons donner à present. Si vous mandons & estroictement enjoignons & à chacun de vous, que tantost & sans delay ces Lettres veuës, en icelle Monnoye de Paris & ès autres là où bon semblera audit Jehan, vous faictes faire & ouvrer iceulx blancs Deniers à deux deniers douze grains de loy, & de douze solz six deniers de poix comme dit est, en donnant à iceulx Changeurs & Marchans de chacun marc d'Argent, le pris de neuf livres tournois dessusdiz; & aux Ouvriers & Monnoyers telle creuë d'Ouvraige & Monnoyaige, tant de l'Ouvraige du pié de Monnoye soixantiesme, comme de ce present Ouvraige, comme bon vous semblera: Et se il

d *depenses.*

e *Voy. cy-dessus, p. 340. le Mandement du 28. d'Avril 1359.*

f *au.*

g *Voy. cy-dessus, p. 335. Note (b)*

h *à 150. Pieces au marc.*

NOTES.

(a) Registre D. de la Cour des Monnoyes de Paris, *fol. 30. verso.*

Avant ce Mandemant, il y a:

Le 6.e jour de May 1359. fut apporté en la Chambre des Monnoyes, ung Mandement de Monsieur le Regent, duquel la teneur est telle.

convient mectre Cuivre en euvre à faire icelluy Ouvraige, Nous vous mandons q
a acquis. soit [a] quis & achepté à noz despens, & alloüé ès Comptes de celuy ou ceulx à
il appartiendra, sans aucun contredict. De tout ce faire à vous & à chacun de v
donnons povoir, auctorité & mandement especial par la teneur de ces presen
*Donné au Louvre-lèz-Paris, le sixieme jour de May, l'An mil trois cens cinqua
neuf.* Par Monsieur le Regent. J. DONHEIN.

CHARLES REGENT, Jean I.er & selon d'autres, Jean II. au Louvre lès Paris, le 25. de May 1359.

(a) Mandement pour faire fabriquer de nouveaux blancs Deniers à Couronne, & pour augmenter le prix de l'Argent.

CHARLES aisné Filz du Roy de France, regent le Royaume, Duc de N
mandie & Dalphin de Viennois : A nos amez & feaulx les Generaulx-Maist
des Monnoyes de Monseigneur & nostres estans à present à Paris, Salut & dilectio
Nous sommes bien [b] recordans que depuis le mois de Septembre dernier passé [c]
environ, que Nous pour le bien & prouffilt de tout le Peuple dudit Royaume,
à la priere & requeste d'aucuns & de la greigneur partie des Gens des bonnes Vil
d'icelluy, & par especial de ceulx du Pays de la [d] Languedoth, en esperance d'av
les plus grans & bonnes finances que l'en pourroit bonnement par Foüaiges, I
posicions, subsides ou autrement, pour cause des très-grans & innumerables [e] mi
qu'il Nous a convenu & convient supporter & maintenir, tant pour cause des Gu
res, comme pour la tuicion & deffense dudit Royaume, & la redemption de mon
Seigneur, ordonnasmes à faire certaine Monnoye blanche & noire, en ouvrant s
le pié de Monnoye trente-deuxiesme, & en donnant cours au Denier d'Or fin
l'Aignel, pour trente solz tournois; au Royal d'Or fin, pour vingt-cinq solz tourno
& au Denier d'Or à l'Escu du coing de mondit Seigneur, pour vingt solz tou
nois, desirans de tout nostre cueur pour le bien & prouffilt de tout ledit Peupl
icelle Ordonnance longuement maintenir en icelluy estat: Pour ce que d'icell
Finances par les voyes dessusdites ne autrement, ne avons [f] peu ne povons [g] fine
se n'a esté & est par la revenue du prouffilt & emolument des Monnoyes de mond
Seigneur & nostres; parquoy il a convenu par l'Ordonnance de Nous & de nostr
Conseil, le fait & gouvernement desdites Monnoyes si mener & mectre en tel estat
qu'elles sont tellement [h] affleboyées que ledit Peuple les a en indignacion & moul
contre-cueur: Et pour cause de ce, ont esté & sont prins & mis tous Florins pou
si grant pris comme il plaist à ung-chacun; desquelles choses il Nous a desplev &
desplaist tant comme plus peult. Pour ce est-il que Nous qui bonnement à presen
sans le trop grant grief & dommaige dudit Peuple, ne pourrions ceste presente
Monnoye que Nous faisons faire à present, ramener à faire forte Monnoye, & n
vouldrions pour le bien & prouffilt d'iceluy, par très-grant & bonne deliberacion d
Conseil de mondit Seigneur & nostre, eue consideracion aux choses dessusdites, &
affin que Nous puissons avoir aucunes Finances sans les prandre ou avoir dudi
Peuple: Et aussi que les Changeurs & Marchans puissent ou doyent *(b)* porte
leur comptant plus aiséement, avons voulu & ordonné, & par ces presentes vou
lons & ordonnons & vous mandons, commectons & estroictement enjoignons
confians à plain de voz sens, loyaultez & bonnes diligences, que tantost & san
delay ces Lectres veuës, vous fassiez faire & ouvrer en la Monnoye de mondi

b *Nous nous ressouvenons bien.*

c *Voy. cy-dessus, p. 243. le Mandement du 22. d'Aoust 1358.*

d *Languedoc.*

e *depenses.*

f *pû, ne ne.*

g *trouver de l'Argent.*

h *affoiblies.*

NOTES.

(*a*) Registre D. de la Cour des Monnoyes de Paris, *fol. 32. recto.*

Avant ce Mandement, il y a:

Le 25.e jour de May 59. fut apporté en la Chambre des Monnoyes, ung Mandement de Monsieur le Regent, dont la teneur s'ensuit. Monnoye 72.e

(b) Porter leur comptant.] *Porter aux Monnoyes leur Argent non monnoyé, & leur Billon.*

Seigneu

Seigneur & nostre à Paris, & en celles-là où vous pourrez bonnement envoyer, gros Deniers blancs à trois deniers de loy Argent-le-Roy, & de [a] six solz de poix au marc de Paris, autelz & semblables comme Nous vous envoyons [b] l'exemplaire, & auront cours pour quinze deniers tournois la Piece, en ouvrant sur le pié de Monnoye soixante & douzieme: & donnez & faictes donner à tous Changeurs & Marchans en tout marc d'Argent tant blanc comme noir, unze livres dix solz tournois; & en oultre leur faictes & donnez creue en chacun marc d'Argent à une fois ou plusieurs, telle comme bon vous semblera: Et ou cas que le Peuple n'auroit iceulx gros Deniers blancs agreables, & seroient refusans de les prandre, si faictes faire & ouvrer en ouvrant sur le pié de Monnoye soixante & douziesme, blancs Deniers autelz comme Nous faisons faire à present, à deux deniers douze grains de loy dudit Argent, & de [c] douze solz six deniers de poix audit marc, en mectant en iceulx telle difference comme bon vous semblera. Et toutes ces choses faictes & faictes faire, toutes excusacions cessans, & sans plus en demander autres Lectres ne envoyer pardevers Nous, tellement qu'il n'y ait deffault, si cher comme vous [d] doubtez encourre nostre indignacion: Car se il y estoit [e] par vous, Nous vous en monstrerions nostre deplaisir: Et d'icelle faire vous donnons povoir, auctorité & mandement especial par la teneur de ces presentes, non-obstant quelzconques povoir ou Lectres, tant sur le fait & gouvernement desdites Monnoyes comme autrement, que Nous ayons donné ou commis à nostre amé & feal Conseiller de mondit Seigneur & de Nous, Jean [f] Poillevillain. *Donné au Louvre-lèz-Paris, le vingt-cinquiesme jour de May, l'An de grace mil trois cent cinquante & neuf.* Par Monsieur le Regent. OGIER.

CHARLES REGENT, Jean I.er & selon d'autres, Jean II. au Louvre lès Paris, le 25. de May 1359.

a à 72. Pieces au marc.

b le Modelle.

c à 150. Pieces au marc.

d craignez.

e Il manque-là un mot.

f Voy. cy-dessus, p. 335. Note (b)

(a) Lettres par lesquelles les Officiers qui avoient esté privez de leurs Offices par l'Article XI. de l'Ordonnance du mois de Mars 1357. sont restablis dans leurs Offices, Droits & bonne renommée.

CHARLES REGENT, Jean I.er & selon d'autres, Jean II. à Paris, le 28. de May 1359.

CHARLES ainsné Filz du Roy de France, regent le Royaume, Duc de Normandie & Dalphin de Viennois: Savoir faisons à tous presens & à venir, que comme tantost après la très douloureuse & adverse fortune de la Bataille de Poitiers, ouquel fait il pleut à Dieu le tout puissant Seigneur pour les pechiez commis ou Royaume de France, ou pour autres causes, souffrir que nostre très chier Seigneur & Pere fût pris par les ennemis de li, de Nous & du Royaume; Nous sur toutes les choses du monde desirrans la brieve delivrance de sa personne, eussions mandé & fait venir à Paris plusieurs notables personnes de touz Estaz du Royaume de la Langue-Doil, & leur eussiens requis que il Nous vousissent donner loial conseil & bonne & preste Aide sur le fait de la delivrance dessus-dite, & à la deffense & seurté du Royaume, lesqueles choses il Nous eussent promis à faire en offrant à ce leurs corps & leurs biens en general, & pour trouver les voies & manieres especiauls à ce convenables, eussent eu plusieurs traittiez ensemble par plusieurs assemblées & continuacions de journées, esqueles assemblées estoient aucuns qui avoient entre les autres grant auctorité & puissance, pour ce qu'il faisoient très grant semblant de parole de vouloir la bonne & brieve delivrance dessus-ditte, & l'onneur & le bon estat de nostre très chier Seigneur & Pere, de Nous & de touz le Royaume, pourquoi les autres bonnes personnes innocenz & de bonne foy, estant èsdittes assemblées, adjoustoient très grant foy à leurs [g] diz & à leurs opinions, cuidans que il feussent loiauls preudomes & tels comme il devoient estre, & que il tendissent de tout leur cuer aus droites fins dessus

g discours.

NOTES.

(a) Memorial D. de la Chambre des Comptes de Paris, *fol.* 19. *recto*.

Ces Lettres avoient déja esté imprimées dans les Offices de France par Joly, Tom. 1. addit. p. XV.

Voy. la Preface, 5. Estats generaux, & cy-dessus, p. 123. l'Ordonn. du mois de Mars 1356. & particulierement l'Art. 11. p. 130.

CHARLES Regent, Jean I.er & selon d'autres, Jean II. à Paris, le 28. de May 1359.

dittes; lesqueles choses alloient tout autrement, si comme depuis par leur envies par l'issue des besoignes est à touz apparu, & encore appert clerement & notoiremen que aucuns d'euls comme traitres & conspirateurs encontre la Majesté de Monsieur de Nous, & de l'onneur & bien de la Couronne & Royaume de France, en ont es depuis justiciez & mors vilainement, & les autres s'en sont fouiz qui n'ont osé attend la voie de la Justice, & se sont rendus nos ennemis de tout leur povoir publiquemen & notoirement: Et comme tant par mauvaise hayne & par envie comme pour veni plus aisiement à leurs [a] emprises, eussent conspiré encontre plusieurs des Conseil liers & Officiers de nostre très chier Seigneur & Pere; c'est assavoir Mestre (b) Pierr de la Forest qui (c) paravant avoit esté Chancellier de France & Arcevesque de Roüen & estoit fait Cardinal de la Sainte Eglise de Rome & ancores est, Mestre Regnaul Meschin pour le temps Abbé de Falloise, lors President de la Chambre des Enqueste du Parlement de Monsieur & de Nous, Mestre Estienne de Paris & Mestre Pierr de la Charité Clercs-Conseilliers & Mestres des Requestes de l'Ostel de Monsieur & de Nous, Messire Anceau Choquart Clerc-Conseillier & Mestre des Requestes de l'Ostel de Monsieur & de Nous, Messire Symon de Bucy Chevalier, Premier Presi dent dudit Parlement & Mestre des Requestes de l'Ostel & du grant & secret Consei de Monsieur & de Nous, Messire Robert de Lorriz Chevalier, du grant & secret Conseil de Monsieur & de Nous, Messire Nicolas Braque Chevalier, Mestre de l'Ostel de Monsieur & de Nous & du grant & secret Conseil, Mestre Jehan Chal lemart & Mestre Pierre d'Orgemont Presidens oudit Parlement & Mestres des Re questes de l'Ostel de Monsieur & de Nous, Messire Jehan Taupin Seigneur en Lois Clerc & Conseiller de ladite Chambre des Enquestes de Monsieur & de Nous, feu Engerran du Petit-Celier lors vivant, & Bernart Fermant Tresoriers de Monsieur & de Nous, Jehan d'Auceurre Mestre de la Chambre des Comptes de Monsieur & de Nous, Jehan Poillevilain Mestre aussi de ladite Chambre des Comptes, & General & Souverain Mestre des Monnoyes du Royaume de France, de Monsieur & de Nous, Jehan Chauvel & Jaques l'Empereur Tresorier des Guerres de Monsieur & de Nous, feu Maistre Regnaut Daci lors vivant general Advocat en Parlement, & aussi especial Advocat de Monsieur & de Nous oudit Parlement, Maistre Robert de Preaux Clerc & Nottaire de Monsieur & de Nous, Gieffroy le Masurier, le Borgne de Viaux & Jehan de [b] Bahayne noz Escuiers & de nostre Hostel, contre lesquelz il controuve rent & semerent esdites assemblées plusieurs menconges & paroles fausses & mauvaises, par lesquelz il s'efforçoient de les diffamer, & donnoient [c] entendre aux autres bonnes Genz desdites assemblées, que grant prouffit seroit que il feussent deboutez perpe tuelment de touz [d] Consauls & Offices Royauls & des nostres: quar bien savoient que il ne pourroient accomplir leur mauvaise intencion tant comme lesdiz Officiers qui estoient bons & loyaux, preudes hommes & sages & expers ès besoignes du Royaume, demourroient en leurs estaz, & que Nous les appellerions à nos Consauls: & finablement pour venir à leur emprise, & pour euls vengier d'aucuns desdiz Offi ciers & Conseilleurs ausquelz, senz cause raisonnable, il estoient haynneux & avoient conçu particulierement haynes & malivolences, tant eussent [e] pouchacié que sur le fait de l'aide & du conseil par Nous requis, Nous furent de par euls [f] dis de bouche & bailliez par escript plusieurs poins & Articles touchant nostre Estat & nostre gouvernement, entre lesquelz il en y avoit aucuns moult prejudiciables aus Droiz & Noblece de la Couronne de France, à nostredit Seignieur & à Nous: Et avec ce

a entreprises.

b Voy. cy-dessus, Note (b).

c a.

d Conseils.

e pourchassé.

f dit.

NOTES.

(b) *Pierre de la Forest, &c.*] Voy. ces noms cy-dessus, p. 130. Art. 11. Il y a quelques differences dans l'arrangement & dans les noms. Par exemple, le dernier y est nommé de *Benhaingue*.

(c) *Paravant avoit esté fait Chancellier, &c.*] Cela peut signifier que lorsque les Estats firent pour la premiere fois des plaintes contre *Pierre de la Forest*, il estoit Chancelier de France & Archevéque de Roüen, & que dans l'intervalle de ces premieres plaintes, & de l'Ordonnance qu'ils firent rendre pour le priver de son Office, il avoit esté fait Cardinal. Voy. cy-dessus, p. 212. Note (c).

estoit contenu que Nous priverions de tous Offices & Consauls Royauls & nostres à touzjours, les dessus nommez comme [a] mains soussisanz & indignes; tous lesquelz poins & Articles il vouloient que Nous leur accordissiens par nos Lettres & accomplissiens de fait, ou autrement l'octroi des Aydes par euls advisiez, estre nul & cesseroit sitost que Nous ferions le contraire d'aucuns des poins & Articles dessus-diz, ou que Nous ne les accompliriens en tout & par tout. Et combien que Nous apparceussiens bien que lesdiz poins & Articles estoient moult prejudiciables à nostredit Seigneur & à Nous, & que à mauvaise *(d)* occhoison Nous requeroient la privacion des dessus nommez, & pour ce eussiens [b] delayé le plus que Nous peusmes à leur accorder l'Article de ladite privacion & aucuns autres, cuidans toujours que il s'en departissent, neantmoins par leur malice & à leur instigation, convint comme par necessité & pour [c] eschiver plus grands perils; (quar autrement Nous [d] failliens à touz Aydes, & ne trouviens qui Nous aidast à resister à leur male concepcion & voulenté,) [e] que Nous leur accordissions ladite privacion & touz les poins & Articles dessus-diz, en la fourme & maniere que il les [f] voudrent tailler & escrire & baillier en un rolle, lequel il firent lire & publier en la Chambre de nostre Parlement [g] devant le Peuple à ce appellé, en la presence de Nous & de plusieurs Prelaz, Nobles & autres de touz Estaz, & depuis à la *(e)* Table de Marbre ou grant Palais & ou Chastelet de Paris, lesqueles choses Nous desplaisoient deslors de tout nostre cuer & à très bonne cause; quar bien cognoissons que icelle privacion estoit procurée, non pas de bonne entencion ne pour le bien de Justice, mais de mauvais courage, par hayne, envie & pour vengence torconniere & injuste, tant pour deffaut de toute vraie & juste cause; (quar onceques n'en apparu ne ne fu proposée contre euls ne lors ne depuis,) comme aussi pour deffaute de tout ordre de Droit & de Coustume, qui en riens n'y estoit gardée, mais estoit tout fait euls non appellez, non oyz, non convaincus, combien que il Nous eussent offert à euls deffendre & respondre à tout ce que l'en vourroit dire ou proposer contre euls pardevant Nous; Et aussi aucuns d'euls estans notoirement & necessairement à Bordeaux [h] avec Monsieur de son commandement & du nostre, pour le fait de sa delivrance & pour le traittié de la pais, par quoi toutes leurs Causes especialement touchant l'Estat & l'onneur de leurs personnes, devoient estre tenues en estat jusques après leur retour: Pour toutes les causes dessus-dittes, Nous combien que à très grant desplaisance & comme contrains, toutes voies Nous enclinasmes plustost à leur voulenté, & autrement jamais ne l'eussions fait, mais quar

CHARLES REGENT, Jean I.er & selon d'autres, Jean II. à Paris, le 28. de May 1359.

a *moins.*

b *differé.*

c *eviter.*

d *les Aides Nous manquoient entierement.*

e *convint.. que.*

f *voulurent.*

g *Voy. cy-dessus, p. 130. Art. 11.*

h *Voy. cy-dessus, p. 212. Note (c)*

NOTES.

(d) Occhoison.] Ce mot signifie ordinairement *occasion*: mais il paroist que dans cet endroit, il doit signifier *intention.*

(e) Table de Marbre.] Il y avoit dans ce temps-là deux Tables de Marbre au Palais. L'une estoit en bas dans la Cour du Palais: car dans la Chronique de S.t Denys, (t. 2. fol. *m.* 177. *verso*, col. 2. & 178. *recto*, col. 1.) il est dit que les cadavres des Seigneurs qui furent tuez en 1357. au Palais, dans la Chambre du Dauphin & en sa presence, furent traînez jusqu'à la Cour du Palais, devant la Pierre de Marbre, & qu'on pouvoit les voir de la Chambre du Dauphin.

Il y avoit une autre Table de Marbre en haut dans les Salles du Palais: car Froissart, Liv. 4. ch. 2. p. *m.* 5. racontant le Festin Royal qui fut fait le 21. de Juin 1389. jour du Sacre d'Isabeau de Baviere femme de Charles VI. dit qu'il se donnast dans la Sale du Palais, *sur la grande Table de Marbre, qui continuellement est au Palais, & point ne se bouge.* Il s'est fait depuis plusieurs autres Festins Royaux sur cette Table. Voy. le Ceremon. de Godefroy, t. 1. p. 884.

Il n'est point dit icy sur laquelle de ces deux Tables, on fit lire l'Ordonnance du mois de Mars 1356.

Les Proclamations publiques se faisoient quelquefois sur l'une & sur l'autre; Et dans un Registre qui est au Greffe du Parlement, & qui est intitulé, *Repertoire d'Arrests* pour les Huissiers de la *Cour de Parlement*, on trouve *fol. 9. recto*, un long recit d'une affaire qui interessoit les Huissiers, à la fin de laquelle il est dit, que le dernier de Juin 1523. le Roy vint tenir son Lit de Justice au Parlement, pour donner deffaut contre le Comte de Flandre, [l'Empereur Charles-Quint,] *au moyen des rebellions à luy faites à la Couronne de France, & que le premier Huissier l'appella à la fenestre près de la porte de la bare du Parlement, & après le appella sur la Table de Marbre de la grande Salle, & encore sur la Pierre de Marbre qui estoit en la Cour dudit Palais.*

CHARLES Regent, Jean I.er & selon d'autres, Jean II. à Paris, le 28. de May 1359.

bien [a] savons que tout yceli fait ne se povoit soustenir à la parfin, mais seroit encore cassé & rappellé par Nous & briefment, & telle estoit & a touzjours esté nostre ferme entencion, ne lesdiz Officiers ne Conseilliers pour cause de ladite privacion, Nous en nostre cuer n'esloignasme oncques de nostre amour, mais desirriens touzjours comment Nous les peussions [b] retraire devers Nous, avoir & tenir en leurs Estaz, ny oncques ne les teinsmes ne reputâmes pour privez ne pour souspeccionez ou diffamez en riens: & pour ce est-il que eu par Nous sur ces choses grant & meure deliberacion avec le grant Conseil de Monsieur & de Nous, en la grant Chambre de Parlement à Paris, ouquel estoient des Gens de nostre Lignage, Ducs, Contes, Barons, Prelaz & autres Gens d'Eglise, Nobles & autres Genz des bonnes Villes du Royaume en grant nombre, de nostre pleine puissance & auctorité Royal de laquele Nous usons comme Regent le Royaume, non pas à l'instance ou pourchaz d'aucun, mais de nostre pur & noble Office auquel appartient rappeller & corrigier tant nostre fait comme l'autruy, toutesfoiz que Nous cognoissons que en icelui Justice a esté bleciée ou pervertie, especialment en grevant & oppriment l'innocent par fausse & calompnieuse subgestion, Nous en perseverant & continuant en la droite entencion en laquelle Nous avons touzjours esté en cestui fait, comme dit est, considerées diligemment les causes & raisons dessus-dittes, & plusieurs autres justes & raisonnables, par Arrest avons de nostre propre bouche prononcié, dit & declarié, prononçons, disons & declarons ladite privacion & les publicacions d'icelle, & toutes les choses qui s'en sont ensuivies, avoir esté faites de fait tant seulement, & pourchaciées frauduleusement & calompnieusement, & [c] optenues par fausse suggestion, par très grant importunité comme par impression & non pas de nostre franche voulenté, mais à nostre grant desplaisir, & avoir esté & estre nulles, vaines, torçonnieres & injurieuses, & faites senz Loi, senz Jugement, senz cognoissance ou existence de Cause, & non avoir eu de droit aucun effect de privacion, suspencion, infamacion, diminucion ou lesion quelconques desdiz Conseilliers & Officiers en leurs personnes, Estaz, Honneurs, renommée, Offices, gages, droiz ou autres biens quelconques ne de aucun d'euls; & neantmoins icelles privacions & publicacions en tant comme elles ont esté faites de fait & tout ce qui s'en est ensuivi, anullons, cassons, rappellons & condempnons à tousjours-mais perpetuelment, & lesdiz Conseilliers & Officiers & chascun d'euls, disons, declarons & prononçons avoir esté touzjours devant ladite privacion, & après estre bons & loiaux envers Monsieur, Nous, le Royaume & Couronne de France, souffisans, & dignes d'avoir & tenir les Offices & Estaz paravant & depuis à euls donnez & commis par Monsieur & par Nous, & de bonne & entiere fame & renommée, senz aucune mauvaise suspeçon, reprouche ou tache de desloiauté quelconque, & se mestier est, lesdiz Officiers & Conseillers & chascun d'euls, restituons entierement & reintegrons plenierement en leurs Estaz, Offices, Honneurs & bonne fame, & deffaçons & abolissons toute note & tache que il pourroient avoir encouru de fait ou autrement, pour occasion des choses dessus-dittes, & ancores leur rendons & restituons à plain leurs gages, Droiz & émolumens quelconques: lesquelz gages, Droiz & emolumens Nous decernons & declarons leur avoir esté & estre deuz pour tout le temps couru depuis ladite privacion comme devant, nonobstant que il n'aient exercé leurs-diz Offices depuis ladite privacion, & de iceuls gages, Droiz & emolumens leur voulons & commandons estre bailliées cedules, & leur voulons & commandons estre comptez & paiez par nos amez & feauls les Gens des Comptes & les Tresoriers de Monsieur & de Nous, senz delai ou empeschement quelconque, & aussi les restituons & reintegrons à touz leurs biens donnez ou occupez par Nous ou par autre personne quelconque: Toutes lesqueles choses faites par Nous contenues en ces presentes, Nous voulons & commandons estre signifiées & publiées à nostre Saint Pere le Pape, au College des Cardinauls de la Sainte Eglise de Rome, à nostre très chier Oncle l'Empereur, à touz Prelaz, Nobles, bonnes Villes, especialment à ceuls & ès lieux esquelz lesdites privacions furent signifiées & publiées: mandons & commandons à touz nos Subgiez, prians & requerans nostre Saint Pere, le College & nostre Oncle dessus-diz

a sçavions.

b rapprocher de Nous.

c obtenuës.

& tous autres, que pour occasion de la privacion & des publicacions dessus-dites, ne de chose qui en soit ensuivie, il ne aient aucune [a] senestre soupeçon contre lesdiz Officiers & Conseilliers; & se aucune en ont eue, que il la deposent & mettent hors de leurs [b] cuers du tout, & tiengnent & reputent lesdiz Officiers & Conseilliers avoir esté & estre bons & loiaux, & adjouster pleine foi aus choses faites, dictes & prononcies par Nous, & contenues en ces presentes, & les accomplissent entierement chascun en droit soi, si comme il leur appartendra, & que toutes les Lettres passées par Nous ou par autres sur le fait de la privacion & des publicacions dessus-dites, il les [c] despiecent & ardent par telle maniere que jamais ou temps à venir ne puissent estre occasion d'aucun reprouche ou tache à nosdiz Conseilliers & Officiers, ne à leurs posteritez, hoirs ou successeurs d'iceuls ou d'aucun d'euls: Et que ce soit ferme chose & estable à touzjours, Nous avons fait mettre nostre Seel à ces presentes Lettres: sauf en autres choses le Droit de mondit Seigneur, le nostre & l'autrui. *Donné à Paris, en la Chambre dudit Parlement, le vingt-huitiesme jour de May, l'An de grace mil trois cent cinquante & neuf.* Par Arrest prononcié par Monsieur le Regent. DIONYSIUS.

Collacio cum Originali facta fuit in Camera Compotorum, die Junii [d] 361. per me. FAREMOUSTIER.

a *sinistre.*

b *cœurs.*

c *déchirent & bruslent.*

d *1361.*

CHARLES REGENT, Jean I.er & selon d'autres, Jean II. au Louvre lès Paris, le 3. de Juin 1339.

(a) Mandement pour faire fabriquer de nouvelles Especes & pour fixer le prix des anciennes, & celuy de l'Argent

CHARLES ainsné Fils du Roy de France, regent le Royaume, Duc de Normandie & Dalphin de Viennois: à noz amez & feaulx les Generaulx-Maistres des Monnoyes de Monseigneur & nostres, Salut & dilection. Comme nagueres par grant & bonne deliberacion eue avec les Gens du Conseil de Monseigneur & de Nous, Jehan [e] Poillevillain Conseiller de mondit Seigneur & le nostre ait esté par Nous commis & ordonné souverain Maistre & Gouverneur general du fait & gouvernement des Monnoyes dudit Royaume, en Nous promectant faire & rendre dedans certain temps, du prouffilt & emolument d'icelles, tant pour la tuicion & deffense dudit Royaume au bien & prouffilt de tout le Peuple d'iceluy, comme pour la redemption de mondit Seigneur, certaines & grans sommes de Deniers d'Or & d'Argent; pour lesquelles avoir, plusieurs Ordonnances & mutacions par son Conseil & à son pourchatz ont esté faictes sur le fait & gouvernement desdites Monnoyes, & d'icelles Nous a failly en tout & en la greigneur partie; lesquelles choses sont très-deplaisantes à Nous & audit Peuple: & dernierement vous ayons mandé [f] que l'en face faire & ouvrer blancs Deniers à trois deniers de loy Argent-le-Roy, & de six solz de poix au marc de Paris, ayans cours pour quinze deniers tournois la Piece, en ouvrant sur le pié de Monnoye soixante & douziesme, en esperance que l'en deubt faire bon & grant Ouvraige: Et depuis Nous ayons entendu & sommes plainement informez par aucuns de nostre Conseil expers & cognoissans ou fait desdites Monnoyes, que plus prouffitable seroit de faire iceulx blancs Deniers de plus haulte loy: Savoir vous faisons que Nous qui tousjours avons esté & sommes desirans du bien, prouffilt, paix & transquilité de tout ledit Peuple, & affin que le fait & gouvernement desdites Monnoyes, iceluy Peuple puisse avoir agreable, & icellui fait demourer en sa vertu, & en ung [g] estat, le plus que l'en pourra bonnement, sans lequel Nous ne povons [h] finer des finances necessaires [i] avoir très-hastivement pour cause des très-grans & innumerables [k] mises qu'il Nous convient supporter &

e *Voy. cy-dessus, p. 335. Note (b)*

f *Voy. cy-dessus, p. 344. le Mandement du 25. de May 1359.*

g *en un estat stable.*

h *trouver.*

i *à.*

k *dépenses.*

NOTES.

(a) Registre D. de la Cour des Monnoyes de Paris, *fol. 33. verso.*

Avant ce Mandement, il y a:

Le 3.e jour de Juing 1359. fut apporté en la Chambre des Monnoyes, ung Mandement de nostre très redoubté Seigneur le Regent ledit Royaume, duquel la teneur est telle.

Monnoye 60.e

maintenir. Pour les causes dessusdites, par grant & bonne deliberacion de nostredit Conseil, avons voulu & ordonné, & par ces presentes voulons & ordonnons & vous mandons, que tantost & sans delay vous fassiez faire & ouvrer iceulx blancs Deniers à trois deniers douze grains de loy dit Argent-le-Roy, & de [a] cinq solz dix deniers de poix au marc de Paris, ayans cours pour quinze deniers tournois la Piece, en ouvrant sur le pié de Monnoye soixantiesme, & doubles Tournois telz comme bon vous semblera, en ouvrant sur ledit pié: *(b)* En trayant de chacun marc d'Argent, quinze livres tournois; & en donnant aux Changeurs & Marchans, de chacun marc d'Argent tant blanc comme noir, neuf livres tournois; & aux Ouvriers & Monnoyers tel sallaire comme bon vous semblera: Et ou cas qu'il conviendra mectre Cuivre en œuvre à faire iceluy Ouvraige, qu'il soit [b] quis & acheté aux despens de nostredit Seigneur & de Nous: Et en oultre avons voulu & ordonné & voulons que le Royal d'Or fin que l'en fait faire à present, n'ait cours que pour trente solz la Piece; & les blancs Deniers que Nous avons fait faire, n'auront cours que pour quatre deniers tournois la Piece. Si gardez bien que en ce faire n'ait aucun deffault: & de ce faire à vous & à chacun de vous donnons povoir, auctorité & mandement especial par la teneur de ces presentes. *Donné au Louvre-lèz-Paris, le troisieme jour de Juing, l'An de grace mil trois cent cinquante & neuf.* Par Monf.[r] le Regent. OGIER.

[a] à 70. Pieces au marc.

[b] acquis.

NOTES.

(b) En trayant de chacun marc, &c.] C'est-à-dire, que le prix du marc d'Argent monnoyé vaudra 15. liv. Voy. la Preface, §. *Monnoye.*

CHARLES REGENT, Jean Ier & selon d'autres, Jean II. au Louvre-lès Paris, le 7. de Juin 1359.

(a) Mandement pour la fabrication de nouveaux blancs Deniers, & pour fixer le prix de l'Argent.

CHARLES aisné Filz du Roy de France, regent le Royaume, Duc de Normandie & Dalphin de Viennois: A noz amez & feaulx les Generaulx-Maistres des Monnoyes de Monseigneur & nostres, Salut & dilection. Comme nagueres par bonne deliberacion eue avecques les Gens du Conseil de mondit Seigneur & de Nous, Nous ayons voulu & ordonné & vous mandé par noz [c] Lectres, que l'en face faire & ouvrer ès Monnoyes où bon vous semblera, blancs Deniers à trois deniers douze grains de loy, nommé Argent-le-Roy, & de cinq solz dix deniers de poix au marc de Paris, ayans cours pour quinze deniers tournois la Piece; & depuis ce Nous ayons eu advis & consideracion aux très-grans & innumerables [d] mises que tost & hastivement Nous convient supporter & maintenir, tant pour la tuicion & deffense dudit Royaume au bien & prouffit de tout le Peuple, comme pour la redemption de mondit Seigneur, & à plusieurs autres choses qui de ce Nous meuvent, pour lesquelles mectre à bon effect à nostre povoir, Nous avons voulu & ordonné, & par ces presentes voulons & ordonnons & Nous plaist que tantost & sans delay toutes excusacions cessans ces Lectres veues, l'en face faire & ouvrer iceux blancs Deniers à trois deniers de loy dit Argent-le-Roy tant-seulement, de [e] cinq solz dix deniers de poix, & ayans pour quinze deniers tournois la Piece, comme dit est, & en donnant aux Changeurs & Marchans de chacun marc d'Argent tant blanc comme noir, neuf livres tournois, comme mandé vous avons par nosdites Lectres. Si vous mandons, commectons & estroictement enjoignons à vous & à chacun de vous, que ainsi le fassiez faire si dilligeamment & en telle maniere chacun en droit

[c] Voy. p. precedente, le Mandement du 3. de Juin 1359.

[d] dépenses.

[e] à 70. Pieces au marc.

NOTES.

(a) Registre D. de la Cour des Monnoyes de Paris, *fol.* 35. *verso.*

Avant ce Mandement, il y a :

Le 8.[e] jour de Juing 1359. fut apporté en la Chambre des Monnoyes, un Mandement de Monsieur le Regent, duquel la teneur s'ensuit.

Monnoye 70.[e]

foy, qu'il n'y ait deffault, & que vous n'en puissez ou doyez estre reprins de negligence, sans y mectre aucune [a] difference. Et de ce faire à vous & à chacun de vous donnons povoir, auctorité & mandement especial par la teneur de ces presentes. *Donné au Louvre-lèz-Paris, le septieme jour de Juing, l'An mil trois cent cinquante-neuf.* Par Monsieur le Regent. OGIER.

a *Voy. cy-dessus, p. 266. Note* (c)

CHARLES REGENT, Jean I.er & selon d'autres, Jean II. au Louvre-lès Paris, le 15. de Juin 1359.

(a) *Mandement pour augmenter le prix du Marc d'Or dans la Monnoye de Tournay.*

CHARLES aisné Filz du Roy de France, regent le Royaume, Duc de Normandie & Dalphin de Viennois: A nos amez & feaulx les Generaulx-Maistres des Monnoyes de Monseigneur & nostres, Salut & Dilection. Comme nagueres pour ce que Nous fusmes informez que les Changeurs & Marchans frequentant la Monnoye de Tournay, ne avoient pas agreables les Royaulx d'Or fin que Nous avons ordonnez estre faitz de soixante & neuf de poix au marc de Paris, vous ayons mandé que en icelle Monnoye vous fassiez faire & ouvrer Deniers d'Or fin au Mouton de cinquante-deux de poix, ou Royaulx d'Or fin de soixante & six de poix audit marc, lesquelz iceulx Changeurs auroient plus agreables, en leur donnant pour marc d'Or fin, soixante-trois Royaulx, ou cinquante Moutons, lesquelz, si comme Nous avons entendu, n'ont voulu, ne veullent apporter leur matiere d'Or en ladite Monnoye, se ilz n'ont plus grant pris pour marc d'Or. Savoir vous faisons que il Nous plaist & voulons, & par ces presentes mandons à vous & à chacun de vous, que de chacun marc d'Or fin qu'ilz apporteront en icelle, vous leur faictes donner soixante-quatre Royaulx d'Or fin. Se faictes si diligeamment, & par telle maniere qu'il n'y ait deffault. Et de ce faire à vous & à chacun de vous donnons povoir, auctorité & mandement par la teneur de ces presentes. *Donné au Louvre-lès-Paris, le quinzieme jour de Juing, l'An mil trois cent cinquante-neuf.* Par Monseigneur le Regent en son Conseil.

B. JOBELIN.

NOTES.

(a) Registre D. de la Cour des Monnoyes de Paris, *fol. 37. recto.*
Avant ce Mandement, il y a:

Le 16.e jour de Juing 1359. fut apporté en la Chambre des Monnoyes à Paris, ung Mandement de Monsieur le Regent, duquel la teneur s'ensuit.

JEAN Fils du Roy Jean I.er & selon d'autres, Jean II. & son Lieutenant dans le Languedoc, à Toulouse, le 5. de Juillet 1359.

(a) Lettres de Jean Comte de Poictiers, Fils du Roy, & son Lieutenant dans le Languedoc, qui establissent Robert de *Ultra Aquam*, Juge des Juifs, & Gardien de leurs Privileges.

JOANNES *Francorum Regis* [b] *Filius, ejusque Locum-tenens in Lingua Occitana, Comes Pictavensis: dilecto & fideli Domino* Roberto *de* Ultra Aquam, *dicti Domini Genitoris nostri, ac etiam carissimi Domini & Fratris nostri Regnum Franciæ Regentis, atque nostri Consiliarii, Salutem. Procurator Judeorum & Judearum in Lingua Occitana Nobis humiliter supplicavit, quod cum dilectus & fidelis Consanguineus noster Comes* [c] *de Stampis*

b C'estoit le 3.e Fils du Roi Jean.

c Voy. cy-dessus, p. 167. Note (f)

NOTES.

(a) Ces Lettres ont esté envoyées de Montpellier avec cette Indication, *du N.° 12. Armoire A. fol. 16.*

On a envoyé de cette Ville, une seconde Copie avec cette Indication : *Seneschaussée de Nismes en general, Armoire A. liasse 17. des Actes ramassez, N.° 5. fol. 16.*

Ces Lettres ne sont point une Ordonnance,

JEAN FILS DU ROY Jean I.er & selon d'autres, Jean II. & son Lieutenant dans le Languedoc, à Toulouse, le 5. de Juillet 1359.

per dictum Dominum Regnum Regentem dictis Judeis & Judeabus & quibuscumque aliis in toto Regno Franciæ existentibus ac futuris temporibus supervenientibus, Judex & Gardiator fuit datus, & per Litteras dicti Domini Regnum regentis institutus, & de præsenti nullus pro ipso in tota Lingua Occitana ipsorum Gardiator, seu qui de Causis ipsorum habeat cognoscere, juxta Privilegia per dictum Dominum Regentem eisdem concessa, existat, in ipsorum grande prejudicium & gravamen, prout dictus Procurator asserit, quatenus Nobis placeat eisdem Judeis & Judeabus super hoc de remedio competenti providere: Quocirca Nos dictæ Supplicationi favorabiliter annuentes, vos de cujus probitate, fidelitate & scientia plenariè confidimus, Judicem & Gardiatorem ipsorum Judeorum & Judearum in tota Lingua Occitana, amotis abinde quibuscumque aliis Commissariis seu deputatorum super hoc deputatis, tenore præsentium ordinamus [a] *dictum Gardiatoris Officium tenendum & exercendum per vos seu deputatos à vobis, quo usque per dictum Dominum Regentem seu per Nos, aut per dictum Consanguineum nostrum super hoc aliter fuerit ordinatum: dantes vobis seu deputatis à vobis, plenam & liberam potestatem ipsos gardiendi, & cognoscendi de quibuscumque Causis & earum dependentiis, ipsorum, tam agendo quam deffendendo ipsos, & in eos delinquentes, aut contrahentes* [b], *ipsos molestantes & opprimentes, puniendi & corrigendi secundùm quod vobis juxta tenorem Privilegiorum ipsorum,* [c] *vobis videbitur faciendum, & omnia alia faciendi quæ ad bonum Gardiatorem & Judicem, scilicet Consanguineum nostrum, pertinent, si personaliter interesset, seu ad verum Judicem & Gardiatorem alium quemcumque: mandantes & etiam inhibentes omnibus Senescallis, Judicibus & aliis Officiariis dicti Domini Genitoris nostri, nostris & aliis quibuscumque, quatenùs de Causis dictos Judeos & Judeas tangentibus, quæ per Litteras dicti Domini nostri ab eorum Juridictionibus totaliter sunt exempti, & quos per præsentes exemptamus, de cætero se nullatenùs intromittant; Imò vobis & deputatis à vobis in his quæ ad dictum Judicis & (b) Gardiatoris Officium, pareant & efficaciter intendant, præstentque, si opus fuerit, auxilium, consilium & juvamen: quod sic fieri volumus, & dicto Procuratori concessimus de gratia speciali, appellationibus, subterfugiis, cavillationibus, Litteris in contrarium impetratis seu impetrandis, non obstantibus quibuscumque.* Datum Tolosæ, sub nostro Contra-sigillo, die quinta Julii, Anno Domini millesimo trecentesimo quinquagesimo-nono.

Per Dominum Locum-tenentem, ad relationem Consilii. LA MOUTHE.

a Il manque-là quelques mots dans les deux Copies.

b *Adde* cum ipsis.

c Ce mot est inutile.

NOTES.

mais de simples *Provisions* de l'*Office* de Juge des Juifs: cependant on a crû devoir leur donner place dans ce Recüeil, parce qu'elles rappellent des Ordonnances faites en faveur des Juifs, lesquelles ne sont pas venuës jusqu'à nous.

Voy. cy-dessous, trois Lettres du mois de Mars 1360. en faveur des Juifs.

(b) Gardiatoris Officium.] Il y a dans la seconde Copie, *& Gardiatoris Officium pertineret, prout efficaciter intendant.* Pertineret est une faute de Copiste, qui a mal lû l'abregé du mot *pareant*.

CHARLES REGENT, Jean I.er & selon d'autres, Jean II. à Melun, le 8. de Juillet 1359.

(a) Mandement pour faire fabriquer de gros Deniers blancs aux Fleurs de Lis, & pour fixer le prix de l'Argent.

CHARLES aisné Fils du Roy de France, regent le Royaume, Duc de Normandie & Dalphin de Viennois: A noz bien amez les Generaulx-Maistres des Monnoyes de Monseigneur & nostres, Salut & dilection. Savoir vous faisons, que

NOTES.

(a) Registre D. de la Cour des Monnoyes de Paris, *fol.* 37. *verso.*

Avant ce Mandement, il y a:

Le neufviesme jour de Juillet 1359. fut apporté en la Chambre des Monnoyes, ung Mandement de Monsieur le Regent, duquel la teneur s'ensuit.

Nous

Nous pour certaines & vrayes causes, par grant & bonne deliberacion du Conseil de mondit Seigneur & de Nous, avons voulu & ordonné, & par ces presentes voulons & ordonnons que ès Monnoyes de mondit Seigneur & nostres, excepté en celles de la Languedoc, soient faictz & ouvrez gros Deniers blancs aux Fleurs de Lis, à deux deniers quinze grains de loy nommé Argent-le-Roy, autelz & semblables en poix, coing & façon comme ceulx que Nous faisons faire à present. Si vous mandons & à chacun de vous enjoignons estroictement que tantost & sans delay ces Lectres veues, vous fassiez faire en toutes & chacunes lesdites Monnoyes là où bon vous semblera, iceulx gros Deniers blancs à deux deniers quinze grains de loy, comme dit est, en donnant aux Changeurs & Marchans de chascun marc d'Argent, le pris de neuf livres tournois que Nous y faisons donner à present. De ce faire à vous & à chacun de vous donnons povoir, auctorité & mandement especial par la teneur de ces presentes. *Donné à Meleun, le huitieme jour de Juillet mil trois cens cinquante-neuf.* Par Monsr le Regent. B. FRANÇOIS.

CHARLES REGENT, Jean I.er & selon d'autres, Jean II. à Melun, le 8. de Juillet 1359.

(a) *Mandement pour faire fabriquer des blancs Deniers dans la Monnoye de Troyes, & pour fixer le prix de l'Argent qui sera apporté dans cette Monnoye.*

CHARLES aisné Filz du Roy de France, regent le Royaume, Duc de Normandie & Dalphin de Viennois : A noz amez & feaulx les Generaulx-Maistres des Monnoyes de Monseigneur & nostres, Salut & dilection. Savoir faisons que Nous par grant & bonne deliberacion de nostre Conseil, eue consideracion aux très-grans & innumerables [a] mises qu'il Nous convient avoir tost & hastivement pour la tuicion & deffence dudit Royaume, desquelles Nous ne povons bonnement [b] finer, se n'est pour pour le prouffilt & emolument des Monnoyes; & pour ce que Nous avons entendu & sommes plainement informez que ou Bailliaige de Troyes, ou en [c] aucunes parties, les Changeurs & Marchans prennent & mectent les Royaulx d'Or fin pour cinquante-deux solz tournois la Piece ou plus, qui ne sont prins & mis à Paris & ailleurs que pour quarante-deux solz tournois ou environ: Par quoy la Monnoye de mondit Seigneur & nostre estant audit lieu de Troyes, a esté & est du tout en chomaige: En laquelle chose Nous ne povons bonnement à present mectre ferme Ordonnance, dont très [d] forment Nous desplaist, avons voulu & ordonné & mandé & commis par noz Lectres ouvertes à Pierre Domino Maistre particulier de ladite Monnoye de Troyes, que de tout le Billon quel qu'il soit que il pourra trouver & faire achapter oudit Bailliaige & ès parties d'environ, allayé à deux deniers quinze grains de loy dit Argent-le-Roy, il en donne & face donner pour chacun marc, à une fois ou plusieurs, jusques à la valleur de *(b)* douze livres tournois. Et par ces presentes voulons & à chacun de vous mandons & commectons que en icelle Monnoye de Troyes, tantost & sans

a *finances.*

b *trouver.*

c *dans d'autres païs.*

d *fortement.*

NOTES.

(a) Registre D. de la Cour des Monnoyes de Paris, *fol.* 38. *recto.*

Avant ce Mandement, il y a :

Le dixieme jour de Juillet l'An 1359. fut erporté en la Chambre des Monnoyes, ung Mandement de Monsieur le Regent, dont la teneur s'ensuit.

(b) Douze livres.] M.rs *Renard & Sonchet* [Voy. cy-dessous, Note *(a)* sur les Lettres suivantes] m'ont fait remarquer, que quoyqu'on donnast douze livres du Billon à la Monnoye de Troyes, on n'en donnoit guére plus qu'à la Monnoye de Paris, où il estoit fixé à neuf livres : car comme on payoit ce Billon avec des Florins qui valoient cinquante-deux sols à Troyes, on en donnoit quatre & demi, & un peu plus pour faire douze livres ; & à Paris, où le Florin valoit quarante-deux sols ou environ, on en donnoit aussi environ quatre & demi, pour faire neuf livres.

delay, vous faictes faire & ouvrer autelz blancs Deniers en coing, poix & façon comme ceulx que Nous faisons faire à present, lesquelz seront à deux deniers quinze grains de loy, comme dit est. Si gardez que en ce faire n'ait aucun deffault: & de ce faire à vous & à chascun de vous donnons povoir, auctorité & mandement especial par la teneur de ces presentes. *Donné à Melcun, le huitieme jour de Juillet mil trois cent cinquante-neuf.* Par Monsieur le Regent. B. FRANÇOIS.

CHARLES REGENT, Jean I.er & selon d'autres, Jean II. à Meleun, le 12. de Juillet 1359.

(a) *Lettres qui accordent un* surachapt *& quelques autres Droits aux Changeurs, sur l'Argent qu'ils apporteront à la Monnoye, jusqu'à la concurrence de 6000. Marcs.*

CHARLES ainsné Filz du Roy de France, regent le Royaume, Duc de Normandie & Dalphin de Viennois: A Jehan le Seurre, Mestre particulier de la Monnoie d'Argent de Paris ou à celui tenant le compte de ladite Monnoie, Salut. A la supplication & requeste de touz les Changeurs de ladite Ville, & afin que les Royauls d'Or fin ne puissent & doient estre pris & mis pour plus grant pris qu'il sont à present, pour le bien & proufit de nostredit Seigneur, de Nous & de tout le Peuple, ne ladite Monnoie cheoir en chomage, par bonne deliberacion de noz amez & feauls Conseilliers & les Genz des Comptes & Generauls-Mestres des Monnoies de Monseigneur & nostres, a esté & est ordené que iceuls Changeurs auront & leur sera paié depuis le disieme jour de ce present mois de Juillet, compté ce qui fu [a] Monnoyé celui jour, pour chascun marc d'Argent qu'il ont apporté & apporteront en ladite Monnoie, cinq Royauls d'Or jusques à la somme de six mille marcs d'Argent, & par tele condition que Jehan de Ruëil, Symon Pargoule, Jehannin

a Voy. la Note (a)

NOTES.

(a) Memorial C. de la Chambre des Comptes de Paris, *fol.* 230. *verso.*

J'ay consulté sur ce Mandement, qui n'est pas facile à entendre, Monsieur *Renard* Directeur & Tresorier particulier de la Monnoye de Paris, & Monsieur *Souchet* Receveur au Change de la même Monnoye, & voicy les éclaircissements qu'ils ont bien voulu me donner.

Il y eut de grandes variations dans les Monnoyes sous le Regne du Roy Jean: le prix des Especes changeoit très souvent, on en fabriquoit souvent de nouvelles, & on décrioit les anciennes. Ce desordre dans les Monnoyes avoit introduit dans le Royaume un grand nombre d'Especes ou estrangeres, ou contrefaites dans les Pays estrangers, ou même fausses. Les Changeurs achetoient toutes les Monnoyes qui n'avoient point de cours, & que l'on nommoit Billon, & ils les portoient aux Hostels des Monnoyes, où on leur en donnoit un certain prix qui estoit fixé par les Mandements du Roy. Mais quelquefois, pour engager les Changeurs à apporter une plus grande quantité de matieres, le Roy ordonnoit qu'on leur donneroit un prix plus haut que celuy qui estoit marqué par les Mandements, du Billon qu'ils apporteroient, ou pendant un certain temps, ou jusqu'à la concurrence d'une certaine quantité de marcs. Cela s'est encore pratiqué dans ces derniers temps; & cette augmentation de prix se nomme presentement *surachapt.*

On ne confondoit point dans les Hostels des Monnoyes le Billon apporté par tous les Changeurs, mais on mettoit à part celuy que chaque Changeur avoit apporté, & on en fabriquoit de nouvelles Especes, avec lesquelles on luy en payoit la valeur: mais on ne le payoit pas toûjours aussi-tost que cette fabrication estoit achevée: Les Changeurs n'estoient souvent payez qu'à tour de Rolle, [Voy. p. 151. Note (c).] Ensorte qu'il arrivoit quelquefois, qu'entre le jour auquel avoit fini la fabrication faite avec le Billon qu'ils avoient apporté, & le jour auquel on leur en payoit la valeur, il survenoit du changement dans le prix des Especes qui avoient cours, & avec lesquelles on les payoit.

Il faut encore remarquer que le prix que l'on donnoit du Billon apporté aux Hostels des Monnoyes, varioit à proportion du changement du prix des Especes courantes, & ces deux prix estoient toûjours fixez par le même Mandement; d'où il arrivoit que lorsqu'un Changeur apportoit à la Monnoye le Billon qu'il avoit acheté pendant un certain temps par exemple, dans le cours d'un mois, ce

de Laigny & Jehan Hasart Changeurs, en employant le comptant qu'il ont receu & recevront en ladite Monnoie par chascun jour, en iceuls Royauls ou en Billon, seront creuz [a] par leurs seremens senz autre preuve, de ce qu'il auront cousté au jour (b) qu'il recevront ou porront emploier leurdit comptant: lesquelz Florins touz les dessusdiz Changeurs ont juré & promis ès mains des dessusdiz, que ilz ne prendront & mettront pour plus grant pris que par euls leur a esté ordené & donné congié de les achater. Si vous mandons & commandons que à iceuls Changeurs & à chascun d'euls, vous paiez, baillez & delivrez pour chascun marc d'Argent qu'il ont apporté & apporteront en ladite Monnoie, jusques à icelle somme de six mille marcs d'Argent, comme dit est, cinq Royauls d'Or, ou ce que il [b] cousteront au jour qu'il devront recevoir leurdit comptant, par le rapport & tesmoignage des quatre Changeurs dessusdiz; lesquelz Nous ne voulons que en aucune maniere, presentement ne ou temps à venir, en soient en rien chargiez ne tenuz de en rendre compte. Mandons par ces Lettres à noz amez & feaulz les dessusdiz Genz des Comptes, que senz aucun contredit ou empeschement, ne autres Lettres en demander

CHARLES REGENT, Jean I.er & selon d'autres, Jean II. à Melcun, le 12. de Juillet 1359.

a Voy. Note (a)

b Voy. Note (a)

NOTES.

differentes parties de Billon luy avoient cousté un prix different ; & de plus, s'il avoit pû apporter à la Monnoye chaque partie de Billon, le jour même qu'il l'avoit achetée, les Especes avec lesquelles on l'auroit payé, pouvoient avoir ce jour-là un prix different de celuy qu'elles avoient, lorsqu'il apportoit en gros à la fin du mois, tout le Billon qu'il avoit acheté en differents temps.

Lorsque ce Mandement du 12. de Juillet fut donné, le prix du Billon avoit esté fixé à neuf livres tournois par le Mandement du 8. de Juillet precedent, [Voy. cy-dessus, p. 352.] & le même jour il avoit esté donné un autre Mandement, [Voy. cy-dessus, p. 353.] par lequel le prix du Billon apporté à la Monnoye de Troyes, avoit esté fixé à douze livres.

Moyennant ces éclaircissements, ce Mandement devient facile à entendre.

Il ordonne, 1.° Que les Changeurs auront un *surachapt* sur la quantité de 6000. marcs de Billon qu'ils apporteront à la Monnoye, à commencer du 10. de Juillet passé, & en comptant même le Billon qu'ils ont apporté auparavant, mais qui n'aura esté fabriqué que le 10. de Juillet.

La preuve de ce *surachapt* ne se manifeste pas d'abord, & il semble au contraire que le Roy par ce Mandement du 12. de Juillet, fixe au marc d'Argent, un prix moindre que celuy qui avoit esté fixé par le Mandement du 8. de Juillet, qui porte qu'on donnera 9. livres tournois du marc. Il est dit dans celuy-cy, qu'on en donnera 5. *Royaux d'Or*. Or le *Royal d'Or* avoit esté fixé à 30. sols par le Mandement du 3. de Juin precedent. [Voy. p. 349.] cinq fois 30. sols ne font que 7. livres 10. sols, ce qui fait 30. sols de moins que le prix porté par le Mandement du 8. de Juillet.

Mais il faut remarquer qu'il est prouvé par plusieurs Ordonnances sur le fait des Monnoyes, que les particuliers ne donnoient pas toûjours aux Especes le prix fixé par les Mandements du Roy, & qu'ils l'augmentoient ou le diminuoient suivant qu'ils le jugeoient à propos : & il y a grande apparence que dans les Hostels des Monnoyes même, on s'assujettissoit en quelque sorte à la volonté du public, & que l'on y prenoit & que l'on y donnoit les Especes, non pour le prix qui avoit esté fixé par les Mandements, mais pour celuy qu'elles avoient réellement dans le Commerce. Le second Mandement du 8. de Juillet est une preuve de ce que l'on avance. Il y est dit que le *Royal d'Or* qui, comme on l'a déja remarqué, avoit esté fixé à 30. sols, estoit pris à Troyes pour 52. sols, & à Paris pour 42. sols ou environ.

Ce Mandement prouve évidemment que par celuy du 12. de Juillet, on accordât un *surachapt*. Car 5. *Royaux* à 42. sols valoient 10. livres 10. sols, & c'estoit par consequent 30. sols de plus, que le prix porté par le Mandement du 8. de Juillet.

2.° Par ce Mandement du 12. de Juillet, il est ordonné que, lorsque les quatre Changeurs qui y sont nommez, apporteront à la Monnoye differentes parties de Billon, achetées en differents temps & à differents prix, on s'en rapportera à leur serment, sans exiger d'autres preuves, sur le prix que chacune de ces parties de Billon leur aura couté.

3.° Que le prix des 6000. marcs de Billon apportez à la Monnoye, sera payé en *Royaux d'Or* pour le prix qu'ils auront le jour que le Billon sera apporté à la Monnoye, & non pour le prix qu'ils pourront avoir le jour qu'on les donnera en payement aux Changeurs à leur tour de Rolle.

(b) Qu'ils recevront.] Cela ne signifie pas, au jour qu'ils recevront de l'Argent à la Monnoye; mais au jour qu'avec cet Argent, ils acheteront du Billon.

der ou temps advenir, tout ce qui par certification des Gardes de ladite Monno ou d'iceuls quatre Changeurs, apperra du pris & de l'achat d'iceuls Florins ou leur valeur, ou ce que payé aura esté; ilz alloent ès Comptes de vous ou de cel ou ceuls à qui il appartendra, non contrestant Ordenances, Lettres, Mandemen ou deffenses faites ou à faire à ce contraires. *Donné à Meleun, le douzieme jour Juillet, l'An de grace mil trois cens cinquante-neuf.* Par Monseigneur le Regent. B. [a] FRANÇ.

a *François.*

CHARLES REGENT, Jean I.er & selon d'autres, Jean II. à Meleun, le 23. de Juillet 1359.

(a) Mandement pour fixer le prix de l'Argent qui sera apporté à l Monnoye de S.t Quentin, & dans quelques autres.

CHARLES &c. A nos amez & Feaulx les Generaulx-Maistres des Monnoye de Monseigneur & nostres, salut & dillection. Nous & pour certaine [b] vou mandons & à chacun de vous estroictement enjoignons par ces presentes, que tan tost & sans delay ces Lettres veuës, vous donnez & faictes donner à tous Changeur & Marchans frequentans la Monnoye de Sainct Quantin, & autres Monnoyes là où bon vous semblera, pour chacun Marc d'Argent qu'ilz apporteront en icelle, la somme de douze livres tournois. Si gardez bien qu'il n'y ait deffault: & de ce faire à vous & à chacun de vous donnons povoir, auctorité & mandement especial par la teneur de ces presentes. *Donné à Meleun, le vingt-troisieme jour de Juillet mil trois cens cinquante & neuf.* Par Monsieur le Regent. B. FRANÇOIS.

b *cause.*

NOTES.

(a) Registre D. de la Cour des Monnoyes de Paris, *fol.* 38. *verso.*

Avant ce Mandement, il y a: *Le 24.e jour de Juillet 359. fut apporté ung Mandement, dont la teneur s'ensuit.*

CHARLES REGENT, Jean I.er & selon d'autres, Jean II. à Meleun sur Seine, le 26. de Juillet 1359.

(a) Lettres qui confirment les Billonneurs de la Ville & Vicomté de Paris, dans l'exercice de leurs fonctions.

CHARLES &c. Savoir faisons à touz presens & à venir, Nous avoir esté supplié de la partie des [c] Billoneurs ou autrement diz porteurs à [d] Tablate, faisant fait & marchandise de Billon en nostre bonne Ville & Vicomté de Paris, que combien que de très lonc temps & de tel qu'il n'est memoire du contraire, en ladite Ville & Vicomté ait eu Billoneurs faisant ycellui fait de marchandises de Billon pour leur vivre, estat & chevance gaigner, & ainsi en ont usé yceulx supppliant au temps de noz predecesseurs & de Nous, sanz reprehension, en [e] gaignent à ce leur vivre & de leurs fames & enfanz, ne autre ouvrage ou mestier ne sçauroient eulx ou la graigneur partie d'eulx faire aucunement, ne ne l'ont accoustumé, & de ce que il puent prouffiter, contribuant aux frais, missions & despens que pour la fortification de nostredite bonne Ville & autres necessitez a convenu & convient faire, jouxte & selon leur porcion, bien & convenablement: Neantmoins de nouvel, à l'instigation des Changeurs de ladite Ville ou autrement, aucuns [f] cris se sont faiz en ycelle, par lesquelx sanz cause raisonnable & sanz ce qu'il aient commis aucune malvaistié reproblables, l'en les veut [g] forcloire de leur fait & marchandise de Billon dessusdiz faire, si comme il ont acoustumé, en leur grant grief, dommage & prejudice, & en leur donnant voie ou

c *Voy. cy-dessus, p. 90. Note (c)*

d *Tablete.* Voy. cy-dessus, p. 90. Note *(d)*

e *gaignant.*

f *cris publics pour notifier une Loy.*

g *priver.*

NOTES.

(a) Tresor des Chartres, Registre 90. Piece 219.

occaison de se rendre [a] fuitifz hors de ladite Ville, & par ce pourrient cheoir en mendicité, se par Nous ne leur estoit pourveu de competent remede. Pourquoy Nous consideré & attendens ladite longue exercicion du fait & marchandise de Billon, par yceulx Supplians ainsi demenez en ladite Ville & Viconté au temps de noz predecesseurs, & que très grant destorbier leur seroit & empeschement de leur vivre, les [b] despointer dudit fait, mesmement qu'ilz n'ont faiz aucuns malefices, ne n'en sont accusez ou poursuis, desiranz en surquetout l'avancement & soustenance de touz bons Marchans, & que de ce dont il se scevent entremettre, il se puissent vivre honnestement, il Nous plaist & voulons que ledit fait & marchandise de Billon, en la maniere accoustumée, il puissent faire & exercer en ladite Ville & Viconté dores-en-avant à touzjours-mais: Et sur ce leur donnons & octroions de nouvel, se mestier est, par la teneur de ces presentes, congié [c] licence pleniere pour le temps avenir, si comme il ont fait par ledit temps passé, de la puissance & auctorité Royalx dont Nous usons, [d] de grace especial: donnons en mandement au Prevost de Paris & à son Lieutenant present & avenir, que desormais facent, seuffrent & laissent lesdiz Billoneurs faire & exercer leurdit fait de marchandise de Billon, sanz leur donner destorbe, moleste ou empeschement, ne souffrir estre donné pour occasion de quelconques cris faiz ou à faire ou autrement, en quelque maniere que ce soit, en leur commettant en oultre que ilz les maintieignent, gardent & deffendent de par Monsieur & de par Nous, en ce faisant par ladite maniere accoustumée: Et que ce soit ferme chose & estable à tousjours, Nous avons fait mettre nostre Seel à ces Lettres: sauf le droit de Monsieur & de Nous en autres choses, & en toutes l'autruy. *Donné à Meleun sur Saine, le vingt-sixiesme jour de Juillet, l'An de grace mil trois cens cinquante-neuf.*

Par Monsieur le Regent. JULIANUS.

CHARLES REGENT, Jean I.er & selon d'autres, Jean II. à Meleun sur Seine, le 26. de Juillet 1359.

a *fugitifs.*
b *priver.*
c *&.*
d *&.*

CHARLES REGENT, Jean I.er & selon d'autres, Jean II. à Meleun, le 27. de Juillet 1359.

(a) *Mandement pour faire fabriquer de la Monnoye* quatre-vingt-seiziesme.

CHARLES aisné Filz du Roy de France, regent le Royaume, Duc de Normandie & Dalphin de Viennois: A noz amez & feaulx les Generaulx-Maistres des Monnoyes de Monseigneur & de Nous, salut & dillection. Comme pour le très grant besoing & evident necessité que Nous avons eu & avons de Finances, pour cause des très grans & innumerables [e] mises qu'il Nous convient supporter & maintenir de jour en jour pour le fait des presentes Guerres: desquelles Finances & mises sans le très grant grief & desplaisir de tout le Peuple, Nous ne pourrions bonnement [f] finer, si ce n'estoit par le fait & gouvernement des revenues des Monnoyes dessusdites, Nous ayons ordonné par grant & meure deliberacion de nostre Conseil, affin que plus promptement au gré & plaisir dudit Peuple, Nous puissions avoir icelles Finances, sans lesquelles Nous ne pourrions bonnement soustenir lesdites mises, comme dit est, que la Monnoye qui a cours & que Nous faisons faire à present, soit faicte dores-en-avant a quatre-vingt-seizieme. Si vous mandons, commandons & estroictement enjoignons que hastivement & sans delay ces Lettres veuës, & sans autre Mandement actendre sur ce, vous à Paris & aux autres Monnoyes dudit Royaume où bon vous semblera, faictes faire & forger ladite Monnoye à quatre-vingt-seiziesme, comme dit est, sur tel poix & à telle loi comme vous verrez qu'il sera plus prouffitable pour Monseigneur & Nous, en donnant aux Ouvriers & Monnoyers telle creuë pour

e *dépenses.*
f *trouver.*

NOTES.

(a) Registre D. de la Cour des Monnoyes de Paris, *fol. 39. recto.*
Avant ce Mandement, il y a:

Le 28.e jour de Juillet l'an 1359. fut apporté ung Mandement de M.r le Regent, duquel la teneur s'ensuit.
Monnoye quatre-vingt-seizieme.

Ouvraige & Monnoyaige, comme bon vous semblera. Et gardez bien que en ce n'ait aucun deffault. *Donné à Meleun, le vingt-septiesme jour de Juillet, l'An de grace mil trois cens cinquante & neuf.* Et estoit signée. Par Monsieur le Regent. OGIER.

CHARLES REGENT, Jean I.er & selon d'autres, Jean II. à Paris, le 9. d'Aoust 1359.

(a) Lettres pour faire lever la Gabelle pendant un an, dans les Villes & & lieux enclavez entre la Seine *& le* Loüain, *& entre la* Loire *& le* Cher.

CHARLES ainsné Filz du Roy de France, regent le Royaume, Duc de Normandie & Dalphin de Viennois: A nos amez & feauls les Genz des Comptes de Monsieur & de Nous à Paris, Salut & dilection. Comme pour les très granz & evidenz necessitez de Finances que Nous avons à present, considerées les innumerables [a] mises que il Nous faut supporter & soustenir chascun jour pour le fait des presentes Guerres, Nous par bonne & meure deliberacion de nostre Conseil, aions ordené & ordenons par la teneur de ces presentes, que ès Villes d'Orliens, de Blois & autres Villes & [b] liex entre les Rivieres de [c] Saine & de [d] Loüé, & entre les Rivieres de Loire & de *(b)* Chier, soit cueillie & levée la Gabelle du Sel jusques à un an, en la fourme & maniere que à present est cueillie en la Ville & Viconté de Paris; pourveu que pour la garde, tuicion & deffenses desdites Villes, & de tout le Pays *(c)* ont lievé entre lesdites Rivieres, nostre très-cher & amé Oncle le Duc [e] d'Orliens, Lieutenant de Monsieur & de Nous esdites Parties, ait & preigne la quarte partie d'icelle Gabelle, & le residu soit apporté ou envoié à Paris souz sauve & seure garde, hastivement & senz delai, pardevers noz amez & feauls les Tresoriers de Monsieur & Nous, pour Nous aidier à supporter les mises que il Nous convient faire par-deçà, comme dit est. Si vous mandons, commandons & commectons que ces Lettres veuës, vous ordenez, commettez & pourveez esdites Villes & pays, un ou plusieurs Commissaires ou Receveurs generauls ou particuliers à ce faire convenables & souffisanz, en la maniere que bon vous semblera, lesquels facent crier & publier solennement ès liex accoustumez, ladite Gabelle, & icelle cueillent & lievent, ou facent cueillir & lever jusques à un an, à commencier du jour de la publication des Lettres à euls adreçanz sur ce: Et la quarte partie des deniers qui en [f] istront, baillent & delivrent à nostredit Oncle, & les troix pars à nozdiz Tresoriers, comme dit est, selon l'instruction que vous leur envoierez sur ce: lesquelz Commissaires ou Receveurs seront tenuz de rendre bon compte & loial sans [g] feni, de tout ce que par euls en aura esté receu. Ce faites si [h] curieusement, hastivement & par tele maniere que par vous n'y ait point de deffaut. *Donné à Paris, le neufvieme jour d'Aoust, l'An de grace mil trois cens cinquante-neuf.* Par Monsieur le Regent. OGIER. *(d)*

a *dépenses.*

b *lieux.*

c *la Seine.*

d App. *le Loüain* dans le Gatinois.

e *Voy. cy-dessus, p. 109. Note (xx)*

f *sortiront, proviendront.*

g *fini.*

h *avec tant de soin.*

NOTES.

(a) Memorial C. de la Chambre des Comptes de Paris, *fol.* 233. *recto.*

(b) Chier.] C'est le *Cher*, Riviere qui prend sa source dans la haute *Auvergne*, & qui après avoir traversé le *Bourbonnois*, le *Berry* & une partie de la *Touraine*, se jette dans la Loire au-dessous de *Tours.* Voy. le Dictionn. de Maty.

(c) Ont lievé.] Ces mots ne sont aucun sens. Il paroist que quelques lettres de ce mot ont esté *surchargées* dans l'Original, & on peut soupçonner qu'il y avoit auparavant *enclavé.*

(d) Il y a dans ce Memorial, *fol.* 262. *verso*, une Ordonnance [ou Reglement] sur le prix du Sel, que l'on a crû devoir faire imprimer.

Ordinatio super Gabellam Salis.

C'EST l'Ordonnance faitte sur la Gabelle du Sel sur les Rivieres de Seine, de

Marne & d'Yonne, le mardy quinzieme jour d'Octobre, l'an mil trois cens cinquante-neuf, presens en la Chambre des Comptes, les personnes dont les noms sont cy-devant en marge.

Premierement. A Harfleur la [a] Prise du Sel pour le Marchand, quatorze Ecus.

A Caudebec, seize Ecus.

A Roüen, dix-huit Ecus.

Et à Vernon, vingt Ecus.

A Mante, le muid de Sel à la mesure de Mante, trente Ecus. } Pour Monsieur le Regent 40. Ecus.

A Pontoise, à la mesure [b] illec, trante-cinq Ecus.

A Paris, à la mesure illec, quarante Ecus.

A Meulan semblablement, quarante-six Ecus.

A Montreüil [c] en Foul-d'Yonne, cinquante-deux Ecus.

A Nogent Sur Seyne, cinquante-huit Ecus.

A Sens, à la mesure illec, le Muid, cinquante-six Ecus.

A Joigny semblablement, soixante Ecus.

A Aucerre, soixante-quatre Ecus.

A Cravant, soixante-dix Ecus.

A Meaux, quarante-six Ecus.

A Chasteau-Thierry, cinquante-deux Ecus.

A Chaalons, soixante Ecus.

Messire Sy. de Bucy.
Mre Pierre Paien.
Hangest.
Oudart.
Poillevilain.
Sy. de Laistre.
Achieres.
G. Potié.
Amauri.
Alexandre.
J. du Celier.
Laigle.
Ligier.
Hestom *.
* *O. Duclos.*
Champdiver.
Staise.
P. Ogier.
Choquart.
Chalemart.
G. de Dormans.
J. Desmarais.
Le Prevost des Marchands,
G. le Flamant.
J. Belot.
J. Maillart.
* *So. Robiole.*
Gencien de Hangest.
Jehan le Boyer.
P. de Coqueler.
Jehan Colon.
G. Lescuier.
P. Breton.
P. Boier.
J. Daubenton.
G. du Jon.
Gilbert de Corberon.
Michiel de la Cage.
Jehan Flori.
Henri le Vieleur.
Gieffroi le Doyen.
Jehan Favereau.

a On peut lire *le Poise.*

* Il y a une marque d'abregé sur l'*m*.

b *de ce lieu.*

* Il n'est pas sûr que ce soit un *O*.

c *Monstereau Faut-Yonne.*

* *Ce mot est douteux.*

CHARLES REGENT, Jean I.er & selon d'autres, Jean II. au Louvre lès Paris, le 9. Aoust 1359.

(a) Privilege des Arbaleſtriers *de la Ville de Paris.*

CHARLES &c. Sçavoir faiſons à touz preſens & à venir, que conſiderans & regardans l'eſtat en quoy eſt à preſent ledit Royaume, & que pour reſiſter à la mauvaiſe volenté de noz ennemis, [a] à l'onneur & proufit dudit Royaume, & par eſpecial pour la garde, tuicion & deffenſe de noſtre bonne Ville de Paris, il eſt bon, convenable & expediant d'eſtre garnis de bons Arbaleſtiers, & les tenir en union pour eſtre aſſemblez à touz beſoings promptement & haſtivement, toutesfois que le cas y pourra eſcheoir: Nous par deliberacion de notre grant Conſeil, avons voulu, greé & ordené, voulons, greons & ordenons irrevocablement pour touzjours-mais perpetuelment, que une congreacion ou aſſemblée dicte Confraerie, faite par les Arbaleſtiers de notredite bonne Ville, en l'onneur & commemoration de Monſieur Saint Denis, ſe tiengne; & que le completeinent il ne ſont encores le nombre de deux cenz bons Arbaleſtiers, que il ſe puiſſent acroiſtre & aſſembler; & auſſi que ſe plus ſont, que il ſe reſtraignent juſques audit nombre, en retenant toutesfoiz les plus expers, convenables & ſouffiſanz à ce fait faire & exercer, *(b)* au regard des quatre Prevoz de ladicte Confraerie: leſquelx Prevoz Nous voulons eſtre [b] muez d'An en An, & renouvelez par l'election general deſdiz Arbaleſtiers, & que quant uns des Arbaleſtiers treſpaſſera, il y puiſſent autre recevoir en lieu d'icelluy qui ſeroit alez de vie à treſpaſſement, juſques à la perfection dudit nombre, ſanz les en riens exceder ou acroiſtre comment que ce ſoit, & gardent les feremens & conſtitutions qu'il ont faiz [c] ſur tenir ladicte Confraerie: leſquiex Arbaleſtiers ſeront tenuz par leurs feremens pour ce jurez ou à jurer aus Sains Evangiles de Dieu, de en leurs propres perſonnes, leurs vies durans ſanz y povoir renoncier, Nous ſervir & ladicte Ville bien & loyalment comme Arbaleſtiers armez & appareilliez ſouffiſamment, en touz lieux où Nous aurons d'eulx afaire, ſoit en ladicte Ville ou ailleurs; [d] parmi ce que tant qu'il ſeront en ladicte Ville, & Nous y ſerviront & ycelle Ville à noſtre ſommation ou du Prevoſt des Marchanz d'icelle, il auront chaſcun pour jour deux

a *pour.*

b *changez.*

c *de.* Peut eſtre manque-t'il là quelques mots.

d *pourvû que.*

NOTES.

(a) Treſor des Chartres, Regiſtre 90. pour les Années 1357. &c. juſqu'en 1361. Piece 276.

Ces Lettres de l'eſtabliſſement de la Confrairie des *Arbaleſtriers* de la Ville de *Paris*, n'ont point eſté connuës juſqu'à preſent, & toutes les Lettres qui leur ont eſté accordées dans les temps poſterieurs, ne font remonter leur eſtabliſſement qu'au Regne de *Charles VI.* Cependant il paroiſt par les Lettres mêmes de ce Prince, par leſquelles il fixa leur nombre à 60. qu'ils ſubſiſtoient auparavant, puiſqu'il les accorda à la requeſte des *Roy, Conneſtable & Maiſtre de la Confrairie des Arbaleſtriers de la Ville de Paris.* Ces Lettres qui ſont du 11. d'Aouſt 1410. ſont imprimées p. 1. du *Recüeil des Chartres, &c. des Colonels .... & Archers de la Ville*, donné par le S.r *Drouart Colonel de la Ville*, & imprimé à Paris 1667. *In 4°.*

Dans ce même Recüeil p. 17. ſe trouvent des Lettres du même *Charles VI.* données le 12. de Juin 1411. par leſquelles *à la requeſte des Rois & Conneſtable des Archers de la Ville de Paris*, il eſtablit 120. *Archers*, à l'inſtar des 60. Arbaleſtriers.

François I. par ſes Lettres du mois de Mars 1523. [*Rec. de Drouart, p. 33.*] créa 100. *Arquebuſiers*, auſquels il accorda les Privileges dont joüiſſoient les 60. *Arbaleſtriers* & les 120. *Archers.*

Ces trois Corps forment aujourd'huy les trois Compagnies des *Archers* de la Ville, & ces trois Compagnies conſervent encore leurs anciens noms : car Loüis XIV. par ſes Lettres Patentes du mois de Mars 1690. créa en titre d'Office, des places d'*Archers* des trois Compagnies d'*Archers*, d'*Arbaleſtriers* & d'*Arquebuſiers* de la Ville [de *Paris*.] inſtituées par les Edits du Roy *Charles VI.* &c. Ces Lettres ſont dans l'Hiſt. de *Paris* des PP. D. *Felibien* & *Lobineau*, T. 5. p. 237. col. 1.

Voy. cy-deſſus, p. 297. les Lettres en faveur des *Arbaleſtriers* de *Caen.*

(b) Au regard.] *Au Jugement, au choix.* Voy. cy-deſſus, p. 118. Note *(x)*.

vielx

viels gros d'Argent ou la valeur; & se en [a] Ost ou en la Compaignie de Monsieur ou de Nous les voulions mener, ou envoyer avec aucun de notre Sanc & Lignaige ou autre ailleurs par l'Ordenance & disposition de Monsieur, de Nous & de ladicte Ville, il seront tenuz sanz delay venir, & prendra lors chascun d'eulx pour jour, quatre gros vielx d'Argent ou la valeur, tant qu'il seront ainsi hors, ne departir ne s'en pourront sanz notre licence ou congié, ou d'icelluy [b] souz qui gouvernement les envoyerons, [c] sanz estre encouruz en Amende voluntaire envers Nous: Et pour ce que dignes sont de renumeration ceulx qui pour le bien dudit Royaume se exposent, & offrent à exposer especialement leurs propres corps, si comme sont lesdiz Arbalestiers qui ja très-agreables services Nous ont faiz, considerans que par eulx pourront avenir moult de biens à Nous & au Royaume ou fait des Guerres à l'aide de Dieu; mesmement aussi que ès bonnes Villes de Roüen, d'Amiens, d'Arras, de Saint Omer, les Arbalestiers qui y sont, ont certains Privileges, Nous aus Arbalestriers de ladite Confrarie de Monsieur Saint Denis en notredicte Ville de Paris, à laquelle, comme à la meilleur & plus notable de toutes les autres dudit Royaume, Nous avons singuliere affection, avons donné & octroyé, donnons & octroyons de la puissance & auctorité Royaulx dont Nous usons, & de certain [d] propos, propre mouvement & de grace especial pour touzjours-mais à perpetuité, afin que plus [e] curieusement il perseverent & continuent en leur bonne volenté de Nous en ladicte Ville servir que desja il ont monstré, les Privileges, Franchises & Libertez qui s'ensuivent.

CHARLES REGENT, Jean I.er & selon d'autres, Jean II. au Louvre lès Paris, le 9. Aoust 1359.

a à l'Armée.

b sous le gouvernement de qui.

c s'ils quittent l'Armée sans congé, ils payeront une Amende.

d ferme resolution.

e avec plus de zele.

(1) *Premierement.* Nous les exemptons de la Juridiction du Prevost de Paris, & ne voulons que d'eulx ou aucun d'eulx & de leur famille & [f] mesniée, il ou autres Justiciers Lais qu'elx qu'il soient, en aient ou tiengnent court, cognoissance, ou les detiennent ou punissent, [g] qu'il ne les rendent ou delivrent ou renvoyent aus quatre Prevoz de ladicte Confrarie, toutesfoiz qu'il en seront requis; excepté ès cas de rapt, de [h] murdre, de traison, de [i] ardoir & de larrecin, & aussi des actions réeles ou foncieres, pour en estre cogneu & fait raison par yceulx Prevoz, si comme il verront qu'il appartendra à faire; & quant à ce, leur donnons pleine puissance & les y commettons par ces presentes, [k] parmi ce toutesfoiz que s'il y eschecoit Appel, Nous voulons que directement & sanz [l] moyen, il viegne en Parlement à Paris.

f domestiques.

g & ils seront obligez de les rendre.

h meurtre.

i incendie.

k pourvû cependant.

l Voy. p. 145. Notes *(ssss)* & *(gggg)*

(2) *Item.* Nous voulons & leur octroyons que pour quelconques Denrées, Vivres ou Marchandises qu'il aient en leurs [m] Hostieux, ou que il mainent & facent conduire par eaue ou par terre oudit Royaume, leurs [n] propres toutesfoiz sanz fraude, il ne paient Gabelles, Travers, Impositions, Passages, *(c)* Chantiées, Pontenages, Tonlieu ou autres exactions, ou subsides quelconques, comment qu'il soient indicez ou imposez, ne à quelque titre ou action que ce soit; mais leursdictes Denrées & Marchandises puissent traire, mener ou faire venir à Paris ou aillieurs quelque part qui leur plaira, franchement & sanz en demander licence aucune de chargier, deschargier ou reschargier, à quelque personne que ce soit.

m Maisons.

n pourvû que ces Denrées leur appartiennent veritablement.

(3) *Item.* Que pour quelconque besoin qui en ladicte Ville puisse venir, il ne soient astrains ou pourforciez de prester Deniers pour le fait de Nous ou de ladicte Ville, [o] ainçois le deffendons expressement.

o au contraire.

(4) *Item.* Qu'il ne soient tenuz de riens payer du Guet ancien ordené en ladicte Ville de Paris, ne de toutes autres tailles ou collectes qui y puissent avoir esté ordenées ou pourroient estre ou temps avenir; fors que de Nous servir & ladicte Ville comme noz Arbalestiers en la maniere que dessus est exprimé & declairié; reservé toutesfoiz que le Guet presentement fait & exercé en ladicte Ville pour

NOTES.

(c) *Chantiées.*] Ce Droit est le même que le Droit de *Chantelage;* car dans les Lettres du mois de Fevrier 1615. accordées aux *Arbalestriers, Archers* & *Arquebuziers* de *Paris,* [Rec. de Drouart, p. 48. Voy. cy-dessus, p. 360. Note *(a)*] le mot de *Chantelage* est substitué à celuy de *Chantieés.* Le Droit de *Chantelage* se leve sur le vin. Voy. le Gloss. de Du Cange au mot *Chantelagium.*

CHARLES Regent, Jean I.er & ſelon d'autres, Jean II. au Louvre lès Paris, le 9. Aouſt 1359.

occaſion des preſentes Guerres, il ſeront tenuz de faire, comme à leur tour pourra eſcheoir & à chaſcun d'eulx *(d)* ſelon la conſtitution des Cinquantaines, & autres ſubſides, *(e)* cloſement & entierement ne autre redevance en ladicte Ville ne ailleurs, Nous [a] voulons qu'il ſoient deſoremais tenuz de payer ou faire comment que ce ſoit.

(5) Item. Defendons expreſſement à touz noz Fouriers, Chevaucheurs, [b] Maiſtres de Garniſons & autres Genz ou Officiers de Nous, de Madame la Royne, de notre très-chiere Compaigne la Ducheſſe, ou autres Commiſſaires ſoit ſur *(f)* emparer ou enfourcier Forteresſes ou autrement, que ſur eulx ou aucun d'eulx ne prengnent Chevaulx, Charrettes, [c] Lis, Foins, Avoines, Grains, [d] Chars, Poiſſons, Beſtail ne autres [e] Garniſons ou choſes neceſſaires pour nozdictes Dames & Compaigne ou aucuns autres de notre Sanc, ne quelconque autre perſonne, ne [f] enſement pour leſdictes Forteresſes [g] ores ou en temps avenir, ſur la [h] deubte que il ont de Nous courroucier: Et s'aucuns s'efforçoit de faire le contraire, Nous voulons que comme privée perſonne il ſoit tenuz de le reſtituer, & à ce ſoit contraint par le Prevoſt de Paris ou autre [i] Offorcier, où il plaira [k] celuy ſur qui ladicte Prinſe auroit eſté faite, à l'en traire ou [l] approuchier: & ce commandons & enjoignons expreſſement.

Donnons en mandement aus Genz du Parlement à Paris, aus Prevoſt de Paris, Bailliz de Vermandois, d'Amiens, de Senz, de Roüen & de Caux, & à touz autres Juſticiers & Officiers, Commiſſaires, Reformateurs, Gardes de paſſages & deſtroiz, Collecteurs [m] & Impoſitions, Gabelles ou autres exactions oudit Royaume preſenz & avenir, leurs Lieuxtenans & chaſcun d'eulx, ſur la doubte qu'il ont de notre indignation encourre, ne [n] empechement [o] ou facent ne ſueffrent eſtre empeſchiez ou moleſtez contre la teneur de ces preſentes; mais ycelles facent garder & tenir de point en point ſans enfraindre: Et afin que ce ne puiſt eſtre ignoré, le facent crier & publier ès lieux où il appartient à faire cris, ou ailleurs, ſi comme il feront ſur ce requis; & de toutes les choſes deſſuſdictes & chaſcune d'icelles, les facent & chaſcun d'eulx joir & uſer paiſiblement, comme deſſus eſt exprimé & deſclairié: Et ou cas que aucun deſdiz Arbaleſtiers ſauroient avoir eſté depointié ou empeſchié encontre ou en prejudice de ces preſentes, ſi le facent ſanz delay ramener à eſtat [p] deu: Et d'abondant voulons que ſe aucun s'efforçoit contre notre preſente grace & octroy les traictier ou pourforcier, qu'il n'y ſoient tenuz d'obéir.

Et pour ce que ces preſentes ne pourroient par chaſcun d'eulx eſtre portées, [q] que la Copie ſoubz Seel autentique collationnée, vaille par tout ledit Royaume perpetuelment, & y ſoit obey comme à l'Original: & que ce ſoit ferme choſe & eſtable à touzjours, Nous avons fait mettre notre Seel en ces preſentes Lettres, ſauf en autres choſes le Droit de notredit Seigneur & de Nous, & l'autruy en toutes. *Donné au Louvre-lèz-Paris, le neuviéme jour du Mois d'Aouſt, l'An de grace mil trois cens cinquante-neuf.* Par Monſieur le Regent. JULIANUS.

a Je crois qu'il manque-là le mot *ne*.

b Voy. cy-deſſus, p. 28. Note *(a)*

c *Lits.*

d *Chair, Viande.*

e *Proviſions.*

f *enſemble.*

g *preſentement.*

h *doute, crainte.*

i Je crois qu'il faut corriger *Juſticier*, ou *Officier*.

k *à.*

l *faire adjourner.*

m *des.*

n *empeſchent.*

o Il manque-là ces mots: *leſdits Arbaleſtiers.*

p *dû.*

q *Nous voulons.*

NOTES.

(d) Selon la conſtitution des Cinquantaines.] On avoit apparemment eſtabli un nouveau Guet, composé de cinquante perſonnes par nuit.

(e) Cloſement & entierement.] Je crois que par *cloſement,* on peut entendre les deſpenſes neceſſaires pour la cloſture des Villes. Le mot ſuivant me paroiſt corrompu.

(f) Emparer.] Mettre en eſtat de deffenſe. Voy. le Gloſſ. de Du Cange, au mot *amparare*, & le Dictionn. de Nicot, au mot *emparer.*

CHARLES REGENT, Jean I.er & selon d'autres, Jean II. au Louvre près de Paris, le 23. d'Aoust 1359.

(a) Lettres par lesquelles il est ordonné que l'Isle d'Oleron sera du ressort de la Rochelle.

KAROLUS &c. Antiquorum prudencium traditione testatur, quod res quelibet, si a limite sue naturalis originis quandoque avertatur, de facili tamen ad statum naturalem revertitur primevum. Sane cum notum sit quod dudum Insula de Olerone prope Rupellam, prout se comportat, cum omnibus Villis, Parochiis, fortaliciis & locis quibuscunque, omnibusque habitatoribus eorumdem, re & nomine fuerint temporibus retroactis, & sint de Domanio Regum Francie, deinde per aliqua tempora de dicto Domanio separati per inclite recordationis Dominum [a] *Philippum Avum nostrum,* [b] *defuncto Fulconide Mathas Domino quondam de Royanno, exigentibus ipsius meritis, dati & concessi, cum omni jure quod ad ipsum & ejus successores in dictis Insula, Villis, Parochiis, fortaliciis, locis & habitatoribus pertinebat & pertinere poterat quoquomodo; tenendi tamen, habendi & possidendi per dictum Fulconem, quamdiu vitam duceret in humanis, à dicto Domino Avo nostro & ejus successoribus sub ipsorum obedientia, cum fidelitatis & homagii federe: Et nunc per obitum dicti Fulconis, dicta Insula, Ville, Parochie, fortalicia, loca, habitatores & alia* [c] *que ipse Fulco ratione hujusmodi doni & concessionis in dicta Insula tenebat & possidebat, redierint & repositi sint ut prius* [d] *& Domanium Regie Majestatis. Igitur notum facimus universis tam presentibus quàm futuris, quod Nos premissorum consideratione, & contemplacione dilectorum nostrorum Majoris, Scabinorum & habitancium Ville de Rupella, qui Nobis super hoc humiliter supplicarunt, ex certa scientia, de gratia speciali & auctoritate Regia qua fungimur de presenti, concessimus & concedimus per presentes, dictis habitatoribus dictarum Insule, Villarum, Parochiarum, fortaliciorum & locorum quorumcunque ejusdem, volumusque & ordinamus quod Insula, Ville, Parochie, fortalicia & loca cum prefatis habitatoribus, pertinentiis & Juribus ipsorum quibuscunque eorumdem, deinceps perpetuis temporibus sint & remaneant uniti & annexi dicto Regno seu Regni Domanio ad causam Corone Francie, & de Castellania de dicta Ruppella ac ressorto ejusdem Castellanie; taliter quod ab ipsis Domanio & Castellania ac ressorto ejusdem vel ipsorum aliquo, futuris temporibus non possint aut debeant aliqualiter dividi, separari vel in manus alias quàm Regias tradi quomodolibet vel transferri. Quod ut firmum & stabile perpetuo perseveret in futurum, Litteris presentibus nostrum fecimus apponi sigillum.* Datum apud Lupparam juxta Parisius, die vigesima-quinta mensis Augusti, Anno Domini millesimo trecentesimo quinquagesimo-nono.

Per Dominum Regentem. N. DE VERIS.

a Philippe de Valois.
b &.
c quæ.
d in.

NOTES.

(a) Tresor des Chartres, Registre 90. Piece 248.

CHARLES REGENT, Jean I.er & selon d'autres, Jean II. à Paris, en Aoust 1359.

(a) Lettres de Sauvegarde pour le Couvent de Long-champ.

CHARLES &c. Savoir faisons à tous presens & à venir à perpetuel memoire. La très devote Congregation de noz chieres filles en [e] Jhû-Crist, l'Abbesse & le Couvent de l'Eglise de *(b)* Longchamp près de Paris, de l'Ordre de Sainte Clere,

e *Jesus.*

NOTES.

(a) Tresor des Chartres, Registre 90. Piece 267. Voy. cy-dessus, p. 263. Note *(a)*

(b) Long-Champ.] Ce Monastere est à deux lieuës de Paris, sur le bord de la Seine, à la sortie du bois de Boulogne.

CHARLES RECENT, Jean I.er & selon d'autres, Jean II. à Paris, en Aoust 1359.

saintement & doucement ordenée par Monsieur Saint Loys predecesseur de Monsieur & de Nous, belle de face, mais plus belle de foy, soy efforçant de rendre agreable & gracieuse au Roy des Roys par les très devotes œuvres de vraie Religion lesquelles elles embrassent, des continuelles affections & [a] maintiennent de faiz gracieux, à bon droit Nous est rendu si plaisant, que Nous doyons entendre [b] à planté de toute faveur, aus choses qui regardent les accroissemens de leurs biens, de leur honneur & de tous leurs prouffiz; en telle maniere que si comme celle Congregation delaissant le monde & les choses du monde, amiable, belle & plaisant à celui qui est bel par-dessus les Filz des hommes & à ses [c] Angles, & aus mauvais Esperis [d] espoutable & laquelle comme [e] Ost rangée & ordennée, travaille sanz cesser, & [f] requerre la misericorde de Dieu, à debouter la malice des mauvais Esperiz par armes espirituelles pour le salut de Nous & du Peuple dudit Royaume, aussi Nous les gardons de molestes & oppressions terriennes, & en tout les garnissions de Privileges convenables, & nourrissons de plus larges graces contre les impugnations des malveillans, quant par la fragilité de leur nature, en elle est plus foible puissance de elles deffendre: & pour ce Nous de certaine science, plaine puissance & auctorité Royal dont Nous usons, avons octroyé & octroyons de grace especial par ces presentes, que leur Eglise, leur Abbesse & leur Couvent avecques toutes leurs maisons, biens, possessions, choses & droiz en tous lieux & en quelconques choses, lesquelles Nous repputons comme noz propres choses, tant en chief comme en membres, soient & demeurent comme noz propres choses en la garde, tuicion & protection & deffense de Monsieur, de Nous & de noz successeurs Roys de France perpetuelment, & ne en puissent estre [g] desseurées ne essoingnées en quelque cas, ne par quelconque couleur que l'en y pourroit querir, comment que ce fust, ja soit ce que il esconvenist les terres ou les lieux, ou [h] ladite Eglise, les maisons, les biens, les possessions, les droiz & les choses dessusdites ou aucunes d'icelles, estre transportées au temps à venir en quelque maniere, en aucun des Enfans de Monsieur ou de Nous, ou d'autres quelconques. Et avec ce, voulons & ordennons que [i] leurs possessions, maisons, biens, terres, vignes, bois, eaues, pastures, près, drois ou autres choses en chief ou en membres, elles ne plaident en [k] demandement ou en deffendant, fors devant Monsieur, Nous ou noz successeurs Roys de France, ou en noz Parlemens, ou pardevant noz Commissaires non souspeçonnez, especialment deputez ou à deputer de par Monsieur ou Nous: Et pour ce que elles ont laissié les regars & esbatemens du monde, & renoncié aux pompes du siecle au plus parfaite contemplacion des choses celestiennes, elles sont à touzjours encloses selon la regle de leur ordre, Nous de l'autorité Royal dessusdite, ordennons & establissons que en leurs causes & qui les toucheront, *(c)* on voit avant en toute faveur & grace sommierement, & de plain, *(d)* sanz estris de Jugement, & touzjours leur prouffit soit procuré, & raisonnable equité soit mise avant rigueur de droit & de coustume; & aussi que elles, leurs choses, gens & familiers soient quittes & franches de toutes exactions, coustumes, [l] guettes, services seculiers, [m] Pontenages, Peages, *(e)* Beirages, *(f)* Rouages, *(g)* Tonnens, Tailles, *(h)* Viconte z,

a *Ce mot me paroist corrompu.*

b *avec abondance.*

c *Anges.*

d App. *espouventable.*

e *Armée.*

f Il semble qu'il faudroit, *en requerant.*

g *separées.*

h *sont.*

i *par rapport à.*

k *demandant.*

l *Guet.*

m *Peage que l'on paye en passant sur un Pont.*

NOTES.

(c) On voit avant.] Je crois qu'il faut lire, *on voise en avant*, c'est-à-dire, *on aille en avant.*

(d) Sans estris de Jugement.] Cette clause est ordinairement renduë dans les titres latins, par ces mots, *sine forma & strepitu Judiciorum.*

(e) Beirages.] On pourroit lire *Berrages.* Je n'ay rien trouvé sur ce droit. Dans le Gloss. de Du Cange, il y a *Berra*, qui, à en juger par les passages qu'il rapporte, paroist signifier un *bois.* Peut-estre *Berrages*, vient-il de *Ber*, que l'on a dit autrefois pour *Baron.*

(f) Roüages.] Droit qui se leve sur le vin qui est vendu en gros, & transporté par charrois. Voy. le Gloss. du Droit François de M. de Lauriere, au mot *Roüage.*

(g) Tonnens.] Je trouve dans M. Du Cange, que *Tonna* est une espece de tribut, qui apparemment se levoit sur le vin, & que *Tonneurs* est une autre Imposition levée pour faire travailler aux fossez d'une Ville.

(h) Vicontez.] Je n'ay rien trouvé sur ce Droit. M. Du Cange remarque que les Vicontes estoient chargez de lever les Imposti-

(i) Minages de vins, autres coustumes & impositions reelles & personnelles pour leurs propres choses, & pour celles que elles vendront & achesteront pour chief ou pour membre, ou ferons porter ou mener par terre ou par eaue au proffit de elles ou de leurs edifices, ne ne seront tenues ne contraintes à ces choses païer par quelconque lieu dudit Royaume où leurs choses passeront. Si donnons en mandement à touz les Justiciers, Officiers & Subgez dudit Royaume presens & à venir, & à chascun d'eulx si comme à luy appartendra, que contre la teneur de ces presentes ne les empeschent, travaillent, oppressent ou molestent en chief ou en membres, en personnes, leurs biens, hommes, Sergenz & familiers quelzconques, mais de nostre presente grace les facent & laissent joïr & user paisiblement, ores & pour le temps à venir. Et que ce soit ferme chose & estable à tousjours, Nous avons fait mettre nostre Seel à ces presentes: Sauf en autres choses le droit de Monsieur & de Nous, & l'autrui en toutes. *Donné à Paris, l'An de grace mil trois cens cinquante-neuf, ou mois d'Aoust.*

Par Monsieur le Regent. OGIER.

NOTES.

(i) *Minages de vins.*] En general le *Minage* est le Droit que l'on leve sur les *Mines* de bled que l'on mesure. Voy. Du Cange, au mot *Minagium*: mais je n'ay rien trouvé sur le *Minage* des vins. Ce mot viendroit-il de *Minare, mener*, & signifieroit-il un Droit qui se leve sur du vin que l'on transporte d'un lieu à un autre!

CHARLES REGENT, Jean I.er & selon d'autres, Jean II. à Paris, en Aoust 1359.

(a) Lettres par lesquelles il est ordonné que le Monastere de *Monstier-en-Der* avec ses appartenances, ressortira dans la suite à la Prevosté de Bar-sur-Aube.

KAROLUS &c. Ad perpetuam rei memoriam. Princeps omnipotens mundi creator, ut cuncta sibi subesse doceret, taliter entia disposuit, quod in eodem statu nichil diu perseveret in Orbe: prudens autem Paterfamilias variacionem rerum & temporum provide considerans, consuevit prudenter secundum varietatem rei & temporis, domus sue regimen variare. Porro Nobis ex parte Religiosorum Abbatis & Conventus [a] *Monen. (b) Dervensis Ballivie* [b] *Calvimontis, extitit demonstratum, quod cum ipsum Monasterium dictique Religiosi cum tota eorum terra & pertinentiis eorumdem in capite & in membris, sint in Salva-gardia Regia speciali ad causam Comitatus Campanie, de ressorto immediato Comitatus predicti, & à manu Regia seu Domanio Regio separari seu dividi vel alienari non debeant in toto vel in parte, nisi totus Campanie Comitatus à Domanio Regio separaretur, per quod predicta sequerentur vestigium Comitatus ejusdem; & pro hiis dicti Religiosi singulis annis in termino Festi omnium Sanctorum trecentas libras turonenses commodis Regiis solvere teneantur, nec aliud jus super ipsis vel eorum terra nisi superioritas vel ressortum cum dicta Gardia competat aliqualiter Regie Majestati:* [c] *touta vero terra eorum in dicta Baillivia Calvimontis, licet in tribus diversis ipsius Preposituris; videlicet magna pars in Prepositura (c) de Wayseyo, pars alia, major in Prepositura de (d) Renneyo,*

a Monasterii.
b Chaumont.
c tota.

NOTES.

(a) Tresor des Chartres, Regiſtre 90. Piece 229. Le Roy Jean confirma ces Lettres en Fevrier 1360. & dans ces Lettres sont vidimées celles du Dauphin. Ce *Vidimus* servira à remplir une lacune qui se trouvoit dans ces Lettres. Voy. cy-dessous Note (f). Les Lettres du Roy Jean seront imprimées cy-dessous à leur rang.

(b) *Dervensis.*] *Monstier-en-Der*, nommé par corruption *Montirandel* ou *Montierandel* ou *Montierame*. Il est situé dans le Diocese de Châlons sur Marne. Voy. *Valesii Notit. Galliar.* au mot *Dervensis saltus*, & le Dictionn. Geograph. de *Maty* au mot *Montierandel*.

(c) *De Wayseyo.*] *Vassy*, petite Ville ou Bourg de la Champagne, située sur la Bloise, à dix lieuës de Chaumont vers le Nord. Dictionn. de *Maty*.

(d) *Renneyo.*] Un peu plus bas, il y a:

CHARLES REGENT, Jean I.er & selon d'autres, Jean II. à Paris, en Aoust 1359.

& quedam modica pars in Prepositura Calvimontis, hactenus ressortizare consueverint; verumptamen ad presens Villa de Ronneyo per Inimicos destructa, penitus inhabitabilis est effecta: Villa verò de Waiseyo tradita est Brocardo de Fenestrangiis Militi, qui [a] ejus Gentes pretextu dicte tradicionis, nedum superioritatem vel ressortum & Gardiam predictas, verum etiam (e) Juridictionem domanariam dictorum Religiosorum usurpare & exercere, & omnes redditus eorumdem Religiosorum percipere & levare nituntur, & de facto usurpant & levant, ipsosque Religiosos & eorum subditos taliter oppresserunt & predati sunt eorum bona, quod dicti Religiosi dictum suum Monasterium, & eorum subditi terram suam terrore mortis reliquerunt, dampna & oppressiones hujusmodi sustinere nequeuntes, ut dicunt, supplicantes humiliter ut de alio ressorto congruo sub immediata Jurisdictione Regia providere vellemus eisdem. Volentes igitur, quantum possumus, Ecclesiarum (f) potissime tanti ejusdem Ballivie ressortire teneantur, attendentes etiam quod locus de [b] Barro-super-Albam qui major est & insignior, predictisque Religiosis & eorum terre propinquius Castrum Regium predicte Baillivie, erit eis aptior ad ressortizandum, prout fide digno relatu [c] dedescimus: Notum facimus universis tam presentibus quam futuris, quod Nos predictos Abbatem & Conventum & eorum Monasterium ac omnes & singulos Officiarios & Ministros dicti Monasterii, & eorum terram subditosque terre ejusdem cum suis Jurisdictionibus & pertinentiis quibuscunque, à dictis ressortis & superioritate Prepositurarum & locorum de Ronnayo, de Waiseyo & de Calvomonte & à Prepositis & Servientibus eorumdem, amovemus * eximimus, ipsosque de dictis Prepositurís & eorum ressortis & superioritatibus transferimus ad superioritatem & ressortum Preposit ure de Barro-super-Albam, & in ipsa Prepositura & ejus ressorto solum & insolidum ponimus & constituimus, ipsosque [d] se & suis Successoribus in futurum decernentes & ordinantes pro Nobis & nostris successoribus, dictos Religiosos, Monasterium, Officiarios & Ministros ac terram & subditos, [e] Jurisdictionibus, possessionibus, bonis & pertinentiis eorum quibuscunque successorumque suorum deinceps esse & remanere de & in ressorto Prepositure de Barro-super-Albam insolidum & immediate: Mandantes & committentes tenore presentium, Preposito dicti loci de Barro-super-Albam qui nunc est, & ejus successoribus qui pro tempore fuerint vel eorum Loca-tenentibus, ut de cetero super & in predictis & eorum singulis, omnes casus ad superioritatem & ressortum pertinentes exerceant, faciendo Partibus Justitie complementum, prout ad ipsos in casibus superioritatis & ressorti debeant pertinere: inhibentes etiam dictis aliis Prepositis & eorum Servientibus, ne deinceps super dictis Religiosis, terra vel subditis ipsorum, Jurisdictionem vel alium explectum quemcunque ad causam ressorti vel superioritatis, aliqualiter exercere presumant: que facimus, constituimus & ordinamus, ac dictis Religiosis pro se & suis successoribus concedimus auctoritate Regia, ex certa scientia, de gratia speciali: Quod ut firmum & stabile perpetuo perseveret, presentibus Litteris nostrum magnum fecimus apponi sigillum: Salvo in aliis jure Regio, & in omnibus alieno. Actum Parisius, Anno Domini millesimo trecentesimo quinquagesimo-nono, Mense Augusti. *Per Dominum Regentem, Domino de Hangesto & nonnullis aliis presentibus.* BLANCHET.

a &.

b Bar-sur-Aube.

c didicimus.

* &.

d pro se, *dans le Vidimus.*

e cum, *dans le Vidimus.*

NOTES.

Ronnaio. Je trouve en Champagne deux lieux de ce nom. *Ronay*, du Diocese & de l'Election de Troyes: c'est un des sept anciens Comtez-Pairies de Champagne; *Ronnay*, du Diocese de Langres & de l'Election de Bar-sur-Aube. Voy. le Dictionn. Geographique de la France, sur ces deux noms.

Je ne sçais duquel de ces deux lieux, il s'agit icy.

(e) *Juridictionem domanariam.*] Je crois que cela signifie la Jurisdiction Seigneuriale que le Monastere avoit sur ses Terres.

(f) *Potissime tanti.*] Le *Vidimus* de cette Piece qui est dans le Registre 89. nous servira à remplir une lacune qui est dans celuy-cy. Il faut donc lire, *potissime tanti Monasterii statu providere, taliter quod dictis Religiosis & eorum subditis pluralitatem, [pluralitate] diversorum ressortorum sublata, ita deinceps ad unum solum locorum* [fort. locum] *ejusdem Ballivie ressortire teneantur.*

CHARLES REGENT, Jean I.er & selon d'autres, Jean II. au Louvre lès Paris, le 7. de Septembre 1359.

(a) Mandement pour faire fabriquer des blancs Deniers à trois Fleurs de Lis, & pour fixer le prix de l'Argent.

CHARLES aisné Filz du Roy de France, regent le Royaume, Duc de Normandie & Dalphin de Viennois: A nos amez & feaulx les Generaulx-Maistres des Monnoyes de Monseigneur & nostres, salut & dillection. Savoir vous faisons que Nous par très grant & bonne deliberacion de nostre Conseil, & pour plusieurs causes touchans le bien, honneur, & prouffit dudit Royaume, avons voulu & ordonné & par ces presentes voulons & ordonnons, & à chacun de vous mandons & estroictement enjoignons que tantost & sans delay ces Lettres veuës, vous faictes faire & ouvrer ès Monnoyes de mondit Seigneur & nostres estans à Paris, à Roüen, à Troyes & à Sainct Quantin, blancs Deniers à trois Fleurs de Lis, autelz & semblables en taille & façon comme ceulx que Nous faisons faire à present; lesquelz seront à deux deniers six grains de loy dit Argent-le-Roy, & de sept [a] sols six deniers de poix au marc de Paris, en mectant en iceulx telle [b] difference comme vous verrez que bon sera, & en donnant aux Changeurs & Marchans frequentans lesdites Monnoyes de Roüen & Sainct Quantin, en chacun marc d'Argent tant blanc comme noir, quinze livres tournois; & aux autres Changeurs frequentans ladite Monnoye de Troyes, pour chacun marc d'Argent, comme dit est, six Escuz & trois quars d'Escu ou leur valleur, par la forme & maniere que noz amez & feaulx Conseillers Messieurs Nicolas Bracque & Hugues Bernier ont derrenierement ordonnez en icelle; & aux Changeurs de Paris tel pris comme il leur a esté & sera donné & accordé par lesdessusdiz, ou par noz amez & feaux Tresoriers; & aux Ouvriers & Monnoyers telle creue d'Ouvraige & Monnoyaige comme bon vous semblera. Et gardez que en ce faire n'ait aucun deffault: & au cas que il y conviendra mectre Cuivre en iceluy Ouvraige, Nous voulons qu'il soit [c] quis & acheté à noz despens. De ce faire à vous & à chacun de vous donnons povoir, auctorité & mandement especial par la teneur de ces presentes. *Donné au Louvre-lez-Paris, le septieme jour de Septembre l'An de grace mil trois cens cinquante-neuf.* Par Monsieur le Regent. JULIANUS.

a *à 90. Pieces au marc.*

b *Voy. cy-dessus, p. 266. Note (c).*

c *acquis.*

NOTES.

(a) Registre D. de la Cour des Monnoyes de Paris, *fol.* 40. *recto.*

Avant ce Mandement, il y a:
Le 8.e jour de Septembre l'An 1359. fut apporté ung Mandement de Monsieur le Regent, duquel la teneur s'ensuit.
Monnoye six-vingtieme.

CHARLES REGENT, Jean I.er & selon d'autres, Jean II. au Louvre lès Paris, le 10. de Septembre 1359.

(a) Mandement pour faire fabriquer des Especes d'Or dans la Monnoye de Tournay, & pour fixer le prix de l'Or qu'on y apportera.

CHARLES aisné Fils du Roy de France, regent le Royaume, Duc de Normandie & Dalphin de Viennois: A nos amez & feaulx les Generaulx-Maistres des Monnoyes de Monseigneur & nostres, Salut & dillection. Nous pour certaine cause vous mandons & estroictement enjoignons à vous & à chacun de vous, que tantost & sans delay ces Lectres veuës, vous fassiez donner aux Changeurs & Mar-

NOTES.

(a) Registre D. de la Cour des Monnoyes de Paris, *fol.* 40. *verso.*

Avant ce Mandement, il y a:
Item. *Le 10.e jour de Septembre, fut apporté ung autre Mandement, duquel la teneur s'ensuit.*

chans frequentans la Monnoye de Tournay, de chacun marc d'Or fin qu'ilz apporteront en icelle, cinquante & un Deniers d'Or fin à l'Aignel, ou soixante-quatre Royaulx d'Or fin & demy-Royal, en faisant ouvrer iceulx Royaulx de soixante & six de poix au marc de Paris, ou iceulx Deniers d'Or fin à l'Aignel de cinquante & deux de poix audit marc, par la forme & maniere qu'ilz ont esté ordonnez, lesquelz iceulx Changeurs auront pour agreables; & gardez qu'il n'y ait deffault: De ce faire vous donnons povoir, auctorité & mandement especial par la teneur de ces presentes. *Donné au Louvre-lez-Paris, le dixieme jour de Septembre, l'An de grace mil trois cens cinquante & neuf.* Par Monsieur le Regent.

B. FRANÇOIS.

CHARLES REGENT, Jean I.er & selon d'autres, Jean II. à Roüen, le 2. d'Octobre 1359.

(a) Mandement pour faire fabriquer des blancs Deniers à trois Fleurs de Lis, & pour fixer le prix de l'Argent.

CHARLES aisné Fils du Roy de France, regent le Royaume, Duc de Normandie & Dalphin de Viennois: A noz amez & feaulx les Generaulx-Maistres des Monnoyes de Monseigneur & nostres, Salut & dilection. Nous pour certaines causes qui à ce Nous ont meu, par grant & bonne deliberacion de nostre Conseil, avons voulu & ordonné, & par ces presentes voulons & ordonnons, & à chacun de vous mandons & commectons que tantost & sans delay ces Lectres veues, vous fassiez faire & ouvrer ès Monnoyes de mondit Seigneur & nostres estans à Paris, à Roüen, à Sainct Quentin & à Troyes, blancs Deniers à trois Fleurs de Liz, à deux deniers six grains de loy dit Argent-le-Roy, & de [a] neuf solz quatre deniers & demy de poix au marc de Paris, en donnant aux Changeurs & Marchans de chacun marc d'Argent tant blanc comme noir, sept Escuz d'Or ou leur valleur & au-dessoubz; lesquelz Changeurs Nous voulons qu'ilz soient creuz par leurs sermens de la valleur [b] d'iceulx Escuz, & que selon ce qu'il sera tesmoigné & rapporté qu'ilz auront vallu & cousté, l'en face aux Maistres particuliers les Comptes de leurs [c] Boestes sans aucun contredit; & que aux Ouvriers & Monnoyers soit donné telle creue pour Ouvraige & Monnoyaige comme bon vous semblera: Et se il convient mectre Cuivre en iceluy Ouvraige, que il soit [d] quis & acheté à noz despens. De ce faire à vous & à chacun de vous donnons povoir, auctorité & mandement especial par la teneur de ces presentes. *Donné à Roüen, le deuxiesme jour d'Octobre, l'An de grace mil trois cens cinquante & neuf. Ainsi signé.* Par Monsieur le Regent. OGIER.

a *à 112. Pieces & demie au marc.*

b *Voy. cy-dessus, p. 355. Note (a) col. 2.*

c *Voy. cy-dessus, p. 257. Note (b)*

d *acquis.*

NOTES.

(a) Registre de la Cour des Monnoyes de Paris, *fol. 41. verso.*

Avant ce Mandemant, il y a:

Et le Lundy septieme jour dessusdit, fut apporté en la Chambre des Monnoyes à Paris, ung Mandement de Monsieur le Regent, adressant aux Generaux-Maistres des Monnoyes, duquel la teneur s'ensuit.

(a) Mandement

CHARLES REGENT, Jean I.er & selon d'autres, Jean II. au Louvre lès Paris, le 18. d'Octobre 1359.

(a) *Mandement pour faire fabriquer des blancs Deniers à trois Fleurs de Lis, & pour fixer le prix de l'Argent.*

CHARLES aisné Filz du Roy de France, regent le Royaume, Duc de Normandie & Dalphin de Viennois: à nos amez & feaulx les Generaulx-Maistres des Monnoyes de mondit Seigneur & nostres, Salut & dillection. Nous pour certaines causes qui à ce Nous meuvent, vous mandons & à chacun de vous enjoignons estroictement que tantost & sans delay ces Lettres veuës, toutes excusacions cessans, vous fassiez faire & ouvrer ès Monnoyes de mondit Seigneur & nostres à Paris, à Roüen, à Troyes & à Sainct Quantin, & ès autres Monnoyes là où bon semblera à noz amez & feaulx Conseillers Messieurs Nicolas Bracque & Hugues Bernier, blancs Deniers à trois Fleurs de Liz, autelz & semblables en coing & façon comme ceulx que Nous faisons faire à present: lesquelz seront à deux deniers de loy dit Argent-le-Roy, & de [a] dix solz de poix au marc de Paris, en mectant en iceulx telle [b] difference comme bon vous semblera, & en donnant aux Changeurs & Marchans de chacun marc d'Argent, sept Escus ou leur valleur, & aux Ouvriers & Monnoyers telle creuë d'Ouvraige & Monnoyaige comme bon vous semblera: Et ou cas que il conviendra mettre Cuivre en icelle Ouvraige, Nous voulons qu'il soit [c] quis & acheté à noz propres despens & alloé ès Comptes des Maistres particuliers. De tout ce faire à vous & à chacun de vous donnons povoir, auctorité & mandement especial par la teneur de ces presentes. Si gardez que il n'y ait deffault. *Donné au Louvre-lèz-Paris, le dix-huitiesme jour d'Octobre, l'An de grace mil trois cens cinquante-neuf.* Par Monsieur le Regent. BLIAUT.

a à 120. Pieces au marc.

b Voy. cy-dessus, p. 266. Note (e)

c acquis.

NOTES.

(a) Registre D. de la Cour des Monnoyes de Paris, *fol.* 47. *recto.*
Avant ce Mandement, il y a:

Dimanche 19.e jour d'Octobre 1359. fut apporté en la Chambre des Monnoyes, ung Mandement de Monsieur le Regent, duquel la teneur est telle.

CHARLES REGENT, Jean I.er & selon d'autres, Jean II. au Louvre-lès-Paris, en Octobre 1359.

(a) *Statuts des Teinturiers de la Ville & Banlieuë de Paris.*

CHARLES &c. Savoir faisons à touz presenz & à venir, que Nous avons veu unes Lettres scellées soubz le Scel de Chastellet de Paris, contenants la fourme qui s'ensuit.

A touz ceulx qui ces Lettres verront: Guilleaume Staise, Garde de la Prevosté de Paris, Salut. Nous avons reçeu les Lettres du Roy notre Seigneur, avecques une Requeste enclose soubz le signet de la [d] Chambre de Parlement dudit Seigneur, contenant la fourme qui s'ensuit.

d Court. R. Ch.

JOHANNES Dei gratia Francorum Rex: Preposito Parisiensi vel ejus Locum-tenenti, Salutem. Requestam civilem Operariorum Teinturariorum Pellium nigrarum aut rubearum

NOTES.

(a) Tresor des Chartres, Registre 90. pour les Années 1357. &c. jusqu'en 1361. Piece 334.
Ces Lettres sont aussi dans le Registre du Chastelet, intitulé *Vert ancien, fol.* 43. *recto,* avec ce titre, *Tainctúrier de Peaulx noires.*
Dans ce Registre, il y a:
Charles aîné Fils du Roy de France, Regent le Royaume, Duc de Normandie & Dalphin de Vienne.

CHARLES REGENT, Jean I.er & selon d'autres, Jean II. au Louvre-lès Paris, en Octobre 1359.

& aliorum colorum in Villa Parisiensi & in ejus [a] *Bauleuca commorencium, sub signo Camere Parlamenti Parisiensis tibi mittimus interclusam,* [b] *mandamus tibi quatenus vocato tecum ad hoc Procuratore & Consilio nostro Castelleti nostri Parisiensis, & aliis Mercatoribus & expertis in Artificio vel Ministerio predicto prout tibi videbitur, ipsa Requesta visa & diligenter inspecta,* [c] *visque Registris de quibus fit mencio in dictâ Requestâ, provideas & taliter ordines de & super contentis in Requesta eadem, prout cum matura deliberatione dicti Consilii videbis providendum & ordinandum, & quod aliter non sit ad Nos super hoc recurrendum.* Datum Parisius, die vigesimâ octava, Anno Domini millesimo trecentesimo [d] quinquagesimo-septimo, sub sigillo Castelleti nostri Parisiensis, in absenciâ magni.

Item. La teneur d'icelle Requeste.

Supplient les Ouvriers Tainturiers de Peaulx noires & rouges ou autres couleurs en la Ville & Banlieuë de Paris: *(b)* Soit ordené de tous autres Mestiers que nuls ne puisse faire ne exercer lesdiz Mestiers se il n'est Maistre ou [e] Fil de Maistre, ou esté Aprentis en la Ville de Paris jusques à certain temps, selon l'Ordenance desdiz Mestiers, laquelle Ordenance est enregistrée au Chastelet de Paris; & d'yceulx Mestiers, ou cas que deffaut y a, vous y avez pour le [f] regart des Maistres à ce ordenez, certaines Amendes, & aussi lesdiz Maistres: Et il soit ainsint que oudit Mestier de Tainturiers, n'ait encore aucunes Ordenances enregistrées oudit Chastelet ne faites, parce que en temps passé, *(c)* les Peaulx dudit Couroy sont venuës à Paris d'estranges païs, & à present plusieurs Ouvriers se entremettent ou pourroient entremettre de faire & exercer ledit Mestier, pourquoy les bonnes Genz & Ouvriers qui mettent en euvre lesdictes Peaulx, sont [g] ou pourroient estre deceuz ou temps à venir, & en pourroient ensuir plusieurs faussetés par ledit Mestier, se par vous n'est sur ce ordenné ainsint comme aus autres Mestiers, [h] que eue consideration aus choses dessusdictes, & afin que ledit Mestier soit gardé sanz faire fausses Marchandises, il vous plaise que nuls ne puisse faire ne exercer ledit Mestier en ladicte Ville [i] ou Banlieue, se il n'a esté Aprentis six ans, & que nulz Ouvriers se il n'a apris ledit Mestier à Paris, s'il n'est Filz de Maistre, qu'il ne puisse faire ledit Mestier se il n'a esté frequentant ledit Mestier avecques Maistre en ladicte Ville de Paris an & jour, & aussi que nulz Aprentis ne puisse estre tenus pour Maistres jusqu'à ce qu'il aura parfait ses six années comme Aprentis; & les six années [k] finées, qu'il soit tenus de vous paier quinze [l] sobz, & quinze sobz aus Maistres [m]: Et avecques ce que nulz ne taigne Peaulx à autruy rouges ne noires ne [n] Chevrotins, se ce n'est pour lui faisant ledit Mestier, *(d)* sur paine de vint sobz, quinze sobz à vous & cinq sobz aus Maistres: Et que nuls Ouvriers dudit Mestier en yver depuis [o] queuvre-feu sonnant ne puisse faire ledit Mestier sur paine de dix sobz, six sobz à vous & quatre sobz aux Maistres: Et aussi que nuls Maistres ne puisse avoir que deux Aprentiz, & que pour yceulx [p] aprendre ledit Mestier les six anz dessusdiz, il ne puisse prendre

a Banlieuë.

b &.

c visis que. *R. du Ch.*

d *Voy. cy-dessus, p. 96. Note (b)*

e *Fils.* R. Ch.

f *Jugement. Voy. cy-dessus, la Note (x) de la p. 118.*

g *&.* R. Ch.

h *supplient.... que eüe.*

i *&.* R. C.

k *finies.*

l *sols.*

m *dudit Mestier.* R. Ch.

n *Peaux de Chevreau.*

o *couvre-feu,* qui se sonne encore à N. D. à 7. heures du soir.

p *leur monstrer.*

NOTES.

(b) Soit ordonné.] Il semble qu'il manque-là ces mots, *comme il,* ou autres semblables : Il y a même apparence que la Requeste des Tainturiers n'a pas esté inserée icy en entier ; car un peu plus bas, il y a : *les Peaux dudit Couroy,* quoyque ce mot *Couroy* ne se trouve pas plus haut.

(c) Les Peaux dudit Couroy.] *Courroy, Corroy* ou *Couroy.* Preparation que les Courroyeurs donnent aux Cuirs, pour les mettre en estat d'estre employez par divers ouvriers en Cuir. Il se fait des *Courrois,* ou Cuirs courroyés de diverses couleurs, sçavoir des noirs, des blancs, des rouges, des jeaunes & des verds. Les autres teintures de Cuir ne sont pas du mestier de *Courroyeur;* mais de celuy de *Peaussiers, Teinturiers en Cuir.* Dictionn. de Commerce de Savary, au mot *Courroy.*

(d) Sur paine de vint solz.] Dans le Registre du Chastelet, il y a : *& que sur peine de vint solz d'amende, que nulz dudit mestier ne corroye Peaulx de Gravelle, se ce n'est en teinture rouge; c'est assavoir quinze solz à vous, & cinq solz ausdiz Maistres.*

Peaux de Gravelle: ce sont apparemment celles qui sont preparées avec de la cendre *gravelée.* Voy. le Dictionn. de Commerce de Savary, au mot *Gravelée.*

que six livres ou au-dessouz: Et avec ce, que nulles Peaus noires ne soient taintes se ce n'est [a] d'Alain: Et aussi que nuls dudit Mestier se il n'a esté Maistre dudit Mestier, [b] n'euvre en ladicte Ville de Paris ne en la Banlieue de Paris, [c] an & jour des taintures dudit Mestier, qui sur paine des denrées appliquées à vous, il ne s'entremettent dudit Mestier: Et à ycel Mestier garder & gouverner, soient esleuz chascun an par les Ouvriers dudit Mestier, [d] [deux Maistres pour enteriner] & accomplir l'Ordenance dessusdicte, einsint comme il est accoustumé à faire à Paris des autres Mestiers, mesmement que nagaires en cas semblables a esté faite des *(e)* Tassetiers & Boursiers: Et pour acomplir les Lettres du Roy notredit Seigneur dessus transcriptes, & ce que mandé Nous estoit par ycelles, Nous aions fait venir pardevant Nous la plus grant & plus saine partie de touz les Ouvriers Tainturiers de Peaulx noires & rouges & d'autres couleurs de la Ville & Banlieue de Paris, & aussi le Procureur du Roy notre Seigneur, & plusieurs autres [e] Seigneurs du Conseil d'icelui Seigneur, avecques plusieurs personnes & Marchanz cognoissans oudit Mestier & Ouvrage: Et avecques touz yceulx aions eu conseil, avis & deliberation sur lesdites Lettres & Requeste & les choses dedens contenuës, lesquelles Nous aions fait lire & exposer en leur presence, & fait jurer yceulx Ouvriers & Marchans que il Nous diroient & aviseroient se les faiz contenuz en ladicte Requeste dessus transcripte, estoient bons, convenables & [f] prouffitables à estre faiz, tenuz & gardez oudit Mestier de Tainturie de Peaulx en la Ville & Banlieue de Paris, tant pour le prouffit du Roy notredit Seigneur, comme pour le commun prouffit, & que en [g] ceste & sur ce, Nous aideroient à aviser & conseillier à leur povoir. Saichent tuit que par le Conseil de touz les dessusdiz, & aussi veuz les Registres dudit Chastellet des Mestiers de la Ville de Paris, avons de ladicte Requeste plusieurs choses [h] detrait & plusieurs choses y [i] adjoûter, [k] en aucune amoderée, & par grant & meure deliberation, pour le prouffit du Roy notre Seigneur, de tout le commun des Ouvriers dudit Mestier & de tous ceulx à qui ces choses touchent & puent touchier, avons fait & ordené, faisons & ordonnons par ces presentes, par vertu desdites Lettres dessus transcriptes & du povoir à Nous commis par ycelles, les Registres dudit Mestier de Tainturiers de Cuir pour le temps present & avenir, en la maniere qui s'ensuit.

(1) Premierement. Quiconques voudra tenir [l] Ouvrouoir ou Meistier de Tainturiers de Peaulx noires, rouges & d'autres couleurs, faire le pourra; [m] mais qu'il soit trouvé par avant souffisant Ouvrier, & qu'il soit de bonne vie & renommée & ait bonne connoissance, & qu'il ait payé vint sobz au Roy: desquiex vint sobz parisis, les Maistres-Gardes dudit Mestier auront par la main du Receveur de Paris, cinq sobz parisiz.

(2) Item. Aucuns ne pourra teindre Peaulx de [n] Gravelle, se ce n'est de Tainture rouge, sur paine de vint sobz parisis d'amende, dont le Roy notre Seigneur aura quinze sobz parisis, & les Maistres-Gardes dudit Mestier, cinq sobz parisis, par la main dudit Receveur de Paris.

(3) Item. Pour ce que aucun baillent à taindre Peaulx qui ne sont pas bonnes ne souffisans, ordené est que l'on ne taigne aucunes Peaulx audit Mestier, se elles ne sont bonnes, marchandes & souffisans, sur paine de vint sobz parisis d'amende, dont le Roy notredit Seigneur aura quinze sobz parisis, & les Maistres-Gardes dudit Mestier, cinq sobz parisis.

(4) Item. Pour ce que ledit Mestier est tout fait par feu, ordené & deffendu est, pour [o] eschever le peril de feu, que nuls ne euvre oudit Mestier depuis queuvrefeu

CHARLES REGENT, Jean I.er & selon d'autres, Jean II. au Louvre lès Paris, en Octobre 1359.

a *Alun.* R. C.

b *ne travaille.*

c *Il semble qu'il manque-là quelques mots.*

d *Ce qui est entre deux Crochets, n'est pas dans le Registre du Tresor des Chartres.*

e *Sages.* R. C.

f *valables.* R. Ch.

g *Il manque-là un mot.*

h *ostées.*

i *adjoutée.* R. Ch.

k *&c.*

l *Boutique.*

m *pourvû.*

n *Voy. cy-dessus, Note (d)*

o *eviter.*

NOTES.

(e) Tassetiers & Boursiers.] C'estoit la même Communauté. Car *Tassa* en latin signifie une Bourse. Dans des Lettres de Charles Regent, données en Juillet 1357. & qui sont dans le Registre 89. du Tresor des Chartres, Piece 118. on lit *cepisse in Bursa vel Tassa.*

CHARLES REGENT, Jean I.er & selon d'autres, Jean II. au Louvre-lès-Paris, en Octobre 1359.

sonné, ne devant le jour, sur paine de dix soubz parisis d'amende, dont le Roy aura six soubz parisis, & lesdiz Maistres-Gardes, quatre sobz parisis pour leur peine de garder ledit Mestier.

(5) Item. Que nulz ne euvre oudit Mestier, au jour de samedy depuis ne après le derrenier [a] cop de Vespres sonné à Nôtre-Dame de Paris, ne à jour de Feste Nôtre-Dame, ne d'Apostre ne d'autre Feste sollempnelle, sur paine de dix sobz parisis, dont le Roy aura six sobz, & lesdiz Maistres-Gardes dudit Mestier, quatre sobz.

(6) Item. Que nul ne taigne Peaulx noires oudit Mestier, se ce n'est en [b] Alin, & se il n'est expert & souffisant comme dessus est dit, sur paine de dix sobz parisis, dont le Roy notredit Seigneur aura six soubz, & lesdiz Maistres-Gardes dudit Mestier pour leur paine, quatre sobz.

(7) Item. Que nuls Maistres dudit Mestier ne puisse avoir que deux Apprantis; c'est assavoir, chascun Aprentis jusques à quatre ans, & pour le pris de six livres parisis & au-dessous.

(8) Item. Que nuls ne euvre oudit Mestier en la Ville ne Banlieue de Paris, se il n'a esté Maistre oudit Mestier par la maniere que dessus est dit: [c] toute-voies ou cas que ceste Ordenance lui auroit esté signifiée ou seroit venue à sa cognoissance, sur paine de perdre les Denrées & estre acquises & confisquées au Roy notre Seigneur.

(9) Item. Que nuls ne taigne Peaulx noires ne rouges oudit Mestier ésdictes Ville & Banlieue de Paris, se il n'est dudit Mestier, & que nulz ne soit receuz en ycelui Mestier, se il n'est de bonne renommée & honneste conversation, & se il n'a acheté ledit Mestier du Roy notredit Seigneur, comme dessus est dit.

(10) Item. Nulz qui sçaura autre Mestier dont il saura gaigner sa [d] chevence, ne soit receuz à faire ledit Mestier, se il ne renonce à l'autre dont il se sera entremis.

(11) Item. Se aucuns qui desja ont [e] encommencié à faire ledit Mestier, sont trouvez de mauvaise renommée, ou qu'il se soient desja [f] messaiz oudit Mestier, il en seront ostez & deboutez & du tout privez.

(12) Item. Que nuls ne vende Peaulx taintes oudit Mestier, se elles ne sont bonnes, marchandes & souffisantes; & quiconque sera trouvé faisant le contraire, il l'amendera de dix solz parisis, dont le Roy aura six solz, & lesdiz Maistres-Gardes dudit Mestier quatre solz, & si seront les denrées [g] arses comme fausses.

(13) Item. Que lesdiz Maistres qui seront ordenez & Jurez oudit Mestier ou l'un d'eulx, puisse prendre sanz [h] prejudice en la Ville & Banlieuë de Paris, sans appeller autres avecques eulx, tous Ouvrages & Peaulx qu'il trouvera fauls ou fausses, tainctes oudit Mestier esdites Villes & Banlieuë, & ycelles seront tenues de apporter pardevers Nous, [i] Procureur ou le Receveur du Roy nostredit Seigneur oudit Chastellet, comme acquises & forfaites, pour en ordenner comme de raison sera & que bon semblera à faire de raison : & aura oudit Mestier deux prudes-hommes que les bonnes Gens & ouvriers dudit Mestier esliront, pour gouverner, maintenir & garder ledit Mestier & cette presente Ordennance au prouffit du Roy notre Seigneur, pour le bien commun & la conservation de [k] loyalté & de bonne marchandise, & pour rapporter pardevers Nous ou noz Successeurs Prevoz de Paris, lesdiz Receveur ou Procureur du Roy notre Seigneur oudit Chastellet, toutes les [l] mesprenures, [m] mauvastiez & forfaitures qui seront ou pourront estre trouvées oudit Mestier & sur les Ouvriers & Gens d'icelui : lesquiex prudes-hommes y demouront Maistres & Gardes de cy à un an : & [n] au de bout de leur année, seront tenus de venir devers Nous ou notre Successeur Prevost de Paris, pour requerir que les Ouvriers dudit Mestier se puissent assembler pour eslire [o] d'autres Maistres: & lors leur seront commis un Examinateur dudit Chastellet ou un ou plusieurs Sergens du Roy, pour les faire assembler, & eslire pardevant luy ou pardevant eulx, deulx nouveaulx Maistres pour l'année ensuivant: & ainsi se fera d'an en an, & sera cette presente Ordennance escripte & enregistrée mot à mot ou Livre des Registres des [p] Maistres ou Chastelet de Paris, pour estre gardée à perpetuelment sanz enfraindre; Toutevoies retenu & reservé à Nous & à noz

a *coup.*

b *Alun.* R. C.

c *pourvû cependant que.*

d *chevance.* R. C.

e *ont accoustumé.* R. C.

f *commis quelques fraudes.*

g *bruslées.*

h App. *sans obstacle.*

i Je crois qu'il faut adjouter *le.* Voy. un peu plus bas.

k *loyaulté.* R. Ch.

l *mesprentures.* R. C. *contraventions.*

m *mauvaisetiés.* R. C.

n *au bout.* R. Ch.

o *pardevant lui.* R. C.

p *Mestiers.* R. C.

Successeurs Prevoz de Paris, de acroistre, adjouster, diminuer ou moderer ès choses dessus-dictes ou temps avenir, se il en estoit besoing, ou que trouvé fust bon à faire. En tesmoing de ce Nous avons fait mettre à ces Lettres le Scel de la Prevosté de Paris. Ce fu fait l'An de grace mil trois cens cinquante-sept, le Lundy vingt-un jour d'Aoust.

CHARLES REGENT, Jean I.er & selon d'autres, Jean II, au Louvre-lès-Paris, en Octobre 1359.

Nous adecertes toutes les choses dessus-dictes loons, greons, ratiffions & approuvons, & de notre grace especial, auctorité & puissance Royal dont Nous usons à present, confermons: & avec ce en ampliant notre dicte grace, pour le bien du Peuple commun de ladicte Ville de Paris & Banlieuë d'icelle, & à la supplication des Maistres dudit Mestier de Tainturiers, avons adjousté oudit Registre les Clauses qui s'ensuivent.

(1) Premierement. Que nuls ne puist taindre Peaulx, ne faire teindre ne vendre, rouges ne noires ne d'autres couleurs, s'il n'est dudit Mestier; pour ce que se les denrées estoient trouvées fausses, en pourroit dire que ce seroit par le fait & coulpe des Maistres dudit Mestier, & s'il est ainsi que aucuns apporte Peaux taintes [a] dehors, que elles soient veues par lesdiz Maistres avant que elles soient mises en vente, pour sçavoir si elles seront bonnes ou non: & quiconque sera trouvé vendant ou euvrant de autres Peaux taintes que bonnes, que il soit en amende de trente solz parisis; c'est assavoir à Monseigneur & à Nous, vint soubz parisis, & les denrées acquises, & aus Maistres dudit Mestier, dix sobz parisis.

(2) Item Oudit Registre est contenu entre les autres Clauses, que nulz qui [b] faira autre Mestier dont il seura gaigner sa [c] chavence, ne soit receuz à faire ledit Mestier de Tainture, s'il ne renonce à l'autre dont il se sera entremis: Si voulons que nulz ne s'en puist entremettre, s'il n'est Aprantiz à Paris [d] quatre anz contenuz oudit Registre.

(3) Item. Que aucuns ne [e] comporte Peaulx taintes par la Ville de Paris *(f)* responnemuent, pour ce que l'en y pourroit porter & vendre plusieurs fausses denrées en decevant le Peuple qui les achesteroient, & qui n'auroient esté veues ne visitées par les Maistres dudit Mestier: & qui sera trouvé faisant le contraire, que il soit en amende de dix sobz parisis; six sobz parisis à Monseigneur & à Nous, & les denrées acquises, & quatre sobz parisis ausdiz Maistres.

(4) Item. Quant à une Clause contenus oudit Registre, faisant mention que nulz ne puisse ouvrer de Tainture de Peaux jusques à tant que il ait acheté le Mestier vint sobz parisis à Monseigneur ou à Nous, Nous à la supplication d'iceux Maistres, voulanz que yceulx vint sobz parisis soient mis à quarante solz parisis; c'est assavoir à Monseigneur & à Nous, trente sobz parisis, & dix sobz parisis auxdiz Maistres pour leurs paines de faire la visitation dudit Mestier.

(5) Item. Avecques ce avons adjousté oudit Registre, que aucun ne soit si hardi de taindre Peaux d'Alun ne de [f] Gravelle, en noir, en rouge ne en autres Taintures, se les denrées ne sont bien convenablement en leurs Taintures [g] courées: & quiconque sera trouvé faisant le contraire, que il soit en amende de vint sobz parisis; c'est assavoir douze sobz parisis à Monseigneur & à Nous, & les denrées acquises, & huit sobz parisis pour les Maistres d'iceluy Mestier, afin que ledit Mestier soit fait & soustenu sanz aucune fausseté.

Si donnons en mandement au Prevost & Receveur de Paris qui à present sont & qui pour le temps à venir seront, & à tous autres Justiciers & Subgiez de Monseigneur & de Nous, que ledit Registre & tout ce que adjousté y est de par Nous par la teneur de ces presentes, tiengnent & gardent & facent tenir & garder de point en point, [h] ores & au temps avenir, envers touz & contre touz sanz le enfraindre en aucune maniere par quelconques personnes que ce soit. Et pour ce que les choses

a *de dehors.* R. C.

b *feura.* R. C.

c *chevance.* R. C.

d *pendant les quatre.*

e *colporte.*

f *Voy. cy-dessus, Note (d)*

g *couroyées.* R. C.

h *presentement.*

NOTES.

(f) Responnemuent.] Ce mot est presque effacé dans le Registre des Chartres. Dans celuy du Chastelet, il y a *responnaument.*

Je n'ay pû découvrir la signification de l'un ni de l'autre de ces termes.

dessus-dictes & chascunes d'icelles soient fermes & estables à touzjours, Nous avons fait mettre nostre Scel à ces Lettres : sauf en autres choses le droict de Monseigneur & de Nous, & l'autruy en toutes. *Donné au Louvre-lèz-Paris, l'An de grace mil trois cens cinquante-neuf, ou mois d'Octobre.*

Par Monsieur le Regent, à la relation [a] Monsieur le Comte [b] d'Estampes.

J. GOSSE.

[c] *Collation faite à l'Original des Lettres ci dedenz encorporées par moy,* J. GOSSE.

a de.

b Voy. cy-dessus, p. 167. Note (f)

c Cecy n'est pas dans le R. C.

CHARLES REGENT, Jean I.er & selon d'autres, Jean II. au Louvre près Paris, en Octobre 1359.

(a) Lettres de Sauvegarde pour le Chapitre du Vivier en Brie, avec attribution de leurs affaires au Parlement de Paris, ou aux Requestes du Palais.

KAROLUS Regis Francie Primogenitus, Regnum regens, Dux Normannie & Dalphinus Viennensis : Universis presentes Litteras inspecturis, salutem. Inter cunctas urgentes [k] *sollitudines & curas, quibus in regendis subditis Nobis plebibus afficimur,*

NOTES.

(a) Tresor des Chartres, Reg. 89. Piece 451. Elle est vidimée dans des Lettres de Mars 1360. qui la confirment. Voy. cy-dessus, p. 263. Note (a).

Il y a dans le Tresor des Chartres, Registre 91. Piece 451. des Lettres très singulieres sur les Sauves-gardes, que l'on a crû devoir faire imprimer icy.

(a) Lettres par lesquelles le Roy reçoit la cession de la Garde de l'Abbaye de Morimont faite par Guy Sire de Choiseul, qui la tenoit en Fief de luy.

JEHAN &c. savoir, &c. Que comme nostre amé & feal Guy Sire de Choiseul, [illegible] pour grant somme de Florins qui li a convenu payer pour le rachat de la forteresse de Joingville dont il estoit plesge [d], & pour ce hostage en la Ville de Meiz [e], comme autrement, soit tenus & obligé envers plusieurs ses Creanciers en grans & diverses sommes de deniers, dont il ne puet faire ad present satisfaction à sesdiz Creanciers, sanz faire vile distraction de ses biens ; & de par ledit Sire de Choiseul Nous ait esté signifié, que les Religieux, Abbé & Convent de l'Abbaye de (*) Mormont, & aussi ladite Abbaye soit en & de sa Garde; laquelle Garde est de nostre Fié & la tient de Nous en foy & hommage, & que pour les acquitter envers sesdiz Creanciers, il vendroit volentiers & delaisseroit à tousjours, s'il Nous plaisoit, ausdiz Religieux ladite Garde, & ainsi il demourroient des-lors en avant en nostre Garde sans [f] moyens, en Nous suppliant humblement que ladite Garde ainsi vendre & delaisser ausdiz Religieux, Nous luy voulsissiens donner licence. Nous inclinans à sa supplication, audit Sire de Choiseul avons octroyé & octroyons par la teneur de ces Lettres, de grace especial & de nostre auctorité Royal, que la Garde desdiz Religieux & de ladite Abbaye, nonobstant qu'elle soit de nostre fié, & que à present il la tiengne de Nous en foy & en hommage, comme dessus est dit, il puisse vendre à tousjours & delaissier sans offense ausdiz Religieux, [g] parmi tele somme d'Argent à une foiz [h] comme il en pourra avoir, & que delors en avant, lesdiz Religieux & aussi ladite Abbaye soient & demourent perpetuelment en & de nostre Garde sans moyen, & de nos successeurs Roys de France, sans ce que pour cause de ladite [i] venduë & delaissement, ledit Sire de Choiseul ne aussi lesdiz Religieux en leurs successeurs soient tenus de payer à Nous ou à nosdiz successeurs finance aucune : laquelle finance Nous leur donnons & remettons de nostre grace, par la teneur de ces presentes Lettres : ausquelles pour ce que soit ferme chose & estable à tousjours, Nous avons fait mettre nostre Seel : sauf en autres choses nostre droit & l'autruy en toutes. Ce fut fait à (*) Reaulieu de lèz Compiegne, *l'An de grace mil trois cens soixante-deux, ou mois de Juing.*

Ainsi signé Par le Roy, en son Conseil. J. BLANCHET.

d caution.

e Metz.

f Voy. cy-dessus, p. 145. Notes (ffff) & (gggg)

g moyennant.

h payer.

i vente.

k sollicitudines.

NOTES.

(*) *Mormont.*] Je ne doubte point que cette Abbaye ne soit *Morimond* situé en Champagne dans le Bassigny : car je trouve dans la *Gall. Christ.* 2.e Edit. Tom. 4. p. 814. que cette Abbaye a esté fondée en 1144. par des Seigneurs de *Choiseul.*

(*) *Reaulieu.*] Autrefois Prieuré : presentement Abbaye des Religieuses de S.t Jean aux Bois, transferée dans ce Prieuré. *Pouillé de l'Archevesché de Rheims, par le P. Labbe, p. 20. du Diocèse de Soissons.*

CHARLES REGENT, Jean I.er & selon d'autres, Jean II. au Louvre près Paris, en Octobre 1359.

ad hoc precipuè nostre mentis aspirat affectus, per quod nostris temporibus sub commisso Nobis regimine Status Ecclesiasticus in transquillitate & pace manuteneri valeat & deffendi, & in suis agendis [a] *que à rationis tramite non discordant, Regiis presidiis conforeri. Sane ad nostram Ecclesiam Beate Marie (b) de Vivario in Bria Meldensis Diocesis, per Nos nuper fondatam & dotatam, at dilectos nostros Thesaurarium & Capitulum ipsius Ecclesie specialis considerationis intuitum convertentes, ut eo libentius circa Divina intendant obsequia, quo majori fuerint liberalitate donati, & dictis presidiis prospexerint se munitos, ipsos, Ecclesiam, Thesaurarium & Capitulum tam in capite quam in membris, singulosque ipsius Ecclesie Canonicos, Capellanos, Vicarios & Clericos presentes & futuros, cum eorum familiaribus & servitoribus hominibus* [b] *de corpore, bonis etiam, rebus,* [c] *possionibus, Domibus maneriisque, & Juribus universis & singulis eorumdem, que nunc habent & possident & que illos habere & possidere contigerit in futurum, ad suam & bonorum Juriumque predictorum conservationem & securitatem, de gratia speciali & ex certa scientia, in salva & speciali Gardia Regia dudum suscepimus, volentes que ipsos ex* [d] *amplori & valeriori communire, ne in suis Causis & querelis coram diversis Judicibus & diversis (c) Auditoribus distrahantur, eisdem tam agendo quam deffendendo, Judices constituimus dilectas & fideles Gentes que pro tempore Parlamentum Regium tenebunt, aut Presidentes in eodem si ipsum non sedeat Parlamentum, vel dilectas & fideles Gentes Requestarum Palacii Regii, eosdem & quemlibet ipsorum ac successores suos, res & bona à Prepositi & Baillivi (d) de Tournanco in Bria & Prepositi Parisiensis ac quorumlibet aliorum ordinariorum Judicum Regiorum vel aliorum Jurisdictione & potestate, auctoritate Regia qua fungimur in hac parte, ex certa scientia prorsus eximimus & totaliter liberamus; districtius inhibentes ne Baillivus & Prepositi prefati vel alter ipsorum & successores eorumdem in Ecclesiam, Thesaurarium & Capitulum, Canonicos, Capellanos, Vicarios, Clericos, Servitores & familiares predictos aut ipsorum alterum, res & bona eorumdem, tacite vel expresse, directe vel indirecte aut aliter qualitercunque Jurisdictionem aliquam exercere presumant: decernentes auctoritate eadem Capellam, Thesaurarium, Capitulum, Canonicos, Capellanos, Vicarios & Clericos, ac servitores prefatos, eorumque res & bona dicto Domino Genitori & Nobis ac nostris successoribus in temporalibus in predictis duntaxat Auditoriis immediate subesse, ac irritum & inane* [e] *nullusque penitus existere firmitatis, si secùs à quoquam quavis auctoritate scienter vel ignoranter, contigerit* [f] *acceptari. Volumus insuper & predicta auctoritate statuimus ut Gentes nostre predicte, successoresque sui Jurisdictionem obtineant in eosdem. Quod ut perpetue stabilitatis robur obtineat, nostri sigilli presentes Litteras fecimus appensione muniri: nostro in aliis & quolibet alieno in omnibus Jure salvo.* Datum apud Luparam propè Parisius, Anno Domini millesimo trecentesimo quinquagesimo-nono, mense Octobris.

a quæ.

b *Hommes de Corps, Serfs. Du Cange, au mot* Homo.

c possessionibus.

d ampliori, & valentiori. *Il manque-là un substantif.*

e nullius.

f *Fort.* attentari.

NOTES.

(b) *De Vivario in Bria.*] Voy. cy-dessus, p. 320. Note (*a*) & à la 3.e ligne, au lieu du mot *Octobre*, corrigez Mars 1360. Voy. l'*Errata*.

(c) *Auditoribus.*] Juges ou Commissaires deleguez par les Juges. Voy. le Gloss. de Du Cange au mot *Auditor*.

(d) *De Tournanco.*] *Tournan*, dans le Diocese de Meaux. Il y a une Prevosté Royale qui ressortit à la Prevosté & la Vicomté de Paris. *Dictionn. Geograph. de la France* par Saugrain.

CHARLES REGENT, Jean I.er & selon d'autres, Jean II. au Louvre-lès-Paris, le 22. de Novembre 1359.

(a) Mandement pour fixer le prix des Especes d'Or & d'Argent, & celuy du Marc d'Argent, & pour faire fabriquer de gros Deniers blancs à l'Estoille.

CHARLES aisné Filz du Roy de France, regent le Royaume, Duc de Normandie & Dalphin de Viennois: A nos amez & feaulx les Generaulx-Maistres des Monnoyes de mondit Seigneur & nostres, salut & dillection. Pourceque plusieurs Gens des bonnes Villes dudit Royaume Nous ont fait monstrer en eulx griefvement complaignant, que par la coulpe & deffault des Justiciers dudit Royaume de non faire crier & publier les Ordonnances solempnellement, que Nous avons faictes sur le fait & gouvernement des Monnoyes, & icelle tenir & garder en toutes ou en la greigneur partie d'icelles, plusieurs malicieux Changeurs, Marchans & autres Gens de plusieurs estatz, ont prins & mis, prennent & mectent toutes manieres de Monnoyes tant d'Or comme d'Argent faictes hors dudit Royaume, pour tel * pris comme il leur plaist, & tellement que les Florins & autres Monnoyes d'Argent sont prinses & mises pour trop plus grant pris en aucunes desdites Villes que ès autres, si diversement que il n'est aucun qui se y puisse congnoistre, ne qui saiche comment [a] marchander, suppliant que sur ce vueillons pourveoir de remede convenable: savoir faisons que Nous desirans de tout nostre cueur le fait & gouvernement desdites Monnoyes venir & tenir en ung bon estat, par grant & bonne deliberacion eue avec nostre Conseil, avons voulu & ordonné, si comme il vous est apparu ou appaira par noz autres Lectres sur ce faictes, addressans aux Seneschaulx, Baillifz & Prevostz dudit Royaume, & par ces presentes voulons & ordonnons que depuis la publication de nostredite Ordonnance, les Royaulx d'Or fin que Nous avons fait faire & ferons, ne soient prins & mis que pour quarente solz tournois la piece ; Et les blancs Deniers qui ont cours pour quinze deniers tournois la Piece, ne soient prins & mis que pour cinq deniers tournois & non pour plus, & toutes autres Monnoyes d'Or & d'Argent mises au marc pour Billon: Et que tantost & sans delay, l'en face faire & ouvrer en toutes & chacunes les Monnoyes dudit Royaume, excepté en celles de la Languedoc, gros Deniers blancs à l'Estoille à quatre deniers de Loy dit Argent-le-Roy, & de quatre solz [b] de poix au marc de Paris, qui auront cours pour deux solz six deniers la Piece. Et sera donné à tous Changeurs & Marchans de chacun marc d'Argent allayé à iceulx quatre deniers & au-dessus, onze livres dix solz tournois, & de tout autre marc d'Argent allayé au-dessoubz d'iceux quatre deniers de loy, onze livres tournois. Si vous mandons & à chacun de vous enjoignons estroictement que sans delay ces Lettres veuës, par toutes lesdites Monnoyes vous faciez faire iceulx gros Deniers blancs, du coing, poix & loy que dit est, en donnant aux Changeurs de chacun marc d'Argent les pris dessusdits, & aux Ouvriers & Monnoyers tel sallaire comme bon vous semblera. Et là où vous verrez qu'il sera chose convenable à faire doubles tournois, si les faictes faire telz comme bon vous semblera selon le pié d'iceulx gros. Et ou cas que il conviendra mectre Cuivre en iceluy Ouvraige, Nous voulons qu'il soit [c] quis & acheté à noz despens. De tout ce faire à vous & à chacun de vous donnons povoir, auctorité & mandement especial par la teneur de ces Lettres. *Donné au Louvre-lez-Paris, le vingt deusiesme jour de Novembre, l'An de grace mil trois cent cinquante-neuf. Ainsi signé.* Par Monsieur le Regent en son Conseil.

B. FRANÇOIS.

* on pourroit lire aussi *poids*.

[a] *commercer.*

[b] *à 48. Pieces au marc.*

[c] *acquis.*

NOTES.

(a) Registre D. de la Cour des Monnoyes de Paris, *fol.* 44. *recto.* Avant ce Mandement, il y a: *Mardy 26.e jour de Novembre 1359. furent apportées unes Lettres ouvertes, de par Monsieur le Regent le Royaume, Duc de Normandie & Dalphin de Viennois, adressant ausdits Generaulx-Maistres, desquelles la teneur s'ensuit.*

(a) Mandement

CHARLES REGENT, Jean I.er & selon d'autres, Jean II. au Louvre-lès-Paris, le 22. de Novembre 1359.

(a) Mandement pour fixer le prix des Especes d'Or & d'Argent.

CHARLES aisné Fils du Roy de France, regent le Royaume, Duc de Normandie & Dalphin de Viennois: Au Prevost de Paris ou à son Lieutenant, salut. Plusieurs Gens des bonnes Villes dudit Royaume Nous ont fait monstrer en eulx griefvement complaignant, que par la coulpe & deffault de vous & des autres Justiciers dudit Royaume, de non avoir fait crier & publier solempnellement les Ordonnances que Nous avons faictes sur le fait & gouvernement des Monnoyes, & icelles tenir & garder en toutes ou en la greigneur partie d'icelles, plusieurs malicieux Changeurs, Marchans & autres Gens de plusieurs estatz ont prins & mis, prennent & mectent toutes manieres de Monnoyes tant d'Or comme d'Argent & faictes hors dudit Royaume, pour tel pris comme il leur plaist, & tellement que les Florins & autres Monnoyes d'Argent sont prinses & mises pour trop plus grant pris en aucunes desdites Villes que ès autres, si diversement & en telle maniere qu'il n'est aucun qui se y puisse congnoistre, ne qui saiche comment [a] marchander, supplians que sur ce vueillons pourveoir de remede convenable. Pour ce est-il que Nous inclinant à leur supplication, desirans de tout nostre cueur le fait & gouvernement desdites Monnoyes venir & tenir en bon estat, par grant & bonne deliberacion eue avec nostre Conseil, avons voulu & ordonné, & par ces presentes voulons & ordonnons que dores-en-avant depuis la publication de ces Lettres, les Royaulx d'Or fin que Nous avons fait faire, faisons & ferons faire, ne soient prins & mis que pour trente-deux solz parisis la Piece; & les blancs Deniers à trois Fleurs de Liz qui ont cours pour douze deniers parisis la Piece, ne soient prins & mis que pour quatre deniers parisis la Piece & non pour plus; & les gros Deniers blancs à l'Estoille que Nous avons à present ordonnez estre faitz, ayent cours & soient prins & mis pour deux solz parisis la Piece, & toutes autres Monnoyes tant d'Or comme d'Argent faictes oudit Royaume & dehors, ausquelles Nous avons osté & ostons le cours du tout par ces presentes, ne soient prinses en appert [b] ou en couvert pour aucun pris, fors au marc pour Billon, sur peine de perdre icelles: Et que nulz [c] Tabletiers, Merciers ou autres de quelque condicion ou estat qu'ilz soient, ne soient [d] osez ne si hardiz de faire fait de Change en appert ou en couvert, se n'est sur grant Pont à Paris, nonobstant quelzconques Lettres qu'ilz ayent de Nous, lesquelles Nous rappellons & mectons du tout au neant par ces presentes. Si vous mandons, commectons & estroictement enjoignons sur le serment & loyaulté que vous avez à mondit Seigneur & Nous, que ceste presente Ordonnance, laquelle Nous avons très à cueur estre gardée & tenuë d'un chacun sans enfraindre, vous fassiez crier & publier solempnelement en tous les lieux notables & accoustumez en vostre Prevosté & ressort, *(b)* ou l'en pourra aller bonnement, mieulx & plus diligeamment que autrefois n'avez fait faire [e] telles que Nous vous avons envoyées, & tellement que aucuns ne la puissent ignorer ne eulx excuser de la savoir & garder sans enfraindre: Et de tous ceulx que vous pourrez trouver & savoir faisans le contraire, faictes-en ou faictes faire pugnicion sans espargne, tellement que ce soit exemple à tous autres. Et pour certain se

[a] *commercer.*

[b] *publiquement ou en secret.*

[c] *Voy. cy-dessus, p. 90. Note (d)*

[d] *si.*

[e] *celles.*

NOTES.

(a) Registre D. de la Cour des Monnoyes de Paris, *fol.* 44. *verso.*

Avant ce Mandement, il y a:

Item. *Le 26.e jour de Novembre, furent apportées en la Chambre des Monnoyes, vingt-six paires de Lectres ouvertes adressans aux Seneschaulx & Baillifz de France de Languedoil, desquelles la teneur s'ensuit en l'autre page.*

(b) Où l'on pourra aller bonnement.] Les Anglois & les Troupes du Roy de Navarres occupoient plusieurs postes auprès de Paris, entre autres *Melun.* Voy. cy-dessus, p. 298. les Lettres du 4. de Novembre 1358.

dores-en-avant y a aucun deffault, Nous vous en monftrerons noftre defplaifir. *Donné au Louvre-lez-Paris, le vingt-deuxiefme jour de Novembre, l'An de grace mil trois cens cinquante & neuf. Ainfi figné.* Par Monfieur le Regent en fon Confeil. B. FRANÇOIS.

CHARLES REGENT, Jean I.er & felon d'autres, Jean II. au Louvre-lès-Paris, le 2. de Decembre 1359.

(a) Mandement pour faire fabriquer de gros Deniers blancs.

CHARLES aifné Filz du Roy de France, regent le Royaume, Duc de Normandie & Dalphin de Viennois: A noz amez & feaulx Maiftres des Monnoyes de Monfeigneur & noftres, falut & dilection. Comme nagueres Nous ayons ordonné & vous mandé par noz autres [a] Lectres, que en toutes les Monnoyes dudit Royaume, excepté en celles de la Languedoc, l'en face faire & ouvrer gros Deniers blancs à l'Eftoille à quatre deniers de loy dit Argent-le-Roy, & de quatre folz de pois au marc de Paris, ayant cours pour deux folz tournois la Piece; & depuis il eft venu à noftre cognoiffance que *(b)* le Roy d'Angleterre ennemy dudit Royaume, à grant effort & puiffance de gens d'armes, eft entré en iceluy, aufquelz [b] contrefter à l'aide de Dieu & de tout notre povoir, Nous avons très grant defir. Pour laquelle chofe faire Nous convient fupporter & maintenir très grans & innumerables [c] mifes, defquelles Nous ne povons [d] finer bonnement, fe n'eft par le prouffilt & emolument de l'Ouvraige defdites Monnoyes. Savoir vous faifons que par grant & bonne deliberacion, eüe confideracion aux chofes deffufdites, Nous avons voulu & ordonné, & par ces prefentes voulons & ordonnons & vous mandons & à chacun de vous, que tantoft & fans delay ces Lettres veues, en toutes & chacunes lefdites Monnoyes dudit Royaume, excepté en celles de Languedoc, comme dit eft, vous faciez faire & ouvrer iceulx gros Deniers blancs à trois deniers de loy dit Argent-le-Roy, & de quatre folz de [e] pois au marc de Paris, comme dit eft, fans mectre ou faire mectre en iceulx point de [f] difference, pourceque Nous voulons cefte chofe pour certaine caufe eftre tenue la plus fecrette que l'en pourra. Si le faictes & faictes faire fi dilligeamment & en telle maniere que il n'y ait deffault. Et de ce faire à vous & à chafcun de vous donnons povoir, auctorité & mandement efpecial par la teneur de ces prefentes, nonobftant qu'il n'a pas efté ne eft accouftumé de faire aucune Monnoye blanche ou noire de plus baffe loy que il n'a efté ordonné, fans y mectre aucune difference. *Donné au Louvre-lez-Paris, le fecond jour de Decembre, l'An de grace mil trois cent cinquante & neuf.* Par Monfeigneur le Regent. OGIER.

a *Voy. cy-deffus, p. 376. les premieres Lettres du 22. de Novembre 1359.*

b *refifter.*

c *dépenfes.*

d *trouver de quoi fubvenir aux dépenfes.*

e *à 48. Pieces au marc.*

f *Voy. cy-deffus, p. 266. Note (e)*

NOTES.

(a) Regiftre D. de la Cour des Monnoyes de Paris, *fol. 46. verfo.*

Avant ce Mandement, il y a:

Mercredy 4.e jour de Decembre 1359. fut apporté en la Chambre des Monnoyes, ung Mandement de Monfeigneur le Regent, dont la teneur s'enfuit.

(b) Le Roy d'Angleterre, &c.] Ce Prince arriva à *Calais* deux jours avant la Touffaints 1359. Il en partit quatre jours après, & il alla affieger *Rheims*, qu'il ne prit pas. Voy. Froiffart, Liv. 1. ch. 206. & fuiv. p. *m.* 231. & fuiv.

CHARLES REGENT, Jean I.er & selon d'autres, Jean II. au Louvre-lès-Paris, le 28. de Decembre 1359.

(a) Lettres qui ordonnent que les Assignations données par le Roy & par ses Commissaires, pour recevoir de l'Argent sur les receptes Royales, ne seront pas payées, si elles n'ont esté passées par les Tresoriers, dont les Lettres seront attachées aux Assignations.

CHARLES ainsné Filz du Roy de France, regent le Royaume, Duc de Normandie & Dauphin de Viennois: à noz amez & feaulz les Genz des Comptes de Monseigneur & de Nous à Paris, Salut & dilection. Comme Nous avons fait plusieurs dons & assignacions sur plusieurs Receptes & Monnoies de Monseigneur & de Nous dudit Royaume, & aussi ayons ordené pluseurs Commissaires à recevoir les deniers desdites Receptes & Monnoies, & en aions donné noz Lettres sur ce adreçanz aus Receveurs desdites Receptes & aus Gardes & Mestres desdites Monnoies: Savoir vous faisons que Nous par grant & meure deliberacion de nostre Conseil, avons ordené & ordenons par ces presentes & pour cause, que denier quelconque ne soit paié, baillié ou delivré à personne qui vive, pour quelconque dons, mandemens, assignacions ou Lettres de Commissaires que Nous en aions fait ou donné, facions ou donnions dores-en-avant, se nozdites Lettres ne sont passées par noz amez & feaulx les Tresoriers de Monseigneur & de Nous, & que leurs Lettres soient attachiées avec icelles comme d'ancienneté a esté accoustumé de faire: Pourquoy Nous vous mandons que tantost ces Lettres veuës, vous mandez & deffendez de par Nous par voz Lettres dedens lesquelles ces presentes soient encorporées, à touz les Receveurs generauls & particuliers des Receptes & autres, & à touz Gardes & Mestres particuliers des Monnoies de Monseigneur & de Nous, que denier quelconque ne paient ou baillent à quelconque personne que ce soit, contre nostre presente Ordenance, & vous deffendons & enjoignons estroitement sur le serment que vous avez à Monseigneur & à Nous, que ce que ainsi en paieront ne leur soit alloüé ne passé en compte, mais le faites incontinent recouvrer sur euls. *Donné au Louvre-lez-Paris, le vint-huitiesme jour de Decembre, l'An de grace mil trois cens cinquante-neuf.* Par Monseigneur le Regent, à la relacion du Conseil, ouquel estoient Messieurs l'Arcevesque de Senz, l'Evesque de Beauvez, le Sire de Garencieres, les Gens des Comptes & pluseurs autres. ROUGEMONT.

NOTES.

(a) Memorial C. de la Chambre des Comptes de Paris, *fol.* 237. *verso.*

CHARLES REGENT, Jean I.er & selon d'autres, Louvre-lès-Paris, le dernier de Decembre 1359.

(a) Mandement pour faire fabriquer de nouvelles Especes dans les Monnoyes qui y sont nommées.

CHARLES aisné Filz du Roy de France, regent le Royaume, Duc de Normandie & Dalphin de Viennois: à nos amez & feaulx les Generaulx-Maistres des Monnoyes de Monseigneur & de Nous, Salut & dillection. Savoir vous faisons que pour plusieurs & justes causes qui à ce Nous meuvent, & par grant & bonne

NOTES.

(a) Registre D. de la Cour des Monnoyes de Paris, *fol.* 48. *recto.*

Avant ce Mandement, il y a:

Le deuxieme jour de Janvier, l'An 1359. fut apporté ung Mandement de Monseigneur le Regent, duquel la teneur est telle.

Monnoye sept vingt-quatriesme.

CHARLES REGENT, Jean I.er & selon d'autres, Jean II. au Louvre-lès-Paris, le dernier de Decembre 1359.

a *à 60. Pieces au marc.*

b *Voy. cy-dessus, p. 266. Note (c) & p. 378.*

c *à 180. Pieces au marc.*

d *acquis.*

deliberácion de nostre Conseil, avons voulu & ordonné, & par ces presentes voulons & ordonnons, & à chacun de vous mandons & estroictement enjoignons, que tantost & sans delay ces Lectres veuës, toutes excusácions cessans, ès Monnoyes de mondit Seigneur & nostres à Paris, à Roüen, à Troyes, à Bourges & à Saint-Quentin tant-seulement, vous fassiez faire & ouvrer gros Deniers blancs à l'Estoille, autelz & semblables en taille & en façon comme ceulx que Nous faisons faire à present: lesquelz seront à deux deniers douze grains de loy dit Argent-le-Roy, & de [a] cinq solz de poix au marc de Paris, ayans cours pour deux solz parisis la Piece comme ceulx de present, & en mectant en iceulx telle [b] difference comme vous semblera: Et Deniers doubles parisis pour le bien & prouffilt du commun Peuple, lesquelz seront à dix-huict grains de loy dit Argent-le-Roy, & de [c] quinze solz de poix audit marc, ayans cours pour deux deniers parisis la Piece: En donnant aux Changeurs & Marchans de chacun marc d'Argent tant blanc comme noir, les pris que Nous y avons derrenierement ordonnez, ou tel pris comme bon semblera à noz amez & feaulx Conseillers Messieurs Nicolas Bracque Chevalier, & Hugues Bernier & les Tresoriers; & aux Ouvriers & Monnoyers tel sallaire ou creuë d'Ouvraige & Monnoyaige comme vous verrez qu'il appartiendra estre fait. Et tout le Cuivre qu'il conviendra mectre en icelluy Ouvraige, Nous voulons qu'il soit [d] quis & acheté à nos despens, & alloüé ès Comptes de ceulx à qui il appartiendra sans contredit. De ce faire à vous & à chacun de vous donnons povoir, auctorité & mandement especial par la teneur de ces Lettres: si gardez que il n'y ait deffault. *Donné au Louvre-lèz-Paris, le derrenier jour de Decembre, l'An de grace mil trois cens cinquante-neuf. Ainsi signé.* Par Monseigneur le Regent, en son Conseil, ouquel estoient Messieurs l'Archevesque de Sens, le Sire de Garancieres, de Vinay, N. Bracque, les Gens des Comptes, H. Bernier & plusieurs autres. OGIER.

CHARLES REGENT, Jean I.er & selon d'autres, Jean II. à Meleun sur Seine, en Decembre 1359.

e *Beaujeu.*

(a) Restablissement du Bailliage Royal de S.t Jangon en Masconnois.

CHARLES ainsné Filz du Roy de France, regent le Royaume, Duc de Normandie & Dalphin de Viennois: Savoir faisons à touz presents & à venir, que comme paravant que *(b)* la Conté de Mascon fut adjointe au Démaine dudit Royaume, le Conte de Mascon & ses subgietz fussent ressortissans au Chastel de *(c)* S.t Jengoul, Chastel & Chastellenie Royaux & anciens, & aussi estoient dudit ressort nos amez & feaulx l'Arcevesque, Doyen & Chapitre & les Habitans de Lyon; l'Evesque, Doyen & Chapitre de Mascon; l'Evesque, Doyen & Chapitre de Châlon; les Religieux de Tournu, de Clugni, & plusieurs Prelats & Gens d'Eglise; notre chier & amé Cousin le Duc de Bourgoingne; le Conte de Forez, le Seigneur de [e] Biaugeu, leurs terres & leurs subgietz, & plusieurs autres Seigneurs,

NOTES.

(a) Memorial D. de la Chambre des Comptes de Paris, *fol.* 1.

A la marge de ces Lettres est écrit : *Ego Adam Boucherii Clericus Domini Regis & custos Thesauri Litterarum Regiarum, recepi in Camera Compotorum Originale hujus transcripti per manum Magistri Johannis Aquil. die penultima Januarii, Anno 1359.*

(b) La Comté de Mâcon, &c.] Il fut vendu à *S.t Loüis* en 1238. par Jean de *Dreux*, & *Alix* sa femme, heritiere de ce Comté. Descrip. Histor. & Geogr. de la France part. 1.re Liv. 3. p. 288.

(c) S.t Jengoul.] Le nom latin de ce S.t est *Gengulfus*. Il souffrit le martyre dans la Bourgogne vers 760. Voy. sa vie dans les Bollandistes au 11. de May, 2. vol. du mois de May, p. 642.

Dans la Piece 101. du Registre 88. du Tresor des Chartres, il est nommé *S.t Jengulphus*, & dans la Piece 71. du même Reg. la Ville à laquelle il a donné son nom, est nommée S.t *Jangoulf.*

M. l'Abbé Chastellain dans son Vocabulaire Hagiolog. qui est à la teste du Dictionn. Etymolog. de Menage, nomme ce S.t *Gangulfus* en latin, & S.t *Gengon* en françois.

Seignouries, Villes, terres & pays: Et à yceluy temps estoient les Assises tenuës audit lieu de S.t Jengon; & pour cognoistre des causes du ressort de souveraineté, & ycelles oir & determinier, Nosseigneurs les Roys de France avoient accoustumés de toutte ancienneté avoir Bailliage Royaul & Bailly audit lieu, qui estoient appellez Bailliage & Bailly de S.t Jengon; duquel Bailly l'en apelloit pour le temps en Parlement à Paris & non ailleurs: Et depuis que ladite Conté de Mascon fut advenuë & adjointe au Demaine Royal, pour ce que Mascon estoit bonne & notable Cité, & aussi comme au milieu desdits ressorts, il fut ordonné que les Assises & le siege dudit Bailliage que l'en tenoit paravant à Saint Jengon, seroient menez & tenus à Mascon, & fut [a] müez li noms du Bailly & du Bailliage, & depuis tousjours ont esté appellez Bailly & Bailliage de Mascon, & nagaires aiens donné à notre chier & amé Frere le Conte de Poittiers, *(d)* laditte Conté de Mascon; par vertu duquel don, l'en dit que notredit Frere & ses Gens se sont vouluz efforcier de vouloir traire à eux lesdits ressorts, & la congnoissance desdit Prelats & Gens d'Eglise, de nostredit Cousin le Duc de Bourgoigne, du Conte de Forez, du Seigneur de Biaugeu, des Habitans de Lyon & des autres dont ledit ressort est & appartient à Monsieur & à Nous, à cause de la Couronne de France de toute ancienneté, & avant que ladite Conté de Mascon fut adjointe audit Demaine, & d'avoir la cognoissence d'eulz, de leurs terres, Officiers, subgiez en touz cas de ressort & souveraineté, & aussy les droits & prouffits & emolumens que Monsieur & Nous aviens en la Ville, Cité, terre & Baronnie de Lyon & ailleurs, à cause de ladite Couronne, & qui ne sont en rien ne oncques ne furent de ladite Conté de Mascon: Nous adecertes, declairons que nostre intencion n'est onques ne fut de donner à notredit Frere les ressorts, droits, souveraineté & prouffiz & emolumens dessusdits, ne de yceuls alienner à cause du don dessusdit, ne autrement; mais avons tousjours entendu & entendons de yceus retenir à Monsieur, à Nous & à la Coronne de France, ne par nulle maniere n'en pevent estre alliennez, transportez ne mis hors, mesmement que nostredit Cousin le Duc de Bourgoingne qui est Per de France, ne sera subgiez par vertu des Previleges des Pers de France, ne doit ressortir [b] mais que devant le Bailly Royal, comme dit est, & que lui & les autres subgiez dudit ressort, ont Privileges octroyez & jurez par plusieurs Roys de France, dont il Nous est apparut, que il ne pevent jamais à nul jour estre mis hors de la Couronne de France, pour cause de mariage, don, permutation ou autrement, par quelconques manieres que ce soit ou puist estre; & aussy telz droits de souveraneté & de ressort ne se peuvent ne ne doivent aliener: Et aussi eu sur ce avis & deliberation en nostre Grand-Conseil, avons Nous declairié & declarons par ces presentes & ordenné & encores ordennons que dores-en-avant à tousjours-mais, aura de par Monsieur & Nous, Bailly & Bailliage Royal qui à Saint Jangon & ailleurs là où raison sera èz [c] termes desdits ressorts, tendra son siege ordinaire & ses Assises, & congnoistra de touttes les causes touchant ressort, souveraineté & autres choses dessusdites de cy-en-avant perpetuelment, tout aussy & en la maniere que faisoit le Bailly de Mascon avant que Nous donnessiens à nostredit Frere ycelle Conté; lequel Bailly sera appellé Bailli de S.t Jangon; sauf à notredit Frere le Demaine & la Justice qui au Conté de Mascon souloit appartenir. Sy donnons en mandement à tous les Justiciers & Officiers Royauls & subgiez desdits lieux & ressort qui à present sont & pour le temps à venir seront, requerons tous autres, que audit Bailli de Sainct Jengon qui nouvelement est instituez & establis de par Monsieur & Nous & qui pour le temps sera, comme à Bailly & Juge Royal & à ses Commis & Desputez, en faisant & exerçant ledit Office de Bailly & non à autre,

CHARLES REGENT, Jean I.er & selon d'autres, Jean II. à Meleun sur Seine, en Decembre 1359.

a *changez.*

b *si ce n'est devant.*

c *dans le territoire.*

NOTES.

(d) Ladite Comté de Mâcon, &c.] Les Lettres de Don sont du mois de May 1359. Voy. la Compilation Chronolog. des Ordonn. par *Blanchard*, à cette date, Tom. 1. p. 126.

obbeiffent ; & entendent diligeaument, & ly preftent & facent aide & confort ; fi befoing en a, & s'il en font requis de par luy: En deffendant à tous que noftre dit Bailly en [a] l'exercion dudit Office ne empefchent en aucune maniere ou fueffrent empefchier, mais l'en laiffent & fueffrent joir & ufer fenz contredit: Et que ce foit ferme chofe & eftable à tousjours, Nous avons fait mettre notre Scel à ces prefentes: fauf en autres chofes le droit de Monfieur & noftre, & en toutes l'autruy. *Ce fut fait & donné à Meleun-fur-Saine, l'An de grace mil trois cens cinquante-neuf, ou Mois de Decembre.* Par Monfieur le Regent, en fon Confeil, auquel eftoient Monfieur l'Evefque de Troyes, le Sire de Garancieres, le Sire de Vinay, Meffire Jean de la Riviere & le Doyen de Chartres. N. DE VEIRES.

a l'exercice.

JEAN
FILS DU ROY
Jean I.er & felon d'autres, Jean II. & fon Lieutenant dans le Languedoc, à Touloufe, le 3. de Janvier 1359.

(*a*) Lettres de *Jean* Comte de *Poictiers*, Fils du Roy & fon Lieutenant dans le Languedoc, dans lefquelles il rappelle une Ordonnance de Philippe Augufte, qui deffend aux Sergents Royaux d'inftrumenter & de demeurer dans les terres des Seigneurs Jufticiers, fi ce n'eft dans certains cas.

JOANNES Regis Franciæ Filius, ejufque Locum-tenens in partibus Occitanis & Alverniæ, Comes Pictavenfis & [b] *Mafliconenfis: Senefcallo Bellicadri, cæterifque Jufticiariis Regiis, vel eorum Loca-tenentibus, Salutem.*

b Matifconenfis.

(*1*) *Cum in Ordinatione cariffimi* (*b*) *proatavi ipfius Domini Genitoris noftri fuper Servientum Regiorum Officiis edita, fit inter cætera Servientibus Regiis interdictum, ne ipfi juftitient aut Officium fuum exerceant in terris Prælatorum, Baronum aut aliorum Vaffallorum feu fubditorum Regiorum, in quibus ipfi habent omnimodam Jurifdictionem, Juftitiamque altam & baffam, feu merum & mixtum Imperium, nifi in cafu refforti, aut alio ad Dominum noftrum* (*c*) *vel confuetudine fpectante; neque tunc nifi de præcepto Senefcalli, Ballivi aut Præpofiti, Vice-Comitis, Vicarii feu Judicis Regii loci illius, quorum mandatum feu præceptum* [b] *continerit cafum ad dictum Dominum Regem, ut prædicitur, fpectantem.*

b continebit.

(*2*) Item. *Ne morentur feu larem faciant in dictis locis aut terris in fraudem abfque voluntate Dominorum, nifi fint oriundi de loco, aut ibi matrimonium contraxerint; In quibus etiam duobus cafibus, non poterunt Servientes Officium exercere in locis illis,*

NOTES.

(*a*) Ces Lettres ont efté envoyées de *Montpellier* avec cette Indication, *du N.° 12. Armoire A. fol. 69.*

Ces Lettres ne font proprement pas une Ordonnance, & elles n'ont efté imprimées icy, que parce qu'elles rappellent une Ordonnance de *Philippe Augufte*, laquelle n'eftoit pas connuë.

(*b*) *Proatavi.*] *Atavus* eft le quatriefme Ayeul. *Pro* adjoufte encore un nouveau degré plus éloigné, & ainfi *Proatavus* doit fignifier le cinquiefme Ayeul. Le cinquiefme Ayeul du Roy Jean eftoit *Philippe Augufte*.

Loüis le Hutin fon quatriefme Ayeul.
S.t Loüis fon Trifayeul.
Philippe le Hardy fon Bifayeul.
Charles Comte de *Valois* fon Ayeul.
Philippe de Valois fon Pere.

L'Ordonnance de *Philippe Augufte* rappellée par celle-cy, ne s'eft pas confervée, & la plus ancienne que l'on connoiffe fur ce fujet, eft celle de *Philippe le Bel* de l'An 1290. Voy. le 1. Vol. des Ordonn. Tom. 1. p. 319. Art. 12.

La difpofition de cet Article n'eftoit donc qu'une confirmation d'une Ordonnance de *Philippe Augufte*, laquelle a efté fouvent renouvellée depuis *Philippe le Bel*. Voy. les Tables des Matieres du 1. & du 2. Vol. des Ordonn. au mot *Sergents*.

(*c*) *Vel confuetudine.*] Il manque-là les mots, *de jure*, qui fe trouvent dans une Ordonnance de Philippe de Valois, à laquelle celle-cy eft conforme: *nifi in caufa*, [corr. *cafu.*] *refforti, aut alio ad nos de jure & confuetudine fpectante*. Voy. le 2. Vol. des Ordonn. p. 96.

etiamsi casus ressorti aut alii ad Nos Spectantes evenerint in eisdem (d) &c.

Mandamus vobis & vestrum cuilibet, prout ad eum pertinuerit, quatenùs in terra Nobilis Garini Domini de Apcherio, in qua vobis constiterit ipsum omnimodam, altam & bassam habere Justitiam, contenta in Ordinatione prædicta dicti proatavi præfati nostri Genitoris, prout superius sunt expressa, faciatis inviolabiliter observari, (e) prædictos & alios in contrarium facientes, prout ad vos seu vestrum quemlibet pertinuerit, debite puniendo. Datum Tolosæ sub nostro Sigillo, Die tertiâ Januarii, Anno Domini millesimo trecentesimo quinquagesimo-nono.

Per Dominum Locum-tenentem, ad relationem Consilii in quo erant Dominus Episcopus Lectorensis, Hugo de Podio-Villari & plures alii. ASTELERII.

NOTES.

(d) *&c.*] Dans la Copie qui a esté envoyée, on a supprimé la partie de ces Lettres, qui ne regardoit que l'affaire particuliere du Seigneur d'*Apcher*. Voy. la Note suivante.

(e) *Prædictos.*] Ce sont ceux dont il estoit parlé dans la partie des Lettres qui n'a pas esté copiée. Voy. la Note precedente.

CHARLES REGENT, Jean I.er & selon d'autres, Jean II. à Paris, le 11. de Janvier 1359.

(a) *Mandement pour faire fabriquer de nouvelles Especes dans la Monnoye de* S.t Pourſain.

CHARLES aisné Fils du Roy de France, regent le Royaume, Duc de Normandie & Dalphin de Viennois : A noz amez & feaulx les Generaulx-Maistres des Monnoyes de Monseigneur & de Nous, Salut & dillection. Comme nagueres Nous vous ayons mandé par noz autres Lettres [a] & pour certaine cause, que ès Monnoyes de *Paris, Roüen, Troyes, Bourges* & *Sainct Quentin* tant seulement, vous feissiez faire gros Deniers blancs à deux deniers douze grains de loy dit Argent-le-Roy, & de cinq solz de poix au marc de Paris, ayans cours pour deux solz six deniers tournois la Piece; & doubles parisis à dix-huit grains de Loy dudit Argent-le-Roy, & de cinq solz de poix audit marc : Nous vous mandons & à chascun de vous enjoignons estroictement que tantost & sans delay ces Lettres veues, vous faissiez faire & ouvrer en la Monnoye de *Saint* [b] *Pourſain*, iceulx gros Deniers blancs & doubles parisis du coing, poix & loy que dit est, en mectant en iceulx gros Deniers telle [c] difference comme vous y avez ordonnée : Et en donnant aux Changeurs & Marchans frequentans ladite Monnoye, en tout marc d'Argent le pris qu'ilz en ont à present, & aux Ouvriers & Monnoyers telle creue & sallaire d'Ouvraige & Monnoyaige comme bon vous semblera. De ce faire à vous & à chacun de vous donnons povoir, auctorité & mandement especial par ces presentes. *Donné à Paris, le unzieme jour de Janvier, l'An de grace mil trois cent cinquante & neuf.*

Par Monseigneur le Regent en son Conseil, ouquel estoient Messieurs l'Archevesque de Sens, le Sire de Garancieres & de Vinay, N. Bracque, les Gens des Comptes & plusieurs autres. OGIER.

a *Voy. cy-dessus, p. 379. les Lettres du dernier de Decembre 1359.*

b *Voy. cy-dessus, la Note (d) de la p. 298.*

c *Voy. cy-dessus, p. 266. Note (e) & p. 378.*

NOTES.

(a) Registre D. de la Cour des Monnoyes de Paris, *fol.* 49. *verso.*

Avant ce Mandement, il y a :

Le dixieme jour de Janvier 1359. fut apporté en la Chambre des Monnoyes, ung Mandement de Monseigneur le Regent, duquel la teneur s'ensuit.

Il y a une faute de Copiste dans cette date *le* 10. *de Janvier.*

CHARLES Regent, Jean I.er & selon d'autres, Jean II. à Paris, le 11. de Janvier 1359.

(a) *Mandement pour fixer le prix de l'Argent que l'on apportera dans toutes les Monnoyes du Royaume, à l'exception de celles qui sont icy nommées.*

CHARLES aisné Filz du Roy de France, regent le Royaume, Duc de Normandie & Dalphin de Viennois: A nos amez & feaulx les Generaulx-Maistres des Monnoyes de Monseigneur & nostres, salut & dilection. Il est venu à nostre congnoissance que plusieurs des Monnoyes de mondit Seigneur & nostres, ont esté & sont demourées en chomaige, pour cause de ce que les Changeurs & Marchans frequentans icelle, ont entendu que Nous & aucuns de nostre Conseil [a] ores & autreffois * donné & fait donner si comme ilz dient, plus grant pris en chacun marc d'Argent apporté en la Monnoye de Paris, que en icelles noz autredites Monnoyes: En laquelle [b] pour les chemins qui sont moult perilleux pour la [c] doubte des ennemis, ilz n'ont [d] peu ne peuvent bonnement venir apporter leur matiere de Billon: lesquelles choses sont en très grant dommaige de mondit Seigneur, de Nous & d'iceulx Changeurs, dont il Nous desplaist. Pource est-il que Nous vous mandons & à chacun de vous enjoignons estroictement que tantost & sans delay ces Lectres veues, toutes excusacions cessans en toutes & chascunes les Monnoyes de mondit Seigneur & nostres, excepté en celles de la *Languedoc*, *Paris*, *Roüen* & *Bourges*, vous donnez & faictes donner à tous Changeurs & Marchans frequentans icelles, de chacun marc d'Argent tant blanc comme noir, six Escuz & trois quars, en comptant & payant quatre Royaulx pour cinq escuz, ou ce qu'ilz pourront valloir & couster par chacun jour que ilz recevront [e] leur content, ou que ilz le pourront employer: De laquelle valleur ou de ce qu'ilz cousteront, Nous voulons que les Gardes de chacune d'icelles Monnoyes soient creuz & que de ce vous facent certificacion soubz leurs Seaulx: Par lesquelles rapportant & selon ce qu'il vous appaira par icelles, Nous voulons & vous mandons que vous fassiez à chacun Maistre particulier le Compte de sa [f] Boeste. Donnons en mandement à noz amez & feaulx les Gens des Comptes de mondit Seigneur & de Nous, que sans aucun contredict ou difficulté, tout ce qui par vous ou aucun de vous sera mis ès Comptes d'iceulx Maistres particuliers, ilz alloent ès Comptes de celui à qui il appartiendra, non [g] contristant quelzconques Ordonnances, Lectres, Mandemens ou deffenses à ce contraires. Et de toutes les choses dessus-dites & chacune d'icelles faire & acomplir, à vous & à chacun de vous donnons povoir, auctorité & mandement especial par la teneur de ces presentes. *Donné à Paris, le unzieme jour de Janvier, l'An de grace mil trois cent cinquante & neuf.* Par Monseigneur le Regent, present Messire N. BRACQUE & H. BERNIER. B. FRANÇOIS.

a presentement.

* ont.

b Monnoye de Paris.

c crainte.

d pû.

e Voy. cy-dessus, p. 354. Note (a)

f Voy. cy-dessus, la Note (b) de la p. 257.

g non-obstant.

NOTES.

(a) Registre D. de la Cour des Monnoyes de Paris, *fol. 50. verso.*

Avant ce Mandement, il y a:

Le seizieme jour de Janvier 1359. fu apporté en la Chambre des Monnoyes, ung Mandement de Monseigneur le Regent, duquel la teneur est telle.

CHARLES REGENT, Jean I.er & selon d'autres, Jean II. à Paris, le 21. de Janvier 1359.

(a) *Mandement pour faire fabriquer de gros Deniers blancs à l'Estoile, dans les Monnoyes qui y sont dénommées.*

CHARLES aisné Filz du Roy de France, regent le Royaume, Duc de Normandie & Dalphin de Viennois: A noz amez & feaulx les Generaulx-Maistres des Monnoyes de Monseigneur & nostres, Salut & dilection. Savoir vous faisons que Nous par très-grant & bonne deliberacion de nostre Conseil, pour plusieurs & certaines causes touchans grandement l'onneur, prouffilt & deffense dudit Royaume, avons voulu & ordonné & par ces presentes voulons & ordonnons, & à chacun de vous mandons & estroictement enjoignons que tantost & sans delay, l'en face faire & ouvrer ès Monnoyes de mondit Seigneur & nostres estans à *Paris*, à *Roüen*, à *Sainct Quentin*, à *Troyes*, à *Bourges*, *Poictiers*, *Limoges*, *Mascon*, [a] *Sainct Poursain* & à *la Rochelle*, gros Deniers blancs à l'Estoille autelz & semblables en coing, taille & façon comme ceulx que Nous faisons faire à present: lesquelz Nous voulons & vous mandons qui soient faictz & ouvrez à deux deniers de loy, dit Argent-le-Roy, & de [b] six solz de poix au marc de Paris, ayans cours pour deux solz parisis la Piece, comme ceulx de present; en donnant aux Ouvriers & Monnoyers tel sallaire ou creuë d'Ouvraige comme bon vous semblera. Et voulons que tout le Cuivre qui sera mis en l'Ouvraige d'iceulx gros Deniers blancs, soit [c] quis & acheté aux despens de mondit Seigneur & de Nous, & alloé ès Comptes de ceulx à qui il appartiendra sans aucun contredict. De tout ce faire à ung chacun de vous donnons povoir, auctorité & mandement especial par la teneur de ces presentes. *Donné à Paris, le vingt-ungniesme jour de Janvier, l'An de grace mil trois cens cinquante-neuf.* Par Monseigneur le Regent, presens Messieurs l'Archevesque de Sens, l'Evesque de Beauvais, le Marechal Bouciquault, le Seigneur de Garencieres, Mess. N. Bracque & H. Bernier, [d] Mahe-Gaite & plusieurs autres. J. BLANCHET. *Pro Rege.*

a *Voy. cy-dessus, la Note (d) de la p. 298.*

b *à 72. Pieces au marc.*

c *acquis.*

d *Mathe.* V. cy-dessous p. 391. le 1.er nom de la 1.ere Colonne.

NOTES.

(a) Registre D. de la Cour des Monnoyes de Paris, *fol.* 52. *recto.*

Avant ce Mandement, il y a:

Mercredy 22.e jour de Janvier 1359. fut apporté en la Chambre des Monnoyes à Paris, ung Mandement de Monseigneur le Regent, dont la teneur est telle.

Monnoye 216.me

CHARLES REGENT, Jean I.er & selon d'autres, Jean II. à Paris, le 27. de Janvier 1359.

(a) Ordonnance portant Reglement sur tous les Officiers du Royaume, & sur quelques autres matieres.

SOMMAIRES.

(1) Les quatre Presidens du Parlement resteront en place: mais on ne remplira pas le premier de ces quatre Offices qui deviendra vacquant, & il n'y aura dans la suite que trois Presidens du Parlement.

(2) Il n'y aura aux Requestes de l'Hostel que quatre Clercs & que quatre Lais.

(3) Il n'y aura dans la Grande Chambre que quinze Clers & quinze Lais; *mais il y aura autant de Prelats, de Princes & de Barons que le Roy le jugera à propos.*

(4) Il n'y aura que vingt-quatre Clercs & seize Lais *dans la Chambre des Enquestes; mais il y aura autant de Prelats qu'il plaira au Roy.*

(5) Il n'y aura que cinq Clercs & trois Lais *aux Requestes du Palais.*

(6) Il n'y aura dans la suite à la Chambre des Comptes que huict Maistres, quatre Clercs & quatre Lais, *avec douze petits Clercs: & le premier Office des cinq Clercs qui y sont presentement, qui vacquera, ne sera pas rempli.*

(7) Il n'y aura presentement & dans la suite, que trois Tresoriers de France & de Normandie.

CHARLES Regent, Jean I.er & selon d'autres, Jean II. à Paris, le 27. de Janvier 1359.

(8. 9) Il n'y aura presentement & dans la suite, que deux Tresoriers des Guerres, & un Clerc des Arbalestriers.

(10. 11) Il n'y aura presentement & dans la suite, que huict Generaux Maistres des Monnoyes, un Clerc des Monnoyes, & deux Gardes dans chaque Monnoye.

(12) Il n'y aura presentement & dans la suite, que quatre Maistres des Eauës & Forests pour la Languedoyl, & un pour la Languedoc.

(13) Il n'y aura presentement & dans la suite, que cinquante Notaires, en comptant les Secretaires qui sont presentement au nombre de dix-huict; mais on ne remplira pas les premieres places de Secretaires qui deviendront vacantes, que leur nombre n'ait esté reduit à six.

(14) Il n'y aura presentement & dans la suite, que douze Huissiers du Parlement, en comptant le Portier du Palais, & les deux Huissiers des Enquestes & des Requestes.

(15) Le nombre des Sergents d'Armes est fixé à cent; & il n'en sera pas fait, qu'ils ne soient reduits à ce nombre.

(16) [Sur le nombre des Huissiers d'Armes. Voy. l'Art.]

(17) Nul ne pourra posseder deux Offices en même temps, à moins qu'ils n'ayent déja esté exercez par une même personne, & que cela se puisse faire sans inconvenient.

(18) Le Roy recevra une ou deux fois la semaine en presence de son Conseil, les Requestes qui doivent estre presentées à luy personnellement, & il y repondra sur le champ, lorsque la nature de l'affaire le permettra.

(19) Les Officiers du Roy, exceptez ceux qui sont nommez dans l'Article, ne pourront luy presenter de Requestes, si ce n'est pour leurs affaires personnelles, & en presence de deux ou trois personnes du Conseil, ou pour des Benefices.

(20) Le Confesseur du Roy & son Compagnon, l'Aumosnier du Roy & le sous-Ausmosnier, ne luy presenteront des Requestes que sur ce qui regarde leurs Offices, & aux heures accoustumées.

(21) On delibera dans le Conseil sur les dons, les graces, &c. qui seront demandées au Roy; & il y aura au moins deux personnes du Conseil qui seront nommées dans les Lettres qui seront expediées sur ces demandes. Lorsque ces formalitez n'auront pas esté observées, les Lettres seront nulles, & elles ne seront ni signées ni scellées; & si elles le sont, l'on n'y obeïra point.

(22) Reglement sur les Droits des Notaires & des Secretaires du Roy pour les Lettres qu'ils expedient.

(23) Nul des Officiers du Roy ne prendra de l'Argent de ceux en faveur de qui il obtiendra ou fera expedier des Lettres Royaux.

(24) On ne scellera aucunes Lettres ouvertes du Roy, du Scel secret; si ce n'est pour des affaires très pressées, & qui regardent le service du Roy, & lorsqu'on ne pourra les sceller du grand Sceau, ni de celuy du Chastelet. On n'obeïra point aux Lettres à l'égard desquelles on n'aura pas observé ce qui est contenu dans cet Article.

(25) Tous les Receveurs seront suspendus de leurs Offices jusqu'à ce qu'ils ayent rendu leurs comptes & payé ce qu'ils redoivent aux Rois & à ses Subjets: après quoy ils seront restablis, s'ils sont jugez dignes de remplir ces places.

(26) Tous les Officiers du Roy sur le fait des Finances & des Comptes, seront mis [instituez] *par le Roy en son Conseil: & les Lettres* [de Provision] *qu'on leur donnera, seront ensuite portées à la Chambre des Comptes, où elles seront* passées [vûës & enregistrées]

(27) Les Gens du Parlement & des Requestes, & tous les Officiers de Justice, seront mis [instituez] *par le Roy, par l'avis de son Conseil; à l'exception des Sergenteries sans gages, que le Chancelier & les Maistres des Requestes ont accoustumé de donner.*

(28) Tous les dons qui ont esté faits par le Regent, seront examinez pour les confirmer, les moderer ou les revoquer, suivant ce qui sera trouvé raisonnable.

(29) Il ne sera plus fait d'Ordonnances, & il ne sera plus accordé de Privilege que par l'avis du Conseil.

(30) Les personnes qui par la diminution du nombre des Officiers faite par cette Ordonnance, seront hors de place, auront la preference, lorsqu'il s'agira de remplir les Offices dont ils ont esté revestus autrefois, & qui seront devenus vacquans.

CE sont les Ordenances faites sur la restitucion du nombre de nos Officiers, & sur plusieurs autres choses contenuës ci-dessous après le nombre desdiz Officiers: lesqueles Ordenances furent luës en la presence de Nous & de nostre Conseil à Paris, le vintg & septiesme jour de Janvier, l'An mil trois cens cinquante-neuf, & par Nous & nostredit Conseil passées en la maniere qui s'ensuit.

NOTES.

(a) Ces Ordonnances avec celles qui seront imprimées cy dessous dans la Note (i) sont dans le Memorial C. de la Chambre des Comptes de Paris, *fol.* 235. ter. Elles sont intitulées:

Ordinaciones generales Officiorum.

Copie.

(1) *Premierement.* Quant à l'Office des Presidens en Parlement, ordené est que de ceuls qui à present sont Presidens, demourront ancores quatre: & [a] ou lieu de celui qui premiers laissera ledit Office, ne sera mis nul autre, mais y demourront les trois autres tant-seulement, ne plus de troix dès-lors en avant n'aura oudit Office.

CHARLES REGENT, Jean I.er & selon d'autres, Jean II. à Paris, le 27. de Janvier 1359.

a *à la place.*

(2) En l'Office des Requestes de l'Ostel, seront à present & dores-en-avant quatre Clers & quatre Lais tant-seulement.

(3) En l'Office des Conseillers de la Grant Chambre de Parlement, seront à present & dores-en-avant tant-seulement quinze Clers & quinze Lais; exceptez les Prelaz, Princes & Barons, dont il y en aura tant comme il Nous plaira, pour ce qu'il ne prennent nulz gages.

(4) En l'Office de la Chambre des Enquestes, seront à present & dores-en-avant tant-seulement vingt-quatre Clers & seize Lais; exceptez les Prelaz, dont il y aura tant comme il Nous plaira pour la cause dessusdite.

(5) En l'Office des Requestes du Palais, seront à present & dores-en-avant tant-seulement cinq Clers & troix Lais.

(6) En l'Office de la Chambre des Comptes, seront à present tant-seulement neuf Mestres; c'est assavoir cinq Clers & quatre Lais & douze petiz Clers; & [b] en lieu de celui des Clers qui premiers laissera ledit Office, ne sera mis nul autre, mais y demourront les quatre autres, ne plus de quatre Clers & quatre Lais & douze petiz Clers n'aura dès-lors-en-avant oudit Office.

b *à la place.*

(7) En l'Office des Tresoriers de France & de Normandie, seront à present & dores-en-avant troix tant-seulement.

(8) En l'Office des Tresoriers des Guerres, seront à present & dores-en-avant deux, & non plus.

(9) En l'Office de la Clergie des Arbalestriers, sera à present & dores-en-avant un tant-seulement.

(10) En l'Office des Monnoies, seront à present & dores-en-avant huict Generauls-Mestres des Monnoies tant-seulement.

(11) *Item.* Un Clerc pour tout l'Office des Monnoies, & en chascune Monnoie deux Gardes.

(12) En l'Office de la [c] Mestrie des Eaues & des Forez, seront à present & dores-en-avant quatre pour la Languedouyl, & un pour la Languedoc tant-seulement.

c *Maistrise.*

(13) En l'Office des Nottaires, seront à present & dores-en-avant cinquante Nottaires tant-seulement, comptez dedans les Secretaires: desquelz pour certaines causes Nous avons retenuz en leursdiz Offices de Secretaire jusques au nombre de dix-huict, dont les douze ont esté faiz par Monsieur & les six par Nous, & ne ferons nul Secretaire jusques à tant qu'il seront ramenez au nombre de six.

(14) En l'Office des Huissiers de Parlement, comptez dedenz le Portier de Palais [d] les deux Huissiers des Requestes & des Enquestes, seront à present & dores-en-avant douze des plus souffisans tant-seulement.

d *&.*

(15) *Item.* Comme jadis nostre très-chier Seigneur & Ayeul le Roy Philippe, dont Diex ait l'ame, considerans que le nombre des Sergens-d'armes estoit trop grant & excessif, & que souvent estoit (*b*) pressez de en faire, eust par bonne & meure deliberacion de Conseil, restraint, tauxé & ordené le nombre des Sergenz-d'armes au nombre de cent: Nous semblablement par ces presentes Ordenances, le taxons & ordenons estre ramené au nombre de cent dessusdit, & ne ferons Sergenz-d'armes jusques à tant que il seront ramenez à ce nombre.

NOTES.

(*b*) *Pressez.*] Ce mot est douteux. Il y a dans l'Original *psséz*, & dessus le *p*, un *e*, ou peut-estre un *c*.

Voy. dans le 2. vol. des Ordonn. p. 174. Art. 3. l'Ordonn. de Philippe de Valois qui est rappellée icy.

CHARLES REGENT, Jean I.er & selon d'autres, Jean II. à Paris, le 27. de Janvier 1359.

(16) *Item.* Nous avons taxé & ordené le nombre des Huissiers-d'armes estre ramené au nombre de [a] ......

(17) *Item.* Nous avons ordené que dores-en-avant nulz des Officiers de Monsieur ou de Nous, de quelque estat ou condicion qu'il soit, ne porra tenir deux Offices, se ne sont Offices qui aient accoustumé estre ensemble, & qui puissent bien & convenablement estre desservi & gouverné par une personne.

(18) *Item.* Que Nous tendrons Requestes en la presence de nostre Conseil, chascune semaine deux fois ou une foiz se Nous n'avons empeschement: & lors par Nous seront [b] delivrées en la presence de nostre Conseil ce qui ce porra bonnement delivrer des Requestes qui Nous doivent estre [c] reservées.

(19) *Item.* Que dores-en-avant nulz de nos Officiers de quelque estat ou condicion que il soit, exceptez tant-seulement nostre Chancellier, nos Conseilliers du Grant Conseil, noz Chambellans, les Mestres des Requestes de nostre Hostel, nostre Confesseur ou son Compaignon en s'absence, & nostre Aumosnier ou le Souz-Aumosnier en l'absence de l'Aumosnier, ne Nous ferons Requestes, se n'est pour leurs personnes, & en la presence de trois ou de deux au moins des Genz de nostre Conseil, ou se ce n'est de Benefices de Sainte Eglise.

(20) *Item.* Que noz Confesseur ou son Compaignon, Aumosnier ou Sou-Aumosnier ne Nous ferons nulles Requestes; fors des choses qui pevent touchier leurs Offices, & aux heures accoustumées.

(21) *Item.* [d] Que nulle Requeste de don, quictance, remission ou autre grace, ne sera par Nous passée senz la deliberacion de nostre Conseil, ouquel Conseil en ait deux à tout le moins, lesquelz seront nommez en la Lettre; & se autrement la passons, elle sera de nulle valeur, & n'en sera point signée ne seellée la Lettre, & se elle l'est, l'en y obeïra point.

(22) *Item.* Que nulz de noz Secretaires ou Notaires sous [e] poine d'estre privez de leurs Offices, & d'estre autrement condempnez & puniz, ne prendront ne consentiront estre pris à leur prouffit dores en-avant, Or ne Argent ou autre chose de quelconque Lettre qu'il facent, se ne sont choses *(c)* permises de droit ou de Ordenance Royal; exceptez les *(d)* Lettres de Sanc & les Chartres dont il porront prendre; c'est assavoir des Lettres de Sanc, les Seauls, & des Chartres [f] attrempeement, non pas en la maniere que aucuns l'ont fait depuis aucun temps, mais selon l'ancienne coustume, ou selon ce qu'il sera taxé raisonnablement par nostre Chancellier.

(23) *Item.* Que nul de noz Conseillers, Chambellans, Mestres des Requestes, Secretaires, Notaires ou autres Officiers quelsconques, souz poine d'estre privez de leurs Offices, & d'estre autrement griefment condempnez & puniz, ne prendront Or ne Argent ne chose que le vaille, de empetrer ou procurer pardevers Nous aucunes Lettres ou besoignes de quelque chose que ce soit, se ne sont choses permises de [g] Droit ou de Ordenance Royal.

(24) *Item.* [h] Que l'en ne seellera nulles Lettres ou Cedules ouvertes de nostre Seel secret, se ne sont Lettres très-hastives touchant Monsieur ou Nous, & en absence du grant Seel & du Seel du Chastellet, non autrement, n'en autre cas.

a *Il y a là une lacune. V. p. 392. au haut de la 3.e Colonne.*

b *expedié.*

c *qui doivent estre presentées au Roy personnellement.*

d *Voy. cy-dessus, p. 226. Art. 11.*

e *peine.*

f *moderément.*

g *Voy. cy-dessus, la Note (c)*

h *Voy. cy-dessus, p. 226. Art. 12.*

NOTES.

(c) Permises de Droit ou de Ordenance Royal.] Je crois que la disposition du Droit qui est icy rappellée, est la Loy 18. §. *de Officio Præsidis*, laquelle porte, *Plebiscito continetur, ut ne quis Præsidum munus donumve caperet, nisi esculentum, poculentumve, quod intra dies proximos prodigatur.* Cette deffense se trouve aussi dans plusieurs Ordonnances. Voy. la Table du 2. Vol. des Ordonn. au mot *Presents.*

(d) Lettres de sanc & les Chartres.] Je crois que ce sont les Lettres de graces obtenuës par ceux qui avoient repandu du sang, soit en tuant, soit en blessant.

Par les *Chartres* on entend encore aujourd'huy les Lettres d'*annoblissement*, d'*amortissement*, de *legitimation*, & de *naturalité*, & quelques autres. Voy. cy-dessus, p. 32. Note *(ss)* Voy. aussi p. 144. Art. 56.

(e) & se autres ne autrement en sont scellées, l'en n'y obeïra point.

(25) *Item.* Que touz Receveurs de Monsieur & de Nous seront suspendus de leurs Offices, jusques à tant qu'il aient compté & qu'il soient affiné & acquitté entierement envers Nous & nos subgiez de ce qu'il leur seront tenuz de leurs Receptes, dont le payement sera alloüé en leurs Comptes; mais après leur Compte & affinement, s'il sont trouvez [a] souffisans & quictes envers Monsieur & Nous & envers nozdiz subgiez, il seront remis en leurs Offices.

(26) *Item.* Que dores-en-avant les Mestres & les Clers de la Chambre des Comptes, Tresoriers, Mestres de Monnoies, Receveurs & autres Officiers qui regardent fait de Compte ou de Finance, seront mis par Nous en nostre Conseil, & en seront après portées les Lettres qu'il en auront, en la Chambre des Comptes, & [b] passées par les Gens de ladite Chambre, avant qu'il usent de leurs Offices.

(27) *Item.* Semblablement dores-en-avant les Genz du Parlement & des Requestes, touz Baillifs, Notaires & Officiers Royauls qui seront Menistres du fait de Justice, seront mis par Nous, eu sur ce premierement l'avis & deliberacion des Genz de nostre Conseil; se ce ne sont Sergenteries senz gages accoustumées à donner par nostre [c] Chancellier, & par les Mestres des Requestes de nostre Hostel.

(28) *Item.* Que touz dons faiz & octroiez par Nous à heritage, à vie, à temps ou à voulenté, seront veus & [d] visitez par ceuls que Nous ordenerons à ce, afin que tout ce qui en sera trouvé avoir esté fait raisonnablement & [e] attrempeement, teigne, vaille & soit conferme, se mestier est; & ce qui aura esté fait *(f)* sanz desserte ou cause raisonnable, ou trop excessivement, soit retraitié & rappellé du tout, ou attrempé & moderé raisonnablement.

(29) *Item.* Que dores-en-avant Nous ne ferons aucunes Ordenances, ne n'ottroierons aucuns Privileges que ce ne soit par deliberacion de ceuls de nostre Conseil.

(30) *Item.* Nous retenons en l'amour, en la grace & *(g)* en la provision de Monsieur & de Nous, toutes les personnes qui par la *(h)* restrinction du nombre faite par nostre presente Ordenance, ne demeurent plus en Office; & ne voulons que ce leur puisse tourner à reprouche, lesion ou diminucion aucune de leur renommée par quelque maniere que ce soit; mais voulons que quant aucuns lieux où Offices vaqueront, esquels selon l'Ordenance dessusdites, aucuns devront estre subrogiez; que devant touz autres qui autrefoiz n'auront esté ès lieux & Offices dessusdiz, il soient avanciez, preferez, mis & instituez en iceuls, [f] si comme il seront trouvez convenables, eu regart à la condicion des Offices & à la qualité & souffisance de leurs personnes. *Donné*, comme dessus. *(i)*

CHARLES Regent, Jean I.er & selon d'autres, Jean II. à Paris, le 27. de Janvier 1359.

a *capables.*

b *veuës & enregistrées.*

c *Voy. cy-dessus, p. 141. Art. 44.*

d *examinez.*

e *moderément.*

f *quand.*

NOTES.

(e) *Et se autres ne autrement, &c.*] C'est-à-dire, *si on scelle du Scel secret, d'autres Lettres que celles qui sont pressées, & si celles-là même, on les scelle du Scel secret, pendant qu'on pourroit les sceller du grand Scel, ou de celuy du Chastelet, on n'y aura pas d'égard.*

(f) *Sanz desserte.*] *Desserte* signifie *service.* Voy. *Borel* sur ce mot. Des dons faits *sanz dessertes*, sont des dons faits à des personnes qui ne les ont pas meritez par leurs services.

(g) *En la provision.*] C'est-à-dire, *que le Roy pourvoira à ce que dans la suite ils soient revêtus des Offices dont ils sont privez, à mesure qu'il y en aura de vacquans.*

(h) *Restrinction.*] Ce mot qui est écrit en abregé, est douteux. Je crois cependant qu'il faut lire ainsi.

(i) Le vingt-huit de Novembre 1359. deux mois avant cette Ordonnance, le Regent avoit fait une nomination des Officiers du Parlement, de la Chambre des Comptes, &c. & il avoit reduit leur nombre à celuy qu'il fixa dans la suite par cette Ordonnance.

La Liste de ces Officiers se trouve dans le *Memor.* de la Chambre des Comptes immediatement avant cette Ordonnance, & on a crû devoir la faire imprimer icy, à l'exemple de M. de *Lauriere*, qui en a fait imprimer une semblable à la p. 221. du 2. Vol. des Ordonn. Après cette Liste, se trouve celle de quelques Officiers de la Maison du Roy, que l'on n'a pas crû devoir supprimer.

CHARLES REGENT, Jean I.er & ſelon d'autres, Jean II. à Paris, le 27. de Janvier 1359.

Ordinacio generalium Officialium Camere Parlamenti, Inqueſtarum, Requeſtarum, Compotorum & aliorum Officiorum, facta vigeſimo-octavo Novembris milleſimo trecenteſimo quinquageſimo-nono.

C'EST l'Ordenance faite par Monſ. le Regent & ſon Conſeil, ſur les Officiers Royaus, tant ſur ceux du Parlement, comme de la Chambre des Comptes & autres, par laquelle Ordenance il veult que touz ceuls ci après nommez demeurent: laquelle fut faite au Louvre lèz Paris, le vint-huitieme jour de Novembre, l'An mil trois cens cinquante-neuf.

Premierement ſur ceulx de Parlement.

PRESIDENS.

Meſſ. Symon de Bucy.
Meſſ. Jacques la Vache.
Maiſtre P. de Meville.
Maiſtre P. d'Orgemont.

Clers de Parlement.

Maiſtre Jeh. le Beſcot.
M.e Jacques d'Audelaincort.
Le Doyen de Noyon.
M.e Rogue de Reccourt.
M.e Jehan de la Porte.
M.e Guerart d'Ainville.
M.e Jehan de Champeaux.
M.e Gille de Maudeſtour.
M.e Robert d'Oultre-Lyave.
M.e Pierre Dangerant.
M.e Guillaume de Chaumont.
M.e Guillaume Challop.
M.e Jehan le Coq.
M.e Alfons Chevrier.
Le Chantre de Poitiers.

Lays de Parlement.

M.e Jehan de Charrolles.
M.e Guillaume de Seris.
M.e Robert Guy.
M.e Anceau Chocquart.
Alexandre de Crevecuer.
Guillaume Staiſt.
Adam de Senz.
Thomas Vanin.
Miles de Veſmes.
Raoul de Loyry.
Aubery Rouſſel.
M. Pierre Foüace.
Jehan Luiller.
Guillaume Anceau.
Jehancian Triſtan.

La Chambre des Enqueſtes.

Clercs des Enqueſtes.

M. Aymery de Chartres.
Jehan de Huban.
Guillaume de Bingnies.
P. de Briſolles.
Loüys Chanvel.
Raymond de S.t Michiel.
Eude Graſſet.
P. Aubery.
Eſtienne Belin.
Alixandre Lorfevre.
Gilles Foüace.
Guillaume de Forges.
P. de Carador.
Jacques de Lory.
Jehan Taupin.
Eſtienne de la Marche.
Guillaume de Marguevillle.
L'Archediacre de Couſtances.
Nicole de Paray.
Jehan Parent.
Nicolas du Boys.
Eſtienne Barbe.
Jehan Marcel.
Aymery de Moignac.

Lays des Enqueſtes.

M. Loüys Vautriche.
Guillaume de Huban.
Adam Chanteprime.
Gilles Charretier.
Jehan de Villaines.
Adam de Dampmartin.
Pierre Ail-en-Bource.
Jehan de Mont-le-Hery.
Jehan Aymery.
Nicolas Fleurant.
Jehan du Selier.
Guillaume de la Galerie.
Nicolas du Fruit.
Jehan Daucerre.
Dymenche de Chaſteillon. (a)

La Chambre des Comptes.

Clers.

M.e Jehan Leigle, pour les Regiſtres.
M.e Odart Levrier.
M.e Ligier de la Charmoye.
M.e Jehan Dachieres.
M.e Bertrant du Clos.

Lays.

Meſſ. Pierre Païen.
Jacques de Pacy.
Jehan de Hangeſt.
Almaury Braque.

(b) Petitz Clers.

M.e Regnaut de Laine.
M.e Jehan de Donchery.
M.e Jehan Sardignon.
M.e Eſtienne Blanchet.
M.e Thomas Dachieres.
M.e Adam Aubery.
M.e Rogier de Brione.
M.e Jehan de Ver.
M.e Jean Trochelle.
M.e Almaury de Condé.
M.e Jacques de Faremoûtier.
M.e J. de Baubigny.

NOTES.

(a) Il n'y a icy que quinze noms, quoyque dans l'Art. 4. de l'Ordonn. du 27. de Janvier 1359. il ſoit dit qu'il y aura ſeize *Lais* aux Enqueſtes.

(b) *Petits Clercs.*] Ce ſont les Officiers que l'on nomme aujourd'huy Auditeurs des Comptes. Dans l'Original, les huit noms ſont enfermez dans une ligne ou crochet, à la marge duquel il y a: *Iſti colligati juraverunt prout inferius ſcribitur.* Voy. cy-deſſous p. 393. quels eſtoient ces Serments.

CHARLES REGENT, Jean I.er & selon d'autres, Jean II. à Paris, le 27. de Janvier 1359.

Tresoriers.

Mathe Guette.
Jehan Dorbec.
Philippe Gilier.

La Chambre des Requestes du Palais.

Clers.

M.e Guillaume de Fontaines.
P. de Langres.
Robert le Fevre, *aliter* des Granches.
Jehan de Pierre-Leve.
Philippe Larcevesque.

Lays des Requestes.

Jacques de Boulay.
P. de Leuvilier.
Mess. P. de Villaines.

Maistres des Requestes de l'Ostel.

Clers.

Maistre Estienne de Paris.
M. Pierre de la Charité.
Mess. Jehan Daugeran.
Mess. Guy de S.t Sepulcre.

Lays.

Mess. Giles de Soucourt.
Mess. Jehan de Charny.
M.e Guillaume le Bescot.
M.e Jehan Chalemart.

[c] *Secretaires.*

Clers.

Maistre Macé Guchery.
Martin de Mello.
M.e Jehan le Royer.
M.e Thomas le Tourneur.
M.e Jehan de Marüeil.
M.e Julien des Murs.
M.e Gontier de Baigneux.
M.e Robert de Cerys.
M.e Bertaut François.
M.e Jehan des Essars.
M.e Nicole de Vaires.

Lays.

Maistre Philippe Ogier, hors Ordenances.

Maistre P. Blanchet.
M.e Guillaume de Savigny.
M.e Jehan de Rogemont.
M.e Yves Darien.
M.e Jehan Blanchet.
M.e Pierre Michiel.

Notaires autres.

M. Nevelon de Chaaliz.
M.e Jehan de la Verriere.
M.e Denys Tite.
M.e Raoul Potin.
M. Estienne de Boissy.
M. Jehan Daubigny.
M. Huistasse de Mortent.
M. Nicolas le Gros.
M. Adam Bouchier.
M. Jehan Chaillou.
M. Giry de Champdivers.
M. Raoul Hemon.
M. Benoist Caillemouton.
M. Jehan de Chastillon.
M. Jehan le Clerc.
M. Guillaume Dorly.
M. Jehan Cordier.
M. Pierre Quesnot.
M. Jehan Devieus.
M. Pierre Briere.
M. Robert de Jussy.
M. Pierre le Clerc.
M. Alain Guillot.
M. François de Montagu.
M. Giessroy le Flament.
M. Hervy de la Fosse.
M. Girart de Montagu.
M. Hutin Dannoy.
M. Pierre du Chastel, *aliter* Cabaret.
M. Jehan le Fort,
M. Jehan le Mercier.
M. Guillaume Culdoé.

Tresoriers des Guerres.

Jehan Chauvel.
Nicolas Odde.

Clers des Arbalestriers.

Jehan de l'Ospital.

Maistres des Monnoies.

Jehan le Flament.
Guillaume de Hametel.
Raoul Maillart.
Gautier Petit.
Gauchier de Vannes, *pour la Languedoc.* (c)

Clers des Monnoies.

Jehan Paix est bonne.

Maistres des Forez & des Eaues.

Mess. Pierre de Sainct Jehan.
Mess. Jehan de Meudon.
Jehan de Jencort.
Olivier le Fevre.
Jehan Poillevillan, *pour la Languedoc.*

Magistri Hospicii.

Domini P. de Villers major.
Ph. des Essars.
Ph. Daunoy.
Gautier du Ru.
Robert Dangeran.
Nicol. Braque, *extra Ordinationes.*

Panetarii.

Lemoyne de Saintimes.
Colart Cendre (ou Tendre)
Jehennin du Cornet.
Jehan des Boues.

Valleti.

Maraboc.
Guill. du Val.
[a] *Johes* le Conte, *& habebit duos* [b] *Salmerios.*

Le Lorrein, Lavandier.

Eschançons.

[d] *Johes* Boistel.
Mahiet Bodart.
Jehan Bequemiette.
Giessroy de Giencort.

Valleti.

Araumont, *Soumelier.*
Colinet Dacy, *Bariller.*
Sthevenot Huchot, *Gardehuche, & habebunt duos Salmerios.*

Cuisine, Escuiers.

Chasseau.
Martinet des Essars.
Jehan de la Crois.
Jehan Dussy.

a Il y a une marque d'abregé, c'est *Johannes.*
b *Sommiers.*
c *à la marge, il y a,* Notarii.
d V. Note marginale. *(a)*

NOTES.

(c) Il n'y a icy que cinq noms, quoique dans l'Art. 10. de l'Ordonn. du 27. de Janvier 1359. il soit dit qu'il y aura huict Maistres des Monnoyes.

CHARLES REGENT, Jean I.er & selon d'autres, Jean II. à Paris, le 27. de Janvier 1359.

a *Il y a une marque d'abregé sur l'm.*

b *Medecin.*

c *Chirurgien.*

Queuz.

Jaquet Groignart.
Gillevant.
Raolin de Vé.
Thevenin le Moine.

Aydes.

Thomas de Senliz.
Raolet de Norm. [a]
Joh. Guiart.

Hasteurs.

Colin le Cauchoys.
Joh. Petit.
Cendrier. Raolet golu. } *Pour touz, 1. Sommier.*

Potagers.

Philipot Courtin.
Joh. Goffroy.
Renier de Gennes, *Cendrier.*

Saucerie.

Joh. Alez, *Saucié.*
Perinet Dany. } *Et auront 1. Sommier.*
Joh. de Saint Germain.

Fruiterie.

Joh. Vivien.
Robert Arnoisy.
Henriet le Fevre.
Jehan de Lyons, *Sommelier.*
Thomassin de Nesée, *Vallet de fruit, & auront deux Sommiers.*

Chambre aus Deniers.

Maistre Jehan le Coq, *Mestre.*
Maistre Gueroy, *Contrerolleur.*

Vallez servanz.

Perrinet de Bromille.
Regnaut Coquille.
Hemmonin de Varennes.
Gieffroy de Pancellin, *& serviront par mois deux & deux.*

Escuiers de Corps.

Martelet du Mesnil.
Gieffroy le Masurier, *avec ceulz du Roy.*

Escuiers d'Escuerie.

Guillaume de Montigny.
Jehan de Chauvencourt.
Guillaume Fechon.
Regnaudin des Isles.
P. de Condé, *se prendra Garde du gouvernement des Chevaux.*

Vallés trenchans.

Perrinet de Dannemarie.
Bouloigne.
Guillaume de Barneville.
Guyot des Loges.

[b] *Fesiciens.*

Maistre Richart Garot.
— Un [c] Sururgien.

Fourrerie.

Jehan de la Courbe.
Sthevenin Gauchier.
Johannin le Joenne.
Johannin le Pelletier.
Sthevein le Petit. *Fourriers.*

Vallés.

Guyot Girout.
Symon de Mante.
Perrin Nicole.
Jehan Guyart.

Aides.

Guillaume de Vittry.
Raoulet Gerout.

Huissiers d'Armes.

Jehan Datilly.
Regnaut le Loguetier.
Estienne du Mostier.
Jehan de Bellaignes.
Colin le Mire.
Michaut le Viconte.
Denysot Andri.
Guillaume des Bordes.
Droet de Benneville.
Brimet de Caumoncel.
Catonnet.
Renoart de Mons.
Pierre des Mares.
Jehan de Lastre.
Perrin le Flament.
Baudet Hunnel, *avec ceulx du Roy: Et quant l'un de leurs Offices sera vacans par mort ou autrement, il ne sera point donné à autre, jusques à tant qu'il soit ramené au nombre de six.*

Huissiers de Sale.

Guyot de la Riviere.
Perrinet le Moine.
Thibaut Maleboté.
Pierre le Messager.

Portiers.

Olivier le Maze.
Pierre de Seclin.
Perigaut Pannier.
Colin Louvet.

Vallez de Porte.

Jehennin de la Villeneuve.
Symonet Ancel.
Jehennin Anfroy.
Thibaut Morel.
Colinet.
Robin Boin.

Clers d'Offices.

Jaques Darcies.
Johan Fouet. *(d)*

NOTES.

(d) A costé de cette Liste, à la marge, est écrit: *Les Serments que doivent faire les* [petits] *Clers de la Chambre.* On a cru devoir les faire imprimer icy.

SOMMAIRES.

(1) Les Clercs de la Chambre garderont les secrets du Roy & de la Chambre.

(2) Ils s'acquitteront de leurs devoirs avec exactitude & avec diligence.

(3) Ils garderont le secret sur ce qui regarde les Comptes & leurs Auditions *& leurs* Estats finaux.

(4) Ils arresteront à la fin du Compte, le Debet *du Comptable : ils feront la correction des Comptes : ils ne reveleront point à d'autres qu'à ...*

qu'aux Maistres des Comptes les Domaines & les Debets *qui sont sur les Comptes, & ils ne pourront sans la permission des Maistres, donner Copie des Estats finaux des Comptes, des corrections ni des autres Actes qui sont à la Chambre.*

(5) Ils auront soin de ranger les Comptes & les autres Actes qui sont à la Chambre; & lorsqu'ils seront obligez d'en deplacer quelques-uns, ils les remettront en leurs places le plustost qu'ils pourront.

(6) Ils ne communiqueront les Comptes, les Papiers de la Chambre, les Domaines & les revenus du Roy, qu'aux Gens des Comptes.

(7) Ils ne feront point de Collacion ni de Vidimus *de Pieces importantes, sans leur permission.*

(8) Nul d'entre eux ne pourra faire d'évaluation de Monnoye, s'il n'est commis par la Chambre à cet effet.

(9) Ceux qui seront chargez de travailler aux Comptes des Guerres, prendront bien garde de ne point se laisser tromper par le Clerc du Tresor des Guerres.

(10) Les Clers viendront le matin à la Chambre à l'heure ordinaire, & ne pourront sans permission, s'en aller avant l'heure marquée.

CHARLES REGENT, Jean I.er & selon d'autres, Jean II. à Paris, le 27. de Janvier 1359.

ORDINATIO.

Juramentum Clericorum Camere Compotorum.

DIE quarta Decembris millesimo trecentesimo quinquagesimo-nono *(e)* Clerici Camere Compotorum superius colligati juraverunt servare Ordinationes Camere que secuntur.

(1) Primo. *Quod ipsi bene, fideliter & diligenter tenebunt & servabunt secreta Domini Regis & Camere Compotorum.*

(2) Item. *Quod Officium suum & omnia que ad ipsum spectant, diligenter & fideliter facient, tam pro Rege quam pro aliis, quod habebunt facere cum ipsis racione Compotorum suorum.*

(3) Item. *Quod ea que ad Compotos & eorum (f) audicionem, & (g) fines eorum fideliter redigendos in scriptis, spectant, secrete tenebunt.*

(4) Item. *Quod dictos fines Compotorum redigent* [a] *in debitis, & (h) correcciones eorum facient prout fieri debent, nec revelabunt aliqua* [b] *debita aut aliqua Domania aliquibus personis aliis quam Magistris Camere Compotorum, nec fines vel correcciones predictas, nec tradent copiam eorum alicui, nec de aliis scriptis Camere, nisi de licencia Magistrorum vel alterius eorum.*

a Voy. la Note (g)

b les debets des Comptables.

(5) Item. *Quod dicta scripta & Compotos Camere diligenter ordinabunt, & ordinata tenebunt, & quociens pro aliqua necessitate amovebuntur de locis suis, statim quam cito poterunt, reponent ea in locis suis.*

(6) Item. *Quod tam Compotos & scripta quam etiam Domania vel expletta seu revenutas Regni vel debita quecunque, non ostendent vel revelabunt alicui persone extrance, nisi solis Gentibus Compotorum.*

(7) Item. *Quod nullam collationem de* Vidimus *facient de aliquibus Litteris vel Scriptis prejudicialibus, sine licentia duorum vel alterius eorumdem.*

(8) Item. *Quod nullus faciet avaluacionem Monetarum, nisi ad hoc fuerit per Cameram deputatus.*

(9) Item. *Quod Deputati super Compotis Guerrarum & Litteris eorum recipiendis, diligenter & sollicitè caveant de cautela & dupplicitate & deceptione Clericorum Thesaurarii Guerrarum, tam in receptis & Compotis, quam Litteris recipiendis.*

(10) Item. *Quod venient manè ad Cameram hora debita & sufficiente, & quod non recedent ante horam sine licentia.*

NOTES.

(e) Clerici .. superius colligati] Voy. plus haut p. 372. Note *(b)* l'explication de ces mots. La comparaison de ces deux endroits fait connoistre que les Clercs qui devoient prester ce Serment, estoient ceux que l'on nommoit les Petits-Clercs.

(f) Audicionem.] Je crois que cela signifie le Jugement du Compte, dont le rapport est fait par un Auditeur des Comptes, devant les Presidents & les Maistres.

(g) Fines [Compotorum] redigendos in scriptis.] C'est ce qu'on appelle, *asseoir l'estat final du Compte*; c'est-à-dire, fixer le total de la Recepte & de la dépense, & la somme à laquelle monte l'excedent de la Recepte au-dessus de la depense; ce qui constitue le *Debet* du Comptable, lequel est exprimé dans l'Art. suivant par ces termes: *fines Compotorum redigent in debitis.*

(h) Correcciones.] Lorsque les Comptes sont rendus, ils sont de nouveau examinez & corrigez; & ce n'est que lorsque l'Arrest de *correction* a esté rendu, que le Comptable a sa décharge entiere.

CHARLES REGENT, Jean I.er & selon d'autres, Jean II. à Paris, le 29. de Janvier 1359.

(a) *Mandement pour faire fabriquer de gros Deniers blancs à l'Estoile, dans la Monnoye de Tournay.*

CHARLES aisné Fils du Roy de France, regent le Royaume, Duc de Normandie & Dalphin de Viennois : A noz amez & feaulx les Generaulx-Maistres des Monnoyes de Monseigneur & nostres, Sallut & dillection. Nostre amé & feal Cousin *(b)* le Conte de Sainct Pol, Nous a signiffié & fait monstrer que pour le prouffilt & avancement de l'Ouvraige de la Monnoye de Tournay, & affin que il puisse plus aiseément avoir Finance pour la tuicion & deffense du pays de Picardie, il a acheté de certains Changeurs frequentans ladite Monnoye, la somme de deux mille marcs d'Argent pour mectre & ouvrer en icelle. Si vous mandons & à chacun de vous enjoignons estroictement que tantost & sans delay ces Lectres veuës, toutes excusations cessans, vous fassiez faire & ouvrer en ladite Monnoye gros Deniers blancs à l'Estoille, ayans cours pour deux solz six deniers tournois Piece, à deux deniers de loy dit Argent-le-Roy, & de [a] six solz de poix au marc de Paris, autelz & semblables comme ceux que Nous faisons faire à present; en donnant aux Ouvriers & Monnoyers tel sallaire comme bon vous semblera. De ce faire à vous & à chacun de vous donnons povoir, auctorité & mandement especial par la teneur de ces presentes. *Donné à Paris, le vingt-neufiesme jour de Janvier, l'An de grace mil trois cens cinquante-neuf.* Par Monseigneur le Regent, à la relacion du Conseil, ouquel estoient Messieurs N. Bracque, H. Bernier & Math. Gaicte, B. FRANÇOIS.

[a] à 72. *Pieces au marc.*

NOTES.

(a) Registre D. de la Cour des Monnoyes de Paris, *fol.* 53. *verso.*

Avant ce Mandement, il y a:

Le 29.e jour de Janvier 1359. fut apporté en la Chambre des Monnoyes à Paris, ung Mandement de Monseigneur le Regent, duquel la teneur s'ensuit.

(b) Le Comte de Sainct Pol.] Guy de Chastillon Comte de S.t Paul estoit Lieutenant du Roy & du Regent dans la Picardie. Ses Provisions qui sont du 24. d'Aoust 1358. sont dans le Tresor des Chartres, Reg. 90. Piece 46.

CHARLES REGENT, Jean I.er & selon d'autres, Jean II. à Paris, en Janvier 1359.

(a) Lettres qui permettent aux Bouchers de la Ville de Bourges, de s'assembler pour leurs affaires, en presence de quelques Officiers Royaux.

KAROLUS &c. Petitiones illas libenter & liberaliter exaudimus, quarum effectum petentibus credimus profuturum sine Juris alterius lesione. Notum itaque facimus universis presentibus & futuris, quod ex parte Carnificum seu Macellariorum nostre Civitatis & Ville Bituricensis in hac parte consortum, in Jurisdictione Regia & nostra existentium, Nobis fuit expositum, quod cum ipsi ac Macellum seu Halla sint & fuerint de (b) fundatione seu institutione Regia ab antiquo, mediantibus centum libris Parisiensibus

NOTES.

(a) Tresor des Chartres, Registre 90. Piece 493.

(b) Fundatione .... Regia.] La fondation de ce Marché fut faite par Philippe Auguste, par ses Lettres de 1211. lesquelles se trouvent à la suite de cette Piece, dans le Registre des Chartres. Je l'ay fait copier, & il ne tiendra pas à moy qu'elle ne soit imprimée dans la suite, avec plusieurs autres Pieces que j'ay déja recüeillies, & que je recüeille tous les jours, sur l'Histoire particuliere des Villes du Royaume & des Monasteres, sur le Domaine, sur l'ancien Droit François, &c.

quas proinde Receptori Regio Bituricensi solvunt certis terminis annuatim : quia tamen propter (c) onus predictum, dicti Carnifices seu Macellarii [a] qui tam pro piscium, quam pro aliis variis causis que ipsos in communi & dictum Macellum contingunt & alias, opportet sustinere [b] frequanter, nequeunt in exactione & solucione onerum aut aliis eorum negociis hujusmodi, faciliter convenire vel esse concordes, plura inconvenientia & discordie solent inter eos evenire, & in futurum emergere verissimiliter presumuntur, Nos premissis attentis & eorum petitionibus annuentes, de speciali gratia concedimus dictis Carnificibus & eorum successoribus Carnificibus seu Macellariis Bituricensibus, tam auctoritate Regia quâ de presenti fungimur, quam nostra, quod assistente eis Baillivio aut Preposito Bituricensi, vel alicujus eorum Loca-tenenti seu Procuratore Regio generali dicte Baillivie per dictum Baillivum seu ejus Locum-tenentem eidem specialiter deputato, pro causis hujusmodi seu exactionibus aut aliis causis ipsos Carnifices in communi tangentibus, valeant congregari & convenire insimul, colloquium ac tractationem facere & habere, & super hoc disponere seu talliam ac collectam imponere, prout rationabiliter fuerit faciendum, in loco honesto & competenti, tociens & quociens fuerit opportunum; & ea que sic facta, statuta vel imposita per dictos Carnifices aut majorem & saniorem partem eorum fuerint, per aliquos Officiariorum Regiorum & eorum Requesta, si opus fuerit, debite execucioni mandetur, rebelles ad hoc, si sit opus, viriliter & debite compellendo: Et in casu quod ipsi aut eorum aliqui [c] contraditores fuerint aut rebelles, volumus quod Baillivus noster Bituricensis aut ejus Locum-tenens ipsos ad hoc per capcionem, vendicionem & explectationem bonorum suorum, vel suspencionem Officii Macelli, aliisque viis & Juris remediis virilliter & debite compellat seu compelli faciat, absque alterius expectatione mandati: Ita tamen quod prefatus Baillivus vel ejus Locum-tenens aut Procurator predictus seu alii ad hoc specialiter deputandi, eisdem assistentes, caveant studiose ne in congregationibus hujusmodi, conspiratio, machinatio vel aliud interveniat quod Juri Regio vel alieno derroget, aut in Reipublice detrimentum redundet. Quocirca Baillivio presenti & [d] ejus qui pro tempore fuerint, vel eorum Loca-tenentibus presentium tenore mandamus, quatinus concessionem & gratiam hujusmodi imperpetuum [e] observant & faciant observari, dictosque Carnifices presentes & futuros, eis uti pacifice & quiete faciant & gaudere permittant. Quod ut firmum & stabile perseveret, presentibus Litteris nostrum fecimus apponi sigillum: Salvo jure dicti Domini nostri & nostro in aliis, & in omnibus quolibet alieno. Datum Parisiis, Anno Domini millesimo trecentesimo quinquagesimo-nono, Mense Januarii.

Per Dominum Regentem, ad relationem Consilii in quo erant Domini Cancellarius Normanie, Johannes de Charniaco Miles & Magister Guillelmus Bescoti. ALANUS.

CHARLES REGENT, Jean I.er & selon d'autres, Jean II. à Paris, en Janvier 1359.

[a] Voy. cy-dessous, Note (c)

[b] frequenter.

[c] contradictores.

[d] eis.

[e] observent.

NOTES.

(c) *Onus predictum, dicti, &c.*] Cet endroit me paroist corrompu : voicy comme je crois qu'on pourroit le corriger : *propter onus predictum & alia onera que dicti, &c.* & il faudra alors retrancher le mot *qui*, qui est devant *tam pro hala.*

(a) Lettres de Sauvegarde pour les Escoliers de la Ville de Toulouse.

CHARLES REGENT, Jean I.er & selon d'autres, Jean II. à Paris, en Janvier 1359.

KAROLUS &c. *Ad perpetuam rei memoriam. Conditoris omnium immensa benignitas post lapsum primi* [f] *Plasmatis, nolens quod humana creatura quam sue similitudini conformarat, ruditate vilesceret, reparans quodammodo circa ipsam gratiose, quod gustu pomi mortifero deperditum fuerat, rudem hominem erudiri decrevit scientiarum*

[f] premier Homme.

NOTES.

(a) Tresor des Chartres, Registre 90. Piece 428. Voy. cy-dessus, p. 263. Note (a)

CHARLES REGENT, Jean I.er & selon d'autres, Jean II. à Paris, en Janvier 1359.

artiumve dogmatibus diversatum, quibus sub cursu celestium, terrestria valeant gubernari, quarum tamen non solet haberi notitia nisi per fervens studium spaciosum, cum sint difficiles intellectu. Hec itaque sanctissimus in Xristo Pater Dominus Innocentius Divina Providentia Papa sextus, ad virtutum opera semper intentus, sapienter attendens, certum Scolarium numerum perpetuum instituit & fundavit in Civitate Tolose [a] *hospicio sibi* [b]*: quod hospitium seu Domum Sancti Martialis perpetuo voluit* [c] *vulgaliter nuncupari, ac certis eis competentibus redditibus perpetuis assignatis, unde vacantes Litterarum studiis valeant* [d] *successum temporum sustentari. Quare Nos digna consideratione pensantes quod Regibus cedit ad gloriam & honorem, in suis Regnis habere viros industrios, decoros sciencciis & virtutibus eruditos, ut fortes Consiliis & facta sua providorum deliberationibus dirigentes, sub pacis Principe faciliter regnent & imperent in culmine Majestatis, quodque inter regiones alias dicti Regni, dicta* [e] *Civitatis Tholosa veluti fons scientiarum* [f] *irrivus, viros eminentis scientie, viros alti Consilii solet ab antiquo propagatione quasi naturali, producere, quod in ipsius sanctissimi Patris qui in sue primordio Juventutis laudabiliter ibidem studuit, & in quampluribus aliis hodie testimonialis evidentia manifestat: at propterea gerentes in votis quod dicti Scolares per ipsum sanctissimum Patrem ibidem instituti, ut premittitur, & fundati, ab omni adversitate liberi & ab omni perturbatione securi liberius studere valeant inconcussi,* notum facimus *universis presentibus & futuris, quod Nos eosdem Scolares presentes & futuros, locum, habitationem seu Domum predictam quam non minus quam propriam foveri volumus, presidiis opportunis cum personis ipsorum Scolarium ac familie sue & bonis suis omnibus mobilibus & immobilibus, presentibus & futuris, ubicumque existentibus in Regno predicto, in & sub Regia & nostra protectione & Gardia speciali suscipimus per presentes, auctoritate Regia qua fungimur, de certa scientia & de gratia speciali: presentium tenore mandantes Senescallo Tholose ceterisque Justiciariis Regiis presentibus & futuris vel eorum Locatenentibus, & cuilibet eorumdem ut ad eum pertinuerit, quatinus eosdem Scolares ac familiares suos presentes pariter & futuros, ab omnibus injuriis, oppressionibus, vi armorum & laycorum potentia ac novitatibus indebitis quibuslibet tueantur, & eos in suis justis possessionibus, usibus, juribus, Libertatibus, immunitatibus, Franchisiis & saisinis in quibus eos esse ac predecessores suos fuisse ab antiquo repererint, manuteneant & conservent, nec permittant sibi in personis vel in bonis fieri vel inferri quomodolibet indebitas novitates, sed pocius factas & illatas, si que fuerint in eorum & dicte protectionis & Gardie prejudicium, faciant ad pristinum & debitum statum indilate reduci, & Nobis ac* [g] *si taliter emendari quod cedat presumptoribus in exemplum:* [h] *assecuramentum quoque de personis de quibus habere petierint, eis & eorum cuilibet prestari legitimum faciant juxta consuetudinem Patrie, ac inhibeant seu faciant inhiberi personis de quibus fuerint requisiti, sub certis & magnis penis, ne quis eis aut eorum alicui in personis vel bonis injuriari vel in eos, familiam aut eorum bona excedere quoquomodo presumant. In casibus vero oppositionis super possessione in articulo novitatis, res contentiosas ad manum Regiam tanquam superiorem ponant, & locis restitutis seu (b) rescusitis,* [i] *de rebus contentiosis, ut fuerit rationis,* [k] *ac recredentia facta si & ubi fuerit facienda, Partes adjornent coram se vel alio suo Judice competenti, super hoc ratione previa processuras: ac hujusmodi Gardiam* [l] *insinuant & publicari faciant & procurent personis & locis ubi & quotiens fuerit opportunum: Penuncellosque Regios ubi viderint expedire, in terra que Jure-scripto regitur, in signum dicte Gardie apponant seu apponi vel affigi faciant, ac specialem Gardiatorem unum vel plures ydoneos eisdem Scolaribus ad premissa deputent, quotiens opus erit: qui tamen de hiis que Cause cognitionem exigunt, se nullatenus intromittant. Que ut firma permaneant in futurum, presentibus Litteris nostrum fecimus*

[a] in.
[b] pertinente.
[c] vulgariter.
[d] successu.
[e] Civitas.
[f] irriguus.
[g] ac si *paroist inutile. Peut-estre faut-il lire* ac sibi.
[h] Voy. cy-dessus, p. 264. Note (b)
[i] &.
[k] ac *paroist inutile.*
[l] insinuent.

NOTES.

(b) *Rescusitis.*] Je crois que cela signifie, des choses reprises par voye de fait à ceux qui s'en estoient emparez de force. Cela se nommoit en François, *faire recousse.* Cette phrase est embroüillée, & paroist corrompuë. Voy. une disposion à peu près semblable, cy-dessous dans des Lettres de Sauvegarde pour l'Abbaye de *Jully*, données en Mars 1359.

apponi sigillum : nostro & alieno in omnibus jure salvo. Actum Parisius, Anno Domini millesimo trecentesimo quinquagesimo-nono, Mense Januarii.

Per Dominum Regentem, ad relationem Consilii [a] *quo erat Dominus Cancellarius Normanie (c) Electus Belvacensis.* SAVIGNY.

[a] in.

NOTES.

(c) *Electus Belvacensis.*] Cet Evêque élû de Beauvais est Jean de Dormans, Chancelier de Normandie. [Voy. cy-dessus, p. 212. Note (c).] *Franc. du Chesne*, dit dans son *Hist. des Chanceliers de France*, p. 349. qu'il fut fait Evêque de Beauvais en 1360. On voit par cette Piece qu'il estoit déja eslu au mois de Janvier 1359. & il y a apparence que ce fut dans le cours du mois de Janvier qu'il fut élû, puisque dans les Lettres precedentes qui sont aussi du mois de Janvier, on ne luy donne pas le titre d'*Elû de Beauvais*.

CHARLES REGENT, Jean I.er & selon d'autres, Jean II. à Meleun, le 10. de Fevrier 1359.

(a) *Mandement pour faire fabriquer des gros Deniers blancs à l'Estoile, dans les Monnoyes de* Paris, *de* Roüen *&* *de* Troyes.

CHARLES aisné Filz du Roy de France, regent le Royaume, Duc de Normandie & Dalphin de Viennois: A noz amez & feaulx les Generaulx-Maistres des Monnoyes de Monseigneur & nostres, Salut & dilection. Nous pour certaines & justes causes qui à ce Nous meuvent, & pour le grant besoing & necessité que Nous avons à present de Finance, vous mandons & à chacun de vous estroictement enjoignons, que tantost & sans delay ces Lectres veuës, vous fassiez faire & ouvrer en la Monnoye de *Paris*, de *Roüen* & de *Troyes*, gros Deniers blancs à l'Estoille, qui auront cours pour deux solz six deniers tournois la Piece, à deux deniers de loy dit Argent-le-Roy, & de [b] six solz huit deniers de poix au marc de Paris; & faictes donner aux Ouvriers & Monnoyers tel sallaire ou creuë d'Ouvraige comme vous verrez qu'il appartiendra. Et voulons que tout le Cuivre qui sera mis en iceluy Ouvraige, soit [c] quis & acheté aux despens de Monseigneur & de Nous. De ce faire à vous & à chacun de vous donnons povoir, auctorité & mandement especial par la teneur de ces presentes. *Donné à Meleun, le dixiesme jour de Fevrier, l'An de grace mil trois cent cinquante-neuf.* Par Monseigneur le Regent, en son Conseil, ouquel estoient Messieurs P. de Villiers, P. Domont, N. Bracque & H. Bernier.

OGIER.

[b] à 80. Pieces au marc.

[c] acquis.

NOTES.

(a) Registre D. de la Cour des Monnoyes de Paris, *fol.* 54. *recto.*

Avant ce Mandement, il y a :
Lundy dix-septieme jour de Fevrier 1359. fut apporté ung Mandement de Monseigneur le Regent, dont la teneur s'ensuit.

CHARLES REGENT, Jean I.er & selon d'autres, Jean II. à Meleun, le 22. de Fevrier 1359.

(a) *Mandement pour faire fabriquer des Deniers doubles parisis noirs.*

CHARLES aisné Filz du Roy de France, regent le Royaume, Duc de Normandie & Dalphin de Viennois: A noz amez & feaulx les Generaulx-Maistres des Monnoyes de Monseigneur & nostres, Salut & dilection. Nous avons entendu par la clameur & complaincte du menu Peuple de la Ville de Paris & d'ailleurs, que pour le deffault qui est à present de petites Monnoyes, & par lesquelles ilz [d] souloient avoir souffisamment leur vivre & substentacion, aucuns biens, Offerandes

[d] avoient coustume.

NOTES.

(a) Registre D. de la Cour des Monnoyes de Paris, *fol.* 54. *verso.*

CHARLES REGENT, Jean I.er & selon d'autres, Jean II. à Meleun, le 22. de Fevrier 1359.

ne Aumosnes ne leur sont à present faictes, dont ils ont & pourront avoir moult de deffaultes de leur vivre, se sur ce ne leur estoit pourveu. Et pour ce Nous qui tousjours avons eu & avons compassion dudit Peuple, desirant leur bien & proussit, vous mandons & à chacun de vous commandons expressement, que sans delay ces Lettres veues, vous faictes faire & ouvrer en la Monnoye de Paris & ès autres Monnoyes dudit Royaume, là où vous verrez qu'il appartiendra, Deniers doubles parisis noirs, qui auront cours pour deux deniers parisis la Piece, sur tel poix & loy, & jusques à telle somme de marcs d'Argent comme bon vous semblera: En donnant aux Changeurs & Marchans pour chacun marc d'Argent, six Royaulx d'Or ou leur valleur, si comme l'en fait à present: Et iceulx doubles parisis faictes faire & ouvrer sur tel pié de Monnoye comme vous verrez qu'ilz se pourront mieulx faire & soustenir, *(b)* au plus près de l'Ouvraige des blancs Deniers que Nous faisons faire à present. Et tout le Cuivre qui sera mis en l'Ouvraige d'iceulx doubles, Nous voulons qu'il soit [a] quis & acheté aux despens de mondit Seigneur & de Nous. Et faictes donner aux Ouvriers & Monnoyers tel sallaire pour Ouvraige & Monnoyaige comme bon vous semblera. De ce faire à vous & à chacun de vous donnons povoir, auctorité & mandement especial par la teneur de ces presentes. *Donné à Meleun, le vingt-deuxieme jour de Fevrier, l'An de grace mil trois cens cinquante & neuf.* Par Monseigneur le Regent, presens Messieurs N. Bracque, Hugues Bernier & Mahe Guete. OGIER.

a *acquis.*

NOTES.

(b) Au plus près de l'Ouvraige des blancs Deniers.] C'est-à-dire, qu'il y ait entre leur prix & celuy des blancs Deniers, à peu près la même proportion qu'il y aura entre leur loy & leur poids, & la loy & le poids des blancs Deniers.

CHARLES REGENT, Jean I.er & selon d'autres, Jean II. à Meleun, le 22. de Fevrier 1359.

(a) Mandement pour fixer le prix de l'Argent que l'on apportera dans la Monnoye de Tournay.

CHARLES aisné Filz du Roy de France, regent le Royaume, Duc de Normandie & Dalphin de Viennois: A nos amez & feaulx les Generaulx-Maistres des Monnoyes de Monseigneur & de Nous, salut & dillection. Pour ce que Nous avons entendu que la Monnoye de *Tournay* est en chomaige, parce que les Changeurs & Marchans du pays n'y veulent porter point de Billon, pour ce que en icelle l'en leur donne trop petit pris au regard de ce que l'en donne ailleurs; ouquel chomaige Nous soustenons moult grant dommaige, & aussi nostre cher Cousin le Conte de sainct Pol [b] qui est assigné par Nous à prendre le proussilt d'icelle, pour convertir en Gens d'Armes pour la tuicion & deffense du pays, peult estre en adventure de perdre son fait, par deffault d'Argent. Nous par deliberacion de nostre Conseil, avons ordonné, voulons & ordonnons que en ladite Monnoye de *Tournay*, vous fassiez donner aux Changeurs & Marchans de chacun marc d'Argent qu'ilz porteront en icelle pour y faire ouvrer & monnoyer, sept Escuz. Si vous mandons & commandons que tantost & sans delay ces Lectres veuës, vous fassiez porter ou envoyer en ladite Monnoye de *Tournay* nostre presente Ordonnance, & y faicte faire ores [c] & autreffois tel Ouvraige comme l'en fait à *Paris* & à *Sainct Quentin*, en donnant aux Changeurs & Marchans sept Escuz de chacun Marc d'Argent qu'ilz y porteront, comme dit est. De ce faire vous donnons povoir, auctorité & mandement

b *Voy. cy-dessus, p. 394. Note (b)*

c *presentement & dans la suite.*

NOTES.

(a) Registre D. de la Cour des Monnoyes de Paris, *fol. 55. recto.*

Avant ce Mandement, il y a:

Le 24.e jour de Fevrier 1359. fut apporté ung Mandement de Monseigneur le Regent, dont la teneur s'ensuit.

especial par la teneur de ces presentes. *Donné à Meleun, le vingt-deuzieme jour de Fevrier, l'An de grace mil trois cens cinquante & neuf.* Par Monseigneur le Regent, presens Messieurs N. BRACQUE, HUGUES BERNIER & MAHE GAITE. OGIER.

CHARLES REGENT, Jean I.er & selon d'autres, Jean II. à Meleun, le 22. de Fevrier 1359.

(a) *Mandement pour faire fabriquer des blancs Deniers à l'Estoille.*

CHARLES aisné Fils du Roy de France, regent le Royaume, Duc de Normandie & Daulphin de Viennois : A nos amez & feaulx les Generaulx-Maistres des Monnoyes de Monseigneur & de Nous, Salut & dilection. Nous pour certaines causes & par deliberacion de nostre Conseil, vous mandons & à chacun de vous enjoignons que tantost & sans delay ces Lettres veuës, vous fassiez faire & ouvrer en toutes & chacunes les Monnoyes dudit Royaume, là où bon vous semblera, & excepté en celles de la *Languedoc*, blancs Deniers à l'Estoille, qui auront cours pour deux sols six deniers tournois la Piece, à deux deniers de loy dit Argent-le-Roy, & de [a] huit solz quatre deniers de poix au marc de Paris. Et Nous voulons que tout le Cuivre qui sera mis en icelle Ouvraige, soit [b] quis & acheté aux despens de mondit Seigneur & de Nous; & donnez & faictes donner aux Ouvriers & Monnoyers tel sallaire ou creue d'Ouvraige comme bon vous semblera. De ce faire à vous & à chacun de vous donnons povoir, auctorité & mandement especial par la teneur de ces presentes. *Donné à Meleun, le vingt-deuxieme jour de Fevrier, l'An de grace mil trois cent cinquante-neuf.* Par Monseigneur le Regent, en son Conseil, ouquel estoient Messieurs le Chancelier de Normandie, P. de Villiers, N. Bracque, H. Bernier & * Mathe-Gueicte. OGIER.

a *à 100. Pieces au marc.*
b *acquis.*
* *Voy. cy-dessus, p. 385. la Note marginale (d)*

NOTES.

(a) Regiftre D. de la Cour des Monnoyes de Paris, *fol.* 55. *verso.*
Avant ce Mandement, il y a :

Item. *Ledit 24.e jour, fut apporté ung autre Mandement adressant ausdits Generaulx-Maistres, la teneur duquel est escripte cy-après en l'autre Page.*

CHARLES REGENT, Jean I.er & selon d'autres, Jean II. à Meleun, le 28. de Fevrier 1359.

(a) *Mandement pour faire fabriquer des blancs Deniers à l'Estoille.*

CHARLES aisné Filz du Roy de France, regent le Royaume, Duc de Normandie & Dalphin de Viennois : A nos amez & feaulx les Generaulx-Maistres des Monnoyes de Monseigneur & nostres, Salut & dillection. Savoir vous faisons que Nous par très-grant & bonne deliberacion de nostre Conseil, & pour très-grans causes qui à ce Nous meuvent, avons voulu & ordonné, & par ces presentes voulons & ordonnons & à chacun de vous mandons, commectons & estroictement enjoignons que tantost & sans delay ces Lectres veuës, toutes excusations cessans, vous faciez & faictes faire & ouvrer en toutes les Monnoyes de mondit Seigneur & nostres, là où bon vous semblera, & excepté en celles de la Languedoc, blancs Deniers à l'Estoille, à ung denier douze grains de loy dit Argent-le-Roy, & de [c] huit solz quatre deniers de poix au marc de Paris, autelz & semblables comme ceulx que Nous faisons faire à present, en mectant en iceulx telle [d] difference comme bon

c *à 100. Pieces au marc.*
d *Voy. cy-dessus, p. 266. Note (e)*

NOTES.

(a) Registre D. de la Cour des Monnoyes de Paris, *fol.* 56. *verso.*
Avant ce Mandement, il y a :

Le 4.e jour de Mars 1359. fut apporté en la Chambre des Monnoyes, ung Mandement de Monseigneur le Regent, duquel la teneur est telle.

vous femblera: Et Nous voulons payer le Cuivre qui fera mis en iceluy Ouvraige: & gardez qu'il n'y ait deffault; car trop grant inconvenient s'en pourroit enfuivre. De ce faire à vous & à chacun de vous donnons povoir, auctorité & mandement efpecial par la teneur de ces Lettres. *Donné à Meleun, le vingt-huictiefme jour de Fevrier, l'An de grace mil trois cent cinquante & neuf.* Par Monfeigneur le Regent, prefens Meffieurs N. Bracque, H. Bernier & Mathe-Gueéte. OGIER.

CHARLES REGENT, Jean I.er & felon d'autres, Jean II. à Paris, le 15. de Mars 1359.

(a) Mandement pour faire fabriquer des Deniers blancs à l'Eftoille.

CHARLES aifné Filz du Roy de France, regent le Royaume, Duc de Normandie & Dalphin de Viennois: A noz amez & feaulx les Generaulx-Maiftres des Monnoyes de Monfeigneur & noftres, falut & dilection. Nous pour certaines caufes, vous mandons & commandons & à chacun de vous, que tantoft & fans delay ces Lettres veuës, vous faffiez faire & ouvrer en la Monnoye de *Paris* & ès autres Monnoyes dudit Royaume là où bon vous femblera, excepté en celles de la Languedoc, Deniers blancs à l'Eftoille à ung denier douze grains de loy dit Argent-le-Roy, & de dix folz [a] cinq deniers de poix au marc de Paris, ayans cours pour deux folz fix deniers [b] la Piece comme ceulx de prefent. Et Nous voulons que tout le Cuivre qui fera mis en iceluy Ouvraige, foit [c] quis & acheté aux defpens de mondit Seigneur & de Nous: Et donnez & faictes donner aux Ouvriers & Monnoyers tel fallaire ou creue d'Ouvraige & Monnoyaige comme vous verrez qu'il appartiendra. De ce faire à vous & à chacun de vous donnons povoir, auctorité & mandement efpecial par ces prefentes. *Donné à Paris le quinziefme jour de Mars, l'An de grace mil trois cens cinquante & neuf.* Par Monfeigneur le Regent, prefens Meffieurs N. BRACQUE, H. BERNIER, J. DORLIENS & PH. GILLIER. B. FRANÇOIS.

a *à 125. Pieces au marc.*

b Dans le Regiftre R. il y a, *deniers tournois.*

c *acquis.*

NOTES.

(a) Regiftre D. de la Cour des Monnoyes de Paris, *fol. 57. verfo.*

Ces Lettres font auffi dans le Regiftre de cette Cour, coté R. double du Regiftre Q. p. 56.

Avant ce Mandement, il y a:

Samedy 21.e jour de Mars 1359. fu apporté ung Mandement de Monfeigneur le Regent, duquel la teneur eft telle.

CHARLES REGENT, Jean I.er & felon d'autres, Jean II. à Paris, le 27. de Mars 1359.

(a) Mandement pour fixer le prix des Efpeces d'Or & d'Argent, & celuy de l'Argent que l'on apportera aux Monnoyes, & pour faire fabriquer de nouvelles Efpeces.

CHARLES aifné Filz du Roy de France, regent le Royaume, Duc de Normandie & Dalphin de Viennois: A noz amez & feaulx les Generaulx-Maiftres des Monnoyes de Monfeigneur & noftres, falut & dilection. Comme tous ou la greigneur partie des bonnes Gens de la Ville de Paris & de plufieurs autres Villes dudit Royaume, Nous ayent fignifflé & fait monftrer en eulx griefvement complaignans,

NOTES.

(a) Regiftre D. de la Cour des Monnoyes de Paris, *fol. 58. verfo.*

Ce Mandement eft auffi dans le Regiftre de cette Cour, coté R. double du Reg. Q.

Avant ce Mandement, il y a:

Le 28.e jour de Mars 1359. fut apporté en la Chambre des Monnoyes, ung Mandement de Monfeigneur le Regent, duquel la teneur eft telle.

Monnoye 48.e

que

que tant pour cause des ports & passaiges qui ont esté & sont occupez par la puissance des ennemis dudit Royaume, comme pour les Monnoyes d'Or & d'Argent qui ont prins [a] si grant cours, toutes manieres de Vivres, Denrées & Marchandises desquelles tous & un chacun doivent avoir leur substentacion & gouvernement, sont si enchiers & menées en tel estat & gouvernement, que le pouvre commun Peuple ne se peult bonnement vivre ne [b] chevir, supplians que sur ce veuillons pourveoir d'aucun bon remede : Savoir faisons que Nous desirans de tout nostre cueur le bien, le prouffilt, paix & transquilité de tout le Peuple dudit Royaume, voulant incliner à leur supplication, par très grant & bonne deliberacion eüe avec nostre Conseil & aucuns d'iceulx desdites Villes, & à leur priere & requeste, avons voulu & ordonné, & par ces presentes voulons & ordonnons que les Royaulx d'Or fin que mondit Seigneur & Nous avons fait faire, faisons & ferons faire, n'ayent cours & ne soient prins & mis que pour trente-deux solz [c] tournois la Piece, & non pour plus.

Et les blancs Deniers à l'Estoille qui ont eu cours pour *(b)* deux solz [d] tournois la Piece, ne soient prins & mis que pour deux deniers [e] tournois la Piece : Et que tantost & sans delay l'en face faire & ouvrer gros Deniers blancs à quatre deniers de loy dit Argent-le-Roy, & de cinq [f] solz quatre deniers de poix au marc de Paris, qui auront cours pour douze deniers parisis la Piece;

Et deniers parisis à ung denier de loy dudit Argent, & de [g] seize solz de poids audit marc;

Et petitz deniers tournois [h] semblablement à ung denier de loy dudit Argent, & de vingt [i] solz de poix audit marc, qui auront cours pour ung denier parisis & ung denier tournois la Piece.

Et sera donné à tous Changeurs & Marchans, de chacun marc d'Argent allayé à iceulx quatre deniers de loy, onze livres tournois; & de tout autre marc d'Argent allayé audessoubz d'iceulx quatre deniers, dix livres quinze solz tournois : Et voulons que tout le Cuivre qui sera mis en icelluy Ouvraige, soit [k] quis & acheté aux despens de mondit Seigneur & de Nous. Si vous mandons & à chacun de vous commectons & estroictement enjoignons, que en toutes & chacunes les Monnoyes de mondit Seigneur & nostres, & en celles-là où vous verrez que bon sera de faire, excepté en celles de la Languedoc, vous faictes faire & ouvrer iceulx gros Deniers blancs, Deniers Parisis & petitz tournois du poix & loy que dit est : [l] Et donnant aux Changeurs & Marchans les pris ès marcs d'Argent, par la maniere que dit est; Et aux Ouvriers & Monnoyers tel sallaire comme vous verrez qu'il appartiendra estre fait : & gardez que en ce faire, n'ait aucun deffault. De tout ce faire à vous & à chacun de vous donnons povoir, auctorité & mandement especial par la teneur de ces Lettres. *Donné à Paris le vingt-septiesme jour de Mars, l'An de grace mil trois cens cinquante & neuf.* Par Monseigneur le Regent en son Conseil, où estoient Messieurs le

CHARLES REGENT, Jean I.er & selon d'autres, Jean II. à Paris, le 27. de Mars 1359.

a *dont le prix est si fort augmenté.*

b *trouver moien de subsister.*

c *parisis.* Reg. R.

d *parisis.* Reg. R.

e *parisis.* Idem.

f *à 64. Pieces au marc.*

g *à 192. Pieces au marc.*

h *semblable.* Reg. R.

i *à 240. Pieces au marc.*

k *acquis.*

l *en.*

NOTES.

(b) Deux solz tournois.] Voicy ce qu'on trouve dans la Chronique de S.t Denys & dans le 2. Continuateur de Nangis, sur cette diminution de Monnoye.

Item. *Le Lundy devant Pâques Fleuries, l'An mil trois cens cinquante & neuf, le vingt & troisieme jour de Mars, fut la Monnoye publiée à Paris à deux deniers pour le Denier blanc, qui paravant valoit deux soulz Parisis, & valoit lors le sextier de bon froment XVIII. livres de Parisis ou environ de ladite foible Monnoye.* Chroniq. de S.t Denys, 2. Vol. *fol. m.* 190. *recto,* col. 2. [Il y a, 187. c'est une faute.]

Circa finem autem hujus anni, scilicet ante Pascha, moneta cecidit Parisius vigilia Annuntiationis, sic quod florenus de Florentia, qui prius valebat XX. lib. non valuit nisi XXXII. solid. & Denarius albus qui valebat duos solidos, non valuit nisi XII. denarios Paris. ut sic qui prius habebat viginti solidos Par. non habuit nisi XX. denarios in valore, & ob hoc omnes res in majori caristia ceciderunt, quia prius quod dabatur pro duobus albis valentibus IV. solid. nunc pro quatuor albis venditur solum valentibus octo denarios pecuniæ fortioris. Continuat. altera Chronici Guill. de Nangiaco. Spicil. du P. Dacheri, Tom. 3. p. 126. col. 2.e 2.e Edit. Il y a bien des fautes dans ces deux passages, mais ce n'est pas icy le lieu de les corriger.

Chancelier de Normandie, le Mareschal Bouciquault, le Sire de Garancieres, Messire P. Paien, Mess. N. Bracque, Hugues Bernier, Jehan de Hangest, Jaques de Pacy & plusieurs autres. N. DE VEIRES.

CHARLES REGENT, Jean I.er & selon d'autres, Jean II. à Paris, en Mars 1359.

(a) Sauvegarde pour l'Abbaye de *Jully*, Diocese de Meaux.

KAROLUS &c. Notum facimus universis tam presentibus quam futuris, quod Nos rationi congruum arbitramur, si Predecessorum nostrorum vestigiis inherendo, ad hec mentis nostre aspiret affectus, per que status Ecclesiasticus, & specialiter persone Ecclesiastice que de die & de nocte Divinis insistunt serviciis, pacis transquillitate gaudeant, & pressuris releventur & à noxiis deffendantur, ut eo libenciùs circa Divina vacare valeant servicia, quò per Regalem potentiam senserint se adjutos. Hinc est quod Nos ad supplicationem dilectorum nostrorum Religiosorum virorum Abbatis & Conventus Ecclesie Beate Marie (b) de Juliaco Ordinis Sancti Augustini, Meldensis Diocesis, Prepositure Parisiensis sive ressorti ejusdem, nuper per Inimicos dicti Regni depredatorum, ac in majori parte bonorum suorum mobilium combustorum & denudatorum, preteritis temporibus in salva & speciali Gardia Regia existentium, ipsos ex uberiori gratia una cum eorum membris, familiaribus & hominibus de corpore, si quos habent, rebus ac bonis ac juribus suis universis, in protectione & salva Gardia Regia & nostra, de gratia speciali ad suorum jurium conservationem duntaxat, suscipimus per presentes, & eisdem in Gardiatores deputamus Prepositum Parisiensem & ejus Locum-tenentem qui nunc sunt & pro tempore fuerint: quibus & eorum cuilibet, committimus & mandamus quatinus ipsos Religiosos in suis justis possessionibus, usibus, Juribus, Franchisiis, Libertatibus, Jurisdictionibus & saisinis in quibus ipsos esse suosque predecessores fuisse invenerint pacifice ab antiquo, manuteneant & conservent, & ipsos ab omnibus injuriis, violenciis, gravaminibus, oppressionibus, vi armorum, potentia Laycorum ac quibuscunque molestationibus, inquietationibus & novitatibus indebitis [a] *tuantur & deffendant, nec permittant contra ipsos Religiosos, aut ipsorum familiares & homines de corpore, aliquas fieri vel inferri injurias aut indebitas novitates, quas si factas esse vel fuisse in dicte Salve gardie Regie & nostre ac dictorum Religiosorum prejudicium, repererint, eas ad statum pristinum & debitum reducant, ac dicto Domino nostro & Nobis ac Parti emendam propter hoc condignam prestari faciant, dictamque Salvam gardiam Regiam & nostram in locis & personis de quibus expediens fuerit, publicari & notificari faciant, inhibendo ex parte dicti Domini nostri atque nostra, omnibus illis de quibus fuerint requisiti, sub omni pena quam erga dictum Dominum nostrum seu Nos possent incurrere, ne eisdem Religiosis aut eorum familiaribus seu hominibus de corpore, ac bonis seu rebus suis quomodolibet forefacere presumant: Et si in casu novitatis inter Partes aliquod debatum oriatur, quod dictum debatum & rem contentiosam ad manum Regiam seu nostram tanquam superiorem ponant, & per ipsam manum facta recredentia per eosdem seu eorum alterum, illi ex dictis Partibus cui de jure fuerit facienda, faciant super hoc ipsis Partibus bonum & mature Justicie complementum: ac etiam dicte Salve gardie Regie & nostre infractores & contemptores, & illos qui in ejus prejudicium & contemptum predictis Gardiatoribus aut eorum alteri Gardiatoris Officium exercendo, injuriam fecerint vel offensam, sive qui eis vel eorum alteri inobedientes fuerint, vocatis evocandis, taliter, mediante Justitia, puniant, quod*

[a] tueantur.

NOTES.

(a) Tresor des Chartres, Registre 90. Piece 509. Voy. cy-dessus, p. 263. Note (a).

(b) *De Juliaco.*] Cette Abbaye a esté fondée en 1183. par Foucaud de S.t Denys. Le dernier Abbé a esté *Daniel Hotman*, mort Prestre de l'Oratoire en 1632. Après sa mort, cette Abbaye a esté réünie à la Maison des Peres de l'Oratoire de la ruë de S.t Honoré à Paris. Voy. *Gall. Christian.* 1.re Edit. Tom. 4. p. 545.

Les Peres de l'Oratoire ont estabi un College à *Jully*.

cedat ceteris in exemplum. Si vero dicti Religiosi aut aliquis de suis familiaribus & hominibus de corpore, ab aliquo seu ab [a] aliquis (c) assecuramentum habere voluerint, volumus quod dicti Gardiatores & eorum quilibet, predictum assecuramentum eisdem & eorum singulis dari faciant bonum & legitimum juxta Patrie consuetudinem, prout rationabiliter fuerit, faciendum, & generaliter faciant & facere possint dicti Gardiatores & eorum quilibet, omnia & singula que ad veri Gardiatoris Officium pertinent & possunt quomodolibet pertinere: mandantes omnibus Justiciariis Regiis & nostris, ut prefatis Gardiatoribus & eorum cuilibet in premissis & ea tangentibus, pareant efficaciter & intendant, prestentque auxilium, favorem & consilium, si opus fuerit & super hoc fuerint requisiti. Quod ut firmum & stabile permaneat in futurum, nostrum hiis presentibus Litteris fecimus apponi sigillum: Salvo in aliis jure dicti Domini nostri atque nostro, & in omnibus quelibet alieno. Actum & datum Parisius, Anno Domini millesimo trecentesimo quinquagesimo-nono, Mense Martii.

CHARLES REGENT, Jean I.er & selon d'autres, Jean II. à Paris, en Mars 1359.

a aliquibus.

Per Dominum Regentem, in Consilio in quo erant Domini Cantor Parisiensis & Decanus Carnotensis. P. CASNOT.

NOTES.

(c) *Assecuramentum.*] Voy. cy-dessus, p. 264. Note (b). On peut adjouster que même hors le cas des Guerres privées, lorsqu'une personne croyoit avoir lieu de craindre quelque violence de la part d'un autre, elle alloit trouver le Juge qui pouvoit obliger celuy-cy à luy donner *assûrance* qu'il ne le maltraiteroit pas.

Il y en a une disposition precise dans le Canon 10. d'un Concile de Treve de l'An 1228. *Si quis Laïcus Ecclesiastice persone minas intulerit de corpore proprio, & ammonitus à Judice ordinario, assecurare noluerit, nec de ipso accipere rationem; per excommunicationis & interdicti sententias ad assecurationem ejus & rationem de ipsa recipienda, compellatur.* Thesaur. Anecdot. Tom. 4. p. 186.

(a) MCCCLX.

NOTES.

(a) Cette Année commença le 5. d'Avril, & finit le 28. de Mars. Voy. le Gloss. de Du Cange, au mot *Annus*.

CHARLES REGENT, Jean I.er & selon d'autres, Jean II. à Paris, le 15. d'Avril 1360.

(a) Ordonnance portant que les revenus du Domaine ne seront receus que par les Receveurs, & ne seront employez que pour les dépenses des Hostels du Regent & de la Duchesse sa femme.

CHARLES ainsné Filz du Roy de France, regent le Royaume, Duc de Normandie & Dalphin de Viennois: A nos amez & feauls Genz des Comptes de nostredit Seigneur & de Nous à Paris, Salut & dilection. Comme par deliberation de nostre Grant Conseil, Nous aiens ordené que tous les émolumens des Domaines Royauls des Receptes du Royaume quelconques que il soient, tant Rachaz, [b] Quins, Deniers, [c] Espaves & autres obvencions, qui d'ancienneté sont tenuz & reputez pour Domaines Royauls, soient entierement receuz par les Receveurs qui à present sont, & qui pour le temps seront, & non mie par autres, soient Lieuxtenans, Capitaines ou autres quelz que il soient, qui à present sont ordenez ou seront ès Bailliages pour le fait des Guerres; quar nostre entente est que le fait desdites Guerres se face & preigne

b *Droits Seigneuriaux.*

c *Voy. cy-dessus, p. 141. Note (ppp)*

NOTES.

(a) Memor. D. de la Chambre des Comptes de Paris, *fol.* 4.

sur les Subsides & Aydes des Pais, pour ce octroyez ou à octroyer, lesquels [a] Nous voulons & ordenons que il soient tournez en la despense du vivre de nostre Hostel, & de l'Hostel de nostre très-chiere Compaigne la Duchesse & non ailleurs. Si vous mandons & enjoignons, si expressement comme plus povons, que incontinant faciez mandement de par Nous, à tous les Receveurs des Bailliages de France, que nostre presente Ordenance tiegnent & gardent sanz enfraindre & l'accomplissent de fait, & les deniers envoyent à Paris pour tourner en la despence de nozdiz Hostels: Et par ces presentes deffendons à tous Lieuxtenans, Capitaines & autres quelconques que il soient, sur quoy que il se pevent meffaire envers Monsieur & envers Nous, que contre ceste presente Ordonnance ne facent ou attemptent aucune chose au contraire, pour quelque cause & occasion que ce soit: & se les deniers desdiz Domaines, lesdiz Receveurs convertissent ailleurs que par la maniere dessusdite, Nous voulons & vous mandons & deffendons expressement sus le serement que vous avez à Nous, que vous ne leur en allouez riens en leurs Comptes. *Donné à Paris, le quinziesme jour d'Avril, l'An de grace mil trois cent soixante. Ainsi signé.* Par Monsieur le Regent, à la relacion du Conseil. ALANUS.

a *Domaines Royaux.*

CHARLES REGENT, Jean I.er & selon d'autres, Jean II. à Paris, le 25. d'Avril 1360.

(a) *Mandement pour faire fabriquer de nouvelles Especes d'Argent, & pour fixer le prix de l'Argent.*

CHARLES aisné Filz du Roy de France, regent le Royaume, Duc de Normandie & Dalphin de Viennois : A noz amez & feaulx les Generaulx-Maistres des Monnoyes de Monseigneur & nostres, Salut & dilection. Comme nagueres Nous vous ayans mandé par noz autres [b] Lettres, que en toutes les Monnoyes dudit Royaume, excepté en celles de la Languedoc, vous feissiez faire & ouvrer gros Deniers blancs à quatre deniers de loy Argent-le-Roy, & de cinq solz quatre deniers de poix au marc de Paris, pour douze deniers tournois la Piece: Et à present il Nous conviegne de necessité faire & soustenir très-grans & innumerables [c] mises pour le prouffilt dudit Royaume, desquelles Nous ne povons pas bonnement [d] finer, se n'est par le prouffilt & emolument de l'Ouvraige desdites Monnoyes: Savoir vous faisons que par grant & bonne deliberacion eue avec nostre Conseil, avons ordonné & par ces presentes voulons & ordonnons, & vous mandons & à chacun de vous que tantost & sans delay ces Lectres veuës, en toutes & chacunes lesdites Monnoyes, excepté en celles de la Languedoc, vous faissiez faire iceulx gros Deniers blancs à trois deniers de loy dit Argent-le-Roy, & de [e] cinq solz quatre deniers de poix comme dit est, en mectant en iceulx telle [f] difference comme bon vous semblera: Et aussi faictes faire petiz Deniers parisis noirs à dix-huict grains de loy dudit Argent, de [g] seize solz de poix audit marc; & petiz Deniers tournois à dix-huict grains de loy comme dit est, & de [h] vingt solz de poix audit marc de Paris. Et tout le Cuivre qui sera mis en icelluy Ouvraige, Nous voulons qu'il soit [i] quis & acheté aux propres coustz de Monseigneur & de Nous. Et donnez & faictes donner aux Changeurs & Marchans de chacun marc d'Argent allayé à trois deniers de loy, dit Argent-le-Roy & au-dessus, onze livres tournois; & de tout autre marc d'Argent allayé au-dessoubz d'iceulx trois deniers de loy, dix livres quinze solz tournois; & aux Ouvriers & Monnoyers donnez & faictes donner telle creuë pour Ouvraige & Monnoyaige comme vous verrez qu'il appartiendra estre fait. De ce faire à vous & à chacun de vous

b *Voy. cy-dessus, p. 400. le Mandement du 27. de Mars 1359.*

c *dépenses.*

d *trouver.*

e *à 64. Pieces au marc.*

f *Voy. cy-dessus, p. 266. Note (e) & p. 378.*

g *à 92. Pieces au marc.*

h *à 240. Pieces au marc.*

i *acquis.*

NOTES.

(a) Registre D. de la Cour des Monnoyes de Paris, *fol. 61. recto.*

Avant ce Mandement, il y a:

Le vingt-sixiesme jour d'Avril l'An 1360. fut apporté ung Mandement de Monseigneur le Regent en la Chambre des Monnoyes, duquel la teneur s'ensuit cy-après.

Monnoye 64.e

donnons povoir, auctorité & mandement especial par la teneur de ces presentes. *Donné à Paris, le vingt-cinqiesme jour d'Avril, l'An de grace mil trois cens soixante.* Par Monseigneur le Regent, presens Messires P. Payen, N. Bracque Chevaliers, & Mathe-Guecte. B. FRANÇOIS.

CHARLES REGENT, Jean I.er & selon d'autres, Jean II. à Paris, le dernier Avril 1360.

(a) Ordonnance sur les Changeurs.

CHARLES ainsné Filz du Roy de France, regent le Royaume, Duc de Normandie & Dalphin de Viennois : A noz amez & feauls les Gens des Comptes de Monsieur & de Nous à Paris, Salut & dileccion. Nous pour obvier à plusieurs malices & cauteles dont plusieurs Changeurs de la Ville de Paris & d'ailleurs, ont accoustumé à user & usent de jour en jour sur le fait des Monnoyes, en enfraignant les Ordenances qui sur le fait d'icelles Monnoies se sont faites, avons ordené les choses qui s'ensuivent, à euls de par Nous estre enjointes & enchargées sur les poines cy-après devisées;

(1) C'est assavoir que sur quanque il se pevent messaire envers Monsieur & Nous, il ne prenront ne ne mettront en [a] appert ne en couvert, en Marchandises de Change ne autrement, le Denier Royal d'Or fin, que pour trente-deux soulz parisis la Piece; le gros Denier blanc que l'on fait à present, pour douze deniers parisis la Piece; le petit Denier blanc viez pour deux deniers parisis; les petiz Parisis & le petit Tournois que l'en fait à present, chacun pour un denier.

(2) Item. Que nulles autres Monnoyes tant d'Or comme d'Argent, il ne prendront ne ne feront prendre fors que pour la value que il vaudront en [b] matire de Billon, & lesqueles il apporteront en la Monnoie dont il seront plus prochains, se aucune en ont, pour faire l'Ouvrage dessusdit.

(3) Item Diligement resgarderont en touz les payemenz [c] qui leur vendront, & qu'il verront ès lieux où il [d] repaireront, que il n'y ait nulles Monnoies d'Or ne d'Argent contrefaites [e] aux Monnoies dessusdites ausqueles l'en donne cours; & ou cas où il trouveront sur aucuns, icelles Monnoies contrefaites mellées [f] ouvecques les Monnoies dessusdites ou autrement, il les arresteront & prendront, & apporteront ou feront apporter ès Monnoies de Monsieur & de Nous dont il seront prochains, comme [g] forfaits & acquises; de laquele forfaiture il auront le tiers pour leur poine: Et sur la poine dessusdite, il ne porteront ne feront porter Billon d'Or ne d'Argent [h] mais que ès Monnoyes ou Monoie tant d'Or comme d'Argent, où il sont tenuz de porter, & ne vendront icelle matire d'Or ne d'Argent à quelque personne que ce soit, fors aux Mestres particuliers desdites Monnoies; excepté que se il en i a aucuns qui n'aient mie faculté ne quantité suffisantes d'aporter en icelles Monnoies, ou aient aucune necessité d'avoir le [i] comptant de leur Billon plus brief que d'atendre le paiement de la Monnoie, en icelui cas le pourront vendre & bailler à autres Changeurs de la Ville où il sont demourans, leurs Compaignons qui sont coustumiers d'aporter leur Billon ès Monnoies & non autrement, en escrivant en leur [k] Papier les parties & la somme & à qui il le bailleront, afin qu'il ne se puissent couvrir de nulle cautelle. Sy vous mandons & à chacun de vous, que touz & chacuns les Changeurs de ladite Ville de Paris vous faciez venir pardevant vous, & toutes & chascune les choses dessusdites leur commandez & enjoignez de par Monsieur & de par Nous, sur très-granz seremenz à les tenir fermes & estables par euls, par leurs Femmes, Enfanz, Vallez & familliers, sur les poines dessusdites, & d'estre forclos & bannis à touzjours de faire fait de Change tant en la Ville de Paris

[a] en public ou en secret.

[b] matiere.

[c] qu'on leur fera.

[d] demeureront.

[e] sur le modele.

[f] avec.

[g] confisquées.

[h] si ce n'est.

[i] le prix comptant.

[k] Registre.

NOTES.

(a) Memor. D. de la Chambre des Comptes de Paris, *fol.* 4. *verso.*

comme ailleurs, & de perdre & forfaire & estre acquis au Seigneur les *(b)* Changes que ceuls qui feront le contraire en aucune partie, ont & auront sur le [a] Pont de Paris, nonobstant quelque Lettre qu'il en aient à vie ou autrement, lesqueles en cestui cas dès-maintenant pour lors, annullons & au neant les mettons, & voulons lesdiz Changes estre mis & appliquez au Domaine de Monsieur & de Nous, senz ce que en aucune maniere leur soient delivrez ou restituez. *Donné à Paris, le darnier jour d'Avril, l'An de grace mil trois cent & soixante.* Par Monsieur le Regent, en son Conseil. B. FRANC. *Publicata Parisius * quinta Maii*, mil trois cent soixante. *Jo. Flamengi Magistro Monetarum refferente.*

a *le Pont au Change.*

* die.

NOTES.

(b) Les Changes.] Les Maisons qui sont sur le Pont au Change à Paris, estoient du Domaine, & estoient venduës à vie ou à certain temps à des Changeurs.

Il y a une vente generale de toutes les Maisons de ce Pont dans le Tresor des Chartres, Registre 86. Piece 447.

CHARLES REGENT, Jean I.er & selon d'autres, Jean II. à Paris, le 1.er de May 1360.

(a) Mandement pour fixer le prix de l'Argent.

CHARLES aisné Fils du Roy de France, regent le Royaume, Duc de Normandie & Dalphin de Viennois: A nos amez & feaulx les Generaulx-Maistres des Monnoyes de Monseigneur & nostres, Salut & dilection. Comme nagueres Nous ayons ordonné & vous mandé [b] que vous feissiez faire gros Deniers blancs à trois deniers de loy dit Argent-le-Roy, & de cinq solz quatre deniers de pois au marc de Paris, en donnant de chacun marc d'Argent allayé à la loy dessusdits trois deniers, unze livres tournois; & de tout autre marc d'Argent allayé au-dessoubz d'iceulx trois deniers de loy, dix livres quinze solz tournois: Et depuis les Changeurs frequentans la Monnoye de *Paris*, Nous ayent fait monstrer en eulx complaignant, que des Billons qu'ilz ont & qui leur viennent chacun jour, il ne pourroient bonnement faire ladite loy de trois deniers, supplians que de tout le Billon qu'ilz ont mis & mectront en ladite Monnoye allayé à quelque loy que ce soit, Nous leur vueillons donner onze livres tournois. Pour ce est-il que Nous par deliberacion de nostre Conseil, euë consideracion à ce que Nous povons avoir affaire à present pour le fait des Guerres, avons ordonné & ordonnons & par ces presentes vous mandons & à chacun de vous, que vous donnez & faictes donner ausditz Changeurs & Marchans de tout marc d'Argent qui sera apporté en ladite Monnoye, & qui aura esté mis & ouvré depuis le commencement de l'Ouvraige desditz gros Deniers blancs à trois deniers de loy, jusqu'à ce que vous ayez autre Mandement de Nous, allayé à quelque loy que ce soit, unze livres tournois comme dessus est dit, & semblablement faictes donner iceluy pris ès autres Monnoyes dudit Royaume là où bon semblera. De ce faire à vous & à chacun de vous donnons povoir, auctorité & mandement especial par ces presentes. *Donné à Paris, le premier jour de May, l'An de grace mil trois cent soixante.* Par Monseigneur le Regent, en son Conseil. B. FRANÇOIS.

b *Voy. cy-dessus, p. 404. le Mandement du 25. d'Avril 1360.*

NOTES.

(a) Registre D. de la Cour des Monnoyes de Paris, *fol. 63. recto.*

CHARLES REGENT, Jean I.er & selon d'autres, Jean II. à Paris, le 2. de May 1360.

(a) Mandement pour faire fabriquer des gros Deniers blancs dans les Monnoyes de Paris, de Roüen & de Troyes.

CHARLES aisné Filz du Roy de France, regent le Royaume, Duc de Normandie & Dalphin de Viennois: A nos amez & feaulx les Generaulx-Maistres des Monnoyes de Monseigneur & de Nous, salut & dillection. Nous pour certaines & justes causes qui Nous meuvent, & pour le très grant besoing & necessité que Nous avons à present de Finance, vous mandons & à chacun de vous estroictement enjoignons, que tantost & sans delay ces Lectres veuës, vous fassiez faire & ouvrer ès Monnoyes de *Paris*, de *Roüen* & de *Troyes*, gros Deniers blancs telz & semblables en poix, taille & facon & en cours, comme ceulx que Nous faisons faire à present esdites Monnoyes; lesquelz vous ferez allayer à deux deniers douze grains de loy Argent le-Roy tant seulement, sans y mectre ne faire aucune [a] difference de ceux que l'en a faictz à trois deniers de loy: Car ainsi l'avons Nous ordonné, affin de tenir la chose plus secrete. En donnant aux Changeurs & Marchans en marc d'Argent-le-Roy, le pris que l'en leur donnoit paravant esdites Monnoyes. Et ce tenez & faictes faire & tenir le plus secret qu'il pourra estre fait. Et en toutes les autres Monnoyes de la Languedoc & d'oil où l'en [b] euvre les gros Deniers à trois deniers de loy, faictes & mandez faire [c], aucune petite difference telle comme vous verrez que bon soit, affinque l'en puisse congnoistre, [d] à deux deniers douze grains comme dit est: & faictes donner aux Ouvriers & Monnoyers qui euvrent esdites Monnoyes, tel sallaire ou creuë d'Ouvraige comme vous verrez qu'il appartiendra: & voulons que tout le Cuivre qui sera mis ès Ouvraiges dessusditz, soit [e] quis & acheté aux despens de Monseigneur & de Nous. Et de ce faire à vous & à chacun de vous donnons plain povoir, auctorité & mandement especial par la teneur de ces presentes. *Donné à Paris, le second jour de May, l'An de grace mil trois cens soixante.*

Par Monseigneur le Regent en son Conseil. B. FRANÇOIS.

a *Voy. cy-dessus, p. 266. Note (e) & p. 378.*

b *fabrique.*

c Il marque-là ces mots: *gros Deniers blancs, en y mettant.*

d *gros Deniers blancs... à deux deniers douze grains.*

e *acquis.*

NOTES.

(a) Registre D. de la Cour des Monnoyes de Paris, *fol. 63. verso.*

Avant ce Mandemant, il y a: *Monnoye 76.me & 4. quinct.s.*

CHARLES REGENT, Jean I.er & selon d'autres, Jean II. à Paris, le 22. de May 1360.

(a) Lettres de remission & d'abolition generale pour tous les crimes & delits qui ont esté commis pendant le cours de la Guerre.

CHARLES ainsné Fils du Roy de France, regent le Royaume, Duc de Normandie & Dalphin de Vienne: Au Prevost de Paris ou à son Lieutenant, salut. Comme plusieurs & innumerables pilleries, larrecins, [f] roberies & autres malefices aient esté commis & perpetrez oudit Royaume, durant ces Guerres soubz umbre & à cause d'icelles, & par la voulenté & grace de nostre Seigneur, *(b)* bonne paix & bon accort soient à present entre nostredit Seigneur & Nous par tout ledit Royaume d'une part, & nostre Cousin le Roy d'Angleterre pour lui & pour tous ses adherens

f *voleries.*

NOTES.

(a) Livre vert ancien du Chastelet, *fol.* vingt quatorze, *recto.*

Cette Piece est intitulée: *Remission generale des pilleries & delix fait avec les Anglois & autrement, auderant de l'An 1360.*

(b) Bonne paix.] Le Traité de paix avoit esté signé à *Bretigni* le 8. de May precedent. Il est dans le Memor. C. de la Chambre des Comptes de Paris, *fol. 253. recto.*

CHARLES REGENT, Jean I.er & selon d'autres, Jean II. à Paris, le 22. de May 1360.

& aliez d'autre part: Et Nous desirans de tout nostre cuer, & ayans ferme propos & voulenté de faire à nostre povoir, que les pilleries & autres malefices dessusdiz cessent, & que bon amour & union soit dores-en-avant entre les Subgez dudit Royaume, telle que les Habitans d'icelui se puissent [a] retraire & demourer [b] sauvement chascun en son lieu & habitacion, pour faire leurs labourages & autres besongnes, ainsi comme l'en a fait ou temps passé, & que tous Marchans & autres Genz puissent aler & mener leur Marchandise & autres biens, où il leur plaira oudit Royaume & dehors, sanz peril & empeschement: Savoir vous faisons que par deliberacion de grant Conseil de Monseigneur & de Nous, & euë consideracion à ce qui faisoit à considerer à la fin dessusdite, & que les subsides ordenez & à ordener oudit Royaume pour la redemption de nostredit Seigneur, puissent plus aisiement & promptement estre levez & cueillis, & que nostredit Seigneur [c] puis plustost revenir oudit Royaume, & que ladite paix soit ferme & estable à tousjours, & vrays amour & union oudit Royaume, avons fait, ordené & octroyé, faisons, ordenons & octroyons de grace especial, de certaine science & d'auctorité Royal dont Nous usons, pleniere remission & absolucion des malefices dessusdiz, & de toute paine & amende criminelle & civille que les coulpables des choses dessusdites pevent avoir pour ce encouru en quelque maniere que ce soit, sans ce que ilz en puissent estre poursuis ne approuchiez ou temps avenir, surquoy Nous imposons silence au Procureur de nostredit Seigneur & de Nous; sauf & reservé à Partie l'action & poursuite civilement de ce que elle vouldrct demander pour ses dommages & interés, & à Partie adverse ses deffenses pardevant les Juges à qui la congnoissance en appartendra, sanz que l'une Partie ne l'autre puisse proceder de fait, mais par voie de Justice civilement tant seulement. Toutesfois nostre entente est, & voulons & declarons que ceulz qui [d] rencherroient en aucun desdiz malefices, ou qui ne vouldroient du tout cesser, ou qui vouldroient faire ou feront Guerre, ou autrement procederont par voie de fait oudit Royaume pour quelque cause & en quelque maniere que ce soit, ou qui y seroient & s'efforceroient de tenir aucuns forteresse contre la voulenté de nostredit Seigneur & de Nous, ou de ses Subgez & des nostres, ou qui les [e] delaieront ou reffuseront à mettre en la main & obeissance de nostredit Seigneur, culz ne soient point comprins en nostre presente grace, & qu'ilz ne s'en puissent aidier, & pour occasion d'icelle ilz ne soient, ne puissent estre receuz à [f] excusation desdits malefices & des autres choses dessusdites. Si vous mandons & commettons & enjoingnons estroitement, que noz presentes Lettres vous publiez, & faites lire & publier en la Ville de Paris, & en tous les autres lieux notables de vostre Prevosté & Viconté, & aux lieux & personnes que vous verrez que bon sera & qu'il appartendra, & que tous ceulz qui en vouldront avoir *(c)* noz Lettres, viengnent devers Nous & devers nostre Chancelier, nostre Conseil & les Gens des Requestes de nostre Hostel, & Nous leur ferons avoir telle comme au cas appartendra. Ce que fait en aurés, Nous rescripvez hastivement. *Donné à Paris, le vint-deuxieme jour de May, l'An de grace mil trois cens soixante.*

a *retirer.*
b *en sureté.*
c *puisse.*
d *retomberoient.*
e *differeroient.*
f *excuse.*

NOTES.

(c) Nos Lettres.] C'est-à-dire, des Lettres particulieres de grace. Et en effet les Registres du Tresor des Chartres de ces temps-là, sont pleins de Lettres de grace accordées sur tout ce qui s'estoit passé pendant le temps de la guerre.

(a) Mandement

CHARLES REGENT, Jean I.er & selon d'autres, Jean II. à Paris, le 26. de May 1360.

(a) Mandement pour faire fabriquer des blancs Deniers dans la Monnoye de Paris.

CHARLES aisné Filz du Roy de France, regent le Royaume, Duc de Normandie & Dalphin de Viennois: A noz amez & feaulx les Generaulx-Maistres des Monnoyes de Monseigneur & de Nous, Salut & dilection. Nous pour certaines causes, par grant deliberacion eue avec nostre Conseil, vous mandons & à chacun de vous, que tantost & sans delay vous faciez faire & ouvrer en la Monnoye de *Paris* tant-seulement, blancs Deniers qui auront cours pour douze deniers parisis la Piece, à deux deniers de loy dit Argent-le-Roy, & de [a] cinq solz quatre deniers de poix au marc de Paris, en mectant en iceulx telle [b] difference comme bon vous semblera; & faictes donner aux Changeurs & Marchans en tout marc d'Argent le pris qu'ilz ont à present. Et tout le Cuivre qui sera mis en icelluy Ouvraige, Nous voulons qu'il soit quis & acheté aux despens de Monseigneur & de Nous, & alloé ès Comptes de celuy ou ceulx à qui il appartiendra sans contredit. De ce faire à vous & à chacun de vous donnons povoir, auctorité & mandement especial par la teneur de ces presentes. *Donné à Paris, le vingt-sixiesme jour de May, l'An de grace mil trois cens soixante.* Par Monseigneur le Regent, en son Conseil. J. BLANCHET.

a à 64. Pieces au marc.

b Voy. p. 266. Note (e) & p. 378.

NOTES.

(a) Registre D. de la Cour des Monnoyes de Paris, *fol. 64. recto.*

CHARLES REGENT, Jean I.er & selon d'autres, Jean II. à Paris, le 28. de May 1360.

(a) Mandement pour faire fabriquer de nouvelles Especes, & pour fixer le prix de l'Argent.

CHARLES aisné Filz du Roy de France, regent le Royaume, Duc de Normandie & Dalphin de Viennois: A noz amez & feaulx les Generaulx-Maistres des Monnoyes de Monseigneur & nostres, Salut & dillection. Savoir vous faisons que pour plusieurs & justes causes qui à ce Nous meuvent, eue consideracion à ce que Nous povons avoir à faire à present, tant pour la raençon & delivrance de Monseigneur comme autrement, & à la priere & requeste du Prevost des Marchans & Eschevins de la Ville de Paris, par très-grant & bonne deliberacion de nostre Conseil, avons voulu & ordonné, & par ces presentes voulons & ordonnons, & à chacun de vous mandons & estroictement enjoignons, que tantost & sans delay ces Lectres veuës, toutes excusations cessans, vous fassiez faire & ouvrer ès Monnoyes dudit Royaume, excepté en celles de la Languedoc, blancs Deniers sur le coing & forme de ceulx que l'en fait à present, lesquelz seront à deux deniers de loy dit Argent-le-Roy, & de [c] cinq solz quatre deniers de poix au marc de Paris, ayans cours pour six deniers parisis la Piece, en mectant en iceulx telle difference comme bon vous semblera.

Et aussi faictes faire petiz Parisis noirs qui auront cours pour ung denier parisis la Piece, à ung denier de loy Argent-le-Roy, & de [d] seize solz de poix audit marc.

Et petiz Deniers tournois qui auront cours pour ung denier tournois la Piece, & de [e] vingt solz de poix audit marc de Paris, & à ung denier de loy dudit Argent:

c à 64. Pieces au marc.

d à 192. Pieces au marc.

e à 240. Pieces au marc.

NOTES.

(a) Registre D. de la Cour des Monnoyes de Paris, *fol. 64. verso.*

Avant ce Mandement, il y a: *Monnoye quarante-huitiesme.*

En donnant aux Changeurs & Marchans en tout marc d'Argent sept livres tournois, en payant & mectant le Denier Royal d'Or fin pour vingt solz parisis la Piece, de la Monnoye dessusdite, & non pour plus; & aux Ouvriers & Monnoyers tel sallaire ou creuë pour Ouvraige & Monnoyaige, comme vous verrez qu'il appartiendra estre fait. Et tout le Cuivre qu'il conviendra mectre en icelui Ouvraige, Nous voulons qu'il soit quis & acheté à noz despens, & alloé ès Comptes de celuy ou ceulx à qui il appartiendra sans contredit. De ce faire à vous & à chacun de vous donnons povoir, auctorité & mandement especial par ces presentes. *Donné à Paris, le vingt-huitiesme jour de May, l'An de grace mil trois cens soixante.* Par Monseigneur le Regent, en son Conseil. J. BLANCHET.

CHARLES REGENT, Jean I.er & selon d'autres, Jean II. à Paris, en May 1360.

(a) Reglements pour le mestier de Draperie de la Ville de Troyes.

SOMMAIRES.

(1. 2) Les Drapiers de la Ville de Troyes sont en droit d'eslire tous les ans, trois Maistres du Mestier.

(3) Fonctions & droits des Maistres de la Draperie.

(4) Reglement pour la nature des laines qui doivent estre employées dans la fabrique des Draps.

(5) Reglements sur le nombre de fils qui doivent estre dans la chaisne des Draps.

(6) Reglement sur les Draps de couleur, dont les laines n'ont pas esté bien meslangées, & qui sont rayez.

(7) Reglement pour les Draps de differentes couleurs.

(8) Reglement sur la longueur des lisieres.

(9) Les Draps doivent estre d'aussi bonne laine dans le corps de la piece, qu'au chef & à la queüe.

(10) Les pieces de Drap doivent avoir la longueur portée par les Reglements.

(11) Il est permis neantmoins de mettre au bout d'une piece de Drap, sans en augmenter la longueur, deux aunes seulement d'estoffe moins considerable.

(12. 13) Les Maistres connoissent de toutes les contraventions qui se font au sujet de la fabrique des Draps, & ils visitent tous les jours les Mestiers où l'on fabrique.

(14) Les Drapiers de la Ville de Troyes esliront tous les ans, trois Maistres du Mestier.

(15) On ne se servira point de peignes, mais de cardes dans le Mestier de la Draperie.

(16) Les Maistres visiteront toutes les Pieces de Drap qui se fabriqueront, & ils couperont la lisiere *des Draps qui seront meilleurs à la monstre qu'au chef, afin de faire connoistre qu'ils sont de mauvaise qualité.*

(17) Poids que doivent avoir les pieces de Drap.

(18) Les laines qui auront esté preparées dans la Ville de Troyes, ne pourront estre transportées ailleurs pour estre fabriquées.

(19) Les Draps seront foullez avec de la terre & de l'eau, & non avec de la graisse.

(20) Drogues qui doivent estre employées dans les teintures.

(21) Salaires des Maistres du Mestier.

CHARLES &c. Savoir faisons à tous presens & avenir, Nous avoir veu les Lettres de nostre très cher & amé Cousin le Sire *(b)* de Fieules Connestable de France, Lieutenant de Monsieur & de Nous ou Conté de Champaigne & de Brie, & ès Bailliages des ressors de Senz & de Vermandois jusques à la Riviere d'Oise, dont la teneur est telle.

NOTES.

(a) Registre 90. du Tresor des Chartres, Piece 569.

Ces Reglements sont très difficiles à entendre, parce que l'on ne connoist pas exactement la maniere dont on fabriquoit autrefois, laquelle s'est bien perfectionnée depuis. J'ay consulté M. *Julienne* qui a la Manufacture Royale des Draps aux Goblins ; J'ay vû fabriquer dans ses atteliers; & sur les éclaircissements qu'il a bien voulu me donner sur cette matiere, j'ay expliqué le mieux qu'il m'a esté possible, les endroits obscurs de ces Reglements.

Le Roy Jean donna au mois d'Aoust 1361. d'autres Lettres, aux Drapiers de Troyes. Elles contiennent à peu près les mêmes Reglements, mais quelquefois d'une maniere plus estenduë. Ces Lettres seront imprimées cy-dessous à leur rang.

(b) De Fieules.] C'est le Connestable de *Fiennes*, qui est quelquefois aussi nommé de *Fieules*.

Robert Sire de Fieules Connestable de France, Lieutenant du Roy Monsieur & de Monsieur le Regent en tout le Conté de Champaigne & de Brie, & ès Bailliages & ressors de Senz & de Vermandois jusques à la Riviere d'Oise. Comme le Procureur de mesdiz Seigneurs ou Bailliage de Troies ait fait appeller & poursuiz pardevant noz amez & feaulx les Genz du Conseil de mesdiz Seigneurs & de Nous, deputez de par Nous à tenir nostre Court & Jurisdiction, les Maistres de la Draperie de la Ville de Troies, tant en leurs privez noms comme ou nom de ladite Maistrise, contre eulx ait proposé que eulx & les autres du Mestier de ladite Draperie, ont fait plusieurs fois assemblées, unions, monopoles & conspirations encontre mesdiz Seigneurs & le bien publique.

CHARLES REGENT, Jean I.er & selon d'autres, Jean II. à Paris, en May 1360.

a &c.

Item. Que esdites Assemblées, senz licence ou auctorité de mesdiz Seigneurs ou de leurs Genz, il [b] ant creez & ordenez chascun an Maistres nouveaux, Sergenz ou Gardes & autres Officiers pour ledit Mestier garder & gouverner, lesquels à ce tiltre, ont fait en la haute Justice de mesdiz Seigneurs à Troies, plusieurs prises, condempnations & autres Exploitz de Justice, tant en cas criminels comme en cas civilz, sur le fait de ladite Draperie, pris, appliqué & tourné pardevers eulx, les amendes & forfaitures qui s'en sont [c] ensuies, & avec ce ont mis & imposé de leur auctorité plusieurs charges & servitutes sur ledit Mestier de Draperie, & ycelles ont levé & levent chascun jour & tournent pardevers eulx; lesquelles choses sont contre raison, & ou prejudice & dommage de mesdiz Seigneurs & de leur peuple: Et pour ce ait conclu ledit Procureur encontre lesdiz Maistres ou nom que dessus, que par nosdites Genz fust interdit & dessendu ausdiz Maistres à faire dores-en-avant les choses dessusdites, qu'ils fussent condempnez à amender ce que fait en avoient, & à restituer à mesdiz Seigneurs ce qu'il avoient pris & levé des exploiz de Justice, charges & impositions dessusdiz.

b ont.

c ensuivies.

(1) De par lesquelx Maistres à leur deffense a esté proposé entre les autres choses pardevant nozdites Genz, que la Ville de Troies, combien qu'il n'y ait Corps ne Commune, est & a esté par tel temps que memoire n'est au contraire, (c) Ville de loy quant au fait de ladite Drapperie.

(2) *Item.* Que les Drappiers de ladite Ville sont en possession & ont esté par ledit temps, de eslire chacun an aus trois jours de la Foire de Bar-sur Aube, trois d'eulx pour Maistres du Mestier de ladite Draperie; c'est assavoir (d) deux Lanneurs & un Tisserant, & deux Gardes: lesquiex après ce qu'il sont esleuz, font serment de garder & gouverner bien & loyaument ledit Mestier.

(3) *Item.* Que lesdiz Maistres sont en possession & ont esté par le temps dessusdit, de garder & gouverner ledit Mestier de Drapperie, & faire touz les frais & avoir toute la charge & gouvernement d'icelui Mestier, de cognoistre des forfaitures &

NOTES.

(c) *Ville de Loy.*] On appelle *Villes de Loy*, celles qui ayant une Commune ont droit de se gouverner par elles-mêmes, & de faire rendre la Justice dans de certains cas, par leurs Officiers Municipaux, tels que sont les Majeurs, les Maires, les Consuls & les Eschevins. *Voy. le Gloss. du Droit Franc. de M. de Lauriere, au mot* Loy, *vers la fin.*

Quoyque Troyes n'eust point de Commune, elle estoit cependant *Ville de Loi* sur le fait de la Draperie; c'est-à-dire, que les Drapiers avoient droit d'elire des Maistres & des Gardes qui eussent une Jurisdiction sur ce qui regardoit le Mestier de la Draperie.

(d) *Deux Lanneurs & un Tisserant.*] Je crois que par *Lanneurs*, il faut entendre ceux qui preparent les Laines avec lesquelles on doit fabriquer; & par *Tisserants*, ceux qui fabriquent les Draps: & c'est aussi le sentiment de M. *Julienne.* Aujourd'huy on entend par *Lanneurs*, ceux qui tirent la laine sur la superficie d'une Etoffe, & qui y font venir le poil par le moyen des chardons. Voy. le Dictionn. du Commerce de *Savari*, aux mots *Laine & Tisserant.* Il n'y a pas d'apparence que les *Lanneurs* pris dans ce dernier sens, fissent un Corps assez considerable & assez nombreux, pour qu'on prît deux d'entre eux pour estre Maistres de la Draperie, pendant qu'on n'en prenoit qu'un du Corps des Fabriquans sur le métier, au lieu que la preparation des laines demande bien des façons & un grand nombre d'Ouvriers.

CHARLES REGENT, Jean I.er & selon d'autres, Jean II. à Paris, en May 1360.

malefaçons qui y sont faites, d'en avoir la cognoissance & punicion, & en lever les amendes & forfaitures toutesfois que les cas y sont advenuz, de mettre & asseoir sur ledit Mestier par l'avis & conseil des Preudes-hommes dudit Mestier, pour les frais & charges communs d'icelui Mestier faire & soustenir, telles charges & impositions comme il leur plaist, toutesfois & quantefois que bon leur semble, & les recevoir: [a] parmi ce que ausdiz Preudes-hommes il rendent compte aus trois jours de chacune Foire de Champaigne & de Brie, de ce qu'il ont receu & mis.

(4) Item. Que sur l'Ouvrage de ladite Drapperie, certains Status & Ordenances ont esté par ledit temps & sont gardez en ladite Ville de Troies; c'est assavoir que l'on y [b] drappe & peut drapper de [c] laine mere & de [d] pelis *(e)* noé pigné à sain, & n'y doit l'en point mesler *(f)* aigneline, pelis court ne recous; & [e] ce il a esté ou est trouvé que aucuns Draps ait esté faiz en ladite Ville ou * qu'il l'on eust meslé aucunes des matieres dessusdites qui mises n'y doivent estre, comme dit est, li Draps a esté & doit estre pris par [f] lesdites Gardes dudit Mestier, & apportez ausdiz Maistres: lesquielx appellés des Preudes-hommes d'icelui Mestier, ont jugié & jugent ledit Drapt à [g] ardoir; & puis ont requis & requerent le Prevost de Troies, que il leur preste force & place pour icelui Drapt ardoir, & ycelui Prevost les leur preste, & il sont ardoir ledit Drap en executant leurdit Jugement.

(5) Item. Que l'on a tixu & fait par ledit temps, & encores tist-on & fait en ladite Ville de Troies, touz Draps faiz de laine pignée à sain *(g)* en seize cens chascun Drap & non en moins, & qui en plus le veult faire, faire le peult senz offense: Et ou cas qu'il demouroit en yceulx Draps aucuns roz [h] vinz, lesdites Gardes avoient pris & prenoient pour chascun desdiz roz vinz, deux deniers tournois, jusques à douze roz tant-seulement en un Drap: & se en un Drap lesdites Gardes ont trouvé ou treuvent jusques à treize roz vinz, il le ont apporté & doivent apporter ausdiz Maistres, & par eulx a esté & doit estre jugiez à ardoir & ars, comme dessus est dit.

[a] *pourvû que.*

[b] *on fabrique des Draps.*

[c] *Voy. cy-dessus p. 254. Note (e)*

* *auquel.*

[d] *Voy. cy-dessus p. 255. Note (o)*

[e] *se.*

[f] *lesdits.*

[g] *estre brusté.*

[h] *Il y a dans les Lettres d'Aoust 1361. wis, c'est-à-dire, vuides.*

NOTES.

(e) Noé pigné à sain.] *Noé* est sans doute là pour *Noüé.* Voy. Borel au mot *noër.* Mais je ne trouve point ce que c'est que de la *laine noüée.*

Pour *pigné à sain*, c'est de la laine, qui, après avoir esté degraissée, lavée, sechée & arrosée de *sain*, c'est-à-dire, de graisse, [on se sert presentement d'huile,] est passée par les dents d'une sorte de *peigne* ou grande carde pour la disposer à estre filée. Voy. le Dictionn. de Commerce de *Savari*, au mot *laine*, Articles *laine cardée & laine peignée.*

Voy. sur le mot *sain*, cy-dessus p. 255. Note *(l)*.

(f) Aigneline, pelis court ne recous.] Voy. sur ces mots, cy-dessus p. 255. Notes (*n* & *o*) & corrigez dans cette derniere *recous*, au lieu de *recours.*

(g) En seize cens.] Les Draps sont composez de *chaisne* & de *tresme.* On entend par *chaisne*, des fils de laine qui sont tendus en long sur le métier, de la longueur que doit avoir la piece de Drap. Ces fils ne sont pas tous à égale distance les uns des autres, mais on en réünit un certain nombre que l'on appelle une *portée* : il y a un petit espace entre chaque portée, & chaque portée doit estre composée d'un certain nombre de fils. Ainsi à Troyes, le total des fils qui composoient les portées, devoit estre de 1600.

Chacun des fils de la chaisne passe par une des ouvertures d'une machine nommée ici *roz, rooz* dans les Lettres du mois d'Aoust 1361. & que l'on appelle presentement *rot* ou *rocq* ou *peigne.* C'est un chassis composé de quatre regles ou tringles de bois, lesquels forment un quarré qui a la même largeur que doit avoir le Drap. Dans les deux tringles qui forment la largeur, sont enchassez par les deux bouts, de menus fils d'archal ou de petits morceaux de cannes ou de roseaux fort déliez, qui sont placez à égale distance très près les uns des autres, & qui forment un nombre de petites ouvertures égal à la moitié des fils qui composent la chaisne. Dans chacune de ces ouvertures, passent deux fils de la chaisne: d'où il s'ensuit que s'il y a quelques-unes de ces ouvertures qui soient *vuides*, c'est-à-dire, par lesquelles il ne passe point de fils de la *chaisne*, cette chaisne n'a pas le nombre de fils qu'elle doit avoir.

Il faut encore remarquer que l'on nomme *gardes*, les deux tringles de bois qui forment le chassis dans sa longueur.

Savari dit que cette machine se nomme *rot* ou *rocq*, à cause de ces morceaux de roseaux dont elles sont quelquefois composées. Voy. le Dictionn. du Commerce de *Savari* aux mots *chaisne*, *portée*, *peigne.*

(6) *Item.* Que se uns Draps [a] plains a esté ou est trouvez *(h)* roiez; c'est assavoir en une partie d'une couleur & après d'une autre & en plusieurs lieux, ycelui de qui le Drap est, nonobstant qu'il soit de bonne laine & en bon [b] compte, doit paier six solz tournois ausdites Gardes, ou faire taindre en autre couleur icelui Drap, par quoy il ne soit de diverses couleurs.

(7) *(i) Item.* Que se un Drap de la façon de la Ville de Troies, a esté ou est trouvez [c] tixeurs de plusieurs couleurs, lesdits Maistres ont fait & doivent faire les Pieces de tant de couleurs comme il y a, & en retenir laquelle que il leur plaist, par quoy en ne les puisse rassembler, jusques à tant que celui de qui le Drap est, ait vendu les autres Pieces; lesquelles venduës, celles que lesdiz Maistres ont retenue, li doit estre renduë.

(8) *Item.* Que se un Drap de la façon de ladite Ville est trouvez *(k)* bandez au lonc, lesdiz Maistres ont priz & pevent prenre & [d] coper la bande, laquelle est acquise ausdites Gardes.

(9) *Item.* Que se un Drap de la [e] Drapperie est trouvez de meilleur Laine aus deux [f] lisieres que au corps du Drap, il a esté & doit estre jugiez à ardoir par lesdiz Maistres, & ars, comme dessus est dit.

(10) *Item.* Que les Drapiers de ladite Drapperie ont fait & doivent faire bons Draps & loyaulx, & si pevent faire [g] diqueduves: Et se les Draps qu'il ont fait & font n'ont leur droit [h] lonc & de la *(l)* maison de la Ville, se il [i] en fault plus d'une [k] alne en un Drap, & cilz de qui il est, le met en [l] ploy de Drap, il doit

a *plein, d'une même couleur.*

b *qu'il y ait le nombre de fils ordonné par les Reglemens.* Voy. cy-dessus, Note *(g)*

c *tissu.*

d *couper.* Voy. cy-dessous, Note *(i)*

e *dite.*

f C'est-à-dire, la *bande* ou la *barre*. Voy. la Note *(k)* & cy-dessous, p. 416. Note *(r)*.

g *Personne n'a pû m'expliquer ce mot, qui est aussi dans les Lettres de 1361.*

h *la longueur qu'ils doivent avoir.*

i *s'en faut.*

k *aulne.*

l *le met en piece en le pliant.*

NOTES.

(h) Roiez.] C'est-à-dire, *rayé*. Lorsque les laines de differentes couleurs qui doivent entrer dans la composition d'un drap de couleur, par exemple, gris-de-fer, n'ont pas esté bien meslangées, il y a des endroits du drap où une couleur domine plus qu'une autre : ces sortes de Draps sont nommez *rayez*.

(i) Item, &c. Voicy comment j'entends cet Article.

Lorsqu'une piece de Drap est de differentes couleurs; c'est-à-dire, qu'il y a un certain nombre d'aulnes en rouge, puis un certain nombre d'aulnes en bleu, &c. les Maistres coupent cette piece aux endroits où la couleur change, & font autant de petites pieces, qu'il y a de couleurs differentes, & ils gardent une de ces petites pieces, afin que le Fabriquant ne puisse pas en *rassemblant* & en recousant toutes ces petites pieces qui ont esté coupées, vendre la piece en gros. Car moyennant le morceau qui a esté retenu par les Maistres, la piece n'aura plus la longueur ordinaire.

On fabrique encore aujourd'huy de ces sortes de Draps de differentes couleurs, pour employer des restes de laine; & on les nomme des *Draps de Chat*.

(k) Bandez au lonc.] M. *Julienne* conjecture avec beaucoup de vraysemblance, que l'on nommoit autrefois *bande*, ce que l'on nomme presentement *lisiere* ; c'est-à-dire ce tissu qui regne le long d'une piece de Drap, & qui est fabriqué avec laine differente de celle que l'on employe pour le corps du Drap: & que l'on nommoit *lisiere*, ce que l'on nomme aujourd'huy *bande* ou *barre*, c'est-à-dire, un tissu qui est au chef & à la queuë de chaque piece, qui est fabriqué d'une maniere un peu differente que le reste, & sur lequel on met le nom du Fabriquant, & le lieu de la fabrique.

La *lisiere* doit estre plus longue que le Drap, parce qu'elle se retrecit beaucoup plus au foulon : presentement on la fait plus longue de six aulnes. Il faudroit bien du discours pour expliquer comment on s'y prend pour que la *lisiere* qui regne le long du Drap, & qui ne deborde ni du costé du chef ni du costé de la queuë, est cependant plus longue que le Drap.

Lorsque la *lisiere* est plus courte que le Drap, elle gesne, pour ainsi dire, le Drap: elle empesche qu'on ne puisse l'estendre & l'unir sur la *rame*, [Voy. *Savari* sur ce mot.] Et le Drap ainsi gesné par la lisiere, reste lasche, & n'est pas serré comme il le devroit estre.

Cela supposé, M. *Julienne* croit qu'un Drap *bandé au long* est un Drap dont la *bande* [*lisiere*] est plus courte que le Drap. Il est ordonné par cet Article, que les Maistres couperont cette *bande*, [*lisiere*] afin qu'on puisse estendre & unir le Drap, & qu'ils la confisqueront.

Il paroist cependant par l'Art. 16. que l'on prenoit quelquefois ce mot de *lisiere* dans le sens où on le prend aujourd'huy. Voy. p. 416. Note *(r)*.

(l) Maison.] Il y *moison* dans les Lettres d'Aoust 1361. & c'est ainsi qu'il faut lire. Moison signifie *mesure*. Voy. Borel sur ce mot.

CHARLES REGENT, Jean I.er & ſelon d'autres, Jean II. à Paris, en May 1360.

ſix ſobz tournois qui ſont convertiz ou [a] paient du ſalaire des Maiſtres & des Gardes deſſuſdiz; toute-voies en une couverture *(m)* courroiée à ſain, on peut bien *(n)* tiſtre au bout deux alnes de blanchet [b] & non plus.

(11) Item. (o) Que en ladite Ville on ne puet tiltre en un Drap couroié à ſain, ſe il eſt à liſieres, plus de deux alnes de piennes: Et ſi ne peut-on tiltre en eſtain qu'il ſoit près, camelin ou manbré, oultre deux alnes de blanc en un Drap: & qui fait le contrere, le Drap doit eſtre jugiez à ardoir pour leſdiz Maiſtres, ou ars, comme deſſus eſt dit.

(12) Item. Que ſe aucunes autres fauſſetés ou deſſaux ont eſté ou eſtoient trouvez ès Draps de ladite Draperie, leſdiz Maiſtres les ont jugiez & jugent par l'avis & conſeil des Preudes-hommes dudit Meſtier, ſelon ce que bon leur ſemble.

(13) Item. Que [c] leſdites Gardes doient ou ont acouſtumé viſiter chaſcun jour les Meſtiers & [d] Tiroüers de ladite Drapperie, afin que aucunes fauſſetez ou deffauz n'y ſoient faiz, dont le commun Pueple ſoit deceu.

Et avec ce ait eſté propoſé par leſdiz Maiſtres, que ſur les propres cas propoſez encontre eulx par ledit Procureur de meſdiz Seigneurs, les Maiſtres dudit Meſtier qui pour le temps eſtoient, avoient autrefoiz eſté [e] approchiez à la requeſte du Procureur du Roy Monſieur, pardevant le Bailli de Troies qui lors eſtoit, & que par yceulx Maiſtres les choſes deſſuſdites avoient eſté propoſez à leur deffenſe, & faite informacion ſur ycelles, laquelle du conſentement des Parties, valut enqueſte, & finablement en avoient eſté abſouz par ledit Bailli, & licence à eulx donnée de uſer audit Meſtier de Drapperie par la maniere deſſuſdite, ſi comme par les Lettres dudit Bailli ſur ce faites, depuis confermées par le Roy Monſieur, il diſoient plus à plain apparoir: Et en oultre aient propoſé leſdiz Maiſtres, que conſideré les Statuz & Ordenances deſſuſdiz, eſquielx, comme dit eſt deſſus, eſt contenu que on doit ouvrer en ladite Ville de Laine mere [f] & de pelis noé, pigné à ſain, ſenz y meſler autre matiere, & qui que ouvreroit de *(p)* Cardes en ycelle Ville, [g] en pourroit

a *payement.*

b *Voy. Note (o)*

c *leſdits.*

d Il y a *Tirours* dans les Lettres d'Aouſt 1361.

e *adjournez.*

f *Voy. cy-deſſus, Note (e)*

g *on.*

NOTES.

(m) Courroyée.] *Courroyer* ſe dit de diverſes preparations ou façons que l'on donne à de certaines matieres, pour les rendre propres à differents Ouvrages. Dictionn. du Commerce de *Savari*, au mot *Courroyer.*

Corroyé eſt la même choſe que fabriqué, ainſi qu'il paroiſt par l'Article 13. des Lettres d'Aouſt 1361. Voy. cy-deſſous, Art. 16. & 18.

(n) Tiſtre.] *Tiſtre*, fabriquer une étoffe ſur le métier & avec la navette. *Savari* au mot *Tiſtre.*

(o) Que en ladite Ville, &c.] Il faut d'abord tâcher d'expliquer les termes de cet Article qui eſt très difficile à entendre.

Piennes. On ignore ce que ce mot ſignifie. Ce doit eſtre une étoffe d'une qualité inferieure au Drap.

Eſtain. On dit preſentement *Eſtaim* ou *Etaim.* C'eſt une ſorte de longue laine qu'on a fait paſſer par un peigne ou grande carde, dont les dents ſont longues, fortes, droites & pointuës par le bout. On en forme la chaiſne de pluſieurs ſortes d'étoffes. Voy. *Savari* au mot *Eſtaim.*

Qu'il ſoit près, camelin ou manbré. *Camelin* eſt une petite étoffe en maniere de Camelot. Voy. *Savary* au mot *Camelin*

Mambré. Il faut corriger *marbré.* Voy. cy-deſſous l'Art. 17. On fait encore des étoffes *marbrées*, c'eſt-à-dire, qui repreſentent le marbre par la varieté des couleurs. Voy. *Savary* au mot *marbre.* Si ce mot *près* n'eſt pas corrompu, ce doit eſtre le nom d'une étoffe preſentement inconnuë, dont la chaiſne eſtoit faite d'*Eſtaim*, & ces mots *peut-on tiſtre en Eſtain, ſoit qu'il ſoit près, camelin ou marbré*, ſignifieront, que on peut fabriquer des étoffes dont la chaiſne ſoit d'*Eſtaim*, ſoit que ce ſoit du *près*, du *camelin* ou du *marbré.*

Blanc, eſt apparemment le nom de quelque petite étoffe, & c'eſt ſans doute la même qui eſt nommée *Blanchet* dans l'Article 10.

Voicy preſentement comment on peut entendre cet Article.

Il a eſté dit dans l'Art. precedent, que les pieces de Drap doivent avoir la longueur portée par les Reglements. Il eſt cependant permis par cet Article, de mettre au bout d'une piece de Drap, sans augmenter la longueur, deux aulnes ſeulement d'une étoffe moins conſiderable, comme de la *Pienne* ou du *Blanchet.* Voy. l'Art. 15. des Lettres d'Aouſt 1361. Il eſt plus eſtendu.

(p) Cardes.] Preſentement les cardes ont les dents plus fines & plus ſerrées que les peignes.

CHARLES REGENT, Jean I.er & selon d'autres, Jean II. à Paris, en May 1360.

mesler en la [a] Drapperie qui s'en feroit, moult d'autres matieres senz ce que on s'en apperceust. Consideré aussi que desdites Cardes on n'a pas usé anciennement en ladite Ville de Troies, combien que depuis un petit de temps en-çà, aucuns s'en soient [b] efforçoient, mais pour lesdiz Maistres il en ont esté empeschiez: Que en la Ville de Chaalons où l'on fait si grant & si bonne Drapperie, comme chascun puet savoir, Cardes sont deffenduës, & que les Draps & l'Euvre faite au Pigne sont meilleurs & plus proufitable pour le commun Pueple, que ceulz qui sont faiz à la Carde, [c] on ne povoit ne devoit ouvrer de Cardes en ladite Ville: Et après plusieurs raisons sur ce proposées & baillées par escript à certaines fins pardevant nozdites Genz d'une partie & d'autre, lesdiz Maistres Nous aient fait supplier que sommierement & de plain, Nous voisissions Nous enformer de leur [d] propos & du proffit du commun Pueple, & les faire mettre hors de plait & de procès; & au seurplus leur faire grace, se [e] mestier en avoient, en Nous offrant donner pour & au nom de mesdiz Seigneurs, ja soit ce qu'il n'eussent de riens [f] mespris, deux cens Deniers d'Or au Mouton par une foiz, pour convertir ou fait de la Guerre & en la garde & deffense du pais. Savoir faisons à touz presens & à venir, que oye la supplication & offre à Nous faites par lesdiz Maistres de ladite Drapperie, & veues les Lettres qu'il disoient avoir, comme dessus est dit, dudit Bailli de Troies, & la confirmacion du Roy Monsieur, [g] par aucuns des Genz du Conseil de mesdiz Seigneurs & de Nous avec plusieurs Bourgeois & autres personnes notables de ladite Ville de Troies, & aussi avec aucuns dudit mestier de Drapperie, appellé à ce le Procureur & l'Advocat & autres des Genz de mesdiz Seigneurs, s'il seroit proufsit ou dommage du commun Pueple de user dudit mestier de Drapperie en ladite Ville de Troies, par la maniere que lesdiz Maistres avoient dessus proposé, & de user oudit mestier de Cardes ou de les deffendre, & à Nous rapportée ycelle informacion, & eu tout bon avis & deliberation, Nous de grace especial, de certaine science & du povoir & auctorité Royaulx dont Nous usons à present, avons absolt, quitié & delivré, absoulons, quittons & delivrons par la teneur de ces presentes, lesdiz Maistres du Mestier de la Drapperie ou nom que dessus, du propos ou demande faiz contre eulx pardevant nozdites Genz par ledit Procureur du Roy Monsieur, & aussi les quittons & delivrons en tant comme il touche ledit Procureur du Roy Monsieur tantseulement, d'une autre poursuite ou demandes faites contre eulx par icelui Procureur & Jehan Baudelet, pour un sien Drap fait aus Cardes qu'il ont jugié & fait ardoir, sanz prejudice d'icelui Jehan Baudelet ne de sadite cause, & les delivrons & mettons hors de court & de procès, en imposant, quant à ce, audit Procureur du Roy Monsieur, silence perpetuel.

(14) Et avec ce leur avons octroié, & octroions par ces presentes de grace especial & du povoir & auctorité Royalz dessusdiz, aus Drappiers qui sont & seront perpetuelment ou Mestier de ladite Drapperie, que chascun an aus trois jours de la Foire de Bar-sur-Aube, il se puissent assembler & eslire & ordener senz offense & senz autre congié ou licence demander de mesdiz Seigneurs ne de leurs Genz, trois Maistres; c'est assavoir deux Laneurs & un Tisserant, pour tout le Mestier de ladite Drapperie garder & gouverner, & aussi deux Gardes, [h] parmi ce que ceulx que ainsi il esliront, avant que de ladite Maistrise ou Garde il se puissent entremettre bonnement, pardevers le Bailli de Troies ou son Lieutenant qui pour le temps sera, [i] & feront serment en sa main, que il garderont & gouverneront ledit Mestier de Drapperie bien & loyaument, senz espargne & senz faveur ou haine d'aucun, & que ledit serement fait, yceulx Maistres & Gardes, tant ceulx qui sont à present lesquiex Nous voulons faire dès-maintenant ledit serement, comme ceulx qui ou temps à venir seront, puissent ledit Mestier de Drapperie garder, gouverner & ordener par la maniere dessus esclarcie, & faire les prises, Jugemens, condempnacions, tailles & impositions dessusdites sur ledit Mestier de Drapperie toutesfois que les cas y eschairont, & lesdites amendes, forfaitures, tailles & impositions lever & recevoir; excepté que quant il auront jugié à ardoir aucuns Draps, Laines ou autres

[a] *dans les Draps.*

[b] *efforcez.*

[c] *& qu'ainsi.*

[d] *de ce qu'ils avançoient.*

[e] *besoin.*

[f] *fait aucune contravention.*

[g] *oye .... & veües ... par aucuns.*

[h] *pourvû que.*

[i] *&* est inutile.

CHARLES REGENT, Jean I.er & selon d'autres, Jean II. à Paris, en May 1360.

choses dudit Mestier, il les apporteront touz jugiez au Prevost de Troies ou son Lieutenant qui pour le temps sera, lequel Prevost ou son Lieutenant en sera & sera tenuz de faire l'execution sans delay ou contredit: & s'il en est refusant ou [a] delaiens, le Bailli de Troies ou son Lieutenant la [b] faront, & seront tenuz de faire au deffault dudit Prevost; & excepté aussi que aus comptes qui [c] en seront rendus, le Bailli de Troies ou son Lieutenant qui sera pour le temps, ou celui ou ceulx que ycelui Bailli ou son Lieutenant y voudra commettre, seront presens & appellez pour nozdiz Seigneurs & leurs Successeurs.

(15) Et en oultre avec ce, pour ce que par ladite informacion a esté trouvé [d] qui n'est pas si bonne ne si prouffitable chose pour le commun Pueple, de ouvrer oudit Mestier de Drapperie, de Cardes comme des Pignes pour les causes dessus alleguées, & aussi que anciennement on n'en a pas acoustumé user en ladicte Ville de Troies, ne on n'en use pas à Chaalons ne à Provins qui sont les plus prochaines Villes où on drappe, de ladite Ville de Troies, & est prouffitable chose que en ce cas l'une bonne Ville se conforme à l'autre, Nous avons ordené & deffendu, ordennons & deffendons par la teneur de ces Lettres, pour tousjours-mais perpetuelment, que dores-en-avant on ne ouvre ne use de Cardes ou Mestier de ladite Draperie en la Ville de Troies; & [e] quiconques fera le contraire, que les Draps ou Laines qui auront esté cardez & fais aus Cardes en ladite Ville, soient pris & jugiez à ardoir pour lesdiz Maistres, & ars par lesdiz Prevost ou Bailli comme dessus est dit.

(16) *Item.* Nous avons ordenné & ordennons pour le prouffit du Mestier de ladite Draperie & du commun Pueple, que toutesfoiz que uns Draps sera tixus [f] & couroiez en ladite Ville de Troies, il soit veuz par les Maistres & Prudes-hommes dudit Mestier de Drapperie, pour savoir se il sera aussi-bien tixus & couroiez en un lieu que en un autre : Et ou cas qu'il sera trouvez miex tixus & couroiez sur la monstre que (q) aus chiez, que les Maistres en copent une (r) lisiere tout au bout comme de (s) Drap diffamé, parquoy le commun Pueple ne soit deceu.

(17) *Item.* Que tous Draps tixus de une Laine en ladite Ville de Troies, soient du poids de quarante-quatre livres chascun sur le moins; & tous Draps tixus de diverses Laines comme marbrez [g] ou camelins, du poids de cinquante-deux livres, sous pene d'estre jugiez à ardoir & ars, comme dessus est dit : Car autrement ils ne seroient pas bons ne pourfitables pour le commun Pueple; & qui de plus grans pois les voudra faire, faire le pourra sans offense.

(18) *Item.* Que aucuns [h] Draps pignez & filez en ladite Ville de Troies, ne soit portez tistre ne couroier hors d'icelle Ville soubz la pene dessus derrenierement escripte; car qui autrement le feroit, on y pourroit commettre moult de faussetez & deffaux que on ne pourroit ne oseroit faire en ladite Ville de Troies.

(19) *Item.* Que aucuns ne puisse ou doie soubz ycelle paine, (t) escurer au

a *s'il differe.*

b *feront.*

c *qui seront rendus de ce qui regarde la Draperie.*

d *qu'il.*

e *que.*

f *Voy. cy-dessus p. 414. Note (m)*

g *Voy. cy-dessus, p. 414. Note (o).*

h Par ce mot, il faut entendre les *Laines.*

NOTES.

(q) *Aux chiez.*] C'est-à-dire aux *chefs.* On appelle *chef* le premier bout d'une piece de Drap. Apparemment que de la maniere dont on plioit autrefois les pieces de Drap, on ne voyoit point le chef; c'est pourquoy il arrivoit quelquefois que les Fabriquans ne le faisoient pas si bien fabriquer, & n'y mettoient pas de si bonne laine qu'aux endroits qui se voyoient d'abord. Presentement au contraire, on fait le chef plus beau & meilleur que le reste de la piece, parce que c'est l'endroit qui sert ordinairement de monstre, parce qu'il sert comme d'enveloppe au reste de la piece. Voy. *Savary* au mot *chef.*

(r) *Lisiere tout au bout.*] Je crois qu'il faut lire tout au *long*, comme il y a dans l'Art. 15. des Lettres d'Aoust 1361.

Lorsqu'un Drap ne sera pas bon & loyal, on coupera la lisiere tout du long de la piece, pour faire connoistre aux acheteurs qu'il est d'une mauvaise qualité.

Cet Article prouve qu'on prenoit quelquefois le mot de *lisiere* dans le sens que l'on luy donne aujourd'huy. Voy. cy-dessus, Note (k)

(s) *Drap diffamé.*] C'est-à-dire un Drap qui n'est pas bon, loyal & marchand, & qui n'a pas les qualitez requises.

(t) *Escurer au foulon.*] Lorsque le Drap est achevé sur le mêtier, on le porte à la *foulerie*

Fouler

Foulon aucuns Draps à [a] ſain, mais que à la terre & à l'eaue chaude tant-ſeulement.

CHARLES REGENT, Jean I.er & ſelon d'autres, Jean II. à Paris, en May 1360.

(20) *Item.* Pour ce que ou temps paſſé, aucuns ſe ſont efforciez de taindre en ladite Ville de Troies à *(u)* eſchales de noiz, de [b] ſanc de buef, d'eſcorce [c] & de *(x)* ſuraut qui ſont fauſſes taintures non tenables, & en pourroit eſtre le Pueple moult deçeu, Nous avons ordené & ordenons que dores-en-avant [d] aucunes taintures ne puiſſe ou doie taindre Draps ou Laines quelsconques en ycelle Ville de Troies, mais que *(y)* de garde, de *(z)* garance, de *(aa)* breſil, de herbes & d'autres meilleurs taintures tant-ſeulement: & quiconque fera le contraire, que les Draps ou Laines qui d'autres taintures ſeront tains en ladite Ville, ſoient jugiez à ardoir par leſdiz Maiſtres, & ars, comme deſſus eſt dit.

(21) *Item.* Affin que leſdiz Maiſtres & Gardes de ladite Drapperie, ſoient plus curieus & diligens de vaquer & entendre à la garde & gouvernement de ycelle Drapperie, & de garder & tenir les choſes deſſuſdites, Nous avons ordené & ordenons que en lieu de dix [e] ſobz tournois que avant ceſte preſente Ordenance chaſcun d'eulx avoit & prenoit ſur ladite Draperie pour chaſcune Foire de Champaigne & de Brie, pour leurs paines & ſalaires; chaſcun deſdiz Maiſtres & Gardes ait & preingne [f] dores-evant ſur ycelle Drapperie, vint ſobz tournois pour chaſcune deſdites Foires de Champaigne & de Brie, pour leurſdiz pene & ſalaire: Et l'offre deſdis deux cens Deniers d'Or au Mouton pour une fois à Nous faite, comme deſſus eſt dit, avons accepté & acceptons, & yceulx Deniers fait recevoir par noſtre amé Pierre de Noiers, Receveur general des Deniers de meſdiz Seigneurs ſoubz noſtre Gouvernement; auquel Pierre leſdiz Maiſtres les ont bailliez de noſtre commandement, & en quittons eulx & leurs ſucceſſeurs.

Toutes leſquelles choſes deſſuſdites & chaſcune d'icelles, Nous de noſtredite grace & deſdiz povoir & auctorité Royaulx dont Nous uſons, voulons & ordenons eſtre tenues & gardées perpetuelment ſanz enfraindre. Et donnons en mandement au Bailli & Prevoſt de Troies qui ores ſont & ſeront ou temps à venir, & à tous les autres Officiers, Juſticiers & Subgez de meſdiz Seigneurs & de leurs ſucceſſeurs ou à leurs Lieuxtenans ou deputez, & à chaſcun d'eulx ſi comme à lui appartendra, que deſdites choſes & chaſcune d'icelles il tiengnent, gardent & acompliſſent, & facent tenir, garder & acomplir ſans enfraindre, & ſans venir ne faire venir au contraire. Et que ce ſoit ferme choſe & eſtable, Nous avons fait mettre noſtre Seel à ces Lettres: ſauf en autres choſes, le droit de meſdiz Seigneurs, & l'autrui en toutes. *Ce fut fait à Troies, le vingt-huitieſme jour d'Octobre, l'An de grace mil trois cens cinquante-neuf.*

Leſquelles Lettres ci-deſſus tranſcriptes & toutes les choſes & ſingulieres qui y ſont contenues, Nous avons fermes & agreables, ycelles voulons, loüons, greons, ratiffions & approuvons de grace eſpecial, certaine ſcience, & auſſi du povoir & auctorité Royaulx dont Nous uſons à preſent, par la teneur de ces preſentes Lettres

[a] *graiſſe.* Voy. cy-deſſus, p. 255. Note *(l)*

[b] *ſang.*

[c] *&* eſt inutile.

[d] *d'icelles.*

[e] *ſols.*

[f] *dores-en-avant.*

NOTES.

pour le dégraiſſer avec de l'urine, ou avec une eſpece de terre glaiſe bien épurée & detrempée dans de l'eau. *Savary* au mot Drap, p. 1743.

(u) Eſchales de noix.] *Eſcale* eſt la peau verte des noix qui ſert à faire de beau noir, & que l'on appelle en pluſieurs endroits *calots. Dictionn. de Trevoux.* C'eſt le ſeul Dictionn. où j'aye trouvé ce mot. *Richelet* & *Savary* nomment *Brou* cette écorce de la noix.

(x) Suraut.] Dans les Lettres d'Aouſt 1361. il y a au lieu de *Suraut*, *Fuſter.* C'eſt un bois propre à la teinture. Voy. *Savary* ſous ce mot.

(y) De garde, &c.] Il y a *gaide* dans les Lettres d'Aouſt 1361. Voy. ſur la *gaide* ou *gueſde*, cy-deſſus, p. 256. Note *(p)*.

(z) Garance.] J'ay dit plus haut p. 256. Note *(p)* que je n'avois pû rien découvrir ſur le mot *Guerance* ou *Guerence*. Ce mot eſtoit mal écrit : la *Garance* ou *Garence* eſt une racine qui ſert à teindre en rouge. Voy. *Savary* au mot *Garance*.

(aa) Breſil.] J'ay fait ſur ce mot une remarque, p. 256. Note *(p)*. J'ay trouvé depuis que le P. Labbe l'avoit faite avant moy. Voy. le Dictionn. Etymolog. de Menage au mot *Breſil.*

confermons. Et que ce soit ferme chose & estable à touzjours, Nous avons fait mettre nostre Seel à ces Lettres: sauf en autres choses, le droit de nostredit Seigneur & le nostre, & l'autrui en toutes. *Ce fu fait à Paris, l'An de grace mil trois cens soixante, ou Mois de May.*

Par Monsieur le Regent, à la relation du Conseil. BLANCHET.

Collation est faite avec l'Original des Lettres cy-dessus transcriptes, par moy. BLANCHET.

CHARLES REGENT, Jean I.er & selon d'autres, Jean II. à Paris, le 2. de Juin 1360.

(a) *Mandement pour faire fabriquer jusqu'à Noël prochain, des Especes d'Or dans la Monnoye d'Angers.*

CHARLES aisné Filz du Roy de France, regent le Royaume, Duc de Normandie & Daulphin de Viennois: A noz amez & feaulx les Generaulx-Maistres des Monnoyes de Monseigneur & de Nous, Salut & dilection. Savoir vous faisons que pour plusieurs causes touchans l'onneur & prouffilt de Monseigneur & de Nous & du Royaume, par la deliberacion de nostre Grant Conseil, Nous avons ordonné que en la Ville *d'Angiers* se fera dores-en-avant, & tant comme il plaira à Monseigneur & à Nous, comment qu'il soit, jusques à Noël prouchain venant, Monnoye d'Or avecques celle d'Argent du coing de Monseigneur, & du pris en la forme & maniere que ès autres Monnoyes de Monseigneur se fait presentement & fera jusques audit temps: Si vous mandons & commectons que tantost veües ces presentes, vous fassiez & ordonnez & fassiez faire & ordonner comme en tel cas appartient, en ladite Ville d'Angiers ladite Monnoye d'Or. Et de ce faire vous donnons & à chacun de vous povoir, auctorité & mandement especial, non contrestant Ordenances, Mandemens ou deffenses faictes ou à faire au contraire. *Donné à Paris, le deuxieme jour de Juing, l'An de grace mil trois cens soixante.* Par Monseigneur le Regent, à la relacion du Conseil, ouquel estoient Messieurs l'Archevesque de Reins, l'Archevesque de Sens, l'Evesque de Beauvais, N. Bracque & plusieurs autres. B. FRANÇOIS.

NOTES.

(a) Regiſtre D. de la Cour des Monnoyes de Paris, *fol. 66. verso.*

CHARLES REGENT, Jean I.er & selon d'autres, Jean II. à Melun, le 18. de Juin 1360.

(a) *Mandement pour faire fabriquer des Deniers d'Or fin dans la Monnoye de* Tournay, *& pour fixer le prix du Marc d'Or qui y sera apporté.*

CHARLES aisné Filz du Roy de France, regent le Royaume, Duc de Normandie & Dalphin de Viennois: A nos amez & feaulx les Generaulx-Maistres des Monnoyes de Monseigneur & de Nous, Salut & dilection. Nous pour certaine cause, vous mandons que tantost & sans delay ces Lettres veues, vous faciez faire & ouvrer en la Monnoye de *Tournay*, Deniers Royaulx d'Or fin, semblables à ceulx que l'en fait à present, lesquelz auront cours pour vingt-cinq solz tournois la Piece, & de soixante & neuf de poix au marc de Paris: En donnant aux Changeurs & Marchans de chacun marc d'Or fin qui sera apporté en ladite Monnoye,

NOTES.

(a) Registre D. de la Cour des Monnoyes de Paris, *fol. 67. recto.*

soixante-cinq d'iceulx Deniers d'Or. De ce faire à vous & à chacun de vous donnons povoir, auctorité & mandement especial par ces presentes. *Donné à Meleun, le dix-huitiesme jour de Juing, l'An de grace mil trois cens soixante.* Par Monseigneur le Regent, à la relacion du Conseil, ouquel estoient Messieurs l'Arcevesque de Reins, l'Evesque de Beauvais, le Conte de Roussy, le Doyen de Chartres, Messieurs P. Payen, [a] Bracque, H. Bernier, Math. Guecte & autres. J. BLANCHET.

a *Il y a devant ce mot une lettre tellement figurée, qu'on ne peut distinguer ce que c'est.*

CHARLES REGENT, Jean I.er & selon d'autres, Jean II. à Meleun, le 27. de Juin 1360.

(a) *Mandement pour faire fabriquer des Deniers blancs, & pour fixer le prix de l'Argent.*

CHARLES aisné Filz du Roy de France, regent le Royaume, Duc de Normandie & Dalphin de Viennois: A nos amez & feaulx les Generaulx-Maistres des Monnoyes de Monseigneur & nostres, Salut & dillection. Nous pour certaine cause, par grant & bonne deliberacion euë avecques nostre Conseil sur ce que Nous povons avoir à faire à present pour cause de la delivrance de Monseigneur, qui sera si Dieu plaist, prouchainement, Nous vous mandons & commandons & à chacun de vous, que tantost & sans delay ces Lectres veuës, vous fassiez faire & ouvrer par toutes les Monnoyes dudit Royaume, excepté en celles de la Languedoc, Deniers blancs semblables à ceulx que l'en fait à present, lesquelz seront à deux deniers Argent-le-Roy & de [b] six solz huit deniers de poix au marc de Paris, ayans cours pour six deniers pour la Piece, sans y mectre aucune [c] difference à ceulx de present, & pour cause: Et faictes donner aux Changeurs & Marchans de chacun marc d'Argent tant blanc comme noir, neuf livres tournois. Et de tout le Cuivre qui sera mis en iceluy Ouvraige, Nous voulons qu'il soit quis & acheté aux despens de Monseigneur & de Nous: Et donnez & faictes donner aux Ouvriers & Monnoyers tel sallaire ou creue d'Ouvraige & Monnoyaige, comme vous verrez que bon sera. De ce faire à vous & à chacun de vous donnons povoir, auctorité & mandement especial par ces presentes. *Donné à Meleun, le vingt-septieme jour de Juing, l'An de grace mil trois cens soixante. Ainsi signé.* Par Monseigneur le Regent, presens Messieurs P. Payen & H. Bernier. N. DE VEIRES.

b *à 80. Pieces au marc.*

c *Voy. cy-dessus, p. 266. Note (e) & p. 378.*

NOTES.

(a) Registre D. de la Cour des Monnoyes de Paris, *fol. 67. verso.*

Avant ce Mandement, il y a en titre: *Monnoye soixantiesme.*

CHARLES REGENT, Jean I.er & selon d'autres, Jean II. à Meleun, le 27. de Juin 1360.

(a) *Mandement pour faire fabriquer des blancs Deniers dans les Monnoyes qui y sont nommées, & pour fixer le prix de l'Argent.*

CHARLES aisné Filz du Roy de France, regent le Royaume, Duc de Normandie & Dalphin de Viennois: A noz amez & feaulx les Generaulx-Maistres des Monnoyes de Monseigneur & nostres, Salut & dillection. Comme Nous vous ayons mandé par noz autres [d] Lectres, que en toutes les Monnoyes des Pays de la Languedoil, vous feissiez faire & ouvrer blancs Deniers pour six deniers parisis la Piece, à deux deniers de loy Argent-le-Roy, & de six solz huit deniers de poix au marc de Paris; & à present il Nous conviegne faire & soustenir très-grans & innumerables mises tant pour le fait de la delivrance de Monseigneur, comme pour

d *Voy. le Mandement precedent.*

NOTES.

(a) Registre D. de la Cour des Monnoyes de Paris, *fol. 68. recto.*

Il y a pour titre à ce Mandement: *Monnoye 80.e*

CHARLES REGENT, Jean I.er & selon d'autres, Jean II. à Meleun, le 27. de Juin 1360.

nostre Gouvernement & Estat qu'il Nous fault soustenir grant pour aller ès parties de *Picardie* & de *Calais* encontre la venuë de mondit Seigneur qui sera briefvement, se Dieu plaist. Par très-grant & bonne deliberacion de nostre Conseil, Nous avons ordonné & ordonnons, & par ces presentes vous mandons & à chacun de vous, que ès Monnoyes de *Paris, Roüen, Troyes, Bourges, Lymoges* & *Tours* tant-seulement, vous fassiez faire & ouvrer iceulx blancs Deniers à ung denier douze grains de loy dit Argent-le-Roy, & de [a] six solz huit deniers de poix au marc de Paris, ayans cours pour six deniers parisis la Piece, comme dessus est dit: Et faictes mectre en iceulx telle [b] difference comme bon vous semblera: Et faictes donner aux Changeurs & Marchans, de chacun marc d'Argent tant blanc comme noir, neuf livres tournois; & aux Ouvriers & Monnoyers, tel sallaire & creuë d'Ouvraige & Monnoyaige, comme vous verrez qu'il appartiendra estre fait. Et tout le Cuivre qui sera mis en iceluy Ouvraige, Nous voulons qu'il soit quis & acheté aux despens de Monseigneur & de Nous. De ce faire à vous & à chacun de vous donnons povoir, auctorité & mandement especial par ces presentes. *Donné à Meleun, le vingt-septiesme jour de Juing, l'An de grace mil trois cens soixante. Ainsi signé.* Par Monseigneur le Regent, presens Messieurs P. Payen & H. Bernier. N. DE VEIRES.

a à 80. Pieces au marc.

b Voy. cy-dessus, p. 260. Note (e) & p. 378.

CHARLES REGENT, Jean I.er & selon d'autres, Jean II. à Paris, en Juin 1360.

(a) *Lettres en faveur de la Confrairie des Chirurgiens de Paris, sous l'invocation de S.t Cosme & de S.t Damien.*

CHARLES &c. A touz presens & à venir, Salut. Comme Nous ramenans à memoire les grans vertus & innumerables merites dont les glorieux [c] Martis Saint Cosme & Damien furent & sont plains & recommandez envers nostre Seigneur Jesus-Christ, & les très-grans vertus & miracles que le Sauveur de tout le monde par leur intercession, a faiz ou temps passé, & fait encore chascun jour à plusieurs personnes opprimées de [d] griefs maladies en plusieurs parties de leurs corps, & pour la très-vraie & parfaite devocion & affection que Nous avions & avons encores ès merites d'iceulx Martirs, Nous soions ja pieça entrez en leur Confrerie en l'Eglise Sains Cosme & Damien à Paris: Savoir faisons que Nous en l'onneur & remambrance desdiz glorieux Martirs, ladite Confrarie & tous les poins d'icelle en la maniere que contenu est en l'Ordenance sur ce faite, avons ratiffié, approuvé & confermé comme Confrere d'icelle avec les Cirurgiens de Paris & autres, & de certaine science, plaine puissance, auctorité & liberalité Royal dont Nous usons, ratifions, approuvons & confermons de grace especial: & pour ce que en certains [e] Privileges ja pieça octroiés ausdiz Maistres Cirurgiens Licentiés oudit Art & à leurs predecesseurs, entre les autres choses est contenu, que aucun sur paine d'amende volentaire à estre appliquiée à Monsieur & Nous, ne s'entremettre en aucune maniere de pratiquer en ladite science de Cirurgie, se il n'est Licentiez oudit Art, examinez & approuvez par les Jurez du Chastelet de Paris & Prevost de ladite Confrairie, appellez avec eulx les autres Cirurgiens Licentiez à Paris, si comme esdis Privileges puet plainement apparoir, Nous de l'auctorité que dessus, & en ampliant nostredite grace, desirans de tout nostre cuer proceder à l'augmentation & accroissement du Service Divin, en [f] ensuivans les traces des Predecesseurs de Monsieur & de Nous Roys de France, & afin que Monsieur, ses Predecesseurs & Nous soions participans ès biens, Prieres, Messes & devotes Oraisons qui seront faites & celebrées en ladite Confrarie, ausdis Confreres ou nom de ladite Confrarie, avons donné & octroié perpetuelment & à touzjours, donnons & octroions par la teneur

c Martyrs.

d grieves.

e Voy. le 2.e Vol. des Ordonn. p. 496.

f suivant.

NOTES.

(a) Tresor des Chartres, Registre 90. Piece 584.

de ces presentes, la moittié entierement desdites amendes pour tourner & convertir au proufit de ladite Confrarie & non autre part. Si donnons en mandement par ces mesmes Lettres au Prevost de Paris ou à son Lieutenant qui à present est & qui pour le temps avenir sera, que lesdites amendes toutes & quantes-fois que elles escheront, il lieve, execute ou exploicte, ou face lever, executer & exploicter selon la teneur desdiz Privileges dont il lui apperra, desquelles il face baillier la moitié au Receveur de Paris present ou à venir, & l'autre moitié aus Prevost & Confreres de ladite Confrarie; & [a] à noz amés & feaulx les Gens des Comptes de Monsieur & Nous à Paris, que lesdiz Prevost & Confreres ou nom de ladite Confrarie, facent, seuffrent & laissent joïr & user plainement & paisiblement de nostre presente grace, & contre la teneur d'icelle ne les empeschent ou seuffrent estre empeschiez en aucune maniere, non-obstant quelconques Ordenances, inhibitions, Mandemens ou deffenses faites ou à faire, & Lettres empetrées ou à empetrer au contraire. Et que ce soit ferme chose & estable à touzjours, Nous avons fait mettre nostre Seél à ces presentes: sauf en autres choses le droit de Monsieur & le nostre, & l'autrui en toutes. *Fait & donné à Paris, l'An de grace mil trois cens soixante, ou mois de Juing.*

a *donnons en mandement.*

Par Monsieur le Regent, presens Messieurs Adam de Meleun & J. de la Riviere.

OGIER.

CHARLES REGENT, Jean I.er & selon d'autres, Jean II. à Compiegne, le 22. de Juillet 1360.

(a) *Mandement pour faire fabriquer des blancs Deniers, & pour fixer le prix de l'Argent.*

CHARLES aisné Fils du Roy de France, regent le Royaume, Duc de Normandie & Daulphin de Viennois: A nos amez & feaulx les Generaulx-Maistres des Monnoyes de Monseigneur & nostres, Salut & dillection. Comme Nous vous avons nagueres [b] mandé que en aucunes des Monnoyes dudit Royaume, vous feissiez faire & ouvrer blancs Deniers à deux deniers de loy Argent-le-Roy, & de six solz huit deniers de poix au marc de Paris: Et à present il Nous convieigne faire & soustenir très-grans & excessives mises tant pour la delivrance de Monseigneur qui sera briesvement, se Dieu plaist, comme pour nostre Gouvernement & Estat maintenir, Nous par très-grant & bonne deliberacion de nostre Conseil, avons ordonné & ordonnons, & par ces presentes vous mandons & à chacun de vous, que ès Monnoyes de [c] *Saint Poursain* & de *Mascon*, & là où vous verrez que bon sera, vous faissiez faire & ouvrer iceulx blancs Deniers à ung denier douze grains de loy Argent-le-Roy, & de [d] six solz huict deniers de poix au marc de Paris, ayans cours pour six deniers parisis la Piece, comme dit est; & faites mectre en iceulx telle [e] difference comme bon vous semblera: Et faictes donner aux Changeurs & Marchans de chacun marc d'Argent tant blanc comme noir, neuf livres tournois, & aux Ouvriers & Monnoyers tel sallaire & creuë de Ouvraige & Monnoyaige, comme vous verrez qu'il appartiendra estre fait. Et tout le Cuivre qui sera mis en icelluy Ouvraige, Nous voulons qu'il soit quis & acheté aux despens de Monseigneur & de Nous. De ce faire à vous & à chacun de vous donnons povoir, auctorité & mandement especial par la teneur de ces presentes. *Donné à Compieigne, le vingt & deuxieme jour de Juillet, l'An de grace mil trois cens soixante. Ainsi signé.* Par Monseigneur le Regent. OGIER. present Sire Mathe-Gueste.

b *Voy. cy-dessus, p. 419. les Mandements du 27. de Juin 1360.*

c *Voy. cy-dessus, p. 298. Note (d)*

d *de 80. Pieces au marc.*

e *Voy. cy-dessus, p. 266. Note (e) & p. 378.*

NOTES.

(a) Registre D. de la Cour des Monnoyes de Paris, *fol. 70. verso.*

CHARLES REGENT, Jean I.er & selon d'autres, Jean II. à Paris, le 27. de Juillet 1360.

(a) Mandement pour faire fabriquer des blancs Deniers dans la Monnoye de Poictiers, & pour fixer le prix de l'Argent qui y sera apporté.

CHARLES aisné Fils du Roy de France, regent le Royaume, Duc de Normandie & Daulphin de Viennois: A noz amez & feaulx les Generaulx-Maistres des Monnoyes de Monseigneur & nostres, salut & dilection. Nous & pour certaines causes, vous mandons & estroictement enjoignons à chacun de vous, que tantost & sans delay ces Lectres veues, vous faciez faire & ouvrer en la Monnoye de *Poictiers* tant seulement, blancs Deniers autelz & semblables que l'en fait à present & fera en la Monnoye de [a] Paris, à ung denier douze grains de loy Argent-le-Roy, & de six sols huit deniers de poix au marc de Paris, en mectant en iceulx telle [b] difference comme bon vous semblera: Et faictes donner aux Changeurs & Marchans de chacun marc d'Argent tant blanc comme noir, neuf livres tournois; & aux Ouvriers & Monnoyers, tel sallaire & creuë d'Ouvraige & Monnoyaige, comme vous verrez qu'il appartiendra estre fait: & de tout le Cuivre qui sera mis en iceluy Ouvraige, Nous voulons qu'il soit quis & acheté aux despens de Monseigneur & de Nous. De ce faire à vous & à chacun de vous donnons povoir, auctorité & mandement especial par la teneur de ces presentes. *Donné à Paris, le vingt-septiesme jour de Juillet, l'An de grace mil trois trois cens soixante, soubz le Scel du Chastelet de Paris en l'absence de nostre grant. Ainsi signé.* Par Monseigneur le Regent à la relacion du Conseil ouquel estoient Messieurs l'Arcevesque de Reims, P. Payen & H. Bernier, & le Tresorier Mathe Guecte. P. BRIARRE.

a *Voy. cy-dessus, p. 419. le Mandement du 27. de Juin 1360.*

b *Voy. cy-dessus, p. 266. Note (e) & p. 378.*

NOTES.

(a) Registre D. de la Cour des Monnoyes de Paris, *fol. 71. recto.*

CHARLES REGENT, Jean I.er & selon d'autres, Jean II. à Paris, le 30. de Juillet 1360.

(a) Mandement pour augmenter le prix de l'Argent qui sera apporté dans la Monnoye de Poictiers.

CHARLES aisné Fils du Roy de France, regent le Royaume, Duc de Normandie & Dalphin de Viennois: A noz amez & feaulx les Generaulx-Maistres des Monnoyes de Monseigneur & nostres, sallut & dillection. Comme Nous vous ayons nagueres [c] mandé que vous feissiez faire & ouvrer en la Monnoye de Poictiers, blancs Deniers à ung denier douze grains de loy Argent-le-Roy, & de six sols huit deniers de poix au marc de Paris, en donnant aux Changeurs & Marchans de chacun marc d'Argent tant blanc comme noir, neuf livres tournois, Nous & pour certaines causes vous mandons que tantost & sans delay ces Lectres veues, vous faictes donner aux Changeurs & Marchans frequentant icelle, pour chacun marc d'Argent trente solz tournois de creue, oultre ledit pris de neuf livres tournois qu'ilz ont à present: ainsi auront dix livres dix solz tournois, en ouvrant & faisant ouvrer iceulx blancs Deniers sur ledit poix & loy comme dessus. De ce faire à vous & à chacun de vous donnons povoir, auctorité & mandement especial par la teneur de ces presentes, *Donné à Paris, sous le Scel du Chastelet de Paris, en l'absence de nostre grant.*

c *Voy. le Mandement precedent.*

NOTES.

(a) Registre D. de la Cour des Monnoyes de Paris, *fol. 71. verso.*

le trentiesme jour de Juillet, l'An de grace mil trois cens soixante. *Ainsi signé.* Par le Conseil estant à Paris, ouquel estoient Messieurs l'Arcevesque de Reins, les Contes [a] d'Estampes, de Roussy, P. Payen, Maistre P. de Demenville & Pierre de la Chairté, Hugues Bernier & Mathe Gueicte Tresorier, J. DE VERNON.

a *Voy. cy-dessus, p. 167. Note (f)*

CHARLES REGENT, Jean I.er & selon d'autres, Jean II. à Paris, le 6. d'Aoust 1360.

(a) *Mandement pour faire fabriquer des blancs Deniers, & pour fixer le prix de l'Argent.*

CHARLES aisné Filz du Roy de France, regent le Royaume, Duc de Normandie & Dalphin de Viennois: A noz amez & feaux les Generaulx-Maistres des Monnoyes de Monseigneur & nostres, salut & dillection. Comme nagueres Nous vous ayons mandé par noz autres Lectres [b] que en aucunes des Monnoyes dudit Royaume, vous feissiez faire & ouvrer blancs Deniers à ung denier douze grains de loy Argent-le-Roy, & de six solz huit deniers de poix au marc de Paris, ayans cours pour six deniers parisis la Piece, en donnant aux Changeurs & Marchans de chacun marc d'Argent, neuf livres tournois: Et il Nous conviegne à present de necessité faire & soustenir très grans & excessives mises pour le prouffilt dudit Royaume & la delivrance de mondit Seigneur qui sera briefvement, se Dieu plaist, desquelles Nous ne povons pas bonnement [c] finer, se n'est par le prouffilt & émolument de l'Ouvraige desdites Monnoyes: Savoir vous faisons que Nous par grant & bonne deliberacion eue avecques nostre Conseil, avons voulu & ordonné & par ces presentes voulons & ordonnons, & vous mandons & à chacun de vous, que tantost & sans delay ces Lectres veuës, en toutes & chacunes les Monnoyes du Pays de la Languedoil, excepté en celles de *Tournay*, vous faciez faire & ouvrer iceulx blancs Deniers à ung denier douze grains de loy comme paravant, & de huit [d] solz quatre deniers de poix au marc de Paris, pour six deniers parisis la Piece comme dit est: Et faictes donner à tous Changeurs & Marchans frequentans lesdites Monnoyes, pour chacun marc d'Argent qu'ilz livreront en icelles, quatorze livres tournois, & aux Ouvriers & Monnoyers telle sallaire & creuë d'Ouvraige & Monnoyaige, comme bon vous semblera. Et tout le Cuivre qui sera mis en iceluy Ouvraige, Nous voulons qu'il soit quis & acheté aux despens de Monseigneur & de Nous. De ce faire à vous & à chacun de vous donnons povoir, auctorité & mandement especial par la teneur de ces presentes. *Donné à Paris, sous le Seel du Chastelet de Paris, en l'absence de nostre grant, le sixiesme jour d'Aoust, l'An de grace mil trois cens soixante. Ainsi signé.* Par le Conseil estant à Paris ouquel estoient Messieurs l'Archevesque de Reins, les Contes [e] d'Estampes & de Roussy, Hugues Bernier & les Gens des Comptes. P. MICHEL.

b *Voy. cy-dessus, p. 421 le Mandement du 22. de Juillet precedent.*

c *trouver.*

d *de 100. Pieces au marc.*

e *Voy. cy-dessus, p. 167. Note (f)*

NOTES.

(a) Registre D. de la Cour des Monnoyes de Paris, *fol. 72. recto.*

Avant ce Mandement, il y a: *Monnoye Centiesme.*

CHARLES REGENT, Jean I.er & selon d'autres, Jean II. à Boulogne sur Mer, le 30. d'Aoust 1360.

(a) Mandement pour faire fabriquer de nouvelles Especes, & pour faire executer les anciennes Ordonnances sur les Monnoyes.

CHARLES aisné Filz du Roy de France, regent le Royaume, Duc de Normandie & Dalphin de Viennois : Au Prevost de Paris ou à son Lieutenant salut. Il est venu à nostre congnoissance & de ce sommes plainement informez, que plusieurs Marchans & autres par mauvaise malice & convoitise, ont apporté & apportent de jour en jour oudit Royaume, mauvaises Monnoyes contrefaictes aux nostres & autres Monnoyes faictes ès Monnoyes des voisins dudit Royaume, si comme Deniers d'Or au Mouton, à l'Aigle, & les Royaulx d'Or contrefaictz aux nostres Tartes, Compaignons, Vaillans & autres Monnoyes, lesquelles sont pire & de moindre valleur selon le cours que elles sont prinses & mises, que ne sont les nostres, & lesquelles sont prinses par le peuple ignorant qui en ce ne se congnoist, [a] & par le cours que icelles Monnoyes ont oudit Royaume, tous vivres & autres choses necessaires à vie de peuple, sont si oultraigeusement encheries que à peine se peult le peuple dudit Royaume bonnement vivre, & seroit encores ladite cherté & plusieurs autres inconveniens qui de ce se pourroient ensuir, plus grans & plus excessifs, se briefvement remede n'y estoit mis. Nous qui desirons très affectueusement & de tout nostre cueur le bon gouvernement dudit Royaume & de tout le peuple, & par especial de pourveoir à telles mauvaises & faulses mallices, pour oster le cours d'icelles mauvaises Monnoyes, par très grant & bonne deliberacion de Nous & de nostre grant Conseil, Prelatz, Barons & autres, que pour ce avons assemblez, avons ordonné de faire Monnoye arrestée & estable, affin que nulles telles mauvaises Monnoyes n'ayent cours, en la maniere qui s'ensuit ; C'est assavoir, [b] les Deniers d'Or fin Royaulx que l'en a fait & fait à present ès Monnoyes de Monseigneur & de Nous, depuis le jour de la publicacion de ces presentes Ordonnances, ne soient prins ne mis que pour vingt solz parisis la Piece : Et les blancs Deniers du coing de Monseigneur que l'en fait & qui ont esté faictz en nosdites Monnoyes, lesquelz ont à present cours pour six deniers parisis la Piece, ne soient aussi depuis le jour dessusdit, prins ne mis que pour ung denier parisis la Piece : Et les bons gros Deniers d'Argent que Nous avons ordonné à faire à present & ferons faire dores-en-avant esdites Monnoyes de Monseigneur & de Nous, pour huit deniers parisis la Piece & non pour plus : Et que pour trente des gros dessusdiz, l'en se puisse acquiter *(b)* pour ung Royal. *(c)* Et toutes autres Monnoyes tant d'Or comme d'Argent quelles que elles soient tant du coing de Monseigneur comme d'autre, ne soient dores-en-avant prinses ne mises pour nul pris, fors que au marc pour billon. Et quiconque sera trouvé mectant ou alloüant à compte aucunes desdites Monnoyes auxquelles Nous ostons le cours comme dit est, Nous voulons & ordonnons que icelles soient forfaictes & acquises à Monseigneur & à Nous. Et donnons povoir à vous & à voz deputez, d'icelles prandre sur tous ceulx qui seront trouvez [c] mectant & prenant, & d'icelles porter ou faire porter à la plus prouchaine Monnoye du lieu où elles seront

a Il faut adjoûter, *pour plus grand prix que elles ne valent*, comme dans l'autre Mandement du même jour.

b *que.*

c *les.*

NOTES.

(a) Registre D. de la Cour des Monnoyes de Paris, *fol. 74. recto.*

Ce Mandement adressé au Bailly d'Orleans, est dans le Memor. D. de la Chambre des Comptes de Paris, *fol. 7. recto.*

Le commencement du Mandement suivant est presque semblable au commencement de celuy-cy, & comme il y a des fautes dans l'un & dans l'autre, ils peuvent servir à se corriger mutuellement.

(b) Pour ung Royal.] Le *Royal* a esté fixé un peu plus haut à *vingt sols*, & trente fois huict deniers valent vingt sols.

(c) Et toutes autres Monnoyes, &c.] Voy. cy-dessus, pp. 89. & 146. deux Ordonnances, dans lesquelles se trouvent les Reglements qui sont renouvellez par ce Mandement.

prinses

prinses, & icelles livrer aux Gardes & Maistres de ladite Monnoye, auxquelz Nous enjoignons & commandons par la teneur de ces presentes, que ilz delivrent & payent à vous & à voz-ditz depputez, la quinćte partie de la valluë desdites forfaićtures à eux apportées, comme dit est, pour la peine, sallaire & travail de vous ou de vosdiz depputez: Et que nulz Billonneurs portans Tablettes ou autrement, Merciers, Espiciers & Orfevres, ne soient tant osez ne se hardiz de faire nul fait de Change, ne d'acheter ou vendre nulles Monnoyes d'Or ne d'Argent quelles que elles soient, Billons d'Or & d'Argent, ne autre matiere appartenant au fait desdites Monnoyes: avecques ce, que nul ne porte Billon de Pays en autre en [a] elloignant la plus prouchaine Monnoye du lieu où il sera, ne [b] de porter par especial nul matiere d'Or ne d'Argent hors dudit Royaume, ne en autres Monnoyes que ès Monnoyes de Monseigneur & de Nous: & se vous trouvez aucuns [c] encoulpez des choses dessusdites, Nous voulons que toute la matiere d'Or ou d'Argent dessusdite soit prinse par vous & voz depputez, comme forfaićte & acquise à Monseigneur & à Nous, & soit portée par vous ou vosdits depputez, en la plus prouchaine Monnoye du lieu, où elle sera prinse, comme dit est, en delivrant & payant à vous & à vos depputez la valluë de ladite quinćte partie. Si vous mandons & estroićtement enjoignons sur [d] quanque que vous vous povez meffaire envers Monseigneur & Nous, que le second Samedy de ce prouchain mois de Septembre, vous faićtes crier & publier solempnellement nostre presente Ordonnance par tous les lieux notables de vostredite Prevosté & ressort, si & par telle maniere que aucun ne s'en puisse dire ne tenir ignorant: & de nostre presente Ordonnance soyez plus curieux & dilligens que vous ne fustes oncques-mais; mesmement [e] que Nous avons desir & voulenté de tenir lesdites Monnoyes fermes & estables ou cours dessusdit, sans icelles muer ne empirer. Si faićtes tout ce que dit est si dilligeamment, que vous n'en puissez estre repris de negligence ou deffault aucun; car soyez certain [f] se deffault ou negligence y estoit, vous en seriez pugniz & corrigez si griefvement que ce seroit exemple à tous autres. *Donné à Boulogne sur la Mer, le trentiesme jour d'Aoust, l'An de grace mil trois cens soixante. Ainsi signé.* Par Monseigneur le Regent en son Conseil, ouquel estoient Messieurs les Arcevesques de Reins, de Sens, les Evesques de Beauvais & d'Arras, B. de Reneval, G. Delor, P. de Villiers, S. de Bucy, P. Payen & plusieurs autres. OGIER.

CHARLES REGENT, Jean I.er & selon d'autres, Jean II. à Boulogne sur Mer, le 30. d'Aoust 1360.

[a] *Voy. cy-dessus, p. 148. & Note (d)*

[b] *ne soit si hardi.*

[c] *coupables.*

[d] *tout ce que.*

[e] *parceque.*

[f] *que.*

CHARLES REGENT, Jean I.er & selon d'autres, Jean II. à Boulogne sur Mer, le 30. d'Aoust 1360.

(a) *Mandement pour faire fabriquer de nouvelles Especes, & pour fixer le prix de l'Argent.*

CHARLES aisné Fils du Roy de France, regent le Royaume, Duc de Normandie & Dalphin de Viennois: A noz amez & feaulx les Generaulx-Maistres des Monnoyes de Monseigneur & de Nous, salut & dillection. Pour ce que la Monnoye d'Argent que Nous avons fait faire & faisons à present esdites Monnoyes, est & a esté moult affeiblis pour la neccessité des très innumerables mises qu'il a convenu faire pour cause des besoignes & gouvernement dudit Royaume, & pour icelui affoiblissement desdites Monnoyes, plusieurs Marchans malicieux & pour grant convoitise de leur prouffilt singulier, ont apporté & apportent de jour en jour oudit Royaume, plusieurs & diverses Monnoyes d'Or & d'Argent contrefaićtes sous la forme des nostres, & autres faićtes sur la forme d'aucuns des voisins dudit Royaume; C'est assavoir, Deniers d'Or au Mouton, à l'Aigle, Compaignons, Tartes, Vaillans, & autres Monnoyes, lesquelles sont prinses & mises par le peuple ignorant qui en ce ne se congnoist, pour plus grans pris que elles ne vallent selon la valleur des nostres, ou grant grief &

NOTES.

(a) Registre D. de la Cour des Monnoyes de Paris, *fol. 75. verso.*

A la teste de ce Mandement, il y a: *Monnoye 33.*

CHARLES Regent, Jean I.er & selon d'autres, Jean II. à Boulogne sur Mer, le 30. d'Aoust 1360.

dommaige de nostre très chier Seigneur & Pere, de Nous & de tout ledit Royaume, [a] de tout les Habitans d'icelluy: lequel dommaige se continueroit se par Nous remede n'y estoit mis; & que aussi par le cours desdites Monnoyes contrefaictes & [b] estranges, la matiere d'Or & d'Argent dudit Royaume est ravye & emportée hors d'iceluy, par quoy les Monnoyes d'iceluy Royaume sont du tout en chomaige. Nous qui en tout temps desirons [c] au bon gouvernement dudit Royaume, & à oster toutes mauvaises cautelles & malices, avons pourveu & ordonné par très grant & meure deliberacion de Nous & de nostre grant Conseil, Prelatz, Barons & autres assemblez pour ce, en la maniere qui s'ensuit; C'est assavoir, que les Deniers blancs de nostre coing qui à present ont cours pour six deniers la Piece, ne seront prins ne mis d'icy en avant, que pour ung denier parisis la Piece: de faire & ouvrer par toutes nos Monnoyes de la Languedoil, esquelles il est acoustumé de faire & forger noszdites Monnoyes, Deniers d'Or fin Royaulx telz & semblables comme l'en fait à present, & en donnant aux Changeurs & Marchans de chacun marc d'Or fin, le pris de present, & gros Deniers blancs soubz telle forme comme vous verrez qu'il sera bon à faire, lesquelz seront à quatre deniers de loy Argent-le-Roy, & de cinq [d] solz six deniers de poix au marc de Paris, lesquelz auront cours pour dix deniers tournois la Piece, & en faisant Monnoye noire double ou *(b)* seugle, ou cas où vous aurez advis qu'il sera bon à faire: En trayant [e] dudit Ouvraige tant blanc comme noir de chacun marc d'Argent-le-Roy, huit livres cinq solz tournois, & en donnant aux Changeurs & Marchans qui apporteront Argent & Billon à noszdites Monnoyes, de chacun marc d'Argent allayé à ladite Loy de quatre deniers de loy, sept livres tournois, & de chacun marc d'Argent qu'ilz apporteront au-dessoubz de quatre deniers de loy dessusdit, six livres dix solz tournois. Si vous mandons, commandons & commectons, se mestier est, & à chacun de vous estroictement enjoignons, que tantost & sans delay ces Lectres veues, toutes besoignes cessans & arrieres mises, vous faciez faire & ouvrer en toutes noszdites Monnoyes, les gros Deniers blancs dessusditz en la forme & maniere que il est * divisé dessus, & de la Monnoye noire se il vous semble bon, là où vous verrez que il soit bon à faire, & les deniers d'Or fin ès Monnoyes où ils ont accoustumé estre faictz: En donnant aux Ouvriers & Monnoyers tel sallaire de faire lesditz Ouvraiges, comme bon vous semblera. Et ou cas où il conviendroit Cuivre oudit Ouvraige, Nous voulons & vous mandons qu'il soit [f] quis & aux despens de nostredit Seigneur & de Nous. De tout ce faire à vous & à chacun de vous donnons auctorité & mandement especial par la teneur de ces presentes. Et gardez si chier que vous avez l'onneur & prouffilt de Monseigneur, de Nous & dudit Royaume, que en ce n'ait aucun deffault. *Donné à Bouloigne sur la Mer, le trentieme jour d'Aoust, l'An de grace mil trois cent soixante. Ainsi signé.* Par Monseigneur le Regent en son Conseil, ouquel estoient Messieurs les Archevesques de Reins, de Sens, les Evesques de Beauvaiz & d'Arras, R. de Renneval, G. Delor, P. de Villiers, S. de Bucy, P. Payen, & plusieurs autres. OGIER.

[a] *&.*

[b] *estrangeres.*

[c] *pourvoir.*

[d] *à 66. Pieces au marc.*

[e] *le marc d'Argent monnoyé vaudra huit livres cinq sols.*

* *marqué.*

[f] *achepté,* comme dans presque tous les Mandemens. *Et* est inutile.

NOTES.

(b) Seugle.] Simple. J'ay déja vû ce terme plus haut, mais je n'ay pû retrouver l'endroit.

CHARLES REGENT, Jean I.er & selon d'autres, Jean II. au Louvre, le 10. d'Octobre 1360.

(a) Lettres qui ordonnent que le Chasteau de Nanteau, qui ressortissoit à la Prevosté de Chasteau-Landon, ressortira dans la suite au Bailliage de Melun.

CHARLES &c. Savoir faisons à tous presens & avenir, que pour le grant plaisir & affection que par especial entre les autres Chasteaux & Villes Royaulx du Royaume de France, avons à la Ville & Chasteau de Meuleun qui de present par assiete & bail d'autre terre faiz à nostre très chiere Dame la [a] Royne Blanche qui les souloit tenir & posseder, sont venuz en la main de Monsieur & nostre, les vouldrions Nous tousjours acroistre en Noblecces, Seigneuries, Jurisdictions & ressors; & pour ce est il que Nous qui avons sçu la terre de (b) Nanteau en Gastinois distant à neuf lieuës de ladite Ville de Meuleun, appartenir à nostre amé & feal Chancelier [b] l'Esleu de Beauvaiz & estre de son propre heritage, & que plus profitable chose & honorable li seroit icelle ressortir audit lieu de Meuleun, que en la Prevosté de Chasteau-Lendon, à laquelle en souveraineté & hommage ressortist à present ladite terre de Nanteau avec toutes ses appartenances & appendances quelconques, de nostre plain povoir & auctorité Royal dont Nous usons, de certaine science & grace especial, avons ostée & translatée, ostons & translatons de ladite Prevosté de Chasteau-Landon où ressortir souloit, comme dit est, & ycelle avons mise & mettons à touzjours perpetuelment en la souveraineté & ressort dudit lieu de Meleun (c) en assise tant seulement & hors de la Prevosté d'iceli lieu; de laquelle Nous, nostredit Chancelier, ses hoirs & tous autres qui de li pourront avoir cause ou temps avenir, de nostre dite grace quant à ce, exemptons à tousjours & voulons estre exemps à perpetuité, par ainsi que ladite terre ressortira en souveraineté perpetuelment audit lieu. Si donnons en mandement par la teneur de ces presentes à noz amez & feaulx les Gens qui tendront les Parlemens avenir, les Gens des Comptes de Monsieur & nostres à Paris, au Bailli de Meleun & à tous autres Justiciers, Commissaires, Procureurs & Officiers Royaulx quelconques ou à leurs Lieuxtenans, & à chascun d'eulx, si comme à lui appartendra, que nostredit Chancelier, ses hoirs & successeurs & touz ceux qui de li pourront avoir cause ou temps avenir, laissent joir & user paisiblement de nostre presente grace, nonobstant que la terre dessusdite avecques toutes ses appartenances & appendances, ait esté d'ancienneté du ressort, souveraineté & homage de ladite Prevosté de Chasteau-Landon, & que ycelle soit plus [c] loeing assise dudit lieu de Meuleum de cinq ou de six lieues, que dudit Chasteau-Landon, aussi que aucun plus grand prouffit Monsieur & Nous en puissions avoir si elle ressortissit audit lieu de Chasteau-Landon, que au lieu de Meuleun dessusdit, lequel prouffit Nous d'abondant, de nostre dite grace donnons, remettons & quittons à nostredit Chancellier, à ses hoirs & successeurs sur quelconque valeur que il soit, combien que sur ce information n'en ait esté faite, autres dons ou grace de nostredit Seigneur, ses Predecesseurs ou Nous li aions faiz ou temps passé, & que en ces presentes ne soient par espicial exprimés, & quelconques Ordenances, Mandemens ou deffenses fais ou à faire en general ou especial à ce contraires, esquelles Nous de nostredite grace ne

a Voy. cy-dessus, p. 30. Note (11)

b Voy. cy-dessus, p. 397. Note (e)

c loin.

NOTES.

(a) Tresor des Chartres, Registre 90. piece 325.

(b) Nanteau.] Nanteau dans le Gastinois, Diocese de Sens, Parlement & Intendance de Paris, Election de Nemours, a 203. Habitans. Dictionn. Geograph. de la France.

(c) En Assise tant seulement.] Je crois que cela signifie, que le Chasteau de Nanteau ne ressortira pas devant le Prevost de Melun, mais devant le Bailly, qui dans les Assises qu'il tiendra à Melun, jugera les appels de Nanteau avec les appels des Prevostez qui sont de son ressort.

voulons pas nostredit Chancelier estre comprains quant à ce, en aucune maniere. Et que ce soit ferme chose & estable à tousjours perpetuelment, Nous avons fait mettre nostre Seel à ces presentes : sauf en autres choses le droit de Monsieur & nostre, & l'autruy en toutes. *Donné au Louvre, l'An de grace mil trois cens soixante, le dixieme jour d'Octobre.* Par Monsieur le Regent. N. DE VEIRES.

JEAN I.er & selon d'autres, Jean II. à Calais, le 14. d'Octobre 1360.

(a) Ordonnance par laquelle le Roy approuve & ratifie toutes les Collations, Dons, Presentations & Provisions de Benefices, & tous les Dons, soit d'Offices ou d'autres choses, faits par Charles Dauphin, pendant l'absence du Roy.

JEHAN par la grace de Dieu Roy de France: A tous ceux qui ces presentes Letres verront, Salut. Comme depuis la Bataille devant Poitiers, en laquelle, si comme il [a] plot à Dieu, Nous fusmes pris & detenuz prisonier, nostre très-chier & ainznez Fils Charles Duc de Normandie & Dauphin de Viennois, ayt eu ou nom de Nous & pour Nous, de nostre voulenté & comme nostre ainzné Fils, le gouvernement de nostre Royaume, & durant celuy temps, nostredit Fils ayt donné & conferé par ses Letres à plusieurs & diverses personnes, plusieurs Benefices de Sainte Eglise vacans, & appartenans à nostre Collation, presentation ou autre disposition, tant de nostre plain droit & à cause de Regale, ou du Bail & Garde de nostre très-chier & *(b)* ainzné Fils le Duc de Bourgoigne Comte d'Artois, & aussi ayt fait, donné & octroié à plusieurs & diverses personnes, plusieurs graces & dons, & donné plusieurs Offices, & assignations faites à plusieurs personnes de plusieurs prets, aydes & finances faites à luy: Et nostredit Fils Nous ayt humblement supplié & requis que Nous vueilliens declairier & decerner les choses dessusdites & chascunes d'icelles, par luy estre & avoir esté faites de nostre voulenté, & ycelles estre valables & avoir & sortir plain effect. Nous considerans les choses dessusdites, & que l'estat & honeur du Fils est gloire & vie du Pere, & la vraye amour, parfaite honneur & filial obeissance, & la très-grant affection que nostredit ainzné Filz a touzjours eu à Nous & nostre delivrence, toutes Collations, dons, presentations & provisions de quelconque Benefice d'Eglise qui ont vacquié par ledit temps, faites par nostredit Fils par la fourme & maniere dessusdite, à quelconques personnes habile à les tenir, les possessions & saisines qu'il ont eu ou auront d'iceuls, tout ce qui s'en est ensuy ou

[a] a pleust.

NOTES.

(a) Registre A. du Parlement, *fol.* 51. *verso.*

Elle est aussi dans le Memor. D. de la Chambre des Comptes de Paris, *fol.* 14. *verso*, & dans le Registre rouge vieil du Chastelet, *fol.* 19. *verso.*

Après la Paix de Bretigny, le Roy Jean fut delivré de prison, & arriva à Calais qui appartenoit aux Anglois, vers la S.t Jean-Baptiste, & il y fut jusqu'à la Vigile de S.t Simon & de S.t Jude, [27. d'Octobre.] *Froissart, L. 1. ch. 212. p. 250. & ch. 213. p. 252.*] Le Dauphin avoit toûjours cependant le titre de Regent, ainsi qu'il paroist par les Lettres du 15. d'Octobre, qui seront imprimées après celles-cy.

Nota que j'ay entre les mains des Lettres du Roy Jean, adressées aux Habitans de Lille, datées du 13. de Novembre 1360. dans lesquelles il dit qu'il partit de Calais le 25. d'Octobre.

(b) Ainzné Fils le Duc de Bourgogne.] Il y a dans les deux autres Registres, *Ami*, & c'est la bonne leçon.

Le Duc de Bourgogne se nommoit Philippe I. dit de *Rouvre* : Il estoit né en 1345. Son Pere estant mort le 22. de Septembre 1346. Jean Duc de Normandie, qui depuis fut Roy, épousa sa mere le 19. de Fevrier 1349. & c'est par cette raison qu'il l'appelle icy son Fils. Jean fut Bail & Garde, [Tuteur] du Duc de Bourgogne, qui mourut le 21. de Novembre 1361. sans posterité. *Voy.* Hist. Geneal. de la Maison de France, par les PP. Ange & Simplicien, Tome 1. p. 106. & 549.

JEAN I.er & selon d'autres, Jean II. à Calais, le 14. d'Octobre 1360.

ensuivra, les dons & graces faites par nostredit Fils, & aussi les assignations faites par luy pour prets, aydes & finances à luy faites, comme dit est, & dons d'Offices Royaux & autres Offices quelsconques faiz par luy, ledit temps durant, à personnes souffisans, se cause raisonable n'y a, parquoy il doivent estre deboutez; avons declairié & decerné, & de nostre certaine science & autorité Royal decernons & declairons par la teneur de ces presentes, être fermes, tenables & vallables perpetuellement, & icelles tenir & valoir, & avoir telle force & vigeur & sortir plain effet, comme se Nous estans en notredit Royaume franc & delivré, eussiens par noz Lettres lesdicts Benefices, dons, assignations, Offices, graces faiz, donnez & conferez: Et Nous voulons & mandons par ces presentes, aus Chapitres & Colleges, & à touz Justiciers & Officiers Royaulx qui à present sont & pour le temps seront, & autres à qui il appartiendra, que yceulx à qui lesdiz Benefices ledit temps durant, ont esté conferez par notredit Filz, reçoivent audiz Benefices, & que desdictes Collations, provisions, Offices, dons, graces & assignations & autres choses dessusdictes, laissent & fassent joir & user paisiblement sanz contredit ou empeschement aucun, & aus Lettres de notredit Filz faictes sur les choses dessusdictes, obeissent comme aus nôtres propres, non-obstant Lettres, Mandemens, inhibitions, deffenses ou Ordenances, collations desdiz Benefices ou Offices faictes ou à faire sur quelconque forme de paroles par Nous ou notredit Filz ledit temps durant; sauf, excepté & reservé que Nous voulons, ordenons, decernons & declairons les collations & provisions par Nous faictes; c'est assavoir, à notre très-chier & especial amy *(c)* le Cardinal de Roüen, de la Prebende & Prevosté de Normandie en l'Eglise de Chartres; des Prebendes en ladicte Eglise qui ont vaqué en cest present Regale, que Nous avons donné, l'une à Maistre Macé Guchery, avecques Digneté, Office & [a] Personnage, & l'autre Prebende à Maistre Denys de Colors, noz amez & feaulx Secretaires, lesquelles il ont voulu ou vouldront accepter; & de la Prebende de l'Eglise de Bayeux que Nous avons donné audit Maistre Macé Guchery, laquelle tint jadis un surnommé *(d)* Pantouf, & laquelle Richard le Prevost a occupée de fait; & aussi de la Prebende de la Saincte Chapelle de notre Palais Royal à Paris, vaquant par la mort de feu Raoul Bonsens, que Nous avons donnée audit Maistre Denys; lesquelles salvations, reservations, decret & declarations, Nous de notre propre mouvement faisons, & non pas à instance ou requeste des personnes dessusdictes ou d'aucunes d'icelles, mais eux ignorans de ce; & decernons de notre auctorité Royale & de certaine science, lesdictes collations par Nous faictes, estre valables & avoir force & vertu, tout aussi comme se Nous les eussions faictes presens en notre Royaume en notre plaine liberté; & les collations des choses dessusdictes faictes par notredit Filz ainsné, avant ou après les nôtres, decernons non-valoir & estre de nulle vertu & de nulle force; & voulons que les autres collations faictes par nostredit Filz à autres personnes que les dessusdictes, soient & demeurent en leur force & vigueur, & que ceste presente declaration ne puisse porter prejudice ne dommage à leursdictes collations & provisions ou à aucune d'icelles: & aussi sauf & reservé que se notredit Filz, ledit temps durant, a fait aucuns dons ou alienations à vie ou à heritage, du Demaine du Royaume & de la Coronne de France, que Nous les puissions revoquer & rappeller, & en ordener selon ce que bon Nous semblera. En tesmoing de laquelle chose, Nous avons fait mettre notre Seel à ces presentes Lettres. *Donné à Calais, le quatorziéme jour d'Octobre, l'An de grace mil trois cens soixante.* *Ainsi signé.* Par le Roy, presens Messieurs le Chancellier de France [b] Evesque de Terouenne, le Chancellier de Normandie Evesques de Beauvés, [c] l'Esleu de l'Eglise de Chartres, le Conte de Tancarville & Messire Adam de Meleun. J. ROYER.

a *Dignité dans une Eglise.* Voy. du Cange, au mot *Persona.*

b *Voy. cy-dessus, p. 212. Note (e)*

c *l'Evesque esleu*

NOTES.

(c) Le Cardinal de Roüen.] Pierre de la Forets qui avoit esté Chancelier de France. Voy. cy-dessus, p. 212. Note *(e)*.

(d) Pantouf.] Il y a *Pantousle* dans le Memor. de la Chambre des Comptes, & *Pautruf* dans le Registre du Chastelet.

(e) Regiſtrate fuerunt preſentes Litere ſine publicatione, de precepto Curie, vigeſima-quinta die Januarii, Anno Domini milleſimo trecenteſimo ſexageſimo. Et collatione facta diligenti cum Literis Originalibus, heedem Litere reddite & tradite fuerunt Magiſtro P. de Angueranto Clerico & Conſiliario Regis, vigeſimâ-ſextâ die Januarii, Anno Domini milleſimo trecenteſimo ſexageſimo.

NOTES.

(e) Regiſtrate, &c.] A la place de cet Arreſt d'Enregiſtrement, il y a dans le Regiſtre du Chaſtelet :

Collacion faicte à l'Original de ces Lettres qui furent publiées en Jugement, le Mercredy vingt-ſeptieme jour de Janvier, l'An mil trois cens ſoixante. Par moy.

CHARLES REGENT, Jean I.er & ſelon d'autres, Jean II. à Boulogne, le 15. d'Octobre 1360.

a *dépenſes.*

(a) Mandement pour faire fabriquer des Deniers blancs à la Couronne, & pour fixer le prix de l'Argent.

CHARLES aiſné Filz du Roy de France, regent le Royaume, Duc de Normandie & Dalphin de Viennois: A nos amez & feaulx les Generaulx-Maiſtres des Monnoyes de Monſeigneur & de Nous à Paris, Salut & dilection. Comme il Nous eſconviengne à preſent faire pluſieurs [a] miſſions, tant pour le fait de Monſeigneur comme pour le noſtre, ſans ce que aucune finance Nous ayons preſte; & pour ce Nous ayons ordonné en noſtre Conſeil, que les Deniers blancs à la Couronne que l'en fait à preſent à quatre deniers de loy, ſoyent faitz à deux deniers obole de loy. Si vous mandons que tantoſt & ſans aucun delay, iceulx Deniers vous faciez faire de la loy de deux deniers obole de loy, en la maniere que deſſus eſt dit, ès Monnoyes de Paris, Troyes, Roüen & de Saint Lo: Et auſſi ſi vous veez que ce ſoit le prouffit de Monſeigneur & le noſtre, ſi la faictes faire en la Monnoye de Saint Quentin, en donnant aux Marchans qui porteront Billon eſdites Monnoyes, ſept livres tournois pour marc d'Argent; & en donnant à iceulx Deniers blancz, telle *(b)* difference comme bon vous ſemblera à faire & la moins apparcevant que l'en pourra. Si faites ces choſes ſi & par telle maniere & ſi briefvement, que par vous Nous n'y ayons aucun doumaige. *Donné à Boulongne, le quinzieme jour d'Octobre, l'An mil trois cens & ſoixante. Ainſi ſigné.* Par Monſeigneur le Regent & ſon Conſeil. OGIER.

NOTES.

(a) Regiſtre D. de la Cour des Monnoyes de Paris, *fol.* 80. *recto.*

(b) Difference.] J'ay expliqué ce mot pris en ce ſens, cy-deſſus, p. 9. Note (*e*) ſur un Mandement du 17. d'Aouſt 1355. & j'ay dit d'après Boizard, que la difference eſt la marque particuliere que chaque Maiſtre des Monnoyes fait mettre ſur les Eſpeces qu'il fabrique : mais je crois que je me ſuis trompé, & qu'il faut diſtinguer deux ſortes de differences : l'une dont parle Boizard, & l'autre dont il s'agit dans le Mandement du 17. d'Aouſt 1355. & dans celuy-cy, & qui eſtoit une marque que l'on mettoit ſur les Eſpeces, qui eſtant ſemblables pour la taille & pour le coin, eſtoient differentes pour le titre.

JEAN I.er & ſelon d'autres, Jean II. à Calais, en Octobre 1360.

(a) Lettres qui confirment aux Habitans de la Rochelle, laquelle avoit eſté cedée au Roy d'Angleterre, toutes les immunitez dont ils joüiſſoient auparavant dans le Royaume.

a Voy. cy-deſſus, p. 428. Note (a)

JOANNES Dei gratia Francorum Rex. Notum facimus univerſis preſentibus & futuris, quod cum dilecti noſtri Major, Burgenſes & Habitatores Rupelle, ante tranſlationem per Nos factam de Villa predicta & fortaliciis ejus, in manu cariſſimi Fratris noſtri Regis Anglie, per formam pacis noviſſime inter Nos & ipſum habite, in manu noſtra & Predeceſſorum noſtrorum exiſtebant, ab omnibus Couſtumis, pedagiis, (b) panagiis, tributis, (c) traverſis & exactionibus quibuſlibet aliis in Comitatibus Pictavie, Andegavie, Cenomanie, Ducatu Aurelianenſi & per totum Regnum noſtrum ubilibet, in perſonis, rebus & mercaturis ſuis haberentur & tenerentur liberi & immunes temporibus retrolapſis, eundo, morando & etiam redeundo, Nos merito attendentes quod ipſi Major, Burgenſes & Habitatores extra manum noſtram & Corone noſtre Francie coacti verius quam voluntarii, transferuntur, & ad memoriam reducentes obſequia grata per eos Nobis impenſa, & fidem, obedientiam quam ad Nos & honorem ac commodum noſtrum & Regni noſtri, conſtanter & immutabiliter hactenus habuerunt, concedimus eiſdem per preſentes de gratia ſpeciali, quod in omnibus terris, locis, Villis & partibus Regni noſtri, perpetuis futuris temporibus, ſuper premiſſis omnibus & ſingulis, gaudeant & utantur plenarie & quiete, ſolita Libertate & immunitate in perſonis & bonis, nonobſtantibus quod eos & Villam predictam tranſtulerimus invitus, ut preſertur, in manibus alienis: Univerſis & ſingulis ſubditis noſtris tam de genere noſtro quam (d) de ceteris dominantibus in terris & partibus ſupradictis mandantes tenore preſentium, ceteros non ſubditos requirentes pariter & rogantes, quatenus predictos Majorem, Burgenſes & Habitatores dictis Libertate & immunitate ſolitis gaudere permittant & faciant pacifice & quiete. Quod ut firmum & ſtabile perpetuo perſeveret, preſentibus Literis noſtris noſtrum fecimus apponi ſigillum: Salvo in aliis jure noſtro, & in omnibus alieno. Actum Caleſii, Anno Domini milleſimo trecenteſimo ſexageſimo, Menſe Octobris. *Per Regem.* MATH.

NOTES.

(a) Treſor des Chartres, Regiſtre 89. Piece 400.

Ces Lettres avoient déja eſté imprimées, mais peu correctement, dans un Livre intitulé: *Recüeil des Antiquitez & Privileges de la Ville de Bourges, & de pluſieurs autres Villes & Capitales du Royaume.* Par Jean Chenu, Par. 1621. 4.° p. 195.

(b) *Panagiis.*] Droit de *Paſnage* que l'on paye pour les beſtiaux que l'on mene paiſtre dans les Foreſts. Voy. Du Cange au mot *Paſtio.*

(c) *Traverſis.*] Droit de *Travers* que l'on paye pour les Marchandiſes que l'on tranſporte d'un lieu à un autre. Voy. Du Cange au mot *Traverſum.*

(d) *De ceteris dominantibus.*] Cette phraſe n'eſt pas du ſtile ordinaire des Chartres, & n'eſt pas claire. Il y a dans le Regiſtre des Chartres, *duantibus*, avec une marque d'abregé ſur *nan.* Chenu a lû *dominantibus.* Le ſens ſemble demander *commorantibus.*

JEAN I.er & selon d'autres, Jean II. à S.t Omer, le 2. de Novembre 1360.

(a) Mandement pour faire executer dans la Monnoye de Poictiers, le Mandement du 15. d'Octobre precedent.

JEHAN par la grace de Dieu Roy de France: A noz amez & feaulx les Generaulx-Maistres des noz Monnoyes, Salut & dilection. Comme nostre très-cher & aisnez Filz Charles Duc de Normandie, Dalphin de Viennois ait nagueres fait certaines [a] Ordonnances sur l'estat de noz Monnoyes; c'est assavoir en noz Monnoyes de Paris, de Roüen, de Troyes, de S.t Lo & en celle de Saint Quentin ou cas que ce seroit nostre prouffit, & ladite Ordonnance n'ait esté generallement faite par toutes noz autres Monnoyes, & pour certaines & justes causes, Nous vous mandons que ces Lettres veuës sans aucun delay, vous faciez [b] ladite Ordonnance en nostre Monnoye de Poictiers, tout en la forme & maniere que en noz autres Monnoyes dessusdites a esté ordonné: Et mandez par voz Lettres aux Gardes & Maistres de nostredite Monnoye, que ladite Ordonnance il tiengnent & gardent & facent tenir & garder sans aucun contredit; non contestant Mandemens ou deffenses ou contraire. *Donné à Saint Omer, le second jour de Novembre, l'An de grace mil trois cens soixante. Ainsi signé.* Par le Roy, presens vous & M.r Nicolas Braque. Yvo.

a *Voy. cy-dessus, p. 430. le Mandement du 15. d'Octobre precedent.*

b *executer.*

NOTES.

(a) Registre D. de la Cour des Monnoyes de Paris, *fol.* 81. *verso.*

JEAN I.er & selon d'autres, Jean II. à S.t Omer, le 7. de Novembre 1360.

(a) Mandement pour fixer le prix de l'Argent.

JEHAN par la grace de Dieu Roy de France: A noz amez & feaulx les Generaulx-Maistres de noz Monnoyes, Salut & dilection. Comme nagueres Charles nostre très-cher & ainsné Filz pour plusieurs causes qui à ce l'ont meu, & par bonne deliberacion de son Conseil, vous ait mandé & enjoinct par *(b)* ses Lectres, que en noz Monnoyes de Paris, de Roüen, de Poictiers, de Saint Lo, de Troyes & de S.t Quentin, vous faciez faire & ouvrer gros Deniers blancs à la Couronne, à deux deniers douze grains de loy nommé Argent-le-Roy, & de cinq solz six deniers de poix au marc de Paris, en donnant à tous Changeurs & Marchans en tous marcs d'Argent, sept livres tournois: Et Nous avons entendu que les Changeurs n'ont vollu [c] ne veullent apporter aussy comme peu ou riens de leurs Billons en nosdites Monnoyes, pour cause de cette Ordonnance, & aussi que les Changeurs &

c *&c.* Reg. R.

NOTES.

(a) Registre D. de la Cour des Monnoyes de Paris, *fol.* 81. *verso.*

Ce Mandement est aussi dans le Registre de cette Cour, coté R. double du Registre Q. p. 60.

(b) Ses Lectres.] Voy. p. 425. le Mandement du 30. d'Aoust 1360. p. 430. celuy du 15. d'Octobre suivant, & le Mandement precedent.

Il est bon de remarquer que dans le Mandement du 15. d'Octobre, il est dit que les Deniers blancs seront à deux deniers *obole* de loy; & dans celuy-cy, qu'ils seront à deux deniers *douze grains* de loy: ainsi donc lorsqu'il s'agissoit du titre de l'Argent, une obole valoit douze grains. Cette remarque est confirmée par les Lettres que les Generaulx-Maistres des Monnoyes écrivirent aux Maistres-particuliers, en leur envoyant le Mandement du 15. d'Octobre. Il y est dit que les blancs seront à deux deniers *obole*, & dans le Mandement, il y a, comme on vient de le dire, deux deniers *douze grains*. Ces Lettres sont à la suite du Mandement dans le Registre de la Cour des Monnoyes.

Marchans

Marchans des autres Villes où noz Monnoyes sont, se sont tenuz & tiennent à mal contens de ce que icelle Ordonnance n'y a esté envoyée, *(c)* mais qu'ils eussent plus grant pris en Argent. Savoir vous faisons que il Nous plaist & voullons, & par ces présentes mandons à vous & à chacun de vous, que depuis le premier jour de ce present mois de Novembre, de tout le Billon qui a esté & sera apporté en toutes noz Monnoyes, excepté en celle de la Languedoc, l'en face payer à tous Changeurs de chacun marc d'Argent alloyé à deux deniers douze grains de loy, comme dit est, huit livres tournois; & aux Ouvriers & Monnoyers depuis le commencement d'iceluy Ouvraige & tant comme il durra, telle creuë pour Ouvraige & Monnoiage, comme bon vous semblera. De ce faire à vous & à ung [a] de vous, donnons povoir, auctorité & mandement especial par la teneur de ces présentes *Donné à S.t Omer, le septieme jour de Novembre, l'An de grace mil trois cens soixante. Ainsi signé.* Par le Roy, à la relacion de son Conseil, où vous estiez. J. MATH.

a *chascun.*

NOTES.

(c) Mais qu'ils eussent, &c.] C'est-à-dire, que dans les Monnoyes où ces anciens Mandements n'avoient pas esté envoyez, on souhaittoit de les executer, pourvû qu'on augmentast le prix de l'Argent qui avoit esté fixé par ces Mandements.

JEAN I.er & selon d'autres, Jean II. à Compiegne, le 5. de Decembre 1360.

(a) Ordonnance qui establit une Ayde, qui fixe le prix des Monnoyes, & qui contient des Reglements sur le prix des denrées & des salaires des Ouvriers, sur les Prevostez & Tabellionages, & sur les Sergents.

JEHAN par la grace de Dieu Rois de France: A touz ceulz qui ces Lettres verront, Salut. Comme ou temps de nostre très cher Seigneur & Pere, dont Dieux ait l'Ame, guerre eust esté meüe entre lui & son Royaume de France d'une part, & nostre très cher & amé Frere le Roy d'Angleterre, son Royaume & ses alliez d'autre part, dont plusieurs personnes grans & nobles [b] Chevetains de nostre sanc & lignage & autres de nostre Royaume, & autres de nos alliez & adherens furent occis & mis à mort, plusieurs Eglises [c] arces, destruites & gastées, & plusieurs autres excès cruels & orribles faiz & perpetrez, lesquelles choses sont notoires à touz: Et eust esté traitié par plusieurs foiz & diverses manieres de paix [d] d'acort & ny [e] pout estre fait durant la vie de nostre dit Seigneur & Pere, & depuis son trespas la guerre ait esté enforcée & engreignée, dont Nous aviens grant tristesse & douleur, & feust venu nostredit Frere à grant effort en nostre Royaume assez près d'Amiens, & y eust fait bouter feux & plusieurs grans damaiges, & encontre de lui feussienz alé en entention de Nous combattre à lui, & après que departi s'en fust de nostredit Royaume & retourné ou sien, eust envoyé nostre amé & feaul Cousin le Duc de Lenclastre ès parties de Normandie, & feussienz alez contre lui: & depuis nostre très cher & amé Neveu le Prince de Galez Filz ainsné de nostredit Frere, feust venuz pour guerroier Nous & nostre Royaume jusques ès parties de Berry, Touraine & Poitou, & là en grant compaignie de Genz d'armez, feussienz alez en personne contre lui pour lui resister, & deffendre nostre Royaume & pueple, en entencion de delivrer nostre Royaume & pueple de griefz & maulx que il portoit, & eussiens abandonné à l'aventure de la Bataille nostre propre corps, [f] nous enfans, plusieurs de nostre lignage & autres pour le salut & saulvement de nostre Royaume & pueple, & par adverse

b *Capitaines.*

c *bruslées.*

d *&.*

e *ne pût.*

f *nos.*

NOTES.

(a) Un des Originaux de cette Ordonnance, est au Tresor des Chartes, Layette intitulée, *Subsidia.* Cette Ordonnance est aussi dans le Memor. D. de la Chambre des Comptes, *fol.* 32. *recto.* Il est assez singulier que la Copie qui est dans ce Registre, soit plus correcte que l'Original même, qui est au Tresor des Chartes.

JEAN I.er & ſelon d'autres, Jean II. à Compiegne, le 5. de Decembre 1360.

fortune euſſienz eſté pris en ladite Bataille avec pluſieurs autres de noſtre ſanc & autres, & avons eſté detenuz tant à Bordeaulx comme en Angleterre & à Calais, par l'eſpace de quatre ans & plus, ou quel temps continuelment Nous & noſtredit pueple avons ſouſtenu & ſouffert moult de maulx, méſaiſes & douleurs: quar touzjours en continuant de mal en pis, Nous venoient nouvellez, comment les Genz de noſtre Royaume eſtoient diviſez & [a] entertuoient, deſtruoient & damagoient l'un l'autre, & ſe mettoient les uns après autres en rebellion & deſobeiſſance, & commettoient pluſieurs orribles & enormez crimez, & telx dont il eſtoit tout apparent, ſe les choſes ſe feuſſent continuées, noſtredit Royaume & pueple fuſſent venuz à deſtruction & perdicion du tout: Et pour ce que par pluſieurs foiz après noſtredite priſe, durant le temps deſſuſdit, avoit eſté traité de paix & d'acort tant à Bordeaulx comme en Angleterre, leſquels ne peurent avoir effet, [b] nouſdiz Frere & Neveu vindrent en noſtre Royaume en grant effort, multitude & nombre de Gens-d'Armez, Archers & autres Genz tant de cheval comme de pié, & firent moult [c] d'arſeures & occiſions des Genz, & damages innumerables, & pour ce certains meſſaiges de par noſtre Saint Pere le Pape furent envoiez en France & en Angleterre par pluſieurs foiz, pour traitier de paix & d'acort, & finalment entre noſtredit Fil pour Nous, pour lui, pour noſtredit Royaume & pueple, alliez & adherans d'une part; noſtredit Frere & Neveu pour eulx & pour le Royaume & Pueple d'Angleterre, leurs alliez & adherens d'autre part, fut traitié à Breteigny-de-lez-Chartres, de finable paix & acort; & fut juré par noſtredit Filz pour Nous & lui, & auſſi par noſtredit Neveu pour noſtredit Frere & pour lui: lequel traitié, non pas pour noſtre delivrance tant-ſeulement, comme pour [d] eſchever la perdicion & deſtruction de noſtre Royaume & noſtre bon pueple, fu par Nous acordé, & depuis encor conſermé, promis & juré ſollemneement ſur le Cors [e] Jeſuciſt ſacré & ſur les Saintes Euvangiles de Dieu, par Nous, noſtredit Fil & autres [f] nous Enfans, & pluſieurs de noſtre lignage, Prelaz & autres Nobles, & par ſemblable maniere, par noſtredit Frere & Neveu & autres ſes Enfans, & pluſieurs autres de ſon lignage, Prelaz & Noblez: par leſquielx traitié, paix & acort finaulx & perpetuelx, Nous avons deſja delaiſſié, baillié & tranſporté, & encores ſommez tenuz de baillier à noſtredit Frere, pluſieurs & granz nobles terres, poſſeſſions & heritages, & avons baillé quatre cens mille Eſcus, & ſommez encoures tenuz de bailler la ſomme de vint & ſix cens mille Eſcuz d'Or, dont les deux valent un Noble d'Angleterre; c'eſt à ſavoir cent mille à Noël prochain venant, & cent mille à la Chandeleur enſuivant, & de là en avant [g] dedans ſix ans, chaſcun an quatre cens mille: Et par la paix deſſuſdite, [h] parmi les hoſtaiges pour Nous baillez pour l'accompliſſement de la paix, Nous avons eſté delivrez à plain de priſon, & ſommez franc & delivré à touzjours, & ne povons dores-en-avant Nous & noſtredit Frere, noz Royaumez, alliez & adherens avoir ne faire guerre, ne proceder de fait l'un contre l'autre, & avons fait très-bonnez allicnces enſemble, & ſomez retornez en noſtre Royaume franc & delivré, par la grace de Dieu & de la benoite Vierge Marie ſa glorieuſe Mere. Si avons conſideré l'eſtat de noſtre Royaume pour le temps paſſé, preſent & advenir; & entre les autres maulx, avons trové que en noſtredit Royaume a eu pluſieurs diviſions & rebellions, roberiez, pilleriez, [i] arſurez, larrecins, occupacions de biens, violances, oppreſſions, extorcions, exaccions & pluſieurs autres cruez maleficez & excès, & Juſtice meins [k] deuëment gardée, & que pluſieurs nouviaux [l] paagez, couſtumez, redevences, ſubſidez & chargez tant par eaue comme par terre, oultre les anciens & acouſtumez, ont eſté levez & mis en pluſieurs & divers lieux du Royaume, parquoy les vivres & marchandiſes ont eſté & ſont ſi [m] chargéez que nulx n'en puet avoir raiſon, & que pluſieurs [n] priniez, raviſſemens & rançonnemens de perſonnes, de vivres, chevaulx, beſtez & autres biens ont eſté faiz; parquoy les labouragez ceſſent comme du tout: & auſſy que pluſieurs mûtacions & affebliſſemens des Monoiez ont eſté faiz; parquoy noſtredit Royaume & pueple d'icellui a eſté moult diminué & gaſté, & encore pourroit venir à plus grant deſtruction & perdicion, ſe remede n'y eſtoit mis: Quar le pueple de noſtre

a *entretuoient.*
b *noz.*
c *incendies.*
d *eviter.*
e *de Jeſus-Chriſt.*
f *nos.*
g *durant.*
h *moyennant.*
i *incendies.*
k *mal gardée.*
l *peages.*
m *encheries.*
n *priſes.*

Royaume ne ſcet, ne ne puet bonnement mener [a] ces marchandiſes, ſauvez ſon *(b)* Chaſtel, ne nulx n'a de quoy il puiſſe tenir ſon eſtat, pour occaſion des mutacions & affebliſſemens deſdites Monoiez & autres griefz & inconveniens deſſuſdiz. Pour ce eſt-il que Nous euë grant & meure deliberacion de Conſeil, pour relever noſtredit Pueple des charges, griefz, miſeres & meſchés deſſuſdiz, avons ordené & ordenons que Nous ferons faire bonne, vraie & loial Juſtice en noſtre Royaume, & ferons reparer & adrecier touz les mauls & griefz deſſuſdiz & ceſſer dores-en-avant du tout à noſtre povoir. Avons auſſy ordené & ordenons que touz *(c)* trehuz, paages, [b] pontenages, montenages, ſubſides & chargez mis de nouvel, ceſſeront dores-en-avant, & dès-maintenant les rappellons, & abatonz du tout, & que toutes manierez de marchandiſes, beſtes & autres denrées paſſeront franchement & quitement tant par terre que par pons, par eauë, [c] bars & bateaux, en paient ſeulement les anciens [d] paiages & couſtumez; & que dores-en avant par la maniere cy-deſoubz à eſclarcir, Nous ferons faire bonne & fort Monoie d'Or & d'Argent & [e] noire Monoie, par laquelle [f] l'an pourra faire plus aſiecément des aulmonez à la poure Gent; & que toutes [g] Priſes de vivres, de chevaux, de beſtez & d'autres biens, tant pour Nous comme pour noz Enfans, les autres de noſtre lignage, Coneſtable, Mareſchaut, Maiſtre des Harbeletriers, Maiſtre d'Oſtel & autres quelconques noz Officiers, & touz autre de quelconque auctorité, condicion ou eſtat qu'il ſoient, ceſſeront & ne pourront faire aucunes prinſes, ſe ce n'eſt par juſte & loial pris, & en paient & [h] ſatisfient deuement à ceulz à qui les vivres, choſes & biens ſeront, toute impreſſion & violance ceſſanz, ſi comme y [i] laiſt à faire entre perſonnez privéez; & ou cas que aucuns prenroient, ou ſe efforceroient de prendre contre leur volunté, Nous leur donnons povoir, auctorité & licence de faire [k] reſcouſſe & deſobeiſſance, & de les prendre & mener à la noſtre plus prochaine Juſtice du lieu où ilz ſeront. Et avons conſideré les très-grans profiz qui s'enſuivront par l'acompliſſement de la paix, & les très-grans damagez [l] qui avendroient à Nous ou à noſtre Royaume, ſe par [m] deffaut de Nous, nouvelle guerre recommançoit, que ja n'avendra, ſe Dieu plaiſt, pour leſquelx domagez & [n] reprochez [o] eſchever, & pour enteriner & acomplir les choſes par Nous promiſes & jurées en ladite paix & le deſpendences d'icelle, & pour les miſes qui ſera neceſſité de faire, tant à chacier & faire vuider de noſtre Royaume les *(d)* Compaignez & les pillars qui tienent pluſieurs Forterecez, & font guerre à Nous & à noſtre Royaume contre la volunté de noſtredit Frere, & pour [p] nous autres neceſſitez, il convient que Nous ſoienz aydiez & ſecouruz par tout noſtredit Pueple, [q] meſmement que à noſtredite forte Monoie aurons nul ou

JEAN I.er & ſelon d'autres, Jean II, à Compiegne, le 5. de Decembre 1360.

[a] *ſes.*

[b] *Droit qui ſe prend ſur les Marchandiſes qui paſſent ſur les Ponts.*

[c] *Bacs.* Il y a *Baz* dans le M. de la Chambre.

[d] *peages.*

[e] *Monnoye de Billon.*

[f] *l'on.*

[g] *Voy. cy-deſſus, p. 27. Note (f)*

[h] *ſatisfaiſant.*

[i] *il eſt permis*, licet.

[k] *de reprendre par voye de fait, ce qui leur aura eſté pris.*

[l] *& reproches.* Mem. de la Chambre.

[m] *par noſtre faute.*

[n] *reproches.*

[o] *eviter.*

[p] *nos.*

[q] *d'autant plus.*

NOTES.

(b) Chatel.] Il y a *Chate* dans le Regiſtre de la Chambre des Comptes. Peut-eſtre ces mots ſignifient-ils *les biens*, du latin *Catallum*, ou *Cathelum.* Voy. Du Cange au mot *Catallum.*

(c) Trehuz.] Il y a *Trehins* dans le Memor. de la Chambre des Comptes. *Trehuz* ſignifie un Impoſt, & eſt un abregé de *Tribuage.* Voy. le *Treſor de Borel*, aux mots *Trehus* & *Truage.*

(d) Compaignez.] On appelloit dans ce temps-là *Compagnies*, des Gens de guerre qui s'eſtoient réünis en corps de troupes ſans l'authorité du Roy, & qui ſous la conduite de Capitaines qu'ils avoient élûs, ou auſquels ils s'eſtoient ſoûmis volontairement, ou faiſoient la guerre pour eux-mêmes, en ravageant, pillant & rançonnant le Pays, ou vendoient leurs ſervices aux ennemis de la France, aux Rois d'Angleterre & de Navarre, & au Comte de Montfort, qui ſouſtenoit ſes droits ſur la Bretagne. Lorſque la Paix euſt eſté faite avec ces trois Puiſſances, quelques-unes des Compagnies reſterent dans la France, qu'ils continuërent de ravager : quelques-unes paſſerent en Italie, mais le plus grand nombre ſuivit Bertrand du Gueſclin en Eſpagne. Le Roy d'Angleterre eſtoit ſoupçonné de leur fournir ſecretement du ſecours depuis la paix, quoyqu'il euſt promis par le Traité de paix, d'aider le Roy Jean à les chaſſer de France; & ce fut là une des raiſons qui engagea Charles V. à luy declarer la guerre. Dès qu'elle fut recommencée, quelques-unes des Compagnies prirent le parti de la France, & les autres ſe mirent au ſervice de l'Angleterre. Froiſſart parle en cent endroits de ces Compagnies. Voy. ſur-tout ſur les ſecours ſecrets que le Roy d'Angleterre leur donnoit. *Liv. 1. ch. 246. p. 340.*

JEAN I.er & selon d'autres, Jean II. à Compiegne, le 5. de Decembre 1360.

moult petit aqueſt & gain, lequel Nous [a] peuſt eſtre très-grant, ſi comme chaſcun puet ſavoir, & auſſy pour charger le [b] meins que Nous pourrons noſtredit pueple. [c] Nous avons ordené & ordenons que Nous prandrons & aurons ſur ledit pueple ès parties de la [d] Lenguedouyl, [e] qui Nous eſt neceſſaire & qui ne grevera pas tant noſtre pueple de trop comme feroit la mutacion de noſtre Monoie, ſeulement; c'eſt à ſavoir, douze deniers pour la livre de toutes marchandiſez & danrées qui ſeront venduez ès parties de la Lenguedouyl, & le paira le Vendeur, & Ayde ſur le ſel, le cinquieſme, & auſſy aurons le treizieſme ſur les vins & autres [f] bevragez: leſquellez ſur le ſel & ſur les vins & autres bevragez, ſeront levez & cuillez par la forme & maniere que Nous avons ordené & ordenerons au meins de grief de noſtre pueple que Nous pourrons: Leſquelles [g] Nous feronz mettre ès *(e)* Commiſſions & Inſtruccions que Nous envoirons à ceulx que Nous deputerons ſur ce ès parties de la Lenguedouyl. Duquel Ayde pour la grant compaſſion que Nous

a *pourvoit.*

b *moins.*

c *Nous de noſtre autorité & pleine puiſſance Royale, avons, &c.* dans le M. de la Chambre.

d *Voy. cy-deſſus, p. 21. Note (b)*

e *l'Ayde.* M. de la Chambre.

f *breuvages.*

g *formes & manieres.*

NOTES.

(e) Commiſſions & Inſtruccions.] Les Inſtructions envoyées pour la levée de l'Ayde ſur les choſes venduës & ſur le Sel, ſe trouvent dans le Memorial D. de la Chambre des Comptes de Paris, la 1.re *fol.* 12. *recto*, & la 2.e *fol.* 13. *recto* : On a crû devoir les faire imprimer.

Inſtructions faites par le Grant Conſeil du Roy eſtant à Paris, ſur la maniere de lever l'Ayde ordenée pour la delivrance dudit Seigneur, & pour la perfeccion de la Paix & Accort traitriez entre le Roy noſtre Sire & le Roy d'Angleterre, faites ou mois de Decembre, l'An 1360.

(1) P*Remierement.* L'Impoſition de douze deniers pour livre de & ſur toutes Marchandiſes & Denrées qui ſeront venduës ou Royaume de France, exceptez le Sel, le Vin & les autres beuvrages, ſera bailliée à ferme, comme [h] autrefoz ont eſté les autres Impoſitions levées oudit Royaume ou temps paſſé : & ſera icelle Impoſicion bailliée à ferme, les caucions priſes & les deniers receus de mois en mois, par les Eſleuz & Deputez en chaſcune Cité, pour toute la Cité & Dioceſe ou Eveſchié d'icelle, tant par euls comme par leurs Deputez.

(2) Item. Sur les Vins & ſur touz autres beuvrages, l'en levera la treizieme partie du pris deſdiz vins & bevrages par la maniere qui s'enſuit; c'eſt aſſavoir, que quiconques [i] amenra vin de Ville à autre, pour iceluy vin [k] deſpendre illec ou le vendre en gros ou deſtail, il payera promptement pour entrée le treizieme du pris que ledit vin ſera priſié, par la maniere qui enſuit.

C'eſt aſſavoir, en ayant [l] regart au moyen pris des vins meilleurs, moyens & mendres de chaſcun Pays, & ſelon iceluy moyen pris, ſera levé ledit treizieme aus entrées des Villes, pour tous les vins d'iceluy Pays. Exemple : L'en a conſideré que à preſent à Paris, eu regart à touz les vins François, dont les uns valent trop plus que les autres, le moyen pris peut eſtre de environ treize livres tournois fort Monnoye, la queuë de vin François; c'eſt le treizieme [m] vingt ſols tournois fors : & le moyen pris des vins de Bourgoigne, peut eſtre environ vingt-ſix livres tournois forte Monnoye, pour queuë; c'eſt le treizieme, quarante ſols tournois fors : leſquels ſommes l'en payera auſdictes entrées de Paris pour leſdiz vins; & des vins de Beaune, de [n] Saint Pourſein & vins eſtrangers, l'en payera à l'avenant ſelon la grandeur des pris d'iceuls.

Et toutefoiz & quantefoiz que leſdiz vins ou autres quelconques ſeront venduz en gros pour deſpenſer ou pour revendre en gros ou à deſtail, tant de foiz payeront les achateurs le treizieme du pris que il auront achaté, ſi-toſt comme achaté le auront : c'eſt à entendre, ſe aucun achate une piece de vin treize livres, il les devra payer à ſon Marchant; & oultre ce il payera au Receveur de ladite Aide, vingt ſous pour ladite piece de vin, & proportionelment des autres ſommes à l'avenant.

Et par ſemblabe maniere, proportionelment toutevoyes, ſe pourra faire par toutes les Villes du Royaume.

Et tout auſſi comme il eſt dit du vin, ſe fera proportionelment du pris & de la valuë des autres beuvrages.

(3) Item. L'en ordenera certains [o], où l'en eſtablira Guerniers de Sel en bonnes Villes & lieux notables, où l'en levera l'Aide du Sel par la maniere qui s'enſuit. C'eſt aſſavoir, que tout le Sel que l'en trouvera preſentement en chacun deſdiz lieux ès mains des Marchanz, & que dores-en-avant l'en y amenra, l'en le prendra en la main du Roy & pour luy, deſdits

h *autrefois.*

i *amenera.*

k *boire pour ſa proviſion.*

l *eſgard.*

m *le treizieſme eſt vingt ſols.*

n *Voy. cy-deſſus, p. 298. Note (d)*

o *Il ſemble qu'il manque-là un mot ou deux.*

avons de nostredit pueple, Nous nous passerons & tenrons pour contens, & sera levé tant-seulement jusques à la perfection & enterinement de ladite paix.

Marchanz, pour certain, juste & convenable pris, que le Grenetier qui à ce sera commis, en payera aus Marchanz, & sera iceluy Sel vendu par ledit Grenetier pour le Roy, le quint denier plus; c'est assavoir, ce qui sera achaté des Marchanz vingt sous, sera vendu vingt-cinq sous, & par ainsi y aura pour ladite Aide cinq sous, si comme par autres Instructions particulieres touchant le fait desdis Greniers, sera plus à plain desclarci.

(4) *Item.* Est ordené que aus choses dessusdites gouverner & executer en chascune Cité, pour icelle Cité & pour le Diocese, aura deux persones notables, bonnes & souffisantes, qui lesdiz faiz gouverneront & executeront & feront executer; c'est assavoir, bailleront lesdites Imposicions à ferme, prenront ou feront prenre les Caucions, recevront & feront recevoir par un Receveur bon & expert que il establiront à ce, touz les deniers desdites Fermes, en la fin de chascun mois.

(5) *Item.* Establiront Receveurs particuliers en chascune Ville où bon leur semblera, pour cüillir & lever ladite Aide du vin & des autres beuvrages.

(6) *Item.* Tous les deniers de ladite Aide total, tant de l'Imposicion des Guerniers de Sel comme du treizieme des vins & de touz autres beuvrages, seront apportez & bailliez ausdiz Esleuz & à leur Receveur de la Cité, tout ce qui en sera levé en icelle Cité, comme en autres Villes & lieux de la Diocese: Et touz iceuls deniers ainsi receuz, il mettront chascun jour en certaines huches, escrins, coffres ou arches bons & fors & en lieu seur; esquiex coffres, escrins, huches ou arches, aura en chascun troix sereures fermans à troix diverses clefs, dont chascun desdiz Esleuz & Receveur en aura une: & desdiz deniers par euls receus, il bailleront Lettres & Quictance à ceuls qui les deniers leur payeront, seellées des Seauls de iceuls Esleuz & Receveurs.

Et seront tenuz iceuls Esleuz & Receveur, de envoyer à Paris par devers les Tresoriers Generauls ordenez pour le fait de l'Aide dessusdite & le Receveur general illec, de deux mois en deux mois, tous les deniers que il auront pardevers euls, & en prendront Lettres de Quictance desdiz Tresoriers & Receveurs Generauls, par la maniere sur ce ordenée.

Et se ès faiz des choses dessusdites ou ès dependances d'icelles, vient ou chiet aucun trouble ou doubte, lesdiz Esleuz des Citez en escriront ausdiz Tresoriers Generauls à Paris, lesquelz leur en feront declaracion.

Et pour mieux faire & executer les choses dessusdites, l'en pourverra ausdiz Esleuz, leurs Receveurs & Deputez, des gaiges ou salaires souffisans.

Donné à Paris, sous le Contre-scel du Roy, le dix-huict jour de Decembre, l'An de grace, mil trois cens soixante. Per Regem, in suo Consilio. M. LEURIER.

C'est l'Instruccion sur l'Ayde du Sel.

ORdené est que en toutes les Villes & lieux où il [a] n'a establi Guernier de Sel, de tout le Sel qui y sera venduz de quelque lieu qu'il viegne ou soit apportez, le Roy y prendra en la vente d'iceluy, la quinte partie toutesfoiz & quantesfoiz qu'il sera venduz; c'est assavoir, ce qui vaudra vingt sous, on vendra vingt-cinq sous, & y prendra le Roy cinq sous: & pour ce qu'il ne seroit pas chose proffitable ne convenable de faire tant de Commissaires en tant de Villes comme il a ou Royaume où l'en vent Sel, ordené est que ladite Aide dudit Sel en touz les lieux & Villes où il n'aura point de Guernier establi, sera vendue & bailliée à ferme par les Esleuz ès Citez ou par leurs Deputez, par membres & par parties, au mieux & plus proffitablement que l'en pourra, si comme il est dit cy-devant pour les Imposicions de douze deniers pour livre: Et seront iceuls Fermiers tenuz de bien [b] applegier leurs fermes, & de payer pardevers lesdiz Esleuz & leur Receveur, le prix de leurs fermes; c'est assavoir, pour les fermes de bonnes Villes & grosses, de mois en mois en la fin de chascun mois, & pour celles du plat Pays, de deux mois en la fin de chascuns deux mois, ainsi comme dit est cy-devant des Imposicions dessusdites, & aura au Bail desdites fermes, bon temps & lieu par lequel les enchieres dureront. *Donné à Paris, le vingt-troisieme jour de Decembre, l'An mil trois cens soixante.*

[a] *n'y a.*

[b] *donner bonne caution.*

On a crû devoir faire aussi imprimer des Lettres du Roy Jean, du mois de Septembre 1363. lesquelles regardent la levée de ce Subside. Elles sont dans le Mem. de la Chambre, *fol. 69. verso.*

JOANNES Dei gratia Francorum Rex: dilectis & fidelibus Consiliariis nostris Generalibus Thesauriis super factis subsidiorum pro liberatione nostra ordinatorum, deputatis, salutem & dilectionem. Quoniam propter plures diversos & inopinabiles casus, qui à tempore quo dicta subsidia posita sunt, in cursu advenerunt, nec non de die in diem contingunt, opportuit hactenus

JEAN I.er & selon d'autres, Jean II. à Compiegne, le 5. de Decembre 1360.

(2) Et avons ordené & ordenons que ledit Ayde sera levé à soulz & à livres, & non pas à taxacion de Florins: par quoy Nous voulons qu'il appere clerement au pueple, que Nous avons entencion & propos ferme de tenir & garder & faire tenir & garder la forte Monoie par la maniere qui s'ensuit; (f) c'est à savoir, que Nous avons ordené & ordenons que le Denier d'Or fin que Nous faisonz faire à present & entendonz à faire continuer, sera appellé Franc d'Or, & aura cours pour seize sols parisis la Piece;

Et le Royal d'Or fin qui a couru & court à present, aura cours seulement pour treize sols quatre deniers parisis;

Les Deniers blans que Nous faisons faire à la Fleur de Lis, auront cours pour huict deniers parisis la Piece.

Item. Les Parisis petiz que Nous faisonz faire, auront cours pour un parisis la Piece.

Et les Tournois petiz que Nous faisons faire, auront cours pour un denier tournois la Piece:

Et les Deniers blans qui ont couru & courent à present, auront cours pour quatre deniers tournois la Piece:

a *nul.* Mem. de la Chambre.

Et deffendons à touz que [a] ne soit si ardiz de prandre ne metre Monoie d'Or ne d'Argent de nostre coing ou d'autres, fors celles dessusdites & par le pris dessusdit. Et en oultre voulonz & ordenons que toutes manierez de Marchans, Genz de Mestier, Laboureurs, Serviteurs & autres quel qui soient, & de quelconque marchandise, mestier, ouvrage, labeurs & service qui soient, usent & doient ou puissent user & eulx entremettre pour gaaigner [b] à autres, ordenent & mettent leurs marchandises, denrées, mestiers, ovragez, labouragez, servicez & salaires à tel & si juste, loial & convenable pris, selond nostredite bonne & forte Monoie, que les poures Genz, ne les autres qui les requerront à avoir pour leur necessité, n'aient cause de eulx douloir de la grant cherté qui y pourroit estre [c] pour la mutacion de nostredite forte Monoie, si comme par plusieurs foiz est advenu en nostre Royaume ou temps passé, quant nostre Monoie estoit muée de [d] flebe à fort, dont Nous avons moult de complaintez.

b *au service des autres.*

c *à cause de.*

d *foible.*

& in futurum forsitan oportebit, quod nonnullis Firmariis qui tenuerunt, tenent & tenebunt firmas predictorum Subsidiorum, secundum casuum exigentiam, equitate suadente, facte fuerunt & deinceps, dictis durantibus subsidiis, fiant solutionis prorogatio [e] *deductioque & remissio de parte precii pro dictis firmis concordati, sumptuosum & laboriosum nimis fuisset & esset* [f] *Firmariis hujusmodi, ad Nos seu Curiam nostram super singulis contingentibus casibus, per dictorum subsidiorum Firmarios, hactenus habuisse & in futurum habere recursum, prorogationis, deductionis & remissionis gratiis impetrandis. Nos qui cum dictis Firmariis equitatem in contractibus in hac parte nomine nostro initis, servari volumus potius quam rigorem, de vestra & vestrum cujuslibet fidelitate & conscientia confidentes, vobis & vestrum duobus committimus & mandamus, quatenus dictorum subsidiorum Firmariis presentibus & futuris quibuscumque, ipsorumque fidejussoribus, prorogationis, deductionis & remissionis, necnon alias convenientes & opportunas gratias, si & prout secundum informationes de mandato vestro factas vel faciendas, aut sine informationibus, prout occurrentium casuum qualitas exegerit, super quo vestras conscientias oneramus, absque etiam aliis Commissionibus & Mandatis nostris à Nobis aut Curia nostra, vobis super hoc dirigendis, cursu dictorum subsidiorum durante, de cetero faciatis: dantes tenore presentium in mandatis dilectis & fidelibus Gentibus Compotorum nostrorum Parisius, quatenus prorogationis, deductionis, remissionis, & alias convenientes & opportunas gratias, etiam absque nostro speciali aut generali mandato, hactenus factas & deinceps faciendas, ratas habeant, & in Compotorum eorum quorum interest vel intererit, sublata difficultate qualibet,* [g] *allocare: Instructionibus supra dictis subsidiis ac Ordinationibus & Litteris in contrarium factis vel faciendis, nonobstantibus quibuscumque, nisi de presentibus nostris Litteris expressam de verbo ad verbum fecerint mentionem.*

e diminution des sommes qu'ils n'ont pas pû recevoir.

f Ce mot & le suivant semblent inutiles.

g allocent.

Datum in Castro de Fere in Tardanesio, decima sexta die Septembris, Anno Domini millesimo trecentesimo sexagesimo-tertio.

NOTES.

(f) *C'est à sçavoir.*] Voy. l'*Ordonnance suivante.* La difference qu'il y a dans les valeurs, ne vient que de la difference du tournois au parisis.

(3) *Item.* Nous avons ordené & ordenons que [a] nous Prevostez, Tabellionages, Clergeries, tant de [b] nous Seneschauciés, Bailliages comme de ycellez Prevostez, & touz autres Officiers de nostredit Royaume qui ont esté ou temps passé & sont encoures baillez à Ferme de par Nous, ne le seront plus; ains dores-en-avant seront baillez à bonnez personnez, suffisenz & convenablez, qui bien excercer & gouverner les sauront, senz grever nostre Pueple.

JEAN I.er & selon d'autres, Jean II. à Compiegne, le 5. de Decembre 1360.

(4) *Item.* Avons ordené & ordenons que touz Sergenz de [c] nousdites Seneschauciées, Bailliages, Prevostez & autres nous Juridicions, lesquelz Sergenz ne sont mie du nombre & Ordenances anciennez, soient ostez & deboutez à plain de leursdiz Officez, & dès-maintenant les deboutons & ostons par ces presentes, senz ce que eulz ne autres y soient plus mis ne instituez par qui que ce soit dores-en-avant, & que les Sergenz du nombre & Ordenances anciennez, demourent en leurs Offices, se il sont souffisenz à les deservir, & que eulx & les autres qui ont Officez, ne les puissent vendre, transporter, ne aliener par quelque maniere ne à quelque personne que ce soit. Si mandons & commettons à touz noz Justiciers ou à leurs Lieutenans & à chascun de eulx, que [d] nous presentes Ordenances facent tantost & senz delay crier sollemnement en tous les lieux notables de leurs Juridicions & ressors & ailleurs, si comme il est acoustumé, & ycellez Ordenancez tenir & garder fermement senz les enfrendre ne venir encontre en aucune maniere; & facent commandement à tous & à chascun desdiz Marchans, Ovriers, Laboureurs, Serviteurs & autres à qui il appartiendra, que sur quanque il se puecnt mesfaire envers Nous, il mettent leursdites danrées, marchandises, ovragez, labouragez & salaire à juste & [e] rasonable pris selond nostredite forte Monoie, comme dessus est dit. Et ou cas que en ce faire & autres choses dessusdites ou aucunes d'icelles, eulx ou autres de quelque estat ou condition qui soient, seroient rebellez ou desobeissenz, Nous y pourverriens à leurs coux & despens, de bon & brief remede, & en oultre leur moustreriens que Nous desplairoit forment, & par telle maniere que nul n'aura cause ne occasion de faire plus ainsy. En tesmoing de ce, Nous avons fait mettre nostre Seel en ces presentes Lettres. *Donné à Compiegne, le cinquiesme jour de Decembre, l'An de grace mil trois cent soixante.*

* Greffes.
a *nos.*
b *nos.*
c *nosdites.*
d *nos.*
e *raisonable.*

Sur le repli est écrit.

Par le Roy, en son Conseil. *Pro Rege.* COLLORS. *Dupplicata.* (g)

NOTES.

(g) Au bout de la bande de parchemin, à laquelle estoit attaché le Sceau qui n'y est plus, il y a, *Loqued* avec une marque d'abregé sur l'*e*.

JEAN I.er & selon d'autres, Jean II. à Compiegne, le 5. de Decembre 1360.

(a) *Ordonnance qui fixe le prix des Especes d'Or & d'Argent, & qui renouvelle d'anciens Reglements sur les Orfevres, les Changeurs & les Orbateurs.*

JEHAN par la grace de Dieu Roy de France: Au Prevost de Paris ou à son Lieutenant, salut. Pour ce que de tout nostre cuer à nostre povoir, Nous avons très affectueux desir & parfaicte volenté de faire chose qui puisse & doye estre à la louenge & plaisir de Dieu, & au prouffit & bien commun de tout le peuple de nostre

NOTES.

(a) Registre D. de la Cour des Monnoyes de Paris, *fol.* 84. *verso.*

Avant ce Mandement, il y a:

Et ledit 10.e jour de Decembre, l'An 1360. furent apportées en la Chambre des Monnoyes à Paris, 40. paires de grans Lettres ouvertes du Roy nostre Seigneur, touchant les Ordonnances des Monnoyes, adressans aux Seneschaulx, Bailliz & Prevostz du Royaume, dont la teneur s'ensuit.

JEAN I.er & selon d'autres, Jean II. à Compiegne, le 5. de Decembre 1360.

Royaume, par lequel, ou la greigneur partie d'iceluy, Nous a esté humblement supplié que sur le fait & gouvernement de noz Monnoyes, vueillions pourveoir & ordonner tellement, qu'elles puissent estre & demourer en un estat le plus longuement que l'en pourra bonnement, & que à toutes Monoyes d'Or & d'Argent quelles quelles soyent, fetes en nostre Royaume & dehors, tant Florins de Florence, Deniers d'Or au Mouton & à l'Escu, & tous Florins quelz qu'ilz soient, contrefaiz ou autres; & aussi Tartes, Vaillans & Compagnons comme autres Monnoyes blanches & noires, & par especial aux vielz gros tournois desquelz tous ou la plus grant partie ont esté & sont contrefaiz, & de moindre valeur en poix & en loy qu'il ne deussent, [a] appertez par faulx & malicieux Marchans, & desquels tout nostredit peuple par ignorance est remply à très grant deception, soient ostez les cours du tout, & que icelles ne soient prinses & mises en aucune maniere, fors au marc pour Billon, affin que ceste presente nostre Ordonnance puisse avoir son plain effect, & longuement tenir & durer en sa vertu : savoir vous faisons, que Nous par très grant & bonne deliberation eue avec les Gens de nostre Conseil & plusieurs autres, voulans incliner à la supplication de nostredit peuple, avons volu & ordonné, & par ces presentes voulons & ordonnons du fait & gouvernement desdites Monnoyes, en la maniere qui s'ensuit.

a *& ont esté.*

C'est [b] assavoir, que doresenant depuis la publication de ces presentes, les Royaulx d'Or fin qui de par Nous & en nostre coing ont esté faiz, n'aient cours & soient prins & mis de quelconque personne que ce soit, tant de nostre lignage comme autres, fors seullement pour seize sols huit deniers tournois la Piece, & non pour plus;

b *Voy. cy-dessus, p. 438. Note (f)*

Et les blancs Deniers qui à present ont cours pour dix deniers tournois la Piece, ne soient prins & mis que pour quatre deniers tournois la Piece;

Et les bons Deniers d'Or fin que Nous avons ordonnez estre faiz, appellez & nommez *(b)* Francs d'Or fin, soient prins & mis pour vingt solz tournois la Piece;

Et les blancs Deniers aux Fleurs de Liz presentement ordonnez, pour dix deniers tournois la Piece;

Et les petiz parisis & petiz tournois, pour ung denier parisis & tournois la Piece;

Et que toutes autres Monnoyes quelles quelles soient tant d'Or comme d'Argent, & par especial vielz gros tournois ne autres Monnoyes, ne soient prises & mises en appert [c] ou en couvert, de quelconque personne que ce soit, comme dit est, fors au marc pour Billon, sur peine de perdre tout leur vaillant, & de leurs corps à nostre volenté.

c *publiquement ou secretement.*

(2) Item. Que nulz ne soient tant osez ne si hardiz sur icelles peines, de rachasser [d] ou affiner aucune matiere de Billon, sans le congié ou licence de Nous ou des Generaulx-Maistres de nos Monnoyes, ne faire fait de Change, s'il n'a noz Lettres faictes depuis la datte de ces presentes, & tesmoignie [e] ou relate souffisant par les Lettres d'iceulx Maistres ou d'aucuns d'eulx : & par especial que nulz quelz qu'ilz soient, pour Lettres qu'ils aient de Nous ou de nostre très cher Filz le Duc de Normandie ou d'autres, ne soient tant osez ne si hardiz sur peine de perdre corps & avoir, de porter *(c)* Tablettes en lieu saint ne dehors, ne faire fait de Change, fors

d *Voy. cy-dessus, p. 150. Note (q)*

e *temoignage ou rapport.*

NOTES.

Voy. les Reglements renouvellez par cette Ordonnance, cy-dessus p. 245. & la Note (*a*).

Cette Monnoye fut publiée le 12. suivant la Chronique de S.t Denis, t. 2. p. *m.* 198. *recto.* Le *Samedy* [immediatement auparavant, il y a par rapport à un autre fait, le *Samedy 12. Decembre*] *fut publiée forte Monnoye ; c'est à sçavoir un Franc d'Or pour 16. Parisis : un Royal pour 13. sols 4. deniers Parisis.*

(b) Francs d'Or fin.] C'est apparemment le prix de cette Monnoye, qui a donné lieu de nommer *Francs,* la *livre numeraire* ou de *compte*, dont nous nous servons. Voy. la Preface du Traité des Monnoyes de le Blanc, ch. 4. p. *m. XXII.*

(c) Tablettes.] Voy. cy-dessus p. 90. Note *(d)* Apparemment que ces porteurs de Tablettes, pour n'estre point arrestez, faisoient leur commerce dans les Eglises.

ès lieux

ès lieux notables & accouſtumez, ſi comme il appartient de faire, ne porter Or & Argent en Joyaulx, Billon, Vaiſſelle & autrement, fors en la plus prochaine Monnoye du lieu où il ſera, ſans noſtre congié ou d'iceulx Maiſtres.

JEAN I.er & ſelon d'autres, Jean II. à Compiegne, le 5. de Decembre 1360.

(3) *Item.* Que nulz ſur ladite peine, ne ſoient ſi hardi de faire Courretaige de fait de Change, ne ouvrer ou faire * ouvrer ou meſtier [a] d'Orbaterie, & en Vaiſſelle, Joyaulx ou autre choſe peſans plus d'un marc; excepté Joyaulx à mettre Sainctuaire; Or ne Argent, fors ſeullement telle quantité comme par Nous en ſera donné congié ou ordonné par iceulx Maiſtres.

(4) Et affin que ceſte preſente noſtre Ordonnance puiſſe eſtre tenue & gardée ſans enfraindre, Nous vous mandons & commectons que vous ordonnez & eſtabliſſez de par Nous, certaines & bonnes perſonnes, leſquelz auront pour leur peine & ſalaire, la quinte partie de toutes les Monnoyes & Billon d'Or & d'Argent qu'ilz pourront trouver & ſavoir prenant [b] & mectant, fors au marc pour Billon, autres que celles auxquelles Nous avons donné & donnons cours par ces preſentes, ou portant hors en elloignant [c] la plus prochaine de noſdites Monnoyes. Si vous mandons, & eſtroictement enjoignons que ces preſentes noſdites Ordonnances vous faciez crier & publier ſolennellement ès lieux notables & accouſtumez, tellement qu'il ne ſoit perſonne qui les puiſſe ignorer, & icelles garder ſans enfraindre, mieulx & plus diligemment que oncques-mais ne fuſt fait, en faiſant faire pugnition ſans eſpargne, de tous ceulx que l'en pourra ſavoir qui dores-en-avant y feront tranſgreſſion, ſi diligemment & par telle maniere que ce ſoit exemple à tous autres, & gardez qu'il n'y ait deffault; car Nous avons ceſte choſe moult à cuer, & pour certain ſi elle y eſt, Nous vous en montrerons noſtre deſplaiſir: & voulons & ordonnons par ces preſentes, que tous ceulx qui devront Royaulx d'Or fin ou Eſcuz de noſtre coing, d'arreraiges [d] faiz, ſoient quittes en payant *(d)* pour ſix Royaulx, cinq Francs d'Or fin, & pour ſix Eſcuz, quatre d'iceulx Francs, non contreſtant quelzconques Lettres ou obligations faictes ou à faire. *Donné à Compiengne, le cinquiéme jour de Decembre, l'An de grace mil trois cens ſoixante. Ainſi ſigné.* Par le Roy en ſon Conſeil. MELLON.

* *faire ouvrer ... Or ne Argent.*

a *de Batteur d'Or.*

b *miſes dans le Commerce.*

c *Voy. cy-deſſus, p. 148. Note (d)*

d App. *eſchûs.*

NOTES.

(d) Pour ſix Royaux, &c. Six Royaux valoient juſtement cinq Francs d'Or. Voy. cy-deſſus Art. 1. Pour les Ecus, c'eſt la même choſe que les Royaux d'Or fin, qui ſont nommez dans le Mandement ſuivant, les Deniers d'Or fin au Royal. Ils valoient treize ſols quatre deniers pariſis, ou ſeize ſols tournois.

JEAN I.er & ſelon d'autres, Jean II. à Compiegne, le 5. de Decembre 1360.

(a) Mandement pour fixer le prix des Eſpeces, & celuy du Marc d'Or & d'Argent.

JEHAN par la grace de Dieu Roy de France: A noz amez & feaulx les Generaulx-Maiſtres de noz Monnoyes, ſalut & dilection. Pour ce que de tout noſtre cuer à noſtre povoir, Nous avons très affectueux deſir & perfaicte volenté de faire choſe qui puiſſe & doie eſtre à la louenge & plaiſir de Dieu, & au prouffit & bien commun de tout le peuple de noſtre Royaume; par lequel ou la greigneur partie d'icelluy, Nous a eſté humblement ſupplié que ſur le fait & gouvernement de nos Monnoyes, veuillons pourveoir & ordonner, tellement que elles puiſſent eſtre & demourer en ung eſtat le plus longuement que l'en pourra bonnement: ſavoir vous

NOTES.

(a) Regiſtre D. de la Cour des Monnoyes de Paris, *fol.* 83. *recto.*

Ce Mandement eſt auſſi dans le Regiſtre de cette Cour, cotté R. double du Regiſtre Q. p. 61.

Avant ce Mandement, il y a: *Monnoye 24.e & fins de 63.*

JEAN I.er & selon d'autres, Jean II. à Compiegne, le 5. de Decembre 1360.

faisons que Nous par très grant deliberacion eue avec les Gens de nostre Conseil, avons volu & ordonné, & par ces présentes voulons & ordonnons, & pour plusieurs autres causes qui à ce Nous meuvent, que l'en face faire & ouvrer tantost & sans delay en toutes & chacunes de noz Monnoyes, tant en celles estans en la Languedoch comme ailleurs, gros Deniers blancs aux Fleurs de Liz, qui auront cours pour dix deniers tournois la Piece, lesquels seront à quatre deniers douze grains de loy nommé Argent-le-Roy, & de quatre solz [a] six deniers de poix au marc de Paris;

Et petiz deniers parisis & tournois qui auront cours pour ung denier parisis & tournois la Piece: lesquelz parisis seront à deux deniers de loy & dudit Argent, & de seize [b] solz de poix audit marc:

Et les petiz tournois à ung denier dix-huit grains de loy d'icelluy Argent, & de dix-sept solz [c] six deniers de poix audit marc;

Avec ce Denier d'Or fin, qui seront nommez & appellez Francs d'Or fin, lesquelz auront cours pour vingt solz tournois la Piece, & seront de soixante-trois de poix au marc de Paris:

Et sera donné à tous Changeurs & Marchans de chacun marc d'Or fin, soixante d'iceulx Deniers francs; & de chacun marc d'Argent alloyé à quatre deniers douze grains de loy, comme dit est, cent huit solz tournois; & de tous autres marcs d'Argent alloiez à deux deniers de loy & à un denier dix-huit grains, comme dit est, quatre livres dix-huit solz tournois, & n'auront cours les Deniers [d] d'Or fin au Royal que Nous avons fait faire ou autre de par Nous, que pour treze solz quatre deniers parisis la Piece, depuis la publication de noz Ordonnances faictes sur ce.

Et les blancs Deniers qui ont eu & ont cours pour dix deniers tournois la Piece, qui sont à la Couronne, n'auront cours que pour quatre deniers tournois la Piece, & toutes autres Monnoyes d'Or & d'Argent seront mises au marc pour Billon Si vous mandons, & à chacun de vous enjoignons estroictement, que tantost & sans delay, toutes les choses dessusdites & chacune d'icelles, faictes ou faictes faire par la maniere que dit est, tellement qu'il n'y ait deffault: En donnant aux Ouvriers & Monnoyers telle salaire comme bon vous semblera. De tout ce faire à ung chacun de vous donnons povoir, auctorité & mandement especial par la teneur de ces présentes. *Donné à Compiegne, le cinquiesme jour de Decembre, l'An de grace mil trois cens soixante. Ainsi signé.* Par le Roy en son Conseil. MELLON.

a *Il y aura 54. Pieces au marc.*

b *Il y aura 192. Pieces au marc.*

c *Il y aura 210. Pieces au marc.*

d *Voy. p. precedente, Note (d)*

JEAN I.er & selon d'autres, Jean II. à Paris, en Decembre 1360.

(a) Revocation des dons des choses Domaniales, faits depuis le regne de Philippe le Bel.

JEHAN par la grace de Dieu Roy de France. Sçavoir faisons à tous presens & avenir, que comme par importunité de requeranz & autrement, tant du temps de nostre très chier Seigneur & Pere, dont Diex ait l'ame, comme du nostre temps, en ensuivant les traces de nos devanciers Roys de France, qui toujours ont esté abandonnez à donner & octroyer liberalement plusieurs grans Noblecces & Seigneuries, rentes & revenues qui estoient du Domaine Royal & propre heritage du Royaume & de la Coronne de France, ou qui avoient ou devoient avoir aucune nature ou condicion de Domaine Royal, aient esté donnez tant à heritage comme à vie & à voulenté, à plusieurs personnes qui ne deussent pas prendre ne recevoir telz dons ne si excessis, & par raison ne se pevent ne doivent soutenir; quar par telz dons excessis

NOTES.

(a) Memorial D. de la Chambre des Comptes de Paris, *fol. 16. verso.* Cette Ordonnance se trouve aussi dans le Tresor des Chartres, Reg. 89. Piece 435.

Le Roy Jean renouvelle par cette Ordonnance, celles qui avoient esté faites à ce sujet par le Dauphin. Voy. cy-dessus p. 140. Art. 41. p. 162. 175. 176. & 225. Art. 12.

les Hauteces & Noblecces de ladite Coronne de France, ont esté & sont appeticiées en grant partie, Nous adecertes considerans les choses dessusdites, voulans, si comme tenus y sommes, les Noblecces & Seigneuries de ladite Couronne accroistre & iceuls maintenir & garder en leur premier & ancien estat, lesdits dons du propre Domaine Royal, ou qui ont ou doivent avoir nature & condicion de Domaine, ainsi donnez, alienez, separez, mis hors & estrangiez du Domaine de ladite Coronne, tant à heritage comme à vie [a] à voulenté depuis le temps du Roy Philippe le Bel en ença, avons par grant & meure deliberacion de nostre Conseil, de nostre autorité Royal & certeine science, rappellez & rappellons par la teneur de ces Lettres, & iceuls dons, à la Coronne de France dont il sont issuz, rejoignons, rappliquons & remettons du tout, excepté les choses qui auroient esté baillées à Dieu & à sainte Eglise deuement, senz prejudice d'autruy, ou à noz très chiers Enfanz le Duc de Normandie Dauphin de Viennois, le Duc d'Anjou & du Maine, le Duc de Berry & d'Auvergne, & le Duc de Touraine, pour [b] tenir leurs Estatz; & afin que ceste presente revocation & Ordenance soit parfaitement tenue & gardée dores-en-avant senz enfraindre, Nous voulons & commandons que ces Lettres soient publiées par tout où il appartendra, & enregistrées en la Chambre de nostre Parlement, en la Chambre de noz Comptes & en nostre Tresor à Paris. Et pour que ce soit chose ferme & estable à toujours-mais, Nous avons fait mettre nostre Seel à ces presentes Lettres. *Faites & données à Paris, l'An de grace mil trois cens soixante ou mois de Decembre.*

Par le Roy en son Conseil. SERIS.

JEAN I.er & selon d'autres, Jean II. à Paris, en Decembre 1360.

a *&c.* Tr. des Ch.

b *soustenir.*

(a) Privileges des Vendeurs & des Voituriers de la Marée.

JEAN I.er & selon d'autres, Jean II. à Paris, en Decembre 1360.

JOHANNES Dei gratia Francorum Rex. Notum facimus universis tam presentibus quam futuris, Nos vidisse Literas nostras, formam que sequitur, continentes.

(b) JOHANNES Dei gratia Francorum Rex: Universis presentes Literas inspecturis, Salutem. Literas nostras vidimus, formam que sequitur, continentes.

A Paris, le 1.er de Juin 1353.

JOHANNES Dei gratia Francorum Rex: Dilectis & fidelibus Gentibus nostrum presens Parlamentum tenentibus, & qui futuris temporibus tenebunt, ac universis Justiciariis Regni nostri ad quos presentes Litere pervenerint aut eorum Loca-tenentibus, Salutem. [c] Marcatores Piscium & Alecum Ville Parisiensis, ceterique adducentes frequenter Pisces marinos & Alectia vendenda Parisius, Nobis graviter conquerendo monstrarunt, quod licet virtute Literarum inclite recordationis carissimi Domini & Genitoris nostri ac etiam nostrarum, ordinatum & prohibitum extiterit, ac in dictâ Villâ Parisiensi & alibi publice proclamatum, ne quisquam pro quibuscumque [d] garnisionibus vel quacumque alia de causa, capere vel arrestare Equos, harnesia, Pisces & Alecia Mercatorum hujusmodi seu alterius eorumdem, eundo ad dictam Villam Parisiensem, vel redeundo abinde, quovismodo presumeret : quodque si contingeret aliquos captores seu deputatos pro quibuscumque

Au Bois de Vincennes, le 26. de Fevrier 1351.

c Mercatores.

d provisions.

NOTES.

(a) Tresor des Chartres, Registre 89. pour les Années 1356. &c. jusqu'en 1361. Piece 510.

(b) Johannes, &c.] Ces Lettres avec les suivantes qui y sont *vidimées*, ont déja esté imprimées dans le 1.er Supplement du second Vol. des Ordonn. la 1.ere à la p. 601. & la 2.e à la p. 598. On les avoit prises dans le Traité de la Police de M. la Marc qui les avoit tirées du Registre de la Marée. Cependant comme elles estoient très fautives, on a crû devoir les faire imprimer une seconde fois sur le Registre du Tresor des Chartres où elles sont copiées un peu plus correctement.

Au reste, ces deux Copies serviront à se corriger l'une & l'autre, & on trouvera icy à la marge, les corrections & les variantes tirées du Traité de la Police, avec cette marque, *La M.*

JEAN I.er & selon d'autres, Jean II. à Paris, en Decembre 1360.

garnisionibus nostris, ac carissime Consortis sue Regine seu Liberorum suorum, aut aliorum cujuscumque status vel conditionis existerint, contra Ordinationem, proclamationem & inhibitionem predictas, capere seu arrestare Equos, [a] harnesyos, Pisces & Alecia predictorum Mercatorum eundo ad dictam Villam Parisiensem, & redeundo, ut preferretur, quod eisdem captoribus per dictos conquerentes aut alterum eorumdem minime pareretur, & quod non parentes, propter hoc ad emendam Nobis prestandam, trahi aut aliter molestari non deberent. Nichilominus dilecti & fideles nostri Abbas Sancti Dionysii in Francia, Episcopus Aurelianensis, Dominus de Bello-saltu, Castellanus [b] Novi-Fori, Guillelmus de Gamache Miles, Dominus de [c] Fori-Fonte, Petrus de Chantemelle Miles, Castellanus de [d] Tria, Major Calvimontis, Billebaudus de [e] Tria Miles, Dominus de Montmorency, Idea de Rony, Dominus de Senarponte, Comes de Aubemale, Dominus [f] Desartus, Dominus de Milliaco, Dominus de Monciaco, Guillelmus [g] Danmares, Johannes Danmares, Robenetus [h] Venerii, Guido de Garenciis, Dominus de Sancto Clero, Dominus de [i] Lorrain, Domicella de Santueil & plures alii Prelati, Barones, [k] Miles ac Domini temporales tam Seculares quam Religiosi, sub eo pretextu, quod ipsi dicunt se posse arrestare & capere in terris & Juridictionibus suis, Pisces, [l] Alecia Mercatorum, tociens quociens ipsi transeunt per terras & Juridictiones suas predictas, ausu suo temerario & presumptuoso, in prejudicium reipublice, & contra Ordinacionem, inhibitionem & proclamacionem predictas temere veniendo, Equos, Harnesia, Pisces & Alecia dictorum Mercatorum per dictas terras & Jurisdictiones suas [m] transeuntium ad dictam Villam Parisiensem veniendo, arrestare (c) Equos dictorum conquerentium Piscesque & Alecia eorumdem pro pretio voluntario ad eorum libitum & frequenter non satisfacto de illo, capere non verentur, [n] caletos quibus predicti Pisces & Alecia afferuntur, dirruendo & lacerando, & aliter Mercatores ac predictos adducentes Pisces & Alecia multipliciter impediendo, molestando & dampnificando, que sunt in reypublice grave detrimentum, & in nostrarum Ordinacionis, inhibitionis & proclamacionis predictarum, vituperium & contemptum, nec non in dictorum conquerentium ac universorum in dicta Villa Parisiensi Habitancium & frequentancium, prejudicium atque dampnum non modicum & gravamen: potissime cum de ducentis [o] caletis Piscium per dictos conquerentes ad mare pro afferendo Parisius, oneratis, occasione dictarum captionum, dimidia dictorum Piscium nequit frequenter afferri, quod Nobis non modicum displicet & non immerito, si sit ita. Quare Nos supra premissis celeriter providere, dictasque Ordinacionem, inhibitionem & proclamacionem firmiter [p] inviolabiliter observari in favore & pro bono reipublice cupientes, vobis & vestrum cuilibet recipiendo mandamus, districtius injungentes quatenus dictas Ordinaciones & inhibitiones nostras iterato preconizatis & omnibus aliis de quibus expediens fuerit & fueritis requisiti, significare faciatis ipsis sub certis magnis penis Nobis applicandis, ex parte nostrâ firmiter ac districtius inhibentes, ne amodo Equos, Harnesia, Pisces & Alecia Mercatorum predictorum vel familiam eundo Parisius vel redeundo, arrestent aut capiant, seu arrestari vel capi per Gentes aut famulos suos seu alios quoscumque, faciant vel permittant, Privilegiis, graciis vel Literis à Predecessoribus nostris super hoc concessis vel à Nobis, quos & quas quo ad hoc, [q] nolimus aliquod robur habere, non-obstantibus quibuscumque: Et ut premissa firmius absque ulla contradictione, per prefatos & alios quoscumque subditos nostros observentur, Nos & carissimam nostram consortem & Liberos nostros hujusmodi Ordinacionibus & inhibitionibus submisimus, quamdiù Nobis placebit, districte inhibentes & precipientes dilectis & fidelibus [r] Magistris Hospiciorum ac quibuscumque servitoribus & captoribus per Nos seu ipsos deputatis pro garnisionibus & victualibus eorumdem Hospiciorum Consortis & Liberorum nostrorum predictorum, sub pena amissionis Officiorum suorum, & [illegible] alia pena quam erga Nos possint incurrere, ne adversus premissas Ordinaciones & inhibitiones ac presencium tenorem, aliqualiter attemptare presumant, & si qui contra

a Harnesia.
b Montforti. *La M.*
c Serifonte. *La M.*
d Tua. *La M.*
e Tua. *La M.*
f De Saatus. *La M.*
g Dammares. *La M.*
h Venerinus. *L. M.*
i Loram. *La M.*
k Milites. *La M.*
l &. *La M.*
m transeuntium. *La M.*
n calathos. *La M.*
o Calathis.
p &. *La M.*
q nolumus. *La M.*
r Maistres-d'Hostel.

NOTES.

(c) *Equos, &c.*] Voy. dans le second Vol. des Ordonn. p. 599. combien cette Phrase estoit corrompuë, & à la Note (h) la tentative que j'avois faite pour la restituer.

fecerent, eis non parcatur impune. Si vero prenominati aut aliqui eorumdem, aut alii cujuscumque condicionis vel status existant, contra Ordinaciones, inhibitiones & proclamationes nostras predictas, Equos, Harnesia [a] & Aletia dictorum Mercatorum capere & arrestare nitterentur, quibus per dictos Mercatores & adducentes seu eorum servitores aut alterum eorumdem, nolumus in hoc aliqualiter pareri vel intendi, & non parentes; propter hoc ad emendam trahi aut aliter quomodolibet molestari, adjornetis ipsos in nostro Parisiensi Parlamento, (d) non-obstante quod sedeat, vel aliter quociens casus emerserit; coram dilectis & fidelibus Gentibus nostris dictum Parlamentum tenentibus, Procuratore nostro aut [b] ejus Mercatoribus seu eorum Procuratoribus supra premissis responsuros, & ulterius facturos & recepturos ut fuerit rationis: Quibus dictis Gentibus damus presentibus in mandatis, quatenus quoscumque in premissis attemptantes, & contra dictas Ordinaciones, inhibitiones, ac [c] tenore presencium qualitercumque facientes, civiliter puniant, [d] si quod cedat ceteris in exemplum: Et quia presentes nostre Litere per ipsorum Mercatorum ac Pisces & Aletia Parisius adducentium singulos, nequirent forsitan, quociens opus esset, cuilibet vestrûm propter viarum discrimina presentari & exhiberi, volumus & mandamus dictarum Literarum transcripto seu transcriptis sigillo Castelleti nostri Parisiensis sigillato vel sigillatis, fidem plenariam [e] velud predictis Literis adhiberi: Et pro premissis exequendis & inviolabiliter observandis, deputetis dictis Mercatoribus, [f] adducentibus, seu servitoribus aut familiaribus vel Procuratoribus eorumdem & cujuslibet ipsorum, unum vel plures Hostiariorum nostri Parlamenti seu alios Servientes nostros, si & quociensumque super hoc fueritis requisiti, quia sic fieri volumus, & dictis Mercatoribus concessimus & concedimus de gratia speciali per presentes. Datum apud Boscum Vincennarum, die vigesimâ-sextâ [g], Anno Domini millesimo trecentesimo quinquagesimo-primo.

Et cum preter & contra tenorem Literarum nostrarum suprascriptarum, Prelati, Religiosi, Barones & alii Nobiles nisi fuerint, & de die in diem nittuntur capere, [h] arrestare dictos Mercatores, vectuarios ac eorum Equos, Harnesia, Pisces & Alecia ipsorum Mercatorum & vectuariorum sibi applicanda, pluresque injurias, verberationes & excessus eisdem facientes in nostri ac nostre salve & specialis Gardie salvique conductus, in quibus ipsi sunt veniendo Parisius & redeundo [i] & mare, ac inhibitionum & proclamationum ex parte nostrâ super hoc factarum, contemptum & vituperium, reique publice ac Mercatorum predictorum detrimentum ac gravamen: Quo circa Nos dictas Ordinaciones & Literas nostras suprascriptas, teneri firmiter & inviolabiliter observari toto cordis affectu cupientes, eas & omnia & singula in eis contenta ratificantes & approbantes, laudamus & tanquam factas pro utilitate reipublice de cetero roboris firmitatem habere volumus, ex nostra certâ scientiâ & gratia speciali, quibuscumque Literis seu Privilegiis in contrarium impetratis vel impetrandis non-obstantibus quibuscumque. Preterea nostram graciam ampliando, dictis Mercatoribus & vecturariis concedimus de gratia speciali per presentes, ut in omnibus Causis suis, occasione premissorum motis seu movendis contra quoscumque suos adversarios, coram quibuscumque Judicibus Regni nostri secularibus, agendo & deffendendo, in Parlamento & extra, per Procuratores admittantur. In cujus rei testimonium, presentibus Literis nostrum fecimus apponi sigillum. Datum Parisius, primâ die Junii, Anno Domini millesimo trecentesimo quinquagesimo-tertio.

Nos igitur nostras Literas suprascriptas, omniaque & singula in eisdem contenta & expressa, tanquam utilia & necessaria pro nostra totiusque reipublice ac omnium Procerum, fidelium & subditorum nostrorum, presertim in Villa Parisiensi que totius Regni [k] capud & sedes nostra dinoscitur, commorancium & frequentencium utilitatem, perpetui roboris firmitatem obtinere volentes, favore ipsius reypublicæ laudamus, approbamus, renovamus,

JEAN I.er & selon d'autres, Jean II. à Paris, en Decembre 1360.

a Pisces. La M.

b dictis. La M.

c tenorem. La M.

d sic. La M.

e velut. La M.

f adductoribus.

g Februarii. La M.

h &.

i ad. La M.

k caput. La M.

NOTES.

(d) *Non-obstante quod sedeat.*] Il sembleroit qu'on pourroit conclure de ce passage, que les assignations devoient estre données dans l'intervale qui s'écouloit entre deux Parlements, & que celles qui avoient esté données pendant le cours d'un Parlement, estoient nulles : Je ne sçais si cela est vray, mais il est certain qu'on ne pouvoit proceder sur une assignation, dans le cours du Parlement, dans lequel elle avoit esté donnée. Voy. le second Vol. des Ordonn. p. 213. IV.

JEAN I.er & selon d'autres, Jean II. à Paris, en Decembre 1360.

si opus sit, ac de auctoritate & plenitudine potestatis Regie, tenore presentium confirmamus: Mandantes omnibus & singulis Justiciariis nostris vel eorum Loca-tenentibus presentibus & futuris, & eorum cuilibet ut ad eum pertinuerit, quatenus Mercatores Piscium marinorum & Alectium Ville Parisiensis, Vectuariosque & adducentes frequenter Pisces marinos & Alecia vendenda Parisius, de quibus in prescriptis Literis fit mencio, omnesque illos & singulos quorum interest vel interesse poterit in futurum, eisdem Literis & omnibus in eisdem contentis & expressis [a] *vici perpetuo faciant & permittant, ipsos in contrarium nullatenus impedientes, perturbantes vel molestantes, impediri, perturbari seu molestari quomodolibet permittentes,* [b] *quicquid in contrarium repererint attemptatum, ad statum pristinum & debitum reducendo vel reduci celeriter faciendo. Et ut dicti Mercatores & Vecturarii eo libentius circa factum dicte Mercature, ad utilitatem reipublice vacare valeant, quo melius per Nos à quibuscumque pressuris & inquietationibus se senserint preservari, Nos ipsis & eorum cuilibet, dilectas & fideles Gentes que nostrum tenent & tenebunt deinceps Parisius Parlamentum, nec non certos Commissarios in nostris super hoc confectis Literis nominatos, ac deinceps futuris temporibus nominandos vel super hoc committendos, in quantum dumtaxat tangit & tangere potest factum dicte Mercature,* [c] *Judices constituimus & statuimus ac ordinamus, ipsosque Mercatores & Vecturarios eorumque Procuratores & Venditores, ab omni quacumque alia Juridictione ordinaria vel extraordinaria, cohercione, submissione cujuslibet alterius Judicis seu Officiarii nostri vel alterius cujuscumque, de auctoritate & plenitudine potestatis Regie ac speciali gratia eximimus per presentes, volentes quoscumque Processus pro ipsis seu contra ipsos factos vel faciendos coram quibuscumque aliis Judicibus vel Commissariis* [d] *facta predictum tangentes, Gentibus Parlamenti, Commissariisve predictis, in statu quo nunc sunt vel erunt, afferi per ipsos (e) fine debito terminandos; (f) certos quos, si quis contra tenorem presentium & ipsos Mercatores & Vecturarios eorumque Procuratores facere presumerent in futurum, ex nunc prout extunc, irritos & invalidos decernentes penitus & inanes: Attamen quia ipsi Mercatores & Vecturarii tam in eorum (g) expeditione quam aliter, per nonnullos Venditores suorum Piscium & alios in dicto* [e] *Ministerio deputatos Parisius, qui ad hoc fore dicuntur minus apti, ydonei & insufficientes, super hoc sepius impediuntur, & plurima dampna & gravamina atque molestias indebitas frequenter patiuntur,* [f] *multa inconvenientia contra publicam utilitatem inde provenire dicuntur, prefatis Mercatoribus & Vecturariis, de auctoritate (h) Juris & de speciali gratia concedimus ut ipse Gentes Parlamenti presentes & future dictive Commissarii super hoc, tam ipsos tales insufficientes ab eorum Officiis amovendo, quam loco* [g] *seu alios substituendo, taliter dictis Mercatoribus & Vecturariis ac utilitati publice super hoc provideant, quod nullum propter hoc dampnum ipsis Mercatoribus & reipublice de cetero subsequatur. Supra quibus* [h] *omnibus Justiciariis & subditis nostris eisdem pareri volumus efficaciter & intendi. Que ut perpetui roboris stabilitate firmentur, sigillo nostro Literas presentes fecimus communiri: Salvo in aliis Jure nostro & in omnibus alieno.* Actum & datum [i], Anno Domini millesimo trecentesimo sexagesimo, Mense Decembris.

Per Regem ad relacionem Consilii, in quo Vos [k] *Dominus Egidius de Soycuria eratis G. de Montagu, ac de precepto Curie, signata per me.* [l] NEVEL.

Collatio facta est per me ad Literas suprascriptas, ac ad Clausulam, & ut dicti

a uti. *La M.*

b &. *La M.*

c Voy. cy-dessous, les Lettres du mois d'Avril 1361. sur le fait de la Marée.

d factum. *La M.*

e Mestier.

f multaque. *La M.*

g sui. *La M.*

h ab. *La M.*

i Parisius. *La M.*

k &. *La M.*

l *Il y a une marque d'abreviation sur l'l.*

NOTES.

(e) *Fine debito.*] Il semble d'abord qu'il y ait *fine debito*, & ce n'est que par quelques Pieces suivantes où j'ay trouvé *fine debito* bien écrit dans des Phrases à peu près semblables à celles-cy, que j'ay reconnu qu'il falloit lire ainsi icy, aussi-bien qu'à la p. 211. où j'ay fait imprimer *fine debito*, que j'ay tasché d'expliquer dans la Note (c) qu'il faut effacer.

(f) *Certos quos.*] C'est-à-dire, que si quelqu'un s'avisoit de faire quelques procès, ou de certains procès, &c.

(g) *Expeditione.*] Il paroist par la Piece suivante, que par ce mot il faut entendre la diligence avec laquelle on les payera, & on les *expedira*, afin qu'ils puissent s'en retourner plus promptement.

(h) *Juris.*] Ce mot est difficile à lire. Il y a *Jurisdictione* dans la Mare.

Mercatores, &c. que est circa [a] *fine, extractam de aliis Literis Regiis, & de precepto nostro Literis suprascriptis adjunctam.* G. DE MONTAGU.

[a] finem: La M.

JEAN I.er & selon d'autres, Jean II, à Paris, en Decembre 1360.

Charles Regent, à Paris, le 20. de Fevrier 1359.

(a) Lettres qui establissent six nouveaux Vendeurs de Marée, avec les dix anciens.

JOHANNES *Dei gratia Francorum Rex, Notum facimus universis presentibus & futuris, Nos infrà-scriptas Literas carissimi Primogeniti Nostri Karoli Ducis Normanie & Dalphini Viennensis, tempore quo Regnum nostrum, Nobis absentibus, regebat, concessas vidisse, formam que sequitur, continentes.*

KAROLUS *Regis Francorum Primogenitus, Regnum regens, Dux Normanie & Dalphinus Viennensis: Universis presentes Literas inspecturis, salutem. Cum tam virtute certarum aliarum Literarum nostrarum dilectis & fidelibus Consiliariis Patris precarissimi Domini & Genitoris nostri atque nostris Presidentibus pro Nobis in Camera Parlamenti Parisiensis, per Nos deputatis, quam aliarum Literarum dilectorum nostrorum Prepositi Mercatorum & Scabinorum Ville Parisiensis, dilectis nostris Magistris Guillermo de Dormanis Advocato generali dicti Genitoris nostri & nostro, Joanni Fourcy, Reginaldo de Tryaynello in Parlamento Parisiensi Advocatis, & aliis Consiliariis Mercatorum foraneorum marinorum Villam Parisiensem frequentantium, directarum, in predictis Literis nostris insertarum: quarumquidem Literarum nostrarum tenor sequitur, & est talis.*

CHARLES ainsné Fils du Roy de France, regent le Royaume, Duc de Normandie & Dalphin de Viennois: A noz amez & feaulx Conseilliers les Presidens de la Chambre de Parlement, & aus Generaulx Commissaires deputez de par nôtredit Seigneur & Nous, sur le fait de la Marchandise de Poisson de Mer & Harenz, en la Ville de Paris & ailleurs, salut. Nous avons veu les Lettres de noz amez & feaulx le Prevost des Marchanz & Eschevins de la Ville de Paris, contenant la fourme qui s'ensuit.

Le Prevost des Marchanz & les Eschevins de la Ville de Paris, à Maistres Guillaume de Dormanz, Jehan Fourcy & Regnaut de Traynel Advocats en Parlement, & aus autres Conseillers des Marchans fourains de Poissons de Mer & Harenz, frequentans la Ville de Paris, salut. Comme le Roy nostre Sire, Monsieur le Regent, Nous [b] les Bourgeois de ladite Ville, aions eu très grant amour aus bons Marchanz forains & Voituriers qui ont amené ou temps passé, & amenent de jour en jour lesdiz Poissons, Harenz & autres vivres en ladicte Ville, & avons auxi grant & plus que Nous eusmes oncques; & l'en Nous a donné à entendre que lesdiz Marchans forains & Voituriers ou aucuns d'eulx, ont aucunes fois [c] delaissent & encores delaissent à venir en ladite Ville, pour plusieurs griefs & empeschemens qui leur ont esté faiz, tant en leurs personnes, denrées & Chevaulx, comme autrement, & encores leur fait-on de jour en jour plus que on n'a fait ou temps passé; lesquelles choses sont ou grand grief, prejudice & dommage du Roy nostre Sire, Monsieur le Regent, le commun peuple & ladicte Marchandise, & dequoi il Nous desplait, s'il est ainsi. Pourquoi Nous qui desirons affectueusement lesdits Marchans forains & Voituriers & laditte Marchandise en corps & en biens, estre tenuz & gardez comme Nous mesmes, selon la teneur des Lettres & Privileges à eulx octroyez, & encores miex, se il le convient, par toutes les voies & manieres que on pourra bonnement faire & regarder: Et pour

[b] &.

[c] delaissé. cessé.

NOTES, pour les Années 1356. &c. jusqu'en 1361. Piece 482.

(a) Tresor des Chartres, Registre 89.

JEAN I.er & selon d'autres, Jean II. à Paris, en Decembre 1360.

ce que vous savez les griefs, empeschemenz & [a] molestations qui ont esté & sont faiz de jour en jour ausdiz Marchans, & les [b] quelles choses sont profitables & dommageables à laditte Marchandise, au bien commun & à ladicte Ville, & que dès lont temps vous avez esté au conseil de ladicte Marchandise, pourquoy plus grant bien & avancement pourroit venir par vous au commun peuple & à ladicte Ville, que par nouviaux Commissaires qui en ce ne se cognoissent, vous prions & requerons tant affectueusement & si [c] adcertes comme plus povons, que appellé avec vous des personnes saiges & cognoissans en ladite Marchandise, tels, & tel nombre comme bon vous semblera estre pour le bien commun, vous vous enformez, veez & regardez diligemment sanz aucun delay ces Lettres veues, sur tout le fait, Ordennance & dependance de laditte Marchandise, en quelconques manieres que ce soit, & tant sur le fait de & en ladicte Ville comme dehors, pour tout ce que vous trouverez & verrez estre grevable & dommagable ausdiz Marchanz & Voituriers & au commun peuple de ladicte Ville, & aussi pourquoy iceulx Marchanz forains & Voituriers & aucuns d'eulx, ont laissié du temps passé ou pourroient laissier ores & pour le temps avenir, à frequenter & amener lesdiz Poissons de Mer & Herent & autres vivres en ladicte Ville, faire, oster, remettre & regeter du tout, & tout ce qui par vous sera veu & trouvé estre bon & profitable au bien commun, ladicte Ville & Marchandise, faire tenir & garder ores & pour le temps avenir, fermement sanz enfraindre, & pour les choses par vous faictes, veues, trouvées & regardées pour bien commun & ladicte Marchandise, comme dit est, tenir & garder inviolablement selon leur fourme, prions & requerons Monsieur le Regent par ces presentes, que toutes les choses qui seront par vous faictes, veues & trouvées bonnes & profitables pour bien commun, en & sur ladicte Marchandise & dependances d'icelle, comme dessus est dit, face tenir & garder fermement, sanz enfraindre en aucune maniere, nonobstant quelconques Ordennances faites sur le fait d'icelle Marchandise, & Lettres données & à donner ores & pour le temps avenir, sur quelconque forme de paroles & à quelconques personnes que ce soit, au contraire. En tesmoing de ce, Nous avons mis à ces presentes Lettres, le Scel de la Marchandise de ladicte Ville de Paris, le vingtieme jour de Novembre, l'An de grace mil trois cens cinquante neuf.

Pourquoy Nous inclinanz à la priere & requeste desdiz Prevost & Eschevinz, & que Nous desirons entendre à ce que Nous povons sçavoir estre bon, agreable & profitable pour le bien commun de ladicte Ville de Paris, par toutes les voies & manieres que Nous miex saurons & pourrons, vous mandons, &, se mestier est, *(b)* commectons que toutes les choses ordonnées & [d] besoingnes qui par les dessus nommez Maistre Guilleaume de Dormans, Jehan Fourcy & Regnaut de Traynel, & les autres Conseillers dessus diz, aux quiez Nous mandons & commandons que tantost & sans delay, ou autre mandement de Nous attendre, il entendent & facent le contenu des Letres dessus transcriptes selon la fourme & teneur d'icelles, & tout ce qui par eulx sera fait, ordené, veu & regardé pour bien commun, en la maniere que dessus est dit, [e] lesdiz Marchans forains Voituriers & autres, tant en ladicte Ville comme aillieurs, tenez & gardez, commandez estre tenu, faire tenir & garder ores & pour le temps avenir, fermement sanz enfraindre, touz appiaux frivoles arrieres mis, lesquiex Nous ne voulons estre d'aucun effect, que les transgresseurs [f] feussent ou facent de vous, dudit Maistre Guilleaume & autres dessus diz, en aucune maniere sur les choses dessusdites; & avec ce, Nous plaist & volons & vous commandons estroictement, que, se il ont mestier de vostre conseil ou d'aucun de vous sur le fait des choses dessus dictes, que toutes foiz & quantes foiz que par eulx vous en serez requis, alez & soiez avec eulx, pour eulx conseillier & aviser pour Nous, le bien commun & ladicte Ville de Paris, ès choses dessus dictes: lesquelles choses il Nous plaist & volons estre faictes

a *molestations.*
b *quelles.*
c *veritablement, sincerement.*
d *les.*
e *& pour.*]
f *feissent.*

NOTES.

(b) Commettons.] Le reste de ces Lettres est fort embroüillé, & je soupçonne qu'il y manque quelques mots en differents endroits.

si comme

si comme dessus est dit, & l'avons accordé ausdiz Prevost & Eschevinz, ausdiz Marchanz & ladicte Marchandise, de grace especial & auctorité Royal dont Nous usons, nonobstant quelconques Ordennances faictes sur ce, & Lettres données & à donner ores & pour le temps avenir, sur quelconque fourme de parolles ne à quelconques personnes que ce soit, au contraire, lesqueles Nous mettons du tout au nient par ces presentes, & volons que par vous ne aucuns autres y soient en riens obey; & mandons au Procureur de nostredit Seigneur & Nous, que contre la teneur de ces presentes, & des choses dessusdites faictes comme dessus est dit, ne laisse passer quelconques Lettres empetrées ou à empetrer de Nous ou de nostre Court, au contraire. *Donné à Paris, le Vendredy vingt-neuviesme jour de Novembre, l'An de grace mil trois cens cinquante-neuf,* [a] sobz le Seel du Chastellet de Paris, en l'absence de nostre grant.

JEAN I.er & selon d'autres, Jean II. à Paris, en Decembre 1360.

a *sous*.

Advocati & Consiliarii superius Nominati, tanquàm Commissarii in hac parte per Nos deputati, juxta nostrarum ac Prepositi & Scabinorum predictorum Literarum suprascriptarum tenores, mature procedere, & contenta in ipsis ad utilitatem Reipublice & boni communis dictorumque Mercatorum foraneorum ac habitatorum Ville Parisiensis, & frequentancium ac undequaque affluentium in eandem, debite implere & exequi volentes, magnum [b] *numerorum dictorum Mercatorum foraneorum, Venditores Piscium, Mercatores &* [c] *Stallarios dicte Ville Parisiensis, tam in Hallis & suprà Parvum Pontem, quam ad Portam Bauderii Parisiensis, vendentes, coram se fecerint evocari & conveniri, & per ipsos ad finem tollendi dampna, gravamina & molestationes que dictis foraneis Mercatoribus & suis Vectuariis in suis Parisius Piscibus & alias adducendis fiunt ac accidunt, & ut secure Pisces hujusmodi possint Parisius adduci, & nec non, an sit utile augmentare aut diminuere numerum decem Venditorum predictorum, in dictâ Villâ alias duntaxat institutum pro utilitate dictorum Mercatorum ac Ville Parisiensis, cum plura impedimenta atque dampna tam in deffectu solutionum dictorum Venditorum quam aliter diversimode temporibus transactis, eisdem Mercatoribus foraneis evenissent, unde, nisi super hoc fuisset provisum, dampnum irreparabile Ville Parisiensi ac populo ipsius, propter defectum potuisset evenisse, informacionem fecerint de consensu Johannis Boutery dictorum Mercatorum Procuratoris, & ipso ad hoc presente: per quam Informationem unanimi assensu & depositione reperierunt per dictos Mercatores foraneos, Venditores & Stallarios, fore utile dictum numerum Venditorum augmentare usque ad numerum sexdecim personarum, de personis tamen ad hoc sufficientibus & ydoneis, que cautionem antè omnia competentem prestare tenerentur, & quod in augmentatione hujusmodi numeri,* [d] *solliciones &* [e] *expeditiones dictis Vectuariis faciende, facilius & celerius fierent, & sic dicti Mercatores & Vectuarii sepius Parisius accederent & abinde recederent: Quibus sic, ut predictum* [f], *factis & repertis, iidem Advocati & Commissarii, antequam predictorum Venditorum numerum augmentare voluerint, cum pluribus Consiliariis nostris; videlicet, dilectis & fidelibus nostris Jacobo la Vache in Parlamento Presidenti, Johanne de Charniaco & Johanne de Kadrellis Militibus, Guillelmo Bescoti & quibusdam aliis Consiliariis nostris, nec non Procuratore generali dicti Domini nostri atque nostro, eisdem per dictos Presidentes in hâc parte deputatis, cum ipsis in predicta Parlamenti Curiâ pro predictis constitutis, Consilium super hujusmodi augmentatione habuerint, factaque ipsis Consiliariis nostris relacione de informatione & aliis predictis per dictos Advocatos Commissarios in hac parte factis, & discussô hujusmodi negocio, inter ipsos fuerunt inter se concordes, quod pro bono communi Reique publice, ac evidenti utilitate foraneorum Mercatorum, Vectuariorum & habitatorum dicte Ville Parisiensis aut populi ipsius, bonum, utile & necessarium erat dictum numerum modo predicto augmentare: quorum Consiliariorum nostrorum consilio ac dicta Informatione & aliis premissis mediantibus, nec non diligenti deliberatione super hoc prehabita, prenominati Advocati & Consiliarii predictum decem Venditorum numerum, causis & rationibus supradictis, rite & juste ac licite, usque ad numerum sexdecim personarum augmentando, de sufficientia, ydoneitate, diligentia & experientia Guillelmi le Coq, Gerardini le Hurtoys, Galterii de Blossevilla, Alerini de Barata, Guillelmi Milonis & Thome Poillehate civium Parisiensium, Informatione*

b numerum.

c Estalliers.

d solutiones.

e Voy. cy-dessus, p. 446. Note (g)

f est.

JEAN I.er & selon d'autres, Jean II. à Paris, en Decembre 1360.

legitima super hoc precedente, debite informati, eosdem Guillelmum le Coq, Gerardum le Hurtois, Galterum de Blossevilla, Alerinum de Barata, Guillelmum Milonis & Thomam Poillehaste, tanquam ad hoc sufficientes, ydoneos & expertos repertos, & qui cautionem de quingentis Florenis Auri ad scutum (c) quibus ipsorum super hoc prestiterunt, cum aliis de cetero Venditoribus, usque ad predicti Genitoris nostri & [a] *nostro beneplacitum voluntatis, prestitis per ipsos & eorum quemlibet, ad sancta Dei Evangelia, de dicto Officio bene & fideliter ad utilitatem dictorum Mercatorum foranceorum, boni communis Reipublice, Ville Parisiensis ac populi ipsius juxta eorum potestatem, exercendo, primitus corporaliter Juramentis, fecerunt, constituerunt & ordinaverunt, prout Consiliarii nostri, Advocati, Commissarii & Procurator predicti Presidentibus memoratis premissa retulerunt una voce :* Notum facimus *quod audita per eosdem Presidentes relatione super predictis, per eosdem Consiliarios nostros, Advocatos, Procuratores & Commissarios predictos, ut predictum est, facta, ipsi Presidentes omnia & singula predicta laudarunt, approbarunt, confirmarunt ac etiam tenore presentium laudant, approbant & confirmant, eaque firmiter teneri, adimpleri & inviolabiliter observari ab omnibus quorum interest & intererit, usque ad dicti Domini Genitoris nostri & nostre beneplacitum voluntatis, voluerunt: & preceperunt Preposito Parisiensi, ceterisque Justiciariis & Officiariis ipsius Genitoris nostri atque nostris, presentibus & futuris, & eorum cuilibet prout ad eum pertinuerit, hiis presentibus mandantes & districte precipientes quatinus presentem Ordinationem teneri, servari & adimpleri* [b] *prenominatosque* [c] *Venditores in hiis omnibus que ad dictum Venditorum Officium spectant & spectabunt, pareri & intendi faciant ab omnibus quorum interest vel poterit interesse. In cujus rei testimonium, sigillum nostrum presentibus Literis duximus apponendum.* Datum Parisius, vigesima-prima die Februari, Anno Domini millesimo trecentesimo quinquagesimo-nono.

Quasquidem Literas dicti Primogeniti nostri tanquàm utiles, necessarias & salubres pro nostra totiusque Reipublice ac omnium procerum, fidelium & subditorum nostrorum, presertim in Villâ Parisiensi que Caput & sedes propria Regni fore dignoscitur, commorancium & frequentancium necessitate & favore, perpetui roboris firmitatem obtinere volentes, omniaque in eisdem contenta & expressa laudamus, approbamus, renovamus & de auctoritate, plenitudine potestatis Regie de specialique gratia confirmamus : Mandantes omnibus & singulis Justiciariis nostris vel eorum Loca-tenentibus presentibus & futuris, & eorum omnibus ut ad eum pertinuerit, quatenus Ordinacionem in dictis Literis contentam & expressam, observent & observari seu adimpleri, si & cum necesse fuerit, et per illos quorum interest vel interesse poterit, perpetuo faciant & procurent, ac dictos Venditores & omnes quorum interest & in futurum poterit interesse, omnibus & singulis dicto Officio incombentibus uti & gaudere pacifice faciant & permittant, prout superius est insertum, quicquid in contrarium repererint attemptatum, ad statum pristinum & debitum reducendo reducique celeriter faciendo. Quod ut robore firmitatis [d] *perpetue, Literas presentes nostri sigilli fecimus appensione muniri : Jure nostro in aliis & alieno in omnibus Jure salvo.* Actum & datum Parisius, Anno Domini millesimo trecentesimo sexagesimo, mense Decembris.

Per Regem, ad Relationem Consilii, in quo Vos & Dominus Egidius de Soycuria, eratis. G. DE MONTAGU. Collatio facta est per me ad Literas supra-scriptas.

G. DE MONTAGU.

[a] nostre.

[b] faciant.

[c] prenominatisque Venditoribus.

[d] Il manque-là un mot.

NOTES.

(c) Quibus ipsorum super hoc.] Ces mots sont inutiles, ou il y en a quelques-uns qui manquent.

(a) *Confirmation des Privileges de la Ville & du Comté de Mâcon.*

JEAN I.er & selon d'autres, Jean II. à Noyon, en Decembre 1360.

Philippe VI. dit de Valois, au Bois de Vincennes, en Fevrier 1360.

PHILIPPE par la grace de Dieu Roy de France. Sçavoir faisons à tous presens & à venir, que Nous en consideration aux bons services, obeissances & aydes agreables que noz amez Citoiens, Bourgeois & Habitans de nostre Ville de Mascon, à Nous & à nos Predecesseurs Roys de France, ont fait & font de jour en jour; & qui à present & de nouvel Nous ont octroyé graticusement certain nombre de Gens-d'armes ou les gages d'iceulx, pour la deffense de nostre Royaume, lesquelz n'ont ne Corps ne Comune; ainçois quant ilz ont d'aucune chose à faire & conseiller ensemble des besongnes touchant Nous & le profit commun de ladite Ville, leur convient avoir (b) & demander licence à Nous ou à noz Bailliz ou à noz autres Gens du Pays, & que aucuneffois les ungs sont absens & les autres refusans de venir: Nous voulans à eulx pourveoir sur ce de remede gracieulx, leur avons octroyé & octroyons par la teneur de ces presentes, de grace especial & de nostre plain povoir & auctorité Royal, que eulx & leurs successeurs, appellez avec eulx nostre Bailli ou son Lieutenant, ou nostre Juge majeur, ou nostre Procureur de Mascon, se puissent assembler en ung lieu convenable de ladite Ville, touteffois & quanteffois qu'il leur plaira, pour parler, conseiller & ordonner de leur faiz & du profit commun de ladite Ville, sans prejudice de Nous & de la Couronne de France, & que ilz puissent tous les ans élire entre eulx six Prud-hommes de ladite Ville nez de nostre Royaume, iceulx changer & muer tous les ans, se bon leur semble, lesquelz Eleuz, appellez avec eulx lesdiz Bailly ou son Lieutenant, ou nostre Juge ou Procureur, en la maniere que dit est, se puissent assembler, & les droiz & besongnes de ladite Ville & chose publique tant en demandant comme en defendant, en Jugement & dehors, poursuivre, [a] de venir requerre & demander, & de faire & establir ou nom & pour le profit desdiz Habitans & de chacun d'eulx, ung ou plusieurs Procureurs & Scindique qui ayent, & chacun d'eulx ait toute puissance de demander, requerre & poursuivre l'honneur & profict d'eulx & du bien commun & de ladite Ville, & de iceulx rappeller & changer touteffois que bon leur semblera; de faire imposts, [b] collectes tant sur les personnes comme sur les possessions & heritages d'icelle Ville; & en la maniere acoustumée icelles recouvrer, lever ou faire lever & cueillir, & convertir au profict commun de ladite Ville & là où il sera necessaire, & de faire toutes autres manieres de choses qui à Office de Conseiller appartiennent ou pevent & doivent appartenir. Toutes-voyes n'est-il mye nostre

a *de* paroist inutile.

b *&*.

NOTES.

(a) Dans le Registre du Parlement, intitulé: 3.e *Vol. des Ordonnances de François I. coté M. fol. 378. verso*, se trouvent des Lettres de Loüis XI. du mois de Mars 1476. lesquelles confirment toutes les Lettres de Privileges accordées à la Ville & au Comté de Mâcon, lesquelles y sont *vidimées*.

Les premieres sont la concession d'une Foire accordée par Philippe le Bel, au mois d'Avril 1309.

Les secondes sont celles de Philippe de Valois qui sont imprimées icy.

Elles sont suivies des Lettres du Roy Jean, qui sont aussi imprimées icy, & par lesquelles il confirme les precedentes, & d'autres Lettres qu'il avoit données luy-méme en Fevrier 1350. par lesquelles il avoit confirmé d'autres Lettres de Philippe de Valois du mois de Fevrier 1346. mais l'on n'a point fait imprimer icy ces deux Lettres, parce qu'elles se sont dans le second Vol. des Ordonn. p. 347.

On trouve ensuite des Lettres de confirmation de Charles V. données en Juin 1376. & la confirmation de Loüis XI. Ces Lettres seront imprimées à leur rang.

Dans le Tresor des Chartres, Registre 93. Piece 26. se trouvent les Lettres du Roy Jean du mois de Novembre 1360. avec les premieres Lettres de ce Prince & celles de Philippe de Valois.

(b) *Avoir.*] Après ce mot il y en a un que l'on n'a pû déchiffrer. Il semble qu'il y ait *recours*.

JEAN I.er & selon d'autres, Jean II. à Noyon, en Decembre 1360.

a *Si.*

entente, que pour ce ilz ayent ou doivent avoir autre Corps ne Comune, ne Juridition ordinaire. [a] Ci mandons & commandons par la teneur de ces Lettres, au Bailly & à nostre Prevost de Mascon, & à tous noz autres Justiciers & à leurs Lieutenans qui à present sont & seront pour le temps, que de nostredite grace laissent & facent user & joir, chacun en droit soy, si comme à luy appartiendra, lesdiz Habitans & leursditz Eleuz dores-navant, sans contredict ne sans autre mandement attendre non contrestant quelzconques allegations, oppositions, Ordonnances, Statutz ou Lettres octroyées ou à octroyer au contraire: sauf nostre droit en autres choses & l'autruy en toutes. Et pour ce que ce soit ferme chose & establé à toujours Nous avons fait mectre nostre Scel à ces presentes Lettres. *Donné au Bois de Vincennes, l'An de grace mil trois cens quarante-six, au Mois de Fevrier.*

JOHANNES Dei gratia Francorum Rex: Notum facimus universis presentibus & futuris, nostras alias Litteras in cera viridi & filo de cerico, sigillatas, Nos vidisse, quarum tenor sequitur in hec verba.

(c) JOHANNES &c.

Cum vero precarissimus Primogenitus noster Carolus Dux Normanie & Dalphinus Viennensis, tempore quo Nobis existentibus in Anglia, Regnum nostrum regebat Villam, Civitatem & totum Comitatum Matisconensem predictum cum universis pertinenciis suis & ejus ressorto, in carissimum natum nostrum Johannem tunc Comitem Pictavensem, quem nuper Biturie & Alvernie Ducem creavimus, ex dono perpetuo pro se & heredibus suis, assensu nostro in hoc non retento ut contra Privilegia & Libertates in dictis Litteris supra transcriptis declaratas, omnino veniendo, transtulisset; virtute cujus doni idem Johannes natus noster possessionem dictarum Ville & Civitatis ac totius

NOTES.

(c) Joannes, &c.] Voy. cy-dessus la Note (a) Les Copies de ces Lettres, qui sont au Tresor des Chartres & dans les Registres du Parlement, fournissent bien des corrections sur le texte imprimé dans le 2. Vol. des Ordonn. Nous allons mettre icy celles qui sont essentielles, & qui changent le sens des Articles.

Art. 4. Leurs prochiens *homs*: il y a dans les 2. Registres, *hoirs*, & c'est ainsi qu'il faut lire.

Art. 11. Après ces mots, *sans amende au Seigneur*, qui finissent l'Article, il y a dans les 2. Registres, *& non moins tous ensemble.*

Art. 13. *Né à S.t Fouvain*: Il y a dans les 2. Registres, *S.t Romain.*

Ibid. *La Briere.* Il y a dans le Registre des Chartres, *la Buxiere ne à Bos.*

Art. 16. *Empeschié.* Il y a dans le Registre des Chartres, *empagié.* Je crois que c'est une faute de Copiste.

Art. 19. *A voyage.* Dans le Registre des Chartres, il y a, *a voy Chadel,* avec une marque d'abreviation sur l'*y*. Dans le Registre du Parlement, il y a, *Voy Chadre.* C'est sans doute le nom d'un lieu, au-delà duquel le Roy n'avoit pas droit de mener les Habitans de Mâcon dans des expeditions militaires, sans leur donner une solde. Rien n'est plus commun que cette clause, dans les Lettres de Privileges & de Franchises accordées par des Seigneurs à leurs sujets.

Mais je n'ay pû rien découvrir sur ce lieu Je trouve seulement un petit Village nommé *Chazelle*, du Diocese & de la Recette de Mâcon, situé sur la riviere de Grosne. *Diction. Univ. de la France.*

Art. 21. Voicy comment il se lit dans le Registre des Chartres.

Item. Toutes qui sont mises par Pays et toute la Cité de *Mâcon*, doivent estre sauvées & quittes de toutes gens par guerre.

Cet Article n'est guére plus clair que celuy qui est imprimé dans le 2. Vol. des Ordonnances.

Je crois que le premier mot *Toutes* est là pour *Toultes*, sorte d'Impositions nommée en latin *Tolta* & *Tulta*. Voy. Du Cange au mot *Tolta*.

Cela supposé, voicy comme en devinant, j'explique cet Article. Les Habitans du territoire de Mâcon qui payeront la *Toulte*, seront quittes des Subsides qu'on levera pour l'entretien des gens de guerre.

Art. 27. *Ou contre autre.* Dans le Registre du Parlement, il y a: *ou contre le Roy.*

Art. 29. Il y a une lacune d'un mot. Il y a *Année* dans le Registre des Chartres, & *Anner* dans celuy du Parlement.

Art. 30. Comme iceux *estoient* & Habitans. Dans le Registre des Chartres, comme iceux *citoyens* & Habitans.

A la fin *in Palatio*: il y a *in Parlamento* dans le Registre des Chartres, & dans celuy du Parlement.

JEAN I.er & selon d'autres, Jean II. à Noyon, en Decembre 1360.

Comitatus predicti dicitur habuisse & etiam possedisse; Nosque Villam, Civitatem & Comitatum predictum Matisconensem cum omni eorum ressorto & pertinensiis universis, quas in nostro adventu Anglie idem Natus noster ad jussum nostrum in manu nostra de novo quitasse & reposuisse dignoscitur, nostro Regio Domanio & Corone Francie reduxerimus, & [a] *abque separatione exinde, dono, transporto vel aliter qualitercunque de eis faciendo, perpetuo & tenore presentium* [b] *annexemus: Igitur grata & laudabilia servitia per dilectos nostros Cives & Habitatores prescriptos, in guerris & alias diversimode temporibus retroactis, Predecessoribus nostris Regibus Francie & Nobis impensa, fidelitatemque & obedientiam ac sincere dilectionis affectum* [c] *quatenus continue hactenus apud Nos habuerunt, ad memoriam reducentes, & propterea ipsos speciali insigni favore merito affectantes, prefatas Libertates & Privilegia ac dictas nostras alias supratranscriptas Litteras cum toto earum tenore & effectu, ratas habentes & gratas, eas volumus, laudamus, ratificamus, approbamus, & de nostris auctoritate Regia, certa scientia & de speciali gratia & Regie potestatis plenitudine, confirmamus; decernentes ipsas nostras Villam, Civitatem & Comitatum Matisconensem cum suis ressorto & pertinentiis, in & de Regio Domanio & Corone Francie absque separatione aliqua, perpetuis temporibus remansuras; non-obstante quod virtute dicti doni à Corona Francie seu Domanio Regio, Villa, Civitas, Comitatus, ressortum & pertinentie earumdem fuerunt separati, à quo Cives & Habitatores prescriptos relevamus, idque sibi & successoribus suis, ac suis Libertatibus, Privilegiis in Litteris suprascriptis* [d] *nunc vel in futurum in prejudicium nolumus redundare, Baillivo Matisconensi, ceterisque Justiciariis & Commissariis nostris presentibus & futuris, vel eorum Loca-tenentibus & eorum cuilibet, dantes presentibus in mandatis, dicto Baillivo Matisconensi vel suo Locum-tenenti committendo, quatenus dictos Cives & Habitatores de dictis Libertatibus & Privilegiis, ac nostris presentibus confirmatione pariter & gratia, juxta presentium & dictarum Litterarum supratranscriptarum seriem & tenorem, uti & gaudere perpetuo ac pacifice & quiete faciant & permittant, nec eos in contrarium via* [e] *quandoque impediri, compelli, vel ad alterius quam nostrum Domanium trahi aliqualiter patiantur, sed quicquid secus fuisse vel forefactum reperient, ad statum pristinum reducant & reduci faciant celeriter absque mora. Quod ut firmum & stabile perpetuo perseveret, nostrum presentibus Litteris fecimus apponi sigillum.* Datum *(d)* Noviomi, Anno Domini millesimo trecentesimo sexagesimo, Mense Novembris.

[a] absque.

[b] annexamus.

[c] quem. *R. des Ch.*

[d] contentis. *Il y a dans le Tresor des Chartres,* Privilegiis & Litteris suprascriptis.

[e] quacumque. *Reg. des Ch.*

NOTES.

(d) Noviomi.] Il y a mal dans le Tresor des Chartres, *Nemonii.* Et après le mot *Novembris*, il y a: *Sic signata. Per Regem in suis Requestis, vobis ac Domino Abbate Cluniacensi presentibus.* Baigneux. *Collatio facta est cum originali.* Baigneux.

JEAN I.er & selon d'autres, Jean II. à Paris, le 7. de Janvier 1360.

(a) Ordonnance sur la maniere dont se payeront les debtes, depuis la diminution des Monnoyes.

ORDONANCES faites par le Grant Conseil du Roy à Paris, le [f] darrein jour de Decembre, l'An mil trois cent soixante, sur la maniere des payemens de toutes choses.

(1) Premierement. Tous [g] louiers de Maisons, Cenz & Rentes quelconques,

[f] *dernier.*

[g] *loyers.*

NOTES.

(a) Memorial D. de la Chambre des Comptes de Paris, *fol. 11. verso.*

Les Monnoyes ayant esté diminuées par l'Ordonnance du 5. de Decembre precedent, l'on donna à l'ordinaire cette Ordonnance, pour regler la maniere dont les dettes se payeront.

Voy. cy-dess. p. 40. l'Ordonn. du 13. de Janvier 1355. renduë dans un cas semblable, & la Note *(b)* dans laquelle l'on a tâché d'expliquer

JEAN I.er & selon d'autres, Jean II. à Paris, le 7. de Janvier 1360.

deües pour les termes escheuz avant le cri de cette presente forte Monnoie, se paie ront au feur & selon le pris que le Denier ou Florin d'Or valoit ausdiz termes: E pour les termes escheuz depuis ledit cri, & qui dores-en-avant escherront, l'en la paiera en la Monnoie qui court & courra ausdiz termes, & pour le pris qu'elle cou & courera ausdiz termes.

(2) *Item.* Touz empruns, touz dépos, toutes promesses de Mariages faiz e deniers, se paieront à autele Monoie comme les prests, dépośts ou promesses auroi esté faites.

Et semblablement touz deniers touchans retraiz de heritages, se paieront à autel Monnoie pour autel pris comme l'Achapteur aura payé en l'achat dudit heritage.

(3) *Item.* Les Fermes muables de choses qui se lievent en deniers chacun jou autant à une Monnoie comme à autre, si comme sont peages, travers, seauls, escrip tures [a] tauxées, amendes ordenées & autres revenues semblables, se paieront pour l temps escheu depuis la publication de ladite forte Monnoie, en icelle forte Mon noie qui court & courra, & pour le pris qu'elle court & courra aus termes: Et pou le temps precedant ladite publicacion, l'en paiera selon le pris du Florin d'Or, d jour à jour & de temps à temps.

a *Procedures dont les prix sont taxez.*

(4) *Item.* Les Fermes muables en deniers, de choses dont le pris croist & de croit communément selon le haucement & abessement de la Monnoie, se paieror par la maniere qui s'ensuit; c'est assavoir, toutes Fermes qui au-devant de Pasque mil trois cent soixante darrein passé, furent prises ou affermées, & dont l'en do pour aucuns termes escheuz & devra l'en pour autres à venir, se paieront pour le termes precedents ladite publicacion de ceste presente forte Monnoie, au pris qu le Florin d'Or valoit ausdiz termes, & pour les termes escheuz & qui escherront de puis ladite publicacion, se paieront à la Monnoie qui court & courra, & pour le pri qu'elle court & courra ausdiz termes. Et toutes les Fermes prises & affermées depu ledit terme de Pasques, dont aucuns termes des paiemens sont escheuz avant la pu blication de cette presente forte Monnoye, se paieront pour iceuls termes, au pri & à la value que le Florin d'Or valoit ausdiz termes, & pour le premier term escheu ou qui escherra depuis la publication de ladite forte Monnoie, jusques a terme de la Chandeleur prochaine venant, iceli terme de la Chandeleur [b] enclos se paiera au pris du Royal d'Or pour vingt souls parisis, & autre Monnoie coursa ble à l'avenant, & ne seront point les Fermiers receus à renonciacion, & pour tou les autres termes avenir après iceli premier terme, & aussy pour touz les term qui escherront après ladite Chandeleur, lesdiz Fermiers paieront leurs Fermes à l Monnoie qui court & courra, & pour le pris qu'elle court & courra aux termes.

b *compris.*

(5) *Item.* Les ventes de Bois se paieront pour les termes escheuz avant la pu blication de ceste forte Monnoye, selon le pris que le Florin d'Or valoit au jou des termes, & pour les termes escheuz ou qui escheront depuis ladite publicacior se paieront à la Monnoie qui court & qui courra, & pour le pris qu'elle court & courra ausdiz termes, sens ce que les Marchanz soient receus à renoncier.

(6) *Item.* Touz autres Contraux faiz en denrées acreües, se paieront selon le pris que le Florin d'Or valoit au jour du Contraut: Toutes-voyes se ès Contraux dessusdiz, tant [c] Fermes muables comme denrées accreües & autres quelconques, se le debteur est obligiez ou avoit promis paier certaine Monoie pour certain pris, ou Monnoies courante aus termes, ledit debteur sera tenuz de paier selon ce qu'il sera obligiez ou que il aura promis, non-obstant les choses contenuës ès autres Article ci-dessus escrips: Et neantmoins, se en aucuns des Articles dessuzdiz ou autres touchanz cette matiere, estoit ou naissoit aucun doubte ou aucun trouble, a

c *de.*

NOTES.

les principes que l'on suivoit dans ces sortes d'Ordonnances. Celle-cy est moins détaillée que celle de 1355. & il paroist que les Articles 4. 5. & 6. sont dans le cas dont il est parlé dans cette Note (*b*) p. 41. col. 1. dern. *alinea.*

declaration en est reservéé pardevers les Genz des Comptes du Roy nôtre Sire à Paris. *Donné à Paris, sous le contre-scel du Roy, le septiesme jour de Janvier, l'An de grace mil trois cent soixante.*

Per Consilium Reg. T. HAUSSIÉ.

JEAN I.er & selon d'autres, Jean II. à Paris, le 16. de Janvier 1360.

(a) *Ordonnance qui fixe le prix des Especes d'Or & d'Argent, & qui renouvelle d'anciens Reglements sur les Monnoyes, & sur le commerce de l'Or & de l'Argent.*

JEHAN par la grace de Dieu Roy de France : Au Prevost de Paris ou à son Lieutenant, salut. Il vous est apparu par les Lettres que Nous vous avons envoyées faictes sur les Ordonnances de noz Monnoyes, comment pour faire chose qui soit à la louenge & plaisir de Dieu, & au bien & prouffit de tout le peuple de nostre Royaume, Nous avons eu & avons très affectueux desir & parfaicte volenté que le fait & gouvernement de nosdites Monnoyes puisse & doye prendre tel & si bon effect, que icelles puissent * arrester le plus longuement que l'en pourra bonnement, en l'estat & ordonnance, en quoy Nous, par très garant & bonne deliberation les avons mises & ordonnées : desquelz estat & ordonnance & pour [a] doubte que aucuns [b] nostredit Royaume ne puissent dire ou eulx plaindre qu'ilz n'eussent eslé bien faiz & ordonnez selon la matiere d'Or & d'Argent qui à present est en nostredit Royaume, Nous depuis ce avons eu tres grans & bonnes [c] collacions avec nostre Conseil dessusdit, & plusieurs autres saiges & bien expers & congnoissans en fait & gouvernement des Monnoyes, par lesquels Nous avons trouvé icelle Ordonnance estre bien faicte, & l'Or & l'Argent bien ordonné, & equipollé l'un contre l'autre : pourquoy Nous encore plus acertes, & pour plusieurs autres justes causes qui à ce Nous ont meu & meuvent, vous devez savoir & vous tenir pour tout certain, que Nous avons très grant desir & parfaicte volenté, comme dit est, que icelle nostredite Ordonnance soit tenue & gardée sans aucune transgression, de quelque personne que ce soit : de laquelle chose faire en vostre Prevosté & ressort, & faire faire, Nous dès maintenant, ceste fois pour toutes, vous baillons la charge, & à ce vous commectons & establissons par ces Lettres, & vous mandons que tantost & sans delay, très diligemment & souventesfois, affin que aucun ne s'en puisse dire ignorant, vous faciez crier & publier solennement en tous les lieux notables & accoustumez en vostredit [d] Bailliage & ressort, que nulz que quelque estat ou condition qu'ilz soyent, tant de nostre lignage comme autrement, depuis huit jours passez après la publication de ces presentes, ne soient tant osez ne si hardiz de prendre ou mectre en appert ou en couvert, aucune Monnoye d'Or ou d'Argent quelles quelles soient, pour quelzconques prix que ce soit, ne combien qu'ilz en ayent grant ou petite quantité, tant Vaillans, Compaignons, Tartes & vielz gros tournois, comme toutes autres Monnoyes d'Or & d'Argent, [e] se n'est aux Changeurs & au marc pour Billon, sur peine de perdre tout ce qu'ilz prendront & mectront, & de l'amende à nostre volenté; excepté celles ausquelles Nous par nos Ordonnances & par ces presentes avons donné & donnons

* *rester.*

a *crainte.*

b *de.* dans les deux autres Copies.

c *conferences.*

d Je crois que c'est une faute de Copiste, pour *Prevosté.*

e *se ce.*

NOTES.

(a) Registre D. de la Cour des Monnoyes de Paris, *fol.* 86. *verso.*

Avant ce Mandement, il y a :

Le 18.e jour de Janvier, l'An mil trois cens soixante, furent apportées en la Chambre des Monnoyes à Paris.

On a envoyé de Montpellier deux Copies de cette Ordonnance, adressée au Seneschal de Beaucaire & de Nismes ; la premiere avec cette Indication : *Languedoc, Armoire* A. *N.o* 13. *fol.* 84. *verso ;* Et la seconde avec cette Indication : *Seneschaussée de Nismes en general, Armoire* A. *Liasse* 17. *des Actes ramassez. N.o* 6. *fol.* 84. *verso.*

Voy. sur ces anciens Reglements, cy-dessus, p. 440.

cours; c'est assavoir, les [g] Royaulx d'Or fin que Nous avons fait faire, soient prins & mis pour seize solz huit deniers tournois; & les blancs Deniers à la Couronne qui ont eu cours pour dix deniers tournois, ne soient prins & mis que pour quatre deniers tournois; & les Francs d'Or fin que Nous avons fait faire & ferons faire dores-en-avant, ayent cours & soyent prins & mis d'un chacun, pour vingt solz tournois la Piece & non pour plus; & les petiz deniers parisis & petiz deniers tournois pour ung denier parisis & ung denier tournois la Piece: & si tost comme vous aurez receue ceste presente nostre Ordonnance, Nous vous enjoignons estroictement que [a] tantost vous faciez venir pardevant vous, tous les plus riches & notables Marchans ou la greigneur partie, de vostredite Prevosté & ressort, tant Changeurs, Merciers, Espiciers, Drappiers, Peletiers comme Bouchiers, Taverniers, [b] Taillemeliers & de tous autres Mestiers, & leur faictes jurer aux Sanctes Euvangilles, que ceste presente nostre Ordonnance ilz tiendront & garderont sans aucune transgression, sur peine de perdre tout leur vaillant, & de leurs corps à nostre volenté; & vous mesmes, avant toute euvre, jurez en leur presence, que vous & vos Gens la garderez & tiendrez; & que à tous soit deffendu le fait de Courtaige de Change, saichans pour certain, que de ceulx que l'on pourra trouver depuis faisant le contraire, Nous voulons que pugnition en soit faicte, telle que ce soit exemple à tous autres: & que nul quel qu'il soit, sur ladite peine, ne soit si hardi de billoner ou porter *(b)* dablette en lieu sainct ne dehors, ne faire fait de Change, si ce n'est ès lieux notables & accoustumez, par la forme & maniere que contenu est en nostredite Ordonnance; non contrestant quelzconques Lettres qu'ils ayent de Nous ou d'autres, ne porte aucune [c] maniere de Billon d'Or ou d'Argent hors de nostre Royaume, ne en [d] esloignant la plus prochaine de nos Monnoyes, & que de ceulx qui feront ledit fait de Change n'en ait que [e] droit certain nombre tesmoignié estre souffisant, & qu'ilz ayent noz Lectres & celles des Generaulx-Maistres de noz Monnoyes faictes depuis noz dictes Ordonnances: & afin que vous sachiez que ces Ordonnances sont faictes de nostre conscience & volenté, [f] que pour icelles faire tenir & garder par vous & par vos commis & deputez mieulx que oncques-mais ne fut fait, & que de ce faire soyez diligens, desquelz [g] Nous voulons que vous establissez par eaue & par terre, par les bonnes Villes & par les Foires & Marchiez, telle quantité comme bon vous semblera, Nous avons volu & ordonné, & par ces presentes voulons & ordonnons que vous ayez tant pour vous comme pour eulx, la tierce partie de tout ce qui pourra estre trouvé par eulx prenant & mettant, si [h] n'est aux Changeurs & au marc pour Billon, comme dit est, de toutes les Monnoyes & matieres de Billon d'Or & d'Argent, auxquelles Nous avons osté & ostons le cours du tout; & voulons que tout ce qui sera ainsi à vous aquis & forfait pour la cause dessusdite, soit porté en la plus prochaine de noz Monnoyes, & livré aux Gardes & Maistres d'icelle: & ou cas qu'il n'en y auroit telle & si grant quantité que l'en s'y peust porter bonnement, si soit baillié à certains Changeurs qui en saichent respondre. Si vous mandons, commectons & très estroictement enjoignons sur toute la foy & loyaulté que vous avez à Nous, & [i] doubtez encourre nostre indignation & perdre vostre Office, que ces presentes nos Ordonnances vous faciez tenir & garder par la fourme que dit est: & sachiez pour certain que si vous n'en faictes tant que Nous en puissions apparcevoir, Nous vous en monstrerons nostre desplaisir: & de tout ce faire vous donnons povoir, auctorité & mandement especial par la teneur de ces presentes. *Donné à Paris, le seizieme jour de Janvier, l'An de grace mil trois cens soixante. Ainsi signé.* Par le Roy en son Conseil. J. BLANCH.

JEAN I.er & selon d'autres, Jean II. à Paris, le 16. de Janvier 1360.

* *Voy. cy-dessus, pp. 439. & 441. les deux Mandements du 5. de Decembre 1360.*

a *aussi-tôt.*

b Il y a *Taillemandiers* dans la premiere des deux Copies envoyées de Montpellier. Ce sont les *Patissiers.*

c *matiere.* dans les deux autres Copies.

d *Voy. cy-dessus, p. 148. Note (d)*

e *precisément un certain nombre.*

f Il semble qu'il faudroit *&*, au lieu de *que.*

g *convnis.*

h *ce.* dans les deux autres Copies.

i *craignez.*

NOTES.

(b) Dablette.] Tablette dans les deux autres Copies, & c'est ainsi qu'il faut lire. Voy. cy-dessus p. 90. Note *(d)*.

(a) Lettr

JEAN I.er & selon d'autres, Jean II. à Paris, en Janvier 1360.

(a) Lettres de Sauvegarde pour l'Archevesque & le Chapitre de l'Eglise de Bourges.

JOHANNES Dei gratia Francie Rex. Notum facimus universis presentibus & futuris, quod cum nuper Nos certis rationibus & causis inducti, carissimo filio nostro Johanni, Ducatum Biturie & Arvernie pro se & heredibus suis, duxerimus concedendum & donandum, retentis Nobis ac successoribus nostris Regibus, inter alia, Gardiis Ecclesiarum Cathedralium, cum aliis juribus Nobis competentibus in eisdem, ac aliarum de Regali fundatione existencium, Regaliisque eorum, collationibus Beneficiorum Ecclesiasticorum de fundatione Regia existentium, & aliis Juribus Regalibus Nobis competentibus, prout in Litteris dicte concessionis per Nos facte, plenius continetur: & dilecti nostri Archiepiscopus, Decanus & Capitulum Ecclesie Bituricensis & eorum predecessores, tam conjunctim quàm divisim, sint & hactenus à fundatione dicte Ecclesie, fuerint, tam in capite quàm in membris, cum eorum Officiariis, familiaribus, justiciabilibus & subjectis, Castris, [a] Villa, Domibus, maneriis, Jurisdictionibus, Juribus & hominibus de corpore, ac omnibus eorum bonis ubicunque in Regno nostro existentibus, ad causam dicte Ecclesie, in & sub protectione & Salva-gardia nostra & Predecessorum nostrorum Regum Francie, semperque in omnibus casibus ressorti & superioritatis, ad Judices & Officiarios nostros insolidum habuerint ressortiri, & suum, absque [b] medio, noscantur habuisse ressortum coram dictis Justiciariis & Officiariis nostris; sicque ad Nos, & non ad quemcunque alium, spectet Gardia & protectio, & [c] petissimè dicte Ecclesie Bituricensis, pro qua dictus Archiepiscopus ad fidelitatis juramentum Nobis & Corone Francie tenetur astrictus; ne virtute seu pretextu dicte traditionis, concessionis aut donationis, sit in futurum controversia super Gardia & ressorto predictorum Archiepiscopi, Decani & Capituli, & aliorum predictorum, aut super retencione predicta, Nos Predecessorum nostrorum volentes sequi vestigia, & retentionem in dicta concessione seu donatione de dicto Ducatu factam, suum effectum indubitatum sortiri volentes, attendentes Litteras dicte donationis, in quibus dicte retentiones exprimuntur, penès dictum Filium nostrum, & non dictos Archiepiscopum, Decanum & Capitulum existere, tenore presencium, de certa scientia, declaramus per presentes, nostre intentionis semper fuisse & esse, ante dictam donationem & eam faciendo & etiam post eam jam factam, ut predicti Archiepiscopus, Decanus & Capitulum, tam conjunctim quam divisim, tam in capite quam in membris, cum eorum Officiariis, familiaribus, justiciabilibus & subjectis, Castris, Villis, Domibus, maneriis, Juridictionibus, Juribus & hominibus de corpore, ac omnibus eorum bonis ubicunque in Regno nostro consistentibus, & ad dictos Archiepiscopum, Decanum & Capitulum, tam conjunctim quam divisim, ad causam dicte Ecclesie spectantibus, in nostra, nostrorumque successorum Regum Francie, speciali protectione & Salva-gardia sint & remaneant, & coram dictis nostris Officiariis, & non aliis cujuscunque status, conditionis, potestatis seu dignitatis existant, habeant ressortire, tradicione, concessione seu donacione dicto Filio nostro de dicto Ducatu Bituricensi & Arvernie, aut aliis quibuscunque terris & possessionibus dicti Regni nostri factis dicto Filio nostro, seu etiam cuicunque alteri faciendis, in toto vel in parte, [d] non-obstantibus quibuscunque, sed eos & eorum quemlibet, à dicti Filii nostri & ejus Officiariorum & subditorum ressorto & Juridictione eximimus, seu declaramus per presentes, esse & debere teneri [e]: Inhibentes tenore presentium, dicto Filio nostro omnibusque Justiciariis, Officiariis & subditis, successoribusque suis & aliis quibuscunque dicti Regni nostri, eorumque Loca-tenentibus modernis & futuris, & eorum cuilibet, ne predictos Archiepiscopum, Decanum &

a *Villis. Comme il y a plus bas.*

b Voy. cy-dessus, p. 145. Notes *(ssss)* & *(gggg)*

c potissime.

d traditione, concessione .... non-obstantibus.

e exemptos.

NOTES.

(a) Tresor des Chartres, Registre 89. Piece 509. Voy. cy-dessus p. 263. Note (*a*).

a inquietent.

Capitulum, conjunctim aut separatim, contra tenorem presentium impediant, [a] inquietant aut molestent quovismodo, sed facta in contrarium ad statum pristinum & debitum reducant indilate. Quod ut firmum & stabile permaneat in futurum, sigillum nostrum presentibus Litteris duximus apponendum: Nostro & alieno in omnibus jure salvo. Datum Parisius, Anno Domini millesimo trecentesimo sexagesimo, mense Januarii. *Per Regem, ad relacionem Consilii.* J. CLERICI. *(b)*

NOTES.

(b) A la suite de cette Piece, il y a dans le Registre :

Item. *Aliam Cartam consimilem, pro dicto Archiepiscopo, Decano & Capitulo Bituricensi, & signata ut supra.*

JEAN I.er & selon d'autres, Jean II. à Paris, le 12. de Fevrier 1360.

(a) Exemption d'Imposts pour l'Université de Paris.

JEAN par la grace de Dieu Roy de France : A nos amez & feaux Conseillers les Generaulx par Nous deputez sur les Aydes par Nous dairrainement ordonnés en nostre Royaume, pour le fait de nostre delivrance, Salut & dilection. Comme par nos derraines Ordonnances faites sur les choses dessusdites, Nous aiens ordonné de nostre certaine science & especiale, que nos bien amez les *(b)* Maistres & [b] vrais Escholiers lisans & estudians en quelconque Faculté que ce soit, en l'Université de Paris, soient quittes sans aucune chose payer, de *(c)* Portes, Gabelles, Impositions, Aides & Subsides quelconques, à Nous deuës pour quelconque cause que ce soit, ou cas que il vous apperra sur ce, par [c] certification, sous le saing de l'Université dessusdite, du Recteur: Nous vous mandons & commandons & estroitement enjoignons, & à chacun de vous, si comme à lui appartiendra, que de nostre presente grace vous faciez & laissiez joïr & user paisiblement les deputez Maistres lisans & estudians & chacun d'eulx, sans les detourber ou empescher en aucune maniere ès choses dessusdites: Mais se pour l'occasion de ce, aucuns de leurs biens ou d'aucuns d'eulx, gages ou autres choses estoient prins, saisis ou arrestez depuis nostredite derraine Ordonnance, vous les leur mettez ou faites mettre [d] au delivre, tantost & sans delay. *Donné à Paris, le douziesme jour de Fevrier, l'An de grace mil trois cens soixante.*

b *ceux qui réellement étudient dans l'Université.*

c *Certification du Recteur, faite sous le Sceau de l'Université.*

d *faites delivrer & rendre.*

NOTES.

(a) Histoire de l'Université de Paris, Tom. IV. p. 361. *recto.*

Du Boulay Autheur de cette Histoire, marque en cet endroit, que cette Ordonnance se trouve *in Libro Rectoris*, p. 137.

(b) Les Maistres & vrais Escholiers lisans & estudians.] C'est-à-dire, les Maistres lisans *[enseignans,]* & les Escoliers estudiants.

(c) De portes.] Ce mot paroist corrompu ; à moins qu'on ne voulut dire qu'il signifie les *Entrées* qui se payent aux portes des Villes.

(a) *Mandement qui porte qu'on ne fabriquera des parisis & tournois petits, qu'une journée en quinze jours, & qui fixe le prix du Billon allayé à deux deniers, & à un Denier dix-huit grains.*

JEAN I.er & selon d'autres, Jean II. à S.t Oüin, le 26. de Fevrier 1360.

JEHAN par la grace de Dieu Roy de France: A noz amez & feaulx les Generaulx-Maistres de noz Monnoyes, Salut & dilection. Vous savez comment nagueres, par très-grant & bonne deliberacion euë avec nostre Conseil, pour le bien & prouffit de Nous & de tout le Peuple de nostre Royaume,[a] Nous avons ordonné & vous mandé, que en toutes nos Monnoyes, l'en face[b] & ouvrer gros Deniers blancs à quatre deniers douze grains de loy dit & nommé Argent-le Roy, & de quatre solz six deniers de pois au marc de Paris, aians cours pour dix deniers tournois Piece; en donnant à tous Changeurs & Marchans de chacun marc d'Argent alloyé à icelle loy, cent huit solz tournois: Et petiz Deniers parisis à deux deniers de loy, & de seize solz de poix audit marc: Avec ce, petiz Deniers tournois à un denier dix-huit grains de loy dudit Argent, & de dix-sept solz six deniers de poix audit marc, en donnant à iceulx Changeurs de chacun marc d'Argent alloyé à icelle loy, quatre livres dix-huict solz tournois: Et aussi que l'en face faire Francs d'Or fin de soixante-trois de pois audit marc de Paris, aians cours pour vingt solz tournois la Piece, en donnant pour chacun marc d'Or fin, soixante d'iceulx Francs. Et depuis ce Nous avons entendu, & sommes plainement informé par plusieurs saiges, expers & bien congnoissans ou fait de nosdites Monnoyes, que Nous avons donné & donnons trop grant & excessiz pris en tout Billon alloyé à icelle loy de deux deniers & de ung denier dix-huit grains de loy; parquoy toute ou la plus grant partie de la matiere du Billon, de laquelle l'en deust faire l'Ouvraige d'iceulx gros Deniers blancs, est converty en l'Ouvraige d'iceulx Deniers parisis & tournois petiz; desquelz l'en a ja fait tel & si grant Ouvraige, que nostredit Peuple en plusieurs parties de nostre Royaume en est forment raempli, & que très-grant dommaige seroit à Nous & à iceluy Peuple, si dores-en-avant en estoit fait si grant Ouvraige. Pourquoy Nous, eue sur ce deliberacion avec nostre Conseil & autres congnoissans ou fait, avons ordonné & ordonnons par ces presentes, que de tout le Billon à la loy de deux deniers & de ung denier dix-huict grains, que les Changeurs, Marchans & autres ont à present[c] & apporteront dores-en-avant à noz Monnoyes, tant à Paris comme ailleurs, vous leur faictes payer quatre livres douze solz tournois pour marc tant-seullement; non-obstant que autrefois Nous eussions ordonné & mandé que on leur en paya quatre livres dix-huit solz tournois pour marc, comme dessus est dit. Toutes-voyes nostre entente est, que pour chacun marc d'Argent alloyé à quatre deniers douze grains, lesdiz Changeurs, Marchans & autres ayent cent huit solz tournois selon nostre presente Ordonnance dessusdite; & que si iceulx Changeurs, Marchans & autres veullent alloyer leur bas Billon à la loy desdits quatre deniers douze grains de loy, que lesditz cent huit solz tournois pour marc, leur en soyent payez, comme dit est: Et avec ce Nous avons ordonné que en aucune de nosdites Monnoyes, on ne face ne forge dores-en-avant lesdiz parisis & tournois petiz, (b) que une journée seullement[d] & quinze jours; l'Ouvraige de laquelle pourra bien souffire quant à ce, consideré la grant quantité que l'en a ja fait & forgié, & ce

a *Voy. cy-dessus, pp. 440. & 441. les deux Mandements du 5. de Decembre 1360.*

b *faire &.*

c *Voy. cy-dessous, le Mandement du 24. de Mars suivant.*

d Appar. *en.*

NOTES.

(a) Registre D. de la Cour des Monnoyes de Paris, *fol. 89. recto.*

Avant ce Mandement, il y a: *Le 27.e jour de Fevrier, l'An 1360. fut apporté en la Chambre des Monnoyes à Paris, ung Mandement du Roy nostre Seigneur, duquel la teneur s'ensuit.*

(b) *Que une journée seullement.*] Voicy

que nostre Peuple en est ja assez raempli, comme dit est. Si vous mandons & enjoignons estroictement & à chacun de vous, que nostre presente Ordonnance dessusdite, vous teniez & faictes tenir & garder en nostredite Monnoye de Paris & en toutes noz autres Monnoyes, en mandant tantost bien estroictement par voz Lectres, aux Maistres particuliers & Gardes de nosdites autres Monnoies, que ilz la tiengnent & gardent sans enfraindre, soubz quanques envers Nous ilz se pevent mesfaire. *Donné à Saint Oyn, le vingt-sixiesme jour de Fevrier, l'An de grace mil trois cens soixante. Ainsi signé.* Par le Roy, en son Conseil. ROYER.

NOTES.

ce qui se trouve à ce sujet, dans le Memor. D. de la Chambre des Comptes de Paris, *fol.* 15. *verso.*

Ordinatio Monete nigre.

Die 26. Februar. Dominus Archiepiscopus Senonencis, presente Consilio & Magistris & Clerico Monetarum Parisius, inhibuit ex parte Regis, predictis Magistris & Clerico Monetarum, ne de cetero permitterent fabricari Parisius Monetam nigram, nisi de quindena in quindenam, & in aliis Monetis fiat proportionaliter, prout fieri consuevit.

JEAN I.er & selon d'autres, Jean II. au Louvre près Paris, en Fevrier 1360.

(a) Lettres portant confirmation de plusieurs autres Lettres accordées à la Ville d'Orchies.

JOHANNES Dei gratia Francie Rex. Notum facimus universis tam presentibus quam futuris, Nos vidisse Litteras inclite recordationis carissimi Domini Genitoris nostri, formam que sequitur, continentes.

(b) PHILIPPUS Dei gratia, &c.

Nos autem omnes & singulas Libertates & Previlegia suprascripta, in quantum prenominati de Orchies eisdem hactenus legitime usi sunt, rata & grata habentes, ea volumus, laudamus, approbamus, & auctoritate nostra Regia, tenore presentium confirmamus: Salvo in aliis jure nostro, & in omnibus quolibet alieno. Quod ut firmum & stabile perpetuo perseveret, presentibus Litteris nostrum fecimus apponi sigillum. Actum apud Luparam propè Parisius, Anno Domini millesimo trecentesimo sexagesimo, mense Februarii.

[a] *Par.*

In Requestis Hospicii. CABOCHE.

Collatio facta est cum Originalibus Litteris superius insertis per me CABOCHE.

[a] Il y a une marque d'abreviation sur ce mot.

NOTES.

(a) Tresor des Chartres, Registre 89. Piece 501.

(b) Philippus Dei gratia, &c.] Ces Lettres & plusieurs autres qui les suivent, & dont les dernieres sont les confirmations des premieres, sont imprimées dans le 2. Vol. des Ordonn. p. 420. Le Roy Jean les avoit déja confirmées par ses Lettres du mois d'Avril 1351.

JEAN I.er & selon d'autres, Jean II. à Paris, en Fevrier 1360.

(a) Lettres qui confirment celles du Regent, par lesquelles il avoit esté ordonné que le Monastere de *Monstier en Der* avec ses appartenances, ressortiroit dans la suite à la Prevosté de Bar-sur-Aube.

JOHANNES Dei gratia Francie Rex. Notum facimus universis tam presentibus quam futuris, Nos carissimi Primogeniti nostri Karoli Ducis Normanie, infrascriptas vidisse Litteras, formam que sequitur, continentes.

KAROLUS Regis Francorum Primogenitus, &c. [a]

Quas quidem Litteras suprascriptas, & omnia & singula in ipsis Litteris contenta, ratas habentes & gratas, eas volumus, laudamus, ratifficamus, approbamus, ac de gratia speciali, certa scientia, plenitudine nostre potestatis, tenore presencium confirmamus: Preposito nostro de Barro-super-Albam, qui nunc est & ejus successoribus qui pro tempore fuerint vel eorum Loca-tenentibus, committendo mandantes, quatinus prenominatos Abbatem & Conventum, Officiarios & subditos eorumdem contentos in suprascriptis Litteris & presentibus, uti & gaudere pacifice faciant & permittant; inhibentesque Prepositis de Romayo, de Waisseyo & de Calvomonte modernis & futuris & eorum cuilibet, ne contra tenorem Litterarum suprascriptarum & presencium, ipsos Abbatem & Conventum, Officiarios & subditos eorum aut ipsorum aliquem impediant sive molestent, aut in terris & possessionibus suis aliqua explecta faciant in futurum. Quod ut firmum & stabile perpetuo perseveret, nostrum presentibus Litteris fecimus apponi sigillum: Salvo in aliis jure nostro, & in omnibus quolibet alieno. Datum Parisius, Anno Domini millesimo trecentesimo sexagesimo, mense Februarii.

Per Regem ad relationem Consilii, in quo erant Dominus Archiepiscopus Senonensis, Magistri Guido de Sancto Sepulchro, Petrus de Caritate, & nonnulli alii.

BLANCHET. (b) Scp.

a Ces Lettres sont imprimées cy-dessus, p. 365.

NOTES.

(a) Tresor des Chartres, Registre 89. Piece 534.

(b) Il y a une marque d'abreviation sur ce mot, je crois qu'il signifie *scriptor* qui se trouve à la fin de quelques Lettres.

JEAN I.er & selon d'autres, Jean II. à Paris, le 24. de Mars 1360.

(a) *Mandement qui revoque une des dispositions de celuy du 26. de Febvrier precedent.*

JEHAN par la grace de Dieu Roy de France: A noz amez & feaulx les Generaulx-Maistres de noz Monnoyes, Salut & dilection. Comme par noz autres Lettres données le [b] vingt-sixiesme jour du mois de Fevrier derrenier passé, par très-grant & bonne deliberation eue avec nostre Conseil, & pour les causes contenuës en icelles, Nous avons volu & ordonné, & à vous mandé que depuis ledit jour & doresen-avant, de tout le Billon qui estoit en nosdites Monnoyes, & qui depuis y a esté & sera apporté, alloyé à deux deniers & à ung denier dix-huict grains de loy dit Argent-le-Roy, il ne soit payé à tous Changeurs & Marchans pour chacun marc, fors seullement quatre livres douze solz tournois; & en tout autre Billon alloyé à

b *Voy. cy-dessus, p. 459.*

NOTES.

(a) Registre D. de la Cour des Monnoyes de Paris, *fol. 90. recto.*

JEAN I.er & selon d'autres, Jean II. à Paris, le 24. de Mars 1360.

quatre deniers douze grains de loy, cent huit solz tournois comme paravant, & que en chacune Monnoye, ne soit faict & ouvré que une journée de quinze jours en quinze jours, de petiz deniers parisis & petiz deniers tournois: Et depuis ce, les Changeurs frequentans nostre Monnoye de Paris, Nous ont fait monstrer, en euls gresment complaignans, que trop grant & doumageable chose leur seroit, se d'icelluy Billon qu'ilz avoient livré en nostredite Monnoye, & qui estoit [a] en icelle audit vingt-sixiesme jours de Fevrier, alloyé à deux deniers de loy, comme dit est, il ne leur en estoit payé le droit pris de quatre livres dix-huict solz tournois pour marc, qui par nostre premiere Ordonnance leur fut ordonné, & soubz l'ombre & la seureté de laquelle, ilz apporterent, suppliant que sur ce leur vueillions pourveoir de remede & faire nostre grace, affin qu'ilz ne soyent trop perdans. Savoir vous faisons que il Nous plaist, & par ces presentes vous mandons & à chacun de vous, consideré plusieurs choses que iceulx Changeurs Nous ont fait monstrer, & plusieurs autres qui à ce Nous ont meu, que de tout icelluy Billon alloyé à deux deniers de loy qui estoit audit jour en nostredite Monnoye de Paris, vous leur faciez payer pour chacun marc, quatre livres dix-huit solz tournois, comme dit est, ou cas toutes-voyes [b] qui seroit ouvré en parisis petiz; non contrestant que par nostredite Ordonnance ne leur en ait esté ordonné payer que quatre livres douze solz tournois pour marc. Et si Nous plaist & voulons que si ilz veullent icelluy Billon alloyer à quatre deniers douze grains, comme dit est, qu'ilz en ayent cent huit solz tournois pour marc. Et avec ce, pour plusieurs causes, avons volu & ordonné, & Nous plaist & voulons que tous Changeurs & Maistres particuliers qui voldront [c] affiner ou faire affiner, le puissent faire par vostre Ordonnance; c'est assavoir, ès Villes esquelles Nous avons ordonné à faire noz Monnoyes & non ailleurs, en y commectant à leurs despens, bonnes personnes qui sachent respondre quelle matiere & combien de Billon l'en aura affiné, affin que icelluy affinage puisse estre porté & converti en l'Ouvrage de noz Monnoyes. De toutes ces choses vous donnons povoir, auctorité & mandement especial. *Donné à Paris, le vingt-quatriesme jour de Mars, l'An de grace mil trois cens soixante. Ainsi signé.* Par le Roy, à la relacion du Conseil, ouquel estoient Messieurs l'Arcevesque de Sens, Vous, les Evesques de Beauvays & de Chartres & l'Abbé de [d] Cligny. JOSSE.

a *Voy. cy-dessus, p. 354. Note (a)*

b Peut-être *qu'il.*

c *Voy. cy-dessus, p. 150. Note (q)*

d *Clugny.*

JEAN I.er & selon d'autres, Jean II. à Paris, le 25. de Mars 1360.

(a) Provisions pour Jean Gaitte de l'Office de Visiteur des Ports & Passages dans la Seneschaussée de Nismes & de Beaucaire.

JOHANNES Dei gratia Francorum Rex: Universis presentes Literas inspecturis, Salutem. Notum facimus quod Nobis, post nostrum regressum in Regnum nostrum, ejusdem Regni regimini vacantibus ad nostrum & Reipublice commodum & honorem, & acta post capcionem nostram ad nonnullorum instancias importunas, suas privatas utilitates communi preferre volencium, ad statum debitum reducere volentibus, occurrit super custodia Portuum & Passagiorum ejusdem Regni, fore necessario providendum; in qua siquidem custodia, propter diversorum Officiariorum multitudinem, diversasque impetraciones Officiorum circa eandem custodiam, à Nobis ex uno latere, & à carissimo Primogenito nostro Duce Normannie & Dalphino Viennensi dicto regimini in nostri absentia presidente, ex alio, Nobis innotuit quam plures fraudes & incommoda in nostri & Reipublice offensam commissas fuisse; quapropter hiis & aliis justis causis

NOTES.

(a) Memor. D. de la Chambre des Comptes de Paris, *fol.* 17. *recto.*

Ces Lettres ne sont point une Ordonnance, & elles n'ont esté imprimées icy que parce qu'elles rappellent une Ordonnance sur les Ports & Passages, laquelle n'est pas venue jusqu'à nous. Voy. cy-dessus p. 161. *verso.*

& consideracionibus excitati, habita super hoc nostri Consilii deliberacione, Ordinavimus unum Visitatorem dictorum Portuum & Passagiorum fore de cetero in qualibet Senescallia seu Baillivia Regni nostri, in quibus Portus & Passagia hujusmodi situantur, qui per se & suos deputatos, Officium hujusmodi custodie in destinata sibi Senescallia seu Baillivia exercebit, ad vadia quinqua solidorum turonensium per diem, habenda per manum Receptoris nostri loci, cui ipsum de emolumentis quibuscumque dictorum Portuum & Passagiorum, reddere volumus racionem: Nullusque Magister seu Custos generalis, aliusve Officiarius dictorum Portuum & Passagiorum, preterquam dictus Visitator, de cetero sit ibidem: Quos quidem Magistros seu Custodes generales ceterosque Officiarios predictos, ab eisdem Officiis amovemus tenore presencium, firmiter inhibentes eis pareri quomodolibet vel intendi.

JEAN I.er & selon d'autres, Jean II, à Paris, le 25. de Mars 1360.

Nos igitur accepto fide dignorum relatu super probitate, ydoneitate & diligencia dilecti nostri Johannis Gaitte, & super serviciis suis que ipse diu Nobis fecit, ipsum Johannem Visitatorem dictorum Portuum & Passagiorum in Senescallia Bellicadri & Nemausi, facimus & constituimus per presentes, ad vadia predicta & emolumenta alia consueta, quamdiu nostre fuerit voluntatis. Quapropter mandamus Senescallo dicte Senescallie vel ejus Locum-tenenti, quatenus dictum Johannem in eodem Officio ponat & instituat, recepto ab eo juramento in simili consueto prestari, & eidem suisque deputatis predictis, in dicto Officio pareri faciat, amoto abinde quolibet alio Magistro & Officiario, quos Nos, ut predicitur, amovemus: Receptori insuper dicte Senescalie ut vadia predicta eidem Johanni vel ejus mandato solvat, modo & terminis consuetis: Que cum soluta fuerint, in suis volumus & precipimus compotis allocari. In cujus rei testimonium, presentibus Literis nostrum fecimus apponi sigillum. Datum Parisius, die vigesima-quinta Marcii, Anno Domini millesimo trecentesimo sexagesimo. *(b)*

NOTES.

(b) Dans le Memorial, il y a après ces Lettres.

Item. *Fuit ordinatum quod Petrus Scatisse Thesaurarius, qui novit incombentia dictis Officiis, plures ad hoc ydoneos in partibus Occitanis Visitatores ordinaret & in Senescallis Carcassone & Tholose, & in Baillivia Matisconensi; & super hoc, Rex sibi facultatis, auctoritatis & Commissionis Litteras Regias destinavit.*

Nous insererons aussi icy une autre Article de ce Memor. *fol.* 17. *verso*, qui fait mention d'une Ordonnance que nous n'avons plus.

Die duodecima Mensis Maii 1361. Dominus Carnotensis Espiscopus retulit viva voce in Camera, quod licet alias pluries fuerit ordinatum, mandatum & preceptum omnibus Thesaurariis & Receptoribus, quod nulla debita solvantur aut solvi mandentur per aliquos, nisi prius ante omnia feodis & elemosinis solutis, & reparationibus edificiorum & hereditatum: nihilominus dicte Ordinationes dicta die fuerunt renovate. Denique fuit ordinatum & statutum & juratum tunc per Cameram, quod de ceterò in omnibus Litteris Receptoribus dirigendis de solvenda alicui quecunque pecunie summa, ponatur clausula ista, Feodis & Elemosinis ante omnia persolutis. *Scriptum presentibus Dominis * Cardinali Moriniensi, Episcopo Carnotensi, Presidibus in Camera Compotorum, & aliis Dominis de Camera Presidibus ad Burellum.*

On trouve aussi dans le même Memorial, *fol.* 59. *verso*, une Instruction du 4. d'Aoust 1361. sur les Ports & Passages, que l'on a crû devoir faire imprimer icy.

Originale sub contra sigillo Regis traditum fuit Johanni Labourel Visitatori Portuum in Bailliviis Ambianensi, Tornacensi & Insulensi 22. die Decembris 1363. & sic arrestatum in dicto Originali, & habet computare de dicto facto à 4.a die Augusti 1361. citra.

C'Est l'Instruccion & Ordenance faite & baillée par le Conseil estant en la Chambre des Comptes, au Visiteur des Pors & Passages des Bailliages d'Amiens & de Lille & de Doüay & de [a] Tornisis, de tout ce qui li appartient à faire à titre de sondit Office.

(1) *Premierement.* Le Visiteur recevra pour chascune charge de laine, pesant quatre quintaux au pois de Montpellier, qui sont aus pois des Bailliages dessusdiz, vint & cinq [b] pierres,

a *Tornaisis.*

b *Voy. cy-dessus, p. 254. Note (f)*

NOTES.

* *Le Cardinal,* [Evêque] de Therouane, estoit Gilles Aycelin de Montagu, Chancelier de France. Voy. l'Hist. des Chanceliers de France par du Chesne, p. 344.

JEAN I.er & felon d'autres, Jean II. à Paris, le 25. de Mars 1360.

a Voy. cy-deffus, p. 254. Note (b)

b Voy. cy-deffus, p. 257. Note (n)

c deftinées.

d Droits. Impofts.

e fous peine d'eftre confifquées.

f fils.

g il reglera les Droits à l'amiable avec les Marchands.

h qu'il permette de les faire entrer.

i Voy. cy-deffus, p. 254. Note (h)

k Vaiffelle.

l confifqué.

m il dit qu'il n'a point de Marchandife de contrebande.

n pour leur ufage.

o pour le fervice de leurs Maifons.

p font.

q Voy. cy-deffus, p. 148. Note (d)

r Voy. cy-deffus, Art. 6.

f en.

t confifcations.

u pour augmenter fes gages.

x tromperie.

y n'ait pas lieu.

z aux Marchands qui fe font entendus avec les Fermiers.

lefquelles l'en vouldra traire & mener hors du Royaume, quatre florins de pois : car ainfi eft-il accouftumé de payer à S.t Jean de [a] Laune & ès autres Pors du Royaume, & n'a point de difference entre laines & [b] aignelins.

(2) Item. Ledit Vifiteur recevra pour chafcune charge de laine groffe que l'en appelle laine à tout le *(1)* fenug, deux florins de pois.

(3) Item. Pour chafcune befte à laine & pour chafcune peaulx à laine, trois deniers tournois; & pour chafcun aignel, trois mailles tournois : & ne payeront riens peaulx qui font [c] eftablies pour fourreures.

(4) Item. Soit ordenné par le Vifiteur, deux paffages en chafcun des Bailliages deffufdiz; c'eft affavoir, ès lieux où l'en reçoit les autres [d] devoirs du Roy, par lefquels toutes les laines pafferont, & non par ailleurs, que [e] elles foient forfaites au Roy noftre Seigneur: aufquels paffaiges le Vifiteur ordenera un Depputé à chafcun paffaige, qui lefdites laines pefera & enregiftrera les noms des Marchanz, & en rendra compte au Vifiteur, lequel leur ordenera falaire fouffifant felon la peine qu'il auront à ce faire.

(5) Item. Que ledit Vifiteur recevra de toutes toiles, draps blans & *(2)* efcruz de tous [f] filez de laine, de lin & de chanvre, fept deniers pour livres.

(6) Item. Que nulles tainctures ne paffent fenz congié du Vifiteur, & en prendra prouffit pour le Roy par [g] compoficion, felon la valeur des denrées, ou cas qu'il en donrroit [h] licence. *(3)*

(7) Item. Se aucuns paffent fanz acquitter tout le deu du Roy, tant de la [i] Reve comme d'autres chofes, lefdiz Vifiteur en cognoiftra & les punira par la maniere qui s'enfuit; c'eft affavoir, fe lefdiz Marchans ont celé ou failli à dire verité du nombre de la Marchandife qu'il conduifent, tout ce qui fera trouvé pardeffus, fera confifqué au Roy; & fe lefdiz Marchans avoient failli de dire le vray pris des denrées notables, il doivent amender audit Vifiteur pour chafcun quatre deniers qu'il doivent de la Reve, quatre foulz tournois, felon le ftile accouftumé, & ainfi de toutes marchandifes.

(8) Item. Que on ne peut traire hors dudit Royaume, Monnoie ne Billon ne [k] Vaiffelement d'Or ne d'Argent, qu'il ne foit [l] acquis au Roy par la maniere qui s'enfuit. C'eft affavoir, fe ceulz qui les portent font interroguez par la Garde & il [m] ment la chofe, tout eft confifqué au Roy : & fe il le confeffent & n'y en a que petite quantité pour leurs [n] defpens faire, on les doit laiffier paffer : & tous Nobles & Prelaz & autres Gens honeftes pevent porter leur Vaiffelle [o] pour leur Hoftel fanz offenfe.

(9) Item. Se ceulx qui portent ledit Billon, [p] Changeurs ou Lombars qui fçevent & doivent favoir les Ordennances, s'il en portent quantité, fuppofé qu'il le confeffent, il eft confifqué au Roy; car il fcevent bien qu'il fe meffont quant il ne le portent à la plus prochaine [q] Monnoie du Roy.

(10) Item. Nul ne doit traire hors dudit Royaume grans chevaux, armeures, fer, acier, fuif ou fain, fanz congié ou licence dudit Vifiteur; & en doit prendre prouffit [r] par compoficion felon la valeur des denrées.

(11) Item. Toutes Merceries foient d'Or ou d'Argent, pevent paffer, [f] par payant les quatre deniers pour livre, fenz offence.

(12) Item. Se aucuns eft trouvé portant fauffe Monnoie dedanz le Royaume, le Vifiteur le doit punir civilement, felon ce que le cas requerra.

(13) Item. Que toutes informacions qui fe feront par ledit Vifiteur ou fes deputez, fur le fait des [t] forfaitures qui feront neceffaires à faire pour le proufit du Roy, feront faites au defpens du Roy.

(14) Item. Que le quint des forfaitures foient au Vifiteur, en accroiffant [u] fes gages; car il ne pourroit vivre de cinq foulz pour jour.

(15) Item. Que fe les Fermiers de la Reve ou leurs depputez, ont fait ou font aucun [x] barat ou collufion, par quoy l'amende du Roy foit recelée ou [y] efteinte, ledit Vifiteur les en punira felon la qualité du meffait, & deffendra ledit Vifiteur aus Fermiers ou Receveurs de quatre deniers pour livre, qu'il ne delivrent nulles denrées quelconques [z], jufques à ce qu'il ayent acquitté audit Vifiteur tout le deu du Roy.

NOTES.

(1) Senug.] Je crois que c'eft la Laine que l'on nomme prefentement *Laine graffe* ou *Laine en fuin*, ou *Laine furge*. C'eft la Laine telle qu'elle a efté tonduë ou coupée deffus le corps des Moutons ou Brebis, & avant qu'elle ait efté lavée ni degraiffée. *Dictionn. du Commerce de Savary*, au mot *Laine* p. 470.

(2) Efcruz.] Qui n'ont pas encore efté mis à la leffive dans de l'eauë boüillante, pour les *decreufer* & leur ofter ce qu'on nomme leur *cru*. Voy. le Dictionn. du Commerce de Savary, aux mots *cru*, *decruer* & *efcru*.

(3) Licence.] A cofté de cet Article, eft écrit: *Il a efté enjoint & commandé audit Vifiteur, le 14.e jour de Fevrier 364. que deci à demi An, il lieve & reçoive defdites taintures de 20. deniers un denier, & fein* [fini] *ledit demi An, il en peuu* [n'en prenne plus] *& en efcrira à mefdiz Seigneurs fon avitz, combien il li femblera qu'il en devroit prendre.*

(16) Item.

(16) *Item*. Les Seneschaux, Bailliz, Prevoz ou autres Officiers du Roy ne se pevent ne ne doivent entremettre des cas appartenant audit Visiteur : mais se aucuns [a] dobtes ou deffautes y sont, ou aucunes declaracions à faire de tout & des deppendances, auront la cognoissance les Gens des Comptes.

a *doutes*.

En tesmoing de ce Nous avons fait mettre le Contre-scel du grant Seel du Roy nostre Seigneur, à ceste presente Instruccion, le 4.e jour d'Aoust, l'An mil trois cens soixante & un. *Signé. Par les Gens des Comptes.* P. BRIERRE. *

NOTES.

* Au haut de la page 60. *recto*, où est écrit le dernier Article de cette Instruction, on lit : *Anni Domini 1363. hic clausit Rex Johannes extremum suum diem.*

JEAN Ier & selon d'autres, Jean II. à Paris, en Mars 1360.

(a) Sauvegarde pour le Chapitre de Vivier en Brie, avec attribution de leurs affaires aux Requestes du Palais.

JOHANNES, &c. Notum facimus universis tam presentibus quam futuris, Nos infrascriptas vidisse Litteras carissimi Primogeniti nostri Ducis Normannie & Dalphini Viennensis, formam que sequitur, continentes.

CAROLUS Regis Francie Primogenitus [b] *&c.*

b *V. cette Piece cy-dessus, p. 320.*

Nos autem predicta omnia & singula in Litteris suprascriptis contenta, rata & grata habentes, ea volumus, ratifficamus, approbamus, ac de [c] *nostre auctoritate Regia, certaque scientia tenore presentium confirmamus: Mandantes dilectis & fidelibus Gentibus que nunc tenent & in futurum Parlamentum Regium tenebunt, ceterisque Justiciariis Regni nostri presentibus & futuris, aut eorum Loca-tenentibus & cuilibet eorumdem, quatinus predictos Thesaurarium, Capitulum, Canonicos, Vicarios, Clericos ceterosque Servitores dicte Ecclesie presentes & posteros & eorum quemlibet, contra presentis gratie tenorem, quavis ratione sive causa non impediant,* [d] *molestant seu vexent quoquomodo; immo eosdem & eorum quemlibet, uti & gaudere permittant & faciant pacifice & quiete supradictis omnibus & singulis in dictis Litteris superius incorporatis, sine contradictione quacumque, Ordinationibus, constitutionibus factis vel faciendis non-obstantibus quibuscumque: Salvo in aliis jure nostro & in omnibus quolibet alieno. Quod ut firmum & stabile perpetuo perseveret in futurum, presentibus Litteris nostrum fecimus apponi sigillum.* Datum Parisius, Anno Domini millesimo trecentesimo sexagesimo, mense Marcii.

c nostra.

d molestent.

Per Regem ad relationem Consilii, in quo Vos & Domini Cantor Parisiensis, Decanus Trecensis & plures alii eratis. DE CHASTEILLON.

NOTES.

(a) Tresor des Chartres, Registres 89. Piece 452.

JEAN Ier & selon d'autres, Jean II. à Paris, en Mars 1360.

(a) Sauvegarde pour les Quinze-Vingts.

JOHANNES Dei gratia Francie Rex. Notum facimus universis tam presentibus quam futuris, quod cum dudum beatissime recordationis carissimus Dominus noster Beatus Ludovicus Rex quondam Francorum, congregationem trecentorum Cecorum ardenti devotione & summo desiderio Parisius fundaverit, & retroactis temporibus Ceci

NOTES.

(a) Tresor des Chartres, Registre 89. Piece 606. Voy. cy-dessus p. 263. Note (a).

JEAN I.er & selon d'autres, Jean II. à Paris, en Mars 1360.

predicti [a] & nonnullis Officiariis & subditis nostris multipliciter fuerint dampnificati & gravati, Nos in honorem jam dicti Beati Ludovici, cujus vestigia quantum, juvante Deo, possumus, insequi [b], ad supplicationem congregationis predicte Cecorum, quos nostris temporibus relevari volumus à gravaminibus & pressuris, ut cum per potentiam Regiam senserint se adjutos, pro eadem libencius intercedant apud Deum, locum habitationis eorumdem Parisius, ad quem specialem devotionem gerimus & [c] effectum, una cum dicta congregatione & singulis personis ejusdem, earum familiis, bonis & rebus universis, ad sui juris conservationem duntaxat, in nostris protectione & Salva-gardia Regia speciali suscepimus & ponimus auctoritate Regia, certa scientia & speciali gratia, tenore presentium, & eisdem Gardiatorem specialem Prepositum Parisiensem presentem & futurum vel ejus Locum-tenentem in solidum deputamus, & eidem committimus & mandamus quatinus congregationem predictam ac singulas personas Cecorum predictorum, in suis justis possessionibus, juribus, usibus, Franchisiis, Libertatibus [d] ipsos esse suosque predecessores fuisse pacifice ab antiquo invenerit, manuteneat & conservet, & ab omnibus injuriis, violenciis, oppressionibus, vi armorum, potentia Laicorum, inquietationibus & aliis novitatibus indebitis quibuscumque [e] tuatur & deffendat, non permittens contra eos, eorum familias, res & bona aliquas fieri vel inferri indebitas novitates, quas si in dicte Salvegardie nostre & dictorum supplicancium prejudicium, [f] facta esse vel fuisse repererit, eas ad statum pristinum & debitum reducat seu reduci & Nobis ac Parti propter hoc condigne faciat emendari, dictamque Salvam-gardiam nostram in locis ubi expedierit, & personis de quibus fuerit requisitus, significet & publicari faciat, & procuret diligenter, inhibeatque aut inhiberi faciat ex parte nostra, omnibus illis de quibus fuerit requisitus, sub certa pena Nobis applicanda, ne dictis supplicantibus, eorum familiis, rebus & bonis forefacere presumant, & [g] assecuramentum ab illis à quibus illud exegerint, juxta Patrie consuetudinem eisdem faciat prestari: Et si in casu novitatis inter ipsos ratione bonorum suorum & alios, aliquod oriatur debatum, debato ipso & re contentiosa ad manum Regiam tanquam superiorem, positis, & facta recredentia ubi & prout fuerit facienda, exhibeat super hiis Partibus, ipsis auditis, celeris Justicie complementum: Et pro premissis diligencius exequendis, unum vel plures de Servientibus nostris, [h] suis sumptibus & expensis, deputet eisdem, si & dum super hoc fuerit requisitus: Qui tamen de hiis que Cause cognitionem exigunt, se nullatenus intromittant. Cui Preposito & suis in hac parte [i] deputamus, ab omnibus pareri volumus & jubemus, & ex ampliori gratia, dictam Congregationem & singulas personas ejusdem, ab omnibus prisis, talliis, collectis, impositionibus, (b) trederiis & subsidiis aliis quibuscumque de novo impositis vel imposterum imponendis, eorum tamen mercaturis & subsidio pro nostra redemptione imposito, duntaxat exceptis, eximimus & exemptos ac quictos & immunes esse volumus & jubemus, universis Justiciariis, Officiariis, Commissariis nostris presentibus & futuris, ut ad quemlibet ipsorum pertinuerit, precipiendo mandantes quatinus Congregationem predictam & singulas personas ejusdem, contra tenorem nostre presentis gratie nullatenus impediant vel molestent, sed ea uti & gaudere perpetuo ac pacifice faciant & permittant, Ordinationibus vel mandatis contrariis non-obstantibus quibuscumque. Quod ut perpetuum robur obtineat, presentes Litteras sigilli nostri impensione fecimus communiri: Nostro in aliis & alieno in omnibus jure salvo. Datum & actum Parisius, Anno Domini millesimo trecentesimo sexagesimo, mense Marcii.

Per Regem.

MELLOU.

[a] a.

[b] volumus.

[c] affectum.

[d] in quibus.

[e] tueatur.

[f] factas.

[g] Voy. cy-dessus, p. 264. Note (b)

[h] eorum. *Voy. les autres Lettres de Sauve-garde.*

[i] deputatis.

NOTES.

(b) *Trederis.*] Ce mot qui n'est pas dans du Cange, est peut-estre le nom latin de l'Impost nommé *Treuz*, ou *Treu*, sur lequel. Voy. cy-dessous p. 471. Note (b). Peut-estre aussi faut-il corriger *deveriis*.

JEAN I.er & selon d'autres, Jean II. à Paris, en Mars 1360.

(a) Ordonnance qui permet aux Juifs de demeurer dans le Royaume pendant vingt ans, moyennant une certaine finance qu'ils payeront en y entrant, & une redevance annuelle qu'ils payeront pendant le temps qu'ils y demeureront.

JEHAN par la grace de Dieu Roys de France. Comme par l'umble supplication de l'Université ou Communalté des Juyfs & Juyfves estans & demourans & conversans par le monde, & especialment es mettes [a] & marches de notre Royaume, à Nous par euls faite, ayons entendu que yceuls Juifs & Juyfves anciennement demourerent en nôtredit Royaume, ouquel il [b] acquesterent grans richesses, & depuis pour certaines causes, aucuns de noz devanciers Roys de France, les en midrent hors, pour laquelle chose yceulx Juyfs & Juyfves perdirent grant partie de leur [c] chevance qu'il avoit en notredit Royaume, & ont longuement demouré & habité & conversé en diverses parties du monde, & especialment environ notredit Royaume: Et pour ce qu'il ont grant desir & volenté de retourner, habiter & demourer en notredit Royaume, & plus que à nul autre Pays du monde, si comme il dient, Nous ont fait humblement supplier que comme notre très chier & *(b)* ainsné Filz leur eust pour le temps qu'il estoit regent nôtre Royaume en nostre absence, octroyé par bonne & meure deliberation de Conseil,

JOHANNES Dei gratia Francorum Rex. Cum prout ex humili supplicatione Universitatis Judeorum & Judearum per universum orbem diffusorum, & presertim in confinibus vel liminibus Regni nostri undique commorancium, Nobis exhibita, percepimus, ipsi qui dudum in Regno nostro morari consueverant, in quo facultatibus habundabant, pridem perinclite memorie nonnullos Dominos & Predecessores nostros Reges Francie, à dicto Regno nostro expulsi fuerunt vel semoti, quamobrem quamplurimum dampnificati fuerunt, diuque extrà Regnum predictum nostrum traxerunt moram: ipsi qui pre ceteris mundi partibus, dictum Regnum nostrum cupiant remeare, Nobis humiliter supplicarunt, ut cum carissimus Primogenitus noster, dum Nobis absentibus, Regnum nostrum regebat, diligenti & maturâ Consilii deliberatione prehabita,

a *sur les Frontieres.*

b *acquirent.*

c *bien.*

NOTES.

(a) Tresor des Chartres, Registre 89. pour les Années 1356. &c. jusqu'en 1361. Piece 665.

Le Roy par cette Ordonnance & les deux suivantes, permet aux Juifs de venir demeurer dans le Royaume pendant vingt ans, moyennant une finance qu'ils payeront en y entrant, & une redevance annuelle qu'ils payeront pendant le temps qu'ils y demeureront: Il les prend sous sa sauvegarde & protection, & leur donne le Comte d'Estampes Prince du Sang pour Gardien & Conservateur de leurs Privileges, & il leur accorde des franchises & des immunitez.

Le Royaume estant alors épuisé par les dépenses d'une longue guerre, & le Roy ayant un besoin très pressant d'Argent pour payer sa rançon, on eust recours à une ressource, dont on avoit souvent fait usage dans les temps anterieurs: car il paroist par l'Histoire, que l'on a souvent chassé les Juifs hors du Royaume pour s'emparer de leurs biens, & qu'on les y a souvent rappellez, moyennant Finance.

Le Roy Jean pour les engager à revenir dans le Royaume, leur accorda de très grands Privileges & des Franchises très avantageuses: & dans les Lettres qui furent dressées à ce sujet, on tâcha de prevenir tous les pretextes dont on s'estoit servi autrefois, pour fatiguer les Juifs, & pour en tirer de l'Argent par des amendes & des confiscations. C'est ce dont on pourra juger, en comparant les dispositions des troisiémes Lettres, avec la Table des Matieres du premier Vol. des Ordonnances. Voy. cy-dessus p. 351. les Lettres du 5. de Juillet 1359. & cy-dessous les Lettres du 26. d'Avril 1361.

(b) Aisné Fils.] Cette Ordonnance ne s'est pas conservée jusqu'à nous. Voy. un plus grand détail sur ce qu'elle contenoit, cy-dessous dans des Lettres du 26. d'Avril 1361.

JEAN I.er & selon d'autres, Jean II. à Paris, en Mars 1360.

(1) Ceci n'est pas dans le François.

a avec.

(2) &.

(3) undecumque.

(4) locis.

b *Bourgs.*

(5) Liberis.

c *domestique.*

d *vieux.*

l'entrée & la demeure ou habitation en nôtre Royaume, jusques à vingt ans, à compter de la date des Lettres de notredit ainsné Filz sur ce faites, Nous sur ce veullions estre courtoys, gracieux, liberaulx & favorables; sçavoir faisons à touz presenz & avenir, que Nous considerans les choses dessusdictes & autres qui à ce Nous ont meu, eu premierement sur ce déliberation, avis & conseil,[a] à grant meureté & diligence, avec aucuns Prellaz, Contes, Barons, Genz d'Eglise, Nobles, Bourgoys saiges & discrez, & autres habitanz de nostre Royaume, avons recueilly & recueillons, receu & recevons touz lesdiz Juyfs & Juyfves, de quelque estat ou condition qu'il soient, avec leur lignié & famille, qui vouldront retourner, demourer, habiter & sejorner en notredit Royaume, & en icelui leur avons octroié & octroions leur demeure, conversation & habitation; c'est assavoir, jusques à vingt ans entiers & accomplis, à compter de la date de ces presentes, de notre auctorité & plaine puissance, de certaine science & de notre grace especial, & par ces presentes leur donnons povoir, auctorité, congié & licence de retourner & entrer quant il vouront, en nostredit Royaume, de demourer & habiter en ycelui, en quelconques Citez, Chasteaulx, Villes, [b] Bours & autres lieux, de y acquerir maysons & possider, souz les conditions, modifications & par la maniere qui s'ensuit; souz lesquelles aussi notredit Ainsné Filz leur bailla, donna & octroya l'entrée & demeure an nostredit Royaume: C'est assavoir, que chascun Juyfs *(c)* Chief d'Ostel & marié qui entrera pour demourer en notredit Royaume, Nous payera ou à nos Commis & deputez sur ce, pour lui & sa fame pour leur entrée, quatorze Florins de Florance de bon poys, & pour chascun de ses Enfanz ou Genz de sa famille ou [c] mesnie, un Florin de Florance & deux gros tournoys [d] viez: Et si ledit Juyf Chief d'Ostel n'estoit mie mariez, si paiera-il autant comme dessus est dit du Juyf marié Chief d'Ostel; C'est assavoir, quatorze Florins de

introitum & moram in Regno nostro usque ad viginti annos, à datâ dicti Primogeniti nostri Literarum computandos, & eisdem nonnulla (1) Privilegia concesserit, velimus eisdem super hoc Nos reddere more solito, liberales. Notum igitur facimus universis presentibus & futuris, quod Nos ex causis predictis & aliis ad hec Nos inducentibus, dictorum Judeorum & Judearum supplicationibus humilibus inclinati, deliberatione maturâ consilii plurium Prelatorum, Gencium Cleri, Comitum, Baronum & aliorum habitancium vel incolarum Regni nostri prudenciumque virorum, prehabita, prefatos Judeos & Judeas, eorumque Liberos natos (2) nascituros, cujuscumque status aut conditionis existant, (3) undecumque veniant, in Regno nostro suscipimus atque recolimus, & eisdem moram in Regno nostro ubicumque in Civitatibus, Villis, Castris, Burgis & aliis (4) loci Regni nostri usque ad viginti annos, concedimus per presentes, de nostris auctoritate & plenitudine potestatis Regie, ex certâ scientiâ ac de gratiâ speciali, dantes eisdem Judeis & cuilibet eorumdem, potestatem, licenciam & auctoritatem intrandi Regnum nostrum, si & quando sibi placuerit, in ipso moram trahendi in Civitatibus, Villis, Castris, Burgis & aliis quibuscumque locis Regni nostri, domos licite acquirendi & eas possidendi; sub modis tamen & condicionibus que secuntur, sub quibus & prout dictus Filius noster eisdem introitum & moram in Regno nostro concesserat, ut prefertur: Videlicet, quod quilibet Judeus uxoratus Caput domus intrans Regnum nostrum pro morando, residendo vel remanendo in eodem, solvet Nobis vel à Nobis super hoc deputandis, pro se & uxore sua pro introitu, quatuordecim Florenos Auri de Florentiâ boni & legitimi ponderis: Et pro (5) Libris suis vel Gentibus sive de suâ familiâ existentibus quibuscumque; videlicet, pro quolibet, unum Florenum de Florentiâ boni ponderis, cum duobus grossis turonensibus antiquis. Si vero Judeus Caput domus uxoratus non existat, solvet tantumdem sicut Judeus uxoratus solvere tenetur, pro se videlicet, quatuordecim Florenos Auri de

NOTES.

(c) Chief d'Ostel.] C'est-à-dire, Pere, de famille n'estant plus sous l'autorité de Pere ni de Mere. Voy. cy-dessus p. 24. Note (.. une expression à peu près semblable.

JEAN I.er & selon d'autres, Jean II. à Paris, en Mars 1360.

Florance, & autant paiera chascune Juysve Chief d'Ostel non mariée, & avec ce, paiera chascun Juyf Chief d'Ostel marié pour luy & pour sa fame chascun an, tant comme il demouront en notredit Royaume, sept Florins de Florance, & pour chascun de ses Enfanz & Genz de sa mesgnie, pour chascune teste ou personne, un Florin de Florance chascun an: & par semblable maniere, payera chascun Juyf Chief d'Ostel non marié & chascune Juysve Chief d'Ostel non mariée; C'est assavoir, chascun sept Florin de Florance chascun an. Desquiex Floriuz & Somme de deniers, Nous avons donné & donnons par ces presentes de grace especial, à Manecier de Vezou Juyf, qui a traitié & poursuy les choses dessusdictes pardevers Nous & notredit Ainsné Filz, comme dit est, pour cause de sa peine, travail, deligence, mises & despens qu'il a euz, souffers & soustenuz ou temps passé en ce poursuivant; C'est assavoir, desdiz quatorze Florins d'entrée, deux Florins aveuc les deux viez gros dessusdiz: Et pour la peine, travail & deligence qu'il aura dores-en-avant à faire l'Office de recepte des choses dessusdictes, à quoy Nous l'avons commis à lever par lui & par ses deputez, des sept Florins pour la censive & demeure chascun an, un Florin, comme dessus est dit: parmi ce toutesvoies, que ledit Manessier Nous sera tenuz & le Nous a promiz en bonne foy, tout le [a] remenant: C'est assavoir les doulze Florins pour entrée & les autres sommes dessusdictes, Nous rendre & payer franchement en notre Tresor à Paris chascun an, si comme en noz autres Lettres sur ce faictes, l'en dit plus à plain estre contenu.

Florentia: & Judea tantumdem, que esset Caput domus, licet non habeat maritum: solvetque quilibet Judeus uxoratus pro se & uxore sua anno quolibet, septem Florenos Auri de Florentiâ ponderis predicti, & pro omnibus suis Liberis & familia, pro quolibet capite vel pro qualibet persona, unum Florenum de Florenciâ in anno: & pari forma, solvet Judeus (1) capud Hospicii non uxoratus; & Judea capud Hospicii non (2) marita; videlicet, quilibet septem Florenos de Florenciâ quolibet anno. De quibus tamen summis Florenorum & pecunie, Nos Manacerio de Vezou Judeo, qui pro premissis pridem cum dicto Primogenito nostro & Nobis tractavit pro Judeis predictis, pro suis penâ, diligenciâ, salario, stipendiis, labore, sumptibus & expensis temporis preteriti, donamus per presentes; videlicet, de predictis quatuordecim Florenis pro introitu, duos Florenos cum duobus grossis supradictis, (3) & causa Officii Recepte predictorum, ad quam ipsum commisimus dictas redibencias colligere & recipere per se & per suos ad hoc deputatos: de septem Florenis pro Censivâ vel mora, unum Florenum, ut superius est expressum: mediantibus quibus tamen, prefatus Manacerius tenebitur & Nobis bona fide promisit, residuum; videlicet, duodecim Florenos & alias summas supradictas Nobis solvere & reddere in nostro Thesauro Parisiensi, pro ut in nostris aliis Literis super hoc confectis, latius dicitur contineri.

(1) caput.

(2) maritata.

(3) ex.

[a] restant.

Pour lesquelles finances & sommes de Florins à Nous paiant pour leur entrée & pour leur demeure en notre Royaume, comme dit est, & pour consideration des choses dessusdictes, & pour plusieurs autres causes qui à ce Nous ont meu, Nous avons comme dessus est dit, receu & recueilli lesdiz Juifs & Juysves en notredit Royaume, jusques au temps dessusdit, en prenant & mettant yceulx Juifs & Juysves avec leurs Enfanz, mesgniées & biens meubles quelconques, en notre sauf conduit & en notre sauve & especial Garde & protection durant ledit temps. Si donnons en mandement & commandons à touz noz Lieuxtenans, Capitaines de Pays, Seneschals, Baillifs, Viguiers, Receveurs, Prevoz,

Quibus quidem financiis vel Florenorum summis mediantibus, eisdem Judeis utriusque sexus, introitum & moram in Regno nostro usque ad tempus superius expressum, concedimus per presentes, (4) consideratione & intuitu premissorum, ipsos Judeos & Judeas, Liberos & familiares ipsorum, & quemlibet eorumdem bonaque mobilia ipsorum universa acquisita & acquirenda, in & sub nostris salvis & specialibus (5) conductu, protectione & Gardia recipientes usque ad tempus predictum: Mandantes & precipientes districte omnibus & singulis locum vel loca nostra tenentibus, Capitaneis & Senescallis, Baillivis, Vicariis, (6) Rectoribus, Prepositis, Majoribus,

(4) &.

(5) sauf-conduit.

(6) Receptoribus. Voy. le François.

JEAN I.er & selon d'autres, Jean II. à Paris, en Mars 1360.

Maires, Jurez, Eschevins & autres quelconques Justiciers de notredit Royaume presens & avenir, & à leurs Lieux-tenans, & à chascun d'eulx, que il [a] suffrent & laissent lesdiz Juyfs & Juyfves, leurs Enfanz & mesgniées avec tous leurs biens, entrer & venir, demourer & habiter en notredit Royaume, passer [b] pour yceluì durant ledit temps, & repasser quant il leur plaira, sanz empechement, contredit ou difficulté quelconques, en rappellant & mettant au premier estat & deu, tout ce que il trouveront estre ou avoir esté fait au contraire des choses dessusdites, [c] ne contre lesdiz Juyfs & Juyves, leurs Enfans, famille & biens quelconques: Et yceulx facent & laissent joir & user paisiblement, des Privileges à euls octroyez de noz devanciers Roys de France, & de Nous paravant leur departement de notredit Royaume, comme dit est, desquiex il leur [d] apperra, ou du *vidimus* ou transcript d'iceulx fait souz Scel Royal: Et pour ce que lesdiz Juifs & Juyves pourront avoir à faire de ces presentes en plusieurs lieux esquiex il ne pourroient avoir aisiement ne ne pourroient bonnement porter ces presentes, Nous voulons & leur octroions de grace especial, [e] qu'il adjoustent foy au *vidimus* ou transcript de ces presentes, ou de la clause d'icelles dont il auront à faire, faite soubz [f] Scel Royal, comme il feroient à ces presentes. Et pour ce que ce soit ferme chose & estable à durer pour le temps dessusdit, Nous avons fait mettre nostre seel à ces presentes Lettres: sauf en autres choses notre droit & l'autruy en toutes. *Ce fu fait & donné à Paris, l'An de grace mil trois cens soixante, ou moys de Mars.*

Par le Roy en son Conseil estant en la Chambre des Comptes. J. DE VERNON.

a *souffrent.*

b *par.*

c *&.*

d *appairoistra.*

e *les Juges.*

f Il y a dans le latin, *fait sous le Scel du Chastelet de Paris.*

*Juratis, Scabinis & aliis quibuscumque Justiciariis dicti Regni nostri presentibus & futuris, vel eorum Loca-tenentibus & eorum cuilibet, quatenus prefatos Judeos & Judeas, Liberos familiaresque & servitores ipsorum, Regnum nostrum intrare, in eodem morari, conversari, habitare, venire, transire & inde recedere durante tempore predicto, cum eis placuerit, permittant absque contradicione, impedimento, perturbatione vel inquietatione quibuscumque: quidquid contra ipsos, eorum quemlibet vel ipsorum bona factum repererint, ad statum pristinum & debitum reducendo vel faciendo indilate reduci: ipsosque & eorum quemlibet omnibus suis Privilegiis abolim à Predecessoribus nostris Regibus Francie ante ipsorum dudum recessum predictum à Regno, concessis, de quibus vel eorum transcriptis sub sigillis Regiis confectis, constabit, uti pacifice faciant & gaudere: & quia prefati Judei & Judee liberi & familie ipsorum presentibus pluries forsitan poterunt indigere, quas habere sine magnis dispendiis & sumptibus, ac secum deferre faciliter nequirent vel auderent, volumus & eisdem de gratiâ speciali concedimus per presentes, quatenus transsumpto vel Vi*dimus *Literarum presentium seu clausule quâ indigebunt vel volent extrahere de presentibus, sub sigillo Castelleti Parisiensis confecto, adhibeatur ubicumque, sicut presentibus, plena fides: Que ut roboris stabilitate firmentur, Literas presentes nostri sigilli fecimus appensione muniri: Jure nostro in aliis salvo, & in omnibus quolibet alieno.* Datum Parisius, Anno Domini millesimo trecentesimo sexagesimo, mense Marcii.

Per Regem in suo Consilio, in Camera Compotorum existente. J. DE VERNON.

JEAN I.er & felon d'autres, Jean II. à Paris, en Mars 1360.

(a) Lettres par lesquelles le Roy prend sous sa sauvegarde les Juifs demeurans dans le Royaume, & leur donne le Comte d'Estampes pour Gardien & pour Conservateur de leurs Privileges.

JEHAN par la grace de Dieu, Roys de France: Savoir faisons à touz presens & à venir, que comme Nous eue sur ce grant & meure deliberation de conseil, & pour certaines causes & evidanz touchanz le prouffit dudit Royaume, & qui à ce Nous ont meu, avons nagueres volu & ordené que touz & quelconques Juifs & Juyves, granz & petiz, de quelconques estat & condition qu'il seroient, qui vouldroient estre, habiter, frequanter & demourer oudit Royaume jusques à la fin de vint ans entresivant, Nous les y recevrions benignement & [a] recueildrions, en Nous payant pour chascun an durant ledit temps, certains *(b)* Treuz, redevances & subventions, [b] pour leur premiere [c] antée certaine somme d'Argent, si comme ce & plusieurs autres choses en nozdictes autres [d] Lettres qu'il ont de Nous sur ce, sont plus à plain contenuës: Et pour ce que aucuns desdiz Juyfs & Juysves, qui desja sont venut, [e] demourent oudit Royaume, par vertu de l'octroy autrefoiz à eulx fait par notre très-chier Ainsné Filz lors Regent notre Royaume en notre absence; & aussi ceulx qui encore dedenz ledit temps, venir demourer y vouldroient, ne pourroient bonnement ne seurement aler [f] pour ledit Royaume, ne en ycelui demourer pour faire & exercer leurs Marchandises & besoignes, ne Nous paier lesdiz redevances & subventions, se par Nous maintenuz & gardez [g] par noz Justiciers, Officiers & subgiez, selon la teneur de leursdictes Lettres; mesmement qu'il sont de telle condicion, qu'il n'ont pais ne lieu propre aucun en toute Chretianté, où il puissent demourer, frequanter ne y habiter, se ce n'est de la propre & pure licence & volenté du Seigneur ou Seigneurs soubz qui il se vouldroient asseoir pour demourer souz eulz comme leurs subgiez, & qui à ce les vouldroient recueillir & recevoir. Nous avons retenu & reservé, & par la teneur de ces presentes, de notre certaine science, auctorité & plaine puissance & de grace especial, retenons & reservons devers Nous, toute la Court & cognoissance de touz & quelconques cas en quoy iceulx Juys & Juyves ou aucuns d'eulx, ja avenuz ou avenir durant ledit temps pour demourer oudit Royaume, se pourroient messaire en quelque maniere que ce fust, sanz ce toutes-voies que desdiz Juys & Juyves, aucun ou cas dessusdit, ait cognoissance aucune, fors que Nous ou noz commis & deputez à ce. Et pour ce que mieux & plus deligemment & seurement il puissent faire & procurer toutes les besoignes, causes & querelles meues ou à mouvoir, procurer [h] poursuivre, & leurs debtes quelconques cueillir & recevoir par ledit Royaume, yceuix Juys & Juyves, tant conjoinctement comme divisément, avecques leurs Genz, famille & biens quelconques, avons pris & mis, prenons & mettons en & sur protection & Sauve garde especial, à y estre tenuz & gardez durant le temps dessusdit: Et pour ce faire, leur commectons & deputons par ces presentes, en Gardien & Juge seul & pour le tout, notre amé & feal Cousin Loys à present *(c)* Conte [i] d'Estampes, lequel Nous voulons que il ou ses commis ou deputez à ce, ou leur substituz, les facent paier de toutes leurs debtes qui leur sont ou pourroient estre deuës durant le temps dessusdit, oudit Royaume, en contraignant ou faisant contraindre *(d)* les debteurs ou

a *recueillerions*

b *&.*

c *entrée.*

d *Ce sont les precedentes.*

e *&.*

f *par.*

g *n'estoient, &.*

h *&.*

i *Voy. cy-dessus, p. 167. Note (f).*

NOTES.

(a) Tresor des Chartres, Registre 89. pour les Années 1356. &c. jusqu'en 1361. Piece 667. Voy. cy-dessus p. 467. Note (a).

(b) *Treuz.*] Impost. Voy. le Gloss. du Droit Franç. de M. de Lauriere au mot *Treu.*

(c) Conte d'Estampes.] Le Comte d'Estampes estoit déja Gardien & Juge des Juifs, le 5. de Juillet 1359. Voy. cy-dessus p. 351. les Lettres de ce jour.

(d) Les debteurs ou créanciers.] Il semble

JEAN I.er & ſelon d'autres, Jean II. à Paris, en Mars 1360.

créanciers & chaſcun d'eulx, ainſi & en la maniere que à ce ſeroient obligiez: Et de toutes leurs cauſes & querelles meues & à mouvoir contre eulx ou autres perſonnes quelconques, cognoiſtre & ycelles mettre à fin par voie de Juſtice raiſonablement, & auſſi les maintiegne & garde ou face maintenir & garder en toutes leurs Libertez, Franchiſes, juſtes poſſeſſions & ſaiſines eſquelles il les trouveront eſtre d'ancienneté, & d'icelles les facent uſer & joir ſelon le contenu de leurſdiz Privileges, & les gardent, deffendent & facent deffendre de toutes injures, violences, griefs, oppreſſions, moleſtations, force d'armes, puiſſance de Lays, nouveletez indeuës, ſanz faire ou ſouffrir eſtre fait aucune nouveletez indeuës ou injures [a] leſdiz Juys ou Juyves, leſquelles, ſe il trouvent eſtre fait ou prejudice deſdiz Juys & Juyves, ſi les rappellent & remettent ou facent remettre au premier eſtat & deu, & avec ce, le facent amender à Nous & à Partie, ſi comme il appartendra, & leur facent doner & à chaſcun d'eulx, bon & loyal [b] aſſeurement ſelon la Couſtume du pais, ſe il le requierent; & en cas d'oppoſition quant aus debtes, *(e)* notre main ſouffiſamment garnie juſques aux ſommes contenuës en Lettres ſcellées ſouz Seeaulx Royaulx: Et ſe en cas de nouvelleté aucun [c] debet ſe muet entre leſdiz Juys & Juyves & aucuns autres, le debat & la choſe contencieuſe mis en notre main comme ſouveraine, les lieux reſtabliz [d] royaument & de fait, des choſes oſtées la récreance fait à celui à qui il appartiendra, facent notredit Couſin & ſes commis & deputez ſur ce, eſdites Cauſes d'oppoſition, les Parties oyes, bon accompliſſement de Juſtice. Si donnons en mandement à notredit Couſin & à ſes deputez, que ceſte preſente Sauve-garde facent crier publiquement de par Nous, par toutes les Villes & lieux dudit Royaume, qui de par leſdiz Juifs & Juyſves ou l'un d'eulx, requis en ſeroient, en deffendant que aucun, ſur certaine & groſſe ſomme d'Or ou d'Argent à eſtre pour ce appliquée à Nous, ne meſface ou ſeuffre meſfaire auſdiz Juys & Juyves, l'un d'eulx, leurs Genz, famille & biens quelconques: De ce faire donons plain povoir, auctorité & mandement eſpecial à noſtredit Couſin & à ſeſdiz commis ou deputez en ce de par lui, & leurs ſubſtituz & à chaſcun d'eulx; auſquieux ſubſtituz & à chaſcun d'eulx, Nous donnons autel povoir & auctorité comme à notredit Couſin & à ſeſdiz commis ou deputez, & voulons leur eſtre obey & à chaſcun d'eulx en faiſant & accompliſſant les choſes deſſuſdictes & chaſcune d'icelles, entierement ſanz aucun contredit. Mandons à touz noz Juſticiers & Officiers & ſubgiez & à leurz Lieuxtenans, & à chaſcun d'eulx comme à lui appartendra, que audit notre Couſin, ſes commis ou deputez ou leurs ſubſtituz & chaſcun d'eulx, en acompliſſement & enterinement des choſes deſſuſdictes & chaſcune d'icelles, obéiſſent & entendent diligemment, & leur preſtent conſeil, confort & aide, ſe meſtier en avoient, & par eulx ou l'un d'eulx en eſtoient requis: Voulons d'abondant, que de ces preſentes ſe puiſſe faire un ou pluſieurs *Vidimus* ſoubz Seel Royal, auquel ou auquels *Vidimus* par tout là où portez ſeroient, ſoit obey & foy adjouſtée plainement comme à ces preſentes Lettres Originaux. Et pour ce que ce ſoit ferme choſe & eſtable à durer pour tout le temps deſ'udit, Nous avons fait mettre notre Seel à ces preſentes Lettres: ſauf en autres choſes nôtre droit & en toutes l'autrui. *Donné à Paris, l'An de grace mil trois cens ſexante, ou moys de Mars.* Par le Roy en ſon Conſeil, eſtant en la Chambre des Comptes. J. DE VERNON.

[a] *auſdits.*

[b] *Voy. cy-deſſus, p. 264. Note (b) & p. 403. Note (e)*

[c] *debat.*

[d] *réellement.*

NOTES.

que *creancier* ſoit là ſynonime de *debiteur*. *Créancier* pris dans ce ſens, peut venir de *creanter*, qui ſignifie promettre avec ferment. Voy. le Gloſſ. du Droit Franç. de M. de Lauriere, au mot *creanter*.

(e) Noſtre main ſouffiſamment garnie.] C'eſt-à-dire, que les effets du debiteur ſeront ſaiſis & remis entre les mains d'un Commiſſaire du Roy. Voy. le Gloſſ. du Droit Franç. de M. de Lauriere, au mot *main du Roy*.

(a) Privileges

JEAN I.er & selon d'autres, Jean II. à Paris, en Mars 1360.

(a) *Privileges, immunitez & franchises accordées aux Juifs demeurans dans le Royaume.*

JEHAN par la grace de Dieu Roys de France. Il est chose convenable, & si avons acoustumé de donner à ceulx à qui Nous avons fait & octroyé aucune grace par notre liberalité, à leur octroyer Privilege, Libertez & Franchises, senz lesquels notre premier don & octroy ne leur pourroit valoir ou profiter: Et pour ce, comme nostre très-chier Ainsné Filz ait pour le temps qu'il estoit en nostre absence regent notre Royaume, pour certaines causes regardant & touchant le proufit commun de nostredit Royaume, donné & octroyé par [a] ces Lettres, à touz Juys & Juyves qui vourroient retourner & venir demourer & habiter en notre Royaume, que il y peussent venir & demourer jusques à vingt ans: Et Nous après par noz [b] Lettres, en approvant & confermant l'octroy fait par notredit Filz, ayons par grant & meure deliberation de conseil eue avec plusieurs de notre Lignage, Prelaz, Dux, Barons, Princes, Gens d'Eglise, Nobles & autres Habitans de nôtre Royaume, & sages personnes, octroyé ausdiz Juys & Juyves & leurs Enfanz, Genz & mesnie, le retour, [c] demorer & habitation audit Royaume, jusques à vint ans continuellement entresivans, à compter de la date de ces presentes, soubz certaines conditions & modifications, & pour certaines sommes de Deniers que il Nous devront & seront tenuz de payer à [d] l'entrée, & chascun an durant le temps dessusdit, & yceulx Juys & Juyves, leurs Enfanz, mesnie & biens quelconques, aions pris & mis en notre sauf conduit, sauve & special garde, si comme les choses dessusdictes puent plus pleinement apparoir par noz [e] Lettres & par les Lettres de notredit Filz sur ce faites: Et pour ce que il ne pourroient ou oseroient bonnement, [f] ne sauroient demourer en notre Royaume & pais, se il n'avoient de Nous certains Privileges, Libertez & Immunitez, par lesquelx il peussent obvier & contrester aus malices & fraudes

JOHANNES Dei gratia Francorum Rex. Solet munificentia Regia illos quibus se liberalem exhibet, (1) offerre favoribus graciosis, Privilegiisque (2) Libertatibus insignire, sine quibus ea commode stare non possent, que (3) dixit primitus concedenda: Cum igitur carissimus Primogenitus noster dum Nobis absentibus, Regnum nostrum regebat, Universitati Judeorum ex certis & legitimis causis utilitatem Regni taugentibus, introitum & moram in Regno nostro per suas Literas prius concesserit usque ad viginti annos, Nosque post modum per nostras Literas, dictam gratiam per nostrum Primogenitum factam, approbando & confirmando, habitis super hoc cum nonnullis Prelatis & aliis de nostro Genere, Gentibus Cleri, Ducibus, Comitibus, Proceribus, Militibus & aliis habitantibus, prudentibusque Regni nostri, concesserimus prefatis Judeis, eorum Uxoribus & familiis ipsorum, introitum & moram in Regno nostro usque ad vigenti annos à data presentium continue numerandos, sub certis conditionibus mediantibus, quod certis tributis vel subventionibus Nobis propter hoc solvendis & prestandis, ipsosque in nostris speciali & Salva gardia ac nostro salvo (4) condictu suscipiendo, prout in ipsius Primogeniti (5) nostris Literis prius, & per nostras Literas postea super hoc concessas, lacius continetur, dictique Judei, prout Nobis suppliciter insinuare (6) curavit, in dicto Regno nostro morari pacifice nequirent, nisi certa Privilegia & Libertates concederemus iisdem, quibus perversorum vel emulorum astuciis, necnon opprobriis & conviciis occuratur,

(1) efferre.
(2) &.
(3) duxit.
a *ses.*
b *V. cy-dessus, pp. 467. & 471.*
c *le demeurer, la demeure.*
(4) conductu.
(5) nostri.
d *lorsqu'ils entreront dans le Royaume.*
(6) curaverunt.
e *Voy. cy-dessus, pp. 467. & 471.*
f *ne.*

NOTES.

(a) Tresor des Chartres, Registre 89. pour les Années 1356. &c. jusqu'en 1361. Piece 663. Voy. cy-dessus p. 467. Note (a).

JEAN I.er & selon d'autres, Jean II. à Paris, en Mars 1360.

de plusieurs qui par aventure senz cause, les vourroient travaillier, molester, grever ou damagier en corps ou en biens, si Nous ont fait humblement supplier que yceulx Privileges, Franchises, Immunitez Nous leur vuillons octroyer: Car tant comme il pourront plus seurement & plus en [a] pais demourer en notre Royaume, & que il y seront mielx maintenuz & gardez, tant Nous pourront-il mielx obeir & payer des redevances qu'il Nous devront, comme dit est. Sçavoir faisons à touz presenz & à venir, que Nous considerans les choses dessusdictes, avons ausdiz Juys & Juyves qui sont desja venus demourer en notre Royaume, où [b] il demouront durant le temps dessusdit, octroyé, & par ces presentes de notre autorité & pleine puissance Royal, de certaine science & de grace especial, leur octroyons les Privileges, Libertez, Immunitez & Franchises qui cy-après s'ensuivent.

dignum sancimus ut ipsi Judei nostra liberalitate gaudeant & utantur, eisdem Libertates & Privilegia concedere, quibus à noxiis, molestiis & gravaminibus defendantur : nam eo magis quiete in Regno nostro poterunt habitare, & Nobis premissa & debita subsidia persolvere, quanto per Nos adjuti fuerint & uberiori liberalitate (1) fulsiti. Notum itaque facimus Universis tam presentibus quam futuris, Nos his attentis, Privilegia, Libertates, immunitates & alia que secuntur, eisdem concessisse de nostris autoritate & plenitudine Regie potestatis, ex certa scientia & de gratia speciali.

a paix.

(1) fulciti.

b y.

(1) Et premierement, octroyons à yceulx Juys & Juyves demourans & qui demourront en notredit Royaume, que il puissent acquerir & avoir maisons & & habitacions pour leurs [c] mensions, & places pour leurs corps enterrer, & aussi faire leurs autres necessitez, en la maniere que jusques-ores a esté acoustumé entre lesdiz Juys, pour le temps qu'il demouroient en notre Royaume, sanz ce que sur les choses dessusdictes, lesdiz Juys & Juyves puissent estre aucunnement molestez ou empeschiez.

(1) In primis etenim volumus & eisdem Judeis & eorum cuilibet in Regno nostro moranti, concedimus ut ipsi possint habere domos & habitationes pro eorum mansionibus, & plateas pro ipsorum corporibus inhumandis, ac etiam pro aliis ipsorum necessitatibus faciendis, prout inter Judeos tempore quo in Regno nostro alias habitabant, fuit hactenus consuetum, absque eo quod super hoc, per quemcumque vel quomodolibet valeant impediri.

c demeure.

(2) *Item.* Aveucques ce, Nous yceulx Juys & Juyves qui demouront en notre Royaume, comme dit est, exemptons & voulons estre tenuz pour exemps de tous noz Justiciers ou autres quielxconques, soient Commissaires ou autres, de quelconques povoir ou autorité qu'il usent & de quelque estat ou condition qu'il soient, tant en cas criminels comme civilz ou autres: Mais d'iceulx Juys & Juyves, reservons à Nous & à leur [d] Gardian & à noz commis & deputez sur ce, la Court, cognoissance, punission & Juridiction quelconques; c'est assavoir, de ceulx dont la cognoissance Nous doit & puet raisonnablement appartenir; se n'estoit que lesdiz Juys en requeissent noz autres Justiciers: Et pour ce deffendons par ces presentes, à touz noz Justiciers & autres dudit Royaume, Commissaires ou autres quelconques, de quelconques dignité, puissance & auctorité que il usent,

(2) Item. *Ipsos Judeos & Judeas & eorum quemlibet in Regno nostro morantes, ab omnibus Justiciariis, Judicibus nostris & aliis quibuscumque aut quibuscumque Commissariis quavis auctoritate, prerogativa, potestate, commissione vel Privilegio, tam in casibus civilibus quam criminalibus vel quasi, aut aliis quibuscumque, nisi ab eisdem (2) & preterquam à Nobis vel à Nobis deputandis duntaxat, eximimus ac exemptos teneri volumus & jubemus, Nobis vel Gardiano ipsorum vel aliis eisdem per Nos deputandis, de & super causis suis quibuscumque & casibus ipsos tangentibus, cognicionem & decisionem, ipsorumque punitionem in casibus de quibus punitio ad Nos spectare debebit, tenore presencium penitus reservantes; nisi ab eisdem Judeis nostri Judices requirerentur: inhibendo omnibus & singulis Justiciariis (3) Commissariis dicti Regni, cujuscumque dignitatis vel preeminentie existant, vel quacumque auctoritate fungantur, ut*

(2) cet endroit paroist corrompu.

d Voy. cy-dessus, p. 471.

(3) &.

que desdiz Juys ne de leurs Causes quelconques ou de leur punicion, cognoissance ou Juridiction aucune, il ne s'entremettent en aucune maniere, en rappellant & mettant au neant tout ce qui seroit ou auroit esté fait au contraire.

de ipsorum vel causarum eorumdem cognitione vel ipsorum punitione se quomodolibet intromittere presumant, quicquid in contrarium fecerint, nullius decernentes esse efficacie vel momenti, quicquid in contrarium factum repererint, revocando, annullando, & ad statum pristinum & debitum reducendo indilate (1) faciendo reduci.

JEAN I.er & selon d'autres, Jean II. à Paris, en Mars 1360.

(1) &.

(3) *Item.* Se il avenoit que en nôtre Roiaume, eut aucun d'iceulx Juys & Juyves qui fust moins souffisant ou ne fust mie digne pour ses meffais, demerites ou autrement, de demourer entre lesdiz Juys oudit Royaume, mais en fust à [a] debouter pour aucune cause, Nous, à la relation de deux des Maistres de la Loy desdiz Juys, & de quatre autres Juys que il auront esleu à ce, le bannirons du Royaume, ou le punirons selon la qualité du fait, [b] au dit & à la relation desdiz deux Maistres & quatre Juys, auxquels Nous adjoûtons pleniere foy, senz leur demander, [c] ne que il soient tenuz de dire ou monstrer la cause pourquoy ce sera fait; [d] par Nous paiant toute-voies par lesdiz deux Maistres, cent Florins de Florence de bon pois; & si aurons avec ce & Nous appartiendra la confiscation & forfaiture des biens dudit Juys ainsi banni ou puni, comme dit est.

(3) Item. *Quod si sit aliquis vel aliqua Judeus vel Judea, qui vel que non sit ydoneus, sufficiens aut dignus, suis demeritis publicis vel occultis exigentibus, morari vel remanere in Regno, ipsi ad relationem duorum Magistrorum Legis dictorum Judeorum, & quatuor aliorum Judeorum quos eligerent, quorum Dicto vel arbitrio stabitur & credetur, punietur vel banietur à Regno absque revocatione, vel prout ipsi juxta facti qualitatem per eos considerandam, (2) prout fuerint faciendum; solvendo tamen Nobis per dictos Magistros, centum Florenos de Florencia boni ponderis, una cum bonorum dicti puniti vel banniti confiscatione Nobis acquirenda, absque eo quod Nos, Justiciarii nostri aut quilibet alius possit petere, vel quod ipsi causam propter quam hoc factum fuerit, dicere teneantur.*

a *chassé.*

b *sur le temoignage.*

(2) cet endroit paroit corrompu.

c *& sans qu'ils.*

d *en.*

(4) *Item.* Et se aucuns desdiz Juys ou Juyves demouroient en & soubz autres Justiciers ou Jurisdictions que la nôtre, en nostre Royaume, il y pourront demourer & habiter paisiblement & franchement, sanz ce qu'il soient tenuz de payer aux Justiciers ou Seigneurs soubz qu'il il seront, aucunnes servitutes ou redevances quelconques, ne à autres; fors celles que il Nous doivent & devront payer, comme dit est; & aussi les cenz & rentes de leurs maisons & habitations, chascun an, lesquielx il seront tenus de payer aus Seigneurs, si comme feront les autres Genz du Royaume.

(4) Item. *Si ipsi Judei vel Judee in & sub aliorum Justiciariorum vel Dominorum Jurisdictione velint habitare vel morari, hoc facere poterunt, absque eo quod servitutes & redebentias alicui preterquam Nobis, solvere vel reddere teneantur; exceptis dumtaxat census vel redditus suarum domorum & habitationum, quos Dominis quorum intererit, solvere debebunt, prout alii Regnicole eadem annuatim persolvunt.*

(5) *Item.* Voullons & leur octroyons que il puissent venir demourer audit Royaume, sanz ce qu'il puissent estre pris, arrestez ou empeschiez par vertu d'aucunne [e] marque, de gaigement de marque, ou par vertu de quelconques autres Privileges.

(5) Item. *Volumus & eisdem concedimus quod in Regno nostro intrare, venire & in eodem morari, absque eo quod virtute cujusdem marque vel gagiamenti marque, Privilegii vel aliis quibuscumque, valeant arrestari, impediri vel vexari.*

e *V. le Gloss. du Droit Franç. de Lauriere, au mot,* Marques.

(6) *Item* Que il ne puissent estre pris ou arrestez pour quelconques autre cause que ce soit, se ce n'estoit pour cas

(6) Item. *Nec propter quamcumque causam capi vel arrestari valeant, quam propter casum criminalem: Sed si (3) capi*

(3) capti.

JEAN I.er & selon d'autres, Jean II. à Paris, en Mars 1360.

criminel; en baillant toute-voie pour ladicte cause civile, bonne & souffisant caution de Juys ou de Christians.

fuerint, ipsos deliberari volumus indilate, prestando bonam & ydoneam cautionem Christianorum vel Judeorum.

(7) *Item.* Pour ce que par avanture, aucuns desdiz Juys ou Juyves ont ou temps passé, avant leurdit [a] département derrenier fait, commis & perpetrez aucuns crimes, deliz ou malefices, pour lesquiex il pourroient estre pris ou arrestez, ou empeschiez en corps ou en biens, au temps à venir, Nous leur avons quitté, remis & pardonné, & par ces presentes leur quittons, remettons & pardonnons touz crimes, deliz ou meffaiz, que eulx ou aucuns d'eulx auroient faiz, commis & perpetrez au temps passé, audit Royaume ou ailleurs, avecques toute peine & amende corporelle, criminele ou civile que il pourroient avoir pour ce encouru, soit pour crimes de Léze-Magestez, fause Monnoye, murtre, rapt, larrecin, mutilation ou autre quelconques crime capital, ou autre quelque il soit & comment qu'il soit ou puist estre appellé, en imposant sur ce silence à nôtre Procureur & à touz autres Justiciers & Officiers, en leur deffendant que pour yceulx crimes ou aucuns d'iceulx, il ne poursuient, molestent, traveillent ou empeschent yceulx Juys & Juyves ou aucun d'eulx, en corps ou en biens, mais se aucunne chose estoit faite au contraire, si le rappellent & mettent, ou facent rappeller & mectre au premier estat.

(7) Item. *Et quia ipsi Judei vel Judee vel eorum aliqui, pridem (1) forsam ante ipsorum ultimo recessum à Regno, aliqua crimina potuerunt commisisse, propter que possent nunc vel alias molestari vel puniri, eadem omnia & (2) quolibet eorumdem, que ipsi Judei vel Judee seu aliqui ipsorum vel ipsarum, nunc usque in Regno vel alibi commiserint, sive sint crimen Lese Majestatis, falsse Monete, homicidii, raptus, furti, mutilacionis vel aliud crimen capitale, aut aliud (3) quosumque & quovis nomine censeatur, omnemque penam corporalem, criminalem & civilem quas ob eadem incurrere potuerunt, remittimus, quittamus & penitus indulgemus, Procuratore nostro ceterisque quibuscumque Judicibus nostris, silentium perpetuum super hoc imponendo; nolentes ipsos vel eorum aliquem propter hoc inquietari, molestari vel vexari quomodolibet in corpore sive bonis, sed quicquid secus fuerit attemptatum, ad statum pristinum & debitum reduci celeriter volumus & jubemus.*

a *sortie du Royaume.*

(1) forsan.]

(2) quælibet.

(3) quodcumque.

(8) *Item.* Nous leur octroyons & voulons que tant comme il demouront en notre Royaume, il puissent [b] marchander tant de leurs Deniers comme de leurs autres Marchandises & denrées quiexconques, & que il puissent prester leurs Deniers, [c] ainsi toutes-voies que il ne pourront prendre oultre quatre deniers pour livre pour chacune sepmaine.

(8) Item. *Eisdem (4) occasione demus quod in Regno nostro quamdiu in ipso morabuntur, possint mercari (5) commuhere tam suis denariatis & mercaturis quam suis denariis, & ipsos (6) prestare possint; ita tamen quod ipsi non possint ultra quatuor denarios pro libra, recipere seu exigere qualibet septimana.*

(4) concedimus. *Voy. le François.*

b *commercer.*

(5) &.

c *pourvû que.*

(6) prester.

(9) *Item.* Aussi que il puissent faire & exercer leurs Mestiers, leur fait, [d] courrateries & autres euvres ou (b) Ars speculatives, Pratiques, Mechaniques ou autres quelconques, si comme il ont accoutumé à faire ailleurs & ou temps passé.

(9) Item. *Quod possint sua Ministeria vel opera, currecterias, artes speculativas, praticas atque mechanicas, exercere & facere prout alibi sunt consueti.*

d *courtages.*

(10) *Item.* Pour ce que iceulx Juys ou Juyves ont accoustumé à prester ou

(10) Item. *Quod ipsi alias in Regno & nunc etiam soliti sunt Christianis d*

NOTES.

(b) *Ars speculatives, pratiques.*] C'est-à-dire, les sciences, soit pour la theorie, soit pour la pratique. Les Juifs exerçoient, par exemple, la Medecine, & ils estoient même obligez de prendre des degrez dans les Universitez. Voy. le 2.e Vol. des Ordonnances p. 7

JEAN I.er & selon d'autres, Jean II. à Paris, en Mars 1360.

temps passé, aus Crestiens tant-seulement, si comme il dient, leurs Deniers, Nous leur octroyons & voulons que tant comme il demouront au Royaume, il puissent prester & baillier leurs Deniers, sur toutes obligations ou autrement & sur quelconques gaiges; excepté Saintes Reliques, Calices, Sanctuaires, [a] Libres & Ournemens ou autres biens d'Eglise dediez à Dieu, Socs, Coultres & Ferremens de Charrue & Fers de [b] Molins, en paiant par ceulx à qui il presteront leur Argent, comme dit est, pour chacune livre ou vingt sols, quatre deniers seulement pour chascune sepmaine, sur touz gaiges; exceptez les dessusdiz.

taxat, ut asserunt, pecunias prestare, volumus & eisdem concedimus ut in Regno nostro quamdiù trahant ibidem (1) suas pecunias valeant prestare seu mutuo tradere, sub omnibus pignoribus vel ypothecis aut aliter; exceptis dumtaxat Reliquiis sacris, Calicibus, Libris, ornamentis & aliis rebus Deo dicatis, vomeribus, cultris & ferramentis carrucarum & molendinorum: Solvendo videlicet per recipientes pecuniam, ut predicitur, pro qualibet librâ sive viginti solidos, nisi quatuor denarios in qualibet Septimana, sub omnibus pignoribus; predictis exceptis.

(1) moram.

a livres. *Libris* dans le latin.

b *moulins.*

(11) Item. Voulons que il soient creuz par leur loy, sur leur foy & sermenz, de tout ce qu'il diront ou affermeront que il auront baillé & qui leur sera deu sur lesdiz gaiges, des termes sur ce donnez, & de toutes autres convenances sur ce faites.

(11) Item. *Credetur eisdem per ipsorum Legem, Juramentum vel fidem, de omni eo quod asserent se super pignora mutuo tradidisse & eisdem deberi, ac de & supra conventionibus super hoc factis, & terminis super pignorum custodia & super hec statutis per eos vel prefixis.*

(12) Item. Se rien n'estoit dit ou convenancié sur la garde desdiz gaiges, entre ceulx qui les auroient bailliez ou bailleroient, & lesdiz Juys qui les recevroient & prandroient, Nous voulons, accordons & leur octroyons que il ne soient tenuz de les garder oultre un an & un jour; lequel temps passé, il pourront vendre ledit gaige: Et avec ce, leur octroyons que il ne seront tenuz de rendre ou restituer [c] desdiz gaiges sur quoy il auront presté, comme dit est, jusques à ce qu'il soient payez entierement de tout ce que il affermeront, comme dit est, avoir presté sur ycelui, & de ce qui pour ce leur sera deu, ne ne seront tenuz de nommer la personne qui leur aura baillé aucuns gaiges.

c *les.*

(12) Item. *Si super hujusmodi pignorum custodia nil fuerit conventum inter Partes, ipsi non ultrà annum & diem tenebuntur pignora custodire, nec illis quorum fuerint, restituere tenebuntur, donec eisdem fuerit solutum id quod super hoc asserent, ut prefertur, se mutuo tradidisse, nec nominare tenebuntur personas que eisdem dicta pignora tradiderunt.*

(13) Item. Ou cas que aucuns leur bailleroit en payement aucunne chose de sa pure volenté, il ne seront tenuz de le restituer, ne rendre ce à ceulx qui ce leur auroient payé, comme dit est.

(13) Item. *Nec restituere tenebuntur aliquid quod eisdem sponte datum, traditumve fuerit insolutum.*

(14) Item. Se lesdiz Juys ou Juyves prenoient ou recevoient plus de quatre deniers pour livre de l'Argent qu'il auroient presté, il n'auroient que le [d] pur sort, & rendront tout ce que il auront eu oultre le pur sort, & les depens à la Partie faiz pour ce.

(14) Item. *Si ipsi Judei vel Judee quicquid ultrà quatuor denarios pro libra, de pecunia per eos tradita receperint, ipsi pura sorte contentabuntur, (2) sed restituere tenebuntur id quod ultrà sortem receperint, & Parti expensas ob hoc factas.*

(2) &.

d *le principal ou l'Argent presté sans les interests.*

(15) Item. Se il avenoit que aucuns desdiz Juys ou Juyves qui eussent aucuns gaiges sur lesquiex il eussent presté, s'en alast ou transportast de pais en autre, de aucunne Juridiction ou Ville en une

(15) Item. *Volumus & hoc promittent Judei memorati, quod si aliquis vel aliqua ipsorum Judeorum, de Villa in Villam vel de patria ad patriam se duxerint transferendum, aliquaque pignora teneant vel*

JEAN I.er & selon d'autres, Jean II. à Paris, en Mars 1360.

autre, Nous voulons, & seront tenuz lesdiz Juys & ainsi le promettront-il, que avant que il se partent de la Ville où il demouroient, il feront crier & vendre lesdiz gaiges publiquement & solempnellement en lieux publiques & à ce acoustumez, par trois cris & subastations, en prenant Lettres sur ce de la Justice du lieu: Et se lesdiz gaiges sont vendus ou vallent oultre ce pourquoy il seront obligez ou mis en gaige, ou que l'en n'en devroit [a] sus, le [b] remenant & surplus sera rendu & restitué à celui ou ceulx à qui sera ledit gage, ou sera mis & deposé en la main de la Justice, souz & en laquelle lesdiz gaiges seroient criez & venduz, comme dit est.

habeant, super que mutuo tradiderint pecuniam, ipsi priusquam dictam Villam vel patriam in quibus morabuntur, exeant, tenebuntur facere preconisari dicta pignora que tenebunt per tres subastationes vel preconisaciones solempnes, in locis publicis & consuetis, Literam indè à dicti loci Justitia capiendo: et si predicta pignora ultra fuerint vendita quàm super hoc debeatur, residuum reddatur illis quorum erunt dicta pignora, vel ponetur in manus Justitie sub qua erunt dicta pignora, vel sub quâ vendita fuerint, ut prefertur.

(16) Item. Voulons aussi, & octroyons ausdiz Juys & Juyves, que il soient exemps frans & quittes de toutes Impositions, subsides, maltoultes, Gabelles & Aides, de [c] Ost, de Chevauchée, de gardes de Villes & Forterecces, de servitutes & redevances quelxconques qu'elles soient, faictes & ordonnées pour quelconque cause & à quelque personne & en quelque lieu du Roiaume que ce soit; excepté toutesfois les Aides & Subsides ordenez & à ordener pour le fait de nôtre delivrance & les [d] treuages devant diz.

(16) Item. *Ipsos ab omnibus Imposicionibus, subsidiis, maletoltis, gabellis & subventionibus, exercitu, equitaturis, Villarum vel Fortaliciorum custodiis, & ab omnibus servitutibus vel redibenciis quovis nomine censeantur, persolvendis quibuscumque, ob quamcumque causam & cuicumque persone concessis vel concedendis, ubicumque per Regnum nostrum se transferant, quittos remanere volumus & immunes; exceptis duntaxat tributis superiùs nominatis, & subsidiis pro nostrâ liberatione ordinatis vel etiam ordinandis.*

(17) Item. Ne payeront aucuns [e] paiages, [f] travers, chaucies ou [g] treulages à aucuns de noz subjets, se ce ne sont les anciens.

(17) Item. *Non tenebuntur solvere alicui subditorum nostrorum, pedagia, transversa vel calceyas, nisi antiqua & consueta.*

(18) Item. Pour ce que par avanture, noz Procureurs les pourroient poursuire ou molester sanz cause, Nous ne voulons que nozdiz Procureurs se puissent faire Partie contre eulx ou les poursuivre pour quelconques cause ou occasion que ce soit, se il n'est avant bien & souffisamment enformé sur les faiz que l'en leur imposeroit ou pourroit imposer.

(18) Item. *Nolumus quod Procuratores nostri alicubi in Regno contra ipsos Judeos vel aliquem ex eisdem, se Partem facere presumant vel audeant, nisi prius fuerint super factis eisdem impositis, sufficienter & debitè informati.*

(19) Item. Leur octroyons que nulz ne les puisse poursuir par voie d'accusation, denonciation ou autrement, ne pour quelconques crime ou cause que ce soit, se il ne sont Partie contre eulx, & se il [h] encheent, il payeront les despens ausdiz Juys faiz en icelle cause.

(19) Item. *Quod nullus contra ipsos per viam denunciacionis admittatur, nisi se Partem faciat contra ipsos: et si subcumbat, quod ipsi solvat expensas.*

(20) Item. Pour ce que par avanture, aucuns Chrestians ou autres, malveillans ou hayneux ausdiz Juys & Juyves, & lesquielx il vouldroient villener, grever & dommager, pourroient mettre couvertement ou par personne interposée, aucunnes choses en leurs maisons, lesquelles,

(20) Item *Et quia forte possint per nonnullos Christianos ipsorum emules vel ipsos oprimere (1), res alique in suis domibus supponi, quamobrem possint de furto, latrocinio vel alio scelere reprehendi, & propter hoc vexari vel puniri, Nolumus quod propter quamcumque rem vel bona*

[a] *dessus.*

[b] *restant.*

[c] *armée.* Voy. cy-dessus, p. 116. Note (*e*).

[d] *Voy. cy-dessus, p. 471. Note (b)*

[e] *peages.*

[f] *V. cy-dessus, p. 42. Note (k)*

[g] *V. cy-dessus, p. 471. Note (b)*

[h] *s'ils succombent*, subcumbat *dans le latin.*

(1) volentes.

JEAN I.er & selon d'autres, Jean II. à Paris, en Mars 1360.

se elles y estoient trouvées, pourroient estre dites [a] emblées ou fortraites par lesdiz Juys, dont il pourroient estre accusez ou poursuiz comme de larrecin ou autrement: Nous voulons & leur octroyons, que pour quelconque chose trouvée en leurs maisons ou habitacionz, il ne puissent estre repris, poursuis, approchiez ou molestez par quelconque personne, & à la requeste de quelconques personnes que ce soit; [b] fors tant-seulement de rendre la chose, se ladicte chose n'estoit trouvée dedanz huche ou [c] escrin * ferment, dont le Seigneur ou la Dame de l'Ostel Juys ou Juyve, portast la clef sur luy.

mobilia in ipsorum domibus vel habitacionibus reperta, ipsi Judei vel Judee vel eorum aliqui, ultrà rei ipsius restitucionem possint super hoc prosequi per quemcumque, nec de furto, latrocinio vel aliter propter hoc reprehendi, molestari vel puniri; nisi reperta fuerit dicta res in scrinio vel archa firmatis, de quibus clavem deferat Dominus vel Domina domus, Judeus videlicet, vel Judea.

(21) *Item.* Pour ce que aucuns Officiers de notre Hostel ou autres, pourroient ou [d] vourroient plus ligierrement & plus volentiers prendre des *(c)* Garnisons & biens desdiz Juys & Juyves, que [e] autres personnes, Nous leur avons octroyé & octroyons, & expressément deffendons que nulz Maistres de notre Hôtel, Maistres [f] de noz Garnisons, Chevaucheurs, [g] Preveneurs, Fourriers ou autres Officiers quelconques de Nous, de noz Enfanz ou autres de notre lignage, de Dux, Barons, Preslaz & autres quelconques, ne praignent ou facent prendre aucuns des chevaulx, jumens, bestes à laine, *(d)* aumaille, charretes, blez, vins, foin, aveine, [h] oustillement d'Ostel ou autres biens meubles desdiz Juys ou Juyves, pour quelconques cause ou necessité que ce soit, ne par vertu de quelconques commission ou povoir que il aient sur ce: Et ou cas que aucuns des dessusdiz Officiers s'efforceroit ou vouldroit efforcier de faire le contraire, Nous voulons que yceulx Juys ou Juyves & leurs Genz y puissent desobéir & *(e)* requerre leursdiz biens, sanz ce qu'il puissent pour ce, estre traiz ou poursuiz en aucunne peine ou amende.

(21) Item. *Concedimus eisdem quod nulli Magistri Hospiciorum nostrorum, municionum nostrarum, Equitatores, Captores, Forerii, aut alii Officiarii nostri Liberorumque nostrorum, ac aliorum de nostro Genere, vel quorumcumque aliorum Ducum, Prelatorum vel Baronum, equos, pecudes, Jumenta, quadrigas, blada, vina, fenum, avenam, superlectilem, utensilia, aut bona aliqua mobilia dictorum Judeorum vel Judearum, ubicumque existentia, capiant vel capere faciant quomodolibet pro quacumque necessitate, vel virtute cujuscumque commissionis vel potestatis sibi date: Et si aliquis dictorum Officiariorum contrarium facere conetur vel attemptet, eisdem per dictos Judeos vel Judeas ipsorum (1) vel Gentes impune volumus non pareri: quinymo eisdem concedimus ut (2) ad dictis bona sua capere presumentibus, possint dicta bona (3) restituere ab eisdem sine emenda.*

(22) *Item.* Avec ce, octroyons ausdiz Juys que pour quelconque cas ou cause que l'en leur impose ou mette sus, il ne puissent estre appellez de gaige de Bataille.

(22) Item. *Nolumus quod ob quodcumque crimen, delictum vel maleficium eisdem Judeis vel alicui eorum impositum, vel super quod quisquam ipsum prosequi accusare vel deferre voluerit, provocari valeat ad Duellum.*

(23) *Item.* Ne voullons que il soient ou puissent estre contrainz d'aller à aucun Service ou à Predication de Chres-

(23) Item. *Nolumus quod aliquis Judeus ad quamcumque predicacionem vel quemcumque Sermonem Christianorum ac-*

a *volées.*

b *ils seront seulement tenus.*

c *espece de coffre.*

* *fermant.*

d *voudroient.*

e *de.*

f *V. cy-dessus, p. 28. Note (u).*

g *Capteres* dans le latin: Peut-estre faut-il *preneurs.*

h *ustensiles.*

(1) ve.

(2) a.

(3) reprendre.

NOTES.

(c) Garnisons.] Provisions que l'on prenoit en vertu du droit de Prises. Voy. cy-dessus p. 27. Note (t)

(d) Aumaille.] *Brebis*, & même se prend pour d'autre bestail, & même pour *biens*, dit *Borel* sur ce mot.

(e) Requerre.] Reprendre leurs effets par force. On dit ordinairement *recourre*.

JEAN I.er & selon d'autres, Jean II. à Paris, en

tians, ne que il y soient tenuz d'aler, se ce n'est de leur [a] assontement & voulenté.

a *assentement, consentement.*

(24) *Item.* Pour ce que il convendra lesdiz Juys & Juyves faire plusieurs fraiz & mises & despens pour leurs faiz & besoingnes, lesquiex il ne pourroient bonnement faire, se il ne faisoient taille sur eux, & qu'il eussent congié de les faire, Nous leur avons octroyé & octroyons par ces presentes, que toutefoiz que il auront [b] mestier ou vourront faire taille ou cueillette sur eux-mesmes, il puissent elire un ou deulx de chascune Ville pour ordenner, faire & asseoir & imposer tailles ou cueilletes, si comme bon leur semblera, pour faire leurs fraiz, leurs mises & leurs besoignes, comme dit est, & que yceulx Juys & Juyves se puissent assembler pour ce faire seulement: Lesquelles tailles ou cueillettes, lesdiz Esleu ou Esleuz puissent lever, cuillir ou recevoir, ou faire lever, cuillir ou recevoir pour faire leursdiz fraiz & besoignes; & que il puissent faire contraindre par la Justice du lieu esquelles lesdiz Juys ou Juyves demourront, touz contredisans & refusanz à payer lesdites tailles, si comme il appartiendra.

b *besoin.*

cedere, ire vel stare possit compelli, nisi de ipsius mentis voluntate & assensu.

(24) Item. *Volumus & eisdem concedimus quod ipsi Judei & Judee possint unum vel duos in qualibet Villa, ex ipsis eligere, ad taillias faciendas super ipsos, & colligendas pro suis negociis faciendis, & ipsos propter hoc & non aliter, congregare : quodque dicti Electi vel commissi possint levare dictas taillias vel collectas, & quod ipsi Judei vel Judee contradicentes vel rebelles, per loci Justitiam sub quâ morabuntur, ad hoc possint compelli.*

(25) *Item.* Nous voulons aussi & octroions ausdiz Juys & Juyves, que *(f)* touz Notaires & Tabellions de nôtre Royaume, puissent recevoir & mettre en escript touz les contraux & convenances faictes entre-euls & avec autres, & faire Lettres sur ce.

(1) aliis faciendos.

(26) *Item.* Que aucunes Lettres impetrées ou à impetrer de Nous, de notre Court ou autres, contre les Privileges, Libertez ou Franchises desdiz Juys ou Juyves, ne soient d'aucune force ou vertu, se elles ne sont veues ou acceptées par leur Conservateur ou [c] Gardianz que Nous leur avons octroyé par noz autres Lettres.

c *V. cy-dessus, p. 471.*

(2) Conservatoris.

(27) *Item.* En oultre, leur octroyons que leurs Livres ou *(g)* Roules ne puissent estre pris ou empeschiez par aucuns de noz Officiers ou autres quelconques personnes, pour quelconque cause que ce soit.

(3) Volumina.

(28) *Item.* En-seur-que-tout Nous octroyons ausdiz Juys & Juyves demourans & qui vourront demourer & habiter en nôtredit Royaume, que tous les Privileges

(4) Franchisiæ.

(25) Item. *Quod omnes Tabelliones & Notarii dicti Regni possint recipere & in scriptis redigere omnes Literas, omnesque contractus dictorum Judeorum vel Judearum, inter se ac cum quibuscumque (1) alii faciendo.*

(26) Item. *Quod nulle Litere impetrate vel impetrande contra Privilegia dictorum Judeorum, à Nobis vel nostris Predecessoribus Regibus Francie concessa eisdem, ullius sint efficacie vel momenti, nisi ad hoc accesserit sui (2) Conservatori assensus.*

(27) Item. *Eisdem concedimus quod (3) volumini, rotuli vel Libri dictorum Judeorum, per quemcumque Officiarium seu alium Christianum nullatenus capiantur.*

(28) Item. *Volumusque insuper & eisdem concedimus quod omnia bona, Privilegia, Libertates (4), Franchisias, Immunitates eisdem concessa & indulta per*

NOTES.

(f) Touz Notaires.] Autrefois les Juifs avoient un Sceau perticulier. Voy. le premier Vol. des Ordonn. p. 45. VIII. & Note *(g)* & p. 48. IV.

(g) Roules.] C'est-à-dire, *Rouleaux.* Anciennement les Livres estoient écrits sur des bandes de parchemin que l'on cousoit les unes aux autres, & que l'on rouloit ensuite. Ces *Rouleaux* estoient nommez en latin *volumina.* J'ay lû quelque part, que les Livres de la Loy que l'on lit dans les Synagogues, sont encore aujourd'huy écrits de cette maniere.

Il y a une ancienne Ordonnance qui ordonne de brusler le *Talmud* & les autres Livres des Juifs. Voy. le premier Vol. des Ordonn. p. 75. XXXII.

anciens

anciens à eulx octroyés par noz Seigneurs & devanciers Roys de France, lesquielx ne seroient contraire à ces presentes, & lesquiex il ne pourront monstrer & ensaingner ou faire foy par Chartres, Registres anciens ou *Vidimus* faiz soubz Seaulx, leur soient & seront confermez par Nous, quant il vouront & il Nous en requerront.

Si donnons en Mandement à touz Seneschals, Bailliz, Recteurs, Viguiers, Prevos, Mairez, Jurez, Eschevinz, Commissaires & Justiciers ou à leurs Lieutenans presens & à venir, & à chascun d'eulx, que tous les Juys & Juyves dessusdiz, leurs Enfanz, Genz, famille & mesniée, tant en commun & universsité comme singulierement & chascun par luy, facent & laissent joir & user de tous les Privileges, Libertez & Franchises & Immunitez dessusdites, & de chascunes, & des circonstances & dependances d'icelles, senz les empeschier, molester ou travailler ès choses dessusdictes ou aucunes d'icelles, en corps ou en biens ou autrement, comment que ce soit au contraire; mays se aucunne chose estoit faite au contraire, si le rappellent & remettent, ou facent rappeller & mettre au premier estat & deu, tantost & sanz delay, en contraignanz les faisanz ou attemptanz au contraire, à Nous faire pour ce amende convenable & si comme il appartiendra. Et pour ce que lesdiz Juys & Juyves pourront avoir affaire de ces presentes universaument ou particulierement, en plusieurs & divers lieux, lesquelles il ne pourroient bonnement ne aisément avoir, ne ne pourroient estre bonnement [a] devisées en divers lieux, Nous voulons & leur octroyons de grace especial, que au *Vidimus* & transcript de ces presentes, ou de la clause de ces presentes extraite soubz *Vidimus* & transcript fait soubz Seel Royal, soit adjoustée plaine foy comme à ces presentes, senz contredit ou difficulté quelconques. Et que ce soit ferme chose & estable, Nous avons fait mettre notre Seel à ces presentes: sauf en autres choses notre droit & en toutes l'autruy. *Ce fu fait & donné à Paris, l'An de grace mil trois cens soyssante, ou mois de Mars.*

incli̇te memorie Dominos & Predecessores nostros Reges Francie, presentibus Literis non contraria, de quibus poterunt ostendere per cartas, Registra, Vidimus *vel transcripta sub sigillis Regiis confecta, eisdem confirmabuntur per Nos quociensc̄umque eis placebit & ipsa ostendere poterunt, Nosque super hoc fuerimus requisiti.*

Mandamus autem atque districtius injungimus omnibus & singulis Senescallis, Baillivis, Rectoribus, Vicariis, Prepositis, Majoribus, Juratis, Scabinis, Commissariis, Justiciariisque nostris vel dicti Regni, quatinus omnes & singulos Judeos & Judeas universaliter & singulariter, conjunctim & divisim, omnibus & singulis Privilegiis & Libertatibus supradictis ac ipsorum quemlibet uti pacifice faciant & gaudere, ipsos in contrarium nullatenus molestando vel molestari in corporibus sive bonis, per quoscumque vel quomodolibet permittendo: Sed quicquid in contrarium factum vel attemptatum repererint, ad statum pristinum & debitum reducant reducive celeriter (1), ac Nobis propter hoc emendari condigne, si casus exigerit, faciant & procurent. Et quia dicti Judei vel Judee generaliter vel particulariter, Literis presentibus vel aliquibus articulis contentis & expressis in eisdem, forsitan poterunt indigere, & habere presentes Literas, cum opus fuerit eisdem, nequirent, Volumus & eisdem concedimus de gratia speciali, quatenus Vidimus *vel transsumpto Literarum presencium, vel Clausule qua ipsi vel eorum aliqui indigebunt, vel habere seu extrahi voluerint de premissis, sub sigillo Castelleti Parisiensis vel alio Regio confectis, adhibeatur plena fides ac si presentes Litere exhiberentur. Quod ut roboris obtineat firmitatem, Literas presentes nostri sigilli fecimus appensione muniri: salvo in aliis Jure nostro, & in omnibus quolibet alieno.* Actum Parisius, Anno Domini millesimo trecentesimo sexagesimo, Mense Marcii.

Par le Roy en son Conseil, estant en la Chambre des Comptes. DE VERNON.

Per Regem in suo Consilio in Camera Compotorum existente. J. DE VERNONE.

JEAN I.er & selon d'autres, Jean II. à Paris, en Mars 1360.

(1) faciant.

a divisées.

(a) MCCCLXI.

NOTES.

(a) Cette Année commença le 28. de Mars, & finit le 17. d'Avril, suivant le Glossaire de Du Cange, au mot *Annus*.

JEAN I.er & selon d'autres, Jean II. à Paris, le 7. d'Avril après Pasques 1361.

(a) Reglement pour les gages du Parlement de Paris.

JOHANNES Dei gratia Francorum Rex. Notum facimus universis tam presentibus quam futuris. Quoniam illi qui propter sciencie claritatem & veritatis amorem, electi sunt ad honorem sedis nostri Parlamenti, universalis & Capitalis Justicie Regni nostri gubernacula dirigunt, atque proprie representant in populo celsitudinis nostre Majestatem, dignum est ut stipendiorum gratia foveantur saltem solitorum, ex quibus ipsarum Gentium moderata sinceritas hactenus est contenta: quorum summa ad undecim mille librarum Parisiensum, anno quolibet ascendere estimatur: quam siquidem summam, ut sequitur, duximus assignandam; videlicet, super receptam Senescallie Carcassonensis, duas mille & quingentas libras Parisienses; super receptam Senescallie Bellicadri, mille quingentas libras Parisienses; super receptam Tholose, mille libras Parisienses; super [a] *Revam & Receptam Matisconensem, mille quingentas libras Parisienses: & insuper omnes & singulas forefacturas & confiscationes que tàm ratione criminis lese Majestatis, quàm alia quacumque de causa Nobis obvenient, ubicumque fuerint & in quacunque parte alia Regni nostri, ac eciam omnes & singulas emendas que pervenient ex Camera nostra Parlamenti, adjungimus & annexamus in & sub Recepta nostra Parisiensi, ac si ordinarie essent ad ipsam Receptam pertinentes, & in manu & regimine Receptoris nostri Parisiensis qui nunc est & pro tempore fuerit, omnes & singule forefacture, confiscationes & emende predicte* [b] *traderentur & applicabuntur integrè & perfectè, & ob hoc dictus Receptor qui est & pro tempore fuerit, tradet & solvet anno quolibet, quatuor mille & quingentas libras Parisienses convertendas in solucionem dictorum vadiorum. Sciendum est etiam quod volumus, statuimus & ordinamus quod dicte summe super dictas Senescallias, Receptam & Revam assignate, ac etiam summa sub manu Receptoris Parisiensis assignata, alicui vel aliquibus qui per dictum Parlamentum deputabitur vel deputabuntur, solventur & tradentur ad distribuendum singulis personis dicti Parlamenti & Collegii; secundum* [c] *cedulam cujuslibet more solito. Jurabit etiam quilibet singularis Receptor tàm presens quàm futurus, videlicet illi qui nunc sunt, sine dilatione quacumque, & futuri in ingressu Officii jurare tenebuntur coram dictis Gentibus Parlamenti, quod quilibet ipsorum Receptor summam super suam Receptam assignatam, tradet & solvet integrè & perfectè, deputato seu deputatis ad hoc à dicto Parlamento ad duos de terminis in qualibet Recepta consuetis: Compellenturque dicti Receptores per nostras Gentes Parlamenti, ad omnia predicta solvenda: & de hiis omnibus & singulis que quilibet Receptor dicto Parlamento aut mandato ipsius, solvet atque tradet, quittus erit & liber ac si in proprio Thesauro nostro dictas summas solvissent, & eas jubemus in suis Compotis allocari. Ordinamus etiam quod presens Ordinacio duret, valeat & servetur perpetuò, absque eo quod aliqualiter in toto vel in parte revocetur, rescindatur aut quomodolibet varietur, non obstantibus quibuscunque aliis assignationibus factis*

a Voy. cy-dessus, p. 254. Note (h)

b tradentur.

c Je crois que ce mot signifie là une *quittence*.

NOTES.

(a) Ces Lettres sont dans le Memor. D. de la Chambre des Comptes de Paris, *fol.* 18. *recto*. Elles sont *vidimées* dans d'autres Lettres du Roy Jean, du 23. d'Avril 1361. qui les confirment.

seu faciendis. Ordinamus de voluntate dictarum Gentium Parlamenti, quod tres Registratores seu Greferii Parlamenti super premissis una cum dictis Gentibus, de suis vadiis & pallis assignentur & solvantur, dictis Gentibus Parlamenti primitùs persolutis. Quod ut perpetue firmitatis robur obtineat, sigillum nostrum presentibus Litteris fecimus apponi. Actum Parisius, septima die Aprilis, Anno Domini millesimo trecentesimo sexagesimo-primo, post Pascha.

JEAN I.er & selon d'autres, Jean II. à Paris, le 10. d'Avril 1361.

(a) Ordonnance qui fixe le prix des Especes d'Or & d'Argent, & qui renouvelle les anciens Reglements faits pour les Orfevres, les Changeurs & les Orbateurs.

JEHAN par la grace de Dieu Roy de France : Au Prevost de Paris ou à son Lieutenant, salut. Vous & tous noz autres Justiciers & Subgectz savez bien comment pour le très affectueux desir & parfaicte volenté que Nous avons eu & avons de faire chose à nostre povoir qui ait esté & soit à la louenge & plaisir de Dieu, & au prouffit & bien commun de tout le peuple de nostredit Royaume, & pour les très grans clameurs qui sont venues à nostre congnoissance, pour cause des mutations qui souventesfois ont esté faictes en noz Monnoyes; à la priere & requeste d'iceluy peuple, par très grant & bonne deliberation eue avec nostre Conseil à Compiengne [a] ou mois de Decembre derrenier passé à nostre retour d'Angleterre, & avant que Nous peussions estre en nostre Ville de Paris, afin que le fait & gouvernement de nozdites Monnoyes peust & deust estre arresté & demourer en ung estat [b], Nous voulsimes [c] Ordonnances & avions fait faire, consideré la quantité & qualité de la matiere d'Or & d'Argent que l'en povoit savoir en iceluy temps [d] en nostredit Royaume par le rapport de plusieurs saiges & expers en ce, Monnoye d'Or fin & Monnoye blanche & noire telle comme il sembloit à Nous & à nostredit Conseil qui se peust bonnement faire & soustenir : C'est assavoir, Francs d'Or fin, ausquelz Nous donnasmes cours pour seize solz parisis la Piece; gros Deniers blancs aux Fleurs de Liz, pour huit deniers parisis la Piece; & petiz deniers parisis & petiz tournois, pour ung denier la Piece; aux Royaulx, pour treze solz quatre deniers parisis la Piece; & aux Blancs qui avant estoient faiz pour huit deniers parisis, ausquelz Nous lessâmes le cours pour quatre deniers tournois la Piece; & que à toutes Monnoyes d'Or & d'Argent quelles quelles fussent, tant de nostre coing comme d'autres, fussent ostées & deffendues le cours du tout, & icelles mises au marc pour Billon, sans les prendre ou mectre pour aucun pris en appert [e] ou en couvert, & que de tous ceux que l'en pourra trouver & savoir faisans le contraire, fust faicte pugnition sans espargne, si comme tout ce vous est apparu par plusieurs noz Lectres ouvertes & closes à vous envoyées sur ce : laquelle nostre Ordonnance par la coulpe & deffault de vous & de noz autres Justiciers, de non faire & avoir fait pugnition de ceux qui en icelle ont fait & font transgression, & aussi pour les parolles d'aucunes personnes qui ont maintenu & maintiengnent, si comme Nous avons entendu, que lesdites Monnoyes

a *Voy. cy-dessus, pp. 439. & 441. les deux Ordonnances sur les Monnoyes, données le 5. de Decembre.*

b *stable.*

c *faire.*

d *estre.*

e *en public & en secret.*

NOTES.

(a) Registre D. de la Cour des Monnoyes de Paris, *fol. 90. verso.*

On a envoyé de Montpellier une Copie de cette Ordonnance adressée au Seneschal de Beaucaire & de Nismes, avec cette Indication : *Seneschaussée de Nismes en general, Armoire* A. *Liasse 17. des Actes ramassez, Num. 6. fol. 92.*

L'Année 1361. ayant commencé le 28. de Mars, & estant finie le 17. d'Avril, il y a eu deux 10. d'Avril dans cette Année : mais il est certain que cette Ordonnance a esté donnée le premier de ces deux 10. d'Avril, puisqu'en rappellant l'Ordonnance donnée à Compiegne le 5. de Decembre 1360. il y est dit qu'elle a esté donnée au mois de Decembre dernier passé.

Voy. sur les Reglements renouvellez dans cette Ordonnance, cy-dessus p. 455. & Note (a)

JEAN I.er & selon d'autres, Jean II. à Paris, le 10. d'Avril 1361.

blanches & noires n'ont pas esté ne [a] sont bien équipolées selon la valeur des Franc d'Or fin, n'a peu [b] ne ne peult prendre son plain effect, ne iceulx Florins demourc au pris de seize solz parisis que Nous leur avons ordonné, mais sont pris & mis d'u chacun pour vingt solz parisis & pour plus, & toutes autres Monnoyes d'Or & d'A gent pour tel pris comme il plaist à ung chacun, dont il Nous desplaist, tant comm plus peust, & Nous en tenons pour très mal contens de vous.

Pour ce est-il que Nous, qui voullons que chacun saiche que Nous avons tré parfaicte intencion & bonne volenté de tout nôtre povoir faire tant au plaisir d Dieu & au bien & proffit commun de tout le peuple de notredit Royaume, qu icelluy puisse estre en bonne union & transquillité, & que par le fait & mutation d nostredite Monnoye dores-en-avant, ne puisse estre grevé ou affoibly, mais puisse doye le fait & gouvernement d'icelles demourer & arrester en ung estat, par très gra & bonne deliberacion eue par plusieurs fois avec plusieurs Prelatz, Barons, Bourgeoi & autres en ce congnoissans, en considerant tout ce qui fait à considerer, avons vol & ordonné, & par ces presentes voulons & ordonnons, & deffendons à tous quel qu'ilz soient, tant de nostre linage comme d'autres, qu'ilz ne soient tant osez ne hardiz, sur tout ce en quoy ilz se peuvent mesfaire envers Nous, de prendre o mectre en appert ou en couvert, pour aucun pris, se n'est au marc pour Billon, de puis la publication de ces presentes, aucunes Monnoyes d'Or & d'Argent quelle quelles soyent, de nostre coing ou d'autres; excepté tant seullement celles ausquelle Nous avons donné & donnons cours par ces presentes, & pour les pris que Nou leur avons ordonnez, & qui cy-après s'ensuit; C'est assavoir, les Francs d'Or fin qu Nous avons fait faire, faisons & ferons faire dores-en-avant, n'ayent cours & soyen pris & mis que pour seize solz parisis la Piece tant seullement, ainsi comme ordonn avons paravant:

Et aussi les autres grans Francs d'Or fin que Nous avons ordonné estre faiz, des quelz les deux sont & seront d'autelle valleur comme les trois Francs des seize solz dessusdits, ne soient pris & mis que pour vingt-quatre solz parisis la Piece, & non pour plus.

(2) Item. Les blancs Deniers aux Fleurs de Liz que Nous avons fait faire, & qui avoient cours pour huit deniers parisis la Piece, ne soient pris & mis que pour huit deniers tournois:

Et les petiz blancs qui avoient cours pour quatre deniers tournois, ne soyent pris & mis que pour trois deniers tournois:

Et les deniers parisis & tournois petiz qui par nostredite darniere Ordonnance ont esté faiz, comme dit est dessus, soient pris & mis; c'est assavoir,

Le parisis pour ung denier tournois;

Et le petit denier tournois pour une maille parisis:

Et pour ce que entre lesdiz petiz parisis & petiz tournois, court plusieurs parisis & tournois presque semblables de fourme aux dessusditz, qui sont de moindre valüe assez que les dessusdiz, par quoy le peuple est moult deceu, Nous voulons que iceulx autres petiz parisis & petiz tournois pieça [c] fait de nostre coing, n'ayent cours, fors que lesdiz pour une maille parisis, & les tournois pour une maille tournois; & les autres petiz parisis, petiz tournois ou autres Monnoyes noires quelles quelles soient, faictes en autres Monnoyes que ès nostres, ne soyent prinses & mises pour aucun pris, fors au marc pour Billon.

(3) Item. Les bons gros tournois d'Argent fin que Nous avons ordonné estre faiz & ferons faire dores-en-avant, soyent pris & mis pour douze deniers parisis la Piece, & non pour plus;

Et les demiz-gros tournois d'Argent fin, pour six deniers parisis la Piece;

Et les bons doubles tournois & petiz parisis que Nous avons ordonné à faire, se ront pris & mis; c'est assavoir, le denier parisis pour un denier parisis;

Et les doubles pour deux deniers tournois la Piece.

(4) Item. Que nuls Changeurs quelz qu'ilz soyent sur ladite peine, ne soyent

a *ne.*

b *pû.*

c *faits.*

JEAN I.er & selon d'autres, Jean II. à Paris, le 10. d'Avril 1361.

si hardis de prendre plus de trois pour un grant Franc changier, & pour un petit Franc, deux deniers, ne faire fait de Change [a] ce n'est ès lieux notables & publiques.

(5) *Item.* Semblablement que nulz Marchans quelz qu'ilz soient, ne [b] Couratours, [c] Tabletiers & autres Gens de tous estatz, sur ladite peine ne s'entremectent de fait & Courretaige de Change, ne d'affiner [d] ou rachaffer aucune matiere d'Or & d'Argent, ne mectre en ouvraige d'Orbaterie, [e] se n'est par le congié ou ordonnance de Nous ou des Generaulx-Maistres de nos Monnoyes, ou d'aucuns d'eulx.

(6) *Item.* Que nulz Orfevres quelz qu'ilz soyent sur ladite peine, ne puissent fondre aucune matiere d'Or ou d'Argent sans le congié de Nous ou desdiz Generaulx-Maistres, pour ouvrer ne faire aucunes *(b)* Saintures ne Joyaulx d'Or ou d'Argent pesant plus d'un marc, se ne sont Joyaux d'Eglise ou à mectre Saintuaires.

(7) *Item.* Que nulz quelz qu'ilz soyent, de nostre linage ou autres, ne soyent si hardys & sur ladite peine, de porter aucune matiere d'Or ou d'Argent en Billon ou en autre Monnoye hors de nostredit Royaume, ne en autres Monnoyes que ès nostres, & en la plus prochaine du lieu où ils seront. Toutesvoyes il Nous plaist bien que l'en puist porter hors de nostre Royaume, les Francs d'Or fin, & aussi que les Marchans estranges qui apporteront de dehors nostre Royaume aucun Billon d'Argent en noz Monnoyes de Tournay, de Sainct Quentin ou d'ailleurs, puissent reporter hors dudit Royaume le comptant qu'ils auront receu en nosdites Monnoyes, jusques à la quantité du Billon qu'ils y auront apporté, s'il leur plaist, en prenant Letres de certiffication des Gardes de la Monnoye où ilz l'auront pris.

Si vous mandons, commectons & estroictement enjoignons si cher comme vous [f] doubtez encourre en nostre indignation, que ceste présente nostre Ordonnance, laquelle Nous voulons avoir son plain effect, vous faciez tenir & garder d'un chacun sans enfraindre; laquelle, se enfrainte estoit, Nous y pourvoyrons de tel & si bref remede, que ce seroit exemple à tous autres: Et icelles [g] faire cryer & publyer solemnellement & souventesfois ès lieux notables & accoustumez en ladite Prevosté & ressort, affin que aucuns ne s'en puissent dire ignorans de la savoir, & que en tout ce faire, n'ayt aucun deffault par vous; car pour certain, s'il y est, Nous nous en prendrons du tout à vous. *Donné à Paris, le dixieme jour d'Avril, l'An de grace mil trois cens soixante & ung. Ainsi signé.* Par le Roy en son Conseil. COLLORS.

a *si.*
b *Courretiers.*
c *Voy. cy-dessus, p. 90. Note (d)*
d *Voy. cy-dessus, p. 150. Note (z)*
e *si ce.*
f *craignez.*
g *faites.*

NOTES.

(b) Saintures.] *Des Ceintures.* Dans ces temps-là, les hommes & les femmes portoient des Ceintures, sur lesquelles on mettoit des plaques d'Orfévrerie, comme sur les habits. On peut voir cy-dessus p. 12. Art. XV. & Note *(r)*.

JEAN I.er & selon d'autres, Jean II. à Paris, le 14. d'Avril 1361.

(a) Mandement pour faire fabriquer de nouvelles Especes, & pour fixer le prix des anciennes.

JEHAN par la grace de Dieu Roy de France: A noz amez & feaulx les Generaulx Maistres de noz Monnoyes, Salut & dilection. Savoir vous faisons que Nous pour les causes contenuës en certaines [h] Lettres que Nous envoyons à touz noz Seneschaulx, Bailliz, Prevostz & autres noz Justiciers, faictes sur le fait & gouvernement de noz Monnoyes, desquelles il vous est apparu ou apperra, avec plusieurs autres justes causes qui à ce Nous ont meu & mouvent, pour le bien & prouffit

h *C'est la Piece precedente.*

NOTES.

(a) Registre D. de la Cour des Monnoyes de Paris, *fol. 92. recto.*

Avant ce Mandement, il y a:

Item. *Ledit 15.e jour d'Avril, fut apporté en la Chambre des Monnoyes, ung Mandement scellé du grant Seel du Roy nostre Seigneur, adressant aux Generaulx-Maistres des Monnoyes, duquel la teneur s'ensuit.*

JEAN I.er & selon d'autres, Jean II. à Paris, le 14. d'Avril 1361.

commun de tout le Peuple de nostredit Royaume, par très-grant & bonne delibe ration de Nous & de nostre Conseil eue avec plusieurs Prelatz, Barons, Bourgeo & autres, avons voulu & ordonné, & par ces presentes voulons & ordonnons, & chacun de vous mandons, commectons & estroictement enjoignons que tantost, sans delay ces Lettres veuës, en toutes & chacunes noz Monnoyes, excepté en cell qui ont esté & sont à Bourges, à Tours & à Sainct Lo, lesquelles Nous voulo qui soient ostées & les ostons par ces presentes, l'en face faire & ouvrer gros Tou nois d'Argent qui auront cours pour douze deniers parisis la Piece, lesquelz sero à douze deniers de loy, Argent-le-Roy, & de [a] sept solz de poix au marc de Pari

Et demys gros Tournois d'Argent allayez à icelle loy, qui auront cours pour deniers parisis la Piece, & seront de [b] quatorze solz de poix audit marc.

Item. Que l'en face faire & ouvrer pour le menu Peuple, Deniers parisis qui au ront cours pour ung denier parisi la Piece, à deux deniers de loy, Argent-le-Roy, de [c] quatorze solz de poix audit marc:

Et doubles Tournois qui auront cours pour deux deniers tournois la Piece, à deu deniers douze grains de loy dudit Argent, & de [d] onze solz huit deniers de poix au dit marc, en trayant de chacun marc d'Argent cent cinq solz tournois. Et soit ou vré en chacune de nosdites Monnoyes, doubles Tournois, & *(b)* ouvré à Paris, à Sainct Quentin seullement, d'iceulx Parisis en chacun mois [e] une journée tan seullement: Et sera donné à tous Changeurs & Marchans de chacun marc d'Arge allayé à icelle loy de douze deniers, cens solz tournois; & de tout autre marc d'Ar gent allayé à deux deniers douze grains de loy & au-dessus, dudit Argent-le-Roy quatre livres cinq solz tournois: Et que l'en face Francs d'Or fin de soixante-trois d poix audit marc, telz comme Nous avons fait & faisons faire à present, qui auron cours pour vingt solz tournois la Piece, si comme Nous leur avons ordonné paravan

Et avec ce, que l'en face faire & ouvrer Francs d'Or fin plus grans, lesquel seront de quarente-deux Pieces de poix audit marc, & auront cours pour trente sol tournois la Piece, en y mettant [f] difference, & en donnant en chacun marc d'O fin, soixante livres tournois, en comptant les Francs pour les pris dessusdits.

Et avons volu & ordonné que les blancs Deniers aux Fleurs de Liz que Nou avons fait faire depuis nostre retour d'Angleterre, qui ont eu cours pour huit de niers parisis la Piece, & les autres petiz blancs qui ont eu cours pour quatre denier tournois, ayent cours pour trois deniers tournois tant-seullement:

Et les Deniers parisis, pour ung denier tournois; & les Deniers tournois, pou une maille parisis. Et pour ce que entre lesdiz petiz parisis & petiz tournois, courent plusieurs Parisis & Tournois presque semblables de fourme aux dessusdiz, qui son de moindre valüe assez que les dessusdiz, parquoy le Peuple est moult deceu, Nou voulons que iceulx autres Parisis & petiz Tournois pieça faitz de nostre coing, n'ayent cours, fors que lesdiz Parisis, pour une maille parisis, & les Tournois, pour une maille tournoise:

Et toutes autres Monnoyes d'Or & d'Argent quelles qu'elles soient, de nostre coing & de tous autres, mises au marc pour Billon: Et avec ce, il Nous plaist & voulons que les Maistres [g] particuliers qui tiendront nosdites Monnoyes, puissent rachasser & affiner ès Villes & ès lieux où nosdites Monnoyes sont, tous les bas Bil lons qui leur seront apportez en nosdites Monnoyes; lequel affinage sera fait par vostre Ordonnance, en la presence de certaine bonne personne aux gaiges desdiz Maistres particuliers, commise de par vous à veoir ce faire, affin que la matiere puist estre convertie en l'Ouvrage de noz Monnoyes, & non ailleurs: Et iceluy affinaige fait aux coustz & dépens desditz Maistres, du Billon à eulx livré pour le pris de quatre livres cinq solz tournois dessusditz, il leur sera compté de tout l'Ouvraige de chacun

a de 84. Pieces au marc.

b de 168. Pieces au marc.

c de 168. Pieces au marc.

d de 140. Pieces au marc.

e Voy. cy-dessus, p. 459. & Note (b)

f Voy. cy-dessus, p. 266. Note (e) & p. 430. Note (b)

g Voy. cy-dessus, p. 462.

NOTES.

(b) Ouvré.] Ce mot est presque effacé & il est impossible de le lire: on entrevoit cependant qu'il peut y avoir *ouvré*.

(c) marc d'Argent qu'ilz auront à blanc, cent folz tournois, & de tant de marcs d'Argent qu'ilz ouvreront, auront, comme dit est, quatre livres cinq sols tournois. Et aussi affin que ledit Ouvraige se puisse faire & continuer le plus grandement & au mieulx que l'en pourra, il Nous plaist & voulons que se les Maistres-particuliers qui tiendront nosdites Monnoyes, font leurs Boestes du blanc (d) escharses de troy jusques à quatre grains de (e) remede, ilz n'en soyent pour cause de ce, tenus de Nous en payer aucune amende: Toutes-voyes faictes iceulx Maistres jurer sur les Sainctes Euvangiles, que ilz feront leursdites Boestes au plus près qu'ilz pourront de la loy dessusdite. Si faictes & faictes faire toutes les choses dessusdites tellement que par vous n'y ait deffault, en faisant payer aux Ouvriers & Monnoyers tel sallaire comme bon vous semblera & qu'il appartiendra estre fait de raison, consideré la chiereté de tous vivres & autres choses necessaires à Ouvraige de Monnoye qui est à present. Desquelles [a] faire à ung chacun de vous donnons povoir, auctorité & mandement especial par la teneur de ces presentes. *Donné à Paris, le quatorzieme jour d'Avril, l'An de grace mil trois cens soixante & ung. Ainsi signé.* Par le Roy en son Conseil. COLLORS.

JEAN I.er & selon d'autres, Jean II. à Paris, le 14. d'Avril 1361.

a *choses.*

NOTES.

(c) *Marc d'Argent qu'ils auront à blanc.*] Je crois que par cet *Argent à blanc*, il faut entendre de l'Argent affiné, & porté à 12. deniers de loy, & qui valoit alors cent sols, comme il est dit plus haut. Voy. cy dessus p. 110. & p. 257. Note (*b*).

(d) *Escharses.*] Voy. le Traité des Monnoyes de Boizard, Explication Alphabetique, au mot *Escharceté.*

(e) *Remede.*] Vis-à-vis de ce mot dans le Registre, & d'une main très moderne, est écrit à la marge. *Cy-devant n'est fait mention de remede.*

(a) Confirmation d'un Reglement pour les gages du Parlement de Paris.

JEAN I.er & selon d'autres, Jean II. à Paris, le 23. d'Avril 1361.

JOHANNES Dei gratia Francorum Rex. Universis presentes Litteras inspecturis, Salutem. Litteras nostras in cera viridi & filis sericis sigillatas, vidimus sub hac forma.

JOHANNES &c. [b]

In cujus visionis testimonium, sigillum nostrum presentibus Litteris, quas vim & auctoritatem originalis habere volumus, duximus apponendum. Datum Parisius, vigesimatertia die Aprilis, Anno Domini millesimo trecentesimo sexagesimo-primo. *Per Regem, ad relationem vestram.* MATH.

b Ces Lettres sont imprimées cy-dessus, p. 482.

NOTES.

(a) Registre D. de la Chambre des Comptes de Paris, *fol.* 18. *recto.*

(a) *Lettres en faveur des Juifs qui voudront passer, commercer ou demeurer dans le Royaume.*

JEAN I.er & selon d'autres, Jean II. à Paris, le 26. d'Avril 1361.

JEAN par la grace de Dieu Roy de France: A tous ceux qui ces presantes Lettres verront, Salut. Comme notre très-cher ainsné Fils Charles Duc de Normandie [c], Dalphin de Viennois, regent lors notre Royaume pour notre absence, eut pieça donné & octroyé par [d] ces Lettres aux Juifs & Juifves ordonnés à venir,

c *&c*, dans l'autre Copie.

d *ses*, deuxieme Copie.

JEAN I.er & selon d'autres, Jean II. à Paris, le 26. d'Avril 1361.

demeurer & [a] marchander en & parmy notredit Royaume, que tous lesdits Juifs & Juifves [b] que voudront venir demeurer, marchander & frequenter en notredit Royaume, puissent aller, venir, converser & demeurer en icellui, [c] par [d] vous rendant & payant certaines redevances ordonnées par les Gens de notre Conseil, & contenuës en certaines Instructions ou Rolles sur ce faites: Et aussi leur eut esté octroyé par nostredit Fils, que tous les Juifs & Juifves qui viendront en nostredit Royaume sans y faire continuelle residence, puissent aller, venir & passer parmi icellui franchement & quittemment, touttes & quantes-fois qu'il leur plaira, [e] parmi payant chacun quatre Florins d'Or de Florance de bon poids tant seulement: Et avec ce, que tous Juifs & Juifves qui voudront aller & passer parmi ledit Royaume sans y marchander ni faire residence continuelle, y puissent aller & venir pour voir & aviser la [f] demeurance dudit Royaume, sans Nous faire ou payer pour ce aucune debte ou redevance, si comme Nous avons veu toutes les choses dessusdites estre plus à plain contenues ès Lettres de nostredit Fils. Si Nous a esté suplié de la partie desdits Juifs & Juives, que telle & semblable grace & octroy Nous leur [g] voulons faire, donner & octroyer: Sçavoir faisons que Nous considerans les choses dessusdites & [h] grace de notredit aisné Fils, ainsi & en la maniere à eux octroyée que par dessus est declarée, Voulons icelle avoir & sortir son plein effect auxdits Juifs & Juifves, & à chacun d'eux avons donné & octroyé, donnons & octroyons par ces presantes, de grace special & autorité & puissance Royal, toute grace & licence que iceux & chacun d'eux [i] aller, venir & demeurer, frequenter, marchander & passer en & parmi notredit Royaume, tout ainsi & en la maniere que cy dessus est [k] divisé & declaré: Et avec ce, s'aucuns desdits Juifs & Juives estoient de si petite faculté que les [l] Ordonnances à Nous ordonnées à payer, ils ne Nous peussent payer à presant, Nous voulons que au cas qu'il apparoitra au Juge Royal du lieu, ou au Comis du [m] Conservateur par Nous ordonné & deputé ausdits Juifs, de l'impuissance & pauvreté d'iceux Juifs, que Manessier [n] de Vesou Juif Commissaire & general Receveur de nos droits sur ledit fait, leur donne & puisse donner respict, terme & dilation de Nous payer les sommes en quoy ils seront à Nous tenus, ou de partie d'icelle, selon son advis & en la maniere que bon leur sembleroit. Si donnons en Mandement par ces presentes à tous les Justiciers, Officiers & Subjets de notredit Royaume presans & advenir, ou à leurs Lieutenans, à Nicolas Lombard Crestian & audit Manessier Commissaires generaux deputés de par Nous sur ledit fait, & à chacun d'eux, que lesdits Juifs & Juifves & chacun d'eux facent & laissent user & joüir paisiblement & plainierement de nostre presente grace & octroy, & contre la teneur d'iceux ne les empêchent, ou souffent estre empechés ou molestés en aucune maniere, mais ramenent, ou facent sans aucun delay ramener & remettre au premier estat & deub, tout ce que seroit attempté ou [o] annové au contraire: Voulons aussi que copie de ces presents sous seel autentique, vaille autant en tous lieux, comme le propre Original. *Donné à Paris, le vingt-sixieme jour d'Avril l'An de grace mil trois cens soixante-un. Ainsi signées.* Par le Roy à la relation du Conseil. J. DE [p] VERNOUX.

a *commercer.*

b *qui.*

c *en.*

d *Nous,* seconde Copie.

e *en.*

f *les endroits où ils pourront s'establir & demeurer.*

g *voullions.*

h *la.*

i *puisse.*

k *devisé.*

l *redevances.*

m *Voy. cy-dessus, p. 467. les Lettres du mois de Mars 1360.*

n *Voy. cy-dessus, p. 469. les Lettres du mois de Mars 1360.*

o *innové.* A la place de ce mot, il y a une lacune dans la deuxieme Copie.

p *Vernon*, dans la deuxieme Copie.

NOTES.

(a) La Copie de ces Lettres a esté envoyée de Montpellier avec cette Indication: *Languedoc, Armoire A. N.° 9.* fol. *27.* Il a esté envoyé de cette même Ville, une autre Copie avec cette Indication: *Seneschaussée de Nismes en general, Armoire A. Liasse 17. des Actes ramassez, N.° 2. fol. 27.*

Dans cette seconde Copie, les Lettres du Roy sont *vidimées* dans celles du Prevost de Paris de la maniere suivante.

A tous ceux qui ces presentes Lettres verront, Jean la Vache de Mendon Chevalier, Garde de la Prevosté de Paris, Salut. Sçavoir faisons que Nous l'An de grace mil trois cens soixante & un, le lundy tiers jour du mois de May, veismes unes Lettres du Roy nostre Sire, seellées de son Seel: desquelles la teneur s'ensuit.

Jehan &c. Et Nous à ce present transcript, avons mis le Seel de ladite Prevosté, l'An & lundy premiers dis. J. Fouquart. Voy. cy-dessus pp. 467. 471. & 473. les Lettres du mois de Mars 1360.

JEAN I.er, & selon d'autres, Jean II. à Paris en Avril après Pasques 1361.

(a) Lettres qui reglent la Jurisdiction où doit ressortir *Dammarie*, ou *Donnemari*.

JOHANNES &c. Notum facimus universis presentibus & futuris, quod cum ad incrementum status, commodi & honoris carissimi Primogeniti nostri Ducis Normannie & Dalphini Viennensis, eidem Primogenito nostro dederimus & concesserimus Villas, Castra & Castellanias de Meleduno & de Moreto in [a] *Vastineto, cum suis ressortis; pertinentiis & appendentiis universis, ut eas teneat & possideat tanquam in manu Regia, indeque recipiat nomine nostro Regio, fidelitates & homagia, modo & forma quibus Nos ea receperamus & habebamus in Villis & Castellaniis supradictis, Et Ecclesia Beatissimi Martini Turonensis cum universis & singulis suis membris & pertinentiis, & potissime Thesauraria dicte Ecclesie & membra ipsius quecunque, cujus ad Nos collatio pertinet pleno jure, & que* [b] *& Nobis tenetur in Feodum, & quam dilectus & fidelis Secretarius noster Magister Martinus de Melleto ex collatione nostra nunc obtinet, sint in nostra Salva-gardia Regia speciali, & per privilegium quo dicta Ecclesia & persone ipsius use sunt ab antiquo continue & pacifice & adhuc utuntur, dicta Ecclesia & Thesauraria predicte & ipsarum membra sint, consueverint esse & fuerint sub ressorto Regio & Officiariorum Regiorum sine* [c] *medio, ubicunque sint in Regno nostro, nec possint seu debeant quocunque casu, de dictis Salva-gardia & immediato ressorto Regiis quomodolibet amoveri seu separari, nec ressortum ipsarum in personas alias vel Jurisdictiones transferri, & Villa seu locus de (b) Donnamaria in Montesio sit de pertinentiis seu unum de membris dicte Thesaurarie, & perconsequens dicte Ecclesie Beatissimi Martini Turonensis: qui quidem locus fuit & consuevit esse ab antiquo de* [d] *ressorte Sedis Regie Meledunensis pro tempore quo Villa & Castellania Meledunenses in manibus Predecessorum nostrorum & nostris fuere: & nuper cum Villam & Castellaniam predictas in carissimam Dominam nostram Reginam* [e] *Blancham duximus transferendas, dicta Villa & locus de Dona Maria ab ipsius Domine nostre districtu & subjectione exempti fuere, ipsosque ad sedem nostram Regiam apud Moretum ordinavemus ressortiri, & lapsu temporis, dictus Primogenitus noster qui Villam & Castellaniam de Moreto predictas, predicte Domine nostre donavit & concessit in augmentationem sue dotis, dictum ressortum predictorum Ville & loci de Dompna Maria ad sedem nostram Senonis ordinaverit devolvi, juxta tenorem Privilegii supradicti. Nos tenentes quod dictus Primogenitus noster sit una eademque res & persona Nobiscum, & attendentes quod quicquid tenet & possidet in Regno nostro, habet & tenet ut in manu Regia & nomine nostro, & veraciter personam nostram Regiam representans, cum jus nostrum Regium & Corona Francie ex sui excellenti Nobilitate, in successione consistant, volumus in speciali casu presenti, ut ipse Secretarius noster homagia, fidelitates, subjectiones & cetera deveria que Nobis fecerat & prestarat seu facere debebat ratione hujusmodi Ville & loci de Dompna Maria, eidem* [f] *Primogenitori nostro tanquam* [g] *representati personam nostram Regiam & nostro nomine, faciat atque prestet, & hoc sibi precipimus & injungimus per presentes, volentes predictam Villam & locum coram dicto* [h] *Primogenitori nostro tanquam coram Nobis, in Villa & Castellania Meledunensibus quamdiu idem Primogenitus noster hoc modo tenuerit, ressortiri, non obstantibus Privilegio & exemptione predictis quibus, hiis attentis, non intendimus neque volumus in aliquo derogari; quinymo*

a Gastinois.

b à.

c Voy. cy-dessus, p. 145. Notes (ffff & gggg)

d ressorto.

e Voy. cy-dessus, p. 30. Note (ff)

f Primogenito.

g representanti.

h Primogenito.

NOTES.

(a) Tresor des Chartres, Registre 89. Piece 628.

(b) *Donnamaria in Montesio.*] On trouve dans le *Dictionn. Universel de la France. Tome III.* *Dammarie* & *Dennemari*, tous deux dans la Brie, dans le Diocese de Sens, & assez près de Melun. Ce peut estre un de ces deux endroits, dont il s'agit icy.

Mais je n'ay pû rien découvrir sur *Montesio*.

JEAN I.er & selon d'autres, Jean II. à Paris, en Avril après Pâques 1361.

ipsas volumus in suo robore solidari, easque laudamus, approbamus & tenore presentium, auctoritate nostra Regia confirmamus, decernentes & [a] declarentes ex nunc; quod, si contigeret Villam & Castellaniam de Meleduno predictas, extra manum dicti Primogeniti nostri poni per successionem aut dotem vel aliter quomodocunque, predicta Ecclesia Beatissimi Martini Turonensis, dicta Thesauraria dictaque Villa & locus Donna Maria & tenentes eosdem, dictis Privilegio & exemptione utantur & gaudeant plenarie & quiete, eo modo & forma quibus utebantur antequam dictas Villas & Castellanias de Meleduno & de Moreto tradidissemus in manibus alienis, non-obstante lapsu & intervallo temporis quibuscumque: volentes ulterius & concedentes, quod si contingat dictas Villam & Castellaniam de Meleduno in alium vel alios quam in dictum Primogenitum nostrum, transferri, dictumque Secretarium nostrum vel alium seu alios successores ipsius Thesaurarios predicte Ecclesie Beatissimi Martini, & tenentes Villam & locum de Donnamaria predictos, per ipsorum inadvertentiam vel negligentiam, pati seu tollerare illos in quos essent translate, in eisdem Villa & loco vel subditis eorumdem, Jurisdictionem aliquam exercere, nullum sibi ex hoc vel ex lapsu temporis quocunque, possit prejudicium generari; quinymo ipsas Ecclesiam & Thesaurariam, locum & Villam de Donnemaria ac dictum Secretarium nostrum & successores suos ac subditos predictos, ex nunc pro tunc, inde tenore presentium relevamus: mandantes Procuratori nostro Regio presenti & futuro, quatinus partes dictarum Ecclesie & Thesaurarie prosequatur & foveat nostris sumptibus, & ad commodum earumdem: que eisdem Ecclesie, Thesaurarie ac Secretario nostro concessimus & concedimus auctoritate nostra Regia & de gratia speciali: Et ut hec firma & stabilia perpetuò perseverent, nostrum presentibus Litteris fecimus apponi sigillum: Salvo in aliis jure nostro & in omnibus quolibet alieno. Datum Parisius, Anno Domini millesimo trecentesimo sexagesimo-primo, mense Aprilis post Pascha.

Per Regem, ad Relationem Consilii, quo Vos Archiepiscopus Senonensis, Episcopus Belvacensis, Dominus de Revello & alii eratis. YVO.

[a] *declarantes.*

CHARLES Duc de Normandie, Jean I.er & selon d'autres, Jean II. à Paris, en Avril 1361,

(a) Lettres qui portent que la Ville & Chastellenie de S.t James de Beuvron ne seront jamais separez de la Couronne.

CHARLES ainsné Fils, &c. Savoir faisons à tous presens & avenir, Nous avons receuë & entendue la supplication à Nous faite à grant humilité, de la partie de noz bons, vrais & loyaulx subgez les Bourgois & habitans de noz Ville & Chastellenie de *(b)* Saint Jame de Beuvron, contenant comme nostredite Ville & Chastellenie *(c)* soient de l'Ordenance, & assiettes d'icelles [b] assises sur & en frontieres & [c] marchies de plusieurs païs tant par terre que par mer; c'est assavoir de Bretaigne, du Maine, en [d] circuité de toutes parties de plusieurs Villes, chasteaulx & forteresses appartenant à present à plusieurs, & [e] soubz diverses Seigneuries & Jurisdictions non subgettes à Nous sans moyen. Et soit laditte Ville Porte & aussi comme Clef &

[b] *soient.*

[c] *marches.* C'est la même chose que *frontieres.*

[d] *environnée.*

[e] *estant.*

NOTES.

(a) Tresor des Chartres, Registre 89. Piece 744.

L'Année 1361. ayant commencé le 28. Mars & estant finie le 17. Avril, il y a eu par consequent dans cette Année deux mois d'Avril : mais rien ne marque dans lequel de ces deux mois ont esté données ces Lettres & les trois suivantes.

Voy. sur ces Lettres données par Charles Duc de Normandie, la Preface §. *Ordonnances.*

(b) S.t Jame de Beuvron.] Ville de Normandie du Parlement de Roüen, de l'Intendance de Caen, du Diocese & de l'Election d'Avranches. *Dictionn. Universel de la France.*

(c) Soient de l'Ordenance & assiettes d'icelles.] Je n'entends point ce que signifie icy ce mot *Ordenance*, & il semble qu'il devroit estre suivi de quelques autres mots. Pour celuy d'*assiette*, je crois qu'il signifie quelques parties du territoire de Beuvron. Voy. cy-dessous Note *(c)*

entrée de noſtre Duchié de Normandie pardevers les parties & païs deſſuſdiz, & dedens leſquelles Ville & Chaſtellenie, ſont aſſis & enclavez pluſieurs nobles Fieux tenuz en haute & ſouveraine Juſtice de Nous, & en moienne & baſſe de pluſieurs Seigneurs, leſquels par Privilieges anciens de noz tres chers Seigneurs qui ont eſté Roys de France & Dux de Normandie, ont eſté & ſont adjoins [a] a unis, reſervés & [b] annex au droit, honneur, Juriſdiction & Seignourie entiere de la Couronne de France, en tele maniere & par tielx Privilieges & poſſeſſions obtenues ſur ce, qu'ils n'en pevent eſtre ne oncques ne furent ſeparez, combien que lonc temps a, aucunes *(d)* aſſiettes, tranſpors ou eſchanges de terre aient eſté faites de ladite Ville & Chaſtellenie *(e)* au Duc de Bretaingne & à autres; leſquelles par vertu deſdits Privilieges & ſoubz couleur d'iceux, & pour le proufit & ſeurté du païs, ont eſté anullées & remiſes au Demaine Royal & noſtre, ſi comme de fait eſt nagaires apparu & appert: & ſe du demourant de ladite Ville & Chaſtellenie non ainſi reſervés ou privilegiées, comme dit eſt, aucuns tranſpors ou aſſietes eſtoient faiz dores-en-avant hors de noſtre main, obéïſſance, Seignourie & demaine, pluſieurs grans inconveniens, diſcentions & dommages irreparables s'en pourroient enſuir à Nous, auſdis Supplians & au païs, tant en temps de guerre, que ès revenues & prouffiz deſdites Ville & Chaſtellenie en moult de manieres: & pour [c] eſchevir aus perilz, inconveniens [d] poſſibles & dommages deſſuſdiz, & auſſi pour la grant affeccion & vraie amour que leſdiz Supplians ont & veulent tous temps avoir à Monſeigneur & à Nous, pour vivre en [e] pais & tranſquillité, & eſtre deffenduz & gardez ſouz Nous & noſtre poiſſance comme eulx & leurs [f] anceſſeurs ont touzjours eſté, de toutes adverſités & poiſſances indeuës, [g] remembrans des graces, ſubſides & confors que il ont trouvées à Nous à leurs requeſtes & beſoings, Nous yceulx ſupplians & leurs ſucceſſeurs avec leſdites Ville & Chaſtellenie, enſemble les drois, Juſtices & Seignourie d'icelles, tant en [h] Fieux, Arriere-Fieux, droiz de Bourgoiſie, que en quelconques autres Seignories, Juriſdictions & cognoiſſances à Nous appartenans ſur leſdis ſuplians, tant en leurs perſonnes que en leurs biens, veulliens retenir perpetuelment & ſanz ſeparation à Nous & à noſtre Demaine & Juriſdiction ſanz moyen: *Pour ce* eſt-il que Nous conſiderées & entendues les choſes deſſuſdites, eue bonne & meure deliberacion ſur ce à noz amez & feaulx les Genz de noſtre grant Conſeil & de la Chambre de noz Comptes, yceulx Bourgois & habitans, leurs hoirs & ſucceſſeurs, enſemble ladite Ville & Chaſtellenie tant en chief que en membres, Fieux, Arriere-Fieux, *(f)* Vavaſſouries, droiz de Bourgoiſie & autres tenemens, poſſeſſions, uſaiges & libertez acquiſes ou à acquerir, avons retenu, reſervé & annexé, & par ces preſentes de grace eſpecial & auctorité, & de noſtre plaine puiſſance, retenons, reſervons & annexons perpetuelment & ſanz diviſion, tranſport, ou ſeparation faire ſur ce pour le temps avenir, à Nous, à noſtre propre demaine, Souveraineté, Juriſdiction, obeïſſance & Seignorie, en tout cas & en toutes les choſes, droiz & Souverainetés dont noz Predeceſſeurs & Nous avons eſté & ſommes ſaiſis de fait, de droit & d'ancienneté,

CHARLES Duc de Normandie. Jean I.er & ſelon d'autres, Jean II. à Paris, en Avril 1361.

a *&*.

b *annexez*.

c *éviter*.

d *qui peuvent arriver*.

e *paix*.

f *Predeceſſeurs*.

g *ſe reſſouvenans*.

h *Fiefs*.

NOTES.

(d) Aſſiettes.] Par ce mot, il faut entendre icy une certaine quantité de terre, de laquelle le revenu a eſté eſtimé juridiquement, & qui a eſté cedée à une perſonne, à qui l'on s'eſtoit engagé de fournir un revenu égal à celuy que rapporte cette portion de terre. Par exemple, dans ces temps-là, lorſque le Roy donnoit une penſion de 2000. livres de rente, il eſtoit dit dans les Lettres, qu'elle ſeroit priſe ſur le Treſor Royal, juſqu'à ce que l'on euſt fait une *aſſiette* de terre de 2000. livres.

(e) Au Duc de Bretaingne.] *S.t James de Beuvron* fut donné par Loüis le Hutin, à Jean Duc de Bretagne, au mois de May 1316. Les Lettres ſont imprimées dans l'Hiſt. de Bretagne du P. Lobineau, Tom. 2. p. 469. Philippe de Valois au mois d'Aouſt 1331. réünit Beuvron à la Couronne, & donne en échange *Chailli* & *Longjumeau* au Duc de Bretagne, *ibid.* Tom. 1. p. 308. Il paroiſt qu'en 1360. Jean IV. Duc de Bretagne avoit encore des pretentions ſur Beuvron, *ibid.* Tom. 1. p. 472. & Tom. 2. p. 691.

(f) Vavaſſouries.] On appelle *Vavaſſeurs* ceux qui relevent d'un Seigneur, ſoit en Fief, ſoit en roture. Voy. le Gloſſ. du Droit Franç. de M. Lauriere, au mot *Vavaſſourie*.

a pour. b Voy. cy-dessus, p. 145. Notes (ffff & gggg)

sur nosdiz Bourgois & habitans & ès Ville & Chastellenie dessusdites, [a] à estre dores-en-avant gouvernez en toutes Juridictions comme noz Subgez, sanz [b] moyen par noz Baillis & Vicontes presens & avenir, chascun en tant comme à luy appartendra, & en la maniere acoustumée d'ancienneté, sanz jamais estre mis hors de nostre main & obeissance, ne baillées ou tournées par assiette à vie, à temps ou à heritaige, à quelque personne que ce soit. Et que ce soit ferme chose & estable pour le temps avenir, Nous avons fait mettre nostre Scel à ces presentes: sauf en autres choses nostre droit, & l'autrui en toutes. *Donné à Paris, l'An de grace mil trois cens soixante & un, ou moys d'Avril. Ainsi signé.* Par Monseigneur le Duc en son Conseil, ouquel Vous & les Gens des Comptes estiez. B. JOBELIN.

JEAN I.er & selon d'autres, Jean II. à Paris, en Avril 1361.

(a) Lettres qui ordonnent que la terre de Novion ressortira au Bailliage de Vermandois, tant que Ribemont auquel elle ressortissoit auparavant, sera hors des mains du Roy.

JOHANNES &c. Notum facimus universis presentibus & futuris, quod cum dilectus & fidelis Consanguineus noster (b) Comes Blesensis & ejus predecessores à tanto tempore quod hominum memoria non existit, & quamdiu terram de (c) Novion & de [c] Guise habuerunt, ipsas terras de Novion & de Guise à Nobis & nostris predecessoribus Regibus Francie in una fide & homagio tenuerunt, ac ad causam ipsarum habuerunt ressortire & suum habuerunt resortum in casu superioritatis & ressorti, ad sedem de Ribemonte tanquam ad sedem Regiam & non aliàs, dictamque terram de Novion adhuc à Nobis se asserat tenere in fide & homagio, & ad causam ipsius ad dictam sedem tanquam ad sedem Regiam & non alias, semper suum habuerit resortum in casu superioritatis & resorti; & quia dictam terram de Ribemonte nuper [d] dicitur concessisse dilecto & fideli Consiliario nostro Domino de Fiennes Constabulario Francie, dictus Consanguineus noster ad dictam sedem ressortire non debens, cum sedes Regia non existat, formidans ne pretextu dicte donationis, dictus Constabularius nitatur in dicta terra de Novion Jurisdictionem exercere & de eadem resortum habere ad dictam sedem de Ribemonte, precavere & obviare cupiens litigiis & periculis que ex hoc possent sequi & evenire, Nobis fecerit humiliter supplicari, & cum predictam terram de Guise que ejusdem conditionis & in pari causa, ut dicta terra de Novion, extitit, à dicti Constabularii Jurisdictione exemptaverimus, & pro ea resortum in dicto casu superioritatis & resorti, assignaverimus in Baillivia Viromandensi ad sedem sancti Quintini, eidem super hoc providere dignaremur: Nos *igitur premissis consideratis, non exemplis judicantes, sed potius litigiis, custibus & missis ac etiam periculis que pro debato predictorum possent evenire, cupientes obviare, eidem Consanguineo nostro assignamus sedem & Judicem in casu superioritatis & resorti, apud Sanctum Quintinum in Viromand. coram Baillivio Viromandensi vel Preposito ejusdem loci aut eorum Loca-tenentibus, ubi potest haberi copia peritorum: & hoc volumus quamdiù dicta terra de Ribemonte extra manum nostram extiterit: in casu vero [e] dicta terra de Ribemonte ad manum nostram redierit, volumus ad dictam sedem de Ribemonte dictum Comitem ressortiri: dicto Constabulario & ejus heredibus & successoribus ac causam ab eo habituris, suisque Justiciariis & Officiariis tenore presentium inhibentes, ne in dicta terra de Novion seu ad causam ipsius tanquam superior, justiciare*

c Ville considerable en Picardie.

d dicitur.

e quo.

NOTES.

(a) Tresor des Chartres, Registre 89. Piece 607. Voy. cy-dessus p. 490. Note (*a*).

(b) Comes Blesensis.] Il se nommoit Jean de Chastillon, & il estoit le second Comte de Blois de cette Maison, du nom de Jean. *Hist. de Blois par Bernier, 2.e part. p. 320.*

(c) Novion.] En Picardie, dans le Tierasche, du Diocese de Laon, de l'Intendance de Soissons, & de l'Election de Guise. *Dictionn. Universel de la France.*

seu Jurisdictionem exercere in casu superioritatis & resorti, vel aliter quovismodo presumat; sed si que facta sunt in contrarium, aut causas aliquas ad se advocaverint occasione premissorum, ad statum pristinum & debitum reducant, dictas causas coram dicto Baillivio Viromandensi vel Preposito ejusdem loci, aut eorum Loca-tenentibus ad dictam sedem Sancti Quintini, remittendo indilate, quas ex nunc remittimus per presentes. Quod ut firmum & stabile perseveret in futurum, Nostrum presentibus Litteris fecimus apponi sigillum: nostro in aliis & alieno in omnibus jure salvo. Datum Parisius, Anno Domini millesimo trecentesimo sexagesimo-primo, mense Aprilis.

Per Regem ad relacionem Consilii, in quo erant Domini Archiepiscopus Senonensis, Episcopi Belvacensis & Carnotensis.

J. CLERICI. *Dupplicata.*

JEAN I.er & selon d'autres, Jean II. à Paris, en Avril 1361.

(a) Lettres qui ordonnent que les affaires de l'Abbaye de S.t Sulpice de Bourges & de ses membres, seront portez devant des Juges Royaux.

*JOHANNES Dei gratia Francorum Rex. Notum facimus universis presentibus & futuris, quod cum Nos nuper certis rationibus & causis inducti, carissimo Filio nostro Johanni Ducatum Biturie & Arvernie pro se & heredibus suis, duxerimus concedendum & donandum, retentis Nobis ac successoribus nostris Regibus Francie, inter alia, Gardiis Ecclesiarum Cathedralium, cum aliis juribus Nobis competentibus in eisdem * ac aliarum de Regali fundatione existencium, [a] Regalisque earum, collationibus Beneficiorum Ecclesiasticorum de fundatione Regia existentium, & aliis juribus Regalibus Nobis competentibus, prout in Litteris dicte concessionis per Nos facte continetur; & dilecti nostri Abbas & Conventus Sancti [b] Supplicii Biturie de Regia fundatione existentes, ab ipsius Ecclesie fundatione, ut asserunt, sint & fuerint tam in capite quam in membris, cum eorum possessionibus, hominibus de corpore, Jurisdictionibus & aliis suis bonis universis in quacumque parte dicti Regni existentibus, & [c] in sub protectione & Salva-gardia nostra Predecessorumque nostrorum Regum Francie, & [d] semperque in omnibus casibus ressorti & superioritatis, ad Judices & Officiarios nostros insolidum habuerint ressortiri, & suum absque medio, noscantur habuisse ressortum coram dictis Justiciariis & Officiariis nostris, [e] ne pretextu dicte traditionis, concessionis aut donationis de dicto Ducatu Biturie & Arvernie, infra cujus metas Ecclesia dictorum Abbatis & Conventus, certeque eorum terre, Ville, possessiones & bona sunt inclavate, in futurum controversia seu debatum oriatur super ipsarum terrarum, Villarum, possessionum & bonorum ressorto & superioritate, non-obstante retentione predicta, ipsique Abbas & Conventus hujus pretextu, laboribus & expensis fatigentur, Nos Predecessorum nostrorum volentes sequi vestigia, & mentionem in dicta donatione seu concessione dicti Ducatus Biturie & Alvernie, suum effectum indubitatum sortiri, [f] volentes [g] actendentes [h] Litteris super dicta concessione seu donatione dicti Ducatus Biturie & Alvernie confectas, penes dictum Filium nostrum, & non dictos Abbatem & Conventum existere, tenore presentium de certa scientia declaramus per presentes, nostri [i] Jurisdictionis semper fuisse & esse ante dictam donationem & eam faciendo ac etiam post eam jam factam, ut in casu predicto, dicti Abbas & Conventus tam in capite quam in membris, cum eorum possessionibus, hominibus de corpore, Jurisdictionibus & aliis suis bonis universis in dicto Regno nostro existentibus, & ad eos ad causam dicte Ecclesie spectantibus, in nostra successorumque nostrorum Regum Francie speciali protectione & Salva-gardia sint & remaneant, ac coram dictis Officiariis nostris & non aliis, cujuscumque status, conditionis, potestatis seu dignitatis existant, habeant*

* Gardiis.
a Regalisque.
b Sulpicii.
c in & sub.
d que *est inutile.*
e timeant.
f volentes *paroist inutile.*
g attendentes.
h Litteras.
i intentionis.

NOTES.

(a) Tresor des Chartres, Registre 89. Piece 701. Voy. cy-dessus p. 490. Note (a).

reſſortiri, traditione, conceſſione ſeu donatione dicto Filio noſtro de dicto Ducatu Biturie & Alvernie, ut dictum eſt, factis, non-obſtantibus, ſed ipſos Abbatem & Conventum à dicti noſtri Filii & ejus Officiariorum & ſubditorum reſſorto & Juriſdictione in caſu premiſſo, declaramus per preſentes exemptos eſſe & debere teneri: Inhibentes tenore preſentium dicto Filio noſtro omnibuſque ſuis Juſticiariis & ſubditis, ſucceſſoribuſque ſuis & aliis quibuſcunque dicti Regni noſtri, eorumque Loca-tenentibus modernis & futuris & eorumcuilibet, ne predictos Abbatem & Conventum contra tenorem preſencium impediant, [a] inquiectant aut moleſtent quoviſmodo, ſed facta in contrarium ad ſtatum priſtinum & debitum reducant indilate. Quod ut firmum & ſtabile perpetuo perſeveret, preſentibus Litteris ſigilli noſtri appenſione fecimus roborari: noſtro in aliis & alieno in omnibus jure ſalvo. Datum Pariſius, Anno Domini milleſimo treccenteſimo ſexageſimo-primo, menſe Aprilis.

[a] inquietent.

Per Regem ad relationem Conſilii, in quo erant Domini Archiepiſcopus Senonenſis & Epiſcopus Belvacenſis.

J. CLERICI.

CHARLES Duc de Normandie. Jean I.er & ſelon d'autres, Jean II. à Paris, en Avril 1361.

(a) Lettres qui portent que dans la Ville de Roüen, les Draps pleins ſeront marquez & ſcellez.

CHARLES &c. Sçavoir faiſons à touz preſens & à venir, Nous avoir veu les Lettres ſçellées du Seel de la Mairie de nôtre Ville de Roüen, contenant la fourme qui s'enſuit.

A touz ceulx qui ces Lettres verront ou orront, Anthoine de Marronnie Maire de Roüen, Salut. Comme il ait eſté denoncié & venu à la cognoiſſance de Nous, [b] de Pers, Proudes-hommes & Conſeil de ladicte Ville, par aucuns voulans & deſirans le proufit, l'honneur & eſtat d'icelle Ville, que il ſeroit très-proufitable & honnorable choſe pour le bien publique & Communauté de Meſtier de la *(b)* Drapperie de plaine de ladicte Ville, & auſſi ſeroit plaiſante choſe & ſeure pour tous Marchans tant du Royaume comme dehors, que tous les Draps plains de la grant euvre, faiz bien & loyaument qui ſeront aus Genz dudit Meſtier & veues par les Jurés de la Drapperie, fuſſent ſcellées & [c] merchiez, affin qu'il apparut clerement à tous Marchans tant du Royaume comme dehors, que leſdiz Draps euſſent été faiz en ladicte Ville, & eſtre bons & loyaulx, & avoir eſté veuz & viſitez par les *(c)* [d] Boujonneurs & Jurez dudit Meſtier, en la fourme & maniere que ſont ſcellés leſdiz Draps en toutes les Villes notables du Royaume de France: Nous conſiderans les choſes deſſuſdictes, pour le bien publique & pour [e] eſchever à tous ſouſpeçhons de fraude & de barat ou de malice que aucuns peuſſent faire ou ſuppoſer eſtre fait contre ladicte euvre de la grant Drapperie, par le conſeil & accort de pluſieurs des Pers & douze Proudes-hommes de ladicte Ville, pour ſavoir ſe c'eſtoit de la voulenté, conſentement & accort des bonnes Genz de ladicte Drapperie, que

[b] *des.*

[c] *marquez.*

[d] *Le mot ſuivant explique celui-ci.*

[e] *éviter.*

NOTES.

(a) Treſor des Chartres, Regiſtre 89. pour les Années 1356. &c. juſqu'en 1361. Piece 750.

Voy. ſur le nom de Charles, qui eſt au commencent de ces Lettres, la Preface, §. *Ordonnance.*

Voy. auſſi ſur la date de ces Lettres, cy-deſſus p. 490. Note *(a)*.

(b) Draperie de plaine.] Voy. ſur les Draps *pleins* & les Draps rayez qui ſe faiſoient dans la Ville de Roüen, le 2.e Vol. des Ordonn. p. 396.

(c) Boujonneurs.] Ils ſont nommez *Bougonneurs* dans le 2.e Vol. des Ordonn. p. 398. en bas. Ce mot n'eſt en uſage que dans les Manufactures de Draps & de Serges de Roüen, de Beauvais & de quelques autres lieux. Voy. le Dict. du Comm. de Savary, au mot *Boujon* & *Boujonneurs*. Il dit que l'on appelle à Roüen la maiſon du *Boujon*, le lieu où l'on viſite & où l'on marque les Draps.

lefdiz Draps fuffent fcellés & merchiez en la maniere que dit eft, euffons commandé à Jehan Poulain notre Sergent de ladicte Ville, que il feift fçavoir de par Nous, à la plus grant & faine partie des bonnes Genz de ladicte Drapperie, que il fuffent pardevant Raoul du Broc, l'un de noz Pers, & Monfieur Gautier le Sage, Clerc de ladicte Ville, pour fçavoir veritablement leur volenté & entencion, & fe aucun fçavoit aucune raifon qui fuft à recevoir contre les chofes deffufdites, fi le deift: Lefquels Raoul & Meffire Gautier Nous raporterent que vendredi darrenier paffé, au jour de marchié, ledit Sergent avoit fait venir devant eulx en l'Oftel des Auguftins, environ milles perfonnes des plus notables & fouffifanz de ladicte Drapperie, aufquels il avoient fait expofer les chofes deffufdites, & demandé generalment fe il y avoit aucun au contraire, qui voulfift foy oppofer ou mettre aucun debat, fi le deift, lefquels Nous ont rapporté que tous ceulx qui prefens eftoient concordablement fanz aucun contredifant, s'eftoient accordez que tous les Draps plains fais bons & loyaulx dudit Meftier de ladicte Ville, fuffent feellez & merchiez en la maniere que dit eft, & que de ce leur vouffiffions donner congié & licence. Sçavoir faifons que Nous Maire deffufdit par le confeil & accort de plufieurs des Pers & Proudes-hommes du Confeil de ladicte Ville, dont les noms enfuivent; c'eft affavoir: Sire Jehan Muftel; Symon du Berroc; Guilleaume le Grant; Guiffin Lallement; Jehan le Treffilier; Bandet Darquien; Thomas le Conte; Ernoul Gorrin; Guilleaume le Carbonnier; Gautier de la Vofe; François Thorel; Jehan le Gablier; Guilleaume du Buft, Efpicier; Richard le Tellier & Guilleaume Ofver, Pers; Guilleaume de Gangi; Regnaut Coufin; Guilleaume du Buft; Jehan Marguerie; Girrart d'Antretot & Jehan Chouquet, Proudes-hommes, & grant quantité des bonnes Genz de ladicte Ville, confiderans les chofes deffufdictes, oye la relation dudit Raoul & Monfieur Gautier, & eue fur ce bonne & meure deliberation, pour le proufit & honneur de toute la Communauté de ladicte Ville & du bien publique, avons accordé & donné congié & licence aus Genz dudit Meftier, que dores-en-avant tous les plains Draps qui feront faiz aus Genz dudit Meftier ès mettes dudit [a] Boujon, foient feellez & merchiez de par Nous & les Maires qui pour le temps feront en ladicte Ville, & as Draps deffufdiz feeller & merchier, avons commis & par ces prefentes Lettres commettons les Boujonneurs de ladite Drapperie qui pour le temps feront, & femblablement feront commis chafcun an les Boujonneurs qui pour le temps feront, lefquelz feront tenuz à faire ferment des chofes deffufdictes garder bien & loyaument, [b] que [c] curieufement, veritablement & diligemment il delivreront & feelleront les Draps qui vendront au Seel, auffi-toft au povre comme au riche, fanz faveur ne fanz [d] haigne ne fanz acception de perfonne, & avons accordé & par ces prefentes accordonz aufdiz Boujonneurs & à toute la Communauté de ladicte Drapperie, que eulx gouverneront ledit Seel par Nous & les Maires qui pour le temps feront, en la fourme & maniere que eulx ont accouftumé à gouverner ledit Boujon, fanz ce que Nous & les Maires qui pour le temps à venir feront ou autres, y puiffions acquerir aucune nouvelleté en maniere quelconques ou temps à venir. Et fe il avenoit que aucun dudit Meftier apportaft ou feift apporter audit Seel, aucuns Draps pour feeller & pour marchier, qui ne fuft fien par fraude ou barat dont il fuft convaincu, il feroit foufpendu dudit Meftier par an & par jour *(d)* au rappel du Maire qui pour le temps fera: Et feront les Draps de *(e)* menfon & longueur; c'eft affavoir de vint aulnes marchandes & *(f)* bantes de vint & quatre aulnes en la fourme & maniere qu'il a efté accouf-

CHARLES Duc de Normandie. Jean I.er & felon d'autres, Jean II. à Paris, en Avril 1361.

a *Voy. cy-deffus, Note (c).*

b *&.*

c *exactement.*

d *haine.*

NOTES.

(d) Au rappel du Maire.] Cela peut fignifier, qu'après un an & un jour, le Maire rétablira le Drapier dans fa Maiftrife, dont il avoit efté fufpendu. Le mot *Rappeller* eft pris dans ce fens, dans des Lettres du 28. de May 1359. Voy. cy-deffus p. 345.

(e) Menfon.] Il faut lire *Meifon* au lieu de *Menfon*. Voy. cy-deffus p. 413. Note (l)

(f) Bantes.] Je crois qu'il faut lire *bandes*, & cet endroit confirme les conjectures qui ont efté propofées cy-deffus p. 413. Note (k).

tumé entiennement: Et que ce soit chose ferme & estable de cy-en-avant, Nous Maire dessusdit par le conseil, voulenté & accort des dessus nommez, avons mis à ces Lettres le Scel de ladite Mairie, qui furent faictes le sixieme jour d'Aoust, l'An de grace mil trois cens soixante.

Lesquelles Lettres & toutes les choses contenuës en ycelles, Nous aians aggreables, ycelles voulons, loons, ratiffions & approuvons, & par la teneur de ces presentes de grace especial & certaine science, confermons: Et que ce soit ferme chose & estable à touzjours-mais, Nous avons fait mettre notre Scel en ces Lettres: sauf en autres choses notre droit & en toutes l'autruy. *Donné à Paris, l'An de grace mil trois cens soixante & un, ou mois d'Avril. Ainsi signé.* Par Monsieur le Duc. TOURNEUR.

JEAN I.er & selon d'autres, Jean II. à Royal-Lieu auprès de Compiegne, en May 1361.

(a) Ordonnance qui porte que moyennant une certaine finance, l'Imposition establie par celle du 5. de Decembre 1360. ne sera point levée dans les Seneschaussées de Beaucaire & de Nismes.

JOANNES Dei gratiâ Francorum Rex: Universis præsentes Litteras inspecturis, Salutem. Notum facimus quod licet post liberationem nostram, cum maturâ deliberatione Consilii nostri, pro certa & magna Florenorum summa, occasione dictæ liberationis nostræ, carissimo Fratri nostro Regi Angliæ persolvenda, certas impositiones [a] *ordinaverimus; videlicet, duodecim denarios pro libra omnium rerum & mercium quæ in Regno nostro venderentur, tertiam decimam partem vini & abeuragii, & quintam partem salis, ipsasque currere & levari voluerimus, tam in Lingua Gallicana quam etiam Occitana, prout in Ordinationibus nostris super hoc editis, latiùs continetur: Nihilominùs post prædictas Ordinationes, dilecti nostri Raymundus Ricardi Licentiatus in Legibus, Armandus Reynardi Burgensis & Cives Montispessulani, ac Johannes Gasanhe Burgensis & Civis* [b] *Anicii, per Gentes & Communitates Senescalliæ Bellicadri & Nemausi, ad nos missi, ad nostram præsentiam accesserunt, Nobis exponentes quod cum dicta Senescallia sit plurimùm dampnificata per (b) Piratos Societatis Inimicorum nostrorum qui in ipsa diutius remanentes, Patriam pillaverunt & destruxerunt, propter quod oportuit ipsas Communitates plures armorum homines, cum gravibus & magnis sumptibus & stipendiis, per longa tempora sustinere: Sic etiam ipsa Senescallia de se parùm fructuosa* [c] *Patria, nisi esset propter Mercatores qui ad eam veniunt & confluunt per Mare quod satis vicinum est Senescalliæ supradictæ, qui propter Impositiones, si in ipsa Senescallia* [d] *invenirent, possent dictam Patriam deserere, & ad aliam se transferre; & sic dicta Patria remaneret quasi deserta & penitùs desolata: Nobis propterea supplicantes quatenùs Nobis placeat quod in dicta Senescallia, prædictæ Impositiones per Nos ordinatæ, non* [e] *extendant nec leventur, offerentes Nobis, vice & loco dictarum Impositionum, pro quolibet Anno usque ad sex annos tantùm immediatè sequentes, pro tota Senescallia; Nobilibus tamen & personis Ecclesiasticis exceptis, septuaginta millia Florenorum Auri, ad rationem seu valorem eorumdem solvenda per dictas Communitates; videlicet pro isto præsenti Anno incohato in Festo Sancti Remigii ultimo præterito, quadraginta millia; in Festo Beati Remigii proxime venturi, alia triginta millia; in Festo* [f] *Carnis-privii immediatè sequenti; alia*

[a] Voy. cy-dessus, p. 433. l'Ordonnance du 5. de Decembre 1360.

[b] du Puy en Velay.

[c] Patria, *signifie quelquefois* terre.

[d] currerent, *seconde Copie.*

[e] curant, *seconde Copie, pour* currant.

[f] Carême-prenant.

NOTES.

(a) Il a esté envoyé de Montpellier deux Copies de cette Ordonnance: la premiere avec cette Indication: *Languedoc, Armoire A. N.° 13. fol. 104. verso.* Et la 2.e avec cette Indication: *Seneschaussée de Nismes en general, Liasse 17. des Actes ramassez, Armoire A. N.° 6. fol. 104. verso.*

(b) *Piratos societatis.*] Il y a *piratas societates*, dans la 2.e Copie, & cette leçon me paroist preferable. Je crois qu'il s'agit-là des Compagnies, sur lesquelles voy. cy-dessus p. 435. Note (d).

verò annis dictorum sex annorum, solvenda ipsa septuaginta millia in quolibet Anno in Festo Beati Remigii integraliter & ex toto:

JEAN I.er & selon d'autres, Jean II, à Royal-Lieu auprès de Compiegne, en May 1361.

(1) Nos vero eorum dampnis & missis pro compatienti affectu prædictis attentis, ipsorum supplicationibus favorabiliter inclinati, Volumus & concedimus & placet Nobis, quod in tota dicta Senescallia, mediante dictorum Florenorum summa, Nobis, ut prædicitur, oblata & persolvenda terminis supradictis, dictæ Impositiones duodecim denariorum pro libra, tertia decima pars vini & abeuragii, & quinta pars Salis, seu aliæ quæcumque pro dicta liberatione nostra impositæ vel [a] indictæ, non current sed cessent penitùs, quas etiam tenore præsentium revocamus.

(2) Insuper ex ampliori & uberiori gratia, eisdem expresse concessimus & concedimus per præsentes, infrà scripta; videlicet quod omnia gravamina pœnarum seu mulctarum, impositiones seu declarationes, occasione dictarum Impositionum contra ipsas Communitates vel singulares personas earumdem, per quoscumque Commissarios seu Officiarios nostros, illata [b] cominata, seu illatæ & cominatæ, [c] cessentur & totaliter annullentur.

(3) Item. Volumus, in prima congregatione dictarum Comunitatum facienda, ad requestam illius seu illorum qui præsentabunt Litteras præsentes Senescallo nostro Bellicadri vel ejus Locum-tenenti, quod pro ordinando qualiter dicta finantia Nobis oblata & solvenda, nec non & aliæ pecuniarum summæ necessariæ ad dictam financiam levandam, tam pro salariis & expensis factis & faciendis per dictos ad Nos missos, quam pro aliis oneribus dictæ finantiæ sive negotii prædicti, suportandis, per dictum tempus sex annorum in dicta Senescallia levabuntur & indicentur, Senescallus noster vel ejus Locum-tenens requisitus ab illo vel ab illis qui præsentes Litteras præsentabunt, dictas Comunitates faciat evocari, & in ejus Senescalli vel ejus Locum-tenentis præsentia, aut deputati ab eo, ipsæ Comunitates quæ præsentes fuerint, ordinent & impune ordinare valeant de levandis dictis pecuniarum summis, tam pro ipsa finantia, quàm pro ipsis oneribus ipsius financiæ necessariis, & generaliter de omnibus aliis quæ circa dictum factum seu negotium, eis opportunum vel necessarium videbitur.

(4) Item. Similiter quod in aliis convocationibus seu congregationibus faciendis, dictus Senescallus vel ejus Locum-tenens seu deputatus ab eo, teneatur ad requestam Comunitatum dictæ Senescalliæ vel notabiliorum ipsarum, dictas [d] Comunitas convocari seu adjornari, in aliquo loco convenienti infra dictam Senescalliam, ubi ipsæ Comunitates quæ in dicta congregatione fuerint, possint, etiam aliis absentibus, debite tamen vocatis, ordinare Receptores particulares financiæ prædictæ, per loca, Villas, subdiæceses seu Baillivias dictæ Senescalliæ, unumque generalem Receptorem; ac prædictis sic electis, aliisque personis ad dictum negotium utilibus vel necessariis, de moderato salario [e] provideri: Cui generali Receptori, ipsi particulares, in præsentia tamen Senescalli vel ejus Locum-tenentis vel ab eo deputati, illis reddet compotum, qui à dictis Comunitatibus in dicta congregatione præsentibus, ad hoc fuerint deputati; dabitque dictus Senescallus vel ejus Locum-tenens prædictis Receptoribus, Commissiones seu Litteras quoad dictum factum necessarias seu etiam opportunas: Et insuper, ipse generalis Receptor dabit quittantias particularibus Receptoribus; Ipsi verò generali, Thesaurarius noster Nemausi quittantiam dabit de computatis in præsentia dicti nostri Senescalli vel ejus Locum-tenentis vel deputati ab ipso, prout videbitur rationabiliter faciendum. Volumus etiam quod illi qui ad Receptam generalem vel particularem vel ad aliud Officium dicto negotio necessarium vel utile, electi fuerint, ut præfertur, ad suscipienda hujusmodi Officia per dictum Senescallum vel ejus Locum-tenentem aut Ordinarios locorum, vel eorum alterum, [f] compellantes viis & remediis opportunis: in locoque dictorum Receptorum, si ipsos, durante dicto Officio, [g] mari vel aliàs impediri contingeret, aut aliàs inutilles ipsos esse appareret, possint [h] consimiles, Sindici, Procuratores aut alii probi viri illorum locorum vel Diæcesium in quibus suum exercebant Officium, alios vel alium loco eorum subrogare, quem vel quos dicto Senescallo vel ejus Locum-tenenti, teneantur illicò præsentare.

(5) Item. Volumus & expresse concedimus quod omnia quæ levata sunt in dicta Senescallia seu [i] quicumque loco ipsius, ob causam Impositionum prædictarum, in

a indicta, seconde Copie.

b &.

c cassentur, seconde Copie.

d Comunitates convocare seu adjournare, seconde Copie.

e providere, seconde Copie.

f compellantur, seconde Copie.

g mori.

h Consules, seconde Copie.

i quocumque.

JEAN I.er & selon d'autres, Jean II. à Royal-Lieu auprès de Compiegne, en May 1361.

deductionem dictæ financiæ Nobis, ut prædicitur, solvendæ, computentur, veniant sive cedant, & de ea deducantur: Et si aliqui arrendatores seu [a] *empores propter finantiam dictarum Impositionum sint vel fuerint Nobis in aliquo obligati, ipsos & eorum bona seu fidejussorum, vel alios pro eis quomodolibet obligatos, à dicta obligatione liberamus penitùs & quittamus per præsentes; restitutione tamen priùs per ipsos facta de hiis quæ receperint ex dictis Impositionibus, illis locis vel Villis in quibus prædicta fuerint levata seu recepta; quodque ad hujusmodi restitutionem faciendam, per Ordinarios locorum vel eorum alterum, prout ad quemlibet ipsorum pertinuerit, viriliter & rigide* [b] *compellatis.*

(6) Item. *Volumus & expresse concedimus quod Villæ Montis-pessulani,* [c] *Anicii, & aliæ Villæ & loca dictæ Senescalliæ, seu Consules, Sindici seu Procuratores aut probi Viri ipsarum, ad finem quod habeant & habere possint de quo dictam finantiam solvere, & eorum muros seu mœnia* [d] *fortalitia reparare,* [e] *edifficari, &* [f] *reffforsare, suaque debita creditoribus, quibus tenentur, solvere, & alia sua onera suportare possint, impune & libere Impositiones suas siquas habent, Barragia, (c) sizas,* [g] *soquotos vini,* [h] *farinæ vel similia jam eis per Nos dudùm, aut carissimum Filium nostrum Ducem Bituriis & Alverniæ tunc Comitem Pictavicensem, vel consanguineum nostrum Comitem* [i] *Armaniaci, qui pro tempore fuerint Locum-tenentes nostri in partibus Occitanis, aut eorum alterum, concessa vel donata, levare & exigere, & illos vel illa minuere seu augmentare, prout eis visum fuerit expedire: majore tamen parte vel* saniore [k] *per bonorum virorum illius Villæ vel loci in quibus talia minuentur vel augmentabuntur, ad hoc vocata & consentiente, & quod prædicta levare & exigere possint, durante dicto tempore dictorum sex annorum.*

(7) *Insuper volumus & etiam concedimus dictis Communitatibus, quod omnes pecuniæ & pignora quæcumque capta, seu (d) scripturas per Senescallum Bellicadri vel suum Locum-tenentem, aut alium quemcumque Officiarium vel Commissarium, à Villa Montispessulani & aliis Villis & locis dictæ Senescalliæ, causa vel occasione Impositionum prædictarum Regiarum seu propriarum dictarum Villarum & cujuslibet ipsarum, Consulibus Montispessulani, Anicii, & aliis Consulibus, Sindicis, Procuratoribus vel probis viris aliarum Villarum & locorum, prout ad quemlibet ipsarum dictæ pecuniæ, pignora & scripturæ captæ pertinuerunt, libere & sine custu reddantur & restituantur, nec non & omnia* [l] *impedimenta, quæcumque sint, in dictis Impositionibus propriis dictarum Villarum & locorum, per quoscumque Commissarios ordinarios vel Officiarios, vel in ipsorum Consulatuum aut singularum personarum bonis, facta vel apposita, causa vel occasione dictarum Impositionum, ac etiam omnes processus contrà ipsos facti revocentur,* [m] *cessentur & penitùs* [n] *nullentur, ipsosque pro revocatis & annullatis haberi volumus & jubemus, dictasque Impositiones proprias possint & valeant libere* [o] *levare & exigere dictæ Communitates, autoritate tamen nostra, prout ante inhibitiones vel impedimentorum appositionem faciebant, ac si* [p] *ullum impedimentum appositum fuisset in eisdem, omnemque & quamcumque pœnam civilem seu criminalem, si quam incurrerint vel incurrisse potuerunt, Consules, Sindici, Procuratores, probi viri aut singulares personæ villarum & locorum dictæ Senescalliæ, occasione dictarum Impositionum nostrarum vel propriarum ipsorum, seu propria*

[a] Emptores, *seconde Copie.* des Fermiers.

[b] compellantur, *seconde Copie.*

[c] le Puy en Velay.

[d] &.

[e] edificare, *seconde Copie.*

[f] deffensare, *seconde Copie.*

[g] soquetos, *seconde Copie.*

[h] Barinæ, *seconde Copie.*

[i] Voy. cy-dessus, p. 101. Note (f)

[k] per *n'est pas dans la seconde Copie, & il est inutile.*

[l] Voy. cy-dessus, Art. 6. & Note (c)

[m] *Fort.* cassentur.

[n] annullentur, *seconde Copie.*

[o] Voy. cy-dessus, Art. 6. & Note (c)

[p] nullum.

NOTES.

(c) *Sizas, soquotos vini, farinæ.*

Sizas. Il y a dans la 2.e Copie *Sezas*, mais mal; car il y a apparence que *Siza* est icy pour *Sisa*, que l'on a dit pour *Assisa*. Voy. Du Cange au mot *Sisa*.

Soquotos. Il y a dans la 2.e Copie *soquetos*, & c'est ainsi qu'il faut lire. *Soquetum* se trouve dans le Glossaire de Du Cange de l'Edition de Francfort. C'est une Imposition sur le Vin, la Farine & les autres denrées, & dont le produit doit estre employé pour la reparation des murailles des Villes.

(d) *Scripturas.*] Il y a *scripturæ* dans la 2.e Copie, & c'est ainsi qu'il faut lire. Il est impossible de dire au juste qu'elles estoient ces *escriptures* qui avoient esté saisies. Je devine que ce pouvoit estre les Rolles des Impositions particulieres des Villes, dont les Officiers Royaux se seroient emparé, afin qu'elles n'eussent point de lieu, pendant la levée des Impositions establies par le Roy: & ce pouvoit estre-là un des empeschements qui avoient esté mis à la levée des Impositions particulieres, ainsi qu'il est marqué un peu plus bas.

transgressiones Monetarum vel dictarum Ordinationum nostrarum, ipsis & eorum cuilibet plenarie remittimus per præsentes.

JEAN I.er & selon d'autres, Jean II. à Royal-Lieu auprès de Compiegne, en May 1361.

(8) Porrò intentionis nostræ nequaquàm existit, quod per dictam financiam Nobis, sicut prædicitur, oblatam & solvendam à dictis Communitatibus aut singularibus personis ipsarum, de præsenti vel in futurum prejudicium aliquod generetur, seu quod trahatur aut trahi possit futuris temporibus ad consequentiam vel exemplum.

Quæ omnia & singula supradicta, prædictis Communitatibus & earum cuilibet & singularibus earum, attentis præmissis, de nostra certa scientia ac autoritate Regia, concessimus & concedimus per præsentes, de gratia speciali: Inhibentes tenore præsentium, & præcipientes districte (e) Abbati Psalmodiensi Consiliario nostro, Petro Scatisse Thesaurario nostro, & quibuscumque aliis Commissariis (f) supradictis in partibus nostris deputatis, ne de cetero in dicta Senescallia, eorum Commissionibus circà dictas Impositiones per nostras præsentes Litteras cassatas & annullatas, utantur quovis modo: Mandantes etiam omnibus Justiciariis & Officiariis nostris, & eorum cuilibet prout ad quemlibet ipsorum pertinuerit, omnia & singula suprascripta faciant, compleant & diligenter exequantur, quoties ex parte dictarum Comunitatum aut Notabiliorum ipsarum fuerint requisiti, ipsasque Comunitates & singulares earum, nostris præsentibus gratiis uti & gaudere pacifice faciant & permittant, ipsos in contrarium nullatenùs ab aliquo molestari permittendo; Imò si [a] quis in contrarium actum fuerit, ad statum pristinum reducant & reduci faciant indilate, Ordinationibus, (g) firmantiis, mandatis factis vel faciendis, allegationibus, oppositionibus & appellationibus frivolis, Litterisque subrepticiis in contrarium impetratis vel impetrandis, nonobstantibus quibuscumque. Quod ut firmum & stabile permaneat in futurum, hiis præsentibus Litteris nostrum fecimus apponi Sigillum. Datum apud Regalem-Locum juxta Compendium, Anno Domini millesimo trecentesimo sexagesimo-primo, mense Maii. [b] Per Regem in Consilio suo, in quo Vos & Dominus Abbas [c] Clumatencis, Faunel de Vendecourt, & Joannes Chayamarart, Y. Royer. Visa per Consilium.

a quid.

b Ce qui suit n'est pas dans la seconde Copie.

c Cluniacensis: *Les deux autres noms sont aussi corrompus.*

NOTES.

(e) *Abbati Psalmodiensi.*] Cette Abbaye nommée *Psalmodium Sancti Petri*, estoit autrefois de l'Ordre de S.t Benoist, dans le Diocese de Nismes. Elle a esté transferée à Aigues-Mortes dont elle n'estoit éloignée que d'une demi-lieuë, & elle a esté secularisée : c'est presentement une *Collegiale.* Voy. *Galliam Christian.* 1.re Edit. Tom. 4. p. 767. col. 1.

(f) *Supra dictis in partibus nostris deputatis.*] Au lieu de ces mots, il y a dans la 2.e Copie *super dictis Impositionibus nostris deputatis*, & c'est ainsi qu'il faut lire.

(g) *Firmantiis.*] Il y a *Financiis* dans la 2.e Copie, mais je croirois la premiere leçon meilleure, & que *Firmanciæ* est icy la même chose que *Firma*, & qu'il signifie le Bail de ces Impositions qui avoit esté donné à des Fermiers. *Firmancia* a ordinairement une autre signification que l'on peut voir dans Du Cange.

JEAN I.er & selon d'autres, Jean II. à Paris, en May 1361.

(a) Lettres portant que l'Evesque d'Autun ne ressortira plus au Bailliage de Bourges, pour les biens appartenans à son Eglise, qui sont enclavez dans la Jurisdiction de ce Bailliage.

JOHANNES &c. Notum facimus universis presentibus & futuris, quod cum nuper certis rationibus & causis inducti, carissimo Filio nostro Johanni Ducatum Biturie & Alvernie pro se & heredibus suis, duxerimus concedendum & donandum, retentis Nobis & successoribus nostris Regibus Francie, inter alia Gardiis Ecclesiarum Cathedralium cum aliis Juribus Nobis competentibus in eisdem, ac aliorum de Regali fundatione existentium,

NOTES.

(a) Tresor des Chartres, Registre 91. Piece 122.

JEAN I.er & selon d'autres, Jean II. à Paris, en May 1361.

Regaliisque earum, collationibus Beneficiorum Ecclesiasticorum de fundatione Regia existentium, & aliis Juribus Nobis competentibus, prout in Litteris dicte concessionis per Nos, ut dictum est, facte, continetur. Et dilectus noster Episcopus Eduensis qui ab antiquis temporibus & virtute dicte retentionis, in nostra successorumque nostrorum Regum Francie speciali protectione & Salva-gardia, cum omnibus ejus bonis ad causam dicte Ecclesie in quacunque parte dicti Regni existentibus, [a] *in Baillivia Bituricensi inclavatas coram Baillivio Bituricensi seu ejus Locum-tenenti habuerit, ejusque predecessores dicti loci Episcopi tanquam coram Judice Regio, habuerint ressortire & suum semper habuerint ressortum, quamdiù patria & Baillivia predicte in manu Regia & Corona* [b] *remenserint* [c] *absque medio, ne pretextu dicte traditionis, concessionis aut donationis de dicto Ducatu Biturie & Alvernie, infra cujus metas dictus Episcopus quamplures terras, Villas, possessiones & bona habet inclavatas, in futurum controversia seu debatum oriatur super ipsarum terrarum, Villarum, possessionum & bonorum ressorto & superioritate, non-obstante retentione predicta, dictusque Episcopus laboribus & expensis ob hec fatigetur, Nos Predecessorum nostrorum vestigia sequi, & retentionem in dicta donatione seu concessione, ut dictum est,* [d] *facere, de dicto Ducatu Biturie & Alvernie, suum indubitatum sortiri volentes effectum, attendentes Literis super dicta donatione seu concessione dicto Filio nostro facta de dicto Ducatu Biturie & Alvernie penes dictum Filium nostrum aut ejus* [e] *Gentes, qui forte eas edere recusarent, tenore presentium, de nostra certa scientia declaramus nostre intentionis semper fuisse & esse ante dictam donationem & eam faciendo ac etiam post eam jam factam, ut predictus Episcopus ejusque successores dicti loci Episcopi, cum eorum possessionibus, rebus & bonis in dicto Regno existentibus & ad dictum Episcopatum spectantibus, in nostra successorumque nostrorum Regum Francie speciali protectione & Salva-gardia sint & remaneant, ac coram nostris Officiariis Regiis, & non aliis cujuscumque statûs, conditionis, potestatis aut dignitatis existant, habeant ressortire, traditione, concessione aut donatione predicta dicto Filio nostro, ut dictum est, facta, de dicto Ducatu Biturie & Alvernie, non-obstante, ipsumque Episcopum & ejus successores dicti loci Episcopos, à dicti Filii nostri & ejus Officiariorum & subditorum ressorto & Juridictione eximimus, seu declaravimus per presentes, exemptum esse & debere teneri: Inhibentes tenore presencium, dicto Filio nostro ejusque heredibus & successoribus, Justiciariisque & Officiariis suis modernis & futuris & eorum cuilibet, ne dictum Episcopum, ejus successores in dicto Episcopatu aut eorum Justiciarios & subditos seu eorum aliquem, contra tenorem presencium impediant, inquietent aut molestent quovismodo, sed facta in contrarium, ad statum pristinum & debitum reducant indilatè. Quod ut firmum & stabile permaneat in futurum, presentes Litteras nostri sigilli fecimus appensione muniri: Salvo in aliis jure nostro, & in omnibus quolibet alieno.* Datum Parisius, Anno Domini millesimo trecentesimo sexagesimo-primo, mense Maii.

Per Regem ad relationem Consilii, in quo erant Domini Belvacensis Episcopus, Abbas Cluniacensis & Egidius de Soycourt Miles. J. CLERICI.

[a] Il paroist qu'il manque-là plusieurs mots.

[b] remanserint.

[c] Voy. cy-dessus, p. 145. Notes (ffff & gggg)

[d] facta.

[e] Il manque-là quelques mots.

JEAN I.er & selon d'autres, Jean II. à Paris, en May 1361.

(a) Sauvegarde pour l'Abbaye de Clugny & ses membres, & en particulier pour les Prieurez de la Charité sur Loire & de Valignac.

JOHANNES &c. Notum facimus universis tam presentibus quam futuris, quod cum Nos de novo carissimum Filium nostrum Johannem, creaverimus & fecerimus Ducem Bituricensem & Arvernie, terras & Ducatum Bituricensem & Arvernie cum suis juribus & pertinentiis universis eidem concedendo seu in eum transferendo, retentis

NOTES.

(a) Tresor des Chartres, Registre 89. Piece 588. Voy. cy-dessus p. 263. Note (a).

tamen Nobis & reservatis Gardiis Ecclesiarum Cathedralium & aliarum de Regali fundacione existentium, cum nonnullis aliis rebus & Juribus ad Magestatem Regiam ratione Corone Francie spectantibus : Visoque antiquo Privilegio Clugniacensis Ecclesie & membrorum suorum per Nos confirmato, per quod dicta Ecclesia, tam in Capite quam in membris, est in Salva-gardia Regia speciali, & sub immediato ressorto Regio ad causam Corone Francie, Domanio nostro taliter [a] annexis & unitis quod ab ipso Domanio separari vel alienari non possunt neque debent : Attenta etiam (b) associatione antiqua inter Religiosos de (c) Caritate supra Ligerim & Priorem (d) de Valigniaco Ordinis prelibati ex una parte, & Predecessorem nostrum Regem Francie qui tunc erat, ex altera parte facta, per quam dicti Religiosi quorum [b] solus & insolidum totus dictus locus seu Villa de Valigniaco tunc existebat, dictum Predecessorem nostrum cujus causam nunc habemus, associarunt in medietate Jurisdictionis & Ville predicte de Valigniaco, prout ex dicta associatione & usu ipsius apparebit, sub ea conditione specialiter apposita, quod dictus Predecessor noster vel alius successorum suorum, non poterunt dictam Villam de Valigniaco extra manum Regiam sive Regium Domanium ponere quovismodo. Nos igitur premissis consideratis & attentis, tenore presentium decernimus & declaramus non fuisse nec esse intentionis nostre quod dicta Villa sive locus de Valigniaco in dicta concessione dicto Filio nostro facta, comprehendatur in aliquo; sed ipsam Villam seu locum de Valigniaco cum pertinentiis ejusdem in & sub Domanio nostro, Salva-gardia & immediato ressorto volumus & intendimus perpetuo remanere : Inhibentes tenore presencium dicto Filio nostro ejusque successoribus, omnibusque subditis & Officiariis suis & aliis quibuscumque Regni nostri, eorumque Loca-tenentibus modernis & futuris & eorum cuilibet, ne predictos Priorem & Villam de Valigniaco, Habitatoresque ipsius conjunctim aut separatim, contra tenorem predictorum Privilegiorum de quibus liquebit, impediant, inquietent aut molestent quoquomodo; sed facta in contrarium ad statum pristinum reducant indilate : nostro & alieno in omnibus jure salvo. Quod ut firmum & stabile permaneat in futurum, nostrum presentibus Litteris fecimus apponi sigillum. Datum Parisius, Anno Domini millesimo trecentesimo sexagesimo-primo, mense Maii.

Per Regem, ad relationem Consilii, quo Vos Episcopus Carnotensis & plures alii eratis. J. CABOCHE.

JEAN I.er & selon d'autres, Jean II. à Paris, en May 1361.

[a] *Ce mot & le suivant, se rapportent à* membris.

[b] solum.

NOTES.

(b) *Associatione.*] Ces associations se nommoient *Pariages.* Voy. cy-dessus p. 102. Note (h).

(c) *Caritate supra Ligerim.*] La Charité sur Loire, Prieuré très riche dépendant de l'Abbaye de Clugny, du Diocese d'Auxerre, & situé dans le Nivernois, à cinq ou six lieuës au-dessous de Nevers. Voy. *Episcopor. Bellicensium, Chronographica series à S. Guichenon*, p. 152. & le Dictionn. Geograp. de Maty.

(d) *De Valigniaco.*] Dans la Liste que Guichenon [p. 162. de l'Ouvrage cité dans la Note precedente] a donné des Benefices dépendans de la Charité sur Loire, on trouve dans le Diocese de Bourges, le Prieuré de *Valligniaco*, mais il n'en a pas mis le nom François. Mais dans le *Poüillé* de ce Diocese par P. Labbe p. 25. ce Prieuré est nommé *Valignac.* Il est dans l'*Archiprieuré* de *Chantelle.*

(a) Lettres de Sauvegarde pour l'Abbaye de *Massay*, Diocese de Bourges.

JEAN I.er & selon d'autres, Jean II. à Paris, en May 1361.

JOHANNES *&c. Notum facimus universis presentibus & futuris, quod cum nuper Nos certis rationibus & causis inducti, carissimo Filio nostro Johanni, Ducatum Bituricensem & Alvernie pro se & heredibus suis duxerimus concedendum &*

NOTES.

(a) Tresor des Chartres, Registre 90. Piece 607. Voy. cy-dessus p 263. Note (a).

JEAN I.er & selon d'autres, Jean II. à Paris, en May 1361.

donandum, retentis Nobis & successoribus nostris Regibus, inter cetera Gardiis Ecclesiarum Cathedralium, cum aliis Juribus Nobis competentibus in eisdem, & aliarum de Regali fundatione existentium, Regaliis earum, collationibus Beneficiorum Ecclesiasticorum de fundatione Regia existentium, cum aliis Juribus Nobis competentibus in eisdem, prout in Litteris dicte donationis & concessionis per Nos facte, plenius continetur: Et dilecti nostri Abbas & Conventus (b) de Maceyo [a] *Bituricensis, de fundatione nostra Regia existentes ab ipsius Ecclesie fundatione, prout de dicta fundatione per ipsos Nobis extitit plenius facta fides, sint & fuerint, tam in capite quam in membris, cum eorum possessionibus, hominibus de corpore, Jurisdictionibus & aliis bonis suis universis, in quacumque parte dicti Regni nostri existentibus, in & sub nostra protectione & Gardia speciali, Predecessorumque nostrorum Regum Francie, semperque in omnibus casibus ressorti & superioritatis, ad Judices & Officiarios nostros insolidum habuerint ressortiri, & suum, absque* [b] *medio, noscantur habere ressortum coram dictis Justiciariis & Officiariis nostris, timentes ne pretextu dicte donationis seu concessionis facte de dicto Ducatu Biturie & Alvernie, infra cujus metas Ecclesia dictorum Abbatis & Conventus cetereque terre, Ville, possessiones & bona sunt inclavate, in futurum controversia seu debatum oriatur super ipsorum superioritate & ressorto, non-obstante predicta retentione, ipsique Abbas & Conventus hujus pretextu, possent laboribus & expensis in futurum fatigari. Nos igitur Predecessorum nostrorum vestigia sequi volentes, & retentionem in dicta donatione factam, suum effectum* [c] *volentes, attendentes Litteras super dicta donatione seu concessione factas, penes dictum Filium nostrum, & non penes dictos Abbatem & Conventum existere, tenore presentium, ex certa scientia, declaramus per presentes, nostre intentionis semper esse & fuisse, ante dictam donationem & eam faciendo ac etiam post eam jam factam, ut dicti Abbas & Conventus, tam in capite quam in membris, tam conjunctim quam divisim, cum eorum Officiariis, familiaribus, Justicialibus & subjectis, Villis, domibus, maneriis, Jurisdictionibus, Juribus & hominibus de corpore, ac omnibus eorum bonis ubicunque in Regno nostro existentibus, ad dictum Abbatem & Conventum, tam conjunctim quam divisim, ad causam dicte Ecclesie spectantibus, in nostra successorumque nostrorum Regum Francie protectione & salva speciali Gardia sint & remaneant, & coram dictis Officiariis nostris & non aliis cujuscunque status, conditionis, potestatis seu dignitatis existant, habeant ressortiri, traditione, concessione seu donatione dicto Filio nostro de dicto Ducatu Biturie & Alvernie, aut quibuscunque terris & possessionibus dicti Regni nostri, factis seu etiam* [d] *cujuscunque alteri faciendis in toto vel in parte, non-obstantibus quibuscunque: Sed eos & eorum quemlibet & dicti Filii nostri & ejus Officiariorum & subditorum ressorto & Jurisdictione eximimus, seu declaramus per presentes, exemptos esse & debere. Inhibentes tenore presencium, dicto Filio nostro, omnibusque suis Justiciariis, Officiariis & subditis, successoribusque suis & aliis quibuscumque Regni nostri, eorumque Loca-tenentibus modernis & futuris, & eorum cuilibet, ne predictos Abbatem & Conventum contra tenorem presencium* [e] *inquietant, impediant aut* [f] *molestant quovisnodo, sed facta in contrarium, ad statum pristinum & debitum reducant seu reduci faciant indilate, & absque alterius expectatione mandati. Quod ut firmum & stabile perpetuo perseveret, sigillum nostrum Litteris presentibus duximus apponendum: Salvo in aliis jure nostro & in omnibus quolibet alieno.* Datum Parisius, Anno Domini millesimo trecentesimo sexagesimo-primo, mense Maii.

Per Regem, ad relationem Consilii, in quo erant Domini Belvacensis, Carnotensis Episcopi & Dominus Abbas Cluniacensis. P. ANXEAU.

a Diocesis.

b Voy. cy-dessus, p. 143. Notes *(ssss & gggg)*

c habere.

d cuicumque.

e inquietent.

f molestent.

NOTES.

(b) De Maceyo.] Dans la *Galliâ Christ.* on ne trouve point d'Abbaye de ce nom dans le Diocese de Bourges, & il y a apparence que c'est la même que *Mesciacum* ou *Messayum, Massay,* dont il est parlé, *Ibid.* Tom. 2. p. 141. 2.e Edit. laquelle fut fondée en 738. Elle est située près de Vierzon.

JEAN I.er & selon d'autres, Jean II. à Royal-Lieu, le 10. de Juin 1361.

(a) *Mandement pour faire fabriquer des Especes dans la Monnoye de S.t Lo.*

JEHAN par la grace de Dieu Roy de France: A noz amez & feaulx les Generaulx-Maistres de noz Monnoyes, Salut & dilection. Comme par noz [a] Ordonnances derrenierement faictes sur le fait & gouvernement de nosdites Monnoyes, pour certaines causes qui a ce Nous ont meu, Nous avons volu & ordonné & vous mandé par icelles, que en toutes noz Monnoyes pour lors estans en nôtredit Royaume, excepté en celles de Bourges, de Tours & de Sainct Lo, vous faciez faire & ouvrer Monnoye d'Or & d'Argent & par la forme & maniere que mandé le vous avons; c'est assavoir, Francs d'Or fin, gros Deniers, & demys-gros d'Argent: Et depuis ce, Nous avons esté & sommes plainement informez par aucuns de nostre Conseil, que les Changeurs & Marchans de Caen, de Coustantin & du Pays d'environ, tant pour la [b] doubte de plusieurs pillars, robeurs, comme en moult d'autres manieres, n'osent [c] ne pevent apporter ou faire venir leur matiere d'Or & d'Argent en Billon en nostre Monnoye de Roüen, parquoy l'Ouvraige de noz Monnoyes en est moult destourbé & [d] apetissé, au très-grant prejudice de Nous, de nostre Royaume & du Peuple d'iceluy, & que prouffitable & necessaire chose est que en [e] icelui de Sainct Lo, soit derechef faite & forgié pour Nous & en nôtre nom, Monnoye d'Or & d'Argent toute autelle & semblable comme Nous faisons faire en noz autres Monnoyes, jusques à ce que Nous ayons ordonné de icelles remuer & establir en nostre Ville de Caen ou ailleurs, là où bon semblera à Nous & à nostre Conseil. Si vous mandons, commectons & à chacun de vous enjoignons estroictement, que ou cas où vous pourrez [f] finer d'aucuns [g] Maistres ou Maistres particuliers pour tenir ladite Monnoye, si comme il est accoustumé & appartient du faire, & qui sachent & puissent faire ouvrer en [h] icelles les Monnoyes d'Or & d'Argent, telles comme Nous les faisons faire, tantost & sans delay vous y envoyez nosdites Ordonnances pour ce faire, & gardez que en ce n'ait deffault: Et de ce faire vous donnons povoir, auctorité & mandement especial par la teneur de ces presentes. *Donné à Royal-Lieu,[i] le dixieme jour de Juing, l'An de grace mil trois cens soixante & ung.* Par le Conseil, ouquel estoient Messieurs l'Arcevesque de Sens, Vous, l'Evesque de Chartres, le Grant-Prieur de France; Messieurs Gauchier, de Chastillon & autres.

P. BLANCHET.

a *Elles ne sont pas venuës jusqu'à Nous.*

b *crainte.*

c *ni ne.*

d *diminué.*

e *celle.*

f *trouver.*

g *Maistre.*

h *icelle.*

i *près Compiegne.* Voy. la Piece suivante.

NOTES.

(a) Registre de la Cour des Monnoyes de Paris, *fol. 96. verso.*

JEAN I.er & selon d'autres, Jean II. au Royal-Lieu, près de Compiegne, le 16. de Juin 1361.

(a) Lettres qui fixent la somme qui sera payée par la Ville de Lille, pour la rançon du Roy.

JOHANNES Dei gratia Francorum Rex: Universis presentes Litteras inspecturis, salutem. Notum facimus quod ad supplicationem dillectorum nostrorum Scabinorum, Burgensium, Habitatorum & Communitatis Ville nostre Insulensis, Nos,

NOTES.

(a) Extrait du Registre aux Titres de la Ville de Lille nommé *Roisin*, reposant dans les Archives de l'Hostel de ladite Ville, du *fol. 275.*

Collationné par moy, Conseiller du Roy, Procureur, Syndic de la Ville de Lille. B. HERRENG.

JEAN I.er & selon d'autres, Jean II. au Royal-Lieu près de Compiegne, le 16. de Juin 1361.

ex certis causis ad hoc Nos moventibus, eisdem concedimus tenore presentium de gratia speciali, ut mediante summa trium millium Florenorum Regalium Auri de [a] *cuigno nostro, nunc currentium, quos predicti Scabini, Burgenses, Habitatores & Communitas Nobis pro nostra redemptione seu (b) expeditione, solvere anno quolibet liberaliter promiserunt, usque ad finem sex annorum, à festo sancti Michaëlis proxime venturo pro primo anno computandorum, & sex aliis terminis subsequentibus solvenda, in quâ Florenorum summa Nobis dictis terminis solvenda, remanent obligati ipsi Scabini, Burgenses, Habitatores, manentes & Communitas, & in Villa & Scabinatu Insulensi mercaturas facientes & infrà tempus dictorum sex annorum facturi, (c) liberi sint & immunes; ita tamen quòd in dicta concessione, persone Ecclesiastiche minime comprehendantur. Concedimus quòd predictis Scabinis, Burgensibus, Habitatoribus & Communitati, & per concessionem predictam eisdem aut sue* [b] *Commune prejudicium aliquod futuris temporibus in aliis minime generetur, aut contra ipsos ad consequentiam trahi possit, & quod tempore predicto durante, ad aliquod aliud subsidium occasione dicte redemptionis seu expeditionis nostre, teneantur seu compellantur: quocirca dilectis & fidelibus Thesaurariis generalibus deputatis super facto subsidiorum pro dicta expeditione nostra ordinatorum, nec non superiori Baillivo Insulensi, ceterisque Justiciariis, Officiariis & Commissariis ex parte nostra deputatis vel deputandis, & ipsorum cuilibet ut ad eum pertinuerit, damus per presentes in mandatis, quatinus prefatos Scabinos, Burgenses, Habitatores & Communitatem nostra presenti gratia uti,* [c] *gaudere pacifice faciant & permittant, ipsos aut eorum aliquem in contrarium nullatenus* [d] *molestari seu molestari permittentes: sed quidquid contra tenorem ejusdem factum fuerit revocantes & ad* [e] *factum pristinum & debitum reducentes seu reduci facientes indilate. In cujus rei testimonium, sigillum nostrum presentibus Litteris duximus apponendum.* Datum in Regali-Loco propè Compendium, die decima sexta Junii, Anno Domini millesimo trecentesimo sexagesimo-primo. Ensi signée.

Per Regem, ad relacionem Consilii in quo Vos, Dominus Abbas [f] *Climacensis & Gentes Requestarum Hospicii eratis.*

Depuis que chés presentes furent ensi signées, le Roy me recommanda que [g] jou les signasse passées par lui & son Conseil. BLANCHET.

a de nostre coin.
b Communie, ou Communitati.
c &.
d molestantes.
e Fort. statum.
f Cluniacensis.
g je.

NOTES.

(b) Expeditione.] C'est-à-dire, pour nous mettre en estat de finir & d'*expedier* le payement de nostre rançon. Voy. cy-dessus p. 446. & Note (*g*) le mot *expeditione* pris à peu près dans le même sens.

(c) Liberi sint & immunes.] Il semble qu'il manque-là quelque chose, & que l'on devroit y trouver ce dont la Ville de Lille est declarée exempte. Peut-estre estoit-ce de payer l'Imposition establie par l'Ordonnance du 5. de Decembre 1360. & qu'elle rachepta, moyennant une somme fixe, ainsi qu'avoit fait la Senefchaussée de Beaucaire & de Nismes. Voy. cy-dessus p. 496.

JEAN I.er & selon d'autres, Jean II. à Paris, en Juin 1361.

(a) Lettres qui permettent aux Marchands du Royaume de Castille, de negocier dans les Villes de Harfleur, du Crotoy & d'Abbeville.

JOHANNES Dei gratia Francie Rex: Notum facimus universis tam presentibus quam futuris, Nos vidisse Litteras nostras, formam que sequitur, continentes.

(b) JOHANNES Dei gratia &c.

NOTES.

(a) Tresor des Chartres, Registre 89. Piece 596.

(b) Johannes Dei gratia, &c.] Ces Lettres du Roy Jean qu'il confirme ici, avoient déja esté confirmées par Charles Dauphin son Fils, par ses Lettres données en May

Nos vero dictos Mercatores ª beginino favore prosequentes, & ut affluencius in Regno nostro suas merces defferant, & per hoc Regnum nostrum ᵇ copiosus habudabit, dictas Litteras & omnia contenta in eisdem rata & grata habentes, ipsa volumus, laudamus & approbamus, & ex uberiori gratia eisdem de certa scientia ac de gratia speciali concedimus, ut ipsi & eorum singuli dictis Privilegiis per totum Regnum nostrum gaudeant pacifice & letentur, & cum ipsi & Mercatores Regni Portugalie ex eadem Patria fore censeantur, eisdem concedimus ut eisdem liberalitate & concessionibus pociantur, quibus dicti Mercatores Regni Portugalie per Regnum nostrum utuntur: Dantes tenore presentium in mandatis universis Justiciariis & subditis dicti Regni aut eorum Loca-tenentibus presentibus pariter & futuris, quatinus dictos Mercatores & eorum singulos nostra presenti gratia uti & gaudere pacifice faciant & permittant, ipsos in contrarium nullatenus molestantes in corpore sive bonis; sed si quid de bonis suis captum seu saisitum extiterit, eisdem restitui volumus indilate, quicquid secus foret attemptatum, ad statum pristinum & debitum reducendo reducire faciendo indilate. Quod ut perpetui roboris stabilitate firmetur, sigillum nostrum in presentibus Litteris duximus apponendum: salvo in aliis jure nostro, & in omnibus quolibet alieno. Actum Parisius, Anno Domini millesimo trecentesimo sexagesimo-primo, mense Junii.

JEAN I.er & selon d'autres, Jean II. à Paris, en Juin 1361.

a benigno.

b copiosius abundet.

Per Regem, ad relationem Consilii, in quo Vos & Domini Episcopi Belvacensis & Carnotensis, Abbas Cluniacensis ac plures alii eratis. FERRICUS.

Collatio facta est cum Litteris suprascriptis. FERRICUS.

NOTES.

1357. & qui sont imprimées cy-dessus p. 166. ainsi il ne reste plus icy à imprimer que la confirmation du Roy Jean.

Nous remarquerons seulement que l'on n'avoit pas pû lire dans le Registre 87. où sont les Lettres du Dauphin, le nom du lieu où avoient esté données les Lettres de Philippe de Valois du 13. de Novembre 1353. & que l'on avoit fait imprimer en devinant *Vethun*, avec une marque d'abreviation sur l'*V*. Mais dans le Registre 89. où se trouve la confirmation du Roy Jean, il y a bien écrit *Bethunie*. Voy. cy-dessus p. 167. Note (*c*).

JEAN I.er & selon d'autres, Jean II. à Paris, le 22. Juillet 1361.

(a) *Ordonnance qui fixe le prix des Especes, qui renouvelle les anciennes Ordonnances sur le fait des Monnoyes, & qui establit des Commissaires pour les faire observer.*

JEHAN par la grace de Dieu Roy de France: Au Prevost de Paris ou à son Lieutenant, Salut. Vous & tous noz autres Justiciers & Subjectz ne vous povez ne devez en aucune maniere ignorer ne excuser des non avoir receu les Lettres des Ordonnances que Nous depuis nostre retour d'Angleterre, ès mois de Decembre & d'Avril derreniers passez, par très grant & bonne deliberation de nostre Conseil, & de plusieurs Prelatz, Barons, Bourgeois & autres notables personnes de nostre Royaume, pour faire chose qui peust estre à la loenge & plaisir de Dieu, & pour le bien & prouffit de tout le Commun peuple de nostredit Royaume, & à la priere & requeste de la greigneur partie d'iceluy, avons faictes sur le fait & gouvernement de noz Monnoyes, & affin que icelles eussent ᵈ peu & puissent demourer & arrester longuement en bon & ferme estat, & telles Monnoyes d'Argent blanches & noires & d'Or fin, comme Nous avons volu & ordonné estre faictes & avoir cours, & pour les pris & cours que Nous leur avons donnez; desquelles en icelui estat faire tenir & garder, c'est le plus grand desir & volenté que Nous puissions avoir: Et affin que

c Voy. pages 438. 439. 441. & 485.

d pû.

NOTES.

(a) Registre D. de la Cour des Monnoyes de Paris, *fol.* 97. *recto.*

JEAN I.er & selon d'autres, Jean II. à Paris, le 22. de Juillet 1361.

chacun le peust voir clerement & notoirement, eussions ordonné à bailler toutes noz Fermes tant ordinaires comme extraordinaires, à solz & à livres, sans faire mencion aucune expresse de Monnoye d'Or ou d'Argent, & ainsi l'eussions fait cryer & publier notoirement : Parquoy se [a] n'est par la coulpe & deffaut de vous & de noz autres Justiciers, nostredit peuple ne se peut pas dire ignorant d'icelles Ordonnances savoir, & de les tenir & garder par la forme & maniere que faictes & ordonnées les avons, & que mandé vous a esté par nosdites Lectres. Si Nous est apparu & appert tout notoirement le contraire : car toutes personnes quelles quelles soient, Marchans & autres, & par tout nostredit Royaume, preignent & mectent toutes manieres de Monnoyes d'Or & d'Argent fausses & mauvaises, & autres que les nostres, ausquelles Nous avons osté le cours du tout; & les nostres mesmes, pour tel pris comme il leur plaist, & pour plus grant que Nous ne leur avons ordonné, dont Nous avons moult grant merveille ; Car *(b)* Nous veons & . . . . . clerement que c'est petite obeissance à Nous & à nostre Royal Majesté, & en très grant derision de Nous & de nosdites Ordonnances: Desquelles choses ainsi faictes & attemptées ou très grant [b] gref, dommaige & prejudice de Nous & de la greigneur partie de nostredit peuple, combien que portées & souffertes les avons le plus paciemment que Nous avons peu pour la paix & amour d'icelluy, Nous voulons que vous & tout ledit peuple sachiez que il Nous en a despleu & desplaist tant comme peult, & ne voulons dores-en-avant en aucune maniere soubz dissimulation ne autrement, telles choses souffrir estre faictes. Et pour ce est-il que Nous qui voulons en toutes manieres comment que ce soit, que noz Ordonnances derrenierement faictes sur le fait & gouvernement de nosdites Monnoyes, soyent tenues & gardées sans enfraindre, [c] en noz bonnes Monnoyes d'Or & d'Argent, blanches & noires que Nous avons ordonnées estre faictes, & que Nous faisons & ferons faire, estre prinses & mises d'un chacun pour les pris que Nous leur avons ordennez tant seullement, avons commis, ordonné & estably certains & bons [d] Commissaires de noz amez & feaux Conseilliers & des Generaulx-Maistres de noz Monnoyes, pour aller par les Seneschaulcies, Bailliages & Prevostez de nostredit Royaume, & par noz Monnoyes, pour icelles noz Ordonnances faire tenir & garder, & pour faire pugnition sans espagne, de tous ceulx qu'ils pourront trouver & savoir qui en icelles ont fait & feront aucune transgression, & qui prendront ou mettront en appert [e] ou en couvert, se [f] n'est au marc pour Billon, aucunes Monnoyes d'Or & d'Argent quelles quelles soient, ausquelles Nous avons osté le cours du tout, & semblablement les nostres, pour plus grant pris que ne leur avons ordonné; C'est assavoir, les Francs d'Or fin, pour seize solz parisis la Piece, & non pour plus; les blancs Deniers aux Fleurs de Liz, pour vint deniers tournois la Piece; le parisi pour ung denier tournois; & le petit denier tournois pour une maille parisi.

Item. Les bons gros Deniers d'Argent que Nous avons fait & faisons faire, pour douze deniers parisis la Piece, & les demyz-gros, pour six deniers parisis la Piece: lesquelles Monnoyes Nous avons fait équipoller & * equipollées si justement & si loyaulment les unes aux autres, comme plus peult estre, par le Conseil & deliberation de toutes manieres de Gens en ce congnoissans & expers: & aux blancs Deniers à la Couronne, ausquelz Nous avons donné cours pour trois deniers tournois la Piece, pour ce qu'il en est trop grant quantité de faulx, de contrefaiz & de mauvais, Nous a iceulx par ces Lettres, & à toutes autres Monnoyes d'Or & d'Argent quelles quelles soient, excepté les nostres cy-dessus derrenierement declairées & nouvelles, avons osté & ostons le cours du tout, & deffendons à tous par ces presentes, sur peine de perdre corps & avoir, que aucunes n'en soyent prises ne mises, se [g] n'est au marc pour Billon : sachans pour certain que de tous ceulx que l'en pourra trouver & savoir faisans le contraire, & du contenu en nosdites Ordonnances & Instructions baillées

a ce.

b grief.

c Je crois qu'il faut *&* au lieu de *en*.

d *Voy. cy-dessous, les Lettres du 17. de Septembre 1361.*

e *publiquement ou secretement.*

f *ce.*

* *sont.*

g *ce.*

NOTES.

(b) Nous veons, &c. . . . . . .] Il y a là un mot, dont l'écriture est chargée, & qu'il a esté impossible de déchiffrer. Il semble qu'il y ait *prenons*.

derechef sur ce à nosdits Commissaires, lesquelles Nous voulons que leur signiffiez & faictes savoir derechef très diligemment, affin que ils ne les puissent ignorer, Nous ferons faire pugnition sans espargne, telle & si grant que ce sera exemple à tous autres, & que ilz pourront bien apparcevoir le très grant desplaisir que Nous avons eu & avons de la petite obeissance que l'en a faicte à Nous & à noz Lettres. Et ne voulons en aucune maniere par Nous ne par autres quelz qu'ilz soyent, & de quelque condition & estat, en estre fait graces & remissions, lesquelles, si faictes estoient, Nous par ces Lettres, les adnullons & rappellons du tout. Si vous mandons & expressement enjoignons ceste fois pour toutes, que nostredite derreniere Ordonnance faicte sur le fait & gouvernement de nostredite Monnoye, & ces presentes avec l'Instruction qui baillée vous sera par nostre Conseil, vous faciez cryer & publier solemnellement & souventesfois ès lieux notables & accoustumez en vostre Prevosté & ressort, & icelles tenir & garder tellement que vous n'en puissiez estre repris de negligence, & que par vous n'y ait deffault; car pour certain, Nous avons ceste chose moult à [a] cuer. *Donné à Paris, le vingt-deuxieme jour du mois de Juillet, l'An de grace mil trois cens soixante & ung.* Par le Roy, à la relation du Conseil des Lays. YVO.

[a] *cœur.*

JEAN I.er & selon d'autres, Jean II. au bois de Vincennes, en Aoust 1361.

(a) Ordonnance portant restablissement des anciens ressorts des Jurisdictions, changez depuis le regne de Philippe le Bel.

JEHAN par la grace de Dieu Roy de France: Savoir faisons à tous presens & à venir, que comme depuis & assez tost après nostre retour & revenue d'Angleterre en nostre Royaume, il soit venu à nostre connoissance, que depuis le temps que Nous fumes pris à Poitiers, & long-temps paravant tant en nostre temps comme ou temps d'aucuns de nos Predecesseurs, depuis le temps de nostre très-cher Segneur & Oncle le Roy Philipes le Bel, en la faveur & pour le proffit singulier de plusieurs personnes d'Eglise, Nobles & autres, plusieurs ressors de Prevostez qui d'ancienneté avoient esté & devoient estre & demeurer en l'auditoire & subjection d'icelles Prevostez, en ont esté ostez induëment contre rayson & contre les Ordonnances Royals anciennes & raysonnables, & ont esté mis, transportez & assignez les uns en autres Prevostés, & les autres en Bailliages en lieux plus lointiens, assez & mal [b] aysiez pour nos Justiciers & pour les bonnes Gens nos subgiez qui avant y ressortissoient, en grand grief, prejudice & dommages de Nous & du bien publique.

[b] *incommodes.*

Nous par grande & meure deliberation & avis de notre Conseil, pour le très-proffit de la chose publique, avons rappellé & mis, rappellons & metons au neant par ces presentes, de nostre plaine puissance & authorité Royal, & de certaine science, tous les transports des ressorts dessusdits, & voulons & ordenons que toutes les Terres & Seigneuries ressortissants à Nous, ressortissent doresnavant ès Prevostés & lieux où elles souloient enciennement ressortir, non contrestant quelconques Lettres faictes & octroiées au contraire; lesquelles par ces presentes, Nous rappelons & voulons estre nulles & de nulle valeur dores-en-avant: Et donnons en mandement à nos amez & feaulx les Gens de nos Comptes à Paris, & enjoignons si estroittement comme Nous povons, que nostre presente Ordenance tiegnent, gardent, accomplissent, facient tenir, garder & accomplir par nos Seneschaux, Baillys, Prevoz & autres quelconques de point en point, sans faire & venir ou souffrir estre fait aucunement au contraire; non contrestant quelconques Lettres empetrées, ou à empetrer

NOTES.

(a) Memorial D. de la Chambre des Comptes de Paris, *fol.* 30. *verso.* Voy. cy-dessous des Lettres du 26. d'Octobre 1361. pour l'execution de cette Ordonnance. Elles sont vidimées dans des Lettres de Janvier 1362. données en faveur de l'Abbaye de S.t Gilles.

au contraire: Et pour ce que ce soit ferme & estable à tousjours-mais, Nous avons fait mettre nostre Seel à ces Lettres. *Donné au Bois de Vincennes, l'An de grace mil trois cens soixante & un, ou mois d'Aoust.* Par le Roy & par son Conseil.

P. BLANCHET. Pour le Roy.

JEAN I.er & selon d'autres, Jean II. à Paris, en Aoust 1361.

(a) Sauvegarde pour le Monastere de Mont-Dieu de l'ordre des Chartreux.

JOHANNES &c. Universis presentes Litteras inspecturis, Salutem. Rationi congruum arbitramur, si Predecessorum nostrorum vestigiis inherendo, ad hoc nostre mentis aspirat affectus, quod persone Ecclesiastice que de die & de nocte ad Divinum vacant servicium, pacis transquillitate gaudeant, & per Regalem potentiam nostris temporibus à violentiis & injuriis deffendantur, ut eo liberius valeant Omnipotenti altissimo famulari, quo per Regalem potentiam favorabiliter senserint se adjutos. Ea propter, notum facimus universis tam presentibus quam futuris, quod Nos ad Religiosos viros Priorem & Conventum loci (b) Montis-Dei Remensis Diocesis, Ordinis Cartusiensis, in Baillivia Viromandensi prope fines Regni nostri commorantes, considerationem specialem habentes, ut quiete vivere, & Actorem pacis in pace colere valeant clipeo Regie protectionis adjuti, Religiosos ipsos, Monasterium suum, domum & locum predictos, homines suos & Ecclesie sue de corpore, grangias, nemora, prata, molendina, loca, aquas piscarias & possessiones quascunque suas, quas juste & pacifice possident in presenti & àmodo legitime possidebunt, familiam suam & quaslibet personas ejusdem Monasterii sive domus, quatenus premissa immediate Nobis subsunt vel suberunt, sub nostra successorumque nostrorum Regum Francie protectione & Gardia speciali suscipimus per presentes, earum tenore mandantes & committentes Baillivio Viromandensi qui nunc est & qui pro tempore fuerit, vel ejus Locum-tenenti, quem etiam Gardiatorem eorum constituimus specialem, quatinus prout ad eum pertinuerit, ipsos Religiosos in suis & Ecclesie sue justis possessionibus, Franchisiis, Libertatibus, usibus, juribus, Jurisdictionibus & saisinis presentibus & futuris, in quibus ipsos esse & suos predecessores fuisse pacifice ab antiquo, repererit, manuteneat & conservet, ipsosque Religiosos, Monasterium suum seu domum suam predictam, ac dictos homines suos & personas, ac bona quecunque ejusdem Monasterii sive Domus eorumdem, ab omnibus injuriis, violenciis, gravaminibus, molestiis, vi armorum, potentia Laicorum ac inquietationibus & novitatibus indebitis quibuscumque defendat, nec permittat contra ipsos Religiosos eorumque familias, res & bona, aliquas fieri seu inferri indebitas novitates; sed si factas esse invenerit, ad statum pristinum & debitum reduci, & Nobis & dictis Religiosis emendam condignam propter hoc prestari faciat (c) prima ratione: affidagium etiam & [a] securramentum a quibus & quando fuerit opportunum, juxta Patrie consuetudinem eisdem dari faciat & prestari: Et hujusmodi specialem Gardiam nostram in ejus Assisiis & locis aliis de quibus expedire viderit, publicari, ne quis possit in contrarium ignorantiam allegare, ac violatores hujusmodi injuriatoresque protectionis & specialis Gardie nostre sic, Justicia [b] mediente, civiliter puniat, quod cedat ceteris in exemplum: Et si super aliquibus rebus contentiosis inter Partes oriatur debatum in casu novitatis, ponat illud ad manum nostram tanquam superiorem, & per eam recredentiam de eis faciat, si & ubi rationabiliter fuerit facienda: Nec non

[a] Voy. cy-dessus, p. 164. Note *(b)*

[b] mediante.

NOTES.

(a) Tresor des Chartres, Registre 89. Piece 704. Voy. cy-dessus p. 263. Note *(a)*.

(b) Montis-Dei.] La Chartreuse de Mont-Dieu, dans le Diocese de Rheims à trois lieuës de Sedan, sur les confins de la Champagne. C'est une des plus riches Maisons de l'Ordre. *Dictionn. Universel de la France* par Saugrain.

(c) Prima ratione.] Ces mots que je n'ay point encore trouvez dans aucunes Lettres de Sauvegarde, semblent signifier, qu'avant toutes choses, on donnera la recreance aux Religieux, & qu'on les restablira dans les biens ou dans les droits dont ils auront esté depoüillez.

persolvi dictis Religiosis faciat redditus suos ac debita sua bona & legalia, clara & a liquida de quibus nulla questio referetur, & b compellet seu compelli faciat debitores ipsorum ad solutionem hujusmodi debitorum, & adjornet seu faciat adjornari omnes illos qui super dictis debatis & debitis questionem seu oppositionem retulerint, ad certos & competentes dies, coram suis competentibus Judicibus, super hujusmodi questionibus & oppositionibus debite processuros: Que debita tam in casu novitatis quam super dictis debatis, coram ipsis Judicibus agitari & (d) fine debito terminari summarie & de plano volumus & mandamus, prout pertinuerit ad quemlibet eorumdem: Et omnia & singula faciat, que c cetera hec necessaria fuerint vel etiam opportuna. Cumque prefati Religiosi prope fines Regni nostri, ut preferetur, commorantur, distantque à sede nostra Laudunensi ad d quem suum ressortum habere dicuntur, ut viginti leucas & amplius, quapropter de facili copiam Servientum nostrorum habere non possent, ipsique Religiosi ex certis & verissimilibus conjecturis, à pluribus personis cognitis & incognitis, tam in Regno nostro, quam etiam e Imperio commorantibus, habeant se timere, pro premissis facilius exequendis unum vel plures Servientes nostros vel alios probos viros ydoneos per ipsos Religiosos nominandos, ipsis Religiosis per dictum Baillivum deputari volumus, quando expediens vel opportunum fuerit, si super hoc requirent, suis sumptibus: Quibus probis viris ydoneis prout Servientibus nostris & Gardiatoribus dictorum Religiosorum, pareri volumus & mandamus, explectaque per eos in premissis & earum dependentibus facta, tante efficacie seu f auctoritate esse volumus, ac si per Servientes nostros facta extitissent. Nolumus tamen quod de hiis que Cause cognitionem exigunt, se nullatenus intromittant. Quod ut firmum & stabile permaneat in futurum, presentibus Litteris nostrum fecimus apponi sigillum: nostro & alieno in omnibus jure salvo. Actum Parisius, Anno Domini millesimo trecentesimo sexagesimo-primo, mense Augusti.

JEAN I.er & selon d'autres, Jean II. à Paris, en Aoust 1361.

a liquida.

b compellat.

c *Fort.* circa.

d quam.

e Voy. cy-dessus, p. 196. Note (e)

f auctoritatis.

Per Regem, ad relationem Consilii, in quo Vos Dominus Jacobus Divitis, Magister Guerardus Damville, & plures alii eratis.

M. DE VILLEMER.

NOTES.

(d) *Fine debito.*] On pourroit lire *sine debito:* Mais Voy. cy-dessus p. 446. Note (e).

JEAN I.er & selon d'autres, Jean II. en Aoust 1361.

(a) Lettres portant permission aux Habitans d'Aire, de porter des armes lorsqu'ils sont en voyage pour leur commerce.

JOHANNES &c. Notum facimus universis presentibus & futuris, Nos Litteras inclite recordationis ac felicis memorie Domini & progenitoris nostri quondam Regis Philippi, suo magno sigillo in filis sericis & cera viridi sigillatas, recepisse & vidisse, formam que sequitur, continentes.

Philippe VI. dit de Valois, à S.t Christophe en Halate, en Octobre 1347.

PHILIPPE par la grace de Dieu Roys de France. Savoir faisons à tous presens & à venir, que comme noz amez le Maire & les Echevins de la Ville de (b) Aire, pour euls, les Bourgois & Habitans d'icelle Ville, Nous aient humblement supplié & requis que en alant & venant g en leurs marchandises, par les Villes & lieux du pais environ, il puissent porter leurs espées, bouclіers, couteaux & bastons pour la seurté & h pais de leurs personnes, sanz ce que il soient pour ce pris & arrestez par noz Sergens ou autres Officiers: Nous inclinans à leur supplication, considerans le bon port & loyauté que les Bourgois & Habitans de ladite Ville ont tousjours eu à Nous

g *pour leur commerce.*

h *paix.*

NOTES.

(a) Tresor des Chartres, Registre 91. Piece 407.

(b) *Aire.*] Ville située dans l'Artois, sur la Riviere de Lis. *Dictionn. de Maty.*

JEAN I.er & selon d'autres, Jean II. en Aoust 1361.

& à nostre Couronne de France, & esperons que il aient ou temps à venir, leur avons octroié & octroions de nostre grace especial & auctorité Royal, que tous lesdis Bourgois & Habitans de ladite Ville, qui à present sont & qui pour le temps à venir seront, qui seront tesmoignez par les Lettres du Maire & Eschevins d'icelle Ville, estre bons & loyaulx Marchans & de bonne vie & conversation, puissent porter leurs espées, boucliers, couteaux & batons à la tuition & deffenses de leurs personnes, en alant à leurs Marchandises & autres besoignes & retournant, sans ce que il soient ou puissent estre ou temps presens ou avenir, pris ou arrestez ou mis à amende par aucuns de noz Sergens ou aultres Officiers. Donnons en mandement à nostre Bailli d'Amiens, qui à present est & qui pour le temps à venir sera, & à tous nos autres Justiciers & Officiers, que lesdis Bourgois & Habitans facent & laissent user & joïr de nostre presente grace, & contre la teneur [a] de celle ne les empeschent ou aucuns d'eulx en aucune maniere. Et pour ce que ce soit ferme chose & estable à tousjours-mais, Nous avons fait mettre nostre Séel à ces Lettres: sauf nostre droit en autres choses & l'autrui en toutes. *Donné à S.t Christofle en Halate, l'An de grace mil trois cens quarante-sept, ou mois d'Octobre.*

Nos igitur ad supplicationem dictorum Habitatorum Nobis super hoc cum [b] *instantia factam, contemplacione etiam meritorum eorumdem quibus non immerito laudabiliter* [c] *comandatur, ob prefatam & sinceram dilectionem ac fidelitatem quam ipsi & eorum Predecessores erga Nos & Coronam nostram sub vera & debita obedientia assidue dicuntur retroactis temporibus gessisse & habuisse, prout de die in diem faciunt, & ipsos speramus in futurum jugiter facturos, & ob hoc omnia & singula prout in suprascriptis Litteris sunt contenta, rata, firma & grata habentes, illa volumus, laudamus, ratifficamus & approbamus, & per presentes confirmamus de gratia speciali & auctoritate nostre Regie potestatis. Dantes Baillivio Ambianensi, Preposito* [d] *Musteroli, ceterisque Justiciariis & Officiariis Regni nostri presentibus & futuris, aut eorum Loca-tenentibus & ipsorum singulis tenore presentium in mandatis, quatinus predictos supplicantes nostra presenti gratia uti & gaudere faciant & permittant perpetuo absque impedimento vel contradictione quacumque, non permittentes ipsos vel eorum singulos contra nostre presentis gratie tenorem inquietari vel molestari in corporibus sive bonis, nunc vel in futurum. Quod sic fieri volumus & mandamus de gratia speciali & auctoritate predictis, Ordinationibus, Statutis vel Editis factis vel faciendis in contrarium non-obstantibus quibuscumque. Et ut premissa* [e] *perpetuum stabilitatem & roboris firmitatem* [f] *obtineat in futurum, nostram presentibus Litteris fecimus apponi sigillum: nostro in aliis & in omnibus quolibet alieno jure salvo.* Datum [g] Anno Domini millesimo trecentesimo sexagesimo-primo, mense Augusti.

Per Regem, ad relationem Consilii, in quo vos Episcopus Carnotensis, Domini de Revello, Gaucherus de Castellione ac Magister Guerardus Dainville eratis.

N. DE VILLARIBUS.

a *d'icelle.*

b Il y a une lacune dans l'Original.

c commendantur.

d Monstreüil-sur-Mer.

e perpetuam.

f obtineant.

g Le nom de la Ville où cette Ordonnance a esté donnée, a esté oublié.

JEAN I.er & selon d'autres, Jean II. au Bois de Vincennes, au mois d'Aoust 1361.

(a) Reglements pour le mestier de Draperie de la Ville de Troyes.

SOMMAIRES.

(1. 2) Les Drapiers de la Ville de Troyes sont en droit d'élire tous les ans, trois Maistres du Métier.

(3) Fonctions & Droits des Maistres de la Draperie.

(4) Reglement pour la nature des laines qui doivent estre employées dans la fabrique des Draps.

(5. 6. 7) Differentes punitions des Fabriquans, suivant les differentes malversations qu'ils auront commises.

(8) Reglement sur les Draps de couleur, dont les laines n'ont pas esté bien mélangées, & qui sont rayez.

(9) Reglement pour les Draps de differentes couleurs.

(10) Reglement sur la longueur des lisieres.

(11) Les Draps doivent estre d'une bonne laine dans le corps de la piece, qu'au chef & à la queuë.

JEAN I.er & selon d'autres, Jean II. au Bois de Vincennes, au mois d'Aoust 1361.

(12) Les pieces de Drap doivent avoir la longueur portée par les Reglements.

(13) Les laines qui auront esté preparées dans la Ville de Troyes, ne pourront estre transportées ailleurs pour estre fabriquées.

(14) Les Draps seront foulez avec de la terre & de l'eau, & non avec de la graisse.

(15) Il est permis neantmoins de mettre au bout d'une piece de Drap, sans en augmenter la longueur, deux aunes seulement détoffe moins considerable.

(16) Reglement sur la quantité de Tresmas & de Chaisnes batardes que l'on peut employer.

(17. 18) Les Maistres connoissent de toutes les contraventions qui se font au sujet de la fabrique des Draps; & ils visitent tous les jours les Mestiers où l'on fabrique.

(19) Reglements pour la fabrication des Blancs & des Etoffes de Burre.

(20) Drogues qui doivent estre employées dans les teintures.

(21) On ne mettra point de chaux dans les Teintures, mais seulement de la cendre.

(22) Reglements pour les Teintures.

(23) Les fileuses qui auront gasté ce qu'on leur aura donné à filer, perdront leurs salaires.

(24) Toutes personnes peuvent lever & entreprendre une Manufacture de Draps, & faire travailler des Ouvriers pour son compte: mais on ne peut travailler soy-même, si on n'est Ouvrier en Draperie.

(25) Salaires des Maistres du Métier.

(26) Quand une Piece de Drap a la longueur qu'elle doit avoir, on ne peut y adjouster de Piennes.

(27) Ceux qui auront dénoncez des Draps, comme mal fabriquez, & qui ne pourront le prouver, seront condamnez à l'amende.

(28) Il est deffendu d'acheter des laines filées & des Draps écrus, si ce n'est de personnes connuës.

(29) Il est deffendu aux Ouvriers en Draperie de se servir de cardes; & il leur est ordonné de se servir de peignes.

JEHAN par la grace de Dieu Roys de France. Savoir faisons à touz presens & avenir, que comme pour obvier à plusieurs inconveniens qui s'ensigeoient [a] ou povoient ensigre pour cause de plusieurs deffaus ou mauvestiez qui se faisoient ou povoient estre faiz de jour en jour, ou Mestier de la Drapperie de nostre Ville de Troies, au grant dommage du commun pueple & de la chose publique, si comme les Maistres dudit Mestier de la Drapperie d'icelle Ville, disoient & maintenoient, lesdiz Maistres dudit Mestier eussent baillé par escript au Lieutenant du Bailli de ladite Ville de Trois, certains articles contenans plusieurs Status & Ordenances faiz & faites sur le gouvernement dudit Mestier de Drapperie, lesquiex Statuz & Ordenances yceulx Mestres disoient estre necessaires & prouffitables pour le bon gouvernement dudit Mestier de Drapperie, & desquiex la teneur s'ensuit.

a *s'ensuivoient ou pouvoient s'ensuivre.*

(1) Ce sont les Statuz & Ordenances, commant les Drappiers de la Drapperie de la Ville de Troies pevent & doivent [b] drapper, & commant ladite Drapperie a esté gardée & gouvernée de si lonc temps qu'il n'est memoire du contraire. Et combien que en ladite Ville de Troies n'ait Corps ne Commune, est [c] elle & a esté par tel & si lonc temps qu'il n'est memoire du contraire, *(b)* Ville de Soy, quant au fait de la Drapperie.

b *fabriquer des Draps.*

c *elle est.*

(2) *Item.* Combien que lesdiz Drappiers de ladite Ville de Troies fussent & ont esté par tel & si lonc temps qu'il n'est memoire du contraire, en possession & saisine de eslire chacun an aus trois jours de la Foire de Bar-sur-Aube en chascune année, trois Mestres de eulx, pour garder & gouverner ladite Drapperie, & il soit ainsi que par la force des guerres & par la pouvreté desdiz Drappiers & Prudomes de ladite Drapperie, il aient [d] deleissié, ne bonnement ne pouvoient aler chascun an en ladite Foire pour vendre leurs denrées, & faire & ordener les Mestres de ladite Drapperie pour estre Maistre dudit Mestier [e] pour garder & gouverner lesdiz Mestier &

d *cessé.*

e *&.*

NOTES.

(a) Tresor des Chartres, Registre 91. Piece 197. Voy. p. 410. des Reglements pour le même métier. Ces deux Reglements ont plusieurs Articles, qui sont à peu près semblables, mais il y en a plusieurs de nouveaux dans celuy-cy. Je n'ay pas manqué de consulter encore M. *Julienne*. Voy. p. 410. Note *(a)* Et les éclaircissements qu'il a bien voulu me donner, m'ont beaucoup servi pour l'intelligence de ces Reglements qui sont très difficiles à entendre.

(b) Ville de Soy.] Il faut corriger *Ville de Loy*. Voy. cy-dessus p. 411. Note *(c)*.

JEAN I.er & selon d'autres, Jean II. en Aoust 1361.

& à nostre Couronne de France, & esperons que il aient ou temps à venir, leur avons octroié & octroions de nostre grace especial & auctorité Royal, que tous lesdis Bourgois & Habitans de ladite Ville, qui à present sont & qui pour le temps à venir seront, qui seront tesmoignez par les Lettres du Maire & Eschevins d'icelle Ville, estre bons & loyaulx Marchans & de bonne vie & conversation, puissent porter leurs espées, boucliers, couteaux & batons à la tuition & deffenses de leurs personnes, en alant à leurs Marchandises & autres besoignes & retournant, sans ce que il soient ou puissent estre ou temps presens ou avenir, pris ou arrestez ou mis à amende par aucuns de noz Sergens ou aultres Officiers. Donnons en mandement à nostre Bailli d'Amiens, qui à present est & qui pour le temps à venir sera, & à tous nos autres Justiciers & Officiers, que lesdis Bourgois & Habitans facent & laissent user & joïr de nostre presente grace, & contre la teneur [a] de celle ne les empeschent ou aucuns d'eulx en aucune maniere. Et pour ce que ce soit ferme chose & estable à tousjours-mais, Nous avons fait mettre nostre Séel à ces Lettres: sauf nostre droit en autres choses & l'autrui en toutes. *Donné à S.t Christofle en Halate, l'An de grace mil trois cens quarante-sept, ou mois d'Octobre.*

Nos igitur ad supplicationem dictorum Habitatorum Nobis super hoc cum [b] *instantia factam, contemplacione etiam meritorum eorumdem quibus non immerito laudabiliter* [c] *comandatur, ob prefatam & sinceram dilectionem ac fidelitatem quam ipsi & eorum Predecessores erga Nos & Coronam nostram sub vera & debita obedientia affuisse dicuntur retroactis temporibus gessisse & habuisse, prout de die in diem faciunt, & ipsos speramus in futurum jugiter facturos, & ob hoc omnia & singula prout in suprascriptis Litteris sunt contenta, rata, firma & grata habentes, illa volumus, laudamus, ratificamus & approbamus, & per presentes confirmamus de gratia speciali & auctoritate nostra Regie potestatis. Damus Baillivio Ambianensi, Preposito* [d] *Musteroli, ceterisque Justiciariis & Officiariis Regni nostri presentibus & futuris, aut eorum Loca-tenentibus & ipsorum singulis tenore presentium in mandatis, quatinus predictos supplicantes nostra presenti gratia uti & gaudere faciant & permittant perpetuo absque impedimento vel contradictione quacunque, non permittentes ipsos vel eorum singulos contra nostre presentis gratie tenorem inquietari vel molestari in corporibus sive bonis, nunc vel in futurum. Quod sic fieri volumus & mandamus de gratia speciali & auctoritate predictis, Ordinationibus, Statutis vel Editis factis vel faciendis in contrarium non-obstantibus quibuscumque. Et ut premissa* [e] *perpetuum stabilitatem & roboris firmitatem* [f] *obtineat in futurum, nostrum presentibus Litteris fecimus apponi sigillum: nostro in aliis & in omnibus quolibet alieno jure salvo.* Datum [g] Anno Domini millesimo trecentesimo sexagesimo-primo, mense Augusti.

Per Regem, ad relationem Consilii, in quo vos Episcopus Carnotensis, Domini de Revello, Gaucherus de Castellione ac Magister Guerardus Dainville eratis.

N. DE VILLARIBUS.

a d'icelle.

b Il y a une lacune dans l'Original.

c commendantur.

d Monstreüil-sur-Mer.

e perpetuam.

f obtineant.

g Le nom de la Ville où cette Ordonnance a esté donnée, a esté oublié.

JEAN I.er & selon d'autres, Jean II. au Bois de Vincennes, au mois d'Aoust 1361.

(a) Reglements pour le mestier de Draperie de la Ville de Troyes.

SOMMAIRES.

(1.2) Les Drapiers de la Ville de Troyes sont en droit d'élire tous les ans, trois Maistres du Métier.

(3) Fonctions & Droits des Maistres de la Draperie.

(4) Reglement pour la nature des laines qui doivent estre employées dans la fabrique des Draps.

(5.6.7) Differentes punitions des Fabriquans, suivant les differentes malversations qu'ils auront commises.

(8) Reglement sur les Draps de couleur dont les laines n'ont pas esté bien mélangées, & qui sont rayez.

(9) Reglement pour les Draps de differentes couleurs.

(10) Reglement sur la longueur des lisieres.

(11) Les Draps doivent estre d'égale bonne laine dans le corps de la piece, qu'au chef & à la queüe.

JEAN I.er & selon d'autres, Jean II. au Bois de Vincennes, au mois d'Aoust 1361.

(12) Les pieces de Drap doivent avoir la longueur portée par les Reglements.

(13) Les laines qui auront esté preparées dans la Ville de Troyes, ne pourront estre transportées ailleurs pour estre fabriquées.

(14) Les Draps seront foulez avec de la terre & de l'eau, & non avec de la graisse.

(15) Il est permis neantmoins de mettre au bout d'une piece de Drap, sans en augmenter la longueur, deux aunes seulement d'étoffe moins considerable.

(16) Reglement sur la quantité de Tresses & de Chaisnes batardes que l'on peut employer.

(17. 18) Les Maistres connoissent de toutes les contraventions qui se font au sujet de la fabrique des Draps; & ils visitent tous les jours les Mestiers où l'on fabrique.

(19) Reglements pour la fabrication des Blancs & des Etoffes de Burre.

(20) Drogues qui doivent estre employées dans les teintures.

(21) On ne mettra point de chaux dans les Teintures, mais seulement de la cendre.

(22) Reglements pour les Teintures.

(23) Les fileuses qui auront gasté ce qu'on leur aura donné à filer, perdront leurs salaires.

(24) Toutes personnes peuvent lever & entreprendre une Manufacture de Draps, & faire travailler des Ouvriers pour son compte: mais on ne peut travailler soy-même, si on n'est Ouvrier en Draperie.

(25) Salaires des Maistres du Métier.

(26) Quand une Piece de Drap a la longueur qu'elle doit avoir, on ne peut y adjouster de Piennes.

(27) Ceux qui auront dénoncez des Draps, comme mal fabriquez, & qui ne pourront le prouver, seront condamnez à l'amende.

(28) Il est deffendu d'achepter des laines filées & des Draps écrus, si ce n'est de personnes connuës.

(29) Il est deffendu aux Ouvriers en Draperie de se servir de cardes; & il leur est ordonné de se servir de peignes.

JEHAN par la grace de Dieu Roys de France. Savoir faisons à touz presens & avenir, que comme pour obvier à plusieurs inconveniens qui s'ensigeoient [a] ou povoient ensigre pour cause de plusieurs deffaus ou mauvestiez qui se faisoient ou povoient estre faiz de jour en jour, ou Mestier de la Drapperie de nostre Ville de Troies, au grant dommage du commun pueple & de la chose publique, si comme les Maistres dudit Mestier de la Drapperie d'icelle Ville, disoient & maintenoient, lesdiz Maistres dudit Mestier eussent baillé par escript au Lieutenant du Bailli de ladite Ville de Trois, certains articles contenans plusieurs Status & Ordenances faiz & faites sur le gouvernement dudit Mestier de Drapperie, lesquiex Statuz & Ordenances yceulx Mestres disoient estre necessaires & proussitables pour le bon gouvernement dudit Mestier de Drapperie, & desquiex la teneur s'ensuit.

a s'ensuivoient ou pouvoient s'ensuivre.

(1) Ce sont les Statuz & Ordenances, commant les Drappiers de la Drapperie de la Ville de Troies pevent & doivent [b] drapper, & commant ladite Drapperie a esté gardée & gouvernée de si lonc temps qu'il n'est memoire du contraire. Et combien que en ladite Ville de Troies n'ait Corps ne Commune, est [c] elle & a esté par tel & si lonc temps qu'il n'est memoire du contraire, *(b)* Ville de Soy, quant au fait de la Drapperie.

b fabriquer des Draps.

c elle est.

(2) Item. Combien que lesdiz Drappiers de ladite Ville de Troies fussent & ont esté par tel & si lonc temps qu'il n'est memoire du contraire, en possession & saisine de eslire chacun an aus trois jours de la Foire de Bar-sur-Aube en chascune année, trois Mestres de eulx, pour garder & gouverner ladite Drapperie, & il soit ainsi que par la force des guerres & par la pouvreté desdiz Drappiers & Prudomes de ladite Drapperie, il aient [d] deleissié, ne bonnement ne pouvoient aler chascun an en ladite Foire pour vendre leurs denrées, & faire & ordener les Mestres de ladite Drapperie pour estre Maistre dudit Mestier [e] pour garder & gouverner lesdiz Mestier &

d cessé.

e &.

NOTES.

(a) Tresor des Chartres, Registre 91. Piece 197. Voy. p. 410. des Reglements pour le même métier. Ces deux Reglements ont plusieurs Articles, qui sont à peu près semblables, mais il y en a plusieurs de nouveaux dans celuy-cy. Je n'ay pas manqué de consulter encore M. *Julienne*. Voy. p. 410. Note *(a)* Et les éclaircissements qu'il a bien voulu me donner, m'ont beaucoup servi pour l'intelligence de ces Reglements qui sont très difficiles à entendre.

(b) Ville de Soy.] Il faut corriger *Ville de Loy*. Voy. cy-dessus p. 411. Note *(c)*.

JEAN I.er & selon d'autres, Jean II. au Bois de Vincennes, au mois d'Aoust 1361.

Drapperie; c'est assavoir deux [a] Lanneurs & un Texerant, & avec ce deux Gardes, l'un Lanneur & l'autre Texerant: *(c)* lesquiex Sergent dudit Mestier de par lesdiz Mestres ausquiex touz li communs de ladite Drapperie obeist & doit obeir en faisant [b] de la Garde de ladite Drapperie, il ont ordené & ordenens que aus trois jours de la *(d)* Foire froide de Troies en chascune année, lesdiz Prodommes & Commun de ladite Drapperie essliront trois Mestres; C'est assavoir, deux Lanneurs & un Texerant, & avec ce deux Gardes, l'un Lanneur & l'autre Texerant, comme dessus est dit: lesquiez après ce qu'il sont esleuz, font serement de garder & gouverner bien & loyaulment lesdiz Mestier & Drapperie.

(3) Item. Lesdiz Mestres sont en possession & ont esté par le temps dessusdit, de garder & gouverner lesdiz Mestier & Drapperie, & faire tous fraiz & avoir toute la charge & gouvernement d'icelui Mestier, de cognoistre des forfaitures & malefaçons qui y sont faites, de en avoir la cognoissance & pugnicion, & en lever les amendes & forfaitures, toutefoiz que les cas y sont advenuz, & de mettre & asseoir sur lesdiz Mestier & Drapperie par l'advis & conseil des Preudommes dudit Mestier, pour les fraiz & charges communs d'icelui Mestier faire & soustenir, teles charges & imposition comme il leur plet, toutes & quantefoiz que bon leur semble, & les recevoir & lever, [c] parmi ce que aus Predomes du Mestier de la Drapperie, il rendront compte aus trois jours de la susdite Foire de Troies *(e)* au chief de leur année, ou toutes & quantesfoiz que il en seront appellé & requis des Preudommes de ladite Drapperie, de ce que il auront reçeu & [d] mis, sanz ce que lesdiz Maistres & Preudommes dessus diz y appellent autres personnes, fors que eulx tant seulement.

(4) Item. Sur l'ouvrage de ladite Drapperie, certains Statuz & Ordenances ont esté [e] par ledit temps & sont gardez en ladite Drapperie de ladite Ville de Troies; C'est assavoir, que l'en y drappe & puet drapper de Lainne mere & de pelis [f] noe pignié à sain, & n'y doit l'en point meeller [g] aignelins, pelis court ne recous: & se il est trouvé que aucuns Draps soit faiz en ladite Ville, ouquel il ait [h] meellé aucunes des matieres dessusdites, qui mises n'y doivent estre, comme dit est, les Gardes dudit Mestier prennent ledit Drapt & [i] l'emportant pardevers les Maistres dudit Mestier, liquel par le conseil & avis des Preudommes dudit Mestier, jugent ledit Drap à [k] ardoir: Et puis requierrent lesdiz Mestres au Prevost de ladite Ville de Troies, que il leur livre place pour celui Drap ardoir, & icelui Prevost la leur livre [l] parmi cinq solz tournois, lesquiex lidiz Maistres li baillent, & puis font lesdiz Maistres ledit Drap ardoir, en executant leurdit Jugement.

(5) Item. (f) En tist [m] & à tixu de si lonc-temps qu'il n'est memoire du

a *Voy. cy-dessus, p. 411. Note (c)*

b *de* paroist inutile, ou il faut suppléer *le fait.*

c *pourvû que.*

d *depensé.*

e *gardez.*

f *Voy. cy-dessus, p. 412. Note (e)*

g *Voy. cy-dessus, p. 412. Note (f)*

h *esté.*

i *l'emportent.*

k *brusler.*

l *moyennant.*

m *on fabrique.*

NOTES.

(c) Lesquiex Sergent.] *Gardes* & *Sergents* sont icy la même chose. Voy. cy-dessous dans des Lettres du mois de Septembre 1362. pour les Tisserands en toile de la Ville de Troyes, il y a: *un Valet qui est appellé Sergent dudit Métier.*

(d) Foire froide.] L'Election des Maîtres se faisoit autrefois à la Foire de Bar-sur-Aube: Elle s'estoit faite depuis à la Foire de Troyes.

(e) Au chief de leur année.] Chief doit signifier-là la fin de l'année, pendant laquelle ils seront Maistres.

(f) En tist, &c.] Cet Article & le suivant sont très difficiles à entendre. Je hazarderay mes conjectures, lorsque j'auray expliqué deux termes qui se trouvent dans l'Article 6.

Ensuble à fil. On le nomme presentement *Ensouple* ou *Ensuble.* C'est une espece de gros & long cylindre ou rouleau de bois placé de large sur le derriere de ceux qui travaillent de la navette, & sur lequel sont roulez les fils de la chaîne des étoffes qu'ils fabriquent, lesquels se déroulent à mesure que l'étoffe se fabrique. Voy. le Dictionn. du Commerce au mot *Ensouple.*

Lamme ou *Lame,* car il est écrit de ces deux façons. Pour entendre ce que c'est, il faut d'abord lire l'explication qui a esté donnée p. 412. Note *(g)* des mots *chaîne, portée & roz.*

Cette explication supposée, les *Lammes* sont des petites cordes placées un peu plus loin que le *Roz,* vis-à-vis de ses ouvertures. Au milieu de ces cordes, est un anneau fait de corde mesme ou de métal, au travers duquel passent les *fils de la chaîne,* après qu'elles ont passé par les ouvertures du *Roz.*

Ces *Lammes* ou cordes sont attachez au

contraire,

contraire, en ladite Ville de Troies, touz Draps & Couvertures de laine pignée à fain en [a] feze cens & non en moins, & qui en plus grant compte les veult faire, faire le puet, fenz offenfe. Et ou cas que aucuns defdiz Draps ou Couvertures font ourdiz

JEAN I.er & felon d'autres, Jean II, au Bois de Vincennes, au mois d'Aouft 1361.

a *Voy. cy-deffus, p. 412. Note (g).*

NOTES.

haut à une tringle qui eft entre le *Roz* & l'*Enfuble*, & en bas à des tringles de bois nommées *Marches*, lefquelles font en nombre different, fuivant la nature des étoffes qu'on fabrique. Ces cordes font attachées aux *marches*, de telle façon que la premiere eft attachée à une *marche*, & la feconde à la fuivante, & ainfi alternativement. Les *marches* font attachées par un bout au *fol*, & de l'autre font fufpenduës en l'air.

Lorfque le Fabriquant met le pied fur une de ces *marches*, il la fait baiffer : en baiffant, elle attire à foy les *Lames* ou cordes qui y font attachées, & les anneaux qui font au milieu de ces cordes, & par confequent les *fils de la chaîne* qui paffent par ces anneaux : d'où il arrive qu'une des *marches* eftant abbaiffée, & l'autre reftant fufpenduë en l'air, tous les *fils de la chaîne* qui dépendent de la premiere font abaiffez, & les *fils* qui dépendent de la feconde, reftent en leur place, & alors le Fabriquant lançant fa navette au milieu de ces *fils* ainfi feparez les uns des autres, forme fon tiffu. Voy. Savary au mot *Lame*.

Il paroift par ces deux Articles, qu'on nommoit *Lames*, la partie du Métier compofée de ces *Lames* particulieres.

L'exactitude demande que j'avertiffe que dans tous les endroits où je lis *Lame*, il y a bien écrit *Laine*, avec une marque d'abreviation, & des points fur l'*i*, chofe bien rare dans les Manufcrits de ce temps. Mais je crois pouvoir démonftrer que c'eft une faute de Copifte, & qu'il faut lire *Lame*. Voicy mes preuves.

Dans l'Article 6. dans un cas que j'expliqueray un peu plus bas, il eft dit que l'on pourra vendre du Drap fabriqué d'une certaine façon ; mais que l'on brûlera la *Lame* & l'*Enfeuble* avec lefquels il aura efté fabriqué. Si on lifoit *Laine*, cela ne feroit pas de fens ; car comment pourroit-on brûler la *Laine* qui auroit fervi à fabriquer un Drap qu'il eft permis de vendre. Il y a une difpofition femblable dans l'Article 7.

Dans cet Article il eft parlé d'un Drap fabriqué avec une *Lame* & un *Roz* neuf. On ne peut pas lire là *Laine*, car on ne fabrique pas avec de la *Laine* qui a déja fervi, & on voit que *Lame* & *Roz* font mis là pour le *Métier*, dont ils font la principale partie.

Mais ce qui rend cette derniere explication certaine, c'eft que dans une Ordonnance du mois de Septembre 1362. qui fera imprimée cy-deffous, & qui contient des Reglements pour les *Tifferands en toile*, dont les Métiers font à peu près femblables à ceux des Fabriquans en Draps, on trouve le mot de *Lame* bien écrit joint à celuy de *Roz*, & l'on ne peut pas y fubftituer celuy de *Laine*, parce que les *Tifferands en toile* n'employent point de *Laine*.

Il me paroift donc certain qu'il faut lire *Lame* au lieu de *Laine*; & il eft aifé de concevoir comment le Copifte a écrit *Laine* pour *Lame*: *in* & *m* s'écrivent de même dans les anciens Manufcrits, où il n'y a prefque jamais de points fur les *i*. Le Copifte n'entendant pas le mot de *Lame*, y aura fubftitué le mot de *Laine* qui eft plus connu, avec d'autant moins de fcrupule, qu'il s'agit dans cette Ordonnance de Draps qui fe fabriquent avec de la *Laine*.

Après ces préliminaires, tâchons de deviner quel peut eftre le fens des Articles 5. & 6.

On peut fabriquer des Draps qui ayent un nombre different de *fils de chaîne*, pourvû qu'ils ayent une largeur proportionnée au nombre de ces fils. On ne pouvoit pas à Troyes, fabriquer des Draps qui euffent moins de 1600. *fils de chaîne*, mais on pouvoit en fabriquer qui en euffent 1700. 1800. & plus.

On peut faire deux fortes de malverfations en fabriquant des Draps.

1.° On peut, en donnant à un Drap le nombre de *fils de chaîne* qu'il doit avoir, le fabriquer avec un *Roz* & avec une *Lame*, qui ayent l'un plus d'ouvertures, & l'autre plus d'anneaux qu'il n'y a de *fils de chaînes*. Il en refultera cet inconvenient, que ces *fils de chaînes* ne feront pas à diftance égale comme ils doivent eftre, puifqu'il y aura des *Roz* & des *Lames* par où il n'en paffera pas, & alors le Drap fera plus large qu'il ne devroit eftre, mais moins ferré & plus lâche.

2.° On peut fabriquer un Drap avec un *Roz* & avec une *Lame*, qui ayent l'un autant d'ouvertures, & l'autre autant d'anneaux qu'il doit y avoir de *fils de chaîne* dans ce Drap, mais ne pas employer le nombre de *fils de chaîne* que ce Drap doit avoir, enforte qu'il y ait des *Roz* & des *Lames* par lefquels il n'en paffe pas, ce qui rendra ce Drap non feulement lâche, mais outre cela, moins fourni de laine qu'il ne devroit eftre.

Dans le premier cas, comme le Drap a la quantité de Laine qu'il doit avoir, on pourra le vendre. Mais cependant comme il faut punir la malverfation du Fabriquant, on brûlera la *Lame* & l'*Enfeuble*, c'eft-à-dire, une partie confiderable du Métier avec lequel il a fabriqué; & il payera une amende de quarante fols.

Dans le fecond, comme ce Drap n'a pas

JEAN I.er & selon d'autres, Jean II. au Bois de Vincennes, au mois d'Aoust 1361.

ou Compte de seze cens, de dix & sept cens, de dix & huit cens, ou en plus grans comptes, [a] puisque lesdiz Draps ou [b] Couverteurs aient leur propre compte des comptes dessusdiz, & li Tixerans qui lesdiz Draps ou Couverteurs tistra en son [c] Houestel ou ailleurs, noë & mest lesdiz Draps ou Couvertures de laine pignee à sain, comme dit est, ceux qui seront ordiz ou compte de seze cenz senz plus, & qui n'y ait ne [d] porte ne demie par-dessus *(g)* ledit compte, & il soit trouvé par les Gardes dudit Mestier, que li Tixerans qui lesdiz Draps ou Couverteures tistra, les ait mis en une [e] lamme en dix & sept ou en dix-huit cens, ou en une autre lamme en plus grant compte, les Gardes dudit Mestier prennent lesdiz Draps ou Couvertures & les apportent aus Maistres dudit Mestier, liquel Maistres, appellé avec eulx deux Preudommes dudit Mestier, [f] visetent lesdiz Draps & Couvertures.

(6) Item. Se lesdiz Maistres & Preudommes treuvent que lesdiz Draps & Couverteurs aient leurs propres comptes, [g] sen ce qu'il n'y ait portée ne demie par-dessus lesdiz comptes, & que par le deffaut du Tixerant qui les tistra, il soient trouvé [h] esdites lammes en plus grans comptes comme dessus est, & aussi des autres comptes en lammes de plus grans comptes que lesdiz Draps ou Couverteures ne seront, lesdiz Draps ou Couverteures seront renduz à ceux à qui il seront *(h)* assouvis esdites lammes par ledit Tixerant ou par autre: Et la lamme ensemble [i] l'Enseuble à fil où lesdiz Draps seront trouvez tixant, quant lesdis Draps ou Couverteures seront assouvis, seront condempnez par lesdiz Maistres & Preudommes, à ardoir & ars comme dessus: Et avec ce, lidiz Tixerans paiera quarante solz tournois, moitié au Roy nostre Seigneur, & moitié ausdiz Maistres pour tourner & convertir ou prouffit commun de ladite Drapperie, & pour le salaire des Maistres & Gardes. Et se il estoit aussi que uns Draps ou une Couverture fussent ourdiz en l'un des comptes dessusdiz & noë & mis en la propre lamme [k] du compte où il seroient ourdi, & pour defaut [l] d'estain ou autrement il y eut jusques à trez rooz wiz que d'une part que d'autre, les [m] gardes comptées chascune pour un rooz, les Gardes dudit Mestier prennent lesdiz Draps ou Couverteures, lesquiex sont condempnez par les Mestres & Preudommes dudit Mestier, à ardoir & ars comme dessus: Ensemble la lamme & l'Enseuble à fil où lesdis Draps ou Couverteurs sont trouvez tixanz, senz ce que li Tixeranz qui les tistra, soit tenuz de paier quarante solz tournois, moitié pour le Roy & moitié pour lesdiz Maistres. Toutes-voies esdiz Draps ou Couvertures, on puet bien laissier en chacune lisiere un rooz wit & la garde senz prejudice, & non plus: Et se plus en y avoit, les Gardes dudit Mestier en auroient pour chascun rooz wit, douze deniers jusques à la somme de douze rooz, la garde compté pour un rooz, & paieroit li Tixerans qui seroit trouvez tixant de la part où lesdiz rooz wis seroient, lesdiz douze deniers pour rooz: Et ou cas que esdiz Draps ou Couvertures auroit jusques à treze rooz wis, lesdiz Maistres par l'advis & conseil des Preudommes dudit Mestier, les jugeroient à ardoir, & seroient ars comme dessus.

(7) Item. Se il avenoit que les Gardes dudit Mestier trouvassent un Drap ou une Couverture sur un Mestier, où il eust deux, trois ou quatre rooz wis; & il estoit

[a] *pourvû que.*

[b] *Couvertures.*

[c] *Hestel, Maison.*

[d] *portée.* Voy. cy-dessus, p. 412. Note *(g)* & l'Article suivant.

[e] *Voy. Note (f)*

[f] *visitent.*

[g] *sans.*

[h] C'est-à-dire, suivant mes conjectures, *qu'il y ait plus d'anneaux de lames qu'il n'y a de fils de chaisnes.*

[i] *Voy. Note (f)*

[k] *C'est le deuxieme cas. Voy. Note (f)*

[l] C'est la même chose que *chaisne.* Voy. p. 414. Note *(o)*

[m] Voy. p. 412. Note *(g)* col. 2. ce que c'est que les *Gardes* d'un *roz.*

NOTES.

la quantité de Laine qu'il doit avoir, il sera brûlé avec la *Lame* & l'*Enseuble* du Fabriquant, qui estant assez puni par-là, ne payera pas d'amende.

On pourroit ajoûter une troisieme sorte de malversation, dont il semble qu'il soit aussi parlé dans ces Articles. C'est de donner à un Drap plus de *fils de chaîne* qu'il n'en doit avoir proportionnellement à sa largeur. Car moyennant cette augmentation, on peut oster sans qu'il y paroisse, six fois plus de *tresmé* qu'on n'ajoûte de *chaîne,* mais le Drap n'est pas si bon.

C'est en partie sur les ouvertures que m'a fournies M. Julienne, [Voy. p. 410. Note *(a)*] que j'ay hasardé ces conjectures, qu'il a trouvé assez vray-semblables.

(g) Ledit Compte.] Il semble qu'il faudroit ajoûter-là, *seront bons & bien fabriquez:* & lire ensuite : *mais s'il est trouvé, &c.*

(h) Assouvis.] Il paroist par les Lettres de Septembre 1362. que j'ay citées page precedente, dans la Colonne 1.ere de la Note: que ce mot signifie *achevé.*

aussi que la lame & li rooz fussent [a] nuef, & que onques on n'eust tixu audit rooz, & que lesdiz Draps ou Couvertures y fussent *(i)* entrait, li Tixerans ne seroit tenuz de paier nulz douze deniers pour les roos wis, ne li Draps ne seroit en riens condempnez; ains seroit [b] assouvis & rendus touz frans à celui à qui il seroit: Et se il estoit aussi que il li eust plus de six rooz wis, lesdiz Draps ou Couverteures assouviz, la lamme seroit apportée pardevers les Maistres dudit Mestier, lesquiex briseroient & condempneroient ledit rooz.

(8) Item. Se touz Draps sont trouvez roiez [c] au lonc; c'est assavoir en une partie d'une couleur & une autre d'une autre couleur, celui de qui le Drap est, non-obstant qu'il soit de bonne laine & en bon compte, paie ausdiz Maistres six solz tournois, pour convertir ou prouffit commun, comme dessus; ou il le doit faire taindre en autre couleur, parquoy il ne soit de diverses couleurs.

(9) Item. [d] Se touz Draps sont trouvez tixus de plusieurs couleurs, les Mestres dudit Mestier en font les pieces de tant de couleurs comme il y a, & en retiennent laquelle qui leur plaist, parquoy on ne les puisse rassembler, jusques à tant que celui de qui le Drap est, ait vendu les autres pieces: Lesquelles vendues, celle que lesdiz Maistres ont retenuë, leur doit estre renduë: Se aussi n'est que celui à qui ledit Drap est, le vuille faire taindre, afin que il soit d'une couleur, & que ledit Drap taint sera veu par lesdiz Maistres, pour savoir se ce sera lidiz Draps.

(10) Item. Se [e] uns Draps ou une Couverture est trouvez bandez au lonc, les Maistres dudit Mestier en lievent la bande, laquelle est acquise aus Gardes; se il n'est ainsi que la bande ne soit roiée: Et se elle est royée, li Draps doit ausdiz Maistres six solz tournois, pour tourner ou prouffit commun, & la Couverture [f] au fuer.

(11) Item. Se uns Draps est trouvez de meilleur laine aus deux lisieres que ou corps du Drap, les Mestres dudit Mestier par l'avis & conseil des Preudommes dudit Mestier, le jugent à ardoir, & est ars, comme dessus. Et se il estoit ainsi que il ne le fust que de l'une des lisieres, la bande seroit levée & seroit acquise aus Gardes, & ne seroit point ars li dessusdiz Draps.

(12) Item. [g] Les Drappiers de ladite Drapperie ont fait & doivent faire bons Draps & loyaux, & si puent faire bien diqueduves: Et se les Draps qu'il ont faiz & font, n'ont leur droit lonc de la moison de ladite Ville, se il en faut plus d'une aune en un Drap, & celui à qui le Drap est, le met en ploy de Drap, il doit six solz tournois ausdis Mestres, liquels sont convertiz au prouffit commun de ladite Drapperie, comme dessus.

(13) Item. [h] On ne puet les Draps pigniez & filez en ladite Ville, porter tixtre ne [i] couroier hors d'icelle Ville, sur poine d'estre jugiez à ardoir par lesdiz Maistres & Preudommes dudit Mestier, & ars, comme dessus: Car qui autrement le feroit, on y pourroit commettre moult de fauseté & deffaux, que on ne pourroit ne oseroit faire en ladite Ville.

(14) Item. [k] On ne puet ne doit sur icelle peine, escurer aus foulons aucuns Draps à sain; mès que à la terre & à l'eaue chaude tant-seulement.

(15) Item. [l] On ne peut tixtre en une Couverture de laine pignée à sain, plus de deux aulnes de *(k)* piennes, puisque il y a lisieres: Et qui plus en y veult tistre,

JEAN I.er & selon d'autres, Jean II. au Bois de Vincennes, au mois d'Aoust 1361.

a *neufs.*

b *achevé.* Voy. pag. precedente. Note *(h)*

c *Voy. cy-dessus, p. 413. Note (h)*

d *Voy. cy-dessus, p. 413. Note (i)*

e *Voy. cy-dessus, p. 413. Note (k)*

f *à proportion.*

g *Voy. cy-dessus, p. 413. l'Article 10. & les Notes.*

h *Voy. cy-dessus. p. 416. Art. 18. & la Note marginale h.*

i *Voy. cy-dessus, p. 414. Note (m)*

k *Voy. cy-dessus, p. 416. Art. 19. & les Notes.*

l *Voy. cy-dessus, p. 414. Art. 11. & les Notes.*

NOTES.

(i) Entrait.] Je crois que ce mot veut être *inséré*: c'est-à-dire, que les *fils de la chaîne* passassent par les ouvertures de Rots. Voy. cy dessus p. 412. Note *(g)*.

(k) Piennes.] J'ay dit cy-dessus, p. 414. Note *(o)* que l'on ignoroit la signification de ce mot, & que ce devoit estre une estoffe inferieure au Drap. J'ay trouvé depuis dans le Dictionn. du Commerce de *Savary*, au mot *Pennes*, que l'on nommoit *Pennes*, *Paines*, *Pesnes*, ou *Piennes*, les bouts de laine ou de fil qui restent attachez aux *Ensubles*. [Voy. cy-dessus p. 512. Note *(f)*] lorsque l'étoffe ou la toile est levée de dessus le Métier.

Peut-estre que par *Piennes*, il faut entendre icy une étoffe tissuë avec ces restes de laine, qui servoient de chaîne, & que l'on fabriquoit avec une trame d'une laine moins belle que celle qui avoit servi à faire le Drap.

JEAN I.er & felon d'autres, Jean II. au Bois de Vincennes, au mois d'Aouſt 1361.

il convient abbatre les liſieres, & les liſieres abbatuës, l'en y met tixtre tant comme en veult: Et ſe il eſtoit ainſi que aucuns ſe voulſiſt efforcier de tiſtre eſdites Couvertures, deſdiz piennes plus de deux aulnes [a] à touz liſieres, & on les povoit trouver, leſdites Couvertures ſeroient condempnées à lever l'une des liſieres tout au lonc, de tant comme il y auroit de piennes tixus, comme de Drap [b] diſfiné par leſdiz Maiſtres & Preudommes: Et ſe il eſtoit ainſi que les Gardes dudit Meſtier trouvaſſent tixant leſdites Couvertures, quant les liſieres ſeroient abbatuës pour cauſe des piennes, li Tixerans qui tiſtroit leſdites Couvertures, ne ſeroit tenuz de paier auſdites Gardes, nulz douze deniers pour cauſe des roos wis, puiſque il n'en y euſt de wiz que ceulx tant-ſeulement dont les liſieres auroient eſté abbatuës, & avec ce un rooz wiz [c] & la garde, de chaſcune part & liſiere.

(16) Item. On ne puet tixtre en [d] eſtain pignié & filé à ſain, quiex qu'il ſoit, plus de deulx aulnes de *(l)* traime baſterde, ne auſſi en eſtain baſtars, [e] puiſque il ſoit ou compte de ſeze cens ou en plus grant compte, plus de deux aulnes de traime pignée à ſain, ſur peine du [f] fu: Et ſi ne peut l'en ourdir eſtain pignié à ſain, comme deſſus, avec eſtain baſtart, ſur la peine deſſuſdite. Celi qui ſera tixu ſera ars, & le demourant rendu à celi de qui il eſt, frans & quittes.

(17) Item. Se aucunes autres fauſſetez ou deffaux eſtoient trouvez eſdiz Draps, Couvertures ou laines de ladite Drapperie, leſdiz Maiſtres les jugeroient par l'advis & conſeil des Preudomes dudit Meſtier, ſelon ce que bon leur ſembleroit.

(18) Item. [g] Les Gardes dudit Meſtier viſitent chaſcun jour les Meſtiers & trours de ladite Drapperie, afin que aucunes fauſſetez ou deffauz n'y ſoient faiz, dont le commun Peuple ſoit deceu.

(19) Item. On puet & doit bien faire & tixtre *(m)* blans [h] à liſieres, [i] puiſque il ſoient en bon [k] compte; c'eſt aſſavoir, en ſeze cens ou en plus; & ſi ne les puet l'en mettre en moins du compte de ſeze cens, [l] puis que il aient liſieres. Toutesvoies on puet bien faire Blans & *(n)* Bureaus & autres Draps de traimes & eſtaines [m] baſtars ou compte de quatorze cenz, [n] puiſque il n'y ait liſieres: Et ſe il [o] avenoient que eſdiz Blans ou Buriaux euſt [p] mains dudit compte de quatorze cens, [q] puis que il en fauſiſt plus d'une [r] portée, ceux à qui ſeroient leſdiz Blans ou Buriaux, paieroient dix ſolz tournois, moitié au Roy noſtre Seigneur, & moitié auſdiz Maiſtres, pour tourner & convertir ou prouffit commun de ladite Drapperie, comme deſſus. Et ſe il eſtoit ainſi que eſdiz Blans ou Buriaux, euſt aucuns rooz wis, [ſ] puiſqu'il euſſent leur propres comptes des quatorze cenz, les Gardes n'auroient nulz douze deniers pour cauſe des [t] rooz wis.

(20) Item. [u] On ne puet ne doit taindre en ladite Ville de Troies, de eſchales de [x] nocz, de ſanc de buef, d'eſcorce de ſuſter, qui ſont fauſſes taintures & mauvaiſes & non tenables, & en pourroit eſtre le Peuple moult deceuz: Et ſi ne puet l'en en ladite Ville de Troies, taindre aucuns Draps ou laines quiexconques, [y] mes que de gaide & garence, de breſil, de herbes ou d'autres meilleurs taintures tant-ſeulement: Et quiconques ſera le contraire, celui ou ceulx à qui ſeront leſdiz Draps, Couvertures ou laines tains des matieres qui miſes n'y doivent eſtre, paieront quarante ſolz tournois, moitié au Roy noſtre Seigneur, & moitié aus Maiſtres, pour tourner & convertir comme deſſus, toutes & quantes-fois que li cas y avenra: Et

a *à tous*, avec.

b *diffamé*. Voy. cy-deſſus, p. 416. Note *(s)*

c *Voy. cy-deſſus, p. 514. Art. 6. vers la fin.*

d *Voy. p. 412. Note (e)*

e *quoiqu'il.*

f *feu.*

g *Voy. cy-deſſus, p. 414. Art. 13. & les Notes.*

h *avec.*

i *pourvû.*

k *Voy. cy-deſſus, p. 412. Note (g)*

l *s'ils ont.*

m *V. Note (l)*

n *pourvû.*

o *avenoit.*

p *moins.*

q *& qu'il en manquaſt.*

r *Voy. cy-deſſus, p. 412. Note (g)*

ſ *pourvû.*

t *Voy. cy-deſſus, p. 412. Note (g)*

u *Voy. cy-deſſus, p. 417. Art. 20. & les Notes.*

x *noix.*

y *ſi ce n'eſt.*

NOTES.

Pour ne pas perdre les *Piennes*, on s'en ſervoit à fabriquer une étoffe moins belle que le Drap, mais on n'en pouvoit pas mettre plus de deux aulnes au bout d'une piece de Drap.

(l) Traime baſtarde.] C'eſt-à-dire, *Treme baſtarde.* On ne ſe ſert plus de ce terme: mais il y a grande apparence que les treſmes & les eſtains ou chaînes baſtardes eſtoient d'une qualité inferieure à celles que l'on employoit ordinairement.

(m) Blans.] Voy. p. 414. Note ([illegible]) col. 2. Voy. auſſi les Diſſertat. de Du Cange ſur Joinville p. 136.

(n) Bureaus.] Etoffe de *Bure.* Voy. le Dictionn. Etymolog. de Menage, au mot *Bure.*

aussi li tainturiers qui aura taint lesdiz Draps, Couvertures ou laines, paiera quarante solz tournois, par moitié au Roy nostre Seigneur, & ausdis Maistres.

(21) *Item.* Ledit Tainturier ne pourront faire [a] maistre de chaulx, mes feront mettre de fors cendre: Et qui fera le contraire, & il est sçeu, il paiera l'amende dessusdite, moitié au Roy nostre Seigneur, & moitié ausdiz Maistres, si comme dessus est dit.

(22) *Item.* On ne puet [b] ne doit en ladite Draperie, taindre nulz Draps courroiez ou tixus qui soient de court pelis, d'aignelins ou de recous blans, ne Buriaux, fors que de bresil, de garence, de *(o)* gaude, de [c] geinuge: [d] De nulz filez bastars quiex qu'il soient, sur paine de quarante solz tournois, que ceul à qui lesdiz Blans, Buriaux ou filez seront, paieront par moitié au Roy nostre Seigneur & ausdis Maistres, pour tourner & convertir comme dessus: Et aussi li Tainturiers qui lesdiz Draps ou filez aura tains, paiera quarante solz tournois par moitié, c'est assavoir au Roy nostre Seigneur, & ausdiz Maistres, comme dessus: Et avec ce, lesdiz Blans & Buriaux tains des couleurs dont il ne devroient estre tains, seront condempnez par lesdis Maistres & Preudommes dudit Mestier, [e] à lever la lisiere, comme de Draps [f] diffamé, liquiex ne pourra estre venduz en Halle avec les autres bons Draps. Toutesvoies on puet bien teindre [g] senz prejudice, [h] Estain blanc retors, pour faire lisieres en aucuns Draps.

(23) *Item.* Se il est ainsi que une Fileresse tant d'estain comme de traime, ait [i] gaisté un poson de filer, lidiz pesons sera porté pardevers les Maistres dudit Mestier, & se lesdiz Maistres veoient que lidiz pesons soit gaisté [k] de filer de ladite Fileresse, [l] perdra son salaire de ce que [m] y aura gaaignié.

(24) *Item.* [n] Ses aucuns Bourgoys ou autres veult drapper aus us & coustumes de ladite Drapperie, Draps pour revendre & continuer le Mestier, il est tenu de venir faire son serement en la main desdiz Maistres que bien loyaulment il tendra & gardera tous les poins de ladite Drapperie, & paiera [o] des fraiz & emolumenz du fait de ladite Drapperie: Et [p] parmi paient les vins & redevances desdiz Maistres, un chascun puet lever un Mestier en son Hostel à tixtre Draps & *(p)* [q] aparchis pour couroier lesdiz Draps, senz ce que *(q)* il n'en ouvreront point de leurs mains, tant de tixtre comme de courroer, se il ne sont ouvrier desdiz Mestiers.

(25) *Item.* Afin que lesdiz Mestres de ladite Drapperie soient plus curieux & plus diligens de vacquer & entendre à la garde & gouvernement d'icelle Drapperie, & de garder & tenir les choses dessusdites, il prennent un chacuns desdiz Mestres, vint solz tournois pour chascune Foire de Champaigne & de Brie, pour leurdiz peine & salaire, & aussi lesdites Gardes prennent un chascun, dix solz tournois pour chascune desdites Foires.

(26) *Item.* On ne puet tixtre en *(r)* Draps entiers marchanz, Piennes, & se il estoit trouvé par les Maistres ou Gardes, que on en y eust tixu, [r] les Maistres en osteront les lisieres, comme de Draps diffamez.

(27) *Item.* Pour ce que aucuns du Mestier se sont aucunes-fois efforciez, & encores efforcent de jour en jour, de faire plusieurs rapors contre aucuns dudit Mestier,

JEAN I.er & selon d'autres, Jean II, au Bois de Vincennes, au mois d'Aust 1361.

a *mettre.*

b *&.*

c *M. Julienne ne connoist point cette drogue.*

d on ne peut teindre aussi nuls *fils bastards.*

e *à avoir la lisiere coupée.*

f *Voy. cy-dessus, p. 416. Note (s)*

g *de fausses couleurs.*

h *Voy. cy-dessus, p. 414. Note (c)*

i *gasté la matiere qu'on lui avoit donné au poids pour filer.*

k *par le filage.*

l *elle.*

m *elle auroit dû gagner.*

n *si.*

o *sa part.*

p *pourvû que l'on paye un present en Vin, ou peut-estre, un Repas.*

q *apchis*, dans l'Original, avec une marque d'abreviation qui coupe la queue du *p*.

r *Voy. cy-dessus, p. 416. Note (s)*

NOTES.

(o) Gaude.] Plante dont on se sert pour teindre en jaune. Voy. *Savary* à ce mot.

(p) Aparchis.] M. Julienne croit que ce mot signifie des perches élevées sur lesquelles on place les Draps pour les *lainer.* Voy. Savary, au mot *lainer.*

(q) Il n'en ouvreront point de leurs mains.] Toutes personnes peuvent lever & entreprendre une Manufacture de Draps, & faire travailler des Ouvriers pour leur compte : mais on ne peut travailler soy-mesme, si on n'est Ouvrier en Draperie, ayant fait un apprentissage, &c.

(r) Draps entiers marchanz.] Quand la Piece de Drap n'a pas la longueur qu'elle doit avoir, on peut y mettre deux aulnes de Piennes. Voy. cy-dessus p. 414. Note *(a)* à la fin : mais quand la Piece de Drap a la longueur qu'elle doit avoir, on ne peut y ajoûter de Piennes.

JEAN I.er & selon d'autres, Jean II. au Bois de Vincennes, au mois d'Aoust 1361.

& accuser plusieurs Draps de plusieurs male-façons, senz aucune cause ou couleur; & ont esté & sont trouvé molt souvent tel rapporteur ou accuseur [a] mensongier: Que se aucun accuse ou fait rapport d'aucuns Draps estre mal couroiez, ou qu'il y ait aucun deffaut ou aucune fauseté, & il ne le puet mettre [b] en voir, icils rapporteurs qui calumpnieusement ou sans aucune couleur, le fairoit ou auroit fait, sera tenuz de paier quarante solz tournois, moitié au Roy nostre Seigneur, & moitié au proufit du Mestier, comme dessus.

(28) *Item.* Pour ce que lesdiz Drappiers baillent communement leur laine pour filer, tant estains comme traimes, à toutes manieres de Genz, soient de ladite Ville de Troies ou de ailleurs dehors, & plusieurs de ceulx à qui lesdiz Drappiers baillent ainsi leur laines pour filer, vendent lesdites laines ou partie d'icelles, dont lesdiz Drappiers ont été & sont plusieurs foiz moult dommagiez, que il soit deffendu que aucuns en ladite Ville ne ailleurs, ne achate telles laines ou Draps [c] escruz, ou praignent en gaiges, se n'est de personnes cogneuës, & que il sache nommer, se mestier est: Et *(s)* approuchiez en est sur paine de soixante solz tournois, tant le vendeur comme l'acheteur, à payer au Roy nostre Seigneur, & de perdre ce que paié en aura ou que presté ou aura [d] creu dessus, & seront rendu franchement à ceulx qui feront foy & preuve qu'il soit leur.

(29) *Item.* Comme pour le bien du commun, par le Roy nostre Seigneur & ses Gens ait été ordenné & deffendu que nuiz ne euvre oudit Mestier en toute la Ville de Troies & ès [e] banleés, à [f] cardes, mais que aus pignes tant-seulement, sur paine du Drap ou de la laine cardez & des cardes estre ars, & il ait plusieurs Ouvriers qui de ce ne veullent cesser, mais s'esforcent chacun jour de carder, pour ce qu'il n'en payent aucune amende: Que tous Ouvriers & Ouvrieres qui seront trouvez cardant, [g] encontre que il sera prouvé deuement que il auront cardé, paieront au Roy nostre Seigneur pour chacune fois, soixante solz tournois d'amende, & neantmoins seront ars les Draps ou laines cardez, ensemble les cardes: Et se aucuns desdiz Ouvriers ou Ouvrieres n'avoient de quoy paier l'amende, le Bailli ou son Lieutenant li feront souffrir peine de prison equipolant à ladite amende de soixante solz: Et en ceste chose sera tenuz le Procureur du Roy nostre Seigneur de en faire poursuite, se mestier est, avec lesdiz Mestres, contre ceulx qui en ladite Ville & ès Banleés carderont ou feront carder.

Et sur touz lesdiz Articles ainsi bailliez aus dessusdit Lieutenant dudit Bailli de Troies, ledit Lieutenant ait fait faire informacion par nostre Procureur oudit Bailliage, appellé avecques lui Symon Vuide-Bourse, Bourgois de ladite Ville de Troies: En laquelle informacion ou par laquelle ont esté examinez par nostredit Procureur & par ledit Symon, sur les choses contenuës esdiz *(t)* Marchiez, trente & quatre personnes de plusieurs & divers états & Mestiez de ladite Ville de Troies: Laquelle information Nous a esté apportée enclose sous les Seeaux de nostredit Procureur & dudit Symon Vuide-Bourse, avecques unes Lettres scellées du Seel dudit Lieutenant dudit Bailli de Troies, annexés avec les Articles dessus transcrips: de laquelle Lettre la teneur s'ensuit.

A Touz ceulx [h] ces presentes Lettres verront : Pierres de Fontaines, Lieutenant de Noble Homme Monsieur Tristant du Bois, Chevalier Seigneur de Famechon, Bailli de Trois & de Meaulx, Salut. Comme par la complainte des Maistres du Mestier de la Drapperie de Troies, & de plusieurs Ouvriers d'icelui Mestier, aiens entendu que par aucuns Articles & Privileges & Ordenances de ladite Drapperie, ledi. Maistié est moult grevez, & ce pourveu n'y estoit, en [i] ensigroit grans in-

a *menteur.*

b *prouver.*

c *Voy. cy-dessus, p. 464. Note (2)*

d *presté.*

e *Banlieuës.*

f *Voy. cy-dessus, p. 414. Art. 13. & Note (p)*

g *à l'encontre de qui.*

h *qui.*

i *ensuivroit.*

NOTES.

(s) Approuchiez en est.] Ceux qui contreviendront au contenu dans cet Article, seront assignez & condamnez à l'amende.

(t) Marchiez.] Ce mot-là doit signifier dans cet endroit, *Articles* : mais peut-estre est-il corrompu.

JEAN I.er & selon d'autres, Jean II, au Bois de Vincennes, au mois d'Aoust 1361.

conveniens & dommages, tant au commun Peuple comme aus Ouvriers, & à tous ceulx qui dudit Mestier [a] sanz tremettent : Et combien que en faisant ladite complainte, Nous fu [b] moti de plusieurs des poins où il disoient provision estre necessaire, toutes-voies par nostre commandement il Nous apporterent plusieurs Articles en escript, sur lesquels Nous avons fait faire informacion par le Procureur du Roy nostre Seigneur diligemment : Saichent tuit que ladite information veuë [c] à bonne deliberation, Nous par ycelle avons trouvé touz les Articles parmi lesquiex ces presentes sont annexées, baillés par lesdiz complaignans, & les choses contenuës en yceulx, estre bonnes, proufitables & necessaires audit Maistié, aus Ouvriers & à touz ceulx qui s'en entremettent du commun Peuple, & au Roy nostre Seigneur, & ne pouvons pas que ce puisse en riens grever ne prejudicier aucun, se il est tenu & gardé dores-en-avant audit Mestier, tout en la fourme & maniere que esdiz Articles est écript & contenu : Lesquiex Articles, Nous ausdiz complaignans avons renduz encloz soubz nostre Seél & le Seél du Procureur, & ces presentes Lettres Nous avons baillées soubs nostre Seel en tesmoin de verité, & à la fin que [d] il plaise à la Court, la provision leur soit faite [e] que il requierent. *Escript à Troies, le vingt-troisiéme jour du mois de May, l'An mil trois cens soixante & un.*

Nous considerans les choses dessusdites contenuës esdites Lettres dudit Lieutenant dudit Bailli, & en ladite information faite par nostredit Procureur, lesquelles Nous avons fait veoir deligemment, & par lesquelles est apparu & appert toutes les choses contenuës esdiz Articles & chascun d'eulx, estre bonnes, proufitables & necessaires audit Mestier de Drapperie, aus Ouvriers & à tous ceulx qui s'entremettent de ycelui Mestier, & à Nous aussi & au Peuple commun, & n'est pas trouvé qu'il y ait aucune chose qui puist [f] trouver au dommage d'aucun, avons volu & octroié, voulons & octroions par ces presentes, de nostre auctorité Royal, de nostre plaine puissance & grace especial, que toutes les choses dessusdites contenuës esdiz Articles & en chascun d'iceulx, soient mises à execution, & dores-en-avant tenuës, gardées & acomplies à tousjourz-mes oudit Mestier de Drapperie, & ladite Ville de Troies, par les Maistres ou Ouvriers & autres qui s'entremettront de ycelui Mestier; c'est assavoir par chacun d'eulx si comme à lui appartendra en la maniere contenuës esdiz Articles. Si donnons en mandement par ces presentes aus Bailli & Prevost de Troies ou à leur Lieuxtenans, & à nostre Procureur oudit Bailliage presenz & à venir, & à chascun d'eulx que les choses dessusdites & chascune d'icelles laissent & facent dores-en-avant à touzjours garder & acomplir en la maniere dessusdite, & que en l'execution & acomplissement d'icelle, ne empeschent ou molestent, ne facent ou seuffrent estre empeschiez ou molestez en aucune maniere, lesdiz Maistres dudit Mestier contre la fourme & teneur de ces presentes. Et que ce soit chose ferme & estable à touzjours, Nous avons fait mettre nostre Seél à ces presentes : sauf nostre droit en autres choses & l'autrui en toutes. *Donné au Bois de Vincennes, l'An de grace mil trois cens soixante & un, ou mois d'Aoust.*

Autresfois ainsi signées. Es Requestes de l'Ostel. BLANCHET.

Après ce de vostre commandement veue & les Articles contenuës en ycelle corrigiez par le Conseil & par le Procureur du Roy en Parlement, & depuis rescripte, à moy ainsi baillée pour signer. P. BLANCHET.

[a] s'entremettent.

[b] Ils Nous eussent dit plusieurs des points, &c.

[c] avec.

[d] se il plaist.

[e] ainsi.

[f] tourner.

JEAN I.er & selon d'autres, Jean II. à Paris, le 17. de Septembre 1361.

(a) Commission donnée à deux Reformateurs generaux sur le fait des Monnoyes.

JEHAN par la grace de Dieu Roy de France: A nos amez & feauls Conseillers, Olivier le Fevre & Adam Chante-Prime, Salut & dileccion. Comme pour la grant pitié & compassion que Nous avions & ancores avons de nos bons & loiaux subgez, & des grans poines, douleurs & travauls qu'il avoient euz & soustenuz, & ancores avoient & soustenoient de jour en jour, tant pour cause du fait des guerres durant lesqueles Justice ne povoit bonnement estre tenuë ne gardée, ne les Ordenances sur le fait de noz Monnoies n'estoient tenuës, & aussi pour la foiblece & soudaine mutacion de nozdites Monnoies, estoient touz noz bons & loiaux subgez, tant Prelaz & autres Genz d'Eglise, Dux, Contes, Barons & autres Nobles & les Populaires de nostre Royaume, si grevez & opprimez que à grant poine estoit homme qui en juste paiement de nosdites Monnoies, de jour à autre se peust cognoistre: Nous à nostre retour d'Angleterre, afin que Nous peussions tout nostre Peuple gouverner en [a] pais & en transquillité, eussions ordené à reformer tout nostre Royaume en bonne Justice, à faire tenir & garder noz Ordenances & Ediz, & afin que chascun fust [b] asseeur de sa chevance, & peust chascun [c] marchander seurement, aions fait faire bonnes Monnoies & fines d'Or & d'Argent; c'est assavoir, bons Deniers d'Or fin appelez Frans, ausquelz Nous donnasmes darrenier cours pour seze parisis Piece; le gros Tournois de bon Argent de ceuls que l'en fait à present, pour douze deniers parisis la Piece; & le demi-gros de bon Argent que l'en fait à present, pour six deniers parisis la Piece; & le petit Denier noir qui est en fourme de parisis, pour un denier tournois la Piece; & l'autre petit Denier noir qui est en fourme de tournois, pour une obole parisis la Piece: Et pour ce que d'icelles Monnoies n'avoit pas encore assez de faites, eussions donné cours aus Blans à la Couronne pour quatre deniers tournois la Piece, & depuis ramené à troix, & depuis leur avons [d] osté le cours; & aussi eussions donné cours aus Deniers blans à Fleur de Lix, pour dix deniers tournois Piece, & depuis ramené à huit; & à toutes autres Monnoies d'Or & d'Argent tant de nostre Royaume comme de dehors, eussions osté tout le cours, & deffendu que nulz ne les preist ne ne meist, mais les portast à noz plus prochaines Monnoies, sur certaines & grosses poines contenuës avec plusieurs autres choses en nos Ordenances sur ce faites, lesqueles Nous feismes crier & publier sollempnelment par tout nostre Royaume. Neantmoins Nous avons entendu & voir est, que [e] en la negligence & coulpe dampnable de noz Generaux-Mestres des Monnoies, Seneschaux, Baillis & autres Officiers, plusieurs Mestres particuliers de noidites Monnoies, en icelles ont fait plusieurs fautes, tant de pois comme d'aloi, & mal paié les Marchans qui apportoient Billon en nozdites Monnoies, parquoi il [f] se retraient de y en apporter; en quoi & en plusieurs autres choses & manieres, les Gardes, Contre-Gardes, Monnoiers, Ouvriers & autres Officiers de nosdites Monnoies, ont fait plusieurs & grans crimes & male-façons: Et aussi plusieurs Changeurs, Orfevres, Espiciers, Merciers & autres gros Marchans, en venant folement contre nozdites Ordenances, ont mis & alloüé plusieurs Monnoies deffenduës tant de nostre Royaume comme de dehors, & celles de nostre Royaume, à qui Nous avions donné cours pour autre pris que donné ne leur avions, Or & Argent affiné [g] & fondu, rachacié, fait [h] Courratage de Monnoies & de Billon, porté & envoié Billon d'Or & d'Argent hors de nostre Royaume, & en ycellui apporté & mis fausses Monnoies & deffenduës

a paix.
b sûr, assûré.
c commercer.
d Voy. cy-dessus, p. 505.
e par.
f cessoient.
g fondu & racheté.
h Courretage.

NOTES.

(a) Memorial D. de la Chambre des Comptes de Paris, p. 28. recto. Voy. cy-dessus p. 505.

fait &

fait & forgié aussi fausses Monnoies, en Nous ostant de tout leur povoir, le prouffit de toutes nozdites Monnoies; & [a] convient que plusseurs de noz Monnoies en aient chomé & encores choment par leur deffaut, combien que du Billon qui leur vient chascun jour, il peussent servir nosdites Monnoies: Et aussi ont plusseurs Genz d'Eglise, Nobles & autres de plusseurs & divers estaz, & nos Receveurs propres & autres Officiers, pris & mis Monnoies deffenduës, marchandé & marchandent de jour en jour, non pas à solz & à livres, mais à nombre de Florins tant deffenduz comme autres, à marcs d'Argent, à gros & à autres Pieces de Monnoies, combien que les nostres que Nous faisons faire à present, soient si justes & si bien équipolées, que nul ne sauroit *(b)* choisir le meilleur paiement; & que en signe que Nous ne les vueillons changier ne muer, Nous aions ordené que toutes nos Fermes tant de nostre Domaine comme extraordinaires, soient bailliées à solz & à livres, & non autrement: Toutes-voies plusseurs des Estaz dessusdiz s'efforcent de faire, & de jour en jour en plusseurs cauteleuses, malicieuses & diverses manieres, font expressement contre nosdites Ordenances, dont punicion ne Justice n'est faite, lesqueles choses sont [b] redondent très-grandement en vitupere & dommage de Nous, de tout le bien commun & de tout nostre Peuple, & ancores plus seroit & redonderoit, se sur ce n'y proveions de bon & brief remede. Pour ce est-il que Nous à qui seul & pour le tout, toute la cognoissance, Juridicion, correccion & punicion des Ordenances de noz Monnoies, & des trangresseurs d'icelles, [c] quiex & de queles auctorité & estat qu'il soient, appartient, confians à plain de voz senz, loiautez & diligences, vous mandons, commettons & enjoignons estroitement & à chascun de vous non attendant l'autre, que toutes choses arriere mises, vous vous transportez par toutes les parties de nostre Royaume où bon vous semblera, & par especial en la Duchié de Normandie, & là faites publier solempnelment la Copie des [d] Bulles de notre Saint Pere le Pape, laquele Nous vous envoions touchant le fait de nozdites Monnoies & nozdites Ordenances, & sur toutes les choses dessusdites, & circonstances & dependances d'icelles, Nous vous commettons & establissons generauls & especiauls Reformateurs, & voulons que vous & chascun de vous aiez & vous donnons plain povoir & auctorité de nos Ordenances faire tenir & garder entre toutes personnes, de punir & corrigier criminelment & civilement touz les transgresseurs d'icelles, chascun selon la qualité de son meffait, de faire ordener Instruccions sur le fait des Gens de nozdites Monnoies, Changeurs & autres Billonneurs, icelles corrigier & adrecier selon l'estat des pais où vous serez & que bon vous semblera, de establir souz vous, tant & teles personnes comme mestier sera pour nozdites Ordenances faire tenir & garder, ausquelz Nous voulons que vous puissez donner & ordener la quinte partie de toutes les amendes & forfaitures qui par euls & par leur diligence venront à cognoissance à nostre prouffit, & voulons que en toutes ces choses, vous & chascun de vous, procedez sommierement & de plainz, *(c)* senz ordre de plait & de procès & senz figure de Jugement, non-obstant quelzconques [e] dolcances ou appellacions, lesqueles Nous adnullons du tout en ce cas, en voulant vos Jugemens, Sentences & Ordenances sortir & avoir leur plain effect. Et d'abondant, vous donnons & à chascun de vous povoir & auctorité de ramener cas criminels à civils, & de faire toutes & teles manieres de [f] Composicions, comme bon vous semblera, de establir Changeurs ès Villes & lieux notables, pour Nous & en nostre nom & à nostre prouffit, de [g] appeticier & croistre le nombre desdiz Changeurs, yceuls priver selon leurs

JEAN I.er & selon d'autres, Jean II. à Paris, le 17. de Septembre 1361.

a *Il est arrivé.*

b *&.*

c *quels.*

d *Elles ne sont pas dans le Memorial.*

e *plaintes.*

f *Voy. cy-dessus, p. 130. Note (u)*

g *diminuer.*

NOTES.

(b) Choisir le meilleur payement.] C'est-à-dire, que les proportions sont si justes entre toutes les differentes especes de Monnoyes, qu'il n'y a aucun profit à donner en payement, plustost les unes que les autres.

(c) Senz ordre de plait.] Voicy cette même clause en latin, mais expliquée & plus estenduë, telle qu'elle se trouve dans un Arrest du Parlement du 21. d'Aoust 1361, *Summarie & de plano, sine longis (sic) strepitu & figura Judicii, cursum & stilum, aliarumque causarum nostri Castelleti Parisiensis omittendo.* Cet Arrest est dans le Traité de la Police, Tom. 3. Liv. 5. Tit. 37. p. 222.

demerites, de en mettre & establir de nouviaux, tant & tele nombre comme bon vous semblera: Et toutes les choses & chascune d'icelles que vous ferez durant ledit fait, Nous confermerons par noz Lettres, toutes-foiz que requis en serons. Si mandons & commandons à touz noz Lieuxtenans, Connestables, Mareschaux, Seneschaux, Vicontes, Bailliz, Capitaines, Chastellains, Prevoz & autres Officiers & subgez de nostre Royaume, à touz Prelaz & autres Genz d'Eglise, à touz Nobles de quelque estat qu'il soient, à touz [a] Majeurs, Eschevins, Commis & Habitans, que à vous & à chascun de vous en faisant les choses dessusdites & deppendances d'icelles, & à vos deputez & à chascun d'euls, obeissent & entendent diligemment & vous prestent conseil, confort & aide, se mestier en avez, & il en sont requiz. *Donné à Paris, le vendredi dix-septieme jour du mois de Septembre, l'An de grace mil trois cent soixante & un.* Par Messieurs les Lais, estanz ou Conseil. G. DORLY.

a *Maires des Villes.*

JEAN I.er & selon d'autres, Jean II. à Paris, le 20. de Septembre 1361.

(a) *Reduction des gages des Gens des trois Estats employez à la levée des Impositions.*

JEHAN par la grace de Dieu Roys de France : A nos amez & feals Genz de nos Comptes à Paris, salut & dilection. Nous avons entendu que ou temps que les Genz des trois Estaz estoient sur le gouvernement des Subsides, Impositions & autres Aides ottroiées lors de nostre peuple pour le fait des guerres, iceux Genz des trois Estats sans avoir deliberacion avec vous ne autres de nostre Conseil, ne aussi avis [b] ou regard à la maniere ne comment l'en avoit usé ou temps passé en cas semblables, firent lors grandes & excessives taxations de gages & sallaires à euls mesmes & aus autres qui lesdites Subsides, Impositions & autres Aides devoient ordener, gouverner & recevoir, tant ès bonnes Villes de nostre Royaume, comme ès autres mendres Villes & par le plat pais, par quoy moult grand partie de l'emolument desdites Subsides est alé & couru esdites gaiges; pour laquelle chose Nous avons esté & sommes moult grandement dommagé : pour ce est-il que Nous voulons les choses dessusdittes estre reparées selon raison & equité, de certaine science & de nostre auctorité Royal, eu sur ce bon avis & deliberacion avecq nostre grand Conseil, avons ordené & ordennons par ces presentes, & vous mandons, commandons & enjoignons expressement sur les Sermens, Loyaultez & Feautez que vous avez à Nous, que lesdites taxations que vous trouverez estre faites trop grandes & excessives, comme dit est, à quelconque personne que ce soit, vous ramenez selon vos consciences à juste & raisonnables taxation, tant ès sommes de gaiges comme aus nombres des jours, en aiant consideration aux personnes & à la besoigne qu'il ont faite, & aussi aus journées qu'il y ont vaqué au profit de la chose; & tout le surplus de ce qu'ils auront reçeu outre les taxations que ainsi leur aurez faites, recouvrez & faites recouvrer pour Nous tantost & sans delay, sur lesdites personnes, & les deniers faites aporter à nostre Tresor à Paris: car ainsi le voulons Nous estre fait, nonobstant les taxations dessusdittes faites par lesdits Gens des trois Estats, ne Lettres qu'il en aient eues sur ce scellées de nostre grand Seel, ou du Seel de Charles nostre très chier & ainsné Fils Duc de Normandie, Dauphin de Viennois, sous quelque forme de parolles que elles soient. En tesmoin de laquelle chose, Nous avons fait sceller de nostre grant Seel ces Lettres. *Donné à Paris, le vingtiesme jour de Septembre, l'An de grace mil trois cent soixante & un.* Par le Roy en son Conseil. J. ROYER.

b *attention.*

NOTES.

(a) Memor. D. de la Chambre des Comptes de Paris, *fol. 29. recto* & 34. *verso.*

JEAN I.er & selon d'autres, Jean II. le 25. de Septembre 1361.

(a) *Ordonnance qui porte que les Amendes ne pourront estre reçües dans la suite, que par les Tresoriers & les Receveurs du Roy.*

JEHAN par la grace de Dieu Roys de France : A nos amez & feaulx les Genz de nos Comptes, salut & dilection. Nous avons entendu que plusieurs de noz Officiers, Reformateurs, Conseillers de nostre Parlement, Seneschaux, Bailliz, Commissaires & autres ont establis & establissent plusieurs Receveurs particuliers à recevoir les Amendes, [a] Compositions & autres exploiz faiz par eux ou pardevant eulx, desquiels il reçoivent les deniers pour cause de leurs gaiges ou autrement, sanz ce que deniers en soit apportez en nostre Tresor, laquelle chose est en nostre grant dommage & desplaisir, & pour ce avons ordonné, & par la teneur de ces presentes ordonnons que touz Receveurs & Commis à recevoir les Amendes, Compositions & exploiz desdiz Reformateurs, Conseillers, Seneschaux, Bailliz, Commissaires & autres quelconques, si ce ne sont noz Tresoriers ou Receveurs ordinaires, soient tantost ostez & deboutez de leurs Offices de recepte, & de ce que il ont reçeu, viengnent tantost compter pardevant vous, & que tous lesdiz exploiz & Amendes tant de nostre Parlement comme des Refformateurs generaulx & autres, sitost comme escheuz seront, soient bailliez ou envoyez pardevers noz Tresoriers à Paris, ou pardevers noz Receveurs ordinaires des lieux où lesdiz exploiz seront faiz ou seront à executer, pour iceux faire lever & executer hastivement, & les deniers envoyer en nostre Tresor à Paris, sanz ce que lesdiz noz Conseilliers, Reformateurs, Commissaires ou autres quelconques, en puist ou doit aucune chose prendre ou recevoir pour gaiges ou autre cause, se ce n'est par les mains de noz Tresoriers ou Receveurs ordinaires dessusdiz. Sy vous mandons, commettons & enjoignons estroitement, que nostre presente Ordonnance vous tenez, gardez, enterinez, & faites tenir, garder & enteriner de point en point: & Nous mandons aus Genz de nostredit Parlement, ausdiz Refformateurs & Commissaires quelconques, & aus Receveurs establiz par eux & à touz nos autres Justiciers & Subjes, que nostre presente Ordenance & Mandement souffrent, laissent & facent garder & accomplir sanz la enfraindre ou souffrir estre enfraint en aucune maniere; Car ainsi le voulons estre fait, nonobstant Lettres empetrées ou à empetrer au contraire. En tesmoing de laquelle chose, Nous avons fait mettre nostre grand Scel à ces presentes. *Le vingt-cinquiesme jour de Septembre, l'An de grace mil trois cens soixante-un.* Par le Roy en son Conseil. J. ROYER.

a *Voy. cy-dessus, p. 140. Note (a)*

NOTES.

(a) Memor. D. de la Chambre des Comptes de Paris, *fol.* 34. *verso.*

JEAN I.er & selon d'autres, Jean II. à Paris, le 27. de Septembre 1361.

(a) *Reglement pour les fonctions des six Generaux-Maistres des Monnoyes.*

JEHAN par la grace de Dieu Roy de France: A noz amez & feauls Gens de nos Comptes à Paris, Salut & dilection. Il est venu à nostre cognoissance que plusieurs Maistres particuliers de nos Monnoies ont à compter de trop grant &

NOTES.

(a) Memor. D. de la Chambre des Comptes de Paris, *fol.* 35.

Ce Mandement est aussi dans le Registre de la Cour des Monnoyes de Paris, Registre coté, entre deux ais, Q. *fol.* 19. *verso.*

JEAN I.er & selon d'autres, Jean II. à Paris, le 27. de Septembre 1361.

a Voy. cy-dessus, p. 257. Note (b)

b attentivement.

excessif nombre de Compte, par lesquelz il est vray-semblable que ilz Nous doivent plusieurs & grosses sommes de deniers, & aussi que il a passé plus de quatorze ans que les Generaulx-Maistres de noz Monnoies ne compterent des [a] Boestes de noz Monnoies, èsquelles doit avoir eu grant quantité de deniers tant d'Or comme d'Argent: Desquelz Comptes ainsi non fais & oys, le retardement est par le deffaut desdiz Generaulx-Maistres des Monnoies, tant pour ce que ils en ont esté negligens ou temps passé, comme pour ce que l'un s'atent à l'autre, laquelle chose est en nostre très-grand dommage & prejudice, & dont forment Nous deplaist & non sanz cause: Pourquoy Nous voulans pourveoir aus choses dessusdites, & que noz bonnes Monnoies que Nous faisons faire à present, soient bien gouvernées, & que l'un desdiz Maistres-Generaulx ne s'attendent pas à l'autre, avons ordené & ordenons que des six Maistres-Generaulx qui sont à present sur le fait de noz Monnoies, les deux se preignent garde au gouvernement de noz presentes Monnoies, [b] curieusement & par telle maniere que deffault n'y ait par eulx; les deux autres si entendent à faire les Comptes & les essays des Maistres particulliers qui ont à compter; & les deux autres enttendront à faire les Comptes de l'emolument des Boistes tant d'Or comme d'Argent, sanz ce qu'il se doient merler d'aucun des autres faiz dessusdiz, se il n'y sont appellez par especial pour aucun cas particulier, par l'Ordenance de noz amez & feauls les Gens de nostre Grand-Conseil ou par vous, & que lesdiz quatre Maistres derreniers se hastent que lesdiz Comptes tant des particuliers comme des Generaulx, sanz vacquer à autre chose, comme dit est, soient fais: Et se les dessusdiz ou aucun d'eulx ont besoing de l'aide d'aucuns de ceux qui autres-fois ont esté Maistres-Generauls, ou d'autres cognoissans en ce, que il leur soient bailliez pour eulx aidier ès choses dessusdittes. Si vous mandons, commandons & enjoignons estroitement que tantost & sanz delay, vous accomplissez & executez nostre presente Ordenance, par telle maniere que il n'y ait deffault, & que les deniers qui Nous sont deuz pour les causes dessusdites, soient envoiez en nostre Tresor à Paris, sanz aucun delay. En tesmoing de laquelle chose, Nous avons fait mettre à ces Letres nostre grant Scel. *Donné à Paris, le vingt-septiesme jour de Septembre, l'An de grace mil trois cent soixante-un.* Par le Roy en son Conseil. J. ROYER. *(b)*

NOTES.

(b) On trouve dans ce même Memorial, *fol. 25. verso*, une Ordonnance du 21. d'Avril 1361. qui a du rapport à celle-cy, après laquelle nous avons crû devoir la placer, parce qu'il y a grande apparence que ce n'est point une Ordonnance du Roy, mais des Gens des Comptes qui estoient en plusieurs choses, Ordonnateurs sur le fait des Monnoyes.

Ordinatio Monetarum & Magistrorum Monetarum.

c à celui qui est au Comptoir.

ORdenné est pour le gouvernement des Monnoyes, tant pour le temps present & avenir, que pour lever les Boestes, faire faire les essays & les Comptes desdites Monnoyes, & aussi les Comptes des Boestes, dont l'en a moult à faire & rendre, il faut faire six Maistres-generaux desdites Monnoyes, dont il en aura trois qui visiteront lesdites Monnoyes en trois parties diverses, & les autres demourront à Paris: dont à tous le mains, il en y aura continuellement deux au [c] Compteeur de la Monnoye pour entendre à lever lesdites Boestes, faire les Comptes des Maistres-particuliers, & aussi les Comptes des Boestes, & le tiers entendra aux frais de ce present ouvrage, & quant mestier sera, il en parlera aux autres deux.

Les noms de ceux qui sont nommez pour estre Maistres.

Jehan Poilevilain. Guillaume de Hamecel.
Jehan le Flament. Gaucher de Vannes.
Jaquelin Fermant. Jehan Margerie.

Les noms des Gardes des Monnoyes.

à Paris.

J. Pizdoc.
P. Arrochin Panaz.

A Roüen.

Gillebert Boifcel.
Jehan Tirant.

JEAN I.er & selon d'autres, Jean II. à Paris, le 5. d'Octobre 1361.

(a) Ordonnance portant deffense aux Nobles de se faire la guerre entre eux, & aux Gens d'armes de s'assembler sans la permission du Roy, & ordre à tous les sujets du Roy, de se rendre incessamment aux lieux de leur domicile.

JEHAN par la grace de Dieu Roy de France : Au Prevost de Paris ou à son Lieutenant, salut. Nous avons entendu que aucuns Nobles & autres de notre Royaume, disanz estre privilegiez ou acoustumez de user de defiances & de guerres les uns contre les autres, combien que ce ait esté plusieurs foiz par Nous defendu pour cause de noz guerres, veulent à present soubz umbre de la paix publiée en nostre Royaume, & s'efforcent de faire défiances & [a] guerres entreulx & de proceder par voie de fait : Et aussi plusieurs continuanz les mauvaistiez que l'en a [b] deportées pour l'empeschement de noz dictes guerres, de jour en jour font & ont fait depuiz notre revenue d'Angleterre, plusceurs mauvaises *(b)* convocations, assemblées & chevauchiées en armes & autrement, tant en appert [c] comme en repost, & perpetrez & commis moult de maulx, crimes & meffaiz en plusieurs pais, & aucuns qui se absentent de leurs domiciles, pour lesdiz maulx, chevauchées & assemblées faire, & leurs mauvaises volentés accomplir [d] ou dommager [e] publiquement sanz obeir ne ensuyvre les voies de droit & de Justice, en lesion de Nous & de nôtre Seignourie & Souveraineté, & [f] très grant grief, dommage & esclande de nostre Royaume & de noz bons & loyaulx Subgez, que Nous voulons & entendons, à l'aide de notre Seigneur,

a Voy. la Preface, §. *Guerres privées.*

b *supportées, tolerées.*

c *publiquement ou secretement.*

d *au.*

e *public*, Mem. de la Ch. des C.

f *en*, Mem. de la Ch. des C.

NOTES.

A Tournay.

Raymon de Oubry.
Perrin de Vannes.

A S.t Quentin.

Nicolas Mouton.
Jehan Vicy.

A Troyes.

Charlot Tritan.
Estienne Chanteprime.

A Saint Pourçain.

Pierre la Coste.
Gilot le Marefchal.

A Angers.

Audry Gobin.
Geffrin d'Espernon.

A Mâcon.

Jehan de Mons.
Geffrin Malbin.

A Thoulouze.

Pierre la Coste de Sallat.
Philipot Giffart.

A Montpellier.

Gillet Vilet.
Jehan Duratin.

A Châlons.

Pierre Neelle.
Jaques Auberi.

A Chaumont.

Symon Nouvel.
Guillaume de Malaimoy.

Fait le vingt-unieme jour d'Avril mil trois cens soixante-un.

(a) Registre A. du Parlement de Paris, *fol.* 67. *recto.* Cette Ordonnance est aussi dans le Memor. D. de la Chambre des Comptes de Paris, *fol.* 29. *verso.* Elle y est intitulée : *Ordinatio contra diffidatores & guerratores & pilliatores seu raptores & depredatores.* Elle est adressée au Bailli de Sens.

(b) Convocations, assemblées.] Il s'agit là des *Compagnies* sur lesquelles voy. cy-dessus p. 435. Note (*d*).

JEAN I.er & selon d'autres, Jean II. à Paris, le 5. d'Octobre 1361.

tenir en paix & en transquilité & gouverner par bonne Justice : Et pour ce, par grant deliberacion, avons ordené en notre Conseil & ordonnons par ces presentes, que nonobstant lesdiz Privileges ou usages des Nobles, sur le fait desdictes défiances & guerres, & que Nous ayons paix en notre Royaume, toutes telles défiances & guerres & toutes voies de fait contre toutes personnes & en quelconques pais que ce soit en notre Royaume, cessent dores-en-avant & pour cause, jusques à notre espécial octroy, & toutes assamblées, convocations & chevauchiées de Gens d'armes ou Archiers soient de pié ou de cheval, se ce n'est par le congié ou ordennance de Nous ou de noz Officiers, & aussi tous pillages, [a] Prinses de biens & de personnes sanz Justice, venjances [b] & contrevenjances, desroberies & aguez : Et oultre que toutes manieres de Gens Nobles & non Nobles, Privilegiez & non Privilegiez, à ce que leur estat soit miex cogneu, & eulz soient plus [c] aiables à convenir ; s'il est mestier, lesquiex durant noz dictes guerres ou depuis, se sont absentez ou esloignez de leurs vrais domiciles & principaux habitacions qu'il avoient & ont en notre Royaume, retournent & reviegnent en yceulz domiciles & habitacions, dedenz un mois après ce que ces presentes seront publiées ès Bailliages, Chastellenies & Prevostez ou Jurisdictions dont il seront, & y soient senz fraude comme il estoient & avoient accoustumez paravant, s'il n'en sont [d] relevez par souffisante cause, dont Nous ou noz Justiciers soubz [e] qui Bailliage il seront, soions deuement certiffiez : Toutes lesquelles choses Nous voulons estre tenues & gardées par tout sanz enfraindre, sur paine d'encourre notre indignacion, & estre reputez & tenuz desobeissanz & rebelles envers Nous & la Couronne, & en nostre mercy de corps & de biens senz [f] deport. Pourquoy Nous vous mandons & commettons, s'il est mestier, & neanmoins enjoignons & commettons estroictement, que noz dictes Ordennances vous tenez & faitez tenir & garder, & ycelles faites tantost & sanz delay, de point en point publier & sçaveir tant en jugement comme ailleurs, & par criz solemnez ès lieux notables & acoustumez à ce en votre Prevosté & [g] ou ressort, en faisant commandement à touz que à ce obeissent ; & deffendez que à l'encontre rienz ne soit fait ou souffert faire sur les paines dessusdictes : Et se vous trouvez aucuns desobéïssans ou faisant le contraire, dont vous soiez contre eulz souffisaument enformez, yceulz en quelque lieu que trouvez pourront estre en notre Royaume, hors lieu Saint, prenez ou faitez prendre & emprisonner, & leurs biens saisir en notre main & tenir pour souffisaument inventorié, & contre yceulx procedez à faire restitution & amende à Partie comme il appartendra, & oultre à les punir selon nostre dicte Ordennance, & tant que il torne à exemple aux autres : Et se aucuns se absentent ou ne reviennent à leursdiz domicilles & habitations, selon ce que ordené avons, touz leurs biens prenez en notre main sanz en faire recreance ou delivrance tant qu'il soient venuz & comparuz devant vous pour attendre droit & Justice, & en leurs biens mettez [h] mengeurs à leurs [i] coustz, & yceulz doublez & multipliez selon ce que bon vous semblera : & avec ce, s'ilz ne viengnent, contre yceulx absens sanz plus de solemnitez, après ce qu'il seront une foiz adjornez par cri au lieu ou il avoient accoustmé de [k] répairier, & mis en deffaut, sanz attendre autres appeaulz ne dilacions, procedez à bannissement de leurs personnes & confiscations de leurs biens, & à les tenir & publier désobéïssans & rébelles contre Nous & la Coronne, comme dessus est dit : Et se aucuns desdiz malfaiteurs & rebelles sont en Forteresses ou aillieurs en vostre Prevosté ou ou ressort, dont [l] prestement vous ne puissiés avoir l'obéïssance, faites commandement de par Nous à ceulz de la Forteresse & qui lesdiz malfaiteurs soustendront & [m] compaigneront ; que il les vous baillent & rendent sanz delay, pour en faire raison & Justice, sur tant qu'il se pevent messaire envers Nous, & sur peine d'encourre notre indignacion & aux peines dessusdictes ; Et ou cas que obéïr ne vouldront, si faites tant par Gens d'armes & assemblées de Nobles & autres, s'il est mestier, comme par Siege [n] mettant devant les lieux, & par toutes autres voies [o] contraintes que vous verrés convenables, que la force [p] en soit votre & que l'obéïssance vous en soit rendue pour Nous, comme estre doit : Et les malfaiteurs & rebelles punissiez par bonne Justice, tant que ce soit aus

a *Prises.*

b *vengeance ou contre-vengeance*, Mem. de la Ch. des C.

c *faciles à assembler.*

d *exemptez.*

e *sous le Baillage de qui.*

f *remission.*

g *au.*

h *Voy. cy-dessus, p. 112. Note (ee)*

i *dépens.*

k *demeurer.*

l *presentement*, Mem. de la Ch. des C.

m *accompagneront.*

n *mettre*, Memorial de la Ch. des C.

o *&c.* Ibid.

p *que vous soyez les plus forts.*

autres chastiement & exemple, & que en votre defaut il n'en conviegne retourner à Nous: Et en ces choses entendez & faites entendre diligemment, & par tele voie que vous n'en puissiez estre reprins de négligence; Car se defaut y avoit par vous, Nous vous en ferions punir & les dommages recouvrer sur vous: Et ad fin que de notre dicte Ordennance soit greigneur mémoire, & soit diligenment gardée sanz enfraindre, Nous avons ces presentes fait enregistrer en la Chambre de noz Comptes, & Nous mandons & commandons à tous noz Justiciers & Subgiez que à vous & à voz députez en ces choses obéissent & entendent diligenment. *Donné à Paris, le cinquiéme jour d'Octobre, l'An de grace mil trois cens soixante & un. Ainsi signées.* Par le Roy en son Conseil. P. BLANCHET.

*Collatio facta est cum Originali reddito. M. . . . . . Jo. . . . . . . Le Begue, die vigesima secunda Junii * septuagesimo secundo.*

* Anno millesimo trecentesimo.

JEAN I.er & selon d'autres, Jean II. à Paris, le 27. d'Octobre 1361.

(a) *Mandement pour fixer les prix des ouvrages faits par Thevenin Braque Maistre de la Monnoye d'Angers & de la Rochelle, & par les autres Maistres particuliers.*

JEHAN par la grace de Dieu Roy de France: A noz amez & feaulx les Generaulx-Maistres des Monnoies, Salut & dilection. Vous savez comment Thevenin Bracque ja piéça & par l'espace de moult long-temps, a esté Maistre particulier en son nom, & tenu le Compte de noz Monnoies d'Or & d'Argent d'Angiers & de la Rochelle, & en icelles fait moult grans Ouvrages dont les Comptes son encores à rendre & les pris d'aucuns d'iceulx à faire, pour lesquelz luy & ses [a] pleiges sont tenuz à Nous en très-grans sommes de deniers, que Nous ne povons avoir jusques à ce que ses Comptes & les pris d'iceulx Ouvrages soient faiz & renduz: Lesquelz, si comme Nous avons entendu, ont esté & sont demourez à rendre & estre faiz ainsi longuement, pour cause d'une Lettre que ledit Thevenin dit avoir esté donnée par nostre très-chier Filz le Duc de Normandie lors regent nostre Royaume, par vertu de laquelle il doit avoir, si comme il dit, de tous les Ouvrages d'Argent qu'il a faiz en nostredite Monnoye de la Rochelle, six deniers tournois pour chacun marc d'euvre, plus que n'auront les Maistres particuliers de noz Monnoies de Tours & d'Angiers, & semblablement des Ouvraiges de l'Or plus que n'aura le Maistre particulier de nostre Monnoye de Poitiers: Et iceulx Maistres particuliers & plusieurs autres, pour ce qu'ilz sayvent bien que ilz sont grandement [b] tenuz à Nous, ont esté & sont refusans & negligens de venir rendre leurs Comptes, & faire le pris de leurs Ouvrages: Parquoi ledit Thevenin faichant que ilz sont encore à venir, & que jamais ne Nous voldront payer, est [c] delayant d'iceulx Comptes rendre & s'est absenté, & semblablement le font plusieurs autres Maistres particuliers & leurs pleges: Lesquelles choses ont esté & sont en nostre très-grant doumaige & prejudice, dont forment Nous desplaist. Si vous mandons ou à deux de vous estroictement enjoignons, que tantost & sans delay ces Lettres veuës, toutes choses arriere mises, non contrestant quelzconques Lettres que ledit Thevenin dit avoir de nostredit Filz, de Nous ou d'autres, vous [d] la faciez justement & loyaument en voz consciences & loyaultez, les pris de tous les Ouvraiges d'Or & d'Argent qu'il a faiz en nosdites Monnoyes [e] sans iceulx mectre à pris, & semblablement à tous autres Maistres particuliers qui n'auront fait les pris de leurs Ouvrages, & que tantost leurs Comptes

a *cautions.*

b *redevables.*

c *differe.*

d *lui.*

e *sans avoir auparavant fait le prix des Ouvrages.*

NOTES.

(a) Registre D. de la Cour des Monnoyes de Paris, *fol. 98. verso.*

Avant ce Mandement, il y a:

Le 27.e d'Octobre 1361. fut apporté en la Chambre des Monnoyes, ung Mandement du Roy nostre Seigneur, adressant aux Generaulx-Maistres, contenant ceste forme.

soyent renduz & portez en nostre Chambre des Comptes, & gardez qu'il n'y ait deffaut. De ce faire vous donnons povoir, auctorité & mandement especial par la teneur de ces presentes. *Donné à Paris, le vingt-septiesme jour d'Octobre, l'An de grace mil trois cens soixante & ung. Ainsi signées.* Par le Roy, à la relation du Conseil, ouquel estoient Monsieur le Cardinal de Clugny, l'Arcevesque de Sens, vous [a] l'Esleu de Meaux & plusieurs autres. *(b)* THACIÉ.

a *Evesque Esleu.*

NOTES.

(b) Thacié.] Dans une Liste des Secretaires du Roy, faite le 7. de Decembre 1361. & qui sera imprimée cy-dessous, on trouve *Thiebaut Hocié*, & c'est ainsi qu'il faut lire icy. Le *T*, après lequel il devroit y avoir un point, est la premiere Lettre de *Thiebaut*, & le Copiste a écrit *Hacié* pour *Hocié*.

JEAN I.er & selon d'autres, Jean II. à Paris, le 29. d'Octobre 1361.

(a) Mandement pour faire fabriquer de petits Deniers tournois, & pour fixer le prix de l'Argent.

JEHAN par la grace de Dieu Roy de France : A noz amez & feaulx les Generaulx-Maistres de noz Monnoyes, Salut & dilection. Comme par très-grant & bonne deliberation eue avec nostre Conseil, Nous avons nagueres ordonné & vous mandé par noz Lettes faictes le quatorzieme jour [b] d'Avril derrenier passé, que en toutes & chacunes nos Monnoyes vous fissiez faire & ouvrer gros Deniers d'Argent à douze deniers de loy, dit Argent-le-Roy, & de sept solz de poix au marc de Paris, qui eussent cours pour douze deniers parisis la Piece; Et demy gros Tournois d'Argent allayez à icelle loy, ayans cours pour six deniers parisis la Piece, & de quatorze solz de poix audit marc : Et aussi vous eussions mandé que en icelles nosdites Monnoyes, vous feissiez faire & ouvrer pour le menu Peuple, doubles Tournois qui eussent cours pour deux deniers tournois la Piece, à deux deniers seize grains de loy dudit Argent, & de unze solz huit deniers de poix audit marc, & en aucunes de nosdites Monnoyes, deniers parisis ayans cours pour ung denier parisi la Piece, à deux deniers de loy, & de quatorze [c] de poix : Et Nous avons entendu que en plusieurs parties de nostredit Royaume, le Peuple d'icelluy à très-grant deffault de petite Monnoye: Si vous mandons que tantost & sans delay ces Lectres veuës, en chacune de noz Monnoyes là où vous verrez qu'il appartiendra à faire & que bon vous semblera, vous faciez faire & ouvrer petiz deniers tournois qui auront cours pour ung denier tournois la Piece, à deux deniers de loy Argent-le-Roy, & de [d] dix-sept solz six deniers de poix au marc de Paris, sur telle forme comme bon vous semblera, en donnant aux Changeurs & Marchans qui apporteront leur Billon en nosdites Monnoyes pour faire iceulx petiz tournois, de chacun marc d'Argent alleyé à icelle loy de deux deniers de loy, quatre livres cinq solz tournois, & en donnant aux Ouvriers & Monnoyers tel sallaire comme bon vous semblera. Et de ce faire à vous & à chacun de vous donnons povoir, auctorité & mandement especial par la teneur de ces presentes. *Donné à Paris, le vint & neuf jour d'Octobre, l'An de grace mil trois cent soixante & ung. Ainsi signé.* Par le Roy, à la relation du Conseil estant en la Chambre des Comptes. FERRICUS.

b *Voy. cy-dessus, p. 485.*

c *solz.* Voy. les Lettres du 14. d'Avril precedent.

d *à 210. Pieces au marc.*

NOTES.

(a) Regiſtre D. de la Cour des Monnoyes de Paris, *fol. 99. recto.*

Avant ce Mandement, il y a :

Le premier jour de Novembre 1361. fut apporté en la Chambre des Monnoyes, ung Mandement du Roy nostre Seigneur, adressant aux Generaulx-Maistres des Monnoyes, duquel Mandement la teneur s'ensuit.

(a) Mandement

JEAN I.er & selon d'autres, Jean II. à Paris, le 3. de Novembre 1361.

(a) Mandement qui ordonne l'execution des Ordonnances qui ont fixé le prix des Monnoyes, & qui permet de mettre dans le commerce jusqu'à la Chandeleur prochaine, les Deniers aux Fleurs de Lis pour six Deniers tournois, & les Gros de Flandre nommez Compagnons.

JEHAN par la grace de Dieu Roy de France: Au Prevost de Paris ou à son Lieutenant, salut. Vous & touz noz autres Justiciers & Subgectz savez comment pour le très grant & parfaicte volenté que Nous avons que noz Monnoyes puissent demourer & [a] arrester en bon & ferme estat, vous avons par plusieurs fois mandé que nos Ordonnances derrenierement faictes sur le cours de nosdites Monnoyes, vous feissiez tenir & garder, & que nul ne fust si osé ne si hardi de prendre ou mectre noz bonnes Monnoyes d'Argent blanches & noires, & d'Or fin telles comme Nous avons ordonné estre faictes & avoir cours, fors pour les pris & cours que Nous leur avons ordonnez, & que à toutes autres Monnoyes d'Or & d'Argent fussent ostez les cours du tout: lesquelles nos Ordonnances par votre deffault n'ont point esté tenues ne gardées en vostre dicte Prevosté, [b] mectes & ressort d'icelle, dont moult Nous desplaist, & non pas sans cause; car [c] parmy ce, plusieurs autres Monnoyes de dehors nostre Royaume, & autres faulses & contrefaictes courent & ont cours par plusieurs parties de nostredit Royaume, pour plus grant pris le tiers quelles ne valent, ou grant vitupere de Nous, & doumaige evident de tout le peuple de nostredit Royaume. Pourquoy Nous qui voulons, à tout notre povoir, pourveoir & remedier aux inconveniens dessusdiz, affin que nos susdites Ordonnances soient tenues & gardées, & que nosdites Monnoyes demeurent en bon & ferme estat, vous mandons & expressement enjoignons sur quanques vous vous povez meffaire envers Nous, que tantost & sans delay ces Lectres veues, vous faciez derechef cryer & publier solennellement & souventeffois ès lieux accoustumez en vostredite Prevosté & ressort d'icelle, que nul ne soit tant osé ne si hardi, sur peine de perdre corps & avoir, de prendre ou mectre aucune Monnoye d'Or pour aucun pris, fors au marc pour Billon; excepté les bons Francs d'Or fin que Nous avons fait & faisons faire, & qu'ilz ne soient pris ne mis fors seulement pour seize solz parisis la Piece: & que l'en prengne & mecte noz bons gros Deniers de fin Argent, pour douze deniers Parisis tant seullement; les Parisis que Nous avons fait & faisons faire, pour ung denier parisis la Piece; & les petiz tournois que Nous avons ordonez estre faits, pour ung denier tournois la Piece: Et toutes autres Monnoyes blanches & noires quelles quelles soient, ne soient prinses ou mises pour aucun pris fors au marc pour Billon, soubs les peines en nosdites Ordonnances contenues; excepté toutesvoyes que à la supplication de plusieurs habitans d'aucuns pays & partyes de nostre Royaume, disans que en leurs Villes & pays n'a pas encores si grant quantité de nosdites Monnoyes blanches & noires quelles peussent souffire au fait de leurs menues marchandises & vivres, en Nous requerant que sur ces choses leurs vohissions pourveoir d'aucun remede, affin que noz Monnoyes puissent mieulx ouvrer, & lesdits pays estre remplis d'icelles; Et aussi qu'ils ne soyent en

a *rester.*

b *mettes, bornes, territoire.*

c *par cette raison.*

NOTES.

(a) Registre D. de la Cour des Monnoyes de Paris, *fol.* 100. *recto.*

Avant ce Mandement, il y a:

Le 7.e jour de Novembre 1361. furent apportées en la Chambre des Monnoyes, trente-deux grans Lettres Royaulx touchant le fait & Ordonnance des Monnoyes, adressans aux Seneschaulx, Bailliz & Prevostz du Royaume, desquelles la teneur s'ensuit.

Ordonnance pour faire cryer les Francs pour seize solz parisis, & gros Deniers d'Argent pour douze deniers parisis.

L'Original de ce Mandement, envoyé au Seneschal de Beaucaire, est à la Bibliotheque du Roy, Liasse intitulée, *Monnoye*, n.° 46.

JEAN I.er & selon d'autres, Jean II. à Paris, le 3. de Novembre 1361.

nostre indignation & dangier à cause desdites Monnoyes defenduës, Nous avons volu & octroyé de grace especial ausdits supplians, & afin que le fait & ordonnance des Monnoyes soit toute une par tout nostre Royaume semblablement, Nous plaist & volons & octroyons de grace especial à tous les Subjectz de toutes les parties de nostredit Royaume, que d'icy à la Chandeleur prochain venant, ils puissent par maniere de provision & souffrance, prendre & mectre en leurs necessitez, les gros de Flandres appellez Compaignons, que a fait faire, cy [a] en arriere nostre très cher & amé cousin le Conte de [b] Flandres, pour le pris de six deniers tournois, & non pour plus; & semblablement les blancs Deniers aux Fleurs de Liz que Nous feismes faire derrenierement, qui eurent premierement cours pour dix deniers tournois, & qui aussi bons ou meilleurs assez que lesdits Compaignons, soyent prins & mis jusques audit terme, pour ledit pris de six deniers tournois, sans ce que lesdiz habitans nos subgectz ne autres durant ledit temps, en puissent ou doyent estre reprins ou mis en amende en aucune maniere, & que par especial tous autres deniers Compaignons autres que les dessusdits, Vaillans, Tartes & autres quelzconques Monnoyes dessendues par nostre premiere Ordonnance, ne soient prinses ou mises pour aucun pris, fors au marc pour Billon. Si faictes toutes les choses dessusdites cryer & publier tellement & si diligemment, que nostredit peuple ne puist plus avoir cause de nosdites Ordonnances non savoir, ne prendre & mectre icelles dictes Monnoyes estranges pour aucun pris, ne les nostres, fors pour les pris dessusditz: & de tous ceulx que vous pourrez trouver & savoir qui face le contraire, faictes pugnition telle & si grant que ce soit exemple à tous autres, & gardez que de ce faire n'ayt aucun deffault par vous; car pour certain, se il y est, Nous nous en prendrons du tout à vous. *Donné à Paris, le troisieme jour de Novembre, l'An de grace mil trois cens soixante & ung. Ainsi signé.* Par le Roy en son Conseil estant en la Chambre des Comptes. N. VILLEIN. *(b)*

a *cy-devant.* Voy. sur ce mot, l'Hist. de l'Acad. des Belles Lettres. t. 5. p. 344.

b *Voy. cy-dessus, p. 128. Note (l)*

NOTES.

(b) Il y a tout de suite dans le Regiſtre de la Monnoye :

Item. Le 8.e jour dudit mois, furent apportées en ladite Chambre, trente-deux Lettres closes, scelées du Seel de secret du Roy nostre Sire, adressans aus Bailliz & Prevostz du Royaume, contenant ceste forme.

DE PAR LE ROY.

BAilly de Roüen : Nous vous envoyons certaines Lettres ouvertes, scellées de nostre grant Scel, encloses en une Boeste scellée du Contre-scel de la Prevosté de Paris : si vous mandons que le contenu d'icelles vous faciez tenir & garder plus diligemment que vous n'avez fait ou temps passé : & bien vous gardez que icelle Boeste ne soit ouverte, & que lesdites Lettres vous ne veez jusques au 15.e jour de ce present mois de Novembre, auquel jour Nous voulons que le contenu d'icelles vous faciez cryer & publier par tout vostre Bailliage & ressort d'icelluy, & non avant. Si gardez si cher comme vous doubtez encourre en nostre indignation, que de ce faire n'ayt aucun deffaut. *Donné à Paris, le 6.e jour dudit mois de Novembre mil trois cens soixante & ung.* Ainsi signé. COLLORS.

JEAN I.er & selon d'autres, Jean II. à Paris, le 23. Novembre 1361.

(a) Mandement pour bailler les Monnoyes à tel pris & sur telles conditions comme bon semblera, soit pour faire bailler Argent pour les despens des Officiers quant elles chomeront, ou autrement.

JEHAN par la grace de Dieu Roy de France: A noz amez & feaulx les Generaulx-Maistres de noz Monnoyes, Salut & dilection. Nous avons entendu par aucuns de nostre Grant-Conseil, que aucunes de noz Monnoyes ont esté & sont en chomage par deffault de Maistres particuliers qui ne les veullent prendre ne mectre à pris, *(b)* se ilz ne les ont fermées sans enchere, & se ilz n'out aucune somme ou sommes d'Argent pour les despens des Officiers d'icelles quant elles sont en chomage: En laquelle chose Nous pourrions avoir très-grant dommaige, se pourveu n'y estoit de bon & bref remede. Et pour ce Nous voulons & est nostre intencion que nosdites Monnoyes soyent tousjours tenuës ouvertes, & que les Officiers d'icelles ne s'en partent, affin que nulz ne se puissent ou doyent excuser [a] qu'ils ne portent leur Billon en nosdites Monnoyes ou en aucunes d'icelles, & qu'ils n'ayent cause de le porter ailleurs. Nous vous mandons & à chacun de vous, que icelles noz Monnoyes & chacune d'icelles tant d'Or comme d'Argent, vous baillez touteffois que le cas y escherra dores-en-avant, à ung ou à plusieurs bons Maistres particuliers qui les sachent bien & deuement gouverner, à tel pris & sur telle condition comme bon vous semblera, soit de faire bailler Argent du nostre pour les despens des Officiers de nosdites Monnoyes quant elles chomeront, ou autrement, en la maniere que vous verrez que mieulx sera à faire à nostre proffit, parquoy nozdites Monnoyes soyent continuellement tenuës ouvertes, & que l'Ouvraige en puisse estre greigneur & meilleur. De ce faire vous donnons povoir, auctorité & mandement especial par la teneur de ces presentes. Mandons à noz amez & feaulx Gens de noz Comptes à Paris, que tout ce qui aura esté payé pour les causes dessusdites, & que vous leur certifierez de bouche tant-seullement, ils allouent ès Comptes d'iceluy ou ceulx à qui il appartiendra sans contredit, non-obstant quelzconques Ordonnances, Mandement ou deffenses au contraire. *Donné à Paris, le vingt-troisieme jour de Novembre, l'An de grace mil trois cens soixante & ung. Ainsi signé.* Par le Roy, à la relacion du Conseil, ouquel estoient l'Arcevesque de Sens, l'Evesque de Meaux & autres. YVO.

[a] *de ce.*

NOTES.

(a) C'est le Titre qui est dans le Registre D. de la Cour des Monnoyes, *fol.* 102. *recto.*

(b) *Se ilz ne les ont fermées sans enchere.*] Je crois que cela signifie, *s'ils n'ont la Ferme pour le prix qu'ils en offrent, & sans que l'on en face un Adjudication publique, où tout le monde soit reçû à encherir, & à la fin de laquelle on l'adjuge au plus offrant.*

JEAN I.er & felon d'autres, Jean II. à Paris, le 6. de Decembre 1361.

(a) Mandement pour faire Monnoye d'Or en la Monnoye de S.t Quentin.

JEHAN par la grace de Dieu Roy de France : A noz amez & feaulx les Generaulx-Maiftres de noz Monnoyes, Salut & dilection. Nous avons ordonné par très-grant deliberation en noftre Confeil, pour le prouffit & avancement de l'Ouvraige de noz Monnoyes, & pour certaines caufes qui à ce Nous ont meu, que l'en face faire & ouvrer en ladite Ville de Sainct Quentin, Monnoye d'Or, fur tel coing, poix & loy comme Nous faifons & ferons faire en noz autres Monnoyes. Si vous mandons & commandons, & à chacun de vous, & fi meftier eft, commectons que tantoft & fans delay ces Lectres veuës, vous faciez faire & ediffier en ladite Ville de Saint Quentin à noz propres coufts & defpens, une Monnoye & les appartenances [a] qu'il faillent, pour faire ledit Ouvraige d'Or, fi comme vous verrez qu'il appartiendra : Et en icelle Monnoye faictes faire & ouvrer dores-en-avant autelle & femblable Monnoye d'Or, comme Nous faifons & ferons faire en noz autres Monnoyes, comme dit eft : Et tout ce que icelle Monnoye couftera à faire & ordonner, faictes payer par le Maiftre particulier de la Monnoye d'Argent dudit lieu de Sainct Quentin, fur ce qu'il Nous peuft ou pourra devoir à caufe du Monnoyage de ladite Monnoye : Et Nous mandons à noz amez & feaulx Gens de noz Comptes à Paris, que tout ce qui aura efté payé pour cefte caufe, [b] par raportant Lettres de recognoiffance de celuy ou ceulx à qui il aura payé, ils allouënt en fes Comptes fans contredict, non-obftant quelzconques Ordonnances, Mandemens ou deffenfes au contraire. *Donné au Bois de Vincennes, le fixieme jour de Decembre, l'An de grace mil trois cens foixante & ung.* Par le Roy, prefent l'Arcevefque de Sens· J. BLANCHET.

a *qui font neceffaires.*

b *en.*

NOTES.

(*a*) C'eft le Titre de ce Mandement dans le Regiftre D. de la Cour des Monnoyes de Paris, *fol.* 102. *verfo.*

JEAN I.er & felon d'autres, Jean II. vers le 7. de Decembre 1361.

(a) Reglement pour les Notaires du Roy.

CY-DESSOUZ font les noms des Secretaires & Nottaires que Nous avons ordenez & retenus pour Nous fervir, lefquels ferviront continuellement de prefent, & [c] penront gaiges & bourfes, & Nous manderons les autres qui en ceft efcript ne font nommez, quant il Nous plaira, & par ce n'en oftons nuls de leurs Offices ; mais pour la charge de noftre rançon, ne povons pas à touz donner gaiges tout enfemble.

(*1*) Lefquels Secretaires & Notaires deffouz nommez, feront tenuz de bailler en la fin de chacun moys, à noftre Audiencier vraye & loyal [d] cedule fouz leur propre figne, des jours qu'il auront vacqué en exerçant leurdit Office, fur le ferment qu'il ont à Nous, & d'eftre reputez pour parjures, s'il eftoit trouvé au contraire.

c *prendront.*

d *Lifte.*

NOTES.

(*a*) Memorial D. de la Chambre des Comptes de Paris, *fol.* 35. *verfo.*
Au haut du feüillet, il y a : *Ordinatio Notariorum.*

Et à la marge : *Collatio prefentis Ordinationis facta fuit cum originali reddito in Camera Compotorum, feptima die Decembris 1361. per me Stephanum Blancheti & Thomam de Acheriis.*

JEAN I.er & selon d'autres, Jean II. vers le 7. de Decembre 1361.

(2) *Item.* Jureront avec les quatre fermenz qu'il font quant il sont premierement receuz, que il ne prendront riens, ne soufferront à prendre par leurs Clers, ne sur couleur de parchemin, ne sur couleur de grossoier Letres une fois ou plusieurs, se ce n'est des [a] Chartres & des [b] Lettres criminelles, le droit accoustumé: Et aussi que de Chartres, [c] qu'il procurent, il n'en prendront riens: Et avec ce jureront que s'il scevent aucuns de leurs compaignons qui facent le contraire, que dedenz huit jours il le denunceront au Chancelier.

(3) *Item.* Lesdiz Notaires dessouz nommez, & non pas les Secretaires, jureront les choses qui s'ensuivent;

C'est assavoir à faire continuelle residence, & eulx presenter & demourer souffisamment pour besoigner, une fois au moins chacun jour en Parlement, ou ès Requestes de l'Ostel, ou ès Requestes du Palais, ou au Grant-Conseil quant il sera assemblé, ou en la Chancellerie, ou *(b)* aus Generaulx & Chambre des Comptes, quant à ceuls qui y sont ordenez à estre: Et c'est à entendre s'il ne sont empeschiez pour cause de maladie de leurs corps; ouquel cas, il seront tenuz de faire savoir dedenz deux jours à l'Audiencier, leurs maladies, & en quel Hostel il seront malades.

(4) *Item.* Ou cas que il se vouldront partir de Paris ou [d] de Nous, se Nous sommes hors de Paris, se par nostre mandement il vont hors, il prendront leurs gaiges; mais il ne prendront rien ès bourses pour tant qu'il seront hors.

(5) *Item.* Se il s'en veulent aler senz nôtre mandement, pour aucune cause particuliere qu'il auront à faire, il prendront congié à l'Audiancié, & li diront par leur serement la cause pourquoy il s'en voudront aler, & lors leur donra congié & certain terme de retourner, selon ce qu'il verra que la cause le requierra; mais plus de huit jours ne le pourra donner senz l'auctorité du Chancellier: Et pour faire autres besoignes que les nostres, ou qui ne seront de leurs amis prochains, ne leur pourra donner ledit Chancelier congié, mais Nous quant il Nous plaira.

(6) *Item.* Au plus ne pourroit-on donner de congié, [e] qu'il y en eust point plus de quatre hors par congié du Chancellier ou de l'Audiencier.

(7) *Item.* Se senz congié il s'envont ou ne reviennent au terme qui leur sera assigné à retourner, ou se il sont presenz & ne se comparent, comme dit est, pour la premiere journée qu'il [f] deffendront, il perdront les gaiges de la premiere journée; pour la seconde, les gaiges de tout le moys; pour la tierce, les bourses de tout le moys: Et s'il ne viennent à la quarte, l'Audiancier y mettra un des autres Notaires en lieu de lui pour servir continuelment, par le conseil toute-voies du Chancellier.

(8) *Item.* L'Audiencier & les Nottaires jurreront les choses dessusdites tenir & faire tenir chascun en droit soy, & selon ce qu'il appartendra, & que contre ceste presente Ordenance il ne s'efforceront de prendre, ne ne prendront ne bourses ne gaiges.

(9) *Item.* Ceste presente Ordenance les Notaires jureront chascun an; c'est assavoir lendemain de la S.t Martin d'yvert, en la presence du Chancellier, afin qu'il en aient mielx memoire.

(10) *Item.* Se il en y avoit aucuns qui feussent mis en ce Rolle, qui ne fussent presenz, il revendront dedenz deux moys à compter de la date de ces presentes, pour faire residence continuelle, comme dit est.

(11) *Item.* Que nulz desdiz Notaires ne soit si hardy de exercer Office de Nottairie, se il n'a fait les fermenz ci-dessuz declarez, en la main de nostredit Chancellier: Et enjoingnions à touz que il prennent coppie de ceste presente Ordenance

a *Voy. cy-dessus, p. 32. Note (ss) & 388. Note (d)*

b App. *des Lettres de grace & de remission.*

c *qu'ils font obtenir.*

d *d'auprès de Nous.*

e *il ne doit point y en avoir plus de quatre absens.*

f *défaudront, manqueront.*

NOTES.

(b) Aus Generaulx.] Je crois qu'il s'agit-là des Generaux-Maistres des Monnoyes, qui s'assembloient alors à la Chambre des Comptes.

JEAN I.er & selon d'autres, Jean II. vers le 7. de Decembre 1361.

pour la mielx garder. Et en signe que ceste presente Ordonnance procede de nostre propre conscience, Nous avons fait sceller ce Rolle de nostre Séel secret. *(c)*

NOTES.

(c) On trouve ensuite la Liste des Notaires retenus par le Roy.

Cette Liste, tirée du Memorial de la Chambre des Comptes, a déja esté donnée dans l'Histoire de la Chancellerie, Tom. 1. Liv. 1. p. 22. mais comme la plûpart des noms y sont défigurez, & que d'ailleurs on ne les a pas rangez dans l'ordre, dans lequel ils sont dans le Registre, on a crû devoir la faire imprimer icy.

Nomina Notariorum retentorum.

Maistre Martin de Mellou.
M. Jean de la Verriere. ** Obiit.*
M. Pierre Blanchet.
M. Pierre de la Batue.
M. Robert de Serryz.
M. Yves Darien.
M. Denis de Collors.
M. Jeh. Blanchet.
M. Jeh. de Rougemont.
M. Thiebault Hocié.
M. Guillaume de Savigny.
M. Thomas le Tourneur.
M. Jeh. de Mareüil. *Obiit.*
M. Julian des Murs. *Renunciavit.*
M. Philippes Ogier.
M. Jeh. des Essars. *Obiit.*
M. Pierre Michiel.
M. Gontier de Baigneux.
M. Nicole de Veires.
M. Berthaut François. *Obiit.*
M. Nevelon Greffier civil en Parlement. *Obiit.*
M. Denys Tyte Greffier criminel en Parlement.
M. Estienne de Boissy, Receveur des Presentacions en Parlement. *Obiit.*
M. Pierre Briarre en la Chambre des Comptes. *Obiit.*
M. Guillaume Dorli. *Obiit.*
M. Berangier du Portail. *Obiit.*
M. Robert de Jussy. *Obiit.*
M. Jehan le Clerc.
M. Jehan Cordier.
M. Jehan de Chastillon. *Obiit.*
M. Jehan Chaillon.
M. Jehan de Villers.
M. Gilles de Baigneulx.
M. Jehan de Vernon.
M. Hutin Dannoy.
M. Hervy Fosse.
M. Alain Guillot. *Obiit.*
M. Jehan Boyleau.
M. Girart de Montagu.
M. Nicole de Villemer.
M. Pierre Anceau. *Obiit.*
M. Ferry Cacinel.
M. Jehan Quatredeniers. *Obiit.*
M. Guillaume Barbe. *Obiit.*
M. Pierre de Vernon. *Obiit.*
M. Jehan Duhem.
M. Henry le Clerc Audiancier de Normandie.
M. Jehan Caboche.
M. Jehan le Mercier.
M. Raoul Hemon. { *Obiit. Loco hujus P. Genessie, & loco ejus, P. Turpain.* [Ce nom est assés difficile à lire & douteux.]
M. Jehan Darcy.
M. Berthaut Jobelin. *Decessit.*
M. Jehan de Reins.
M. Jehan Vallée.
M. Guillaume Eudoc [ou Cudoé.]
M. Thomas de Chapelles.
M. Michiel Ferron.
M. Jeh. de Besancon.
Et Maistre Eustace de Morsent nostre Audiencier.

* Lorsqu'il mouroit un Notaire, on mettoit dans la Liste *obiit*, ou *decessit* à costé de son nom.

JEAN I.er & selon d'autres, Jean II. à l'Abbaye de S.t Benigne de Dijon, le 28. de Decembre 1361.

(a) *Ordonnance sur le gouvernement du Duché de Bourgogne.*

JEAN par la grace de Dieu Roy de France : Sçavoir faisons à tous presens & à venir, que comme en notre premier & joyeux advenement que Nous avons de novel fait en notre Duché de Bourgogne, plusieurs Requêtes, Supplications & Memoires touchant le Gouvernement dudit Duché, Nous ayent estés baillées par nos

NOTES.

(a) Cette Ordonnance a esté envoyée de Dijon, avec cette Indication :

Extrait tiré du Registre premier des Titres & Privileges de la Province de Bourgogne, estant au Greffe des Estats Generaux de ladite Province, fol. 1.

L'Extrait cy-dessus a esté tiré du Registre des Privileges de la Province de Bourgogne,

amez & feaux sujets les Gens d'Eglise, Nobles & autres d'iceluy Duché, qui pour ce de notre licence ont été assemblées en notre Ville de Dijon; Nous desirans sur touttes choses ledit Duché & tous nos sujets d'iceluy gouverner & maintenir en paix & en tranquilité, & que Justice y soit gardée tellement qu'il soit en l'honneur de Dieu & au proffit de Nous & de tout le Peuple dudit Duché, avons veu & fait voir diligemment touttes les Lettres, Requêtes, Supplications & Memoires, & sur icelles eu conseil & deliberation avec ceux de notre Lignaige & de notre Grand-Conseil étant à present avec Nous, & avec plusieurs autres des plus notables dudit Duché, tant Prelats & Nobles comme autres, Nous avons ordonnés & octroyés, ordonnons & octroyons par ces presentes, touttes les choses cy-aprez contenuës en la maniere qui s'ensuit:

JEAN I.er & selon d'autres, Jean II. à l'Abbaye de S.t Benigne de Dijon, le 28. de Decembre 1361.

(1) *Premierement.* Que la Justice des Pays dudit Duché sera gardée & gouvernée quant à present, par Baillys & Chanceliers, Auditeurs & Notaires, Jours Generaux & Ressorts ez lieux accoutumez, par la maniere que l'on l'a fait au tems passé, sans innovation aucunne, ne ne pourra l'en appeller des Jours Generaux dessusdit.

(2) *Item.* Qu'il [a] aura à present audit Duché, un Gouverneur Souverain ayant de Nous pleine puissance, pour [b] prevoir à tous les Gens du Pays, toutte-fois que métier sera, de tous remedes [c] dont l'on leurs donra pouvoir.

(3) *Item.* Que Nous tendrons & garderons, & ferons tenir & garder tous les Pays & sujets dudit Duché en leurs Franchises & Libertés, raisonnablement tenuës & gardées, sans y faire ne souffrir être fait aucunne nouvelleté.

(4) *Item.* Que les Gens & sujets dudit Duché ne payeront rien du Scel des Lettres du Gouverneur dudit Duché, & aussy ne payeront rien du Scel des Collations de Benefices que Nous ferons, dont ils souloient payer un marc d'Argent au tems de nos Predecesseurs Ducs de Bourgogne; mais des [d] Chartres & autres graces perpetuelles qui seront scellées de notre Scel, ils payeront pour le Scel un marc d'Argent; c'est à sçavoir, soixante gros Tournois viels ou la valuë, dont la moitié sera à la Chapelle de Dijon, & l'autre moitié au Chambelland dudit Duché; excepté tant-seullement cinq gros que les Chauf-cires pour le [e] las & pour leurs droits auront dudit marc d'Argent: Et aussy payeront-ils un marc d'Argent pour le Notaire qui en aura fait la Lettre: Et de touttes les autres Lettres que ils auront scellées de notre Scel, ils payeront ce que nos autres sujets ont accoutumés de payer.

(5) *Item.* Que audit Duché Nous aurons quant à present, Gens ordonnés sur les Comptes, si comme il est accoutumé de faire.

(6) *Item.* Que Nous ferons tenir & garder ès Pays dudit Duché, bonne & vraye Justice, si hautement & si convenablement que les Habitans & sujets d'iceluy seront maintenus & gardés en bonne paix & [f] sincerité.

(7) *Item.* Que pour Nous, ou pour autres de nôtre Sang ou Lignaige, ne pour les [g] Garnisons des Hostels de Nous ou d'aucuns d'eux, ne seront pris ou arrestés

[a] *y.*

[b] *pourveoir.*

[c] *dont l'en les devra pourveoir*, seconde Copie.

[d] *Voy. cy-dessus, p. 32. Note (ll) & p. 388. Note (d)*

[e] *le lacet où est attaché le Sceau.*

[f] *seureté*, seconde Copie.

[g] *Provisions.*

NOTES.

& collationné par le soussigné Greffier Commis des Estats de ladite Province, pour l'absence de Messieurs les Secretaires desdits Estats. Cejourd'huy vingt-six Septembre, l'An mil sept cens vingt-neuf. CAZOTTE. *

J'avois deja une Copie de cette Ordonnance qui m'avoit esté communiquée par une personne qui l'avoit copiée dans la Chambre des Comptes de Dijon où elle se trouve, *Layette des Donations, Liasse 2.e cote 39.* Cette 2.e Copie ne m'a pas esté inutile.

Philippe I. dit de *Rouvre*, Duc & Comte de Bourgogne, estant mort le 21. de Novembre 1361. la Bourgogne vint par droit de succession au Roy Jean qui partit de Paris le 5. de Decembre suivant, pour en aller prendre possession. Estant à Dijon, il fit pour le gouvernement de la Bourgogne, les Reglements contenus dans cette Ordonnance. Il ne fut pas long-temps possesseur de ce Duché: car le 6. de Septembre 1363. il le donna à Philippe son quatrieme Fils. Voy. Chroniq. de S.t Denis, Tom. 2. p. *m.* 198. *recto*, col. 2.e Le 2.e Continuat. de Nangis, dans le Spicil. du P. Dacheri, Tom. 3. p. 129. col. 2. Edit. *fol.* Hist. Genealog. de la Maison de France par les PP. Ange & Simplicien, Tom. 1. pp. 237. 238. & 549.

* *ou* CAYOTTE.

JEAN I.er & selon d'autres, Jean II. à l'Abbaye de S.t Benigne de Dijon, le 28. de Decembre 1361.

pour nos Gens ou [a] autres audit Duché, ny sur aucuns des Habitans d'icelluy, Bled, Vin ou autres biens quelconques, [b] ce n'est par juste & loyal prix; duquel l'Argent sera presentement payé à ceux de qui ils seront pris.

(8) Item. Que les Ressorts Royaux des Sieges, Chatellenie, Prevosté & Bailliage de Sens & de Macon, cesseront en tous les Pays dudit Duché, & seront les Bailliages dudit Duché tenus & reputés Bailliages Royaux.

(9) Item. Que tous nos sujets des Chateaux & Villes enclavés dedans les [c] mettes dudit Duché, qui [d] souloient ressortir nuëment aux Sieges Royaux desdits Bailliages de Sens & de Macon, soit de notre Domaine ou autres, ressortiront doresnavant aux plus prochains de nos Ressorts dudit Duché, & en especial ceux qui d'ancienneté y souloient ressortir; excepté tant-seullement les Evêques desquels Nous retenons encoires à ordonner.

(10) Item. Que tous Chateaux & touttes Villes fermées dudit Duché étans sur les frontieres des Pays à l'environ, deçà la Saone & par-delà, appartenans à Nous en Domaine, [e] Fied & Ressort pour cause dudit Duché, seront & demeureront perpetuellement appliqués audit Duché sans diminution quelconques, si comme il fut autre-fois ordonné par notre très-cher Ayeul *(b)* le Duc Robert, que Dieu absoille.

(11) Item. Que touttes-fois que Nous voudrons faire [f] mandement à cause de la Duché, de Gens-d'armes audit Duché ou en aucunne frontiere d'icelluy, le Marêchal dudit Duché sera ordonné & commis pour recevoir les Gens-d'armes [g] & leurs [h] Monstres, & pour les faire *(c)* defferer en la maniere qu'il a été gardé & accoutumé de faire ez temps de nos Predecesseurs Ducs de Bourgogne.

Lesquelles choses dessusdittes & chacunne d'icelles, Nous voulons & mandons être tenuës & gardées & accomplis en la maniere que cy-dessus sont écrittes & contenuës: Et que ce soit ferme & estable à toujours, Nous avons fait mettre à ces presentes notre Seel. *Donnée en l'Abbaye de S.t Benigne de Dijon, le vingt-huitieme jour de Decembre, l'An de grace mil trois cens soixante-un. Signé sur le reply.* Par le Roy, en son Conseil, auquel vous étiez. [i] FERRICUS. Et scelé d'un grand Sceau de [k] scire verte, sur las de soye rouge & verte pendante.

a *pour;* dans l'autre Copie.

b *si ce.*

c *bornes.*

d *avoient accoustumé.*

e *Fief.*

f *convocation.*

g *à,* seconde Copie.

h *qui les passera en revûë* ou *qui recevra leur solde pour la leur distribuer.*

i Il y a *Ferrieres* dans la seconde Copie.

k *cire.*

NOTES.

(b) Le Duc Robert.] C'est Robert II. qui fut Duc depuis 1272. jusqu'à sa mort arrivée le 9. d'Octobre 1305. Jeanne de Bourgogne sa 3.e fille fut la 1.ere femme de Philippe de Valois, & Mere du Roy Jean. *Hist. Geneal. de la Maison de France, par les PP. Ange & Simplicien,* Tom. 1. pp. 543. 547. & 548.

(c) Defferer.] M.r le Procureur General du Parlement de Dijon, que j'ay pris la liberté de consulter sur ce mot, m'a fait réponse qu'il n'est point en usage dans la Province, & qu'il soupçonne qu'il signifie *élire* ou *servir.*

JEAN I.er & selon d'autres, Jean II. à Ville-Neuve-le-Roy, en Decembre 1361.

(a) Sauvegarde pour l'Abbaye d'Eschaalis, avec attribution de toutes ses affaires au Bailliage de Sens.

JOHANNES &c. Ad perpetuam rei memoriam. Regalis providentia & si cunctis sue ditioni [k] *subsidictos prosequi decreverit favoribus gratiosis, illis tamen se debet reddere benivola & in exhibitione gratie liberalis, per quos Servicium Divinum incessanter celebratur, ut cum per Nos secundum vota eorumdem fuerint prosequuti, efficiantur pro*

k subditos.

NOTES.

(a) Tresor des Chartres, Registre 91. Piece 32. Voy. cy-dessus p. 263. Note *(a).* Ces Lettres ont sans doute esté données vers le commencement du mois de Decembre: car le Roy estant parti de Paris le 5. de Decembre pour aller en Bourgogne. [Voy. cy-dessus p. 535. Note *(a)*] il a pû estre peu de jours après, à Villeneuve-le-Roy près Sens, où ces Lettres ont esté données.

Nobis apud Deum perpetui oratores. Cum igitur ad nostrum pervenerit auditum quod cum dilecti nostri Religiosi, Abbas & Conventus Ecclesie (b) Escharleyarum Senonensis Diocesis & Ordinis Cisterciensis, sint de fundatione Regia, & ad causam hujusmodi sue Ecclesie, ratione Corone Francie in Salva & speciali gardia Regia tam in capite quam in membris existant, & inter cetera Privilegia à Predecessoribus nostris Regibus Francie, quorum aliqua per Nos fuerunt confirmata, eisdem concessa, per speciale Privilegium Baillivus noster Senonensis dicte Ecclesie in capite & in membris ac dictis Religiosis Gardiator singularis & specialis fuerit deputatus, nichilominus, quia post modum Comitatus [a] Joigniaci in quo & infra [b] ejus metas & confinia dicti Religiosi habent & obtinent nonnullas possessiones & terras, in Baillivia Trecensi & ressorto ejusdem, certis mediis [c] interrentibus, extitit inclavatus, Baillivus & alii Officiarii nostri dicte Baillivie Trecensis presentes & qui pro tempore fuerunt elapso, occasione possessionum & terrarum hujusmodi quas Religiosi ipsi in dicto Comitatu obtinent & possident, nituntur ipsos Religiosos facere responderi coram ipsis, eosdem multipliciter fatigantes & vexantes laboribus & expensis: Propter quod ipsi Nobis fecerunt humiliter supplicari, ut eisdem vellemus in hac parte misericorditer provideri. Notum itaque facimus universis presentibus & futuris, quod Nos dictorum Religiosorum humili supplicatione accepta, vestigiis Predecessorum nostrorum adherentes, credentesque firmiter agere non indigne, si temporibus nostris & sub commisso Nobis regimine, Ecclesie & persone Ecclesiastice que de die nocteque circa Divina vacant obsequia, releventur à pressuris, ut de eorum orationibus devotis effecti participes, bona spiritualia valeamus facilius adipisci, eisdem Religiosis presentibus & futuris, ex [d] nostri liberalitate & auctoritate Regiis, certa scientia ac nostre Regie potestatis plenitudine & de gratia speciali, concessimus & concedimus per presentes, ut ipsi ex nunc in antea per Baillivum & alios Justiciarios & Officiarios nostros Baillivie Senonensis presentes & qui pro tempore fuerint, in omnibus Causis suis motis & movendis, contra quoscumque suos adversarios tam agendo quam etiam deffendendo, admittantur, & Justiciam recipiant per eosdem in omnibus & per omnia, ac si Comitatus Joigniaci predicti ad sedem Senonensis Baillivie ressortiret, & ut ipsi faciebant antequam Comitatus hujusmodi separatus fuerit ab eadem. Quocirca Baillivio ac ceteris Justiciariis nostris dicte Baillivie Senonensis vel eorum Loca-tenentibus presentibus & futuris, & eorum cuilibet prout ad eum pertinuerit, mandamus, committendo, si sit opus, quatinus dictos Religiosos & eorum Ecclesiam predictam tam in capite quam in membris, nostra presenti gratia juxta ipsius seriem & tenorem, uti & gaudere faciant & permittant, cognitionem Causarum eorumdem penes se retinentes, ac Baillivio & ceteris Justiciariis & Officiariis Regiis dicte Trecensis Baillivie presentibus & futuris, silentium perpetuum super hiis imponentes, factaque in contrarium ad debitum statum reducentes aut reduci facientes indilate. Quod ut firmum & stabile perpetuo perseveret, presentes Litteras sigilli nostri fecimus appensione communiri: salvo in aliis jure nostro, & in omnibus quolibet alieno. Actum apud [e] Villam-novam-Regis, Anno Domini millesimo trecentesimo sexagesimo-primo, mense Decembris. Ainsi signée. *Per Regem.* MELLOU.

JEAN I.er & selon d'autres, Jean II. à Villeneuve-le-Roy, en Decembre 1361.

a Joigny.

b cujus.

c *Fort.* intervenientibus.

d nostra.

e *C'est apparemment* Villeneuve-le-Roy, prés de Sens.

NOTES.

(*b*) *Escharleyarum.*] Cette Abbaye est nommée *Eschaleium* en latin, & *Eschaalis* en françois, dans la *Gall. Christ.* 1.ere Edit. Tom. 4. p. 357.

JEAN I.er & selon d'autres, Jean II. à Paris, en Decembre 1361. Loüis IX. à Paris, en Decembre 1266.

(a) Sauvegarde pour l'Abbaye de S.t Satur en Berry.

JOHANNES &c. Notum facimus universis presentibus & futuris, quod cum nuper Nos certis rationibus & causis inducti, carissimo Filio nostro Johanni Ducatum Biturie & Alvernie pro se & heredibus suis duxerimus concedendum, retentis Nobis ac Successoribus nostris Regibus Francie, inter alia Gardiis Ecclesiarum Cathedralium & aliarum de superioritate & ressorto nostris existentium, cum aliis Juribus Nobis [a] *expectantibus in eisdem, & aliarum de Regali fundatione existentium,* [b] *Regalisque earum, collationibus Beneficiorum Ecclesiasticorum de fundatione Regia existentium, & aliis Juribus Regiis Nobis competentibus, prout in Litteris dicte concessionis & donationis per Nos dicto Filio nostro facte, plenius dicitur contineri: Et dilecti nostri Abbas & Conventus (b) Sancti Satiri Ordinis Beati Augustini Bituricensis Diocesis, sint & ab antiquo fuerint cum omnibus pertinentiis eorumdem, de Gardia, superioritate & ressorto nostris, & aliter sub reservatione nostra predicta comprehensi, prout hec omnia in certis Litteris in filis* [c] *cericis & cera viridi sigillatis, dicuntur plenius contineri: Quarum quidem Litterarum tenor sequitur per hunc modum.*

a spectantibus.
b Regalis.
c sericis.

[d] *LUDOVICUS Dei gratia Francie Rex. Universis tam presentibus quam futuris: Notum facimus quod cum dilectus & fidelis noster Comes* [e] *Sacri-Cesaris contra Abbatem & Conventum Monasterii Sancti Satiri proponeret coram Nobis, quod custodia sive Gardia ipsius Monasterii, ac eorum que dicti Abbas & Conventus habent in Castellania Sacri-Cesaris, ad ipsum Comitem pertinebat, dictis Abbate & Conventu respondentibus ex adverso, quod ad Nos non ad ipsum, spectabat custodia sive Gardia dicti Monasterii & eorum que ipsi habent in Castellania predicta. Tandem auditis tam facti quam Juris utriusque Partis rationibus, visis dicti Monasterii Privilegiis, Judicatum fuit in Curia nostra, dictum Comitem nichil probasse quare ad ipsum pertineret custodia predictorum, Nobis dicta custodia remanente. In cujus rei testimonium &* [f] *murinanen, presentibus Litteris nostrum fecimus apponi sigillum.* Actum Parisius, Anno Domini millesimo ducentesimo sexagesimo-sexto, mense Decembris.

d S.t Louis.
e Sancerre.
f Fort. munimen.

Ipsique tam in Capite quam in membris, sint & hactenus fuerint cum eorum Officiariis, familiariis, Justicialibus & subjectis, Villis, Domibus & maneriis, Juridictionibus, Juribus, hominibus de corpore, ac omnibus eorum bonis ubicunque in Regno nostro existentibus ad causam dicte [g] *ipsarum Ecclesie, in & sub protectione & Salva-gardia nostris & predecessorum nostrorum Regum Francie, semperque in omnibus casibus ressorti & superioritatis, ad Judices & Officiarios nostros insolidum habuerint ressortiri, & suum absque medio habere ressortum coram dictis Officiariis & Justiciariis nostris, sicque ad Nos & non* [h] *& quemcunque alium spectat Gardia & protectio, prout per supradictas Litteras potest lucidius apparere. Nichilominus prenominati Religiosi timentes ne pretextu* [i] *sub [illegible] dicte donacionis, concessionis* [k] *traditionis sit in futurum controversia super Gardia & ressorto predictorum Religiosorum, Nobis fecerunt humiliter supplicari, sibi super hiis de remedio provideri. Nos igitur Predecessorum nostrorum vestigia sequi volentes, & retentionem in dicta donatione seu concessione factam de dicto Ducatu, suum effectum indubitatum sortiri: Attendentes etiam Litteras dicte donationis, in quibus dicte retentiones exprimuntur, penes dictum Filium nostrum & non penes dictos Religiosos* [l], [m] *tenor presentium* [n] *certa scientia declaramus nostre intentionis semper fuisse & esse ante dictam donationem, tam*

g ipsorum, comme il y a plus bas.
h ad.
i &.
k &.
l fore.
m tenore.
n ex.

NOTES.

(a) Tresor des Chartres, Registre 91. Piece 199. Voy. cy-dessus p. 263. Note (a).

(b) *Sancti Satiri.*] *S.t Satur sous Sancerre,* dans le Berry, dans le Diocese de Bourges, & dans l'Archiprestré de Sancerre, [illegible] près de la Loire. Voy. *Gall. Christian.* [illegible] Tom. 2. p. 187.

faciendo, & etiam post eam [a] non factam, ut predicti Religiosi tam conjunctim quam divisim, tam in capite quam in membris, cum omnibus ipsorum bonis ubicunque in Regno nostro existentibus, & ad ipsos Religiosos ad causam dicte ipsorum Ecclesie spectantibus, in nostra nostrorumque successorum Regum Francie speciali protectione & Salva-gardia sint & remaneant, & coram nostris Officiariis, & non aliis cujuscunque status, conditionis, potestatis seu dignitatis existant, habeant ressortiri, traditione, concessione seu donatione dicto Filio nostro de dicto Ducatu Biturie & Alvernie, & aliis quibuscunque terris, possessionibus dicti Regni nostri factis dicto Filio nostro seu etiam cuicunque alteri faciendis, in toto vel in parte, non-obstantibus quibuscunque; sed eos & eorumquemlibet, [b] & dicti Filii nostri & ejus [c] Officiorum & subditorum ressorto & Juridictione eximimus, seu declaramus per presentes esse exemptos & debere teneri: Inhibentes dicto Filio nostro, omnibus Justiciariis, Officiariis & subditis, Successoribusque suis & aliis quibuscunque dicti Regni nostri, eorumque Loca-tenentibus, modernis & futuris & eorumcuilibet, ne predictos Religiosos, Conventum [d] & contra tenorem presentium impediant, [e] inquietant seu molestent, seu inquietari vel molestari permittant quovismodo; sed facta in contrarium ad statum pristinum & debitum reducant seu reduci faciant indilate. Quod ut firmum & stabile perpetuo perseveret, sigillum nostrum presentibus Litteris duximus apponendum: nostro & alieno in omnibus jure salvo. Datum Parisius, Anno Domini millesimo trecentesimo sexagesimo-primo, mense Decembris. *Collatio facta est.*

Per Regem, ad relationem Consilii, in quo erant Domini mei Cardinalis Cluniacensis, Archiepiscopus Senonensis, Episcopi Carnotensis & Meldensis, Egidius de Soyecuria Miles & plures alii. FERRICUS.

JEAN I.er & selon d'autres, Jean II. à Paris, en Decembre 1361.

a non *doit estre osté.*

b à.

c Officiariorum.

d & est inutile, ou il faut Abbatem.

e inquietent.

(a) Commission donnée à Arnoul Dauby, pour faire arrester les faux-Monnoyeurs.

JEAN I.er & selon d'autres, Jean II. à Paris, le 15. de Janvier 1361.

JEHAN par la grace de Dieu Roy de France : A touz ceulz qui ces Lettres verront, Salut. Nous avons entendu que pluseurs personnes nos subgez & Habitanz de nostre Royaume, meuz de convoitise & voulenté desordenée, font fausse Monnoie en nostre Royaume, & avec ce, aucuns sont Marchans de fausse Monnoie qu'il vont querre hors de nostre Royaume, & autres qui portent & s'efforcent de porter chascun jour le bon Billon de nostre Royaume hors ycelui, & aussi le portent ailleurs que à noz plus prochaines Monnoies, & apportent en nostre Royaume, Monnoies de dehors nostre Royaume, & d'autres contrefaites aus nostres & fausses Monnoies, ycelles [f] alloent & en [g] marchandent en nostre Royaume, lequel est par ce vuidié de bon Billon, & plain de Monnoie deffendue & contrefaite, & ausqueles Nous avons deffendu cours, lesqueles choses sont en nostre grant dommage & de nostre Peuple, & en venant contre noz Ordenances souffisament publiées par nostre Royaume, telement que aucuns ne les pevent ou doivent ignorer, & par lesqueles Nous avons deffendu les choses dessusdites sur poine de perdre corps & biens, ou yceuls estre en nostre voulenté. Pourquoi Nous qui voulons nosdites Ordenances estre tenuës & gardées senz enfraindre, & les transgresseurs d'icelles estre puniz selon la qualité du meffait, confians & enfourmez par aucuns nos Conseilliers de la loiaulté & souffisance de Arnoul Dauby Escuier, avons ledit Arnoul commis & deputé, commettons & deputtons par ces presentes sur les choses dessusdites, & li donnons mandement, povoir, auctorité & licence, que touz ceuls qu'il trouverra faisant aucun des faiz & deliz dessusdiz ou aucuns d'euls, en nostre Royaume, il preigne en quelque lieu que trouver les pourra, hors lieu Saint, avec touz leurs biens en faisant inven-

f *reçoivent.*

g *s'en servent dans le commerce.*

NOTES.

(a) Memorial D. de la Chambre des Comptes de Paris, *fol.* 39. *recto.*

JEAN I.er & selon d'autres, Jean II. à Paris, le 15. de Janvier 1361.

taire d'iceuls, & lesdiz mal-faiteurs maine ou envoie souz seure & sauve-garde avec l'informacion que faite aura sur ce, pardevers le plus prochain de nos Juges ou Justiciers Royauls du lieu où il les aura pris, pour recevoir punicion & Justice sur ce, civilement ou criminelment, si comme le cas le requerra, telement que ce soit exemple à touz autres: Et touz ce [a] que par informacion, commune renommée ou autrement, deuement il trouverra estre coulpables des choses dessusdites ou aucunes d'icelles, adjourne *(b)* de main mise ou autrement, si comme le cas le requerra, à comparoir pardevant le plus prochain de noz Juges, pour respondre sur ce à nostre Procureur, & proceder en oultre selon raison, & ladite fausse Monnoie ou le Billon qu'il trouverra sur lesdiz mal-faiteurs, & leurs biens qui après leur punicion Nous seront confisquez, ou les amendes esqueles il seront comdempnez envers Nous, voulons estre bailliées & delivrées à noz Receveurs des lieux où iceuls mal-faiteurs seront puniz, comme dit est: Et voulons avec ce, & octroions que de tout le Billon deffendu que ledit Arnoul aura pris sur iceuls mal-faiteurs, & lequel sera appliqué à Nous, il ait & praigne la quarte partie pour son salaire, travail & diligence, & le [b] remanant voulons estre tourné & converti en nostre prouffit, & voulons que nosdiz Receveurs qui recevront ledit Billon & biens, en baillent Lettre de quittance audit Arnoul: Toutes-voies nostre entencion est, & voulons que ledit Arnoul soit tenuz de apporter & bailler ses [c] exploix que il aura faiz sur ce, pardevers nos amez & feauls les Genz de noz Comptes à Paris de demi-an en demi-an, à compter le premier demi-an, de la date de ces presentes, ou autrement ces Lettres ne vaillent le demi-an passé que il devra avoir baillié lesdiz exploix. Si donnons en mandement à touz noz Justiciers & subgez & à chascun d'euls, que audit Arnoul & à ses commis & deputés sur ce, en faisant les choses dessusdites & les dependences d'icelles, obeissent & entendent diligement, & li prestent & baillent conseil, confort, aide, force & prisons, se mestier en a, & il en sont requis. En tesmoing de laquelle chose, Nous avons fait mettre à ces presentes le Seel de nostre Chastelet de Paris, en l'absence de nostre Grant. *Donné à Paris, le quinziesme jour de Janvier, l'An de grace mil trois cent soixante & un.* Par le Conseil, estant à Paris, ouquel estoient les Gens des Comptes & autres. DE MONTAGU.

[a] *a ceux qui.*

[b] *le reste.*

[c] *procedures.*

NOTES.

(b) De main mise.] Cela peut signifier ou, *en arrestant les malfaicteurs prisonniers*; ou, *en saississant leurs biens.*

JEAN I.er & selon d'autres, Jean II. à Beaune, le 20. de Janvier 1361.

(a) Confirmation des Privileges de la Ville de Beaune.

JEHAN &c. Savoir faisons à tous presens & à venir, que Nous les Libertez, Franchises, Immunités, Chartres, Privileges & confirmations d'icelles, donnés & octroiés par noz Predecesseurs Dux de Bourgoigne, aux Majeur, Eschevins & Commune de nostre Ville de Beaune, si comme elles sont escriptes, volons, loüons & confermons de certaine science par ces presentes: promettons pour Nous & nos hoirs, par nostre serment donné corporelment sur Sains Euvangiles de Dieu, les choses dessusdites & chascunes d'icelles tenir & fermement garder senz jamais venir encontre par Nous ou nos Genz: Et volons que semblablement nos hoirs & Successeurs, quant il [d] venront au gouvernement dudit Duchié, le jurent s'il en sont requis. Et que ce soit ferme & estable à tousjours, Nous avons fait mettre nostre Seel à ces Lettres. *Ché fu fait & donné en l'Eglise Nostre-Dame de Beaune, le vingtiesme jour de Janvier, l'An de grace mil trois cens soixante & un. Ainsi signée.* Par le

[d] *viendront.*

NOTES.

(a) Tresor des Chartres, Registre 91. Piece 103. Voy. cy-dessus p. 538. Note *(e)*.

Roi, presens les Doyens de Troyes & de Noyon, Maistre Jehan Chalemart, Maistre Aubry Rousel & plusieurs autres. P. BLANCHET.

JEAN I.er & selon d'autres, Jean II. à Beaune, en Janvier 1361.

(a) Lettres portant que les causes de l'Evesque de Clermont, de son Eglise & dependances, qui ressortissoient à *Riom*, ressortiront dans la suite à *S.t Pierre-le-Moustier*.

JOHANNES &c. Notum facimus universis tam presentibus quam futuris, quod cum Nos carissimum natum nostrum Johannem, nuper Ducem Biturie & Alvernie creaverimus, fecerimus & constituerimus, terramque & Ducatum Bituricensem & Alvernie in eum pro se & heredibus suis masculis transtulerimus, Gardiis Ecclesiarum Cathedralium cum aliis Juribus Nobis competentibus in eisdem, & aliarum de Regali fundacione existentium, Regalliisque earum, collationibus Beneficiorum Ecclesiasticorum de fundatione Regia existentium & aliis Juribus Regalie Nobis competentibus, fabricatione & Juribus Monetarum, nec non superioritate & ressorto Nobis & Successoribus nostris salvis in omnibus & retentis, & ante dictam traditionem & translationem, dilectus & fidelis Consiliarius noster Episcopus Claromontensis cum familiaribus, subditis & hominibus de corpore si quos haberet, cum Juribus & pertinentiis suis universis, a fundatione dicte Ecclesie fuerit & sit in & de Gardia speciali, quique semper de ressorto Regio immediato fuerit & esse consueverit, ressortiret specialiterque dictus Consiliarius noster ad causam dicte sue Ecclesie, cum pertinentiis, subditis & hominibus suis de corpore universis, ad locum & sedem de [a] *Ryone, tempore quo dicta sedes* [b] *erit de Domanio nostro,* [c] *non fuit nec est intentionis nostre quod per dictam traditionem seu translationem quam fecimus predicto Johanni nato nostro, de dicta terra & Ducatu Bituricensi & Alvernie de quo est dicta sedes, dictus Consiliarius noster ad causam predictam, subditi & homines sui de corpore vel eorum Gardia seu ressortum immediatum eorumdem, ponatur extra manum nostram, sed in & de dicto Domanio nostro specialiter eos retinuimus, & semper esse ac perpetuo volumus remanere, unde cum deinceps ad dictam sedem vel* [d] *alia in dictis terra & Ducatu Bituricensi & Alvernie existentem non* [e] *Regia, ressortire de cetero non debeat, ipsum ad ressortum Baillivie* [f] *Sancti Petri Monasterii coram Baillivio novorum ressortorum ad locum & sedem Sancti Petri Monasterii per Nos nuper instituto, transferimus & ponimus, illud ressortum eidem Consiliario nostro assignando: Mandantes & tenore presentium committentes Baillivio novorum ressortorum ad locum & sedem Sancti Petri Monasterii predicti per Nos ibidem instituto, vel ejus Locum-tenenti, qui nunc est & qui pro tempore fuerit, quatinus dictum Consiliarium nostrum cum Juribus, pertinentiis & bonis ac hominibus de corpore & aliis Justiciabilibus suis, sub & in ressorto immediato dicte Baillivie &* [g] *sedes Sancti Petri predicte, nec non* [h] *Gardia nostra Regia speciali manuteneat & conservet, ipsosque per Gentes, Officiarios aut Justiciarios nati nostri antedicti, causa Gardie vel ressorti de cetero nullatenus molestari permittat: Facta autem vel attemptata, si que fuerint in contrarium, ad statum pristinum & debitum reduci faciat & procuret. Quod ut firmum & stabile permaneat in futurum, nostrum presentibus Litteris fecimus apponi sigillum.* Datum apud Belnam, Anno Domini millesimo trecentesimo sexagesimo-primo, mense Januarii: *nostro in aliis & alieno in omnibus jure salvo.*

Sic signata, Per Regem in suo Consilio. BARBE.

[a] Riom en Auvergne.

[b] erat.

[c] Il manque-là quelques mots.

[d] aliam.

[e] Regiam.

[f] Saint Pierre-le-Moustier. *Voy. cy-dessus, p. 327. Note (k)*

[g] sedis.

[h] in.

NOTES.

(a) Tresor des Chartres, Registre 91. Piece 96.

JEAN I.er & selon d'autres, Jean II. à Rouvre, en Janvier 1361.

(a) Lettres par lesquelles il est ordonné que l'Abbaye de Clairvaux & toutes ses dépendances ressortiroient à la Prevosté de Bar-sur-Aube.

JOHANNES &c. Notum facimus universis presentibus & futuris, quod cum Religiosi, Abbas & Conventus Ecclesie seu Monasterii Clarevallis, Lingonensis Diocesis, Ordinis [a] Cisterciensis, [b] de fundatione Predecessorum nostrorum & in salva speciali Gardia Regia existant in Capite & in membris; dictaque Ecclesia seu Monasterium cum omnibus Villis, domibus, locis, grangiis & maneriis ac possessionibus ejusdem universis, infra metas Baillivie nostre [c] Calvimontis situentur, & per certa privilegia in favorem dictorum Religiosorum per quendam predecessorem nostrum Comitem Campanie dudum concessa, Ville de Barro [d] & de Firmitate super Albam inter quas Monasterium hujusmodi dicitur situatum, nec non quedam parva Villa vocata Ville inter dictam Firmitatem & Monasterium predictum situata & ad dictos Religiosos pertinens in parte à Domanio Comitatûs Campanie minime possint aut debeant qualitercunque separari, sed voluit & ordinavit dictus Comes dictas tres [e] Villes, videlicet Barrum-super-Albam, Firmitatem [f] & Villam-subtus-Firmitatem, Domanio Comitis Trecensis seu Domanio (b) Domini Trecensis perpetuò remansuras, prout hec in dicto privilegio inter cetera vidimus liquidius contineri cujusque tenor sequitur in hec verba.

Ego (c) Theobaldus Campanie & Brie Comes Palatinus. Notum fieri volo tam presentibus quam futuris presentes Litteras inspecturis, quòd pie recordationis Blancha carissima Domina Mater mea dedit & concessit in puram & perpetuam elemosinam, Abbati & Conventui Ecclesie Clarevallis & eorum successoribus, Domum sive Grangiam de [g] Morains cum omnibus fundis, appendenciis & proventibus inde perceptis & percipiendis, & in omnibus modis & commodis liberam & quietam jure perpetuo possidendam. Ego vero predictam elemosinam dicte Matris mee ratam habens per omnia, & innovans in presenti, ipsam prefatis Fratribus Clarevallis imperpetuum presentium auctoritate confirmo. Et siquid juris in prefatis habebam, prefatis Fratribus perpetuâ donacione concedo. Sciendum etiam quod ego concedo & quicto in perpetuum jam dictis Fratribus Clarevallis, quicquid ipsi de Feodis antecessorum meorum & de Feodis meis, & quicquid ab hominibus meis cujuscunque conditionis sint, & quicquid à quocunque homine in toto Comitatu Campanie & Brie & in omni potestate mea qualitercunque acquisierunt, & omnia de quibus ipsi erant in possessione die confectionis presencium Litterarum. De hiis autem que generaliter prefatis Fratribus duxi concedenda & quictanda, quedam de ipsis ad majorem ipsorum Fratrum securitatem [h] nominatum & specialiter volui declarare & presentibus Litteris eisdem Fratribus confirmare. Ipsam scilicet Abbatiam Clarevallis & [i] granciam contiguam dicte Abbatie, grangiam que dicitur ultra [k] Albam, grangiam que dicitur [l] Bordahans, granchiam que dicitur [m] Cornanum, granchiam que dicitur [n] Bellinfayum, granchiam que dicitur [o] Fravilla,

a Cisteaux.
b sint.
c Chaumont en Bassigny.
d les Villes de Bar-sur-Aube, & de la Ferté-sur-Aube.
e Villas.
f la Ferté-sur-Aube, & Ville-sur-Aube.
g Ce lieu a conservé le même nom en François.
h nominatim, *seconde Copie.*
i granchiam.
k Outre-Aube.
l La Borde.
m Cornayum, *seconde Copie*, Cornay.
n Belinfay.
o Fraville.

NOTES.

(a) Tresor des Chartres, Registre 91. Piece 117.

J'ay consulté sur les noms des lieux qui sont dans ces Lettres, D. *Montauban* Procureur general de l'Ordre de Clairvaux, qui a eu la bonté de m'indiquer les noms modernes de ces lieux, tels qu'on les trouvera à la marge. Il m'a aussi communiqué une Copie de ces Lettres, qu'il m'a dit avoir esté faite sur les Originaux qui sont à Clairvaux. Cette 2.e Copie m'a servi à corriger quelques fautes qui sont dans le Registre du Tresor des Chartres.

(b) *Domini Trecensis.*] Dans le Domaine du Comte de Troyes, ou dans celuy du Seigneur de Troyes, supposé que ce Comté fut vendu à un estranger qui n'auroit plus le titre de Comte de Troyes, parce qu'il ne descendroit pas de celuy en faveur de qui il a esté érigé.

(c) *Theobaldus.*] Thibaut IV. dit le Posthume & le Grand. Voy. les preuves de la Genealog. des Comtes de Champagne, par Pithou, p. m. 794.

granchiam que vocatur [a] Fontaria, granchiam que vocatur [b] Champigniacum, granchiam que dicitur [c] Bellus-Mons, & granchiam que dicitur [d] Foins, & tria [e] Cellaria; scilicet [f] Morvallum, [g] Gomevillam & [h] Columbeyum, Domum de [i] Lantil, Domum de [k] Foins, Domum [l] de Valle-rodionis, Domos quas habent apud Trecas, apud Pruvinum, apud Nogentum, apud Barrum-super-Albam, apud [m] Vaissiacum cum (d) proprisiis dictarum Domorum, & tres Villas; scilicet, [n] Champignolam, [o] Mondivillam & [p] Sauceyum cum omnibus fundis, pertinentiis, appendentiis, pasturis, redditibus, rebus & possessionibus tam ad dictam Abbatiam Clarevallis quam ad dictas [q] granguas, cellaria, mansiones & loca atque dictas Villas, pertinentibus: insuper & omnia alia que dicti Fratres habent infra Comitatum Campanie & Brie & in omni potestate mea: Et hec omnia sub mea & successorum meorum custodia, protectione & deffensione suscipio. Itaque nec ego nec successores mei poterimus dictam custodiam, protectionem & deffensionem nec in totum nec in partem aliquo modo aliquando alicui concedere, vendere nec quoquo alio modo alienare; sed quicumque tenebit de cetero pro tempore Dominium & Comitatum Civitatis Trecensis, volo firmiter & statuo quod habeat & teneat inmediate sine aliqua diminutione, custodiam, protectionem & defensionem omnium predictorum. Paci etiam & quieti dictorum Fratrum diligentius providens in futurum, ad majorem securitatem ipsorum, me & successores meos ipsis Fratribus obligo imperpetuum, ut non possimus aliquo modo aliquando alienare Barrum-super-Albam nec Firmitatem-super-Albam, nec etiam Villam que vocatur Villa-de-subtus Firmitatem; sed volo firmiter & statuo ut quicumque habebit & tenebit dictum Dominium & Comitatum Civitatis Trecensis, quod habeat & teneat immediate jure perpetuo, dictas tres Villas; scilicet Barrum-super-Albam & Firmitatem-super Albam atque Villam-de-subtus Firmitatem. Quitto etiam dictis Fratribus quicquid habebam in molendino ingrant sito apud Firmitatem-super-Albam. Hec autem omnia superius annotata concessi dictis Fratribus Clarevallis, salvis custodiis meis & costumis quas michi debent dicti Fratres de domibus suis quas habent in Civitatibus & in Castellis & in Villis meis. Que ut rata permaneant & firma semper teneantur Litteris annotata, presentes Litteras sigilli mei munimine roboravi. Actum Anno gratie millesimo ducentesimo tricesimo-primo, Mense Aprili.

Nichilominus carissimus [r] Filius noster Johannes Galeaz cui ratione (e) matrimonii carissime Filie nostre Ysabellis ejus uxoris, Comitatum de [s] Virtuto una cum Villa, Castro, Preposittura & Ressorto dicti loci de Firmitate sub certis modo & forma tradidimus, seu ejus Gentes vel Officiarii ibidem pro eo existentes, dictos Religiosos occasione possessionum quas in dicta Villa, Prepositura & ressorto de Firmitate obtinent, nituntur facere compelli & compellunt respondere & ressortire coram ipsis, unde dicti Religiosi multipliciter fatigantur & gravantur laboribus & expensis, & amplius gravarentur in futurum, nisi per Nos eisdem super hoc fuerit provisum de remedio competenti.

Nos igitur cujus intentionis nunquam extitit quod Ecclesie & persone Ecclesiastice in salva & speciali Gardia nostra & de fundatione Regia seu predecessorum nostrorum tàm Regum Francorum quàm Comitum Campanie, in assieta seu traditione terrarum dicto filio nostro edicta, ut prefertur, comprehendantur aut intelligantur aliqualiter comprehendi, & propterea volentes quàm possimus statui dicte Clarevallis Ecclesie taliter provideri, quod dictis Religiosis & eorum subditis, pluralitate diversorum ressortorum sublata, ipsi deinceps ad unum solum locorum dicte Baillivie Calvimontis ressortire teneantur: attendentes etiam quod locus de Barro-super-Albam qui major est & insignior, predictis que

JEAN I.er & selon d'autres, Jean II. à Rouvre, en Janvier 1361.

a Fontarce.
b Champigny.
c Beaumont.
d Fenio, *seconde Copie*, Feins.
e trois Celliers.
f Morveaux.
g Gomeville.
h Colombey.
i la Maison de Lanty.
k Fains, *seconde Copie*. la Maison de Feins.
l de Valrognon.
m Vassy.
n Champignolles.
o Mont-Ville.
p Saucy.
q grangias, *seconde Copie*.
r Gendre.
s Vertu.

NOTES.

(d) *Proprisiis.*] Le pourpris, c'est-à-dire, toutes les parties qui composent une maison, la cour, basse cour, le Jardin, &c. Voy. Nicot, au mot *Pourpris*.

(e) *Matrimonii.*] Le Roy Jean estant obligé de payer une somme tres considerable pour sa rançon, fut reduit, pour me servir des expressions de Matthieu *Villani*, à vendre pour ainsi dire, sa propre chair à l'encan. Il vendit sa fille, poursuit cet Historien, à Galeas Visconti Tiran de Milan, pour 600000. Florins, pour estre mariée à Jean, fils de Galeas qui avoit alors onze ans. *Matth. Villani*, L. 9. ch. 103. p. 617. dans le 14.e Volume des Historiens d'Italie de Muratori.

JEAN I.er & selon d'autres, Jean II. à Rouvre, en Janvier 1361.

Religiosis & eorum terre & subditis propinquius Castrum dicte Baillivie, erit aptior ad ressortiendum, prout multorum accepimus relatione fide digna, prefatos Religiosos, Abbatem videlicet & Conventum dicte Clarevallis Ecclesie presentes & futuros, ac eorum Ecclesiam seu Monasterium ac omnes & singulos Officiarios & Ministros dicti Monasterii, terras, possessiones & bona, hominesque & subditos eorumdem à superioritate & ressorto Prepositure dicti loci de Firmitate, & Prepositurarum & locorum aliorum dicte Baillivie Calvimontis, ac de Prepositis & Servientibus earumdem amovemus & eximimus, ipsosque de Prepositturis & ressortis ac superioritatibus earumdem transferimus ad superioritatem & ressortum Prepositure nostre de [a] *Bravo-super-Albam & in ejus Prepositurâ solum &* [b] *insolitum ponimus & constituimus, ac pro se & suis successoribus in futurum decernimus & ordinamus pro Nobis & successoribus nostris, dictos Religiosos, Monasterium, Officiarios, ministros, terras, subditos cum Juridictionibus & pertinentiis suis successorumque suorum quibuscumque, in & de superioritate Prepositure & ressorti dicti loci de Barro-super-Albam in solidum &* [c] *immedietate perpetuò remansuros: mandantes &* [d] *committantes tenore presentium Preposito & ejus successoribus Prepositis dicti loci de Barro-super-Albam, vel eorum Loca-tenentibus ut de cetero super & in predictis & eorum singulis, omnes casus ad superioritatem & ressortum pertinentes exerceant, faciendo Partibus Justitie complementum, prout ad ipsos in casibus superioritatis & ressorti debebit pertinere: inhibendo etiam dictis aliis Prepositis ac dicto Filio nostro vel dictis Gentibus suis & eorum cuilibet presentibus & futuris, ac Servientibus eorumdem ne deinceps super dictis Religiosis, terrâ vel subditis ipsorum, Juridictionem aut aliud Justitie explectum quomodocumque ad causam ressorti vel superioritatis, aliqualiter exercere presumant. Que sic facimus, constituimus & ordinamus, ac dictis Religiosis pro se & suis successoribus concedimus auctoritate Regia, certa scientia & de speciali gratia, non obstantibus quod hujusmodi Villa, Castrum, Castellania, Prepositura & Ressortum dicti loci de Firmitate-super-Albam cum aliis terris predictis, dicto Filio nostro ratione & ad causam quibus supra, (f) in pariatu, (g) filiolagio seu aliter qualitercumque, & sub quacumque verborum forma, etiam per Litteras non faciendo de presentibus expressam ac de verbo ad verbum mentionem, tradite existant seu etiam assignate: & non-obstantibus Ordinationibus, prohibicionibus vel mandatis seu impetrationibus subrepticiis ad hoc contrariis vel adversis. Quod ut firmum & stabile perpetuò perseveret, presentes Litteras sigilli nostri impressione fecimus communiri: nostro in aliis & alieno in omnibus jure salvo.* Datum apud [e] Rouvram, Anno Domini millesimo trecentesimo sexagesimo-primo, mense Januarii.

Sic signata. Per Regem. MELLON.

[a] Barro.

[b] in solidum.

[c] immediate.

[d] committentes.

[e] en Bourgogne.

NOTES.

(f) In pariatu.] Ce mot qui n'est point dans Du Cange, semble ne pouvoir signifier qu'en *Pairie*, & cependant il ne paroist pas qu'on puisse l'entendre icy dans ce sens.

Je n'ay point vû les Lettres de la donation qui en fut faite à Jean Visconti & à Isabelle sa femme : mais j'ay entre les mains des Lettres du mois d'Avril 1360. & qui sont dans le Tresor des Chartres, Registre 89. Piece 590. par lesquelles le Roy érige *Vertu* en Comté, il n'y est point parlé de *Pairie*. M. Du Puy, dans son Traité des Droits du Roy p. *m.* 966. dit seulement que Charles VI. par ses Lettres du 21. Janvier 1403. ordonna que le Duc d'Orleans tiendroit le Comté de Vertus nuement & en Pairie; & cependant dans la nouvelle Edition de l'Hist. Genealog. de la Maison de France, *Vertu* n'est point mis au rang des *Pairies*.

(g) Filiolagio.] *Filiolagium*, suivant Du Cange sur ce mot, signifie un present fait par un Parrain à son Filleul; mais j'ignore si Jean Visconti estoit Filleul du Roy Jean. Mais ce mot ne pourroit-il pas signifier aussi un Don fait à une Fille, ou à un Gendre. Car les Gendres estoient quelquefois nommez Fils, comme on peut le voir au commencement de ces Lettres.

(a) Confirmation

(a) Confirmation de Lettres de Sauvegarde pour l'Abbaye de Clugny.

JEAN I.er & selon d'autres, Jean II. à Paris, en Janvier 1361.

JOHANNES &c. Notum facimus universis tàm presentibus quàm futuris, Nos vidisse Litteras carissimi Domini nostri (b) avi quondam Regis Francie, formam que sequitur, continentes.

Philippe VI. dit de Valois, à Paris, en Juin 1339.

PHILIPPUS Dei gratia Francie Rex. Notum facimus universis tàm presentibus quàm futuris, Nos infra scriptas vidisse Litteras, formam que sequitur, continentes.

Loüis VI. dit le Gros, à Orleans 1119.

*In nomine sancte & individue Trinitatis, Amen. Ego [a] Ludovicus Dei gratia Francie Rex. Notum fieri volumus cunctis fidelibus tàm presentibus quàm futuris, quòd Nos pro salute nostra & stabilitate Regni nostri, ad preces Archiepiscoporum, Episcoporum & Principum Regni nostri, Monasterium Cluniacense nobilius membrum Regni nostri, cum omnibus Prioratibus, possessionibus & pertinentiis suis in Regno nostro constitutis, in nostra & successorum [b] suorum Regum Francie, deffensione, Garda & tutela recipimus. Et quia certum est quòd singuli Prioratus ad Abbatem & Monasterium Cluniacense pertinentes, per Abbates Cluniacenses acquisiti sunt & eis dati [c] & Monachorum suorum & pauperum Xhristi sustentationem, & quod à fundatione Ordinis Cluniacensis est observatum quod Abbas Cluniacensis Prioratus suos committit regendos & custodiendos, sicut rem suam propriam, cuicunque voluerit de suis Monachis sine aliqua distinctione, electione vel certe persone requisitione vel nominatione, & eosdem removet quando sibi bonum videtur & utile: Ideò * à [d] tantis gregis dominici unitatem, sub potestate & dominio & obedientia Abbatis & Monasterii Cluniacensis (c) [regendam perpetuò, ad requisitionem Abbatis & Conventus Cluniacensis,] nomina * Prioratum in quibus Abbas Cluniacensis habet & exercet supradicta ad suam voluntatem, presentibus Litteris inseri fecimus. Sunt autem hec nomina videlicet Prioratus Beate Marie de [e] Karitate supra Ligerim, quem [f] Gaufirdus Autissiodorensis Episcopus & Guillelmus Comes Nivernensis & Bernardus de [g] Charlans ac alii fideles nostri Regni, ad quos locus ille de Caritate cum Villa & pertinentiis suis omnibus, in spiritualibus & temporalibus totaliter pertinebat, Hugoni Abbati & Monasterio Cluniacensi & eorum successoribus dederunt & concesserunt absque ulla retentione, per se & Monachos suos professos omni tempore habendum, tenendum & possidendum; Prioratus sancti [h] Martini de Campis Parisius & alii*

a Louis VI. dit le Gros.

b nostrorum, B. C.

c ad suam &, B. C.

* ad.

d tanti, B. C.

* Prioratuum.

e la Charité, dans le Diocese d'Auxerre, B. C. p. 1711. & P. L. p. 8.

f Gaufridus, B. C.

g Chailant, B. C.

h Saint Martin des Champs.

NOTES.

(a) Tresor des Chartres, Registre 91. Piece 223.

Les Lettres de Loüis le Gros ont déja esté imprimées à la p. 575. du Livre intitulé *Bibliotheca Cluniacensis*, & elles m'ont servi à corriger les fautes qui se trouvent en assez grand nombre dans le Registre des Chartres.

On trouve à la p. 1705. de ce même Livre, un *Poüillé* ou Catalogue de tous les Benefices qui dépendent de Clugny; mais les noms modernes n'y sont pas. Le P. Labbe à la fin du *Poüillé* de l'Archevêché de Lyon, a fait réimprimer ce *Poüillé* de Clugny, & a mis à la marge les noms modernes. J'ay tiré de ces deux Livres des éclaircissements sur les lieux dont il est parlé dans la Chartre de Loüis le Gros. Ce qui sera tiré de la *Bibliotheca Cluniac.* sera designé par ces Lettres *B. C.* Lorsque ces Lettres ne seront point suivies de chiffres, cela signifiera l'endroit de ce livre, où sont imprimées les Lettres de Loüis le Gros. Les chiffres marqueront les pages du Poüillé, & ce qui sera tiré du L. Labbe sera marqué par ces Lettres *L A*.

Je me suis encore servi d'un Reciieil intitulé: *Actes du chapitre general de l'Ordre de Clugni*, année 1728. Par. in-4°.

(b) *Avi.*] Ces Lettres sont de Philippe de Valois qui estoit le Pere & non l'Ayeul du Roy Jean. Voy. sur cette difficulté, la Preface, 5. *Ordonnance.*

(c) *Regendam.*] Au lieu des mots enfermez dans des crochets, il y a dans B. C.
Et ad preces Priorum & Monachorum Prioratuum Cluniacensium; nomina, &c.

JEAN I.er & selon d'autres, Jean II. à Paris, en Janvier 1361.

Prioratus qui sequuntur; videlicet de (d) Lehinio, de (e) Monte-Desiderio, d (f) Abbatis-Villâ, de (g) Crispeyo, de (h) Nantolio, de (i) Autholio, d (k) Grandi-campo, de (l) Sancta Margareta, de (m) Consiaco, de (n) Gaya de (o) Vendopera, de (p) Turribus-super-Maternam, de (q) Sancto Theobaldo de Sancta [a] *Margareta, de (r) Floriaco, de (s) Vergeio, de (t) Troando, d (u) Magobrio, de (x) Longo-Ponte, de (y) Nongeto, de (z) Gasticuria, d*

a Voy. cy-dessus, Note (l)

NOTES.

(d) Lehinio.] *Leuno.* B. C.

Decanatus S. Petri de Lehuno de Sanguine terso, Diocef. Ambianensis. B. C. p. 1712.

Lyons du Santerre. LA. p. 9.

(e) Monte-Desiderio.] *Prioratus B. Mariæ Montis-Desiderii, Ambian. Diocef.* B. C. p. 1714.

LA. p. 11. n'a pas mis le nom moderne. C'est Montdidier. A. du Ch. de C. p. 38.

(f) Abbatis-Villa.] *Priorat. S. Petri Abbatis-Villæ, Ambian. Diocef.* B. C. p. 1712.

Abbeville. LA. p. 9.

(g) Crispeio.] *Crespeio.* B. C.

Priorat. S. Arnulphi de Crispeio, Silvanect. Diocef. B. C. p. 1712.

S.t Arnoul de Crespi en Valois. LA. p. 9.

(h) Nantolio.] *Priorat. B. Mariæ de Nantolio, Meldenf. Dioc.* B. C. p. 1713.

Nanteüil. LA. p. 10.

(i) Autholio.] *Priorat. B. Mariæ de Autolio in Valesia, ad unam leucam prope Firmitatem-Milonis, Suessonenf. Dioc.* B. C. p. 1713.

Auteüil en Valois. LA. p. 10.

(k) Grandi-Campo.] *Prioratus B. Mariæ de Grandi-Campo, Meldenf. Dioc.* B. C. p. 1716.

N. D. de Grand-Champ. LA. p. 13.

(l) Sancta Margareta.] On trouve encore un peu plus bas, *de Sancta Margareta.* Il y en a aussi deux dans B. C.

Priorat. Sanctæ Margaretæ de Elincuria, Noviomenf. Dioc. ad duas Leucas prope Compendium, p. 713.

Le P. Labbe p. 10. n'a pasdonné le nom moderne ; mais dans son Poüillé de l'Archevêché de Rheims, p. 18. de l'Evêché de Noyon, on trouve : Le Prieur de S.te Marguerite d'Essincourt.

Priorat. Sanctæ Margaretæ de Mergerye, Trecenf. Dioc. B. C. p. 1714.

LA. *Id.* p. 11.

(m) Consiaco.] *Consiaco.* B. C.

Il y a dans *B. C.* deux Prieurez du nom *de Contiaco :* l'un situé dans le Diocese du Belay, p. 1729. & l'autre dans celuy de Saintes, p. 1734. Le P. Labbe nomme le 1.er Conty, p. 29. & ne donne pas le nom moderne du second p. 36. mais dans son Poüillé de l'Archevêché de Bourdeaux, p. 18. du Diocese de Saintes, il y a : le Prieuré de S.t Jacques de Consac, dépendant de l'Abbé de Clugny.

On trouve aussi *B. C.* p. 1712. *Priorat. SS. Petri & Pauli de Conciaco, Suesson. Dio.* que le P. Labbe nomme Coincy p. 8.

(n) Gaya.] *Decanatus B. Mariæ d Gaya, Trecenf. Dioc.* B. C. p. 1713.

Gaye. LA. p. 10.

(o) Vendopera.] Il y a dans *B. C.* deu Benefices de ce nom : *Decanat. S. Georgi de Vendopera, Lingon. Dioc.* p. 1715.

Et *Priorat. de Vandopera* (Vendeuvre *prope Nancy in Lotharingia, Tull. Dioc.*

Le P. Labbe nomme le 1.er S.t Georg de Vendeuvre, p. 12. & le 2. Vendeuvr p. 47.

(p) Turribus-super-Maternam.] *Decanat. S. Petri de Turribus, Rhemenf. Dioc* B. C. p. 1714.

Tours-sur-Marne. LA. p. 12.

(q) Sancto Theobaldo.] *Priorat. S. Theobaldi de Vitriaco Castro, Catalaun. Dioc.* B. C. p. 1715.

De S.t Thibault de Vitri-le-Chasteau, LA. p. 12.

(r) Floriaco.] *Priorat. de Floriaco, qui est hodie de mensa Prioris S. Marcelli Cabilonensis.* B. C. p. 1710.

De Don. Pierre. LA. p. 7. à la marge.

(s) Vergeio,] *Decanat. S. Vincentii de Vergeio, Eduenf. Dioc.* Il y a à la marge, *subtus-Vergeium.* B. C. p. 1706.

S.t Vivien-sous-Vergy. LA. p. 2.

(t) Troando.] *Troaudo.* B. C.

Priorat. S. Joannis de Truando [*Truando*, à la marge] *Lingon. Dioc.* B. C. p. 1708.

Le P. Labbe n'a pas mis le nom moderne p. 3. mais dans son Poüillé de l'Archev. de Lyon, p. 79. de l'Evêché de Langres, on trouve *le Prieuré de S. Eutrope de Trehaut,* membre dépendant de l'Abb. de Clugny : mais ce n'est pas le même Patron.

(u) Magobrio.] *Priorat. de Magobrio, Eduenf. Dioc.* B. C. p. 1707.

Magobre. LA. p. 3.

(x) Longo-Ponte,] *Priorat. B. Mariæ de Longo-Ponte, Dioc. Parif.* B. C. p. 1715.

Long-Pont. LA. p. 10.

(y) Nongeto.] *Decanat. S. Dionysii de Nogento-Retrodi, Carnot. Dioc.* B. C. p. 1713.

De Nogent-le-Rotrou. LA. p. 10.

(z) Gasticuria.] *Gracicuria.* B. C.

On trouve dans B. C. p. 1716. *Decanat. Sancti Sulpicii de Gassicuria, Carnot. Dioc.*

S.t Sulpice de Gassicourt près Mantes. LA. p. 14.

(*aa*) *Peniers, de Ponte-*(*bb*) *Monachorum, de* (*cc*) *Prato juxta Donziacum, de Sancto Stephano Nivernensi, de Sancto Salvatore Nivernensi, de* (*dd*) *Sancto Reveriano, de* (*ee*) *Lupertrato, de* (*ff*) *Borbonio, de* (*gg*) *Paredo, de* (*hh*) *Amberta, de* (*ii*) *Caroloco, de* (*kk*) *Marcigniaco, quem Hugo Abbas Cluniacensis* (a) *fundaverat in Patrimonio suo, de* (*ll*) *Remiliaco, de* (*mm*) *Wasco, de* (*nn*) *Busigent, de* (*oo*) *Doma-Petra, de* (*pp*) *Silviniaco, de* (*qq*) *Ranis, de* (*rr*) *Celsiniis, de* (*ss*) *Volta de Sancto Floro, de Portu* (*tt*) *Sancti Cicernii Prioratus. Statuimus insuper & concedimus & promittimus quod Nos & successores nostri Reges*

JEAN I.er & selon d'autres, Jean II. à Paris, en Janvier 1361.

a fundavit, B. C.

NOTES.

(*aa*) *Peniers.*] *Petiveris.* B. C.

Prioratus S. Petri de Abbatia, in Suburbio de Pethiveriis [Pluviers] *Aurelianens. Dioc.* p. 1717.

De S.t Pierre de l'Abbaye, ès Fauxbourgs de Pethiviers. LA. p. 14.

La Ville de *Pluviers* se nomme aussi *Pithivier.* Voy. le Dictionn. de *Maty.*

(*bb*) *De Ponte-Monachorum.*] *Priorat. S. Hieronymi Ponte-Monachorum, Aurelian. Dioc.* B. C. p. 1717.

S.t Hierosme du Pont-aux-Moines. LA. p. 14.

(*cc*) *Prato juxta Donziacum.*] *Priorat. S. Mariæ de Prato Donziaci* [*alias* Donzi le Pré.] *Antissiod. Dioc.* B. C. p. 1714. Donzi le Pré sur Loire. Les Minimes le possedent. LA. p. 11.

(*dd*) *Sancto Reveriano.*] *Priorat. S. Remiani, ad duas leucas de Leurcy-le-Bourg, Dioc. Nivernens.* B. C. p. 1714.

LA. *Id.* p. 11.

(*ee*) *Lupertrato.*] *Luperciaco.* B. C. *Priorat. SS. Prothasii & Gervasii, de Luperciaco-Burgo, vulgo* Leurcy-le-Bourg, *ad 6. leucas* de Nevers, *Nivern. Dioc.* p. 1716.

LA. *id.* p. 13.

(*ff*) *Borbonio.*] On ne trouve point ce nom, ni dans *B. C.* ni dans le *P. Labbe.*

(*gg*) *Paredo.*] *Decanat. de Paredo, Eduens. Dioc.* B. C. p. 1706.

Paré-le-Monial. LA. p. 2.

(*hh*) *Amberta.*] *Priorat. de Amberta Lugd. Dioc.* B. C. p. 1707.

Amberte. LA. p. 2.

(*ii*) *Caroloco.*] *Priorat. de Cariloco* [*Caroloco*, à la marge.] *Matisc. Dioc.* B. C. p. 1705.

Clair-lieu. LA. p. 1.

(*kk*) *Marcigniaco.*] *Priorat. Sanctæ Trinitatis Marciniaci, Eduens. Dioc.* B. C. p. 1705.

De Marcigny. LA. p. 1.

(*ll*) *Remiliaco.*] *Rumiliaco.* B. C.

On trouve *ibid.* p. 1709. *Priorat. de Remiliaco,* soûmis au Prieuré *de Nantuaco* [Nantua. Voy. Actes du Ch. gen. de Clugny, en 1728. p. 33.]

Nantua est dans le Dioc. de Lyon. B. C. p. 1706.

LA. p. 6. ne donne point le nom moderne *de Remeliaco.*

On trouve aussi B. C. p. 1715. *Priorat. S. Petri de Romiliaco-Comite, Morinens. seu Boloniens. Dioc.* p. 1715.

S.t Pierre de Romilly. LA. p. 12.

Je ne sçais duquel de ces deux Prieurez, il s'agit icy.

(*mm*) *Wasco.*] *Vervasco.* B. C.

Cependant on ne trouve point *Vervasco* dans le Poüillé qui est dans B. C. mais *Priorat. S. Michaelis de Wasto, Morinens. seu Boloniens. Dioc. ad duas Leucas prope Callais.* p. 1716.

De S.t Michel du Wast. LA. p. 13.

(*nn*) *Busigent.*] *Bugissent.* B. C.

Priorat. S. Odomari de Beurgissant. [Bouguesant, à la marge.] *Morinens. seu Boloniens. Dioc.* B. C. p. 1715.

S.t Omer de Beurgissant, *aliàs* de Bourgisant. LA. p. 13.

(*oo*) *Doma-Petra.*] *Domna-Petra.* B. C.

On trouve *ibid.* p. 1710. *Priorat. de Donna-Petra, in Comitatu Burgundiæ.* Don-Pierre. LA. p. 7.

Et Priorat. S. Petri de Donna-Petra, Ambian. Dioc. p. 1714. Dom-Pierre. LA. p. 11.

(*pp*) *Silviniaco.*] *Priorat. S. Maioli de Sylviniaco, Eduens. Dioc.* B. C. p. 1736.

Maiol. LA. p. 39.

(*qq*) *Ranis.*] *Rivis.* B. C.

Priorat. de Rivis, Clarom. Dioc. B. C. p. 1737.

Riviere. LA. p. 39.

(*rr*) *Celsiniis.*] *Celsinis.* B. C.

Priorat. Celsiniarum, (*aliàs* Soulcilanges,) *Clarom. Dioc.* B. C. p. 1737.

Solcilanges.. LA. p. 39.

(*ss*) *Volta de S. Floro.*] *Priorat. S. Crucis de Volta, S. Flori Dioc.* B. C. p. 1737.

S.te Croix de la Voûte. LA. p. 39.

Ces mots *de S. Floro* signifient apparemment, que ce Prieuré est du Diocese de S.t Flour; car je ne trouve point de Prieuré qui se nomme *de S. Floro.*

(*tt*) *Sancti Cicernii Prioratus.*] *S. Saturnini,* dans B. C. & ce mot *Prioratus* qui est inutile, n'y est pas.

Prioratus S. Saturnini de Portu supra Rodanum, Uceticens. Dioc. Ibid. p. 1727.

S.t Saturnin. LA. p. 26.

JEAN I.er & selon d'autres, Jean II. à Paris, en Janvier 1361.

Francie tenemur Abbates qui pro tempore fuerint & eorum succeffores & Monafterium Cluniacenfe & Prioratus predictos, manutenere, deffendere & cuftodire ficut res proprias, & ipfi Abbati & Monafterio Cluniacenfi garentire cum omnibus bonis fuis & rebus in Regno noftro pofitis: vim & violentiam removere, [a] dampna & injurias à quocunque inferantur, facere emendari promittimus & tenemur pro Nobis & fucceffioribus noftris Regibus Francie, quociens Nos vel fucceffores noftri Reges per Abbatem & Conventum [b] Cluniacenfem fuerimus requifiti. Fortalicia autem, Caftra & munitiones propter neceffitates & deffenfiones Corone Regni Francie publice faciendas, in manu Corone Francie (uu) habebimus, Abbate & Conventu [c] Cluniacenfi prius requifitis. Predicta autem aliquo cafu extra manum & Coronam Regni Francie non poterunt ad aliquam aliam perfonam aliquo modo transferri five pervenire. Aftantibus in Palatio noftro hiis quorum fubtitulata funt nomina. Facta funt hec, videlicet Guillelmo Dapifero, Giliberto [d] Bouticulario, Hugone Conftabulario, Guidone Camerario. Ut autem hec memorie traderentur, fcripto [e] commendamus & figilli noftri auctoritate & nominis noftri impreffione, ne à pofteris infirmari poffet vel [f] infrangi, corroboravimus. Actum publice Aurelianis, Anno Incarnati Verbi millefimo centefimo nono-decimo: Regni noftri undecimo. Signum Guillelmi Dapiferi. Signum Gileberti [g] Bouticularii. Signum Hugonis Conftabularii. Signum Guidonis Camerarii. Data per manum Stephani Cancellarii.

a &.

b Cluniacenfes, B. C.

c Cluniacenfibus, B. C.

d Buticulario, B. C.

e commendavimus, B. C.

f infringi, B. C.

g Buticularii.

Nos autem predicta omnia & fingula in fuprafcriptis contenta Litteris, rata habentes & grata, ea volumus, ratifficamus, laudamus, approbamus, & tenore prefentium noftra auctoritate Regia confirmamus. Quod ut firmum & ftabile perpetuò perfeveret, noftrum prefentibus Litteris fecimus apponi figillum: noftro & alieno in omnibus quolibet jure falvo. Datum Parifius, Anno Domini millefimo trecentefimo vicefimo-nono, menfe Junii.

Quas quidem Litteras & omnia & fingula in eifdem contenta, rata & grata habentes, ea volumus, laudamus, approbamus, ratificamus, ac tenore prefentium de noftra gratia fpeciali & plenitudine poteftatis confirmamus: infuper declarantes noftre intentionis nunquam fuiffe, nec etiam exiftere quòd per traditiones feu conceffiones per Nos nuper factas cariffimis Filiis noftris de Ducatibus Bituricenfi & Turonenfi, feu etiam quibufcunque aliis faciendis de quibufcunque terris feu [h] domariis Regni noftri quibufcunque perfonis & cujufcunque conditionis exiftant, prenominati feu eorum aliqui in capite five membris, extra manum noftram & Coronam Francie ponantur quovifmodo; fed eos & eorum quemlibet cum eorum membris in noftra manu & Corona Francie perpetuò manere volumus, juxta prefcriptorum Litterarum ac noftre prefentis confirmationis & declarationis tenores. Quod ut firmum & ftabile perpetuò perfeveret, noftrum prefentibus Litteris apponi fecimus figillum: noftro & alieno in omnibus jure falvo. Datum [i] Parifius, Anno Domini millefimo trecentefimo fexagefimo-primo, menfe Januarii.

h domaniis.

i Voy. la Preface, §. Ordonnance.

Per Regem ad relationem Confilii in quo vos eratis.
J. CLERICI. *Dupplicata.*

Collatio facta eft cum Litteris originalibus fuprafcriptis.

NOTES.

(*uu*) *Habebimus.*] Cela a quelque reffemblance avec les Chafteaux rendables, fur lefquels Voy. cy-deffus p. 280. Note (*ff*).

(a) Lettres qui portent que tous les lieux appartenans à l'Eglise de S.t Estienne de Troyes, qui ressortissoient anciennement devant le Prevost de Ronay, ressortiront dans la suite devant le Bailli de Troyes.

JEAN Ier, & selon d'autres, Jean II. à Rouvre, en Janvier 1361.

JOHANNES &c. Cum nuper Nos in carissimum Filium nostrum Comitem [a] de Virtutibus ac in carissimam Filiam nostram ejus Consortem pro se & heredibus suis, Castrum, Villam, Preposituram & Castellaniam de (b) Ronnayo Baillivie Calvimontis ac certas alias terras cum ressortis & pertinentiis earumdem universis [b] transtuleximus, & eas eisdem perpetuo donaverimus, superioritate & ressorto ipsarum duntaxat Nobis & Successoribus nostris Francie Regibus retentis; cujus quidem donationis seu translationis virtute, Gubernator pro parte [c] Filio nostro dictorum Comitatus & Castellanie & aliarum terrarum predictarum, ac Prepositi, Servientes & alii Officiarii ejusdem Filii nostri in terris, villis & pertinentiis de (c) Giffaudimonte, de Larticuria, de Champignoliis & de Cura, ac in certis aliis terris seu Villis dilectis Nobis in [d] Xhristo Decano & Capitulo Ecclesie nostre Collegiate Beati Stephani Trecensis, tam in capite quam in membris pertinentibus, ac super subditis earumdem, que quidem terre, Ville & pertinentie earum ac subditi ipsarum ante translationem & donationem predictas, ad sedem dicte Ville de Ronnayo ressortiri consueverant, explecta superioritatis & ressorti facere, & hujusmodi superioritatem ac ressortum dicto Filio nostro applicare nisi fuerint & nitantur, quamvis predicti Decanus & Capitulum tam in capite quam in membris suis, de fundatione Predecessorum nostrorum Comitum Campanie sint, quodque cum eorum bonis & possessionibus totis temporibus fuerint in nostra & Predecessorum nostrorum tam Regum Francie quam Comitum Campanie, protectione & Salva-gardia speciali, ac Nobis [e] spectat pleno jure collatio & dispositio Prebendarum & Dignitatum sive [f] Personatum Ecclesie memorate: Notum facimus universis tam presentibus quàm futuris, nostre intentionis fuisse predictam donationem seu translationem faciendo, & esse ut predicti Decanus & Capitulum cum Villis, terris, domibus, pratis, vineis, hominibus de corpore, [g] stannis & quibuscunque aliis bonis & possessionibus ac Officiariis & subditis eorum tam in capite quam in membris, ubicunque in Regno nostro existentibus, in nostra & successorum nostrorum Francorum Regum seu Campanie Comitum protectione & Salva-gardia speciali sint & remaneant perpetuo, ac coram Nobis Successoribusque & Officiariis nostris, & non coram predicto Filio nostro aut Gentibus seu Officiariis ejusdem, aut [h] quibus viis aliis, cujuscunque status, potestatis seu eminentie existant, habeant perpetuo ressortiri, ipsosque & eorum quemlibet, ac predictas Villas, terras, possessiones, bona, homines de corpore, Officiarios & subditos eorumdem à predicti Filii nostri ac dicte Filie nostre ejus Consortis, necnon [i] Gubernati Justiciariorum, Officiariorum & Servientum ipsorum & Successorum suorum & quotcuncunque aliorum ressorto, potestate, Juridictione & superioritate eximimus, & exemptos esse & debere perpetuis temporibus per presentes declaramus: Ordinantes &

a Voy. cy-dessus, p. 543. & Note (c)

b transtulerimus.

c Filii nostri.

d Christo.

e spectet.

f Personatuum. Voy. du Cange, au mot Persona, vers la fin.

g estangs.

h quibusvis.

i Gubernatorum, comme il y a plus bas.

NOTES.

(a) Tresor des Chartres, Registre 91. Piece 142.

(b) Ronnayo.] C'est apparemment Ronay du Diocese & de l'Election de Troyes, sur lequel Voy. cy-dessus p. 365. Note (d).

(c) Giffaudimonte, &c.] M. l'Abbé Rollin, Doyen de l'Eglise de S.t Estienne de Troyes, m'a écrit que ce lieu qui est nommé Girsaumont dans les anciens Titres du Chapitre, se nomme presentement Giffaumont, & qu'il est situé dans le Diocese de Châlons; que Larticuria se nommoit autrefois Larrecourt, & presentement Lassicour dans le Diocese de Troyes; que pour Champignoliis & Cura, il ne les connoissoit point, & qu'ils n'appartenoient plus au Chapitre. On trouve dans le Dictionn. Universel de la France, Champignolles, & quatre lieux nommez Champignerlles, situez dans la Champagne.

JEAN I.er & selon d'autres, Jean II. à Rouvre, en Janvier 1361.

statuentes ut predicti Decanus & Capitulum pro se & predictis terris, Villis & possessionibus suis de Giffaudimonte, de Larticuria, de Champignoliis & de Cura ac pertinentiis earum, ac quibuscunque aliis Villis, terris, domibus, stannis, possessionibus & bonis quas seu que in Prepositura, Castellania sive ressorto dicte Ville de Ronnayo ac aliarum terrarum per Nos dicto Filio nostro & dicte Filie nostre ejus Consorti, ut prefertur, donatarum, ante dictam donationem ipsi [a] *habeant & possidebant tam conjunctim quam divisim, necnon Officiarii, homines & subditi eorumdem & ipsorum quilibet coram Baillivio nostro Trecensi & ejus successoribus Baillivis Trecensibus ad sedem Trecensem, que sedes ultra octo vel novem leucas à dicta (d) Baillivia de Ronnayo non distat, quinymo est pro dictis Decano & Capitulo & eorum subditis aptior & utilior quam* [b] *alias sedes Regia in partibus existens, de cetero ressortizant, & perpetuis temporibus ressortiri teneantur, prout ad predictam sedem de Ronnayo ante dictam translationem ressortiri consueverant: Inhibentes memorato Filio nostro ac dicte Filie nostre ejus Consorti, necnon suis Successoribus & Gubernatoribus, Justiciariis, Officiariis & Servientibus eorumdem, & quibus aliis Regni nostri subditis modernis & futuris, vel ipsorum Loca-tenentibus & eorum cuilibet, ne predictos Decanum & Capitulum, Officiarios, homines & subditos ipsorum qui nunc sunt & pro tempore fuerint, vel eorum aliquos contra tenorem presentium inquietent, vexent, molestent aut perturbent, aut inquietari, molestari, vexari aut perturbari procurent, aut super eisdem Decano & Capitulo, terra vel subditis ipsorum Juridictionem vel alium explectum* [c] *quecunque ad causam ressorti vel superioritatis aliqualiter exercere presumant, predictis translatione seu donatione memoratis Filio & Filie nostris per Nos, ut prefertur, sub quacumque verborum forma factis, aut cuicunque aliter faciendis, non-obstantibus quibuscunque: Quinymo ipsos Decanum & Capitulum, terram, possessiones, subditos ac Officiarios suos predictos coram dicto Baillivio Trecensi & ejus Successoribus ressortiri permittant: Cui Baillivio & ejus Successoribus Baillivis Trecensibus vel eorum Loca-tenentibus ipsorum mandamus & committimus ut de cetero super & in predictis & eorum singulis, omnes casus & explecta ad ressortum & superioritatem pertinentes faciant, faciendo Partibus Justitie complementum, prout ad ipsos in casibus superioritatis & ressorti debebit pertinere: Inhibendo Commissariis deputatis aut deputandis super* [d] *assieta de predictis terris per Nos, ut prefertur, donatis facienda, ne in hujusmodi assieta ressortum & superioritatem Villarum, terrarum & possessionum dictorum Decani & Capituli predictarum, ponant, & si in eadem assieta ressortum & superioritatem hujusmodi jam posuerint, eisdem damus per presentes committendo in mandatis, ut pro ipsis superioritate & ressorto, prefato Filio nostro pro se, & dicta Filia nostra sua Consorte de & super terra nostra recompensationem congruam faciant. Quod ut firmum & stabile perpetuo perseveret, presentibus Litteris nostrum fecimus apponi sigillum: salvo in aliis jure nostro & in omnibus alieno.* Actum in Castro nostro de [e] Rouvra, Anno Domini millesimo trecentesimo sexagesimo-primo, mense Januarii.

Per Regem, in Consilio suo, in quo vos Dominus Episcopus Lingonensis, Comes [f] *Augi, Gentes Requestarum & nonnulli alii eratis.* J. BLANCHET.

a habebant.

b alia.

c quemcunque. *Il faudroit,* aliud ... quodcunque.

d Voy. cy-dessus, p. 491. Note (d)

e en Bourgogne.

f d'Eu.

NOTES.

(d) *Baillivia de Ronnayo.*] Je crois qu'il faut corriger *Prepositura*: car *Ronnay* n'estoit point un Bailliage, mais une Prevosté & une Chastellenie dépendante du Bailliage de Chaumont. Voy. le commencement de ces Lettres.

(a) *Ordonnance qui fixe le prix des Monnoyes courantes, & qui évaluë celuy des Monnoyes décriées.*

JEAN I.er & selon d'autres, Jean II. au Bois de Vincennes, le 3. de Mars 1361.

JEHAN par la grace de Dieu Roy de France: Au Prevost de Paris ou à son Lieutenant, Salut. Vous savez comment pour le très-grant desir & parfaicte volenté que Nous avons eue & avons que noz Monnoyes puissent & doyent demorer & arrester en bon & ferme estat, vous avons par plusieurs fois mandé, & à tous noz autres Justiciers que noz Ordonnances faictes sur le cours de nosdites Monnoyes pour le bien & prouffit commun de Nous & de nostre Peuple, vous feissiez tenir & garder sans enfraindre, & que nul ne fust si hardy de prendre ou mectre aucune Monnoye d'Or ou d'Argent pour aucun pris, fors celles qui par nosdites Ordonnances avoient cours: Lesquelles Ordonnances par vostre deffault ou negligence, ont esté & sont petitement tenuës & gardées, dont il Nous desplaist forment; Car par ce plusieurs faulx & malicieux Marchans ont porté hors de nostre Royaume noz bonnes Monnoyes d'Or & d'Argent fin, & en ont raporté & rempli nostre Royaume d'autres Monnoyes faulses & contrefaictes, lesquelles ont cours & sont prinses & mises pour plus grant pris quelles ne vallent assez, ou grant prejudice [a] & de nostre Peuple, & en grant vitupere & difame de noz bonnes Monnoyes d'Or & d'Argent, lesquelles Nous avons mises à si convenable & juste pris que Nous n'y prenons aucun prouffit, lequel Nous y pourrions prendre se il Nous plaisoit; mais Nous voulons que iceluy prouffit demeure à nostredit Peuple: Et se aucun vouloit aller en Jerusalem ou ailleurs en longtain pays, si ne pourroit-il porter meilleurs Monnoye ne à meilleur pris, ne où il peust moins perdre, se elles estoient ores despeciés ou brisées. Pourquoy Nous qui avons parfaict desir de tout nostre cuer de pourveoir aux doumaiges & inconveniens dessusditz, & affin que nosdites Ordonnance soient tenuës & gardées, & que nosdites Monnoyes puissent demourer en bon & ferme estat, vous mandons & expressement enjoignons que tantost & sans delay ces Lectres veuës, vous faciez derechef cryer & publier solemnement en tous les lieux notables & accoustumez en vostredite Prevosté & ressort d'icelle, que nul de quelque estat qu'il soit, ne soit tant osé ne si hardi sur peine de corps & d'avoir, de prendre ou mectre en [b] appert ou en couvert aucunes Monnoyes d'Or ou d'Argent pour aucun pris; excepté celles ausquelles Nous donnons cours par cette presente Ordonnance; c'est assavoir, les bons Francs d'Or fin que Nous avons fait & faisons faire à present, pour seize solz parisis la Piece, & non pour plus;

Les bons gros Deniers d'Argent fin, pour douze deniers parisis la Piece;

Les demiz gros Deniers d'Argent fin, pour six deniers parisis la Piece;

Les bons doubles Tournois, pour deux deniers tournois la Piece;

Et les bons petiz Parisis & petiz Tournois que Nous faisons aussi faire à present, pour ung denier parisis & pour ung denier tournois la Piece;

Et les blancs Deniers aux Fleurs de Liz ausquelz Nous donnasmes cours par nostredite derreniere Ordonnance pour six deniers tournois la Piece, soient prins & mis pour iceluy pris, & non pour plus;

a *de Nous.*

b *publiquement ou secretement.*

NOTES.

(a) Registre D. de la Cour des Monnoyes de Paris, *fol.* 102. *verso* & 103. *recto.* Avant ce Mandement, il y a:

Le 15.e jour de Mars, l'An 1361. fut apporté en la Chambre des Monnoyes au Palais, trente paires de Lectres ouvertes, scellées du grant Scel du Roy, adressans aux Seneschaulx & Bailliz du Royaume. Desquelles la teneur est telle:

Ordonnance sur le fait des Monnoyes; c'est assavoir des gros Deniers d'Argent fin, qui ont cours pour quinze Deniers tournois la piece.

(b) *Et six deniers.*] Par les Lettres du 10. d'Avril precedent. [Voy. cy-dessus p. 484.]

JEAN I.er & selon d'autres, Jean II. au Bois de Vincennes, le 3. de Mars 1361.

Et les Parisis piéça faiz en forme de Parisis, pour ung denier tournois la Piece;

Et aussi les petiz Tournois piéça faiz, pour une maille parisi la Piece.

Et pour ce que aucuns faulx & mauvais Marchans [a] Changeurs s'efforcent en grant deception de Nous & de nostre Peuple, de bailler en payement aucunes Monnoyes d'Or & d'Argent faictes hors de nostre Royaume, pour tel pris comme il leur plaist; c'est assavoir, les Moutons de Flandres & de [b] Brebant pour plus hault pris que le Franc d'Or; desquelz Moutons les meilleurs valent dix-huict deniers moins que ledit Franc pour Piece, & d'autres en y a qui encores valent moins d'assez;

Ung Blanc, dit Chartin, pour seize deniers ou pour dix-huict deniers, qui ne vault pas dix deniers tournois.

Ung Vaillant, pour dix deniers ou pour huit deniers parisis, qui ne vault pas cinq deniers parisis;

Ung Gros de Flandres, pour huit deniers ou pour dix deniers parisis, qui ne vault pas cinq deniers parisis;

Ung Gros de Brebant, pour huit deniers parisis, qui ne vault pas quatre deniers parisis;

Et ung bon viel Gros, pour dix-huict ou vingt deniers parisis, qui ne vault pas quinze deniers parisis;

Et plusieurs autres Monnoyes pour tel pris comme à chacun plaist. Nous volons & ordonnons par ces presentes, que toutes icelles Monnoyes tant d'Or comme d'Argent & autres faictes en nostre Royaume & dehors; excepté celles dessusdites que Nous faisons faire & ausquelles Nous donnons cours comme dit est, soyent mises au marc pour Billon sans avoir nul cours, & que nul ne soit si hardi dores-en-avant de [c] marchander ou faire aucuns Contraulx par quelque maniere que ce soit, à sommes [d] Florins, mais à solz & à livres & de noz Monnoyes dessusdites: Et se aucun estoit obligé par [e] Lectres ou autrement, à payer somme de Florins ou des Deniers dessusdiz, Nous volons & ordonnons que chacun se puisse aquiter & demourer quicte en payant seize solz parisis de noz Monnoyes dessusdites, pour ung Franc;

Et pour un Mouton de Flandres ou de Brebant, quatorze solz parisis;

Pour ung Denier, dit Chartin, huict deniers parisis;

Pour ung Gros de Flandres ou ung Vaillant, cinq deniers parisis;

Pour un viel Gros tournois, quinze deniers parisis;

Et pour ung Gros de Brebant, quatre deniers parisis de nos Monnoyes dessusdites: Et si dedans quinze jours après le cry dessusdit, vous trouvez aucuns prenans, mettans ou portans hors & [f] esloignant noz Monnoyes du lieu dont ils seront partiz, aucunes desdites Monnoyes ausquelles Nous ostons le cours, comme dit est, prenez & saisissez icelles Monnoyes, & les envoyez à la plus prochaine de noz Monnoyes du lieu, en leur faisant payer les pris dessusditz, ou le pris qu'ilz vauldront au marc *(b)* pour despecier: Et lesdiz quinze jours passez après ledit cry, si vous trouvez aucuns prenans, mettans ou portans icelles Monnoyes deffenduës par la maniere que dit est, prenez-les comme [g] forfaictes & acquises à Nous, & les envoyez à ladite [h] prochaine de noz Monnoyes: Desquelles forfaictures par Nous ainsi acquises, Nous voulons que vous, voz commis & depputez à ce, ayez la tierce partie, & icelle à vous ou à eulx, estre baillée & delivrée par celui ou ceulx à qui lesdites forfaictures seront baillées. Si faictes toutes ces choses & chacune d'icelles cryer & publier tellement & diligemment, que nul ne puist plus avoir cause de noसdites Ordonnances non savoir, ne prendre lesdites Monnoyes estranges & contrefaictes ne les nostres; fors celles dessusdites, & pour le pris que Nous leur avons donné & donnons par

a &.
b *Brabant.*
c *commercer.*
d *de*, comme il est un peu plus bas.
e *obligations, contracts.*
f *Voy. cy-dessus, p. 148. Note (d)*
g *confisquées.*
h *plus.*

NOTES.

les Blancs Deniers aux Fleurs de Lis furent fixez à huit deniers Tournois, & je n'ay point trouvé de Lettres posterieures qui en ayent reduit le prix à six deniers. Ainsi où il y a une faute, il la faut corriger *huit* au lieu de *six*; où il nous manque quelques Mandemens sur les Monnoyes.

(b) Pour despecier.] C'est-à-dire, pour estre coupées, & ensuite fonduës pour en faire de nouvelles Especes.

ces

ces presentes. Et de tous ceulx que vous pourrez trouver ou savoir faisans ou avoir fait le contraire, faictes en pugnition sans espargne, en telle maniere que ce soit exemple à tous autres. [a] En gardez que [b] a en ce n'ait aucun deffault; car Nous nous en prandrions du tout à vous. *Donné au Bois de Vincennes, le troisieme jour de Mars, l'An de grace mil trois cens soixante & ung. Et estoient signées.* Par le Roy, en son Conseil. YVO.

a *Et.*
b *a*, est inutile.

JEAN I.er & selon d'autres, Jean II. au Bois de Vincennes, le 5. de Mars 1361.

(a) *Lettres qui portent que l'on payera ce qui reste dû des Aydes qui ont esté octroyées au Roy ou au Regent.*

JEHAN par la grace de Dieu Roy de France: A nos amez & feaulx Gens de noz Comptez à Paris; Salut & Dillecion. Comme avant nostre retour d'Engleterre, pluseurs aides & subsidez en pluseurs parties de nostre Royaume, eussent esté ottroiez de la volenté & consentement des pais, à Nous & à nostre très-chier ainsné Filz le Duc de Normandie lors regent nostre Royaume; desquielz aides & subsidez, les aucuns ont paié les uns partie, les aucuns tout & les autres non, & en sont encorez deuz grans restez, lesquelles par noz autres Lettres Nous avons autrefoiz mandé à executer. Neantmoins soubz umbre de ce que quant Nous imposasmes les aides qui à present courent en nostre Royaume pour nostre delivrance, Nous ordenasmes que toutes autres aides se cesseroient, [c] acuns ont empetré Lettres de faire cesser l'execucion des restes & arrerages des subsides & aidez dessusdiz, en grant domage de Nous & contre raison; comme nostredite Ordenance de faire cesser tous autres subsides, ne se [d] extendent pas aus arrerages des temps passez & qui ja estoient deuz paravant nostredite Ordenance, mes tant seulement se extendent que durant lesdites aides qui à present courent, autres nouvelles ne seroient imposées, mes se cesseroient: Et pour oster toutes doubtes & toutes manieres de impetracion, Nous de nostre certaine science avons declairié & par ces presentes declairons, que ce ne fu oncquez nostre entencion, ne n'est que Nous ne fussions paiez des arrerages des subsides & aides volentierement ottroiez à Nous & à nostredit Filz ou nom que dessus; si ordenons que en quelque partie de nostre Royaume aucune chose en soit deu, vous diligemment le faites executer & lever à nostre proffit & apporter à nostre Tresor à Paris, & nostredite Ordenance & Declaracion dessusdite tenés & faitez tenir & garder de point en point, nonobstant quelconques Lettres sous quelconques forme de paroles empetrées ou à empetrer, mandement ou deffenses à ce contraires. *Donné au Bois de Vincennes, le cinquieme jour de Mars, l'An de grace mil trois cens soixante-un. Signé.* Par le Roy. YVO.

c *aucuns*, quelques uns.
d *estendant*.

NOTES.

(a) Memorial D. de la Chambre des Comptes de Paris, p. 41. *verso.* Avant ces Lettres, il y a: *Copia.*

JEAN I.er & selon d'autres, Jean II. à Paris, le 9. de Mars 1361.

(a) Lettres qui ordonnent que le nombre de Sergents sera diminué.

JOHANNES Dei gratia Francorum Rex: Baillivo Vitriaci aut ejus Locumtenenti, salutem. Intellecto per Nos nuper quod licet in nostris Ordinacionibus ultimo, Consilii matura deliberacione prehabita, editis pro Reipublice ac totius populi Nobis subditi utilitate, inter cetera caveatur expresse, quod omnes Servientes qui in Juridicionibus Regni nostri preter & ultra numerum & ordinacionem antiquos reperientur instituti, per [a] *Custodes Juridicionum predictarum à dictis Sergentariarum Officiis penitus amoveantur & destituerentur; retinendo tamen in eisdem Officiis sufficienciores & magis ydoneos, & eos reducendo ad numerum & ordinaciones antiquos supradictos: nichilominus major & excessiva quantitas Servientum in Prepositoris Baillivie vestre & precipue in Prepositoris Vitriaci & Sancte* [b] *Magnehuldis ad presens inesse dicuntur, quam juxta Ordinaciones nostras predictas permitti deberet, in omnium subditorum nostrorum Baillivie supradicte, dampnum non modicum & gravamen, vobis mandamus committendo, si sit opus, quatenus vocatis vobiscum aliquibus sufficientibus Gencium Ecclesiasticarum, Nobilium & Burgencium quarumlibet dictarum Prepositurarum hujusmodi Baillivie vestre, talibus & tantis qualiter & quatenus vobis videbitur expedire, & habita cum eis diligenti deliberacione Consilii, dictos Servientes juxta ipsarum Ordinacionum nostrarum tenorem, de quo licuit vel liquere potest, ad numerum & ordinaciones antiquos reducatis aut reduci faciatis indilate; retinendo tamen in eisdem Officiis sufficienciores & magis ydoneos, ut prefertur, ad Ordinaciones nostras predictas in hiis & omnibus aliis* [c] *observando illesas: taliter super hiis vos habentes, quod deinceps querela Nobis inde referri non debeat. In quibus & ea tangentibus, ab omnibus Justiciariis & subditis nostris vobis pareri volumus efficaciter & intendi.* Datum Parisius, die nona Marcii, Anno Domini millesimo trecentesimo sexagesimo-primo. Sic signata.

Per Regem ad relacionem Consilii. HENRICUS CLERICI.

[a] les Juges qui ont leurs Jurisdictions en garde, & non à ferme.

[b] Sainte Menehould.

[c] observandas.

NOTES.

(a) Memorial D. de la Chambre des Comptes de Paris, p. 41. *verso.*

A la teste de ces Lettres, il y a: *Copia.*

Et à la marge, *Restitutio Servientium Baillivie Vitriaci.* Il semble qu'il devroit plustost y avoir *Destitutio*, que *Restitutio.*

JEAN I.er & selon d'autres, Jean II. à Paris, le 17. de Mars 1361.

(a) *Mandement pour faire establir deux Monnoyes, l'une à S.t Laurens près de Châlons, & l'autre à Dijon.*

JEHAN par la grace de Dieu Roy de France: A noz amez & feaulx les Generaulx-Maistres de noz Monnoyes, Salut & Dilection. Nous avons entendu par aucuns de [d] noz Conseil, que tant pour le prouffit de Nous & du pays de Bourgougne, comme pour la tuicion & deffense d'iceluy, & aussi pour l'avancement du payement des Marchans qui feront à ceste prochaine foire de Chalon, il seroit bon & prouffitable que Nous feissions faire & ouvrer à Sainct Laurens près de Chalon,

[d] *nostre.*

NOTES.

(a) Registre D. de la Cour des Monnoyes de Paris, *fol.* 104. *verso.*

Avant ce Mandement, il y a:

Le 21.e jour de Mars 1361. fut apporté ung Mandement du Roy, duquel la teneur s'ensuit.

Mandement pour faire Monnoye à Châlons.

Monnoye d'Or & d'Argent autelles & semblables comme Nous faisons en noz autres Monnoyes. Et pour ce que prestement on ne peult trouver aucuns Maistres particuliers qui veuillent aller faire lesdits ouvraiges [a] au lieu pour cause des perilz des chemins, Nous mandons par noz autres Lectres, à nostre amé & feal Conseillier Jehan Challemarc [b] qui d'iceulx Maistres particuliers, des Gardes & autres Officiers qu'il esconvient pour faire lesdits ouvrages, il pourvoye [c] sur le pays, & aussi que tantost il face faire & edifier une Monnoye en nostre Ville de Dijon, & qu'il y pourvoye de Maistre particulier qui la saiche bien & deument gouverner. Si voulons & vous mandons & à chacun de vous, que en icelle Monnoye vous faciez faire & ouvrer autelles & semblables Monnoyes d'Or & d'Argent, comme Nous faisons & ferons faire en noz autres Monnoyes, en donnant aux Changeurs & Marchans tel pris, & aux Ouvriers & Monnoyers tel salaire comme ilz ont & auront en nosdites autres Monnoyes *(b)* [Et de l'Ordonnance pour nosdites Monnoyes faire ouvrer du pris que Nous faisons donner en Or & Argent.] Et de tout ce qu'il appartiendra certifiez par voz Lettres nostredit Conseillier, & luy envoyez des fers à faire l'ouvraige de l'Or, se mestier est, & tant comme bon vous semblera, afin que plustost il puisse faire ouvrer nosdites Monnoyes. Si gardez que en ce n'ait aucun deffault. *Donné à Paris, le dix-septieme jour de Mars, l'An de grace mil trois cens soixante & ung.*

Par le Roy à la relation du Conseil estant en la Chambre des Comptes. FERRICUS.

JEAN I.er & selon d'autres, Jean II. à Paris, le 17. de Mars 1361.

a *en ce lieu.*
b *que.*
c *dans.*

NOTES.

(b) Et de l'Ordonnance, &c.] Ce qui est enfermé entre deux crochets, ne me paroist faire aucun sens. Il y apparemment quelques mots de manque.

JEAN I.er & selon d'autres, Jean II. au Bois de Vincennes, le 20. de Mars 1361.

(a) Lettres portant que les Ordonnances & autres Lettres Royaux ne seront adressées qu'aux Juges Royaux, pour estre publiées.

DE PAR LE ROY.

GENS de nos Comptes. Nous avons entendu que ja soit ce que à Nous seul & pour le tout, de nostre droit Royal par tout nostre Royaume, appartiengne de faire telles Monnoies comme il Nous plaist, & de leur donner priz: & par Mandement de Nous puissent noz Seneschaux & [d] Ballis par toute la terre de noz Subgiez, de quel estat ou auctorité qu'il soient, faire crier & publier noz Ordenances; Neantmoins au pourchaz d'aucuns de nostre Sanc & d'autres, par inadvertence ou autrement, ont esté Lettres de Nous ou de nostre Court envoiées aus Baillis & autres Officiers d'aucuns de noz Subgiez, pour les Ordenances de noz Monnoies faire crier & publier en leurs terres, & pour d'autres choses: laquelle chose est & seroit en diminucion des droiz & noblecces de Nous & de la Couronne de France, & Nous tourneroit & porroit tourner à grand prejudice ou temps avenir, se Nous n'y pourveons de brief remede. Pour ce est-il que Nous vous mandons & deffendons que doresen-avant telles Lettres ne passent, & que toutes noz Ordenances faites sur le cours de noz Monnoies, & noz autres Lettres & Mandemens par noz Seneschaux & Bailliz, comme ordinaires quant à ce, chascun en sa Seneschaucie & Baillie & ressors, vous mandez crier & publier senz donner sur ce Mandement ne commission à autre quelconques: sachant que se il estoit fait autrement, il Nous en desplerroit. *Donné au Bois de Vincennes, le vingtieme jour de Mars mil trois cens soixante-un.* YVO.

d *Baillis.*

NOTES.

(a) Memorial D. de la Chambre des Comptes de Paris, *fol. 42. verso.*

JEAN Ier & felon d'autres, Jean II. à Paris, le 24. Mars 1361.

Philippe VI. dit de Valois, à Paris, en Septembre 1330.

(a) Sauvegarde pour les Freres de l'Hôpital de St Jean de Jerufalem.

JOHANNES &c. Guillermo Senonenfi, Johanni dicto Huro, Perroto Gaitini, Benedicto dicto Legalais, Guillelmo de Camera, Perroto Perrini, Jacobo de Templo, Thome de Campellis, Johanni dicto des Pais & Johanni Mafticonenfi Servientibus noftris, falutem. Litteras inclite & felicis recordationis precariffimi Domini & progenitoris noftri, noveritis Nos vidiffe, formam que fequitur, continentes.

PHILIPPE par la grace de Dieu Roys de France: Savoir faifons à tous prefens & avenir, que Nous confiderans & rappellans en memoire la bonne voulenté & grant affection que noz amez Religieufes perfonnes le Maiftre, les Prieurs, Commandeurs & Freres de l'Ordre [a] de l'Ofpital de St Jehan de Jherufalem, ont tousjours eu à nos devanciers Roys de France & à Nous ou temps paffé, & encore de jour en jour fanz ceffer, demonftrent par effect avoir à Nous, voulons pour ce yceulz [b] guerredonner & pourfuir de faveur efpecial, & [c] pourveoir leur de remede de noftre auctorité Royal, par quoy eulx & leurs [d] chofes peuffent eftre & demourer paifiblement en noftre Royaume ou temps prefent & advenir, lefdiz Maiftre, Prieurs & Commandeurs & Freres, leurs [e] donnez, familles, homme de corps & condition, avec leurs maifons, granches, poffeffions & tous leurs autres biens quels qu'il foient affis dedens noftre Royaume de France, en chief & en membres, prenons & recevons [f] deforendroit à tousjours, efpecialment de certaine fcience, par ces prefentes Lettres en la main, protection & garde efpecial de Nous & de noz Succeffeurs Roys de France, & donnons en mandement par ces prefentes à noftre Chancellier qui ores eft, & ceux qui pour le temps avenir feront, que aufdiz Religieux, toutesfois que il les requerront de par Nous, [g] certaines perfonnes fouffifantes pour iceulx, & chafcun d'eulx & leurs biens garder & deffendre fous la protection & garde deffufdite, & leur [h] doignent plain povoir, auctorité & mandement efpecial par Lettres, de garder lefdiz Religieux, leurs donnés, familliers & hommes de [i] condition, leurs maifons, granches, poffeffions & touz leurs autres biens quels qu'il foient, & d'eulx maintenir & faire maintenir en leurs juftes poffeffions & faifines, Franchifes & Libertez quelles que elles foient, & yceulx & chafcun d'eulx [k] deffendez de toutes injures, violences, oppreffions, [l] grefs, molefles & nouveletez indeues quelles que elles foient, [m] par force d'Armes & puiffance de [n] Lays, & pourveoir iceulx de fauf & feur conduit toutesfois que meftier en fera, & que fur ce feront requis, & autrement entendre efficaument à la feurté & fauvement d'iceulx & de toutes leurs chofes & de leurs biens, & de faire ofter les turbacions, empefchemens & nouvelletez indeues aus deffuidiz, faites ou à faire injuftement, toutefoiz que meftier en fera: & fe debat [o] meut entre yceux & autres, de mettre le [p] debat en noftre main comme fouveraine, & reftablir les biens & faire [q] recreance où elle fera à faire de raifon, quant le cas y efchcira & il en feront requis, les contredifans, oppofans & injuriateurs adjourner en noftre Parlement à Paris, ou pardevant nos Baillis ou autres Juges competens, à qui la cognoiffance en devra appartenir, pour aler avant fur les chofes contentieufes, fi comme de raifon fera, & de certeffier noz Juges ou Jufticiers de ce que fait [r] avouront, par Lettres ou autrement fouffifament, & de faire tout ce qui a Office de Gardien puet & doit appartenir en quelque maniere que ce foit. Et n'eft pas noftre entente que des chofes qui requierent cognoiffance de caufe, fe doient entremettre

a *Il eft prefentement nommé l'Ordre de Malthe.*
b *recompenfer.*
c *les pourveoir.*
d *biens.*
e *Voy. cy-deffus, p. 318. Note (d)*
f *de ce moment.*
g *donnent.*
h *donnent.*
i *Voy. un peu plus haut.*
k *deffendre.*
l *griefs.*
m *faites.*
n *Laiques.*
o *fe.*
p *la chofe conteftée.*
q *remettre en poffeffion.*
r *auront.*

NOTES.

(a) Trefor des Chartres, Regiftre 91. Piece 148. Voy. cy-deffus, p. 263. Note (a).

en aucune maniere; fors si comme est dit dessus: sauf aus dessus les anciennes Gardes de nos Predecesseurs & de Nous, lesquelles Nous ne voulons pas estre [a] rappellées par ces presentes; mais les confermons, voulans que elles demeurent en leur vertu. Et pour ce que ce soit ferme & estable à tousjours, Nous avons fait mettre nostre Séel à ces presentes Lettres: sauf nostre droit en autres choses, & en toutes le droit d'autrui. *Donné à Paris, l'An de grace mil trois cens & trente, ou mois de Septembre.*

JEAN I.er & selon d'autres, Jean II. à Paris, le 24. Mars 1361.

a revoquées.

Nos autem volentes dictas Litteras & omnia & singula in eis contenta, habere roboris firmitatem, mandamus & committimus vobis & vestrûm cuilibet, quatinus omnia & singula in supradictis Litteris contenta, quotienscumque casus evenerit & opus fuerit, vosque requisiti fueritis ex parte dictorum Religiosorum vel eorum Procuratoris aut alicujus ipsorum presentes Litteras deferencium, de puncto in punctum execucioni debite demandetis, & de hiis que feceritis in premissis, dictos Judices certifficare nullatenus omittatis: mandantes omnibus Justiciariis & subditis nostris vel eorum Loca-tenentibus, ut vobis & vestrûm cuilibet in premissis faciendis & exequendis, pareant diligenter & intendant, pareriique faciant & intendi [b] que & prestent auxilium, consilium, favorem & juvamen: tamen non est intentionis nostre quod de hiis que Cause cognitionem exigunt, vos nullatenus intromittatis. In cujus rei testimonium, presentibus Litteris nostrum fecimus apponi sigillum. Datum Parisius, vigesima-quarta die Marcii, Anno Domini millesimo trecentesimo sexagesimo-primo.

b que est inutile.

Per Regem, ad relationem Consilii. FERRICUS.

JEAN I.er & selon d'autres, Jean II. à la Noble Maison, le dernier de Mars 1361.

(a) Sauvegarde pour l'Abbaye de S.t Sulpice de Bourges.

JOHANNES &c. Notum facimus universis presentibus pariter & futuris, quòd cum nuper certis excitati considerationibus, carissimo [c] tercigenito nostro Johanni Ducatum [d] Briturie & Arvernie hereditarie concesserimus & donaverimus, certis modo & forma, nonnullisque adjectis retentionibus & reservationibus pro Nobis & successoribus nostris Francie Regibus; & inter cetera, Gardiis Ecclesiarum Cathedralium & aliarum de Regia fundatione existentium, & Regaliis earumdem que in Regno nostro nemini nisi Nobis soli ut Regi, pertinere queunt, & hoc Regalie sonat verbum, [e] colationibus insuper Beneficiorum [f] & eadem fundatione, & aliis Juribus Regalibus, prout in Litteris nostris super dono & concessione dicti Ducatus confectis, clarius continetur: dilectusque & fidelis noster Simon Abbas de novo creatus Ecclesie seu Monasterii (b) Sancti Suplicii [g] Biturensis in nostra constitutus presentia, plures Litteras & Cartas per nonnullos Predecessores nostros super aliquibus donis, Privilegiis & Libertatibus per eos concessis Ecclesie & Monasterio, Abbati & Conventui eorumdem, & eorum successoribus imperpetuum, Nobis exhibuerit, per quas latè Nobis apparuit Ecclesiam & Monasterium hujusmodi per Predecessores nostros fundatas & constructas, fuisse & de Regia fundatione existere, ipsasque Regio regimini additas, sub Regum & Corone Francie tuitione semper existere debere cum universis & singulis suis possessionibus, in quibuscunque rebus existentibus, [h] Abbates & Conventus dicti loci qui hactenus fuerunt, cum eisdem suis possessionibus, fuerunt continue in & sub protectione & salva-gardia nostris & Predecessorum nostrorum Regum Francie, semperque in omnibus casibus ressorti & superioritatis ad Judices & Officiarios Regios in solidum [i] habeurint ressortiri: & ea propter idem Simon Abbas dicte Ecclesie,

c troisieme Fils.

d Biturie.

e collationibus.

f ex.

g Bituricensis.

h &.

i habuerint.

NOTES.

(a) Tresor des Chartres, Registre 91. Piece 190. Voy. cy-dessus p. 263. Note *(a)*.

(b) *Sancti Suplicii.*] Lisez *Sulpicii.* Cette Abbaye est dans le Fauxbourg de Bourges. Voy. *Gall. Christ.* 2.e Edit. Tom. 2. p. 126. On peut remarquer en passant qu'il est dit que *Simon* a esté créé depuis peu Abbé de S.t Sulpice: ce qui peut servir de Supplément à l'Article de luy & de son predecesseur dans la *Gall. Christ.* dans laquelle, faute de monuments, on n'a fixé ni le temps de la mort du predecesseur de *Simon*, ni celuy de son Election.

JEAN I.er & selon d'autres, Jean II. à la Noble Maison, le dernier de Mars 1361.

de presenti Nobis fidelitatis prestiterit Sacramentum, ad quod ratione dicte Ecclesie tenebatur, supplicans Nobis humiliter ut ne pretextu donacionis predicti Ducatus, possit nunc vel imposterum, turbari quominus ipsius Ecclesie, personarum & possessionum ejusdem, Gardia & tuitio perpetuo ad Nos [a] *suspectet pertineat, Nos super hoc providere velimus. Nos igitur Predecessorum nostrorum volentes sequi vestigia, & retentionem in dicta concessione & donatione dicti Ducatus* [b] *suum effectum indubitatum sortiri, & ut ipsi Abbas & Conventus & sui successores* [c] *dictas retentione & reservatione ad amputandam omnis questionis & dubii materiam, ubicunque valeant se juvare, de quibus docere non possent, cum dicte donationis nostre Littere quibus de hiis tenetur, remaneant penes dictum Filium nostrum vel Gentes suas, nisi nostras super hoc Litteras obtinerent: Atentis insuper universis & singulis supradictis, volumus & decernimus de nostra auctoritate Regia, per presentes penes dictos Abbatem & Conventum & suos successores perpetuò remansuros, ut dicti Abbas & Conventus tàm in capite quàm in membris, cum eorum possessionibus, hominibus de corpore, Juridictionibus & aliis suis bonis universis in dicto Regno nostro existentibus, & ad eos ad causam dicte Ecclesie spectantibus, in nostra successorumque nostrorum* [d] *Regnum Francie speciali protectione & salva gardia sint & remaneant, ac coram dictis Officiariis nostris & non aliis, cujuscunque status, conditionis, potestatis seu dignitatis existent, habeant ressortiri, tradicione, concessione seu donatione dicto Filio nostro de dicto Ducatu Biturie & Arvernie, ut dictum est, factis, non obstantibus: sed ipsos* [e] *Abbatam & Conventum à dicti Filii nostri & ejus Officiariorum & subditorum ressorto & Juridictione declaramus per presentes exemptos esse & debere teneri: Inhibentes tenore presentium dicto Filio nostro omnibusque suis Justiciariis, Officiariis & subditis nostris & (c) successoribus* [f] *que & aliis quibuscunque dicti Regni nostri, eorumque Loca-tenentibus, modernis & futuris & eorum cuilibet, ne predictos Abbatem & Conventum contra tenorem presentium impediant,* [g] *inquietant aut molestent quovismodo; sed facta incontrarium ad statum pristinum & debitum reducant indilate. Quod ut firmum & stabile perpetuò perseveret, presentes Litteras sigilli nostri appensione fecimus roborari: nostro in aliis & alieno in omnibus jure salvo.* Datum in Nobili [h] Domo, die Jovis post Dominicam quâ cantatur *Letare Jerusalem,* que fuit ultima dies Marcii, Anno Domini millesimo trecentesimo sexagesimo-primo.

Per Regem. YVO.

a spectet &.
b factam.
c dictis.
d Regum.
e Abbatem.
f que est inutile.
g inquietent.
h à Saint Ouen. *Voy. le 2.e Vol. des Ordonnances, p. 555.*

NOTES.

(c) Successoribus.] Ce mot est en interligne, & on ne voit pas bien s'il doit estre placé après *subditis* ou après *nostris.*

JEAN I.er & selon d'autres, Jean II. à Paris, au mois d'Avril 1361.

(a) Lettres qui establissent le Prevost de Paris pour Gardien & Conservateur des Marchands de Poisson de Mer, pour la provision de Paris, & de leurs Voituriers.

JEAN par la grace de Dieu Roi de France: Sçavoir faisons à tous presens & à venir, que jaçoit ce que par vertu des Lettres de nostre très-chier Seigneur & Pere dont Dieu ait l'ame & des nostres, il ait esté pieça ordoné, defendu & esté

NOTES.

(a) Ces Lettres ont esté copiées dans le Traité de la Police, où elles sont imprimées, Tome 3. Liv. 5. Tit. 37. & 38. p. 222. n. VII. M. de la Mare les avoit tirées du Registre de la Marée, *fol.* 159.

Elles ont esté collationnées sur la Copie qui s'en trouve dans le Registre des Chartes 91. Piece 389. & ce Registre a servi à corriger les fautes de l'Edition de M. de la Mare. Le Roy Jean par ses Lettres du mois de Decembre 1360. & qui sont cy-dessus p. 4[illegible] avoit reglé que les Marchands de Marée auroient leurs causes commises pardevant le Parlement, & des Commissaires qui devoient

publiquement en nostre Ville de Paris & ailleurs, que aucuns, pour quelconques [a] Garnisons ne pour autre cause que ce fust, *(b)* ne prist ou arrestast les corps, hernois, chevaux, harens & poissons de mer quelconques, des Marchands & Voituriers frequentans & amenans lesdits poissons & harens en ladite Ville de Paris, ou d'aulcun d'eulx, en venant de la mer ou d'ailleurs en ladite Ville, & estant en icelle, & retournant à la mer ou ailleurs: Et se il avenoit que aucuns preneurs ou deputez pour quelconques [b] nous Garnizons ou d'autres, de quelconques estat ou conditions que il feussent, contre nos Ordenances, deffenses & publications dessusdites, preissent ou arrestassent les corps, chevaux, harnois, harens & poissons de mer desdits Marchands & Voituriers, alans & venans de la mer ou d'ailleurs en ladite Ville, & estans en icelle, que à iceulx preneurs ou deputez ne feust en rien obeï, & que les desobeïssans ne deussent estre ou feussent trais à amende envers Nous ou autres, ne molestez, poursuivis ou empeschiez en aucune maniere: Et pour ce que plusieurs Prelatz, Barons, Chevaliers & Seigneurs temporels, tant Seculiers comme Religieux & autres, qui pour le temps prenoient & ont prins par leur force, sous ombre de ce qu'ils disoient eulx avoir pouvoir d'arrester & prendre les chevaux & poissons desdits Marchands & Voituriers, en leurs terres & Jurisdictions, en venant en ladite Ville de Paris, & de leur volonté ont plusieurs fois pris & fait prendre les poissons desdits Marchands, tant par eau comme par terre, & pour prix volontaire, si comme il leur plaisoit, sans faire [c] satisfaction dudit prix, en decoupant & despeçant les paniers [d] cequieux lesdits poissons estoient apportez, mesmement, comme de plus de deux cens penniers de poissons qui pour lesdits Marchands estoient chargez en un jour pour apporter à Paris, la moitié ne povoit souvente-fois estre apportée pour raison desdites prinses & arrests; & quant lesdits Marchands, Voituriers, [e] familiers ou aucun d'eulx estoient venus en ladite Ville de Paris, les dessusdits preneurs & autres leur faisoient & font de jour en jour autant de griefs en plusieurs manieres ou plus que il ne leur avoit esté fait en chemin: Et pour ce que plusieurs desdits Marchands, Voituriers, familiers ou aucun d'eux avoient aucune-fois resisté & [f] rescous les poissons & autres biens desdits preneurs, soubz la seureté de nosdites Ordenances & deffenses, ils avoient esté par plusieurs fois [g] traittez, adjournez & travaillez pardevant les Maistres des Hostels de nostredit Seigneur & de Nous, & des Hostieux de nos Enfans, de nos Connestables, Mareschaux & ailleurs; parquoy ils n'osoient resister ne deffendre leurs denrées & marchandises, si comme ils disoient; lesquelles choses estoient ou grant grief & [h] amenusement de la chose publique, desdits Marchands, Voituriers, & de ladite marchandise, & de tous les Habitans de ladite Ville de Paris, si comme Nous ont donné à entendre plusieurs Marchands & Voituriers: Pourquoi Nous desirans pourvoir sur les choses dessusdites, & lesdites Ordenances & defenses & publications estres gardées sans enfraindre pour le bien publique, & qui ne voulons lesdits Marchands, Voituriers & familiers estre par telle maniere travaillez, les eussions pieça exemptez de nostre Prevost de Paris & de tous autres Juges ordinaires & extraordinaires de nostre Royaume; mais que de nostre

JEAN I.er & selon d'autres, Jean II. à Paris, au mois d'Avril 1361.

a *Provisions de vivres & d'autres choses necessaires dans une Maison.*

b *nos.*

c *payement.*

d *ès quieux.* Tr. des Ch.

e *serviteurs.*

f *repris par force.*

g Ce mot & celui de *travaillez*, ne sont pas dans le Tr. des Ch.

h *diminution.*

NOTES.

estre nommez par le Roy. Les Marchands de Marée ayant formé opposition à ces Lettres, il fut jugé par Arrest du Parlement du 21. d'Aoust 1361. que ces Lettres estoient subreptices & injustes: Le Parlement les annulla, & renvoya les affaires des Marchands de Marée pardevant le Prevost de Paris, qu'il commit & députa pour estre leur Juge-Conservateur. Cet Arrest est imprimé dans le Traité de la Police, *ubi supra,* p. 221. N.° VI. M. de la Mare l'avoit tirée du Registre de la Marée *fol.* 9. & du Livre vert vieux second du Chastelet, *fol.* 102.

Le Roy par ces Lettres du mois d'Avril 1361. confirma l'Arrest du Parlement qui y est rappellé.

Il est certain que ces Lettres ont esté données dans le dernier mois d'Avril de l'Année 1361. puisqu'elles sont posterieures à un Arrest du 21. d'Aoust 1361. Voy. cy-dessus p. 490. Note (*a*).

(b) Ne prist ou arrestast.] Dans le Tresor des Chartres, il y a: *ne prist ou arrestat, fist prendre ou arrester les chevaux, harnois, poissons de Mer ou Harangs des Marchands forains, &c.*

JEAN I.er & ſelon d'autres, Jean II. à Paris, au mois d'Avril 1361.

Parlement & de nos amez & feaux Conſeillers les Commiſſaires qui par Nous leur furent donnez ſur le fait de ladite marchandiſe : Et depuis pour certaines cauſes, leur euſt eſté par [a] Arreſt de noſtre Court de Parlement deputé ou ordené à Gardien ou Conſervateur, noſtre Prevoſt de Paris, qui à preſent eſt & ceux qui pour le temps à venir ſeront, ou leurs Lieutenans : Et pour ce que de nouvel il eſt venu à noſtre connoiſſance, par la complainte de pluſieurs deſdits Marchands & Voituriers, des griefs & empeſchemens que pluſieurs de nos Gens & Officiers & des Seigneurs & autres deſſuſdits, leur font chacun jours & s'efforcent de faire par la maniere deſſuſdite, dont ils ſont moult grevez & domagez, & n'en pourroient bonnement avoir bon droit ne hatif devant eulx ne devant autres Juſticiers des païs, ſans grant deſtourbier & empeſchemens, ne ſans grans dommages de noſtre Ville de Paris & de la choſe publique, iceulx Marchands, Voituriers, leurs enfans & familiers amenans poiſſons de mer & autres poiſſons en ladite Ville de Paris, pour les cauſes deſſuſdites, pour autres certaines cauſes qui à ce Nous ont meu & meuvent, avons exempté & par la teneur de ces preſentes, de noſtre puiſſance, autorité Royalle & grace eſpeciale, les exemptons quand aux choſes deſſuſdites, en amenant ledit poiſſon & harens en la Ville de Paris, eſtant en icelle & retournant en leur païs, en demandant & deffendant, de tous Juges, Juriſdictions, cohertions, ſubmiſſions ordinaires & extraordinaires, [b] mes que dudit Prevoſt Conſervateur, Gardien & Commiſſaire general ſur le fait de ladite marchandiſe, comme dit eſt ; c'eſt aſſavoir celui qui à preſent eſt & ceulx qui pour le temps avenir ſeront ou leurs Lieutenans, auſquels Nous voulons que la Juriſdiction ordinaire en la Ville & Vicomté de Paris, [c] & en demeure telle comme les autres Prevoſt l'ont anciennement euë, & au dehors de ladite Ville & Vicomté, comme [d] autre Conſervateur, Gardien & Commiſſaire general deſdits Marchands, Voituriers & familiers, & de ladite marchandiſe : Auquel Conſervateur ou à leurs Lieutenans, Nous mandons & ſe meſtier eſt, [e] comme tous, & à tous les Juſticiers de noſtre Royaume eſtroittement enjoignons que noſdites Ordenances & deffenſes avec ces preſentes, ils facent derechief crier & publier, & icelles ſignifier à tous ceulx où ils verront qu'il appartiendra à faire, toutes les fois que par leſdits Marchands, Voituriers, leurs Gens, Procureurs ou aucun d'eulx, en ſeront requis, en leur defendant de par Nous ſur certaines & grans peines à eſtre appliquées à Nous, que doreſnavant ils n'arreſtent, praignent ou ſouffrent prendre ou arreſter par leurs terres, deſtroits, paſſages & Juriſdictions, par leurs Gens, familiers ou autres, les corps, chevaux, harnois, poiſſon de mer & autres poiſſons quelconques deſdits Marchands, Voituriers, familiers ou autres ſemblables, en venant à Paris, eſtant en ladite Ville & en retournant, comme dit eſt, non-obſtant quelconques nos Privileges, graces ou Lettres octroyées ſur ce, de nos Predeceſſeurs ou de Nous, à quelque perſonne & de quelconque eſtat ou condition que elle ſoit : Et affin que les choſes deſſuſdites ſoient plus fermement gardées ſans aucune contradiction par quelconques nos ſubgiez, Nous avons autrefois ſoubzmis Nous & nos Enfans à tenir & garder noſdites Ordenances & deffenſes, [f] pour icelles faire tenir & garder, de nouvel Nous, nos Enfans & autres de noſtre Sang & Lignage, [g] & par ces preſentes ſoubzmettons tant comme il Nous plaira, en commendant & deffendant à nos amez & feaux les Maiſtres des Hoſtieux de Nous & de nos Enfans, & à tous autres ſerviteurs & preneurs deputez de par Nous ou par leſdits Maiſtres des garniſons & vivres deſdits Hoſtieux ou d'autres, ſur peine de perdre leurs Offices, & ſur toutes autres peines que ils pourroient encourre envers Nous, que contre leſdites Ordenances, defenſes & la teneur de ces preſentes, ils [h] n'acceptent en aucune maniere : Et ſe aucun faiſoit le contraire, qu'il ne leur ſoit en rien obeï, ne que les deſobeïſſans ſoient pour ce trais à amende ou autrement [i] moleſter, comment que ce ſoit : Et ſe aucuns de quelconque eſtat ou condition qu'ils ſoient, s'efforçoient de faire contre noſdites Ordenances [k] defenſes, ou qui auroient fait contre la teneur de ces preſentes, adjournent ou facent adjourner iceux preneurs de quelque eſtat ou condition qu'ils ſoient, pardevant noſtredit Conſervateur ou ſon Lieutenant à Paris, pour repondre

à noſtre

[a] *Voy. cy-deſſus, Note (a)*

[b] *ſi ce n'eſt.*

[c] *li.* Tr. des Ch.

[d] *à noſtre.* Tr. des Ch.

[e] *commettons.* Tr. des Ch.

[f] *&.*

[g] *&* eſt inutile.

[h] *n'atemptent.* Tr. des Ch.

[i] *moleſtez.* Tr. des Ch.

[k] *&.*

à nostre Procureur & ausdits Marchands & Voituriers ou à leur Procureur, sur les choses dessusdites & dependances d'icelles, & pour proceder & aller avant audit jour ou jours, si comme raison devra: Auquel Conservateur ou à son Lieutenant, Nous donnons en mendement, & se mestier est cometons, que tous les atemptats faits contre les choses dessusdites, ou qui [a] feront ou auront fait comment que ce soit, contre nosdites Ordenances, defenses & dependances d'icelles, ils punissent si comme il appartiendra, en telle maniere que ce soit exemple à tous autres: Et pour ce que nos presentes Lettres ne pourroient par avanture estre portées, presentées ou exhibées à chacun d'eulx, par chacun desdits Marchands, Voituriers ou amenans poisson de mer ou autres poissons à Paris ou par les singuliers d'iceulx, toutesfois que mestier en seroit, pour les empeschemens des chemins, Nous voulons & mandons que au transcrit ou transcrits de nos presentes Lettres, scellés ou scellées sous le Seel de nostre Chastelet de Paris, foy plainiere soit adjoutée, si comme ausdites Lettres Originaulx: Et pour les choses dessusdites plus diligemment executer & faire garder inviolablement, Nous voulons que ledit Conservateur depute & puisse deputer ausdits Marchands ou amenans poisson ou harens, à leurs serviteurs & familiers, & à leur Procureur [b] en chacun d'iceulx, un ou plusieurs de nos Sergens, si & toutes-fois [c] qui le requerront: Et en ampliant nostredite grace, Nous plaist & voulons que les dessusdits Marchands, Voituriers & familiers & chacun d'eulx quant aux choses dessusdites, soient receus, & se puissent deffendre en toutes leurs causes meus & à mouvoir, or & pour le temps à venir, en demandant & en deffendant, par Procureur en nostre Parlement & ailleurs, sans autre grace. Et que ce soit ferme chose & estable à toujours, Nous avons fait mettre nostre Seel à ces presentes Lettres: sauf en autres choses nostre droit & l'autrui en toutes. *Ce fut fait & donné à Paris, l'An de grace mil trois cens soixante & un, au mois d'Avril, sous le Seel de nostre Chastelet de Paris, en l'absence du grant.* (c)

JEAN I.er & selon d'autres, Jean II. à Paris, au mois d'Avril 1361.

a *feront ou auront esté faits.*

b *&*. Tr. des ch.

c *qu'il*. Tr. des ch.

Erant in Consilio Domini Archiepiscopus Senonensis, Episcopus Nivernensis & Cancellarius Normanie.

Veue, corrigiée & leuë en Parlement.
G. DE MONTAGU.

NOTES.

(c) Dans le Registre des Chartres, il y a à la fin:

Par le Conseil estant à Paris.
G. de Montagu.

JEAN I.er & selon d'autres, Jean II. à Paris, en Avril 1361.

(a) *Sauve-garde pour les Marchands de Marée.*

JEHAN &c. Savoir faisons à tous presens & avenir, que à la supplication des Marchans [d] Voituriers amenans poisson de mer & harens à vendre en nostre Ville de Paris, affermans que ja soit ce que par vertu des Lettres de feu nostre très-cher (b) Seigneur & Pere dont Dieu ait l'ame, & [e] de nostres, il ait été pieça ordené, deffendu & crié publiquement en ladite Ville de Paris & ailleurs, que aucuns comment que ce feust, ne preist ou arrestast les chevaux, harnois, poissons & harens des Marchands & Voituriers dessusdiz ou d'aucun d'eulx, en alant en ladite Ville de Paris, estans en ycelle ou en retournant de-là à la mer ou ailleurs: Et il soit ainssi que plusieurs oppressions, violences, menaces, grief & injures leur aient esté & pourroient estre faites ou temps à venir, par aucuns Prelas, Religieux, Barons, Nobles & autres, ou par leurs Gens ou Officiers, disans que avant nostredite publication, il povoient

d *&*.

e *des*.

NOTES.

(a) Tresor des Chartres, Registre 91. Piece 388.

(b) *Seigneur & Pere.*] Nous n'avons point ces Lettres par la raison marquée dans la p. 236. du 2. Vol. des Ordonn.

JEAN I.er & selon d'autres, Jean II. à Paris, en Avril 1361.

arrester & prendre en leurs terres & Juridictions, poissons & harens des Marchans & Voituriers, toutes-fois que il passoient par leurs terres & Juridictions dessusdites, en prenans de jours & de nuis leurs poissons & harens sanz leur en faire [a] satisfaction, en [b] battent & injuriant griefment pour occasion de ce ou autrement, induement lesdiz Marchans, & bleçant leurs chevaux, & pour cestes conjectures, & autres certaines & vraies-semblables [c] presontions, se doubtent que l'en ne leur messface: Pour quelles oppressions, injures & menaces, plusieurs des Marchans & Voituries dessusdiz souvente-foiz [d] ressoignent & delaissent ou pourroient resoingner & delaiser à amener lesdiz poissons & harens en ladite Ville, si comme il dient, ou grant grief, dommage & prejudice du commun Peuple & de la chose publique, de nostredite Ville de Paris & du pays [e] d'anvoiron, en [f] venant folement contre noz Ordenances, defences & publications dessusdites: Nous en faveur de la chose publique & de ladite Ville de Paris & dudit païs d'anviron, & afin que lesdiz Marchans & Voituriers puissent amener seurement lesdiz poissons & harens, yceulx Marchans & Voituriers amenans lesdiz poissons & harens, & chacun d'eulx avecques leurs familles, poissons, harens, chevaux, biens & choses dessusdites, en alant à Paris, estant en ladite Ville & en [g] reparent à la mer, prenons & mettons de nostre auctorité Royal & de grace especial par ces presentes, en & [h] sobz nostre sauf & seur conduit, protection & Sauve-garde, & [i] donnos en mandement à tous noz Justiciers & Officiers de nostre Royaume qui à present sont & qui seront pour le temps avenir, ou leurs Lieuxtenans & chascun d'eulx qui requis en sera, que il les deffendent & facent deffendre de toutes injures, violences, griefs, oppressions, de force d'armes, de puissance de Lays & de toutes ynquietations, en venant à ladite Ville de Paris, [k] à tous leurs poissons dessusdiz, en estant & demourant en ladite Ville pour vendre leursdiz poissons & harens dessusdiz, [l] en estant en ladite Ville pour vendre leursdiz poissons & harens & autres [m] possons & [n] faisant leurs marchandises, & en retournant de-là à la mer, & ne sueffrent que aucunes injures ou nouvelletez leur soient faites en leurs personnes ne en leurs biens, & leur facent donner bon & loyal [o] asseurement selon la coustume du païs, des personnes desquelles il le requerront, & que nostre presente Sauve-garde facent signifier & publier en touz les lieux, & signifier à toutes personnes dont il seront requis, & si comme il appartendra, en defendant & faisant defendre estreitement de par Nous, sur certaines & grans paines à appliquier à Nous, à toutes les personnes dont il seront requis, que ausdis supplians ou à aucun d'eulx, à leur [p] maisnie, familiers, ne à leurs biens ne messfacent ou facent messaire en aucune maniere, en venant à Paris, demourant à ladite Ville, ou en retournant, comme dit est. Et se il treuvent aucunes violences, injures, oppressions ou nouvelletez indeues estre ou avoir esté faites ou prejudice de nostre Sauve-garde & desdiz supplians, qu'il les ramainent ou facent ramener & mettre sans delay au premier estat & deu, & adjournent ou facent adjourner les injuriateurs, [q] violeurs ou trespasseurs de nostre presente Sauve-garde & des choses dessusdites, de quelconques estat que il soient ou usent, à certain & competent jour ou jours, pardevant le Prevost de Paris qui est à present ou ceulx qui pour le temps avenir seront, deputé naguaires par [r] Arrest de nostre Parlement, Conservateur, Gardien & Commissaire general sur le fait de ladite marchandise, ou son Lieutenant, pour respondre sur les choses dessusdites & les despendences d'icelles, à nostre Procureur & ausdiz Marchans & Voituriers à qui il pourra toucher ou à leur Procureur & pour proceder en oultre, si comme raison [s] donra, en certifiant souffisament audit jour ou jours nostredit Conservateur ou Lieutenant des adjournemens que faiz auront, & de tout ce que il trouveront avoir esté fait des choses dessusdites: Ausquels Conservateur ou son Lieutenant Nous mandons que sur les choses dessusdites & chascunes d'icelles, il facent aus Parties bon & brief acomplissement de Justice, non-obstant quelconques allegations frivoles, subterfuges ou delais, & Lettres subreptices empetrées ou à empetrer au contraire. Et pour ce que nos presentes Lettres ne pourroient par aventure estre [t] exibées ou presentés par chascun desdiz Marchans & amenans poissons & harens à Paris, pour les empesche-

a *sans leur en payer le prix.*

b *batant.*

c *presomptions.*

d *repugnent & cessent.*

e *environ.*

f *Ces mots doivent se rapporter à ceux qui maltraitent les Vendeurs de Marée.*

g *repairant:* retournant.

h *sous.*

i *donnons.*

k *a*, signifie quelquefois *avec.*

l *repetition inutile.*

m App. *poissons.*

n *faisant leur commerce.*

o *Voy. p. 264. Note (b) & p. 403. Note (c)*

p *domestiques.*

q *violateurs.*

r *Voy. cy-dessus, p. 558. Note (a)*

s *donnera, sera.*

t *monstrées.*

mens des [a] voies, Nous voulons & mandons que plaine foy soit adjoustée au *Vidimus* ou transcript d'icelles Lettres seellées du Seel de nostre Chastellet de Paris, tout aussi comme à l'Original d'icelles. Et pour les choses dessusdites plus diligemment executer, Nous voulons que ledit Conservateur depute ausdiz Marchans & amenans poissons & harens, à leurs serviteurs, familiers & à leur Procureur & à chacun d'eulx, un ou plusieurs de noz Sergens, si & toutteffoiz qu'il le requerront; lesquelz toutesvoies ne s'entremettent de chose qui requierre cognoissance de Cause: Et que ce soit ferme chose & estable, Nous avons fait mettre nostre Seel à ces presentes: sauf en autres choses nostre droit, & l'autrui en toutes. *Donné à Paris, l'An de grace mil trois cens soixante & un, ou mois d'Avril, souz le Seel de Chastellet de Paris, en l'absence du grant.*

a chemins.

Par le Conseil, estant à Paris.
G. DE MONTAGU.

Erant in Consilio Domini Archiepiscopus Senonensis, Episcopus Nivernensis & Cancellarius Normanie.

Veue, corrigée & leuë en Parlement.
G. DE MONTAGU.

JEAN I.er & selon d'autres, Jean II. à Paris, en Avril 1361.

(a) Lettres qui permettent aux Marchands forains de Marée & aux Voituriers, de s'assembler pour eslire quatre personnes, lesquelles imposeront en leur nom, & leveront sur eux les sommes necessaires pour la poursuite de leurs procès.

JEHAN &c. Savoir faisons à touz presens & avenir, que comme par vertu des Lettres de feu nostre très cher Seigneur & [b] Pere dont Dieu ait l'ame, & des nostres, il ait esté pieça ordené, defendu & crié publiquement en nostre Ville de Paris & ailleurs par nostre Royaume, que aucuns pour quelconques [c] garnisons ne pour quelconques autres causes, ne preist ou arrestast, feist prendre ou arrester les chevaux, harnoys, poissons de mer & harens des Marchans forains de poisson de mer, & les Voituriers frequentans nostre Ville de Paris ou d'aucuns d'eulz, en allant & venant en ladite Ville de Paris à la mer & estans en ycelle; & se il avenoit que aucuns preneurs ou deputez sur ce pour quelconques noz garnisons ou d'autres de quelconques estat ou condition que il fussent, contre noz Ordenances & deffenses dessusdites, preissent ou arrestassent les corps, chevaux, harnois & poissons desdiz Marchans & Voituriers, que à yceulx preneurs ne feust en riens obey, & que les desobeissans ne fussent [d] traiz à emcinde envers Nous, ne molestez en [e]: & il soit ainssi que pour * que plusieurs Prelas, Barons, Chevaliers, Religieulx & autres [f] soubz l'ombre de ce qu'il disoient eulz avoir pouvoir ou Privilege d'arrester & prendre les poissons desdiz Marchans en leurs terrez & Juridictions [g] à ladite Ville, & pour pris [h] voulentaire, prennoient ou faisoient pieça prendre & arrester par leur force les corps, chevaux, harnois & poissons desdis Marchans & Voituriers en venant à ladite Ville, & estans en ycelle, si comme il leur plaisoit, sans voloir faire sur ce satisfaction ausdiz Marchans & Voituriers en [i] despeçant & deronptant les paniers esquieux lesdis poissons estoient apportez: pour laquelle cause la moitié des paniers de poisson qui par lesdiz Marchans & Voituriers estoient chargez en [k] un jour pour apporter à Paris, n'y povoient souventesfois estre apportés pour raison desdites [l] prisez & arrez: & pour

b *Voy. cy-dessus, p. 561. Note (b)*

c *provisions.*

d *tirez, condamnez.*

e *en ce.*

* *ce.*

f *sous.*

g *venans.*

h *volontaire:* à leur volonté.

i *mettant en pieces & rompant.*

k Cela veut peut-estre dire, *chaque jour.*

l *prises.*

NOTES.

(a) Tresor des Chartres, Registre 91. Piece 387.

JEAN I.er & selon d'autres, Jean II. à Paris, en Avril 1361.

ce que plusieurs Marchans, Voituriers & familiers, qui avoient, sur la seurté de nosdites Ordenances & defenses, aucune fois resisté, & [a] rescouz leurs poissons & autres biens contre [b] eulx qui [c] s'enforceroiet de les prendre, avoient esté par plusieurs foiz adjornez devant les Maistres de nostre Hostel & des Hostieux de noz Enfans, de noz Connestablez, Mareschaux & d'autres, & [d] alieurs; pour laquelle cause il leur [e] convenu avoir & ont très [f] gant quantité [g] des Causes & procez tant en nostre Parlement comme alieurs, & leur [h] eschient, ou pourroient eschoir & avoir de jour en jour, par quoy il leur a convenu & convendra faire grans mises & despens tant en Avocas comme Procureurs & Escriptures, impetrations de Lettres, Huissiers de Parlement & autres noz Sergens; que il a convenu & [i] covient de jour en jour aler par plusieurs & diverses parties de nostre Royaume, pour occasion desdites prises & empeschemens, & oir plusieurs autres choses, lesquelles ont esté [k] demenées du temps de nos Predecesseurs & de Nous aus communs despens de ladite marchandise : pour lesquelles choses [l] *graiden.* soustenir, il sont en grans debtez pardevers leur Conseil & ailleurs pour le temps passé, & parquoy ils sont en peril de leursdites causes, lesquelles se il estoient ainsi, il [m] converoit que eulx en la plus grant partie delaissassent du tout à venir en ladite Ville, & aussi ne poroient bonnement poursuivre leurs causes & besoignez ou temps avenir, si comme il dient : Si Nous ont humblement supplié lesdiz Marchans & Voituriers, que sur ce leur veillons pourveoir de remede convenable & gracieux. Nous voulans pourveoir sur les choses dessusdites, & volans lesdites Ordenances & deffenses estre gardées sanz enfraindre, pour le bien commun de nostredite Ville de Paris, voulons & ordenons de nostre puissance & auctorité Royaul & grace especial, que dores-en-avant, appellé avec eulx un de noz Sergens ou un autre Commissaire tel comme le Prevost de Paris qui est à present & ceulx qui pour le temps avenir seront, lequel est & a esté nagaire ordené par [n] Arrest de nostre Parlement Conservateur, Gardien & Commissaire general sur le fait de ladite marchandise, ou leurs Lieuxtenant, leur vouldront bailler, il se puissent assambler par plusieurs jours selon ce que il se vouldront à ladite Ville, pour faire & eslire quatre hommes d'eulx mesmez, lesquieulx appellez avec eulx le Conseil de ladite Marchandise, & des dessusdiz Marchans forains & Voituriers, [o] ce que bon leur semblera, [p] puissant prendre & eslire voye prouffitable pour imposer, cueillir & lever sur lesdiz Marchans, Voituriers & ladite Marchandise, chose qui puisse & doye soufire pour garder leursdites causes & celles qui leur eschéent de jour en jour, ou escharront de * pour le temps avenir, pour paier leur Conseil & faire toutes les [q] mises qui leur convient & convindra faire sur ce, & paier ce que il doivent pour le temps passé [r] à la cause dessusdite, & savoir les Estas de leurs causes pour accroistre & amenuisier leur conseil & faire procurations nouvelles, se il le convient : & avec ce voulons & leur octroyons que de trois ans en trois ans, il se puissent asambler, present ledit Sergent ou Commissaire, pour savoir leur Estat & de leurs causes, comme dit est : Si mandons & commettons audit Conservateur qui à present est, & ceulx qui pour le temps avenir seront, ou à leurs Lieuxtenans, que tout ce qui par les quatre hommes dessusdiz ainsi esleuz, pris leurs semens que bien & loyaument il regarderont & pourverront aus choses dessusdites au prousit desdiz Marchans, Voituriers & de ladite Marchandise pour le bien commun, sera fait & ordenné [s] imposé, & pardevers eux rapporté ou envoyé enclos soubz leurs Seaulx, facent executer, tenir & garder sanz enfraindre : & pour ce que les dessusdiz Marchans & Voituriers sont de plusieurs & diverses parties de nostre Royaume & d'aileurs, & ne pourront mie sitost faire ne auront fait les choses dessusdites, mandons & commettons audit Conservateur ou à son Lieutenant, que cependant, appellé avecques lui le Conseil de ladite Marchandise & des Marchans forains [t] Voituriers, par qui les causes d'icelles ont esté [u] demenées ou temps passé, tant & en tel nombre comme bon lui samblera, pourvoie & impose sanz aucun delay [x] & sur lesdiz Marchanz, Voituriers & ladite marchandise, tout ce que il verra qui sera à faire pour soustenir leursdites causes & Privileges & nosdites Ordenances; & tout ce que par lui aura esté pourveu, ordenné & imposé, face par

a *repris par force.*

b *ceux.*

c *s'efforçoient.*

d *ailleurs.*

e *a.*

f *grande.*

g *de.*

h *tombent, arrivent.*

i *convient.*

k *conduites, faites.*

l *Ce mot est corrompu.* Peut-estre faut-il lire, *grandement.*

m *conviendroit.*

n *Voy. cy-dessus, p. 558. Note (a)*

o *ceux.*

p *puissent.*

* *Il y a entre ces mots* de & pour, *une espece d'J majuscule. Je ne sçais ce qu'elle signifie.*

q *dépenses.*

r *pour.*

s *&.*

t *&.*

u *conduites.*

x *&* est inutile.

les dessusdiz Marchans & Voituriers ou leurs deputé, recevoir, cueillir & lever sur lesdiz Marchans & Voituriers de ladite marchandise, pour tourner & convertir ès choses dessusdites tant seulement : lequel receveur ou deputé sera tenuz de rendre compte des receptes & [a] mises que il aura faites, au dessusdiz Marchans, Voituriers ou à leurs deputez, touttesfois que il en sera requis, presens à ce l'un de noz Sergenz ou Commissaire dessusdit deputé par ledit Conservateur sur ce : Et que ce soit ferme chose & estable à touzjours, Nous [b] fait mettre nostre seel à ces presentes : Sauf en autres choses nostre droit, & l'autrui en toutes. *Ce fut fait & donné à Paris, l'An de grace mil trois cens soixante & un, ou mois d'Avril, soubz le seel de nostre Chastellet de Paris en l'absence du nostre grant.*

Par le Conseil estant à Paris. G. DE MONTAGU.

a *dépenses.*

b *avons.*

(a) MCCCLXII.

(a) Suivant M. Du Cange dans son Glossaire au mot *Annus*, cette année commença le 17. d'Avril & finit le 2. d'Avril.

JEAN I.er & selon d'autres, Jean II. à Paris, le 14. de May 1362.

(a) Commission pour faire une nouvelle division de Feux, dans les Seneschaussées de Toulouse, de Carcassone & de Beaucaire, & pour faire compter les Receveurs.

JOANNES Dei gratia Francorum Rex : Universis præsentes Litteras inspecturis, Salutem. Notum facimus quod intellecto nuper conquerentibus quampluribus Communitatibus Villarum tam clausarum quam non clausarum, Senescalliarum Tolosæ, Carcassonæ & Bellicadri, quod ab illo tempore citra quo [c] *focci earumdem Senescalliarum penitùs computati & ordinati fuerunt, (b) ad finem* [d] *& juxta numerum focorum hujusmodi, subsidium quod quavis de causa concederetur, in eisdem Senescalliis* [e] *divideuter solvendum faciliùs, & citiùs atque promptius levaretur, quo tempore* [f] Subcidiorum *partium earumdem equè tutè extra fortalitia sicut in eisdem morabantur, in tranquillitate* [g] *viventibus, guerrarum discrimina non timentibus, quotiens per fogagia subsidium aliquod ad hostes vitandos & propulsandas guerras, aliisve de causis concessum extitit in partibus eisdem, opportuit huc usque dictos conquerentes illud juxta numerum focorum hujusmodi solvere ; quamquàm villæ prædictæ habitatoribus tunc earumdem tunc propter guerras quam posteà* [h] *sustitarunt, & aliàs diu fuerint & sint pro majori parte procul dubio destitutæ. Insuper audito quod nonnulli Receptores Impositionum, Talliarum & Subventionum aliarum* [i] *inditarum & perceptarum in Villis & locis earumdem Senescalliarum, pro construendis & reparandis fortalitiis, & suportandis aliis oneribus earumdem, nondùm de receptis*

c *Il y a* foci *dans la 2.e Copie. Voy. sur les* Feux, *cy-dessus, p. 337. Note (b)*

d ut.

e *Il y a* dividerct *dans la 2.e Copie, il semble qu'il faille* divideretur.

f *Il semble qu'il devroit y avoir là* Habitatores.

g *Il y a* viventes & timentes, *dans la 2.e Copie.*

h *Fort.* sustinuerunt.

i indictarum.

NOTES.

(a) On a envoyé de Montpellier, deux Copies de ces Lettres : la 1.ere avec cette Indication : *Languedoc, Armoire A. N.o 9. fol. 21. verso* : & la 2.e avec cette Indication : *Seneschaussée de Nismes en general, Armoire d. Liasse 17. des Actes ramassez, N.o 2. fol. 21. verso.*

(b) Ad finem & , &c.] Depuis ces mots jusqu'à ceux-cy, *Insuper audito, &c.* le texte est corrompu en plus d'un endroit. On entrevoit cependant qu'elle est la suite du sens. Le voicy : Lorsque l'on a partagé les Seneschaussées de Toulouse, de Carcassone & de Beaucaire en Feux, pour la levée des Imposts, les habitans de ces Seneschaussées, soit ceux qui demeuroient dans les Villes, soit ceux qui habitoient dans les Campagnes, vivoient dans la tranquillité, dans la paix, [& dans l'abondance,] & ils ont esté en estat de payer leur quote-part des subsides qui ont esté imposez sur les Feux. Mais depuis quelque-temps leurs Villes ayant esté dépeuplées par les malheurs de la guerre, ils ne peuvent plus payer la méme quote-part, & ils demandent qu'on fasse une nouvelle division de *Feux*.

JEAN I.er & selon d'autres, Jean II. à Paris, le 14. de May 1362.

hujusmodi computarunt; unde possunt magnam partem receptarum retinuisse, & suis privatis applicasse commodis, sicut est verisimiliter supponendum, in ipsorum conquerentium & Villarum non modicum detrimentum: Nos volentes hiis morbis ad nostri & subditorum nostrorum indemnitatem, celeri remedio providere, dilectis & fidelibus nostris Petro Scatisse Thesaurario nostro, Nicolao [a] *de Lectis Militi, Magistro & Inquisitori Aquarum & Forestarum nostrarum Linguæ Occitanæ, Magistro Gaufrido Palmerii Advocato nostro Senescalliæ Bellicadri & Nemausi, & Guilhelmo de Marchenis, de quorum industriis, fidelitate & diligentia confidimus, mandamus & committimus per presentes, ut ipsi quatuor vel tres eorum, quorum eumdem Thesaurarium nostrum vel deputatum suum ad hoc, volumus esse tertium, in Villis & locis earumdem Senescalliarum, quæ unum Mutonem Auri pro foco quolibet sub antiquo numero Villarum ipsarum & locorum solvere voluerint, pro numerandis focis præsentibus earumdem, focos prædictos numerent de novo, vel faciant numerari, sub eodem numero inantea remansuros, ad eo quod subsidiis quibuscumque rationibus vel causis de cetero per focagia* [b] *facienda ibidem, juxta novum numerum prædictum contribuant, habitatores earum in contrarium nullathenus* [c] *compellendum: compotaque* [d] *receptaverint Impositionum, Talliarum & Subventionum aliarum prædictarum, pro construendis & reparandis fortalitiis, & supportandis aliis oneribus Villarum prædictarum, in eisdem Villis & locis* [e] *levaturum, audiant, corrigant &* [f] *emendant, compellendo viriliter Receptores prædictos & eorum quemlibet, ad reddendum* [g] *compotos de præmissis, per captionem & detemptionem corporum, venditionem & explectationem bonorum suorum, & aliàs prout rigidiùs fieri poterit, & ad solvendum Nobis seu Thesaurario nostro prædicto, loco & nomine nostris,* [h] *restas quas per fines Compotorum suorum hujusmodi debentur, ad propulsandos hostes & evitandas guerras, ad securitatem Patriæ & subditorum & non alibi, convertendas,* [i] *componantque super præmissis vel aliquibus præmissorum, sic & prout industriis eorum videbitur faciendum: & Litteras suas opportunas super actis in præmissis per eos, fieri faciant, quas & acta hujusmodi quæcumque per eos aut quatuor vel tres eorumdem, ut præmittitur* [k]*, habere volumus perpetuam roboris firmitatem, approbabimusque & confirmabimus per nostras Litteras, & per Cameram Compotorum nostrorum transire & expediri faciemus, dum fuerimus requisiti: dantes & concedentes eisdem, & quatuor aut tribus eorumdem, quorum Thesaurarium nostrum vel deputatum suum, volumus semper esse tertium, ut præfertur, plenariam potestatem & speciale mandatum præmissa omnia & dependentia ex eisdem, faciendi & exercendi auctoritate nostra Regia quam eisdem super hoc tribuimus per præsentes: Mandantes Universis Senescallis & aliis Justiciariis, Officiariis & subditis nostris partium earumdem, quatenùs eisdem Commissariis nostris, quatuor vel tribus eorumdem, in præmissis & ea tangentibus, pareant & intendant, prestentque auxilium, consilium & favorem quotiens fuerint requisiti. In cujus rei testimonium, nostrum præsentibus Litteris fecimus apponi sigillum.* Datum Parisius, die quatuor-decima Maii, Anno Domini millesimo trecentesimo sexagesimo-secundo.

Pro Rege. YVON.

[a] Leccis, *seconde Copie.*

[b] faciendis.

[c] compellendo, *seconde Copie.*

[d] receptarum, *seconde Copie.*

[e] levatarum, *seconde Copie.*

[f] emendent.

[g] Compotos, *seconde Copie.*

[h] les restes, le reliquat.

[i] Voy. cy-dessus, p. 130. Note *(u)*

[k] facta.

JEAN I.er & selon d'autres, Jean II. à Paris, le 14. de May 1362.

(a) Lettres sur la Jurisdiction des Maistres des Eaux & Forests.

JOANNES Dei gratia Francorum Rex: Senescallis Tolosæ, Carcassonæ & Bellicadri, cæterisque Officiariis Regni nostri, vel eorum Loca-tenentibus, Salutem. Cum in Ordinationibus per Nos & nostros Predecessores editis, super facto seu Officio Aquarum

NOTES.

Ces Lettres ont esté envoyées de Montpellier avec cette Indication : *Languedoc, Armoire A.* N.° 45. *fol.* 33. *verso.*

Dans la Table Chronologique des Ordonnances, imprimée en 1706. *in* 4.° à la p. 22. il y a après le Titre de ces Lettres : *Nota.* Elle est inserée dans un *Vidimus* d'Edouard de Pompedorio. *Forte* Pompadour.

JEAN I.er & selon d'autres, Jean II. à Paris, le 14. de May 1362.

& Forestarum Regni nostri, inter alia contineatur, quod nulli Senescalli, Ballivi, Præpositi, Vicarii aut alii Officiales quicumque, de causis seu factis ad Officium Forestarum & Aquarum pertinentibus quomodolibet, & ea tangentibus, dependentiis seu adjacentiis [a] corumdem se aliqualiter intromittere aut cognoscere præsumant; & si aliquas Causas hujusmodi occupaverint, vel de eis cognoscere inceperint, Causas ipsas & Partes nostris Magistris Aquarum & Forestarum remittere incontinenti teneantur: qui Magistri nostri de prædictis cognoscent, ordinabunt & diffinient prout eis videbitur rationabiliter faciendum: & noviter ad nostri notitiam devenerit fide dignorum relatu, quod vos seu alter vestrum interdùm de causis & factis prædictis cognoscere, & vos intromittere, ac nostros Magistros in & circa præmissa diversimodè impedire & perturbare [b] nitimi ad Partium instantiam vel aliàs, prætendendo vos Senescallos tamquàm Præsidentes Provinciarum seu Senescalliarum prædictarum hoc facere posse, potissimè quia aliquotiens asseritis ipsos Magistros nostros abuti Officiis suis, ex quibus Nos quamplurimùm in jure nostro [c] ledimus, & lesi fuimus temporibus retro-lapsis: Officiumque Magistrorum nostrorum prædictorum impeditum extitit & quotidiè impeditur, & contrà delinquentes in Forestis & Aquis prædictis vel dependentibus earumdem, ultio debita, occasione prævia, ac Emendæ condignæ fuerunt minimè subsecutæ, in Justitiæ & Reipublicæ læsionem, ac infractionem Ordinationum prædictarum: super quibus salubriter providere, & Ordinationes prædictas servari inviolabiliter cupientes, vobis & vestrum cuilibet præcipimus & mandamus tenore præsentium inhibentes, quatenùs de aliquibus causis civilibus vel criminalibus, factis seu Officiis Aquarum seu Forestarum prædictarum seu dependentibus [d] emergentibus ex ipsis, seu earum occasione quomodolibet tangentibus, cognoscere, intromittere vel procedere qualitercumque ad Partium instantiam, ex Officio seu aliàs, etiam pretextu dicti abusus, ac dictos Magistros nostros seu eorum Curiam circà hoc impedire aut in Causam trahere nullatenùs præsumatis: Et si quæ Causæ hujusmodi coram vobis seu vestrum altero, incoatæ fuerint, eas in quocumque statu existant, dictis nostris Magistris seu eorum altero, a quo seu quibus primitùs fueritis requisiti, & qui Officium suum in partibus illis exercebunt, illicò morâ, diffugiis, allegationibus & excusationibus quibuscumque cessantibus, una cum Partibus quas tanget, remittatis: super quibus ordinari, cognosci & decidi per ipsos nostros Magistros seu ab eis deputatos dumtaxat, volumus & jubemus, prout eis visum fuerit rationabiliter faciendum: decernentes ex nunc irritum & inane quidquid contra prædicta contingerit attemptari. Nihilominùsque, ut præmissa inviolabiliter observentur, volumus, concedimus & mandamus nostris Magistris prædictis, vel eorum Loca-tenentibus & eorum cuilibet in solidum, si necesse sit, comittendo, ut vos & vestrum quemlibet & quoscumque alios quos reperire contingerit, aliqua facere seu attemptare contra prædicta vel eorum aliqua, [e] ut eorum observantiam, & [f] cessando ab impedimento & turba quibuscumque super prædictis & ea tangentibus, per indictiones & declarationes pœnarum, & per alia remedia opportuna, viriliter & rigide compescant: Nam à vobis & a quibuscumque Nobis subditis, eisdem Magistris nostris vel eorum Loca-tenentibus & eorum cuilibet in solidum, super præmissis & ea tangentibus pareri volumus & jubemus, appellationibus, recusationibus, oppositionibus, subterfugiis & cavillationibus, ac Litteris impetratis vel impetrandis in contrarium nonobstantibus quibuscumque: [g] quam præmissa sic fieri volumus de nostra scientia, & ex causa. Datum Parisius, die decima-quarta Maii, Anno Domini millesimo trecentesimo sexagesimo-secundo.

Per Regem, ad relationem Consilii. [h] FERRICLUS.

[a] earumdem.

[b] nitimini.

[c] lædimur.

[d] &.

[e] aut.

[f] Cet endroit me paroist corrompu.

[g] quæ.

[h] Ferricus.

JEAN I.er & selon d'autres, Jean II. à Paris, le 20. May 1362.

(a) Mandement qui porte que l'on recevra les renonciations que les Maîtres particuliers des Monnoyes d'Argent voudront faire de leurs Offices, & que l'on conservera deux Gardes dans les Monnoyes d'Or.

JEHAN par la grace de Dieu Roy de France : A noz amez & feaulx les Generaulx-Maistres de noz Monnoyes, Salut & Dilection. Nous avons entendu & sommes plainement informez par aucuns des Gens de nostre grant Conseil, que parce que noz Monnoyes ont esté & sont encores en chomage, les Maistres particuliers qui les tiennent à ferme, ont volu & veullent renoncer à icelles pour les grans despens qui leur fault maintenir & supporter pour les Officiers d'icelles, & sont aucuns d'iceulx Maistres particuliers qui ont & prennent sur Nous grans sommes [a] d'Argent pour iceulx despens faire ausdiz Officiers, toutesfois que les Monnoyes qu'ilz tiennent ont esté & sont en chomage, en laquelle chose Nous pourrions avoir grant doumaige ou temps advenir, mesmement que le prouffit que Nous avons & prenons en nosdites Monnoyes, ne pourroit pas souffire ausditz despens. Et par ce avons ordonné par grant deliberation, & voulons & vous mandons que tous iceulx Maistres particuliers qui tiengnent noz Monnoyes d'Argent, qui viendront pardevers vous pour renoncer ausdites Monnoyes, vous les prenez & recevez à ladite renonciation purement & simplement : Et après icelle renonciation faicte, ne leur comptez aucuns despens pour les Officiers, mais faictes clore icelles Monnoyes d'Argent, ou cas que iceulx Maistres ne les voldroient tenir ouvertes à leur despens : & quant aux Monnoyes où l'en a accoustumé à faire ouvrage d'Or, faictes y demourer une Garde seullement aux despens du Maistre, & que l'autre Garde y laisse ung Lieutenant de la Ville souffisant & convenable, qui aura les clefz & sera present à veoir faire les delivraisons, toutesfois que l'en [b] ouvrera Or, sans ce qu'il ait aucuns gaiges ou despens. Et pour ce que Nous ne voulons pas donner congié à l'un desdits Gardes [c] ne que à l'autre, Nous voulons qu'ilz servent par mois ou par [d] temps à vostre Ordonnance, ainsi que vous verrez que bon sera à faire. *Donné à Paris, le vingtieme jour de May, l'An mil trois cens soixante-deux.*

Par le Roy, à la relacion du Conseil estant en la Chambre des Comptes. MARUEIL.

[a] *Voy. cy-dessus, p. 531. le Mandement du 23. de Novembre 1361.*

[b] *fabriquera.*

[c] *ni.*

[d] *pendant un certain temps reglé par vostre Ordonnance.*

NOTES.

(a) Registre D. de la Cour des Monnoye de Paris, *fol.* 105. *recto.*

Avant ce Mandement, il y a :

Le 20.e jour de May 1362. fut apperé en la Chambre des Monnoyes, ung Mandement du Roy, duquel la teneur s'ensuit.

Mandement pour recevoir à renonciation aucuns Maistres particuliers.

JEAN I.er & selon d'autres, Jean II. à Paris, en May 1362.

(a) Lettres portant que l'Abbaye de S.t Austremoine d'Issoire ressortira pardevant le Bailli de S.t Pierre-le-Moustier.

JOHANNES Dei gratia Francie Rex. Notum facimus universis presentibus & futuris, quod cum nuper Nos certis rationibus & causis [e] *induti, carissimo Filio nostro Johanni Ducatum Bitturie & Alvernie pro se & heredibus suis, duxerimus concedendum, retentis Nobis & successoribus nostris Regibus, inter cetera Gardiis Ecclesiarum Cathedralium, cum aliis Juribus Nobis competentibus in eisdem, & aliarum Ecclesiarum de*

[e] inducti.

NOTES.

(a) Tresor des Chartres, Registre 91. Piece 326.

Reg...

Regali fundatione existentium, Regaliisque earum ac collationibus Beneficiorum Ecclesiasticorum de fundatione Regia existentium, cum aliis Juribus Nobis competentibus in eisdem, prout in Litteris dicte donationis & concessionis per Nos facte, plenius continetur: Et dilecti nostri Abbas & Conventus (b) Sancti Austremonii Yssiodori, Ordinis Sancti Benedicti, Claromontensis Diocesis, de fundatione nostra Regia existentes, prout per ipsos Nobis extitit plenarie facta fides, sint & fuerint tam in capite quàm in membris, cum eorum possessionibus, hominibus de corpore, Juridictionibus & aliis bonis suis universis in quacunque parte dicti Regni nostri existentibus, in & sub nostra protectione & Gardia speciali, Predecessorumque nostrorum Regum Francie, semperque in omnibus casibus ressorti & superioritatis, ad Judices & Officiarios nostros in solidum habuerint ressortiri, & suum absque medio noscantur habere ressortum coram dictis [a] Justiciarii & Officiariis nostris: Et quia timent ne pretextu dicte donationis seu concessionis facte de dicto Ducatu Biturie & Alvernie, infra cujus metas Monasterium dictorum Abbatis & Conventus, ceteque terre, Ville, possessiones & bona eorumdem sunt inclavate, controversia seu debatum oriatur in futurum super ipsarum superioritate & ressorto, non-obstante predicta retentione, ipsique Abbas & Conventus hujus pretextu, possent laboribus & expensis fatigari: Nos igitur Predecessorum nostrorum vestigia sequi ac retentionem in dicta donatione factam, suum effectum sortiri volentes (c) [attendentes Litteras super dicta donatione seu concessione factas, penes dictum Filium nostrum & non penes dictos Abbatem & Conventum existere,] tenore presentium ex certa scientia declaramus per presentes, nostre intentionis semper esse & fuisse ante dictam donationem & eam faciendo ac etiam post eam jam factam, ut dicti Abbas & Conventus tam in capite quam in membris, tam conjunctim quam divisim, cum eorum Officiariis, familiaribus, Justiciabilibus & Subditis, Villis, Domibus, Maneriis, Juridictionibus, Juribus & hominibus de corpore, & omnibus eorum bonis ubicumque in Regno nostro existentibus, ad dictum Abbatem & Conventum, tàm conjunctim quàm divisim, ad causam dicti Monasterii spectantibus, in nostra successorumque nostrorum Regum Francie protectione & salva speciali Gardia perpetuo sint & remaneant, & coram dictis Officiariis nostris, & non aliis cujuscumque status, conditionis, potestatis seu dignitatis existant, immediate habeant ressortiri, traditione, concessione seu donatione dicto Filio nostro de dicto Ducatu Biturie & Alvernie, aut quibuscunque terris & possessionibus dicti Regni nostri factis seu etiam cuicunque alteri faciendis, in toto vel in parte, non-obstantibus quibuscunque: ipsosque & eorum quemlibet, à dicti Filii nostri & ejus Justiciariorum & Officiariorum & Gentium ressorto & Juridictione eximimus, & volumus per presentes exemptos esse in casu predicto: (d) Ordinaciones ut predicti Abbas & Conventus tàm in capite quàm in membris, pro se & suis terris, possessionibus & bonis quibuscunque ac Officiariis & Subditis ipsorum, coram Baillivo & Preposito nostris de [b] Sancti Petri Monasterio presentibus & futuris, vel eorum Loca-tenentibus, (e) aut ipsorum altero qui sunt propinquiores Justitiarii nostri eorumdem ad sedem ejusdem loci, de cetero ressortiri teneantur, prout ad sedes quas in dicto Filio nostro translulimus, ut prefertur, ante dictam translationem ressortiri consueverant, donec de alio Regio ressorto congruo per Nos eisdem fuerit provisum: Inhibentesque tenore presentium dicto Filio nostro, omnibusque suis Justiciariis & Subditis, successoribusque suis & aliis quibuscunque Regni nostri subditis, eorumque Loca-tenentibus modernis & futuris, & ipsorum cuilibet, ne predictos Abbatem & Conventum contra tenorem presentium [c] inquietent, impediant aut molestent quovismodo; sed facta in contrarium ad statum pristinum

JEAN I.er & selon d'autres, Jean II. à Paris, en May 1362.

a Justiciariis.

b Saint Pierre-le-Moustier. Voy. cy-dessus, p. 327. Note (k)

c inquietent.

NOTES.

(b) *Sancti Austremonii.*] L'Abbaye de S.t Austremoine d'Issoire dans l'Auvergne. Voy. *Gall. Christ.* 2.e Edit. Tom. 2. p. 357.

(c) *Attendentes.*] Ce qui est entre deux crochets, n'est pas dans la Piece suivante, mais il est dans les deux qui suivent celle-là.

(d) *Ordinaciones.*] Il faut corriger *ordinantes* qui se lit dans des Lettres entierement semblables, accordées au Prieur de l'Auvergne de l'Ordre de S.t Jean de Jerusalem.

(e) *Aut ipsorum altero.*] Cela signifie que cette Abbaye pourra ressortir au Siege de celuy des Lieutenants du Bailly de Saint Pierre le Moustier, qui sera le plus voisin d'Issoire.

a Dans les Lettres suivantes il y a expeditione; mais c'est une faute.

& debitum reducant seu reduci faciant indilate & absque alterius [a] *expectatione mandati. Quod ut firmum & stabile perpetuo perseveret, sigillum nostrum Litteris presentibus duximus apponendum: Salvo in aliis Jure nostro, & in omnibus alieno.* Datum Parisius, Anno Domini millesimo trecentesimo sexagesimo-secundo, Mense Maii.

Per Regem, ad relationem Consilii. BARBE.

JEAN I.er & selon d'autres, Jean II. à Paris, en May 1362.

(a) Lettres portant que le Chapitre de Brioude ressortira doresnavant devant le Bailli de S.t Pierre-le-Moustier.

(b) J*OHANNES &c.*

Et dilecti nostri Prepositus & Capitulum Ecclesie (c) Brivatensis contigue Sancti Flori Diocesis, de fundatione nostra Regia existentes, prout per ipsos Nobis extitit plenarie facta fides, sint & fuerint tam in capite quàm in membris, &c.

NOTES.

(a) Tresor des Chartres, Registre 91. Piece 327.

(b) Johannes, &c. Ces Lettres sont precisement les mêmes, à l'exception du nom, que celles qui furent accordées le même jour à l'Abbaye de *S.t Austremoine d'Issoire*, & qui sont imprimées immediatement avant celles-cy. Il n'y a de plus dans celles-là, qu'une clause. [Voy. p. precedente, Note (c)] C'est pourquoy on n'a pas crû devoir faire imprimer celles-cy en entier, & l'on s'est contenté de faire imprimer le nom du Chapitre à qui elles furent données.

(c) Brivatensis.] C'est le Chapitre de *Brioude*, Ville située sur l'Allier dans la basse Auvergne. Ce Chapitre qui estoit autrefois une Abbaye, est très illustre; les Chanoines ont le Titre de Comtes, & ils font preuve de quatre degrez de Noblesse de chaque costé. Le Chapitre a esté Seigneur spirituel dans la Ville de *Brioude* jusqu'en 1677. que cette Ville a esté unie par une transaction à l'Evêché de *S.t Flour.* Voy. *Gall. Christ. 2.e Edit.* Tom. 2. p. 467.

JEAN I.er & selon d'autres, Jean II. à Paris, en May 1362.

(a) Lettres portant que le Prieur d'Auvergne, de l'ordre de S.t Jean de Jerusalem, ressortira doresnavant devant le Bailli de S.t Pierre-le-Moustier.

(b) J*OHANNES &c.*

Et Religiosus vir Prior Alvernie, Ordinis Sancti Johannis Jerusalem Claromontensis Diocesis, qui & ejus [b] *manbra tàm in capite quàm in membris, a fundatione ejusdem cum eorum possessionibus, hominibus de corpore, Juridictionibus & aliis bonis suis universis in quacunque parte dicti Regni nostri existentibus, sint & fuerint in & sub nostra protectione & Gardia speciali predecessorumque nostrorum Regum Francie, &c.*

b membra.

NOTES.

(a) Tresor des Chartres, Registre 91. Piece 283.

(b) Johannes, &c.] On n'a pas fait imprimer ces Lettres en entier, par la même raison qui a empesché de faire imprimer les precedentes. Voy. p. precedente, Note (c). La clause qui manque dans celles-là, se trouve dans celles-cy. Voy. *Ibid.*

(a) Sauvegarde pour l'Abbaye de Manlieu.

JEAN I.er & selon d'autres, Jean II. à Paris, en May 1362.

(b) JOHANNES &c.

Et dilecti nostri Abbas & Conventus Monasterii (c) Sancti Sebastiani Magni-loci Ordinis Sancti Benedicti Claromontensis Diocesis de fundatione nostra Regia existentes, prout per ipsos Nobis extitit plenarie facta fides, sint & fuerunt tam in capite quàm in membris cum eorum possessionibus, hominibus de corpore, Juridictionibus & aliis bonis suis universis in quacunque parte dicti Regni nostri existentibus in & sub nostra protectione & Gardia speciali, predecessorumque nostrorum Regum [a] *France, &c.*

a Francie.

NOTES.

(a) Tresor des Chartres, Registre 91. Piece 507.

(b) *Johannes, &c.* On n'a pas fait imprimer ces Lettres en entier, par la même raison qui a empesché de faire imprimer les precedentes. Voy. cy-dessus p. 569. Note (c) La clause qui manque dans celles qui regardent le Chapitre de *Brioude*, se trouve dans cellescy. Voy. *Ibid.*

(c) *Sancti Sebastiani Magni-loci.*] Cette Abbaye se nomme presentement *Manlieu.* Elle est située auprès de la petite Riviere d'*Allioul*, qui se décharge dans l'*Allier.* Voy. *Gall. Christ.* Tom. 2. p. 360. 2.e *Edit.*

(a) Privileges des Marchands de Portugal commerçans à Harfleur.

JEAN I.er & selon d'autres, Jean II. à Paris, en Juillet 1362.

A Paris, en Octobre 1350.

Philippe de Valois, en May & en Septembre 1341. [V. p. 378. Note (z)]

Jean Duc de Normandie, en Septembre 1341.

SOMMAIRES.

(1) Les Habitans du Portugal qui seront à Harfleur, seront francs pour eux & pour leurs marchandises, de toutes les coustumes & amendes appartenantes au Prevost de cette Ville.

(2) S'il s'éleve quelque contestation entre eux & les Habitans de la Ville, pourvû qu'elle ne soit point suivie de mort ou de blessure considerable, ils pourront estre cautions les uns des autres; & l'affaire sera portée en premiere instance, devant le Prevost de Harfleur.

(3) Dans le cas où il y a blessure legere, l'affaire sera acommodée par deux Bourgeois de Harfleur & deux Portugais, en prenant le conseil du Prevost de Harfleur.

(4) Le Bailly de Caux fera fournir des Maisons & des Magazins aux Portugais qui viendront à Harfleur, & le prix en sera fixé par deux Bourgeois élûs par les Portugais, & par deux Portugais élûs par deux Bourgeois. Le prix n'en pourra plus estre augmenté; à moins que celuy de toutes les maisons de la Ville n'augmente.

(5) Pour le fait de leurs marchandises & pour toutes leurs autres affaires, excepté les criminelles, ils ne seront tenus de répondre que devant le Prevost de Harfleur, & de-là par appel, où il appartiendra.

(6) Le Bailly ou les autres Justiciers leur feront payer ce qui leur sera dû, comme si c'estoit les debtes du Roy.

(7) Ils pourront establir des Courretiers qu'ils presenteront au Prevost: ils pourront aussi les destituer. Les Courretiers ne pourront estre ni Taverniers, ni Hosteliers, ni Marchands, si ce n'est du consentement des Portugais.

(8) Ils pourront se servir des poids de la Ville, & les confier à une personne convenable qu'ils presenteront au Prevost. Les poids resteront dans l'estat où ils estoient anciennement.

(9) Si les Voituriers, qui sont chargez du transport des denrées des Portugais, leur font quelque tort, ils en pourront estre punis par tous les Justiciers du Royaume, qui feront dédommager les Portugais des pertes par eux souffertes.

(01) Les Procès que les Portugais auront contre des Chevaliers, des Escuyers ou leurs Gens, seront portez devant le Prevost de Harfleur, le Vicomte [de Monstiervillers] *& le Bailly* [de Caux.]

(11) Le pavé de la Ville, les Quais & les issuës, seront mis en bon estat, afin que les Portugais puissent décharger & charger commodement leurs marchandises; sans que pour cet entretien ils soient tenus de payer aucuns droits.

(12) Les marchandises qu'ils auront données par compte aux Bateliers pour les transporter du Havre de Leure à Harfleur, leur seront renduës dans cette Ville.

(13) Le Prevost de Harfleur fournira des Vaisseaux aux Portugais, pour porter leurs

JEAN I.er & selon d'autres, Jean II. à Paris, en Juillet 1362.

marchandises; des Mariniers pour décharger les Vaisseaux; des bateaux pour mettre les marchandises, qu'il fera transporter à ses dépens, dans les maisons des Portugais à Harfleur.

(14) Si quelqu'un de leurs Valets se marioit, & recevoit chez luy des marchandises appartenantes à son Maistre, le Juge le fera arrester prisonnier jusqu'à ce qu'il les ait restituées; & lorsqu'elles l'auront esté, il les mettra entre les mains de deux Marchands Portugais qui les rendront à celuy à qui elles appartiennent.

(15) Lorsqu'un Portugais aura commis un delict, luy seul en portera la peine : il sera arresté prisonnier, & ses biens seront saisis; mais on ne saisira point ceux qui ne luy appartiennent pas, & distraction en sera faite par la declaration du Maistre de la maison où il demeure, & des associez du délinquant demeurans avec luy : & si cela ne suffit pas, on y joindra le temoignage de quelques autres Marchands Portugais.

(16) Les Portugais sont déchargez des amendes qu'ils pourroient devoir au Roy.

(17) Ils pourront demeurer à Harfleur tant qu'il leur plaira, & en sortir quand ils le voudront, sans payer ni coustume ni amende. Si quelqu'un d'entre eux doit quelque chose au Roy, les autres n'en seront pas responsables. Ils seront les Maistres de fixer le prix de leurs marchandises, comme ils le faisoient anciennement.

(18) Les Portugais pourront ordonner sur leurs biens, marchandises & franchises; mais ils ne pourront juger les procès, si ce n'est dans le cas porté par [l'Article 3.] de cette Ordonnance. Ils n'auront aucune Jurisdiction sur les sujets du Roy.

(19) Les Valets, [garçons ou facteurs] des Portugais, ne pourront obliger ni engager leurs Maistres, s'ils ne sont chargez de leur Procuration.

(20) Ceux qui trouveront [sur les bords de la Mer] des débris de Vaisseaux des Portugais [qui auront fait naufrage,] les mettront en sûreté, pour les rendre à ceux à qui ils appartiennent, s'ils sont presents; & s'ils sont absens, à quelques Marchands de leur nation, en recevant un salaire convenable pour leurs peines.

(21) Si les Portugais abordent au Port de Leure, ils y seront exempts de toutes coustumes & de toutes amendes.

Sommaires des Articles de l'Ordonnance qui est dans la Note (a).

(1) Les marchandises des Marchands de Portugal, ne seront point sujettes au droit de Prises.

(2) Les Marchands seront sous la protection du Roy & de ses Officiers.

(3) Ils ne seront point obligez de servir à l'armée, & ils seront exempts de toutes Impositions.

(4) S'il arrivoit une dispute entre le Roy & celuy de Portugal, les Marchands de Portugal ne seroient point inquietez à cette occasion, ni dans leurs personnes ni dans leurs biens, à moins que cette dispute ne fût arrivée par leur faute.

(5) Le Roy ou ses Gens ne pourront enlever leurs marchandises, que le prix n'en ait esté fait, & qu'il n'ait esté payé.

(6) Les contestations qui s'éleveront entre des Marchands Portugais, seront d'abord portées devant deux Marchands du Pays; & ce qu'ils auront decidé du consentement des Parties, sera executé par le Prevost de Harfleur: si ces deux Marchands ne peuvent accommoder les Parties, l'affaire sera portée devant le Prevost de Harfleur.

(7) Le Havre de Harfleur sera mis en bon estat, sans que les Marchands soient tenus de contribuer aux dépenses qui seront necessaires à cet effet.

(8) Ils ne payeront aucuns droits pour ce qu'ils vendront & ce qu'ils achepteront dans Harfleur.

(9) Ils pourront arrester & mettre entre les mains de la Justice, ceux qui voudront les voler, ou prendre leurs biens contre leur volonté, sans qu'ils puissent estre inquietez à cet effet.

JOHANNES &c. Notum facimus universis tam presentibus quam futuris, Nos vidisse Litteras nostras, formam que sequitur, [a] conten.

a continentes.

JEAN [b] ainsse Fliz du Roy de France, Duc de Normandie, Comte d'Anjou & du Maine. Savoir faisons à tous presens & à venir, Nous avoir veu les Lettres de nostre

b ainsné Fils de Philippe de Valois, & son Successeur.

NOTES.

(a) Tresor des Chartres, Registre 91. Piece 299.

Il y a dans le 2.e Vol. des Ordonn. p. 157. des Lettres de Philippe de Valois du mois de May 1341. qui confirment d'autres Lettres de Philippe le Bel, données en Janvier 1309. en faveur des Marchands de Portugal commerçans à Harfleur, & qui y adjoustent de nouveaux Privileges.

très-cher Seigneur & Pere, scellées en laz de soye & en cire vert, saines & entieres, si comme il appert de premiere face, contenant la forme qui s'ensuit.

JEAN I.er & selon d'autres, Jean II, à Paris, en Juillet 1362.

NOTES.

Ces deux Lettres sont conformes dans plusieurs Articles, à celles du Roy Jean.

On trouve au Tresor des Chartres, Registre 80. Piece 92. une Ordonnance du Roy Jean du mois d'Octobre 1350. dans laquelle sont *vidimées* les deux Ordonnances de Philippe de Valois, telles qu'elles sont dans cette seconde Ordonnance du Roy Jean, avec cette difference cependant, qu'entre l'Article 15. & l'Article 16. de la seconde, il y a dans le Registre 80. neuf Articles qui ne sont pas dans celuy-cy.

Nous avons crû devoir faire imprimer icy ces neuf Articles, avec le commencement & la fin de l'Ordonnance dans laquelle ils se trouvent.

Le Registre 80. a aussi servi à corriger plusieurs fautes qui sont dans le 91.

JOHANNES Dei gratia Francorum Rex. Notum facimus universis tam presentibus quam futuris, Nos vidisse Litteras inclyte recordationis carissimi Domini & Progenitoris nostri formam que sequitur, continentes.

PHILIPPE par la grace de Dieu Roy de France, &c.

(1) Item. Nous voulons que aucun Prelat, Baron, Chevalier, Escuyer, Religieuse personne d'Eglise & autres quex qu'il soient, ne praignent aucune chose des marchandises & biens des Marcheans & Gens dessusdits, se ce n'est par achapt & payement fait du gré & volonté d'iceux Marcheans & Gens.

(2) Item. Nous avons voulu & voulons que lesdits Marcheans & Gens soient gardez par Nous & nos gens, de toute force, violence & autres choses indûës vers tous & contre tous.

(3) Item. Nous leur octroyons que se Nous faisons faire aucune armée par [a] mere ou par terre, ou que ja faite fust, ou faissions ordener ou [b] allever, ou que ja fust allevée aucune maletote ou maletoutez, soit de quatre deniers pour livre que l'en paye des biens & marchandises que on [c] trait hors de nostre Royaume, ou pour vendre ou acheter ou pour entrer en nostredit Royaume, ou pour le [d] Chable de Leure ou de Harfleu, [e] taillier pour prest ou subsides, subventions ou impositions, ou pour autre cause qu'elle quelle soit à present, ou qu'il doie à venir, euls, tous leurs biens & leur nefs par tout nostre Royaume en soient frans & quittes.

(4) Item. Nous voulons que se il avenoit que aucun [f] contens ou descort fust en mer ou en terre, entre Nous & le Roy de Portigal & de Algarve, qui ja n'aviengne, ou entre nos Gens & les siens, soient Maistres mariniers, Sergans ou autres personnes, ou entre eus ou autres [g] d'ailleurs, leurs nefs, leurs biens & leurs avoirs ne soient pour ce empêchiez ne tenus pour aucunne cause; excepté ceulz & leurs biens, qui la male-façon feroient & voudroient que elle fust faite : dont se aucuns biens qui ne feroient à iceux malfaiteurs, estoient par avanture pour ce empeschiés, Nous voulons que sans procès, soient tantost delivrez par le serment des Gens dudit Pays.

(5) Item. Se Nous faisons prenre cire ou vitaille ou autres biens que il soient, des Marcheans & Gens dessusdits, Nous voulons que eux ne soient prins ne ostez de la main desdits Marcheans à qui il feront, jusques à tant que le marchié en soit fait avec eulz : & se nosdites Gens n'estoient du pris d'acort, qu'il soient prisées par le prix que ils [h] vouldront selon le tems : lequel prix soit tantost fait par le serement de deux Courratiers les plus suffisans de ladite Ville : & toutesvoies que les biens soient toûjours en la main d'iceulz a qui ils serout, jusques à tant que gré, satisfaction ou payement leur en soit fait.

(6) Item. Nous leur octroyons que en tous les cas que eux auront descort ou tençon par entre eulz soit de paroles ou de fait ou d'autres choses, [i] mais qu'il n'y ait mort ne [k] menhaing, eulz puissent élire par entre eux, deux des Marcheans de ladicte Cite du Port pour les oüir & mettre à accort : & ce qui sera accordé pardevant eux par le consentement des Parties, que ledit Prevost le fasse tenir & garder enterinement; & au cas où les Parties ne feroient à accort pardevant ceulz ainsi éleus, il Nous plaist que eux aillent devant ledit Prevost, & que il preigne le fait en l'estat où il sera devant lesdits Elleus, & les [l] delivre selonc le fait.

(7) Item. Nous voulons que le Hable de Harefleu soit fait tel & si bon comme il pourra estre fait par aucune voie, & toutefois que mestier sera, amendé, en telle maniere que les nefs, marchandises & biens desdits Marchands y puissent aller & venir sans peril : & n'est mie nostre entente que lesdits Marcheans ne leurs biens en soient tenuz de payer aucune redevance, contribution ou autres choses qu'elles quelles soient.

a *mer.*
b *lever.*
c *tire.*
d *Hable*, par tout ailleurs.
e *imposer une taille pour prests.*
f *dispute.*
g *d'autres païs.*
h *vaudront.*
i *pourvû qu'il.*
k *Voy. cy-dessous, p. 574. Note (h)*
l *juge.*

JEAN I.er & selon d'autres, Jean II. à Paris, en Juillet 1362.

a PHILIPPE par la grace de Dieu Roy de France. Savoir faisons à tous presens & à venir, Nous avoir veu noz Lettres seellées en las de soye & cire vert (b) non corrupt. non chancell. saines & entieres, si comme il apparoit de premiere face, contenant la forme qui s'ensuit.

(1) PHILIPPE par la grace de Dieu Roy de France. Savoir faisons à touz presens & à venir, que pour ce que Nous sommes desirans, comme raison est, de tenir & garder en bonne paix & transquillité les Marchans frequentans nostre Royaume, & pour la bonne amour & affection aussi que Nous tenons les Marchains & Gens de la Cité (c) du Port du Portigal avoir eu à Nous, & à nostredit Royaume ont toujours & esperons que il aient ou temps à venir, Nous à la requeste [b] dediz Marchans & Gens de ladite Cité, des Habitans de la Ville de [c] Hareflou & du païs (d) d'Anjou, pour le bien & acroissement d'icelle Ville & dudit païs, & pour la multiplication des biens, denrées & marchandises que Nous esperons (e) en ceste partie venu en plusieurs lieux de nostredit Royaume, avons ausdiz Marchans & Gens de ladite Cité & à tous autres du Royaume [d] Portigal & de (f) Algarve, de quelque estat ou condition que eulx soient, donné & octroyé, donnons & octroyons par la teneur de ces presentes Lettres, que eulx & chacun d'eulx, pour eulx & leurs Successeurs, leurs [e] marchans & biens, soyent francs & quittes de toutes coustumes, amandes, (g) deffenses appartenant au Prevost de ladite Ville de Hareflou.

(2) *Item.* Se il avenoit que [f] contemps ou tançon fût entre eulz ou entre ceulx de ladite Ville de Hareflou, ou autres personnes quelles que elles [g] soyant, & eulz, & le fait & tançon soit tel en quoy il n'ait peril de mort ou de (h) mechaing, ou par-

a *Philippe de Valois.*

b *dessdits.* Reg. 80.

c *Harfleur.* Reg. 80.

d *de.*

e *marchandises.* Reg. 80.

f *procès ou dispute.*

g *soient.* Reg. 80.

NOTES.

(8) *Item.* Il Nous plaist & voulons que lesdits Marcheans & Gens puissent achater & revendre en ladite Ville de Hareflou, & rapporter & traire hors d'icelle, toutes les marchandises & biens qu'il leur plaira, sanz en payer aucune coustume ne autre chose.

(9) *Item.* S'il advient que les Gens & Marcheans dessusdit treuvent en leurs maisons ou celiées, aucunes Gens qui leur voulsissent prendre leurs biens par larrecin ou contre leur volonté, Nous voulons qui les puissent prendre & bailler aux Justices du lieu : & pour ledit faitz ne pour eulz plaindre aux Justices d'aucuns larrecins, se il leur sont faiz, eulz ne leurs biens soient pour ce contrains ne aient aucun mal ou dommage.

Nos autem dictas Litteras, omnes Libertates & Franchisias inferius specificatas & omnia & singula in eisdem contenta, rata habentes & grata, ea volumus, laudamus, ratifficamus, approbamus & de gratia speciali ac ex certa scientia tenore presentium confirmamus: dantes in mandatis omnibus Justiciariis & subdictis nostris quatinus contra tenorem earumdem non attemptent [h] *ne attemptare permittant quoquomodo, sed eas teneant & custodiant tenerique faciant & inviolabiliter observari. Quod ut firmum & stabile permaneat in futurum, presentibus Litteris nostrum quo ante susceptum regimen Regni nostri utebamur, facimus apponi sigillum: salvo in aliis Jure nostro & in omnibus quolibet alieno.* Actum Parisius, Anno Domini millesimo quinquagesimo, mense Octobris.

Per Dominum Regem ad relacionem Consilii in quo vos eratis.

Collatio facta est. R. POTIN.

h nec.

(b) *Non corrupt. non chancell.*] Il y a des marques d'abreviation sur ces deux mots. Il faut lire, *non corrompuës, non cancellées.* Il y a dans le Registre 80. *non coruptes, non cancellées.*

(c) *Du Port de Portigal.*] C'est la Ville de *Porto* ou *Port-à-Port*, Ville du Portugal, auquel elle a donné le nom. Voy. *le Diction. de Maty.*

(d) *D'Anjou.*] Il y a *d'environ* dans le Registre 80. Il y a icy *d'Anjou*, parce que ces Lettres sont confirmées par Jean qui estoit alors Comte d'Anjou. Voy. cy-dessus p. 572.

(e) *En ceste partie.*] Je crois que cela signifie *par ce moyen.* Il y a *venir* dans le Registre 80. au lieu de *venu.*

(f) *Algarve.*] Province du Portugal qui a le titre de Royaume. Voy. le Dictionnaire de *Maty.*

(g) *Deffenses.*] Je crois que par ce mot dont je n'ay point trouvé la signification, on peut entendre des amendes encouruës pour avoir contrevenu aux deffenses faites par le Prevost. Il y a dans le Registre 80. *deffenssis*, qui peut avoir le même sens.

(h) *Mechaing.*] Ce mot se prend

quoy homme ou femme en doie recevoir mort, Nos voulons que il soient *(i)* receus par [a] pieges un pour autre ou pour aucun autre de la Ville [b] Caux, pour estre à droit [c] assise pardevant ledit Prevost de Harefleu, & dilecques par appel, pardevant les autres Juges à qui il [d] appartendra.

(3) *Item.* Es cas où il ara sanc ou plaie, & en tous autres quiex qui soient, esquielx il n'aura peril de mort ne de [e] machaing, Nous leur avons octroyé & octroyons que par [f] deus des Bourgeois de ladite Ville, & par deux Marchans de ladite [g] Cité, avec le conseil & aide du Prevost de ladite Ville, eulx puissent pacifier.

(4) *Item.* Nous voulons que le Bailli de Caux qui sera pour le temps, ou son Lieutenant, face ausdis Marchans & Gens dudit Royaume de Portigal & d'Algarve qui descendront en ladite Ville, livrer maison & celiers pour eulx & pour leurs biens par pris convenable, & que le pris soit fait par [h] deulx Bourgeois de ladite Ville eleuz par lesdiz Marchans & par deux Marchans de ladite Cité eleuz par [i] le Bourgois de ladite Ville: [k] Quatre feront serement devant nostredit Prevost, que bien & loyaument feront le pris selon le temps, & ne pourra croistre le pris se ce n'est par aucun *(k)* amandement [l] puis fait qu'il sera prisié par lesdis elleus comme dit est: Lequel [m] soit fait à toutes heures que lesdis Marchans en auront mestier.

(5) *Item.* Nous avons volu & voulons que lesdiz Marchans & Gens ou aucun d'eulx, ne soient tenu à repondre [n] ou fait de leurs marchandises & biens, ne d'autres cas quels qu'il soient, se ce n'est premierement pardevant nostredit Prevost, & d'illecques par appel [o] où il appartendra; excepté *(l)* les cas de crime dont punition devroit ensuivir.

(6) *Item.* Nous voulons que de tout ce que ausdis Marchans & Gens sera deu, se il est cogneu ou souffisament [p] approuvé, nostredit Baillif ou nos autres Justiciers qui seront pour le temps, leur facent payer sans delay, comme nos propres debtes, & au plus-tost que il pourra estre fait bonnement.

(7) *Item.* Nous leur avons octroyé & octroyons que lesdiz Marchans & Gens touz ensemble, & ou un Marchans [q] chascun de leurs [r] Hostieux où il feront residence en ladite Ville, [s] de plus souffisant, ou ceulx [t] ou la greigneur partie s'accordera, ou aucunes personnes se il sont establiz ou commiz pour touz à ce faire, puissent oster & mettre toutes homes que il plaira, Couratiers, & yceulx presenter à nostredit Prevost: Lequel les face [u] applegier & faire serement que bien & loyaument eulx [x] menront ledit Couretage au droit de [y] chacum: Et ne pourra ledit Prevost ne autre oster ne mettre Couratiers; fors ainsi & en la maniere que dit est: Et toute-voies aucun desdiz Couratiers ne seront *(m)* Tananies, Marchans ne Hostelier, se ce n'est par la voulenté & acort desdiz Marchans.

JEAN I.er & selon d'autres, Jean II. à Paris, en Juillet 1362.

a *caution.*

b *Baillie.* Reg. 80. & c'est ainsi qu'il faut lire.

c *jugé.*

d *Voy. cy-dessous, p. 576. Note (n)*

e *mehaing.* R. 80. Voy. Note *(h)*

f *deux.* Reg. 80.

g *de Porto.*

h *deux.*

i *les.*

k *les.* Reg. 80.

l *fait depuis.*

m *prix.*

n *au.*

o *Voy. cy-dessous, p. 576. Note (n)*

p *prouvé.*

q *de.* Reg. 80.

r *Hostels,* Maisons.

s *des.* Reg. 80.

t *en faveur de qui.*

u *donner caution.*

x *meneront,* conduiront.

y *chacun.* Reg. 80.

NOTES.

ordinairement pour une blessûre considerable, ensorte qu'il y ait quelque membre estropié. Il signifie aussi quelquefois une blessûre en general. Voy. le Gloss. du Droit Franç. de M. de Lauriere, au mot *Mehain.* Voy. le 2. Vol. des Ordonn. p. 159. I. il y a *mutilatio membri.*

(i) Reçeus.] Dans le 2. Vol. des Ordonn. p. 159. il y a: *erunt recrediti per plegios: recrediti* signifie-là, *élargis, mis en liberté:* il faut donc lire icy *recreus* au lieu de *reçûs.*

(k) Amandement.] Voicy mes conjectures sur ce mot. Estre *amendé* signifie presentement, estre *rendu meilleur & plus avantageux.* Le pain est *amendé,* le prix en est diminué, ce qui est un avantage pour ceux qui l'achetent. Par la même analogie, quoyque dans un sens different, on a pû dire autrefois que les loyers d'une maison estoient *amendez* lorsqu'ils estoient augmentez, parce que si c'est un desavantage pour les locataires, d'un autre costé c'est un gain pour les proprietaires. Cela supposé, voicy comme je crois qu'on peut entendre cet Article.

Lorsque les loyers des maisons que l'on aura fournies aux Portugais aura esté fixé, on ne pourra plus l'augmenter, à moins qu'en general les loyers de toutes les maisons de la Ville n'augmentent: ce qui arrive quelquefois par differentes circonstances.

(l) Les cas de crime.] Il seroit à souhaiter que l'on eust exprimé dans cet Article, quels estoient les Juges qui devoient connoistre des *cas de crime.*

(m) Tananies.] Je ne sçais si ce mot est

JEAN I.er & ſelon d'autres, Jean II. à Paris, en Juillet 1362.

(8) Item. Nous voulons que leſdiz Marchans & Gens puiſſent uſer des poiz de ladite Ville & peſer [a] toutes heures qu'il leur plaira, ſans paier aucune choſe, & yceulz pois bailler à qui que eulx voudront qui les tiengne, [b] mais que il ſoit à ce convenable, & ſera preſenté devant ledit Prevoſt: Et yceulx pois ne ſeront [c] creus ne admenuiſiés; ainçois demourront en l'eſtat où il ont eſté ou temps que leſdis Marchans faiſoient leur demeure en ladite Ville de Harefleu.

(9) Item. Nous voulons que [d] leſdis Marchans & Gens baillent leurs marchandiſes & biens à aucuns Charetiers ou Voituriers ou autres Gens quiex qu'il ſoit, [e] à mener & ramener par noſtre Royaume, par mer ou par terre ou en autres lieux, & yceulx leur en font dommage aucun par leur coulpe ou deffaut, que yceulx qui [f] ainſſe les feront, ſe il ſont trouvez, ſoyent par touz les Juſticiers de noſtre Royaume ſi griefment pugnis ſelon le cas, que les autres y preingnent exemple, & leſdiz Marchans & Gens entierement reſtituez des pertes & dommages que eulx auront eu & ſouſtenu pour ladite cauſe.

(10) Item. Nous voulons que ſe leſdis Marchanz ou aucun d'eulx ou de leurs Gens avoient tancion, [g] merlée ou riote à aucun Chevalier, Eſcuier ou Gentilhomme ou autres quel qu'il ſoient, ou à leurs Genz que eulx n'en [h] ſoyant tenuz à répondre, ſe ce n'eſt pardevant ledit Prevoſt premierement, & d'illeques par appel devant *(n)* le Viconte du lieu, & nos autres Juſticiers là où il appartendra: Et que par ledit Baillif & Viconte du lieu, ſoient gardez & deffenduz que par leſdiz Chevaliers, Eſcuiers ou autres quielx qu'il ſoient ou leurs Gens, ne ſoient contrains à répondre devant eulx dudit fait; dont ſe villenie ou malleur eſtoit fait pour ce ou pour ledit fait, que ceulx qui ce feroient en ſoient punis en tele maniere que tous autres y preignent exemple, & que amende ſelon la male-façon en [i] faite au double à ceulx à qui ycelle male-façon aura eſté faite, & de ceulx qui la male-façon feront, [k] pris par les Juſticiers telx amendes, parquoi il ſe doient [l] chaſtier de faire le ſemblable.

(11) Item. Nous avons octroié & octroyons auſdiz Marchans que le [m] Paiement & les Quais de ladite Ville, & les yſuës ſoient *(o)* adoublés & miſes en tel eſtat parquoi eulx [n] leurs Gens puiſſent bonnement leurs biens & marchandiſes charger & deſcharger de nuit & de jour, ſans païer aucune *(p)* coage ne platage ne autre choſe quelle qu'elle ſoit.

(12) Item. Nous voulons que les marchandiſes & biens que les Marchans & Gens deſſuſdiz auront & deſchargeront en [o] Saine & dedenz *(q)* le court de Leuvre ou le Hable qui [p] vint de Harefleu, [q] ſoyant baillé par compte aux [r] Batelilis, & yceulx les [ſ] portant en noſtredite Ville & les rendant par compte auſdiz Marchans ſans delay & aucun procès, en la maniere que baillé leur auront eſté.

(13) Item. Nous avons volu & volons que ledit Prevoſt de Harefleu qui ſera pour le temps ou ſon Lieutenant baille *(r)* lamons, nefz [t] vaiſſeaulx qui porteront

a *à.*
b *pourvû.*
c *augmentez.*
d *ſi.*
e *pour.*
f *ainſi.*
g *meſlée*, querelle.
h *ſoyent.*
i *ſoit.* Reg. 80.
k *ſoit.*
l *corriger.*
m *pavement.* dans le Reg. 80. & c'eſt ainſi qu'il faut lire. Il y a dans ce Regiſtre, *Cais* au lieu de *Quais.*
n *&.* Reg. 80.
o *Seine.*
p *vient.* Reg. 80.
q *ſoient.* Reg. 80.
r *Batelicrs.* Reg. 80.
ſ *portent . . & rendent.* Reg. 80.
t *&.*

NOTES.

corrompu, mais il ſignifie icy ſûrement *Tavernier.* Voy. le 2. Vol. des Ordonn. p. 59. VI. Il y a *Taverniers* dans le Regiſtre 80.

(n) Le Viconte du lieu.] C'eſt ſans doute le Vicomte de *Monſtiervilliers*, devant lequel le Prevoſt de Harfleur reſſortiſſoit immediatement, & mediatement devant le Bailly de *Caux.* Voy. le 2. Vol. des Ordonn. p. 159. IV. & 161. X. Voy. cy-deſſous p.

(o) Adoublés.] Je n'ay point trouvé dans les Gloſſaires la ſignification de ce mot qui eſt heureuſement expliqué par les ſuivans. Il y a *adoubées* dans le Regiſtre 80.

(p) Coage ne platage.] Dans l'Article latin imprimé dans le 2. Vol. des Ordonn. p. 159. X. il y a *Taagii* que M. de Lauriere n'a point expliqué, & qui n'eſt point dans Du Cange, non plus que celuy de *Coagium.* On y trouve celuy de *Plateagium* qui ſignifie un tribut que l'on paye pour le paſſage ſur les grands chemins; il ſe prend auſſi pour toutes ſortes d'Impoſts. Il y a *Coage* & *Plantage* dans le Regiſtre 80.

(q) Le court de Leuvre ou le Hable.] Ce mot *Hable* ſignifie *Havre.* Voy. le 2. Vol. des Ordonn. p. 160. Note *(d)* & 161. Note *(f)* Il y a dans le Regiſtre 80. *le cnt de Leure ou de Hable.*

(r) Lamons.] Il y a trois jambages ſans points, ce qui peut faire *Lamons*, *Lainons*, les

JEAN I.er & ſelon d'autres, Jean II. à Paris, en Juillet 1362.

les marchandiſes & biens des deſſuſdiz Marchans & Gens, ſe meſtier eſt: Baille auſſi bateaulx & mariniers pour deſcharger & alleger leſdites nefs & vaiſſaulx, & yceulx biens & tous les autres que les nefs porteront, facent venir en noſtredite Ville de Harefleu, & deſcharger & meſtre aux Hoſtieux deſdiz Marchans & Gens, aux propres coux & deſpens dudit Prevoſt.

(14) *Item.* Nous volons que [a] leurs *(ſ)* Varlez & Gens *(t)* muſſoient ou [b] deſteinroient par mariage ou en autre maniere quelle que elle ſoit, malvaiſement les biens de leurs Maiſtres, que ſi-toſt que il ſera denuncié ou monſtré par aucune perſonne de leur pais, à aucun des Juſticiers des lieux, que tantoſt & ſans delay eulx praingnent les corps d'iceulx ou de lui dont ainſſi denonciation ou demonſtrance leur ſeroit faite, & les tiengnent en priſon juſques à tant que le [c] Signeur ou Seigneurs ou le Procureur d'iceulx à qui leſdites marchandiſes feront, aient d'iceulx qui ainſſi feront prins, eu compte & reſtitution de tout le ſien. Et en outre que touz les biens qui feront trouvez en la main d'iceulx qui ainſſi ſe [d] meſporteront, ſoient [e] taſtoſt pris & baillez à deux Marchans convenables dudit païs, leſquielx Marchans le recevront par compte & rendront par compte aus Marchans à qui eulx feront ou [f] leur certain commandement.

(15) *Item.* Nous leur avons octroyé & octroyons que ſe il avenoit que aucun des Marchans deſſuſdiz [g] avoient aucun [h] tançon par nuit ou par jour, dont aucun meffait [i] s'enſievit par quelque maniere que ce feuſt, aucun d'eulx ne ſoient pris [k] [l] contrains en aucune cauſe, fors celui ou ceulx qui aront fait la male-façon, leſquielx ſoient tenuz par corps, & par leurs propres biens punis ſelon le cas: Et toutevoies Nous ne voulons mie que les marchandiſes & biens que yceulx porteroient ou *(u)* auroient de leurs Maiſtres ou d'autres perſonnes, ſoient prinſes ne empeſchez pour la male-façon ou meſfait deſſuſdit, ne les Compaignons ne leurs biens qui avecques eulx en Hoſtel demourront, ne que auſſi [m] ſoyent en aucune choſe repris *(x)* aient aucun domage ou male-façon auront faite ſe il entroient en leurs Hoſtieux ou Maiſon: Ne ne ſoient les biens de cellui ou ceulx qui la male-façon auront faite, [n] partis de l'Oſtel ou Hoſtieux où ils feront trouvez, juſques il ſoient [o] declarez: Et les autres biens & marchandiſes [p] laiſſent du tout ſans aucun procès à [q] ce à qui elles feroient par [r] l'aſcentement des [ſ] Compaignos, de l'Oſte ou des Marchans dudit païs des [t] autres Hoſtieux, *(y)* ſe il n'avoient aces des March. demourant en ycellui Hoſtell. pour ce faire, ne aient domage.

a *ſi.* Reg. 80.

b *deſtournoient.* Reg. 80.

c *Seigneur ou Maiſtre du Valet.*

d *qui auroient fait cette mauvaiſe action.*

e *tantoſt.* Reg. 80.

f *à.*

g *ou Gens.* Reg. 80.

h *conteſtation.*

i *s'enſuivit:* Il y a *s'en enſuivit*, dans le Reg. 80.

k *ne dommagiez.* Reg. 80.

l *&.*

m *ces Compagnons.*

n *tranſportez.*

o *juſqu'à ce qu'on ſçache à qui ils appartiennent.* Voy. Note *(y)*

p *laiſſiees.* Reg. 80.

q *ceux.* Reg. 80.

r *le ferement.* Reg. 80.

ſ *Compagnons.* Reg. 80.

t *demeurans dans d'autres Maiſons.*

NOTES.

ou *Laniens,* & peut-eſtre *Laivons* ou *Laviens;* car dans les anciens Manuſcrits il eſt preſque impoſſible de diſtinguer l'*n* & l'*u*. Je n'ay pû trouver la ſignification d'aucuns de ces noms-là. Dans le Regiſtre 80. il y a *Laniens* ou *Laviens pour toutes les nefs & vaiſſeaux.*

(ſ) Varlez.] Ce mot ſe prênd ſouvent pour les Garçons de boutique des Marchands. Voy. cy-deſſus p. 13. Note (*u*).

(t) Muſſoient.] Cachoient. L'Article 12. de l'Ordonnance latine ſervira de Commentaire au commencement de celuy-cy qui n'eſt pas clair. *Si aliquis Valetorum ſuorum....... matrimonialiter copularetur, & aliquas de...... mercaturis ipſorum...... recelaret, aut alias alienaret, &c.* 2. Vol. des Ordonn. p. 160.

(u) Auroient de leurs Maiſtres.] La fin de cet Article eſt fort embroüillée, & il faut y diſtinguer deux cas qui y ſont confondus.

Si c'eſt un Marchand qui a fait le delict, les effets de ſon compagnon, [ou aſſocié] qui demeure avec luy, ne pourront eſtre ſaiſis.

Si c'eſt un valet, un garçon, un facteur de Marchand, les effets de ſon Maiſtre qu'il a entre les mains, ne pourront eſtre ſaiſis.

(x) Ayent aucun, &c.] Ce paſſage qui eſt corrompu, ſe lit ainſi dans le Regiſtre 80. *ne ayent aucun mal ou dommage les Marcheans & compagnons, peut ſouffrir avec eulz celi ou ceulz qui la mal-façon auroient faite, ſe il entroient en leurs hoſtieux,* &c.

(y) Se il n'avoient aces des March.] Il y a dans le Regiſtre 80. *aſſez des Marchands,* & voicy comment j'entends cet Article. Lorſque le Juge ſe ſera tranſporté dans la maiſon d'un Portugais qui aura fait un delict, pour ſaiſir ſes biens, il recevra la declaration de l'Hoſte ou du Maiſtre de la maiſon, & des Compagnons ou aſſociez du delinquant, qui demeurent dans la même maiſon, leſquels luy indiqueront quels ſont les effets appartenans au delinquant, & ceux qui ne ſont pas à luy. Si le Juge ne trouve pas qu'il y ait

JEAN I.er & selon d'autres, Jean II. à Paris, en Juillet 1362.

(16) *Item.* Nous faisons grace especial ausdiz Marchans & Gens, que se eulx ou aucun d'eulx en aucun temps passé, ont fait chose quelles que elles soient, dont à Nous appartiengne ou doie appartenir aucune amende, eulx jusques aujourdui en soient quittes.

(17) *Item.* Nous voulons que lesdites Gens & Marchans soient & demeurent en ladite Ville & s'en partent eulx & leurs biens quant il leur [a] plera, frans & quittes de toutes coustumes & amendes à Nous appartenans, si comme dessusdit est, & que se en aucunes, eulx estoient à Nous tenuz, aucun d'eulx ne soit tenuz à repondre, fors pour soy tant-seulement : Et en oultre il Nous plaist & voulons que de & sur toutes leurs marchandises & denrez que eulx feront [b] en ladite Ville de Harefleu, il puissent faire ordener & amoderer le pris d'icelles, toutes-fois que il leur plera, en la maniere en qui il le souloient faire ou temps que il avoient leur demeure en ladite Ville.

Lesquelles Franchises & Libertez & chascunes d'icelles ci-dessus especifiées, & toutes les autres [c] lesquelles les dessusdiz Marchans & Gens souloient user ou temps que il faisoient demeure en ladite Ville de Harefleu, Nous voulons fermement estre tenus & gardez sans enfraindre, & lesdis Marchans & chacun d'iceulx maintenus en toutes & chacunes d'icelles, tant comme ceulx de ladite Cité du Port de Portigal descendront & [d] henteront [e] communelement en ladite Ville de Harefleu : Et donnons en mandement à nostre Admiral [f], au Baillif de Caux, au Viconte de Monstervillers, au Prevost de Harefleu & à touz Commissaires deputés ou à deputer, & à tous les Justiciers de nostredit Royaume ou à leurs Lieutenans, que contre nostre presente grace & le vray [g] entendement d'icelle, ne [h] empeschement ou molestant, ne ne [i] sueffrant empescher ou molester lesdis Marchans & Gens en aucune maniere ; mais touz empeschemens & molestes qui mis y seroient, ostent ou facent oster sans delay ; [k] [& nostredite grace tiegnent & gardent fermement & facent tenir & garder sans [l] enfrandre.] Et que ce soit ferme chose & permanable à tousjours, Nous avons fait mettre en ces presentes nostre Scél : sauf en autres choses nostre droit & l'autrui en toutes. *Ce fu fait l'An de grace (z) mil trois cens cinquante & un, en mois de May.*

[m] NOus adecertes nosdites Lettres, & toutes les choses qui contenuës y sont & chacune d'icelles, ayans fermes & agreables, ycelles loons, greons, ratiffions & approons, & de grace especial & de certaine science & auctorité Royaul, par la teneur de ces presentes Lettres confermons : Et pour ce que lesdis Marchans & Genz desdis Royaumes de Portigal & de Algarve Nous ont de nouvel requis & supplié que avecques lesdiz Privileges & Libertez à eulz par [n] Noz octroyés, comme dit est, Nous leur voussissiens fere encore autres graces.

(18) *Item.* Nous inclinans à leur requeste, de nostre mesme grace & en ampliant ycelle, & augmentant leurs Privileges & Libertez, leur avons octroyé & octroyons que par ce que eulx qui sont de lointaing & estrange paiz, puissent miex faire & avoir leur demeure en [o] paiz en ladite Ville de Harefleur, & eulx garder d'aucuns [p] tançons, merlées, dommages & autres choses qui par entre eulx pourront avenir, que eulx ensamble ou la greigneur partie d'entre eulx & la plus [q] sanne, puissent sur eulx & leurs biens, marchandises & franchises, ordonner tant comme il leur plera, excepté de cognoissance de cause, fors d'icelle qui [r] ci-dessus leur [s] soyant octroyés, & sans ce que l'Ordenance qu'il feroient, lie ou puisse lier aucun autre noz subgez.

(19) *Item.* Nous [t] lour avons octroyé & octroyons que s'aucuns de leurs [u] Varlez

a *plaise.* Reg. 80.

b *venir.* Reg. 80.

c *desquelles.* Reg. 80.

d *hanteront.*

e *ordinairement.*

f *& Vix-Admiral.* Reg. 80.

g *le vrai sens.*

h *empeschent ou molestent.* Reg. 80.

i *souffrent.*

k *Ce qui est entre deux crochets, n'est pas dans le Registre 80.*

l *enfraindre.*

m *Secondes Lettres de Philippe de Valois.*

n *Nous.* Reg. 80.

o *paix.*

p *contestations, meslées, querelles.*

q *saine.*

r *Voy. cy-dessus, p. 575. Article 3.*

s *sont.*

t *leur.*

u *Voy. page precedente, Note (s).*

NOTES.

assez de Marchands Portugais dans cette maison, pour luy donner des éclaircissements necessaires sur la distinction de ces effets, il mandera d'autres Marchands Portugais demeurans dans d'autres maisons. Tout ce qui sera fait contre le delinquant ne pourra porter aucun dommage à ceux qui n'ont point eu de part à son delict.

(z) *Mil trois cens cinquante & un.*] Il y a 1341. dans le Registre, & c'est ainsi qu'il faut lire, car Philippe de Valois mourut le 22. d'Aoust 1350.

faisoient aucunes obligations de debtes ou de [a] plegerie ou en autre maniere, envers [b] autres noz subgez ou autres, le Maistre d'iceulx Varlez qui ce feroient, ne leurs biens & marchandises ne soient pour ce tenus, ne obligez, arrestez ou empeschez en aucune chose, se de leurs Maistres n'apparoist procuration souffisant : Et pour ce que aucuns de noz subgez n'aient de ce ignorance, ne [c] n'enqueurent en aucun dommage, Nous volons & commandons que le Viconte de Monstervillers le face crier solempnelment en ladite Ville de Harefleu, & par tous les autres lieux acoustumés de sa Visacontey.

JEAN I.er & selon d'autres, Jean II. à Paris, en Juillet 1362.

(20) *Item.* Nous voulons & leur octroyons, pour ce qu'il avient ou peut avenir souvente-fois que lesdiz Marchans & [d] Gens *(aa)* aventurent en nostredit Royaume, leurs nefs, vaisseaux & leurs biens qui dedans sont, que chascun des Justiciers ou Lieutenans d'icellui *(bb)* [e] ou de quel destric Juridiction, toutes-fois & quantes ce avendra, face mettre personnes jurés pour garder lesdiz biens & nefz, & facent crier solempnelment où il appartendra, que touz ceulx qui auront ou pourront trouver, sauver & savoir yceulx biens, que ilz les [f] portant sanz delay aux lieux qui les mettent en seure & Sauve-garde, & les delivrent tost & sanz delay à ceulx à qui y sont *(cc)* à present, & present ne sont, au Marchand ou Marchans dudit paiz de Portigal ou d'Algarve qui les requerront : [g] ainsi toutes-voies que satisfaction [h] competate soit faite à celui ou ceulx qui les aront trouvez ou sauvez, selon la paine : Et ou cas que depuis ledit cri, aucuns d'iceulx biens desdiz Marchans & Gens seroient trouvez en autrui [i] que en la main desdis Marchans ou Gens ou certain commandement, que ceulx sur qui il seront trouvez, & les aroient retenuz malicieusement, en [k] soyant punis deuement, si que ce soit exemple aus autres, & lesdis Marchans restituez de leurs biens.

(21) *Item* Il Nous [l] pliast & voulons pour ce que le [m] Hable de ladite Ville pourroit empirer, dont il convendroit lesdiz Marchanz & leurs Gens [n] *(dd)* amarer en la Ville [o] de Leure, & illecques leurs danréez [p] marchandises descharger, pourquoy le Prevost d'icelle Ville de Leure leur pourroit faire aucune demandes & les en mettre en cause [q] faire plusieurs dommages, [r] & yceulx Marchans & Gens & chacun d'eulx, pour eulx, leurs Successeurs, leurs [s] marchandises & biens, [t] soyant

a *caution.*

b *aucuns.* Reg. 80.

c *encueurent.* Reg. 80. ne tombent.

d *Gens.* Reg. 80.

e *en quel destroit.* Reg. 80.

f *portent.* Reg. 80.

g *pourvû.*

h *competente.* Reg. 80.

i *main.* Reg. Reg. 80.

k *soient.* Reg. 80.

l *plaist.* Reg. 80.

m *Havre.* Voy. cy-dessus, p. 576. Note (q)

n *leurs nefz.* Reg. 80.

o *Voy. cy-dessus, p. 576. Note (b)*

p *&.*

q *&.* Reg. 80.

r *que,* au lieu d'*&.* Reg. 80.

s *nefz, marchandises.* Reg. 80.

t *soient.* Reg. 80.

NOTES.

(aa) Avanturent.] Les RR. PP. Benedictins qui travaillent à la nouvelle Edit. du Gloss. de Du Cange, m'ont communiqué une des additions qu'ils ont faites à cet ouvrage, laquelle me servira à expliquer ce mot. *Aventure, Gallis,* Espaves, *Normannis,* choses gayves. *De iis dicitur quæ in terra Domini feodalis casu reperiuntur, nec ab aliquo repetuntur :* & ils citent un passage qui prouve cette explication.

Je crois donc que des Vaisseaux *avanturez* sont des Vaisseaux qui ont fait naufrage, & dont les debris & les marchandises ont esté jettez sur les bords de la Mer, & semblent devoir appartenir à ceux qui les trouvent, & qui s'en emparent les premiers.

Mais par cet Article, il est ordonné que ces debris & ces marchandises seront restituez à ceux à qui ils appartiennent.

La disposition de cet Article a esté renouvellée dans l'Ordonnance de la Marine de 1681. & dans celle du mois de Janvier 1685. Voy. le Dictionn. du Commerce de Savary, au mot *Bris.*

Les Seigneurs prétendent avoir sur ces bris, des droits nommez en françois, *Warech,* & *Bris-Warech,* & en latin *Rasia* ou *Rasica.* Voy. le Gloss. de Du Cange au mot *Rasica,* & le Gloss. du Droit Franç. de M. de Lauriere, aux mots *Bris, Warech* & *Varech.*

(bb) Ou de quel destric Jurisdiction.] Il semble qu'il manque-là quelques mots, & cela doit signifier *dans le district ou Jurisdiction* duquel ces bris *ont esté jettez.* Ce mot *destric* est bien mal écrit : on pourroit aussi lire *destroic* ou *destroit,* comme il y a dans le Registre 80. Voy. ce mot *destric* pris dans un autre sens, cy-dessous dans des Lettres du 27. de Decembre 1362. au sujet des Juifs.

(cc) A present.] Dans le Registre 80. il y a : *à ceulz à qui ils seront, se sont present, & se present ne sont* &c.

(dd) Amarer.] *Terme de Marine,* dit Thomas Corneille dans le Dictionn. des Arts, *Attacher, lier quelque chose avec des cordes,* & un peu plus haut, *on dit d'un Vaisseau qu'il a ses trois Amarres dehors,* pour dire *qu'il a moüillé ses trois ancres.* Ainsi je crois qu'*Amarer* signifie ici estre à l'*Ancre.*

JEAN I.er & selon d'autres, Jean II. à Paris, en Juillet 1362.

franz & quittez de toutes coustumes, amendes, [a] defautez appartenantes au Prevost de ladite Ville de Leure, aussi & en la maniere [b] qui sont [c] d'icelle qui appartenoyent au Prevost de Harefleu.

Lesquelles Franchises & Libertez & chascune d'icelles & [d] dessus especifiez, & toutes les autres desquelles les dessusdis Marchans & Gens souloient user ou temps qu'il faisoient demeure en ladite Ville de Harefleu, Nous voulons fermement estre tenuez & gardées sans [e] enfrandre, & lesdis Marchans & chacun d'eulx maintenus en toutes & chacunes d'icelle, tant comme [f] seulx de ladite Cité du [g] Portigal, descendront & hanteront communelment en ladite Ville de Harefleur: Et donnons en mandement à nostre Admiral & Vis-Admiral, au Bailli de Caux, au Viconte de Monsterviller, au Prevost de Harefleur & à tous Commissaires deputés ou à deputer, & à tous les Justiciers de nostre Royaume ou leur Lieuxtenans, que contre ceste presente grace & le vrai entendement d'icelle, ne [h] empeschant ou molestent ne sueffrent empescher [i] molester lesdiz Marchans & Gens en aucune maniere; mais touz empeschemens & molestez qui miz y sont, [k] ostant ou facent oster sanz delay, & nostredite grace tiegnent [l] fermement, & facent tenir & garder sanz enfraindre: Et que ce soit ferme chose & estable à tousjours, Nous avons fait mettre en ces presentes Lettres nostre Seel: sauf en autres choses nostre droit, & l'autrui en toutes. *Ce fut fait l'An de grace mil trois cens [m] cinquante & un, ou mois de Septembre.*

[n] NOUS adecertez lesdites Lettres, toutes les Libertez & Franchises [o] dedites especifiez & toutes autres choses qui contenuez y sont & chacunes d'icelles, aians fermes & [p] agreabbe, ycelles loons, greons, ratefions, approvons & de [q] chascune science donnons & octroyons aussi [r] en la maniere que nostredit Seigneur & Pere à fait, en tant comme à Nous, pour Nous ou noz subgez appartient ou puet appartenir, par la teneur de ces presentes Lettres confermons: Donnans en mandement à touz noz Justiciers que contre la teneur d'icelles ne [s] apptentent ou [t] sueffrant estre attempté en aucune maniere, maiz ycelle tiegnent & [u] gardant & facent tenir & garder sans enfraindre. Et que ce soit ferme chose & permanable à tousjours, Nous avons fait mettre nostre Séel en ces presentes Lettres: sauf en autres choses nostre droit, & l'autrui en toutes. *Ce fu fait l'An de grace mil trois cens quarante & un, ou mois de Septembre.*

[x] *VERUM, quia virtute certarum Ordinationum in quibus inter cetera cavetur quod nullus de genere nostro privilegiatus vel non, occasione subsidiorum seu subventionum pro liberatione nostra ordinatorum, exempteтur, postquam ab Anglia reversi fuimus, predicti Mercatores & Habitatores in predictis suis Libertatibus vel aliquibus earumdem fuerunt impediti, & specialiter occasione dictorum subsidiorum seu subventionum, tam per dilectos & fideles Consiliarios nostros generales Thesaurarios super facto dictarum subventionum, quam per Electos in Civitatibus & Diocesibus Regni nostri super hoc ordinatos & alios in hac parte deputatos, & de die in diem super hoc impediuntur, & ad solvendum dictas subvenciones occasione mercaturarum suarum, compelluntur. Idcirco Nos [y] contemplacionem illustrissimi Principis Regis Portugalie & Algarve, qui ob hoc pro eis apud Nos intercessit, volentes dictas Litteras nostras suum plenarium sortiri effectum, dictas Litteras nostras ac omnia & singula in eisdem contenta, rata & grata habentes, ipsas volumus in suo robore permanere, predictis Ordinacionibus non-obstantibus, & aliis quibuscunque factis seu faciendis, laudamus & approbamus, ac de nostris auctoritate Regia, certa scientia & speciali gratia confirmamus, volumusque predictos Mercatores & Habitantes Civitatis & Regni predictorum, universis & singulis Libertatibus, Franchisiis & Privilegiis prenominatis uti pacifice & gaudere, eaque Privilegia quo ad dicta subsidia seu subventiones, & ad quecunque alia tam pro liberatione nostra ordinata seu etiam ordinanda, quam pro quacunque alia causa, volumus [z] extendi: Videlicet quod pro prima venditione suarum quarumcunque mercaturarum in Regno nostro ubicunque, [aa] ad dictis subsidiis seu subventionibus pro liberatione nostra ordinatis seu etiam ordinandis, & aut aliter [bb], predictes Mer-*

a *Voy. cy-dessus, p. 574. Note (g)*

b *qu'ils.*

c *de celles qui appartiennent.* Reg. 80.

d *cy.* Reg. 80.

e *enfraindre.* Reg. 80.

f *ceulx.* Reg. 80.

g *Port du Portigal.* Reg. 80.

h *empeschent.* Reg. 80.

i *ou.* Reg. 80.

k *ostent.* Reg. 80.

l *& gardent.* Reg. 80.

m *Voy. cy-dessus, p. 578. Note (z)*

n *Lettres de Jean, Duc de Normandie, Fils aisné de Philippe Valois.*

o *dessusdites, ou dessus especifiées.*

p *agreables.*

q *certaine.*

r *ainsi & en.*

s *attencent.*

t *souffrent.*

u *gardent.*

x Lettres du Roy Jean.

y contemplatione.

z *Il y a dans l'Original* exndi, *avec une marque d'abreviation.*

aa à.

bb ordinandis.

catores & Habitantes liberos & immunes volumus & etiam declaramus. Dantes [a] *tenorem presentium in mandatis* [b] *districtius injungentes predictis Thesaurariis, Electis, Commissariis super facto dictorum subsidiorum seu subventionum deputatis & etiam deputandis, & aliis Commissariis ad exigendum seu levandum impositiones, exactiones, taillias seu alias redibentias Regni nostri, universisque Justiciariis dicti Regni nostri & aliis quibus pertinuerit, aut eorum Loca-tenentibus presentibus* [c]*, & cuilibet eorumdem prout ad eum pertinuerit, quatinus dictos Mercatores &* [d] *Habitentes dictis Privilegiis & nostra presenti gratia uti & gaudere pacifice* [e] *facient & permittant, & contra ipsius nostre presentis gratie tenorem & aliarum Litterarum supradictarum, nichil attemptent,* [f] *innovant seu perturbant, sed attemptata seu innovata, si que fuerint, ad statum pristinum & debitum reducant & reduci procurent : ab omnibusque Justiciariis & subditis nostris predictas Libertates & Privilegia perpetuo* [g] *invionabiliter observari volumus & jubemus. Quod ut perpetuis temporibus perpetua stabilitate firmetur, Litteras presentes sigilli nostri munimine duximus roborandas : salvo in aliis jure nostro & in omnibus quolibet alieno.* Datum Parisius, Anno Domini millesimo trecentesimo sexagesimo-secundo, mense Julii.

Per Regem, ad relationem Consilii existentis in Camera Compotorum, in quo erant Domini Episcopus Nivernensis, Gentes Requestarum Hospicii [h] *Compotorum, generales Thesaurarii ac plures alii.* FERRICUS.

a tenore.
b &.
c & futuris.
d Habitatores.
e faciant.
f innovent seu perturbent.
g inviolabiliter
h &.

JEAN I.er & selon d'autres, Jean II. à Villers-Coste-rez, en Juillet 1362.

Philippe le Bel : à Cachant, le 23. d'Avril 1309.

(a) Lettres contenant des Statuts pour la Confrairie des Drapiers, & des Reglements pour leur mestier.

SOMMAIRES.

(1) Les Confreres donneront de chaque Piece de Drap qu'ils achepteront, un denier qui sera employé en aumosne.

(2) Le Confrere qui ne fera point de commerce, peyera huict sols à Noël pour cette aumosne.

(3) La Confrairie s'assemblera avec la permission du Prevost de Paris, & en la presence du Procureur du Roy, le premier Dimanche après le jour des Estrennes, si ce n'est pas une Feste de N. D. [Voy la Note.]

(4 & 5) Le jour de la Confrairie, on envoyera du pain, du vin & de la viande aux pauvres de l'Hostel-Dieu, & aux prisonniers du Chastelet.

(6) Le Roy doit aussi avoir un [plat.]

(7) Tous les Jacobins & les Cordeliers auront chacun un pain.

(8) On distribuera du pain à tous les pauvres qui se presenteront.

(9) Le pain & le vin qui resteront, seront distribuez aux Hostelz-Dieu & aux maladeries de la Banlieuë de Paris, s'ils le demandent.

(10) Les graisses des viandes qui seront cuites le jour de la Confrairie, seront données aux Religieuses de Valprofonde.

(11) Les Confreres doivent donner à l'aumosne de la Confrairie le Denier-à-Dieu de tout ce qu'ils vendent ; & doivent faire ressouvenir les achepteurs de le donner aussi à cette même aumosne.

(12) Les Confreres ont intention de fonder une Chapelle ou Hospital, pour y faire celebrer le service divin.

(13) Droits qui appartiennent au Roy sur les Draps qui se vendent en gros & en détail. Il est deffendu de vendre du drap en détail dans les Halles d'en haut ou du commun ; mais seulement dans celles qui sont destinées à cet effet.

(14) On ne pourra vendre en gros moins de la moitié d'une piece de Drap : & on ne pourra même la vendre qu'à celuy qui aura acheptè une piece en entier de pareille nature.

(15) Les Draps dont la vente n'aura pas esté faite conformement aux dispositions des deux Articles precedents, seront confisquez.

(16) Les pieces de Drap seront de la longueur accoustumée : on pourra faire des demi-pieces, pourvû qu'elles ayent deux chefs.

(17) Les Marchands forains ne peuvent achepter des Draps les uns des autres, dans les Halles & dans les Foires, pour les revendre dans les mêmes Halles, & dans les mêmes Foires.

(18. 19) Il est deffendu de vendre & d'achepter dans les Chambres & ailleurs, que dans les lieux destinez à cet usage.

(20) Les Drapiers & Foulans qui viendront à Paris, vendront leurs Draps en gros ; & ils ne pourront les vendre en détail, qu'ils ne levent une boutique.

(21) Les Drapiers fabriquans à Paris, vendront leurs Draps, suivant les anciens usages.

(22) Les Draps que l'on vendra, seront

JEAN I.er & selon d'autres, Jean II. à Villers-Costerez, en Juillet 1362.

tellement moüillez & tondus, qu'ils ne pourront plus se retrecir.

(23.24.25) Les Marchands ne pourront vendre des Draps d'un Pays pour des Draps d'un autre Pays; & il leur est deffendu d'en imposer aux achepteurs sur la nature des teintures.

(26) Les pieces de Drap doivent estre en entier de même laine & de même teinture.

(27) Ceux qui ont donné des arrhes, & qui laissent passer un mois sans enlever les Draps qu'ils ont arrhez, seront sommez par le Marchand de le faire, & à faute d'y satisfaire, ils perdront leurs arrhes.

(28) Voy. cy-dessus Art. 23.

(29) Il n'y aura qu'un seul Marchand qui puisse vendre des Draps les jours de Feste; & chacun vendra à son tour ces jours-là. On ne vendra cependant point les Dimanches, les Festes annuelles, ni celles d'Apostre, de S.t Jean-Baptiste & de N. D. Mais les Marchands pourront livrer ces jours-là les Draps qu'ils auront vendus les autres jours.

(30) Les Marchands de Drap ne pourront faire de presents aux Tailleurs & aux Tondeurs, afin que ceux-cy leur fassent vendre du Drap en détail; mais ils pourront payer les droits de courretage pour les Draps qu'on leur fera vendre en gros.

(31) Nul ne pourra refuser d'estre Maistre du mestier de Draperie, sous peine d'estre privé du droit de Maistrise pendant un an; à moins qu'il n'ait esté Maistre du mestier pendant un an, dans l'espace de six ans, ou qu'il n'ait quelque excuse legitime.

(32) Les Marchands ne pourront sortir de leurs places, à moins qu'il n'y eust du danger ou de l'incommodité à y rester.

(33) Un Marchand ne peut vendre en détail, ni faire vendre pour luy dans deux Halles à la fois.

(34) Les Maistres du mestier feront la visite chez les Marchands, quand ils le jugeront à propos, pour connoistre les contraventions qui se feront contre cette Ordonnance.

(35) Le Prevost de Paris à qui appartient la connoissance de tout ce qui regarde ce mestier, pourra, appellé le Procureur du Roy, moderer les amendes cy-dessus prononcées dans les cas favorables.

(36) Il n'y aura que douze Courretiers de la marchandise de Draperie, lesquels seront eslus par les Maistres du mestier: appellé avec eux le Procureur du Roy.

(37) Droits des Courretiers.

(38) Les Maistres pourront augmenter le nombre des Courretiers, lorsque le nombre des Marchands estrangers sera plus grands à Paris.

(39) Les Courretiers qui voudront s'ingerer de faire le courretage, sans avoir esté choisis par les Maistres, en seront punis par eux, & ensuite par le Prevost de Paris, s'ils continuent.

(40) Il est deffendu de donner aux Courretiers de plus grands salaires que ceux qui sont fixez.

(41) On ne peut estre en même temps Courretier & Marchand.

(42) Les Courretiers ne doivent pas tascher de s'enlever leurs pratiques les uns les autres.

(43) Les Courretiers ne doivent pas reveler les secrets des Marchands qui les employent.

(44) On peut oster l'Office de Courretier à ceux dont on sera mécontent.

(45) Le Prevost de Paris fera executer cette Ordonnance.

JEHAN par la grace de Dieu Roy de France: savoir faisons à tous presens & avenir, que oye la supplication à Nous faicte de par noz bien amez les Maistres & Confreres de la Drapperie de nostre bonne Ville de Paris, contenant comme dès environ l'an *(b)* mil cent quatre-vins & huit ou mois de Decembre, la Confrarie de ladite Drapperie ait esté encommencée, & depuis continuée, & bien honnestement & loyaument & en l'obbeissance de noz devanciers Roys de France & de Nous,

NOTES.

(a) Ces Lettres sont dans le *Livre rouge vieil du Chastelet*, p. 78. *recto.* & il y en a une 2.e Copie dans le même Registre, p. sept vingt & onze, *verso.*

Elles se trouvent aussi dans le Tresor des Chartres, Registre 94. Piece 1.ere & dans un autre Registre du Chastelet, coté *Livre vert ancien* p. 33. *recto.*

Dans ce Registre ces Lettres commencent ainsi.

A tous ceulz qui ces Lettres verront. Jean Seigneur de Folleville, Chevalier, Conseiller du Roy nostre Seigneur, Garde de la Prevosté de Paris, Salut. Sçavoir faisons, que Nous l'An mil trois cens quatre-vins & seize, le Jeudi six jours de Juillet, veismes unes Lettres du Roy nostre Seigneur, seellées de son grant Seel, en las de soye & cire vert, desquelles la teneur s'ensuit.

(b) Mil cent quatre-vins & huit.] Il y a ainsi dans le Registre des Chartres; mais dans le Livre vert ancien, il y a *mil trois cent,* ensuite l'espace d'un mot qui est gratté, & puis *huit.*

Les Lettres de Philippe le Bel du 21. d'Avril 1309. & qui sont un peu plus bas, peuvent faire conjecturer qu'il faut lire 1308.

tenue & gouvernée, & combien que aucunes autres Confraries de nostredite bonne Ville aient esté depuis ledit temps [a] abatues, neanmoins pour le bon estat & gouvernement d'icelle Confrarie, & par enqueste deuement sur ce faicte, est-elle demourée, comme il puet apparoir par Lettres Royaulx contenant la fourme qui s'ensuit.

JEAN I.er & selon d'autres, Jean II. à Villers-Coste-rez, en Juillet 1362.

PHILIPPUS Dei gracia Francorum Rex : Preposito Parisiensi aut ejus Locumtenenti, salutem. Cum per inquestam de mandato nostro factam, Nobis constet Confrariam Drapperiorum Parisius, si modo solito teneatur, periculosam non esse, mandamus tibi quatenus Drapperios ipsos [b] hujus [c] Confrariam tenere & exercere modo consueto permittatis, non-obstante prohibitione per te de mandato nostro super hoc ipsis facta, quam de speciali gracia revocamus. Actum apud *(c)* Caticantum vigesima-prima die Aprilis, Anno Domini millesimo trecentesimo-nono.

Et tant dès le temps de l'encommencement de ladite Confrarie comme depuis, & mesmement de nouvel, pour & à l'onneur de Dieu, le bien publique, & obvier aus malices qui chascun jour croissent & multiplient, aient esté par les bonnes Gens de ladite Confrarie avisez plusieurs bons poins & articles ci-dessouz esclarcis.

(1) Premierement. Que de chascun drap ou piece de drap que le Confrere achete, il doit un denier Parisis, lequel est pour acheter blé [d] pour faire aumosne.

(2) Item. Le Confrere qui ne [e] marchandera, doit chacun an huit soubz parisis au *(d)* gist de Noel, pour ladite aumosne.

(3) Item. Ladite Confrarie doit [f] seoir le premier dimenche apres les Estraines, se *(e)* celle de Nostre-Dame n'y escheoit, demandé sur ce & obtenu congié

[a] *ayent cessé.*

[b] Il y a *hujus*, dans tous les Registres.

[c] Dans la seconde Copie & dans le Tr. des Chartres, il y a *Confratriam.*

[d] *pour ladite Confrerie à faire aumosne,* dans le Liv. vert ancien.

[e] *qui ne fera pas de commerce.*

[f] *Sieger : s'assembler.*

NOTES.

(c) Caticantum.] Il y a *Canticantum* dans la 2.e Copie. C'est *Cachant* près de Paris.

(d) Gist de Noel.] On pourroit aussi lire *giet.* Il y a au *giet de Nouvel* dans la 2.e Copie, & *giet* dans le Registre des Chartres, & dans le Livre vert ancien. Je n'ay point encore trouvé ce mot: je vais hazarder une conjecture pour l'expliquer.

On trouve dans Nicot *Gist*, cherchez *gesir*; & sous ce mot, *Femme qui gist, qui est en gesine,* puerpera.

On a donc pû appeller la Feste de Noel, le *gist* ou l'accouchement de Noel.

(e) Celle de Nostre-Dame.] Par cette confrairie de N. D. il est très vray-semblable qu'il faut entendre *la grande Confrairie de N. D. aux Seigneurs, Prestres & Bourgeois de Paris*, establie dès l'année 1168. dans l'Eglise de la Magdeleine à Paris, sur laquelle on peut voir le Theatre des Antiquitez de Paris de Du Breüil, L. 1. p. *m.* 81. le Traité de la Police, L. 1. p. 372. & l'Hist. de Paris, par DD. Felibien & Lobineau, t. 1. L. 4. p. 206. n. 20.

Il n'est pas aisé de fixer quel est ce Dimanche après les *Estrennes.* On pourroit croire d'abord que c'est le 2. Dimanche de l'Année, laquelle dans ces temps-là commençoit le jour de Pâques, & par consequent un Dimanche: mais si c'estoit le Dimanche qu'on eust voulu marquer, on se seroit servi de cette expression, *le Dimanche après Pâques*, ou le *Dimanche* de la *Quasimodo,* & non pas de celles-cy, *le Dimanche après les Estrennes*, laquelle semble marquer que le jour des *Estrennes* n'arrive pas toûjours un Dimanche.

Pour fixer l'Epoque que nous cherchons, il faudroit sçavoir quel jour on donnoit les Estrennes en France en 1362.

Dans leur origine chez les Romains, on les donnoit le 1.er jour de Janvier, parce que c'estoit le 1.er jour de l'année. Voy. le Dictionn. Etymolog. de Menage au mot *Estrennes.* Mais lorsque l'usage s'introduisit en France, de commencer l'Année le jour de Pâques, continua-t-on de donner les Estrennes le 1.er de Janvier, où ne fit-on plus ces presents que le jour de Pâques! M. Du Cange au mot *Strena*, rapporte un passage de *Falcandus* Historien de Sicile qui vivoit vers 1260. suivant M. l'Abbé Langlet, [Meth. d'estudier l'Hist. t. 3. p. 370. corr. 367.] qui prouve que de son temps, les Estrennes se donnoient au 1.er de Janvier; mais pour faire usage de ce passage, il faudroit sçavoir en quel temps l'Année commençoit en Sicile vers 1260.

Faute de passage precis sur les *Estrennes*, je presume que l'on a toûjours conservé en France l'ancien usage de les donner le 1.er de Janvier, parce que dans les temps même où l'Année commençoit à Pâques, on ne laissoit pas de regarder le 1.er de Janvier comme le 1.er jour de l'An. Voy. M. Du Cange qui l'a prouvé par un passage precis, dans son Gloss. au mot *Annus* p. 203.

Je crois donc que par le Dimanche après les *Estrennes*, il faut entendre dans nostre Article le 1.er Dimanche de Janvier.

JEAN I.er & selon d'autres, Jean II. à Villers-Coste-rez, en Juillet 1362.

de nostre Prevost de Paris, & à ycellui siege appellé nostre Procureur.

Item l'en ne puet donner le jour du siege, d'aucune viande de ladite Confrarie, pour envoyer hors.

(4) Item. Le jour du siege, doivent estre tous les pouvres de l'Hostel-Dieu de Paris [a] repeus chacun d'un pain, d'une pinte de vin & d'une piece de char, buef ou porc: & chascune acouchiée dudit Hostel-Dieu doit avoir *(f)* un mez entier.

(5) Item. Tous les prisonniers du Chastellet de Paris doivent avoir chascun un pain, une quarte de vin & une piece de char, telle comme dessus. Et s'il y a Gentilhomme prisonnier oudit Chastellet, il doit avoir double [b] mez.

(6) Item. Le Roy nostre Seigneur doit avoir son [c] mez entier.

(7) Item. Tous les Freres Jacobins & les Freres Cordeliers doivent avoir chascun [d] un pain d'un denier fort, le jour dudit siege.

(8) Item. Chacun pouvre qui vient à [e] l'aumosne le jour dudit siege, doit avoir un pain ou une bonne maille, si le pain [f] fault.

(9) Item. Toutes les maladeries & Hostelz-Dieu de la Banlieue de Paris, se ilz requierent le bien-fait, le jour dudit siege doivent avoir le pain & le vin du [g] demourant.

(10) Item. Les [h] sains & les oings de ladite Confrarie sont donnez aux Religieuses de Vau-par-fonde.

(11) Item. Que aucuns Confreres ne puet donner le denier-Dieu de sa marchandise autre part que à ladite aumosne: Et se il le donne il le doit restablir du sien, & est tenuz à [i] ramentevoir à l'acheteur de le bailler: & tout est converty à ladite aumosne.

(12) Item. Que les Drappiers qui firent & ordonnerent ceste Confrarie, ceulx qui pour le temps estoient, qui depuis ont esté & qui à present sont, ont eue & ont entencion de fonder une Chapellenie ou Hospital pour faire le divin service, & pour les euvres de Misericorde acomplir. Et pour ce faire ont acheté rente [k] amortie.

(13) Item. Comme Nous doyons avoir, si comme noz Predecesseurs ont eu depuis le temps de ladite [l] Ordennance, de chacun drap *(g)* vendu entier ès Halles d'en haut de Paris, six deniers du vendeur & six deniers de l'acheteur, pour revendre, & de chacun drap de douze ou de treize aunes [m] vendu esdites Halles, sept deniers; quatre du vendeur & troys de l'acheteur: Et pour ce fu & a esté ordené de si longtemps qu'il n'est memoire du contraire, que aucuns ne vendent draps à détail esdites Halles d'en haut de Paris; [n] fors tant seulement ès Halles ordonnées d'ancienneté à ce, pour la conservacion de nostre Droit Royal & des Libertez & Franchises que lesdits Marchans Drappiers & les autres de Paris ont & doivent avoir en ladite Halle plus que les [o] forains, [p] que ès Halles du commun ne en autres, ne soient vendus aucuns draps à détail; [q] excepté tant seulement ès Halles & lieux qui sont ordennez & acoustumez de vendre à détail anciennement.

(14) Item. (h) Que aucuns ne [r] coppe d'un drap entier esdites Halles d'en haut, moins de la moitié, & que ce soit à celui qui aura acheté le pareil entier paravant, pour eschever la perte de nostre droit.

(15) Item. Que aucuns ne face le contraire de ces deux articles dessusdiz, sur peine de perdre le drap [s] qui sera vendu & coppé tant seulement. Qui ainsi le copperoit ou venderoit à detail, [t] moitié à appliquer à Nous, & l'autre moitié à ladite Confrarie.

a *nourris.*

b *Voy. Note (f)*

c *Voy. Note (f)*

d Dans la seconde Copie, il y a *chacun an.*

e Il y a *ausmosne*, dans tous les autres Registres.

f *manque.*

g *restant.*

h *la graisse.*

i *faire ressouvenir.*

k *pour laquelle on a payé les droits d'amortissement.*

l *Confrarie.* Livre vert ancien.

m *de douze ou treize aulnes de Drap vendues en détail.*

n *mais seulement.*

o *Voy. l'Article 17.*

p Il faut repeter: *il a esté ordonné.*

q *mais seulement.*

r *coupe.*

s C'est-à-dire, *le morceau de drap qui sera coupé & vendu.*

t *le perdroit.*

NOTES.

(f) Un mez entier.] Un *Mets.* On diroit aujourd'huy un *Plat* entier; c'est-à-dire, *tout ce qui est dans un plat.*

(g) Vendu entier.] C'est-à-dire, une Piece de drap entiere, achepteé en gros pour estre revenduë en détail. Je crois que ces droits de douze deniers & de sept deniers se prenoient sur chaque aulne de drap.

(h) Que aucuns.] Voicy comment j'entends cet Article. On ne pourra pas vendre en gros moins de la moitié d'une piece de drap: encore ne pourra-t-on la vendre qu'à celuy qui aura achepté auparavant une piece entiere de pareille nature.

(16) Item.

JEAN I.er & selon d'autres, Jean II. à Villers-Coste-rez, en Juillet 1362.

(16) *Item.* Que aucuns ne vendent draps de quelque pais qu'il soient, esdites Halles d'en haut, se ilz n'ont leur ancienne [a] moison, ou au moins demi drap [b] à deux chiefs, & sur les peines dessusdites à appliquer comme dessus.

(17) *Item.* Que aucuns Marchans forains ne puissent acheter draps l'un de l'autre en Halle, pour revendre en ladite Halle; ne ès Foires aussi, pour revendre en ycelles Foires, sur peine comme dessus.

(18) *Item.* Que nuls quel qu'il soit, de quelconque condicion qu'il soit, ne puisse vendre en chambre ne ailleurs, se ce n'est ès lieux acoustumés, sur peine comme dessus: Car parce que l'en y a vendu trop lonc temps, nostre droit y a esté perdu & recelé, & les Halles decheuës & descheent chacun jour.

(19) *Item.* Que nul Couratier ne autres ne achatent aux lieux deffenduz, si comme dessus est dit, sur peine d'un marc d'Argent fin comme dessus.

(20) *Item.* Se aucuns Drappiers ou Foulons sont venuz à Paris, qu'il ne puissent vendre leurs Draps en gros en la Ville de Paris; fors tant seulemennt ès Halles d'en haut acoustumées à ce faire, se ilz ne [c] lievent estal de drapperie comme habitans de Paris, pour y garder nostre droit, & y garder les poins dessusditz, & sur peine de perdre les denrées, *(i)* & moitié comme dessus.

(21) *Item.* Que les Drappiers qui font ou font faire draps à Paris, & qui [d] mettent en la Halle de Beauvaiz, ne puissent vendre leurs draps, ne acheter autres draps pour revendre à detail en ladite Halle ne ailleurs en la Ville de Paris, autrement que ont fait leurs predecesseurs d'ancienneté, pour la conservacion de nostredit droit Royal.

(22) *Item.* Que aucuns Drappiers ne autres ne vendent draps mouilliez & tondus, se ilz ne l'ont tellement mouilliez & tondus qu'ilz ne puissent [e] retraire, sur peine d'une once d'argent pour chascune aulne, à appliquier comme dessus.

(23) *Item* Que aucuns Drappiers, Chapperonniers, tondeurs ne autres ne vendent draps d'un pais pour d'un autre, de garence [f] seul en Bresil, pour de *(k)* graine; ou d'autre fausse tainture, pour de graine ou tenant couleur, sur peine de perdre les draps ou la Robe se elle en estoit faicte, à appliquer comme dessus.

(24) *Item.* Que nul Drappier, Chapperonnier ne autre ne vende drap pour escarlate, se il n'est tout pur de graine, sans autre mistion de tainture quelconque sur la peine devant dite à appliquier comme dessus.

(25) *Item.* Que nulz ne vende migrainne, se il n'y a la moitié grainne, sur la peine dessusdite.

(26) *Item.* Que aucuns ne vendent draps de quelque pays qu'il soient, se ilz ne sont [g] entresuians de [h] fil & de tainture, & aussi à l'un bout comme à l'autre, & se aucuns en avoient à present, qu'ilz soient seellez d'un des maistres du Maistier, afin que telz ne puissent plus vendre, ne d'autres acheter sur peine de perdre les denrées, ou au moins un marc d'Argent fin de chacun Drap, à appliquer comme dit est.

(27) *Item.* Se aucuns achete Drap ou Draps d'aucuns des Confreres de ladite Contrarie, supposé qu'il ait baillié [i] erres, se il ne vient [k] querre ledit Drap ou Draps dedens un mois après ce que il aura esté somé du Vendeur, il perdra ses erres, se il n'y a convenances au contraire, ne jamais n'en pourra rien demander ne faire demander au Vendeur. Et est & sera tenu quant à ce le Vendeur de faire assavoir à l'acheteur l'Ordonnance, quant il lui fera faire ladite sommacion.

a *mesure.* Voy. Borel à ce mot.

b *Voy. cy-dessus, p. 416. Note (q)*

c *levent boutique.*

d *appar. se mettent.*

e *se retrecir.*

f *seul ou bresil.* Livre vert ancien.

g Dans la seconde Copie, il y a : *entresuivans.*

h *fils de laine.*

i *des arrhes.*

k *chercher.*

NOTES.

(i) *Et moitié comme dessus.*] C'est-à-dire, les deux moitiez des draps seront confisquées au profit de ceux dont il est parlé dans l'Art. 15.

(k) *Graine.*] C'est-à-dire, *en Ecarlate.* Voy. l'Article suivant, & le Dictionn. Etymologique de Menage au mot *Grain,* où il dit que l'*Ecarlate* se teint avec de la graine de cochenille. Voy. *Ibid.* aux mots *Cochenille* & *Migraine.* Il dit sous ce dernier mot, qu'on pourroit croire que *migraine* en ce sens vient de *micans granum :* mais il paroist évidemment par l'Art. 25. que les teintures *en migraine* sont celles où l'on employe la moitié moins de graine, que dans celles qui sont teintes en graine.

JEAN I.er & selon d'autres, Jean II. à Villers-Costerez, en Juillet 1362.

(28) *Item.* Que nulz ne vendent Draps [a] marbrez, violez, ne marbrés de noir & vermeil, ne nul autre qu'il soient de celle condicion, pour tains en laine, se ilz ne dient comme il est taint, ou se ils ne dient qu'il n'est pas taint en lainne, sur la peine comme dessus.

(29) *Item.* Que nulz ne vende Draps à jour de Feste quel qu'il soit, excepté un seul, & chascun à son tour, si comme font plusieurs autres Mestiers en la Ville de Paris: Reservé toute-voies que aus Festes annuelles, jours de Dimanches, d'Apostres, de Saint Jehan Baptiste & de Nostre-Dame, nul ne vende Drap en quelque maniere que ce soit: Et tout ce sur peine de perdre les denrées qu'il vendroit, à appliquier comme dessus: mais se il advenoit que aucuns ait acheté Drap devant aucun jour de Feste, & baillié son denier-dieu, le Drappier lui puet baillier & delivrer ledit Drap, sanz en encoure en aucune peine, par le congié desdiz Maistres.

(30) *Item.* Que tous les Confreres de ladite Confrarie & autres qui vendront Draps, soient jurez & [b] fermentés qu'il ne domront ne courtoisie aucune feront par eulx ne par autres, à aucun Tailleur ou Tondeur, ne à autre pour Drap qu'il leur facent vendre, se n'est de [c] Drap entier [d] & que le [e] droit courretage tel comme dessus est dit, sur peine de demi marc d'Argent à appliquier comme dessus.

(31) *Item.* Que nulz quel qu'il soit, esleuz à estre [f] Maistre dudit Mestier, ne se puisse escondire ne reffuser ledit Office, sur peine d'estre deboutez & forcloz dudit Mestier par l'espace d'un an entier, se il ne l'avoit esté [g] en six ans une foiz & toute une année, ou s'il n'avoit juste & loyal excusacion.

(32) *Item.* Que nuls ne puisse changier sa place en Halle là où il aura (l) geté aux loz, sur peine d'un marc d'Argent fin, à appliquier comme dessus, ne (m) saillir oultre Carrefour, ou (n) bate, se en ladite place n'avoit aucun [h] accident, comme en temps de pluies, ou pour peril aucun: Et que ce fust toutes-voies par le congié des Maistres, se trop grant [i] besoing n'estoit.

(33) *Item.* Que nuls ne vende ou face vendre par lui ne par autres, en deux Halles à detail, sur peine de perdre les denrées, à appliquier comme dessus.

(34) *Item.* Que lesdiz Maistres & ceulx qui pour le temps à venir seront establiz en ladite Confrarie, aient povoir & auctorité de visiter toutes-foiz que bon leur semblera, ledit Mestier & les appartenances d'icelui, pour savoir se aucun se [k] mesferoit contre les choses devant dites ou contre aucunes d'icelles, afin que les Poins & Articles dessusdiz soient tenuz & gardez de point en point, pour le prouffit commun & le bon estat dudit Mestier: Les admendes levées à nostre prouffit & de ladite Confrarie.

(35) *Item.* Pour ce qu'aucune personnes, Marchans ou autres, pourroient offendre [l] ou mesprendre contre la nature & la condition des Articles dessusdiz ou d'aucuns d'iceulx, pour simplece, inadvertance ou ignorance, ou pour le deffaut ou coulpe d'autrui, que en ces cas & en touz autres [m] piteables selon la qualité du meffait, que nostredit Prevost de Paris auquel appartient la cognoissance des cas & chouses dessusdit, puist modifier & moderer sur ce & sur l'encourement & la qualité desdites peines, par un bon avis & bon conseil, en gardant tousjours en ce raison &

a *Voy. cy-dessus, p. 414. Note (o) Col. 2.e* Dans la seconde Copie, il y a: *noir en vermeil.*

b *fassent serment.*

c *une piece de Drap en gros.*

d *&* ils ne donneront que le.

e *legitime.*

f *Garde ou Juré.*

g *Maistre.*

h *danger ou incommodité.*

i *danger pressant.*

k *contreviendroit.*

l *contrevenir.*

m *pitoyables: excusables.*

NOTES.

(l) *Geté aux loz.*] C'est-à-dire, la place qui luy sera escheüe par le sort dans une espece de Loterie faite entre les Marchands pour partager entre eux les differentes places.

(m) *Saillir oultre Carrefour.*] Pour expliquer cet endroit, il faudroit connoistre qu'elle estoit la disposition de la Halle ancienne, que l'on peut supposer avoir esté comme l'enceinte interieure de la Foire S.t Germain à Paris.

(n) *Bate.*] On pourroit lire *baee.* Dans le Livre vert ancien, il y a ou *bace* ou *bae.* Il y a *bace* dans le Registre des Chartres, & dans la 2.e Copie: je crois que c'est ainsi qu'il faut lire, & je conjecture que *bace* est la mesme chose que *bée* qui signifie une petite fenestre, comme on le voit par l'Article 2[illegible] de la Coustume de Paris.

On peut supposer que chaque Marchand avoit sa place dans l'enfoncement que formoient les fenestres des anciens bastimens

equité, & le bien commun & de Justice, nostre droit & le droit de ladite Confrarie, selon ce que le cas le requerra: Et moitié [a] comme dessus, appellé à ce faire nostre Procureur.

(36) *Item.* Que il [b] n'ait ou fait de la marchandise de Drapperie, que douze Couratiers qui soient jurez & [c] sermentez & applegiez de toute loyauté & bonne renommée, & aussi de vint marcs d'Argent fin. Et ou cas qu'ilz mesprendroient & feroient dommage aux Marchans outre la value des vint marcs d'Argent, yceulx vint mars d'Argent seroient renduz aux Marchans qui le dommage auroient eu, & encore oultre, lesdiz Marchans pourroient faire tenir prison fermée au pain & à l'eaue, [d] le Couratier ou les Couratiers, au Jugement de nostredit Prevost: Et lesdiz Couratiers seront esleuz & nommez par lesdiz Maistres, & establiz & instituez oudit Office de Courraterie deuement, convenablement & raisonnablement: [e] Mesmement qu'ilz doivent meulx congnoistre yceulx Couratiers, se ilz sont expers & congnoissans ou fait de la Drapperie, que nuls autres ne pourroient ou sauroient, pour loyaument conseiller les Marchans ou achetans Draps pour le bien commun & de Justice: Car s'ilz estoient esleuz par autres non congnoissans en ladite marchandise, grant inconvenient s'en pourroit ensuir, appellé avecques eulx nostre Procureur.

(37) *Item.* Que aucun desdiz Couratiers ne prengne [f] ne puisse prendre d'une escarlate [g] faire vendre, que quatre gros viez; & d'un Drap de vint & quatre [h] einnes, deux gros viez; & [i] Drap de vint aunes & de dix & neuf aunes jusques à douze einnes, un gros viez ou Monnoie à la value; & au-dessouz de douze aunes, selon la qualité dessusdite: Et se aucun desdiz Courratiers fait le contraire, ou autrement se meffait en son Office, qu'il en puisse estre [k] degitez, & [l] pour yceulx, un autre Preudomme & souffisant mis oudit Office ou lieu de lui. Et semblablement ou cas & touteffoiz que aucuns yra de vie à trespassement.

(38) *Item.* Se il avenoit que en *(o)* un repaire à Paris, eust grant foison de Marchans [m] estranges, & que par ainsi les devantdiz Courratiers ne peussent [n] assouvir lesdiz Marchans en eulx conseillans, que lesditz Maistres y puissent adjouster & acompaignier autres Courratiers, selon ce que bon leur semblera durant ledit repaire tant-seulement.

(39) *Item.* Se il advenoit que aucuns de sa voulenté & de fait, & non esleu, mis & institué oudit Office de Courraterie, comme dit est, se ingeroit & [o] poursuiroit de faire ledit Office de Couraterie, oultre le nombre dessusdit, & contre la volenté & eleccion desdiz Maistres, que tel qui ainsi se ingere & abuse dudit Office, soit & puisse estre [p] degitez, privez & deboutez du fait & de l'Office de ladite Courraterie, de quelque condicion qu'il soit, & [q] corrigiez en telle maniere que les autres qui semblablement [r] useront ou vouldroient user dudit Office de Courraterie, y puissent prendre exemple: Et ou cas que tel abuseur par sa [s] grigneur malice, ne vouldroit delessier de son [t] propos, mais perseverer oultre en sa folie & malice, que nostredit Prevost y pourvoye de prison ou autrement, tant qu'il soit refroidiz [u] & repentant du tout de sadite fole voulenté. Et en oultre se ledit tel abuseur avoit aucune chose prins ou gaingné soubz umbre de ladite abusion & pour le fait de ladite Courraterie, qu'il soit contraint à tout ce rendre, & [x] qu'il soit par esgal porcion divisé & distribué entre lesdiz douze Courratiers esleuz, jurez & sermentez, & [y] amender selon ce que bon leur semblera.

(40) *Item.* Que nul quel qu'il soit, ne donne à Courratier autre salaire que ce que ordonné est: Car se ilz donnoient plus, ilz [z] soubourneroient les Courratiers, & seroit au dommage des acheteurs: Sur peine d'une once d'Argent fin à appliquier moitié comme [aa] dessus.

(41) *Item.* Que nul Courratier ne soit Courratier & Marchant ensemble, sur

JEAN I.er & selon d'autres, Jean II. à Villers-Coste-rez, en Juillet 1362.

a *Voy. cy-dessus, Note (i)*

b *n'y ait.*

c *qui aient presté serment & donné caution.*

d *au.*

e *d'autant plus.*

f *&.*

g *qu'ils feront vendre.*

h Il y a *aunes* dans tous les autres Registres.

i *d'un.*

k *chassé.*

l Peut-estre faut-il lire, *par iceux*, c'est-à-dire, *les Maistres*, Voy. l'Art. precedent.

m *estrangers.*

n *contenter.*

o Dans la seconde Copie, il y a: *poursuivroit.*

p *chassé.*

q *puni.*

r Dans la seconde Copie, il y a: *useroient.*

s *plus grande.*

t *de son entreprise*, de faire le mestier de Couraterie.

u Dans la seconde Copie, il y a: *& repentez & repentant.*

x *que ce qu'il rendra.*

y *qu'ils soient condamnez à l'amende.*

z *suborneroient.*

aa *Voy. Note (i)*

NOTES.

(o) Un repaire.] La fin de cet Article determine la signification de ce mot, par lequel on doit entendre, le *séjour* que les Marchands estrangers font à Paris.

JEAN Ier & selon d'autres, Jean II. à Villers-Coste-rez, en Juillet 1362.

peine d'un marc d'Argent fin : Et touteffoiz qu'il seroit trouvé, il l'amenderoit de chacune foiz d'un marc d'Argent, à appliquier comme dessus.

(42) *Item.* Que nulz des douze Courratiers ne soit [a] hardiz qu'il se [b] embate l'un sur l'autre, quant un Marchant le [c] maine, se il n'est appellé dudit Marchant, sur peine de deux onces d'Argent fin, moitié [d] comme dessus.

(43) *Item.* Que nulz Courratiers qui soit mené d'aucun Marchant, ne die ne ne revele le secret du Marchant, sur peine d'une once d'Argent, moitié comme dessus.

(44) *Item.* S'il advenoit que aucuns des douze Courratiers feust trouvé autre que l'en l'avoit tesmoigné, l'en l'osteroit & mectroit l'en un autre en son lieu.

(45) *Item.* Que le Prevost de Paris qui est à present & qui pour le temps [e] sera, ou son Lieutenant, face ou face faire execution planiere à la requeste desdiz Maistres, de toutes les choses dessusdites & de chascune d'icelles, touteffoiz que requis en sera d'iceulx Maistres.

Sy Nous ont les dessusdiz Maistres & Confreres humblement supplié que Nous ladite Confrarie, les Poins & Articles dessus esclarcis & chascun d'iceulx selon leur teneur, voulsissions avoir agreables, & tout ce faire tenir & garder dores-en-avant sanz enfraindre en quelque maniere que ce soit. Nous en nostre Conseil eue plaine deliberation sur l'estat & gouvernement d'icelle, les Poins & Articles dessusdiz & esclarciz, aians consideracion, entre les autres choses, à l'acroissement du Divin Service & (p) à l'acompaignement qu'il ont fais de Nous & de nostre Lignée, en ce que dessus en est par eulx advisé & ordenné, & pour le bien publique du Pueple de nostre Royaume, & especialment de nostre bonne Ville de Paris dessusdite, avons agreable ladite Confrarie, les Poins & Articles dessus esclarciz & chascun d'iceulx, & voulons, ordennons & establissons dores-en-avant à touzjours, ladite Confrarie & tous les Poins & Articles dessus esclarciz & chacun d'iceulx selon leur teneur, estre tenuz & gardez sanz enfraindre en quelque maniere que ce soit. Et donnons en mandement par ces presentes au Prevost de Paris, & à tout noz autres Justiciers, Officiers, Receveurs, Commissaires & Reformateurs presens & à venir & chacun d'eulx ou à leurs Lieuxtenans, que veuës ces presentes ou le transcript d'icelles souz Seel Royal auquel Nous voulons pleine foy estre adjoustée comme à l'Original, perpetuelment & sans aucun contredit ou empeschement, ilz laissent & facent lesdiz Maistres & Confreres tant presens comme à venir de ladite Confrarie, joir & user paisiblement de point en point de nostre presente grace, confirmacion & octroy, & contre la teneur & fourme de noz presentes Lectres, de grace, confirmacion & octroy, & desdiz Articles & de chascun d'iceulx, ne les molestent, ou aucun d'iceulx souffrent estre empeschiez ou molestez en quelque maniere que ce soit : Ainçois leur donnent aide, faveur & conseil à faire maintenir & garder les choses dessusdites & chascune d'icelles, se mestier est, & requis en sont. Et pour ce que ce soit chose ferme & estable à tousjours-maiz, Nous avons faict mectre nostre Seel à ces presentes Lectres: sauf nostre droit en autres choses, & en toutes l'autrui. *Donné à Villers-coste-Rez, l'An de grace mil trois cens soixante & deux, ou mois de Juillet.*

a *si hardiz*, dans tous les autres Registres.

b *qu'ils ne taschent point de s'enlever leurs pratiques les uns les autres.*

c *mene.*

d *Voy. Note (i)*

e Dans la seconde Copie, il y a : *le temps à venir.*

NOTES.

(p) *A l'acompagnement, &c.*] Je ne sçais à quoy ce fait peut avoir rapport: seroit-ce à l'entrée que le Roy Jean fit à Paris à Noel 1360. lorsqu'il revint d'Angleterre? Elle fut très belle, mais les Historiens n'ont pas marqué en particulier que les Drapiers y ayent assisté.

JEAN I.er & selon d'autres, Jean II. à Paris, le 20. de Septembre 1362.

(a) Lettres portant que les Receveurs du Roy remettront les deniers de leurs Recettes, entre les mains du Tresorier du Roy, sans avoir besoin des Mandements des Gens des Comptes à cet effet.

JEHAN par la grace de Dieu Roys de France: A noz amez & feauls Genz de nos Comptes à Paris, salut & dilection. A Nous se sont complains noz amez Tresoriers à Paris, disans que ja soit ce que il soient chargiez à cause de leurs Offices, de faire plusieurs grans delivrances de Deniers, tant pour la despense de nostre Hostel, comme pour pluseurs autres causes: Lesqueles choses il ne pourroient acomplir, se ce n'estoit [a] pour faire recevoir les Deniers des receptes ordinaires & extraordinaires de nostre Royaume, tant des Receveurs de noz Seneschaussées & [b] Baillies, comme des autres, neantmoins il ne pevent avoir Deniers de nozdiz Receveurs ordinaires; ne yceuls Receveurs, soubz ombre de ce que vous leur avez commandé que il paient premierement les anciennes Rentes appellées Fiez & [c] Aumosnes, ne veulent obeir à leurs mandemens, se il n'ont sur ce exprès mandement de vous, si comme dient nozdiz Tresoriers: Laquelle chose Nous desplaist, se il est ainsi: Savoir vous faisons, que Nous avons ordené pieça, & encores ordenons que tous Receveurs de noz Seneschauciées & Baillies, soub le serment que il sont astrains à Nous, payent avant tous autres & senz autres mandement, toutes Rentes anciennes appellées Fiez & Aumosnes, gaiges d'Officiers neccessaires, ès [d] mettes de leurs Receptes, reparacions de Chastiaux, Fours, Moulins, Hales & teles choses necessaires, & touz les Deniers que il, ces choses paiées, auront de [e] demourant, envoient à nostre Tresor à Paris, ou les payent, baillent & delivrent au mandement de nozdiz Tresoriers, senz avoir ne attendre ou demander aucun mandement de vous: Pourquoi Nous vous mandons que nostredite Ordenance vous tenez & mandez estre tenuë à tous nosdiz Receveurs, senz icelle estre en aucune maniere enfrainte. *Donné à Paris, le vingtiesme jour de Septembre, l'An de grace mil trois cent soixante & deux.*

Par le Conseil, estant en la Chambre des Comptes. GONESSE.

a *par.* en faisant recevoir.

b *Baillages.*

c Voy. la Table du deuxieme Vol. des Ordonnances, au mot *Aumosnes.*

d *bornes, estenduë.*

e *de reste.*

NOTES.

(a) Memorial D. de la Chambre des Comptes de Paris, *fol.* 51. *verso.*

JEAN I.er & selon d'autres, Jean II. à Troyes, en Septembre 1362.

(a) Reglements pour les Tisserands de Toile de la Ville de Troyes.

SOMMAIRES.

(1) Les Tisserands eslisent tous les ans avec la permission du Prevost de Troyes, un Maistre du mestier & un Valet nommé Sergent, qui prestent serment entre les mains du Prevost.

(2) Le Maistre & le Valet ont droit de visiter les Mestiers; & les Tisserands qui seront trouvez en contravention, seront condamnez à l'amende.

(3) Le Maistre & le Sergent apporteront au Prevost de Troyes, les toiles qui ne se trouveront pas conformes aux Reglements.

(4) Ceux qui vendent du Fil qui n'est pas de bonne qualité, ou qu'ils ont moüillé pour en augmenter le poids, seront condamnez à l'amende.

(5) Il est deffendu sous peine d'amende, à un Tisserand de faire travailler un garçon ou compagnon, qui a entrepris un ouvrage chez un autre Tisserand, jusqu'à ce qu'il soit achevé.

(6) Si un compagnon ne veut pas aller travailler chez un Tisserand avec qui il s'est engagé, il luy payera des dommages & interests: & le Tisserand en payera au compagnon à qui il refusera de donner l'ouvrage qu'il luy a promis. Les contestations de cette nature

JEAN I.er & selon d'autres, Jean II. à Troyes, en Septembre 1362.

seront jugées par le Prevost de Troyes.

(7) Le Tisserand qui laisse coucher ensemble dans sa maison, un compagnon & une femme travaillans pour luy, lorsqu'il sçait qu'ils ne sont pas mariez, est condamné à l'amende aussi-bien que le compagnon.

(8) Les Tisserands sont obligez, sous peine d'amende, de venir se presenter devant les Maistres du Mestier, lorsqu'il les mande au sujet des contraventions qu'ils ont commises.

(9) Le Maistre pourra visiter tous les Mestiers où l'on fabrique de la toile, dans toute l'estenduë de la Prevosté de Troyes.

(10) Les Tisserands ne pouront s'assembler qu'en la presence d'un Sergent Royal.

(11 & 12) Taxe de l'amende qui sera payée par les contrevenans aux Reglements; independamment des dommages & interests qu'ils payeront aux particuliers, ausquels ils auront fait tort.

(13) Ceux qui se seront plaint sans raison des ouvrages des Tisserands, seront condamnez à l'amende.

(14) Les Tisserands qui après s'estre retirez de la Ville & de la Prevosté de Troyes, y reviendront, ne pourront y exercer leur Mestier qu'après quatre ans. Ils pourront cependant travailler de leur Mestier après trois ans, en payant une certaine somme.

JOHANNES &c. Notum facimus universis tam presentibus quam futuris, Nos infrascriptas vidisse Litteras, formam que sequitur, continentes.

A tous ceux qui ces presentes Lettres verront & orront, Pierre de Fontaines, Lieutenant de honnorable homme & sage Guillaume de Beuval Bailli de Troyes & de Meaulx, Salut. Comme les Tixerrans de Toilles de la Ville de Troies se feussent [a] traiz pardevers ledit Monsieur le Bailli & Nous, en Nous signifiant que moult souvent, tant par le Procureur du Roy comme par le Prevost de Troies, il estoient approchié [b] & trait en cause d'Office, tant sur ce que on leur [c] amettoit que il faisoient assemblées sans licence de Justice, une fois ou plusieurs chascun an, essisoient Maistre de leur Mestier & un [d] Sergent en yceluy Mestier, lequel Maistre & Sergent faisoient explois & Office de Justice & de Sergenterie, comme de plusieurs autres choses esquelles on disoit qu'il abusoient en leurdit Mestier, dont il avoient esté & estoient de jour en jour moult grandement travailliez & dommagiez tant en despens, comme en leurs besoignes qu'il leur en convenoit * laissier à faire, & il usassent & eussent acoustumé & leurs Predecesseurs Tixerans de ladite Ville de Troies, user de tel temps qu'il n'estoit memoire du contraire, au prouffit du Roy nostre Seigneur, du commun Peuple & à l'onneur dudit Mestier, des Points & Status & par la maniere que ci-après s'ensuit.

a presentez.

b ils estoient assignez d'Office par les Juges, sans qu'aucune Partie formât des plaintes contre eux.

c on les accusoit.

d Voy. p. 512. Note (d) & cy-dessous, Art. 1.

** cesser de faire.*

(1) Premierement. Que eulz toutes-foiz qu'il leur plaisoit, se assembloient au lieu de la Trinité ou ailleurs ou mielx leur plaisoit, par le congié du Prevost de Trois, pour eslire entre eulz un Maistre oudit Mestier & un Vallet qui est appellez Sergent dudit Mestier: Lequel Maistre & Sergent si-tost que esleu estoient, aloient jurer en la main dudit Prevost, de bien & loyaument garder ledit Mestier au prouffit du Roy nostre Seigneur & du commun Peuple, & de raporter devers ledit Prevost [e] le droit du Roy pour cause des [f] mesprisons & forfaitures qu'il trouveroient faites oudit Mestier, si-tost que trouvées les auroient.

e les amandes.

f contraventions.

(2) Item. Ledit Maistre & Sergent à cause de leur Office avoient puissance d'aler visiter toutes-fois que il leur plaisoit, par touz les Mestiers desdiz Tixerans, pour savoir se les Toiles que il trouvoient sur les Mestiers, avoient [g] leur large: Et se il estoit ainsi que aucune en fust trouvée sur le Mestier, ou eust trois [h] rooz wiz & la garde de la [i] Lame, le Tixerrant [k] en qui Hostel tel meffait estoit trouvé, estoit en cinq solz d'amende qui estoient audit Prevost de Troies pour le Roy, & en dix-huit deniers tournois ausdiz Maistres & Sergent pour leurs paines: Et se il estoit trouvé en la Lame un rooz wit ou deux, chacun roos doit au Valet deux deniers: Et n'en est tenus le Tixerans en aucune amende, se li troy rooz n'y estoient & la garde.

g la largeur ordonnée.

h Voy. p. 412. Note (g)

i Voy. p. 512. Note (f)

k dans la Maison de qui.

(3) Item. Ledit Maistre & Sergent avoient usé & acoustumé toutes-fois qu'il avoient trouvé Toiles qui n'avoient leur large souffisant, selon le lonc d'une verge de

NOTES.

(a) Tresor des Chartres, Registre 93. Piece 10.

JEAN I.er & selon d'autres, Jean II. à Troyes, en Septembre 1362.

ser adjusté à la mesure de la [a] large du Prevost de Troies, de les prenre, & incontinent apporter pardevers ledit Prevost, pour cause desdiz cinq soubz d'amende au Roy pour ledit Prevost, & pour dix-huit deniers pour leurs paines.

(4) *Item.* Quant ledit Maistre ou Sergent trouvoient aucune personne vendant file blanc, fust de chanvre ou de lin, [b] puisque la quantité du file estoit de cinq livres pesans ou audessus, & il fust [c] moillez ou moistes, & ne fust mie [d] trop sec ne de bon conroy, il le povoient prenre & appeller des anciens du Mestier deux ou trois, & comme ledit file estoit visité par les dessusdiz, se il estoit trouvez de [e] mal conroy, & que pour la moisteur il fust plus pesant, le Sergent dudit Mestier apportoit ledit file en la main dudit Prevost, & estoit tenus ycilz à cui estoit le fil, en deux soulz pour l'amende au Prevost, & en six deniers pour le salaire & paine dudit Maistre & du Sergent dudit Mestier.

(5) *Item.* Se uns Ouvriers ou Ouvriere dudit Mestier, avoit [f] prins à faire une piece de Toile ou plusieurs, en l'Ostel de l'un des Tixerans, ycilz Ouvriers ou Ouvriere ne povoit delaissier l'Ouvrage qu'il avoit entreprins, pour aller ouvrer ailleurs ne en autre [g] ouvroer, jusques à tant qu'il eust [h] assouvi ce qu'il avoit premiers entreprins: Et se il le faisoit & aloit ouvrer ailleurs & en autre Hostel d'autre Tixerant, le Sergent dudit Mestier aloit signifier à ycelui [i] en cui Hostel il ouvroit, comment ycilz [k] Vallez [l] estoit convenanciez à autre à ouvrer en la maniere que dit est, & li disoit qu'il se gardast de [m] mesprendre contre ledit Mestier, sanz autre deffense faire: Et se des [n] y-qui-en-avant ledit Maistre en cui Hostel il estoit trouvez, le mettoit en euvre jusques à ce qu'il eust premiers assouvi l'ouvrage qu'il avoit premiers entreprins en l'Ostel du premier Maistre, ou accordé [o] à lui, ledit [p] dairien Maistre estoit à six soulz six deniers d'amende; c'est assavoir, cinq soulz au Prevost pour le Roy, & dix-huit deniers pour la paine & travail desdiz Maistre & Sergent dudit Mestier: Pourveu toutes-voies que le Vallet Tixerant ne se fust [q] departis pour le deffaut & coulpe de son Maistre, laquelle chose cheoit en congnoissance de cause.

(6) *Item.* Se aucuns Vallés Tixerans ou une Tixerande avoit convenancié ou promis à aucun Maistre Tixerant d'aller ouvrer en son Hostel, [r] se lis Vallez ou femme [s] defailloit de y aler, il estoit tenus au Maistre [t] à cui il avoit fait la promesse, en douze deniers tournois pour ses dommages: Et se li Maistre le refusoit à mettre en œuvre, il estoit tenus au Valet ou femme en quatre soulz: Et de ce faisoient action pardevant ledit Prevost l'un contre l'autre, toutes fois que il leur plaisoit.

(7) *Item.* Se uns Ouvrier dudit Mestier ouvroit avec une femme laquelle il disoit estre sa femme, en l'Ostel d'aucuns desdiz Tixerans, se il estoit ainsi que il veinst à la congnoissance du Maistre du Mestier ou du Maistre de l'Ostel chiez cui il demouroient, que elle fust sa concubine, le Maistre ou Sergent dudit Mestier avoient acoustumé d'aler en l'Ostel où il demouroient, signifier au Maistre dudit Hostel comment le Valet & femme n'estoit mie époux: Et se il estoit ainsi que après cette signification, le Maistre dudit Hostel les souffrist a [u] gesir ensemble en son Hostel & en un lit, ycilz Maistre estoit à six solz six deniers tournois d'amende; c'est assavoir cinq solz audit Prevost pour le Roy, & dix-huict deniers tournois pour lesdiz Maistres & Sergens dudit Mestier; & ledit [x] Vallet estoit tenuz aussi en tele & semblable amende.

(8) *Item.* Se aucuns *(b)* Maistres ou Varlez Ouvriers ou Ouvrier dudit Mestier, meffaisoit aucune chose audit Mestier ès Poins dessusdiz ou en aucuns d'iceulx, se il estoit raporté au Maistre, & pour ce li Maistre mandoit par le Sergent dudit Mestier, querir celui ou ceulz qui avoient [y] mesprins, se il ne venoient au mandement, il estoient à deux solz tournois, qui estoient *(c)* au Roy pour ledit Prevost.

a *du patron des mesures.*

b *pourvû que.*

c *pour en augmenter le poids.*

d *& ne fut pas assez sec, & de bonne qualité.*

* *Voy. cy-dessus, p. 414. Note (m)*

e *mauvais.*

f *entrepris.*

g *lieu où l'on travaille.*

h *achevé.*

i *dans la Maison de qui.*

k *Garçon ou Compagnon du Mestier.*

l *s'estoit engagé avec un autre.*

m *contrevenir aux Reglements.*

n *dans la suite.*

o *avec.*

p *dernier.*

q *ne se fust retiré, n'eust quitté l'ouvrage.*

r *si le.*

s *manquoit.*

t *à qui.*

u *coucher.*

x *Compagnon.*

y *contrevenu aux Reglements.*

NOTES.

(b) Maistres.] Par ce mot il faut entendre-là un Tisserand, & non pas le Maistre en charge.

(c) Au Roy pour ledit Prevost.] Il faut corriger, *audit Prevost pour le Roy*, ainsi qu'il se trouve plusieurs fois dans les Articles precedents, c'est-à-dire, *payables au Prevost qui les reçoit pour le Roy.*

JEAN I.er & selon d'autres, Jean II. à Troyes, en Septembre 1362.

Et Nous eussent supplié que comme des choses dessusdites, il eussent usé & acoustumé de user oudit Mestier pour les causes dessusdiz, notoirement & publiquement, sanz en avoir esté reprins par maniere que onceques n'en eussent paié amende, Nous sur les choses dessusdites dont il avoient usé jusques à present & par le temps devant dit, & lesquelles il Nous baillerent par escript, voulsissiens avoir avis & conseil avec le Procureur du Roy & autres Sages, afin que se par le Conseil que Nous aurions, Nous trouvons que les Poins & Status dessus escrips fussent bon, raisonnable pour le Roy nostre Seigneur, & au proffit du commun, Nous leur voulsissions donner licence & congié de en user comme paravant en avoient usé; & se aucune chose y trouvions à adjouter, [a] detraire ou corriger au proffit du Roy, du commun Peuple & à l'onneur dudit Mestier, Nous l'y adjoustissions ou corrigissions selon la deliberation du Conseil, & leur baillissiens nos Lettres sur ce, à ce que pour le temps advenir, lesdiz Procureur du Roy & Prevost ne autre n'eussent occasion de les molester & travaillier, se il usoient des choses dessusdites.

Sachent tuit que Nous inclinans à leur supplication, avons mis ensamble plusieurs [b] sages Clers, Advocats & autres notables personnes, auxquelz Sages en la presence de Pierre de la Sale, Procureur du Roy nostre Seigneur oudit Bailliage de Troies, Nous avons exposé & fait lire diligemment tous les Poins & Ordenences dudit Mestier ci-dessus specifiez, & à yceulz & audit Procureur du Roy demandâmes par maniere d'avis & de conseil & en leurs loyautez, se les Poins dont lesdiz Tixerans disoient avoir usé, estoient licite, raisonnable & tel qu'il en leur peust & deust raisonnablement donner licence & auctorité de en user pour le temps à venir: Par tous lesquiex Nous fu conseillé que les Poins & Status dessus desclairez, dont disoient avoir usé lesdiz Tixerans, estoient bons & justes & bien fondé de raison, & oultre que se onques n'en eussent usé lidit Tixerant, si estoient lesdiz Statuz & Poins licite, proffitable & necessaire, pour obvier à moult de fraudes que aucun malicieux & [c] soutif Tixerant tant [d] Maistre comme Valet, peussent commettre oudit Mestier ou prejudice de ceulz qui font faire les Toiles, & au dommage de tout le commun, en adjoutant avec les Poins & Statuz dessus devisez, ce qui s'ensuit.

(9) *Item.* C'est assavoir que li Maistre & Sergent qui seront esleuz oudit Mestier, pourront aler visiter & [e] reverchier par commission de Monsieur le Bailli, de son Lieutenant ou du Prevost de Troies, les ouvrages de Toiles que l'en fera ès ouvroers de leurdit Mestier en la Prevosté de Troies, pareillement qu'il feront en ladite Ville de Troies, en gardant le droit du Roy & du commun, sanz ce qu'il soient tenuz de y appeller avec eulz aucun Sergent du Roy ne d'autre Seigneur.

(10) *Item.* Que toutes-fois que l'en [f] donra congié d'eulz assambler pour faire la eslection desdiz Maistre & Sergent dudit Mestier, ou pour autres causes justes & necessaires touchans ledit Mestier, on leur [g] banrra un des Sergens du Roy nostre Seigneur, pour estre avec eulz à leur assamblée, & autrement ne se pourroient assembler.

(11) *Item.* Que l'amende qui d'ancien temps & par leur ancien usage, estoit de cinq solz pour le Roy, & de dix-huict deniers pour lesdiz Maistre & Sergent, sur ceulz qui estoient trouvez en mesfait oudit Mestier, selon ce & pour les cas ci-dessus exprimez, sera de dix solz tournois, dont le Roy nostre Seigneur aura pour son droit, sept solz six deniers, & lesdiz Maistre & Sergent deux solz six deniers tournois, affin que l'en se [h] garde mielx de messaire oudit Mestier, & que lesdiz Maistre & Sergent soient plus curieux & diligens de la garde dudit Mestier pour le bien du commun.

(12) *Item.* Que [i] tuit lidit Tixerant [k] soient [l] Maistre ou Vallet, qui seront trouvé avoir fait aucune Toile moins souffisans, pour chascune foiz que trouvé y seront, seront tenus de payer cinq solz d'amende, dont le Roy nostre Seigneur aura la moitié, & lesdiz Maistre & Sergent l'autre, afin que il soient plus diligens de visiter lesdites Toiles & de rapporter les male-façons que il y trouveront: Et si seront tenus de rendre le domage à celui à qui sera le Toile mal-faite, selon la quantité de la male-façon, par [m] l'esgart & jugement desdiz Maistre & Sergent.

a *oster.*

b *sçavans.*

c *subtils.*

d *Voy. cy-dessus, Note (b)*

e *Je ne sçais point ce que ce mot signifie.*

f *donnera.*

g *baillera: donnera.*

h *l'on ait plus d'attention.*

i *tous lesdits.*

k *soit.*

l *Voy. cy-dessus, Note (b)*

m *Voy. p. 67. Note (mm) & p. 118. Note (x)*

(13) *Item.*

(13) *Item.* Se il avient que aucune perſonne face appeller un ou pluſieurs deſdiz Tixerans, & maintiengne contre celui ou ceulz que elle aura fait appeller, qu'il aient ou ait fait mal-à-point une Toile ou pluſieurs; & il eſt trouvé que il n'y ait point de male-façon, cilz qui ainſi aura fait appeller ſans cauſe aucun deſdiz Tixerans, ſera tenus de payer cinq ſolz d'amende, dont le Roy noſtre Seigneur aura la moitié, & leſdiz Maiſtre & Sergent l'autre.

JEAN I.er & ſelon d'autres, Jean II. à Troyes, en Septembre 1362.

(14) *Item.* Que ſe aucuns dudit Meſtier ſoit [a] Maiſtres ou Varlez, ſe depart de la Ville ou Prevoſté de Troyes par ſa coulpe & par meſfait qu'il aura fait oudit Meſtier, & il advient qu'il retourne après ledit meſfait, il ne pourra ouvrer en ladite Ville ou Prevoſté juſques à la fin de quatre ans : Et ſe en la fin de trois ans il veut ouvrer dudit Meſtier en ycelle Ville & Prevoſté, faire ne le pourra juſques à ce qu'il aura payé & [b] ſatiſfié la ſomme de vingt ſolz tournois, dont le Roy noſtre Seigneur aura quinze ſolz, & leſdiz Maiſtre & Sergent pour leur traveil & paine de ce [c] pourchacer, cinq ſolz tournois.

Pourquoy Nous tout conſideré ce que dit eſt deſſus, par la deliberation & conſeil deſdiz Sages, & du conſantement dudit Procureur du Roy preſent à ce en jugement pardevant Nous, à yceulx Tixerans & à leurs ſucceſſeurs Tixerans demourans en la Ville de Troyes, avons donné & donnons en-tant comme faire le povons à cauſe de noſtre Office, povoir, congié, licence & auctorité de par le Roy noſtre Seigneur, de joir & uſer oudit Meſtier des Poins & Statuts deſſuſdiz, comme bons, juſtes & bien fondez de raiſon, ſelon ce & par la maniere que ci-deſſus eſt deviſé & eſclarci : Reſervé audit Procureur du Roy ſa pourſuite contre leſdiz Tixerans & chaſcun d'iceulz, ſe bon li ſemble de les pourſuivre, ſur ce que il dit que il prennent & ont prins trop grant & trop exceſſif ſalaire pour cauſe de la façon des Toiles que il ont faites & font en ladite Ville de Troies & environ : Et par ces preſentes mandons au Prevoſt de Troyes qui ores eſt, & aus autres Prevoſts ſes ſucceſſeurs qui pour le temps advenir ſeront, & à touz autres noz ſubgez, que leſdiz Tixerans en uſant deuement des Poins & Statuz deſſuſdiz oudit Meſtier, gardent & deffendent, & leur preſtent chaſcun en droit ſoy, conſeil, confort & ayde, ſe meſtier leur eſt, & requis en ſont de par eulz, ſans yceulz Tixerans y empeſcher ou ſouffrir eſtre empeſchiez par leurs ſubgez en aucune maniere dores-en-avant. En teſmoin de laquelle choſe, Nous avons ſcellées ces Letres de noſtre propre Séel, *qui furent faites & données à Troyes, le mardi darrenier jour d'Octobre, l'An de grace mil trois cens cinquante-ſept.*

a Voy. cy-deſſus, Note (b)

b *ſatisfait.*

c *pour faire executer ce Reglement.*

Item. *Tenor ſequitur quarumdam aliarum Litterarum in hec verba.*

A TOUZ ceulz qui verront & oiront ces preſentes Lettres, Humbers des Granges, Clerc & Garde du Seel de la Prevoſté de Troyes, Salut. Sachent [d] tuit que pardevant moy & Jehan Jalletin Clerc juré & eſtabliz à Troies à ce faire, de par noſtre Seigneur le Roy, vinrent en propres perſonnes, Pierre li Bonnars Clerc demourans à Troies, & Maiſtre Hugues de Paleis demourans à Mal-maiſon-lez-Payens, liquelz affermerent & teſmoignerent en leurs veritez, que les Lettres ſeellées en queuë double de cire rouge, parmi leſquelles ces preſentes ſont annexées, ſont ſeellées du Seel de honnorable homme & ſage Maiſtre Pierre de Fontaines, Clerc, Lieutenant de honnorable homme & ſage Guillaume de Beuval Bailli de Troies & de Meaulx, duquel il uſe communement & a acouſtumé uſer en ſon dit Office. En teſmoing de ce, Je Humbert deſſuſdit ay ſeellé ces preſentes Lettres du Seel de ladite Prevoſté avec noz [e] ſignez. *Ce fu fait l'An de grace mil trois cens cinquante & ſept, le huitieme jour du mois de Novembre.*

d *tous.*

e *ſeings.*

NOS autem dictas Litteras ac Ordinationem ſuperius declaratam & expreſſam, volentes obſervari, ipſaſque ratas & gratas habentes, eaſdem ac omnia in eis contenta laudamus, approbamus, ratifficamus, ac tenore preſentium confirmamus, & auctoritate Regia ac de gratia ſpeciali per preſentes: Dantes per preſentes in mandatis Baillivo Trecenſi ac univerſis Juſticiariis & Officiariis noſtris eorumque Loca-tenentibus & cuilibet eorumdem, modernis & futuris, quatinus omnia supra dicta observare faciant & plenarie adimplere, omni contradictione cessante. Quod ut firmium & stabile &c. salvo in aliis &c. Datum Trecis, Anno Domini millesimo trecentesimo sexagesimo-secundo, mense Septembris. Sic signatum. *In Requestis Hospicii.* ERKERI.

J. DE HAC.

JEAN I.er & selon d'autres, Jean II. à Mascon, en Octobre 1362.

Philippe VI. dit de Valois, au Bois de Vincennes, au mois de Fevrier 1346.

(a) Lettres qui permettent aux Habitans de Mascon de s'assembler pour leurs affaires, & d'eslire des Conseillers, des Procureurs & des Syndics.

JEHAN &c. Savoir &c. Nous avoir veu les Lettres de nostre très-chier Seigneur & Pere que Diex absoille, contenant cest forme.

PHILIPPE par la grace de Dieu Roy de France. Savoir faisons à tous presens & à venir, que Nous eue consideration aus bons services, obeïssances & aides aggreables que noz amez Citoyens, Bourgois & Habitans de nostre Ville de Mascon à Nous & à nos Predecesseurs Roys de France, ont fait & font de jour en jour, & qui à present & de nouvel Nous ont octroyé gracieusement certain nombre de Genz-d'armes ou les gaiges d'iceulz, pour la deffense de nostre Royaume, lesquiex n'ont ne corps ne commune, ainçois quant il ont d'aucune chose à faire, & conseiller ensamble des besongnes touchans Nous & le proffit commun de ladite Ville, leur convient avoir recours & demander licence à Nous ou à noz Baillifs ou à noz autres Gens du païs, & que aucune-foiz les uns sont absens & les autres refusanz de venir. Nous voulans à eulz pourveoir sur ce de remede gracieux, leur avons octroyé & octroyons par la teneur de ces presentes, de grace especial & de nostre plain povoir & auctorité Royal, que eulz & leurs Successeurs, appellez avecques eulz nostre Bailli ou son Lieutenant, ou nostre Juge Majeur ou nostre Procureur de Mascon, se puissent assembler en aucun lieu convenable de ladite Ville, toutes & quante-foiz qu'il leur plaira, pour parler, conseiller & ordonner de leur faiz & du profit commun de ladite Ville, sanz prejudice de Nous ou de la Couronne de France, & que il puissent tous les ans eslire entre eulx six Preudommes de ladite Ville nez du Royaume, yceulx changier & muer touz les ans se bon leur samble: Lesquielx esleus, appellez avecques eulx lesdiz Bailli, son Lieutenant ou nostre Juge ou Procureur en la maniere que dit est, se puissent assambler, & les droys & besongnes de ladite Ville & chose publique tant en demandant comme en deffendant, en jugement & dehors, poursuire, demener, requerre & demander, & de faire & establir ou nom & pour le proffit desdiz Habitans & de chascun d'eulz, un ou plusieurs Procureurs & Sindiques, qui aient & chascun d'eulz auctorité & puissance de demander, requerre & poursuir l'onneur & profit d'eulz & du bien commun & de ladite Ville, & de yceulx rappeller & changier toutes-foiz que bon leur semblera, de faire & imposer collectes, tant sur les personnes comme sur les possessions & heritages d'icelle Ville en la maniere acoustumée, ycelles recouvrer, lever ou faire lever & cueillir & convertir ou proffit commun de ladite Ville, & là où il sera necessaire, & de faire toutes autres manieres de choses qui à Offices de Conseillers appartiennent ou pevent & doivent appartenir. Toutes-voies n'est-il mie nostre entente que pour ce il aient ou doivent avoir autre Corps ne Commune ne Juridiction ordinaire. Si mandons & commandons par la teneur de ces Lettres au Bailli & à nostre Prevost de Mascon, & à tous noz autres Justiciers & à leurs Lieutenans qui à present sont & seront pour le temps [a], que de nostredite grace laissent &

[a] *à venir.*

NOTES.

(a) Tresor des Chartres, Registre 93. Piece 24.

facent user & joir chascun en droit soy, si comme à lui appartendra, lesdiz Habitans & leursdiz esleuz dores-en-avant sanz contredit & sans autre mandement attendre, non contrestans quelconques allegations, oppositions, Ordonnances, Statuts ou Lettres octroyées ou à octroier au contraire: sauf nostre droit en autres choses & [a] l'autri en toutes. Et pour ce que ce soit ferme chose & estable à toujours-mais, Nous avons fait mettre nostre Séel en ces presentes Lettres. *Donné au Bois de Vincennes, l'An de grace mil trois cens quarante-six, ou moys de Fevrier.*

JEAN I.er & selon d'autres, Jean II. à Mascon, en Octobre 1362.

Lesquelles Lettres dessus transcriptes & toutes les choses & chascune d'icelles dedens contenuës, aians fermes & aggreables, ycelles voulons, loons, aggreons, ratifions & approuvons, & de nostre certaine science, auctorité Royal & grace especial, par la teneur de ces presentes confermons: Et mandons & commandons au Bailli & Prevost de Mascon & à touz noz autres Justiciers presens & à venir, ou à leurs Lieuxtenans & à chacun d'eulz, si comme à lui appartendra, que de toutes les choses contenuës ès Lettres ci-dessus escriptes, fassent, laissent & seuffrent joïr & user paisiblement lesdiz Habitans & leursdiz Esleuz sans contredit ne autre mandement attendre, selon le contenu d'icelles, & en ce ne les empeschent ou molestent, ne seuffrent estre empeschié ou molesté comment que ce soit; mais se aucune chose estoit fait au contraire ou prejudice d'eulx ne de nostre presente, qu'il le facent mettre & ramener au premier & deu estat, non-contrestant quelconques allegations, oppositions, Ordenance, Statuz ou Lettres octroyées ou à octroier au contraire. Et que ce soit &c. sauf en autres choses &c. *Ce fu fait à Mascon, l'An de grace mil trois cens soixante & deux, ou mois d'Octobre. Ainsi signée.* Par le Roy en son Conseil. COLLOURS

(a) *l'autrui.*

JEAN I.er & selon d'autres, Jean II. à Mascon, en Octobre 1362.

(a) Confirmation des Privileges des Habitans de la Ville de Prissey près Mascon.

SOMMAIRES.

(1) Celuy qui intentera une action contre quelqu'un, donnera caution de se presenter en Justice: on exigera le même caution du deffendeur. S'ils ne peuvent ou ne veulent pas donner cette caution, on les retiendra en prison jusqu'à la fin du procès.

(2) Amendes pour trois sortes de blessures avec effusion de sang, selon qu'elles seront plus ou moins considerables.

(3 & 6) Les Habitans pourront vendre du bled & du vin dans leurs maisons, & avoir à cet effet des mesures, lesquelles seront bien estalonnées, sous peine d'amende.

(4) Les Habitans ont droit de garder par eux-mêmes leurs bleds, leurs vins & leurs prez.

(5) Les Seigneurs, [le Roy & l'Evesque de Mâcon] auront pour droits de lods & ventes, la 6.e partie du prix des Immeubles vendus, payables par l'acheteur.

(6) [Voy. n.o 3.]

(7) Ceux qui auront commis quelque delit dans la Ville, ne pourront estre tirez hors de la Ville pour estre jugez, s'ils veulent donner caution de se presenter en Justice.

(8) Il ne sera point dû de lods & ventes pour les échanges d'Immeubles, s'il n'y a point de retour en Argent; s'il y en a, on payera les lods & ventes, comme dans le cas de la vente.

(9) Les causes qui regardent les Habitans de la Ville, doivent estre jugées dans la Ville.

(10) Si les Estrangers qui viendront s'establir dans la Ville, y demeurent un an sans estre reclamez par leurs Maistres, ils seront reputez Bourgeois de la Ville; & les Seigneurs de la Ville les deffendront contre ceux qui voudront attaquer leur liberté.

(11) Les Adulteres seront fustigez dans la Ville, ou payeront une amende de soixante sols & un denier.

(12) Marché à Prissey, & droits qui s'y perçoivent.

(13) Les Seigneurs donneront des mesures à leurs sujets; mais on ne changera rien à celles avec lesquelles on mesure les redevances.

(14) Les Seigneurs procureront la sûreté sur la route, à ceux qui viendront au marché, ou qui en reviendront.

(15) Les gages qui doivent estre vendus dans le marché, seront gardez pendant sept jours, & livrez le 8.e jour aux acheteurs après trois publications.

(16) Foires à Prissey, & droits qui s'y perçoivent.

JEAN I.er & selon d'autres, Jean II. à Mascon, en Octobre 1362.

a Evesque. *Voy. plus bas.*

b la grande Compagnie. *Voy. sur les Compag.*es *cy-dessus, p. 435. Note (d)*

c à part.

JOHANNES &c. Notum &c. Quod ex parte hominum de (b) Prisseyo Nobis ac dilecto & fideli nostro Episcopo Matisconensi in communi Justiciabilium & subditorum, Nobis expositum extitit, quod cum olim Seguinus Matisconensis Ecclesie [a] *Minister, & Amauricus de Moudun, Baillivus Regius Matisconensis, super certis Privilegiis, suas patentes Litteras eorum propriis sigillis in cera viridi & filis sericis sigillatas, prefatis hominibus concessissent, hominesque predicti Privilegiis in eisdem Litteris contentis utendo, dictas Litteras sanas & integras à tempore concessionis earumdem conservassent, donec nuper inimici Regni nostri magne* [b] *Commitive dictam Villam de Prisseyo subintrantes, & inter cetera dictas Litteras reperientes, sigilla predicta à dictis Litteris, caudas sericeas quibus ipsa sigilla erant appensa, disrumpendo, abstraxerunt, scriptura dictarum Litterarum cum certa parte caudarum sericearum, in quibus ipsa sigilla, ut predicitur, erant appensa, sana & non vitiata remanente: Quamquidem scripturam una cum dicti Ministri sive Episcopi sigillo* [c] *per se sic, ut predicitur, à dictis Litteris distracto, alio sigillo dicti Baillivi amisso, post conflictum in dicta Villa de Prisseyo transactum, casu fortuito homines memorati reperierunt, & ipsas scripturam & sigillum Nobis ostenderunt: Cujusquidem scripture sive Litterarum predictarum tenor sequitur, & est talis.*

d quorum. [*seniorum.*]

Nos (c) Seguinus Dei gratia Matisconensis Ecclesie Minister humilis, & Amauricus de Moudun Baillivus Matisconensis ex parte Domini Regis, notum facimus universis presentes Litteras inspecturis, quod rogati ab hominibus nostris de Prisseyo, accessimus personaliter ad eandem Villam ad inquirendum usus & consuetudines, & advocatis coram Nobis senioribus & fide dignioribus dicte Ville, receptis ab eisdem super sacro-sancta Dei Evangelia juramentis, [d] *quorum fuit numerus duodecim, invenimus usus & consuetudines dicte Ville secundum quod inferius est notatum; videlicet,*

e ester à droit, se presenter à Justice.

(1) Quod si aliquis de aliquo conqueratur Nobis vel illis qui loco nostri gubernacula Ville gerent, prius conquerens fidejubebit [e] *stare juri coram Nobis, & postea ille de quo querimonia deferetur; ita quod si alter illorum fidejubere noluerit vel non poterit, persona ejus detinebitur donec competenter fidejusserit, vel donec de querimonia cum Consilio ejusdem Ville Burgensium cognoscatur vel judicetur: Et non poterit aliquis fidejubere compelli vel detineri, nisi alius de ipso conqueratur.*

f blessûre suivie d'effusion de sang.

g *legeres.*

h plainte.

(2) Item. *De triplici* [f] *sanguine, triplex consuetudo invenitur; quia de sanguine qui vocatur* [g] volages, *debentur tantum tres solidi ab illo qui sanguinem illum fecerit, si percussus de percussore* [h] *clamorem fecerit; aliter non tenetur. De alio sanguine facto cum gladio sine mortis periculo, debentur sexaginta solidi & unus denarius. De sanguine vero facto cum gladio usque ad mortem, ille qui sanguinem illum fecerit, incidit in voluntatem & arbitrium Dominorum.*

(3) Item. *Quilibet de dicta Villa potest vendere in domo sua vinum & bladum, & habere mensuram justam & legitimam vini & bladi.*

(4) Item. *Homines dicte Ville ponunt pro se, non vocatis Dominis vel eorum Ministris, custodes bladorum, vinearum & pratorum, ad utilitatem & consilium dicte Ville.*

i dominio.

k Lods & ventes.

(5) Item. *Si facta fuerit aliqua venditio rerum immobilium, Domini de quorum* [i] *domino res movebunt, habebunt pro omni* [k] *Laudo sextam partem venditionis: Quam sextam partem venditionis, emptor solvet veris Dominis rei vendite; quia alius de Laudo nichil recipiet vel habebit.*

(6) Item. *Si aliquis convictus fuerit uti falsa mensura in venditione bladi vel vini, levabuntur ab ipso sexagenti solidi & unus denarius de emenda.*

NOTES.

(a) Tresor des Chartres, Registre 93. Piece 25.

(b) De Prisseyo.] C'est apparemment *Prissey* dans le Diocese de Mâcon, sur la petite Riviere de *Grosne.* Dictionn. Universel de la France.

(c) Seguinus.] Voy. sur luy *Gall. Christian.* Tom. 4. p. 1080. 2.e *Edit.* Cet Acte pourra servir à assûrer encore davantage la date du commencement de son Episcopat.

JEAN I.er & selon d'autres, Jean II. à Mascon, en Octobre 1362.

(7) Item. *Si aliquis ibi deliquerit, non debet nec potest extrahi de Villa, quamdiu facere voluerit de stando juri coram Dominis.*

(8) Item. *Si fiat permutatio vel excambium in dicta Villa rerum immobilium, non interveniente pecunia, nichil debetur de Laudo. Si vero pecunia intervenerit, dabitur Laudum ad similitudinem venditionis.*

(9) Item. *De Causis dicte Ville debet fieri cognitio in ipsa Villa, nec extra debent extrahi litigatores.*

(10) Item. *Si aliquis aliunde veniens, moram fecerit in dicta Villa per annum, sine reclamatione alicujus Domini, habebitur pro (d) Burgense dicte Ville, & deffendetur à Dominis tanquam liber.*

(11) Item. *Si aliquis vel aliqua deprehensus vel deprehensa fuerit in adulterio, fustigabitur per Villam, vel se redimet* [a] *sexaginta solidos & unum denarium.* a per.

(12) Item. *Preterea invenimus per supradictos Juratos, quod cum felicis recordationis (e) Ludovicus Francorum Rex transsitum faceret per Villam Prissiaci, pergens apud Avignionem, dedit & concessit hominibus dicte Ville habere mercatum semel in septimana; videlicet die Lune: Et Nos invenimus dictos homines & dictam Villam de dicto Mercato investitos: de blado vero ubicumque sit venditum, si in dicta Villa fuerit mensuratum, sive in die mercati sive alia die, dabitur de (f) meterio, (g) unus copon ab hominibus de foris Villam, & tantum* [b] *dimidi à Burgensibus dicte Ville, & de minori mensura quam sit meterium, nichil dabitur.* b dimidium.

(13) Item. *Cum mensura quam dabimus nostris, mensurabitur in dicta Villa & ea utetur in Villa in Mercato & extra; ita tamen quod ad antiquam mensuram reddentur (h) serviciam quia circa illa nichil volumus immutari.*

(14) Item. *Promisimus etiam (i) Guiagium venientibus ad dictum mercatum & redeuntibus, eundo & redeundo.*

(15) Item. *Pignora que debebunt vendi in dicto Mercato, per septem dies servabuntur, & octava die circa* [c] *vesperos, terna clamatione ibi prius facta, liberabuntur emptoribus & tradentur.* c vesperam.

(16) Item. *Concessimus dictis hominibus nostris de Prissiaco habere generales nundinas semel in anno; videlicet, in Festo Apostolorum Simonis & Jude, que per totam illam diem durabunt, & habebunt Guiagium nostrum (k) ut Mercatum. Equs vero & equa & pullus duorum annorum,* [d] *si per se vendatur, & omne animal quod solet ferrari,* [e] *sic fuerit venditum in Mercato vel in nundinis dicte Ville, dabit pro venta quatuor denarios: Asinus vero & asina duos denarios, & omne aliud animal venditum ultra duos solidos, dabit pro venta unum obolum; exceptis hominibus dicte Ville.* d separément. e si.

Omnes autem supra dictos usus & consuetudines, & etiam dictam donationem & concessionem dictis hominibus tam à Nobis quam à Domino Rege factas, confirmamus, & auctoritatem nostram impertimur: Salvis aliis bonis usibus & consuetudinibus dicte Ville approbatis & salvo jure nostro & Domini Regis. In cujus rei memoriam & testimonium,

NOTES.

(d) *Burgense.*] Il s'agit dans cet Article du droit d'acquerir la liberté dans des lieux de franchise : matiere peu éclaircie, quoyque très importante, mais trop estenduë pour estre traitée dans une Note, & même dans une Preface.

(e) *Ludovicus.*] Il seroit à souhaiter qu'on eust designé ce Roy d'une maniere moins vague.

(f) *Meterio.*] Ce mot est douteux, il a fallu deviner. C'est apparemment une espece de mesure. On trouve dans Du Cange à la fin du mot *Metreta, Metrum vini.*

(g) *Unus copon.*] On trouve dans le 2. Vol. des Ordonn. p. 349. Art. 17. des Privileges des Habitans de Mâcon, des *coupons* de bled, mais rien n'indique ce que ce mot signifie, & M. de Lauriere ne la point expliqué.

(h) *Serviciam.*] Lis. *Servitia* : des *redevances. Servitium, quodvis munus*, dans Du Cange au mot *Serviens*, p. 829.

(i) *Guiagium.*] Ou *Guidagium*, un sauf-conduit. une sûreté dans les chemins. Voy. Du Cange au mot *Guida.*

(k) *Ut mercatum.*] Il manque-là quelques mots. Cela signifie qu'on donnera à ceux qui viendront aux Foires, la même sûreté qu'à ceux qui viendront aux Marchez.

JEAN I.er & selon d'autres, Jean II. à Mascon, en Octobre 1362.

presentes Litteras dictis hominibus tradidimus, sigillorum nostrorum munimine roboratas. Actum & datum Anno gratie millesimo ducentesimo quadragesimo-tertio, mense Mayo.

Cum autem ipsi homines dicte Ville de Prisseyo, ne privilegiis suis predictis sic per infortunium & factum guerrarum, ut predicitur, cassatis, priventur & frustrentur, Nobis supplicaverunt sibi super hoc de remedio gratioso provideri.

Nos vero premissis consideratis, quoscunque Regni nostri subditos in suis bonis usibus & Privilegiis antiquis conservare, & à quibuscunque pressuris per eos occasione guerrarum passis, relevare cupientes, ut tenemur, prefatis hominibus in casu premisso concessimus & concedimus de speciali gratia & auctoritate nostra Regia per presentes, ut ipsi omnibus & singulis Privilegiis in scriptura seu Litteris prescriptis contentis, quibus & prout hactenus usque ad tempus predictum, usi fuerunt, uti & gaudere valeant & utantur deinceps perpetuis temporibus, & ipsa Privilegia dictis hominibus de novo in quantum in Nobis est, eo casu de nostris speciali gratia & auctoritate Regia predictis, damus & concedimus per presentes: Mandantes Baillivo Matisconensi ceterisque Regni nostri Justiciariis & Officiariis qui nunc sunt & pro tempore fuerint, aut eorum Loca-tenentibus, & cuilibet eorumdem ut ad eum pertinuerit, quatinus prefatos homines de Prisseyo nostra presenti concessione & gratia in casu predicto uti & gaudere pacifice & quiete deinceps perpetuis temporibus faciant & permittant, impedimentis quibuscunque cessantibus penitus & amotis. Quod ut perpetue firmitatis robur obtineat, nostrum presentibus Litteris fecimus apponi sigillum, nostro in aliis &c. Datum & actum apud Matisconem, Anno Domini millesimo trecentesimo sexagesimo-secundo, mense Octobris. Sic signata. *Per Regem ad relationem Consilii.* J. DONHEM. *Collatio facta cum scriptura sive Litteris suprascriptis per me.* J. DONHEM.

JEAN I.er & selon d'autres, Jean II. à Paris, en Octobre 1362.

(a) Lettres qui permettent aux Habitans de Soissons, d'eslire leurs Gouverneurs, Tresoriers & Collecteurs en presence du Prevost de Soissons, lorsque le Bailli du Vermandois sera absent.

a curas.

b les choses qui regardent le bien commun.

c Municipum.

d procurentur.

e reperire.

JOHANNES &c. Cum Regie deceat Magestati semper animi sui [a] *curris rebus* [b] *communibus avidissime impendere, in illis etiam decet illam Regiam celsitudinem vigillare, quibus* [c] *Municipium atque suorum Civium & subditorum indempnitati cavetur, ut ipsorum utilitas & commoditas* [d] *procurantur. Sane ex gravi conquestione dilectorum nostrorum Habitatorum & Civium Ville & Civitatis Suessonensis, percepimus quod cum ipsi ab antiquis temporibus, Anno quolibet in Festo Nativitatis Beati Johannis-Baptiste, instituere & ordinare consueverint Gubernatores Ville predicte, Argentarios & Collectores seu Tailliatores, qui prout est eis ab antiquo concessum, habent dicte Ville necessitatibus, secundum quod cujuslibet requirit Officium, providere: Verum quia Cives & Habitatores predicti, Gubernatores, Argentarios & Collectores predictos absque nostri Baillivi Viromendensis presentia vel auctoritate non possunt ordinare, Nobis humiliter supplicarunt ut cum ipsi multociens propter loci distantiam atque propter dicti Ballivi impedimentorum aliorum multitudinem, ipsum in dicto Festo ita promptum* [e] *reparire non valeant, quapropter Gubernatores, Argentarii & Collectores predicti quamplures minime sunt electi, in ipsorum omnium atque totius Ville grande prejudicium, Nobis placeret eisdem concedere quod predictos Gubernatores, Argentarios & Collectores cum Prepositi nostri Suessonensis licentia & auctoritate Anno quolibet sicut prius, in dicto Festo instituere valeant & ordinare. Notum itaque facimus universis presentibus & futuris, quod Nos predictorum Habitatorum & Civium fidelitatem attendentes, atque sinceram dilectionem quam erga Nos retroactis*

NOTES.

(a) Tresor des Chartres, Registre 91. Piece 406.

temporibus habuerunt, & quos etiam ipsos habere speramus in futurum; volentes etiam ipsorum indempnitati providere, ac etiam utilitatem ipsorum pro viribus procurare, ipsis de gratia speciali, certa scientia atque plenitudine nostre Regie Magestatis, concedimus per presentes ut ipsi Gubernatores, Argentarios & Collectores predictos, quos Anno quolibet, ut est dictum, consueverunt cum licentia & auctoritate Baillivi nostri Viromendensis, ordinare, cum licentia & auctoritate Prepositi nostri Suessionensis, in dicti Baillivi absentia, facere valeant & ordinare, absque hoc quod dicti Baillivi nostri Viromendensis presentia requiratur. Quemquidem Prepositum nostrum dicti loci ad hoc Anno quolibet faciendum, ad dictorum Civium & Habitatorum supplicationem & requestam, committimus per presentes. Nolumus tamen quod propter hoc, dictus Baillivus excludatur, si contingat eundem in dicto loco interesse, quin faciat in premissis, ut [a] *atiquitus est fieri consuetum. Volumus insuper ut prenominati Gubernatores,* [b] *Argenterii, Collectores seu Tailliatores possint facere seu instituere unum Procuratorem vel plures qui causis & negotia dictorum Habitatorum & Ville predicte possint deffendere & sustinere, prout ab antiquo facere consueverunt & ipsis fuit concessum per Predecessores nostros. Mandantes Baillivio nostro Viromendensi ac Preposito Suessionensi qui nunc sunt & qui pro tempore fuerint, ceterisque Justiciariis & Officiariis Regni nostri presentibus & futuris aut eorum Loca-tenentibus, & eorum cuilibet prout ad eum pertinuerit, quatinus prefatos Habitatores nostra dicta gratia uti & gaudere pacifice & perpetuo faciant & permittant, absque hoc quod ipsos in contrarium molestent seu à quoquam molestari permittant. Quod ut firmum & stabile perpetuo perseveret, sigillum Castelleti nostri Parisiensis, absente nostro majore, presentibus Literis duximus apponendum: salvo in aliis jure nostro & in omnibus quolibet alieno.* Datum Parisius, Anno Domini millesimo trecentesimo sexagesimo-secundo, mense Octobris.

JEAN I.er & selon d'autres, Jean II, à Paris, en Octobre 1362.

[a] antiquitus.
[b] Argentarii.

Per Consilium Parisius existens. N. PAONNIERI.

JEAN I.er & selon d'autres, Jean II, à Mascon, en Octobre 1362.

(a) Lettres portant que *Chagny* ressortira à Châlons sur Saône.

JOHANNES &c. Notum &c. Quod supplicatione dilecti & fidelis Militis & Consanguinei nostri Ludovici de Cabillone Domini de (b) Chaigneyo concepta, didicimus quod licet Villa de Chaigneyo predicta & ejus pertinentie, habeant ex antiquo & consueverint ad sedem Cabillonensem & non alibi ressortiri, nichilominus nonnulli habitantes terre de Chagneyo predicto, procurasse dicuntur dictam Villam & ejus pertinentias indebite ac in prejudicium dicti Domini, sicut dicit, ad sedem Matisconensem ressortiri: Nos premissis attentis, supplicationi dicti Domini in hac parte favorabiliter annuentes, ac volentes jura & consuetudines antiquas nostris temporibus, prout tenemur, observare, eidem Domino & ejus subditis Ville predicte de Chaigneyo cum pertinentiis ipsius, de nostris auctoritate Regia, certa scientia, gratia speciali, nostreque Regie potestatis plenitudine concedimus & ordinamus ut ipsi coram Baillivio Cabillonensi vel ejus Locum-tenente presenti & futuro, prout alias consueverunt, & non alibi, possint seu valeant ressortiri: Eidem Baillivio Cabillonensi vel ejus Locum-tenenti dantes presentibus in mandatis, nichilominus committentes, quatinus de omnibus causis & casibus dictos subditos tangentibus, in casu superioritatis & ressorti cognoscat, ibidemque ressumptis quibuscumque processibus eosdem subditos tangentibus, quos eidem tradi volumus & jubemus, Partibusque vocatis, inter eosdem exhibeat bonum ac breve Justicie complementum: Inhibentes vero Baillivo nostro

NOTES.

(a) Tresor des Chartres, Registre 93. Piece 47.

(b) Chaigneyo.] C'est apparemment le lieu nommé presentement *Chagny*, Baronie dans le Diocese de Châlons sur la Riviere de *Duesne. Dictionn. universel de la France.*

Le vray nom de cette Riviere est la *Dehune;* & c'est ainsi qu'elle est nommée dans les Cartes particulieres de Bourgogne par de Lisle.

Matisconensi presenti & futuro, aut ejus Locum-tenenti ne in terra & Juridictione dicti Domini in Villa duntaxat de Chaigneyo predicto & ipsius pertinentiis, in casu superioritatis & ressorti vel aliter, aliquos actus aut expletta Justicie faciat aut fieri procuret quovismodo, Litteris aut gratiis in contrarium impetratis vel impetrandis non-obstantibus quibuscunque. Quod ut perpetue stabilitatis robur obtineat, presentem paginam sigilli nostri muniminne fecimus roborari: nostro in aliis &c. Datum Matiscone, Anno Domini millesimo trecentesimo sexagesimo secundo, mense Octobris. Sic signata. *Per Regem in Consilio.* ROUGEMONT.

JEAN I.er & selon d'autres, Jean II. à Villeneuve près d'Avignon, en Novembre 1362.

(a) Sauvegarde pour les Consuls de *Collias*.

JOHANNES &c. Notum &c. Quod Nos ad supplicationem dilectorum nostrorum Consulum Ville (b) Colliaci in Senescallia Bellicadri, annis singulis per Habitatores ejusdem Ville Nobis & tribus aliis Dominis seu vassallis divisim subjectos & Justiciabiles, electorum, cujusquidem Ville Consulatus ab antiquo Regia auctoritate fundatus fuisse dicitur, ipsos Consules modernos ac eorum Successores unâ cum servitoribus, rebus & bonis suis universis Corpus & Communitatem dicti Consulatus tangentibus ubicunque in Regno nostro existentibus, ad suorum jurium conservationem duntaxat, in & sub protectione, tuicione & speciali Salva-gardia nostris suscipimus & ponimus per presentes: Dantes presentibus in mandatis Senescallo Bellicadri ceterisque Regni nostri Justiciariis modernis & futuris, vel eorum Loca-tenentibus & cuilibet eorumdem prout ad eum pertinuerit, quatinus ipsos supplicantes & eorum Successores Consules dicte Ville, in suis justis possessionibus, usibus, juribus, Franchisiis, Libertatibus & saisinis Corpus & Communitatem predicti Consulatus tangentibus, in quibus ipsos esse suosque Predecessores fuisse pacifice ab antiquo invenerint, manuteneant & conservent, & ipsos supplicantes ac eorum Successores in dicto Consulatu, ab omnibus injuriis, violentiis, gravaminibus, oppressionibus, molestationibus, vi armorum, potentia Laycorum ac inquietationibus & novitatibus indebitis quibuscunque deffendant seu deffendi faciant, nec permittant contra ipsos eorumque servitores, res & bona predicta aliquas fieri vel inferri injurias aut indebitas novitates; quas si factas esse vel fuisse in dicte salve & specialis Gardie nostre & dictorum supplicantium prejudicium invenerint, eas ad statum pristinum & debitum reducant seu reduci [a] *Nobisque & ipsis emendam condignam propter hoc prestari, istamque specialem Salvam-gardiam nostram in locis & personis ubi & prout expedierit, publicari & intimari, & de personis de quibus* [b] *assecuramentum habere voluerint juxta Patrie consuetudinem, legitimum prestari: Penuncellosque seu baculos nostros Regios in signum hujusmodi specialis Salve-Gardie nostre, in & super bonis, rebus & possessionibus ipsius Consulatus in Regno nostro tamen existentibus, in terra que jure scripto regitur situatis, apponi faciant, si super hoc fuerint requisiti, ne premissa aliqui valeant ignorare: Inhibendo seu inhiberi faciendo ex parte nostra omnibus personis de quibus fuerint requisiti, sub certis & magnis penis Nobis applicandis, ne dictis supplicantibus & eorum Successoribus Consulibus dicte Ville Colliaci, in personis, servitoribus, rebus & bonis suis quibuscunque Corpus & Communitatem* [c] *predict. tangentibus, ubicunque existant in dicto Regno, quomodolibet forefacere presumant: Et pro premissis diligentius exequendis, unum vel plures Servientes nostros suis sumptibus ex parte nostra* [d] *deputant eisdem, si super hoc fuerint requisiti: Qui tamen de hiis que Cause cognitionem exigunt, se nullatenus intromittant. Quod ut firmum &c. nostro in aliis &c.* Datum & actum apud Villam-novam

a faciant,

b Voy cy-dessus, p. 264. Note *(b)* & p. 403. Note *(c)*

c predictum ou predictam.

d deputent.

NOTES.

(a) Tresor des Chartres, Registre 93. Piece 72.

(b) *Colliaci.*] Le P. D. Vaissette m'a dit, que ce lieu estoit *Collias*, Baronie située dans le Diocese d'Uzez, au confluent du Gardon, & de l'Aisne, vers les frontieres du Diocese de Nîmes.

C'est apparemment le même lieu que *Coliars* dans le Diocese d'Uzez, que l'on trouve dans le Diction. universel de la France.

prope

prope Avinionem, Anno Domini millesimo trecentesimo sexagesimo-secundo, mense Novembris. Sic signata. *Per Regem ad relationem Consilii.* J. DENHEM.

JEAN I.er & selon d'autres, Jean II. à Villeneuve près d'Avignon, le 16. de Decembre 1362.

(a) Lettres qui confirment celles du Mareschal Daudeneham, par lesquelles il avoit establi un Commissaire pour faire observer les Ordonnances sur les Monnoyes.

JOANNES Dei gratia Francorum Rex: Senescallis Bellicadri, Tolosæ & Carcassonæ, ceterisque Justiciariis nostris aut eorum Loca-tenentibus, Salutem. Litteras dilecti & fidelis Consiliarii nostri Domini * *Daudenchan Marescalli Franciæ, atque nostri Locum-tenentis in partibus Occitanis, vidimus, formam quæ sequitur, continentes.*

* Daudeneham.

ARNOUL Sire Daudenchan Marechal de France, Lieutenant du Roy de France: A tous ceux qui ces presentes Lettres verront, Salut. Sçavoir faisons que comme Nous ayons entendu & soit venu à notre cognoissance, & soyons informés comment plusieurs malicieux meus de mauvaise convoitise, tant du Royaume comme dehors, s'efforcent de jour en jour de porter & traire hors du Royaume de France, tant de Billon d'Or & d'Argent qu'ils peuvent avoir, & de mettre & [a] alloüer fausses Monoyes deffenduës & contrefaites à celles du Roy notre Sire, & portent & s'efforcent de porter chacun jour ledit Billon ès [b] Monoyes plus loingtaines que celles dont ils sont: Lesquelles choses sont contre les Ordonnances faites par le Roy notredit [c] Conseil & son Conseil sur le fait des Monoyes, & en très-grand dommage & prejudice dudit notre Sire le Roy, & en grand deception de son Peuple qui en ce est moult grevé: Et comme Nous lesdites choses ne puissions ne voulions souffrir ne passer sous dissimulation, pour le profit dudit notre Sire le Roy & de son Peuple, mais de tout notre pouvoir entendons obvier à telles malices, & Nous confians du sens, loyauté & diligence de notre amé Jean de Brancols Bourgeois de Villeneuve, Nous mandons & enjoignons etroitement à vous Jean dessusdit, que vous vous transportés de jour en jour, & [d] si comme le besoin en sera & bon vous semblera, par tous les lieux desdites [e] parties, & vous comettons par la teneur de ces presantes, que tous ceux que vous trouverés ou pourrés trouver par vous ou vos deputés, qui portent ou s'efforcent de porter hors du Royaume Billon quel que il soit, tant d'Or comme d'Argent ou Monoyes deffenduës, ou qui les portent ou s'efforcent de porter en autres Monoyes que celles dont il sont plus près, & aussi qui mettent ou s'efforcent de mettre & alloer Monoyes contrefaites à celles du Roy notredit Seigneur, tout celluy Billon & Monoyes deffenduës, prenés, arrestés, faites prendre & arrester, coupés & mettés en la main dudit notre Sire le Roy, & envoyés ou faites envoyer à la plus prochaine Monoye dudit notre Sire le Roy, du lieu où ledit Billon & Monoyes auront esté pris ou arrestés: Et aussi vous commettons que lesdites personnes sur qui ledit Billon ou Monnoye deffenduë sera trouvée, prenés, arrestés, ou faites prendre & arrester, & mettés ès prisons du Roy notredit Seigneur, sans en faire ne souffrir estre faite delivrance, si ce n'est du commandement de Nous, de Pierre * Escatisse Tresorier de France, ou des Generaux Maistres des Monoyes de notredit Sire le Roy. Et Nous avons ordonné & voulons que pour votre peine & travail, vous ayiés le tiers du Billon d'Or & d'Argent qui par vous ou vos deputés sera pris & confisqué [f] au Roy notredit Sire: Lequel tiers Nous voulons & mandons vous estre tantost baillé &

a *donner en payement.*

b *Voy. cy-dessus, p. 148. Note (d).*

c *nostredit Seigneur*, dans la seconde Copie, & c'est ainsi qu'il faut lire.

d *toutes les fois.*

e C'est-à-dire, apparemment, *dans toute l'estenduë de la Lieutenance.*

* *Scatisse.*

f *au profit du Roy.*

NOTES.

(a) Il a esté envoyé de Montpellier deux Copies de ces Lettres: la premiere avec cette Indication: *Languedoc, Armoire A. n. 14. fol. 63. verso*: Et la 2.e avec cette Indication: *Senechaussée de Nismes en general. Armoire A. 17. Liasse des Actes ramassez, n. 7. fol. 64.*

JEAN I.er & selon d'autres, Jean II. à Villeneuve près d'Avignon, le 16. de Decembre 1362.

delivré sans aucun contredit, par le Maistre & Garde de la Monoye, en laquelle vous aurés envoyé ledit Billon & Monoye; & icellui tiers qui ainsi vous aura esté baillé & delivré, [a] estre alloüé ès Comptes de cellui Maistre & Garde qui baillé & delivré vous les aura, & rabatu de leur Recepte par les Gens des Comptes dudit notre Sire le Roy à Paris, sans autre contredit: Et pour chacune Piece d'Or que vous couperés, vous ayiés trois deniers tournois & non plus. Si donnons en mandement aux Maistres des Ports & Passages, à tous les Justiciers, Officiers & Subjets du Roy nostredit Seigneur desdites parties, que à vous en faisant & exerceant les choses dessusdites & chacune d'icelles, vous prestent prisons, conseil, confort & ayde, si mestier en avés: Et neantmoins leur deffendent que en ce ne vous empechent en aucune maniere, mais entendent & obeissent diligemment. En tesmoing de ce, Nous avons fait mettre notre Seel à ces presentes Lettres. *Donné à Montpellier, le treiziesme jour de Septembre, l'An mil trois cens soixante & deux.*

[a] *Nous voulons.*

NOs predictas Litteras confirmantes, omnia & singula in eisdem contenta rata habentes & grata, vobis & vestrum cuilibet, prout ad eum pertinuerit, mandamus quathenus predictum Joannem de Biancols omnibus & singulis supradictis uti & gaudere facere, & exercere permittatis, ipsum nullatenus impediendo contra formam subscriptarum Litterarum, quia hoc sic fieri volumus, & eidem concessimus & concedimus de gratia speciali. Datum apud Villam-novam prope Avenionem, die decima-sexta Decembris, Anno Domini millesimo trecentesimo sexagesimo-secundo. *(b) In Requestis Hospitii, ad finem civilem.* P. ANXEAU.

NOTES.

(b) In requestis, &c.] Ces mots & ce qui suit n'est pas dans la 2.e Copie.

JEAN I.er & selon d'autres, Jean II. à Villeneuve près d'Avignon, le 17. de Decembre 1362.

(a) Lettres de Lieutenance du Roy dans la Languedoil, pour Charles Duc de Normandie & Fils aisné du Roy.

JEHAN par la grace de Dieu Roys de France: A touz ceulz qui ces Lettres verront, Salut. Savoir faisons que Nous avons fait & ordené, faisons & ordenons par la teneur de ces presentes, nostre Lieutenant General en toutes les parties de la Lenguedoyl, nostre très-chier ainsné Filz Charles Duc de Normandie & Dauphin de Viennoys, & li avons commis & commettons le Gouvernement de toutes lesdites parties & de nos subgiez, en lui donnant plain povoir, auttorité & mandement especial de ordener & faire en tout & par tout, autant comme Nous mesmes ferions & faire pourrions, se Nous y estions presens; ja soit ce que les choses ou aucunes d'icelles requeyssent mandement especial: Et voulons que ce que par li sera fait & ordené, tiegne, vaille & ait fermeté pleniere, & le promettons avoir ferme & aggreable à touzjours. En temoing de ce, Nous avons fait mettre nostre Seel à ces Lettres. *Donné à Villenove lez-Avignon, le dix-septieme jour de Decembre, l'An de grace mil trois cens soixante & deux. Ainsi signé.* Par le Roy en son Conseil. D. COLLORS.

Lecte fuerunt Littere Originales in presencia totius Consilii, in domo Domini Ducis apud Sanctum Paulum prope (b) Parisius, mense Februarii, Anno millesimo trecentesimo sexagesimo-secundo. DE VERRES. Collacion est faitte par moy.

NOTES.

(a) Memorial D. de la Chambre des Comptes de Paris, p. 52. *recto.* C'est une Feüille volante cousüe au Registre.

Avant ces Lettres, il y a:

Copie Litterarum Domini Regis, qualiter fecit Dominum Ducem Normanie primogenitum suum, Dalphinum Viennensem, suum Locum-tenentem generalem in partibus Lingue Gallicane, committendo sibi totum regimen dictarum partium.

(b) Prope Parisius.] A la marge est écrit de la même main: *Nota prope Parisius.*

JEAN I.er & selon d'autres, Jean II. à Nismes, le 27. de Decembre 1362.

(a) Lettres au sujet des Juifs.

SOMMAIRES.

(1) *Les Juifs ne pourront exercer la Medecine ni la Chirurgie qu'après qu'ils auront esté examinez, pour sçavoir s'ils en sont capables.*

(2) *Ils seront obligez de porter une marque grande & placée dans un lieu où on puisse la voir, afin qu'on puisse les distinguer des Chrestiens.*

(3) *Les contestations qu'ils auront avec des Chrestiens, seront decidées par les Juges du domicile des Parties.*

JEHAN &c. Au Sénéchal de Beaucaire ou à son Lieutenant, Salut. Pour ce que il est venu à nôtre cognoissance, que des Juys qui sont demourans à présent en notre Royaume, dont les uns se dient estre [a] Phisiciens, & le autres [b] Sirreurgiens, il se sont entremiz & entremettent de jour en jour de user entre les Crestiens noz Subgiez, tant en pratiquant comme autrement, desdictes Sciences de Phisique & de Sirreurgie, & icelles exercent & veullent exercer sans ce qu'il soit apparu à vous ou à autres de noz Gens demourans en votre Seneschaucie, qu'il soient souffisans & abiles pour lesdictes Sciences exercer, ce que par aventure eulx ou aucuns d'eulx ne sont mie, & ainsi par leur [c] inscience & fole entreprise, grans perilz & inconveniens irréparables se pourroient ensuir envers lesdiz Crestiens noz subgiez, se par Nous n'y etoit pourveu de remede.

(1) Nous par deliberacion de notre Conseil, avons ordonné & ordonnons par la teneur de ces Lettres, que lesdiz Juys ne aucuns d'eulx ne soient si hardiz [d] seur quanque il se pueent messaire envers Nous, de excercer, user ne eulx entremettre par quelque maniere que ce soit, desdictes Sciences de Phisique ne de Sirreurgerie ne d'aucunnes d'icelles, en pratiquant ne autrement, envers lesdiz Crestiens ne aucuns d'eulx, si ne sont premierement & avant toute œuvre examinez [e] en la presence de vous ou d'autres noz Gens de votre Seneschaucié, par Maistres ou autres Crestiens espers esdites Sciences, & que celui ou ceulx desdis Juys qui s'en voudra entremettre, soit trouvez abiles & souffisans & convenables pour en user entre lesdiz Crestiens.

(2) *Item.* Comme [f] autres-foys ait esté ordené que lesdis Juys auroient & porteroient certain signe apparent, par quoy l'en les peust [g] cognoistre des Cresliens, & yceulx Juys ou aucuns d'eulx, si comme Nous avons entendu, aient esté & soient remiz & negligens de le avoir & porter; ou au moins se il le ont porté ou portent, si est de si petite apparence & en tel lieu que à paines le puest l'en cognoistre: Nous samblablement avons ordené & ordenons de nouvel, que tous lesdis Juys qui demeurent & demourront en notre Royaume, auront & porteront signe notable & apparent, afin que diference soit faite de eulx aux Cretiens, & que d'iceulx Juys l'en puisse avoir meilleure & plus clere congnoissance.

(3) *Item.* Nous avons ordenné que de tous les Contraux, Causes, querelles & demandes quelles que elles soient, que lesdis Juys auront & pourront avoir à faire

[a] *Medecins.* Voy. le Gloss. de du Cange, au mot *Physica.*

[b] *Chirurgiens.*

[c] *ignorance.*

[d] *sur tout ce que.*

[e] *Voy. le 2. Vol. des Ordon. p. 71.*

[f] *Voy. le 1.er Vol. des Ordonn. pp. 294. 312. 596. III. 646. IV.*

[g] *distinguer.*

NOTES.

(a) Tresor des Chartres, Registre 93. pour les années 1362. & 1363. Piece 163. p. 66. *recto.*

Jacques Petit à fait imprimer cette Piece à la p. 460. du Tom. 2. du *Penitentiel de Theodore*, & il la date mal du 26. de Decembre. Il dit qu'il l'a tirée: *ex Regesto Cameræ computorum sic inscripto: De Tempore Regis Joannis Viagio Avenionensi, anno 1362. & anno 1363.* Il n'y a point de Registre de la Chambre des Comptes qui porte ce titre, qui est celuy du Registre 93. du Tresor des Chartres où se trouvent ces Lettres. Je remarqueray par occasion, que les Lettres qui sont imprimées dans ce même Volume p. 457. & que *Petit* dit estre dans un Registre de la Chambre des Comptes, ont esté certainement tirées d'un Registre des Chartres. Voy. le 1. Vol. des Ordonn. p. 403. Note (*a*).

contre lesdiz Crestiens, & les Crestiens contre les Juys pour le temps present & à venir, desquiex *(b)* destric ou controversion sera meue ou pourra mouvoir entre eulx ou aucuns d'eulx, les Juges ordinaires soubz qui lesdictes Parties demourront, auront la cognoissance entierement & à plain, & sur les debas feront aux Parties bon & brief accomplissement de Justice. Si vous mandons & enjoignons estroitement, que noz presentes Ordenances vous sens aucun delay, faictes crier & publier ès lieux notables & accoustumez en votre Seneschaucie, & icellez tenir & garder de point en point, senz les infraindre en aucunne maniere, seur quanque l'en se peut messaire envers Nous: Sachans que qui sera le contraire, Nous le ferons punir tellement que tous autres y pranront exemple.

Donné à Nymes, le vint-septiéme jour de Decembre, l'An mil troiz cens soixante-deux. Ainsi signé. Par le Roy en son Conseil. D. COLLORS.

NOTES.

(b) Destric ou controversion.] *Controversion* est la meme chose que *controverse*. *Destric*, ou *district* signifie ordinairement l'estenduë d'une Jurisdiction. [Voy. cy-dessus, p. 579. Note *(bb)*] mais il semble qu'on doive le prendre icy pour *procès*, *contestation*.

JEAN I.er & selon d'autres, Jean II. à Nismes, en Janvier 1362.

Philippe VI. dit de Valois, à Pradere près d'Aire, le 29. de Juillet 1340.

A S.t Germain en Laye, en May 1341.

(a) Lettres portant que l'Abbaye de S.t Gilles en Provence, & toutes ses dépendances, ressortiront immediatement au Seneschal de Beaucaire.

JOHANNES &c. Notum &c. Nos binas vidisse Litteras carissimi Domini & Genitoris nostri, quasdam videlicet in cera viridi & fillis [a] *cericis, & alteras in simplici cauda confectas, dilectis nostris Religiosis* [b] *Abbatui & Conventui Monasterii Sancti Egidii in Provincia, concessas, quarum quidem tenores inferius subscribuntur; & primò tenor dictarum Litterarum in cera viridi & filis cericis confectarum, sequitur & est talis.*

PHILIPPUS Dei gratia Franc. Rex. Notum facimus universis tàm presentibus quàm futuris, Nos vidisse quasdam Litteras sigillo nostro secreti sigillatas, formam que sequitur, continentes.

PHILIPPUS Dei gratia Franc. Rex: universis presentes Litteras inspecturis salutem. Notum facimus quod Religiosi, Abbas & Conventus Monasterii (b) Sancti Egidii in Provincia, Nobis exponi fecerunt, quod cum ipsi habeant omnimodam juridictionem altam & bassam, ac merum & mixtum Imperium in Villa Sancti Egidii & ejus pertinentiis & locis circumjacentibus, presertim (c) de Stagello & de Suira, ac etiam (d) Judicem primarum appellationum, à quo cum appellatur, ad Senescallum Bellicadri immediate appellatur: verum quia Judex & Vicarius Nemosi ipsos Religiosos, Gentes suas ac Villam predictam cum pertinentiis suis, compellebant & compellere nitebantur coram ipsis ressortiri, in Curia dicti Senescalli super hoc fuit ortum debatum inter ipsos Religiosos ex una parte, & Procuratorem nostrum, Vicarium ac Judicem predictos ex altera: causaque predicta

a Sericis.

b Abbati.

NOTES.

(a) Tresor des Chartres, Registre 93. Piece 138.

(b) Sancti Egidii.] Ce Monastere estoit dans le bas Languedoc dans le Diocese d'Arles. Il a esté depuis secularisé. Il s'est formé une Ville assez considerable autour de ce Monastere. *Dictionn. universel de la France.*

(c) De Stagello & de Suira.] *Stagel & Cievres.* Ces deux lieux qui dépendent encore de S.t Gilles, en sont distans à peu près d'une lieuë, & à une demi-lieuë l'un de l'autre, dans le Diocese de Nismes. Je dois cette remarque à D. Vaissette.

(d) Judicem primarum appellationum.] Je crois qu'il faut entendre par là, un Juge devant lequel estoit porté l'appel des Sentences renduës par les Juges des lieux qui dependoient du Monastere de S.t Gilles.

ad Curiam nostram Parisiensem fuit devoluta, & Partibus auditis in ea, per Arrestum ipsius Curie dictum fuit quod dicti Religiosi de [a] *delacione armorum, de fractione Salve-gardie & de punitione suorum* [b] *Curialium immediate sub ressorto dicti Senescalli remanerent, & si super aliis casibus ressortum tangentibus, inter Religiosos ac Procuratorem, Judicem & Vicarium predictos debatum oriretur, quod Partes omnes venirent ad Curiam nostram supradictam, & fieret eis Jus, prout in Arrestis inde latis clarius continetur. Et super hoc dicta causa pendet in Curia predicta: Et quia* [c] *ducere causam predictam, & diversis & pluribus ressortis subici, esset dictis Religiosis nimis grave & sumptuosum atque dampnosum, quia etiam si ressortum predictum dictis Vicario & Judici remaneret, nunquam aliqua causa per viam appellationis ad Curiam nostram predictam deveniret, cum secundum Jus scriptum quo regitur terra illa, tertio non liceat appellare. Quare Nobis suppliciter supplicarunt ut eisdem provideremus de remedio gratioso: idcirco Nos eorum supplicationi inclinati, ob Dei reverentiam & beati Egidii, volumus ut dicti Religiosi, Gentes sue & subditi omnium locorum supradictorum & pertinentiarum eorumdem, sub Senescallo Bellicadri seu in ejus Curia duntaxat & non coram dictis Vicario & Judice seu in eorum Curia, de omnibus casibus superioritatem & ressortum tangentibus, ressortisent & abinde in antea debeant ressortiri, non-obstantibus quod dicta causa pendeat in Curia nostra Parisiensi, ac Litteris in contrarium impetratis seu impetrandis quibuscumque. Quod dictis Religiosis concedimus per presentes, ex certa scientia & de nostra gratia speciali: Inhibendo dictis Vicario & Judici & eorum cuilibet, vel eorum Loca-tenentibus tenore presentium, ut amodo de* [d] *ressort modo quomodolibet dictos Religiosos & eorum Gentes ac Villam predictam cum pertinentiis suis & locis supradictis, nullatenus se intromittant, & eosdem super premissis non inquietent seu molestent. In quorum fidem & testimonium, sigillum nostrum secreti & ex causa, presentibus duximus apponendum.* Datum in *(e)* Praderia Sancti Andrée prope Ayram, vigesima-nona die Julii, Anno Domini millesimo trecentesimo quadragesimo.

JEAN I.er & selon d'autres, Jean II. à Nismes, en Janvier 1362.

[a] port d'Armes.

[b] Officiers.

[c] poursuivre cette affaire.

[d] faire ressortir devant eux.

NOs autem omnia & singula, prout superius sunt scripta, rata & grata habentes, ea volumus, laudamus, approbamus, ratifficamus de speciali gratia, auctoritate nostra Regia, & ex certa scientia tenore presentium confirmamus: salvo in aliis jure nostro, & in omnibus quolibet alieno. Quod ut firmum & stabile permaneat in futurum, nostrum presentibus Litteris fecimus apponi sigillum. Datum apud Sanctum Germanum-in-Laya, Anno Domini millesimo trecentesimo quadragesimo-primo, mense Mayo.

Item. *Sequitur tenor Litterarum predictarum in simplici causa confectarum, in hunc modum.*

[e] PHILIPPUS *Dei gratia Franc. Rex: Senescallo Bellicadri ceterisque Justiciariis & Commissariis nostris vel eorum Loca-tenentibus, Salutem. Cum inter Religiosos, Abbatem & Conventum Monasterii Sancti Egidii in Provincia ex una parte, Judicem & Vicarium Curie ordinarie Nemausensis ac Procuratorem nostrum ex altera, super ressorto Ville Sancti Egidii & pertinentiarum ejusdem, coram vobis dicto Senescallo seu tunc Predecessore vestro, ortum fuisset debatum, causaque ad Curiam nostram Parisiensem devoluta, & Partibus auditis in ea per Arrestum ipsius Curie dictum fuerit, quod dicti Religiosi de delacione armorum, de fractione Salve-Gardie & punitione suorum Curialium sub ressorto vestro dicti Senescalli immediate remanerent, & si super aliis casibus ressortum tangentibus, inter Partes ipsas debatum oriretur, quod Partes ipse venirent ad Curiam nostram supradictam, & fieret eis Jus, prout in Arresto inde lato clarius continetur, & super hoc in dicta Curia lis penderet inter Partes predictas: Postmodumque Nos per alias nostras Litteras, dictis Religiosis ex certa scientia & de nostra gratia speciali concessimus, ut tam ipsi quam Gentes sue & Villa predicta cum pertinentiis suis presertim de Stagello & de Suira, ac subditi omnium locorum*

[e] C'est un Arrest du Parlement.

NOTES.

(e) *Praderia.*] C'est apparemment *Pradere* dans le bas Armagnac, Diocese d'Aire. Voy. le *Dictionn. universel de la France.*

JEAN I.er & selon d'autres, Jean II. à Nismes, en Janvier 1362.

supradictorum, coram vobis dicto Senescallo seu in vestra Curia duntaxat, & non coram Vicario & Judice predictis seu in eorum Curia, de omnibus casibus superioritatem & ressortum tangentibus, ressortisent & abinde in antea debeant ressortiri, non-obstantibus quod dicta causa penderet in Curia nostra predicta: Nosque dilectis & fidelibus Gentibus nostris nostrum presens Parlamentum Parisiense tenentibus, per alias nostras Litteras mandavimus, quod visa dicta gratia, in causa predicta ulterius non procederent nec procedi permitterent, & ipsa visa & Litteris predictis, ac Procuratore nostro & Religiosorum predictorum auditis, in Curia predicta per ipsas Gentes nostras fuerit ordinatum, quod dicta gratia teneat & observetur. Idcirco vobis & vestrum cuilibet mandamus quatinus dictam gratiam juxta sui continentiam & tenorem observetis & faciatis inviolabiliter observari, & ipsos Religiosos ac eorum Gentes & subditos locorum predictorum, contra tenorem dicte gratie in aliquo non molestetis nec permittatis per quosvis alios molestari, Litteris [a] *tacito de premissis in contrarium impetratis vel impetrandis non-obstantibus quibuscumque.* Datum Parisius, in Parlamento nostro, die vigesima-quinta Maii, Anno Domini millesimo trecentesimo quadragesimo-primo.

Verum cum prout Religiosi memorati Nobis exponi fecerunt, licet ipsi gratia & aliis contentis in Litteris dicti Domini & Genitoris nostri suprascriptis à tempore concessionis earumdem, donec videlicet à modico tempore citra super hoc impediti fuerunt, ut hic inferius continetur, usi fuerint ac uti debeant & gaudere de ratione, juxta prescriptarum continentiam Litterarum; nichilominus Judex & Vicarius Nemausensis vel eorum alter pretextu quarumdam Litterarum nostrarum quarum tenor sive copia dicitur esse talis. [b]

JEHAN par la grace de Dieu Roy de France: Au Seneschal de Beaucaire & de Nymes & au Receveur d'icellui lieu, Salut. Nous par grant deliberation de nostre Conseil & pour le grant & evident proffit & utilité de Nous & de tout le bien commun, avons faite certaine Ordonnance, laquelle Nous voulons estre mise en estat de fait, & demeurer perpetuellement senz estre enfrainte en aucune maniere, si comme il est contenu en noz Lettres seellées en soye & en cire vert faites sur ce, & envoyées à noz amez & feaulx les Gens de nos Comptes à Paris, desquelles la teneur s'ensuit.

JEHAN par la grace de Dieu &c. [c]

Pour laquelle Ordonnance estre acomplie & maintenue en vostre Seneschaucie & ou ressort d'icelle, Nous vous mandons, commandons & enjoignons estroitement seur le serment que vous estes astrains à Nous, & seur paine d'encourre nostre indignation, que nostre Ordenance dessusdite vous faciez publier par tous les lieux notables de vostre Seneschaucie & ressort, à cry solempnel & ès lieux où il appartient & bon vous semblera, en signifiant & commandant à chascun & à tous, seur quanques eulx se pueent meffaire envers Nous, que il ressortissent à son droit & ancien ressort tant en Prevosté comme en Seneschaucie, selon la forme & maniere que est nostredite Ordenance ci-dessus transcripte est contenu, en contraignant à ce tous les Habitans de vostre Seneschaucie & ressort, de chascun d'eulx ressortir à son droit & ancien ressort, & les autres qui ne sont de vostre Seneschaucie ne du ressort ancien d'icelle, renvoiez en leurs anciens ressors, sanz en retenir aucune Court ou cognoissance: Et les choses dessusdites faites, executez & acomplissiez par la maniere dessusdite, & telement que par vous n'y ait aucun deffaut: Quar se il y estoit, Nous vous en punirions tellement que touz les autres y penroient exemple. *Donné à Paris, le vingt-sixieme jour d'Octobre, l'An de grace mil trois cens soixante & un.*

[d] *Religiosos memoratos in gratia & aliis in Litteris dicti Domini & Genitoris nostri suprascriptis, impediverunt & perturbaverunt, tam circa (f) precepta &* [e] *preconizationes*

a App. en secret.

b Voy. la suite de cette phrase, au bas de cette page, & la Note marginale (d)

c Cette Ordonnance est cy-dessus p. 507.

d Voy. le commencement de cette phrase, vers le milieu de cette page, & la Note marginale (b)

e præconisationes.

NOTES.

(f) Precepta & preconizationes.] Je crois qu'il faut entendre par-là, des Reglements portant amende contre les contrevenants.

penales in dicto loco Sancti Egidii fieri faciendo, quam aliter diversimode, à quibus pro parte dictorum Religiosorum ad auditorium Curie [a] Senescallia Bellicadri & Nemausi fuisse dicitur appellatum: Unde Religiosi memorati Nobis humiliter supplicarunt, ut rejecto appellationis hujusmodi articulo, pro evitandis litium anfractibus, Nos super contentis in Litteris prescriptis ordinare, & ipsis Religiosis gratiose super hoc providere dignaremur. Nos vero premissis attentis & propensius consideratis, nolentes, prout intentionis nostre nunquam extitit, pretextu Litterarum nostrarum prescriptarum, personas Ecclesiasticas & saltim Religiosas in suis Privilegiis aliqualiter perturbare seu quomodolibet dispunctare, Litteras senas dicti Domini & Genitoris nostri suprascriptas, omniaque & singula in eisdem contenta, rata habentes & grata, ea volumus, laudamus, approbamus, ratifficamus ac de nostris speciali gratia, certa scientia & auctoritate Regia, tenore presentium confirmamus, Litteras nostras prescriptas, ac impedimenta per dictos Judicem & Vicarium Nemausi vel eorum alterum, ipsis Religiosis in premissis ipsarum pretextu Litterarum vel aliter quovislibet in contrarium apposita, & appellationem predictam in quocunque casu existat, licet in presentibus non exprimatur, & quidquid inde secutum est, revocando, cassando, irritando & penitus annullando, de nostris certa scientia & gratia speciali supradictis. Quocirca Senescallo nostro Bellicadri & [b] qui nunc est & pro tempore fuerit, damus hiis presentibus in mandatis, quatinus prefatos Religiosos, eorum Gentes & subditos Ville & locorum suorum in prescriptis Litteris dicti Domini nostri designatorum, & eorumquemlibet, gratia & aliis contentis in Litteris ejusdem Domini & Genitoris nostri suprascriptis, ac nostra presenti confirmatione deinceps perpetuis temporibus uti & gaudere pacifice & quiete faciant & permittant, & contra tenorem prescriptarum ac presentium Litterarum ipsos aut eorum aliquem deinceps per Judicem & Vicarium predictos aut eorum alterum seu alios quoscunque molestari, vexari, perturbari vel aliter quomodolibet inquietari minime faciat aut permittat seu patiatur à quoquam: Quinymo predicta & alia quecunque facta fuerint in contrarium, ad statum pristinum & debitum reducat aut reduci faciat juxta tenorem presentium, ipsis visis indilate sine cujuslibet alterius expectatione mandati, que Nos etiam tenore presentium de certa scientia reducimus [c]. Quod ut perpetue firmitatis &c. nostro in aliis &c. Datum & actum Nemausi, Anno Domini millesimo trecentesimo sexagesimo-secundo, Mense Januarii.

Sic signatum. *Per Regem ad relationem Consilii, quo Vos Episcopus Meldensis, Magistri Requestarum Hospicii & plures alii eratis.* J DONHEM. *Collatio facta cum Originalibus Litteris Regis Philippi, hiis presentibus insertis per me.*

JEAN I.er & selon d'autres, Jean II, à Nismes, en Janvier 1362.

[a] Senescallie.

[b] Nemausi.

[c] ad statum pristinum.

(a) Lettres portant que les terres de S.t Agnan, & celles de Valençay qui ressortissoient au Siege d'Issoudun, ressortiront doresnavant à celuy de Chartres.

JEAN I.er & selon d'autres, Jean II, à Paris, en Janvier 1362.

JOHANNES Dei gratia Francorum Rex. Notum facimus universis presentibus & futuris, quòd cum dilectus & fidelis noster Comes Antissiodorensis, qui ad causam terrarum suarum quas habet in Bituria; videlicet Castrorum & Villarum de sancto [d] Aniano de (b) [e] Cellis & de (c) Villancay & pertinentiis earumdem, & quas cum earum pertinentiis tenet in

[d] S.t Aguan.

[e] Selles.

NOTES.

(a) Tresor des Chartres, Registre 91. Piece 394.

(b) *Cellis.*] *Selles*, Ville située dans le Berry au confluent de la Saudre & du Cher. Elle est du Diocese, de l'Intendance & de l'Election de Bourges, & du Presidial, du Bailliage & de la Coustume de Blois. Voy. *Saugrain, Dictionn. Geograph. de la France.*

(c) *Villancay.*] Je ne fais point de doute que ce lieu ne soit *Vallençay*, qui suivant le Dictionn. de *Saugrain*, est situé dans le Berry à trois lieuës de *Selles*. Car je trouve dans l'Hist. de *Blois* par *Bernier*, pp. 241. 243. & 248. que *Selles*, Valençay & *S.t Agnan* appartenoient autrefois à la maison de *Châlons*, & qu'ils relevoient du Comté de Blois. Le Comté d'Auxerre appartenoit aussi à la maison de *Châlons*. Voy. un peu plus bas.

JEAN Ier & selon d'autres, Jean II. à Paris, en Janvier 1362.

feodum & homagium immediate à dilecto & fideli consanguineo nostro Comite Blesensi, in sedibus & ad loca que sequuntur; videlicet [a] *Aurelianis,* [b] *Exolduni & de* [c] *Loichiis in Turonia, tempore quo dicta loca erant sedes & Baillivie seu Prepositure Regie, haberet ressortire seu suum haberet ressortum in casu superioritatis & ressorti : & inde tum propter multitudinem sedium Regiarum, tum quod nonnulla dictorum locorum Regiorum extra manum Regiam immediate posita fuerint, carissimus Dominus bone memorie* [d] *Philippus quondam predecessor noster Rex Francie & Navarre, defuncto Comiti Antissiodorensi qui tunc erat, concessisset ut ipse & ejus successores & ejus subditi ad causam predictarum terrarum* [e] *suarum pertinentiarum coram Baillivo Bituricensi & ad sedem de* [f] *Exoldūno, tempore quo Baillivia* [g] *Bituria erat locus & sedes Regie, tanquam ad Judicem & sedem Regios & non alibi, haberent ressortire & Justiciari in casu superioritatis & ressorti: & per dilectum & fidelem nostrum Johannem de* [h] *Cabilone Militem, primogenitum dilecti & fidelis consanguinei nostri Johannis de Cabilone nunc Comitis Antissiodorensis &* [i] *Tornodori, qui primogenitus ad regendum & gubernandum Comitatum, terras & possessiones predictas, ac omnia alia ad dictum Comitem Antissiodorensem spectantia in nostro Regno existentia, per Nos certis causis fuit & est deputatus, ut per Litteras super hoc confectas plenius constare potest, Nobis extiterit supplicatum, ut cum Bailliviam Bituricensem ad locum de* [k] *Exoldino predicto transtulerimus extra manum nostram, & in carissimum Filium nostrum Johannem Ducem Biturie, sicque Baillivia Bituricensis & locus de Exoldūno non sint Baillivia & locus Regii, & tales quod ibi dictus Comes ad causam predictarum terrarum sancti Aniani, de Cellis & de Villancay, & ipsarum terrarum* [l] *supradicti debeant ressortire seu suum ressortum habere debere in casu superioritatis & ressorti,* [m] *assignamus dicto Comiti Antissiodorensi Judicem & Sedem Regios Bailliviam & Sedem Carnotensem, ubi & coram quo ad causam predictarum terrarum & pertinentiarum earumdem & ipsarum subditi habeant ressortire & in eisdem justiciari in casu superioritatis & ressorti: potissime cum dictus Comes Blesensis, à quo Comes Antissiodorensis prefatus ad causam dicti Comitatus Blesensis, loca predicta de sancto Aniano, de Cellis & de Villancay & pertinentiis earumdem, in fide & homagio tenere dicitur, ut prefertur, coram Baillivio Carnotensi & ad sedem Carnotensem ut ad Judicem & sedem Regios, ac suus Comitatus Blesensis & subditi ejusdem habeant ressortire. Nos premissis consideratis, attendentes Bailliviam & Sedem de Carnoto esse propinquiores* [n] *Judex & locus Regios dictorum locorum de sancto Aniano, de Cellis & de Villancay & pertinentiarum eorumdem, quocunque alio loco seu sede Regia, & quod secundum Ordinationes Predecessorum nostrorum & nostras, loca & terre subditorum nostrorum ad loca & sedes Regias sibi propinquiores debent ressortire, concedimus tenore presentium ut dictus Comes Antissiodorensis & ejus subditi ad* [o] *causa predictorum locorum de sancto Aniano, de Cellis & de Villancay & pertinentiis eorumdem, coram Preposito & Baillivio nostris Carnotensibus per ordinem & ad sedem Carnotensem in casu superioritatis & ressorti habeant ressortire: eidem Comiti Antissiodorensi ac dicto ejus primogenito pro eodem & ejus successoribus, quamdiu sedes Carnoti erit sedes Regia, predictos locum & Judices pro loco & Judicibus Regiis assignantes de gratia speciali, si sit opus, in casu superioritatis & ressorti: coram quibus ipse Comes Antissiodorensis ad causam dictarum terrarum suarum de sancto Aniano, de Cellis & de Villancay, & ejus subditi ad causam dictarum terrarum & pertinentiarum suarum, tanquam coram Judicibus & ad locum Regium habebunt ressortire, modo & forma quibus faciebant coram Ballivio Bituricensi & ad locum de Exolduno predictos, dum Ballivia Bituricensis & locus de Exolduno Judex & sedes Regii extabant : dantes in mandatis predictis Baillivo & Preposito de Carnoto modernis & futuris, & eorum cuilibet ut ad eum pertinuerit, quatinus ejus causas & querelas motas & movendas dicti Comitis Antissiodorensis seu ejus primogeniti pro eo, ad causam predictorum locorum de sancto Aniano, de Cellis & de Villancay & pertinentiarum & subditorum eorum, quarum cognitio ad Judicem Regium causa superioritatis & ressorti spectat & deinceps spectabit, & de seu pro quibus ad dictam sedem de Exolduno tempore quo erat locus & sedes Regia, habebant ressortire seu suum habere* [p] *debeant ressortum, exhibeant Justitie complementum. Quod ut firmum & stabile perseveret in futurum, has presentes Litteras*

a Orleans.
b Issoudun.
c Loches.
d Philippe le Bel, *ou* Philippe le Long.
e &.
f Issoudun.
g *On pourroit lire,* Bituric. *pour* Bituricensis.
h Châlons.
i Tonnere.
k Exolduno.
l subditi, *comme il y a un peu plus bas.*
m assignemus.
n Judicem & locum.
o causam.
p debebant.

Literas sigillo Castelleti nostri Parisiensis in absentia nostri magni, [a] minimine duximus roborari: salvo in aliis jure nostro & in omnibus quolibet alieno. Datum Parisius, Anno Domini millesimo trecentesimo sexagesimo secundo, Mense Januarii.

a muniminе.

Per Consilium Parisius in Camera Compotorum existens, in quo erant Domini Archiepiscopus Senonensis, Episcopus Carnotensis, Philippus de Tribus-Montibus & plures alii.

J. CLERICI.

CHARLES LIEUTENANT du Roy Jean I.er & selon d'autres, Jean II. à Paris, le 2. de Fevrier 1362.

(a) *Ordonnance portant que les Prevostez seront données à ferme.*

CHARLES ainsné Filz du Roy de France & son Lieutenant, Duc de Normandie & Dalphin de Vienois : A nos amez & feaulx Gens des Comptes de Monsieur & les nostres à Paris, salut & dilection. Sçavoir vous faisons que par grant & meure deliberacion que Nous avons eue avec les Gens du Conseil de nostredit Seigneur & du nostre, & pour certaines & justes causes qui de nouvel sont venues à nostre cognoissance & audit Conseil, & aussi pour pourveoir aux assignez sur le Demaine dudit Royaume, tant Eglises comme Religieux & autres, avons ordené & ordenons que toutes les Prevostez dudit Royaume qui estoient bailliez en garde, soient bailliez desormaiz à ferme à personnes convenables & suffisanz à ce, en la forme & maniere que l'en le [b] souloit faire ou temps passé ; Si vous mandons & enjoignons estroitement que tantost ces Letres veues, vous faciez faire mandement à touz Bailliz & Receveurs qu'il facent crier & publier solennelement nostredite presente Ordenance par tous les Bailliages & ressorts dudit Royaume, ès lieux ordenez & accoustumez à ce, & icelle publiée, iceulx Bailliz & Receveurs desdits Baillages, icelles Prevostez baillent à ferme en la maniere acoustumée, comme dit est, dequoi lesdiz Receveurs feront chargiez de prendre les [c] pleges & tenuz rendre compte, comme autre foiz a esté fait : & incontinent les Deniers-Dieu des fermes d'icelles Prevostez receus, facent cesser du tout les Prevosts qui les ont tenues en garde, lesquiex du jour des fermes baillées, comme dit est, Nous ostons du tout par ces presentes, & ce fait, soient contrains à rendre compte & payer tout ce qu'il ont receu des Emolumens desdites Prevostez, du temps qu'il les ont tenues en garde, en leur desduisant gages raisonnables : Et faites faire par telle maniere que vous n'en doiez estre repris d'aucune negligence. Mandons & commandons à tous les Justiciers, Officiers & Subgiez de nostredit Seigneur & les nostres, qu'à l'execucion & accomplissement de nostre presente Ordenance, ils obeissent diligemment & entendent. *Donné à Paris, le secont jour de Fevrier, l'An de grace mil trois cent soixante & deux.*

b l'en avoit accoustumé.

c cautions.

Par Monsieur le Duc en son Conseil. JULIANUS.

NOTES.

(a) Memorial D. de la Chambre des Comptes, *fol.* 56. *verso.*

Ceux qui ont redigée la Table Chronologique des Ordonnances imprimée en 1706. 4.° ont remarqué sur cette Ordonnance, qu'il n'estoit pas possible qu'elle eust esté donnée par Charles *Regent* le 2. de Fevrier 1362. parce qu'alors le Roy Jean estoit en France. Voy. p. 222. Ils ont fait la même remarque sur quelqu'unes des Ordonnances suivantes. La solution de cette difficulté qui paroist d'abord très bien fondée, est que le Roy avoit donné le 17. de Decembre precedent, des Lettres de Lieutenance à son Fils. Voy. cy-dessus p. 602.

Ces sçavants Compilateurs avoient en quelque sorte deviné cette solution : car p. 224. ils ont dit sur les Lettres du 19. de Juillet 1363. *Cependant il faut examiner si le Roy n'auroit pas donné des Lettres de Regence à Charles, pendant son voyage d'Avignon.*

JEAN I.er & selon d'autres, Jean II. à Villeneuve près d'Avignon, en Fevrier 1362. Philippe IV. dit le Bel, à Paris, en Mars 1292.

(a) Confirmation des Privileges des Habitans de S.t André.

SOMMAIRES.

(1 & 2) Les Habitans de S.t André seront exempts de chevauchée, de tout subside, & de tout peage; excepté celuy du sel, dans la Seneschaussée de Beaucaire.

(3) Les Juges de la Ville ne pourront faire une Enqueste d'Office contre des Habitans de la Ville, pour des injures ou des mauvais traitements; à moins que cela ne soit arrivé en la presence des Juges, ou qu'il n'y ait blessûre ou effusion de sang ou contusion manifeste, faites avec des armes.

(4) Si un estranger a injurié un habitant hors du Royaume, & qu'on le trouve à S.t André, on le mettra en prison & on luy fera son procès.

(5) Les Habitans prevenus de crime ne seront point mis en prison, s'ils donnent caution de se presenter en Justice; à moins que la qualité du crime ne le demandast.

(6) Le Juge ne pourra point décharger d'une peine imposée par le Viguier du lieu, sans avoir examiné l'affaire judiciairement.

(7) On ne pourra mettre un habitant à la question, s'il ne l'a esté ordonné par une Sentence du Juge.

(8) On ne pourra forcer les Habitans à vendre à un certain prix, les denrées criies dans le territoire du lieu.

(9) Lorsque plusieurs coobligez seront presents, & seront tous solvables, on ne pourra exiger d'eux que leur part de la debte.

(10) Les Habitans ne seront point obligez de faire de billet ou d'obligation de somme à eux prestée, si elle ne passe pas cinquante sols, ni de quelque somme que ce soit, si il en est fait mention dans une Sentence du Juge qui soit scellée.

(11) Le Roy traitera & protegera les Habitans de S.t André, comme il traite & protege les Citoyens de Paris.

(12) Ceux qui devront aux Habitans par un Acte passé sous le Scel de la Cour de S.t André, seront obligez de payer, s'ils sont dans la Seneschaussée de Beaucaire, sans autre connoissance de cause, eux cependant dûement appellez, à moins qu'ils n'ayent des exceptions à proposer, comme le payement, &c. Il leur sera accordé un certain terme pour prouver ces exceptions, après lequel ils seront contraints de payer.

(13) Le Juge ne pourra point faire d'Enqueste d'Office contre un adultere, s'il n'a esté surpris en flagrant deliét par un Officier de Justice. Dans ce cas, l'homme & la femme, s'ils ne peuvent convenir d'une amende avec la Justice, seront fustigez par la Ville nuds; à l'exception de ce que la pudeur ordonne aux femmes de cacher.

(14) On ne livrera point un habitant à un estranger qui est hors du Royaume.

(15 & 16) Marchez & Foires de S.t André.

(17) Les effets de ceux qui viendront à ces Marchez & à ces Foires, ne pourront estre saisis pour debte, si ce n'est pour celles du Roy, ou pour des debtes contractées dans le lieu de ces Foires & Marchez, & pendant leur durée.

Ils ne pourront non plus estre arrestez prisonniers que pour leurs deliéts personnels.

JOHANNES &c. Notum &c. Nos quasdam patentes Litteras Regias vidisse, formam que sequitur, continentes.

[a] *PHILIPPUS Dei gratia Francie Rex. Notum facimus universis tam presentibus quam futuris, quod Nos habitatoribus Castri seu Ville que vocatur Monasterium (b) sancti Andree, situate ante Civitatem Avinionensem, damus & concedimus in perpetuum, Libertates & consuetudines infra-scriptas.*

a Philippe le Bel.

(1) Videlicet quod ipsi sint liberi & immunes à [b] *calvacatis, taillis, questis & omni subsidio exacto.*

b Voy. cy-dessus, p. 116. Note (a)

(2) Item. *Quod ipsi sint liberi & immunes per totam Senescalliam Bellicadri, in pedagiis nostris tam per terram quam per aquam, ab omni prestatione pedagii; pedagio salis excepto.*

NOTES.

(a) Tresor des Chartres, Registre 93. Piece 169.

(b) *Sancti Andree.*] S.t André près Villeneuve-lès-Avignon, dans le bas Languedoc, Diocese d'Avignon. *Dictionn. universel de la France.*

(3) Item. *Quod nec de verbis injuriosis nec de factis, Curia dicte Ville inquiret ex officio contra aliquem de habitatoribus Ville ejusdem; nisi verba vel facta fuerint dicta & facta in presentia Curie, vel nisi vulnus vel sanguinis effusio vel livor manifestus cum aliquo genere armorum vel aliter factus fuerit, in quibus casibus tunc* [a] *Curiam ex officio suo inquirere poterit.*

JEAN I.er & selon d'autres, Jean II, à Villeneuve près d'Avignon, en Fevrier 1362.

(4) Item. *Quod si aliquis habitator extra Regnum, habitanti in dicto loco injuriam fecerit extra Regnum, & inveniatur in* [b] *loco, ponatur in carcere & detineatur quousque ad cognitionem Curie, injuriam passo satisfacietur condecenter, vel aliter fuerit per Curiam liberatus.*

(5) Item. *Quod nullus habitator dicti loci detineatur pro aliquo crimine, qui fidejubere possit &* [c] *fidejubeat; nisi hoc qualitas criminis exposceret, Justitia mediante.*

(6) Item. *Quod de aliqua pena per Vicarium loci imposita, non possit levari nisi cognitione Justiciaria precedente, per Judicem loci ejusdem.*

(7) Item. *Quod nullus habitator dicti loci supponatur questioni seu* [d] *tourmentis, nisi sit per Judicem primitus pronunciatum fore illum questionandum.*

(8) Item. *Quod nullus habitator loci predicti cogi possit certo pretio* [e] *victualia sua que excreverunt in territorio dicti loci.*

(9) Item. *Quod si plures* [f] *courei debendi in solidum, sint in dicto loco, non possint conveniri nec exigi aliquid ab eis, nisi per rata cujuslibet, aliis conreis presentibus & solvendo existentibus.*

(10) Item. *Quod habitatores dicti loci non teneantur* (c) *libellum reddere infra quantitatem quinquaginta solidorum nec usque ad dictam quantitatem, nec de aliqua quantitate de qua* [g] *preceptum extet à Curia dicti loci, sigillo dicte Curie sigillatum.*

(11) Item. *Quod nos habitatores dicti loci teneamus, custodiamus & deffendamus ubiquoque, sicut cives nostros Parisienses.*

(12) Item. *Quod debitores obligati habitatoribus dicti loci sub sigillo Curie loci ejusdem, compellantur ad solvendum per totam Senescalliam Bellicadri, sine alia cause cognitione; Parte tamen vocata; nisi allegaverint pactum de non petendo, transactionem aut solutionem aut rem judicatam, aut de falso vellet arguere Litteram predictam: Et nisi infra dilacionem per Judicem assignandam, exceptionem per ipsum propositam probaverit, ex tunc ad solvendum compellatur.*

(13) Item. *Quod si aliquis habitator dicti loci adulterium ibidem* [h] *commiserat, Curia ex officio non inquiret, nisi ipso per Officialem Curie in adulterio deprehenso; & tunc si cum Curia de emenda non conveniret, fustigabuntur simul nudi per Villam; pudibundis tamen mulieris coopertis.*

(14) Item. *Quod de habitatoribus loci predicti, non fiat alicui* (d) *remissio extra Regnum.*

(15) Item. *Quod ipsi habitatores teneant & in perpetuum habeant in dicto loco Mercatum in qualibet septimana; videlicet die Martis.*

(16) Item. *Nundinas bis in anno; videlicet in Octavis Festi Resurrectionis Domini, & in Festo Decolationis Beati Johannis Baptiste: & quod qualibet nundine durare debeant per tres dies: & quod leude bladi, animalium & aliarum mercium que ibidem vendentur, leventur secundum quod in Bellicadri vel in Nemoso consuete sunt exigi* [i] *alievari ad majorem utilitatem nostram & Abbatis Monasterii dicti loci, & quod omnes teneantur ad prestationem dicte Leude, nisi solummodo habitatores dicti loci & Privilegiati super hoc à Nobis.*

(17) Item. *Quod venientes ad dictas nundinas & mercata in loco predicto, non*

[a] Curia.
[b] à S.t André.
[c] juri stare, *de se presenter en Justice.*
[d] tormentis.
[e] vendere.
[f] correi, *des coobligez.*
[g] Sentence.
[h] commiserit.
[i] & levari.

NOTES.

(c) *Libellum.*] Je crois que par ce mot, il faut entendre un Billet ou une obligation d'une somme prestée.

(d) *Remissio.*] Je crois que cela signifie, qu'on ne livrera point un habitant à un estranger qui est hors du Royaume, & qui pourroit avoir droit de le revendiquer, par exemple, parce qu'il feroit son prisonnier de guerre, ou pour quelque autre raison.

JEAN I.er & selon d'autres, Jean II. à Villeneuve près d'Avignon, en Fevrier 1362.

possit pro aliquo (e) contragagiamento seu aliquo facto gagiari seu detineri, nisi pro debito nostro, vel nisi pro delicto proprie persone, vel contractu in dicto loco facto vel in/ito tempore nundinarum vel mercati, durantibus ipsis nundinis aut mercato.

Quod ut firmum & stabile permaneat in futurum, presentibus Litteris nostrum fecimus apponi sigillum. Actum Parisius, Anno Domini millesimo ducentesimo nonagesimo-secundo, mense Martii.

Nos autem suprascriptas Litteras omniaque & singula in eis contenta, quathenus & in quantum habitatores prenominati hactenus ex eis usi sunt & fuerunt, rata habentes & grata, ea volumus, laudamus, approbamus, ratifficamus & tenore presentium de gratia speciali & auctoritate nostra Regia confirmamus. Quare damus in mandatis per presentes, Senescallo Bellicadri, ceterisque Comissariis, Justiciariis & Reformatoribus nostris presentibus pariter & futuris, & eorum cuilibet vel Loca-tenentibus eorumdem, quatinus dictos habitatores Castri seu Ville sancti Andree predicti, nostra presenti confirmatione & gratia uti & gaudere pacifice & quiete deinceps perpetuis faciant temporibus & permittant, impedimentis quibuscunque cessantibus penitus & amotis. Quod ut firmum, &c. Datum & actum apud Villam-novam prope Avinionem, Anno Domini millesimo trecentesimo sexagesimo-secundo, mense Februarii.

Sic signatum. In Requestis Hospicii. CHEVRIER. P. DE VERGNY.

NOTES.

(e) *Contragagiamento.*] Ce mot paroist estre la même chose que *contragagium*, qui suivant Du Cange & le Gloss. du Droit François de Lauriere, sous ce mot, signifie un droit que les Seigneurs prétendoient avoir d'arrester les effets de ceux qui leur avoient enlevé quelque chose.

Mais le sens de l'Article determine à croire que *Contragagiamentum* ne signifie icy qu'une simple debte.

JEAN I.er & selon d'autres, Jean II. à Villeneuve près d'Avignon, en Fevrier 1362.

(a) Lettres portant que ce ne sera plus le Viguier du Nivernois, mais le Bailli de Angles qui presidera à l'Election des Syndics & des Conseillers de ce lieu.

JOHANNES &c. Notum &c. Nobis pro parte Syndicorum & Habitatorum loci nostri de Angulis in Senescallia Carcassonnensi & Vicaria Minerbesii situati, expositum extitisse quod actenus Vicarius noster [a] *Minerbesii seu ejus Locum-tenens singulis annis in Festo Penthecostes Domini vel circa, ad dictum locum de (b) Angulis venire consuevit personnaliter pro recipiendis juramentis à Sindicis, qui tunc noviter in dicto loco eliguntur & creantur, ac Consiliariis eorumdem, & suo decreto in Sindicatu hujusmodi interponendo nomine nostro: Ex quibus tam pro sportulis dicti Vicarii seu ejus Locum-tenentis, quam victualibus ipsius & Gentium ac animalium suorum, magnas expensas passi fuerunt, & ultra hoc quinque solidos turonenses eidem pro decreti interpositione predicti, solvere consueverunt: Cumque nuperrime locus predictus qui est noster in solidum, & in montanea ac inter forestas nostras situatus, ubi magnos annuos redditus percipere consueverimus, fuerit valde dampnificatus, destructus & quasi ex toto igne concrematus, & Gentes loci predicti & ejus Bajulie etiam extiterint* [b] *disrambate fere omnibus bonis suis mobilibus per (c) Yspanos qui in partibus illis more predonico & hostili longo tempore residentiam suam fecerunt, supplicarunt Nobis humiliter exponentes predicti, ut in remunerationem partis dictorum*

a le Minervois. *Voy. cy-dessus, p. 170. Note (m) col. 2.*

b disraubate.

NOTES.

(a) Tresor des Chartres, Registre 93. Piece 156.

(b) *Angulis.*] *Angles*, Ville dans le Languedoc, Diocese de S.t Pont, située au bord de la Riviere d'Agoust à quatre lieuës de S.t Amand. *Dictionn. univers. de la France.* Trois Articles au-dessous, on trouve encore le même *Angles* indiqué d'une maniere très défectueuse.

(c) *Yspanes.*] C'estoient sans doute des Compagnies, car il y en avoit de toutes les nations. Voy. cy-dessus p. 435. Note (d).

JEAN I.er & selon d'autres, Jean II. à Villeneuve près d'Avignon, en Fevrier 1362.

dampnorum, & ad evitandum deinceps expensas predictas, eisdem supplicantibus & Universitati dicti loci concedere dignaremur, ut amodo in futurum, Bavilus noster loci ejusdem vel ejus Locum-tenens nomine nostro recipiat juramenta consueta à dictis novis Sindicis ac eorum Consiliariis, & decretum suum interponat in Sindicatu hujusmodi, sic & prout dictus Vicarius noster Minerbesii vel ejus Locum-tenens facere consuevit. Quocirca Nos attentis premissis, dictorum exponentium supplicationi favorabiliter annuentes, eisdem & Universitati loci nostri predicti de Angulis, concessimus & concedimus per presentes, de nostris certa scientia, auctoritate Regia & gratia speciali, ut dictus noster Bavilus de Angulis qui nunc est & pro tempore fuerit, vel ejus Locum-tenens solus & in solidum auctoritate presentium deinceps in futurum, juramenta predicta recipiat, recipere debeat, possit & teneatur, à dictis novis Sindicis & eorum Consilliariis, & decretum suum in Sindicatu hujusmodi interponere nostro nomine eis modo & forma quibus dictus noster Vicarius vel ejus Locum-tenens facere actenus consuevit, recipiendo duntaxat ab eisdem Sindicis dictos quinque solidos turonenses pro interpositione decreti predicti, & absque aliis sportulis vel expensis Sindicorum vel Universitatis predictis solvendis ex causa predicta, inhibentesque harum serie dicto Vicario nostro presenti & futuro, seu ejus Locum-tenenti & Curie sue ac quibuscunque aliis Officiariis nostris, ne amodo dictos Sindicos, Universitatem aut Bavilum in premissis impediant seu perturbent, aut de predictis se intromittant quoquomodo. Nam eisdem super premissis silencium perpetuum imponimus per presentes: Mandantes Senescallo nostro Carcassonensi vel ejus Locum-tenenti, si opus fuerit, committendo, quatinus dictos supplicantes & Universitatem hujusmodi nostris gratia & concessione uti & gaudere pacifice faciat & permittat, nil in contrarium quomodolibet attemptando seu attemptari à quoquam permittendo, attemptata, si que essent, revocando & ad statum pristinum & debitum reducendo indilate, usu & consuetudine predictis opposiuionibusque, allegationibus & exceptionibus contrariis ac Litteris in contrarium à Nobis seu Locum-tenente nostro impetratis vel impetrandis, non-obstantibus quibuscunque: salvo tamen in aliis &c. Quod ut firmum &c. Datum Ville-nove prope Avinionem, Anno Domini millesimo trecentesimo sexagesimo-secundo, mense Februarii. Sic signatum. *Per Regem ad relationem vestram.* G. BARBE.

JEAN I.er & selon d'autres, Jean II. à Villeneuve près d'Avignon, en Fevrier 1362.

(a) Lettres portant que le lieu nommé *S.t Christol de Rodieres* sera demembré de la Jurisdiction du Viguier de *S.t Michel* d'*Euzet*, pour estre uni à celle du Viguier d'*Usés*.

JOHANNES &c. Ad perpetuam rei memoriam. Princeps pacificus mundi Creator ut cuncta sibi subesse doceret, taliter entia disponit, quod in eodem statu nichil diu perseverat in orbe: Prudens etiam Pater-familias variacionem rerum & temporum provide considerans, consuevit sapienter secundum varietatem rei & temporis, Domus sue regimen variare. Cum si quidem, prout (b) Guillelmus Comes Bellisfortis noster fidelis & dilectus

NOTES.

(a) Tresor des Chartres, Registre 93. Piece 157.

(b) *Guillelmus Comes Bellisfortis.*] C'est Guillaume Rogier second du nom, Seigneur de *Beaufort* en Vallée dans l'Anjou, que Philippe de Valois luy donna vers 1344. & qui fut érigé en Comté au mois d'Avril 1346.

Guillaume estoit Frere du Pape Clement VI. & il fut Pere de Gregoire XI.

Il n'estoit pas encore mort le 27. d'Aoust 1379. Hist. Genealog. de la Maison de France par les PP. Ange & Simplicien, Tom. 6. p. 316.

Voy. sur la Genealog. de cette Maison, Baluze dans ses Notes sur les Papes d'Avignon, Tom. 1. p. 829. &c. & dans son Hist. de la Maison d'Auvergne, Tom. 1. Liv. 4. Ch. 13. p. 315. On peut remarquer que dans ce premier Ouvrage p. 831. il nomme Guillaume I. celuy que dans le second, il nomme mieux Guillaume II.

On ne peut douter que ce ne soit de Guillaume II. Comte de Beaufort, dont il est parlé dans cette Piece; puisque dans son

JEAN I.er & selon d'autres, Jean II. à Villeneuve près d'Avignon, en Février 1362.

Nobis exponere curaverit, quod cum ipse sit Dominus immediatus totius Castellanie & ejus pertinentiarum universarum (c) de Monteclusо, & in ipsa Castellania que infra metas & sub districtu Senescallie nostre Bellicadri situatur, sint sex Parochie, quarum quinque infra metas Vicariatus nostri [a] *Ucecii, & sexta; videlicet locus & Parochia Sancti Xhristofori in districtu & sub Juridictione Vicarii nostri Sancti Michaelis de Euzeto* [b] *exinstant, prefatus Comes ac homines sui hujusmodi loci & Parochie Sancti Xhristophori Nobis humiliter supplicarunt, ut attento quod hujusmodi sex Parochie in dicta Senescallia situantur, & ut ipse & homines sui dictarum Parochiarum per unum Judicem Regium quam per plures, minoribus laboribus & sumptibus ad Justitiam admittantur, hujusmodi locum & Parochiam Sancti Xhristophori ac homines eorumdem à Juridictione & districtu dicti Vicarii Sancti Michaelis eximere, ac Vicariatui predicto & Juridictioni & cohertioni Vicarii Usetici in quantum ad Vicariatus Officium spectat, adjungere & inclavare dignaremur. Notum itaque facimus universis presentibus & futuris, quod Nos recensentes dilectionem fervidam ac fidei & constantie puritatem quas dictum Comitem erga Nos & Coronam nostram actenus novimus habuisse, ipsumque habere speramus in futurum, & propter hoc ipsum volentes in votis prosequi favore gratioso, prefatum Comitem ejusque heredes & Successores ac ab ipso causam habituros in futurum, necnon locum & Parochiam ac homines & Habitatores dicti loci Sancti Xhristophori qui nunc sunt & fuerint temporibus affuturis, à districtu Viccariatus predicti Sancti Michaelis & à Juridictione Vicarii loci ejusdem qui nunc est & qui pro tempore fuerit, (d) quo tamen ad hujusmodi locum & Parochiam Sancti Christofori ac territorium & pertinentias eorumdem,* [c] *speramus, & ex nostra liberalitate & auctoritate Regia ac certa scientia totaliter eximimus per presentes de gratiâ speciali: Ipsos & eorum Successores sub districtu & Juridictione Vicariatus nostri predicti & Vicarii* [d] *Utici volentes perpetuo remanere: Concedentesque ut ipse Comes suique heredes & Successores ac ab ipso causam habituri in futurum, hominesque & Habitatores loci & Parochie Sancti Xhristophori predictorum,* [e] *quos hujusmodi locum ac Parochiam ac pertinentias eorumdem, per Vicarium nostrum Usetici vel ejus Locum-tenentem ad omnes actus legitimos seculares de cetero admittantur perpetuis temporibus affuturis, proinde ac si cum dictis aliis quinque Parochiis de Vicariatu hujusmodi fuissent ab antiquo: Vicario ac ceteris Officiariis nostris Vicariatus Sancti Michaelis predicti, perpetuum super hoc silentium imponentes. Quocirca Senescallo Bellicadri vel ejus Locum-tenenti mandamus, ac Vicario Usetici presenti & qui pro tempore fuerit, precipimus committentes quatinus dictos Comitem ejusque Successores & heredes ac ab ipso causam habituros in hac parte, dictosque homines & Habitatores ac singulos eorumdem presentes & futuros hujusmodi loci & Parochie Sancti Xhristofori, nostra presenti gratia, juxta seriem & tenorem ejusdem, uti & gaudere faciant & permittant, ipsos in contrarium à quoquam nullatenus permittentes molestari. Quod perpetue &c. nostro in aliis &c.* Datum apud Villam-novam prope Avinionem, Anno Domini millesimo trecentesimo sexagesimo-secundo, mense Februarii. Sic signatum. *Per Regem, vobis presente.* MELLOU.

[a] Uzez.

[b] exiftant.

[c] separamus.

[d] Usetici.

[e] quoad. *Voy. cy-dessous, Note (d)*

NOTES.

Testament que *Justel* a fait imprimer dans les preuves de son Hist. de la Maison de Turenne, p. 97. il dit qu'il est Seigneur *Montisclusi.*

(c) De Monteclusо.] Je dois à D. Vaissette les remarques suivantes.

De Monteclusо: Montclus sur la Ceze, Diocese d'Uzez.

S. Xhristophori. D. Vaissette conjecture que c'est *S. Christol de Rodieres.*

S. Michaelis de Euzelo: S. Michel d'Uzet qui est aussi dans le Diocese d'Uzez. Voy. aussi sur ce dernier lieu, le Dictionn. univers. de la France, au mot *Euzet.*

(d) Quo tamen.] Il faut corriger *quoad,* & cela signifie, par rapport seulement aux affaires que le Comte & les Habitans de S.t Michel auront dans ce lieu.

JEAN I.er & selon d'autres, Jean II. à Villeneuve près d'Avignon, en Mars 1362.

(a) Sauvegarde pour la Chartreuse de Bonnefoy dans le Vivarais.

JOHANNES &c. Notum &c. Quod Nos rationi congruum arbitrantes, si Predecessorum nostrorum vestigiis inherendo, ad hoc nostre mentis aspiret affectus, quod persone Ecclesiastice & specialiter persone Religiose que de die & de nocte circa Divinum vacant Servitium, pacis transquillitate gaudeant, & per [a] *Ragalem potentiam nostris temporibus à violentiis & injuris* [b] *deffendentur, ut eo libentius valeant Omnipotenti Altissimo famulari, quòd per potentiam Regiam favorabilius senserint se adjutos. Hinc est quòd Nos ad supplicationem dilectorum nostrorum Prioris & Conventus Domus Bonefidei* [c] *Aniciensis Diocesis, Ordinis Cartusiensis, in nostra salva & speciali Gardia ab antiquo existentium, ipsos Religiosos tàm in capite quàm in membris, domos, grangias, terras, prata, vineas, piscaturas, nemora, molendina & possessiones quascunque quas habent & possident in presenti vel amodo possidebunt, familiasque homines & Gentes ipsorum, ac quaslibet singulares personas ejusdem domus seu Prioratus & membrorum suorum, in & sub nostra successorumque nostrorum Regum Francie protectione, salva & speciali Gardia, de gratia speciali suscipimus per presentes, in ipsa protectione & speciali Gardia nostris perpetuo permansuros: earumdem tenore mandantes, ac etiam committentes Judicibus Regiis Aniciensi & (b) Villenove de Bergua aut eorum Loca-tenentibus, & ipsorum cuilibet qui nunc sunt aut pro tempore fuerint, quos ex nunc Gardiatores & Judices dictorum Religiosorum in omnibus & singulis causis motis & movendis tàm agendo quàm deffendendo, etiam (c) si Juris requirent indaginem, & factis personalibus, quantum ad Juridictionem secularem spectare poterit, tamen in Vicaria vel Juridictione ipsorum, quam ultra per unam* [d] *Dietam legalem à fine sive metis Juridictionis ipsorum distantem, deputamus per presentes, ac etiam committimus & constituimus solum & insolidum: ipsis nichilominus committentes quatinus ipsos Religiosos in suis & Ecclesie sue sive domus justis possessionibus, juribus, usibus, Franchisiis, Libertatibus & saisinis presentibus & futuris, manuteneant & conservent, eosdemque Fratres, domum suam sive domos predictas, & quaslibet singulares personas, res, possessiones & bona quecunque eorumdem ab omnibus violentiis, oppressionibus, gravaminibus, molestiis, vi armorum, potentia laicorum ac inquietationibus & novitatibus indebitis quibuscumque tueantur &* [e] *deffendent, nec permittant contra ipsos Religiosos eorumque familias, res & bona aliquas fieri vel inferri indebitas novitates: sed si factas invenerint, ad statum pristinum & debitum reduci, ac Nobis & dictis Religiosis emendam condignam propter hoc prestari faciant indilate.* [f] *Assecuramentumque ipsis & cuilibet eorumdem, à personis de quibus dubitaverint, juxta patrie consuetudinem dari faciant & prestari, (d) Curiamque & cognitionem hominum & subditorum suorum requirant & faciant eis reddi, & hujusmodi specialem Gardiam nostram in locis & personis de quibus expedierit, publicari & intimari: Penuncellosque nostros seu baculos Regios in signum hujusmodi Salve-gardie Regie nostre, in grangiis, domibus, possessionibus & bonis suis in terra que jure-scripto regitur, situatis, si requisiti fuerint, apponant seu apponi faciant, ne quis possit in contrarium ignorantiam allegare, ac violatores hujusmodi nostrarum protectionis & Salve-*

[a] Regalem.

[b] deffendantur.

[c] du Puy-en-Vellay.

[d] le chemin d'un jour.

[e] deffendant.

[f] Voy. cy-dessus, p. 264. Note (b) & p. 403. Note (c)

NOTES.

(a) Tresor des Chartres, Registre 93. Piece 210. Voy. cy dessus p. 263. Note (a).

(b) *Villenove de Bergua.*] Villeneuve de Berg, Ville assez considerable dans le haut Vivarais, du Diocese de Viviers. Elle est située sur le Torrent d'Ibie à quatre lieuës du Viviers, & à deux d'Aubenas. *Diction. universel de la France.*

(c) *Si Juris requirent indaginem.*] Quand elles rouleroient sur des matieres de droit. *Indago* signifie au propre des toiles pour enfermer des bestes à la chasse, des *Filets*, &c. & au figuré des recherches sur quelques matieres.

(d) *Curiamque & cognitionem.*] C'est-à-dire, qu'ils obligent leurs Justiciables de venir plaider à leurs Justices.

JEAN I.er & selon d'autres, Jean II. à Villeneuve près d'Avignon, en Mars 1362.

gardie sic, justitia mediante, puniant, quod cedat ceteris ad exemplar. Et si super aliquibus rebus contentiosis oriatur debatum in casu novitatis inter dictos Religiosos & alios quoscumque, cujuscumque status & conditionis existant, illud ad manum nostram tanquam superiorem ponant, & per dictam manum nostram faciant seu fieri faciant, ubi & prout fuerit debite faciendum, recredentiam, nec non solvi faciant predictis Religiosis redditus suos, ac debita sua bona & legalia recognita vel probata de quibus nulla questio refereretur, compellendo debitores suos ad solutionem hujusmodi debitorum, per captionem, vendicionem & explectationem bonorum suorum, corporumque detentionem, si ad hoc obligati existant; adjournandoque seu adjournari faciendo coram se ad certos & competentes dies, omnes illos qui super dictis debatis & debitis questionem retulerint, super hujusmodi questionibus debite processuros: que debata tàm in casu novitatis quàm super dictis debitis, coram dictis Judicibus & Gardiatoribus aut eorum Loca-tenentibus agitari & fine debito terminari volumus & mandamus, ipsum ad hoc & omnia alia que circa hoc necessaria fuerint vel etiam opportuna, perpetuo committentes. Et ut premissa exequi diligentius valeant & compleri, volumus quod ad omnia & singula exequenda, Petrum Logardi, Pontium Penelli, & Johannem Molendini, quos & quemlibet ipsorum de nostra gratia speciali volumus in premissis & quolibet premissorum, habere Servientum Regiorum potestatem, aut de Servientibus Regiis unum vel plures quos duxerint nominandos, deputent eisdem: qui tamen de hiis, que Cause cognitionem exigunt, se nullatenus intromittant. Mandantes insuper omnibus Justiciariis, Officiariis, & subditis nostris quatinus predictis Judicibus & Gardiatoribus, & omnibus singulis ab ipsis deputatis, in exequendis predictis omnibus & singulis, intendant & pareant cum effectu. Quod ut firmum &c. nostro in aliis &c. Datum apud Villam-novam prope Avinionem, Anno Domini millesimo trecentesimo sexagesimo secundo, mense Marci.

Sic signata. Per Regem ad relationem Consilii. P. ANXEAU.

JEAN I.er & selon d'autres, Jean II. à Villeneuve près d'Avignon, en Mars 1362.

A Paris, en May 1352.

(a) Sauvegarde pour la Chartreuse de Valbonne.

JOHANNES &c. Notum &c. Quod cum pridem Nos dilectos nostros Priorem & Conventum Domus [a] *Vallis-bone Ordinis Cartusiensis, Senescallie Bellicadri, in nostris protectione & Salva-gardia speciali, in capite & in membris suscipientes, Vicarium nostrum Regium ressorti (b) Balneolarum qui tunc erat, & ipsius successores vel eorum Loca-tenentes Gardiatores & Judices ipsorum Religiosorum in omnibus & singulis causis suis motis & movendis, agendo & deffendendo, contra* [b] *quoscumque personas deputaverimus & constituerimus, prout hec & alia in nostris super hoc factis Litteris cera viridi cum filis* [c] *siriceis sigillatis, contineri latius vidimus: quarum tenor sequitur in hec verba.*

JOHANNES Dei gratia Francie Rex. Notum facimus universis tàm presentibus quàm futuris, quod Nos rationi congruum arbitrantes, si Predecessorum nostrorum vestigiis inherendo, ad hoc nostre mentis aspiret affectus, quod persone Ecclesiastice & specialiter persone Religiose que de die & de nocte ad Divinum vacant Servitium, pacis transquillitate gaudeant, ac per Regalem potentiam nostris temporibus à violenciis & injuriis deffendantur, ut eo libentius valeant Omnipotenti Altissimo famulari, quo per potentiam Regiam favorabilius [d] *senserit se adjutos. Hinc est quod Nos ad supplicationem dilectorum nostrorum Prioris & Conventus domus Vallis-bone Ordinis Cartusiensis, Senescallie Bellicadri, in nostra salva & speciali Gardia ab antiquo existentium, ipsos Religiosos*

a Valbonne, *Diocese d'Uzez auprès du Pont S.t Esprit.*

b quascumque.

c sericeis.

d senserint.

NOTES.

(a) Tresor des Chartres, Registre 93. Piece 196. Voy. cy-dessus p. 263. Note *(a)*.

(b) Balneolarum.] Bagnols, Ville considerable du Languedoc dans le Diocese d'Uzez. Elle est située à deux lieuës du Pont S.t Esprit. *Dictionn. univers. de la France.*

tam

tam in capite quam in membris, domos, granchias, terras, prata, vineas, piscaturas, nemora, molendina & possessiones quascunque quas habent & possident in presenti vel amodo possidebunt, familiamque homines & Gentes ipsorum, ac quaslibet singulares personas ejusdem domus seu Prioratus & membrorum suorum, in & sub nostra successorumque nostrorum Regum Francie protectione, salva & speciali Gardia de speciali gratia suscipimus per presentes, in ipsa protectione & speciali Gardia nostris perpetuo permansuros: earumdem tenore mandantes ac etiam committentes Vicario nostro Regio ressorti Balneolarum qui nunc est & qui pro tempore fuerit, vel ejus Locum-tenenti quem ex nunc Gardiatorem & Judicem dictorum Religiosorum in omnibus & singulis Causis suis motis & movendis, tàm agendo quam defendendo, contra quoscunque suos adversarios tam de Vicaria sua, quam extra à quatuordecim leucis à Villa seu loco ibi dictus Vicarius tenet aut tenebit sedem suam, distantibus & ex omni parte computandis, commorantes, Ordinationibus contrariis non obstantibus quibuscunque, committimus & constituimus specialem solum & in solidum (c) quatinus &c.

JEAN I.er & selon d'autres, Jean II, à Villeneuve près d'Avignon, en Mars 1362.

Et ut premissa exequi diligentius valeant & compleri, volumus quod ad ea omnia & singula exequenda, totiens quotiens opus fuerit, unam vel duas sufficientes ad hoc personas suis sumptibus deputet, quas & [a] quemlibet earumdem ex nostra speciali gratia volumus in premissis & quolibet premissorum, habere Servientum nostrorum potestatem, absque eo quod ipse persone de hiis que Cause cognitionem exigunt, se aliquatenus intromittant. Mandantes insuper omnibus Justiciariis & subditis nostris, quatinus Vicario predicto & omnibus & singulis ab ipso deputatis, in exequendis predictis omnibus & singulis, intendant & pareant cum effectu. Quod ut firmum & stabile perpetuo perseveret in futurum, nostrum presentibus Litteris fecimus apponi sigillum: Nostro in aliis & quolibet alieno in omnibus jure salvo. Datum Parisius, Anno Domini millesimo trecentesimo quinquagesimo-secundo, mense Maii.

[a] quamlibet.

Et ex parte predictorum Prioris & Conventus dicentium, quod pro contentis in dictis Litteris exequendis, sibi pluribus de causis quas Nobis exposuerunt, foret necessarium & utile quamplurimum, ipsos plures habere Gardiatores & Judices qui una cum dicto Vicario & quilibet eorumdem, in commissis eidem, ut predictum est, haberent in omnibus consimilem potestatem, supplicatum humiliter Nobis extiterit, ut super hoc eisdem vellemus gratiose providere. Nos attentis dictis causis Nobis ex parte ipsorum, ut dictum est, expositis, indempnitati eorum providere affectantes, non revocando tamen aliquid de potestate predicto Vicario Regio ressorti Balneolarum per supra-scriptas Litteras, ut dictum est, attributa, vel de aliis contentis in eisdem, sed eadem approbando, Judices nostros Regios dicti loci de Balneolis & Pontis (d) Sanctis Spiritus, Vicariumque ejusdem loci Sancti Spiritus, vel eorum Loca-tenentes qui nunc sunt & qui in futurum erunt perpetuo, Gardiatores & Judices dictorum Prioris & Conventus ac successorum suorum, una cum Vicario supra-dicto ressorti de Balneolis, & eorumdem quemlibet Regia auctoritate, de speciali gratia commisimus & constituimus, committimus & constituimus per presentes: Dantes ipsis Judicibus & Gardiatoribus & cuilibet eorumdem, consimilem & eandem in omnibus & singulis contentis in supra-scriptis Litteris, potestatem que per easdem Litteras fuit dicto Vicario ressorti Balneolarum, ut superius scriptum est, attributa: hiis presentibus mandantes omnibus & singulis Justiciariis, Officiariis & Subditis nostris & cuilibet eorumdem, quatinus de cetero dictis Judicibus & Gardiatoribus, & ipsorum cuilibet ab ipsisque deputatis & deputandis, in exequendis predictis omnibus & singulis, pareant efficaciter & intendant. Quod ut firmum &c. nostro in aliis &c. Datum apud Villam-

NOTES.

(c) *Quatinus, &c.*] Toutes les clauses jusqu'à ces mots, *Et ut premissa, &c.* sont precisement les mêmes, & conçûës dans les mêmes termes que les precedentes, c'est pourquoy on a jugé à propos de les retrancher icy.

(d) *Sanctis.*] *Sancti Spiritus.* Le Pont S.t Esprit sur le Rhosne au-dessous de Viviers. Voy. cy-dessus Note (*b*).

novam-prope-Avinionem, Anno Domini millesimo trecentesimo sexagesimo-secundo, mense Marcii.

Sic signatum. In Requestis hospicii. P. BLANCHET.

(a) MCCCLXIII.

Cette année suivant M. Du Cange dans son Glossaire au mot *Annus*, commença le 2. d'Avril, & finit le 23. de Mars.

JEAN I.er & selon d'autres, Jean II. à Villeneuve près Avignon, le 20. d'Avril 1363.

(a) Ordonnance faite en consequence de l'assemblée des trois Estats de la Seneschaussée de Beaucaire & de Nismes.

SOMMAIRES.

(1) Tout ce qui sera conclu & arresté dans les Estats, ne pourra prejudicier aux Privileges, Libertez, Coustumes & Franchises des Habitans de la Seneschaussée.

(2) L'union qui a esté faite entre les Communautez des Seneschaussées de Toulouze, de Carcassone & de Beaucaire, sera cassée; & les Communautez de la Seneschaussée de Beaucaire se réüniront avec les Barons & les Nobles de cette même Seneschaussée, pour prendre des mesures sur les affaires communes.

(3) La Gabelle du Sel sera continuée pendant un certain temps, & la moitié du produit sera employée aux dépenses de la guerre, & l'autre moitié à payer les debtes assignées dessus cette Gabelle.

(4) Si la Gabelle du Sel ne suffit pas pour fournir aux dépenses necessaires, on establira d'autres Impositions. Les trois Estats nommeront un ou plusieurs Tresoriers pour lever ces Imposts, & donneront tous les ordres necessaires à ce sujet; & ils pourront s'assembler à cet effet, toutes les fois qu'ils le jugeront necessaire.

(5) Les trois Estats éliront un Capitaine & un Receveur des Monstres des Gens d'Armes, lesquelles seront reçûës par l'un & par l'autre. Le Capitaine levera des Gens de guerre, & les cassera avec les deputez des Estats.

(6) Les trois Estats prient le Roy de leur accorder le Seneschal de Beaucaire pour Capitaine.

(7) Il sera levé deux cens Hommes d'Armes & deux cens Sergents.

(8) Solde des Gens de guerre, lorsqu'ils seront en campagne. Elle sera de la moitié moindre, lorsqu'ils n'y seront point.

(9) Les Gens de guerre ne pourront piller ni voler.

(10) Le Capitaine avec le Conseil des Deputez des Estats, pourra lever des Sergents à la place des Gens d'Armes, & des Gens d'Armes à la place des Sergents.

(11) Les Gens de guerre seront tenus avant que de recevoir leur gages, de jurer que leurs armes & leurs chevaux leur appartiennent. S'ils font un faux serment, ils en seront punis par le Conseil des Deputez des trois Estats.

(12) Les Gens de guerre marcheront suivant les ordres qu'ils recevront du Capitaine & des Deputez des trois Estats.

(13) Les Gens de guerre seront entretenus jusqu'à la Toussaint prochaine. Il sera cependant permis au Capitaine avec le Conseil des Deputez des Estats, de les renvoyer plustost, ou de les conserver sur pied, un, deux ou trois mois au plus,

(14) Le Tresorier ne payera la solde aux Gens de guerre, que sur l'ordre du Capitaine & des Deputez des trois Estats.

(15) Ceux qui recevront des gages en qualité des Gens de guerre, n'en pourront recevoir d'autres à raison de quelque Office establi par les Estats par rapport à ce qui aura esté resolu dans leur assemblée.

(16) Ceux qui serviront en qualité de Gens de guerre, ne payeront aucuns droits au Connestable, Mareschal, Maistre des Arbalestriers, ni à quelque Officier du Roy que ce soit.

(17) Le Capitaine punira les Gens de guerre des vols, pilleries, &c. qu'ils auront faits.

(18) Le Butin & les prisonniers que les Gens de guerre feront sur les ennemis, leur appartiendront; à moins que ces prisonniers ne soient des traistres dont il faille faire Justice: & en ce cas, ses armes & ses autres effets appartiendront à celuy dont il estoit prisonnier.

(19) La Gabelle du Sel se levera sur toutes les salines, même celles qui appartiennent au Roy. La Gabelle sera d'un tiers de Florin, outre le vray prix du Sel que l'on

JEAN I.er & selon d'autres, Jean II, à Villeneuve près d'Avignon, le 20. d'Avril 1363.

payera à celuy à qui il appartiendra.

(20) Toutes les autres Impositions sur le Sel cesseront, tant que cette nouvelle Gabelle aura lieu. Elle sera levée même sur les Sels appartenants au Roy.

(21) Le Sel ne payera la Gabelle qu'une seule fois, après laquelle on pourra le vendre librement & sans en rien payer.

(22) Toutes autres Impositions sur le Sel, quelles qu'elles soient, cesseront tant que celle-cy subsistera.

(23) On ne pourra se servir du Sel qui n'aura pas payé la Gabelle, à laquelle seront soumises quelques personnes que ce soit, aussi-bien qu'aux autres Impositions dont il sera parlé dans la suite.

(24) On donnera à ceux qui payeront la Gabelle une quittance ou un acquit qui contiendra le poids & la quantité du Sel pour lequel ils auront payé les droits, & le lieu, l'année & le jour du payement; & lorsqu'ils voudront transporter ce Sel d'un lieu à un autre, ils donneront cet acquit aux Receveurs des Impositions, & s'ils n'ont d'acquit ou qu'ils ne veulent pas le donner, leur Sel sera confisqué.

(25) On establira des Bureaux pour recevoir la Gabelle, & on ne pourra se servir de Sel pour lequel on n'aura pas payé ce droit.

(26) On sera obligé d'aller payer la Gabelle au Bureau le plus proche de la saline où on aura pris le Sel, sous peine de confiscation du Sel, & des animaux & des vaisseaux qui serviront à le transporter.

(27) Comme ordinairement auprès des salines, il y a des endroits où l'on pesche & où on sale le poisson, on estimera la quantité de Sel que l'on peut employer à saler les poissons, & on payera la Gabelle de cette quantité.

(28) On estimera la quantité de Sel que peuvent user ceux qui demeurent auprès des salines, & on leur fera payer la Gabelle de cette quantité, chaque année en quatre payemens égaux.

Ceux qui useront du Sel qui n'aura pas payé la Gabelle, ou qui en donneront à d'autres personnes, seront condamnez à une amende arbitraire.

(29) Lorsqu'on voudra transporter par eau du Sel achepté, la Gabelle sera payée, ou dans la saline même, ou pendant que l'on embarquera le Sel dans le Bastiment de transport.

(30) Il y aura des Gardes qui feront des perquisitions pour découvrir les fraudes qui se commettront. Ils auront la moitié du Sel qui sera confisqué, & l'autre moitié accroistra au produit de la Gabelle. Les autres personnes qui dénonceront des fraudes, n'auront que le tiers des confiscations.

(31) On ne pourra point saisir, même pour les debtes du Roy, les animaux employez à porter le Sel dans l'estenduë de la Seneschaussée.

(32) Tous les Reglements faits pour la Seneschaussée, par le Roy, le Comte de Poitiers & le Mareschal d'Audeneham, subsisteront tant que cette Gabelle aura lieu.

(33) Si le produit de la Gabelle ne suffit pas pour le payement des Gens de guerre, on payera un Impost sur les chairs salez & sur le Sel qui entrera dans la Seneschaussée.

(34) Si ces fonds ne sont pas encore suffisans, on establira 1.° un Impost sur la viande & le poisson frais que l'on vendra dans le marché.

(35) 2.° Sur le cuir preparé & sur le fer qui se vendront & qui se revendront dans la Seneschaussée.

(36) Les Estats auront le droit de supprimer, de diminuer ou d'augmenter les Impositions, eu égard au produit qui en proviendra.

(37) Les anciennes Impositions sur les marchandises cy-dessus marquées, cesseront tant que les nouvelles auront lieu.

(38) Les Impositions seront payées par les vendeurs.

(39) La Gabelle subsistera pendant le temps marqué cy-dessus: mais les autres Impositions n'auront lieu que jusqu'à la Toussaints prochaine; cependant les Estats pourront la prolonger pour un, deux ou trois mois au plus.

(40) Nul Officier du Roy quel qu'il soit, ne pourra s'entremettre de la levée de ces Impositions, de l'employ des deniers qui en proviendront, & des comptes qui en seront rendus: mais tout ce qui regarde cette Imposition sera ordonné par les Deputez des Estats, en presence du Capitaine, s'il veut y assister. Si le Roy, son Lieutenant ou quelque autre Officier Royal, veut s'entremettre de ce qui aura rapport à cette Imposition, elle cessera sur le champ.

(41) Pendant que cette Imposition subsistera, toutes sortes de subsides, de foüages, &c. cesseront, excepté celuy que l'on paye pour acquitter la rançon du Roy.

(42) La Gabelle sera affermée en total ou en partie, selon ce qui paroistra plus convenable aux Conseillers, Receveurs & Tresoriers.

(43) La Gabelle sera affermée par Evêchez & Vicairies, en presence du Juge du lieu & des Consuls, ou de deux ou trois des plus notables du lieu, s'il n'y a point de Consuls. Elle sera affermée de trois mois en trois mois; & les Fermiers payeront le prix de leurs Fermes à la fin de chaque mois.

NOTES.

(a) Cette Ordonnance a esté envoyée avec cette Indication: *Extrait tiré du Registre du nombre des Feux de la Seneschaussée de Beaucaire, ensemble des Lettres patentes de l'An 1359. cotté, N.° 2. Armoire D. de la Seneschaussée, estant aux Archives du Roy de la Seneschaussée de Nismes, par Nous Garde d'icelles soussigné, ce 14. Decembre 1684.* Delagorie. *Signé.*

JEAN I.er & selon d'autres, Jean II. à Villeneuve près d'Avignon, le 20. d'Avril 1363.

* Consilio.

a quod.

b &.

c Il manque-là quelques mots.

*JOANNES Dei gratia Francorum Rex: Universis præsentes Litteras inspecturis, Salutem. Notum facimus quod, convocatis coram Nobis & * Concilio nostro, Prælatis, Nobilibus & Communitatibus Senescalliæ nostræ Belicadri & Nemausi, ac comparentibus congregatis de nostri licentia & mandato apud Villam-novam prope-Avinionem pro negotio infrascripto, explicataque per dictum nostrum Consilium necessitate defensionis dictæ patriæ Senescalliæ & totius Linguæ Occitanæ, eo* [a] *quia inimici & (b) latrociunculi dictam Senescalliam subintrare more hostili conantur, & eorum totis viribus eamdem & subditos nostros damnificare, prout eamdem aliàs discurrerunt, vi armorum capiendo* [b] *furando bona, hominesque & mulieres tam viduas, virgines quam maritatas & etiam moniales Deo dedicatas capiendo, carnaliter cognoscendo, violando & corrumpendo, & ipsas* [c], *sicque homines tam Prælatos quam Religiosos, Præsbiteros, Clericos, Nobiles atque villicos, agricultores & quoscumque alios, per vim & violentiam redimi faciendo, occidendo eosdem indiferenter & inhumaniter, pluraque loca fortia occupando & igne concremando, multaque alia damna & maleficia detestabilia committendo, quod abominabile est enarrare: Propter quod ad obviandum malitiis damnisque intolerabilibus per dictos latrunculos illatis, & quæ inferri totis eorum viribus conantur subditis nostris, dicti Prælati, Nobiles & Communitates, habita eorum deliberatione, certificatique super his de nostro Populo Senescalliæ prædictæ, pro provisione defensionis patriæ & salvatione dicti Populi fecerunt, ordinaverunt & etiam Nobis attendere & (c) compellere infrascripta in rotulo subsequenti contenta, promiserunt: Cujus rotuli tenor sequitur in hæc verba.*

Quia placuit Vobis Domino nostro Regi, Gentes cujuscumque status; scilicet, personas Ecclesiasticas, Barones, Nobiles & Communitates Senescalliæ Bellicadri & Nemausi, facere consultare super defensionis provisione & statu patriæ ejusdem, contra hostes & inimicos qui de die in diem parati sunt dictam Senescalliam hostiliter aggredi, & eamdem in personis & bonis damnificare, retenta in omnibus voluntate & honore vestri Domini nostri Regis & vestri præexcellentis Consilii, fuit avisatum & consultum super protestationibus & retentionibus infrascriptis, ut sequitur.

(1) Protestantur namque primo, quod per inferius consultanda vel scribenda, nullatenus honori Regio derogare intendunt; nec se subjicere alicui oneri novæ servitutis, nec se Privilegiis, Usibus, Libertatibus, Consuetudinibus, saisinis, Franchesiis, compositionibus vel concessionibus quibuscumque renunciare; imò ipsas & ipsarum quamlibet, protestantur & volunt fore salvas & eis & earumcuilibet illibatas pœnitus permanere, nec aliquid intendunt dicere, consultare, facere vel tractare quod ad incomodum versatur eorumdem nec alterutrius, nec quod tractanda vel consultanda ad aliquam consequentiam imposterum trahi possunt, nec novum jus vobis Domino nostro Regi seu vestris Successoribus requiri, nec aliqua servitus eisdem imponi: Quas protestationes volunt habere pro repetitis in singulis actibus inferius consultandorum & scribendorum.

Rex per ea quæ sequuntur, non intendit jus novum sibi acquirere, nec juri suo, vel ipsorum & cujuslibet ipsorum juri derogare in futurum.

d adunare unionem… fecisse.

(2) Verum cum ad notitiam personarum Ecclesiasticarum, Baronum & Nobilium præsentis Senescalliæ devenerit, Communitates trium Senescalliarum Linguæ Occitanæ; videlicet Tolosæ, Carcassonæ & Bellicadri, dudum [d] *adunare unionem tam financiarum quam Gentium armorum, & aliter pro expellendis hostibus & inimicis è dictis Senescalliis & earum qualibet, inter se cum certis pactis stipulationibus & promissionibus vallatis, fecisse, & per vos Dominum nostrum Regem seu Loca-tenentes vestros prædicta confirmasse, prout hæc in certis cartis & instrumentis super hoc confectis, latius dicuntur contineri: Dictaque unio seu provisio damnosa fuerit ipsis personis Ecclesiasticis, Baronibus & Nobilibus præsentis*

NOTES.

(*b*) *Latrociunculi.*] Il faut corr. *Latrunculi*, que l'on lit un peu plus bas. Ce sont les *Compagnies*, sur lesquelles Voy. cy-dessus p. 435. Note (*d*).

(*c*) *Compellere.*] Si ce mot n'est pas corrompu, il doit signifier, qu'ils contraindront les Habitans de la Seneschaussée à executer ce qui sera contenu dans leur *cahier.* [...]

Senescalliæ; nec in utilitatem dictarum Communitatum præsentis Senescalliæ dicatur redundasse; quinimo magis damnosa & periculosa, si duraverit, ulterius existeret, & in tantum onerosa ipsi Senescalliæ & Habitantibus in eadem, quod quasi impossibiliter possit sustineri: Supplicant dictæ personæ Ecclesiasticæ, Barones & Nobiles nomine eorum & Sindicorum suorum, dictam unionem per vos dictum Dominum nostrum Regem, nullam aut inutilem fore decerni & declarari de vestra certa scientia & speciali gratia, si opus fuerit, & ex causa ad finem, quod tam dictæ personæ Ecclesiasticæ, Barones & Nobiles cum Communitatibus præsentis Senescalliæ dissolutis prius ab unione prædicta, cum Dei & vestro auxilio consulere & provisionem facere valeant & ordinare, prout melius facere & consultare poterunt, ad expellendum, obviandum & ejiciendum hostes, tyrannos & inimicos, qui dictam Senescalliam Bellicadri invadere seu damnificare [a] invaderent seu damnificarent, & ex causa.

JEAN I.er & selon d'autres, Jean II. à Villeneuve près d'Avignon, le 20. d'Avril 1363.

a vellent,

(3) Et quia Vos Dominum nostrum Regem & vestrum præeminens Consilium ac Officiales vestros præsentis Senescalliæ, credimus sufficienter esse informatos de damnis, opressionibus & gravaminibus ac deprædationibus per inimicos qui nuper præsentem Senescalliam discurrerunt, & de die in diem discurrunt & damnificunt, & [b] aliis oneribus quæ quotidie occurrerunt & occurrunt per factum talliarum, tam pro facto redemptionis personæ vestræ, expulsionis inimicorum, [c] vadiis Gentium armorum, quam aliis oneribus, ratione quorum quasi ad inopiam incipiunt devenire, nec haberent unde aliquam provisionem Gentium armorum facere possent, eorum paupertate attenta, nisi prædicta facerent in totum seu in parte de emolumento Gabellæ salis præsentis Senescalliæ: Vobis Domino nostro Regi supplicant ut dictam Gabellam salis præsentis Senescalliæ, ipsis & ad eorum voluntatem & arbitrium velitis prorogare ultra tempus in dicta unione alias per Vos concessum seu prorogatum, ad duos annos continuos & completos, ut ex nunc ex emolumento dictæ Gabellæ jam imposito vel imponendo, per eosdem quantum sufficiet, Gentibus armorum & aliis stipendiariis satisfacere possint: Cum, si non sufficiat, sibi providere intendunt de aliquibus impositionibus seu (d) Gabellis pro dictis Gentibus armorum & aliis stipendiariis satisfaciendo: Quodque etiam cum super dicta Gabella salis præsentis Senescalliæ, Vos & nonnulli alii Nobiles habere dicamini magnas pæcuniæ quantitates Vobis & ipsis debitas, supplicant etiam ratione eminentis periculi, & ut facilius Gentibus armorum de emolumento dictæ Gabellæ satisfieri possit, ut medietas emolumenti dictæ Gabellæ salis convertatur in dictam satisfactionem dictarum Gentium armorum, & alia medietas in solutionem tam debiti vestri quam aliorum Nobilium quibus dicta Gabella dicitur esse obligata, quo usque de dictis debitis sit integraliter satisfactum, & prædicta satisfactione ad plenum facta, dicta Gabella in factum prædictum integraliter convertatur.

b de.

c gages.

(4) Item. Quod concedatis eis licentiam & auctoritatem in casu in quo emolumentum dictæ Gabellæ salis non sufficeret ad solutionem Gentium armorum & aliorum stipendiariorum, imponendi certas impositiones seu Gabellas super his de quibus ipsi, ut infra continetur, concordarunt, ponereque & instituere Thesaurarium seu Thesaurarios vel Receptorem nomine ipsorum [d] Conciliariorum, & alia facere & ordinare quæ ad dictam provisionem faciendam fuerint necessaria ac etiam opportuna, & pro prædictis & infrascriptis, se seu [e] deputatis ab eis, toties congregare quoties eis videbitur expedire.

d Consiliariorum.

e deputatos.

(5) Item. (e) Quod ipsi, seu deputati ab eis, possint & valeant eligere & Recep-

NOTES.

(d) Gabellis.] Gabella signifie en general toutes sortes d'impositions. Voy. Du Cange, au mot Gablum.

(e) Quod ipsi, &c.] Cet Article me paroît corrompu en plus d'un endroit.

1.° Entre les mots eligere & Receptores, il semble qu'il faille mettre Capitaneum: car un peu plus bas il y a, dicto Capitaneo. Ils demandent permission d'élire un Capitaine; & dans l'Article suivant, ils prient le Roy de leur accorder celuy qu'ils ont élû.

2.° Je ne doute point qu'il ne faille lire au lieu de nostrarum, Monstrarum, les Monstres, la solde des Gens d'armes. Voy. l'Article 8. & cy-dessus p. 34. Note (fff).

3.° Il faut lire aussi au lieu de recrovas, recrutas, des recruës de Gens de guerre.

4.° Au lieu de eidem fuerit, il faut lire eidem visum fuerit opportunum.

JEAN I.er & selon d'autres, Jean II. à Villeneuve près d'Avignon, le 20. d'Avril 1363.

tores nostrarum Gentium armorum & Servientium, qui prædictam nostram recipere habeant una cum dicto Capitaneo seu deputato ab eo: Et dictus Capitaneus recruvas Gentium armorum facere vel eas cassare, si & quando eidem fuerit, de & cum consilio Consiliariorum super præsenti provisione ordinandorum.

(6) Item. *Quod nobis Capitaneum in dicta Senescallia, concedatis Dominum Senescallum Bellicadri & Nemausi qui nunc est, tanquam idoneum & sufficientem pro dictis Gentibus armorum gubernandis, durante tempore provisionis inferius expressatæ.*

(7) *Quibus per Vos dictum Dominum nostrum Regem concessis, pro provisione præsentis Senescalliæ, ordinaverunt quod sint ducenti Homines armorum tam Milites*[a] *quam Scutiferi quam etiam Burgenses aut aliæ personæ habiles oriundi de Senescallia, quilibet cum duobus equis ad minus sufficientibus & propriis & bene armatis; & ducenti Servientes Equites tam balisterii, Archerii quam*[b] *pavezati, sufficienter etiam armati quilibet cum uno equo sufficienti.*

a Chevaliers & Escuyers.

b Voy. cy-dessus, p. 102. Note (c)

(8) Item. *Quod cuilibet Hominum armorum dentur pro quolibet mense, tempore quo erit in exercitu, viginti*[c] *Florenti Auri; & cuilibet Servienti equiti, tempore quo erit etiam in exercitu, decem Floreni Auri pro quolibet mense: Et tempore quo non erunt in exercitu, ad finem ut eorum equos & arnesia teneant parata, & sint prompti*[d] *parati quando locus erit militandi, habebunt media vadia; scilicet Homines armorum pro quolibet mense decem Florenos; & Servientes equites quinque Florenos, solvendos medietatem in principio cujuslibet mensis, & aliam medietatem in fine; ita tamen quod jurent in receptione Monstræ, quod tenebunt equos & arnesia secundum ordinationem prædictam, aliter puniantur per Capitaneum.*

c Floreni, *comme il a un peu plus bas.*

d &.

(9) Item. *Quod cum prædictis vadiis cessent furta & rapinæ dictarum Gentium armorum & servientum: Quod si facerent vel etiam alia enormia perpetrarent, debite puniantur, ut eorum pœna ceteris cederet in exemplum, & dammum damna passis restituatur.*

(10) Item. *Quod dictus Capitaneus una de & cum Consiliariis super hoc destinandis & non aliter, si expediens reputaverit, possit dictas Gentes armorum seu vadia ipsorum facere converti in Servientes, Equites seu pedites: Et vice versa dictos Servientes seu vadia ipsorum, facere converti in Homines armorum.*

(11) Item. *Quod nullus admittatur ad dicta vadia, sive sint Homines armorum sive Servientes, nisi prius juraverint quod dicti equi & arnezia sint eorum propria: Et si reperiretur ipsos (f) degerare, & cum*[e] *aliis equis sive arnesiis Mostram facere, quod ultra privationem vadiorum, debite puniantur; de Consilio tamen eligendorum.*

e avec des chevaux qui ne leur appartiennent pas.

(12) Item. *Quod dictæ Gentes armorum & Servientum dividantur in quatuor partes dictæ Senescalliæ, juxta arbitrium dicti Capitanei & Consiliariorum super dicto negotio ordinandorum: Et quod dictæ Gentes armorum & servientes teneantur ire & redire ubi dum & quando per dictum Capitaneum fuerint mandati, de & cum consilio dictorum Consiliariorum.*

(13) Item. *Quod dicta provisio dictarum Gentium armorum & Servientum duret hinc ad instans Festum omnium Sanctorum; salvo quod si dictis personis Ecclesiasticis, Baronibus, Nobilibus & Communitatibus seu omnibus deputatis ab eis, videretur, & negotia exigerent vel cessarent, quod dictam provisionem possint tollere vel prolongare eorum propria autoritate ad unum vel duos, vel tres menses ad longius, & non ultra, si dicto Capitaneo & Consiliariis expediens videatur.*

(14) Item. *Quod Thesaurarius seu Thesaurarii super prædictis deputati nullas pæcunias solvant dictis Gentibus armorum & Servientibus seu aliis stipendiariis, nisi de mandato Capitanei & Consiliariorum in & super dicta provisione editorum, unanimiter concordantium.*

(15) Item. *Quod nullus quantæcumque autoritatis fuerit, qui sit ad dicta vadia retentus, alia vadia ratione cujuscumque Officii ratione dictæ provisionis ordinati,*[f] *recepire*

f recipere.

NOTES.

(f) *Degerare.*] *Se parjurer.* On pourroit corriger *dejurare.* Car on trouve dans Du Cange *Dejurium.*

JEAN I.er & felon d'autres, Jean II. à Villeneuve près d'Avignon, le 20. d'Avril 1363.

possit; sed uno tantummodo stipendio; scilicet dictorum vadiorum Hominum armorum vel Officii quantum dicto Officio serviet, sit contentus: Et si reperiretur contrarium, ultra privationem dictorum vadiorum & stipendiorum, debite puniatur.

(16) Item. *Quod nullus Nobilis vel alius quicumque serviens in guerra seu provisione præsenti cum armis, cujuscumque status fuerit, teneatur solvere deituras seu ea qua devetia vocantur Constabulario, Marescallo, Magistro* [a] *Albalistriorum sive guerræ, aut Thesaurario guerrarum & Clericis Balesteriorum, seu aliis personis seu Officialibus* * *Regiisque, cujuscumque conditionis existant.*

(17) Item. *Quod si aliquis conqueratur de dictis Gentibus armorum seu Servientibus de aliqua præda vel alio damno dato per eosdem, quod Capitaneus debitam Justitiam de eis faciat publice ministrare, restitui etiam faciendo damna damnum passis.*

a Arbalestriers.

* *que* paroist inutile.

(18) Item. *Quod ea quæ per dictas Gentes armorum seu Servientum capientur communiter seu divisim, super dictis inimicis sive sit* [b] *pilha sive prisonerii sive aliud quodcumque, quod sint eorum & cujuslibet eorum propria, & ea convertere possint in eorum propriam utilitatem; nisi sit talis proditor quod de eo Justitia corporalis realiter fiat: Quo casu pilha remanebit capienti una cum armis, equis & aliis bonis suis.*

b butin.

(19) Item. *Quantum ad factum salis, quod dicta Gabella imponatur super quocumque sale, undecumque & qualitercumque proveniat, & assumatur in præsenti Senescallia Bellicadri & ejus districtibus, sive in salinis Regiis* [c] *insolidum vel in parte, sive in redditibus Regiis quæ sunt in (g) Peccaisso, sive aliis salinis locis & partibus quibuscumque, ponendo & indicendo pro quolibet quintali salis ratione Gabellæ, quatuor grossos Argenti valentes tertiam partem unius Floreni, ultra verum pretium salis quod solvetur Domino cujus erit.*

c les salines qui appartiennent au Roy, en tout ou en partie.

(20) Item. *Quod quicumque & omnes (h) districtus atque aliæ Gabellæ (i) Salinorum & Salinarum præsentis Senescalliæ, sive Pecaissii & alibi infra dictam Senescalliam, atque omnia emolumenta & Receptæ ultra verum prætium salis, sive Gabellæ, tam præfati Domini nostri Regis quam alterius cujuscumque & ubicumque fuerint infra districtum præsentis Senescalliæ [&* [d] *præfati Domini nostri Regis,] cessent & cedant emolumentis guerræ toto tempore quo durabit dicta Gabella super sale ante dicto,* [e] *ne sal Regium Pecaissii vel alibi existens, possit vendi absque Gabellatione præcedenti, sicut in sale aliorum.*

d Les mots renfermez dans deux crochets semblent inutiles.

e nec.

(21) Item. *Quod dictum sal semel duntaxat debeat & possit gabellari & non ultra: imò ex quo fuerit semel gabellatum, emptor salis possit dictum sal ubique liberè portare & vendere, vel aliter modo quolibet explextare.*

(22) Item. *Quod omnis alia Gabella generalis vel particularis apposita super dicto sale seu animalibus vel navigiis portantibus dictum sal, vel quavis autoritate indicta, in quibuscumque locis vel districtibus Senescalliæ præsentis, quacumque ratione, etiamsi* [f] *clausurarum occasione vel aliàs apposita fuerit, totaliter* [g] *moveatur ex nunc inantea, durante tempore præsentis Gabellæ.*

f closture des Villes.

g amoveatur.

(23) Item. *Quod de dicto sale sic, ut præmittitur, gabellato, & non aliter nec ante,* [h] *uteretur omnes homines & habitatores Senescalliæ præsentis, cujuscumque status, conditionis, præeminentiæ, immunitatis, Libertatis, Privilegii seu exemptionis consistere dignoscatur, nec à solutione dictæ Gabellæ salis & aliarum Impositionum inferiùs contentarum, quovismodo excusabuntur.*

h Je crois qu'il faut corriger utentur.

(24) Item. *Gabellator tenebitur sine custu tradere* [i] *Albaranum certo signo signatum, personis quibus sal gabellabitur, volentibus dictum sal ad alia loca transferre: In quo*

i Quittance, Acquit. *Voy. du Cange sur ce mot.*

NOTES.

(g) *Peccaisso.*] C'est apparemment *Pecais*, Village situé dans le Diocese de Nismes, à une lieuë d'Aigues-mortes, & à une lieuë de la Mer, & où il y a des Salines. *Dictionn. univers. de la France.*

(h) *Districtus.*] Ce mot est pris dans deux sens differents dans cet Article. Icy il signifie un *Impost*, plus bas il signifie l'*estenduë d'une Jurisdiction.* Voy. Du Cange au mot *Districtus.*

(i) *Salinorum & Salinarum.*] Il y avoit donc une difference entre *salinum* & *salina*: mais je ne le connois point.

JEAN I.er & selon d'autres, Jean II. à Villeneuve près d'Avignon, le 20. d'Avril 1363.

Albarano continebitur pondus, seu quantitas dicti salis, locus, annus & dies dicti salis venditi & gabellati: Qui quidem recipientes Albaranum habebunt illud monstrare [a] *Leudatariis seu aliis personis ad hoc deputatis, in locis per quæ dictum sal transferrent & ubi ipsum deponent, & dictum Albaranum ibidem dimittere: Et in casu in quo portarent vel non monstrarent & non dimitterent, ut præmittitur, Albaranum, dictum sal quod portabunt,* [b] *admittant, & dictum sal in emolumentum dictæ Gabellæ convertatur.*

(25) Item. *Deputabuntur certi probi homines qui statuent loca opportuna in quibus sal salinarum præsentis Senescalliæ Bellicadri, asportabitur & gabellabitur: Et quod dictum sal prius non vendatur, quam portatum fuerit in altero prædictorum locorum, sub pœna proxime infrascripta, in utilitatem Gabellæ convertenda.*

(26) Item. *Quod recipientes & portantes sal de salinis præsentis Senescalliæ, illud portabunt & portare tenebuntur ad propinquiora & oportuna loca præsentis Senescalliæ deputata seu deputanda pro gabellando sal prædictum: Et si quis* [c] *alter vel alibi portaverit sal prædictum, illud amittat & animal cum quo portavit, seu navigium in utilitatem dictæ Gabellæ convertendum.*

(27) Item. *Quia plerumque prope salinas ubi fit sal seu excressit, sunt magnæ piscationes & ibidem oportet pisces sali (k) confiscere, quod dicti viri extimatores extiment quantitatem salis* [d] *in salsandis piscibus quibuscumque verisimiliter explectatum fuerit, ut quantitas salis* [e] *si existimata, possit & debeat consimiliter gabellari.*

(28) Item. *Quod homines locorum ipsis salinis vicinorum, & in salinis vel juxta salinas ubi fit & cressit dictum sal, possent ad suum usum de sale non gabellato sibi faciliter provideri, eligentur probi viri jurati exstimatores qui extimabunt quantum sal præfati homines* [f] *sale expendere possunt in anno, & sic præfatis hominibus quantitas illa salis quæ extimata fuerit, gabelletur: Quæ Gabella in quatuor terminis anni æqualiter hoc solo casu dividendis, exsolvatur: Et si dicti homines vel alii quicumque in fraudem Gabellæ, de dicto sale non gabellato sibi applicarent, vel alicui personæ darent, permutarent vel alio quovis titulo sive modo in alium transferrent notabilem quantitatem; videlicet ultra plenam manum semel in mense, quod* [g] *puniatur pecunialiter ad arbitrium Conservatorum dictæ Gabellæ: Quæ pœna & omnes aliæ pœnæ pecuniariæ, quæ occasione dictæ Gabellæ & fraudationis ejusdem quoquomodo veniant, in utilitatem ipsius Gabellæ convertantur.*

(29) Item. *Ubi aliqui vellent emere sal quod vellent propter* [h] *falsitatem portus, per aquam cum navigiis ad loca aliqua transportare, quod Gabellator teneatur dictum sal in ipsis salinis, vel dum navigium onerabitur, gabellare.*

(30) Item. *Ut omnis fraus evitetur, certi Custodes jurati & exploratores eligentur, qui perquirent si fraus vel malitia committetur in dicta Gabella: Et si reperierint, habebunt mediatem pro eorum labore dicti salis, & alia medietas cedet emolumento dictæ Gabellæ: Si vero fuerit alius qui dictam fraudem reperierit & denunciaverit, habebit tertiam partem pro ejus labore, & duæ partes cedent omolumento dictæ Gabellæ.*

(31) Item. *Quod nulla execucio pro ullo debito tam Fiscali quam privato, fiat seu fieri possit in & super animalibus portantibus sal infra dictam Senescalliam, sive dictum sal portent de salinis ad Gabellas, vel de dictis Gabellis ad eorum domos proprias, vel alibi ubi voluerint infra dictam Senescalliam.*

(32) Item. *Quod omnes aliæ Ordinationes, provisiones & mandata facta & ordinata super facto dicti salis tempore Domini (l) Comitis Pictaviensis ac Domini (*) Marescalli Daudenehan, tam vigore Litterarum dicti Domini Comitis Pictaviensis quam dicti Domini Marescalli & eorum cujuslibet, quam etiam per Litteras Regias confirmatorias dictarum Litterarum, quam etiam per mandata Regia, quantum concernunt & concernere possunt utilitatem præsentis Senescalliæ, remaneant & sint in suo proprio robore &*

[a] aux Receveurs des Impositions.

[b] amittant.

[c] *Fort.* aliàs.

[d] quod.

[e] sic.

[f] sale *paroist inutile.*

[g] puniantur.

[h] *Fort.* facilitatem.

NOTES.

(k) *Confiscere.*] Il faut lire *conficere*, d'où vient le mot françois *confire*. Voy. le Dictionn. Etymol. de Menage, à ce mot.

(l) *Comitis Pictaviensis.*] Jean Comte de Poitiers, 3.e Fils du Roy Jean, avoit esté Lieutenant du Roy dans le Languedoc.

(*) *Marescalli Daudenehan.*] Le *firmitate*

firmitate & ad (m) eorum propriam utilitatem, tempore quo dicta Gabella est prorogata, ac si hic de verbo ad verbum specialiter essent insertæ.

JEAN I.er & selon d'autres, Jean II. à Villeneuve près d'Avignon, le 20. d'Avril 1363.

(33) Item. *Cumque casu, quia Gabella dicti salis & emolumentum ejusdem non sufficeret ad solutionem dictarum Gentium armorum, Servientum & aliorum stipendiariorum (n) provisionis præsentis, deliberaverunt quod super quilibet quintali carnium salsarum intrantium Senescalliam prædictam, solventur duo Turonenses Argenti, quorum duodecim valent unum bonum Florenum Auri, & super quolibet quintali salis intrantis dictam Senescalliam & per quemcunque districtum intret, solvantur quatuor Turonenses Argenti pro Gabella, valoris præcedentis.*

(34) *Eo vero casu, quo* [a] *dicta Gabella salis quam aliæ impositiones supra proxime dictæ, non sufficerent ad dictam solutionem* [b] *stipendiariorum dictarum Gentium* [c] *annatorum, Servientum & aliorum pro dicta provisione destinatorum & etiam destinandorum, ordinarunt quod super carnibus & piscibus recentibus qui vendentur ad* [d] *masellum sive in* [e] *Peysonaria,* [f] *imponatur & solvatur pro libra octo denarii.*

(35) Item. *Quod super omni corio* [g] *aptato quod vendetur vel revendetur infra dictam Senescalliam, & super omni ferro quod vendetur & revendetur etiam infra dictam Senescalliam, imponentur & solventur quatuor denarii turonenses pro libra.*

a tam.
b stipendiorum.
c armorum.
d macellum.
e Poissonnerie.
f imponantur & solvantur.
g preparé.

(36) Item. *Ordinaverunt & voluerunt quod si ultra dictam Gabellam salis, una vel duæ de impositionibus supra-dictæ sufficerent ad provisionem prædictam, vel emolumentum Gabellæ dicti salis per se solum sufficeret, quod eis seu omnibus deputatis aut deputandis aliàs ab eis, liceat cassare, tollere & annullare, augmentare vel diminuere vel in totum tollere pro eorum beneplacito voluntatis, absque cujusquam requisitione.*

(37) Item. *Quod omnis alia Gabella sive Impositio generalis vel particularis aposita super dictis sale, carnibus & piscibus recentibus, corio & ferro & aliis supra expressatis, sive earum altera, communiter vel divisim, vel quavis autoritate indicta seu imposita in quibuscumque locis seu districtibus Senescalliæ præsentis, quacumque ratione, etiamsi* [h] *clausurarum occasione vel aliàs aposita fuerit, totaliter ex nunc in antea & durante tempore præsentis provisionis (o) usque ad dictam summam, amoveatur & cedat emolumento dictæ provisionis.*

h pour bâtir les murailles des Villes.

(38) Item. *Voluerunt & ordinaverunt quod dictæ Impositiones & emolumentum earundem solvantur per venditores dictarum rerum, super quibus dictæ Impositiones imponuntur.*

(39) Item. *Quod dictæ Impositiones durent solum usque ad instans Festum omnium Sanctorum; quo tempore tantum & non ultra, dicta provisio debet durare: Salvo quod si eis seu omnibus deputatis vel deputandis ab eis videretur, & negotia exigerent vel cessarent, quod dictas Impositiones & ipsarum quamlibet possent tollere vel prolongare ad unum vel duos vel tres menses ad longius, & non ultra, sine cujusquam requisitione: Gabella salis ad tempus suum in suo statu remanente.*

(40) Item. *Quod nullus Justiciarius Regius cujuscumque status seu dignitatis existat, de dicta Gabella & aliis Impositionibus, nec etiam de dictis pecuniis inde levandis &*

NOTES.

Mareschal d'Audeneham avoit servi dans le Languedoc sous le Connestable de Fiennes, depuis le 13. d'Avril 1360. jusqu'au 13. de Juillet 1361. & peut-estre estoit-il son Lieutenant dans la Province, & par consequent en estat d'accorder des Privileges, comme luy-même avoit eu des Lieutenants, lorsqu'il estoit Lieutenant du Roy dans le Poitou, &c. Voy l'Hist. Genealog. de la Maison de France par les PP. *Ange* & *Simplicien*, Tom. 6. p. 752.

(*m*) *Eorum.*] On ne sçait à quoy se rapporte ce mot, il semble qu'il faudroit *habitatorum.* Voy. cy-dessus p. 382.

(*n*) *Provisionis præsentis.*] C'est-à-dire, des Gens de guerre qui doivent estre levez en consequence de cette Ordonn. Voy. cy-dessus l'Art. 7.

(*o*) *Usque ad dictam summam.*] Ces mots me paroissent difficiles à entendre : car ils semblent signifier d'abord que les anciennes Impositions seront supprimées jusqu'à la somme à laquelle monteront les nouvelles: c'est-à-dire, que si la nouvelle Imposition est de quatre deniers, & que l'ancienne soit de six, celle-cy ne subsistera plus que pour deux. Mais je doute que ce soit-là le veritable sens ; car un peu plus haut, il est dit que les anciennes Impositions seront entierement supprimées. Peut-estre le texte est-il corrompu.

JEAN I.er & selon d'autres, Jean II. à Villeneuve près d'Avignon, le 20. d'Avril 1363.

*exigendis, custodiendis seu errogandis, & in stipendiariis & aliis usibus necessariis convertendis, nec etiam super Compotis audiendis particularium Receptorum, se habeant aliqualiter intromittere, nec etiam impedire: Sed illi dumtaxat qui per ipsos seu deputatos aut deputandos ab eis fuerint super hoc electi, qui præmissa omnia libere levent, exigant, custodiant & errogent, & Compotum reddant illis qui per ipsos seu deputatos aut deputandos super hoc * electi, qui etiam habeant potestatem dictum Thesaurarium seu Thesaurarios de prædictis de quibus Compotum reddiderit seu reddiderint, quittandi; vocato & præsente dicto Capitaneo vel deputando ab eo, si adesse voluerit. Quod si Dominus noster Rex seu ejus Locum-tenens, aut quivis alius Justiciarius & Officiarius cujuscunque conditionis & preeminentiæ existat, contrarium facere *, ex tunc omnis Impositio & Gabella ipso facto cesset, & quod ipsi & omnes habitantes & subditi in dicta Senescallia, ad præmissorum observantiam minime teneantur, sed ab omnibus & singulis supradictis oneribus sint quitti, liberi pœnitus & immunes, & quod impune possint desistere à prædictis.*

* fuerint.

* voluerit.

(41) Item. *Quod durante tempore dictæ provisionis, cessent omnia subsidia, [a] Focagia, [b] Capagia, (p) Quarentena, (q) Indictiones equi qui dicuntur de debito, & alia onera; excepta [c] redemptione personæ Domini nostri Regis.*

(42) Item. *Quod Gabella salis universaliter vel particulariter [d] vendatur, si & prout dictis Consiliariis, Receptoribus & Thesaurariis magis utiliter, adhibita diligentia, videbitur expedire.*

(43) Item. *Et ad finem ut omnis fraus in prædictis evitetur, & specialiter circa dictas Impositiones, ordinarunt quod dictæ Impositiones vendantur per Episcopatus vel Vicarias, & in locis magis notabilibus dictarum Vicariarum vel Episcopatuum, palam & publice ad [e] inquantum & extinctum Candelæ, vocatis & præsentibus [f] Ordinariis loci & Consulibus ejusdem, seu aliquibus ex eis. Si vero non fuerint Consules, vocentur & sint cum dicto Ordinario loci, duo vel tres de magis probis & notabilibus dicti loci, ubi prædicta vendentur: Et à prædictis & à quolibet ipsorum exigetur Sacramentum quod in venditione prædictarum, eorum posse, omnem fraudem & malitiam evitabunt; & quod dictæ Impositiones vendantur de tribus in tribus mensibus, & [g] Arrendatores earumdem teneantur solvere in fine cujuslibet mensis, tertiam partem pretii per ipsos arrendati.*

Supplicantes dicto Domino nostro Regi & ejus honorabili Consilio, quatenus ordinata & consultationem, descripta & contenta in hoc præsenti rotulo, ad ipsius Domini nostri Regis honorem & pro bono & deffensione suæ præsentis Senescaliæ, dignetur aprobare, ratificare etiam & confirmare: [h] Aliàs ipsa ordinata & consultationem ad fines prædictos & pro ipsa provisione, casu quo dicto Domino nostro Regi & dicto ejus honorabili Consilio, aprobare, ratificare etiam & confirmare non placeret, intendunt & volunt minime fecisse.

Nos autem prospicientes necessitatem defensionis hujusmodi Senescalliæ & subditorum nostrorum ejusdem, ne dicti latrunculi eamdem valeant subintrare aut ulterius dampnificare, habitaque prius deliberatione ac relatione contentorum in dicto rotulo à dilectis & fidelibus nostris Gentibus nostri magni Consilii Nobiscum existentibus, quod necessaria & plusquam oportuna existant prædicta: Idcirco ea omnia & singula in ipso rotulo contenta, laudamus, aprobamus & etiam confirmamus, & ipsa dictis Prelatis, Nobilibus & Communitatibus tenore præsentium, concedimus de nostra certa scientia, autoritate Regia & gratia speciali, si sit opus: Mandantes Senescallo Bellicadri ac Capitaneo super hoc per Nos ordinato ac etiam deputato, cæterisque Officiariis & Justiciariis nostris aut eorum Locatenentibus, & cuilibet eorumdem ut ad eum pertinuerit, quatenus omnia & singula in ipso rotulo contenta, de puncto in punctum teneant & servent, tenerique & observari faciant, Literasque oportunas ad observationem & executionem contentorum in articulis in

[a] Feux. *Voy. cy-dessus, p. 337. Note (b)*

[b] Voy. cy-dessus, p. 75. Note *(g)* p. 153. Note *(d)* & p. 205. Note *(k)*

[c] l'Impost que l'on payoit pour acquitter la rançon du Roy.

[d] soit affermée.

[e] à l'encan.

[f] les Juges ordinaires.

[g] les Fermiers.

[h] aliter.

NOTES.

(p) Quarentena.] On trouve bien dans Du Cange le mot *Quarentum*, qui signifie un Impost, mais il n'explique pas en quoy il consiste.

(q) Indictiones equi.] On trouve dans Du Cange sur le mot *Indictio*, qu'il signifie un Impost : mais je n'ay rien trouvé sur *Indictiones equi*.

dicto rotulo transcripto contentis, ad perfectionem operis antedicti, dictis Prælatis, Nobilibus ac Communitatibus & eorum super hoc deputandis pro præmissis exequendis, juxta tenorem rotuli prædicti concedant, & concedere valeant : jure nostro & alieno in omnibus semper salvo. In cujus rei testimonium præsentes Litteras nostro sigillo muniri fecimus impendenti. Datum apud Villam-novam prope Avinionem, die vicesima Aprilis, Anno Domini millesimo trecentesimo sexagesimo-tertio.

JEAN I.er & selon d'autres, Jean II. à Villeneuve près d'Avignon, le 28. d'Avril 1363.

(a) Ordonnance portant que les Officiers du Roy seront maintenus dans le droit de punir les Officiers des Seigneurs qui delinqueront dans leurs Offices, nonobstant toutes Lettres contraires, &c.

JOANNES Dei gratia Francorum Rex : Senescallo nostro Bellicadri, ceterisque Justiciariis [a] aut eorum Loca-tenentibus, Salutem. Procurator noster ipsius Senescalliæ Nobis graviter est conquestus, quod nonnulli Prælati, Barones & Nobiles prædictæ Senescalliæ, de facto & etiam sub colore & pretextu quarumdam Litterarum à Nobis seu Curia nostra [b] surreptice, ut dicitur, per ipsos seu eorum alterum obtentarum, per quas nituntur Servientes & Officiarios nostros, & ipsorum Prælatorum, Baronum & Nobilium Officiarios proprios ut privatos, aut aliàs dum delinquunt, corrigere & punire, ut latius in præfatis Litteris asseritur contineri, Nos & Officiarios nostros impedire, & etiam perturbare ob hoc conantes, in possessione seu quasi & saisina in quibus Nos & nomine nostro Officiarios [c] esse, stetisse & fuisse pacifice & sine aliquali contradictione, tantis temporibus quod de contrario memoria hominis non existit, impunientes & cognoscentes tam de Officiariis nostris quam etiam ipsorum Prælatorum, Baronum & Nobilium propriis, qualitercumque etiam infra eorum Juridictionem delinquant, & illos nihilominus in solidum puniendi, justiciandi & corrigendi : Tandem visum est Consilio nostro ad finem, ne pretextu dictarum Litterarum, Nos in nostris debitis juribus, possessione & saisina in quibus idem Procurator Nos & Officiarios nostros esse [d] asseruit, indebite [e] perturbantes, dictis Litteris, ut dicitur, sic impetratis [f] concessis non-obstantibus, tam Nobis quam vice nostra, [g] Officiarii nostri, ut nostris Juribus, possessione & saisina, si quas habemus, & uti & explectari potiritis, prout ante concessionem dictarum Litterarum faciebatis, seu facere poteratis, & [h] perinde ac si dictæ Litteræ nostræ fuissent concessæ vel impetratæ, quas Litteras, quatenus nostris Juribus, justis possessionibus & saisinis [i] derrogantes, pro non concessis & non factis [k] habere volumus, ac etiam declaramus : Mandantes vobis, & vestrum cuilibet districte injungentes, quatenus dictam nostram & dicti nostri Consilii Ordinationem teneatis, & de puncto in punctum servetis [l] illæsam, & executioni demandatis, juxta ipsius seriem atque formam. Datum apud Villam-novam prope Avinionem, die vicesima-octava Aprilis, Anno Domini millesimo trecentesimo sexagesimo-tertio. *Per Regem, ad relationem Consilii, in quo vos Episcopi (b) Miere & Meldu, Abbas*

a nostris, *dans les deux autres Copies.*

b subrepticie *dans une Copie, &* subreptarum *dans l'autre.*

c nostros, *dans les deux autres Copies.*

d asserat, *dans une des deux autres Copies.*

e perturbemur, *dans une des deux autres Copies,* perturbando, *dans l'autre.*

f &, *dans une des deux autres Copies.*

g Officiariis nostris, *dans une des deux autres Copies.*

h proinde, *dans une des deux autres Copies.*

i derogarent, *dans les deux autres Copies.*

k haberi, *dans une des deux autres Copies.*

l Illesam, *dans une des deux Copies, &* Illese *dans l'autre.*

NOTES.

(a) On a envoyé de Montpellier cette Ordonnance avec Indication : *Numero 40. Armoire A. de la Seneschaussée de Beaucaire, fol. 82.*

On en a envoyé de cette même Ville, deux autres Copies avec ces Indications. 1.° *Royaume en general, Armoire A. 7.e Continuation des Titres particuliers N.° 18. fol. 109. verso.*

2.° *Seneschaussée de Nismes en general, Armoire A. Liasse 22. des Actes ramassez, Num. 1. fol. 82. verso.*

Dans la Table Chronolog. des Ordonnances Par. 1706. 4.° on a indiqué deux Ordonnances du 28. d'Avril 1360. c'est certainement la même indiquée sous deux Titres differents.

Cette Ordonnance est fort mal redigée, il n'y a aucune construction grammaticale, & à peine peut-on l'entendre.

Il paroist aussi qu'il y a plusieurs fautes de Copistes.

(b) *Miere & Meldu.*]. Ces deux mots sont corrompus. Par rapport au dernier, il y a *Meldensis* dans les deux autres Copies.

Pour le premier, il y a dans l'une *Novem,* & dans l'autre *Nivionensis.* Je conjecture qu'il faut lire *Noviomensis.*

(c) Mirevallensis, Marescallus[a], *Raymundus de Contracto & *[b] *Magister Requestarum Hospitii eratis.* [c] DUCHENI. *Pro Rege.*

a Franciæ; *dans les deux autres Copies.*
b Magistri.
c Duhem, *dans les deux autres Copies.*

NOTES.

(c) *Mirevallensis.* Je trouve dans la *Gall. Christ. Tom. 4. 1.e Edit.* p. 647. 1.e Col. *Miravallis, Ordin. Præmonstrat. Dioc. Tullensis*, Mirevau.

CHARLES DUC de Normandie, à Paris le 29. d'Avril 1363.

(a) Mandement pour faire augmenter le prix de l'Or dans la Monnoye de Tournay,

CHARLES aisné Filz & Lieutenant du Roy de France, Duc de Normandie & Dalphin de Viennois: A noz amez & feaulx les Generaulx-Maistres des Monnoyes de Monseignenr, Salut & dilection. Pour ce que Nous avons entendu que la Monnoye d'Or de Tournay est sur le point de chomer, en grant doumaige de Monseigneur, parce que les Marchans [d] estranges qui ont acoustumé à apporter leur Or en ladite Monnoye, en ont plus grant pris ès Monnoyes estranges dehors le Royaume: Et aussi pour ce que de long-temps, pour cause de ce que ladite Monnoye est sur les [e] fins & mecles de dehors le Royaume, l'en y a accoustumé aucuneffois de donner plus grant pris en marc d'Or, que ès autres Monnoyes du Royaume, pour cause desdis Marchans estranges: Savoir vous faisons que par grant deliberation des Gens du Conseil de Monseigneur & de Nous, euc consideration aux choses dessusdites & pour eschever les doumaiges & inconveniens qui s'en pourroient ensuir, Nous avons ordonné & ordonnons, & voulons & vous mandons que tantost & sans delay ces Lettres veuës, vous faciez donner dores-en-avant à tous Changeurs & Marchans frequentans ladite Monnoye de Tournay, de chacun marc d'Or fin qui sera apporté en icelle, ung Denier Franc d'Or fin de creuë, oultre le pris qu'ilz en ont à present: Ainsi auront pour marc d'Or fin, soixante-ung Franc d'Or. De ce faire à vous & à chacun de vous donnons povoir, auctorité & mandement especial par la teneur de ces presentes. *Donné à Paris, le vingt-neuvieme jour d'Avril, l'An de grace mil trois cens soixante & trois.* Par Monseigneur le Duc. FRANÇOIS.

d *estrangers.*
e *frontieres.*

NOTES.

(a) Registre D. de la Monnoye, *fol.* 105. *verso.*

Avant ce Mandement, il y a:

Le 4.e jour de May l'An 1362. [1363.] furent apportées en la Chambre des Monnoyes, ung Mandement de Monseigneur le Duc de Normandie, Dalphin de Viennois, aisné Filz & Lieutenant du Roy de France: duquel la teneur s'ensuit.

Mandement pour creuë faicte en la Monnoye, d'un Franc d'Or en chacun Marc.

CHARLES DUC de Normandie, à Paris en Avril 1363.

(a) Lettres portant permission aux Marchands & Voituriers qui apportent des provisions à Paris, de s'assembler pour imposer sur eux-mesmes les sommes qui sont necessaires pour la poursuite de leurs affaires communes.

CHARLES ainsné Filz & Lieutenant du Roy de France, Duc de Normandie & Dalphin de Viennois: Savoir faisons à touz presens & à venir, que noz bien amez le Prevost des Marchans & Eschevins de la Ville de Paris, & plusieurs

NOTES.

(a) Tresor des Chartres, Registre 92. Piece 214.

Marchans & Voituriers de plusieurs parties du Royaume, amenans de jour en jour blez, vins, [a] chars, poissons, sel, busche & touz autres vivres & marchandises en ladite Ville de Paris, Nous ont monstré en eulx griefment complaignans, disans que ja soit ce que par vertu des Lettres de Monsieur, il ait esté ordené, deffendu & crié publiquement en la Ville de Paris & ailleurs, que aucuns pour quelsconques [b] garnisons, ne pour quelconques autres causes que ce feust, ne feust si hardiz de prendre ou arrester les corps, blez, vins, chars, poissons, sel, busche, espiceries, charettes, chevaulx, [c] nelz, batteaulz ne quelconques vivres, marchandises ne autres choses desdiz Marchanz, Voituriers ou autres frequentans, alans en ladite Ville de Paris, estans en icelle & en retournant en leur pais ou ailleurs; & s'il avenoit que aucuns preneurs ou deputez contre les Ordenences, deffenses & proclamations dessusdites, prissent ou arrestassent les corps, blez, vins & quelconques autres vivres & marchandises ou autres choses desdiz Marchans, Voituriers & autres, alans, venans & estans en ladite Ville, comme dit est, que à iceulx preneurs ne feust en rienz obey, & que les desobeissans ne deussent estre [d] traiz à amende envers Monsieur & Nous ou autres, ne autrement molestez: Et pour ce que plusieurs Prelas, Barons, Chevaliers, Nobles & autres, soubz ombre de ce quil se disoient eulz avoir povoir de arrester & prendre lesdiz vivres & marchandises des Marchans & autres Voituriers en leurs terres & pais, en venant en ladite Ville de Paris, & pour pris volontaire, ont pris ou font prendre & arrester par leur fol & presumptueux [e] hardement, lesdiz vivres & marchandises & autres choses desdiz Voituriers & autres, en leurs terres & Juridictions, en venant en ladite Ville de Paris, & de jour en jour prennent & arrestent sanz faire satisfaction dudit pris: Et pour ce que plusieurs Marchans, Voituriers & autres, * ont aucune-fois resisté & [f] rescoux les vivres & marchandises ou autres biens desdiz preneurs, soubz la seurté desdites Ordennances & deffenses, ont esté par plusieurs foiz adjornez pardevant les Maistres des Hostelz de Monsieur & de Nous & autres de nostre sanc & lignage, Connestables & Mareschaulz & autres, & n'ont osé ne osent deffendre leurs denrées & marchandises, pourquoi très-grant quantité de Causes & Procès, tant devant les Commissaires, Gardiens & Conservateurs sur le fait des vivres & marchandises, comme ailleurs, leur escheent & pueent escheoir de jour en jour, pour l'execution & enterinement des Lettres & Privileges donnez & octroyés sur les choses dessusdites: Parquoi il leur convient & conviendra avoir grant Conseil & faire grans mises & despens, tant en Advocas, Procureurs, Huissiers de Parlement & autres Sergens, lesquelz il convient & convendra aler par plusieurs & diverses parties du Royaume, pour cause & occasion desdites prises & empeschemens, aux commun despenz desdiz Marchans, Voituriers & autres, & desdites marchandises & vivres, en impetrations de Lettres, [g] Escriptures & en plusieurs autres choses; lesquelles les povres Marchans, Voituriers & autres ne pourroient porter ne soustenir, & [h] maintient dequoi ce qui leur est & sera necessité pour la poursuite de leurs Causes & Privileges, & convendroit *(b)* qu'il les delaissassent & perdissent du tout ou la plus grant partie à venir en ladite Ville, se elles n'estoient soustenuës & gardées en commun: Laquelle chose seroit ou grant grief & [i] amenuisement de la chose publique, des habitans & frequentans ladite Ville, de touz Marchanz, Voituriers & autres & de ladite Ville & marchandise: Si Nous ont humblement supplié que sur ce leur veillens pourveoir de remede. Pourquoi Nouz desirans pourveoir [k] isnelement sur les choses dessusdites, & voulans lesdites Ordenances, deffenses, publications, Lettres, Privileges & Causes desdiz Marchans & autres, & celles des Marchans forains de poissons de mer, estre gardez seurement sans enfraindre, pour le bien commun, & non voulans lesdiz Marchans, Voituriers, familiers ou autres amenans lesdiz vivres & marchandises en ladite

CHARLES Duc de Normandie, à Paris en Avril 1363.

a *chairs.*
b *provisions.*
c *espece de bateaux.*
d *tirez, condamnez.*
e *hardiesse.*
* *qui.*
f *repris par voie de fait.*
g *Procedures.*
h *maintenir.*
i *diminution.*
k *promptement.*

NOTES.

(b) Qu'il les delaissassent.] Cet endroit est embroüillé, & voicy comment je crois qu'on doit l'entendre. Il faudroit que les Marchands perdissent leurs Privileges ou la plus grande partie, & qu'ils delaissassent [cessassent] de venir à Paris. *Voy. un peu plus bas.*

CHARLES DUC de Normandie, à Paris en Avril 1363.

Ville, estre en aucune maniere traveillez, ne qu'il aient cause pourquoy il puissent delaier à venir en ladite Ville ne perdre leursdites Causes, Lettres & Privileges par faute de poursuite ou [a] de miseres, Nous plaist, voulons & ordennons de certaine science, grace especial, puissance & auctorité Royal de quoy Nous usons, leur octroions que dores-en-avant lesdiz Commissaires & Conservateurs ou deux d'eulz, appellé avecques eulx le Prevost des Marchans & Eschevins de ladite Ville de Paris, & des Marchans forains, Voituriers & autres, ce que bon leur sambiera, pris leurs sermens par lesdiz Commissaires ou deux d'eulx avant toutes œuvres, que bien & loyaument il regarderont, pourverront & conseilleront aus choses dessusdites, au prouffit du commun Pueppie, Marchanz, Voituriers & autres amenans les vivres & marchandises en ladite Ville, & tant pour les Marchans forcins de poissons de mer comme autres, orez & pour le temps à venir, puissent eslire voye profitable pour imposer, cueillir & lever en commun sur lesdiz Marchans, Voituriers & autres, & lesdites marchandises & vivres, chose qui puist & doye suffire pour soustenir & garder lesdites Lettres, Privileges & Causes qui leur escheent & escherront pour le temps à venir, pour paier leur Conseil, & faire toutes les mises qui leur convient & convendra faire aux causes dessusdites, & par la maniere dessusdite puissent accroistre & amenuisier ce quil auront mis & imposé sur les choses dessusdites, toutes-fois qu'il sera à faire de raison pour le bien commun. Si mandons, & se mestier est, commettons ausdiz Commissaires & Conservateurs qui à present sont & qui seront pour le temps à venir, ou à deux d'iceulz, que tout ce que par eulz ou deux d'eulz, [b] avecques eulz le Prevost des Marchans, Eschevins & autres dessusdiz, qui à present sont & qui seront pour le temps à venir, sera ordené & imposé sur lesdiz Marchans & Voituriers & lesdites marchandises & vivres, facent executer, tenir & garder par ledit Prevost & Eschevins, lesdiz Marchanz & Voituriers, & aussi par lesdiz Marchans foreins des poissons de mer, pour tant comme il leur puet & doit toucher, ou leur deputez, [c] recevoir, cueillir & lever, pour tourner & convertir ès choses dessusdictes tant-seulement: Lequel Receveur sera tenuz de rendre Compte des Recettes qu'il aura faites auxdiz Prevost, Eschevins & autres dessusdiz, ou à leurs deputez, toutes-foiz qu'il en sera requis, appellé à ce un Huissier de Parlement ou un autre Commissaire tel comme lesdiz Conservateurs & Commissaires ou deux d'eulx, leur vouldront bailler: Pourveu toutes-voies que les Aides octroiées tant pour la delivrance de Monsieur comme autrement, ne soient en riens empeschiées. Et pour ce que ce soit ferme chose & estable à touzjours, Nous avons fait mettre à ces Lettres nostre Seel: sauf en autres choses le droit de Monsieur & de Nous, & en toutes l'autruy. *Donné à Paris, l'An de grace mil trois cens soixante & trois, ou mois d'Avril. Ainsi signée.* Par Monsieur le Duc. P. MICHIEL.

a par.

b appellé.

c & fassent.

CHARLES DUC de Normandie, à Paris en Avril 1363.

(a) *Sauvegarde pour les Marchands & Voituriers qui amenent des provisions à Paris.*

CHARLES ainsné Filz & Lieutenant du Roy de France, Duc de Normandie & Dalphin de Viennois. Sçavoir faisons à tous presens & avenir, que à la supplication de noz bien amez le Prevost des Marchans & Eschevins de la Ville de Paris, & de plusieurs autres Marchans Forains & Voituriers de plusieurs autres Villes du Royaume, amenans blez, vins, [d] chars, poullailles, sel, buche, draps, espicerie, avoir [e] de pois & autres vivres & marchandises de plusieurs & diverses parties du Royaume & d'ailleurs, affermans pour ce que par vertu des Lettres de Monsieur, il

d chairs.

e marchandises que l'on vend en détail.

NOTES.

(a) Tresor des Chartres, Registre 92. Piece 234.

a esté ordonné, deffendu & crié publiquement en la Ville de Paris & ailleurs, que aucuns comment que ce feust, ne fust si hardis de prandre ou arrester les corps, chevaux, harnois, blefs, vins, chars, draps, avoir de pois, ne autres manieres de vivres, marchandises & choses quelconques des Marchans, Voituriers ou d'aucun d'aultres, en quelconques lieux que ce fust, en alant en ladite Ville de Paris, estans en icelle ou en retournant en leur pais ou ailleurs, & plusieurs oppressions, violences, menaces & injures leur aient esté fais par aucuns des Gens & Officiers de Monsieur, de Nous & des autres de nostre Sang & Lignage, & par aucuns autres Prelas, Barons, Nobles & autres, ou par leurs Gens ou Officiers, disans que avant ladite publication, il povoient arrester & prendre en leurs terres & jurisdictions les corps, blez, vins, draps & toutes autres manieres de vivres & marchandises ou autres choses des Marchans, Voituriers & autres, toutesfois que il passoient par leurs terres & jurisdictions [a] dessus, en prenant les marchandises & vivres sanz en faire satisfaction, en battant griefment & [b] felonnessement pour occasion de ce & autrement, lesdiz Marchanz ou autres, en [c] blechant leurs chevaulx & empêchant leurs voitures: Et pour cestes conjectures, & autres certainnez & vraiez-samblables presumptions, se doubtent que on ne leur meffface: pour lesquelles oppressions, injures & menaces, plusieurs des Marchanz & Voituriers dessusdiz souventefoiz [d] resoignent & delaissent à amener lesdiz vivres & marchandises, tant de jour comme de nuit, en ladite Ville, si comme il dient, ou grant dommage & prejudice du commun peuple, [e] en venant folement contre nosdites Ordonnances, deffenses & publications dessusdites. Nous en faveur de la chose publique, des bonnes Villes & Provinces du Royaume, de ladite Ville de Paris & du pais d'environ, & affin que lesdiz Marchanz, Voituriers & autres puissent garder & amener seurement & paisiblement lesdiz vivres & autres marchandises, eulz & chacun d'eulz avecques leurs familles, blefs, vins, chars, sel, buche, draps, avoir de pois & toutes manieres d'autres vivres & marchandises, chevaux, voituriers, biens & choses quelconques en alant à Paris, estans en ladite Ville, & en retournant en leur pais ou ailleurs, & tant par eaue comme par terre, prenons & mettons de grace especial, puissance & auctorité Royal de quoy Nous usons, [f] par ces presentes en & sur le [g] seeur & sauf-conduit, protection & sauvegarde de Monsieur & de Nous. Si mandons à tous les Justiciers & Subgez de Monsieur & de Nous qui à present sont & qui seront pour le temps avenir, ou à leurs Lieutenans que il les deffendent & facent deffendre de toutez injures, violences, griefs, oppressions, de force d'armes, de puissance de Lay & de toutes inquietations, en venant en ladite Ville de Paris, amenans les vivres, marchandises & autres choses quelconques, en estant & demourant en ycelle pour vendre leursdites marchandises & vivres, & en retournant en leur pais & ailleurs, & ne seuffrent que aucunes injures ou nouvelletez indeuez leur soient faites en leurs personnez ne en leurs biens, & leur facent donner bon & loyal [h] asseurement selon la coustume des pais, des personnes desquelles il les requieront à avoir, & nostre presente sauvegarde facent signifier & publier en tous les lieux dont il seront requis, & que auxdis supplians ou aucun d'eulz & autres amenans lesdiz vivres & marchandises en ladite Ville, ne meffaçent en aucune maniere en leurs personnes, choses & biens dessusdiz, en venant à Paris & demourant en ladite Ville & en retournant, comme dit est, & s'il treuvent aucunes violences, injures, oppressions ou molestations indeues estre ou avoir esté faites ou prejudice de nostre sauvegarde & desdiz Marchans, Voituriers & autres, qu'il les ramainent & facent ramener au premier & deu estat, & adjournent ou facent adjourner à certain & competent jour ou jours, les injurieux, trespasseurs, violeurs ou froisseurs de nostre presente sauvegarde & des choses dessusdites, de quelconques estat ou condition que il soient ou usent, pardevant les Conservateurs, Gardiens & Commissaires generaulx sur le fait desdites marchandises & vivres, qui à present sont & qui seront pour le temps avenir, pour respondre sur les choses dessusdites & les dépendances d'icelles, au Procureur de Monsieur qui à present [i], & qui sera pour le temps avenir, & auxdiz Marchans, Voituriers ou autres à qui il pourroit touchier, ou à leurs Procureurs pour proceder & aler avant audit jour

CHARLES DUC de Normandie, à Paris en Avril 1363.

a *dessusdites.*

b *felonneusement.*

c *blessant.*

d *se font une peine & cessent.*

e *Cela se rapporte aux Prelats, Barons &c. dont il est parlé plus haut.*

f *prenons .... par ces presentes.*

g *sûr.*

h *Voy. cy-dessus, p. 264. Note (b) & p. 403. Note (c)*

i *est.*

CHARLES Duc de Normandie, à Paris en Avril 1363.

ou jours, si comme de raison sera, en certifiant souffisament lesdiz Commissaires & Conservateurs ou deux d'eulz, desdiz adjournemens que faiz auront & de tout ce qu'il trouveront avoir esté fait des choses dessusdites : auxquels Conservateurs Nous mandons, &, se mestier est, commettons que sur les choses dessusdites & chascune d'icelles, il facent aus Parties bon & brief acomplissement de Justice, nonobstant quelconques Lettres empetrées ou à [a] empetre au contraire. Et pour ce que les Marchans forains de poisson de mer & autres poissons, les Voituriers & ladite marchandise ont leurs Lettres & Privileges à part, ne les comprenons en riens en ces presentes. Et pour ce que aucuns ont si acoustumé à prandre & user de Prises, que grief chose leur sera qu'il s'en puissent tenir, [b] la poursuite de ces presentes & des choses dessusdites, en est ou peut estre perilleuse & hayneuse, jassoit que l'enterinement & acomplissement en soit tres profitable, & qu'il est tres grant necessité & besoing pour le tres grant & evident proufit du commun peuple du Royaume & de ladite Ville de Paris, que elles soient diligemment executées & pourchaciés par personne qui soit expers & diligent à ce faire, & il Nous ait esté dit & tesmoingnié que Jean Boutery est bon, loyal & diligent pour ycelles & les choses dessusdites faire executer, selon leur fourme & teneur, il Nous plaist, voulons & ordonnons, & par ces presentes lui mandons &, se mestier est, commettons que sans aucun délay, ores & pour le temps advenir, il pourchace & requiere diligemment l'enterinement & execution de ces presentes & toutes les choses dessusdites & despendences d'icelles, & que il [c] voit & se transporte par les Provinces, Citez, bonnes Villes, Chastellenies du Royaume & ailleurs où il appartendra, appellé avecques lui un ou plusieurs des Huissiers du Parlement, ou autres des Sergens de Monsieur, pour ycelles faire crier & publier solempnelment, & faire comme dessus est dit, toutes les fois qu'il en sera requis. Et pour ce que ces presentes Lettres ne pourroient par aventure estre exhibées ou presentées par chascun desdits Marchans, Voituriers ou autres amenans lesdiz vivres & marchandises en ladite Ville, pour les empeschemens des [d] vois; Nous voulons que plaine foy soit ajoutée au *Vidimus* ou transcript de ces presentes, seellé ou seellées des seaulz desdiz Commissaires & Conservateurs ou deulz d'iceulz, approuvez sous le scel du Chastellet de Paris, tout aussi comme à l'Original de ces presentes. Et pour les choses dessusdites plus diligemment executer, Nous voulons estre deputez audit Boutery & ausdiz Marchans, Voituriers & autres, à leurs serviteurs, familiers & à leurs Procureurs & à chascun d'eulz, un ou plusieurs Huissiers de Parlement, ou autres Sergens de Monsieur, si & toutes fois que lesdis Conservateurs en seront requis; lesquels Huissiers ou Sergens toutes-voiez ne s'entremettent de chose qui requiere connoissance de Cause. Et pour ce que ce soit ferme chose & estable à tousjours, Nous avons fait mettre à ces Lettres nostre seel : sauf en autres choses le Droit de Monsieur & de Nous, & en toutes l'autrui. *Donné à Paris, l'An de grace mil trois cenz soixante & troix, ou mois d'Avril. Ainsi signée.*

Par Monsieur le Duc. P. MICHIEL. *(b)*

a *empetrer.*

b *& que.*

c *voise, aille.*

d *voyes, chemins.*

NOTES.

(b) A la suite de cette Piece, on trouve dans le Registre, le commencement d'une Ordonnance imparfaite, & à laquelle manque le dispositif. Elle traite des matieres contenuës dans les deux Ordonnances precedentes, & on a cru devoir faire imprimer icy ce qui en reste.

CHARLES ainsné Filz & Lieutenant du Roy de France, Duc de Normandie & Dalphin de Viennois : Savoir faisons à tous presens & à venir, que ja soit ce que par vertu des Lettres de Monsieur & de ses predecesseurs Roys de France, il ait ja pieça esté ordonné, deffendu & crié publiquement en la Ville de Paris & ailleurs, que aucuns pour quelconques [e] garnisons ne pour quelconque autre cause que ce feust, ne preist ou arrestast en quelconque lieu du Royaume, par quelconque voies, chemins ou passages, tant par eauë comme par terre, de quelconque personne que ce feust, les blez, vins, [f] chars, sel, busche, draps, avoir de pois, ne autres vivres, ou marchandises quelconques, chevaux, chars, charrettes, nefs, batteaulx ne autres choses de quelconque personne du Royaume ou autres, ne aussi des

e *provisions.*

f *chairs.*

Marchans

Marchans forains, Voituriers frequentans & [a] advenans quelconques vivres, marchandises ou autres choses en la Ville de Paris, si comme il Nous est plus à plain apparu par les Lettres de Monsieur, scellées en las de soye & cire verte, contenant, entre les autres choses, plusieurs points & articles, lesquelz Nous avons fait estraire en la maniere qui s'ensuit.

CHARLES Duc de Normandie, à Paris en Avril 1363.

(c) Pour ce que Nous savons &c.

Desquelles choses dessusdites, il Nous est suffisamment & plainement apparu par ycelles: & pour ce que plusieurs Prelas, Barons, Chevaliers, Doyens, Chapitres, Seigneurs temporels tant seculiers comme Religieux & autres, qui pour le temps prenoient & ont pris par leur force, soubs umbre de ce qu'il disoient eulz avoir povoir de prandre & arrester sur leurs terres, Destrois, Passaiges & Jurisdictions, sur les bonnes Genz des Pays, les blefz, vins, sel, buche, draps, avoir de pois & autres vivres & marchandises, & aussi des Marchans forains & autres venans & amenans lesdiz vivres & marchandises en ladite Ville de Paris, par pris [b] volentoire, si comme il leur plaisoit, sanz faire satisfaction dudit pris: par quoy il est moult souvent advenu & advient de jour en jour, que les vivres & marchandises qui ont esté & sont chargées par plusieurs & diverses parties, tant du Royaume comme d'ailleurs, pour amener en ladite Ville, ont esté & sont tous les jours menez en autres Citez, Chasteaulz & bonnes Villez tant du Royaume comme d'ailleurs, & [c] delaissent lez bonnez Genz de plusieurs Pays, & lesdiz Marchans & autres, si comme du tout ou la plus grant partie, à venir en ladite Ville, pour rayson desdites prises & empeschemens: & quant il sont venuz en ycelle, lesdiz preneurs ou autres leur faisoient & font de jour en jour, autant de grief en plusieurs manieres, que il ne leur avoit esté fait en chemin: & pour ce que les bonnes Gens de plusieurs parties du Royaume, & ausi que plusieurs Marchans, Voituriers, familiers ou aucun d'eulz avoient aucune foiz resisté & [d] rescouz leurs denrées, vivres, marchandises & autres choses desdiz preneurs, soubz la [e] seurté desdites Ordonnances, deffenses & publications, il [f] avoit par plusieurs fois esté [g] traitiez, adjournez & travilliez pardevant les Maistres des Hostez de Monsieur & de Nous, des Connestablez, Mareschaux & ailleurs, par quoy il n'osoient ou osent resister ne deffendre leurs denrées, vivres ou marchandises, si comme on dist. Et comme de nouvel il soit venu à nostre cognoissance par complainte des bien amez de Monsieur & de Nous, le Prevost des Marchanz & Eschevins de ladite Ville de Paris, & de plusieurs Marchanz, Voituriers & autres de plusieurs Villes du Royaume, des grans griefs & empeschemens que plusieurs Gens de Monsieur & de Nous & autres de nostre sang & lignaige, & les Seigneurs & autres dessusdiz, font chascun jour & s'efforcent de faire aux bonnes Gens du Royaume, tant des bonnes Villes comme du plat Pays, & ausi ausdiz Marchans & autres par la maniere dessusdite, & en plusieurs autres manieres, lesquelles choses sont ou grant grief & [h] admenuisement de la chose publique desdiz Marchans, Voituriers, & de ladite marchandise & de tous les Habitans de ladite Ville & du Pays d'environ, & n'en pourroient mie bonnement avoir bon droit ne hastif devant les Seigneurs & autres dessusdiz, ne devant autres Justiciers par où il passent, sanz grant destourbier & empeschement & sanz grant dommage de leurs vivres & marchandises. Pourquoy Nous desiranz [i]

a Appar. *amenans*, comme il y a plus bas.

b *volontaire*, en les payant à leur volonté.

c *cessent*.

d *repris par voye de fait*.

e *seureté*.

f *ils avoient*.

g corr. *traiz*, c'est-à-dire, *attirez*.

h *diminution*.

i *Voy. p. precedente*, *le commencement de la Note (b)*

NOTES.

(c) *Pour ce que Nous savons.*] On trouve ensuite les Articles 12. & 13. & la moitié du 15. de l'Ordonnance du 28. de Decembre 1353. Voy. cy-dessus, p. 27. & suiv.

(a) Lettres portant que Cessenon, Servian & Sesan [*Tesan*] seront demembrez du ressort du Viguier de Beziers, & unis à celuy du Seneschal de Carcassone.

JEAN Ier & selon d'autres, Jean II. à Villeneuve près d'Avignon, en Avril après Pasques 1363.

JOHANNES &c. Notum &c. Quod nos dilecto & fideli nostro (b) Comiti Tristemare Domino (c) de Cessenone, de Serviano & de (d) Sesano, suis supplicationibus inclinati, concessimus & concedimus, volumus, statuimus & ordinamus

NOTES.

(a) Tresor des Chartres, Registre 93. Piece 228.

(b) *Comiti Tristemare.*] Henry Comte de *Trastamare*, (car c'est ainsi que ce nom est écrit dans Mariana) estoit Fils naturel d'Alphonse XI. Roy de Castille, & d'Eleonore de Gusman. Il fut obligé de sortir d'Espagne pour éviter les fureurs de Pierre

JEAN I.er & selon d'autres, Jean II. à Villeneuve près d'Avignon, en Avril après Pasques 1363.

a Carcassone.

ex certa scientia, auctoritate Regia & de plenitudine nostre Regie potestatis & gratia speciali, per presentes, ut ipse Comes & ejus Ville predicte seu loca de (c) Cessenone, de Serviano & de (d) Sesano, ac habitatores & pertinentie earumdem qui, prout dicitur, consueverunt a longo tempore citra, ressortire Bitteris, videlicet ad sedem & Curiam Vicarii Bitterensis, de dictis sede, Curia & ressorto eximantur, deleantur, amoveantur & totaliter extrahantur, & ad ressortum sedis seu Curie Senescalli [a] *Carcassone ponantur & transferantur omnino, & de ejusdem Curie sive sedis Senescalli Carcassone ressorto sine difficultate qualibet teneantur, & ibidem habeant in omnibus casibus dictum ressortum tangentibus, ressortire, ut habebant & habere solebant ante confectionem presentium Litterarum, in Curia Vicarii supradicti. Nolentes vero quod pro dictis Villis & locis aut eorum pertinentiis, ratione vel occasione ressorti, alibi quàm ad sedem aut Curiam dicti Senescalli Carcassonensis, in sedibus sive locis dicte Senescallie consuetis & ordinatis, dictus Comes & habitatores locorum predictorum vel eorum aliqui agere, deffendere, litigare, comparere, respondere, conveniri aut aliàs ressortire teneantur, seu etiam quomodolibet compellantur. Nam Juridictionem & potestatem omnimodam quas idem Vicarius Bitterensis habebat in predictis Villis, locis, pertinentiis & habitatoribus eorumdem ratione ressorti, penitus abdicamus, ipsam Juridictionem & potestatem quantum ad idem ressortum, dicto Senescallo vel ejus Locum-tenenti tribuendo plenarie & etiam committendo : dantes igitur tenore presentium in mandatis Senescallo predicto Carcassonensi Vicarioque Bitterensi ac aliis Justiciariis nostris presentibus & futuris, & eorum cuilibet ut ad eum pertinuerit, vel eorum Loca-tenentibus quatinus dictum Comitem pro se suisque Villis, locis, pertinentiis & habitatoribus eorumdem supradictis, nostris presentibus gratia, ordinatione & statuto, gaudere & uti pacifice faciant & quiete, nec eos aut eorum aliquem occasione premissa molestent, inquietent vel perturbent, seu molestari, inquietari aut perturbari quomodolibet patiantur : sed si quid in contrarium repererint esse factum, id ad statum pristinum & debitum reduci faciant indilate. Quod ut firmum &c. Salvo tamen in aliis &c.* Datum & actum apud Villam-novam prope Avinionem, Anno Domini millesimo trecentesimo sexagesimo-tertio, Mense Aprilis post Pascha. Sic signata.

Per Regem in suo Consilio. COLLORS.

NOTES.

[surnommé le Cruel] Fils & successeur d'Alphonse XI. Il se refugia en France où il servit dans les armées. Voy. *Joan. Marianæ Hist. de Rebus Hispan. L. 16. c. 15. 16. & 21. pp. m. 75. 76. & 90.*

Henry estoit encore à Paris le 18. d'Aoust 1362. & il y passa un Acte où il prend le titre de *Henry d'Espagne Comte de Tristamare, Fils du Roy Alphonse d'Espagne.* Voy. Preuv. de l'Hist. de *Bertrand du Guesclin,* [par du *Chastelet*] p. 315.

Il retourna dans la suite en Espagne, où par le secours de *Bertrand du Guesclin* depuis Conneslable de France, il vainquit Pierre le Cruel, & se fit couronner. Pour recompenses du Guesclin, il luy donna le Comté de *Tristemare.* Hist. Gen. de la Maison de France, Tom. 6. p. 179.

(c) De Cessenone, Serviano & Sesano.] Voicy les Eclaircissements que D. Vaissete a bien voulu me donner sur ces endroits.

Cessenone : Cessenon petite Ville du Diocese de S.t Pons, vers les Frontieres de celuy de Beziers. Elle a le titre de Comté.

Serviano : Servian petite Ville du Diocese de Beziers, à quatre lieuës de Cessenon vers le levant. Elle dépendoit du Comté de ce nom, à la fin du 14.e siecle.

(d) Sesano.] D. Vaissette ne connoist point de lieu dans le Languedoc, qui se nomme ainsi ; & il ne doute point qu'il ne faille lire *Tesano, Tesan,* petite Ville du Diocese de Beziers, située entre *Servian* & *Cessenon,* & qui dépendoit du Comté de ce nom, à la fin du 14.e siecle.

CHARLES Duc de Normandie, Lieutenant de Jean I.er & selon d'autres, Jean II. à Paris, en Avril 1363.

(a) Sauvegarde pour les Maisons des Chartreux dans le Dauphiné.

CHARLES ainsné Fils & Lieutenant du Roy de France, Duc de Normandie & Dalphin de Viennois : Savoir faisons à tous presens & à venir, que Nous desirans de tout nostre cuer, les personnes de Religion qui sont ordenez à servir Nostre Seigneur Jesus-Xhrist en nostre Dalphiné, especialment de ceux de l'Ordre de Chartreuse, auquel Ordre Nous avons especial devotion, estre maintenus & gardez avec tous leurs biens & familiers, en paix & transquillité, iceulz Chartreux & leurs familiers mettons en nostre Sauve-garde. *Donné à Paris, l'An mil trois cens soixante & trois, ou mois d'Avril. Et estoit ainsi signé.* Par Monsieur le Duc à vostre relation.

P. DE LA ROCHE.

NOTES.

(a) Tresor des Chartres, Registre 92. Piece 199.

CHARLES Duc de Normandie, Lieutenant de Jean I.er & selon d'autres, Jean II. à Paris, en Avril 1363.

(a) Exemption d'un subside accordé aux Habitans & Marchands du Royaume de Castille.

CHARLES ainsné Filz & Lieutenant &c. Savoir &c. Que comme nostre très-chier Seigneur & Pere eust piéça par ses Lettres ouvertes seellées en las de soie & cire vert, & pour certaines & justes causes plainement desclariées & esclarcies en ycelles, octroié aux Habitans & Marchans du Royaume de [a] Castelle, que pour la premiere venduë des denrées & marchandises quelcunques qu'il [b] amanroient ou feroient amener dudit Royaume de Castelle ou d'ailleurs hors dudit Royaume de France, ès pors & païs d'icellui Royaume de France, il soient frans, quitte & exemps [c] de toutes leurs denrées & marchandises dessusdites, des Aydes ordonnés par mondit Seigneur en son Royaume, pour le fait de sa delivrance, jusques à certain temps; si comme ces choses & plusieurs autres sont plus à plain contenuës esdites Lettres de [d] Monsieur : Et il soit ainsi que de nouvel pour la grant necessité & evident utilité, & pour la deffense dudit Royaume de France & des Subgez d'icelui, Nous comme Lieutenant de mondit Signeur, & de la puissance & auctorité à Nous commise de par lui en ceste partie, par grant & meure deliberation & avis eu sur ce avecques les Gens du Grant Conseil de mondit Seigneur & du nostre estant à Paris, aions ordené & imposé certaines Aides & Subsides estre cuilliz & levés sur toutes manieres de denrées qui seront venduës & trouvées oudit Royaume de France ès parties de la Languedoy ; excepté sur les blez tant-seulement, tout pour emploier & convertir ou fait de la guerre & deffense d'icellui Royaume ; & lesdiz Marchans & Habitans aient envoyé pardevers Nous, & Nous [e] fait exposer comment il se [f] doubtent vray-semblablement que les Ordenances desdis Subsides & Aides ordenez *(b)* pour la guerre, contraignent eulz & leurs marchandises & denrées, & que la grace que mondit Seigneur leur a faite, leur soit de peu d'effet : Car ou cas qu'il ne seroient entierement frans & quittes & leurs denrées ainsi tout en la maniere que mondit Seigneur leur a octroié, il ne pourroient frequenter ledit Royaume & le païs de France, ne leurs denrées & marchandises y amener, qu'il ne perdissent leurs chevances, pour les grans frais & mises qu'il leur

a *Castille.*
b *ameneroient.*
c *pour.*
d *Voy. cy-dessus, p. 166.*
e *aient.*
f *ils craignent.*

NOTES.

(a) Tresor des Chartres, Registre 92. Piece 202.

(b) *Pour la guerre.*] Il n'y avoit point alors d'autre guerre en France, que celle que l'on faisoit aux Compagnies, sur lesquelles Voy. cy-dessus p. 435. Note (d).

CHARLES DUC de Normandie, Lieutenant de Jean I.er & selon d'autres, Jean II. à Paris, en Avril 1363.

convient faire, [a] en leur fait à venir de si lointain païs comme est le Royaume de Castelle; ainsois leur convendroit de [b] foüir & laissier ledit Royaume de France, se pourveu ne leur [c] seur ce de gracieux remede, si comme il dient. Si Nous ont humblement supplié que comme il aient de tout temps eu [d] encores aient très-grant affection & amour au Royaume de France & aus Subgez d'icellui, & grant desir d'i loyaument marchander & converser, comme il ont acoustumé : Nous leur veillions sur ce pourveoir de tel & si convenable remede, qu'il puissent franchement & paisiblement venir & converser oudit Royaume, & leurs denrées amener en la maniere qu'il faisoient avant l'Ordonnance desdites Aides ordennées pour le fait de la guerre.

Nous eue consideration ad ce que dit est, desirans, à l'exemple de mondit Signeur, favorablemenr traittier lesdiz supplians, & affin aussi que par les denrées & marchandises qu'il [e] amanront, ledit Royaume de France en puisse mieulx estre confortés & pourveu, eu sur ce grant & meure deliberation [f] auxdites Gens du Conseil de Monsieur & du nostre estant à Paris, à yceulz supplians avons octroyé & par la teneur de ces presentes octroyons de certaine science, grace especial & de l'auttorité Royal dessusdite dont Nous usons, que pour la premiere venduë des denrées & marchandises qu'il feront amener dudit Royaume de Castelle ou d'ailleurs, oudit Royaume de France pour vendre, il soient tout entierement frans, quites & exemps avecques toutes leurs denrées & marchandises, desdites Aides & Subsides ordenez pour le fait de la guerre, durant tout le temps que lesdites Aides courront. Si donnons en mandement par ces presentes à noz amez & feaulz Conseilliers [g] le Generaulx Tresoriers ordonnez & deputez à Paris sur le fait desdites Aides pour la guerre, & à tous autres commis & deputez ou à deputer sur le fait d'iceulz Aides, que lesdiz supplians & chacun d'eulz, facent & laissent joïr & user paisiblement de nostre presente grace & octroy, & contre la teneur d'icelle ne les empeschent ou molestent ou sueffrent estre empeschiez ou molestez en corps ou en biens en aucune maniere; mais tout ce qui sera ou [h] avera esté pris, arresté, levé ou empeschié du leur, si leur rendent ou restituent, ou facent rendre & restituer tantost & sans delay, ou autre mandement attendre. Et afin qu'il puissent plus plainement & en plusieurs lieux, là où mestier leur sera, joïr & user de nostre presente grace, en ycelle ampliant, leur avons octroié & octroions de grace & autorité dessusdites, que autelle foy soit adjoutée aux *Vidimus* ou transcript fait de ces presentes soubz Seel de Chastellet de Paris, comme à ce present Original, non-obstant quelconques Usages, Coustumes, Ordonnances & Lettres ou Mandemens ad ce contraires. Et que ce soit ferme chose &c. *Donné à Paris, l'An de grace mil trois cens soixante & trois, ou mois d'Avril. Ainsi signée.* Par Monsieur le Duc, en son Conseil ouquel estoient Messieurs l'Arcevesque de Senz, l'Evesque de Chartres, l'Abbé du Jars, vous Mess. Philippe de Trois-Monts & plusieurs autres. ESSARS.

a *en les faisant venir.*
b *fuir.*
c *estoit.*
d *&.*
e *ameneront.*
f *avec lesdites.*
g *les.*
h *aura.*

CHARLES FILS AISNÉ, & Lieutenant de Jean I.er & selon d'autres, Jean II. à Paris, en Avril 1363.

(a) Lettres pour la Confrairie des Notaires, par lesquelles il leur est deffendu d'aller au Chastelet les Dimanches, pour y faire les fonctions de leurs Charges.

CAROLUS primogenitus & Locum-tenens Regis Franciæ, Dux Normanniæ [i] *Delphinus Viennia, universis præsentibus pariterque futuris, Salutem.* [k] *Inter curas & sollicitudines quæ Nobis ex ministerio prædicta Regalis dignitatis Locum-tenenti incumbunt,*

i *&.*
k *Le commencement de ces Lettres est très-corrompû.*

NOTES.

(a) Ces Lettres sont imprimées dans le Recüeil des Chartres des Notaires, p. 81. & il y a à la marge, *cote 7.* J'ay fait chercher l'Original dans les Archives des Notaires, mais on n'a pas pû l'y trouver. Il m'auroit cependant esté bien necessaire : car ces Lettres

sollicite cogitare Nos convenit atque decet, & ad id summo opere nostræ considerationis acies versetur, quæ carissimo Domino Genitori nostro atque Nobis fideliter ac fructuose obsequentes, & qui fidelitatis vinculo naturaliter conjuncti, eidem Domino nostro & Nobis existunt, & potissime circa Divina vacare volentes condigne producuntur, & in suis oportunitatibus per dictum Dominum nostrum, Notarios scientes se adjutos. Sane humilis dilectorum nostrorum Notariorum Castelleti Parisiensis Nobis porrecta supplicatio continebat, cum secundum normam decem præceptorum Legis à summo omnium Conditore Prophetæ Moysi collatam, & postmodum per Dominum nostrum Jesum-Christum unicum ejus Filium post ejus Incarnationem confirmatam & impletam, inter cætera unusquisque fidelis Catholicus & creatura humana inter Festa & Solemnitates annuales diem Dominicam solemnizare, & ex necessitate salutis sabatizare, necnon in eadem die ab omni opere manuali penitus cessare teneatur, seque devote, pio affectu & contrito precibus & orationibus erga Omnipotentem cui proprium est misereri semper & parcere, humiliter exponendo, Deoque de delictis & negligentiis per sex dies hujusmodi diem Dominicam præcedentes, mediante misericordia divina, eadem die ipsi veniam obtineant: Quamobrem memorati supplicantes circa præmissa pro viribus vacare adoptantes, ex eorum communi assensu & conformiter unanimes, certam Ordinationem & colloquium adinvicem patraverunt, ac etiam egerunt: Veruntamen dicti Genitoris nostri & nostrum super hoc præbere vellemus accordum, licentiam & assensum suo tenore qui sequitur, & in forma; videlicet quod ipsi supplicantes eorumque Successores dicti Castelleti Parisiensis amodo in antea cessabunt & ab exercitatione eorum Officiorum Notariatus, & opere suo tunc peragendo in hujusmodi Castelleto & sedibus ibidem constructis, necnon in cœnobio seu camera, tabernaque vel locis communicativis, die Dominica prælibata supersedere omnino tenebuntur, & ea ipsi suique Successores Notarii in creatione vel institutione eorumdem tempore successivo, coram Preposito Parisiensi vel ejus Locum-tenenti, vel dicti Castelleti Sigillifero præsentibus vel futuris, promittere fide & juramento intervenientibus, tenebuntur, & inviolabiliter observare sub pœna viginti solidorum Parisiensium, tot vicibus à transgressoribus [a] erigendorum, quot casus [b] erigit committendorum, & applicando [c] mediatum dicto Domino Genitori nostro & Nobis, per Receptorem Parisiensem præsentem vel futurum, & mediatum in usibus Confratriæ Beatæ Mariæ dictorum Notariorum in eodem Castelleto, per Prædecessores dicti Domini Genitoris nostri & nostros fundatæ; in qua Confratria Missa quotidiana suis sumptibus ibidem celebratur, precibus & suffragiis cujus Missæ, prædictus Dominus noster ejusque prædecessores Francorum Reges & Nos participes efficimur & consortes, sicut dicunt. Notum igitur facimus quod [d] supplicationis eorumdem, præmissis consideratis, favore benigno, prompte & liberaliter annuentes, laudabile propositum dictorum supplicantium in Domino [e] commendendo & ad memoriam reducentes fructuosam & commendabilem fidelitatis constantiam quam supplicantes prælibati erga præfatum Dominum Genitorem nostrum ejusque [f] Prædecessorum Francorum Reges & Nos, legitimum absque ulla macula seu opprobrio, necnon attentione sinceræ devotionis, constantiæ, fidei probitatisque fidelitatis & affectionis ipsorum integritate, quam ad eumdem Dominum nostrum & Nos temporibus dudum lapsis habere percepimus, hæc omnia hujusmodi ipsorum delectabiliter recensentes ac dignum reputantes & congruum, ut in his quæ ad ipsorum cedunt prosperitatis augmentum, Dominum Genitorem nostrum & Nos propitios inveniant & benignos, ac in suis opportunitatibus liberales, prædictam Ordinationem, necnon omnia & singula superius expressa tanquam rationi consona approbantes, dicti Domini Genitoris nostri & nostrum super hoc præbendo assensum, ea volumus, laudamus, ratificamus, & ex certa scientia, authoritate Regia Nobis in parte attributa, perpetuo confirmamus & gratia speciali per præsentes: Dantes autem tenore præsentium in mandatis Præposito Parisiensi vel ejus Locum-tenenti, necnon Sigillifero dicti Castelleti præsentibus vel futuris, & cuilibet eorumdem, prout promiserunt, quatenus prædictam Ordinationem ac omnia & singula in

CHARLES Fils aisné, & Lieutenant de Jean I.er & selon d'autres, Jean II. à Paris, en Avril 1363.

a exigendorum.

b exigerit.

c *Fort.* medietatem.

d supplicationi.

e commendando.

f Prædecessores.

NOTES.

telles qu'elles sont imprimées, sont défigurées par un nombre infini de fautes, & le texte est corrompu en tant d'endroits, qu'il a esté impossible de le restituer.

CHARLES Fils aisné, & Lieutenant de Jean I.er & selon d'autres, Jean II. à Paris, en Avril 1363.

præsentibus Litteris contenta, viso tenore earumdem, & quæ in suo robore volumus perpetuo permanere, receptoque ab eisdem, ut promittitur, sacramento, palam & publice loco solito & diebus opportunis in dicto Castelleto publicari, ipsamque per dictos supplicantes & ipsorum [a] *quorumlibet, necnon Successores eorumdem Notarii dicti Castelleti tempore successivo, sub pœnis superius expressatis & injunctis à delinquentibus* [b] *erigendis & elevandis, dum & quoties casus se contulerit, inviolabiliter observari faciant; necnon Receptori prædicto ut pœnas hujusmodi Ordinatione præmissa commissas, ab omnibus quorum intererit, & in usibus prædictis applicandis* [c] *erigi & elevari, ut cœteris transeat in exemplum, faciant convicti, delinquentes ad hoc viriliter compellendo: inhibentes insuper* [d] *districte injungendo memorato dicti Castelleti Sigillifero, ne dicta die Dominica ad locum solitum pro exercitatione dicti sui Officii ullatenus accedat, usu, consuetudinibus, Ordinationibusque & mandatis contrariis* [e] *neque obstantibus quibuscumque: Et ut præmissa roboris perpetuo obtineant firmitatem, præsentes Litteras sigilli nostri fecimus appensione muniri: salvo in aliis jure prædicti Domini nostri & nostro & in omnibus quolibet alieno.* Actum Parisiis, Anno Domini millesimo trecentesimo sexagesimo-tertio, mense Aprilis. *Per Dominum Ducem. Signé.* FRANÇOIS. *Et scellé en lacs de soye rouge & verte.*

[a] quamlibet.
[b] exigendis.
[c] exigi.
[d] &.
[e] non.

JEAN I.er & selon d'autres, Jean II. à Paris, le 16. de May 1363.

(a) *Mandement pour faire fabriquer de petits Deniers parisis, & pour fixer le prix de l'Argent.*

JEHAN par la grace de Dieu Roy de France, à noz amez & feaulx les Generaulx-Maistres de noz Monnoyes, Salut & Dilection. Comme noz amez & feaulx Tresoriers ayent fait porter & mectre en nostre Monnoye de Paris, une forfaicture à Nous acquise de certaine somme d'Argent en Billon, pour iceluy faire ouvrer à nostre prouffit, lequel Billon ne peust estre bonnement ouvré à la loy des blancs Deniers d'Argent que Nous avons derrenierement fait faire, sans trop grant dechiet & coustement, & à present il soit grant deffault de petite Monnoye entre nostre peuple, si comme Nous avons entendu, Nous vous mandons que tantost ces Lettres veuës, vous faciez ouvrer iceluy Billon à la loy & du poix des petiz deniers parisis que Nous avons derrenierement fait & faisons faire, & *(b)* iceluy Billon à Cuivre, se mestier est, lequel sera acheté & mys à noz despens & pris sur Nous: Et aussi s'ilz estoient aucuns Changeurs & autres qui voulzissent apporter leur Billon en ladite Monnoye, Nous voulons & vous mandons que vous leur en faciez donner de chacun marc d'Argent allayé à deux deniers de loy dit Argent-le-Roy & audessus, quatre livres cinq solz tournois, sans les contraindre à faire leur loy ne à payer Cuivre, lequel Cuivre Nous voulons estre pris sur Nous par la maniere que dessus est dit, & qui soit alloüé ès comptes de celuy ou ceulx à qui il appartiendra, sans contredit, nonobstant quelzconques Ordonnances ou deffenses au contraire. Et des choses dessusdites faire & acomplir, à vous & à chacun de vous donnons povoir & mandement especial par ces presentes. *Donné à Paris, le seizieme jour de May, l'An de grace mil trois cens soixante-trois. Et estoient ainsi signées.*

Par le Conseil estant à Paris, ouquel estoient Messieurs l'Arcevesque de Sens, les Evesques de Chartres & de Laon, Jaques de Pacy, Olivier le Fevre & plusieurs autres de Messieurs des Comptes. J. DE BUONE.

NOTES.

(a) Registre D. de la Cour des Monnoyes de Paris, *fol.* 106. *verso.*

Avant ce Mandement, il y a:

Le 16.e jour de May 1363. fut apporté en la Chambre des Monnoyes, ung Mandement du Roy, duquel la teneur s'ensuit:

Mandement pour faire petiz parisis en la Monnoye de Paris, d'une forfaicture qui y avoit esté apportée.

(b) Iceluy Billon à Cuivre.] C'est-à-dire, qu'on y meslera du cuivre, pour le réduire à la loy des petits deniers parisis.

JEAN I.er & selon d'autres, Jean II. à S.t Denis en France, le 26. de Juillet 1363.

(a) Mandement pour augmenter le prix de l'Or.

JEHAN par la grace de Dieu Roy de France : A nos amez & feaulx les Generaulx-Maistres de noz Monnoyes, Salut & Dilection. Nous pour certaines causes, & par grant deliberation de nostre Conseil, vous mandons & commandons que tantost & sans delay ces Lectres veuës, vous faciez donner par toutes noz Monnoyes ou Nous faisons ouvrer Monnoye d'Or, excepté en nostre Monnoye d'Or de Tournay, à tous Changeurs & Marchans, de chacun marc d'Or fin qui sera apporté en icelles, ung Denier Franc d'Or fin de creue, oultre le pris que Nous y faisons donner à present : ainsi auront pour marc d'Or fin, soixante & ung Franc d'Or. De ce faire à vous & à chacun de vous donnons povoir, auctorité & mandement especial par ces presentes. *Donné à sainct Denis en France, le vingt-sixieme jour de Juillet l'An mil trois cens soixante-trois.*

Par le Roy en son Conseil, ouquel vous & plusieurs autres estiez. MELLON.

NOTES.

(a) Registre D. de la Cour des Monnoyes de Paris, *fol.* 107. *verso.*

Avant ce Mandement, il y a :

Le 28.e jour de Juillet 1363. fut apporé ung Mandement du Roy, scellé de son grant Scel, duquel la teneur s'ensuit :

Mandement pour un Franc de creuë faicte en la Monnoye de Tournay.

Ce Titre n'est nullement exact.

JEAN I.er & selon d'autres, Jean II. à Paris, au mois d'Aoust 1363.

(a) Reglements pour les Bouchers de la Montagne de Sainte Genevieve, à Paris.

SOMMAIRES.

(1) Les Bouchers de la Boucherie de S.te Genevieſve, ne pourrent achepter des bestes mortes pour en vendre la chair, ni vendre d'autre viande que celle des bestes qui auront esté tuées dans leurs Boucheries.

(2) Ils ne tuëront point la veille des jours ausquels on ne mange point de viande ; excepté les Vendredis depuis la S.t Remy jusqu'à Caresme-prenant.

*(3) Ils ne tuëront point des bestes élevées dans des maisons d'*Huiller *ou de Barbier, ni dans des Maladeries.*

(4) Ils ne pourront brusler, [faire fondre] *dans leurs Boucheries, les suifs des bestes qu'ils y auront tuées.*

(5) Ils ne pourront avoir ni évier ni égoust, pour faire écouler le sang des bestes tuées.

(6) Ils ne pourront avoir dans leurs maisons, de fosses pour y garder le sang des bestes tuées : & ils seront obligez de mettre ce sang, la fiente & les laveures des bestes, dans des vaisseaux qu'ils feront vuider chaque jour, hors des murs de Paris, dans des lieux écartez des chemins.

(7) Ils ne tuëront point de beste qui ait le Fi.

(8) Les Bouchers qui contreviendront à ces Reglements, payeront une amende de six livres, dont la moitié appartiendra au Roy, & l'autre moitié à S.te Genevieſve.

Il y aura des Jurez qui feront des visites, pour faire observer ces Reglements.

JEHAN par la grace de Dieu Roi de France. Savoir faisons à tous presens & avenir, comme à la Requete de notre tres chiere Fille l'Université de Paris, des Colleges des Hostelz de Navarre & de Laon, des Religieux mendiens de l'Eglise de Notre-Dame du [a] Carme & de aucuns autres singuliers, tous demourans & habitans en la rüe Sainte Genevieve à Paris, les Bouchers de la Boucherie Sainte Genevieve

a *Mont-Carmel.*

NOTES.

(a) Livre Rouge vieil du Chastelet de Paris, *fol.* 27. *verso.*

JEAN I.er
[a] & selon d'autres, Jean II. à Paris, au mois d'Aoust 1363.

eussent esté [a] approuchiez & traiz en cause, pardevant noz amez & feaulx les Gens de notre grant Conseil etant à Paris, sur ce que laditte Université, Colleges & autres singuliers dessusdiz, se douloient & complaingnoient desdiz Bouchers, de ce que yceulz Bouchers tuoient leurs bestes en leurs maisons, & le sanc & ordures de leursdictes bestes getoient tant par jour comme par nuit, en la rue Sainte Genevieve, & plusieurs foiz l'ordure & le sanc de leursdictes bestes gardoient en fosses & latrines qu'il avoient en leursdictes maisons, tant & si longuement qu'il estoit corrumpu & pourri, & puis le gettoient en ladicte rüe de jour & de nuit, dont ladite rüe, la place [b] Malbert & tout l'air d'environ etoit corrompu, infect & puant, & que pour plus aiseement getter ledit sanc & leurs ordures, plusieurs de yceulx Bouchers avoient fait faire puis trois ans ou quatre, chacun en sa maison un conduit qui vient jusqu'au milieu de la rüe, & plusieurs d'iceulx Bouchers avoient fosses & latrines en leurs maisons, pour recevoir ledit sanc & ordures, & en oultre que yceulx Bouchers [c] ardoient & affinoient leur suif & leurs gresses en leurs maisons, & vendoient leurs [d] chars au jour de Samedi : lesquelles choses etoient & sont faictes par lesdiz Bouchers contre raison, contre les Ordonnances, usages & communes observances des autres Boucheries tant de la bonne Ville de Paris comme des autres bonnes Villes du Royaume de France, contre les Registres & Ordonnances anciens faiz en l'Eglise de Sainte Genevieve, sur l'etat & gouvernement de ladicte Boucherie, & aussi contre le prouffit, le bien & utilité desdiz complaignans & de toute la chose publique, & par especial des habitans & demourans en ladite rüe Saincte Genevïesve & de la place Malbert, & de tous ceulz qui frequentent & passent par le [d] lieu : Et pour ce requeroient que briefment remede y fût mis : Et pour plus meurement & seurement proceder ès choses dessusdictes, aient nosdictes Gens ordonné & deputé certain Commissaire pour aler sur lesdiz lieux, & soy informer des choses dessusdictes : laquelle information faicte etre portée pardevers eulz, & oüis plusieurs [e] mouvimens que lesdiz Bouchers avoient sur les choses dessusdictes, veue aussi certaine cedule baillée à nosdictes Gens par lesdiz Bouchers, qui disoient estre la copie du [f] droit Registre ancien de ladicte Esglise de Sainte Genevïesve, sur l'etat & gouvernement de ladicte Boucherie, & veue à grant & meure délibération la déposition des tesmoings ouis & examinés en ladite information, & tout ce qui fait à considerer en ceste partie, fu dit & ordonné par nosdictes Gens en la presence desdictes Parties, par la maniere qui s'ensuit.

(1) C'est assavoir que nul Boucher de ladicte Boucherie de Sainte Genevieve, ne pourra doresnavant acheter ne vendre char morte quelle que elle soit, se elle n'a eté tuée en ladicte Boucherie.

(2) Item. Que nul Boucher ne pourra ne devra par lui ne par autre, tuer chars quelles quelles soient, au jour dont l'en ne mangera point de char lendemain, puisqu'il [g] sera adjourné; se ce n'est aux Vendredis depuiz la Saint Remi jusques à Caresme prenant.

(3) Item. Que nul Boucher ne pourra ne devra par lui ne par autre, tuer chars quelles que elles soient, qui aient été nourries en maison de *(b)* Hullier, de Barbier, ne de Maladerie.

(4) Item. Que nul Boucher ne pourra ne devra ardoir en ladicte Boucherie, les gréaulx qui yssent du suif des bêtes qui tueront ou feront tuer.

(5) Item. Nul ne pourra avoir [h] ezvier ne agoust par lequel il puisse laissier couler sang desdictes bêtes, ne autre [i] punaisie, se ce n'est eaue qui ne sente aucune corruption.

(6) Item. Que nul Boucher ne pourra avoir ne tenir fosses, & celles qui à present

[a] *assignez.*

[b] *Maubert.*

[c] *brusloient*, faisoient fondre.

[d] *chair*, viande.

[d] *ce.*

[e] *Je n'entends pas ce mot, qui peut estre corrompû.*

[f] *veritable.*

[g] *lorsque le jour auquel on ne mangera point de viande, aura esté indiqué.*

[h] *évier ni égoust.*

[i] *puanteur.*

NOTES.

(b) Hullier.] C'est un Marchand d'Huile. On trouve dans Nicot *Huillier* dans ce sens. Ce Reglement a esté confirmé depuis, & il y a *Huillier.* Voy. le Dictionn. du Commerce par Savary, au mot *Boucher* p. 424.

sont,

font, feront emplies dedens la mie-Aoust prouchain venant, aux depens & frais de ceulz qui les ont: & recueilleront yceulx Bouchers le sang, les [a] brueilles, les [b] fiens & les laveures de leurs bestes, en vaiffeaulz; lequel sang, fiens & laveures, yceulx Bouchers feront tenus de faire porter & vuidier le jour mêmes hors des murs & fossés de Paris, hors [c] voie.

JEAN I.er & selon d'autres, Jean II. à Paris, au mois d'Aoust 1363.

(7) *Item.* Nul Boucher pourra ne devra tuer en ladicte Boucherie, aucune grosse bête qui ait (c) le fil: & ou cas qu'il seroit trouvé [d] sur aucun, il perdroit la beste & feroit [e] arse devant son huis.

(8) *Item.* Que nul Boucher ne fera aucune chose contre les poins & articles dessusdiz ou aucuns d'iceulz, en paine de paier pour chacune foiz, six livres d'amende, moitié à Nous & moitié à Sainte Genevieſve de Paris: & sur ce feront ordonnez Jurez de par Nous & de par ladicte Esglise, pour tant comme à chacun touchera, sur la garde & visitation des choses dessusdictes, & pour ycelles Ordonnances faire tenir & garder. Toutes lesquelles Ordonnances dessusdictes, Nous pour le bien & proufit commun, & des habitans & [f] conversans en ladicte Boucherie ès lieux dessusdiz, eu sur ce advis & déliberation [g] à notre Conseil, voulons & ordonnons par ces présentes estre tenües & gardées dores-en-avant à tousjours-maiz senz enfraindre, & sur les choses & peines dessusdictes, en la fourme & maniere comme ordonné a esté par nosdiz Conseillers, & comme dit est dessus: Et que ce soit ferme chose & estable à tousjours-maiz, Nous avons fait mettre nôtre seel à ces présentes Lettres: sauf notre droit en autres choses & l'autrui en toutes. *Donné à Paris, l'An de grace mil trois cens soixante & trois, ou mois d'Aoust.*

Et sont ainsi signées en la marge. Par le Conseil etant à Paris. *Pro Universitate, tripplicata. P. de Vernone. Visa, Contentor.* Au dos desquelles Lettres est escript ce qui s'ensuit: *Publiées en Jugement au Chastelet de Paris, le Mercredy seize jours d'Aoust, l'An mil trois cens soixante & trois.* J. LE BEGUE. *Regestrata.*

L'An mil trois cens soixante-six, le septieme jour de Septembre, par la Court de Parlement fu dist par Arrest, que lesdiz Bouchers [h] estouperoient leurs fosses & [i] esviers,: Et outre fut octroyé que yceulx Bouchers tueroient dores-en-avant leurs chars hors Paris sur la riviere, & aprés les apporteroient à Paris pour vendre, sur peine de dix livres, moitié au Roy & moitié à Sainte Genevieve, toutes les Ordonnances dessusdites demorans en autres choses en leur vertu.

a *Je n'entends pas ce mot.*
b *fiente.*
c *chemin.*
d *chez.*
e *bruslée devant sa porte.*
f *demeurans.*
g *avec.*
h *boucheroient.*
i *éviers.*

NOTES.

(c) *Le Fil.*] On dit presentement *Fi* ou *Fy*: c'est une espece de maladie qui prend assez souvent aux Bœufs & aux Vaches, & qui même se communique aux hommes. *Dictionn. du Commerce par Savary.*

JEAN I.er & selon d'autres, Jean II. à Reims, le 20. ou le 21. d'Octobre 1363.

(a) Reglements sur les Juifs, les Reformateurs generaux & particuliers, & les Juges de Privilege.

SOMMAIRES.

(1) Tous les Juifs porteront une roüelle rouge & blanche sur leurs habits en un lieu apparent. Ils seront justiciables des Juges ordinaires, sous la Jurisdiction desquels ils seront domiciliez, & aucun Chrestien ne se pourra obliger par corps envers un Juif.

(2) Les Commissaires establis contre les Lombards usuriers, sont rappellez, & les débiteurs des Lombards usuriers sont quittes sans rien payer.

(3) Les Reformateurs generaux du Royaume finiront les causes commencées: & quant à celles où il y a eu adjournement, mais dont les demandes n'ont pas esté ouvertes, *elles seront renvoyées pardevant les Juges ordinaires. Les Reformateurs ne connoistront d'aucunes affaires nouvelles. Tous les Reformateurs particuliers sont supprimez; & les Reformateurs generaux n'auront des Gages que comme les Gens du Parlement.*

(4) Le Connestable, les Mareschaux, les Maistres des Arbalestriers, les Maistres d'Hostel, & ceux des Eaux & Forests du Roy, se contenteront de leurs Offices, sans entreprendre sur ceux des autres.

JEAN I.er & selon d'autres, Jean II. à Reims, le 20. ou le 21. d'Octobre

(b) JEHAN &c. Savoir &c. Que sur plusieurs Requestes à Nous faites par aucuns des Habitans de plusieurs bonnes Villes de nostre Royaume, lesquels Nous avons mandé à venir pardevers Nous, pour oir certaines choses que Nous leur entendons à dire & monstrer, touchans l'onneur & l'estat de Nous & de nostredit Royaume, Nous par deliberation de nostre Grant Conseil, avons ordené & ordenons par la maniere qui s'ensuit.

(1) *Premierement.* Que tous Juifs de quelque estat qu'il soient, & en quelque terre qu'il demourront dores-en-avant, porteront une grant rouelle bien notable, de la grandeur de nostre grant Seel, * partie de rouge & de blanc, & telle que l'en puisse bien appercevoir ou vestement dessus, soit mantel ou autre habit, en tel lieu qu'il ne la puissent [a] musser, non contrestant quelconques Privileges que eux ou aucuns d'eulx dient avoir ou aient de non porter icelle rouelle, lesquelx Nous cassons, irritons & mettons du tout au neant quant à ce, & aussi que tous lesdiz Juifs de quelque privilege ou povoir qu'il usent, ou condition & estat qu'il soient, seront Subgez & Justiciables aus Juges ordinaires [b] soubz cui Jurisdiction il demourront, tout en la fourme & maniere que sont les Crestians, non-obstant quelconque [c] privilege ou prerogative qu'il aient sur ce, lesquelz quant à ce, si comme dit est, Nous mettons du tout au neant, pour les grans abus qu'il ont fais & qui en sont venus à nostre congnoissance: Et avec ce que aucun Crestian ne [d] pusse obligier son corps à aucun Juif, mais ou cas que aucune obligation par quelconque maniere & soubz quelconque Seellé, Privilege ou autre, en seroit faite, Nous, quant au corps, voulons qu'elle soit de nulle valuë.

* *partagé, divisé.*

a *cacher.*

b *sous la Jurisdiction de qui.*

c *Voy. cy-dessus, l'Ordonnance qui est p. 467. & les deux suivantes.*

d *puisse*, dans tous les autres Registres.

(2) [e] Et quant aus fais des Lombars usuriers, Nous voulons & aussi ordennons ycellui fait estre du tout mis au neant, & que dores-en-avant tous Commissaires establis de par Nous ou de par autres sur ce, soient rappellés, & que jamais ne s'entremettent d'en congnoistre en aucune maniere: Ainçoins voulons que tous obligiez envers lesdiz Lombars usuriers, en soient & demeurrent quittes perpetuelment sans riens jamais en païer à euls ne à autres.

e *Voy. cet Article inseré dans les Lettres du 19. Novembre 1363. il y a quelque difference.*

(3) Et quant au fait des Generaulx-Reformateurs par Nous deputés en nostre Royaume, Nous voulons que lesdis Reformateurs puissent mener à [f] fin les causes commenciés pardevant eulx, desquelles les demandes ont esté ouvertes: Et des Causes dont adjournemens ont esté donnés, & demande n'a esté ouverte pardevant eulx, elles seront envoyées pardevant les Juges ordinaires, avec les Parties en l'estat où il seront: Lesquelz Juges procederont en ycelles causes [g] somierement & de plain par voie de reformation: Et dores-en-avant lesdiz Reformateurs ne congnoistront d'aucunes Causes nouvelles, ne aucunes en feront venir pardevant eulz; se ne sont d'Officiers, si comme de Prevos & au-dessus, & non d'autres Officiers au-dessoubz: Et avec ce ordenons que tous Reformateurs particuliers par les pays que Nous ou les Generaulx-Reformateurs de Paris ont faiz, cessent du tout & soient rappellez, & que dores-en-avant aucuns autres nouveaulz n'en soient faiz ne envoiés par lesdiz pays: Et ne [h] predront lesdiz Reformateurs de quelque estat ou condition qu'il soient, autres gaiges que noz Genz de nostre Parlement prennent: Lesquelz [i] il prendront pour le temps qu'il vacqueront audit fait de Reformation & non ailleurs.

f *finir.*

g *sommairement.*

h *prendront.*

i *gages.*

(4) Et oultre voulons que nos Connestables, Mareschaulz, Maistres de nos Arbalestiers, Maistres de nostre Hostel, Maistres de nos Yaues & Forés & tous autres

NOTES.

(a) Tresor des Chartres, Registre 95. Piece 29.

Cette Ordonnance se trouve aussi, Registre du Parlement coté A. *fol.* 56.

Dans le Memorial D. de la Chambre des Comptes de Paris, *fol.* 54. *verso.* & dans le Livre Rouge vieil du Chastelet de Paris, *fol.* 28. *verso.*

Voy. cy-dessous les Lettres du 19. de Novembre suivant.

(b) *Jehan, &c.]* Dans toutes les autres Copies, il y a, Jean par la grace de Dieu, Roy de France, sçavoir faisons à tous presents & à venir, que, &c.

telz Officiers, soient seulement contens de ce qui regarde leurs Offices, sans entreprendre autre chose, selon ce que autrefois a esté ordené.

Toutes lesquelles choses dessusdites & chacune d'icelles ainsi ordenées par Nous, Nous de grace especial, certaine science, auctorité Royal & de nostre plaine puissance, voulons estre tenuës & gardées sanz corrumpre, ne venir à l'encontre doresen-avant en aucune maniere. Si mandons à nostre Prevost de Paris & à son Lieutenant present & à venir, que nostredit Edit ou Ordennance il face tantost crier & publier solemnelment par tous les lieux notables de sa Prevosté acoustumés à faire cris, & ycelles faire tenir & garder en la fourme & maniere que dessus est dit: Et que ce soit ferme chose & estable à tousjours, Nous avons fait mettre nostre Séel à ces presentes *faites & données à* [a] *Rains, le vingtieme jour d'Octobre, l'An de grace mil trois cens soixante & trois.* Par le Roy en son Conseil. FERRICUS. *Visa.* *(c)*

a *Reims.*

NOTES.

(c) Dans le Registre du Parlement, il y a: Donné à Reims, le vingt-un jour d'Octobre, l'An de grace mil trois cens soixante & trois.

Ainsi signé. Par le Roy en son grant Conseil. ROUGEMONT.

Lecta & publicata in Parlamento & ad Hostium Camere, vicesima die Novembris, Anno millesimo trecentesimo sexagesimo-tertio.

Collatio presentis copie facta est de precepto Curie, cum originali signato ut supra, tradito Camere Compotorum, vicesima-quarta die Novembris, Anno millesimo trecentesimo sexagesimo-tertio.

Dans le Registre de la Chambre, il y a: Donné à Reins, le vingt-uniesme jour d'Octobre, l'An de grace mil trois cens soixante & trois. Par le Roy en son grant Conseil ROUGEMONT.

Et dans le Registre du Chastelet, on lit: Donné à Rains le 22.e jour d'Octobre, l'An mil trois cens soixante & trois.

Collacion faite à l'Original, scellé de cire vert & en las de soye, ainsi signé en la marge. Par le Roy en son grant Conseil. Rougemont: & furent publiées en Jugement devant le Prevost, & par les Carrefours de la Ville de Paris, l'An mil trois cens soixante & trois, le Jeud [Jeudi] 16.e jours de Novembre.

Comme l'Ordonnance qui est dans le Registre des Chartres, est signé *Ferricus*, & datée du 20. d'Octobre, & que dans les autres Registres elle est signée *Rougemont*, & datée du 21. on peut croire qu'il y a eu deux Originaux de cette Ordonnance, datez, l'un du 20. & l'autre du 21. Octobre.

Dans la Piece du 19. de Novembre 1363. p. 645. cette Ordonnance est mal datée du 11. d'Octobre.

JEAN Ier & selon d'autres, Jean II. à Reims, en Octobre 1363.

A Paris, en Decembre 1355.

(a) Lettres portant que le Comté de Brienne ressortira au Baillage de Chaumont.

JOHANNES &c. Notum &c. Nos vidisse alias Litteras nostras, formam que sequitur, continentes.

JOHANNES Dei gratia Francorum Rex: Universis presentibus & futuris, Salutem. Notum facimus quod cum dudum Comitatus (b) Brene cum suis pertinentiis, quem tenet dilectus & fidelis Consanguineus noster (c) Galterius Dux Athenarum, esset de pluribus & diversis ressortis in Comitatu Campanie; videlicet ad sedem [b] *Calvimontis &*

b Chaumont.

NOTES.

(a) Tresor des Chartres, Registre 95. Piece 67.

(b) Brene.] *Brienne-le-Chastel*, Ville & Comté dans la Champagne, située sur l'Aube, dans le Diocese de Troyes, assez près de cette Ville. *Hist. Genealog. de la Maison de France*, par les PP. *Ange & Simplicien*, Tom. 6. p. 126. & *le Dictionn. universel de la France.*

(c) Galterius Dux Athenarum.] Gauthier VI. du nom, Comte de Brienne, Duc d'Athenes, fait Connestable de France le 6. de May 1356. fut tué la même année à la bataille de Poitiers. Sa mere se nommoit *Jeanne de Chastillon*, Fille de Gaucher V. Seigneur de Chastillon, Connestable de France. *Hist. Genealog. de la Maison de France*, par les PP. *Ange & Simplicien*, Tom. 6. pp. 165. & 130. D.

JEAN I.er & selon d'autres, Jean II. à Reims, en Octobre 1363.

alibi post hoc ad requisitionem dilecte & fidelis Consanguinee nostre matris dicti Consanguinei nostri, fuisset positus ad unum solum ressortum; scilicet ad ressortum Baillivie Trecensis ad sedem Trecensem, per aliquos Predecessores nostros, quamdiù eorum placeret voluntati, & ultimo hoc fuisset confirmatum per Dominum & Progenitorem nostrum, quamdiu etiam sue voluntati placeret, & in dicto Comitatu Brene diu usum fuerit & utatur consuetudine & usibus Baillivie Calvimontis, ac etiam minus foret dampnosum dicto nostro Consanguineo, apud loca diversa ressortiri, & terras aliquas alias preter dictum Comitatum Brene, habeat in dicto Comitatu Campanie, prout Nobis exposuit, supplicans sibi per Nos super hoc provideri de remedio gratioso. Nos attendentes grata servitia per eum Nobis & nostris Predecessoribus in guerris & aliter, diu & fideliter impensa, & que de die in diem impendere non desistit, de nostra certa scientia, auctoritate Regia & gratia speciali, eidem concessimus & concedimus per presentes, quatinus dictus ipsius Comitatus Brene ac omnia feoda, retrofeoda & [a] gardie, ceterequе Comitatus ejusdem pertinentie universe, necnon & omnes alie terre quas habet dictus Consanguineus noster in dicto Comitatu Campanie, amodo imperpetuum unum solum ressortum habeant, quod tenore presentium damus & assignamus ad Bailliviam Calvimontis ad sedem Calvimontensis Baillivi qui nunc est & qui pro tempore fuerit, de cetero in futurum, mandantes & committentes Baillivio Calvimontis ad presens, & omnibus hiis qui post eum venturi sunt aut eorum Loca-tenentibus, quatinus dictum Consanguineum nostrum, ejus heredes aut successores aut aliter ab eo causam habentes, nostra presenti gratia uti faciant & permittant: inhibentes Baillivio Trecensi, ceterisque universis Justiciariis & Officiariis nostris presentibus & futuris, ne dictum Consanguineum nostrum, ejus feodatos, retrofeodatos & Gardias ac subditos quoscunque, contra tenorem nostre presentis gratie aliquomodo impediant vel molestent, aut impediri vel molestari quoquolibet permittant. Quod ut firmum & stabile permaneat in futurum, presentibus Litteris nostrum fecimus apponi sigillum. Datum Parisius, Anno Domini millesimo trecentesimo quinquagesimo-quinto, mense Decembris.

a Voy. cy-dessus, p. 374. Note (a)

Verum prout ex humili supplicatione dilecti & fidelis nostri (d) Sigerii Domini de Angina ac Comitis Brene predicte, nepotisque & heredis dicti deffuncti quondam Consanguinei nostri, didiscimus quod non obstantibus gratia & concessione nostra predicta, virtute certarum Ordinationum factarum in mense Augusti [b] Anno [c] 61. Baillivus noster Trecensis modernus nitatur dictum supplicantem ac ejus subditos facere ressortiri ad sedem Trecensem, quod est in ejus grande prejudicium ac dicte gratie detrimentum, nisi à Nobis sibi ac ejus succecessoribus salubriter succurratur: idcirco Nos consideratis premissis, & ejusdem supplicationi favorabiliter annuentes, super-scriptas nostras Litteras & omnia & singula in eisdem contenta, rata & grata habentes, ea volumus, laudamus & approbamus, ac tenore presentium de nostris auctoritate Regia, certa scientia ac de gratia speciali confirmamus: Quocirca serie presentium damus in mandatis Baillivio nostro Trecensi qui nunc est aut qui pro tempore fuerit, quatinus supplicantem memoratum ejusve Successores nostris presentibus gratia & concessione uti pacifice faciant & gaudere, ipsos in contrarium nullatenus molestando aut molestari quomodolibet permittendo, dictis Ordinationibus aut aliis quibusvis in contrarium non-obstantibus: Necnon Baillivo nostro Calvimontis presenti & futuro aut ejus Locum-tenenti, quatinus dicto ressorto dicti Comitatus Brene cum suis pertinentiis, utatur, prout faciebat ante impedimentum per dictum Baillivum Trecensem, ut premittitur, appositum. Quod ut firmum &c. nostro &c. Actum Remis, Anno Domini millesimo trecentesimo sexagesimo-tertio, mense Octobris. Sic signatum. *Per Regem ad relationem vestram.* FERRICUS. *Collatio facta est cum Originalibus Litteris suprascriptis.* FERRICUS.

b Voy. cy-dessus, p. 507.

c 1361.

NOTES.

(d) *Sigerii Domi de Angina.*] *Sohier* ou *Siger d'Enghien*, Duc d'Athenes, Comte de Brienne, Fils d'Isabeau de Brienne Sœur & heritiere de Gauthier VI. Comte de Brienne, Duc d'Athenes, lequel mourut sans enfans. *Hist. Genealog. de la Maison de France*, par les PP. *Ange & Simplicien*, Tom. 6. p. 131. C.

JEAN I.er & selon d'autres, Jean II. à Paris, le 19. de Novembre 1363.

(a) Lettres par lesquelles toutes les procedures faites au sujet des dettes deües aux Lombards depuis le mois de Decembre 1347. sont cassées & annullées.

JEHAN par la grace de Dieu Roy de France; Savoir faisons à touz presens & advenir, que comme par grant & meur avis & déliberation de Nous & de notre grant Conseil & pour le proufit, utilité, pais & transquillité de touz les Subgez & habitanz de nôtre Royaume, Nous par noz autres Lettres scellées en laz de soye & en cire vert, qui furent faites & données à Reins, le [a] onzieme jour du moys d'Octobre darrain passé, & signées ainsy. *Par le Roy en son grant Conseil, Rougemont.* aians entre plusieurs autres choses plus à plain exprimées & declairiées en noz dictes Lettres, rappellé & mis au nient de certaine science, de grace espicial, de notre auttorité Royal & de notre plaine puissance, tout le fait des Lombards usuriers, si comme par certaine clause contenue & escripte en noz dictes Lettres puet clerement appatoir: de laquelle clause que Nous avons fait extraire de noz dites Lettres & inserer & escripre en ces presentes, la teneur s'ensuit & est telle. [b] *Et quant au fait des Lombars usuriers,* [c] *& Nous voulons & auxi ordennons ycellui fait estre mis* [d] *& du tout au nient, & que dores en-avant touz Commissaires establiz de par Nous & de par autres sur ce, soient rappellez, & auxi ordennons ycellui fait estre nuls du tout en aucune maniere; Aincois voulons que touz obligez envers lesdiz Lombars usuriers en soient & demeurent quittes perpetuelment sanz riens jamaiz en paier à eulx ne à autres.* Et comme depuis noz dittes Ordenances, aucuns Nobles & autres noz Subgez aient supplié à Nous & à notre Conseil, que plusieurs arrés, [e] mains-mises & autres empeschemens mis en leurs biens, meubles, possessions & heritages soubz umbre & par vertu des debtes & obligations deues auxdiz Lombars usuriers, par plusieurs & divers Commissaires & Sergens, dont mencion expresse n'est faicte en noz dictes Ordenances, Nous voulsissons faire oster, & la clause de noz dictes Ordenances cy-dessus transcripte, plus plainement déclarer: Pour ce est-il que Nous & notre Conseil [f] vueillanz à notre povoir, obvier aux fraudes, malices & baras desdiz Lombars usuriers & de leurs fatteurs, promotteurs & instigateurs, & pourveoir à noz diz Subgez pour eulx garder & defendre de travaux, couz, fraiz, mises & despens, comme tenuz y [g] sontes, & faire le voulons, en empliant & declarant plus à plain la clause de noz dictes Ordenances cy-dessus transcripte, avons ordenné, déclaré & déterminé, & par la teneur de ces présentes Lettres de grace espicial & de notre auctorité Royal, ordennons, declairons & déterminons que toutes lesdittes Lettres & * obligacons desdiz Lombars usuriers & de touz leurs facteurs, faites ou contraitiés avant le [h] sieme jour de Decembre l'An de grace mil troiz cens quarante & sept, que Arrest fu donné en notre Parlement contre lesdiz Lombars usuriers, & [i] à touz les arrés, mains-mises & execucions encommenciés en quelque estat que elles soient, ne chose qui s'en despende, autres empêchemens mis, faiz & encommenciez en & sur les corps, biens, possessions & heritages d'aucuns des Subgez & habitanz de nôtre Royaume, soient personnes d'Eglise, Nobles ou autres, soubz umbre & par vertu desdictes Lettres ou obligacions ou de choses qui s'en depend, ne par quelconques Commissaires, Sergens ou autres deputez, commiz ou establiz, que [k] ce ait esté & soit, soient du tout entierement dores-en-avant comme cassés, vaines, nulles & de nulle valeur, mises au neant & annullées, & par la teneur de ces présentes Lettres, comme cassés, vainnes & nulles,

[a] *Voy. cy-dessus, p. 643. Note (c)*

[b] *Voy. cet Article, cy-dessus p. 642. Art. 2. Il y a quelque difference.*

[c] & est inutile.

[d] & est inutile.

[e] *saisies.*

[f] *voulans.*

[g] Il y a une marque d'abreviation sur ce mot. Il faut corriger, *sommes.*

* *obligacions.*

[h] Ce mot est mal écrit & difficile à lire. Il signifie apparemment, *sixiesme.*

[i] à est inutile.

[k] *quels qu'ils aient esté & soient.*

NOTES.

(a) Tresor des Chartres, Registre 94. pour les Années 1363. & 64. Piece 7. pag. 4. recto.

Voy. l'Ordonnance du 20. d'Octobre 1663. cy-dessus, p. 641.

JEAN I.er & selon d'autres, Jean II. à Paris, le 19. de Novembre 1363.

les annullons & mettons du tout au nient, & donnons en mandement par ces presentes à noz amez & feaulz Conseillers les Genz de notre Parlement & des Comptes à Paris au Prevost de Paris & à touz noz autres Justiciers, & à leur Lieutenant & à chascun d'eulx presens & avenir, que noz Ordenances dessusdictes & ces presentes il tiengnent & gardent & facent tenir & garder sanz enfraindre, & touz arrés, mains-mises & autres empeschemens quelconques, faiz ou mis au contraire, lievent & ostent & facent lever & oster tantost & sanz delay, & sanz autre mandement attendre : Et Nous par ces presentes les en levons & ostons tout à plain des maintenant : & que ce soit ferme chose & estable à touz-jourz, Nous avons fait mettre à ces presentes Lettres, le Seel de notre Chastellet de Paris, en l'absence de notre grant seel : sauf en toute chose notre droit & l'autruy. *Donné à Paris, en la Chambre de nostre Parlement, le dix-neufvieme jour de Novembre, l'An de grace mil troiz cens soyxante & trois. Ainsi signées*

Par le Conseil estant à Paris, ouquel estoient Messieurs l'Arcevesque de Senz, l'Evesque de Chartres, l'Abbé du Jars, Messieurs du Parlement, des Requestes de l'Ostel, des Comptes, les Tresoriers & plusieurs autres. Dyonisy. Leue pour Messire Jehan de Cilly Chevalier. Dyonisy. Collacion de la clause cy-dessus transcripte est faite aux Lettres originaulx. [a] Vis.

a Il y a une marque d'abreviation sur ce mot. *Visa*.

JEAN I.er & selon d'autres, Jean II. à Paris, le 5. de Decembre 1363.

(a) Ordonnance faite en consequence de l'Assemblée des trois Estats tenuë à Amiens.

SOMMAIRES.

(1) Nulle Ville ni quelque personne que ce soit, ne pourra imposer d'Aides sur les Marchandises qui passeront sur leurs terres.

(2) Les Secretaires & les Notaires ne prendront rien pour l'expedition des Lettres qui auront esté approuvées & arrestées par les trois Eslus sur le fait de la guerre.

(3) Le Maistre des Arbalestriers ni aucun autre Officier n'auront aucuns droits sur les habits faits pour les Gens de guerre, ni sur les Fortifications qui ont esté faites.

(4) Le Connestable, les Mareschaux, le Maistre des Arbalestriers, les Tresoriers des guerres ni les autres Officiers ne prendront aucuns droits sur les Gens de guerre, tant que subsistera l'Aide accordée par le peuple; sauf à eux à exercer les droits de leurs Offices dans d'autres temps.

(5) Les Reformateurs suspendront l'exercice de leurs fonctions jusqu'à la S.t Jean-Baptiste prochain. S'il y a devant eux quelques causes qui demandent celerité, elles seront jugées sommairement au Parlement, & les autres seront renvoyées dans les Provinces [ou naturellement elles auroient dû estre jugées,] pour y estre decidées par maniere de Reformation.

(6) Tout ce qui regarde la poursuite des dettes dûës aux Lombards, est aneanti; excepté ce qui est reservé par cet Article.

(7) Toutes prises cesseront.

(8) Toutes Guerres privées cesseront, tant qu'il y aura une guerre publique dans le Royaume.

Si les Seigneurs dans la Jurisdiction desquels demeureront ceux qui contreviendront à cet Article, ne leur font pas leur procès, ils seront assignez eux-mêmes devant le Parlement, [pour répondre sur leur negligence.]

(9) Toutes les executions seront faites par des Sergents Royaux ou par d'autres.

(10) Les Juifs porteront une marque qui puisse les faire reconnoistre, sur les habits de dessus & sur ceux de dessous.

(11) Toutes les Ordonnances du Roy seront de nouveau publiées, & seront observées.

JEHAN par la grace de Dieu Roy de France : Sçavoir faisons à touz presens & à venir, que sur plusieurs requestes à Nous faites par plusieurs Preslaz & autres Gens d'Eglise, plusieurs Nobles tant de notre Sang comme autres, & plusieurs bonnes Villes de notre Royaume qui darrainement ont esté à Amiens à notre mandement, pour avoir avis & deliberacion avecques eulz sur le fait de la [b] guerre & provision de

b *Voy. cy-dessus, p. 635. Note (b)*

NOTES.

(a) Registre A. du Parlement, *folio* 53.

Cette Ordonnance est aussi au Tresor des Chartres, Registre 95. Piece six-vingt & dix.

la deffense de nôtre Royaume, Nous par la deliberacion de notre Grant Conseil, avons ordené & ordenons en la maniere qui s'ensuit.

JEAN I.er & selon d'autres, Jean II. à Paris, le 5. de Decembre 1363.

(1) *Premierement.* Que dores-en-avant aucunne Ville, ne personnes quelconques, soit de notre Sang ou autre, ne mette aucunes Aides pour ledit fait ne autres quelconques, sur les denrées & marchandises qui passeront par leurs destrois, & que dès-maintenant-en-avant, cessent toutes celles Aides imposées en pors ou en autres passages, tant à Paris, à *(b)* Bray, à Melun, comme par tout ailleurs.

(2) *Item.* Que en toutes les Lettres *(c)* qui seront passées par noz amez & feaulz Conseillers l'Evesque de Nevers, le Sire de Chasteillon Souverain Maistre de notre Hostel & Olivier le Fevre generaulz Esleuz sur le fait de la guerre & provision [a] dessusdicte, où les deux d'eulz, touchans ledit fait, noz Secretaires & Notaires qui les auront signées, y mettent que ce est pour Nous, & que riens n'en soit pris à notre Seel; excepté pour les particulieres personnes de ce qu'il requerront à leur singulier prouffit.

(3) *Item.* Que li Maistres de noz Arbalestriers ne autres quelconques Officiers, n'aient riens des [b] abillemens qui seront faiz pour la guerre presente; maiz seront rendus aus Villes qui à leurs despens les auront fait faire: Et aussi n'aient aucunne chose des abillemens & [c] emparemens que les bonnes Gens ont fait en forteresse ou temps passé, soit en Eglise ou ailleurs: Mais leur soit enjoint, & Nous leurs enjoignons par ces présentes, que il se cessent de en riens demander, soit pour cause de amendes ou desdiz abillemens & emparemens, & aussi se cessent de touz autres empeschemens y mettre pour ceste cause.

(4) *Item.* Que le Connestable, les Mareschaulz, ledit Maistre de noz Arbalestriers, Tresoriers des guerres ne autres noz Officiers quelconques, ne prengnent ne aient cause de prendre ou demander durant l'Aide octroyé par notre Peuple pour ledit fait, aucuns drois sur les Gens d'armes qui seront mis sus pour ledit fait, ne qui ont esté [d] mises par les bonnes Villes ou temps passé, pour ce que les [e] missions ont esté & sont prises sur la chose publique: Mais Nous voulons que ce soit sanz préjudice d'eulz ne de leurs Offices ou temps à venir & en autres cas.

(5) *Item.* Que les Réformateurs sursecent dès-maintenant jusques à la Saint Jehan-Batiste prouchain venant: Mais s'il [f] a devant eulx aucunnes causes desirans célérité, selon l'avis de notre Grant Conseil, elles seront oyes en Parlement & sommerement & de plain là déterminées, & les autres renvoïées *(d)* ès pais selon l'avis dudit Grant Conseil, pour en congnoistre par maniere de Reformation.

(6) *Item.* Nous avons mis [g] jus tout le fait des Lombars usuriers; excepté ce qui est reservé pour notre très-chere & très-amée Fille la Duchesse de Normandie; c'est assavoir ce dont composicion à esté faicte à notredicte Fille, ou ce dont Sentence diffinitive à esté donnée, qui passée est en force de chose jugée, & ce qui s'en est ensievy avant ce que Nous meissions à [h] Reins au neant ledit fait desdiz Lombars: Et [i] ce sera levé tant-seulement: Et aussi des Sentences & Jugemens diffinitis donnés par les Commissaires sur ledit fait, dont il a esté appellé en Parlement, lesdictes Causes d'appel seront plaidoiées & poursivées oudit Parlement, & là déterminées selon raison: Et quant au-seurplus, tout est mis au neant, tant des Causes commenchées comme autrement.

(7) *Item.* Que toutes [k] prises cessent selon la fourme des Ordonnances faites après notre Couronnement.

(8) *Item.* Que toutes-voies de [l] fait de guerre, de contrevengement & de

a *de la deffense du Royaume.*

b *habits.*

c *fortifications.*

d *mis.*

e *les dépenses.*

f *y.*

g *aneanti.*

h *Voy. cy-dessus, pag. 642. Art. II.*

i *dans les cas cy-dessus marquez.*

k Voy. la Table du 2.e Vol. des Ordonnances, au mot *Prises,* & cy-dessus, p. 27. Note *(t)*

l Voy. la Preface, §. *Guerres privées.*

NOTES.

(b) Bray.] C'est apparemment *Bray sur Seine*, dans la Champagne, Diocese de Sens. *Dictionn. univers. de la France.*

(c) Qui seront passées.] C'est-à-dire, qui auront esté approuvées & arrestées par les trois Esleus, pour les affaires de leur département.

(d) E's pais.] Où naturellement elles auroient dû estre jugées.

JEAN I.er & selon d'autres, Jean II. à Reims, le 5. de Decembre 1363.

(e) prouffement de quelconques personnes, cessent du tout, tant comme noz ennemis & mal-veillans soient en notre Royaume: Et quicunques fera le contraire par li ne par autres, en [a] appert ne en couvert, il sera en notre plaine voulenté & punis si griefment que ce sera exemple à touz: Et touz leurs biens & des [b] soustenteurs pris & mis en nôtre main par noz Receveurs des [c] leux sanz en faire delivrance ne récréance, jusques à tant qu'il aront esté sur ce [d] adroit, non-obstant quelconques Privileges, Usages, ou Coustumes de quelconques pais à ce contraires: Et s'il avoit aucuns Seigneurs [e] soubz qui les mal-faiteurs fussent demourans, & les Seigneurs ou leurs Officiers fussent sommés de faire cesser telz mal-faiteurs, & il ne le faisoient, lesdiz Seigneurs ou leurs Officiers seront adjournez à certain & competent jour en Parlement, par le premier notre Officier ou Sergent qui sur ce sera requis, sanz autre commission, pour ester à droit sur ce, si comme raison [f] donra.

(9) *Item.* Que dores-en-avant toutes les execucions qui seront à faire tant pour le fait de notre délivrance, comme autres quelconques, soient faites par noz Sergenz Royaulz ou autres ordinaires du pais, & non par autres personnes: Et Nous mandons aus Commissaires sur ledit fait & à tous autres à qui il appartendra, que se il ont ordenné aucuns deputez sur ce autres que lesdiz Sergens, il les rappellent du tout, & Nous dès-maintenant les ostons desdiz Offices & rappellons.

(10) *Item.* Que touz les Juys qui demeurent ou demourront en notre Royaume, portent sur touz leurs vestemens [g] houces, & le signe tel comme ordené a esté par Nous à [h] Reins, sur lesdictes houces par dehors & en tel lieu qu'il puisse estre veu tout à plain, & lesdiz Juys congneus tout appertement: Et aussi sur la premiere robe qu'il auront vestu dessoubz [i] la houce, soit cote, sercot ou autre vestement, afin que quant il auront devestu la houce, il soient congneu comme dit est: Et ce facent sur quonques il se poent messaire envers Nous; c'est assavoir dedans un mois après la publication de ces presentes.

(11) *Item.* Et que toutes noz autres Ordenances faites par Nous, & celles de noz Predecesseurs par Nous confermées en notre joyeux advenement, (f) à la revenuë de notre Sacre en notre Chambre de Parlement, soient de nouvel criées & publiées solennelment par tout notre Royaume, & tenuës & gardées dores-en-avant sanz enfraindre, selont leur forme & teneur: toutes lesquelles choses dessusdictes & chascune d'icelles ainsi par Nous par la délibération dessusdicte ordenées,

Nous de certaine science, grace espécial, plaine poissance & auctorité Royal, voulons & commandons estre tenuës & gardées entierement & perpetuelment sanz corrompre ne venir à l'encontre dores-en-avant en aucune maniere,

Si mandons & commettons par ces presentes à noz amez & feaulz Gens de notre Parlement, au Prevost de Paris & à touz les autres Justiciers & Officiers quelconques de notre Royaume, ou à leurs Lieux-tenans qui ores sont & pour le temps à venir seront, & à chascun d'eulx, que nôtre present Edit ou Ordenance facent tantost crier & publier solennelment en notre Parlement, & ailleurs par touz les lieux notables de leurs Juridictions accoustumez à faire criz, & toutes les choses dessusdictes & chascunne d'icelles, facent tenir & garder en la fourme & maniere que dessus est dit &

a *en public ou en secret.*

b *de ceux qui prendront parti dans leurs guerres.*

c *lieux.*

d *jugez.*

e *sous la Jurisdiction de qui.*

f *donnera.* en ordonnera.]

g *& houces, le signe.*

h *Voy. cy-dessus, pag. 642. Art. I.*

i *espece de surtout.*

NOTES.

(e) *Prouffement.*] Ce mot est presque effacé, mais on croit appercevoir celuy de *Prouffement.* M. de Lauriere avoit lû ainsi. Peut-estre faut-il lire *repouffement.*

Dans le Registre des Chartres, il y a: *Pamessement* ou *Panissement,* ou *Pavissement,* ou *Painsement.* Je n'entends aucuns de ces mots.

(f) *A la revenuë de nostre sacre.*] Le Roy fut sacré à Reims le 26. de Septembre 1350. & il revint à Paris le 17. d'Octobre suivant. Voy. Froissart, L. 1. c. 153. p. m. 175. On ne trouve point d'Ordonnances importantes de ce Roy, avant celle du penultieme de Janvier 1350. laquelle contient differents Reglements sur la Police du Royaume en 252. Articles. [Voy. le 2. Vol. des Ordonn. p. 350.] Je ne sçais si c'est de celle-là dont il est parlé icy, mais elle est posterieure de trois mois & demy au retour du Roy après son sacre.

devise,

devisé, & tout ce qu'il trouveront estre fait, attempté ou innové au contraire, ilz le rappellent & adnullent ou ramainent & remettent, ou facent rappeller, adnuller ou remettre & ramener au premier & deu estat, selont l'Ordenance de chacun Article a chi-dessus escript, & des autres Ordenances dont ces presentes font mencion, sanz delay & quelconques autre mandement attendre. Et que ce soit ferme chose & estable à touzjours, Nous avons fait mettre notre Seel à ces presentes *faites & données à Amiens, le cinquiéme jour du mois de Decembre, l'An de grace mil trois cens soixante & trois. Ainsi signées.* Autre-fois ainsi signées. Par le Roy en son Conseil. ROUGEMONT. Et multiplié du commandement du Conseil. J. DOUHAN.

a *cy-dessus.*

Lecta & publicata in Camerâ Parlamenti, decimâ-quintâ die Decembris, Anno sexagesimo-tertio.

JEAN I.er & selon d'autres, Jean II. à Hesdin, en Decembre 1363.

(a) Ordonnance contenant differents Reglements pour le Jugement des Procès.

SOMMAIRES.

(1) On n'introduira au Parlement que les causes qui doivent y estre jugées; c'est à sçavoir, celles des Pairs de France, de quelques Prelats, Chapitres, Religieux & Religieuses, Barons, Consuls, Eschevins, Communautez, ou de quelques autres qui joüissent de ce droit, soit en vertu de Privileges à eux accordez, soit par un ancien usage; les causes du Domaine, & les appels du Prevost de Paris, des Baillis & Seneschaux, & des autres Juges qui ressortissent nuëment au Parlement: à moins que le Roy ou le Parlement ne juge à propos d'ordonner que certaines affaires seront portées devant le Parlement, pour de justes causes, qui seront exprimées dans les Lettres qui seront expediées à cet effet.

Ce Reglement sera observé par les Gens des Requestes de l'Hôtel & du Palais.

(2) Si quelqu'un appelle de la Sentence d'un arbitre, d'un arbitrateur ou d'un amiable compositeur, au Jugement d'un honneste homme, il ne pourra pas porter cet appel devant la Cour du Parlement.

(3) Lorsqu'on voudra introduire au Parlement une affaire, avant qu'elle ait esté jugée par les Juges qui en doivent connoistre successivement avant luy, le Parlement la renvoyera devant ces Juges.

(4) Trois jours après que les Roolles des Seneschaussées & Bailliages seront publiez, le demandeur ou son Procureur, sera obligé sous peine d'amende, de montrer son adjournement au deffendeur ou à son Procureur, ou de luy en donner copie, s'il la demande: Les Huissiers du Parlement feront trouver à cet effet les demandeurs & les deffendeurs à la porte de la chambre: si le demandeur ne s'y trouve pas, il sera obligé de communiquer son adjournement un autre jour: mais si le deffendeur n'a pas comparu, le demandeur ne pourra plus estre obligé de le luy montrer.

(5) Si le deffendeur demande un délay pour consulter sur son affaire avec son Conseil, ou pour faire faire une vüë & monstrée, ou pour appeller son garant, on ne luy donnera pas un délay d'un an, comme l'on faisoit autrefois; mais un délay qui expirera dans le cours du même Parlement, si cela est possible, & le Commissaire nommé pour faire la vüë, fera adjourner le garant. Quoyqu'un deffendeur en demandant la permission d'appeller son garant, ne se soit pas reservé la faculté de se deffendre, en cas que son garant refuse de prendre son fait & cause, elle luy sera accordée de droit.

(6) Si le demandeur meurt pendant que l'on poursuit le procès, son heritier peut reprendre l'instance, sans estre obligé de prononcer ces paroles: Je reprends les errements.

Lorsque c'est le deffendeur qui est mort, si son heritier assigné pour reprendre l'instance, demande du temps pour consulter son affaire, on ne luy donnera point un délay d'un an, mais on luy en fixera un qui escherra pendant le cours du present Parlement. Pendant que ce délay courera, le demandeur sera obligé de luy monstrer quel est l'estat du procès, de la même maniere qu'il l'auroit dû monstrer au deffendeur, s'il vivoit: le délay estant expiré, l'heritier du deffendeur peut abandonner l'instance ou la reprendre, soit en procedant, soit en prononçant ces mots: Je reprends les errements.

(7) Si le demandeur ne fait pas assigner au prochain Parlement, les heritiers du deffendeur qui est décedé, & que ceux-cy demandent congé, & prétendent que le demandeur a renoncé par là à sa demande; le demandeur soustenant qu'il n'a pas sçû la mort du deffendeur, & offrant d'en faire serment, la Cour pourra recevoir ou refuser son serment, eû égard aux circonstances.

(8) Si les deux parties ou l'une d'elles, concluent simplement & uniquement à ce que leur

JEAN I.er & felon d'autres, Jean II. à Hefdin, en Decembre 1363.

partie adverfe foit deboutée de fes conclufions ; fe refervant la faculté de propofer dans la fuite d'autres raifons, la Cour ne recevra point ces conclufions, & obligera les parties à prendre des conclufions peremptoires ; à moins qu'elles n'appuyent de titres ces conclufions préliminaires.

(9) Lorfque la caufe aura efté plaidée, & que les parties ne s'accordant pas fur les faits, auront efté appointées [en faits contraires,] les Avocats redigeront par écrit les faits pofitifs & deffenfifs *de leurs parties, & ils pourront raifonner fur les caufes de ces faits & fur les confequences qui en refultent, fe refervans la faculté d'employer dans la fuite des moyens de droit.*

Les Avocats figneront les écritures qu'ils feront.

(10) On procedera fommairement dans les caufes qui auront pour objet les Benefices qui font à la collation du Roy : On expofera le fait tel qu'il eft, & on ne propofera aucunes raifons frivoles ou inutiles.

En general, on ne mettra rien dans les écritures de fuperflu, & on évitera les repetitions.

(11) Les appointements dont les parties feront convenuës, feront donnez deux jours après à un Notaire qui en dreffera un Acte en forme.

(12) Les Avocats ne feront entendus que deux fois dans la même affaire. Ils ne repeteront point dans leurs repliques & dans leurs dupliques, ce qu'ils ont déja dit, à moins que cela ne foit neceffaire : ils expoferont les faits le plus briefvement qu'il fera poffible : & s'ils n'obfervent pas ces Reglements, ils feront punis.

(13) Les délais pour donner les Articles ne feront que de trois jours ; à moins que la Cour ne jugea à propos d'en accorder de plus longs.

(14) Lorfque les Articles auront efté donnez, la Cour nommera des Commiffaires devant lefquels les Parties poferont & articuleront les faits dont ils veulent faire preuve : ce qui fe fera dans le terme de quinze jours, lequel les Commiffaires ne pourront prolonger que par la permiffion de la Cour.

(15) Les Commiffaires uferont de diligence pour faire les Enqueftes. On ne recevra plus de procedures feintes, *par lefquelles on prétende prouver que l'on a fait des diligences pour proceder à l'Enquefte. Les Commiffions données pour faire les Enqueftes, ne feront point renouvellées au-delà de deux Parlements, ni au-delà d'un troifieme, quelques raifons que l'on puiffe alleguer ; à moins que ce ne foit par le fait de la Cour que l'Enquefte ait efté fufpenduë. Par exemple, fi après la premiere diligence faite, une Partie ayant demandé que l'Enquefte fût reçüë, la Cour par fon Arreft a ordonné un appointement, le temps donné aux Parties pour faire leur Enquefte, ne courera point, tant que cet appointement ne fera pas jugé,*

La Cour en rendant cet Arreft, fixera un temps pour faire l'Enquefte, s'il y a lieu de renouveller la Commiffion.

(16) Si après que les Commiffaires auront efté donnez, une des Parties fe fert de Lettres d'Eftat, le temps accordé pour faire l'Enquefte, ne courera point à fon prejudice.

(17) Les Lettres d'Eftat ne feront cependant pas admifes indifferemment ; & nonobftant ces Lettres, les Commiffaires ne laifferont pas de proceder à l'audition des temoins, à la requefte de la Partie contre laquelle on aura obtenu ces Lettres, & en l'abfence de celle qui les aura obtenuës : laquelle cependant pourra fournir à la fin de l'Enquefte, fes reproches contre les temoins.

(18) Ceux qui fe ferviront de Lettres d'Eftat pour empefcher la pourfuite d'une de leurs affaires, ne pourront pas pourfuivre les aures, fi ce n'eft du confentement de leurs Parties adverfes.

(19) Les Reglements portez par cette Ordonnance, n'auront point de lieu dans les affaires qui regardent le Roy, & où fon Procureur eft feul partie ; particulierement dans les affaires domaniales.

(20) Les Gens du Parlement uferont de la plus grande diligence qui leur fera poffible, pour terminer les affaires.

(21) L'ancien ftile de la Cour fera obfervé, excepté dans les Articles aufquels il a efté fait quelque changement par cette Ordonnance.

(22) Les nouveaux Reglements feront obfervez même dans les affaires qui font déja pendantes devant le Parlement.

JOHANNES Dei gratia Francorum Rex : Ad perpetuam rei memoriam. Nonnullorum fide digna relatione multorumque querimonia frequenter intelleximus, quod licet Curia noftra Parlamenti fit & effe debeat totius Juftitie Regni noftri fpeculum veriffimum

NOTES.

(a) Regiftre A. du Parlement, *fol.* 54.

Joly a fait imprimer cette Ordonnance à la fin du premier Vol. de fes Offices, dans les additions du L. 1. p. CXLIIII. Il a mis des *Variantes* à la marge : mais il n'a point marqué ni quel eft le Manufcrit qu'il a fuivi dans le texte, ni quel eft celuy d'où il a tiré ces *Variantes*. Son texte eft à peu prés conforme au Regiftre du Parlement, & les Variantes ne changent rien au fens, & il n'y en a aucune qui m'ait paru meriter la preference fur la leçon du texte.

JEAN I.er & selon d'autres, Jean II. à Hesdin, en Decembre 1363.

& origo, ex eaque ceteri nostri Judices & subditi recipere debeant eluscescentis Justitie documenta, per que possint lites summarie dirimere, ipsarum anfractus tollere, & cunctis ad eosdem accedentibus solatium celeris Justitie ministrare: Attamen obstantibus & repugnantibus quibusdam stilis & observantiis diutius in dicta nostra Curia retroactis temporibus observatis, qui tunc pro bono & securitate Justitie fuerunt introducti, nunc vero dilucide tendere dignoscuntur ad noxam, [a] barrisque & dilationibus per Partes ipsas litigantes frequentius exquisitis, Cause in dicta nostra Curia introducte non potuerunt breviter dirimi, sed sunt & fuerunt citra, ymo contra votum Judicantium, in ea protelate: Nonnulle vero earumdem remanserunt omnino [b] deserte; unde sepius contingit illum qui bonam causam foverat, à jure suo cadere, & in expensis adversarii condempnari: Quod Deo & Nobis odibile, ceterisque nostris Judicibus & subditis perniciosum exemplo cernitur & dampnosum. Volentes igitur premissis, ut tenemur, adhibere remedium, nostrosque subditos per Justitie tramitem, a talibus gravaminibus relevare, duximus circa judiciarium ordinem & stilum ac observantias antiquas dicte nostre Curie, salubriter providendum: Et quia propter effrenatam causarum multitudinem, que de facili & absque deliberatione congrua, sed per importunitatem petentium aut aliter, indebite in dicta nostra Curia fuerunt introducte, Cause que jure proprio in dicta Curia debebant agitari, sunt & fuerunt, ut experientia docuit, retardate & ad futurum tunc Parlamentum remisse, idcirco obviandum duximus circa introductiones Causarum in dicta nostra Curia de cetero faciendas.

a proprement tromperies. *Il signifie ici* chicanes.

b abandonnées.

(1) In primis ordinamus & statuimus, quod nulla Causa de cetero in dicta nostra Curia introducatur, nisi sit talis quod jure suo ibidem debeat agitari, sicut sunt cause Parium Francie, nonnullorum Prelatorum, Capitulorum, Religiosorum [c], Religiosarum, Baronum, Consulum, Scabinorum, Communitatum, sive aliquarum personarum quibus hec per privilegia aut antiquam consuetudinem dignoscuntur pertinere: Similiter & Cause proprietatis nostri patrimonii. (b) Cause etiam appellationum emissarum à Preposito Parisiensi, Senescallis & Baillivis nostris aut aliis Judicibus à quibus consuevit sine medio ad dictam nostram Curiam appellari: Inhibentes adjornamentum in Causis aliis in dicta nostra Curia introducendis, preterquam in premissis, concedi, nisi ex causa justa etiam in Litteris super hoc impetrandis, inserta, Nos aut Curia nostra ad introducendam Causam aliquam moveremur. Si vero ad nostram Curiam, omisso medio, contigerit appellari, & ex parte appellantis adjornamentum ad Causam in nostra Curia introducendam petatur, non concedatur adjornamentum; sed Causa coram Judice ad quem appellandum erat, remittatur fine debito terminanda. Et hoc precipimus per Gentes Requestarum Hospitii & Palatii nostrorum, diligentius observari.

c *Joly a ajoûté dans le texte:* ut Sancti Dionysii.

(2) Si quis autem à [d] Dicto aut pronunciatione (c) Arbitrorum, Arbitratorum aut amicabilium Compositorum, ad arbitrium boni viri duxerit appellandum, non liceat appellanti dictam Curiam nostram pro viro bono eligere; nisi Partes aut ipsarum altera de jure suo inibi debeant litigare.

d Sentence.

(3) Quod si per importunitatem aut aliter [e] subreptície, aliquis adjornamentum obtinuerit, sive sit in appellationis aut reclamationis Causa, ad nostram Curiam, omisso medio, interjecte, sive alia Causa que jure suo ad nostram non debeat Curiam ventilari, cognito de subreptione aut potentis importunitate summarie & de plano, audiendo Partem quamlibet semel tantum vel bis, si hoc Curie videatur, remittantur per nostram Curiam ipse Partes ad ordinarium aut omissum Judicem, coram eo processure ut Jus erit: Et Pars impetrans in expensis adversarii condempnetur; nisi Curia ipsa viderit ipsam ab expensis ex causa justa relevandam.

e *Il n'y a dans l'Original que* al. subr. *avec des marques d'abreviation.*

NOTES.

(b) Cause etiam, &c.] Fontanon Tom. I. p. 627. s'est trompé en rapportant cet Article & quelques-uns des suivans, à l'année 1364. Au reste on peut appliquer à la maniere dont il les a fait imprimer, ce qui sera dit cy-dessous p. 654. Note (*p*).

(c) Arbitrorum, Arbitratorum.] Voy. dans Du Cange au mot *Arbitrator*, la difference d'un *Arbitre* & d'un *Arbitrateur*. Le premier est un Juge qui rend une Sentence: l'autre est un ami qui fait un accommodement, dont on peut cependant appeller à l'arbitrage d'un homme de bien.

JEAN I.er & selon d'autres, Jean II. à Hesdin, en Decembre 1363.

(4) Et ut amputetur dilatio que communiter ex Parte [a] Rei pro videndis adjornamentis peti aut requiri consuevit, precipimus & per Curiam nostram precipi volumus & injungi omnibus [b] Actoribus aut eorum Procuratoribus, quod ex quo publicatum fuerit (d) expeditionem Causarum alicujus Prepositure, Baillivie, Comitatus, Ducatus aut Senescallie fieri debere, infra triduum aut quam citius fieri poterit, sine fraude ostendant adjornamenta sua Partibus suis adversis, & eorum copiam tradant, si petita fuerit, aut [c] collationem cum copia Partis adverse, si habeat, fieri patiantur; injungatque Curia omnibus & singulis [d] Hostiariis Parlamenti nostri, quod ad instantiam Actorum aut Procuratorum suorum, vocent ad [e] hostium Camere Defensores aut eorum Procuratores, visuros adjornamenta Actorum: Quod si Actor presens, aut ipsius Procurator in ejus absentia, in premissis negligens extiterit, condempnetur in emenda quadraginta solidorum turonensium, & in expensis Defensoris, si presens fuerit, pro triduo antedicto: Tenebitur tamen Actor aut ejus Procurator iterum facere ostentionem adjornamenti: Sed si Defensor aut ejus Procurator in videndo adjornamento negligens fuerit aut remissus, non tenebitur Actor adjornamentum suum ulterius eidem ostendere; sed procedet cum eo Defensor, ut fuerit rationis.

(5) Actore si quidem & Defensore in nostra Curia judicialiter, aut eorum Procuratoribus constitutis, facta ex parte Actoris petitione sive demenda, si Defensor diem consilii sive advisamenti petierit, si talis fuerit Causa in qua dilatio ad (e) ventam habendam & garandum adducendum cum die consilii dari debuerit, non dentur dilationes annuales, ut preteritis temporibus solebat fieri; sed cum die consilii petita, (f) in eodem Parlamento, si possit fieri, certa dies concedatur ad veutam faciendam, & veuta facta ad garandum adducendum; quem garandum, si quem habere voluerit, per executorem ad veutam faciendam deputandum, adjornari facere tenebitur; alioquin pro ipso adducendo, dilatio nulla detur: Et si garandum quis petierit non faciendo retenutam de Causa defendenda, si garandus defensionem Cause in se non assumeret, volumus quod Defensor in deffectu garandi, ad ipsius Cause defensionem admittatur, si velit.

(6) Nos insuper volentes rebus & non verbis leges imponi, decernimus quod si Actoris persona mutetur pendente judicio, heres aut successor ipsius possit in Causa cum Parte non mutata procedere, & ad procedendum admittatur, etiam absque eo quod verbaliter teneatur dicere arramenta resumo: *Si vero ex parte Defensoris mutatio persone evenerit, heresque aut successor Defensoris ad resumenda arramenta adjornatus, (g) diem appensamenti petierit, & propter hoc dilationem requirat, non sibi tempus annuale ad habendum appensamentum tribuatur, sed infra illud Parlamentum ad quod adjornatus extitit, si possit fieri, appensamenti dies assignetur: Quo pendente, statum duntaxat in quo Causa erat tempore mortis sui predecessoris ipsius Defensoris, Actor ostendere tenebitur, & quem statum Defensori defuncto, si viveret, Actor ostendere tantummodo teneretur, cum heres aut successor Defensoris possit pendente appensamento, si velit, de Causa sive Causis sui predecessoris sufficienter instrui; advenienteque die appensamenti, teneatur heres aut successor Defensoris, Cause ipsius in qua appensamentum habuit, arramenta resumere vel deserere; resumetque tacite in ea procedendo, aut verbo-tenus resumendo, sicut de Actore superius est expressum.*

[a] le Deffendeur.

[b] les Demandeurs.

[c] Copie collationnée.

[d] Huissiers.

[e] la porte.

NOTES.

(d) Expeditionem Causarum.] C'est ce qu'on nomme aujourd'huy *la publication des Rolles*, dans lesquels on trouve l'ordre suivant lequel on doit plaider les appels des Sentences des Baillis & des Seneschaux.

(e) Ventam.] Il y a *ventam* bien écrit dans l'Original : mais il faut lire *veutam*. Il s'agit-là des *vëües & des monstrées* qui avoient lieu, lorsque le Juge faisoit une descente sur les lieux, afin de connoistre par luy-méme ce qui estoit l'objet du procès. Voy. le Glossaire du Droit François de M. de Lauriere, aux mots *monstrée* & *vëüe*.

(f) In eodem Parlamento.] On ne pouvoit, suivant l'ancien stile du Parlement, prendre un adjournement & proceder en consequence, dans le cours d'un même Parlement. Voy. le 2. Vol. des Ordonnances p. 213. IV.

(g) Diem appensamenti.] Du temps pour consulter & pour deliberer, si on poursuivra l'affaire ou non.

JEAN I.er & selon d'autres, Jean II. à Hesdin, en Decembre 1363.

(7) Et si Actor, Defensore mortuo, heredes aut Successores ipsius Defensoris ad tunc proximum Parlamentum non fecerit adjornari, & propter hoc heredes aut successores Defensoris peterent & obtinerent in proximo Parlamento post mortem Defensoris [a] *comparenie, (h) sibi dari, cujus virtute dicant Actorem interruptionem processus fecisse, & ipsum à Causa vel instantia cecidisse, cum ipse Actor sufficiens intervallum habuerit à dicte mortis tempore, usque ad tunc proximum Parlamentum, ad faciendum heredes adjornari; Actor vero asserat se mortem Defensoris ignorare, offerendo se super hoc prestare juramentum, volumus quod attenta qualitate persone Actoris,* [b] *vulgataque fama mortis Defensoris, Curia dictum juramentum admittat, vel non admittat, prout sibi videbitur: Quo admisso, heredes aut successores Defensoris, si adjornati fuerint ad resumenda vel deserenda arramenta, prout superius est dictum, Curia nostra procedere faciat.*

(8) Sublatis igitur diffugiis & difficultatibus, que propter adjornamenta & dilationes in dicta Curia peti consuetas, occasioneque mutationis personarum aut alias, solebant processus in Curia nostra pendentes multipliciter prolongare & nonnunquam perimere, ad ulteriora procedendo, statuimus quod si contingerit ambas Partes aut alteram earumdem, concludere ad finem quod Pars adversa ad proposita vel conclusa per eam non admittatur, volendo in hanc stare conclusionem, faciendo retenutam de procedendo & proponendo ulterius in Causa, quod ad hoc nullatenus per Curiam nostram admittatur, quin teneatur peremptorie concludere, nisi de hiis que ad illum finem proponit, promptam fidem [c] *faciant per instrumenta.*

(9) Causa vero utrinque placitata, & factis negatis, si Partes fuerint apunctate ad tradenda Curie facta sua, volumus quod Advocati in vim juramenti sui, in scriptis tantummodo redigant & Curie tradant facta positiva & dessensiva, & ea que replicando vel duplicando, (i) ex intentione Partium noscuntur, faciendo (k) illationes & conclusiones necessarias: Reservato Partibus de tradendo rationes juris coram Commissariis in Cause conclusione, si ipsis expediens videatur: Ac ut scientia & experientia Advocatorum Curie nostre lucidius appareat, atque ad succinte, bene & [d] *sustentialiter scribendum, intentius animentur, volumus quod Advocati qui scripturas fecerint, in fine scripturarum sub proprio nomine & cognomine se subscribant.*

(10) In Causis Beneficialibus in Curia nostra intentatis ratione collationum ex causa Regalie aut alias jure nostro per Nos factarum seu etiam faciendarum, procedatur velo levato, summarie & de plano, proponendo verum factum sine palliamentis aut rationibus frivolis & non necessariis: Quod etiam servetur in scribendo, si Partes ad scribendum fuerint apunctate: Et quotiens Partes debent ex precepto Curie rationes juris & facta tradere in scriptis per modum memorie, nihil superfluum tradant, nec in scribendo idem bis repetant, & hoc injungatur Advocatis & Procuratoribus in vim prestiti juramenti.

(11) (l) Apunctuamenta vero per Partes accordanda aut aliter per cedulas tradenda, à Partibus vel eorum Procuratoribus infra biduum vel triduum tradentur in scriptis Notario cui Littera injuncta fuerit facienda: Et hoc injungatur Procuratori sub pena prestiti juramenti.

a comparentes.
b le temps où l'on a pû sçavoir la mort.
c faciat.
d substantialiter.

NOTES.

(h) Sibi dari, &c.] Il y a dans Joly *sibi dari congedium.* En effet, il manque-là un mot, & il y a grande apparence que c'est celuy-là.

(i) Ex intentione Partium.] Je crois que cela peut signifier, que les Advocats pourront non seulement rendre compte des faits, mais encore expliquer quel a esté le motif & l'intention des Parties, lorsqu'elles ont fait certaines choses.

(k) Illationes.] Ce mot peut venir d'*Infero* pris dans le sens où il signifie, *tirer une consequence d'une chose, en conclure, &c.* d'où on a fait le mot françois *Inferer. Illatio* peut donc signifier icy, *une consequence tirée d'un fait.*

(l) Apunctuamenta, &c.] Cet Article qui est à la marge du Registre avec un renvoy, est très difficile à lire, soit par rapport aux abbreviations, soit par rapport à la petitesse des caracteres qui sont très serrez & presque effacez. Il y a *appunctuamenta vero per Partes accord.* & au-dessus *da* en interligne, *aut al.* avec une marque d'abbreviation, *per cedut* avec une marque d'abbreviation: On pourroit aussi lire *cedul.* Le reste est assez lisible, à l'exception du mot *injuncta*, où il a fallu deviner.

Voicy comment ces mots se lisent dans le

JEAN I.er & selon d'autres, Jean II. à Hesdin, en Decembre 1363.

(12) Nullus Advocatus admittatur sive ex parte Actoris sive ex parte Defensoris, ad placitandum aut aliquid proponendum ultra bis duntaxat, juxta antiquum stilum : Et Advocatis Curie nostre firmiter injungatur, quod replicando vel dupplicando, à repetitionibus prius propositorum vel dictorum abstineant, nec ea que in primis propositis dixerint, refricent, nisi prout fuerit necesse; & quod in factis proponendis breviores, prout potuerint, existant; intimando eisdem quod si fecerint contrarium, graviter punientur.

(13) Volumus insuper quod dilatio de tradendis Articulis infra tres dies ab antiquo concessa, firmiter observetur ; nisi Curia longiorem dilationem concesserit, & ex causa.

(14) Articulis igitur traditis, dentur per Curiam Commissarii (m) ad concordandos articulos sine sumptu : Teneantur insuper Partes ipse infra quindenam articulos concordare, nec poterunt datum terminum autoritate sua absque licentia Curie, ulterius protelare.

Concordatis articulis, dentur Commissarii pro veritate super factis Partium inquirenda : Et si ambe Partes vel earum altera, Commissarium vel Commissarios (n) cum adjuncto de Partibus petierint, eisdem concedatur : Qui Parlamento sedente & non sedente, procedere poterunt ad inquestam super factis Partium faciendam.

(15) Postquam dati fuerint Commissarii ad inquirendum veritatem super factis Partium, diligentiam faciant Partes cum suis Commissariis infra tempus debitum, nec de cetero (o) ficte diligentie recipiantur, nec Commissiones ultra duo Parlamenta; vel ex causa, ultra tertium Parlamentum renoventur ; nisi per Curiam steterit quominus in inquesta procedatur : Veluti si post primam diligentiam, altera Partium petat inquestam ad finem debitum recipi, & super fine debito Partes apunctate fuerint in arresto, quo pendente tempus Partibus non currat.

Volumus tamen quod Curia in dicto Arresto reddendo, Partibus tempus prefigat ad perficiendam inquestam, in casu quo Commissio fuerit renovanda.

(16) Si vero Commissariis datis, contigerit alteram Partium uti Literis Status, tempus non currat Parti ipsas producenti, ad diligentias faciendas.

(17) Nolumus tamen Literas Status indifferenter admitti, sed eis non-obstantibus, volumus in Causis procedi & per Commissarios testes recipi & examinari ad instantiam

NOTES.

stile du Parlement, *pars 3.a Tit. 15. §. 1.o* p. 507. col. 1. dans les Oeuvres de du Moulin, Tom. 2. Edit. de 1681.

Appunctuamenta vero per Partes concordanda, aut alias per schedulas tradenda, à Partibus vel eorum Procuratoribus infra biduum vel triduum tradantur in scriptis Notario cui fuerit injuncta Littera facienda : & hoc injungitur Procuratoribus sub pœna præstiti juramenti.

Cet Article n'est pas dans Joly.

(m) Ad concordandos articulos.] Il paroist par l'Article suivant, que ces mots signifient, que les Parties poseront & articuleront les faits desquels ils demandent à faire preuve.

(n) Cum adjuncto de Partibus.] Voicy comment je conjecture que l'on peut entendre ces mots qui ne presentent pas un sens bien clair.

Il est dit dans l'Art. 12. de l'Ordonn. du mois de Mars 1356. *[Voy. cy-dessus, p. 131.]* que les Enquestes seront commises, si les Parties le requierent, à bonnes personnes des Pays dont les Parties seront : *& ou cas que l'une des Parties vauldroit avoir Commissaires du Pays, & l'autre du Parlement, Nous voulons & ordonnons que la Commission s'adresse à un des Conseillers dudit Parlement, tel comme la Cour ordonnera, adjoint avec luy un preud'homme du Pays de l'autre Partie.*

Je crois que nostre Article renouvelle cette disposition, & qu'il signifie, que si les Parties demandent qu'on joigne aux Commissaires de la Cour, une personne de leur Pays, on le leur accordera.

(o) Ficte diligentie.] Ce sont apparemment les procedures par lesquelles il paroissoit qu'on avoit fait des diligences pour proceder à l'Enqueste, quoyque réellement on n'en eust pas fait.

(p) Si vero, &c.] Si l'on veut se donner la peine de voir comment Fontanon a fait imprimer cet Article & le suivant, dans son premier Vol. p. 610. on sentira combien une nouvelle compilation des Ordonnances estoit necessaire. Il a adjousté des mots au texte de ces Articles, il en a retranché d'essentiels, il y en a quelques-uns qu'il a mal lûs dans l'Original, comme *reprobabilibus*, au lieu de *reprobationibus;* & apparemment par la faute de l'Imprimeur, il y a un *non* de supprimé, qui change entierement le sens de l'Article. Voicy l'Article tel qu'il est dans Fontanon.

Si Commissariis ad inquirendam veritatem datis, alteram Partium Litteris Status uti contigerit, alteri Parti tempus currat producenti

Partis contra quam Status producetur; non-obstante absentia Partis Literas Status producentis: Salvis eidem (q) nominibus & reprobationibus testium, si tradere voluerit in fine inqueste.

JEAN I.er & selon d'autres, Jean II. à Hesdin, en Decembre 1363.

(18) Utentibus autem Literis Status in aliqua Causarum suarum, interdicimus in aliis Causis suis aut earum aliqua, invitiis suis adversariis, placitare; & de cetero de Literis Status illam clausulam adimi volumus, qua solitum erat concedi, quod si impetrans in aliqua Causarum suarum placitare vellet, ad hoc etiam absque gratia, admitteretur.

(19) Presentes autem Ordinationes ad Causas nostras quas Procurator noster solus prosequitur, potissime patrimonium sive nostrum domanium concernentes, volumus non extendi.

(20) Gentes nostre que nostrum tenent aut tenebunt Parlamentum, diligentes existant in consulendis & proferendis arrestis & Causarum expeditionibus: Sicque poterit subditis nostris solatium Justitie celeriter ministrare.

(21) In ceteris autem preter quam in premissis, stilis antiquus & Ordinationes Curie non mutentur; sed eas volumus firmiter observari.

(22) Presentes autem Ordinationes non solum ad Causas de novo in nostra Curia introducendas, sed etiam ad jam pendentes extendi volumus & jubemus.

Quod ut perpetue firmitatis robur obtineat, presentes Literas fecimus sigilli nostri apensione muniri. Datum apud Hisdinum, Anno Domini millesimo trecentesimo sexagesimo-tertio, mense Decembris. *Per Regem.* MELLON.

NOTES.

sed eis nonobstantibus per Commissarios in casu precedi, testes recipi, & examinari ad instanciam Partis contra quam Littere Status producentur, ipsius producentis absentia nonobstante, volumus: salvis tamen eisdem nominibus & testium reprobabilibus: utentibus autem Litteris Status, in aliqua Causarum suarum, interdicimus in aliis Causis, invitis suis adversariis, placitare: de ceteroque in Litteris Status, illam clausulam adimi volumus, que solita erat concedi: quod si impetrans in aliqua Causarum suarum placitare vellet, ad id etiam absque gratia admittatur.

Voy. cy-dessus p. 651. Note (b).

(q) *Nominibus & reprobationibus.*] C'est-à-dire, apparemment, les noms des temoins qu'il voudra recuser.

JEAN I.er & selon d'autres, Jean II. à Hesdin, en Decembre 1363.

(a) Confirmation des Lettres de Guillaume Evesque de Langres, concernant les Privileges de cette Ville.

SOMMAIRES.

(1) *Les poids, les balances & les mesures, (excepté les aulnes & les pots de vin) seront marquez. On ne pourra se servir que de ceux & de celles qui le seront; & si on en trouve qui ne le soient pas, dans des lieux où l'on a accoustumé de vendre, ceux à qui elles appartiendront, seront condamnez à l'amende, aussi-bien que ceux qui se serviront d'aulnes trop courtes.*

On ne pourra emporter les poids, balances & mesures, du lieu où on les trouvera, pour éprouver si elles sont justes, à moins qu'on n'y remarque quelque deffaut apparent.

(2) *Celuy qui sera déchû de l'appel par luy interjetté de la Sentence du Prevost de Langres, ou qui y renoncera, sera condamné à une amende de six sols.*

(3) *Salaires du Clerc du Prevost de Langres.*

(4) *On ne peut saisir les biens d'une personne, avant qu'elle ait esté condamnée par une Sentence.*

(5) *Les Sergens ne pourront estre Regratiers, Courretiers ni Marchands de vivres; si ce n'est de pain & de vin.*

(6) *On donnera vingt sols au Juge,* pour mettre la Bannie ou Finage de Langres.

(7) *Dans les affaires où il ne s'agira que de meubles, & où l'objet de la contestation n'excedera pas vingt sols tournois, les Parties ne seront pas obligées de faire des écritures.*

(8) *Les Habitans pourront mettre du poisson dans la Fontaine de* Murot, *sans qu'à cette occasion, on puisse lever aucun droit sur eux.*

(9) *Ceux qui crient à la mort* [au meurtre] *sans necessité, seront condamnez à l'amende.*

JEAN I.er & selon d'autres, Jean II. à Hesdin, en Decembre 1363.

(10) Ceux qui se presenteront en Jugement avant le jour auquel ils sont assignez, ne payeront pas d'amande; mais ils y seront condamnez, s'ils se presentent après ce jour.

(11) Par rapport aux droits prétendus par l'Evesque sur le Sel qui sera amené à Langres par des Marchands estrangers, ou qui y passera seulemment, sur l'Aminage ou quelques autres droits, l'on executera ce qui est contenu dans le Terrier de l'Evesque.

Reglement pour le droit dû pour le Sel.

(12) Les habitans seront crûs à leurs serments, lorsqu'ils jureront qu'ils ont payé les droits des denrées qu'ils ont venduës ou achetées, à moins que le Ventier ne les trouve vendans ou achetans.

(13) Les habitans pourront vendre du Sel sans payer aucuns droits; à moins qu'ils ne le vendent dans la halle ou sur une place appartenante à l'Evesque; car alors ils luy devront un droit.

(14) Les droits qui seront levez sur les marchandises venduës dans des places, seront payez aux habitans à qui ces places appartiendront.

(15. 16. 17 & 18) Droits sur des drogues propres à la teinture, sur l'huile, les harangs & le vin.

JOHANNES &c. Notum facimus universis presentibus & futuris, Nos quasdam patentes Litteras sigillo dilecti & fidelis Consiliarii nostri [a] *Guillelmi Episcopi & Ducis Lingonensis, sigillatas vidisse, formam que sequitur, continentes.*

a Voy. cy-dessus, p. 249. Note (b)

NOus Guillaumes par la grace de Dieu Evesque & Duc de Lengres, faisons sçavoir à touz ceulz qui verront & orront ces presentes Lettres, que comme [b] descort feust meu ou [c] esperé à mouvoir entre Nous & les Habitans de nostre Cité de Lengres, sur ce que lesdiz Habitanz disoient & maintenoient plusieurs griefs, exactions & nouvelletez indeuës à [d] leur ou aucun d'eulx, estre faites ou faiz par Nous, noz Officiers, Vicaires, Baillifs, Prevoz, [e] Ventiers, Sergens & autres Officiers ou Commis, ou [f] au mains Nous efforciens du faire contre leurs Privileges obtenuz par eulx & à eulx donnés de nos Predecesseurs Evesques & Dux de Lengres & par noz Souverains [g] conformez, & aussi contre leurs bons Usages, Droiz, Franchises & Libertez enciens, de & par tel temps dont il n'est memoire du contraire, gardez paisiblement, laquele chose redondoit ou très-grant grief & prejudice desdiz Habitans conjointement ou divisiecement, si comme il disoient:

b *contestation ou procez.*
c *craint.*
d *eux.*
e *Voy. cy-dessus, p. 250. Note (h)*
f *au moins.*
g *confirmez.*

(1) (b) Et par especial disoient & maintenoient que contre leursdiz Privileges ou Usages, Franchises, Droiz & Libertez, Nous ou nostredit Officier ou Commis prenions ou faciens [h] penre leurs mesures, poys ou balences, pour esprouver se elles estoient vrayes; combien que l'en ne les trouvast *(c)* tonnel ou en apart sur estal que l'en usast presentement.

h *prendre.*

(2) Item. Que par yceulx Privileges ou Usages & Franchises, Nous ou notre Prevost de Lengres ne deviens avoir que six solz tournois, pour amande, de cellui qui appelloit de l'Audience de nostre Prevost; [i] feust que subcombast, [k] dechoust ou renonçast de ou [l] son appel.

i *quoiqu'il.*
k *déchust.*
l *à.*

(3) Item. Que aucuns desdiz Habitans ne doit estre [m] gagié pour amande de par Nous ou autres de noz Officiers ou Commis, devant Sentence donnée pardevant cellui [n] qui il seroit en plaist, & Nous ou nostredit Officiers, Nous estiens efforciez & efforciens de faire le contraire.

m *sujet à la saisie de ses biens.*
n *devant qui il plaideroit.*

(4) Item. Disoient aucun de noz Sergens ou de nostre Bailli ou Prevost, non devoir estre [o] Regretier, [p] Corretier ou Marchant; maiz bonne personne sanz [q] diffame.

o *Regratier.*
p *Courratier.*
q *reproche.*

(5) Item. Que nostre Prevost s'afforçoit de [r] penre oultre vint solz tournois

r *prendre.*

NOTES.

(a) Tresor des Chartres, Registre 91. Piece 502.

(b) Et par especial, &c.] Les habitans exposent d'abord de suite, les differents chefs de leurs plaintes, sur chacun desquels l'Evêque fait ensuite des Reglements, qu'il est bon de confronter avec les plaintes des habitans, pour mieux entendre les uns & les autres.

(c) Tonnel ou en apart.] Ce dernier mot vient d'*apparoistre*, & signifie *en évidence*, sur l'*estal* ou *comptoir*. Je ne sçais ce que *tonnel* signifie.

pour

pour raison de mettre la [a] bannie; ce que il ne povoit ou devoit faire.

JEAN I.er & selon d'autres, Jean II. à Hesdin, en Decembre 1363.

(6) *Item.* Que nostre Prevost s'afforçoit indeuement de *(d)* faire mettre par escript à miserables personnes ou autres, en petites causes que l'en plaidoit pardevant li, & le deffaillant de ce tournoit en deffaut, & son Clerc s'afforçoit de prendre excessivement salaires de [b] Actes & Memoriaux.

(7) *Item.* Que il loüoit ou bailloit à Ferme la garde du poisson de la fontaine de Murot; ce que il ne devoit.

(8) *Item.* Que nostre Prevost dessusdit s'afforçoit d'avoir amande de trente-deux solz six deniers de l'ome, & la moitié de la femme qui de nuit crie à la [c] mort; ce que il ne doit faire.

(9) *Item.* Que ledit Prevost s'afforce de lever amande de cellui qui se presente devant li, avant l'eure à li assignée, [d] qui est contre raison.

(10) *Item.* Que nostre Ventier s'afforce de prendre & lever vente desdiz Habitans; supposé que yceulx s'offrent de jurer que il aient païé, [e] ne puet ou doit faire.

(11) *Item.* Que nostredit Ventier s'afforce indehuement de lever profit pour cause d'Estal, place ou huche, desdiz Habitans ou Forains vendans dessus [f] places ou pavemens desdiz Habitans, soubs toit ou hors; ce que il ne doit.

(12) *Item.* Que nostredit Ventier s'afforçoit de lever proffit desdiz Habitans qui sel admenoient en nostredite Ville de Lengres, ou dehors, & empeschoit ledit sel mesurer ou vendre à leurs mesures ou mettre en leurs greniers ou huches.

(13) *Item.* Oppressoient nosdiz Ventiers les Marchans estrainges amenans ou vendans sel en nostredite Ville, en exigeant excessivement les [g] debites acoustumées pour les chevaux, [h] chers & cherrettes, [i] geloinie ou mesure, ou grant grief & prejudice que dessus.

(14) *Item.* Lesdiz Ventiers s'afforçoient indeument de lever vente de [k] galance & de poussercte de russel.

(15) *Item.* De lever excessivement vente ou les autres debites, de menans chevaux, [l] chers ou cherrettes par la Ville dessusdite; de lever aussi [m] aminage de Boulengiers, faisans ou vendans pain de blef de leur labour; de lever aussi excessivement vente ou les autres debites, de [n] chastrons venduz, de vendeurs [o] huile ou harans; & aussi de lever amande de soixante & cinq solz desdiz Habitans, se il vendent vin, le [p] ban crié de par Nous, devant ce que ledit Ventier soit alez par les Hostelx desdiz Taverniers, ou à yceulx signifié ledit ban.

Disans yceulx Habitans Nous & nozdiz Officiers, eulx [q] d'avoir tenir & garder en yceulx Privileges, Usages, Franchises & Libertez, & ce qui est fait au contraire, [r] d'avoir estre repairé.

Pour ce est-il que Nous considerans paix, amour & [s] unité entre Nous & lesdiz Habitans tant noz Subgez comme autres, estre gardées, voulans user envers eulx de raison, loyaulté & equité seulement & [t] eschuir toute [u] discention & contens qui estre pourroit sur ce, entre Nous & eulx; lesquelles discentions pourroient redonder ou très-grant dommage de Nous & de nostredit Eveschié, Nous [x] summes à plain enformez des choses dessusdites, & par grant avis, deliberation & conseil, avons cogneu & confessé [y] ou non que dessus, & de certaine science congnoissons, confessons & declairons, & avec ce voulons & ordennons pour Nous & noz Successeurs, sur lesdiz griefs & choses dessusdites & autres, en la maniere qui s'ensuit.

(1) *Et premierement.* Que tous poys, balances & mesures desdiz Habitans, ès & desquelx l'en a acoustumé *(e)* & vendra-l'en peser ou mesurer [exceptez aulnes &

a *Voy. cy-dessous, p. 658. Note (g)*
b *des Pieces que l'on produisoit, & des Procedures que l'on faisoit.*
c *Voy. cy-dessous, p. 659. Note (k)*
d *ce.*
e *& ce.*
f *place ou pavé appartenant aux Habitans.*
g *droits.*
h *chars.*
i *Voy. cy-dessous, p. 659. Note (p)*
k *Voy. cy-dessous, p. 660. Note (r)*
l *chars.*
m *Voy. cy-dessous, p. 659. Note (m)*
n *Voy. cy-dessous, p. 659. Note (o)*
o *d'huile.*
p *Voy. cy-dessous, p. 661. Note (t)*
q *devoir.*
r *devoir estre reparé.*
s *union.*
t *eschiver, eviter.*
u *dissention & dispute.*
x *sommes.*
y *au nom que dessus.*

NOTES.

(d) Faire mettre par escript, &c.] Le Prevost obligeoit de faire des Ecritures ou des Memoires dans les plus petites affaires, & il donnoit des deffauts contre ceux qui refusoient de le faire.

(e) Et vendra-l'en.] On pourroit aussi lire *veudra;* & je crois que cela signifie les poids & les mesures dont on s'est servi par le passé, & dont on *voudra* se servir par la suite.

JEAN I.er & selon d'autres, Jean II. à Hesdin, en Decembre 1363.

pos pour buveurs, qui au moins puissent tenir la mesure [a] seignée] se [b] seigneront dedans la Feste de prouchain Pasques, à certain [c] seing & competent de par Nous. Et à ycelles mesures & pois seulement, pourront vendre lesdiz Habitans, & non à autres non seigniez d'icellui seing; & se seigneront [d] parmi le pris acoustumé pour un seing: Et qui trouvera pois ou mesure non seigniez (exceptez aulnes [e] pos pour buveurs dessusdiz) & pois acoustumez à peser à autre poiz que du nostre, en la chambre, boutique ou celier où l'en vendroit communement, parquoi suspeccon juste puisse estre de vendre à ycelles, elles seront reputées fausses, & en paieront les tenens aussi l'amande. Et aussi ceulx qui [f] mesuroient à courte aulne, ou les tendroient esdiz lieux [g] sambleblament, & ne povons ou nostredit Officier, ne dores-en-avant ne pourrons penre lesdites mesures ou poiz seigniez, pour [h] adjuster autre part que au lieu [i]; se [k] y n'y apparoist de vice aucun ou deffaut notable; maiz bien la pourra nostre Prevost veoir & visiter [l], se deffaut ou vice y apparoist, [m] ou au lieu adjuster; auquel adjustement la Partie sera presente & appellée.

(2) Item. Se aucuns desdiz Habitans appelle de l'Audience de nostredit Prevost de Lengres, & il chiest de sondit appel, ou il [n] renonce, Nous ou aucuns de nozdiz Officiers, ne povons, devons, ne ou temps à venir pourrons avoir ou lever pour ce amende de cellui appellant, que six solz tournois.

(3) Item. Ses Clers ne pourra prendre que six deniers tournois, Monnoie courant par le temps, pour chacun Memorial, Escripture & Séel.

(4) Item. Ne pourrons ou nostredit Officier [o] gaigier ou faire gaigier directement ou indirectement, aucun devant Nous ou leur *(f)* paidoient pour cause d'amande d'icelui cas, devant Sentence donnée contre li en ladite Plaidoierie.

(5) Item. Devons & devrons & nostre Officier [p] mettre & tenir telx Sergens en ladite Ville, qui ne soient Regratier, Courretiers ou non Marchans publiques de [q] vitaille; exceptez pain & vin, & non autres.

(6) Item. Ne povons, ne devons ne nostredit Officier, Prevost ou autre, avoir ou lever pour raison de mettre *(g)* la bannie ou finage de Lengres, que vint solz tournois, Monnoie courant par le temps acoustumé; & non plus, pour quelque [r] eschoison ou cause que ce soit, pour son Clerc, Sergent ou autre: Sauve l'amende de recousse, se elle y eschet.

(7) Item. Ordennons meesmement à la requeste desdiz Habitans, [s] que en ce cas Nous ont supplié & de leur consentement quant à ce, que en toutes causes de biens, droiz & *(h)* chastelz qui ne toucheront heritage & ne excederont la somme ou valuë de vint solz tournois [t] ou principal pendent, [u] ou qui seront [x] ventilées devant nostre Prevost de Lengres, que l'en y procede & face les Parties proceder, & à ce soient tenues par pures peremptoires & sans mettre en escript de par lesdites Parties, se elles conjointement ne s'accordent au contraire; c'est assavoir [y] au bailler par escript & dilatoirement y proceder, ne autrement pour ce ne seroient tenues lesdites Parties: Et aussi par samblable maniere, devant nos Commis ou Vicaires ou Baillifs *(i)* qui la cause rappelleroient de l'Audiance du Prevost à leur Audience, ou premiere face

a *marquée.*
b *marqueront.*
c *marque.*
d *moyennant.*
e *&.*
f *mesureroient.*
g *semblablement.*
h *éprouver si elles sont justes.*
i *où on les trouvera.*
k *il.*
l Il faut ajoûter: *hors du lieu où on les trouvera.*
m *ou l'éprouver sur le lieu même.*
n *y.*
o *faire une saisie.*
p *doit & devra.*
q *vivres.*
r *occasion.*
s *qui*
t *au.*
u *&.*
x *pour lesquelles il y aura Procez.*
y *à.*

NOTES.

(f) Paidoient.] Je n'entends pas ce mot: peut-estre est-il corrompu : & il y a aussi apparence que le Copiste a oublié quelques mots dans cet Article. Car on ne voit pas à quoy se rapportent ces mots: *iceluy cas.*

(g) La Bannie ou Finage de Lengres.] *Finage*, ce sont les bornes & le territoire d'une Justice, & on les nomme aussi *Ban.* V. M. de Lauriere, Gloss. du Droit Franç. au mot *Finage. Mettre la Bannie ou Finage de Langres*, peut signifier, faire une descente sur les lieux, pour determiner si un certain lieu est de la Justice de Langres. On donnera au Juge vingt sols pour une descente sur les lieux. Si quelqu'un fait *recousse*; c'est-à-dire, s'il s'oppose par voye de fait, à la descente sur les lieux, il sera condamné à l'amende. V. sur ce mot *recousse*, cy-dessus, p. 396. note *(h)*

(h) Chastelz.] *Catels.* Ce sont des choses qui de leur nature sont immeubles, & qui cependant sont reputez meubles, comme les blancs bois, &c. V. le Gloss. du Droit François par M. de Lauriere, au mot *Catel.*

(i) Qui la cause rappelleroient.] Je crois que cela peut signifier, soit que l'affaire soit portée par un appel devant le Bailli, ou qu'il

en vouldroient recognoistre d'icelle que ventiler se puet devant ledit Prevost entre les Parties.

JEAN I.er & selon d'autres, Jean II. à Hesdin, en Decembre 1363.

(8) *Item.* Cognoissons & ordennons comme dessus, que Nous ne nostredit Prevost ne pourrons lever ou bailler à Ferme la garde du poisson de la fontaine du Murot ou d'icelle fontaine, ne aussi prendre ou lever aucun proffit des y mettans poissons, ou autre pour occasion de la mise ou garde dessusdite; mais y pourront franchement mettre lesdis Habitans leurs poissons & li faire garder, se il leur plaist.

(9) *Item.* Se aucuns desdiz Habitans (k) crie de nuit à la mort, sanz cause raisonnable ((l) de laquelle savoir il sera creuz, soit home ou feme, par son sairement, se souffisaument se povoit monstrer la cause) il paient pour ce six solz tournois Monnoie courant, pour amande; c'est assavoir li homs; & la feme criant aussi, trois solz; & plus n'en povons ne devons avoir, selon lesdiz Privileges & Usages.

(10) *Item.* Se aucuns desdiz Habitans est adjornez pardevant Nous ou aucuns de nosdiz Officiers à certain jour ou heure, & il se presente paravant, pour cause de faulx (*) present, il ne doit ne devra point d'amande; mais se il ne vient à heure deue & assigné, il paiera l'amande.

(11) *Item.* Quant aus [a] debites & poins touchant le fait des Marchans estranges amenans, [b] deschargens, mesurans ou [c] passens sel en ladite Ville de Lengres, & aussi pour le debite de chevaux portans bast, dechargens en ladite Cité ou [d] trespassens ycelle, ou de chevaux menans [e] chers ou charrettes à vuides, trespassans par ledit lieu.

Item. Quant à (m) l'aminage que le Ventier demande aus [f] Talemetiers de blef (n) que il cuient qui en leur labeur & heritage; & aussi de la vente ou debite pour (o) chastrons venduz ou achetez, l'en tenra ce qui est sur ce escript ou nostre terrier; (p) reservé & ordené que pour la galoingnie du sel que l'en doit à Nous, l'en paiera rés le bacinet acoustumé pour Nous, à penre par le Ventier en autre [g] cas, ou un bacinet se fera tenens rés seulement une geloingnie commune: Lequel bacinet plaing rés sans changier, ledit Ventier penra seulement pour ladite gelonngnie, & ycelle &

a *droits.*
b *déchargeans.*
c *faisant passer.*
d *passans par icelle.*
e *chars.*
f *Patissiers & Boulangers.* Voy. cy-dessus, p. 657. Art. 15.
g *Voy. p. 660. Note (p)*

NOTES.

l'évoque à luy en premiere instance, pour connoistre si elle est de la competence du Prevost.

(k) *Crier à la mort.*] C'est apparemment la même chose que, *crier au meurtre.* Pour expliquer ce que c'est que ce cri, il suffit de copier icy le Chap. 148. de la très ancienne Coustume de Bretagne, tel qu'il est dans le Gloss. du Droit François de Lauriere au mot, *cri de feu ou de meurtre.*

Tous & toutes doibvent aller au cry communement, quand cry de feu ou de meurtre ayent, & ayder au besoing; s'il y a mesfaisans, ils doibvent estre punis & rendus à Justice, & ne doibt nul lever le cry sans cause; car s'il le fait, il le doit amender à Justice & à Partie; & qui ne fait son devoir, doibt estre puni selon le mesfait. Voy. cy-dessus p. 251. Note (l).

(l) *De laquelle savoir, &c.*] Je crois que cela signifie, que s'il y a eu réellement occasion de *crier à la mort;* par exemple, si on a attaqué quelqu'un, celuy qui a crié, sera crû à son serment, lorsqu'il affirmera qu'il en avoit connoissance.

(*) *Present.*] Cela peut signifier, *parce qu'il s'est presenté à faux, mal à propos.*

(m) *L'Aminage.*] C'est sans doute la même chose que le *minage*, droit qui se leve sur les bleds que l'on mesure. Voy. cy-dessus p. 365. Note (i).

(n) *Que il cuient.*] Je crois que cela signifie, qu'ils recüeillent de leurs heritages, & qui provient de leur labeur. Voy. cy-dessus p. 657. Art. 15.

(o) *Chastrons.*] Un Bourguignon m'a dit que dans son Pays, on nomme *Chastron*, un petit veau chastré.

(p) *Reservé & ordonné, &c.*] Pour parvenir à entendre le reste de cet Article, il faut d'abord expliquer quelques termes.

Galoingnie. A la fin de cet Article il y a, *gelonngnie;* cy-dessous dans l'Article 13. il y a *geloingnie,* & cy-dessus p. 657. Article 13. il y a *geloinie.*

Il paroist par nostre Article, que c'estoit une mesure de sel. C'est apparemment le même mot que *Galon* qui est une mesure des choses liquides, suivant M. *Menage* dans son Dictionn. Etymolog. à ce mot; & une personne de Langres m'a assûré, qu'encore aujourd'huy dans cette Ville, on nomme un *Gaulon*, une mesure qui tient le quart d'une pinte.

Le *Galon* estoit aussi apparemment une mesure de choses seches, puisque les Epiciers appellent encore de ce nom, une boiste ronde

JEAN I.er & selon d'autres, Jean II. à Hesdin, en Decembre 1363.

ce que le mesureur prenoit ou s'afforçoit de penre du sel, cessera; reservées aussi les choses qui s'ensuivent.

(12) Item. Se ledit Ventier demande à aucun desdis Habitans, vente de denrées vendues ou achetées, & ycellui Habitant offre de jurer que il a paié, il doit & devra estre receu à ce· Et se il jure que il a paiée, il en doit estre & sera creuz sans venir encontre ne lui dommagier, poursuire ou impugner sur ce; se il n'est trouvé vendans ou achetans presentement par ledit Ventier, ou son *(q)* commandement demandans ladite vente.

(13) Item. Puent & pourront lesdiz Habitans avoir [a] chers & charrettes & envoier acheter sel & autres denrées, & ycelles amener & deschargier enchiez eulx & autre part, en ladite Ville ou dehors, & ycelles vendre & mesurer à leurs mesures, & mettre en leurs huches, sanz ce que Nous ou nostredit Officier y puissons demander, reclamer, ne avoir aucun droit pour cause des chers, cherrettes, roüages, trespas, passages, geloingnie, mesurage ou droit de huche, de place; excepté que chacun desdiz Habitans vendant par destail sel ou marchié le samedi desoubz nostre [b] haule ou en nostre [c] place, doit & devra à Nous pour un bacinet de sel pour cedit samedi: Et se il vend és foires, le premier jour de chacune des trois foires, il devra deux deniers & un bacinet plaing de sel; sauve & reservée à Nous la vente des choses venduës esdiz lieux & places, si comme Nous l'auriens autre part.

(14) Item. Puent & pourront lesdiz Habitans & autres Forains, vendre & acheter toutes denrées en toutes places desoubz les toys, & [d] seur pavements desoubz toit, qui soient ou seront ausdiz Habitans, sans ce que Nous ou nostredit Ventier ou autres pour Nous, y puissions ou [e] doions avoir aucun profit d'Argent, pour cause d'estal, de place ou de huche; mais est, doit & sera le proffit desdiz estaulx, places ou huches, à ceulx de qui sont & seront lesdiz estaulx ou places.

(15) Item. Nous ou nostredit Ventier ne povons demander ne avoir vente de *(r)* galance de poussérette, de roussel.

a *chars.*

b App. *Halle.*

c *place qui Nous appartient.*

d *sur.*

e *devions.*

NOTES.

où ils mettent des grains & des drogues. Voy. le Dictionn. du Commerce par Savary, au mot *Galon*.

Il paroist par nostre Article, qu'il y avoit à Langres deux *Geloignies;* l'une *commune*, & l'autre qui apparemment estoit plus grande.

Rés. Je crois que ce mot est icy pour *Ras*. L'on sçait que dans les mesures, on distingue *ras* & *comble*. Voy. le Gloss. du Droit Franç. de Lauriere, au mot *Mesure à boisseaux à* ras, *pele & feru.*

Bacinet est sans doute un diminutif de *bassin* ou *bacin;* & il paroist par nostre Art. & par le 13e. que c'estoit une mesure de sel, qui, a ce que je presume, estoit égale à la *gelonnie* commune.

En autre cas. On pourroit lire, *en autre tas,* & j'adopte cette leçon.

Cela supposé, voicy comme, en devinant un peu, je crois qu'on peut entendre cet Article.

On vendoit le sel dans des *gelonies,* qui servoient en même temps de mesure pour le mesurer, & de vaisseau pour le contenir, & on vendoit la *gelonie* avec le sel.

Il estoit dû à l'Evêque de Langres une *gelonie commune,* sur un certain nombre de *gelonies* que l'on vendoit; supposé par exemple que ce fut la 10.[e]

Son Ventier exigeoit une de ces *gelonies* plus grandes que les *communes,* & vouloit que l'on luy donnat non seulement le sel contenu dans la *gelonie*, mais encore la *gelonie*.

Il est ordonné par cet Article, que l'on ne payera que le sel contenu dans une *gelonie commune,* que l'on ne donnera pas la *gelonie;* & qu'afin que l'on ne soit pas obligé, pour payer le droit sur le sel, de vuider une partie de ces *gelonies* qui sont mesurées & toutes prestes à estre venduës, le Ventier prendra le sel qui luy est dû, dans un *tas,* & le mesurera dans un *bacinet* d'une grandeur égale à une *gelonie*.

(q) Commandement.] Je crois que ce mot peut signifier un Commis preposé par le Ventier pour recevoir les droits. L'on a vû cy-dessus [Voy. p. 116. (*k*)] *Mandatum* pour signifier un Bailly ou un autre Officier, & *Mandamentum* signifie quelquefois une Jurisdiction. Voy. cy-dessus p. 155. Note (*f*).

(r) Galance, &c.] Je crois qu'il faut lire *Garence*, drogue propre à la teinture, sur laquelle voy. cy-dessus p. 417. Note (*z*). *Poussérette* & *Roussel* est peut-estre la même chose que le *Pouset*, nom que l'on donne quelquefois au *Pastel* avec lequel on teint en écarlatte, & la *Rosette* qui est une espece de craye rougeastre. Voy. le Dictionn. du Commerce de *Savary*, au mot *Pouset* & *Rosette*.

JEAN I.er & selon d'autres, Jean II. à Hesdin, en Decembre 1363.

(16) Item. Tous Marchans de ladite Ville qui amenent huile en ycellui lieu, puent & pourront deschargier & mesurer ycelle en leurs Hostelx, ou autre-part où il leur plaira, sanz licence & offense de Nous ou de nozdiz Officiers, & ne doit avoir nostre Ventiers que une pinte d'huile de & pour toute huille venduë par ycellui; *(s)* maiz que la venduë soit continuée de par li : Et en ce cas encor seulement, soit continuée ou non, la doit avoir, quant le vendeur vent à la mesure de nostre Ventier.

(17) Item. Pour le millier de harans vendu ou acheté par aucun desdis Habitans, nostre Ventier en pourra avoir vint harans du vendeur, ou douze deniers tournois, Monnoie courant : Mais du revendeur ne aura riens, se il ne vent à destail; ouquel cas le Ventier en aura la redevance contenuë ou Terrier.

(18) Item. Combien que *(t)* nostre ban soit crié publiquement en ladite Ville, [a] pour tant que cris plusieurs foiz ne vient mie à cognoissance de tous, se puet & pourra un chascun desdiz Habitans vendre *(u)* vin à broiche ou [b] en cros après ledit cry, sanz offense de Nous & amande : Mais après ce que ledit Ventier aura denoncié ou fait denuncier *(x)* perpetuelment ledit ban, par les Hostelx desdiz Taverniers ou Vendeurs, de laquelle signification ledit Ventier sera creu par son serement, ou son [c] commandement, il ne pourront vendre sanz amande, vin à broiche, à autre que à leurs Hostes [d] Hostelles [e] pour demourer la nuit, maiz bien en gros : Et de ce que il vendroit à broiche, à autres que à ses Hostes, après le cry, devant la signification especial, il paiera seulement quatre solz pour muy.

Et toutes les choses dessusdites & chascune d'icelles en la maniere que dessus est dit, avons promis & promettons pour Nous & noz Successeurs Evesques & Dux de Lengres, [f] esdiz Habitans & leurs Successeurs & Habitans [g] futeurs de ladite Ville, tenir & faire de nostre povoir tenir & garder fermement par nos Officiers dessusdiz & autres, sans enfraindre, & contre ce ne vendrons ne soufferrons venir aucun encontre en quelque maniere que ce soit. Et voulons & ordonnons que les choses dessusdites, affin de perpetuel memoire, soient mises [h] enregistrées en nostre Terrier, duquel, quant aus choses [i] dites & autres touchant le fait desdiz Habitans & Ville, la teneur sera baillie ausdiz Habitans soubz nostre grant Séel, & sera pleniere foy, & vaudra Original : Et avons ordenné & ordennons que ces presentes soient [k] doublées au profit desdiz Habitanz. En tesmoing de laquelle chose, Nous avons mis nostre grant Séel en ces presentes Lettres *faites & données à* [l] *Bourt-nostre-Chastel, le unziesme jour du mois d'Aoust, l'An de grace mil trois cens cinquante & huit :* presens venerables personnes Maistre Jehan de Tierceleue, Monsieur Gerat de Judit Chanoines de Lengres, & Nobles hommes Monsieur Aymart de Clermont, Monsieur Estienne du Fayl, & Monsieur Hue de Seyngney, Chevaliers, tesmoings à ce requis & appellez.

Quibusquidem Litteris sic per Nos [m] *vis & diligenter inspectis, fuit ex parte dictorum Habitatorum Lingonensium humiliter supplicatum, ut ad dictarum Litterarum superius*

a *parce que.*

b Peut-estre, *en gros*, comme il y a plus bas.

c *le Ventier ou son commis.* Voy. cy-dessus, p. 660. Note *(q)*

d *ou Hostesses.*

e *qui coucheront dans leurs Hostelleries.*

f *auxdits.*

g *futurs.*

h *&.*

i *dessusdites.*

k *que l'on en fasse deux ou plusieurs Copies.*

l *Voy. cy-dessus, p. 251. Note (m)*

m visis.

NOTES.

(s) Maiz que la venduë, &c.] C'est-à-dire, *pourvû que la vente, &c.* Voicy comment je crois qu'on peut entendre cet Article. Les Marchands qui feront venir à Langres de l'huile, & qui l'y vendront en entier, payeront une pinte d'huile ; s'ils n'en vendent qu'une partie, ils ne payeront rien ; à moins qu'ils ne vendent à la mesure du Ventier. Car alors ils payeront une pinte d'huile, quoyqu'ils ne vendent qu'une partie de celle qu'ils ont fait venir à Langres.

(t) Nostre ban soit crié.] Plusieurs Seigneurs avoient le droit d'empescher que leurs sujets ne vendissent leur vin, quand ils avoient fait crier & publier qu'ils alloient vendre le leur. Voy. cy-dessus p. 275. X. p. 283. VIII. & p. 288. XXVIII.

(u) Vin à broiche] *à broche.* C'est-à-dire, vendre le vin en détail, parce qu'alors ceux qui le vendent, mettent à leurs tonneaux une broche de bois nommée *fausset*, pour tirer le vin. Voy. le Dictionn. de *Richelet*, au mot *Broche.*

(x) Perpetuelment.] Peut-estre faut-il corriger *specialement*, car il y a plus bas, *signification especial.*

confectarum confirmacionem & approbationem, Nos procedere dignaremur. Nos igitur attentis & consideratis premissis, dictas Litteras ac omnia & singula in eisdem contenta, rata habentes atque grata, [a] *& volumus, laudamus, approbamus, & ex nostris auctoritate Regia, certaque scientia & speciali gratia tenore presentium confirmamus. Mandantes Baillivio Senonensi, ceterisque Justiciariis, Commissariis & Officiariis nostris, aut eorum Loca-tenentibus, Substitutis sive deputatis & cuilibet eorumdem, ut ad eum pertinuerit, quatinus dictos Habitatores in casu premisso, predictis omnibus & singulis in dictis Litteris superius insertis, plenius contentis & declaratis, juxta ipsarum Litterarum seriem & tenorem de quo* [b] *loquebit, uti & gaudere pacifice faciant & quiete, nil in contrarium attemptando. Quod ut firmum & stabile* [c] *permaneant in futurum, presentibus Litteris nostrum fecimus apponi sigillum : nostro in aliis & alieno in omnibus jure salvo.* Datum & actum apud Hisdinum, Anno Domini millesimo trecentesimo sexagesimo-tertio, mense Decembris.

Per Regem ad relationem Consilii. MONTAGU.

a ea.
b liquebit.
c permaneat.

JEAN I.er & selon d'autres, Jean II. à Hesdin, en Decembre 1363.

(a) Confirmation des Lettres de Guillaume Evesque de Langres, concernant les Privileges de cette Ville.

SOMMAIRES.

(1) Les habitans de Langres ne seront point citez ou adjournez hors de leur Ville, mesme en cause criminelle ; si ce n'est lorsqu'il s'agira de l'execution des criminels condamnez à mort : Cependant ceux qui auront des affaires réelles, & les Officiers de l'Evesque que l'on poursuivra pour fait de leurs Offices, pourront estre citez hors de Langres.

(2) La Veuve d'un homme executé à mort pour crime, reprendra ses biens, & aura son doüaire, & partie dans les acquests & dans les meubles, comme elle auroit fait si son mari fût mort naturellement.

Si une femme est executée à mort pour crime, l'Evesque de Langres aura par confiscation la portion des biens du mari, que les heritiers de cette femme auroient eüe, si elle fût morte naturellement avant luy.

(3) Les Habitans ne payeront aucuns droits pour ce qu'ils achepteront pour leur usage ; & on s'en rapportera à leur serment.

(4) Ceux qui demeurent dans la ruë de la Tresorerie à Langres, ne payeront aucuns droits pour ce qu'ils achepteront ou ce qu'ils vendront.

(5) L'on ne pourra proceder d'Office contre les Habitans, si ce n'est dans le cas des crimes, lorsqu'ils emportent confiscation de corps & de biens ; lorsque le prevenu a mauvaise reputation, ou est vivement soupçonné ; & dans ce cas même, il faudra avant que de la poursuivre, faire une information secrete contre luy.

Les Juges d'Eglise continuëront de proceder d'Office contre les Habitans.

(6) Ceux qui garderont les clefs de la Ville, presteront serment entre les mains de l'Evêque ou de ses Officiers. L'Evêque & ses Officiers pourront entrer dans la Ville. [& on leur ouvrira les portes,] toutes les fois qu'on pourra le faire sans danger.

(7) Le Bailly, le Prevost & les autres Officiers lorsqu'ils seront instituez, feront serment entre les mains de l'Evêque, en presence de quatre Habitans, de veiller à la conservation des Privileges de la Ville.

JOHANNES Dei gratia Francorum Rex. Notum facimus universis presentibus & futuris, Nos quasdam Litteras patentes sigillo dilecti & fidelis Consiliarii nostri Gullelmi [d] *Episcopi & Ducis Lingonensis, sigillatas vidisse, formam que sequitur, continentes.*

NOUS Guillaumes par la grace de Dieu Evesques & Dux de Lengres, savoir faisons à tous : Comme [e] descort feust meu ou [f] esperé à mouvoir entre Nous & les Habitans de nostre Cité de Lengres, sur ce que lesdiz Habitans disoient & maintenoient plusieurs griefs, exactions & nouvelletés indehues à eulx ou à aucun d'eulx,

d Voy. cy-dessus, p. 249. Note *(b)*
e *contestation ou Procez.*
f *craint.*

NOTES.

(a) Tresor des Chartres, Registre 91. Piece 503.

estre faiz & faites par Nous, noz Officiers, [a] Ventiers, Baillifs, Prevoz, Vicaires, Sergens & autres Officiers ou Commis, ou au moins Nous [b] afforcions du faire contre leurs Privileges obtenuz par eulx & à eulx donnez par noz Predecesseurs Evesques & Dux de Lengres, & par noz Souverains [c] conformez, & aussi contre leurs Usages, Droiz. Franchises & Libertez enciens, de & par tel temps dont il n'est memoire du contraire, gardez paisiblement : Laquelle chose redonde ou très-grant grief & prejudice desdiz Habitans, conjointement ou divisiement, si comme il disoient.

JEAN I.er & selon d'autres, Jean II. à Hesdin, en Decembre 1363.

a *Voy. cy-dessus, p. 250. Note (h)*

(1) Et par especial disoient & maintenoient que contre leursdiz Privileges, Droiz, Franchises ou Libertez, Nous ou nostredit Officier ou Commis Nous efforciens traire, [d] translate ou citer aucun desdiz Habitans hors de ladite Ville de Lengres, en cas criminel ou civil, ce que Nous ne [e] povoiens.

(2) *Item.* Que Nous ou nostredit Officier ou Commis ne souffrons [f] penre à la femme ou [g] relicte d'aucun des Habitans jugié, banny ou [h] executé, autel part ou portion des biens de son mary ainsi jugié, banny ou executé, comme se le mariage estoit [i] soulu par mort naturelle & honneste de [k] cellui : qui est contre tout droit & raison.

(3) *Item.* Que Nous ou nostredit Officier ou Commis Nous efforçons indehuement de yceulx Habitans ou aucun d'eulx poursuivre d'Office, combien que le fait ne soit notoire.

(4) *Item.* Que ledit Ventier s'afforce de lever vente desdiz Habitans, de ce que il achetent pour leur propre usage : Ce que il ne puet.

(5) *Item.* S'afforce ledit Ventier de lever vente desdiz Habitans demourans en la ruë de la Tresorerie de ladite Ville : Ce que il ne puet.

Disans lesdiz Habitans Nous & lesdiz Officiers, eulx [l] d'avoir tenir & garder en yceulx Privileges, Usages, Franchises & Libertez, & ce qui est fait au contraire, [m] d'avoir esté repairé.

Pour ce est-il que Nous desirans paix, amour & [n] unité entre Nous & lesdiz Habitans, tant noz Subgez comme autres, estre gardées, voulans envers eulx user seulement de loyaulté & esquité, & [o] eschuir toute discention & [p] contens qui estre pourroit sur ce entre Nous & eulx ; lesquelles discencions pourroient redonder ou très-grant dommage de Nous, & de nostredit Eveschié, Nous [q] summes à plain enformez des choses dessusdites, & par grant avis, deliberation & conseil, avons cogneu & confessé ou nom que dessus, de certaine science, cognoissons, confessons & declairons, & avec ce voulons & ordennons, & leur octroyons pour Nous & noz Successeurs, sur lesdiz griefs & choses dessusdites & autres, en la maniere qui s'ensuit.

(1) *Et premierement.* Que considerez lesdiz Privileges, Usages, Franchises, Droiz & Libertez dessusdites, & consideré aussi droit commun & raison, Nous ou nostredit Officier ne povons, ne dores-en-avant ne pourrons adjorner ne traire hors de ladite Ville de Lengres, aucun desdiz Habitans en & pour cause criminelle, civile ou autres, (b) jusques à execution en cause [r] crimnelle & après Sentence donnée ; excepté en cause reelle ; & exceptez noz Officiers Jurez, en tant seulement comme il touche leur Office.

(2) *Item.* Que se aucun desdiz Habitans mariez se [f] fourfait, pourquoy soit

b *efforcions.*
c *confirmez.*
d *translater,* transferer.
e *pouvions.*
f *prendre.*
g *veuve.* Voy. le Glossaire de du Cange, au mot *Relicta.*
h *executé à mort.*
i Du Latin, *solutum*, rompu.
k *d'icelui : ce qui est.*
l *devoir.*
m *devoir estre reparé.*
n *union.*
o *eschiver*, éviter.
p *contestation.*
q *sommes.*
r *criminelle.*
f *commet un crime, pour lequel il soit.*

NOTES.

(b) *Jusqu'à execution en cause criminelle.*] C'est-à-dire, que lorsqu'un criminel aura esté condamné à mort, on pourra le faire sortir de Langres pour le mener au supplice, & le faire executer. Il paroist que dans ces temps-là, les Jugements à mort rendus par des Juges inferieurs, estoient quelquefois executez par leurs Juges superieurs, quoyqu'il n'y eust pas d'appel. Or peut en voir un exemple cy-dessus p. 251. pour Langres même, & dans la p. 311. 1. il y en a un exemple bien singulier. Les criminels condamnez à mort par le Concierge [*Bailly*] du Palais, estoient livrez au Prevost de Paris, qui n'estoit pas son superieur, pour estre executez.

JEAN I.er & selon d'autres, Jean II. à Hesdin, en Decembre 1363.

condempnez, banny ou executé, sa femme survivant, ou estant ou demourant [a], [b] er
portera ses biens, mariage, douaire, heritage, acquès & meubles, [c] parainsy comm
son mary estoit mort naturelment & [d] ordineement, sanz fourfait ou confiscation d
biens. Et aussi se femme se fourfait, Nous emporterons & devrons avoir pour confi
cation, se elle [e] y chiet, autel portion desdiz biens comme ladite femme [f] enporte
se elle mouroit devant sondit mary, sans fourfait.

(3) Item. Que nostre Ventier ne porra ne devra exiger [g] vente desdiz Habita
ou aucun d'eulx, de choses achetées pour leur usage, comme drap, pain, vin, [h] so
liers, chandoilles & autres choses, dequoy [i] se pour leur user est, il doivent estre
seront creu par le serement de l'acheteur.

(4) Item. Que lesdiz Habitans en la ruë de la Treforerie de Lengres, sont
doivent estre, & seront frans & quittes de toutes ventes, soit pour vendre ou achete

(5) Item. Comme lesdiz Habitans se [k] dolissent de Nous & de nosdiz Officier
de ce que il disoient que Nous ou nostredit Officier, [l] quelconques il feissent, n
povoient proceder contre eulx en cas criminel, d'Office, ne [m] penre pour ledit ca
se ledit Habitant homs ou femes n'est pris à present [n] meffait, ou Partie ne le pou
suit ou le fait n'est notoire, tant par leurs Privileges & Usages dessusdiz, comme pa
certaine Sentence jadiz donnée sur ce par nostre Baillif. Et Nous ou nostredit Offi
cier nous estions afforciez & afforciens de faire le contraire en leur prejudice. Nou
considerez yceulx Privileges, Usages & Sentence, confessons, declairons & orden
nons sur ce, en la maniere que s'ensuit.

Que Nous ou aucun de nozdiz Officiers, ne povons ne pourrons proceder contr
lesdiz Habitans ou penre aucun d'iceulx d'Office, se ce n'est en cas criminel, don
le corps & biens sont en nostre voulenté; & que il soit notoire, le cas estre fait &
avenu certainement; & contre personne de [o] malvaise fame & renommée, ou [p] vehe
metement suspeceneuse dudit fait; information secrete precedent contre ladite per
sonne, & ycelle [q] premierement faite & conseillié: Lequel ainssi [r] diffamé, sera [s] pour
suy seulement sur ledit cas: Mais noz Officiers [t] espérituelx pourront proceder d'Of
fice contre yceulx Habitans, selon ce que il leur [u] loit par droit.

(6) Item. Toutefois & quantefoiz que lesdiz Habitans bailleront à aucun ou au
cuns d'yceulx Habitans, les [x] clerfs des chaisnes qui sont derrieres les portes & guiche
de ladite Ville, lesquelles il bailleront à bonnes personnes sanz [y] suspeçon, ycelu
ou yceulx gardans lesdites clerfs, jureront à Lengres en la main de Nous ou de noz
Vicaires ou autres Commis ou aucun d'eulx, que il garderont bien & loyau'ment
ycelles clerfs à l'onneur & au proffit de Nous & de la Ville & des Habitans d'icelle:
Et nous aurons Nous & noz Officiers residanz en ycelle Ville, entrée & yssue en
& par ycelles [z], toutes-fois que [aa] mestier sera, sanz peril de la Ville.

(7) Et toutes les choses dessusdites en la maniere que dessus est dit, & aussi
leurs autres Privileges, Usages, Franchises & Libertez avons promis & promettons
par nostre serement pour Nous & nos Successeurs Evesques & Dux de Lengres,
esdis Habitans & à leurs Successeurs & Habitans [bb] futeurs de ladite Ville, tenir &
faire de nostre povoir tenir & garder fermement, par noz Officiers dessusdiz & au
tres sanz enfraindre, & contre ce ne vendrons ne soufferrons venir aucun encontre
en quelque maniere que ce soit. Et pour plus grant amour, paix & unité norrir,
comme dessus est dit, voulons & ordennons que toutes-fois & quantes-fois que Nous
ou nostredit Successeur establirons nostre Baillif, Prevost ou Ventier de Lengres,
que ledit Baillif, Prevost & Ventier jurront sur Saintes Euvangiles de Dieu en nostre
main, [cc] noz Vicaires ou autres Commis, que il tendront, garderont fermement esdis
Habitans conjointement & à chacun d'eulx, lesdiz & dites Privileges, Usages, Fran
chises & Libertez: Et ledit serement feront en la presence de quatre Bourgois de la
dite Ville dedans huit jours après ce que il seront deputez esdiz Offices par Nous:
Et ne voulons que se aucune chose est [dd] eue ou est faite, ou se faisoit par Nous ou
aucuns de nozdiz Officiers ou Commis, contre les choses dessusdites ou aucune
d'icelles, que il Nous ayde en aucune maniere, ou nuise ou tourne ou prejudice
desdiz

a App. *à Langres.*
b *emportera.*
c *de la mesme maniere, comme si son mari.*
d *d'une maniere ordinaire.*
e *eschet.*
f *auroit emporté si elle fut morte.*
g *Droit qui se paye sur les choses venduës.*
h *souliers, chandelles.*
i *si c'est pour leur usage.*
k *se plaignissent.*
l *quelques choses qu'ils fissent.*
m *arrester prisonnier.*
n *en flagrant delict.*
o *mauvaise reputation.*
p *vivement soupçonnée.*
q *information.*
r *soupçonné.*
s *poursuivi.*
t *Spirituels,* Ecclesiastiques.
u *licet*, il leur est permis.
x *clefs.*
y *soupçon.*
z *lorsque les portes seront fermées, on les ouvrira pour eux.*
aa *necessité.*
bb *futurs.*
cc *ou en celles de nos Vicaires.*
dd app. *arrive.*

desdiz Habitans; mais le reputons quant à ce, pour non fait, & voulons & consentons que toutes-fois & quantes-fois que lesdiz Habitans se vouldront aidier d'aucune clause ou point des choses dessusdites ou autres de leurs Privileges, que il la puissent faire traire par Copie soubz le Seel de nostre Bailliage ou Prevosté, ou [a] deux seings publiques ou de deux Tabellions de nostre Court, & que la Copie vaille Original en toutes Cours. En tesmoing de laquelle chose, Nous avons mis nostre grant Seel en ces presens Originaulx. *Faites & données à* [b] *Bourt-nostre-Chastel, le onzieme jour du mois d'Aoust, l'An de grace mil trois cens cinquante & huit,* presens venerables personnes Maistre Jehan de Tierceleve, Monsieur Girault de Judit, Chanoines de Lengres, Nobles hommes Monsieur Aymart de Clermont Seigneur de Surgieres, Monsieur Estienne du Fayl & Monsieur Hue de Seigney, Chevaliers tesmoings à ce requis & appellez.

JEAN I.er & selon d'autres, Jean II. à Hesdin, en Decembre 1363.

a signée de.

b Voy. cy-dessus, pag. 251. Note (m).

Quibusquidem Litteris sic per Nos visis & diligenter inspectis, fuit Nobis ex parte dictorum Habitatorum Lingonensium, humiliter supplicatum, ut ad dictarum Litterarum superius confectarum, confirmationem & approbationem Nos procedere dignaremur. Nos igitur attentis & consideratis premissis, dictas Litteras ac omnia & singula in eisdem contenta, rata habentes atque grata, ea volumus, laudamus, approbamus, & ex nostris auctoritate Regia certaque scientia & speciali gratia tenore presentium confirmamus, mandantes Baillivo Senonensi ceterisque Justiciariis, Commissariis & Officiariis nostris aut eorum Loca-tenentibus, Substitutis sive deputatis, & cuilibet eorum ut ad eum pertinuerit, quatinus dictos Habitatores in casu premisso, predictis omnibus & singulis in dictis Litteris superius insertis plenius contentis & declaratis, juxta ipsarum seriem & tenorem de quo liquebit, uti & gaudere pacifice faciant & quiete, nil in contrarium attemptando. Quod ut firmum & stabile [c] *permaneant in futurum, presentibus Litteris nostrum fecimus apponi sigillum: nostro in aliis & alieno in omnibus jure salvo.* Datum & actum apud Hisdinum, Anno Domini millesimo trecentesimo sexagesimo-tertio, mense Decembris.

c permaneat.

Per Regem ad relationem Consilii. MONTAGU.

CHARLES DUC de Normandie, Lieutenant de Jean I.er & selon d'autres, Jean II. à Paris, le 23. de Fevrier 1363.

(a) Lettres portant qu'il sera sursis à l'execution d'une Ordonnance du Roy Jean, par laquelle il estoit dit qu'on leveroit tous les ans sur les Notaires, six cens Florins, qui devoient estre employez à entretenir des cierges devant l'Image de la Vierge dans l'Eglise de Nostre-Dame, & au luminaire de la S.te Chapelle.

A TOUS ceulx qui ces presentes Lettres verront, Pierre des Essars Chevalier, Conseiller, Maistre d'Hostel du Roy nostre Sire & Garde de la Prevosté de Paris, Salut. Savoir faisons, que Nous l'an de grace mil quatre cent & neuf, le lundy septieme jour d'Octobre, veismes unes Lettres de feu de bonne memoire le Roy Charles nostre Seigneur dernierement trespassé, seellées de son grand Seel, pour le temps qu'il estoit Lieutenant du Roy de France, Duc de Normandie & Dalphin de Viennois; desquelles la teneur s'ensuit.

CHARLES ainsné Fils & Lieutenant du Roy de France, Duc de Normandie & Dalphin de Viennois: A nos amez & feaulx Conseilliers de Monseigneur & de Nous, les Gens tenans le present Parlement: Au Prevost de Paris & à tous les autres

NOTES.

(a) Copié sur l'Original de ces Lettres, qui est dans les Archives des Notaires de Paris, coté 8. Le Seau du Chastelet y est encore, mais il y en a près de la moitié de rompu.

Cette Piece avoit déja esté imprimée dans le Recüeil des Chartres des Notaires p. 79. L'on a corrigé quelques fautes qui se sont glissées dans cette Edition.

CHARLES DUC de Normandie, Lieutenant de Jean I.er & selon d'autres, Jean II. à Paris, le 23. de Fevrier 1363.

Justiciers & Commissaires dudit Royaume, ou à leurs Lieutenans; Salut. A la supplication des Notaires du Chastelet de Paris, disans que sous umbre de certaine Ordonnance que l'on dit avoir esté faite de nouvel par nostre très-cher Seigneur & Pere, de prendre & lever chacun an perpetuellement, six cent Fleurins de [a] Fleurence, de bon Or & de bon poids sur lesdits Notaires, qui sont soixante; c'est à sçavoir, sur chacun, dix Florins, par les quatre termes en l'An à Paris accoustumez, pour faire & maintenir certains cierges de cire, ordonnez estre mis & [b] ardoir perpetuellement & continuellement devant l'Image Nostre-Dame en l'Eglise de Paris, & pour le luminaire & autres necessitez de la Sainte Chapelle Royalle à Paris: Et le Tresorier de ladite Sainte Chapelle commis & deputé à lever & recevoir lesdits six cent Fleurins pour convertir esdits Usages, si comme il dit, a fait publier devant vous Prevost dessusdit, [c] huit jours à, ladite Ordonnance, & requis lesdits Notaires estre contraints à payer ladite Charge, & mesmement les arrerages de deux termes que l'on disoit estre escheus depuis que ladite Ordonnance fut faite; sur lesqueles choses lesdits Notaires ont eu & ont deliberation à de Lundi prochain venant en huit jours, supplians que comme ils soient petits Clercs, vivans clergairment, & leur esconviegne faire residence continuele à Paris, & exercer & desservir ledit Office en leurs personnes, selon le Statu dudit Office, & n'ayent pour ce aucun profit, fors ce qu'il y [d] prennent du labour de leurs propres mains & de leurs corps, duquel labour ils ont leur vivre à grand peine, Nous voulsissions mettre ladite Ordonnance au neant, en remettant ladite Charge & tout ce qu'il s'en estoit ensuy, ou à les oir à debatre icelle, & eux pourveoir sur ce de tel remede comme bon Nous sembleroit. Pourquoy Nous considere ce que dit est, [e] attendant que ladite Ordonnance [f] ait esté faite par nostredit Seigneur & Pere, eue bonne & meure deliberation de nostre Conseil sur ce, avons ordonné & ordonnons par ces presentes, que ladite Ordonnance, l'effet & l'execution d'icelle & tout ce qui s'en est ensuy, [g] surciée & soient tenuz en suspens & en l'estat qu'il sont à present, jusques à la revenuë de nostredit Seigneur & Pere, & que par lui en soit autrement ordonné. Si vous mandons & à chacun de vous, si comme à luy appartendra, que ladite Ordonnance de nostredit Seigneur & Pere, l'effet & execution d'icelle, ladite contrainte & tout ce qui s'en est & put estre ensuy, vous tenez & faites tenir en suspens & en l'estat qu'ils sont, jusques après le retour & la revenuë de nostredit Seigneur & Pere des parties [h] d'Angleterre où il est presentement, & que par lui en soit autrement ordonné: Et cependant ne faites ou souffrez aucune chose estre faite au contraire, ou prejudice de nostredite Ordonnance & desdits Notaires, & se fait y est, si le remettez tantost & sans delay, au premier estat & deu: Laquelle chose Nous leur avons octroyé, & voulons estre faite de certaine science, de grace especial & de l'auctorité Royale dont Nous usons, non-obstant quelconques Lettres subreptices empettrées ou à empettrer de nostredit Seigneur & Pere ou de Nous au contraire. *Donné à Paris, le vingt-troisieme jour de Fevrier, l'An de grace mil trois cens soixante & trois. Ainsi signées.* Par Monseigneur le Duc en son Conseil, auquel vous Messieurs les Evesques de Chartres, de Nevers & plusieurs autres estoient. *Signé.*

T. HOCIÉ.

Et Nous à ce present transcript, avons mis le Seel de ladite Prevosté de Paris, l'An & jour dessus premiers dits. AUBRY. *(b)*

a *Florence.*

b *brusler.*

c *Il y a huit jours.*

d *gagnent.*

e *faisant attention*, considerant.

f *a esté faite.*

g *qu'il soit sursis à l'Ordonnance.*

h *Voy. cy-dessous, pag. 672. Note (c)*

NOTES.

(b) Sur le repli, il y a: *Collacion faite.*

JEAN I.er & selon d'autres, Jean II. à Paris, en Fevrier 1363.

(a) Lettres pour une nouvelle fixation de Feux dans la Ville d'Alet.

JOHANNES Dei gratia Francorum Rex. Notum facimus universis tam presentibus quam futuris, quod ex parte plurium Notabilium personarum Senescalliarum nostrarum Carcassone, Tholose & Bellicadri, alias Nobis fuit [a] *expositum, quod licet tam propter guerrarum discrimina que in illis partibus lapsis temporibus duraverunt, quam mortalitatum preteritarum plagas pestiferas, Civitates, Ville, loca & Castra earumdem Senescalliarum quamplurimis habitatoribus & domiciliaribus depopulate fuerint ac etiam multipliciter diminute, ex quo numerus antiqus Foccorum Civitatum, Villarum, Locorum & Castrorum predictorum multis modis fuerit diminutus; verumptamen Consules & Universitates Civitatum, Villarum, locorum & Castrorum hujusmodi Senescalliarum, ob sincerum dilectionis fervorem quem erga Nos & Regnum nostrum semper habuisse & habere dignoscuntur, subventionibus, subsidiis & juvaminibus levatis propter necessitatem guerrarum nostrarum &* [b] *aliter, secundum numerum antiquum* [c] *Foccorum Villarum & locorum predictarum, tociens quotiens casus accidit, contribuere nullatenus obmiserunt, unde Habitatores hujusmodi Villarum & locorum, retroactis temporibus graviter extiterunt dampnificati & oppressi, nec de cetero tanta gravamina supportare valerent quovismodo, sicut fertur. Quamobrem supplicato Nobis humiliter super hujusmodi dampnis & gravaminibus de remedio condecenti eisdem per Nos celeriter provideri, mandaverimus matura nostri Consilii deliberatione prehabita, certis Commissariis sub certis formis & instructionibus ex parte nostra sibi traditis, & commisserimus super numero vero Focorum modernorum Civitatum, Villarum, locorum & Castrorum Senescalliarum predictarum, inquiri veritatem. Cumque facta quadam informatione per certum Commissarium ex parte nostra in Villa & Civitate de* [d] *Electo super numero Focorum modernorum, eademque informatione ac toto processu per dictum Commissarium in hac parte factis, Procuratore nostro tamen non vocato, in Camera Compotorum nostrorum Parisius allatis, ac per dilectos & fideles Gentes nostras dictorum Compotorum nostrorum diligenter visis & inspectis, habitaque super hoc matura Consilii deliberatione cum eisdem, una cum pluribus aliis de Consilio nostro: Nos Consulibus & Universitati dictarum Civitatis & Ville de Electo, pio* [e] *compaslientes affectu, volentesque ipsos à predictis gravaminibus & oppressionibus indebitis preservari, eisdem Consulibus & Universitati concedimus de gratia speciali, auctoritate nostra Regia & certa scientia, per presentes, quod verus numerus Focorum, qui in dictis Civitate & Villa de Electo repertus fuerit, teneatur & inviolabiliter observetur pro tempore presenti, & de cetero talem numerum Focorum qualis pro tempore quod tunc fuerit, veraciter reperietur in eisdem Civitate & Villa, prout nostra & dictorum Consulum & Universitatis poterit interesse, perpetuis temporibus volumus & statuimus teneri & etiam observari; proviso tamen quod prefati Consules & Universitas de Electo, Nobis aut Receptori nostro primitus solverint unum Florenum Auri pro* [f] *quolibe Foco numeri antiqui Focorum ejusdem Civitatis & Ville de Electo, prout Nobis ad hoc tenentur pro premissis. Mandantes harum serie, Senescallo nostro Carcassone ceterisque Senescallis, Justiciariis & Officiariis nostris presentibus & posteris, & eorum Loca-tenentibus & cuilibet eorumdem prout ad eum pertinuerit, quatinus nostras presentes concessionem & statutum firmiter teneant, penitus adimpleant & inviolabiliter observent, teneri, adimpleri & inviolabiliter observari ab omnibus quorum intererit, perpetuo faciant, absque alterius expectatione mandati, non permittentes aliquid in contrarium fieri, attemptari seu etiam innovari, secus facta, si que sint, ad statum pristinum & debitum celeriter reducendo, seu faciendo indilate reduci. Quod ut firmum & stabile permaneat in futurum, sigillum Castelleti nostri Parisiensis, nostro majore absente, presentibus Litteris duximus apponendum:*

[a] Voy. cy-dessus, p. 565.

[b] al. *dans l'Original.*

[c] Voy. cy-dessus, p. 337. Note (b)

[d] Alet. Voy. *Valesii Notit. Galliar. Verbo,* Electa.

[e] compatientes.

[f] quolibet.

NOTES.

(a) Tresor des Chartres, Registre 94. Piece 28.

Il y a pour titre : *Reparatio Focorum loci de Electo.*

salvo in aliis jure nostro & in omnibus quolibet alieno. Actum *(b)* Parisius, Anno Domini millesimo trecentesimo sexagesimo tertio, mense Februarii. Ainsi signées. *Per Consilium existens in Camera Compotorum Parisius.* P. DE CHASTEL.

Visa. P. DE CHASTEL.

NOTES.

(b) Parisius.] Ces Lettres & les deux suivantes ne peuvent avoir esté données par le Roy Jean, à Paris dans le mois de Fevrier 1363. puisque suivant Froissart [L. 1. ch. 218. p. 265.] il arriva à Douvres en Angleterre, la surveille des Rois 1363. & qu'il y mourut. Voy. *Ibid.* ch. 219. p. 267. Voy. sur cette difficulté, la Preface, §. *Ordonnances.*

JEAN I.er & selon d'autres, Jean II. à Paris, le 6. de Mars 1363.

(a) Ordonnance qui contient un Reglement pour le Guet de Paris.

JEHAN par la grace de Dieu Roy de France: Savoir faisons à tous presens & à venir, que comme ja piéça par nos Predecesseurs Roys de France, & de si long-temps qu'il n'est memoire du contraire, pour la garde & seurté tant de nostre bonne Ville de Paris, des Saintes Reliques de nostre [a] Chappelle, des corps & personnes desdiz Predecesseurs, des prisonniers estans en nostre Chastelet de Paris, comme des personnes & Corps des Marchans, Gens de Mestiers, biens & marchandises d'icelle Ville, affin de pourveoir & remedier aux perilz, inconveniens & mauz qui toutes les nuiz povoient ou pourroient seurvenir en ladite Ville, tant par [b] fortune de feu qui d'aventure ou autrement, se povoit prendre ou estre boutez par aucuns mal-faitteurs, en aucune partie dicelle Ville, des [c] roberies, murtres & larrecins, efforcemens & ravissemens de femmes, comme des [d] Hostes & Hostesses qui de nuit vuidoient leurs Maisons & Hostelz qu'ilz tenoient à loüiers, pour defrauder leurs Hostes, & autrement en plusieurs & diverses manieres, feust & eust esté ordonné par grant & meure deliberacion de Conseil, certain Guet estre fait en icelle Ville, de par chacune nuiz, par les gens de certains Mestiers de ladite Ville, qui de ce faire se chargerent & furent chargiez, li un Mestiers après l'autre, & le faisoit chacun Mestier en troiz sepmaines une foiz; en telle maniere que s'il en deffailloit un, les Clercs du Guet en mettoient un autre aux despens du deffaillant: Et oultre pour plus grant garde & seureté avoir & estre en ycelle Ville, fu par nosdiz Predecesseurs ordonné à leurs gages & despens, oultre & par-dessus ledit Guet desdiz Mestiers, chacune nuit estre fait en ycelle Ville, certain Guet durant toute la nuit, de vingt Sergens à cheval, & vingt & six Sergens de pié, tous armés en la compagnie d'un Chevalier dit le Chevalier du Guet, Gouverneur & meneur d'iceulz Sergens, lequel Chevalier prenoit dix soulz parisis de gaiges par jour, & vint livres parisis par an pour manteaulz; lesdiz Sergens à cheval chacun deux soulz, & lesdiz Sergens de pié chacun douze deniers parisis: Pour lesquelx gaiges recevoir, escripre & enregistrer, furent & estoient par nosdiz Predecesseurs ordonnez, commiz, [e] jurez & fermentez deux Clercs appellez Clercs du Guet, prenans gages chacun de douze deniers parisis par jour; Lesquieulz Clercs devoient & estoient tenuz de faire pour le fait & ordonnance dudit Guet, les choses qui s'ensuivent & par la maniere cy-dessouz esclarcie.

a *S.te Chapelle de Paris.*

b *accident.*

c *voleries.*

d *locataires.*

e *obligez à prester serment.*

Premierement. Ilz estoient tenus de envoier dire & faire savoir chacun jour, dedens heure competent, aux Gens du Mestier ou Mestiers qui pour la nuit devoient le Guet, que ilz feussent au Guet en leurs personnes ou envoiassent pour eulz: Et ce fait, estoient tenus chacune nuit, avant heure de [f] carrefeu & *(b)* de Guet livrer, d'estre

f *couvrefeu.*

NOTES.

(a) Livre Rouge vieil du Chastelet p. 39. *verso.* Voicy le titre qui y est; *Lettres faisans mencion du Guet de Paris & de l'Ordonnance d'icellui.*

(b) De guet livrer.] Avant que le Guet

en certain lieu & place en nostre Chastellet : Pardevant lesquelz venoient & estoient tenus de venir tant les Gens des Mestiers qui pour la nuit devoient faire ledit Guet, comme lesdiz Chevalier, Sergens de cheval & de pié; les noms de tous lesquelz ilz enregistroient & estoient tenus de enregistrer: Et quiconque deffailloit, quant aux Gens de Mestiers, iceulz Clers metoient un autre en lieu du deffaillant & à ses despens, dont tenu lui estoit de faire le lendemain satisfaction le deffaillant: Et n'en estoit aucun excusez, [a] puiz que semons eust esté de venir audit Guet, se ainsi n'estoit que la femme d'icellui *(c)* geust d'enfant, ou qu'il feust [b] saigniez en icellui jour, ou hors de la Ville [c] en sa marchandise ou autrement, ou que il eust passé soixante ans d'aage; esquels cas un chacun estoit tenus de le faire savoir pardevers lesdiz Clers, [d] ou se ce non, point n'estoit quittes dudit Guet; & quant auxdiz Chevalier, Sergens de cheval & de pié, quiconque d'eulz deffailloit, il perdoit les gaiges de la nuit [e] dont deffaillans estoit, & ledit enregistrement fait par la maniere que dit est, lesdiz Clers ordonnoient & envoioient lesdites Gens de Mestiers par la Ville pour la garde d'icelle, ès lieux, [f] par le nombre & maniere que s'ensuit.

JEAN I.er & selon d'autres, Jean II. à Paris, le 6. de Mars 1363.

[a] aprez qu'il avoit esté averti.

[b] seigné.

[c] pour son commerce.

[d] ou s'il ne le faisoit pas.

[e] pendant laquelle ils n'avoient pas fait le guet.

[f] suivans.

Premierement. Six sur les [g] carreaux oultre le guischet de nostredit Chastellet, pour la garde des prisonniers estans en ycellui, affin que nul ne s'en peust aler ne eschapper par les [h] huis; six en la ruë [i] à la Pierre dudit Chastellet, qui toutes nuit estoient tenus de aler & venir entour ledit Chastellet, afin que nul prisonnier ne peut descendre par cordes ne autrement, ne aucun ne lui peust donner confort ne aide, qu'il ne feust appereeuz; six en la Court de nostre Palais alans & venans toute nuit par icelle, tant pour la garde desdites Saintes Reliques comme du lieu; six en la Cité devant l'Ostel des Fauxilles assez près de la Magdalaine; six en *(d)* la Place aux chas; six devant la Fontaine des Sains Innocens; six sous les Pilliers en Greve, & six à la Porte Baudoier devant l'Ostel des Chappellez, & le demourant, se demourant y avoit, par autres carrefours, ou plus proufitable sambloit auxdiz Clers : Tous lesquels Mestiers ainsi ordonnez & mis, comme dit est, se tenoient & estoient tenus de tenir toute la nuit jusques au jour *(e)* & guette dudit Chastellet cornant, faisans garde & guet esdiz lieux, armés de telz armes qu'ilz povoient avoir : Et ledit Guet de cheval & de pié, ledit Chevalier eulz menans & conduisans, dès lors que [k] carrefeu estoit sonnez, estoient tenus de eulx partir dudit Chastellet, chevaulcher & aler toute la nuit & jusques au jour & heure de guette cornant, comme dit est, par toutes les parties de ladite Ville, visitans & confortans lesdiz gués, & savoir leur estat, & se riens leur estoit advenu ou avoient eu riens a faire : Et se lesdiz Sergens de cheval trouvoient [l] faulte esdiz Guez des Mestiers; c'est assavoir que les aucuns s'en feussent alez coucher, ou en leurs besoignes, il mettoient le demourant en prison oudit Chastellet, affin que par le Prevost de Paris feust sçeu pourquoy les deffaillans s'en estoient partis, & que par lui en feussent punis, si comme le cas le requerroit. Lequel Guet depuiz le temps que ordonné fu par la maniere dessus esclarcie, a tousjours depuis esté fait, gardé & continué, & jusques à naguaires que par la faulte, mauvaistié & desloialté de Pierre Gros-Parmi & Guillaume Poivre qui dernierement ont esté Clers dudit Guet, & aucuns autres qui devant eulz ont esté, qui au desçeu de Nous & sans nostre congié & licence, de tous ceulz qui ont deu lesdiz Gués de Mestiers, ont prins grans Finances, & ycelles ou la plus grant partie tournées & appliquées à leur proufit, & aucune petite partie attribuoient à Nous, & par ce n'ont esté par certain temps aucuns Gués

[g] sur le pavé, dans la ruë par de-là le guichet du Chastelet.

[h] portes.

[i] Voy. Table du 2.e Vol. des Ordonn. au mot, Pierre-le-Roi.

[k] couvrefeu.

[l] qu'ils ne fissent pas leur devoir.

NOTES.

partit pour se rendre aux postes qui luy estoient assignez.

(c) Geust d'enfant.] Plus bas p. 670. il y a, *gist d'enfant ;* c'est-à dire, est en couche. Voy. cy-dessus p. 583. Note (*d*).

(d) La Place aux Chas.] L'endroit où se joignent les ruës de la Ferronerie & de S.t Honoré, devant la Porte du Cimetiere des SS. Innocents, se nomme aujourd'huy la *Place aux Chats.*

(e) Et Guette dudit Chastellet cornant.] C'est-à-dire, jusqu'à l'heure où celuy qui faisoit sentinelle dans le Chastelet, sonnoit de la trompette.

JEAN I.er & selon d'autres, Jean II. à Paris, le 6. de Mars 1363.

de Mestiers affiz ne faiz en ladite Ville, ne aussi par nostredit Guet de cheval & de pié n'a esté fait leur devoir, ne les [a] defaultes par lesdiz Clers rapportées comme faire le devoient: Dont plusieurs maulz & inconveniens s'en sont [b] ensivis, tant par prisonniers qui sont eschappez de nostredit Chastelet, comme [c] roberies & autres malefices, & plus pourroient encore ensuire ou temps à venir, se par Nous n'y estoit mis brief remede. Pourquoy Nous qui tousjours jusques à ore, avons esperé & [d] cuidie ledit Guet estre fait & gardé par la maniere dessus esclarcie, & anciennement par nosdiz Predecesseurs ordonné, tenu & gardé, voulans sur ce remedier, affin de remettre ledit Guet à son premier estat pour le proufit de la chose publique, par grant & meure deliberacion de nostre Conseil, avons pourveu & ordonné par la maniere qui s'ensuit.

(1) *Premierement.* Nous avons privé & privons dès-maintenant à tousjours, lesdiz Clers dudit Office de Clergie de Guet, pour leurs demerites, & en lieu d'eulz & pour eulz faire & exercer ledit Office, avons ordonné que de par Nous aura audit Office de Clergie de Guet, *(f)* des-ores-en-avant, Nottaires dudit Chastellet. Et pour ce que Pierre Gillebert & Pierre de Saint Omer Nottaires, Nous ont esté tesmoingnez bons & convenables personnes ad ce souffisans, Preudommes & loiaulz, Nous leur avons donné l'Office & les gages de douze deniers par jour pour un chacun, oudit Office de Clergie de Guet appartenant, senz ce que ce leur porte prejudice aucun en leursdiz Offices de Notaire: [e] Parmi ce toutes-voies qu'ilz sont tenus de jurer & jureront ès mains de nostredit Prevost & Chevalier du Guet, faire & exercer bien & loialment de leur povoir, ledit Office de Clergie du Guet, par la maniere & selon ce que cy-après s'ensuit.

Premiers. Iceulz Clers sont tenus d'un chacun jour, faire savoir de heure competent, au Mestier ou Mestiers qui pour la nuit devront Guet, qu'il soient audit Guet, & nulz de Mestier qui [f] doie Guet, ne sera tenuz de aler au Guet, se il a passé soixante ans d'aage; se sa femme [g] gist d'enfant; ne nulz qui pour la journée qu'il devra le Guet, sera [h] sangniez, ou qui sera hors de la Ville pour ses neccessitez, ou sera faisant guet sur les murs de la Ville, ou [i] essonnez de maladie; maiz sera tenus, se [k] semons est au Guet, de ce faire savoir auxdiz Clers à ladite heure de [l] queuvre feu ou avant, ou autrement ne sera point quittes.

(2) *Item.* Que iceulz Clers seront tenus chacune nuit, de estre en Chastellet à heure ordonnée, de recevoir Guet; c'est assavoir, avant queuvre-feu, & plustost en Yver que en Esté. Et là auront & tendront chacun un grant papier esquelz ilz enregisteront; c'est assavoir en l'un, les noms & seurnoms des Gens des Mestiers qui pour la nuit seront tenus au Guet faire, & en l'autre, lesdiz Chevalier ou son Lieutenant & les Sergens de cheval & de pié: Et ce fait *(g)* afferront, mettront & envoieront ledit Guet des Gens de Mestier ès lieux [m], par le nombre & en la maniere cy-dessoubz esclarcie, & selon l'Ordonnance de nostredit Chevalier ou son Lieutenant, en tant comme il touche lesdiz Sergens de cheval & de pié: Et se aucuns en y a defaillans, supposé qu'ilz feussent [n] essonnez d'un des six poins dessus touchiez, se savoir ne l'ont fait de * heure pardevers lesdiz Clers, si comme dit est, iceulz Clers seront tenus de y en mettre un en lieu de deffaillant: Et lendemain seront levez sur le deffaillant, douze deniers qui seront baillez à cellui qui pour lui aura veillé: Et ne seront tenus lesdites Gens de Mestier de [o] partir de leurdit guet, jusqu'au jour, & guette toute [p] cornée en nostredit Chastellet, sur paine d'amende voluntaire; laquelle,

a *Voy. p. precedente, Note marginale (l)*
b *ensuivis.*
c *voleries.*
d *crû.*
e *pourvû cependant que.*
f *doive.*
g *Voy. cy-dessus, pag. 669. Note (c)*
h *saigné.*
i *excusez pour cause de maladie.*
k *averti.*
l *couvrefeu.*
m *où ils doivent estre postez.*
n *excusez.*
* *de bonne heure.*
o *abandonner leurs postes.*
p *Voy. cy-dessus, pag. 669. Note (e)*

NOTES.

(f) Des-ores-en-avant.] Entre ce mot & celuy de *Notaire,* entre *Gilbert & Pierre, Office de & Notaire,* il y a des lacunes, où il paroist qu'on a effacé quelques mots; & cependant le sens est suivi.

(g) Afferront.] Du verbe *asseoir.* Un peu plus haut il y a: *n'ont esté ..... aucuns guez .... assis ne fais,* Je crois qu'*asseoir le Guet,* c'est marquer à ceux qui le composent, les differents postes où ils doivent se rendre.

quant le cas y efcherra, Nous voulons eftre tauxée par noftredit Prevoft.

(3) *Item.* Pour ce que plufeurs ont efté trouvez *(h)* faifans faux gués avant l'heure que ledit Guet feuft livré, avons ordonné que ledit Guet de cheval & de pié fe prefentera en Efté à heure de [a] queuvre-feu fonné à Noftre-Dame, & en Yver à la *(i)* nuitier, & ledit Guet livré à ycelle heure, à laquelle heure Nous voulons ycellui Guet eftre livré & partir de Chaftellet, ilz feront tenus de chevauchier & aler faifant Guet parmi la Ville, & vifitans lefdiz Gués de Meftiers par la maniere deffus efclarcie, & de chafcun Guet où [b] faulx trouveront, dont les aucuns fe font allez coucher ou en leurs befoingnes, ceulz qui feront trouvez prefens faifant Guet, feront tenus par leurs fermens, de dire les noms & feurnoms des deffaillans, affin que par le Prevoft de Paris foient lendemain pugnis, fe ilz n'ont jufte & loial excufacion.

(4) *Item.* Ledit Chevalier par lui ou par perfonne fouffifante, fera tenus de faire Guet chacune nuit bien & deuement. Et quiconque defdiz Sergens de cheval & de pié fera deffaillant, il perdra fes gages pour la nuit que deffailli y aura. Et ne fera aucun defdiz Sergens receu en aucune [c] effoyne; excepté de maladie ou autre effoine de corps; & en ce cas il prendra gages.

(5) *Item.* Lefdiz Clers du Guet feront tenus dores-en-avant de bailler les [d] deffaulx des Sergens de cheval & de pié en la fin de chacun moys, à noftredit Chevalier du Guet, liquelz les baillera foubz fon Séel à noftre [e] Receveur de Paris.

(6) *Item.* Que pour la garde & feurté de ladite Ville, des demourans & habitans en ycelle, & à la confervacion des chofes deffus efclarcies & de chacune d'icelles, Nous ne voulons que des-ores-en-avant par lefdiz Clers du Guet ne autres, à leur proufiz finguliers aucune finance de guet fe face de [f] quelque Meftier que ce foit qui doie guet : fauf & refervé à Nous toutes les droitures & finances anciennement à Nous appartenans : & ce deffendons & enjoingnons expreffement aufdiz Clers du guet, fur quanques ilz fe peuent meffaire envers Nous; maiz voullons & ordonnons que dores en-avant, chacun de quelque eftat ou condicion qui doie guet, veille ou envoie fouffifant pour luy au jour & tour [g] qui devra guet.

Toutes lefquelles chofes deffus dites & chacune d'icelles ainfi par Nous ordonnées par la deliberacion deffufdite, Nous de certaine fcience, grace efpecial, plaine puiffance & auttorité royal, voulons & mandons eftre tenuës & gardées entierement & perpetuelment fens corrumpre ne venir à l'encontre dores-en-avant en aucune maniere. Si mandons & commettons par ces prefentes à noftredit Prevoft de Paris qui eft & fera, que noftre prefente Ordonnance faite fur ledit guet, face tantoft crier & publier folempnelment en noftredit Chaftelet & ailleurs par tout où bon luy femblera. Et audit Prevoft & Chevalier du guet qui font & pour le temps à venir feront, & à chacun d'eulz pour tant comme à chacun puet & doit appartenir, que ycelle facent tenir & garder en la fourme & maniere que deffus eft dit & devifé. Et tout ce qu'ilz trouveront eftre fait, attempté ou innové au contraire, ilz le [h] rappellent & adnullent, ou facent rappeller & adnuller, remettre & ramener en eftat felon noftre prefente Ordonnance, fur un chacun Article cy-deffus efcript, fenz delay & fenz quelconque autre mandement attendre. Et que ce foit ferme chofe & eftable,

JEAN I.er & felon d'autres, Jean II. à Paris, le 6. de Mars 1363.

a *couvrefeu.*

b *qu'ils trouveront en deffaut & manquant à leur devoir.*

c *excufe.*

d *les jours qu'ils auront manqué au guet.*

e *chargé de payer les gages.*

f *par.*

g *qu'il.*

h *revoquent.*

NOTES.

(h) Faifans faux gués.] Il paroift par plufieurs endroits de ces Lettres, que *faire faux guet*, c'eft abandonner fon pofte, & fe retirer avant l'heure marquée. *Livrer le guet*, c'eft luy donner l'ordre pour partir & aller fe rendre à fon pofte.

Faire faux guet avant que le guet foit livré, c'eft, à ce que je crois, fe retirer après avoir fait écrire fon nom fur le Rolle, & avant que le Guet parte.

(i) Nuitier.] Ce mot eft difficile à déchiffrer, & on pourroit lire *mutier* : mais je n'entends point ce dernier mot, au lieu qu'on peut donner un bon fens à la leçon que j'ay fuivie, *à la nuitier*; c'eft-à-dire, *à la nuitée*, lorfque la nuit vient. Si le couvre-feu de N. D. fe fonnoit dans ce temps-là à fept heures, comme aujourd'huy, il fuffifoit que le Guet s'affemblât pendant l'Efté à l'heure du couvrefeu : mais pendant l'Hyver, il falloit qu'il s'affemblât pluftoft, parce que la nuit commence vers les quatre ou cinq heures.

Nous avons fait mettre nostre Seel à ces presentes Lettres. *Donné à Paris, le sixiesme jour de Mars, l'An de grace mil trois cens soixante & troiz, soubz le Seel de nostre Chastellet de Paris en l'absence de nostre grant. Ainsi signées.*

a Voy. cy-dessus, pag. 668. Note (b)

Par le Conseil estant à Paris[a], ouquel estoient Messieurs l'Arcevesque de Rains, vous les (k) Evesques de Lizieux & de Nevers, les Abbés de Clugny & du Jard, Alphonse Chevrier, Huc de Chastillon & Maitre Aymoin de Mignac Maistre des Requestes de l'Hostel, le Seigneur de Chastillon, Olivier le Fevre, Guillaume de Hauteul Tresorier de France & plusieurs autres. H. DAUNOY. *Visa.*

Collacion faite par moy. DE BLOYS.

b le Dimanche de la Passion.

L'Original de ces Lettres fut rendu à Nicaise Minuer Notaire du Chastellet & l'un des Clers dudit guet, qui paravant avoit lesdites Lettres à sa garde, & en fit faire collation à l'original le neuvieme jour d'Avril après *Judica me*[b], mil trois cens quatre-vingt & huit par moy. (l)

NOTES.

(k) *Evêques de Lisieux.*] Depuis ces mots, l'Ecriture est presque entierement effacée, & ce n'est presque qu'en devinant, qu'on peut la lire.

(l) *Par moy.*] La signature a esté coupée à moitié en reliant le Registre.

JEAN I.er & selon d'autres, Jean II. à Paris, en Mars 1363.

(a) Lettres par lesquelles le Roy confirme un Reglement du Bailli de Sens, touchant les instrumens dont on se servoit pour pescher dans la Riviere d'Yonne.

c serico.

JOHANNES Dei gratia Francorum Rex. Notum facimus universis tam presentibus quam futuris, Nos infrascriptas Domini Genitoris nostri in cera viridi & filo de[c] *cerico sigillatas, vidisse Litteras formam que sequitur, continentes.*

PHILIPPUS &c. (b)

Nos autem omnia & singula in prescriptis Litteris contenta, rata habentes & grata, ea volumus, laudamus, approbamus & tenore presencium, auctoritate Regia & de speciali gracia confirmamus, mandantes Baillivo Senonensi, ceterisque Justiciariis nostris presentibus & futuris, vel Loca-tenentibus eorumdem; & eorum cuilibet ut ad eum pertinuerit, quatenus dictas Ordinationes faciant inviolabiliter observari, juxta prescriptarum Litterarum seriem & tenorem. Quod ut firmum & stabile perpetuo perseveret, sigillum Castelleti nostri Parisiensis in absentia magni, Litteris presentibus fecimus apponi: nostro & alieno in omnibus jure salvo. Datum[d] Parisius, Anno Domini millesimo trecentesimo sexagesimo tertio, mense Marcii. Sic signate.

d Voy. cy-dessus, pag. 668. Note (b)

Per Consilium Parisius existens. HUGO. S. HEUNIERE. *Visa. Facta est collacio cum Littera Originali.* HUGO. S. (c)

NOTES.

(a) Tresor des Chartres, Registre 94. pour les Années 1363. & 64. Piece 30.

(b) *Philippus.*] Cette Ordonnance de Philippe de Valois du mois d'Avril 1328. est imprimée dans le 2.e Volume des Ordonnances, p. 11.

(c) Le Roy Jean mourut à Londres, le 8. d'Avril 1364. Hist. Geneal. de la Maison de France, par les PP. *Ange* & *Simplicien*, Tom. 1. p. 105.

SUPPLEMENT

SUPPLEMENT
POUR
LE REGNE DU ROY JEAN.

AVERTISSEMENT.

LORSQUE l'on commença l'impression de ce troisieme Volume, j'esperois pouvoir mettre à la fin un Supplément pour tout le Regne du Roy Jean. J'avois déja entre les mains un grand nombre de Pieces, qui n'avoient pas esté mises à leur rang dans le second Volume. Une partie de ces Pieces a esté tirée du Registre 84. qui depuis très long-temps estoit en deficit *au Tresor des Chartres, & qui s'estant trouvé dans la Bibliotheque de M. Roüillé du Coudray Conseiller d'Estat, lors de sa mort arrivée en 1729. a passé entre les mains de M. de Fourqueux Procureur general de la Chambre des Comptes de Paris, son Neveu, qui l'a remis au Tresor des Chartres, & qui l'a réüni aux autres Registres qui sont conservez dans ce dépost.*

Mais les Ordonnances données par le Roy Jean depuis 1355. jusqu'à sa mort, ayant rempli un juste Volume, je me trouve dans l'obligation de renvoyer le Supplément general de ce Regne, au commencement du quatrieme, duquel il remplira une bonne partie; & je me contenteray d'inserer icy quelques Ordonnances faites en consequence d'Assemblées d'Estats generaux ou d'Estats particuliers. Il estoit necessaire qu'elles fussent imprimées dans ce Volume, afin que je pusse rendre compte de ce qui s'estoit passé dans ces Assemblées, dans le §. de ma Preface, où je me propose de donner l'Histoire des Estats tenus sous le Regne du Roy Jean.

JEAN I.er & selon d'autres, Jean II. à Paris, le 15. de Mars 1350.

(a) Ordonnance sur un subside accordé par les Communautez de Carcassone, &c.

SOMMAIRES.

(1) Les Procureurs des Communautez nommées dans l'Article, accordent un octroy; à condition qu'elles n'en payeront que leur quotè-part, *& qu'on ne pourra avoir recours contre elles, pour la part des autres Communautez.*

(2) Ce subside ne sera point tiré à consequence, & ne pourra porter prejudice à la maniere dont on a levé les Imposts dans ces Communautez.

(3) On ne pourra exiger d'elles aucun Impost avant un an.

(4) Si quelques-unes de ces Communautez ont déja accordé quelques Imposts [pour cette année,] il ne sera point levé.

(5) Ce subside se payera en deux termes.

JOHANNES Dei gratia Francorum Rex. Notum facimus universis tam presentibus quam futuris, quod cum in convocacione Communitatum Regni nostri facta Parisius ista vice, inter ceteros evocatos, Procuratores Civitatum, Villarum, Castrorum & locorum de Carcassonna, Narbona, [a] *Biterris,* [b] *Albia,* [c] *Agathen. de Lodeva,* [d] *Limoso,* [e] *Castris, Mirapice, Sancto Poncio,* [f] *Regali-monte,* [g] *Pedenassio,* [h] *Crassa,* [i] *Monte Olivi,* [k] *Monte-Regalis,* [l] *Claromonte, (b) Seynicio,* [m] *Capite-stagno,* [n] *Montaniaco,* [o] *Villa-Vayvaco,* [p] *Caunis, & (c) Gnnaco ad infrascripta* [q] *potestam habentes,* [r] *comparuerunt coram Nobis ex parte sua prudenter exposita affectione benivola quam ad Nos ipsi & Comunitates locorum predictorum habent, pro subsidio & auxilio guerre nostre pro Anno presenti, quinquaginta millia libras turonenses obtulerunt liberaliter & gratanter Nobis solvendas sub modis, condicionibus & terminis infrascriptis; videlicet quod quia dicti Procuratores potestatem non habent* [s] *offerandi nec concordandi hujusmodi subsidium, nisi à Communitatibus quarum Procuratores existunt, quod dicta oblacio ipsis Procuratoribus seu Communitatibus suis nocere non possit, ultra porciones eas tangentes; nec aliter valeant obligari; scilicet tantummodo pro rata eos tangenti teneantur, nec in deffectum aliarum Comunitatum quovismodo valeat contra dictos Procuratores aut Comunitates recursus habere.*

(2) Item. *Quod virtute presentis obligationis, nullomodo possit derogari usui per dictas Comunitates in talibus consueto; potissime Communitatibus que consueverunt hactenus (d)* [t] *finare ad taxam: cui taxe per* [u] *presentam oblacionem non possit derogari, nec aliquod prejudicium ipsis Communitatibus super ipsa taxa generari, nec alia valeat nova servitus seu novus modus contra ipsas Communitates quascunque seu eorum alteram, intro-*

[a] Beziers.
[b] Albi.
[c] *Il faut apparamment lire:* Agathensi, *Agde.*
[d] Limoux.
[e] Castres.
[f] Realmont, *Diocese d'Albi.* V.
[g] Pezenas, *Diocese d'Agde.* V.
[h] La Grasse, *Diocese de Carcassone.* V.
[i] Montolieu, *mesme Diocese.* V.
[k] Lieu inconnu à Dom Vaissette.
[l] Clermont, *Diocese de Lodeve.* V.
[m] Capestang, *Diocese de Narbonne.*
[n] Montagnac, *Diocese d'Agde.* V.
[o] Ville-Craire, *mesme Diocese.* V.
[p] Caunes, *Diocese de Narbonne.* V.
[q] potestatem.
[r] comparuerunt
[s] offerendi.
[t] Finan es.
[u] presentem. *Ordonn. de Dom Vaissette.*

NOTES.

(a) Tresor des Chartres, Registre 80. Piece onze vingt & neuf.

Voicy le titre qui est dans le Registre.

Admissio oblacionis facte Regi per Procuratores Villarum, locorum & Castrorum de Carcassonna & aliorum hic expressorum.

Le R. P. D. Vaissette a un *Vidimus* de cette Ordonnance, lequel est daté du 11. de Juillet 1351. & qu'il a tiré des Archives de l'Hostel de Ville de Narbonne.

Il a eu la bonté de corriger dans la Copie faite sur le Registre du Tresor des Chartres, quelques fautes qui s'y trouvent, & de m'indiquer les noms modernes de plusieurs lieux qui sont nommez dans cette Ordonnance.

Les corrections & ces indications seront marquées d'un *V.*

(b) Seynicio.] Dans l'Ordonnance du 11. de Juillet 1351. de laquelle D. Vaissette a une Copie, il y a *Segracio;* & il croit que c'est *Cegras* ou *Segras*, Diocese de Lodeve.

(c) Gnnaco.] C'est ainsi que ce nom est écrit dans le Registre. Dans l'Ordonnance qu'a le Pere Vaissette, il y a, *Ginnaco:* c'est selon luy, *Gignac*, Diocese de *Beziers.*

(d) Finare ad taxam.] Il s'agit-là sans doute, d'une maniere de repartir & de lever les Imposts. Peut-estre cela signifie-t-il que les Communautez se taxeront elles-mêmes pour cet Impost: & en effet il n'est rien dit dans cette Ordonnance, de la maniere dont il sera lev-

duci, nec etiam presens oblacio possit aliqua racione [a] sive causa, ad consequenciam trahi contra ipsas Communitates seu alteram earumdem.

JEAN I.er & selon d'autres, Jean II. à Paris, le 15. de Mars 1350.

(3) Item. *Quod ad prestationem alterius subsidii seu mutui, ipse Communitates de uno Anno integro proximo venturo à data presencium computando, minime teneantur, nec possint pretextu illorum subsidii seu mutui, aliqua via compelli seu aliquatenus molestari.*

(4) Item. *Quod si per Communitates ipsius Senescallie vel [b] aliquo earum, aliqua financia facta esset ratione presentis demande à predictis Communitatibus facte, per Nos coram aliquibus Commissariis super his quavis auctoritate deputatis, seu coram Senescallo Carcassone seu quibusvis aliis Curialibus ipsius Senescallie, quod tales financie seu oblationes per presentem oblationem sint nulle, casse & irrite, & perinde nullam obtineant roboris firmitatem ac si nunquam facte extitissent : Et si quid solutum vel realiter satisfactum pro predictis existat, quod de presenti oblacione illud deducatur, & per Receptores nostros in deductionem presentis oblationis [c] insolut. accipiatur.*

(5) Item. *Quod ad solvendum summam predictam per ipsas Communitates, duo termini; videlicet unus in festo Penthecostes Domini, & alius in festo Assumptionis Beate Marie, mensis Augusti proximi venturi, eisdem assignentur : Citra quos terminos per Gentes nostras, ad satisfactionem ipsius summe seu aliqualis partis ejusdem, ipse Communitates seu aliqua earum, minime possint compelli seu aliquatenus molestari.*

Nos vero dictarum Communitatum tanquam nostrorum fidelium subditorum, affectionem benivolam attendentes, oblacionem predictam sub modis & condicionibus supradictis, gratanter admisimus & recepimus per presentes : Permittentes bona fide quod omnes & singulas condiciones predictas observabimus integraliter, observarique & teneri per Gentes nostras effectualiter & inviolabiliter faciemus.

Mandamus igitur Senescallo nostro predicto, ceterisque Commissariis deputatis seu deputandis & Officiariis nostris & eorum cuilibet, ut premissa omnia & singula teneant & [d] observant, tenerique & servari inviolabiliter faciant cum effectu, nichil in contrarium operantes aut fieri permittentes. Quod ut firmum & stabile perpetuo perseveret, nostrum presentibus Literis fecimus apponi sigillum : nostro in aliis & alieno in omnibus jure salvo. Datum & actum Parisius, die decima-quinta mensis Martii, Anno Domini millesimo trecentesimo quinquagesimo.

Per Regem in Consilio suo vobis presentibus.

Multiplicata quinquies sub eadem forma.

Y. SIMON.

a On peut aussi lire : sine.

b aliqua. Dans l'Ordon. de Dom Vaissette.

c solutum. Dans l'Ordon. de Dom Vaissette.

d observent.

JEAN I.er & selon d'autres, Jean II. à Paris, le 29. de Mars 1350.

(a) Confirmation des Privileges des Habitans de Narbonne.

JOHANNES Dei gratia Francorum Rex. Notum facimus universis tam presentibus quam futuris, quod cum in convocationibus factis per Nos, tam apud Montempesulanum quam [e] Parisius, super statu & reformacione Regni nostri, Procuratores Ville Narbonne, nomine habitancium Ville ejusdem, inter ceteros conquerentes quod Officiales nostri, pretermissa justicia, sibi plura gravamina intulerant, plures novitates sibi fecerant, contra usus, Privilegia & Libertates suas, eosdem in premissis & aliis multipliciter opprimentes, talia de die in diem multiplicare nullatenus formidantes, à Nobis peterint super hoc remedium adhibere : Nos fidei puritatem & constanciam quas ad Nos & Regnum nostrum, ut veri fideles hactenus habuerunt, & in presenti subsidio pre aliis Communitatibus Lingue Occitane liberaliter se habere [f] sencimus, Privilegia, Libertates, usus, franchisias ac consuetudines tam per predecessores nostros Francorum Reges, quam alios, [g] concess. laudabiles & [h] approbantes, & de quibus usque nunc usi sunt pacifice, in suo

e Voy. la Preface, §. Estats Generaux.

f sensimus.

g concessos, ou concessas.

h Je crois qu'il faudroit : approbatas.

NOTES.

(a) Tresor des Chartres, Registre 80. Piece dix-sept vingt & onze.

robore permanere volentes, ea modo premisso laudamus, approbamus & tenore presencium, auctoritate Regia & de speciali gratia, confirmamus: Mandantes Senescallo nostro Carcassone ceterisque Officialibus & Justiciariis nostris presentibus & futuris, & eorum cuilibet, ut predictos usus, Privilegia, franchisias, Libertates & consuetudines modo quo premittitur, teneant & conservent, nichil in contrarium attemptantes aut fieri permittentes. Quod si forsan aliquid in contrarium attemptare vel facere presumerent, contra facientes taliter puniemus, quod aliis mandatorum nostrorum contemptoribus in exemplum transibit. Quod ut firmum & stabile perpetuo perseveret, presentibus Litteris nostrum fecimus apponi sigillum: nostro & alieno in omnibus jure salvo. Datum Parisius, die vicesima-nona mensis Martii, Anno Domini millesimo trecentesimo quinquagesimo.

Per Regem in Consilio suo, vobis presentibus. Y. SYMON.

JEAN I.er & selon d'autres, Jean II. à Paris, l'an 1350. au mois de Mars.

Philippe le Long, à Paris, en Mars 1317.

(a) Lettres qui reglent le ressort de la Prevosté de Chastelet en Brie.

JOHANNES Dei gratia Francorum Rex. Notum facimus universis tam presentibus quam futuris, Nos vidisse Litteras Carissimi avunculi nostri, formam que sequitur, continentes.

PHILIPPUS Dei gratia [a] *Franc. & Navarre Rex. Notum facimus universis tam presentibus quam futuris, quod cum carissimus Dominus Genitor noster in fondacione Monasterii Beati Ludovici* [b] *Pissiacensis, Priorisse & Conventui dicti loci ac eidem Monasterio, Preposituram Ville de* [c] *Chastelleyo cum omnibus suis juribus & pertinentiis ac bassa & media Justitia, concesserit & fecerit assideri, alta Justitia & ressorto duntaxat retentis, prout in Litteris Regiis super hoc confectis, quas videri fecimus, plenius continetur. Quia vero, prout dicte Religiose conquerendo Nobis exponi fecerunt, Prepositus Meledunensis revocans in dubium si eedem Religiose, virtute dicte concessionis sibi facte, nullam de Nobilibus & aliis personis laicis in Abbatia (b) Sacri-Portus & domibus ipsius Abbatie infra-dictam Preposituram* [d] *morantibus, facientis mencionem, possint dictam Justitiam bassam & mediam in hujusmodi Nobilibus & personis exercere, dictas Religiosas super hoc impedit & molestat de novo, volens dicte Prepositure de Chastelleyo ressortum trahere ad Preposituram Meledunensem: quod non extitit hactenus consuetum: Nos dictum dubium & quicquid exinde sequi posset, in perpetuum amoveri volentes, tenore presencium declaravimus & concedimus, quod dicte Religiose & Gentes sue pro ipsis, in dictis Nobilibus & personis aliis ac in dicta Abbatia & domibus ejus morantibus, dictam Justitiam bassam & mediam libere valeant & absque difficultate qualibet exercere; quodque de casibus ressorti & alte Justitie Prepositure de Chastelleyo, Prepositus Meledunensis non cognoscat, nec se intromittat de eisdem, sed solum Baillivus Senonensis apud Meledunum, prout extitit consuetum* [e] *unicusque. Quare mandamus dicto Preposito ut de cetero dictas Religiosas in premissis nullatenus impedire nec quomodolibet molestare presummat. Quod ut firmum sit & perpetuo validum, presentes Litteras sigilli nostri fecimus impressione muniri: nostro in aliis & in omnibus cujuslibet alterius jure salvo.* Actum Parisius, Anno Domini millesimo trecentesimo decimo-septimo, mense Martio.

a Francie, ou Francorum.
b Poissy.
c Voy. cy-dessus, p. 214. Note *(b)*
d de Castelleyo.
e hucusque.

NOTES.

(a) Tresor des Chartres, Registre 80. Piece dix-sept vingt & six.

Cette Piece a esté inserée icy, afin qu'elle se trouvât dans le même Volume, avec celle du 1.er d'Avril 1358. avec laquelle elle a rapport. Voy. cy-dessus p. 214.

(b) Sacri-Portus.] C'est l'Abbaye nommée presentement *Barbeaux*, Ordre de Cisteaux, située à une lieuë & demie de Melun. Voy. *Gall. Christ. 1.re Edit. Tom. 4. p.* 127 col. 1.

Nos autem premissa omnia & singula rata habentes & grata, ea volumus, laudamus, ratifficamus, approbamus & auctoritate Regia de nostra speciali gratia & ex certa scientia confirmamus per presentes, in aliis Regio & [a] *omnibus alieno jure salvo. Quod ut firmum & stabile perpetuo perseveret, sigillum nostrum presentibus Litteris duximus apponendum.* Datum Parisius, Anno Domini millesimo trecentesimo quinquagesimo, mense Martio.

a in.

In Requestis Hospicii Y. [b] FOUVANZ.

Facta est collatio cum Originali.

b Ce mot est difficile à lire & douteux.

JEAN I.er & selon d'autres, Jean II. à Paris, le 9. d'Avril 1350.

(a) *Lettres sur l'Imposition accordée par les Nobles du Vermandois & du Beauvoisis.*

JEHAN par la grace de Dieu Roys de France : Savoir faisons à tous presens & à venir, que comme les Nobles des pais de Vermendois & de Beauvoisin, Nous aient octroié de leur bonne volenté & grace, pour la necessité & fait de nos guerres, certainnes impositions; c'est assavoir, des vins, en certainne forme & maniere; & six deniers pour livre des autres denrées & marchandises qui seront venduz & achettez en leurs Terres & Jurisdiccions, jusques à un an, à commencier à certain temps prochain venant, & seront quitte leurs Subgiez de paier à Nous pendant ledit terme, toutes autres Charges pour le fait de nos guerres : Sauf toutes-voiez l'Arriere-ban, se il escheoit en cas de necessité : Nous ne voulons lesdictes Imposicions à Nous ainsi octroiez ores & autres-fois ou temps passé, tenir à coustume, ne que elles puissent ou doient porter aucun prejudice ausdis Nobles, à leur Successeurs, à leur Hommes ne à leurs Terres ou temps à venir, ne que elles soient enregistreez en la Chambre de nos Comptes à Paris; lesquelles se par aventure y sont ou estoient enregistreez, Nous voulons que ledit Registre ne leur puisse ou doie porter prejudice ou temps advenir. Et que ce soit ferme chose & estable à tousjours, Nous avons fait mettre à ces Lettres notre grant Seel : sauf en autres choses notre droit & en toutes l'autrui. *Donné à Paris, le neufvieme jour d'Avril, l'An de grace mil trois cenz cinquante.*

Par le Roy en son Conseil. P. BLANCHET.

Nihil pro sigillo. J. FRANCO.

Multiplicata.

NOTES.

(a) Tresor de Chartres, Registre 80. Piece dix-huict vingt & dix-sept.

JEAN I.er & selon d'autres, Jean II. à Paris, au mois de Janvier 1352.

(a) *Lettres touchant l'Imposition qui sera levée sur les terres de la Reine Jeanne.*

JEHAN par la grace de Dieu Roys de France: Savoir faisons à touz presenz & à venir, que comme nostre très-chiere Dame & Tante la *(b)* Royne Jehanne, Nous ait à notre Requeste gracieusement octroyé, que une Imposicion de six deniers pour livre soit à ceste foiz levée par Nous par un An en la Terre de son Doüaire, à l'euvre

NOTES.

(a) Tresor des Chartres, Registre 81. Piece 541.

(b) *Royne Jehanne.]* Jeanne d'Evreux troisieme femme de Charles le Bel. Voy. Hist. Geneal. de la Maison de France, Tom. I. p. 97.

JEAN I.er & selon d'autres, Jean II. à Paris, au mois de Janvier 1355.

& nesseſſité de noz guerrez, ou cas que les Subgez de ſondit Doüaire ſe voudront à ce aſſentir, leſquelz elle procurera à enduire à octroyer ladicte Impoſicion. Noſtre entente n'eſt pas, ne ne voulons que orez ne autres-foiz ou temps à venir, ce preſent octroy puiſſe porter aucun prejudice à noſtredicte Dame & Tante, à ſes Libertez, Privileges, Lettres, Franchiſes & honneurs, ne auſſy à ſeſdiz Subgez : Ainçois voulons de certaine ſcience par ces preſentes, que ſeſdictes Franchiſes, Honneurs, Droiz, Libertez, Privileges & Lettres à elle octroyés par noſtre très-chier Seigneur & Pere, Nous ou autres noz Predeceſſeurs, demeurent entierement en telle force & vertu ſenz aucune nouvelleté ou diminucion, & tout auſſi comme ſi elle ne ſe feuſt onques conſentue à l'octroy de ladicte Impoſicion, & ſenz ce qu'il puiſſe eſtre traiz à conſequence ou temps à venir, ne auſſy que ce tourne ou puiſſe tourner à aucun prejudice à Elle, à ſeſdiz Subgez ne à ſes Terres: Voulons auſſy & conſentons que ladicte Impoſicion ſoit vendue ou baillié à ferme au plus profitablement de Nous qu'il [a] eſtre fait par noz Gens & les ſiens : Et ſe aucuns deſdiz Fermiers ou autres eſtoient contrediſans ou delayans de paier ladicte Impoſicion, que yceulx rebelles ſoient contrains par noz Genz & les ſiens: Et avecque ce voulons Nous & octroyons que en ſadicte Terre durant ledit An, nulle [b] prinſe ſoit faite pour Nous, pour noſtre très-chiere Compaigne la Reyne, pour nos Enfans ou autres quelconques, ne auſſy que aucun emprunt, aide ou ſubſide ſoient requis ne levez de ſeſdiz Subgès pour cauſe de nozdictes guerres; ſe ce n'eſtoit en cas d'Arriere-ban : Et ſe aucuns s'efforçoient de faire le contraire, Nous ne voulons mie que en ce leur ſoit en aucunne maniere obbey : Et [c] que ce ſoit ferme & eſtable à perpetuité, Nous avons fait mettre noſtre Scel à ces preſentes Lettres: [d] ſauve en autres choſes noſtre droit & en toutes l'autrui. *Donné à Paris, l'An de grace mil troiz cens cinquante & deux, ou moiz de Janvier*

Par le Roy, à la relation du Conſeil ouquel vous eſtiez. } P. BRIARRE.

a *pourra.*

b *priſe.* Voy. cy-deſſus, p. 27. Note (*t*)

c *que.*

d *ſauf.*

JEAN I.er & ſelon d'autres, Jean II. à Paris, en Avril après Paſques 1355.

(a) Ordonnance faite en conſequence de l'aſſemblée des trois Eſtats du Bailliage d'Auvergne.

SOMMAIRES.

(1) Le vendeur de quelque Marchandiſe que ce ſoit, payera ſix deniers pour livre de ſon prix ; à l'exception de ceux qui revendront les bois, & les poiſſons des viviers & des eſtangs, qu'ils auront achetez immediatement des Seigneurs auſquels ils appartiennent, & des Hoſtelliers, par rapport aux vivres, (le vin non compris) qu'ils vendront dans leurs Hoſtelleries.

Les Marchandiſes qui eſtant venduës en entier, à une ſeule fois & le même jour, ne vaudront pas plus de cinq ſols, ne payeront point de droits.

(2) Les Receveurs ne pourront s'appliquer à eux, les vins des marchez, lorſqu'ils donneront ces Impoſitions à ferme.

Taxe des Actes qui ſeront faits par rapport à cette Impoſition.

(3) Taxe des Lettres de Caution *& de délivrance que l'on expedira aux Marchands qui feront tranſporter des Marchandiſes hors du Royaume.*

(4) Le droit de Priſe n'aura point de lieu, pour quelque perſonne que ce ſoit, pendant que cette Impoſition aura cours.

(5) Les Habitans des Villes ni les ſujets des [Gens d'] Egliſes & des Nobles, ne ſeront point obligez de ſervir le Roy dans ſes armées ; ſi ce n'eſt dans le cas de l'Arriere-ban, lorſqu'il ſera convoqué pour une cauſe neceſſaire.

(6) Les Sergents ſeront réduits au nombre porté par les Ordonnances.

(7) Les Sergents obſerveront les anciennes Ordonnances pour ce qui regarde leurs ſalaires, qui ſeront fixez à un certain prix, quelque nombre d'Exploits *qu'ils faſſent dans un jour, ſoit que ce ſoit pour une, ou pour pluſieurs perſonnes. Ils ſeront obligez de donner des copies de leurs* Commiſſions *& de leurs* Reſcriptions.

(8) On fera de trois ans en trois ans des Enqueſtes ſur [la conduite] des Prevoſts qui tiennent des Prevoſtez à ferme.

(9) Toutes les choſes au ſujet deſquelles on aura eſtabli des nouveautez indües, ſeront

remises dans leur premier estat, nonobstant les Lettres d'Estat, les autres graces & les appellations: sauf les oppositions faites en vertu des Ordonnances du Parlement.

(10) Les Baillis ne feront point sortir leurs sujets hors de leurs Chastellenies ou Prevostez, pour les juger, si ce n'est pour de justes causes.

(11) Les Gens d'Eglise & les Nobles ne payeront aucuns droits pour les denrées qu'ils vendront, lorsqu'elles proviendront veritablement des Benefices des premiers, & des terres des autres.

(12) Les Hauts Justiciers connoistront de ce qui concernera la levée des Impositions, faite par les Fermiers & [Sous-Fermiers.] Si les Hauts Justiciers ne font pas leur devoir sur ce point, les Juges Royaux prendront connoissance de ces affaires.

(13) Les Baillis ne pourront sans juste cause, tirer les prisonniers des prisons des Hauts Justiciers: & s'ils le font, le Parlement y apportera remede.

(14) Les Hauts Justiciers pourront juger ceux qui porteront des armes, lorsque ceux-cy seront leurs Justiciables, & que l'affaire sera de leur competence.

(15) Les Baillis remedieront aux vexations que les Prevosts font aux sujets des Prelats & des Nobles.

(16) L'octroy de cette Imposition n'acquerrera au Roy aucun nouveau droit, & ne pourra estre tirée à consequence pour l'avenir.

JEAN I.er & selon d'autres, Jean II. à Paris, en Avril après Pasques 1355.

JEHAN par la grace de Dieu Roy de France: Savoir faisons à touz presenz & à venir, que comme Nous considerans les très-grans inconveniens qui pour cause de noz guerres, sont venuz en moult de manieres, & pevent venir chascun jour, & desirans de tout nostre cuer, bonne & briefve fin mettre en ycelles, [a] si que le Peuple à Nous commis, puisse vivre en [b] pais & en transquillité soubz Nous: Laquelle chose ne pourroit estre faite sanz très-grans & innumerables missions & despens, lesquelz ne pourroient estre soustenuz sanz l'aide de noz Subgés: Aiens pour ce fait requerir par noz amez & feaulz Conseillers Maistre Chatart de Mesech Clerc, & Guillaume de Seris Bailli d'Alvergne, noz bien amez les Prelas, Chapitres & Genz d'Eglise, les Contes, Barons & Nobles, Communes, Consulas, [c] Consouls & autres Genz des Bailliages d'Alvergne & des Montaignes d'Alvergne, que à ce Nous voussissent faire aide convenable, & de leur bonne volenté il Nous ayent gracieusement octroyé & acordé en ayde pour le fait de nosdites guerres, une Imposition de six deniers pour livre, à courir, cueillir & lever un An entier entresivant & acompli; tant lesdiz Prelaz, Genz d'Eglise & lesdiz Nobles, en tant comme il pevent en leurs Terres, Jurisdictions & sur leurs Subgez, comme lesdites Communes, lesdiz Consulas, Consuls & autres Genz des Villes & liex desdiz Bailliages, en ycelles Villes & yceuls liex & sur les Subgés: Et avant ce que ladite Imposition commence [d] ne doie commencier à avoir cours, ces presentes Lettres doivent estre bailliées & delivrées senz coust, ausdiz Prelas, Nobles, ausdites Communes & autres Genz desdiz Bailliages, ou à l'un d'iceulx trois Estats, ou à autres en leurs noms, seellées en cire vert & en las de soie; & tantost après ce, ycelle Imposition doit commencier à courir & à estre cueillie & levée par tout l'An dessusdit, soubz les conditions & modifications & devis contenues & exprimées en la forme & maniere qui s'ensuit.

(1) C'est assavoir de chascun tonnel ou muy de vin vendu en gros ou à détail, & de toutes les autres marchandises qui seront faites en toutes les bonnes Villes & autres, & en touz les liex desdiz Bailliages, dessoubz quelconques Seignours, d'Eglises, Nobles & autres, quelconques marchandises que ce soient, & en quelconques Villes desdiz Bailliages & de chascun d'iceulx, six deniers pour livre à paier du vendeur tant-seulement durant le temps de ladite Imposition: Sauf que se aucune chose estoit vendue *(b)* par une foiz & en un jour, dont le pris ne vausist plus de cinq solz sanz fraude, riens n'en sera pris ne levé: Et aussi ne paieront riens les premiers Marchans acheteurs de bois, [e] viviers & estangs des Seigneurs; mais l'autre Marchant

a *ensorte.*

b *paix.*

c *Consuls.*

d *& doive.*

e *du poisson des viviers & des estangs.*

NOTES.

(a) Tresor des Chartres, Registre 84. Piece 8.

(b) Par une foiz & en un jour.] Les Marchandises qui ne valoient pas plus de cinq sols, n'estoient pas sujettes à l'Aide. Mais on trouvoit moyen de frauder les droits, en achetant par parcelles, soit le même jour, soit plusieurs jours de suite, une marchandise qui auroit cousté plus de cinq sols, si on l'avoit achetée à la fois & en entier, mais dont

JEAN I.er & selon d'autres, Jean II. à Paris, en Avril après Pasques 1355.

qui achetera desdiz premiers Marchans, pour revendre, paiera de ce qui par li sera revendu: Et aussi ne paieront riens les Hosteliers, des vivres qu'il vendront en leurs Maisons ou Hostelz, à leurs Hostes; excepté le vin qu'il paieront en la maniere que dessus est dit.

(2) Item. Que le Receveur d'Alvergne ne autres commis à [a] vendre lesdites Impositions, ne puisse ne doie embourser ne appliquier à soi les vins des marchiez & [b] rencheries de la vendue qui se fera desdites Impositions: Et ne seront tenuz les acheteurs desdites Impositions, paier audit Receveur ne à son deputé, pour les Lettres de l'achat du marchié, que douze deniers; & pour la quittance du payement, que six deniers tournois: Et ne pourront prendre les Sergenz ou commis dudit Receveur ou de ses commis, de la premiere contrainte sur les Fermiers, aucune chose; mais pour la seconde contrainte & les autres ensuivant, seront paiez de [c] celli qui aura souffert ladite premiere contrainte; dont le Sergent ou commis pour son salaire de la contrainte, se faite est dedens la Ville là où li Sergent ou commis & Fermier seront demourans & residens, ne aura ne devra avoir que deux solz tournois par jour seulement.

(3) Item. Sera mandé & deffendu à ceulx qui tiennent & tendront les Fermes de l'Imposition des denrées [d] traites & menées hors du Royaume, qu'il ne pregnent ne ne puissent prendre d'une Lettre de caution que quatre deniers; & de la Lettre de delivrance de ladite caution que quatre deniers; & que se plus en prennent, ou *(c)* detrient les Marchans ou les Voituriers à delivrer lesdites Lettres, tous coux, [e] fres & interets qui par leur detriement seroient faiz, il seront tenuz de rendre & contraint à ce sans delay. Et se plusieurs Marchans sont *(d)* qui à un trait ensamble, facent amener leur denrées, que par une seule Lettre il puissent passer, s'il leur plaist.

(4) Item. Que pour Nous ou pour nostre Hostel, ne pour les Hostels de nostre très-chiere Compaigne la Royne ou de noz Enfans, pour Connestable, Mareschaux, Capitaines ou autres nos Officiers, par les Maistres des Garnisons, Baillis, Receveurs, Commissaires ou autres personnes quelconques, ne seront [f] ne pourront estre pris durant ledit An ou quel courra ladite Imposition, vivres quelsque il soient, chevaux, chars ne charettes, d'aucuns des dessusdiz ne d'autres qui contribue à ladite Imposition; se ce n'est par juste pris & en paiant l'Argent: Et se aucuns par vertu de sa Commission de Nous, du Connestable, des Mareschaux ou d'aucuns autres Officiers, faisoient ou s'efforçoient de faire le contraire, que en riens n'y soit obéi, & pour la desobeissance, se faite estoit, amende ne soit [g] ne puisse estre prise ne levée pour ce.

(5) Item. Que les Gens desdites Villes, [h] Subgez desdites Eglises & Nobles, ne seront contraint à aller en nostre [i] Ost durant le temps de ladite Imposition; se ce n'est pour cause de Arriere-ban fait à bonne & juste cause.

(6) Item. Se ès Bailliages ou ès Prevostez des Bailliages dessusdiz, sont aucuns Sergenz oultre le nombre ordené sur lesdiz Sergenz, il seront ostez; & de ce seront faiz mandemens au Bailli & Prevoz desdiz Bailliages, & leur sera deffendu qu'il n'y en mettent plus nulz.

(7) Item. Que nos Sergenz auront pour leurs salaires par jour, ce qui est contenu ès autres Ordenances Royaulx faites sur ce, seulement: Et que plus n'aient ou

a *donner à Ferme.*
b *differentes encheres.*
c *celui.*
d *transportées.*
e *frais.*
f *&.*
g *&.*
h *& les.*
i *Armées.*

NOTES.

chaque parcelle achetée separement, ne valoit pas cinq sols. Pour remedier à cet abus, on ordonne que les marchandises, qui, lorsqu'elles seront achetées en entier, à une fois & dans le même jour, ne cousteront pas plus de cinq sols, ne payeront pas de droits.

(c) Detrient.] Ce verbe paroît venir de *distringere,* dont on a fait en françois *detroict* & *detresse. Distringere,* entre autres significations, a celle d'*embarasser,* de *gesner.* Ainsi, vû la suite de l'Article, je crois que *detrier* signifie icy, jetter des Marchands dans l'embarras, en differant de leur expedier les *Actes* dont ils ont besoin pour continuer leur route avec leurs marchandises.

(d) Qui a un trait ensamble.] Plusieurs Marchands qui se soient réünis pour faire voiturer ensemble leurs marchandises.

doient

doient prendre pour quelconques nombres de personnes que il besoignent, ne pour quelconque Exploit que il facent en un jour; combien que il en facent plusieurs & pour plusieurs & diverses personnes : Et bailleront & seront tenus de bailler Copie de leur Commission, au lieu là où il feront leur Exploit; & aussi Copie de leur (e) rescription, se il en sont requis, soubz leurs Seaulx, aux coux de ceux qui les requerront.

JEAN I.er & selon d'autres, Jean II. à Paris, en Avril après Pasques 1355.

(8) *Item.* Que sur les Prevoz qui ont tenu & tiennent Prevostez à Ferme, seront faites Enquestes de trois ans en trois ans : Et dores-en-avant n'y seront receus que personnes sages & dignes de foy, qui sachent faire Justice, & (f) apointer les Parties & les Causes en Jugement & dehors.

(9) *Item.* Que toutes nouvelletez indües seront reparées, mises & ramenées au premier & deu estat, non contrestant Lettres d'Estat ou autres graces & appellations quelconques; sauves les oppositions selon les Ordenences de nostre Parlement.

(10) *Item.* Que lesdiz Baillis ne pourront traire ne [a] traittier nuls de leurs Subgez hors de [b] leur Chastellenie ou Prevosté; se n'est pour juste cause & evident.

(11) *Item.* Nous avons octroié, octroions & voulons que touz les Religieux, Prestres, Clers, Beneficiers en Sainte Eglise, en grans ou en petiz Benefices esdiz Bailliages, & les Nobles soient frans & quites de Imposition, ou cas où il ne [c] marchanderoient d'autres denrées, que de celles qui [d] istroient de leurs Benefices, ou de leurs propres heritages, senz fraude.

(12) *Item.* Il Nous plaist & voulons pour eschiver le domage de nostre commun Peuple, que les Haus-Justiciers desdiz Bailliages, facent executer tout ce qui sera [e] deu en leurs Justices, à tous les Fermiers de ladite Imposition, soient noz Fermiers par moyen [f] ou sans moyen, & que l'execution facent faire à leurs propres Sergenz & Officiers, de par Nous & en nostre nom : Et de ce faire leur donnons povoir & auctorité par la teneur de ces presentes Lettres : Et ou cas que debas [g] cherroit pour cause des executions, Nous voulons que lesdiz Haus-Justiciers en cognoissent [h] sommierement & de plain, sanz longue figure & lonc procès, pour eschiver le travail & dommage des bonnes Genz : Et se il font le contraire, Nous voulons que nosdiz Baillis & autres Officiers prengnent telles causes pour en cognoistre sommierement.

(13) *Item.* Nostre entention n'est pas, [i] ne voulons que nozdiz Baillis ne Prevoz desdiz Bailliages ne leur Liextenans, prengnent ou facent prendre ès prisons des Haus-Justiciers desdiz Bailliages, aucuns prisonniers, se il ne ont juste & loial cause : Et se eulx ou aucun d'eulx font le contraire, [k] cil contre qui il sera fait, viengnent tantost auz Genz qui tenront lors nostre Parlement, auxquelz Nous commandons par la teneur de ces presentes Lettres, que senz autre mandement attendre, [l] tantost mettent en ce brief & raisonnable remede, tellement que les complaignans ne soient en ce [m] coustengiez ne dommagiez.

(14) *Item.* Il Nous plaist & voulons que les Haus-Justiciers desdiz Bailliages, puissent justicier tous ceuz que il trouveront portant armes en leurs Justices, (g) de ceux & des faiz dont la cognoissance leur appartendra par raison & Usage de pais; pourveu que ce ne soit contre ne ou prejudice de nostre souveraineté Royal.

(15) *Item.* Pour ce que Nous avons entendu que les Subgés desdiz Prelas & Nobles, sont souvent grevez & molestez par les Prevoz desdiz Bailliages, par plusieurs & diverses manieres, Nous commandons ausdiz Baillis qui sont & qui seront pour

[a] *tirer dehors.*
[b] *leur se rapporte aux Sujets.*
[c] *vendroient.*
[d] *sortiroient.* proviendroient.
[e] *dû.*
[f] *Fermiers, ou Sous-Fermiers.*
[g] *arriveroit.*
[h] *sommairement.*
[i] *&.*
[k] *ceux.*
[l] *aussi-tôt.*
[m] *exposez à des coufts, à des dépenses.*

NOTES.

(e) *Rescription.*] Voicy l'explication de ce mot, tirée du Gloss. du Droit Franç. de M. de Lauriere, au mot [*Rescript du Sergent executeur.*] Ponthieu Article 149. *Quand il rescrit de son exploit pardevers le Juge, & luy fait sa relacion.*

(f) *Apointer.*] Je crois que ce mot signifie icy en general, juger & terminer une affaire. Voy. Nicot au mot, *Appointer.*

(g) *De ceux & des faiz.*] C'est-à-dire, lorsque ceux qui porteront des armes, seront leurs Justiciables, & que l'affaire sera de leur competence : par exemple, ils ne pourroient pas juger des Gens de guerre, &c.

JEAN I.er & selon d'autres, Jean II. à Paris, en Avril aprés Pasques 1355.

le temps, par la teneur de ces Lettres, que en ce mettent remede si bon & si convenable, sommierement & de plain, qu'il doie souffire ausdiz Prelas & Nobles & à leurs Subgez, & à touz noz autres Subgez desdiz Bailliages: Et se les Prevos ou aucuns d'eulx ou leurs Liextenans, font le contraire de ce qui par lesdiz Baillis aura esté [a] proveu, Nous voulons qu'il en soient punis par lesdiz Baillis, soient Prevos Fermiers ou non Fermiers, & les bonnes Genz dedommagiez, si & en telle maniere que les autres y prengnent exemple.

(16) *Item.* Que pour cause dudit octroy à Nous fait de ladite Imposition, & des autres octroys faiz à nostre très-cher Seigneur & Pere que Diex absoille, des Impositions de six deniers & de quatre deniers pour livre, & autres Aydes par lesdiz Prelaz, Genz d'Eglise, Nobles, bonnes Villes & autres desdiz Bailliages, conjointement ou divisément, ne soit ou doie être acquis à Nous ou à noz Successeurs aucun nouvel droit, ne trait a aucune consequence [b] ou prejudice d'iceulx ou aucun d'eulx en corps ne en biens; mais les tenons estre octroiez de leur volenté, & ne voulons point lesdites Impositions estre enregistrées en la Chambre de noz Comptes à Paris: Lesquelles, se par aventure y sont trouvées enregistrées, Nous voulons que lesdiz Registres ne leur puissent ou doient porter prejudice ou temps à venir: Et avec ce Nous plaist que ces présentes soient bailliées aus dessusdiz, en las de soie & en cire vert, tant de foiz que les dessusdiz les vouldront prendre, senz coux & sanz frais, à [c] nostre Séel; & que le transcript de ces presentes soubz [d] aucun de noz Seaux Royauls, vaille & soit tenu comme Original: Si comme toutes les choses dessusdites, nosdiz Conseillers & Baillis Nous ont rapporté en Nous suppliant pour lesdiz Prelaz, Gens d'Eglise, Nobles & autres Subgez desdiz Bailliages, que Nous ycelles leur voussissions octroier.

Nous par deliberation de nostre Conseil, enclinans favorablement à leur supplication, pour maintenir les dessusdiz Prelas, Gens d'Eglise, Nobles, bonnes Villes & autres Subgez desdiz Bailliages, en leurs bonnes Coustumes & anciens Usages, toutes les choses dessusdites & chascune d'icelles, avons octroié & octroions par ces presentes: Mandons & commandons à nosdiz Baillis d'Alvergne & des Montaignes, & à touz noz autres Justiciers [e] Officiers qui sont ad present & à ceux qui seront pour le temps & à chacun d'eulx, qu'il les tiegnent, gardent & acomplissent chascun en droit soi, & les facent tenir & garder senz contredit & sanz autre mandement de Nous attendre, en la fourme & maniere que dessus est devisé & esclarci. Et pour ce que ce soit ferme chose & estable à touzjours-mais, Nous avons fait mettre à ces Lettres le Seel de nostre Chastellet de Paris en l'absence de nostre grant Seel: sauf en autres choses nostre droit & en toutes l'autruy. *Donné à Paris, l'An de grace mil trois cens cinquante & cinq, ou mois d'Avril après Pasques.*

Per Consilium in quo erant Domini Episcopi Belvacensis, Parisiensis, Cenomanensis, Laudunensis & Dolensis, presentibus Gentibus Compotorum. ADAM CARITAS. *Bis lecta in Consilio. Duplicata.*

[a] *pourvû. ordonné.*

[b] *au.*

[c] *scellées.*

[d] *quelqu'un.*

[e] *&c.*

JEAN I.er & selon d'autres, Jean II. à S.t Ouyn près de S.t Denys en France, en Juillet 1355.

(a) *Lettres par lesquelles le Roy ordonne de quelle maniere sera levée l'Ayde qui luy a esté accordée dans l'Anjou & dans le Maine.*

JEHAN par la grace de Dieu Roy de France: Savoir faisons à tous presens & à venir, que comme pour aidier à supporter & sustenir les tres grans & innumerables mises & despens qu'il convient faire pour cause des presentes guerres, noz bien

NOTES.

(a) Tresor des Chartres, Registre 84. Piece 209.

Ces Lettres ont déja esté imprimées cy-dessus p. 7.

On les avoit tirées du Tresor des Anecdotes du P. Martenne: mais on avoit remarqué

amez les Prelaz & autres Genz d'Eglise, les Barons, les Nobles, Communes & autres Gens des Villes & des parties de touz les païs & contrées d'Anjou & du Maine, des anciens ressors & autres appartenances, aient acordé & octroié grascieusement deux solz six deniers tournois pour chacun feu à cueillir & lever par trois mois [a] continualment entresuivans & acomplis; c'est assavoir le present mois de Juillet & les mois ensuivant d'Aoust & de Septembre, en la maniere & soubz les modifications & conditions qui s'ensuivent.

JEAN I.er & selon d'autres, Jean II. à S.t Ouyn, près de S.t Denys en France, en Juillet 1355.

(1) *Premierement.* Que autrefoiz Aide samblable ne puisse estre levée èsdiz païs ou temps à venir, se ce n'estoit par l'accort & de l'assentement exprès desdites Genz d'Eglise, desdiz Noblez & desdites Communes.

[a] *continuement.*

(2) *Item.* Que à cueillir & recevoir l'Aide present, six Recevours & Collectours seront esleuz par noz amez & feaulx les Evesques d'Angers & du Mans, le Seignour de Craon en son nom propre & privé & non comme nostre Lieutenant, Pierre & Guillaume de Craon & Brient Seigneur de Monte-Jehan Chevaliers, & deux Bourgois, l'un d'Angers & l'autre du Mans, ou par ceulx d'eulx touz qui s'en voudront entremettre.

(3) *Item.* Que lesdiz six Recevours ou Collectours seront tenus de rendre compte de leurs receptes & mises, & de tout ce que fait arront, ausdiz Evesques, Chevaliers & Bourgois, ou à ceulx qu'il y deputeront, ou à yceulx d'eulx qui s'en voudront entremettre, comme dit est; sans ce que Nous, le Comte d'Anjou, la Chambre de noz Comptes à Paris, ou autres quelsconques les puissons contraindre, ou faire contraindre à en compter ne leur en demander compte en aucun temps.

(4) *Item.* Que ladite Aide sera distribuée & convertie par le conseil & avis desdiz Evesques, Barons & Bourgois, ou d'iceulx d'eulx qui de ce se voudront, comme dit est, entremettre, en la garde & deffension desdiz païs tant seulement, sanz ce que aucune chose en soit convertie ailleurs; & principalment que les Chastiaux des frontieres en seront garniz, & le païs desdites frontieres en sera dessendu & gardé par la maniere que le Capitaine pour Nous oudit païs, par le Conseil des dessusdiz, [b] ordiennera & verra que à faire sera. Et se il y a demourant, il sera gardé & mis en depost pour le tourner & convertir en ladite garde & deffension samblablement.

[b] *ordonnera.*

(5) *Item.* L'en saura par lesdiz Evesques d'Angers, du Mans, & par l'Evesque de Chartres pour tant comme l'Eveschié de Chartres s'estent en la Contée de Vendosme & ailleurs ès parties & appartenances dessusdites, & par toutes les autres manieres & voies que l'en pourra bonnement, quantes Paroisses il [c] a en leurs Dyoceses, & quans feux il a en checune desdites Paroisses; si que ladite Aide puisse estre levée à nostre proffit & au profit dudit païs.

[c] *y.*

(6) *Item.* Que pour la cause de l'octroy de ladite Ayde, ne soit ne ne puist estre acquis à Nous ne à nos successeurs aucun nouveau droit en prejudice des Prelaz, Genz d'Eglise, Barons, Nobles, Communes ou autres dessusdiz, [d] il ne leur puisse porter prejudice ou temps avenir.

[d] *&.*

(7) *Item.* Ces presentes Lettres scellées de cire verte & en lacs de soye, leur soient delivrées & bailliées, avant ce que ladite Aide soit commenciée à lever & à recevoir.

Nous adecertes considerans ledit octroy estre fait par lesdiz Prelaz, Genz d'Eglise, Barons, Nobles, Communes & autres, de leurs bonnes volentez & de grace, ycellui octroy avons agreable, & par deliberation de nostre Conseil, toutes les choses dessusdites & chascune d'icelles, de certaine science avons octroié & octroyons par la teneur de ces Lettres. Si mandons & commandons audit Capitaine qui ores est, & pour le temps sera pour Nous esdis païs, au Seneschal d'Anjou & du Maine, & à

NOTES.

qu'il y avoit plusieurs fautes dans le texte, & on avoit tâché d'en corriger quelques-unes dans les Notes; c'est ce qui a déterminé à les faire reimprimer icy d'une maniere plus correcte, & telles qu'elles se trouvent dans le Registre 84. du Tresor des Chartres.

touz nos autres Justiciers & Officiers presens & avenir & à chascun d'eulx, qu'il les tiengnent, gardent & acomplissent, fassent tenir, garder & acomplir chacun en droit oy, sanz contredit & sanz autre mandement attendre, en la fourme & maniere que ci-dessus est dit & esclarci. Et pour ce que ce soit ferme chose & estable à tousjours, Nous avons fait mettre nostre seel à ces Lettres: sauf en autres choses nostre droit & en toutes l'autruy. *Donné à la noble Maison de saint Oüin emprez saint Denys en France, l'An de grace mil trois cens cinquante & cinq, ou mois de Juillet.*

Par le Roy à la relation de son Conseil, ouquel vous estiez. ADAM.

JEAN I.er & selon d'autres, Jean II. à Paris, en Juillet 1355.

(a) Ordonnance donnée en consequence d'une Ayde accordée par une partie des Habitans du Limousin, & des pays voisins.

SOMMAIRES.

(1) Les Gens d'Eglise payeront une fois seulement, une somme égale à ce qu'ils payent pour une année de Decimes.

(2) Chaque maison occupée par des personnes libres, payera un demi-écu par an.

(3) Chaque maison occupée par des [serfs] *payera le quart d'un écu par an. Les Riches presteront de l'Argent aux pauvres, suivant* [*les Rolles*] *qui seront arrestez.*

Ceux qui n'auront ni heritages ni meubles, ne payeront rien.

(4) Cette Ayde sera levée par des Commis preposez à cette effet, & par les Justiciers des lieux.

(5 & 6) L'Ayde restera entre les mains de ceux qui la leveront, jusqu'à ce qu'on ait commencé les expeditions militaires pour lesquelles elle est destinée.

(7) Les contraintes pour faire payer cette Ayde, seront faites par les Justiciers des lieux, ou par les Commissaires ou Sergents Royaux, en cas que les Justiciers le requièrent, ou negligent de le faire.

(8) Si les deniers de l'Ayde sont plus que suffisans pour l'usage auquel ils sont destinez, le surplus sera employé au proffit commun du Pays.

(9) Si cette Ordonnance est revoquée, ou non executée en tout ou en partie, on ne laissera pas de lever l'Ayde, qui dans ce cas, sera employée au profit commun du Pays.

(10) Les Nobles seront reçûs Gens-d'armes par preference à tous autres.

(11) Les Receveurs de cette Ayde commis par le Lieutenant du Roy, ne compteront point de leur Recete au Roy, ni à ses Gens des Comptes, ni à aucuns autres de ses Officiers; mais seulement devant le Capitaine du Limousin, & à Limoges.

JOHANNES Dei gratia Francorum Rex. Notum facimus universis presentibus & futuris, Nos Litteras vidisse, formam que sequitur, continentes.

JEHAN de Clermont Sire de Chantilly, Mareschal de France, Lieutenant du Roy nostre Seigneur ès païs d'entre les Rivieres de [a] Laire & de la Dordoigne: A touz ceulx qui ces presentes Lettres verront & orront, Salut. Comme les Seigneurs, Nobles, Genz d'Eglise, Consouls, Villes, Communes & autres du païs de Limosin & des parties d'environ, ou la greigneur & plus saine partie d'iceulx, pour la très-grant affection & desir de grever les Ennemis, & qu'il ont à la delivrance d'icellui païs, & pour consideration de ce que le Roy Monsieur est moult grevez pour cause de ces presentes guerres, & que du sien il ne peut bonnement satisfaire à touz, Nous aient octroié & acordé certain subside & Aide aus fins & par les conditions, forme & maniere contenue en une cedule que yceuls Nous ont baillié, contenant la forme qui s'ensuit.

[a] App. *Loire.*

Afin que à vous Monsieur le Mareschal, plaise demourer sur le païs de Limosin, ou autre bon Capitaine pour le Roy nostre Seigneur, & mettre *(b)* bastide devant

NOTES.

(a) Tresor des Chartres, Registre 84. Piece 117.

(b) Bastide.] C'est-à-dire, un Fort. Voy. le Gloss. de Du Cange au mot *Bastida*, & le passage de Froissart qu'il y rapporte.

JEAN I.er & selon d'autres, Jean II. à Paris, en Juillet 1355.

le Chastel *(c)* d'Essiduil, telle que les ennemis dudit Chastel ne puissent domager le païs ou autrement guerroyer & grever les ennemis, & que ledit Chastel puisse retourner à l'obeissance du Roy nostre Seigneur, & estre renduz à Monsieur de Bretaigne, se sont assemblez de leur volenté & propre mouvement, les Genz de Reverent Pere l'Evesque & le Chapitre, & les Genz de l'Abbé *(d)* Saint Marsal, & de l'Abbé de *(e)* l'Esceipt, & les Abbez *(f)* de Saint Martin & de Saint Augustin de Limoges, & les Gens *(g)* de Monsieur de Bretaigne Viconte de Limoges, de Madame de Suilluy, le Viconte de Roche-chouart, les Genz du Viconte de Cambor, Mess. Racier, les Genz du Seigneur de Pere-Bussiere, les Genz de Mess. Joubert de Malemort, Mess. Guy Brun, Mess. de Treignac & plusieurs autres, & ont avisé pour plus prestement trouver chevance, que se & ou cas que les autres Nobles, Villes, Communes & Habitans des Païs de Limosin, [a] Pierregort, *(h)* Brivoys & de la Marche, qui ne sont dessus nommez, & aussi les liex Voisins desdiz païs [b] vendront faire & feront telle & semblable Aide comme est celle ci-dessous desclairée, les dessus assemblez & nommez *(i)* vendront & consentiront & feront faire de tout leur povoir.

a *Perigord.*
b *voudront.*

(1) Premierement. Lesdites Genz d'Eglise ont avisé que tout homme d'Eglise paie & baille à ladite Aide une foiz, tant & telle somme comme il a acoustumé à paier pour année à cause du [c] disieme, liberalment & pour charité en aumosne, sanz compulsion, & de leur bon gré.

c *decime.*

(2) Item. Aussi les Nobles dessus nommez ont avisé que ès cas [d] dessusdiz, de tous Houstel [e] de franche condition, de Ville ou autres, tenant [f] fué & menage, sera faite Aide pour une année, de demi escu une foiz paié.

d *Voy. Note (i)*
e *Maison occupée par des personnes libres.*
f *feu.*

(3) Item. Que de chascun Houstel de homme [g] tailliable & exploittable, tenant [h] fué & menage, aussi sera baillé & paiez, le quart d'un escu une foiz pour toute l'année: Et ont avisé que les riches & plus puissans presteront aus [i] pours leurs voisins plus prochains, [k] parmi l'Ordenance de certaines bonnes personnes qui seront ordenées par Chastellenies, par les [l] Commis à ce, & [m] Justiciers d'icelles; & ès bonnes Villes, par les [n] Conseuls d'icelles: Et iceulx [o] pours hons s'obligeront à paier aus riches qui leur presteront. Toutes-fois s'il y avoit aucunes personnes qui fussent si miserables, qu'il ne eussent heritage ne meubles dont il peussent paier, il ne pairont rien: Et de ce seront chargiez en leurs consciences, ceulx qui à ce seront ordenez, comme dit est.

g *Serfs.* Voy. cy-dessus, p. 55. Note *(d)* & p. 228. Note *(i)*
h *feu.*
i *pauvres.*
k *suivant.*
l Ils sont nommez *Commissaires Royaux* dans l'article 7.
m *par les.*
n *Consuls.*
o *pauvres hommes.*

(4) Item. Que ladite Aide soit levée & cuillie par bonnes Genz solvables, establis & nommez par les Commis [p] & [q] Justiciers de chacun lieu, ou aucun d'eulx.

p *à ce.* Voy. l'Art. precedent.
q *par les.*

(5) Item. Que les deniers qui seront receuz & cuilliz de ladite Aide, seront

NOTES.

(c) Essiduil.] C'est sans doute le lieu nommé *Exidolium*, dont les ennemis s'estoient emparez. On le nomme presentement *Exideüil.* Voy. cy dessus p. 67. & Note *(n n)*. Voy. aussi le Dictionn. univers. de la France, au mot *Exideüil.*

(d) S.t Marsal.] C'est S.t Martial de Limoges, sur lequel Voy. *Gall. Christ. 2.e Edit.* Tom. 2. p. 553.

(e) L'Esceipt.] Ce mot est bien écrit, & il y a même un point sur l'*i*, chose assez rare dans les Manuscrits de ce temps-là. Il y a cependant grande apparence qu'il s'agit là de l'Abbaye nommée en latin *Stirpensis;* en françois l'*Esterp*, & plus communement l'*Eter.* Celuy qui a écrit le Regiltre des Chartres, aura pû aisément lire dans l'original qu'il a copié, l'*Esceipt* au lieu de l'*Esterpt;* car dans l'écriture de ces temps-là, l'*e* & le *t* ne se peuvent distinguer, & un *i* n'est pas fort different d'un *r*. Voy. sur l'Abb. de l'*Esterp*, *Gall. Christ.* Tom. 2. p. 620.

(f) De S.t Martin & de S.t Augustin.] Voy. sur ces Abbayes. *Ibid.* pp. 582. & 575.

(g) Monsieur de Bretaigne.] Voy. cy-dessus p. 58. Note *(a)*. comment la Vicomté de Limoges estoit venüe à la Maison de Bretagne.

(h) Brivoys.] C'est apparemment le canton dont Brive-la-Gaillarde Ville considerable du Limosin, est la Capitale.

(i) Vendront & consentiront.] Ainsi l'Aide accordée par ceux qui sont nommez dans cette Ordonnance, n'estoit que conditionnelle, & ne devoit avoir lieu qu'en cas que les autres personnes des trois Estats du Limousin & des autres Provinces voisines, accordassent une Aide semblable. Voy. cy-dessous p. suivante, Art. 10.

JEAN I.er & selon d'autres, Jean II. à Paris, en Juillet 1355.

gardez par lesdiz Collecteurs, & ne seront bailliez jusques à tant que *(k)* euvre dessusdite soit commancié & en faisant.

(6) Item. Qu'il plaise à Vous Monsieur le Marechal, promettre & octroier que vous ne prendrez, ne manderez, ne procurrez estre pris ne reçeu deniers ne maille de ladite Aide, jusqu'à tant que ladite euvre soit commancée & à la fin que dessus, & non autrement.

(7) Item. Et que les contraintes & compulsions de paier ladite Aide, soient faites par les Justiciers des liex, ou par les Commissaires & Sergens Royaux, ou cas que les Justiciers le requerront, ou en seront negligenz.

(8) Item. Que [a] ce & en cas que les deniers qui seront levez de ladite Aide, ne pourroient touz estre ne ne seroient *(l)* gastez au besoing dessusdit, que le surplus soit gardé par ceulx qui l'auront cuilli, & le tendront au commun proffit de touz lesdiz païs, & qu'il ne soient tenuz ne contrains à en baillier denier ailleurs.

a *se. si.*

(9) Item. Que en cas que ladite Ordenance seroit *(m)* muée ou destourbée par aucune voie, paravant que ledit subside ou Aide fust levé & cuilli, elle sera levée & cuillie [b] du tout, & gardée, comme [c] dessus, au profit commun de touz lesdiz païs, & baillé par l'Ordenance & [d] arbitre des Genz desdiz païs.

(10) Item. (n) Et que les Nobles desdiz païs souffisans, soient receuz [d] o gaiges [e] avant touz autres.

b *elle ne laissera pas d'estre levée.* c *il est dit.* d *arbitrage.* e *avec.*

Et ce ont avisé les dessus nommez & assamblez Genz d'Eglise, se & en cas que les autres personnes & Genz d'Eglise de touz lesdiz païs, à ce consentiront & feront semblable Aide, & aus fins & soubz les conditions dessusdites, & non autrement: Et par semblable maniere l'ont avisé lesdiz Nobles assamblez comme dit est, en tant comme eulx touche & non autrement: Et [f] que lesdites choses soient tenuës sanz enfraindre & confirmées par le Roy nostre Seigneur & par la Chambre des Comptes, & non autrement, les Conseuls du Chastel de Limoges en leur nom & des Habitans dudit lieu, ont octroié le subside contenu & declarié ci-dessus, & soubs les conditions contenuës illecques: Excepté des Monnoiers & des Genz d'Eglise de leurdite Commune, & autres qui ne sont point obeissans à leur Consulat & sont personnes privilegiées; mais il bailleront les noms d'iceulx, aus Genz du Roy, afin qu'il y pourvoient: Et en oultre qu'il feront le paiement dudit subside à la fin de deux mois en deux mois, jusques à un an.

f *à condition que.*

Et les dessusdiz Seigneurs, Nobles, Genz d'Eglise, Conseuls, Villes, Communes & autres, ou ladite greigneur & plus saine partie de iceulz, Nous aient supplié & requis diligemment, que toutes les choses, manieres & conditions, & chacune d'icelles contenuë en ladite cedule, il Nous pleust avoir agreables, loer, ratiffier & approuver, & promettre tenir & faire garder entierement sanz [g] celles enfraindre, venir ne faire venir par Nous ne par autre, en aucun temps au contraire, en aucune maniere. Savoir faisons que Nous considerant la bonne affection & volenté des dessusdiz, & les

g *icelles.*

NOTES.

(k) Euvre dessusdite.] C'est-à-dire, de bastir un Fort auprès d'*Exideüil, &c.* Voy. cy-dessus p. 685.

(l) Gastez.] Ce mot doit signifier-là, *employez, dépensez*: Cette expression est très singuliere.

(m) Muée ou destourbée.] Changée ou troublée; c'est-à-dire, revoquée, ou non executée en tout ou en partie.

(n) Et que les Nobles, &c.] Voicy comment je crois qu'on peut entendre cet Article qui est obscur, peut-estre parce qu'il y manque quelques mots. Il est dit dans l'Art. 24. de l'Ordonn. du 14. de May 1358. [p. 231.] que les Gens des bonnes Villes, [c'est-à-dire, du tier Estat & non-Nobles] lorsqu'ils seront propres au mestier de la guerre, pourront estre *reçûs Gens-d'armes*, en concurrence avec les autres Gens-d'armes: Et dans l'Art. 26. que les Capitaines leveront des Gens-d'armes dans les Pays où ils commanderont, & qu'à moins qu'ils n'y trouvent pas le nombre qui leur est necessaire, ils ne pourront en faire venir d'ailleurs.

Je crois qu'il est ordonné par cet Article, que les Nobles seront *reçûs* Gens-d'armes, & joüiront des gages attachez à cette qualité, par preference aux non-Nobles & aux Nobles, qui ne seront pas du Pays.

choses contenuës en ladite cedule, eu deliberation & Conseil sur ce, ayant moult agreable l'octroy & accort de l'Aide & subside dessusdiz, toutes les choses, manieres & conditions & chascune d'icelles contenuës en ladite cedule dessus escriptes, avons ratiffiées, loées, approuvées & confermées, & par la teneur de ces presentes loons, ratiffions, approuvons & confermons, & promettons avoir fermes & estables, tenir & faire garder entierement & sanz enfraindre, ne venir ou faire venir par Nous ne par autres, au contraire en aucune maniere.

JEAN I.er & selon d'autres, Jean II. à Paris, en Juillet 1355.

(11) Et en oultre que les Receveurs & Collecteurs deputez ou à deputer par Nous ou par autres, de l'Aide ou Subside dessusdit, de ce que de cellui Subside auront levé & receu, levront & recevront en aucune maniere, ne compteront, [a] ne seront tenuz de compter au Roy nostre Seigneur, ses Genz des Comptes ou quelconques autres Genz de nostredit Seigneur le Roy, ou temps present ne à venir, en (o) France ne ailleurs, en aucune maniere; [b] mes tant-seulement à Limoges pardevant le Capitaine de Limosin, auquel & à ses Genz qui serviront [c] sanz lui oudit païs en ces presentes guerres, l'Argent dudit Subside doit estre distribuez, ou à ceulx qui par lui y seront ordenez & deputez; & que ledit octroy & accort dudit Subside & Aide, ne tournera à consequence aus dessusdiz Seigneurs, Nobles, Genz d'Eglise, Consculs, Villes, Communes & autres dessusdiz ne à aucun d'eulx, ne sera aucun prejudice ou temps present ne à venir, mesmement comme yceulx ce aient octroié de leur propre mouvement & volonté, & pour les causes contenuës en ladite cedule. Et en tesmoin de ce Nous avons mis nostre Seel en ces presentes Lettres. *Donné à Limoges, le seizieme jour de Juin, l'An de grace mil trois cens cinquante & cinq.*

[a] &c.
[b] mais.
[c] sous.

Nos autem premissa in prescriptis Litteris contenta, rata habentes & grata, ea omnia & singula volumus, laudamus, approbamus & auctoritate nostra Regia, de speciali gratia confirmamus. Dantes presentibus in mandatis universis Loca-tenentibus, Capitaneis, Senescallis, Thesaurariis, Receptoribus & aliis Officiariis nostris vel eorum Loca-tenentibus, quatinus predicta omnia & singula per dictum Locum-tenentem nostrum concessa, ut premittitur, & conventa, teneant & observent inviolabiliter, sine infractione quacumque, nichil in contrarium attemptando vel attemptari aliqualiter permittendo. Quod ut firmum & stabile permaneat in futurum, nostrum presentibus Litteris fecimus apponi sigillum: salvo in aliis jure nostro & in omnibus quolibet alieno. Actum & datum Parisius, mense Julii, Anno Domini millesimo trecentesimo quinquagesimo-quinto. *Per Consilium in quo erant Domini Cathalonensis Episcopus &* [d] *Ventidorensis Comes.* HELYAS. *Facta est collatio cum Originali.*

[d] Comte de Ventadour.

NOTES.

(o) *France.*] Ce mot signifie-là la *Languedoil*, dont le *Limousin* qui estoit dans la *Languedoc*, ne faisoit pas partie.

JEAN I.er & selon d'autres, Jean II. à Paris, le 28. de Decembre 1355.

(a) Ordonnance faite en consequence de l'Assemblée des trois Estats des Pays de la Languedoil ou Coustumiers.

JEHAN par la grace de Dieu &c.

SIMILIS *Carta fuit reddita pro Villa Montis-Desiderii, signata per* P. Blanchet. Item. *Similis pro Villa Meldensi, signata per ipsum.*

NOTES.

(a) Cette Ordonnance a esté imprimée cy-dessus p. 19. & elle avoit esté tirée du Memor. C. de la Chambre des Comptes de Paris, & du Registre Rouge vieil du Chastelet. On l'a trouvée depuis dans le Registre 84. du Tresor des Chartres, Piece 400. Dans

JEAN I.er & selon d'autres, Jean II. à Paris, le 28. de Decembre 1355.

Item. *Similis pro Villa Ambianensi, signata per* Math.
Item. *Similis pro Villa Rupelle, signata per* J. Royer.
Item. *Similis pro Villa Pontizare, signata per* Blanchet.
Item. *Similis pro Villa de* [a] *Pruvino, signata per* Blanchet.
Item. *Similis pro Villa de* [b] *Honnefleu, signata per* Blanchet.
Item. *Similis pro Villa Aurelianensi, signata per* Math.
Item. *Similis pro Villa Pictavensi, signata per* J. Royer.
Item. *Similis pro* [c] *Villa-nova-Regis, signata per* Blanchet.
Item. *Similis pro Villa Trecensi, signata per* Blanchet.
Item. *Similis pro Villa de* [d] *Salmuro, signata per* J. Royer.
Item. *Similis pro Villa* [e] *Montis-Letherici, signata per* Blanchet.
Item. *Similis pro Villa Turonensi, signata per* Royer.
Item. *Similis pro Episcopo Laudunensi, signata per* Royer.
Item. *Similis pro Episcopo* [f] *Morinensi, signata per* Royer.
Item. *Similis pro Villa Carnotensi, signata per* J. Royer.
Item. *Similis pro Villa de Chinon, signata per* Math.
Item. *Similis pro Villa Lugdunensi supra Rhodanum, signata per* Blanchet.
Item. *Similis pro Villa Rothomagensi, signata per* Math.
Item. *Similis pro Villa Senonensi, signata per* Blanchet.
Item. *Similis pro Villa Belvacensi, signata per* Blanchet.
Item. *Similis pro Villa de Meleduno supra Secanam, signata per* Blanchet.
Item. *Similis pro Villa Lemovicensi, signata per* Blanchet.
Item. *Similis pro Villa* [g] *Silvanectensi, signata per* Blanchet.
Item. *Similis pro Episcopo Aurelianensi, signata per* Blanchet.
Item. *Similis pro Villa* [h] *Corbolii, signata per* Math.
Item. *Similis pro Villa (b) Castri-Fortis, signata per* Math.
Item. *Similis pro Villa Bituris, signata per* Math.
Item. *Similis pro Villa de* [i] *Luperis in Par. signata per* Math.
Item. *Similis pro Villa Laudunensi, signata per* J Royer.
Item. *Similis pro Villa de* [k] *Dorlens, signata per* Math.
Item. *Similis pro Rege, signata per* J. Royer. *Tradita Episcopo Nivernensi & Comiti Valentinensi.*
Item. *Similis pro Abbate Sancti Benedicti supra Ligerim, signata per* Blanchet.
Item. *Similis pro Villa de Harefleu, signata per* Math.
Item. *Similis pro Archiepiscopo Remensi, signata per* Blanchet.
Item. *Similis pro Castellania & Comitatu Bellimontis supra Secanam, signata per* J. Royer.
Item. *Similis pro Villa Sancti Quintini in Viromand. signata per* J. Royer.
Item. *Similis pro Villa Compendii, signata per* Blanchet.

a Provins.
b Honfleur.
c Ville-neuve-le-Roi.
d Saumur.
e Mont-Lehery [*près Paris.*]
f de Therouane.
g Senlis.
h Corbeil [*près Paris.*]
i Louvres en Parisis.
k Dourlens.

NOTES.

ce Registre, après cette Ordonnance, se trouve la Liste que nous faisons imprimer icy.

A la fin de cette Ordonnance il est dit [p. 37.] que les Evêques, Archevêques, Abbez, Ducs, Comtes & Barons, Notables, les Chapitres Cathedraux, les Citez & bonnes Villes auront droit de demander des expeditions de cette Ordonnance, scellées du grand Sceau en las de soye & cire verte, & que ces expeditions leur seront délivrées sans frais. Il est dit aussi que tous ceux qui le souhaiteront, pourront faire faire sous scel authentique, des *Vidimus* de cette Ordonnance, ausquels foy sera adjoustée comme à l'original.

Les personnes & les Villes comprises dans cette Liste, furent celles qui demanderent des expeditions de cette Ordonnance, scellées du grand Sceau. C'est donc une preuve que ces personnes & les deputez de ces Villes, avoient assisté à cette Assemblée. Il y avoit sans doute un grand nombre d'autres personnes & de deputez : mais ils ne demanderent point d'expeditions de cette Ordonnance scellées du grand Sceau, soit qu'ils se soient contentez d'en faire faire des *Vidimus* sous scel authentique, ou qu'ils s'en soient passé.

(*b*) *Castri-fortis.*] Il y a dans l'Isle de France, un lieu nommé *Chasteau-fort.* Voy. le Dictionn. univers. de la France.

Item. *Similis pro Villa de Joigny, signata per* Blanchet.
Item. *Similis pro Abbate Sancti Cornelii de Compendio, signata per* Math.
Item. *Similis pro Villa & Castellania*[a] *Pissyaci, signata per* Math.
Item. *Similis pro Villa de Vertus in Campania, signata per* Blanchet.
Item. *Similis pro Villa Andegavensi, signata per* Math.
Item. *Similis pro Villa de (c) Burgello, signata per* J. Royer.

a Poissy.

NOTES.

(c) *Burgello.*] Je n'ay pû découvrir le nom moderne de ce lieu. Il n'y a pas d'apparence que ce soit le *Bourget* auprès de Paris.

JEAN COMTE de Poictiers, Fils & Lieutenant en Occitanie, de Jean I.er & selon d'autres, Jean II. à Montpellier, le 18. de Fevrier 1357.

(a) Octroy d'un *Capage* [ou Capitation] fait par les Communautez de la Seneschaussée de Beaucaire.

SOMMAIRES.

(1) *Tant que le* Capage *durera, on ne pourra pas lever d'autre Impost.*

(2) *Le* Capage *se levera sur les personnes âgées de plus de douze ans.*

Les Commissaires feront des Rolles des personnes vivantes; mais ils ne feront point d'inventaires de leurs biens.

(3) *Les Consuls, Procureurs & Syndics des Communautez donneront aux Commissaires les anciens Inventaires des biens, tels qu'ils sont dans leurs Registres.*

(4) *On prendra en payement du* Capage, *la Monnoye pour le prix pour lequel elle a cours presentement.*

(5) *Le* Capage *sera levé par des personnes nommées à cet effet, & s'ils ne font pas leur devoir, par les [Juges] ordinaires des Communautez.*

(6) *L'octroy de ce* Capage *ne pourra pas dans la suite estre tiré à consequence contre ceux qui l'ont accordé.*

(7) *Ce* Capage *sera payé pendant deux mois, & pendant deux autres mois, s'il y a guerre.*

(8) *Chaque personne payera chaque semaine un denier pour chaque cent deniers qu'elle aura en immeubles, & deux deniers pour chaque cent deniers qu'elle aura en meubles.*

JOHANNES Filius & Locum-tenens Regis Francorum, citra Fluvium Dordonie, per totam Linguam Occitanam, Comes Pictaviensis: Senescallo Bellicadri vel ejus Locum-tenenti, Salutem. Cum Nos in nostro adventu in partes predictas, convocaverimus Universitates dictæ Senescalliæ, & pro deffensione & tuitione partium predictarum, nonnullæ Universitates ejusdem Senescalliæ, Nobis, non coactæ sed ipsarum spontanea voluntate, concesserunt quoddam Subsidium (b) Capagium nuncupatum, levandum & solvendum pro tempore, modo, forma, terminis & sub protestationibus in quodam rotulo pargameni sigillo secreti nostri sigillati, contentis & plenius expressatis, quem vobis mittimus una cum nominibus dictarum Universitatum in dicto rotulo contentis & declaratis, & urgens necessitas nos astringat ut dictum Subsidium seu Capagium levetur cito, & cum diligentia maxima exequatur, ideo nos de vestra diligentia & [b] *legalitate quamplurimum confidentes, vobis, si necesse fuerit, committimus & mandamus quatinus dictum Capagium, juxta modum & formam in predicto rotulo*[c] *contentis, levare & exequi cum diligentia faciatis,* [d] *quoscumque levatores ad similia deputatos vel deputandos, ad ipsum levandum & exi-*

b loyauté. fidelité.

c contentum, ou contentam.

d quoscumque levatores .... ad levandum .. compellendo.

NOTES.

(a) C'est le Pere D. Vaissette [Voy. la Table des Matieres à ce nom] qui m'a communiqué cette Ordonnance qu'il a fait copier dans le Registre 10. de la Seneschaussée de Nismes, *fol.* 298.

Il a eu aussi la bonté de m'indiquer les noms modernes des lieux marquez à la fin de cette Piece; à l'exception de quelques-uns qui luy sont inconnus, & qu'il ne faut pas esperer par consequent de pouvoir découvrir.

(b) *Capagium.*] Il paroist par l'Art. 8. que c'estoit une Capitation, proportionnée cependant à la quantité de biens de chaque personne.

JEAN COMTE de Poictiers, Fils & Lieutenant en Occitanie, de Jean I.er & selon d'autres, Jean II. à Montpelier, le 18. de Fevrier 1357.

gendum, & alios qui aliàs in similibus contribuere consueverunt [a] *tenentur, vel aliqualiter tenebuntur ad contribuendum in dicto Capagio, prout in talibus & pro debitis Domini nostri, est fieri consuetum, viriliter compellendo, taliter* [b] *prout terminis contentis in rotulo supradicto, solutiones predicti Capagii nullatenus defficiant; scilicet* [c] *solutio predicta totaliter & integraliter sit perfecta: Mandantes omnibus* [d] *Justitariis & subditis dictarum partium, ut vobis ac deputatis & deputandis à vobis in his & ea tangentibus, diligenter intendant, obediant & pareant cum effectu.* Datum in Monte-pessulo, die decima-octava mensis Februarii, Anno Domini millesimo trecentesimo quinquagesimo-septimo, sub sigillo nostri secreti. *Per Dominum Locum-tenentem, ad relationem Consilii in quo Domini mei Episcopus Nivernensis, Dominus de Monte-acuto, Galesius de Balma, A. de Montagnaco, Dominus Jordanus de Luqui, Radulphus de Insula & vos eratis.*

ASEECLAY.

UNIVERSITATES infrascriptæ oblationem infrascriptam faciunt, modo & formis ac conditionibus infrascriptis, & non [e] *aliàs.*

(1) Primo. *Quod durante tempore infrascripto, vel saltem tanto tempore quanto durabit Capagium infrascriptum, Dominus Comes Pictaviensis Filius & Locum-tenens Domini Francorum Regis, non possit aliquid aliud sive ratione* [f] *Focagii subordinati, vel* [g] *aliàs quovismodo, nisi oblationem infrascriptam petere.*

(2) Item. *Quod Capagium levetur hodie secundum numerum personarum quæ (c) per Commissarios dandum, reperientur, & non juxta numerum olim transactum: Qui Commissarii Inventaria facient de capitibus tantum, & non de bonis mobilibus & immobilibus; & expensis Regiis & non Communitatum,* [h] *ultra ætatem duodecim annorum.*

(3) Item. *Quod dictæ Communitates, Consules, Procuratores ac Sindici earum, teneantur tradere Commissariis super hoc deputandis, Inventaria quæ habent de bonis mobilibus & immobilibus olim à tempore mortalitatis citra, facta: Et jurabunt ipsa Inventaria tradere, prout in eorum Registris fuerunt descripta.*

(4) Item. *Quod dictum Capagium promittant de Monetis currentibus & juxta cursum quem habent de præsenti; videlicet, Agno Auri computato pro* [i] *trigita quatuor solidis; & Florinum pro viginti quatuor solidis.*

(5) Item. *Quod predicta leventur & exigantur per certos probos super hoc deputandos, & in ipsorum deffectu, per Ordinarios ipsarum Communitatum.*

(6) Item. *Fuerunt protestatæ dictæ Universitates quod per præsentem oblationem, non intendunt earum Communitates ponere in casu consimili, in aliquam servitutem, & (d) eo casu quo induceret, quod tamen volunt, imo expresse volunt pro non servitute haberi dictam oblationem.*

(7) Item. *Dicunt & intendunt prædictæ Universitates quod solvatur pro duobus mensibus Capagium prædictum; in media quadragesima ac capite mensis Madii;* [k] *eo casu quo esset guerra & non aliàs, solvatur pro aliis duobus mensibus.*

(8) (e) *Prædictæ vero Universitates oblationem prædictam facient; videlicet, pro capite in septimana, tres denarios: Pro bonis immobilibus; scilicet pro centenario, unum denarium; & pro bonis mobilibus, pro centenario, duos denarios, juxta formam olim factam pro duobus mensibus.*

a &.

b *Il semble qu'il ne faudroit que* ut.

c Il y a là quelque faute.

d Justitiariis.

e *Fort.* aliter.

f Foüage. *Voy. cy-dessus, p. 377. Note (b)*

g *Fort.* aliter.

h *Ces mots se rapportent à* capitibus.

i triginta.

k &.

NOTES.

(c) *Per Commissarios.*] Il semble qu'il devroit y avoir, *per Inventarium per Commissarios dandum.*

(d) *Eo casu quo induceret.*] Cet endroit est ou corrompu ou du moins peu clair; on entrevoit cependant le sens.

(e) *Prædictæ*, &c.] Voicy comment j'entends cet Article, qui est assez mal redigé.

Chaque personne payera chaque semaine, un denier pour chaque cent deniers qu'elle aura en immeubles; & deux deniers pour chaque cent deniers qu'elle aura en meubles.

Nomina verò locorum, Universitatum oblationem prædictam debentium, sunt hæc.

[a] Beaucaire.	*Bellicadrum.*	*Vivarium.*	Viviers.
Alais.	*Alestum.*	*Degerneo.*	. . . .
Mirvejouls.	*Mirvojoles.*	*Dominus Ruppisfortis pro Universitatibus Ruppis-fortis [b] de Monte-rotundo.*	Le Sieur de Rochefort pour les Communautez de Rochefort & de Montredon.
Usez.	*Usetiæ.*		
Mende.	*Mimatæ.*		
Marguerites.	*Margaritæ.*		
Anduse.	*Andusiæ.*		
Roque-maurete.	*Rocca-moreta.*	*Sanctum Christophorum.*	S.t Christol.
Clarensac.	*Clarentiacum.*		
. . . .	*Lotel.*	*Occanicæ.*	Aujargues.
La Gorce.	*De Gorcia.*	*De Bello-loco.*	Beaulieu.
Cauvisson.	*Calvitionum.*	*De Lexis.*	Leques.
. . . .	*Avalonnum.*	*Gallazanicæ.*	Gallargues.
Mauguis *ou* Megüeil.	*Melgorium.*	*Salvium.*	Savre.
		Laudunum.	Laudun.
Bernis.	*Bernicium.*	*Lodobazanum.*	. . . .
. . . .	*Belhommanum.*	*Extrasaputis.*	. . . .
Fourques.	*Furcas.*	*Valisaguoriæ.*	Valliguieres.
Saragnac.	*Sarniatium.*	*De Monte-frino.*	Montfoin.
Congeniés.	*Congenias.*	*De Theseriis.*	Thesieres.
Aubays.	*Abbatium.*	*De Opilieriis.*	Des Oüilhes.
Aramon.	*Aramonum.*	*De Remolinis.*	Remoulins.
S.t Saturnin.	*Sanctum Saturninum.*	*Baronia Lunelly.*	La Baronie de Lunel.
Sommieres.	*Summedrium.*		
Bagnols.	*Balneolæ.*	*Caylarium.*	Le Caglar.
Agmorgues.	*Armazanicæ.*	*Poscheriæ.*	Posquiares.
Aubenas.	*Albenatium.*	*Albonum.*	. . . .
Lunel.	*De Lunello.*	*Tavellum.*	Tavel.
Roquemaure.	*Rocamaura.*	*Distrinlary.*	*Forte.* S.t Dresary.
Valon.	*Valonis.*		

Datum in Monte-pessulo, die decima-octava Februarii, Anno Domini millesimo trecentesimo quinquagessimo-septimo, sub sigillo secretarii nostri.

(f) Ledit Comte de Poitiers par ses Lettres données à Montpellier le 20. Fevrier 1357. dans son Conseil auquel estoient l'Evêque de Nevers, le Seigneur de Montaigu, le Galois de la Baume, &c. ordonne au Seneschal de Beaucaire que ledit Capage de trois deniers par semaine, deux deniers par centaine de meubles, & un denier par centaine d'immeubles, sur tous ceux qui estoient au-dessus de douze ans, accordé par la plus grande partie des Communautez de la Seneschaussée de Beaucaire, seroit payé par les autres Communautez qui n'avoient pas comparu à ladite Assemblée.

NOTES.

(f) Ledit Comte, &c.] Ce qui suit est l'Extrait des Lettres du 20. de Fevrier 1357. fait par D. Vaissette qui n'a pas fait copier les Lettres en entier.

JEAN COMTE de Poictiers, Fils & Lieutenant en Occitanie, de Jean I.er & selon d'autres, Jean II. à Montpellier, le 18. de Fevrier 1357.

a Voy. cy-dessus, p. 689. Note (*a*)

b &

JEAN COMTE de Poictiers, Fils & Lieutenant en Occitanie, de Jean I.er & selon d'autres, Jean II. à Londres, le 15. de Juin 1358.

(a) Lettre du Roy au Clergé de Soissons.

DIe decima tertia Augusti 1358. Magister Yvo Darien Secretarius Domini Regis, apportavit ad Cameram, Litteras Domini Regis sigillo secreti sigillatas, clausas, que diriguntur Episcopis Tornacensi, Ambianensi, Cathalanensi; Archiepiscopo Senonensi; Episcopis Morinensi [a], *Matisconensi, Suessonensi, Laudunensi, Eduensi, Silvanectensi, Aurelianensi, Cenomanensi, Trecensi, Andegavensi, Carnotensi, Lexoviensi, Sagiensi, Noviomensi, Ebroicensi, Belvacensi, Antissiodorensi, Meldensi; Archiepiscopis Rothomagensi, Turonensi; Episcopo Atrebatensi, Cabilonensi; Archiepiscopo Remensi; Episcopo Nivernensi, Parisiensi, Baiocensi, Lingonensi, Lugdunensi, Constanciensi, Abrincensi.*

Item. *Baillivis Aurelianensi, Gisorcii, Caletensi, Constanciensi, Vitriaci, (b) Andegavensi & Cenomanensi, Carnotensi,* [b] *Tornacensi, Ambianensi, Trecensi, Turonensi, Rothomagensi, Calvimontis, Senonensi, Silvanectensi, Matisconensi, (c) Caletensi & Prepósito Parisiensi.*

Item. *Alias Litteras apertas sigillo magno sigillatas, directas Abbatibus, Collegiis, aliis Gentibus Ecclesiasticis Diocesum Suessonensis, Cathalanensis, Attrabatensis, Silvanectensis, Cabilonensis, Lingonensis, Meldensis, Ambianensis, Constanciensis, Abrencensis, Rothomagensis, Senonensis, Antissiodorensis, Turonensis, Tornacensis, Laudunensis, Eduensis, Lexoviensis, Lugdunensis, Sagiensis, Parisiensis, Nivernensis, Remensis, Morinensis, Matisconensis, Belvacensis, Ebroicensis, Noviomensis, Baiocensis, Aurelianensis, Cenomanensis, Trecensis, Andegavensis & Carnotensis.*

Item. *Alias Litteras magno sigillo sigillatas, directas Nobilibus Vicecomitatus Parisiensis, & Bailliviarum Gisorcii, (d) Insulensis, Silvanectensis, Aurelianensis, Turonensis, Constanciensis, Senonensis, Vitriaci, Cadomensis, Calvimontis, Rothomagensis, (e) Trecensis, Meldensis, Matisconensis, Carnotensis, Caletensis; Senescallie (f) Andegavensis & Baillivie Ambianensis.*

Item. *Alias Litteras appertas magno sigillo sigillatas, directas Burgensibus & habitantibus bonarum Villarum, Bailliviarum (e) Andegavensis, Vitriaci, Turonensis, Trecensis* [c] *Meldensis; Senescalliarum Andegavensis & Cenomanensis, Bailliviarum Constanciensis, Carnotensis,* [d] *Tornacensis, Calvimontis, Cadomensis, Senonensis, Ambianensis, Gisorcii, Silvanectensis, Matisconensis, Rothomagensis, Caletensis & Prepositure Parisiensis.*

Que omnes Littere fuerunt misse ad Thesaur. die supradicta, pro defferendo ad loca predicta.

a Therouenne.

b Voy. cy-dessous Note *(d)*.

c Voy. cy-dessous Note *(e)*.

d Voy. cy-dessous Note *(d)*.

NOTES.

(a) Memorial C. de la Chambre des Comptes de Paris, *fol.* 203. *verso*, ancien chiffre.

Cette Lettre n'est pas une Ordonnance : mais comme elle fournit quelques éclaircissemens sur les Estats de Compiegne, & qu'on n'a pas pû la faire imprimer dans les Notes faites sur l'Ordonnance donnée en conséquence de ces Estats, parce qu'on ne l'avoit pas alors, on a crû devoir la faire imprimer icy, avec ce qui la precede dans le Memorial.

(b) Andegavensi & Cenomanensi.] Il n'y avoit alors qu'un Bailli ou Seneschal pour l'Anjou & pour le Maine. V. cy-dessus pp. 8. & 683. Art. 7.

(c) Caletensi.] Comme le Bailli de Calais a deja esté nommé plus haut, il n'a pas dû l'estre ici une seconde fois, & il faut lire *Cadomensi* au lieu de *Caletensi* : en voici la preuve. Le Roy escrivit une Lettre circulaire à dix-huit Baillis qui sont ici nommez. Il est dit un peu plus bas, qu'il envoya les mêmes Lettres, aux Nobles & aux Bourgeois de dix-huit Bailliages qui sont aussi nommez. Ce sont précisement les mêmes Bailliages que ceux aux Baillis desquels il avoit escrit. Or dans ces deux listes, on n'y trouve qu'une fois *Caletensi*, & on y trouve *Cadomensi* qui n'est pas dans celle-cy.

(d) Insulensis.] Dans la Liste des Baillis qui est plus haut, & dans celle des Bourgeois des Bailliages qui est plus bas, on ne trouve pas le Bailli de Lille, & il y a le Bailli de Tournay qui n'est pas dans celle-cy : c'est qu'alors il n'y avoit qu'un Bailli pour Tournay & pour Lille, & mesme pour Douay. Voy. cy-dessus p. 463. Note *(b)*

(e) Trecensis, Meldensis.] Il faut lire *Trecensis & Meldensis.* Car il n'y avoit alors qu'un Bailli pour Troye & pour Meaux. V. cy-dessus pp. 242. 353. 411. 511. 519. 550. Dans la Liste des Baillifs, il n'y a que *Trecensi.*

(f) Andegavensis.] C'est une faute, car un peu plus bas, il y a *Andegavensis & Cenomanensis.* Il faut corriger *Aurelianensis*, qui se lit dans les deux premieres listes des Bailliages, & qui n'est pas dans celle-cy. Voy. cy-dessus Note *(c)*.

JEhan *(g)* par la grace de Dieu, Roy de France: A nos très chers feauls & bien amez les Abbez, Colleges & autres Genz d'Eglise du Diocese de Soissons, Salut & dilecion. Nous tenons [e] fermement que vous savez le gracieux Aide que les Prelaz & autres Genz d'Eglise de nostre Royaume de la Languedoil, Nous ont octroyé à ceste dareniere Assemblée du 4.e jour de May [f] à Compiegne, pour nostre vivre & nostre estat maintenir en l'estat où Nous sommes, & par especial pour Nous acquicter de plusieurs debtes ès queles Nous sommes encourus

e *estant certain.*

f *Voy. cy-dessus, p. 219.*

NOTES.

(g) Jehan &c.] A costé de ce mot, il y a dans le Memorial : *Copia Litterarum directarum personis Ecclesiasticis : & consimilem tenorem continebant omnes alie.*

pour [a] defaut & neceſſité que Nous avons eu de finance depuis noſtre venuë en Angleterre; ſi comme Nous avons fait expoſer par noz Meſſagés en ladite Aſſemblée : lequel Aide noſtre amé & feal l'Evêque de Soiſſons ou ſon Vicaire à qui Nous l'eſcrivons, vous dira. Si vous prions & requerons en tout amour, loyauté & obéïſſance, que ledit Aide qui par ceuls qui furent à ladite Aſſemblée, Nous fut octroyé, comme dit eſt, ou nom d'euls & de tous les autres de la Languedoil, vous Nous vüeillez ſemblablement octroyer cette foiz, pour obvier au grant blaſme, vilenie & deshonneur que Nous, vous & touz noz loyaux ſubgiez porions encorir, ſe ſur ce ne Nous eſtoit briefment pourveu, par l'Aide de noſdiz ſubgiez; & le payer preſentement, jouxte ledit octroy. Et Nous avons ferme fiance que, conſideré l'eſtat où Nous ſommes, & la cauſe & maniere de noſtre priſe & detenuë, & les deffaut & neceſſité deſſuſdiz, avec ce que ledit Aide n'eſt pas moult greveux, ſi comme il Nous ſemble, & autres choſe que vous y ſaurez conſiderer, vous ne Nous en [b] faudrez pas, & [c] creez ledit Evêque ou ſon Vicaire de ce qu'il vous en diront, & faites ce qu'il vous requerront ſur ce de par Nous. *Donné à Londres, le 15.e jour de Juing, l'An de grace 1358.* Par le Roy. J. ROYER.

a *manque.*

b *n'y manquerez pas.*

c *creyez.*

(a) *Inſtructions données aux Commiſſaires envoyez dans les Provinces, ſur le fait des Monnoyes.*

C'Eſt l'Inſtruction faite par le Conſeil du Roy & les Generaulx-Maiſtres de ſes Monnoyes, pour tenir le Denier d'Or à l'Eſcu en eſtat, & garder les Ordennances des Monnoyes.

(1) *Premierement.* Deux Commiſſaires bonnes perſonnes & ſouffiſantes, ſeront envoyez en chaſcun Bailliage ou en tant de lieux comme bon ſera affaire, leſquiex Commiſſaires appelleront avecques euls en chaſcun lieu où il ſe arreſteront, des Gens honneſtes (b) qui ſont au Seigneur, pour eſtre mielx accompaignez & plus honneſtement; & feront aſſambler ès Villes & ès lieux notables des Pays où il iront, grant quantité des plus convenables perſonnes & de chaſcun eſtat; c'eſt aſſavoir, du Clergié, des Gentilzhommes, des Bourgois, Changeurs, Marchans & autres, & leur monſtreront la petite obéïſſance qui a eſté faite à toutes les Ordenances du [d] Seigneur qui derrenierement ont eſté faites ſur le cours des Monnoyes d'Or, en leur ſignifiant que pour le très grant & évident prouffit du Royaulme & de tout le peuple, il avoit eſté ordené que nulle Monnoye d'Or n'euſt cours; mais tant ſeulement le Denier d'Or à l'Eſcu pour douze ſolz pariſis; lequel pris eſtoit juſte & convenable ſelon la Monnoye d'Argent qui avoient [e] queurt, & euſt eſté le proffit du Royaulme & de tout le peuple que il feuſt demoré en yceluy pris : Et auſſi que nulle Monnoye dehors du Royaulme ne autres que du coing du Roy, & celles tant ſeulement qui avoient cours par leſdites Ordenances, ne euſſent cours ne ne feuſſent prinſes ne miſes; fors au marc pour billon.

d *Voy. la Note (b)*

e *cours.*

(2) *Item.* Comment leſdites Ordenances ont eſté commandées à garder, & jurées par les Changeurs & autres Marchans, leſquelles n'ont eſté tenuez ne gardées en aucune maniere.

(3) *Item.* Comme chaſcun s'eſt efforcié & efforce de jour en jour, de volanté ſanz cauſe raiſonnable, de enfraindre & paſſer l'Ordenance deſſuſdite, & feroient de plus en plus, ſe remede n'y eſtoit mis, ou grant grief & prejudice de tout le Royaulme & d'eulx meiſmes, comme ceuls qui ne veullent cognoiſtre leur bien & prouffit, dont il ont [f] deſervi d'eſtre pugniz griefment, ſe il plaiſt au Seigneur de faire, & en ſont en volonté du Seigneur, de corps & de biens.

f *merité.*

(4) Et pour ce que il a eſté ſignifié & monſtré au Roy & regardé par ſon Conſeil,

NOTES.

(a) L'Original de ces Inſtructions eſt à la Bibliotheque du Roy, Liaſſe intitulée, *Monnoyes :* Num. 37. Au dos eſt écrit : *Au Seneſchal de Beaucaire et à ſon Lieutenant.*

Ces Inſtructions ont eſté faites, ſans doute, en conſequence d'une Ordonnance qui avoit eſté donnée auparavant : mais l'on n'a pû découvrir qu'elle eſt cette Ordonnance. C'eſt ce qui a déterminé à renvoyer cette Piece à la fin du Volume.

Il eſt dit dans cette Inſtruction, que le Denier d'Or à l'Eſcu qui avoit eſté fixé par une Ordonnance à douze ſols pariſis, vaudra dans la ſuite ſeize ſols pariſis.

Il y a dans ce Volume une Ordonnance du 14. de May 1358. [p. 222.] confirmée par deux Lettres du 22. d'Aouſt ſuivant, [p. 244. 246.] qui porte que le Florin à l'Eſcu, ou le Denier d'Or à l'Eſcu, vaudra ſeize ſols pariſis ou vingt ſols tournois, ce qui eſt la même choſe ; & des Lettres du 10. d'Avril 1361. [p. 484.] confirmées par celles du 14. du même mois [p. 485.] qui fixent le Franc d'Or fin à ſeize ſols pariſis : mais il n'y a aucunes Lettres par leſquelles il paroiſſe que le Denier d'Or à l'Eſcu ait jamais valu douze ſols pariſis ; enſorte que non ſeulement on ne peut ſçavoir à laquelle de ces deux Ordonnances, ces Inſtructions ont rapport ; mais on ne peut même s'aſſurer qu'elle ait eſté faite en vertu d'une de ces deux Ordonnances.

On peut conclurre de ce qui vient d'eſtre dit, que quoyqu'il y ait dans ce Volume, un très grand nombre de Pieces ſur les Monnoyes, dont le Blanc n'a point eu de connoiſſance, cependant il en manque encore pluſieurs qui ne ſe trouvent point dans les Regiſtres qui ſont conſervez; enſorte que l'on n'eſt pas encore en eſtat de faire rien d'exact & de complet ſur les Monnoyes.

(b) *Qui ſont au Seigneur.* [Je crois que cela ſignifie des *Officiers du Roy*, qui eſt nommé plus d'une fois *Seigneur*, dans la ſuite de cette Inſtruction. Voy. la Note marginale (d).

que moult grieve chose seroit à present de faire pugnicion de touz ceuls qui ou temps passé ont transgressié & enfraint lesdites Ordenances par deffaut de [a] brieve punicion, & qui de leur volenté sanz cause raisonnable, comme dessus est dit, ont amené depuis lesdites Ordenances, ledit Denier d'Or à l'Escu, jusques à ce, qu'il * ont prins & mis, prennent & mettent pour seize solz parisis la Piece, a esté & est ordenné pour la plaisance du peuple, * pour ceste presente Ordenance & Instruction, que yceluy Denier d'Or à l'Escu demora & sera prins & mis pour le pris de seize solz parisis la Piece & non pour plus, & les autres Monnoyes blanches & noires prinses & mises pour le pris qui par lesdites Ordenances leur a esté ordenné; & que nulz de quelque condicion ou estat qu'il soient, doresenavant sur paine de corps & d'avoir, ne soit tant osez ne si hardiz de prendre ou mettre en appert ou en couvert, yceluy Denier d'Or à l'Escu pour plus de seize solz parisis la Piece, comme dit est, ne autres Monnoyes d'Or ou d'Argent quelesconques que elles soient; fors celles ausquelles l'en a donné cours par lesdites Ordenances.

a *prompte.*

* *l'ont.*

* *par.*

(5) Item. Après ce que les choses dessusdites auront ainsi esté signifiées par bonne diligence, lesdiz Commissaires feront crier ceste presente Ordenance ès places publiques où il appartient à faire, afin que aucun ne se doye ou puisse dire ignorant de savoir ladite Ordenance, laquelle le Roy veult très acertes estre tenuë & gardée sanz enfraindre, sur les paines dessusdites.

(6) Item. Afin que ceste presente Ordenance soit tenuë & gardée doresenavant selon sa teneur, yceuls Commissaires auront povoir de pugnir & [b] traitter à amende ou faire venir pardevant ledit Conseil, touz Officiers du Royaulme, tant Seneschaux, Baillis, Prevolz comme autres, & touz Changeurs, Drapiers, Merciers, Especiers & toutes autres personnes de quelque condition ou estat qu'il soient, lesquiex il pourront trouver ou savoir que en aucune maniere prandront ou mettront doresenavant, ledit Denier d'Or à l'Escu pour plus de seize solz parisis la Piece, comme dit est, ou qui feront aucune transgression contre ladite Ordenance.

b *traire. condamner.*

(7) Item. Pour la cause dessusdite feront & vacqueront par l'espace de deux moys ou plus, ès lieux où il seront ordennez & envoyez, pour eulx prandre garde que ceste presente Ordennance soient tenuë & gardée sanz enfraindre, & auront povoir de instituer certaines personnes souffisantes & convenables ès lieux où il appartendra, pour garder & faire tenir ycelle Ordennance, tant comme il yront de lieu en autre: Et afin que yceux Commissaires & les Deputez ayent ces choses [c] plus aggreables, il auront oultre leurs gages qui pour ce leur seront ordennez, la tierce partie de toute les [d] fourfaitures qu'il trouveront estre fourfaites, & acquises au Roy pour la cause dessusdite.

c *soient engagez à faire leur devoir avec plus d'exactitude.*

d *confiscations.*

(8) Item. Afin que yceulx Commissaires ne se puissent ou doivent tenir achargez, est ordenné que les Receveurs des lieux où il yront, prandront & recevront lesdites fourfaitures ou esployz qui par eulz ou l'un d'eulz leur seront bailliées ou monstrées, en baillant yceulz Commissaires Lettres de reconnoissance faisans mencion de la tierce partie à eulz appartenante: Laquelle tierce partie le Roy veut & ordenne que il la puisse prandre presentement sur [e] le fait, sanz ce qu'il en soit jamais tenuz de en rendre compte.

e *sur les deniers confisquez.*

Et feront yceuls Commissaires jurer aus Sains Euvangiles de Dieu, touz Marchanz, Changeurs, Drappiers, Merciers, Pelletiers & autres quelx qu'il soient, que nostredite Ordennance garderont sans enfraindre; & sera chascun tenu par sondit serment, de accuser celuy ou ceuls qu'il pourra trouver ou savoir faisant le contraire: pour laquelle accusacion, le Roy veult que il ait la tierce partie de tout ce que à luy sera fourfait & acquis pour la transgression de ceste presente Ordennance.

(9) Item. Le Roy veult & mande par ceste presente Instruction & Ordenance, à touz Seneschaux, Baillis & autres ses Justiciers & Subgiez, que auxdiz Commissaires & à chascun d'euls, & à leurs Commis & deputez par eulz & chascun d'eulz, soit obéï, & preste conseil, confort & aide, se mestier en ont.

TABLE DES ANNÉES DE JESUS-CHRIST, DES LETTRES DOMINICALES, DES PASQUES ET DES INDICTIONS.

Tirée du Gloſſaire de la baſſe latinité de M. Du Cange, au mot ANNUS.

ANNÉES.	LETTRES DOMINICALES.	PASQUES.	INDICTIONS.
1355..........	.......D....................	.......A..............5.	.......8.
1356..........	.....CB....................	.......A............24.	.......9.
1357..........	.......A....................	.......A............*9.	......10.
1358..........	.......G....................	.......A..............1.	......11.
1359..........	.......F....................	.......A............21.	......12.
1360..........	.....ED....................	.......a..............5.	......13.
1361..........	.......C....................	.......M...........28.	......14.
1362..........	.......B....................	.......A............17.	......15.
1363..........	.......A....................	.......A..............2.	.......1.

NOTES.

(*) Dans la premiere Edition du Gloſſaire de Du Cange, il y a 19. Mais c'eſt une faute, ainſi que je l'ay appris des Sçavans Benedictins qui travaillent à la nouvelle Edition de ce Gloſſaire, dans laquelle cette faute ſera corrigée.

AVERTISSEMENT
SUR LA TABLE SUIVANTE.

DANS un Recüeil aussi immense qu'est celuy de toutes les Ordonnances, & composé d'un nombre infini de Pieces conservées dans differents dépôts, soit à Paris, soit dans les Provinces, il est impossible de les rassembler toutes assez à temps, pour que chacune soit imprimée dans son ordre Chronologique. On est donc obligé de donner de temps en temps des Suppléments qui contiennent les Pieces qui ont esté recouvrées trop tard, pour estre placées à leur rang.

D'ailleurs il y a des Ordonnances anciennes qui ne se trouvent que dans des Ordonnances posterieures où elles sont vidimées, *& dont on ne peut avoir connoissance que lorsqu'on travaille sur le Regne du Roy qui les a confirmées.*

Cependant comme il est très important de connoistre toutes les Ordonnances qui ont esté données par chaque Roy, on a remedié dans le second Volume à ces inconvenients, en faisant imprimer à la teste de la Table Chronologique des Ordonnances des Rois Philippe de Valois & Jean, contenuës dans ce Volume, celle des Ordonnances de leurs Predecesseurs, qui s'y trouvent aussi hors de leur rang.

On suivra la même methode dans ce troisieme Volume & dans les suivants. Mais afin que l'on ne soit pas obligé de consulter les Tables Chronologiques de tous les Volumes de ce Recüeil, lorsqu'on voudra connoistre toutes les Ordonnances données par chaque Roy, on a fait imprimer dans ce Volume, & on fera imprimer dans les suivants, une Table Chronologique de toutes les Ordonnances qui seront hors de leur rang dans les Volumes precedents: ensorte que lorsqu'on voudra sçavoir toutes les Ordonnances faites par un Roy, il n'y aura que deux operations à faire; A sçavoir, 1.° de consulter la Table Chronologique du Volume dans lequel seront imprimées les Ordonnances de ce Roy. 2.° La Table Chronologique du dernier Volume qui sera pour lors imprimé, & dans laquelle on trouvera toutes les autres Ordonnances de ce Roy qui seront éparses dans les autres Volumes du Recüeil.

On mettra aussi dans ces Tables Chronologiques, le Titre des Pieces imprimées dans les Notes : l'on avoit negligé de le faire dans les Tables Chronologiques des deux premiers Volumes.

TABLE CHRONOLOGIQUE

TABLE CHRONOLOGIQUE DES ORDONNANCES CONTENUES DANS CE TROISIÉME VOLUME,

Et de quelques autres qui se trouvent hors de leur rang, dans les deux premiers.

LOUIS VI. DIT LE GROS.

LOUIS VII. DIT LE JEUNE.

PHILIPPE II. DIT AUGUSTE.

LOUIS VIII.

SAINT LOUIS IX. DU NOM.

PHILIPPE III. DIT LE HARDI.

PHILIPPE IV. DIT LE BEL.

LOUIS X. DIT LE HUTIN.

PHILIPPE V. DIT LE LONG.

CHARLES IV. DIT LE BEL.

PHILIPPE VI.

PHILIPPE VI. DIT DE VALOIS.

JEAN I.er ET SELON D'AUTRES, JEAN II.

M C C C L V.

MCCCLVI.

Lettres

CHARLES REGENT.

MCCCLVIII.

MCCCLIX.

Mandement

MCCCLX.

LE ROY JEAN.

CHARLES REGENT.

LE ROY JEAN.

MCCCLXI.

Mandement

MCCCLXII.

TABLE DES MATIERES.

TABLE
DES MATIERES.

Le chiffre Arabe marque la page; & le Romain, l'article de la page.

A

s'assembler

Bourgeois

C

CHARTRES.

deboutée

E

de Lormerie

I

INVENTAIRE

L

comme

M

NUIT.

P

Nul

Q

R

exempts

T

Jugemens,

*TABLE DES NOMS

Des Provinces, des Duchez, des Comtez, des Bailliages, des Seneschaussées, des Vicomtez, des Prevostez, des Villes & des autres lieux dont il est parlé dans ce Volume.

A

NOTE.

(*) On a jugé à propos de ne pas faire de distinction dans cette Table, entre les *i* & les *y*, & les mots où cette derniere Lettre se trouvera, seront rangez, comme s'ils estoient écrits par un *i*.

B

BAILLIAGES.

COMTEZ.

D

DUCHEZ.

E

F

G

H

H

I

K

L

PREVOSTEZ.

R

Ronnay.

SENESCHAUSSÉES.

VICOMTEZ.

TABLE DES NOMS DES PERSONNES, &c.

*TABLE DES NOMS

des Personnes dont il est parlé dans ce Volume.

A

NOTES.

(*) On a jugé à propos de ne pas faire de distinction dans cette Table, entre les *i* & les *y*, & les mots où cette derniére Lettre se trouvera, seront rangez, comme s'ils estoient écrits par un *i*.

D

E

F

G

H

I

K

L

M

N

Soyer

ADDITIONS ET CORRECTIONS.

PAGE 3. les Lettres du mois de May 1355. sont aussi au Tresor des Chartres, Registre 84. Piece 135. & après ces mots, *mense Maii*, car il y a ainsi, au lieu de *Maio*, on lit: *De precepto Regis in suo jocundo adventu, facto Magistris Requestarum Hospicii. Franciscus.* BUCY. *Collatio facta est cum Originali per me.* FRANCISCUS. La même formule se trouve dans les Lettres qui suivent dans le Registre, & qui furent accordées le même jour, aux Habitans de Lille, pour l'établissement d'une Foire.

Page 14. Voyez par rapport à la Note *(cc)* page 311. Note *(e)*.

Page 15. ostez du titre des Lettres, ces derniers mots: *aux Officiers & Serviteurs pour leurs gages.*

Page 24. Note *(c)* & page 25. Note *(k)* il est dit que l'Ordonnance faite en consequence des Estats du mois de Mars 1355. ne s'est pas conservée: On l'a recouvrée depuis; & elle est imprimée dans le quatrième Volume des Ordonnances, page 172. Voyez la Note *(a)*.

Page 54. ligne 5. il est parlé d'un Subside octroyé le dernier jour de Mars. Il est certain que ce Subside est celuy qui fut octroyé par l'Ordonnance du 12. de Mars 1355. laquelle est imprimée dans le quatrième Volume des Ordonnances, page 172. Pourquoy donc est-il dit icy que ce Subside fut octroyé le dernier jour de Mars? C'est qu'il ne devoit commencer à estre levé que le dernier de Mars, quoyqu'il eust esté accordé le 12. precedent. Il est vray que cela n'est pas dit formellement dans l'Ordonnance du 12. de Mars: Mais l'Article VIII. porte qu'un ancien Subside à la place duquel on substituoit ce nouveau par cette Ordonnance, aura cours jusqu'à la fin du mois de Mars: Par consequent le nouveau ne devant commencer que lors que l'ancien seroit fini, il n'a dû avoir cours que du dernier de Mars.

Page 59. Note *(h)* l'explication que l'on a donnée de ces termes, *de alto & basso*, n'est pas bonne. Ils signifient que les Parties se sont soumises entierement aux Jugemens des Arbitres. Cette expression est tirée du droit que la plûpart des Seigneurs avoient sur leurs Serfs, lorsque ceux-cy estoient taillables *de alto & basso*: c'est-à-dire, à la volonté du Seigneur. Voyez le troisième Volume des Ordonnances, page 54. Note *(d)*.

Page 83. on auroit dû placer après les Lettres qui regardent les Habitans de *Carbonne*, celles qui furent accordées à ceux du *Mas-Saintes-Puelles*, & qui sont plus bas, page 177.

Page 91. Note *(b)* Lorque je fis cette Note, je n'avois pas sous la main l'Histoire de Tournay par Jean Cousin, dans laquelle j'ay trouvé depuis, Livre 4. Chapitre 24. pages 123. & 124. que la Commune de Tournay fut abolie par Arrest du Parlement du 4. de Juillet 1332. parce que les Prevosts, Jurez & Gouverneurs de Tournay, avoient fait des Statuts & levé des Imposts, sans la permission du Roy, qu'ils avoient fait battre un homme qui estoit sous la Sauve garde du Roy, & qu'ils s'estoient écartez des Loix dans plusieurs autres points, dont on peut voir le détail dans l'Histoire de Tournay.

L'Arrest est dans les Registres du Parlement. Je l'ay vû dans la Copie de ces Registres, qui est dans le Cabinet de M. le President Ogier, Volume 1. p. 278. recto. L'Arrest est daté du 3. de Juillet.

Page 96. Note *(b)* au lieu de, *page 5. les Lettres du 18. de Juin*, lisez, *page 37. les Lettres du 30. de Decembre.*

Page 98. ligne 6. sur ces mots, *ruë de la Charronnerie*, adjoûtez cette Note: [Dans des Lettres du mois d'Avril 1361. qui sont au Tresor des Chartres, Registre 90. page 454. on lit: *Un estal.. seant en la Charronnerie, tendant aux murs de S.t Innocent.*]

Page 101. au lieu de ces mots, *ad finem, &* qui finissent la ligne 31. je crois qu'il faut lire *ad finem ut.* Je n'ay plus le Registre d'où cette Piece a esté tirée, pour le consulter: Dans la Faille, il y a, *ad finem ut.*

Ibid. Voyez sur la Note *(b)* le quatrième Volume des Ordonnances, page 179. Note *(b)*.

Page 108. Note *(u)* adjoûtez. [Les Lettres du Comte d'Armagnac sont datées dans la Faille, du 26. d'Octobre 1356.

Dans le Registre 103. du Tresor des Chartres, Piece penultieme, se trouve encore la même Ordonnance du Comte d'Armagnac. Elle y est aussi datée du 26. d'Octobre; & les Lettres de confirmation du Duc de Normandie, sont datées du 29. de Janvier, comme dans la Faille.]

Page 126. Voyez sur les *Deputez* desquels il est parlé à la ligne 3. le quatrième Volume des Ordonnances, page 181. Note *(a)*.

Page 164. ligne 12. sur ces mots, *Prepositos Marescallorum*, il faut mettre à la marge: [Voyez cy-dessus, page 112. Note *(g)*.]

Page 167. Note *(c)* Voyez dans le même Volume, page 505. Note *(l)*.

Page 170. j'ay mal expliqué dans la Note *(n)* le passage sur lequel elle est faite: Il faut donc l'effacer, & y substituer celle-cy:

Et Castellanie de Lheucata.] Ce passage est fort embroüillé; voicy comment je crois qu'il faut l'entendre: Il faut oster *&*, & lire, *Vicarium nostrum Biterris, Castellanie de Lheucata; ac loco de Agello, Vicarie Minerbesii, &c.* & cela signifiera, que les lieux qui sont nommez un peu plus haut, furent joints à la Chastellenie de Leucate; & *Agel* à la Viguerie du Minervois. L'Article premier prouve cette explication.

Page 211. Article IV. ligne penultieme, *sine debito*, lisez *sine debito*: effacez la Note *(c)* & Voyez dans le même Volume, page 446. Note *(e)*.

Page 214. Les Lettres du Roy Jean du mois de Mars 1353. se trouvent aussi au Tresor des Chartres, Registre 81. Piece 686. & elles finissent ainsi: *Per Regem, ad relationem Consilii, in quo vos & Dominus Symon de Buciaco, eratis.* J. ROYER.

Page 218. Les Gros Deniers blancs, dont la fabrication fut ordonnée par le Mandement du 7. de May 1358. n'eurent point de cours. Voy. dans le même Volume, page 257.

Page 223. Article IV. à l'occasion des *Generaux* [des Aydes] dont il est parlé dans cet Article, j'avois eu dessein de parler de l'institution de la Cour des Aydes, dont on peut les regarder comme les plus anciens Officiers; & j'avois même annoncé ce dessein dans la Table des Matieres, à la fin du mot Aides: Mais ayant appris depuis que M. Boulin Conseiller à la Cour des Aides, travailloit à une Histoire de sa Compagnie, dans laquelle il traiteroit ce point avec estenduë, j'ay crû que je pouvois me dispenser d'en parler.

Page 227. dans l'Article XIV. il est parlé de *Benefices tauxez* [taxez] & de *Benefices non tauxez*. Lorsque ces Lettres ont esté imprimées, je ne sçavois point ce que c'estoit que cette taxe de Benefices; je l'ay appris depuis dans des Pieces qui se trouvent dans le Compte de Robert de Riom. [Voy. sur ce Compte, la Preface de ce Volume, page lvj.] Il est dit dans une de ces Pieces, que les Gens d'Eglise payeront un Subside, *selon la taxation d'un disiesme.* Dans un autre endroit, il y a: [On s'informera] *des revenus des Gens d'Eglise... * dont il ne payent disiesmes, & des autres Gens d'Eglise,*

* *Je crois qu'il faudroit retrancher cette négation.*

des Benefices qui ne payent disiesmes. Et dans une autre Piece, on lit : que les Gens d'Eglise payeront *la huitieme partie d'un disiesme de leurs Benefices taxez à disiesmes, & de leurs Benefices non taxés.* On peut aussi voir dans le quatrieme Vol. des Ordonnances, page 184. l'Article XVII. des Lettres du 3. de Mars 1356. dans lequel il est parlé *des Benefices qui sont taxez au disiesme.*

Pour bien entendre ces Textes, il faut sçavoir que sous le Regne de Philippe de Valois, on leva plusieurs fois sur les Benefices, des *Décimes :* (car c'est ce que signifie ce mot, *disiesme.*) Pour liquider à quoy ce *disiesme* devoit monter, on estima & on *taxa* le revenu des Benefices. Dans la suite, lorsqu'on leva des Subsides sur le Clergé, soit qu'ils montassent au dixieme, soit qu'ils fussent plus ou moins forts que le *dixieme*, il fut reglé que l'on suivroit l'ancienne *taxe* qui avoit esté faite pour la levée des *Décimes :* du moins par rapport aux Benefices qui avoient esté *taxez :* Car il y en avoit qui n'avoient pas esté *taxez ;* parce qu'apparemment, ils n'estoient pas sujets aux *Décimes.*

Il seroit curieux de sçavoir quels estoient les Benefices taxez pour les décimes, & quels estoient ceux qui n'estoient pas taxez. On trouvera sans doute des éclaircissemens là-dessus, dans les Lettres qui furent données pour la levée de ces *Décimes.* J'en ay vû plusieurs dans les Registres de la Chambre des Comptes : mais je n'ay pas presentement ces Registres pour les consulter.

Page 254. Note *(b)* J'ay dit dans cette Note, qu'un lieu que je trouvois nommé dans la même Piece, ou dans differentes Copies de la même Piece, *S.t Jean de Lene* ou *de Leve*, *S.t Jean de Leone*, ou *S.t Jean de Lone*, ne pouvoit estre que *S.t Jean de Laone* en Bourgogne, ou *S.t Jean de Luz* sur les frontieres de l'Espagne ; & qu'il me paroissoit plus vray-semblable que c'estoit *S.t Jean de Luz.*

Dans la suite, dans la page 203. du quatrieme Volume des Ordonnances, Note *(b)* ayant trouvé le nom de *S.t Jean de Leure* dans une autre Piece, j'ay dit qu'eu égard à differentes choses qui se lisent dans cette Piece, il me paroissoit très incertain si ce lieu estoit *S.t Jean de Laune*, ou *S.t Jean de Luz :* & j'ay adjoûté, que peut-estre trouverois-je dans la suite quelque passage précis qui me marqueroit quel estoit ce lieu.

Mes esperances n'ont point esté vaines ; & voicy une Piece tirée du Memorial *D.* de la Chambre des Comptes de Paris, folio six vingt-dix, verso, par laquelle il paroist clairement, que ce lieu nommé si differemment dans ces differentes Pieces, est *S.t Jean de Laune* en Bourgogne.

*D*IE *15. Julii 372. Johannes Arragon de Cabilone* [a] *affirmavit emolumentum* [b] *buste Ytalicorum, quod tenentur solvere Ytalici de omnibus Mercaturis quas extrahi faciunt extra Regnum, per partes Campanie & Burgondie, & per portus S.ti Johannis de Leona, precio de 1000. Franc. Auri, pro uno anno incipiendo ad S. Johannem ultimo preteritum, usque ad S. Johannem 373. solvend. Recepteri Parisiensi, tribuz terminis : videlicet ad* [c] *proximum, pro tertia parte : ad Candelosam post, pro alia parte : & ad Ascensionem tercio & ultimo termino : Et super hoc scriptum fuit Baillivis Trecensi, Senonensi, ac* [d] *S. Janduiphi, quod faciant preconizare, & durant* [e] *inchere usque ad 15. Octob. 72.*

Page 256. Note *(p)* Voyez sur la *Guerence* ou *Garance*, & sur la dénomination de la Province du *Bresil*, page 417. Notes (*z.* & *aa.*).

a *a pris à ferme ;* ou plustost, *a fait son enchere.*

b *boeste des Italiens ou Lombards.* Voy. la Table de ce troisieme Volume, au mot, *Lombards.*

c *Il y a là deux mots en abbregé, que l'on n'a pû déchiffrer.*

d *Saint Jangon.*

e *Mot douteux.*

Page 275. Article 12. ligne 5. *bonæ Monetæ censualem.* Il y a *censualis*, dans le Tresor des Chartres. Voyez aussi page 284. de ce Volume, Article 9.

Page 287. Art. 25. ligne 6. *construere.* Il y a *constructa* dans le Tresor des Chartres.

Page 299. Note *(f)* J'ay dit que j'avois trouvé dans quelque endroit, *Montereau-faut-Yonne*, nommé *Montreuil.* Voyez page 359. où il a : *Montreuil-en-foul-d'Yonne.*

Page 320. Note *(a)* ligne 3. *mois d'Octobre*, corrigez *mois de Mars 1360.*

Page 324. Il faut effacer la Note *(b)* marginale, & mettre à la place : *Ces Lettres ne se sont pas conservées.*

Page 334. ligne 17. *sine debito*, il faut lire *fine debito :* effacer la Note *(c)* marginale, & mettre en la place : *Voy. cy-dessous, p. 446. Note (e).*

Page 342. ligne 16. il y a un mot que l'on a laissé en blanc, parce qu'on n'avoit pas pû le déchiffrer. Ces Lettres se trouvent aussi au Tresor des Chartres, Registre 98. Piece 250. & on y lit *eminent.* La Lettre *(b)* auroit dû estre après *indicem.* Voyez sur ces Lettres en faveur d'Aurilhac, le quatrieme Volume des Ordonnances, page 199.

Page 360. dans la Note *(a)* sur les Lettres du 9. d'Aoust 1359. qui contiennent des Privileges accordez aux Arbalestriers de la Ville de Paris, j'ay dit que ces Arbalestriers formoient une des trois Compagnies des Archers de la Ville, & portoient encore aujourd'huy le nom particulier d'Arbalestriers : & qu'ainsi il falloit faire remonter en 1359. leur establissement, que l'on avoit fixé jusqu'à present à l'année 1410.

M. Raillard Tresorier & Secretaire d'une Compagnie de Bourgeois, connuë aujourd'huy sous le nom des Chevaliers de l'Arquebuse de Paris, ayant eu occasion de lire cette Note, m'a communiqué un Memoire très curieux & très bien fait, dans lequel il prouve que les Arbalestriers de Paris à qui furent accordées les Lettres du 9. d'Aoust 1359. ne sont pas les Archers de la Ville ; mais une ancienne Confrairie composée de Bourgeois, fondée par Saint Louis, nommée dans leurs Titres & dans leurs Registres, qui sont très bien conservez, & de la garde desquels il est chargé, d'abord, *la Confrairie du Jeu de l'Arbaleste à l'honneur de S.t Denys*, ou, *la Confrairie de S.t Denys, aux Arbalestriers ;* & depuis, *la Confrairie de S.t Denys, aux Bourgeois, Arbalestriers & Arquebusiers de la Ville de Paris.* Cette Compagnie est, comme on l'a deja dit, connuë aujourd'huy sous le nom de *Chevaliers de l'Arquebuse de Paris.*

C'est à la verité de cette Confrairie qu'ont esté tirez en 1410. les Arbalestriers attachez au service de l'Hôtel de Ville : & ce fut même à la priere des *Rois & Maistres* de l'ancienne Confrairie des Arbalestriers : [Voy. cy-dessus, p. 360. Note *(a)*.] Mais ces deux Compagnies ont toujours esté distinguées. M. Raillard en rapporte deux preuves incontestables. 1.° L'ancienne Confrairie des Arbalestriers de Paris, estoit sous l'invocation de S.t Denys, comme on peut le voir dans les Lettres du 9. d'Aoust 1359. [p. 360.] & ce Saint est encore aujourd'huy leur Patron.

Il paroist au contraire par les Lettres du 12. de Juin 1411. accordées aux Arbalestriers attachez au service de l'Hostel de Ville, & qui sont à la page 19. du Recüeil de *Drouart*, [Voy. p. 360. Note *(a)*] que leur Confrairie est fondée sous l'invocation de la Vierge & de Saint Sebastien.

2.° Les Privileges portez par les Lettres accordées à ces deux Confrairies, sont très differents. Le point le plus essentiel, c'est que les Arbalestriers de la Confrairie de S.t Denys, estoient exempts de la Jurisdiction du Prevost de Paris, & qu'ils devoient estre jugez par les quatre Prevosts de la Confrairie. [Voy. cy-dessus, p. 361. Art. 1.] au lieu que le Prevost de Paris estoit le Juge special des Arbalestriers de l'Hostel de Ville de Paris. [Voy. le Recüeil de *Drouart*, p. 5.].

Page 362. Note *(d)* sur ces mots, *selon la constitution des*

cinquantaines :

cinquantaines : J'ay dit que ces *cinquantaines* pouvoient estre un nouveau Guet de cinquante personnes, estabIi depuis peu. M. Raillard croit & avec raison, qu'il s'agit là des Compagnies d'Arbalestriers qui estoient dès-lors déja establies dans plusieurs Villes du Royaume, & qui estoient composées de cinquante personnes. A Roüen, ils sont encore nommez aujourd'huy la *cinquantaine.*

Il paroist en effet par les Lettres du mois d'Octobre 1358. [Voy. cy-dessus, page 297.] qu'il y avoit alors cinquante Arbalestriers a Roüen & à Caën.

Ibid. Il y a dans le Texte, ligne 3. *closement & entierement.* J'ay dit seulement dans la Note (*e*) que ce dernier mot estoit corrompu. Je crois qu'on pourroit lire *emparement*, fortification. Voy. ibid. la Note (*f*).

Page 381. dans les Lettres du mois de Decembre 1359. il est dit qu'avant que le Comté de Mascon fût réuni au Domaine de la Couronne, il ressortissoit au Chastel de S.t Jengoul, [Jangon].

M. Brussel [Usage des Fiefs, Tome 1. Livre 2. Chapitre 35. p. 512. & suivantes] a revoqué ce fait en doute, & a avancé que c'est par erreur qu'on a inseré dans ces Lettres, qu'il y avoit un Baillage Royal à S.t Jengoul, avant l'acquisition du Comté de Mascon, faite en 1238. par S.t Louis. Ce n'est pas icy le lieu de discuter ce fait. Il suffit d'indiquer le sentiment de M. Brussel, & de laisser aux Lecteurs la liberté de décider sur la validité des preuves qu'il en rapporte. Je ne sçais si elles paroistront assez fortes, pour faire revoquer en doute un fait public, attesté dans une Ordonnance du Roy.

Page 413. Note (*k*) col. 2. sur la fin, ce qui est dit des *bandes* de drap, est confirmé par les Lettres du mois d'Avril 1361. Voy. p. 495. ligne derniere, & Note (*f*).

Page 414. Note (*e*) j'y ay dit, que je ne sçavois pas la signification du mot de *Piennes :* on l'a trouvera page 515. Note (*k*).

Page 436. Note (*e*) Voyez le quatrieme Volume des Ordonnances, page 201. & page 202. Note (*a*) col. 2.

Page 437. sur l'Instruction sur l'Aide du sel, Voyez le quatrieme Volume des Ordonnances, page 201.

Page 438. Note, ligne 14. *aut Curia nostra :* Voyez sur ces mots, la Table des Matieres, au mot, *Curia nostra.*

Page 452. Note, col. 2. Art. 29. sur les mots, *année*, ou *anner :* J'ay appris, mais je ne me souviens plus par quelle voye, qu'il y a auprès de Mascon, une Riviere qui se nomme *Année*, ou *Anner.* On ne la trouve point dans les Dictionnaires de Maty & de la Martiniere, ni dans la Description Geographique de la France.

Page 463. dans la Note (*b*) il y a des Instructions pour le Visiteur des Ports & Passages : Voyez une autre Instruction, dans le quatrieme Volume des Ordonnances, page 203.

Page 469. dans la Piece Françoise, il y a à la derniere ligne, *Receveurs, Prevoz :* & dans le Latin à costé, il y a, *Rectoribus, Prepositis.* J'ay dit dans la Note marginale (*b*) qu'il falloit corriger le Latin par le François, & y lire *Receptoribus*, au lieu de *Rectoribus :* Mais comme dans la page 481. lignes 10. & 11. il y a dans le François, *Recteurs ... Prevosts :* & dans le Latin à costé, *Rectoribus ... Prepositis,* il faut dans le François de la page 469. lire, *Recteurs,* au lieu de *Receveurs.*

Page 506. ligne penultieme du premier alinea, *vint deniers :* Dans le Registre, on pourroit lire *huict* au lieu de *vint ;* & il paroist par les Mandements precedents, qu'il doit y avoir *huict*, & non pas *vint.*

Page 521. vers le milieu de la page, sur ces mots, *en la Duché de Normandie,* il faut mettre cette Note : (La Normandie appartenoit alors à Charles Fils ainé du Roy, qui y joüissoit de tous les droits Régaliens. Voyez la page 489. de ce Volume.)

Page 545. Voyez sur ces Lettres de Janvier 1361. le quatrieme Volume des Ordonnances, page 202. Note (*a*).

Page 582. Note (*b*) adjoutez : Ces Lettres sont aussi dans le Registre 98. Piece huict-vingt, & il y a 188. & cette date est sûre. Dans ce même Registre il y a, *giet.* Voy. page 583. Note (*d*).

Page 608. ligne 16. Les Lettres par lesquelles le Roy ordonna que le Fils du Comte d'Auxerre régiroit les biens de son Pere, sont du 25. de Janvier 1361. & se trouvent dans le Livre rouge vieil du Chastelet de Paris, fol. 23. verso. Il y est dit, que *pour certaines causes & essoynes de maladie, & d'autres choses justes & raisonables,* le Comte d'Auxerre ne peut pas gouverner son bien.

Page 643. Note (*c*) L'Ordonnance datée du 20. & du 21. d'Octobre 1363. dans differents Registres, est datée du 20. dans celuy du Mareschal Daudeneham, qui est à la Bibliotheque du Roy, MS. de Baluze, n. 71. Voyez fol. 41. verso.

Ibid. Note, colonne 2. ligne 3. 22. lisez 21.

Page 648. Note (*f*) adjoûtez : Il s'agit peut-estre de l'Ordonnance du mois d'Octobre 1351. qui est dans le deuxieme Volume des Ordonnances, page 450. Elle confirme à la verité la grande Ordonnance de Philippe le Bel, de l'année 1302. mais elle a esté donnée un an après le Sacre du Roy.

Page 685. Voyez sur la Note (*l*) marginale, la Preface, page xxxij. Note (*g*) marginale.

Page 694. à la fin, il faut adjoûter, ADAM.

TABLES.

Pages clxvj. & clxvij. aux mots, *Rodois*, *Ruthenæ* & *Roüergue*, adjoutez : Voyez le quatrieme Volume des Ordonnances, page 179. Note (*c*).

ERRATA.

PAGE 2. lignes 5. & 13. *de tel* prix, lisez, *de tel* poix [poids].

Page 5. ligne 5. *deux deniers* Tournois, lisez, *deux deniers,* douze grains.

Page 6. ligne 26. *de tel* prix, lisez, *de tel* poix.

Page 24. Note (*c*) *Moignes, cloistriers,* lisez, *Moignes cloistriers.*

Ibid. Note (*e*) Voyez le quatrieme Volume des Ordonnances, page 174. Note (*d*).

Page 34. Article 26. ligne 1. *permis*, lisez, *promis.*

Page 35. Note (*lll*) ligne 3. *Froissard*, lisez, *Froissart*, là & dans tous les endroits suivans, où il y a *Froissard.*

Page 36. Note (*nnn*) ligne 2. *gaigner,* lisez, *gaignes.*

Page 37. ligne antepenultieme, *en* donnant *de chacun marc*, lisez, *en* tirant *de chacun marc.*

Page 41. Note, ligne 14. *a emprunté cent livres* par an, effacez *par an.*

Page 45. Note (*b*) marginale, *empruntées*, lisez, *prestées.*

Page 47. ligne 8. des Lettres du 13. de Janvier 1355. *Marel*, lisez, *Marcel.*

Page 60. ligne 12. *prædictis*, lisez, *predictis.*

Page 61. Note (*f*) ligne antepenultieme, *condamnées*, lisez, *condamnez.*

Page 62. Article 10. ligne penultieme, *ad equandum*, lisez, *adequandum*.
Page 64. Article 21. ligne 11. *libratum*, lisez, *librarum*.
Page 85. effacez la Note (*b*) marginale.
Page 94. Note (*e*) colonne 2. *D. col.* 2. lisez, *verso, col. 1.*
Page 96. à la premiere ligne des Lettres du penultieme de Janvier 1356. *Præpositio*, lisez, *Prepesito*.
Page 99. lisez, *1356.* au lieu de *1355.* à la derniere ligne du titre de l'Ordonnance du mois de Fevrier 1356.
Page 100. col. 1. au lieu de *lorsqu'ils*, lisez, *lorsqu'il*.
Page 111. à la derniere ligne du titre de l'Ordonnance, lisez, *1356.* au lieu de *1355.*
Page 112. Note (*f*) à la troisieme ligne, au lieu de *Clarmaco*, lisez, *Charmaco*.
Ibid. au lieu de *D. de Charny*, lisez, *R. de Charny*.
Ibid. Note (*g*) penultieme ligne, au lieu de *cy-dessus, p. 105. Art. 2.* lisez, *cy-dessous, p. 164.*
Page 118. Article 11. ligne penultieme, *requitere*, lisez, *requirere*.
Page 119. Note (*cc*) col. 1. ligne 16. lisez, *entre* le Levant, &c.
Page 124. Article 46. ligne penultieme, *Requestres*, lisez, *Requestes*.
Ibid. Article 50. ligne 2. *la a Quasimodo*, lisez, *de la Quasimodo*.
Page 126. Note (*d*) marginale, lisez, *proviendra*, au lieu de *previendra*.
Page 140. au lieu d'*Et*, qui est le dernier mot de la ligne 37. lisez, *Eu*.
Page 149. Note (*n*) à la fin, au lieu de *123.* lisez, *148.*
Page 163. ligne 10. *ou* toutes-voyes, lisez, *eu* toutes-voyes.
Page 170. ligne 18. *tencant ut, est dictum*, lisez, *tenéant, ut est dictum*.
Page 194. Note (*c*) ligne penultieme, lisez, *lequel* est *dans le*, &c.
Page 201. ligne 3. *enoignons*, lisez, *enjoignons*.
Page 210. dans des Lettres en faveur de la Ville de Ville-Franche, ligne 7. *annuentur*, lisez, *animentur*.
Page 226. Article 11. ligne premiere, *importuniré*. lisez, *importunité*.
Page 230. Note (*m*) ligne 6. *Serge*, lisez, *Sergé*.
Page 245. Note (*f*) *Feu, Estienne Marcel*. lisez, *Feu Estienne Marcel*.
Page 255. Note (*o*) ligne 8. *ne* recours lisez, *ne* recous.
Page 272. *Nabis*, lisez *Nobis*.
Page 275. Note (*t*) *Voy. cy-dessus*, lisez, *Voy. cy*-dessous.
Page 295. ligne 36. *recognitionenm*, lisez, *recognitionem*.
Page 302. ligne 13. *Cleres*, lisez, *Clercs*.
Page 311. Note (*a*) ligne 2. *97.* lisez, *917.*
Page 317. ligne 13. *Ingardiatores*, lisez, *in Gardiatores*.
Page 321. ligne 33. la lettrine *e* doit estre après *Partes*.
Page 336. ligne 18. *existerat*, lisez, *existeret*.
Page 345. dans le titre de la Piece, ligne 2. *1357.* lisez, *1356.*
Page 354. Note, colonne 2. ligne 15. *Note* (*c*), lisez, *Note* (*t*) *& page 405.*
Page 360. ligne premiere, *Privilege*, lisez, *Privileges*.
Ibid. ligne 12. *le completeinent*, lisez, *se completement*.
Page 363. *Fulconide*, lisez, *Fulconi de*.
Page 374. la Note (*k*) marginale qui est à la fin de la page, doit se rapporter à la ligne 3. du Texte, au mot *solitudines*.
Page 382. Note (*b*) ligne 3. *Preatanus*, lisez, *Preatavus*.
Page 403. dans les Lettres du 15. d'Avril 1360. ligne 5. & 6. *Quins, Deniers*, lisez, *Quins Deniers*.
Page 404. Note (*g*) marginale, *92.* lisez, *192.*
Page 435. Note, colonne 2. ligne 8. *Guesclin*, lisez, *Guesclin*.
Page 443. dans le titre des Lettres du mois de Decembre 1360. au lieu de *Vendeurs*, lisez, *Marchands*.
Page 451. ligne 12. marginale, *1360.* lisez, *1346.*
Page 463. Note (*b*) lignes 2. & 3. *Officis*, lisez, *Officiis*.
Page 465. premiere Note (*a*) *Registres*, lisez, *Registre*.
Page 467. colonne 2. lignes 39. & 40. *deputanidis*, lisez, *deputandis*.
Page 471. ligne 4. en remontant par en bas, *lepuel*, lisez, *lequel*.
Page 477. colonne 2. ligne derniere, *transferenduum*, lisez, *transferendum*.
Page 484. Article 2. ligne 14. *que lesdiz pour une maille*, lisez, *que lesdiz* Parisis, *pour une maille*.
Page 485. ligne premiere, *plus de trois, pour un grand Franc*, lisez, *plus de trois* deniers, *pour un grand Franc*.
Page 494. Note (*a*) ligne 5. *commencent*, lisez, *commencement*.
Page 496. ligne 10. des Lettres du mois de May 1361. *Cives*, lisez, *Civis*.
Page 503. derniere ligne des Lettres du 10. de Juin 1361. *Gauchier, de Chastillon*, ostez la virgule.
Page 507. ligne 3. *pugnition*, lisez, *pugnition*.
Page 509. à la marge, *S.t Gristophe*, lisez, *S.t Cristophe*.
Page 545. dixieme ligne marginale, *1339.* lisez, *1329.*
Page 554. ligne premiere, *de Sergents*, lisez, *des Sergents*.
Page 569. ligne 26. *Manasterii*, lisez, *Monasterii*.
Page 571. colonne 2. *01.* lisez, *10.*
Page 575. ligne 2. la lettrine (*b*) qui est devant le mot *Caux*, devroit estre devant le mot *Villes*, après lequel il faut adjoûter *de*.
Page 595. colonne 1. ligne 3. *le même*, lisez, *la même*.
Page 605. ligne 33. *causa*, lisez, *Cauda*.
Page 607. ligne 13. *Religiosis*, lisez, *Religiosis*.
Ibid. ligne derniere, *earnm*, lisez, *earum*.
Page 615. ligne 21. *tamen*, lisez, *tam*.
Page 627. Note, colonne 2. ligne premiere, *1360.* lisez, *1363.*
Page 639. Note (*a*) colonne premiere, ligne derniere, *apperé*, lisez, *apporté*.
Pages 646. & 647. à la marge, *Paris*, lisez, *Amiens*.
Ibid. Sommaires, Article 3. *habits* faits *pour*, lisez, *habits* faits *pour*.
Page 648. à la marge, *Rheims*, lisez, *Amiens*.
Page 678. à la marge, *1355.* lisez, *1352.*
Page 685. Note (*c*) colonne 2. ligne premiere, *l'e* lisez, *le c*.

Table des Ordonnances.

Page vij. ligne 5. à la marge, *en Juin 1339.* corr. *1329.* & placez le titre de ces Lettres, au haut de la page, avant celles de Septembre 1330.
Page xxvj. à l'Article des Lettres du 5. de Decembre, ostez *Paris*, & lisez *Amiens*.

Table des Matieres.

Page xxviij. col. 1. ligne 43. *171. v.* lisez *170. v.*
Page xxxj. l. 12. *errata*, lisez les *additions & corrections*.
Page xxxiv. col. 2. à la fin de l'Article, *Arriere-bans*, *231.* lisez *232.*
Page lx. col. 1. ligne 42. après *P. Blanchet*, adjoûtez *519.*
Page lix. col. 1. ligne derniere, *Receveurs*, lisez *Receveurs*.
Page lxxvij. col. 2. au mot *Excommunication*, ligne 13. *230.* lisez *231.*
Page lxxx. au mot *Flandres*. ligne 6. effacez *& Note* (*c*).
Page lxxxiv. col. 2. ligne 16. *231.* lisez *232.*
Page c. col. 2. à la fin de l'Article *Mangeurs*, adjoûtez *Voy. Mangeurs*.
Page cj. col. 2. ligne 36. *171.* lisez *172.*
Page cxiv. col. 2. ligne 2. *171.* lisez *172.*
Page cxxxij. col. 1. lig. 2. *348.* lisez, *648.*

Table des Matieres, pour les Additions & corrections.

Noms des lieux dont il eſt parlé dans les Additions & corrections, & dans l'Errata.

Noms des Personnes dont il est parlé dans les Additions & corrections, & dans l'Errata.

www.ingramcontent.com/pod-product-compliance
Lightning Source LLC
Chambersburg PA
CBHW072312240926
51846CB00011B/1
* 9 7 8 2 0 1 2 5 9 7 9 4 5 *